Inhaltsverzeichnis

1. Allgemeines bürgerliches Gesetzbuch (Auszug)

Allgemeines bürgerliches Gesetzbuch für die gesammten deutschen Erbländer der Oesterreichischen Monarchie

StF: JGS Nr. 946/1811

Letzte Novellierung: BGBl. I Nr. 38/2023

Auslegung.

§ 6. Einem Gesetze darf in der Anwendung kein anderer Verstand beygelegt werden, als welcher aus der eigenthümlichen Bedeutung der Worte in ihrem Zusammenhange und aus der klaren Absicht des Gesetzgebers hervorleuchtet.

§ 7. Läßt sich ein Rechtsfall weder aus den Worten, noch aus dem natürlichen Sinne eines Gesetzes entscheiden, so muß auf ähnliche, in den Gesetzen bestimmt entschiedene Fälle, und auf die Gründe anderer damit verwandten Gesetze Rücksicht genommen werden. Bleibt der Rechtsfall noch zweifelhaft; so muß solcher mit Hinsicht auf die sorgfältig gesammelten und reiflich erwogenen Umstände nach den natürlichen Rechtsgrundsätzen entschieden werden.

§ 915. Bey einseitig verbindlichen Verträgen wird im Zweifel angenommen, daß sich der Verpflichtete eher die geringere als die schwerere Last auflegen wollte; bey zweyseitig verbindlichen wird eine undeutliche Aeußerung zum Nachtheile desjenigen erkläret, der sich derselben bedienet hat (§. 869).

§ 916. (1) Eine Willenserklärung, die einem anderen gegenüber mit dessen Einverständnis zum Schein abgegeben wird, ist nichtig. Soll dadurch ein anderes Geschäft verborgen werden, so ist dieses nach seiner wahren Beschaffenheit zu beurteilen.

(2) Einem Dritten, der im Vertrauen auf die Erklärung Rechte erworben hat, kann die Einrede des Scheingeschäftes nicht entgegengesetzt werden.

2. Vertrags über die Arbeitsweise der Europäischen Union (Konsolidierte Fassung)

ABl L 2016/202 idgF

PRÄAMBEL

SEINE MAJESTÄT DER KÖNIG DER BELGIER, DER PRÄSIDENT DER BUNDESREPUBLIK DEUTSCHLAND, DER PRÄSIDENT DER FRANZÖSISCHEN REPUBLIK, DER PRÄSIDENT DER ITALIENISCHEN REPUBLIK, IHRE KÖNIGLICHE HOHEIT DIE GROSSHERZOGIN VON LUXEMBURG, IHRE MAJESTÄT DIE KÖNIGIN DER NIEDERLANDE, [1]

IN DEM FESTEN WILLEN, die Grundlagen für einen immer engeren Zusammenschluss der europäischen Völker zu schaffen,

ENTSCHLOSSEN, durch gemeinsames Handeln den wirtschaftlichen und sozialen Fortschritt ihrer Staaten zu sichern, indem sie die Europa trennenden Schranken beseitigen,

IN DEM VORSATZ, die stetige Besserung der Lebens- und Beschäftigungsbedingungen ihrer Völker als wesentliches Ziel anzustreben,

IN DER ERKENNTNIS, dass zur Beseitigung der bestehenden Hindernisse ein einverständliches Vorgehen erforderlich ist, um eine beständige Wirtschaftsausweitung, einen ausgewogenen Handelsverkehr und einen redlichen Wettbewerb zu gewährleisten,

IN DEM BESTREBEN, ihre Volkswirtschaften zu einigen und deren harmonische Entwicklung zu fördern, indem sie den Abstand zwischen einzelnen Gebieten und den Rückstand weniger begünstigter Gebiete verringern,

IN DEM WUNSCH, durch eine gemeinsame Handelspolitik zur fortschreitenden Beseitigung der Beschränkungen im zwischenstaatlichen Wirtschaftsverkehr beizutragen,

IN DER ABSICHT, die Verbundenheit Europas mit den überseeischen Ländern zu bekräftigen, und in dem Wunsch, entsprechend den Grundsätzen der Satzung der Vereinten Nationen den Wohlstand der überseeischen Länder zu fördern,

ENTSCHLOSSEN, durch diesen Zusammenschluss ihrer Wirtschaftskräfte Frieden und Freiheit zu wahren und zu festigen, und mit der Aufforderung an die anderen Völker Europas, die sich zu dem gleichen hohen Ziel bekennen, sich diesen Bestrebungen anzuschließen,

ENTSCHLOSSEN, durch umfassenden Zugang zur Bildung und durch ständige Weiterbildung auf einen möglichst hohen Wissensstand ihrer Völker hinzuwirken,

HABEN zu diesem Zweck zu ihren Bevollmächtigten ERNANNT *(Aufzählung der Bevollmächtigten nicht wiedergegeben)*

[1] Seit dem ursprünglichen Vertragsschluss sind Mitgliedstaaten der Europäischen Union geworden: die Republik Bulgarien, die Tschechische Republik, das Königreich Dänemark, die Republik Estland, Irland, die Hellenische Republik, das Königreich Spanien, die Republik Kroatien, die Republik Zypern, die Republik Lettland, die Republik Litauen, Ungarn, die Republik Malta, die Republik Österreich, die Republik Polen, die Portugiesische Republik, Rumänien, die Republik Slowenien, die Slowakische Republik, die Republik Finnland, das Königreich Schweden und das Vereinigte Königreich Großbritannien und Nordirland.

ERSTER TEIL
GRUNDSÄTZE
Artikel 1

(1) Dieser Vertrag regelt die Arbeitsweise der Union und legt die Bereiche, die Abgrenzung und die Einzelheiten der Ausübung ihrer Zuständigkeiten fest.

(2) Dieser Vertrag und der Vertrag über die Europäische Union bilden die Verträge, auf die sich die Union gründet. Diese beiden Verträge, die rechtlich gleichrangig sind, werden als "die Verträge" bezeichnet.

TITEL I
ARTEN UND BEREICHE DER ZUSTÄNDIGKEIT DER UNION
Artikel 2

(1) Übertragen die Verträge der Union für einen bestimmten Bereich eine ausschließliche Zuständigkeit, so kann nur die Union gesetzgeberisch tätig werden und verbindliche Rechtsakte erlassen; die Mitgliedstaaten dürfen in einem solchen Fall nur tätig werden, wenn sie von der Union hierzu ermächtigt werden, oder um Rechtsakte der Union durchzuführen.

(2) Übertragen die Verträge der Union für einen bestimmten Bereich eine mit den Mitglied-

staaten geteilte Zuständigkeit, so können die Union und die Mitgliedstaaten in diesem Bereich gesetzgeberisch tätig werden und verbindliche Rechtsakte erlassen. Die Mitgliedstaaten nehmen ihre Zuständigkeit wahr, sofern und soweit die Union ihre Zuständigkeit nicht ausgeübt hat. Die Mitgliedstaaten nehmen ihre Zuständigkeit erneut wahr, sofern und soweit die Union entschieden hat, ihre Zuständigkeit nicht mehr auszuüben.

(3) Die Mitgliedstaaten koordinieren ihre Wirtschafts- und Beschäftigungspolitik im Rahmen von Regelungen nach Maßgabe dieses Vertrags, für deren Festlegung die Union zuständig ist.

(4) Die Union ist nach Maßgabe des Vertrags über die Europäische Union dafür zuständig, eine gemeinsame Außen- und Sicherheitspolitik einschließlich der schrittweisen Festlegung einer gemeinsamen Verteidigungspolitik zu erarbeiten und zu verwirklichen.

(5) In bestimmten Bereichen ist die Union nach Maßgabe der Verträge dafür zuständig, Maßnahmen zur Unterstützung, Koordinierung oder Ergänzung der Maßnahmen der Mitgliedstaaten durchzuführen, ohne dass dadurch die Zuständigkeit der Union für diese Bereiche an die Stelle der Zuständigkeit der Mitgliedstaaten tritt.

Die verbindlichen Rechtsakte der Union, die aufgrund der diese Bereiche betreffenden Bestimmungen der Verträge erlassen werden, dürfen keine Harmonisierung der Rechtsvorschriften der Mitgliedstaaten beinhalten.

(6) Der Umfang der Zuständigkeiten der Union und die Einzelheiten ihrer Ausübung ergeben sich aus den Bestimmungen der Verträge zu den einzelnen Bereichen.

Artikel 3

(1) Die Union hat ausschließliche Zuständigkeit in folgenden Bereichen:

a) Zollunion,

b) Festlegung der für das Funktionieren des Binnenmarkts erforderlichen Wettbewerbsregeln,

c) Währungspolitik für die Mitgliedstaaten, deren Währung der Euro ist,

d) Erhaltung der biologischen Meeresschätze im Rahmen der gemeinsamen Fischereipolitik,

e) gemeinsame Handelspolitik.

(2) Die Union hat ferner die ausschließliche Zuständigkeit für den Abschluss internationaler Übereinkünfte, wenn der Abschluss einer solchen Übereinkunft in einem Gesetzgebungsakt der Union vorgesehen ist, wenn er notwendig ist, damit sie ihre interne Zuständigkeit ausüben kann, oder soweit er gemeinsame Regeln beeinträchtigen oder deren Tragweite verändern könnte.

Artikel 4

(1) Die Union teilt ihre Zuständigkeit mit den Mitgliedstaaten, wenn ihr die Verträge außerhalb der in den Artikeln 3 und 6 genannten Bereiche eine Zuständigkeit übertragen.

(2) Die von der Union mit den Mitgliedstaaten geteilte Zuständigkeit erstreckt sich auf die folgenden Hauptbereiche:

a) Binnenmarkt,

b) Sozialpolitik hinsichtlich der in diesem Vertrag genannten Aspekte,

c) wirtschaftlicher, sozialer und territorialer Zusammenhalt,

d) Landwirtschaft und Fischerei, ausgenommen die Erhaltung der biologischen Meeresschätze,

e) Umwelt,

f) Verbraucherschutz,

g) Verkehr,

h) transeuropäische Netze,

i) Energie,

j) Raum der Freiheit, der Sicherheit und des Rechts,

k) gemeinsame Sicherheitsanliegen im Bereich der öffentlichen Gesundheit hinsichtlich der in diesem Vertrag genannten Aspekte.

(3) In den Bereichen Forschung, technologische Entwicklung und Raumfahrt erstreckt sich die Zuständigkeit der Union darauf, Maßnahmen zu treffen, insbesondere Programme zu erstellen und durchzuführen, ohne dass die Ausübung dieser Zuständigkeit die Mitgliedstaaten hindert, ihre Zuständigkeit auszuüben.

(4) In den Bereichen Entwicklungszusammenarbeit und humanitäre Hilfe erstreckt sich die Zuständigkeit der Union darauf, Maßnahmen zu treffen und eine gemeinsame Politik zu verfolgen, ohne dass die Ausübung dieser Zuständigkeit die Mitgliedstaaten hindert, ihre Zuständigkeit auszuüben.

Artikel 5

(1) Die Mitgliedstaaten koordinieren ihre Wirtschaftspolitik innerhalb der Union. Zu diesem Zweck erlässt der Rat Maßnahmen; insbesondere beschließt er die Grundzüge dieser Politik.

Für die Mitgliedstaaten, deren Währung der Euro ist, gelten besondere Regelungen.

(2) Die Union trifft Maßnahmen zur Koordinierung der Beschäftigungspolitik der Mitgliedstaaten, insbesondere durch die Festlegung von Leitlinien für diese Politik.

(3) Die Union kann Initiativen zur Koordinierung der Sozialpolitik der Mitgliedstaaten ergreifen.

Artikel 6

Die Union ist für die Durchführung von Maßnahmen zur Unterstützung, Koordinierung oder Ergänzung der Maßnahmen der Mitgliedstaaten zuständig. Diese Maßnahmen mit europäischer Zielsetzung können in folgenden Bereichen getroffen werden:

a) Schutz und Verbesserung der menschlichen Gesundheit,

b) Industrie,

c) Kultur,

d) Tourismus,

e) allgemeine und berufliche Bildung, Jugend und Sport,

f) Katastrophenschutz,

g) Verwaltungszusammenarbeit.

TITEL II
ALLGEMEIN GELTENDE BESTIMMUNGEN

Artikel 7

Die Union achtet auf die Kohärenz zwischen ihrer Politik und ihren Maßnahmen in den verschiedenen Bereichen und trägt dabei unter Einhaltung des Grundsatzes der begrenzten Einzelermächtigung ihren Zielen in ihrer Gesamtheit Rechnung.

Artikel 8
(ex-Artikel 3 Absatz 2 EGV) (2)

Bei allen ihren Tätigkeiten wirkt die Union darauf hin, Ungleichheiten zu beseitigen und die Gleichstellung von Männern und Frauen zu fördern.

Artikel 9

Bei der Festlegung und Durchführung ihrer Politik und ihrer Maßnahmen trägt die Union den Erfordernissen im Zusammenhang mit der Förderung eines hohen Beschäftigungsniveaus, mit der Gewährleistung eines angemessenen sozialen Schutzes, mit der Bekämpfung der sozialen Ausgrenzung sowie mit einem hohen Niveau der allgemeinen und beruflichen Bildung und des Gesundheitsschutzes Rechnung.

Artikel 10

Bei der Festlegung und Durchführung ihrer Politik und ihrer Maßnahmen zielt die Union darauf ab, Diskriminierungen aus Gründen des Geschlechts, der Rasse, der ethnischen Herkunft, der Religion oder der Weltanschauung, einer Behinderung, des Alters oder der sexuellen Ausrichtung zu bekämpfen.

Artikel 11
(ex-Artikel 6 EGV)

Die Erfordernisse des Umweltschutzes müssen bei der Festlegung und Durchführung der Unionspolitiken und -maßnahmen insbesondere zur Förderung einer nachhaltigen Entwicklung einbezogen werden.

Artikel 12
(ex-Artikel 153 Absatz 2 EGV)

Den Erfordernissen des Verbraucherschutzes wird bei der Festlegung und Durchführung der anderen Unionspolitiken und -maßnahmen Rechnung getragen.

Artikel 13

Bei der Festlegung und Durchführung der Politik der Union in den Bereichen Landwirtschaft, Fischerei, Verkehr, Binnenmarkt, Forschung, technologische Entwicklung und Raumfahrt tragen die Union und die Mitgliedstaaten den Erfordernissen des Wohlergehens der Tiere als fühlende Wesen in vollem Umfang Rechnung; sie berücksichtigen hierbei die Rechts- und Verwaltungsvorschriften und die Gepflogenheiten der Mitgliedstaaten insbesondere in Bezug auf religiöse Riten, kulturelle Traditionen und das regionale Erbe.

Artikel 14
(ex-Artikel 16 EGV)

Unbeschadet des Artikels 4 des Vertrags über die Europäische Union und der Artikel 93, 106 und 107 dieses Vertrags und in Anbetracht des Stellenwerts, den Dienste von allgemeinem wirtschaftlichem Interesse innerhalb der gemeinsamen Werte der Union einnehmen, sowie ihrer Bedeutung bei der Förderung des sozialen und territorialen Zusammenhalts tragen die Union und die Mitgliedstaaten im Rahmen ihrer jeweiligen Befugnisse im Anwendungsbereich der Verträge dafür Sorge, dass die Grundsätze und Bedingungen, insbesondere jene wirtschaftlicher und finanzieller Art, für das Funktionieren dieser Dienste so gestaltet sind, dass diese ihren Aufgaben nachkommen können. Diese Grundsätze und Bedingungen werden vom Europäischen Parlament und vom Rat durch Verordnungen gemäß dem ordentlichen Gesetzgebungsverfahren festgelegt, unbeschadet der Zuständigkeit der Mitgliedstaaten, diese Dienste im Einklang mit den Verträgen zur Verfügung zu stellen, in Auftrag zu geben und zu finanzieren.

Artikel 15
(ex-Artikel 255 EGV)

(1) Um eine verantwortungsvolle Verwaltung zu fördern und die Beteiligung der Zivilgesellschaft sicherzustellen, handeln die Organe, Einrichtungen und sonstigen Stellen der Union unter weitestgehender Beachtung des Grundsatzes der Offenheit.

(2) Das Europäische Parlament tagt öffentlich; dies gilt auch für den Rat, wenn er über Entwürfe zu Gesetzgebungsakten berät oder abstimmt.

(3) Jeder Unionsbürger sowie jede natürliche oder juristische Person mit Wohnsitz oder satzungsgemäßem Sitz in einem Mitgliedstaat hat das Recht auf Zugang zu Dokumenten der Organe, Einrichtungen und sonstigen Stellen der Union, unabhängig von der Form der für diese Dokumente verwendeten Träger, vorbehaltlich der Grundsätze und Bedingungen, die nach diesem Absatz festzulegen sind.

Die allgemeinen Grundsätze und die aufgrund öffentlicher oder privater Interessen geltenden Einschränkungen für die Ausübung dieses Rechts auf Zugang zu Dokumenten werden vom Europäischen Parlament und vom Rat durch Verordnungen gemäß dem ordentlichen Gesetzgebungsverfahren festgelegt.

Die Organe, Einrichtungen und sonstigen Stellen gewährleisten die Transparenz ihrer Tätigkeit und legen im Einklang mit den in Unterabsatz 2 genannten Verordnungen in ihrer Geschäftsordnung Sonderbestimmungen hinsichtlich des Zugangs zu ihren Dokumenten fest.

(4) Dieser Absatz gilt für den Gerichtshof der Europäischen Union, die Europäische Zentralbank und die Europäische Investitionsbank nur dann, wenn sie Verwaltungsaufgaben wahrnehmen.

(5) Das Europäische Parlament und der Rat sorgen dafür, dass die Dokumente, die die Gesetzgebungsverfahren betreffen, nach Maßgabe der in Unterabsatz 2 genannten Verordnungen öffentlich zugänglich gemacht werden.

Artikel 16

(ex-Artikel 286 EGV)

(1) Jede Person hat das Recht auf Schutz der sie betreffenden personenbezogenen Daten.

(2) Das Europäische Parlament und der Rat erlassen gemäß dem ordentlichen Gesetzgebungsverfahren Vorschriften über den Schutz natürlicher Personen bei der Verarbeitung personenbezogener Daten durch die Organe, Einrichtungen und sonstigen Stellen der Union sowie durch die Mitgliedstaaten im Rahmen der Ausübung von Tätigkeiten, die in den Anwendungsbereich des Unionsrechts fallen, und über den freien Datenverkehr. Die Einhaltung dieser Vorschriften wird von unabhängigen Behörden überwacht.

Die auf der Grundlage dieses Artikels erlassenen Vorschriften lassen die spezifischen Bestimmungen des Artikels 39 des Vertrags über die Europäische Union unberührt.

Artikel 17

(1) Die Union achtet den Status, den Kirchen und religiöse Vereinigungen oder Gemeinschaften in den Mitgliedstaaten nach deren Rechtsvorschriften genießen, und beeinträchtigt ihn nicht.

(2) Die Union achtet in gleicher Weise den Status, den weltanschauliche Gemeinschaften nach den einzelstaatlichen Rechtsvorschriften genießen.

(3) Die Union pflegt mit diesen Kirchen und Gemeinschaften in Anerkennung ihrer Identität und ihres besonderen Beitrags einen offenen, transparenten und regelmäßigen Dialog.

ZWEITER TEIL
NICHTDISKRIMINIERUNG UND UNIONSBÜRGERSCHAFT

Artikel 18

(ex-Artikel 12 EGV)

Unbeschadet besonderer Bestimmungen der Verträge ist in ihrem Anwendungsbereich jede Diskriminierung aus Gründen der Staatsangehörigkeit verboten.

Das Europäische Parlament und der Rat können gemäß dem ordentlichen Gesetzgebungsverfahren Regelungen für das Verbot solcher Diskriminierungen treffen.

Artikel 19

(ex-Artikel 13 EGV)

(1) Unbeschadet der sonstigen Bestimmungen der Verträge kann der Rat im Rahmen der durch die Verträge auf die Union übertragenen Zuständigkeiten gemäß einem besonderen Gesetzgebungsverfahren und nach Zustimmung des Europäischen Parlaments einstimmig geeignete Vorkehrungen treffen, um Diskriminierungen aus Gründen des Geschlechts, der Rasse, der ethnischen Herkunft, der Religion oder der Weltanschauung, einer Behinderung, des Alters oder der sexuellen Ausrichtung zu bekämpfen.

(2) Abweichend von Absatz 1 können das Europäische Parlament und der Rat gemäß dem ordentlichen Gesetzgebungsverfahren die Grundprinzipien für Fördermaßnahmen der Union unter Ausschluss jeglicher Harmonisierung der Rechts- und Verwaltungsvorschriften der Mitgliedstaaten zur Unterstützung der Maßnahmen festlegen, die die Mitgliedstaaten treffen, um zur Verwirklichung der in Absatz 1 genannten Ziele beizutragen.

Artikel 20

(ex-Artikel 17 EGV)

(1) Es wird eine Unionsbürgerschaft eingeführt. Unionsbürger ist, wer die Staatsangehörigkeit eines Mitgliedstaats besitzt. Die Unionsbürgerschaft tritt zur nationalen Staatsbürgerschaft hinzu, ersetzt diese aber nicht.

(2) Die Unionsbürgerinnen und Unionsbürger haben die in den Verträgen vorgesehenen Rechte und Pflichten. Sie haben unter anderem

a) das Recht, sich im Hoheitsgebiet der Mitgliedstaaten frei zu bewegen und aufzuhalten;

b) in dem Mitgliedstaat, in dem sie ihren Wohnsitz haben, das aktive und passive Wahlrecht bei den Wahlen zum Europäischen Parlament und bei den Kommunalwahlen, wobei für sie dieselben Bedingungen gelten wie für die Angehörigen des betreffenden Mitgliedstaats;

c) im Hoheitsgebiet eines Drittlands, in dem der Mitgliedstaat, dessen Staatsangehörigkeit sie besitzen, nicht vertreten ist, Recht auf Schutz durch die diplomatischen und konsularischen Behörden eines jeden Mitgliedstaats unter denselben Bedingungen wie Staatsangehörige dieses Staates;

d) das Recht, Petitionen an das Europäische Parlament zu richten und sich an den Europäischen Bürgerbeauftragten zu wenden, sowie das Recht, sich in einer der Sprachen der Verträge an die Organe und die beratenden Einrichtungen der Union zu wenden und eine Antwort in derselben Sprache zu erhalten.

Diese Rechte werden unter den Bedingungen und innerhalb der Grenzen ausgeübt, die in den Verträgen und durch die in Anwendung der Verträge erlassenen Maßnahmen festgelegt sind.

Artikel 21
(ex-Artikel 18 EGV)

(1) Jeder Unionsbürger hat das Recht, sich im Hoheitsgebiet der Mitgliedstaaten vorbehaltlich der in den Verträgen und in den Durchführungsvorschriften vorgesehenen Beschränkungen und Bedingungen frei zu bewegen und aufzuhalten.

(2) Erscheint zur Erreichung dieses Ziels ein Tätigwerden der Union erforderlich und sehen die Verträge hierfür keine Befugnisse vor, so können das Europäische Parlament und der Rat gemäß dem ordentlichen Gesetzgebungsverfahren Vorschriften erlassen, mit denen die Ausübung der Rechte nach Absatz 1 erleichtert wird.

(3) Zu den gleichen wie den in Absatz 1 genannten Zwecken kann der Rat, sofern die Verträge hierfür keine Befugnisse vorsehen, gemäß einem besonderen Gesetzgebungsverfahren Maßnahmen erlassen, die die soziale Sicherheit oder den sozialen Schutz betreffen. Der Rat beschließt einstimmig nach Anhörung des Europäischen Parlaments.

Artikel 22
(ex-Artikel 19 EGV)

(1) Jeder Unionsbürger mit Wohnsitz in einem Mitgliedstaat, dessen Staatsangehörigkeit er nicht besitzt, hat in dem Mitgliedstaat, in dem er seinen Wohnsitz hat, das aktive und passive Wahlrecht bei Kommunalwahlen, wobei für ihn dieselben Bedingungen gelten wie für die Angehörigen des betreffenden Mitgliedstaats. Dieses Recht wird vorbehaltlich der Einzelheiten ausgeübt, die vom Rat einstimmig gemäß einem besonderen Gesetzgebungsverfahren und nach Anhörung des Europäischen Parlaments festgelegt werden; in diesen können Ausnahmeregelungen vorgesehen werden, wenn dies aufgrund besonderer Probleme eines Mitgliedstaats gerechtfertigt ist.

(2) Unbeschadet des Artikels 223 Absatz 1 und der Bestimmungen zu dessen Durchführung besitzt jeder Unionsbürger mit Wohnsitz in einem Mitgliedstaat, dessen Staatsangehörigkeit er nicht besitzt, in dem Mitgliedstaat, in dem er seinen Wohnsitz hat, das aktive und passive Wahlrecht bei den Wahlen zum Europäischen Parlament, wobei für ihn dieselben Bedingungen gelten wie für die Angehörigen des betreffenden Mitgliedstaats. Dieses Recht wird vorbehaltlich der Einzelheiten ausgeübt, die vom Rat einstimmig gemäß einem besonderen Gesetzgebungsverfahren und nach Anhörung des Europäischen Parlaments festgelegt werden; in diesen können Ausnahmeregelungen vorgesehen werden, wenn dies aufgrund besonderer Probleme eines Mitgliedstaats gerechtfertigt ist.

Artikel 23
(ex-Artikel 20 EGV)

Jeder Unionsbürger genießt im Hoheitsgebiet eines dritten Landes, in dem der Mitgliedstaat, dessen Staatsangehörigkeit er besitzt, nicht vertreten ist, den diplomatischen und konsularischen Schutz eines jeden Mitgliedstaats unter denselben Bedingungen wie Staatsangehörige dieses Staates. Die Mitgliedstaaten treffen die notwendigen Vorkehrungen und leiten die für diesen Schutz erforderlichen internationalen Verhandlungen ein.

Der Rat kann gemäß einem besonderen Gesetzgebungsverfahren und nach Anhörung des Europäischen Parlaments Richtlinien zur Festlegung der notwendigen Koordinierungs- und Kooperationsmaßnahmen zur Erleichterung dieses Schutzes erlassen.

Artikel 24
(ex-Artikel 21 EGV)

Die Bestimmungen über die Verfahren und Bedingungen, die für eine Bürgerinitiative im Sinne des Artikels 11 des Vertrags über die Europäische Union gelten, einschließlich der Mindestzahl der Mitgliedstaaten, aus denen die Bürgerinnen und Bürger, die diese Initiative ergreifen, kommen müssen, werden vom Europäischen Parlament und vom Rat gemäß dem ordentlichen Gesetzgebungsverfahren durch Verordnungen festgelegt.

Jeder Unionsbürger besitzt das Petitionsrecht beim Europäischen Parlament nach Artikel 227.

Jeder Unionsbürger kann sich an den nach Artikel 228 eingesetzten Bürgerbeauftragten wenden.

Jeder Unionsbürger kann sich schriftlich in einer der in Artikel 55 Absatz 1 des Vertrags über die Europäische Union genannten Sprachen an jedes Organ oder an jede Einrichtung wenden, die in dem vorliegenden Artikel oder in Artikel 13 des genannten Vertrags genannt sind, und eine Antwort in derselben Sprache erhalten.

Artikel 25
(ex-Artikel 22 EGV)

Die Kommission erstattet dem Europäischen Parlament, dem Rat und dem Wirtschafts- und Sozialausschuss alle drei Jahre über die Anwendung dieses Teils Bericht. In dem Bericht wird der Fortentwicklung der Union Rechnung getragen.

Auf dieser Grundlage kann der Rat unbeschadet der anderen Bestimmungen der Verträge zur

Ergänzung der in Artikel 20 Absatz 2 aufgeführten Rechte einstimmig gemäß einem besonderen Gesetzgebungsverfahren nach Zustimmung des Europäischen Parlaments Bestimmungen erlassen. Diese Bestimmungen treten nach Zustimmung der Mitgliedstaaten im Einklang mit ihren jeweiligen verfassungsrechtlichen Vorschriften in Kraft.

TITEL I
DER BINNENMARKT

Artikel 26
(ex-Artikel 14 EGV)

(1) Die Union erlässt die erforderlichen Maßnahmen, um nach Maßgabe der einschlägigen Bestimmungen der Verträge den Binnenmarkt zu verwirklichen beziehungsweise dessen Funktionieren zu gewährleisten.

(2) Der Binnenmarkt umfasst einen Raum ohne Binnengrenzen, in dem der freie Verkehr von Waren, Personen, Dienstleistungen und Kapital gemäß den Bestimmungen der Verträge gewährleistet ist.

(3) Der Rat legt auf Vorschlag der Kommission die Leitlinien und Bedingungen fest, die erforderlich sind, um in allen betroffenen Sektoren einen ausgewogenen Fortschritt zu gewährleisten.

Artikel 27
(ex-Artikel 15 EGV)

Bei der Formulierung ihrer Vorschläge zur Verwirklichung der Ziele des Artikels 26 berücksichtigt die Kommission den Umfang der Anstrengungen, die einigen Volkswirtschaften mit unterschiedlichem Entwicklungsstand für die Errichtung des Binnenmarkts abverlangt werden, und kann geeignete Bestimmungen vorschlagen.

Erhalten diese Bestimmungen die Form von Ausnahmeregelungen, so müssen sie vorübergehender Art sein und dürfen das Funktionieren des Binnenmarkts so wenig wie möglich stören.

TITEL II
DER FREIE WARENVERKEHR

Artikel 28
(ex-Artikel 23 EGV)

(1) Die Union umfasst eine Zollunion, die sich auf den gesamten Warenaustausch erstreckt; sie umfasst das Verbot, zwischen den Mitgliedstaaten Ein- und Ausfuhrzölle und Abgaben gleicher Wirkung zu erheben, sowie die Einführung eines Gemeinsamen Zolltarifs gegenüber dritten Ländern.

(2) Artikel 30 und Kapitel 3 dieses Titels gelten für die aus den Mitgliedstaaten stammenden Waren sowie für diejenigen Waren aus dritten Ländern, die sich in den Mitgliedstaaten im freien Verkehr befinden.

Artikel 29
(ex-Artikel 24 EGV)

Als im freien Verkehr eines Mitgliedstaats befindlich gelten diejenigen Waren aus dritten Ländern, für die in dem betreffenden Mitgliedstaat die Einfuhrförmlichkeiten erfüllt sowie die vorgeschriebenen Zölle und Abgaben gleicher Wirkung erhoben und nicht ganz oder teilweise rückvergütet worden sind.

KAPITEL 1
DIE ZOLLUNION

Artikel 30
(ex-Artikel 25 EGV)

Ein- und Ausfuhrzölle oder Abgaben gleicher Wirkung sind zwischen den Mitgliedstaaten verboten. Dieses Verbot gilt auch für Finanzzölle.

Artikel 31
(ex-Artikel 26 EGV)

Der Rat legt die Sätze des Gemeinsamen Zolltarifs auf Vorschlag der Kommission fest.

Artikel 32
(ex-Artikel 27 EGV)

Bei der Ausübung der ihr aufgrund dieses Kapitels übertragenen Aufgaben geht die Kommission von folgenden Gesichtspunkten aus:

a) der Notwendigkeit, den Handelsverkehr zwischen den Mitgliedstaaten und dritten Ländern zu fördern;

b) der Entwicklung der Wettbewerbsbedingungen innerhalb der Union, soweit diese Entwicklung zu einer Zunahme der Wettbewerbsfähigkeit der Unternehmen führt;

c) dem Versorgungsbedarf der Union an Rohstoffen und Halbfertigwaren; hierbei achtet die Kommission darauf, zwischen den Mitgliedstaaten die Wettbewerbsbedingungen für Fertigwaren nicht zu verfälschen;

d) der Notwendigkeit, ernsthafte Störungen im Wirtschaftsleben der Mitgliedstaaten zu vermeiden und eine rationelle Entwicklung der Erzeugung sowie eine Ausweitung des Verbrauchs innerhalb der Union zu gewährleisten.

KAPITEL 2
DIE ZUSAMMENARBEIT IM ZOLLWESEN

Artikel 33
(ex-Artikel 135 EGV)

Das Europäische Parlament und der Rat treffen im Rahmen des Geltungsbereichs der Verträge gemäß dem ordentlichen Gesetzgebungsverfahren Maßnahmen zum Ausbau der Zusammenarbeit im Zollwesen zwischen den Mitgliedstaaten sowie zwischen den Mitgliedstaaten und der Kommission.

KAPITEL 3
VERBOT VON MENGENMÄßIGEN BESCHRÄNKUNGEN ZWISCHEN DEN MITGLIEDSTAATEN

Artikel 34
(ex-Artikel 28 EGV)

Mengenmäßige Einfuhrbeschränkungen sowie alle Maßnahmen gleicher Wirkung sind zwischen den Mitgliedstaaten verboten.

Artikel 35
(ex-Artikel 29 EGV)

Mengenmäßige Ausfuhrbeschränkungen sowie alle Maßnahmen gleicher Wirkung sind zwischen den Mitgliedstaaten verboten.

Artikel 36
(ex-Artikel 30 EGV)

Die Bestimmungen der Artikel 34 und 35 stehen Einfuhr-, Ausfuhr- und Durchfuhrverboten oder -beschränkungen nicht entgegen, die aus Gründen der öffentlichen Sittlichkeit, Ordnung und Sicherheit, zum Schutze der Gesundheit und des Lebens von Menschen, Tieren oder Pflanzen, des nationalen Kulturguts von künstlerischem, geschichtlichem oder archäologischem Wert oder des gewerblichen und kommerziellen Eigentums gerechtfertigt sind. Diese Verbote oder Beschränkungen dürfen jedoch weder ein Mittel zur willkürlichen Diskriminierung noch eine verschleierte Beschränkung des Handels zwischen den Mitgliedstaaten darstellen.

Artikel 37
(ex-Artikel 31 EGV)

(1) Die Mitgliedstaaten formen ihre staatlichen Handelsmonopole derart um, dass jede Diskriminierung in den Versorgungs- und Absatzbedingungen zwischen den Angehörigen der Mitgliedstaaten ausgeschlossen ist.

Dieser Artikel gilt für alle Einrichtungen, durch die ein Mitgliedstaat unmittelbar oder mittelbar die Einfuhr oder die Ausfuhr zwischen den Mitgliedstaaten rechtlich oder tatsächlich kontrolliert, lenkt oder merklich beeinflusst. Er gilt auch für die von einem Staat auf andere Rechtsträger übertragenen Monopole.

(2) Die Mitgliedstaaten unterlassen jede neue Maßnahme, die den in Absatz 1 genannten Grundsätzen widerspricht oder die Tragweite der Artikel über das Verbot von Zöllen und mengenmäßigen Beschränkungen zwischen den Mitgliedstaaten einengt.

(3) Ist mit einem staatlichen Handelsmonopol eine Regelung zur Erleichterung des Absatzes oder der Verwertung landwirtschaftlicher Erzeugnisse verbunden, so sollen bei der Anwendung dieses Artikels gleichwertige Sicherheiten für die Beschäftigung und Lebenshaltung der betreffenden Erzeuger gewährleistet werden.

TITEL III
DIE LANDWIRTSCHAFT UND DIE FISCHEREI

Artikel 38
(ex-Artikel 32 EGV)

(1) Die Union legt eine gemeinsame Agrar- und Fischereipolitik fest und führt sie durch.

Der Binnenmarkt umfasst auch die Landwirtschaft, die Fischerei und den Handel mit landwirtschaftlichen Erzeugnissen. Unter landwirtschaftlichen Erzeugnissen sind die Erzeugnisse des Bodens, der Viehzucht und der Fischerei sowie die mit diesen in unmittelbarem Zusammenhang stehenden Erzeugnisse der ersten Verarbeitungsstufe zu verstehen. Die Bezugnahmen auf die gemeinsame Agrarpolitik oder auf die Landwirtschaft und die Verwendung des Wortes "landwirtschaftlich" sind in dem Sinne zu verstehen, dass damit unter Berücksichtigung der besonderen Merkmale des Fischereisektors auch die Fischerei gemeint ist.

(2) Die Vorschriften für die Errichtung oder das Funktionieren des Binnenmarkts finden auf die landwirtschaftlichen Erzeugnisse Anwendung, soweit in den Artikeln 39 bis 44 nicht etwas anderes bestimmt ist.

(3) Die Erzeugnisse, für welche die Artikel 39 bis 44 gelten, sind in Anhang I aufgeführt.

(4) Mit dem Funktionieren und der Entwicklung des Binnenmarkts für landwirtschaftliche Erzeugnisse muss die Gestaltung einer gemeinsamen Agrarpolitik Hand in Hand gehen.

Artikel 39
(ex-Artikel 33 EGV)

(1) Ziel der gemeinsamen Agrarpolitik ist es,

a) die Produktivität der Landwirtschaft durch Förderung des technischen Fortschritts, Rationalisierung der landwirtschaftlichen Erzeugung und den bestmöglichen Einsatz der Produktionsfaktoren, insbesondere der Arbeitskräfte, zu steigern;

b) auf diese Weise der landwirtschaftlichen Bevölkerung, insbesondere durch Erhöhung des Pro-Kopf-Einkommens der in der Landwirtschaft tätigen Personen, eine angemessene Lebenshaltung zu gewährleisten;

c) die Märkte zu stabilisieren;

d) die Versorgung sicherzustellen;

e) für die Belieferung der Verbraucher zu angemessenen Preisen Sorge zu tragen.

(2) Bei der Gestaltung der gemeinsamen Agrarpolitik und der hierfür anzuwendenden besonderen Methoden ist Folgendes zu berücksichtigen:

a) die besondere Eigenart der landwirtschaftlichen Tätigkeit, die sich aus dem sozialen Aufbau der Landwirtschaft und den strukturellen und naturbedingten Unterschieden der verschiedenen landwirtschaftlichen Gebiete ergibt;

b) die Notwendigkeit, die geeigneten Anpassungen stufenweise durchzuführen;

c) die Tatsache, dass die Landwirtschaft in den Mitgliedstaaten einen mit der gesamten Volkswirtschaft eng verflochtenen Wirtschaftsbereich darstellt.

Artikel 40
(ex-Artikel 34 EGV)

(1) Um die Ziele des Artikels 39 zu erreichen, wird eine gemeinsame Organisation der Agrarmärkte geschaffen.

Diese besteht je nach Erzeugnis aus einer der folgenden Organisationsformen:

a) gemeinsame Wettbewerbsregeln,

b) bindende Koordinierung der verschiedenen einzelstaatlichen Marktordnungen,

c) eine europäische Marktordnung.

(2) Die nach Absatz 1 gestaltete gemeinsame Organisation kann alle zur Durchführung des Artikels 39 erforderlichen Maßnahmen einschließen, insbesondere Preisregelungen, Beihilfen für die Erzeugung und die Verteilung der verschiedenen Erzeugnisse, Einlagerungs- und Ausgleichsmaßnahmen, gemeinsame Einrichtungen zur Stabilisierung der Ein- oder Ausfuhr.

Die gemeinsame Organisation hat sich auf die Verfolgung der Ziele des Artikels 39 zu beschränken und jede Diskriminierung zwischen Erzeugern oder Verbrauchern innerhalb der Union auszuschließen.

Eine etwaige gemeinsame Preispolitik muss auf gemeinsamen Grundsätzen und einheitlichen Berechnungsmethoden beruhen.

(3) Um der in Absatz 1 genannten gemeinsamen Organisation die Erreichung ihrer Ziele zu ermöglichen, können ein oder mehrere Ausrichtungs- oder Garantiefonds für die Landwirtschaft geschaffen werden.

Artikel 41
(ex-Artikel 35 EGV)

Um die Ziele des Artikels 39 zu erreichen, können im Rahmen der gemeinsamen Agrarpolitik folgende Maßnahmen vorgesehen werden:

a) eine wirksame Koordinierung der Bestrebungen auf dem Gebiet der Berufsausbildung, der Forschung und der Verbreitung landwirtschaftlicher Fachkenntnisse; hierbei können Vorhaben oder Einrichtungen gemeinsam finanziert werden;

b) gemeinsame Maßnahmen zur Förderung des Verbrauchs bestimmter Erzeugnisse.

Artikel 42
(ex-Artikel 36 EGV)

Das Kapitel über die Wettbewerbsregeln findet auf die Produktion landwirtschaftlicher Erzeugnisse und den Handel mit diesen nur insoweit Anwendung, als das Europäische Parlament und der Rat dies unter Berücksichtigung der Ziele des Artikels 39 im Rahmen des Artikels 43 Absatz 2 und gemäß dem dort vorgesehenen Verfahren bestimmt.

Der Rat kann auf Vorschlag der Kommission genehmigen, dass Beihilfen gewährt werden

a) zum Schutz von Betrieben, die durch strukturelle oder naturgegebene Bedingungen benachteiligt sind, oder

b) im Rahmen wirtschaftlicher Entwicklungsprogramme.

Artikel 43
(ex-Artikel 37 EGV)

(1) Die Kommission legt zur Gestaltung und Durchführung der gemeinsamen Agrarpolitik Vorschläge vor, welche unter anderem die Ablösung der einzelstaatlichen Marktordnungen durch eine der in Artikel 40 Absatz 1 vorgesehenen gemeinsamen Organisationsformen sowie die Durchführung der in diesem Titel bezeichneten Maßnahmen vorsehen.

Diese Vorschläge müssen dem inneren Zusammenhang der in diesem Titel aufgeführten landwirtschaftlichen Fragen Rechnung tragen.

(2) Das Europäische Parlament und der Rat legen gemäß dem ordentlichen Gesetzgebungsverfahren und nach Anhörung des Wirtschafts- und Sozialausschusses die gemeinsame Organisation der Agrarmärkte nach Artikel 40 Absatz 1 sowie die anderen Bestimmungen fest, die für die Verwirklichung der Ziele der gemeinsamen Agrar- und Fischereipolitik notwendig sind.

(3) Der Rat erlässt auf Vorschlag der Kommission die Maßnahmen zur Festsetzung der Preise, der Abschöpfungen, der Beihilfen und der mengenmäßigen Beschränkungen sowie zur Festsetzung und Aufteilung der Fangmöglichkeiten in der Fischerei.

(4) Die einzelstaatlichen Marktordnungen können nach Maßgabe des Absatzes 1 durch die in Artikel 40 Absatz 2 vorgesehene gemeinsame Organisation ersetzt werden,

a) wenn sie den Mitgliedstaaten, die sich gegen diese Maßnahme ausgesprochen haben und eine eigene Marktordnung für die in Betracht kommende Erzeugung besitzen, gleichwertige Sicherheiten für die Beschäftigung und Lebenshaltung der betreffenden Erzeuger bietet; hierbei sind die im Zeitablauf möglichen Anpassungen und erforderlichen Spezialisierungen zu berücksichtigen, und

b) wenn die gemeinsame Organisation für den Handelsverkehr innerhalb der Union Bedingungen sicherstellt, die denen eines Binnenmarkts entsprechen.

(5) Wird eine gemeinsame Organisation für bestimmte Rohstoffe geschaffen, bevor eine gemeinsame Organisation für die entsprechenden weiterverarbeiteten Erzeugnisse besteht, so können die betreffenden Rohstoffe aus Ländern außerhalb der Union eingeführt werden, wenn sie für weiterverarbeitete Erzeugnisse verwendet werden,

die zur Ausfuhr nach dritten Ländern bestimmt sind.

Artikel 44

(ex-Artikel 38 EGV)

Besteht in einem Mitgliedstaat für ein Erzeugnis eine innerstaatliche Marktordnung oder Regelung gleicher Wirkung und wird dadurch eine gleichartige Erzeugung in einem anderen Mitgliedstaat in ihrer Wettbewerbslage beeinträchtigt, so erheben die Mitgliedstaaten bei der Einfuhr des betreffenden Erzeugnisses aus dem Mitgliedstaat, in dem die genannte Marktordnung oder Regelung besteht, eine Ausgleichsabgabe, es sei denn, dass dieser Mitgliedstaat eine Ausgleichsabgabe bei der Ausfuhr erhebt.

Die Kommission setzt diese Abgaben in der zur Wiederherstellung des Gleichgewichts erforderlichen Höhe fest; sie kann auch andere Maßnahmen genehmigen, deren Bedingungen und Einzelheiten sie festlegt.

KAPITEL 1
DIE ARBEITSKRÄFTE

Artikel 45

(ex-Artikel 39 EGV)

(1) Innerhalb der Union ist die Freizügigkeit der Arbeitnehmer gewährleistet.

(2) Sie umfasst die Abschaffung jeder auf der Staatsangehörigkeit beruhenden unterschiedlichen Behandlung der Arbeitnehmer der Mitgliedstaaten in Bezug auf Beschäftigung, Entlohnung und sonstige Arbeitsbedingungen.

(3) Sie gibt – vorbehaltlich der aus Gründen der öffentlichen Ordnung, Sicherheit und Gesundheit gerechtfertigten Beschränkungen – den Arbeitnehmern das Recht,

a) sich um tatsächlich angebotene Stellen zu bewerben;

b) sich zu diesem Zweck im Hoheitsgebiet der Mitgliedstaaten frei zu bewegen;

c) sich in einem Mitgliedstaat aufzuhalten, um dort nach den für die Arbeitnehmer dieses Staates geltenden Rechts- und Verwaltungsvorschriften eine Beschäftigung auszuüben;

d) nach Beendigung einer Beschäftigung im Hoheitsgebiet eines Mitgliedstaats unter Bedingungen zu verbleiben, welche die Kommission durch Verordnungen festlegt.

(4) Dieser Artikel findet keine Anwendung auf die Beschäftigung in der öffentlichen Verwaltung.

Artikel 46

(ex-Artikel 40 EGV)

Das Europäische Parlament und der Rat treffen gemäß dem ordentlichen Gesetzgebungsverfahren und nach Anhörung des Wirtschafts- und Sozialausschusses durch Richtlinien oder Verordnungen alle erforderlichen Maßnahmen, um die Freizügigkeit der Arbeitnehmer im Sinne des Artikels 45 herzustellen, insbesondere

a) durch Sicherstellung einer engen Zusammenarbeit zwischen den einzelstaatlichen Arbeitsverwaltungen;

b) durch die Beseitigung der Verwaltungsverfahren und -praktiken sowie der für den Zugang zu verfügbaren Arbeitsplätzen vorgeschriebenen Fristen, die sich aus innerstaatlichen Rechtsvorschriften oder vorher zwischen den Mitgliedstaaten geschlossenen Übereinkünften ergeben und deren Beibehaltung die Herstellung der Freizügigkeit der Arbeitnehmer hindert;

c) durch die Beseitigung aller Fristen und sonstigen Beschränkungen, die in innerstaatlichen Rechtsvorschriften oder vorher zwischen den Mitgliedstaaten geschlossenen Übereinkünften vorgesehen sind und die den Arbeitnehmern der anderen Mitgliedstaaten für die freie Wahl des Arbeitsplatzes andere Bedingungen als den inländischen Arbeitnehmern auferlegen;

d) durch die Schaffung geeigneter Verfahren für die Zusammenführung und den Ausgleich von Angebot und Nachfrage auf dem Arbeitsmarkt zu Bedingungen, die eine ernstliche Gefährdung der Lebenshaltung und des Beschäftigungsstands in einzelnen Gebieten und Industrien ausschließen.

Artikel 47

(ex-Artikel 41 EGV)

Die Mitgliedstaaten fördern den Austausch junger Arbeitskräfte im Rahmen eines gemeinsamen Programms.

Artikel 48

(ex-Artikel 42 EGV)

Das Europäische Parlament und der Rat beschließen gemäß dem ordentlichen Gesetzgebungsverfahren die auf dem Gebiet der sozialen Sicherheit für die Herstellung der Freizügigkeit der Arbeitnehmer notwendigen Maßnahmen; zu diesem Zweck führen sie insbesondere ein System ein, das zu- und abwandernden Arbeitnehmern und Selbstständigen sowie deren anspruchsberechtigten Angehörigen Folgendes sichert:

a) die Zusammenrechnung aller nach den verschiedenen innerstaatlichen Rechtsvorschriften berücksichtigten Zeiten für den Erwerb und die Aufrechterhaltung des Leistungsanspruchs sowie für die Berechnung der Leistungen;

b) die Zahlung der Leistungen an Personen, die in den Hoheitsgebieten der Mitgliedstaaten wohnen.

Erklärt ein Mitglied des Rates, dass ein Entwurf eines Gesetzgebungsakts nach Absatz 1 wichtige Aspekte seines Systems der sozialen Sicherheit, insbesondere dessen Geltungsbereich, Kosten oder Finanzstruktur, verletzen oder dessen finanzielles Gleichgewicht beeinträchtigen würde, so kann es beantragen, dass der Europäische Rat befasst wird. In diesem Fall wird das ordentliche Gesetzgebungsverfahren ausgesetzt. Nach einer Aussprache geht der Europäische Rat binnen vier Monaten nach Aussetzung des Verfahrens wie folgt vor:

a) er verweist den Entwurf an den Rat zurück, wodurch die Aussetzung des ordentlichen Gesetzgebungsverfahrens beendet wird, oder

b) er sieht von einem Tätigwerden ab, oder aber er ersucht die Kommission um Vorlage eines neuen Vorschlags; in diesem Fall gilt der ursprünglich vorgeschlagene Rechtsakt als nicht erlassen.

KAPITEL 2
DAS NIEDERLASSUNGSRECHT

Artikel 49
(ex-Artikel 43 EGV)

Die Beschränkungen der freien Niederlassung von Staatsangehörigen eines Mitgliedstaats im Hoheitsgebiet eines anderen Mitgliedstaats sind nach Maßgabe der folgenden Bestimmungen verboten. Das Gleiche gilt für Beschränkungen der Gründung von Agenturen, Zweigniederlassungen oder Tochtergesellschaften durch Angehörige eines Mitgliedstaats, die im Hoheitsgebiet eines Mitgliedstaats ansässig sind.

Vorbehaltlich des Kapitels über den Kapitalverkehr umfasst die Niederlassungsfreiheit die Aufnahme und Ausübung selbstständiger Erwerbstätigkeiten sowie die Gründung und Leitung von Unternehmen, insbesondere von Gesellschaften im Sinne des Artikels 54 Absatz 2, nach den Bestimmungen des Aufnahmestaats für seine eigenen Angehörigen.

Artikel 50
(ex-Artikel 44 EGV)

(1) Das Europäische Parlament und der Rat erlassen gemäß dem ordentlichen Gesetzgebungsverfahren und nach Anhörung des Wirtschafts- und Sozialausschusses Richtlinien zur Verwirklichung der Niederlassungsfreiheit für eine bestimmte Tätigkeit.

(2) Das Europäische Parlament, der Rat und die Kommission erfüllen die Aufgaben, die ihnen aufgrund der obigen Bestimmungen übertragen sind, indem sie insbesondere

a) im Allgemeinen diejenigen Tätigkeiten mit Vorrang behandeln, bei denen die Niederlassungsfreiheit die Entwicklung der Produktion und des Handels in besonderer Weise fördert;

b) eine enge Zusammenarbeit zwischen den zuständigen Verwaltungen der Mitgliedstaaten sicherstellen, um sich über die besondere Lage auf den verschiedenen Tätigkeitsgebieten innerhalb der Union zu unterrichten;

c) die aus innerstaatlichen Rechtsvorschriften oder vorher zwischen den Mitgliedstaaten geschlossenen Übereinkünften abgeleiteten Verwaltungsverfahren und -praktiken ausschalten, deren Beibehaltung der Niederlassungsfreiheit entgegensteht;

d) dafür Sorge tragen, dass Arbeitnehmer eines Mitgliedstaats, die im Hoheitsgebiet eines anderen Mitgliedstaats beschäftigt sind, dort verbleiben und eine selbstständige Tätigkeit unter denselben Voraussetzungen ausüben können, die sie erfüllen müssten, wenn sie in diesen Staat erst zu dem Zeitpunkt einreisen würden, in dem sie diese Tätigkeit aufzunehmen beabsichtigen;

e) den Erwerb und die Nutzung von Grundbesitz im Hoheitsgebiet eines Mitgliedstaats durch Angehörige eines anderen Mitgliedstaats ermöglichen, soweit hierdurch die Grundsätze des Artikels 39 Absatz 2 nicht beeinträchtigt werden;

f) veranlassen, dass bei jedem in Betracht kommenden Wirtschaftszweig die Beschränkungen der Niederlassungsfreiheit in Bezug auf die Voraussetzungen für die Errichtung von Agenturen, Zweigniederlassungen und Tochtergesellschaften im Hoheitsgebiet eines Mitgliedstaats sowie für den Eintritt des Personals der Hauptniederlassung in ihre Leitungs- oder Überwachungsorgane schrittweise aufgehoben werden;

g) soweit erforderlich, die Schutzbestimmungen koordinieren, die in den Mitgliedstaaten den Gesellschaften im Sinne des Artikels 54 Absatz 2 im Interesse der Gesellschafter sowie Dritter vorgeschrieben sind, um diese Bestimmungen gleichwertig zu gestalten;

h) sicherstellen, dass die Bedingungen für die Niederlassung nicht durch Beihilfen der Mitgliedstaaten verfälscht werden.

Artikel 51
(ex-Artikel 45 EGV)

Auf Tätigkeiten, die in einem Mitgliedstaat dauernd oder zeitweise mit der Ausübung öffentlicher Gewalt verbunden sind, findet dieses Kapitel in dem betreffenden Mitgliedstaat keine Anwendung.

Das Europäische Parlament und der Rat können gemäß dem ordentlichen Gesetzgebungsverfahren beschließen, dass dieses Kapitel auf bestimmte Tätigkeiten keine Anwendung findet.

Artikel 52
(ex-Artikel 46 EGV)

(1) Dieses Kapitel und die aufgrund desselben getroffenen Maßnahmen beeinträchtigen nicht die Anwendbarkeit der Rechts- und Verwaltungsvorschriften, die eine Sonderregelung für Ausländer vorsehen und aus Gründen der öffentlichen Ordnung, Sicherheit oder Gesundheit gerechtfertigt sind.

(2) Das Europäische Parlament und der Rat erlassen gemäß dem ordentlichen Gesetzgebungsverfahren Richtlinien für die Koordinierung der genannten Vorschriften.

Artikel 53
(ex-Artikel 47 EGV)

(1) Um die Aufnahme und Ausübung selbstständiger Tätigkeiten zu erleichtern, erlassen das Europäische Parlament und der Rat gemäß dem ordentlichen Gesetzgebungsverfahren Richtlinien für die gegenseitige Anerkennung der Diplome, Prüfungszeugnisse und sonstigen Befähigungsnachweise sowie für die Koordinierung der Rechts- und Verwaltungsvorschriften der Mitgliedstaaten über die Aufnahme und Ausübung selbstständiger Tätigkeiten.

(2) Die schrittweise Aufhebung der Beschränkungen für die ärztlichen, arztähnlichen und pharmazeutischen Berufe setzt die Koordinierung der Bedingungen für die Ausübung dieser Berufe in den einzelnen Mitgliedstaaten voraus.

Artikel 54
(ex-Artikel 48 EGV)

Für die Anwendung dieses Kapitels stehen die nach den Rechtsvorschriften eines Mitgliedstaats gegründeten Gesellschaften, die ihren satzungsmäßigen Sitz, ihre Hauptverwaltung oder ihre Hauptniederlassung innerhalb der Union haben, den natürlichen Personen gleich, die Angehörige der Mitgliedstaaten sind.

Als Gesellschaften gelten die Gesellschaften des bürgerlichen Rechts und des Handelsrechts einschließlich der Genossenschaften und die sonstigen juristischen Personen des öffentlichen und privaten Rechts mit Ausnahme derjenigen, die keinen Erwerbszweck verfolgen.

Artikel 55
(ex-Artikel 294 EGV)

Unbeschadet der sonstigen Bestimmungen der Verträge stellen die Mitgliedstaaten die Staatsangehörigen der anderen Mitgliedstaaten hinsichtlich ihrer Beteiligung am Kapital von Gesellschaften im Sinne des Artikels 54 den eigenen Staatsangehörigen gleich.

KAPITEL 3
DIENSTLEISTUNGEN

Artikel 56
(ex-Artikel 49 EGV)

Die Beschränkungen des freien Dienstleistungsverkehrs innerhalb der Union für Angehörige der Mitgliedstaaten, die in einem anderen Mitgliedstaat als demjenigen des Leistungsempfängers ansässig sind, sind nach Maßgabe der folgenden Bestimmungen verboten.

Das Europäische Parlament und der Rat können gemäß dem ordentlichen Gesetzgebungsverfahren beschließen, dass dieses Kapitel auch auf Erbringer von Dienstleistungen Anwendung findet, welche die Staatsangehörigkeit eines dritten Landes besitzen und innerhalb der Union ansässig sind.

Artikel 57
(ex-Artikel 50 EGV)

Dienstleistungen im Sinne der Verträge sind Leistungen, die in der Regel gegen Entgelt erbracht werden, soweit sie nicht den Vorschriften über den freien Waren- und Kapitalverkehr und über die Freizügigkeit der Personen unterliegen.

Als Dienstleistungen gelten insbesondere:

a) gewerbliche Tätigkeiten,

b) kaufmännische Tätigkeiten,

c) handwerkliche Tätigkeiten,

d) freiberufliche Tätigkeiten.

Unbeschadet des Kapitels über die Niederlassungsfreiheit kann der Leistende zwecks Erbringung seiner Leistungen seine Tätigkeit vorübergehend in dem Mitgliedstaat ausüben, in dem die Leistung erbracht wird, und zwar unter den Voraussetzungen, welche dieser Mitgliedstaat für seine eigenen Angehörigen vorschreibt.

Artikel 58
(ex-Artikel 51 EGV)

(1) Für den freien Dienstleistungsverkehr auf dem Gebiet des Verkehrs gelten die Bestimmungen des Titels über den Verkehr.

(2) Die Liberalisierung der mit dem Kapitalverkehr verbundenen Dienstleistungen der Banken und Versicherungen wird im Einklang mit der Liberalisierung des Kapitalverkehrs durchgeführt.

Artikel 59
(ex-Artikel 52 EGV)

(1) Das Europäische Parlament und der Rat erlassen gemäß dem ordentlichen Gesetzgebungsverfahren und nach Anhörung des Wirtschafts- und Sozialausschusses Richtlinien zur Liberalisierung einer bestimmten Dienstleistung.

(2) Bei den in Absatz 1 genannten Richtlinien sind im Allgemeinen mit Vorrang diejenigen Dienstleistungen zu berücksichtigen, welche die Produktionskosten unmittelbar beeinflussen oder deren Liberalisierung zur Förderung des Warenverkehrs beiträgt.

Artikel 60
(ex-Artikel 53 EGV)

Die Mitgliedstaaten bemühen sich, über das Ausmaß der Liberalisierung der Dienstleistungen, zu dem sie aufgrund der Richtlinien gemäß Artikel 59 Absatz 1 verpflichtet sind, hinauszugehen, falls ihre wirtschaftliche Gesamtlage und die Lage des betreffenden Wirtschaftszweigs dies zulassen.

Die Kommission richtet entsprechende Empfehlungen an die betreffenden Staaten.

Artikel 61
(ex-Artikel 54 EGV)

Solange die Beschränkungen des freien Dienstleistungsverkehrs nicht aufgehoben sind, wendet sie jeder Mitgliedstaat ohne Unterscheidung nach Staatsangehörigkeit oder Aufenthaltsort auf alle in Artikel 56 Absatz 1 bezeichneten Erbringer von Dienstleistungen an.

Artikel 62
(ex-Artikel 55 EGV)

Die Bestimmungen der Artikel 51 bis 54 finden auf das in diesem Kapitel geregelte Sachgebiet Anwendung.

KAPITEL 4
DER KAPITAL- UND ZAHLUNGSVERKEHR

Artikel 63
(ex-Artikel 56 EGV)

(1) Im Rahmen der Bestimmungen dieses Kapitels sind alle Beschränkungen des Kapitalverkehrs zwischen den Mitgliedstaaten sowie zwischen den Mitgliedstaaten und dritten Ländern verboten.

(2) Im Rahmen der Bestimmungen dieses Kapitels sind alle Beschränkungen des Zahlungsverkehrs zwischen den Mitgliedstaaten sowie zwischen den Mitgliedstaaten und dritten Ländern verboten.

Artikel 64
(ex-Artikel 57 EGV)

(1) Artikel 63 berührt nicht die Anwendung derjenigen Beschränkungen auf dritte Länder, die am 31. Dezember 1993 aufgrund einzelstaatlicher Rechtsvorschriften oder aufgrund von Rechtsvorschriften der Union für den Kapitalverkehr mit dritten Ländern im Zusammenhang mit Direktinvestitionen einschließlich Anlagen in Immobilien, mit der Niederlassung, der Erbringung von Finanzdienstleistungen oder der Zulassung von Wertpapieren zu den Kapitalmärkten bestehen. Für in Bulgarien, Estland und Ungarn bestehende Beschränkungen nach innerstaatlichem Recht ist der maßgebliche Zeitpunkt der 31. Dezember 1999. Für in Kroatien nach innerstaatlichem Recht bestehende Beschränkungen ist der maßgebliche Zeitpunkt der 31. Dezember 2002.

(2) Unbeschadet der anderen Kapitel der Verträge sowie ihrer Bemühungen um eine möglichst weit gehende Verwirklichung des Zieles eines freien Kapitalverkehrs zwischen den Mitgliedstaaten und dritten Ländern beschließen das Europäische Parlament und der Rat gemäß dem ordentlichen Gesetzgebungsverfahren Maßnahmen für den Kapitalverkehr mit dritten Ländern im Zusammenhang mit Direktinvestitionen einschließlich Anlagen in Immobilien, mit der Niederlassung, der Erbringung von Finanzdienstleistungen oder der Zulassung von Wertpapieren zu den Kapitalmärkten.

(3) Abweichend von Absatz 2 kann nur der Rat gemäß einem besonderen Gesetzgebungsverfahren und nach Anhörung des Europäischen Parlaments Maßnahmen einstimmig beschließen, die im Rahmen des Unionsrechts für die Liberalisierung des Kapitalverkehrs mit Drittländern einen Rückschritt darstellen.

Artikel 65
(ex-Artikel 58 EGV)

(1) Artikel 63 berührt nicht das Recht der Mitgliedstaaten,

a) die einschlägigen Vorschriften ihres Steuerrechts anzuwenden, die Steuerpflichtige mit unterschiedlichem Wohnort oder Kapitalanlageort unterschiedlich behandeln,

b) die unerlässlichen Maßnahmen zu treffen, um Zuwiderhandlungen gegen innerstaatliche Rechts- und Verwaltungsvorschriften, insbesondere auf dem Gebiet des Steuerrechts und der Aufsicht über Finanzinstitute, zu verhindern, sowie Meldeverfahren für den Kapitalverkehr zwecks administrativer oder statistischer Information vorzusehen oder Maßnahmen zu ergreifen, die aus Gründen der öffentlichen Ordnung oder Sicherheit gerechtfertigt sind.

(2) Dieses Kapitel berührt nicht die Anwendbarkeit von Beschränkungen des Niederlassungsrechts, die mit den Verträgen vereinbar sind.

(3) Die in den Absätzen 1 und 2 genannten Maßnahmen und Verfahren dürfen weder ein Mittel zur willkürlichen Diskriminierung noch eine verschleierte Beschränkung des freien Kapital- und Zahlungsverkehrs im Sinne des Artikels 63 darstellen.

(4) Sind keine Maßnahmen nach Artikel 64 Absatz 3 erlassen worden, so kann die Kommission oder, wenn diese binnen drei Monaten nach der Vorlage eines entsprechenden Antrags des betreffenden Mitgliedstaats keinen Beschluss erlassen hat, der Rat einen Beschluss erlassen, mit dem festgelegt wird, dass die von einem Mitgliedstaat in Bezug auf ein oder mehrere Drittländer getroffenen restriktiven steuerlichen Maßnahmen insofern als mit den Verträgen vereinbar anzusehen sind, als sie durch eines der Ziele der Union gerechtfertigt und mit dem ordnungsgemäßen Funktionieren des Binnenmarkts vereinbar sind.

Der Rat beschließt einstimmig auf Antrag eines Mitgliedstaats.

Artikel 66
(ex-Artikel 59 EGV)

Falls Kapitalbewegungen nach oder aus dritten Ländern unter außergewöhnlichen Umständen das Funktionieren der Wirtschafts- und Währungsunion schwerwiegend stören oder zu stören drohen, kann der Rat auf Vorschlag der Kommission und nach Anhörung der Europäischen Zentralbank gegenüber dritten Ländern Schutzmaßnahmen mit einer Geltungsdauer von höchstens sechs Monaten treffen, wenn diese unbedingt erforderlich sind.

KAPITEL 1
ALLGEMEINE BESTIMMUNGEN

Artikel 67
(ex-Artikel 61 EGV und ex-Artikel 29 EUV)

(1) Die Union bildet einen Raum der Freiheit, der Sicherheit und des Rechts, in dem die Grundrechte und die verschiedenen Rechtsordnungen und -traditionen der Mitgliedstaaten geachtet werden.

(2) Sie stellt sicher, dass Personen an den Binnengrenzen nicht kontrolliert werden, und entwickelt eine gemeinsame Politik in den Bereichen Asyl, Einwanderung und Kontrollen an den Außengrenzen, die sich auf die Solidarität der Mitgliedstaaten gründet und gegenüber Drittstaatsangehörigen angemessen ist. Für die Zwecke dieses Titels werden Staatenlose den Drittstaatsangehörigen gleichgestellt.

(3) Die Union wirkt darauf hin, durch Maßnahmen zur Verhütung und Bekämpfung von Kriminalität sowie von Rassismus und Fremdenfeindlichkeit, zur Koordinierung und Zusammenarbeit von Polizeibehörden und Organen der Strafrechtspflege und den anderen zuständigen Behörden sowie durch die gegenseitige Anerkennung strafrechtlicher Entscheidungen und erforderlichenfalls durch die Angleichung der strafrechtlichen Rechtsvorschriften ein hohes Maß an Sicherheit zu gewährleisten.

(4) Die Union erleichtert den Zugang zum Recht, insbesondere durch den Grundsatz der gegenseitigen Anerkennung gerichtlicher und außergerichtlicher Entscheidungen in Zivilsachen.

Artikel 68

Der Europäische Rat legt die strategischen Leitlinien für die gesetzgeberische und operative Programmplanung im Raum der Freiheit, der Sicherheit und des Rechts fest.

Artikel 69

Die nationalen Parlamente tragen bei Gesetzgebungsvorschlägen und -initiativen, die im Rahmen der Kapitel 4 und 5 vorgelegt werden, Sorge für die Achtung des Subsidiaritätsprinzips nach Maßgabe des Protokolls über die Anwendung der Grundsätze der Subsidiarität und der Verhältnismäßigkeit.

Artikel 70

Unbeschadet der Artikel 258, 259 und 260 kann der Rat auf Vorschlag der Kommission Maßnahmen erlassen, mit denen Einzelheiten festgelegt werden, nach denen die Mitgliedstaaten in Zusammenarbeit mit der Kommission eine objektive und unparteiische Bewertung der Durchführung der unter diesen Titel fallenden Unionspolitik durch die Behörden der Mitgliedstaaten vornehmen, insbesondere um die umfassende Anwendung des Grundsatzes der gegenseitigen Anerkennung zu fördern. Das Europäische Parlament und die nationalen Parlamente werden vom Inhalt und den Ergebnissen dieser Bewertung unterrichtet.

Artikel 71
(ex-Artikel 36 EUV)

Im Rat wird ein ständiger Ausschuss eingesetzt, um sicherzustellen, dass innerhalb der Union die operative Zusammenarbeit im Bereich der inneren Sicherheit gefördert und verstärkt wird. Er fördert unbeschadet des Artikels 240 die Koordinierung der Maßnahmen der zuständigen Behörden der Mitgliedstaaten. Die Vertreter der betroffenen Einrichtungen und sonstigen Stellen der Union können an den Arbeiten des Ausschusses beteiligt werden. Das Europäische Parlament und die nationalen Parlamente werden über die Arbeiten des Ausschusses auf dem Laufenden gehalten.

Artikel 72
(ex-Artikel 64 Absatz 1 EGV und ex-Artikel 33 EUV)

Dieser Titel berührt nicht die Wahrnehmung der Zuständigkeiten der Mitgliedstaaten für die Aufrechterhaltung der öffentlichen Ordnung und den Schutz der inneren Sicherheit.

Artikel 73

Es steht den Mitgliedstaaten frei, untereinander und in eigener Verantwortung Formen der Zusammenarbeit und Koordinierung zwischen den zuständigen Dienststellen ihrer für den Schutz der nationalen Sicherheit verantwortlichen Verwaltungen einzurichten, die sie für geeignet halten.

Artikel 74
(ex-Artikel 66 EGV)

Der Rat erlässt Maßnahmen, um die Verwaltungszusammenarbeit zwischen den zuständigen Dienststellen der Mitgliedstaaten in den Bereichen dieses Titels sowie die Zusammenarbeit zwischen diesen Dienststellen und der Kommission zu gewährleisten. Dabei beschließt er auf Vorschlag der Kommission vorbehaltlich des Artikels 76 und nach Anhörung des Europäischen Parlaments.

Artikel 75
(ex-Artikel 60 EGV)

Sofern dies notwendig ist, um die Ziele des Artikels 67 in Bezug auf die Verhütung und Bekämpfung von Terrorismus und damit verbundener Aktivitäten zu verwirklichen, schaffen das Europäische Parlament und der Rat gemäß dem ordentlichen Gesetzgebungsverfahren durch Verordnungen einen Rahmen für Verwaltungsmaßnahmen in Bezug auf Kapitalbewegungen und Zahlungen, wozu das Einfrieren von Geldern, finanziellen Vermögenswerten oder wirtschaftlichen Erträgen gehören kann, deren Eigentümer oder Besitzer natürliche oder juristische Personen, Gruppierungen oder nichtstaatliche Einheiten sind.

Der Rat erlässt auf Vorschlag der Kommission Maßnahmen zur Umsetzung des in Absatz 1 genannten Rahmens.

In den Rechtsakten nach diesem Artikel müssen die erforderlichen Bestimmungen über den Rechtsschutz vorgesehen sein.

Artikel 76

Die in den Kapiteln 4 und 5 genannten Rechtsakte sowie die in Artikel 74 genannten Maßnahmen, mit denen die Verwaltungszusammenarbeit in den Bereichen der genannten Kapitel gewährleistet wird, werden wie folgt erlassen:

a) auf Vorschlag der Kommission oder

b) auf Initiative eines Viertels der Mitgliedstaaten.

KAPITEL 2
POLITIK IM BEREICH GRENZKONTROLLEN, ASYL UND EINWANDERUNG

Artikel 77
(ex-Artikel 62 EGV)

(1) Die Union entwickelt eine Politik, mit der

a) sichergestellt werden soll, dass Personen unabhängig von ihrer Staatsangehörigkeit beim Überschreiten der Binnengrenzen nicht kontrolliert werden;

b) die Personenkontrolle und die wirksame Überwachung des Grenzübertritts an den Außengrenzen sichergestellt werden soll;

c) schrittweise ein integriertes Grenzschutzsystem an den Außengrenzen eingeführt werden soll.

(2) Für die Zwecke des Absatzes 1 erlassen das Europäische Parlament und der Rat gemäß dem ordentlichen Gesetzgebungsverfahren Maßnahmen, die folgende Bereiche betreffen:

a) die gemeinsame Politik in Bezug auf Visa und andere kurzfristige Aufenthaltstitel;

b) die Kontrollen, denen Personen beim Überschreiten der Außengrenzen unterzogen werden;

c) die Voraussetzungen, unter denen sich Drittstaatsangehörige innerhalb der Union während eines kurzen Zeitraums frei bewegen können;

d) alle Maßnahmen, die für die schrittweise Einführung eines integrierten Grenzschutzsystems an den Außengrenzen erforderlich sind;

e) die Abschaffung der Kontrolle von Personen gleich welcher Staatsangehörigkeit beim Überschreiten der Binnengrenzen.

(3) Erscheint zur Erleichterung der Ausübung des in Artikel 20 Absatz 2 Buchstabe a genannten Rechts ein Tätigwerden der Union erforderlich, so kann der Rat gemäß einem besonderen Gesetzgebungsverfahren Bestimmungen betreffend Pässe, Personalausweise, Aufenthaltstitel oder diesen gleichgestellte Dokumente erlassen, sofern die Verträge hierfür anderweitig keine Befugnisse vorsehen. Der Rat beschließt einstimmig nach Anhörung des Europäischen Parlaments.

(4) Dieser Artikel berührt nicht die Zuständigkeit der Mitgliedstaaten für die geografische Festlegung ihrer Grenzen nach dem Völkerrecht.

Artikel 78
(ex-Artikel 63 Nummern 1 und 2 und ex-Artikel 64 Absatz 2 EGV)

(1) Die Union entwickelt eine gemeinsame Politik im Bereich Asyl, subsidiärer Schutz und vorübergehender Schutz, mit der jedem Drittstaatsangehörigen, der internationalen Schutz benötigt, ein angemessener Status angeboten und die Einhaltung des Grundsatzes der Nicht-Zurückweisung gewährleistet werden soll. Diese Politik muss mit dem Genfer Abkommen vom 28. Juli 1951 und dem Protokoll vom 31. Januar 1967 über die Rechtsstellung der Flüchtlinge sowie den anderen einschlägigen Verträgen im Einklang stehen.

(2) Für die Zwecke des Absatzes 1 erlassen das Europäische Parlament und der Rat gemäß dem ordentlichen Gesetzgebungsverfahren Maßnahmen in Bezug auf ein gemeinsames europäisches Asylsystem, das Folgendes umfasst:

a) einen in der ganzen Union gültigen einheitlichen Asylstatus für Drittstaatsangehörige;

b) einen einheitlichen subsidiären Schutzstatus für Drittstaatsangehörige, die keinen europäischen Asylstatus erhalten, aber internationalen Schutz benötigen;

c) eine gemeinsame Regelung für den vorübergehenden Schutz von Vertriebenen im Falle eines Massenzustroms;

d) gemeinsame Verfahren für die Gewährung und den Entzug des einheitlichen Asylstatus beziehungsweise des subsidiären Schutzstatus;

e) Kriterien und Verfahren zur Bestimmung des Mitgliedstaats, der für die Prüfung eines Antrags auf Asyl oder subsidiären Schutz zuständig ist;

f) Normen über die Aufnahmebedingungen von Personen, die Asyl oder subsidiären Schutz beantragen;

g) Partnerschaft und Zusammenarbeit mit Drittländern zur Steuerung des Zustroms von Personen, die Asyl oder subsidiären beziehungsweise vorübergehenden Schutz beantragen.

(3) Befinden sich ein oder mehrere Mitgliedstaaten aufgrund eines plötzlichen Zustroms von Drittstaatsangehörigen in einer Notlage, so kann der Rat auf Vorschlag der Kommission vorläufige Maßnahmen zugunsten der betreffenden Mitgliedstaaten erlassen. Er beschließt nach Anhörung des Europäischen Parlaments.

Artikel 79

(ex-Artikel 63 Nummern 3 und 4 EGV)

(1) Die Union entwickelt eine gemeinsame Einwanderungspolitik, die in allen Phasen eine wirksame Steuerung der Migrationsströme, eine angemessene Behandlung von Drittstaatsangehörigen, die sich rechtmäßig in einem Mitgliedstaat aufhalten, sowie die Verhütung und verstärkte Bekämpfung von illegaler Einwanderung und Menschenhandel gewährleisten soll.

(2) Für die Zwecke des Absatzes 1 erlassen das Europäische Parlament und der Rat gemäß dem ordentlichen Gesetzgebungsverfahren Maßnahmen in folgenden Bereichen:

a) Einreise- und Aufenthaltsvoraussetzungen sowie Normen für die Erteilung von Visa und Aufenthaltstiteln für einen langfristigen Aufenthalt, einschließlich solcher zur Familienzusammenführung, durch die Mitgliedstaaten;

b) Festlegung der Rechte von Drittstaatsangehörigen, die sich rechtmäßig in einem Mitgliedstaat aufhalten, einschließlich der Bedingungen, unter denen sie sich in den anderen Mitgliedstaaten frei bewegen und aufhalten dürfen;

c) illegale Einwanderung und illegaler Aufenthalt, einschließlich Abschiebung und Rückführung solcher Personen, die sich illegal in einem Mitgliedstaat aufhalten;

d) Bekämpfung des Menschenhandels, insbesondere des Handels mit Frauen und Kindern.

(3) Die Union kann mit Drittländern Übereinkünfte über eine Rückübernahme von Drittstaatsangehörigen in ihr Ursprungs- oder Herkunftsland schließen, die die Voraussetzungen für die Einreise in das Hoheitsgebiet eines der Mitgliedstaaten oder die Anwesenheit oder den Aufenthalt in diesem Gebiet nicht oder nicht mehr erfüllen.

(4) Das Europäische Parlament und der Rat können gemäß dem ordentlichen Gesetzgebungsverfahren unter Ausschluss jeglicher Harmonisierung der Rechtsvorschriften der Mitgliedstaaten Maßnahmen festlegen, mit denen die Bemühungen der Mitgliedstaaten um die Integration der sich rechtmäßig in ihrem Hoheitsgebiet aufhaltenden Drittstaatsangehörigen gefördert und unterstützt werden.

(5) Dieser Artikel berührt nicht das Recht der Mitgliedstaaten, festzulegen, wie viele Drittstaatsangehörige aus Drittländern in ihr Hoheitsgebiet einreisen dürfen, um dort als Arbeitnehmer oder Selbstständige Arbeit zu suchen.

Artikel 80

Für die unter dieses Kapitel fallende Politik der Union und ihre Umsetzung gilt der Grundsatz der Solidarität und der gerechten Aufteilung der Verantwortlichkeiten unter den Mitgliedstaaten, einschließlich in finanzieller Hinsicht. Die aufgrund dieses Kapitels erlassenen Rechtsakte der Union enthalten, immer wenn dies erforderlich ist, entsprechende Maßnahmen für die Anwendung dieses Grundsatzes.

KAPITEL 3
JUSTIZIELLE ZUSAMMENARBEIT IN ZIVILSACHEN

Artikel 81

(ex-Artikel 65 EGV)

(1) Die Union entwickelt eine justizielle Zusammenarbeit in Zivilsachen mit grenzüberschreitendem Bezug, die auf dem Grundsatz der gegenseitigen Anerkennung gerichtlicher und außergerichtlicher Entscheidungen beruht. Diese Zusammenarbeit kann den Erlass von Maßnahmen zur Angleichung der Rechtsvorschriften der Mitgliedstaaten umfassen.

(2) Für die Zwecke des Absatzes 1 erlassen das Europäische Parlament und der Rat, insbesondere wenn dies für das reibungslose Funktionieren des Binnenmarkts erforderlich ist, gemäß dem ordentlichen Gesetzgebungsverfahren Maßnahmen, die Folgendes sicherstellen sollen:

a) die gegenseitige Anerkennung und die Vollstreckung gerichtlicher und außergerichtlicher Entscheidungen zwischen den Mitgliedstaaten;

b) die grenzüberschreitende Zustellung gerichtlicher und außergerichtlicher Schriftstücke;

c) die Vereinbarkeit der in den Mitgliedstaaten geltenden Kollisionsnormen und Vorschriften zur Vermeidung von Kompetenzkonflikten;

d) die Zusammenarbeit bei der Erhebung von Beweismitteln;

e) einen effektiven Zugang zum Recht;

f) die Beseitigung von Hindernissen für die reibungslose Abwicklung von Zivilverfahren, erforderlichenfalls durch Förderung der Vereinbarkeit der in den Mitgliedstaaten geltenden zivilrechtlichen Verfahrensvorschriften;

g) die Entwicklung von alternativen Methoden für die Beilegung von Streitigkeiten;

h) die Förderung der Weiterbildung von Richtern und Justizbediensteten.

(3) Abweichend von Absatz 2 werden Maßnahmen zum Familienrecht mit grenzüberschreitendem Bezug vom Rat gemäß einem besonderen Gesetzgebungsverfahren festgelegt. Dieser beschließt einstimmig nach Anhörung des Europäischen Parlaments.

Der Rat kann auf Vorschlag der Kommission einen Beschluss erlassen, durch den die Aspekte des Familienrechts mit grenzüberschreitendem Bezug bestimmt werden, die Gegenstand von Rechtsakten sein können, die gemäß dem ordentlichen Gesetzgebungsverfahren erlassen werden. Der Rat beschließt einstimmig nach Anhörung des Europäischen Parlaments.

Der in Unterabsatz 2 genannte Vorschlag wird den nationalen Parlamenten übermittelt. Wird dieser Vorschlag innerhalb von sechs Monaten nach der Übermittlung von einem nationalen Parlament abgelehnt, so wird der Beschluss nicht erlassen. Wird der Vorschlag nicht abgelehnt, so kann der Rat den Beschluss erlassen.

KAPITEL 4
JUSTIZIELLE ZUSAMMENARBEIT IN STRAFSACHEN

Artikel 82
(ex-Artikel 31 EUV)

(1) Die justizielle Zusammenarbeit in Strafsachen in der Union beruht auf dem Grundsatz der gegenseitigen Anerkennung gerichtlicher Urteile und Entscheidungen und umfasst die Angleichung der Rechtsvorschriften der Mitgliedstaaten in den in Absatz 2 und in Artikel 83 genannten Bereichen.

Das Europäische Parlament und der Rat erlassen gemäß dem ordentlichen Gesetzgebungsverfahren Maßnahmen, um

a) Regeln und Verfahren festzulegen, mit denen die Anerkennung aller Arten von Urteilen und gerichtlichen Entscheidungen in der gesamten Union sichergestellt wird;

b) Kompetenzkonflikte zwischen den Mitgliedstaaten zu verhindern und beizulegen;

c) die Weiterbildung von Richtern und Staatsanwälten sowie Justizbediensteten zu fördern;

d) die Zusammenarbeit zwischen den Justizbehörden oder entsprechenden Behörden der Mitgliedstaaten im Rahmen der Strafverfolgung sowie des Vollzugs und der Vollstreckung von Entscheidungen zu erleichtern.

(2) Soweit dies zur Erleichterung der gegenseitigen Anerkennung gerichtlicher Urteile und Entscheidungen und der polizeilichen und justiziellen Zusammenarbeit in Strafsachen mit grenzüberschreitender Dimension erforderlich ist, können das Europäische Parlament und der Rat gemäß dem ordentlichen Gesetzgebungsverfahren durch Richtlinien Mindestvorschriften festlegen. Bei diesen Mindestvorschriften werden die Unterschiede zwischen den Rechtsordnungen und -traditionen der Mitgliedstaaten berücksichtigt.

Die Vorschriften betreffen Folgendes:

a) die Zulässigkeit von Beweismitteln auf gegenseitiger Basis zwischen den Mitgliedstaaten;

b) die Rechte des Einzelnen im Strafverfahren;

c) die Rechte der Opfer von Straftaten;

d) sonstige spezifische Aspekte des Strafverfahrens, die zuvor vom Rat durch Beschluss bestimmt worden sind; dieser Beschluss wird vom Rat einstimmig nach Zustimmung des Europäischen Parlaments erlassen.

Der Erlass von Mindestvorschriften nach diesem Absatz hindert die Mitgliedstaaten nicht daran, ein höheres Schutzniveau für den Einzelnen beizubehalten oder einzuführen.

(3) Ist ein Mitglied des Rates der Auffassung, dass ein Entwurf einer Richtlinie nach Absatz 2 grundlegende Aspekte seiner Strafrechtsordnung berühren würde, so kann es beantragen, dass der Europäische Rat befasst wird. In diesem Fall wird das ordentliche Gesetzgebungsverfahren ausgesetzt. Nach einer Aussprache verweist der Europäische Rat im Falle eines Einvernehmens den Entwurf binnen vier Monaten nach Aussetzung des Verfahrens an den Rat zurück, wodurch die Aussetzung des ordentlichen Gesetzgebungsverfahrens beendet wird.

Sofern kein Einvernehmen erzielt wird, mindestens neun Mitgliedstaaten aber eine Verstärkte Zusammenarbeit auf der Grundlage des betreffenden Entwurfs einer Richtlinie begründen möchten, teilen diese Mitgliedstaaten dies binnen derselben Frist dem Europäischen Parlament, dem Rat und der Kommission mit. In diesem Fall gilt die Ermächtigung zu einer Verstärkten Zusammenarbeit nach Artikel 20 Absatz 2 des Vertrags über die Europäische Union und Artikel 329 Absatz 1 dieses Vertrags als erteilt, und die Bestimmungen über die Verstärkte Zusammenarbeit finden Anwendung.

Artikel 83
(ex-Artikel 31 EUV)

(1) Das Europäische Parlament und der Rat können gemäß dem ordentlichen Gesetzgebungsverfahren durch Richtlinien Mindestvorschriften zur Festlegung von Straftaten und Strafen in Bereichen besonders schwerer Kriminalität festlegen, die aufgrund der Art oder der Auswirkungen der Straftaten oder aufgrund einer besonderen Notwendigkeit, sie auf einer gemeinsamen Grundlage zu bekämpfen, eine grenzüberschreitende Dimension haben.

Derartige Kriminalitätsbereiche sind: Terrorismus, Menschenhandel und sexuelle Ausbeutung von Frauen und Kindern, illegaler Drogenhandel, illegaler Waffenhandel, Geldwäsche, Korruption,

Fälschung von Zahlungsmitteln, Computerkriminalität und organisierte Kriminalität.

Je nach Entwicklung der Kriminalität kann der Rat einen Beschluss erlassen, in dem andere Kriminalitätsbereiche bestimmt werden, die die Kriterien dieses Absatzes erfüllen. Er beschließt einstimmig nach Zustimmung des Europäischen Parlaments.

(2) Erweist sich die Angleichung der strafrechtlichen Rechtsvorschriften der Mitgliedstaaten als unerlässlich für die wirksame Durchführung der Politik der Union auf einem Gebiet, auf dem Harmonisierungsmaßnahmen erfolgt sind, so können durch Richtlinien Mindestvorschriften für die Festlegung von Straftaten und Strafen auf dem betreffenden Gebiet festgelegt werden. Diese Richtlinien werden unbeschadet des Artikels 76 gemäß dem gleichen ordentlichen oder besonderen Gesetzgebungsverfahren wie die betreffenden Harmonisierungsmaßnahmen erlassen.

(3) Ist ein Mitglied des Rates der Auffassung, dass der Entwurf einer Richtlinie nach den Absätzen 1 oder 2 grundlegende Aspekte seiner Strafrechtsordnung berühren würde, so kann es beantragen, dass der Europäische Rat befasst wird. In diesem Fall wird das ordentliche Gesetzgebungsverfahren ausgesetzt. Nach einer Aussprache verweist der Europäische Rat im Falle eines Einvernehmens den Entwurf binnen vier Monaten nach Aussetzung des Verfahrens an den Rat zurück, wodurch die Aussetzung des ordentlichen Gesetzgebungsverfahrens beendet wird.

Sofern kein Einvernehmen erzielt wird, mindestens neun Mitgliedstaaten aber eine Verstärkte Zusammenarbeit auf der Grundlage des betreffenden Entwurfs einer Richtlinie begründen möchten, teilen diese Mitgliedstaaten dies binnen derselben Frist dem Europäischen Parlament, dem Rat und der Kommission mit. In diesem Fall gilt die Ermächtigung zu einer Verstärkten Zusammenarbeit nach Artikel 20 Absatz 2 des Vertrags über die Europäische Union und Artikel 329 Absatz 1 dieses Vertrags als erteilt, und die Bestimmungen über die Verstärkte Zusammenarbeit finden Anwendung.

Artikel 84

Das Europäische Parlament und der Rat können gemäß dem ordentlichen Gesetzgebungsverfahren unter Ausschluss jeglicher Harmonisierung der Rechtsvorschriften der Mitgliedstaaten Maßnahmen festlegen, um das Vorgehen der Mitgliedstaaten im Bereich der Kriminalprävention zu fördern und zu unterstützen.

Artikel 85
(ex-Artikel 31 EUV)

(1) Eurojust hat den Auftrag, die Koordinierung und Zusammenarbeit zwischen den nationalen Behörden zu unterstützen und zu verstärken, die für die Ermittlung und Verfolgung von schwerer Kriminalität zuständig sind, wenn zwei oder mehr Mitgliedstaaten betroffen sind oder eine Verfolgung auf gemeinsamer Grundlage erforderlich ist; Eurojust stützt sich dabei auf die von den Behörden der Mitgliedstaaten und von Europol durchgeführten Operationen und gelieferten Informationen.

Zu diesem Zweck legen das Europäische Parlament und der Rat gemäß dem ordentlichen Gesetzgebungsverfahren durch Verordnungen den Aufbau, die Arbeitsweise, den Tätigkeitsbereich und die Aufgaben von Eurojust fest. Zu diesen Aufgaben kann Folgendes gehören:

a) Einleitung von strafrechtlichen Ermittlungsmaßnahmen sowie Vorschläge zur Einleitung von strafrechtlichen Verfolgungsmaßnahmen, die von den zuständigen nationalen Behörden durchgeführt werden, insbesondere bei Straftaten zum Nachteil der finanziellen Interessen der Union;

b) Koordinierung der unter Buchstabe a genannten Ermittlungs- und Verfolgungsmaßnahmen;

c) Verstärkung der justiziellen Zusammenarbeit, unter anderem auch durch die Beilegung von Kompetenzkonflikten und eine enge Zusammenarbeit mit dem Europäischen Justiziellen Netz.

Durch diese Verordnungen werden ferner die Einzelheiten für die Beteiligung des Europäischen Parlaments und der nationalen Parlamente an der Bewertung der Tätigkeit von Eurojust festgelegt.

(2) Im Rahmen der Strafverfolgungsmaßnahmen nach Absatz 1 werden die förmlichen Prozesshandlungen unbeschadet des Artikels 86 durch die zuständigen einzelstaatlichen Bediensteten vorgenommen.

Artikel 86

(1) Zur Bekämpfung von Straftaten zum Nachteil der finanziellen Interessen der Union kann der Rat gemäß einem besonderen Gesetzgebungsverfahren durch Verordnungen ausgehend von Eurojust eine Europäische Staatsanwaltschaft einsetzen. Der Rat beschließt einstimmig nach Zustimmung des Europäischen Parlaments.

Sofern keine Einstimmigkeit besteht, kann eine Gruppe von mindestens neun Mitgliedstaaten beantragen, dass der Europäische Rat mit dem Entwurf einer Verordnung befasst wird. In diesem Fall wird das Verfahren im Rat ausgesetzt. Nach einer Aussprache verweist der Europäische Rat im Falle eines Einvernehmens den Entwurf binnen vier Monaten nach Aussetzung des Verfahrens an den Rat zur Annahme zurück.

Sofern kein Einvernehmen erzielt wird, mindestens neun Mitgliedstaaten aber eine Verstärkte Zusammenarbeit auf der Grundlage des betreffenden Entwurfs einer Verordnung begründen möchten, teilen diese Mitgliedstaaten dies binnen derselben Frist dem Europäischen Parlament, dem Rat und der Kommission mit. In diesem Fall gilt die

Ermächtigung zu einer Verstärkten Zusammenarbeit nach Artikel 20 Absatz 2 des Vertrags über die Europäische Union und Artikel 329 Absatz 1 dieses Vertrags als erteilt, und die Bestimmungen über die Verstärkte Zusammenarbeit finden Anwendung.

(2) Die Europäische Staatsanwaltschaft ist, gegebenenfalls in Verbindung mit Europol, zuständig für die strafrechtliche Untersuchung und Verfolgung sowie die Anklageerhebung in Bezug auf Personen, die als Täter oder Teilnehmer Straftaten zum Nachteil der finanziellen Interessen der Union begangen haben, die in der Verordnung nach Absatz 1 festgelegt sind. Die Europäische Staatsanwaltschaft nimmt bei diesen Straftaten vor den zuständigen Gerichten der Mitgliedstaaten die Aufgaben der Staatsanwaltschaft wahr.

(3) Die in Absatz 1 genannte Verordnung legt die Satzung der Europäischen Staatsanwaltschaft, die Einzelheiten für die Erfüllung ihrer Aufgaben, die für ihre Tätigkeit geltenden Verfahrensvorschriften sowie die Regeln für die Zulässigkeit von Beweismitteln und für die gerichtliche Kontrolle der von der Europäischen Staatsanwaltschaft bei der Erfüllung ihrer Aufgaben vorgenommenen Prozesshandlungen fest.

(4) Der Europäische Rat kann gleichzeitig mit der Annahme der Verordnung oder im Anschluss daran einen Beschluss zur Änderung des Absatzes 1 mit dem Ziel einer Ausdehnung der Befugnisse der Europäischen Staatsanwaltschaft auf die Bekämpfung der schweren Kriminalität mit grenzüberschreitender Dimension und zur entsprechenden Änderung des Absatzes 2 hinsichtlich Personen, die als Täter oder Teilnehmer schwere, mehr als einen Mitgliedstaat betreffende Straftaten begangen haben, erlassen. Der Europäische Rat beschließt einstimmig nach Zustimmung des Europäischen Parlaments und nach Anhörung der Kommission.

KAPITEL 5
POLIZEILICHE ZUSAMMENARBEIT

Artikel 87
(ex-Artikel 30 EUV)

(1) Die Union entwickelt eine polizeiliche Zusammenarbeit zwischen allen zuständigen Behörden der Mitgliedstaaten, einschließlich der Polizei, des Zolls und anderer auf die Verhütung oder die Aufdeckung von Straftaten sowie entsprechende Ermittlungen spezialisierter Strafverfolgungsbehörden.

(2) Für die Zwecke des Absatzes 1 können das Europäische Parlament und der Rat gemäß dem ordentlichen Gesetzgebungsverfahren Maßnahmen erlassen, die Folgendes betreffen:

a) Einholen, Speichern, Verarbeiten, Analysieren und Austauschen sachdienlicher Informationen;

b) Unterstützung bei der Aus- und Weiterbildung von Personal sowie Zusammenarbeit in Bezug auf den Austausch von Personal, die Ausrüstungsgegenstände und die kriminaltechnische Forschung;

c) gemeinsame Ermittlungstechniken zur Aufdeckung schwerwiegender Formen der organisierten Kriminalität.

(3) Der Rat kann gemäß einem besonderen Gesetzgebungsverfahren Maßnahmen erlassen, die die operative Zusammenarbeit zwischen den in diesem Artikel genannten Behörden betreffen. Der Rat beschließt einstimmig nach Anhörung des Europäischen Parlaments.

Sofern keine Einstimmigkeit besteht, kann eine Gruppe von mindestens neun Mitgliedstaaten beantragen, dass der Europäische Rat mit dem Entwurf von Maßnahmen befasst wird. In diesem Fall wird das Verfahren im Rat ausgesetzt. Nach einer Aussprache verweist der Europäische Rat im Falle eines Einvernehmens den Entwurf binnen vier Monaten nach Aussetzung des Verfahrens an den Rat zur Annahme zurück.

Sofern kein Einvernehmen erzielt wird, mindestens neun Mitgliedstaaten aber eine Verstärkte Zusammenarbeit auf der Grundlage des betreffenden Entwurfs von Maßnahmen begründen möchten, teilen diese Mitgliedstaaten dies binnen derselben Frist dem Europäischen Parlament, dem Rat und der Kommission mit. In diesem Fall gilt die Ermächtigung zu einer Verstärkten Zusammenarbeit nach Artikel 20 Absatz 2 des Vertrags über die Europäische Union und Artikel 329 Absatz 1 dieses Vertrags als erteilt, und die Bestimmungen über die Verstärkte Zusammenarbeit finden Anwendung.

Das besondere Verfahren nach den Unterabsätzen 2 und 3 gilt nicht für Rechtsakte, die eine Weiterentwicklung des Schengen-Besitzstands darstellen.

Artikel 88
(ex-Artikel 30 EUV)

(1) Europol hat den Auftrag, die Tätigkeit der Polizeibehörden und der anderen Strafverfolgungsbehörden der Mitgliedstaaten sowie deren gegenseitige Zusammenarbeit bei der Verhütung und Bekämpfung der zwei oder mehr Mitgliedstaaten betreffenden schweren Kriminalität, des Terrorismus und der Kriminalitätsformen, die ein gemeinsames Interesse verletzen, das Gegenstand einer Politik der Union ist, zu unterstützen und zu verstärken.

(2) Das Europäische Parlament und der Rat legen gemäß dem ordentlichen Gesetzgebungsverfahren durch Verordnungen den Aufbau, die Arbeitsweise, den Tätigkeitsbereich und die Aufgaben von Europol fest. Zu diesen Aufgaben kann Folgendes gehören:

a) Einholen, Speichern, Verarbeiten, Analysieren und Austauschen von Informationen, die insbesondere von den Behörden der Mitgliedstaaten oder Drittländern beziehungsweise Stellen außerhalb der Union übermittelt werden;

b) Koordinierung, Organisation und Durchführung von Ermittlungen und von operativen Maßnahmen, die gemeinsam mit den zuständigen Behörden der Mitgliedstaaten oder im Rahmen gemeinsamer Ermittlungsgruppen durchgeführt werden, gegebenenfalls in Verbindung mit Eurojust.

Durch diese Verordnungen werden ferner die Einzelheiten für die Kontrolle der Tätigkeiten von Europol durch das Europäische Parlament festgelegt; an dieser Kontrolle werden die nationalen Parlamente beteiligt.

(3) Europol darf operative Maßnahmen nur in Verbindung und in Absprache mit den Behörden des Mitgliedstaats oder der Mitgliedstaaten ergreifen, deren Hoheitsgebiet betroffen ist. Die Anwendung von Zwangsmaßnahmen bleibt ausschließlich den zuständigen einzelstaatlichen Behörden vorbehalten.

Artikel 89
(ex-Artikel 32 EUV)

Der Rat legt gemäß einem besonderen Gesetzgebungsverfahren fest, unter welchen Bedingungen und innerhalb welcher Grenzen die in den Artikeln 82 und 87 genannten zuständigen Behörden der Mitgliedstaaten im Hoheitsgebiet eines anderen Mitgliedstaats in Verbindung und in Absprache mit dessen Behörden tätig werden dürfen. Der Rat beschließt einstimmig nach Anhörung des Europäischen Parlaments.

TITEL VI
DER VERKEHR

Artikel 90
(ex-Artikel 70 EGV)

Auf dem in diesem Titel geregelten Sachgebiet werden die Ziele der Verträge im Rahmen einer gemeinsamen Verkehrspolitik verfolgt.

Artikel 91
(ex-Artikel 71 EGV)

(1) Zur Durchführung des Artikels 90 werden das Europäische Parlament und der Rat unter Berücksichtigung der Besonderheiten des Verkehrs gemäß dem ordentlichen Gesetzgebungsverfahren und nach Anhörung des Wirtschafts- und Sozialausschusses sowie des Ausschusses der Regionen

a) für den internationalen Verkehr aus oder nach dem Hoheitsgebiet eines Mitgliedstaats oder für den Durchgangsverkehr durch das Hoheitsgebiet eines oder mehrerer Mitgliedstaaten gemeinsame Regeln aufstellen;

b) für die Zulassung von Verkehrsunternehmern zum Verkehr innerhalb eines Mitgliedstaats, in dem sie nicht ansässig sind, die Bedingungen festlegen;

c) Maßnahmen zur Verbesserung der Verkehrssicherheit erlassen;

d) alle sonstigen zweckdienlichen Vorschriften erlassen.

(2) Beim Erlass von Maßnahmen nach Absatz 1 wird den Fällen Rechnung getragen, in denen die Anwendung den Lebensstandard und die Beschäftigungslage in bestimmten Regionen sowie den Betrieb der Verkehrseinrichtungen ernstlich beeinträchtigen könnte.

Artikel 92
(ex-Artikel 72 EGV)

Bis zum Erlass der in Artikel 91 Absatz 1 genannten Vorschriften darf ein Mitgliedstaat die verschiedenen, am 1. Januar 1958 oder, im Falle später beigetretener Staaten, zum Zeitpunkt ihres Beitritts auf diesem Gebiet geltenden Vorschriften in ihren unmittelbaren oder mittelbaren Auswirkungen auf die Verkehrsunternehmer anderer Mitgliedstaaten im Vergleich zu den inländischen Verkehrsunternehmern nicht ungünstiger gestalten, es sei denn, dass der Rat einstimmig eine Maßnahme billigt, die eine Ausnahmeregelung gewährt.

Artikel 93
(ex-Artikel 73 EGV)

Mit den Verträgen vereinbar sind Beihilfen, die den Erfordernissen der Koordinierung des Verkehrs oder der Abgeltung bestimmter, mit dem Begriff des öffentlichen Dienstes zusammenhängender Leistungen entsprechen.

Artikel 94
(ex-Artikel 74 EGV)

Jede Maßnahme auf dem Gebiet der Beförderungsentgelte und -bedingungen, die im Rahmen der Verträge getroffen wird, hat der wirtschaftlichen Lage der Verkehrsunternehmer Rechnung zu tragen.

Artikel 95
(ex-Artikel 75 EGV)

(1) Im Verkehr innerhalb der Union sind Diskriminierungen verboten, die darin bestehen, dass ein Verkehrsunternehmer in denselben Verkehrsverbindungen für die gleichen Güter je nach ihrem Herkunfts- oder Bestimmungsland unterschiedliche Frachten und Beförderungsbedingungen anwendet.

(2) Absatz 1 schließt sonstige Maßnahmen nicht aus, die das Europäische Parlament und der Rat gemäß Artikel 91 Absatz 1 treffen können.

(3) Der Rat trifft auf Vorschlag der Kommission und nach Anhörung des Europäischen Parlaments und des Wirtschafts- und Sozialausschusses eine Regelung zur Durchführung des Absatzes 1.

Er kann insbesondere die erforderlichen Vorschriften erlassen, um es den Organen der Union zu ermöglichen, für die Beachtung des Absatzes 1 Sorge zu tragen, und um den Verkehrsnutzern die Vorteile dieser Bestimmung voll zukommen zu lassen.

(4) Die Kommission prüft von sich aus oder auf Antrag eines Mitgliedstaats die Diskriminierungsfälle des Absatzes 1 und erlässt nach Beratung mit jedem in Betracht kommenden Mitgliedstaat die erforderlichen Beschlüsse im Rahmen der gemäß Absatz 3 getroffenen Regelung.

Artikel 96
(ex-Artikel 76 EGV)

(1) Im Verkehr innerhalb der Union sind die von einem Mitgliedstaat auferlegten Frachten und Beförderungsbedingungen verboten, die in irgendeiner Weise der Unterstützung oder dem Schutz eines oder mehrerer bestimmter Unternehmen oder Industrien dienen, es sei denn, dass die Kommission die Genehmigung hierzu erteilt.

(2) Die Kommission prüft von sich aus oder auf Antrag eines Mitgliedstaats die in Absatz 1 bezeichneten Frachten und Beförderungsbedingungen; hierbei berücksichtigt sie insbesondere sowohl die Erfordernisse einer angemessenen Standortpolitik, die Bedürfnisse der unterentwickelten Gebiete und die Probleme der durch politische Umstände schwer betroffenen Gebiete als auch die Auswirkungen dieser Frachten und Beförderungsbedingungen auf den Wettbewerb zwischen den Verkehrsarten.

Die Kommission erlässt die erforderlichen Beschlüsse nach Beratung mit jedem in Betracht kommenden Mitgliedstaat.

(3) Das in Absatz 1 genannte Verbot trifft nicht die Wettbewerbstarife.

Artikel 97
(ex-Artikel 77 EGV)

Die Abgaben oder Gebühren, die ein Verkehrsunternehmer neben den Frachten beim Grenzübergang in Rechnung stellt, dürfen unter Berücksichtigung der hierdurch tatsächlich verursachten Kosten eine angemessene Höhe nicht übersteigen.

Die Mitgliedstaaten werden bemüht sein, diese Kosten schrittweise zu verringern.

Die Kommission kann zur Durchführung dieses Artikels Empfehlungen an die Mitgliedstaaten richten.

Artikel 98
(ex-Artikel 78 EGV)

Die Bestimmungen dieses Titels stehen Maßnahmen in der Bundesrepublik Deutschland nicht entgegen, soweit sie erforderlich sind, um die wirtschaftlichen Nachteile auszugleichen, die der Wirtschaft bestimmter, von der Teilung Deutschlands betroffener Gebiete der Bundesrepublik aus dieser Teilung entstehen. Der Rat kann fünf Jahre nach dem Inkrafttreten des Vertrags von Lissabon auf Vorschlag der Kommission einen Beschluss erlassen, mit dem dieser Artikel aufgehoben wird.

Artikel 99
(ex-Artikel 79 EGV)

Bei der Kommission wird ein beratender Ausschuss gebildet; er besteht aus Sachverständigen, die von den Regierungen der Mitgliedstaaten ernannt werden. Die Kommission hört den Ausschuss je nach Bedarf in Verkehrsfragen an.

Artikel 100
(ex-Artikel 80 EGV)

(1) Dieser Titel gilt für die Beförderungen im Eisenbahn-, Straßen- und Binnenschiffsverkehr.

(2) Das Europäische Parlament und der Rat können gemäß dem ordentlichen Gesetzgebungsverfahren geeignete Vorschriften für die Seeschifffahrt und die Luftfahrt erlassen. Sie beschließen nach Anhörung des Wirtschafts- und Sozialausschusses und des Ausschusses der Regionen.

ABSCHNITT 1
VORSCHRIFTEN FÜR UNTERNEHMEN

Artikel 101
(ex-Artikel 81 EGV)

(1) Mit dem Binnenmarkt unvereinbar und verboten sind alle Vereinbarungen zwischen Unternehmen, Beschlüsse von Unternehmensvereinigungen und aufeinander abgestimmte Verhaltensweisen, welche den Handel zwischen Mitgliedstaaten zu beeinträchtigen geeignet sind und eine Verhinderung, Einschränkung oder Verfälschung des Wettbewerbs innerhalb des Binnenmarkts bezwecken oder bewirken, insbesondere

a) die unmittelbare oder mittelbare Festsetzung der An- oder Verkaufspreise oder sonstiger Geschäftsbedingungen;

b) die Einschränkung oder Kontrolle der Erzeugung, des Absatzes, der technischen Entwicklung oder der Investitionen;

c) die Aufteilung der Märkte oder Versorgungsquellen;

d) die Anwendung unterschiedlicher Bedingungen bei gleichwertigen Leistungen gegenüber Handelspartnern, wodurch diese im Wettbewerb benachteiligt werden;

e) die an den Abschluss von Verträgen geknüpfte Bedingung, dass die Vertragspartner zusätzliche Leistungen annehmen, die weder sachlich noch nach Handelsbrauch in Beziehung zum Vertragsgegenstand stehen.

(2) Die nach diesem Artikel verbotenen Vereinbarungen oder Beschlüsse sind nichtig.

(3) Die Bestimmungen des Absatzes 1 können für nicht anwendbar erklärt werden auf

— Vereinbarungen oder Gruppen von Vereinbarungen zwischen Unternehmen,

— Beschlüsse oder Gruppen von Beschlüssen von Unternehmensvereinigungen,

— aufeinander abgestimmte Verhaltensweisen oder Gruppen von solchen,

die unter angemessener Beteiligung der Verbraucher an dem entstehenden Gewinn zur Verbesserung der Warenerzeugung oder -verteilung oder zur Förderung des technischen oder wirtschaftlichen Fortschritts beitragen, ohne dass den beteiligten Unternehmen

a) Beschränkungen auferlegt werden, die für die Verwirklichung dieser Ziele nicht unerlässlich sind, oder

b) Möglichkeiten eröffnet werden, für einen wesentlichen Teil der betreffenden Waren den Wettbewerb auszuschalten.

Artikel 102

(ex-Artikel 82 EGV)

Mit dem Binnenmarkt unvereinbar und verboten ist die missbräuchliche Ausnutzung einer beherrschenden Stellung auf dem Binnenmarkt oder auf einem wesentlichen Teil desselben durch ein oder mehrere Unternehmen, soweit dies dazu führen kann, den Handel zwischen Mitgliedstaaten zu beeinträchtigen.

Dieser Missbrauch kann insbesondere in Folgendem bestehen:

a) der unmittelbaren oder mittelbaren Erzwingung von unangemessenen Einkaufs- oder Verkaufspreisen oder sonstigen Geschäftsbedingungen;

b) der Einschränkung der Erzeugung, des Absatzes oder der technischen Entwicklung zum Schaden der Verbraucher;

c) der Anwendung unterschiedlicher Bedingungen bei gleichwertigen Leistungen gegenüber Handelspartnern, wodurch diese im Wettbewerb benachteiligt werden;

d) der an den Abschluss von Verträgen geknüpften Bedingung, dass die Vertragspartner zusätzliche Leistungen annehmen, die weder sachlich noch nach Handelsbrauch in Beziehung zum Vertragsgegenstand stehen.

Artikel 103

(ex-Artikel 83 EGV)

(1) Die zweckdienlichen Verordnungen oder Richtlinien zur Verwirklichung der in den Artikeln 101 und 102 niedergelegten Grundsätze werden vom Rat auf Vorschlag der Kommission und nach Anhörung des Europäischen Parlaments beschlossen.

(2) Die in Absatz 1 vorgesehenen Vorschriften bezwecken insbesondere,

a) die Beachtung der in Artikel 101 Absatz 1 und Artikel 102 genannten Verbote durch die Einführung von Geldbußen und Zwangsgeldern zu gewährleisten;

b) die Einzelheiten der Anwendung des Artikels 101 Absatz 3 festzulegen; dabei ist dem Erfordernis einer wirksamen Überwachung bei möglichst einfacher Verwaltungskontrolle Rechnung zu tragen;

c) gegebenenfalls den Anwendungsbereich der Artikel 101 und 102 für die einzelnen Wirtschaftszweige näher zu bestimmen;

d) die Aufgaben der Kommission und des Gerichtshofs der Europäischen Union bei der Anwendung der in diesem Absatz vorgesehenen Vorschriften gegeneinander abzugrenzen;

e) das Verhältnis zwischen den innerstaatlichen Rechtsvorschriften einerseits und den in diesem Abschnitt enthaltenen oder aufgrund dieses Artikels getroffenen Bestimmungen andererseits festzulegen.

Artikel 104

(ex-Artikel 84 EGV)

Bis zum Inkrafttreten der gemäß Artikel 103 erlassenen Vorschriften entscheiden die Behörden der Mitgliedstaaten im Einklang mit ihren eigenen Rechtsvorschriften und den Bestimmungen der Artikel 101, insbesondere Absatz 3, und 102 über die Zulässigkeit von Vereinbarungen, Beschlüssen und aufeinander abgestimmten Verhaltensweisen sowie über die missbräuchliche Ausnutzung einer beherrschenden Stellung auf dem Binnenmarkt.

Artikel 105

(ex-Artikel 85 EGV)

(1) Unbeschadet des Artikels 104 achtet die Kommission auf die Verwirklichung der in den Artikeln 101 und 102 niedergelegten Grundsätze. Sie untersucht auf Antrag eines Mitgliedstaats oder von Amts wegen in Verbindung mit den zuständigen Behörden der Mitgliedstaaten, die ihr Amtshilfe zu leisten haben, die Fälle, in denen Zuwiderhandlungen gegen diese Grundsätze vermutet werden. Stellt sie eine Zuwiderhandlung fest, so schlägt sie geeignete Mittel vor, um diese abzustellen.

(2) Wird die Zuwiderhandlung nicht abgestellt, so trifft die Kommission in einem mit Gründen versehenen Beschluss die Feststellung, dass eine derartige Zuwiderhandlung vorliegt. Sie kann den Beschluss veröffentlichen und die Mitgliedstaaten ermächtigen, die erforderlichen Abhilfemaßnahmen zu treffen, deren Bedingungen und Einzelheiten sie festlegt.

(3) Die Kommission kann Verordnungen zu den Gruppen von Vereinbarungen erlassen, zu

denen der Rat nach Artikel 103 Absatz 2 Buchstabe b eine Verordnung oder Richtlinie erlassen hat.

Artikel 106
(ex-Artikel 86 EGV)

(1) Die Mitgliedstaaten werden in Bezug auf öffentliche Unternehmen und auf Unternehmen, denen sie besondere oder ausschließliche Rechte gewähren, keine den Verträgen und insbesondere den Artikeln 18 und 101 bis 109 widersprechende Maßnahmen treffen oder beibehalten.

(2) Für Unternehmen, die mit Dienstleistungen von allgemeinem wirtschaftlichem Interesse betraut sind oder den Charakter eines Finanzmonopols haben, gelten die Vorschriften der Verträge, insbesondere die Wettbewerbsregeln, soweit die Anwendung dieser Vorschriften nicht die Erfüllung der ihnen übertragenen besonderen Aufgabe rechtlich oder tatsächlich verhindert. Die Entwicklung des Handelsverkehrs darf nicht in einem Ausmaß beeinträchtigt werden, das dem Interesse der Union zuwiderläuft.

(3) Die Kommission achtet auf die Anwendung dieses Artikels und richtet erforderlichenfalls geeignete Richtlinien oder Beschlüsse an die Mitgliedstaaten.

ABSCHNITT 2

STAATLICHE BEIHILFEN

Artikel 107
(ex-Artikel 87 EGV)

(1) Soweit in den Verträgen nicht etwas anderes bestimmt ist, sind staatliche oder aus staatlichen Mitteln gewährte Beihilfen gleich welcher Art, die durch die Begünstigung bestimmter Unternehmen oder Produktionszweige den Wettbewerb verfälschen oder zu verfälschen drohen, mit dem Binnenmarkt unvereinbar, soweit sie den Handel zwischen Mitgliedstaaten beeinträchtigen.

(2) Mit dem Binnenmarkt vereinbar sind:

a) Beihilfen sozialer Art an einzelne Verbraucher, wenn sie ohne Diskriminierung nach der Herkunft der Waren gewährt werden;

b) Beihilfen zur Beseitigung von Schäden, die durch Naturkatastrophen oder sonstige außergewöhnliche Ereignisse entstanden sind;

c) Beihilfen für die Wirtschaft bestimmter, durch die Teilung Deutschlands betroffener Gebiete der Bundesrepublik Deutschland, soweit sie zum Ausgleich der durch die Teilung verursachten wirtschaftlichen Nachteile erforderlich sind. Der Rat kann fünf Jahre nach dem Inkrafttreten des Vertrags von Lissabon auf Vorschlag der Kommission einen Beschluss erlassen, mit dem dieser Buchstabe aufgehoben wird.

(3) Als mit dem Binnenmarkt vereinbar können angesehen werden:

a) Beihilfen zur Förderung der wirtschaftlichen Entwicklung von Gebieten, in denen die Lebenshaltung außergewöhnlich niedrig ist oder eine erhebliche Unterbeschäftigung herrscht, sowie der in Artikel 349 genannten Gebiete unter Berücksichtigung ihrer strukturellen, wirtschaftlichen und sozialen Lage;

b) Beihilfen zur Förderung wichtiger Vorhaben von gemeinsamem europäischem Interesse oder zur Behebung einer beträchtlichen Störung im Wirtschaftsleben eines Mitgliedstaats;

c) Beihilfen zur Förderung der Entwicklung gewisser Wirtschaftszweige oder Wirtschaftsgebiete, soweit sie die Handelsbedingungen nicht in einer Weise verändern, die dem gemeinsamen Interesse zuwiderläuft;

d) Beihilfen zur Förderung der Kultur und der Erhaltung des kulturellen Erbes, soweit sie die Handels- und Wettbewerbsbedingungen in der Union nicht in einem Maß beeinträchtigen, das dem gemeinsamen Interesse zuwiderläuft;

e) sonstige Arten von Beihilfen, die der Rat durch einen Beschluss auf Vorschlag der Kommission bestimmt.

Artikel 108
(ex-Artikel 88 EGV)

(1) Die Kommission überprüft fortlaufend in Zusammenarbeit mit den Mitgliedstaaten die in diesen bestehenden Beihilferegelungen. Sie schlägt ihnen die zweckdienlichen Maßnahmen vor, welche die fortschreitende Entwicklung und das Funktionieren des Binnenmarkts erfordern.

(2) Stellt die Kommission fest, nachdem sie den Beteiligten eine Frist zur Äußerung gesetzt hat, dass eine von einem Staat oder aus staatlichen Mitteln gewährte Beihilfe mit dem Binnenmarkt nach Artikel 107 unvereinbar ist oder dass sie missbräuchlich angewandt wird, so beschließt sie, dass der betreffende Staat sie binnen einer von ihr bestimmten Frist aufzuheben oder umzugestalten hat.

Kommt der betreffende Staat diesem Beschluss innerhalb der festgesetzten Frist nicht nach, so kann die Kommission oder jeder betroffene Staat in Abweichung von den Artikeln 258 und 259 den Gerichtshof der Europäischen Union unmittelbar anrufen.

Der Rat kann einstimmig auf Antrag eines Mitgliedstaats beschließen, dass eine von diesem Staat gewährte oder geplante Beihilfe in Abweichung von Artikel 107 oder von den nach Artikel 109 erlassenen Verordnungen als mit dem Binnenmarkt vereinbar gilt, wenn außergewöhnliche Umstände einen solchen Beschluss rechtfertigen. Hat die Kommission bezüglich dieser Beihilfe das in Unterabsatz 1 dieses Absatzes vorgesehene Verfahren bereits eingeleitet, so bewirkt der Antrag des betreffenden Staates an den Rat die

Aussetzung dieses Verfahrens, bis der Rat sich geäußert hat.

Äußert sich der Rat nicht binnen drei Monaten nach Antragstellung, so beschließt die Kommission.

(3) Die Kommission wird von jeder beabsichtigten Einführung oder Umgestaltung von Beihilfen so rechtzeitig unterrichtet, dass sie sich dazu äußern kann. Ist sie der Auffassung, dass ein derartiges Vorhaben nach Artikel 107 mit dem Binnenmarkt unvereinbar ist, so leitet sie unverzüglich das in Absatz 2 vorgesehene Verfahren ein. Der betreffende Mitgliedstaat darf die beabsichtigte Maßnahme nicht durchführen, bevor die Kommission einen abschließenden Beschluss erlassen hat.

(4) Die Kommission kann Verordnungen zu den Arten von staatlichen Beihilfen erlassen, für die der Rat nach Artikel 109 festgelegt hat, dass sie von dem Verfahren nach Absatz 3 ausgenommen werden können.

Artikel 109
(ex-Artikel 89 EGV)

Der Rat kann auf Vorschlag der Kommission und nach Anhörung des Europäischen Parlaments alle zweckdienlichen Durchführungsverordnungen zu den Artikeln 107 und 108 erlassen und insbesondere die Bedingungen für die Anwendung des Artikels 108 Absatz 3 sowie diejenigen Arten von Beihilfen festlegen, die von diesem Verfahren ausgenommen sind.

KAPITEL 2
STEUERLICHE VORSCHRIFTEN

Artikel 110
(ex-Artikel 90 EGV)

Die Mitgliedstaaten erheben auf Waren aus anderen Mitgliedstaaten weder unmittelbar noch mittelbar höhere inländische Abgaben gleich welcher Art, als gleichartige inländische Waren unmittelbar oder mittelbar zu tragen haben.

Die Mitgliedstaaten erheben auf Waren aus anderen Mitgliedstaaten keine inländischen Abgaben, die geeignet sind, andere Produktionen mittelbar zu schützen.

Artikel 111
(ex-Artikel 91 EGV)

Werden Waren in das Hoheitsgebiet eines Mitgliedstaats ausgeführt, so darf die Rückvergütung für inländische Abgaben nicht höher sein als die auf die ausgeführten Waren mittelbar oder unmittelbar erhobenen inländischen Abgaben.

Artikel 112
(ex-Artikel 92 EGV)

Für Abgaben außer Umsatzsteuern, Verbrauchsabgaben und sonstigen indirekten Steuern sind Entlastungen und Rückvergütungen bei der Ausfuhr nach anderen Mitgliedstaaten sowie Ausgleichsabgaben bei der Einfuhr aus den Mitgliedstaaten nur zulässig, soweit der Rat sie vorher auf Vorschlag der Kommission für eine begrenzte Frist genehmigt hat.

Artikel 113
(ex-Artikel 93 EGV)

Der Rat erlässt gemäß einem besonderen Gesetzgebungsverfahren und nach Anhörung des Europäischen Parlaments und des Wirtschafts- und Sozialausschusses einstimmig die Bestimmungen zur Harmonisierung der Rechtsvorschriften über die Umsatzsteuern, die Verbrauchsabgaben und sonstige indirekte Steuern, soweit diese Harmonisierung für die Errichtung und das Funktionieren des Binnenmarkts und die Vermeidung von Wettbewerbsverzerrungen notwendig ist.

KAPITEL 3
ANGLEICHUNG DER RECHTSVORSCHRIFTEN

Artikel 114
(ex-Artikel 95 EGV)

(1) Soweit in den Verträgen nichts anderes bestimmt ist, gilt für die Verwirklichung der Ziele des Artikels 26 die nachstehende Regelung. Das Europäische Parlament und der Rat erlassen gemäß dem ordentlichen Gesetzgebungsverfahren und nach Anhörung des Wirtschafts- und Sozialausschusses die Maßnahmen zur Angleichung der Rechts- und Verwaltungsvorschriften der Mitgliedstaaten, welche die Errichtung und das Funktionieren des Binnenmarkts zum Gegenstand haben.

(2) Absatz 1 gilt nicht für die Bestimmungen über die Steuern, die Bestimmungen über die Freizügigkeit und die Bestimmungen über die Rechte und Interessen der Arbeitnehmer.

(3) Die Kommission geht in ihren Vorschlägen nach Absatz 1 in den Bereichen Gesundheit, Sicherheit, Umweltschutz und Verbraucherschutz von einem hohen Schutzniveau aus und berücksichtigt dabei insbesondere alle auf wissenschaftliche Ergebnisse gestützten neuen Entwicklungen. Im Rahmen ihrer jeweiligen Befugnisse streben das Europäische Parlament und der Rat dieses Ziel ebenfalls an.

(4) Hält es ein Mitgliedstaat nach dem Erlass einer Harmonisierungsmaßnahme durch das Europäische Parlament und den Rat beziehungsweise durch den Rat oder die Kommission für erforderlich, einzelstaatliche Bestimmungen beizubehalten, die durch wichtige Erfordernisse im Sinne des Artikels 36 oder in Bezug auf den Schutz der Arbeitsumwelt oder den Umweltschutz gerechtfertigt sind, so teilt er diese Bestimmungen sowie die Gründe für ihre Beibehaltung der Kommission mit.

(5) Unbeschadet des Absatzes 4 teilt ferner ein Mitgliedstaat, der es nach dem Erlass einer Harmonisierungsmaßnahme durch das Europäische Parlament und den Rat beziehungsweise durch den Rat oder die Kommission für erforderlich hält, auf neue wissenschaftliche Erkenntnisse gestützte einzelstaatliche Bestimmungen zum Schutz der Umwelt oder der Arbeitsumwelt aufgrund eines spezifischen Problems für diesen Mitgliedstaat, das sich nach dem Erlass der Harmonisierungsmaßnahme ergibt, einzuführen, die in Aussicht genommenen Bestimmungen sowie die Gründe für ihre Einführung der Kommission mit.

(6) Die Kommission beschließt binnen sechs Monaten nach den Mitteilungen nach den Absätzen 4 und 5, die betreffenden einzelstaatlichen Bestimmungen zu billigen oder abzulehnen, nachdem sie geprüft hat, ob sie ein Mittel zur willkürlichen Diskriminierung und eine verschleierte Beschränkung des Handels zwischen den Mitgliedstaaten darstellen und ob sie das Funktionieren des Binnenmarkts behindern.

Erlässt die Kommission innerhalb dieses Zeitraums keinen Beschluss, so gelten die in den Absätzen 4 und 5 genannten einzelstaatlichen Bestimmungen als gebilligt.

Die Kommission kann, sofern dies aufgrund des schwierigen Sachverhalts gerechtfertigt ist und keine Gefahr für die menschliche Gesundheit besteht, dem betreffenden Mitgliedstaat mitteilen, dass der in diesem Absatz genannte Zeitraum gegebenenfalls um einen weiteren Zeitraum von bis zu sechs Monaten verlängert wird.

(7) Wird es einem Mitgliedstaat nach Absatz 6 gestattet, von der Harmonisierungsmaßnahme abweichende einzelstaatliche Bestimmungen beizubehalten oder einzuführen, so prüft die Kommission unverzüglich, ob sie eine Anpassung dieser Maßnahme vorschlägt.

(8) Wirft ein Mitgliedstaat in einem Bereich, der zuvor bereits Gegenstand von Harmonisierungsmaßnahmen war, ein spezielles Gesundheitsproblem auf, so teilt er dies der Kommission mit, die dann umgehend prüft, ob sie dem Rat entsprechende Maßnahmen vorschlägt.

(9) In Abweichung von dem Verfahren der Artikel 258 und 259 kann die Kommission oder ein Mitgliedstaat den Gerichtshof der Europäischen Union unmittelbar anrufen, wenn die Kommission oder der Staat der Auffassung ist, dass ein anderer Mitgliedstaat die in diesem Artikel vorgesehenen Befugnisse missbraucht.

(10) Die vorgenannten Harmonisierungsmaßnahmen sind in geeigneten Fällen mit einer Schutzklausel verbunden, welche die Mitgliedstaaten ermächtigt, aus einem oder mehreren der in Artikel 36 genannten nicht wirtschaftlichen Gründe vorläufige Maßnahmen zu treffen, die einem Kontrollverfahren der Union unterliegen.

Artikel 115
(ex-Artikel 94 EGV)

Unbeschadet des Artikels 114 erlässt der Rat gemäß einem besonderen Gesetzgebungsverfahren einstimmig und nach Anhörung des Europäischen Parlaments und des Wirtschafts- und Sozialausschusses Richtlinien für die Angleichung derjenigen Rechts- und Verwaltungsvorschriften der Mitgliedstaaten, die sich unmittelbar auf die Errichtung oder das Funktionieren des Binnenmarkts auswirken.

Artikel 116
(ex-Artikel 96 EGV)

Stellt die Kommission fest, dass vorhandene Unterschiede in den Rechts- und Verwaltungsvorschriften der Mitgliedstaaten die Wettbewerbsbedingungen auf dem Binnenmarkt verfälschen und dadurch eine Verzerrung hervorrufen, die zu beseitigen ist, so tritt sie mit den betreffenden Mitgliedstaaten in Beratungen ein.

Führen diese Beratungen nicht zur Beseitigung dieser Verzerrung, so erlassen das Europäische Parlament und der Rat gemäß dem ordentlichen Gesetzgebungsverfahren die erforderlichen Richtlinien. Es können alle sonstigen in den Verträgen vorgesehenen zweckdienlichen Maßnahmen erlassen werden.

Artikel 117
(ex-Artikel 97 EGV)

(1) Ist zu befürchten, dass der Erlass oder die Änderung einer Rechts- oder Verwaltungsvorschrift eine Verzerrung im Sinne des Artikels 116 verursacht, so setzt sich der Mitgliedstaat, der diese Maßnahme beabsichtigt, mit der Kommission ins Benehmen. Diese empfiehlt nach Beratung mit den Mitgliedstaaten den beteiligten Staaten die zur Vermeidung dieser Verzerrung geeigneten Maßnahmen.

(2) Kommt der Staat, der innerstaatliche Vorschriften erlassen oder ändern will, der an ihn gerichteten Empfehlung der Kommission nicht nach, so kann nicht gemäß Artikel 116 verlangt werden, dass die anderen Mitgliedstaaten ihre innerstaatlichen Vorschriften ändern, um die Verzerrung zu beseitigen. Verursacht ein Mitgliedstaat, der die Empfehlung der Kommission außer Acht lässt, eine Verzerrung lediglich zu seinem eigenen Nachteil, so findet Artikel 116 keine Anwendung.

Artikel 118

Im Rahmen der Verwirklichung oder des Funktionierens des Binnenmarkts erlassen das Europäische Parlament und der Rat gemäß dem ordentlichen Gesetzgebungsverfahren Maßnahmen zur Schaffung europäischer Rechtstitel über einen einheitlichen Schutz der Rechte des geistigen Eigentums in der Union sowie zur Einführung von zentralisierten Zulassungs-, Koordinierungs- und Kontrollregelungen auf Unionsebene.

Der Rat legt gemäß einem besonderen Gesetzgebungsverfahren durch Verordnungen die Sprachenregelungen für die europäischen Rechtstitel fest. Der Rat beschließt einstimmig nach Anhörung des Europäischen Parlaments.

TITEL VIII
DIE WIRTSCHAFTS- UND WÄHRUNGSPOLITIK

Artikel 119
(ex-Artikel 4 EGV)

(1) Die Tätigkeit der Mitgliedstaaten und der Union im Sinne des Artikels 3 des Vertrags über die Europäische Union umfasst nach Maßgabe der Verträge die Einführung einer Wirtschaftspolitik, die auf einer engen Koordinierung der Wirtschaftspolitik der Mitgliedstaaten, dem Binnenmarkt und der Festlegung gemeinsamer Ziele beruht und dem Grundsatz einer offenen Marktwirtschaft mit freiem Wettbewerb verpflichtet ist.

(2) Parallel dazu umfasst diese Tätigkeit nach Maßgabe der Verträge und der darin vorgesehenen Verfahren eine einheitliche Währung, den Euro, sowie die Festlegung und Durchführung einer einheitlichen Geld- sowie Wechselkurspolitik, die beide vorrangig das Ziel der Preisstabilität verfolgen und unbeschadet dieses Zieles die allgemeine Wirtschaftspolitik in der Union unter Beachtung des Grundsatzes einer offenen Marktwirtschaft mit freiem Wettbewerb unterstützen sollen.

(3) Diese Tätigkeit der Mitgliedstaaten und der Union setzt die Einhaltung der folgenden richtungweisenden Grundsätze voraus: stabile Preise, gesunde öffentliche Finanzen und monetäre Rahmenbedingungen sowie eine tragfähige Zahlungsbilanz.

KAPITEL 1
DIE WIRTSCHAFTSPOLITIK

Artikel 120
(ex-Artikel 98 EGV)

Die Mitgliedstaaten richten ihre Wirtschaftspolitik so aus, dass sie im Rahmen der in Artikel 121 Absatz 2 genannten Grundzüge zur Verwirklichung der Ziele der Union im Sinne des Artikels 3 des Vertrags über die Europäische Union beitragen. Die Mitgliedstaaten und die Union handeln im Einklang mit dem Grundsatz einer offenen Marktwirtschaft mit freiem Wettbewerb, wodurch ein effizienter Einsatz der Ressourcen gefördert wird, und halten sich dabei an die in Artikel 119 genannten Grundsätze.

Artikel 121
(ex-Artikel 99 EGV)

(1) Die Mitgliedstaaten betrachten ihre Wirtschaftspolitik als eine Angelegenheit von gemeinsamem Interesse und koordinieren sie im Rat nach Maßgabe des Artikels 120.

(2) Der Rat erstellt auf Empfehlung der Kommission einen Entwurf für die Grundzüge der Wirtschaftspolitik der Mitgliedstaaten und der Union und erstattet dem Europäischen Rat hierüber Bericht.

Der Europäische Rat erörtert auf der Grundlage dieses Berichtes des Rates eine Schlussfolgerung zu den Grundzügen der Wirtschaftspolitik der Mitgliedstaaten und der Union.

Auf der Grundlage dieser Schlussfolgerung verabschiedet der Rat eine Empfehlung, in der diese Grundzüge dargelegt werden. Der Rat unterrichtet das Europäische Parlament über seine Empfehlung.

(3) Um eine engere Koordinierung der Wirtschaftspolitik und eine dauerhafte Konvergenz der Wirtschaftsleistungen der Mitgliedstaaten zu gewährleisten, überwacht der Rat anhand von Berichten der Kommission die wirtschaftliche Entwicklung in jedem Mitgliedstaat und in der Union sowie die Vereinbarkeit der Wirtschaftspolitik mit den in Absatz 2 genannten Grundzügen und nimmt in regelmäßigen Abständen eine Gesamtbewertung vor.

Zum Zwecke dieser multilateralen Überwachung übermitteln die Mitgliedstaaten der Kommission Angaben zu wichtigen einzelstaatlichen Maßnahmen auf dem Gebiet ihrer Wirtschaftspolitik sowie weitere von ihnen für erforderlich erachtete Angaben.

(4) Wird im Rahmen des Verfahrens nach Absatz 3 festgestellt, dass die Wirtschaftspolitik eines Mitgliedstaats nicht mit den in Absatz 2 genannten Grundzügen vereinbar ist oder das ordnungsgemäße Funktionieren der Wirtschafts- und Währungsunion zu gefährden droht, so kann die Kommission eine Verwarnung an den betreffenden Mitgliedstaat richten. Der Rat kann auf Empfehlung der Kommission die erforderlichen Empfehlungen an den betreffenden Mitgliedstaat richten. Der Rat kann auf Vorschlag der Kommission beschließen, seine Empfehlungen zu veröffentlichen.

Der Rat beschließt im Rahmen dieses Absatzes ohne Berücksichtigung der Stimme des den betreffenden Mitgliedstaat vertretenden Mitglieds des Rates.

Die qualifizierte Mehrheit der übrigen Mitglieder des Rates bestimmt sich nach Artikel 238 Absatz 3 Buchstabe a.

(5) Der Präsident des Rates und die Kommission erstatten dem Europäischen Parlament über die Ergebnisse der multilateralen Überwachung Bericht. Der Präsident des Rates kann ersucht werden, vor dem zuständigen Ausschuss des Europäischen Parlaments zu erscheinen, wenn der Rat seine Empfehlungen veröffentlicht hat.

(6) Das Europäische Parlament und der Rat können gemäß dem ordentlichen Gesetzgebungsverfahren durch Verordnungen die Einzelheiten des Verfahrens der multilateralen Überwachung im Sinne der Absätze 3 und 4 festlegen.

Artikel 122
(ex-Artikel 100 EGV)

(1) Der Rat kann auf Vorschlag der Kommission unbeschadet der sonstigen in den Verträgen vorgesehenen Verfahren im Geiste der Solidarität zwischen den Mitgliedstaaten über die der Wirtschaftslage angemessenen Maßnahmen beschließen, insbesondere falls gravierende Schwierigkeiten in der Versorgung mit bestimmten Waren, vor allem im Energiebereich, auftreten.

(2) Ist ein Mitgliedstaat aufgrund von Naturkatastrophen oder außergewöhnlichen Ereignissen, die sich seiner Kontrolle entziehen, von Schwierigkeiten betroffen oder von gravierenden Schwierigkeiten ernstlich bedroht, so kann der Rat auf Vorschlag der Kommission beschließen, dem betreffenden Mitgliedstaat unter bestimmten Bedingungen einen finanziellen Beistand der Union zu gewähren. Der Präsident des Rates unterrichtet das Europäische Parlament über den Beschluss.

Artikel 123
(ex-Artikel 101 EGV)

(1) Überziehungs- oder andere Kreditfazilitäten bei der Europäischen Zentralbank oder den Zentralbanken der Mitgliedstaaten (im Folgenden als "nationale Zentralbanken" bezeichnet) für Organe, Einrichtungen oder sonstige Stellen der Union, Zentralregierungen, regionale oder lokale Gebietskörperschaften oder andere öffentlich-rechtliche Körperschaften, sonstige Einrichtungen des öffentlichen Rechts oder öffentliche Unternehmen der Mitgliedstaaten sind ebenso verboten wie der unmittelbare Erwerb von Schuldtiteln von diesen durch die Europäische Zentralbank oder die nationalen Zentralbanken.

(2) Die Bestimmungen des Absatzes 1 gelten nicht für Kreditinstitute in öffentlichem Eigentum; diese werden von der jeweiligen nationalen Zentralbank und der Europäischen Zentralbank, was die Bereitstellung von Zentralbankgeld betrifft, wie private Kreditinstitute behandelt.

Artikel 124
(ex-Artikel 102 EGV)

Maßnahmen, die nicht aus aufsichtsrechtlichen Gründen getroffen werden und einen bevorrechtigten Zugang der Organe, Einrichtungen oder sonstigen Stellen der Union, der Zentralregierungen, der regionalen oder lokalen Gebietskörperschaften oder anderen öffentlich-rechtlichen Körperschaften, sonstiger Einrichtungen des öffentlichen Rechts oder öffentlicher Unternehmen der Mitgliedstaaten zu den Finanzinstituten schaffen, sind verboten.

Artikel 125
(ex-Artikel 103 EGV)

(1) Die Union haftet nicht für die Verbindlichkeiten der Zentralregierungen, der regionalen oder lokalen Gebietskörperschaften oder anderen öffentlich-rechtlichen Körperschaften, sonstiger Einrichtungen des öffentlichen Rechts oder öffentlicher Unternehmen von Mitgliedstaaten und tritt nicht für derartige Verbindlichkeiten ein; dies gilt unbeschadet der gegenseitigen finanziellen Garantien für die gemeinsame Durchführung eines bestimmten Vorhabens. Ein Mitgliedstaat haftet nicht für die Verbindlichkeiten der Zentralregierungen, der regionalen oder lokalen Gebietskörperschaften oder anderen öffentlich-rechtlichen Körperschaften, sonstiger Einrichtungen des öffentlichen Rechts oder öffentlicher Unternehmen eines anderen Mitgliedstaats und tritt nicht für derartige Verbindlichkeiten ein; dies gilt unbeschadet der gegenseitigen finanziellen Garantien für die gemeinsame Durchführung eines bestimmten Vorhabens.

(2) Der Rat kann erforderlichenfalls auf Vorschlag der Kommission und nach Anhörung des Europäischen Parlaments die Definitionen für die Anwendung der in den Artikeln 123 und 124 sowie in diesem Artikel vorgesehenen Verbote näher bestimmen.

Artikel 126
(ex-Artikel 104 EGV)

(1) Die Mitgliedstaaten vermeiden übermäßige öffentliche Defizite.

(2) Die Kommission überwacht die Entwicklung der Haushaltslage und der Höhe des öffentlichen Schuldenstands in den Mitgliedstaaten im Hinblick auf die Feststellung schwerwiegender Fehler. Insbesondere prüft sie die Einhaltung der Haushaltsdisziplin anhand von zwei Kriterien, nämlich daran,

a) ob das Verhältnis des geplanten oder tatsächlichen öffentlichen Defizits zum Bruttoinlandsprodukt einen bestimmten Referenzwert überschreitet, es sei denn, dass

— entweder das Verhältnis erheblich und laufend zurückgegangen ist und einen Wert in der Nähe des Referenzwerts erreicht hat

— oder der Referenzwert nur ausnahmsweise und vorübergehend überschritten wird und das Verhältnis in der Nähe des Referenzwerts bleibt,

b) ob das Verhältnis des öffentlichen Schuldenstands zum Bruttoinlandsprodukt einen bestimmten Referenzwert überschreitet, es sei denn, dass das Verhältnis hinreichend rückläufig ist und sich rasch genug dem Referenzwert nähert.

Die Referenzwerte werden in einem den Verträgen beigefügten Protokoll über das Verfahren bei einem übermäßigen Defizit im Einzelnen festgelegt.

(3) Erfüllt ein Mitgliedstaat keines oder nur eines dieser Kriterien, so erstellt die Kommission einen Bericht. In diesem Bericht wird berücksichtigt, ob das öffentliche Defizit die öffentlichen Ausgaben für Investitionen übertrifft; berücksichtigt werden ferner alle sonstigen einschlägigen Faktoren, einschließlich der mittelfristigen Wirtschafts- und Haushaltslage des Mitgliedstaats.

Die Kommission kann ferner einen Bericht erstellen, wenn sie ungeachtet der Erfüllung der Kriterien der Auffassung ist, dass in einem Mitgliedstaat die Gefahr eines übermäßigen Defizits besteht.

(4) Der Wirtschafts- und Finanzausschuss gibt eine Stellungnahme zu dem Bericht der Kommission ab.

(5) Ist die Kommission der Auffassung, dass in einem Mitgliedstaat ein übermäßiges Defizit besteht oder sich ergeben könnte, so legt sie dem betreffenden Mitgliedstaat eine Stellungnahme vor und unterrichtet den Rat.

(6) Der Rat beschließt auf Vorschlag der Kommission und unter Berücksichtigung der Bemerkungen, die der betreffende Mitgliedstaat gegebenenfalls abzugeben wünscht, nach Prüfung der Gesamtlage, ob ein übermäßiges Defizit besteht.

(7) Stellt der Rat nach Absatz 6 ein übermäßiges Defizit fest, so richtet er auf Empfehlung der Kommission unverzüglich Empfehlungen an den betreffenden Mitgliedstaat mit dem Ziel, dieser Lage innerhalb einer bestimmten Frist abzuhelfen. Vorbehaltlich des Absatzes 8 werden diese Empfehlungen nicht veröffentlicht.

(8) Stellt der Rat fest, dass seine Empfehlungen innerhalb der gesetzten Frist keine wirksamen Maßnahmen ausgelöst haben, so kann er seine Empfehlungen veröffentlichen.

(9) Falls ein Mitgliedstaat den Empfehlungen des Rates weiterhin nicht Folge leistet, kann der Rat beschließen, den Mitgliedstaat mit der Maßgabe in Verzug zu setzen, innerhalb einer bestimmten Frist Maßnahmen für den nach Auffassung des Rates zur Sanierung erforderlichen Defizitabbau zu treffen.

Der Rat kann in diesem Fall den betreffenden Mitgliedstaat ersuchen, nach einem konkreten Zeitplan Berichte vorzulegen, um die Anpassungsbemühungen des Mitgliedstaats überprüfen zu können.

(10) Das Recht auf Klageerhebung nach den Artikeln 258 und 259 kann im Rahmen der Absätze 1 bis 9 dieses Artikels nicht ausgeübt werden.

(11) Solange ein Mitgliedstaat einen Beschluss nach Absatz 9 nicht befolgt, kann der Rat beschließen, eine oder mehrere der nachstehenden Maßnahmen anzuwenden oder gegebenenfalls zu verschärfen, nämlich

— von dem betreffenden Mitgliedstaat verlangen, vor der Emission von Schuldverschreibungen und sonstigen Wertpapieren vom Rat näher zu bezeichnende zusätzliche Angaben zu veröffentlichen,

— die Europäische Investitionsbank ersuchen, ihre Darlehenspolitik gegenüber dem Mitgliedstaat zu überprüfen,

— von dem Mitgliedstaat verlangen, eine unverzinsliche Einlage in angemessener Höhe bei der Union zu hinterlegen, bis das übermäßige Defizit nach Ansicht des Rates korrigiert worden ist,

— Geldbußen in angemessener Höhe verhängen.

Der Präsident des Rates unterrichtet das Europäische Parlament von den Beschlüssen.

(12) Der Rat hebt einige oder sämtliche Beschlüsse oder Empfehlungen nach den Absätzen 6 bis 9 und 11 so weit auf, wie das übermäßige Defizit in dem betreffenden Mitgliedstaat nach Ansicht des Rates korrigiert worden ist. Hat der Rat zuvor Empfehlungen veröffentlicht, so stellt er, sobald der Beschluss nach Absatz 8 aufgehoben worden ist, in einer öffentlichen Erklärung fest, dass in dem betreffenden Mitgliedstaat kein übermäßiges Defizit mehr besteht.

(13) Die Beschlussfassung und die Empfehlungen des Rates nach den Absätzen 8, 9, 11 und 12 erfolgen auf Empfehlung der Kommission.

Erlässt der Rat Maßnahmen nach den Absätzen 6 bis 9 sowie den Absätzen 11 und 12, so beschließt er ohne Berücksichtigung der Stimme des den betreffenden Mitgliedstaat vertretenden Mitglieds des Rates.

Die qualifizierte Mehrheit der übrigen Mitglieder des Rates bestimmt sich nach Artikel 238 Absatz 3 Buchstabe a.

(14) Weitere Bestimmungen über die Durchführung des in diesem Artikel beschriebenen Verfahrens sind in dem den Verträgen beigefügten Protokoll über das Verfahren bei einem übermäßigen Defizit enthalten.

Der Rat verabschiedet gemäß einem besonderen Gesetzgebungsverfahren einstimmig und nach Anhörung des Europäischen Parlaments sowie der Europäischen Zentralbank die geeigneten Bestimmungen, die sodann das genannte Protokoll ablösen.

Der Rat beschließt vorbehaltlich der sonstigen Bestimmungen dieses Absatzes auf Vorschlag der Kommission und nach Anhörung des Europäischen Parlaments nähere Einzelheiten und Begriffsbestimmungen für die Durchführung des genannten Protokolls.

KAPITEL 2
DIE WÄHRUNGSPOLITIK

Artikel 127
(ex-Artikel 105 EGV)

(1) Das vorrangige Ziel des Europäischen Systems der Zentralbanken (im Folgenden "ESZB") ist es, die Preisstabilität zu gewährleisten. Soweit dies ohne Beeinträchtigung des Zieles der Preisstabilität möglich ist, unterstützt das ESZB die allgemeine Wirtschaftspolitik in der Union, um zur Verwirklichung der in Artikel 3 des Vertrags über die Europäische Union festgelegten Ziele der Union beizutragen. Das ESZB handelt im Einklang mit dem Grundsatz einer offenen Marktwirtschaft mit freiem Wettbewerb, wodurch ein effizienter Einsatz der Ressourcen gefördert wird, und hält sich dabei an die in Artikel 119 genannten Grundsätze.

(2) Die grundlegenden Aufgaben des ESZB bestehen darin,

— die Geldpolitik der Union festzulegen und auszuführen,

— Devisengeschäfte im Einklang mit Artikel 219 durchzuführen,

— die offiziellen Währungsreserven der Mitgliedstaaten zu halten und zu verwalten,

— das reibungslose Funktionieren der Zahlungssysteme zu fördern.

(3) Absatz 2 dritter Gedankenstrich berührt nicht die Haltung und Verwaltung von Arbeitsguthaben in Fremdwährungen durch die Regierungen der Mitgliedstaaten.

(4) Die Europäische Zentralbank wird gehört

— zu allen Vorschlägen für Rechtsakte der Union im Zuständigkeitsbereich der Europäischen Zentralbank,

— von den nationalen Behörden zu allen Entwürfen für Rechtsvorschriften im Zuständigkeitsbereich der Europäischen Zentralbank, und zwar innerhalb der Grenzen und unter den Bedingungen, die der Rat nach dem Verfahren des Artikels 129 Absatz 4 festlegt.

Die Europäische Zentralbank kann gegenüber den zuständigen Organen, Einrichtungen oder sonstigen Stellen der Union und gegenüber den nationalen Behörden Stellungnahmen zu in ihren Zuständigkeitsbereich fallenden Fragen abgeben.

(5) Das ESZB trägt zur reibungslosen Durchführung der von den zuständigen Behörden auf dem Gebiet der Aufsicht über die Kreditinstitute und der Stabilität des Finanzsystems ergriffenen Maßnahmen bei.

(6) Der Rat kann einstimmig durch Verordnungen gemäß einem besonderen Gesetzgebungsverfahren und nach Anhörung des Europäischen Parlaments und der Europäischen Zentralbank besondere Aufgaben im Zusammenhang mit der Aufsicht über Kreditinstitute und sonstige Finanzinstitute mit Ausnahme von Versicherungsunternehmen der Europäischen Zentralbank übertragen.

Artikel 128
(ex-Artikel 106 EGV)

(1) Die Europäische Zentralbank hat das ausschließliche Recht, die Ausgabe von Euro-Banknoten innerhalb der Union zu genehmigen. Die Europäische Zentralbank und die nationalen Zentralbanken sind zur Ausgabe dieser Banknoten berechtigt. Die von der Europäischen Zentralbank und den nationalen Zentralbanken ausgegebenen Banknoten sind die einzigen Banknoten, die in der Union als gesetzliches Zahlungsmittel gelten.

(2) Die Mitgliedstaaten haben das Recht zur Ausgabe von Euro-Münzen, wobei der Umfang dieser Ausgabe der Genehmigung durch die Europäische Zentralbank bedarf. Der Rat kann auf Vorschlag der Kommission und nach Anhörung des Europäischen Parlaments und der Europäischen Zentralbank Maßnahmen erlassen, um die Stückelung und die technischen Merkmale aller für den Umlauf bestimmten Münzen so weit zu harmonisieren, wie dies für deren reibungslosen Umlauf innerhalb der Union erforderlich ist.

Artikel 129
(ex-Artikel 107 EGV)

(1) Das ESZB wird von den Beschlussorganen der Europäischen Zentralbank, nämlich dem Rat der Europäischen Zentralbank und dem Direktorium, geleitet.

(2) Die Satzung des Europäischen Systems der Zentralbanken und der Europäischen Zentralbank (im Folgenden "Satzung des ESZB und der EZB") ist in einem den Verträgen beigefügten Protokoll festgelegt.

(3) Das Europäische Parlament und der Rat können die Artikel 5.1, 5.2, 5.3, 17, 18, 19.1, 22, 23, 24, 26, 32.2, 32.3, 32.4, 32.6, 33.1 Buchstabe a und 36 der Satzung des ESZB und der EZB gemäß dem ordentlichen Gesetzgebungsverfahren ändern. Sie beschließen entweder auf Empfehlung der Europäischen Zentralbank nach Anhörung der Kommission oder auf Empfehlung der Kommission nach Anhörung der Europäischen Zentralbank.

(4) Der Rat erlässt entweder auf Vorschlag der Kommission und nach Anhörung des Europäischen Parlaments und der Europäischen Zentralbank oder auf Empfehlung der Europäischen Zentralbank und nach Anhörung des Europäischen Parlaments und der Kommission die in den Artikeln 4, 5.4, 19.2, 20, 28.1, 29.2, 30.4 und 34.3 der Satzung des ESZB und der EZB genannten Bestimmungen.

Artikel 130
(ex-Artikel 108 EGV)

Bei der Wahrnehmung der ihnen durch die Verträge und die Satzung des ESZB und der EZB übertragenen Befugnisse, Aufgaben und Pflichten darf weder die Europäische Zentralbank noch eine nationale Zentralbank noch ein Mitglied ihrer Beschlussorgane Weisungen von Organen, Einrichtungen oder sonstigen Stellen der Union, Regierungen der Mitgliedstaaten oder anderen Stellen einholen oder entgegennehmen. Die Organe, Einrichtungen oder sonstigen Stellen der Union sowie die Regierungen der Mitgliedstaaten verpflichten sich, diesen Grundsatz zu beachten und nicht zu versuchen, die Mitglieder der Beschlussorgane der Europäischen Zentralbank oder der nationalen Zentralbanken bei der Wahrnehmung ihrer Aufgaben zu beeinflussen.

Artikel 131
(ex-Artikel 109 EGV)

Jeder Mitgliedstaat stellt sicher, dass seine innerstaatlichen Rechtsvorschriften einschließlich der Satzung seiner nationalen Zentralbank mit den Verträgen sowie mit der Satzung des ESZB und der EZB im Einklang stehen.

Artikel 132
(ex-Artikel 110 EGV)

(1) Zur Erfüllung der dem ESZB übertragenen Aufgaben werden von der Europäischen Zentralbank gemäß den Verträgen und unter den in der Satzung des ESZB und der EZB vorgesehenen Bedingungen

— Verordnungen erlassen, insoweit dies für die Erfüllung der in Artikel 3.1 erster Gedankenstrich, Artikel 19.1, Artikel 22 oder Artikel 25.2 der Satzung des ESZB und der EZB festgelegten Aufgaben erforderlich ist; sie erlässt Verordnungen ferner in den Fällen, die in den Rechtsakten des Rates nach Artikel 129 Absatz 4 vorgesehen werden,

— Beschlüsse erlassen, die zur Erfüllung der dem ESZB nach den Verträgen und der Satzung des ESZB und der EZB übertragenen Aufgaben erforderlich sind,

— Empfehlungen und Stellungnahmen abgegeben.

(2) Die Europäische Zentralbank kann die Veröffentlichung ihrer Beschlüsse, Empfehlungen und Stellungnahmen beschließen.

(3) Innerhalb der Grenzen und unter den Bedingungen, die der Rat nach dem Verfahren des Artikels 129 Absatz 4 festlegt, ist die Europäische Zentralbank befugt, Unternehmen bei Nichteinhaltung der Verpflichtungen, die sich aus ihren Verordnungen und Beschlüssen ergeben, mit Geldbußen oder in regelmäßigen Abständen zu zahlenden Zwangsgeldern zu belegen.

Artikel 133

Unbeschadet der Befugnisse der Europäischen Zentralbank erlassen das Europäische Parlament und der Rat gemäß dem ordentlichen Gesetzgebungsverfahren die Maßnahmen, die für die Verwendung des Euro als einheitliche Währung erforderlich sind. Diese Maßnahmen werden nach Anhörung der Europäischen Zentralbank erlassen.

KAPITEL 3
INSTITUTIONELLE BESTIMMUNGEN

Artikel 134
(ex-Artikel 114 EGV)

(1) Um die Koordinierung der Politiken der Mitgliedstaaten in dem für das Funktionieren des Binnenmarkts erforderlichen Umfang zu fördern, wird ein Wirtschafts- und Finanzausschuss eingesetzt.

(2) Der Wirtschafts- und Finanzausschuss hat die Aufgabe,

— auf Ersuchen des Rates oder der Kommission oder von sich aus Stellungnahmen an diese Organe abzugeben;

— die Wirtschafts- und Finanzlage der Mitgliedstaaten und der Union zu beobachten und dem Rat und der Kommission regelmäßig darüber Bericht zu erstatten, insbesondere über die finanziellen Beziehungen zu dritten Ländern und internationalen Einrichtungen;

— unbeschadet des Artikels 240 an der Vorbereitung der in Artikel 66, Artikel 75, Artikel 121 Absätze 2, 3, 4 und 6, Artikel 122, Artikel 124, Artikel 125, Artikel 126, Artikel 127 Absatz 6, Artikel 128 Absatz 2, Artikel 129 Absätze 3 und 4, Artikel 138, Artikel 140 Absätze 2 und 3, Artikel 143, Artikel 144 Absätze 2 und 3 und Artikel 219 genannten Arbeiten des Rates mitzuwirken und die sonstigen ihm vom Rat übertragenen Beratungsaufgaben und vorbereitenden Arbeiten auszuführen;

— mindestens einmal jährlich die Lage hinsichtlich des Kapitalverkehrs und der Freiheit des Zahlungsverkehrs, wie sie sich aus der Anwendung der Verträge und der Maßnahmen des Rates ergeben, zu prüfen; die Prüfung erstreckt sich auf alle Maßnahmen im Zusammenhang mit dem Kapital- und Zahlungsverkehr; der Ausschuss erstattet der Kommission und dem Rat Bericht über das Ergebnis dieser Prüfung.

Jeder Mitgliedstaat sowie die Kommission und die Europäische Zentralbank ernennen jeweils höchstens zwei Mitglieder des Ausschusses.

(3) Der Rat legt auf Vorschlag der Kommission und nach Anhörung der Europäischen Zentralbank und des in diesem Artikel genannten Ausschusses im Einzelnen fest, wie sich der Wirtschafts- und Finanzausschuss zusammensetzt. Der Präsident des Rates unterrichtet das Europäische Parlament über diesen Beschluss.

(4) Sofern und solange es Mitgliedstaaten gibt, für die eine Ausnahmeregelung nach Artikel 139 gilt, hat der Ausschuss zusätzlich zu den in Absatz 2 beschriebenen Aufgaben die Währungs-

und Finanzlage sowie den allgemeinen Zahlungsverkehr der betreffenden Mitgliedstaaten zu beobachten und dem Rat und der Kommission regelmäßig darüber Bericht zu erstatten.

Artikel 135
(ex-Artikel 115 EGV)

Bei Fragen, die in den Geltungsbereich von Artikel 121 Absatz 4, Artikel 126 mit Ausnahme von Absatz 14, Artikel 138, Artikel 140 Absatz 1, Artikel 140 Absatz 2 Unterabsatz 1, Artikel 140 Absatz 3 und Artikel 219 fallen, kann der Rat oder ein Mitgliedstaat die Kommission ersuchen, je nach Zweckmäßigkeit eine Empfehlung oder einen Vorschlag zu unterbreiten. Die Kommission prüft dieses Ersuchen und unterbreitet dem Rat umgehend ihre Schlussfolgerungen.

KAPITEL 4
BESONDERE BESTIMMUNGEN FÜR DIE MITGLIEDSTAATEN, DEREN WÄHRUNG DER EURO IST

Artikel 136

(1) Im Hinblick auf das reibungslose Funktionieren der Wirtschafts- und Währungsunion erlässt der Rat für die Mitgliedstaaten, deren Währung der Euro ist, Maßnahmen nach den einschlägigen Bestimmungen der Verträge und dem entsprechenden Verfahren unter den in den Artikeln 121 und 126 genannten Verfahren, mit Ausnahme des in Artikel 126 Absatz 14 genannten Verfahrens, um

a) die Koordinierung und Überwachung ihrer Haushaltsdisziplin zu verstärken,

b) für diese Staaten Grundzüge der Wirtschaftspolitik auszuarbeiten, wobei darauf zu achten ist, dass diese mit den für die gesamte Union angenommenen Grundzügen der Wirtschaftspolitik vereinbar sind, und ihre Einhaltung zu überwachen.

(2) Bei den in Absatz 1 genannten Maßnahmen sind nur die Mitglieder des Rates stimmberechtigt, die die Mitgliedstaaten vertreten, deren Währung der Euro ist.

Die qualifizierte Mehrheit dieser Mitglieder bestimmt sich nach Artikel 238 Absatz 3 Buchstabe a.

(3) Die Mitgliedstaaten, deren Währung der Euro ist, können einen Stabilitätsmechanismus einrichten, der aktiviert wird, wenn dies unabdingbar ist, um die Stabilität des Euro-Währungsgebiets insgesamt zu wahren. Die Gewährung aller erforderlichen Finanzhilfen im Rahmen des Mechanismus wird strengen Auflagen unterliegen.

Artikel 137

Die Einzelheiten für die Tagungen der Minister der Mitgliedstaaten, deren Währung der Euro ist, sind in dem Protokoll betreffend die Euro-Gruppe festgelegt.

Artikel 138
(ex-Artikel 111 Absatz 4 EGV)

(1) Zur Gewährleistung der Stellung des Euro im internationalen Währungssystem erlässt der Rat auf Vorschlag der Kommission einen Beschluss zur Festlegung der innerhalb der zuständigen internationalen Einrichtungen und Konferenzen im Finanzbereich einzunehmenden gemeinsamen Standpunkte zu den Fragen, die von besonderer Bedeutung für die Wirtschafts- und Währungsunion sind. Der Rat beschließt nach Anhörung der Europäischen Zentralbank.

(2) Der Rat kann auf Vorschlag der Kommission geeignete Maßnahmen mit dem Ziel erlassen, eine einheitliche Vertretung bei den internationalen Einrichtungen und Konferenzen im Finanzbereich sicherzustellen. Der Rat beschließt nach Anhörung der Europäischen Zentralbank.

(3) Bei den in den Absätzen 1 und 2 genannten Maßnahmen sind nur die Mitglieder des Rates stimmberechtigt, die die Mitgliedstaaten vertreten, deren Währung der Euro ist.

Die qualifizierte Mehrheit dieser Mitglieder bestimmt sich nach Artikel 238 Absatz 3 Buchstabe a.

KAPITEL 5
ÜBERGANGSBESTIMMUNGEN

Artikel 139

(1) Die Mitgliedstaaten, für die der Rat nicht beschlossen hat, dass sie die erforderlichen Voraussetzungen für die Einführung des Euro erfüllen, werden im Folgenden als "Mitgliedstaaten, für die eine Ausnahmeregelung gilt" oder "Mitgliedstaaten mit Ausnahmeregelung" bezeichnet.

(2) Auf die Mitgliedstaaten, für die eine Ausnahmeregelung gilt, finden die im Folgenden aufgeführten Bestimmungen der Verträge keine Anwendung:

a) Annahme der das Euro-Währungsgebiet generell betreffenden Teile der Grundzüge der Wirtschaftspolitik (Artikel 121 Absatz 2);

b) Zwangsmittel zum Abbau eines übermäßigen Defizits (Artikel 126 Absätze 9 und 11);

c) Ziele und Aufgaben des ESZB (Artikel 127 Absätze 1, 2, 3 und 5);

d) Ausgabe des Euro (Artikel 128);

e) Rechtsakte der Europäischen Zentralbank (Artikel 132);

f) Maßnahmen bezüglich der Verwendung des Euro (Artikel 133);

g) Währungsvereinbarungen und andere Maßnahmen bezüglich der Wechselkurspolitik (Artikel 219);

h) Ernennung der Mitglieder des Direktoriums der Europäischen Zentralbank (Artikel 283 Absatz 2);

i) Beschlüsse zur Festlegung der innerhalb der zuständigen internationalen Einrichtungen und Konferenzen im Finanzbereich einzunehmenden gemeinsamen Standpunkte zu den Fragen, die von besonderer Bedeutung für die Wirtschafts- und Währungsunion sind (Artikel 138 Absatz 1);

j) Maßnahmen zur Sicherstellung einer einheitlichen Vertretung bei den internationalen Einrichtungen und Konferenzen im Finanzbereich (Artikel 138 Absatz 2).

Somit sind "Mitgliedstaaten" im Sinne der in den Buchstaben a bis j genannten Artikel die Mitgliedstaaten, deren Währung der Euro ist.

(3) Die Mitgliedstaaten, für die eine Ausnahmeregelung gilt, und deren nationale Zentralbanken sind nach Kapitel IX der Satzung des ESZB und der EZB von den Rechten und Pflichten im Rahmen des ESZB ausgeschlossen.

(4) Das Stimmrecht der Mitglieder des Rates, die Mitgliedstaaten mit Ausnahmeregelung vertreten, ruht beim Erlass von Maßnahmen nach den in Absatz 2 genannten Artikeln durch den Rat sowie bei

a) Empfehlungen an die Mitgliedstaaten, deren Währung der Euro ist, im Rahmen der multilateralen Überwachung, einschließlich Empfehlungen zu den Stabilitätsprogrammen und Verwarnungen (Artikel 121 Absatz 4);

b) Maßnahmen bei übermäßigem Defizit von Mitgliedstaaten, deren Währung der Euro ist (Artikel 126 Absätze 6, 7, 8, 12 und 13).

Die qualifizierte Mehrheit der übrigen Mitglieder des Rates bestimmt sich nach Artikel 238 Absatz 3 Buchstabe a.

Artikel 140
(ex-Artikel 121 Absatz 1, ex-Artikel 122 Absatz 2 Satz 2 und ex-Artikel 123 Absatz 5 EGV))

(1) Mindestens einmal alle zwei Jahre oder auf Antrag eines Mitgliedstaats, für den eine Ausnahmeregelung gilt, berichten die Kommission und die Europäische Zentralbank dem Rat, inwieweit die Mitgliedstaaten, für die eine Ausnahmeregelung gilt, bei der Verwirklichung der Wirtschafts- und Währungsunion ihren Verpflichtungen bereits nachgekommen sind. In ihren Berichten wird auch die Frage geprüft, inwieweit die innerstaatlichen Rechtsvorschriften jedes einzelnen dieser Mitgliedstaaten einschließlich der Satzung der jeweiligen nationalen Zentralbank mit Artikel 130 und Artikel 131 sowie der Satzung des ESZB und der EZB vereinbar sind. Ferner wird darin geprüft, ob ein hoher Grad an dauerhafter Konvergenz erreicht ist; Maßstab hierfür ist, ob die einzelnen Mitgliedstaaten folgende Kriterien erfüllen:

— Erreichung eines hohen Grades an Preisstabilität, ersichtlich aus einer Inflationsrate, die der Inflationsrate jener – höchstens drei – Mitgliedstaaten nahe kommt, die auf dem Gebiet der Preisstabilität das beste Ergebnis erzielt haben;

— eine auf Dauer tragbare Finanzlage der öffentlichen Hand, ersichtlich aus einer öffentlichen Haushaltslage ohne übermäßiges Defizit im Sinne des Artikels 126 Absatz 6;

— Einhaltung der normalen Bandbreiten des Wechselkursmechanismus des Europäischen Währungssystems seit mindestens zwei Jahren ohne Abwertung gegenüber dem Euro;

— Dauerhaftigkeit der von dem Mitgliedstaat mit Ausnahmeregelung erreichten Konvergenz und seiner Teilnahme am Wechselkursmechanismus, die im Niveau der langfristigen Zinssätze zum Ausdruck kommt.

Die vier Kriterien in diesem Absatz sowie die jeweils erforderliche Dauer ihrer Einhaltung sind in einem den Verträgen beigefügten Protokoll näher festgelegt. Die Berichte der Kommission und der Europäischen Zentralbank berücksichtigen auch die Ergebnisse bei der Integration der Märkte, den Stand und die Entwicklung der Leistungsbilanzen, die Entwicklung bei den Lohnstückkosten und andere Preisindizes.

(2) Der Rat beschließt nach Anhörung des Europäischen Parlaments und nach Aussprache im Europäischen Rat auf Vorschlag der Kommission, welche der Mitgliedstaaten, für die eine Ausnahmeregelung gilt, die auf den Kriterien des Absatzes 1 beruhenden Voraussetzungen erfüllen, und hebt die Ausnahmeregelungen der betreffenden Mitgliedstaaten auf.

Der Rat beschließt auf Empfehlung einer qualifizierten Mehrheit derjenigen seiner Mitglieder, die Mitgliedstaaten vertreten, deren Währung der Euro ist. Diese Mitglieder beschließen innerhalb von sechs Monaten nach Eingang des Vorschlags der Kommission beim Rat.

Die in Unterabsatz 2 genannte qualifizierte Mehrheit dieser Mitglieder bestimmt sich nach Artikel 238 Absatz 3 Buchstabe a.

(3) Wird nach dem Verfahren des Absatzes 2 beschlossen, eine Ausnahmeregelung aufzuheben, so legt der Rat aufgrund eines einstimmigen Beschlusses der Mitgliedstaaten, deren Währung der Euro ist, und des betreffenden Mitgliedstaats auf Vorschlag der Kommission und nach Anhörung der Europäischen Zentralbank den Kurs, zu dem dessen Währung durch den Euro ersetzt wird, unwiderruflich fest und ergreift die sonstigen erforderlichen Maßnahmen zur Einführung des Euro

als einheitliche Währung in dem betreffenden Mitgliedstaat.

Artikel 141
(ex-Artikel 123 Absatz 3 und ex-Artikel 117 Absatz 2 erster bis fünfter Gedankenstrich EGV)

(1) Sofern und solange es Mitgliedstaaten gibt, für die eine Ausnahmeregelung gilt, wird unbeschadet des Artikels 129 Absatz 1 der in Artikel 44 der Satzung des ESZB und der EZB bezeichnete Erweiterte Rat der Europäischen Zentralbank als drittes Beschlussorgan der Europäischen Zentralbank errichtet.

(2) Sofern und solange es Mitgliedstaaten gibt, für die eine Ausnahmeregelung gilt, ist es die Aufgabe der Europäischen Zentralbank, in Bezug auf diese Mitgliedstaaten

— die Zusammenarbeit zwischen den nationalen Zentralbanken zu verstärken;

— die Koordinierung der Geldpolitiken der Mitgliedstaaten mit dem Ziel zu verstärken, die Preisstabilität aufrechtzuerhalten;

— das Funktionieren des Wechselkursmechanismus zu überwachen;

— Konsultationen zu Fragen durchzuführen, die in die Zuständigkeit der nationalen Zentralbanken fallen und die Stabilität der Finanzinstitute und -märkte berühren;

— die seinerzeitigen Aufgaben des Europäischen Fonds für währungspolitische Zusammenarbeit, die zuvor vom Europäischen Währungsinstitut übernommen worden waren, wahrzunehmen.

Artikel 142
(ex-Artikel 124 Absatz 1 EGV)

Jeder Mitgliedstaat, für den eine Ausnahmeregelung gilt, behandelt seine Wechselkurspolitik als eine Angelegenheit von gemeinsamem Interesse. Er berücksichtigt dabei die Erfahrungen, die bei der Zusammenarbeit im Rahmen des Wechselkursmechanismus gesammelt worden sind.

Artikel 143
(ex-Artikel 119 EGV)

(1) Ist ein Mitgliedstaat, für den eine Ausnahmeregelung gilt, hinsichtlich seiner Zahlungsbilanz von Schwierigkeiten betroffen oder ernstlich bedroht, die sich entweder aus einem Ungleichgewicht seiner Gesamtzahlungsbilanz oder aus der Art der ihm zur Verfügung stehenden Devisen ergeben, und sind diese Schwierigkeiten geeignet, insbesondere das Funktionieren des Binnenmarkts oder die Verwirklichung der gemeinsamen Handelspolitik zu gefährden, so prüft die Kommission unverzüglich die Lage dieses Staates sowie die Maßnahmen, die er getroffen hat oder unter Einsatz aller ihm zur Verfügung stehenden Mittel nach den Verträgen treffen kann. Die Kommission gibt die Maßnahmen an, die sie dem betreffenden Mitgliedstaat empfiehlt.

Erweisen sich die von einem Mitgliedstaat mit Ausnahmeregelung ergriffenen und die von der Kommission angeregten Maßnahmen als unzureichend, die aufgetretenen oder drohenden Schwierigkeiten zu beheben, so empfiehlt die Kommission dem Rat nach Anhörung des Wirtschafts- und Finanzausschusses einen gegenseitigen Beistand und die dafür geeigneten Methoden.

Die Kommission unterrichtet den Rat regelmäßig über die Lage und ihre Entwicklung.

(2) Der Rat gewährt den gegenseitigen Beistand; er erlässt Richtlinien oder Beschlüsse, welche die Bedingungen und Einzelheiten hierfür festlegen. Der gegenseitige Beistand kann insbesondere erfolgen

a) durch ein abgestimmtes Vorgehen bei anderen internationalen Organisationen, an die sich die Mitgliedstaaten, für die eine Ausnahmeregelung gilt, wenden können;

b) durch Maßnahmen, die notwendig sind, um Verlagerungen von Handelsströmen zu vermeiden, falls der in Schwierigkeiten befindliche Mitgliedstaat mit Ausnahmeregelung mengenmäßige Beschränkungen gegenüber dritten Ländern beibehält oder wieder einführt;

c) durch Bereitstellung von Krediten in begrenzter Höhe seitens anderer Mitgliedstaaten; hierzu ist ihr Einverständnis erforderlich.

(3) Stimmt der Rat dem von der Kommission empfohlenen gegenseitigen Beistand nicht zu oder sind der gewährte Beistand und die getroffenen Maßnahmen unzureichend, so ermächtigt die Kommission den in Schwierigkeiten befindlichen Mitgliedstaat mit Ausnahmeregelung, Schutzmaßnahmen zu treffen, deren Bedingungen und Einzelheiten sie festlegt.

Der Rat kann diese Ermächtigung aufheben und die Bedingungen und Einzelheiten ändern.

Artikel 144
(ex-Artikel 120 EGV)

(1) Gerät ein Mitgliedstaat, für den eine Ausnahmeregelung gilt, in eine plötzliche Zahlungsbilanzkrise und wird ein Beschluss im Sinne des Artikels 143 Absatz 2 nicht unverzüglich getroffen, so kann der betreffende Staat vorsorglich die erforderlichen Schutzmaßnahmen ergreifen. Sie dürfen nur ein Mindestmaß an Störungen im Funktionieren des Binnenmarkts hervorrufen und nicht über das zur Behebung der plötzlich aufgetretenen Schwierigkeiten unbedingt erforderliche Ausmaß hinausgehen.

(2) Die Kommission und die anderen Mitgliedstaaten werden über die Schutzmaßnahmen spätestens bei deren Inkrafttreten unterrichtet. Die Kommission kann dem Rat den gegenseitigen Beistand nach Artikel 143 empfehlen.

(3) Auf Empfehlung der Kommission und nach Anhörung des Wirtschafts- und Finanzausschusses kann der Rat beschließen, dass der betreffende Mitgliedstaat diese Schutzmaßnahmen zu ändern, auszusetzen oder aufzuheben hat.

TITEL IX
BESCHÄFTIGUNG

Artikel 145
(ex-Artikel 125 EGV)

Die Mitgliedstaaten und die Union arbeiten nach diesem Titel auf die Entwicklung einer koordinierten Beschäftigungsstrategie und insbesondere auf die Förderung der Qualifizierung, Ausbildung und Anpassungsfähigkeit der Arbeitnehmer sowie der Fähigkeit der Arbeitsmärkte hin, auf die Erfordernisse des wirtschaftlichen Wandels zu reagieren, um die Ziele des Artikels 3 des Vertrags über die Europäische Union zu erreichen.

Artikel 146
(ex-Artikel 126 EGV)

(1) Die Mitgliedstaaten tragen durch ihre Beschäftigungspolitik im Einklang mit den nach Artikel 121 Absatz 2 verabschiedeten Grundzügen der Wirtschaftspolitik der Mitgliedstaaten und der Union zur Erreichung der in Artikel 145 genannten Ziele bei.

(2) Die Mitgliedstaaten betrachten die Förderung der Beschäftigung als Angelegenheit von gemeinsamem Interesse und stimmen ihre diesbezüglichen Tätigkeiten nach Maßgabe des Artikels 148 im Rat aufeinander ab, wobei die einzelstaatlichen Gepflogenheiten in Bezug auf die Verantwortung der Sozialpartner berücksichtigt werden.

Artikel 147
(ex-Artikel 127 EGV)

(1) Die Union trägt zu einem hohen Beschäftigungsniveau bei, indem sie die Zusammenarbeit zwischen den Mitgliedstaaten fördert und deren Maßnahmen in diesem Bereich unterstützt und erforderlichenfalls ergänzt. Hierbei wird die Zuständigkeit der Mitgliedstaaten beachtet.

(2) Das Ziel eines hohen Beschäftigungsniveaus wird bei der Festlegung und Durchführung der Unionspolitiken und -maßnahmen berücksichtigt.

Artikel 148
(ex-Artikel 128 EGV)

(1) Anhand eines gemeinsamen Jahresberichts des Rates und der Kommission prüft der Europäische Rat jährlich die Beschäftigungslage in der Union und nimmt hierzu Schlussfolgerungen an.

(2) Anhand der Schlussfolgerungen des Europäischen Rates legt der Rat auf Vorschlag der Kommission und nach Anhörung des Europäischen Parlaments, des Wirtschafts- und Sozialausschusses, des Ausschusses der Regionen und des in Artikel 150 genannten Beschäftigungsausschusses jährlich Leitlinien fest, welche die Mitgliedstaaten in ihrer Beschäftigungspolitik berücksichtigen. Diese Leitlinien müssen mit den nach Artikel 121 Absatz 2 verabschiedeten Grundzügen in Einklang stehen.

(3) Jeder Mitgliedstaat übermittelt dem Rat und der Kommission jährlich einen Bericht über die wichtigsten Maßnahmen, die er zur Durchführung seiner Beschäftigungspolitik im Lichte der beschäftigungspolitischen Leitlinien nach Absatz 2 getroffen hat.

(4) Anhand der in Absatz 3 genannten Berichte und nach Stellungnahme des Beschäftigungsausschusses unterzieht der Rat die Durchführung der Beschäftigungspolitik der Mitgliedstaaten im Lichte der beschäftigungspolitischen Leitlinien jährlich einer Prüfung. Der Rat kann dabei auf Empfehlung der Kommission Empfehlungen an die Mitgliedstaaten richten, wenn er dies aufgrund der Ergebnisse dieser Prüfung für angebracht hält.

(5) Auf der Grundlage der Ergebnisse der genannten Prüfung erstellen der Rat und die Kommission einen gemeinsamen Jahresbericht für den Europäischen Rat über die Beschäftigungslage in der Union und über die Umsetzung der beschäftigungspolitischen Leitlinien.

Artikel 149
(ex-Artikel 129 EGV)

Das Europäische Parlament und der Rat können gemäß dem ordentlichen Gesetzgebungsverfahren und nach Anhörung des Wirtschafts- und Sozialausschusses sowie des Ausschusses der Regionen Anreizmaßnahmen zur Förderung der Zusammenarbeit zwischen den Mitgliedstaaten und zur Unterstützung ihrer Beschäftigungsmaßnahmen durch Initiativen beschließen, die darauf abzielen, den Austausch von Informationen und bewährten Verfahren zu entwickeln, vergleichende Analysen und Gutachten bereitzustellen sowie innovative Ansätze zu fördern und Erfahrungen zu bewerten, und zwar insbesondere durch den Rückgriff auf Pilotvorhaben.

Diese Maßnahmen schließen keinerlei Harmonisierung der Rechts- und Verwaltungsvorschriften der Mitgliedstaaten ein.

Artikel 150
(ex-Artikel 130 EGV)

Der Rat, der mit einfacher Mehrheit beschließt, setzt nach Anhörung des Europäischen Parlaments einen Beschäftigungsausschuss mit beratender Funktion zur Förderung der Koordinierung der Beschäftigungs- und Arbeitsmarktpolitik der Mitgliedstaaten ein. Der Ausschuss hat folgende Aufgaben:

— Er verfolgt die Beschäftigungslage und die Beschäftigungspolitik in den Mitgliedstaaten und der Union;

— er gibt unbeschadet des Artikels 240 auf Ersuchen des Rates oder der Kommission oder von sich aus Stellungnahmen ab und trägt zur Vorbereitung der in Artikel 148 genannten Beratungen des Rates bei.

Bei der Erfüllung seines Auftrags hört der Ausschuss die Sozialpartner.

Jeder Mitgliedstaat und die Kommission entsenden zwei Mitglieder in den Ausschuss.

TITEL X
SOZIALPOLITIK

Artikel 151
(ex-Artikel 136 EGV)

Die Union und die Mitgliedstaaten verfolgen eingedenk der sozialen Grundrechte, wie sie in der am 18. Oktober 1961 in Turin unterzeichneten Europäischen Sozialcharta und in der Gemeinschaftscharta der sozialen Grundrechte der Arbeitnehmer von 1989 festgelegt sind, folgende Ziele: die Förderung der Beschäftigung, die Verbesserung der Lebens- und Arbeitsbedingungen, um dadurch auf dem Wege des Fortschritts ihre Angleichung zu ermöglichen, einen angemessenen sozialen Schutz, den sozialen Dialog, die Entwicklung des Arbeitskräftepotenzials im Hinblick auf ein dauerhaft hohes Beschäftigungsniveau und die Bekämpfung von Ausgrenzungen.

Zu diesem Zweck führen die Union und die Mitgliedstaaten Maßnahmen durch, die der Vielfalt der einzelstaatlichen Gepflogenheiten, insbesondere in den vertraglichen Beziehungen, sowie der Notwendigkeit, die Wettbewerbsfähigkeit der Wirtschaft der Union zu erhalten, Rechnung tragen.

Sie sind der Auffassung, dass sich eine solche Entwicklung sowohl aus dem eine Abstimmung der Sozialordnungen begünstigenden Wirken des Binnenmarkts als auch aus den in den Verträgen vorgesehenen Verfahren sowie aus der Angleichung ihrer Rechts- und Verwaltungsvorschriften ergeben wird.

Artikel 152

Die Union anerkennt und fördert die Rolle der Sozialpartner auf Ebene der Union unter Berücksichtigung der Unterschiedlichkeit der nationalen Systeme. Sie fördert den sozialen Dialog und achtet dabei die Autonomie der Sozialpartner.

Der Dreigliedrige Sozialgipfel für Wachstum und Beschäftigung trägt zum sozialen Dialog bei.

Artikel 153
(ex-Artikel 137 EGV)

(1) Zur Verwirklichung der Ziele des Artikels 151 unterstützt und ergänzt die Union die Tätigkeit der Mitgliedstaaten auf folgenden Gebieten:

a) Verbesserung insbesondere der Arbeitsumwelt zum Schutz der Gesundheit und der Sicherheit der Arbeitnehmer,

b) Arbeitsbedingungen,

c) soziale Sicherheit und sozialer Schutz der Arbeitnehmer,

d) Schutz der Arbeitnehmer bei Beendigung des Arbeitsvertrags,

e) Unterrichtung und Anhörung der Arbeitnehmer,

f) Vertretung und kollektive Wahrnehmung der Arbeitnehmer- und Arbeitgeberinteressen, einschließlich der Mitbestimmung, vorbehaltlich des Absatzes 5,

g) Beschäftigungsbedingungen der Staatsangehörigen dritter Länder, die sich rechtmäßig im Gebiet der Union aufhalten,

h) berufliche Eingliederung der aus dem Arbeitsmarkt ausgegrenzten Personen, unbeschadet des Artikels 166,

i) Chancengleichheit von Männern und Frauen auf dem Arbeitsmarkt und Gleichbehandlung am Arbeitsplatz,

j) Bekämpfung der sozialen Ausgrenzung,

k) Modernisierung der Systeme des sozialen Schutzes, unbeschadet des Buchstabens c.

(2) Zu diesem Zweck können das Europäische Parlament und der Rat

a) unter Ausschluss jeglicher Harmonisierung der Rechts- und Verwaltungsvorschriften der Mitgliedstaaten Maßnahmen annehmen, die dazu bestimmt sind, die Zusammenarbeit zwischen den Mitgliedstaaten durch Initiativen zu fördern, die die Verbesserung des Wissensstands, die Entwicklung des Austauschs von Informationen und bewährten Verfahren, die Förderung innovativer Ansätze und die Bewertung von Erfahrungen zum Ziel haben;

b) in den in Absatz 1 Buchstaben a bis i genannten Bereichen unter Berücksichtigung der in den einzelnen Mitgliedstaaten bestehenden Bedingungen und technischen Regelungen durch Richtlinien Mindestvorschriften erlassen, die schrittweise anzuwenden sind. Diese Richtlinien sollen keine verwaltungsmäßigen, finanziellen oder rechtlichen Auflagen vorschreiben, die der Gründung und Entwicklung von kleinen und mittleren Unternehmen entgegenstehen.

Das Europäische Parlament und der Rat beschließen gemäß dem ordentlichen Gesetzgebungsverfahren nach Anhörung des Wirtschafts- und Sozialausschusses und des Ausschusses der Regionen.

In den in Absatz 1 Buchstaben c, d, f und g genannten Bereichen beschließt der Rat einstimmig gemäß einem besonderen Gesetzgebungsverfahren nach Anhörung des Europäischen Parlaments und der genannten Ausschüsse.

Der Rat kann einstimmig auf Vorschlag der Kommission nach Anhörung des Europäischen Parlaments beschließen, dass das ordentliche Gesetzgebungsverfahren auf Absatz 1 Buchstaben d, f und g angewandt wird.

(3) Ein Mitgliedstaat kann den Sozialpartnern auf deren gemeinsamen Antrag die Durchführung von aufgrund des Absatzes 2 angenommenen Richtlinien oder gegebenenfalls die Durchführung eines nach Artikel 155 erlassenen Beschlusses des Rates übertragen.

In diesem Fall vergewissert sich der Mitgliedstaat, dass die Sozialpartner spätestens zu dem Zeitpunkt, zu dem eine Richtlinie umgesetzt oder ein Beschluss durchgeführt sein muss, im Wege einer Vereinbarung die erforderlichen Vorkehrungen getroffen haben; dabei hat der Mitgliedstaat alle erforderlichen Maßnahmen zu treffen, um jederzeit gewährleisten zu können, dass die durch diese Richtlinie oder diesen Beschluss vorgeschriebenen Ergebnisse erzielt werden.

(4) Die aufgrund dieses Artikels erlassenen Bestimmungen

— berühren nicht die anerkannte Befugnis der Mitgliedstaaten, die Grundprinzipien ihres Systems der sozialen Sicherheit festzulegen, und dürfen das finanzielle Gleichgewicht dieser Systeme nicht erheblich beeinträchtigen;

— hindern die Mitgliedstaaten nicht daran, strengere Schutzmaßnahmen beizubehalten oder zu treffen, die mit den Verträgen vereinbar sind.

(5) Dieser Artikel gilt nicht für das Arbeitsentgelt, das Koalitionsrecht, das Streikrecht sowie das Aussperrungsrecht.

Artikel 154
(ex-Artikel 138 EGV)

(1) Die Kommission hat die Aufgabe, die Anhörung der Sozialpartner auf Unionsebene zu fördern, und erlässt alle zweckdienlichen Maßnahmen, um den Dialog zwischen den Sozialpartnern zu erleichtern, wobei sie für Ausgewogenheit bei der Unterstützung der Parteien sorgt.

(2) Zu diesem Zweck hört die Kommission vor Unterbreitung von Vorschlägen im Bereich der Sozialpolitik die Sozialpartner zu der Frage, wie eine Unionsaktion gegebenenfalls ausgerichtet werden sollte.

(3) Hält die Kommission nach dieser Anhörung eine Unionsmaßnahme für zweckmäßig, so hört sie die Sozialpartner zum Inhalt des in Aussicht genommenen Vorschlags. Die Sozialpartner übermitteln der Kommission eine Stellungnahme oder gegebenenfalls eine Empfehlung.

(4) Bei den Anhörungen nach den Absätzen 2 und 3 können die Sozialpartner der Kommission mitteilen, dass sie den Prozess nach Artikel 155 in Gang setzen wollen. Die Dauer dieses Prozesses darf höchstens neun Monate betragen, sofern die betroffenen Sozialpartner und die Kommission nicht gemeinsam eine Verlängerung beschließen.

Artikel 155
(ex-Artikel 139 EGV)

(1) Der Dialog zwischen den Sozialpartnern auf Unionsebene kann, falls sie es wünschen, zur Herstellung vertraglicher Beziehungen einschließlich des Abschlusses von Vereinbarungen führen.

(2) Die Durchführung der auf Unionsebene geschlossenen Vereinbarungen erfolgt entweder nach den jeweiligen Verfahren und Gepflogenheiten der Sozialpartner und der Mitgliedstaaten oder – in den durch Artikel 153 erfassten Bereichen – auf gemeinsamen Antrag der Unterzeichnerparteien durch einen Beschluss des Rates auf Vorschlag der Kommission. Das Europäische Parlament wird unterrichtet.

Der Rat beschließt einstimmig, sofern die betreffende Vereinbarung eine oder mehrere Bestimmungen betreffend einen der Bereiche enthält, für die nach Artikel 153 Absatz 2 Einstimmigkeit erforderlich ist.

Artikel 156
(ex-Artikel 140 EGV)

Unbeschadet der sonstigen Bestimmungen der Verträge fördert die Kommission im Hinblick auf die Erreichung der Ziele des Artikels 151 die Zusammenarbeit zwischen den Mitgliedstaaten und erleichtert die Abstimmung ihres Vorgehens in allen unter dieses Kapitel fallenden Bereichen der Sozialpolitik, insbesondere auf dem Gebiet

— der Beschäftigung,

— des Arbeitsrechts und der Arbeitsbedingungen,

— der beruflichen Ausbildung und Fortbildung,

— der sozialen Sicherheit,

— der Verhütung von Berufsunfällen und Berufskrankheiten,

— des Gesundheitsschutzes bei der Arbeit,

— des Koalitionsrechts und der Kollektivverhandlungen zwischen Arbeitgebern und Arbeitnehmern.

Zu diesem Zweck wird die Kommission in enger Verbindung mit den Mitgliedstaaten durch Untersuchungen, Stellungnahmen und die Durchführung von Konsultationen in Bezug auf innerstaatlich oder in den internationalen Organisationen zu behandelnde Fragen tätig, und zwar insbesondere im Wege von Initiativen, die darauf abzielen, Leitlinien und Indikatoren festzulegen, den Austausch bewährter Verfahren durchzuführen und die erforderlichen Elemente für eine regelmäßige Überwachung und Bewertung auszuarbeiten. Das Europäische Parlament wird in vollem Umfang unterrichtet.

Vor Abgabe der in diesem Artikel vorgesehenen Stellungnahmen hört die Kommission den Wirtschafts- und Sozialausschuss.

Artikel 157
(ex-Artikel 141 EGV)

(1) Jeder Mitgliedstaat stellt die Anwendung des Grundsatzes des gleichen Entgelts für Männer und Frauen bei gleicher oder gleichwertiger Arbeit sicher.

(2) Unter "Entgelt" im Sinne dieses Artikels sind die üblichen Grund- oder Mindestlöhne und -gehälter sowie alle sonstigen Vergütungen zu verstehen, die der Arbeitgeber aufgrund des Dienstverhältnisses dem Arbeitnehmer unmittelbar oder mittelbar in bar oder in Sachleistungen zahlt.

Gleichheit des Arbeitsentgelts ohne Diskriminierung aufgrund des Geschlechts bedeutet,

a) dass das Entgelt für eine gleiche nach Akkord bezahlte Arbeit aufgrund der gleichen Maßeinheit festgesetzt wird,

b) dass für eine nach Zeit bezahlte Arbeit das Entgelt bei gleichem Arbeitsplatz gleich ist.

(3) Das Europäische Parlament und der Rat beschließen gemäß dem ordentlichen Gesetzgebungsverfahren und nach Anhörung des Wirtschafts- und Sozialausschusses Maßnahmen zur Gewährleistung der Anwendung des Grundsatzes der Chancengleichheit und der Gleichbehandlung von Männern und Frauen in Arbeits- und Beschäftigungsfragen, einschließlich des Grundsatzes des gleichen Entgelts bei gleicher oder gleichwertiger Arbeit.

(4) Im Hinblick auf die effektive Gewährleistung der vollen Gleichstellung von Männern und Frauen im Arbeitsleben hindert der Grundsatz der Gleichbehandlung die Mitgliedstaaten nicht daran, zur Erleichterung der Berufstätigkeit des unterrepräsentierten Geschlechts oder zur Verhinderung bzw. zum Ausgleich von Benachteiligungen in der beruflichen Laufbahn spezifische Vergünstigungen beizubehalten oder zu beschließen.

Artikel 158
(ex-Artikel 142 EGV)

Die Mitgliedstaaten sind bestrebt, die bestehende Gleichwertigkeit der Ordnungen über die bezahlte Freizeit beizubehalten.

Artikel 159
(ex-Artikel 143 EGV)

Die Kommission erstellt jährlich einen Bericht über den Stand der Verwirklichung der in Artikel 151 genannten Ziele sowie über die demografische Lage in der Union. Sie übermittelt diesen Bericht dem Europäischen Parlament, dem Rat und dem Wirtschafts- und Sozialausschuss.

Artikel 160
(ex-Artikel 144 EGV)

Der Rat, der mit einfacher Mehrheit beschließt, setzt nach Anhörung des Europäischen Parlaments einen Ausschuss für Sozialschutz mit beratender Aufgabe ein, um die Zusammenarbeit im Bereich des sozialen Schutzes zwischen den Mitgliedstaaten und mit der Kommission zu fördern. Der Ausschuss hat folgende Aufgaben:

— Er verfolgt die soziale Lage und die Entwicklung der Politiken im Bereich des sozialen Schutzes in den Mitgliedstaaten und der Union;

— er fördert den Austausch von Informationen, Erfahrungen und bewährten Verfahren zwischen den Mitgliedstaaten und mit der Kommission;

— unbeschadet des Artikels 240 arbeitet er auf Ersuchen des Rates oder der Kommission oder von sich aus in seinem Zuständigkeitsbereich Berichte aus, gibt Stellungnahmen ab oder wird auf andere Weise tätig.

Bei der Erfüllung seines Auftrags stellt der Ausschuss geeignete Kontakte zu den Sozialpartnern her.

Jeder Mitgliedstaat und die Kommission ernennen zwei Mitglieder des Ausschusses.

Artikel 161
(ex-Artikel 145 EGV)

Der Jahresbericht der Kommission an das Europäische Parlament hat stets ein besonderes Kapitel über die Entwicklung der sozialen Lage in der Union zu enthalten.

Das Europäische Parlament kann die Kommission auffordern, Berichte über besondere, die soziale Lage betreffende Fragen auszuarbeiten.

TITEL XI
DER EUROPÄISCHE SOZIALFONDS

Artikel 162
(ex-Artikel 146 EGV)

Um die Beschäftigungsmöglichkeiten der Arbeitskräfte im Binnenmarkt zu verbessern und damit zur Hebung der Lebenshaltung beizutragen, wird nach Maßgabe der folgenden Bestimmungen ein Europäischer Sozialfonds errichtet, dessen Ziel es ist, innerhalb der Union die berufliche Verwendbarkeit und die örtliche und berufliche Mobilität der Arbeitskräfte zu fördern sowie die Anpassung an die industriellen Wandlungsprozesse und an Veränderungen der Produktionssysteme insbesondere durch berufliche Bildung und Umschulung zu erleichtern.

Artikel 163
(ex-Artikel 147 EGV)

Die Verwaltung des Fonds obliegt der Kommission.

Die Kommission wird hierbei von einem Ausschuss unterstützt, der aus Vertretern der Regierungen sowie der Arbeitgeber- und der Arbeitnehmerverbände besteht; den Vorsitz führt ein Mitglied der Kommission.

Artikel 164
(ex-Artikel 148 EGV)

Das Europäische Parlament und der Rat erlassen gemäß dem ordentlichen Gesetzgebungsverfahren und nach Anhörung des Wirtschafts- und Sozialausschusses sowie des Ausschusses der Regionen die den Europäischen Sozialfonds betreffenden Durchführungsverordnungen.

TITEL XII
ALLGEMEINE UND BERUFLICHE BILDUNG, JUGEND UND SPORT

Artikel 165
(ex-Artikel 149 EGV)

(1) Die Union trägt zur Entwicklung einer qualitativ hoch stehenden Bildung dadurch bei, dass sie die Zusammenarbeit zwischen den Mitgliedstaaten fördert und die Tätigkeit der Mitgliedstaaten unter strikter Beachtung der Verantwortung der Mitgliedstaaten für die Lehrinhalte und die Gestaltung des Bildungssystems sowie der Vielfalt ihrer Kulturen und Sprachen erforderlichenfalls unterstützt und ergänzt.

Die Union trägt zur Förderung der europäischen Dimension des Sports bei und berücksichtigt dabei dessen besondere Merkmale, dessen auf freiwilligem Engagement basierende Strukturen sowie dessen soziale und pädagogische Funktion.

(2) Die Tätigkeit der Union hat folgende Ziele:

Entwicklung der europäischen Dimension im Bildungswesen, insbesondere durch Erlernen und Verbreitung der Sprachen der Mitgliedstaaten;

— Förderung der Mobilität von Lernenden und Lehrenden, auch durch die Förderung der akademischen Anerkennung der Diplome und Studienzeiten;

— Förderung der Zusammenarbeit zwischen den Bildungseinrichtungen;

— Ausbau des Informations- und Erfahrungsaustauschs über gemeinsame Probleme im Rahmen der Bildungssysteme der Mitgliedstaaten;

— Förderung des Ausbaus des Jugendaustauschs und des Austauschs sozialpädagogischer Betreuer und verstärkte Beteiligung der Jugendlichen am demokratischen Leben in Europa;

— Förderung der Entwicklung der Fernlehre;

— Entwicklung der europäischen Dimension des Sports durch Förderung der Fairness und der Offenheit von Sportwettkämpfen und der Zusammenarbeit zwischen den für den Sport verantwortlichen Organisationen sowie durch den Schutz der körperlichen und seelischen Unversehrtheit der Sportler, insbesondere der jüngeren Sportler.

(3) Die Union und die Mitgliedstaaten fördern die Zusammenarbeit mit dritten Ländern und den für den Bildungsbereich und den Sport zuständigen internationalen Organisationen, insbesondere dem Europarat.

(4) Als Beitrag zur Verwirklichung der Ziele dieses Artikels

— erlassen das Europäische Parlament und der Rat gemäß dem ordentlichen Gesetzgebungsverfahren und nach Anhörung des Wirtschafts- und Sozialausschusses und des Ausschusses der Regionen Fördermaßnahmen unter Ausschluss jeglicher Harmonisierung der Rechts- und Verwaltungsvorschriften der Mitgliedstaaten;

— erlässt der Rat auf Vorschlag der Kommission Empfehlungen.

Artikel 166
(ex-Artikel 150 EGV)

(1) Die Union führt eine Politik der beruflichen Bildung, welche die Maßnahmen der Mitgliedstaaten unter strikter Beachtung der Verantwortung der Mitgliedstaaten für Inhalt und Gestaltung der beruflichen Bildung unterstützt und ergänzt.

(2) Die Tätigkeit der Union hat folgende Ziele:

— Erleichterung der Anpassung an die industriellen Wandlungsprozesse, insbesondere durch berufliche Bildung und Umschulung;

— Verbesserung der beruflichen Erstausbildung und Weiterbildung zur Erleichterung der beruflichen Eingliederung und Wiedereingliederung in den Arbeitsmarkt;

— Erleichterung der Aufnahme einer beruflichen Bildung sowie Förderung der Mobilität der Ausbilder und der in beruflicher Bildung befindlichen Personen, insbesondere der Jugendlichen;

— Förderung der Zusammenarbeit in Fragen der beruflichen Bildung zwischen Unterrichtsanstalten und Unternehmen;

— Ausbau des Informations- und Erfahrungsaustauschs über gemeinsame Probleme im Rahmen der Berufsbildungssysteme der Mitgliedstaaten.

(3) Die Union und die Mitgliedstaaten fördern die Zusammenarbeit mit dritten Ländern und den für die berufliche Bildung zuständigen internationalen Organisationen.

(4) Das Europäische Parlament und der Rat erlassen gemäß dem ordentlichen Gesetzgebungsverfahren und nach Anhörung des Wirtschafts- und Sozialausschusses sowie des Ausschusses der Regionen Maßnahmen, die zur Verwirklichung der Ziele dieses Artikels beitragen, unter Ausschluss jeglicher Harmonisierung der Rechts- und Verwaltungsvorschriften der Mitgliedstaaten, und der Rat erlässt auf Vorschlag der Kommission Empfehlungen.

TITEL XIII
KULTUR
Artikel 167
(ex-Artikel 151 EGV)

(1) Die Union leistet einen Beitrag zur Entfaltung der Kulturen der Mitgliedstaaten unter Wahrung ihrer nationalen und regionalen Vielfalt sowie gleichzeitiger Hervorhebung des gemeinsamen kulturellen Erbes.

(2) Die Union fördert durch ihre Tätigkeit die Zusammenarbeit zwischen den Mitgliedstaaten und unterstützt und ergänzt erforderlichenfalls deren Tätigkeit in folgenden Bereichen:

— Verbesserung der Kenntnis und Verbreitung der Kultur und Geschichte der europäischen Völker,

— Erhaltung und Schutz des kulturellen Erbes von europäischer Bedeutung,

— nichtkommerzieller Kulturaustausch,

— künstlerisches und literarisches Schaffen, einschließlich im audiovisuellen Bereich.

(3) Die Union und die Mitgliedstaaten fördern die Zusammenarbeit mit dritten Ländern und den für den Kulturbereich zuständigen internationalen Organisationen, insbesondere mit dem Europarat.

(4) Die Union trägt bei ihrer Tätigkeit aufgrund anderer Bestimmungen der Verträge den kulturellen Aspekten Rechnung, insbesondere zur Wahrung und Förderung der Vielfalt ihrer Kulturen.

(5) Als Beitrag zur Verwirklichung der Ziele dieses Artikels

— erlassen das Europäische Parlament und der Rat gemäß dem ordentlichen Gesetzgebungsverfahren und nach Anhörung des Ausschusses der Regionen Fördermaßnahmen unter Ausschluss jeglicher Harmonisierung der Rechts- und Verwaltungsvorschriften der Mitgliedstaaten.

— erlässt der Rat auf Vorschlag der Kommission Empfehlungen.

TITEL XIV
GESUNDHEITSWESEN
Artikel 168
(ex-Artikel 152 EGV)

(1) Bei der Festlegung und Durchführung aller Unionspolitiken und -maßnahmen wird ein hohes Gesundheitsschutzniveau sichergestellt.

Die Tätigkeit der Union ergänzt die Politik der Mitgliedstaaten und ist auf die Verbesserung der Gesundheit der Bevölkerung, die Verhütung von Humankrankheiten und die Beseitigung von Ursachen für die Gefährdung der körperlichen und geistigen Gesundheit gerichtet. Sie umfasst die Bekämpfung der weit verbreiteten schweren Krankheiten, wobei die Erforschung der Ursachen, der Übertragung und der Verhütung dieser Krankheiten sowie Gesundheitsinformation und -erziehung gefördert werden; außerdem umfasst sie die Beobachtung, frühzeitige Meldung und Bekämpfung schwerwiegender grenzüberschreitender Gesundheitsgefahren.

Die Union ergänzt die Maßnahmen der Mitgliedstaaten zur Verringerung drogenkonsumbedingter Gesundheitsschäden einschließlich der Informations- und Vorbeugungsmaßnahmen.

(2) Die Union fördert die Zusammenarbeit zwischen den Mitgliedstaaten in den in diesem Artikel genannten Bereichen und unterstützt erforderlichenfalls deren Tätigkeit. Sie fördert insbesondere die Zusammenarbeit zwischen den Mitgliedstaaten, die darauf abzielt, die Komplementarität ihrer Gesundheitsdienste in den Grenzgebieten zu verbessern.

Die Mitgliedstaaten koordinieren untereinander im Benehmen mit der Kommission ihre Politiken und Programme in den in Absatz 1 genannten Bereichen. Die Kommission kann in enger Verbindung mit den Mitgliedstaaten alle Initiativen ergreifen, die dieser Koordinierung förderlich sind, insbesondere Initiativen, die darauf abzielen, Leitlinien und Indikatoren festzulegen, den Austausch bewährter Verfahren durchzuführen und die erforderlichen Elemente für eine regelmäßige Überwachung und Bewertung auszuarbeiten. Das Europäische Parlament wird in vollem Umfang unterrichtet.

(3) Die Union und die Mitgliedstaaten fördern die Zusammenarbeit mit dritten Ländern und den für das Gesundheitswesen zuständigen internationalen Organisationen.

(4) Abweichend von Artikel 2 Absatz 5 und Artikel 6 Buchstabe a tragen das Europäische Parlament und der Rat nach Artikel 4 Absatz 2 Buchstabe k gemäß dem ordentlichen Gesetzgebungsverfahren und nach Anhörung des Wirtschafts- und Sozialausschusses sowie des Ausschusses der Regionen mit folgenden Maßnahmen zur Verwirklichung der Ziele dieses Artikels bei, um den gemeinsamen Sicherheitsanliegen Rechnung zu tragen:

a) Maßnahmen zur Festlegung hoher Qualitäts- und Sicherheitsstandards für Organe und Substanzen menschlichen Ursprungs sowie für Blut und Blutderivate; diese Maßnahmen hindern die Mitgliedstaaten nicht daran, strengere Schutzmaßnahmen beizubehalten oder einzuführen;

b) Maßnahmen in den Bereichen Veterinärwesen und Pflanzenschutz, die unmittelbar den Schutz der Gesundheit der Bevölkerung zum Ziel haben;

c) Maßnahmen zur Festlegung hoher Qualitäts- und Sicherheitsstandards für Arzneimittel und Medizinprodukte.

(5) Das Europäische Parlament und der Rat können unter Ausschluss jeglicher Harmonisierung der Rechtsvorschriften der Mitgliedstaaten

gemäß dem ordentlichen Gesetzgebungsverfahren und nach Anhörung des Wirtschafts- und Sozialausschusses und des Ausschusses der Regionen auch Fördermaßnahmen zum Schutz und zur Verbesserung der menschlichen Gesundheit sowie insbesondere zur Bekämpfung der weit verbreiteten schweren grenzüberschreitenden Krankheiten, Maßnahmen zur Beobachtung, frühzeitigen Meldung und Bekämpfung schwerwiegender grenzüberschreitender Gesundheitsgefahren sowie Maßnahmen, die unmittelbar den Schutz der Gesundheit der Bevölkerung vor Tabakkonsum und Alkoholmissbrauch zum Ziel haben, erlassen.

(6) Der Rat kann ferner auf Vorschlag der Kommission für die in diesem Artikel genannten Zwecke Empfehlungen erlassen.

(7) Bei der Tätigkeit der Union wird die Verantwortung der Mitgliedstaaten für die Festlegung ihrer Gesundheitspolitik sowie für die Organisation des Gesundheitswesens und die medizinische Versorgung gewahrt. Die Verantwortung der Mitgliedstaaten umfasst die Verwaltung des Gesundheitswesens und der medizinischen Versorgung sowie die Zuweisung der dafür bereitgestellten Mittel. Die Maßnahmen nach Absatz 4 Buchstabe a lassen die einzelstaatlichen Regelungen über die Spende oder die medizinische Verwendung von Organen und Blut unberührt.

TITEL XV
VERBRAUCHERSCHUTZ
Artikel 169
(ex-Artikel 153 EGV

(1) Zur Förderung der Interessen der Verbraucher und zur Gewährleistung eines hohen Verbraucherschutzniveaus leistet die Union einen Beitrag zum Schutz der Gesundheit, der Sicherheit und der wirtschaftlichen Interessen der Verbraucher sowie zur Förderung ihres Rechtes auf Information, Erziehung und Bildung von Vereinigungen zur Wahrung ihrer Interessen.

(2) Die Union leistet einen Beitrag zur Erreichung der in Absatz 1 genannten Ziele durch

a) Maßnahmen, die sie im Rahmen der Verwirklichung des Binnenmarkts nach Artikel 114 erlässt;

b) Maßnahmen zur Unterstützung, Ergänzung und Überwachung der Politik der Mitgliedstaaten.

(3) Das Europäische Parlament und der Rat beschließen gemäß dem ordentlichen Gesetzgebungsverfahren und nach Anhörung des Wirtschafts- und Sozialausschusses die Maßnahmen nach Absatz 2 Buchstabe b.

(4) Die nach Absatz 3 beschlossenen Maßnahmen hindern die einzelnen Mitgliedstaaten nicht daran, strengere Schutzmaßnahmen beizubehalten oder zu ergreifen. Diese Maßnahmen müssen mit den Verträgen vereinbar sein. Sie werden der Kommission mitgeteilt.

TITEL XVI
TRANSEUROPÄISCHE NETZE
Artikel 170
(ex-Artikel 154 EGV)

(1) Um einen Beitrag zur Verwirklichung der Ziele der Artikel 26 und 174 zu leisten und den Bürgern der Union, den Wirtschaftsbeteiligten sowie den regionalen und lokalen Gebietskörperschaften in vollem Umfang die Vorteile zugute kommen zu lassen, die sich aus der Schaffung eines Raumes ohne Binnengrenzen ergeben, trägt die Union zum Auf- und Ausbau transeuropäischer Netze in den Bereichen der Verkehrs-, Telekommunikations- und Energieinfrastruktur bei.

(2) Die Tätigkeit der Union zielt im Rahmen eines Systems offener und wettbewerbsorientierter Märkte auf die Förderung des Verbunds und der Interoperabilität der einzelstaatlichen Netze sowie des Zugangs zu diesen Netzen ab. Sie trägt insbesondere der Notwendigkeit Rechnung, insulare, eingeschlossene und am Rande gelegene Gebiete mit den zentralen Gebieten der Union zu verbinden.

Artikel 171
(ex-Artikel 155 EGV)

(1) Zur Erreichung der Ziele des Artikels 170 geht die Union wie folgt vor:

— Sie stellt eine Reihe von Leitlinien auf, in denen die Ziele, die Prioritäten und die Grundzüge der im Bereich der transeuropäischen Netze in Betracht gezogenen Aktionen erfasst werden; in diesen Leitlinien werden Vorhaben von gemeinsamem Interesse ausgewiesen;

— sie führt jede Aktion durch, die sich gegebenenfalls als notwendig erweist, um die Interoperabilität der Netze zu gewährleisten, insbesondere im Bereich der Harmonisierung der technischen Normen;

— sie kann von den Mitgliedstaaten unterstützte Vorhaben von gemeinsamem Interesse, die im Rahmen der Leitlinien gemäß dem ersten Gedankenstrich ausgewiesen sind, insbesondere in Form von Durchführbarkeitsstudien, Anleihebürgschaften oder Zinszuschüssen unterstützen; die Union kann auch über den nach Artikel 177 errichteten Kohäsionsfonds zu spezifischen Verkehrsinfrastrukturvorhaben in den Mitgliedstaaten finanziell beitragen.

Die Union berücksichtigt bei ihren Maßnahmen die potenzielle wirtschaftliche Lebensfähigkeit der Vorhaben.

(2) Die Mitgliedstaaten koordinieren untereinander in Verbindung mit der Kommission die einzelstaatlichen Politiken, die sich erheblich auf die Verwirklichung der Ziele des Artikels 170 auswirken können. Die Kommission kann in enger

Zusammenarbeit mit den Mitgliedstaaten alle Initiativen ergreifen, die dieser Koordinierung förderlich sind.

(3) Die Union kann beschließen, mit dritten Ländern zur Förderung von Vorhaben von gemeinsamem Interesse sowie zur Sicherstellung der Interoperabilität der Netze zusammenzuarbeiten.

Artikel 172
(ex-Artikel 156 EGV)

Die Leitlinien und die übrigen Maßnahmen nach Artikel 171 Absatz 1 werden vom Europäischen Parlament und vom Rat gemäß dem ordentlichen Gesetzgebungsverfahren und nach Anhörung des Wirtschafts- und Sozialausschusses und des Ausschusses der Regionen festgelegt.

Leitlinien und Vorhaben von gemeinsamem Interesse, die das Hoheitsgebiet eines Mitgliedstaats betreffen, bedürfen der Billigung des betroffenen Mitgliedstaats.

TITEL XVII
INDUSTRIE

Artikel 173
(ex-Artikel 157 EGV)

(1) Die Union und die Mitgliedstaaten sorgen dafür, dass die notwendigen Voraussetzungen für die Wettbewerbsfähigkeit der Industrie der Union gewährleistet sind.

Zu diesem Zweck zielt ihre Tätigkeit entsprechend einem System offener und wettbewerbsorientierter Märkte auf Folgendes ab:

— Erleichterung der Anpassung der Industrie an die strukturellen Veränderungen;

— Förderung eines für die Initiative und Weiterentwicklung der Unternehmen in der gesamten Union, insbesondere der kleinen und mittleren Unternehmen, günstigen Umfelds;

— Förderung eines für die Zusammenarbeit zwischen Unternehmen günstigen Umfelds;

— Förderung einer besseren Nutzung des industriellen Potenzials der Politik in den Bereichen Innovation, Forschung und technologische Entwicklung.

(2) Die Mitgliedstaaten konsultieren einander in Verbindung mit der Kommission und koordinieren, soweit erforderlich, ihre Maßnahmen. Die Kommission kann alle Initiativen ergreifen, die dieser Koordinierung förderlich sind, insbesondere Initiativen, die darauf abzielen, Leitlinien und Indikatoren festzulegen, den Austausch bewährter Verfahren durchzuführen und die erforderlichen Elemente für eine regelmäßige Überwachung und Bewertung auszuarbeiten. Das Europäische Parlament wird in vollem Umfang unterrichtet.

(3) Die Union trägt durch die Politik und die Maßnahmen, die sie aufgrund anderer Bestimmungen der Verträge durchführt, zur Erreichung der Ziele des Absatzes 1 bei. Das Europäische Parlament und der Rat können unter Ausschluss jeglicher Harmonisierung der Rechtsvorschriften der Mitgliedstaaten gemäß dem ordentlichen Gesetzgebungsverfahren und nach Anhörung des Wirtschafts- und Sozialausschusses spezifische Maßnahmen zur Unterstützung der in den Mitgliedstaaten durchgeführten Maßnahmen im Hinblick auf die Verwirklichung der Ziele des Absatzes 1 beschließen.

Dieser Titel bietet keine Grundlage dafür, dass die Union irgendeine Maßnahme einführt, die zu Wettbewerbsverzerrungen führen könnte oder steuerliche Vorschriften oder Bestimmungen betreffend die Rechte und Interessen der Arbeitnehmer enthält.

TITEL XVIII
WIRTSCHAFTLICHER, SOZIALER UND TERRITORIALER ZUSAMMENHALT

Artikel 174
(ex-Artikel 158 EGV)

Die Union entwickelt und verfolgt weiterhin ihre Politik zur Stärkung ihres wirtschaftlichen, sozialen und territorialen Zusammenhalts, um eine harmonische Entwicklung der Union als Ganzes zu fördern.

Die Union setzt sich insbesondere zum Ziel, die Unterschiede im Entwicklungsstand der verschiedenen Regionen und den Rückstand der am stärksten benachteiligten Gebiete zu verringern.

Unter den betreffenden Gebieten gilt besondere Aufmerksamkeit den ländlichen Gebieten, den vom industriellen Wandel betroffenen Gebieten und den Gebieten mit schweren und dauerhaften natürlichen oder demografischen Nachteilen, wie den nördlichsten Regionen mit sehr geringer Bevölkerungsdichte sowie den Insel-, Grenz- und Bergregionen.

Artikel 175
(ex-Artikel 159 EGV)

Die Mitgliedstaaten führen und koordinieren ihre Wirtschaftspolitik in der Weise, dass auch die in Artikel 174 genannten Ziele erreicht werden. Die Festlegung und Durchführung der Politiken und Aktionen der Union sowie die Errichtung des Binnenmarkts berücksichtigen die Ziele des Artikels 174 und tragen zu deren Verwirklichung bei. Die Union unterstützt auch diese Bemühungen durch die Politik, die sie mit Hilfe der Strukturfonds (Europäischer Ausrichtungs- und Garantiefonds für die Landwirtschaft – Abteilung Ausrichtung, Europäischer Sozialfonds, Europäischer Fonds für regionale Entwicklung), der Europäischen Investitionsbank und der sonstigen vorhandenen Finanzierungsinstrumente führt.

Die Kommission erstattet dem Europäischen Parlament, dem Rat, dem Wirtschafts- und Sozialausschuss und dem Ausschuss der Regionen alle drei Jahre Bericht über die Fortschritte bei der Verwirklichung des wirtschaftlichen, sozialen und territorialen Zusammenhalts und über die Art und Weise, in der die in diesem Artikel vorgesehenen Mittel hierzu beigetragen haben. Diesem Bericht werden erforderlichenfalls entsprechende Vorschläge beigefügt.

Falls sich spezifische Aktionen außerhalb der Fonds und unbeschadet der im Rahmen der anderen Politiken der Union beschlossenen Maßnahmen als erforderlich erweisen, so können sie vom Europäischen Parlament und vom Rat gemäß dem ordentlichen Gesetzgebungsverfahren nach Anhörung des Wirtschafts- und Sozialausschusses und des Ausschusses der Regionen beschlossen werden.

Artikel 176
(ex-Artikel 160 EGV)

Aufgabe des Europäischen Fonds für regionale Entwicklung ist es, durch Beteiligung an der Entwicklung und an der strukturellen Anpassung der rückständigen Gebiete und an der Umstellung der Industriegebiete mit rückläufiger Entwicklung zum Ausgleich der wichtigsten regionalen Ungleichgewichte in der Union beizutragen.

Artikel 177
(ex-Artikel 161 EGV)

Unbeschadet des Artikels 178 legen das Europäische Parlament und der Rat durch Verordnungen gemäß dem ordentlichen Gesetzgebungsverfahren und nach Anhörung des Wirtschafts- und Sozialausschusses und des Ausschusses der Regionen die Aufgaben, die vorrangigen Ziele und die Organisation der Strukturfonds fest, was ihre Neuordnung einschließen kann. Nach demselben Verfahren werden ferner die für die Fonds geltenden allgemeinen Regeln sowie die Bestimmungen festgelegt, die zur Gewährleistung einer wirksamen Arbeitsweise und zur Koordinierung der Fonds sowohl untereinander als auch mit den anderen vorhandenen Finanzierungsinstrumenten erforderlich sind.

Ein nach demselben Verfahren errichteter Kohäsionsfonds trägt zu Vorhaben in den Bereichen Umwelt und transeuropäische Netze auf dem Gebiet der Verkehrsinfrastruktur finanziell bei.

Artikel 178
(ex-Artikel 162 EGV)

Die den Europäischen Fonds für regionale Entwicklung betreffenden Durchführungsverordnungen werden vom Europäischen Parlament und vom Rat gemäß dem ordentlichen Gesetzgebungsverfahren und nach Anhörung des Wirtschafts- und Sozialausschusses sowie des Ausschusses der Regionen gefasst.

Für den Europäischen Ausrichtungs- und Garantiefonds für die Landwirtschaft, Abteilung Ausrichtung, und den Europäischen Sozialfonds sind die Artikel 43 bzw. 164 weiterhin anwendbar.

TITEL XIX
FORSCHUNG, TECHNOLOGISCHE ENTWICKLUNG UND RAUMFAHRT

Artikel 179
(ex-Artikel 163 EGV)

(1) Die Union hat zum Ziel, ihre wissenschaftlichen und technologischen Grundlagen dadurch zu stärken, dass ein europäischer Raum der Forschung geschaffen wird, in dem Freizügigkeit für Forscher herrscht und wissenschaftliche Erkenntnisse und Technologien frei ausgetauscht werden, die Entwicklung ihrer Wettbewerbsfähigkeit einschließlich der ihrer Industrie zu fördern sowie alle Forschungsmaßnahmen zu unterstützen, die aufgrund anderer Kapitel der Verträge für erforderlich gehalten werden.

(2) In diesem Sinne unterstützt sie in der gesamten Union die Unternehmen – einschließlich der kleinen und mittleren Unternehmen –, die Forschungszentren und die Hochschulen bei ihren Bemühungen auf dem Gebiet der Forschung und technologischen Entwicklung von hoher Qualität; sie fördert ihre Zusammenarbeitsbestrebungen, damit vor allem die Forscher ungehindert über die Grenzen hinweg zusammenarbeiten und die Unternehmen die Möglichkeiten des Binnenmarkts in vollem Umfang nutzen können, und zwar insbesondere durch Öffnen des einzelstaatlichen öffentlichen Auftragswesens, Festlegung gemeinsamer Normen und Beseitigung der dieser Zusammenarbeit entgegenstehenden rechtlichen und steuerlichen Hindernisse.

(3) Alle Maßnahmen der Union aufgrund der Verträge auf dem Gebiet der Forschung und der technologischen Entwicklung einschließlich der Demonstrationsvorhaben werden nach Maßgabe dieses Titels beschlossen und durchgeführt.

Artikel 180
(ex-Artikel 164 EGV)

Zur Erreichung dieser Ziele trifft die Union folgende Maßnahmen, welche die in den Mitgliedstaaten durchgeführten Aktionen ergänzen:

a) Durchführung von Programmen für Forschung, technologische Entwicklung und Demonstration unter Förderung der Zusammenarbeit mit und zwischen Unternehmen, Forschungszentren und Hochschulen;

b) Förderung der Zusammenarbeit mit dritten Ländern und internationalen Organisationen auf dem Gebiet der Forschung, technologischen Entwicklung und Demonstration der Union;

c) Verbreitung und Auswertung der Ergebnisse der Tätigkeiten auf dem Gebiet der Forschung, technologischen Entwicklung und Demonstration der Union;

d) Förderung der Ausbildung und der Mobilität der Forscher aus der Union.

Artikel 181
(ex-Artikel 165 EGV)

(1) Die Union und die Mitgliedstaaten koordinieren ihre Tätigkeiten auf dem Gebiet der Forschung und der technologischen Entwicklung, um die Kohärenz der einzelstaatlichen Politiken und der Politik der Union sicherzustellen.

(2) Die Kommission kann in enger Zusammenarbeit mit den Mitgliedstaaten alle Initiativen ergreifen, die der Koordinierung nach Absatz 1 förderlich sind, insbesondere Initiativen, die darauf abzielen, Leitlinien und Indikatoren festzulegen, den Austausch bewährter Verfahren durchzuführen und die erforderlichen Elemente für eine regelmäßige Überwachung und Bewertung auszuarbeiten. Das Europäische Parlament wird in vollem Umfang unterrichtet.

Artikel 182
(ex-Artikel 166 EGV)

(1) Das Europäische Parlament und der Rat stellen gemäß dem ordentlichen Gesetzgebungsverfahren und nach Anhörung des Wirtschafts- und Sozialausschusses ein mehrjähriges Rahmenprogramm auf, in dem alle Aktionen der Union zusammengefasst werden.

In dem Rahmenprogramm werden

— die wissenschaftlichen und technologischen Ziele, die mit den Maßnahmen nach Artikel 180 erreicht werden sollen, sowie die jeweiligen Prioritäten festgelegt;

— die Grundzüge dieser Maßnahmen angegeben;

— der Gesamthöchstbetrag und die Einzelheiten der finanziellen Beteiligung der Union am Rahmenprogramm sowie die jeweiligen Anteile der vorgesehenen Maßnahmen festgelegt.

(2) Das Rahmenprogramm wird je nach Entwicklung der Lage angepasst oder ergänzt.

(3) Die Durchführung des Rahmenprogramms erfolgt durch spezifische Programme, die innerhalb einer jeden Aktion entwickelt werden. In jedem spezifischen Programm werden die Einzelheiten seiner Durchführung, seine Laufzeit und die für notwendig erachteten Mittel festgelegt. Die Summe der in den spezifischen Programmen für notwendig erachteten Beträge darf den für das Rahmenprogramm und für jede Aktion festgesetzten Gesamthöchstbetrag nicht überschreiten.

(4) Die spezifischen Programme werden vom Rat gemäß einem besonderen Gesetzgebungsverfahren nach Anhörung des Europäischen Parlaments und des Wirtschafts- und Sozialausschusses beschlossen.

(5) Ergänzend zu den in dem mehrjährigen Rahmenprogramm vorgesehenen Aktionen erlassen das Europäische Parlament und der Rat gemäß dem ordentlichen Gesetzgebungsverfahren und nach Anhörung des Wirtschafts- und Sozialausschusses die Maßnahmen, die für die Verwirklichung des Europäischen Raums der Forschung notwendig sind.

Artikel 183
(ex-Artikel 167 EGV)

Zur Durchführung des mehrjährigen Rahmenprogramms legt die Union Folgendes fest:

— die Regeln für die Beteiligung der Unternehmen, der Forschungszentren und der Hochschulen;

— die Regeln für die Verbreitung der Forschungsergebnisse.

Artikel 184
(ex-Artikel 168 EGV)

Bei der Durchführung des mehrjährigen Rahmenprogramms können Zusatzprogramme beschlossen werden, an denen nur bestimmte Mitgliedstaaten teilnehmen, die sie vorbehaltlich einer etwaigen Beteiligung der Union auch finanzieren.

Die Union legt die Regeln für die Zusatzprogramme fest, insbesondere hinsichtlich der Verbreitung der Kenntnisse und des Zugangs anderer Mitgliedstaaten.

Artikel 185
(ex-Artikel 169 EGV)

Die Union kann im Einvernehmen mit den betreffenden Mitgliedstaaten bei der Durchführung des mehrjährigen Rahmenprogramms eine Beteiligung an Forschungs- und Entwicklungsprogrammen mehrerer Mitgliedstaaten, einschließlich der Beteiligung an den zu ihrer Durchführung geschaffenen Strukturen, vorsehen.

Artikel 186
(ex-Artikel 170 EGV)

Die Union kann bei der Durchführung des mehrjährigen Rahmenprogramms eine Zusammenarbeit auf dem Gebiet der Forschung, technologischen Entwicklung und Demonstration der Union mit dritten Ländern oder internationalen Organisationen vorsehen.

Die Einzelheiten dieser Zusammenarbeit können Gegenstand von Abkommen zwischen der Union und den betreffenden dritten Parteien sein.

Artikel 187
(ex-Artikel 171 EGV)

Die Union kann gemeinsame Unternehmen gründen oder andere Strukturen schaffen, die für die ordnungsgemäße Durchführung der Programme für Forschung, technologische Entwicklung und Demonstration der Union erforderlich sind.

Artikel 188

(ex-Artikel 172)

Der Rat legt auf Vorschlag der Kommission und nach Anhörung des Europäischen Parlaments und des Wirtschafts- und Sozialausschusses die in Artikel 187 vorgesehenen Bestimmungen fest.

Das Europäische Parlament und der Rat legen gemäß dem ordentlichen Gesetzgebungsverfahren und nach Anhörung des Wirtschafts- und Sozialausschusses die in den Artikeln 183, 184 und 185 vorgesehenen Bestimmungen fest. Für die Verabschiedung der Zusatzprogramme ist die Zustimmung der daran beteiligten Mitgliedstaaten erforderlich.

Artikel 189

(1) Zur Förderung des wissenschaftlichen und technischen Fortschritts, der Wettbewerbsfähigkeit der Industrie und der Durchführung ihrer Politik arbeitet die Union eine europäische Raumfahrtpolitik aus. Sie kann zu diesem Zweck gemeinsame Initiativen fördern, die Forschung und technologische Entwicklung unterstützen und die Anstrengungen zur Erforschung und Nutzung des Weltraums koordinieren.

(2) Als Beitrag zur Erreichung der Ziele des Absatzes 1 werden vom Europäischen Parlament und vom Rat unter Ausschluss jeglicher Harmonisierung der Rechtsvorschriften der Mitgliedstaaten gemäß dem ordentlichen Gesetzgebungsverfahren die notwendigen Maßnahmen erlassen, was in Form eines europäischen Raumfahrtprogramms geschehen kann.

(3) Die Union stellt die zweckdienlichen Verbindungen zur Europäischen Weltraumorganisation her.

(4) Dieser Artikel gilt unbeschadet der sonstigen Bestimmungen dieses Titels.

Artikel 190

(ex-Artikel 173 EGV)

Zu Beginn jedes Jahres unterbreitet die Kommission dem Europäischen Parlament und dem Rat einen Bericht. Dieser Bericht erstreckt sich insbesondere auf die Tätigkeiten auf dem Gebiet der Forschung und technologischen Entwicklung und der Verbreitung der Ergebnisse dieser Tätigkeiten während des Vorjahres sowie auf das Arbeitsprogramm des laufenden Jahres.

TITEL XX
UMWELT

Artikel 191

(ex-Artikel 174 EGV)

(1) Die Umweltpolitik der Union trägt zur Verfolgung der nachstehenden Ziele bei:

— Erhaltung und Schutz der Umwelt sowie Verbesserung ihrer Qualität;

— Schutz der menschlichen Gesundheit;

— umsichtige und rationelle Verwendung der natürlichen Ressourcen;

— Förderung von Maßnahmen auf internationaler Ebene zur Bewältigung regionaler oder globaler Umweltprobleme und insbesondere zur Bekämpfung des Klimawandels.

(2) Die Umweltpolitik der Union zielt unter Berücksichtigung der unterschiedlichen Gegebenheiten in den einzelnen Regionen der Union auf ein hohes Schutzniveau ab. Sie beruht auf den Grundsätzen der Vorsorge und Vorbeugung, auf dem Grundsatz, Umweltbeeinträchtigungen mit Vorrang an ihrem Ursprung zu bekämpfen, sowie auf dem Verursacherprinzip.

Im Hinblick hierauf umfassen die den Erfordernissen des Umweltschutzes entsprechenden Harmonisierungsmaßnahmen gegebenenfalls eine Schutzklausel, mit der die Mitgliedstaaten ermächtigt werden, aus nicht wirtschaftlich bedingten umweltpolitischen Gründen vorläufige Maßnahmen zu treffen, die einem Kontrollverfahren der Union unterliegen.

(3) Bei der Erarbeitung ihrer Umweltpolitik berücksichtigt die Union

— die verfügbaren wissenschaftlichen und technischen Daten;

— die Umweltbedingungen in den einzelnen Regionen der Union;

— die Vorteile und die Belastung aufgrund des Tätigwerdens bzw. eines Nichttätigwerdens;

— die wirtschaftliche und soziale Entwicklung der Union insgesamt sowie die ausgewogene Entwicklung ihrer Regionen.

(4) Die Union und die Mitgliedstaaten arbeiten im Rahmen ihrer jeweiligen Befugnisse mit dritten Ländern und den zuständigen internationalen Organisationen zusammen. Die Einzelheiten der Zusammenarbeit der Union können Gegenstand von Abkommen zwischen dieser und den betreffenden dritten Parteien sein.

Unterabsatz 1 berührt nicht die Zuständigkeit der Mitgliedstaaten, in internationalen Gremien zu verhandeln und internationale Abkommen zu schließen.

Artikel 192

(ex-Artikel 175 EGV)

(1) Das Europäische Parlament und der Rat beschließen gemäß dem ordentlichen Gesetzgebungsverfahren und nach Anhörung des Wirtschafts- und Sozialausschusses sowie des Ausschusses der Regionen über das Tätigwerden der Union zur Erreichung der in Artikel 191 genannten Ziele.

(2) Abweichend von dem Beschlussverfahren des Absatzes 1 und unbeschadet des Artikels 114

erlässt der Rat gemäß einem besonderen Gesetzgebungsverfahren nach Anhörung des Europäischen Parlaments, des Wirtschafts- und Sozialausschusses sowie des Ausschusses der Regionen einstimmig

a) Vorschriften überwiegend steuerlicher Art;

b) Maßnahmen, die

— die Raumordnung berühren,

— die mengenmäßige Bewirtschaftung der Wasserressourcen berühren oder die Verfügbarkeit dieser Ressourcen mittelbar oder unmittelbar betreffen,

— die Bodennutzung mit Ausnahme der Abfallbewirtschaftung berühren;

c) Maßnahmen, welche die Wahl eines Mitgliedstaats zwischen verschiedenen Energiequellen und die allgemeine Struktur seiner Energieversorgung erheblich berühren.

Der Rat kann auf Vorschlag der Kommission und nach Anhörung des Europäischen Parlaments, des Wirtschafts- und Sozialausschusses und des Ausschusses der Regionen einstimmig festlegen, dass für die in Unterabsatz 1 genannten Bereiche das ordentliche Gesetzgebungsverfahren gilt.

(3) Das Europäische Parlament und der Rat beschließen gemäß dem ordentlichen Gesetzgebungsverfahren und nach Anhörung des Wirtschafts- und Sozialausschusses sowie des Ausschusses der Regionen allgemeine Aktionsprogramme, in denen die vorrangigen Ziele festgelegt werden.

Die zur Durchführung dieser Programme erforderlichen Maßnahmen werden, je nach Fall, nach dem in Absatz 1 beziehungsweise Absatz 2 vorgesehenen Verfahren erlassen.

(4) Unbeschadet bestimmter Maßnahmen der Union tragen die Mitgliedstaaten für die Finanzierung und Durchführung der Umweltpolitik Sorge.

(5) Sofern eine Maßnahme nach Absatz 1 mit unverhältnismäßig hohen Kosten für die Behörden eines Mitgliedstaats verbunden ist, werden darin unbeschadet des Verursacherprinzips geeignete Bestimmungen in folgender Form vorgesehen:

— vorübergehende Ausnahmeregelungen und/oder

— eine finanzielle Unterstützung aus dem nach Artikel 177 errichteten Kohäsionsfonds.

Artikel 193

(ex-Artikel 176 EGV)

Die Schutzmaßnahmen, die aufgrund des Artikels 192 getroffen werden, hindern die einzelnen Mitgliedstaaten nicht daran, verstärkte Schutzmaßnahmen beizubehalten oder zu ergreifen. Die betreffenden Maßnahmen müssen mit den Verträgen vereinbar sein. Sie werden der Kommission notifiziert.

TITEL XXI

ENERGIE

Artikel 194

(1) Die Energiepolitik der Union verfolgt im Geiste der Solidarität zwischen den Mitgliedstaaten im Rahmen der Verwirklichung oder des Funktionierens des Binnenmarkts und unter Berücksichtigung der Notwendigkeit der Erhaltung und Verbesserung der Umwelt folgende Ziele:

a) Sicherstellung des Funktionierens des Energiemarkts;

b) Gewährleistung der Energieversorgungssicherheit in der Union;

c) Förderung der Energieeffizienz und von Energieeinsparungen sowie Entwicklung neuer und erneuerbarer Energiequellen und

d) Förderung der Interkonnektion der Energienetze.

(2) Unbeschadet der Anwendung anderer Bestimmungen der Verträge erlassen das Europäische Parlament und der Rat gemäß dem ordentlichen Gesetzgebungsverfahren die Maßnahmen, die erforderlich sind, um die Ziele nach Absatz 1 zu verwirklichen. Der Erlass dieser Maßnahmen erfolgt nach Anhörung des Wirtschafts- und Sozialausschusses und des Ausschusses der Regionen.

Diese Maßnahmen berühren unbeschadet des Artikels 192 Absatz 2 Buchstabe c nicht das Recht eines Mitgliedstaats, die Bedingungen für die Nutzung seiner Energieressourcen, seine Wahl zwischen verschiedenen Energiequellen und die allgemeine Struktur seiner Energieversorgung zu bestimmen.

(3) Abweichend von Absatz 2 erlässt der Rat die darin genannten Maßnahmen gemäß einem besonderen Gesetzgebungsverfahren einstimmig nach Anhörung des Europäischen Parlaments, wenn sie überwiegend steuerlicher Art sind.

TITEL XXII

TOURISMUS

Artikel 195

(1) Die Union ergänzt die Maßnahmen der Mitgliedstaaten im Tourismussektor, insbesondere durch die Förderung der Wettbewerbsfähigkeit der Unternehmen der Union in diesem Sektor.

Die Union verfolgt zu diesem Zweck mit ihrer Tätigkeit das Ziel,

a) die Schaffung eines günstigen Umfelds für die Entwicklung der Unternehmen in diesem Sektor anzuregen;

b) die Zusammenarbeit zwischen den Mitgliedstaaten insbesondere durch den Austausch bewährter Praktiken zu unterstützen.

(2) Das Europäische Parlament und der Rat erlassen unter Ausschluss jeglicher Harmonisierung der Rechtsvorschriften der Mitgliedstaaten gemäß dem ordentlichen Gesetzgebungsverfahren die spezifischen Maßnahmen zur Ergänzung

der Maßnahmen, die die Mitgliedstaaten zur Verwirklichung der in diesem Artikel genannten Ziele durchführen.

TITEL XXIII
KATASTROPHENSCHUTZ

Artikel 196

(1) Die Union fördert die Zusammenarbeit zwischen den Mitgliedstaaten, um die Systeme zur Verhütung von Naturkatastrophen oder von vom Menschen verursachten Katastrophen und zum Schutz vor solchen Katastrophen wirksamer zu gestalten.

Die Tätigkeit der Union hat folgende Ziele:

a) Unterstützung und Ergänzung der Tätigkeit der Mitgliedstaaten auf nationaler, regionaler und kommunaler Ebene im Hinblick auf die Risikoprävention, auf die Ausbildung der in den Mitgliedstaaten am Katastrophenschutz Beteiligten und auf Einsätze im Falle von Naturkatastrophen oder von vom Menschen verursachten Katastrophen in der Union;

b) Förderung einer schnellen und effizienten Zusammenarbeit in der Union zwischen den einzelstaatlichen Katastrophenschutzstellen;

c) Verbesserung der Kohärenz der Katastrophenschutzmaßnahmen auf internationaler Ebene.

(2) Das Europäische Parlament und der Rat erlassen unter Ausschluss jeglicher Harmonisierung der Rechtsvorschriften der Mitgliedstaaten gemäß dem ordentlichen Gesetzgebungsverfahren die erforderlichen Maßnahmen zur Verfolgung der Ziele des Absatzes 1.

TITEL XXIV
VERWALTUNGSZUSAMMENARBEIT

Artikel 197

(1) Die für das ordnungsgemäße Funktionieren der Union entscheidende effektive Durchführung des Unionsrechts durch die Mitgliedstaaten ist als Frage von gemeinsamem Interesse anzusehen.

(2) Die Union kann die Mitgliedstaaten in ihren Bemühungen um eine Verbesserung der Fähigkeit ihrer Verwaltung zur Durchführung des Unionsrechts unterstützen. Dies kann insbesondere die Erleichterung des Austauschs von Informationen und von Beamten sowie die Unterstützung von Aus- und Weiterbildungsprogrammen beinhalten. Die Mitgliedstaaten müssen diese Unterstützung nicht in Anspruch nehmen. Das Europäische Parlament und der Rat erlassen die erforderlichen Maßnahmen unter Ausschluss jeglicher Harmonisierung der Rechtsvorschriften der Mitgliedstaaten durch Verordnungen gemäß dem ordentlichen Gesetzgebungsverfahren.

(3) Dieser Artikel berührt weder die Verpflichtung der Mitgliedstaaten, das Unionsrecht durchzuführen, noch die Befugnisse und Pflichten der Kommission. Er berührt auch nicht die übrigen Bestimmungen der Verträge, in denen eine Verwaltungszusammenarbeit unter den Mitgliedstaaten sowie zwischen diesen und der Union vorgesehen ist.

VIERTER TEIL
DIE ASSOZIIERUNG DER ÜBERSEEISCHEN LÄNDER UND HOHEITSGEBIETE

Artikel 198
(ex-Artikel 182 EGV)

Die Mitgliedstaaten kommen überein, die außereuropäischen Länder und Hoheitsgebiete, die mit Dänemark, Frankreich, den Niederlanden und dem Vereinigten Königreich besondere Beziehungen unterhalten, der Union zu assoziieren. Diese Länder und Hoheitsgebiete, im Folgenden als "Länder und Hoheitsgebiete" bezeichnet, sind in Anhang II aufgeführt.

Ziel der Assoziierung ist die Förderung der wirtschaftlichen und sozialen Entwicklung der Länder und Hoheitsgebiete und die Herstellung enger Wirtschaftsbeziehungen zwischen ihnen und der gesamten Union.

Entsprechend den in der Präambel dieses Vertrags aufgestellten Grundsätzen soll die Assoziierung in erster Linie den Interessen der Einwohner dieser Länder und Hoheitsgebiete dienen und ihren Wohlstand fördern, um sie der von ihnen erstrebten wirtschaftlichen, sozialen und kulturellen Entwicklung entgegenzuführen.

Artikel 199
(ex-Artikel 183 EGV)

Mit der Assoziierung werden folgende Zwecke verfolgt:

1. Die Mitgliedstaaten wenden auf ihren Handelsverkehr mit den Ländern und Hoheitsgebieten das System an, das sie aufgrund der Verträge untereinander anwenden.

2. Jedes Land oder Hoheitsgebiet wendet auf seinen Handelsverkehr mit den Mitgliedstaaten und den anderen Ländern und Hoheitsgebieten das System an, das es auf den europäischen Staat anwendet, mit dem es besondere Beziehungen unterhält.

3. Die Mitgliedstaaten beteiligen sich an den Investitionen, welche die fortschreitende Entwicklung dieser Länder und Hoheitsgebiete erfordert.

4. Bei Ausschreibungen und Lieferungen für Investitionen, die von der Union finanziert werden, steht die Beteiligung zu gleichen Bedingungen allen natürlichen und juristischen Personen offen, welche die Staatsangehörigkeit der Mitgliedstaaten oder der Länder oder Hoheitsgebiete besitzen.

5. Soweit aufgrund des Artikels 203 nicht Sonderregelungen getroffen werden, gelten zwischen den Mitgliedstaaten und den Ländern und Hoheitsgebieten für das Niederlassungsrecht ihrer

Staatsangehörigen und Gesellschaften die Bestimmungen und Verfahrensregeln des Kapitels Niederlassungsfreiheit, und zwar unter Ausschluss jeder Diskriminierung.

Artikel 200

(ex-Artikel 184 EGV)

(1) Zölle bei der Einfuhr von Waren aus den Ländern und Hoheitsgebieten in die Mitgliedstaaten sind verboten; dies geschieht nach Maßgabe des in den Verträgen vorgesehenen Verbots von Zöllen zwischen den Mitgliedstaaten.

(2) In jedem Land und Hoheitsgebiet sind Zölle bei der Einfuhr von Waren aus den Mitgliedstaaten und den anderen Ländern und Hoheitsgebieten nach Maßgabe des Artikels 30 verboten.

(3) Die Länder und Hoheitsgebiete können jedoch Zölle erheben, die den Erfordernissen ihrer Entwicklung und Industrialisierung entsprechen oder als Finanzzölle der Finanzierung ihres Haushalts dienen.

Die in Unterabsatz 1 genannten Zölle dürfen nicht höher sein als diejenigen, die für die Einfuhr von Waren aus dem Mitgliedstaat gelten, mit dem das entsprechende Land oder Hoheitsgebiet besondere Beziehungen unterhält.

(4) Absatz 2 gilt nicht für die Länder und Hoheitsgebiete, die aufgrund besonderer internationaler Verpflichtungen bereits einen nichtdiskriminierenden Zolltarif anwenden.

(5) Die Festlegung oder Änderung der Zollsätze für Waren, die in die Länder und Hoheitsgebiete eingeführt werden, darf weder rechtlich noch tatsächlich zu einer mittelbaren oder unmittelbaren Diskriminierung zwischen den Einfuhren aus den einzelnen Mitgliedstaaten führen.

Artikel 201

(ex-Artikel 185 EGV)

Ist die Höhe der Zollsätze, die bei der Einfuhr in ein Land oder Hoheitsgebiet für Waren aus einem dritten Land gelten, bei Anwendung des Artikels 200 Absatz 1 geeignet, Verkehrsverlagerungen zum Nachteil eines Mitgliedstaats hervorzurufen, so kann dieser die Kommission ersuchen, den anderen Mitgliedstaaten die erforderlichen Abhilfemaßnahmen vorzuschlagen.

Artikel 202

(ex-Artikel 186 EGV)

Vorbehaltlich der Bestimmungen über die Volksgesundheit und die öffentliche Sicherheit und Ordnung werden für die Freizügigkeit der Arbeitskräfte aus den Ländern und Hoheitsgebieten in den Mitgliedstaaten und der Arbeitskräfte aus den Mitgliedstaaten in den Ländern und Hoheitsgebieten Rechtsakte nach Artikel 203 erlassen.

Artikel 203

(ex-Artikel 187 EGV)

Der Rat erlässt einstimmig auf Vorschlag der Kommission und aufgrund der im Rahmen der Assoziierung der Länder und Hoheitsgebiete an die Union erzielten Ergebnisse und der Grundsätze der Verträge die Bestimmungen über die Einzelheiten und das Verfahren für die Assoziierung der Länder und Hoheitsgebiete an die Union. Werden diese Bestimmungen vom Rat gemäß einem besonderen Gesetzgebungsverfahren angenommen, so beschließt er einstimmig auf Vorschlag der Kommission nach Anhörung des Europäischen Parlaments.

Artikel 204

(ex-Artikel 188 EGV)

Die Artikel 198 bis 203 sind auf Grönland anwendbar, vorbehaltlich der spezifischen Bestimmungen für Grönland in dem Protokoll über die Sonderregelung für Grönland im Anhang zu den Verträgen.

TITEL I

ALLGEMEINE BESTIMMUNGEN ÜBER DAS AUSWÄRTIGE HANDELN DER UNION

Artikel 205

Das Handeln der Union auf internationaler Ebene im Rahmen dieses Teils wird von den Grundsätzen bestimmt, von den Zielen geleitet und an den allgemeinen Bestimmungen ausgerichtet, die in Titel V Kapitel 1 des Vertrags über die Europäische Union niedergelegt sind.

TITEL II

GEMEINSAME HANDELSPOLITIK

Artikel 206

(ex-Artikel 131 EGV)

Durch die Schaffung einer Zollunion nach den Artikeln 28 bis 32 trägt die Union im gemeinsamen Interesse zur harmonischen Entwicklung des Welthandels, zur schrittweisen Beseitigung der Beschränkungen im internationalen Handelsverkehr und bei den ausländischen Direktinvestitionen sowie zum Abbau der Zollschranken und anderer Schranken bei.

Artikel 207

(ex-Artikel 133 EGV)

(1) Die gemeinsame Handelspolitik wird nach einheitlichen Grundsätzen gestaltet; dies gilt insbesondere für die Änderung von Zollsätzen, für den Abschluss von Zoll- und Handelsabkommen, die den Handel mit Waren und Dienstleistungen betreffen, und für die Handelsaspekte des geistigen Eigentums, die ausländischen Direktinvestitionen, die Vereinheitlichung der Liberalisierungsmaßnahmen, die Ausfuhrpolitik sowie die handelspolitischen Schutzmaßnahmen, zum Beispiel im Fall von Dumping und Subventionen. Die gemeinsame Handelspolitik wird im Rahmen der Grundsätze und Ziele des auswärtigen Handelns der Union gestaltet.

(2) Das Europäische Parlament und der Rat erlassen durch Verordnungen gemäß dem ordentlichen Gesetzgebungsverfahren die Maßnahmen, mit denen der Rahmen für die Umsetzung der gemeinsamen Handelspolitik bestimmt wird.

(3) Sind mit einem oder mehreren Drittländern oder internationalen Organisationen Abkommen auszuhandeln und zu schließen, so findet Artikel 218 vorbehaltlich der besonderen Bestimmungen dieses Artikels Anwendung.

Die Kommission legt dem Rat Empfehlungen vor; dieser ermächtigt die Kommission zur Aufnahme der erforderlichen Verhandlungen. Der Rat und die Kommission haben dafür Sorge zu tragen, dass die ausgehandelten Abkommen mit der internen Politik und den internen Vorschriften der Union vereinbar sind.

Die Kommission führt diese Verhandlungen im Benehmen mit einem zu ihrer Unterstützung vom Rat bestellten Sonderausschuss und nach Maßgabe der Richtlinien, die ihr der Rat erteilen kann. Die Kommission erstattet dem Sonderausschuss sowie dem Europäischen Parlament regelmäßig Bericht über den Stand der Verhandlungen.

(4) Über die Aushandlung und den Abschluss der in Absatz 3 genannten Abkommen beschließt der Rat mit qualifizierter Mehrheit.

Über die Aushandlung und den Abschluss eines Abkommens über den Dienstleistungsverkehr, über Handelsaspekte des geistigen Eigentums oder über ausländische Direktinvestitionen beschließt der Rat einstimmig, wenn das betreffende Abkommen Bestimmungen enthält, bei denen für die Annahme interner Vorschriften Einstimmigkeit erforderlich ist.

Der Rat beschließt ebenfalls einstimmig über die Aushandlung und den Abschluss von Abkommen in den folgenden Bereichen:

a) Handel mit kulturellen und audiovisuellen Dienstleistungen, wenn diese Abkommen die kulturelle und sprachliche Vielfalt in der Union beeinträchtigen könnten;

b) Handel mit Dienstleistungen des Sozial-, des Bildungs- und des Gesundheitssektors, wenn diese Abkommen die einzelstaatliche Organisation dieser Dienstleistungen ernsthaft stören und die Verantwortlichkeit der Mitgliedstaaten für ihre Erbringung beinträchtigen könnten.

(5) Für die Aushandlung und den Abschluss von internationalen Abkommen im Bereich des Verkehrs gelten der Dritte Teil Titel VI sowie Artikel 218.

(6) Die Ausübung der durch diesen Artikel übertragenen Zuständigkeiten im Bereich der gemeinsamen Handelspolitik hat keine Auswirkungen auf die Abgrenzung der Zuständigkeiten zwischen der Union und den Mitgliedstaaten und führt nicht zu einer Harmonisierung der Rechtsvorschriften der Mitgliedstaaten, soweit eine solche Harmonisierung in den Verträgen ausgeschlossen wird.

KAPITEL 1
ENTWICKLUNGSZUSAMMENARBEIT

Artikel 208
(ex-Artikel 177 EGV)

(1) Die Politik der Union auf dem Gebiet der Entwicklungszusammenarbeit wird im Rahmen der Grundsätze und Ziele des auswärtigen Handelns der Union durchgeführt. Die Politik der Union und die Politik der Mitgliedstaaten auf dem Gebiet der Entwicklungszusammenarbeit ergänzen und verstärken sich gegenseitig.

Hauptziel der Unionspolitik in diesem Bereich ist die Bekämpfung und auf längere Sicht die Beseitigung der Armut. Bei der Durchführung politischer Maßnahmen, die sich auf die Entwicklungsländer auswirken können, trägt die Union den Zielen der Entwicklungszusammenarbeit Rechnung.

(2) Die Union und die Mitgliedstaaten kommen den im Rahmen der Vereinten Nationen und anderer zuständiger internationaler Organisationen gegebenen Zusagen nach und berücksichtigen die in diesem Rahmen gebilligten Zielsetzungen.

Artikel 209
(ex-Artikel 179 EGV)

(1) Das Europäische Parlament und der Rat erlassen gemäß dem ordentlichen Gesetzgebungsverfahren die zur Durchführung der Politik im Bereich der Entwicklungszusammenarbeit erforderlichen Maßnahmen; diese Maßnahmen können Mehrjahresprogramme für die Zusammenarbeit mit Entwicklungsländern oder thematische Programme betreffen.

(2) Die Union kann mit Drittländern und den zuständigen internationalen Organisationen alle Übereinkünfte schließen, die zur Verwirklichung der Ziele des Artikels 21 des Vertrags über die Europäische Union und des Artikels 208 dieses Vertrags beitragen.

Unterabsatz 1 berührt nicht die Zuständigkeit der Mitgliedstaaten, in internationalen Gremien zu verhandeln und Übereinkünfte zu schließen.

(3) Die Europäische Investitionsbank trägt nach Maßgabe ihrer Satzung zur Durchführung der Maßnahmen im Sinne des Absatzes 1 bei.

Artikel 210
(ex-Artikel 180 EGV)

(1) Die Union und die Mitgliedstaaten koordinieren ihre Politik auf dem Gebiet der Entwicklungszusammenarbeit und stimmen ihre Hilfsprogramme aufeinander ab, auch in internationalen Organisationen und auf internationalen Konferenzen, damit ihre Maßnahmen einander besser ergänzen und wirksamer sind. Sie können gemeinsame Maßnahmen ergreifen. Die Mitgliedstaaten

tragen erforderlichenfalls zur Durchführung der Hilfsprogramme der Union bei.

(2) Die Kommission kann alle Initiativen ergreifen, die der in Absatz 1 genannten Koordinierung förderlich sind.

Artikel 211

(ex-Artikel 181 EGV)

Die Union und die Mitgliedstaaten arbeiten im Rahmen ihrer jeweiligen Befugnisse mit dritten Ländern und den zuständigen internationalen Organisationen zusammen.

KAPITEL 2
WIRTSCHAFTLICHE, FINANZIELLE UND TECHNISCHE ZUSAMMENARBEIT MIT DRITTLÄNDERN

Artikel 212

(ex-Artikel 181a EGV)

(1) Unbeschadet der übrigen Bestimmungen der Verträge, insbesondere der Artikel 208 bis 211, führt die Union mit Drittländern, die keine Entwicklungsländer sind, Maßnahmen der wirtschaftlichen, finanziellen und technischen Zusammenarbeit durch, die auch Unterstützung, insbesondere im finanziellen Bereich, einschließen. Diese Maßnahmen stehen mit der Entwicklungspolitik der Union im Einklang und werden im Rahmen der Grundsätze und Ziele ihres auswärtigen Handelns durchgeführt. Die Maßnahmen der Union und die Maßnahmen der Mitgliedstaaten ergänzen und verstärken sich gegenseitig.

(2) Das Europäische Parlament und der Rat erlassen gemäß dem ordentlichen Gesetzgebungsverfahren die zur Durchführung des Absatzes 1 erforderlichen Maßnahmen.

(3) Die Union und die Mitgliedstaaten arbeiten im Rahmen ihrer jeweiligen Zuständigkeiten mit Drittländern und den zuständigen internationalen Organisationen zusammen. Die Einzelheiten der Zusammenarbeit der Union können in Abkommen zwischen dieser und den betreffenden dritten Parteien geregelt werden.

Unterabsatz 1 berührt nicht die Zuständigkeit der Mitgliedstaaten, in internationalen Gremien zu verhandeln und internationale Abkommen zu schließen.

Artikel 213

Ist es aufgrund der Lage in einem Drittland notwendig, dass die Union umgehend finanzielle Hilfe leistet, so erlässt der Rat auf Vorschlag der Kommission die erforderlichen Beschlüsse.

KAPITEL 3
HUMANITÄRE HILFE

Artikel 214

(1) Den Rahmen für die Maßnahmen der Union im Bereich der humanitären Hilfe bilden die Grundsätze und Ziele des auswärtigen Handelns der Union. Die Maßnahmen dienen dazu, Einwohnern von Drittländern, die von Naturkatastrophen oder von vom Menschen verursachten Katastrophen betroffen sind, gezielt Hilfe, Rettung und Schutz zu bringen, damit die aus diesen Notständen resultierenden humanitären Bedürfnisse gedeckt werden können. Die Maßnahmen der Union und die Maßnahmen der Mitgliedstaaten ergänzen und verstärken sich gegenseitig.

(2) Die Maßnahmen der humanitären Hilfe werden im Einklang mit den Grundsätzen des Völkerrechts sowie den Grundsätzen der Unparteilichkeit, der Neutralität und der Nichtdiskriminierung durchgeführt.

(3) Das Europäische Parlament und der Rat legen gemäß dem ordentlichen Gesetzgebungsverfahren die Maßnahmen zur Festlegung des Rahmens fest, innerhalb dessen die Maßnahmen der humanitären Hilfe der Union durchgeführt werden.

(4) Die Union kann mit Drittländern und den zuständigen internationalen Organisationen alle Übereinkünfte schließen, die zur Verwirklichung der Ziele des Absatzes 1 und des Artikels 21 des Vertrags über die Europäische Union beitragen.

Unterabsatz 1 berührt nicht die Zuständigkeit der Mitgliedstaaten, in internationalen Gremien zu verhandeln und Übereinkünfte zu schließen.

(5) Als Rahmen für gemeinsame Beiträge der jungen Europäer zu den Maßnahmen der humanitären Hilfe der Union wird ein Europäisches Freiwilligenkorps für humanitäre Hilfe geschaffen. Das Europäische Parlament und der Rat legen gemäß dem ordentlichen Gesetzgebungsverfahren durch Verordnungen die Rechtsstellung und die Einzelheiten der Arbeitsweise des Korps fest.

(6) Die Kommission kann alle Initiativen ergreifen, die der Koordinierung zwischen den Maßnahmen der Union und denen der Mitgliedstaaten förderlich sind, damit die Programme der Union und der Mitgliedstaaten im Bereich der humanitären Hilfe wirksamer sind und einander besser ergänzen.

(7) Die Union trägt dafür Sorge, dass ihre Maßnahmen der humanitären Hilfe mit den Maßnahmen der internationalen Organisationen und Einrichtungen, insbesondere derer, die zum System der Vereinten Nationen gehören, abgestimmt werden und im Einklang mit ihnen stehen.

TITEL IV
RESTRIKTIVE MASSNAHMEN

Artikel 215

(ex-Artikel 301 EGV)

(1) Sieht ein nach Titel V Kapitel 2 des Vertrags über die Europäische Union erlassener Beschluss die Aussetzung, Einschränkung oder vollständige Einstellung der Wirtschafts- und Finanzbeziehungen zu einem oder mehreren Drittländern

vor, so erlässt der Rat die erforderlichen Maßnahmen mit qualifizierter Mehrheit auf gemeinsamen Vorschlag des Hohen Vertreters der Union für Außen- und Sicherheitspolitik und der Kommission. Er unterrichtet hierüber das Europäische Parlament.

(2) Sieht ein nach Titel V Kapitel 2 des Vertrags über die Europäische Union erlassener Beschluss dies vor, so kann der Rat nach dem Verfahren des Absatzes 1 restriktive Maßnahmen gegen natürliche oder juristische Personen sowie Gruppierungen oder nichtstaatliche Einheiten erlassen.

(3) In den Rechtsakten nach diesem Artikel müssen die erforderlichen Bestimmungen über den Rechtsschutz vorgesehen sein.

TITEL V
INTERNATIONALE ÜBEREINKÜNFTE

Artikel 216

(1) Die Union kann mit einem oder mehreren Drittländern oder einer oder mehreren internationalen Organisationen eine Übereinkunft schließen, wenn dies in den Verträgen vorgesehen ist oder wenn der Abschluss einer Übereinkunft im Rahmen der Politik der Union entweder zur Verwirklichung eines der in den Verträgen festgesetzten Ziele erforderlich oder in einem verbindlichen Rechtsakt der Union vorgesehen ist oder aber gemeinsame Vorschriften beeinträchtigen oder deren Anwendungsbereich ändern könnte.

(2) Die von der Union geschlossenen Übereinkünfte binden die Organe der Union und die Mitgliedstaaten.

Artikel 217
(ex-Artikel 310 EGV)

Die Union kann mit einem oder mehreren Drittländern oder einer oder mehreren internationalen Organisationen Abkommen schließen, die eine Assoziierung mit gegenseitigen Rechten und Pflichten, gemeinsamem Vorgehen und besonderen Verfahren herstellen.

Artikel 218
(ex-Artikel 300 EGV)

(1) Unbeschadet der besonderen Bestimmungen des Artikels 207 werden Übereinkünfte zwischen der Union und Drittländern oder internationalen Organisationen nach dem im Folgenden beschriebenen Verfahren ausgehandelt und geschlossen.

(2) Der Rat erteilt eine Ermächtigung zur Aufnahme von Verhandlungen, legt Verhandlungsrichtlinien fest, genehmigt die Unterzeichnung und schließt die Übereinkünfte.

(3) Die Kommission oder, wenn sich die geplante Übereinkunft ausschließlich oder hauptsächlich auf die Gemeinsame Außen- und Sicherheitspolitik bezieht, der Hohe Vertreter der Union für Außen- und Sicherheitspolitik legt dem Rat Empfehlungen vor; dieser erlässt einen Beschluss über die Ermächtigung zur Aufnahme von Verhandlungen und über die Benennung, je nach dem Gegenstand der geplanten Übereinkunft, des Verhandlungsführers oder des Leiters des Verhandlungsteams der Union.

(4) Der Rat kann dem Verhandlungsführer Richtlinien erteilen und einen Sonderausschuss bestellen; die Verhandlungen sind im Benehmen mit diesem Ausschuss zu führen.

(5) Der Rat erlässt auf Vorschlag des Verhandlungsführers einen Beschluss, mit dem die Unterzeichnung der Übereinkunft und gegebenenfalls deren vorläufige Anwendung vor dem Inkrafttreten genehmigt werden.

(6) Der Rat erlässt auf Vorschlag des Verhandlungsführers einen Beschluss über den Abschluss der Übereinkunft.

Mit Ausnahme der Übereinkünfte, die ausschließlich die Gemeinsame Außen- und Sicherheitspolitik betreffen, erlässt der Rat den Beschluss über den Abschluss der Übereinkunft

a) nach Zustimmung des Europäischen Parlaments in folgenden Fällen:

i) Assoziierungsabkommen;

ii) Übereinkunft über den Beitritt der Union zur Europäischen Konvention zum Schutz der Menschenrechte und Grundfreiheiten;

iii) Übereinkünfte, die durch die Einführung von Zusammenarbeitsverfahren einen besonderen institutionellen Rahmen schaffen;

iv) Übereinkünfte mit erheblichen finanziellen Folgen für die Union;

v) Übereinkünfte in Bereichen, für die entweder das ordentliche Gesetzgebungsverfahren oder, wenn die Zustimmung des Europäischen Parlaments erforderlich ist, das besondere Gesetzgebungsverfahren gilt.

Das Europäische Parlament und der Rat können in dringenden Fällen eine Frist für die Zustimmung vereinbaren.

b) nach Anhörung des Europäischen Parlaments in den übrigen Fällen. Das Europäische Parlament gibt seine Stellungnahme innerhalb einer Frist ab, die der Rat entsprechend der Dringlichkeit festlegen kann. Ergeht innerhalb dieser Frist keine Stellungnahme, so kann der Rat einen Beschluss fassen.

(7) Abweichend von den Absätzen 5, 6 und 9 kann der Rat den Verhandlungsführer bei Abschluss einer Übereinkunft ermächtigen, im Namen der Union Änderungen der Übereinkunft zu billigen, wenn die Übereinkunft vorsieht, dass diese Änderungen im Wege eines vereinfachten Verfahrens oder durch ein durch die Übereinkunft eingesetztes Gremium anzunehmen sind. Der Rat kann diese Ermächtigung gegebenenfalls mit besonderen Bedingungen verbinden.

(8) Der Rat beschließt während des gesamten Verfahrens mit qualifizierter Mehrheit.

Er beschließt jedoch einstimmig, wenn die Übereinkunft einen Bereich betrifft, in dem für den Erlass eines Rechtsakts der Union Einstimmigkeit erforderlich ist, sowie bei Assoziierungsabkommen und Übereinkünften nach Artikel 212 mit beitrittswilligen Staaten. Auch über die Übereinkunft über den Beitritt der Union zur Europäischen Konvention zum Schutz der Menschenrechte und Grundfreiheiten beschließt der Rat einstimmig; der Beschluss zum Abschluss dieser Übereinkunft tritt in Kraft, nachdem die Mitgliedstaaten im Einklang mit ihren jeweiligen verfassungsrechtlichen Vorschriften zugestimmt haben.

(9) Der Rat erlässt auf Vorschlag der Kommission oder des Hohen Vertreters der Union für Außen- und Sicherheitspolitik einen Beschluss über die Aussetzung der Anwendung einer Übereinkunft und zur Festlegung der Standpunkte, die im Namen der Union in einem durch eine Übereinkunft eingesetzten Gremium zu vertreten sind, sofern dieses Gremium rechtswirksame Akte, mit Ausnahme von Rechtsakten zur Ergänzung oder Änderung des institutionellen Rahmens der betreffenden Übereinkunft, zu erlassen hat.

(10) Das Europäische Parlament wird in allen Phasen des Verfahrens unverzüglich und umfassend unterrichtet.

(11) Ein Mitgliedstaat, das Europäische Parlament, der Rat oder die Kommission können ein Gutachten des Gerichtshofs über die Vereinbarkeit einer geplanten Übereinkunft mit den Verträgen einholen. Ist das Gutachten des Gerichtshofs ablehnend, so kann die geplante Übereinkunft nur in Kraft treten, wenn sie oder die Verträge geändert werden.

Artikel 219
(ex-Artikel 111 Absätze 1 bis 3 und Absatz 5 EGV)

(1) Abweichend von Artikel 218 kann der Rat entweder auf Empfehlung der Europäischen Zentralbank oder auf Empfehlung der Kommission und nach Anhörung der Europäischen Zentralbank in dem Bemühen, zu einem mit dem Ziel der Preisstabilität im Einklang stehenden Konsens zu gelangen, förmliche Vereinbarungen über ein Wechselkurssystem für den Euro gegenüber den Währungen von Drittstaaten treffen. Der Rat beschließt nach dem Verfahren des Absatzes 3 einstimmig nach Anhörung des Europäischen Parlaments.

Der Rat kann entweder auf Empfehlung der Europäischen Zentralbank oder auf Empfehlung der Kommission und nach Anhörung der Europäischen Zentralbank in dem Bemühen, zu einem mit dem Ziel der Preisstabilität im Einklang stehenden Konsens zu gelangen, die Euro-Leitkurse innerhalb des Wechselkurssystems festlegen, ändern oder aufgeben. Der Präsident des Rates unterrichtet das Europäische Parlament von der Festlegung, Änderung oder Aufgabe der Euro-Leitkurse.

(2) Besteht gegenüber einer oder mehreren Währungen von Drittstaaten kein Wechselkurssystem nach Absatz 1, so kann der Rat entweder auf Empfehlung der Kommission und nach Anhörung der Europäischen Zentralbank oder auf Empfehlung der Europäischen Zentralbank allgemeine Orientierungen für die Wechselkurspolitik gegenüber diesen Währungen aufstellen. Diese allgemeinen Orientierungen dürfen das vorrangige Ziel des ESZB, die Preisstabilität zu gewährleisten, nicht beeinträchtigen.

(3) Wenn von der Union mit einem oder mehreren Drittstaaten oder internationalen Organisationen Vereinbarungen im Zusammenhang mit Währungsfragen oder Devisenregelungen auszuhandeln sind, beschließt der Rat abweichend von Artikel 218 auf Empfehlung der Kommission und nach Anhörung der Europäischen Zentralbank die Modalitäten für die Aushandlung und den Abschluss solcher Vereinbarungen. Mit diesen Modalitäten wird gewährleistet, dass die Union einen einheitlichen Standpunkt vertritt. Die Kommission wird an den Verhandlungen in vollem Umfang beteiligt.

(4) Die Mitgliedstaaten haben das Recht, unbeschadet der Unionszuständigkeit und der Unionsvereinbarungen über die Wirtschafts- und Währungsunion in internationalen Gremien Verhandlungen zu führen und internationale Vereinbarungen zu treffen.

TITEL VI
BEZIEHUNGEN DER UNION ZU INTERNATIONALEN ORGANISATIONEN UND DRITTLÄNDERN SOWIE DELEGATIONEN DER UNION

Artikel 220
(ex-Artikel 302 bis 304 EGV)

(1) Die Union betreibt jede zweckdienliche Zusammenarbeit mit den Organen der Vereinten Nationen und ihrer Sonderorganisationen, dem Europarat, der Organisation für Sicherheit und Zusammenarbeit in Europa und der Organisation für wirtschaftliche Zusammenarbeit und Entwicklung.

Die Union unterhält ferner, soweit zweckdienlich, Beziehungen zu anderen internationalen Organisationen.

(2) Die Durchführung dieses Artikels obliegt dem Hohen Vertreter der Union für Außen- und Sicherheitspolitik und der Kommission.

Artikel 221

(1) Die Delegationen der Union in Drittländern und bei internationalen Organisationen sorgen für die Vertretung der Union.

(2) Die Delegationen der Union unterstehen der Leitung des Hohen Vertreters der Union für Außen- und Sicherheitspolitik. Sie werden in enger Zusammenarbeit mit den diplomatischen und konsularischen Vertretungen der Mitgliedstaaten tätig.

TITEL VII
SOLIDARITÄTSKLAUSEL

Artikel 222

(1) Die Union und ihre Mitgliedstaaten handeln gemeinsam im Geiste der Solidarität, wenn ein Mitgliedstaat von einem Terroranschlag, einer Naturkatastrophe oder einer vom Menschen verursachten Katastrophe betroffen ist. Die Union mobilisiert alle ihr zur Verfügung stehenden Mittel, einschließlich der ihr von den Mitgliedstaaten bereitgestellten militärischen Mittel, um

a) — terroristische Bedrohungen im Hoheitsgebiet von Mitgliedstaaten abzuwenden;

— die demokratischen Institutionen und die Zivilbevölkerung vor etwaigen Terroranschlägen zu schützen;

— im Falle eines Terroranschlags einen Mitgliedstaat auf Ersuchen seiner politischen Organe innerhalb seines Hoheitsgebiets zu unterstützen;

b) im Falle einer Naturkatastrophe oder einer vom Menschen verursachten Katastrophe einen Mitgliedstaat auf Ersuchen seiner politischen Organe innerhalb seines Hoheitsgebiets zu unterstützen.

(2) Ist ein Mitgliedstaat von einem Terroranschlag, einer Naturkatastrophe oder einer vom Menschen verursachten Katastrophe betroffen, so leisten die anderen Mitgliedstaaten ihm auf Ersuchen seiner politischen Organe Unterstützung. Zu diesem Zweck sprechen die Mitgliedstaaten sich im Rat ab.

(3) Die Einzelheiten für die Anwendung dieser Solidaritätsklausel durch die Union werden durch einen Beschluss festgelegt, den der Rat aufgrund eines gemeinsamen Vorschlags der Kommission und des Hohen Vertreters der Union für Außen- und Sicherheitspolitik erlässt. Hat dieser Beschluss Auswirkungen im Bereich der Verteidigung, so beschließt der Rat nach Artikel 31 Absatz 1 des Vertrags über die Europäische Union. Das Europäische Parlament wird darüber unterrichtet.

Für die Zwecke dieses Absatzes unterstützen den Rat unbeschadet des Artikels 240 das Politische und Sicherheitspolitische Komitee, das sich hierbei auf die im Rahmen der Gemeinsamen Sicherheits- und Verteidigungspolitik entwickelten Strukturen stützt, sowie der Ausschuss nach Artikel 71, die dem Rat gegebenenfalls gemeinsame Stellungnahmen vorlegen.

(4) Damit die Union und ihre Mitgliedstaaten auf effiziente Weise tätig werden können, nimmt der Europäische Rat regelmäßig eine Einschätzung der Bedrohungen vor, denen die Union ausgesetzt ist.

ABSCHNITT 1
DAS EUROPÄISCHE PARLAMENT

Artikel 223
(ex-Artikel 190 Absätze 4 und 5 EGV)

(1) Das Europäische Parlament erstellt einen Entwurf der erforderlichen Bestimmungen für die allgemeine unmittelbare Wahl seiner Mitglieder nach einem einheitlichen Verfahren in allen Mitgliedstaaten oder im Einklang mit den allen Mitgliedstaaten gemeinsamen Grundsätzen.

Der Rat erlässt die erforderlichen Bestimmungen einstimmig gemäß einem besonderen Gesetzgebungsverfahren und nach Zustimmung des Europäischen Parlaments, die mit der Mehrheit seiner Mitglieder erteilt wird. Diese Bestimmungen treten nach Zustimmung der Mitgliedstaaten im Einklang mit ihren jeweiligen verfassungsrechtlichen Vorschriften in Kraft.

(2) Das Europäische Parlament legt aus eigener Initiative gemäß einem besonderen Gesetzgebungsverfahren durch Verordnungen nach Anhörung der Kommission und mit Zustimmung des Rates die Regelungen und allgemeinen Bedingungen für die Wahrnehmung der Aufgaben seiner Mitglieder fest. Alle Vorschriften und Bedingungen, die die Steuerregelung für die Mitglieder oder ehemaligen Mitglieder betreffen, sind vom Rat einstimmig festzulegen.

Artikel 224
(ex-Artikel 191 Absatz 2 EGV)

Das Europäische Parlament und der Rat legen gemäß dem ordentlichen Gesetzgebungsverfahren durch Verordnungen die Regelungen für die politischen Parteien auf europäischer Ebene nach Artikel 10 Absatz 4 des Vertrags über die Europäische Union und insbesondere die Vorschriften über ihre Finanzierung fest.

Artikel 225
(ex-Artikel 192 Absatz 2 EGV)

Das Europäische Parlament kann mit der Mehrheit seiner Mitglieder die Kommission auffordern, geeignete Vorschläge zu Fragen zu unterbreiten, die nach seiner Auffassung die Ausarbeitung eines Unionsakts zur Durchführung der Verträge erfordern. Legt die Kommission keinen Vorschlag vor, so teilt sie dem Europäischen Parlament die Gründe dafür mit.

Artikel 226
(ex-Artikel 193 EGV)

Das Europäische Parlament kann bei der Erfüllung seiner Aufgaben auf Antrag eines Viertels seiner Mitglieder die Einsetzung eines nichtständigen Untersuchungsausschusses beschließen, der unbeschadet der Befugnisse, die anderen Organen oder Einrichtungen durch die Verträge übertragen sind, behauptete Verstöße gegen das Unionsrecht oder Missstände bei der Anwendung desselben prüft; dies gilt nicht, wenn ein Gericht mit den behaupteten Sachverhalten befasst ist, solange das Gerichtsverfahren nicht abgeschlossen ist.

Mit der Vorlage seines Berichts hört der nichtständige Untersuchungsausschuss auf zu bestehen.

Die Einzelheiten der Ausübung des Untersuchungsrechts werden vom Europäischen Parlament festgelegt, das aus eigener Initiative gemäß einem besonderen Gesetzgebungsverfahren durch Verordnungen nach Zustimmung des Rates und der Kommission beschließt.

Artikel 227
(ex-Artikel 194 EGV)

Jeder Bürger der Union sowie jede natürliche oder juristische Person mit Wohnort oder satzungsmäßigem Sitz in einem Mitgliedstaat kann allein oder zusammen mit anderen Bürgern oder Personen in Angelegenheiten, die in die Tätigkeitsbereiche der Union fallen und die ihn oder sie unmittelbar betreffen, eine Petition an das Europäische Parlament richten.

Artikel 228
(ex-Artikel 195 EGV)

(1) Ein vom Europäischen Parlament gewählter Europäischer Bürgerbeauftragter ist befugt, Beschwerden von jedem Bürger der Union oder von jeder natürlichen oder juristischen Person mit Wohnort oder satzungsmäßigem Sitz in einem Mitgliedstaat über Missstände bei der Tätigkeit der Organe, Einrichtungen oder sonstigen Stellen der Union, mit Ausnahme des Gerichtshofs der Europäischen Union in Ausübung seiner Rechtsprechungsbefugnisse, entgegenzunehmen. Er untersucht diese Beschwerden und erstattet darüber Bericht.

Der Bürgerbeauftragte führt im Rahmen seines Auftrags von sich aus oder aufgrund von Beschwerden, die ihm unmittelbar oder über ein Mitglied des Europäischen Parlaments zugehen, Untersuchungen durch, die er für gerechtfertigt hält; dies gilt nicht, wenn die behaupteten Sachverhalte Gegenstand eines Gerichtsverfahrens sind oder waren. Hat der Bürgerbeauftragte einen Missstand festgestellt, so befasst er das betreffende Organ, die betreffende Einrichtung oder sonstige Stelle, das bzw. die über eine Frist von drei Monaten verfügt, um ihm seine bzw. ihre Stellungnahme zu übermitteln. Der Bürgerbeauftragte legt anschließend dem Europäischen Parlament und dem betreffenden Organ, der betreffenden Einrichtung oder sonstigen Stelle einen Bericht vor. Der Beschwerdeführer wird über das Ergebnis dieser Untersuchungen unterrichtet.

Der Bürgerbeauftragte legt dem Europäischen Parlament jährlich einen Bericht über die Ergebnisse seiner Untersuchungen vor.

(2) Der Bürgerbeauftragte wird nach jeder Wahl des Europäischen Parlaments für die Dauer der Wahlperiode gewählt. Wiederwahl ist zulässig.

Der Bürgerbeauftragte kann auf Antrag des Europäischen Parlaments vom Gerichtshof seines Amtes enthoben werden, wenn er die Voraussetzungen für die Ausübung seines Amtes nicht mehr erfüllt oder eine schwere Verfehlung begangen hat.

(3) Der Bürgerbeauftragte übt sein Amt in völliger Unabhängigkeit aus. Er darf bei der Erfüllung seiner Pflichten von keiner Regierung, keinem Organ, keiner Einrichtung oder sonstigen Stelle Weisungen einholen oder entgegennehmen. Der Bürgerbeauftragte darf während seiner Amtszeit keine andere entgeltliche oder unentgeltliche Berufstätigkeit ausüben.

(4) Das Europäische Parlament legt aus eigener Initiative gemäß einem besonderen Gesetzgebungsverfahren durch Verordnungen nach Stellungnahme der Kommission und nach Zustimmung des Rates die Regelungen und allgemeinen Bedingungen für die Ausübung der Aufgaben des Bürgerbeauftragten fest.

Artikel 229
(ex-Artikel 196 EGV)

Das Europäische Parlament hält jährlich eine Sitzungsperiode ab. Es tritt, ohne dass es einer Einberufung bedarf, am zweiten Dienstag des Monats März zusammen.

Das Europäische Parlament kann auf Antrag der Mehrheit seiner Mitglieder sowie auf Antrag des Rates oder der Kommission zu einer außerordentlichen Sitzungsperiode zusammentreten.

Artikel 230
(ex-Artikel 197 Absätze 2, 3 und 4 EGV)

Die Kommission kann an allen Sitzungen des Europäischen Parlaments teilnehmen und wird auf ihren Antrag gehört.

Die Kommission antwortet mündlich oder schriftlich auf die ihr vom Europäischen Parlament oder von dessen Mitgliedern gestellten Fragen.

Der Europäische Rat und der Rat werden vom Europäischen Parlament nach Maßgabe der Geschäftsordnung des Europäischen Rates und der Geschäftsordnung des Rates gehört.

Artikel 231
(ex-Artikel 198 EGV)

Soweit die Verträge nicht etwas anderes bestimmen, beschließt das Europäische Parlament mit der Mehrheit der abgegebenen Stimmen.

Die Geschäftsordnung legt die Beschlussfähigkeit fest.

Artikel 232
(ex-Artikel 199 EGV)

Das Europäische Parlament gibt sich seine Geschäftsordnung; hierzu sind die Stimmen der Mehrheit seiner Mitglieder erforderlich.

Die Verhandlungsniederschriften des Europäischen Parlaments werden nach Maßgabe der Verträge und seiner Geschäftsordnung veröffentlicht.

Artikel 233
(ex-Artikel 200 EGV)

Das Europäische Parlament erörtert in öffentlicher Sitzung den jährlichen Gesamtbericht, der ihm von der Kommission vorgelegt wird.

Artikel 234
(ex-Artikel 201 EGV)

Wird wegen der Tätigkeit der Kommission ein Misstrauensantrag eingebracht, so darf das Europäische Parlament nicht vor Ablauf von drei Tagen nach seiner Einbringung und nur in offener Abstimmung darüber entscheiden.

Wird der Misstrauensantrag mit der Mehrheit von zwei Dritteln der abgegebenen Stimmen und mit der Mehrheit der Mitglieder des Europäischen Parlaments angenommen, so legen die Mitglieder der Kommission geschlossen ihr Amt nieder, und der Hohe Vertreter der Union für Außen- und Sicherheitspolitik legt sein im Rahmen der Kommission ausgeübtes Amt nieder. Sie bleiben im Amt und führen die laufenden Geschäfte bis zu ihrer Ersetzung nach Artikel 17 des Vertrags über die Europäische Union weiter. In diesem Fall endet die Amtszeit der zu ihrer Ersetzung ernannten Mitglieder der Kommission zu dem Zeitpunkt, zu dem die Amtszeit der Mitglieder der Kommission, die ihr Amt geschlossen niederlegen mussten, geendet hätte.

ABSCHNITT 2
DER EUROPÄISCHE RAT

Artikel 235

(1) Jedes Mitglied des Europäischen Rates kann sich das Stimmrecht höchstens eines anderen Mitglieds übertragen lassen.

Beschließt der Europäische Rat mit qualifizierter Mehrheit, so gelten für ihn Artikel 16 Absatz 4 des Vertrags über die Europäische Union und Artikel 238 Absatz 2 dieses Vertrags. An Abstimmungen im Europäischen Rat nehmen dessen Präsident und der Präsident der Kommission nicht teil.

Die Stimmenthaltung von anwesenden oder vertretenen Mitgliedern steht dem Zustandekommen von Beschlüssen des Europäischen Rates, zu denen Einstimmigkeit erforderlich ist, nicht entgegen.

(2) Der Präsident des Europäischen Parlaments kann vom Europäischen Rat gehört werden.

(3) Der Europäische Rat beschließt mit einfacher Mehrheit über Verfahrensfragen sowie über den Erlass seiner Geschäftsordnung.

(4) Der Europäische Rat wird vom Generalsekretariat des Rates unterstützt.

Artikel 236

Der Europäische Rat erlässt mit qualifizierter Mehrheit

a) einen Beschluss zur Festlegung der Zusammensetzungen des Rates, mit Ausnahme des Rates "Allgemeine Angelegenheiten" und des Rates "Auswärtige Angelegenheiten" nach Artikel 16 Absatz 6 des Vertrags über die Europäische Union;

b) einen Beschluss nach Artikel 16 Absatz 9 des Vertrags über die Europäische Union zur Festlegung des Vorsitzes im Rat in allen seinen Zusammensetzungen mit Ausnahme des Rates "Auswärtige Angelegenheiten".

ABSCHNITT 3
DER RAT

Artikel 237
(ex-Artikel 204 EGV)

Der Rat wird von seinem Präsidenten aus eigenem Entschluss oder auf Antrag eines seiner Mitglieder oder der Kommission einberufen.

Artikel 238
(ex-Artikel 205 Absätze 1 und 2 EGV)

(1) Ist zu einem Beschluss des Rates die einfache Mehrheit erforderlich, so beschließt der Rat mit der Mehrheit seiner Mitglieder.

(2) Beschließt der Rat nicht auf Vorschlag der Kommission oder des Hohen Vertreters der Union für Außen- und Sicherheitspolitik, so gilt ab dem 1. November 2014 abweichend von Artikel 16 Absatz 4 des Vertrags über die Europäische Union und vorbehaltlich der Vorschriften des Protokolls über die Übergangsbestimmungen als qualifizierte Mehrheit eine Mehrheit von mindestens 72 % der Mitglieder des Rates, sofern die von ihnen vertretenen Mitgliedstaaten zusammen mindestens 65 % der Bevölkerung der Union ausmachen.

(3) In den Fällen, in denen in Anwendung der Verträge nicht alle Mitglieder des Rates stimmberechtigt sind, gilt ab dem 1. November 2014 vorbehaltlich der Vorschriften des Protokolls über die Übergangsbestimmungen für die qualifizierte Mehrheit Folgendes:

a) Als qualifizierte Mehrheit gilt eine Mehrheit von mindestens 55 % derjenigen Mitglieder des Rates, die die beteiligten Mitgliedstaaten vertreten, sofern die von ihnen vertretenen Mitgliedstaaten zusammen mindestens 65 % der Bevölkerung der beteiligten Mitgliedstaaten ausmachen.

Für eine Sperrminorität bedarf es mindestens der Mindestzahl von Mitgliedern des Rates, die zusammen mehr als 35 % der Bevölkerung der beteiligten Mitgliedstaaten vertreten, zuzüglich eines Mitglieds; andernfalls gilt die qualifizierte Mehrheit als erreicht.

b) Beschließt der Rat nicht auf Vorschlag der Kommission oder des Hohen Vertreters der Union für Außen- und Sicherheitspolitik, so gilt abweichend von Buchstabe a als qualifizierte Mehrheit eine Mehrheit von mindestens 72 % derjenigen Mitglieder des Rates, die die beteiligten Mitgliedstaaten vertreten, sofern die von ihnen vertretenen Mitgliedstaaten zusammen mindestens 65 % der Bevölkerung der beteiligten Mitgliedstaaten ausmachen.

(4) Die Stimmenthaltung von anwesenden oder vertretenen Mitgliedern steht dem Zustandekommen von Beschlüssen des Rates, zu denen Einstimmigkeit erforderlich ist, nicht entgegen.

Artikel 239

(ex-Artikel 206 EGV)

Jedes Mitglied kann sich das Stimmrecht höchstens eines anderen Mitglieds übertragen lassen.

Artikel 240

(ex-Artikel 207 EGV)

(1) Ein Ausschuss, der sich aus den Ständigen Vertretern der Regierungen der Mitgliedstaaten zusammensetzt, trägt die Verantwortung, die Arbeiten des Rates vorzubereiten und die ihm vom Rat übertragenen Aufträge auszuführen. Der Ausschuss kann in Fällen, die in der Geschäftsordnung des Rates vorgesehen sind, Verfahrensbeschlüsse fassen.

(2) Der Rat wird von einem Generalsekretariat unterstützt, das einem vom Rat ernannten Generalsekretär untersteht.

Der Rat beschließt mit einfacher Mehrheit über die Organisation des Generalsekretariats.

(3) Der Rat beschließt mit einfacher Mehrheit über Verfahrensfragen sowie über den Erlass seiner Geschäftsordnung.

Artikel 241

(ex-Artikel 208 EGV)

Der Rat, der mit einfacher Mehrheit beschließt, kann die Kommission auffordern, die nach seiner Ansicht zur Verwirklichung der gemeinsamen Ziele geeigneten Untersuchungen vorzunehmen und ihm entsprechende Vorschläge zu unterbreiten. Legt die Kommission keinen Vorschlag vor, so teilt sie dem Rat die Gründe dafür mit.

Artikel 242

(ex-Artikel 209 EGV)

Der Rat, der mit einfacher Mehrheit beschließt, regelt nach Anhörung der Kommission die rechtliche Stellung der in den Verträgen vorgesehenen Ausschüsse.

Artikel 243

(ex-Artikel 210 EGV)

Der Rat setzt die Gehälter, Vergütungen und Ruhegehälter für den Präsidenten des Europäischen Rates, den Präsidenten der Kommission, den Hohen Vertreter der Union für Außen- und Sicherheitspolitik, die Mitglieder der Kommission, die Präsidenten, die Mitglieder und die Kanzler des Gerichtshofs der Europäischen Union sowie den Generalsekretär des Rates fest. Er setzt ebenfalls alle als Entgelt gezahlten Vergütungen fest.

ABSCHNITT 4

DIE KOMMISSION

Artikel 244

Gemäß Artikel 17 Absatz 5 des Vertrags über die Europäische Union werden die Kommissionsmitglieder in einem vom Europäischen Rat einstimmig festgelegten System der Rotation ausgewählt, das auf folgenden Grundsätzen beruht:

a) Die Mitgliedstaaten werden bei der Festlegung der Reihenfolge und der Dauer der Amtszeiten ihrer Staatsangehörigen in der Kommission vollkommen gleich behandelt; demzufolge kann die Gesamtzahl der Mandate, welche Staatsangehörige zweier beliebiger Mitgliedstaaten innehaben, niemals um mehr als eines voneinander abweichen.

b) Vorbehaltlich des Buchstabens a ist jede der aufeinander folgenden Kommissionen so zusammengesetzt, dass das demografische und geografische Spektrum der Gesamtheit der Mitgliedstaaten auf zufrieden stellende Weise zum Ausdruck kommt.

Artikel 245

(ex-Artikel 213 EGV)

Die Mitglieder der Kommission haben jede Handlung zu unterlassen, die mit ihren Aufgaben unvereinbar ist. Die Mitgliedstaaten achten ihre Unabhängigkeit und versuchen nicht, sie bei der Erfüllung ihrer Aufgaben zu beeinflussen.

Die Mitglieder der Kommission dürfen während ihrer Amtszeit keine andere entgeltliche oder unentgeltliche Berufstätigkeit ausüben. Bei der Aufnahme ihrer Tätigkeit übernehmen sie die feierliche Verpflichtung, während der Ausübung und nach Ablauf ihrer Amtstätigkeit die sich aus ihrem Amt ergebenden Pflichten zu erfüllen, insbesondere die Pflicht, bei der Annahme gewisser Tätigkeiten oder Vorteile nach Ablauf dieser Tätigkeit ehrenhaft und zurückhaltend zu sein. Werden diese Pflichten verletzt, so kann der Gerichtshof auf Antrag des Rates, der mit einfacher Mehrheit beschließt, oder der Kommission das Mitglied je nach Lage des Falles gemäß Artikel 247 seines

Amtes entheben oder ihm seine Ruhegehaltsansprüche oder andere an ihrer Stelle gewährte Vergünstigungen aberkennen.

Artikel 246

(ex-Artikel 215 EGV)

Abgesehen von den regelmäßigen Neubesetzungen und von Todesfällen endet das Amt eines Mitglieds der Kommission durch Rücktritt oder Amtsenthebung.

Für ein zurückgetretenes, seines Amtes enthobenes oder verstorbenes Mitglied wird für die verbleibende Amtszeit vom Rat mit Zustimmung des Präsidenten der Kommission nach Anhörung des Europäischen Parlaments und nach den Anforderungen des Artikels 17 Absatz 3 Unterabsatz 2 des Vertrags über die Europäische Union ein neues Mitglied derselben Staatsangehörigkeit ernannt.

Der Rat kann auf Vorschlag des Präsidenten der Kommission einstimmig beschließen, dass ein ausscheidendes Mitglied der Kommission für die verbleibende Amtszeit nicht ersetzt werden muss, insbesondere wenn es sich um eine kurze Zeitspanne handelt.

Bei Rücktritt, Amtsenthebung oder Tod des Präsidenten wird für die verbleibende Amtszeit ein Nachfolger ernannt. Für die Ersetzung findet das Verfahren des Artikels 17 Absatz 7 Unterabsatz 1 des Vertrags über die Europäische Union Anwendung.

Bei Rücktritt, Amtsenthebung oder Tod des Hohen Vertreters der Union für die Außen- und Sicherheitspolitik wird für die verbleibende Amtszeit nach Artikel 18 Absatz 1 des Vertrags über die Europäische Union ein Nachfolger ernannt.

Bei Rücktritt aller Mitglieder der Kommission bleiben diese bis zur Neubesetzung ihres Sitzes nach Artikel 17 des Vertrags über die Europäische Union für die verbleibende Amtszeit im Amt und führen die laufenden Geschäfte weiter.

Artikel 247

(ex-Artikel 216 EGV)

Jedes Mitglied der Kommission, das die Voraussetzungen für die Ausübung seines Amtes nicht mehr erfüllt oder eine schwere Verfehlung begangen hat, kann auf Antrag des Rates, der mit einfacher Mehrheit beschließt, oder der Kommission durch den Gerichtshof seines Amtes enthoben werden.

Artikel 248

(ex-Artikel 217 Absatz 2 EGV)

Die Zuständigkeiten der Kommission werden unbeschadet des Artikels 18 Absatz 4 des Vertrags über die Europäische Union von ihrem Präsidenten nach Artikel 17 Absatz 6 des genannten Vertrags gegliedert und zwischen ihren Mitgliedern aufgeteilt. Der Präsident kann diese Zuständigkeitsverteilung im Laufe der Amtszeit ändern. Die Mitglieder der Kommission üben die ihnen vom Präsidenten übertragenen Aufgaben unter dessen Leitung aus.

Artikel 249

(ex-Artikel 218 Absatz 2 und ex-Artikel 212 EGV)

(1) Die Kommission gibt sich eine Geschäftsordnung, um ihr ordnungsgemäßes Arbeiten und das ihrer Dienststellen zu gewährleisten. Sie sorgt für die Veröffentlichung dieser Geschäftsordnung.

(2) Die Kommission veröffentlicht jährlich, und zwar spätestens einen Monat vor Beginn der Sitzungsperiode des Europäischen Parlaments, einen Gesamtbericht über die Tätigkeit der Union.

Artikel 250

(ex-Artikel 219 EGV)

Die Beschlüsse der Kommission werden mit der Mehrheit ihrer Mitglieder gefasst.

Die Beschlussfähigkeit wird in ihrer Geschäftsordnung festgelegt.

ABSCHNITT 5

DER GERICHTSHOF DER EUROPÄISCHEN UNION

Artikel 251

(ex-Artikel 221 EGV)

Der Gerichtshof tagt in Kammern oder als Große Kammer entsprechend den hierfür in der Satzung des Gerichtshofs der Europäischen Union vorgesehenen Regeln.

Wenn die Satzung es vorsieht, kann der Gerichtshof auch als Plenum tagen.

Artikel 252

(ex-Artikel 222 EGV)

Der Gerichtshof wird von acht Generalanwälten unterstützt. Auf Antrag des Gerichtshofs kann der Rat einstimmig die Zahl der Generalanwälte erhöhen.

Der Generalanwalt hat öffentlich in völliger Unparteilichkeit und Unabhängigkeit begründete Schlussanträge zu den Rechtssachen zu stellen, in denen nach der Satzung des Gerichtshofs der Europäischen Union seine Mitwirkung erforderlich ist.

Artikel 253

(ex-Artikel 223 EGV)

Zu Richtern und Generalanwälten des Gerichtshofs sind Persönlichkeiten auszuwählen, die jede Gewähr für Unabhängigkeit bieten und in ihrem Staat die für die höchsten richterlichen Ämter erforderlichen Voraussetzungen erfüllen oder Juristen von anerkannt hervorragender Befähigung sind; sie werden von den Regierungen der Mitgliedstaaten im gegenseitigen Einvernehmen nach Anhörung des in Artikel 255 vorgesehenen Ausschusses auf sechs Jahre ernannt.

Alle drei Jahre findet nach Maßgabe der Satzung des Gerichtshofs der Europäischen Union eine teilweise Neubesetzung der Stellen der Richter und Generalanwälte statt.

Die Richter wählen aus ihrer Mitte den Präsidenten des Gerichtshofs für die Dauer von drei Jahren. Wiederwahl ist zulässig.

Die Wiederernennung ausscheidender Richter und Generalanwälte ist zulässig.

Der Gerichtshof ernennt seinen Kanzler und bestimmt dessen Stellung.

Der Gerichtshof erlässt seine Verfahrensordnung. Sie bedarf der Genehmigung des Rates.

Artikel 254

(ex-Artikel 224 EGV)

Die Zahl der Richter des Gerichts wird in der Satzung des Gerichtshofs der Europäischen Union festgelegt. In der Satzung kann vorgesehen werden, dass das Gericht von Generalanwälten unterstützt wird.

Zu Mitgliedern des Gerichts sind Personen auszuwählen, die jede Gewähr für Unabhängigkeit bieten und über die Befähigung zur Ausübung hoher richterlicher Tätigkeiten verfügen. Sie werden von den Regierungen der Mitgliedstaaten im gegenseitigen Einvernehmen nach Anhörung des in Artikel 255 vorgesehenen Ausschusses für sechs Jahre ernannt. Alle drei Jahre wird das Gericht teilweise neu besetzt. Die Wiederernennung ausscheidender Mitglieder ist zulässig.

Die Richter wählen aus ihrer Mitte den Präsidenten des Gerichts für die Dauer von drei Jahren. Wiederwahl ist zulässig.

Das Gericht ernennt seinen Kanzler und bestimmt dessen Stellung.

Das Gericht erlässt seine Verfahrensordnung im Einvernehmen mit dem Gerichtshof. Sie bedarf der Genehmigung des Rates.

Soweit die Satzung des Gerichtshofs der Europäischen Union nichts anderes vorsieht, finden die den Gerichtshof betreffenden Bestimmungen der Verträge auf das Gericht Anwendung.

Artikel 255

Es wird ein Ausschuss eingerichtet, der die Aufgabe hat, vor einer Ernennung durch die Regierungen der Mitgliedstaaten nach den Artikeln 253 und 254 eine Stellungnahme zur Eignung der Bewerber für die Ausübung des Amts eines Richters oder Generalanwalts beim Gerichtshof oder beim Gericht abzugeben.

Der Ausschuss setzt sich aus sieben Persönlichkeiten zusammen, die aus dem Kreis ehemaliger Mitglieder des Gerichtshofs und des Gerichts, der Mitglieder der höchsten einzelstaatlichen Gerichte und der Juristen von anerkannt hervorragender Befähigung ausgewählt werden, von denen einer vom Europäischen Parlament vorgeschlagen wird. Der Rat erlässt einen Beschluss zur Festlegung der Vorschriften für die Arbeitsweise und einen Beschluss zur Ernennung der Mitglieder dieses Ausschusses. Er beschließt auf Initiative des Präsidenten des Gerichtshofs.

Artikel 256

(ex-Artikel 225 EGV)

(1) Das Gericht ist für Entscheidungen im ersten Rechtszug über die in den Artikeln 263, 265, 268, 270 und 272 genannten Klagen zuständig, mit Ausnahme derjenigen Klagen, die einem nach Artikel 257 gebildeten Fachgericht übertragen werden, und der Klagen, die gemäß der Satzung dem Gerichtshof vorbehalten sind. In der Satzung kann vorgesehen werden, dass das Gericht für andere Kategorien von Klagen zuständig ist.

Gegen die Entscheidungen des Gerichts aufgrund dieses Absatzes kann nach Maßgabe der Bedingungen und innerhalb der Grenzen, die in der Satzung vorgesehen sind, beim Gerichtshof ein auf Rechtsfragen beschränktes Rechtsmittel eingelegt werden.

(2) Das Gericht ist für Entscheidungen über Rechtsmittel gegen die Entscheidungen der Fachgerichte zuständig.

Die Entscheidungen des Gerichts aufgrund dieses Absatzes können nach Maßgabe der Bedingungen und innerhalb der Grenzen, die in der Satzung vorgesehen sind, in Ausnahmefällen vom Gerichtshof überprüft werden, wenn die ernste Gefahr besteht, dass die Einheit oder Kohärenz des Unionsrechts berührt wird.

(3) Das Gericht ist in besonderen in der Satzung festgelegten Sachgebieten für Vorabentscheidungen nach Artikel 267 zuständig.

Wenn das Gericht der Auffassung ist, dass eine Rechtssache eine Grundsatzentscheidung erfordert, die die Einheit oder die Kohärenz des Unionsrechts berühren könnte, kann es die Rechtssache zur Entscheidung an den Gerichtshof verweisen.

Die Entscheidungen des Gerichts über Anträge auf Vorabentscheidung können nach Maßgabe der Bedingungen und innerhalb der Grenzen, die in der Satzung vorgesehen sind, in Ausnahmefällen vom Gerichtshof überprüft werden, wenn die ernste Gefahr besteht, dass die Einheit oder die Kohärenz des Unionsrechts berührt wird.

Artikel 257

(ex-Artikel 225a EGV)

Das Europäische Parlament und der Rat können gemäß dem ordentlichen Gesetzgebungsverfahren dem Gericht beigeordnete Fachgerichte bilden, die für Entscheidungen im ersten Rechtszug über bestimmte Kategorien von Klagen zuständig sind, die auf besonderen Sachgebieten erhoben werden. Das Europäische Parlament und der Rat beschließen durch Verordnungen entweder auf Vorschlag der Kommission nach Anhörung des Gerichtshofs oder auf Antrag des Gerichtshofs nach Anhörung der Kommission.

In der Verordnung über die Bildung eines Fachgerichts werden die Regeln für die Zusammensetzung dieses Gerichts und der ihm übertragene Zuständigkeitsbereich festgelegt.

Gegen die Entscheidungen der Fachgerichte kann vor dem Gericht ein auf Rechtsfragen beschränktes Rechtsmittel oder, wenn die Verordnung über die Bildung des Fachgerichts dies vorsieht, ein auch Sachfragen betreffendes Rechtsmittel eingelegt werden.

Zu Mitgliedern der Fachgerichte sind Personen auszuwählen, die jede Gewähr für Unabhängigkeit bieten und über die Befähigung zur Ausübung richterlicher Tätigkeiten verfügen. Sie werden einstimmig vom Rat ernannt.

Die Fachgerichte erlassen ihre Verfahrensordnung im Einvernehmen mit dem Gerichtshof. Diese Verfahrensordnung bedarf der Genehmigung des Rates.

Soweit die Verordnung über die Bildung der Fachgerichte nichts anderes vorsieht, finden die den Gerichtshof der Europäischen Union betreffenden Bestimmungen der Verträge und die Satzung des Gerichtshofs der Europäischen Union auf die Fachgerichte Anwendung. Titel I und Artikel 64 der Satzung gelten auf jeden Fall für die Fachgerichte.

Artikel 258
(ex-Artikel 226 EGV)

Hat nach Auffassung der Kommission ein Mitgliedstaat gegen eine Verpflichtung aus den Verträgen verstoßen, so gibt sie eine mit Gründen versehene Stellungnahme hierzu ab; sie hat dem Staat zuvor Gelegenheit zur Äußerung zu geben.

Kommt der Staat dieser Stellungnahme innerhalb der von der Kommission gesetzten Frist nicht nach, so kann die Kommission den Gerichtshof der Europäischen Union anrufen.

Artikel 259
(ex-Artikel 227 EGV)

Jeder Mitgliedstaat kann den Gerichtshof der Europäischen Union anrufen, wenn er der Auffassung ist, dass ein anderer Mitgliedstaat gegen eine Verpflichtung aus den Verträgen verstoßen hat.

Bevor ein Mitgliedstaat wegen einer angeblichen Verletzung der Verpflichtungen aus den Verträgen gegen einen anderen Staat Klage erhebt, muss er die Kommission damit befassen.

Die Kommission erlässt eine mit Gründen versehene Stellungnahme; sie gibt den beteiligten Staaten zuvor Gelegenheit zu schriftlicher und mündlicher Äußerung in einem kontradiktorischen Verfahren.

Gibt die Kommission binnen drei Monaten nach dem Zeitpunkt, in dem ein entsprechender Antrag gestellt wurde, keine Stellungnahme ab, so kann ungeachtet des Fehlens der Stellungnahme vor dem Gerichtshof geklagt werden.

Artikel 260
(ex-Artikel 228 EGV)

(1) Stellt der Gerichtshof der Europäischen Union fest, dass ein Mitgliedstaat gegen eine Verpflichtung aus den Verträgen verstoßen hat, so hat dieser Staat die Maßnahmen zu ergreifen, die sich aus dem Urteil des Gerichtshofs ergeben.

(2) Hat der betreffende Mitgliedstaat die Maßnahmen, die sich aus dem Urteil des Gerichtshofs ergeben, nach Auffassung der Kommission nicht getroffen, so kann die Kommission den Gerichtshof anrufen, nachdem sie diesem Staat zuvor Gelegenheit zur Äußerung gegeben hat. Hierbei benennt sie die Höhe des von dem betreffenden Mitgliedstaat zu zahlenden Pauschalbetrags oder Zwangsgelds, die sie den Umständen nach für angemessen hält.

Stellt der Gerichtshof fest, dass der betreffende Mitgliedstaat seinem Urteil nicht nachgekommen ist, so kann er die Zahlung eines Pauschalbetrags oder Zwangsgelds verhängen.

Dieses Verfahren lässt den Artikel 259 unberührt.

(3) Erhebt die Kommission beim Gerichtshof Klage nach Artikel 258, weil sie der Auffassung ist, dass der betreffende Mitgliedstaat gegen seine Verpflichtung verstoßen hat, Maßnahmen zur Umsetzung einer gemäß einem Gesetzgebungsverfahren erlassenen Richtlinie mitzuteilen, so kann sie, wenn sie dies für zweckmäßig hält, die Höhe des von dem betreffenden Mitgliedstaat zu zahlenden Pauschalbetrags oder Zwangsgelds benennen, die sie den Umständen nach für angemessen hält.

Stellt der Gerichtshof einen Verstoß fest, so kann er gegen den betreffenden Mitgliedstaat die Zahlung eines Pauschalbetrags oder eines Zwangsgelds bis zur Höhe des von der Kommission genannten Betrags verhängen. Die Zahlungsverpflichtung gilt ab dem vom Gerichtshof in seinem Urteil festgelegten Zeitpunkt.

Artikel 261
(ex-Artikel 229 EGV)

Aufgrund der Verträge vom Europäischen Parlament und vom Rat gemeinsam sowie vom Rat erlassene Verordnungen können hinsichtlich der darin vorgesehenen Zwangsmaßnahmen dem Gerichtshof der Europäischen Union eine Zuständigkeit übertragen, welche die Befugnis zu unbeschränkter Ermessensnachprüfung und zur Änderung oder Verhängung solcher Maßnahmen umfasst.

Artikel 262
(ex-Artikel 229a EGV)

Unbeschadet der sonstigen Bestimmungen der Verträge kann der Rat gemäß einem besonderen

Gesetzgebungsverfahren nach Anhörung des Europäischen Parlaments einstimmig Bestimmungen erlassen, mit denen dem Gerichtshof der Europäischen Union in dem vom Rat festgelegten Umfang die Zuständigkeit übertragen wird, über Rechtsstreitigkeiten im Zusammenhang mit der Anwendung von aufgrund der Verträge erlassenen Rechtsakten, mit denen europäische Rechtstitel für das geistige Eigentum geschaffen werden, zu entscheiden. Diese Bestimmungen treten nach Zustimmung der Mitgliedstaaten im Einklang mit ihren jeweiligen verfassungsrechtlichen Vorschriften in Kraft.

Artikel 263
(ex-Artikel 230 EGV)

Der Gerichtshof der Europäischen Union überwacht die Rechtmäßigkeit der Gesetzgebungsakte sowie der Handlungen des Rates, der Kommission und der Europäischen Zentralbank, soweit es sich nicht um Empfehlungen oder Stellungnahmen handelt, und der Handlungen des Europäischen Parlaments und des Europäischen Rates mit Rechtswirkung gegenüber Dritten. Er überwacht ebenfalls die Rechtmäßigkeit der Handlungen der Einrichtungen oder sonstigen Stellen der Union mit Rechtswirkung gegenüber Dritten.

Zu diesem Zweck ist der Gerichtshof der Europäischen Union für Klagen zuständig, die ein Mitgliedstaat, das Europäische Parlament, der Rat oder die Kommission wegen Unzuständigkeit, Verletzung wesentlicher Formvorschriften, Verletzung der Verträge oder einer bei ihrer Durchführung anzuwendenden Rechtsnorm oder wegen Ermessensmissbrauchs erhebt.

Der Gerichtshof der Europäischen Union ist unter den gleichen Voraussetzungen zuständig für Klagen des Rechnungshofs, der Europäischen Zentralbank und des Ausschusses der Regionen, die auf die Wahrung ihrer Rechte abzielen.

Jede natürliche oder juristische Person kann unter den Bedingungen nach den Absätzen 1 und 2 gegen die an sie gerichteten oder sie unmittelbar und individuell betreffenden Handlungen sowie gegen Rechtsakte mit Verordnungscharakter, die sie unmittelbar betreffen und keine Durchführungsmaßnahmen nach sich ziehen, Klage erheben.

In den Rechtsakten zur Gründung von Einrichtungen und sonstigen Stellen der Union können besondere Bedingungen und Einzelheiten für die Erhebung von Klagen von natürlichen oder juristischen Personen gegen Handlungen dieser Einrichtungen und sonstigen Stellen vorgesehen werden, die eine Rechtswirkung gegenüber diesen Personen haben.

Die in diesem Artikel vorgesehenen Klagen sind binnen zwei Monaten zu erheben; diese Frist läuft je nach Lage des Falles von der Bekanntgabe der betreffenden Handlung, ihrer Mitteilung an den Kläger oder in Ermangelung dessen von dem Zeitpunkt an, zu dem der Kläger von dieser Handlung Kenntnis erlangt hat.

Artikel 264
(ex-Artikel 231 EGV)

Ist die Klage begründet, so erklärt der Gerichtshof der Europäischen Union die angefochtene Handlung für nichtig.

Erklärt der Gerichtshof eine Handlung für nichtig, so bezeichnet er, falls er dies für notwendig hält, diejenigen ihrer Wirkungen, die als fortgeltend zu betrachten sind.

Artikel 265
(ex-Artikel 232 EGV)

Unterlässt es das Europäische Parlament, der Europäische Rat, der Rat, die Kommission oder die Europäische Zentralbank unter Verletzung der Verträge, einen Beschluss zu fassen, so können die Mitgliedstaaten und die anderen Organe der Union beim Gerichtshof der Europäischen Union Klage auf Feststellung dieser Vertragsverletzung erheben. Dieser Artikel gilt entsprechend für die Einrichtungen und sonstigen Stellen der Union, die es unterlassen, tätig zu werden.

Diese Klage ist nur zulässig, wenn das in Frage stehende Organ, die in Frage stehende Einrichtung oder sonstige Stelle zuvor aufgefordert worden ist, tätig zu werden. Hat es bzw. sie binnen zwei Monaten nach dieser Aufforderung nicht Stellung genommen, so kann die Klage innerhalb einer weiteren Frist von zwei Monaten erhoben werden.

Jede natürliche oder juristische Person kann nach Maßgabe der Absätze 1 und 2 vor dem Gerichtshof Beschwerde darüber führen, dass ein Organ oder eine Einrichtung oder sonstige Stelle der Union es unterlassen hat, einen anderen Akt als eine Empfehlung oder eine Stellungnahme an sie zu richten.

Artikel 266
(ex-Artikel 233 EGV)

Die Organe, Einrichtungen oder sonstigen Stellen, denen das für nichtig erklärte Handeln zur Last fällt oder deren Untätigkeit als vertragswidrig erklärt worden ist, haben die sich aus dem Urteil des Gerichtshofs der Europäischen Union ergebenden Maßnahmen zu ergreifen.

Diese Verpflichtung besteht unbeschadet der Verpflichtungen, die sich aus der Anwendung des Artikels 340 Absatz 2 ergeben.

Artikel 267
(ex-Artikel 234 EGV)

Der Gerichtshof der Europäischen Union entscheidet im Wege der Vorabentscheidung

a) über die Auslegung der Verträge,

b) über die Gültigkeit und die Auslegung der Handlungen der Organe, Einrichtungen oder sonstigen Stellen der Union,

Wird eine derartige Frage einem Gericht eines Mitgliedstaats gestellt und hält dieses Gericht eine Entscheidung darüber zum Erlass seines Urteils für erforderlich, so kann es diese Frage dem Gerichtshof zur Entscheidung vorlegen.

Wird eine derartige Frage in einem schwebenden Verfahren bei einem einzelstaatlichen Gericht gestellt, dessen Entscheidungen selbst nicht mehr mit Rechtsmitteln des innerstaatlichen Rechts angefochten werden können, so ist dieses Gericht zur Anrufung des Gerichtshofs verpflichtet.

Wird eine derartige Frage in einem schwebenden Verfahren, das eine inhaftierte Person betrifft, bei einem einzelstaatlichen Gericht gestellt, so entscheidet der Gerichtshof innerhalb kürzester Zeit.

Artikel 268
(ex-Artikel 235 EGV)

Der Gerichtshof der Europäischen Union ist für Streitsachen über den in Artikel 340 Absätze 2 und 3 vorgesehenen Schadensersatz zuständig.

Artikel 269

Der Gerichtshof ist für Entscheidungen über die Rechtmäßigkeit eines nach Artikel 7 des Vertrags über die Europäische Union erlassenen Rechtsakts des Europäischen Rates oder des Rates nur auf Antrag des von einer Feststellung des Europäischen Rates oder des Rates betroffenen Mitgliedstaats und lediglich im Hinblick auf die Einhaltung der in dem genannten Artikel vorgesehenen Verfahrensbestimmungen zuständig.

Der Antrag muss binnen eines Monats nach der jeweiligen Feststellung gestellt werden. Der Gerichtshof entscheidet binnen eines Monats nach Antragstellung.

Artikel 270
(ex-Artikel 236 EGV)

Der Gerichtshof der Europäischen Union ist für alle Streitsachen zwischen der Union und deren Bediensteten innerhalb der Grenzen und nach Maßgabe der Bedingungen zuständig, die im Statut der Beamten der Union und in den Beschäftigungsbedingungen für die sonstigen Bediensteten der Union festgelegt sind.

Artikel 271
(ex-Artikel 237 EGV)

Der Gerichtshof der Europäischen Union ist nach Maßgabe der folgenden Bestimmungen zuständig in Streitsachen über

a) die Erfüllung der Verpflichtungen der Mitgliedstaaten aus der Satzung der Europäischen Investitionsbank. Der Verwaltungsrat der Bank besitzt hierbei die der Kommission in Artikel 258 übertragenen Befugnisse;

b) die Beschlüsse des Rates der Gouverneure der Europäischen Investitionsbank. Jeder Mitgliedstaat, die Kommission und der Verwaltungsrat der Bank können hierzu nach Maßgabe des Artikels 263 Klage erheben;

c) die Beschlüsse des Verwaltungsrats der Europäischen Investitionsbank. Diese können nach Maßgabe des Artikels 263 nur von Mitgliedstaaten oder der Kommission und lediglich wegen Verletzung der Formvorschriften des Artikels 19 Absatz 2 und Absätze 5 bis 7 der Satzung der Investitionsbank angefochten werden;

d) die Erfüllung der sich aus den Verträgen und der Satzung des ESZB und der EZB ergebenden Verpflichtungen durch die nationalen Zentralbanken. Der Rat der Gouverneure der Europäischen Zentralbank besitzt hierbei gegenüber den nationalen Zentralbanken die Befugnisse, die der Kommission in Artikel 258 gegenüber den Mitgliedstaaten eingeräumt werden. Stellt der Gerichtshof der Europäischen Union fest, dass eine nationale Zentralbank gegen eine Verpflichtung aus den Verträgen verstoßen hat, so hat diese Bank die Maßnahmen zu ergreifen, die sich aus dem Urteil des Gerichtshofs ergeben.

Artikel 272
(ex-Artikel 238 EGV)

Der Gerichtshof der Europäischen Union ist für Entscheidungen aufgrund einer Schiedsklausel zuständig, die in einem von der Union oder für ihre Rechnung abgeschlossenen öffentlich-rechtlichen oder privatrechtlichen Vertrag enthalten ist.

Artikel 273
(ex-Artikel 239 EGV)

Der Gerichtshof ist für jede mit dem Gegenstand der Verträge in Zusammenhang stehende Streitigkeit zwischen Mitgliedstaaten zuständig, wenn diese bei ihm aufgrund eines Schiedsvertrags anhängig gemacht wird.

Artikel 274
(ex-Artikel 240 EGV)

Soweit keine Zuständigkeit des Gerichtshofs der Europäischen Union aufgrund der Verträge besteht, sind Streitsachen, bei denen die Union Partei ist, der Zuständigkeit der einzelstaatlichen Gerichte nicht entzogen.

Artikel 275

Der Gerichtshof der Europäischen Union ist nicht zuständig für die Bestimmungen hinsichtlich der Gemeinsamen Außen- und Sicherheitspolitik und für die auf der Grundlage dieser Bestimmungen erlassenen Rechtsakte.

Der Gerichtshof ist jedoch zuständig für die Kontrolle der Einhaltung von Artikel 40 des Vertrags über die Europäische Union und für die unter den Voraussetzungen des Artikels 263 Absatz 4 dieses Vertrags erhobenen Klagen im Zusammenhang mit der Überwachung der Rechtmäßigkeit von Beschlüssen über restriktive Maßnahmen gegenüber natürlichen oder juristischen Personen, die der Rat auf der Grundlage von Titel V Kapitel 2 des Vertrags über die Europäische Union erlassen hat.

Artikel 276

Bei der Ausübung seiner Befugnisse im Rahmen der Bestimmungen des Dritten Teils Titel V Kapitel 4 und 5 über den Raum der Freiheit, der Sicherheit und des Rechts ist der Gerichtshof der Europäischen Union nicht zuständig für die Überprüfung der Gültigkeit oder Verhältnismäßigkeit von Maßnahmen der Polizei oder anderer Strafverfolgungsbehörden eines Mitgliedstaats oder der Wahrnehmung der Zuständigkeiten der Mitgliedstaaten für die Aufrechterhaltung der öffentlichen Ordnung und den Schutz der inneren Sicherheit.

Artikel 277
(ex-Artikel 241 EGV)

Ungeachtet des Ablaufs der in Artikel 263 Absatz 6 genannten Frist kann jede Partei in einem Rechtsstreit, bei dem die Rechtmäßigkeit eines von einem Organ, einer Einrichtung oder einer sonstigen Stelle der Union erlassenen Rechtsakts mit allgemeiner Geltung angefochten wird, vor dem Gerichtshof der Europäischen Union die Unanwendbarkeit dieses Rechtsakts aus den in Artikel 263 Absatz 2 genannten Gründen geltend machen.

Artikel 278
(ex-Artikel 242 EGV)

Klagen bei dem Gerichtshof der Europäischen Union haben keine aufschiebende Wirkung. Der Gerichtshof kann jedoch, wenn er dies den Umständen nach für nötig hält, die Durchführung der angefochtenen Handlung aussetzen.

Artikel 279
(ex-Artikel 243 EGV)

Der Gerichtshof der Europäischen Union kann in den bei ihm anhängigen Sachen die erforderlichen einstweiligen Anordnungen treffen.

Artikel 280
(ex-Artikel 244 EGV)

Die Urteile des Gerichtshofs der Europäischen Union sind gemäß Artikel 299 vollstreckbar.

Artikel 281
(ex-Artikel 245 EGV)

Die Satzung des Gerichtshofs der Europäischen Union wird in einem besonderen Protokoll festgelegt.

Das Europäische Parlament und der Rat können gemäß dem ordentlichen Gesetzgebungsverfahren die Satzung mit Ausnahme ihres Titels I und ihres Artikels 64 ändern. Das Europäische Parlament und der Rat beschließen entweder auf Antrag des Gerichtshofs nach Anhörung der Kommission oder auf Vorschlag der Kommission nach Anhörung des Gerichtshofs.

ABSCHNITT 6
DIE EUROPÄISCHE ZENTRALBANK

Artikel 282

(1) Die Europäische Zentralbank und die nationalen Zentralbanken bilden das Europäische System der Zentralbanken (ESZB). Die Europäische Zentralbank und die nationalen Zentralbanken der Mitgliedstaaten, deren Währung der Euro ist, bilden das Eurosystem und betreiben die Währungspolitik der Union.

(2) Das ESZB wird von den Beschlussorganen der Europäischen Zentralbank geleitet. Sein vorrangiges Ziel ist es, die Preisstabilität zu gewährleisten. Unbeschadet dieses Zieles unterstützt es die allgemeine Wirtschaftspolitik in der Union, um zur Verwirklichung ihrer Ziele beizutragen.

(3) Die Europäische Zentralbank besitzt Rechtspersönlichkeit. Sie allein ist befugt, die Ausgabe des Euro zu genehmigen. Sie ist in der Ausübung ihrer Befugnisse und der Verwaltung ihrer Mittel unabhängig. Die Organe, Einrichtungen und sonstigen Stellen der Union sowie die Regierungen der Mitgliedstaaten achten diese Unabhängigkeit.

(4) Die Europäische Zentralbank erlässt die für die Erfüllung ihrer Aufgaben erforderlichen Maßnahmen nach den Artikeln 127 bis 133 und Artikel 138 und nach Maßgabe der Satzung des ESZB und der EZB. Nach diesen Artikeln behalten die Mitgliedstaaten, deren Währung nicht der Euro ist, sowie deren Zentralbanken ihre Zuständigkeiten im Währungsbereich.

(5) Die Europäische Zentralbank wird in den Bereichen, auf die sich ihre Befugnisse erstrecken, zu allen Entwürfen für Rechtsakte der Union sowie zu allen Entwürfen für Rechtsvorschriften auf einzelstaatlicher Ebene gehört und kann Stellungnahmen abgeben.

Artikel 283
(ex-Artikel 112 EGV)

(1) Der Rat der Europäischen Zentralbank besteht aus den Mitgliedern des Direktoriums der Europäischen Zentralbank und den Präsidenten der nationalen Zentralbanken der Mitgliedstaaten, deren Währung der Euro ist.

(2) Das Direktorium besteht aus dem Präsidenten, dem Vizepräsidenten und vier weiteren Mitgliedern.

Der Präsident, der Vizepräsident und die weiteren Mitglieder des Direktoriums werden vom Europäischen Rat auf Empfehlung des Rates, der hierzu das Europäische Parlament und den Rat der Europäischen Zentralbank anhört, aus dem Kreis der in Währungs- oder Bankfragen anerkannten und erfahrenen Persönlichkeiten mit qualifizierter Mehrheit ausgewählt und ernannt.

Ihre Amtszeit beträgt acht Jahre; Wiederernennung ist nicht zulässig.

Nur Staatsangehörige der Mitgliedstaaten können Mitglieder des Direktoriums werden.

Artikel 284

(ex-Artikel 113 EGV)

(1) Der Präsident des Rates und ein Mitglied der Kommission können ohne Stimmrecht an den Sitzungen des Rates der Europäischen Zentralbank teilnehmen.

Der Präsident des Rates kann dem Rat der Europäischen Zentralbank einen Antrag zur Beratung vorlegen.

(2) Der Präsident der Europäischen Zentralbank wird zur Teilnahme an den Tagungen des Rates eingeladen, wenn dieser Fragen im Zusammenhang mit den Zielen und Aufgaben des ESZB erörtert.

(3) Die Europäische Zentralbank unterbreitet dem Europäischen Parlament, dem Rat und der Kommission sowie auch dem Europäischen Rat einen Jahresbericht über die Tätigkeit des ESZB und die Geld- und Währungspolitik im vergangenen und im laufenden Jahr. Der Präsident der Europäischen Zentralbank legt den Bericht dem Rat und dem Europäischen Parlament vor, das auf dieser Grundlage eine allgemeine Aussprache durchführen kann.

Der Präsident der Europäischen Zentralbank und die anderen Mitglieder des Direktoriums können auf Ersuchen des Europäischen Parlaments oder auf ihre Initiative hin von den zuständigen Ausschüssen des Europäischen Parlaments gehört werden.

ABSCHNITT 7
DER RECHNUNGSHOF

Artikel 285

(ex-Artikel 246 EGV)

Der Rechnungshof nimmt die Rechnungsprüfung der Union wahr.

Der Rechnungshof besteht aus einem Staatsangehörigen je Mitgliedstaat. Seine Mitglieder üben ihre Aufgaben in voller Unabhängigkeit zum allgemeinen Wohl der Union aus.

Artikel 286

(ex-Artikel 247 EGV)

(1) Zu Mitgliedern des Rechnungshofs sind Persönlichkeiten auszuwählen, die in ihren Staaten Rechnungsprüfungsorganen angehören oder angehört haben oder die für dieses Amt besonders geeignet sind. Sie müssen jede Gewähr für Unabhängigkeit bieten.

(2) Die Mitglieder des Rechnungshofs werden auf sechs Jahre ernannt. Der Rat nimmt die gemäß den Vorschlägen der einzelnen Mitgliedstaaten erstellte Liste der Mitglieder nach Anhörung des Europäischen Parlaments an. Die Wiederernennung der Mitglieder des Rechnungshofs ist zulässig.

Sie wählen aus ihrer Mitte den Präsidenten des Rechnungshofs für drei Jahre. Wiederwahl ist zulässig.

(3) Die Mitglieder des Rechnungshofs dürfen bei der Erfüllung ihrer Pflichten Anweisungen von einer Regierung oder einer anderen Stelle weder anfordern noch entgegennehmen. Sie haben jede Handlung zu unterlassen, die mit ihren Aufgaben unvereinbar ist.

(4) Die Mitglieder des Rechnungshofs dürfen während ihrer Amtszeit keine andere entgeltliche oder unentgeltliche Berufstätigkeit ausüben. Bei der Aufnahme ihrer Tätigkeit übernehmen sie die feierliche Verpflichtung, während der Ausübung und nach Ablauf ihrer Amtstätigkeit die sich aus ihrem Amt ergebenden Pflichten zu erfüllen, insbesondere die Pflicht, bei der Annahme gewisser Tätigkeiten oder Vorteile nach Ablauf dieser Tätigkeit ehrenhaft und zurückhaltend zu sein.

(5) Abgesehen von regelmäßigen Neubesetzungen und von Todesfällen endet das Amt eines Mitglieds des Rechnungshofs durch Rücktritt oder durch Amtsenthebung durch den Gerichtshof gemäß Absatz 6.

Für das ausscheidende Mitglied wird für die verbleibende Amtszeit ein Nachfolger ernannt.

Außer im Fall der Amtsenthebung bleiben die Mitglieder des Rechnungshofs bis zur Neubesetzung ihres Sitzes im Amt.

(6) Ein Mitglied des Rechnungshofs kann nur dann seines Amtes enthoben oder seiner Ruhegehaltsansprüche oder anderer an ihrer Stelle gewährter Vergünstigungen für verlustig erklärt werden, wenn der Gerichtshof auf Antrag des Rechnungshofs feststellt, dass es nicht mehr die erforderlichen Voraussetzungen erfüllt oder den sich aus seinem Amt ergebenden Verpflichtungen nicht mehr nachkommt.

(7) Der Rat setzt die Beschäftigungsbedingungen für den Präsidenten und die Mitglieder des Rechnungshofs fest, insbesondere die Gehälter, Vergütungen und Ruhegehälter. Er setzt alle sonstigen als Entgelt gezahlten Vergütungen fest.

(8) Die für die Richter des Gerichtshofs der Europäischen Union geltenden Bestimmungen des Protokolls über die Vorrechte und Befreiungen der Europäischen Union gelten auch für die Mitglieder des Rechnungshofs.

Artikel 287

(ex-Artikel 248 EGV)

(1) Der Rechnungshof prüft die Rechnung über alle Einnahmen und Ausgaben der Union. Er prüft ebenfalls die Rechnung über alle Einnahmen und

Ausgaben jeder von der Union geschaffenen Einrichtung oder sonstigen Stelle, soweit der Gründungsakt dies nicht ausschließt.

Der Rechnungshof legt dem Europäischen Parlament und dem Rat eine Erklärung über die Zuverlässigkeit der Rechnungsführung sowie die Rechtmäßigkeit und Ordnungsmäßigkeit der zugrunde liegenden Vorgänge vor, die im *Amtsblatt der Europäischen Union* veröffentlicht wird. Diese Erklärung kann durch spezifische Beurteilungen zu allen größeren Tätigkeitsbereichen der Union ergänzt werden.

(2) Der Rechungshof prüft die Rechtmäßigkeit und Ordnungsmäßigkeit der Einnahmen und Ausgaben und überzeugt sich von der Wirtschaftlichkeit der Haushaltsführung. Dabei berichtet er insbesondere über alle Fälle von Unregelmäßigkeiten.

Die Prüfung der Einnahmen erfolgt anhand der Feststellungen und der Zahlungen der Einnahmen an die Union.

Die Prüfung der Ausgaben erfolgt anhand der Mittelbindungen und der Zahlungen.

Diese Prüfungen können vor Abschluss der Rechnung des betreffenden Haushaltsjahrs durchgeführt werden.

(3) Die Prüfung wird anhand der Rechnungsunterlagen und erforderlichenfalls an Ort und Stelle bei den anderen Organen der Union, in den Räumlichkeiten der Einrichtungen oder sonstigen Stellen, die Einnahmen oder Ausgaben für Rechnung der Union verwalten, sowie der natürlichen und juristischen Personen, die Zahlungen aus dem Haushalt erhalten, und in den Mitgliedstaaten durchgeführt. Die Prüfung in den Mitgliedstaaten erfolgt in Verbindung mit den einzelstaatlichen Rechnungsprüfungsorganen oder, wenn diese nicht über die erforderliche Zuständigkeit verfügen, mit den zuständigen einzelstaatlichen Dienststellen. Der Rechnungshof und die einzelstaatlichen Rechnungsprüfungsorgane arbeiten unter Wahrung ihrer Unabhängigkeit vertrauensvoll zusammen. Diese Organe oder Dienststellen teilen dem Rechnungshof mit, ob sie an der Prüfung teilzunehmen beabsichtigen.

Die anderen Organe der Union, die Einrichtungen oder sonstigen Stellen, die Einnahmen oder Ausgaben für Rechnung der Union verwalten, die natürlichen oder juristischen Personen, die Zahlungen aus dem Haushalt erhalten, und die einzelstaatlichen Rechnungsprüfungsorgane oder, wenn diese nicht über die erforderliche Zuständigkeit verfügen, die zuständigen einzelstaatlichen Dienststellen übermitteln dem Rechnungshof auf dessen Antrag die für die Erfüllung seiner Aufgabe erforderlichen Unterlagen oder Informationen.

Die Rechte des Rechnungshofs auf Zugang zu Informationen der Europäischen Investitionsbank im Zusammenhang mit deren Tätigkeit bei der Verwaltung von Einnahmen und Ausgaben der Union werden in einer Vereinbarung zwischen dem Rechnungshof, der Bank und der Kommission geregelt. Der Rechnungshof hat auch dann Recht auf Zugang zu den Informationen, die für die Prüfung der von der Bank verwalteten Einnahmen und Ausgaben der Union erforderlich sind, wenn eine entsprechende Vereinbarung nicht besteht.

(4) Der Rechnungshof erstattet nach Abschluss eines jeden Haushaltsjahrs einen Jahresbericht. Dieser Bericht wird den anderen Organen der Union vorgelegt und im *Amtsblatt der Europäischen Union* zusammen mit den Antworten dieser Organe auf die Bemerkungen des Rechnungshofs veröffentlicht.

Der Rechnungshof kann ferner jederzeit seine Bemerkungen zu besonderen Fragen vorlegen, insbesondere in Form von Sonderberichten, und auf Antrag eines der anderen Organe der Union Stellungnahmen abgeben.

Er nimmt seine jährlichen Berichte, Sonderberichte oder Stellungnahmen mit der Mehrheit seiner Mitglieder an. Er kann jedoch für die Annahme bestimmter Arten von Berichten oder Stellungnahmen nach Maßgabe seiner Geschäftsordnung Kammern bilden.

Er unterstützt das Europäische Parlament und den Rat bei der Kontrolle der Ausführung des Haushaltsplans.

Der Rechnungshof gibt sich eine Geschäftsordnung. Diese bedarf der Genehmigung des Rates.

ABSCHNITT 1
DIE RECHTSAKTE DER UNION
Artikel 288
(ex-Artikel 249 EGV)

Für die Ausübung der Zuständigkeiten der Union nehmen die Organe Verordnungen, Richtlinien, Beschlüsse, Empfehlungen und Stellungnahmen an.

Die Verordnung hat allgemeine Geltung. Sie ist in allen ihren Teilen verbindlich und gilt unmittelbar in jedem Mitgliedstaat.

Die Richtlinie ist für jeden Mitgliedstaat, an den sie gerichtet wird, hinsichtlich des zu erreichenden Ziels verbindlich, überlässt jedoch den innerstaatlichen Stellen die Wahl der Form und der Mittel.

Beschlüsse sind in allen ihren Teilen verbindlich. Sind sie an bestimmte Adressaten gerichtet, so sind sie nur für diese verbindlich.

Die Empfehlungen und Stellungnahmen sind nicht verbindlich.

Artikel 289

(1) Das ordentliche Gesetzgebungsverfahren besteht in der gemeinsamen Annahme einer Verordnung, einer Richtlinie oder eines Beschlusses durch das Europäische Parlament und den Rat auf

Vorschlag der Kommission. Dieses Verfahren ist in Artikel 294 festgelegt.

(2) In bestimmten, in den Verträgen vorgesehenen Fällen erfolgt als besonderes Gesetzgebungsverfahren die Annahme einer Verordnung, einer Richtlinie oder eines Beschlusses durch das Europäische Parlament mit Beteiligung des Rates oder durch den Rat mit Beteiligung des Europäischen Parlaments.

(3) Rechtsakte, die gemäß einem Gesetzgebungsverfahren angenommen werden, sind Gesetzgebungsakte.

(4) In bestimmten, in den Verträgen vorgesehenen Fällen können Gesetzgebungsakte auf Initiative einer Gruppe von Mitgliedstaaten oder des Europäischen Parlaments, auf Empfehlung der Europäischen Zentralbank oder auf Antrag des Gerichtshofs oder der Europäischen Investitionsbank erlassen werden.

Artikel 290

(1) In Gesetzgebungsakten kann der Kommission die Befugnis übertragen werden, Rechtsakte ohne Gesetzescharakter mit allgemeiner Geltung zur Ergänzung oder Änderung bestimmter nicht wesentlicher Vorschriften des betreffenden Gesetzgebungsaktes zu erlassen.

In den betreffenden Gesetzgebungsakten werden Ziele, Inhalt, Geltungsbereich und Dauer der Befugnisübertragung ausdrücklich festgelegt. Die wesentlichen Aspekte eines Bereichs sind dem Gesetzgebungsakt vorbehalten und eine Befugnisübertragung ist für sie deshalb ausgeschlossen.

(2) Die Bedingungen, unter denen die Übertragung erfolgt, werden in Gesetzgebungsakten ausdrücklich festgelegt, wobei folgende Möglichkeiten bestehen:

a) Das Europäische Parlament oder der Rat kann beschließen, die Übertragung zu widerrufen.

b) Der delegierte Rechtsakt kann nur in Kraft treten, wenn das Europäische Parlament oder der Rat innerhalb der im Gesetzgebungsakt festgelegten Frist keine Einwände erhebt.

Für die Zwecke der Buchstaben a und b beschließt das Europäische Parlament mit der Mehrheit seiner Mitglieder und der Rat mit qualifizierter Mehrheit.

(3) In den Titel der delegierten Rechtsakte wird das Wort "delegiert" eingefügt.

Artikel 291

(1) Die Mitgliedstaaten ergreifen alle zur Durchführung der verbindlichen Rechtsakte der Union erforderlichen Maßnahmen nach innerstaatlichem Recht.

(2) Bedarf es einheitlicher Bedingungen für die Durchführung der verbindlichen Rechtsakte der Union, so werden mit diesen Rechtsakten der Kommission oder, in entsprechend begründeten Sonderfällen und in den in den Artikeln 24 und 26 des Vertrags über die Europäische Union vorgesehenen Fällen, dem Rat Durchführungsbefugnisse übertragen.

(3) Für die Zwecke des Absatzes 2 legen das Europäische Parlament und der Rat gemäß dem ordentlichen Gesetzgebungsverfahren durch Verordnungen im Voraus allgemeine Regeln und Grundsätze fest, nach denen die Mitgliedstaaten die Wahrnehmung der Durchführungsbefugnisse durch die Kommission kontrollieren.

(4) In den Titel der Durchführungsrechtsakte wird der Wortteil "Durchführungs-" eingefügt.

Artikel 292

Der Rat gibt Empfehlungen ab. Er beschließt auf Vorschlag der Kommission in allen Fällen, in denen er nach Maßgabe der Verträge Rechtsakte auf Vorschlag der Kommission erlässt. In den Bereichen, in denen für den Erlass eines Rechtsakts der Union Einstimmigkeit vorgesehen ist, beschließt er einstimmig. Die Kommission und, in bestimmten in den Verträgen vorgesehenen Fällen, die Europäische Zentralbank geben Empfehlungen ab.

ABSCHNITT 2

ANNAHMEVERFAHREN UND SONSTIGE VORSCHRIFTEN

Artikel 293

(ex-Artikel 250 EGV)

(1) Wird der Rat aufgrund der Verträge auf Vorschlag der Kommission tätig, so kann er diesen Vorschlag nur einstimmig abändern; dies gilt nicht in den Fällen nach Artikel 294 Absätze 10 und 13, nach Artikel 310, Artikel 312, Artikel 314 und nach Artikel 315 Absatz 2.

(2) Solange ein Beschluss des Rates nicht ergangen ist, kann die Kommission ihren Vorschlag jederzeit im Verlauf der Verfahren zur Annahme eines Rechtsakts der Union ändern.

Artikel 294

(ex-Artikel 251 EGV)

(1) Wird in den Verträgen hinsichtlich der Annahme eines Rechtsakts auf das ordentliche Gesetzgebungsverfahren Bezug genommen, so gilt das nachstehende Verfahren.

(2) Die Kommission unterbreitet dem Europäischen Parlament und dem Rat einen Vorschlag.

(3) Das Europäische Parlament legt seinen Standpunkt in erster Lesung fest und übermittelt ihn dem Rat.

(4) Billigt der Rat den Standpunkt des Europäischen Parlaments, so ist der betreffende Rechtsakt in der Fassung des Standpunkts des Europäischen Parlaments erlassen.

(5) Billigt der Rat den Standpunkt des Europäischen Parlaments nicht, so legt er seinen Standpunkt in erster Lesung fest und übermittelt ihn dem Europäischen Parlament.

(6) Der Rat unterrichtet das Europäische Parlament in allen Einzelheiten über die Gründe, aus denen er seinen Standpunkt in erster Lesung festgelegt hat. Die Kommission unterrichtet das Europäische Parlament in vollem Umfang über ihren Standpunkt.

(7) Hat das Europäische Parlament binnen drei Monaten nach der Übermittlung

a) den Standpunkt des Rates in erster Lesung gebilligt oder sich nicht geäußert, so gilt der betreffende Rechtsakt als in der Fassung des Standpunkts des Rates erlassen;

b) den Standpunkt des Rates in erster Lesung mit der Mehrheit seiner Mitglieder abgelehnt, so gilt der vorgeschlagene Rechtsakt als nicht erlassen;

c) mit der Mehrheit seiner Mitglieder Abänderungen an dem Standpunkt des Rates in erster Lesung vorgeschlagen, so wird die abgeänderte Fassung dem Rat und der Kommission zugeleitet; die Kommission gibt eine Stellungnahme zu diesen Abänderungen ab.

(8) Hat der Rat binnen drei Monaten nach Eingang der Abänderungen des Europäischen Parlaments mit qualifizierter Mehrheit

a) alle diese Abänderungen gebilligt, so gilt der betreffende Rechtsakt als erlassen;

b) nicht alle Abänderungen gebilligt, so beruft der Präsident des Rates im Einvernehmen mit dem Präsidenten des Europäischen Parlaments binnen sechs Wochen den Vermittlungsausschuss ein.

(9) Über Abänderungen, zu denen die Kommission eine ablehnende Stellungnahme abgegeben hat, beschließt der Rat einstimmig.

(10) Der Vermittlungsausschuss, der aus den Mitgliedern des Rates oder deren Vertretern und ebenso vielen das Europäische Parlament vertretenden Mitgliedern besteht, hat die Aufgabe, mit der qualifizierten Mehrheit der Mitglieder des Rates oder deren Vertretern und der Mehrheit der das Europäische Parlament vertretenden Mitglieder binnen sechs Wochen nach seiner Einberufung eine Einigung auf der Grundlage der Standpunkte des Europäischen Parlaments und des Rates in zweiter Lesung zu erzielen.

(11) Die Kommission nimmt an den Arbeiten des Vermittlungsausschusses teil und ergreift alle erforderlichen Initiativen, um auf eine Annäherung der Standpunkte des Europäischen Parlaments und des Rates hinzuwirken.

(12) Billigt der Vermittlungsausschuss binnen sechs Wochen nach seiner Einberufung keinen gemeinsamen Entwurf, so gilt der vorgeschlagene Rechtsakt als nicht erlassen.

(13) Billigt der Vermittlungsausschuss innerhalb dieser Frist einen gemeinsamen Entwurf, so verfügen das Europäische Parlament und der Rat ab dieser Billigung über eine Frist von sechs Wochen, um den betreffenden Rechtsakt entsprechend diesem Entwurf zu erlassen, wobei im Europäischen Parlament die Mehrheit der abgegebenen Stimmen und im Rat die qualifizierte Mehrheit erforderlich ist. Andernfalls gilt der vorgeschlagene Rechtsakt als nicht erlassen.

(14) Die in diesem Artikel genannten Fristen von drei Monaten beziehungsweise sechs Wochen werden auf Initiative des Europäischen Parlaments oder des Rates um höchstens einen Monat beziehungsweise zwei Wochen verlängert.

(15) Wird in den in den Verträgen vorgesehenen Fällen ein Gesetzgebungsakt auf Initiative einer Gruppe von Mitgliedstaaten, auf Empfehlung der Europäischen Zentralbank oder auf Antrag des Gerichtshofs im ordentlichen Gesetzgebungsverfahren erlassen, so finden Absatz 2, Absatz 6 Satz 2 und Absatz 9 keine Anwendung.

In diesen Fällen übermitteln das Europäische Parlament und der Rat der Kommission den Entwurf des Rechtsakts sowie ihre jeweiligen Standpunkte in erster und zweiter Lesung. Das Europäische Parlament oder der Rat kann die Kommission während des gesamten Verfahrens um eine Stellungnahme bitten, die die Kommission auch von sich aus abgeben kann. Sie kann auch nach Maßgabe des Absatzes 11 an dem Vermittlungsausschuss teilnehmen, sofern sie dies für erforderlich hält.

Artikel 295

Das Europäische Parlament, der Rat und die Kommission beraten sich und regeln einvernehmlich die Einzelheiten ihrer Zusammenarbeit. Dazu können sie unter Wahrung der Verträge interinstitutionelle Vereinbarungen schließen, die auch bindenden Charakter haben können.

Artikel 296
(ex-Artikel 253 EGV)

Wird die Art des zu erlassenden Rechtsakts von den Verträgen nicht vorgegeben, so entscheiden die Organe darüber von Fall zu Fall unter Einhaltung der geltenden Verfahren und des Grundsatzes der Verhältnismäßigkeit.

Die Rechtsakte sind mit einer Begründung zu versehen und nehmen auf die in den Verträgen vorgesehenen Vorschläge, Initiativen, Empfehlungen, Anträge oder Stellungnahmen Bezug.

Werden das Europäische Parlament und der Rat mit dem Entwurf eines Gesetzgebungsakts befasst, so nehmen sie keine Rechtsakte an, die gemäß dem für den betreffenden Bereich geltenden Gesetzgebungsverfahren nicht vorgesehen sind.

Artikel 297
(ex-Artikel 254 EGV)

(1) Gesetzgebungsakte, die gemäß dem ordentlichen Gesetzgebungsverfahren erlassen wurden,

werden vom Präsidenten des Europäischen Parlaments und vom Präsidenten des Rates unterzeichnet.

Gesetzgebungsakte, die gemäß einem besonderen Gesetzgebungsverfahren erlassen wurden, werden vom Präsidenten des Organs unterzeichnet, das sie erlassen hat.

Die Gesetzgebungsakte werden im *Amtsblatt der Europäischen Union* veröffentlicht. Sie treten zu dem durch sie festgelegten Zeitpunkt oder anderenfalls am zwanzigsten Tag nach ihrer Veröffentlichung in Kraft.

(2) Rechtsakte ohne Gesetzescharakter, die als Verordnung, Richtlinie oder Beschluss, der an keinen bestimmten Adressaten gerichtet ist, erlassen wurden, werden vom Präsidenten des Organs unterzeichnet, das sie erlassen hat.

Verordnungen, Richtlinien, die an alle Mitgliedstaaten gerichtet sind, sowie Beschlüsse, die an keinen bestimmten Adressaten gerichtet sind, werden im *Amtsblatt der Europäischen Union* veröffentlicht. Sie treten zu dem durch sie festgelegten Zeitpunkt oder anderenfalls am zwanzigsten Tag nach ihrer Veröffentlichung in Kraft.

Die anderen Richtlinien sowie die Beschlüsse, die an einen bestimmten Adressaten gerichtet sind, werden denjenigen, für die sie bestimmt sind, bekannt gegeben und durch diese Bekanntgabe wirksam.

Artikel 298

(1) Zur Ausübung ihrer Aufgaben stützen sich die Organe, Einrichtungen und sonstigen Stellen der Union auf eine offene, effiziente und unabhängige europäische Verwaltung.

(2) Die Bestimmungen zu diesem Zweck werden unter Beachtung des Statuts und der Beschäftigungsbedingungen nach Artikel 336 vom Europäischen Parlament und vom Rat gemäß dem ordentlichen Gesetzgebungsverfahren durch Verordnungen erlassen.

Artikel 299
(ex-Artikel 256 EGV)

Die Rechtsakte des Rates, der Kommission oder der Europäischen Zentralbank, die eine Zahlung auferlegen, sind vollstreckbare Titel; dies gilt nicht gegenüber Staaten.

Die Zwangsvollstreckung erfolgt nach den Vorschriften des Zivilprozessrechts des Staates, in dessen Hoheitsgebiet sie stattfindet. Die Vollstreckungsklausel wird nach einer Prüfung, die sich lediglich auf die Echtheit des Titels erstrecken darf, von der staatlichen Behörde erteilt, welche die Regierung jedes Mitgliedstaats zu diesem Zweck bestimmt und der Kommission und dem Gerichtshof der Europäischen Union benennt.

Sind diese Formvorschriften auf Antrag der die Vollstreckung betreibenden Partei erfüllt, so kann diese die Zwangsvollstreckung nach innerstaatlichem Recht betreiben, indem sie die zuständige Stelle unmittelbar anruft.

Die Zwangsvollstreckung kann nur durch eine Entscheidung des Gerichtshofs der Europäischen Union ausgesetzt werden. Für die Prüfung der Ordnungsmäßigkeit der Vollstreckungsmaßnahmen sind jedoch die einzelstaatlichen Rechtsprechungsorgane zuständig.

KAPITEL 3
DIE BERATENDEN EINRICHTUNGEN DER UNION

Artikel 300

(1) Das Europäische Parlament, der Rat und die Kommission werden von einem Wirtschafts- und Sozialausschuss sowie einem Ausschuss der Regionen unterstützt, die beratende Aufgaben wahrnehmen.

(2) Der Wirtschafts- und Sozialausschuss setzt sich zusammen aus Vertretern der Organisationen der Arbeitgeber und der Arbeitnehmer sowie anderen Vertretern der Zivilgesellschaft, insbesondere aus dem sozialen und wirtschaftlichen, dem staatsbürgerlichen, dem beruflichen und dem kulturellen Bereich.

(3) Der Ausschuss der Regionen setzt sich zusammen aus Vertretern der regionalen und lokalen Gebietskörperschaften, die entweder ein auf Wahlen beruhendes Mandat in einer regionalen oder lokalen Gebietskörperschaft innehaben oder gegenüber einer gewählten Versammlung politisch verantwortlich sind.

(4) Die Mitglieder des Wirtschafts- und Sozialausschusses und des Ausschusses der Regionen sind an keine Weisungen gebunden. Sie üben ihre Tätigkeit in voller Unabhängigkeit zum allgemeinen Wohl der Union aus.

(5) Die Vorschriften der Absätze 2 und 3 über die Art der Zusammensetzung dieser Ausschüsse werden in regelmäßigen Abständen vom Rat überprüft, um der wirtschaftlichen, sozialen und demografischen Entwicklung in der Union Rechnung zu tragen. Der Rat erlässt auf Vorschlag der Kommission Beschlüsse zu diesem Zweck.

ABSCHNITT 1
DER WIRTSCHAFTS- UND SOZIALAUSSCHUSS

Artikel 301
(ex-Artikel 258 EGV)

Der Wirtschafts- und Sozialausschuss hat höchstens dreihundertfünfzig Mitglieder.

Der Rat erlässt einstimmig auf Vorschlag der Kommission einen Beschluss über die Zusammensetzung des Ausschusses.

Der Rat setzt die Vergütungen für die Mitglieder des Ausschusses fest.

Artikel 302
(ex-Artikel 259 EGV)

(1) Die Mitglieder des Ausschusses werden für fünf Jahre ernannt. Der Rat nimmt die gemäß den Vorschlägen der einzelnen Mitgliedstaaten erstellte Liste der Mitglieder an. Die Wiederernennung der Mitglieder des Ausschusses ist zulässig.

(2) Der Rat beschließt nach Anhörung der Kommission. Er kann die Meinung der maßgeblichen europäischen Organisationen der verschiedenen Zweige des Wirtschafts- und Soziallebens und der Zivilgesellschaft einholen, die von der Tätigkeit der Union betroffen sind.

Artikel 303
(ex-Artikel 260 EGV)

Der Ausschuss wählt aus seiner Mitte seinen Präsidenten und sein Präsidium auf zweieinhalb Jahre.

Er gibt sich eine Geschäftsordnung.

Der Ausschuss wird von seinem Präsidenten auf Antrag des Europäischen Parlaments, des Rates oder der Kommission einberufen. Er kann auch von sich aus zusammentreten.

Artikel 304
(ex-Artikel 262 EGV)

Der Ausschuss wird vom Europäischen Parlament, vom Rat oder der Kommission in den in den Verträgen vorgesehenen Fällen gehört. Er kann von diesen Organen in allen Fällen gehört werden, in denen diese es für zweckmäßig erachten. Er kann von sich aus eine Stellungnahme in den Fällen abgeben, in denen er dies für zweckmäßig erachtet.

Wenn das Europäische Parlament, der Rat oder die Kommission es für notwendig erachten, setzen sie dem Ausschuss für die Vorlage seiner Stellungnahme eine Frist; diese beträgt mindestens einen Monat, vom Eingang der Mitteilung beim Präsidenten des Ausschusses an gerechnet. Nach Ablauf der Frist kann das Fehlen einer Stellungnahme unberücksichtigt bleiben.

Die Stellungnahmen des Ausschusses sowie ein Bericht über die Beratungen werden dem Europäischen Parlament, dem Rat und der Kommission übermittelt.

ABSCHNITT 2
DER AUSSCHUSS DER REGIONEN

Artikel 305
(ex-Artikel 263 Absätze 2, 3 und 4 EGV)

Der Ausschuss der Regionen hat höchstens dreihundertfünfzig Mitglieder.

Der Rat erlässt einstimmig auf Vorschlag der Kommission einen Beschluss über die Zusammensetzung des Ausschusses.

Die Mitglieder des Ausschusses sowie eine gleiche Anzahl von Stellvertretern werden auf fünf Jahre ernannt. Wiederernennung ist zulässig. Der Rat nimmt die gemäß den Vorschlägen der einzelnen Mitgliedstaaten erstellte Liste der Mitglieder und Stellvertreter an. Die Amtszeit der Mitglieder des Ausschusses endet automatisch bei Ablauf des in Artikel 300 Absatz 3 genannten Mandats, aufgrund dessen sie vorgeschlagen wurden; für die verbleibende Amtszeit wird nach demselben Verfahren ein Nachfolger ernannt. Ein Mitglied des Ausschusses darf nicht gleichzeitig Mitglied des Europäischen Parlaments sein.

Artikel 306
(ex-Artikel 264 EGV)

Der Ausschuss der Regionen wählt aus seiner Mitte seinen Präsidenten und sein Präsidium auf zweieinhalb Jahre.

Er gibt sich eine Geschäftsordnung.

Der Ausschuss wird von seinem Präsidenten auf Antrag des Europäischen Parlaments, des Rates oder der Kommission einberufen. Er kann auch von sich aus zusammentreten.

Artikel 307
(ex-Artikel 265 EGV)

Der Ausschuss der Regionen wird vom Europäischen Parlament, vom Rat oder von der Kommission in den in den Verträgen vorgesehenen Fällen und in allen anderen Fällen gehört, in denen eines dieser Organe dies für zweckmäßig erachtet, insbesondere in Fällen, welche die grenzüberschreitende Zusammenarbeit betreffen.

Wenn das Europäische Parlament, der Rat oder die Kommission es für notwendig erachten, setzen sie dem Ausschuss für die Vorlage seiner Stellungnahme eine Frist; diese beträgt mindestens einen Monat, vom Eingang der diesbezüglichen Mitteilung beim Präsidenten des Ausschusses an gerechnet. Nach Ablauf der Frist kann das Fehlen einer Stellungnahme unberücksichtigt bleiben.

Wird der Wirtschafts- und Sozialausschuss nach Artikel 304 gehört, so wird der Ausschuss der Regionen vom Europäischen Parlament, vom Rat oder von der Kommission über dieses Ersuchen um Stellungnahme unterrichtet. Der Ausschuss der Regionen kann, wenn er der Auffassung ist, dass spezifische regionale Interessen berührt werden, eine entsprechende Stellungnahme abgeben.

Er kann, wenn er dies für zweckdienlich erachtet, von sich aus eine Stellungnahme abgeben.

Die Stellungnahme des Ausschusses sowie ein Bericht über die Beratungen werden dem Europäischen Parlament, dem Rat und der Kommission übermittelt.

KAPITEL 4
DIE EUROPÄISCHE INVESTITIONSBANK
Artikel 308
(ex-Artikel 266 EGV)

Die Europäische Investitionsbank besitzt Rechtspersönlichkeit.

Mitglieder der Europäischen Investitionsbank sind die Mitgliedstaaten.

Die Satzung der Europäischen Investitionsbank ist den Verträgen als Protokoll beigefügt. Der Rat kann auf Antrag der Europäischen Investitionsbank und nach Anhörung des Europäischen Parlaments und der Kommission oder auf Vorschlag der Kommission und nach Anhörung des Europäischen Parlaments und der Europäischen Investitionsbank die Satzung der Bank einstimmig gemäß einem besonderen Gesetzgebungsverfahren ändern.

Artikel 309
(ex-Artikel 267 EGV)

Aufgabe der Europäischen Investitionsbank ist es, zu einer ausgewogenen und reibungslosen Entwicklung des Binnenmarkts im Interesse der Union beizutragen; hierbei bedient sie sich des Kapitalmarkts sowie ihrer eigenen Mittel. In diesem Sinne erleichtert sie ohne Verfolgung eines Erwerbszwecks durch Gewährung von Darlehen und Bürgschaften die Finanzierung der nachstehend bezeichneten Vorhaben in allen Wirtschaftszweigen:

a) Vorhaben zur Erschließung der weniger entwickelten Gebiete;

b) Vorhaben zur Modernisierung oder Umstellung von Unternehmen oder zur Schaffung neuer Arbeitsmöglichkeiten, die sich aus der Errichtung oder dem Funktionieren des Binnenmarkts ergeben und wegen ihres Umfangs oder ihrer Art mit den in den einzelnen Mitgliedstaaten vorhandenen Mitteln nicht vollständig finanziert werden können;

c) Vorhaben von gemeinsamem Interesse für mehrere Mitgliedstaaten, die wegen ihres Umfangs oder ihrer Art mit den in den einzelnen Mitgliedstaaten vorhandenen Mitteln nicht vollständig finanziert werden können.

In Erfüllung ihrer Aufgabe erleichtert die Bank die Finanzierung von Investitionsprogrammen in Verbindung mit der Unterstützung aus den Strukturfonds und anderen Finanzierungsinstrumenten der Union.

TITEL II
FINANZVORSCHRIFTEN
Artikel 310
(ex-Artikel 268 EGV)

(1) Alle Einnahmen und Ausgaben der Union werden für jedes Haushaltsjahr veranschlagt und in den Haushaltsplan eingesetzt.

Der jährliche Haushaltsplan der Union wird vom Europäischen Parlament und vom Rat nach Maßgabe des Artikels 314 aufgestellt.

Der Haushaltsplan ist in Einnahmen und Ausgaben auszugleichen.

(2) Die in den Haushaltsplan eingesetzten Ausgaben werden für ein Haushaltsjahr entsprechend der Verordnung nach Artikel 322 bewilligt.

(3) Die Ausführung der in den Haushaltsplan eingesetzten Ausgaben setzt den Erlass eines verbindlichen Rechtsakts der Union voraus, mit dem die Maßnahme der Union und die Ausführung der entsprechenden Ausgabe entsprechend der Verordnung nach Artikel 322 eine Rechtsgrundlage erhalten, soweit nicht diese Verordnung Ausnahmen vorsieht.

(4) Um die Haushaltsdisziplin sicherzustellen, erlässt die Union keine Rechtsakte, die erhebliche Auswirkungen auf den Haushaltsplan haben könnten, ohne die Gewähr zu bieten, dass die mit diesen Rechtsakten verbundenen Ausgaben im Rahmen der Eigenmittel der Union und unter Einhaltung des mehrjährigen Finanzrahmens nach Artikel 312 finanziert werden können.

(5) Der Haushaltsplan wird entsprechend dem Grundsatz der Wirtschaftlichkeit der Haushaltsführung ausgeführt. Die Mitgliedstaaten arbeiten mit der Union zusammen, um sicherzustellen, dass die in den Haushaltsplan eingesetzten Mittel nach diesem Grundsatz verwendet werden.

(6) Die Union und die Mitgliedstaaten bekämpfen nach Artikel 325 Betrügereien und sonstige gegen die finanziellen Interessen der Union gerichtete rechtswidrige Handlungen.

KAPITEL 1
DIE EIGENMITTEL DER UNION
Artikel 311
(ex-Artikel 269 EGV)

Die Union stattet sich mit den erforderlichen Mitteln aus, um ihre Ziele erreichen und ihre Politik durchführen zu können.

Der Haushalt wird unbeschadet der sonstigen Einnahmen vollständig aus Eigenmitteln finanziert.

Der Rat erlässt gemäß einem besonderen Gesetzgebungsverfahren einstimmig und nach Anhörung des Europäischen Parlaments einen Beschluss, mit dem die Bestimmungen über das System der Eigenmittel der Union festgelegt werden. Darin können neue Kategorien von Eigenmitteln eingeführt oder bestehende Kategorien abgeschafft werden. Dieser Beschluss tritt erst nach Zustimmung der Mitgliedstaaten im Einklang mit ihren jeweiligen verfassungsrechtlichen Vorschriften in Kraft.

Der Rat legt gemäß einem besonderen Gesetzgebungsverfahren durch Verordnungen Durchführungsmaßnahmen zu dem System der Eigenmittel der Union fest, sofern dies in dem nach Absatz 3 erlassenen Beschluss vorgesehen ist. Der Rat beschließt nach Zustimmung des Europäischen Parlaments.

KAPITEL 2
DER MEHRJÄHRIGE FINANZRAHMEN

Artikel 312

(1) Mit dem mehrjährigen Finanzrahmen soll sichergestellt werden, dass die Ausgaben der Union innerhalb der Grenzen ihrer Eigenmittel eine geordnete Entwicklung nehmen.

Er wird für einen Zeitraum von mindestens fünf Jahren aufgestellt.

Bei der Aufstellung des jährlichen Haushaltsplans der Union ist der mehrjährige Finanzrahmen einzuhalten.

(2) Der Rat erlässt gemäß einem besonderen Gesetzgebungsverfahren eine Verordnung zur Festlegung des mehrjährigen Finanzrahmens. Er beschließt einstimmig nach Zustimmung des Europäischen Parlaments, die mit der Mehrheit seiner Mitglieder erteilt wird.

Der Europäische Rat kann einstimmig einen Beschluss fassen, wonach der Rat mit qualifizierter Mehrheit beschließen kann, wenn er die in Unterabsatz 1 genannte Verordnung erlässt.

(3) In dem Finanzrahmen werden die jährlichen Obergrenzen der Mittel für Verpflichtungen je Ausgabenkategorie und die jährliche Obergrenze der Mittel für Zahlungen festgelegt. Die Ausgabenkategorien, von denen es nur wenige geben darf, entsprechen den Haupttätigkeitsbereichen der Union.

Der Finanzrahmen enthält auch alle sonstigen für den reibungslosen Ablauf des jährlichen Haushaltsverfahrens sachdienlichen Bestimmungen.

(4) Hat der Rat bis zum Ablauf des vorangegangenen Finanzrahmens keine Verordnung zur Aufstellung eines neuen Finanzrahmens erlassen, so werden die Obergrenzen und sonstigen Bestimmungen des letzten Jahres des vorangegangenen Finanzrahmens bis zum Erlass dieses Rechtsakts fortgeschrieben.

(5) Das Europäische Parlament, der Rat und die Kommission treffen während des gesamten Verfahrens zur Annahme des Finanzrahmens alle erforderlichen Maßnahmen, um den Erlass des Rechtsakts zu erleichtern.

KAPITEL 3
DER JAHRESHAUSHALTSPLAN DER UNION

Artikel 313
(ex-Artikel 272 Absatz 1 EGV)

Das Haushaltsjahr beginnt am 1. Januar und endet am 31. Dezember.

Artikel 314
(ex-Artikel 272 Absätze 2 bis 10 EGV)

Das Europäische Parlament und der Rat legen den Jahreshaushaltsplan der Union im Rahmen eines besonderen Gesetzgebungsverfahrens nach den folgenden Bestimmungen fest:

(1) Jedes Organ, mit Ausnahme der Europäischen Zentralbank, stellt vor dem 1. Juli einen Haushaltsvoranschlag für seine Ausgaben für das folgende Haushaltsjahr auf. Die Kommission fasst diese Voranschläge in einem Entwurf für den Haushaltsplan zusammen, der abweichende Voranschläge enthalten kann.

Dieser Entwurf umfasst den Ansatz der Einnahmen und den Ansatz der Ausgaben.

(2) Die Kommission legt dem Europäischen Parlament und dem Rat spätestens am 1. September des Jahres, das dem entsprechenden Haushaltsjahr vorausgeht, einen Vorschlag mit dem Entwurf des Haushaltsplans vor.

Die Kommission kann den Entwurf des Haushaltsplans während des laufenden Verfahrens bis zur Einberufung des in Absatz 5 genannten Vermittlungsausschusses ändern.

(3) Der Rat legt seinen Standpunkt zu dem Entwurf des Haushaltsplans fest und leitet ihn spätestens am 1. Oktober des Jahres, das dem entsprechenden Haushaltsjahr vorausgeht, dem Europäischen Parlament zu. Er unterrichtet das Europäische Parlament in vollem Umfang über die Gründe, aus denen er seinen Standpunkt festgelegt hat.

(4) Hat das Europäische Parlament binnen 42 Tagen nach der Übermittlung

a) den Standpunkt des Rates gebilligt, so ist der Haushaltsplan erlassen;

b) keinen Beschluss gefasst, so gilt der Haushaltsplan als erlassen;

c) mit der Mehrheit seiner Mitglieder Abänderungen angenommen, so wird die abgeänderte Fassung des Entwurfs dem Rat und der Kommission zugeleitet. Der Präsident des Europäischen Parlaments beruft im Einvernehmen mit dem Präsidenten des Rates umgehend den Vermittlungsausschuss ein. Der Vermittlungsausschuss tritt jedoch nicht zusammen, wenn der Rat dem Europäischen Parlament binnen zehn Tagen nach der Übermittlung des geänderten Entwurfs mitteilt, dass er alle seine Abänderungen billigt.

(5) Der Vermittlungsausschuss, der aus den Mitgliedern des Rates oder deren Vertretern und ebenso vielen das Europäische Parlament vertretenden Mitgliedern besteht, hat die Aufgabe, binnen 21 Tagen nach seiner Einberufung auf der Grundlage der Standpunkte des Europäischen Parlaments und des Rates mit der qualifizierten Mehrheit der Mitglieder des Rates oder deren Vertretern und der Mehrheit der das Europäische Parlament vertretenden Mitglieder eine Einigung über einen gemeinsamen Entwurf zu erzielen.

Die Kommission nimmt an den Arbeiten des Vermittlungsausschusses teil und ergreift alle erforderlichen Initiativen, um eine Annäherung der Standpunkte des Europäischen Parlaments und des Rates zu bewirken.

(6) Einigt sich der Vermittlungsausschuss innerhalb der in Absatz 5 genannten Frist von 21 Tagen auf einen gemeinsamen Entwurf, so verfügen das Europäische Parlament und der Rat ab dieser Einigung über eine Frist von 14 Tagen, um den gemeinsamen Entwurf zu billigen.

(7) Wenn innerhalb der in Absatz 6 genannten Frist von 14 Tagen

a) der gemeinsame Entwurf sowohl vom Europäischen Parlament als auch vom Rat gebilligt wird oder beide keinen Beschluss fassen oder eines dieser Organe den gemeinsamen Entwurf billigt, während das andere Organ keinen Beschluss fasst, so gilt der Haushaltsplan als entsprechend dem gemeinsamen Entwurf endgültig erlassen, oder

b) der gemeinsame Entwurf sowohl vom Europäischen Parlament mit der Mehrheit seiner Mitglieder als auch vom Rat abgelehnt wird oder eines dieser Organe den gemeinsamen Entwurf ablehnt, während das andere Organ keinen Beschluss fasst, so legt die Kommission einen neuen Entwurf für den Haushaltsplan vor, oder

c) der gemeinsame Entwurf vom Europäischen Parlament mit der Mehrheit seiner Mitglieder abgelehnt wird, während er vom Rat gebilligt wird, so legt die Kommission einen neuen Entwurf für den Haushaltsplan vor, oder

d) der gemeinsame Entwurf vom Europäischen Parlament gebilligt wird, während er vom Rat abgelehnt wird, so kann das Europäische Parlament binnen 14 Tagen ab dem Tag der Ablehnung durch den Rat mit der Mehrheit seiner Mitglieder und drei Fünfteln der abgegebenen Stimmen beschließen, alle oder einige der in Absatz 4 Buchstabe c genannten Abänderungen zu bestätigen. Wird eine Abänderung des Europäischen Parlaments nicht bestätigt, so wird der im Vermittlungsausschuss vereinbarte Standpunkt zu dem Haushaltsposten, der Gegenstand der Abänderung ist, übernommen. Der Haushaltsplan gilt als auf dieser Grundlage endgültig erlassen.

(8) Einigt sich der Vermittlungsausschuss nicht binnen der in Absatz 5 genannten Frist von 21 Tagen auf einen gemeinsamen Entwurf, so legt die Kommission einen neuen Entwurf für den Haushaltsplan vor.

(9) Nach Abschluss des Verfahrens dieses Artikels stellt der Präsident des Europäischen Parlaments fest, dass der Haushaltsplan endgültig erlassen ist.

(10) Jedes Organ übt die ihm aufgrund dieses Artikels zufallenden Befugnisse unter Wahrung der Verträge und der Rechtsakte aus, die auf der Grundlage der Verträge insbesondere im Bereich der Eigenmittel der Union und des Gleichgewichts von Einnahmen und Ausgaben erlassen wurden.

Artikel 315
(ex-Artikel 273 EGV)

Ist zu Beginn eines Haushaltsjahres der Haushaltsplan noch nicht endgültig erlassen, so können nach der gemäß Artikel 322 festgelegten Haushaltsordnung für jedes Kapitel monatliche Ausgaben bis zur Höhe eines Zwölftels der im betreffenden Kapitel des Haushaltsplans des vorangegangenen Haushaltsjahres eingesetzten Mittel vorgenommen werden, die jedoch ein Zwölftel der Mittelansätze des gleichen Kapitels des Haushaltsplanentwurfs nicht überschreiten dürfen.

Der Rat kann auf Vorschlag der Kommission unter Beachtung der sonstigen Bestimmungen des Absatzes 1 entsprechend der nach Artikel 322 erlassenen Verordnung Ausgaben genehmigen, die über dieses Zwölftel hinausgehen. Er leitet seinen Beschluss unverzüglich dem Europäischen Parlament zu.

In dem Beschluss nach Absatz 2 werden unter Beachtung der in Artikel 311 genannten Rechtsakte die zur Durchführung dieses Artikels erforderlichen Maßnahmen betreffend die Mittel vorgesehen.

Der Beschluss tritt 30 Tage nach seinem Erlass in Kraft, sofern das Europäische Parlament nicht innerhalb dieser Frist mit der Mehrheit seiner Mitglieder beschließt, diese Ausgaben zu kürzen.

Artikel 316
(ex-Artikel 271 EGV)

Nach Maßgabe der aufgrund des Artikels 322 erlassenen Vorschriften dürfen die nicht für Personalausgaben vorgesehenen Mittel, die bis zum Ende der Durchführungszeit eines Haushaltsplans nicht verbraucht worden sind, lediglich auf das nächste Haushaltsjahr übertragen werden.

Die vorgesehenen Mittel werden nach Kapiteln gegliedert, in denen die Ausgaben nach Art oder Bestimmung zusammengefasst sind; die Kapitel werden nach der gemäß Artikel 322 festgelegten Haushaltsordnung unterteilt.

Die Ausgaben des Europäischen Parlaments, des Europäischen Rates und des Rates, der Kommission sowie des Gerichtshofs der Europäischen Union werden unbeschadet einer besonderen Regelung für bestimmte gemeinsame Ausgaben in gesonderten Teilen des Haushaltsplans aufgeführt.

KAPITEL 4
AUSFÜHRUNG DES HAUSHALTSPLANS UND ENTLASTUNG

Artikel 317
(ex-Artikel 274 EGV)

Die Kommission führt den Haushaltsplan zusammen mit den Mitgliedstaaten gemäß der nach

Artikel 322 festgelegten Haushaltsordnung in eigener Verantwortung und im Rahmen der zugewiesenen Mittel entsprechend dem Grundsatz der Wirtschaftlichkeit der Haushaltsführung aus. Die Mitgliedstaaten arbeiten mit der Kommission zusammen, um sicherzustellen, dass die Mittel nach dem Grundsatz der Wirtschaftlichkeit der Haushaltsführung verwendet werden.

In der Haushaltsordnung sind die Kontroll- und Wirtschaftsprüfungspflichten der Mitgliedstaaten bei der Ausführung des Haushaltsplans sowie die damit verbundenen Verantwortlichkeiten geregelt. Darin sind ferner die Verantwortlichkeiten und die besonderen Einzelheiten geregelt, nach denen jedes Organ an der Vornahme seiner Ausgaben beteiligt ist.

Die Kommission kann nach der gemäß Artikel 322 festgelegten Haushaltsordnung Mittel von Kapitel zu Kapitel oder von Untergliederung zu Untergliederung übertragen.

Artikel 318

(ex-Artikel 275 EGV)

Die Kommission legt dem Europäischen Parlament und dem Rat jährlich die Rechnung des abgelaufenen Haushaltsjahres für die Rechnungsvorgänge des Haushaltsplans vor. Sie übermittelt ihnen ferner eine Übersicht über das Vermögen und die Schulden der Union.

Die Kommission legt dem Europäischen Parlament und dem Rat ferner einen Evaluierungsbericht zu den Finanzen der Union vor, der sich auf die Ergebnisse stützt, die insbesondere in Bezug auf die Vorgaben erzielt wurden, die vom Europäischen Parlament und vom Rat nach Artikel 319 erteilt wurden.

Artikel 319

(ex-Artikel 276 EGV)

(1) Auf Empfehlung des Rates erteilt das Europäische Parlament der Kommission Entlastung zur Ausführung des Haushaltsplans. Zu diesem Zweck prüft es nach dem Rat die Rechnung, die Übersicht und den Evaluierungsbericht nach Artikel 318 sowie den Jahresbericht des Rechnungshofs zusammen mit den Antworten der kontrollierten Organe auf dessen Bemerkungen, die in Artikel 287 Absatz 1 Unterabsatz 2 genannte Zuverlässigkeitserklärung und die einschlägigen Sonderberichte des Rechnungshofs.

(2) Das Europäische Parlament kann vor der Entlastung der Kommission sowie auch zu anderen Zwecken im Zusammenhang mit der Ausübung ihrer Haushaltsbefugnisse die Kommission auffordern, Auskunft über die Vornahme der Ausgaben oder die Arbeitsweise der Finanzkontrollsysteme zu erteilen. Die Kommission legt dem Europäischen Parlament auf dessen Ersuchen alle notwendigen Informationen vor.

(3) Die Kommission trifft alle zweckdienlichen Maßnahmen, um den Bemerkungen in den Entlastungsbeschlüssen und anderen Bemerkungen des Europäischen Parlaments zur Vornahme der Ausgaben sowie den Erläuterungen, die den Entlastungsempfehlungen des Rates beigefügt sind, nachzukommen.

Auf Ersuchen des Europäischen Parlaments oder des Rates erstattet die Kommission Bericht über die Maßnahmen, die aufgrund dieser Bemerkungen und Erläuterungen getroffen wurden, insbesondere über die Weisungen, die den für die Ausführung des Haushaltsplans zuständigen Dienststellen erteilt worden sind. Diese Berichte sind auch dem Rechnungshof zuzuleiten.

KAPITEL 5

GEMEINSAME BESTIMMUNGEN

Artikel 320

(ex-Artikel 277 EGV)

Der mehrjährige Finanzrahmen und der Jahreshaushaltsplan werden in Euro aufgestellt.

Artikel 321

(ex-Artikel 278 EGV)

Die Kommission kann vorbehaltlich der Unterrichtung der zuständigen Behörden der betreffenden Mitgliedstaaten ihre Guthaben in der Währung eines dieser Staaten in die Währung eines anderen Mitgliedstaats transferieren, soweit dies erforderlich ist, um diese Guthaben für die in den Verträgen vorgesehenen Zwecke zu verwenden. Besitzt die Kommission verfügbare oder flüssige Guthaben in der benötigten Währung, so vermeidet sie soweit möglich derartige Transferierungen.

Die Kommission verkehrt mit jedem Mitgliedstaat über die von diesem bezeichnete Behörde. Bei der Durchführung ihrer Finanzgeschäfte nimmt sie die Notenbank des betreffenden Mitgliedstaats oder ein anderes von diesem genehmigtes Finanzinstitut in Anspruch.

Artikel 322

(ex-Artikel 279 EGV)

(1) Das Europäische Parlament und der Rat erlassen gemäß dem ordentlichen Gesetzgebungsverfahren durch Verordnungen nach Anhörung des Rechnungshofs

a) die Haushaltsvorschriften, in denen insbesondere die Aufstellung und Ausführung des Haushaltsplans sowie die Rechnungslegung und Rechnungsprüfung im Einzelnen geregelt werden;

b) die Vorschriften, die die Kontrolle der Verantwortung der Finanzakteure und insbesondere der Anweisungsbefugten und der Rechnungsführer regeln.

(2) Der Rat legt auf Vorschlag der Kommission und nach Anhörung des Europäischen Parlaments und des Rechnungshofs die Einzelheiten und das

Verfahren fest, nach denen die Haushaltseinnahmen, die in der Regelung über die Eigenmittel der Union vorgesehen sind, der Kommission zur Verfügung gestellt werden, sowie die Maßnahmen, die zu treffen sind, um gegebenenfalls die erforderlichen Kassenmittel bereitzustellen.

Artikel 323

Das Europäische Parlament, der Rat und die Kommission stellen sicher, dass der Union die Finanzmittel zur Verfügung stehen, die es ihr ermöglichen, ihren rechtlichen Verpflichtungen gegenüber Dritten nachzukommen.

Artikel 324

Auf Initiative der Kommission werden im Rahmen der nach diesem Titel vorgesehenen Haushaltsverfahren regelmäßige Treffen der Präsidenten des Europäischen Parlaments, des Rates und der Kommission einberufen. Diese treffen alle erforderlichen Maßnahmen, um die Abstimmung und Annäherung der Standpunkte der Organe, denen sie vorstehen, zu fördern und so die Durchführung dieses Titels zu erleichtern.

KAPITEL 6
BETRUGSBEKÄMPFUNG

Artikel 325

(ex-Artikel 280 EGV)

(1) Die Union und die Mitgliedstaaten bekämpfen Betrügereien und sonstige gegen die finanziellen Interessen der Union gerichtete rechtswidrige Handlungen mit Maßnahmen nach diesem Artikel, die abschreckend sind und in den Mitgliedstaaten sowie in den Organen, Einrichtungen und sonstigen Stellen der Union einen effektiven Schutz bewirken.

(2) Zur Bekämpfung von Betrügereien, die sich gegen die finanziellen Interessen der Union richten, ergreifen die Mitgliedstaaten die gleichen Maßnahmen, die sie auch zur Bekämpfung von Betrügereien ergreifen, die sich gegen ihre eigenen finanziellen Interessen richten.

(3) Die Mitgliedstaaten koordinieren unbeschadet der sonstigen Bestimmungen der Verträge ihre Tätigkeit zum Schutz der finanziellen Interessen der Union vor Betrügereien. Sie sorgen zu diesem Zweck zusammen mit der Kommission für eine enge, regelmäßige Zusammenarbeit zwischen den zuständigen Behörden.

(4) Zur Gewährleistung eines effektiven und gleichwertigen Schutzes in den Mitgliedstaaten sowie in den Organen, Einrichtungen und sonstigen Stellen der Union beschließen das Europäische Parlament und der Rat gemäß dem ordentlichen Gesetzgebungsverfahren nach Anhörung des Rechnungshofs die erforderlichen Maßnahmen zur Verhütung und Bekämpfung von Betrügereien, die sich gegen die finanziellen Interessen der Union richten.

(5) Die Kommission legt in Zusammenarbeit mit den Mitgliedstaaten dem Europäischen Parlament und dem Rat jährlich einen Bericht über die Maßnahmen vor, die zur Durchführung dieses Artikels getroffen wurden.

TITEL III
VERSTÄRKTE ZUSAMMENARBEIT

Artikel 326

(ex-Artikel 27a bis 27e, 40 bis 40b und 43 bis 45 EUV sowie ex-Artikel 11 und 11a EGV)

Eine Verstärkte Zusammenarbeit achtet die Verträge und das Recht der Union.

Sie darf weder den Binnenmarkt noch den wirtschaftlichen, sozialen und territorialen Zusammenhalt beeinträchtigen. Sie darf für den Handel zwischen den Mitgliedstaaten weder ein Hindernis noch eine Diskriminierung darstellen noch darf sie zu Verzerrungen des Wettbewerbs zwischen den Mitgliedstaaten führen.

Artikel 327

(ex-Artikel 27a bis 27e, 40 bis 40b und 43 bis 45 EUV sowie ex-Artikel 11 und 11a EGV)

Eine Verstärkte Zusammenarbeit achtet die Zuständigkeiten, Rechte und Pflichten der nicht an der Zusammenarbeit beteiligten Mitgliedstaaten. Diese stehen der Durchführung der Verstärkten Zusammenarbeit durch die daran beteiligten Mitgliedstaaten nicht im Wege.

Artikel 328

(ex-Artikel 27a bis 27e, 40 bis 40b und 43 bis 45 EUV sowie ex-Artikel 11 und 11a EGV)

(1) Bei ihrer Begründung steht eine Verstärkte Zusammenarbeit allen Mitgliedstaaten offen, sofern sie die in dem hierzu ermächtigenden Beschluss gegebenenfalls festgelegten Teilnahmevoraussetzungen erfüllen. Dies gilt auch zu jedem anderen Zeitpunkt, sofern sie neben den genannten Voraussetzungen auch die in diesem Rahmen bereits erlassenen Rechtsakte beachten.

Die Kommission und die an einer Verstärkten Zusammenarbeit teilnehmenden Mitgliedstaaten tragen dafür Sorge, dass die Teilnahme möglichst vieler Mitgliedstaaten gefördert wird.

(2) Die Kommission und gegebenenfalls der Hohe Vertreter der Union für die Außen- und Sicherheitspolitik unterrichten das Europäische Parlament und den Rat regelmäßig über die Entwicklung einer Verstärkten Zusammenarbeit.

Artikel 329

(ex-Artikel 27a bis 27e, 40 bis 40b und 43 bis 45 EUV sowie ex-Artikel 11 und 11a EGV)

(1) Die Mitgliedstaaten, die in einem der Bereiche der Verträge – mit Ausnahme der Bereiche, für die die Union die ausschließliche Zuständigkeit

besitzt, und der Gemeinsamen Außen- und Sicherheitspolitik – untereinander eine Verstärkte Zusammenarbeit begründen möchten, richten einen Antrag an die Kommission, in dem der Anwendungsbereich und die Ziele aufgeführt werden, die mit der beabsichtigten Verstärkten Zusammenarbeit angestrebt werden. Die Kommission kann dem Rat einen entsprechenden Vorschlag vorlegen. Legt die Kommission keinen Vorschlag vor, so teilt sie den betroffenen Mitgliedstaaten ihre Gründe dafür mit.

Die Ermächtigung zur Einleitung einer Verstärkten Zusammenarbeit nach Unterabsatz 1 wird vom Rat auf Vorschlag der Kommission und nach Zustimmung des Europäischen Parlaments erteilt.

(2) Der Antrag der Mitgliedstaaten, die untereinander im Rahmen der Gemeinsamen Außen- und Sicherheitspolitik eine Verstärkte Zusammenarbeit begründen möchten, wird an den Rat gerichtet. Er wird dem Hohen Vertreter der Union für die Außen- und Sicherheitspolitik, der zur Kohärenz der beabsichtigten Verstärkten Zusammenarbeit mit der Gemeinsamen Außen- und Sicherheitspolitik der Union Stellung nimmt, sowie der Kommission übermittelt, die insbesondere zur Kohärenz der beabsichtigten Verstärkten Zusammenarbeit mit der Politik der Union in anderen Bereichen Stellung nimmt. Der Antrag wird ferner dem Europäischen Parlament zur Unterrichtung übermittelt.

Die Ermächtigung zur Einleitung einer Verstärkten Zusammenarbeit wird mit einem Beschluss des Rates erteilt, der einstimmig beschließt.

Artikel 330
(ex-Artikel 27a bis 27e, 40 bis 40b und 43 bis 45 EUV sowie ex-Artikel 11 und 11a EGV)

Alle Mitglieder des Rates können an dessen Beratungen teilnehmen, aber nur die Mitglieder des Rates, die die an der Verstärkten Zusammenarbeit beteiligten Mitgliedstaaten vertreten, sind stimmberechtigt.

Die Einstimmigkeit bezieht sich allein auf die Stimmen der Vertreter der an der Verstärkten Zusammenarbeit beteiligten Mitgliedstaaten.

Die qualifizierte Mehrheit bestimmt sich nach Artikel 238 Absatz 3.

Artikel 331
(ex-Artikel 27a bis 27e, 40 bis 40b und 43 bis 45 EUV sowie ex-Artikel 11 und 11a EGV)

(1) Jeder Mitgliedstaat, der sich einer bestehenden Verstärkten Zusammenarbeit in einem der in Artikel 329 Absatz 1 genannten Bereiche anschließen will, teilt dem Rat und der Kommission seine Absicht mit.

Die Kommission bestätigt binnen vier Monaten nach Eingang der Mitteilung die Beteiligung des betreffenden Mitgliedstaats. Dabei stellt sie gegebenenfalls fest, dass die Beteiligungsvoraussetzungen erfüllt sind, und erlässt die notwendigen Übergangsmaßnahmen zur Anwendung der im Rahmen der Verstärkten Zusammenarbeit bereits erlassenen Rechtsakte.

Ist die Kommission jedoch der Auffassung, dass die Beteiligungsvoraussetzungen nicht erfüllt sind, so gibt sie an, welche Bestimmungen zur Erfüllung dieser Voraussetzungen erlassen werden müssen, und legt eine Frist für die erneute Prüfung des Antrags fest. Nach Ablauf dieser Frist prüft sie den Antrag erneut nach dem in Unterabsatz 2 vorgesehenen Verfahren. Ist die Kommission der Auffassung, dass die Beteiligungsvoraussetzungen weiterhin nicht erfüllt sind, so kann der betreffende Mitgliedstaat mit dieser Frage den Rat befassen, der über den Antrag befindet. Der Rat beschließt nach Artikel 330. Er kann außerdem auf Vorschlag der Kommission die in Unterabsatz 2 genannten Übergangsmaßnahmen erlassen.

(2) Jeder Mitgliedstaat, der an einer bestehenden Verstärkten Zusammenarbeit im Rahmen der Gemeinsamen Außen- und Sicherheitspolitik teilnehmen möchte, teilt dem Rat, dem Hohen Vertreter der Union für die Außen- und Sicherheitspolitik und der Kommission seine Absicht mit.

Der Rat bestätigt die Teilnahme des betreffenden Mitgliedstaats nach Anhörung des Hohen Vertreters der Union für die Außen- und Sicherheitspolitik und gegebenenfalls nach der Feststellung, dass die Teilnahmevoraussetzungen erfüllt sind. Der Rat kann auf Vorschlag des Hohen Vertreters ferner die notwendigen Übergangsmaßnahmen zur Anwendung der im Rahmen der Verstärkten Zusammenarbeit bereits erlassenen Rechtsakte treffen. Ist der Rat jedoch der Auffassung, dass die Teilnahmevoraussetzungen nicht erfüllt sind, so gibt er an, welche Schritte zur Erfüllung dieser Voraussetzungen notwendig sind, und legt eine Frist für die erneute Prüfung des Antrags auf Teilnahme fest.

Für die Zwecke dieses Absatzes beschließt der Rat einstimmig nach Artikel 330.

Artikel 332
(ex-Artikel 27a bis 27e, 40 bis 40b und 43 bis 45 EUV sowie ex-Artikel 11 und 11a EGV)

Die sich aus der Durchführung einer Verstärkten Zusammenarbeit ergebenden Ausgaben, mit Ausnahme der Verwaltungskosten der Organe, werden von den beteiligten Mitgliedstaaten getragen, sofern der Rat nicht nach Anhörung des Europäischen Parlaments durch einstimmigen Beschluss sämtlicher Mitglieder des Rates etwas anderes beschließt.

Artikel 333
(ex-Artikel 27a bis 27e, 40 bis 40b und 43 bis 45 EUV sowie ex-Artikel 11 und 11a EGV)

(1) Wenn nach einer Bestimmung der Verträge, die im Rahmen einer Verstärkten Zusammenarbeit angewendet werden könnte, der Rat einstimmig beschließen muss, kann der Rat nach Artikel 330 einstimmig einen Beschluss dahin gehend erlassen, dass er mit qualifizierter Mehrheit beschließt.

(2) Wenn nach einer Bestimmung der Verträge, die im Rahmen einer Verstärkten Zusammenarbeit angewendet werden könnte, Rechtsakte vom Rat gemäß einem besonderen Gesetzgebungsverfahren erlassen werden müssen, kann der Rat nach Artikel 330 einstimmig einen Beschluss dahin gehend erlassen, dass er gemäß dem ordentlichen Gesetzgebungsverfahren beschließt. Der Rat beschließt nach Anhörung des Europäischen Parlaments.

(3) Die Absätze 1 und 2 gelten nicht für Beschlüsse mit militärischen oder verteidigungspolitischen Bezügen.

Artikel 334
(ex-Artikel 27a bis 27e, 40 bis 40b und 43 bis 45 EUV sowie ex-Artikel 11 und 11a EGV)

Der Rat und die Kommission stellen sicher, dass die im Rahmen einer Verstärkten Zusammenarbeit durchgeführten Maßnahmen untereinander und mit der Politik der Union im Einklang stehen, und arbeiten entsprechend zusammen.

SIEBTER TEIL
ALLGEMEINE UND SCHLUSSBESTIMMUNGEN

Artikel 335
(ex-Artikel 282 EGV)

Die Union besitzt in jedem Mitgliedstaat die weitestgehende Rechts- und Geschäftsfähigkeit, die juristischen Personen nach dessen Rechtsvorschriften zuerkannt ist; sie kann insbesondere bewegliches und unbewegliches Vermögen erwerben und veräußern sowie vor Gericht stehen. Zu diesem Zweck wird sie von der Kommission vertreten. In Fragen, die das Funktionieren der einzelnen Organe betreffen, wird die Union hingegen aufgrund von deren Verwaltungsautonomie von dem betreffenden Organ vertreten.

Artikel 336
(ex-Artikel 283 EGV)

Das Europäische Parlament und der Rat erlassen gemäß dem ordentlichen Gesetzgebungsverfahren durch Verordnungen nach Anhörung der anderen betroffenen Organe das Statut der Beamten der Europäischen Union und die Beschäftigungsbedingungen für die sonstigen Bediensteten der Union.

Artikel 337
(ex-Artikel 284 EGV)

Zur Erfüllung der ihr übertragenen Aufgaben kann die Kommission alle erforderlichen Auskünfte einholen und alle erforderlichen Nachprüfungen vornehmen; der Rahmen und die nähere Maßgabe hierfür werden vom Rat, der mit einfacher Mehrheit beschließt, gemäß den Bestimmungen der Verträge festgelegt.

Artikel 338
(ex-Artikel 285 EGV)

(1) Unbeschadet des Artikels 5 des Protokolls über die Satzung des Europäischen Systems der Zentralbanken und der Europäischen Zentralbank beschließen das Europäische Parlament und der Rat gemäß dem ordentlichen Gesetzgebungsverfahren Maßnahmen für die Erstellung von Statistiken, wenn dies für die Durchführung der Tätigkeiten der Union erforderlich ist.

(2) Die Erstellung der Unionsstatistiken erfolgt unter Wahrung der Unparteilichkeit, der Zuverlässigkeit, der Objektivität, der wissenschaftlichen Unabhängigkeit, der Kostenwirksamkeit und der statistischen Geheimhaltung; der Wirtschaft dürfen dadurch keine übermäßigen Belastungen entstehen.

Artikel 339
(ex-Artikel 287 EGV)

Die Mitglieder der Organe der Union, die Mitglieder der Ausschüsse sowie die Beamten und sonstigen Bediensteten der Union sind verpflichtet, auch nach Beendigung ihrer Amtstätigkeit Auskünfte, die ihrem Wesen nach unter das Berufsgeheimnis fallen, nicht preiszugeben; dies gilt insbesondere für Auskünfte über Unternehmen sowie deren Geschäftsbeziehungen oder Kostenelemente.

Artikel 340
(ex-Artikel 288 EGV)

Die vertragliche Haftung der Union bestimmt sich nach dem Recht, das auf den betreffenden Vertrag anzuwenden ist.

Im Bereich der außervertraglichen Haftung ersetzt die Union den durch ihre Organe oder Bediensteten in Ausübung ihrer Amtstätigkeit verursachten Schaden nach den allgemeinen Rechtsgrundsätzen, die den Rechtsordnungen der Mitgliedstaaten gemeinsam sind.

Abweichend von Absatz 2 ersetzt die Europäische Zentralbank den durch sie oder ihre Bediensteten in Ausübung ihrer Amtstätigkeit verursachten Schaden nach den allgemeinen Rechtsgrundsätzen, die den Rechtsordnungen der Mitgliedstaaten gemeinsam sind.

Die persönliche Haftung der Bediensteten gegenüber der Union bestimmt sich nach den Vorschriften ihres Statuts oder der für sie geltenden Beschäftigungsbedingungen.

Artikel 341

(ex-Artikel 289 EGV)

Der Sitz der Organe der Union wird im Einvernehmen zwischen den Regierungen der Mitgliedstaaten bestimmt.

Artikel 342

(ex-Artikel 290 EGV)

Die Regelung der Sprachenfrage für die Organe der Union wird unbeschadet der Satzung des Gerichtshofs der Europäischen Union vom Rat einstimmig durch Verordnungen getroffen.

Artikel 343

(ex-Artikel 291 EGV)

Die Union genießt im Hoheitsgebiet der Mitgliedstaaten die zur Erfüllung ihrer Aufgabe erforderlichen Vorrechte und Befreiungen nach Maßgabe des Protokolls vom 8. April 1965 über die Vorrechte und Befreiungen der Europäischen Union. Dasselbe gilt für die Europäische Zentralbank und die Europäische Investitionsbank.

Artikel 344

(ex-Artikel 292 EGV)

Die Mitgliedstaaten verpflichten sich, Streitigkeiten über die Auslegung oder Anwendung der Verträge nicht anders als hierin vorgesehen zu regeln.

Artikel 345

(ex-Artikel 295 EGV)

Die Verträge lassen die Eigentumsordnung in den verschiedenen Mitgliedstaaten unberührt.

Artikel 346

(ex-Artikel 296 EGV)

(1) Die Vorschriften der Verträge stehen folgenden Bestimmungen nicht entgegen:

a) Ein Mitgliedstaat ist nicht verpflichtet, Auskünfte zu erteilen, deren Preisgabe seines Erachtens seinen wesentlichen Sicherheitsinteressen widerspricht;

b) jeder Mitgliedstaat kann die Maßnahmen ergreifen, die seines Erachtens für die Wahrung seiner wesentlichen Sicherheitsinteressen erforderlich sind, soweit sie die Erzeugung von Waffen, Munition und Kriegsmaterial oder den Handel damit betreffen; diese Maßnahmen dürfen auf dem Binnenmarkt die Wettbewerbsbedingungen hinsichtlich der nicht eigens für militärische Zwecke bestimmten Waren nicht beeinträchtigen.

(2) Der Rat kann die von ihm am 15. April 1958 festgelegte Liste der Waren, auf die Absatz 1 Buchstabe b Anwendung findet, einstimmig auf Vorschlag der Kommission ändern.

Artikel 347

(ex-Artikel 297 EGV)

Die Mitgliedstaaten setzen sich miteinander ins Benehmen, um durch gemeinsames Vorgehen zu verhindern, dass das Funktionieren des Binnenmarkts durch Maßnahmen beeinträchtigt wird, die ein Mitgliedstaat bei einer schwerwiegenden innerstaatlichen Störung der öffentlichen Ordnung, im Kriegsfall, bei einer ernsten, eine Kriegsgefahr darstellenden internationalen Spannung oder in Erfüllung der Verpflichtungen trifft, die er im Hinblick auf die Aufrechterhaltung des Friedens und der internationalen Sicherheit übernommen hat.

Artikel 348

(ex-Artikel 298 EGV)

Werden auf dem Binnenmarkt die Wettbewerbsbedingungen durch Maßnahmen aufgrund der Artikel 346 und 347 verfälscht, so prüft die Kommission gemeinsam mit dem beteiligten Staat, wie diese Maßnahmen den Vorschriften der Verträge angepasst werden können.

In Abweichung von dem in den Artikeln 258 und 259 vorgesehenen Verfahren kann die Kommission oder ein Mitgliedstaat den Gerichtshof unmittelbar anrufen, wenn die Kommission oder der Staat der Auffassung ist, dass ein anderer Mitgliedstaat die in den Artikeln 346 und 347 vorgesehenen Befugnisse missbraucht. Der Gerichtshof entscheidet unter Ausschluss der Öffentlichkeit.

Artikel 349

(ex-Artikel 299 Absatz 2 Unterabsätze 2, 3 und 4 EGV)

Unter Berücksichtigung der strukturbedingten sozialen und wirtschaftlichen Lage von Guadeloupe, Französisch-Guayana, Martinique, Mayotte, Réunion und Saint-Martin, der Azoren, Madeiras und der Kanarischen Inseln, die durch die Faktoren Abgelegenheit, Insellage, geringe Größe, schwierige Relief- und Klimabedingungen und wirtschaftliche Abhängigkeit von einigen wenigen Erzeugnissen erschwert wird, die als ständige Gegebenheiten und durch ihr Zusammenwirken die Entwicklung schwer beeinträchtigen, beschließt der Rat auf Vorschlag der Kommission nach Anhörung des Europäischen Parlaments spezifische Maßnahmen, die insbesondere darauf abzielen, die Bedingungen für die Anwendung der Verträge auf die genannten Gebiete, einschließlich gemeinsamer Politiken, festzulegen. Werden die betreffenden spezifischen Maßnahmen vom Rat gemäß einem besonderen Gesetzgebungsverfahren erlassen, so beschließt er ebenfalls auf Vorschlag der Kommission und nach Anhörung des Europäischen Parlaments.

Die Maßnahmen nach Absatz 1 betreffen insbesondere die Zoll- und Handelspolitik, Steuerpolitik, Freizonen, Agrar- und Fischereipolitik, die Bedingungen für die Versorgung mit Rohstoffen und grundlegenden Verbrauchsgütern, staatliche Beihilfen sowie die Bedingungen für den Zugang zu den Strukturfonds und zu den horizontalen Unionsprogrammen.

Der Rat beschließt die in Absatz 1 genannten Maßnahmen unter Berücksichtigung der besonderen Merkmale und Zwänge der Gebiete in äußerster Randlage, ohne dabei die Integrität und Kohärenz der Rechtsordnung der Union, die auch den Binnenmarkt und die gemeinsamen Politiken umfasst, auszuhöhlen.

Artikel 350

(ex-Artikel 306 EGV)

Die Verträge stehen dem Bestehen und der Durchführung der regionalen Zusammenschlüsse zwischen Belgien und Luxemburg sowie zwischen Belgien, Luxemburg und den Niederlanden nicht entgegen, soweit die Ziele dieser Zusammenschlüsse durch Anwendung der Verträge nicht erreicht sind.

Artikel 351

(ex-Artikel 307 EGV)

Die Rechte und Pflichten aus Übereinkünften, die vor dem 1. Januar 1958 oder, im Falle später beigetretener Staaten, vor dem Zeitpunkt ihres Beitritts zwischen einem oder mehreren Mitgliedstaaten einerseits und einem oder mehreren dritten Ländern andererseits geschlossen wurden, werden durch die Verträge nicht berührt.

Soweit diese Übereinkünfte mit den Verträgen nicht vereinbar sind, wenden der oder die betreffenden Mitgliedstaaten alle geeigneten Mittel an, um die festgestellten Unvereinbarkeiten zu beheben. Erforderlichenfalls leisten die Mitgliedstaaten zu diesem Zweck einander Hilfe; sie nehmen gegebenenfalls eine gemeinsame Haltung ein.

Bei Anwendung der in Absatz 1 bezeichneten Übereinkünfte tragen die Mitgliedstaaten dem Umstand Rechnung, dass die in den Verträgen von jedem Mitgliedstaat gewährten Vorteile Bestandteil der Errichtung der Union sind und daher in untrennbarem Zusammenhang stehen mit der Schaffung gemeinsamer Organe, der Übertragung von Zuständigkeiten auf diese und der Gewährung der gleichen Vorteile durch alle anderen Mitgliedstaaten.

Artikel 352

(ex-Artikel 308 EGV)

(1) Erscheint ein Tätigwerden der Union im Rahmen der in den Verträgen festgelegten Politikbereiche erforderlich, um eines der Ziele der Verträge zu verwirklichen, und sind in den Verträgen die hierfür erforderlichen Befugnisse nicht vorgesehen, so erlässt der Rat einstimmig auf Vorschlag der Kommission und nach Zustimmung des Europäischen Parlaments die geeigneten Vorschriften. Werden diese Vorschriften vom Rat gemäß einem besonderen Gesetzgebungsverfahren erlassen, so beschließt er ebenfalls einstimmig auf Vorschlag der Kommission und nach Zustimmung des Europäischen Parlaments.

(2) Die Kommission macht die nationalen Parlamente im Rahmen des Verfahrens zur Kontrolle der Einhaltung des Subsidiaritätsprinzips nach Artikel 5 Absatz 3 des Vertrags über die Europäische Union auf die Vorschläge aufmerksam, die sich auf diesen Artikel stützen.

(3) Die auf diesem Artikel beruhenden Maßnahmen dürfen keine Harmonisierung der Rechtsvorschriften der Mitgliedstaaten in den Fällen beinhalten, in denen die Verträge eine solche Harmonisierung ausschließen.

(4) Dieser Artikel kann nicht als Grundlage für die Verwirklichung von Zielen der Gemeinsamen Außen- und Sicherheitspolitik dienen, und Rechtsakte, die nach diesem Artikel erlassen werden, müssen innerhalb der in Artikel 40 Absatz 2 des Vertrags über die Europäische Union festgelegten Grenzen bleiben.

Artikel 353

Artikel 48 Absatz 7 des Vertrags über die Europäische Union findet keine Anwendung auf die folgenden Artikel:

— Artikel 311 Absätze 3 und 4,

— Artikel 312 Absatz 2 Unterabsatz 1,

— Artikel 352 und

Artikel 354.

Artikel 354

(ex-Artikel 309 EGV)

Für die Zwecke des Artikels 7 des Vertrags über die Europäische Union über die Aussetzung bestimmter mit der Zugehörigkeit zur Union verbundener Rechte ist das Mitglied des Europäischen Rates oder des Rates, das den betroffenen Mitgliedstaat vertritt, nicht stimmberechtigt und der betreffende Mitgliedstaat wird bei der Berechnung des Drittels oder der vier Fünftel der Mitgliedstaaten nach den Absätzen 1 und 2 des genannten Artikels nicht berücksichtigt. Die Stimmenthaltung von anwesenden oder vertretenen Mitgliedern steht dem Erlass von Beschlüssen nach Absatz 2 des genannten Artikels nicht entgegen.

Für den Erlass von Beschlüssen nach Artikel 7 Absätze 3 und 4 des Vertrags über die Europäische Union bestimmt sich die qualifizierte Mehrheit nach Artikel 238 Absatz 3 Buchstabe b dieses Vertrags.

Beschließt der Rat nach dem Erlass eines Beschlusses über die Aussetzung der Stimmrechte nach Artikel 7 Absatz 3 des Vertrags über die Europäische Union auf der Grundlage einer Bestimmung der Verträge mit qualifizierter Mehrheit, so bestimmt sich die qualifizierte Mehrheit hierfür nach Artikel 238 Absatz 3 Buchstabe b dieses Vertrags oder, wenn der Rat auf Vorschlag der Kommission oder des Hohen Vertreters der Union für die Außen- und Sicherheitspolitik handelt, nach Artikel 238 Absatz 3 Buchstabe a.

Für die Zwecke des Artikels 7 des Vertrags über die Europäische Union beschließt das Europäische Parlament mit der Mehrheit von zwei Dritteln der abgegebenen Stimmen und mit der Mehrheit seiner Mitglieder.

Artikel 355
(ex-Artikel 299 Absatz 2 Unterabsatz 1 und Absätze 3 bis 6 EGV)

Zusätzlich zu den Bestimmungen des Artikels 52 des Vertrags über die Europäische Union über den räumlichen Geltungsbereich der Verträge gelten folgende Bestimmungen:

(1) Die Verträge gelten nach Artikel 349 für Guadeloupe, Französisch-Guayana, Martinique, Mayotte, Réunion, Saint Martin, die Azoren, Madeira und die Kanarischen Inseln.

(2) Für die in Anhang II aufgeführten überseeischen Länder und Hoheitsgebiete gilt das besondere Assoziierungssystem, das im Vierten Teil festgelegt ist.

Die Verträge finden keine Anwendung auf die überseeischen Länder und Hoheitsgebiete, die besondere Beziehungen zum Vereinigten Königreich Großbritannien und Nordirland unterhalten und die in dem genannten Anhang nicht aufgeführt sind.

(3) Die Verträge finden auf die europäischen Hoheitsgebiete Anwendung, deren auswärtige Beziehungen ein Mitgliedstaat wahrnimmt.

(4) Die Verträge finden entsprechend den Bestimmungen des Protokolls Nr. 2 zur Akte über die Bedingungen des Beitritts der Republik Österreich, der Republik Finnland und des Königreichs Schweden auf die Ålandinseln Anwendung.

(5) Abweichend von Artikel 52 des Vertrags über die Europäische Union und von den Absätzen 1 bis 4 dieses Artikels gilt:

a) Die Verträge finden auf die Färöer keine Anwendung.

b) Die Verträge finden auf die Hoheitszonen des Vereinigten Königreichs auf Zypern, Akrotiri und Dhekelia, nur insoweit Anwendung, als dies erforderlich ist, um die Anwendung der Regelungen des Protokolls über die Hoheitszonen des Vereinigten Königreichs Großbritannien und Nordirland in Zypern, das der Akte über die Bedingungen des Beitritts der Tschechischen Republik, der Republik Estland, der Republik Zypern, der Republik Lettland, der Republik Litauen, der Republik Ungarn, der Republik Malta, der Republik Polen, der Republik Slowenien und der Slowakischen Republik zur Europäischen Union beigefügt ist, nach Maßgabe jenes Protokolls sicherzustellen.

c) Die Verträge finden auf die Kanalinseln und die Insel Man nur insoweit Anwendung, als dies erforderlich ist, um die Anwendung der Regelung sicherzustellen, die in dem am 22. Januar 1972 unterzeichneten Vertrag über den Beitritt neuer Mitgliedstaaten zur Europäischen Wirtschaftsgemeinschaft und zur Europäischen Atomgemeinschaft für diese Inseln vorgesehen ist.

(6) Der Europäische Rat kann auf Initiative des betroffenen Mitgliedstaats einen Beschluss zur Änderung des Status eines in den Absätzen 1 und 2 genannten dänischen, französischen oder niederländischen Landes oder Hoheitsgebiets gegenüber der Union erlassen. Der Europäische Rat beschließt einstimmig nach Anhörung der Kommission.

Artikel 356
(ex-Artikel 312 EGV)

Dieser Vertrag gilt auf unbegrenzte Zeit.

Artikel 357
(ex-Artikel 313 EGV)

Dieser Vertrag bedarf der Ratifizierung durch die Hohen Vertragsparteien gemäß ihren verfassungsrechtlichen Vorschriften. Die Ratifikationsurkunden werden bei der Regierung der Italienischen Republik hinterlegt.

Dieser Vertrag tritt am ersten Tag des auf die Hinterlegung der letzten Ratifikationsurkunde folgenden Monats in Kraft. Findet diese Hinterlegung weniger als fünfzehn Tage vor Beginn des folgenden Monats statt, so tritt der Vertrag am ersten Tag des zweiten Monats nach dieser Hinterlegung in Kraft.

Artikel 358

Die Bestimmungen des Artikels 55 des Vertrags über die Europäische Union sind auf diesen Vertrag anwendbar.

3. Vertrag über die Europäische Union

ABl L 2016/202 idgF

PRÄAMBEL

SEINE MAJESTÄT DER KÖNIG DER BELGIER, IHRE MAJESTÄT DIE KÖNIGIN VON DÄNEMARK, DER PRÄSIDENT DER BUNDESREPUBLIK DEUTSCHLAND, DER PRÄSIDENT DER GRIECHISCHEN REPUBLIK, SEINE MAJESTÄT DER KÖNIG VON SPANIEN, DER PRÄSIDENT DER FRANZÖSISCHEN REPUBLIK, DER PRÄSIDENT IRLANDS, DER PRÄSIDENT DER ITALIENISCHEN REPUBLIK, SEINE KÖNIGLICHE HOHEIT DER GROSSHERZOG VON LUXEMBURG, IHRE MAJESTÄT DIE KÖNIGIN DER NIEDERLANDE, DER PRÄSIDENT DER PORTUGIESISCHEN REPUBLIK, IHRE MAJESTÄT DIE KÖNIGIN DES VEREINIGTEN KÖNIGREICHS GROSSBRITANNIEN UND NORDIRLAND [1],

ENTSCHLOSSEN, den mit der Gründung der Europäischen Gemeinschaften eingeleiteten Prozess der europäischen Integration auf eine neue Stufe zu heben,

SCHÖPFEND aus dem kulturellen, religiösen und humanistischen Erbe Europas, aus dem sich die unverletzlichen und unveräußerlichen Rechte des Menschen sowie Freiheit, Demokratie, Gleichheit und Rechtsstaatlichkeit als universelle Werte entwickelt haben,

EINGEDENK der historischen Bedeutung der Überwindung der Teilung des europäischen Kontinents und der Notwendigkeit, feste Grundlagen für die Gestalt des zukünftigen Europas zu schaffen,

IN BESTÄTIGUNG ihres Bekenntnisses zu den Grundsätzen der Freiheit, der Demokratie und der Achtung der Menschenrechte und Grundfreiheiten und der Rechtsstaatlichkeit,

IN BESTÄTIGUNG der Bedeutung, die sie den sozialen Grundrechten beimessen, wie sie in der am 18. Oktober 1961 in Turin unterzeichneten Europäischen Sozialcharta und in der Gemeinschaftscharta der sozialen Grundrechte der Arbeitnehmer von 1989 festgelegt sind,

IN DEM WUNSCH, die Solidarität zwischen ihren Völkern unter Achtung ihrer Geschichte, ihrer Kultur und ihrer Traditionen zu stärken,

IN DEM WUNSCH, Demokratie und Effizienz in der Arbeit der Organe weiter zu stärken, damit diese in die Lage versetzt werden, die ihnen übertragenen Aufgaben in einem einheitlichen institutionellen Rahmen besser wahrzunehmen,

ENTSCHLOSSEN, die Stärkung und die Konvergenz ihrer Volkswirtschaften herbeizuführen und eine Wirtschafts- und Währungsunion zu errichten, die im Einklang mit diesem Vertrag und dem Vertrag über die Arbeitsweise der Europäischen Union eine einheitliche, stabile Währung einschließt,

IN DEM FESTEN WILLEN, im Rahmen der Verwirklichung des Binnenmarkts sowie der Stärkung des Zusammenhalts und des Umweltschutzes den wirtschaftlichen und sozialen Fortschritt ihrer Völker unter Berücksichtigung des Grundsatzes der nachhaltigen Entwicklung zu fördern und Politiken zu verfolgen, die gewährleisten, dass Fortschritte bei der wirtschaftlichen Integration mit parallelen Fortschritten auf anderen Gebieten einhergehen,

ENTSCHLOSSEN, eine gemeinsame Unionsbürgerschaft für die Staatsangehörigen ihrer Länder einzuführen,

ENTSCHLOSSEN, eine Gemeinsame Außen- und Sicherheitspolitik zu verfolgen, wozu nach Maßgabe des Artikels 42 auch die schrittweise Festlegung einer gemeinsamen Verteidigungspolitik gehört, die zu einer gemeinsamen Verteidigung führen könnte, und so die Identität und Unabhängigkeit Europas zu stärken, um Frieden, Sicherheit und Fortschritt in Europa und in der Welt zu fördern,

ENTSCHLOSSEN, die Freizügigkeit unter gleichzeitiger Gewährleistung der Sicherheit ihrer Bürger durch den Aufbau eines Raums der Freiheit, der Sicherheit und des Rechts nach Maßgabe der Bestimmungen dieses Vertrags und des Vertrags über die Arbeitsweise der Europäischen Union zu fördern,

ENTSCHLOSSEN, den Prozess der Schaffung einer immer engeren Union der Völker Europas, in der die Entscheidungen entsprechend dem Subsidiaritätsprinzip möglichst bürgernah getroffen werden, weiterzuführen,

IM HINBLICK auf weitere Schritte, die getan werden müssen, um die europäische Integration voranzutreiben,

HABEN BESCHLOSSEN, eine Europäische Union zu gründen; sie haben zu diesem Zweck zu ihren Bevollmächtigten ernannt: *(Aufzählung der Bevollmächtigten nicht wiedergegeben)*

[1] Seit dem ursprünglichen Vertragsschluss sind Mitgliedstaaten der Europäischen Union geworden: die Republik Bulgarien, die Tschechische Republik, die Republik Estland, die Republik Kroatien, die Republik Zypern, die Republik Lettland, die Republik Litauen, Ungarn, die Republik Malta, die Republik Österreich, die Republik Polen, Rumänien, die Republik Slowenien, die Slowakische Republik, die Republik Finnland und das Königreich Schweden.

TITEL I
GEMEINSAME BESTIMMUNGEN

Artikel 1
(ex-Artikel 1 EUV) (2)

Durch diesen Vertrag gründen die HOHEN VERTRAGSPARTEIEN untereinander eine EUROPÄISCHE UNION (im Folgenden "Union"), der die Mitgliedstaaten Zuständigkeiten zur Verwirklichung ihrer gemeinsamen Ziele übertragen.

Dieser Vertrag stellt eine neue Stufe bei der Verwirklichung einer immer engeren Union der Völker Europas dar, in der die Entscheidungen möglichst offen und möglichst bürgernah getroffen werden.

Grundlage der Union sind dieser Vertrag und der Vertrag über die Arbeitsweise der Europäischen Union (im Folgenden "Verträge"). Beide Verträge sind rechtlich gleichrangig. Die Union tritt an die Stelle der Europäischen Gemeinschaft, deren Rechtsnachfolgerin sie ist.

Artikel 2

Die Werte, auf die sich die Union gründet, sind die Achtung der Menschenwürde, Freiheit, Demokratie, Gleichheit, Rechtsstaatlichkeit und die Wahrung der Menschenrechte einschließlich der Rechte der Personen, die Minderheiten angehören. Diese Werte sind allen Mitgliedstaaten in einer Gesellschaft gemeinsam, die sich durch Pluralismus, Nichtdiskriminierung, Toleranz, Gerechtigkeit, Solidarität und die Gleichheit von Frauen und Männern auszeichnet.

Artikel 3
(ex-Artikel 2 EUV)

(1) Ziel der Union ist es, den Frieden, ihre Werte und das Wohlergehen ihrer Völker zu fördern.

(2) Die Union bietet ihren Bürgerinnen und Bürgern einen Raum der Freiheit, der Sicherheit und des Rechts ohne Binnengrenzen, in dem – in Verbindung mit geeigneten Maßnahmen in Bezug auf die Kontrollen an den Außengrenzen, das Asyl, die Einwanderung sowie die Verhütung und Bekämpfung der Kriminalität – der freie Personenverkehr gewährleistet ist.

(3) Die Union errichtet einen Binnenmarkt. Sie wirkt auf die nachhaltige Entwicklung Europas auf der Grundlage eines ausgewogenen Wirtschaftswachstums und von Preisstabilität, eine in hohem Maße wettbewerbsfähige soziale Marktwirtschaft, die auf Vollbeschäftigung und sozialen Fortschritt abzielt, sowie ein hohes Maß an Umweltschutz und Verbesserung der Umweltqualität hin. Sie fördert den wissenschaftlichen und technischen Fortschritt.

Sie bekämpft soziale Ausgrenzung und Diskriminierungen und fördert soziale Gerechtigkeit und sozialen Schutz, die Gleichstellung von Frauen und Männern, die Solidarität zwischen den Generationen und den Schutz der Rechte des Kindes.

Sie fördert den wirtschaftlichen, sozialen und territorialen Zusammenhalt und die Solidarität zwischen den Mitgliedstaaten.

Sie wahrt den Reichtum ihrer kulturellen und sprachlichen Vielfalt und sorgt für den Schutz und die Entwicklung des kulturellen Erbes Europas.

(4) Die Union errichtet eine Wirtschafts- und Währungsunion, deren Währung der Euro ist.

(5) In ihren Beziehungen zur übrigen Welt schützt und fördert die Union ihre Werte und Interessen und trägt zum Schutz ihrer Bürgerinnen und Bürger bei. Sie leistet einen Beitrag zu Frieden, Sicherheit, globaler nachhaltiger Entwicklung, Solidarität und gegenseitiger Achtung unter den Völkern, zu freiem und gerechtem Handel, zur Beseitigung der Armut und zum Schutz der Menschenrechte, insbesondere der Rechte des Kindes, sowie zur strikten Einhaltung und Weiterentwicklung des Völkerrechts, insbesondere zur Wahrung der Grundsätze der Charta der Vereinten Nationen.

(6) Die Union verfolgt ihre Ziele mit geeigneten Mitteln entsprechend den Zuständigkeiten, die ihr in den Verträgen übertragen sind.

Artikel 4

(1) Alle der Union nicht in den Verträgen übertragenen Zuständigkeiten verbleiben gemäß Artikel 5 bei den Mitgliedstaaten.

(2) Die Union achtet die Gleichheit der Mitgliedstaaten vor den Verträgen und ihre jeweilige nationale Identität, die in ihren grundlegenden politischen und verfassungsmäßigen Strukturen einschließlich der regionalen und lokalen Selbstverwaltung zum Ausdruck kommt. Sie achtet die grundlegenden Funktionen des Staates, insbesondere die Wahrung der territorialen Unversehrtheit, die Aufrechterhaltung der öffentlichen Ordnung und den Schutz der nationalen Sicherheit. Insbesondere die nationale Sicherheit fällt weiterhin in die alleinige Verantwortung der einzelnen Mitgliedstaaten.

(3) Nach dem Grundsatz der loyalen Zusammenarbeit achten und unterstützen sich die Union

und die Mitgliedstaaten gegenseitig bei der Erfüllung der Aufgaben, die sich aus den Verträgen ergeben.

Die Mitgliedstaaten ergreifen alle geeigneten Maßnahmen allgemeiner oder besonderer Art zur Erfüllung der Verpflichtungen, die sich aus den Verträgen oder den Handlungen der Organe der Union ergeben.

Die Mitgliedstaaten unterstützen die Union bei der Erfüllung ihrer Aufgabe und unterlassen alle Maßnahmen, die die Verwirklichung der Ziele der Union gefährden könnten.

Artikel 5
(ex-Artikel 5 EGV)

(1) Für die Abgrenzung der Zuständigkeiten der Union gilt der Grundsatz der begrenzten Einzelermächtigung. Für die Ausübung der Zuständigkeiten der Union gelten die Grundsätze der Subsidiarität und der Verhältnismäßigkeit.

(2) Nach dem Grundsatz der begrenzten Einzelermächtigung wird die Union nur innerhalb der Grenzen der Zuständigkeiten tätig, die die Mitgliedstaaten ihr in den Verträgen zur Verwirklichung der darin niedergelegten Ziele übertragen haben. Alle der Union nicht in den Verträgen übertragenen Zuständigkeiten verbleiben bei den Mitgliedstaaten.

(3) Nach dem Subsidiaritätsprinzip wird die Union in den Bereichen, die nicht in ihre ausschließliche Zuständigkeit fallen, nur tätig, sofern und soweit die Ziele der in Betracht gezogenen Maßnahmen von den Mitgliedstaaten weder auf zentraler noch auf regionaler oder lokaler Ebene ausreichend verwirklicht werden können, sondern vielmehr wegen ihres Umfangs oder ihrer Wirkungen auf Unionsebene besser zu verwirklichen sind.

Die Organe der Union wenden das Subsidiaritätsprinzip nach dem Protokoll über die Anwendung der Grundsätze der Subsidiarität und der Verhältnismäßigkeit an. Die nationalen Parlamente achten auf die Einhaltung des Subsidiaritätsprinzips nach dem in jenem Protokoll vorgesehenen Verfahren.

(4) Nach dem Grundsatz der Verhältnismäßigkeit gehen die Maßnahmen der Union inhaltlich wie formal nicht über das zur Erreichung der Ziele der Verträge erforderliche Maß hinaus.

Die Organe der Union wenden den Grundsatz der Verhältnismäßigkeit nach dem Protokoll über die Anwendung der Grundsätze der Subsidiarität und der Verhältnismäßigkeit an.

Artikel 6
(ex-Artikel 6 EUV)

(1) Die Union erkennt die Rechte, Freiheiten und Grundsätze an, die in der Charta der Grundrechte der Europäischen Union vom 7. Dezember 2000 in der am 12. Dezember 2007 in Straßburg angepassten Fassung niedergelegt sind; die Charta der Grundrechte und die Verträge sind rechtlich gleichrangig.

Durch die Bestimmungen der Charta werden die in den Verträgen festgelegten Zuständigkeiten der Union in keiner Weise erweitert.

Die in der Charta niedergelegten Rechte, Freiheiten und Grundsätze werden gemäß den allgemeinen Bestimmungen des Titels VII der Charta, der ihre Auslegung und Anwendung regelt, und unter gebührender Berücksichtigung der in der Charta angeführten Erläuterungen, in denen die Quellen dieser Bestimmungen angegeben sind, ausgelegt.

(2) Die Union tritt der Europäischen Konvention zum Schutz der Menschenrechte und Grundfreiheiten bei. Dieser Beitritt ändert nicht die in den Verträgen festgelegten Zuständigkeiten der Union.

(3) Die Grundrechte, wie sie in der Europäischen Konvention zum Schutz der Menschenrechte und Grundfreiheiten gewährleistet sind und wie sie sich aus den gemeinsamen Verfassungsüberlieferungen der Mitgliedstaaten ergeben, sind als allgemeine Grundsätze Teil des Unionsrechts.

Artikel 7
(ex-Artikel 7 EUV)

(1) Auf begründeten Vorschlag eines Drittels der Mitgliedstaaten, des Europäischen Parlaments oder der Europäischen Kommission kann der Rat mit der Mehrheit von vier Fünfteln seiner Mitglieder nach Zustimmung des Europäischen Parlaments feststellen, dass die eindeutige Gefahr einer schwerwiegenden Verletzung der in Artikel 2 genannten Werte durch einen Mitgliedstaat besteht. Der Rat hört, bevor er eine solche Feststellung trifft, den betroffenen Mitgliedstaat und kann Empfehlungen an ihn richten, die er nach demselben Verfahren beschließt.

Der Rat überprüft regelmäßig, ob die Gründe, die zu dieser Feststellung geführt haben, noch zutreffen.

(2) Auf Vorschlag eines Drittels der Mitgliedstaaten oder der Europäischen Kommission und nach Zustimmung des Europäischen Parlaments kann der Europäische Rat einstimmig feststellen, dass eine schwerwiegende und anhaltende Verletzung der in Artikel 2 genannten Werte durch einen Mitgliedstaat vorliegt, nachdem er den betroffenen Mitgliedstaat zu einer Stellungnahme aufgefordert hat.

(3) Wurde die Feststellung nach Absatz 2 getroffen, so kann der Rat mit qualifizierter Mehrheit beschließen, bestimmte Rechte auszusetzen, die sich aus der Anwendung der Verträge auf den betroffenen Mitgliedstaat herleiten, einschließlich der Stimmrechte des Vertreters der Regierung dieses Mitgliedstaats im Rat. Dabei berücksichtigt er

die möglichen Auswirkungen einer solchen Aussetzung auf die Rechte und Pflichten natürlicher und juristischer Personen.

Die sich aus den Verträgen ergebenden Verpflichtungen des betroffenen Mitgliedstaats sind für diesen auf jeden Fall weiterhin verbindlich.

(4) Der Rat kann zu einem späteren Zeitpunkt mit qualifizierter Mehrheit beschließen, nach Absatz 3 getroffene Maßnahmen abzuändern oder aufzuheben, wenn in der Lage, die zur Verhängung dieser Maßnahmen geführt hat, Änderungen eingetreten sind.

(5) Die Abstimmungsmodalitäten, die für die Zwecke dieses Artikels für das Europäische Parlament, den Europäischen Rat und den Rat gelten, sind in Artikel 354 des Vertrags über die Arbeitsweise der Europäischen Union festgelegt.

Artikel 8

(1) Die Union entwickelt besondere Beziehungen zu den Ländern in ihrer Nachbarschaft, um einen Raum des Wohlstands und der guten Nachbarschaft zu schaffen, der auf den Werten der Union aufbaut und sich durch enge, friedliche Beziehungen auf der Grundlage der Zusammenarbeit auszeichnet.

(2) Für die Zwecke des Absatzes 1 kann die Union spezielle Übereinkünfte mit den betreffenden Ländern schließen. Diese Übereinkünfte können gegenseitige Rechte und Pflichten umfassen und die Möglichkeit zu gemeinsamem Vorgehen eröffnen. Zur Durchführung der Übereinkünfte finden regelmäßige Konsultationen statt.

TITEL II
BESTIMMUNGEN ÜBER DIE DEMOKRATISCHEN GRUNDSÄTZE

Artikel 9

Die Union achtet in ihrem gesamten Handeln den Grundsatz der Gleichheit ihrer Bürgerinnen und Bürger, denen ein gleiches Maß an Aufmerksamkeit seitens der Organe, Einrichtungen und sonstigen Stellen der Union zuteil wird. Unionsbürger ist, wer die Staatsangehörigkeit eines Mitgliedstaats besitzt. Die Unionsbürgerschaft tritt zur nationalen Staatsbürgerschaft hinzu, ersetzt sie aber nicht.

Artikel 10

(1) Die Arbeitsweise der Union beruht auf der repräsentativen Demokratie.

(2) Die Bürgerinnen und Bürger sind auf Unionsebene unmittelbar im Europäischen Parlament vertreten.

Die Mitgliedstaaten werden im Europäischen Rat von ihrem jeweiligen Staats- oder Regierungschef und im Rat von ihrer jeweiligen Regierung vertreten, die ihrerseits in demokratischer Weise gegenüber ihrem nationalen Parlament oder gegenüber ihren Bürgerinnen und Bürgern Rechenschaft ablegen müssen.

(3) Alle Bürgerinnen und Bürger haben das Recht, am demokratischen Leben der Union teilzunehmen. Die Entscheidungen werden so offen und bürgernah wie möglich getroffen.

(4) Politische Parteien auf europäischer Ebene tragen zur Herausbildung eines europäischen politischen Bewusstseins und zum Ausdruck des Willens der Bürgerinnen und Bürger der Union bei.

Artikel 11

(1) Die Organe geben den Bürgerinnen und Bürgern und den repräsentativen Verbänden in geeigneter Weise die Möglichkeit, ihre Ansichten in allen Bereichen des Handelns der Union öffentlich bekannt zu geben und auszutauschen.

(2) Die Organe pflegen einen offenen, transparenten und regelmäßigen Dialog mit den repräsentativen Verbänden und der Zivilgesellschaft.

(3) Um die Kohärenz und die Transparenz des Handelns der Union zu gewährleisten, führt die Europäische Kommission umfangreiche Anhörungen der Betroffenen durch.

(4) Unionsbürgerinnen und Unionsbürger, deren Anzahl mindestens eine Million betragen und bei denen es sich um Staatsangehörige einer erheblichen Anzahl von Mitgliedstaaten handeln muss, können die Initiative ergreifen und die Europäische Kommission auffordern, im Rahmen ihrer Befugnisse geeignete Vorschläge zu Themen zu unterbreiten, zu denen es nach Ansicht jener Bürgerinnen und Bürger eines Rechtsakts der Union bedarf, um die Verträge umzusetzen.

Die Verfahren und Bedingungen, die für eine solche Bürgerinitiative gelten, werden nach Artikel 24 Absatz 1 des Vertrags über die Arbeitsweise der Europäischen Union festgelegt.

Artikel 12

Die nationalen Parlamente tragen aktiv zur guten Arbeitsweise der Union bei, indem sie

a) von den Organen der Union unterrichtet werden und ihnen die Entwürfe von Gesetzgebungsakten der Union gemäß dem Protokoll über die Rolle der nationalen Parlamente in der Europäischen Union zugeleitet werden;

b) dafür sorgen, dass der Grundsatz der Subsidiarität gemäß den in dem Protokoll über die Anwendung der Grundsätze der Subsidiarität und der Verhältnismäßigkeit vorgesehenen Verfahren beachtet wird;

c) sich im Rahmen des Raums der Freiheit, der Sicherheit und des Rechts an den Mechanismen zur Bewertung der Durchführung der Unionspolitiken in diesem Bereich nach Artikel 70 des Vertrags über die Arbeitsweise der Europäischen Union beteiligen und in die politische Kontrolle von

Europol und die Bewertung der Tätigkeit von Eurojust nach den Artikeln 88 und 85 des genannten Vertrags einbezogen werden;

d) sich an den Verfahren zur Änderung der Verträge nach Artikel 48 dieses Vertrags beteiligen;

e) über Anträge auf Beitritt zur Union nach Artikel 49 dieses Vertrags unterrichtet werden;

f) sich an der interparlamentarischen Zusammenarbeit zwischen den nationalen Parlamenten und mit dem Europäischen Parlament gemäß dem Protokoll über die Rolle der nationalen Parlamente in der Europäischen Union beteiligen.

TITEL III
BESTIMMUNGEN ÜBER DIE ORGANE

Artikel 13

(1) Die Union verfügt über einen institutionellen Rahmen, der zum Zweck hat, ihren Werten Geltung zu verschaffen, ihre Ziele zu verfolgen, ihren Interessen, denen ihrer Bürgerinnen und Bürger und denen der Mitgliedstaaten zu dienen sowie die Kohärenz, Effizienz und Kontinuität ihrer Politik und ihrer Maßnahmen sicherzustellen.

Die Organe der Union sind

— das Europäische Parlament,

— der Europäische Rat,

— der Rat,

— die Europäische Kommission (im Folgenden "Kommission"),

— der Gerichtshof der Europäischen Union,

— die Europäische Zentralbank,

— der Rechnungshof.

(2) Jedes Organ handelt nach Maßgabe der ihm in den Verträgen zugewiesenen Befugnisse nach den Verfahren, Bedingungen und Zielen, die in den Verträgen festgelegt sind. Die Organe arbeiten loyal zusammen.

(3) Die Bestimmungen über die Europäische Zentralbank und den Rechnungshof sowie die detaillierten Bestimmungen über die übrigen Organe sind im Vertrag über die Arbeitsweise der Europäischen Union enthalten.

(4) Das Europäische Parlament, der Rat und die Kommission werden von einem Wirtschafts- und Sozialausschuss sowie einem Ausschuss der Regionen unterstützt, die beratende Aufgaben wahrnehmen.

Artikel 14

(1) Das Europäische Parlament wird gemeinsam mit dem Rat als Gesetzgeber tätig und übt gemeinsam mit ihm die Haushaltsbefugnisse aus. Es erfüllt Aufgaben der politischen Kontrolle und Beratungsfunktionen nach Maßgabe der Verträge. Es wählt den Präsidenten der Kommission.

(2) Das Europäische Parlament setzt sich aus Vertretern der Unionsbürgerinnen und Unionsbürger zusammen. Ihre Anzahl darf 750 nicht überschreiten, zuzüglich des Präsidenten. Die Bürgerinnen und Bürger sind im Europäischen Parlament degressiv proportional, mindestens jedoch mit sechs Mitgliedern je Mitgliedstaat vertreten. Kein Mitgliedstaat erhält mehr als 96 Sitze.

Der Europäische Rat erlässt einstimmig auf Initiative des Europäischen Parlaments und mit dessen Zustimmung einen Beschluss über die Zusammensetzung des Europäischen Parlaments, in dem die in Unterabsatz 1 genannten Grundsätze gewahrt sind.

(3) Die Mitglieder des Europäischen Parlaments werden in allgemeiner, unmittelbarer, freier und geheimer Wahl für eine Amtszeit von fünf Jahren gewählt.

(4) Das Europäische Parlament wählt aus seiner Mitte seinen Präsidenten und sein Präsidium.

Artikel 15

(1) Der Europäische Rat gibt der Union die für ihre Entwicklung erforderlichen Impulse und legt die allgemeinen politischen Zielvorstellungen und Prioritäten hierfür fest. Er wird nicht gesetzgeberisch tätig.

(2) Der Europäische Rat setzt sich zusammen aus den Staats- und Regierungschefs der Mitgliedstaaten sowie dem Präsidenten des Europäischen Rates und dem Präsidenten der Kommission. Der Hohe Vertreter der Union für Außen- und Sicherheitspolitik nimmt an seinen Arbeiten teil.

(3) Der Europäische Rat tritt zweimal pro Halbjahr zusammen; er wird von seinem Präsidenten einberufen. Wenn es die Tagesordnung erfordert, können die Mitglieder des Europäischen Rates beschließen, sich jeweils von einem Minister oder – im Fall des Präsidenten der Kommission – von einem Mitglied der Kommission unterstützen zu lassen. Wenn es die Lage erfordert, beruft der Präsident eine außerordentliche Tagung des Europäischen Rates ein.

(4) Soweit in den Verträgen nichts anderes festgelegt ist, entscheidet der Europäische Rat im Konsens.

(5) Der Europäische Rat wählt seinen Präsidenten mit qualifizierter Mehrheit für eine Amtszeit von zweieinhalb Jahren; der Präsident kann einmal wiedergewählt werden. Im Falle einer Verhinderung oder einer schweren Verfehlung kann der Europäische Rat ihn im Wege des gleichen Verfahrens von seinem Amt entbinden.

(6) Der Präsident des Europäischen Rates

a) führt den Vorsitz bei den Arbeiten des Europäischen Rates und gibt ihnen Impulse,

b) sorgt in Zusammenarbeit mit dem Präsidenten der Kommission auf der Grundlage der Arbeiten des Rates "Allgemeine Angelegenheiten" für die

Vorbereitung und Kontinuität der Arbeiten des Europäischen Rates,

c) wirkt darauf hin, dass Zusammenhalt und Konsens im Europäischen Rat gefördert werden,

d) legt dem Europäischen Parlament im Anschluss an jede Tagung des Europäischen Rates einen Bericht vor.

Der Präsident des Europäischen Rates nimmt auf seiner Ebene und in seiner Eigenschaft, unbeschadet der Befugnisse des Hohen Vertreters der Union für Außen- und Sicherheitspolitik, die Außenvertretung der Union in Angelegenheiten der Gemeinsamen Außen- und Sicherheitspolitik wahr.

Der Präsident des Europäischen Rates darf kein einzelstaatliches Amt ausüben.

Artikel 16

(1) Der Rat wird gemeinsam mit dem Europäischen Parlament als Gesetzgeber tätig und übt gemeinsam mit ihm die Haushaltsbefugnisse aus. Zu seinen Aufgaben gehört die Festlegung der Politik und die Koordinierung nach Maßgabe der Verträge.

(2) Der Rat besteht aus je einem Vertreter jedes Mitgliedstaats auf Ministerebene, der befugt ist, für die Regierung des von ihm vertretenen Mitgliedstaats verbindlich zu handeln und das Stimmrecht auszuüben.

(3) Soweit in den Verträgen nichts anderes festgelegt ist, beschließt der Rat mit qualifizierter Mehrheit.

(4) Ab dem 1. November 2014 gilt als qualifizierte Mehrheit eine Mehrheit von mindestens 55 % der Mitglieder des Rates, gebildet aus mindestens 15 Mitgliedern, sofern die von diesen vertretenen Mitgliedstaaten zusammen mindestens 65 % der Bevölkerung der Union ausmachen.

Für eine Sperrminorität sind mindestens vier Mitglieder des Rates erforderlich, andernfalls gilt die qualifizierte Mehrheit als erreicht.

Die übrigen Modalitäten für die Abstimmung mit qualifizierter Mehrheit sind in Artikel 238 Absatz 2 des Vertrags über die Arbeitsweise der Europäischen Union festgelegt.

(5) Die Übergangsbestimmungen für die Definition der qualifizierten Mehrheit, die bis zum 31. Oktober 2014 gelten, sowie die Übergangsbestimmungen, die zwischen dem 1. November 2014 und dem 31. März 2017 gelten, sind im Protokoll über die Übergangsbestimmungen festgelegt.

(6) Der Rat tagt in verschiedenen Zusammensetzungen; die Liste dieser Zusammensetzungen wird nach Artikel 236 des Vertrags über die Arbeitsweise der Europäischen Union angenommen.

Als Rat "Allgemeine Angelegenheiten" sorgt er für die Kohärenz der Arbeiten des Rates in seinen verschiedenen Zusammensetzungen. In Verbindung mit dem Präsidenten des Europäischen Rates und mit der Kommission bereitet er die Tagungen des Europäischen Rates vor und sorgt für das weitere Vorgehen.

Als Rat "Auswärtige Angelegenheiten" gestaltet er das auswärtige Handeln der Union entsprechend den strategischen Vorgaben des Europäischen Rates und sorgt für die Kohärenz des Handelns der Union.

(7) Ein Ausschuss der Ständigen Vertreter der Regierungen der Mitgliedstaaten ist für die Vorbereitung der Arbeiten des Rates verantwortlich.

(8) Der Rat tagt öffentlich, wenn er über Entwürfe zu Gesetzgebungsakten berät und abstimmt. Zu diesem Zweck wird jede Ratstagung in zwei Teile unterteilt, von denen der eine den Beratungen über die Gesetzgebungsakte der Union und der andere den nicht die Gesetzgebung betreffenden Tätigkeiten gewidmet ist.

(9) Der Vorsitz im Rat in allen seinen Zusammensetzungen mit Ausnahme des Rates "Auswärtige Angelegenheiten" wird von den Vertretern der Mitgliedstaaten im Rat unter Bedingungen, die gemäß Artikel 236 des Vertrags über die Arbeitsweise der Europäischen Union festgelegt werden, nach einem System der gleichberechtigten Rotation wahrgenommen.

Artikel 17

(1) Die Kommission fördert die allgemeinen Interessen der Union und ergreift geeignete Initiativen zu diesem Zweck. Sie sorgt für die Anwendung der Verträge sowie der von den Organen kraft der Verträge erlassenen Maßnahmen. Sie überwacht die Anwendung des Unionsrechts unter der Kontrolle des Gerichtshofs der Europäischen Union. Sie führt den Haushaltsplan aus und verwaltet die Programme. Sie übt nach Maßgabe der Verträge Koordinierungs-, Exekutiv- und Verwaltungsfunktionen aus. Außer in der Gemeinsamen Außen- und Sicherheitspolitik und den übrigen in den Verträgen vorgesehenen Fällen nimmt sie die Vertretung der Union nach außen wahr. Sie leitet die jährliche und die mehrjährige Programmplanung der Union mit dem Ziel ein, interinstitutionelle Vereinbarungen zu erreichen.

(2) Soweit in den Verträgen nichts anderes festgelegt ist, darf ein Gesetzgebungsakt der Union nur auf Vorschlag der Kommission erlassen werden. Andere Rechtsakte werden auf der Grundlage eines Kommissionsvorschlags erlassen, wenn dies in den Verträgen vorgesehen ist.

(3) Die Amtszeit der Kommission beträgt fünf Jahre.

Die Mitglieder der Kommission werden aufgrund ihrer allgemeinen Befähigung und ihres

Einsatzes für Europa unter Persönlichkeiten ausgewählt, die volle Gewähr für ihre Unabhängigkeit bieten.

Die Kommission übt ihre Tätigkeit in voller Unabhängigkeit aus. Die Mitglieder der Kommission dürfen unbeschadet des Artikels 18 Absatz 2 Weisungen von einer Regierung, einem Organ, einer Einrichtung oder jeder anderen Stelle weder einholen noch entgegennehmen. Sie enthalten sich jeder Handlung, die mit ihrem Amt oder der Erfüllung ihrer Aufgaben unvereinbar ist.

(4) Die Kommission, die zwischen dem Zeitpunkt des Inkrafttretens des Vertrags von Lissabon und dem 31. Oktober 2014 ernannt wird, besteht einschließlich ihres Präsidenten und des Hohen Vertreters der Union für Außen- und Sicherheitspolitik, der einer der Vizepräsidenten der Kommission ist, aus je einem Staatsangehörigen jedes Mitgliedstaats.

(5) Ab dem 1. November 2014 besteht die Kommission, einschließlich ihres Präsidenten und des Hohen Vertreters der Union für Außen- und Sicherheitspolitik, aus einer Anzahl von Mitgliedern, die zwei Dritteln der Zahl der Mitgliedstaaten entspricht, sofern der Europäische Rat nicht einstimmig eine Änderung dieser Anzahl beschließt.

Die Mitglieder der Kommission werden unter den Staatsangehörigen der Mitgliedstaaten in einem System der strikt gleichberechtigten Rotation zwischen den Mitgliedstaaten so ausgewählt, dass das demografische und geografische Spektrum der Gesamtheit der Mitgliedstaaten zum Ausdruck kommt. Dieses System wird vom Europäischen Rat nach Artikel 244 des Vertrags über die Arbeitsweise der Europäischen Union einstimmig festgelegt.

(6) Der Präsident der Kommission

a) legt die Leitlinien fest, nach denen die Kommission ihre Aufgaben ausübt,

b) beschließt über die interne Organisation der Kommission, um die Kohärenz, die Effizienz und das Kollegialitätsprinzip im Rahmen ihrer Tätigkeit sicherzustellen,

c) ernennt, mit Ausnahme des Hohen Vertreters der Union für Außen- und Sicherheitspolitik, die Vizepräsidenten aus dem Kreis der Mitglieder der Kommission.

Ein Mitglied der Kommission legt sein Amt nieder, wenn es vom Präsidenten dazu aufgefordert wird. Der Hohe Vertreter der Union für Außen- und Sicherheitspolitik legt sein Amt nach dem Verfahren des Artikels 18 Absatz 1 nieder, wenn er vom Präsidenten dazu aufgefordert wird.

(7) Der Europäische Rat schlägt dem Europäischen Parlament nach entsprechenden Konsultationen mit qualifizierter Mehrheit einen Kandidaten für das Amt des Präsidenten der Kommission vor; dabei berücksichtigt er das Ergebnis der Wahlen zum Europäischen Parlament. Das Europäische Parlament wählt diesen Kandidaten mit der Mehrheit seiner Mitglieder. Erhält dieser Kandidat nicht die Mehrheit, so schlägt der Europäische Rat dem Europäischen Parlament innerhalb eines Monats mit qualifizierter Mehrheit einen neuen Kandidaten vor, für dessen Wahl das Europäische Parlament dasselbe Verfahren anwendet.

Der Rat nimmt, im Einvernehmen mit dem gewählten Präsidenten, die Liste der anderen Persönlichkeiten an, die er als Mitglieder der Kommission vorschlägt. Diese werden auf der Grundlage der Vorschläge der Mitgliedstaaten entsprechend den Kriterien nach Absatz 3 Unterabsatz 2 und Absatz 5 Unterabsatz 2 ausgewählt.

Der Präsident, der Hohe Vertreter der Union für Außen- und Sicherheitspolitik und die übrigen Mitglieder der Kommission stellen sich als Kollegium einem Zustimmungsvotum des Europäischen Parlaments. Auf der Grundlage dieser Zustimmung wird die Kommission vom Europäischen Rat mit qualifizierter Mehrheit ernannt.

(8) Die Kommission ist als Kollegium dem Europäischen Parlament verantwortlich. Das Europäische Parlament kann nach Artikel 234 des Vertrags über die Arbeitsweise der Europäischen Union einen Misstrauensantrag gegen die Kommission annehmen. Wird ein solcher Antrag angenommen, so müssen die Mitglieder der Kommission geschlossen ihr Amt niederlegen, und der Hohe Vertreter der Union für Außen- und Sicherheitspolitik muss sein im Rahmen der Kommission ausgeübtes Amt niederlegen.

Artikel 18

(1) Der Europäische Rat ernennt mit qualifizierter Mehrheit und mit Zustimmung des Präsidenten der Kommission den Hohen Vertreter der Union für Außen- und Sicherheitspolitik. Der Europäische Rat kann die Amtszeit des Hohen Vertreters nach dem gleichen Verfahren beenden.

(2) Der Hohe Vertreter leitet die Gemeinsame Außen- und Sicherheitspolitik der Union. Er trägt durch seine Vorschläge zur Festlegung dieser Politik bei und führt sie im Auftrag des Rates durch. Er handelt ebenso im Bereich der Gemeinsamen Sicherheits- und Verteidigungspolitik.

(3) Der Hohe Vertreter führt den Vorsitz im Rat "Auswärtige Angelegenheiten".

(4) Der Hohe Vertreter ist einer der Vizepräsidenten der Kommission. Er sorgt für die Kohärenz des auswärtigen Handelns der Union. Er ist innerhalb der Kommission mit deren Zuständigkeiten im Bereich der Außenbeziehungen und mit der Koordinierung der übrigen Aspekte des auswärtigen Handelns der Union betraut. Bei der Wahrnehmung dieser Zuständigkeiten in der Kommission und ausschließlich im Hinblick auf diese Zuständigkeiten unterliegt der Hohe Vertreter den

Verfahren, die für die Arbeitsweise der Kommission gelten, soweit dies mit den Absätzen 2 und 3 vereinbar ist.

Artikel 19

(1) Der Gerichtshof der Europäischen Union umfasst den Gerichtshof, das Gericht und Fachgerichte. Er sichert die Wahrung des Rechts bei der Auslegung und Anwendung der Verträge.

Die Mitgliedstaaten schaffen die erforderlichen Rechtsbehelfe, damit ein wirksamer Rechtsschutz in den vom Unionsrecht erfassten Bereichen gewährleistet ist.

(2) Der Gerichtshof besteht aus einem Richter je Mitgliedstaat. Er wird von Generalanwälten unterstützt.

Das Gericht besteht aus mindestens einem Richter je Mitgliedstaat.

Als Richter und Generalanwälte des Gerichtshofs und als Richter des Gerichts sind Persönlichkeiten auszuwählen, die jede Gewähr für Unabhängigkeit bieten und die Voraussetzungen der Artikel 253 und 254 des Vertrags über die Arbeitsweise der Europäischen Union erfüllen. Sie werden von den Regierungen der Mitgliedstaaten im gegenseitigen Einvernehmen für eine Amtszeit von sechs Jahren ernannt. Die Wiederernennung ausscheidender Richter und Generalanwälte ist zulässig.

(3) Der Gerichtshof der Europäischen Union entscheidet nach Maßgabe der Verträge

a) über Klagen eines Mitgliedstaats, eines Organs oder natürlicher oder juristischer Personen;

b) im Wege der Vorabentscheidung auf Antrag der einzelstaatlichen Gerichte über die Auslegung des Unionsrechts oder über die Gültigkeit der Handlungen der Organe;

c) in allen anderen in den Verträgen vorgesehenen Fällen.

TITEL IV
BESTIMMUNGEN ÜBER EINE VERSTÄRKTE ZUSAMMENARBEIT

Artikel 20
(ex-Artikel 27*a* bis 27*e*, 40 bis 40*b* und 43 bis 45 EUV und ex-Artikel 11 und 11*a* EGV)

(1) Die Mitgliedstaaten, die untereinander eine Verstärkte Zusammenarbeit im Rahmen der nicht ausschließlichen Zuständigkeiten der Union begründen wollen, können, in den Grenzen und nach Maßgabe dieses Artikels und der Artikel 326 bis 334 des Vertrags über die Arbeitsweise der Europäischen Union, die Organe der Union in Anspruch nehmen und diese Zuständigkeiten unter Anwendung der einschlägigen Bestimmungen der Verträge ausüben.

Eine Verstärkte Zusammenarbeit ist darauf ausgerichtet, die Verwirklichung der Ziele der Union zu fördern, ihre Interessen zu schützen und ihren Integrationsprozess zu stärken. Sie steht allen Mitgliedstaaten nach Artikel 328 des Vertrags über die Arbeitsweise der Europäischen Union jederzeit offen.

(2) Der Beschluss über die Ermächtigung zu einer Verstärkten Zusammenarbeit wird vom Rat als letztes Mittel erlassen, wenn dieser feststellt, dass die mit dieser Zusammenarbeit angestrebten Ziele von der Union in ihrer Gesamtheit nicht innerhalb eines vertretbaren Zeitraums verwirklicht werden können, und sofern an der Zusammenarbeit mindestens neun Mitgliedstaaten beteiligt sind. Der Rat beschließt nach dem in Artikel 329 des Vertrags über die Arbeitsweise der Europäischen Union vorgesehenen Verfahren.

(3) Alle Mitglieder des Rates können an dessen Beratungen teilnehmen, aber nur die Mitglieder des Rates, die die an der Verstärkten Zusammenarbeit beteiligten Mitgliedstaaten vertreten, nehmen an der Abstimmung teil. Die Abstimmungsmodalitäten sind in Artikel 330 des Vertrags über die Arbeitsweise der Europäischen Union vorgesehen.

(4) An die im Rahmen einer Verstärkten Zusammenarbeit erlassenen Rechtsakte sind nur die an dieser Zusammenarbeit beteiligten Mitgliedstaaten gebunden. Sie gelten nicht als Besitzstand, der von beitrittswilligen Staaten angenommen werden muss.

KAPITEL 1
ALLGEMEINE BESTIMMUNGEN ÜBER DAS AUSWÄRTIGE HANDELN DER UNION

Artikel 21

(1) Die Union lässt sich bei ihrem Handeln auf internationaler Ebene von den Grundsätzen leiten, die für ihre eigene Entstehung, Entwicklung und Erweiterung maßgebend waren und denen sie auch weltweit zu stärkerer Geltung verhelfen will: Demokratie, Rechtsstaatlichkeit, die universelle Gültigkeit und Unteilbarkeit der Menschenrechte und Grundfreiheiten, die Achtung der Menschenwürde, der Grundsatz der Gleichheit und der Grundsatz der Solidarität sowie die Achtung der Grundsätze der Charta der Vereinten Nationen und des Völkerrechts.

Die Union strebt an, die Beziehungen zu Drittländern und zu regionalen oder weltweiten internationalen Organisationen, die die in Unterabsatz 1 aufgeführten Grundsätze teilen, auszubauen und Partnerschaften mit ihnen aufzubauen. Sie setzt sich insbesondere im Rahmen der Vereinten Nationen für multilaterale Lösungen bei gemeinsamen Problemen ein.

(2) Die Union legt die gemeinsame Politik sowie Maßnahmen fest, führt diese durch und setzt sich für ein hohes Maß an Zusammenarbeit auf allen Gebieten der internationalen Beziehungen ein, um

a) ihre Werte, ihre grundlegenden Interessen, ihre Sicherheit, ihre Unabhängigkeit und ihre Unversehrtheit zu wahren;

b) Demokratie, Rechtsstaatlichkeit, die Menschenrechte und die Grundsätze des Völkerrechts zu festigen und zu fördern;

c) nach Maßgabe der Ziele und Grundsätze der Charta der Vereinten Nationen sowie der Prinzipien der Schlussakte von Helsinki und der Ziele der Charta von Paris, einschließlich derjenigen, die die Außengrenzen betreffen, den Frieden zu erhalten, Konflikte zu verhüten und die internationale Sicherheit zu stärken;

d) die nachhaltige Entwicklung in Bezug auf Wirtschaft, Gesellschaft und Umwelt in den Entwicklungsländern zu fördern mit dem vorrangigen Ziel, die Armut zu beseitigen;

e) die Integration aller Länder in die Weltwirtschaft zu fördern, unter anderem auch durch den schrittweisen Abbau internationaler Handelshemmnisse;

f) zur Entwicklung von internationalen Maßnahmen zur Erhaltung und Verbesserung der Qualität der Umwelt und der nachhaltigen Bewirtschaftung der weltweiten natürlichen Ressourcen beizutragen, um eine nachhaltige Entwicklung sicherzustellen;

g) den Völkern, Ländern und Regionen, die von Naturkatastrophen oder von vom Menschen verursachten Katastrophen betroffen sind, zu helfen; und

h) eine Weltordnung zu fördern, die auf einer verstärkten multilateralen Zusammenarbeit und einer verantwortungsvollen Weltordnungspolitik beruht.

(3) Die Union wahrt bei der Ausarbeitung und Umsetzung ihres auswärtigen Handelns in den verschiedenen unter diesen Titel und den Fünften Teil des Vertrags über die Arbeitsweise der Europäischen Union fallenden Bereichen sowie der externen Aspekte der übrigen Politikbereiche die in den Absätzen 1 und 2 genannten Grundsätze und Ziele.

Die Union achtet auf die Kohärenz zwischen den einzelnen Bereichen ihres auswärtigen Handelns sowie zwischen diesen und ihren übrigen Politikbereichen. Der Rat und die Kommission, die vom Hohen Vertreter der Union für Außen- und Sicherheitspolitik unterstützt werden, stellen diese Kohärenz sicher und arbeiten zu diesem Zweck zusammen.

Artikel 22

(1) Auf der Grundlage der in Artikel 21 aufgeführten Grundsätze und Ziele legt der Europäische Rat die strategischen Interessen und Ziele der Union fest.

Die Beschlüsse des Europäischen Rates über die strategischen Interessen und Ziele der Union erstrecken sich auf die Gemeinsame Außen- und Sicherheitspolitik sowie auf andere Bereiche des auswärtigen Handelns der Union. Sie können die Beziehungen der Union zu einem Land oder einer Region betreffen oder aber ein bestimmtes Thema zum Gegenstand haben. Sie enthalten Bestimmungen zu ihrer Geltungsdauer und zu den von der Union und den Mitgliedstaaten bereitzustellenden Mitteln.

Der Europäische Rat beschließt einstimmig auf Empfehlung des Rates, die dieser nach den für den jeweiligen Bereich vorgesehenen Regelungen abgibt. Die Beschlüsse des Europäischen Rates werden nach Maßgabe der in den Verträgen vorgesehenen Verfahren durchgeführt.

(2) Der Hohe Vertreter der Union für Außen- und Sicherheitspolitik und die Kommission können dem Rat gemeinsame Vorschläge vorlegen, wobei der Hohe Vertreter für den Bereich der Gemeinsamen Außen- und Sicherheitspolitik und die Kommission für die anderen Bereiche des auswärtigen Handelns zuständig ist.

ABSCHNITT 1
GEMEINSAME BESTIMMUNGEN.

Artikel 23

Das Handeln der Union auf internationaler Ebene im Rahmen dieses Kapitels beruht auf den Grundsätzen des Kapitels 1, verfolgt die darin genannten Ziele und steht mit den allgemeinen Bestimmungen jenes Kapitels im Einklang.

Artikel 24

(ex-Artikel 11 EUV)

(1) Die Zuständigkeit der Union in der Gemeinsamen Außen- und Sicherheitspolitik erstreckt sich auf alle Bereiche der Außenpolitik sowie auf sämtliche Fragen im Zusammenhang mit der Sicherheit der Union, einschließlich der schrittweisen Festlegung einer gemeinsamen Verteidigungspolitik, die zu einer gemeinsamen Verteidigung führen kann.

Für die Gemeinsame Außen- und Sicherheitspolitik gelten besondere Bestimmungen und Verfahren. Sie wird vom Europäischen Rat und vom Rat einstimmig festgelegt und durchgeführt, soweit in den Verträgen nichts anderes vorgesehen ist. Der Erlass von Gesetzgebungsakten ist ausgeschlossen. Die Gemeinsame Außen- und Sicherheitspolitik wird vom Hohen Vertreter der Union für Außen- und Sicherheitspolitik und von den Mitgliedstaaten gemäß den Verträgen durchgeführt. Die spezifische Rolle des Europäischen Parlaments und der Kommission in diesem Bereich ist in den Verträgen festgelegt. Der Gerichtshof der Europäischen Union ist in Bezug auf diese Bestimmungen nicht zuständig; hiervon ausgenommen ist die Kontrolle der Einhaltung des Artikels 40 dieses Vertrags und die Überwachung der Rechtmäßigkeit bestimmter Beschlüsse nach Artikel 275 Absatz 2 des Vertrags über die Arbeitsweise der Europäischen Union.

(2) Die Union verfolgt, bestimmt und verwirklicht im Rahmen der Grundsätze und Ziele ihres auswärtigen Handelns eine Gemeinsame Außen- und Sicherheitspolitik, die auf einer Entwicklung der gegenseitigen politischen Solidarität der Mitgliedstaaten, der Ermittlung der Fragen von allgemeiner Bedeutung und der Erreichung einer immer stärkeren Konvergenz des Handelns der Mitgliedstaaten beruht.

(3) Die Mitgliedstaaten unterstützen die Außen- und Sicherheitspolitik der Union aktiv und vorbehaltlos im Geiste der Loyalität und der gegenseitigen Solidarität und achten das Handeln der Union in diesem Bereich.

Die Mitgliedstaaten arbeiten zusammen, um ihre gegenseitige politische Solidarität zu stärken und weiterzuentwickeln. Sie enthalten sich jeder Handlung, die den Interessen der Union zuwiderläuft oder ihrer Wirksamkeit als kohärente Kraft in den internationalen Beziehungen schaden könnte.

Der Rat und der Hohe Vertreter tragen für die Einhaltung dieser Grundsätze Sorge.

Artikel 25

(ex-Artikel 12 EUV)

Die Union verfolgt ihre Gemeinsame Außen- und Sicherheitspolitik, indem sie

a) die allgemeinen Leitlinien bestimmt,

b) Beschlüsse erlässt zur Festlegung

i) der von der Union durchzuführenden Aktionen,

ii) der von der Union einzunehmenden Standpunkte,

iii) der Einzelheiten der Durchführung der unter den Ziffern i und ii genannten Beschlüsse,

und

c) die systematische Zusammenarbeit der Mitgliedstaaten bei der Führung ihrer Politik ausbaut.

Artikel 26

(ex-Artikel 13 EUV)

(1) Der Europäische Rat bestimmt die strategischen Interessen der Union und legt die Ziele und die allgemeinen Leitlinien der Gemeinsamen Außen- und Sicherheitspolitik fest, und zwar auch bei Fragen mit verteidigungspolitischen Bezügen. Er erlässt die erforderlichen Beschlüsse.

Wenn eine internationale Entwicklung es erfordert, beruft der Präsident des Europäischen Rates eine außerordentliche Tagung des Europäischen Rates ein, um die strategischen Vorgaben für die Politik der Union angesichts dieser Entwicklung festzulegen.

(2) Der Rat gestaltet die Gemeinsame Außen- und Sicherheitspolitik und fasst die für die Festlegung und Durchführung dieser Politik erforderlichen Beschlüsse auf der Grundlage der vom Europäischen Rat festgelegten allgemeinen Leitlinien und strategischen Vorgaben.

Der Rat und der Hohe Vertreter der Union für Außen- und Sicherheitspolitik tragen für ein einheitliches, kohärentes und wirksames Vorgehen der Union Sorge.

(3) Die Gemeinsame Außen- und Sicherheitspolitik wird vom Hohen Vertreter und von den Mitgliedstaaten mit einzelstaatlichen Mitteln und den Mitteln der Union durchgeführt.

Artikel 27

(1) Der Hohe Vertreter der Union für Außen- und Sicherheitspolitik, der im Rat "Auswärtige Angelegenheiten" den Vorsitz führt, trägt durch seine Vorschläge zur Festlegung der Gemeinsamen Außen- und Sicherheitspolitik bei und stellt sicher, dass die vom Europäischen Rat und vom Rat erlassenen Beschlüsse durchgeführt werden.

(2) Der Hohe Vertreter vertritt die Union in den Bereichen der Gemeinsamen Außen- und Sicherheitspolitik. Er führt im Namen der Union den politischen Dialog mit Dritten und vertritt den Standpunkt der Union in internationalen Organisationen und auf internationalen Konferenzen.

(3) Bei der Erfüllung seines Auftrags stützt sich der Hohe Vertreter auf einen Europäischen Auswärtigen Dienst. Dieser Dienst arbeitet mit den diplomatischen Diensten der Mitgliedstaaten zusammen und umfasst Beamte aus den einschlägigen Abteilungen des Generalsekretariats des Rates und der Kommission sowie abgeordnetes Personal der nationalen diplomatischen Dienste. Die Organisation und die Arbeitsweise des Europäischen Auswärtigen Dienstes werden durch einen Beschluss des Rates festgelegt. Der Rat beschließt auf Vorschlag des Hohen Vertreters nach Anhörung des Europäischen Parlaments und nach Zustimmung der Kommission.

Artikel 28

(ex-Artikel 14 EUV)

(1) Verlangt eine internationale Situation ein operatives Vorgehen der Union, so erlässt der Rat die erforderlichen Beschlüsse. In den Beschlüssen sind ihre Ziele, ihr Umfang, die der Union zur Verfügung zu stellenden Mittel sowie die Bedingungen und erforderlichenfalls der Zeitraum für ihre Durchführung festgelegt.

Tritt eine Änderung der Umstände mit erheblichen Auswirkungen auf eine Angelegenheit ein, die Gegenstand eines solchen Beschlusses ist, so überprüft der Rat die Grundsätze und Ziele dieses Beschlusses und erlässt die erforderlichen Beschlüsse.

(2) Die Beschlüsse nach Absatz 1 sind für die Mitgliedstaaten bei ihren Stellungnahmen und ihrem Vorgehen bindend.

(3) Jede einzelstaatliche Stellungnahme oder Maßnahme, die im Rahmen eines Beschlusses nach Absatz 1 geplant ist, wird von dem betreffenden Mitgliedstaat so rechtzeitig mitgeteilt, dass erforderlichenfalls eine vorherige Abstimmung

im Rat stattfinden kann. Die Pflicht zur vorherigen Unterrichtung gilt nicht für Maßnahmen, die eine bloße praktische Umsetzung der Beschlüsse des Rates auf einzelstaatlicher Ebene darstellen.

(4) Bei zwingender Notwendigkeit aufgrund der Entwicklung der Lage und falls eine Überprüfung des Beschlusses des Rates nach Absatz 1 nicht stattfindet, können die Mitgliedstaaten unter Berücksichtigung der allgemeinen Ziele des genannten Beschlusses die erforderlichen Sofortmaßnahmen ergreifen. Der betreffende Mitgliedstaat unterrichtet den Rat sofort über derartige Maßnahmen.

(5) Ein Mitgliedstaat befasst den Rat, wenn sich bei der Durchführung eines Beschlusses nach diesem Artikel größere Schwierigkeiten ergeben; der Rat berät darüber und sucht nach angemessenen Lösungen. Diese dürfen nicht im Widerspruch zu den Zielen des Beschlusses nach Absatz 1 stehen oder seiner Wirksamkeit schaden.

Artikel 29
(ex-Artikel 15 EUV)

Der Rat erlässt Beschlüsse, in denen der Standpunkt der Union zu einer bestimmten Frage geografischer oder thematischer Art bestimmt wird. Die Mitgliedstaaten tragen dafür Sorge, dass ihre einzelstaatliche Politik mit den Standpunkten der Union in Einklang steht.

Artikel 30
(ex-Artikel 22 EUV)

(1) Jeder Mitgliedstaat, der Hohe Vertreter der Union für Außen- und Sicherheitspolitik oder der Hohe Vertreter mit Unterstützung der Kommission kann den Rat mit einer Frage der Gemeinsamen Außen- und Sicherheitspolitik befassen und ihm Initiativen beziehungsweise Vorschläge unterbreiten.

(2) In den Fällen, in denen eine rasche Entscheidung notwendig ist, beruft der Hohe Vertreter von sich aus oder auf Antrag eines Mitgliedstaats innerhalb von 48 Stunden, bei absoluter Notwendigkeit in kürzerer Zeit, eine außerordentliche Tagung des Rates ein.

Artikel 31
(ex-Artikel 23 EUV)

(1) Beschlüsse nach diesem Kapitel werden vom Europäischen Rat und vom Rat einstimmig gefasst, soweit in diesem Kapitel nichts anderes festgelegt ist. Der Erlass von Gesetzgebungsakten ist ausgeschlossen.

Bei einer Stimmenthaltung kann jedes Ratsmitglied zu seiner Enthaltung eine förmliche Erklärung im Sinne dieses Unterabsatzes abgeben. In diesem Fall ist es nicht verpflichtet, den Beschluss durchzuführen, akzeptiert jedoch, dass der Beschluss für die Union bindend ist. Im Geiste gegenseitiger Solidarität unterlässt der betreffende Mitgliedstaat alles, was dem auf diesem Beschluss beruhenden Vorgehen der Union zuwiderlaufen oder es behindern könnte, und die anderen Mitgliedstaaten respektieren seinen Standpunkt. Vertreten die Mitglieder des Rates, die bei ihrer Stimmenthaltung eine solche Erklärung abgeben, mindestens ein Drittel der Mitgliedstaaten, die mindestens ein Drittel der Unionsbevölkerung ausmachen, so wird der Beschluss nicht erlassen.

(2) Abweichend von Absatz 1 beschließt der Rat mit qualifizierter Mehrheit, wenn er

— auf der Grundlage eines Beschlusses des Europäischen Rates über die strategischen Interessen und Ziele der Union nach Artikel 22 Absatz 1 einen Beschluss erlässt, mit dem eine Aktion oder ein Standpunkt der Union festgelegt wird;

— auf einen Vorschlag hin, den ihm der Hohe Vertreter der Union für Außen- und Sicherheitspolitik auf spezielles Ersuchen des Europäischen Rates unterbreitet hat, das auf dessen eigene Initiative oder auf eine Initiative des Hohen Vertreters zurückgeht, einen Beschluss erlässt, mit dem eine Aktion oder ein Standpunkt der Union festgelegt wird;

— einen Beschluss zur Durchführung eines Beschlusses, mit dem eine Aktion oder ein Standpunkt der Union festgelegt wird, erlässt,

— nach Artikel 33 einen Sonderbeauftragten ernennt.

Erklärt ein Mitglied des Rates, dass es aus wesentlichen Gründen der nationalen Politik, die es auch nennen muss, die Absicht hat, einen mit qualifizierter Mehrheit zu fassenden Beschluss abzulehnen, so erfolgt keine Abstimmung. Der Hohe Vertreter bemüht sich in engem Benehmen mit dem betroffenen Mitgliedstaat um eine für diesen Mitgliedstaat annehmbare Lösung. Gelingt dies nicht, so kann der Rat mit qualifizierter Mehrheit veranlassen, dass die Frage im Hinblick auf einen einstimmigen Beschluss an den Europäischen Rat verwiesen wird.

(3) Der Europäische Rat kann einstimmig einen Beschluss erlassen, in dem vorgesehen ist, dass der Rat in anderen als den in Absatz 2 genannten Fällen mit qualifizierter Mehrheit beschließt.

(4) Die Absätze 2 und 3 gelten nicht für Beschlüsse mit militärischen oder verteidigungspolitischen Bezügen.

(5) In Verfahrensfragen beschließt der Rat mit der Mehrheit seiner Mitglieder.

Artikel 32
(ex-Artikel 16 EUV)

Die Mitgliedstaaten stimmen sich im Europäischen Rat und im Rat zu jeder außen- und sicherheitspolitischen Frage von allgemeiner Bedeutung ab, um ein gemeinsames Vorgehen festzulegen.

Bevor ein Mitgliedstaat in einer Weise, die die Interessen der Union berühren könnte, auf internationaler Ebene tätig wird oder eine Verpflichtung eingeht, konsultiert er die anderen Mitgliedstaaten im Europäischen Rat oder im Rat. Die Mitgliedstaaten gewährleisten durch konvergentes Handeln, dass die Union ihre Interessen und ihre Werte auf internationaler Ebene geltend machen kann. Die Mitgliedstaaten sind untereinander solidarisch.

Hat der Europäische Rat oder der Rat ein gemeinsames Vorgehen der Union im Sinne des Absatzes 1 festgelegt, so koordinieren der Hohe Vertreter der Union für Außen- und Sicherheitspolitik und die Minister für auswärtige Angelegenheiten der Mitgliedstaaten ihre Tätigkeiten im Rat.

Die diplomatischen Vertretungen der Mitgliedstaaten und die Delegationen der Union in Drittländern und bei internationalen Organisationen arbeiten zusammen und tragen zur Festlegung und Durchführung des gemeinsamen Vorgehens bei.

Artikel 33
(ex-Artikel 18 EUV)

Der Rat kann auf Vorschlag des Hohen Vertreters der Union für Außen- und Sicherheitspolitik einen Sonderbeauftragten für besondere politische Fragen ernennen. Der Sonderbeauftragte übt sein Mandat unter der Verantwortung des Hohen Vertreters aus.

Artikel 34
(ex-Artikel 19 EUV)

(1) Die Mitgliedstaaten koordinieren ihr Handeln in internationalen Organisationen und auf internationalen Konferenzen. Sie treten dort für die Standpunkte der Union ein. Der Hohe Vertreter der Union für Außen- und Sicherheitspolitik trägt für die Organisation dieser Koordinierung Sorge.

In den internationalen Organisationen und auf internationalen Konferenzen, bei denen nicht alle Mitgliedstaaten vertreten sind, setzen sich die dort vertretenen Mitgliedstaaten für die Standpunkte der Union ein.

(2) Nach Artikel 24 Absatz 3 unterrichten die Mitgliedstaaten, die in internationalen Organisationen oder auf internationalen Konferenzen vertreten sind, die dort nicht vertretenen Mitgliedstaaten und den Hohen Vertreter laufend über alle Fragen von gemeinsamem Interesse.

Die Mitgliedstaaten, die auch Mitglieder des Sicherheitsrats der Vereinten Nationen sind, stimmen sich ab und unterrichten die übrigen Mitgliedstaaten sowie den Hohen Vertreter in vollem Umfang. Die Mitgliedstaaten, die Mitglieder des Sicherheitsrats sind, setzen sich bei der Wahrnehmung ihrer Aufgaben unbeschadet ihrer Verantwortlichkeiten aufgrund der Charta der Vereinten Nationen für die Standpunkte und Interessen der Union ein.

Wenn die Union einen Standpunkt zu einem Thema festgelegt hat, das auf der Tagesordnung des Sicherheitsrats der Vereinten Nationen steht, beantragen die dort vertretenen Mitgliedstaaten, dass der Hohe Vertreter gebeten wird, den Standpunkt der Union vorzutragen.

Artikel 35
(ex-Artikel 20 EUV)

Die diplomatischen und konsularischen Vertretungen der Mitgliedstaaten und die Delegationen der Union in dritten Ländern und auf internationalen Konferenzen sowie ihre Vertretungen bei internationalen Organisationen stimmen sich ab, um die Einhaltung und Durchführung der nach diesem Kapitel erlassenen Beschlüsse, mit denen Standpunkte und Aktionen der Union festgelegt werden, zu gewährleisten.

Sie intensivieren ihre Zusammenarbeit durch Informationsaustausch und gemeinsame Bewertungen.

Sie tragen zur Verwirklichung des in Artikel 20 Absatz 2 Buchstabe c des Vertrags über die Arbeitsweise der Europäischen Union genannten Rechts der Unionsbürgerinnen und Unionsbürger auf Schutz im Hoheitsgebiet von Drittländern und zur Durchführung der nach Artikel 23 des genannten Vertrags erlassenen Maßnahmen bei.

Artikel 36
(ex-Artikel 21 EUV)

Der Hohe Vertreter der Union für Außen- und Sicherheitspolitik hört das Europäische Parlament regelmäßig zu den wichtigsten Aspekten und den grundlegenden Weichenstellungen der Gemeinsamen Außen- und Sicherheitspolitik und der Gemeinsamen Sicherheits- und Verteidigungspolitik und unterrichtet es über die Entwicklung der Politik in diesen Bereichen. Er achtet darauf, dass die Auffassungen des Europäischen Parlaments gebührend berücksichtigt werden. Die Sonderbeauftragten können zur Unterrichtung des Europäischen Parlaments mit herangezogen werden.

Das Europäische Parlament kann Anfragen oder Empfehlungen an den Rat und den Hohen Vertreter richten. Zweimal jährlich führt es eine Aussprache über die Fortschritte bei der Durchführung der Gemeinsamen Außen- und Sicherheitspolitik, einschließlich der Gemeinsamen Sicherheits- und Verteidigungspolitik.

Artikel 37
(ex-Artikel 24 EUV)

Die Union kann in den unter dieses Kapitel fallenden Bereichen Übereinkünfte mit einem oder mehreren Staaten oder internationalen Organisationen schließen.

Artikel 38
(ex-Artikel 25 EUV)

Unbeschadet des Artikels 240 des Vertrags über die Arbeitsweise der Europäischen Union verfolgt ein Politisches und Sicherheitspolitisches Komitee die internationale Lage in den Bereichen der Gemeinsamen Außen- und Sicherheitspolitik und trägt auf Ersuchen des Rates, des Hohen Vertreters der Union für Außen- und Sicherheitspolitik oder von sich aus durch an den Rat gerichtete Stellungnahmen zur Festlegung der Politiken bei. Ferner überwacht es die Durchführung vereinbarter Politiken; dies gilt unbeschadet der Zuständigkeiten des Hohen Vertreters.

Im Rahmen dieses Kapitels nimmt das Politische und Sicherheitspolitische Komitee unter der Verantwortung des Rates und des Hohen Vertreters die politische Kontrolle und strategische Leitung von Krisenbewältigungsoperationen im Sinne des Artikels 43 wahr.

Der Rat kann das Komitee für den Zweck und die Dauer einer Operation zur Krisenbewältigung, die vom Rat festgelegt werden, ermächtigen, geeignete Beschlüsse hinsichtlich der politischen Kontrolle und strategischen Leitung der Operation zu fassen.

Artikel 39

Gemäß Artikel 16 des Vertrags über die Arbeitsweise der Europäischen Union und abweichend von Absatz 2 des genannten Artikels erlässt der Rat einen Beschluss zur Festlegung von Vorschriften über den Schutz natürlicher Personen bei der Verarbeitung personenbezogener Daten durch die Mitgliedstaaten im Rahmen der Ausübung von Tätigkeiten, die in den Anwendungsbereich dieses Kapitels fallen, und über den freien Datenverkehr. Die Einhaltung dieser Vorschriften wird von unabhängigen Behörden überwacht.

Artikel 40
(ex-Artikel 47 EUV)

Die Durchführung der Gemeinsamen Außen- und Sicherheitspolitik lässt die Anwendung der Verfahren und den jeweiligen Umfang der Befugnisse der Organe, die in den Verträgen für die Ausübung der in den Artikeln 3 bis 6 des Vertrags über die Arbeitsweise der Europäischen Union aufgeführten Zuständigkeiten der Union vorgesehen sind, unberührt.

Ebenso lässt die Durchführung der Politik nach den genannten Artikeln die Anwendung der Verfahren und den jeweiligen Umfang der Befugnisse der Organe, die in den Verträgen für die Ausübung der Zuständigkeiten der Union nach diesem Kapitel vorgesehen sind, unberührt.

Artikel 41
(ex-Artikel 28 EUV)

(1) Die Verwaltungsausgaben, die den Organen aus der Durchführung dieses Kapitels entstehen, gehen zulasten des Haushalts der Union.

(2) Die operativen Ausgaben im Zusammenhang mit der Durchführung dieses Kapitels gehen ebenfalls zulasten des Haushalts der Union, mit Ausnahme der Ausgaben aufgrund von Maßnahmen mit militärischen oder verteidigungspolitischen Bezügen und von Fällen, in denen der Rat einstimmig etwas anderes beschließt.

In Fällen, in denen die Ausgaben nicht zulasten des Haushalts der Union gehen, gehen sie nach dem Bruttosozialprodukt-Schlüssel zulasten der Mitgliedstaaten, sofern der Rat nicht einstimmig etwas anderes beschließt. Die Mitgliedstaaten, deren Vertreter im Rat eine förmliche Erklärung nach Artikel 31 Absatz 1 Unterabsatz 2 abgegeben haben, sind nicht verpflichtet, zur Finanzierung von Ausgaben für Maßnahmen mit militärischen oder verteidigungspolitischen Bezügen beizutragen.

(3) Der Rat erlässt einen Beschluss zur Festlegung besonderer Verfahren, um den schnellen Zugriff auf die Haushaltsmittel der Union zu gewährleisten, die für die Sofortfinanzierung von Initiativen im Rahmen der Gemeinsamen Außen- und Sicherheitspolitik, insbesondere von Tätigkeiten zur Vorbereitung einer Mission nach Artikel 42 Absatz 1 und Artikel 43 bestimmt sind. Er beschließt nach Anhörung des Europäischen Parlaments.

Die Tätigkeiten zur Vorbereitung der in Artikel 42 Absatz 1 und in Artikel 43 genannten Missionen, die nicht zulasten des Haushalts der Union gehen, werden aus einem aus Beiträgen der Mitgliedstaaten gebildeten Anschubfonds finanziert.

Der Rat erlässt mit qualifizierter Mehrheit auf Vorschlag des Hohen Vertreters der Union für Außen- und Sicherheitspolitik die Beschlüsse über

a) die Einzelheiten für die Bildung und die Finanzierung des Anschubfonds, insbesondere die Höhe der Mittelzuweisungen für den Fonds;

b) die Einzelheiten für die Verwaltung des Anschubfonds;

c) die Einzelheiten für die Finanzkontrolle.

Kann die geplante Mission nach Artikel 42 Absatz 1 und Artikel 43 nicht aus dem Haushalt der Union finanziert werden, so ermächtigt der Rat den Hohen Vertreter zur Inanspruchnahme dieses Fonds. Der Hohe Vertreter erstattet dem Rat Bericht über die Erfüllung dieses Mandats.

ABSCHNITT 2

BESTIMMUNGEN ÜBER DIE GEMEINSAME SICHERHEITS- UND VERTEIDIGUNGSPOLITIK

Artikel 42
(ex-Artikel 17 EUV)

(1) Die Gemeinsame Sicherheits- und Verteidigungspolitik ist integraler Bestandteil der Gemeinsamen Außen- und Sicherheitspolitik. Sie sichert der Union eine auf zivile und militärische Mittel gestützte Operationsfähigkeit. Auf diese kann die Union bei Missionen außerhalb der Union zur Friedenssicherung, Konfliktverhütung und Stärkung der internationalen Sicherheit in Übereinstimmung mit den Grundsätzen der Charta der Vereinten Nationen zurückgreifen. Sie erfüllt diese Aufgaben mit Hilfe der Fähigkeiten, die von den Mitgliedstaaten bereitgestellt werden.

(2) Die Gemeinsame Sicherheits- und Verteidigungspolitik umfasst die schrittweise Festlegung einer gemeinsamen Verteidigungspolitik der Union. Diese führt zu einer gemeinsamen Verteidigung, sobald der Europäische Rat dies einstimmig beschlossen hat. Er empfiehlt in diesem Fall den Mitgliedstaaten, einen Beschluss in diesem Sinne im Einklang mit ihren verfassungsrechtlichen Vorschriften zu erlassen.

Die Politik der Union nach diesem Abschnitt berührt nicht den besonderen Charakter der Sicherheits- und Verteidigungspolitik bestimmter Mitgliedstaaten; sie achtet die Verpflichtungen einiger Mitgliedstaaten, die ihre gemeinsame Verteidigung in der Nordatlantikvertrags-Organisation (NATO) verwirklicht sehen, aus dem Nordatlantikvertrag und ist vereinbar mit der in jenem Rahmen festgelegten gemeinsamen Sicherheits- und Verteidigungspolitik.

(3) Die Mitgliedstaaten stellen der Union für die Umsetzung der Gemeinsamen Sicherheits- und Verteidigungspolitik zivile und militärische Fähigkeiten als Beitrag zur Verwirklichung der vom Rat festgelegten Ziele zur Verfügung. Die Mitgliedstaaten, die zusammen multinationale Streitkräfte aufstellen, können diese auch für die Gemeinsame Sicherheits- und Verteidigungspolitik zur Verfügung stellen.

Die Mitgliedstaaten verpflichten sich, ihre militärischen Fähigkeiten schrittweise zu verbessern. Die Agentur für die Bereiche Entwicklung der Verteidigungsfähigkeiten, Forschung, Beschaffung und Rüstung (im Folgenden "Europäische Verteidigungsagentur") ermittelt den operativen Bedarf und fördert Maßnahmen zur Bedarfsdeckung, trägt zur Ermittlung von Maßnahmen zur Stärkung der industriellen und technologischen Basis des Verteidigungssektors bei und führt diese Maßnahmen gegebenenfalls durch, beteiligt sich an der Festlegung einer europäischen Politik im Bereich der Fähigkeiten und der Rüstung und unterstützt den Rat bei der Beurteilung der Verbesserung der militärischen Fähigkeiten.

(4) Beschlüsse zur Gemeinsamen Sicherheits- und Verteidigungspolitik, einschließlich der Beschlüsse über die Einleitung einer Mission nach diesem Artikel, werden vom Rat einstimmig auf Vorschlag des Hohen Vertreters der Union für Außen- und Sicherheitspolitik oder auf Initiative eines Mitgliedstaats erlassen. Der Hohe Vertreter kann gegebenenfalls gemeinsam mit der Kommission den Rückgriff auf einzelstaatliche Mittel sowie auf Instrumente der Union vorschlagen.

(5) Der Rat kann zur Wahrung der Werte der Union und im Dienste ihrer Interessen eine Gruppe von Mitgliedstaaten mit der Durchführung einer Mission im Rahmen der Union beauftragen. Die Durchführung einer solchen Mission fällt unter Artikel 44.

(6) Die Mitgliedstaaten, die anspruchsvollere Kriterien in Bezug auf die militärischen Fähigkeiten erfüllen und die im Hinblick auf Missionen mit höchsten Anforderungen untereinander weiter gehende Verpflichtungen eingegangen sind, begründen eine Ständige Strukturierte Zusammenarbeit im Rahmen der Union. Diese Zusammenarbeit erfolgt nach Maßgabe von Artikel 46. Sie berührt nicht die Bestimmungen des Artikels 43.

(7) Im Falle eines bewaffneten Angriffs auf das Hoheitsgebiet eines Mitgliedstaats schulden die anderen Mitgliedstaaten ihm alle in ihrer Macht stehende Hilfe und Unterstützung, im Einklang mit Artikel 51 der Charta der Vereinten Nationen. Dies lässt den besonderen Charakter der Sicherheits- und Verteidigungspolitik bestimmter Mitgliedstaaten unberührt.

Die Verpflichtungen und die Zusammenarbeit in diesem Bereich bleiben im Einklang mit den im Rahmen der Nordatlantikvertrags-Organisation eingegangenen Verpflichtungen, die für die ihr angehörenden Staaten weiterhin das Fundament ihrer kollektiven Verteidigung und das Instrument für deren Verwirklichung ist.

Artikel 43

(1) Die in Artikel 42 Absatz 1 vorgesehenen Missionen, bei deren Durchführung die Union auf zivile und militärische Mittel zurückgreifen kann, umfassen gemeinsame Abrüstungsmaßnahmen, humanitäre Aufgaben und Rettungseinsätze, Aufgaben der militärischen Beratung und Unterstützung, Aufgaben der Konfliktverhütung und der Erhaltung des Friedens sowie Kampfeinsätze im Rahmen der Krisenbewältigung einschließlich Frieden schaffender Maßnahmen und Operationen zur Stabilisierung der Lage nach Konflikten. Mit allen diesen Missionen kann zur Bekämpfung des Terrorismus beigetragen werden, unter anderem auch durch die Unterstützung für Drittländer bei der Bekämpfung des Terrorismus in ihrem Hoheitsgebiet.

(2) Der Rat erlässt die Beschlüsse über Missionen nach Absatz 1; in den Beschlüssen sind Ziel und Umfang der Missionen sowie die für sie geltenden allgemeinen Durchführungsbestimmungen festgelegt. Der Hohe Vertreter der Union für Außen- und Sicherheitspolitik sorgt unter Aufsicht des Rates und in engem und ständigem Benehmen mit dem Politischen und Sicherheitspolitischen Komitee für die Koordinierung der zivilen und militärischen Aspekte dieser Missionen.

Artikel 44

(1) Im Rahmen der nach Artikel 43 erlassenen Beschlüsse kann der Rat die Durchführung einer Mission einer Gruppe von Mitgliedstaaten übertragen, die dies wünschen und über die für eine derartige Mission erforderlichen Fähigkeiten verfügen. Die betreffenden Mitgliedstaaten vereinbaren in Absprache mit dem Hohen Vertreter der Union für Außen- und Sicherheitspolitik untereinander die Ausführung der Mission.

(2) Die an der Durchführung der Mission teilnehmenden Mitgliedstaaten unterrichten den Rat von sich aus oder auf Antrag eines anderen Mitgliedstaats regelmäßig über den Stand der Mission. Die teilnehmenden Mitgliedstaaten befassen den Rat sofort, wenn sich aus der Durchführung der Mission schwerwiegende Konsequenzen ergeben oder das Ziel der Mission, ihr Umfang oder die für sie geltenden Regelungen, wie sie in den in Absatz 1 genannten Beschlüssen festgelegt sind, geändert werden müssen. Der Rat erlässt in diesen Fällen die erforderlichen Beschlüsse.

Artikel 45

(1) Aufgabe der in Artikel 42 Absatz 3 genannten, dem Rat unterstellten Europäischen Verteidigungsagentur ist es,

a) bei der Ermittlung der Ziele im Bereich der militärischen Fähigkeiten der Mitgliedstaaten und der Beurteilung, ob die von den Mitgliedstaaten in Bezug auf diese Fähigkeiten eingegangenen Verpflichtungen erfüllt wurden, mitzuwirken;

b) auf eine Harmonisierung des operativen Bedarfs sowie die Festlegung effizienter und kompatibler Beschaffungsverfahren hinzuwirken;

c) multilaterale Projekte zur Erfüllung der Ziele im Bereich der militärischen Fähigkeiten vorzuschlagen und für die Koordinierung der von den Mitgliedstaaten durchgeführten Programme sowie die Verwaltung spezifischer Kooperationsprogramme zu sorgen;

d) die Forschung auf dem Gebiet der Verteidigungstechnologie zu unterstützen, gemeinsame Forschungsaktivitäten sowie Studien zu technischen Lösungen, die dem künftigen operativen Bedarf gerecht werden, zu koordinieren und zu planen;

e) dazu beizutragen, dass zweckdienliche Maßnahmen zur Stärkung der industriellen und technologischen Basis des Verteidigungssektors und für einen wirkungsvolleren Einsatz der Verteidigungsausgaben ermittelt werden, und diese Maßnahmen gegebenenfalls durchzuführen.

(2) Alle Mitgliedstaaten können auf Wunsch an der Arbeit der Europäischen Verteidigungsagentur teilnehmen. Der Rat erlässt mit qualifizierter Mehrheit einen Beschluss, in dem die Rechtsstellung, der Sitz und die Funktionsweise der Agentur festgelegt werden. Dieser Beschluss trägt dem Umfang der effektiven Beteiligung an den Tätigkeiten der Agentur Rechnung. Innerhalb der Agentur werden spezielle Gruppen gebildet, in denen Mitgliedstaaten zusammenkommen, die gemeinsame Projekte durchführen. Die Agentur versieht ihre Aufgaben erforderlichenfalls in Verbindung mit der Kommission.

Artikel 46

(1) Die Mitgliedstaaten, die sich an der Ständigen Strukturierten Zusammenarbeit im Sinne des Artikels 42 Absatz 6 beteiligen möchten und hinsichtlich der militärischen Fähigkeiten die Kriterien erfüllen und die Verpflichtungen eingehen, die in dem Protokoll über die Ständige Strukturierte Zusammenarbeit enthalten sind, teilen dem Rat und dem Hohen Vertreter der Union für Außen- und Sicherheitspolitik ihre Absicht mit.

(2) Der Rat erlässt binnen drei Monaten nach der in Absatz 1 genannten Mitteilung einen Beschluss über die Begründung der Ständigen Strukturierten Zusammenarbeit und über die Liste der daran teilnehmenden Mitgliedstaaten. Der Rat beschließt nach Anhörung des Hohen Vertreters mit qualifizierter Mehrheit.

(3) Jeder Mitgliedstaat, der sich zu einem späteren Zeitpunkt an der Ständigen Strukturierten Zusammenarbeit beteiligen möchte, teilt dem Rat und dem Hohen Vertreter seine Absicht mit.

Der Rat erlässt einen Beschluss, in dem die Teilnahme des betreffenden Mitgliedstaats, der die Kriterien und Verpflichtungen nach den Artikeln 1 und 2 des Protokolls über die Ständige Strukturierte Zusammenarbeit erfüllt beziehungsweise eingeht, bestätigt wird. Der Rat beschließt mit qualifizierter Mehrheit nach Anhörung des Hohen Vertreters. Nur die Mitglieder des Rates, die die teilnehmenden Mitgliedstaaten vertreten, sind stimmberechtigt.

Die qualifizierte Mehrheit bestimmt sich nach Artikel 238 Absatz 3 Buchstabe a des Vertrags über die Arbeitsweise der Europäischen Union.

(4) Erfüllt ein teilnehmender Mitgliedstaat die Kriterien nach den Artikeln 1 und 2 des Protokolls über die Ständige Strukturierte Zusammenarbeit nicht mehr oder kann er den darin genannten Verpflichtungen nicht mehr nachkommen, so kann der Rat einen Beschluss erlassen, durch den die Teilnahme dieses Staates ausgesetzt wird.

Der Rat beschließt mit qualifizierter Mehrheit. Nur die Mitglieder des Rates, die die teilnehmenden Mitgliedstaaten mit Ausnahme des betroffenen Mitgliedstaats vertreten, sind stimmberechtigt.

Die qualifizierte Mehrheit bestimmt sich nach Artikel 238 Absatz 3 Buchstabe a des Vertrags über die Arbeitsweise der Europäischen Union.

(5) Wünscht ein teilnehmender Mitgliedstaat, von der Ständigen Strukturierten Zusammenarbeit Abstand zu nehmen, so teilt er seine Entscheidung dem Rat mit, der zur Kenntnis nimmt, dass die Teilnahme des betreffenden Mitgliedstaats beendet ist.

(6) Mit Ausnahme der Beschlüsse nach den Absätzen 2 bis 5 erlässt der Rat die Beschlüsse und Empfehlungen im Rahmen der Ständigen Strukturierten Zusammenarbeit einstimmig. Für die Zwecke dieses Absatzes bezieht sich die Einstimmigkeit allein auf die Stimmen der Vertreter der an der Zusammenarbeit teilnehmenden Mitgliedstaaten.

TITEL VI
SCHLUSSBESTIMMUNGEN

Artikel 47

Die Union besitzt Rechtspersönlichkeit.

Artikel 48
(ex-Artikel 48 EUV)

(1) Die Verträge können gemäß dem ordentlichen Änderungsverfahren geändert werden. Sie können ebenfalls nach vereinfachten Änderungsverfahren geändert werden.

(2) Die Regierung jedes Mitgliedstaats, das Europäische Parlament oder die Kommission kann dem Rat Entwürfe zur Änderung der Verträge vorlegen. Diese Entwürfe können unter anderem eine Ausdehnung oder Verringerung der der Union in den Verträgen übertragenen Zuständigkeiten zum Ziel haben. Diese Entwürfe werden vom Rat dem Europäischen Rat übermittelt und den nationalen Parlamenten zur Kenntnis gebracht.

(3) Beschließt der Europäische Rat nach Anhörung des Europäischen Parlaments und der Kommission mit einfacher Mehrheit die Prüfung der vorgeschlagenen Änderungen, so beruft der Präsident des Europäischen Rates einen Konvent von Vertretern der nationalen Parlamente, der Staats- und Regierungschefs der Mitgliedstaaten, des Europäischen Parlaments und der Kommission ein. Bei institutionellen Änderungen im Währungsbereich wird auch die Europäische Zentralbank gehört. Der Konvent prüft die Änderungsentwürfe und nimmt im Konsensverfahren eine Empfehlung an, die an eine Konferenz der Vertreter der Regierungen der Mitgliedstaaten nach Absatz 4 gerichtet ist.

Der Europäische Rat kann mit einfacher Mehrheit nach Zustimmung des Europäischen Parlaments beschließen, keinen Konvent einzuberufen, wenn seine Einberufung aufgrund des Umfangs der geplanten Änderungen nicht gerechtfertigt ist. In diesem Fall legt der Europäische Rat das Mandat für eine Konferenz der Vertreter der Regierungen der Mitgliedstaaten fest.

(4) Eine Konferenz der Vertreter der Regierungen der Mitgliedstaaten wird vom Präsidenten des Rates einberufen, um die an den Verträgen vorzunehmenden Änderungen zu vereinbaren.

Die Änderungen treten in Kraft, nachdem sie von allen Mitgliedstaaten nach Maßgabe ihrer verfassungsrechtlichen Vorschriften ratifiziert worden sind.

(5) Haben nach Ablauf von zwei Jahren nach der Unterzeichnung eines Vertrags zur Änderung der Verträge vier Fünftel der Mitgliedstaaten den genannten Vertrag ratifiziert und sind in einem Mitgliedstaat oder mehreren Mitgliedstaaten Schwierigkeiten bei der Ratifikation aufgetreten, so befasst sich der Europäische Rat mit der Frage.

(6) Die Regierung jedes Mitgliedstaats, das Europäische Parlament oder die Kommission kann dem Europäischen Rat Entwürfe zur Änderung aller oder eines Teils der Bestimmungen des Dritten Teils des Vertrags über die Arbeitsweise der Europäischen Union über die internen Politikbereiche der Union vorlegen.

Der Europäische Rat kann einen Beschluss zur Änderung aller oder eines Teils der Bestimmungen des Dritten Teils des Vertrags über die Arbeitsweise der Europäischen Union erlassen. Der Europäische Rat beschließt einstimmig nach Anhörung des Europäischen Parlaments und der Kommission sowie, bei institutionellen Änderungen im Währungsbereich, der Europäischen Zentralbank. Dieser Beschluss tritt erst nach Zustimmung der Mitgliedstaaten im Einklang mit ihren jeweiligen verfassungsrechtlichen Vorschriften in Kraft.

Der Beschluss nach Unterabsatz 2 darf nicht zu einer Ausdehnung der der Union im Rahmen der Verträge übertragenen Zuständigkeiten führen.

(7) In Fällen, in denen der Rat nach Maßgabe des Vertrags über die Arbeitsweise der Europäischen Union oder des Titels V dieses Vertrags in einem Bereich oder in einem bestimmten Fall einstimmig beschließt, kann der Europäische Rat einen Beschluss erlassen, wonach der Rat in diesem Bereich oder in diesem Fall mit qualifizierter Mehrheit beschließen kann. Dieser Unterabsatz gilt nicht für Beschlüsse mit militärischen oder verteidigungspolitischen Bezügen.

In Fällen, in denen nach Maßgabe des Vertrags über die Arbeitsweise der Europäischen Union Gesetzgebungsakte vom Rat gemäß einem besonderen Gesetzgebungsverfahren erlassen werden müssen, kann der Europäische Rat einen Beschluss erlassen, wonach die Gesetzgebungsakte gemäß dem ordentlichen Gesetzgebungsverfahren erlassen werden können.

Jede vom Europäischen Rat auf der Grundlage von Unterabsatz 1 oder Unterabsatz 2 ergriffene Initiative wird den nationalen Parlamenten übermittelt. Wird dieser Vorschlag innerhalb von sechs Monaten nach der Übermittlung von einem nationalen Parlament abgelehnt, so wird der Beschluss nach Unterabsatz 1 oder Unterabsatz 2 nicht erlassen. Wird die Initiative nicht abgelehnt, so kann der Europäische Rat den Beschluss erlassen.

Der Europäische Rat erlässt die Beschlüsse nach den Unterabsätzen 1 oder 2 einstimmig nach Zustimmung des Europäischen Parlaments, das mit der Mehrheit seiner Mitglieder beschließt.

Artikel 49

(ex-Artikel 49 EUV)

Jeder europäische Staat, der die in Artikel 2 genannten Werte achtet und sich für ihre Förderung einsetzt, kann beantragen, Mitglied der Union zu werden. Das Europäische Parlament und die nationalen Parlamente werden über diesen Antrag unterrichtet. Der antragstellende Staat richtet seinen Antrag an den Rat; dieser beschließt einstimmig nach Anhörung der Kommission und nach Zustimmung des Europäischen Parlaments, das mit der Mehrheit seiner Mitglieder beschließt. Die vom Europäischen Rat vereinbarten Kriterien werden berücksichtigt.

Die Aufnahmebedingungen und die durch eine Aufnahme erforderlich werdenden Anpassungen der Verträge, auf denen die Union beruht, werden durch ein Abkommen zwischen den Mitgliedstaaten und dem antragstellenden Staat geregelt. Das Abkommen bedarf der Ratifikation durch alle Vertragsstaaten gemäß ihren verfassungsrechtlichen Vorschriften.

Artikel 50

(1) Jeder Mitgliedstaat kann im Einklang mit seinen verfassungsrechtlichen Vorschriften beschließen, aus der Union auszutreten.

(2) Ein Mitgliedstaat, der auszutreten beschließt, teilt dem Europäischen Rat seine Absicht mit. Auf der Grundlage der Leitlinien des Europäischen Rates handelt die Union mit diesem Staat ein Abkommen über die Einzelheiten des Austritts aus und schließt das Abkommen, wobei der Rahmen für die künftigen Beziehungen dieses Staates zur Union berücksichtigt wird. Das Abkommen wird nach Artikel 218 Absatz 3 des Vertrags über die Arbeitsweise der Europäischen Union ausgehandelt. Es wird vom Rat im Namen der Union geschlossen; der Rat beschließt mit qualifizierter Mehrheit nach Zustimmung des Europäischen Parlaments.

(3) Die Verträge finden auf den betroffenen Staat ab dem Tag des Inkrafttretens des Austrittsabkommens oder andernfalls zwei Jahre nach der in Absatz 2 genannten Mitteilung keine Anwendung mehr, es sei denn, der Europäische Rat beschließt im Einvernehmen mit dem betroffenen Mitgliedstaat einstimmig, diese Frist zu verlängern.

(4) Für die Zwecke der Absätze 2 und 3 nimmt das Mitglied des Europäischen Rates und des Rates, das den austretenden Mitgliedstaat vertritt, weder an den diesen Mitgliedstaat betreffenden Beratungen noch an der entsprechenden Beschlussfassung des Europäischen Rates oder des Rates teil.

Die qualifizierte Mehrheit bestimmt sich nach Artikel 238 Absatz 3 Buchstabe b des Vertrags über die Arbeitsweise der Europäischen Union.

(5) Ein Staat, der aus der Union ausgetreten ist und erneut Mitglied werden möchte, muss dies nach dem Verfahren des Artikels 49 beantragen.

Artikel 51

Die Protokolle und Anhänge der Verträge sind Bestandteil der Verträge.

Artikel 52

(1) Die Verträge gelten für das Königreich Belgien, die Republik Bulgarien, die Tschechische Republik, das Königreich Dänemark, die Bundesrepublik Deutschland, die Republik Estland, Irland, die Hellenische Republik, das Königreich Spanien, die Französische Republik, die Republik Kroatien, die Italienische Republik, die Republik Zypern, die Republik Lettland, die Republik Litauen, das Großherzogtum Luxemburg, die Republik Ungarn, die Republik Malta, das Königreich der Niederlande, die Republik Österreich, die Republik Polen, die Portugiesische Republik, Rumänien, die Republik Slowenien, die Slowakische Republik, die Republik Finnland, das Königreich Schweden und das Vereinigte Königreich Großbritannien und Nordirland.

(2) Der räumliche Geltungsbereich der Verträge wird in Artikel 355 des Vertrags über die Arbeitsweise der Europäischen Union im Einzelnen angegeben.

Artikel 53

(ex-Artikel 51 EUV)

Dieser Vertrag gilt auf unbegrenzte Zeit.

Artikel 54

(ex-Artikel 52 EUV)

(1) Dieser Vertrag bedarf der Ratifikation durch die Hohen Vertragsparteien gemäß ihren verfassungsrechtlichen Vorschriften. Die Ratifikationsurkunden werden bei der Regierung der Italienischen Republik hinterlegt.

(2) Dieser Vertrag tritt am 1. Januar 1993 in Kraft, sofern alle Ratifikationsurkunden hinterlegt worden sind, oder andernfalls am ersten Tag des

auf die Hinterlegung der letzten Ratifikationsurkunde folgenden Monats.

Artikel 55
(ex-Artikel 53 EUV)

(1) Dieser Vertrag ist in einer Urschrift in bulgarischer, dänischer, deutscher, englischer, estnischer, finnischer, französischer, griechischer, irischer, italienischer, kroatischer, lettischer, litauischer, maltesischer, niederländischer, polnischer, portugiesischer, rumänischer, schwedischer, slowakischer, slowenischer, spanischer, tschechischer und ungarischer Sprache abgefasst, wobei jeder Wortlaut gleichermaßen verbindlich ist; er wird im Archiv der Regierung der Italienischen Republik hinterlegt; diese übermittelt der Regierung jedes anderen Unterzeichnerstaats eine beglaubigte Abschrift.

(2) Dieser Vertrag kann ferner in jede andere von den Mitgliedstaaten bestimmte Sprache übersetzt werden, sofern diese Sprache nach der Verfassungsordnung des jeweiligen Mitgliedstaats in dessen gesamtem Hoheitsgebiet oder in Teilen davon Amtssprache ist. Die betreffenden Mitgliedstaaten stellen eine beglaubigte Abschrift dieser Übersetzungen zur Verfügung, die in den Archiven des Rates hinterlegt wird.

TITEL I
UNTERRICHTUNG DER NATIONALEN PARLAMENTE

Artikel 1

Die Konsultationsdokumente der Kommission (Grün- und Weißbücher sowie Mitteilungen) werden bei ihrer Veröffentlichung von der Kommission direkt den nationalen Parlamenten zugeleitet. Ferner leitet die Kommission den nationalen Parlamenten gleichzeitig mit der Übermittlung an das Europäische Parlament und den Rat das jährliche Rechtsetzungsprogramm sowie alle weiteren Dokumente für die Ausarbeitung der Rechtsetzungsprogramme oder politischen Strategien zu.

Artikel 2

Die an das Europäische Parlament und den Rat gerichteten Entwürfe von Gesetzgebungsakten werden den nationalen Parlamenten zugeleitet.

Im Sinne dieses Protokolls bezeichnet "Entwurf eines Gesetzgebungsakts" die Vorschläge der Kommission, die Initiativen einer Gruppe von Mitgliedstaaten, die Initiativen des Europäischen Parlaments, die Anträge des Gerichtshofs, die Empfehlungen der Europäischen Zentralbank und die Anträge der Europäischen Investitionsbank, die den Erlass eines Gesetzgebungsaktes zum Ziel haben.

Die von der Kommission vorgelegten Entwürfe von Gesetzgebungsakten werden von der Kommission gleichzeitig mit der Übermittlung an das Europäische Parlament und den Rat direkt den nationalen Parlamenten zugeleitet.

Die vom Europäischen Parlament vorgelegten Entwürfe von Gesetzgebungsakten werden vom Europäischen Parlament direkt den nationalen Parlamenten zugeleitet.

Die von einer Gruppe von Mitgliedstaaten, vom Gerichtshof, von der Europäischen Zentralbank oder von der Europäischen Investitionsbank vorgelegten Entwürfe von Gesetzgebungsakten werden vom Rat den nationalen Parlamenten zugeleitet.

Artikel 3

Die nationalen Parlamente können nach dem im Protokoll über die Anwendung der Grundsätze der Subsidiarität und der Verhältnismäßigkeit vorgesehenen Verfahren eine begründete Stellungnahme zur Übereinstimmung eines Entwurfs eines Gesetzgebungsakts mit dem Subsidiaritätsprinzip an die Präsidenten des Europäischen Parlaments, des Rates und der Kommission richten.

Wird der Entwurf eines Gesetzgebungsakts von einer Gruppe von Mitgliedstaaten vorgelegt, so übermittelt der Präsident des Rates die begründete Stellungnahme oder die begründeten Stellungnahmen den Regierungen dieser Mitgliedstaaten.

Wird der Entwurf eines Gesetzgebungsakts vom Gerichtshof, von der Europäischen Zentralbank oder von der Europäischen Investitionsbank vorgelegt, so übermittelt der Präsident des Rates die begründete Stellungnahme oder die begründeten Stellungnahmen dem betreffenden Organ oder der betreffenden Einrichtung.

Artikel 4

Zwischen dem Zeitpunkt, zu dem ein Entwurf eines Gesetzgebungsakts den nationalen Parlamenten in den Amtssprachen der Union zugeleitet wird, und dem Zeitpunkt, zu dem er zwecks Erlass oder zur Festlegung eines Standpunkts im Rahmen eines Gesetzgebungsverfahrens auf die vorläufige Tagesordnung des Rates gesetzt wird, müssen acht Wochen liegen. In dringenden Fällen, die in dem Rechtsakt oder dem Standpunkt des Rates begründet werden, sind Ausnahmen möglich. Außer in ordnungsgemäß begründeten dringenden Fällen darf in diesen acht Wochen keine Einigung über den Entwurf eines Gesetzgebungsakts festgestellt werden. Außer in ordnungsgemäß begründeten dringenden Fällen müssen zwischen der Aufnahme des Entwurfs eines Gesetzgebungsakts in die vorläufige Tagesordnung für die Tagung des Rates und der Festlegung eines Standpunkts zehn Tage liegen.

Artikel 5

Den nationalen Parlamenten werden die Tagesordnungen für die Tagungen des Rates und die Ergebnisse dieser Tagungen, einschließlich der Protokolle der Tagungen, auf denen der Rat über

Entwürfe von Gesetzgebungsakten berät, gleichzeitig mit der Übermittlung an die Regierungen der Mitgliedstaaten direkt zugeleitet.

Artikel 6

Beabsichtigt der Europäische Rat, Artikel 48 Absatz 7 Unterabsatz 1 oder Unterabsatz 2 des Vertrags über die Europäische Union in Anspruch zu nehmen, so werden die nationalen Parlamente mindestens sechs Monate vor dem Erlass eines Beschlusses von der Initiative des Europäischen Rates unterrichtet.

Artikel 7

Der Rechnungshof übermittelt den nationalen Parlamenten gleichzeitig mit der Übermittlung an das Europäische Parlament und den Rat seinen Jahresbericht zur Unterrichtung.

Artikel 8

Handelt es sich bei dem System des nationalen Parlaments nicht um ein Einkammersystem, so gelten die Artikel 1 bis 7 für jede der Kammern des Parlaments.

TITEL II
ZUSAMMENARBEIT ZWISCHEN DEN PARLAMENTEN

Artikel 9

Das Europäische Parlament und die nationalen Parlamente legen gemeinsam fest, wie eine effiziente und regelmäßige Zusammenarbeit zwischen den Parlamenten innerhalb der Union gestaltet und gefördert werden kann.

Artikel 10

Eine Konferenz der Europa-Ausschüsse der Parlamente kann jeden ihr zweckmäßig erscheinenden Beitrag dem Europäischen Parlament, dem Rat und der Kommission zur Kenntnis bringen. Diese Konferenz fördert ferner den Austausch von Informationen und bewährten Praktiken zwischen den nationalen Parlamenten und dem Europäischen Parlament, einschließlich ihrer Fachausschüsse. Sie kann auch interparlamentarische Konferenzen zu Einzelthemen organisieren, insbesondere zur Erörterung von Fragen der Gemeinsamen Außen- und Sicherheitspolitik, einschließlich der Gemeinsamen Sicherheits- und Verteidigungspolitik. Die Beiträge der Konferenz binden nicht die nationalen Parlamente und greifen ihrem Standpunkt nicht vor.

Artikel 1

Jedes Organ trägt stets für die Einhaltung der in Artikel 5 des Vertrags über die Europäische Union niedergelegten Grundsätze der Subsidiarität und der Verhältnismäßigkeit Sorge.

Artikel 2

Die Kommission führt umfangreiche Anhörungen durch, bevor sie einen Gesetzgebungsakt vorschlägt. Dabei ist gegebenenfalls der regionalen und lokalen Bedeutung der in Betracht gezogenen Maßnahmen Rechnung zu tragen. In außergewöhnlich dringenden Fällen führt die Kommission keine Konsultationen durch. Sie begründet dies in ihrem Vorschlag.

Artikel 3

Im Sinne dieses Protokolls bezeichnet "Entwurf eines Gesetzgebungsakts" die Vorschläge der Kommission, die Initiativen einer Gruppe von Mitgliedstaaten, die Initiativen des Europäischen Parlaments, die Anträge des Gerichtshofs, die Empfehlungen der Europäischen Zentralbank und die Anträge der Europäischen Investitionsbank, die den Erlass eines Gesetzgebungsakts zum Ziel haben.

Artikel 4

Die Kommission leitet ihre Entwürfe für Gesetzgebungsakte und ihre geänderten Entwürfe den nationalen Parlamenten und dem Unionsgesetzgeber gleichzeitig zu.

Das Europäische Parlament leitet seine Entwürfe von Gesetzgebungsakten sowie seine geänderten Entwürfe den nationalen Parlamenten zu.

Der Rat leitet die von einer Gruppe von Mitgliedstaaten, vom Gerichtshof, von der Europäischen Zentralbank oder von der Europäischen Investitionsbank vorgelegten Entwürfe von Gesetzgebungsakten sowie die geänderten Entwürfe den nationalen Parlamenten zu.

Sobald das Europäische Parlament seine legislativen Entschließungen angenommen und der Rat seine Standpunkte festgelegt hat, leiten sie diese den nationalen Parlamenten zu.

Artikel 5

Die Entwürfe von Gesetzgebungsakten werden im Hinblick auf die Grundsätze der Subsidiarität und der Verhältnismäßigkeit begründet. Jeder Entwurf eines Gesetzgebungsakts sollte einen Vermerk mit detaillierten Angaben enthalten, die es ermöglichen zu beurteilen, ob die Grundsätze der Subsidiarität und der Verhältnismäßigkeit eingehalten wurden. Dieser Vermerk sollte Angaben zu den voraussichtlichen finanziellen Auswirkungen sowie im Fall einer Richtlinie zu den Auswirkungen auf die von den Mitgliedstaaten zu erlassenden Rechtsvorschriften, einschließlich gegebenenfalls der regionalen Rechtsvorschriften, enthalten. Die Feststellung, dass ein Ziel der Union besser auf Unionsebene erreicht werden kann, beruht auf qualitativen und, soweit möglich, quantitativen Kriterien. Die Entwürfe von Gesetzgebungsakten berücksichtigen dabei, dass die finanzielle Belastung und der Verwaltungsaufwand der Union, der nationalen Regierungen, der regionalen und lokalen Behörden, der Wirtschaftsteilnehmer und der Bürgerinnen und Bürger so gering wie möglich gehalten werden und in einem angemessenen Verhältnis zu dem angestrebten Ziel stehen müssen.

Artikel 6

Die nationalen Parlamente oder die Kammern eines dieser Parlamente können binnen acht Wochen nach dem Zeitpunkt der Übermittlung eines Entwurfs eines Gesetzgebungsakts in den Amtssprachen der Union in einer begründeten Stellungnahme an die Präsidenten des Europäischen Parlaments, des Rates und der Kommission darlegen, weshalb der Entwurf ihres Erachtens nicht mit dem Subsidiaritätsprinzip vereinbar ist. Dabei obliegt es dem jeweiligen nationalen Parlament oder der jeweiligen Kammer eines nationalen Parlaments, gegebenenfalls die regionalen Parlamente mit Gesetzgebungsbefugnissen zu konsultieren.

Wird der Entwurf eines Gesetzgebungsakts von einer Gruppe von Mitgliedstaaten vorgelegt, so übermittelt der Präsident des Rates die Stellungnahme den Regierungen dieser Mitgliedstaaten.

Wird der Entwurf eines Gesetzgebungsakts vom Gerichtshof, von der Europäischen Zentralbank oder von der Europäischen Investitionsbank vorgelegt, so übermittelt der Präsident des Rates die Stellungnahme dem betreffenden Organ oder der betreffenden Einrichtung.

Artikel 7

(1) Das Europäische Parlament, der Rat und die Kommission sowie gegebenenfalls die Gruppe von Mitgliedstaaten, der Gerichtshof, die Europäische Zentralbank oder die Europäische Investitionsbank, sofern der Entwurf eines Gesetzgebungsakts von ihnen vorgelegt wurde, berücksichtigen die begründeten Stellungnahmen der nationalen Parlamente oder einer der Kammern eines dieser Parlamente.

Jedes nationale Parlament hat zwei Stimmen, die entsprechend dem einzelstaatlichen parlamentarischen System verteilt werden. In einem Zweikammersystem hat jede der beiden Kammern eine Stimme.

(2) Erreicht die Anzahl begründeter Stellungnahmen, wonach der Entwurf eines Gesetzgebungsakts nicht mit dem Subsidiaritätsprinzip im Einklang steht, mindestens ein Drittel der Gesamtzahl der den nationalen Parlamenten nach Absatz 1 Unterabsatz 2 zugewiesenen Stimmen, so muss der Entwurf überprüft werden. Die Schwelle beträgt ein Viertel der Stimmen, wenn es sich um den Entwurf eines Gesetzgebungsakts auf der Grundlage des Artikels 76 des Vertrags über die Arbeitsweise der Europäischen Union betreffend den Raum der Freiheit, der Sicherheit und des Rechts handelt.

Nach Abschluss der Überprüfung kann die Kommission oder gegebenenfalls die Gruppe von Mitgliedstaaten, das Europäische Parlament, der Gerichtshof, die Europäische Zentralbank oder die Europäische Investitionsbank, sofern der Entwurf eines Gesetzgebungsakts von ihr beziehungsweise ihm vorgelegt wurde, beschließen, an dem Entwurf festzuhalten, ihn zu ändern oder ihn zurückzuziehen. Dieser Beschluss muss begründet werden.

(3) Außerdem gilt im Rahmen des ordentlichen Gesetzgebungsverfahrens Folgendes: Erreicht die Anzahl begründeter Stellungnahmen, wonach der Vorschlag für einen Gesetzgebungsakt nicht mit dem Subsidiaritätsprinzip im Einklang steht, mindestens die einfache Mehrheit der Gesamtzahl der den nationalen Parlamenten nach Absatz 1 Unterabsatz 2 zugewiesenen Stimmen, so muss der Vorschlag überprüft werden. Nach Abschluss dieser Überprüfung kann die Kommission beschließen, an dem Vorschlag festzuhalten, ihn zu ändern oder ihn zurückzuziehen.

Beschließt die Kommission, an dem Vorschlag festzuhalten, so hat sie in einer begründeten Stellungnahme darzulegen, weshalb der Vorschlag ihres Erachtens mit dem Subsidiaritätsprinzip im Einklang steht. Die begründete Stellungnahme der Kommission wird zusammen mit den begründeten Stellungnahmen der nationalen Parlamente dem Unionsgesetzgeber vorgelegt, damit dieser sie im Rahmen des Verfahrens berücksichtigt:

a) Vor Abschluss der ersten Lesung prüft der Gesetzgeber (das Europäische Parlament und der Rat), ob der Gesetzgebungsvorschlag mit dem Subsidiaritätsprinzip im Einklang steht; hierbei berücksichtigt er insbesondere die angeführten Begründungen, die von einer Mehrheit der nationalen Parlamente unterstützt werden, sowie die begründete Stellungnahme der Kommission.

b) Ist der Gesetzgeber mit der Mehrheit von 55 % der Mitglieder des Rates oder einer Mehrheit der abgegebenen Stimmen im Europäischen Parlament der Ansicht, dass der Vorschlag nicht mit dem Subsidiaritätsprinzip im Einklang steht, wird der Gesetzgebungsvorschlag nicht weiter geprüft.

Artikel 8

Der Gerichtshof der Europäischen Union ist für Klagen wegen Verstoßes eines Gesetzgebungsakts gegen das Subsidiaritätsprinzip zuständig, die nach Maßgabe des Artikels 263 des Vertrags über die Arbeitsweise der Europäischen Union von einem Mitgliedstaat erhoben oder entsprechend der jeweiligen innerstaatlichen Rechtsordnung von einem Mitgliedstaat im Namen seines nationalen Parlaments oder einer Kammer dieses Parlaments übermittelt werden.

Nach Maßgabe des genannten Artikels können entsprechende Klagen in Bezug auf Gesetzgebungsakte, für deren Erlass die Anhörung des Ausschusses der Regionen nach dem Vertrag über die Arbeitsweise der Europäischen Union vorgeschrieben ist, auch vom Ausschuss der Regionen erhoben werden.

Artikel 9

Die Kommission legt dem Europäischen Rat, dem Europäischen Parlament, dem Rat und den nationalen Parlamenten jährlich einen Bericht über die Anwendung des Artikels 5 des Vertrags über die Europäische Union vor. Dieser Jahresbericht wird auch dem Wirtschafts- und Sozialausschuss und dem Ausschuss der Regionen zugeleitet.

Artikel 1

Für die Errichtung und die Tätigkeit des Gerichtshofs der Europäischen Union gelten die Bestimmungen der Verträge, des Vertrags zur Gründung der Europäischen Atomgemeinschaft (EAG-Vertrag) und dieser Satzung.

TITEL I
DIE RICHTER UND DIE GENERALANWÄLTE

Artikel 2

Jeder Richter leistet vor Aufnahme seiner Amtstätigkeit vor dem in öffentlicher Sitzung tagenden Gerichtshof den Eid, sein Amt unparteiisch und gewissenhaft auszuüben und das Beratungsgeheimnis zu wahren.

Artikel 3

Die Richter sind keiner Gerichtsbarkeit unterworfen. Hinsichtlich ihrer in amtlicher Eigenschaft vorgenommenen Handlungen, einschließlich ihrer mündlichen und schriftlichen Äußerungen, steht ihnen diese Befreiung auch nach Abschluss ihrer Amtstätigkeit zu.

Der Gerichtshof kann die Befreiung durch Plenarentscheidung aufheben. Betrifft die Entscheidung ein Mitglied des Gerichts oder eines Fachgerichts, so entscheidet der Gerichtshof nach Anhörung des betreffenden Gerichts.

Wird nach Aufhebung der Befreiung ein Strafverfahren gegen einen Richter eingeleitet, so darf dieser in jedem Mitgliedstaat nur vor ein Gericht gestellt werden, das für Verfahren gegen Richter der höchsten Gerichte dieses Mitgliedstaats zuständig ist.

Die Artikel 11 bis 14 und Artikel 17 des Protokolls über die Vorrechte und Befreiungen der Europäischen Union finden auf die Richter, die Generalanwälte, den Kanzler und die Hilfsberichterstatter des Gerichtshofs der Europäischen Union Anwendung; die Bestimmungen der Absätze 1 bis 3 betreffend die Befreiung der Richter von der Gerichtsbarkeit bleiben hiervon unberührt.

Artikel 4

Die Richter dürfen weder ein politisches Amt noch ein Amt in der Verwaltung ausüben.

Sie dürfen keine entgeltliche oder unentgeltliche Berufstätigkeit ausüben, es sei denn, dass der Rat mit einfacher Mehrheit ausnahmsweise von dieser Vorschrift Befreiung erteilt.

Bei der Aufnahme ihrer Tätigkeit übernehmen sie die feierliche Verpflichtung, während der Ausübung und nach Ablauf ihrer Amtstätigkeit die sich aus ihrem Amt ergebenden Pflichten zu erfüllen, insbesondere die Pflicht, bei der Annahme bestimmter Tätigkeiten oder Vorteile nach Ablauf dieser Tätigkeit ehrenhaft und zurückhaltend zu sein.

Im Zweifelsfalle entscheidet der Gerichtshof. Betrifft die Entscheidung ein Mitglied des Gerichts oder eines Fachgerichts, so entscheidet der Gerichtshof nach Anhörung des betreffenden Gerichts.

Artikel 5

Abgesehen von den regelmäßigen Neubesetzungen und von Todesfällen endet das Amt eines Richters durch Rücktritt.

Bei Rücktritt eines Richters ist das Rücktrittsschreiben an den Präsidenten des Gerichtshofs zur Weiterleitung an den Präsidenten des Rates zu richten. Mit der Benachrichtigung des Letzteren wird der Sitz frei.

Mit Ausnahme der Fälle, in denen Artikel 6 Anwendung findet, bleibt jeder Richter bis zum Amtsantritt seines Nachfolgers im Amt.

Artikel 6

Ein Richter kann nur dann seines Amtes enthoben oder seiner Ruhegehaltsansprüche oder anderer an ihrer Stelle gewährter Vergünstigungen für verlustig erklärt werden, wenn er nach einstimmigem Urteil der Richter und Generalanwälte des Gerichtshofs nicht mehr die erforderlichen Voraussetzungen erfüllt oder den sich aus seinem Amt ergebenden Verpflichtungen nicht mehr nachkommt. Der Betroffene wirkt bei der Beschlussfassung nicht mit. Ist der Betroffene ein Mitglied des Gerichts oder eines Fachgerichts, so entscheidet der Gerichtshof nach Anhörung des betreffenden Gerichts.

Der Kanzler bringt den Präsidenten des Europäischen Parlaments und der Kommission die Entscheidung des Gerichtshofs zur Kenntnis und übermittelt sie dem Präsidenten des Rates.

Wird durch eine solche Entscheidung ein Richter seines Amtes enthoben, so wird sein Sitz mit der Benachrichtigung des Präsidenten des Rates frei.

Artikel 7

Endet das Amt eines Richters vor Ablauf seiner Amtszeit, so wird es für die verbleibende Amtszeit neu besetzt.

Artikel 8

Die Artikel 2 bis 7 finden auf die Generalanwälte Anwendung.

TITEL II
ORGANISATION DES GERICHTSHOFS

Artikel 9

Bei der alle drei Jahre stattfindenden teilweisen Neubesetzung der Richterstellen wird die Hälfte der Richterstellen neu besetzt. Ist die Zahl der Richterstellen ungerade, so ist die Zahl der neu zu besetzenden Richterstellen abwechselnd die Zahl, die direkt über bzw. direkt unter der Hälfte der Anzahl der Richterstellen liegt.

Absatz 1 gilt auch für die alle drei Jahre stattfindende teilweise Neubesetzung der Stellen der Generalanwälte.

Artikel 9a

Die Richter wählen aus ihrer Mitte den Präsidenten und den Vizepräsidenten des Gerichtshofs für die Dauer von drei Jahren. Die Wiederwahl ist zulässig.

Der Vizepräsident unterstützt den Präsidenten nach Maßgabe der Verfahrensordnung. Er vertritt den Präsidenten, wenn dieser verhindert oder sein Amt unbesetzt ist.

Artikel 10

Der Kanzler leistet vor dem Gerichtshof den Eid, sein Amt unparteiisch und gewissenhaft auszuüben und das Beratungsgeheimnis zu wahren.

Artikel 11

Der Gerichtshof regelt die Vertretung des Kanzlers für den Fall seiner Verhinderung.

Artikel 12

Dem Gerichtshof werden Beamte und sonstige Bedienstete beigegeben, um ihm die Erfüllung seiner Aufgaben zu ermöglichen. Sie unterstehen dem Kanzler unter Aufsicht des Präsidenten.

Artikel 13

Das Europäische Parlament und der Rat können gemäß dem ordentlichen Gesetzgebungsverfahren auf Antrag des Gerichtshofs die Ernennung von Hilfsberichterstattern vorsehen und ihre Stellung bestimmen. Die Hilfsberichterstatter können nach Maßgabe der Verfahrensordnung berufen werden, an der Bearbeitung der beim Gerichtshof anhängigen Sachen teilzunehmen und mit dem Berichterstatter zusammenzuarbeiten.

Zu Hilfsberichterstattern sind Persönlichkeiten auszuwählen, die jede Gewähr für Unabhängigkeit bieten und die erforderlichen juristischen Befähigungsnachweise erbringen; sie werden vom Rat mit einfacher Mehrheit ernannt. Sie leisten vor dem Gerichtshof den Eid, ihr Amt unparteiisch und gewissenhaft auszuüben und das Beratungsgeheimnis zu wahren.

Artikel 14

Die Richter, die Generalanwälte und der Kanzler sind verpflichtet, am Sitz des Gerichtshofs zu wohnen.

Artikel 15

Der Gerichtshof übt seine Tätigkeit ständig aus. Die Dauer der Gerichtsferien wird vom Gerichtshof unter Berücksichtigung der dienstlichen Erfordernisse festgesetzt.

Artikel 16

Der Gerichtshof bildet aus seiner Mitte Kammern mit drei und mit fünf Richtern. Die Richter wählen aus ihrer Mitte die Präsidenten der Kammern. Die Präsidenten der Kammern mit fünf Richtern werden für drei Jahre gewählt. Einmalige Wiederwahl ist zulässig.

Die Große Kammer ist mit fünfzehn Richtern besetzt. Den Vorsitz führt der Präsident des Gerichtshofs. Der Großen Kammer gehören außerdem der Vizepräsident des Gerichtshofs sowie nach Maßgabe der Verfahrensordnung drei der Präsidenten der Kammern mit fünf Richtern und weitere Richter an.

Der Gerichtshof tagt als Große Kammer, wenn ein am Verfahren beteiligter Mitgliedstaat oder ein am Verfahren beteiligtes Unionsorgan dies beantragt.

Der Gerichtshof tagt als Plenum, wenn er gemäß Artikel 228 Absatz 2, Artikel 245 Absatz 2, Artikel 247 oder Artikel 286 Absatz 6 AEUV befasst wird.

Außerdem kann der Gerichtshof, wenn er zu der Auffassung gelangt, dass eine Rechtssache, mit der er befasst ist, von außergewöhnlicher Bedeutung ist, nach Anhörung des Generalanwalts entscheiden, diese Rechtssache an das Plenum zu verweisen.

Artikel 17

Der Gerichtshof kann nur in der Besetzung mit einer ungeraden Zahl von Richtern rechtswirksam entscheiden.

Die Entscheidungen der Kammern mit drei oder fünf Richtern sind nur dann gültig, wenn sie von drei Richtern getroffen werden.

Die Entscheidungen der Großen Kammer sind nur dann gültig, wenn elf Richter anwesend sind.

Die vom Plenum getroffenen Entscheidungen des Gerichtshofs sind nur dann gültig, wenn siebzehn Richter anwesend sind.

Bei Verhinderung eines Richters einer Kammer kann nach Maßgabe der Verfahrensordnung ein Richter einer anderen Kammer herangezogen werden.

Artikel 18

Die Richter und Generalanwälte dürfen nicht an der Erledigung einer Sache teilnehmen, in der sie vorher als Bevollmächtigte, Beistände oder Anwälte einer der Parteien tätig gewesen sind oder über die zu befinden sie als Mitglied eines Gerichts, eines Untersuchungsausschusses oder in anderer Eigenschaft berufen waren.

Glaubt ein Richter oder Generalanwalt, bei der Entscheidung oder Untersuchung einer bestimmten Sache aus einem besonderen Grund nicht mitwirken zu können, so macht er davon dem Präsidenten Mitteilung. Hält der Präsident die Teilnahme eines Richters oder Generalanwalts an der Verhandlung oder Entscheidung einer bestimmten Sache aus einem besonderen Grund für unangebracht, so setzt er diesen hiervon in Kenntnis.

Ergibt sich bei der Anwendung dieses Artikels eine Schwierigkeit, so entscheidet der Gerichtshof.

Eine Partei kann den Antrag auf Änderung der Zusammensetzung des Gerichtshofs oder einer seiner Kammern weder mit der Staatsangehörigkeit eines Richters noch damit begründen, dass dem Gerichtshof oder einer seiner Kammern kein Richter ihrer Staatsangehörigkeit angehört.

TITEL III
VERFAHREN VOR DEM GERICHTSHOF

Artikel 19

Die Mitgliedstaaten sowie die Unionsorgane werden vor dem Gerichtshof durch einen Bevollmächtigten vertreten, der für jede Sache bestellt wird; der Bevollmächtigte kann sich der Hilfe eines Beistands oder eines Anwalts bedienen.

Die Vertragsstaaten des Abkommens über den Europäischen Wirtschaftsraum, die nicht Mitgliedstaaten sind, und die in jenem Abkommen genannte EFTA-Überwachungsbehörde werden in der gleichen Weise vertreten.

Die anderen Parteien müssen durch einen Anwalt vertreten sein.

Nur ein Anwalt, der berechtigt ist, vor einem Gericht eines Mitgliedstaats oder eines anderen Vertragsstaats des Abkommens über den Europäischen Wirtschaftsraum aufzutreten, kann vor dem Gerichtshof als Vertreter oder Beistand einer Partei auftreten.

Die vor dem Gerichtshof auftretenden Bevollmächtigten, Beistände und Anwälte genießen nach Maßgabe der Verfahrensordnung die zur unabhängigen Ausübung ihrer Aufgaben erforderlichen Rechte und Sicherheiten.

Der Gerichtshof hat nach Maßgabe der Verfahrensordnung gegenüber den vor ihm auftretenden Beiständen und Anwälten die den Gerichten üblicherweise zuerkannten Befugnisse.

Hochschullehrer, die Angehörige von Mitgliedstaaten sind, deren Rechtsordnung ihnen gestattet, vor Gericht als Vertreter einer Partei aufzutreten, haben vor dem Gerichtshof die durch diesen Artikel den Anwälten eingeräumte Rechtsstellung.

Artikel 20

Das Verfahren vor dem Gerichtshof gliedert sich in ein schriftliches und ein mündliches Verfahren.

Das schriftliche Verfahren umfasst die Übermittlung der Klageschriften, Schriftsätze, Klagebeantwortungen und Erklärungen und gegebenenfalls der Repliken sowie aller zur Unterstützung vorgelegten Belegstücke und Urkunden oder ihrer beglaubigten Abschriften an die Parteien sowie an diejenigen Unionsorgane, deren Entscheidungen Gegenstand des Verfahrens sind.

Die Übermittlung obliegt dem Kanzler in der Reihenfolge und innerhalb der Fristen, die die Verfahrensordnung bestimmt.

Das mündliche Verfahren umfasst die Anhörung der Bevollmächtigten, Beistände und Anwälte und der Schlussanträge des Generalanwalts durch den Gerichtshof sowie gegebenenfalls die Vernehmung von Zeugen und Sachverständigen.

Ist der Gerichtshof der Auffassung, dass eine Rechtssache keine neue Rechtsfrage aufwirft, so kann er nach Anhörung des Generalanwalts beschließen, dass ohne Schlussanträge des Generalanwalts über die Sache entschieden wird.

Artikel 21

Die Klageerhebung bei dem Gerichtshof erfolgt durch Einreichung einer an den Kanzler zu richtenden Klageschrift. Die Klageschrift muss Namen und Wohnsitz des Klägers, die Stellung des Unterzeichnenden, die Partei oder die Parteien, gegen die die Klage erhoben wird, und den Streitgegenstand angeben sowie die Anträge und eine kurze Darstellung der Klagegründe enthalten.

Ihr ist gegebenenfalls der Rechtsakt beizufügen, dessen Nichtigerklärung beantragt wird, oder in dem in Artikel 265 AEUV geregelten Fall eine Unterlage, aus der sich der Zeitpunkt der in dem genannten Artikel vorgesehenen Aufforderung ergibt. Sind der Klageschrift diese Unterlagen nicht beigefügt, so fordert der Kanzler den Kläger auf, sie innerhalb einer angemessenen Frist beizubringen; die Klage kann nicht deshalb zurückgewiesen werden, weil die Beibringung erst nach Ablauf der für die Klageerhebung vorgeschriebenen Frist erfolgt.

Artikel 22

In den Fällen nach Artikel 18 des EAG-Vertrags erfolgt die Klageerhebung bei dem Gerichtshof durch Einreichung einer an den Kanzler zu richtenden Klageschrift. Die Klageschrift muss Namen und Wohnsitz des Klägers, die Stellung des Unterzeichnenden, die Entscheidung, gegen die Klage erhoben wird, die Gegenparteien und den Streitgegenstand angeben sowie die Anträge und eine kurze Darstellung der Klagegründe enthalten.

Eine beglaubigte Abschrift der angefochtenen Entscheidung des Schiedsausschusses ist beizufügen.

Weist der Gerichtshof die Klage ab, so wird die Entscheidung des Schiedsausschusses rechtskräftig.

Hebt der Gerichtshof die Entscheidung des Schiedsausschusses auf, so kann das Verfahren gegebenenfalls auf Betreiben einer Prozesspartei vor dem Schiedsausschuss wieder aufgenommen werden. Dieser ist an die vom Gerichtshof gegebene rechtliche Beurteilung gebunden.

Artikel 23

In den Fällen nach Artikel 267 AEUV obliegt es dem Gericht des Mitgliedstaats, das ein Verfahren aussetzt und den Gerichtshof anruft, diese Entscheidung dem Gerichtshof zu übermitteln. Der Kanzler des Gerichtshofs stellt diese Entscheidung den beteiligten Parteien, den Mitgliedstaaten und der Kommission zu und außerdem den Organen, Einrichtungen oder sonstigen Stellen der Union, von denen die Handlung, deren Gültigkeit oder Auslegung streitig ist, ausgegangen ist.

Binnen zwei Monaten nach dieser Zustellung können die Parteien, die Mitgliedstaaten, die Kommission und gegebenenfalls die Organe, Einrichtungen oder sonstigen Stellen der Union, von denen die Handlung, deren Gültigkeit oder Auslegung streitig ist, ausgegangen ist, beim Gerichtshof Schriftsätze einreichen oder schriftliche Erklärungen abgeben.

In den Fällen nach Artikel 267 AEUV stellt der Kanzler des Gerichtshofs die Entscheidung des Gerichts des Mitgliedstaats darüber hinaus den Vertragsstaaten des Abkommens über den Europäischen Wirtschaftsraum, die nicht Mitgliedstaaten sind, und der in jenem Abkommen genannten EFTA-Überwachungsbehörde zu, die binnen zwei Monaten nach der Zustellung beim Gerichtshof Schriftsätze einreichen oder schriftliche Erklärungen abgeben können, wenn einer der Anwendungsbereiche des Abkommens betroffen ist.

Sieht ein vom Rat mit einem oder mehreren Drittstaaten über einen bestimmten Bereich geschlossenes Abkommen vor, dass diese Staaten Schriftsätze einreichen oder schriftliche Erklärungen abgeben können, wenn ein Gericht eines Mitgliedstaats dem Gerichtshof eine in den Anwendungsbereich des Abkommens fallende Frage zur Vorabentscheidung vorgelegt hat, so wird die Entscheidung des Gerichts des Mitgliedstaats, die eine solche Frage enthält, auch den betreffenden Drittstaaten zugestellt, die binnen zwei Monaten nach der Zustellung beim Gerichtshof Schriftsätze einreichen oder schriftliche Erklärungen abgeben können.

In der Verfahrensordnung können ein beschleunigtes Verfahren und für Vorabentscheidungsersuchen zum Raum der Freiheit, der Sicherheit und des Rechts ein Eilverfahren vorgesehen werden.

Diese Verfahren können vorsehen, dass für die Einreichung von Schriftsätzen oder schriftlichen Erklärungen eine kürzere Frist als die des Artikels 23 gilt und dass abweichend von Artikel 20 Absatz 4 keine Schlussanträge des Generalanwalts gestellt werden.

Das Eilverfahren kann außerdem eine Beschränkung der in Artikel 23 bezeichneten Parteien und sonstigen Beteiligten, die Schriftsätze einreichen oder schriftliche Erklärungen abgeben können, und in Fällen äußerster Dringlichkeit das Entfallen des schriftlichen Verfahrens vorsehen.

Artikel 24

Der Gerichtshof kann von den Parteien die Vorlage aller Urkunden und die Erteilung aller Auskünfte verlangen, die er für wünschenswert hält. Im Falle einer Weigerung stellt der Gerichtshof diese ausdrücklich fest.

Der Gerichtshof kann ferner von den Mitgliedstaaten und den Organen, Einrichtungen oder sonstigen Stellen, die nicht Parteien in einem Rechtsstreit sind, alle Auskünfte verlangen, die er zur Regelung dieses Rechtsstreits für erforderlich erachtet.

Artikel 25

Der Gerichtshof kann jederzeit Personen, Personengemeinschaften, Dienststellen, Ausschüsse oder Einrichtungen seiner Wahl mit der Abgabe von Gutachten betrauen.

Artikel 26

Zeugen können nach Maßgabe der Verfahrensordnung vernommen werden.

Artikel 27

Nach Maßgabe der Verfahrensordnung kann der Gerichtshof gegenüber ausbleibenden Zeugen die den Gerichten allgemein zuerkannten Befugnisse ausüben und Geldbußen verhängen.

Artikel 28

Zeugen und Sachverständige können unter Benutzung der in der Verfahrensordnung vorgeschriebenen Eidesformel oder in der in der Rechtsordnung ihres Landes vorgesehenen Weise eidlich vernommen werden.

Artikel 29

Der Gerichtshof kann anordnen, dass ein Zeuge oder Sachverständiger von dem Gericht seines Wohnsitzes vernommen wird.

Diese Anordnung ist gemäß den Bestimmungen der Verfahrensordnung zur Ausführung an das zuständige Gericht zu richten. Die in Ausführung des Rechtshilfeersuchens abgefassten Schriftstücke werden dem Gerichtshof nach denselben Bestimmungen übermittelt.

Der Gerichtshof übernimmt die anfallenden Auslagen; er erlegt sie gegebenenfalls den Parteien auf.

Artikel 30

Jeder Mitgliedstaat behandelt die Eidesverletzung eines Zeugen oder Sachverständigen wie eine vor seinen eigenen in Zivilsachen zuständigen Gerichten begangene Straftat. Auf Anzeige des Gerichtshofs verfolgt er den Täter vor seinen zuständigen Gerichten.

Artikel 31

Die Verhandlung ist öffentlich, es sei denn, dass der Gerichtshof von Amts wegen oder auf Antrag der Parteien aus wichtigen Gründen anders beschließt.

Artikel 32

Der Gerichtshof kann während der Verhandlung Sachverständige, Zeugen sowie die Parteien selbst vernehmen. Für die Letzteren können jedoch nur ihre bevollmächtigten Vertreter mündlich verhandeln.

Artikel 33

Über jede mündliche Verhandlung ist ein vom Präsidenten und vom Kanzler zu unterschreibendes Protokoll aufzunehmen.

Artikel 34

Die Terminliste wird vom Präsidenten festgelegt.

Artikel 35

Die Beratungen des Gerichtshofs sind und bleiben geheim.

Artikel 36

Die Urteile sind mit Gründen zu versehen. Sie enthalten die Namen der Richter, die bei der Entscheidung mitgewirkt haben.

Artikel 37

Die Urteile sind vom Präsidenten und vom Kanzler zu unterschreiben. Sie werden in öffentlicher Sitzung verlesen.

Artikel 38

Der Gerichtshof entscheidet über die Kosten.

Artikel 39

Der Präsident des Gerichtshofs kann in einem abgekürzten Verfahren, das erforderlichenfalls von einzelnen Bestimmungen dieser Satzung abweichen kann und in der Verfahrensordnung geregelt ist, über Anträge auf Aussetzung gemäß Artikel 278 AEUV und Artikel 157 EAG-Vertrag, auf Erlass einstweiliger Anordnungen gemäß Artikel 279 AEUV oder auf Aussetzung der Zwangsvollstreckung gemäß Artikel 299 Absatz 4 AEUV oder Artikel 164 Absatz 3 EAG-Vertrag entscheiden.

Die in Absatz 1 genannten Befugnisse können nach Maßgabe der Verfahrensordnung vom Vizepräsidenten des Gerichtshofs ausgeübt werden.

Bei Verhinderung des Präsidenten und des Vizepräsidenten werden diese durch einen anderen Richter nach Maßgabe der Verfahrensordnung vertreten.

Die von dem Präsidenten oder seinem Vertreter getroffene Anordnung stellt eine einstweilige Regelung dar und greift der Entscheidung des Gerichtshofs in der Hauptsache nicht vor.

Artikel 40

Die Mitgliedstaaten und die Unionsorgane können einem bei dem Gerichtshof anhängigen Rechtsstreit beitreten.

Dasselbe gilt für die Einrichtungen und sonstigen Stellen der Union sowie alle anderen Personen, sofern sie ein berechtigtes Interesse am Ausgang eines bei dem Gerichtshof anhängigen Rechtsstreits glaubhaft machen können. Natürliche oder juristische Personen können Rechtssachen zwischen Mitgliedstaaten, zwischen Organen der Union oder zwischen Mitgliedstaaten und Organen der Union nicht beitreten.

Unbeschadet des Absatzes 2 können die Vertragsstaaten des Abkommens über den Europäischen Wirtschaftsraum, die nicht Mitgliedstaaten sind, und die in jenem Abkommen genannte EFTA-Überwachungsbehörde einem bei dem Gerichtshof anhängigen Rechtsstreit beitreten, wenn dieser einen der Anwendungsbereiche jenes Abkommens betrifft.

Mit den aufgrund des Beitritts gestellten Anträgen können nur die Anträge einer Partei unterstützt werden.

Artikel 41

Stellt der ordnungsmäßig geladene Beklagte keine schriftlichen Anträge, so ergeht gegen ihn Versäumnisurteil. Gegen dieses Urteil kann binnen einem Monat nach Zustellung Einspruch eingelegt werden. Der Einspruch hat keine Aussetzung der Vollstreckung aus dem Versäumnisurteil zur Folge, es sei denn, dass der Gerichtshof anders beschließt.

Artikel 42

Mitgliedstaaten, Organe, Einrichtungen oder sonstige Stellen der Union und alle sonstigen natürlichen und juristischen Personen können nach Maßgabe der Verfahrensordnung in den dort genannten Fällen Drittwiderspruch gegen ein Urteil erheben, wenn dieses Urteil ihre Rechte beeinträchtigt und in einem Rechtsstreit erlassen worden ist, an dem sie nicht teilgenommen haben.

Artikel 43

Bestehen Zweifel über Sinn und Tragweite eines Urteils, so ist der Gerichtshof zuständig, dieses Urteil auf Antrag einer Partei oder eines Unionsorgans auszulegen, wenn diese ein berechtigtes Interesse hieran glaubhaft machen.

Artikel 44

Die Wiederaufnahme des Verfahrens kann beim Gerichtshof nur dann beantragt werden, wenn eine Tatsache von entscheidender Bedeutung bekannt wird, die vor Verkündung des Urteils dem Gerichtshof und der die Wiederaufnahme beantragenden Partei unbekannt war.

Das Wiederaufnahmeverfahren wird durch eine Entscheidung des Gerichtshofs eröffnet, die das Vorliegen der neuen Tatsache ausdrücklich feststellt, ihr die für die Eröffnung des Wiederaufnahmeverfahrens erforderlichen Merkmale zuerkennt und deshalb den Antrag für zulässig erklärt.

Nach Ablauf von zehn Jahren nach Erlass des Urteils kann kein Wiederaufnahmeantrag mehr gestellt werden.

Artikel 45

In der Verfahrensordnung sind besondere, den Entfernungen Rechnung tragende Fristen festzulegen.

Der Ablauf von Fristen hat keinen Rechtsnachteil zur Folge, wenn der Betroffene nachweist, dass ein Zufall oder ein Fall höherer Gewalt vorliegt.

Artikel 46

Die aus außervertraglicher Haftung der Union hergeleiteten Ansprüche verjähren in fünf Jahren nach Eintritt des Ereignisses, das ihnen zugrunde liegt. Die Verjährung wird durch Einreichung der Klageschrift beim Gerichtshof oder dadurch unterbrochen, dass der Geschädigte seinen Anspruch vorher gegenüber dem zuständigen Unionsorgan geltend macht. In letzterem Fall muss die Klage innerhalb der in Artikel 263 AEUV vorgesehenen Frist von zwei Monaten erhoben werden; gegebenenfalls findet Artikel 265 Absatz 2 AEUV Anwendung.

Dieser Artikel gilt auch für Ansprüche, die aus außervertraglicher Haftung der Europäischen Zentralbank hergeleitet werden.

TITEL IV
DAS GERICHT

Artikel 47

Artikel 9 Absatz 1, Artikel 9a, Artikel 14 und 15, Artikel 17 Absätze 1, 2, 4 und 5 sowie Artikel 18 finden auf das Gericht und dessen Mitglieder Anwendung.

Artikel 3 Absatz 4 sowie die Artikel 10, 11 und 14 finden auf den Kanzler des Gerichts entsprechende Anwendung.

Artikel 48

Das Gericht besteht

a) ab dem 25. Dezember 2015 aus 40 Mitgliedern,

b) ab dem 1. September 2016 aus 47 Mitgliedern,

c) ab dem 1. September 2019 aus zwei Mitgliedern je Mitgliedstaat.

Artikel 49

Die Mitglieder des Gerichts können dazu bestellt werden, die Tätigkeit eines Generalanwalts auszuüben.

Der Generalanwalt hat in völliger Unparteilichkeit und Unabhängigkeit begründete Schlussanträge zu bestimmten dem Gericht unterbreiteten Rechtssachen öffentlich zu stellen, um das Gericht bei der Erfüllung seiner Aufgaben zu unterstützen.

Die Kriterien für die Bestimmung solcher Rechtssachen sowie die Einzelheiten für die Bestellung der Generalanwälte werden in der Verfahrensordnung des Gerichts festgelegt.

Ein in einer Rechtssache zum Generalanwalt bestelltes Mitglied darf bei der Entscheidung dieser Rechtssache nicht mitwirken.

Artikel 50

Das Gericht tagt in Kammern mit drei oder mit fünf Richtern. Die Richter wählen aus ihrer Mitte die Präsidenten der Kammern. Die Präsidenten der Kammern mit fünf Richtern werden für drei Jahre gewählt. Einmalige Wiederwahl ist zulässig.

Die Besetzung der Kammern und die Zuweisung der Rechtssachen an sie richten sich nach der Verfahrensordnung. In bestimmten in der Verfahrensordnung festgelegten Fällen kann das Gericht als Plenum oder als Einzelrichter tagen.

Die Verfahrensordnung kann auch vorsehen, dass das Gericht in den Fällen und unter den Bedingungen, die in der Verfahrensordnung festgelegt sind, als Große Kammer tagt.

Artikel 51

Abweichend von der in Artikel 256 Absatz 1 AEUV vorgesehenen Regelung sind dem Gerichtshof die Klagen gemäß den Artikeln 263 und 265 AEUV vorbehalten,

a) die von einem Mitgliedstaat gegen eine Handlung oder wegen unterlassener Beschlussfassung des Europäischen Parlaments oder des Rates oder dieser beiden Organe in den Fällen, in denen sie gemeinsam beschließen, erhoben werden, mit Ausnahme

— der Beschlüsse des Rates gemäß Artikel 108 Absatz 2 Unterabsatz 3 AEUV;

— der Rechtsakte, die der Rat aufgrund einer Verordnung des Rates über handelspolitische Schutzmaßnahmen im Sinne von Artikel 207 AEUV erlässt;

— der Handlungen des Rates, mit denen dieser gemäß Artikel 291 Absatz 2 AEUV Durchführungsbefugnisse ausübt;

b) die von einem Mitgliedstaat gegen eine Handlung oder wegen unterlassener Beschlussfassung der Kommission gemäß Artikel 331 Absatz 1 AEUV erhoben werden.

Dem Gerichtshof sind ebenfalls die Klagen gemäß denselben Artikeln vorbehalten, die von einem Unionsorgan gegen eine Handlung oder wegen unterlassener Beschlussfassung des Europäischen Parlaments, des Rates, dieser beiden Organe in den Fällen, in denen sie gemeinsam beschließen, oder der Kommission erhoben werden, sowie die Klagen, die von einem Unionsorgan gegen eine Handlung oder wegen unterlassener Beschlussfassung der Europäischen Zentralbank erhoben werden.

Artikel 52

Der Präsident des Gerichtshofs und der Präsident des Gerichts legen einvernehmlich fest, in welcher Weise Beamte und sonstige Bedienstete, die dem Gerichtshof beigegeben sind, dem Gericht Dienste leisten, um ihm die Erfüllung seiner Aufgaben zu ermöglichen. Einzelne Beamte oder sonstige Bedienstete unterstehen dem Kanzler des Gerichts unter Aufsicht des Präsidenten des Gerichts.

Artikel 53

Das Verfahren vor dem Gericht bestimmt sich nach Titel III.

Das Verfahren vor dem Gericht wird, soweit dies erforderlich ist, durch seine Verfahrensordnung im Einzelnen geregelt und ergänzt. Die Verfahrensordnung kann von Artikel 40 Absatz 4 und Artikel 41 abweichen, um den Besonderheiten der Rechtsstreitigkeiten auf dem Gebiet des geistigen Eigentums Rechnung zu tragen.

Abweichend von Artikel 20 Absatz 4 kann der Generalanwalt seine begründeten Schlussanträge schriftlich stellen.

Artikel 54

Wird eine Klageschrift oder ein anderer Schriftsatz, die an das Gericht gerichtet sind, irrtümlich beim Kanzler des Gerichtshofs eingereicht, so übermittelt dieser sie unverzüglich an den Kanzler des Gerichts; wird eine Klageschrift oder ein anderer Schriftsatz, die an den Gerichtshof gerichtet sind, irrtümlich beim Kanzler des Gerichts eingereicht, so übermittelt dieser sie unverzüglich an den Kanzler des Gerichtshofs.

Stellt das Gericht fest, dass es für eine Klage nicht zuständig ist, die in die Zuständigkeit des Gerichtshofs fällt, so verweist es den Rechtsstreit an den Gerichtshof; stellt der Gerichtshof fest, dass eine Klage in die Zuständigkeit des Gerichts fällt, so verweist er den Rechtsstreit an das Gericht, das sich dann nicht für unzuständig erklären kann.

Sind bei dem Gerichtshof und dem Gericht Rechtssachen anhängig, die den gleichen Gegenstand haben, die gleiche Auslegungsfrage aufwerfen oder die Gültigkeit desselben Rechtsaktes betreffen, so kann das Gericht nach Anhörung der Parteien das Verfahren bis zum Erlass des Urteils des Gerichtshofs aussetzen, oder, wenn es sich um Klagen gemäß Artikel 263 AEUV handelt, sich für nicht zuständig erklären, damit der Gerichtshof über diese Klagen entscheidet. Unter den gleichen Voraussetzungen kann auch der Gerichtshof die Aussetzung des bei ihm anhängigen Verfahrens beschließen; in diesem Fall wird das Verfahren vor dem Gericht fortgeführt.

Fechten ein Mitgliedstaat und ein Unionsorgan denselben Rechtsakt an, so erklärt sich das Gericht für nicht zuständig, damit der Gerichtshof über diese Klagen entscheidet.

Artikel 55

Der Kanzler des Gerichts übermittelt jeder Partei sowie allen Mitgliedstaaten und den Unionsorganen, auch wenn diese vor dem Gericht der Rechtssache nicht als Streithelfer beigetreten sind, die Endentscheidungen des Gerichts und die Entscheidungen, die über einen Teil des Streitgegenstands ergangen sind oder die einen Zwischenstreit beenden, der eine Einrede wegen Unzuständigkeit oder Unzulässigkeit zum Gegenstand hat.

Artikel 56

Gegen die Endentscheidungen des Gerichts und gegen die Entscheidungen, die über einen Teil des Streitgegenstands ergangen sind oder die einen Zwischenstreit beenden, der eine Einrede der Unzuständigkeit oder Unzulässigkeit zum Gegenstand hat, kann ein Rechtsmittel beim Gerichtshof eingelegt werden; die Rechtsmittelfrist beträgt zwei Monate und beginnt mit der Zustellung der angefochtenen Entscheidung.

Dieses Rechtsmittel kann von einer Partei eingelegt werden, die mit ihren Anträgen ganz oder teilweise unterlegen ist. Andere Streithelfer als Mitgliedstaaten oder Unionsorgane können dieses Rechtsmittel jedoch nur dann einlegen, wenn die Entscheidung des Gerichts sie unmittelbar berührt.

Mit Ausnahme von Fällen, die sich auf Streitsachen zwischen der Union und ihren Bediensteten beziehen, kann dieses Rechtsmittel auch von den Mitgliedstaaten und den Unionsorganen eingelegt werden, die dem Rechtsstreit vor dem Gericht nicht beigetreten sind. In diesem Fall befinden sie sich in derselben Stellung wie Mitgliedstaaten und Organe, die dem Rechtsstreit im ersten Rechtszug beigetreten sind.

Artikel 57

Wird ein Antrag auf Zulassung als Streithelfer von dem Gericht abgelehnt, so kann der Antragsteller binnen zwei Wochen nach Zustellung der ablehnenden Entscheidung ein Rechtsmittel beim Gerichtshof einlegen.

Gegen die aufgrund des Artikels 278, des Artikels 279 oder des Artikels 299 Absatz 4 AEUV oder aufgrund des Artikels 157 oder des Artikels 164 Absatz 3 EAG-Vertrag ergangenen Entscheidungen des Gerichts können die Parteien des Verfahrens binnen zwei Monaten nach Zustellung ein Rechtsmittel beim Gerichtshof einlegen.

Die Entscheidung über gemäß den Absätzen 1 und 2 eingelegte Rechtsmittel ergeht nach Maßgabe des Artikels 39.

Artikel 58

Das beim Gerichtshof eingelegte Rechtsmittel ist auf Rechtsfragen beschränkt. Es kann nur auf die Unzuständigkeit des Gerichts, auf einen Verfahrensfehler, durch den die Interessen des Rechtsmittelführers beeinträchtigt werden, sowie auf eine Verletzung des Unionsrechts durch das Gericht gestützt werden.

Ein Rechtsmittel nur gegen die Kostenentscheidung oder gegen die Kostenfestsetzung ist unzulässig.

Artikel 59

Wird gegen eine Entscheidung des Gerichts ein Rechtsmittel eingelegt, so besteht das Verfahren vor dem Gerichtshof aus einem schriftlichen und einem mündlichen Verfahren. Unter den in der Verfahrensordnung festgelegten Voraussetzungen kann der Gerichtshof nach Anhörung des Generalanwalts und der Parteien ohne mündliches Verfahren entscheiden.

Artikel 60

Unbeschadet der Artikel 278 und 279 AEUV oder des Artikels 157 EAG-Vertrag haben Rechtsmittel keine aufschiebende Wirkung.

Abweichend von Artikel 280 AEUV werden die Entscheidungen des Gerichts, in denen eine Verordnung für nichtig erklärt wird, erst nach Ablauf der in Artikel 56 Absatz 1 dieser Satzung vorgesehenen Frist oder, wenn innerhalb dieser Frist ein Rechtsmittel eingelegt worden ist, nach dessen Zurückweisung wirksam; ein Beteiligter kann jedoch gemäß den Artikeln 278 und 279 AEUV oder dem Artikel 157 EAG-Vertrag beim Gerichtshof die Aussetzung der Wirkungen der für nichtig erklärten Verordnung oder sonstige einstweilige Anordnungen beantragen.

Artikel 61

Ist das Rechtsmittel begründet, so hebt der Gerichtshof die Entscheidung des Gerichts auf. Er kann sodann den Rechtsstreit selbst endgültig entscheiden, wenn dieser zur Entscheidung reif ist, oder die Sache zur Entscheidung an das Gericht zurückverweisen.

Im Falle der Zurückverweisung ist das Gericht an die rechtliche Beurteilung in der Entscheidung des Gerichtshofs gebunden.

Ist das von einem Mitgliedstaat oder einem Unionsorgan, die dem Rechtsstreit vor dem Gericht nicht beigetreten sind, eingelegte Rechtsmittel begründet, so kann der Gerichtshof, falls er dies für notwendig hält, diejenigen Wirkungen der aufgehobenen Entscheidung des Gerichts bezeichnen, die für die Parteien des Rechtsstreits als fortgeltend zu betrachten sind.

Artikel 62

Wenn in Fällen nach Artikel 256 Absätze 2 und 3 AEUV der Erste Generalanwalt der Auffassung ist, dass die ernste Gefahr einer Beeinträchtigung der Einheit oder der Kohärenz des Unionsrechts besteht, so kann er dem Gerichtshof vorschlagen, die Entscheidung des Gerichts zu überprüfen.

Der Vorschlag muss innerhalb eines Monats nach Verkündung der Entscheidung des Gerichts erfolgen. Der Gerichtshof entscheidet innerhalb eines Monats nach Vorlage des Vorschlags durch den Ersten Generalanwalt, ob die Entscheidung zu überprüfen ist oder nicht.

Artikel 62a

Der Gerichtshof entscheidet über die Fragen, die Gegenstand der Überprüfung sind, im Wege eines Eilverfahrens auf der Grundlage der ihm vom Gericht übermittelten Akten.

Die in Artikel 23 dieses Statuts bezeichneten Beteiligten sowie – in den Fällen des Artikels 256 Absatz 2 AEUV – die Parteien des Verfahrens vor dem Gericht können zu den Fragen, die Gegenstand der Überprüfung sind, beim Gerichtshof innerhalb einer hierfür bestimmten Frist Schriftsätze einreichen oder schriftliche Erklärungen abgeben.

Der Gerichtshof kann beschließen, vor einer Entscheidung das mündliche Verfahren zu eröffnen.

Artikel 62b

In den Fällen des Artikels 256 Absatz 2 AEUV haben unbeschadet der Artikel 278 und 279 AEUV der Vorschlag einer Überprüfung und die Entscheidung, das Überprüfungsverfahren zu eröffnen, keine aufschiebende Wirkung. Stellt der Gerichtshof fest, dass die Entscheidung des Gerichts die Einheit oder die Kohärenz des Unionsrechts beeinträchtigt, verweist er die Sache an das Gericht zurück, das an die rechtliche Beurteilung durch den Gerichtshof gebunden ist; der Gerichtshof kann die Wirkungen der Entscheidung des Gerichts bezeichnen, die für die Parteien des Rechtsstreits als endgültig zu betrachten sind. Ergibt sich jedoch der Ausgang des Rechtsstreits unter Berücksichtigung des Ergebnisses der Überprüfung aus den Tatsachenfeststellungen, auf denen die Entscheidung des Gerichts beruht, so entscheidet der Gerichtshof endgültig.

In den Fällen des Artikels 256 Absatz 3 AEUV werden, sofern ein Überprüfungsvorschlag oder eine Entscheidung zur Eröffnung des Überprüfungsverfahrens nicht vorliegt, die Antwort oder die Antworten des Gerichts auf die ihm unterbreiteten Fragen nach Ablauf der hierzu in Artikel 62 Absatz 2 vorgesehenen Fristen wirksam. Im Fall der Eröffnung eines Überprüfungsverfahrens werden die Antwort oder die Antworten, die Gegenstand der Überprüfung sind, am Ende dieses Verfahrens wirksam, es sei denn, dass der Gerichtshof anders beschließt. Stellt der Gerichtshof fest, dass die Entscheidung des Gerichts die Einheit oder die Kohärenz des Unionsrechts beeinträchtigt, so ersetzt die Antwort des Gerichtshofs auf die Fragen, die Gegenstand der Überprüfung waren, die Antwort des Gerichts.

TITEL IVa
DIE FACHGERICHTE
Artikel 62c

Die Bestimmungen über die Zuständigkeitsbereiche, die Zusammensetzung, den Aufbau und das Verfahren der gemäß dem Artikel 257 AEUV errichteten Fachgerichte werden im Anhang dieser Satzung aufgeführt.

Das Europäische Parlament und der Rat können gemäß dem in Artikel 257 des Vertrags über die Arbeitsweise der Europäischen Union bezeichneten Verfahren den Fachgerichten Richter ad interim beiordnen, um das Fehlen von Richtern auszugleichen, die, ohne dass sie als voll dienstunfähig anzusehen sind, dauerhaft daran gehindert sind, an der Erledigung der Rechtssachen teilzunehmen. In diesem Fall legen das Europäische Parlament und der Rat die Voraussetzungen, unter denen die Richter ad interim ernannt werden, deren Rechte und Pflichten, die Einzelheiten ihrer Amtsausübung und die Umstände fest, unter denen das Amt endet.

TITEL V
SCHLUSSBESTIMMUNGEN
Artikel 63

Die Verfahrensordnungen des Gerichtshofs und des Gerichts enthalten alle Bestimmungen, die für die Anwendung dieser Satzung und erforderlichenfalls für ihre Ergänzung notwendig sind.

Artikel 64

Die Vorschriften über die Regelung der Sprachenfrage für den Gerichtshof der Europäischen Union werden in einer vom Rat einstimmig erlassenen Verordnung festgelegt. Diese Verordnung wird entweder auf Antrag des Gerichtshofs nach Anhörung der Kommission und des Europäischen Parlaments oder auf Vorschlag der Kommission nach Anhörung des Gerichtshofs und des Europäischen Parlaments erlassen.

Bis zum Erlass dieser Vorschriften gelten die Bestimmungen der Verfahrensordnung des Gerichtshofs und der Verfahrensordnung des Gerichts, die die Regelung der Sprachenfrage betreffen, fort. Abweichend von den Artikeln 253 und 254 AEUV bedürfen Änderungen der genannten Bestimmungen oder deren Aufhebung der einstimmigen Genehmigung durch den Rat.

4. Bundes-Verfassungsgesetz

Bundes-Verfassungsgesetz
StF: BGBl. Nr. 1/1930
Letzte Novellierung: BGBl. I Nr. 222/2022

GLIEDERUNG

STICHWORTVERZEICHNIS

E

N

Erstes Hauptstück
Allgemeine Bestimmungen. Europäische Union
A. Allgemeine Bestimmungen

Artikel 1. Österreich ist eine demokratische Republik. Ihr Recht geht vom Volk aus.

Artikel 2. (1) Österreich ist ein Bundesstaat.

(2) Der Bundesstaat wird gebildet aus den selbständigen Ländern: Burgenland, Kärnten, Niederösterreich, Oberösterreich, Salzburg, Steiermark, Tirol, Vorarlberg, Wien.

(3) Änderungen im Bestand der Länder oder eine Einschränkung der in diesem Absatz und in Art. 3 vorgesehenen Mitwirkung der Länder bedürfen auch verfassungsgesetzlicher Regelungen der Länder.

Artikel 3. (1) Das Bundesgebiet umfasst die Gebiete der Bundesländer.

(2) Staatsverträge, mit denen die Bundesgrenzen geändert werden, dürfen nur mit Zustimmung der betroffenen Länder abgeschlossen werden.

(3) Grenzänderungen innerhalb des Bundesgebietes bedürfen übereinstimmender Gesetze des Bundes und der betroffenen Länder. Für Grenzbereinigungen innerhalb des Bundesgebietes genügen übereinstimmende Gesetze der betroffenen Länder.

(4) Sofern es sich nicht um Grenzbereinigungen handelt, bedürfen Beschlüsse des Nationalrates über Grenzänderungen gemäß Abs. 2 und 3 der Anwesenheit von mindestens der Hälfte der Mitglieder und einer Mehrheit von zwei Dritteln der abgegebenen Stimmen.

Artikel 4. (1) Das Bundesgebiet bildet ein einheitliches Währungs-, Wirtschafts- und Zollgebiet.

(2) Innerhalb des Bundes dürfen Zwischenzolllinien oder sonstige Verkehrsbeschränkungen nicht errichtet werden.

Artikel 5. (1) Bundeshauptstadt und Sitz der obersten Organe des Bundes ist Wien.

(2) Für die Dauer außergewöhnlicher Verhältnisse kann der Bundespräsident auf Antrag der Bundesregierung den Sitz oberster Organe des Bundes in einen anderen Ort des Bundesgebietes verlegen.

Artikel 6. (1) Für die Republik Österreich besteht eine einheitliche Staatsbürgerschaft.

(2) Jene Staatsbürger, die in einem Land den Hauptwohnsitz haben, sind dessen Landesbürger; die Landesgesetze können jedoch vorsehen, dass auch Staatsbürger, die in einem Land einen Wohnsitz, nicht aber den Hauptwohnsitz haben, dessen Landesbürger sind.

(3) Der Hauptwohnsitz einer Person ist dort begründet, wo sie sich in der erweislichen oder aus den Umständen hervorgehenden Absicht niedergelassen hat, hier den Mittelpunkt ihrer Lebensbeziehungen zu schaffen; trifft diese sachliche Voraussetzung bei einer Gesamtbetrachtung der

beruflichen, wirtschaftlichen und gesellschaftlichen Lebensbeziehungen einer Person auf mehrere Wohnsitze zu, so hat sie jenen als Hauptwohnsitz zu bezeichnen, zu dem sie das überwiegende Naheverhältnis hat.

(4) In den Angelegenheiten der Durchführung der Wahl des Bundespräsidenten, von Wahlen zu den allgemeinen Vertretungskörpern und zum Europäischen Parlament, der Wahl des Bürgermeisters durch die zur Wahl des Gemeinderates Berechtigten, in den Angelegenheiten der Durchführung von Volksbegehren, Volksabstimmungen und Volksbefragungen auf Grund der Bundesverfassung oder einer Landesverfassung sowie in den Angelegenheiten der unmittelbaren Mitwirkung der zum Gemeinderat Wahlberechtigten an der Besorgung der Angelegenheiten des eigenen Wirkungsbereiches der Gemeinde gelten für die Dauer einer Festnahme oder Anhaltung im Sinne des Bundesverfassungsgesetzes über den Schutz der persönlichen Freiheit, BGBl. Nr. 684/1988, die letzten, außerhalb des Ortes einer Festnahme oder Anhaltung gelegenen Wohnsitze und der letzte, außerhalb des Ortes einer Festnahme oder Anhaltung gelegene Hauptwohnsitz vor der Festnahme oder Anhaltung als Wohnsitze beziehungsweise Hauptwohnsitz der festgenommenen oder angehaltenen Person.

Artikel 7. (1) Alle Staatsbürger sind vor dem Gesetz gleich. Vorrechte der Geburt, des Geschlechtes, des Standes, der Klasse und des Bekenntnisses sind ausgeschlossen. Niemand darf wegen seiner Behinderung benachteiligt werden. Die Republik (Bund, Länder und Gemeinden) bekennt sich dazu, die Gleichbehandlung von behinderten und nichtbehinderten Menschen in allen Bereichen des täglichen Lebens zu gewährleisten.

(2) Bund, Länder und Gemeinden bekennen sich zur tatsächlichen Gleichstellung von Mann und Frau. Maßnahmen zur Förderung der faktischen Gleichstellung von Frauen und Männern insbesondere durch Beseitigung tatsächlich bestehender Ungleichheiten sind zulässig.

(3) Amtsbezeichnungen können in der Form verwendet werden, die das Geschlecht des Amtsinhabers oder der Amtsinhaberin zum Ausdruck bringt. Gleiches gilt für Titel, akademische Grade und Berufsbezeichnungen.

(4) Den öffentlich Bediensteten, einschließlich der Angehörigen des Bundesheeres, ist die ungeschmälerte Ausübung ihrer politischen Rechte gewährleistet.

Artikel 8. (1) Die deutsche Sprache ist, unbeschadet der den sprachlichen Minderheiten bundesgesetzlich eingeräumten Rechte, die Staatssprache der Republik.

(2) Die Republik (Bund, Länder und Gemeinden) bekennt sich zu ihrer gewachsenen sprachlichen und kulturellen Vielfalt, die in den autochthonen Volksgruppen zum Ausdruck kommt. Sprache und Kultur, Bestand und Erhaltung dieser Volksgruppen sind zu achten, zu sichern und zu fördern.

(3) Die Österreichische Gebärdensprache ist als eigenständige Sprache anerkannt. Das Nähere bestimmen die Gesetze.

Artikel 8a. (1) Die Farben der Republik Österreich sind rot-weiß-rot. Die Flagge besteht aus drei gleichbreiten waagrechten Streifen, von denen der mittlere weiß, der obere und der untere rot sind.

(2) Das Wappen der Republik Österreich (Bundeswappen) besteht aus einem freischwebenden, einköpfigen, schwarzen, golden gewaffneten und rot bezungten Adler, dessen Brust mit einem roten, von einem silbernen Querbalken durchzogenen Schild belegt ist. Der Adler trägt auf seinem Haupt eine goldene Mauerkrone mit drei sichtbaren Zinnen. Die beiden Fänge umschließt eine gesprengte Eisenkette. Er trägt im rechten Fang eine goldene Sichel mit einwärts gekehrter Schneide, im linken Fang einen goldenen Hammer.

(3) Nähere Bestimmungen, insbesondere über den Schutz der Farben und des Wappens sowie über das Siegel der Republik werden durch Bundesgesetz getroffen.

Artikel 9. (1) Die allgemein anerkannten Regeln des Völkerrechtes gelten als Bestandteile des Bundesrechtes.

(2) Durch Gesetz oder durch einen gemäß Art. 50 Abs. 1 genehmigten Staatsvertrag können einzelne Hoheitsrechte auf andere Staaten oder zwischenstaatliche Einrichtungen übertragen werden. In gleicher Weise können die Tätigkeit von Organen anderer Staaten oder zwischenstaatlicher Einrichtungen im Inland und die Tätigkeit österreichischer Organe im Ausland geregelt sowie die Übertragung einzelner Hoheitsrechte anderer Staaten oder zwischenstaatlicher Einrichtungen auf österreichische Organe vorgesehen werden. Dabei kann auch vorgesehen werden, dass österreichische Organe der Weisungsbefugnis der Organe anderer Staaten oder zwischenstaatlicher Einrichtungen oder diese der Weisungsbefugnis österreichischer Organe unterstellt werden.

Artikel 9a. (1) Österreich bekennt sich zur umfassenden Landesverteidigung. Ihre Aufgabe ist es, die Unabhängigkeit nach außen sowie die Unverletzlichkeit und Einheit des Bundesgebietes zu bewahren, insbesondere zur Aufrechterhaltung und Verteidigung der immerwährenden Neutralität. Hiebei sind auch die verfassungsmäßigen Einrichtungen und ihre Handlungsfähigkeit sowie die demokratischen Freiheiten der Einwohner vor gewaltsamen Angriffen von außen zu schützen und zu verteidigen.

(2) Zur umfassenden Landesverteidigung gehören die militärische, die geistige, die zivile und die wirtschaftliche Landesverteidigung.

(3) Jeder männliche Staatsbürger ist wehrpflichtig. Staatsbürgerinnen können freiwillig Dienst im Bundesheer als Soldatinnen leisten und haben das Recht, diesen Dienst zu beenden.

(4) Wer die Erfüllung der Wehrpflicht aus Gewissensgründen verweigert und hievon befreit wird, hat die Pflicht, einen Ersatzdienst (Zivildienst) zu leisten.

Artikel 10. (1) Bundessache ist die Gesetzgebung und die Vollziehung in folgenden Angelegenheiten:

1. Bundesverfassung, insbesondere Wahlen zum Nationalrat, und Volksbegehren, Volksabstimmungen und Volksbefragungen auf Grund der Bundesverfassung; Verfassungsgerichtsbarkeit; Verwaltungsgerichtsbarkeit mit Ausnahme der Organisation der Verwaltungsgerichte der Länder;

1a. Wahlen zum Europäischen Parlament; Europäische Bürgerinitiativen;

2. äußere Angelegenheiten mit Einschluss der politischen und wirtschaftlichen Vertretung gegenüber dem Ausland, insbesondere Abschluss von Staatsverträgen, unbeschadet der Zuständigkeit der Länder nach Art. 16 Abs. 1; Grenzvermarkung; Waren- und Viehverkehr mit dem Ausland; Zollwesen;

3. Regelung und Überwachung des Eintrittes in das Bundesgebiet und des Austrittes aus ihm; Ein- und Auswanderungswesen einschließlich des Aufenthaltsrechtes aus berücksichtigungswürdigen Gründen; Passwesen; Aufenthaltsverbot, Ausweisung und Abschiebung; Asyl; Auslieferung;

4. Bundesfinanzen, insbesondere öffentliche Abgaben, die ausschließlich oder teilweise für den Bund einzuheben sind; Monopolwesen;

5. Geld-, Kredit-, Börse- und Bankwesen; Maß- und Gewichts-, Normen- und Punzierungswesen;

6. Zivilrechtswesen einschließlich des wirtschaftlichen Assoziationswesens, jedoch mit Ausschluss von Regelungen, die den Grundstücksverkehr für Ausländer und den Verkehr mit bebauten oder zur Bebauung bestimmten Grundstücken verwaltungsbehördlichen Beschränkungen unterwerfen, einschließlich des Rechtserwerbes von Todes wegen durch Personen, die nicht zum Kreis der gesetzlichen Erben gehören; Privatstiftungswesen; Strafrechtswesen mit Ausschluss des Verwaltungsstrafrechtes und des Verwaltungsstrafverfahrens in Angelegenheiten, die in den selbständigen Wirkungsbereich der Länder fallen; Justizpflege; Einrichtungen zum Schutz der Gesellschaft gegen verbrecherische oder sonstige gefährliche Personen; Urheberrecht; Pressewesen; Enteignung, soweit sie nicht Angelegenheiten betrifft, die in den selbständigen Wirkungsbereich der Länder fallen; Angelegenheiten der Notare, der Rechtsanwälte und verwandter Berufe; außergerichtliche Vermittlung von Streitigkeiten in den Angelegenheiten des Zivilrechtswesens und des Strafrechtswesens;

7. Aufrechterhaltung der öffentlichen Ruhe, Ordnung und Sicherheit einschließlich der ersten allgemeinen Hilfeleistung, jedoch mit Ausnahme der örtlichen Sicherheitspolizei; Vereins- und Versammlungsrecht; Personenstandsangelegenheiten einschließlich des Matrikenwesens und der Namensänderung; Fremdenpolizei und Meldewesen; Waffen-, Munitions- und Sprengmittelwesen, Schießwesen;

8. Angelegenheiten des Gewerbes und der Industrie; öffentliche Agentien und Privatgeschäftsvermittlungen; Bekämpfung des unlauteren Wettbewerbes; Kartellrecht; Patentwesen sowie Schutz von Mustern, Marken und anderen Warenbezeichnungen; Angelegenheiten der Patentanwälte; Ingenieur- und Ziviltechnikerwesen; Kammern für Handel, Gewerbe und Industrie; Einrichtung beruflicher Vertretungen, soweit sie sich auf das ganze Bundesgebiet erstrecken, mit Ausnahme solcher auf land- und forstwirtschaftlichem Gebiet;

9. Verkehrswesen bezüglich der Eisenbahnen und der Luftfahrt sowie der Schifffahrt, soweit diese nicht unter Art. 11 fällt; Kraftfahrwesen; Angelegenheiten der wegen ihrer Bedeutung für den Durchzugsverkehr durch Bundesgesetz als Bundesstraßen erklärten Straßenzüge außer der Straßenpolizei; Strom- und Schifffahrtspolizei, soweit sie nicht unter Art. 11 fällt; Post- und Fernmeldewesen; Umweltverträglichkeitsprüfung für Bundesstraßen und Eisenbahn-Hochleistungsstrecken, bei denen mit erheblichen Auswirkungen auf die Umwelt zu rechnen ist;

10. Bergwesen; Forstwesen einschließlich des Triftwesens; Wasserrecht; Regulierung und Instandhaltung der Gewässer zum Zweck der unschädlichen Ableitung der Hochfluten oder zum Zweck der Schifffahrt und Flößerei; Wildbachverbauung; Bau und Instandhaltung von Wasserstraßen; Normalisierung und Typisierung elektrischer Anlagen und Einrichtungen, Sicherheitsmaßnahmen auf diesem Gebiet; Starkstromwegerecht, soweit sich die Leitungsanlage auf zwei oder mehrere Länder erstreckt; Dampfkessel- und Kraftmaschinenwesen; Vermessungswesen;

11. Arbeitsrecht, soweit es nicht unter Art. 11 fällt, jedoch einschließlich des Arbeiterrechtes sowie des Arbeiter- und Angestelltenschutzes der Dienstnehmer in Sägen, Harzverarbeitungsstätten, Mühlen und Molkereien, die von land- und forstwirtschaftlichen Erwerbs- und Wirtschaftsgenossenschaften betrieben werden, sofern in diesen eine bundesgesetzlich zu bestimmende Anzahl von Dienstnehmern dauernd beschäftigt ist; für diese Dienstnehmer

gelten die für die Dienstnehmer in gewerblichen Betrieben bestehenden Rechtsvorschriften; Sozial- und Vertragsversicherungswesen; Pflegegeldwesen; Sozialentschädigungsrecht; Ausbildungspflicht für Jugendliche; Kammern für Arbeiter und Angestellte, mit Ausnahme solcher auf land- und forstwirtschaftlichem Gebiet, jedoch auch für die Dienstnehmer in Sägen, Harzverarbeitungsstätten, Mühlen und Molkereien, die von land- und forstwirtschaftlichen Erwerbs- und Wirtschaftsgenossenschaften betrieben werden, sofern in diesen eine bundesgesetzlich zu bestimmende Anzahl von Dienstnehmern dauernd beschäftigt ist;

12. Gesundheitswesen mit Ausnahme des Leichen- und Bestattungswesens sowie des Gemeindesanitätsdienstes und Rettungswesens, hinsichtlich der Heil- und Pflegeanstalten, des Kurortewesens und der natürlichen Heilvorkommen jedoch nur die sanitäre Aufsicht; Maßnahmen zur Abwehr von gefährlichen Belastungen der Umwelt, die durch Überschreitung von Immissionsgrenzwerten entstehen; Luftreinhaltung, unbeschadet der Zuständigkeit der Länder für Heizungsanlagen; Abfallwirtschaft hinsichtlich gefährlicher Abfälle, hinsichtlich anderer Abfälle nur soweit ein Bedürfnis nach Erlassung einheitlicher Vorschriften vorhanden ist; Veterinärwesen; Ernährungswesen einschließlich der Nahrungsmittelkontrolle; Regelung des geschäftlichen Verkehrs mit Saat- und Pflanzgut, Futter-, Dünge- und Pflanzenschutzmitteln sowie mit Pflanzenschutzgeräten, einschließlich der Zulassung und bei Saat- und Pflanzgut auch der Anerkennung;

12a. Universitäts- und Hochschulwesen sowie das Erziehungswesen betreffend Studentenheime in diesen Angelegenheiten;

13. wissenschaftlicher und fachtechnischer Archiv- und Bibliotheksdienst; Angelegenheiten der künstlerischen und wissenschaftlichen Sammlungen und Einrichtungen des Bundes; Angelegenheiten der Bundestheater mit Ausnahme der Bauangelegenheiten; Denkmalschutz; Angelegenheiten des Kultus; Volkszählungswesen sowie – unter Wahrung der Rechte der Länder, im eigenen Land jegliche Statistik zu betreiben – sonstige Statistik, soweit sie nicht nur den Interessen eines einzelnen Landes dient; allgemeine Angelegenheiten des Schutzes personenbezogener Daten; Stiftungs- und Fondswesen, soweit es sich um Stiftungen und Fonds handelt, die nach ihren Zwecken über den Interessenbereich eines Landes hinausgehen und nicht schon bisher von den Ländern autonom verwaltet wurden;

14. Organisation und Führung der Bundespolizei; Regelung der Errichtung und der Organisierung sonstiger Wachkörper mit Ausnahme der Gemeindewachkörper; Regelung der Bewaffnung der Wachkörper und des Rechtes zum Waffengebrauch;

15. militärische Angelegenheiten; Angelegenheiten des Zivildienstes; Kriegsschadenangelegenheiten; Fürsorge für Kriegsgräber; aus Anlass eines Krieges oder im Gefolge eines solchen zur Sicherung der einheitlichen Führung der Wirtschaft notwendig erscheinende Maßnahmen, insbesondere auch hinsichtlich der Versorgung der Bevölkerung mit Bedarfsgegenständen;

16. Einrichtung der Bundesbehörden und sonstigen Bundesämter; Dienstrecht und Personalvertretungsrecht der Bundesbediensteten;

17. Bevölkerungspolitik.

(Anm.: Z 18 aufgehoben durch BGBl. I Nr. 12/2012)

(2) In Bundesgesetzen über das bäuerliche Anerbenrecht sowie in den nach Abs. 1 Z 10 ergehenden Bundesgesetzen kann die Landesgesetzgebung ermächtigt werden, zu genau zu bezeichnenden einzelnen Bestimmungen Ausführungsbestimmungen zu erlassen. Für diese Landesgesetze sind die Bestimmungen des Art. 15 Abs. 6 sinngemäß anzuwenden. Die Vollziehung der in solchen Fällen ergehenden Ausführungsgesetze steht dem Bund zu, doch bedürfen die Durchführungsverordnungen, soweit sie sich auf die Ausführungsbestimmungen des Landesgesetzes beziehen, des vorherigen Einvernehmens mit der betreffenden Landesregierung.

(3) Bevor der Bund Staatsverträge, die Durchführungsmaßnahmen im Sinne des Art. 16 erforderlich machen oder die den selbständigen Wirkungsbereich der Länder in anderer Weise berühren, abschließt, hat er den Ländern Gelegenheit zur Stellungnahme zu geben. Liegt dem Bund eine einheitliche Stellungnahme der Länder vor, so ist der Bund beim Abschluss des Staatsvertrages an diese Stellungnahme gebunden. Der Bund darf davon nur aus zwingenden außenpolitischen Gründen abweichen; er hat diese Gründe den Ländern unverzüglich mitzuteilen.

(Anm.: Abs. 4 bis 6 aufgehoben durch BGBl. Nr. 1013/1994)

Artikel 11. (1) Bundessache ist die Gesetzgebung, Landessache die Vollziehung in folgenden Angelegenheiten:

1. Staatsbürgerschaft;
2. berufliche Vertretungen, soweit sie nicht unter Art. 10 fallen, jedoch mit Ausnahme jener auf land- und forstwirtschaftlichem Gebiet sowie auf dem Gebiet des Berg- und Schiführerwesens und des in den selbständigen Wirkungsbereich der Länder fallenden Sportunterrichtswesens;
3. Volkswohnungswesen mit Ausnahme der Förderung des Wohnbaus und der Wohnhaussanierung;

4. Straßenpolizei;
5. Assanierung;
6. Binnenschifffahrt hinsichtlich der Schifffahrtskonzessionen, Schifffahrtsanlagen und Zwangsrechte an solchen Anlagen, soweit sie sich nicht auf die Donau, den Bodensee, den Neusiedlersee und auf Grenzstrecken sonstiger Grenzgewässer bezieht; Strom- und Schifffahrtspolizei auf Binnengewässern mit Ausnahme der Donau, des Bodensees, des Neusiedlersees und der Grenzstrecken sonstiger Grenzgewässer;
7. Umweltverträglichkeitsprüfung für Vorhaben, bei denen mit erheblichen Auswirkungen auf die Umwelt zu rechnen ist; soweit ein Bedürfnis nach Erlassung einheitlicher Vorschriften als vorhanden erachtet wird, Genehmigung solcher Vorhaben;
8. Tierschutz, soweit er nicht nach anderen Bestimmungen in Gesetzgebung Bundessache ist, jedoch mit Ausnahme der Ausübung der Jagd oder der Fischerei;
9. Arbeiterrecht sowie Arbeiter- und Angestelltenschutz, soweit es sich um land- und forstwirtschaftliche Arbeiter und Angestellte handelt.

(2) Soweit ein Bedürfnis nach Erlassung einheitlicher Vorschriften als vorhanden erachtet wird, werden das Verwaltungsverfahren, die allgemeinen Bestimmungen des Verwaltungsstrafrechtes, das Verwaltungsstrafverfahren und die Verwaltungsvollstreckung auch in den Angelegenheiten, in denen die Gesetzgebung den Ländern zusteht, durch Bundesgesetz geregelt; abweichende Regelungen können in den die einzelnen Gebiete der Verwaltung regelnden Bundes- oder Landesgesetzen nur dann getroffen werden, wenn sie zur Regelung des Gegenstandes erforderlich sind.

(3) Die Durchführungsverordnungen zu den nach den Abs. 1 und 2 ergehenden Bundesgesetzen sind, soweit in diesen Gesetzen nicht anderes bestimmt ist, vom Bund zu erlassen. Die Art der Kundmachung von Durchführungsverordnungen, zu deren Erlassung die Länder in den Angelegenheiten des Abs. 1 Z 4 und 6 bundesgesetzlich ermächtigt werden, kann durch Bundesgesetz geregelt werden.

(4) Die Handhabung der gemäß Abs. 2 ergehenden Gesetze und der hiezu erlassenen Durchführungsverordnungen steht dem Bund oder den Ländern zu, je nachdem, ob die den Gegenstand des Verfahrens bildende Angelegenheit der Vollziehung nach Bundes- oder Landessache ist.

(5) Soweit ein Bedürfnis nach Erlassung einheitlicher Vorschriften vorhanden ist, können durch Bundesgesetz einheitliche Emissionsgrenzwerte für Luftschadstoffe festgelegt werden. Diese dürfen in den die einzelnen Gebiete der Verwaltung regelnden Bundes- und Landesvorschriften nicht überschritten werden.

(6) Soweit ein Bedürfnis nach Erlassung einheitlicher Vorschriften als vorhanden erachtet wird, werden auch das Bürgerbeteiligungsverfahren für bundesgesetzlich zu bestimmende Vorhaben, die Beteiligung an den einem Bürgerbeteiligungsverfahren nachfolgenden Verwaltungsverfahren und die Berücksichtigung der Ergebnisse des Bürgerbeteiligungsverfahrens bei der Erteilung der für die betroffenen Vorhaben erforderlichen Genehmigungen sowie die Genehmigung der in Art. 10 Abs. 1 Z 9 genannten Vorhaben durch Bundesgesetz geregelt. Für die Vollziehung dieser Vorschriften gilt Abs. 4.

(7) In den in Abs. 1 Z 7 und 8 genannten Angelegenheiten stehen der Bundesregierung und den einzelnen Bundesministern gegenüber der Landesregierung die folgenden Befugnisse zu:
1. die Befugnis, durch Bundesorgane in die Akten der Landesbehörden Einsicht zu nehmen;
2. die Befugnis, die Übermittlung von Berichten über die Vollziehung der vom Bund erlassenen Gesetze und Verordnungen zu verlangen;
3. die Befugnis, alle für die Vorbereitung der Erlassung von Gesetzen und Verordnungen durch den Bund notwendigen Auskünfte über die Vollziehung zu verlangen;
4. die Befugnis, in bestimmten Fällen Auskünfte und die Vorlage von Akten zu verlangen, soweit dies zur Ausübung anderer Befugnisse notwendig ist.

Artikel 12. (1) Bundessache ist die Gesetzgebung über die Grundsätze, Landessache die Erlassung von Ausführungsgesetzen und die Vollziehung in folgenden Angelegenheiten:
1. Armenwesen; Heil- und Pflegeanstalten;
2. Elektrizitätswesen, soweit es nicht unter Art. 10 fällt.

(2) Grundsatzgesetze und Grundsatzbestimmungen in Bundesgesetzen sind als solche ausdrücklich zu bezeichnen.

Artikel 13. (1) Die Zuständigkeiten des Bundes und der Länder auf dem Gebiet des Abgabenwesens werden durch ein eigenes Bundesverfassungsgesetz („Finanz-Verfassungsgesetz") geregelt.

(2) Bund, Länder und Gemeinden haben bei ihrer Haushaltsführung die Sicherstellung des gesamtwirtschaftlichen Gleichgewichtes und nachhaltig geordnete Haushalte anzustreben. Sie haben ihre Haushaltsführung in Hinblick auf diese Ziele zu koordinieren.

(3) Bund, Länder und Gemeinden haben bei der Haushaltsführung die tatsächliche Gleichstellung von Frauen und Männern anzustreben.

Artikel 14. (1) Bundessache ist die Gesetzgebung und die Vollziehung auf dem Gebiet des Schulwesens sowie auf dem Gebiet des Erziehungswesens in den Angelegenheiten der Schülerheime, soweit in den folgenden Absätzen nicht anderes bestimmt ist. Zum Schul- und Erziehungswesen im Sinne dieses Artikels zählen nicht die im Art. 14a geregelten Angelegenheiten.

(2) Bundessache ist die Gesetzgebung, Landessache die Vollziehung in den Angelegenheiten des Dienstrechtes und des Personalvertretungsrechtes der Lehrer für öffentliche Pflichtschulen, soweit im Abs. 4 lit. a nicht anderes bestimmt ist. In diesen Bundesgesetzen kann die Landesgesetzgebung ermächtigt werden, zu genau zu bezeichnenden einzelnen Bestimmungen Ausführungsbestimmungen zu erlassen; hiebei finden die Bestimmungen des Art. 15 Abs. 6 sinngemäß Anwendung. Durchführungsverordnungen zu diesen Bundesgesetzen sind, soweit darin nicht anderes bestimmt ist, vom Bund zu erlassen.

(3) Bundessache ist die Gesetzgebung über die Grundsätze, Landessache die Erlassung von Ausführungsgesetzen und die Vollziehung in folgenden Angelegenheiten:

a) äußere Organisation (Aufbau, Organisationsformen, Errichtung, Erhaltung, Auflassung, Sprengel, Klassenschülerzahlen und Unterrichtszeit) der öffentlichen Pflichtschulen;
b) äußere Organisation der öffentlichen Schülerheime, die ausschließlich oder vorwiegend für Schüler von Pflichtschulen bestimmt sind;
c) fachliche Anstellungserfordernisse für die von den Ländern, Gemeinden oder von Gemeindeverbänden anzustellenden Kindergärtnerinnen und Erzieher an Horten und an Schülerheimen, die ausschließlich oder vorwiegend für Schüler von Pflichtschulen bestimmt sind.

(4) Landessache ist die Gesetzgebung und die Vollziehung in folgenden Angelegenheiten:

a) Behördenzuständigkeit zur Ausübung der Diensthoheit über die Lehrer für öffentliche Pflichtschulen auf Grund der gemäß Abs. 2 ergehenden Gesetze;
b) Kindergartenwesen und Hortwesen.

(5) Abweichend von den Bestimmungen der Abs. 2 bis 4 ist Bundessache die Gesetzgebung und die Vollziehung in folgenden Angelegenheiten:

a) Öffentliche Praxisschulen, Übungskindergärten, Übungshorte und Übungsschülerheime, die einer öffentlichen Schule zum Zweck lehrplanmäßig vorgesehener Übungen eingegliedert sind;
b) öffentliche Schülerheime, die ausschließlich oder vorwiegend für Schüler der in lit. a genannten Praxisschulen bestimmt sind;
c) Dienstrecht und Personalvertretungsrecht der Lehrer, Erzieher und Kindergärtnerinnen für die in lit. a und b genannten öffentlichen Einrichtungen.

(5a) Demokratie, Humanität, Solidarität, Friede und Gerechtigkeit sowie Offenheit und Toleranz gegenüber den Menschen sind Grundwerte der Schule, auf deren Grundlage sie der gesamten Bevölkerung, unabhängig von Herkunft, sozialer Lage und finanziellem Hintergrund, unter steter Sicherung und Weiterentwicklung bestmöglicher Qualität ein höchstmögliches Bildungsniveau sichert. Im partnerschaftlichen Zusammenwirken von Schülern, Eltern und Lehrern ist Kindern und Jugendlichen die bestmögliche geistige, seelische und körperliche Entwicklung zu ermöglichen, damit sie zu gesunden, selbstbewussten, glücklichen, leistungsorientierten, pflichttreuen, musischen und kreativen Menschen werden, die befähigt sind, an den sozialen, religiösen und moralischen Werten orientiert Verantwortung für sich selbst, Mitmenschen, Umwelt und nachfolgende Generationen zu übernehmen. Jeder Jugendliche soll seiner Entwicklung und seinem Bildungsweg entsprechend zu selbständigem Urteil und sozialem Verständnis geführt werden, dem politischen, religiösen und weltanschaulichen Denken anderer aufgeschlossen sein sowie befähigt werden, am Kultur- und Wirtschaftsleben Österreichs, Europas und der Welt teilzunehmen und in Freiheits- und Friedensliebe an den gemeinsamen Aufgaben der Menschheit mitzuwirken.

(6) Schulen sind Einrichtungen, in denen Schüler gemeinsam nach einem umfassenden, festen Lehrplan unterrichtet werden und im Zusammenhang mit der Vermittlung von allgemeinen oder allgemeinen und beruflichen Kenntnissen und Fertigkeiten ein umfassendes erzieherisches Ziel angestrebt wird. Öffentliche Schulen sind jene Schulen, die vom gesetzlichen Schulerhalter errichtet und erhalten werden. Gesetzlicher Schulerhalter ist der Bund, soweit die Gesetzgebung und Vollziehung in den Angelegenheiten der Errichtung, Erhaltung und Auflassung von öffentlichen Schulen Bundessache ist. Gesetzlicher Schulerhalter ist das Land oder nach Maßgabe der landesgesetzlichen Vorschriften die Gemeinde oder ein Gemeindeverband, soweit die Gesetzgebung oder Ausführungsgesetzgebung und die Vollziehung in den Angelegenheiten der Errichtung, Erhaltung und Auflassung von öffentlichen Schulen Landessache ist. Öffentliche Schulen sind allgemein ohne Unterschied der Geburt, des Geschlechtes, der Rasse, des Standes, der Klasse, der Sprache und des Bekenntnisses, im Übrigen im Rahmen der gesetzlichen Voraussetzungen zugänglich. Das Gleiche gilt sinngemäß für Kindergärten, Horte und Schülerheime.

(6a) Die Gesetzgebung hat ein differenziertes Schulsystem vorzusehen, das zumindest nach Bildungsinhalten in allgemeinbildende und berufsbildende Schulen und nach Bildungshöhe in Primar- und Sekundarschulbereiche gegliedert ist, wobei bei den Sekundarschulen eine weitere angemessene Differenzierung vorzusehen ist.

(7) Schulen, die nicht öffentlich sind, sind Privatschulen; diesen ist nach Maßgabe der gesetzlichen Bestimmungen das Öffentlichkeitsrecht zu verleihen.

(7a) Die Schulpflicht beträgt zumindest neun Jahre und es besteht auch Berufsschulpflicht.

(8) Dem Bund steht die Befugnis zu, sich in den Angelegenheiten, die nach Abs. 2 und 3 in die Vollziehung der Länder fallen, von der Einhaltung der auf Grund dieser Absätze erlassenen Gesetze und Verordnungen Kenntnis zu verschaffen, zu welchem Zweck er auch Organe in die Schulen und Schülerheime entsenden kann. Werden Mängel wahrgenommen, so kann dem Landeshauptmann durch Weisung (Art. 20 Abs. 1) die Abstellung der Mängel innerhalb einer angemessenen Frist aufgetragen werden. Der Landeshauptmann hat für die Abstellung der Mängel nach Maßgabe der gesetzlichen Vorschriften Sorge zu tragen und ist verpflichtet, um die Durchführung solcher Weisungen zu bewirken, auch die ihm in seiner Eigenschaft als Organ des selbständigen Wirkungsbereiches des Landes zu Gebote stehenden Mittel anzuwenden.

(9) Auf dem Gebiet des Dienstrechtes der Lehrer, Erzieher und Kindergärtnerinnen gelten für die Verteilung der Zuständigkeiten zur Gesetzgebung und Vollziehung hinsichtlich der Dienstverhältnisse zum Bund, zu den Ländern, zu den Gemeinden und zu den Gemeindeverbänden, soweit in den vorhergehenden Absätzen nicht anderes bestimmt ist, die diesbezüglichen allgemeinen Regelungen der Art. 10 und 21. Gleiches gilt für das Personalvertretungsrecht der Lehrer, Erzieher und Kindergärtnerinnen.

(10) In den Angelegenheiten der Schulgeldfreiheit sowie des Verhältnisses der Schule und Kirchen (Religionsgesellschaften) einschließlich des Religionsunterrichtes in der Schule, soweit es sich nicht um Angelegenheiten der Universitäten und Hochschulen handelt, können Bundesgesetze vom Nationalrat nur in Anwesenheit von mindestens der Hälfte der Mitglieder und mit einer Mehrheit von zwei Dritteln der abgegebenen Stimmen beschlossen werden. Das Gleiche gilt, wenn die Grundsätze des Abs. 6a verlassen werden sollen und für die Genehmigung der in vorstehenden Angelegenheiten abgeschlossenen Staatsverträge der im Art. 50 bezeichneten Art.

(Anm.: Abs. 11 aufgehoben durch Art. I Z 2 BVG, BGBl. Nr. 316/1975.)

Artikel 14a. (1) Auf dem Gebiet des land- und forstwirtschaftlichen Schulwesens sowie auf dem Gebiet des land- und forstwirtschaftlichen Erziehungswesens in den Angelegenheiten der Schülerheime, ferner in den Angelegenheiten des Dienstrechtes und des Personalvertretungsrechtes der Lehrer und Erzieher an den unter diesen Artikel fallenden Schulen und Schülerheimen sind Gesetzgebung und Vollziehung Landessache, soweit in den folgenden Absätzen nicht anderes bestimmt ist.

(2) Bundessache ist die Gesetzgebung und Vollziehung in folgenden Angelegenheiten:

a) höhere land- und forstwirtschaftliche Lehranstalten sowie Anstalten für die Ausbildung und Fortbildung der Lehrer an land- und forstwirtschaftlichen Schulen;
b) Fachschulen für die Ausbildung von Forstpersonal;
c) öffentliche land- und forstwirtschaftliche Fachschulen, die zur Gewährleistung von lehrplanmäßig vorgesehenen Übungen mit einer der unter den lit. a und b genannten öffentlichen Schulen oder mit einer land- und forstwirtschaftlichen Versuchsanstalt des Bundes organisatorisch verbunden sind;
d) Schülerheime, die ausschließlich oder vorwiegend für Schüler der unter den lit. a bis c genannten Schulen bestimmt sind;
e) Dienstrecht und Personalvertretungsrecht der Lehrer und Erzieher für die unter den lit. a bis d genannten Einrichtungen;
f) Subventionen zum Personalaufwand der konfessionellen land- und forstwirtschaftlichen Schulen;
g) land- und forstwirtschaftliche Versuchsanstalten des Bundes, die mit einer vom Bund erhaltenen land- und forstwirtschaftlichen Schule zur Gewährleistung von lehrplanmäßig vorgesehenen Übungen an dieser Schule organisatorisch verbunden sind.

(3) Soweit es sich nicht um die im Abs. 2 genannten Angelegenheiten handelt, ist Bundessache die Gesetzgebung, Landessache die Vollziehung in den Angelegenheiten

a) des Religionsunterrichtes;
b) des Dienstrechtes und des Personalvertretungsrechtes der Lehrer für öffentliche land- und forstwirtschaftliche Berufs- und Fachschulen und der Erzieher für öffentliche Schülerheime, die ausschließlich oder vorwiegend für Schüler dieser Schulen bestimmt sind, ausgenommen jedoch die Angelegenheiten der Behördenzuständigkeit zur Ausübung der Diensthoheit über diese Lehrer und Erzieher.

In den auf Grund der Bestimmungen unter lit. b ergehenden Bundesgesetzen kann die Landesgesetzgebung ermächtigt werden, zu genau zu bezeichnenden einzelnen Bestimmungen Ausführungsbestimmungen zu erlassen; hiebei finden die Bestimmungen des Art. 15 Abs. 6 sinngemäß Anwendung. Durchführungsverordnungen zu diesen Bundesgesetzen sind, soweit darin nicht anderes bestimmt ist, vom Bund zu erlassen.

(4) Bundessache ist die Gesetzgebung über die Grundsätze, Landessache die Erlassung von Ausführungsgesetzen und die Vollziehung

a) hinsichtlich der land- und forstwirtschaftlichen Berufsschulen: in den Angelegenheiten der Festlegung sowohl des Bildungszieles als auch von Pflichtgegenständen und der Unentgeltlichkeit des Unterrichtes sowie in den Angelegenheiten der Schulpflicht und des Übertrittes von der Schule eines Landes in die Schule eines anderen Landes;
b) hinsichtlich der land- und forstwirtschaftlichen Fachschulen: in den Angelegenheiten der Festlegung der Aufnahmevoraussetzungen, des Bildungszieles, der Organisationsformen, des Unterrichtsausmaßes und der Pflichtgegenstände, der Unentgeltlichkeit des Unterrichtes und des Übertrittes von der Schule eines Landes in die Schule eines anderen Landes;
c) in den Angelegenheiten des Öffentlichkeitsrechtes der privaten land- und forstwirtschaftlichen Berufs- und Fachschulen mit Ausnahme der unter Abs. 2 lit. b fallenden Schulen;
d) hinsichtlich der Organisation und des Wirkungskreises von Beiräten, die in den Angelegenheiten des Abs. 1 an der Vollziehung der Länder mitwirken.

(5) Die Errichtung der im Abs. 2 unter den lit. c und g bezeichneten land- und forstwirtschaftlichen Fachschulen und Versuchsanstalten ist nur zulässig, wenn die Landesregierung des Landes, in dem die Fachschule beziehungsweise Versuchsanstalt ihren Sitz haben soll, der Errichtung zugestimmt hat. Diese Zustimmung ist nicht erforderlich, wenn es sich um die Errichtung einer land- und forstwirtschaftlichen Fachschule handelt, die mit einer Anstalt für die Ausbildung und Fortbildung der Lehrer an land- und forstwirtschaftlichen Schulen zur Gewährleistung von lehrplanmäßig vorgesehenen Übungen organisatorisch verbunden werden soll.

(6) Dem Bund steht die Befugnis zu, in den Angelegenheiten, die nach Abs. 3 und 4 in die Vollziehung der Länder fallen, die Einhaltung der von ihm erlassenen Vorschriften wahrzunehmen.

(7) Die Bestimmungen des Art. 14 Abs. 5a, 6, 6a, 7, 7a und 9 gelten sinngemäß auch für die im ersten Satz des Abs. 1 bezeichneten Gebiete.

(8) Art. 14 Abs. 10 gilt sinngemäß.

Artikel 14b. (1) Bundessache ist die Gesetzgebung in den Angelegenheiten des öffentlichen Auftragswesens, soweit diese nicht unter Abs. 3 fallen.

(2) Die Vollziehung in den Angelegenheiten des Abs. 1 ist

1. Bundessache hinsichtlich
a) der Vergabe von Aufträgen durch den Bund;
b) der Vergabe von Aufträgen durch Stiftungen, Fonds und Anstalten im Sinne des Art. 126b Abs. 1;
c) der Vergabe von Aufträgen durch Unternehmungen im Sinne des Art. 126b Abs. 2, wenn die finanzielle Beteiligung oder der durch andere finanzielle oder sonstige wirtschaftliche oder organisatorische Maßnahmen vermittelte Einfluss des Bundes mindestens gleich groß ist wie die finanzielle Beteiligung oder der Einfluss der Länder;
d) der Vergabe von Aufträgen durch bundesgesetzlich eingerichtete Selbstverwaltungskörperschaften;
e) der Vergabe von Aufträgen durch in lit. a bis d und Z 2 lit. a bis d nicht genannte Rechtsträger,
aa) die vom Bund finanziert werden, wenn der Finanzierungsanteil des Bundes mindestens gleich groß ist wie der der Länder;
bb) die hinsichtlich ihrer Leitung der Aufsicht des Bundes unterliegen, soweit die Vergabe nicht unter sublit. aa oder Z 2 lit. e sublit. aa fällt;
cc) deren Verwaltungs-, Leitungs- oder Aufsichtsorgane aus Mitgliedern bestehen, die vom Bund ernannt worden sind, wenn der Bund mindestens gleich viele Mitglieder ernannt hat wie die Länder, soweit die Vergabe nicht unter sublit. aa oder bb oder Z 2 lit. e sublit. aa oder bb fällt;
f) der gemeinsamen Vergabe von Aufträgen durch den Bund und die Länder, wenn der Anteil des Bundes am geschätzten Gesamtauftragswert mindestens gleich groß ist wie die Summe der Anteile der Länder;
g) der Vergabe von Aufträgen durch in lit. a bis f und Z 2 nicht genannte Rechtsträger;
2. Landessache hinsichtlich
a) der Vergabe von Aufträgen durch das Land, die Gemeinden und die Gemeindeverbände;
b) der Vergabe von Aufträgen durch Stiftungen, Fonds und Anstalten im Sinne des Art. 127 Abs. 1 und des Art. 127a Abs. 1 und 8;
c) der Vergabe von Aufträgen durch Unternehmungen im Sinne des Art. 126b Abs. 2, soweit sie nicht unter Z 1 lit. c fällt, sowie der Vergabe von Aufträgen durch Unternehmungen im Sinne des Art. 127 Abs. 3 und des Art. 127a Abs. 3 und 8;
d) der Vergabe von Aufträgen durch landesgesetzlich eingerichtete Selbstverwaltungskörperschaften;
e) der Vergabe von Aufträgen durch in Z 1 lit. a bis d und lit. a bis d nicht genannte Rechtsträger,
aa) die vom Land allein oder gemeinsam mit dem Bund oder anderen Ländern finanziert werden, soweit die Vergabe nicht unter Z 1 lit. e sublit. aa fällt;

bb) die hinsichtlich ihrer Leitung der Aufsicht des Landes unterliegen, soweit die Vergabe nicht unter Z 1 lit. e sublit. aa oder bb oder sublit. aa fällt;
cc) deren Verwaltungs-, Leitungs- oder Aufsichtsorgane aus Mitgliedern bestehen, die vom Land ernannt worden sind, soweit die Vergabe nicht unter Z 1 lit. e sublit. aa bis cc oder sublit. aa oder bb fällt;

f) der gemeinsamen Vergabe von Aufträgen durch den Bund und die Länder, soweit diese nicht unter Z 1 lit. f fällt, sowie der gemeinsamen Vergabe von Aufträgen durch mehrere Länder.

Gemeinden gelten unabhängig von der Zahl ihrer Einwohner als Rechtsträger, die im Sinne der Z 1 lit. b und c und der Z 2 lit. b und c der Zuständigkeit des Rechnungshofes unterliegen. Im Rahmen der Z 1 lit. b, c, e und f werden Auftraggeber im Sinne der Z 1 dem Bund und Auftraggeber im Sinne der Z 2 dem jeweiligen Land zugerechnet. Sind nach Z 2 lit. c, e oder f mehrere Länder beteiligt, so richtet sich die Zuständigkeit zur Vollziehung nach dem Überwiegen des Merkmals, das nach der entsprechenden Litera (Sublitera) der Z 1 für die Abgrenzung der Vollziehungszuständigkeit des Bundes von jener der Länder maßgebend ist oder wäre, dann nach dem Sitz des Auftraggebers, dann nach dem Schwerpunkt der Unternehmenstätigkeit des Auftraggebers, dann nach dem Sitz (Hauptwohnsitz) der vergebenden Stelle, kann jedoch auch danach die Zuständigkeit nicht bestimmt werden, so ist dasjenige beteiligte Land zuständig, das im Zeitpunkt der Einleitung des Vergabeverfahrens zum Vorsitz im Bundesrat berufen ist oder zuletzt war.

(3) Landessache ist die Gesetzgebung und die Vollziehung in den Angelegenheiten der Nachprüfung im Rahmen der Vergabe von Aufträgen durch Auftraggeber im Sinne des Abs. 2 Z 2.

(4) Der Bund hat den Ländern Gelegenheit zu geben, an der Vorbereitung von Gesetzesvorhaben in Angelegenheiten des Abs. 1 mitzuwirken. Nach Abs. 1 ergehende Bundesgesetze, die Angelegenheiten regeln, die in Vollziehung Landessache sind, dürfen nur mit Zustimmung der Länder kundgemacht werden.

(5) Die Durchführungsverordnungen zu den nach Abs. 1 ergehenden Bundesgesetzen sind, soweit in diesen Gesetzen nicht anderes bestimmt ist, vom Bund zu erlassen. Abs. 4 und Art. 42a sind auf solche Verordnungen sinngemäß anzuwenden.

(Anm.: Abs. 6 aufgehoben durch BGBl. I Nr. 51/2012)

Artikel 15. (1) Soweit eine Angelegenheit nicht ausdrücklich durch die Bundesverfassung der Gesetzgebung oder auch der Vollziehung des Bundes übertragen ist, verbleibt sie im selbständigen Wirkungsbereich der Länder.

(2) In den Angelegenheiten der örtlichen Sicherheitspolizei, das ist des Teiles der Sicherheitspolizei, der im ausschließlichen oder überwiegenden Interesse der in der Gemeinde verkörperten örtlichen Gemeinschaft gelegen und geeignet ist, durch die Gemeinschaft innerhalb ihrer örtlichen Grenzen besorgt zu werden, wie die Wahrung des öffentlichen Anstandes und die Abwehr ungebührlicherweise hervorgerufenen störenden Lärmes, steht dem Bund die Befugnis zu, die Führung dieser Angelegenheiten durch die Gemeinde zu beaufsichtigen und wahrgenommene Mängel durch Weisungen an den Landeshauptmann (Art. 103) abzustellen. Zu diesem Zweck können auch Inspektionsorgane des Bundes in die Gemeinde entsendet werden; hievon ist in jedem einzelnen Fall der Landeshauptmann zu verständigen.

(3) Die landesgesetzlichen Bestimmungen in den Angelegenheiten des Theater- und Kinowesens sowie der öffentlichen Schaustellungen, Darbietungen und Belustigungen haben für das Gebiet einer Gemeinde, in dem die Landespolizeidirektion zugleich Sicherheitsbehörde erster Instanz ist, der Landespolizeidirektion wenigstens die Überwachung der Veranstaltungen, soweit sie sich nicht auf betriebstechnische, bau- und feuerpolizeiliche Rücksichten erstreckt, und die Mitwirkung in erster Instanz bei Verleihung von Berechtigungen, die in solchen Gesetzen vorgesehen werden, zu übertragen.

(4) Inwieweit in den Angelegenheiten der Straßenpolizei mit Ausnahme der örtlichen Straßenpolizei (Art. 118 Abs. 3 Z 4) und der Strom- und Schifffahrtspolizei auf Binnengewässern mit Ausnahme der Donau, des Bodensees, des Neusiedlersees und der Grenzstrecken sonstiger Grenzgewässer für das Gebiet einer Gemeinde, in dem die Landespolizeidirektion zugleich Sicherheitsbehörde erster Instanz ist, der Landespolizeidirektion die Vollziehung übertragen wird, wird durch übereinstimmende Gesetze des Bundes und des betreffenden Landes geregelt.

(Anm.: Abs. 5 aufgehoben durch BGBl. I Nr. 51/2012)

(6) Soweit dem Bund bloß die Gesetzgebung über die Grundsätze vorbehalten ist, obliegt innerhalb des bundesgesetzlich festgelegten Rahmens die nähere Ausführung der Landesgesetzgebung. Das Bundesgesetz kann für die Erlassung der Ausführungsgesetze eine Frist bestimmen, die ohne Zustimmung des Bundesrates nicht kürzer als sechs Monate und nicht länger als ein Jahr sein darf. Wird diese Frist von einem Land nicht eingehalten, so geht die Zuständigkeit zur Erlassung des Ausführungsgesetzes für dieses Land auf den Bund über. Sobald das Land das Ausführungsgesetz erlassen hat, tritt das Ausführungsgesetz des Bundes außer Kraft. Sind vom Bund keine Grundsätze aufgestellt, so kann die Landesgesetzgebung solche Angelegenheiten frei regeln. Sobald der Bund Grundsätze aufgestellt hat,

sind die landesgesetzlichen Bestimmungen binnen der bundesgesetzlich zu bestimmenden Frist dem Grundsatzgesetz anzupassen.

(7) Die Kundmachung der im Landesgesetzblatt zu verlautbarenden Rechtsvorschriften (Art. 97 Abs. 1) sowie der Rechtsvorschriften der Gemeinden, der Gemeindeverbände und der sonstigen im Bereich der Vollziehung der Länder eingerichteten Behörden kann im Rahmen des Rechtsinformationssystems des Bundes erfolgen.

(8) In den Angelegenheiten, die nach Art. 11 und 12 der Bundesgesetzgebung vorbehalten sind, steht dem Bund das Recht zu, die Einhaltung der von ihm erlassenen Vorschriften wahrzunehmen.

(9) Die Länder sind im Bereich ihrer Gesetzgebung befugt, die zur Regelung des Gegenstandes erforderlichen Bestimmungen auch auf dem Gebiet des Straf- und Zivilrechtes zu treffen.

(10) In Landesgesetzen, durch die die bestehende Organisation der Behörden der allgemeinen staatlichen Verwaltung in den Ländern geändert oder neu geregelt wird, kann eine sprengelübergreifende Zusammenarbeit von Bezirksverwaltungsbehörden einschließlich der Organe der Städte mit eigenem Statut (Art. 116 Abs. 3), insbesondere auch die Übertragung behördlicher Zuständigkeiten, vorgesehen werden.

(11) Die Sprengel der politischen Bezirke sind durch Verordnung der Landesregierung festzulegen.

Artikel 15a. (1) Bund und Länder können untereinander Vereinbarungen über Angelegenheiten ihres jeweiligen Wirkungsbereiches schließen. Der Abschluss solcher Vereinbarungen namens des Bundes obliegt je nach dem Gegenstand der Bundesregierung oder den Bundesministern. Vereinbarungen, die auch die Organe der Bundesgesetzgebung binden sollen, dürfen nur von der Bundesregierung mit Genehmigung des Nationalrates abgeschlossen werden, wobei Art. 50 Abs. 3 auf solche Beschlüsse des Nationalrates sinngemäß anzuwenden ist; sie sind im Bundesgesetzblatt kundzumachen.

(2) Vereinbarungen der Länder untereinander können nur über Angelegenheiten ihres selbständigen Wirkungsbereiches getroffen werden und sind der Bundesregierung unverzüglich zur Kenntnis zu bringen.

(3) Die Grundsätze des völkerrechtlichen Vertragsrechtes sind auf Vereinbarungen im Sinne des Abs. 1 anzuwenden. Das Gleiche gilt auch für Vereinbarungen im Sinne des Abs. 2, soweit nicht durch übereinstimmende Verfassungsgesetze der betreffenden Länder anderes bestimmt ist.

Artikel 16. (1) Die Länder können in Angelegenheiten, die in ihren selbständigen Wirkungsbereich fallen, Staatsverträge mit an Österreich angrenzenden Staaten oder deren Teilstaaten abschließen.

(2) Der Landeshauptmann hat die Bundesregierung vor der Aufnahme von Verhandlungen über einen solchen Staatsvertrag zu unterrichten. Vor dessen Abschluss ist vom Landeshauptmann die Zustimmung der Bundesregierung einzuholen. Die Zustimmung gilt als erteilt, wenn die Bundesregierung nicht binnen acht Wochen von dem Tage, an dem das Ersuchen um Zustimmung beim Bundeskanzleramt eingelangt ist, dem Landeshauptmann mitgeteilt hat, dass die Zustimmung verweigert wird. Die Bevollmächtigung zur Aufnahme von Verhandlungen und der Abschluss des Staatsvertrages obliegen dem Bundespräsidenten auf Vorschlag der Landesregierung und mit Gegenzeichnung des Landeshauptmannes.

(3) Auf Verlangen der Bundesregierung sind Staatsverträge nach Abs. 1 vom Land zu kündigen. Kommt ein Land dieser Verpflichtung nicht rechtzeitig nach, so geht die Zuständigkeit dazu auf den Bund über.

(4) Die Länder sind verpflichtet, Maßnahmen zu treffen, die in ihrem selbständigen Wirkungsbereich zur Durchführung von Staatsverträgen erforderlich werden; kommt ein Land dieser Verpflichtung nicht rechtzeitig nach, so geht die Zuständigkeit zu solchen Maßnahmen, insbesondere zur Erlassung der notwendigen Gesetze, auf den Bund über. Eine gemäß dieser Bestimmung vom Bund getroffene Maßnahme, insbesondere ein solcherart erlassenes Gesetz oder eine solcherart erlassene Verordnung, tritt außer Kraft, sobald das Land die erforderlichen Maßnahmen getroffen hat.

(5) Ebenso hat der Bund bei Durchführung von Staatsverträgen das Überwachungsrecht auch in solchen Angelegenheiten, die zum selbständigen Wirkungsbereich der Länder gehören. Hiebei stehen dem Bund die gleichen Rechte gegenüber den Ländern zu wie bei den Angelegenheiten der mittelbaren Bundesverwaltung (Art. 102).

(Anm.: Abs. 6 aufgehoben durch BGBl. Nr. 1013/1994)

Artikel 17. Durch die Bestimmungen der Art. 10 bis 15 über die Zuständigkeit in Gesetzgebung und Vollziehung wird die Stellung des Bundes und der Länder als Träger von Privatrechten in keiner Weise berührt.

Artikel 18. (1) Die gesamte staatliche Verwaltung darf nur auf Grund der Gesetze ausgeübt werden.

(2) Jede Verwaltungsbehörde kann auf Grund der Gesetze innerhalb ihres Wirkungsbereiches Verordnungen erlassen.

(3) Wenn die sofortige Erlassung von Maßnahmen, die verfassungsgemäß einer Beschlussfassung des Nationalrates bedürfen, zur Abwehr eines offenkundigen, nicht wieder gutzumachenden Schadens für die Allgemeinheit zu einer Zeit notwendig wird, in der der Nationalrat nicht versammelt ist, nicht rechtzeitig zusammentreten kann

oder in seiner Tätigkeit durch höhere Gewalt behindert ist, kann der Bundespräsident auf Vorschlag der Bundesregierung unter seiner und deren Verantwortlichkeit diese Maßnahmen durch vorläufige gesetzändernde Verordnungen treffen. Die Bundesregierung hat ihren Vorschlag im Einvernehmen mit dem vom Hauptausschuss des Nationalrates einzusetzenden ständigen Unterausschuss (Art. 55 Abs. 3) zu erstatten. Eine solche Verordnung bedarf der Gegenzeichnung der Bundesregierung.

(4) Jede nach Abs. 3 erlassene Verordnung ist von der Bundesregierung unverzüglich dem Nationalrat vorzulegen, den der Bundespräsident, falls der Nationalrat in diesem Zeitpunkt keine Tagung hat, während der Tagung aber der Präsident des Nationalrates für einen der der Vorlage folgenden acht Tage einzuberufen hat. Binnen vier Wochen nach der Vorlage hat der Nationalrat entweder an Stelle der Verordnung ein entsprechendes Bundesgesetz zu beschließen oder durch Beschluss das Verlangen zu stellen, dass die Verordnung von der Bundesregierung sofort außer Kraft gesetzt wird. Im letzterwähnten Fall muss die Bundesregierung diesem Verlangen sofort entsprechen. Zum Zweck der rechtzeitigen Beschlussfassung des Nationalrates hat der Präsident die Vorlage spätestens am vorletzten Tag der vierwöchigen Frist zur Abstimmung zu stellen; die näheren Bestimmungen trifft das Bundesgesetz über die Geschäftsordnung des Nationalrates. Wird die Verordnung nach den vorhergehenden Bestimmungen von der Bundesregierung aufgehoben, treten mit dem Tag des Inkrafttretens der Aufhebung die gesetzlichen Bestimmungen wieder in Kraft, die durch die Verordnung aufgehoben worden waren.

(5) Die im Abs. 3 bezeichneten Verordnungen dürfen nicht eine Abänderung bundesverfassungsgesetzlicher Bestimmungen bedeuten und weder eine dauernde finanzielle Belastung des Bundes, noch eine finanzielle Belastung der Länder oder Gemeinden, noch finanzielle Verpflichtungen der Staatsbürger, noch eine Veräußerung von Bundesvermögen, noch Maßnahmen in den im Art. 10 Abs. 1 Z 11 bezeichneten Angelegenheiten, noch endlich solche auf dem Gebiet des Koalitionsrechtes oder des Mieterschutzes zum Gegenstand haben.

Artikel 19. (1) Die obersten Organe der Vollziehung sind der Bundespräsident, die Bundesminister und Staatssekretäre sowie die Mitglieder der Landesregierungen.

(2) Durch Bundesgesetz kann die Zulässigkeit der Betätigung der im Abs. 1 bezeichneten Organe und von sonstigen öffentlichen Funktionären in der Privatwirtschaft beschränkt werden.

Artikel 20. (1) Unter der Leitung der obersten Organe des Bundes und der Länder führen nach den Bestimmungen der Gesetze auf Zeit gewählte Organe, ernannte berufsmäßige Organe oder vertraglich bestellte Organe die Verwaltung. Sie sind den ihnen vorgesetzten Organen für ihre amtliche Tätigkeit verantwortlich und, soweit in Gesetzen gemäß Abs. 2 nicht anderes bestimmt ist, an deren Weisungen gebunden. Das nachgeordnete Organ kann die Befolgung einer Weisung ablehnen, wenn die Weisung entweder von einem unzuständigen Organ erteilt wurde oder die Befolgung gegen strafgesetzliche Vorschriften verstoßen würde.

(2) Durch Gesetz können Organe

1. zur sachverständigen Prüfung,
2. zur Kontrolle der Gesetzmäßigkeit der Verwaltung,
3. mit Schieds-, Vermittlungs- und Interessenvertretungsaufgaben,
4. zur Sicherung des Wettbewerbs und zur Durchführung der Wirtschaftsaufsicht,
5. zur Aufsicht und Regulierung elektronischer Medien und zur Förderung der Medien,
6. zur Durchführung einzelner Angelegenheiten des Dienst- und Disziplinarrechts,
7. zur Durchführung und Leitung von Wahlen, oder,
8. soweit dies nach Maßgabe des Rechts der Europäischen Union geboten ist,

von der Bindung an Weisungen der ihnen vorgesetzten Organe freigestellt werden. Durch Landesverfassungsgesetz können weitere Kategorien weisungsfreier Organe geschaffen werden. Durch Gesetz ist ein der Aufgabe des weisungsfreien Organs angemessenes Aufsichtsrecht der obersten Organe vorzusehen, zumindest das Recht, sich über alle Gegenstände der Geschäftsführung der weisungsfreien Organe zu unterrichten, und – soweit es sich nicht um Organe gemäß den Z 2, 5 und 8 handelt – das Recht, weisungsfreie Organe aus wichtigem Grund abzuberufen.

(3) Alle mit Aufgaben der Bundes-, Landes- und Gemeindeverwaltung betrauten Organe sowie die Organe anderer Körperschaften des öffentlichen Rechts sind, soweit gesetzlich nicht anderes bestimmt ist, zur Verschwiegenheit über alle ihnen ausschließlich aus ihrer amtlichen Tätigkeit bekannt gewordenen Tatsachen verpflichtet, deren Geheimhaltung im Interesse der Aufrechterhaltung der öffentlichen Ruhe, Ordnung und Sicherheit, der umfassenden Landesverteidigung, der auswärtigen Beziehungen, im wirtschaftlichen Interesse einer Körperschaft des öffentlichen Rechts, zur Vorbereitung einer Entscheidung oder im überwiegenden Interesse der Parteien geboten ist (Amtsverschwiegenheit). Die Amtsverschwiegenheit besteht für die von einem allgemeinen Vertretungskörper bestellten Funktionäre nicht gegenüber diesem Vertretungskörper, wenn er derartige Auskünfte ausdrücklich verlangt.

(4) Alle mit Aufgaben der Bundes-, Landes- und Gemeindeverwaltung betrauten Organe sowie die Organe anderer Körperschaften des öffentlichen Rechts haben über Angelegenheiten

ihres Wirkungsbereiches Auskünfte zu erteilen, soweit eine gesetzliche Verschwiegenheitspflicht dem nicht entgegensteht; berufliche Vertretungen sind nur gegenüber den ihnen jeweils Zugehörigen auskunftspflichtig und dies insoweit, als dadurch die ordnungsgemäße Erfüllung ihrer gesetzlichen Aufgaben nicht verhindert wird. Die näheren Regelungen sind hinsichtlich der Organe des Bundes sowie der durch die Bundesgesetzgebung zu regelnden Selbstverwaltung in Gesetzgebung und Vollziehung Bundessache, hinsichtlich der Organe der Länder und Gemeinden sowie der durch die Landesgesetzgebung zu regelnden Selbstverwaltung in der Grundsatzgesetzgebung Bundessache, in der Ausführungsgesetzgebung und in der Vollziehung Landessache.

(5) Alle mit Aufgaben der Bundes-, Landes- und Gemeindeverwaltung betrauten Organe haben Studien, Gutachten und Umfragen, die sie in Auftrag gegeben haben, samt deren Kosten in einer für jedermann zugänglichen Art und Weise zu veröffentlichen, solange und soweit deren Geheimhaltung nicht gemäß Abs. 3 geboten ist.

Artikel 21. (1) Den Ländern obliegt die Gesetzgebung und Vollziehung in den Angelegenheiten des Dienstrechtes einschließlich des Dienstvertragsrechtes und des Personalvertretungsrechtes der Bediensteten der Länder, der Gemeinden und der Gemeindeverbände, soweit für alle diese Angelegenheiten in Abs. 2, in Art. 14 Abs. 2, Abs. 3 lit. c und Abs. 5 lit. c und in Art. 14a Abs. 2 lit. e und Abs. 3 lit. b nicht anderes bestimmt ist. Über Streitigkeiten aus vertraglichen Dienstverhältnissen entscheiden die ordentlichen Gerichte.

(2) Den Ländern obliegt die Gesetzgebung und Vollziehung in den Angelegenheiten des Arbeitnehmerschutzes der Bediensteten (Abs. 1) und der Personalvertretung der Bediensteten der Länder, soweit die Bediensteten nicht in Betrieben tätig sind. Soweit nach dem ersten Satz nicht die Zuständigkeit der Länder gegeben ist, fallen die genannten Angelegenheiten in die Zuständigkeit des Bundes.

(3) Soweit in diesem Gesetz nicht anderes bestimmt ist, wird die Diensthoheit gegenüber den Bediensteten des Bundes von den obersten Organen des Bundes ausgeübt. Die Diensthoheit gegenüber den Bediensteten der Länder wird von den obersten Organen der Länder ausgeübt; soweit dieses Gesetz entsprechende Ausnahmen hinsichtlich der Bediensteten des Bundes vorsieht, kann durch Landesverfassungsgesetz bestimmt werden, dass die Diensthoheit gegenüber den Bediensteten des Landes von gleichartigen Organen ausgeübt wird.

(4) Die Möglichkeit des Wechsels zwischen dem Dienst beim Bund, bei den Ländern, bei den Gemeinden und bei den Gemeindeverbänden bleibt den öffentlich Bediensteten jederzeit gewahrt. Gesetzliche Bestimmungen, wonach die Anrechnung von Dienstzeiten davon abhängig unterschiedlich erfolgt, ob sie beim Bund, bei einem Land, bei einer Gemeinde oder bei einem Gemeindeverband zurückgelegt worden sind, sind unzulässig. Um eine gleichwertige Entwicklung des Dienstrechtes, des Personalvertretungsrechtes und des Arbeitnehmerschutzes bei Bund, Ländern und Gemeinden zu ermöglichen, haben Bund und Länder einander über Vorhaben in diesen Angelegenheiten zu informieren.

(5) Durch Gesetz kann vorgesehen werden, dass

1. Beamte zur Ausübung bestimmter Leitungsfunktionen oder in den Fällen, in denen dies auf Grund der Natur des Dienstes erforderlich ist, befristet ernannt werden;
2. nach Ablauf der Befristung oder bei Änderung der Organisation der Behörden oder der dienstrechtlichen Gliederungen durch Gesetz keine Ernennung erforderlich ist;
3. es, soweit die Zuständigkeit zur Ernennung gemäß Art. 66 Abs. 1 übertragen ist, in den Fällen einer Versetzung oder einer Änderung der Verwendung keiner Ernennung bedarf.

(6) In den Fällen des Abs. 5 besteht kein Anspruch auf eine gleichwertige Verwendung.

Artikel 22. Alle Organe des Bundes, der Länder, der Gemeinden und der Gemeindeverbände sowie der sonstigen Selbstverwaltungskörper sind im Rahmen ihres gesetzmäßigen Wirkungsbereiches zur wechselseitigen Hilfeleistung verpflichtet.

Artikel 23. (1) Der Bund, die Länder, die Gemeinden und die sonstigen Körperschaften und Anstalten des öffentlichen Rechts haften für den Schaden, den die als ihre Organe handelnden Personen in Vollziehung der Gesetze durch ein rechtswidriges Verhalten wem immer schuldhaft zugefügt haben.

(2) Personen, die als Organe eines im Abs. 1 bezeichneten Rechtsträgers handeln, sind ihm, soweit ihnen Vorsatz oder grobe Fahrlässigkeit zur Last fällt, für den Schaden haftbar, für den der Rechtsträger dem Geschädigten Ersatz geleistet hat.

(3) Personen, die als Organe eines im Abs. 1 bezeichneten Rechtsträgers handeln, haften für den Schaden, den sie in Vollziehung der Gesetze dem Rechtsträger durch ein rechtswidriges Verhalten unmittelbar zugefügt haben.

(4) Die näheren Bestimmungen zu den Abs. 1 bis 3 werden durch Bundesgesetz getroffen.

(5) Ein Bundesgesetz kann auch bestimmen, inwieweit auf dem Gebiet des Post- und Fernmeldewesens von den in den Abs. 1 bis 3 festgelegten Grundsätzen abweichende Sonderbestimmungen gelten.

B. Europäische Union

Artikel 23a. (1) Die Mitglieder des Europäischen Parlaments werden in Österreich auf Grund des gleichen, unmittelbaren, persönlichen, freien und geheimen Wahlrechtes der Männer und

Frauen, die am Wahltag das 16. Lebensjahr vollendet haben und am Stichtag der Wahl entweder die österreichische Staatsbürgerschaft besitzen und nicht nach Maßgabe des Rechts der Europäischen Union vom Wahlrecht ausgeschlossen sind oder die Staatsangehörigkeit eines anderen Mitgliedstaates der Europäischen Union besitzen und nach Maßgabe des Rechts der Europäischen Union wahlberechtigt sind, nach den Grundsätzen der Verhältniswahl gewählt.

(2) Das Bundesgebiet bildet für die Wahlen zum Europäischen Parlament einen einheitlichen Wahlkörper.

(3) Wählbar sind die in Österreich zum Europäischen Parlament Wahlberechtigten, die am Wahltag das 18. Lebensjahr vollendet haben.

(4) Art. 26 Abs. 5 bis 7 ist sinngemäß anzuwenden.

(Anm.: Abs. 5 und 6 aufgehoben durch BGBl. I Nr. 27/2007)

Artikel 23b. (1) Öffentlich Bediensteten ist, wenn sie sich um ein Mandat im Europäischen Parlament bewerben, die für die Bewerbung um das Mandat erforderliche freie Zeit zu gewähren. Öffentlich Bedienstete, die zu Mitgliedern des Europäischen Parlaments gewählt wurden, sind für die Dauer der Mandatsausübung unter Entfall der Dienstbezüge außer Dienst zu stellen. Das Nähere wird durch Gesetz geregelt.

(2) Universitätslehrer können eine Tätigkeit in Forschung und Lehre und die Prüfungstätigkeit auch während der Zugehörigkeit zum Europäischen Parlament fortsetzen. Die Dienstbezüge für diese Tätigkeit sind entsprechend den tatsächlich erbrachten Leistungen zu bemessen, dürfen aber 25% der Bezüge eines Universitätslehrers nicht übersteigen.

(3) Insoweit dieses Bundesverfassungsgesetz die Unvereinbarkeit von Funktionen mit der Zugehörigkeit oder mit der ehemaligen Zugehörigkeit zum Nationalrat vorsieht, sind diese Funktionen auch mit der Zugehörigkeit oder mit der ehemaligen Zugehörigkeit zum Europäischen Parlament unvereinbar.

Artikel 23c. (1) Die Erstellung der österreichischen Vorschläge für die Ernennung von Mitgliedern der Europäischen Kommission, von Mitgliedern des Gerichtshofes der Europäischen Union, von Mitgliedern des Rechnungshofes, von Mitgliedern des Wirtschafts- und Sozialausschusses, von Mitgliedern des Ausschusses der Regionen und deren Stellvertretern und von Mitgliedern des Verwaltungsrates der Europäischen Investitionsbank obliegt der Bundesregierung.

(2) Vor der Erstellung der Vorschläge für die Ernennung von Mitgliedern der Europäischen Kommission, des Gerichtshofes der Europäischen Union, des Rechnungshofes und des Verwaltungsrates der Europäischen Investitionsbank hat die Bundesregierung dem Nationalrat und dem Bundespräsidenten mitzuteilen, wen sie vorzuschlagen beabsichtigt. Die Bundesregierung hat über die Vorschläge das Einvernehmen mit dem Hauptausschuss des Nationalrates herzustellen.

(3) Vor der Erstellung der Vorschläge für die Ernennung von Mitgliedern des Wirtschafts- und Sozialausschusses hat die Bundesregierung Vorschläge der gesetzlichen und sonstigen beruflichen Vertretungen der verschiedenen Gruppen des wirtschaftlichen und sozialen Lebens einzuholen.

(4) Die Vorschläge für die Ernennung von Mitgliedern des Ausschusses der Regionen und deren Stellvertretern hat die Bundesregierung auf Grund von Vorschlägen der Länder sowie des Österreichischen Gemeindebundes und des Österreichischen Städtebundes zu erstellen. Jedes Land hat ein Mitglied und dessen Stellvertreter vorzuschlagen; die sonstigen Mitglieder und deren Stellvertreter sind vom Österreichischen Gemeindebund und vom Österreichischen Städtebund gemeinsam vorzuschlagen.

(5) Die Bundesregierung hat dem Nationalrat mitzuteilen, wen sie nach Abs. 3 und 4 vorgeschlagen hat, und dem Bundesrat mitzuteilen, wen sie nach Abs. 2, 3 und 4 vorgeschlagen hat.

Artikel 23d. (1) Der Bund hat die Länder unverzüglich über alle Vorhaben im Rahmen der Europäischen Union, die den selbständigen Wirkungsbereich der Länder berühren oder sonst für sie von Interesse sein könnten, zu unterrichten und ihnen Gelegenheit zur Stellungnahme zu geben. Solche Stellungnahmen sind an das Bundeskanzleramt zu richten. Gleiches gilt für die Gemeinden, soweit der eigene Wirkungsbereich oder sonstige wichtige Interessen der Gemeinden berührt werden. Die Vertretung der Gemeinden obliegt in diesen Angelegenheiten dem Österreichischen Städtebund und dem Österreichischen Gemeindebund (Art. 115 Abs. 3).

(2) Haben die Länder eine einheitliche Stellungnahme zu einem Vorhaben erstattet, das Angelegenheiten betrifft, in denen die Gesetzgebung Landessache ist, so darf der Bund bei Verhandlungen und Abstimmungen in der Europäischen Union nur aus zwingenden integrations- und außenpolitischen Gründen von dieser Stellungnahme abweichen. Der Bund hat den Ländern diese Gründe unverzüglich mitzuteilen.

(3) Betrifft ein Vorhaben auch Angelegenheiten, in denen die Gesetzgebung Landessache ist, so kann die Bundesregierung die Befugnis, an den Tagungen des Rates teilzunehmen und in diesem Rahmen zu diesem Vorhaben die Verhandlungen zu führen und die Stimme abzugeben, einem von den Ländern namhaft gemachten Mitglied einer Landesregierung übertragen. Die Wahrnehmung dieser Befugnis durch den Vertreter der Länder

erfolgt unter Beteiligung des zuständigen Bundesministers und in Abstimmung mit diesem; Abs. 2 gilt auch für ihn. Der Vertreter der Länder ist dabei in Angelegenheiten der Bundesgesetzgebung dem Nationalrat, in Angelegenheiten der Landesgesetzgebung den Landtagen gemäß Art. 142 verantwortlich.

(4) Die näheren Bestimmungen zu den Abs. 1 bis 3 sind in einer Vereinbarung zwischen dem Bund und den Ländern (Art. 15a Abs. 1) festzulegen.

(5) Die Länder sind verpflichtet, Maßnahmen zu treffen, die in ihrem selbständigen Wirkungsbereich zur Durchführung von Rechtsakten im Rahmen der Europäischen Union erforderlich werden; kommt ein Land dieser Verpflichtung nicht rechtzeitig nach und wird dies vom Gerichtshof der Europäischen Union gegenüber Österreich festgestellt, so geht die Zuständigkeit zu solchen Maßnahmen, insbesondere zur Erlassung der notwendigen Gesetze, auf den Bund über. Eine gemäß dieser Bestimmung vom Bund getroffene Maßnahme, insbesondere ein solcherart erlassenes Gesetz oder eine solcherart erlassene Verordnung, tritt außer Kraft, sobald das Land die erforderlichen Maßnahmen getroffen hat.

Artikel 23e. (1) Der zuständige Bundesminister hat den Nationalrat und den Bundesrat unverzüglich über alle Vorhaben im Rahmen der Europäischen Union zu unterrichten und ihnen Gelegenheit zur Stellungnahme zu geben.

(2) Der zuständige Bundesminister hat den Nationalrat und den Bundesrat über einen bevorstehenden Beschluss des Europäischen Rates oder des Rates betreffend

1. den Übergang von der Einstimmigkeit zur qualifizierten Mehrheit oder
2. den Übergang von einem besonderen Gesetzgebungsverfahren zum ordentlichen Gesetzgebungsverfahren

ausdrücklich und so rechtzeitig zu unterrichten, dass dem Nationalrat und dem Bundesrat die Wahrnehmung der Zuständigkeiten nach diesem Artikel ermöglicht wird.

(3) Hat der Nationalrat eine Stellungnahme zu einem Vorhaben erstattet, das auf die Erlassung eines verbindlichen Rechtsaktes gerichtet ist, der sich auf die Erlassung von Bundesgesetzen auf dem im Rechtsakt geregelten Gebiet auswirken würde, so darf der zuständige Bundesminister bei Verhandlungen und Abstimmungen in der Europäischen Union nur aus zwingenden integrations- und außenpolitischen Gründen von dieser Stellungnahme abweichen. Beabsichtigt der zuständige Bundesminister, von der Stellungnahme des Nationalrates abzuweichen, so hat er den Nationalrat neuerlich zu befassen. Ist das Vorhaben auf die Erlassung eines verbindlichen Rechtsaktes gerichtet, der entweder die Erlassung bundesverfassungsgesetzlicher Bestimmungen erfordern würde oder Regelungen enthält, die nur durch solche Bestimmungen getroffen werden könnten, so ist eine Abweichung jedenfalls nur zulässig, wenn ihr der Nationalrat innerhalb angemessener Frist nicht widerspricht. Der zuständige Bundesminister hat dem Nationalrat nach der Abstimmung in der Europäischen Union unverzüglich Bericht zu erstatten und ihm gegebenenfalls die Gründe mitzuteilen, aus denen er von der Stellungnahme abgewichen ist.

(4) Hat der Bundesrat eine Stellungnahme zu einem Vorhaben erstattet, das auf die Erlassung eines verbindlichen Rechtsaktes gerichtet ist, der entweder die Erlassung bundesverfassungsgesetzlicher Bestimmungen erfordern würde, durch die die Zuständigkeit der Länder in Gesetzgebung oder Vollziehung gemäß Art. 44 Abs. 2 eingeschränkt wird, oder Regelungen enthält, die nur durch solche Bestimmungen getroffen werden könnten, so darf der zuständige Bundesminister bei Verhandlungen und Abstimmungen in der Europäischen Union nur aus zwingenden integrations- und außenpolitischen Gründen von dieser Stellungnahme abweichen. Eine Abweichung ist jedenfalls nur zulässig, wenn ihr der Bundesrat innerhalb angemessener Frist nicht widerspricht. Der zuständige Bundesminister hat dem Bundesrat nach der Abstimmung in der Europäischen Union unverzüglich Bericht zu erstatten und ihm gegebenenfalls die Gründe mitzuteilen, aus denen er von der Stellungnahme abgewichen ist.

Artikel 23f. (1) Der Nationalrat und der Bundesrat üben die im Vertrag über die Europäische Union, im Vertrag über die Arbeitsweise der Europäischen Union und in den diesen Verträgen beigegebenen Protokollen in der jeweils geltenden Fassung vorgesehenen Zuständigkeiten der nationalen Parlamente aus.

(2) Jeder Bundesminister berichtet dem Nationalrat und dem Bundesrat zu Beginn jedes Jahres über die in diesem Jahr zu erwartenden Vorhaben des Rates und der Europäischen Kommission sowie über die voraussichtliche österreichische Position zu diesen Vorhaben.

(3) Weitere Unterrichtungsverpflichtungen sind durch Bundesgesetz vorzusehen.

(4) Der Nationalrat und der Bundesrat können ihren Wünschen über Vorhaben der Europäischen Union in Mitteilungen an die Organe der Europäischen Union Ausdruck geben.

Artikel 23g. (1) Der Nationalrat und der Bundesrat können zu einem Entwurf eines Gesetzgebungsakts im Rahmen der Europäischen Union in einer begründeten Stellungnahme darlegen, weshalb der Entwurf nicht mit dem Subsidiaritätsprinzip vereinbar ist.

(2) Der Nationalrat und der Bundesrat können vom zuständigen Bundesminister eine Äußerung zur Vereinbarkeit von Entwürfen gemäß Abs. 1 mit dem Subsidiaritätsprinzip verlangen, die im Regelfall innerhalb von zwei Wochen nach Einlangen des Verlangens vorzulegen ist.

(3) Der Bundesrat hat die Landtage unverzüglich über alle Entwürfe gemäß Abs. 1 zu unterrichten und ihnen Gelegenheit zur Stellungnahme zu geben. Bei Beschlussfassung einer begründeten Stellungnahme gemäß Abs. 1 hat der Bundesrat die Stellungnahmen der Landtage zu erwägen und die Landtage über solche Beschlüsse zu unterrichten.

Artikel 23h. (1) Der Nationalrat und der Bundesrat können beschließen, dass gegen einen Gesetzgebungsakt im Rahmen der Europäischen Union beim Gerichtshof der Europäischen Union Klage wegen Verstoßes gegen das Subsidiaritätsprinzip erhoben wird.

(2) Das Bundeskanzleramt übermittelt die Klage im Namen des Nationalrates oder des Bundesrates unverzüglich an den Gerichtshof der Europäischen Union.

Artikel 23i. (1) Das österreichische Mitglied im Europäischen Rat darf einer Initiative gemäß Art. 48 Abs. 7 des Vertrags über die Europäische Union in der Fassung des Vertrags von Lissabon nur dann zustimmen, wenn es der Nationalrat mit Zustimmung des Bundesrates auf Grund eines Vorschlages der Bundesregierung dazu ermächtigt hat. Diese Beschlüsse des Nationalrates und des Bundesrates bedürfen jeweils der Anwesenheit von mindestens der Hälfte der Mitglieder und einer Mehrheit von zwei Dritteln der abgegebenen Stimmen.

(2) Soweit nach dem Recht der Europäischen Union für die nationalen Parlamente die Möglichkeit der Ablehnung einer Initiative oder eines Vorschlages betreffend

1. den Übergang von der Einstimmigkeit zur qualifizierten Mehrheit oder
2. den Übergang von einem besonderen Gesetzgebungsverfahren zum ordentlichen Gesetzgebungsverfahren

vorgesehen ist, kann der Nationalrat mit Zustimmung des Bundesrates diese Initiative oder diesen Vorschlag innerhalb der nach dem Recht der Europäischen Union vorgesehenen Fristen ablehnen.

(3) Beschlüsse des Rates, durch die neue Kategorien von Eigenmitteln der Europäischen Union eingeführt werden, bedürfen der Genehmigung des Nationalrates und der Zustimmung des Bundesrates; Art. 50 Abs. 4 zweiter Satz ist sinngemäß anzuwenden. Andere Beschlüsse des Rates, mit denen Bestimmungen über das System der Eigenmittel der Europäischen Union festgelegt werden, bedürfen der Genehmigung des Nationalrates. Art. 23e Abs. 2 gilt sinngemäß.

(4) Auf andere Beschlüsse des Europäischen Rates oder des Rates, die nach dem Recht der Europäischen Union erst nach Zustimmung der Mitgliedstaaten im Einklang mit ihren jeweiligen verfassungsrechtlichen Vorschriften in Kraft treten, ist Art. 50 Abs. 4 sinngemäß anzuwenden.

(5) Beschlüsse des Nationalrates und des Bundesrates nach diesem Artikel sind vom Bundeskanzler im Bundesgesetzblatt kundzumachen.

Artikel 23j. (1) Österreich wirkt an der Gemeinsamen Außen- und Sicherheitspolitik der Europäischen Union auf Grund des Titels V Kapitel 1 und 2 des Vertrags über die Europäische Union in der Fassung des Vertrags von Lissabon mit, der in Art. 3 Abs. 5 und in Art. 21 Abs. 1 insbesondere die Wahrung beziehungsweise Achtung der Grundsätze der Charta der Vereinten Nationen vorsieht. Dies schließt die Mitwirkung an Aufgaben gemäß Art. 43 Abs. 1 dieses Vertrags sowie an Maßnahmen ein, mit denen die Wirtschafts- und Finanzbeziehungen zu einem oder mehreren Drittländern ausgesetzt, eingeschränkt oder vollständig eingestellt werden. Auf Beschlüsse des Europäischen Rates über eine gemeinsame Verteidigung ist Art. 50 Abs. 4 sinngemäß anzuwenden.

(2) Für Beschlüsse im Rahmen der Gemeinsamen Außen- und Sicherheitspolitik der Europäischen Union auf Grund des Titels V Kapitel 2 des Vertrags über die Europäische Union in der Fassung des Vertrags von Lissabon gilt Art. 23e Abs. 3 sinngemäß.

(3) Bei Beschlüssen über die Einleitung einer Mission außerhalb der Europäischen Union, die Aufgaben der militärischen Beratung und Unterstützung, Aufgaben der Konfliktverhütung und der Erhaltung des Friedens oder Kampfeinsätze im Rahmen der Krisenbewältigung einschließlich Frieden schaffender Maßnahmen und Operationen zur Stabilisierung der Lage nach Konflikten umfasst, sowie bei Beschlüssen gemäß Art. 42 Abs. 2 des Vertrags über die Europäische Union in der Fassung des Vertrags von Lissabon betreffend die schrittweise Festlegung einer gemeinsamen Verteidigungspolitik ist das Stimmrecht im Einvernehmen zwischen dem Bundeskanzler und dem für auswärtige Angelegenheiten zuständigen Bundesminister auszuüben.

(4) Eine Zustimmung zu Maßnahmen gemäß Abs. 3 darf, wenn der zu fassende Beschluss eine Verpflichtung Österreichs zur Entsendung von Einheiten oder einzelnen Personen bewirken würde, nur unter dem Vorbehalt gegeben werden, dass es diesbezüglich noch der Durchführung des für die Entsendung von Einheiten oder einzelnen Personen in das Ausland verfassungsrechtlich vorgesehenen Verfahrens bedarf.

Artikel 23k. (1) Nähere Bestimmungen zu den Art. 23e, 23f Abs. 1, 2 und 4 sowie 23g bis 23j treffen das Bundesgesetz über die Geschäftsordnung des Nationalrates und die Geschäftsordnung des Bundesrates.

(2) Die Zuständigkeiten des Nationalrates nach den Art. 23e, 23f Abs. 4, 23g und 23j Abs. 2 obliegen dessen Hauptausschuss. Das Bundesgesetz über die Geschäftsordnung des Nationalrates kann vorsehen, dass der Hauptausschuss einen ständigen Unterausschuss wählt, für den Art. 55 Abs. 3 sinngemäß gilt. Der Hauptausschuss kann diesem ständigen Unterausschuss Zuständigkeiten nach dem ersten Satz übertragen. Eine solche Übertragung kann jederzeit ganz oder teilweise widerrufen werden. Durch das Bundesgesetz über die Geschäftsordnung des Nationalrates können Zuständigkeiten des Hauptausschusses nach dem ersten Satz dem Nationalrat oder dem ständigen Unterausschuss des Hauptausschusses gemäß dem zweiten Satz übertragen werden.

(3) Zuständigkeiten des Bundesrates nach den Art. 23e, 23f Abs.4 und 23g können durch die Geschäftsordnung des Bundesrates einem von diesem zu wählenden Ausschuss übertragen werden.

Zweites Hauptstück
Gesetzgebung des Bundes
A. Nationalrat

Artikel 24. Die Gesetzgebung des Bundes übt der Nationalrat gemeinsam mit dem Bundesrat aus.

Artikel 25. (1) Der Sitz des Nationalrates ist die Bundeshauptstadt Wien.

(2) Für die Dauer außerordentlicher Verhältnisse kann der Bundespräsident auf Antrag der Bundesregierung den Nationalrat in einen anderen Ort des Bundesgebietes berufen.

Artikel 26. (1) Der Nationalrat wird vom Bundesvolk auf Grund des gleichen, unmittelbaren, persönlichen, freien und geheimen Wahlrechtes der Männer und Frauen, die am Wahltag das 16. Lebensjahr vollendet haben, nach den Grundsätzen der Verhältniswahl gewählt.

(2) Das Bundesgebiet wird in räumlich geschlossene Wahlkreise geteilt, deren Grenzen die Landesgrenzen nicht schneiden dürfen; diese Wahlkreise sind in räumlich geschlossene Regionalwahlkreise zu untergliedern. Die Zahl der Abgeordneten wird auf die Wahlberechtigten der Wahlkreise (Wahlkörper) im Verhältnis der Zahl der Staatsbürger, die nach dem Ergebnis der letzten Volkszählung im jeweiligen Wahlkreis den Hauptwohnsitz hatten, vermehrt um die Zahl der Staatsbürger, die am Zähltag im Bundesgebiet zwar nicht den Hauptwohnsitz hatten, aber in einer Gemeinde des jeweiligen Wahlkreises in der Wählerevidenz eingetragen waren, verteilt; in gleicher Weise wird die Zahl der einem Wahlkreis zugeordneten Abgeordneten auf die Regionalwahlkreise verteilt. Die Wahlordnung zum Nationalrat hat ein abschließendes Ermittlungsverfahren im gesamten Bundesgebiet vorzusehen, durch das sowohl ein Ausgleich der den wahlwerbenden Parteien in den Wahlkreisen zugeteilten als auch eine Aufteilung der noch nicht zugeteilten Mandate nach den Grundsätzen der Verhältniswahl erfolgt. Eine Gliederung der Wählerschaft in andere Wahlkörper ist nicht zulässig.

(3) Der Wahltag muss ein Sonntag oder ein gesetzlicher Feiertag sein. Treten Umstände ein, die den Anfang, die Fortsetzung oder die Beendigung der Wahlhandlung verhindern, so kann die Wahlbehörde die Wahlhandlung auf den nächsten Tag verlängern oder verschieben.

(4) Wählbar sind die zum Nationalrat Wahlberechtigten, die am Stichtag die österreichische Staatsbürgerschaft besitzen und am Wahltag das 18. Lebensjahr vollendet haben.

(5) Ein Ausschluss vom Wahlrecht oder von der Wählbarkeit kann, auch in jeweils unterschiedlichem Umfang, nur durch Bundesgesetz als Folge rechtskräftiger gerichtlicher Verurteilung vorgesehen werden.

(6) Wahlberechtigte, die voraussichtlich am Wahltag verhindert sein werden, ihre Stimme vor der Wahlbehörde abzugeben, etwa wegen Ortsabwesenheit, aus gesundheitlichen Gründen oder wegen Aufenthalts im Ausland, können ihr Wahlrecht auf Antrag unter Angabe des Grundes durch Briefwahl ausüben. Die Identität des Antragstellers ist glaubhaft zu machen. Der Wahlberechtigte hat durch Unterschrift an Eides statt zu erklären, dass die Stimmabgabe persönlich und geheim erfolgt ist.

(7) Die näheren Bestimmungen über das Wahlverfahren werden durch Bundesgesetz getroffen.

Artikel 26a. (1) Die Durchführung und Leitung der Wahlen zum Europäischen Parlament, der Wahlen zum Nationalrat, der Wahl des Bundespräsidenten, von Volksabstimmungen und Volksbefragungen, die Mitwirkung bei der Überprüfung von Volksbegehren sowie die Mitwirkung bei der Durchführung von Europäischen Bürgerinitiativen obliegt Wahlbehörden, die vor jeder Wahl zum Nationalrat neu gebildet werden. Diesen haben als stimmberechtigte Beisitzer Vertreter der wahlwerbenden Parteien anzugehören, der Bundeswahlbehörde auch Richter des Dienst- oder Ruhestandes; die Zahl der Beisitzer ist in der Wahlordnung zum Nationalrat festzusetzen. Die nichtrichterlichen Beisitzer werden auf Grund von Vorschlägen der wahlwerbenden Parteien entsprechend ihrer bei der letzten Wahl zum Nationalrat festgestellten Stärke berufen. Im zuletzt gewählten Nationalrat vertretene wahlwerbende Parteien, die danach keinen Anspruch auf Berufung von Beisitzern hätten, sind jedoch berechtigt, einen Beisitzer für die Bundeswahlbehörde vorzuschlagen.

(2) Die Führung der Wählerevidenz und die Anlegung der entsprechenden Verzeichnisse bei einer Wahl zum Europäischen Parlament, einer

Wahl zum Nationalrat, einer Wahl des Bundespräsidenten, einer Volksabstimmung und einer Volksbefragung obliegt der Gemeinde im übertragenen Wirkungsbereich. Die Speicherung der Daten der Wählerevidenzen erfolgt in einem zentralen Wählerregister, in dem auch Wählerevidenzen aufgrund der Landesgesetzgebung gespeichert werden können; die Länder und Gemeinden können diese Daten für solche Verzeichnisse in ihrem Zuständigkeitsbereich verwenden.

Artikel 27. (1) Die Gesetzgebungsperiode des Nationalrates dauert fünf Jahre, vom Tag seines ersten Zusammentrittes an gerechnet, jedenfalls aber bis zu dem Tag, an dem der neue Nationalrat zusammentritt.

(2) Der neugewählte Nationalrat ist vom Bundespräsidenten längstens innerhalb dreißig Tagen nach der Wahl einzuberufen. Diese ist von der Bundesregierung so anzuordnen, dass der neugewählte Nationalrat am Tag nach dem Ablauf des fünften Jahres der Gesetzgebungsperiode zusammentreten kann.

Artikel 28. (1) Der Bundespräsident beruft den Nationalrat in jedem Jahr zu einer ordentlichen Tagung ein, die nicht vor dem 15. September beginnen und nicht länger als bis zum 15. Juli des folgenden Jahres währen soll.

(2) Der Bundespräsident kann den Nationalrat auch zu außerordentlichen Tagungen einberufen. Wenn es die Bundesregierung oder mindestens ein Drittel der Mitglieder des Nationalrates oder der Bundesrat verlangt, ist der Bundespräsident verpflichtet, den Nationalrat zu einer außerordentlichen Tagung einzuberufen, und zwar so, dass der Nationalrat spätestens binnen zwei Wochen nach Eintreffen des Verlangens beim Bundespräsidenten zusammentritt, die Einberufung bedarf keiner Gegenzeichnung. Zur Einberufung einer außerordentlichen Tagung auf Antrag von Mitgliedern des Nationalrates oder auf Antrag des Bundesrates ist ein Vorschlag der Bundesregierung nicht erforderlich.

(3) Der Bundespräsident erklärt die Tagungen des Nationalrates auf Grund Beschlusses des Nationalrates für beendet.

(4) Bei Eröffnung einer neuen Tagung des Nationalrates innerhalb der gleichen Gesetzgebungsperiode werden die Arbeiten nach dem Stand fortgesetzt, in dem sie sich bei der Beendigung der letzten Tagung befunden haben. Bei Beendigung einer Tagung können einzelne Ausschüsse vom Nationalrat beauftragt werden, ihre Arbeiten fortzusetzen. Mit dem Beginn einer neuen Gesetzgebungsperiode gelten vom Nationalrat der vorangegangenen Gesetzgebungsperiode nicht erledigte Volksbegehren und an den Nationalrat gerichtete Bürgerinitiativen als Verhandlungsgegenstände des neu gewählten Nationalrates. Durch das Bundesgesetz über die Geschäftsordnung des Nationalrates kann dies auch für weitere Verhandlungsgegenstände des Nationalrates bestimmt werden.

(5) Innerhalb einer Tagung beruft der Präsident des Nationalrates die einzelnen Sitzungen ein. Wenn innerhalb einer Tagung die im Bundesgesetz über die Geschäftsordnung des Nationalrates festgesetzte Anzahl der Mitglieder des Nationalrates oder die Bundesregierung es verlangt, ist der Präsident verpflichtet, eine Sitzung einzuberufen. Nähere Bestimmungen trifft das Bundesgesetz über die Geschäftsordnung des Nationalrates, das auch eine Frist festzusetzen hat, innerhalb derer der Nationalrat zusammenzutreten hat.

(6) Für den Fall, dass die gewählten Präsidenten des Nationalrates an der Ausübung ihres Amtes verhindert oder deren Ämter erledigt sind, hat das Bundesgesetz über die Geschäftsordnung des Nationalrates Sonderbestimmungen über die Einberufung des Nationalrates zu treffen.

Artikel 29. (1) Der Bundespräsident kann den Nationalrat auflösen, er darf dies jedoch nur einmal aus dem gleichen Anlass verfügen. Die Neuwahl ist in diesem Fall von der Bundesregierung so anzuordnen, dass der neugewählte Nationalrat längstens am hundertsten Tag nach der Auflösung zusammentreten kann.

(2) Vor Ablauf der Gesetzgebungsperiode kann der Nationalrat durch einfaches Gesetz seine Auflösung beschließen.

(3) Nach einer gemäß Abs. 2 erfolgten Auflösung sowie nach Ablauf der Zeit, für die der Nationalrat gewählt ist, dauert die Gesetzgebungsperiode bis zum Tag, an dem der neugewählte Nationalrat zusammentritt.

Artikel 30. (1) Der Nationalrat wählt aus seiner Mitte den Präsidenten, den zweiten und dritten Präsidenten.

(2) Die Geschäfte des Nationalrates werden auf Grund eines besonderen Bundesgesetzes geführt. Das Bundesgesetz über die Geschäftsordnung des Nationalrates kann nur bei Anwesenheit von mindestens der Hälfte der Mitglieder und mit einer Mehrheit von zwei Dritteln der abgegebenen Stimmen beschlossen werden.

(3) Zur Unterstützung der parlamentarischen Aufgaben und zur Besorgung der Verwaltungsangelegenheiten im Bereich der Organe der Gesetzgebung des Bundes sowie gleichartiger Aufgaben und Verwaltungsangelegenheiten, die die in Österreich gewählten Mitglieder des Europäischen Parlaments betreffen, ist die Parlamentsdirektion berufen, die dem Präsidenten des Nationalrates untersteht. Für den Bereich des Bundesrates ist die innere Organisation der Parlamentsdirektion im Einvernehmen mit dem Vorsitzenden des Bundesrates zu regeln, dem bei Besorgung der auf Grund dieses Gesetzes dem Bundesrat übertragenen Aufgaben auch das Weisungsrecht zukommt.

(4) Dem Präsidenten des Nationalrates stehen insbesondere auch die Ernennung der Bediensteten der Parlamentsdirektion und alle übrigen

Befugnisse in Personalangelegenheiten dieser Bediensteten zu.

(5) Der Präsident des Nationalrates kann den parlamentarischen Klubs zur Erfüllung parlamentarischer Aufgaben Bedienstete der Parlamentsdirektion zur Dienstleistung zuweisen.

(6) Bei der Vollziehung der nach diesem Artikel dem Präsidenten des Nationalrates zustehenden Verwaltungsangelegenheiten ist dieser oberstes Verwaltungsorgan und übt diese Befugnisse allein aus. Die Erlassung von Verordnungen steht dem Präsidenten des Nationalrates insoweit zu, als diese ausschließlich in diesem Artikel geregelte Verwaltungsangelegenheiten betreffen.

Artikel 30a. Der besondere Schutz und die Geheimhaltung von Informationen im Bereich des Nationalrates und des Bundesrates werden auf Grund eines besonderen Bundesgesetzes geregelt. Das Bundesgesetz über die Informationsordnung des Nationalrates und des Bundesrates kann vom Nationalrat nur in Anwesenheit von mindestens der Hälfte der Mitglieder und mit einer Mehrheit von zwei Dritteln der abgegebenen Stimmen beschlossen werden. Es bedarf überdies der in Anwesenheit von mindestens der Hälfte der Mitglieder und mit einer Mehrheit von zwei Dritteln der abgegebenen Stimmen zu erteilenden Zustimmung des Bundesrates.

Artikel 30b. (1) Zur Erlassung von Disziplinarerkenntnissen und zur Entscheidung über Suspendierungen hinsichtlich der Beamten der Parlamentsdirektion, des Rechnungshofes und der Volksanwaltschaft wird bei der Parlamentsdirektion eine Disziplinarkommission eingerichtet.

(2) Die Mitglieder der Disziplinarkommission und die Disziplinaranwälte sind vom Präsidenten des Nationalrates, vom Präsidenten des Rechnungshofes und vom Vorsitzenden der Volksanwaltschaft zu bestellen.

(3) Die näheren Bestimmungen über die Organisation und das Verfahren der Disziplinarkommission sowie die Stellung und Bestellung der Disziplinaranwälte werden durch Bundesgesetz getroffen.

Artikel 31. Zu einem Beschluss des Nationalrates ist, soweit in diesem Gesetz nicht anderes bestimmt oder im Bundesgesetz über die Geschäftsordnung des Nationalrates für einzelne Angelegenheiten nicht anderes festgelegt ist, die Anwesenheit von mindestens einem Drittel der Mitglieder und die unbedingte Mehrheit der abgegebenen Stimmen erforderlich.

Artikel 32. (1) Die Sitzungen des Nationalrates sind öffentlich.

(2) Die Öffentlichkeit wird ausgeschlossen, wenn es vom Vorsitzenden oder von der im Bundesgesetz über die Geschäftsordnung des Nationalrates festgesetzten Anzahl der Mitglieder verlangt und vom Nationalrat nach Entfernung der Zuhörer beschlossen wird.

Artikel 33. Wahrheitsgetreue Berichte über die Verhandlungen in den öffentlichen Sitzungen des Nationalrates und seiner Ausschüsse bleiben von jeder Verantwortung frei.

B. Bundesrat

Artikel 34. (1) Im Bundesrat sind die Länder im Verhältnis zur Bürgerzahl im Land gemäß den folgenden Bestimmungen vertreten.

(2) Das Land mit der größten Bürgerzahl entsendet zwölf, jedes andere Land so viele Mitglieder, als dem Verhältnis seiner Bürgerzahl zur erstangeführten Bürgerzahl entspricht, wobei Reste über die Hälfte der Verhältniszahl als voll gelten. Jedem Land gebührt jedoch eine Vertretung von wenigstens drei Mitgliedern. Für jedes Mitglied wird ein Ersatzmitglied bestellt.

(3) Die Zahl der demnach von jedem Land zu entsendenden Mitglieder wird vom Bundespräsidenten nach jeder allgemeinen Volkszählung festgesetzt.

Artikel 35. (1) Die Mitglieder des Bundesrates und ihre Ersatzmitglieder werden von den Landtagen für die Dauer ihrer Gesetzgebungsperiode nach dem Grundsatz der Verhältniswahl gewählt, jedoch muss wenigstens ein Mandat der Partei zufallen, die die zweithöchste Anzahl von Sitzen im Landtag oder, wenn mehrere Parteien die gleiche Anzahl von Sitzen haben, die zweithöchste Zahl von Wählerstimmen bei der letzten Landtagswahl aufweist. Bei gleichen Ansprüchen mehrerer Parteien entscheidet das Los.

(2) Die Mitglieder des Bundesrates müssen nicht dem Landtag angehören, der sie entsendet; sie müssen jedoch zu diesem Landtag wählbar sein.

(3) Nach Ablauf der Gesetzgebungsperiode eines Landtages oder nach seiner Auflösung bleiben die von ihm entsendeten Mitglieder des Bundesrates so lange in Funktion, bis der neue Landtag die Wahl in den Bundesrat vorgenommen hat.

(4) Die Bestimmungen der Art. 34 und 35 können nur abgeändert werden, wenn im Bundesrat – abgesehen von der für seine Beschlussfassung überhaupt erforderlichen Stimmenmehrheit – die Mehrheit der Vertreter von wenigstens vier Ländern die Änderung angenommen hat.

Artikel 36. (1) Im Vorsitz des Bundesrates wechseln die Länder halbjährlich in alphabetischer Reihenfolge.

(2) Als Vorsitzender fungiert der an erster Stelle entsendete Vertreter des zum Vorsitz berufenen Landes, dessen Mandat auf jene Partei zu entfallen hat, die die höchste Anzahl von Sitzen im Landtag oder, wenn mehrere Parteien die gleiche Anzahl von Sitzen haben, die höchste Zahl von Wählerstimmen bei der letzten Landtagswahl aufweist; bei gleichen Ansprüchen mehrerer Parteien entscheidet das Los. Der Landtag kann jedoch beschließen, dass der Vorsitz von einem anderen Vertreter des Landes geführt werden soll,

dessen Mandat im Bundesrat auf diese Partei entfällt; ein solcher Beschluss bedarf jedenfalls der Zustimmung der Mehrheit jener Mitglieder des Landtages, deren Mandate im Landtag auf diese Partei entfallen. Die Bestellung der Stellvertreter des Vorsitzenden wird durch die Geschäftsordnung des Bundesrates geregelt. Der Vorsitzende führt den Titel „Präsident des Bundesrates", seine Stellvertreter führen den Titel „Vizepräsident des Bundesrates".

(3) Der Bundesrat wird von seinem Vorsitzenden an den Sitz des Nationalrates einberufen. Der Vorsitzende ist verpflichtet, den Bundesrat sofort einzuberufen, wenn wenigstens ein Viertel seiner Mitglieder oder die Bundesregierung es verlangt.

(4) Die Landeshauptmänner sind berechtigt, an allen Verhandlungen des Bundesrates teilzunehmen. Sie haben nach den näheren Bestimmungen der Geschäftsordnung des Bundesrates das Recht, auf ihr Verlangen jedes Mal zu Angelegenheiten ihres Landes gehört zu werden.

Artikel 37. (1) Zu einem Beschluss des Bundesrates ist, soweit in diesem Gesetz nicht anders bestimmt ist oder in der Geschäftsordnung des Bundesrates für einzelne Angelegenheiten nicht anders festgelegt ist, die Anwesenheit von mindestens einem Drittel der Mitglieder und die unbedingte Mehrheit der abgegebenen Stimmen erforderlich.

(2) Der Bundesrat gibt sich seine Geschäftsordnung durch Beschluss. Dieser Beschluss kann nur bei Anwesenheit der Hälfte der Mitglieder mit einer Mehrheit von mindestens zwei Dritteln der abgegebenen Stimmen gefasst werden. In der Geschäftsordnung können auch über den inneren Bereich des Bundesrates hinauswirkende Bestimmungen getroffen werden, sofern dies für die Regelung der Geschäftsbehandlung im Bundesrat erforderlich ist. Der Geschäftsordnung kommt die Wirkung eines Bundesgesetzes zu; sie ist durch den Bundeskanzler im Bundesgesetzblatt kundzumachen.

(3) Die Sitzungen des Bundesrates sind öffentlich. Die Öffentlichkeit kann jedoch gemäß den Bestimmungen der Geschäftsordnung durch Beschluss aufgehoben werden. Die Bestimmungen des Art. 33 gelten auch für öffentliche Sitzungen des Bundesrates und seiner Ausschüsse.

C. Bundesversammlung

Artikel 38. Der Nationalrat und der Bundesrat treten als Bundesversammlung in gemeinsamer öffentlicher Sitzung zur Angelobung des Bundespräsidenten, ferner zur Beschlussfassung über eine Kriegserklärung am Sitz des Nationalrates zusammen.

Artikel 39. (1) Die Bundesversammlung wird – abgesehen von den Fällen des Art. 60 Abs. 6, des Art. 63 Abs. 2, des Art. 64 Abs. 4 und des Art. 68 Abs. 2 – vom Bundespräsidenten einberufen. Der Vorsitz wird abwechselnd vom Präsidenten des Nationalrates und vom Vorsitzenden des Bundesrates, das erste Mal von jenem, geführt.

(2) In der Bundesversammlung wird das Bundesgesetz über die Geschäftsordnung des Nationalrates sinngemäß angewendet.

(3) Die Bestimmungen des Art. 33 gelten auch für die Sitzungen der Bundesversammlung.

Artikel 40. (1) Die Beschlüsse der Bundesversammlung werden von ihrem Vorsitzenden beurkundet und vom Bundeskanzler gegengezeichnet.

(2) Die Beschlüsse der Bundesversammlung über eine Kriegserklärung sind vom Bundeskanzler amtlich kundzumachen.

D. Der Weg der Bundesgesetzgebung

Artikel 41. (1) Gesetzesvorschläge gelangen an den Nationalrat als Anträge seiner Mitglieder, des Bundesrates oder eines Drittels der Mitglieder des Bundesrates sowie als Vorlagen der Bundesregierung.

(2) Jedes von 100 000 Stimmberechtigten oder von je einem Sechstel der Stimmberechtigten dreier Länder unterstützte Volksbegehren ist von der Bundeswahlbehörde dem Nationalrat zur Behandlung vorzulegen. Stimmberechtigt ist, wer am letzten Tag des Eintragungszeitraums das Wahlrecht zum Nationalrat besitzt. Das Volksbegehren muss eine durch Bundesgesetz zu regelnde Angelegenheit betreffen und kann in Form eines Gesetzesantrages gestellt werden. Bundesgesetzlich kann eine elektronische Unterstützung eines Volksbegehrens durch die Stimmberechtigten vorgesehen werden, wobei zu gewährleisten ist, dass sie nur persönlich und nur einmal erfolgt.

(3) Die näheren Bestimmungen über das Verfahren für das Volksbegehren werden durch Bundesgesetz getroffen.

Artikel 42. (1) Jeder Gesetzesbeschluss des Nationalrates ist unverzüglich von dessen Präsidenten dem Bundesrat zu übermitteln.

(2) Ein Gesetzesbeschluss kann, soweit nicht verfassungsgesetzlich anderes bestimmt ist, nur dann beurkundet und kundgemacht werden, wenn der Bundesrat gegen diesen Beschluss keinen mit Gründen versehenen Einspruch erhoben hat.

(3) Dieser Einspruch muss dem Nationalrat binnen acht Wochen nach Einlangen des Gesetzesbeschlusses beim Bundesrat von dessen Vorsitzenden schriftlich übermittelt werden; er ist dem Bundeskanzler zur Kenntnis zu bringen.

(4) Wiederholt der Nationalrat seinen ursprünglichen Beschluss bei Anwesenheit von mindestens der Hälfte der Mitglieder, so ist dieser zu beurkunden und kundzumachen. Beschließt der Bundesrat, keinen Einspruch zu erheben, oder wird innerhalb der im Abs. 3 festgesetzten Frist kein mit Begründung versehener Einspruch erhoben, so ist der Gesetzesbeschluss zu beurkunden und kundzumachen.

(5) Insoweit Gesetzesbeschlüsse des Nationalrates die Geschäftsordnung des Nationalrates, die Auflösung des Nationalrates, ein Bundesgesetz, mit dem nähere Bestimmungen über die Erstellung des Bundesfinanzrahmengesetzes, des Bundesfinanzgesetzes und über die sonstige Haushaltsführung des Bundes getroffen werden, ein Bundesfinanzrahmengesetz, ein Bundesfinanzgesetz, eine vorläufige Vorsorge im Sinne von Art. 51a Abs. 4 oder eine Verfügung über Bundesvermögen, die Übernahme oder Umwandlung einer Haftung des Bundes, das Eingehen oder die Umwandlung einer Finanzschuld des Bundes oder die Genehmigung eines Bundesrechnungsabschlusses betreffen, steht dem Bundesrat keine Mitwirkung zu.

Artikel 42a. Insoweit ein Gesetzesbeschluss des Nationalrates der Zustimmung der Länder bedarf, ist er unmittelbar nach Beendigung des Verfahrens gemäß Art. 42 vom Bundeskanzler den Ämtern der Landesregierungen der beteiligten Länder bekanntzugeben. Die Zustimmung gilt als erteilt, wenn der Landeshauptmann nicht innerhalb von acht Wochen nach dem Tag, an dem der Gesetzesbeschluss beim Amt der Landesregierung eingelangt ist, dem Bundeskanzler mitgeteilt hat, dass die Zustimmung verweigert wird. Vor Ablauf dieser Frist darf die Kundmachung des Gesetzesbeschlusses nur erfolgen, wenn die Landeshauptmänner der beteiligten Länder die ausdrückliche Zustimmung des Landes mitgeteilt haben.

Artikel 43. Einer Volksabstimmung ist jeder Gesetzesbeschluss des Nationalrates nach Beendigung des Verfahrens gemäß Art. 42 beziehungsweise gemäß Art. 42a, jedoch vor seiner Beurkundung durch den Bundespräsidenten, zu unterziehen, wenn der Nationalrat es beschließt oder die Mehrheit der Mitglieder des Nationalrates es verlangt.

Artikel 44. (1) Verfassungsgesetze oder in einfachen Gesetzen enthaltene Verfassungsbestimmungen können vom Nationalrat nur in Anwesenheit von mindestens der Hälfte der Mitglieder und mit einer Mehrheit von zwei Dritteln der abgegebenen Stimmen beschlossen werden; sie sind als solche („Verfassungsgesetz“, „Verfassungsbestimmung“) ausdrücklich zu bezeichnen.

(2) Verfassungsgesetze oder in einfachen Gesetzen enthaltene Verfassungsbestimmungen, durch die die Zuständigkeit der Länder in Gesetzgebung oder Vollziehung eingeschränkt wird, bedürfen überdies der in Anwesenheit von mindestens der Hälfte der Mitglieder und mit einer Mehrheit von zwei Dritteln der abgegebenen Stimmen zu erteilenden Zustimmung des Bundesrates.

(3) Jede Gesamtänderung der Bundesverfassung, eine Teiländerung aber nur, wenn dies von einem Drittel der Mitglieder des Nationalrates oder des Bundesrates verlangt wird, ist nach Beendigung des Verfahrens gemäß Art. 42, jedoch vor der Beurkundung durch den Bundespräsidenten, einer Abstimmung des gesamten Bundesvolkes zu unterziehen.

Artikel 45. (1) In der Volksabstimmung entscheidet die unbedingte Mehrheit der gültig abgegebenen Stimmen.

(2) Das Ergebnis der Volksabstimmung ist amtlich zu verlautbaren.

Artikel 46. (1) Der Bundespräsident ordnet die Volksabstimmung an.

(2) Stimmberechtigt bei Volksabstimmungen ist, wer am Abstimmungstag das Wahlrecht zum Nationalrat besitzt.

(3) Die näheren Bestimmungen über das Verfahren für die Volksabstimmung werden durch Bundesgesetz getroffen. Art. 26 Abs. 6 ist sinngemäß anzuwenden.

Artikel 47. (1) Das verfassungsmäßige Zustandekommen der Bundesgesetze wird durch den Bundespräsidenten beurkundet.

(2) Die Vorlage zur Beurkundung erfolgt durch den Bundeskanzler.

(3) Die Beurkundung ist vom Bundeskanzler gegenzuzeichnen.

Artikel 48. Bundesgesetze und gemäß Art. 50 Abs. 1 genehmigte Staatsverträge werden mit Berufung auf den Beschluss des Nationalrates, Bundesgesetze, die auf einer Volksabstimmung beruhen, mit Berufung auf das Ergebnis der Volksabstimmung kundgemacht.

Artikel 49. (1) Die Bundesgesetze sind vom Bundeskanzler im Bundesgesetzblatt kundzumachen. Soweit nicht ausdrücklich anderes bestimmt ist, treten sie mit Ablauf des Tages ihrer Kundmachung in Kraft und gelten für das gesamte Bundesgebiet.

(2) Die Staatsverträge gemäß Art. 50 Abs. 1 sind vom Bundeskanzler im Bundesgesetzblatt kundzumachen. Ist ein Staatsvertrag gemäß Art. 50 Abs. 1 Z 1 in mehr als zwei Sprachen authentisch festgelegt worden, reicht es aus, wenn

1. zwei authentische Sprachfassungen und eine Übersetzung in die deutsche Sprache,
2. wenn jedoch die deutsche Sprachfassung authentisch ist, diese und eine weitere authentische Sprachfassung

kundgemacht werden. Anlässlich der Genehmigung eines Staatsvertrages gemäß Art. 50 Abs. 1 kann der Nationalrat beschließen, auf welche andere Weise als im Bundesgesetzblatt die Kundmachung des Staatsvertrages oder einzelner genau zu bezeichnender Teile desselben zu erfolgen hat; solche Beschlüsse des Nationalrates sind vom Bundeskanzler im Bundesgesetzblatt kundzumachen. Soweit nicht ausdrücklich anderes bestimmt ist, treten Staatsverträge gemäß Art. 50 Abs. 1 mit Ablauf des Tages ihrer Kundmachung – im Fall des dritten Satzes mit Ablauf des Tages der Kundmachung des Beschlusses des Nationalrates – in

Kraft und gelten für das gesamte Bundesgebiet; dies gilt nicht für Staatsverträge, die durch Erlassung von Gesetzen zu erfüllen sind (Art. 50 Abs. 2 Z 4).

(3) Verlautbarungen im Bundesgesetzblatt und gemäß Abs. 2 zweiter Satz müssen allgemein zugänglich sein und in ihrer kundgemachten Form vollständig und auf Dauer ermittelt werden können.

(4) Die näheren Bestimmungen über die Kundmachung im Bundesgesetzblatt werden durch Bundesgesetz getroffen.

Artikel 49a. (1) Der Bundeskanzler ist gemeinsam mit den zuständigen Bundesministern ermächtigt, Bundesgesetze, mit Ausnahme dieses Gesetzes, und im Bundesgesetzblatt kundgemachte Staatsverträge in ihrer geltenden Fassung durch Kundmachung im Bundesgesetzblatt wiederzuverlautbaren.

(2) In der Kundmachung über die Wiederverlautbarung können

1. überholte terminologische Wendungen richtiggestellt und veraltete Schreibweisen der neuen Schreibweise angepasst werden;
2. Bezugnahmen auf andere Rechtsvorschriften, die dem Stand der Gesetzgebung nicht mehr entsprechen, sowie sonstige Unstimmigkeiten richtiggestellt werden;
3. Bestimmungen, die durch spätere Rechtsvorschriften aufgehoben oder sonst gegenstandslos geworden sind, als nicht mehr geltend festgestellt werden;
4. Kurztitel und Buchstabenabkürzungen der Titel festgesetzt werden;
5. die Bezeichnungen der Artikel, Paragraphen, Absätze und dergleichen bei Ausfall oder Einbau einzelner Bestimmungen entsprechend geändert und hiebei auch Bezugnahmen darauf innerhalb des Textes der Rechtsvorschrift entsprechend richtiggestellt werden;
6. Übergangsbestimmungen sowie noch anzuwendende frühere Fassungen des Bundesgesetzes (Staatsvertrages) unter Angabe ihres Geltungsbereiches zusammengefasst werden.

(3) Soweit nicht ausdrücklich anderes bestimmt ist, treten das wiederverlautbarte Bundesgesetz (der wiederverlautbarte Staatsvertrag) und die sonstigen in der Kundmachung enthaltenen Anordnungen mit Ablauf des Kundmachungstages in Kraft.

Artikel 49b. (1) Eine Volksbefragung über eine Angelegenheit von grundsätzlicher und gesamtösterreichischer Bedeutung, zu deren Regelung die Bundesgesetzgebung zuständig ist, hat stattzufinden, sofern der Nationalrat dies auf Grund eines Antrages seiner Mitglieder oder der Bundesregierung nach Vorberatung im Hauptausschuss beschließt. Wahlen sowie Angelegenheiten, über die ein Gericht oder eine Verwaltungsbehörde zu entscheiden hat, können nicht Gegenstand einer Volksbefragung sein.

(2) Ein Antrag gemäß Abs. 1 hat einen Vorschlag für die der Volksbefragung zugrunde zu legende Fragestellung zu enthalten. Diese hat entweder aus einer mit „ja“ oder „nein“ zu beantwortenden Frage oder aus zwei alternativen Lösungsvorschlägen zu bestehen.

(3) Volksbefragungen sind unter sinngemäßer Anwendung von Art. 45 und 46 durchzuführen. Stimmberechtigt bei Volksbefragungen ist, wer am Befragungstag das Wahlrecht zum Nationalrat besitzt. Die Bundeswahlbehörde hat das Ergebnis einer Volksbefragung dem Nationalrat sowie der Bundesregierung vorzulegen.

E. Mitwirkung des Nationalrates und des Bundesrates an der Vollziehung des Bundes

Artikel 50. (1) Der Abschluss von

1. politischen Staatsverträgen und Staatsverträgen, die gesetzändernden oder gesetzesergänzenden Inhalt haben und nicht unter Art. 16 Abs. 1 fallen, sowie
2. Staatsverträgen, durch die die vertraglichen Grundlagen der Europäischen Union geändert werden,

bedarf der Genehmigung des Nationalrates.

(2) Für Staatsverträge gemäß Abs. 1 Z 1 gilt darüber hinaus Folgendes:

1. Sieht ein Staatsvertrag seine vereinfachte Änderung vor, so bedarf eine solche Änderung nicht der Genehmigung nach Abs. 1, sofern sich diese der Nationalrat nicht vorbehalten hat.
2. Insoweit ein Staatsvertrag Angelegenheiten des selbständigen Wirkungsbereiches der Länder regelt, bedarf er der Zustimmung des Bundesrates.
3. Ist ein Staatsvertrag in mehr als zwei Sprachen authentisch festgelegt worden, reicht es aus, wenn die Genehmigung nach Abs. 1
   a) auf der Grundlage von zwei authentischen Sprachfassungen und einer Übersetzung in die deutsche Sprache,
   b) wenn jedoch die deutsche Sprachfassung authentisch ist, auf der Grundlage dieser und einer weiteren authentischen Sprachfassung

   erfolgt.
4. Anlässlich der Genehmigung eines Staatsvertrages kann der Nationalrat beschließen, in welchem Umfang dieser Staatsvertrag durch Erlassung von Gesetzen zu erfüllen ist.

(3) Auf Beschlüsse des Nationalrates nach Abs. 1 Z 1 und Abs. 2 Z 4 ist Art. 42 Abs. 1 bis 4 sinngemäß anzuwenden.

(4) Staatsverträge gemäß Abs. 1 Z 2 dürfen unbeschadet des Art. 44 Abs. 3 nur mit Genehmigung des Nationalrates und mit Zustimmung des

Bundesrates abgeschlossen werden. Diese Beschlüsse bedürfen jeweils der Anwesenheit von mindestens der Hälfte der Mitglieder und einer Mehrheit von zwei Dritteln der abgegebenen Stimmen.

(5) Der Nationalrat und der Bundesrat sind von der Aufnahme von Verhandlungen über einen Staatsvertrag gemäß Abs. 1 unverzüglich zu unterrichten.

Artikel 50a. Der Nationalrat wirkt in Angelegenheiten des Europäischen Stabilitätsmechanismus mit.

Artikel 50b. Ein österreichischer Vertreter im Europäischen Stabilitätsmechanismus darf

1. einem Vorschlag für einen Beschluss, einem Mitgliedstaat grundsätzlich Stabilitätshilfe zu gewähren,
2. einer Veränderung des genehmigten Stammkapitals und einer Anpassung des maximalen Darlehensvolumens des Europäischen Stabilitätsmechanismus sowie einem Abruf von genehmigtem nicht eingezahlten Stammkapital und
3. Änderungen der Finanzhilfeinstrumente

nur zustimmen oder sich bei der Beschlussfassung enthalten, wenn ihn der Nationalrat auf Grund eines Vorschlages der Bundesregierung dazu ermächtigt hat. In Fällen besonderer Dringlichkeit kann der zuständige Bundesminister den Nationalrat befassen. Ohne Ermächtigung des Nationalrates muss der österreichische Vertreter den Vorschlag für einen solchen Beschluss ablehnen.

Artikel 50c. (1) Der zuständige Bundesminister hat den Nationalrat unverzüglich in Angelegenheiten des Europäischen Stabilitätsmechanismus gemäß den Bestimmungen des Bundesgesetzes über die Geschäftsordnung des Nationalrates zu unterrichten. Durch das Bundesgesetz über die Geschäftsordnung des Nationalrates sind Stellungnahmerechte des Nationalrates vorzusehen.

(2) Hat der Nationalrat rechtzeitig eine Stellungnahme in Angelegenheiten des Europäischen Stabilitätsmechanismus erstattet, so hat der österreichische Vertreter im Europäischen Stabilitätsmechanismus diese bei Verhandlungen und Abstimmungen zu berücksichtigen. Der zuständige Bundesminister hat dem Nationalrat nach der Abstimmung unverzüglich Bericht zu erstatten und ihm gegebenenfalls die Gründe mitzuteilen, aus denen der österreichische Vertreter die Stellungnahme nicht berücksichtigt hat.

(3) Der zuständige Bundesminister berichtet dem Nationalrat regelmäßig über die im Rahmen des Europäischen Stabilitätsmechanismus getroffenen Maßnahmen.

Artikel 50d. (1) Das Nähere zu den Art. 50b und 50c Abs. 2 und 3 bestimmt das Bundesgesetz über die Geschäftsordnung des Nationalrates.

(2) Durch das Bundesgesetz über die Geschäftsordnung des Nationalrates können weitere Zuständigkeiten des Nationalrates zur Mitwirkung an der Ausübung des Stimmrechtes durch österreichische Vertreter im Europäischen Stabilitätsmechanismus vorgesehen werden.

(3) Zur Mitwirkung in Angelegenheiten des Europäischen Stabilitätsmechanismus wählt der mit der Vorberatung von Bundesfinanzgesetzen betraute Ausschuss des Nationalrates ständige Unterausschüsse. Jedem dieser ständigen Unterausschüsse muss mindestens ein Mitglied jeder im Hauptausschuss des Nationalrates vertretenen Partei angehören. Zuständigkeiten des Nationalrates nach Abs. 2, Art. 50b und 50c können durch das Bundesgesetz über die Geschäftsordnung des Nationalrates diesen ständigen Unterausschüssen übertragen werden. Das Bundesgesetz über die Geschäftsordnung des Nationalrates hat Vorsorge zu treffen, dass die ständigen Unterausschüsse jederzeit einberufen werden und zusammentreten können. Wird der Nationalrat nach Art. 29 Abs. 1 vom Bundespräsidenten aufgelöst, so obliegt den ständigen Unterausschüssen die Mitwirkung in Angelegenheiten des Europäischen Stabilitätsmechanismus.

Artikel 51. (1) Der Nationalrat beschließt das Bundesfinanzrahmengesetz sowie innerhalb dessen Grenzen das Bundesfinanzgesetz; den Beratungen ist der jeweilige Entwurf der Bundesregierung zugrunde zu legen.

(2) Die Bundesregierung hat dem Nationalrat jährlich spätestens bis zu einem in einem Bundesgesetz festgesetzten Zeitpunkt den Entwurf eines Bundesfinanzrahmengesetzes oder den Entwurf eines Bundesgesetzes, mit dem das Bundesfinanzrahmengesetz geändert wird, vorzulegen. Das Bundesfinanzrahmengesetz hat für das folgende Finanzjahr und die drei nächstfolgenden Finanzjahre Obergrenzen der vom Nationalrat im jeweiligen Bundesfinanzgesetz zu genehmigenden Mittelverwendung auf der Ebene von Rubriken sowie die Grundzüge des Personalplanes zu enthalten; ausgenommen hievon sind die Mittelverwendungen für die Rückzahlung von Finanzschulden und zur vorübergehenden Kassenstärkung eingegangene Geldverbindlichkeiten sowie die Mittelverwendungen infolge eines Kapitalaustausches bei Währungstauschverträgen. Für weitere Untergliederungen sind Obergrenzen für das folgende Finanzjahr und die drei nächstfolgenden Finanzjahre vorzusehen.

(3) Die Bundesregierung hat dem Nationalrat den Entwurf eines Bundesfinanzgesetzes für das folgende Finanzjahr spätestens zehn Wochen vor Beginn jenes Finanzjahres vorzulegen, für das ein Bundesfinanzgesetz beschlossen werden soll. Ausnahmsweise kann die Bundesregierung den Entwurf eines Bundesfinanzgesetzes auch für das folgende und das nächstfolgende Finanzjahr, nach Jahren getrennt, dem Nationalrat vorlegen.

(4) Wird ausnahmsweise ein Bundesfinanzgesetz für das folgende und das nächstfolgende Finanzjahr beschlossen, so ist in der zweiten Hälfte des folgenden Finanzjahres der Entwurf eines Bundesgesetzes, mit dem das Bundesfinanzgesetz geändert wird, von der Bundesregierung bis spätestens zehn Wochen vor Beginn des nächstfolgenden Finanzjahres dem Nationalrat vorzulegen. Die darin enthaltenen Änderungen des Bundesfinanzgesetzes haben sich jedenfalls auf das nächstfolgende Finanzjahr zu beziehen. Der Entwurf ist bis zum Ende des folgenden Finanzjahres vom Nationalrat in Verhandlung zu nehmen. Art. 51a Abs. 1 und 2 gilt sinngemäß.

(5) Das Bundesfinanzgesetz hat als Anlagen den Bundesvoranschlag und den Personalplan sowie weitere für die Haushaltsführung wesentliche Grundlagen zu enthalten.

(6) Für die Haushaltsführung des Bundes gilt:

1. Es dürfen die Obergrenzen der Rubriken des Bundesfinanzrahmengesetzes weder überschritten werden, noch darf zu einer solchen Überschreitung ermächtigt werden.
2. Es dürfen die Obergrenzen der durch ein Bundesgesetz gemäß Abs. 9 zu bestimmenden Untergliederungen des Bundesfinanzrahmengesetzes für das folgende Finanzjahr nicht überschritten werden noch darf zu einer solchen Überschreitung ermächtigt werden, es sei denn, es wird durch ein Bundesgesetz gemäß Abs. 9 vorgesehen, dass diese Obergrenzen mit Zustimmung des Bundesministers für Finanzen überschritten werden dürfen.

Wird ausnahmsweise ein Bundesfinanzgesetz für das folgende und nächstfolgende Finanzjahr beschlossen, sind die Bestimmungen der Z 2 mit der Maßgabe anzuwenden, dass die in Abs. 2 letzter Satz genannten Obergrenzen für das folgende und das nächstfolgende Finanzjahr gelten.

(7) Die Obergrenzen des Abs. 6 Z 1 und 2 können in folgenden Fällen überschritten werden:

1. Bei Gefahr im Verzug dürfen auf Grund einer Verordnung der Bundesregierung im Einvernehmen mit dem mit der Vorberatung von Bundesfinanzgesetzen betrauten Ausschuss des Nationalrates unvorhersehbare und unabweisbare zusätzliche Mittel im Ausmaß von höchstens 2 vT der durch Bundesfinanzgesetz vorgesehenen Summe an Mittelverwendungen geleistet werden, wenn die Bedeckung sichergestellt ist. Trifft der mit der Vorberatung von Bundesfinanzgesetzen betraute Ausschuss des Nationalrates innerhalb von zwei Wochen keine Entscheidung, so gilt das Einvernehmen als hergestellt.
2. Im Verteidigungsfall dürfen für Zwecke der umfassenden Landesverteidigung (Art. 9a) unabweisliche zusätzliche Mittel innerhalb eines Finanzjahres bis zur Höhe von insgesamt 10 vH der durch Bundesfinanzgesetz vorgesehenen Summe an Mittelverwendungen auf Grund einer Verordnung der Bundesregierung im Einvernehmen mit dem mit der Vorberatung von Bundesfinanzgesetzen betrauten Ausschuss des Nationalrates geleistet werden. Soweit die Bereitstellung solcher zusätzlicher Mittel nicht durch Mitteleinsparungen oder zusätzlich aufgebrachte Mittel sichergestellt werden kann, hat die Verordnung der Bundesregierung den Bundesminister für Finanzen zu ermächtigen, durch Eingehen oder Umwandlung von Finanzschulden für die erforderliche Mittelbereitstellung zu sorgen.

(8) Bei der Haushaltsführung des Bundes sind die Grundsätze der Wirkungsorientierung insbesondere auch unter Berücksichtigung des Ziels der tatsächlichen Gleichstellung von Frauen und Männern, der Transparenz, der Effizienz und der möglichst getreuen Darstellung der finanziellen Lage des Bundes zu beachten.

(9) Die näheren Bestimmungen über die Erstellung des Bundesfinanzrahmengesetzes, des Bundesfinanzgesetzes und über die sonstige Haushaltsführung des Bundes sind nach einheitlichen Grundsätzen entsprechend den Bestimmungen des Abs. 8 durch Bundesgesetz zu treffen. In diesem sind insbesondere zu regeln:

1. die Maßnahmen für eine wirkungsorientierte Verwaltung insbesondere auch unter Berücksichtigung des Ziels der tatsächlichen Gleichstellung von Frauen und Männern;
2. die Maßnahmen zur Sicherstellung der Transparenz einschließlich der Pflicht zur Erstattung von Berichten an den mit der Vorberatung von Bundesfinanzgesetzen betrauten Ausschuss des Nationalrates;
3. Erstellung, Gliederung und Bindungswirkung des Bundesfinanzrahmengesetzes;
4. die Gliederung des Bundesvoranschlages;
5. die Bindungswirkung des Bundesfinanzgesetzes insbesondere in zeitlicher und betraglicher Hinsicht;
6. die Begründung von Vorbelastungen einschließlich der Voraussetzungen, bei deren Vorliegen Vorbelastungen einer Verordnung des Bundesministers für Finanzen im Einvernehmen mit dem mit der Vorberatung von Bundesfinanzgesetzen betrauten Ausschuss des Nationalrates oder einer gesetzlichen Ermächtigung bedürfen;
7. die Bildung von positiven und negativen Haushaltsrücklagen;
8. Verfügungen über Bundesvermögen einschließlich der Voraussetzungen, bei deren Vorliegen Verfügungen über Bundesvermögen einer Verordnung des Bundesministers für Finanzen im Einvernehmen mit dem mit der Vorberatung von Bundesfinanzgesetzen betrauten Ausschuss des Nationalrates oder einer gesetzlichen Ermächtigung bedürfen;

9. die Übernahme von Haftungen durch den Bund;
10. die Eingehung und Umwandlung von Verbindlichkeiten aus Geldmittelbeschaffungen, die nicht innerhalb desselben Finanzjahres getilgt werden, oder aus langfristigen Finanzierungen (Finanzschulden);
11. Anreiz- und Sanktionsmechanismen;
12. das Controlling;
13. die Mitwirkung des Rechnungshofes an der Ordnung des Rechnungswesens.

Artikel 51a. (1) Hat die Bundesregierung dem Nationalrat nicht rechtzeitig (Art. 51 Abs. 2 und 3) den Entwurf eines Bundesfinanzrahmengesetzes oder eines Bundesfinanzgesetzes vorgelegt, so kann ein Entwurf eines Bundesfinanzrahmengesetzes oder eines Bundesfinanzgesetzes im Nationalrat auch durch Antrag seiner Mitglieder eingebracht werden.

(2) Legt die Bundesregierung den Entwurf eines Bundesfinanzrahmengesetzes oder eines Bundesfinanzgesetzes nach der Stellung eines solchen Antrages vor, so kann der Nationalrat beschließen, den jeweiligen Entwurf seinen Beratungen zugrunde zu legen.

(3) Hat der Nationalrat in einem Finanzjahr kein Bundesfinanzrahmengesetz beschlossen, so gelten die Obergrenzen des letzten Finanzjahres, für welches Obergrenzen festgelegt wurden, weiter.

(4) Hat der Nationalrat für ein Finanzjahr kein Bundesfinanzgesetz beschlossen und trifft er auch keine vorläufige Vorsorge durch Bundesgesetz, so ist der Bundeshaushalt nach den Bestimmungen des zuletzt beschlossenen Bundesfinanzgesetzes zu führen. Finanzschulden können dann nur bis zur Hälfte der jeweils vorgesehenen Höchstbeträge und kurzfristige Verpflichtungen zur vorübergehenden Kassenstärkung bis zur Höhe der jeweils vorgesehenen Höchstbeträge eingegangen werden.

Artikel 51b. (1) Der Bundesminister für Finanzen hat dafür zu sorgen, dass bei der Haushaltsführung zuerst die fälligen Verpflichtungen abgedeckt und sodann die übrigen Mittelverwendungen getätigt werden, diese jedoch nur nach Maßgabe der Bedeckbarkeit und unter Beachtung der Grundsätze gemäß Art. 51 Abs. 8.

(2) Wenn es die Entwicklung des Bundeshaushaltes erfordert oder sich im Verlauf des Finanzjahres eine wesentliche Änderung der gesamtwirtschaftlichen Entwicklung abzeichnet, kann der Bundesminister für Finanzen zur Steuerung des Bundeshaushaltes mit Zustimmung der Bundesregierung oder auf Grund bundesfinanzgesetzlicher Ermächtigung einen bestimmten Anteil der im Bundesfinanzgesetz vorgesehenen Mittelverwendung binden, sofern dadurch die Erfüllung fälliger Verpflichtungen des Bundes nicht berührt wird. Er hat innerhalb von einem Monat nach Verfügung der Bindung dem mit der Vorberatung von Bundesfinanzgesetzen betrauten Ausschuss des Nationalrates zu berichten.

(3) Der Bundesminister für Finanzen hat die Mitglieder der Bundesregierung und die übrigen haushaltsleitenden Organe regelmäßig über den Budgetvollzug zu informieren.

Artikel 51c. (1) Mittelverwendungen, die im Bundesfinanzgesetz nicht vorgesehen sind oder die die vom Nationalrat genehmigten Mittelverwendungen überschreiten, dürfen im Rahmen der Haushaltsführung nur auf Grund bundesfinanzgesetzlicher Ermächtigung geleistet werden.

(2) Der Nationalrat kann im Bundesfinanzgesetz den Bundesminister für Finanzen ermächtigen, der Überschreitung der im Bundesfinanzgesetz vorgesehenen Mittelverwendungen zuzustimmen. Diese Ermächtigung darf nur erteilt werden, sofern die Überschreitung sachlich an Bedingungen geknüpft und ziffernmäßig bestimmt oder errechenbar ist. Darüber hinaus dürfen mit Zustimmung des Bundesministers für Finanzen Überschreitungen der im Bundesfinanzgesetz vorgesehenen Mittelverwendungen erfolgen, wenn diese

1. auf Grund einer gesetzlichen Verpflichtung,
2. aus einer bestehenden Finanzschuld oder auf Grund von Währungstauschverträgen oder
3. auf Grund einer bereits im Zeitpunkt des Inkrafttretens des Bundesfinanzgesetzes bestehenden sonstigen Verpflichtung

erforderlich werden. Die Zustimmung auf Grund der Bestimmungen dieses Absatzes darf nur im Falle eines unvorhergesehenen Erfordernisses und nur insoweit erteilt werden, als die Bedeckung sichergestellt ist und die jeweils verbindlich geltenden Obergrenzen gemäß Art. 51 Abs. 2 und 6 für das jeweilige Finanzjahr nicht überschritten werden. Der Bundesminister für Finanzen kann die auf Grund der Bestimmungen dieses Absatzes erteilten Ermächtigungen zur Zustimmung zu Überschreitungen vorgesehener Mittelverwendungen – ausgenommen jene gemäß Z 2 – im Einvernehmen mit dem zuständigen haushaltsleitenden Organ an Leiter von Dienststellen übertragen, sofern dies für die Umsetzung einer wirkungsorientierten Verwaltung erforderlich ist.

(3) Der Bundesminister für Finanzen hat dem mit der Vorberatung von Bundesfinanzgesetzen betrauten Ausschuss des Nationalrates über die gemäß Abs. 2 getroffenen Maßnahmen vierteljährlich zu berichten.

Artikel 51d. (1) Die Mitwirkung des Nationalrates an der Haushaltsführung obliegt dem mit der Vorberatung von Bundesfinanzgesetzen betrauten Ausschuss des Nationalrates. Dieser kann bestimmte Aufgaben einem ständigen Unterausschuss übertragen, dem auch die Mitwirkung an der Haushaltsführung obliegt, wenn der Nationalrat vom Bundespräsidenten gemäß Art. 29 Abs. 1 aufgelöst wird. Der mit der Vorberatung von Bundesfinanzgesetzen betraute Ausschuss und sein ständiger Unterausschuss sind auch außerhalb der Tagungen des Nationalrates (Art. 28) einzuberufen, wenn sich die Notwendigkeit dazu ergibt. Nähere Bestimmungen trifft das Bundesgesetz über die Geschäftsordnung des Nationalrates.

(2) Weitere über Art. 51b Abs. 2 und 51c Abs. 3 hinausgehende Berichte sind dem mit der Vorberatung von Bundesfinanzgesetzen betrauten Ausschuss des Nationalrates nach Maßgabe besonderer bundesgesetzlicher Vorschriften zu übermitteln.

Artikel 52. (1) Der Nationalrat und der Bundesrat sind befugt, die Geschäftsführung der Bundesregierung zu überprüfen, deren Mitglieder über alle Gegenstände der Vollziehung zu befragen und alle einschlägigen Auskünfte zu verlangen sowie ihren Wünschen über die Ausübung der Vollziehung in Entschließungen Ausdruck zu geben.

(1a) Die zuständigen Ausschüsse des Nationalrates und des Bundesrates sind befugt, die Anwesenheit des Leiters eines gemäß Art. 20 Abs. 2 weisungsfreien Organs in den Sitzungen der Ausschüsse zu verlangen und diesen zu allen Gegenständen der Geschäftsführung zu befragen.

(2) Kontrollrechte gemäß Abs. 1 bestehen gegenüber der Bundesregierung und ihren Mitgliedern auch in bezug auf Unternehmungen, an denen der Bund mit mindestens 50 vH des Stamm-, Grund- oder Eigenkapitals beteiligt ist und die der Kontrolle des Rechnungshofes unterliegen. Einer solchen finanziellen Beteiligung ist die Beherrschung von Unternehmungen durch andere finanzielle oder sonstige wirtschaftliche oder organisatorische Maßnahmen gleichzuhalten. Dies gilt auch für Unternehmungen jeder weiteren Stufe, bei denen die Voraussetzungen gemäß diesem Absatz vorliegen.

(3) Jedes Mitglied des Nationalrates und des Bundesrates ist befugt, in den Sitzungen des Nationalrates oder des Bundesrates kurze mündliche Anfragen an die Mitglieder der Bundesregierung zu richten.

(4) Die nähere Regelung hinsichtlich des Fragerechtes wird durch das Bundesgesetz über die Geschäftsordnung des Nationalrates sowie durch die Geschäftsordnung des Bundesrates getroffen.

Artikel 52a. (1) Zur Überprüfung von Maßnahmen zum Schutz der verfassungsmäßigen Einrichtungen und ihrer Handlungsfähigkeit sowie von nachrichtendienstlichen Maßnahmen zur Sicherung der militärischen Landesverteidigung wählen die zuständigen Ausschüsse des Nationalrates je einen ständigen Unterausschuss. Jedem Unterausschuss muss mindestens ein Mitglied jeder im Hauptausschuss des Nationalrates vertretenen Partei angehören.

(2) Die ständigen Unterausschüsse sind befugt, von den zuständigen Bundesministern alle einschlägigen Auskünfte und Einsicht in die einschlägigen Unterlagen zu verlangen. Dies gilt nicht für Auskünfte und Unterlagen, insbesondere über Quellen, deren Bekanntwerden die nationale Sicherheit oder die Sicherheit von Menschen gefährden würde.

(3) Die ständigen Unterausschüsse können auch außerhalb der Tagungen des Nationalrates zusammentreten, wenn sich die Notwendigkeit hiezu ergibt.

(4) Nähere Bestimmungen trifft das Bundesgesetz über die Geschäftsordnung des Nationalrates.

Artikel 52b. (1) Zur Überprüfung eines bestimmten Vorganges in einer der Kontrolle des Rechnungshofes unterliegenden Angelegenheit der Bundesgebarung wählt der Ausschuss gemäß Art. 126d Abs. 2 einen ständigen Unterausschuss. Diesem Unterausschuss muss mindestens ein Mitglied jeder im Hauptausschuss des Nationalrates vertretenen Partei angehören.

(2) Nähere Bestimmungen trifft das Bundesgesetz über die Geschäftsordnung des Nationalrates.

Artikel 53. (1) Der Nationalrat kann durch Beschluss Untersuchungsausschüsse einsetzen. Darüber hinaus ist auf Verlangen eines Viertels seiner Mitglieder ein Untersuchungsausschuss einzusetzen.

(2) Gegenstand der Untersuchung ist ein bestimmter abgeschlossener Vorgang im Bereich der Vollziehung des Bundes. Das schließt alle Tätigkeiten von Organen des Bundes, durch die der Bund, unabhängig von der Höhe der Beteiligung, wirtschaftliche Beteiligungs- und Aufsichtsrechte wahrnimmt, ein. Eine Überprüfung der Rechtsprechung ist ausgeschlossen.

(3) Alle Organe des Bundes, der Länder, der Gemeinden und der Gemeindeverbände sowie der sonstigen Selbstverwaltungskörper haben einem Untersuchungsausschuss auf Verlangen im Umfang des Gegenstandes der Untersuchung ihre Akten und Unterlagen vorzulegen und dem Ersuchen eines Untersuchungsausschusses um Beweiserhebungen im Zusammenhang mit dem Gegenstand der Untersuchung Folge zu leisten. Dies gilt nicht für die Vorlage von Akten und Unterlagen, deren Bekanntwerden Quellen im Sinne des Art. 52a Abs. 2 gefährden würde.

(4) Die Verpflichtung gemäß Abs. 3 besteht nicht, soweit die rechtmäßige Willensbildung der Bundesregierung oder von einzelnen ihrer Mitglieder oder ihre unmittelbare Vorbereitung beeinträchtigt wird.

(5) Nähere Bestimmungen trifft das Bundesgesetz über die Geschäftsordnung des Nationalrates. In diesem können eine Mitwirkung der Mitglieder der Volksanwaltschaft sowie besondere Bestimmungen über die Vertretung des Vorsitzenden und die Vorsitzführung vorgesehen werden. Es hat auch vorzusehen, in welchem Umfang der Untersuchungsausschuss Zwangsmaßnahmen beschließen und um deren Anordnung oder Durchführung ersuchen kann.

Artikel 55. (1) Der Nationalrat wählt aus seiner Mitte nach dem Grundsatz der Verhältniswahl den Hauptausschuss.

(2) Der Hauptausschuss ist auch außerhalb der Tagungen des Nationalrates (Art. 28) einzuberufen, wenn sich die Notwendigkeit hiezu ergibt.

(3) Der Hauptausschuss wählt einen ständigen Unterausschuss, dem die in diesem Gesetz vorgesehenen Befugnisse obliegen. Die Wahl erfolgt nach dem Grundsatz der Verhältniswahl; bei Bedachtnahme auf diesen Grundsatz muss jedoch dem Unterausschuss mindestens ein Mitglied jeder im Hauptausschuss vertretenen Partei angehören. Das Bundesgesetz über die Geschäftsordnung des Nationalrates hat Vorsorge zu treffen, dass der ständige Unterausschuss jederzeit einberufen werden und zusammentreten kann. Wird der Nationalrat nach Art. 29 Abs. 1 vom Bundespräsidenten aufgelöst, so obliegt dem ständigen Unterausschuss die Mitwirkung an der Vollziehung, die nach diesem Gesetz sonst dem Nationalrat (Hauptausschuss) zusteht.

(4) Durch Bundesgesetz kann festgesetzt werden, dass bestimmte allgemeine Akte der Bundesregierung oder eines Bundesministers des Einvernehmens mit dem Hauptausschuss bedürfen sowie dass dem Hauptausschuss von Seiten der Bundesregierung oder eines Bundesministers Berichte zu erstatten sind. Nähere Bestimmungen, insbesondere für den Fall, dass kein Einvernehmen zustande kommt, trifft das Bundesgesetz über die Geschäftsordnung des Nationalrates.

(5) Für Verordnungen des zuständigen Bundesministers über Lenkungsmaßnahmen zur Sicherung einer ungestörten Produktion oder der Versorgung der Bevölkerung und sonstiger Bedarfsträger mit wichtigen Wirtschafts- und Bedarfsgütern ist die Zustimmung des Hauptausschusses des Nationalrates vorzusehen, wobei für den Fall von Gefahr im Verzug und über die Aufhebung solcher Verordnungen besondere gesetzliche Regelungen getroffen werden können. Beschlüsse des Hauptausschusses, mit denen derartigen Verordnungen die Zustimmung erteilt wird, können nur in Anwesenheit von mindestens der Hälfte seiner Mitglieder und mit einer Mehrheit von zwei Dritteln der abgegebenen Stimmen gefasst werden.

F. Stellung der Mitglieder des Nationalrates und des Bundesrates

Artikel 56. (1) Die Mitglieder des Nationalrates und die Mitglieder des Bundesrates sind bei der Ausübung dieses Berufes an keinen Auftrag gebunden.

(2) Hat ein Mitglied der Bundesregierung oder ein Staatssekretär auf sein Mandat als Mitglied des Nationalrates verzichtet, so ist ihm nach dem Ausscheiden aus diesem Amt, in den Fällen des Art. 71 nach der Enthebung von der Betrauung mit der Fortführung der Verwaltung, von der zuständigen Wahlbehörde das Mandat erneut zuzuweisen, wenn der Betreffende nicht gegenüber der Wahlbehörde binnen acht Tagen auf die Wiederausübung des Mandates verzichtet hat.

(3) Durch diese erneute Zuweisung endet das Mandat jenes Mitgliedes des Nationalrates, welches das Mandat des vorübergehend ausgeschiedenen Mitgliedes innegehabt hat, sofern nicht ein anderes Mitglied des Nationalrates, das später in den Nationalrat eingetreten ist, bei seiner Berufung auf sein Mandat desselben Wahlkreises gegenüber der Wahlbehörde die Erklärung abgegeben hat, das Mandat vertretungsweise für das vorübergehend ausgeschiedene Mitglied des Nationalrates ausüben zu wollen.

(4) Abs. 2 und 3 gelten auch, wenn ein Mitglied der Bundesregierung oder ein Staatssekretär die Wahl zum Mitglied des Nationalrates nicht angenommen hat.

Artikel 57. (1) Die Mitglieder des Nationalrates dürfen wegen der in Ausübung ihres Berufes geschehenen Abstimmungen niemals verantwortlich gemacht werden. Wegen der in diesem Beruf gemachten mündlichen oder schriftlichen Äußerungen dürfen sie nur vom Nationalrat verantwortlich gemacht werden; dies gilt nicht bei behördlicher Verfolgung wegen Verleumdung oder wegen einer nach dem Bundesgesetz über die Informationsordnung des Nationalrates und des Bundesrates strafbaren Handlung.

(2) Die Mitglieder des Nationalrates dürfen wegen einer strafbaren Handlung – den Fall der Ergreifung auf frischer Tat bei Verübung eines Verbrechens ausgenommen – nur mit Zustimmung des Nationalrates verhaftet werden. Desgleichen bedürfen Hausdurchsuchungen bei Mitgliedern des Nationalrates der Zustimmung des Nationalrates.

(3) Ansonsten dürfen Mitglieder des Nationalrates ohne Zustimmung des Nationalrates wegen einer strafbaren Handlung nur dann behördlich verfolgt werden, wenn diese offensichtlich in keinem Zusammenhang mit der politischen Tätigkeit des betreffenden Abgeordneten steht. Die Behörde hat jedoch eine Entscheidung des Nationalrates über das Vorliegen eines solchen Zusammenhanges einzuholen, wenn dies der betreffende Abgeordnete oder ein Drittel der Mitglieder des mit diesen Angelegenheiten betrauten ständigen Ausschusses verlangt. Im Falle eines solchen Verlangens hat jede behördliche Verfolgungshandlung sofort zu unterbleiben oder ist eine solche abzubrechen.

(4) Die Zustimmung des Nationalrates gilt in allen diesen Fällen als erteilt, wenn der Nationalrat über ein entsprechendes Ersuchen der zur Verfolgung berufenen Behörde nicht innerhalb von acht Wochen entschieden hat; zum Zweck der rechtzeitigen Beschlussfassung des Nationalrates hat der Präsident ein solches Ersuchen spätestens am

vorletzten Tag dieser Frist zur Abstimmung zu stellen. Die tagungsfreie Zeit wird in diese Frist nicht eingerechnet.

(5) Im Falle der Ergreifung auf frischer Tat bei Verübung eines Verbrechens hat die Behörde dem Präsidenten des Nationalrates sogleich die geschehene Verhaftung bekanntzugeben. Wenn es der Nationalrat oder in der tagungsfreien Zeit der mit diesen Angelegenheiten betraute ständige Ausschuss verlangt, muss die Haft aufgehoben oder die Verfolgung überhaupt unterlassen werden.

(6) Die Immunität der Abgeordneten endigt mit dem Tag des Zusammentrittes des neugewählten Nationalrates, bei Organen des Nationalrates, deren Funktion über diesen Zeitpunkt hinausgeht, mit dem Erlöschen dieser Funktion.

(7) Die näheren Bestimmungen trifft das Bundesgesetz über die Geschäftsordnung des Nationalrates.

Artikel 58. Die Mitglieder des Bundesrates genießen während der ganzen Dauer ihrer Funktion die Immunität von Mitgliedern des Landtages, der sie entsendet hat.

Artikel 59. Kein Mitglied des Nationalrates, des Bundesrates oder des Europäischen Parlamentes kann gleichzeitig einem der beiden anderen Vertretungskörper angehören.

Artikel 59a. (1) Dem öffentlich Bediensteten ist, wenn er sich um ein Mandat im Nationalrat bewirbt, die für die Bewerbung um das Mandat erforderliche freie Zeit zu gewähren.

(2) Der öffentlich Bedienstete, der Mitglied des Nationalrates oder des Bundesrates ist, ist auf seinen Antrag in dem zur Ausübung seines Mandates erforderlichen Ausmaß dienstfrei oder außer Dienst zu stellen. Während der Dienstfreistellung gebühren die Dienstbezüge in dem Ausmaß, das der im Dienstverhältnis tatsächlich erbrachten Arbeitsleistung entspricht, höchstens aber 75 vH der Dienstbezüge; diese Grenze gilt auch, wenn weder die Dienstfreistellung noch die Außerdienststellung in Anspruch genommen wird. Die Außerdienststellung bewirkt den Entfall der Dienstbezüge.

(3) Kann ein öffentlich Bediensteter wegen der Ausübung seines Mandates an seinem bisherigen Arbeitsplatz nicht eingesetzt werden, so hat er Anspruch darauf, dass ihm eine zumutbar gleichwertige – mit seiner Zustimmung auch eine nicht gleichwertige – Tätigkeit zugewiesen wird. Die Dienstbezüge richten sich nach der vom Bediensteten tatsächlich ausgeübten Tätigkeit.

Artikel 59b. (1) Zur Kontrolle der Bezüge von öffentlich Bediensteten, die zu Mitgliedern des Nationalrates oder des Bundesrates gewählt wurden, wird bei der Parlamentsdirektion eine Kommission eingerichtet. Der Kommission gehören an:

1. je ein von jedem Präsidenten des Nationalrates namhaft gemachter Vertreter,
2. zwei vom Vorsitzenden des Bundesrates mit Zustimmung seiner Stellvertreter namhaft gemachte Vertreter,
3. zwei Vertreter der Länder,
4. zwei Vertreter der Gemeinden und
5. ein Mitglied, das früher ein richterliches Amt ausgeübt hat.

Die Mitglieder gemäß Z 3 bis 5 sind vom Bundespräsidenten zu ernennen, wobei die Bundesregierung bei ihren Vorschlägen (Art. 67) im Falle der Z 3 an einen gemeinsamen Vorschlag der Landeshauptleute und im Falle der Z 4 an einen Vorschlag des Österreichischen Gemeindebundes und an einen Vorschlag des Österreichischen Städtebundes gebunden ist. Die Mitglieder der Kommission gemäß Z 1 bis 4 müssen Personen sein, die früher eine Funktion im Sinne des Art. 19 Abs. 2 ausgeübt haben. Mitglied der Kommission kann nicht sein, wer einen Beruf mit Erwerbsabsicht ausübt. Die Mitgliedschaft in der Kommission endet mit einer Gesetzgebungsperiode, jedoch nicht vor der Namhaftmachung oder Ernennung des neuen Mitgliedes.

(2) Die Kommission gibt auf Antrag eines öffentlich Bediensteten, der Mitglied des Nationalrates oder des Bundesrates ist, oder auf Antrag seiner Dienstbehörde eine Stellungnahme zu Meinungsverschiedenheiten ab, die in Vollziehung des Art. 59a oder in dessen Ausführung ergangener gesetzlicher Vorschriften zwischen dem öffentlich Bediensteten und seiner Dienstbehörde entstehen. Die Kommission gibt Stellungnahmen auch zu solchen Meinungsverschiedenheiten zwischen einem Richter und einem Senat oder einer Kommission im Sinne des Art. 87 Abs. 2 sowie zu Meinungsverschiedenheiten zwischen einem Mitglied des Nationalrates oder des Bundesrates und dem Präsidenten des Nationalrates in Vollziehung des Art. 30 Abs. 3 ab.

(3) Das Mitglied des Nationalrates oder des Bundesrates, das öffentlich Bediensteter ist, ist verpflichtet, der Kommission jährlich mitzuteilen, welche Regelung es betreffend seine Dienstfreistellung oder Außerdienststellung gemäß Art. 59a getroffen hat und auf welche Weise die von ihm zu erbringende Arbeitsleistung überprüft wird. Für Erhebungen der Kommission gilt Art. 53 Abs. 3 sinngemäß. Die Kommission gibt sich eine Geschäftsordnung. Die Kommission hat jährlich dem Nationalrat – soweit Mitglieder des Bundesrates betroffen sind, dem Bundesrat – einen Bericht zu erstatten, der zu veröffentlichen ist.

Drittes Hauptstück
Vollziehung des Bundes
A. Verwaltung
1. Bundespräsident

Artikel 60. (1) Der Bundespräsident wird vom Bundesvolk auf Grund des gleichen, unmittelbaren, persönlichen, freien und geheimen Wahlrechtes der zum Nationalrat wahlberechtigten Männer und Frauen gewählt; stellt sich nur ein Wahlwerber der Wahl, so ist die Wahl in Form einer Abstimmung durchzuführen. Art. 26 Abs. 5 bis 7 ist sinngemäß anzuwenden.

(2) Gewählt ist, wer mehr als die Hälfte aller gültigen Stimmen für sich hat. Ergibt sich keine solche Mehrheit, so findet ein zweiter Wahlgang statt. Bei diesem können gültigerweise nur für einen der beiden Wahlwerber, die im ersten Wahlgang die meisten Stimmen erhalten haben, Stimmen abgegeben werden.

(3) Zum Bundespräsidenten kann nur gewählt werden, wer zum Nationalrat wählbar ist und am Wahltag das 35. Lebensjahr vollendet hat.

(4) Das Ergebnis der Wahl des Bundespräsidenten ist vom Bundeskanzler amtlich kundzumachen.

(5) Das Amt des Bundespräsidenten dauert sechs Jahre. Eine Wiederwahl für die unmittelbar folgende Funktionsperiode ist nur einmal zulässig.

(6) Vor Ablauf der Funktionsperiode kann der Bundespräsident durch Volksabstimmung abgesetzt werden. Die Volksabstimmung ist durchzuführen, wenn die Bundesversammlung es verlangt. Die Bundesversammlung ist zu diesem Zweck vom Bundeskanzler einzuberufen, wenn der Nationalrat einen solchen Antrag beschlossen hat. Zum Beschluss des Nationalrates ist die Anwesenheit von mindestens der Hälfte der Mitglieder und eine Mehrheit von zwei Dritteln der abgegebenen Stimmen erforderlich. Durch einen derartigen Beschluss des Nationalrates ist der Bundespräsident an der ferneren Ausübung seines Amtes verhindert. Die Ablehnung der Absetzung durch die Volksabstimmung gilt als neue Wahl und hat die Auflösung des Nationalrates (Art. 29 Abs. 1) zur Folge. Auch in diesem Fall darf die gesamte Funktionsperiode des Bundespräsidenten nicht mehr als zwölf Jahre dauern.

Artikel 61. (1) Der Bundespräsident darf während seiner Amtstätigkeit keinem allgemeinen Vertretungskörper angehören, keinen anderen Beruf ausüben und muss zum Nationalrat wählbar sein.

(2) Der Titel „Bundespräsident" darf – auch mit einem Zusatz oder im Zusammenhange mit anderen Bezeichnungen – von niemandem anderen geführt werden. Er ist gesetzlich geschützt.

Artikel 62. (1) Der Bundespräsident leistet bei Antritt seines Amtes vor der Bundesversammlung das Gelöbnis:

„Ich gelobe, dass ich die Verfassung und alle Gesetze der Republik getreulich beobachten und meine Pflicht nach bestem Wissen und Gewissen erfüllen werde."

(2) Die Beifügung einer religiösen Beteuerung ist zulässig.

Artikel 63. (1) Eine behördliche Verfolgung des Bundespräsidenten ist nur zulässig, wenn ihr die Bundesversammlung zugestimmt hat.

(2) Der Antrag auf Verfolgung des Bundespräsidenten ist von der zuständigen Behörde beim Nationalrat zu stellen, der beschließt, ob die Bundesversammlung damit zu befassen ist. Spricht sich der Nationalrat dafür aus, hat der Bundeskanzler die Bundesversammlung sofort einzuberufen.

Artikel 64. (1) Wenn der Bundespräsident verhindert ist, gehen alle seine Funktionen zunächst auf den Bundeskanzler über. Ein Aufenthalt in einem anderen Mitgliedstaat der Europäischen Union gilt nicht als Verhinderung. Dauert die Verhinderung jedoch länger als 20 Tage, oder ist der Bundespräsident gemäß Art. 60 Abs. 6 an der ferneren Ausübung seines Amtes verhindert, so üben der Präsident, der zweite Präsident und der dritte Präsident des Nationalrates als Kollegium die Funktionen des Bundespräsidenten aus. Das Gleiche gilt, wenn die Stelle des Bundespräsidenten dauernd erledigt ist.

(2) Das nach Abs. 1 mit der Ausübung der Funktion des Bundespräsidenten betraute Kollegium entscheidet mit Stimmenmehrheit. Der Vorsitz im Kollegium obliegt dem Präsidenten des Nationalrates, ebenso dessen Vertretung in der Öffentlichkeit.

(3) Ist einer oder sind zwei der Präsidenten des Nationalrates verhindert, oder ist deren Stelle dauernd erledigt, so bleibt das Kollegium auch ohne deren Mitwirkung beschlussfähig; entsteht dadurch Stimmengleichheit, so gibt die Stimme des ranghöheren Präsidenten den Ausschlag.

(4) Im Falle der dauernden Erledigung der Stelle des Bundespräsidenten hat die Bundesregierung sofort die Wahl des neuen Bundespräsidenten anzuordnen; das Kollegium hat nach erfolgter Wahl die Bundesversammlung unverzüglich zur Angelobung des Bundespräsidenten einzuberufen.

Artikel 65. (1) Der Bundespräsident vertritt die Republik nach außen, empfängt und beglaubigt die Gesandten, genehmigt die Bestellung der fremden Konsuln, bestellt die konsularischen Vertreter der Republik im Ausland und schließt die Staatsverträge ab. Er kann anlässlich des Abschlusses eines nicht unter Art. 50 fallenden Staatsvertrages oder eines Staatsvertrages gemäß Art. 16 Abs. 1, der weder gesetzändernd noch gesetzesergänzend ist, anordnen, dass dieser Staatsvertrag durch Erlassung von Verordnungen zu erfüllen ist.

(2) Weiter stehen ihm – außer den ihm nach anderen Bestimmungen dieser Verfassung übertragenen Befugnissen – zu:

a) die Ernennung der Bundesbeamten, einschließlich der Offiziere, und der sonstigen Bundesfunktionäre, die Verleihung von Amtstiteln an solche;
b) die Schaffung und Verleihung von Berufstiteln;
c) für Einzelfälle: die Begnadigung der von den Gerichten rechtskräftig Verurteilten, die Milderung und Umwandlung der von den Gerichten ausgesprochenen Strafen, die Nachsicht von Rechtsfolgen und die Tilgung von Verurteilungen im Gnadenweg, ferner die Niederschlagung des strafgerichtlichen Verfahrens bei den von Amts wegen zu verfolgenden strafbaren Handlungen;
d) die Erklärung unehelicher Kinder zu ehelichen auf Ansuchen der Eltern.

(3) Inwieweit dem Bundespräsidenten außerdem noch Befugnisse hinsichtlich Gewährung von Ehrenrechten, außerordentlichen Zuwendungen, Zulagen und Versorgungsgenüssen, Ernennungs- oder Bestätigungsrechten und sonstigen Befugnissen in Personalangelegenheiten zustehen, bestimmen besondere Gesetze.

Artikel 66. (1) Der Bundespräsident kann das ihm zustehende Recht der Ernennung von Bundesbeamten bestimmter Kategorien den zuständigen Mitgliedern der Bundesregierung übertragen und sie ermächtigen, ihrerseits diese Befugnis für bestimmte Kategorien von Bundesbeamten an ihnen nachgeordnete Organe weiter zu übertragen.

(2) Der Bundespräsident kann zum Abschluss bestimmter Kategorien von Staatsverträgen, die weder unter Art. 16 Abs. 1 noch unter Art. 50 fallen, die Bundesregierung oder die zuständigen Mitglieder der Bundesregierung ermächtigen; eine solche Ermächtigung erstreckt sich auch auf die Befugnis zur Anordnung, dass diese Staatsverträge durch Erlassung von Verordnungen zu erfüllen sind.

(3) Der Bundespräsident kann zum Abschluss von Staatsverträgen nach Art. 16 Abs. 1, die weder gesetzändernd noch gesetzesergänzend sind, auf Vorschlag der Landesregierung und mit Gegenzeichnung des Landeshauptmannes die Landesregierung ermächtigen; eine solche Ermächtigung erstreckt sich auch auf die Befugnis zur Anordnung, dass dieser Staatsvertrag durch Erlassung von Verordnungen zu erfüllen ist.

Artikel 67. (1) Alle Akte des Bundespräsidenten erfolgen, soweit nicht verfassungsmäßig anderes bestimmt ist, auf Vorschlag der Bundesregierung oder des von ihr ermächtigten Bundesministers. Inwieweit die Bundesregierung oder der zuständige Bundesminister hiebei selbst an Vorschläge anderer Stellen gebunden ist, bestimmt das Gesetz.

(2) Alle Akte des Bundespräsidenten bedürfen, soweit nicht verfassungsgesetzlich anderes bestimmt ist, zu ihrer Gültigkeit der Gegenzeichnung des Bundeskanzlers oder der zuständigen Bundesminister.

Artikel 67a. (1) Zur Unterstützung des Bundespräsidenten bei der Besorgung seiner Amtsgeschäfte ist die Präsidentschaftskanzlei berufen, die dem Bundespräsidenten untersteht. Das Nähere über den Geschäftsgang in der Präsidentschaftskanzlei kann durch eine vom Bundespräsidenten zu erlassende Geschäftsordnung geregelt werden.

(2) Art. 67 gilt nicht für die Erlassung der Geschäftsordnung der Präsidentschaftskanzlei, für die Ernennung von Bediensteten der Präsidentschaftskanzlei und die Verleihung von Amtstiteln an diese sowie für Akte des Bundespräsidenten in Ausübung der Diensthoheit diesen gegenüber.

Artikel 68. (1) Der Bundespräsident ist für die Ausübung seiner Funktionen der Bundesversammlung gemäß Art. 142 verantwortlich.

(2) Zur Geltendmachung dieser Verantwortung ist die Bundesversammlung auf Beschluss des Nationalrates oder des Bundesrates vom Bundeskanzler einzuberufen.

(3) Zu einem Beschluss, mit dem eine Anklage im Sinne des Art. 142 erhoben wird, bedarf es der Anwesenheit von mehr als der Hälfte der Mitglieder jedes der beiden Vertretungskörper und einer Mehrheit von zwei Dritteln der abgegebenen Stimmen.

(4) Auf das Verfahren gemäß Art. 141 Abs. 1 lit. d sind die Abs. 2 und 3 sinngemäß anzuwenden.

2. Bundesregierung

Artikel 69. (1) Mit den obersten Verwaltungsgeschäften des Bundes sind, soweit diese nicht dem Bundespräsidenten übertragen sind, der Bundeskanzler, der Vizekanzler und die übrigen Bundesminister betraut. Sie bilden in ihrer Gesamtheit die Bundesregierung unter dem Vorsitz des Bundeskanzlers.

(2) Der Vizekanzler ist zur Vertretung des Bundeskanzlers in dessen gesamtem Wirkungsbereich berufen. Sind der Bundeskanzler und der Vizekanzler gleichzeitig verhindert, so wird der Bundeskanzler durch das dienstälteste, bei gleichem Dienstalter durch das an Jahren älteste, nicht verhinderte Mitglied der Bundesregierung vertreten.

(3) Die Bundesregierung fasst ihre Beschlüsse einstimmig. Eine Beschlussfassung im Umlaufweg ist zulässig. Tritt die Bundesregierung in persönlicher Anwesenheit ihrer Mitglieder zusammen, ist sie beschlussfähig, wenn mehr als die Hälfte ihrer Mitglieder anwesend ist.

Artikel 70. (1) Der Bundeskanzler und auf seinen Vorschlag die übrigen Mitglieder der Bundesregierung werden vom Bundespräsidenten ernannt. Zur Entlassung des Bundeskanzlers oder der gesamten Bundesregierung ist ein Vorschlag nicht erforderlich; die Entlassung einzelner Mitglieder der Bundesregierung erfolgt auf Vorschlag des Bundeskanzlers. Die Gegenzeichnung erfolgt, wenn es sich um die Ernennung des Bundeskanzlers oder der gesamten Bundesregierung handelt, durch den neubestellten Bundeskanzler; die Entlassung bedarf keiner Gegenzeichnung.

(2) Die Mitglieder der Bundesregierung müssen nicht dem Nationalrat angehören, aber zum Nationalrat wählbar sein.

(3) Wird vom Bundespräsidenten eine neue Bundesregierung zu einer Zeit bestellt, in welcher der Nationalrat nicht tagt, so hat er den Nationalrat zum Zweck der Vorstellung der neuen Bundesregierung zu einer außerordentlichen Tagung (Art. 28 Abs. 2) einzuberufen, und zwar so, dass der Nationalrat binnen einer Woche zusammentritt.

Artikel 71. Ist die Bundesregierung aus dem Amt geschieden, hat der Bundespräsident bis zur Bildung der neuen Bundesregierung Mitglieder der scheidenden Bundesregierung mit der Fortführung der Verwaltung und einen von ihnen mit dem Vorsitz in der einstweiligen Bundesregierung zu betrauen. Mit der Fortführung der Verwaltung kann auch ein dem ausgeschiedenen Bundesminister beigegebener Staatssekretär oder ein leitender Beamter des betreffenden Bundesministeriums betraut werden. Diese Bestimmung gilt sinngemäß, wenn einzelne Mitglieder aus der Bundesregierung ausgeschieden sind. Der mit der Fortführung der Verwaltung Beauftragte trägt die gleiche Verantwortung wie ein Bundesminister (Art. 76).

Artikel 72. (1) Die Mitglieder der Bundesregierung werden vor Antritt ihres Amtes vom Bundespräsidenten angelobt. Die Beifügung einer religiösen Beteuerung ist zulässig.

(2) Die Bestallungsurkunden des Bundeskanzlers, des Vizekanzlers und der übrigen Bundesminister werden vom Bundespräsidenten mit dem Tag der Angelobung ausgefertigt und vom neubestellten Bundeskanzler gegengezeichnet.

(3) Diese Bestimmungen sind auch auf die Fälle des Art. 71 sinngemäß anzuwenden.

Artikel 73. (1) Im Falle der zeitweiligen Verhinderung eines Bundesministers beauftragt dieser im Einvernehmen mit einem anderen Bundesminister diesen, einen ihm beigegebenen Staatssekretär oder einen leitenden Beamten des betreffenden Bundesministeriums mit seiner Vertretung; eine solche Beauftragung mit der Vertretung ist dem Bundespräsidenten und dem Bundeskanzler zur Kenntnis zu bringen. Ein Aufenthalt in einem anderen Mitgliedstaat der Europäischen Union gilt nicht als Verhinderung. Ist ein Bundesminister nicht in der Lage, einen Vertretungsauftrag im Sinne des ersten Satzes zu erteilen, so beauftragt der Bundeskanzler im Einvernehmen mit dem Vizekanzler einen anderen Bundesminister, einen dem verhinderten Bundesminister beigegebenen Staatssekretär oder einen leitenden Beamten des betreffenden Bundesministeriums mit dessen Vertretung; eine solche Beauftragung mit der Vertretung ist dem Bundespräsidenten zur Kenntnis zu bringen. Der Vertreter eines Bundesministers trägt die gleiche Verantwortung wie ein Bundesminister (Art. 76).

(2) Der zuständige Bundesminister kann die Befugnis, an den Tagungen des Rates teilzunehmen und in diesem Rahmen zu einem bestimmten Vorhaben die Verhandlungen zu führen und die Stimme abzugeben, einem anderen Bundesminister oder einem Staatssekretär übertragen.

(3) Ein Mitglied der Bundesregierung, das sich in einem anderen Mitgliedstaat der Europäischen Union aufhält, kann seine Angelegenheiten im Nationalrat oder Bundesrat durch einen ihm beigegebenen Staatssekretär oder einen anderen Bundesminister wahrnehmen lassen. Ein Mitglied der Bundesregierung, das nicht vertreten ist, kann sein Stimmrecht in der Bundesregierung einem anderen Bundesminister übertragen; seine Verantwortlichkeit wird dadurch nicht berührt. Das Stimmrecht kann nur einem Mitglied der Bundesregierung übertragen werden, das nicht bereits mit der Vertretung eines anderen Mitgliedes der Bundesregierung betraut ist und dem nicht schon ein Stimmrecht übertragen worden ist.

Artikel 74. (1) Versagt der Nationalrat der Bundesregierung oder einzelnen ihrer Mitglieder durch ausdrückliche Entschließung das Vertrauen, so ist die Bundesregierung oder der betreffende Bundesminister des Amtes zu entheben.

(2) Zu einem Beschluss des Nationalrates, mit dem das Vertrauen versagt wird, ist die Anwesenheit der Hälfte der Mitglieder des Nationalrates erforderlich. Doch ist, wenn es die im Bundesgesetz über die Geschäftsordnung des Nationalrates festgesetzte Anzahl der Mitglieder verlangt, die Abstimmung auf den zweitnächsten Werktag zu vertagen. Eine neuerliche Vertagung der Abstimmung kann nur durch Beschluss des Nationalrates erfolgen.

(3) Unbeschadet der dem Bundespräsidenten nach Art. 70 Abs. 1 sonst zustehenden Befugnis sind die Bundesregierung oder ihre einzelnen Mitglieder vom Bundespräsidenten in den gesetzlich bestimmten Fällen oder auf ihren Wunsch des Amtes zu entheben.

Artikel 75. Die Mitglieder der Bundesregierung sowie die Staatssekretäre sind berechtigt, an allen Verhandlungen des Nationalrates, des Bundesrates und der Bundesversammlung sowie der Ausschüsse (Unterausschüsse) dieser Vertretungskörper teilzunehmen, jedoch an Verhandlungen des ständigen Unterausschusses des Hauptausschusses und der Untersuchungsausschüsse des Nationalrates nur auf besondere Einladung. Sie haben nach den näheren Bestimmungen des Bundesgesetzes über die Geschäftsordnung des Nationalrates sowie der Geschäftsordnung des Bundesrates das Recht, auf ihr Verlangen jedes Mal gehört zu werden. Der Nationalrat, der Bundesrat und die Bundesversammlung sowie deren Ausschüsse (Unterausschüsse) können die Anwesenheit der Mitglieder der Bundesregierung verlangen und diese um die Einleitung von Erhebungen ersuchen.

Artikel 76. (1) Die Mitglieder der Bundesregierung (Art. 69 und 71) sind dem Nationalrat gemäß Art. 142 verantwortlich.

(2) Zu einem Beschluss, mit dem eine Anklage gemäß Art. 142 erhoben wird, bedarf es der Anwesenheit von mehr als der Hälfte der Mitglieder.

Artikel 77. (1) Zur Besorgung der Geschäfte der Bundesverwaltung sind die Bundesministerien und die ihnen unterstellten Ämter berufen.

(2) Die Zahl der Bundesministerien, ihr Wirkungsbereich und ihre Einrichtung werden durch Bundesgesetz bestimmt.

(3) Mit der Leitung des Bundeskanzleramtes ist der Bundeskanzler, mit der Leitung der anderen Bundesministerien je ein Bundesminister betraut. Der Bundespräsident kann die sachliche Leitung bestimmter, zum Wirkungsbereich des Bundeskanzleramtes gehörender Angelegenheiten, und zwar auch einschließlich der Aufgaben der Personalverwaltung und der Organisation, unbeschadet des Fortbestandes ihrer Zugehörigkeit zum Bundeskanzleramt eigenen Bundesministern übertragen; solche Bundesminister haben bezüglich der betreffenden Angelegenheiten die Stellung eines zuständigen Bundesministers.

(4) Der Bundeskanzler und die übrigen Bundesminister können ausnahmsweise auch mit der Leitung eines zweiten Bundesministeriums betraut werden.

Artikel 78. (1) In besonderen Fällen können Bundesminister auch ohne gleichzeitige Betrauung mit der Leitung eines Bundesministeriums bestellt werden.

(2) Den Bundesministern können zur Unterstützung in der Geschäftsführung und zur parlamentarischen Vertretung Staatssekretäre beigegeben werden, die unter denselben Voraussetzungen und in gleicher Weise wie die Bundesminister bestellt werden und aus dem Amt scheiden. Der Bundeskanzler kann seine Angelegenheiten im Nationalrat und im Bundesrat im Einvernehmen mit dem Vizekanzler, der mit der Leitung eines Bundesministeriums betraut ist, durch einen Staatssekretär, der diesem beigegeben ist, wahrnehmen lassen. Der Vizekanzler, der mit der Leitung eines Bundesministeriums betraut ist, kann seine Angelegenheiten im Nationalrat und im Bundesrat im Einvernehmen mit dem Bundeskanzler durch einen Staatssekretär, der diesem beigegeben ist, wahrnehmen lassen.

(3) Der Bundesminister kann den Staatssekretär mit dessen Zustimmung auch mit der Besorgung bestimmter Aufgaben betrauen. Der Staatssekretär ist dem Bundesminister auch bei Erfüllung dieser Aufgaben unterstellt und an seine Weisungen gebunden.

3. Sicherheitsbehörden des Bundes

Artikel 78a. (1) Oberste Sicherheitsbehörde ist der Bundesminister für Inneres. Ihm sind die Landespolizeidirektionen, ihnen wiederum die Bezirksverwaltungsbehörden als Sicherheitsbehörden nachgeordnet.

(2) Sind Leben, Gesundheit, Freiheit oder Eigentum von Menschen gegenwärtig gefährdet oder steht eine solche Gefährdung unmittelbar bevor, so sind die Sicherheitsbehörden, ungeachtet der Zuständigkeit einer anderen Behörde zur Abwehr der Gefahr, bis zum Einschreiten der jeweils zuständigen Behörde zur ersten allgemeinen Hilfeleistung zuständig.

(3) Inwieweit Organe der Gemeinden als Sicherheitsbehörden einzuschreiten haben, bestimmen die Bundesgesetze.

Artikel 78b. (1) Für jedes Land besteht eine Landespolizeidirektion. An ihrer Spitze steht der Landespolizeidirektor. Der Landespolizeidirektor der Landespolizeidirektion Wien trägt die Funktionsbezeichnung „Landespolizeipräsident".

(2) Der Bundesminister für Inneres bestellt den Landespolizeidirektor im Einvernehmen mit dem Landeshauptmann.

(3) Der Bundesminister für Inneres hat jede staatspolitisch wichtige oder für die Aufrechterhaltung der öffentlichen Ruhe, Ordnung und Sicherheit im gesamten Land maßgebliche Weisung, die er einem Landespolizeidirektor erteilt, dem Landeshauptmann mitzuteilen.

Artikel 78c. Inwieweit für das Gebiet einer Gemeinde die Landespolizeidirektion zugleich Sicherheitsbehörde erster Instanz ist, wird durch Bundesgesetz geregelt. Für Wien ist die Landespolizeidirektion zugleich Sicherheitsbehörde erster Instanz.

Artikel 78d. (1) Wachkörper sind bewaffnete oder uniformierte oder sonst nach militärischem Muster eingerichtete Formationen, denen Aufgaben polizeilichen Charakters übertragen sind. Zu den Wachkörpern sind insbesondere nicht zu zählen: Das zum Schutz einzelner Zweige der Landeskultur, wie der Land- und Forstwirtschaft (Feld-, Flur- und Forstschutz), des Bergbaues, der Jagd, der Fischerei oder anderer Wasserberechtigungen aufgestellte Wachpersonal, die Organe der Marktaufsicht, der Feuerwehr.

(2) Für das Gebiet einer Gemeinde, in der die Landespolizeidirektion zugleich Sicherheitsbehörde erster Instanz ist, darf von einer anderen Gebietskörperschaft ein Wachkörper nicht errichtet werden.

4. Bundesheer

Artikel 79. (1) Dem Bundesheer obliegt die militärische Landesverteidigung. Es ist nach den Grundsätzen eines Milizsystems einzurichten.

(2) Das Bundesheer ist, soweit die gesetzmäßige zivile Gewalt seine Mitwirkung in Anspruch nimmt, ferner bestimmt

1. auch über den Bereich der militärischen Landesverteidigung hinaus
 a) zum Schutz der verfassungsmäßigen Einrichtungen und ihrer Handlungsfähigkeit sowie der demokratischen Freiheiten der Einwohner
 b) zur Aufrechterhaltung der Ordnung und Sicherheit im Inneren überhaupt;
2. zur Hilfeleistung bei Elementarereignissen und Unglücksfällen außergewöhnlichen Umfanges.

(3) Weitere Aufgaben des Bundesheeres werden durch Bundesverfassungsgesetz geregelt.

(4) Welche Behörden und Organe die Mitwirkung des Bundesheeres zu den im Abs. 2 genannten Zwecken unmittelbar in Anspruch nehmen können, bestimmt das Wehrgesetz.

(5) Selbständiges militärisches Einschreiten zu den im Abs. 2 genannten Zwecken ist nur zulässig, wenn entweder die zuständigen Behörden durch höhere Gewalt außerstande gesetzt sind, das militärische Einschreiten herbeizuführen, und bei weiterem Zuwarten ein nicht wieder gutzumachender Schaden für die Allgemeinheit eintreten würde, oder wenn es sich um die Zurückweisung eines tätlichen Angriffes oder um die Beseitigung eines gewalttätigen Widerstandes handelt, die gegen eine Abteilung des Bundesheeres gerichtet sind.

Artikel 80. (1) Den Oberbefehl über das Bundesheer führt der Bundespräsident.

(2) Soweit nicht nach dem Wehrgesetz der Bundespräsident über das Heer verfügt, steht die Verfügung dem zuständigen Bundesminister innerhalb der ihm von der Bundesregierung erteilten Ermächtigung zu.

(3) Die Befehlsgewalt über das Bundesheer übt der zuständige Bundesminister (Art. 76 Abs. 1) aus.

Artikel 81. Durch Bundesgesetz wird geregelt, inwieweit die Länder bei der Ergänzung, Verpflegung und Unterbringung des Heeres und der Beistellung seiner sonstigen Erfordernisse mitwirken.

5. Universitäten

Artikel 81c. (1) Die öffentlichen Universitäten sind Stätten freier wissenschaftlicher Forschung, Lehre und Erschließung der Künste. Sie handeln im Rahmen der Gesetze autonom und können Satzungen erlassen. Die Mitglieder universitärer Kollegialorgane sind weisungsfrei.

(2) Bundesgesetzlich kann vorgesehen werden, dass die Tätigkeit an der Universität sowie die Mitwirkung in Organen der Universität und der Studierendenvertretung von Personen, die nicht die österreichische Staatsbürgerschaft besitzen, zulässig ist.

(Anm.: Abs. 3 aufgehoben durch BGBl. I Nr. 51/2012)

B. Ordentliche Gerichtsbarkeit

Artikel 82. (1) Die ordentliche Gerichtsbarkeit geht vom Bund aus.

(2) Die Urteile und Erkenntnisse werden im Namen der Republik verkündet und ausgefertigt.

Artikel 83. (1) Die Organisation und die Zuständigkeit der ordentlichen Gerichte werden durch Bundesgesetz geregelt. Die Sprengel der Bezirksgerichte sind durch Verordnung der Bundesregierung festzulegen.

(2) Niemand darf seinem gesetzlichen Richter entzogen werden.

(Anm.: Abs. 3 aufgehoben durch Art. I Z 1 BGBl. Nr. 73/1968)

Artikel 84. Die Militärgerichtsbarkeit ist – außer für Kriegszeiten – aufgehoben.

Artikel 85. Die Todesstrafe ist abgeschafft.

Artikel 86. (1) Die Richter werden, sofern nicht in diesem Gesetz anderes bestimmt ist, gemäß dem Antrag der Bundesregierung vom Bundespräsidenten oder auf Grund seiner Ermächtigung vom zuständigen Bundesminister ernannt; die Bundesregierung oder der Bundesminister hat Besetzungsvorschläge der durch Bundesgesetz hiezu berufenen Senate einzuholen.

(2) Der dem zuständigen Bundesminister vorzulegende und der von ihm an die Bundesregierung zu leitende Besetzungsvorschlag hat, wenn genügend Bewerber vorhanden sind, mindestens drei Personen, wenn aber mehr als eine Stelle zu besetzen ist, mindestens doppelt so viele Personen zu umfassen, als Richter zu ernennen sind.

Artikel 87. (1) Die Richter sind in Ausübung ihres richterlichen Amtes unabhängig.

(2) In Ausübung seines richterlichen Amtes befindet sich ein Richter bei Besorgung aller ihm nach dem Gesetz und der Geschäftsverteilung zustehenden gerichtlichen Geschäfte, mit Ausschluss der Justizverwaltungssachen, die nicht nach Vorschrift des Gesetzes durch Senate oder Kommissionen zu erledigen sind.

(3) Die Geschäfte sind auf die Richter des ordentlichen Gerichtes für die durch Bundesgesetz

bestimmte Zeit im Voraus zu verteilen. Eine nach dieser Geschäftsverteilung einem Richter zufallende Sache darf ihm nur durch Verfügung des durch Bundesgesetz hiezu berufenen Senates und nur im Fall seiner Verhinderung oder dann abgenommen werden, wenn er wegen des Umfangs seiner Aufgaben an deren Erledigung innerhalb einer angemessenen Frist gehindert ist.

Artikel 87a. (1) Durch Bundesgesetz kann die Besorgung einzelner, genau zu bezeichnender Arten von Geschäften der Gerichtsbarkeit erster Instanz besonders ausgebildeten nichtrichterlichen Bundesbediensteten übertragen werden.

(2) Der nach der Geschäftsverteilung zuständige Richter kann jedoch jederzeit die Erledigung solcher Geschäfte sich vorbehalten oder an sich ziehen.

(3) Bei der Besorgung der im Abs. 1 bezeichneten Geschäfte sind die nichtrichterlichen Bundesbediensteten nur an die Weisungen des nach der Geschäftsverteilung zuständigen Richters gebunden. Art. 20 Abs. 1 dritter Satz ist anzuwenden.

Artikel 88. (1) Durch Bundesgesetz wird eine Altersgrenze bestimmt, mit deren Erreichung die Richter in den dauernden Ruhestand treten.

(2) Im Übrigen dürfen Richter nur in den vom Gesetz vorgeschriebenen Fällen und Formen und auf Grund eines förmlichen richterlichen Erkenntnisses ihres Amtes entsetzt oder wider ihren Willen an eine andere Stelle oder in den Ruhestand versetzt werden. Diese Bestimmungen finden jedoch auf Übersetzungen und Versetzungen in den Ruhestand keine Anwendung, die durch eine Änderung der Gerichtsorganisation nötig werden. In einem solchen Fall wird durch das Gesetz festgestellt, innerhalb welchen Zeitraumes Richter ohne die sonst vorgeschriebenen Förmlichkeiten übersetzt und in den Ruhestand versetzt werden können.

(3) Die zeitweise Enthebung der Richter vom Amt darf nur durch Verfügung des Gerichtsvorstehers oder Gerichtspräsidenten oder der übergeordneten Gerichtsbehörde bei gleichzeitiger Verweisung der Sache an das zuständige ordentliche Gericht stattfinden.

Artikel 88a. Durch Bundesgesetz kann bestimmt werden, dass bei einem übergeordneten ordentlichen Gericht Stellen für Sprengelrichter vorgesehen werden können. Die Zahl der Sprengelrichterstellen darf 3 vH der bei den nachgeordneten ordentlichen Gerichten bestehenden Richterstellen nicht übersteigen. Die Verwendung der Sprengelrichter bei den nachgeordneten ordentlichen Gerichten und gegebenenfalls bei dem übergeordneten ordentlichen Gericht selbst wird von dem durch Bundesgesetz hiezu berufenen Senat des übergeordneten ordentlichen Gerichtes bestimmt. Sprengelrichter dürfen nur mit der Vertretung von Richtern nachgeordneter ordentlicher Gerichte beziehungsweise von Richtern des übergeordneten ordentlichen Gerichtes selbst und nur im Falle der Verhinderung dieser Richter oder dann betraut werden, wenn diese Richter wegen des Umfangs ihrer Aufgaben an deren Erledigung innerhalb einer angemessenen Frist gehindert sind.

Artikel 89. (1) Die Prüfung der Gültigkeit gehörig kundgemachter Verordnungen, Kundmachungen über die Wiederverlautbarung eines Gesetzes (Staatsvertrages), Gesetze und Staatsverträge steht, soweit in den folgenden Absätzen nicht anderes bestimmt ist, den ordentlichen Gerichten nicht zu.

(2) Hat ein ordentliches Gericht gegen die Anwendung einer Verordnung aus dem Grund der Gesetzwidrigkeit, einer Kundmachung über die Wiederverlautbarung eines Gesetzes (Staatsvertrages) aus dem Grund der Gesetzwidrigkeit, eines Gesetzes aus dem Grund der Verfassungswidrigkeit oder eines Staatsvertrages aus dem Grund der Rechtswidrigkeit Bedenken, so hat es den Antrag auf Aufhebung dieser Rechtsvorschrift beim Verfassungsgerichtshof zu stellen.

(3) Ist die vom ordentlichen Gericht anzuwendende Rechtsvorschrift bereits außer Kraft getreten, so hat der Antrag des ordentlichen Gerichtes an den Verfassungsgerichtshof die Entscheidung zu begehren, dass die Rechtsvorschrift gesetzwidrig, verfassungswidrig oder rechtswidrig war.

(4) Durch Bundesgesetz ist zu bestimmen, welche Wirkungen ein Antrag gemäß Abs. 2 oder 3 für das beim ordentlichen Gericht anhängige Verfahren hat.

Artikel 90. (1) Die Verhandlungen in Zivil- und Strafrechtssachen vor dem erkennenden ordentlichen Gericht sind mündlich und öffentlich. Ausnahmen bestimmt das Gesetz.

(2) Im Strafverfahren gilt der Anklageprozess.

Artikel 90a. Staatsanwälte sind Organe der ordentlichen Gerichtsbarkeit. In Verfahren wegen mit gerichtlicher Strafe bedrohter Handlungen nehmen sie Ermittlungs- und Anklagefunktionen wahr. Durch Bundesgesetz werden die näheren Regelungen über ihre Bindung an die Weisungen der ihnen vorgesetzten Organe getroffen.

Artikel 91. (1) Das Volk hat an der Rechtsprechung mitzuwirken.

(2) Bei den mit schweren Strafen bedrohten Verbrechen, die das Gesetz zu bezeichnen hat, sowie bei allen politischen Verbrechen und Vergehen entscheiden Geschworene über die Schuld des Angeklagten.

(3) Im Strafverfahren wegen anderer strafbarer Handlungen nehmen Schöffen an der Rechtsprechung teil, wenn die zu verhängende Strafe ein vom Gesetz zu bestimmendes Maß überschreitet.

Artikel 92. (1) Oberste Instanz in Zivil- und Strafrechtssachen ist der Oberste Gerichtshof.

(2) Dem Obersten Gerichtshof können Mitglieder der Bundesregierung, einer Landesregierung, eines allgemeinen Vertretungskörpers oder des Europäischen Parlaments nicht angehören; für Mitglieder eines allgemeinen Vertretungskörpers oder des Europäischen Parlaments, die auf eine bestimmte Gesetzgebungs- oder Funktionsperiode gewählt wurden, dauert die Unvereinbarkeit auch bei vorzeitigem Verzicht auf das Mandat bis zum Ablauf der Gesetzgebungs- oder Funktionsperiode fort. Zum Präsidenten oder Vizepräsidenten des Obersten Gerichtshofes kann nicht ernannt werden, wer eine der eben erwähnten Funktionen in den letzten fünf Jahren ausgeübt hat.

Artikel 93. Amnestien wegen gerichtlich strafbarer Handlungen werden durch Bundesgesetz erteilt.

Artikel 94. (1) Die Justiz ist von der Verwaltung in allen Instanzen getrennt.

(2) Durch Bundes- oder Landesgesetz kann in einzelnen Angelegenheiten anstelle der Erhebung einer Beschwerde beim Verwaltungsgericht ein Instanzenzug von der Verwaltungsbehörde an die ordentlichen Gerichte vorgesehen werden. In den Angelegenheiten der Vollziehung des Bundes, die nicht unmittelbar von Bundesbehörden besorgt werden, sowie in den Angelegenheiten der Art. 11, 12, 14 Abs. 2 und 3 und 14a Abs. 3 und 4 dürfen Bundesgesetze gemäß dem ersten Satz nur mit Zustimmung der Länder kundgemacht werden. Für Landesgesetze gemäß dem ersten Satz gilt Art. 97 Abs. 2 sinngemäß.

Viertes Hauptstück

Gesetzgebung und Vollziehung der Länder

A. Allgemeine Bestimmungen

Artikel 95. (1) Die Gesetzgebung der Länder wird von den Landtagen ausgeübt. Die Landtage werden auf Grund des gleichen, unmittelbaren, persönlichen, freien und geheimen Wahlrechtes der nach den Landtagswahlordnungen wahlberechtigten männlichen und weiblichen Landesbürger nach den Grundsätzen der Verhältniswahl gewählt. Die Landesverfassung kann vorsehen, dass auch Staatsbürger, die vor Verlegung ihres Hauptwohnsitzes in das Ausland, einen Wohnsitz im Land hatten, für die Dauer ihres Auslandsaufenthalts, längstens jedoch für einen Zeitraum von zehn Jahren, zum Landtag wahlberechtigt sind.

(2) Die Landtagswahlordnungen dürfen die Bedingungen des Wahlrechtes und der Wählbarkeit nicht enger ziehen als die Bundesverfassung für Wahlen zum Nationalrat und die Bedingungen der Wählbarkeit nicht weiter ziehen als die bundesgesetzlichen Bestimmungen für Wahlen zum Nationalrat.

(3) Die Wähler üben ihr Wahlrecht in Wahlkreisen aus, von denen jeder ein geschlossenes Gebiet umfassen muss und die in räumlich geschlossene Regionalwahlkreise unterteilt werden können. Die Zahl der Abgeordneten ist auf die Wahlkreise im Verhältnis der Bürgerzahl zu verteilen. Die Landtagswahlordnung kann ein abschließendes Ermittlungsverfahren im gesamten Landesgebiet vorsehen, durch das sowohl ein Ausgleich der den wahlwerbenden Parteien in den Wahlkreisen zugeteilten als auch eine Aufteilung der noch nicht zugeteilten Mandate nach den Grundsätzen der Verhältniswahl erfolgt. Eine Gliederung der Wählerschaft in andere Wahlkörper ist nicht zulässig.

(4) Die näheren Bestimmungen über das Wahlverfahren werden durch die Landtagswahlordnungen getroffen. Art. 26 Abs. 6 ist sinngemäß anzuwenden.

(5) Für öffentlich Bedienstete, die sich um ein Mandat im Landtag bewerben oder die zu Abgeordneten eines Landtages gewählt werden, gilt Art. 59a, strengere Regelungen sind zulässig. Durch Landesverfassungsgesetz kann eine Einrichtung mit den gleichen Befugnissen und der gleichen Pflicht zur Veröffentlichung eines Berichtes wie die der Kommission gemäß Art. 59b geschaffen werden.

Artikel 96. (1) Die Mitglieder des Landtages genießen die gleiche Immunität wie die Mitglieder des Nationalrates; die Bestimmungen des Art. 57 sind sinngemäß anzuwenden.

(2) Die Bestimmungen der Art. 32 und 33 gelten auch für die Sitzungen der Landtage und ihrer Ausschüsse.

(3) Durch Landesgesetz kann für Mitglieder des Landtages, die aus Anlass ihrer Wahl in den Bundesrat oder in die Landesregierung auf ihr Mandat verzichten, eine dem Art. 56 Abs. 2 bis 4 entsprechende Regelung getroffen werden.

Artikel 97. (1) Zu einem Landesgesetz sind der Beschluss des Landtages, die Beurkundung und Gegenzeichnung nach den Bestimmungen der Landesverfassung und die Kundmachung durch den Landeshauptmann im Landesgesetzblatt erforderlich.

(2) Insoweit ein Landesgesetz bei der Vollziehung die Mitwirkung von Bundesorganen vorsieht, muss hiezu die Zustimmung der Bundesregierung eingeholt werden.

(3) Wenn die sofortige Erlassung von Maßnahmen, die verfassungsgemäß einer Beschlussfassung des Landtages bedürfen, zur Abwehr eines offenkundigen, nicht wieder gutzumachenden Schadens für die Allgemeinheit zu einer Zeit notwendig wird, in der der Landtag nicht rechtzeitig zusammentreten kann oder in seiner Tätigkeit durch höhere Gewalt behindert ist, kann die Landesregierung im Einvernehmen mit einem nach dem Grundsatz der Verhältniswahl bestellten Ausschuss des Landtages diese Maßnahmen durch vorläufige gesetzändernde Verordnungen treffen. Sie sind von der Landesregierung unverzüglich der Bundesregierung zur Kenntnis zu bringen. Sobald das Hindernis für das Zusammentreten des

Landtages weggefallen ist, ist dieser einzuberufen. Art. 18 Abs. 4 gilt sinngemäß.

(4) Die im Abs. 3 bezeichneten Verordnungen dürfen jedenfalls nicht eine Abänderung landesverfassungsgesetzlicher Bestimmungen bedeuten und weder eine dauernde finanzielle Belastung des Landes, noch eine finanzielle Belastung des Bundes oder der Gemeinden, noch finanzielle Verpflichtungen der Staatsbürger, noch eine Veräußerung von Landesvermögen, noch Maßnahmen in Angelegenheiten der Kammern für Arbeiter und Angestellte auf land- und forstwirtschaftlichem Gebiet zum Gegenstand haben.

Artikel 98. Insoweit ein Gesetzesbeschluss der Zustimmung der Bundesregierung bedarf, ist er unmittelbar nach der Beschlussfassung des Landtages vom Landeshauptmann dem Bundeskanzleramt bekanntzugeben. Die Zustimmung gilt als erteilt, wenn die Bundesregierung nicht innerhalb von acht Wochen nach dem Tag, an dem der Gesetzesbeschluss beim Bundeskanzleramt eingelangt ist, dem Landeshauptmann mitgeteilt hat, dass die Zustimmung verweigert wird. Vor Ablauf dieser Frist darf die Kundmachung des Gesetzesbeschlusses nur erfolgen, wenn die Bundesregierung die ausdrückliche Zustimmung mitgeteilt hat.

Artikel 99. (1) Die durch Landesverfassungsgesetz zu erlassende Landesverfassung kann, insoweit dadurch die Bundesverfassung nicht berührt wird, durch Landesverfassungsgesetz abgeändert werden.

(2) Ein Landesverfassungsgesetz kann nur bei Anwesenheit der Hälfte der Mitglieder des Landtages und mit einer Mehrheit von zwei Dritteln der abgegebenen Stimmen beschlossen werden.

Artikel 100. (1) Jeder Landtag kann auf Antrag der Bundesregierung mit Zustimmung des Bundesrates vom Bundespräsidenten aufgelöst werden; eine solche Auflösung darf jedoch nur einmal aus dem gleichen Anlass verfügt werden. Die Zustimmung des Bundesrates muss bei Anwesenheit der Hälfte der Mitglieder und mit einer Mehrheit von zwei Dritteln der abgegebenen Stimmen beschlossen werden. An der Abstimmung dürfen die Vertreter des Landes, dessen Landtag aufgelöst werden soll, nicht teilnehmen.

(2) Im Falle der Auflösung sind nach den Bestimmungen der Landesverfassung binnen drei Wochen Neuwahlen auszuschreiben; die Einberufung des neugewählten Landtages hat binnen vier Wochen nach der Wahl zu erfolgen.

Artikel 101. (1) Die Vollziehung jedes Landes übt eine vom Landtag zu wählende Landesregierung aus.

(2) Die Mitglieder der Landesregierung müssen nicht dem Landtag angehören, aber zum Landtag wählbar sein.

(3) Die Landesregierung besteht aus dem Landeshauptmann, der erforderlichen Zahl von Stellvertretern und weiteren Mitgliedern.

(4) Der Landeshauptmann wird vom Bundespräsidenten, die anderen Mitglieder der Landesregierung werden vom Landeshauptmann vor Antritt des Amtes auf die Bundesverfassung angelobt. Die Beifügung einer religiösen Beteuerung ist zulässig.

Artikel 102. (1) Im Bereich der Länder üben die Vollziehung des Bundes, soweit nicht eigene Bundesbehörden bestehen (unmittelbare Bundesverwaltung), der Landeshauptmann und die ihm unterstellten Landesbehörden aus (mittelbare Bundesverwaltung). Soweit in Angelegenheiten, die in mittelbarer Bundesverwaltung besorgt werden, Bundesbehörden mit der Vollziehung betraut sind, unterstehen diese Bundesbehörden in den betreffenden Angelegenheiten dem Landeshauptmann und sind an dessen Weisungen (Art. 20 Abs. 1) gebunden; ob und inwieweit solche Bundesbehörden mit Akten der Vollziehung betraut werden, bestimmen die Bundesgesetze; sie dürfen, soweit es sich nicht um die Betrauung mit der Vollziehung von im Abs. 2 angeführten Angelegenheiten handelt, nur mit Zustimmung der beteiligten Länder kundgemacht werden.

(2) Folgende Angelegenheiten können im Rahmen des verfassungsmäßig festgestellten Wirkungsbereiches unmittelbar von Bundesbehörden besorgt werden:

Grenzvermarkung; Waren- und Viehverkehr mit dem Ausland; Zollwesen; Regelung und Überwachung des Eintrittes in das Bundesgebiet und des Austrittes aus ihm; Aufenthaltsrecht aus berücksichtigungswürdigen Gründen; Passwesen; Aufenthaltsverbot, Ausweisung und Abschiebung; Asyl; Auslieferung; Bundesfinanzen; Monopolwesen; Geld-, Kredit-, Börse- und Bankwesen; Maß- und Gewichts-, Normen- und Punzierungswesen; Justizwesen; Pressewesen; Aufrechterhaltung der öffentlichen Ruhe, Ordnung und Sicherheit einschließlich der ersten allgemeinen Hilfeleistung, jedoch mit Ausnahme der örtlichen Sicherheitspolizei; Vereins- und Versammlungsrecht; Fremdenpolizei und Meldewesen; Waffen-, Munitions- und Sprengmittelwesen, Schießwesen; Kartellrecht; Patentwesen sowie Schutz von Mustern, Marken und anderen Warenbezeichnungen; Verkehrswesen; Strom- und Schifffahrtspolizei; Post- und Fernmeldewesen; Bergwesen; Regulierung und Instandhaltung der Donau; Wildbachverbauung; Bau und Instandhaltung von Wasserstraßen; Vermessungswesen; Arbeitsrecht; Sozial- und Vertragsversicherungswesen; Pflegegeldwesen; Sozialentschädigungsrecht; geschäftlicher Verkehr mit Saat- und Pflanzgut, Futter-, Dünge- und Pflanzenschutzmitteln sowie mit Pflanzenschutzgeräten, einschließlich der Zulassung und bei Saat- und Pflanzgut auch der Anerkennung; Denkmalschutz; allgemeine Angelegenheiten des Schutzes personenbezogener Daten; Organisation und Führung der Bundespolizei; militärische Angelegenheiten; Angelegenheiten des Zivildienstes;

Bevölkerungspolitik; land- und forstwirtschaftliches Schul- und Erziehungswesen in den Angelegenheiten des Art. 14a Abs. 2 sowie Zentrallehranstalten; Universitäts- und Hochschulwesen sowie das Erziehungswesen betreffend Studentenheime in diesen Angelegenheiten; Ausbildungspflicht für Jugendliche; öffentliches Auftragswesen.

(3) Dem Bund bleibt es vorbehalten, auch in den im Abs. 2 aufgezählten Angelegenheiten den Landeshauptmann mit der Vollziehung des Bundes zu beauftragen.

(4) Die Errichtung von eigenen Bundesbehörden für andere als die im Abs. 2 bezeichneten Angelegenheiten kann nur mit Zustimmung der beteiligten Länder erfolgen.

(5) Wenn in einem Land in Angelegenheiten der unmittelbaren Bundesverwaltung die sofortige Erlassung von Maßnahmen zur Abwehr eines offenkundigen, nicht wieder gutzumachenden Schadens für die Allgemeinheit zu einer Zeit notwendig wird, zu der die obersten Organe der Verwaltung des Bundes wegen höherer Gewalt dazu nicht in der Lage sind, hat der Landeshauptmann an deren Stelle die Maßnahmen zu treffen.

Artikel 103. (1) In den Angelegenheiten der mittelbaren Bundesverwaltung ist der Landeshauptmann an die Weisungen der Bundesregierung sowie der einzelnen Bundesminister gebunden (Art. 20) und verpflichtet, um die Durchführung solcher Weisungen zu bewirken, auch die ihm in seiner Eigenschaft als Organ des selbständigen Wirkungsbereiches des Landes zu Gebote stehenden Mittel anzuwenden.

(2) Die Landesregierung kann bei Aufstellung ihrer Geschäftsordnung beschließen, dass einzelne Gruppen von Angelegenheiten der mittelbaren Bundesverwaltung wegen ihres sachlichen Zusammenhanges mit Angelegenheiten des selbständigen Wirkungsbereiches des Landes im Namen des Landeshauptmannes von Mitgliedern der Landesregierung zu führen sind. In diesen Angelegenheiten sind die betreffenden Mitglieder der Landesregierung an die Weisungen des Landeshauptmannes ebenso gebunden (Art. 20) wie dieser an die Weisungen der Bundesregierung oder der einzelnen Bundesminister.

(3) Nach Abs. 1 ergehende Weisungen der Bundesregierung oder der einzelnen Bundesminister sind auch in Fällen des Abs. 2 an den Landeshauptmann zu richten. Dieser ist, wenn er die bezügliche Angelegenheit der mittelbaren Bundesverwaltung nicht selbst führt, unter seiner Verantwortlichkeit (Art. 142 Abs. 2 lit. e) verpflichtet, die Weisung an das in Betracht kommende Mitglied der Landesregierung unverzüglich und unverändert auf schriftlichem Wege weiterzugeben und ihre Durchführung zu überwachen. Wird die Weisung nicht befolgt, trotzdem der Landeshauptmann die erforderlichen Vorkehrungen getroffen hat, so ist auch das betreffende Mitglied der Landesregierung gemäß Art. 142 der Bundesregierung verantwortlich.

(Anm.: Abs. 4 aufgehoben durch BGBl. I Nr. 51/2012)

Artikel 104. (1) Die Bestimmungen des Art. 102 sind auf Einrichtungen zur Besorgung der im Art. 17 bezeichneten Geschäfte des Bundes nicht anzuwenden.

(2) Die mit der Verwaltung des Bundesvermögens betrauten Bundesminister können jedoch die Besorgung solcher Geschäfte dem Landeshauptmann und den ihm unterstellten Behörden im Land übertragen. Eine solche Übertragung kann jederzeit ganz oder teilweise widerrufen werden. Inwieweit in besonderen Ausnahmefällen für die bei Besorgung solcher Geschäfte aufgelaufenen Kosten vom Bund ein Ersatz geleistet wird, wird durch Bundesgesetz bestimmt. Art. 103 Abs. 2 und 3 gilt sinngemäß.

Artikel 105. (1) Der Landeshauptmann vertritt das Land. Er trägt in den Angelegenheiten der mittelbaren Bundesverwaltung die Verantwortung gegenüber der Bundesregierung gemäß Art. 142. Der Landeshauptmann wird durch das von der Landesregierung bestimmte Mitglied der Landesregierung (Landeshauptmann-Stellvertreter) vertreten. Diese Bestellung ist dem Bundeskanzler zur Kenntnis zu bringen. Tritt der Fall der Vertretung ein, so ist das zur Vertretung bestellte Mitglied der Landesregierung bezüglich der Angelegenheiten der mittelbaren Bundesverwaltung gleichfalls der Bundesregierung gemäß Art. 142 verantwortlich. Der Geltendmachung einer solchen Verantwortung des Landeshauptmannes oder des ihn vertretenden Mitgliedes der Landesregierung steht die Immunität nicht im Weg. Ebenso steht die Immunität auch nicht der Geltendmachung der Verantwortung eines Mitgliedes der Landesregierung im Falle des Art. 103 Abs. 3 im Weg.

(2) Die Mitglieder der Landesregierung sind dem Landtag gemäß Art. 142 verantwortlich.

(3) Zu einem Beschluss, mit dem eine Anklage im Sinne des Art. 142 erhoben wird, bedarf es der Anwesenheit der Hälfte der Mitglieder.

Artikel 106. Zur Leitung des inneren Dienstes des Amtes der Landesregierung wird ein rechtskundiger Bediensteter des Amtes der Landesregierung als Landesamtsdirektor bestellt. Er ist auch in den Angelegenheiten der mittelbaren Bundesverwaltung das Hilfsorgan des Landeshauptmannes.

B. Die Bundeshauptstadt Wien

Artikel 108. Für die Bundeshauptstadt Wien als Land hat der Gemeinderat auch die Funktion des Landtages, der Stadtsenat auch die Funktion der Landesregierung, der Bürgermeister auch die Funktion des Landeshauptmannes, der Magistrat auch die Funktion des Amtes der Landesregierung und der Magistratsdirektor auch die Funktion des Landesamtsdirektors.

Artikel 109. Art. 102 Abs. 1 gilt für die Bundeshauptstadt Wien mit der Maßgabe, dass die Vollziehung des Bundes, soweit nicht eigene Bundesbehörden bestehen (unmittelbare Bundesverwaltung), der Bürgermeister als Landeshauptmann und der ihm unterstellte Magistrat als Bezirksverwaltungsbehörde ausüben (mittelbare Bundesverwaltung).

Artikel 112. Nach Maßgabe der Art. 108 und 109 gelten für die Bundeshauptstadt Wien im Übrigen die Bestimmungen des Abschnittes A des sechsten Hauptstückes mit Ausnahme des Art. 117 Abs. 6 zweiter Satz, des Art. 119 Abs. 4 und des Art. 119a. Art. 142 Abs. 2 lit. e findet auch auf die Führung des vom Bund der Bundeshauptstadt Wien übertragenen Wirkungsbereiches Anwendung.

Fünftes Hauptstück
Vollziehung auf dem Gebiet des Schul- und Erziehungswesens

Artikel 113. (1) Die Vollziehung auf dem Gebiet des Schulwesens und auf dem Gebiet des Erziehungswesens in Angelegenheiten der Schülerheime gemäß Art. 14, jedoch mit Ausnahme des Kindergartenwesens und Hortwesens gemäß Art. 14 Abs. 4 lit. b, ist vom zuständigen Bundesminister und – soweit es sich nicht um Zentrallehranstalten handelt – von den dem zuständigen Bundesminister unterstellten Bildungsdirektionen zu besorgen.

(2) Abweichend von Abs. 1 tritt in den Angelegenheiten der Vollziehung gemäß Art. 14 Abs. 2, Abs. 3 lit. a und b sowie Abs. 4 lit. a nach den näheren Bestimmungen der Landesverfassung die Landesregierung oder einzelne Mitglieder derselben (Art. 101 Abs. 1) an die Stelle des Bundesministers.

(3) Für jedes Land wird eine als Bildungsdirektion zu bezeichnende gemeinsame Behörde des Bundes und des Landes eingerichtet.

(4) Den Bildungsdirektionen obliegen die Vollziehung des Schulrechtes für öffentliche Schulen gemäß Art. 14, einschließlich der Qualitätssicherung, der Schulaufsicht sowie des Bildungscontrollings, und die Vollziehung des Dienstrechtes und des Personalvertretungsrechtes der Lehrer für öffentliche Schulen und der sonstigen Bundesbediensteten an öffentlichen Schulen. Durch Bundesgesetz können sonstige Angelegenheiten der Bundesvollziehung, durch Landesgesetz sonstige Angelegenheiten der Landesvollziehung auf die Bildungsdirektion übertragen werden oder kann die Mitwirkung der Bildungsdirektion bei deren Vollziehung vorgesehen werden. Diese Angelegenheiten müssen in sachlichem Zusammenhang mit den in Abs. 1 und 2 genannten Angelegenheiten stehen. In den Angelegenheiten der Bundesvollziehung dürfen Bundesgesetze gemäß dem zweiten Satz nur mit Zustimmung der Länder kundgemacht werden. In diesen Angelegenheiten ist die Bildungsdirektion dem Bundesminister unterstellt. Für Landesgesetze gemäß dem zweiten Satz gilt Art. 97 Abs. 2 sinngemäß. In den Angelegenheiten der Landesvollziehung ist die Bildungsdirektion der Landesregierung (oder einem einzelnen Mitglied derselben) unterstellt.

(5) Unbeschadet der Abs. 1 und 2 können Aufgaben auf dem Gebiet der Vollziehung des Dienstrechtes und des Personalvertretungsrechtes der Lehrer, insbesondere Aufgaben auf den Gebieten des Disziplinarrechts, der Leistungsfeststellung, der Gleichbehandlung und des Bedienstetenschutzes durch Gesetz auf andere Organe übertragen werden. Die Erhaltung öffentlicher Pflichtschulen kann auf Gemeinden oder Gemeindeverbände übertragen werden.

(6) An der Spitze der Bildungsdirektion steht der Bildungsdirektor. Der zuständige Bundesminister bestellt den Bildungsdirektor im Einvernehmen mit dem Landeshauptmann auf dessen Vorschlag. Die Bestellung des Bildungsdirektors ist auf fünf Jahre befristet. Wiederbestellungen sind zulässig. Kommt kein Einvernehmen zustande, kann der Landeshauptmann vorläufig eine Person mit der Funktion des Bildungsdirektors betrauen. Nähere Bestimmungen trifft das Bundesgesetz gemäß Abs. 10.

(7) Der Bildungsdirektor ist bei der Erfüllung seiner Aufgaben in den Angelegenheiten der Bundesvollziehung an die Weisungen des zuständigen Bundesministers und in den Angelegenheiten der Landesvollziehung an die Weisungen der Landesregierung (oder eines einzelnen Mitgliedes derselben) gebunden. In übergreifenden Angelegenheiten ist der Bildungsdirektor an die Weisungen des zuständigen Bundesministers im Einvernehmen mit der Landesregierung (oder einem einzelnen Mitglied derselben) gebunden.

(8) Durch Landesgesetz kann vorgesehen werden, dass der Landeshauptmann der Bildungsdirektion als Präsident vorsteht. Der Landeshauptmann kann in diesem Fall das in Betracht kommende Mitglied der Landesregierung durch Verordnung mit der Ausübung dieser Funktion betrauen. Sieht ein Landesgesetz einen Präsidenten vor, gilt Abs. 7 für den Präsidenten. In einem solchen Fall ist der Bildungsdirektor an die Weisungen des Präsidenten gebunden. Weisungen des zuständigen Bundesministers bzw. der Landesregierung (oder eines einzelnen Mitgliedes derselben) können auch unmittelbar an den Bildungsdirektor

gerichtet werden. Der Präsident hat Weisungen an den Bildungsdirektor in Angelegenheiten der Bundesvollziehung unverzüglich dem zuständigen Bundesminister zur Kenntnis zu bringen.

(9) Bund und Land haben der Bildungsdirektion die zur Besorgung ihrer Aufgaben erforderliche Zahl an Bediensteten des Bundes bzw. des Landes zuzuweisen. Der Bildungsdirektor übt die Dienst- und Fachaufsicht über alle Bundes- und Landesbediensteten in der Bildungsdirektion aus.

(10) Die näheren Bestimmungen über die Einrichtung, die Organisation und die Kundmachung von Verordnungen der Bildungsdirektion einschließlich der Anforderungen an die persönliche und fachliche Eignung des Bildungsdirektors sowie dessen Bestellung werden durch Bundesgesetz getroffen. Dieses Bundesgesetz kann vorsehen, dass der zuständige Bundesminister in einzelnen Angelegenheiten das Einvernehmen mit der Landesregierung (oder einem einzelnen Mitglied derselben) herzustellen hat. Der Bund hat den Ländern Gelegenheit zu geben, an der Vorbereitung solcher Gesetzesvorhaben mitzuwirken; das Gesetz darf nur mit Zustimmung der Länder kundgemacht werden.

Sechstes Hauptstück
Selbstverwaltung
A. Gemeinden

Artikel 115. (1) Soweit in den folgenden Artikeln von Gemeinden die Rede ist, sind darunter die Ortsgemeinden zu verstehen.

(2) Soweit nicht ausdrücklich eine Zuständigkeit des Bundes festgesetzt ist, hat die Landesgesetzgebung das Gemeinderecht nach den Grundsätzen der folgenden Artikel dieses Abschnittes zu regeln. Die Zuständigkeit zur Regelung der gemäß den Art. 118, 118a und 119 von den Gemeinden zu besorgenden Angelegenheiten einschließlich eines allfälligen Ausschlusses des Instanzenzuges bestimmt sich nach den allgemeinen Vorschriften dieses Bundesverfassungsgesetzes.

(3) Der Österreichische Gemeindebund und der Österreichische Städtebund sind berufen, die Interessen der Gemeinden zu vertreten.

Artikel 116. (1) Jedes Land gliedert sich in Gemeinden. Die Gemeinde ist Gebietskörperschaft mit dem Recht auf Selbstverwaltung und zugleich Verwaltungssprengel. Jedes Grundstück muss zu einer Gemeinde gehören.

(2) Die Gemeinde ist selbständiger Wirtschaftskörper. Sie hat das Recht, innerhalb der Schranken der allgemeinen Bundes- und Landesgesetze Vermögen aller Art zu besitzen, zu erwerben und darüber zu verfügen, wirtschaftliche Unternehmungen zu betreiben sowie im Rahmen der Finanzverfassung ihren Haushalt selbständig zu führen und Abgaben auszuschreiben.

(3) Einer Gemeinde mit mindestens 20 000 Einwohnern ist, wenn Landesinteressen hiedurch nicht gefährdet werden, auf ihren Antrag durch Landesgesetz ein eigenes Statut (Stadtrecht) zu verleihen. Eine Stadt mit eigenem Statut hat neben den Aufgaben der Gemeindeverwaltung auch die der Bezirksverwaltung zu besorgen.

(Anm.: Abs. 4 aufgehoben durch Art. I Z 14 BVG, BGBl. Nr. 490/1984.)

Artikel 116a. (1) Zur Besorgung ihrer Angelegenheiten können sich Gemeinden durch Vereinbarung zu Gemeindeverbänden zusammenschließen. Eine solche Vereinbarung bedarf der Genehmigung der Aufsichtsbehörde. Die Genehmigung ist durch Verordnung zu erteilen, wenn eine dem Gesetz entsprechende Vereinbarung der beteiligten Gemeinden vorliegt und die Bildung des Gemeindeverbandes

1. im Falle der Besorgung von Angelegenheiten der Hoheitsverwaltung die Funktion der beteiligten Gemeinden als Selbstverwaltungskörper nicht gefährdet,
2. im Falle der Besorgung von Angelegenheiten der Gemeinden als Träger von Privatrechten aus Gründen der Zweckmäßigkeit, Wirtschaftlichkeit und Sparsamkeit im Interesse der beteiligten Gemeinden gelegen ist.

(2) Im Interesse der Zweckmäßigkeit kann die zuständige Gesetzgebung (Art. 10 bis 15) zur Besorgung von Angelegenheiten der Wirkungsbereiche der Gemeinde die Bildung von Gemeindeverbänden vorsehen, doch darf dadurch die Funktion der Gemeinden als Selbstverwaltungskörper und Verwaltungssprengel nicht gefährdet werden. Bei der Bildung von Gemeindeverbänden im Wege der Vollziehung sind die beteiligten Gemeinden vorher zu hören.

(3) Die Organe der Gemeindeverbände, die Angelegenheiten des eigenen Wirkungsbereiches der Gemeinde besorgen sollen, sind nach demokratischen Grundsätzen zu bilden.

(4) Die Landesgesetzgebung hat die Organisation der Gemeindeverbände zu regeln, wobei als deren Organe jedenfalls eine Verbandsversammlung, die aus gewählten Vertretern aller verbandsangehörigen Gemeinden zu bestehen hat, und ein Verbandsobmann vorzusehen sind. Für Gemeindeverbände, die durch Vereinbarung gebildet worden sind, sind weiters Bestimmungen über den Beitritt und Austritt von Gemeinden sowie über die Auflösung des Gemeindeverbandes zu treffen.

(5) Die Zuständigkeit zur Regelung der von den Gemeindeverbänden zu besorgenden Angelegenheiten bestimmt sich nach den allgemeinen Vorschriften dieses Bundesverfassungsgesetzes.

(6) Ein Zusammenschluss von Gemeinden verschiedener Länder zu Gemeindeverbänden ist nach Maßgabe einer Vereinbarung zwischen den betreffenden Ländern gemäß Art. 15a zulässig, in die insbesondere Regelungen über die Genehmigung der Bildung der Gemeindeverbände und die Wahrnehmung der Aufsicht aufzunehmen sind.

Artikel 116b. Gemeinden eines Landes können untereinander Vereinbarungen über ihren jeweiligen Wirkungsbereich abschließen, wenn die Landesgesetzgebung dies vorsieht. Die Landesgesetzgebung hat dabei auch Regelungen über die Kundmachung derartiger Vereinbarungen sowie über die Entscheidung von Meinungsverschiedenheiten zu treffen. Für Vereinbarungen von Gemeinden verschiedener Länder gilt Art. 116a Abs. 6 sinngemäß.

Artikel 117. (1) Als Organe der Gemeinde sind jedenfalls vorzusehen:

a) der Gemeinderat, das ist ein von den Wahlberechtigten der Gemeinde zu wählender allgemeiner Vertretungskörper;
b) der Gemeindevorstand (Stadtrat), bei Städten mit eigenem Statut der Stadtsenat;
c) der Bürgermeister.

(2) Der Gemeinderat wird auf Grund des gleichen, unmittelbaren, persönlichen, freien und geheimen Wahlrechtes der männlichen und weiblichen Staatsbürger, die in der Gemeinde ihren Hauptwohnsitz haben, nach den Grundsätzen der Verhältniswahl gewählt. Die Wahlordnung kann jedoch vorsehen, dass auch Staatsbürger, die in der Gemeinde einen Wohnsitz, nicht aber den Hauptwohnsitz haben, wahlberechtigt sind. Die Wahlordnung darf die Bedingungen des Wahlrechtes und der Wählbarkeit nicht enger ziehen als die Landtagswahlordnung; es kann jedoch bestimmt werden, dass Personen, die sich noch nicht ein Jahr in der Gemeinde aufhalten, dann nicht wahlberechtigt und wählbar sind, wenn ihr Aufenthalt in der Gemeinde offensichtlich nur vorübergehend ist. Unter den in der Wahlordnung festzulegenden Bedingungen sind auch Staatsangehörige anderer Mitgliedstaaten der Europäischen Union wahlberechtigt und wählbar. Die Wahlordnung kann bestimmen, dass die Wähler ihr Wahlrecht in Wahlkreisen ausüben, von denen jeder ein geschlossenes Gebiet umfassen muss. Eine Gliederung der Wählerschaft in andere Wahlkörper ist nicht zulässig. Art. 26 Abs. 6 ist sinngemäß anzuwenden. Für den Fall, dass keine Wahlvorschläge eingebracht werden, kann in der Wahlordnung bestimmt werden, dass Personen als gewählt gelten, deren Namen auf den Stimmzetteln am häufigsten genannt werden.

(3) Zu einem Beschluss des Gemeinderates ist die einfache Mehrheit der in beschlussfähiger Anzahl anwesenden Mitglieder desselben erforderlich; es können jedoch für bestimmte Angelegenheiten andere Beschlusserfordernisse vorgesehen werden.

(4) Die Sitzungen des Gemeinderates sind öffentlich, es können jedoch Ausnahmen vorgesehen werden. Wenn der Gemeindevoranschlag oder der Gemeinderechnungsabschluss behandelt wird, darf die Öffentlichkeit nicht ausgeschlossen werden.

(5) Im Gemeinderat vertretene Wahlparteien haben nach Maßgabe ihrer Stärke Anspruch auf Vertretung im Gemeindevorstand.

(6) Der Bürgermeister wird vom Gemeinderat gewählt. In der Landesverfassung kann vorgesehen werden, dass die zur Wahl des Gemeinderates Berechtigten den Bürgermeister wählen. In diesem Fall ist Art. 26 Abs. 6 sinngemäß anzuwenden.

(7) Die Geschäfte der Gemeinden werden durch das Gemeindeamt (Stadtamt), jene der Städte mit eigenem Statut durch den Magistrat besorgt. Zum Leiter des inneren Dienstes des Magistrates ist ein rechtskundiger Bediensteter des Magistrates als Magistratsdirektor zu bestellen.

(8) In Angelegenheiten des eigenen Wirkungsbereiches der Gemeinde kann die Landesgesetzgebung die unmittelbare Teilnahme und Mitwirkung der zum Gemeinderat Wahlberechtigten vorsehen.

Artikel 118. (1) Der Wirkungsbereich der Gemeinde ist ein eigener und ein vom Bund oder vom Land übertragener.

(2) Der eigene Wirkungsbereich umfasst neben den im Art. 116 Abs. 2 angeführten Angelegenheiten alle Angelegenheiten, die im ausschließlichen oder überwiegenden Interesse der in der Gemeinde verkörperten örtlichen Gemeinschaft gelegen und geeignet sind, durch die Gemeinschaft innerhalb ihrer örtlichen Grenzen besorgt zu werden. Die Gesetze haben derartige Angelegenheiten ausdrücklich als solche des eigenen Wirkungsbereiches der Gemeinde zu bezeichnen.

(3) Der Gemeinde sind zur Besorgung im eigenen Wirkungsbereich die behördlichen Aufgaben insbesondere in folgenden Angelegenheiten gewährleistet:

1. Bestellung der Gemeindeorgane unbeschadet der Zuständigkeit überörtlicher Wahlbehörden; Regelung der inneren Einrichtungen zur Besorgung der Gemeindeaufgaben;
2. Bestellung der Gemeindebediensteten und Ausübung der Diensthoheit unbeschadet der Zuständigkeit überörtlicher Disziplinar-, Qualifikations- und Prüfungskommissionen;
3. örtliche Sicherheitspolizei (Art. 15 Abs. 2), örtliche Veranstaltungspolizei;
4. Verwaltung der Verkehrsflächen der Gemeinde, örtliche Straßenpolizei;
5. Flurschutzpolizei;
6. örtliche Marktpolizei;
7. örtliche Gesundheitspolizei, insbesondere auch auf dem Gebiet des Hilfs- und Rettungswesens sowie des Leichen- und Bestattungswesens;
8. Sittlichkeitspolizei;
9. örtliche Baupolizei; örtliche Feuerpolizei; örtliche Raumplanung;
10. außergerichtliche Vermittlung von Streitigkeiten in den Angelegenheiten des Zivilrechtswesens und des Strafrechtswesens;

11. freiwillige Feilbietungen beweglicher Sachen.

(4) Die Gemeinde hat die Angelegenheiten des eigenen Wirkungsbereiches im Rahmen der Gesetze und Verordnungen des Bundes und des Landes in eigener Verantwortung frei von Weisungen und unter Ausschluss eines Rechtsmittels an Verwaltungsorgane außerhalb der Gemeinde zu besorgen. In den Angelegenheiten des eigenen Wirkungsbereiches besteht ein zweistufiger Instanzenzug; dieser kann gesetzlich ausgeschlossen werden. In den Angelegenheiten des eigenen Wirkungsbereiches kommt dem Bund und dem Land ein Aufsichtsrecht über die Gemeinde (Art. 119a) zu.

(5) Der Bürgermeister, die Mitglieder des Gemeindevorstandes (Stadtrates, Stadtsenates) und allenfalls bestellte andere Organe der Gemeinde sind für die Erfüllung ihrer dem eigenen Wirkungsbereich der Gemeinde zugehörigen Aufgaben dem Gemeinderat verantwortlich.

(6) In den Angelegenheiten des eigenen Wirkungsbereiches hat die Gemeinde das Recht, ortspolizeiliche Verordnungen nach freier Selbstbestimmung zur Abwehr unmittelbar zu erwartender oder zur Beseitigung bestehender, das örtliche Gemeinschaftsleben störender Missstände zu erlassen, sowie deren Nichtbefolgung als Verwaltungsübertretung zu erklären. Solche Verordnungen dürfen nicht gegen bestehende Gesetze und Verordnungen des Bundes und des Landes verstoßen.

(7) Auf Antrag einer Gemeinde kann die Besorgung einzelner Angelegenheiten des eigenen Wirkungsbereiches nach Maßgabe des Art. 119a Abs. 3 durch Verordnung der Landesregierung beziehungsweise durch Verordnung des Landeshauptmannes auf eine staatliche Behörde übertragen werden. Soweit durch eine solche Verordnung eine Zuständigkeit auf eine Bundesbehörde übertragen werden soll, bedarf sie der Zustimmung der Bundesregierung. Soweit durch eine solche Verordnung des Landeshauptmannes eine Zuständigkeit auf eine Landesbehörde übertragen werden soll, bedarf sie der Zustimmung der Landesregierung. Eine solche Verordnung ist aufzuheben, sobald der Grund für ihre Erlassung weggefallen ist. Die Übertragung erstreckt sich nicht auf das Verordnungsrecht nach Abs. 6.

(8) Die Errichtung eines Gemeindewachkörpers oder eine Änderung seiner Organisation ist der Bundesregierung anzuzeigen.

Artikel 118a. (1) Durch Bundes- oder Landesgesetz kann bestimmt werden, dass die Angehörigen eines Gemeindewachkörpers mit Zustimmung der Gemeinde zur Besorgung des Exekutivdienstes für die zuständige Behörde ermächtigt werden können.

(2) Mit Zustimmung der Gemeinde kann die Bezirksverwaltungsbehörde Angehörige eines Gemeindewachkörpers ermächtigen, an der Handhabung des Verwaltungsstrafgesetzes im selben Umfang mitzuwirken wie die übrigen Organe des öffentlichen Sicherheitsdienstes. Diese Ermächtigung kann nur erteilt werden, soweit die Organe des öffentlichen Sicherheitsdienstes in der den Gegenstand des Verwaltungsstrafverfahrens bildenden Angelegenheit die Einhaltung der Verwaltungsvorschriften zu überwachen haben oder soweit diese Angelegenheit im Wirkungsbereich der Gemeinde zu besorgen ist.

Artikel 119. (1) Der übertragene Wirkungsbereich umfasst die Angelegenheiten, die die Gemeinde nach Maßgabe der Bundesgesetze im Auftrag und nach den Weisungen des Bundes oder nach Maßgabe der Landesgesetze im Auftrag und nach den Weisungen des Landes zu besorgen hat.

(2) Die Angelegenheiten des übertragenen Wirkungsbereiches werden vom Bürgermeister besorgt. Er ist hiebei in den Angelegenheiten der Bundesvollziehung an die Weisungen der zuständigen Organe des Bundes, in den Angelegenheiten der Landesvollziehung an die Weisungen der zuständigen Organe des Landes gebunden und nach Abs. 4 verantwortlich.

(3) Der Bürgermeister kann einzelne Gruppen von Angelegenheiten des übertragenen Wirkungsbereiches – unbeschadet seiner Verantwortlichkeit – wegen ihres sachlichen Zusammenhanges mit den Angelegenheiten des eigenen Wirkungsbereiches Mitgliedern des Gemeindevorstandes (Stadtrates, Stadtsenates), anderen nach Art. 117 Abs. 1 geschaffenen Organen oder bei Kollegialorganen deren Mitgliedern zur Besorgung in seinem Namen übertragen. In diesen Angelegenheiten sind die betreffenden Organe oder deren Mitglieder an die Weisungen des Bürgermeisters gebunden und nach Abs. 4 verantwortlich.

(4) Wegen Gesetzesverletzung sowie wegen Nichtbefolgung einer Verordnung oder einer Weisung können die in den Abs. 2 und 3 genannten Organe, soweit ihnen Vorsatz oder grobe Fahrlässigkeit zur Last fällt, wenn sie auf dem Gebiet der Bundesvollziehung tätig waren, vom Landeshauptmann, wenn sie auf dem Gebiet der Landesvollziehung tätig waren, von der Landesregierung ihres Amtes verlustig erklärt werden. Die allfällige Mitgliedschaft einer solchen Person zum Gemeinderat wird hiedurch nicht berührt.

Artikel 119a. (1) Der Bund und das Land üben das Aufsichtsrecht über die Gemeinde dahin aus, dass diese bei Besorgung des eigenen Wirkungsbereiches die Gesetze und Verordnungen nicht verletzt, insbesondere ihren Wirkungsbereich nicht überschreitet und die ihr gesetzlich obliegenden Aufgaben erfüllt.

(2) Das Land hat ferner das Recht, die Gebarung der Gemeinde auf ihre Sparsamkeit, Wirtschaftlichkeit und Zweckmäßigkeit zu überprüfen. Das Ergebnis der Überprüfung ist dem Bürgermeister zur Vorlage an den Gemeinderat zu übermitteln.

Der Bürgermeister hat die auf Grund des Überprüfungsergebnisses getroffenen Maßnahmen innerhalb von drei Monaten der Aufsichtsbehörde mitzuteilen.

(3) Das Aufsichtsrecht und dessen gesetzliche Regelung stehen, insoweit als der eigene Wirkungsbereich der Gemeinde Angelegenheiten aus dem Bereich der Bundesvollziehung umfasst, dem Bund, im Übrigen den Ländern zu; das Aufsichtsrecht ist von den Behörden der allgemeinen staatlichen Verwaltung auszuüben.

(4) Die Aufsichtsbehörde ist berechtigt, sich über jedwede Angelegenheit der Gemeinde zu unterrichten. Die Gemeinde ist verpflichtet, die von der Aufsichtsbehörde im einzelnen Fall verlangten Auskünfte zu erteilen und Prüfungen an Ort und Stelle vornehmen zu lassen.

(Anm.: Abs. 5 aufgehoben durch BGBl. I Nr. 51/2012)

(6) Die Gemeinde hat im eigenen Wirkungsbereich erlassene Verordnungen der Aufsichtsbehörde unverzüglich mitzuteilen. Die Aufsichtsbehörde hat gesetzwidrige Verordnungen nach Anhörung der Gemeinde durch Verordnung aufzuheben und die Gründe hiefür der Gemeinde gleichzeitig mitzuteilen.

(7) Sofern die zuständige Gesetzgebung (Abs. 3) als Aufsichtsmittel die Auflösung des Gemeinderates vorsieht, kommt diese Maßnahme in Ausübung des Aufsichtsrechtes des Landes der Landesregierung, in Ausübung des Aufsichtsrechtes des Bundes dem Landeshauptmann zu. Die Zulässigkeit der Ersatzvornahme als Aufsichtsmittel ist auf die Fälle unbedingter Notwendigkeit zu beschränken. Die Aufsichtsmittel sind unter möglichster Schonung erworbener Rechte Dritter zu handhaben.

(8) Einzelne von der Gemeinde im eigenen Wirkungsbereich zu treffende Maßnahmen, durch die auch überörtliche Interessen in besonderem Maß berührt werden, insbesondere solche von besonderer finanzieller Bedeutung, können durch die zuständige Gesetzgebung (Abs. 3) an eine Genehmigung der Aufsichtsbehörde gebunden werden. Als Grund für die Versagung der Genehmigung darf nur ein Tatbestand vorgesehen werden, der die Bevorzugung überörtlicher Interessen eindeutig rechtfertigt.

(9) Die Gemeinde ist Partei des aufsichtsbehördlichen Verfahrens und hat das Recht, Beschwerde beim Verwaltungsgericht (Art. 130 bis 132) zu erheben. Sie ist Partei des Verfahrens vor dem Verwaltungsgericht und hat das Recht, Revision beim Verwaltungsgerichtshof (Art. 133) und Beschwerde beim Verfassungsgerichtshof (Art. 144) zu erheben.

(10) Die Bestimmungen dieses Artikels sind auf die Aufsicht über Gemeindeverbände, soweit diese Angelegenheiten des eigenen Wirkungsbereiches der Gemeinde besorgen, entsprechend anzuwenden.

Artikel 120. Die Zusammenfassung von Ortsgemeinden zu Gebietsgemeinden, deren Einrichtung nach dem Muster der Selbstverwaltung sowie die Festsetzung weiterer Grundsätze für die Organisation der allgemeinen staatlichen Verwaltung in den Ländern ist Sache der Bundesverfassungsgesetzgebung; die Ausführung obliegt der Landesgesetzgebung. Die Regelung der Zuständigkeit in Angelegenheiten des Dienstrechtes und des Personalvertretungsrechtes der Bediensteten der Gebietsgemeinden ist Sache der Bundesverfassungsgesetzgebung.

B. Sonstige Selbstverwaltung

Artikel 120a. (1) Personen können zur selbständigen Wahrnehmung öffentlicher Aufgaben, die in ihrem ausschließlichen oder überwiegenden gemeinsamen Interesse gelegen und geeignet sind, durch sie gemeinsam besorgt zu werden, durch Gesetz zu Selbstverwaltungskörpern zusammengefasst werden.

(2) Die Republik anerkennt die Rolle der Sozialpartner. Sie achtet deren Autonomie und fördert den sozialpartnerschaftlichen Dialog durch die Einrichtung von Selbstverwaltungskörpern.

Artikel 120b. (1) Die Selbstverwaltungskörper haben das Recht, ihre Aufgaben in eigener Verantwortung frei von Weisungen zu besorgen und im Rahmen der Gesetze Satzungen zu erlassen. Dem Bund oder dem Land kommt ihnen gegenüber nach Maßgabe der gesetzlichen Bestimmungen hinsichtlich der Rechtmäßigkeit der Verwaltungsführung ein Aufsichtsrecht zu. Darüber hinaus kann sich das Aufsichtsrecht auch auf die Zweckmäßigkeit der Verwaltungsführung erstrecken, wenn dies auf Grund der Aufgaben des Selbstverwaltungskörpers erforderlich ist.

(2) Den Selbstverwaltungskörpern können Aufgaben staatlicher Verwaltung übertragen werden. Die Gesetze haben derartige Angelegenheiten ausdrücklich als solche des übertragenen Wirkungsbereiches zu bezeichnen und eine Weisungsbindung gegenüber dem zuständigen obersten Verwaltungsorgan vorzusehen.

(3) Durch Gesetz können Formen der Mitwirkung der Selbstverwaltungskörper an der staatlichen Vollziehung vorgesehen werden.

Artikel 120c. (1) Die Organe der Selbstverwaltungskörper sind aus dem Kreis ihrer Mitglieder nach demokratischen Grundsätzen zu bilden.

(2) Eine sparsame und wirtschaftliche Erfüllung der Aufgaben der Selbstverwaltungskörper ist nach Maßgabe der gesetzlichen Bestimmungen durch Beiträge ihrer Mitglieder oder durch sonstige Mittel sicherzustellen.

(3) Die Selbstverwaltungskörper sind selbständige Wirtschaftskörper. Sie können im Rahmen

der Gesetze zur Erfüllung ihrer Aufgaben Vermögen aller Art erwerben, besitzen und darüber verfügen.

Siebentes Hauptstück
Rechnungs- und Gebarungskontrolle

Artikel 121. (1) Zur Überprüfung der Gebarung des Bundes, der Länder, der Gemeindeverbände, der Gemeinden und anderer durch Gesetz bestimmter Rechtsträger ist der Rechnungshof berufen.

(2) Der Rechnungshof verfasst den Bundesrechnungsabschluss und legt ihn dem Nationalrat vor.

(3) Alle Urkunden über Finanzschulden des Bundes sind, soweit sich aus ihnen eine Verpflichtung des Bundes ergibt, vom Präsidenten des Rechnungshofes, in dessen Verhinderung von seinem Stellvertreter, gegenzuzeichnen. Die Gegenzeichnung gewährleistet lediglich die Gesetzmäßigkeit der Schuldaufnahme und die ordnungsmäßige Eintragung in das Hauptbuch der Staatsschuld.

(4) Der Rechnungshof hat bei Unternehmungen und Einrichtungen, die seiner Kontrolle unterliegen und für die eine Berichterstattungspflicht an den Nationalrat besteht, jedes zweite Jahr die durchschnittlichen Einkommen einschließlich aller Sozial- und Sachleistungen sowie zusätzliche Leistungen für Pensionen von Mitgliedern des Vorstandes und des Aufsichtsrates sowie aller Beschäftigten durch Einholung von Auskünften bei diesen Unternehmungen und Einrichtungen zu erheben und darüber dem Nationalrat zu berichten. Die durchschnittlichen Einkommen der genannten Personenkreise sind hiebei für jede Unternehmung und jede Einrichtung gesondert auszuweisen.

Artikel 122. (1) Der Rechnungshof untersteht unmittelbar dem Nationalrat. Er ist in Angelegenheiten der Bundesgebarung und der Gebarung der gesetzlichen beruflichen Vertretungen, soweit sie in die Vollziehung des Bundes fallen, als Organ des Nationalrates, in Angelegenheiten der Länder-, Gemeindeverbände- und Gemeindegebarung sowie der Gebarung der gesetzlichen beruflichen Vertretungen, soweit sie in die Vollziehung der Länder fallen, als Organ des betreffenden Landtages tätig.

(2) Der Rechnungshof ist von der Bundesregierung und den Landesregierungen unabhängig und nur den Bestimmungen des Gesetzes unterworfen.

(3) Der Rechnungshof besteht aus einem Präsidenten und den erforderlichen Beamten und Hilfskräften.

(4) Der Präsident des Rechnungshofes wird auf Vorschlag des Hauptausschusses vom Nationalrat für eine Funktionsperiode von zwölf Jahren gewählt; eine Wiederwahl ist unzulässig. Der Hauptausschuss erstellt seinen Vorschlag bei Anwesenheit von mindestens der Hälfte seiner Mitglieder und mit einer Mehrheit von zwei Dritteln der abgegebenen Stimmen. Ebenso wählt der Nationalrat den Präsidenten des Rechnungshofes bei Anwesenheit von mindestens der Hälfte seiner Mitglieder und mit einer Mehrheit von zwei Dritteln der abgegebenen Stimmen. Der Präsident des Rechnungshofes leistet vor Antritt seines Amtes dem Bundespräsidenten die Angelobung. Der Präsident des Nationalrates hat das Amt möglichst vier Monate vor seiner voraussichtlichen Erledigung beziehungsweise unverzüglich nach Erledigung auszuschreiben.

(5) Der Präsident des Rechnungshofes muss zum Nationalrat wählbar sein, darf weder einem allgemeinen Vertretungskörper noch dem Europäischen Parlament angehören und in den letzten fünf Jahren nicht Mitglied der Bundesregierung oder einer Landesregierung gewesen sein.

Artikel 123. (1) Der Präsident des Rechnungshofes ist hinsichtlich der Verantwortlichkeit den Mitgliedern der Bundesregierung oder den Mitgliedern der in Betracht kommenden Landesregierung gleichgestellt, je nachdem der Rechnungshof als Organ des Nationalrates oder eines Landtages tätig ist.

(2) Er kann durch Beschluss des Nationalrates bei Anwesenheit von mindestens der Hälfte der Mitglieder und mit einer Mehrheit von zwei Dritteln der abgegebenen Stimmen abberufen werden.

Artikel 123a. (1) Der Präsident des Rechnungshofes ist berechtigt, an den Verhandlungen über die Berichte des Rechnungshofes, die Bundesrechnungsabschlüsse, Anträge betreffend die Durchführung besonderer Akte der Gebarungsüberprüfung durch den Rechnungshof und die den Rechnungshof betreffenden Untergliederungen des Entwurfes des Bundesfinanzgesetzes im Nationalrat sowie in seinen Ausschüssen (Unterausschüssen) teilzunehmen.

(2) Der Präsident des Rechnungshofes hat nach den näheren Bestimmungen des Bundesgesetzes über die Geschäftsordnung des Nationalrates das Recht, auf sein Verlangen in den Verhandlungen zu den in Abs. 1 angeführten Gegenständen jedes Mal gehört zu werden.

Artikel 124. (1) Der Präsident des Rechnungshofes wird im Falle seiner Verhinderung vom rangältesten Beamten des Rechnungshofes vertreten. Dies gilt auch, wenn das Amt des Präsidenten erledigt ist. Die Stellvertretung des Präsidenten des Rechnungshofes im Nationalrat wird durch das Bundesgesetz über die Geschäftsordnung des Nationalrates bestimmt.

(2) Im Falle der Stellvertretung des Präsidenten gelten für den Stellvertreter die Bestimmungen des Art. 123 Abs. 1.

Artikel 125. (1) Die Beamten des Rechnungshofes ernennt auf Vorschlag und unter Gegenzeichnung des Präsidenten des Rechnungshofes der Bundespräsident; das Gleiche gilt für die Verleihung der Amtstitel. Doch kann der Bundespräsident den Präsidenten des Rechnungshofes ermächtigen, Beamte bestimmter Kategorien zu ernennen.

(2) Die Hilfskräfte ernennt der Präsident des Rechnungshofes.

(3) Die Diensthoheit des Bundes gegenüber den beim Rechnungshof Bediensteten wird vom Präsidenten des Rechnungshofes ausgeübt.

Artikel 126. Kein Mitglied des Rechnungshofes darf an der Leitung und Verwaltung von Unternehmungen beteiligt sein, die der Kontrolle durch den Rechnungshof unterliegen. Ebensowenig darf ein Mitglied des Rechnungshofes an der Leitung und Verwaltung sonstiger auf Gewinn gerichteter Unternehmungen teilnehmen.

Artikel 126a. Entstehen zwischen dem Rechnungshof und einem Rechtsträger (Art. 121 Abs. 1) Meinungsverschiedenheiten über die Auslegung der gesetzlichen Bestimmungen, die die Zuständigkeit des Rechnungshofes regeln, so entscheidet auf Antrag der Bundesregierung oder einer Landesregierung oder des Rechnungshofes der Verfassungsgerichtshof. Alle Rechtsträger sind verpflichtet, entsprechend der Rechtsanschauung des Verfassungsgerichtshofes eine Überprüfung durch den Rechnungshof zu ermöglichen.

Artikel 126b. (1) Der Rechnungshof hat die gesamte Staatswirtschaft des Bundes, ferner die Gebarung von Stiftungen, Fonds und Anstalten zu überprüfen, die von Organen des Bundes oder von Personen (Personengemeinschaften) verwaltet werden, die hiezu von Organen des Bundes bestellt sind.

(2) Der Rechnungshof überprüft weiters die Gebarung von Unternehmungen, an denen der Bund allein oder gemeinsam mit anderen der Zuständigkeit des Rechnungshofes unterliegenden Rechtsträgern jedenfalls mit mindestens 50 vH des Stamm-, Grund- oder Eigenkapitals beteiligt ist oder die der Bund allein oder gemeinsam mit anderen solchen Rechtsträgern betreibt. Der Rechnungshof überprüft weiters jene Unternehmungen, die der Bund allein oder gemeinsam mit anderen der Zuständigkeit des Rechnungshofes unterliegenden Rechtsträgern durch finanzielle oder sonstige wirtschaftliche oder organisatorische Maßnahmen tatsächlich beherrscht. Die Zuständigkeit des Rechnungshofes erstreckt sich auch auf Unternehmungen jeder weiteren Stufe, bei denen die Voraussetzungen gemäß diesem Absatz vorliegen.

(3) Der Rechnungshof ist befugt, die Gebarung öffentlich-rechtlicher Körperschaften mit Mitteln des Bundes zu überprüfen.

(4) Der Rechnungshof hat auf Beschluss des Nationalrates oder auf Verlangen von Mitgliedern des Nationalrates in seinen Wirkungsbereich fallende besondere Akte der Gebarungsüberprüfung durchzuführen. Die nähere Regelung wird durch das Bundesgesetz über die Geschäftsordnung des Nationalrates getroffen. Desgleichen hat der Rechnungshof auf begründetes Ersuchen der Bundesregierung oder eines Bundesministers solche Akte durchzuführen und das Ergebnis der ersuchenden Stelle mitzuteilen.

(5) Die Überprüfung des Rechnungshofes hat sich auf die ziffernmäßige Richtigkeit, die Übereinstimmung mit den bestehenden Vorschriften, ferner auf die Sparsamkeit, Wirtschaftlichkeit und Zweckmäßigkeit zu erstrecken.

Artikel 126c. Der Rechnungshof ist befugt, die Gebarung der Träger der Sozialversicherung zu überprüfen.

Artikel 126d. (1) Der Rechnungshof erstattet dem Nationalrat über seine Tätigkeit im vorausgegangenen Jahr spätestens bis 31. Dezember jeden Jahres Bericht. Überdies kann der Rechnungshof über einzelne Wahrnehmungen jederzeit unter allfälliger Antragstellung an den Nationalrat berichten. Der Rechnungshof hat jeden Bericht gleichzeitig mit der Vorlage an den Nationalrat dem Bundeskanzler mitzuteilen. Die Berichte des Rechnungshofes sind nach Vorlage an den Nationalrat zu veröffentlichen.

(2) Für die Verhandlung der Berichte des Rechnungshofes wird im Nationalrat ein ständiger Ausschuss eingesetzt. Bei der Einsetzung ist der Grundsatz der Verhältniswahl einzuhalten.

Artikel 127. (1) Der Rechnungshof hat die in den selbständigen Wirkungsbereich der Länder fallende Gebarung sowie die Gebarung von Stiftungen, Fonds und Anstalten zu überprüfen, die von Organen eines Landes oder von Personen (Personengemeinschaften) verwaltet werden, die hiezu von Organen eines Landes bestellt sind. Die Überprüfung hat sich auf die ziffernmäßige Richtigkeit, die Übereinstimmung mit den bestehenden Vorschriften, ferner auf die Sparsamkeit, Wirtschaftlichkeit und Zweckmäßigkeit der Gebarung zu erstrecken; sie umfasst jedoch nicht die für die Gebarung maßgebenden Beschlüsse der verfassungsmäßig zuständigen Vertretungskörper.

(2) Die Landesregierungen haben alljährlich die Voranschläge und Rechnungsabschlüsse dem Rechnungshof zu übermitteln.

(3) Der Rechnungshof überprüft weiter die Gebarung von Unternehmungen, an denen das Land allein oder gemeinsam mit anderen der Zuständigkeit des Rechnungshofes unterliegenden Rechtsträgern mit mindestens 50 vH des Stamm-, Grund- oder Eigenkapitals beteiligt ist oder die das Land allein oder gemeinsam mit anderen solchen Rechtsträgern betreibt. Hinsichtlich der Prüfzuständigkeit bei einer tatsächlichen Beherrschung gilt Art. 126b Abs. 2 sinngemäß. Die Zuständigkeit des Rechnungshofes erstreckt sich auch auf Unternehmungen jeder weiteren Stufe,

bei denen die Voraussetzungen gemäß diesem Absatz vorliegen.

(4) Der Rechnungshof ist befugt, die Gebarung öffentlich-rechtlicher Körperschaften mit Mitteln des Landes zu überprüfen.

(5) Das Ergebnis seiner Überprüfung gibt der Rechnungshof der betreffenden Landesregierung bekannt. Diese hat hiezu Stellung zu nehmen und die auf Grund des Prüfungsergebnisses getroffenen Maßnahmen innerhalb von drei Monaten dem Rechnungshof mitzuteilen.

(6) Der Rechnungshof erstattet dem Landtag über seine Tätigkeit im vorausgegangenen Jahr, die sich auf das betreffende Land bezieht, spätestens bis 31. Dezember jeden Jahres Bericht. Überdies kann der Rechnungshof über einzelne Wahrnehmungen jederzeit an den Landtag berichten. Der Rechnungshof hat jeden Bericht gleichzeitig mit der Vorlage an den Landtag der Landesregierung sowie der Bundesregierung mitzuteilen. Die Berichte des Rechnungshofes sind nach Vorlage an den Landtag zu veröffentlichen.

(7) Der Rechnungshof hat auf Beschluss des Landtages oder auf Verlangen einer durch Landesverfassungsgesetz zu bestimmenden Anzahl von Mitgliedern eines Landtages, die ein Drittel nicht übersteigen darf, in seinen Wirkungsbereich fallende besondere Akte der Gebarungsprüfung durchzuführen. Solange der Rechnungshof auf Grund eines solchen Antrages dem Landtag noch keinen Bericht erstattet hat, darf ein weiterer derartiger Antrag nicht gestellt werden. Desgleichen hat der Rechnungshof auf begründetes Ersuchen der Landesregierung solche Akte durchzuführen und das Ergebnis der ersuchenden Stelle mitzuteilen.

(8) Die Bestimmungen dieses Artikels gelten auch für die Überprüfung der Gebarung der Stadt Wien, wobei an die Stelle des Landtages der Gemeinderat und an die Stelle der Landesregierung der Stadtsenat tritt.

Artikel 127a. (1) Der Kontrolle durch den Rechnungshof unterliegt die Gebarung der Gemeinden mit mindestens 10 000 Einwohnern sowie die Gebarung von Stiftungen, Fonds und Anstalten, die von Organen einer Gemeinde oder von Personen (Personengemeinschaften) verwaltet werden, die hiezu von Organen einer Gemeinde bestellt sind. Die Überprüfung hat sich auf die ziffernmäßige Richtigkeit, die Übereinstimmung mit den bestehenden Vorschriften, ferner auf die Sparsamkeit, Wirtschaftlichkeit und Zweckmäßigkeit der Gebarung zu erstrecken.

(2) Die Bürgermeister haben alljährlich die Voranschläge und Rechnungsabschlüsse dem Rechnungshof und gleichzeitig der Landesregierung zu übermitteln.

(3) Der Rechnungshof überprüft weiter die Gebarung von Unternehmungen, an denen eine Gemeinde mit mindestens 10 000 Einwohnern allein oder gemeinsam mit anderen der Zuständigkeit des Rechnungshofes unterliegenden Rechtsträgern mit mindestens 50 vH des Stamm-, Grund- oder Eigenkapitals beteiligt ist oder die die Gemeinde allein oder gemeinsam mit anderen solchen Rechtsträgern betreibt. Hinsichtlich der Prüfzuständigkeit bei einer tatsächlichen Beherrschung gilt Art. 126b Abs. 2 sinngemäß. Die Zuständigkeit des Rechnungshofes erstreckt sich auch auf Unternehmungen jeder weiteren Stufe, bei denen die Voraussetzungen gemäß diesem Absatz vorliegen.

(4) Der Rechnungshof ist befugt, die Gebarung öffentlich-rechtlicher Körperschaften mit Mitteln einer Gemeinde mit mindestens 10 000 Einwohnern zu überprüfen.

(5) Der Rechnungshof gibt das Ergebnis seiner Überprüfung dem Bürgermeister bekannt. Der Bürgermeister hat hiezu Stellung zu nehmen und die auf Grund des Prüfungsergebnisses getroffenen Maßnahmen innerhalb von drei Monaten dem Rechnungshof mitzuteilen. Der Rechnungshof hat das Ergebnis seiner Gebarungsüberprüfung samt einer allenfalls abgegebenen Äußerung des Bürgermeisters der Landesregierung und der Bundesregierung mitzuteilen.

(6) Der Rechnungshof erstattet dem Gemeinderat über seine Tätigkeit im vorausgegangenen Jahr, soweit sie sich auf die betreffende Gemeinde bezieht, spätestens bis 31. Dezember Bericht. Er hat jeden Bericht gleichzeitig mit der Vorlage an den Gemeinderat auch der Landesregierung sowie der Bundesregierung mitzuteilen. Die Berichte des Rechnungshofes sind nach Vorlage an den Gemeinderat zu veröffentlichen.

(7) Der Rechnungshof hat auf begründetes Ersuchen der Landesregierung die Gebarung bestimmter Gemeinden mit weniger als 10 000 Einwohnern zu überprüfen. Die Abs. 1 und 3 bis 6 sind sinngemäß anzuwenden. In jedem Jahr dürfen nur zwei derartige Ersuchen gestellt werden. Solche Ersuchen sind nur hinsichtlich jener Gemeinden zulässig, die im Vergleich mit anderen Gemeinden über eine auffällige Entwicklung bei Schulden oder Haftungen verfügen.

(8) Der Rechnungshof hat auf Beschluss des Landtages die Gebarung bestimmter Gemeinden mit weniger als 10 000 Einwohnern zu überprüfen. Die Abs. 1 und 3 bis 6 sind mit der Maßgabe sinngemäß anzuwenden, dass der Bericht des Rechnungshofes auch dem Landtag mitzuteilen ist. In jedem Jahr dürfen nur zwei derartige Anträge gestellt werden. Solche Anträge sind nur hinsichtlich jener Gemeinden zulässig, die im Vergleich mit anderen Gemeinden über eine auffällige Entwicklung bei Schulden oder Haftungen verfügen.

(9) Die für die Überprüfung der Gebarung der Gemeinden geltenden Bestimmungen sind bei der Überprüfung der Gebarung der Gemeindeverbände sinngemäß anzuwenden.

Artikel 127b. (1) Der Rechnungshof ist befugt, die Gebarung der gesetzlichen beruflichen Vertretungen zu überprüfen.

(2) Die gesetzlichen beruflichen Vertretungen haben dem Rechnungshof alljährlich den Voranschlag und den Rechnungsabschluss zu übermitteln.

(3) Die Überprüfung des Rechnungshofes hat sich auf die ziffernmäßige Richtigkeit, die Übereinstimmung mit den bestehenden Vorschriften, ferner auf die Sparsamkeit und Wirtschaftlichkeit der Gebarung zu erstrecken; diese Überprüfung umfasst jedoch nicht die für die Gebarung in Wahrnehmung der Aufgaben als Interessenvertretung maßgeblichen Beschlüsse der zuständigen Organe der gesetzlichen beruflichen Vertretungen.

(4) Der Rechnungshof hat das Ergebnis seiner Überprüfung dem Vorsitzenden des satzungsgebenden Organs (Vertretungskörpers) der gesetzlichen beruflichen Vertretung bekanntzugeben. Dieser hat das Ergebnis der Überprüfung samt einer allfälligen Stellungnahme dazu dem satzungsgebenden Organ (Vertretungskörper) der gesetzlichen beruflichen Vertretung vorzulegen. Der Rechnungshof hat das Ergebnis der Überprüfung gleichzeitig auch der zur obersten Aufsicht über die gesetzliche berufliche Vertretung zuständigen Behörde mitzuteilen. Die Berichte des Rechnungshofes sind nach Vorlage an das satzungsgebende Organ (den Vertretungskörper) zu veröffentlichen.

Artikel 127c. Ist in einem Land ein Landesrechnungshof eingerichtet, können durch Landesverfassungsgesetz folgende Regelungen getroffen werden:

1. eine dem Art. 126a erster Satz entsprechende Bestimmung mit der Maßgabe, dass Art. 126a zweiter Satz auch in diesem Fall gilt;
2. dem Art. 127a Abs. 1 bis 6 entsprechende Bestimmungen betreffend Gemeinden mit weniger als 10 000 Einwohnern;
3. dem Art. 127a Abs. 7 und 8 entsprechende Bestimmungen betreffend Gemeinden mit mindestens 10 000 Einwohnern.

(Anm.: Z 4 aufgehoben durch BGBl. I Nr. 51/2012)

Artikel 128. Die näheren Bestimmungen über die Einrichtung und Tätigkeit des Rechnungshofes werden durch Bundesgesetz getroffen.

Achtes Hauptstück
Garantien der Verfassung und Verwaltung
A. Verwaltungsgerichtsbarkeit

Artikel 129. Für jedes Land besteht ein Verwaltungsgericht des Landes. Für den Bund bestehen ein als Bundesverwaltungsgericht zu bezeichnendes Verwaltungsgericht des Bundes und ein als Bundesfinanzgericht zu bezeichnendes Verwaltungsgericht des Bundes für Finanzen.

Artikel 130. (1) Die Verwaltungsgerichte erkennen über Beschwerden

1. gegen den Bescheid einer Verwaltungsbehörde wegen Rechtswidrigkeit;
2. gegen die Ausübung unmittelbarer verwaltungsbehördlicher Befehls- und Zwangsgewalt wegen Rechtswidrigkeit;
3. wegen Verletzung der Entscheidungspflicht durch eine Verwaltungsbehörde.

(Anm.: Z 4 aufgehoben durch Art. 1 Z 13, BGBl. I Nr. 138/2017)

(1a) Das Verwaltungsgericht des Bundes erkennt über die Anwendung von Zwangsmitteln gegenüber Auskunftspersonen eines Untersuchungsausschusses des Nationalrates nach Maßgabe des Bundesgesetzes über die Geschäftsordnung des Nationalrates.

(2) Durch Bundes- oder Landesgesetz können sonstige Zuständigkeiten der Verwaltungsgerichte zur Entscheidung über

1. Beschwerden wegen Rechtswidrigkeit eines Verhaltens einer Verwaltungsbehörde in Vollziehung der Gesetze oder
2. Beschwerden wegen Rechtswidrigkeit eines Verhaltens eines Auftraggebers in den Angelegenheiten des öffentlichen Auftragswesens oder
3. Streitigkeiten in dienstrechtlichen Angelegenheiten der öffentlich Bediensteten oder
4. Beschwerden, Streitigkeiten oder Anträge in sonstigen Angelegenheiten

vorgesehen werden. In den Angelegenheiten der Vollziehung des Bundes, die nicht unmittelbar von Bundesbehörden besorgt werden, sowie in den Angelegenheiten der Art. 11, 12, 14 Abs. 2 und 3 und 14a Abs. 3 und 4 dürfen Bundesgesetze gemäß Z 1 und 4 nur mit Zustimmung der Länder kundgemacht werden.

(2a) Die Verwaltungsgerichte erkennen über Beschwerden von Personen, die durch das jeweilige Verwaltungsgericht in Ausübung seiner gerichtlichen Zuständigkeiten in ihren Rechten gemäß der Verordnung (EU) 2016/679 zum Schutz natürlicher Personen bei der Verarbeitung personenbezogener Daten, zum freien Datenverkehr und zur Aufhebung der Richtlinie 95/46/EG (Datenschutz-Grundverordnung) – DSGVO, ABl. Nr. L 119 vom 4. 5. 2016 S. 1, verletzt zu sein behaupten.

(3) Außer in Verwaltungsstrafsachen und in den zur Zuständigkeit des Verwaltungsgerichtes des Bundes für Finanzen gehörenden Rechtssachen liegt Rechtswidrigkeit nicht vor, soweit das Gesetz der Verwaltungsbehörde Ermessen einräumt und sie dieses im Sinne des Gesetzes geübt hat.

(4) Über Beschwerden gemäß Abs. 1 Z 1 in Verwaltungsstrafsachen hat das Verwaltungsgericht in der Sache selbst zu entscheiden. Über Beschwerden gemäß Abs. 1 Z 1 in sonstigen Rechtssachen hat das Verwaltungsgericht dann in der Sache selbst zu entscheiden, wenn

1. der maßgebliche Sachverhalt feststeht oder
2. die Feststellung des maßgeblichen Sachverhaltes durch das Verwaltungsgericht selbst im Interesse der Raschheit gelegen oder mit einer erheblichen Kostenersparnis verbunden ist.

(5) Von der Zuständigkeit der Verwaltungsgerichte ausgeschlossen sind Rechtssachen, die zur Zuständigkeit der ordentlichen Gerichte oder des Verfassungsgerichtshofes gehören sofern nicht in diesem Gesetz anderes bestimmt ist.

Artikel 131. (1) Soweit sich aus Abs. 2 und 3 nicht anderes ergibt, erkennen über Beschwerden nach Art. 130 Abs. 1 die Verwaltungsgerichte der Länder.

(2) Soweit sich aus Abs. 3 nicht anderes ergibt, erkennt das Verwaltungsgericht des Bundes über Beschwerden gemäß Art. 130 Abs. 1 in Rechtssachen in den Angelegenheiten der Vollziehung des Bundes, die unmittelbar von Bundesbehörden besorgt werden. Sieht ein Gesetz gemäß Art. 130 Abs. 2 Z 2 eine Zuständigkeit der Verwaltungsgerichte vor, erkennt das Verwaltungsgericht des Bundes über Beschwerden in Rechtssachen in den Angelegenheiten des öffentlichen Auftragswesens, die gemäß Art. 14b Abs. 2 Z 1 in Vollziehung Bundessache sind. Sieht ein Gesetz gemäß Art. 130 Abs. 2 Z 3 eine Zuständigkeit der Verwaltungsgerichte vor, erkennt das Verwaltungsgericht des Bundes über Streitigkeiten in dienstrechtlichen Angelegenheiten der öffentlich Bediensteten des Bundes.

(3) Das Verwaltungsgericht des Bundes für Finanzen erkennt über Beschwerden gemäß Art. 130 Abs. 1 Z 1 bis 3 in Rechtssachen in Angelegenheiten der öffentlichen Abgaben (mit Ausnahme der Verwaltungsabgaben des Bundes, der Länder und Gemeinden) und des Finanzstrafrechts sowie in sonstigen gesetzlich festgelegten Angelegenheiten, soweit die genannten Angelegenheiten unmittelbar von den Abgaben- oder Finanzstrafbehörden des Bundes besorgt werden.

(4) Durch Bundesgesetz kann

1. eine Zuständigkeit der Verwaltungsgerichte der Länder vorgesehen werden: in Rechtssachen in den Angelegenheiten gemäß Abs. 2 und 3;
2. eine Zuständigkeit der Verwaltungsgerichte des Bundes vorgesehen werden:

a) in Rechtssachen in den Angelegenheiten der Umweltverträglichkeitsprüfung für Vorhaben, bei denen mit erheblichen Auswirkungen auf die Umwelt zu rechnen ist (Art. 10 Abs. 1 Z 9 und Art. 11 Abs. 1 Z 7);
b) in Rechtssachen in den Angelegenheiten des Art. 14 Abs. 1 und 5;
c) in sonstigen Rechtssachen in den Angelegenheiten der Vollziehung des Bundes, die nicht unmittelbar von Bundesbehörden besorgt werden, sowie in den Angelegenheiten der Art. 11, 12, 14 Abs. 2 und 3 und 14a Abs. 3.

Bundesgesetze gemäß Z 1 und Z 2 lit. c dürfen nur mit Zustimmung der Länder kundgemacht werden.

(5) Durch Landesgesetz kann in Rechtssachen in den Angelegenheiten des selbständigen Wirkungsbereiches der Länder eine Zuständigkeit der Verwaltungsgerichte des Bundes vorgesehen werden. Art. 97 Abs. 2 gilt sinngemäß.

(6) Über Beschwerden in Rechtssachen, in denen ein Gesetz gemäß Art. 130 Abs. 2 Z 1 und 4 eine Zuständigkeit der Verwaltungsgerichte vorsieht, erkennen die in dieser Angelegenheit gemäß den Abs. 1 bis 4 dieses Artikels zuständigen Verwaltungsgerichte. Ist gemäß dem ersten Satz keine Zuständigkeit gegeben, erkennen über solche Beschwerden die Verwaltungsgerichte der Länder.

Artikel 132. (1) Gegen den Bescheid einer Verwaltungsbehörde kann wegen Rechtswidrigkeit Beschwerde erheben:

1. wer durch den Bescheid in seinen Rechten verletzt zu sein behauptet;
2. der zuständige Bundesminister in Rechtssachen in einer Angelegenheit der Art. 11, 12, 14 Abs. 2 und 3 und 14a Abs. 3 und 4.

(2) Gegen die Ausübung unmittelbarer verwaltungsbehördlicher Befehls- und Zwangsgewalt kann wegen Rechtswidrigkeit Beschwerde erheben, wer durch sie in seinen Rechten verletzt zu sein behauptet.

(3) Wegen Verletzung der Entscheidungspflicht kann Beschwerde erheben, wer im Verwaltungsverfahren als Partei zur Geltendmachung der Entscheidungspflicht berechtigt zu sein behauptet.

(4) Wer in anderen als den in Abs. 1 und 2 genannten Fällen und in den Fällen, in denen ein Gesetz gemäß Art. 130 Abs. 2 eine Zuständigkeit der Verwaltungsgerichte vorsieht, wegen Rechtswidrigkeit Beschwerde erheben kann, bestimmen die Bundes- oder Landesgesetze.

(5) In den Angelegenheiten des eigenen Wirkungsbereiches der Gemeinde kann Beschwerde beim Verwaltungsgericht erst nach Erschöpfung des Instanzenzuges erhoben werden.

Artikel 133. (1) Der Verwaltungsgerichtshof erkennt über

1. Revisionen gegen das Erkenntnis eines Verwaltungsgerichtes wegen Rechtswidrigkeit;
2. Anträge auf Fristsetzung wegen Verletzung der Entscheidungspflicht durch ein Verwaltungsgericht;
3. Kompetenzkonflikte zwischen Verwaltungsgerichten oder zwischen einem Verwaltungsgericht und dem Verwaltungsgerichtshof.

(2) Durch Bundes- oder Landesgesetz können sonstige Zuständigkeiten des Verwaltungsgerichtshofes zur Entscheidung über Anträge eines ordentlichen Gerichtes auf Feststellung der Rechtswidrigkeit eines Bescheides oder eines Erkenntnisses eines Verwaltungsgerichtes vorgesehen werden.

(2a) Der Verwaltungsgerichtshof erkennt über die Beschwerde einer Person, die durch den Verwaltungsgerichtshof in Ausübung seiner gerichtlichen Zuständigkeiten in ihren Rechten gemäß der DSGVO verletzt zu sein behauptet.

(3) Rechtswidrigkeit liegt nicht vor, soweit das Verwaltungsgericht Ermessen im Sinne des Gesetzes geübt hat.

(4) Gegen ein Erkenntnis des Verwaltungsgerichtes ist die Revision zulässig, wenn sie von der Lösung einer Rechtsfrage abhängt, der grundsätzliche Bedeutung zukommt, insbesondere weil das Erkenntnis von der Rechtsprechung des Verwaltungsgerichtshofes abweicht, eine solche Rechtsprechung fehlt oder die zu lösende Rechtsfrage in der bisherigen Rechtsprechung des Verwaltungsgerichtshofes nicht einheitlich beantwortet wird. Hat das Erkenntnis nur eine geringe Geldstrafe zum Gegenstand, kann durch Bundesgesetz vorgesehen werden, dass die Revision unzulässig ist.

(5) Von der Zuständigkeit des Verwaltungsgerichtshofes ausgeschlossen sind Rechtssachen, die zur Zuständigkeit des Verfassungsgerichtshofes gehören.

(6) Gegen das Erkenntnis eines Verwaltungsgerichtes kann wegen Rechtswidrigkeit Revision erheben:

1. wer durch das Erkenntnis in seinen Rechten verletzt zu sein behauptet;
2. die belangte Behörde des Verfahrens vor dem Verwaltungsgericht;
3. der zuständige Bundesminister in den im Art. 132 Abs. 1 Z 2 genannten Rechtssachen.

(Anm.: Z 4 aufgehoben durch Art. 1 Z 18, BGBl. I Nr. 138/2017)

(7) Wegen Verletzung der Entscheidungspflicht kann einen Antrag auf Fristsetzung stellen, wer im Verfahren vor dem Verwaltungsgericht als Partei zur Geltendmachung der Entscheidungspflicht berechtigt zu sein behauptet.

(8) Wer in anderen als den in Abs. 6 genannten Fällen wegen Rechtswidrigkeit Revision erheben kann, bestimmen die Bundes- oder Landesgesetze.

(9) Auf die Beschlüsse der Verwaltungsgerichte sind die für ihre Erkenntnisse geltenden Bestimmungen dieses Artikels sinngemäß anzuwenden. Inwieweit gegen Beschlüsse der Verwaltungsgerichte Revision erhoben werden kann, bestimmt das die Organisation und das Verfahren des Verwaltungsgerichtshofes regelnde besondere Bundesgesetz.

Artikel 134. (1) Die Verwaltungsgerichte und der Verwaltungsgerichtshof bestehen aus je einem Präsidenten, einem Vizepräsidenten und der erforderlichen Zahl von sonstigen Mitgliedern.

(2) Den Präsidenten, den Vizepräsidenten und die sonstigen Mitglieder des Verwaltungsgerichtes eines Landes ernennt die Landesregierung; diese hat, soweit es sich nicht um die Stelle des Präsidenten oder des Vizepräsidenten handelt, Dreiervorschläge der Vollversammlung des Verwaltungsgerichtes oder eines aus ihrer Mitte zu wählenden Ausschusses, der aus dem Präsidenten, dem Vizepräsidenten und mindestens fünf sonstigen Mitgliedern des Verwaltungsgerichtes des Landes zu bestehen hat, einzuholen. Die Mitglieder der Verwaltungsgerichte der Länder müssen das Studium der Rechtswissenschaften oder die rechts- und staatswissenschaftlichen Studien abgeschlossen haben und über eine fünfjährige juristische Berufserfahrung verfügen.

(3) Den Präsidenten, den Vizepräsidenten und die sonstigen Mitglieder der Verwaltungsgerichte des Bundes ernennt der Bundespräsident auf Vorschlag der Bundesregierung; diese hat, soweit es sich nicht um die Stelle des Präsidenten oder des Vizepräsidenten handelt, Dreiervorschläge der Vollversammlung des Verwaltungsgerichtes oder eines aus ihrer Mitte zu wählenden Ausschusses, der aus dem Präsidenten, dem Vizepräsidenten und mindestens fünf sonstigen Mitgliedern des Verwaltungsgerichtes des Bundes zu bestehen hat, einzuholen. Die Mitglieder des Verwaltungsgerichtes des Bundes müssen das Studium der Rechtswissenschaften oder die rechts- und staatswissenschaftlichen Studien abgeschlossen haben und über eine fünfjährige juristische Berufserfahrung verfügen, die Mitglieder des Verwaltungsgerichtes des Bundes für Finanzen müssen ein einschlägiges Studium abgeschlossen haben und über eine fünfjährige einschlägige Berufserfahrung verfügen.

(4) Den Präsidenten, den Vizepräsidenten und die sonstigen Mitglieder des Verwaltungsgerichtshofes ernennt der Bundespräsident auf Vorschlag der Bundesregierung; diese erstattet ihre Vorschläge, soweit es sich nicht um die Stelle des Präsidenten oder des Vizepräsidenten handelt, auf Grund von Dreiervorschlägen der Vollversammlung des Verwaltungsgerichtshofes oder eines aus ihrer Mitte zu wählenden Ausschusses, der aus dem Präsidenten, dem Vizepräsidenten und mindestens fünf sonstigen Mitgliedern des Verwaltungsgerichtshofes zu bestehen hat. Die Mitglieder des Verwaltungsgerichtshofes müssen das Studium der Rechtswissenschaften oder die rechts- und staatswissenschaftlichen Studien abgeschlossen haben und über eine zehnjährige juristische Berufserfahrung verfügen. Wenigstens der vierte Teil soll aus Berufsstellungen in den Ländern, womöglich aus dem Verwaltungsdienst der Länder, entnommen werden.

(5) Den Verwaltungsgerichten und dem Verwaltungsgerichtshof können Mitglieder der Bundesregierung, einer Landesregierung, des Nationalrates, des Bundesrates, eines Landtages oder des Europäischen Parlaments nicht angehören, dem Verwaltungsgerichtshof ferner Mitglieder eines sonstigen allgemeinen Vertretungskörpers; für Mitglieder eines allgemeinen Vertretungskörpers oder des Europäischen Parlaments, die auf eine bestimmte Gesetzgebungs- oder Funktionsperiode gewählt wurden, dauert die Unvereinbarkeit auch bei vorzeitigem Verzicht auf das Mandat bis zum Ablauf der Gesetzgebungs- oder Funktionsperiode fort.

(6) Zum Präsidenten oder Vizepräsidenten eines Verwaltungsgerichtes oder des Verwaltungsgerichtshofes kann nicht ernannt werden, wer eine der in Abs. 5 bezeichneten Funktionen in den letzten fünf Jahren ausgeübt hat.

(7) Die Mitglieder der Verwaltungsgerichte und des Verwaltungsgerichtshofes sind Richter. Art. 87 Abs. 1 und 2 und Art. 88 Abs. 1 und 2 sind mit der Maßgabe sinngemäß anzuwenden, dass die Altersgrenze, mit deren Erreichung die Mitglieder der Verwaltungsgerichte der Länder in den dauernden Ruhestand treten oder ihr Dienstverhältnis endet, durch Landesgesetz bestimmt wird.

(8) Die Diensthoheit gegenüber den beim Verwaltungsgerichtshof Bediensteten wird vom Präsidenten ausgeübt.

Artikel 135. (1) Die Verwaltungsgerichte erkennen durch Einzelrichter. Im Gesetz über das Verfahren der Verwaltungsgerichte oder in Bundes- oder Landesgesetzen kann vorgesehen werden, dass die Verwaltungsgerichte durch Senate entscheiden. Die Größe der Senate wird durch das Gesetz über die Organisation des Verwaltungsgerichtes festgelegt. Die Senate sind von der Vollversammlung oder einem aus ihrer Mitte zu wählenden Ausschuss, der aus dem Präsidenten, dem Vizepräsidenten und einer gesetzlich zu bestimmenden Zahl von sonstigen Mitgliedern des Verwaltungsgerichtes zu bestehen hat, aus den Mitgliedern des Verwaltungsgerichtes und, soweit in Bundes- oder Landesgesetzen die Mitwirkung von fachkundigen Laienrichtern an der Rechtsprechung vorgesehen ist, aus einer in diesen zu bestimmenden Anzahl von fachkundigen Laienrichtern zu bilden. Insoweit ein Bundesgesetz vorsieht, dass ein Verwaltungsgericht des Landes in Senaten zu entscheiden hat oder dass fachkundige Laienrichter an der Rechtsprechung mitwirken, muss hiezu die Zustimmung der beteiligten Länder eingeholt werden. Der Verwaltungsgerichtshof erkennt durch Senate, die von der Vollversammlung oder einem aus ihrer Mitte zu wählenden Ausschuss, der aus dem Präsidenten, dem Vizepräsidenten und einer gesetzlich zu bestimmenden Zahl von sonstigen Mitgliedern des Verwaltungsgerichtshofes zu bestehen hat, aus den Mitgliedern des Verwaltungsgerichtshofes zu bilden sind.

(2) Die vom Verwaltungsgericht zu besorgenden Geschäfte sind durch die Vollversammlung oder einen aus ihrer Mitte zu wählenden Ausschuss, der aus dem Präsidenten, dem Vizepräsidenten und einer gesetzlich zu bestimmenden Zahl von sonstigen Mitgliedern des Verwaltungsgerichtes zu bestehen hat, auf die Einzelrichter und die Senate für die gesetzlich bestimmte Zeit im Voraus zu verteilen. Die vom Verwaltungsgerichtshof zu besorgenden Geschäfte sind durch die Vollversammlung oder einen aus ihrer Mitte zu wählenden Ausschuss, der aus dem Präsidenten, dem Vizepräsidenten und einer gesetzlich zu bestimmenden Zahl von sonstigen Mitgliedern des Verwaltungsgerichtshofes zu bestehen hat, auf die Senate für die gesetzlich bestimmte Zeit im Voraus zu verteilen.

(3) Eine nach der Geschäftsverteilung einem Mitglied zufallende Sache darf ihm nur durch das gemäß Abs. 2 zuständige Organ und nur im Fall seiner Verhinderung oder dann abgenommen werden, wenn es wegen des Umfangs seiner Aufgaben an deren Erledigung innerhalb einer angemessenen Frist gehindert ist.

(4) Art. 89 ist auf die Verwaltungsgerichte und den Verwaltungsgerichtshof sinngemäß anzuwenden.

Artikel 135a. (1) Im Gesetz über die Organisation des Verwaltungsgerichtes kann die Besorgung einzelner, genau zu bezeichnender Arten von Geschäften besonders ausgebildeten nichtrichterlichen Bediensteten übertragen werden.

(2) Das nach der Geschäftsverteilung zuständige Mitglied des Verwaltungsgerichtes kann jedoch jederzeit die Erledigung solcher Geschäfte sich vorbehalten oder an sich ziehen.

(3) Bei der Besorgung der im Abs. 1 bezeichneten Geschäfte sind die nichtrichterlichen Bediensteten nur an die Weisungen des nach der Geschäftsverteilung zuständigen Mitgliedes des Verwaltungsgerichtes gebunden. Art. 20 Abs. 1 dritter Satz ist anzuwenden.

Artikel 136. (1) Die Organisation der Verwaltungsgerichte der Länder wird durch Landesgesetz geregelt, die Organisation der Verwaltungsgerichte des Bundes durch Bundesgesetz.

(2) Das Verfahren der Verwaltungsgerichte mit Ausnahme des Verwaltungsgerichtes des Bundes für Finanzen wird durch ein besonderes Bundesgesetz einheitlich geregelt. Der Bund hat den Ländern Gelegenheit zu geben, an der Vorbereitung solcher Gesetzesvorhaben mitzuwirken. Durch Bundes- oder Landesgesetz können Regelungen über das Verfahren der Verwaltungsgerichte getroffen werden, wenn sie zur Regelung des Gegenstandes erforderlich sind oder soweit das im

ersten Satz genannte besondere Bundesgesetz dazu ermächtigt.

(3) Das Verfahren des Verwaltungsgerichtes des Bundes für Finanzen wird durch Bundesgesetz geregelt. Durch Bundesgesetz kann auch das Abgabenverfahren vor den Verwaltungsgerichten der Länder geregelt werden.

(3a) Das Bundesgesetz über die Geschäftsordnung des Nationalrates kann für das Verfahren des Verwaltungsgerichtes des Bundes gemäß Art. 130 Abs. 1a besondere Bestimmungen treffen.

(3b) In den Fällen des Art. 130 Abs. 2 Z 4 können für das Verfahren der Verwaltungsgerichte durch Bundes- oder Landesgesetz besondere Bestimmungen getroffen werden.

(4) Die Organisation und das Verfahren des Verwaltungsgerichtshofes werden durch ein besonderes Bundesgesetz geregelt.

(5) Die Vollversammlungen der Verwaltungsgerichte und des Verwaltungsgerichtshofes beschließen auf Grund der nach den vorstehenden Absätzen erlassenen Gesetze Geschäftsordnungen.

B. Verfassungsgerichtsbarkeit

Artikel 137. Der Verfassungsgerichtshof erkennt über vermögensrechtliche Ansprüche gegen den Bund, die Länder, die Gemeinden und die Gemeindeverbände, die weder im ordentlichen Rechtsweg auszutragen noch durch Bescheid einer Verwaltungsbehörde zu erledigen sind.

Artikel 138. (1) Der Verfassungsgerichtshof erkennt über Kompetenzkonflikte

1. zwischen Gerichten und Verwaltungsbehörden;
2. zwischen ordentlichen Gerichten und Verwaltungsgerichten oder dem Verwaltungsgerichtshof sowie zwischen dem Verfassungsgerichtshof selbst und allen anderen Gerichten;
3. zwischen dem Bund und einem Land oder zwischen den Ländern untereinander.

(2) Der Verfassungsgerichtshof stellt weiters auf Antrag der Bundesregierung oder einer Landesregierung fest, ob ein Akt der Gesetzgebung oder Vollziehung in die Zuständigkeit des Bundes oder der Länder fällt.

Artikel 138a. (1) Auf Antrag der Bundesregierung oder einer beteiligten Landesregierung stellt der Verfassungsgerichtshof fest, ob eine Vereinbarung im Sinne des Art. 15a Abs. 1 vorliegt und ob von einem Land oder dem Bund die aus einer solchen Vereinbarung folgenden Verpflichtungen, soweit es sich nicht um vermögensrechtliche Ansprüche handelt, erfüllt worden sind.

(2) Wenn es in einer Vereinbarung im Sinne des Art. 15a Abs. 2 vorgesehen ist, stellt der Verfassungsgerichtshof ferner auf Antrag einer beteiligten Landesregierung fest, ob eine solche Vereinbarung vorliegt und ob die aus einer solchen Vereinbarung folgenden Verpflichtungen, soweit es sich nicht um vermögensrechtliche Ansprüche handelt, erfüllt worden sind.

Artikel 138b. (1) Der Verfassungsgerichtshof erkennt über

1. die Anfechtung von Beschlüssen des Geschäftsordnungsausschusses des Nationalrates, mit denen ein Verlangen eines Viertels der Mitglieder des Nationalrates, einen Untersuchungsausschuss einzusetzen, für ganz oder teilweise unzulässig erklärt wird, durch ein dieses Verlangen unterstützendes Viertel seiner Mitglieder wegen Rechtswidrigkeit;
2. den hinreichenden Umfang von grundsätzlichen Beweisbeschlüssen des Geschäftsordnungsausschusses des Nationalrates auf Antrag eines Viertels seiner Mitglieder gemäß Z 1;
3. die Rechtmäßigkeit des Beschlusses eines Untersuchungsausschusses des Nationalrates, mit dem das Bestehen eines sachlichen Zusammenhanges eines Verlangens eines Viertels seiner Mitglieder betreffend die Erhebung weiterer Beweise mit dem Untersuchungsgegenstand bestritten wird, auf Antrag des dieses Verlangen unterstützenden Viertels seiner Mitglieder;
4. Meinungsverschiedenheiten zwischen einem Untersuchungsausschuss des Nationalrates, einem Viertel seiner Mitglieder und informationspflichtigen Organen über die Verpflichtung, dem Untersuchungsausschuss Informationen zur Verfügung zu stellen, auf Antrag des Untersuchungsausschusses, eines Viertels seiner Mitglieder oder des informationspflichtigen Organs;
5. die Rechtmäßigkeit des Beschlusses eines Untersuchungsausschusses des Nationalrates, mit dem das Bestehen eines sachlichen Zusammenhanges eines Verlangens eines Viertels seiner Mitglieder betreffend die Ladung einer Auskunftsperson mit dem Untersuchungsgegenstand bestritten wird, auf Antrag des dieses Verlangen unterstützenden Viertels seiner Mitglieder;
6. Meinungsverschiedenheiten zwischen einem Untersuchungsausschuss des Nationalrates und dem Bundesminister für Justiz über das Erfordernis und die Auslegung einer Vereinbarung über die Rücksichtnahme auf die Tätigkeit der Strafverfolgungsbehörden auf Antrag des Untersuchungsausschusses oder des Bundesministers für Justiz;
7. Beschwerden einer Person, die durch ein Verhalten

a) eines Untersuchungsausschusses des Nationalrates,
b) eines Mitgliedes eines solchen Ausschusses in Ausübung seines Berufes als Mitglied des Nationalrates oder

c) gesetzlich zu bestimmender Personen in Ausübung ihrer Funktion im Verfahren vor dem Untersuchungsausschuss

in ihren Persönlichkeitsrechten verletzt zu sein behauptet.

(2) Der Verfassungsgerichtshof erkennt ferner über die Anfechtung von Entscheidungen des Präsidenten des Nationalrates und des Vorsitzenden des Bundesrates betreffend die Klassifizierung von Informationen, die dem Nationalrat beziehungsweise dem Bundesrat zur Verfügung stehen, durch das informationspflichtige Organ wegen Rechtswidrigkeit.

Artikel 139. (1) Der Verfassungsgerichtshof erkennt über Gesetzwidrigkeit von Verordnungen

1. auf Antrag eines Gerichtes;
2. von Amts wegen, wenn er die Verordnung in einer bei ihm anhängigen Rechtssache anzuwenden hätte;
3. auf Antrag einer Person, die unmittelbar durch diese Gesetzwidrigkeit in ihren Rechten verletzt zu sein behauptet, wenn die Verordnung ohne Fällung einer gerichtlichen Entscheidung oder ohne Erlassung eines Bescheides für diese Person wirksam geworden ist;
4. auf Antrag einer Person, die als Partei einer von einem ordentlichen Gericht in erster Instanz entschiedenen Rechtssache wegen Anwendung einer gesetzwidrigen Verordnung in ihren Rechten verletzt zu sein behauptet, aus Anlass eines gegen diese Entscheidung erhobenen Rechtsmittels;
5. einer Bundesbehörde auch auf Antrag einer Landesregierung oder der Volksanwaltschaft;
6. einer Landesbehörde auch auf Antrag der Bundesregierung oder, wenn landesverfassungsgesetzlich die Volksanwaltschaft auch für den Bereich der Verwaltung des betreffenden Landes für zuständig erklärt wurde, der Volksanwaltschaft oder einer Einrichtung gemäß Art. 148i Abs. 2;
7. einer Aufsichtsbehörde nach Art. 119a Abs. 6 auch auf Antrag der Gemeinde, deren Verordnung aufgehoben wurde.

Auf Anträge gemäß Z 3 und 4 ist Art. 89 Abs. 3 sinngemäß anzuwenden.

(1a) Wenn dies zur Sicherung des Zwecks des Verfahrens vor dem ordentlichen Gericht erforderlich ist, kann die Stellung eines Antrages gemäß Abs. 1 Z 4 durch Bundesgesetz für unzulässig erklärt werden. Durch Bundesgesetz ist zu bestimmen, welche Wirkung ein Antrag gemäß Abs. 1 Z 4 hat.

(1b) Der Verfassungsgerichtshof kann die Behandlung eines Antrages gemäß Abs. 1 Z 3 oder 4 bis zur Verhandlung durch Beschluss ablehnen, wenn er keine hinreichende Aussicht auf Erfolg hat.

(2) Wird in einer beim Verfassungsgerichtshof anhängigen Rechtssache, in der der Verfassungsgerichtshof eine Verordnung anzuwenden hat, die Partei klaglos gestellt, so ist ein bereits eingeleitetes Verfahren zur Prüfung der Gesetzmäßigkeit der Verordnung dennoch fortzusetzen.

(3) Der Verfassungsgerichtshof darf eine Verordnung nur insoweit als gesetzwidrig aufheben, als ihre Aufhebung ausdrücklich beantragt wurde oder als er sie in der bei ihm anhängigen Rechtssache anzuwenden hätte. Gelangt der Verfassungsgerichtshof jedoch zur Auffassung, dass die ganze Verordnung

1. der gesetzlichen Grundlage entbehrt,
2. von einer unzuständigen Behörde erlassen wurde oder
3. in gesetzwidriger Weise kundgemacht wurde,

so hat er die ganze Verordnung als gesetzwidrig aufzuheben. Dies gilt nicht, wenn die Aufhebung der ganzen Verordnung offensichtlich den rechtlichen Interessen der Partei zuwiderläuft, die einen Antrag gemäß Abs. 1 Z 3 oder 4 gestellt hat oder deren Rechtssache Anlass für die amtswegige Einleitung des Verordnungsprüfungsverfahrens gegeben hat.

(4) Ist die Verordnung im Zeitpunkt der Fällung des Erkenntnisses des Verfassungsgerichtshofes bereits außer Kraft getreten und wurde das Verfahren von Amts wegen eingeleitet oder der Antrag von einem Gericht oder von einer Person gestellt, die durch die Gesetzwidrigkeit der Verordnung in ihren Rechten verletzt zu sein behauptet, so hat der Verfassungsgerichtshof auszusprechen, ob die Verordnung gesetzwidrig war. Abs. 3 gilt sinngemäß.

(5) Das Erkenntnis des Verfassungsgerichtshofes, mit dem eine Verordnung als gesetzwidrig aufgehoben wird, verpflichtet die zuständige oberste Behörde des Bundes oder des Landes zur unverzüglichen Kundmachung der Aufhebung. Dies gilt sinngemäß für den Fall eines Ausspruches gemäß Abs. 4. Die Aufhebung tritt mit Ablauf des Tages der Kundmachung in Kraft, wenn nicht der Verfassungsgerichtshof für das Außerkrafttreten eine Frist bestimmt, die sechs Monate, wenn aber gesetzliche Vorkehrungen erforderlich sind, 18 Monate nicht überschreiten darf.

(6) Ist eine Verordnung wegen Gesetzwidrigkeit aufgehoben worden oder hat der Verfassungsgerichtshof gemäß Abs. 4 ausgesprochen, dass eine Verordnung gesetzwidrig war, so sind alle Gerichte und Verwaltungsbehörden an den Spruch des Verfassungsgerichtshofes gebunden. Auf die vor der Aufhebung verwirklichten Tatbestände mit Ausnahme des Anlassfalles ist jedoch die Verordnung weiterhin anzuwenden, sofern der Verfassungsgerichtshof nicht in seinem aufhebenden Erkenntnis anderes ausspricht. Hat der Verfassungsgerichtshof in seinem aufhebenden Erkenntnis

eine Frist gemäß Abs. 5 gesetzt, so ist die Verordnung auf alle bis zum Ablauf dieser Frist verwirklichten Tatbestände mit Ausnahme des Anlassfalles anzuwenden.

(7) Für Rechtssachen, die zur Stellung eines Antrages gemäß Abs. 1 Z 4 Anlass gegeben haben, ist durch Bundesgesetz zu bestimmen, dass das Erkenntnis des Verfassungsgerichtshofes, mit dem die Verordnung als gesetzwidrig aufgehoben wird, eine neuerliche Entscheidung dieser Rechtssache ermöglicht. Dies gilt sinngemäß für den Fall eines Ausspruches gemäß Abs. 4.

Artikel 139a. Der Verfassungsgerichtshof erkennt über Gesetzwidrigkeit von Kundmachungen über die Wiederverlautbarung eines Gesetzes (Staatsvertrages). Art. 139 ist sinngemäß anzuwenden.

Artikel 140. (1) Der Verfassungsgerichtshof erkennt über Verfassungswidrigkeit

1. von Gesetzen
   a) auf Antrag eines Gerichtes;
   b) von Amts wegen, wenn er das Gesetz in einer bei ihm anhängigen Rechtssache anzuwenden hätte;
   c) auf Antrag einer Person, die unmittelbar durch diese Verfassungswidrigkeit in ihren Rechten verletzt zu sein behauptet, wenn das Gesetz ohne Fällung einer gerichtlichen Entscheidung oder ohne Erlassung eines Bescheides für diese Person wirksam geworden ist;
   d) auf Antrag einer Person, die als Partei einer von einem ordentlichen Gericht in erster Instanz entschiedenen Rechtssache wegen Anwendung eines verfassungswidrigen Gesetzes in ihren Rechten verletzt zu sein behauptet, aus Anlass eines gegen diese Entscheidung erhobenen Rechtsmittels;
2. von Bundesgesetzen auch auf Antrag einer Landesregierung, eines Drittels der Mitglieder des Nationalrates oder eines Drittels der Mitglieder des Bundesrates;
3. von Landesgesetzen auch auf Antrag der Bundesregierung oder, wenn dies landesverfassungsgesetzlich vorgesehen ist, auf Antrag eines Drittels der Mitglieder des Landtages.

Auf Anträge gemäß Z 1 lit. c und d ist Art. 89 Abs. 3 sinngemäß anzuwenden.

(1a) Wenn dies zur Sicherung des Zwecks des Verfahrens vor dem ordentlichen Gericht erforderlich ist, kann die Stellung eines Antrages gemäß Abs. 1 Z 1 lit. d durch Bundesgesetz für unzulässig erklärt werden. Durch Bundesgesetz ist zu bestimmen, welche Wirkung ein Antrag gemäß Abs. 1 Z 1 lit. d hat.

(1b) Der Verfassungsgerichtshof kann die Behandlung eines Antrages gemäß Abs. 1 Z 1 lit. c oder d bis zur Verhandlung durch Beschluss ablehnen, wenn er keine hinreichende Aussicht auf Erfolg hat.

(2) Wird in einer beim Verfassungsgerichtshof anhängigen Rechtssache, in der der Verfassungsgerichtshof ein Gesetz anzuwenden hat, die Partei klaglos gestellt, so ist ein bereits eingeleitetes Verfahren zur Prüfung der Verfassungsmäßigkeit des Gesetzes dennoch fortzusetzen.

(3) Der Verfassungsgerichtshof darf ein Gesetz nur insoweit als verfassungswidrig aufheben, als seine Aufhebung ausdrücklich beantragt wurde oder als der Verfassungsgerichtshof das Gesetz in der bei ihm anhängigen Rechtssache anzuwenden hätte. Gelangt der Verfassungsgerichtshof jedoch zu der Auffassung, dass das ganze Gesetz von einem nach der Kompetenzverteilung nicht berufenen Gesetzgebungsorgan erlassen oder in verfassungswidriger Weise kundgemacht wurde, so hat er das ganze Gesetz als verfassungswidrig aufzuheben. Dies gilt nicht, wenn die Aufhebung des ganzen Gesetzes offensichtlich den rechtlichen Interessen der Partei zuwiderläuft, die einen Antrag gemäß Abs. 1 Z 1 lit. c oder d gestellt hat oder deren Rechtssache Anlass für die amtswegige Einleitung des Gesetzesprüfungsverfahrens gegeben hat.

(4) Ist das Gesetz im Zeitpunkt der Fällung des Erkenntnisses des Verfassungsgerichtshofes bereits außer Kraft getreten und wurde das Verfahren von Amts wegen eingeleitet oder der Antrag von einem Gericht oder von einer Person gestellt, die durch die Verfassungswidrigkeit des Gesetzes in ihren Rechten verletzt zu sein behauptet, so hat der Verfassungsgerichtshof auszusprechen, ob das Gesetz verfassungswidrig war. Abs. 3 gilt sinngemäß.

(5) Das Erkenntnis des Verfassungsgerichtshofes, mit dem ein Gesetz als verfassungswidrig aufgehoben wird, verpflichtet den Bundeskanzler oder den zuständigen Landeshauptmann zur unverzüglichen Kundmachung der Aufhebung. Dies gilt sinngemäß für den Fall eines Ausspruches gemäß Abs. 4. Die Aufhebung tritt mit Ablauf des Tages der Kundmachung in Kraft, wenn nicht der Verfassungsgerichtshof für das Außerkrafttreten eine Frist bestimmt. Diese Frist darf 18 Monate nicht überschreiten.

(6) Wird durch ein Erkenntnis des Verfassungsgerichtshofes ein Gesetz als verfassungswidrig aufgehoben, so treten mit dem Tag des Inkrafttretens der Aufhebung, falls das Erkenntnis nicht anderes ausspricht, die gesetzlichen Bestimmungen wieder in Kraft, die durch das vom Verfassungsgerichtshof als verfassungswidrig erkannte Gesetz aufgehoben worden waren. In der Kundmachung über die Aufhebung des Gesetzes ist auch zu verlautbaren, ob und welche gesetzlichen Bestimmungen wieder in Kraft treten.

(7) Ist ein Gesetz wegen Verfassungswidrigkeit aufgehoben worden oder hat der Verfassungsgerichtshof gemäß Abs. 4 ausgesprochen, dass ein Gesetz verfassungswidrig war, so sind alle Gerichte und Verwaltungsbehörden an den Spruch des

Verfassungsgerichtshofes gebunden. Auf die vor der Aufhebung verwirklichten Tatbestände mit Ausnahme des Anlassfalles ist jedoch das Gesetz weiterhin anzuwenden, sofern der Verfassungsgerichtshof nicht in seinem aufhebenden Erkenntnis anderes ausspricht. Hat der Verfassungsgerichtshof in seinem aufhebenden Erkenntnis eine Frist gemäß Abs. 5 gesetzt, so ist das Gesetz auf alle bis zum Ablauf dieser Frist verwirklichten Tatbestände mit Ausnahme des Anlassfalles anzuwenden.

(8) Für Rechtssachen, die zur Stellung eines Antrages gemäß Abs. 1 Z 1 lit. d Anlass gegeben haben, ist durch Bundesgesetz zu bestimmen, dass das Erkenntnis des Verfassungsgerichtshofes, mit dem das Gesetz als verfassungswidrig aufgehoben wird, eine neuerliche Entscheidung dieser Rechtssache ermöglicht. Dies gilt sinngemäß für den Fall eines Ausspruches gemäß Abs. 4.

Artikel 140a. Der Verfassungsgerichtshof erkennt über Rechtswidrigkeit von Staatsverträgen. Auf die politischen, gesetzändernden und gesetzesergänzenden Staatsverträge und auf die Staatsverträge, durch die die vertraglichen Grundlagen der Europäischen Union geändert werden, ist Art. 140, auf alle anderen Staatsverträge Art. 139 sinngemäß mit folgenden Maßgaben anzuwenden:

1. Ein Staatsvertrag, dessen Verfassungs- oder Gesetzwidrigkeit der Verfassungsgerichtshof feststellt, ist mit Ablauf des Tages der Kundmachung des Erkenntnisses von den zu seiner Vollziehung berufenen Organen nicht mehr anzuwenden, wenn nicht der Verfassungsgerichtshof eine Frist bestimmt, innerhalb der der Staatsvertrag weiterhin anzuwenden ist; diese Frist darf bei den politischen, gesetzändernden und gesetzesergänzenden Staatsverträgen und bei den Staatsverträgen, durch die die vertraglichen Grundlagen der Europäischen Union geändert werden, zwei Jahre, bei allen anderen Staatsverträgen ein Jahr nicht überschreiten.
2. Ferner treten mit Ablauf des Tages der Kundmachung des Erkenntnisses eine Anordnung, dass der Staatsvertrag durch die Erlassung von Verordnungen zu erfüllen ist, oder ein Beschluss, dass der Staatsvertrag durch die Erlassung von Gesetzen zu erfüllen ist, außer Kraft.

Artikel 141. (1) Der Verfassungsgerichtshof erkennt

a) über die Anfechtung der Wahl des Bundespräsidenten, von Wahlen zu den allgemeinen Vertretungskörpern, zum Europäischen Parlament und zu den satzungsgebenden Organen (Vertretungskörpern) der gesetzlichen beruflichen Vertretungen;
b) über Anfechtungen von Wahlen in die Landesregierung und in die mit der Vollziehung betrauten Organe einer Gemeinde;
c) auf Antrag eines allgemeinen Vertretungskörpers auf Mandatsverlust eines seiner Mitglieder oder – sofern in den das Verfahren des jeweiligen Vertretungskörpers regelnden Rechtsvorschriften vorgesehen – auf Antrag des Vorsitzenden oder eines Drittels der Mitglieder des Vertretungskörpers; auf Antrag von mindestens der Hälfte der in Österreich gewählten Mitglieder des Europäischen Parlaments auf Mandatsverlust eines dieser Mitglieder des Europäischen Parlaments;
d) auf Antrag der Bundesversammlung auf Amtsverlust des Bundespräsidenten;
e) auf Antrag des Nationalrates auf Amtsverlust eines Mitgliedes der Bundesregierung, eines Staatssekretärs, des Präsidenten des Rechnungshofes oder eines Mitgliedes der Volksanwaltschaft;
f) auf Antrag eines Landtages auf Amtsverlust eines Mitgliedes der Landesregierung;
g) auf Antrag eines Gemeinderates auf Mandatsverlust eines Mitgliedes des mit der Vollziehung betrauten Organs der Gemeinde hinsichtlich dieser Funktion und auf Antrag eines satzungsgebenden Organs (Vertretungskörpers) einer gesetzlichen beruflichen Vertretung auf Mandatsverlust eines seiner Mitglieder;
h) über die Anfechtung des Ergebnisses von Volksbegehren, Volksabstimmungen, Volksbefragungen und Europäischen Bürgerinitiativen;
i) über die Aufnahme von Personen in Wählerevidenzen und die Streichung von Personen aus Wählerevidenzen;
j) über die Anfechtung von selbstständig anfechtbaren Bescheiden und Entscheidungen der Verwaltungsbehörden sowie – sofern bundes- oder landesgesetzlich vorgesehen – der Verwaltungsgerichte in den Fällen der lit. a bis c und g bis i.

Die Anfechtung gemäß lit. a, b, h, i und j kann auf die behauptete Rechtswidrigkeit des Verfahrens gegründet werden, der Antrag gemäß lit. c und g auf einen gesetzlich vorgesehenen Grund für den Verlust der Mitgliedschaft in einem allgemeinen Vertretungskörper, im Europäischen Parlament, in einem mit der Vollziehung betrauten Organ einer Gemeinde oder in einem satzungsgebenden Organ (Vertretungskörper) einer gesetzlichen beruflichen Vertretung, der Antrag gemäß lit. d, e und f auf einen gesetzlich vorgesehenen Grund für den Amtsverlust. Der Verfassungsgerichtshof hat einer Anfechtung stattzugeben, wenn die behauptete Rechtswidrigkeit des Verfahrens erwiesen wurde und auf das Verfahrensergebnis von Einfluss war. In einem Verfahren vor der Verwaltungsbehörde haben auch der allgemeine Vertretungskörper und das satzungsgebende Organ (Vertretungskörper) der gesetzlichen beruflichen Vertretung Parteistellung.

(2) Wird einer Anfechtung gemäß Abs. 1 lit. a stattgegeben und dadurch die teilweise oder gänzliche Wiederholung der Wahl zu einem allgemeinen Vertretungskörper, zum Europäischen Parlament oder zu einem satzungsgebenden Organ der gesetzlichen beruflichen Vertretungen erforderlich, so verlieren die betroffenen Mitglieder dieses Vertretungskörpers ihr Mandat im Zeitpunkt der Übernahme desselben durch jene Mitglieder, die bei der innerhalb von 100 Tagen nach der Zustellung des Erkenntnisses des Verfassungsgerichtshofes durchzuführenden Wiederholungswahl gewählt wurden.

(Anm.: Abs. 3 aufgehoben durch BGBl. I Nr. 51/2012)

Artikel 142. (1) Der Verfassungsgerichtshof erkennt über die Anklage, mit der die verfassungsmäßige Verantwortlichkeit der obersten Bundes- und Landesorgane für die durch ihre Amtstätigkeit erfolgten schuldhaften Rechtsverletzungen geltend gemacht wird.

(2) Die Anklage kann erhoben werden:

a) gegen den Bundespräsidenten wegen Verletzung der Bundesverfassung: durch Beschluss der Bundesversammlung;
b) gegen die Mitglieder der Bundesregierung, die ihnen hinsichtlich der Verantwortlichkeit gleichgestellten Organe und die Staatssekretäre wegen Gesetzesverletzung: durch Beschluss des Nationalrates;
c) gegen einen österreichischen Vertreter im Rat wegen Gesetzesverletzung in Angelegenheiten, in denen die Gesetzgebung Bundessache wäre: durch Beschluss des Nationalrates, wegen Gesetzesverletzung in Angelegenheiten, in denen die Gesetzgebung Landessache wäre: durch gleichlautende Beschlüsse aller Landtage;
d) gegen die Mitglieder einer Landesregierung und die ihnen hinsichtlich der Verantwortlichkeit durch dieses Gesetz oder durch die Landesverfassung gleichgestellten Organe wegen Gesetzesverletzung: durch Beschluss des zuständigen Landtages;
e) gegen einen Landeshauptmann, dessen Stellvertreter (Art. 105 Abs. 1) oder ein Mitglied der Landesregierung (Art. 103 Abs. 2 und 3) wegen Gesetzesverletzung sowie wegen Nichtbefolgung der Verordnungen oder sonstigen Anordnungen (Weisungen) des Bundes in Angelegenheiten der mittelbaren Bundesverwaltung, wenn es sich um ein Mitglied der Landesregierung handelt, auch der Weisungen des Landeshauptmannes in diesen Angelegenheiten: durch Beschluss der Bundesregierung;
f) gegen Organe der Bundeshauptstadt Wien, soweit sie Aufgaben aus dem Bereich der Bundesvollziehung im eigenen Wirkungsbereich besorgen, wegen Gesetzesverletzung: durch Beschluss der Bundesregierung;
g) gegen einen Landeshauptmann wegen Nichtbefolgung einer Weisung gemäß Art. 14 Abs. 8: durch Beschluss der Bundesregierung;
h) gegen einen Präsidenten der Bildungsdirektion oder das mit der Ausübung dieser Funktion betraute Mitglied der Landesregierung wegen Gesetzesverletzung sowie wegen Nichtbefolgung der Verordnungen oder sonstigen Anordnungen (Weisungen) des Bundes: durch Beschluss der Bundesregierung; wegen Nichtbefolgung sonstiger Anordnungen (Weisungen) des Landes: durch Beschluss des zuständigen Landtages;
i) gegen die Mitglieder einer Landesregierung wegen Gesetzesverletzung sowie wegen Behinderung der Befugnisse gemäß Art. 11 Abs. 7, soweit sie Angelegenheiten des Art. 11 Abs. 1 Z 8 betreffen: durch Beschluss des Nationalrates oder der Bundesregierung.

(3) Wird von der Bundesregierung gemäß Abs. 2 lit. e die Anklage nur gegen einen Landeshauptmann oder dessen Stellvertreter erhoben, und erweist es sich, dass einem nach Art. 103 Abs. 2 mit Angelegenheiten der mittelbaren Bundesverwaltung befassten anderen Mitglied der Landesregierung ein Verschulden im Sinne des Abs. 2 lit. e zur Last fällt, so kann die Bundesregierung jederzeit bis zur Fällung des Erkenntnisses ihre Anklage auch auf dieses Mitglied der Landesregierung ausdehnen.

(4) Das verurteilende Erkenntnis des Verfassungsgerichtshofes hat auf Verlust des Amtes, unter besonders erschwerenden Umständen auch auf zeitlichen Verlust der politischen Rechte, zu lauten; bei geringfügigen Rechtsverletzungen in den in Abs. 2 unter c, e, g und h erwähnten Fällen kann sich der Verfassungsgerichtshof auf die Feststellung beschränken, dass eine Rechtsverletzung vorliegt. Der Verlust des Amtes des Präsidenten der Bildungsdirektion hat auch den Verlust jenes Amtes zur Folge, mit dem das Amt des Präsidenten gemäß Art. 113 Abs. 8 verbunden ist.

(5) Der Bundespräsident kann von dem ihm nach Art. 65 Abs. 2 lit. c zustehenden Recht nur auf Antrag des Vertretungskörpers oder der Vertretungskörper, von dem oder von denen die Anklage beschlossen worden ist, wenn aber die Bundesregierung die Anklage beschlossen hat, nur auf deren Antrag Gebrauch machen, und zwar in allen Fällen nur mit Zustimmung des Angeklagten.

Artikel 143. Die Anklage gegen die in Art. 142 Genannten kann auch wegen strafgerichtlich zu verfolgender Handlungen erhoben werden, die mit der Amtstätigkeit des Anzuklagenden in Verbindung stehen. In diesem Falle wird der Verfassungsgerichtshof allein zuständig; die bei den ordentlichen Strafgerichten etwa bereits anhängige Untersuchung geht auf ihn über. Der Verfassungsgerichtshof kann in solchen Fällen neben dem Art. 142 Abs. 4 auch die strafgesetzlichen Bestimmungen anwenden.

Artikel 144. (1) Der Verfassungsgerichtshof erkennt über Beschwerden gegen das Erkenntnis eines Verwaltungsgerichtes, soweit der Beschwerdeführer durch das Erkenntnis in einem verfassungsgesetzlich gewährleisteten Recht oder wegen Anwendung einer gesetzwidrigen Verordnung, einer gesetzwidrigen Kundmachung über die Wiederverlautbarung eines Gesetzes (Staatsvertrages), eines verfassungswidrigen Gesetzes oder eines rechtswidrigen Staatsvertrages in seinen Rechten verletzt zu sein behauptet.

(2) Der Verfassungsgerichtshof kann die Behandlung einer Beschwerde bis zur Verhandlung durch Beschluss ablehnen, wenn sie keine hinreichende Aussicht auf Erfolg hat oder von der Entscheidung die Klärung einer verfassungsrechtlichen Frage nicht zu erwarten ist.

(3) Findet der Verfassungsgerichtshof, dass durch das angefochtene Erkenntnis des Verwaltungsgerichtes ein Recht im Sinne des Abs. 1 nicht verletzt wurde, hat er auf Antrag des Beschwerdeführers die Beschwerde zur Entscheidung darüber, ob der Beschwerdeführer durch das Erkenntnis in einem sonstigen Recht verletzt wurde, dem Verwaltungsgerichtshof abzutreten. Auf Beschlüsse gemäß Abs. 2 ist der erste Satz sinngemäß anzuwenden.

(4) Auf die Beschlüsse der Verwaltungsgerichte sind die für ihre Erkenntnisse geltenden Bestimmungen dieses Artikels sinngemäß anzuwenden. Inwieweit gegen Beschlüsse der Verwaltungsgerichte Beschwerde erhoben werden kann, bestimmt das das die Organisation und das Verfahren des Verfassungsgerichtshofes regelnde besondere Bundesgesetz.

(5) Soweit das Erkenntnis oder der Beschluss des Verwaltungsgerichtes die Zulässigkeit der Revision zum Inhalt hat, ist eine Beschwerde gemäß Abs. 1 unzulässig.

Artikel 145. Der Verfassungsgerichtshof erkennt über Verletzungen des Völkerrechtes nach den Bestimmungen eines besonderen Bundesgesetzes.

Artikel 146. (1) Die Exekution der Erkenntnisse des Verfassungsgerichtshofes nach Art. 126a, Art. 127c Z 1 und Art. 137 wird von den ordentlichen Gerichten durchgeführt.

(2) Die Exekution der übrigen Erkenntnisse des Verfassungsgerichtshofes liegt dem Bundespräsidenten ob. Sie ist nach dessen Weisungen durch die nach seinem Ermessen hiezu beauftragten Organe des Bundes oder der Länder einschließlich des Bundesheeres durchzuführen. Der Antrag auf Exekution solcher Erkenntnisse ist vom Verfassungsgerichtshof beim Bundespräsidenten zu stellen. Die erwähnten Weisungen des Bundespräsidenten bedürfen, wenn es sich um Exekutionen gegen den Bund oder gegen Bundesorgane handelt, keiner Gegenzeichnung nach Art. 67.

Artikel 147. (1) Der Verfassungsgerichtshof besteht aus einem Präsidenten, einem Vizepräsidenten, zwölf weiteren Mitgliedern und sechs Ersatzmitgliedern.

(2) Den Präsidenten, den Vizepräsidenten, sechs weitere Mitglieder und drei Ersatzmitglieder ernennt der Bundespräsident auf Vorschlag der Bundesregierung; diese Mitglieder und Ersatzmitglieder sind aus dem Kreis der Richter, Verwaltungsbeamten und Professoren eines rechtswissenschaftlichen Faches an einer Universität zu entnehmen. Die übrigen sechs Mitglieder und drei Ersatzmitglieder ernennt der Bundespräsident auf Grund von Vorschlägen, die für drei Mitglieder und zwei Ersatzmitglieder der Nationalrat und für drei Mitglieder und ein Ersatzmitglied der Bundesrat erstatten. Drei Mitglieder und zwei Ersatzmitglieder müssen ihren ständigen Wohnsitz außerhalb der Bundeshauptstadt Wien haben. Verwaltungsbeamte des Dienststandes, die zu Mitgliedern oder Ersatzmitgliedern ernannt werden, sind unter Entfall ihrer Bezüge außer Dienst zu stellen. Dies gilt nicht für zum Ersatzmitglied ernannte Verwaltungsbeamte, die von allen weisungsgebundenen Tätigkeiten befreit worden sind, für die Dauer dieser Befreiung.

(3) Die Mitglieder und die Ersatzmitglieder des Verfassungsgerichtshofes müssen das Studium der Rechtswissenschaften oder die rechts- und staatswissenschaftlichen Studien abgeschlossen haben und über eine zehnjährige juristische Berufserfahrung verfügen.

(4) Dem Verfassungsgerichtshof können Mitglieder der Bundesregierung, einer Landesregierung, eines allgemeinen Vertretungskörpers oder des Europäischen Parlaments nicht angehören; für Mitglieder eines allgemeinen Vertretungskörpers oder des Europäischen Parlaments, die auf eine bestimmte Gesetzgebungs- oder Funktionsperiode gewählt wurden, dauert die Unvereinbarkeit auch bei vorzeitigem Verzicht auf das Mandat bis zum Ablauf der Gesetzgebungs- oder Funktionsperiode fort. Endlich können dem Verfassungsgerichtshof Personen nicht angehören, die Angestellte oder sonstige Funktionäre einer politischen Partei sind.

(5) Zum Präsidenten oder Vizepräsidenten des Verfassungsgerichtshofes kann nicht ernannt werden, wer eine der im Abs. 4 bezeichneten Funktionen in den letzten fünf Jahren ausgeübt hat.

(6) Auf die Mitglieder und die Ersatzmitglieder des Verfassungsgerichtshofes finden Art. 87 Abs. 1 und 2 und Art. 88 Abs. 2 Anwendung; die näheren Bestimmungen werden in dem gemäß Art. 148 ergehenden Bundesgesetz geregelt. Als Altersgrenze, nach deren Erreichung ihr Amt endet, wird der 31. Dezember des Jahres bestimmt, in dem das Mitglied oder das Ersatzmitglied das siebzigste Lebensjahr vollendet hat.

(7) Wenn ein Mitglied oder Ersatzmitglied drei aufeinanderfolgenden Einladungen zu einer Verhandlung des Verfassungsgerichtshofes ohne genügende Entschuldigung keine Folge geleistet hat, so hat dies nach seiner Anhörung der Verfassungsgerichtshof festzustellen. Diese Feststellung hat den Verlust der Mitgliedschaft oder der Eigenschaft als Ersatzmitglied zur Folge.

(8) Die Diensthoheit gegenüber den beim Verfassungsgerichtshof Bediensteten wird vom Präsidenten ausgeübt.

Artikel 148. Die näheren Bestimmungen über die Organisation und das Verfahren des Verfassungsgerichtshofes werden durch ein besonderes Bundesgesetz und auf Grund dieses durch eine vom Verfassungsgerichtshof zu beschließende Geschäftsordnung geregelt.

Neuntes Hauptstück
Volksanwaltschaft

Artikel 148a. (1) Jedermann kann sich bei der Volksanwaltschaft wegen behaupteter Missstände in der Verwaltung des Bundes einschließlich dessen Tätigkeit als Träger von Privatrechten, insbesondere wegen einer behaupteten Verletzung in Menschenrechten, beschweren, sofern er von diesen Missständen betroffen ist und soweit ihm ein Rechtsmittel nicht oder nicht mehr zur Verfügung steht. Jede solche Beschwerde ist von der Volksanwaltschaft zu prüfen. Dem Beschwerdeführer sind das Ergebnis der Prüfung sowie die allenfalls getroffenen Veranlassungen mitzuteilen.

(2) Die Volksanwaltschaft ist berechtigt, von ihr vermutete Missstände in der Verwaltung des Bundes einschließlich dessen Tätigkeit als Träger von Privatrechten, insbesondere von ihr vermutete Verletzungen in Menschenrechten, von Amts wegen zu prüfen.

(3) Zum Schutz und zur Förderung der Menschenrechte obliegt es der Volksanwaltschaft und den von ihr eingesetzten Kommissionen (Art. 148h Abs. 3), im Bereich der Verwaltung des Bundes einschließlich dessen Tätigkeit als Träger von Privatrechten

1. den Ort einer Freiheitsentziehung zu besuchen und zu überprüfen,
2. das Verhalten der zur Ausübung unmittelbarer verwaltungsbehördlicher Befehls- und Zwangsgewalt ermächtigten Organe zu beobachten und begleitend zu überprüfen sowie
3. für Menschen mit Behinderungen bestimmte Einrichtungen und Programme zu überprüfen beziehungsweise zu besuchen.

(4) Unbeschadet des Abs. 1 kann sich jedermann wegen behaupteter Säumnis eines Gerichtes mit der Vornahme einer Verfahrenshandlung bei der Volksanwaltschaft beschweren, sofern er davon betroffen ist. Abs. 2 gilt sinngemäß.

(5) Der Volksanwaltschaft obliegt ferner die Mitwirkung an der Erledigung der an den Nationalrat gerichteten Petitionen und Bürgerinitiativen. Näheres bestimmt das Bundesgesetz über die Geschäftsordnung des Nationalrates.

(6) Die Volksanwaltschaft ist in Ausübung ihres Amtes unabhängig.

Artikel 148b. (1) Alle Organe des Bundes, der Länder, der Gemeinden und der Gemeindeverbände sowie der sonstigen Selbstverwaltungskörper haben die Volksanwaltschaft bei der Besorgung ihrer Aufgaben zu unterstützen, ihr Akteneinsicht zu gewähren und auf Verlangen die erforderlichen Auskünfte zu erteilen. Amtsverschwiegenheit besteht nicht gegenüber der Volksanwaltschaft.

(2) Die Volksanwaltschaft unterliegt der Amtsverschwiegenheit im gleichen Umfang wie das Organ, an das die Volksanwaltschaft in Erfüllung ihrer Aufgaben herangetreten ist. Bei der Erstattung der Berichte an den Nationalrat ist die Volksanwaltschaft zur Wahrung der Amtsverschwiegenheit aber nur insoweit verpflichtet, als dies im Interesse der Parteien oder der nationalen Sicherheit geboten ist.

(3) Die Abs. 1 und 2 gelten sinngemäß auch für die Mitglieder der Kommissionen und die Mitglieder und Ersatzmitglieder des Menschenrechtsbeirats.

Artikel 148c. Die Volksanwaltschaft kann den mit den obersten Verwaltungsgeschäften des Bundes betrauten Organen Empfehlungen für die in einem bestimmten Fall oder aus Anlass eines bestimmten Falles zu treffenden Maßnahmen erteilen. In Angelegenheiten der Selbstverwaltung oder der Verwaltung durch weisungsfreie Behörden kann die Volksanwaltschaft dem zuständigen Organ der Selbstverwaltung oder der weisungsfreien Behörde Empfehlungen erteilen; derartige Empfehlungen sind auch dem obersten Verwaltungsorgan des Bundes zur Kenntnis zu bringen. Das betreffende Organ hat binnen einer bundesgesetzlich zu bestimmenden Frist entweder diesen Empfehlungen zu entsprechen und dies der Volksanwaltschaft mitzuteilen oder schriftlich zu begründen, warum der Empfehlung nicht entsprochen wurde. Die Volksanwaltschaft kann in einem bestimmten Fall oder aus Anlass eines bestimmten Falles einen auf die Beseitigung der Säumnis eines Gerichtes (Art. 148a Abs. 4) gerichteten Fristsetzungsantrag stellen sowie Maßnahmen der Dienstaufsicht anregen.

Artikel 148d. (1) Die Volksanwaltschaft hat dem Nationalrat und dem Bundesrat jährlich über ihre Tätigkeit zu berichten. Überdies kann die Volksanwaltschaft über einzelne Wahrnehmungen jederzeit an den Nationalrat und den Bundesrat berichten. Die Berichte der Volksanwaltschaft sind nach Vorlage an den Nationalrat und den Bundesrat zu veröffentlichen.

(2) Die Mitglieder der Volksanwaltschaft haben das Recht, an den Verhandlungen über die Berichte der Volksanwaltschaft im Nationalrat und im Bundesrat sowie in deren Ausschüssen (Unterausschüssen) teilzunehmen und auf ihr Verlangen jedes Mal gehört zu werden. Dieses Recht steht den Mitgliedern der Volksanwaltschaft auch hinsichtlich der Verhandlungen über die die Volksanwaltschaft betreffenden Untergliederungen des Entwurfes des Bundesfinanzgesetzes im Nationalrat und in seinen Ausschüssen (Unterausschüssen) zu. Näheres bestimmen das Bundesgesetz über die Geschäftsordnung des Nationalrates und die Geschäftsordnung des Bundesrates.

Artikel 148f. Entstehen zwischen der Volksanwaltschaft und der Bundesregierung oder einem Bundesminister Meinungsverschiedenheiten über die Auslegung der gesetzlichen Bestimmungen, die die Zuständigkeit der Volksanwaltschaft regeln, so entscheidet auf Antrag der Bundesregierung oder der Volksanwaltschaft der Verfassungsgerichtshof.

Artikel 148g. (1) Die Volksanwaltschaft hat ihren Sitz in Wien. Sie besteht aus drei Mitgliedern, von denen jeweils eines den Vorsitz ausübt. Die Funktionsperiode beträgt sechs Jahre. Eine mehr als einmalige Wiederwahl der Mitglieder der Volksanwaltschaft ist unzulässig.

(2) Die Mitglieder der Volksanwaltschaft werden vom Nationalrat auf Grund eines Gesamtvorschlages des Hauptausschusses gewählt. Der Hauptausschuss erstellt seinen Gesamtvorschlag bei Anwesenheit von mindestens der Hälfte seiner Mitglieder, wobei die drei mandatsstärksten Parteien des Nationalrates das Recht haben, je ein Mitglied für diesen Gesamtvorschlag namhaft zu machen. Bei Mandatsgleichheit gibt die Zahl der bei der letzten Nationalratswahl abgegebenen Stimmen den Ausschlag. Die Mitglieder der Volksanwaltschaft leisten vor Antritt ihres Amtes dem Bundespräsidenten die Angelobung.

(3) Der Vorsitz in der Volksanwaltschaft wechselt jährlich zwischen den Mitgliedern in der Reihenfolge der Mandatsstärke, bei Mandatsgleichheit der Stimmenstärke, der die Mitglieder namhaft machenden Parteien. Diese Reihenfolge wird während der Funktionsperiode der Volksanwaltschaft unverändert beibehalten.

(4) Im Falle des vorzeitigen Ausscheidens eines Mitgliedes der Volksanwaltschaft hat jene im Nationalrat vertretene Partei, die dieses Mitglied namhaft gemacht hat, ein neues Mitglied namhaft zu machen. Die Neuwahl für den Rest der Funktionsperiode ist gemäß Abs. 2 durchzuführen. Bis zur allfälligen Erlassung einer neuen Geschäftsverteilung ist die geltende Geschäftsverteilung auf das neue Mitglied sinngemäß anzuwenden.

(5) Die Mitglieder der Volksanwaltschaft müssen zum Nationalrat wählbar sein und über Kenntnisse der Organisation und Funktionsweise der Verwaltung und Kenntnisse auf dem Gebiet der Menschenrechte verfügen. Sie dürfen während ihrer Amtstätigkeit weder einem allgemeinen Vertretungskörper noch dem Europäischen Parlament angehören, nicht Mitglied der Bundesregierung oder einer Landesregierung sein und keinen anderen Beruf ausüben.

(6) Jedes Mitglied der Volksanwaltschaft ist hinsichtlich der Verantwortlichkeit gemäß Art. 142 den Mitgliedern der Bundesregierung gleichgestellt.

Artikel 148h. (1) Die Beamten der Volksanwaltschaft ernennt auf Vorschlag und unter Gegenzeichnung des Vorsitzenden der Volksanwaltschaft der Bundespräsident; das Gleiche gilt für die Verleihung von Amtstiteln. Der Bundespräsident kann jedoch den Vorsitzenden der Volksanwaltschaft ermächtigen, Beamte bestimmter Kategorien zu ernennen. Die Hilfskräfte ernennt der Vorsitzende der Volksanwaltschaft. Der Vorsitzende der Volksanwaltschaft ist insoweit oberstes Verwaltungsorgan und übt diese Befugnisse allein aus.

(2) Die Diensthoheit des Bundes gegenüber den bei der Volksanwaltschaft Bediensteten wird vom Vorsitzenden der Volksanwaltschaft ausgeübt.

(3) Zur Besorgung der Aufgaben nach Art. 148a Abs. 3 hat die Volksanwaltschaft Kommissionen einzusetzen und einen Menschenrechtsbeirat zu ihrer Beratung einzurichten. Der Menschenrechtsbeirat besteht aus einem Vorsitzenden, einem stellvertretenden Vorsitzenden und sonstigen Mitgliedern und Ersatzmitgliedern, die von der Volksanwaltschaft ernannt werden. Inwieweit die Volksanwaltschaft bei der Ernennung der Mitglieder und Ersatzmitglieder des Menschenrechtsbeirats an Vorschläge anderer Stellen gebunden ist, wird bundesgesetzlich bestimmt. Der Vorsitzende, der stellvertretende Vorsitzende und die sonstigen Mitglieder des Menschenrechtsbeirats sind in Ausübung ihrer Tätigkeit an keine Weisungen gebunden.

(4) Die Volksanwaltschaft beschließt eine Geschäftsordnung und eine Geschäftsverteilung, in der insbesondere zu bestimmen ist, welche Aufgaben von den Mitgliedern der Volksanwaltschaft selbständig wahrzunehmen sind. Die Beschlussfassung über die Geschäftsordnung und die Geschäftsverteilung erfordert Einstimmigkeit der Mitglieder der Volksanwaltschaft.

Artikel 148i. (1) Durch Landesverfassungsgesetz können die Länder die Volksanwaltschaft auch für den Bereich der Verwaltung des betreffenden Landes für zuständig erklären; diesfalls ist Art. 148f sinngemäß anzuwenden.

(2) Schaffen die Länder für den Bereich der Landesverwaltung Einrichtungen mit gleichartigen Aufgaben wie die Volksanwaltschaft, kann durch Landesverfassungsgesetz eine dem Art. 148f entsprechende Regelung getroffen werden.

(3) Ein Land, das hinsichtlich der Aufgaben nach Art. 148a Abs. 3 von der Ermächtigung des Abs. 1 nicht Gebrauch macht, hat durch Landesverfassungsgesetz eine Einrichtung mit den Aufgaben nach Art. 148a Abs. 3 gleichartigen Aufgaben für den Bereich der Landesverwaltung zu schaffen und zur Besorgung dieser Aufgaben den Art. 148c und Art. 148d entsprechende Regelungen zu treffen.

Artikel 148j. Nähere Bestimmungen zur Ausführung dieses Hauptstückes sind bundesgesetzlich zu treffen.

Zehntes Hauptstück
Schlussbestimmungen

Artikel 149. (1) Neben diesem Gesetz haben im Sinne des Art. 44 Abs. 1 unter Berücksichtigung der durch dieses Gesetz bedingten Änderungen als Verfassungsgesetze zu gelten:

Staatsgrundgesetz vom 21. Dezember 1867, RGBl. Nr. 142, über die allgemeinen Rechte der Staatsbürger für die im Reichsrate vertretenen Königreiche und Länder *(Anm.: Art. 8 aufgehoben durch Art. 8, BGBl. Nr. 684/1988)*;

Gesetz vom 27. Oktober 1862, RGBl. Nr. 88, zum Schutze des Hausrechtes;

Beschluss der Provisorischen Nationalversammlung vom 30. Oktober 1918, StGBl. Nr. 3;

Gesetz vom 3. April 1919, StGBl. Nr. 209, betreffend die Landesverweisung und die Übernahme des Vermögens des Hauses Habsburg-Lothringen;

Gesetz vom 3. April 1919, StGBl. Nr. 211, über die Aufhebung des Adels, der weltlichen Ritter- und Damenorden und gewisser Titel und Würden;

Abschnitt V des III. Teiles des Staatsvertrages von Saint-Germain vom 10. September 1919, StGBl. Nr. 303 aus 1920.

(2) Art. 20 des Staatsgrundgesetzes vom 21. Dezember 1867, RGBl. Nr. 142, sowie das auf Grund dieses Artikels erlassene Gesetz vom 5. Mai 1869, RGBl. Nr. 66, treten außer Kraft.

Artikel 150. (1) Der Übergang zu der durch dieses Gesetz eingeführten bundesstaatlichen Verfassung wird durch ein eigenes, zugleich mit diesem Gesetz in Kraft tretendes Verfassungsgesetz geregelt.

(2) Gesetze, die erst einer neuen Fassung bundesverfassungsgesetzlicher Bestimmungen entsprechen, dürfen von der Kundmachung des die Änderung bewirkenden Bundesverfassungsgesetzes an erlassen werden. Sie dürfen jedoch nicht vor dem Inkrafttreten der neuen bundesverfassungsgesetzlichen Bestimmungen in Kraft treten, soweit sie nicht lediglich Maßnahmen vorsehen, die für ihre mit dem Inkrafttreten der neuen bundesverfassungsgesetzlichen Bestimmungen beginnende Vollziehung erforderlich sind.

Artikel 151. (1) Die Art. 78d und 118 Abs. 8 in der Fassung des Bundesverfassungsgesetzes BGBl. Nr. 565/1991 treten mit 1. Jänner 1992 in Kraft. Am 1. Jänner 1992 vorhandene Wachkörper bleiben in ihrem Bestand unberührt; diese Bestimmung tritt mit 1. Jänner 1992 in Kraft.

(2) Die Art. 10 Abs. 1 Z 7, 52a, 78a bis 78c, Art. 102 Abs. 2, die Bezeichnungsänderungen im dritten Hauptstück und in Art. 102 in der Fassung des Bundesverfassungsgesetzes BGBl. Nr. 565/1991 treten mit 1. Mai 1993 in Kraft.

(3) Art. 102 Abs. 5 zweiter Satz sowie die Abs. 6 und 7 treten mit Ablauf des 30. April 1993 außer Kraft. Die Wortfolge „, ausgenommen die örtliche Sicherheitspolizei," im Art. 102 Abs. 2 tritt mit Ablauf des 30. April 1993 außer Kraft.

(4) Die Art. 26, Art. 41 Abs. 2, Art. 49b Abs. 3, Art. 56 Abs. 2 bis 4, Art. 95 Abs. 1 bis 3, Art. 96 Abs. 3, ferner die Neubezeichnung des Abs. 1 im Art. 56 in der Fassung des Bundesverfassungsgesetzes BGBl. Nr. 470/1992 treten mit 1. Mai 1993 in Kraft.

(5) Art. 54 in der Fassung des Bundesverfassungsgesetzes BGBl. Nr. 868/1992 tritt mit 1. Jänner 1993 in Kraft.

(6) Die nachstehend angeführten Bestimmungen treten in der Fassung des Bundesverfassungsgesetzes BGBl. Nr. 508/1993 wie folgt in Kraft:

1. Art. 10 Abs. 1 Z 9, Art. 11 Abs. 1 Z 7 sowie Art. 11 Abs. 6, 7, 8 und 9 treten mit 1. Juli 1994 in Kraft.
2. Art. 28 Abs. 5, Art. 52 Abs. 2, die Bezeichnung des früheren Art. 52 Abs. 2 und 3 als Abs. 3 und 4 sowie Art. 52b treten mit 1. Oktober 1993 in Kraft.

(Anm.: Z 3 aufgehoben durch BGBl. I Nr. 114/2000)

(Anm.: Abs. 7 aufgehoben durch BGBl. I Nr. 127/2009)

(7a) Art. 102 Abs. 2 in der Fassung des Bundesverfassungsgesetzes BGBl. I Nr. 2/1997 tritt mit 1. Jänner 1994 in Kraft. Art. 102 Abs. 2 in der Fassung des Bundesgesetzes BGBl. Nr. 532/1993 tritt zugleich außer Kraft.

(8) Art. 54 in der Fassung des Bundesverfassungsgesetzes BGBl. Nr. 268/1994 tritt mit 1. April 1994 in Kraft.

(9) Art. 6 Abs. 2 und 3, Art. 26 Abs. 2, Art. 41 Abs. 2, Art. 49b Abs. 3 und Art. 117 Abs. 2 erster Satz in der Fassung des Bundesverfassungsgesetzes BGBl. Nr. 504/1994 treten mit 1. Jänner 1995 in Kraft. In den Rechtsvorschriften des Bundes und der Länder wird mit Wirkung vom 1. Jänner 1996 der Begriff „ordentlicher Wohnsitz" in allen seinen grammatikalischen Formen durch den Begriff „Hauptwohnsitz" in der jeweils entsprechenden grammatikalischen Form ersetzt, sofern der Begriff „ordentlicher Wohnsitz" nicht bis zum Ablauf des 31. Dezember 1995 durch den Begriff „Wohnsitz" ersetzt wird; vom 1. Jänner 1996 an darf der Begriff „ordentlicher Wohnsitz"

in den Rechtsvorschriften des Bundes und der Länder nicht mehr verwendet werden; solange die Landesgesetze nicht vorsehen, dass sich das Wahlrecht zum Landtag oder zum Gemeinderat nach dem Hauptwohnsitz oder nach dem Wohnsitz bestimmt, richtet es sich nach dem ordentlichen Wohnsitz. Bis zum Vorliegen des Ergebnisses der nächsten Volkszählung nach dem genannten Inkrafttretenszeitpunkt ist für die Verteilung der Zahl der Abgeordneten auf die Wahlkreise (Wahlkörper) und auf die Regionalwahlkreise (Art. 26 Abs. 2) sowie die Vertretung der Länder im Bundesrat (Art. 34) der nach dem Ergebnis der letzten Volkszählung festgestellte ordentliche Wohnsitz dem Hauptwohnsitz gleichzuhalten.

(10) Art. 87 Abs. 3 und Art. 88a in der Fassung des Bundesverfassungsgesetzes BGBl. Nr. 506/1994 treten mit 1. Juli 1994 in Kraft.

(11) Für das Inkrafttreten durch das Bundesverfassungsgesetz BGBl. Nr. 1013/1994 neu gefasster oder eingefügter Bestimmungen, für das Außerkrafttreten durch dasselbe Bundesverfassungsgesetz aufgehobener Bestimmungen dieses Bundesverfassungsgesetzes sowie für den Übergang zur neuen Rechtslage gilt folgendes:

1. Der Gesetzestitel, Art. 21 Abs. 6 und 7, Art. 56 Abs. 2 und 4, Art. 122 Abs. 3 bis 5, Art. 123 Abs. 2, Art. 123a Abs. 1, Art. 124, Art. 147 Abs. 2 zweiter Satz sowie Art. 150 Abs. 2 treten mit 1. Jänner 1995 in Kraft.
2. Die Überschrift des Ersten Hauptstückes, die Überschrift des Abschnitts A im Ersten Hauptstück, Art. 10 Abs. 1 Z 18, Art. 16 Abs. 4, Abschnitt B des Ersten Hauptstückes, Art. 30 Abs. 3, Art. 59, Art. 73 Abs. 2, Art. 117 Abs. 2, Art. 141 Abs. 1 und 2, Art. 142 Abs. 2 lit. c und Bezeichnungen der nunmehrigen lit. d bis i sowie Art. 142 Abs. 3 bis 5 treten zugleich mit dem Staatsvertrag über den Beitritt der Republik Österreich zur Europäischen Union in Kraft.
3. Zugleich mit dem Inkrafttreten der in Z 2 genannten Bestimmungen treten Art. 10 Abs. 4 bis 6 und Art. 16 Abs. 6 in der Fassung des Bundesverfassungsgesetzes BGBl. Nr. 276/1992 außer Kraft.
4. Art. 122 Abs. 1 und Art. 127b treten mit 1. Jänner 1997 in Kraft. Sie gelten für dem 31. Dezember 1994 nachfolgende Gebarungsvorgänge.
5. Solange die Vertreter Österreichs im Europäischen Parlament nicht auf Grund einer allgemeinen Wahl gewählt sind, werden sie vom Nationalrat aus dem Kreis der Mitglieder der Bundesversammlung entsendet. Diese Entsendung erfolgt auf Grund von Vorschlägen der im Nationalrat vertretenen Parteien nach Maßgabe ihrer Stärke gemäß dem Grundsatz der Verhältniswahl. Für die Dauer der Entsendung können Mitglieder des Nationalrates und des Bundesrates gleichzeitig Mitglieder des Europäischen Parlamentes sein. Im Übrigen gilt Art. 23b Abs. 1 und 2 sinngemäß. Wenn ein in das Europäische Parlament entsendetes Mitglied des Nationalrates auf sein Mandat als Mitglied des Nationalrates verzichtet, dann gilt Art. 56 Abs. 2 und 3.
6. Z 5 tritt mit 22. Dezember 1994 in Kraft.

(11a) Art. 112 in der Fassung des Bundesverfassungsgesetzes BGBl. Nr. 1013/1994 und Art. 103 Abs. 3 und Art. 151 Abs. 6 Z 3 in der Fassung des Bundesverfassungsgesetzes BGBl. I Nr. 8/1999 treten mit 1. Jänner 1995 in Kraft.

(12) Art. 59a, Art. 59b und Art. 95 Abs. 4 in der Fassung des Bundesverfassungsgesetzes BGBl. Nr. 392/1996 treten mit 1. August 1996 in Kraft. Bis zur Erlassung von landesgesetzlichen Vorschriften in Ausführung des Art. 59a und des Art. 95 Abs. 4 gelten die entsprechenden bundesgesetzlichen Vorschriften in den betreffenden Ländern sinngemäß, sofern die Länder nicht bereits Regelungen im Sinne des Art. 59a und des Art. 95 Abs. 4 erlassen haben.

(13) Art. 23e Abs. 6 und Art. 28 Abs. 5 in der Fassung des Bundesverfassungsgesetzes BGBl. Nr. 437/1996 treten mit 15. September 1996 in Kraft.

(14) Art. 49 und Art. 49a Abs. 1 und 3 in der Fassung des Bundesverfassungsgesetzes BGBl. Nr. 659/1996 treten mit 1. Jänner 1997 in Kraft.

(15) Art. 55 in der Fassung des Bundesverfassungsgesetzes BGBl. I Nr. 2/1997 tritt mit 1. Jänner 1997 in Kraft. Zugleich tritt Art. 54 außer Kraft.

(16) Art. 147 Abs. 2 in der Fassung des Bundesverfassungsgesetzes BGBl. I Nr. 64/1997 tritt mit 1. August 1997 in Kraft.

(17) Art. 69 Abs. 2 und 3, Art. 73 Abs. 1, Art. 73 Abs. 3 sowie Art. 148d in der Fassung des Bundesverfassungsgesetzes BGBl. I 87/1997 treten mit 1. September 1997, Art. 129, Abschnitt B des sechsten Hauptstückes, Art. 131 Abs. 3 und die neuen Abschnittsbezeichnungen im sechsten Hauptstück treten mit 1. Jänner 1998 in Kraft.

(18) Art. 9a Abs. 4 in der Fassung des Bundesgesetzes BGBl. I Nr. 30/1998 tritt mit 1. Jänner 1998 in Kraft.

(19) Art. 23f tritt gleichzeitig mit dem Vertrag von Amsterdam in Kraft. Der Bundeskanzler hat diesen Zeitpunkt im Bundesgesetzblatt kundzumachen.

(20) Im Art. 149 Abs. 1 treten außer Kraft:

1. die Anfügung des Verfassungsgesetzes vom 30. November 1945, BGBl. Nr. 6/1946, betreffend die Anwendung des Gesetzes zum Schutze der persönlichen Freiheit vom 27. Oktober 1862, R. G. Bl. Nr. 87, in dem Verfahren vor dem Volksgericht mit Ablauf des 30. Dezember 1955;

2. die Wortfolge „Gesetz vom 8. Mai 1919, St. G. Bl. Nr. 257, über das Staatswappen und das Staatssiegel der Republik Deutschösterreich mit den durch die Artikel 2, 5 und 6 des Gesetzes vom 21. Oktober 1919, St. G. Bl. Nr. 484, bewirkten Änderungen;“ mit Ablauf des 31. Juli 1981.

(21) Die Wortfolge „oder durch die Ausübung unmittelbarer Befehls- und Zwangsgewalt“ im Art. 144 Abs. 3 tritt mit Ablauf des 31. Dezember 1990 außer Kraft.

(22) Die Art. 10 Abs. 1 Z 14, Art. 15 Abs. 3 und 4, 18 Abs. 5, 21, 37 Abs. 2, 51b Abs. 6, 52b Abs. 1, 60 Abs. 2, 78d Abs. 2, Art. 102 Abs. 1, die neue Absatzbezeichnung des Art. 102 Abs. 6 und die Art. 118 Abs. 8, 118a und 125 Abs. 3 in der Fassung des Bundesverfassungsgesetzes BGBl. I Nr. 8/1999 treten mit 1. Jänner 1999 in Kraft. Art. 102 Abs. 5 tritt mit Ablauf des 31. Dezember 1998 außer Kraft.

(23) Die Art. 30 Abs. 3 erster Satz, 127c, 129c Abs. 4, 147 Abs. 2 vierter und fünfter Satz und Art. 147 Abs. 6 erster Satz in der Fassung des Bundesverfassungsgesetzes BGBl. I Nr. 148/1999 treten mit 1. August 1999 in Kraft.

(24) Art. 8 in der Fassung des Bundesverfassungsgesetzes BGBl. I Nr. 68/2000 tritt mit 1. August 2000 in Kraft.

(25) Art. 11 Abs. 8 in der Fassung des Bundesverfassungsgesetzes BGBl. I Nr. 114/2000 tritt mit 1. Dezember 2000 in Kraft. Art. 151 Abs. 6 Z 3 tritt mit Ablauf des 24. November 2000 außer Kraft.

(26) In der Fassung des Bundesverfassungsgesetzes BGBl. I Nr. 121/2001 treten in Kraft:

1. Art. 18 Abs. 3 und Art. 23e Abs. 5 mit 1. Jänner 1997;
2. Art. 21 Abs. 1 und Abs. 6 mit 1. Jänner 1999;
3. Art. 147 Abs. 2 erster Satz mit 1. August 1999;
4. Art. 18 Abs. 4, Art. 23b Abs. 2, Art. 39 Abs. 2 und Art. 91 Abs. 2 mit 1. Jänner 2002;
5. Art. 23f Abs. 1 bis 3 gleichzeitig mit dem Vertrag von Nizza. Der Bundeskanzler hat diesen Zeitpunkt im Bundesgesetzblatt I kundzumachen.

(27) Art. 14b, Art. 102 Abs. 2 und Art. 131 Abs. 3 in der Fassung des Bundesgesetzes BGBl. I Nr. 99/2002 treten mit 1. Jänner 2003 in Kraft. § 2, § 4 Abs. 1, § 5 und § 6 Abs. 1 und 2 des Übergangsgesetzes, BGBl. Nr. 368/1925, gelten sinngemäß. Ein gemäß dem zweiten Satz mit 1. Jänner 2003 zu einem Bundesgesetz gewordenes Landesgesetz tritt mit dem In-Kraft-Treten eines auf Grund des Art. 14b Abs. 3 ergehenden Landesgesetzes, spätestens jedoch mit Ablauf des 30. Juni 2003 außer Kraft; gleichzeitig treten die entsprechenden Bestimmungen des Bundesvergabegesetzes 2002, BGBl. I Nr. 99/2002, insoweit in Kraft.

(28) Art. 23a Abs. 1 und 3, Art. 26 Abs. 1 und 4, Art. 41 Abs. 2, Art. 46 Abs. 2, Art. 49b Abs. 3 und Art. 60 Abs. 3 erster Satz in der Fassung des Bundesgesetzes BGBl. I Nr. 90/2003 treten mit 1. Jänner 2004 in Kraft.

(29) Art. 11 Abs. 8 in der Fassung der Bundesgesetze BGBl. I Nr. 114/2000 und BGBl. I Nr. 100/2003 tritt mit 1. Dezember 2000 in Kraft, Art. 151 Abs. 7 in der Fassung des Bundesgesetzes BGBl. I Nr. 100/2003 mit Ablauf des Tages der Kundmachung dieses Bundesgesetzes. Art. 7 Abs. 1, Art. 8, Art. 8a, Art. 9a, Art. 10 Abs. 1 Z 10, Art. 13 Abs. 1, Art. 14 Abs. 1, Abs. 5 lit. a und Abs. 8, Art. 14a, Art. 15 Abs. 4, Art. 18 Abs. 4 und 5, Art. 23 Abs. 1 und 5, Art. 23e Abs. 6, Art. 26, Art. 30 Abs. 2, Art. 34 Abs. 2, Art. 35 Abs. 1, Art. 42 Abs. 4, Art. 47 Abs. 1, Art. 48, Art. 49, Art. 49a, Art. 51, Art. 51a, Art. 51b, Art. 51c, Art. 52b, Art. 57, Art. 71, Art. 73, Art. 81a Abs. 1, 4 und 5, Art. 87a, Art. 88a, Art. 89, Art. 97 Abs. 1 und 4, Art. 102 Abs. 2, Art. 112, Art. 115, Art. 116, Art. 116a, Art. 117, Art. 118, Art. 118a, Art. 119, Art. 119a, Art. 126a, Art. 126b Abs. 2, Art. 127 Abs. 3, Art. 127a, Art. 127c, Art. 134 Abs. 3, Art. 135, Art. 136, Art. 137, Art. 139, Art. 139a, Art. 140, Art. 140a, Art. 144, Art. 146 Abs. 1, Art. 147 Abs. 3, Art. 148, Art. 148a, Art. 148b, Art. 148e bis Art. 148j und Art. 149 sowie die Überschriften und die sonstigen Bestimmungen in der Fassung des Bundesgesetzes BGBl. I Nr. 100/2003 treten mit 1. Jänner 2004 in Kraft.

(30) Art. 11 Abs. 1 Z 7 und 8 sowie Abs. 9 in der Fassung des Bundesgesetzes BGBl. I Nr. 118/2004 tritt mit 1. Jänner 2005, jedoch nicht vor dem Ablauf des Tages der Kundmachung des genannten Bundesgesetzes im Bundesgesetzblatt, in Kraft. Soweit die Bundesgesetzgebung nicht anderes bestimmt, treten mit diesem Zeitpunkt in den Angelegenheiten des Art. 11 Abs. 1 Z 8 bestehende landesrechtliche Vorschriften außer Kraft.

(31) Art. 10 Abs. 1 Z 9 und Art. 151 Abs. 7 in der Fassung des Bundesgesetzes BGBl. I Nr. 153/2004, treten mit 1. Jänner 2005 in Kraft.

(32) Art. 14 Abs. 5a, 6, 6a, 7a und 10 und Art. 14a Abs. 7 und 8 treten mit Ablauf des Tages der Kundmachung des Bundesverfassungsgesetzes BGBl. I Nr. 31/2005 im Bundesgesetzblatt in Kraft.

(33) In der Fassung des Bundesverfassungsgesetzes BGBl. I Nr. 81/2005 treten in Kraft:

1. Art. 151 Abs. 31 mit Ablauf des 30. Dezember 2004;
2. Art. 8 Abs. 3 mit Ablauf des Monats der Kundmachung dieses Bundesverfassungsgesetzes.

(33a) Art. 129a, Art. 129b und Art. 129c Abs. 1, 3, 5 und 7 in der Fassung des Bundesgesetzes BGBl. I Nr. 100/2005 treten mit 1. Jänner 2006 Kraft.

(34) Art. 9a Abs. 3 und 4, Art. 10 Abs. 1 Z 15 und Art. 102 Abs. 2 in der Fassung des Bundesgesetzes BGBl. I Nr. 106/2005 treten mit 1. Jänner 2006 in Kraft.

(35) Art. 88a in der Fassung des Bundesgesetzes BGBl. I Nr. 121/2005 tritt mit 1. November 2005 in Kraft.

(36) Für das In-Kraft-Treten der durch das Bundesverfassungsgesetz BGBl. I Nr. 27/2007 geänderten oder eingefügten Bestimmungen und das Außer-Kraft-Treten der durch dieses Bundesverfassungsgesetz entfallenen Bestimmungen sowie für den Übergang zur neuen Rechtslage gilt Folgendes:

1. Art. 23a Abs. 1, 3 und 4, Art. 26 Abs. 1, 4, 6 und 8, Art. 30 Abs. 3, Art. 41 Abs. 3, Art. 46, Art. 49b Abs. 1 erster Satz und Abs. 3 zweiter Satz, Art. 60 Abs. 1 und Abs. 3 erster Satz, Art. 95 Abs. 1, 2, 4 und 5, Art. 117 Abs. 2 und 6 sowie Art. 151 Abs. 33a treten mit 1. Juli 2007 in Kraft; gleichzeitig tritt Art. 23a Abs. 5 und 6 außer Kraft. Die landesrechtlichen Vorschriften sind bis zum Ablauf des 31. Dezember 2007 der neuen Rechtslage anzupassen.
2. Art. 26a tritt mit 1. Juli 2007 in Kraft. Die Umbildung der Bundeswahlbehörde nach dieser Bestimmung hat bis zum Ablauf des 31. August 2007 zu erfolgen; die näheren Bestimmungen darüber werden durch die Wahlordnung zum Nationalrat getroffen.
3. Art. 27 Abs. 1 tritt mit Beginn der XXIV. Gesetzgebungsperiode in Kraft.

(37) Für das Inkrafttreten der durch Art. 1 des Bundesverfassungsgesetzes BGBl. I Nr. 1/2008 eingefügten oder neu gefassten Bestimmungen gilt Folgendes:

1. Art. 13 Abs. 2 und 3, Art. 51 in der Fassung der Z 4, Art. 51a, Art. 51b in der Fassung der Z 7 bis 9a, Art. 123a Abs. 1 und Art. 148d treten mit 1. Jänner 2009 in Kraft; das Bundesfinanzrahmengesetz für die Finanzjahre 2009 bis 2012 und das Bundesfinanzgesetz für das Finanzjahr 2009 sind bereits auf Grundlage dieser Bestimmungen zu erstellen und zu beschließen, wobei der Entwurf des Bundesfinanzrahmengesetzes für die Finanzjahre 2009 bis 2012 spätestens gleichzeitig mit dem Entwurf für das Bundesfinanzgesetz für das Finanzjahr 2009 dem Nationalrat vorzulegen ist.
2. Art. 51 in der Fassung der Z 5, Art. 51b in der Fassung der Z 10, Art. 51c und Art. 51d treten mit 1. Jänner 2013 in Kraft. Art. 51 in der Fassung der Z 4 und Art. 51b in der Fassung der Z 7 bis 9a treten mit Ablauf des 31. Dezember 2012 außer Kraft. Diese Rechtslage gilt bereits für die Erstellung des Bundesfinanzrahmengesetzes für die Finanzjahre 2013 bis 2016 sowie des Bundesfinanzgesetzes für das Finanzjahr 2013 und deren Beschlussfassung durch den Nationalrat.

Art. 51a in der Fassung des Bundesgesetzes BGBl. I Nr. 100/2003 ist bis zum Ablauf des 31. Dezember 2012 weiterhin anzuwenden.

(38) Art. 2 Abs. 3, Art. 3 Abs. 2 bis 4, Art. 9 Abs. 2, Art. 10 Abs. 3 zweiter und dritter Satz, Art. 20 Abs. 1 und 2, Art. 23f Abs. 1 letzter Satz und Abs. 3, Art. 50, Art. 52 Abs. 1a, der sechste Unterabschnitt des Abschnittes A des dritten Hauptstückes, Art. 67a, Art. 88 Abs. 1, Art. 90a, Art. 112, die Überschriften vor Art. 115, Abschnitt B des (neuen) fünften Hauptstückes, die Überschriften vor Art. 121 und Art. 129, Art. 134 Abs. 6, die Überschrift vor Art. 148a, Art. 148a Abs. 3 bis 5, Art. 148c letzter Satz und die Überschrift vor Art. 149 in der Fassung des Bundesverfassungsgesetzes BGBl. I Nr. 2/2008 treten mit 1. Jänner 2008 in Kraft. Die zur Anpassung an die Art. 20 Abs. 2 letzter Satz und Art. 120b Abs. 2 erforderlichen Bundes- und Landesgesetze sind spätestens bis zum Ablauf des 31. Dezember 2009 zu erlassen.

(39) Art. 10 Abs. 1 Z 1, 3, 6 und 14, Art. 78d Abs. 2, Art. 102 Abs. 2, Art. 129, Abschnitt B des (neuen) siebenten Hauptstückes, Art. 132a, Art. 135 Abs. 2 und 3, Art. 138 Abs. 1, Art. 140 Abs. 1 erster Satz und Art. 144a in der Fassung des Bundesverfassungsgesetzes BGBl. I Nr. 2/2008 treten mit 1. Juli 2008 in Kraft. Für den Übergang zur neuen Rechtslage gilt:

1. Mit 1. Juli 2008 wird der bisherige unabhängige Bundesasylsenat zum Asylgerichtshof.
2. Bis zur Ernennung des Präsidenten, des Vizepräsidenten und der sonstigen Mitglieder des Asylgerichtshofes üben der bisherige Vorsitzende, der bisherige Stellvertretende Vorsitzende und die bisherigen sonstigen Mitglieder des unabhängigen Bundesasylsenates deren Funktionen aus. Die für die Ernennung des Präsidenten, des Vizepräsidenten und der sonstigen Mitglieder des Asylgerichtshofes erforderlichen Maßnahmen sowie die Aufnahme von nichtrichterlichen Bediensteten können bereits mit Ablauf des Tages der Kundmachung des Bundesverfassungsgesetzes BGBl. I Nr. 2/2008 erfolgen.
3. Mitglieder des unabhängigen Bundesasylsenates, die sich um die Ernennung zum Mitglied des Asylgerichtshofes bewerben und die persönliche und fachliche Eignung für die Ernennung aufweisen, haben ein Recht auf Ernennung; die Voraussetzungen des Art. 129d Abs. 3 gelten für solche Bewerber als erfüllt. Über die Ernennung solcher Bewerber entscheidet die Bundesregierung.

4. Am 1. Juli 2008 beim unabhängigen Bundesasylsenat anhängige Verfahren sind vom Asylgerichtshof weiterzuführen. Beim Verwaltungsgerichtshof oder beim Verfassungsgerichtshof anhängige Verfahren über Beschwerden gegen Bescheide des unabhängigen Bundesasylsenates sind von diesen mit der Maßgabe weiterzuführen, dass als belangte Behörde der Asylgerichtshof gilt.
5. Ab dem 28. November 2007 ist in Verfahren, die beim unabhängigen Bundesasylsenat anhängig sind, eine Beschwerde wegen Verletzung der Entscheidungspflicht nicht mehr zulässig. Beim Verwaltungsgerichtshof bereits anhängige Verfahren wegen Verletzung der Entscheidungspflicht durch den unabhängigen Bundesasylsenat gelten mit Ablauf des 30. Juni 2008 als eingestellt; die Verfahren, auf die sich die Beschwerde wegen Verletzung der Entscheidungspflicht bezieht, sind vom Asylgerichtshof weiterzuführen.

(40) Art. 27 Abs. 2, Art. 92 Abs. 2, Art. 122 Abs. 5, Art. 134 Abs. 4 und 5 sowie Art. 147 Abs. 4 erster Satz und Abs. 5 in der Fassung des Bundesverfassungsgesetzes BGBl. I Nr. 2/2008 treten mit Beginn der XXIV. Gesetzgebungsperiode in Kraft. Auf Personen, die am Beginn der XXIV. Gesetzgebungsperiode bereits eine Funktion im Sinne des Art. 92 Abs. 2, Art. 122 Abs. 5, Art. 134 Abs. 4 und 5 sowie Art. 147 Abs. 4 erster Satz und Abs. 5 ausüben, sind diese Bestimmungen in der bis zu diesem Zeitpunkt geltenden Fassung weiterhin anzuwenden.

(41) Art. 28 Abs. 4, in der Fassung des Bundesverfassungsgesetzes BGBl. I Nr. 31/2009, tritt mit 1. April 2009 in Kraft.

(42) Art. 20 Abs. 2 in der Fassung des Bundesgesetzes BGBl. I Nr. 50/2010 tritt mit 1. Oktober 2010 in Kraft.

(43) Art. 23c, Art. 23d Abs. 2, Abs. 3 erster und zweiter Satz und Abs. 5 erster Satz, Art. 23e bis Art. 23k und Art. 73 Abs. 2 in der Fassung des Bundesverfassungsgesetzes BGBl. I Nr. 57/2010 treten mit 1. August 2010 in Kraft.

(44) Art. 127a Abs. 1, 3, 4 und 7 bis 9, Art. 127c und Art. 146 Abs. 1 in der Fassung des Bundesgesetzes BGBl. I Nr. 98/2010 treten mit 1. Jänner 2011 in Kraft.

(45) Art. 6 Abs. 4, Art. 26 Abs. 5 und Art. 60 Abs. 3 in der Fassung des Bundesgesetzes BGBl. I Nr. 43/2011 treten mit 1. Oktober 2011 in Kraft. Das Außerkrafttreten des bisherigen Art. 60 Abs. 3 zweiter Satz lässt das Gesetz betreffend die Landesverweisung und die Übernahme des Vermögens des Hauses Habsburg-Lothringen, StGBl. Nr. 209/1919, unberührt.

(46) Art. 10 Abs. 1 Z 11 und Art. 102 Abs. 2 in der Fassung des Bundesgesetzes BGBl. I Nr. 58/2011 treten mit 1. Jänner 2012 in Kraft. Für den Übergang zur neuen Rechtslage gilt:

1. Die die Angelegenheiten des Pflegegeldwesens regelnden landesgesetzlichen Bestimmungen werden Bundesgesetze im Sinne dieses Gesetzes.
2. Die auf Grund der in Z 1 genannten Gesetze ergangenen Verordnungen werden Verordnungen des Bundes und gelten, soweit sie den organisatorischen Vorschriften dieses Gesetzes widersprechen, als sinngemäß geändert.
3. Inwieweit die in Z 1 und Z 2 genannten Gesetze und Verordnungen auf am 1. Jänner 2012 anhängige Verfahren weiter anzuwenden sind, wird bundesgesetzlich bestimmt; die Durchführung solcher Verfahren steht den Ländern zu. Die für die Angelegenheiten des Art. 11 geltenden Bestimmungen dieses Gesetzes sind insoweit sinngemäß anzuwenden.
4. Nähere Bestimmungen über den Übergang zur neuen Rechtslage können bundesgesetzlich getroffen werden.
5. Der zuständige Bundesminister erstattet dem Nationalrat und dem Bundesrat spätestens bis 31. Dezember 2014 über die Vollziehung der Angelegenheiten des Pflegegeldwesens Bericht.

(47) Art. 15 Abs. 10 zweiter Satz, Art. 116a Abs. 1 erster Satz, Art. 116a Abs. 1 Z 1 und Z 2, Art. 116a Abs. 2, Abs. 3 und Abs. 6 und Art. 116b in der Fassung des Bundesverfassungsgesetzes BGBl. I Nr. 60/2011 treten mit 1. Oktober 2011 in Kraft.

(48) Art. 22, Art. 148a, Art. 148b Abs. 1 erster Satz und Abs. 3, Art. 148c letzter Satz, Art. 148d, Art. 148g Abs. 2 bis 5, Art. 148h Abs. 3 und 4 und Art. 148i Abs. 3 in der Fassung des Bundesgesetzes BGBl. I Nr. 1/2012 treten mit 1. Juli 2012 in Kraft. Die für die Aufnahme der Tätigkeit der Kommissionen und des Menschenrechtsbeirats erforderlichen organisatorischen und personellen Maßnahmen können von der Volksanwaltschaft bereits mit Ablauf des Tages der Kundmachung des Bundesgesetzes BGBl. I Nr. 1/2012 getroffen werden. Steht am 1. Juli 2012 in einem Land ein Landesverfassungsgesetz in Geltung, durch das die Volksanwaltschaft gemäß Art. 148i Abs. 1 auch für den Bereich der Landesverwaltung für zuständig erklärt worden ist, so gilt es als Land, das von dieser Ermächtigung auch hinsichtlich der Aufgaben nach Art. 148a Abs. 3 in der Fassung des Bundesgesetzes BGBl. I Nr. 1/2012 Gebrauch gemacht hat. Landesverfassungsgesetze gemäß Art. 148i Abs. 3 sind spätestens bis zum Ablauf des 31. Dezember 2012 zu erlassen.

(49) Art. 10 Abs. 1 Z 1a und Z 17, Art. 26 Abs. 3 erster Satz, Art. 26a erster Satz und Art. 141 Abs. 3 erster Satz in der Fassung des Bundesgesetzes BGBl. I Nr. 12/2012 treten mit 1. April 2012 in Kraft; gleichzeitig tritt Art. 10 Abs. 1 Z 18 außer Kraft.

(50) Art. 15 Abs. 3 und 4, Art. 78a Abs. 1, Art. 78b, Art. 78c, Art. 78d

Abs. 2 und Art. 102 Abs. 1 in der Fassung des Bundesverfassungsgesetzes BGBl. I Nr. 49/2012 treten mit 1. September 2012 in Kraft; gleichzeitig tritt die Verordnung der Bundesregierung über die Errichtung von Bundespolizeidirektionen und die Festlegung ihres örtlichen Wirkungsbereiches (Bundespolizeidirektionen-Verordnung), BGBl. II Nr. 56/1999, außer Kraft.

(51) Für das Inkrafttreten der durch das Bundesgesetz BGBl. I Nr. 51/2012 geänderten oder eingefügten Bestimmungen und für das Außerkrafttreten der durch dieses Bundesgesetz aufgehobenen Bestimmungen sowie für den Übergang zur neuen Rechtslage gilt Folgendes:

1. Die für die Aufnahme der Tätigkeit der Verwaltungsgerichte erforderlichen organisatorischen und personellen Maßnahmen können bereits mit Ablauf des Tages der Kundmachung des Bundesgesetzes BGBl. I Nr. 51/2012 getroffen werden. Für Ernennungen von Mitgliedern der Verwaltungsgerichte, die vor dem 1. Jänner 2014 erfolgen, gilt Art. 134 Abs. 2, 3, 5 und 6 in der Fassung des Bundesgesetzes BGBl. I Nr. 51/2012 mit der Maßgabe, dass Dreiervorschläge der Vollversammlung des Verwaltungsgerichtes beziehungsweise eines aus ihrer Mitte zu wählenden Ausschusses nicht einzuholen sind.
2. Ein Recht auf Ernennung zum Mitglied des jeweiligen Verwaltungsgerichtes des Bundes hat:
   a) wer am 1. Juli 2012 Vorsitzender, stellvertretender Vorsitzender oder Senatsvorsitzender des Bundesvergabeamtes ist und sich um die Ernennung zum Mitglied des Verwaltungsgerichtes des Bundes bewirbt und die persönliche und fachliche Eignung für die Erfüllung der Aufgaben, die mit der vorgesehenen Verwendung verbunden sind, aufweist;
   b) wer am 1. Juli 2012 Mitglied des unabhängigen Finanzsenates ist und sich um die Ernennung zum Mitglied des Verwaltungsgerichtes des Bundes für Finanzen bewirbt und die persönliche und fachliche Eignung für die Erfüllung der Aufgaben, die mit der vorgesehenen Verwendung verbunden sind, aufweist.
3. Der Präsident und der Vizepräsident der Verwaltungsgerichte des Bundes sind von der Bundesregierung innerhalb von sechs Wochen nach Ablauf des Tages der Kundmachung des Bundesgesetzes BGBl. I Nr. 51/2012 zu bestellen.
4. Der Antrag auf Ernennung zum sonstigen Mitglied des jeweiligen Verwaltungsgerichtes des Bundes kann bis zum Ablauf des 31. Dezember 2012 gestellt werden. Die Voraussetzungen des Art. 134 Abs. 3 letzter Satz gelten für solche Bewerber als erfüllt. Über die Ernennung solcher Bewerber entscheidet bis zum Ablauf des 28. Februar 2013 die Bundesregierung. Personen, deren Bewerbung abgelehnt wird, haben das Recht, gegen den ablehnenden Bescheid Beschwerde gemäß Art. 130 Abs. 1 lit. a beim Verwaltungsgerichtshof und gemäß Art. 144 beim Verfassungsgerichtshof zu erheben.
5. Das Recht auf Ernennung zum Mitglied der Verwaltungsgerichte der Länder und das Ernennungsverfahren sind nach gleichartigen Grundsätzen durch Landesgesetz zu regeln.
6. Art. 10 Abs. 1 Z 3, Art. 10 Abs. 1 Z 8, Art. 11 Abs. 2, Art. 14a Abs. 5 erster Satz, Art. 14b Abs. 5 zweiter Satz, Art. 15 Abs. 6 vorletzter Satz, Art. 18 Abs. 5, Art. 22, Art. 23f Abs. 2, Art. 42a, Art. 43, Art. 49 Abs. 2, Art. 50 Abs. 2 und 3, Art. 97 Abs. 2 und 4, Art. 101a, Art. 102 Abs. 2, Art. 117 Abs. 8, Art. 118 Abs. 3 Z 9, Art. 127c Z 3, Art. 140a, Art. 147 Abs. 3, Art. 148a Abs. 3 Z 3 und Art. 148b Abs. 1 erster Satz in der Fassung des Bundesgesetzes BGBl. I Nr. 51/2012 sowie Art. 131 Abs. 3 in der Fassung des Art. 1 Z 61 und Art. 134 Abs. 3 in der Fassung des Art. 1 Z 62 dieses Bundesgesetzes treten mit Ablauf des Monats der Kundmachung in Kraft; gleichzeitig treten Art. 15 Abs. 5, Art. 98 und Art. 127c Z 4 außer Kraft. Art. 10 Abs. 1 Z 1, Art. 11 Abs. 9 (Abs. 7 neu), Art. 12 Abs. 4 (Abs. 2 neu), Art. 20 Abs. 2, Art. 21 Abs. 1 letzter Satz, Art. 81b Abs. 3 erster Satz, die Überschrift zu Abschnitt B des dritten Hauptstückes, Art. 82 Abs. 1, Art. 83 Abs. 1, Art. 86 Abs. 1, Art. 87 Abs. 3, Art. 88 Abs. 2 und 3, Art. 88a, Art. 89 Abs. 1 bis 3 und 5, Art. 90 Abs. 1, Art. 90a, Art. 94, Art. 109, Art. 112, Art. 115 Abs. 2, Art. 118 Abs. 4, Art. 119a Abs. 9, die Art. 129 bis 136 samt Abschnittsüberschriften (Abschnitt A neu des siebenten Hauptstückes), die Überschrift zu Abschnitt D (Abschnitt B neu) des siebenten Hauptstückes, Art. 138 Abs. 1 Z 2, Art. 139 Abs. 1, 3 und 4 erster Satz, Art. 139a, Art. 140 Abs. 1, 3 letzter Satz und 4 erster Satz, Art. 141 Abs. 1, Art. 144, Art. 147 Abs. 8, Art. 148i Abs. 1 und 2 und die **Anlage** in der Fassung des Bundesgesetzes BGBl. I Nr. 51/2012 treten mit 1. Jänner 2014 in Kraft; gleichzeitig treten Art. 11 Abs. 7 und 8, Art. 12 Abs. 2 und 3, Art. 14b Abs. 6, Art. 15 Abs. 7, Art. 81a Abs. 4 letzter Satz, Art. 81c Abs. 3, Art. 103 Abs. 4, Art. 111, Art. 119a Abs. 5, Art. 141 Abs. 3, Art. 144a und Art. 148e außer Kraft.
7. Mit 1. Jänner 2014 wird der Asylgerichtshof zum Verwaltungsgericht des Bundes; die Mitglieder des Asylgerichtshofes werden zu Mitgliedern des Verwaltungsgerichtes des Bundes.
8. Mit 1. Jänner 2014 werden die unabhängigen Verwaltungssenate in den Ländern, das Bundesvergabeamt und der unabhängige Finanzsenat (im Folgenden: unabhängige Verwaltungsbehörden) aufgelöst; ferner werden die in der **Anlage** genannten Verwaltungsbehörden

(im Folgenden: sonstige unabhängige Verwaltungsbehörden) aufgelöst. Die Zuständigkeit zur Weiterführung der mit Ablauf des 31. Dezember 2013 bei diesen Behörden anhängigen Verfahren sowie der bei den Aufsichtsbehörden anhängigen Verfahren über Vorstellungen (Art. 119a Abs. 5) geht auf die Verwaltungsgerichte über; dies gilt auch für die bei sonstigen Behörden anhängigen Verfahren, in denen diese Behörden sachlich in Betracht kommende Oberbehörde oder im Instanzenzug übergeordnete Behörde sind, mit Ausnahme von Organen der Gemeinde.

9. In den beim Verwaltungsgerichtshof und beim Verfassungsgerichtshof mit Ablauf des 31. Dezember 2013 anhängigen Verfahren treten die Verwaltungsgerichte an die Stelle der unabhängigen Verwaltungsbehörden, sonstigen unabhängigen Verwaltungsbehörden und, soweit es sich um Beschwerdeverfahren handelt, aller sonstigen Verwaltungsbehörden mit Ausnahme jener Verwaltungsbehörden, die in erster und letzter Instanz entschieden haben oder zur Entscheidung verpflichtet waren, sowie mit Ausnahme von Organen der Gemeinde. Nach Beendigung des Verfahrens vor dem Verwaltungsgerichtshof betreffend den Bescheid oder die Säumnis einer unabhängigen Verwaltungsbehörde oder vor dem Verfassungsgerichtshof betreffend den Bescheid einer solchen ist das Verfahren gegebenenfalls vom Verwaltungsgericht fortzusetzen.
10. In den mit Ablauf des 31. Dezember 2013 beim Verwaltungsgerichtshof anhängigen Beschwerdeverfahren ist Art. 131 Abs. 3 in der Fassung des Art. 1 Z 61 des Bundesgesetzes BGBl. I Nr. 51/2012 weiter anzuwenden.
11. Die näheren Bestimmungen über den Zuständigkeitsübergang werden durch Bundesgesetz getroffen.

(52) Die Art. 50a bis 50d in der Fassung des Bundesgesetzes BGBl. I Nr. 65/2012 treten gleichzeitig mit dem Vertrag zur Einrichtung des Europäischen Stabilitätsmechanismus in Kraft.

(53) Art. 10 Abs. 1 Z 11 und 15 und Art. 102 Abs. 2 in der Fassung des Bundesgesetzes BGBl. I Nr. 59/2013 treten mit Ablauf des Monats der Kundmachung dieses Bundesgesetzes in Kraft.

(54) In der Fassung des Bundesverfassungsgesetzes BGBl. I Nr. 114/2013 treten in bzw. außer Kraft:

1. Abs. 51 Z 4 und 6 mit 6. Juni 2012;
2. Art. 49 Abs. 2 Z 1 mit 1. Juli 2012;
3. Art. 7 Abs. 4, Art. 12 Abs. 1 Z 1, Art. 14a Abs. 1, Art. 16 Abs. 5, Art. 52 Abs. 4, Art. 59b Abs. 1 Z 2, Art. 81a Abs. 1, Art. 127 Abs. 8, Art. 147 Abs. 6, Art. 148f sowie das Fußnotenzeichen „*)" in Abs. 11 Z 2 und die Fußnote zu dieser Bestimmung mit Ablauf des Monats der Kundmachung dieses Bundesverfassungsgesetzes;
4. Art. 94 Abs. 2 mit 1. Jänner 2014;
5. Art. 89 Abs. 2 bis 4, Art. 139 Abs. 1, 1a, 1b, 3 letzter Satz, 4 und 7 und Art. 140 Abs. 1, 1a, 1b, 3 letzter Satz, 4 und 8 mit 1. Jänner 2015.

(55) Art. 6 Abs. 4, Art. 10 Abs. 1 Z 1, Art. 130 Abs. 5 und Art. 141 Abs. 1 lit. g in der Fassung des Bundesverfassungsgesetzes BGBl. I Nr. 115/2013 treten mit 1. Jänner 2014 in Kraft.

(56) In der Fassung des Schulbehörden – Verwaltungsreformgesetzes 2013, BGBl. I Nr. 164/2013, treten in Kraft:

1. Art. 14 Abs. 5 lit. a und b sowie der Einleitungssatz des Art. 81b Abs. 1 mit Ablauf des Tages der Kundmachung im Bundesgesetzblatt,
2. Art. 81a Abs. 1 mit 1. September 2013,
3. Art. 14 Abs. 3 lit. a, Abs. 4 lit. a, Art. 81a Abs. 2 und Abs. 3, Art. 81b Abs. 1 (sofern nicht von Z 1 erfasst), Art. 132 Abs. 1 und 4 sowie Art. 133 Abs. 6 mit 1. August 2014.

(57) Art. 53, Art. 57, Art. 130 Abs. 1a, Art. 136 Abs. 3a und Art. 138b in der Fassung des Bundesgesetzes BGBl. I Nr. 101/2014 treten mit 1. Jänner 2015 in Kraft.

(58) Art. 30a in der Fassung des Bundesgesetzes BGBl. I Nr. 102/2014 tritt mit 1. Jänner 2015 in Kraft.

(59) Art. 142 Abs. 2 lit. i in der Fassung des Bundesgesetzes BGBl. I Nr. 41/2016 tritt mit 1. Jänner 2014 in Kraft. Art. 61 Abs. 1, Art. 68 Abs. 4, Art. 70 Abs. 2, Art. 78 Abs. 2, Art. 101 Abs. 2, Art. 122 Abs. 5, Art. 141 Abs. 1, Art. 142 Abs. 2 lit. b und Art. 148g Abs. 6 in der Fassung des Bundesgesetzes BGBl. I Nr. 41/2016 treten mit 1. Jänner 2017 in Kraft. Art. 95 Abs. 2 in der Fassung des Bundesgesetzes BGBl. I Nr. 41/2016 tritt mit 1. Jänner 2018 in Kraft.

(59a) Art. 10 Abs. 1 Z 11 und Art. 102 Abs. 2 in der Fassung des Bundesgesetzes BGBl. I Nr. 62/2016 treten mit 1. August 2016 in Kraft.

(60) Die Art. 23a Abs. 4, Art. 26 Abs. 7, Art. 26a und Art. 41 Abs. 2 in der Fassung BGBl. I Nr. 106/2016 treten mit 1. Jänner 2018 in Kraft; gleichzeitig tritt Art. 26 Abs. 7 außer Kraft. Art. 60 Abs. 1 in der Fassung des Bundesgesetzes BGBl. I Nr. 107/2021 tritt mit 1. Jänner 2018 in Kraft.

(61) Art. 10 Abs. 1 Z 12a, Art. 14 Abs. 1 und 3 und Abs. 4 lit. a, Art. 14a Abs. 1, Art. 21 Abs. 1, die Überschrift vor Art. 81c, Art. 102 Abs. 2, Art. 112, das fünfte Hauptstück, die Überschriften vor Art. 115, 121 und 129, Art. 130 Abs. 1 Z 3, Art. 131 Abs. 4 Z 2 lit. b und c und Abs. 4 letzter Satz, Art. 132 Abs. 1 Z 2, Abs. 4 und 5, Art. 133 Abs. 6, Art. 142 Abs. 2 lit. h, Art. 142 Abs. 4 letzter Satz sowie die Überschriften vor Art. 148a und 149 in der Fassung des Bundesgesetzes BGBl. I Nr. 138/2017 treten mit 1. Jänner

2019 in Kraft. Gleichzeitig treten der fünfte Unterabschnitt des Abschnittes A des dritten Hauptstückes, Art. 130 Abs. 1 Z 4, Art. 132 Abs. 4 und Art. 133 Abs. 6 Z 4 außer Kraft. Soweit die Bundesgesetzgebung nicht anderes bestimmt, treten mit diesem Zeitpunkt in den Angelegenheiten des Art. 14 Abs. 3 lit. a bestehende Grundsatzgesetze und Grundsatzbestimmungen in Bundesgesetzen sowie in diesen Angelegenheiten bestehende landesrechtliche Vorschriften außer Kraft. Für den Übergang zur neuen Rechtslage gilt:

1. Der Bildungsdirektor kann ab 1. Jänner 2018 gemäß dem in Art. 113 Abs. 6 in der Fassung BGBl. I Nr. 138/2017 festgelegten Verfahren bestellt werden. Der Landeshauptmann kann den amtsführenden Präsidenten des Landesschulrates auf dessen Antrag ab 1. Jänner 2018 bis einschließlich 30. Juni 2018 mit der Funktion des Bildungsdirektors betrauen. Der Antrag auf Betrauung mit der Funktion des Bildungsdirektors kann bis zum Ablauf des 31. Jänner 2018 gestellt werden. Bei Betrauung des amtsführenden Präsidenten des Landesschulrates durch den Landeshauptmann endet die Funktion als Bildungsdirektor mit dem Tag des Zusammentrittes des neugewählten Landtages des jeweiligen Landes. Wird der amtsführende Präsident des Landesschulrates erst nach dem Zusammentritt des neugewählten Landtages vom Landeshauptmann mit der Funktion des Bildungsdirektors betraut, endet die Funktion als Bildungsdirektor jedenfalls mit Ablauf des 30. Juni 2018. Eine Wiederbestellung als Bildungsdirektor gemäß Art. 113 Abs. 6 in der Fassung BGBl. I Nr. 138/2017 ist zulässig. Der Bildungsdirektor übt für die Dauer seiner Bestellung bzw. Betrauung, längstens jedoch bis zum Ablauf des 31. Dezember 2018 die Funktion des amtsführenden Präsidenten des Landesschulrates aus.
2. Der Präsident der Bildungsdirektion kann ab 1. Jänner 2018 nach dem gemäß Art. 113 Abs. 8 in der Fassung BGBl. I Nr. 138/2017 festgelegten Verfahren vorgesehen werden.
3. Mit Ablauf des 31. Dezember 2018 werden die Landesschulräte einschließlich der im Rahmen der Landesschulräte eingerichteten Kollegien aufgelöst. Mit Ablauf des 31. Dezember 2018 gelten die zu diesem Zeitpunkt bei den Landesschulräten tätigen Bundes- und Landesbediensteten als der Bildungsdirektion zugewiesen. Die Zuständigkeit zur Weiterführung der mit Ablauf des 31. Dezember 2018 bei den Landesschulräten anhängigen Verfahren geht auf die Bildungsdirektionen über. Gleiches gilt für die mit Ablauf des 31. Dezember 2018 bei den Landesregierungen in den in Art. 113 Abs. 2 in der Fassung BGBl. I Nr. 138/2017 genannten Angelegenheiten anhängigen Verfahren. Die näheren Bestimmungen über den Zuständigkeitsübergang können durch Bundesgesetz getroffen werden.
4. Die für die Aufnahme der Tätigkeit der Bildungsdirektionen erforderlichen organisatorischen und personellen Maßnahmen können bereits mit Ablauf des Tages der Kundmachung des Bundesgesetzes BGBl. I Nr. 138/2017 getroffen werden.

(62) Art. 130 Abs. 2a und Art. 133 Abs. 2a in der Fassung des Bundesgesetzes BGBl. I Nr. 22/2018 treten mit 25. Mai 2018 in Kraft.

(63) Für das Inkrafttreten des Bundesgesetzes BGBl. I Nr. 14/2019 gilt Folgendes:

1. Art. 15 Abs. 7, 10 und 11, Art. 83 Abs. 1, Art. 97 Abs. 2, Art. 98, Art. 106, Art. 116 Abs. 3, Art. 117 Abs. 7, Art. 130 Abs. 2, Art. 131 Abs. 6 und Art. 136 Abs. 3b treten mit Ablauf des Monats der Kundmachung dieses Bundesgesetzes in Kraft. Gleichzeitig tritt Art. 101a außer Kraft.
2. Für Personen, die bis zu diesem Zeitpunkt zum Landesamtsdirektor oder Magistratsdirektor bestellt wurden, gelten die Voraussetzungen des Art. 106 erster Satz beziehungsweise des Art. 117 Abs. 7 zweiter Satz in der Fassung dieses Bundesgesetzes als erfüllt.
3. Bis zur Erlassung von Verordnungen gemäß Art. 83 Abs. 1 in der Fassung dieses Bundesgesetzes bleiben entsprechende gesetzliche Bestimmungen unberührt.
4. Art. 10 Abs. 1 Z 6, 11 und 17, Art. 11 Abs. 1 Z 8 und 9, Art. 12 Abs. 1 in der Fassung der Z 7 und 8, Art. 97 Abs. 4, Art. 102 Abs. 2 in der Fassung der Z 18 und Art. 118 Abs. 3 Z 10 treten mit 1. Jänner 2020 in Kraft; gleichzeitig treten das Bundesverfassungsgesetz vom 2. Juni 1948, betreffend die Zuständigkeit des Bundes auf dem Gebiete des Arbeiterrechtes sowie des Arbeiter- und Angestelltenschutzes und der Berufsvertretung, BGBl. Nr. 139/1948, und Art. V der Bundes-Verfassungsgesetznovelle 1974, BGBl. Nr. 444/1974, außer Kraft. Art. I Abs. 2 der 8. Behinderteneinstellungsgesetz-Novelle – 8. BEinstGNov, BGBl. Nr. 721/1988, § 1 Abs. 3 des Arbeitsplatz-Sicherungsgesetzes 1991, BGBl. Nr. 683/1991, und § 1 Abs. 3 des Lohn- und Sozialdumping-Bekämpfungsgesetzes – LSD-BG, BGBl. I Nr. 44/2016, bleiben unberührt. Für die mit Ablauf des 31. Dezember 2019 geltenden Rechtsvorschriften, die Angelegenheiten regeln, für die die Zuständigkeit zur Gesetzgebung und Vollziehung durch das Bundesgesetz BGBl. I Nr. 14/2019 neu geregelt wird, gilt, unbeschadet der Z 5, Folgendes: In den Angelegenheiten des bisherigen Art. 12 erlassene Grundsatzgesetze treten außer Kraft; in diesen Angelegenheiten erlassene Landesgesetze werden, je nachdem, ob die Gesetzgebung in diesen Angelegenheiten auf Grund der Bestimmungen dieses Bundesverfassungsgesetzes Bundessache oder Landessache ist,

entweder für das Land, in dem sie erlassen worden sind, Bundesgesetze oder bleiben weiter Landesgesetze. Für die auf Grund dieser Gesetze erlassenen Verordnungen gilt sinngemäß dasselbe. Die betreffenden Gesetze und Verordnungen gelten, soweit sie den Bestimmungen dieses Bundesverfassungsgesetzes betreffend die Zuständigkeit der Behörden widersprechen, als sinngemäß geändert; sofern sich auf Grund dieser Auslegungsregel Zweifel ergeben können, hat je nach den die Zuständigkeiten regelnden Bestimmungen dieses Bundesverfassungsgesetzes entweder die Bundesregierung oder die betreffende Landesregierung diese Angelegenheit bis zur Erlassung einer gesetzlichen Bestimmung vorläufig durch Verordnung zu regeln. Die vor dem Inkrafttreten des Bundesgesetzes BGBl. I Nr. 14/2019 erlassenen Bescheide gelten als Bescheide der auf Grund der Bestimmungen dieses Bundesverfassungsgesetzes zuständigen Bundesbehörde oder Landesbehörde.

5. Art. 12 Abs. 1 in der Fassung der Z 7a tritt mit jenem Zeitpunkt in Kraft, in dem eine Vereinbarung zwischen dem Bund und den Ländern gemäß Art. 15a Abs. 1 über den Gegenstand des Bundes-Kinder- und Jugendhilfegesetzes 2013 – B-KJHG 2013, BGBl. I Nr. 69/2013, in Kraft tritt *(Anm. 1)*. Für die in diesem Zeitpunkt geltenden Rechtsvorschriften, die Angelegenheiten der Mutterschafts-, Säuglings-, und Jugendfürsorge regeln, gilt Z 4 sinngemäß.
6. Art. 10 Abs. 1 Z 13 und Art. 102 Abs. 2 in der Fassung der Z 17 treten mit 1. Jänner 2020 in Kraft. Gleichzeitig treten die landesgesetzlichen Vorschriften in allgemeinen Angelegenheiten des Schutzes personenbezogener Daten im nicht-automationsunterstützten Datenverkehr außer Kraft.

(64) Art. 30b in der Fassung des Bundesgesetzes BGBl. I Nr. 57/2019 tritt mit dem der Kundmachung folgenden Tag in Kraft. Für den Übergang zur neuen Rechtslage gilt:

1. Die bei den Disziplinarkommissionen im Bereich der Parlamentsdirektion, des Rechnungshofes und der Volksanwaltschaft bis zum 30. September 2020 anhängig gemachten Disziplinarverfahren sind nach den Bestimmungen des Beamten-Dienstrechtsgesetzes 1979 in der Fassung BGBl. I Nr. 32/2019 fortzuführen.
2. Ab dem 1. Oktober 2020 geht die Zuständigkeit zur Durchführung von Disziplinarverfahren hinsichtlich der Beamten der Parlamentsdirektion, des Rechnungshofes und der Volksanwaltschaft auf die Disziplinarkommission gemäß Art. 30b in der Fassung dieses Bundesgesetzes BGBl. I Nr. 57/2019 über.

(65) Art. 69 Abs. 3 in der Fassung des Art. 19 Z 1 des Bundesgesetzes BGBl. I Nr. 16/2020 tritt mit Ablauf des Tages der Kundmachung des genannten Bundesgesetzes in Kraft und mit Ablauf des 30. Juni 2023 außer Kraft. Art. 69 Abs. 3 in der Fassung des Art. 19 Z 2 des genannten Bundesgesetzes tritt mit 1. Juli 2023 in Kraft.

(66) Art. 117 Abs. 3 in der Fassung des Art. 5 Z 1 des Bundesgesetzes BGBl. I Nr. 24/2020 tritt mit Ablauf des Tages der Kundmachung des genannten Bundesgesetzes in Kraft und mit Ablauf des 30. Juni 2023 außer Kraft. Art. 117 Abs. 3 in der Fassung des Art. 5 Z 2 des genannten Bundesgesetzes tritt mit 1. Juli 2023 in Kraft.

(67) Art. 20 Abs. 5, Art. 122 Abs. 4 und Art. 123 Abs. 2 in der Fassung des Art. 1 des Bundesgesetzes BGBl. I Nr. 141/2022 treten mit 1. Jänner 2023 in Kraft. Art. 20 Abs. 5 in der Fassung des Art. 1 des Bundesgesetzes BGBl. I Nr. 141/2022 ist ausschließlich auf Studien, Gutachten und Umfragen anzuwenden, die ab diesem Zeitpunkt in Auftrag gegeben werden.

(____________________

Anm. 1: Die Vereinbarung tritt mit 1.1.2020 in Kraft, vgl. BGBl. I Nr. 106/2019.)

Artikel 152. Mit der Vollziehung dieses Bundesverfassungsgesetzes ist die Bundesregierung betraut.

Anlage

Aufgelöste unabhängige Verwaltungsbehörden

A. Bund

1. Berufungssenat in Ordnungsstrafsachen gemäß § 168 Abs. 1 der Notariatsordnung (NO), RGBl. Nr. 75/1871;
2. Kommission gemäß § 7 Abs. 1 des Verfassungsgesetzes vom 8. Mai 1945, über das Verbot der NSDAP (Verbotsgesetz 1947), StGBl. Nr. 13/1945;
3. Landesagrarsenate gemäß § 5 Abs. 1 des Agrarbehördengesetzes 1950, BGBl. Nr. 1/1951;
4. Oberster Agrarsenat gemäß § 6 Abs. 1 des Agrarbehördengesetzes 1950, BGBl. Nr. 1/1951;
5. Landesberufungskommissionen gemäß § 345 Abs. 1 des Bundesgesetzes vom 9. September 1955 über die Allgemeine Sozialversicherung (Allgemeines Sozialversicherungsgesetz – ASVG.), BGBl. Nr. 189;
6. Bundesschiedskommission gemäß § 346 Abs. 1 des Bundesgesetzes vom 9. September 1955 über die Allgemeine Sozialversicherung (Allgemeines Sozialversicherungsgesetz – ASVG.), BGBl. Nr. 189;
7. Unabhängige Heilmittelkommission gemäß § 351h Abs. 1 des Bundesgesetzes vom 9. September 1955 über die Allgemeine Sozialversicherung (Allgemeines Sozialversicherungsgesetz – ASVG.), BGBl. Nr. 189;
8. Schienen-Control Kommission gemäß § 81 Abs. 1 des Bundesgesetzes über Eisenbahnen, Schienenfahrzeuge auf Eisenbahnen und den Verkehr auf Eisenbahnen (Eisenbahngesetz 1957 – EisbG), BGBl. Nr. 60;
9. Bundesentschädigungskommission gemäß § 20 Abs. 1 des Bundesgesetzes vom 25. Juni 1958 über die Gewährung von Entschädigungen für Schäden, die im Zusammenhang mit der Besetzung Österreichs entstanden sind (Besatzungsschädengesetz), BGBl. Nr. 126;
10. Kommission zur Abgeltung von Ansprüchen nach dem Siebenten Rückstellungsgesetz gemäß § 7 Abs. 1 des Bundesgesetzes vom 12. Dezember 1963, betreffend die Abgeltung gewisser Ansprüche aus Dienstverhältnissen in der Privatwirtschaft, BGBl. Nr. 319;
11. Bundesverteilungskommission gemäß § 17 des Bundesgesetzes vom 18. März 1964 über die Verwendung der zufließenden Mittel aus dem Vertrag zwischen der Republik Österreich und der Volksrepublik Bulgarien zur Regelung offener finanzieller Fragen (Verteilungsgesetz Bulgarien), BGBl. Nr. 129;
12. Personalvertretungs-Aufsichtskommission beim Bundeskanzleramt gemäß § 39 Abs. 1 des Bundesgesetzes vom 10. März 1967 über die Personalvertretung bei den Dienststellen des Bundes (Bundes-Personalvertretungsgesetz – PVG), BGBl. Nr. 133;
13. Disziplinarsenat gemäß § 49 des Bundesgesetzes vom 7. Juni 1967, mit dem der Patentanwaltsberuf geregelt wird (Patentanwaltsgesetz), BGBl. Nr. 214;
14. Vollzugskammern gemäß § 11a des Bundesgesetzes vom 26. März 1969 über den Vollzug der Freiheitsstrafen und der mit Freiheitsentziehung verbundenen vorbeugenden Maßnahmen (Strafvollzugsgesetz – StVG), BGBl. Nr. 144;
15. Berufungskommission gemäß § 13a des Behinderteneinstellungsgesetzes (BEinstG), BGBl. Nr. 22/1970;
16. Oberster Patent- und Markensenat gemäß § 74 Abs. 1 des Patentgesetzes 1970, BGBl. Nr. 259;
17. Berufungskommission gemäß § 41a des Bundesgesetzes vom 27. Juni 1979 über das Dienstrecht der Beamten (Beamten-Dienstrechtsgesetz 1979 – BDG 1979), BGBl. Nr. 333;
18. Disziplinaroberkommission gemäß § 99 Abs. 1 des Bundesgesetzes vom 27. Juni 1979 über das Dienstrecht der Beamten (Beamten-Dienstrechtsgesetz 1979 – BDG 1979), BGBl. Nr. 333;
19. Zivildienstbeschwerderat gemäß § 43 Abs. 1 des Bundesgesetzes über den Zivildienst (Zivildienstgesetz 1986 – ZDG), BGBl. Nr. 679;
20. Berufungssenat gemäß § 64 Abs. 2 des Bundesgesetzes vom 8. November 1989 über die Wertpapier- und allgemeinen Warenbörsen und über die Abänderung des Börsesensale-Gesetzes 1949 und der Börsegesetz-Novelle 1903 (Börsegesetz 1989 – BörseG), BGBl. Nr. 555;
21. Oberste Berufungs- und Disziplinarkommission gemäß § 59 Abs. 1 des Bundesgesetzes vom 28. Juni 1990 über das Disziplinarrecht der Rechtsanwälte und Rechtsanwaltsanwärter (Disziplinarstatut für Rechtsanwälte und Rechtsanwaltsanwärter – DSt) sowie über Änderungen der Rechtsanwaltsordnung, der Zivilprozeßordnung und der Strafprozessordnung, BGBl. Nr. 474;
22. Berufungskommission in Disziplinarangelegenheiten gemäß § 58 Abs. 1 des Bundesgesetzes über die Kammern der Architekten und Ingenieurkonsulenten (Ziviltechnikerkammergesetz 1993 – ZTKG), BGBl. Nr. 157/1994;

23. Disziplinarsenat der Österreichischen Ärztekammer beim Bundesministerium für Gesundheit gemäß § 180 Abs. 1 des Bundesgesetzes, mit dem ein Bundesgesetz über die Ausübung des ärztlichen Berufes und die Standesvertretung der Ärzte (Ärztegesetz 1998 – ÄrzteG 1998) erlassen und das Ausbildungsvorbehaltsgesetz geändert wird, BGBl. I Nr. 169;
24. Disziplinaroberrat der Kammer der Wirtschaftstreuhänder gemäß § 121 des Bundesgesetzes über die Wirtschaftstreuhandberufe (Wirtschaftstreuhandberufsgesetz – WTBG), BGBl. I Nr. 58/1999;
25. Datenschutzkommission gemäß § 35 Abs. 1 des Bundesgesetzes über den Schutz personenbezogener Daten (Datenschutzgesetz 2000 – DSG 2000), BGBl. I Nr. 165/1999;
26. Unabhängiger Umweltsenat gemäß § 1 Abs. 1 des Bundesgesetzes über den Umweltsenat (USG 2000), BGBl. I Nr. 114;
27. Bundeskommunikationssenat gemäß § 1 Abs. 2 des Bundesgesetzes über die Einrichtung einer Kommunikationsbehörde Austria („KommAustria") und eines Bundeskommunikationssenates (KommAustria-Gesetz – KOG), BGBl. I Nr. 32/2001;
28. Disziplinarberufungssenat gemäß § 58 Abs. 1 des Bundesgesetzes über die Österreichische Apothekerkammer (Apothekerkammergesetz 2001), BGBl. I Nr. 111;
29. Disziplinaroberkommission gemäß § 15 Abs. 1 Z 2 des Heeresdisziplinargesetzes 2002 – HDG 2002, BGBl. I Nr. 167;
30. Einsatzstraforgane gemäß § 82 Abs. 1 des Heeresdisziplinargesetzes 2002 – HDG 2002, BGBl. I Nr. 167;
31. Qualitätskontrollbehörde gemäß § 20 Abs. 1 des Bundesgesetzes über die Qualitätssicherung bei Abschlussprüfungen (Abschlussprüfungs-Qualitätssicherungsgesetz – A–QSG), BGBl. I Nr. 84/2005;
32. Disziplinarsenat der Österreichischen Zahnärztekammer gemäß § 65 Abs. 1 Z 1 des Bundesgesetzes über die Standesvertretung der Angehörigen des zahnärztlichen Berufs und des Dentistenberufs (Zahnärztekammergesetz – ZÄKG), BGBl. I Nr. 154/2005;
33. Urheberrechtssenat gemäß § 30 Abs. 1 des Bundesgesetzes über Verwertungsgesellschaften (Verwertungsgesellschaftengesetz 2006 – VerwGesG 2006), BGBl. I Nr. 9.

1. Leistungsfeststellungsoberkommission für Landeslehrer für allgemeinbildende Pflichtschulen gemäß § 10 Abs. 1 des Gesetzes über die Behördenzuständigkeit zur Ausübung der Diensthoheit über die Landeslehrerinnen und Landeslehrer für öffentliche Pflichtschulen im Burgenland (Burgenländisches Landeslehrerinnen und -lehrer Diensthoheitsgesetz 1995 – Bgld. LDHG), LGBl. Nr. 62;
2. Leistungsfeststellungsoberkommission für Landeslehrer für Berufsschulen gemäß § 11 Abs. 1 des Gesetzes über die Behördenzuständigkeit zur Ausübung der Diensthoheit über die Landeslehrerinnen und Landeslehrer für öffentliche Pflichtschulen im Burgenland (Burgenländisches Landeslehrerinnen und -lehrer Diensthoheitsgesetz 1995 – Bgld. LDHG), LGBl. Nr. 62;
3. Disziplinaroberkommission für Landeslehrer für allgemeinbildende Pflichtschulen gemäß § 14 Abs. 1 des Gesetzes über die Behördenzuständigkeit zur Ausübung der Diensthoheit über die Landeslehrerinnen und Landeslehrer für öffentliche Pflichtschulen im Burgenland (Burgenländisches Landeslehrerinnen und -lehrer Diensthoheitsgesetz 1995 – Bgld. LDHG), LGBl. Nr. 62;
4. Disziplinaroberkommission für Landeslehrer für Berufsschulen gemäß § 15 Abs. 1 des Gesetzes über die Behördenzuständigkeit zur Ausübung der Diensthoheit über die Landeslehrerinnen und Landeslehrer für öffentliche Pflichtschulen im Burgenland (Burgenländisches Landeslehrerinnen und -lehrer Diensthoheitsgesetz 1995 – Bgld. LDHG), LGBl. Nr. 62;
5. Disziplinaroberkommission gemäß § 117 Abs. 1 des Gesetzes vom 20. November 1997 über das Dienstrecht der Landesbeamten (Burgenländisches Landesbeamten-Dienstrechtsgesetz 1997 – LBDG 1997), LGBl. Nr. 17/1998.

1. Leistungsfeststellungsoberkommission gemäß § 2 Abs. 2 des Gesetzes vom 28. Juni 1968 über die Behördenzuständigkeit zur Ausübung der Diensthoheit über die Landeslehrer für öffentliche land- und forstwirtschaftliche Berufs- und Fachschulen (Land- und forstwirtschaftliches Landeslehrer-Diensthoheitsgesetz – K-LLDHG), LGBl. Nr. 62;
2. Disziplinaroberkommission gemäß § 3 Abs. 2 des Gesetzes vom 28. Juni 1968 über die Behördenzuständigkeit zur Ausübung der Diensthoheit über die Landeslehrer für öffentliche land- und forstwirtschaftliche Berufs- und Fachschulen (Land- und forstwirtschaftliches Landeslehrer-Diensthoheitsgesetz – K-LLDHG), LGBl. Nr. 62;
3. Leistungsfeststellungsoberkommission gemäß § 16 Abs. 3 des Kärntner Gemeindebedienstetengesetzes 1992 – K-GBG, LGBl. Nr. 56
4. Disziplinaroberkommission gemäß § 60 Abs. 1 des Kärntner Gemeindebedienstetengesetzes 1992 – K–GBG, LGBl. Nr. 56;
5. Leistungsfeststellungsoberkommission gemäß § 38 Abs. 1 des Kärntner Stadtbeamtengesetzes 1993 – K–StBG 1993, LGBl. Nr. 115;

6. Disziplinaroberkommission gemäß § 111 Abs. 1 des Kärntner Stadtbeamtengesetzes 1993 – K–StBG 1993, LGBl. Nr. 115;
7. Disziplinaroberkommission gemäß § 103 Abs. 1 des Kärntner Dienstrechtsgesetzes 1994 – K–DRG 1994, LGBl. Nr. 71;
8. Leistungsfeststellungs-Oberkommission gemäß § 10 Abs. 1 des Gesetzes vom 28. September 2000, mit dem Bewerberlisten für die Aufnahme von Landesvertragslehrern vorgesehen, die Behördenzuständigkeit zur Ausübung der Diensthoheit über die Landeslehrer für öffentliche Pflichtschulen festgelegt und das Landeslehrer-Dienstrechtsgesetz 1984 ausgeführt wird (Kärntner Landeslehrergesetz – K-LG), LGBl. Nr. 80;
9. Disziplinar-Oberkommission gemäß § 14 Abs. 1 des Gesetzes vom 28. September 2000, mit dem Bewerberlisten für die Aufnahme von Landesvertragslehrern vorgesehen, die Behördenzuständigkeit zur Ausübung der Diensthoheit über die Landeslehrer für öffentliche Pflichtschulen festgelegt und das Landeslehrer-Dienstrechtsgesetz 1984 ausgeführt wird (Kärntner Landeslehrergesetz – K-LG), LGBl. Nr. 80;
10. Grundverkehrslandeskommission gemäß § 12 Abs. 1 des Gesetzes vom 18. Dezember 2003 zur Regelung des Grundverkehrs (Kärntner Grundverkehrsgesetz 2002 – K-GVG), LGBl. Nr. 9/2004.

1. Disziplinaroberkommission gemäß § 181 Abs. 1 des NÖ Landes-Bedienstetengesetzes (NÖ LBG), LGBl. 2100;
2. Beschreibungskommissionen gemäß § 22 Abs. 1 der NÖ Gemeindebeamtendienstordnung 1976 (GBDO), LGBl. 2400;
3. Disziplinaroberkommission gemäß § 121 Abs. 1 der NÖ Gemeindebeamtendienstordnung 1976 (GBDO), LGBl. 2400;
4. Leistungsfeststellungsoberkommission gemäß § 15 Abs. 1 des NÖ Landeslehrer-Diensthoheitsgesetzes 1976, LGBl. 2600;
5. Disziplinaroberkommission gemäß § 18 Abs. 1 des NÖ Landeslehrer-Diensthoheitsgesetzes 1976, LGBl. 2600;
6. Leistungsfeststellungsoberkommission gemäß § 4 Abs. 1 des NÖ Land- und Forstwirtschaftlichen Landeslehrer-Diensthoheitsgesetzes, LGBl. 2620;
7. Disziplinaroberkommission gemäß § 7 Abs. 1 des NÖ Land- und Forstwirtschaftlichen Landeslehrer-Diensthoheitsgesetzes, LGBl. 2620;
8. Landeskommission für Jagd- und Wildschäden gemäß § 118 Abs. 1 des NÖ Jagdgesetzes 1974 (NÖ JG), LGBl. 6500;
9. Grundverkehrslandeskommission gemäß § 8 des NÖ Grundverkehrsgesetzes 2007 (NÖ GVG 2007), LGBl. 6800;
10. Grundverkehrskommission für ausländische Personen gemäß § 21 des NÖ Grundverkehrsgesetzes 2007 (NÖ GVG 2007), LGBl. 6800.

1. Leistungsfeststellungs-Oberkommission für Landeslehrer für allgemeinbildende Pflichtschulen gemäß § 11 Abs. 1 des Gesetzes vom 4. März 1986 betreffend die Zuständigkeit zur Ausübung der Diensthoheit über die Landeslehrer für öffentliche Pflichtschulen (Oö. Landeslehrer-Diensthoheitsgesetz – Oö. LDHG 1986), LGBl. Nr. 18;
2. Leistungsfeststellungs-Oberkommission für Landeslehrer für Berufsschulen gemäß § 12 Abs. 1 des Gesetzes vom 4. März 1986 betreffend die Zuständigkeit zur Ausübung der Diensthoheit über die Landeslehrer für öffentliche Pflichtschulen (Oö. Landeslehrer-Diensthoheitsgesetz 1986 – Oö. LDHG 1986), LGBl. Nr. 18;
3. Disziplinaroberkommission für Landeslehrer für allgemeinbildende Pflichtschulen gemäß § 15 Abs. 1 des Gesetzes vom 4. März 1986 betreffend die Zuständigkeit zur Ausübung der Diensthoheit über die Landeslehrer für öffentliche Pflichtschulen (Oö. Landeslehrer-Diensthoheitsgesetz 1986 – Oö. LDHG 1986), LGBl. Nr. 18;
4. Disziplinaroberkommission für Landeslehrer für Berufsschulen gemäß § 16 Abs. 1 des Gesetzes vom 4. März 1986 betreffend die Zuständigkeit zur Ausübung der Diensthoheit über die Landeslehrer für öffentliche Pflichtschulen (Oö. Landeslehrer-Diensthoheitsgesetz 1986 – Oö. LDHG 1986), LGBl. Nr. 18;
5. Leistungsfeststellungs-Oberkommission gemäß § 3 Abs. 1 des Gesetzes vom 4. März 1988 betreffend die Zuständigkeit zur Ausübung der Diensthoheit über die Landeslehrer für öffentliche land- und forstwirtschaftliche Berufs- und Fachschulen (Oö. Land- und forstwirtschaftliches Landeslehrer-Diensthoheitsgesetz 1988 – Oö. LLDHG 1988), LGBl. Nr. 32;
6. Disziplinaroberkommission gemäß § 5 Abs. 1 des Gesetzes vom 4. März 1988 betreffend die Zuständigkeit zur Ausübung der Diensthoheit über die Landeslehrer für öffentliche land- und forstwirtschaftliche Berufs- und Fachschulen (Oö. Land- und forstwirtschaftliches Landeslehrer-Diensthoheitsgesetz 1988 – Oö. LLDHG 1988), LGBl. Nr. 32;

7. Disziplinaroberkommission gemäß § 119 Abs. 1 des Landesgesetzes vom 3. Dezember 1993 über das Dienstrecht der Beamten des Landes Oberösterreich (Oö. Landesbeamtengesetz 1993 – Oö. LBG), LGBl. Nr. 11/1994;
8. Landesgrundverkehrskommission gemäß § 25 Abs. 2 des Landesgesetzes vom 7. Juli 1994 über den Verkehr mit Grundstücken (Oö. Grundverkehrsgesetz 1994 – Oö. GVG 1994), LGBl. Nr. 88;
9. Disziplinaroberkommission gemäß § 143 Abs. 1 des Landesgesetzes über das Dienstrecht der Bediensteten der oö. Gemeinden (mit Ausnahme der Städte mit eigenem Statut) und Gemeindeverbände (Oö. Gemeindebedienstetengesetz 2001 – Oö. GBG 2001), LGBl. Nr. 48;
10. Disziplinaroberkommission gemäß § 106 Abs. 1 des Landesgesetzes über das Dienstrecht der Beamten und Beamtinnen der Städte mit eigenem Statut (Oö. Statuargemeinden-Beamtengesetz 2002 – Oö. StGBG 2002), LGBl. Nr. 50;
11. Disziplinaroberkommission gemäß § 53 Abs. 1 des Landesgesetzes über das Dienst- und Gehaltsrecht der Bediensteten der oö. Gemeinden (mit Ausnahme der Städte mit eigenem Statut) und Gemeindeverbände (Oö. Gemeinde-Dienstrechts- und Gehaltsgesetz 2002 – Oö. GDG 2002), LGBl. Nr. 52.

1. Disziplinarkommission gemäß § 12 Z 2 des Salzburger Gemeindebeamtengesetzes 1968, LGBl. Nr. 27;
2. Leistungsfeststellungskommission für land- und forstwirtschaftliche Landeslehrer gemäß § 3 Abs. 1 des Gesetzes vom 8. Juli 1981 über die Zuständigkeit zur Ausübung der Diensthoheit über die Landeslehrer für land- und forstwirtschaftliche Berufs- und Fachschulen (Salzburger land- und forstwirtschaftliches Landeslehrerdiensthoheitsgesetz 1981), LGBl. Nr. 80;
3. Disziplinarkommission für land- und forstwirtschaftliche Landeslehrer gemäß § 5 Abs. 1 des Gesetzes vom 8. Juli 1981 über die Zuständigkeit zur Ausübung der Diensthoheit über die Landeslehrer für land- und forstwirtschaftliche Berufs- und Fachschulen (Salzburger land- und forstwirtschaftliches Landeslehrerdiensthoheitsgesetz 1981), LGBl. Nr. 80;
4. Leistungsfeststellungskommission gemäß § 22 Abs. 1 des Salzburger Landes-Beamtengesetzes 1987 – L–BG, LGBl. Nr. 1;
5. Disziplinarkommission gemäß § 38 Abs. 2 des Salzburger Landes-Beamtengesetzes 1987 – L–BG, LGBl. Nr. 1;
6. Leistungsfeststellungsoberkommission gemäß § 4 Abs. 1 des Salzburger Landeslehrer-Diensthoheitsgesetzes 1995 – LDHG 1995, LGBl. Nr. 138;
7. Disziplinaroberkommission gemäß § 8 Abs. 1 des Salzburger Landeslehrer-Diensthoheitsgesetzes 1995 – LDHG 1995, LGBl. Nr. 138;
8. Disziplinarkommission gemäß § 105 Abs. 2 des Gesetzes vom 5. Februar 2003 über das Dienstrecht der Beamtinnen und Beamten der Landeshauptstadt Salzburg (Magistrats- Beamtinnen- und Magistrats-Beamtengesetz 2002 – MagBG), LGBl. Nr. 12/2003;
9. Vergabekontrollsenat gemäß § 2 Abs. 1 des Gesetzes vom 7. Februar 2007 über die Kontrolle der Vergabe von öffentlichen Aufträgen (Salzburger Vergabekontrollgesetz 2007 – S.VKG 2007), LGBl. Nr. 28.

1. Leistungsfeststellungsoberkommission der Landeslehrer für allgemeinbildende Pflichtschulen gemäß § 9 Abs. 2 des Gesetzes vom 30. Juni 1966 über die Behördenzuständigkeit zur Ausübung der Diensthoheit über die Landeslehrer für Pflichtschulen in Steiermark (Steiermärkisches Landeslehrer-Diensthoheitsgesetz 1966 – LDHG.1966), LGBl. Nr. 209;
2. Leistungsfeststellungsoberkommission der Landeslehrer für berufsbildende Pflichtschulen gemäß § 10 Abs. 2 des Gesetzes vom 30. Juni 1966 über die Behördenzuständigkeit zur Ausübung der Diensthoheit über die Landeslehrer für Pflichtschulen in Steiermark (Steiermärkisches Landeslehrer-Diensthoheitsgesetz 1966 – LDHG.1966), LGBl. Nr. 209;
3. Disziplinaroberkommission für Landeslehrer für allgemeinbildende Pflichtschulen gemäß § 16 Abs. 2 des Gesetzes vom 30. Juni 1966 über die Behördenzuständigkeit zur Ausübung der Diensthoheit über die Landeslehrer für Pflichtschulen in Steiermark (Steiermärkisches Landeslehrer-Diensthoheitsgesetz 1966 – LDHG.1966), LGBl. Nr. 209;
4. Disziplinaroberkommission für Landeslehrer für berufsbildende Pflichtschulen gemäß § 17 Abs. 2 des Gesetzes vom 30. Juni 1966 über die Behördenzuständigkeit zur Ausübung der Diensthoheit über die Landeslehrer für Pflichtschulen in Steiermark (Steiermärkisches Landeslehrer-Diensthoheitsgesetz 1966 – LDHG.1966), LGBl. Nr. 209;
5. Leistungsfeststellungsoberkommission der land und forstwirtschaftlichen Landeslehrer gemäß § 3 Abs. 2 des Gesetzes vom 29. Oktober 1969 über die Behördenzuständigkeit zur Ausübung der Diensthoheit über die Landeslehrer für öffentliche land- und forstwirtschaftliche Berufs- und Fachschulen (Land- und forstwirtschaftliches Landeslehrer-Diensthoheitsgesetz), LGBl. Nr. 9/1970;

6. Disziplinaroberkommission gemäß § 5 Abs. 1 des Gesetzes vom 29. Oktober 1969 über die Behördenzuständigkeit zur Ausübung der Diensthoheit über die Landeslehrer für öffentliche land- und forstwirtschaftliche Berufs- und Fachschulen (Land- und forstwirtschaftliches Landeslehrer-Diensthoheitsgesetz), LGBl. Nr. 9/1970;
7. Berufungssenat der Steirischen Landesjägerschaft gemäß § 5 Abs. 1 des Gesetzes vom 10. November 1992, mit dem eine Disziplinarordnung der Steirischen Landesjägerschaft erlassen wird, LGBl. Nr. 16/1993;
8. Dienstbeurteilungskommission gemäß § 84 Abs. 1 des Gesetzes über das Dienst- und Besoldungsrecht der Bediensteten des Landes Steiermark (Stmk. L-DBR), LGBl. Nr. 29/2003;
9. Disziplinaroberkommission gemäß § 95 Abs. 1 des Gesetzes über das Dienst- und Besoldungsrecht der Bediensteten des Landes Steiermark (Stmk. L-DBR), LGBl. Nr. 29/2003.

1. Landeshöfekommission gemäß § 9 Abs. 3 des Gesetzes vom 12. Juni 1900 betreffend die besonderen Rechtsverhältnisse geschlossener Höfe, wirksam für die gefürstete Grafschaft Tirol, LGBl. Nr. 47;
2. Disziplinaroberkommission gemäß § 74 Abs. 1 des Gemeindebeamtengesetzes 1970, LGBl. Nr. 9;
3. Dienstbeurteilungskommission der Tiroler Gemeindebeamten gemäß § 16 Abs. 2 des Gemeindebeamtengesetzes 1970, LGBl. Nr. 9;
4. Disziplinaroberkommission gemäß § 65 Abs. 1 des Innsbrucker Gemeindebeamtengesetzes 1970, LGBl. Nr. 44;
5. Dienstbeschreibungsausschüsse gemäß § 16 Abs. 9 des Innsbrucker Gemeindebeamtengesetzes 1970, LGBl. Nr. 44;
6. Leistungsfeststellungsoberkommission für Landeslehrer gemäß § 8 Abs. 1 des Gesetzes vom 1. Juli 1998 über die Behördenzuständigkeit zur Ausübung der Diensthoheit über die Landeslehrer (Tiroler Landeslehrer-Diensthoheitsgesetz 1998), LGBl. Nr. 74;
7. Disziplinaroberkommission für Landeslehrer gemäß § 11 Abs. 1 des Gesetzes vom 1. Juli 1998 über die Behördenzuständigkeit zur Ausübung der Diensthoheit über die Landeslehrer (Tiroler Landeslehrer-Diensthoheitsgesetz 1998), LGBl. Nr. 74;
8. Verwaltungsoberkommission der Kranken- und Unfallfürsorge der Landesbeamten gemäß § 62 des Beamten- und Lehrer-Kranken- und Unfallfürsorgegesetzes 1998, LGBl. Nr. 97;
9. Verwaltungsoberkommission der Kranken- und Unfallfürsorge der Landeslehrer gemäß § 72 des Beamten- und Lehrer-Kranken- und Unfallfürsorgegesetzes 1998, LGBl. Nr. 97;
10. Verwaltungsoberkommission der Kranken- und Unfallfürsorge der Tiroler Gemeindebeamten gemäß § 76 des Gemeindebeamten-Kranken- und Unfallfürsorgegesetzes 1998, LGBl. Nr. 98;
11. Leistungsfeststellungskommission für Landesbeamte gemäß § 2 lit. a des Landesbeamtengesetzes 1998, LGBl. Nr. 65;
12. Disziplinaroberkommission für Landesbeamte gemäß § 2 lit. a des Landesbeamtengesetzes 1998, LGBl. Nr. 65;
13. Berufungskommission gemäß § 38 Abs. 3 des Tiroler Tourismusgesetzes 2006, LGBl. Nr. 19;
14. Berufungskommission in Abgabensachen gemäß § 5 Abs. 1 des Gesetzes vom 30. September 2009 über die Abgabenbehörden des Landes und der Gemeinden sowie über das Strafrecht in Angelegenheiten der landesrechtlich geregelten Abgaben (Tiroler Abgabengesetz – TAbgG), LGBl. Nr. 97;
15. Umlegungsoberbehörde gemäß § 93 des Tiroler Raumordnungsgesetzes 2011 – TROG 2011, LGBl. Nr. 56.

Leistungsfeststellungsoberkommission gemäß § 4 Abs. 4 des Gesetzes über die Behördenzuständigkeit zur Ausübung der Diensthoheit über die Landeslehrer für öffentliche Pflichtschulen (Landeslehrer-Diensthoheitsgesetz), LGBl. Nr. 34/1964.

1. Bauoberbehörde gemäß § 138 des Wiener Stadtentwicklungs-, Stadtplanungs- und Baugesetzbuches (Bauordnung für Wien – BO für Wien), LGBl. Nr. 11/1930;
2. Oberschiedskommission gemäß § 116 des Gesetzes über die Regelung des Jagdwesens (Wiener Jagdgesetz), LGBl. Nr. 6/1948;
3. Abgabenberufungskommission gemäß § 203 des Gesetzes über das Wiener Abgabenorganisationsrecht (WAOR), LGBl. Nr. 21/1962;
4. Berufungssenat gemäß § 48a Abs. 1 der Verfassung der Bundeshauptstadt Wien (Wiener Stadtverfassung – WStV), LGBl. Nr. 28/1968;
5. Leistungsfeststellungsoberkommission beim Stadtschulrat für Wien gemäß § 4 Abs. 1 lit. b des Gesetzes betreffend die Zuständigkeit zur Ausübung der Diensthoheit über die Wiener Landeslehrer und Landeslehrerinnen für Volks-, Haupt-, Sonderschulen und Polytechnische Schulen sowie für Berufsschulen (Wiener Landeslehrer und Landeslehrerinnen-Diensthoheitsgesetz 1978 – LDHG 1978), LGBl. Nr. 4/1979;

6. Disziplinaroberkommission beim Stadtschulrat für Wien gemäß § 9 Abs. 1 lit. c des Gesetzes betreffend die Zuständigkeit zur Ausübung der Diensthoheit über die Wiener Landeslehrer und Landeslehrerinnen für Volks-, Haupt-, Sonderschulen und Polytechnische Schulen sowie für Berufsschulen (Wiener Landeslehrer und Landeslehrerinnen-Diensthoheitsgesetz 1978 – LDHG 1978), LGBl. Nr. 4/1979;
7. Dienstrechtssenat gemäß § 74a des Gesetzes über das Dienstrecht der Beamten der Bundeshauptstadt Wien (Dienstordnung 1994 – DO 1994), LGBl. Nr. 56;
8. Vergabekontrollsenat gemäß § 3 des Wiener Vergaberechtsschutzgesetzes 2007 (WVRG 2007), LGBl. Nr. 65/2006.

5. Staatsgrundgesetz über die allgemeinen Rechte der Staatsbürger

Staatsgrundgesetz vom 21. December 1867, über die allgemeinen Rechte der Staatsbürger für die im Reichsrathe vertretenen Königreiche und Länder.

StF: RGBl. Nr. 142/1867

Letzte Novellierung: BGBl. Nr. 684/1988

Mit Zustimmung beider Häuser des Reichsrathes finde Ich das nachstehende Staatsgrundgesetz über die allgemeinen Rechte der Staatsbürger zu erlassen, und anzuordnen, wie folgt:

Artikel 1. *(Anm.: nicht Bestandteil des Bundesrechts; vgl. Art. 6 iVm Art. 149 Abs. 1 B-VG)*

Artikel 2. Vor dem Gesetze sind alle Staatsbürger gleich.

Artikel 3. Die öffentlichen Aemter sind für alle Staatsbürger gleich zugänglich.

Für Ausländer wird der Eintritt in dieselben von der Erwerbung des österreichischen Staatsbürgerrechtes abhängig gemacht.

Artikel 4. Die Freizügigkeit der Person und des Vermögens innerhalb des Staatsgebietes unterliegt keiner Beschränkung.

(Anm.: Abs. 2 ist nicht Bestandteil des Bundesrechts; vgl. Art. 117 Abs. 2 iVm 149 Abs. 1 B-VG)

Die Freiheit der Auswanderung ist von Staatswegen nur durch die Wehrpflicht beschränkt.

Abfahrtsgelder dürfen nur in Anwendung der Reciprocität erhoben werden.

Artikel 5. Das Eigenthum ist unverletzlich. Eine Enteignung gegen den Willen des Eigenthümers kann nur in den Fällen und in der Art eintreten, welche das Gesetz bestimmt.

Artikel 6. Jeder Staatsbürger kann an jedem Orte des Staatsgebietes seinen Aufenthalt und Wohnsitz nehmen, Liegenschaften jeder Art erwerben und über dieselben frei verfügen, sowie unter den gesetzlichen Bedingungen jeden Erwerbszweig ausüben.

Für die todte Hand sind Beschränkungen des Rechtes, Liegenschaften zu erwerben und über sie zu verfügen, im Wege des Gesetzes aus Gründen des öffentlichen Wohles zulässig.

Artikel 7. Jeder Unterthänigkeits- und Hörigkeitsverband ist für immer aufgehoben. Jede aus dem Titel des getheilten Eigenthumes auf Liegenschaften haftende Schuldigkeit oder Leistung ist ablösbar, und es darf in Zukunft keine Liegenschaft mit einer derartigen unablösbaren Leistung belastet werden.

Artikel 9. Das Hausrecht ist unverletzlich.

Das bestehende Gesetz vom 27. October 1862 (Reichs-Gesetz-Blatt Nr. 88) zum Schutze des Hausrechtes wird hiemit als Bestandtheil dieses Staatsgrundgesetzes erklärt.

Artikel 10. Das Briefgeheimniß darf nicht verletzt und die Beschlagnahme von Briefen, außer dem Falle einer gesetzlichen Verhaftung oder Haussuchung, nur in Kriegsfällen oder auf Grund eines richterlichen Befehles in Gemäßheit bestehender Gesetze vorgenommen werden.

Artikel 10a. Das Fernmeldegeheimnis darf nicht verletzt werden.

Ausnahmen von der Bestimmung des vorstehenden Absatzes sind nur auf Grund eines richterlichen Befehles in Gemäßheit bestehender Gesetze zulässig.

Artikel 11. Das Petitionsrecht steht Jedermann zu.

Petitionen unter einem Gesammtnamen dürfen nur von gesetzlich anerkannten Körperschaften oder Vereinen ausgehen.

Artikel 12. Die österreichischen Staatsbürger haben das Recht, sich zu versammeln und Vereine zu bilden. Die Ausübung dieser Rechte wird durch besondere Gesetze geregelt.

Artikel 13. Jedermann hat das Recht, durch Wort, Schrift, Druck oder durch bildliche Darstellung seine Meinung innerhalb der gesetzlichen Schranken frei zu äußern.

Die Presse darf weder unter Censur gestellt, noch durch das Concessions-System beschränkt werden. Administrative Postverbote finden auf inländische Druckschriften keine Anwendung.

Artikel 14. Die volle Glaubens- und Gewissensfreiheit ist Jedermann gewährleistet.

Der Genuß der bürgerlichen und politischen Rechte ist von dem Religionsbekenntnisse unabhängig; doch darf den staatsbürgerlichen Pflichten durch das Religionsbekenntniß kein Abbruch geschehen.

Niemand kann zu einer kirchlichen Handlung oder zur Theilnahme an einer kirchlichen Feierlichkeit gezwungen werden, in sofern er nicht der nach dem Gesetze hiezu berechtigten Gewalt eines Anderen untersteht.

Artikel 15. Jede gesetzlich anerkannte Kirche und Religionsgesellschaft hat das Recht der gemeinsamen öffentlichen Religionsübung, ordnet und verwaltet ihre inneren Angelegenheiten selbständig, bleibt im Besitze und Genusse ihrer für Cultus-, Unterrichts- und Wohlthätigkeitszwecke bestimmten Anstalten, Stiftungen und Fonde, ist aber, wie jede Gesellschaft, den allgemeinen Staatsgesetzen unterworfen.

Artikel 16. Den Anhängern eines gesetzlich nicht anerkannten Religionsbekenntnisses ist die häusliche Religionsübung gestattet, in soferne dieselbe weder rechtswidrig, noch sittenverletzend ist.

Artikel 17. Die Wissenschaft und ihre Lehre ist frei.

Unterrichts- und Erziehungsanstalten zu gründen und an solchen Unterricht zu ertheilen, ist jeder Staatsbürger berechtigt, der seine Befähigung hiezu in gesetzlicher Weise nachgewiesen hat.

Der häusliche Unterricht unterliegt keiner solchen Beschränkung.

Für den Religionsunterricht in den Schulen ist von der betreffenden Kirche oder Religionsgesellschaft Sorge zu tragen.

Dem Staate steht rücksichtlich des gesammten Unterrichts- und Erziehungswesens das Recht der obersten Leitung und Aufsicht zu.

Artikel 17a. Das künstlerische Schaffen, die Vermittlung von Kunst sowie deren Lehre sind frei.

Artikel 18. Es steht Jedermann frei, seinen Beruf zu wählen und sich für denselben auszubilden, wie und wo er will.

Artikel 19. Alle Volksstämme des Staates sind gleichberechtigt, und jeder Volksstamm hat ein unverletzliches Recht auf Wahrung und Pflege seiner Nationalität und Sprache.

Die Gleichberechtigung aller landesüblichen Sprachen in Schule, Amt und öffentlichem Leben wird vom Staate anerkannt.

In den Ländern, in welchen mehrere Volksstämme wohnen, sollen die öffentlichen Unterrichtsanstalten derart eingerichtet sein, daß ohne Anwendung eines Zwanges zur Erlernung einer zweiten Landessprache jeder dieser Volksstämme die erforderlichen Mittel zur Ausbildung in seiner Sprache erhält.

Artikel 20. *(Anm.: aufgehoben durch Art. 149 Abs. 2 B-VG)*

6. Charta der Grundrechte der Europäischen Union

ABl L 2016/202 idgF

STICHWORTVERZEICHNIS

CHARTA DER GRUNDRECHTE DER EUROPÄISCHEN UNION

Das Europäische Parlament, der Rat und die Kommission proklamieren feierlich den nachstehenden Text als Charta der Grundrechte der Europäischen Union.

CHARTA DER GRUNDRECHTE DER EUROPÄISCHEN UNION

Die Völker Europas sind entschlossen, auf der Grundlage gemeinsamer Werte eine friedliche Zukunft zu teilen, indem sie sich zu einer immer engeren Union verbinden.

In dem Bewusstsein ihres geistig-religiösen und sittlichen Erbes gründet sich die Union auf die unteilbaren und universellen Werte der Würde des Menschen, der Freiheit, der Gleichheit und der Solidarität. Sie beruht auf den Grundsätzen der Demokratie und der Rechtsstaatlichkeit. Sie stellt den Menschen in den Mittelpunkt ihres Handelns, indem sie die Unionsbürgerschaft und einen Raum der Freiheit, der Sicherheit und des Rechts begründet.

Die Union trägt zur Erhaltung und zur Entwicklung dieser gemeinsamen Werte unter Achtung der Vielfalt der Kulturen und Traditionen der Völker Europas sowie der nationalen Identität der Mitgliedstaaten und der Organisation ihrer staatlichen Gewalt auf nationaler, regionaler und lokaler Ebene bei. Sie ist bestrebt, eine ausgewogene und nachhaltige Entwicklung zu fördern und stellt den freien Personen-, Dienstleistungs-, Waren- und Kapitalverkehr sowie die Niederlassungsfreiheit sicher.

Zu diesem Zweck ist es notwendig, angesichts der Weiterentwicklung der Gesellschaft, des sozialen Fortschritts und der wissenschaftlichen und technologischen Entwicklungen den Schutz der Grundrechte zu stärken, indem sie in einer Charta sichtbarer gemacht werden.

Diese Charta bekräftigt unter Achtung der Zuständigkeiten und Aufgaben der Union und des Subsidiaritätsprinzips die Rechte, die sich vor allem aus den gemeinsamen Verfassungstraditionen und den gemeinsamen internationalen Verpflichtungen der Mitgliedstaaten, aus der Europäischen Konvention zum Schutz der Menschenrechte und Grundfreiheiten, aus den von der Union und dem Europarat beschlossenen Sozialchartas sowie aus der Rechtsprechung des Gerichtshofs der Europäischen Union und des Europäischen Gerichtshofs für Menschenrechte ergeben. In diesem Zusammenhang erfolgt die Auslegung der Charta durch die Gerichte der Union und der Mitgliedstaaten unter gebührender Berücksichtigung der Erläuterungen, die unter der Leitung des Präsidiums des Konvents zur Ausarbeitung der Charta formuliert und unter der Verantwortung des Präsidiums des Europäischen Konvents aktualisiert wurden.

Die Ausübung dieser Rechte ist mit Verantwortung und mit Pflichten sowohl gegenüber den Mitmenschen als auch gegenüber der menschlichen Gemeinschaft und den künftigen Generationen verbunden.

Daher erkennt die Union die nachstehend aufgeführten Rechte, Freiheiten und Grundsätze an.

TITEL I
WÜRDE DES MENSCHEN

Artikel 1
Würde des Menschen

Die Würde des Menschen ist unantastbar. Sie ist zu achten und zu schützen.

Artikel 2
Recht auf Leben

(1) Jeder Mensch hat das Recht auf Leben.

(2) Niemand darf zur Todesstrafe verurteilt oder hingerichtet werden.

Artikel 3
Recht auf Unversehrtheit

(1) Jeder Mensch hat das Recht auf körperliche und geistige Unversehrtheit.

(2) Im Rahmen der Medizin und der Biologie muss insbesondere Folgendes beachtet werden:

a) die freie Einwilligung des Betroffenen nach vorheriger Aufklärung entsprechend den gesetzlich festgelegten Einzelheiten,

b) das Verbot eugenischer Praktiken, insbesondere derjenigen, welche die Selektion von Menschen zum Ziel haben,

c) das Verbot, den menschlichen Körper und Teile davon als solche zur Erzielung von Gewinnen zu nutzen,

d) das Verbot des reproduktiven Klonens von Menschen.

Artikel 4
Verbot der Folter und unmenschlicher oder erniedrigender Strafe oder Behandlung

Niemand darf der Folter oder unmenschlicher oder erniedrigender Strafe oder Behandlung unterworfen werden.

Artikel 5
Verbot der Sklaverei und der Zwangsarbeit

(1) Niemand darf in Sklaverei oder Leibeigenschaft gehalten werden.

(2) Niemand darf gezwungen werden, Zwangs- oder Pflichtarbeit zu verrichten.

(3) Menschenhandel ist verboten.

TITEL II
FREIHEITEN

Artikel 6
Recht auf Freiheit und Sicherheit

Jeder Mensch hat das Recht auf Freiheit und Sicherheit.

Artikel 7
Achtung des Privat- und Familienlebens

Jede Person hat das Recht auf Achtung ihres Privat- und Familienlebens, ihrer Wohnung sowie ihrer Kommunikation.

Artikel 8
Schutz personenbezogener Daten

(1) Jede Person hat das Recht auf Schutz der sie betreffenden personenbezogenen Daten.

(2) Diese Daten dürfen nur nach Treu und Glauben für festgelegte Zwecke und mit Einwilligung der betroffenen Person oder auf einer sonstigen gesetzlich geregelten legitimen Grundlage verarbeitet werden. Jede Person hat das Recht, Auskunft über die sie betreffenden erhobenen Daten zu erhalten und die Berichtigung der Daten zu erwirken.

(3) Die Einhaltung dieser Vorschriften wird von einer unabhängigen Stelle überwacht.

Artikel 9
Recht, eine Ehe einzugehen und eine Familie zu gründen

Das Recht, eine Ehe einzugehen, und das Recht, eine Familie zu gründen, werden nach den einzelstaatlichen Gesetzen gewährleistet, welche die Ausübung dieser Rechte regeln.

Artikel 10
Gedanken-, Gewissens- und Religionsfreiheit

(1) Jede Person hat das Recht auf Gedanken-, Gewissens- und Religionsfreiheit. Dieses Recht umfasst die Freiheit, die Religion oder Weltanschauung zu wechseln, und die Freiheit, seine Religion oder Weltanschauung einzeln oder gemeinsam mit anderen öffentlich oder privat durch Gottesdienst, Unterricht, Bräuche und Riten zu bekennen.

(2) Das Recht auf Wehrdienstverweigerung aus Gewissensgründen wird nach den einzelstaatlichen Gesetzen anerkannt, welche die Ausübung dieses Rechts regeln.

Artikel 11
Freiheit der Meinungsäußerung und Informationsfreiheit

(1) Jede Person hat das Recht auf freie Meinungsäußerung. Dieses Recht schließt die Meinungsfreiheit und die Freiheit ein, Informationen und Ideen ohne behördliche Eingriffe und ohne Rücksicht auf Staatsgrenzen zu empfangen und weiterzugeben.

(2) Die Freiheit der Medien und ihre Pluralität werden geachtet.

Artikel 12
Versammlungs- und Vereinigungsfreiheit

(1) Jede Person hat das Recht, sich insbesondere im politischen, gewerkschaftlichen und zivilgesellschaftlichen Bereich auf allen Ebenen frei und friedlich mit anderen zu versammeln und frei mit anderen zusammenzuschließen, was das Recht jeder Person umfasst, zum Schutz ihrer Interessen Gewerkschaften zu gründen und Gewerkschaften beizutreten.

(2) Politische Parteien auf der Ebene der Union tragen dazu bei, den politischen Willen der Unionsbürgerinnen und Unionsbürger zum Ausdruck zu bringen.

Artikel 13
Freiheit der Kunst und der Wissenschaft

Kunst und Forschung sind frei. Die akademische Freiheit wird geachtet.

Artikel 14
Recht auf Bildung

(1) Jede Person hat das Recht auf Bildung sowie auf Zugang zur beruflichen Ausbildung und Weiterbildung.

(2) Dieses Recht umfasst die Möglichkeit, unentgeltlich am Pflichtschulunterricht teilzunehmen.

(3) Die Freiheit zur Gründung von Lehranstalten unter Achtung der demokratischen Grundsätze sowie das Recht der Eltern, die Erziehung und den Unterricht ihrer Kinder entsprechend ihren eigenen religiösen, weltanschaulichen und erzieherischen Überzeugungen sicherzustellen, werden nach den einzelstaatlichen Gesetzen geachtet, welche ihre Ausübung regeln.

Artikel 15
Berufsfreiheit und Recht zu arbeiten

(1) Jede Person hat das Recht, zu arbeiten und einen frei gewählten oder angenommenen Beruf auszuüben.

(2) Alle Unionsbürgerinnen und Unionsbürger haben die Freiheit, in jedem Mitgliedstaat Arbeit zu suchen, zu arbeiten, sich niederzulassen oder Dienstleistungen zu erbringen.

(3) Die Staatsangehörigen dritter Länder, die im Hoheitsgebiet der Mitgliedstaaten arbeiten dürfen, haben Anspruch auf Arbeitsbedingungen, die

denen der Unionsbürgerinnen und Unionsbürger entsprechen.

Artikel 16
Unternehmerische Freiheit

Die unternehmerische Freiheit wird nach dem Unionsrecht und den einzelstaatlichen Rechtsvorschriften und Gepflogenheiten anerkannt.

Artikel 17
Eigentumsrecht

(1) Jede Person hat das Recht, ihr rechtmäßig erworbenes Eigentum zu besitzen, zu nutzen, darüber zu verfügen und es zu vererben. Niemandem darf sein Eigentum entzogen werden, es sei denn aus Gründen des öffentlichen Interesses in den Fällen und unter den Bedingungen, die in einem Gesetz vorgesehen sind, sowie gegen eine rechtzeitige angemessene Entschädigung für den Verlust des Eigentums. Die Nutzung des Eigentums kann gesetzlich geregelt werden, soweit dies für das Wohl der Allgemeinheit erforderlich ist.

(2) Geistiges Eigentum wird geschützt.

Artikel 18
Asylrecht

Das Recht auf Asyl wird nach Maßgabe des Genfer Abkommens vom 28. Juli 1951 und des Protokolls vom 31. Januar 1967 über die Rechtsstellung der Flüchtlinge sowie nach Maßgabe des Vertrags über die Europäische Union und des Vertrags über die Arbeitsweise der Europäischen Union (im Folgenden „die Verträge") gewährleistet.

Artikel 19
Schutz bei Abschiebung, Ausweisung und Auslieferung

(1) Kollektivausweisungen sind nicht zulässig.

(2) Niemand darf in einen Staat abgeschoben oder ausgewiesen oder an einen Staat ausgeliefert werden, in dem für sie oder ihn das ernsthafte Risiko der Todesstrafe, der Folter oder einer anderen unmenschlichen oder erniedrigenden Strafe oder Behandlung besteht.

TITEL III
GLEICHHEIT

Artikel 20
Gleichheit vor dem Gesetz

Alle Personen sind vor dem Gesetz gleich.

Artikel 21
Nichtdiskriminierung

(1) Diskriminierungen insbesondere wegen des Geschlechts, der Rasse, der Hautfarbe, der ethnischen oder sozialen Herkunft, der genetischen Merkmale, der Sprache, der Religion oder der Weltanschauung, der politischen oder sonstigen Anschauung, der Zugehörigkeit zu einer nationalen Minderheit, des Vermögens, der Geburt, einer Behinderung, des Alters oder der sexuellen Ausrichtung sind verboten.

(2) Unbeschadet besonderer Bestimmungen der Verträge ist in ihrem Anwendungsbereich jede Diskriminierung aus Gründen der Staatsangehörigkeit verboten.

Artikel 22
Vielfalt der Kulturen, Religionen und Sprachen

Die Union achtet die Vielfalt der Kulturen, Religionen und Sprachen.

Artikel 23
Gleichheit von Frauen und Männern

Die Gleichheit von Frauen und Männern ist in allen Bereichen, einschließlich der Beschäftigung, der Arbeit und des Arbeitsentgelts, sicherzustellen.

Der Grundsatz der Gleichheit steht der Beibehaltung oder der Einführung spezifischer Vergünstigungen für das unterrepräsentierte Geschlecht nicht entgegen.

Artikel 24
Rechte des Kindes

(1) Kinder haben Anspruch auf den Schutz und die Fürsorge, die für ihr Wohlergehen notwendig sind. Sie können ihre Meinung frei äußern. Ihre Meinung wird in den Angelegenheiten, die sie betreffen, in einer ihrem Alter und ihrem Reifegrad entsprechenden Weise berücksichtigt.

(2) Bei allen Kinder betreffenden Maßnahmen öffentlicher Stellen oder privater Einrichtungen muss das Wohl des Kindes eine vorrangige Erwägung sein.

(3) Jedes Kind hat Anspruch auf regelmäßige persönliche Beziehungen und direkte Kontakte zu beiden Elternteilen, es sei denn, dies steht seinem Wohl entgegen.

Artikel 25
Rechte älterer Menschen

Die Union anerkennt und achtet das Recht älterer Menschen auf ein würdiges und unabhängiges Leben und auf Teilnahme am sozialen und kulturellen Leben.

Artikel 26
Integration von Menschen mit Behinderung

Die Union anerkennt und achtet den Anspruch von Menschen mit Behinderung auf Maßnahmen zur Gewährleistung ihrer Eigenständigkeit, ihrer sozialen und beruflichen Eingliederung und ihrer Teilnahme am Leben der Gemeinschaft.

TITEL IV
SOLIDARITÄT

Artikel 27
Recht auf Unterrichtung und Anhörung der Arbeitnehmerinnen und Arbeitnehmer im Unternehmen

Für die Arbeitnehmerinnen und Arbeitnehmer oder ihre Vertreter muss auf den geeigneten Ebenen eine rechtzeitige Unterrichtung und Anhörung in den Fällen und unter den Voraussetzungen gewährleistet sein, die nach dem Unionsrecht und den einzelstaatlichen Rechtsvorschriften und Gepflogenheiten vorgesehen sind.

Artikel 28
Recht auf Kollektivverhandlungen und Kollektivmaßnahmen

Die Arbeitnehmerinnen und Arbeitnehmer sowie die Arbeitgeberinnen und Arbeitgeber oder ihre jeweiligen Organisationen haben nach dem Unionsrecht und den einzelstaatlichen Rechtsvorschriften und Gepflogenheiten das Recht, Tarifverträge auf den geeigneten Ebenen auszuhandeln und zu schließen sowie bei Interessenkonflikten kollektive Maßnahmen zur Verteidigung ihrer Interessen, einschließlich Streiks, zu ergreifen.

Artikel 29
Recht auf Zugang zu einem Arbeitsvermittlungsdienst

Jeder Mensch hat das Recht auf Zugang zu einem unentgeltlichen Arbeitsvermittlungsdienst.

Artikel 30
Schutz bei ungerechtfertigter Entlassung

Jede Arbeitnehmerin und jeder Arbeitnehmer hat nach dem Unionsrecht und den einzelstaatlichen Rechtsvorschriften und Gepflogenheiten Anspruch auf Schutz vor ungerechtfertigter Entlassung.

Artikel 31
Gerechte und angemessene Arbeitsbedingungen

(1) Jede Arbeitnehmerin und jeder Arbeitnehmer hat das Recht auf gesunde, sichere und würdige Arbeitsbedingungen.

(2) Jede Arbeitnehmerin und jeder Arbeitnehmer hat das Recht auf eine Begrenzung der Höchstarbeitszeit, auf tägliche und wöchentliche Ruhezeiten sowie auf bezahlten Jahresurlaub.

Artikel 32
Verbot der Kinderarbeit und Schutz der Jugendlichen am Arbeitsplatz

Kinderarbeit ist verboten. Unbeschadet günstigerer Vorschriften für Jugendliche und abgesehen von begrenzten Ausnahmen darf das Mindestalter für den Eintritt in das Arbeitsleben das Alter, in dem die Schulpflicht endet, nicht unterschreiten.

Zur Arbeit zugelassene Jugendliche müssen ihrem Alter angepasste Arbeitsbedingungen erhalten und vor wirtschaftlicher Ausbeutung und vor jeder Arbeit geschützt werden, die ihre Sicherheit, ihre Gesundheit, ihre körperliche, geistige, sittliche oder soziale Entwicklung beeinträchtigen oder ihre Erziehung gefährden könnte.

Artikel 33
Familien- und Berufsleben

(1) Der rechtliche, wirtschaftliche und soziale Schutz der Familie wird gewährleistet.

(2) Um Familien- und Berufsleben miteinander in Einklang bringen zu können, hat jeder Mensch das Recht auf Schutz vor Entlassung aus einem mit der Mutterschaft zusammenhängenden Grund sowie den Anspruch auf einen bezahlten Mutterschaftsurlaub und auf einen Elternurlaub nach der Geburt oder Adoption eines Kindes.

Artikel 34
Soziale Sicherheit und soziale Unterstützung

(1) Die Union anerkennt und achtet das Recht auf Zugang zu den Leistungen der sozialen Sicherheit und zu den sozialen Diensten, die in Fällen wie Mutterschaft, Krankheit, Arbeitsunfall, Pflegebedürftigkeit oder im Alter sowie bei Verlust des Arbeitsplatzes Schutz gewährleisten, nach Maßgabe des Unionsrechts und der einzelstaatlichen Rechtsvorschriften und Gepflogenheiten.

(2) Jeder Mensch, der in der Union seinen rechtmäßigen Wohnsitz hat und seinen Aufenthalt rechtmäßig wechselt, hat Anspruch auf die Leistungen der sozialen Sicherheit und die sozialen Vergünstigungen nach dem Unionsrecht und den einzelstaatlichen Rechtsvorschriften und Gepflogenheiten.

(3) Um die soziale Ausgrenzung und die Armut zu bekämpfen, anerkennt und achtet die Union das Recht auf eine soziale Unterstützung und eine Unterstützung für die Wohnung, die allen, die nicht über ausreichende Mittel verfügen, ein menschenwürdiges Dasein sicherstellen sollen, nach Maßgabe des Unionsrechts und der einzelstaatlichen Rechtsvorschriften und Gepflogenheiten.

Artikel 35
Gesundheitsschutz

Jeder Mensch hat das Recht auf Zugang zur Gesundheitsvorsorge und auf ärztliche Versorgung nach Maßgabe der einzelstaatlichen Rechtsvorschriften und Gepflogenheiten. Bei der Festlegung und Durchführung der Politik und Maßnahmen der Union in allen Bereichen wird ein hohes Gesundheitsschutzniveau sichergestellt.

Artikel 36
Zugang zu Dienstleistungen von allgemeinem wirtschaftlichen Interesse

Die Union anerkennt und achtet den Zugang zu Dienstleistungen von allgemeinem wirtschaftlichen Interesse, wie er durch die einzelstaatlichen Rechtsvorschriften und Gepflogenheiten im Einklang mit den Verträgen geregelt ist, um den sozialen und territorialen Zusammenhalt der Union zu fördern.

Artikel 37

Umweltschutz

Ein hohes Umweltschutzniveau und die Verbesserung der Umweltqualität müssen in die Politik der Union einbezogen und nach dem Grundsatz der nachhaltigen Entwicklung sichergestellt werden.

Artikel 38

Verbraucherschutz

Die Politik der Union stellt ein hohes Verbraucherschutzniveau sicher.

TITEL V
BÜRGERRECHTE

Artikel 39

Aktives und passives Wahlrecht bei den Wahlen zum Europäischen Parlament

(1) Die Unionsbürgerinnen und Unionsbürger besitzen in dem Mitgliedstaat, in dem sie ihren Wohnsitz haben, das aktive und passive Wahlrecht bei den Wahlen zum Europäischen Parlament unter denselben Bedingungen wie die Angehörigen des betreffenden Mitgliedstaats.

(2) Die Mitglieder des Europäischen Parlaments werden in allgemeiner, unmittelbarer, freier und geheimer Wahl gewählt.

Artikel 40

Aktives und passives Wahlrecht bei den Kommunalwahlen

Die Unionsbürgerinnen und Unionsbürger besitzen in dem Mitgliedstaat, in dem sie ihren Wohnsitz haben, das aktive und passive Wahlrecht bei Kommunalwahlen unter denselben Bedingungen wie die Angehörigen des betreffenden Mitgliedstaats.

Artikel 41

Recht auf eine gute Verwaltung

(1) Jede Person hat ein Recht darauf, dass ihre Angelegenheiten von den Organen, Einrichtungen und sonstigen Stellen der Union unparteiisch, gerecht und innerhalb einer angemessenen Frist behandelt werden.

(2) Dieses Recht umfasst insbesondere

a) das Recht jeder Person, gehört zu werden, bevor ihr gegenüber eine für sie nachteilige individuelle Maßnahme getroffen wird,

b) das Recht jeder Person auf Zugang zu den sie betreffenden Akten unter Wahrung des berechtigten Interesses der Vertraulichkeit sowie des Berufs- und Geschäftsgeheimnisses,

c) die Verpflichtung der Verwaltung, ihre Entscheidungen zu begründen.

(3) Jede Person hat Anspruch darauf, dass die Union den durch ihre Organe oder Bediensteten in Ausübung ihrer Amtstätigkeit verursachten Schaden nach den allgemeinen Rechtsgrundsätzen ersetzt, die den Rechtsordnungen der Mitgliedstaaten gemeinsam sind.

(4) Jede Person kann sich in einer der Sprachen der Verträge an die Organe der Union wenden und muss eine Antwort in derselben Sprache erhalten.

Artikel 42

Recht auf Zugang zu Dokumenten

Die Unionsbürgerinnen und Unionsbürger sowie jede natürliche oder juristische Person mit Wohnsitz oder satzungsmäßigem Sitz in einem Mitgliedstaat haben das Recht auf Zugang zu den Dokumenten der Organe, Einrichtungen und sonstigen Stellen der Union, unabhängig von der Form der für diese Dokumente verwendeten Träger.

Artikel 43

Der Europäische Bürgerbeauftragte

Die Unionsbürgerinnen und Unionsbürger sowie jede natürliche oder juristische Person mit Wohnsitz oder satzungsmäßigem Sitz in einem Mitgliedstaat haben das Recht, den Europäischen Bürgerbeauftragten im Falle von Missständen bei der Tätigkeit der Organe, Einrichtungen und sonstigen Stellen der Union, mit Ausnahme des Gerichtshofs der Europäischen Union in Ausübung seiner Rechtsprechungsbefugnisse, zu befassen.

Artikel 44

Petitionsrecht

Die Unionsbürgerinnen und Unionsbürger sowie jede natürliche oder juristische Person mit Wohnsitz oder satzungsmäßigem Sitz in einem Mitgliedstaat haben das Recht, eine Petition an das Europäische Parlament zu richten.

Artikel 45

Freizügigkeit und Aufenthaltsfreiheit

(1) Die Unionsbürgerinnen und Unionsbürger haben das Recht, sich im Hoheitsgebiet der Mitgliedstaaten frei zu bewegen und aufzuhalten.

(2) Staatsangehörigen von Drittländern, die sich rechtmäßig im Hoheitsgebiet eines Mitgliedstaats aufhalten, kann nach Maßgabe der Verträge Freizügigkeit und Aufenthaltsfreiheit gewährt werden.

Artikel 46

Diplomatischer und konsularischer Schutz

Die Unionsbürgerinnen und Unionsbürger genießen im Hoheitsgebiet eines Drittlands, in dem der Mitgliedstaat, dessen Staatsangehörigkeit sie besitzen, nicht vertreten ist, den Schutz durch die diplomatischen und konsularischen Behörden eines jeden Mitgliedstaats unter denselben Bedingungen wie Staatsangehörige dieses Staates.

TITEL VI
JUSTIZIELLE RECHTE

Artikel 47
Recht auf einen wirksamen Rechtsbehelf und ein unparteiisches Gericht

Jede Person, deren durch das Recht der Union garantierte Rechte oder Freiheiten verletzt worden sind, hat das Recht, nach Maßgabe der in diesem Artikel vorgesehenen Bedingungen bei einem Gericht einen wirksamen Rechtsbehelf einzulegen.

Jede Person hat ein Recht darauf, dass ihre Sache von einem unabhängigen, unparteiischen und zuvor durch Gesetz errichteten Gericht in einem fairen Verfahren, öffentlich und innerhalb angemessener Frist verhandelt wird. Jede Person kann sich beraten, verteidigen und vertreten lassen.

Personen, die nicht über ausreichende Mittel verfügen, wird Prozesskostenhilfe bewilligt, soweit diese Hilfe erforderlich ist, um den Zugang zu den Gerichten wirksam zu gewährleisten.

Artikel 48
Unschuldsvermutung und Verteidigungsrechte

(1) Jeder Angeklagte gilt bis zum rechtsförmlich erbrachten Beweis seiner Schuld als unschuldig.

(2) Jedem Angeklagten wird die Achtung der Verteidigungsrechte gewährleistet.

Artikel 49
Grundsätze der Gesetzmäßigkeit und der Verhältnismäßigkeit im Zusammenhang mit Straftaten und Strafen

(1) Niemand darf wegen einer Handlung oder Unterlassung verurteilt werden, die zur Zeit ihrer Begehung nach innerstaatlichem oder internationalem Recht nicht strafbar war. Es darf auch keine schwerere Strafe als die zur Zeit der Begehung angedrohte Strafe verhängt werden. Wird nach Begehung einer Straftat durch Gesetz eine mildere Strafe eingeführt, so ist diese zu verhängen.

(2) Dieser Artikel schließt nicht aus, dass eine Person wegen einer Handlung oder Unterlassung verurteilt oder bestraft wird, die zur Zeit ihrer Begehung nach den allgemeinen, von der Gesamtheit der Nationen anerkannten Grundsätzen strafbar war.

(3) Das Strafmaß darf zur Straftat nicht unverhältnismäßig sein.

Artikel 50
Recht, wegen derselben Straftat nicht zweimal strafrechtlich verfolgt oder bestraft zu werden

Niemand darf wegen einer Straftat, derentwegen er bereits in der Union nach dem Gesetz rechtskräftig verurteilt oder freigesprochen worden ist, in einem Strafverfahren erneut verfolgt oder bestraft werden.

TITEL VII
ALLGEMEINE BESTIMMUNGEN ÜBER DIE AUSLEGUNG UND ANWENDUNG DER CHARTA

Artikel 51
Anwendungsbereich

(1) Diese Charta gilt für die Organe, Einrichtungen und sonstigen Stellen der Union unter Wahrung des Subsidiaritätsprinzips und für die Mitgliedstaaten ausschließlich bei der Durchführung des Rechts der Union. Dementsprechend achten sie die Rechte, halten sie sich an die Grundsätze und fördern sie deren Anwendung entsprechend ihren jeweiligen Zuständigkeiten und unter Achtung der Grenzen der Zuständigkeiten, die der Union in den Verträgen übertragen werden.

(2) Diese Charta dehnt den Geltungsbereich des Unionsrechts nicht über die Zuständigkeiten der Union hinaus aus und begründet weder neue Zuständigkeiten noch neue Aufgaben für die Union, noch ändert sie die in den Verträgen festgelegten Zuständigkeiten und Aufgaben.

Artikel 52
Tragweite und Auslegung der Rechte und Grundsätze

(1) Jede Einschränkung der Ausübung der in dieser Charta anerkannten Rechte und Freiheiten muss gesetzlich vorgesehen sein und den Wesensgehalt dieser Rechte und Freiheiten achten. Unter Wahrung des Grundsatzes der Verhältnismäßigkeit dürfen Einschränkungen nur vorgenommen werden, wenn sie erforderlich sind und den von der Union anerkannten dem Gemeinwohl dienenden Zielsetzungen oder den Erfordernissen des Schutzes der Rechte und Freiheiten anderer tatsächlich entsprechen.

(2) Die Ausübung der durch diese Charta anerkannten Rechte, die in den Verträgen geregelt sind, erfolgt im Rahmen der in den Verträgen festgelegten Bedingungen und Grenzen.

(3) Soweit diese Charta Rechte enthält, die den durch die Europäische Konvention zum Schutz der Menschenrechte und Grundfreiheiten garantierten Rechten entsprechen, haben sie die gleiche Bedeutung und Tragweite, wie sie ihnen in der genannten Konvention verliehen wird. Diese Bestimmung steht dem nicht entgegen, dass das Recht der Union einen weiter gehenden Schutz gewährt.

(4) Soweit in dieser Charta Grundrechte anerkannt werden, wie sie sich aus den gemeinsamen Verfassungsüberlieferungen der Mitgliedstaaten ergeben, werden sie im Einklang mit diesen Überlieferungen ausgelegt.

(5) Die Bestimmungen dieser Charta, in denen Grundsätze festgelegt sind, können durch Akte der Gesetzgebung und der Ausführung der Organe, Einrichtungen und sonstigen Stellen der Union

sowie durch Akte der Mitgliedstaaten zur Durchführung des Rechts der Union in Ausübung ihrer jeweiligen Zuständigkeiten umgesetzt werden. Sie können vor Gericht nur bei der Auslegung dieser Akte und bei Entscheidungen über deren Rechtmäßigkeit herangezogen werden.

(6) Den einzelstaatlichen Rechtsvorschriften und Gepflogenheiten ist, wie es in dieser Charta bestimmt ist, in vollem Umfang Rechnung zu tragen.

(7) Die Erläuterungen, die als Anleitung für die Auslegung dieser Charta verfasst wurden, sind von den Gerichten der Union und der Mitgliedstaaten gebührend zu berücksichtigen.

Artikel 53
Schutzniveau

Keine Bestimmung dieser Charta ist als eine Einschränkung oder Verletzung der Menschenrechte und Grundfreiheiten auszulegen, die in dem jeweiligen Anwendungsbereich durch das Recht der Union und das Völkerrecht sowie durch die internationalen Übereinkünfte, bei denen die Union oder alle Mitgliedstaaten Vertragsparteien sind, darunter insbesondere die Europäische Konvention zum Schutz der Menschenrechte und Grundfreiheiten, sowie durch die Verfassungen der Mitgliedstaaten anerkannt werden.

Artikel 54
Verbot des Missbrauchs der Rechte

Keine Bestimmung dieser Charta ist so auszulegen, als begründe sie das Recht, eine Tätigkeit auszuüben oder eine Handlung vorzunehmen, die darauf abzielt, die in der Charta anerkannten Rechte und Freiheiten abzuschaffen oder sie stärker einzuschränken, als dies in der Charta vorgesehen ist.

*
* *

Der vorstehende Wortlaut übernimmt mit Anpassungen die am 7. Dezember 2000 proklamierte Charta und ersetzt sie ab dem Zeitpunkt des Inkrafttretens des Vertrags von Lissabon.

7. Bundesverfassungsgesetz über den Schutz der persönlichen Freiheit

Bundesverfassungsgesetz vom 29. November 1988 über den Schutz der persönlichen Freiheit

StF: BGBl. Nr. 684/1988
Letzte Novellierung: BGBl. I Nr. 2/2008

GLIEDERUNG

Artikel 1

(1) Jedermann hat das Recht auf Freiheit und Sicherheit (persönliche Freiheit).

(2) Niemand darf aus anderen als den in diesem Bundesverfassungsgesetz genannten Gründen oder auf eine andere als die gesetzlich vorgeschriebene Weise festgenommen oder angehalten werden.

(3) Der Entzug der persönlichen Freiheit darf nur gesetzlich vorgesehen werden, wenn dies nach dem Zweck der Maßnahme notwendig ist; die persönliche Freiheit darf jeweils nur entzogen werden, wenn und soweit dies nicht zum Zweck der Maßnahme außer Verhältnis steht.

(4) Wer festgenommen oder angehalten wird, ist unter Achtung der Menschenwürde und mit möglichster Schonung der Person zu behandeln und darf nur solchen Beschränkungen unterworfen werden, die dem Zweck der Anhaltung angemessen oder zur Wahrung von Sicherheit und Ordnung am Ort seiner Anhaltung notwendig sind.

Artikel 2

(1) Die persönliche Freiheit darf einem Menschen in folgenden Fällen auf die gesetzlich vorgeschriebene Weise entzogen werden:

1. wenn auf Grund einer mit Strafe bedrohten Handlung auf Freiheitsentzug erkannt worden ist;
2. wenn er einer bestimmten, mit gerichtlicher oder finanzbehördlicher Strafe bedrohten Handlung verdächtig ist,

a) zum Zwecke der Beendigung des Angriffes oder zur sofortigen Feststellung des Sachverhalts, sofern der Verdacht im engen zeitlichen Zusammenhang mit der Tat oder dadurch entsteht, daß er einen bestimmten Gegenstand innehat,

b) um ihn daran zu hindern, sich dem Verfahren zu entziehen oder Beweismittel zu beeinträchtigen, oder

c) um ihn bei einer mit beträchtlicher Strafe bedrohten Handlung an der Begehung einer gleichartigen Handlung oder an der Ausführung zu hindern;

3. zum Zweck seiner Vorführung vor die zuständige Behörde wegen des Verdachtes einer Verwaltungsübertretung, bei der er auf frischer Tat betreten wird, sofern die Festnahme zur Sicherung der Strafverfolgung oder zur Verhinderung weiteren gleichartigen strafbaren Handelns erforderlich ist;
4. um die Befolgung einer rechtmäßigen Gerichtsentscheidung oder die Erfüllung einer durch das Gesetz vorgeschriebenen Verpflichtung zu erzwingen;
5. wenn Grund zur Annahme besteht, daß er eine Gefahrenquelle für die Ausbreitung ansteckender Krankheiten sei oder wegen psychischer Erkrankung sich oder andere gefährde;
6. zum Zweck notwendiger Erziehungsmaßnahmen bei einem Minderjährigen;
7. wenn dies notwendig ist, um eine beabsichtigte Ausweisung oder Auslieferung zu sichern.

(2) Niemand darf allein deshalb festgenommen oder angehalten werden, weil er nicht in der Lage ist, eine vertragliche Verpflichtung zu erfüllen.

Artikel 3

(1) Auf Grund einer mit Strafe bedrohten Handlung darf nur ein Gericht auf Freiheitsentzug erkennen.

(2) Die Verhängung einer Freiheitsstrafe und die Festsetzung von Ersatzfreiheitsstrafen durch Verwaltungsbehörden dürfen jedoch vorgesehen werden, wenn das Ausmaß des angedrohten Freiheitsentzuges je sechs Wochen, soweit die Ent-

scheidung einer unabhängigen Behörde obliegt, je drei Monate nicht übersteigt.

(3) Wird eine Freiheitsstrafe nicht von einer unabhängigen Behörde verhängt oder eine Ersatzfreiheitsstrafe nicht von ihr festgesetzt, so muß die Anfechtung der Entscheidung bei einer solchen Behörde in vollem Umfang und mit aufschiebender Wirkung gewährleistet sein.

Artikel 4

(1) Eine Festnahme aus den Gründen des Art. 2 Abs. 1 Z 2 lit. b und c ist nur in Vollziehung eines begründeten richterlichen Befehls zulässig, der dem Betroffenen bei der Festnahme, spätestens aber innerhalb von 24 Stunden zuzustellen ist.

(2) Bei Gefahr im Verzug sowie im Fall des Art. 2 Abs. 1 Z 2 lit. a darf eine Person auch ohne richterlichen Befehl festgenommen werden. Sie ist freizulassen, sobald sich ergibt, daß kein Grund zu ihrer weiteren Anhaltung vorhanden sei, sonst ohne unnötigen Aufschub, spätestens aber vor Ablauf von 48 Stunden, dem zuständigen Gericht zu übergeben.

(3) Eine dem Gericht übergebene Person ist ohne Verzug vom Richter zur Sache und zu den Voraussetzungen der Anhaltung zu vernehmen.

(4) Eine Festnahme aus den Gründen des Art. 2 Abs. 1 Z 2 lit. b und c wegen des Verdachtes einer mit finanzbehördlicher Strafe bedrohten Handlung ist nur in Vollziehung einer begründeten Anordnung eines gesetzlich zur Ausübung richterlicher Funktionen ermächtigten Beamten zulässig. Jedoch darf bei Gefahr im Verzug sowie im Falle des Art. 2 Abs. 1 Z 2 lit. a eine Person auch ohne eine solche Anordnung festgenommen werden. Im übrigen gelten die Abs. 1 bis 3 mit der Maßgabe singngemäß, daß der Festgenommene unverzüglich der zuständigen Finanzstrafbehörde zu übergeben ist.

(5) Ein aus dem Grund des Art. 2 Abs. 1 Z 3 Festgenommener ist, wenn der Grund für die Festnahme nicht schon vorher wegfällt, unverzüglich der zuständigen Behörde zu übergeben. Er darf keinesfalls länger als 24 Stunden angehalten werden.

(6) Jeder Festgenommene ist ehestens, womöglich bei seiner Festnahme, in einer ihm verständlichen Sprache über die Gründe seiner Festnahme und die gegen ihn erhobenen Anschuldigungen zu unterrichten. Den sprachlichen Minderheiten bundesgesetzlich eingeräumte Rechte bleiben unberührt.

(7) Jeder Festgenommene hat das Recht, daß auf sein Verlangen ohne unnötigen Aufschub und nach seiner Wahl ein Angehöriger und ein Rechtsbeistand von der Festnahme verständigt werden.

Artikel 5

(1) Wer auf Grund des Verdachtes einer mit gerichtlicher oder finanzbehördlicher Strafe bedrohten Handlung angehalten wird, hat das Recht auf Beendigung des Verfahrens, das wegen der gegen ihn erhobenen Anschuldigung eingeleitet worden ist, innerhalb angemessener Frist oder auf Freilassung während des Verfahrens.

(2) Wenn gelindere Mittel ausreichen, ist vom Freiheitsentzug abzusehen. Wer wegen einer nicht mit schwerer Strafe bedrohten Handlung angehalten wird, um ihn daran zu hindern, sich dem Verfahren zu entziehen, ist jedenfalls freizulassen, wenn er eine vom Gericht oder von den gesetzlich zur Ausübung richterlicher Funktionen ermächtigten Beamten unter Bedachtnahme auf das Gewicht der ihm zur Last gelegten strafbaren Handlung, seine persönlichen Verhältnisse und das Vermögen des die Sicherheit Leistenden festgesetzte Sicherheit beistellt; zusätzliche gelindere Mittel zur Sicherung des Verfahrens sind zulässig.

Artikel 6

(1) Jedermann, der festgenommen oder angehalten wird, hat das Recht auf ein Verfahren, in dem durch ein Gericht oder durch eine andere unabhängige Behörde über die Rechtmäßigkeit des Freiheitsentzuges entschieden und im Falle der Rechtswidrigkeit seine Freilassung angeordnet wird. Die Entscheidung hat binnen einer Woche zu ergehen, es sei denn, die Anhaltung hätte vorher geendet.

(2) Im Fall einer Anhaltung von unbestimmter Dauer ist deren Notwendigkeit in angemessenen Abständen durch ein Gericht oder durch eine andere unabhängige Behörde zu überprüfen.

Artikel 7

Jedermann, der rechtswidrig festgenommen oder angehalten wurde, hat Anspruch auf volle Genugtuung einschließlich des Ersatzes nicht vermögensrechtlichen Schadens.

Artikel 8

(Anm.: Abs. 1 durch Art. 2 § 1 Abs. 2 Z 20, BGBl. I Nr. 2/2008, als nicht mehr geltend festgestellt)

(Anm.: Abs. 2 durch Art. 2 § 1 Abs. 1 Z 14, BGBl. I Nr. 2/2008, als nicht mehr geltend festgestellt)

(3) Die Konvention zum Schutze der Menschenrechte und Grundfreiheiten, BGBl. Nr. 210/1958, bleibt unberührt.

(Anm.: Abs. 4 durch Art. 2 § 1 Abs. 3 Z 16, BGBl. I Nr. 2/2008, als nicht mehr geltend festgestellt)

(5) Mit der Vollziehung dieses Bundesverfassungsgesetzes ist die Bundesregierung betraut.

8. Konvention zum Schutze der Menschenrechte und Grundfreiheiten

KONVENTION ZUM SCHUTZE DER MENSCHENRECHTE UND GRUNDFREIHEITEN

StF: BGBl. Nr. 210/1958

Letzte Novellierung: BGBl. III Nr. 68/2021

Vertragsparteien

*Österreich 210/1958 Ü; 225/1961 Ü; 317/1962 Ü; 240/1964 Ü; 331/1967 Ü; 434/1969 P4; 218/1970 P4; 311/1970 Ü; 312/1970 P4; 508/1973 Ü; 509/1973 P4; 526/1976 Ü; 527/1976 P4; 19/1980 Ü; 20/1980 P4; 380/1982 Ü; 381/1982 P4; 384/1985 Ü; 385/1985 P4; 556/1988 Ü; 557/1988 P4; 402/1989 P7; 608/1991 Ü; 609/1991 P4; 610/1991 idF 662/1992 (DFB) P7; 820/1994 Ü; 821/1994 P4; 822/1994 P7; III 167/1997 Ü; III 168/1997 P4; III 169/1997 P7 *Albanien III 30/1998 P11; III 59/2000 Ü, P2, P3, P5, P8; III 61/2000 Z; III 62/2000 P4; III 65/2000 P7; III 109/2006 P6; III 47/2010 P14; III 58/2012 P13; III 68/2021 P15 *Andorra 484/1996 Ü, P2, P3, P5, P8; 487/1996 P6; III 30/1998 P11; III 22/2005 P13; III 47/2010 P14; III 68/2021 P15 *Armenien III 191/2005 P4; III 108/2006 Ü, P2, P3, P5, P8, P11; III 109/2006 P6; III 110/2006 P7; III 111/2006 Z; III 47/2010 P14; III 68/2021 P15 *Aserbaidschan III 191/2005 P4; III 108/2006 Ü, P2, P3, P5, P8, P11; III 109/2006 P6, P11; III 110/2006 P7; III 111/2006 Z; III 47/2010 P14; III 68/2021 P15 *Belgien 210/1958 Ü, Z; 199/1961 Ü; 317/1962 Ü; 329/1970 P2; 330/1970 P3; 84/1972 P5; 748/1974 Ü; 751/1974 P4; 653/1986 P4; 64/1990 P8; 69/1996 P9; III 30/1998 P11; III 63/2000 P6; III 22/2005 P13; III 47/2010 P14; III 68/2021 P15 *Bosnien-Herzegowina III 22/2005 P13; III 191/2005 P4; III 108/2006 Ü, P2, P3, P5, P8, P11; III 109/2006 P6; III 110/2006 P7; III 111/2006 Z; III 47/2010 P14; III 68/2021 P15 *Bulgarien 36/1993 Ü, P3, P5; 37/1993 Z; 38/1993 P2; 531/1994 P8; III 30/1998 P11; III 64/2000 P6, P11; III 22/2005 P13; III 191/2005 P4; III 110/2006 P7; III 47/2010 P14; III 68/2021 P15 *Dänemark 210/1958 Ü, Z; 199/1961 Ü; 317/1962 Ü; 434/1969 P4; 329/1970 P2; 330/1970 P3; 84/1972 P5; 451/1973 Ü; 748/1974 Ü; 751/1974 P4; 138/1985 P6; 628/1988 P7; 64/1990 P8; 68/1996 P7; 489/1996 P9; III 30/1998 P11; III 22/2005 P13; III 47/2010 P14; III 68/2021 P15 *Deutschland 538/1995 P9; III 30/1998 P11; III 22/2005 P13; III 108/2006 Ü; III 47/2010 P14; III 68/2021 P15 *Deutschland/BRD 210/1958 Ü, Z; 317/1962 Ü; 434/1969 P4; 329/1970 P2; 330/1970 P3; 84/1972 P5; 451/1973 Ü; 452/1973 Z; 748/1974 Ü; 751/1974 P4; 445/1989 P6; 64/1990 P8 *Estland 484/1996 Ü, P2, P3, P5, P8; 485/1996 Z; 486/1996 P4; 488/1996 P7; 489/1996 P9; III 30/1998 P11; III 63/2000 P6; III 22/2005 P13; III 47/2010 P14; III 68/2021 P15 *Finnland 36/1993 Ü, P3, P5; 37/1993 Z; 38/1993 P2; 528/1994 P4; 529/1994 P6; 530/1994 P7; 531/1994 P8; 593/1994 P9; III 30/1998 P11; III 59/2000 Ü; III 22/2005 P13; III 108/2006 Ü; III 47/2010 P14; III 68/2021 P15 *Frankreich 748/1974 Ü; 749/1974 Z; 750/1974 P3; 751/1974 P4; 752/1974 P5; 553/1982 P2; 615/1986 P6; 240/1988 Ü; 628/1988 P7; 64/1990 P8; III 30/1998 P11; III 47/2010 P14; III 58/2012 P13; III 2/2016 Ü; III 204/2017 Ü; III 68/2021 P15 *Georgien III 60/2000 Ü, P2, P3, P5, P8, P11; III 22/2005 P13; III 109/2006 P6; III 110/2006 P7; III 111/2006 Z; III 47/2010 P14; III 68/2021 P15 *Griechenland 210/1958 Ü, Z; 451/1973 Ü-K; 452/1973 Z-K; 205/1979 Ü; 206/1979 Z; 552/1982 P3, P5; 553/1982 P2; 137/1985 Z; 628/1988 P7; 64/1990 P8; III 30/1998 P11; III 63/2000 P6; III 22/2005 P13; III 47/2010 P14; III 68/2021 P15 *Irland 210/1958 Ü, Z; 317/1962 Ü; 434/1969 P4; 329/1970 P2; 330/1970 P3; 84/1972 P5; 451/1973 Ü; 452/1973 Z; 751/1974 P4; 64/1990 P8; 538/1995 P9; 67/1996 P6; III 30/1998 P11; III 22/2005 P13; III 110/2006 P7; III 47/2010 P14; III 68/2021 P15 *Island 210/1958 Ü, Z; 317/1962 Ü; 434/1969 P4; 329/1970 P2; 330/1970 P3; 84/1972 P5; 748/1974 Ü; 751/1974 P4; 628/1988 P7; 662/1988 P6; 64/1990 P8; III 30/1998 P11; III 22/2005 P13; III 47/2010 P14; III 68/2021 P15 *Italien 210/1958 Ü, Z; 329/1970 P2; 330/1970 P3; 84/1972 P5; 451/1973 Ü; 748/1974 Ü; 653/1986 P4; 445/1989 P6; 64/1990 P8; 530/1994 P7; 593/1994 P9; III 30/1998 P11; III 191/2005 P4; III 47/2010 P14; III 58/2012 P13; III 68/2021 P15 *Kroatien III 30/1998 P11; III 59/2000 Ü, P2, P3, P5, P8; III 61/2000 Z; III 62/2000 P4; III 63/2000 P6; III 65/2000 P7; III 22/2005 P13; III 47/2010 P14; III 68/2021 P15 *Lettland III 30/1998 P11; III 59/2000 Ü, P2, P3, P5, P8; III 61/2000 Z; III 62/2000 P4; III 63/2000 P6; III 65/2000 P7; III 47/2010 P14; III 58/2012 P13; III 68/2021 P15 *Liechtenstein 552/1982 Ü, P3, P5; 553/1982 P2; 64/1990 P8; 36/1993 Ü; 529/1994 P6; 64/1996 Z; 69/1996 P9; III 30/1998 P11; III 59/2000 Ü; III 22/2005 P13; III 191/2005 P4; III 110/2006 P7; III 47/2010 P14; III 68/2021 P15 *Litauen 63/1996 Ü, P3, P8; 65/1996 P2; 66/1996 P4; 68/1996 P7; 484/1996 Ü; 485/1996 Z; III 30/1998 P11; III 64/2000 P6, P11; III 22/2005 P13; III 47/2010 P14; III 68/2012 Ü; III 68/2021 P15 *Luxemburg 210/1958 Ü, Z; 199/1961 Ü; 317/1962 Ü; 434/1969 P4; 329/1970 P2; 330/1970 P3; 84/1972 P5; 451/1973 Ü; 452/1973 Z; 748/1974 Ü; 751/1974 P4; 138/1985 P6; 64/1990 P8; 530/1994 P7; 593/1994 P9; III 30/1998 P11; III 47/2010 P14; III 58/2012 P13; III 68/2021 P15 *Malta 329/1970 P2; 330/1970 P3; 84/1972 P5; 451/1973 Ü; 452/1973 Z; 64/1990 P8;

529/1994 P6; III 30/1998 P11; III 22/2005 P13; III 191/2005 P4; III 110/2006 P7; III 47/2010 P14; III 68/2021 P15 *Moldau III 30/1998 P11; III 59/2000 Ü, P2, P3, P5, P8; III 61/2000 Z; III 62/2000 P4; III 63/2000 P6; III 65/2000 P7; III 47/2010 P14; III 58/2012 P13; III 68/2021 P15 *Monaco III 109/2006 P6; III 110/2006 P7; III 47/2010 P14; III 58/2012 P13; III 68/2021 P15 *Montenegro III 47/2010 P14; III 58/2012 P13; III 68/2012 Ü, P3, P5, P8, P11; III 68/2021 P15 *Niederlande 210/1958 Ü, Z; 317/1962 Ü; 329/1970 P2; 330/1970 P3; 84/1972 P5; 451/1973 Ü; 748/1974 Ü; 615/1986 P6; 653/1986 P4; 64/1990 P8; 593/1994 P9; III 30/1998 P11; III 47/2010 P14; III 58/2012 P13; III 68/2021 P15 *Nordmazedonien III 30/1998 P11; III 59/2000 Ü, P2, P3, P5, P8; III 61/2000 Z; III 62/2000 P4; III 63/2000 P6; III 65/2000 P7; III 22/2005 P13; III 47/2010 P14; III 68/2021 P15 *Norwegen 210/1958 Ü, Z; 199/1961 Ü; 317/1962 Ü; 434/1969 P4; 329/1970 P2; 330/1970 P3; 84/1972 P5; 451/1973 Ü; 748/1974 Ü; 751/1974 P4; 662/1988 P6; 64/1990 P8; 530/1994 P7; 593/1994 P9; III 30/1998 P11; III 47/2010 P14; III 58/2012 P13; III 68/2021 P15 *Polen 526/1994 P2; 527/1994 Ü, P3, P5; 531/1994 P8; 538/1995 P9; 64/1996 Z; 66/1996 P4; III 30/1998 P11; III 109/2006 P6; III 110/2006 P7; III 47/2010 P14; III 191/2015 P13; III 68/2021 P15 *Portugal 205/1979 Ü, P3, P5; 206/1979 Z; 553/1982 P2; 615/1986 P6; 653/1986 P4; 353/1987 idF 259/1988 (DFB) Ü, Z; 64/1990 P8; 69/1996 P9; III 30/1998 P11; III 22/2005 P13; III 110/2006 P7; III 47/2010 P14; III 68/2021 P15 *Rumänien 593/1994 P9; 63/1996 Ü, P3, P5, P8; 64/1996 Z; 65/1996 P2; 66/1996 P4; 67/1996 P6; 68/1996 P7; III 30/1998 P11; III 22/2005 P13; III 108/2006 Ü; III 47/2010 P14; III 68/2021 P15 *Russische F III 59/2000 Ü, P2, P3, P5, P8; III 61/2000 Z; III 62/2000 P4; III 65/2000 P7; III 66/2000 P9; III 67/2000 P11; III 47/2010 P14; III 68/2021 P15 *San Marino 445/1989 P6; 64/1990 P8; 36/1993 Ü, P3, P5; 37/1993 Z; 38/1993 P2; 528/1994 P4; 530/1994 P7; 538/1995 P9; III 30/1998 P11; III 22/2005 P13; III 47/2010 P14; III 68/2021 P15 *Schweden 210/1958 Ü, Z; 317/1962 Ü; 434/1969 P4; 329/1970 P2; 330/1970 P3; 84/1972 P5; 452/1973 Z; 748/1974 Ü; 751/1974 P4; 138/1985 P6; 628/1988 P7; 64/1990 P8; 538/1995 P9; 194/1996 Z; III 30/1998 P11; III 22/2005 P13; III 47/2010 P14; III 68/2021 P15 *Schweiz 552/1982 Ü, P3, P5; 553/1982 P2; 628/1988 P7; 662/1988 P6; 64/1990 P8; 36/1993 Ü; 538/1995 P9; III 30/1998 P11; III 63/2000 P6; III 22/2005 P13; III 108/2006 Ü; III 47/2010 P14; III 68/2021 P15 *Serbien III 47/2010 P14; III 68/2012 Ü; III 68/2021 P15 *Serbien-Montenegro III 22/2005 P13; III 191/2005 P4; III 108/2006 Ü, P2, P3, P5, P8, P11; III 109/2006 P6; III 110/2006 P7; III 111/2006 Z *Slowakei 525/1994 Z; 526/1994 P2; 527/1994 Ü, P3, P5; 528/1994 P4; 529/1994 P6; 530/1994 P7; 531/1994 P8; 593/1994 P9; III 30/1998 P11; III 47/2010 P14; III 58/2012 P13; III 68/2021 P15 *Slowenien 538/1995 P9; 63/1996 Ü, P3, P5, P8; 64/1996 Z; 65/1996 P2; 66/1996 P4; 67/1996 P6; 68/1996 P7; III 30/1998 P11; III 22/2005 P13; III 47/2010 P14; III 68/2021 P15 *Spanien 552/1982 Ü, P3, P5; 553/1982 P2; 138/1985 P6; 240/1988 Ü; 64/1990 P8; 37/1993 Z; III 30/1998 P11; III 47/2010 P14; III 58/2012 P13; III 68/2012 Ü; III 68/2021 P15 *Tschechische R 525/1994 Z; 526/1994 P2; 527/1994 Ü, P3, P5; 528/1994 P4; 529/1994 P6; 530/1994 P7; 531/1994 P8; 593/1994 P9; III 30/1998 P11; III 22/2005 P13; III 47/2010 P14; III 68/2021 P15 *Tschechoslowakei 36/1993 Ü, P3, P5; 37/1993 Z; 38/1993 P2; 528/1994 P4; 529/1994 P6; 530/1994 P7; 531/1994 P8; *Türkei 210/1958 Ü, Z; 329/1970 P2; 330/1970 P3; 84/1972 P5; 452/1973 Z; 64/1990 P8; III 30/1998 P11; III 109/2006 P6; III 47/2010 P14; III 58/2012 P13; III 144/2016 Ü; III 139/2018 Ü; III 68/2021 P15 *Ukraine III 30/1998 P11; III 59/2000 Ü, P2, P3, P5, P8; III 61/2000 Z; III 62/2000 P4; III 65/2000 P7; III 22/2005 P13; III 108/2006 Ü; III 109/2006 P6; III 47/2010 P14; III 2/2016 Ü; III 68/2021 P15 *Ungarn 525/1994 Z; 526/1994 P2; 527/1994 Ü, P3, P5; 528/1994 P4; 529/1994 P6; 530/1994 P7; 531/1994 P8; 593/1994 P9; III 30/1998 P11; III 22/2005 P13; III 108/2006 Ü; III 47/2010 P14; III 68/2021 P15 *Vereinigtes Königreich 210/1958 Ü, Z; 329/1970 P2; 330/1970 P3; 84/1972 P5; 451/1973 Ü; 748/1974 Ü; 205/1979 Ü, 552/1982 Ü; 353/1987 idF 259/1988 (DFB) Ü; 249/1988 Z; 64/1990 P8; III 30/1998 P11; III 64/2000 P6, P11; III 22/2005 P13; III 108/2006 Ü; III 111/2006 Z; III 47/2010 P14; III 58/2012 P13; III 68/2012 Ü, P11; III 68/2021 P15 *Zypern 316/1962 Ü, Z; 329/1970 P2; 330/1970 P3; 84/1972 P5; 64/1990 P8; 528/1994 P4; 538/1995 P9; III 30/1998 P11; III 22/2005 P13; III 109/2006 P6; III 110/2006 P7; III 47/2010 P14; III 68/2021 P15

GLIEDERUNG

STICHWORTVERZEICHNIS

Artikel 1 – Verpflichtung zur Achtung der Menschenrechte

Die Hohen Vertragschließenden Teile sichern allen ihrer Jurisdiktion unterstehenden Personen die in Abschnitt I dieser Konvention niedergelegten Rechte und Freiheiten zu.

ABSCHNITT I – Rechte und Freiheiten

Artikel 2 – Recht auf Leben

(1) Das Recht jedes Menschen auf das Leben wird gesetzlich geschützt. Abgesehen von der Vollstreckung eines Todesurteils, das von einem Gericht im Falle eines durch Gesetz mit der Todesstrafe bedrohten Verbrechens ausgesprochen worden ist, darf eine absichtliche Tötung nicht vorgenommen werden.

(2) Die Tötung wird nicht als Verletzung dieses Artikels betrachtet, wenn sie sich aus einer unbedingt erforderlichen Gewaltanwendung ergibt:

a) um die Verteidigung eines Menschen gegenüber rechtswidriger Gewaltanwendung sicherzustellen;
b) um eine ordnungsgemäße Festnahme durchzuführen oder das Entkommen einer ordnungsgemäß festgehaltenen Person zu verhindern;
c) um im Rahmen der Gesetze einen Aufruhr oder einen Aufstand zu unterdrücken.

Artikel 3 – Verbot der Folter

Niemand darf der Folter oder unmenschlicher oder erniedrigender Strafe oder Behandlung unterworfen werden.

Artikel 4 – Verbot der Sklaverei und der Zwangsarbeit

(1) Niemand darf in Sklaverei oder Leibeigenschaft gehalten werden.

(2) Niemand darf gezwungen werden, Zwangs- oder Pflichtarbeit zu verrichten.

(3) Als „Zwangs- oder Pflichtarbeit" im Sinne dieses Artikels gilt nicht:

a) jede Arbeit, die normalerweise von einer Person verlangt wird, die unter den von Artikel 5 der vorliegenden Konvention vorgesehenen Bedingungen in Haft gehalten oder bedingt freigelassen worden ist;
b) jede Dienstleistung militärischen Charakters, oder im Falle der Verweigerung aus Gewissensgründen in Ländern, wo diese als berechtigt anerkannt ist, eine sonstige an Stelle der militärischen Dienstpflicht tretende Dienstleistung;
c) jede Dienstleistung im Falle von Notständen und Katastrophen, die das Leben oder das Wohl der Gemeinschaft bedrohen;
d) jede Arbeit oder Dienstleistung, die zu den normalen Bürgerpflichten gehört.

Artikel 5 – Recht auf Freiheit und Sicherheit

(1) Jedermann hat ein Recht auf Freiheit und Sicherheit. Die Freiheit darf einem Menschen nur in den folgenden Fällen und nur auf die gesetzlich vorgeschriebene Weise entzogen werden:

a) wenn er rechtmäßig nach Verurteilung durch ein zuständiges Gericht in Haft gehalten wird;
b) wenn er rechtmäßig festgenommen worden ist oder in Haft gehalten wird wegen Nichtbefolgung eines rechtmäßigen Gerichtsbeschlusses oder zur Erzwingung der Erfüllung einer durch das Gesetz vorgeschriebenen Verpflichtung;
c) wenn er rechtmäßig festgenommen worden ist oder in Haft gehalten wird zum Zwecke seiner Vorführung vor die zuständige Gerichtsbehörde, sofern hinreichender Verdacht dafür besteht, daß der Betreffende eine strafbare Handlung begangen hat, oder begründeter Anlaß zu der Annahme besteht, daß es notwendig ist, den Betreffenden an der Begehung einer strafbaren Handlung oder an der Flucht nach Begehung einer solchen zu hindern;
d) wenn es sich um die rechtmäßige Haft eines Minderjährigen handelt, die zum Zwecke überwachter Erziehung angeordnet ist, oder um die rechtmäßige Haft eines solchen, die zum Zwecke seiner Vorführung vor die zuständige Behörde verhängt ist;
e) wenn er sich in rechtmäßiger Haft befindet, weil er eine Gefahrenquelle für die Ausbreitung ansteckender Krankheiten bildet, oder weil er geisteskrank, Alkoholiker, rauschgiftsüchtig oder Landstreicher ist;
f) wenn er rechtmäßig festgenommen worden ist oder in Haft gehalten wird, um ihn daran zu hindern, unberechtigt in das Staatsgebiet einzudringen oder weil er von einem gegen ihn schwebenden Ausweisungs- oder Auslieferungsverfahren betroffen ist.

(2) Jeder Festgenommene muß in möglichst kurzer Frist und in einer ihm verständlichen Sprache über die Gründe seiner Festnahme und über die gegen ihn erhobenen Beschuldigungen unterrichtet werden.

(3) Jede nach der Vorschrift des Abs. 1c dieses Artikels festgenommene oder in Haft gehaltene Person muß unverzüglich einem Richter oder einem anderen, gesetzlich zur Ausübung richterlicher Funktionen ermächtigten Beamten vorgeführt werden. Er hat Anspruch auf Aburteilung innerhalb einer angemessenen Frist oder auf Haftentlassung während des Verfahrens. Die Freilassung kann von der Leistung einer Sicherheit für

das Erscheinen vor Gericht abhängig gemacht werden.

(4) Jedermann, dem seine Freiheit durch Festnahme oder Haft entzogen wird, hat das Recht, ein Verfahren zu beantragen, in dem von einem Gericht ehetunlich über die Rechtmäßigkeit der Haft entschieden wird und im Falle der Widerrechtlichkeit seine Entlassung angeordnet wird.

(5) Jeder, der entgegen den Bestimmungen dieses Artikels von Festnahme oder Haft betroffen worden ist, hat Anspruch auf Schadenersatz.

Artikel 6 – Recht auf ein faires Verfahren

(1) Jedermann hat Anspruch darauf, daß seine Sache in billiger Weise öffentlich und innerhalb einer angemessenen Frist gehört wird, und zwar von einem unabhängigen und unparteiischen, auf Gesetz beruhenden Gericht, das über zivilrechtliche Ansprüche und Verpflichtungen oder über die Stichhaltigkeit der gegen ihn erhobenen strafrechtlichen Anklage zu entscheiden hat. Das Urteil muß öffentlich verkündet werden, jedoch kann die Presse und die Öffentlichkeit während der gesamten Verhandlung oder eines Teiles derselben im Interesse der Sittlichkeit, der öffentlichen Ordnung oder der nationalen Sicherheit in einem demokratischen Staat ausgeschlossen werden, oder wenn die Interessen von Jugendlichen oder der Schutz des Privatlebens der Prozeßparteien es verlangen, oder, und zwar unter besonderen Umständen, wenn die öffentliche Verhandlung die Interessen der Rechtspflege beeinträchtigen würde, in diesem Fall jedoch nur in dem nach Auffassung des Gerichts erforderlichen Umfang.

(2) Bis zum gesetzlichen Nachweis seiner Schuld wird vermutet, daß der wegen einer strafbaren Handlung Angeklagte unschuldig ist.

(3) Jeder Angeklagte hat mindestens (englischer Text) insbesondere (französischer Text) die folgenden Rechte:

a) in möglichst kurzer Frist in einer für ihn verständlichen Sprache in allen Einzelheiten über die Art und den Grund der gegen ihn erhobenen Beschuldigung in Kenntnis gesetzt zu werden;
b) über ausreichende Zeit und Gelegenheit zur Vorbereitung seiner Verteidigung zu verfügen;
c) sich selbst zu verteidigen oder den Beistand eines Verteidigers seiner Wahl zu erhalten und, falls er nicht über die Mittel zur Bezahlung eines Verteidigers verfügt, unentgeltlich den Beistand eines Pflichtverteidigers zu erhalten, wenn dies im Interesse der Rechtspflege erforderlich ist;
d) Fragen an die Belastungszeugen zu stellen oder stellen zu lassen und die Ladung und Vernehmung der Entlastungszeugen unter denselben Bedingungen wie die der Belastungszeugen zu erwirken;
e) die unentgeltliche Beiziehung eines Dolmetschers zu verlangen, wenn der Angeklagte die Verhandlungssprache des Gerichts nicht versteht oder sich nicht darin ausdrücken kann.

Artikel 7 – Keine Strafe ohne Gesetz

(1) Niemand kann wegen einer Handlung oder Unterlassung verurteilt werden, die zur Zeit ihrer Begehung nach inländischem oder internationalem Recht nicht strafbar war. Ebenso darf keine höhere Strafe als die im Zeitpunkt der Begehung der strafbaren Handlung angedrohte Strafe verhängt werden.

(2) Durch diesen Artikel darf die Verurteilung oder Bestrafung einer Person nicht ausgeschlossen werden, die sich einer Handlung oder Unterlassung schuldig gemacht hat, welche im Zeitpunkt ihrer Begehung nach den von den zivilisierten Völkern allgemein anerkannten Rechtsgrundsätzen strafbar war.

Artikel 8 – Recht auf Achtung des Privat- und Familienlebens

(1) Jedermann hat Anspruch auf Achtung seines Privat- und Familienlebens, seiner Wohnung und seines Briefverkehrs.

(2) Der Eingriff einer öffentlichen Behörde in die Ausübung dieses Rechts ist nur statthaft, insoweit dieser Eingriff gesetzlich vorgesehen ist und eine Maßnahme darstellt, die in einer demokratischen Gesellschaft für die nationale Sicherheit, die öffentliche Ruhe und Ordnung, das wirtschaftliche Wohl des Landes, die Verteidigung der Ordnung und zur Verhinderung von strafbaren Handlungen, zum Schutz der Gesundheit und der Moral oder zum Schutz der Rechte und Freiheiten anderer notwendig ist.

Artikel 9 – Gedanken-, Gewissens- und Religionsfreiheit

(1) Jedermann hat Anspruch auf Gedanken-, Gewissens- und Religionsfreiheit; dieses Recht umfaßt die Freiheit des einzelnen zum Wechsel der Religion oder der Weltanschauung sowie die Freiheit, seine Religion oder Weltanschauung einzeln oder in Gemeinschaft mit anderen öffentlich oder privat, durch Gottesdienst, Unterricht, Andachten und Beachtung religiöser Gebräuche auszuüben.

(2) Die Religions- und Bekenntnisfreiheit darf nicht Gegenstand anderer als vom Gesetz vorgesehener Beschränkungen sein, die in einer demokratischen Gesellschaft notwendige Maßnahmen im Interesse der öffentlichen Sicherheit, der öffentlichen Ordnung, Gesundheit und Moral oder für den Schutz der Rechte und Freiheiten anderer sind.

Artikel 10 – Freiheit der Meinungsäußerung

(1) Jedermann hat Anspruch auf freie Meinungsäußerung. Dieses Recht schließt die Freiheit der Meinung und die Freiheit zum Empfang und zur

Mitteilung von Nachrichten oder Ideen ohne Eingriffe öffentlicher Behörden und ohne Rücksicht auf Landesgrenzen ein. Dieser Artikel schließt nicht aus, daß die Staaten Rundfunk-, Lichtspiel- oder Fernsehunternehmen einem Genehmigungsverfahren unterwerfen.

(2) Da die Ausübung dieser Freiheiten Pflichten und Verantwortung mit sich bringt, kann sie bestimmten, vom Gesetz vorgesehenen Formvorschriften, Bedingungen, Einschränkungen oder Strafdrohungen unterworfen werden, wie sie in einer demokratischen Gesellschaft im Interesse der nationalen Sicherheit, der territorialen Unversehrtheit oder der öffentlichen Sicherheit, der Aufrechterhaltung der Ordnung und der Verbrechensverhütung, des Schutzes der Gesundheit und der Moral, des Schutzes des guten Rufes oder der Rechte anderer unentbehrlich sind, um die Verbreitung von vertraulichen Nachrichten zu verhindern oder das Ansehen und die Unparteilichkeit der Rechtsprechung zu gewährleisten.

Artikel 11 – Versammlungs- und Vereinigungsfreiheit

(1) Alle Menschen haben das Recht, sich friedlich zu versammeln und sich frei mit anderen zusammenzuschließen, einschließlich des Rechts, zum Schutze ihrer Interessen Gewerkschaften zu bilden und diesen beizutreten.

(2) Die Ausübung dieser Rechte darf keinen anderen Einschränkungen unterworfen werden als den vom Gesetz vorgesehenen, die in einer demokratischen Gesellschaft im Interesse der nationalen und öffentlichen Sicherheit, der Aufrechterhaltung der Ordnung und der Verbrechensverhütung, des Schutzes der Gesundheit und der Moral oder des Schutzes der Rechte und Freiheiten anderer notwendig sind. Dieser Artikel verbietet nicht, daß die Ausübung dieser Rechte durch Mitglieder der Streitkräfte, der Polizei oder der Staatsverwaltung gesetzlichen Einschränkungen unterworfen wird.

Artikel 12 – Recht auf Eheschließung

Mit Erreichung des heiratsfähigen Alters haben Männer und Frauen gemäß den einschlägigen nationalen Gesetzen das Recht, eine Ehe einzugehen und eine Familie zu gründen.

Artikel 13 – Recht auf wirksame Beschwerde

Sind die in der vorliegenden Konvention festgelegten Rechte und Freiheiten verletzt worden, so hat der Verletzte das Recht, eine wirksame Beschwerde bei einer nationalen Instanz einzulegen, selbst wenn die Verletzung von Personen begangen worden ist, die in amtlicher Eigenschaft gehandelt haben.

Artikel 14 – Verbot der Benachteiligung

Der Genuß der in der vorliegenden Konvention festgelegten Rechte und Freiheiten ist ohne Benachteiligung zu gewährleisten, die insbesondere im Geschlecht, in der Rasse, Hautfarbe, Sprache, Religion, in den politischen oder sonstigen Anschauungen, in nationaler oder sozialer Herkunft, in der Zugehörigkeit zu einer nationalen Minderheit, im Vermögen, in der Geburt oder im sonstigen Status begründet ist.

Artikel 15 – Außerkraftsetzen im Notstandsfall

(1) Im Falle eines Krieges oder eines anderen öffentlichen Notstandes, der das Leben der Nation bedroht, kann jeder der Hohen Vertragschließenden Teile Maßnahmen ergreifen, welche die in dieser Konvention vorgesehenen Verpflichtungen in dem Umfang, den die Lage unbedingt erfordert, und unter der Bedingung außer Kraft setzen, daß diese Maßnahmen nicht in Widerspruch zu den sonstigen völkerrechtlichen Verpflichtungen stehen.

(2) Die vorstehende Bestimmung gestattet kein Außerkraftsetzen des Artikels 2 außer bei Todesfällen, die auf rechtmäßige Kriegshandlungen zurückzuführen sind, oder der Artikel 3, 4, Abs. 1, und 7.

(3) Jeder Hohe Vertragschließende Teil, der dieses Recht der Außerkraftsetzung ausübt, hat den Generalsekretär des Europarats eingehend über die getroffenen Maßnahmen und deren Gründe zu unterrichten. Er muß den Generalsekretär des Europarats auch über den Zeitpunkt in Kenntnis setzen, in dem diese Maßnahmen außer Kraft getreten sind und die Vorschriften der Konvention wieder volle Anwendung finden.

Artikel 16 – Beschränkungen der politischen Tätigkeit von Ausländern

Keine der Bestimmungen der Artikel 10, 11 und 14 darf so ausgelegt werden, daß sie den Hohen Vertragschließenden Parteien verbietet, die politische Tätigkeit von Ausländern Beschränkungen zu unterwerfen.

Artikel 17 – Verbot des Mißbrauchs der Rechte

Keine Bestimmung dieser Konvention darf dahin ausgelegt werden, daß sie für einen Staat, eine Gruppe oder eine Person das Recht begründet, eine Tätigkeit auszuüben oder eine Handlung zu begehen, die auf die Abschaffung der in der vorliegenden Konvention festgelegten Rechte und Freiheiten oder auf weitergehende Beschränkungen dieser Rechte und Freiheiten, als in der Konvention vorgesehen, hinzielt.

Artikel 18 – Begrenzung der Rechtseinschränkungen

Die nach der vorliegenden Konvention gestatteten Einschränkungen dieser Rechte und Freiheiten dürfen nicht für andere Zwecke als die vorgesehenen angewendet werden.

ABSCHNITT II – EUROPÄISCHER GERICHTSHOF FÜR MENSCHENRECHTE

Artikel 19 – Errichtung des Gerichtshofs

Um die Einhaltung der Verpflichtungen sicherzustellen, welche die Hohen Vertragschließenden Teile in dieser Konvention und den Protokollen dazu übernommen haben, wird ein Europäischer Gerichtshof für Menschenrechte, im folgenden als „Gerichtshof" bezeichnet, errichtet. Er nimmt seine Aufgaben als ständiger Gerichtshof wahr.

Artikel 20 – Zahl der Richter

Die Zahl der Richter des Gerichtshofs entspricht derjenigen der Hohen Vertragschließenden Teile.

Artikel 21 – Voraussetzungen für das Amt

(1) Die Richter müssen hohes sittliches Ansehen genießen und entweder die für die Ausübung hoher richterlicher Ämter erforderlichen Voraussetzungen erfüllen oder Rechtsgelehrte von anerkanntem Ruf sein.

(2) Die Kandidaten dürfen zu dem Zeitpunkt, zu dem die Liste von drei Kandidaten nach Artikel 22 bei der Parlamentarischen Versammlung eingehen soll, das 65. Lebensjahr nicht vollendet haben.

(3) Die Richter gehören dem Gerichtshof in ihrer persönlichen Eigenschaft an.

(4) Während ihrer Amtszeit dürfen die Richter keine Tätigkeit ausüben, die mit ihrer Unabhängigkeit, ihrer Unparteilichkeit oder mit den Erfordernissen der Vollzeitbeschäftigung in diesem Amt unvereinbar ist; alle Fragen, die sich aus der Anwendung dieses Absatzes ergeben, werden vom Gerichtshof entschieden.

Artikel 22 – Wahl der Richter

(1) Die Richter werden von der Parlamentarischen Versammlung für jeden Hohen Vertragschließenden Teil mit Stimmenmehrheit aus einer Liste von drei Kandidaten gewählt, die von dem Hohen Vertragschließenden Teil vorgeschlagen werden.

(Anm.: Abs. 2 aufgehoben durch BGBl. III Nr. 47/2010)

Artikel 23 – Amtszeit und Entlassung

(1) Die Richter werden für neun Jahre gewählt. Ihre Wiederwahl ist nicht zulässig.

(2) Die Richter bleiben bis zum Amtsantritt ihrer Nachfolger im Amt. Sie bleiben jedoch in den Rechtssachen tätig, mit denen sie bereits befasst sind.

(3) Ein Richter kann nur entlassen werden, wenn die anderen Richter mit Zweidrittelmehrheit entscheiden, dass er die erforderlichen Voraussetzungen nicht mehr erfüllt.

Artikel 24 – Kanzlei und Berichterstatter

(1) Der Gerichtshof hat eine Kanzlei, deren Aufgaben und Organisation in der Verfahrensordnung des Gerichtshofs festgelegt werden.

(2) Wenn der Gerichtshof in Einzelrichterbesetzung tagt, wird er von Berichterstattern unterstützt, die ihre Aufgaben unter der Aufsicht des Präsidenten des Gerichtshofs ausüben. Sie gehören der Kanzlei des Gerichtshofs an.

Artikel 25 – Plenum des Gerichtshofs

Das Plenum des Gerichtshofs

a) wählt seinen Präsidenten und einen oder zwei Vizepräsidenten für drei Jahre; ihre Wiederwahl ist zulässig;
b) bildet Kammern für einen bestimmten Zeitraum;
c) wählt die Präsidenten der Kammern des Gerichtshofs; ihre Wiederwahl ist zulässig;
d) beschließt die Verfahrensordnung des Gerichtshofs;
e) wählt den Kanzler und einen oder mehrere stellvertretende Kanzler;
f) stellt Anträge nach Artikel 26 Absatz 2.

Artikel 26 – Einzelrichterbesetzung, Ausschüsse, Kammern und Grosse Kammer

(1) Zur Prüfung der Rechtssachen, die bei ihm anhängig gemacht werden, tagt der Gerichtshof in Einzelrichterbesetzung, in Ausschüssen mit drei Richtern, in Kammern mit sieben Richtern und in einer Grossen Kammer mit siebzehn Richtern. Die Kammern des Gerichtshofs bilden die Ausschüsse für einen bestimmten Zeitraum.

(2) Auf Antrag des Plenums des Gerichtshofs kann die Anzahl Richter je Kammer für einen bestimmten Zeitraum durch einstimmigen Beschluss des Ministerkomitees auf fünf herabgesetzt werden.

(3) Ein Richter, der als Einzelrichter tagt, prüft keine Beschwerde gegen die Hohe Vertragspartei, für die er gewählt worden ist.

(4) Der Kammer und der Grossen Kammer gehört von Amts wegen der für eine als Partei beteiligte Hohe Vertragspartei gewählte Richter an. Wenn ein solcher nicht vorhanden ist oder er an den Sitzungen nicht teilnehmen kann, nimmt eine Person in der Eigenschaft eines Richters an den Sitzungen teil, die der Präsident des Gerichtshofs aus einer Liste auswählt, welche ihm die betreffende Vertragspartei vorab unterbreitet hat.

(5) Der Grossen Kammer gehören ferner der Präsident des Gerichtshofs, die Vizepräsidenten, die Präsidenten der Kammern und andere nach der Verfahrensordnung des Gerichtshofs ausgewählte Richter an. Wird eine Rechtssache nach Artikel 43 an die Grosse Kammer verwiesen, so dürfen Richter der Kammer, die das Urteil gefällt

hat, der Grossen Kammer nicht angehören; das gilt nicht für den Präsidenten der Kammer und den Richter, welcher in der Kammer für die als Partei beteiligte Hohe Vertragspartei mitgewirkt hat.

Artikel 27 –Befugnisse des Einzelrichters

(1) Ein Einzelrichter kann eine nach Artikel 34 erhobene Beschwerde für unzulässig erklären oder im Register streichen, wenn eine solche Entscheidung ohne weitere Prüfung getroffen werden kann.

(2) Die Entscheidung ist endgültig.

(3) Erklärt der Einzelrichter eine Beschwerde nicht für unzulässig und streicht er sie auch nicht im Register des Gerichtshofs, so übermittelt er sie zur weiteren Prüfung an einen Ausschuss oder eine Kammer.

Artikel 28 – Befugnisse der Ausschüsse

(1) Ein Ausschuss, der mit einer nach Artikel 34 erhobenen Beschwerde befasst wird, kann diese durch einstimmigen Beschluss

a) für unzulässig erklären oder im Register streichen, wenn eine solche Entscheidung ohne weitere Prüfung getroffen werden kann, oder
b) für zulässig erklären und zugleich ein Urteil über die Begründetheit fällen, sofern die der Rechtssache zugrunde liegende Frage der Auslegung oder Anwendung dieser Konvention oder der Protokolle dazu Gegenstand einer gefestigten Rechtsprechung des Gerichtshofs ist.

(2) Die Entscheidungen und Urteile nach Absatz 1 sind endgültig.

(3) Ist der für die als Partei beteiligte Hohe Vertragspartei gewählte Richter nicht Mitglied des Ausschusses, so kann er von Letzterem jederzeit während des Verfahrens eingeladen werden, den Sitz eines Mitglieds im Ausschuss einzunehmen; der Ausschuss hat dabei alle erheblichen Umstände einschliesslich der Frage, ob diese Vertragspartei der Anwendung des Verfahrens nach Absatz 1 Buchstabe b entgegengetreten ist, zu berücksichtigen.

Artikel 29 – Entscheidungen der Kammern über die Zulässigkeit und Begründetheit

(1) Ergeht weder eine Entscheidung nach Artikel 27 oder 28 noch ein Urteil nach Artikel 28, so entscheidet eine Kammer über die Zulässigkeit und Begründetheit der nach Artikel 34 erhobenen Beschwerden. Die Entscheidung über die Zulässigkeit kann gesondert ergehen.

(2) Eine Kammer entscheidet über die Zulässigkeit und Begründetheit der nach Artikel 33 erhobenen Staatenbeschwerden. Die Entscheidung über die Zulässigkeit ergeht gesondert, sofern der Gerichtshof in Ausnahmefällen nicht anders entscheidet.

(Anm.: Abs. 3 aufgehoben durch BGBl. III Nr. 47/2010)

Artikel 30 – Abgabe der Rechtssache an die Große Kammer

Wirft eine bei einer Kammer anhängige Rechtssache eine schwerwiegende Frage der Auslegung dieser Konvention oder der Protokolle dazu auf oder kann die Entscheidung einer ihr vorliegenden Frage zu einer Abweichung von einem früheren Urteil des Gerichtshofs führen, so kann die Kammer diese Sache jederzeit, bevor sie ihr Urteil gefällt hat, an die Große Kammer abgeben.

Artikel 31 – Befugnisse der Großen Kammer

Die Große Kammer

a) entscheidet über nach Artikel 33 oder Artikel 34 erhobene Beschwerden, wenn eine Kammer die Rechtssache nach Artikel 30 an sie abgegeben hat oder wenn die Sache nach Artikel 43 an sie verwiesen worden ist,
b) entscheidet über Fragen, mit denen der Gerichtshof durch das Ministerkomitee nach Artikel 46 Absatz 4 befasst wird, und
c) behandelt Anträge nach Artikel 47 auf Erstattung von Gutachten.

Artikel 32 – Zuständigkeit des Gerichtshofs

(1) Die Zuständigkeit des Gerichtshofs umfaßt alle die Auslegung und Anwendung dieser Konvention und der Protokolle dazu betreffenden Angelegenheiten, mit denen er nach den Artikeln 33, 34, 46 und 47 befaßt wird.

(2) Besteht Streit über die Zuständigkeit des Gerichtshofs, so entscheidet der Gerichtshof.

Artikel 33 – Staatenbeschwerden

Jeder Hohe Vertragschließende Teil kann den Gerichtshof wegen jeder behaupteten Verletzung dieser Konvention und der Protokolle dazu durch einen anderen Hohen Vertragschließenden Teil anrufen.

Artikel 34 – Individualbeschwerden

Der Gerichtshof kann von jeder natürlichen Person, nichtstaatlichen Organisation oder Personengruppe, die behauptet, durch einen der Hohen Vertragschließenden Teile in einem der in dieser Konvention oder den Protokollen dazu anerkannten Rechte verletzt zu sein, mit einer Beschwerde befaßt werden. Die Hohen Vertragschließenden Teile verpflichten sich, die wirksame Ausübung dieses Rechts nicht zu behindern.

Artikel 35 – Zulässigkeitsvoraussetzungen

(1) Der Gerichtshof kann sich mit einer Angelegenheit erst nach Erschöpfung aller innerstaatlichen Rechtsbehelfe in Übereinstimmung mit den allgemein anerkannten Grundsätzen des Völkerrechts und nur innerhalb einer Frist von vier Monaten nach der endgültigen innerstaatlichen Entscheidung befassen.

(2) Der Gerichtshof befaßt sich nicht mit einer nach Artikel 34 erhobenen Individualbeschwerde, die

a) anonym ist oder
b) im wesentlichen mit einer schon vorher vom Gerichtshof geprüften Beschwerde übereinstimmt oder schon einer anderen internationalen Untersuchungs- oder Vergleichsinstanz unterbreitet worden ist und keine neuen Tatsachen enthält.

(3) Der Gerichtshof erklärt eine nach Artikel 34 erhobene Individualbeschwerde für unzulässig,

a) wenn er sie für unvereinbar mit dieser Konvention oder den Protokollen dazu, für offensichtlich unbegründet oder für missbräuchlich hält oder
b) wenn er der Ansicht ist, dass dem Beschwerdeführer kein erheblicher Nachteil entstanden ist, es sei denn, die Achtung der Menschenrechte, wie sie in dieser Konvention und den Protokollen dazu anerkannt sind, erfordert eine Prüfung der Begründetheit der Beschwerde.

(4) Der Gerichtshof weist eine Beschwerde zurück, die er nach diesem Artikel für unzulässig hält. Er kann dies in jedem Stadium des Verfahrens tun.

Artikel 36 – Beteiligung Dritter

(1) In allen bei einer Kammer oder der Großen Kammer anhängigen Rechtssachen ist der Hohe Vertragschließende Teil, dessen Staatsangehörigkeit der Beschwerdeführer besitzt, berechtigt, schriftliche Stellungnahmen abzugeben und an den mündlichen Verhandlungen teilzunehmen.

(2) Im Interesse der Rechtspflege kann der Präsident des Gerichtshofs jedem Hohen Vertragschließenden Teil, der in dem Verfahren nicht Partei ist, oder jeder betroffenen Person, die nicht Beschwerdeführer ist, Gelegenheit geben, schriftlich Stellung zu nehmen oder an den mündlichen Verhandlungen teilzunehmen.

(3) In allen bei einer Kammer oder der Grossen Kammer anhängigen Rechtssachen kann der Kommissar für Menschenrechte des Europarats schriftliche Stellungnahmen abgeben und an den mündlichen Verhandlungen teilnehmen.

Artikel 37 – Streichung von Beschwerden

(1) Der Gerichtshof kann jederzeit während des Verfahrens entscheiden, eine Beschwerde in seinem Register zu streichen, wenn die Umstände Grund zur Annahme geben, daß

a) der Beschwerdeführer seine Beschwerde nicht weiterzuverfolgen beabsichtigt,
b) die Streitigkeit einer Lösung zugeführt worden ist oder
c) eine weitere Prüfung der Beschwerde aus anderen vom Gerichtshof festgestellten Gründen nicht gerechtfertigt ist.

Der Gerichtshof setzt jedoch die Prüfung der Beschwerde fort, wenn die Achtung der Menschenrechte, wie sie in dieser Konvention und den Protokollen dazu anerkannt sind, dies erfordert.

(2) Der Gerichtshof kann die Wiedereintragung einer Beschwerde in sein Register anordnen, wenn er dies den Umständen nach für gerechtfertigt hält.

Artikel 38 – Prüfung der Rechtssache

Der Gerichtshof prüft die Rechtssache mit den Vertretern der Parteien und nimmt, falls erforderlich, Ermittlungen vor; die betreffenden Hohen Vertragsparteien haben alle zur wirksamen Durchführung der Ermittlungen erforderlichen Erleichterungen zu gewähren.

Artikel 39 – Gütliche Einigung

(1) Der Gerichtshof kann sich jederzeit während des Verfahrens zur Verfügung der Parteien halten mit dem Ziel, eine gütliche Einigung auf der Grundlage der Achtung der Menschenrechte, wie sie in dieser Konvention und den Protokollen dazu anerkannt sind, zu erreichen.

(2) Das Verfahren nach Absatz 1 ist vertraulich.

(3) Im Fall einer gütlichen Einigung streicht der Gerichtshof durch eine Entscheidung, die sich auf eine kurze Angabe des Sachverhalts und der erzielten Lösung beschränkt, die Rechtssache in seinem Register.

(4) Diese Entscheidung ist dem Ministerkomitee zuzuleiten; dieses überwacht die Durchführung der gütlichen Einigung, wie sie in der Entscheidung festgehalten wird.

Artikel 40 – Öffentliche Verhandlung und Akteneinsicht

(1) Die Verhandlung ist öffentlich, soweit nicht der Gerichtshof auf Grund besonderer Umstände anders entscheidet.

(2) Die beim Kanzler verwahrten Schriftstücke sind der Öffentlichkeit zugänglich, soweit nicht der Präsident des Gerichtshofs anders entscheidet.

Artikel 41 – Gerechte Entschädigung

Stellt der Gerichtshof fest, daß diese Konvention oder die Protokolle dazu verletzt worden sind, und gestattet das innerstaatliche Recht des beteiligten Hohen Vertragschließenden Teiles nur eine unvollkommene Wiedergutmachung für die Folgen dieser Verletzung, so spricht der Gerichtshof der verletzten Partei eine gerechte Entschädigung zu, wenn dies notwendig ist.

Artikel 42 – Urteile der Kammern

Urteile der Kammern werden nach Maßgabe des Artikels 44 Absatz 2 endgültig.

Artikel 43 – Verweisung an die Große Kammer

(1) Innerhalb von drei Monaten nach dem Datum des Urteils der Kammer kann jede Partei in Ausnahmefällen die Verweisung der Rechtssache an die Große Kammer beantragen.

(2) Ein Ausschuß von fünf Richtern der Großen Kammer nimmt den Antrag an, wenn die Rechtssache eine schwerwiegende Frage der Auslegung oder Anwendung dieser Konvention oder der Protokolle dazu oder eine schwerwiegende Frage von allgemeiner Bedeutung aufwirft.

(3) Nimmt der Ausschuß den Antrag an, so entscheidet die Große Kammer die Sache durch Urteil.

Artikel 44 – Endgültige Urteile

(1) Das Urteil der Großen Kammer ist endgültig.

(2) Das Urteil einer Kammer wird endgültig,

a) wenn die Parteien erklären, daß sie die Verweisung der Rechtssache an die Große Kammer nicht beantragen werden,
b) drei Monate nach dem Datum des Urteils, wenn nicht die Verweisung der Rechtssache an die Große Kammer beantragt worden ist, oder
c) wenn der Ausschuß der Großen Kammer den Antrag auf Verweisung nach Artikel 43 abgelehnt hat.

(3) Das endgültige Urteil wird veröffentlicht.

Artikel 45 – Begründung der Urteile und Entscheidungen

(1) Urteile sowie Entscheidungen, mit denen Beschwerden für zulässig oder für unzulässig erklärt werden, werden begründet.

(2) Bringt ein Urteil ganz oder teilweise nicht die übereinstimmende Meinung der Richter zum Ausdruck, so ist jeder Richter berechtigt, seine abweichende Meinung darzulegen.

Artikel 46 – Verbindlichkeit und Durchführung der Urteile

(1) Die Hohen Vertragsparteien verpflichten sich, in allen Rechtssachen, in denen sie Partei sind, das endgültige Urteil des Gerichtshofs zu befolgen.

(2) Das endgültige Urteil des Gerichtshofs ist dem Ministerkomitee zuzuleiten; dieses überwacht seine Durchführung.

(3) Wird die Überwachung der Durchführung eines endgültigen Urteils nach Auffassung des Ministerkomitees durch eine Frage betreffend die Auslegung dieses Urteils behindert, so kann das Ministerkomitee den Gerichtshof anrufen, damit er über diese Auslegungsfrage entscheidet. Der Beschluss des Ministerkomitees, den Gerichtshof anzurufen, bedarf der Zweidrittelmehrheit der Stimmen der zur Teilnahme an den Sitzungen des Komitees berechtigten Mitglieder.

(4) Weigert sich eine Hohe Vertragspartei nach Auffassung des Ministerkomitees, in einer Rechtssache, in der sie Partei ist, ein endgültiges Urteil des Gerichtshofs zu befolgen, so kann das Ministerkomitee, nachdem es die betreffende Partei gemahnt hat, durch einen mit Zweidrittelmehrheit der Stimmen der zur Teilnahme an den Sitzungen des Komitees berechtigten Mitglieder gefassten Beschluss den Gerichtshof mit der Frage befassen, ob diese Partei ihrer Verpflichtung nach Absatz 1 nachgekommen ist.

(5) Stellt der Gerichtshof eine Verletzung des Absatzes 1 fest, so weist er die Rechtssache zur Prüfung der zu treffenden Massnahmen an das Ministerkomitee zurück. Stellt der Gerichtshof fest, dass keine Verletzung des Absatzes 1 vorliegt, so weist er die Rechtssache an das Ministerkomitee zurück; dieses beschliesst die Einstellung seiner Prüfung.

Artikel 47 – Gutachten

(1) Der Gerichtshof kann auf Antrag des Ministerkomitees Gutachten über Rechtsfragen erstatten, welche die Auslegung dieser Konvention und der Protokolle dazu betreffen.

(2) Diese Gutachten dürfen keine Fragen zum Gegenstand haben, die sich auf den Inhalt oder das Ausmaß der in Abschnitt I dieser Konvention und in den Protokollen dazu anerkannten Rechte und Freiheiten beziehen, noch andere Fragen, über die der Gerichtshof oder das Ministerkomitee auf Grund eines nach dieser Konvention eingeleiteten Verfahrens zu entscheiden haben könnte.

(3) Der Beschluß des Ministerkomitees, ein Gutachten beim Gerichtshof zu beantragen, bedarf der Stimmenmehrheit der zur Teilnahme an den Sitzungen des Komitees berechtigten Mitglieder.

Artikel 48 – Gutachterliche Zuständigkeit des Gerichtshofs

Der Gerichtshof entscheidet, ob ein vom Ministerkomitee gestellter Antrag auf Erstattung eines Gutachtens in seine Zuständigkeit nach Artikel 47 fällt.

Artikel 49 – Begründung der Gutachten

(1) Die Gutachten des Gerichtshofs werden begründet.

(2) Bringt das Gutachten ganz oder teilweise nicht die übereinstimmende Meinung der Richter zum Ausdruck, so ist jeder Richter berechtigt, seine abweichende Meinung darzulegen.

(3) Die Gutachten des Gerichtshofs werden dem Ministerkomitee übermittelt.

Artikel 50 – Kosten des Gerichtshofs

Die Kosten des Gerichtshofs werden vom Europarat getragen.

Artikel 51 – Privilegien und Immunitäten der Richter

Die Richter genießen bei der Ausübung ihres Amtes die Vorrechte und Immunitäten, die in Artikel 40 der Satzung des Europarats und den auf Grund jenes Artikels geschlossenen Übereinkünften vorgesehen sind.

ABSCHNITT III – Verschiedene Bestimmungen

Artikel 52 – Anfragen des Generalsekretärs

Nach Empfang einer entsprechenden Aufforderung durch den Generalsekretär des Europarats hat jeder Hohe Vertragschließende Teil die erforderlichen Erklärungen abzugeben, in welcher Weise sein internes Recht die wirksame Anwendung aller Bestimmungen dieser Konvention gewährleistet.

Artikel 53 – Wahrung anerkannter Menschenrechte

Keine Bestimmung dieser Konvention darf als Beschränkung oder Minderung eines der Menschenrechte und Grundfreiheiten ausgelegt werden, die in den Gesetzen eines Hohen Vertragschließenden Teils oder einer anderen Vereinbarung, an der er beteiligt ist, festgelegt sind.

Artikel 54 – Befugnisse des Ministerkomitees

Keine Bestimmung dieser Konvention beschränkt die durch die Satzung des Europarats dem Ministerkomitee übertragenen Vollmachten.

Artikel 55 – Ausschluß anderer Verfahren zur Streitbeilegung

Die Hohen Vertragschließenden Teile kommen überein, daß sie, es sei denn auf Grund besonderer Vereinbarungen, keinen Gebrauch von zwischen ihnen geltenden Verträgen, Übereinkommen oder Erklärungen machen werden, um von sich aus einen Streit um die Auslegung oder Anwendung dieser Konvention einem anderen Verfahren zu unterwerfen als in der Konvention vorgesehen ist.

Artikel 56 – Räumlicher Geltungsbereich

(1) Jeder Staat kann im Zeitpunkt der Ratifizierung oder in der Folge zu jedem anderen Zeitpunkt durch eine an den Generalsekretär des Europarats gerichtete Mitteilung erklären, daß diese Konvention vorbehaltlich des Absatzes 4 auf alle oder einzelne Gebiete Anwendung findet, für deren internationale Beziehungen er verantwortlich ist.

(2) Die Konvention findet auf das oder die in der Erklärung bezeichneten Gebiete vom dreißigsten Tage an Anwendung, gerechnet vom Eingang der Erklärung beim Generalsekretär des Europarates.

(3) In den genannten Gebieten werden die Bestimmungen dieser Konvention unter Berücksichtigung der örtlichen Notwendigkeiten angewendet.

(4) Jeder Staat, der eine Erklärung gemäß Absatz 1 dieses Artikels abgegeben hat, kann zu jedem späteren Zeitpunkt für ein oder mehrere der in einer solchen Erklärung bezeichneten Gebiete erklären, daß er die Zuständigkeit des Gerichtshofs für die Entgegennahme von Beschwerden von natürlichen Personen, nichtstaatlichen Organisationen oder Personengruppen gemäß Artikel 34 annimmt.

Artikel 57 – Vorbehalte

(1) Jeder Staat kann bei Unterzeichnung dieser Konvention oder bei Hinterlegung seiner Ratifikationsurkunde bezüglich bestimmter Vorschriften der Konvention einen Vorbehalt machen, soweit ein zu dieser Zeit in seinem Gebiet geltendes Gesetz nicht mit der betreffenden Vorschrift übereinstimmt. Vorbehalte allgemeiner Art sind nach diesem Artikel nicht zulässig.

(2) Jeder nach diesem Artikel gemachte Vorbehalt muß mit einer kurzen Inhaltsangabe des betreffenden Gesetzes verbunden sein.

Artikel 58 – Kündigung

(1) Ein Hoher Vertragschließender Teil kann diese Konvention nicht vor Ablauf von fünf Jahren nach dem Tage, an dem die Konvention für ihn wirksam wird, und nur nach einer sechs Monate vorher an den Generalsekretär des Europarats gerichteten Mitteilung kündigen; der Generalsekretär hat den anderen Hohen Vertragschließenden Teilen von der Kündigung Kenntnis zu geben.

(2) Eine derartige Kündigung bewirkt nicht, daß der betreffende Hohe Vertragschließende Teil in bezug auf irgendeine Handlung, welche eine Verletzung dieser Verpflichtungen darstellen könnte, und von dem Hohen Vertragschließenden Teil vor dem Datum seines rechtswirksamen Ausscheidens vorgenommen wurde, von seinen Verpflichtungen nach dieser Konvention befreit wird.

(3) Unter dem gleichen Vorbehalt scheidet ein Vertragschließender Teil aus dieser Konvention aus, der aus dem Europarat ausscheidet.

(4) Entsprechend den Bestimmungen der vorstehenden Absätze kann die Konvention auch für ein Gebiet gekündigt werden, auf das sie nach Artikel 56 ausgedehnt worden ist.

Artikel 59 – Unterzeichnung und Ratifikation

(1) Diese Konvention steht den Mitgliedern des Europarats zur Unterzeichnung offen; sie bedarf der Ratifikation. Die Ratifikationsurkunden sind beim Generalsekretär des Europarats zu hinterlegen.

(2) Die Europäische Union kann dieser Konvention beitreten.

(3) Diese Konvention tritt nach der Hinterlegung von zehn Ratifikationsurkunden in Kraft.

(4) Für jeden Unterzeichnerstaat, dessen Ratifikation später erfolgt, tritt die Konvention am Tage der Hinterlegung seiner Ratifikationsurkunde in Kraft.

(5) Der Generalsekretär des Europarats hat allen Mitgliedern des Europarats das Inkrafttreten der Konvention, die Namen der Hohen Vertragschließenden Teile, die sie ratifiziert haben, sowie die

Hinterlegung jeder später eingehenden Ratifikationsurkunde mitzuteilen.

GESCHEHEN zu Rom, am 4. November 1950, in englischer und französischer Sprache, wobei die beiden Texte in gleicher Weise authentisch sind, in einer einzigen Ausfertigung, die in den Archiven des Europarats hinterlegt wird. Der Generalsekretär wird allen Signatarstaaten beglaubigte Abschriften übermitteln.

9. Allgemeines Verwaltungsverfahrensgesetz 1991

Allgemeines Verwaltungsverfahrensgesetz 1991 – AVG
StF: BGBl. Nr. 51/1991
Letzte Novellierung: BGBl. I Nr. 88/2023

GLIEDERUNG

STICHWORTVERZEICHNIS

I. Teil: Allgemeine Bestimmungen

1. Abschnitt: Behörden

Zuständigkeit

§ 1. Die sachliche und örtliche Zuständigkeit der Behörden richtet sich nach den Vorschriften über ihren Wirkungsbereich und nach den Verwaltungsvorschriften.

§ 2. Enthalten die in § 1 erwähnten Vorschriften über die sachliche Zuständigkeit keine Bestimmungen, so sind in den Angelegenheiten der Bundesverwaltung die Bezirksverwaltungsbehörden sachlich zuständig.

§ 3. Soweit die in § 1 erwähnten Vorschriften über die örtliche Zuständigkeit nichts bestimmen, richtet sich diese

1. in Sachen, die sich auf ein unbewegliches Gut beziehen: nach der Lage des Gutes;
2. in Sachen, die sich auf den Betrieb eines Unternehmens oder einer sonstigen dauernden Tätigkeit beziehen: nach dem Ort, an dem das Unternehmen betrieben oder die Tätigkeit ausgeübt wird oder werden soll;
3. in sonstigen Sachen: zunächst nach dem Hauptwohnsitz (Sitz) des Beteiligten, und zwar im Zweifelsfall des belangten oder verpflichteten Teiles, dann nach seinem Aufenthalt, dann nach seinem letzten Hauptwohnsitz (Sitz) im Inland, schließlich nach seinem letzten Aufenthalt im Inland, wenn aber keiner dieser Zuständigkeitsgründe in Betracht kommen kann oder Gefahr im Verzug ist, nach dem Anlaß zum Einschreiten; kann jedoch auch danach die Zuständigkeit nicht bestimmt werden, so ist die sachlich in Betracht kommende oberste Behörde zuständig.

§ 4. (1) Ist gemäß den in § 1 erwähnten Vorschriften die örtliche Zuständigkeit mehrerer Behörden gegeben und für diesen Fall nicht anderes bestimmt oder begründen die in § 3 Z 1 und 2 angeführten Umstände die örtliche Zuständigkeit mehrerer Behörden, so haben diese Behörden einvernehmlich vorzugehen.

(2) Gelangen sie in der Sache zu keinem Einvernehmen, so geht die Zuständigkeit auf die sachlich in Betracht kommende Oberbehörde und, wenn danach verschiedene Behörden berufen sind und auch diese sich nicht zu einigen vermögen, auf die sachlich in Betracht kommende gemeinsame Oberbehörde über.

(3) Bei Gefahr im Verzug hat jede der in Abs. 1 bezeichneten Behörden in ihrem Amtsbereich die notwendigen Amtshandlungen unter gleichzeitiger Verständigung der anderen Behörden vorzunehmen.

§ 5. (1) Über Zuständigkeitsstreite zwischen Behörden entscheidet die sachlich in Betracht kommende gemeinsame Oberbehörde.

(2) § 4 Abs. 3 gilt auch in diesem Fall.

§ 6. (1) Die Behörde hat ihre sachliche und örtliche Zuständigkeit von Amts wegen wahrzunehmen; langen bei ihr Anbringen ein, zu deren Behandlung sie nicht zuständig ist, so hat sie diese ohne unnötigen Aufschub auf Gefahr des Einschreiters an die zuständige Stelle weiterzuleiten oder den Einschreiter an diese zu weisen.

(2) Durch Vereinbarung der Parteien kann die Zuständigkeit der Behörde weder begründet noch geändert werden.

Befangenheit von Verwaltungsorganen

§ 7. (1) Verwaltungsorgane haben sich der Ausübung ihres Amtes zu enthalten und ihre Vertretung zu veranlassen:

1. in Sachen, an denen sie selbst, einer ihrer Angehörigen (§ 36a) oder eine von ihnen vertretene schutzberechtigte Person beteiligt sind;
2. in Sachen, in denen sie als Bevollmächtigte einer Partei bestellt waren oder noch bestellt sind;
3. wenn sonstige wichtige Gründe vorliegen, die geeignet sind, ihre volle Unbefangenheit in Zweifel zu ziehen;
4. im Berufungsverfahren, wenn sie an der Erlassung des angefochtenen Bescheides oder der Berufungsvorentscheidung (§ 64a) mitgewirkt haben.

(2) Bei Gefahr im Verzug hat, wenn die Vertretung durch ein anderes Verwaltungsorgan nicht sogleich bewirkt werden kann, auch das befangene Organ die unaufschiebbaren Amtshandlungen selbst vorzunehmen.

2. Abschnitt: Beteiligte und deren Vertreter

Beteiligte; Parteien

§ 8. Personen, die eine Tätigkeit der Behörde in Anspruch nehmen oder auf die sich die Tätigkeit der Behörde bezieht, sind Beteiligte und, insoweit sie an der Sache vermöge eines Rechtsanspruches oder eines rechtlichen Interesses beteiligt sind, Parteien.

Rechts- und Handlungsfähigkeit

§ 9. Insoweit die persönliche Rechts- und Handlungsfähigkeit von Beteiligten in Frage kommt, ist sie von der Behörde, wenn in den Verwaltungsvorschriften nicht anderes bestimmt ist, nach den Vorschriften des bürgerlichen Rechts zu beurteilen.

Vertreter

§ 10. (1) Die Beteiligten und ihre gesetzlichen Vertreter können sich, sofern nicht ihr persönliches Erscheinen ausdrücklich gefordert wird, durch natürliche Personen, die volljährig und handlungsfähig sind und für die in keinem Bereich ein gerichtlicher Erwachsenenvertreter bestellt oder eine gewählte oder gesetzliche Erwachsenenvertretung oder Vorsorgevollmacht wirksam ist, durch juristische Personen oder durch eingetragene Personengesellschaften vertreten lassen. Bevollmächtigte haben sich durch eine schriftliche, auf Namen oder Firma lautende Vollmacht auszuweisen. Vor der Behörde kann eine Vollmacht auch mündlich erteilt werden; zu ihrer Beurkundung genügt ein Aktenvermerk. Schreitet eine zur berufsmäßigen Parteienvertretung befugte Person ein, so ersetzt die Berufung auf die ihr erteilte Vollmacht deren urkundlichen Nachweis.

(2) Inhalt und Umfang der Vertretungsbefugnis richten sich nach den Bestimmungen der Vollmacht; hierüber auftauchende Zweifel sind nach den Vorschriften des bürgerlichen Rechts zu beurteilen. Die Behörde hat die Behebung etwaiger Mängel unter sinngemäßer Anwendung des § 13 Abs. 3 von Amts wegen zu veranlassen.

(3) Als Bevollmächtigte sind solche Personen nicht zuzulassen, die unbefugt die Vertretung anderer zu Erwerbszwecken betreiben.

(4) Die Behörde kann von einer ausdrücklichen Vollmacht absehen, wenn es sich um die Vertretung durch amtsbekannte Angehörige (§ 36a), Haushaltsangehörige, Angestellte oder durch amtsbekannte Funktionäre von beruflichen oder anderen Organisationen handelt und Zweifel über Bestand und Umfang der Vertretungsbefugnis nicht obwalten.

(5) Die Beteiligten können sich eines Rechtsbeistandes bedienen und auch in seiner Begleitung vor der Behörde erscheinen.

(6) Die Bestellung eines Bevollmächtigten schließt nicht aus, daß der Vollmachtgeber im eigenen Namen Erklärungen abgibt.

§ 11. Soll von Amts wegen oder auf Antrag gegen einen schutzberechtigten Beteiligten, der eines gesetzlichen Vertreters entbehrt, oder gegen eine Person, deren Aufenthalt unbekannt ist, eine Amtshandlung vorgenommen werden, so kann die Behörde, wenn die Wichtigkeit der Sache es erfordert, die Betrauung einer Person mit der Obsorge oder die Bestellung eines gerichtlichen Erwachsenenvertreters oder Kurators beim zuständigen Gericht (§ 109 JN) veranlassen.

§ 12. Die Vorschriften dieses Bundesgesetzes über die Beteiligten sind auch auf deren gesetzliche Vertreter und Bevollmächtigte zu beziehen.

3. Abschnitt: Verkehr zwischen Behörden und Beteiligten

Anbringen

§ 13. (1) Soweit in den Verwaltungsvorschriften nicht anderes bestimmt ist, können Anträge, Gesuche, Anzeigen, Beschwerden und sonstige Mitteilungen bei der Behörde schriftlich, mündlich oder telefonisch eingebracht werden. Rechtsmittel und Anbringen, die an eine Frist gebunden sind oder durch die der Lauf einer Frist bestimmt wird, sind schriftlich einzubringen. Erscheint die telefonische Einbringung eines Anbringens der Natur der Sache nach nicht tunlich, so kann die Behörde dem Einschreiter auftragen, es innerhalb einer angemessenen Frist schriftlich oder mündlich einzubringen.

(2) Schriftliche Anbringen können der Behörde in jeder technisch möglichen Form übermittelt werden, mit E-Mail jedoch nur insoweit, als für den elektronischen Verkehr zwischen der Behörde und den Beteiligten nicht besondere Übermittlungsformen vorgesehen sind. Etwaige technische Voraussetzungen oder organisatorische Beschränkungen des elektronischen Verkehrs zwischen der Behörde und den Beteiligten sind im Internet bekanntzumachen.

(3) Mängel schriftlicher Anbringen ermächtigen die Behörde nicht zur Zurückweisung. Die Behörde hat vielmehr von Amts wegen unverzüglich deren Behebung zu veranlassen und kann dem Einschreiter die Behebung des Mangels innerhalb einer angemessenen Frist mit der Wirkung auftragen, dass das Anbringen nach fruchtlosem Ablauf dieser Frist zurückgewiesen wird. Wird der Mangel rechtzeitig behoben, so gilt das Anbringen als ursprünglich richtig eingebracht.

(4) Bei Zweifeln über die Identität des Einschreiters oder die Authentizität eines Anbringens gilt Abs. 3 mit der Maßgabe sinngemäß, dass das Anbringen nach fruchtlosem Ablauf der Frist als zurückgezogen gilt.

(5) Die Behörde ist nur während der Amtsstunden verpflichtet, schriftliche Anbringen entgegenzunehmen oder Empfangsgeräte empfangsbereit zu halten, und, außer bei Gefahr im Verzug, nur während der für den Parteienverkehr bestimmten Zeit verpflichtet, mündliche oder telefonische Anbringen entgegenzunehmen. Die Amtsstunden und die für den Parteienverkehr bestimmte Zeit sind im Internet und an der Amtstafel bekanntzumachen.

(6) Die Behörde ist nicht verpflichtet, Anbringen, die sich auf keine bestimmte Angelegenheit beziehen, in Behandlung zu nehmen.

(7) Anbringen können in jeder Lage des Verfahrens zurückgezogen werden.

(8) Der verfahrenseinleitende Antrag kann in jeder Lage des Verfahrens bis zu einer allfälligen Schließung des Ermittlungsverfahrens (§ 39 Abs. 3) geändert werden. Durch die Antragsänderung darf die Sache ihrem Wesen nach nicht geändert und die sachliche und örtliche Zuständigkeit nicht berührt werden.

(9) (Anm.: aufgehoben durch BGBl. I Nr. 10/2004)

Rechtsbelehrung

§ 13a. Die Behörde hat Personen, die nicht durch berufsmäßige Parteienvertreter vertreten sind, die zur Vornahme ihrer Verfahrenshandlungen nötigen Anleitungen in der Regel mündlich zu geben und sie über die mit diesen Handlungen oder Unterlassungen unmittelbar verbundenen Rechtsfolgen zu belehren.

Niederschriften

§ 14. (1) Mündliche Anbringen von Beteiligten sind erforderlichenfalls ihrem wesentlichen Inhalt nach in einer Niederschrift festzuhalten. Niederschriften über Verhandlungen (Verhandlungsschriften) sind derart abzufassen, daß bei Weglassung alles nicht zur Sache Gehörigen der Verlauf und Inhalt der Verhandlung richtig und verständlich wiedergegeben wird.

(2) Jede Niederschrift hat außerdem zu enthalten:

1. Ort, Zeit und Gegenstand der Amtshandlung und, wenn schon frühere darauf bezügliche Amtshandlungen vorliegen, erforderlichenfalls eine kurze Darstellung des Standes der Sache;
2. die Bezeichnung der Behörde und die Namen des Leiters der Amtshandlung und der sonst mitwirkenden amtlichen Organe, der anwesenden Beteiligten und ihrer Vertreter sowie der etwa vernommenen Zeugen und Sachverständigen.
3. *(Anm.: aufgehoben durch BGBl. I Nr. 5/2008)*

(3) Die Niederschrift ist den vernommenen oder sonst beigezogenen Personen, wenn sie nicht darauf verzichten, zur Durchsicht vorzulegen oder vorzulesen; wenn ein Schallträger verwendet (Abs. 7) oder die Niederschrift elektronisch erstellt wird, kann ihr Inhalt auch auf andere Weise wiedergegeben werden. Der Leiter der Amtshandlung kann auch ohne Verzicht von einer Wiedergabe absehen; die beigezogenen Personen können diesfalls bis zum Schluß der Amtshandlung die Zustellung einer Ausfertigung verlangen und binnen zwei Wochen ab Zustellung Einwendungen wegen behaupteter Unvollständigkeit oder Unrichtigkeit der Niederschrift erheben.

(4) In dem einmal Niedergeschriebenen darf nichts Erhebliches ausgelöscht, zugesetzt oder verändert werden. Durchgestrichene Stellen sollen noch lesbar bleiben. Erhebliche Zusätze oder Einwendungen der beigezogenen Personen wegen behaupteter Unvollständigkeit oder Unrichtigkeit der Niederschrift sind in einen Nachtrag aufzunehmen und gesondert zu unterfertigen.

(5) Die Niederschrift ist vom Leiter der Amtshandlung und den beigezogenen Personen zu unterschreiben; bei Amtshandlungen, denen mehr als drei Beteiligte beigezogen wurden, genügt es jedoch, wenn die Niederschrift von der Partei, die den verfahrenseinleitenden Antrag gestellt hat, und zwei weiteren Beteiligten, in Abwesenheit dieser Partei von mindestens drei Beteiligten, sowie von den sonstigen beigezogenen Personen unterschrieben wird. Kann dem nicht entsprochen werden, so sind die dafür maßgeblichen Gründe in der Niederschrift festzuhalten. Wird die Niederschrift elektronisch erstellt, so kann an die Stelle der Unterschriften des Leiters der Amtshandlung und der beigezogenen Personen ein Verfahren zum Nachweis der Identität (§ 2 Z 1 E-GovG) des Leiters der Amtshandlung und der Authentizität (§ 2 Z 5 E-GovG) der Niederschrift treten.

(6) Den beigezogenen Personen ist auf Verlangen eine Ausfertigung der Niederschrift auszufolgen oder zuzustellen.

(7) Die Niederschrift oder Teile davon können unter Verwendung eines Schallträgers oder in Kurzschrift aufgenommen werden. Die Angaben gemäß Abs. 2, die Feststellung, daß für die übrigen Teile der Niederschrift ein Schallträger verwendet wird, und die Tatsache der Verkündung eines mündlichen Bescheides sind in Vollschrift festzuhalten. Die Aufzeichnung und die in Kurzschrift aufgenommenen Teile der Niederschrift sind unverzüglich in Vollschrift zu übertragen. Die beigezogenen Personen können bis zum Schluß der Amtshandlung die Zustellung einer Ausfertigung der Übertragung verlangen und binnen zwei Wochen ab Zustellung Einwendungen wegen behaupteter Unvollständigkeit oder Unrichtigkeit der Übertragung erheben. Wird eine solche Zustellung beantragt, so darf die Aufzeichnung frühestens einen Monat nach Ablauf der Einwendungsfrist, ansonsten frühestens einen Monat nach erfolgter Übertragung gelöscht werden.

(8) (Anm.: aufgehoben durch BGBl. I Nr. 10/2004)

§ 15. Soweit nicht Einwendungen erhoben wurden, liefert eine gemäß § 14 aufgenommene Niederschrift über den Verlauf und den Gegenstand der betreffenden Amtshandlung vollen Beweis. Der Gegenbeweis der Unrichtigkeit des bezeugten Vorganges bleibt zulässig.

Aktenvermerke

§ 16. (1) Amtliche Wahrnehmungen, mündliche oder telefonische Anbringen oder sonstige Mitteilungen an die Behörde, mündliche oder telefonische Belehrungen, Aufforderungen, Anordnungen und sonstige Äußerungen, schließlich Umstände, die nur für den inneren Dienst der Behörde in Betracht kommen, sind, wenn nicht anderes bestimmt ist und kein Anlass zur Aufnahme einer Niederschrift besteht, erforderlichenfalls in einem Aktenvermerk kurz festzuhalten.

(2) Der Aktenvermerk ist vom Amtsorgan unter Beisetzung des Datums zu unterschreiben; wurde der Aktenvermerk elektronisch erstellt, kann an die Stelle dieser Unterschrift ein Verfahren zum Nachweis der Identität (§ 2 Z 1 E-GovG) des Amtsorgans und der Authentizität (§ 2 Z 5 E-GovG) des Aktenvermerks treten.

Akteneinsicht

§ 17. (1) Soweit in den Verwaltungsvorschriften nicht anderes bestimmt ist, können die Parteien bei der Behörde in die ihre Sache betreffenden Akten Einsicht nehmen und sich von Akten oder Aktenteilen an Ort und Stelle Abschriften selbst anfertigen oder auf ihre Kosten Kopien oder Ausdrucke erstellen lassen. Soweit die Behörde die die Sache betreffenden Akten elektronisch führt, kann der Partei auf Verlangen die Akteneinsicht in jeder technisch möglichen Form gewährt werden.

(2) Allen an einem Verfahren beteiligten Parteien muß auf Verlangen die Akteneinsicht in gleichem Umfang gewährt werden.

(3) Von der Akteneinsicht sind Aktenbestandteile ausgenommen, insoweit deren Einsichtnahme eine Schädigung berechtigter Interessen einer Partei oder dritter Personen oder eine Gefährdung der Aufgaben der Behörde herbeiführen oder den Zweck des Verfahrens beeinträchtigen würde.

(4) Die Verweigerung der Akteneinsicht gegenüber der Partei eines anhängigen Verfahrens erfolgt durch Verfahrensanordnung.

Blinde und hochgradig sehbehinderte Beteiligte

§ 17a. Blinden oder hochgradig sehbehinderten Beteiligten, die eines Vertreters entbehren, hat die Behörde auf Verlangen den Inhalt von Akten oder Aktenteilen durch Verlesung oder nach Maßgabe der vorhandenen technischen Möglichkeiten in sonst geeigneter Weise zur Kenntnis zu bringen.

Erledigungen

§ 18. (1) Die Behörde hat die Sache möglichst zweckmäßig, rasch, einfach und kostensparend zu erledigen und den wesentlichen Inhalt der Amtshandlung erforderlichenfalls in einer Niederschrift oder einem Aktenvermerk festzuhalten.

(2) Erledigungen haben jedenfalls schriftlich zu ergehen, wenn dies in den Verwaltungsvorschriften ausdrücklich angeordnet ist oder von der Partei verlangt wird.

(3) Schriftliche Erledigungen sind vom Genehmigungsberechtigten mit seiner Unterschrift zu genehmigen; wurde die Erledigung elektronisch erstellt, kann an die Stelle dieser Unterschrift ein Verfahren zum Nachweis der Identität (§ 2 Z 1 E-GovG) des Genehmigenden und der Authentizität (§ 2 Z 5 E-GovG) der Erledigung treten.

(4) Jede schriftliche Ausfertigung hat die Bezeichnung der Behörde, das Datum der Genehmigung und den Namen des Genehmigenden zu enthalten. Ausfertigungen in Form von elektronischen Dokumenten müssen mit einer Amtssignatur (§ 19 E-GovG) versehen sein; Ausfertigungen in Form von Ausdrucken von mit einer Amtssignatur versehenen elektronischen Dokumenten oder von Kopien solcher Ausdrucke brauchen keine weiteren Voraussetzungen zu erfüllen. Sonstige Ausfertigungen haben die Unterschrift des Genehmigenden zu enthalten; an die Stelle dieser Unterschrift kann die Beglaubigung der Kanzlei treten, dass die Ausfertigung mit der Erledigung übereinstimmt und die Erledigung gemäß Abs. 3 genehmigt worden ist. Das Nähere über die Beglaubigung wird durch Verordnung geregelt.

(5) Für Bescheide gilt der III. Teil, für Ladungsbescheide überdies § 19.

Ladungen

§ 19. (1) Die Behörde ist berechtigt, Personen, die in ihrem Amtsbereich ihren Aufenthalt (Sitz) haben und deren Erscheinen nötig ist, vorzuladen.

(2) In der Ladung ist außer Ort und Zeit der Amtshandlung auch anzugeben, was den Gegenstand der Amtshandlung bildet, in welcher Eigenschaft der Geladene vor der Behörde erscheinen soll (als Beteiligter, Zeuge usw.) und welche Behelfe und Beweismittel mitzubringen sind. In der Ladung ist ferner bekanntzugeben, ob der Geladene persönlich zu erscheinen hat oder ob die Entsendung eines Vertreters genügt und welche Folgen an ein Ausbleiben geknüpft sind.

(3) Wer nicht durch Krankheit, Behinderung oder sonstige begründete Hindernisse vom Erscheinen abgehalten ist, hat die Verpflichtung, der Ladung Folge zu leisten und kann zur Erfüllung dieser Pflicht durch Zwangsstrafen verhalten oder vorgeführt werden. Die Anwendung dieser Zwangsmittel ist nur zulässig, wenn sie in der Ladung angedroht waren und die Ladung zu eigenen Handen zugestellt war; sie obliegt den Vollstreckungsbehörden.

(4) Eine einfache Ladung erfolgt durch Verfahrensanordnung.

§ 20. Steht die zu ladende Person in einem öffentlichen Amt oder Dienst oder im Dienst eines dem öffentlichen Verkehr dienenden Unternehmens und muß voraussichtlich zur Wahrung der Sicherheit oder anderer öffentlicher Interessen eine Stellvertretung während der Verhinderung dieser Person eintreten, so ist gleichzeitig deren vorgesetzte Stelle von der Ladung zu benachrichtigen.

4. Abschnitt: Zustellungen

§ 21. Zustellungen sind nach dem Zustellgesetz – ZustG, BGBl. Nr. 200/1982, vorzunehmen.

§ 22. Wenn wichtige Gründe hiefür vorliegen, ist eine schriftliche Ausfertigung mit Zustellnachweis zuzustellen. Bei Vorliegen besonders wichtiger Gründe oder wenn es gesetzlich vorgesehen ist, ist die Zustellung zu eigenen Handen des Empfängers zu bewirken.

§ 23. *(Entfällt; Art. III Abs. 2 der Kundmachung)*

§ 24. *(Entfällt; Art. III Abs. 2 der Kundmachung)*

§ 25. *(Entfällt; Art. III Abs. 2 der Kundmachung)*

§ 26. *(Entfällt; Art. III Abs. 2 der Kundmachung)*

§ 27. *(Entfällt; Art. III Abs. 2 der Kundmachung)*

§ 28. *(Entfällt; Art. III Abs. 2 der Kundmachung)*

§ 29. *(Entfällt; Art. III Abs. 2 der Kundmachung)*

§ 30. *(Entfällt; Art. III Abs. 2 der Kundmachung)*

§ 31. *(Entfällt; Art. III Abs. 2 der Kundmachung)*

5. Abschnitt: Fristen

§ 32. (1) Bei der Berechnung von Fristen, die nach Tagen bestimmt sind, wird der Tag nicht mitgerechnet, in den der Zeitpunkt oder das Ereignis fällt, wonach sich der Anfang der Frist richten soll.

(2) Nach Wochen, Monaten oder Jahren bestimmte Fristen enden mit dem Ablauf desjenigen Tages der letzten Woche oder des letzten Monats, der durch seine Benennung oder Zahl dem Tag entspricht, an dem die Frist begonnen hat. Fehlt dieser Tag im letzten Monat, so endet die Frist mit Ablauf des letzten Tages dieses Monats.

§ 33. (1) Beginn und Lauf einer Frist werden durch Samstage, Sonntage oder gesetzliche Feiertage nicht behindert.

(2) Fällt das Ende einer Frist auf einen Samstag, Sonntag, gesetzlichen Feiertag, Karfreitag oder 24. Dezember, so ist der nächste Tag, der nicht einer der vorgenannten Tage ist, als letzter Tag der Frist anzusehen.

(3) In die Frist werden nicht eingerechnet:

1. die Tage von der Übergabe an einen Zustelldienst im Sinne des § 2 Z 7 ZustG zur Übermittlung an die Behörde bis zum Einlangen bei dieser (Postlauf);
2. die Zeit von der Versendung eines Anbringens im elektronischen Verkehr an die Behörde bis zum Einlangen bei dieser.

(4) Durch Gesetz oder Verordnung festgesetzte Fristen können, wenn nicht ausdrücklich anderes bestimmt ist, nicht geändert werden.

6. Abschnitt: Ordnungs- und Mutwillensstrafen

Ordnungsstrafen

§ 34. (1) Das Verwaltungsorgan, das eine Verhandlung, Vernehmung, einen Augenschein oder eine Beweisaufnahme leitet, hat für die Aufrechterhaltung der Ordnung und für die Wahrung des Anstandes zu sorgen.

(2) Personen, die die Amtshandlung stören oder durch ungeziemendes Benehmen den Anstand verletzen, sind zu ermahnen; bleibt die Ermahnung erfolglos, so kann ihnen nach vorausgegangener Androhung das Wort entzogen, ihre Entfernung verfügt und ihnen die Bestellung eines Bevollmächtigten aufgetragen werden oder gegen sie eine Ordnungsstrafe bis 726 Euro verhängt werden.

(3) Die gleichen Ordnungsstrafen können von der Behörde gegen Personen verhängt werden, die sich in schriftlichen Eingaben einer beleidigenden Schreibweise bedienen.

(4) Gegen öffentliche Organe und gegen Bevollmächtigte, die zur berufsmäßigen Parteienvertretung befugt sind, ist, wenn sie einem Disziplinarrecht unterstehen, keine Ordnungsstrafe zu verhängen, sondern lediglich die Anzeige an die Disziplinarbehörde zu erstatten.

(5) Die Verhängung einer Ordnungsstrafe schließt die strafgerichtliche Verfolgung wegen derselben Handlung nicht aus.

Mutwillensstrafen

§ 35. Gegen Personen, die offenbar mutwillig die Tätigkeit der Behörde in Anspruch nehmen oder in der Absicht einer Verschleppung der Angelegenheit unrichtige Angaben machen, kann die Behörde eine Mutwillensstrafe bis 726 Euro verhängen.

Widmung und Vollzug der Ordnungs- und Mutwillensstrafen

§ 36. Die Ordnungs- und Mutwillensstrafen fließen der Gebietskörperschaft zu, die den Aufwand der Behörde zu tragen hat. Die Bestimmungen des Verwaltungsstrafgesetzes über den Strafvollzug sind sinngemäß anzuwenden.

7. Abschnitt: Begriffsbestimmungen

Angehörige

§ 36a. (1) Angehörige im Sinne dieses Bundesgesetzes sind

1. der Ehegatte,
2. die Verwandten in gerader Linie und die Verwandten zweiten, dritten und vierten Grades in der Seitenlinie,

3. die Verschwägerten in gerader Linie und die Verschwägerten zweiten Grades in der Seitenlinie,
4. die Wahleltern und Wahlkinder und die Pflegeeltern und Pflegekinder,
5. Personen, die miteinander in Lebensgemeinschaft leben, sowie Kinder und Enkel einer dieser Personen im Verhältnis zur anderen Person sowie
6. der eingetragene Partner.

(2) Abs. 1 Z 3 gilt für eingetragene Partner sinngemäß.

(3) Die durch eine Ehe, Lebensgemeinschaft oder eingetragene Partnerschaft begründete Eigenschaft einer Person als Angehöriger bleibt aufrecht, auch wenn die Ehe, die Lebensgemeinschaft oder die eingetragene Partnerschaft nicht mehr besteht.

II. Teil: Ermittlungsverfahren

1. Abschnitt: Zweck und Gang des Ermittlungsverfahrens

Allgemeine Grundsätze

§ 37. Zweck des Ermittlungsverfahrens ist, den für die Erledigung einer Verwaltungssache maßgebenden Sachverhalt festzustellen und den Parteien Gelegenheit zur Geltendmachung ihrer Rechte und rechtlichen Interessen zu geben. Nach einer Antragsänderung (§ 13 Abs. 8) hat die Behörde das Ermittlungsverfahren insoweit zu ergänzen, als dies im Hinblick auf seinen Zweck notwendig ist.

§ 38. Sofern die Gesetze nicht anderes bestimmen, ist die Behörde berechtigt, im Ermittlungsverfahren auftauchende Vorfragen, die als Hauptfragen von anderen Verwaltungsbehörden oder von den Gerichten zu entscheiden wären, nach der über die maßgebenden Verhältnisse gewonnenen eigenen Anschauung zu beurteilen und diese Beurteilung ihrem Bescheid zugrunde zu legen. Sie kann aber auch das Verfahren bis zur rechtskräftigen Entscheidung der Vorfrage aussetzen, wenn die Vorfrage schon den Gegenstand eines anhängigen Verfahrens bei der zuständigen Verwaltungsbehörde bzw. beim zuständigen Gericht bildet oder ein solches Verfahren gleichzeitig anhängig gemacht wird.

§ 38a. (1) Hat die Behörde dem Gerichtshof der Europäischen Union eine Frage zur Vorabentscheidung nach Art. 267 des Vertrags über die Arbeitsweise der Europäischen Union vorgelegt, so dürfen bis zum Einlangen der Vorabentscheidung nur solche Handlungen vorgenommen oder Entscheidungen und Verfügungen getroffen werden, die durch die Vorabentscheidung nicht beeinflusst werden können oder die die Frage nicht abschließend regeln und keinen Aufschub gestatten.

(2) Erachtet die Behörde die noch nicht ergangene Vorabentscheidung für ihre Entscheidung in der Sache als nicht mehr erforderlich, so hat sie ihren Antrag unverzüglich zurückzuziehen.

§ 39. (1) Für die Durchführung des Ermittlungsverfahrens sind die Verwaltungsvorschriften maßgebend.

(2) Soweit die Verwaltungsvorschriften hierüber keine Anordnungen enthalten, hat die Behörde von Amts wegen vorzugehen und unter Beobachtung der in diesem Teil enthaltenen Vorschriften den Gang des Ermittlungsverfahrens zu bestimmen. Sie kann insbesondere von Amts wegen oder auf Antrag eine mündliche Verhandlung durchführen und mehrere Verwaltungssachen zur gemeinsamen Verhandlung und Entscheidung verbinden oder sie wieder trennen. Die Behörde hat sich bei allen diesen Verfahrensanordnungen von Rücksichten auf möglichste Zweckmäßigkeit, Raschheit, Einfachheit und Kostenersparnis leiten zu lassen.

(2a) Jede Partei hat ihr Vorbringen so rechtzeitig und vollständig zu erstatten, dass das Verfahren möglichst rasch durchgeführt werden kann (Verfahrensförderungspflicht).

(2b) Sind nach den Verwaltungsvorschriften für ein Vorhaben mehrere Bewilligungen, Genehmigungen oder bescheidmäßige Feststellungen erforderlich und werden diese unter einem beantragt, so hat die Behörde die Verfahren zur gemeinsamen Verhandlung und Entscheidung zu verbinden und mit den von anderen Behörden geführten Verfahren zu koordinieren. Eine getrennte Verfahrensführung ist zulässig, wenn diese im Interesse der Zweckmäßigkeit, Raschheit, Einfachheit und Kostenersparnis gelegen ist.

(3) Wenn die Sache zur Entscheidung reif ist, kann die Behörde das Ermittlungsverfahren durch Verfahrensanordnung für geschlossen erklären. Die Erklärung hat nach Möglichkeit in der mündlichen Verhandlung, in allen anderen Fällen schriftlich zu ergehen.

(4) Das Ermittlungsverfahren ist auf Antrag fortzusetzen, wenn eine Partei glaubhaft macht, dass Tatsachen oder Beweismittel ohne ihr Verschulden nicht geltend gemacht werden konnten und allein oder in Verbindung mit dem sonstigen Ergebnis des Ermittlungsverfahrens voraussichtlich einen im Hauptinhalt des Spruches anders lautenden Bescheid herbeiführen würden. Die Entscheidung über den Antrag erfolgt durch Verfahrensanordnung. Die Behörde kann das Ermittlungsverfahren jederzeit von Amts wegen fortsetzen.

(5) Soweit in den Verwaltungsvorschriften nicht anderes bestimmt ist, gilt das Ermittlungsverfahren als nicht geschlossen, wenn der Bescheid nicht binnen acht Wochen ab jenem Zeitpunkt, zu dem erstmals einer Partei gegenüber das Ermittlungs-

verfahren für geschlossen erklärt worden ist, gegenüber einer Partei erlassen wird.

Dolmetscher und Übersetzer

§ 39a. (1) Ist eine Partei oder eine zu vernehmende Person der deutschen Sprache nicht hinreichend kundig, stumm, gehörlos oder hochgradig hörbehindert, so ist erforderlichenfalls der der Behörde beigegebene oder zur Verfügung stehende Dolmetscher (Amtsdolmetscher) beizuziehen. Die §§ 52 Abs. 2 bis 4 und 53 sind anzuwenden.

(2) Als Dolmetscher im Sinne dieses Bundesgesetzes gelten auch die Übersetzer.

Mündliche Verhandlung

§ 40. (1) Mündliche Verhandlungen sind unter Zuziehung aller bekannten Beteiligten sowie der erforderlichen Zeugen und Sachverständigen vorzunehmen und, sofern sie mit einem Augenschein verbunden sind, womöglich an Ort und Stelle, sonst am Sitz der Behörde oder an dem Ort abzuhalten, der nach der Sachlage am zweckmäßigsten erscheint. Bei der Auswahl des Verhandlungsortes ist, sofern die mündliche Verhandlung nicht mit einem Augenschein verbunden ist, darauf zu achten, daß dieser für körperbehinderte Beteiligte gefahrlos und tunlichst ohne fremde Hilfe zugänglich ist. In verbundenen Verfahren (§ 39 Abs. 2b) abzuhaltende mündliche Verhandlungen sind von der Behörde tunlichst gemeinsam durchzuführen.

(2) Die Behörde hat darüber zu wachen, daß die Vornahme eines Augenscheins nicht zur Verletzung eines Kunst-, Betriebs- oder Geschäftsgeheimnisses mißbraucht werde.

§ 41. (1) Die Anberaumung einer mündlichen Verhandlung hat durch persönliche Verständigung der bekannten Beteiligten zu erfolgen. Wenn noch andere Personen als Beteiligte in Betracht kommen, ist die Verhandlung überdies an der Amtstafel der Gemeinde, durch Verlautbarung in der für amtliche Kundmachungen der Behörde bestimmten Zeitung oder durch Verlautbarung im elektronischen Amtsblatt der Behörde kundzumachen.

(2) Die Verhandlung ist so anzuberaumen, dass die Teilnehmer rechtzeitig und vorbereitet erscheinen können. Die Verständigung (Kundmachung) über die Anberaumung der Verhandlung hat die für Ladungen vorgeschriebenen Angaben einschließlich des Hinweises auf die gemäß § 42 eintretenden Folgen zu enthalten. Sie kann unter Hinweis auf die gemäß § 39 Abs. 3 eintretenden Folgen die Aufforderung an die Parteien enthalten, binnen einer angemessenen, vier Wochen möglichst nicht übersteigenden Frist alle ihnen bekannten Tatsachen und Beweismittel geltend zu machen. Falls für Zwecke der Verhandlung Pläne oder sonstige Behelfe zur Einsicht der Beteiligten aufzulegen sind, ist dies bei der Anberaumung der Verhandlung unter Angabe von Zeit und Ort der Einsichtnahme bekanntzugeben.

§ 42. (1) Wurde eine mündliche Verhandlung gemäß § 41 Abs. 1 zweiter Satz und in einer in den Verwaltungsvorschriften vorgesehenen besonderen Form kundgemacht, so hat dies zur Folge, dass eine Person ihre Stellung als Partei verliert, soweit sie nicht spätestens am Tag vor Beginn der Verhandlung während der Amtsstunden bei der Behörde oder während der Verhandlung Einwendungen erhebt. Wenn die Verwaltungsvorschriften über die Form der Kundmachung nichts bestimmen, so tritt die im ersten Satz bezeichnete Rechtsfolge ein, wenn die mündliche Verhandlung gemäß § 41 Abs. 1 zweiter Satz und in geeigneter Form kundgemacht wurde.

AVG

(1a) Die Kundmachung im Internet unter der Adresse der Behörde gilt als geeignet, wenn sich aus einer dauerhaften Kundmachung an der Amtstafel der Behörde ergibt, dass solche Kundmachungen im Internet erfolgen können und unter welcher Adresse sie erfolgen. Sonstige Formen der Kundmachung sind geeignet, wenn sie sicherstellen, dass ein Beteiligter von der Verhandlung voraussichtlich Kenntnis erlangt.

(2) Wurde eine mündliche Verhandlung nicht gemäß Abs. 1 kundgemacht, so erstreckt sich die darin bezeichnete Rechtsfolge nur auf jene Beteiligten, die rechtzeitig die Verständigung von der Anberaumung der Verhandlung erhalten haben.

(3) Eine Person, die glaubhaft macht, daß sie durch ein unvorhergesehenes oder unabwendbares Ereignis verhindert war, rechtzeitig Einwendungen zu erheben, und die kein Verschulden oder nur ein minderer Grad des Versehens trifft, kann binnen zwei Wochen nach dem Wegfall des Hindernisses, jedoch spätestens bis zum Zeitpunkt der rechtskräftigen Entscheidung der Sache bei der Behörde Einwendungen erheben. Solche Einwendungen gelten als rechtzeitig erhoben und sind von jener Behörde zu berücksichtigen, bei der das Verfahren anhängig ist.

(4) Versäumt derjenige, über dessen Antrag das Verfahren eingeleitet wurde, die Verhandlung, so kann sie entweder in seiner Abwesenheit durchgeführt oder auf seine Kosten auf einen anderen Termin verlegt werden.

§ 43. (1) Das mit der Leitung der mündlichen Verhandlung betraute Organ (Verhandlungsleiter) hat sich von der Identität der Erschienenen zu überzeugen und ihre Stellung als Parteien oder sonst Beteiligte und die etwaige Vertretungsbefugnis zu prüfen.

(2) Der Verhandlungsleiter eröffnet die Verhandlung und legt ihren Gegenstand dar. Er kann die Verhandlung in Abschnitte gliedern und einen Zeitplan erstellen. Er bestimmt die Reihenfolge, in der die Beteiligten zu hören, die Beweise aufzunehmen und die Ergebnisse früher aufgenommener Beweise oder Erhebungen vorzutragen und zu erörtern sind. Er entscheidet über die Beweisanträge und hat offenbar unerhebliche Anträge zurückzuweisen. Ihm steht auch die Befugnis zu, die

Verhandlung nach Bedarf zu unterbrechen oder zu vertagen und den Zeitpunkt für die Fortsetzung der Verhandlung mündlich zu bestimmen.

(3) Der Verhandlungsleiter hat die Verhandlung unter steter Bedachtnahme auf ihren Zweck zügig so zu führen, daß den Parteien das Recht auf Gehör gewahrt, anderen Beteiligten aber Gelegenheit geboten wird, bei der Feststellung des Sachverhalts mitzuwirken. An der Sache nicht beteiligte Personen dürfen in der Verhandlung nicht das Wort ergreifen.

(4) Jeder Partei muß insbesondere Gelegenheit geboten werden, alle zur Sache gehörenden Gesichtspunkte vorzubringen und unter Beweis zu stellen, Fragen an die anwesenden Zeugen und Sachverständigen zu stellen, sich über die von anderen Beteiligten, den Zeugen und Sachverständigen vorgebrachten oder die als offenkundig behandelten Tatsachen sowie über die von anderen gestellten Anträge und über das Ergebnis amtlicher Erhebungen zu äußern.

(5) Stehen einander zwei oder mehrere Parteien mit einander widersprechenden Ansprüchen gegenüber, so hat der Verhandlungsleiter auf das Zustandekommen eines Ausgleichs dieser Ansprüche mit den öffentlichen und den von anderen Beteiligten geltend gemachten Interessen hinzuwirken.

§ 43a. (1) Über jede mündliche Verhandlung ist eine Verhandlungsschrift nach den §§ 14 und 15 aufzunehmen.

(2) Schriftliche Äußerungen und Mitteilungen von Beteiligten, Niederschriften über Beweise, die bis zum Schluss der mündlichen Verhandlung, aber außerhalb dieser aufgenommen wurden, Berichte und schriftliche Sachverständigengutachten sind der Verhandlungsschrift anzuschließen. Dies ist in der Verhandlungsschrift zu vermerken. Teilnehmer an der mündlichen Verhandlung dürfen ihre Erklärungen jedoch nicht schriftlich abgeben.

(3) Sobald die zulässigen Vorbringen aller Beteiligten aufgenommen sind und die Beweisaufnahme beendet ist, hat der Verhandlungsleiter die Verhandlung, gegebenenfalls nach Wiedergabe der Verhandlungsschrift (§ 14 Abs. 3) und nach mündlicher Verkündung des Bescheides (§ 62 Abs. 2), für geschlossen zu erklären.

§ 44. (1) Die Behörde kann die Verhandlung, allenfalls auch nur teilweise, unter Verwendung technischer Einrichtungen zur Wort- und Bildübertragung durchführen, es sei denn, das persönliche Erscheinen aller beizuziehenden Personen vor der Behörde ist unter Berücksichtigung der Verfahrensökonomie zweckmäßiger oder aus besonderen Gründen erforderlich.

(2) Eine Vertretung gemäß § 10 bei einer Teilnahme unter Verwendung technischer Einrichtungen zur Wort- und Bildübertragung ist nur zulässig, wenn nicht ausdrücklich die Teilnahme der Beteiligten oder ihrer gesetzlichen Vertreter selbst verlangt wird.

(3) In der Verständigung ist anzugeben, ob der Beteiligte persönlich zu erscheinen hat oder ob er unter Verwendung technischer Einrichtungen zur Wort- und Bildübertragung teilzunehmen hat oder teilnehmen kann; es kann dem Beteiligten darin auch freigestellt werden, in welcher Form er teilnimmt. Soll dem Beteiligten eine Teilnahme nur unter Verwendung technischer Einrichtungen zur Wort- und Bildübertragung möglich sein, so hat ihm die Behörde gleichzeitig eine angemessene Frist zu setzen, innerhalb derer der Beteiligte dagegen Widerspruch erheben kann; wird ein solcher Widerspruch rechtzeitig erhoben, kann der Beteiligte auch persönlich erscheinen. In der Kundmachung ist als Form der Teilnahme jedenfalls das persönliche Erscheinen vorzusehen. Die Verständigung und die Kundmachung haben die erforderlichen Angaben zur Teilnahme an der Verhandlung unter Verwendung technischer Einrichtungen zur Wort- und Bildübertragung und die Angabe, ob der Beteiligte oder sein gesetzlicher Vertreter selbst teilzunehmen hat oder ob die Entsendung eines Vertreters genügt und welche Folgen an ein Ausbleiben geknüpft sind, zu enthalten. Diese Angaben sind auch in die Ladung zu einer Verhandlung unter Verwendung technischer Einrichtungen zur Wort- und Bildübertragung aufzunehmen und es ist anzugeben, in welcher Form die beizuziehende Person an der Verhandlung teilzunehmen hat. Zur Teilnahme unter Verwendung technischer Einrichtungen zur Wort- und Bildübertragung kann die Behörde auch Personen laden, die ihren Aufenthalt (Sitz) außerhalb des Amtsbereiches der Behörde haben.

(4) Niederschriften über Verhandlungen unter Verwendung technischer Einrichtungen zur Wort- und Bildübertragung bedürfen nur der Unterschrift des Verhandlungsleiters und der persönlich erschienenen beigezogenen Personen.

Großverfahren

§ 44a. (1) Sind an einer Verwaltungssache oder an verbundenen Verwaltungssachen voraussichtlich insgesamt mehr als 100 Personen beteiligt, so kann die Behörde den Antrag oder die Anträge durch Edikt kundmachen.

(2) Das Edikt hat zu enthalten:

1. den Gegenstand des Antrages und eine Beschreibung des Vorhabens;
2. eine Frist von mindestens sechs Wochen, innerhalb derer bei der Behörde schriftlich Einwendungen erhoben werden können;
3. den Hinweis auf die Rechtsfolgen des § 44b;
4. den Hinweis, daß die Kundmachungen und Zustellungen im Verfahren durch Edikt vorgenommen werden können.

(3) Das Edikt ist im redaktionellen Teil zweier im Bundesland weitverbreiteter Tageszeitungen und im „Amtsblatt zur Wiener Zeitung" zu verlautbaren. Ist in den Verwaltungsvorschriften für die Kundmachung der mündlichen Verhandlung eine besondere Form vorgesehen, so ist der Inhalt des Edikts darüber hinaus in dieser Form kundzumachen; im übrigen kann die Behörde jede geeignete Form der Kundmachung wählen. In der Zeit vom 15. Juli bis 25. August und vom 24. Dezember bis 6. Jänner ist die Kundmachung durch Edikt nicht zulässig.

§ 44b. (1) Wurde ein Antrag durch Edikt kundgemacht, so hat dies zur Folge, daß Personen ihre Stellung als Partei verlieren, soweit sie nicht rechtzeitig bei der Behörde schriftlich Einwendungen erheben. § 42 Abs. 3 ist sinngemäß anzuwenden.

(2) Der Antrag, die Antragsunterlagen und die vorliegenden Gutachten der Sachverständigen sind, soweit sie nicht von der Akteneinsicht ausgenommen sind, während der Einwendungsfrist bei der Behörde und bei der Gemeinde zur öffentlichen Einsicht aufzulegen. Die Beteiligten können sich hievon Abschriften selbst anfertigen oder auf ihre Kosten Kopien oder Ausdrucke erstellen lassen. Soweit die Behörde die die Sache betreffenden Akten elektronisch führt, kann den Beteiligten auf Verlangen die Akteneinsicht in jeder technisch möglichen Form gewährt werden. Erforderlichenfalls hat die Behörde der Gemeinde eine ausreichende Anzahl von Kopien oder Ausdrucken zur Verfügung zu stellen.

§ 44c. (1) Die Behörde kann unter den in § 44a Abs. 1 genannten Voraussetzungen eine öffentliche Erörterung des Vorhabens durchführen. Ort, Zeit und Gegenstand der Erörterung sind gemäß § 44a Abs. 3 zu verlautbaren.

(2) Zur öffentlichen Erörterung können Sachverständige beigezogen werden. Es ist jedermann gestattet, Fragen zu stellen und sich zum Vorhaben zu äußern.

(3) Über die öffentliche Erörterung ist eine Niederschrift nicht zu erstellen.

§ 44d. (1) Die Behörde kann eine mündliche Verhandlung gemäß § 44a Abs. 3 durch Edikt anberaumen, wenn der Antrag gemäß § 44a Abs. 1 kundgemacht worden ist oder gleichzeitig kundgemacht wird.

(2) Das Edikt hat zu enthalten:

1. den Gegenstand der Verhandlung, eine Beschreibung des Vorhabens und einen etwaigen Zeitplan;
2. Ort und Zeit der Verhandlung.

§ 44e. (1) Die durch Edikt anberaumte mündliche Verhandlung ist öffentlich.

(2) § 25 Abs. 1 bis 4 des Verwaltungsgerichtsverfahrensgesetzes – VwGVG, BGBl. I Nr. 33/2013, ist sinngemäß anzuwenden.

(3) Die Verhandlungsschrift ist spätestens eine Woche nach Schluß der mündlichen Verhandlung bei der Behörde und bei der Gemeinde während der Amtsstunden mindestens drei Wochen zur öffentlichen Einsicht aufzulegen. Wurde eine Aufzeichnung oder ein Stenogramm in Vollschrift übertragen, so können die Beteiligten während der Einsichtsfrist bei der Behörde Einwendungen wegen behaupteter Unvollständigkeit oder Unrichtigkeit der Übertragung erheben. Die Beteiligten können sich von der Verhandlungsschrift Abschriften selbst anfertigen oder auf ihre Kosten Kopien oder Ausdrucke erstellen lassen. Erforderlichenfalls hat die Behörde der Gemeinde eine ausreichende Anzahl von Kopien oder Ausdrucken zur Verfügung zu stellen. Nach Maßgabe der vorhandenen technischen Möglichkeiten hat die Behörde die Verhandlungsschrift im Internet bereitzustellen.

§ 44f. (1) Ist der Antrag gemäß § 44a Abs. 1 kundgemacht worden, so kann die Behörde Schriftstücke durch Edikt zustellen. Hiezu hat sie gemäß § 44a Abs. 3 zu verlautbaren, daß ein Schriftstück bestimmten Inhalts bei der Behörde zur öffentlichen Einsicht aufliegt; auf die Bestimmungen des Abs. 2 ist hinzuweisen. Mit Ablauf von zwei Wochen nach dieser Verlautbarung gilt das Schriftstück als zugestellt.

(2) Die Behörde hat das Schriftstück während der Amtsstunden mindestens acht Wochen zur öffentlichen Einsicht aufzulegen. Sie hat den Beteiligten auf Verlangen Ausfertigungen des Schriftstückes auszufolgen und den Parteien auf Verlangen unverzüglich zuzusenden. Nach Maßgabe der vorhandenen technischen Möglichkeiten hat sie das Schriftstück im Internet bereitzustellen.

§ 44g. Die Kosten der Verlautbarung des Edikts im „Amtsblatt zur Wiener Zeitung" sind von Amts wegen zu tragen.

2. Abschnitt: Beweise

Allgemeine Grundsätze über den Beweis

§ 45. (1) Tatsachen, die bei der Behörde offenkundig sind, und solche, für deren Vorhandensein das Gesetz eine Vermutung aufstellt, bedürfen keines Beweises.

(2) Im übrigen hat die Behörde unter sorgfältiger Berücksichtigung der Ergebnisse des Ermittlungsverfahrens nach freier Überzeugung zu beurteilen, ob eine Tatsache als erwiesen anzunehmen ist oder nicht.

(3) Den Parteien ist Gelegenheit zu geben, vom Ergebnis der Beweisaufnahme Kenntnis und dazu Stellung zu nehmen.

§ 46. Als Beweismittel kommt alles in Betracht, was zur Feststellung des maßgebenden Sachverhaltes geeignet und nach Lage des einzelnen Falles zweckdienlich ist.

Urkunden

§ 47. Die Beweiskraft von öffentlichen Urkunden und Privaturkunden ist von der Behörde nach den §§ 292 bis 294, 296, 310 und 311 ZPO zu beurteilen. Dabei gilt § 292 Abs. 1 erster Satz ZPO jedoch mit der Maßgabe, daß inländische öffentliche Urkunden den Beweis auch über jene Tatsachen und Rechtsverhältnisse liefern, die die Voraussetzung für ihre Ausstellung bildeten und in der Urkunde ausdrücklich genannt sind; wenn die Behörde im Hinblick auf die besonderen Umstände des Einzelfalles dagegen Bedenken hat, daß die Urkunde diesen Beweis liefert, so kann sie der Partei auftragen, den Beweis auf andere Weise zu führen.

Zeugen

§ 48. Als Zeugen dürfen nicht vernommen werden:

1. Personen, die zur Mitteilung ihrer Wahrnehmungen unfähig sind oder die zur Zeit, auf die sich ihre Aussage beziehen soll, zur Wahrnehmung der zu beweisenden Tatsache unfähig waren;
2. Geistliche darüber, was ihnen in der Beichte oder sonst unter dem Siegel geistlicher Amtsverschwiegenheit anvertraut wurde;
3. mit Aufgaben der Bundes-, Landes- und Gemeindeverwaltung betraute Organe sowie Organe anderer Körperschaften des öffentlichen Rechts, wenn der Gegenstand ihrer Aussage der Amtsverschwiegenheit unterliegt und sie von der Pflicht zur Amtsverschwiegenheit nicht entbunden worden sind.

§ 49. (1) Die Aussage darf von einem Zeugen verweigert werden:

1. über Fragen, deren Beantwortung dem Zeugen, einem seiner Angehörigen (§ 36a), einer mit seiner Obsorge betrauten Person, seinem Erwachsenenvertreter, seinem Vorsorgebevollmächtigten nach Wirksamwerden der Vorsorgevollmacht oder der von ihm in einer dieser Eigenschaften vertretenen Person einen unmittelbaren Vermögensnachteil oder die Gefahr einer strafrechtlichen Verfolgung zuziehen oder zur Unehre gereichen würde;
2. über Fragen, die er nicht beantworten könnte, ohne eine ihm obliegende gesetzlich anerkannte Pflicht zur Verschwiegenheit, von der er nicht gültig entbunden wurde, zu verletzen oder ein Kunst-, Betriebs- oder Geschäftsgeheimnis zu offenbaren;
3. über Fragen, wie er sein Wahl- oder Stimmrecht ausgeübt hat, wenn dessen Ausübung gesetzlich für geheim erklärt ist.

(2) Die zur berufsmäßigen Parteienvertretung befugten Personen können die Zeugenaussage auch darüber verweigern, was ihnen in ihrer Eigenschaft als Vertreter einer Partei von dieser anvertraut wurde.

(3) Wegen der Gefahr eines Vermögensnachteils darf die Aussage über Geburten, Eheschließungen und Sterbefälle der in Abs. 1 Z 1 bezeichneten Personen nicht verweigert werden.

(4) Will ein Zeuge die Aussage verweigern, so hat er die Gründe seiner Weigerung glaubhaft zu machen.

(5) Einem Zeugen, der einer Ladung (§§ 19 und 20) ohne genügende Entschuldigung nicht Folge leistet oder die Aussage ohne Angabe von Gründen verweigert oder auf seiner Weigerung beharrt, obwohl die vorgebrachten Gründe als nicht gerechtfertigt (Abs. 1 bis 3) erkannt wurden, kann die Verpflichtung zum Ersatz aller durch seine Säumnis oder Weigerung verursachten Kosten auferlegt werden; im Fall der ungerechtfertigten Aussageverweigerung kann über ihn eine Ordnungsstrafe (§ 34) verhängt werden.

§ 50. Jeder Zeuge ist zu Beginn seiner Vernehmung über die für die Vernehmung maßgebenden persönlichen Verhältnisse zu befragen und zu ermahnen, die Wahrheit anzugeben und nichts zu verschweigen. Er ist auch auf die gesetzlichen Gründe für die Verweigerung der Aussage, auf die Folgen einer ungerechtfertigten Verweigerung der Aussage und die strafrechtlichen Folgen einer falschen Aussage aufmerksam zu machen.

Vernehmung von Beteiligten

§ 51. Die §§ 48 und 49 sind auch auf die Vernehmung von Beteiligten zum Zweck der Beweisführung anzuwenden, doch gilt der Weigerungsgrund des § 49 Abs. 1 Z 1 wegen Gefahr eines Vermögensnachteils nicht.

Audiovisuelle Vernehmungen

§ 51a. Nach Maßgabe der technischen Möglichkeiten kann eine Vernehmung unter Verwendung technischer Einrichtungen zur Wort- und Bildübertragung durchgeführt werden, es sei denn, das persönliche Erscheinen vor der Behörde ist unter Berücksichtigung der Verfahrensökonomie zweckmäßiger oder aus besonderen Gründen erforderlich.

Sachverständige

§ 52. (1) Wird die Aufnahme eines Beweises durch Sachverständige notwendig, so sind die der Behörde beigegebenen oder zur Verfügung stehenden amtlichen Sachverständigen (Amtssachverständige) beizuziehen.

(2) Wenn Amtssachverständige nicht zur Verfügung stehen oder es mit Rücksicht auf die Besonderheit des Falles geboten ist, kann die Behörde aber ausnahmsweise andere geeignete Personen

als Sachverständige (nichtamtliche Sachverständige) heranziehen.

(3) Liegen die Voraussetzungen des Abs. 2 nicht vor, so kann die Behörde dennoch nichtamtliche Sachverständige heranziehen, wenn davon eine wesentliche Beschleunigung des Verfahrens zu erwarten ist. Die Heranziehung ist jedoch nur zulässig, wenn sie von demjenigen, über dessen Ansuchen das Verfahren eingeleitet wurde, angeregt wird und die daraus entstehenden Kosten einen von dieser Partei bestimmten Betrag voraussichtlich nicht überschreiten.

(4) Der Bestellung zum nichtamtlichen Sachverständigen hat Folge zu leisten, wer zur Erstattung von Gutachten der erforderten Art öffentlich bestellt ist oder wer die Wissenschaft, die Kunst oder das Gewerbe, deren Kenntnis die Voraussetzung der geforderten Begutachtung ist, öffentlich als Erwerb ausübt oder zu deren Ausübung öffentlich angestellt oder ermächtigt ist. Nichtamtliche Sachverständige sind zu beeiden, wenn sie nicht schon für die Erstattung von Gutachten der erforderten Art im allgemeinen beeidet sind. Die §§ 49 und 50 gelten auch für nichtamtliche Sachverständige.

§ 53. (1) Auf Amtssachverständige ist § 7 anzuwenden. Andere Sachverständige sind ausgeschlossen, wenn einer der Gründe des § 7 Abs. 1 Z 1, 2 und 4 zutrifft; außerdem können sie von einer Partei abgelehnt werden, wenn diese Umstände glaubhaft macht, die die Unbefangenheit oder Fachkunde des Sachverständigen in Zweifel stellen. Die Ablehnung kann vor der Vernehmung des Sachverständigen, später aber nur dann erfolgen, wenn die Partei glaubhaft macht, daß sie den Ablehnungsgrund vorher nicht erfahren oder wegen eines für sie unüberwindbaren Hindernisses nicht rechtzeitig geltend machen konnte.

(2) Die Entscheidung über den Ablehnungsantrag erfolgt durch Verfahrensanordnung.

Gebühren der nichtamtlichen Sachverständigen

§ 53a. (1) Nichtamtliche Sachverständige haben für ihre Tätigkeit im Verfahren Anspruch auf Gebühren, die durch Verordnung der Bundesregierung in Pauschalbeträgen (nach Tarifen) festzusetzen sind. Soweit keine solchen Pauschalbeträge (Tarife) festgesetzt sind, sind auf den Umfang der Gebühr die §§ 24 bis 37, 43 bis 49 und 51 des Gebührenanspruchsgesetzes – GebAG, BGBl. Nr. 136/1975, sinngemäß anzuwenden. Die Gebühr ist gemäß § 38 des Gebührenanspruchsgesetzes 1975 bei der Behörde geltend zu machen, die den Sachverständigen herangezogen hat.

(2) Die Gebühr ist von der Behörde, die den Sachverständigen herangezogen hat, mit Bescheid zu bestimmen. Vor der Gebührenbestimmung kann der Sachverständige aufgefordert werden, sich über Umstände, die für die Gebührenberechnung bedeutsam sind, zu äußern und, unter Setzung einer bestimmten Frist, noch fehlende Bestätigungen vorzulegen. Die Gebührenbeträge sind auf volle 10 Cent aufzurunden.

(3) Die Gebühr ist dem nichtamtlichen Sachverständigen kostenfrei zu zahlen. Bestimmt die Behörde eine höhere Gebühr, als dem nichtamtlichen Sachverständigen gezahlt wurde, so ist der Mehrbetrag dem nichtamtlichen Sachverständigen kostenfrei nachzuzahlen. Bestimmt die Behörde eine niedrigere Gebühr oder übersteigt der dem nichtamtlichen Sachverständigen gezahlte Vorschuss die von ihr bestimmte Gebühr, so ist der nichtamtliche Sachverständige zur Rückzahlung des zu viel gezahlten Betrages zu verpflichten.

(4) (Anm.: aufgehoben durch BGBl. I Nr. 33/2013)

Gebühren der nichtamtlichen Dolmetscher

§ 53b. Nichtamtliche Dolmetscher haben für ihre Tätigkeit im Verfahren Anspruch auf Gebühren, die durch Verordnung der Bundesregierung in Pauschalbeträgen (nach Tarifen) festzusetzen sind. Soweit keine solchen Pauschalbeträge (Tarife) festgesetzt sind, sind auf den Umfang der Gebühr die §§ 24 bis 34, 36 und 37 Abs. 2 des Gebührenanspruchsgesetzes – GebAG, BGBl. Nr. 136/1975, mit den in § 53 Abs. 1 GebAG genannten Besonderheiten und § 54 GebAG sinngemäß anzuwenden. Unter nichtamtlichen Dolmetschern im Sinne dieses Bundesgesetzes sind auch die nichtamtlichen Übersetzer zu verstehen. § 53a Abs. 1 letzter Satz und Abs. 2 und 3 ist sinngemäß anzuwenden.

Augenschein

§ 54. Zur Aufklärung der Sache kann die Behörde auf Antrag oder von Amts wegen auch einen Augenschein, nötigenfalls mit Zuziehung von Sachverständigen, vornehmen.

Mittelbare Beweisaufnahmen und Erhebungen

§ 55. (1) Die Behörde kann Beweisaufnahmen auch durch ersuchte oder beauftragte Verwaltungsbehörden oder einzelne dazu bestimmte amtliche Organe vornehmen lassen oder durch sonstige Erhebungen ersetzen oder ergänzen. Insbesondere können Amtssachverständige außer dem Fall einer mündlichen Verhandlung mit der selbständigen Vornahme eines Augenscheines betraut werden.

(2) Die Gerichte dürfen um die Aufnahme von Beweisen nur in den gesetzlich besonders bestimmten Fällen ersucht werden.

III. Teil: Bescheide

Erlassung von Bescheiden

§ 56. Der Erlassung eines Bescheides hat, wenn es sich nicht um eine Ladung (§ 19) oder einen Bescheid nach § 57 handelt, die Feststellung des maßgebenden Sachverhaltes, soweit er nicht von vornherein klar gegeben ist, nach den §§ 37 und 39 voranzugehen.

§ 57. (1) Wenn es sich um die Vorschreibung von Geldleistungen nach einem gesetzlich, statutarisch oder tarifmäßig feststehenden Maßstab oder bei Gefahr im Verzug um unaufschiebbare Maßnahmen handelt, ist die Behörde berechtigt, einen Bescheid auch ohne vorausgegangenes Ermittlungsverfahren zu erlassen.

(2) Gegen einen nach Abs. 1 erlassenen Bescheid kann bei der Behörde, die den Bescheid erlassen hat, binnen zwei Wochen Vorstellung erhoben werden. Die Vorstellung hat nur dann aufschiebende Wirkung, wenn sie gegen die Vorschreibung einer Geldleistung gerichtet ist.

(3) Die Behörde hat binnen zwei Wochen nach Einlangen der Vorstellung das Ermittlungsverfahren einzuleiten, widrigenfalls der angefochtene Bescheid von Gesetzes wegen außer Kraft tritt. Auf Verlangen der Partei ist das Außerkrafttreten des Bescheides schriftlich zu bestätigen.

Inhalt und Form der Bescheide

§ 58. (1) Jeder Bescheid ist ausdrücklich als solcher zu bezeichnen und hat den Spruch und die Rechtsmittelbelehrung zu enthalten.

(2) Bescheide sind zu begründen, wenn dem Standpunkt der Partei nicht vollinhaltlich Rechnung getragen oder über Einwendungen oder Anträge von Beteiligten abgesprochen wird.

(3) Im übrigen gilt auch für Bescheide § 18 Abs. 4.

§ 58a. In verbundenen Verfahren (§ 39 Abs. 2b) hat die Behörde über die nach den Verwaltungsvorschriften erforderlichen Bewilligungen oder Genehmigungen in einem Bescheid zu entscheiden. Der Spruch des Bescheides ist nach den jeweils angewendeten Verwaltungsvorschriften in Spruchpunkte zu gliedern. Die Behörde kann über einzelne oder mehrere Bewilligungen oder Genehmigungen gesondert absprechen, wenn dies zweckmäßig erscheint.

§ 59. (1) Der Spruch hat die in Verhandlung stehende Angelegenheit und alle die Hauptfrage betreffenden Parteianträge, ferner die allfällige Kostenfrage in möglichst gedrängter, deutlicher Fassung und unter Anführung der angewendeten Gesetzesbestimmungen, und zwar in der Regel zur Gänze, zu erledigen. Mit Erledigung des verfahrenseinleitenden Antrages gelten Einwendungen als miterledigt. Läßt der Gegenstand der Verhandlung eine Trennung nach mehreren Punkten zu, so kann, wenn dies zweckmäßig erscheint, über jeden dieser Punkte, sobald er spruchreif ist, gesondert abgesprochen werden.

(2) Wird die Verbindlichkeit zu einer Leistung oder zur Herstellung eines bestimmten Zustandes ausgesprochen, so ist im Spruch zugleich auch eine angemessene Frist zur Ausführung der Leistung oder Herstellung zu bestimmen.

§ 60. In der Begründung sind die Ergebnisse des Ermittlungsverfahrens, die bei der Beweiswürdigung maßgebenden Erwägungen und die darauf gestützte Beurteilung der Rechtsfrage klar und übersichtlich zusammenzufassen.

§ 61. (1) Die Rechtsmittelbelehrung hat anzugeben, ob gegen den Bescheid ein Rechtsmittel erhoben werden kann, bejahendenfalls welchen Inhalt und welche Form dieses Rechtsmittel haben muss und bei welcher Behörde und innerhalb welcher Frist es einzubringen ist.

(2) Enthält ein Bescheid keine Rechtsmittelbelehrung oder fälschlich die Erklärung, daß kein Rechtsmittel zulässig sei oder ist keine oder eine kürzere als die gesetzliche Rechtsmittelfrist angegeben, so gilt das Rechtsmittel als rechtzeitig eingebracht, wenn es innerhalb der gesetzlichen Frist eingebracht wurde.

(3) Ist in dem Bescheid eine längere als die gesetzliche Frist angegeben, so gilt das innerhalb der angegebenen Frist eingebrachte Rechtsmittel als rechtzeitig.

(4) Enthält der Bescheid keine oder eine unrichtige Angabe über die Behörde, bei der das Rechtsmittel einzubringen ist, so ist das Rechtsmittel auch dann richtig eingebracht, wenn es bei der Behörde, die den Bescheid erlassen hat, oder bei der angegebenen Behörde eingebracht wurde.

(5) (Anm.: aufgehoben durch BGBl. I Nr. 158/1998)

§ 62. (1) Wenn in den Verwaltungsvorschriften nicht anderes bestimmt ist, können Bescheide sowohl schriftlich als auch mündlich erlassen werden.

(2) Der Inhalt und die Verkündung eines mündlichen Bescheides ist, wenn die Verkündung bei einer mündlichen Verhandlung erfolgt, am Schluß der Verhandlungsschrift, in anderen Fällen in einer besonderen Niederschrift zu beurkunden.

(3) Eine schriftliche Ausfertigung des mündlich verkündeten Bescheides ist den bei der Verkündung nicht anwesenden und jenen Parteien zuzustellen, die spätestens drei Tage nach der Verkündung eine Ausfertigung verlangen; über dieses Recht ist die Partei bei Verkündung des mündlichen Bescheides zu belehren.

(4) Schreib- und Rechenfehler oder diesen gleichzuhaltende, offenbar auf einem Versehen oder offenbar ausschließlich auf technisch mangelhaftem Betrieb einer automationsunterstützten Datenverarbeitungsanlage beruhende Unrichtigkeiten in Bescheiden kann die Behörde jederzeit von Amts wegen berichtigen.

IV. Teil: Rechtsschutz

1. Abschnitt: Berufung

§ 63. (1) Der Instanzenzug in den Angelegenheiten des eigenen Wirkungsbereiches der Gemeinde und das Recht zur Erhebung der Berufung richten sich nach den Verwaltungsvorschriften. Gegen die Bewilligung oder die Verfügung der Wiederaufnahme und gegen die Bewilligung der Wiedereinsetzung ist eine Berufung nicht zulässig.

(2) Gegen Verfahrensanordnungen ist eine abgesonderte Berufung nicht zulässig. Sie können erst in der Berufung gegen den die Sache erledigenden Bescheid angefochten werden.

(3) Die Berufung hat den Bescheid zu bezeichnen, gegen den sie sich richtet, und einen begründeten Berufungsantrag zu enthalten.

(4) Eine Berufung ist nicht mehr zulässig, wenn die Partei nach der Zustellung oder Verkündung des Bescheides ausdrücklich auf die Berufung verzichtet hat.

(5) Die Berufung ist von der Partei binnen zwei Wochen bei der Behörde einzubringen, die den Bescheid in erster Instanz erlassen hat. Die Frist beginnt für jede Partei mit der an sie erfolgten Zustellung der schriftlichen Ausfertigung des Bescheides, im Fall bloß mündlicher Verkündung mit dieser. Wird eine Berufung innerhalb dieser Frist bei der Berufungsbehörde eingebracht, so gilt dies als rechtzeitige Einbringung; die Berufungsbehörde hat die bei ihr eingebrachte Berufung unverzüglich an die Behörde erster Instanz weiterzuleiten.

§ 64. (1) Eine rechtzeitig eingebrachte und zulässige Berufung hat aufschiebende Wirkung.

(2) Die Behörde kann die aufschiebende Wirkung mit Bescheid ausschließen, wenn nach Abwägung der berührten öffentlichen Interessen und Interessen anderer Parteien der vorzeitige Vollzug des angefochtenen Bescheides oder die Ausübung der durch den angefochtenen Bescheid eingeräumten Berechtigung wegen Gefahr im Verzug dringend geboten ist. Ein solcher Ausspruch ist tunlichst schon in den über die Hauptsache ergehenden Bescheid aufzunehmen.

§ 64a. (1) Die Behörde kann die Berufung binnen zwei Monaten nach Einlangen bei der Behörde erster Instanz durch Berufungsvorentscheidung erledigen. Sie kann die Berufung nach Vornahme notwendiger Ergänzungen des Ermittlungsverfahrens als unzulässig oder verspätet zurückweisen, den Bescheid aufheben oder nach jeder Richtung abändern.

(2) Jede Partei kann binnen zwei Wochen nach Zustellung der Berufungsvorentscheidung bei der Behörde den Antrag stellen, daß die Berufung der Berufungsbehörde zur Entscheidung vorgelegt wird (Vorlageantrag).

(3) Mit Einlangen des Vorlageantrages tritt die Berufungsvorentscheidung außer Kraft. Die Behörde hat die Parteien vom Außerkrafttreten der Berufungsvorentscheidung zu verständigen. Verspätete oder unzulässige Vorlageanträge sind von ihr zurückzuweisen.

§ 65. Werden in einer Berufung neue Tatsachen oder Beweise, die der Behörde erheblich scheinen, vorgebracht, so hat sie hievon unverzüglich den etwaigen Berufungsgegnern Mitteilung zu machen und ihnen Gelegenheit zu geben, binnen angemessener, zwei Wochen nicht übersteigender Frist vom Inhalt der Berufung Kenntnis zu nehmen und sich dazu zu äußern.

§ 66. (1) Notwendige Ergänzungen des Ermittlungsverfahrens hat die Berufungsbehörde durch eine im Instanzenzug untergeordnete Behörde durchführen zu lassen oder selbst vorzunehmen.

(2) Ist der der Berufungsbehörde vorliegende Sachverhalt so mangelhaft, daß die Durchführung oder Wiederholung einer mündlichen Verhandlung unvermeidlich erscheint, so kann die Berufungsbehörde den angefochtenen Bescheid beheben und die Angelegenheit zur neuerlichen Verhandlung und Erlassung eines neuen Bescheides an eine im Instanzenzug untergeordnete Behörde zurückverweisen.

(3) Die Berufungsbehörde kann jedoch die mündliche Verhandlung und unmittelbare Beweisaufnahme auch selbst durchführen, wenn hiemit eine Ersparnis an Zeit und Kosten verbunden ist.

(4) Außer dem in Abs. 2 erwähnten Fall hat die Berufungsbehörde, sofern die Berufung nicht als unzulässig oder verspätet zurückzuweisen ist, immer in der Sache selbst zu entscheiden. Sie ist berechtigt, sowohl im Spruch als auch hinsichtlich der Begründung (§ 60) ihre Anschauung an die Stelle jener der Unterbehörde zu setzen und demgemäß den angefochtenen Bescheid nach jeder Richtung abzuändern.

§ 67. Der III. Teil gilt auch für die Bescheide der Berufungsbehörde, doch ist der Spruch auch dann zu begründen, wenn dem Berufungsantrag stattgegeben wird.

2. Abschnitt: Sonstige Abänderung von Bescheiden

Abänderung und Behebung von Amts wegen

§ 68. (1) Anbringen von Beteiligten, die außer den Fällen der §§ 69 und 71 die Abänderung eines der Berufung nicht oder nicht mehr unterliegenden Bescheides begehren, sind, wenn die Behörde nicht den Anlaß zu einer Verfügung gemäß den Abs. 2 bis 4 findet, wegen entschiedener Sache zurückzuweisen.

(2) Von Amts wegen können Bescheide, aus denen niemandem ein Recht erwachsen ist, sowohl von der Behörde, die den Bescheid erlassen hat, als auch in Ausübung des Aufsichtsrechtes von der sachlich in Betracht kommenden Oberbehörde aufgehoben oder abgeändert werden.

(3) Andere Bescheide kann die Behörde, die den Bescheid in letzter Instanz erlassen hat, oder

die sachlich in Betracht kommende Oberbehörde im öffentlichen Interesse insoweit abändern, als dies zur Beseitigung von das Leben oder die Gesundheit von Menschen gefährdenden Mißständen oder zur Abwehr schwerer volkswirtschaftlicher Schädigungen notwendig und unvermeidlich ist. In allen Fällen hat die Behörde mit möglichster Schonung erworbener Rechte vorzugehen.

(4) Außerdem können Bescheide von Amts wegen in Ausübung des Aufsichtsrechtes von der sachlich in Betracht kommenden Oberbehörde als nichtig erklärt werden, wenn der Bescheid

1. von einer unzuständigen Behörde oder von einer nicht richtig zusammengesetzten Kollegialbehörde erlassen wurde,
2. einen strafgesetzwidrigen Erfolg herbeiführen würde,
3. tatsächlich undurchführbar ist oder
4. an einem durch gesetzliche Vorschrift ausdrücklich mit Nichtigkeit bedrohten Fehler leidet.

(5) Nach Ablauf von drei Jahren nach dem in § 63 Abs. 5 bezeichneten Zeitpunkt ist eine Nichtigerklärung aus den Gründen des Abs. 4 Z 1 nicht mehr zulässig.

(6) Die der Behörde in den Verwaltungsvorschriften eingeräumten Befugnisse zur Zurücknahme oder Einschränkung einer Berechtigung außerhalb eines Berufungsverfahrens bleiben unberührt.

(7) Auf die Ausübung des der Behörde gemäß den Abs. 2 bis 4 zustehenden Abänderungs- und Behebungsrechts steht niemandem ein Anspruch zu. Mutwillige Aufsichtsbeschwerden und Abänderungsanträge sind nach § 35 zu ahnden.

Wiederaufnahme des Verfahrens

§ 69. (1) Dem Antrag einer Partei auf Wiederaufnahme eines durch Bescheid abgeschlossenen Verfahrens ist stattzugeben, wenn ein Rechtsmittel gegen den Bescheid nicht oder nicht mehr zulässig ist und:

1. der Bescheid durch Fälschung einer Urkunde, falsches Zeugnis oder eine andere gerichtlich strafbare Handlung herbeigeführt oder sonstwie erschlichen worden ist oder
2. neue Tatsachen oder Beweismittel hervorkommen, die im Verfahren ohne Verschulden der Partei nicht geltend gemacht werden konnten und allein oder in Verbindung mit dem sonstigen Ergebnis des Verfahrens voraussichtlich einen im Hauptinhalt des Spruches anders lautenden Bescheid herbeigeführt hätten, oder
3. der Bescheid gemäß § 38 von Vorfragen abhängig war und nachträglich über eine solche Vorfrage von der zuständigen Verwaltungsbehörde bzw. vom zuständigen Gericht in wesentlichen Punkten anders entschieden wurde;
4. nachträglich ein Bescheid oder eine gerichtliche Entscheidung bekannt wird, der bzw. die einer Aufhebung oder Abänderung auf Antrag einer Partei nicht unterliegt und die im Verfahren die Einwendung der entschiedenen Sache begründet hätte.

(2) Der Antrag auf Wiederaufnahme ist binnen zwei Wochen bei der Behörde einzubringen, die den Bescheid in erster Instanz erlassen hat. Die Frist beginnt mit dem Zeitpunkt, in dem der Antragsteller von dem Wiederaufnahmegrund Kenntnis erlangt hat, wenn dies jedoch nach der Verkündung des mündlichen Bescheides und vor Zustellung der schriftlichen Ausfertigung geschehen ist, erst mit diesem Zeitpunkt. Nach Ablauf von drei Jahren nach Erlassung des Bescheides kann der Antrag auf Wiederaufnahme nicht mehr gestellt werden. Die Umstände, aus welchen sich die Einhaltung der gesetzlichen Frist ergibt, sind vom Antragsteller glaubhaft zu machen.

(3) Unter den Voraussetzungen des Abs. 1 kann die Wiederaufnahme des Verfahrens auch von Amts wegen verfügt werden. Nach Ablauf von drei Jahren nach Erlassung des Bescheides kann die Wiederaufnahme auch von Amts wegen nur mehr aus den Gründen des Abs. 1 Z 1 stattfinden.

(4) Die Entscheidung über die Wiederaufnahme steht der Behörde zu, die den Bescheid in letzter Instanz erlassen hat.

§ 70. (1) In dem die Wiederaufnahme bewilligenden oder verfügenden Bescheid ist, sofern nicht schon auf Grund der vorliegenden Akten ein neuer Bescheid erlassen werden kann, auszusprechen, inwieweit und in welcher Instanz das Verfahren wieder aufzunehmen ist.

(2) Frühere Erhebungen und Beweisaufnahmen, die durch die Wiederaufnahmsgründe nicht betroffen werden, sind keinesfalls zu wiederholen.

(3) (Anm.: aufgehoben durch BGBl. I Nr. 33/2013)

Wiedereinsetzung in den vorigen Stand

§ 71. (1) Gegen die Versäumung einer Frist oder einer mündlichen Verhandlung ist auf Antrag der Partei, die durch die Versäumung einen Rechtsnachteil erleidet, die Wiedereinsetzung in den vorigen Stand zu bewilligen, wenn:

1. die Partei glaubhaft macht, daß sie durch ein unvorhergesehenes oder unabwendbares Ereignis verhindert war, die Frist einzuhalten oder an der ganzen Verhandlung teilzunehmen und sie kein Verschulden oder nur ein minderer Grad des Versehens trifft, oder
2. die Partei die Rechtsmittelfrist versäumt hat, weil der Bescheid keine Rechtsmittelbelehrung, keine Rechtsmittelfrist oder fälschlich die Angabe enthält, daß kein Rechtsmittel zulässig sei.

(2) Der Antrag auf Wiedereinsetzung muß binnen zwei Wochen nach dem Wegfall des Hindernisses oder nach dem Zeitpunkt, in dem die Partei von der Zulässigkeit des Rechtsmittels Kenntnis erlangt hat, gestellt werden.

(3) Im Fall der Versäumung einer Frist hat die Partei die versäumte Handlung gleichzeitig mit dem Wiedereinsetzungsantrag nachzuholen.

(4) Zur Entscheidung über den Antrag auf Wiedereinsetzung ist die Behörde berufen, bei der die versäumte Handlung vorzunehmen war oder die die versäumte Verhandlung angeordnet oder die unrichtige Rechtsmittelbelehrung erteilt hat.

(5) Gegen die Versäumung der Frist zur Stellung des Wiedereinsetzungsantrages findet keine Wiedereinsetzung in den vorigen Stand statt.

(6) Die Behörde kann dem Antrag auf Wiedereinsetzung aufschiebende Wirkung zuerkennen.

(7) Der Wiedereinsetzungsantrag kann nicht auf Umstände gestützt werden, die die Behörde schon früher für unzureichend befunden hat, um die Verlängerung der versäumten Frist oder die Verlegung der versäumten Verhandlung zu bewilligen.

§ 72. (1) Durch die Bewilligung der Wiedereinsetzung tritt das Verfahren in die Lage zurück, in der es sich vor dem Eintritt der Versäumung befunden hat.

(2) Durch den Antrag auf Wiedereinsetzung gegen die Versäumung der mündlichen Verhandlung wird die Frist zur Anfechtung des infolge der Versäumung erlassenen Bescheides nicht verlängert.

(3) Hat eine Partei Wiedereinsetzung gegen die Versäumung der mündlichen Verhandlung beantragt und gegen den Bescheid Berufung eingelegt, so ist auf die Erledigung der Berufung erst einzugehen, wenn der Antrag auf Wiedereinsetzung abgewiesen worden ist.

(4) (Anm.: aufgehoben durch BGBl. I Nr. 33/2013)

3. Abschnitt: Entscheidungspflicht

§ 73. (1) Die Behörden sind verpflichtet, wenn in den Verwaltungsvorschriften nicht anderes bestimmt ist, über Anträge von Parteien (§ 8) und Berufungen ohne unnötigen Aufschub, spätestens aber sechs Monate nach deren Einlangen den Bescheid zu erlassen. Sofern sich in verbundenen Verfahren (§ 39 Abs. 2b) aus den anzuwendenden Rechtsvorschriften unterschiedliche Entscheidungsfristen ergeben, ist die zuletzt ablaufende maßgeblich.

(2) Wird ein Bescheid, gegen den Berufung erhoben werden kann, nicht innerhalb der Entscheidungsfrist erlassen, so geht auf schriftlichen Antrag der Partei die Zuständigkeit zur Entscheidung auf die Berufungsbehörde über (Devolutionsantrag). Der Devolutionsantrag ist bei der Berufungsbehörde einzubringen. Er ist abzuweisen, wenn die Verzögerung nicht auf ein überwiegendes Verschulden der Behörde zurückzuführen ist.

(3) Für die Berufungsbehörde beginnt die Entscheidungsfrist mit dem Tag des Einlangens des Devolutionsantrages zu laufen.

V. Teil: Kosten

Kosten der Beteiligten

§ 74. (1) Jeder Beteiligte hat die ihm im Verwaltungsverfahren erwachsenden Kosten selbst zu bestreiten.

(2) Inwiefern einem Beteiligten ein Kostenersatzanspruch gegen einen anderen Beteiligten zusteht, bestimmen die Verwaltungsvorschriften. Der Kostenersatzanspruch ist so zeitgerecht zu stellen, daß der Ausspruch über die Kosten in den Bescheid aufgenommen werden kann. Die Höhe der zu ersetzenden Kosten wird von der Behörde bestimmt und kann von dieser auch in einem Pauschalbetrag festgesetzt werden.

Kosten der Behörden

§ 75. (1) Sofern sich aus den §§ 76 bis 78 nicht anderes ergibt, sind die Kosten für die Tätigkeit der Behörden im Verwaltungsverfahren von Amts wegen zu tragen.

(2) Die Heranziehung der Beteiligten zu anderen als den in den §§ 76 bis 78 vorgesehenen Leistungen, unter welchem Titel immer, ist unzulässig.

(3) Die gesetzlichen Bestimmungen über die Stempel- und Rechtsgebühren des Bundes bleiben unberührt.

§ 76. (1) Erwachsen der Behörde bei einer Amtshandlung Barauslagen, so hat dafür, sofern nach den Verwaltungsvorschriften nicht auch diese Auslagen von Amts wegen zu tragen sind, die Partei aufzukommen, die den verfahrenseinleitenden Antrag gestellt hat. Als Barauslagen gelten auch die Gebühren, die den Sachverständigen und Dolmetschern zustehen. Kosten, die der Behörde aus ihrer Verpflichtung nach § 17a erwachsen, sowie die einem Gehörlosendolmetscher zustehenden Gebühren gelten nicht als Barauslagen. Im Falle des § 52 Abs. 3 hat die Partei für die Gebühren, die den nichtamtlichen Sachverständigen zustehen, nur soweit aufzukommen, als sie den von ihr bestimmten Betrag nicht überschreiten.

(2) Wurde jedoch die Amtshandlung durch das Verschulden eines anderen Beteiligten verursacht, so sind die Auslagen von diesem zu tragen. Wurde die Amtshandlung von Amts wegen angeordnet, so belasten die Auslagen den Beteiligten dann, wenn sie durch sein Verschulden herbeigeführt worden sind.

(3) Treffen die Voraussetzungen der vorangehenden Absätze auf mehrere Beteiligte zu, so sind die Auslagen auf die einzelnen Beteiligten angemessen zu verteilen.

(4) Ist eine Amtshandlung nicht ohne größere Barauslagen durchführbar, so kann die Partei, die den verfahrenseinleitenden Antrag gestellt hat, zum Erlag eines entsprechenden Vorschusses verhalten werden.

(5) Die Kosten, die der Behörde aus ihrer Verpflichtung nach § 17a erwachsen, sowie die den Sachverständigen und Dolmetschern zustehenden Gebühren sind – falls hiefür nicht die Beteiligten des Verfahrens aufzukommen haben – von jenem Rechtsträger zu tragen, in dessen Namen die Behörde in der Angelegenheit gehandelt hat.

§ 77. (1) Für Amtshandlungen der Behörden außerhalb des Amtes können Kommissionsgebühren eingehoben werden. Hinsichtlich der Verpflichtung zur Entrichtung dieser Gebühren ist § 76 sinngemäß anzuwenden.

(2) Die Kommissionsgebühren sind in Pauschalbeträgen (nach Tarifen) oder, soweit keine Pauschalbeträge (Tarife) festgesetzt sind, als Barauslagen nach § 76 aufzurechnen. Die Pauschalbeträge (Tarife) sind nach der für die Amtshandlung aufgewendeten Zeit, nach der Entfernung des Ortes der Amtshandlung vom Amt oder nach der Zahl der notwendigen Amtsorgane festzusetzen.

(3) Die Festsetzung der Pauschalbeträge (Tarife) erfolgt durch Verordnung der Bundesregierung, für die Behörden der Länder und Gemeinden durch Verordnung der Landesregierung.

(4) Die Kommissionsgebühren sind von der Behörde, die die Amtshandlung vorgenommen hat, einzuheben und fließen der Gebietskörperschaft zu, die den Aufwand dieser Behörde zu tragen hat.

(5) Entsenden andere am Verfahren beteiligte Verwaltungsbehörden Amtsorgane, so sind von der die Amtshandlung führenden Behörde Kommissionsgebühren nach den für die entsendeten Organe geltenden Tarifen als Barauslagen einzuheben und dem Rechtsträger, dem die entsendeten Verwaltungsorgane zugehören, zu übermitteln.

(6) § 76 Abs. 4 gilt auch für die Kommissionsgebühren.

§ 78. (1) Den Parteien können in den Angelegenheiten der Bundesverwaltung (unmittelbare oder mittelbare Bundesverwaltung, übertragener Wirkungsbereich der Gemeinden in Bundesangelegenheiten) für die Verleihung von Berechtigungen oder sonstige wesentlich in ihrem Privatinteresse liegende Amtshandlungen der Behörden Bundesverwaltungsabgaben auferlegt werden, sofern die Freiheit von derlei Abgaben nicht ausdrücklich durch Gesetz festgesetzt ist. Wenn ein im Verwaltungsverfahren als Partei auftretender Rechtsträger zur Vollziehung der Gesetze berufen ist, so unterliegt er insoweit der Verpflichtung zur Entrichtung von Bundesverwaltungsabgaben nicht, als die Amtshandlung eine unmittelbare Voraussetzung der dem Rechtsträger obliegenden Vollziehung der Gesetze bildet. Die Gebietskörperschaften unterliegen ferner der Verpflichtung zur Entrichtung einer Bundesverwaltungsabgabe nicht, wenn diese der als Partei einschreitenden Gebietskörperschaft zufließen würde.

(2) Für das Ausmaß der Bundesverwaltungsabgaben sind, abgesehen von den durch Gesetz besonders geregelten Fällen, durch Verordnung der Bundesregierung zu erlassende Tarife maßgebend, in denen die Abgaben mit festen Ansätzen, die nach objektiven Merkmalen abgestuft sein können, bis zum Höchstbetrag von 1 090 Euro im einzelnen Fall festzusetzen sind.

(3) Das Ausmaß der Verwaltungsabgaben in den Angelegenheiten der Landes- und Gemeindeverwaltung richtet sich nach den auf Grund des Finanz-Verfassungsgesetzes und des Finanzausgleichsgesetzes bestehenden landesgesetzlichen Vorschriften.

(4) Die Bundesverwaltungsabgaben sind von der Behörde einzuheben und fließen der Gebietskörperschaft zu, die deren Aufwand zu tragen hat.

(5) Die Art der Einhebung ist für die Bundesbehörden durch Verordnung der Bundesregierung, für die Behörden der Länder und Gemeinden durch Verordnung der Landesregierung zu regeln.

§ 78a. Von den Bundesverwaltungsabgaben befreit sind

1. die Erteilung von Rechtsbelehrungen und die Erstellung von Kopien oder Ausdrucken von Akten oder Aktenteilen,
2. die Bestimmung der Gebühren der nichtamtlichen Sachverständigen und nichtamtlichen Dolmetscher und
3. Amtshandlungen, die durch Katastrophenschäden (insbesondere Hochwasser-, Erdrutsch-, Vermurungs- und Lawinenschäden) veranlasst worden sind.

§ 79. Die in den §§ 76 bis 78 vorgesehenen Leistungen sind nur insoweit einzuheben, als dadurch der notwendige Unterhalt des Beteiligten und der Personen, für die er nach dem Gesetz zu sorgen hat, nicht gefährdet wird.

VI. Teil: Schlußbestimmungen

Verweisungen

§ 80. Soweit in diesem Bundesgesetz auf Bestimmungen anderer Bundesgesetze verwiesen wird, sind diese in ihrer jeweils geltenden Fassung anzuwenden.

Sprachliche Gleichbehandlung

§ 80a. Soweit sich die in diesem Bundesgesetz verwendeten Bezeichnungen auf natürliche Personen beziehen, gilt die gewählte Form für beide Geschlechter. Bei der Anwendung dieser Bezeichnungen auf bestimmte natürliche Personen ist die jeweils geschlechtsspezifische Form zu verwenden.

Vollziehung

§ 81. Mit der Vollziehung dieses Bundesgesetzes ist die Bundesregierung betraut.

Inkrafttreten

§ 82. (1) § 78 Abs. 2 in der Fassung des Bundesgesetzes BGBl. Nr. 866/1992 tritt mit 1. Jänner 1993 in Kraft.

(2) § 18 Abs. 3 fünfter bis neunter Satz, § 18 Abs. 4 zweiter Satz, § 38a, § 39a Abs. 1 zweiter Satz, § 47, § 51a, § 52 Abs. 2 bis 4, § 53a Abs. 1, § 63 Abs. 5, § 64a Abs. 1, § 67c Abs. 3 sowie die Neubezeichnung der Abs. 4 und 5, § 67d Abs. 2, § 67g, § 67h samt Überschrift, § 68 Abs. 2, § 70 Abs. 3, § 71 Abs. 6, § 73 Abs. 1 und 3, § 76 Abs. 1 zweiter und dritter Satz, § 76 Abs. 5, § 76a, die Überschrift vor § 79b, die Neubezeichnung des § 79b Abs. 1 sowie die Überschrift vor § 80 in der Fassung des Bundesgesetzes BGBl. Nr. 471/1995 treten mit 1. Juli 1995 in Kraft.

(3) § 79a in der Fassung des Bundesgesetzes BGBl. Nr. 471/1995 tritt mit 1. Jänner 1996 in Kraft. Verordnungen auf Grund des § 79a in der Fassung des Bundesgesetzes BGBl. Nr. 471/1995 können bereits ab dem auf seine Kundmachung folgenden Tag erlassen werden; sie dürfen jedoch frühestens mit dem 1. Jänner 1996 in Kraft gesetzt werden.

(4) § 63 Abs. 5 in der Fassung des Bundesgesetzes BGBl. Nr. 471/1995 gilt für Bescheide, die nach dem 30. Juni 1995 erlassen werden. § 67c Abs. 3 in der Fassung des Bundesgesetzes BGBl. Nr. 471/1995 gilt für Verwaltungsakte, die nach dem 30. Juni 1995 gesetzt werden.

(Anm.: Abs. 5 aufgehoben durch BGBl. I Nr. 137/2001)

(6) Die §§ 3 Z 3, 10 Abs. 1, 13 samt Überschrift, 14 samt Überschrift, 18 Abs. 3 und 4, 20, 34 Abs. 2, 35, 36 Abs. 2, 37 zweiter Satz, 39 Abs. 2 und 3, 41 Abs. 1, 42, 43, 44, 44a bis 44g samt Überschrift, 51a bis 51d samt Überschrift, 53a samt Überschrift, 53b samt Überschrift, 56, 59 Abs. 1 erster und zweiter Satz, 61 Abs. 1 zweiter Satz, 61a, 63 Abs. 2, 64a, 66 Abs. 1 und 2, 67a samt Überschrift, 67b samt Überschrift, der neu bezeichnete § 67c Abs. 3, § 67d samt Überschrift, die Überschrift zu § 67e, die Überschrift zu § 67f, die §§ 67g samt Überschrift, 69 Abs. 2, 71 Abs. 1 Z 2, 71 Abs. 6 zweiter Satz, 73, 76 Abs. 1 erster Satz und 76a in der Fassung des Bundesgesetzes BGBl. I Nr. 158/1998 treten mit 1. Jänner 1999 in Kraft. Die §§ 61 Abs. 5, 67c Abs. 3 und 5, 67f Abs. 3, 67h samt Überschrift sowie die Telekopie-Verordnung, BGBl. Nr. 110/1991, treten mit Ablauf des 31. Dezember 1998 außer Kraft.

(7) Alle in Vorschriften des Bundes und der Länder enthaltenen Bestimmungen, die von den §§ 13 Abs. 3 bis 8, 14, 18 Abs. 3 und 4, 37 zweiter Satz, 39 Abs. 2 und 3, 42, 43, 44, 44a bis 44g, 59 Abs. 1 erster und zweiter Satz, 61 Abs. 1 zweiter Satz, 63 Abs. 2, 64a, 66 Abs. 1 und 2, 69 Abs. 2, 71 Abs. 1 Z 2, 73 Abs. 2 und 3 und 76 Abs. 1 erster Satz in der Fassung des Bundesgesetzes BGBl. I Nr. 158/1998 abweichen, treten mit Ablauf des 31. Dezember 1998 außer Kraft. Dies gilt nicht, wenn diese Bestimmungen nach dem 30. Juni 1998 kundgemacht worden sind.

(8) In am 1. Jänner 1999 anhängigen Verfahren gilt § 44f mit der Maßgabe, daß die Behörde ein Schriftstück an mehr als 100 Personen auch dann durch Edikt zustellen kann, wenn diese persönlich verständigt worden sind, daß die Kundmachungen und Zustellungen im Verfahren künftig durch Edikt vorgenommen werden können.

(9) § 78 Abs. 2 in der Fassung des Bundesgesetzes BGBl. I Nr. 29/2000 tritt mit 1. Juni 2000 in Kraft.

(10) § 13 Abs. 5, § 16 Abs. 2 letzter Satz, § 18 Abs. 3 letzter Satz, § 34 Abs. 2, § 35, § 51b Z 1 letzter Satz und Z 2 zweiter Satz, § 53a Abs. 2 erster und letzter Satz, § 67d, § 76 Abs. 4 und § 79a Abs. 4 Z 3 in der Fassung des Bundesgesetzes BGBl. I Nr. 137/2001 treten mit 1. Jänner 2002 in Kraft.

(11) Für den Übergang zu der durch das Verwaltungsreformgesetz 2001, BGBl. I Nr. 65/2002, geschaffenen Rechtslage gilt:

1. § 13 Abs. 4a und 9, § 14 Abs. 8, § 17 Abs. 1 letzter Satz, § 39 Abs. 2a, § 40 Abs. 1 letzter Satz, § 58a, § 67a Abs. 1, § 73 Abs. 1 letzter Satz in der Fassung des Verwaltungsreformgesetzes 2001 treten mit 1. Jänner 2002, jedoch nicht vor dem der Kundmachung des genannten Bundesgesetzes folgenden Tag, in Kraft. Die §§ 39 Abs. 2a, 40 Abs. 1 letzter Satz, 58a und 73 Abs. 1 letzter Satz in der Fassung des Verwaltungsreformgesetzes 2001 sind auf Verfahren, die zum In-Kraft-Tretens-Zeitpunkt anhängig sind, nicht anzuwenden.
2. § 67h in der Fassung des Verwaltungsreformgesetzes 2001 tritt mit 1. Juli 2002, jedoch nicht vor dem vierten der Kundmachung des genannten Gesetzes folgenden Monatsersten, in Kraft. Er ist auf Verfahren, die zum In-Kraft-Tretens-Zeitpunkt anhängig sind, nicht anzuwenden.
3. § 36 Abs. 2 in der Fassung des Verwaltungsreformgesetzes 2001 tritt mit dem der Kundmachung des genannten Bundesgesetzes folgenden Monatsersten, spätestens jedoch mit 1. November 2002 in Kraft.

(12) § 78 Abs. 2 in der Fassung des Bundesgesetzes BGBl. I Nr. 117/2002 tritt mit 1. Jänner 2003 in Kraft. § 67a Abs. 1 in der Fassung des Bundesgesetzes BGBl. I Nr. 117/2002 tritt mit 1. Jänner 2003 in Kraft, ist jedoch auf in diesem Zeitpunkt beim unabhängigen Verwaltungssenat im Land anhängige Verfahren nicht anzuwenden.

(13) § 13 Abs. 1, 4 und 5, § 14 Abs. 2 Z 3 und Abs. 5 erster Satz, § 16 Abs. 1 und 2, § 17 Abs. 1 letzter Satz, § 18 samt Überschrift, § 33 Abs. 3 sowie § 42 Abs. 1 erster Satz, in der Fassung des Bundesgesetzes BGBl. I Nr. 10/2004, treten mit 1. März 2004 in Kraft. Zugleich treten § 13 Abs. 9

sowie § 14 Abs. 8, in der zu diesem Zeitpunkt geltenden Fassung, außer Kraft; § 13 Abs. 4a tritt mit Ablauf des 30. Juni 2004 außer Kraft.

(13a) In der Fassung des Bundesgesetzes BGBl. I Nr. 4/2008 treten in Kraft:

1. § 36 mit Ablauf des Tages der Kundmachung dieses Bundesgesetzes;
2. § 67a, § 67c Abs. 1 und § 67h Abs. 1 mit 1. Juli 2008.

(14) § 2, § 7 Abs. 1, § 10 Abs. 1, § 11, § 13 Abs. 1 bis 6, § 14 Abs. 2 Z 2, Abs. 3 erster Satz, Abs. 5 und Abs. 7 erster und zweiter Satz, § 16 samt Überschrift, § 17 Abs. 1, § 18 samt Überschrift, § 19 Abs. 3, § 33 Abs. 3, der 7. Abschnitt des I. Teiles, § 39a Abs. 1 erster Satz, § 42 Abs. 1 erster Satz, § 44b Abs. 2, § 44e Abs. 3 dritter Satz, § 48 Z 3, § 49 Abs. 1, § 67h Abs. 2, § 74 Abs. 2, § 77 Abs. 2 und 3, § 78 Abs. 3 und 5, § 78a, § 80a samt Überschrift und § 82a in der Fassung des Bundesgesetzes BGBl. I Nr. 5/2008 treten mit 1. Jänner 2008 in Kraft.

(15) Mit Ablauf des 31. Dezember 2007 treten außer Kraft:

1. § 14 Abs. 2 Z 3;
2. das AVG-Übergangsrecht 1991, Anlage 2 zur Kundmachung BGBl. Nr. 51/1991;
3. § 2 Abs. 3 der Bundesverwaltungsabgabenverordnung 1983, BGBl. Nr. 24.

(16) § 13 Abs. 5 letzter Satz tritt mit Ablauf des 31. Dezember 2010 außer Kraft.

(17) § 10 Abs. 4 sowie § 36a Abs. 1 Z 4 bis 6 und Abs. 3 in der Fassung des Bundesgesetzes BGBl. I Nr. 135/2009 treten mit 1. Jänner 2010 in Kraft.

(18) § 44a Abs. 3 in der Fassung des Budgetbegleitgesetzes 2011, BGBl. I Nr. 111/2010, tritt mit 1. Jänner 2011 in Kraft.

(19) § 3 Z 2, § 10 Abs. 4, § 13 Abs. 5, § 38a Abs. 1, § 41 Abs. 1, § 61a Z 3 und 4, § 81 samt Überschrift und § 82 Abs. 6 erster Satz in der Fassung des Bundesgesetzes BGBl. I Nr. 100/2011 treten mit 1. Jänner 2012 in Kraft.

(20) In der Fassung des Bundesgesetzes BGBl. I Nr. 33/2013 treten in Kraft:

1. § 33 Abs. 1 und 2, § 38 zweiter Satz, § 41 Abs. 1 zweiter Satz, § 42 Abs. 1a und § 69 Abs. 1 Z 3 in der Fassung der Z 28 mit Ablauf des Monats der Kundmachung dieses Bundesgesetzes; gleichzeitig treten § 42 Abs. 1 letzter Satz, § 44a Abs. 3 dritter Satz und § 82a außer Kraft;
2. § 2, § 17 Abs. 4, § 19 Abs. 4, § 44e Abs. 2, § 53 Abs. 2, § 53a Abs. 2 erster Satz und Abs. 3, § 53b letzter Satz, § 61 Abs. 1 und 4, § 63 Abs. 1 und 2, § 64, die Abschnittsbezeichnung **„2. Abschnitt:“**, § 68 Abs. 2 und 3, § 69 Abs. 1 Z 3 und 4 in der Fassung der Z 29, § 69 Abs. 4, die Abschnittsbezeichnung **„3. Abschnitt:“**, § 73 Abs. 2 und 3 und § 78 Abs. 4 mit 1. Jänner 2014; gleichzeitig treten § 19 Abs. 1 zweiter Satz, die §§ 51a bis 51d samt Überschrift, § 53a Abs. 4, § 61a, der 2. Abschnitt des IV. Teiles samt Überschrift, § 70 Abs. 3, § 71 Abs. 6 zweiter Satz, § 72 Abs. 4, § 76a und § 79a samt Überschrift außer Kraft.

(21) § 53a Abs. 1 und § 53b in der Fassung des Bundesgesetzes BGBl. I Nr. 161/2013 treten mit Ablauf des Monats der Kundmachung dieses Bundesgesetzes in Kraft.

(22) § 13 Abs. 8, § 36a Abs. 2 und 3, § 39 Abs. 2a bis 5, § 40 Abs. 1, § 41 Abs. 2, § 51a samt Überschrift, § 58a und § 73 Abs. 1 in der Fassung des Bundesgesetzes BGBl. I Nr. 57/2018 treten mit Ablauf des Tages der Kundmachung in Kraft.

(23) § 7 Abs. 1 Z 1, § 10 Abs. 1, § 11 und § 49 Abs. 1 Z 1 in der Fassung des Bundesgesetzes BGBl. I Nr. 58/2018 treten mit 1. August 2018 in Kraft.

(24) § 21, § 33 Abs. 3, § 41 Abs. 2, § 43a, § 44, § 71 Abs. 1 Z 1 und Abs. 2 und § 78a Z 2 in der Fassung des Bundesgesetzes BGBl. I Nr. 88/2023 treten mit Ablauf des Tages der Kundmachung des genannten Bundesgesetzes in Kraft.

Artikel 5
Notifikationshinweis gemäß Artikel 12 der Richtlinie 83/189/EWG

(Anm.: aus BGBl. I Nr. 5/2008, zu den §§ 2, 7, 10, 11, 13, 14, 16, 17, 18, 19, 33, 36a, 39a, 42, 44b, 44e, 48, 49, 67h, 74, 77, 78, 78a, 80a und 82a, BGBl. Nr. 51/1991)

Dieses Bundesgesetz wurde unter Einhaltung der Bestimmungen der Richtlinie 83/189/EWG des Rates über ein Informationsverfahren auf dem Gebiet der Normen und technischen Vorschriften in der Fassung der Richtlinien 88/182/EWG und 94/10/EWG der Europäischen Kommission notifiziert (Notifikationsnummer 2007/549/A).

10. Verwaltungsstrafgesetz 1991

Verwaltungsstrafgesetz 1991 – VStG
StF: BGBl. Nr. 52/1991
Letzte Novellierung: BGBl. I Nr. 88/2023

GLIEDERUNG

VStG

STICHWORTVERZEICHNIS

I. Teil: Allgemeine Bestimmungen des Verwaltungsstrafrechts

Allgemeine Voraussetzungen der Strafbarkeit

§ 1. (1) Als Verwaltungsübertretung kann eine Tat (Handlung oder Unterlassung) nur bestraft werden, wenn sie vor ihrer Begehung mit Strafe bedroht war.

(2) Die Strafe richtet sich nach dem zur Zeit der Tat geltenden Recht, es sei denn, dass das zur Zeit der Entscheidung geltende Recht in seiner Gesamtauswirkung für den Täter günstiger wäre.

§ 2. (1) Sofern die Verwaltungsvorschriften nicht anderes bestimmen, sind nur die im Inland begangenen Verwaltungsübertretungen strafbar.

(2) Eine Übertretung ist im Inland begangen, wenn der Täter im Inland gehandelt hat oder hätte handeln sollen oder wenn der zum Tatbestand gehörende Erfolg im Inland eingetreten ist.

(3) Niemand darf wegen einer Verwaltungsübertretung an einen anderen Staat ausgeliefert werden, und eine von einer ausländischen Behörde wegen einer Verwaltungsübertretung verhängte Strafe darf im Inland nicht vollstreckt werden, es sei denn, dass in Staatsverträgen ausdrücklich anderes bestimmt ist.

Zurechnungsfähigkeit

§ 3. (1) Nicht strafbar ist, wer zur Zeit der Tat wegen Bewußtseinsstörung, wegen krankhafter Störung der Geistestätigkeit oder wegen Geistesschwäche unfähig war, das Unerlaubte der Tat einzusehen oder dieser Einsicht gemäß zu handeln.

(2) War die Fähigkeit zur Zeit der Tat aus einem dieser Gründe in hohem Grad vermindert, so ist das als mildernder Umstand bei der Bemessung der Strafe zu berücksichtigen. Das gilt aber nicht für Bewußtseinsstörungen, die auf selbst verschuldeter Trunkenheit beruhen.

§ 4. (1) Nicht strafbar ist, wer zur Zeit der Tat das 14. Lebensjahr noch nicht zurückgelegt hat.

(2) War der Täter zur Zeit der Tat zwar 14, aber noch nicht 18 Jahre alt (Jugendlicher), so wird sie ihm nicht zugerechnet, wenn er aus besonderen Gründen noch nicht reif genug war, das Unerlaubte der Tat einzusehen oder dieser Einsicht gemäß zu handeln.

Schuld

§ 5. (1) Wenn eine Verwaltungsvorschrift über das Verschulden nicht anderes bestimmt, genügt zur Strafbarkeit fahrlässiges Verhalten. Fahrlässigkeit ist bei Zuwiderhandeln gegen ein Verbot oder bei Nichtbefolgung eines Gebotes dann ohne weiteres anzunehmen, wenn zum Tatbestand einer Verwaltungsübertretung der Eintritt eines Schadens oder einer Gefahr nicht gehört und der Täter nicht glaubhaft macht, daß ihn an der Verletzung der Verwaltungsvorschrift kein Verschulden trifft.

(1a) Abs. 1 zweiter Satz gilt nicht, wenn die Verwaltungsübertretung mit einer Geldstrafe von über 50 000 Euro bedroht ist.

(2) Unkenntnis der Verwaltungsvorschrift, der der Täter zuwidergehandelt hat, entschuldigt nur dann, wenn sie erwiesenermaßen unverschuldet ist und der Täter das Unerlaubte seines Verhaltens ohne Kenntnis der Verwaltungsvorschrift nicht einsehen konnte.

§ 6. Eine Tat ist nicht strafbar, wenn sie durch Notstand entschuldigt oder, obgleich sie dem Tatbestand einer Verwaltungsübertretung entspricht, vom Gesetz geboten oder erlaubt ist.

Anstiftung und Beihilfe

§ 7. Wer vorsätzlich veranlaßt, daß ein anderer eine Verwaltungsübertretung begeht, oder wer vorsätzlich einem anderen die Begehung einer Verwaltungsübertretung erleichtert, unterliegt der auf diese Übertretung gesetzten Strafe, und zwar auch dann, wenn der unmittelbare Täter selbst nicht strafbar ist.

Versuch

§ 8. (1) Sofern eine Verwaltungsvorschrift den Versuch einer Verwaltungsübertretung ausdrücklich für strafbar erklärt, unterliegt der Strafe, wer vorsätzlich eine zur wirklichen Ausübung führende Handlung unternimmt.

(2) Wegen Versuches wird nicht bestraft, wer aus freien Stücken die Ausführung aufgibt oder verhindert oder den Erfolg abwendet.

Besondere Fälle der Verantwortlichkeit

§ 9. (1) Für die Einhaltung der Verwaltungsvorschriften durch juristische Personen oder eingetragene Personengesellschaften ist, sofern die Verwaltungsvorschriften nicht anderes bestimmen und soweit nicht verantwortliche Beauftragte (Abs. 2) bestellt sind, strafrechtlich verantwortlich, wer zur Vertretung nach außen berufen ist.

(2) Die zur Vertretung nach außen Berufenen sind berechtigt und, soweit es sich zur Sicherstellung der strafrechtlichen Verantwortlichkeit als

erforderlich erweist, auf Verlangen der Behörde verpflichtet, aus ihrem Kreis eine oder mehrere Personen als verantwortliche Beauftragte zu bestellen, denen für das ganze Unternehmen oder für bestimmte räumlich oder sachlich abgegrenzte Bereiche des Unternehmens die Verantwortung für die Einhaltung der Verwaltungsvorschriften obliegt. Für bestimmte räumlich oder sachlich abgegrenzte Bereiche des Unternehmens können aber auch andere Personen zu verantwortlichen Beauftragten bestellt werden.

(3) Eine natürliche Person, die Inhaber eines räumlich oder sachlich gegliederten Unternehmens ist, kann für bestimmte räumlich oder sachlich abgegrenzte Bereiche ihres Unternehmens einen verantwortlichen Beauftragten bestellen.

(4) Verantwortlicher Beauftragter kann nur eine Person mit Hauptwohnsitz im Inland sein, die strafrechtlich verfolgt werden kann, ihrer Bestellung nachweislich zugestimmt hat und der für den ihrer Verantwortung unterliegenden klar abzugrenzenden Bereich eine entsprechende Anordnungsbefugnis zugewiesen ist. Das Erfordernis des Hauptwohnsitzes im Inland gilt nicht für Staatsangehörige von EWR-Vertragsstaaten, falls Zustellungen im Verwaltungsstrafverfahren durch Staatsverträge mit dem Vertragsstaat des Wohnsitzes des verantwortlichen Beauftragten oder auf andere Weise sichergestellt sind.

(5) Verletzt der verantwortliche Beauftragte auf Grund einer besonderen Weisung des Auftraggebers eine Verwaltungsvorschrift, so ist er dann nicht verantwortlich, wenn er glaubhaft zu machen vermag, daß ihm die Einhaltung dieser Verwaltungsvorschrift unzumutbar war.

(6) Die zur Vertretung nach außen berufenen Personen im Sinne des Abs. 1 sowie Personen im Sinne des Abs. 3 bleiben trotz Bestellung eines verantwortlichen Beauftragten – unbeschadet der Fälle des § 7 – strafrechtlich verantwortlich, wenn sie die Tat vorsätzlich nicht verhindert haben.

(7) Juristische Personen und eingetragene Personengesellschaften sowie die in Abs. 3 genannten natürlichen Personen haften für die über die zur Vertretung nach außen Berufenen oder über einen verantwortlichen Beauftragten verhängten Geldstrafen, sonstige in Geld bemessene Unrechtsfolgen und die Verfahrenskosten zur ungeteilten Hand.

Strafen

§ 10. (1) Strafart und Strafsatz richten sich nach den Verwaltungsvorschriften, soweit in diesem Bundesgesetz nicht anderes bestimmt ist.

(2) Soweit für Verwaltungsübertretungen, insbesondere auch für die Übertretung ortspolizeilicher Vorschriften, keine besondere Strafe festgesetzt ist, werden sie mit Geldstrafe bis zu 218 Euro oder mit Freiheitsstrafe bis zu zwei Wochen bestraft.

Verhängung einer Freiheitsstrafe

§ 11. Eine Freiheitsstrafe darf nur verhängt werden, wenn dies notwendig ist, um den Täter von weiteren Verwaltungsübertretungen gleicher Art abzuhalten.

§ 12. (1) Die Mindestdauer der Freiheitsstrafe beträgt zwölf Stunden. Eine Freiheitsstrafe von mehr als zwei Wochen darf nur verhängt werden, wenn dies wegen besonderer Erschwerungsgründe geboten ist. Eine längere als eine sechswöchige Freiheitsstrafe darf nicht verhängt werden.

(2) Darf nach § 11 eine Freiheitsstrafe nicht verhängt werden, so ist die für die Tat neben der Freiheitsstrafe angedrohte Geldstrafe zu verhängen. Ist eine solche nicht vorgesehen, so ist eine Geldstrafe bis zu 2 180 Euro zu verhängen.

Verhängung einer Geldstrafe

§ 13. Abgesehen von Organstrafverfügungen ist mindestens eine Geldstrafe von 7 Euro zu verhängen.

§ 14. (1) Geldstrafen dürfen nur insoweit eingetrieben werden, als dadurch weder der notwendige Unterhalt des Bestraften und derjenigen, zu deren Unterhalt ihn das Gesetz verpflichtet, noch die Erfüllung der Pflicht, den Schaden gutzumachen, gefährdet wird.

(2) Mit dem Tod des Bestraften erlischt die Vollstreckbarkeit der Geldstrafe.

Widmung von Geldstrafen

§ 15. Geldstrafen sowie der Erlös verfallener Sachen fließen, sofern die Verwaltungsvorschriften nicht anderes bestimmen,

1. dem Land für Zwecke der Sozialhilfe, bestehen aber Sozialhilfeverbände, dem Sozialhilfeverband, in dessen Gebiet die Strafe verhängt wurde, zu;
2. dem Bund zu, sofern ein Bundesgesetz im Wirkungsbereich einer Landespolizeidirektion vollzogen wurde.

Ersatzfreiheitsstrafe

§ 16. (1) Wird eine Geldstrafe verhängt, so ist zugleich für den Fall ihrer Uneinbringlichkeit eine Ersatzfreiheitsstrafe festzusetzen.

(2) Die Ersatzfreiheitsstrafe darf das Höchstmaß der für die Verwaltungsübertretung angedrohten Freiheitsstrafe und, wenn keine Freiheitsstrafe angedroht und nicht anderes bestimmt ist, zwei Wochen nicht übersteigen. Eine Ersatzfreiheitsstrafe von mehr als sechs Wochen ist nicht zulässig. Sie ist ohne Bedachtnahme auf § 12 nach den Regeln der Strafbemessung festzusetzen.

Verfall

§ 17. (1) Sofern die Verwaltungsvorschriften nicht anderes bestimmen, dürfen nur Gegenstände

VStG

für verfallen erklärt werden, die im Eigentum des Täters oder eines Mitschuldigen stehen oder ihnen vom Verfügungsberechtigten überlassen worden sind, obwohl dieser hätte erkennen müssen, daß die Überlassung des Gegenstandes der Begehung einer mit Verfall bedrohten Verwaltungsübertretung dienen werde.

(2) Gegenstände, die nach Abs. 1 verfallsbedroht sind, hinsichtlich deren aber eine an der strafbaren Handlung nicht als Täter oder Mitschuldiger beteiligte Person ein Pfandrecht oder Zurückbehaltungsrecht nachweist, dürfen nur für verfallen erklärt werden, wenn die betreffende Person fahrlässig dazu beigetragen hat, daß mit diesem Gegenstand die strafbare Handlung begangen wurde, oder bei Erwerb ihres Rechtes von der Begehung der den Verfall begründenden strafbaren Handlung wußte oder hätte wissen müssen.

(3) Kann keine bestimmte Person verfolgt oder bestraft werden, so kann auf den Verfall selbständig erkannt werden, wenn im übrigen die Voraussetzungen dafür vorliegen. Die Zustellung solcher Bescheide kann auch durch öffentliche Bekanntmachung bewirkt werden.

§ 18. Verfallene Gegenstände sind, sofern in den Verwaltungsvorschriften nicht anderes bestimmt ist oder die Gegenstände nicht wegen ihrer Beschaffenheit vernichtet werden müssen, nutzbringend zu verwerten. Nähere Vorschriften darüber können durch Verordnung getroffen werden.

Strafbemessung

§ 19. (1) Grundlage für die Bemessung der Strafe sind die Bedeutung des strafrechtlich geschützten Rechtsgutes und die Intensität seiner Beeinträchtigung durch die Tat.

(2) Im ordentlichen Verfahren (§§ 40 bis 46) sind überdies die nach dem Zweck der Strafdrohung in Betracht kommenden Erschwerungs- und Milderungsgründe, soweit sie nicht schon die Strafdrohung bestimmen, gegeneinander abzuwägen. Auf das Ausmaß des Verschuldens ist besonders Bedacht zu nehmen. Unter Berücksichtigung der Eigenart des Verwaltungsstrafrechtes sind die §§ 32 bis 35 des Strafgesetzbuches sinngemäß anzuwenden. Die Einkommens- und Vermögensverhältnisse und allfällige Sorgepflichten des Beschuldigten sind bei der Bemessung von Geldstrafen zu berücksichtigen.

Anrechnung der Vorhaft

§ 19a. (1) Die verwaltungsbehördliche und eine allfällige gerichtliche Verwahrungs- oder Untersuchungshaft sind auf die zu verhängende Strafe insoweit, als sie nicht bereits auf eine andere Strafe angerechnet worden sind, anzurechnen, wenn sie der Täter

1. wegen der Tat, für die er bestraft wird, oder
2. sonst nach der Begehung dieser Tat wegen des Verdachtes einer Verwaltungsübertretung

erlitten hat.

(2) Werden Strafen verschiedener Art verhängt, so ist die Vorhaft zunächst auf die Freiheitsstrafe anzurechnen.

(3) Für die Anrechnung der Vorhaft auf in Geld bemessene Unrechtsfolgen ist die an deren Stelle tretende Ersatzfreiheitsstrafe maßgebend.

(4) Eine Anrechnung gemäß Abs. 1 ist nur vorzunehmen, wenn der Behörde die anzurechnende Haft bekannt ist oder der Beschuldigte eine Anrechnung vor Erlassung des Straferkenntnisses beantragt.

Außerordentliche Milderung der Strafe

§ 20. Überwiegen die Milderungsgründe die Erschwerungsgründe beträchtlich oder ist der Beschuldigte ein Jugendlicher, so kann die Mindeststrafe bis zur Hälfte unterschritten werden.

Zusammentreffen von strafbaren Handlungen

§ 22. (1) Soweit die Verwaltungsvorschriften nicht anderes bestimmen, ist eine Tat als Verwaltungsübertretung nur dann strafbar, wenn sie nicht den Tatbestand einer in die Zuständigkeit der Gerichte fallenden strafbaren Handlung bildet.

(2) Hat jemand durch mehrere selbstständige Taten mehrere Verwaltungsübertretungen begangen oder fällt eine Tat unter mehrere einander nicht ausschließende Strafdrohungen, so sind die Strafen nebeneinander zu verhängen. Dasselbe gilt bei einem Zusammentreffen von Verwaltungsübertretungen mit anderen von einer Verwaltungsbehörde zu ahndenden strafbaren Handlungen.

II. Teil: Verwaltungsstrafverfahren

1. Abschnitt: Allgemeine Bestimmungen

§ 24. Soweit sich aus diesem Bundesgesetz nicht anderes ergibt, gilt das AVG auch im Verwaltungsstrafverfahren. Die §§ 2, 3, 4, 11, 12, 13 Abs. 8, 14 Abs. 3 zweiter Satz, 37 zweiter Satz, § 39 Abs. 3 bis 5, 41, 42, 44a bis 44g, 51, 57, 68 Abs. 2 und 3, 75 und 78 bis 82 AVG sind im Verwaltungsstrafverfahren nicht anzuwenden.

§ 25. (1) Verwaltungsübertretungen sind mit Ausnahme des Falles des § 56 von Amts wegen zu verfolgen.

(2) Die der Entlastung des Beschuldigten dienlichen Umstände sind in gleicher Weise zu berücksichtigen wie die belastenden.

(3) Die Gerichte und Verwaltungsbehörden sind nicht verpflichtet, der Behörde die Begehung einer Verwaltungsübertretung anzuzeigen, wenn die Bedeutung des strafrechtlich geschützten Rechtsgutes und die Intensität seiner Beeinträchtigung durch die Tat gering sind.

Zuständigkeit

§ 26. (1) Enthalten die Verwaltungsvorschriften über die sachliche Zuständigkeit keine Bestimmungen, so sind in Verwaltungsstrafsachen die Bezirksverwaltungsbehörden zuständig.

(2) In Verwaltungsstrafsachen in den Angelegenheiten des sachlichen Wirkungsbereiches der Landespolizeidirektionen ist jedoch im Gebiet einer Gemeinde, für das die Landespolizeidirektion zugleich Sicherheitsbehörde erster Instanz ist, die Landespolizeidirektion zuständig.

(3) Ob und inwieweit die Organe des öffentlichen Sicherheitsdienstes durch Ausübung der in diesem Bundesgesetz geregelten Befugnisse am Strafverfahren mitzuwirken haben, bestimmen die Verwaltungsvorschriften.

§ 27. (1) Örtlich zuständig ist die Behörde, in deren Sprengel die Verwaltungsübertretung begangen worden ist, auch wenn der zum Tatbestand gehörende Erfolg in einem anderen Sprengel eingetreten ist.

(2) Ist danach die Zuständigkeit mehrerer Behörden begründet oder ist es ungewiß, in welchem Sprengel die Übertretung begangen worden ist, so ist die Behörde zuständig, die zuerst eine Verfolgungshandlung (§ 32 Abs. 2) vorgenommen hat.

(2a) Ist die Verwaltungsübertretung nicht im Inland begangen worden, so richtet sich die Zuständigkeit

1. in Verwaltungsstrafsachen, die sich auf den Betrieb eines Unternehmens oder die Ausübung einer sonstigen dauernden Tätigkeit beziehen: zunächst nach dem Ort, an dem das Unternehmen betrieben oder die Tätigkeit ausgeübt wird, dann nach dem Hauptwohnsitz des Beschuldigten, dann nach seinem Aufenthalt;
2. in sonstigen Verwaltungsstrafsachen: zunächst nach dem Hauptwohnsitz des Beschuldigten, dann nach seinem Aufenthalt.

Wenn keiner dieser Zuständigkeitsgründe in Betracht kommen kann, ist die Behörde zuständig, die zuerst von der Verwaltungsübertretung Kenntnis erlangt (§ 28).

(3) Amtshandlungen der Organe des öffentlichen Sicherheitsdienstes gelten, unabhängig davon, wo sie vorgenommen werden, als Amtshandlungen der örtlich zuständigen Behörde.

(Anm.: Abs. 4 aufgehoben durch Art. 3 Z 7, BGBl. I Nr. 57/2018)

§ 28. Die Behörde, die zuerst von einer Verwaltungsübertretung Kenntnis erlangt, ist zur Verfolgung zuständig, solange nicht ein Umstand hervorgekommen ist, der nach § 27 Abs. 1 die Zuständigkeit einer anderen Behörde begründet.

§ 29. (1) Die Zuständigkeit einer Behörde für das Strafverfahren gegen einen Täter begründet auch ihre örtliche Zuständigkeit gegenüber allen Mitschuldigen.

(2) Das Strafverfahren gegen alle diese Personen ist womöglich gleichzeitig durchzuführen. Die Behörde kann jedoch aus Zweckmäßigkeitsgründen, insbesondere zur Beschleunigung des Verfahrens, von der gemeinsamen Durchführung absehen und das Verfahren gegen einzelne Mitbeschuldigte abgesondert zum Abschluß bringen.

§ 29a. Wenn hiedurch das Verfahren wesentlich vereinfacht oder beschleunigt wird, kann die zuständige Behörde das Strafverfahren oder den Strafvollzug an die sachlich zuständige Behörde übertragen, in deren Sprengel der Beschuldigte seinen Hauptwohnsitz oder Aufenthalt hat. Das Strafverfahren darf nur an eine Behörde im selben Bundesland, der Strafvollzug nur an eine Bezirksverwaltungsbehörde oder Landespolizeidirektion, insoweit diese zugleich Sicherheitsbehörde erster Instanz ist, übertragen werden.

Zusammentreffen verschiedener strafbarer Handlungen

§ 30. (1) Liegen einem Beschuldigten von verschiedenen Behörden zu ahndende Verwaltungsübertretungen oder eine Verwaltungsübertretung und eine andere von einer Verwaltungsbehörde oder einem Gericht zu ahndende strafbare Handlung zur Last, so sind die strafbaren Handlungen unabhängig voneinander zu verfolgen, und zwar in der Regel auch dann, wenn die strafbaren Handlungen durch ein und dieselbe Tat begangen worden sind.

(2) Ist aber eine Tat von den Behörden nur zu ahnden, wenn sie nicht den Tatbestand einer in die Zuständigkeit anderer Verwaltungsbehörden oder der Gerichte fallenden strafbaren Handlung bildet, und ist es zweifelhaft, ob diese Voraussetzung erfüllt ist, so hat die Behörde das Strafverfahren auszusetzen, bis über diese Frage von der sonst in Betracht kommenden Verwaltungsbehörde oder vom Gericht rechtskräftig entschieden ist.

(3) Hat die Behörde vor dieser Entscheidung ein Straferkenntnis erlassen, so darf es vorläufig nicht vollstreckt werden. Ergibt sich später, daß das Verwaltungsstrafverfahren nicht hätte durchgeführt werden sollen, so hat die Behörde das Straferkenntnis außer Kraft zu setzen und das Verfahren einzustellen.

(4) Die Gerichte und die sonst in Betracht kommenden Verwaltungsbehörden haben eine entgegen Abs. 3 vollstreckte Verwaltungsstrafe auf die von ihnen wegen derselben Tat verhängte Strafe anzurechnen.

Verjährung

§ 31. (1) Die Verfolgung einer Person ist unzulässig, wenn gegen sie binnen einer Frist von einem Jahr keine Verfolgungshandlung (§ 32 Abs. 2) vorgenommen worden ist. Diese Frist ist von dem Zeitpunkt zu berechnen, an dem die strafbare Tätigkeit abgeschlossen worden ist oder das strafbare Verhalten aufgehört hat; ist der zum Tatbestand gehörende Erfolg erst später eingetreten, so läuft die Frist erst von diesem Zeitpunkt.

(2) Die Strafbarkeit einer Verwaltungsübertretung erlischt durch Verjährung. Die Verjährungsfrist beträgt drei Jahre und beginnt in dem in

Abs. 1 genannten Zeitpunkt. In die Verjährungsfrist werden nicht eingerechnet:
1. die Zeit, während deren nach einer gesetzlichen Vorschrift die Verfolgung nicht eingeleitet oder fortgesetzt werden kann;
2. die Zeit, während deren wegen der Tat gegen den Täter ein Strafverfahren bei der Staatsanwaltschaft, beim Gericht oder bei einer anderen Verwaltungsbehörde geführt wird;
3. die Zeit, während deren das Verfahren bis zur rechtskräftigen Entscheidung einer Vorfrage ausgesetzt ist;
4. die Zeit eines Verfahrens vor dem Verwaltungsgerichtshof, vor dem Verfassungsgerichtshof oder vor dem Gerichtshof der Europäischen Union.

(3) Eine Strafe darf nicht mehr vollstreckt werden, wenn seit ihrer rechtskräftigen Verhängung drei Jahre vergangen sind. In die Verjährungsfrist werden nicht eingerechnet:
1. die Zeit eines Verfahrens vor dem Verwaltungsgerichtshof, vor dem Verfassungsgerichtshof oder vor dem Gerichtshof der Europäischen Union;
2. Zeiten, in denen die Strafvollstreckung unzulässig, ausgesetzt, aufgeschoben oder unterbrochen war;
3. Zeiten, in denen sich der Bestrafte im Ausland aufgehalten hat.

Beschuldigter

§ 32. (1) Beschuldigter ist die im Verdacht einer Verwaltungsübertretung stehende Person von dem Zeitpunkt der ersten von der Behörde gegen sie gerichteten Verfolgungshandlung bis zum Abschluß der Strafsache. Der Beschuldigte ist Partei im Sinne des AVG.

(2) Verfolgungshandlung ist jede von einer Behörde gegen eine bestimmte Person als Beschuldigten gerichtete Amtshandlung (Ladung, Vorführungsbefehl, Vernehmung, Ersuchen um Vernehmung, Beratung, Strafverfügung u. dgl.), und zwar auch dann, wenn die Behörde zu dieser Amtshandlung nicht zuständig war, die Amtshandlung ihr Ziel nicht erreicht oder der Beschuldigte davon keine Kenntnis erlangt hat.

(3) Eine Verfolgungshandlung, die gegen einen zur Vertretung nach außen Berufenen (§ 9 Abs. 1) gerichtet ist, gilt auch als Verfolgungshandlung gegen die anderen zur Vertretung nach außen Berufenen und die verantwortlichen Beauftragten. Eine Verfolgungshandlung, die gegen den Unternehmer (§ 9 Abs. 3) gerichtet ist, gilt auch als Verfolgungshandlung gegen die verantwortlichen Beauftragten.

Verteidiger

§ 32a. Beschuldigte haben in jeder Lage des Verfahrens das Recht, mit einem Verteidiger Kontakt aufzunehmen, ihn zu bevollmächtigen und sich mit ihm zu besprechen, ohne dabei überwacht zu werden. Als Verteidiger sind die in § 48 Abs. 1 Z 5 der Strafprozeßordnung 1975 – StPO, BGBl. Nr. 631/1975, genannten Personen zugelassen.

Vernehmung

§ 33. (1) Jeder Beschuldigte ist bei Beginn seiner ersten Vernehmung über den Vornamen und den Familiennamen, Tag und Ort der Geburt, die Staatsangehörigkeit, den Personenstand, die Beschäftigung und den Wohnort sowie über die Einkommens- und Vermögensverhältnisse und allfällige Sorgepflichten zu befragen. Sind die Angaben darüber schon in den Akten enthalten, so sind sie dem Beschuldigten zur Anerkennung oder Richtigstellung vorzuhalten.

(2) Der Beschuldigte ist, erforderlichenfalls unter Beiziehung eines Dolmetschers, in einer für ihn verständlichen Sprache über die gegen ihn erhobenen Anschuldigungen, über das Recht, sich zur Sache zu äußern oder nicht auszusagen, und über das Recht auf Beiziehung eines Verteidigers zu belehren. Der Umstand der Belehrung sowie der Verzicht auf Beiziehung eines Verteidigers sind schriftlich festzuhalten.

(3) Der Beschuldigte darf zur Beantwortung der an ihn gestellten Fragen nicht gezwungen werden. Er darf nicht durch Zwangsmittel, Drohungen, Versprechungen oder Vorspiegelungen zu Äußerungen genötigt oder bewogen werden. Die Stellung von Fragen, in welchen eine nicht zugestandene Tatsache als bereits zugestanden angenommen wird, ist nicht zulässig. Fragen, wodurch Umstände vorgehalten werden, die erst durch die Antwort festgestellt werden sollen, dürfen erst dann gestellt werden, wenn der Befragte nicht in anderer Weise zu einer Erklärung über dieselben geführt werden konnte; die Fragen sind in solchen Fällen wörtlich in die Niederschrift aufzunehmen. Der Beschuldigte darf nicht durch Zwangsstrafen zur Herausgabe von Tatgegenständen und Beweismitteln verhalten werden.

Beratung

§ 33a. (1) Stellt die Behörde eine Übertretung fest und sind die Bedeutung des strafrechtlich geschützten Rechtsgutes und die Intensität seiner Beeinträchtigung durch die Tat und das Verschulden des Beschuldigten gering, so hat ihn die Behörde, soweit die Verwaltungsvorschriften nicht anderes bestimmen, mit dem Ziel einer möglichst wirksamen Beendigung des strafbaren Verhaltens oder der strafbaren Tätigkeiten zu beraten und ihn schriftlich unter Angabe der festgestellten Sachverhalte aufzufordern, innerhalb einer angemessenen Frist den den Verwaltungsvorschriften und behördlichen Verfügungen entsprechenden Zustand herzustellen.

(2) Wird der schriftlichen Aufforderung innerhalb der von der Behörde festgelegten oder erstreckten Frist entsprochen, dann ist die weitere

Verfolgung einer Person wegen jener Übertretungen, betreffend welche der den Rechtsvorschriften und behördlichen Verfügungen entsprechende Zustand hergestellt worden ist, unzulässig.

(3) Die Intensität der Beeinträchtigung des strafrechtlich geschützten Rechtsgutes ist jedenfalls nicht gering, wenn die Übertretung nachteilige Auswirkungen auf Personen oder Sachgüter bewirkt hat oder das Auftreten solcher Auswirkungen bei auch nur kurzem Andauern des strafbaren Verhaltens oder der strafbaren Tätigkeiten zu erwarten ist.

(4) Die Intensität der Beeinträchtigung des strafrechtlich geschützten Rechtsgutes gilt als gering, wenn geringfügige Abweichungen von technischen Maßen festgestellt wurden und keine der im Abs. 3 genannten Umstände vorliegen.

(5) Abs. 1 und 2 sind jedenfalls nicht anzuwenden auf

1. Übertretungen von Verwaltungsvorschriften, die zur Strafbarkeit vorsätzliches Verhalten erfordern;
2. Übertretungen, die innerhalb der letzten drei Jahre vor Feststellung der Übertretung bereits Gegenstand einer Beratung und schriftlichen Aufforderung durch die Behörde waren oder zu denen einschlägige noch nicht getilgte Verwaltungsstrafen bei der Behörde aufscheinen;
3. Übertretungen, die Anlass zu in den Verwaltungsvorschriften vorgesehenen einstweiligen Zwangs- und Sicherungsmaßnahmen geben;
4. Übertretungen, für welche die Verwaltungsvorschriften die Maßnahme der Entziehung von Berechtigungen vorsehen.

Vorläufiges Absehen von der Einleitung oder Fortführung des Strafverfahrens

§ 34. Die Behörde kann von der Einleitung oder Fortführung des Strafverfahrens vorläufig absehen, solange

1. die Strafverfolgung voraussichtlich nicht möglich ist oder
2. die Strafverfolgung voraussichtlich einen Aufwand verursachen würde, der gemessen an der Bedeutung des strafrechtlich geschützten Rechtsgutes und der Intensität seiner Beeinträchtigung durch die Tat unverhältnismäßig wäre.

Bei einer wesentlichen Änderung der für diese Beurteilung maßgeblichen Umstände ist das Strafverfahren einzuleiten oder fortzuführen.

Information der Medien

§ 34a. (1) Den Behörden obliegt die Information der Medien (§ 1 des Mediengesetzes – MedienG, BGBl. Nr. 314/1981) über die von ihnen geführten Ermittlungsverfahren nach Maßgabe der nachstehenden Absätze unter Berücksichtigung des Interesses der Öffentlichkeit an sachlicher Information über Verfahren von öffentlicher Bedeutung.

(2) Eine Information der Medien ist nur zulässig, wenn durch ihren Zeitpunkt und Inhalt die Persönlichkeitsrechte der betroffenen Personen, der Grundsatz der Unschuldsvermutung sowie der Anspruch auf ein faires Verfahren nicht verletzt werden.

(3) Auskünfte sind nicht zu erteilen, soweit schutzwürdige Geheimhaltungsinteressen entgegenstehen oder wenn durch die Auskunft der Zweck des Ermittlungsverfahrens gefährdet wäre.

2. Abschnitt
Sicherung der Strafverfolgung und der Strafvollstreckung

Identitätsfeststellung

§ 34b. Die Organe des öffentlichen Sicherheitsdienstes sind zur Feststellung der Identität einer Person ermächtigt, wenn diese auf frischer Tat betreten oder unmittelbar danach entweder glaubwürdig der Tatbegehung beschuldigt oder mit Gegenständen betreten wird, die auf ihre Beteiligung an der Tat hinweisen. § 35 Abs. 2 und 3 des Sicherheitspolizeigesetzes – SPG, BGBl. Nr. 566/1991, ist sinngemäß anzuwenden.

Festnahme

§ 35. Die Organe des öffentlichen Sicherheitsdienstes dürfen außer den gesetzlich besonders geregelten Fällen Personen, die auf frischer Tat betreten werden, zum Zweck ihrer Vorführung vor die Behörde festnehmen, wenn

1. der Betretene dem anhaltenden Organ unbekannt ist, sich nicht ausweist und seine Identität auch sonst nicht sofort feststellbar ist oder
2. begründeter Verdacht besteht, daß er sich der Strafverfolgung zu entziehen suchen werde, oder
3. der Betretene trotz Abmahnung in der Fortsetzung der strafbaren Handlung verharrt oder sie zu wiederholen sucht.

§ 36. (1) Jeder Festgenommene ist unverzüglich der nächsten sachlich zuständigen Behörde zu übergeben oder aber, wenn der Grund der Festnahme schon vorher wegfällt, freizulassen. Die Behörde hat den Angehaltenen unverzüglich zu vernehmen. Hat er von seinem Recht auf Beiziehung eines Verteidigers Gebrauch gemacht, so ist die Vernehmung bis zum Eintreffen des Verteidigers aufzuschieben, es sei denn, dass damit eine erhebliche Gefährdung der Ermittlungen oder eine Beeinträchtigung von Beweismitteln verbunden wäre; eine solche Beschränkung des Rechts auf Beiziehung eines Verteidigers ist schriftlich festzuhalten. Die Anhaltung darf keinesfalls länger als 24 Stunden dauern.

(2) Für die Anhaltung gilt § 53c Abs. 1 und 2 sinngemäß; das Erfordernis genügenden Tageslichtes kann jedoch entfallen, sofern ausreichende künstliche Beleuchtung vorhanden ist.

(3) Dem Festgenommenen ist ohne unnötigen Aufschub zu gestatten, einen Angehörigen (§ 36a AVG) oder eine sonstige Person seines Vertrauens zu verständigen und Kontakt mit einem Verteidiger aufzunehmen und diesen zu bevollmächtigen. Einem Festgenommenen, der nicht österreichischer Staatsbürger ist, ist ferner zu gestatten, die konsularische Vertretung seines Heimatstaates unverzüglich von der Festnahme zu verständigen und mit dieser Kontakt aufzunehmen. Bestehen gegen eine Verständigung durch den Festgenommenen selbst Bedenken, so hat die Behörde die Verständigung vorzunehmen.

(4) Der Angehaltene darf von Angehörigen (§ 36a AVG), von seinem Verteidiger sowie von den konsularischen Vertretern seines Heimatstaates besucht werden. Für den Brief- und Besuchsverkehr gilt § 53c Abs. 3 bis 5 sinngemäß.

Rechtsbelehrung

§ 36a. Der Beschuldigte ist sogleich oder unmittelbar nach seiner Festnahme schriftlich in einer für ihn verständlichen Sprache über die Gründe seiner Festnahme und die gegen ihn erhobenen Anschuldigungen, über sein Recht auf Akteneinsicht, über sonstige wesentliche Rechte im Verfahren (§ 33 Abs. 2, § 36 Abs. 1 letzter Satz, Abs. 3 erster und zweiter Satz) und darüber zu informieren, dass er berechtigt ist, Zugang zu dringender medizinischer Versorgung zu erhalten. Ist die schriftliche Belehrung in einer Sprache, die der Beschuldigte versteht, nicht verfügbar, so ist er mündlich unter Beiziehung eines Dolmetschers zu belehren und die schriftliche Übersetzung ist ihm nachzureichen. Der Umstand der Belehrung ist schriftlich festzuhalten.

Sicherheitsleistung

§ 37. (1) Die Behörde kann dem Beschuldigten mit Bescheid auftragen, einen angemessenen Betrag als Sicherheit zu erlegen oder durch Pfandbestellung oder taugliche Bürgen, die sich als Zahler verpflichten, sicherzustellen,

1. wenn begründeter Verdacht besteht, dass sich der Beschuldigte der Strafverfolgung oder der Strafvollstreckung entziehen werde, oder
2. wenn andernfalls
   a) die Strafverfolgung oder die Strafvollstreckung voraussichtlich nicht möglich wäre oder
   b) die Strafverfolgung oder die Strafvollstreckung voraussichtlich einen Aufwand verursachen würde, der gemessen an der Bedeutung des strafrechtlich geschützten Rechtsgutes und der Intensität seiner Beeinträchtigung durch die Tat unverhältnismäßig wäre.

(2) Die Sicherheit darf das Höchstmaß der angedrohten Geldstrafe nicht übersteigen. Für den Fall, daß die aufgetragene Sicherheitsleistung nicht unverzüglich erfolgt, kann die Behörde als Sicherheit verwertbare Sachen beschlagnahmen, die dem Anschein nach dem Beschuldigten gehören; ihr Wert soll die Höhe des zulässigen Betrages der Sicherheit nicht übersteigen.

(3) Die Beschwerde beim Verwaltungsgericht gegen einen Bescheid gemäß Abs. 1 oder 2 hat keine aufschiebende Wirkung.

(4) Die Sicherheit wird frei, wenn das Verfahren eingestellt wird oder die gegen den Beschuldigten verhängte Strafe vollzogen ist, oder nicht binnen zwölf Monaten der Verfall ausgesprochen wurde. Die als Sicherheit beschlagnahmte Sache wird auch frei, wenn vom Beschuldigten die aufgetragene Sicherheit in Geld erlegt oder sonst sichergestellt wird oder ein Dritter Rechte an der Sache glaubhaft macht.

(5) Die Sicherheit ist für verfallen zu erklären, sobald feststeht, dass die Strafverfolgung oder die Strafvollstreckung nicht möglich ist. § 17 ist sinngemäß anzuwenden.

(6) Für die Verwertung verfallener Sachen gilt § 18, wobei aus der verfallenen Sicherheit zunächst die allenfalls verhängte Geldstrafe und sodann die Kosten des Strafverfahrens sowie die Verwahrungs- und Verwertungskosten zu decken sind. Nach Abzug dieser Posten verbleibende Restbeträge sind dem Beschuldigten auszufolgen. Im Übrigen gelten für die Widmung der verfallenen Sicherheit dieselben Vorschriften wie für Geldstrafen.

§ 37a. (1) Die Organe des öffentlichen Sicherheitsdienstes sind ermächtigt, von Personen, die auf frischer Tat betreten werden, eine vorläufige Sicherheit einzuheben,

1. wenn die Voraussetzungen des § 35 Z 1 und 2 für eine Festnahme vorliegen oder
2. wenn andernfalls
   a) die Strafverfolgung oder die Strafvollstreckung erheblich erschwert sein könnte oder
   b) die Strafverfolgung oder die Strafvollstreckung einen Aufwand verursachen könnte, der gemessen an der Bedeutung des strafrechtlich geschützten Rechtsgutes und der Intensität seiner Beeinträchtigung durch die Tat unverhältnismäßig wäre.

Besondere Ermächtigungen in den Verwaltungsvorschriften bleiben unberührt. § 50 Abs. 3, Abs. 5, Abs. 6 erster Satz sowie Abs. 8 sind sinngemäß anzuwenden.

(2) Die vorläufige Sicherheit darf das Höchstmaß der angedrohten Geldstrafe nicht übersteigen.

(3) Leistet der Betretene im Fall des Abs. 1 Z 2 die vorläufige Sicherheit nicht, so kann das Organ verwertbare Sachen, die dem Anschein nach dem Betretenen gehören und deren Wert das Höchstmaß der angedrohten Geldstrafe nicht übersteigt, vorläufig sicherstellen.

(4) Über die vorläufige Sicherheit ist sofort eine Bescheinigung auszustellen. Die vorläufige Sicherheit ist der Behörde mit der Anzeige unverzüglich vorzulegen.

(5) Die vorläufige Sicherheit wird frei, wenn das Verfahren eingestellt wird oder die gegen den Beschuldigten verhängte Strafe vollzogen ist oder wenn nicht binnen zwölf Monaten gemäß § 37 Abs. 5 der Verfall ausgesprochen wird. § 37 Abs. 4 letzter Satz gilt sinngemäß.

Zeugen

§ 38. Die Angehörigen (§ 36a AVG) des Beschuldigten, die mit seiner Obsorge betrauten Personen, sein Erwachsenenvertreter, sein Vorsorgebevollmächtigter nach Wirksamwerden der Vorsorgevollmacht oder die von ihm in einer dieser Eigenschaften vertretenen Person sind von der Aussagepflicht befreit.

Beschlagnahme von Verfallsgegenständen

§ 39. (1) Liegt der Verdacht einer Verwaltungsübertretung vor, für die der Verfall von Gegenständen als Strafe vorgesehen ist, so kann die Behörde zur Sicherung des Verfalles die Beschlagnahme dieser Gegenstände anordnen.

(2) Bei Gefahr im Verzug können auch die Organe der öffentlichen Aufsicht aus eigener Macht solche Gegenstände vorläufig sicherstellen. Sie haben darüber dem Betroffenen sofort eine Bescheinigung auszustellen und der Behörde die Anzeige zu erstatten.

(3) Die Behörde kann an Stelle der Beschlagnahme den Erlag eines Geldbetrages anordnen, der dem Wert der der Beschlagnahme unterliegenden Sache entspricht.

(4) Ist die Beschlagnahme anders nicht durchführbar, so können auch dem Verfall nicht unterliegende Behältnisse, in denen sich die mit Beschlag belegten Gegenstände befinden, vorläufig beschlagnahmt werden; sie sind jedoch tunlichst bald zurückzustellen.

(5) Unterliegen die beschlagnahmten Gegenstände raschem Verderben oder lassen sie sich nur mit unverhältnismäßigen Kosten aufbewahren und ist ihre Aufbewahrung nicht zur Sicherung des Beweises erforderlich, so können sie öffentlich versteigert oder zu dem von der Behörde zu ermittelnden Preis veräußert werden. Der Erlös tritt an die Stelle der veräußerten Gegenstände. Die Veräußerung wegen unverhältnismäßiger Aufbewahrungskosten unterbleibt, wenn rechtzeitig ein zur Deckung dieser Kosten ausreichender Betrag erlegt wird.

(6) Die Beschwerde beim Verwaltungsgericht gegen einen Bescheid gemäß Abs. 1 oder 3 hat keine aufschiebende Wirkung.

Zwangsgewalt

§ 39a. Die Organe des öffentlichen Sicherheitsdienstes sind ermächtigt, verhältnismäßigen und angemessenen Zwang anzuwenden, um die ihnen nach den §§ 34b, 35, 37a Abs. 3 und 39 Abs. 2 eingeräumten Befugnisse durchzusetzen. Dabei haben sie unter Achtung der Menschenwürde und mit möglichster Schonung der Person vorzugehen. Für den Waffengebrauch gelten die Bestimmungen des Waffengebrauchsgesetzes 1969, BGBl. Nr. 149/1969.

3. Abschnitt: Ordentliches Verfahren

§ 40. (1) Sieht die Behörde nicht schon auf Grund der Anzeige oder der darüber gepflogenen Erhebungen von der Verfolgung ab (§ 45), so hat sie dem Beschuldigten Gelegenheit zu geben, sich zu rechtfertigen.

(2) Die Behörde kann den Beschuldigten zu diesem Zweck zur Vernehmung laden oder ihn auffordern, nach seiner Wahl entweder zu einem bestimmten Zeitpunkt zu seiner Vernehmung zu erscheinen oder sich bis zu diesem Zeitpunkt schriftlich zu rechtfertigen. Dabei ist der Beschuldigte auf sein Recht hinzuweisen, zur Vernehmung einen Verteidiger seiner Wahl beizuziehen.

(3) Hält sich der Beschuldigte nicht in der Gemeinde auf, in der die Behörde ihren Sitz hat, so kann sie die Vernehmung des Beschuldigten durch die Gemeinde seines Aufenthaltsortes veranlassen.

§ 41. (1) Die Ladung (§ 19 AVG) hat zu enthalten:

1. die deutliche Bezeichnung der dem Beschuldigten zur Last gelegten Tat sowie die in Betracht kommende Verwaltungsvorschrift;
2. die Aufforderung, die der Verteidigung dienlichen Tatsachen vorzubringen und die der Verteidigung dienlichen Beweismittel mitzubringen oder der Behörde so rechtzeitig bekannt zu geben, dass sie zur Vernehmung noch herbeigeschafft werden können.

(2) Die Ladung kann auch die Androhung enthalten, daß das Strafverfahren, wenn der Beschuldigte der Ladung ungerechtfertigt keine Folge leistet, ohne seine Anhörung durchgeführt werden kann. Diese Rechtsfolge kann nur eintreten, wenn sie in der Ladung angedroht und wenn die Ladung dem Beschuldigten zu eigenen Handen zugestellt worden ist.

§ 42. (1) Die Aufforderung nach § 40 Abs. 2 hat zu enthalten:

1. die deutliche Bezeichnung der dem Beschuldigten zur Last gelegten Tat sowie die in Betracht kommende Verwaltungsvorschrift;
2. die Aufforderung, sich entweder binnen der gesetzten Frist schriftlich oder zu dem zur Vernehmung bestimmten Zeitpunkt mündlich zu rechtfertigen und die der Verteidigung dienlichen Tatsachen und Beweismittel der Behörde bekanntzugeben, widrigenfalls die Behörde das Strafverfahren ohne seine Anhörung durchführen werde.

In der Aufforderung (Z 2) kann es dem Beschuldigten auch freigestellt werden, nach seiner Wahl entweder persönlich zur Vernehmung zu erscheinen oder sich unter Verwendung technischer Einrichtungen zur Wort- und Bildübertragung vernehmen zu lassen.

(2) Diese Aufforderung ist zu eigenen Handen zuzustellen.

§ 43. (1) Wird der Beschuldigte zur Vernehmung vor die erkennende Behörde geladen oder ihr vorgeführt, so ist das Strafverfahren in mündlicher Verhandlung durchzuführen und nach der Aufnahme der erforderlichen Beweise womöglich sogleich der Bescheid (Straferkenntnis oder Einstellung) zu verkünden.

(2) Kann der Bescheid nicht sofort auf Grund der mündlichen Verhandlung erlassen werden, so ist dem Beschuldigten, der an der Verhandlung teilgenommen hat, sofern er nicht darauf verzichtet hat, vor der Erlassung des Straferkenntnisses Gelegenheit zu geben, sich zum Ergebnis der später vorgenommenen Erhebungen, wenn sie im Straferkenntnis berücksichtigt werden sollen, zu äußern.

(3) Der Beschuldigte kann zur mündlichen Verhandlung eine an der Sache nicht beteiligte Person seines Vertrauens beiziehen.

(4) Hat der Beschuldigte bei seiner Vernehmung einen Verteidiger beigezogen, so darf sich dieser an der Vernehmung beteiligen, indem er nach deren Abschluss oder nach thematisch zusammenhängenden Abschnitten ergänzende Fragen an den Beschuldigten richtet oder Erklärungen abgibt. Während der Vernehmung darf sich der Beschuldigte nicht mit dem Verteidiger über die Beantwortung einzelner Fragen beraten.

§ 44. (1) Die Niederschrift über den Gang der mündlichen Verhandlung hat zu enthalten:

1. die Behörde;
2. den Vornamen und den Familiennamen, Tag und Ort der Geburt, die Staatsangehörigkeit, den Personenstand, die Beschäftigung und den Wohnort des Beschuldigten;
3. den Namen eines allfälligen Verteidigers des Beschuldigten;
4. die deutliche Bezeichnung der dem Beschuldigten zur Last gelegten Tat;
5. die wesentlichen Aussagen der Zeugen und Sachverständigen und die sonstigen Beweisergebnisse;
6. die Rechtfertigung oder das Geständnis des Beschuldigten;
7. den Spruch;
8. die Begründung (§ 60 AVG);
9. die Rechtsmittelbelehrung;
10. das Datum des Bescheides;
11. das Datum der Verkündung.

(2) Alle Angaben in der Niederschrift sind mit möglichster Kürze abzufassen. Sind die in Abs. 1 Z 2 bis 5 bezeichneten Angaben bereits schriftlich in den Akten niedergelegt, so genügt in der Niederschrift ein kurzer Hinweis auf die bezüglichen Aktenstücke.

(3) Von der Aufnahme der in Abs. 1 bezeichneten Niederschrift kann abgesehen werden,

1. wenn der Beschuldigte einer nach § 41 Abs. 2 erfolgten Ladung oder einer nach § 42 Abs. 1 Z 2 ergangenen Aufforderung zur Rechtfertigung ungerechtfertigt keine Folge geleistet hat und das Verfahren ohne seine Anhörung durchgeführt wird. In diesem Fall ist ein Aktenvermerk über die Tatsache der erfolgten Ladung oder Aufforderung zur Rechtfertigung aufzunehmen;
2. wenn der Beschuldigte vor der erkennenden oder ersuchten Behörde ein volles Geständnis ablegt und weitere Beweise nicht aufgenommen werden. In diesem Fall sind das Geständnis und der Verhandlungstag schriftlich festzuhalten.

§ 44a. Der Spruch hat, wenn er nicht auf Einstellung lautet, zu enthalten:

1. die als erwiesen angenommene Tat;
2. die Verwaltungsvorschrift, die durch die Tat verletzt worden ist;
3. die verhängte Strafe und die angewendete Gesetzesbestimmung;
4. den etwaigen Ausspruch über privatrechtliche Ansprüche;
5. im Fall eines Straferkenntnisses die Entscheidung über die Kosten.

§ 44b. (1) Jedes Straferkenntnis hat eine Belehrung über das Recht des Beschuldigten, im Verfahren vor dem Verwaltungsgericht einen Verfahrenshilfeverteidiger zu erhalten (§ 40 des Verwaltungsgerichtsverfahrensgesetzes – VwGVG, BGBl. I Nr. 33/2013), zu enthalten.

(2) Abs. 1 ist nicht auf Verwaltungsübertretungen anzuwenden,

1. die mit einer Geldstrafe von bis zu 7 500 Euro und keiner Freiheitsstrafe bedroht sind oder
2. für die bereits ein Verfahren nach den Bestimmungen des 4. Abschnittes durchgeführt worden ist.

§ 45. (1) Die Behörde hat von der Einleitung oder Fortführung eines Strafverfahrens abzusehen und die Einstellung zu verfügen, wenn

1. die dem Beschuldigten zur Last gelegte Tat nicht erwiesen werden kann oder keine Verwaltungsübertretung bildet;
2. der Beschuldigte die ihm zur Last gelegte Verwaltungsübertretung nicht begangen hat oder Umstände vorliegen, die die Strafbarkeit aufheben oder ausschließen;
3. Umstände vorliegen, die die Verfolgung ausschließen;

4. die Bedeutung des strafrechtlich geschützten Rechtsgutes und die Intensität seiner Beeinträchtigung durch die Tat und das Verschulden des Beschuldigten gering sind;
5. die Strafverfolgung nicht möglich ist;
6. die Strafverfolgung einen Aufwand verursachen würde, der gemessen an der Bedeutung des strafrechtlich geschützten Rechtsgutes und der Intensität seiner Beeinträchtigung durch die Tat unverhältnismäßig wäre.

Anstatt die Einstellung zu verfügen, kann die Behörde dem Beschuldigten im Fall der Z 4 unter Hinweis auf die Rechtswidrigkeit seines Verhaltens mit Bescheid eine Ermahnung erteilen, wenn dies geboten erscheint, um ihn von der Begehung strafbarer Handlungen gleicher Art abzuhalten.

(2) Wird die Einstellung verfügt, so genügt ein Aktenvermerk mit Begründung, es sei denn, daß einer Partei gegen die Einstellung Beschwerde beim Verwaltungsgericht zusteht oder die Erlassung eines Bescheides aus anderen Gründen notwendig ist. Die Einstellung ist, soweit sie nicht bescheidmäßig erfolgt, dem Beschuldigten mitzuteilen, wenn er nach dem Inhalt der Akten von dem gegen ihn gerichteten Verdacht wußte.

§ 46. (1) Den Parteien, denen gegen den Bescheid Beschwerde beim Verwaltungsgericht zusteht, ist von Amts wegen eine Ausfertigung des Bescheides zuzustellen, wenn ihnen der Bescheid nicht mündlich verkündet worden ist. Sonst ist eine schriftliche Ausfertigung nur auf Verlangen einer Partei zuzustellen.

(1a) Ist der Beschuldigte der deutschen Sprache nicht hinreichend kundig, so ist dem Straferkenntnis eine Übersetzung in einer für den Beschuldigten verständlichen Sprache anzuschließen. Sofern dies einem fairen Verfahren nicht entgegensteht, kann die Übersetzung durch auszugsweise Darstellung des wesentlichen Inhalts ersetzt werden. Die Pflicht zur Übersetzung des Straferkenntnisses ist nicht auf Verwaltungsübertretungen anzuwenden, die mit einer Geldstrafe von bis zu 7 500 Euro und keiner Freiheitsstrafe bedroht sind oder wegen denen bereits ein Verfahren nach den Bestimmungen des 4. Abschnittes durchgeführt worden ist.

(2) Die schriftliche Ausfertigung des Bescheides hat die Bezeichnung der Behörde, den Vornamen und den Familiennamen sowie den Wohnort der Parteien, den Spruch, die Begründung, die Rechtsmittelbelehrung, die Belehrung über das Recht auf Beigabe eines Verfahrenshilfeverteidigers im Verfahren vor dem Verwaltungsgericht gemäß § 44b und das Datum des Bescheides zu enthalten.

(3) Wird über einen Soldaten eine Strafe verhängt, so ist davon dem Disziplinarvorgesetzten Mitteilung zu machen.

4. Abschnitt: Abgekürztes Verfahren

Strafverfügung

§ 47. (1) Wenn von einem Gericht, einer Verwaltungsbehörde, einem Organ der öffentlichen Aufsicht oder einem militärischen Organ im Wachdienst auf Grund eigener dienstlicher Wahrnehmung oder eines vor ihnen abgelegten Geständnisses eine Verwaltungsübertretung angezeigt oder wenn das strafbare Verhalten auf Grund von Verkehrsüberwachung mittels bildverarbeitender technischer Einrichtungen festgestellt wird, dann kann die Behörde ohne weiteres Verfahren durch Strafverfügung eine Geldstrafe bis zu 600 Euro festsetzen. In der Strafverfügung kann auch auf den Verfall beschlagnahmter Sachen oder ihres Erlöses erkannt werden, wenn der Wert der beschlagnahmten Sachen 200 Euro nicht übersteigt.

(2) Das oberste Organ kann, soweit die Verwaltungsvorschriften nicht anderes bestimmen, durch Verordnung zur Verfahrensbeschleunigung einzelne Tatbestände von Verwaltungsübertretungen bestimmen, für die die Behörde durch Strafverfügung eine unter Bedachtnahme auf § 19 Abs. 1 im Vorhinein festgesetzte Geldstrafe bis zu 500 Euro verhängen darf.

§ 48. In der Strafverfügung müssen angegeben sein:
1. die Behörde, die die Strafverfügung erläßt;
2. der Vorname und der Familienname sowie der Wohnort des Beschuldigten;
3. die Tat, die als erwiesen angenommen ist, ferner die Zeit und der Ort ihrer Begehung;
4. die Verwaltungsvorschrift, die durch die Tat verletzt worden ist;
5. die verhängte Strafe und die angewendete Gesetzesbestimmung;
6. allenfalls der Ausspruch über die vom Beschuldigten zu ersetzenden Kosten (§ 64 Abs. 3);
7. die Belehrung über den Einspruch (§ 49).

§ 49. (1) Der Beschuldigte kann gegen die Strafverfügung binnen zwei Wochen nach deren Zustellung Einspruch erheben und dabei die seiner Verteidigung dienlichen Beweismittel vorbringen. Der Einspruch kann auch mündlich erhoben werden. Er ist bei der Behörde einzubringen, die die Strafverfügung erlassen hat.

(2) Wenn der Einspruch rechtzeitig eingebracht und nicht binnen zwei Wochen zurückgezogen wird, ist das ordentliche Verfahren einzuleiten. Der Einspruch gilt als Rechtfertigung im Sinne des § 40. Wenn im Einspruch ausdrücklich nur das Ausmaß der verhängten Strafe oder die Entscheidung über die Kosten angefochten wird, dann hat die Behörde, die die Strafverfügung erlassen hat, darüber zu entscheiden. In allen anderen Fällen tritt durch den Einspruch, soweit er nicht binnen zwei Wochen zurückgezogen wird, die gesamte Strafverfügung außer Kraft. In dem auf Grund des Einspruches ergehenden Straferkenntnis darf keine höhere Strafe verhängt werden als in der Strafverfügung.

(3) Wenn ein Einspruch nicht oder nicht rechtzeitig erhoben oder zurückgezogen wird, ist die Strafverfügung zu vollstrecken.

Anonymverfügung

§ 49a. (1) Das oberste Organ kann, soweit die Verwaltungsvorschriften nicht anderes bestimmen, durch Verordnung zur Verfahrensbeschleunigung einzelne Tatbestände von Verwaltungsübertretungen bestimmen, für die die Behörde durch Anonymverfügung eine unter Bedachtnahme auf § 19 Abs. 1 im Vorhinein festgesetzte Geldstrafe bis zu 365 Euro vorschreiben darf.

(2) Hat das oberste Organ durch Verordnung gemäß Abs. 1 eine Geldstrafe im Vorhinein festgesetzt und beruht die Anzeige auf der dienstlichen Wahrnehmung eines Organs der öffentlichen Aufsicht oder auf Verkehrsüberwachung mittels bildverarbeitender technischer Einrichtungen, so kann die Behörde die Geldstrafe ohne Festsetzung einer Ersatzfreiheitsstrafe durch Anonymverfügung vorschreiben.

(3) In der Anonymverfügung müssen angegeben sein:

1. die Behörde, die sie erläßt, und das Datum der Ausfertigung;
2. die Tat, die als erwiesen angenommen ist, ferner die Zeit und der Ort ihrer Begehung;
3. die Verwaltungsvorschrift, die durch die Tat verletzt worden ist;
4. die verhängte Strafe und die angewendete Gesetzesbestimmung;
5. die Belehrung über die in Abs. 6 getroffene Regelung.

(4) Der Anonymverfügung ist ein zur postalischen Einzahlung des Strafbetrages geeigneter Beleg beizugeben. Der Beleg hat eine Identifikationsnummer zu enthalten, die automationsunterstützt gelesen werden kann. § 50 Abs. 5 gilt sinngemäß.

(5) Die Anonymverfügung ist einer Person zuzustellen, von der die Behörde mit Grund annehmen kann, daß sie oder ein für sie gemäß § 9 verantwortliches Organ den Täter kennt oder leicht feststellen kann.

(6) Die Anonymverfügung ist keine Verfolgungshandlung. Gegen sie ist kein Rechtsmittel zulässig. Sie wird gegenstandslos, wenn nicht binnen vier Wochen nach Ausfertigung die Einzahlung des Strafbetrages mittels Beleges (Abs. 4) erfolgt. Ist die Anonymverfügung gegenstandslos geworden, so hat die Behörde den Sachverhalt möglichst zu klären und Nachforschungen nach dem unbekannten Täter einzuleiten. Als fristgerechte Einzahlung des Strafbetrages mittels Beleges (Abs. 4) gilt auch die Überweisung des vorgeschriebenen Strafbetrages oder eines höheren Betrages auf das im Beleg angegebene Konto, wenn der Überweisungsauftrag die automationsunterstützt lesbare, vollständige und richtige Identifikationsnummer des Beleges enthält und der Strafbetrag dem Konto des Überweisungsempfängers fristgerecht gutgeschrieben wird.

(7) Wird der Strafbetrag mittels Beleges (Abs. 4) fristgerecht eingezahlt, so hat die Behörde von der Ausforschung des unbekannten Täters endgültig Abstand zu nehmen und jede Verfolgungshandlung zu unterlassen.

(8) Die Anonymverfügung darf weder in amtlichen Auskünften erwähnt noch bei der Strafbemessung im Verwaltungsstrafverfahren berücksichtigt werden. Jede über Abs. 5 und 6 hinausgehende Verknüpfung von Daten mit jenen einer Anonymverfügung im automationsunterstützten Datenverkehr ist unzulässig. Die Daten einer solchen Anonymverfügung sind spätestens sechs Monate nach dem Zeitpunkt, in dem sie gegenstandslos geworden oder die Einzahlung des Strafbetrages erfolgt ist, physisch zu löschen.

(9) Wird der Strafbetrag nach Ablauf der in Abs. 6 bezeichneten Frist oder nicht mittels Beleges (Abs. 4) bezahlt und weist der Beschuldigte die Zahlung im Zuge des Verwaltungsstrafverfahrens nach, so ist der Strafbetrag zurückzuzahlen oder anzurechnen.

(10) Wird binnen der in Abs. 6 bezeichneten Frist mittels Beleges (Abs. 4) ein höherer Betrag als der durch die Anonymverfügung vorgeschriebene Strafbetrag eingezahlt, so ist ein Betrag in der Höhe des Differenzbetrages abzüglich zwei Euro zurückzuzahlen; übersteigt dieser Betrag zwei Euro nicht, hat keine Rückzahlung zu erfolgen.

Organstrafverfügung

§ 50. (1) Die Behörde kann besonders geschulte Organe der öffentlichen Aufsicht ermächtigen, wegen bestimmter von ihnen dienstlich wahrgenommener oder vor ihnen eingestandener Verwaltungsübertretungen mit Organstrafverfügung Geldstrafen einzuheben. Das oberste Organ kann, soweit die Verwaltungsvorschriften nicht anderes bestimmen, durch Verordnung zur Verfahrensbeschleunigung einzelne Tatbestände von Verwaltungsübertretungen bestimmen, für die durch Organstrafverfügung eine unter Bedachtnahme auf § 19 Abs. 1 im Vorhinein festgesetzte Geldstrafe bis zu 90 Euro eingehoben werden darf.

(2) Die Behörde kann die Organe (Abs. 1) ferner ermächtigen, dem Beanstandeten einen zur postalischen Einzahlung des Strafbetrages geeigneten Beleg zu übergeben, oder, wenn keine bestimmte Person beanstandet wird, am Tatort zu hinterlassen. Der Beleg hat eine Identifikationsnummer zu enthalten, die automationsunterstützt gelesen werden kann.

(3) Die Behörde kann einem Organ (Abs. 1) die Ermächtigung entziehen, wenn sie dies für erforderlich erachtet.

(4) Eine Organstrafverfügung hat die Tat, die Zeit und den Ort ihrer Begehung, den Strafbetrag und die Behörde, in deren Namen eingeschritten wurde, anzugeben. Falls ein Beleg gemäß Abs. 2 verwendet wird, hat das Organ zusätzlich jene Daten festzuhalten, die für eine allfällige Anzeigenerstattung an die Behörde erforderlich sind.

(5) Die Gestaltung der für die Organstrafverfügung zu verwendenden Drucksorten, die Art ihrer Ausstellung und die Gebarung mit diesen Drucksorten sowie mit den eingehobenen Strafbeträgen sind durch Verordnung der Bundesregierung zu regeln.

(5a) Das Organ (Abs. 1) kann von der Einhebung einer Geldstrafe mit Organstrafverfügung absehen, wenn die Bedeutung des strafrechtlich geschützten Rechtsgutes und die Intensität seiner Beeinträchtigung durch die Tat und das Verschulden des Beanstandeten gering sind; eine Anzeige an die Behörde ist in diesem Fall nicht zu erstatten. Das Organ kann jedoch den Beanstandeten in einem solchen Fall in geeigneter Weise auf die Rechtswidrigkeit seines Verhaltens aufmerksam machen.

(6) Gegen die Organstrafverfügung ist kein Rechtsmittel zulässig. Verweigert der Beanstandete die Zahlung des Strafbetrages oder die Entgegennahme des Beleges (Abs. 2), so ist die Organstrafverfügung gegenstandslos. Die Unterlassung der Einzahlung mittels Beleges (Abs. 2) binnen einer Frist von zwei Wochen gilt als Verweigerung der Zahlung des Strafbetrages; der Lauf der Frist beginnt mit Ablauf des Tages, an dem der Beleg am Tatort hinterlassen oder dem Beanstandeten übergeben wurde. Im Fall der Verweigerung der Zahlung des Strafbetrages oder der Entgegennahme des Beleges (Abs. 2) ist die Anzeige an die Behörde zu erstatten. Als fristgerechte Einzahlung des Strafbetrages mittels Beleges (Abs. 2) gilt auch die Überweisung des einzuhebenden Strafbetrages oder eines höheren Betrages auf das im Beleg angegebene Konto, wenn der Überweisungsauftrag die automationsunterstützt lesbare, vollständige und richtige Identifikationsnummer des Beleges enthält und der Strafbetrag dem Konto des Überweisungsempfängers fristgerecht gutgeschrieben wird.

(7) Wird der Strafbetrag nach Ablauf der in Abs. 6 bezeichneten Frist oder nicht mittels Beleges (Abs. 2) bezahlt und weist der Beschuldigte die Zahlung im Zuge des Verwaltungsstrafverfahrens nach, so ist der Strafbetrag zurückzuzahlen oder anzurechnen.

(7a) Wird binnen der in Abs. 6 bezeichneten Frist mittels Beleges (Abs. 2) ein höherer Betrag als der durch die Organstrafverfügung eingehobene Strafbetrag eingezahlt, so ist ein Betrag in der Höhe des Differenzbetrages abzüglich zwei Euro zurückzuzahlen; übersteigt dieser Betrag zwei Euro nicht, hat keine Rückzahlung zu erfolgen.

(8) Die Behörde kann die Organe (Abs. 1) ermächtigen, dem Beanstandeten zu gestatten, den einzuhebenden Strafbetrag auch in bestimmten fremden Währungen oder mit Scheck oder Kreditkarte zu entrichten. Wird der Strafbetrag mit Kreditkarte entrichtet, so ist der mit dem Kreditkartenunternehmen vereinbarte Abschlag von demjenigen zu tragen, dem die Geldstrafe gewidmet ist.

(9) Die Organe des öffentlichen Sicherheitsdienstes sind zur Vornahme von Handlungen im Sinne der Abs. 1, 2 und 8 ermächtigt.

5. Abschnitt: Sonstige Abänderung von Bescheiden

Wiederaufnahme des Verfahrens zum Nachteil des Beschuldigten

§ 52. Die Wiederaufnahme eines durch Einstellung abgeschlossenen Strafverfahrens ist nur innerhalb der in § 31 Abs. 1 bezeichneten Frist zulässig.

Abänderung und Aufhebung von Amts wegen

§ 52a. (1) Von Amts wegen können der Beschwerde beim Verwaltungsgericht nicht mehr unterliegende Bescheide, durch die das Gesetz zum Nachteil des Bestraften offenkundig verletzt worden ist, sowohl von der Behörde als auch in Ausübung des Aufsichtsrechtes von der sachlich in Betracht kommenden Oberbehörde aufgehoben oder abgeändert werden. § 68 Abs. 7 AVG gilt sinngemäß.

(2) Die Folgen der Bestrafung sind wiedergutzumachen. Soweit dies nicht möglich ist, ist gemäß dem Strafrechtlichen Entschädigungsgesetz 2005 (StEG 2005), BGBl. I Nr. 125/2004, zu entschädigen. Die Ersatzpflicht trifft jenen Rechtsträger, in dessen Namen die Behörde in der Angelegenheit gehandelt hat.

III. Teil: Strafvollstreckung

Vollzug von Freiheitsstrafen

§ 53. (1) Die Freiheitsstrafe ist im Haftraum der Behörde oder jener Behörde zu vollziehen, der der Strafvollzug gemäß § 29a übertragen wurde. Können diese Behörden die Strafe nicht vollziehen oder verlangt es der Bestrafte, so ist die dem ständigen Aufenthalt des Bestraften nächstgelegene Bezirksverwaltungsbehörde oder Landespolizeidirektion um den Strafvollzug zu ersuchen, wenn sie über einen Haftraum verfügt. Kann auch diese Behörde die Strafe nicht vollziehen, so ist der Leiter des gerichtlichen Gefangenenhauses, in dessen Sprengel der Bestrafte seinen ständigen Aufenthalt hat, um den Strafvollzug zu ersuchen. Dieser hat dem Ersuchen zu entsprechen, soweit dies ohne Beeinträchtigung anderer gesetzlicher Aufgaben möglich ist.

(2) Im unmittelbaren Anschluß an eine gerichtliche Freiheitsstrafe, oder wenn andernfalls die Untersuchungshaft zu verhängen wäre, darf die von der Verwaltungsbehörde verhängte Freiheitsstrafe auch sonst in einem gerichtlichen Gefangenenhaus vollzogen werden; mit Zustimmung des Bestraften ist der Anschlußvollzug auch in einer Strafvollzugsanstalt zulässig.

Zuständige Behörde

§ 53a. Alle Anordnungen und Entscheidungen im Zusammenhang mit dem Vollzug der Freiheitsstrafe obliegen bis zum Strafantritt der Behörde oder jener Behörde, der der Strafvollzug gemäß § 29a übertragen wurde. Mit Strafantritt stehen diese Anordnungen und Entscheidungen, soweit nicht das Vollzugsgericht zuständig ist, der Verwaltungsbehörde zu, der gemäß § 53 der Strafvollzug obliegt (Strafvollzugsbehörde).

Einleitung des Vollzuges von Freiheitsstrafen

§ 53b. (1) Ein Bestrafter auf freiem Fuß, der die Strafe nicht sofort antritt, ist aufzufordern, die Freiheitsstrafe binnen einer bestimmten angemessenen Frist anzutreten.

(2) Kommt der Bestrafte der Aufforderung zum Strafantritt nicht nach, so ist er zwangsweise vorzuführen. Dies ist ohne vorherige Aufforderung sofort zu veranlassen, wenn die begründete Sorge besteht, daß er sich durch Flucht dem Vollzug der Freiheitsstrafe entziehen werde. § 36 Abs. 1 zweiter Satz und § 36 Abs. 3 sind anzuwenden.

(3) Wird gegen das Erkenntnis des Verwaltungsgerichtes, mit dem die Freiheitsstrafe verhängt wurde, Revision beim Verwaltungsgerichtshof oder Beschwerde beim Verfassungsgerichtshof erhoben, so ist mit dem Vollzug der Freiheitsstrafe bis zu deren Entscheidung zuzuwarten. Dies gilt nicht, wenn die Voraussetzungen des Abs. 2 zweiter Satz vorliegen.

Durchführung des Strafvollzuges

§ 53c. (1) Häftlinge dürfen ihre eigene Kleidung tragen und sich, ohne dazu verpflichtet zu sein, angemessen beschäftigen. Sie dürfen sich selbst verköstigen, wenn dies nach den verfügbaren Einrichtungen weder die Aufsicht und Ordnung beeinträchtigt noch unverhältnismäßigen Verwaltungsmehraufwand verursacht. Sie sind tunlichst von Häftlingen, die nach anderen Bestimmungen als nach diesem Bundesgesetz angehalten werden, männliche Häftlinge jedenfalls von weiblichen Häftlingen getrennt zu halten.

(2) Häftlinge sind in einfach und zweckmäßig eingerichteten Räumen mit ausreichendem Luftraum und genügend Tageslicht unterzubringen. Die Hafträume sind gut zu lüften und in der kalten Jahreszeit entsprechend zu heizen. Bei Dunkelheit sind sie außerhalb der Zeit der Nachtruhe so zu beleuchten, daß die Häftlinge ohne Gefährdung des Augenlichtes lesen und arbeiten können. Es ist dafür zu sorgen, daß die Häftlinge Vorfälle, die das unverzügliche Einschreiten eines Aufsichtsorgans erforderlich machen könnten, diesem jederzeit zur Kenntnis bringen können.

(3) Ihr Briefverkehr darf nicht beschränkt, sondern nur durch Stichproben überwacht werden. Schriftstücke, die offenbar der Vorbereitung oder Weiterführung strafbarer Handlungen oder deren Verschleierung dienen, sind zurückzuhalten. Geld- oder Paketsendungen sind frei. Pakete sind in Gegenwart des Häftlings zu öffnen. Sachen, die die Sicherheit und Ordnung gefährden können, sind ihm jedoch erst bei der Entlassung auszufolgen, sofern sie nicht wegen ihrer Beschaffenheit vernichtet werden müssen.

(4) Häftlinge dürfen innerhalb der Amtsstunden Besuche empfangen, soweit dies unter Berücksichtigung der erforderlichen Überwachung ohne Gefährdung der Sicherheit und Ordnung sowie ohne Beeinträchtigung des Dienstbetriebes möglich ist.

(5) Der Brief- und Besuchsverkehr von Häftlingen mit inländischen Behörden und Rechtsbeiständen sowie mit Organen, die durch für Österreich verbindliche internationale Übereinkommen zum Schutz der Menschenrechte eingerichtet sind, darf weder beschränkt noch inhaltlich überwacht werden. Das gleiche gilt für den Verkehr ausländischer Häftlinge mit konsularischen Vertretern ihres Heimatstaates.

(6) Die obersten Behörden haben für den Strafvollzug in den Hafträumen der Bezirksverwaltungsbehörden oder Landespolizeidirektionen eine Hausordnung zu erlassen. Darin sind die Rechte und Pflichten der Häftlinge unter Bedachtnahme auf die Aufrechterhaltung der Ordnung sowie unter sinngemäßer Berücksichtigung der sich aus dem Strafvollzugsgesetz – StVG, BGBl. Nr. 144/1969 ergebenden Grundsätze des Strafvollzuges und der räumlichen und personellen Gegebenheiten zu regeln. Für diese Häftlinge gelten die §§ 76 ff StVG über die Unfallfürsorge sinngemäß. Über die gebührenden Leistungen entscheidet die oberste Behörde.

Vollzug in gerichtlichen Gefangenenhäusern und Strafvollzugsanstalten

§ 53d. (1) Soweit in diesem Bundesgesetz nicht anderes bestimmt ist, sind auf den Vollzug von Freiheitsstrafen in gerichtlichen Gefangenenhäusern oder Strafvollzugsanstalten die Bestimmungen des Strafvollzugsgesetzes über den Vollzug von Freiheitsstrafen, deren Strafzeit achtzehn Monate nicht übersteigt, mit Ausnahme der §§ 31 Abs. 2, 32, 45 Abs. 1, 54 Abs. 3, 115, 127, 128, 132 Abs. 4 und 149 Abs. 1 und 4 sinngemäß anzuwenden, soweit dies nicht zu Anlaß und Dauer der von der Verwaltungsbehörde verhängten Freiheitsstrafe außer Verhältnis steht. Die Entscheidungen des Vollzugsgerichtes stehen dem Einzelrichter zu.

(2) Soweit Häftlinge eine Arbeitsvergütung zu erhalten haben, ist ihnen diese nach Abzug des Vollzugskostenbeitrages (§ 32 Abs. 2 erster Fall und Abs. 3 StVG) zur Gänze als Hausgeld gutzuschreiben.

(3) Wird eine Freiheitsstrafe nach § 53 Abs. 2 in einer Strafvollzugsanstalt vollzogen, so bleiben die im Strafvollzug gewährten Vergünstigungen und Lockerungen auch für den Vollzug der durch eine Verwaltungsbehörde verhängten Freiheitsstrafe aufrecht.

Vollzug von Freiheitsstrafen an Jugendlichen

§ 53e. (1) Jugendliche Häftlinge sind von Erwachsenen zu trennen.

(2) Auf den Strafvollzug an Jugendlichen in gerichtlichen Gefangenenhäusern oder Strafvollzugsanstalten sind die Bestimmungen des Jugendgerichtsgesetzes 1988, BGBl. Nr. 599/1988, über den Jugendstrafvollzug sinngemäß anzuwenden.

Unzulässigkeit des Vollzuges von Freiheitsstrafen

§ 54. (1) An psychisch kranken oder körperlich schwer kranken Personen und an Jugendlichen unter 16 Jahren darf eine Freiheitsstrafe nicht vollzogen werden.

(2) Der Vollzug der Freiheitsstrafe an einer Bestraften, die schwanger ist oder entbunden hat, ist bis zum Ablauf der achten Woche nach der Entbindung und darüber hinaus so lange auszusetzen, als sich das Kind in ihrer Pflege befindet, höchstens aber bis zum Ablauf eines Jahres nach der Entbindung. Die Freiheitsstrafe kann jedoch vollzogen werden, wenn es die Bestrafte verlangt.

(3) Auf Verlangen des Standeskörpers ist der Vollzug einer Freiheitsstrafe an Soldaten, die Präsenz- oder Ausbildungsdienst leisten, und im Fall eines Einsatzes des Bundesheeres (§ 2 Abs. 1 des Wehrgesetzes 2001, BGBl. I Nr. 146/2001) oder der unmittelbaren Vorbereitung eines solchen Einsatzes auch an anderen Soldaten auszusetzen. Auf Verlangen der Zivildienstserviceagentur ist auch der Vollzug einer Freiheitsstrafe an Personen, die Zivildienst leisten, auszusetzen.

Aufschub und Unterbrechung des Strafvollzuges

§ 54a. (1) Auf Antrag des Bestraften kann aus wichtigem Grund der Strafvollzug aufgeschoben werden, insbesondere wenn

1. durch den sofortigen Vollzug der Freiheitsstrafe die Erwerbsmöglichkeit des Bestraften oder der notwendige Unterhalt der ihm gegenüber gesetzlich unterhaltsberechtigten Personen gefährdet würde oder
2. dringende Angelegenheiten, die Angehörige (§ 36a AVG) betreffen, zu ordnen sind.

(2) Auf Antrag des Bestraften kann aus wichtigem Grund (Abs. 1) auch die Unterbrechung des Vollzuges der Freiheitsstrafe bewilligt werden. Die Zeit der Unterbrechung des Strafvollzuges ist nicht in die Strafzeit einzurechnen.

(3) Der Strafvollzug ist auf Antrag oder von Amts wegen für die Dauer von mindestens sechs Monaten aufzuschieben oder zu unterbrechen, wenn der Bestrafte während der letzten sechs Monate schon ununterbrochen sechs Wochen wegen einer von einer Verwaltungsbehörde verhängten Strafe in Haft war und dem Strafvollzug nicht ausdrücklich zustimmt.

(4) Liegen die Voraussetzungen des § 53b Abs. 2 zweiter Satz vor, darf der Aufschub oder die Unterbrechung des Strafvollzuges nicht bewilligt werden oder ist dessen bzw. deren Bewilligung von Amts wegen zu widerrufen.

Vollstreckung von Geldstrafen

§ 54b. (1) Rechtskräftig verhängte Geldstrafen oder sonstige in Geld bemessene Unrechtsfolgen sind binnen zwei Wochen nach Eintritt der Rechtskraft zu bezahlen. Erfolgt binnen dieser Frist keine Zahlung, kann sie unter Setzung einer angemessenen Frist von höchstens zwei Wochen eingemahnt werden. Nach Ablauf dieser Frist ist die Unrechtsfolge zu vollstrecken. Ist mit Grund anzunehmen, dass der Bestrafte zur Zahlung nicht bereit ist oder die Unrechtsfolge uneinbringlich ist, hat keine Mahnung zu erfolgen und ist sofort zu vollstrecken oder nach Abs. 2 vorzugehen.

(1a) Im Fall einer Mahnung gemäß Abs. 1 ist ein pauschalierter Kostenbeitrag in der Höhe von fünf Euro zu entrichten. Der Kostenbeitrag fließt der Gebietskörperschaft zu, die den Aufwand der Behörde zu tragen hat.

(1b) Als Grundlage für die Einbringung der vollstreckbar gewordenen Mahngebühr ist ein Rückstandsausweis auszufertigen, der den Namen und die Anschrift des Bestraften, den pauschalierten Kostenbeitrag und den Vermerk zu enthalten hat, dass der Kostenbeitrag vollstreckbar geworden ist. Der Rückstandsausweis ist Exekutionstitel im Sinne des § 1 der Exekutionsordnung, RGBl. Nr. 79/1896.

(2) Soweit eine Geldstrafe uneinbringlich ist oder dies mit Grund anzunehmen ist, ist die dem ausstehenden Betrag entsprechende Ersatzfreiheitsstrafe zu vollziehen. Der Vollzug der Ersatzfreiheitsstrafe hat zu unterbleiben, soweit die ausstehende Geldstrafe erlegt wird. Darauf ist in der Aufforderung zum Strafantritt hinzuweisen.

(3) Einem Bestraften, dem aus wirtschaftlichen Gründen die unverzügliche Zahlung nicht zuzumuten ist, hat die Behörde auf Antrag einen angemessenen Aufschub oder Teilzahlung zu bewilligen, wodurch die Strafvollstreckung aufgeschoben wird. Die Entrichtung der Geldstrafe in Teilbeträgen darf nur mit der Maßgabe gestattet

werden, dass alle noch aushaftenden Teilbeträge sofort fällig werden, wenn der Bestrafte mit mindestens zwei Ratenzahlungen in Verzug ist.

Kosten des Vollzuges von Freiheitsstrafen

§ 54d. (1) Den Aufwand für den Vollzug von Freiheitsstrafen hat jene Gebietskörperschaft zu tragen, die Rechtsträger jener Einrichtung ist, in der die Freiheitsstrafen vollzogen werden.

(2) Außer dem Fall des § 53d Abs. 2 haben Häftlinge für jeden Hafttag einen Beitrag zu den Kosten des Vollzuges in der im § 32 Abs. 2 zweiter Fall StVG vorgesehenen Höhe zu leisten. Eine solche Verpflichtung entfällt für jeden Tag, an dem der Häftling im Interesse einer Gebietskörperschaft nützliche Arbeit leistet, oder soweit ihn daran, dass er keine solche Arbeit leistet, weder ein vorsätzliches noch ein grob fahrlässiges Verschulden trifft.

(3) Der Kostenbeitrag ist nach Beendigung des Vollzuges durch Bescheid, im Fall des Vollzuges in einem gerichtlichen Gefangenenhaus oder einer Strafvollzugsanstalt durch Bescheid des Vollzugsgerichtes vorzuschreiben, wenn er nicht ohne weiteres geleistet wird oder offenkundig uneinbringlich ist. Der Kostenbeitrag ist nach den Bestimmungen des VVG über die Einbringung von Geldleistungen, im Fall der Vorschreibung durch das Vollzugsgericht nach den für die Einbringung gerichtlich festgesetzter Kostenbeiträge geltenden Bestimmungen einzutreiben.

(4) Die Kostenbeiträge fließen der Gebietskörperschaft zu, die gemäß Abs. 1 den Aufwand für den Strafvollzug zu tragen hatte. Dieser sind uneinbringliche Kostenbeiträge von jener Gebietskörperschaft zu refundieren, in deren Vollzugsbereich die Freiheitsstrafe verhängt wurde.

IV. Teil: Straftilgung, besondere Verfahrensvorschriften, Verfahrenskosten

Tilgung der Strafe

§ 55. (1) Ein wegen einer Verwaltungsübertretung verhängtes Straferkenntnis zieht, sofern gesetzlich nicht anderes bestimmt ist, keinerlei Straffolgen nach sich und gilt mit Ablauf von fünf Jahren nach Eintritt der Rechtskraft als getilgt.

(2) Getilgte Verwaltungsstrafen dürfen in amtlichen Auskünften für Zwecke eines Strafverfahrens nicht erwähnt und bei der Strafbemessung im Verwaltungsstrafverfahren nicht berücksichtigt werden.

Privatanklagesachen

§ 56. (1) Die Verwaltungsübertretung der Ehrenkränkung ist nur zu verfolgen und zu bestrafen, wenn der Verletzte binnen sechs Wochen von dem Zeitpunkt an, in dem er von der Verwaltungsübertretung und der Person des Täters Kenntnis erlangt hat, bei der zuständigen Behörde einen Strafantrag stellt (Privatankläger).

(2) Der Privatankläger ist Partei im Sinne des AVG. Er kann jederzeit von der Verfolgung zurücktreten. Leistet er einer Ladung ungerechtfertigt keine Folge oder kommt er einem sonstigen das Verfahren betreffenden Auftrag der Behörde innerhalb der gesetzten Frist nicht nach, so wird angenommen, daß er von der Verfolgung zurückgetreten ist. In diesen Fällen ist das Verfahren einzustellen.

(3) Der Privatankläger hat das Recht, gegen die Einstellung Beschwerde beim Verwaltungsgericht zu erheben.

(Anm.: Abs. 4 aufgehoben durch BGBl. I Nr. 33/2013)

Entscheidung über privatrechtliche Ansprüche

§ 57. (1) Soweit die Behörde nach einzelnen Verwaltungsvorschriften im Straferkenntnis auch über die aus einer Verwaltungsübertretung abgeleiteten privatrechtlichen Ansprüche zu entscheiden hat, ist der Anspruchsberechtigte Partei im Sinne des AVG.

(2) Dem Anspruchsberechtigten steht gegen die im Straferkenntnis enthaltene Entscheidung über seine privatrechtlichen Ansprüche kein Rechtsmittel zu. Es steht ihm aber frei, diese Ansprüche, soweit sie ihm nicht im Verwaltungsstrafverfahren zuerkannt worden sind, im ordentlichen Rechtsweg geltend zu machen.

(3) Der Beschuldigte kann die Entscheidung über die privatrechtlichen Ansprüche nur mit Beschwerde beim Verwaltungsgericht anfechten.

Sonderbestimmungen für Jugendliche

§ 58. (1) Die Behörden sollen sich im Strafverfahren gegen Jugendliche nach Möglichkeit der Mithilfe der öffentlichen Unterrichts(Erziehungs)anstalten und Jugendämter sowie von Personen und Körperschaften bedienen, die in der Jugendfürsorge tätig sind und sich den Behörden zur Verfügung stellen. Die Mithilfe kann insbesondere in der Erhebung der persönlichen Verhältnisse des Jugendlichen, in der Fürsorge für seine Person und in dem Beistand bestehen, dessen er im Verfahren bedarf.

(2) Über Jugendliche, die zur Tatzeit das 16. Lebensjahr noch nicht vollendet haben, darf eine Freiheitsstrafe nicht verhängt werden. Über andere Jugendliche darf eine Freiheitsstrafe bis zu zwei Wochen verhängt werden, wenn dies aus besonderen Gründen geboten ist; der Vollzug einer Ersatzfreiheitsstrafe, die gleichfalls zwei Wochen nicht übersteigen darf, wird dadurch nicht berührt.

§ 59. (1) Die Behörde hat, wenn sie es im Interesse eines jugendlichen Beschuldigten für notwendig oder zweckmäßig hält, seinen bekannten gesetzlichen Vertreter von der Einleitung des Strafverfahrens und dem Straferkenntnis zu benachrichtigen.

(2) Der Befragung durch Organe des öffentlichen Sicherheitsdienstes oder der Vernehmung durch die Behörde eines wegen des Verdachtes einer Verwaltungsübertretung festgenommenen Jugendlichen ist auf sein Verlangen ein gesetzlicher Vertreter, ein Erziehungsberechtigter oder ein Vertreter des Kinder- und Jugendhilfeträgers, der Jugendgerichtshilfe oder der Bewährungshilfe beizuziehen, sofern damit keine unangemessene Verlängerung der Anhaltung verbunden wäre.

(3) Ein jugendlicher Beschuldigter kann zu mündlichen Verhandlungen zwei an der Sache nicht beteiligte Personen seines Vertrauens beiziehen.

(4) Jugendliche sind über ihr Recht gemäß Abs. 2 nach der Festnahme, über ihr Recht gemäß Abs. 3 in der Ladung zu belehren.

§ 60. Der gesetzliche Vertreter eines jugendlichen Beschuldigten hat das Recht, auch gegen den Willen des Beschuldigten zu dessen Gunsten Beweisanträge zu stellen und innerhalb der dem Beschuldigten offenstehenden Frist Rechtsmittel einzulegen, Anträge auf Wiedereinsetzung in den vorigen Stand oder auf Wiederaufnahme des Verfahrens zu stellen.

§ 61. Einem jugendlichen Beschuldigten kann von Amts wegen ein Verteidiger bestellt werden, wenn sein gesetzlicher Vertreter an der strafbaren Handlung beteiligt ist oder wenn es wegen der geringeren geistigen Entwicklung des Beschuldigten notwendig oder zweckmäßig ist und die Verteidigung durch den gesetzlichen Vertreter aus irgendeinem Grund nicht Platz greifen kann. Als Verteidiger kann ein Beamter der Behörde oder eine andere geeignete Person bestellt werden.

§ 62. Erlangt die Behörde von Umständen Kenntnis, die eine pflegschaftsbehördliche Maßnahme erfordern, so hat sie dem Pflegschaftsgericht davon Mitteilung zu machen.

§ 63. (Entfällt; Art. III Abs. 2 der Kundmachung)

Kosten des Strafverfahrens

§ 64. (1) In jedem Straferkenntnis ist auszusprechen, daß der Bestrafte einen Beitrag zu den Kosten des Strafverfahrens zu leisten hat.

(2) Dieser Beitrag ist für das Verfahren erster Instanz mit 10% der verhängten Strafe, mindestens jedoch mit 10 Euro zu bemessen; bei Freiheitsstrafen ist zur Berechnung der Kosten ein Tag Freiheitsstrafe gleich 100 Euro anzurechnen. Der Kostenbeitrag fließt der Gebietskörperschaft zu, die den Aufwand der Behörde zu tragen hat.

(3) Sind im Zuge des Verwaltungsstrafverfahrens Barauslagen erwachsen (§ 76 AVG), so ist dem Bestraften der Ersatz dieser Auslagen aufzuerlegen, sofern sie nicht durch Verschulden einer anderen Person verursacht sind; der hienach zu ersetzende Betrag ist, wenn tunlich, im Erkenntnis (der Strafverfügung), sonst durch besonderen Bescheid ziffernmäßig festzusetzen. Dies gilt nicht für Gebühren, die dem Dolmetscher und Übersetzer zustehen, der dem Beschuldigten beigestellt wurde.

(Anm.: Abs. 3a aufgehoben durch BGBl. I Nr.33/2013)

(4) Von der Eintreibung der Kostenbeiträge (Abs. 1 und § 54d) und der Barauslagen ist abzusehen, wenn mit Grund angenommen werden darf, daß sie erfolglos wäre.

(5) Die §§ 14 und 54b Abs. 1, 1a und 1b sind sinngemäß anzuwenden.

VStG

(6) Wird einem Antrag des Bestraften auf Wiederaufnahme des Strafverfahrens nicht stattgegeben, so gelten hinsichtlich der Verpflichtung zur Tragung der Verfahrenskosten sinngemäß die vorhergehenden Bestimmungen.

§ 66. (1) Wird ein Strafverfahren eingestellt oder eine verhängte Strafe infolge Wiederaufnahme des Verfahrens aufgehoben, so sind die Kosten des Verfahrens von der Behörde zu tragen, falls sie aber schon gezahlt sind, zurückzuerstatten.

(2) Dem Privatankläger sind in solchen Fällen nur die durch sein Einschreiten tatsächlich verursachten Kosten aufzuerlegen.

Verweisungen

§ 67. Soweit in diesem Bundesgesetz auf Bestimmungen anderer Bundesgesetze verwiesen wird, sind diese in ihrer jeweils geltenden Fassung anzuwenden.

Umsetzung von Richtlinien der Europäischen Union

§ 68. (1) § 46 Abs. 1a und § 64 Abs. 3 in der Fassung des Bundesgesetzes BGBl. I Nr. 57/2018 dienen der Umsetzung der Richtlinie 2010/64 EU über das Recht auf Dolmetschleistungen und Übersetzungen in Strafverfahren, ABl. Nr. L 280 vom 26.10.2010 S. 1.

(2) § 33 Abs. 2, § 36a, § 44b und § 46 Abs. 1a in der Fassung des Bundesgesetzes BGBl. I Nr. 57/2018 dienen der Umsetzung der Richtlinie 2012/13/EU über das Recht auf Belehrung und Unterrichtung in Strafverfahren, ABl. Nr. L 142 vom 01.06.2012 S. 1.

(3) § 32a, § 33 Abs. 2, § 36, § 40 Abs. 2, § 43 Abs. 4 und § 44 Abs. 1 Z 3 in der Fassung des Bundesgesetzes BGBl. I Nr. 57/2018 dienen der Umsetzung der Richtlinie 2013/48/EU über das Recht auf Zugang zu einem Rechtsbeistand in Strafverfahren und in Verfahren zur Vollstreckung des Europäischen Haftbefehls sowie über das Recht auf Benachrichtigung eines Dritten bei Freiheitsentzug und das Recht auf Kommunikation mit Dritten und mit Konsularbehörden während des Freiheitsentzugs, ABl. Nr. L 294 vom 06. 11.2013 S. 1.

(4) § 34a in der Fassung des Bundesgesetzes BGBl. I Nr. 57/2018 dient der Umsetzung der Richtlinie 2016/343/EU über die Stärkung bestimmter Aspekte der Unschuldsvermutung und des Rechts auf Anwesenheit in der Verhandlung in Strafverfahren, ABl. Nr. L 65 vom 11.3.2016 S. 1.

Inkrafttreten

§ 69. (1) § 50 Abs. 1 in der Fassung des Bundesgesetzes BGBl. Nr. 867/1992 tritt mit 1. Jänner 1993 in Kraft.

(2) § 51 Abs. 1 in der Fassung des Bundesgesetzes BGBl. Nr. 666/1993 tritt mit 1. Oktober 1993 in Kraft.

(3) Die §§ 53d Abs. 1 und 2 sowie 54d Abs. 1 in der Fassung des Bundesgesetzes BGBl. Nr. 799/1993 treten mit 1. Jänner 1994 in Kraft.

(4) § 24, § 29a zweiter Satz, § 31 Abs. 3 letzter Satz, § 44 Abs. 1 Z 2, § 48 Abs. 1 Z 2, § 49 Abs. 2 letzter Satz, § 51 Abs. 1, 3, 6 und 7, § 51e, § 51h Abs. 3 und 4, § 51i, die Überschriften vor der Überschrift zu § 52 und vor § 52a, § 53b Abs. 2 letzter Satz sowie die Überschriften vor § 66a und vor § 66b in der Fassung des Bundesgesetzes BGBl. Nr. 620/1995 treten mit 1. Juli 1995 in Kraft.

(5) § 51b in der Fassung vor dem Bundesgesetz BGBl. Nr. 620/1995 tritt mit Ablauf des 30. Juni 1995 außer Kraft.

(6) § 51 Abs. 1 in der Fassung vor dem Bundesgesetz BGBl. Nr. 620/1995 ist in Verfahren weiter anzuwenden, in denen die mündliche Verhandlung bis zum 30. Juni 1995 abgehalten wurde.

(7) § 49 Abs. 2 letzter Satz in der Fassung des Bundesgesetzes BGBl. Nr. 620/1995 ist für Bescheide anzuwenden, die nach dem 30. Juni 1995 erlassen werden. § 51 Abs. 3 in der Fassung des Bundesgesetzes BGBl. Nr. 620/1995 ist in Fällen anzuwenden, in denen die Berufung nach dem 30. Juni 1995 eingebracht wird.

(8) § 54 Abs. 3 in der Fassung des Bundesgesetzes BGBl. I Nr. 158/1998 tritt mit 1. Jänner 1998 in Kraft. Die §§ 9 Abs. 1, 3, 4 und 7, 24, 29a, 31 Abs. 1, 32 Abs. 3, 33 Abs. 1 erster Satz, 49a Abs. 4 und 6, die Überschrift zu § 50, die §§ 50 Abs. 2, 6 und 8, 51 Abs. 3, 5 und 7, 51a samt Überschrift, 51c samt Überschrift, 51d samt Überschrift, 51e, 51f Abs. 3, 51i, die Überschrift zu § 52a, die §§ 52a Abs. 1, 52b samt Überschrift, 56 Abs. 3, 65 und 66a samt Überschrift in der Fassung des Bundesgesetzes BGBl. I Nr. 158/1998 treten mit 1. Jänner 1999 in Kraft. Die Überschrift nach § 51a tritt mit Ablauf des 31. Dezember 1998 außer Kraft.

(9) § 15 in der Fassung des Bundesgesetzes BGBl. I Nr. 26/2000 tritt mit 1. Jänner 2000 in Kraft. § 54d in der Fassung desselben Bundesgesetzes tritt mit 1. Jänner 1997 in Kraft.

(10) § 9 Abs. 4, § 12 Abs. 2, § 13, § 37 Abs. 2 und 6, § 37a Abs. 1, Abs. 2 Z 2, Abs. 3 und Abs. 5, § 47 Abs. 1 und 2, § 48 Abs. 1 Z 2, § 49a Abs. 1, § 50 Abs. 1 und 6, § 51 Abs. 1, § 51c, § 51e Abs. 3 Z 3, § 54a Abs. 3 und § 64 Abs. 2 in der Fassung des Bundesgesetzes BGBl. I Nr. 137/2001 treten mit 1. Jänner 2002 in Kraft. Zugleich tritt § 54c außer Kraft.

(11) § 21 Abs. 1a und 1b, § 24, § 51c und § 51e Abs. 3 Z 3 in der Fassung des Verwaltungsreformgesetzes 2001, BGBl. I Nr. 65/2002, treten mit 1. Jänner 2002, jedoch nicht vor dem der Kundmachung des genannten Gesetzes folgenden Tag, in Kraft.

(12) Die §§ 4 Abs. 2, 47, 49a Abs. 1 und 50 Abs. 1 in der Fassung des Bundesgesetzes BGBl. I Nr. 117/2002 treten mit 1. August 2002 in Kraft. Zugleich tritt § 52b letzter Satz außer Kraft.

(13) § 2 Abs. 3, § 9 Abs. 1 und 7, § 15 Z 2, § 26 Abs. 2, § 29a, § 51g Abs. 3 Z 1, § 52a Abs. 2, § 53 Abs. 1, § 53c Abs. 6 und § 54 Abs. 1 und 3 in der Fassung des Bundesgesetzes BGBl. I Nr. 3/2008 treten mit Ablauf des Tages der Kundmachung dieses Bundesgesetzes in Kraft. Das VStG-Übergangsrecht 1991, Anlage 2 zur Kundmachung BGBl. Nr. 52/1991, tritt mit diesem Zeitpunkt außer Kraft.

(14) § 10 in der Fassung des Bundesgesetzes BGBl. I Nr. 5/2008 tritt mit 1. Jänner 2008 in Kraft.

(15) § 26 Abs. 1, § 36 Abs. 3 erster Satz und Abs. 4 erster Satz, die Überschrift vor § 38 und § 38 in der Fassung des Bundesgesetzes BGBl. I Nr. 135/2009 treten mit 1. Jänner 2010 in Kraft.

(16) § 50 Abs. 3 in der Fassung des Budgetbegleitgesetzes 2011, BGBl. I Nr. 111/2010, tritt mit 1. Jänner 2011 in Kraft.

(17) § 19 Abs. 2, § 33 Abs. 1, § 36 Abs. 3 und 4, § 44 Abs. 1 Z 2, § 46 Abs. 2, § 48 Abs. 1 Z 2, § 51a Abs. 1, § 54 Abs. 3 und § 54a Abs. 1 Z 2 in der Fassung des Bundesgesetzes BGBl. I Nr. 100/2011 treten mit 1. Jänner 2012 in Kraft.

(18) § 36 Abs. 4 in der Fassung des Bundesgesetzes BGBl. I Nr. 50/2012 tritt mit 1. Jänner 2012 in Kraft. § 15 Z 2, § 26 Abs. 2, § 29a, § 53 Abs. 1 und § 53c Abs. 6 in der Fassung des Bundesgesetzes BGBl. I Nr. 50/2012 treten mit 1. September 2012 in Kraft.

(19) In der Fassung des Bundesgesetzes BGBl. I Nr. 33/2013 treten in Kraft:

1. § 26 Abs. 2 in der Fassung der Z 9 mit 1. September 2012;
2. § 1 Abs. 2, § 22 samt Überschrift, § 26 Abs. 1 in der Fassung der Z 8, § 27 Abs. 2a, § 30 Abs. 3 erster Satz, § 43 Abs. 2, § 51 Abs. 7, § 55 Abs. 1, § 64 Abs. 2 in der Fassung der Z 57 und § 64 Abs. 3a mit Ablauf des Monats der Kundmachung dieses Bundesgesetzes;

3. § 19 Abs. 1, § 25 Abs. 3, § 31 samt Überschrift, § 32 Abs. 2, § 34, § 37 Abs. 1, 2, 4 und 5, § 37a, § 41, § 44 Abs. 3 Z 1, § 45 Abs. 1, § 47, § 48, § 49a Abs. 1, 2 und 6, § 50 Abs. 1 und 5a, § 52, § 54b Abs. 1, 1a und 3 und § 64 Abs. 5 mit 1. Juli 2013; gleichzeitig tritt § 21 samt Überschrift außer Kraft; soweit Bestimmungen in den Verwaltungsvorschriften für Strafverfügungen, Anonymverfügungen und Organstrafverfügungen geringere Höchstbeträge vorsehen als § 47, § 49a Abs. 1 und § 50 Abs. 1 treten sie ebenfalls gleichzeitig außer Kraft;

4. § 24 zweiter Satz, § 26 in der Fassung der Z 10, § 30 Abs. 3 zweiter Satz, § 37 Abs. 3, § 39 Abs. 6, § 45 Abs. 2 erster Satz, § 46 Abs. 1, die Abschnittsbezeichnung **„5. Abschnitt:“**, § 52a Abs. 1, § 53 Abs. 1 erster Satz, § 53a erster Satz, § 56 Abs. 3, § 57 Abs. 3, § 64 Abs. 1, § 64 Abs. 2 in der Fassung der Z 58 und § 66 Abs. 1 mit 1. Jänner 2014; gleichzeitig treten § 23, der 5. Abschnitt des II. Teiles samt Überschrift, § 52b samt Überschrift, § 56 Abs. 4, § 64 Abs. 3a und § 65 außer Kraft.

(20) Für das Inkrafttreten der durch das Bundesgesetz BGBl. I Nr. 57/2018 geänderten oder eingefügten Bestimmungen und für das Außerkrafttreten der durch das genannte Bundesgesetz aufgehobenen Bestimmungen sowie für den Übergang zur neuen Rechtslage gilt Folgendes:

1. § 24, § 32a samt Überschrift, die Überschrift vor § 33, § 33 Abs. 2 und 3, die Überschrift vor § 34, § 34a samt Überschrift, § 36 Abs. 1, 3 und 4, § 36a samt Überschrift, § 40 Abs. 2, § 43 Abs. 4, § 44 Abs. 1, § 44b, § 46 Abs. 1a und 2, § 53c Abs. 5, § 64 Abs. 3, die Änderungen der Paragraphenbezeichnungen der §§ 66a, 66b und 67, der Entfall des § 68 sowie § 68 (neu) samt Überschrift treten mit Ablauf des Tages der Kundmachung in Kraft.
2. § 5 Abs. 1a, § 14 Abs. 1, § 26 Abs. 3, § 27 Abs. 2a Z 1 und Abs. 3, § 30 Abs. 3 erster Satz, § 31 Abs. 3 Z 3, § 32 Abs. 2, § 33a samt Überschrift, die Überschrift zum 2. Abschnitt des II. Teiles, § 34b samt Überschrift, § 37a Abs. 1, Abs. 3 erster Satz und Abs. 4, § 39 Abs. 2 erster Satz, § 39a samt Überschrift, § 41 Abs. 2, § 44 Abs. 3 Z 1, § 45 Abs. 1 Z 6 und 7, die Überschrift vor den §§ 47 bis 49, § 47 Abs. 1 und Abs. 2, § 49 Abs. 2 und Abs. 3, § 49a Abs. 1, Abs. 2, Abs. 6 letzter Satz und Abs. 10, § 50 Abs. 1, Abs. 3, Abs. 6 letzter Satz, Abs. 7a und Abs. 9, § 52a Abs. 2 letzter Satz, § 53b Abs. 3, § 53c Abs. 6, § 53d Abs. 2, § 53e Abs. 2, § 54 Abs. 3, § 54a Abs. 3 und Abs. 4, § 54b Abs. 1b und Abs. 3 erster Satz, § 54d Abs. 2, § 55 Abs. 2 und § 64 Abs. 5 treten mit 1. Jänner 2019 in Kraft. Zugleich treten § 27 Abs. 4, § 36 Abs. 2 erster Satz, § 37a Abs. 3 letzter Satz und § 53b Abs. 2 dritter Satz außer Kraft.
3. Verordnungen auf Grund der §§ 47 Abs. 2, 49a Abs. 1 und 50 Abs. 1 können bereits ab dem auf seine Kundmachung folgenden Tag erlassen werden; sie dürfen jedoch frühestens mit dem 1. Jänner 2019 in Kraft gesetzt werden. Verordnungen, die auf Grund der §§ 47 Abs. 2 und 49a Abs. 1 in der bis zum Ablauf des 31. Dezember 2018 geltenden Fassung erlassen wurden, bleiben bis zur Erlassung von Verordnungen auf Grund der §§ 47 Abs. 2 und 49a Abs. 1 weiter in Kraft.

(21) § 38 und § 59 Abs. 2 in der Fassung des Bundesgesetzes BGBl. I Nr. 58/2018, treten mit 1. August 2018 in Kraft.

(22) § 42 Abs. 1 in der Fassung des Bundesgesetzes BGBl. I Nr. 88/2023 tritt mit Ablauf des Tages der Kundmachung des genannten Bundesgesetzes in Kraft.

Vollziehung

§ 70. Mit der Vollziehung dieses Bundesgesetzes ist die Bundesregierung betraut.

Artikel 5
Notifikationshinweis gemäß Artikel 12 der Richtlinie 83/189/EWG

(Anm.: aus BGBl. I Nr. 5/2008, zu § 10, BGBl. Nr. 52/1991)

Dieses Bundesgesetz wurde unter Einhaltung der Bestimmungen der Richtlinie 83/189/EWG des Rates über ein Informationsverfahren auf dem Gebiet der Normen und technischen Vorschriften in der Fassung der Richtlinien 88/182/EWG und 94/10/EWG der Europäischen Kommission notifiziert (Notifikationsnummer 2007/549/A).

11. Verwaltungsgerichtsverfahrensgesetz

Bundesgesetz über das Verfahren der Verwaltungsgerichte
StF: BGBl. I Nr. 33/2013
Letzte Novellierung: BGBl. I Nr. 88/2023

GLIEDERUNG

3. Abschnitt
Verfahren über Beschwerden wegen Rechtswidrigkeit eines Verhaltens einer Behörde in Vollziehung der Gesetze

4. Abschnitt
Vorstellung gegen Erkenntnisse und Beschlüsse des Rechtspflegers

4. Hauptstück
Schlussbestimmungen

STICHWORTVERZEICHNIS

VwGVG

1. Hauptstück
Allgemeine Bestimmungen
Anwendungsbereich

§ 1. Dieses Bundesgesetz regelt das Verfahren der Verwaltungsgerichte mit Ausnahme des Bundesfinanzgerichtes.

Ausübung der Verwaltungsgerichtsbarkeit

§ 2. Soweit die Bundes- oder Landesgesetze nicht die Entscheidung durch den Senat vorsehen, entscheidet das Verwaltungsgericht durch Einzelrichter (Rechtspfleger).

Örtliche Zuständigkeit

§ 3. (1) Sofern die Rechtssache nicht zur Zuständigkeit des Bundesverwaltungsgerichtes gehört, ist in Rechtssachen in den Angelegenheiten, in denen die Vollziehung Landessache ist, das Verwaltungsgericht im Land zuständig.

(2) Im Übrigen richtet sich die örtliche Zuständigkeit in Rechtssachen, die nicht zur Zuständigkeit des Bundesverwaltungsgerichtes gehören,

1. in den Fällen des Art. 130 Abs. 1 Z 1 und 3 des Bundes-Verfassungsgesetzes – B-VG, BGBl. Nr. 1/1930, nach § 3 Z 1, 2 und 3 mit Ausnahme des letzten Halbsatzes des Allgemeinen Verwaltungsverfahrensgesetzes 1991 – AVG, BGBl. Nr. 51/1991, in Verwaltungsstrafsachen jedoch nach dem Sitz der Behörde, die den Bescheid erlassen bzw. nicht erlassen hat;
2. in den Fällen des Art. 130 Abs. 1 Z 2 B-VG nach dem Ort, an dem die Ausübung unmittelbarer verwaltungsbehördlicher Befehls- und Zwangsgewalt begonnen wurde, wenn diese jedoch im Ausland ausgeübt wurde, danach, wo das ausübende Organ die Bundesgrenze überschritten hat;
3. in den Fällen des Art. 130 Abs. 2 Z 1 B-VG nach dem Ort, an dem das Verhalten gesetzt wurde.

(3) Lässt sich die Zuständigkeit nicht gemäß Abs. 1 oder 2 bestimmen, ist das Verwaltungsgericht im Land Wien zuständig.

Rechtshilfe auf Ersuchen inländischer Gerichte

§ 4. (1) Die Verwaltungsgerichte haben einander Rechtshilfe zu leisten.

(2) Das Ersuchen um Rechtshilfe ist an das Verwaltungsgericht zu stellen, in dessen Sprengel die Amtshandlung vorgenommen werden soll. Es ist abzulehnen, wenn das ersuchte Verwaltungsgericht zu der betreffenden Handlung örtlich unzuständig ist.

(3) Wird ein Rechtshilfeersuchen an ein unzuständiges Verwaltungsgericht gerichtet und ist diesem die Bestimmung des zuständigen Verwaltungsgerichtes möglich, so hat es das Ersuchen an dieses weiterzuleiten.

(4) Auf Rechtshilfeersuchen anderer inländischer Gerichte sind die Abs. 1 bis 3 sinngemäß anzuwenden.

Rechtshilfe auf Ersuchen ausländischer Gerichte und Behörden

§ 5. (1) Ausländischen Gerichten und Behörden ist Rechtshilfe nach den bestehenden Staatsverträgen, mangels solcher unter der Voraussetzung der Gegenseitigkeit zu leisten.

(2) Die Rechtshilfe ist abzulehnen:

1. wenn die von dem ersuchenden Gericht oder der ersuchenden Behörde begehrte Handlung nicht in die Zuständigkeit der Verwaltungsgerichte fällt; sollte die begehrte Handlung in die Zuständigkeit anderer inländischer Behörden oder Gerichte fallen, kann das ersuchte Verwaltungsgericht das Ersuchen an die zuständige Behörde bzw. das zuständige Gericht weiterleiten;
2. wenn sie unzulässig ist.

Über die Ablehnung ist das ersuchende Gericht oder die ersuchende Behörde unter Angabe der Gründe zu unterrichten.

Befangenheit

§ 6. Mitglieder des Verwaltungsgerichtes, fachkundige Laienrichter und Rechtspfleger haben sich unter Anzeige an den Präsidenten der Ausübung ihres Amtes wegen Befangenheit zu enthalten.

2. Hauptstück
Verfahren
1. Abschnitt
Beschwerde

Beschwerderecht und Beschwerdefrist

§ 7. (1) Gegen Verfahrensanordnungen im Verwaltungsverfahren ist eine abgesonderte Beschwerde nicht zulässig. Sie können erst in der Beschwerde gegen den die Sache erledigenden Bescheid angefochten werden.

(2) Eine Beschwerde ist nicht mehr zulässig, wenn die Partei nach der Zustellung oder Verkündung des Bescheides ausdrücklich auf die Beschwerde verzichtet hat.

(3) Ist der Bescheid bereits einer anderen Partei zugestellt oder verkündet worden, kann die Beschwerde bereits ab dem Zeitpunkt erhoben werden, in dem der Beschwerdeführer von dem Bescheid Kenntnis erlangt hat.

(4) Die Frist zur Erhebung einer Beschwerde gegen den Bescheid einer Behörde gemäß Art. 130 Abs. 1 Z 1 B-VG oder wegen Rechtswidrigkeit des Verhaltens einer Behörde in Vollziehung der Gesetze gemäß Art. 130 Abs. 2 Z 1 B-VG beträgt vier Wochen. Die Frist zur Erhebung einer Beschwerde gegen die Ausübung unmittelbarer verwaltungsbehördlicher Befehls- und Zwangsgewalt gemäß Art. 130 Abs. 1 Z 2 B-VG beträgt sechs Wochen. Sie beginnt

1. in den Fällen des Art. 132 Abs. 1 Z 1 B-VG dann, wenn der Bescheid dem Beschwerdeführer zugestellt wurde, mit dem Tag der Zustellung, wenn der Bescheid dem Beschwerdeführer nur mündlich verkündet wurde, mit dem Tag der Verkündung,
2. in den Fällen des Art. 132 Abs. 1 Z 2 B-VG dann, wenn der Bescheid dem zuständigen Bundesminister zugestellt wurde, mit dem Tag der Zustellung, sonst mit dem Zeitpunkt, in dem der zuständige Bundesminister von dem Bescheid Kenntnis erlangt hat,
3. in den Fällen des Art. 132 Abs. 2 B-VG mit dem Zeitpunkt, in dem der Betroffene Kenntnis von der Ausübung unmittelbarer verwaltungsbehördlicher Befehls- und Zwangsgewalt erlangt hat, wenn er aber durch diese behindert war, von seinem Beschwerderecht Gebrauch zu machen, mit dem Wegfall dieser Behinderung, und
4. in den Fällen des Art. 132 Abs. 4 B-VG dann, wenn der Bescheid dem zur Erhebung der Beschwerde befugten Organ zugestellt wurde, mit dem Tag der Zustellung, sonst mit dem Zeitpunkt, in dem dieses Organ von dem Bescheid Kenntnis erlangt hat.

Frist zur Erhebung der Säumnisbeschwerde

§ 8. (1) Beschwerde wegen Verletzung der Entscheidungspflicht gemäß Art. 130 Abs. 1 Z 3 B-VG (Säumnisbeschwerde) kann erst erhoben werden, wenn die Behörde die Sache nicht innerhalb von sechs Monaten, wenn gesetzlich eine kürzere oder längere Entscheidungsfrist vorgesehen ist, innerhalb dieser entschieden hat. Die Frist beginnt mit dem Zeitpunkt, in dem der Antrag auf Sachentscheidung bei der Stelle eingelangt ist, bei der er einzubringen war. Die Beschwerde ist abzuweisen, wenn die Verzögerung nicht auf ein überwiegendes Verschulden der Behörde zurückzuführen ist.

(2) In die Frist werden nicht eingerechnet:

1. die Zeit, während deren das Verfahren bis zur rechtskräftigen Entscheidung einer Vorfrage ausgesetzt ist;
2. die Zeit eines Verfahrens vor dem Verwaltungsgerichtshof, vor dem Verfassungsgerichtshof oder vor dem Gerichtshof der Europäischen Union.

Verfahrenshilfe

§ 8a. (1) Soweit durch Bundes- oder Landesgesetz nicht anderes bestimmt ist, ist einer Partei Verfahrenshilfe zu bewilligen, soweit dies auf Grund des Art. 6 Abs. 1 der Konvention zum Schutze der Menschenrechte und Grundfreiheiten, BGBl. Nr. 210/1958, oder des Art. 47 der Charta der Grundrechte der Europäischen Union, ABl. Nr. C 83 vom 30.03.2010 S. 389, geboten ist, die Partei außerstande ist, die Kosten der Führung des Verfahrens ohne Beeinträchtigung des notwendigen Unterhalts zu bestreiten, und die beabsichtigte Rechtsverfolgung oder Rechtsverteidigung nicht als offenbar mutwillig oder aussichtslos erscheint. Juristischen Personen ist Verfahrenshilfe sinngemäß mit der Maßgabe zu bewilligen, dass an die Stelle des Bestreitens der Kosten der Führung des Verfahrens ohne Beeinträchtigung des notwendigen Unterhalts das Aufbringen der zur Führung des Verfahrens erforderlichen Mittel durch die Partei oder die an der Führung des Verfahrens wirtschaftlich Beteiligten tritt.

(2) Soweit in diesem Paragraphen nicht anderes bestimmt ist, sind die Voraussetzungen und die Wirkungen der Bewilligung der Verfahrenshilfe nach den Vorschriften der Zivilprozessordnung – ZPO, RGBl. Nr. 113/1895, zu beurteilen. Die Bewilligung der Verfahrenshilfe schließt das Recht ein, dass der Partei ohne weiteres Begehren zur Abfassung und Einbringung der Beschwerde, des Vorlageantrags, des Antrags auf Wiederaufnahme des Verfahrens oder des Antrags auf Wiedereinsetzung in den vorigen Stand oder zur Vertretung bei der Verhandlung ein Rechtsanwalt beigegeben wird.

(3) Der Antrag auf Bewilligung der Verfahrenshilfe ist schriftlich zu stellen. Der Antrag ist bis zur Vorlage der Beschwerde bei der Behörde und ab Vorlage der Beschwerde beim Verwaltungsgericht einzubringen; ein ab Vorlage der Beschwerde vor Zustellung der Mitteilung über deren Vorlage an das Verwaltungsgericht bei der Behörde gestellter Antrag gilt als beim Verwaltungsgericht gestellt und ist diesem unverzüglich vorzulegen. Für Verfahren über Beschwerden gemäß Art. 130 Abs. 1 Z 2 B–VG ist der Antrag unmittelbar beim Verwaltungsgericht einzubringen.

(4) Der Antrag auf Bewilligung der Verfahrenshilfe kann ab Erlassung des Bescheides bzw. ab dem Zeitpunkt, in dem der Betroffene Kenntnis von der Ausübung unmittelbarer verwaltungsbehördlicher Befehls- und Zwangsgewalt erlangt hat, gestellt werden. Wird die Bewilligung der Verfahrenshilfe zur Abfassung und Einbringung einer Säumnisbeschwerde beantragt, kann dieser Antrag erst nach Ablauf der Entscheidungsfrist gestellt werden. Sobald eine Partei Säumnisbeschwerde erhoben hat, kann der Antrag auf Bewilligung der Verfahrenshilfe auch von den anderen Parteien gestellt werden.

(5) In dem Antrag auf Bewilligung der Verfahrenshilfe ist die Rechtssache bestimmt zu bezeichnen, für die die Bewilligung der Verfahrenshilfe begehrt wird.

(6) Die Behörde hat dem Verwaltungsgericht den Antrag auf Bewilligung der Verfahrenshilfe und die Akten des Verfahrens unverzüglich vorzulegen. Hat das Verwaltungsgericht die Bewilligung der Verfahrenshilfe beschlossen, so hat es den Ausschuss der zuständigen Rechtsanwaltskammer zu benachrichtigen, damit der Ausschuss einen Rechtsanwalt zum Vertreter bestelle. Dabei hat der Ausschuss Wünschen der Partei zur Auswahl der Person des Vertreters im Einvernehmen mit dem namhaft gemachten Rechtsanwalt nach Möglichkeit zu entsprechen.

(7) Hat die Partei innerhalb der Beschwerdefrist die Bewilligung der Verfahrenshilfe beantragt, so beginnt für sie die Beschwerdefrist mit dem Zeitpunkt zu laufen, in dem der Beschluss über die Bestellung des Rechtsanwalts zum Vertreter und der anzufechtende Bescheid diesem zugestellt sind. Wird der rechtzeitig gestellte Antrag abgewiesen, so beginnt die Beschwerdefrist mit der Zustellung des abweisenden Beschlusses an die Partei zu laufen. Entsprechendes gilt für die Fristen, die sich auf die sonstigen in Abs. 2 genannten Anträge beziehen.

(8) Die Bestellung des Rechtsanwalts zum Vertreter erlischt mit dem Einschreiten eines Bevollmächtigten.

(9) In Verfahrenshilfesachen ist die Wiederaufnahme des Verfahrens nicht zulässig.

(10) Der Aufwand ist von jenem Rechtsträger zu tragen, in dessen Namen das Verwaltungsgericht in der Angelegenheit handelt.

Inhalt der Beschwerde

§ 9. (1) Die Beschwerde hat zu enthalten:

1. die Bezeichnung des angefochtenen Bescheides oder der angefochtenen Ausübung unmittelbarer verwaltungsbehördlicher Befehls- und Zwangsgewalt,
2. die Bezeichnung der belangten Behörde,
3. die Gründe, auf die sich die Behauptung der Rechtswidrigkeit stützt,
4. das Begehren und
5. die Angaben, die erforderlich sind, um zu beurteilen, ob die Beschwerde rechtzeitig eingebracht ist.

(2) Belangte Behörde ist

1. in den Fällen des Art. 130 Abs. 1 Z 1 B-VG jene Behörde, die den angefochtenen Bescheid erlassen hat,
2. in den Fällen des Art. 130 Abs. 1 Z 2 B-VG jene Behörde, der die Ausübung unmittelbarer verwaltungsbehördlicher Befehls- und Zwangsgewalt zuzurechnen ist,

3. in den Fällen des Art. 130 Abs. 1 Z 3 B-VG jene Behörde, die den Bescheid nicht erlassen hat, und
4. in den Fällen des Art. 130 Abs. 2 Z 1 B-VG jene Behörde, die das Verhalten gesetzt hat.

(Anm.: Abs. 3 aufgehoben durch Art. 3 Z 3, BGBl. I Nr. 88/2023)

(4) Bei Beschwerden gegen die Ausübung unmittelbarer verwaltungsbehördlicher Befehls- und Zwangsgewalt gemäß Art. 130 Abs. 1 Z 2 B-VG tritt an die Stelle der Bezeichnung der belangten Behörde, soweit dies zumutbar ist, eine Angabe darüber, welches Organ die Maßnahme gesetzt hat.

(5) Bei Beschwerden wegen Verletzung der Entscheidungspflicht gemäß Art. 130 Abs. 1 Z 3 B-VG entfallen die Angaben nach Abs. 1 Z 1 bis 3 und 5. Als belangte Behörde ist die Behörde zu bezeichnen, deren Entscheidung in der Rechtssache begehrt wurde. Ferner ist glaubhaft zu machen, dass die Frist zur Erhebung der Säumnisbeschwerde gemäß § 8 Abs. 1 abgelaufen ist.

Mitteilung der Beschwerde

§ 10. Werden in einer Beschwerde neue Tatsachen oder Beweise, die der Behörde oder dem Verwaltungsgericht erheblich scheinen, vorgebracht, so hat sie bzw. hat es hievon unverzüglich den sonstigen Parteien Mitteilung zu machen und ihnen Gelegenheit zu geben, binnen angemessener, zwei Wochen nicht übersteigender Frist vom Inhalt der Beschwerde Kenntnis zu nehmen und sich dazu zu äußern.

2. Abschnitt
Vorverfahren

Anzuwendendes Recht

§ 11. Soweit in diesem und im vorangehenden Abschnitt nicht anderes bestimmt ist, sind auf das Verfahren nach diesem Abschnitt jene Verfahrensvorschriften anzuwenden, die die Behörde in einem Verfahren anzuwenden hat, das der Beschwerde beim Verwaltungsgericht vorangeht.

Schriftsätze

§ 12. Bis zur Vorlage der Beschwerde an das Verwaltungsgericht sind die Schriftsätze bei der belangten Behörde einzubringen. Dies gilt nicht in Rechtssachen gemäß Art. 130 Abs. 1 Z 2 B-VG.

Aufschiebende Wirkung

§ 13. (1) Eine rechtzeitig eingebrachte und zulässige Beschwerde gemäß Art. 130 Abs. 1 Z 1 B-VG hat aufschiebende Wirkung.

(2) Die Behörde kann die aufschiebende Wirkung mit Bescheid ausschließen, wenn nach Abwägung der berührten öffentlichen Interessen und Interessen anderer Parteien der vorzeitige Vollzug des angefochtenen Bescheides oder die Ausübung der durch den angefochtenen Bescheid eingeräumten Berechtigung wegen Gefahr im Verzug dringend geboten ist. Ein solcher Ausspruch ist tunlichst schon in den über die Hauptsache ergehenden Bescheid aufzunehmen.

(3) Die Behörde kann Bescheide gemäß Abs. 2 von Amts wegen oder auf Antrag einer Partei aufheben oder abändern, wenn sich der maßgebliche Sachverhalt so geändert hat, dass seine neuerliche Beurteilung einen im Hauptinhalt des Spruchs anderslautenden Bescheid zur Folge hätte.

(4) Die Beschwerde gegen einen Bescheid gemäß Abs. 2 hat keine aufschiebende Wirkung. Sofern die Beschwerde nicht als verspätet oder unzulässig zurückzuweisen ist, hat die Behörde dem Verwaltungsgericht die Beschwerde unter Anschluss der Akten des Verfahrens unverzüglich vorzulegen. Gleichzeitig hat die Behörde den Parteien eine Mitteilung über die Vorlage der Beschwerde an das Verwaltungsgericht zuzustellen; diese Mitteilung hat den Hinweis zu enthalten, dass Schriftsätze ab Vorlage der Beschwerde an das Verwaltungsgericht unmittelbar bei diesem einzubringen sind. Das Verwaltungsgericht hat über die Beschwerde ohne weiteres Verfahren unverzüglich zu entscheiden und der Behörde, wenn diese nicht von der Erlassung einer Beschwerdevorentscheidung absieht, die Akten des Verfahrens zurückzustellen.

Beschwerdevorentscheidung

§ 14. (1) Im Verfahren über Beschwerden gemäß Art. 130 Abs. 1 Z 1 B-VG steht es der Behörde frei, den angefochtenen Bescheid innerhalb von zwei Monaten aufzuheben, abzuändern oder die Beschwerde zurückzuweisen oder abzuweisen (Beschwerdevorentscheidung). § 27 ist sinngemäß anzuwenden.

(2) Will die Behörde von der Erlassung einer Beschwerdevorentscheidung absehen, hat sie dem Verwaltungsgericht die Beschwerde unter Anschluss der Akten des Verwaltungsverfahrens vorzulegen. Gleichzeitig hat die Behörde den Parteien eine Mitteilung über die Vorlage der Beschwerde an das Verwaltungsgericht zuzustellen; diese Mitteilung hat den Hinweis zu enthalten, dass Schriftsätze ab Vorlage der Beschwerde an das Verwaltungsgericht unmittelbar bei diesem einzubringen sind.

(Anm.: Abs. 3 aufgehoben durch Art. 5 Z 11, BGBl. I Nr. 138/2017)

Vorlageantrag

§ 15. (1) Jede Partei kann binnen zwei Wochen nach Zustellung der Beschwerdevorentscheidung bei der Behörde den Antrag stellen, dass die Beschwerde dem Verwaltungsgericht zur Entscheidung vorgelegt wird (Vorlageantrag). Wird der Vorlageantrag von einer anderen Partei als dem Beschwerdeführer gestellt, hat er die Gründe, auf die sich die Behauptung der Rechtswidrigkeit stützt (§ 9 Abs. 1 Z 3), und ein Begehren (§ 9 Abs. 1 Z 4) zu enthalten.

(2) Ein rechtzeitig eingebrachter und zulässiger Vorlageantrag hat aufschiebende Wirkung, wenn die Beschwerde

1. von Gesetzes wegen aufschiebende Wirkung hatte und die Behörde diese nicht ausgeschlossen hat;
2. von Gesetzes wegen keine aufschiebende Wirkung hatte, die Behörde diese jedoch zuerkannt hat.

Die Behörde hat dem Verwaltungsgericht den Vorlageantrag und die Beschwerde unter Anschluss der Akten des Verfahrens vorzulegen. Gleichzeitig hat die Behörde den Parteien eine Mitteilung über die Vorlage der Beschwerde an das Verwaltungsgericht zuzustellen; diese Mitteilung hat den Hinweis zu enthalten, dass Schriftsätze ab Vorlage der Beschwerde an das Verwaltungsgericht unmittelbar bei diesem einzubringen sind.

(3) Verspätete und unzulässige Vorlageanträge sind von der Behörde mit Bescheid zurückzuweisen. Wird gegen einen solchen Bescheid Beschwerde erhoben, hat die Behörde dem Verwaltungsgericht unverzüglich die Akten des Verfahrens vorzulegen. Gleichzeitig hat die Behörde den Parteien eine Mitteilung über die Vorlage der Beschwerde an das Verwaltungsgericht zuzustellen; diese Mitteilung hat den Hinweis zu enthalten, dass Schriftsätze ab Vorlage der Beschwerde an das Verwaltungsgericht unmittelbar bei diesem einzubringen sind.

Nachholung des Bescheides

§ 16. (1) Im Verfahren über Beschwerden wegen Verletzung der Entscheidungspflicht gemäß Art. 130 Abs. 1 Z 3 B-VG kann die Behörde innerhalb einer Frist von bis zu drei Monaten den Bescheid erlassen. Wird der Bescheid erlassen oder wurde er vor Einleitung des Verfahrens erlassen, ist das Verfahren einzustellen.

(2) Holt die Behörde den Bescheid nicht nach, hat sie dem Verwaltungsgericht die Beschwerde unter Anschluss der Akten des Verwaltungsverfahrens vorzulegen. Gleichzeitig hat die Behörde den Parteien eine Mitteilung über die Vorlage der Beschwerde an das Verwaltungsgericht zuzustellen; diese Mitteilung hat den Hinweis zu enthalten, dass Schriftsätze ab Vorlage der Beschwerde an das Verwaltungsgericht unmittelbar bei diesem einzubringen sind.

3. Abschnitt
Verfahren vor dem Verwaltungsgericht

Anzuwendendes Recht

§ 17. Soweit in diesem Bundesgesetz nicht anderes bestimmt ist, sind auf das Verfahren über Beschwerden gemäß Art. 130 Abs. 1 B-VG die Bestimmungen des AVG mit Ausnahme der §§ 1 bis 5 sowie des IV. Teiles, die Bestimmungen der Bundesabgabenordnung – BAO, BGBl. Nr. 194/1961, des Agrarverfahrensgesetzes – AgrVG, BGBl. Nr. 173/1950, und des Dienstrechtsverfahrensgesetzes 1984 – DVG, BGBl. Nr. 29/1984, und im Übrigen jene verfahrensrechtlichen Bestimmungen in Bundes- oder Landesgesetzen sinngemäß anzuwenden, die die Behörde in dem dem Verfahren vor dem Verwaltungsgericht vorangegangenen Verfahren angewendet hat oder anzuwenden gehabt hätte.

Parteien

§ 18. Partei ist auch die belangte Behörde.

Eintritt oberster Organe

§ 19. Durch Bundes- oder Landesgesetz kann bestimmt werden, dass in einer Angelegenheit der Bundesverwaltung der zuständige Bundesminister, in einer Angelegenheit der Landesverwaltung die zuständige Landesregierung an Stelle eines anderen beschwerdeführenden staatlichen Organs oder einer anderen belangten Behörde jederzeit in das Verfahren eintreten. Dies ist jedoch unzulässig, wenn

1. in einer Angelegenheit des eigenen Wirkungsbereiches der Gemeinde oder eines sonstigen Selbstverwaltungskörpers ein Organ des Selbstverwaltungskörpers oder
2. ein weisungsfrei gestelltes Organ

belangte Behörde ist.

Schriftsätze

§ 20. Die Beschwerden gegen die Ausübung unmittelbarer verwaltungsbehördlicher Befehls- und Zwangsgewalt gemäß Art. 130 Abs. 1 Z 2 B-VG und die sonstigen Schriftsätze im Verfahren über diese sind unmittelbar beim Verwaltungsgericht einzubringen. In allen sonstigen Verfahren sind die Schriftsätze ab Vorlage der Beschwerde beim Verwaltungsgericht unmittelbar bei diesem einzubringen.

Akteneinsicht

§ 21. (1) Entwürfe von Erkenntnissen und Beschlüssen des Verwaltungsgerichtes und Niederschriften über etwaige Beratungen und Abstimmungen sind von der Akteneinsicht ausgenommen.

(2) Die Behörden können bei der Vorlage von Akten an das Verwaltungsgericht verlangen, dass bestimmte Akten oder Aktenbestandteile im öffentlichen Interesse von der Akteneinsicht ausgenommen werden. In Aktenbestandteile, die im Verwaltungsverfahren von der Akteneinsicht ausgenommen waren, darf Akteneinsicht nicht gewährt werden. Die Behörde hat die in Betracht kommenden Aktenbestandteile bei Vorlage der Akten zu bezeichnen.

Aufschiebende Wirkung

§ 22. (1) Beschwerden gemäß Art. 130 Abs. 1 Z 2 B-VG haben keine aufschiebende Wirkung. Das Verwaltungsgericht hat jedoch auf Antrag des Beschwerdeführers die aufschiebende Wirkung mit Beschluss zuzuerkennen, wenn dem nicht zwingende öffentliche Interessen entgegenstehen und nach Abwägung der berührten öffentlichen Interessen mit dem Andauern der Ausübung unmittelbarer verwaltungsbehördlicher Befehls- und Zwangsgewalt für den Beschwerdeführer ein unverhältnismäßiger Nachteil verbunden wäre.

(2) Im Verfahren über Beschwerden gemäß Art. 130 Abs. 1 Z 1 B-VG kann das Verwaltungsgericht die aufschiebende Wirkung durch Beschluss ausschließen, wenn nach Abwägung der berührten öffentlichen Interessen und Interessen anderer Parteien der vorzeitige Vollzug des angefochtenen Bescheides oder die Ausübung der durch den angefochtenen Bescheid eingeräumten Berechtigung wegen Gefahr im Verzug dringend geboten ist.

(3) Das Verwaltungsgericht kann Bescheide gemäß § 13 und Beschlüsse gemäß Abs. 1 und 2 auf Antrag einer Partei aufheben oder abändern, wenn es die Voraussetzungen der Zuerkennung bzw. des Ausschlusses der aufschiebenden Wirkung anders beurteilt oder wenn sich die Voraussetzungen, die für die Entscheidung über den Ausschluss bzw. die Zuerkennung der aufschiebenden Wirkung der Beschwerde maßgebend waren, wesentlich geändert haben.

Ladung

§ 23. Das Verwaltungsgericht ist berechtigt, auch Personen, die ihren Aufenthalt (Sitz) außerhalb des Sprengels des Verwaltungsgerichtes haben und deren Erscheinen nötig ist, vorzuladen.

Verhandlung

§ 24. (1) Das Verwaltungsgericht hat auf Antrag oder, wenn es dies für erforderlich hält, von Amts wegen eine öffentliche mündliche Verhandlung durchzuführen.

(2) Die Verhandlung kann entfallen, wenn

1. der das vorangegangene Verwaltungsverfahren einleitende Antrag der Partei oder die Beschwerde zurückzuweisen ist oder bereits auf Grund der Aktenlage feststeht, dass der mit Beschwerde angefochtene Bescheid aufzuheben oder die angefochtene Ausübung unmittelbarer verwaltungsbehördlicher Befehls- und Zwangsgewalt für rechtswidrig zu erklären ist oder
2. die Säumnisbeschwerde zurückzuweisen oder abzuweisen ist;
3. wenn die Rechtssache durch einen Rechtspfleger erledigt wird.

(3) Der Beschwerdeführer hat die Durchführung einer Verhandlung in der Beschwerde oder im Vorlageantrag zu beantragen. Den sonstigen Parteien ist Gelegenheit zu geben, binnen angemessener, zwei Wochen nicht übersteigender Frist einen Antrag auf Durchführung einer Verhandlung zu stellen. Ein Antrag auf Durchführung einer Verhandlung kann nur mit Zustimmung der anderen Parteien zurückgezogen werden.

(4) Soweit durch Bundes- oder Landesgesetz nicht anderes bestimmt ist, kann das Verwaltungsgericht ungeachtet eines Parteiantrags von einer Verhandlung absehen, wenn die Akten erkennen lassen, dass die mündliche Erörterung eine weitere Klärung der Rechtssache nicht erwarten lässt, und einem Entfall der Verhandlung weder Art. 6 Abs. 1 der Konvention zum Schutze der Menschenrechte und Grundfreiheiten noch Art. 47 der Charta der Grundrechte der Europäischen Union entgegenstehen.

(5) Das Verwaltungsgericht kann von der Durchführung (Fortsetzung) einer Verhandlung absehen, wenn die Parteien ausdrücklich darauf verzichten. Ein solcher Verzicht kann bis zum Beginn der (fortgesetzten) Verhandlung erklärt werden.

Öffentlichkeit der Verhandlung und Beweisaufnahme

§ 25. (1) Die Öffentlichkeit darf von der Verhandlung nur so weit ausgeschlossen werden, als dies aus Gründen der Sittlichkeit, der öffentlichen Ordnung oder der nationalen Sicherheit, der Wahrung von Geschäfts- und Betriebsgeheimnissen sowie im Interesse des Schutzes Jugendlicher oder des Privatlebens einer Partei, eines Opfers, eines Zeugen oder eines Dritten geboten ist.

(2) Der Ausschluss der Öffentlichkeit erfolgt durch verfahrensleitenden Beschluss entweder von Amts wegen oder auf Antrag einer Partei oder eines Zeugen.

(3) Unmittelbar nach der Verkündung des Beschlusses gemäß Abs. 2 haben sich alle Zuhörer zu entfernen, doch können die Parteien verlangen, dass je drei Personen ihres Vertrauens die Teilnahme an der Verhandlung gestattet wird.

(4) Wenn die Öffentlichkeit von einer Verhandlung ausgeschlossen wurde, ist es so weit untersagt, daraus Umstände weiterzuverbreiten, als dies aus den in Abs. 1 angeführten Gründen geboten ist.

(5) Der Verhandlungsleiter eröffnet und leitet die Verhandlung und handhabt die Sitzungspolizei. Der Verhandlungsleiter hat von Amts wegen für die vollständige Erörterung der Rechtssache zu sorgen. Ist durch Bundes- oder Landesgesetz bestimmt, dass das Verwaltungsgericht durch den Senat entscheidet, sind auch die sonstigen Mitglieder des Senates befugt, Fragen zu stellen. Über Einwendungen gegen Anordnungen, die das Verfahren betreffen, sowie über Anträge, die im Laufe des Verfahrens gestellt werden, entscheidet das Verwaltungsgericht durch verfahrensleitenden Beschluss.

(6) In der Verhandlung sind die zur Entscheidung der Rechtssache erforderlichen Beweise aufzunehmen.

(6a) Eine Verlesung von Aktenstücken kann unterbleiben, wenn diese Aktenstücke von der Partei, die die Verlesung verlangt, selbst stammen oder wenn es sich um Aktenstücke handelt, die der die Verlesung begehrenden Partei nachweislich zugestellt wurden.

(Anm.: Abs. 6b aufgehoben durch Art. 3 Z 4, BGBl. I Nr. 88/2023)

(6c) Niederschriften bedürfen nicht der Unterschrift der Zeugen.

(7) Das Erkenntnis kann nur von denjenigen Mitgliedern des Verwaltungsgerichtes gefällt werden, die an der Verhandlung teilgenommen haben. Ändert sich die Zusammensetzung des Senates oder wurde die Rechtssache einem anderen Richter zugewiesen, ist die Verhandlung zu wiederholen. Bei Fällung des Erkenntnisses ist nur auf das Rücksicht zu nehmen, was in dieser Verhandlung vorgekommen ist.

(8) Die Beratung und Abstimmung der Senate ist nicht öffentlich.

Verhandlung unter Verwendung technischer Einrichtungen zur Wort- und Bildübertragung

§ 25a. (1) Soweit durch Bundes- oder Landesgesetz nicht anderes bestimmt ist und weder Art. 6 Abs. 1 der Konvention zum Schutze der Menschenrechte und Grundfreiheiten noch Art. 47 der Charta der Grundrechte der Europäischen Union dem entgegenstehen, kann das Verwaltungsgericht die Verhandlung, allenfalls auch nur teilweise, unter Verwendung technischer Einrichtungen zur Wort- und Bildübertragung durchführen, es sei denn, das persönliche Erscheinen aller beizuziehenden Personen vor dem Verwaltungsgericht ist unter Berücksichtigung der Verfahrensökonomie zweckmäßiger oder aus besonderen Gründen erforderlich.

(2) Eine Vertretung gemäß § 10 AVG bei einer Teilnahme unter Verwendung technischer Einrichtungen zur Wort- und Bildübertragung ist nur zulässig, wenn nicht ausdrücklich die Teilnahme der Beteiligten oder ihrer gesetzlichen Vertreter selbst verlangt wird.

(3) In der Ladung ist anzugeben, ob die beizuziehende Person persönlich zu erscheinen hat oder ob sie unter Verwendung technischer Einrichtungen zur Wort- und Bildübertragung teilzunehmen hat oder teilnehmen kann; es kann der beizuziehenden Person darin auch freigestellt werden, in welcher Form sie teilnimmt. Soll einem Beteiligten eine Teilnahme nur unter Verwendung technischer Einrichtungen zur Wort- und Bildübertragung möglich sein, so hat ihm das Verwaltungsgericht gleichzeitig eine angemessene Frist zu setzen, innerhalb derer der Beteiligte dagegen Widerspruch erheben kann; wird ein solcher Widerspruch rechtzeitig erhoben, kann der Beteiligte auch persönlich erscheinen. Die Ladung hat die erforderlichen Angaben zur Teilnahme an der Verhandlung unter Verwendung technischer Einrichtungen zur Wort- und Bildübertragung und die Angabe, ob die geladene Person selbst teilzunehmen hat oder ob die Entsendung eines Vertreters genügt und welche Folgen an ein Ausbleiben geknüpft sind, zu enthalten.

(4) Niederschriften über Verhandlungen unter Verwendung technischer Einrichtungen zur Wort- und Bildübertragung bedürfen nur der Unterschrift des Verhandlungsleiters und der persönlich erschienenen Parteien.

Gebühren der Zeugen und Beteiligten

§ 26. (1) Zeugen, die im Verfahren vor dem Verwaltungsgericht zu Beweiszwecken vernommen werden oder deren Vernehmung ohne ihr Verschulden unterbleibt, haben Anspruch auf Gebühren nach § 2 Abs. 3 und den §§ 3 bis 18 des Gebührenanspruchsgesetzes – GebAG, BGBl. Nr. 136/1975. Die Gebühr ist gemäß § 19 GebAG beim Verwaltungsgericht geltend zu machen.

(2) Für die Bestimmung der Gebühr gilt § 20 GebAG mit folgenden Maßgaben:

1. Die Gebühr ist vorläufig zu berechnen. Vor der Gebührenberechnung kann der Zeuge aufgefordert werden, sich über Umstände, die für die Gebührenberechnung bedeutsam sind, zu äußern und, unter Setzung einer bestimmten Frist, noch fehlende Bestätigungen vorzulegen. Die Gebührenbeträge sind auf volle 10 Cent aufzurunden.
2. Die vorläufig berechnete Gebühr ist dem Zeugen schriftlich oder mündlich bekanntzugeben. Dieser kann binnen zwei Wochen nach Bekanntgabe der Gebühr schriftlich oder mündlich die Gebührenbestimmung durch das Verwaltungsgericht beantragen. Wenn der Zeuge keinen Antrag auf Gebührenbestimmung stellt oder diesen zurückzieht, gilt die bekanntgegebene Gebühr als bestimmt. Das Verwaltungsgericht kann die Gebühr jedoch von Amts wegen anders bestimmen. Nach Ablauf von drei Jahren nach Bekanntgabe der Gebühr ist eine amtswegige Gebührenbestimmung nicht mehr zulässig.
3. Der Zeuge kann die Gebührenbestimmung durch das Verwaltungsgericht auch beantragen, wenn ihm innerhalb von acht Wochen nach Geltendmachung keine Gebühr bekanntgegeben wird. Zieht er den Antrag auf Gebührenbestimmung zurück, so erlischt der Gebührenanspruch.

(3) Die Gebühr ist dem Zeugen kostenfrei zu zahlen. Bestimmt das Verwaltungsgericht eine höhere Gebühr, als dem Zeugen gezahlt wurde, so ist der Mehrbetrag dem Zeugen kostenfrei nachzuzahlen. Bestimmt das Verwaltungsgericht eine niedrigere Gebühr oder übersteigt der dem Zeugen gezahlte Vorschuss die von ihm bestimmte Gebühr, so ist der Zeuge zur Rückzahlung des zu viel gezahlten Betrages zu verpflichten.

(4) Die den Zeugen zustehenden Gebühren sind von jenem Rechtsträger zu tragen, in dessen Namen das Verwaltungsgericht in der Angelegenheit gehandelt hat.

(5) Die Abs. 1 bis 4 gelten auch für Beteiligte.

Prüfungsumfang

§ 27. Soweit das Verwaltungsgericht nicht Rechtswidrigkeit wegen Unzuständigkeit der Behörde gegeben findet, hat es den angefochtenen Bescheid und die angefochtene Ausübung unmittelbarer verwaltungsbehördlicher Befehls- und Zwangsgewalt auf Grund der Beschwerde (§ 9 Abs. 1 Z 3 und 4) zu überprüfen.

4. Abschnitt
Erkenntnisse und Beschlüsse

Erkenntnisse

§ 28. (1) Sofern die Beschwerde nicht zurückzuweisen oder das Verfahren einzustellen ist, hat das Verwaltungsgericht die Rechtssache durch Erkenntnis zu erledigen.

(2) Über Beschwerden gemäß Art. 130 Abs. 1 Z 1 B-VG hat das Verwaltungsgericht dann in der Sache selbst zu entscheiden, wenn
1. der maßgebliche Sachverhalt feststeht oder
2. die Feststellung des maßgeblichen Sachverhalts durch das Verwaltungsgericht selbst im Interesse der Raschheit gelegen oder mit einer erheblichen Kostenersparnis verbunden ist.

(3) Liegen die Voraussetzungen des Abs. 2 nicht vor, hat das Verwaltungsgericht im Verfahren über Beschwerden gemäß Art. 130 Abs. 1 Z 1 B-VG in der Sache selbst zu entscheiden, wenn die Behörde dem nicht bei der Vorlage der Beschwerde unter Bedachtnahme auf die wesentliche Vereinfachung oder Beschleunigung des Verfahrens widerspricht. Hat die Behörde notwendige Ermittlungen des Sachverhalts unterlassen, so kann das Verwaltungsgericht den angefochtenen Bescheid mit Beschluss aufheben und die Angelegenheit zur Erlassung eines neuen Bescheides an die Behörde zurückverweisen. Die Behörde ist hiebei an die rechtliche Beurteilung gebunden, von welcher das Verwaltungsgericht bei seinem Beschluss ausgegangen ist.

(4) Hat die Behörde bei ihrer Entscheidung Ermessen zu üben, hat das Verwaltungsgericht, wenn es nicht gemäß Abs. 2 in der Sache selbst zu entscheiden hat und wenn die Beschwerde nicht zurückzuweisen oder abzuweisen ist, den angefochtenen Bescheid mit Beschluss aufzuheben und die Angelegenheit zur Erlassung eines neuen Bescheides an die Behörde zurückzuverweisen. Die Behörde ist hiebei an die rechtliche Beurteilung gebunden, von welcher das Verwaltungsgericht bei seinem Beschluss ausgegangen ist.

(5) Hebt das Verwaltungsgericht den angefochtenen Bescheid auf, sind die Behörden verpflichtet, in der betreffenden Rechtssache mit den ihnen zu Gebote stehenden rechtlichen Mitteln unverzüglich den der Rechtsanschauung des Verwaltungsgerichtes entsprechenden Rechtszustand herzustellen.

(6) Ist im Verfahren wegen Ausübung unmittelbarer verwaltungsbehördlicher Befehls- und Zwangsgewalt gemäß Art. 130 Abs. 1 Z 2 B-VG eine Beschwerde nicht zurückzuweisen oder abzuweisen, so hat das Verwaltungsgericht die Ausübung unmittelbarer verwaltungsbehördlicher Befehls- und Zwangsgewalt für rechtswidrig zu erklären und gegebenenfalls aufzuheben. Dauert die für rechtswidrig erklärte Ausübung unmittelbarer verwaltungsbehördlicher Befehls- und Zwangsgewalt noch an, so hat die belangte Behörde unverzüglich den der Rechtsanschauung des Verwaltungsgerichtes entsprechenden Zustand herzustellen.

(7) Im Verfahren über Beschwerden wegen Verletzung der Entscheidungspflicht gemäß Art. 130 Abs. 1 Z 3 B-VG kann das Verwaltungsgericht sein Erkenntnis vorerst auf die Entscheidung einzelner maßgeblicher Rechtsfragen beschränken und der Behörde auftragen, den versäumten Bescheid unter Zugrundelegung der hiermit festgelegten Rechtsanschauung binnen bestimmter, acht Wochen nicht übersteigender Frist zu erlassen. Kommt die Behörde dem Auftrag nicht nach, so entscheidet das Verwaltungsgericht über die Beschwerde durch Erkenntnis in der Sache selbst, wobei es auch das sonst der Behörde zustehende Ermessen handhabt.

(Anm.: Abs. 8 aufgehoben durch Art. 5 Z 14, BGBl. I Nr. 138/2017)

Verkündung und Ausfertigung der Erkenntnisse

§ 29. (1) Die Erkenntnisse sind im Namen der Republik zu verkünden und auszufertigen. Sie sind zu begründen.

(2) Hat eine Verhandlung in Anwesenheit von Parteien stattgefunden, so hat in der Regel das Verwaltungsgericht das Erkenntnis mit den wesentlichen Entscheidungsgründen sogleich zu verkünden.

(2a) Das Verwaltungsgericht hat im Fall einer mündlichen Verkündung die Niederschrift den zur Erhebung einer Revision beim Verwaltungsgerichtshof oder einer Beschwerde beim Verfassungsgerichtshof legitimierten Parteien und Organen auszufolgen oder zuzustellen. Der Niederschrift ist eine Belehrung anzuschließen:
1. über das Recht, binnen zwei Wochen nach Ausfolgung bzw. Zustellung der Niederschrift eine Ausfertigung gemäß Abs. 4 zu verlangen;
2. darüber, dass ein Antrag auf Ausfertigung des Erkenntnisses gemäß Abs. 4 eine Voraussetzung für die Zulässigkeit der Revision beim Verwaltungsgerichtshof und der Beschwerde beim Verfassungsgerichtshof darstellt.

(2b) Ist das Erkenntnis bereits einer Partei verkündet worden, kann ein Antrag auf Ausfertigung des Erkenntnisses gemäß Abs. 4 bereits ab dem Zeitpunkt gestellt werden, in dem der Antragsteller von dem Erkenntnis Kenntnis erlangt hat. Ein Antrag auf Ausfertigung des Erkenntnisses gemäß Abs. 4 ist den übrigen Antragsberechtigten zuzustellen.

(3) Die Verkündung des Erkenntnisses entfällt, wenn

1. eine Verhandlung nicht durchgeführt (fortgesetzt) worden ist oder
2. das Erkenntnis nicht sogleich nach Schluss der mündlichen Verhandlung gefasst werden kann

und jedermann die Einsichtnahme in das Erkenntnis gewährleistet ist.

(4) Den Parteien ist eine schriftliche Ausfertigung des Erkenntnisses zuzustellen. Eine schriftliche Ausfertigung des Erkenntnisses ist in den in Art. 132 Abs. 1 Z 2 B-VG genannten Rechtssachen auch dem zuständigen Bundesminister zuzustellen.

(5) Wird auf die Revision beim Verwaltungsgerichtshof und die Beschwerde beim Verfassungsgerichtshof von den Parteien verzichtet oder nicht binnen zwei Wochen nach Ausfolgung bzw. Zustellung der Niederschrift gemäß Abs. 2a eine Ausfertigung des Erkenntnisses gemäß Abs. 4 von mindestens einem der hiezu Berechtigten beantragt, so kann das Erkenntnis in gekürzter Form ausgefertigt werden. Die gekürzte Ausfertigung hat den Spruch sowie einen Hinweis auf den Verzicht oder darauf, dass eine Ausfertigung des Erkenntnisses gemäß Abs. 4 nicht beantragt wurde, zu enthalten.

Belehrung über die Beschwerde beim Verfassungsgerichtshof und die Revision beim Verwaltungsgerichtshof

§ 30. Jedes Erkenntnis hat eine Belehrung über die Möglichkeit der Erhebung einer Beschwerde beim Verfassungsgerichtshof und einer ordentlichen oder außerordentlichen Revision beim Verwaltungsgerichtshof zu enthalten. Das Verwaltungsgericht hat ferner hinzuweisen:

1. auf die bei der Einbringung einer solchen Beschwerde bzw. Revision einzuhaltenden Fristen;
2. auf die gesetzlichen Erfordernisse der Einbringung einer solchen Beschwerde bzw. Revision durch einen bevollmächtigten Rechtsanwalt;
3. auf die für eine solche Beschwerde bzw. Revision zu entrichtenden Eingabengebühren;
4. auf die Möglichkeit, auf die Revision beim Verwaltungsgerichtshof und die Beschwerde beim Verfassungsgerichtshof zu verzichten, und die Folgen des Verzichts.

Beschlüsse

§ 31. (1) Soweit nicht ein Erkenntnis zu fällen ist, erfolgen die Entscheidungen und Anordnungen durch Beschluss.

(2) An seine Beschlüsse ist das Verwaltungsgericht insoweit gebunden, als sie nicht nur verfahrensleitend sind.

(3) Auf die Beschlüsse des Verwaltungsgerichtes sind § 29 Abs. 1 zweiter Satz, 2a, 2b, 4 und 5, § 30, § 38a Abs. 3 und § 50 Abs. 3 sinngemäß anzuwenden. Dies gilt nicht für verfahrensleitende Beschlüsse.

Wiederaufnahme des Verfahrens

§ 32. (1) Dem Antrag einer Partei auf Wiederaufnahme eines durch Erkenntnis des Verwaltungsgerichtes abgeschlossenen Verfahrens ist stattzugeben, wenn

1. das Erkenntnis durch Fälschung einer Urkunde, falsches Zeugnis oder eine andere gerichtlich strafbare Handlung herbeigeführt oder sonstwie erschlichen worden ist oder
2. neue Tatsachen oder Beweismittel hervorkommen, die im Verfahren ohne Verschulden der Partei nicht geltend gemacht werden konnten und allein oder in Verbindung mit dem sonstigen Ergebnis des Verfahrens voraussichtlich ein im Hauptinhalt des Spruchs anders lautendes Erkenntnis herbeigeführt hätten, oder
3. das Erkenntnis von Vorfragen (§ 38 AVG) abhängig war und nachträglich über eine solche Vorfrage von der zuständigen Verwaltungsbehörde bzw. vom zuständigen Gericht in wesentlichen Punkten anders entschieden wurde oder
4. nachträglich ein Bescheid oder eine gerichtliche Entscheidung bekannt wird, der bzw. die einer Aufhebung oder Abänderung auf Antrag einer Partei nicht unterliegt und die im Verfahren des Verwaltungsgerichtes die Einwendung der entschiedenen Sache begründet hätte.

(2) Der Antrag auf Wiederaufnahme ist binnen zwei Wochen beim Verwaltungsgericht einzubringen. Die Frist beginnt mit dem Zeitpunkt, in dem der Antragsteller von dem Wiederaufnahmegrund Kenntnis erlangt hat, wenn dies jedoch nach der Verkündung des mündlichen Erkenntnisses und vor Zustellung der schriftlichen Ausfertigung geschehen ist, erst mit diesem Zeitpunkt. Nach Ablauf von drei Jahren nach Erlassung des Erkenntnisses kann der Antrag auf Wiederaufnahme nicht mehr gestellt werden. Die Umstände, aus welchen sich die Einhaltung der gesetzlichen Frist ergibt, sind vom Antragsteller glaubhaft zu machen.

(3) Unter den Voraussetzungen des Abs. 1 kann die Wiederaufnahme des Verfahrens auch von Amts wegen verfügt werden. Nach Ablauf von drei Jahren nach Erlassung des Erkenntnisses kann die Wiederaufnahme auch von Amts wegen nur mehr aus den Gründen des Abs. 1 Z 1 stattfinden.

(4) Das Verwaltungsgericht hat die Parteien des abgeschlossenen Verfahrens von der Wiederaufnahme des Verfahrens unverzüglich in Kenntnis zu setzen.

(5) Auf die Beschlüsse des Verwaltungsgerichtes sind die für seine Erkenntnisse geltenden Bestimmungen dieses Paragraphen sinngemäß anzuwenden. Dies gilt nicht für verfahrensleitende Beschlüsse.

Wiedereinsetzung in den vorigen Stand

§ 33. (1) Wenn eine Partei glaubhaft macht, dass sie durch ein unvorhergesehenes oder unabwendbares Ereignis – so dadurch, dass sie von einer Zustellung ohne ihr Verschulden keine Kenntnis erlangt hat – eine Frist oder eine mündliche Verhandlung versäumt und dadurch einen Rechtsnachteil erleidet, so ist dieser Partei auf Antrag die Wiedereinsetzung in den vorigen Stand zu bewilligen. Dass der Partei ein Verschulden an der Versäumung zur Last liegt, hindert die Bewilligung der Wiedereinsetzung nicht, wenn es sich nur um einen minderen Grad des Versehens handelt.

(2) Die Wiedereinsetzung in den vorigen Stand wegen Versäumung der Frist zur Stellung eines Vorlageantrags ist auch dann zu bewilligen, wenn die Frist versäumt wurde, weil die anzufechtende Beschwerdevorentscheidung fälschlich ein Rechtsmittel eingeräumt und die Partei das Rechtsmittel ergriffen hat oder die Beschwerdevorentscheidung keine Belehrung zur Stellung eines Vorlageantrags, keine Frist zur Stellung eines Vorlageantrags oder die Angabe enthält, dass kein Rechtsmittel zulässig sei.

(3) In den Fällen des Abs. 1 ist der Antrag auf Wiedereinsetzung binnen zwei Wochen nach dem Wegfall des Hindernisses zu stellen und zwar bis zur Vorlage der Beschwerde bei der Behörde und ab Vorlage der Beschwerde beim Verwaltungsgericht; ein ab Vorlage der Beschwerde vor Zustellung der Mitteilung über deren Vorlage an das Verwaltungsgericht bei der Behörde gestellter Antrag gilt als beim Verwaltungsgericht gestellt und ist diesem unverzüglich vorzulegen. In den Fällen des Abs. 2 ist der Antrag binnen zwei Wochen

1. nach Zustellung eines Bescheides oder einer gerichtlichen Entscheidung, der bzw. die das Rechtsmittel als unzulässig zurückgewiesen hat, bzw.
2. nach dem Zeitpunkt, in dem die Partei von der Zulässigkeit der Stellung eines Antrags auf Vorlage Kenntnis erlangt hat,

bei der Behörde zu stellen. Die versäumte Handlung ist gleichzeitig nachzuholen.

(4) Bis zur Vorlage der Beschwerde hat über den Antrag die Behörde mit Bescheid zu entscheiden. § 15 Abs. 3 ist sinngemäß anzuwenden. Ab Vorlage der Beschwerde hat über den Antrag das Verwaltungsgericht mit Beschluss zu entscheiden. Die Behörde oder das Verwaltungsgericht kann dem Antrag auf Wiedereinsetzung die aufschiebende Wirkung zuerkennen.

(4a) Die Wiedereinsetzung in den vorigen Stand wegen Versäumung der Frist zur Stellung eines Antrags auf Ausfertigung einer Entscheidung gemäß § 29 Abs. 4 ist auch dann zu bewilligen, wenn die Frist versäumt wurde, weil auf das Erfordernis eines solchen Antrags als Voraussetzung für die Erhebung einer Revision beim Verwaltungsgerichtshof und einer Beschwerde beim Verfassungsgerichtshof nicht hingewiesen wurde oder dabei die zur Verfügung stehende Frist nicht angeführt war. Der Antrag ist binnen zwei Wochen

1. nach Zustellung einer Entscheidung, die einen Antrag auf Ausfertigung der Entscheidung gemäß § 29 Abs. 4, eine Revision beim Verwaltungsgerichtshof oder eine Beschwerde beim Verfassungsgerichtshof als unzulässig zurückgewiesen hat, bzw.
2. nach dem Zeitpunkt, in dem die Partei von der Zulässigkeit eines Antrags auf Ausfertigung der Entscheidung gemäß § 29 Abs. 4 Kenntnis erlangt hat,

beim Verwaltungsgericht zu stellen. Die versäumte Handlung ist gleichzeitig nachzuholen. Über den Antrag entscheidet das Verwaltungsgericht.

(5) Durch die Bewilligung der Wiedereinsetzung tritt das Verfahren in die Lage zurück, in der es sich vor dem Eintritt der Versäumung befunden hat.

(6) Gegen die Versäumung der Frist zur Stellung des Wiedereinsetzungsantrags findet keine Wiedereinsetzung statt.

Entscheidungspflicht

§ 34. (1) Soweit durch Bundes- oder Landesgesetz nicht anderes bestimmt ist, ist das Verwaltungsgericht verpflichtet, über verfahrenseinleitende Anträge von Parteien und Beschwerden ohne unnötigen Aufschub, spätestens aber sechs Monate nach deren Einlangen zu entscheiden. Im Verfahren über Beschwerden gemäß Art. 130 Abs. 1 B-VG beginnt die Entscheidungsfrist mit dem Einlangen der vorgelegten Beschwerde und in den Fällen des § 28 Abs. 7 mit Ablauf der vom Verwaltungsgericht gesetzten Frist. Soweit sich in verbundenen Verfahren (§ 39 Abs. 2b AVG) aus den anzuwendenden Rechtsvorschriften unterschiedliche Entscheidungsfristen ergeben, ist die zuletzt ablaufende maßgeblich.

(2) In die Frist werden nicht eingerechnet:

1. die Zeit, während deren das Verfahren bis zur rechtskräftigen Entscheidung einer Vorfrage ausgesetzt ist;
2. die Zeit eines Verfahrens vor dem Verwaltungsgerichtshof, vor dem Verfassungsgerichtshof oder vor dem Gerichtshof der Europäischen Union.

(3) Das Verwaltungsgericht kann ein Verfahren über eine Beschwerde gemäß Art. 130 Abs. 1 Z 1 B-VG mit Beschluss aussetzen, wenn

1. vom Verwaltungsgericht in einer erheblichen Anzahl von anhängigen oder in naher Zukunft zu erwartenden Verfahren eine Rechtsfrage zu lösen ist und gleichzeitig beim Verwaltungsgerichtshof ein Verfahren über eine Revision gegen ein Erkenntnis oder einen Beschluss eines Verwaltungsgerichtes anhängig ist, in welchem dieselbe Rechtsfrage zu lösen ist, und
2. eine Rechtsprechung des Verwaltungsgerichtshofes zur Lösung dieser Rechtsfrage fehlt oder die zu lösende Rechtsfrage in der bisherigen Rechtsprechung des Verwaltungsgerichtshofes nicht einheitlich beantwortet wird.

Gleichzeitig hat das Verwaltungsgericht dem Verwaltungsgerichtshof das Aussetzen des Verfahrens unter Bezeichnung des beim Verwaltungsgerichtshof anhängigen Verfahrens mitzuteilen. Eine solche Mitteilung hat zu entfallen, wenn das Verwaltungsgericht in der Mitteilung ein Verfahren vor dem Verwaltungsgerichtshof zu bezeichnen hätte, das es in einer früheren Mitteilung schon einmal bezeichnet hat. Mit der Zustellung des Erkenntnisses oder Beschlusses des Verwaltungsgerichtshofes an das Verwaltungsgericht gemäß § 44 Abs. 2 des Verwaltungsgerichtshofgesetzes 1985 – VwGG, BGBl. Nr. 10/1985, ist das Verfahren fortzusetzen. Das Verwaltungsgericht hat den Parteien die Fortsetzung des Verfahrens mitzuteilen.

5. Abschnitt
Kosten
Kosten im Verfahren über Beschwerden wegen Ausübung unmittelbarer verwaltungsbehördlicher Befehls- und Zwangsgewalt

§ 35. (1) Die im Verfahren über Beschwerden wegen Ausübung unmittelbarer verwaltungsbehördlicher Befehls- und Zwangsgewalt (Art. 130 Abs. 1 Z 2 B-VG) obsiegende Partei hat Anspruch auf Ersatz ihrer Aufwendungen durch die unterlegene Partei.

(2) Wenn die angefochtene Ausübung unmittelbarer verwaltungsbehördlicher Befehls- und Zwangsgewalt für rechtswidrig erklärt wird, dann ist der Beschwerdeführer die obsiegende und die Behörde die unterlegene Partei.

(3) Wenn die Beschwerde zurückgewiesen oder abgewiesen wird oder vom Beschwerdeführer vor der Entscheidung durch das Verwaltungsgericht zurückgezogen wird, dann ist die Behörde die obsiegende und der Beschwerdeführer die unterlegene Partei.

(3a) § 47 Abs. 5 VwGG ist sinngemäß anzuwenden.

(4) Als Aufwendungen gemäß Abs. 1 gelten:

1. die Kommissionsgebühren sowie die Barauslagen, für die der Beschwerdeführer aufzukommen hat,
2. die Fahrtkosten, die mit der Wahrnehmung seiner Parteirechte in Verhandlungen vor dem Verwaltungsgericht verbunden waren, sowie
3. die durch Verordnung des Bundeskanzlers festzusetzenden Pauschalbeträge für den Schriftsatz-, den Verhandlungs- und den Vorlageaufwand.

(5) Die Höhe des Schriftsatz- und des Verhandlungsaufwands hat den durchschnittlichen Kosten der Vertretung bzw. der Einbringung des Schriftsatzes durch einen Rechtsanwalt zu entsprechen. Für den Ersatz der den Behörden erwachsenden Kosten ist ein Pauschalbetrag festzusetzen, der dem durchschnittlichen Vorlage-, Schriftsatz- und Verhandlungsaufwand der Behörden entspricht.

(6) Die §§ 52 bis 54 VwGG sind auf den Anspruch auf Aufwandersatz gemäß Abs. 1 sinngemäß anzuwenden.

(7) Aufwandersatz ist auf Antrag der Partei zu leisten. Der Antrag kann bis zum Schluss der mündlichen Verhandlung gestellt werden.

3. Hauptstück
Besondere Bestimmungen
1. Abschnitt
Verfahren in Rechtssachen in den Angelegenheiten des eigenen Wirkungsbereiches der Gemeinde

§ 36. (1) In Rechtssachen in den Angelegenheiten des eigenen Wirkungsbereiches der Gemeinde sind die Bestimmungen dieses Bundesgesetzes über die Behörde auf die Berufungsbehörde sinngemäß anzuwenden.

(2) Behörde im Sinne des § 8 Abs. 1 letzter Satz ist sowohl die Behörde, die den Bescheid als oberste Behörde, die im Verwaltungsverfahren, sei es im administrativen Instanzenzug, sei es im Weg eines Antrags auf Übergang der Entscheidungspflicht, angerufen werden konnte, nicht erlassen hat, als auch jene Behörde, bei der der das vorangegangene Verwaltungsverfahren einleitende Antrag zu stellen war.

2. Abschnitt
Verfahren in Verwaltungsstrafsachen
Frist zur Erhebung der Säumnisbeschwerde

§ 37. In die Frist zur Erhebung einer Säumnisbeschwerde werden auch nicht eingerechnet:

1. die Zeit, während deren nach einer gesetzlichen Vorschrift die Verfolgung einer Verwaltungsübertretung nicht eingeleitet oder fortgesetzt werden kann;
2. die Zeit, während deren wegen der Tat gegen den Täter ein Strafverfahren bei der Staatsanwaltschaft oder bei einem Gericht geführt wird.

Anzuwendendes Recht

§ 38. Soweit in diesem Bundesgesetz nicht anderes bestimmt ist, sind auf das Verfahren über Beschwerden gemäß Art. 130 Abs. 1 B-VG in Verwaltungsstrafsachen die Bestimmungen des Verwaltungsstrafgesetzes 1991 – VStG, BGBl. Nr. 52/1991, mit Ausnahme des 5. Abschnittes des II. Teiles, und des Finanzstrafgesetzes – FinStrG, BGBl. Nr. 129/1958, und im Übrigen jene verfahrensrechtlichen Bestimmungen in Bundes- oder Landesgesetzen sinngemäß anzuwenden, die die Behörde in dem dem Verfahren vor dem Verwaltungsgericht vorangegangenen Verfahren angewendet hat oder anzuwenden gehabt hätte.

Dolmetscher und Übersetzer

§ 38a. (1) Ist ein Beschuldigter der deutschen Sprache nicht hinreichend kundig, gehörlos oder hochgradig hör- oder sprachbehindert, hat er das Recht auf Beiziehung eines Dolmetschers. Dies gilt insbesondere für Beweisaufnahmen, an denen der Beschuldigte teilnimmt, für Verhandlungen und auf Verlangen auch für den Kontakt des Beschuldigten mit seinem Verteidiger, sofern dies in unmittelbarem Zusammenhang mit einer Verhandlung oder sonstigen Amtshandlung, an der der Beschuldigte teilnimmt, steht und im Interesse einer zweckentsprechenden Verteidigung erforderlich ist.

(2) Können Dolmetschleistungen für die Sprache, die für den Beschuldigten verständlich ist, nicht binnen angemessener Zeit zur Verfügung gestellt werden und ist das persönliche Erscheinen des Dolmetschers für die Gewährleistung eines fairen Verfahrens nicht erforderlich, kann die Dolmetschleistung nach Maßgabe der technischen Möglichkeiten des Verwaltungsgerichtes unter Verwendung technischer Einrichtungen zur Wort- und Bildübertragung erbracht werden.

(3) Soweit dies zur Wahrung der Verteidigungsrechte und eines fairen Verfahrens erforderlich ist, hat ein der deutschen Sprache nicht hinreichend kundiger Beschuldigter das Recht auf schriftliche Übersetzung der wesentlichen Aktenstücke innerhalb einer angemessenen Frist. Als wesentlich gelten insbesondere die zur Beschwerde erstatteten Äußerungen, die schriftliche Ausfertigung des Erkenntnisses und eine gegen das Erkenntnis von einer anderen Partei als dem Beschuldigten erhobene Revision. Auf Antrag des Beschuldigten sind ihm weitere konkret zu bezeichnende Aktenstücke schriftlich zu übersetzen, soweit die Erforderlichkeit einer Übersetzung hinreichend begründet wird oder offenkundig ist. Die schriftliche Übersetzung kann durch auszugsweise Darstellung des wesentlichen Inhalts, durch mündliche Übersetzung oder, wenn der Beschuldigte durch einen Verteidiger vertreten ist, durch mündliche Zusammenfassung ersetzt werden, sofern dies einem fairen Verfahren nicht entgegensteht.

(4) Über sein Recht auf Beiziehung eines Dolmetschers und Übersetzers ist der Beschuldigte in einer für ihn verständlichen Sprache zu belehren. Der Umstand der Belehrung ist schriftlich festzuhalten.

(5) Ein Verzicht des Beschuldigten auf schriftliche Übersetzung ist nur zulässig, wenn er zuvor über sein Recht und die Folgen des Verzichts in einer für ihn verständlichen Sprache belehrt wurde. Belehrung und Verzicht sind schriftlich festzuhalten.

(6) Die Entscheidung über die Beiziehung eines Dolmetschers und Übersetzers erfolgt durch verfahrensleitenden Beschluss.

Beschwerdeverzicht

§ 39. Der Beschuldigte kann während einer Anhaltung einen Beschwerdeverzicht (§ 7 Abs. 2) nicht wirksam abgeben.

Verfahrenshilfeverteidiger

§ 40. (1) Ist ein Beschuldigter außerstande, die Kosten der Verteidigung ohne Beeinträchtigung des notwendigen Unterhalts zu bestreiten, so hat das Verwaltungsgericht auf Antrag des Beschuldigten zu beschließen, dass diesem ein Verteidiger beigegeben wird, dessen Kosten der Beschuldigte nicht zu tragen hat, soweit dies im Interesse der Rechtspflege, vor allem im Interesse einer zweckentsprechenden Verteidigung, erforderlich und auf Grund des Art. 6 Abs. 1 und Abs. 3 lit. c der Konvention zum Schutze der Menschenrechte und Grundfreiheiten oder des Art. 47 der Charta der Grundrechte der Europäischen Union geboten ist.

(2) § 8a Abs. 3 bis 10 ist sinngemäß anzuwenden, § 8a Abs. 3 mit der Maßgabe, dass der Antrag auch mündlich gestellt werden kann.

Aufschiebende Wirkung

§ 41. Die aufschiebende Wirkung der Beschwerde kann nicht ausgeschlossen werden.

Verbot der Verhängung einer höheren Strafe

§ 42. Auf Grund einer vom Beschuldigten oder auf Grund einer zu seinen Gunsten erhobenen Beschwerde darf in einem Erkenntnis oder in einer Beschwerdevorentscheidung keine höhere Strafe verhängt werden als im angefochtenen Bescheid.

Verjährung

§ 43. (1) Sind seit dem Einlangen einer rechtzeitig eingebrachten und zulässigen Beschwerde des Beschuldigten gegen ein Straferkenntnis bei der Behörde 15 Monate vergangen, tritt es von Gesetzes wegen außer Kraft; das Verfahren ist einzustellen.

(2) In die Frist gemäß Abs. 1 werden die Zeiten gemäß § 34 Abs. 2 und § 51 nicht eingerechnet.

Verhandlung

§ 44. (1) Das Verwaltungsgericht hat eine öffentliche mündliche Verhandlung durchzuführen.

(2) Die Verhandlung entfällt, wenn der Antrag der Partei oder die Beschwerde zurückzuweisen ist oder bereits auf Grund der Aktenlage feststeht, dass der mit Beschwerde angefochtene Bescheid aufzuheben ist.

(3) Das Verwaltungsgericht kann von einer Verhandlung absehen, wenn

1. in der Beschwerde nur eine unrichtige rechtliche Beurteilung behauptet wird oder
2. sich die Beschwerde nur gegen die Höhe der Strafe richtet oder
3. im angefochtenen Bescheid eine 500 Euro nicht übersteigende Geldstrafe verhängt wurde oder
4. sich die Beschwerde gegen einen verfahrensrechtlichen Bescheid richtet

und keine Partei die Durchführung einer Verhandlung beantragt hat. Der Beschwerdeführer hat die Durchführung einer Verhandlung in der Beschwerde oder im Vorlageantrag zu beantragen. Den sonstigen Parteien ist Gelegenheit zu geben, einen Antrag auf Durchführung einer Verhandlung zu stellen. Ein Antrag auf Durchführung einer Verhandlung kann nur mit Zustimmung der anderen Parteien zurückgezogen werden.

(4) Soweit durch Bundes- oder Landesgesetz nicht anderes bestimmt ist, kann das Verwaltungsgericht ungeachtet eines Parteiantrages von einer Verhandlung absehen, wenn es einen Beschluss zu fassen hat, die Akten erkennen lassen, dass die mündliche Erörterung eine weitere Klärung der Rechtssache nicht erwarten lässt, und einem Entfall der Verhandlung weder Art. 6 Abs. 1 der Konvention zum Schutze der Menschenrechte und Grundfreiheiten noch Art. 47 der Charta der Grundrechte der Europäischen Union entgegenstehen.

(5) Das Verwaltungsgericht kann von der Durchführung (Fortsetzung) einer Verhandlung absehen, wenn die Parteien ausdrücklich darauf verzichten. Ein solcher Verzicht kann bis zum Beginn der (fortgesetzten) Verhandlung erklärt werden.

(6) Die Parteien sind so rechtzeitig zur Verhandlung zu laden, dass ihnen von der Zustellung der Ladung an mindestens zwei Wochen zur Vorbereitung zur Verfügung stehen.

Durchführung der Verhandlung

§ 45. (1) Die Verhandlung beginnt mit dem Aufruf der Rechtssache. Zeugen haben daraufhin das Verhandlungszimmer zu verlassen.

(2) Wenn eine Partei trotz ordnungsgemäßer Ladung nicht erschienen ist, dann hindert dies weder die Durchführung der Verhandlung noch die Fällung des Erkenntnisses.

(3) Zu Beginn der Verhandlung ist der Gegenstand der Verhandlung zu bezeichnen und der bisherige Gang des Verfahrens zusammenzufassen. Sodann ist den Parteien Gelegenheit zu geben, sich zu äußern.

Beweisaufnahme

§ 46. (1) Das Verwaltungsgericht hat die zur Entscheidung der Rechtssache erforderlichen Beweise aufzunehmen.

(2) Außer dem Verhandlungsleiter sind die Parteien und ihre Vertreter, insbesondere der Beschuldigte, im Verfahren vor dem Senat auch die sonstigen Mitglieder berechtigt, an jede Person, die vernommen wird, Fragen zu stellen. Der Verhandlungsleiter erteilt ihnen hiezu das Wort. Er kann Fragen, die nicht der Aufklärung des Sachverhaltes dienen, zurückweisen.

(3) Niederschriften über die Vernehmung des Beschuldigten oder von Zeugen sowie die Gutachten der Sachverständigen dürfen nur verlesen werden, wenn

1. die Vernommenen in der Zwischenzeit gestorben sind, ihr Aufenthalt unbekannt ist oder ihr persönliches Erscheinen wegen ihres Alters, wegen Krankheit oder Behinderung oder wegen entfernten Aufenthaltes oder aus anderen erheblichen Gründen nicht verlangt werden kann und ihnen, sofern es sich um im Inland aufhältige Personen handelt, eine Teilnahme an der Verhandlung unter Verwendung technischer Einrichtungen zur Wort- und Bildübertragung nicht zumutbar ist oder
2. die in der mündlichen Verhandlung Vernommenen in wesentlichen Punkten von ihren früheren Aussagen abweichen oder
3. Zeugen, ohne dazu berechtigt zu sein, oder Beschuldigte die Aussage verweigern oder
4. alle anwesenden Parteien zustimmen.

(4) Sonstige Beweismittel, wie Augenscheinsaufnahmen, Fotos oder Urkunden, müssen dem Beschuldigten vorgehalten werden. Es ist ihm Gelegenheit zu geben, sich dazu zu äußern.

Schluss der Verhandlung

§ 47. (1) Das Verfahren ist möglichst in einer Verhandlung abzuschließen. Wenn sich die Vernehmung des der Verhandlung ferngebliebenen Beschuldigten oder die Aufnahme weiterer Beweise als notwendig erweist, dann ist die Verhandlung zu vertagen.

(2) Wenn die Rechtssache reif zur Entscheidung ist, dann ist die Beweisaufnahme zu schließen.

(3) Nach Schluss der Beweisaufnahme ist den Parteien Gelegenheit zu ihren Schlussausführungen zu geben. Dem Beschuldigten steht das Recht zu, sich als letzter zu äußern.

(4) Hierauf ist die Verhandlung zu schließen. Im Verfahren vor dem Senat zieht sich dieser zur Beratung und Abstimmung zurück. Der Spruch des Erkenntnisses und seine wesentliche Begründung sind nach Möglichkeit sofort zu beschließen und zu verkünden.

Unmittelbarkeit des Verfahrens

§ 48. (1) Wenn eine Verhandlung durchgeführt wurde, dann ist bei der Fällung des Erkenntnisses nur auf das Rücksicht zu nehmen, was in dieser Verhandlung vorgekommen ist. Auf Aktenstücke ist nur insoweit Rücksicht zu nehmen, als sie bei der Verhandlung verlesen wurden, es sei denn, der Beschuldigte hätte darauf verzichtet, oder als es sich um Beweiserhebungen handelt, deren Erörterung infolge des Verzichts auf eine fortgesetzte Verhandlung gemäß § 44 Abs. 5 entfallen ist.

(2) Eine Verlesung von Aktenstücken kann unterbleiben, wenn diese Aktenstücke von der Partei, die die Verlesung verlangt, selbst stammen oder wenn es sich um Aktenstücke handelt, die der die Verlesung begehrenden Partei nachweislich zugestellt wurden.

Verhandlung unter Verwendung technischer Einrichtungen zur Wort- und Bildübertragung

§ 48a. (1) § 25a ist mit folgenden Maßgaben anzuwenden:

1. In der Ladung darf nur dann angeordnet werden, dass der Beschuldigte unter Verwendung technischer Einrichtungen zur Wort- und Bildübertragung teilzunehmen hat, wenn er auf das persönliche Erscheinen verzichtet hat.
2. Zeugen und Beteiligte, die vernommen werden sollen, sind möglichst persönlich vorzuladen, es sei denn, der Beschuldigte hätte darauf verzichtet.

(2) Zeugen, die unter Verwendung technischer Einrichtungen zur Wort- und Bildübertragung an der Verhandlung teilnehmen, sind nach dem Aufruf der Rechtssache bis zu ihrer Vernehmung von der Teilnahme auszuschließen.

Gebühren der Beteiligten

§ 49. § 26 gilt nicht für Beteiligte.

Erkenntnisse

§ 50. (1) Sofern die Beschwerde nicht zurückzuweisen oder das Verfahren einzustellen ist, hat das Verwaltungsgericht über Beschwerden gemäß Art. 130 Abs. 1 Z 1 B-VG in der Sache selbst zu entscheiden.

(2) Die gekürzte Ausfertigung des Erkenntnisses hat überdies zu enthalten:

1. im Fall der Verhängung einer Strafe die vom Verwaltungsgericht als erwiesen angenommenen Tatsachen in gedrängter Darstellung sowie die für die Strafbemessung maßgebenden Umstände in Schlagworten;
2. im Fall des § 45 Abs. 1 VStG eine gedrängte Darstellung der dafür maßgebenden Gründe.

(3) Jedes Erkenntnis hat einen Hinweis auf die Voraussetzungen für die Bewilligung der Verfahrenshilfe im Verfahren vor dem Verfassungsgerichtshof und im Verfahren vor dem Verwaltungsgerichtshof zu enthalten.

Entscheidungspflicht

§ 51. In die Frist gemäß § 34 Abs. 1 werden auch nicht eingerechnet:

1. die Zeit, während deren nach einer gesetzlichen Vorschrift die Verfolgung nicht eingeleitet oder fortgesetzt werden kann;
2. die Zeit, während deren wegen der Tat gegen den Täter ein Strafverfahren bei der Staatsanwaltschaft, bei einem Gericht oder bei einer Verwaltungsbehörde geführt wird.

Kosten

§ 52. (1) In jedem Erkenntnis des Verwaltungsgerichtes, mit dem ein Straferkenntnis bestätigt wird, ist auszusprechen, dass der Bestrafte einen Beitrag zu den Kosten des Strafverfahrens zu leisten hat.

(2) Dieser Beitrag ist für das Beschwerdeverfahren mit 20% der verhängten Strafe, mindestens jedoch mit zehn Euro zu bemessen; bei Freiheitsstrafen ist zur Berechnung der Kosten ein Tag Freiheitsstrafe gleich 100 Euro anzurechnen. Der Kostenbeitrag fließt der Gebietskörperschaft zu, die den Aufwand des Verwaltungsgerichtes zu tragen hat.

(3) Sind im verwaltungsgerichtlichen Verfahren Barauslagen erwachsen (§ 76 AVG), so ist dem Bestraften der Ersatz dieser Auslagen aufzuerlegen, soweit sie nicht durch Verschulden einer anderen Person verursacht sind; der hiernach zu ersetzende Betrag ist, wenn tunlich, im Erkenntnis, sonst durch besonderen Beschluss ziffernmäßig festzusetzen. Dies gilt nicht für Gebühren, die dem Dolmetscher und Übersetzer zustehen, der dem Beschuldigten beigestellt wurde.

(4) Einem nach § 40 beigegebenen Verfahrenshilfeverteidiger sind die Kosten eines Dolmetschers, soweit dessen Beiziehung zu den Besprechungen zwischen dem Verteidiger und dem Beschuldigten notwendig war, von jenem Rechtsträger, in dessen Vollziehungsbereich das Verwaltungsgericht in der Angelegenheit gehandelt hat, in der Höhe der für Dolmetscher geltenden Bestimmungen des GebAG, zu vergüten. Die Gebühr ist beim Verwaltungsgericht, das über den Antrag auf Beigebung eines Verteidigers entschieden hat, geltend zu machen.

(5) Von der Eintreibung der Kostenbeiträge (Abs. 1 und § 54d VStG) und der Barauslagen ist abzusehen, wenn mit Grund angenommen werden darf, dass sie erfolglos wäre.

(6) Die §§ 14 und 54b Abs. 1 und 1a VStG sind sinngemäß anzuwenden.

(7) Wird einem Antrag des Bestraften auf Wiederaufnahme des verwaltungsgerichtlichen Strafverfahrens nicht stattgegeben, so gelten hinsichtlich der Verpflichtung zur Tragung der Verfahrenskosten sinngemäß die vorangehenden Bestimmungen.

(8) Die Kosten des Beschwerdeverfahrens sind dem Beschwerdeführer nicht aufzuerlegen, wenn der Beschwerde auch nur teilweise Folge gegeben worden ist.

(9) Wird eine verhängte Strafe infolge Beschwerde aufgehoben, so sind die Kosten des Verfahrens von der Behörde zu tragen, falls sie aber schon gezahlt sind, zurückzuerstatten.

(10) Dem Privatankläger sind in solchen Fällen nur die durch sein Einschreiten tatsächlich verursachten Kosten aufzuerlegen.

3. Abschnitt
Verfahren über Beschwerden wegen Rechtswidrigkeit eines Verhaltens einer Behörde in Vollziehung der Gesetze

§ 53. Soweit durch Bundes- oder Landesgesetz nicht anderes bestimmt ist, sind auf Verfahren über Beschwerden wegen Rechtswidrigkeit eines Verhaltens einer Behörde in Vollziehung der Gesetze gemäß Art. 130 Abs. 2 Z 1 B-VG die Bestimmungen über Beschwerden gegen die Ausübung unmittelbarer verwaltungsbehördlicher Befehls- und Zwangsgewalt sinngemäß anzuwenden.

4. Abschnitt
Vorstellung gegen Erkenntnisse und Beschlüsse des Rechtspflegers

§ 54. (1) Gegen Erkenntnisse und Beschlüsse des Rechtspflegers (§ 2) kann Vorstellung beim zuständigen Mitglied des Verwaltungsgerichtes erhoben werden.

(2) Gegen verfahrensleitende Beschlüsse des Rechtspflegers ist eine abgesonderte Vorstellung nicht zulässig. Sie können erst in der Vorstellung gegen das die Rechtssache erledigende Erkenntnis angefochten werden.

(3) Die Frist zur Erhebung der Vorstellung beträgt zwei Wochen. § 7 Abs. 4 Z 1, 2 und 4 ist sinngemäß anzuwenden.

(4) Jedes Erkenntnis und jeder Beschluss im Sinne des Abs. 1 hat eine Belehrung über die Möglichkeit der Erhebung einer Vorstellung beim zuständigen Mitglied des Verwaltungsgerichtes zu enthalten. Das Verwaltungsgericht hat auf die bei der Einbringung einer solchen Vorstellung einzuhaltenden Fristen hinzuweisen.

4. Hauptstück
Schlussbestimmungen
Verweisungen

§ 55. Soweit in diesem Bundesgesetz auf Bestimmungen anderer Bundesgesetze verwiesen wird, sind diese in ihrer jeweils geltenden Fassung anzuwenden.

Sprachliche Gleichbehandlung

§ 56. Soweit sich die in diesem Bundesgesetz verwendeten Bezeichnungen auf natürliche Personen beziehen, gilt die gewählte Form für beide Geschlechter. Bei der Anwendung dieser Bezeichnungen auf bestimmte natürliche Personen ist die jeweils geschlechtsspezifische Form zu verwenden.

Umsetzung von Richtlinien der Europäischen Union

§ 57. (1) § 38a Abs. 1, 2, 3, 5 und 6 und § 52 Abs. 3 in der Fassung des Bundesgesetzes BGBl. I Nr. 57/2018 dienen der Umsetzung der Richtlinie 2010/64 EU über das Recht auf Dolmetschleistungen und Übersetzungen in Strafverfahren, ABl. Nr. L 280 vom 26.10.2010 S. 1.

(2) § 31 Abs. 3, § 38a Abs. 3 und § 50 Abs. 3 in der Fassung des Bundesgesetzes BGBl. I Nr. 57/2018 dienen der Umsetzung der Richtlinie 2012/13 EU über das Recht auf Belehrung und Unterrichtung in Strafverfahren, ABl. Nr. L 142 vom 01.06.2012 S. 1.

Vollziehung

§ 58. Mit der Vollziehung dieses Bundesgesetzes ist, soweit darin nicht anderes bestimmt ist, die Bundesregierung betraut.

Inkrafttreten

§ 59. (1) Dieses Bundesgesetz tritt mit 1. Jänner 2014 in Kraft.

(2) Entgegenstehende Bestimmungen in Bundes- oder Landesgesetzen, die zum Zeitpunkt des Inkrafttretens dieses Bundesgesetzes bereits kundgemacht sind, bleiben unberührt.

(3) § 3 samt Überschrift, § 13 Abs. 4 und § 15 Abs. 2 erster Satz in der Fassung des Bundesgesetzes BGBl. I Nr. 122/2013 treten mit 1. Jänner 2014 in Kraft. Entgegenstehende Bestimmungen in Bundes- oder Landesgesetzen, die zum Zeitpunkt des Inkrafttretens dieses Bundesgesetzes bereits kundgemacht sind, bleiben unberührt.

(4) Das Inhaltsverzeichnis, § 8a samt Überschrift, § 13 Abs. 3, § 24 Abs. 2 Z 2 und 3 und Abs. 4, § 25 Abs. 6a, § 29 Abs. 2a, 2b und 5, § 30 Z 3 und 4, § 31 Abs. 3, § 33 Abs. 4a, § 34 Abs. 1, § 40 samt Überschrift, § 44 Abs. 4, § 45 Abs. 1, § 46 Abs. 1, § 47 Abs. 2 und § 50 in der Fassung des Bundesgesetzes BGBl. I Nr. 24/2017 treten mit 1. Jänner 2017 in Kraft.

(5) § 3 Abs. 2, § 7 Abs. 4, § 9 Abs. 1 bis 3, § 13, § 24 Abs. 2 Z 1, § 27 und § 54 Abs. 3 in der Fassung des Bundesgesetzes BGBl. I Nr. 138/2017 treten mit 1. Jänner 2019 in Kraft; gleichzeitig treten § 14 Abs. 3 und § 28 Abs. 8 außer Kraft. Die mit Ablauf des 31. Dezember 2018 anhängigen Verfahren über Beschwerden gemäß Art. 130 Abs. 1 Z 4 B–VG (Weisungsbeschwerden) in der

bis zum Ablauf des 31. Dezember 2018 geltenden Fassung gelten als eingestellt. § 7 Abs. 4 Z 4 in der Fassung des Bundesgesetzes BGBl. I Nr. 109/2021 tritt mit 1. Jänner 2019 in Kraft.

(6) Das Inhaltsverzeichnis, § 25 Abs. 6a bis 6c, § 31 Abs. 3, § 38a samt Überschrift, § 47 Abs. 1 und 3, § 48, § 50 Abs. 3, § 52 Abs. 3, § 57 (neu) samt Überschrift und die Paragraphenbezeichnungen der §§ 58 und 59 (neu) in der Fassung des Bundesgesetzes BGBl. I Nr. 57/2018 treten mit Ablauf des Monats der Kundmachung in Kraft.

(7) § 8a Abs. 3, § 13 Abs. 4, § 14 Abs. 2, § 15 Abs. 2 und 3, § 16 Abs. 2, § 33 Abs. 3, § 34 Abs. 1, § 35 Abs. 3a und § 59 Abs. 6 in der Fassung des Bundesgesetzes BGBl. I Nr. 109/2021 treten mit Ablauf des Tages der Kundmachung des Bundesgesetzes BGBl. I Nr. 109/2021 in Kraft.

(8) Die Einträge im Inhaltsverzeichnis zu § 25a und § 48a, § 25a samt Überschrift, § 27, § 34 Abs. 1, § 40 Abs. 2, § 46 Abs. 3 Z 1 und § 48a samt Überschrift in der Fassung des Bundesgesetzes BGBl. I Nr. 88/2023 treten mit Ablauf des Tages der Kundmachung des genannten Bundesgesetzes in Kraft. Gleichzeitig treten § 9 Abs. 3 und § 25 Abs. 6b außer Kraft.

12. Zustellgesetz

Bundesgesetz über die Zustellung behördlicher Dokumente

StF: BGBl. Nr. 200/1982

Letzte Novellierung: BGBl. I Nr. 205/2022

GLIEDERUNG

STICHWORTVERZEICHNIS

1. Abschnitt
Allgemeine Bestimmungen
Anwendungsbereich

§ 1. Dieses Bundesgesetz regelt die Zustellung der von Gerichten und Verwaltungsbehörden in Vollziehung der Gesetze zu übermittelnden Dokumente sowie die durch sie vorzunehmende Zustellung von Dokumenten ausländischer Behörden.

Begriffsbestimmungen

§ 2. Im Sinne dieses Bundesgesetzes bedeuten die Begriffe:

1. „Empfänger“: die von der Behörde in der Zustellverfügung (§ 5) namentlich als solcher bezeichnete Person;
2. „Dokument“: eine Aufzeichnung, unabhängig von ihrer technischen Form, insbesondere eine behördliche schriftliche Erledigung;
3. „Zustelladresse“: eine Abgabestelle (Z 4) oder elektronische Zustelladresse (Z 5);
4. „Abgabestelle“: die Wohnung oder sonstige Unterkunft, die Betriebsstätte, der Sitz, der Geschäftsraum, die Kanzlei oder auch der Arbeitsplatz des Empfängers, im Falle einer Zustellung anlässlich einer Amtshandlung auch deren Ort, oder ein vom Empfänger der Behörde für die Zustellung in einem laufenden Verfahren angegebener Ort;
5. „elektronische Zustelladresse“: eine vom Empfänger der Behörde für die Zustellung in einem anhängigen oder gleichzeitig anhängig gemachten Verfahren angegebene elektronische Adresse;
6. „Post“: die Österreichische Post AG (§ 3 Z 1 des Postmarktgesetzes – PMG, BGBl. I Nr. 123/2009);
7. „Zustelldienst“: ein Universaldienstbetreiber (§ 3 Z 4 PMG) sowie ein Zustelldienst im Anwendungsbereich des 3. Abschnitts;

(Anm.: Z 8 aufgehoben durch Art. 24 Z 1, BGBl. I Nr. 205/2022)

9. „Kunde“: Person, gegenüber der sich ein Zustelldienst, der die Leistungen gemäß § 29 Abs. 1 zu erbringen hat, zur Zustellung behördlicher Dokumente verpflichtet hat.

Durchführung der Zustellung

§ 3. Soweit die für das Verfahren geltenden Vorschriften nicht eine andere Form der Zustellung vorsehen, hat die Zustellung durch einen Zustelldienst, durch Bedienstete der Behörde oder, wenn dies im Interesse der Zweckmäßigkeit, Einfachheit und Raschheit gelegen ist, durch Organe der Gemeinden zu erfolgen.

Stellung des Zustellers

§ 4. Wer mit der Zustellung betraut ist (Zusteller), handelt hinsichtlich der Wahrung der Gesetzmäßigkeit der Zustellung als Organ der Behörde, deren Dokument zugestellt werden soll.

Zustellverfügung

§ 5. Die Zustellung ist von der Behörde zu verfügen, deren Dokument zugestellt werden soll. Die Zustellverfügung hat den Empfänger möglichst eindeutig zu bezeichnen und die für die Zustellung erforderlichen sonstigen Angaben zu enthalten.

Mehrmalige Zustellung

§ 6. Ist ein Dokument zugestellt, so löst die neuerliche Zustellung des gleichen Dokuments keine Rechtswirkungen aus.

Heilung von Zustellmängeln

§ 7. Unterlaufen im Verfahren der Zustellung Mängel, so gilt die Zustellung als in dem Zeitpunkt dennoch bewirkt, in dem das Dokument dem Empfänger tatsächlich zugekommen ist.

Änderung der Abgabestelle

§ 8. (1) Eine Partei, die während eines Verfahrens, von dem sie Kenntnis hat, ihre bisherige Abgabestelle ändert, hat dies der Behörde unverzüglich mitzuteilen.

(2) Wird diese Mitteilung unterlassen, so ist, soweit die Verfahrensvorschriften nicht anderes vorsehen, die Zustellung durch Hinterlegung ohne vorausgehenden Zustellversuch vorzunehmen, falls eine Abgabestelle nicht ohne Schwierigkeiten festgestellt werden kann.

Zustellungsbevollmächtigter

§ 9. (1) Soweit in den Verfahrensvorschriften nicht anderes bestimmt ist, können die Parteien und Beteiligten andere natürliche oder juristische Personen oder eingetragene Personengesellschaften gegenüber der Behörde zur Empfangnahme von Dokumenten bevollmächtigen (Zustellungsvollmacht).

(2) Einer natürlichen Person, die keinen Hauptwohnsitz im Inland hat, kann eine Zustellungsvollmacht nicht wirksam erteilt werden. Gleiches gilt für eine juristische Person oder eingetragene Personengesellschaft, wenn diese keinen zur Empfangnahme von Dokumenten befugten Vertreter mit Hauptwohnsitz im Inland hat. Das Erfordernis des Hauptwohnsitzes im Inland gilt nicht für Staatsangehörige von EWR-Vertragsstaaten, falls Zustellungen durch Staatsverträge mit dem Vertragsstaat des Wohnsitzes des Zustellungsbevollmächtigten oder auf andere Weise sichergestellt sind.

(3) Ist ein Zustellungsbevollmächtigter bestellt, so hat die Behörde, soweit gesetzlich nicht anderes bestimmt ist, diesen als Empfänger zu bezeichnen. Geschieht dies nicht, so gilt die Zustellung als in dem Zeitpunkt bewirkt, in dem das Dokument dem Zustellungsbevollmächtigten tatsächlich zugekommen ist.

(4) Haben mehrere Parteien oder Beteiligte einen gemeinsamen Zustellungsbevollmächtigten, so gilt mit der Zustellung einer einzigen Ausfertigung des Dokumentes an ihn die Zustellung an alle Parteien oder Beteiligte als bewirkt. Hat eine Partei oder hat ein Beteiligter mehrere Zustellungsbevollmächtigte, so gilt die Zustellung als bewirkt, sobald sie an einen von ihnen vorgenommen worden ist.

(5) Wird ein Anbringen von mehreren Parteien oder Beteiligten gemeinsam eingebracht und kein Zustellungsbevollmächtigter namhaft gemacht, so gilt die an erster Stelle genannte Person als gemeinsamer Zustellungsbevollmächtigter.

(6) § 8 ist auf den Zustellungsbevollmächtigten sinngemäß anzuwenden.

Zustellung durch Übersendung

§ 10. (1) Parteien und Beteiligten, die über keine inländische Abgabestelle verfügen, kann von der Behörde aufgetragen werden, innerhalb einer Frist von mindestens zwei Wochen für bestimmte oder für alle bei dieser Behörde anhängigen oder anhängig zu machenden Verfahren einen Zustellungsbevollmächtigten namhaft zu machen. Kommt die Partei bzw. der Beteiligte diesem Auftrag nicht fristgerecht nach, kann die Zustellung ohne Zustellnachweis durch Übersendung der Dokumente an eine der Behörde bekannte Zustelladresse erfolgen. Ein übersandtes Dokument gilt zwei Wochen nach Übergabe an den Zustelldienst als zugestellt. Auf diese Rechtsfolge ist im Auftrag hinzuweisen.

(2) Eine Zustellung gemäß Abs. 1 ist nicht mehr zulässig, sobald die Partei bzw. der Beteiligte

1. einen Zustellungsbevollmächtigten namhaft gemacht hat oder
2. über eine inländische Abgabestelle verfügt und diese der Behörde bekannt gegeben hat.

Besondere Fälle der Zustellung

§ 11. (1) Zustellungen im Ausland sind nach den bestehenden internationalen Vereinbarungen oder allenfalls auf dem Weg, den die Gesetze oder sonstigen Rechtsvorschriften des Staates, in dem zugestellt werden soll, oder die internationale Übung zulassen, erforderlichenfalls unter Mitwirkung der österreichischen Vertretungsbehörden, vorzunehmen.

(2) Zur Vornahme von Zustellungen an Ausländer oder internationale Organisationen, denen völkerrechtliche Privilegien und Immunitäten zustehen, ist unabhängig von ihrem Aufenthaltsort oder Sitz die Vermittlung des Bundesministeriums für Europa, Integration und Äußeres in Anspruch zu nehmen.

(3) Zustellungen an Personen, die nach den Vorschriften des Bundesverfassungsgesetzes über Kooperation und Solidarität bei der Entsendung von Einheiten und Einzelpersonen in das Ausland (KSE-BVG), BGBl. I Nr. 38/1997, in das Ausland entsendet wurden, sind im Wege des zuständigen Bundesministers, sofern aber diese Personen anlässlich ihrer Entsendung zu einer Einheit oder zu mehreren Einheiten zusammengefasst wurden, im Wege des Vorgesetzten der Einheit vorzunehmen.

Zustellung ausländischer Dokumente im Inland

§ 12. (1) Zustellungen von Dokumenten ausländischer Behörden im Inland sind nach den bestehenden internationalen Vereinbarungen, mangels solcher nach diesem Bundesgesetz vorzunehmen. Einem Ersuchen um Einhaltung einer bestimmten davon abweichenden Vorgangsweise kann jedoch entsprochen werden, wenn eine solche Zustellung mit den Grundwertungen der österreichischen Rechtsordnung vereinbar ist.

(2) Die Zustellung eines ausländischen, fremdsprachigen Dokuments, dem keine, im gerichtlichen Verfahren keine beglaubigte, deutschsprachige Übersetzung angeschlossen ist, ist nur zulässig, wenn der Empfänger zu dessen Annahme bereit ist; dies ist anzunehmen, wenn er nicht binnen drei Tagen gegenüber der Behörde, die das Dokument zugestellt hat, erklärt, daß er zur Annahme nicht bereit ist; diese Frist beginnt mit der Zustellung zu laufen und kann nicht verlängert werden.

(3) Ist die Erklärung gemäß Abs. 2 verspätet oder unzulässig, so ist sie zurückzuweisen; sonst hat die Behörde zu beurkunden, daß die Zustellung des fremdsprachigen Dokuments mangels Annahmebereitschaft des Empfängers als nicht bewirkt anzusehen ist.

(4) Für die Zustellung von Dokumenten ausländischer Behörden in Verwaltungssachen gelten, falls in Staatsverträgen nicht anderes bestimmt ist, außerdem die folgenden Bestimmungen:

1. Dokumente werden nur zugestellt, wenn gewährleistet ist, dass auch der ersuchende Staat einem gleichartigen österreichischen Ersuchen entsprechen würde. Das Vorliegen von Gegenseitigkeit kann durch Staatsverträge, die nicht unter Art. 50 B-VG fallen, festgestellt werden.
2. Im Übrigen sind das Europäische Übereinkommen über die Zustellung von Schriftstücken in Verwaltungssachen im Ausland, BGBl. Nr. 67/1983, und die von der Republik Österreich gemäß diesem Abkommen abgegebenen Erklärungen sinngemäß anzuwenden.

2. Abschnitt
Physische Zustellung

Zustellung an den Empfänger

§ 13. (1) Das Dokument ist dem Empfänger an der Abgabestelle zuzustellen. Ist aber auf Grund einer Anordnung einer Verwaltungsbehörde oder eines Gerichtes an eine andere Person als den Empfänger zuzustellen, so tritt diese an die Stelle des Empfängers.

(2) Bei Zustellungen durch Organe eines Zustelldienstes oder der Gemeinde darf auch an eine gegenüber dem Zustelldienst oder der Gemeinde zur Empfangnahme solcher Dokumente bevollmächtigte Person zugestellt werden, soweit dies nicht durch einen Vermerk auf dem Dokument ausgeschlossen ist.

(3) Ist der Empfänger keine natürliche Person, so ist das Dokument einem zur Empfangnahme befugten Vertreter zuzustellen.

(4) Ist der Empfänger eine zur berufsmäßigen Parteienvertretung befugte Person, so ist das Dokument in deren Kanzlei zuzustellen und darf an jeden dort anwesenden Angestellten des Parteienvertreters zugestellt werden; durch Organe eines Zustelldienstes darf an bestimmte Angestellte nicht oder nur an bestimmte Angestellte zugestellt werden, wenn der Parteienvertreter dies schriftlich beim Zustelldienst verlangt hat. Die Behörde hat Angestellte des Parteienvertreters wegen ihres Interesses an der Sache oder auf Grund einer zuvor der Behörde schriftlich abgegebenen Erklärung des Parteienvertreters durch einen Vermerk auf dem Dokument und dem Zustellnachweis von der Zustellung auszuschließen; an sie darf nicht zugestellt werden.

(Anm.: Abs. 5 und 6 aufgehoben durch BGBl. I Nr. 10/2004)

§ 14. Untersteht der Empfänger einer Anstaltsordnung und dürfen ihm auf Grund gesetzlicher Bestimmungen Dokumente nur durch den Leiter der Anstalt oder durch eine von diesem bestimmte Person oder durch den Untersuchungsrichter ausgehändigt werden, so ist das Dokument dem Leiter der Anstalt oder der von ihm bestimmten Person vom Zusteller zur Vornahme der Zustellung zu übergeben.

§ 15. (1) Zustellungen an Soldaten, die Präsenz- oder Ausbildungsdienst leisten, sind durch das unmittelbar vorgesetzte Kommando vorzunehmen.

(2) Bei sonstigen Zustellungen in Kasernen oder auf anderen militärisch genutzten Liegenschaften ist das für deren Verwaltung zuständige Kommando vorher davon in Kenntnis zu setzen. Auf Verlangen des Kommandos ist ein von ihm zu bestimmender Soldat oder Bediensteter der Heeresverwaltung dem Zusteller beizugeben.

Ersatzzustellung

§ 16. (1) Kann das Dokument nicht dem Empfänger zugestellt werden und ist an der Abgabestelle ein Ersatzempfänger anwesend, so darf an diesen zugestellt werden (Ersatzzustellung), sofern der Zusteller Grund zur Annahme hat, daß sich der Empfänger oder ein Vertreter im Sinne des § 13 Abs. 3 regelmäßig an der Abgabestelle aufhält.

(2) Ersatzempfänger kann jede erwachsene Person sein, die an derselben Abgabestelle wie der Empfänger wohnt oder Arbeitnehmer oder Arbeitgeber des Empfängers ist und die – außer wenn sie mit dem Empfänger im gemeinsamen Haushalt lebt – zur Annahme bereit ist.

(3) Durch Organe eines Zustelldienstes darf an bestimmte Ersatzempfänger nicht oder nur an bestimmte Ersatzempfänger zugestellt werden, wenn der Empfänger dies schriftlich beim Zustelldienst verlangt hat.

(4) Die Behörde hat Personen wegen ihres Interesses an der Sache oder auf Grund einer schriftlichen Erklärung des Empfängers durch einen Vermerk auf dem Dokument und dem Zustellnachweis von der Ersatzzustellung auszuschließen; an sie darf nicht zugestellt werden.

(5) Eine Ersatzzustellung gilt als nicht bewirkt, wenn sich ergibt, daß der Empfänger oder dessen Vertreter im Sinne des § 13 Abs. 3 wegen Abwesenheit von der Abgabestelle nicht rechtzeitig vom Zustellvorgang Kenntnis erlangen konnte, doch wird die Zustellung mit dem der Rückkehr an die Abgabestelle folgenden Tag wirksam.

Hinterlegung

§ 17. (1) Kann das Dokument an der Abgabestelle nicht zugestellt werden und hat der Zusteller Grund zur Annahme, daß sich der Empfänger oder ein Vertreter im Sinne des § 13 Abs. 3 regelmäßig an der Abgabestelle aufhält, so ist das Dokument im Falle der Zustellung durch den Zustelldienst bei seiner zuständigen Geschäftsstelle, in allen anderen Fällen aber beim zuständigen Gemeindeamt oder bei der Behörde, wenn sie sich in derselben Gemeinde befindet, zu hinterlegen.

(2) Von der Hinterlegung ist der Empfänger schriftlich zu verständigen. Die Verständigung ist in die für die Abgabestelle bestimmte Abgabeeinrichtung (Briefkasten, Hausbrieffach oder Briefeinwurf) einzulegen, an der Abgabestelle zurückzulassen oder, wenn dies nicht möglich ist, an der Eingangstüre (Wohnungs-, Haus-, Gartentüre) anzubringen. Sie hat den Ort der Hinterlegung zu bezeichnen, den Beginn und die Dauer der Abholfrist anzugeben sowie auf die Wirkung der Hinterlegung hinzuweisen.

(3) Das hinterlegte Dokument ist mindestens zwei Wochen zur Abholung bereitzuhalten. Der Lauf dieser Frist beginnt mit dem Tag, an dem das Dokument erstmals zur Abholung bereitgehalten wird. Hinterlegte Dokumente gelten mit dem ersten Tag dieser Frist als zugestellt. Sie gelten nicht als zugestellt, wenn sich ergibt, daß der Empfänger oder dessen Vertreter im Sinne des § 13 Abs. 3 wegen Abwesenheit von der Abgabestelle nicht rechtzeitig vom Zustellvorgang Kenntnis erlangen konnte, doch wird die Zustellung an dem der Rückkehr an die Abgabestelle folgenden Tag innerhalb der Abholfrist wirksam, an dem das hinterlegte Dokument behoben werden könnte.

(4) Die im Wege der Hinterlegung vorgenommene Zustellung ist auch dann gültig, wenn die im

Abs. 2 genannte Verständigung beschädigt oder entfernt wurde.

Nachsendung

§ 18. (1) Hält sich der Empfänger nicht regelmäßig (§ 17 Abs. 1) an der Abgabestelle auf, so ist das Dokument an eine andere inländische Abgabestelle nachzusenden, wenn es

1. durch Organe eines Zustelldienstes zugestellt werden soll und nach den für die Beförderung von Postsendungen geltenden Vorschriften die Nachsendung vorgesehen ist; in diesem Fall ist die neue Anschrift des Empfängers auf dem Zustellnachweis (Zustellschein, Rückschein) zu vermerken;
2. durch Organe der Behörde oder einer Gemeinde zugestellt werden soll, die neue Abgabestelle ohne Schwierigkeit festgestellt werden kann und im örtlichen Wirkungsbereich der Behörde oder der Gemeinde liegt.

(2) Dokumente, deren Nachsendung durch einen auf ihnen angebrachten Vermerk ausgeschlossen ist, sind nicht nachzusenden.

Rücksendung, Weitersendung und Vernichtung

§ 19. (1) Dokumente, die weder zugestellt werden können, noch nachzusenden sind oder die zwar durch Hinterlegung zugestellt, aber nicht abgeholt worden sind, sind entweder an den Absender zurückzusenden, an eine vom Absender zu diesem Zweck bekanntgegebene Stelle zu senden oder auf Anordnung des Absenders nachweislich zu vernichten.

(2) Auf dem Zustellnachweis (Zustellschein, Rückschein) ist der Grund der Rücksendung, Weitersendung oder Vernichtung zu vermerken.

Verweigerung der Annahme

§ 20. (1) Verweigert der Empfänger oder ein im gemeinsamen Haushalt mit dem Empfänger lebender Ersatzempfänger die Annahme ohne Vorliegen eines gesetzlichen Grundes, so ist das Dokument an der Abgabestelle zurückzulassen oder, wenn dies nicht möglich ist, nach § 17 ohne die dort vorgesehene schriftliche Verständigung zu hinterlegen.

(2) Zurückgelassene Dokumente gelten damit als zugestellt.

(3) Wird dem Zusteller der Zugang zur Abgabestelle verwehrt, verleugnet der Empfänger seine Anwesenheit, oder läßt er sich verleugnen, so gilt dies als Verweigerung der Annahme.

Zustellung zu eigenen Handen

§ 21. Dem Empfänger zu eigenen Handen zuzustellende Dokumente dürfen nicht an einen Ersatzempfänger zugestellt werden.

Zustellnachweis

§ 22. (1) Die Zustellung ist vom Zusteller auf dem Zustellnachweis (Zustellschein, Rückschein) zu beurkunden.

(2) Der Übernehmer des Dokuments hat die Übernahme auf dem Zustellnachweis durch seine Unterschrift unter Beifügung des Datums und, wenn er nicht der Empfänger ist, seines Naheverhältnisses zu diesem zu bestätigen. Verweigert er die Bestätigung, so hat der Zusteller die Tatsache der Verweigerung, das Datum und gegebenenfalls das Naheverhältnis des Übernehmers zum Empfänger auf dem Zustellnachweis zu vermerken. Der Zustellnachweis ist dem Absender unverzüglich zu übersenden.

(3) An die Stelle der Übersendung des Zustellnachweises kann die elektronische Übermittlung einer Kopie des Zustellnachweises oder der sich daraus ergebenden Daten treten, wenn die Behörde dies nicht durch einen entsprechenden Vermerk auf dem Zustellnachweis ausgeschlossen hat. Das Original des Zustellnachweises ist mindestens fünf Jahre nach Übermittlung aufzubewahren und der Behörde auf deren Verlangen unverzüglich zu übersenden.

(4) Liegen die technischen Voraussetzungen dafür vor, so kann die Beurkundung der Zustellung auch elektronisch erfolgen. In diesem Fall hat der Übernehmer auf einer technischen Vorrichtung zu unterschreiben; an die Stelle der Unterschriftsleistung kann auch die Identifikation und Authentifizierung mit der Bürgerkarte (§ 2 Z 10 des E-Government-Gesetzes – E-GovG, BGBl. I Nr. 10/2004) treten. Die die Beurkundung der Zustellung betreffenden Daten sind dem Absender unverzüglich zu übermitteln.

Hinterlegung ohne Zustellversuch

§ 23. (1) Hat die Behörde auf Grund einer gesetzlichen Vorschrift angeordnet, daß ein Dokument ohne vorhergehenden Zustellversuch zu hinterlegen ist, so ist dieses sofort bei der zuständigen Geschäftsstelle des Zustelldienstes, beim Gemeindeamt oder bei der Behörde selbst zur Abholung bereitzuhalten.

(2) Die Hinterlegung ist von der zuständigen Geschäftsstelle des Zustelldienstes oder vom Gemeindeamt auf dem Zustellnachweis, von der Behörde auch auf andere Weise zu beurkunden.

(3) Soweit dies zweckmäßig ist, ist der Empfänger durch eine an die angegebene inländische Abgabestelle zuzustellende schriftliche Verständigung oder durch mündliche Mitteilung an Personen, von denen der Zusteller annehmen kann, daß sie mit dem Empfänger in Verbindung treten können, von der Hinterlegung zu unterrichten.

(4) Das so hinterlegte Dokument gilt mit dem ersten Tag der Hinterlegung als zugestellt.

Unmittelbare Ausfolgung

§ 24. Dem Empfänger können

1. versandbereite Dokumente unmittelbar bei der Behörde,
2. Dokumente, die die Behörde an eine andere Dienststelle übermittelt hat, unmittelbar bei dieser

ausgefolgt werden. Die Ausfolgung ist von der Behörde bzw. von der Dienststelle zu beurkunden; § 22 Abs. 2 bis 4 ist sinngemäß anzuwenden.

Zustellung am Ort des Antreffens

§ 24a. Dem Empfänger kann an jedem Ort zugestellt werden, an dem er angetroffen wird, wenn er

1. zur Annahme bereit ist oder
2. über keine inländische Abgabestelle verfügt.

Zustellung durch öffentliche Bekanntmachung

§ 25. (1) Zustellungen an Personen, deren Abgabestelle unbekannt ist, oder an eine Mehrheit von Personen, die der Behörde nicht bekannt sind, können, wenn es sich nicht um ein Strafverfahren handelt, kein Zustellungsbevollmächtigter bestellt ist und nicht gemäß § 8 vorzugehen ist, durch Kundmachung an der Amtstafel, daß ein zuzustellendes Dokument bei der Behörde liegt, vorgenommen werden. Findet sich der Empfänger zur Empfangnahme des Dokuments (§ 24) nicht ein, so gilt, wenn gesetzlich nicht anderes bestimmt ist, die Zustellung als bewirkt, wenn seit der Kundmachung an der Amtstafel der Behörde zwei Wochen verstrichen sind.

(2) Die Behörde kann die öffentliche Bekanntmachung in anderer geeigneter Weise ergänzen.

Zustellung ohne Zustellnachweis

§ 26. (1) Wurde die Zustellung ohne Zustellnachweis angeordnet, wird das Dokument zugestellt, indem es in die für die Abgabestelle bestimmte Abgabeeinrichtung (§ 17 Abs. 2) eingelegt oder an der Abgabestelle zurückgelassen wird.

(2) Die Zustellung gilt als am dritten Werktag nach der Übergabe an das Zustellorgan bewirkt. Im Zweifel hat die Behörde die Tatsache und den Zeitpunkt der Zustellung von Amts wegen festzustellen. Die Zustellung wird nicht bewirkt, wenn sich ergibt, dass der Empfänger wegen Abwesenheit von der Abgabestelle nicht rechtzeitig vom Zustellvorgang Kenntnis erlangen konnte, doch wird die Zustellung mit dem der Rückkehr an die Abgabestelle folgenden Tag wirksam.

Ausstattung der Dokumente; Zustellformulare; Zustellnachweise

§ 27. Soweit dies erforderlich ist, hat die Bundesregierung durch Verordnung nähere Bestimmungen über

1. die Ausstattung der zuzustellenden Dokumente,
2. die bei der Zustellung verwendbaren Formulare und
3. die für die elektronische Übermittlung gemäß § 22 Abs. 3 sowie für die Speicherung und Übermittlung der die Beurkundung der Zustellung betreffenden Daten erforderlichen technischen Voraussetzungen

zu erlassen.

3. Abschnitt

Elektronische Zustellung

Anwendungsbereich

§ 28. (1) Soweit die für das Verfahren geltenden Vorschriften nicht anderes bestimmen, ist eine elektronische Zustellung nach den Bestimmungen dieses Abschnitts vorzunehmen.

(2) Die elektronische Zustellung der ordentlichen Gerichte richtet sich nach den §§ 89a ff des Gerichtsorganisationsgesetzes – GOG, RGBl. Nr. 217/1896. Im Anwendungsbereich der Bundesabgabenordnung – BAO, BGBl. Nr. 194/1961, und des Zollrechts (§ 1 Abs. 2 und im erweiterten Sinn gemäß § 2 Abs. 1 des Zollrechts–Durchführungsgesetzes – ZollR–DG, BGBl. Nr. 659/1994) richtet sich die elektronische Zustellung nach der BAO und den einschlägigen zollrechtlichen Vorschriften. Die elektronische Zustellung der Dienstbehörden und Personalstellen des Bundes erfolgt mit den Maßgaben des 2a. Abschnittes des Schlussteils des Beamten-Dienstrechtsgesetzes 1979 – BDG 1979, BGBl. Nr. 333/1979.

(3) Die elektronische Zustellung hat über eine elektronische Zustelladresse gemäß § 37 Abs. 1 iVm. § 2 Z 5, durch unmittelbare elektronische Ausfolgung gemäß § 37a oder durch eines der folgenden Zustellsysteme zu erfolgen:

1. zugelassener Zustelldienst gemäß § 30,
2. Kommunikationssystem der Behörde gemäß § 37,
3. elektronischer Rechtsverkehr gemäß den §§ 89a ff GOG.

(Anm.: Z 4 aufgehoben durch Art. 24 Z 3, BGBl. I Nr. 205/2022)

Die Auswahl des Zustellsystems obliegt dem Absender.

(4) Elektronische Zustellungen mit Zustellnachweis sind ausschließlich durch Zustellsysteme gemäß Abs. 3 Z 1 und 3 sowie im Fall des § 37a zweiter Satz zulässig.

Teilnehmerverzeichnis

§ 28a. (1) Der Bundesminister für Digitalisierung und Wirtschaftsstandort stellt ein elektronisches Teilnehmerverzeichnis mit hoher Zuverlässigkeit zur Verfügung. In diesem elektronischen Teilnehmerverzeichnis ist die Speicherung von

Daten über Teilnehmer (Empfänger) vorzunehmen. Der Bundesminister für Digitalisierung und Wirtschaftsstandort hat im elektronischen Teilnehmerverzeichnis folgende Leistungen nach dem jeweiligen Stand der Technik zu erbringen:

1. die Schaffung der technischen Voraussetzungen für die Verarbeitung der Daten der Teilnehmer gemäß § 28b unter Einhaltung der technischen Schnittstellen und Spezifikationen;
2. die Ermittlung, ob Daten eines Teilnehmers im Teilnehmerverzeichnis enthalten sind und der Teilnehmer somit adressierbar ist;
3. die Rückmeldung der Daten gemäß § 34 Abs. 1;
4. die elektronische Versendung von einer Information gemäß § 34 Abs. 4 und
5. die Protokollierung von Anfragen und der übermittelten Ergebnisse.

(2) Die Leistungen des Teilnehmerverzeichnisses sind durch ein kostendeckendes Entgelt dem Zustellsystem, das die Zustellleistung erbringt, in Rechnung zu stellen.

(3) Die Verfügbarkeit des Teilnehmerverzeichnisses ist vom Bundesminister für Digitalisierung und Wirtschaftsstandort im Bundesgesetzblatt kundzumachen Anm. 1.

(______________________

Anm. 1: Die Verfügbarkeit des Teilnehmerverzeichnisses wurde am 28.5.2019 kundgemacht (vgl. BGBl. II Nr. 140/2019).

Anmeldung zum und Abmeldung vom Teilnehmerverzeichnis

§ 28b. (1) Die Anmeldung zum und die Abmeldung vom Teilnehmerverzeichnis sowie die Änderung der Teilnehmerdaten haben über das Anzeigemodul gemäß § 37b oder mit Zustimmung automatisiert über andere elektronische Verfahren zu erfolgen. Die Anmeldung gilt als Einwilligung zum Empfang von Zustellstücken in elektronischer Form. Für die Entgegennahme von Zustellungen mit Zustellnachweis oder nachweislichen Zusendungen hat die Anmeldung unter Verwendung der Bürgerkarte (§ 2 Z 10 E-GovG) zu erfolgen. Im Teilnehmerverzeichnis dürfen folgende Daten verarbeitet werden:

1. Name bzw. Bezeichnung des Teilnehmers,
2. bei natürlichen Personen das Geburtsdatum,
3. die zur eindeutigen Identifikation des Teilnehmers im Bereich „Zustellwesen" erforderlichen Daten:
   a) bei natürlichen Personen das bereichsspezifische Personenkennzeichen (§ 9 E-GovG),
   b) sonst die Stammzahl (§ 6 E-GovG) und soweit vorhanden die Global Location Number (GLN),
   c) soweit vorhanden ein oder mehrere Anschriftcodes des Zustellsystems gemäß § 28 Abs. 3 Z 3,
4. mindestens eine elektronische Adresse, an die die Verständigungen gemäß § 35 Abs. 1 und 2 erster Satz übermittelt werden können,
5. Angaben, ob ein Dokument an den Empfänger auch nachweislich zugestellt werden kann,
6. Angaben, ob elektronische Zustellungen nur über ein bestimmtes Zustellsystem oder nach bestimmten Verfahrensvorschriften zugestellt werden können,
7. Angaben des Teilnehmers darüber, welche Formate über die weit verbreiteten hinaus die zuzustellenden Dokumente aufweisen müssen, damit er zu ihrer Annahme bereit ist,
8. Angaben darüber, ob der Teilnehmer Zustellungen außerhalb der Ausübung seiner beruflichen Tätigkeit über das Zustellsystem gemäß § 28 Abs. 3 Z 3 nicht erhalten möchte,
9. Adressmerkmale, soweit diese automatisiert aus Registern von Verantwortlichen des öffentlichen Bereichs zu übernehmen sind, und
10. weitere Daten, die zur Vollziehung des Gesetzes oder aufgrund der Anmeldung gemäß Abs. 4 übermittelt werden.

(2) Der Teilnehmer hat über das Anzeigemodul Änderungen der in Abs. 1 genannten Daten dem Teilnehmerverzeichnis unverzüglich bekanntzugeben, sofern dies nicht jene Daten betrifft, die durch Abfragen von Registern von Verantwortlichen des öffentlichen Bereichs automationsunterstützt aktualisiert werden. Darüber hinaus kann er dem Teilnehmerverzeichnis mitteilen, dass die Zustellung oder Zusendung innerhalb bestimmter Zeiträume ausgeschlossen sein soll.

(3) Die gemäß § 29 Abs. 2 Z 1 in der Fassung des Deregulierungsgesetzes 2017, BGBl. I Nr. 40/2017, gespeicherten Daten des Ermittlungs- und Zustelldienstes über Kunden der elektronischen Zustelldienste sind automationsunterstützt vom Ermittlungs- und Zustelldienst an das Teilnehmerverzeichnis zu übermitteln. Diese Personen gelten als angemeldete Teilnehmer im Sinne des Abs. 1.

(4) Die Anmeldedaten und Änderungen von FinanzOnline-Teilnehmern, die nicht auf die elektronische Zustellung nach der BAO verzichtet haben und Unternehmer im Sinne des § 3 Z 20 des Bundesgesetzes über die Bundesstatistik – Bundesstatistikgesetz 2000, BGBl. I Nr. 163/1999, sind, sind vom Bundesminister für Finanzen automationsunterstützt an das Teilnehmerverzeichnis zu übermitteln; die Daten anderer FinanzOnline-Teilnehmer nur mit deren Einwilligung. Die Unternehmer gelten unbeschadet der Bestimmung des § 1b Abs. 2 bis 4 E–GovG als angemeldete Teilnehmer im Sinne des Abs. 1.

(5) Die Anmeldedaten und Änderungen von im Zustellsystem gemäß § 28 Abs. 3 Z 3 erfassten Teilnehmern sind von diesem Zustellsystem automationsunterstützt bis auf Widerspruch des Teilnehmers an das Teilnehmerverzeichnis zu übermitteln. Diese Personen gelten unbeschadet der

Bestimmung des § 1b Abs. 2 bis 4 E–GovG als angemeldete Teilnehmer im Sinne des Abs. 1.

(6) Soweit die Gesetze nicht anderes bestimmen, kann eine vollständige oder teilweise Abmeldung vom Teilnehmerverzeichnis unter Verwendung der Authentifizierungsmethoden gemäß Abs. 1 oder durch eine vom Teilnehmer unterschriebene schriftliche Erklärung erfolgen. Sie wird zwei Wochen nach dem Einlangen beim Teilnehmerverzeichnis wirksam. Der Teilnehmer ist über seine elektronische Adresse gemäß Abs. 1 Z 4 über die Abmeldung unverzüglich zu informieren und hat die Möglichkeit, diese binnen zwei Wochen ab Einlangen der Information rückgängig zu machen. Wird der Tod einer natürlichen Person oder das Ende einer juristischen Person, die Teilnehmer ist, über eine Registerabfrage automationsunterstützt bekannt, ist der Teilnehmer aus dem Teilnehmerverzeichnis unverzüglich zu löschen.

Leistungen der Zustelldienste

§ 29. (1) Jeder Zustelldienst hat die Zustellung behördlicher Dokumente an Teilnehmer vorzunehmen (Zustellleistung). Die Zustellleistung umfasst folgende, nach dem jeweiligen Stand der Technik zu erbringende Leistungen:

1. die Schaffung der technischen Voraussetzungen für die Entgegennahme der zuzustellenden Dokumente (§ 34 Abs. 1);
2. das Betreiben einer technischen Einrichtung mit hoher Zuverlässigkeit für die sichere elektronische Bereithaltung der zuzustellenden Dokumente;
3. die Bereitstellung eines Verfahrens zur identifizierten und authentifizierten Abholung der bereitgehaltenen Dokumente über das Anzeigemodul gemäß § 37b Abs. 2;
4. die Protokollierung von Daten im Sinn des § 35 Abs. 3 fünfter Satz und die Übermittlung dieser Daten an den Absender;
5. die unverzügliche Verständigung des Absenders, wenn ein Dokument nicht abgeholt wird;
6. die Weiterleitung des Dokuments, der das Dokument beschreibenden Daten, der Verständigungsadressdaten gemäß § 28b Abs. 1 Z 4 sowie die elektronische Information für die technische Möglichkeit der elektronischen identifizierten und authentifizierten Abholung des Dokuments an das Anzeigemodul (§ 37b).

Die Behörde hat für die Erbringung der Leistungen gemäß Z 1 bis 6 ein Entgelt zu entrichten.

(Anm.: Abs. 2 aufgehoben durch Art. 6 Z 5, BGBl. I Nr. 104/2018)

(3) Zustelldienste haben als weitere Leistung die Zusendung von Dokumenten im Auftrag von Verantwortlichen des öffentlichen Bereichs nicht in Vollziehung der Gesetze (§ 1) gemäß den Anforderungen des Abs. 1 zu erfüllen. Für diese Zusendungen darf vom Zustelldienst zum Zweck der Anzeige über das Anzeigemodul das Teilnehmerverzeichnis und das Anzeigemodul zu denselben Bedingungen wie bei der Zustellung behördlicher Dokumente verwendet werden.

(4) Zustelldienste sind hinsichtlich der von ihnen für die Besorgung ihrer Aufgaben verwendeten Daten Verantwortliche (Art. 4 Z 7 Verordnung (EU) 2016/679 zum Schutz natürlicher Personen bei der Verarbeitung personenbezogener Daten, zum freien Datenverkehr und zur Aufhebung der Richtlinie 95/46/EG (Datenschutz-Grundverordnung) – DSGVO, ABl. Nr. L 119 vom 4. 5. 2016 S. 1). Sie dürfen die ihnen zur Kenntnis gelangten Daten der Empfänger – soweit keine besonderen vertraglichen Vereinbarungen mit diesen bestehen – ausschließlich für den Zweck der Zustellung bzw. Zusendung verwenden. Der Abschluss eines Vertrags über die Zustellleistung sowie der Inhalt eines solchen Vertrags dürfen nicht von der Einwilligung zur Weitergabe von Daten an Dritte abhängig gemacht werden; eine Weitergabe von Daten über Herkunft und Inhalt zuzustellender Dokumente an Dritte darf nicht vereinbart werden.

ZustG

(5) Auf natürliche Personen, die an der Erbringung der Leistungen gemäß Abs. 1 mitwirken, ist in Hinblick auf Daten über Herkunft und Inhalt zuzustellender behördlicher Dokumente § 46 Abs. 1 bis 4 des Beamten-Dienstrechtsgesetzes 1979, BGBl. Nr. 333/1979, sinngemäß anzuwenden. Hinsichtlich der abgabenrechtlichen Geheimhaltungspflicht des § 48a der Bundesabgabenordnung, BGBl. Nr. 194/1961, gelten diese Personen als Beamte im Sinne des § 74 Abs. 1 Z 4 des Strafgesetzbuches, BGBl. Nr. 60/1974.

(Anm.: Abs. 6 aufgehoben durch Art. 6 Z 11, BGBl. I Nr. 104/2018)

(7) Die Zustellleistung (Abs. 1) ist so zu erbringen, dass für behinderte Menschen ein barrierefreier Zugang zu dieser Leistung nach dem jeweiligen Stand der Technik gewährleistet ist.

Zulassung als Zustelldienst

§ 30. (1) Die Erbringung der Zustellleistung (§ 29 Abs. 1) bedarf einer Zulassung, deren Erteilung beim Bundesminister für Digitalisierung und Wirtschaftsstandort zu beantragen ist. Voraussetzungen für die Erteilung der Zulassung sind die für die ordnungsgemäße Erbringung der Zustellleistung erforderliche technische und organisatorische Leistungsfähigkeit sowie die rechtliche, insbesondere datenschutzrechtliche Verlässlichkeit des Zustelldienstes. Die Erfüllung der Zulassungsvoraussetzungen ist durch ein Gutachten einer Konformitätsbewertungsstelle gemäß Artikel 2 Nummer 13 der Verordnung (EG) Nr. 765/2008, über die Vorschriften für die Akkreditierung und Marktüberwachung im Zusammenhang mit der Vermarktung von Produkten und zur Aufhebung der Verordnung (EWG) Nr. 339/93 des Rates, ABl. Nr. L 218 vom 13.08.2008 S. 30, die zur Durchführung der Konformitätsbewertung qualifizierter Vertrauensdiensteanbieter und der von ihnen erbrachten qualifizierten Diensten für die Zustellung elektronischer Einschreiben gemäß Art. 44 der Verordnung (EU) Nr. 910/2014 über elektronische Identifizierung und Vertrauensdienste für elektronische Transaktionen im Binnenmarkt und zur Aufhebung der Richtlinie 1999/93/EG, ABl. Nr. L 257 vom 28.08.2014 S. 73, in der Fassung der Berichtigung ABl. Nr. L 23 vom 29.01.2015 S. 19 (eIDAS–VO) akkreditiert ist, nachzuweisen. Das Gutachten darf nicht älter als zwei Monate sein und ist dem Bundesminister für Digitalisierung und Wirtschaftsstandort vorzulegen. Mit dem Antrag auf Zulassung sind weiters allgemeine Geschäftsbedingungen vorzulegen, die den gesetzlichen Anforderungen zu entsprechen haben und der ordnungsgemäßen Erbringung der Zustellleistung nicht entgegenstehen dürfen.

(2) Der Zulassungsbescheid ist schriftlich zu erlassen; wenn es für die Gewährleistung der Leistungsfähigkeit und Verlässlichkeit erforderlich ist, sind darin Auflagen zu erteilen und Bedingungen vorzuschreiben.

(3) Der Bundesminister für Digitalisierung und Wirtschaftsstandort hat eine Liste der zugelassenen Zustelldienste einschließlich der in den Zulassungsbescheiden erteilten Auflagen und vorgeschriebenen Bedingungen (Abs. 2) und der gemäß § 31 Abs. 2 zweiter Satz erteilten Auflagen im Internet zu veröffentlichen.

(4) Wenn eine Zulassungsvoraussetzung wegfällt oder ihr ursprünglicher Mangel nachträglich hervorkommt, hat der Bundesminister für Digitalisierung und Wirtschaftsstandort die Behebung des Mangels innerhalb einer angemessenen Frist anzuordnen. Ist die Behebung des Mangels nicht möglich oder erfolgt sie nicht innerhalb der gesetzten Frist, ist die Zulassung durch Bescheid zu widerrufen.

(5) Zugelassene Zustelldienste haben ab der Rechtskraft des Zulassungsbescheids alle zwei Jahre ein Gutachten gemäß Abs. 1 dem Bundesminister für Digitalisierung und Wirtschaftsstandort vorzulegen.

Aufsicht

§ 31. (1) Die Zustelldienste unterliegen der Aufsicht durch den Bundesminister für Digitalisierung und Wirtschaftsstandort. Sie sind verpflichtet, dem Bundesminister für Digitalisierung und Wirtschaftsstandort jede Änderung der die Voraussetzung der Zulassung gemäß § 30 bildenden Umstände unverzüglich bekanntzugeben.

(2) Der Bundesminister für Digitalisierung und Wirtschaftsstandort hat die Aufsicht über die Zustelldienste dahin auszuüben, dass diese die Gesetze und Verordnungen nicht verletzen, insbesondere ihren Aufgabenbereich nicht überschreiten und die ihnen gesetzlich obliegenden Aufgaben erfüllen. Zu diesem Zweck ist der Bundesminister für Digitalisierung und Wirtschaftsstandort berechtigt, Auskünfte einzuholen und gegebenenfalls Auflagen vorzuschreiben, wenn die ordnungsgemäße Erbringung der Leistungen sonst nicht gewährleistet ist. Die Zustelldienste haben dem Bundesminister für Digitalisierung und Wirtschaftsstandort die geforderten Auskünfte unverzüglich, spätestens jedoch binnen zwei Wochen zu erteilen.

Abfrage des Teilnehmerverzeichnisses und Übermittlung des zuzustellenden Dokuments

§ 34. (1) Die zustellende Behörde oder in ihrem Auftrag ein Zustellsystem gemäß § 28 Abs. 3 Z 1 bis 3 hat durch elektronische Abfrage des Teilnehmerverzeichnisses zu ermitteln, ob der Empfänger

1. beim Teilnehmerverzeichnis angemeldet ist und
2. die Zustellung nicht gemäß § 28b Abs. 2 zweiter Satz ausgeschlossen hat.

Liegen diese Voraussetzungen der Z 1 und 2 vor, so sind die Informationen gemäß § 28b Abs. 1 Z 3 und 6 bis 8 der Behörde oder dem in ihrem Auftrag tätigen Zustellsystem zu übermitteln; andernfalls ist dieser oder diesem mitzuteilen, dass diese Voraussetzungen nicht vorliegen. Steht der Behörde ein vom Empfänger akzeptiertes Format zur Verfügung, so hat sie das zuzustellende Dokument in diesem Format dem in ihrem Auftrag tätigen Zustellsystem zu übermitteln.

(2) Eine Abfrage zur Ermittlung der in Abs. 1 angeführten Daten darf nur

1. zum Zweck der Zustellung von Dokumenten auf Grund eines Auftrags einer Behörde nach Abs. 1 oder
2. zum Zweck der Zusendung von Dokumenten auf Grund eines Auftrags eines Verantwortlichen des öffentlichen Bereichs erfolgen.

Als Suchkriterien dürfen nur die Daten gemäß § 28b Abs. 1 Z 1 bis 5, 9 und 10 verwendet werden.

(3) Verpflichteten Teilnehmern des elektronischen Rechtsverkehrs (§ 89c GOG) ist in das Zustellsystem gemäß § 28 Abs. 3 Z 3 zuzustellen.

(4) Liegen die Voraussetzungen für eine elektronische Zustellung gemäß Abs. 1 nicht vor, kann auf Verlangen des Versenders vom Teilnehmerverzeichnis an die elektronische Verständigungsadresse gemäß § 28b Abs. 1 Z 4 oder an eine beigestellte elektronische Verständigungsadresse eine Information über eine beabsichtigte elektronische Zustellung versendet werden. Eine solche beigestellte elektronische Verständigungsadresse darf im Teilnehmerverzeichnis auch ohne Anmeldung zu diesem gespeichert und verwendet werden.

(5) Die Betreiber von Internetportalen, die das Anzeigemodul gemäß § 37b Abs. 4 anbinden

dürfen, sowie die Betreiber des Unternehmensserviceportals und des Bürgerserviceportals gemäß § 3 des Unternehmensserviceportalgesetzes – USPG, BGBl. I Nr. 52/2009, in die das Anzeigemodul gemäß § 37b Abs. 4 eingebunden ist, sind berechtigt das Teilnehmerverzeichnis abzufragen, um eine allfällige Anmeldung oder Abmeldung vom Teilnehmerverzeichnis zielgerichtet zu erleichtern.

Zustellung mit Zustellnachweis durch einen Zustelldienst

§ 35. (1) Der im Auftrag der Behörde tätige Zustelldienst hat im Fall einer Zustellung mit Zustellnachweis bzw. nachweislichen Zusendung bei Vorliegen der Voraussetzungen des § 34 Abs. 1 erster Satz die Daten gemäß § 29 Abs. 1 Z 6 an das Anzeigemodul zu übermitteln. Das Anzeigemodul hat den Empfänger unverzüglich davon zu verständigen, dass ein Dokument für ihn zur Abholung bereitliegt. Diese elektronische Verständigung ist an die dem Teilnehmerverzeichnis gemäß § 28b Abs. 1 Z 4 bekanntgegebene elektronische Adresse des Empfängers zu versenden. Hat der Empfänger mehrere solcher Adressen bekanntgegeben, so ist die elektronische Verständigung an alle Adressen zu versenden; für die Berechnung der Frist gemäß Abs. 2 erster Satz ist der Zeitpunkt der frühesten Versendung maßgeblich. Die elektronische Verständigung hat jedenfalls folgende Angaben zu enthalten:

1. Absender,
2. Datum der Versendung,
3. Internetadresse, unter der das zuzustellende Dokument zur Abholung bereitliegt,
4. Ende der Abholfrist,
5. Hinweis auf das Erfordernis einer Bürgerkarte (§ 2 Z 10 E-GovG) bei der Abholung von Dokumenten, die mit Zustellnachweis zugestellt oder als nachweisliche Zusendung übermittelt werden sollen und
6. Hinweis auf den Zeitpunkt, mit dem die Zustellung wirksam wird.

Soweit dies erforderlich ist, hat der Bundesminister für Digitalisierung und Wirtschaftsstandort durch Verordnung nähere Bestimmungen über die elektronischen Verständigungsformulare zu erlassen.

(2) Wird das Dokument nicht innerhalb von 48 Stunden abgeholt, so hat eine zweite elektronische Verständigung zu erfolgen; Abs. 1 vierter Satz ist sinngemäß anzuwenden.

(3) Die Abholung des bereitgehaltenen Dokuments kann ausschließlich über das Anzeigemodul erfolgen. Der Zustelldienst hat sicherzustellen, dass zur Abholung bereitgehaltene Dokumente nur von Personen abgeholt werden können, die zur Abholung berechtigt sind und im Falle einer Zustellung mit Zustellnachweis oder einer nachweislichen Zusendung ihre Identität und die Authentizität der Kommunikation mit der Bürgerkarte (§ 2 Z 10 E-GovG) nachgewiesen haben. Zur Abholung berechtigt sind der Empfänger und, soweit dies von der Behörde nicht ausgeschlossen worden ist, eine zur Empfangnahme bevollmächtigte Person. Identifikation und Authentifizierung können auch durch eine an die Verwendung sicherer Technik gebundene Schnittstelle erfolgen. Der Zustelldienst hat alle Daten über die Verständigungen gemäß Abs. 1 und 2 und die Abholung des Dokuments zu protokollieren und dem Absender unverzüglich zu übermitteln; die Gesamtheit dieser Daten bildet den Zustellnachweis.

(4) Der Zustelldienst hat das Dokument zwei Wochen zur Abholung bereitzuhalten und nach Ablauf weiterer acht Wochen zu löschen.

(5) Ein zur Abholung bereitgehaltenes Dokument gilt jedenfalls mit seiner Abholung als zugestellt.

(6) Die Zustellung gilt als am ersten Werktag nach der Versendung der ersten elektronischen Verständigung bewirkt, wobei Samstage nicht als Werktage gelten. Sie gilt als nicht bewirkt, wenn sich ergibt, dass die elektronischen Verständigungen nicht beim Empfänger eingelangt waren, doch wird sie mit dem dem Einlangen einer elektronischen Verständigung folgenden Tag innerhalb der Abholfrist (Abs. 1 Z 3) wirksam.

(7) Die Zustellung gilt als nicht bewirkt, wenn sich ergibt, dass der Empfänger

1. von den elektronischen Verständigungen keine Kenntnis hatte oder
2. von diesen zwar Kenntnis hatte, aber während der Abholfrist von allen Abgabestellen (§ 2 Z 4) nicht bloß vorübergehend abwesend war, doch wird die Zustellung an dem der Rückkehr an eine der Abgabestellen folgenden Tag innerhalb der Abholfrist wirksam, an dem das Dokument abgeholt werden könnte

(8) Wurde dieselbe elektronische Verständigung an mehrere elektronische Adressen versendet, so ist der Zeitpunkt der frühesten Versendung maßgeblich.

(Anm.: Abs. 9 aufgehoben durch Art. 6 Z 25, BGBl. I Nr. 104/2018)

Zustellung ohne Zustellnachweis durch ein Zustellsystem

§ 36. (1) Das im Auftrag der Behörde tätige Zustellsystem hat bei Vorliegen der Voraussetzungen des § 34 Abs. 1 Z 1 und 2 die Daten gemäß § 29 Abs. 1 Z 6 an das Anzeigemodul zu übermitteln. Das Anzeigemodul hat den Empfänger davon zu verständigen, dass ein Dokument für ihn zur Abholung bereitliegt. Diese elektronische Verständigung ist an die dem Teilnehmerverzeichnis gemäß § 28b Abs. 1 Z 4 bekanntgegebene elektronische

Adresse des Empfängers unverzüglich oder spätestens am selben Tag als Sammelverständigung zu versenden. Hat der Empfänger mehrere solcher Adressen bekanntgegeben, so ist die elektronische Verständigung an alle Adressen zu versenden. Die elektronische Verständigung hat jedenfalls folgende Angaben zu enthalten:

1. Absender,
2. Datum der Versendung und
3. Internetadresse, unter der das zuzustellende Dokument zur Abholung bereitliegt.

Soweit dies erforderlich ist, hat der Bundesminister für Digitalisierung und Wirtschaftsstandort durch Verordnung nähere Bestimmungen über die Verständigungsformulare zu erlassen.

(2) Die Abholung des bereitgehaltenen Dokuments kann ausschließlich über das Anzeigemodul erfolgen. Das Zustellsystem hat sicherzustellen, dass zur Abholung bereitgehaltene Dokumente nur von Personen abgeholt werden können, die zur Abholung berechtigt sind. Zur Abholung berechtigt sind der Empfänger und, soweit dies von der Behörde nicht ausgeschlossen worden ist, eine zur Empfangnahme bevollmächtigte Person. Identifikation und Authentifizierung können auch durch eine an die Verwendung sicherer Technik gebundene Schnittstelle erfolgen. Das Zustellsystem hat alle Daten über die Verständigung gemäß Abs. 1 und 2 und die Abholung des Dokuments zu protokollieren.

(3) Das Zustellsystem hat das Dokument zehn Wochen zur Abholung bereitzuhalten und danach zu löschen.

(4) Das Dokument gilt mit dem Zeitpunkt der erstmaligen Bereithaltung zur Abholung als zugestellt. Bestehen Zweifel darüber, ob bzw. wann das Dokument für den Empfänger zur Abholung bereitgehalten wurde, hat die Behörde Tatsache und Zeitpunkt der Bereithaltung von Amts wegen festzustellen.

Zustellung an einer elektronischen Zustelladresse oder über das elektronische Kommunikationssystem der Behörde

§ 37. (1) Zustellungen ohne Zustellnachweis können auch an einer elektronischen Zustelladresse oder über das elektronische Kommunikationssystem der Behörde erfolgen. Das Dokument gilt mit dem Zeitpunkt des Einlangens bzw. nach dem erstmaligen Bereithalten des Dokuments beim bzw. für den Empfänger als zugestellt. Bestehen Zweifel darüber, ob bzw. wann das Dokument beim Empfänger eingelangt ist bzw. für ihn bereitgehalten wird, hat die Behörde Tatsache und Zeitpunkt des Einlangens bzw. der Bereithaltung von Amts wegen festzustellen.

(1a) Das Kommunikationssystem der Behörde hat bei Vorliegen der Voraussetzungen des § 34 Abs. 1 Z 1 und 2 die Daten gemäß Abs. 3 an das Anzeigemodul zu übermitteln.

(2) Für die Zulässigkeit der Abfrage des Teilnehmerverzeichnisses und der Weiterleitung der Daten gemäß Abs. 3 hat das elektronische Kommunikationssystem der Behörde folgende Leistungen nach dem jeweiligen Stand der Technik zu erbringen:

1. das Betreiben einer technischen Einrichtung mit hoher Zuverlässigkeit für die sichere elektronische Bereithaltung der zuzustellenden Dokumente;
2. die unverzügliche Weiterleitung der Daten gemäß Abs. 3 an das Anzeigemodul;
3. die Bereitstellung eines Verfahrens zur identifizierten und authentifizierten Abholung der bereitgehaltenen Dokumente über das Anzeigemodul;
4. die Protokollierung der Abholung des Dokuments;
5. die Beratung des Empfängers, wenn bei der Abholung von Dokumenten technische Probleme auftreten.

Soweit dies erforderlich ist, hat der Bundesminister für Digitalisierung und Wirtschaftsstandort durch Verordnung nähere Bestimmungen über Leistungen zu erlassen.

(2a) Vor der Abfrage des Teilnehmerverzeichnisses und der Weiterleitung der Daten gemäß Abs. 3 hat die Behörde die ordnungsgemäße Erfüllung der Anforderungen und den einwandfreien Betrieb des Kommunikationssystems der Behörde dem Bundesminister für Digitalisierung und Wirtschaftsstandort anzuzeigen. Der Bundesminister für Digitalisierung und Wirtschaftsstandort hat die Liste der Kommunikationssysteme der Behörde im Internet zu veröffentlichen. Bei Nichteinhaltung ist die Abfrage und Entgegennahme der Daten zu unterbinden.

(3) Das elektronische Kommunikationssystem der Behörde hat die Weiterleitung der das Dokument beschreibenden Daten, das Dokument, die Verständigungsadressdaten sowie die elektronische Information für die technische Möglichkeit der elektronischen identifizierten und authentifizierten Abholung des Dokuments dem Anzeigemodul (§ 37b) anzubieten.

(4) Zustellungen ohne Zustellnachweis können auch über ein zur Verfügung stehendes Kommunikationssystem einer anderen Behörde im selben Vollziehungsbereich erfolgen.

(5) Die Zustellleistung (Abs. 1) ist so zu erbringen, dass für behinderte Menschen ein barrierefreier Zugang zu dieser Leistung nach dem jeweiligen Stand der Technik gewährleistet ist.

Unmittelbare elektronische Ausfolgung

§ 37a. Versandbereite Dokumente können dem Empfänger unmittelbar elektronisch ausgefolgt werden, wenn dieser bei der Antragstellung seine Identität und die Authentizität der Kommunikation nachgewiesen hat und die Ausfolgung in einem so engen zeitlichen Zusammenhang mit der Antragstellung steht, dass sie von diesem Nachweis umfasst ist. Wenn mit Zustellnachweis zuzustellen ist, sind die Identität und die Authentizität der Kommunikation mit der Bürgerkarte (§ 2 Z 10 E-GovG) nachzuweisen.

Anzeigemodul

§ 37b. (1) Das Anzeigemodul ermöglicht Empfängern online die Anzeige der das Dokument beschreibenden Daten von zur Abholung für sie bereitgehaltenen Dokumenten, die Verständigung darüber sowie die Abholung dieser Dokumente.

(2) Der Betreiber des Anzeigemoduls ist gesetzlicher Auftragsverarbeiter für Zustellsysteme gemäß § 28 Abs. 3 Z 1 und 2 zum Zweck der Identifikation und Authentifikation von zur Abholung berechtigten Personen. Diesen Personen darf die Anzahl ihrer gelesenen und ungelesenen Dokumente schon vor der Abholung angezeigt werden.

(3) Das Anzeigemodul hat sämtliche Daten über die Abholung durch den Empfänger zu protokollieren und an das jeweilige Zustellsystem gemäß Abs. 2 elektronisch zu übermitteln.

(4) Der Bundesminister für Digitalisierung und Wirtschaftsstandort stellt ein Anzeigemodul mit hoher Zuverlässigkeit zur Verfügung. Dieses kann auf Internetportalen von Verantwortlichen des öffentlichen Bereichs unter der Maßgabe der Einhaltung der technischen Schnittstellen und Spezifikationen angebunden werden. Der Bundesminister für Digitalisierung und Wirtschaftsstandort hat diese Schnittstellen und Spezifikationen im Internet auf seiner Website bekannt zu geben. Das Unternehmensserviceportal und das Bürgerserviceportal gemäß § 3 des Unternehmensserviceportalgesetzes – USPG, BGBl. I Nr. 52/2009, haben das Anzeigemodul einzubinden. Der Bundesminister für Digitalisierung und Wirtschaftsstandort kann durch Verordnung Kriterien zur Einbindung oder Anbindung des Anzeigemoduls bei weiteren Portalen festlegen.

(5) Die Leistungen des Anzeigemoduls (Abs. 1) sind so zu erbringen, dass für Menschen mit Behinderung ein barrierefreier Zugang zu dieser Leistung nach dem jeweiligen Stand der Technik gewährleistet ist.

(6) Soweit dies erforderlich ist, hat der Bundesminister für Digitalisierung und Wirtschaftsstandort durch Verordnung nähere Bestimmungen über die beschreibenden Daten von Dokumenten gemäß Abs. 1 zu erlassen.

(7) Der Bundesminister für Digitalisierung und Wirtschaftsstandort hat den einliefernden Systemen die Kosten für das Anzeigemodul entsprechend ihrem Einlieferungsvolumen kostendeckend zu verrechnen. Werden Daten im Anzeigemodul eingeliefert, die nach diesem Bundesgesetz keine Rechtswirkungen auslösen, sind die halben Verrechnungssätze anzuwenden. Die Bundesrechenzentrum GmbH kann als Zahlstelle eingerichtet werden.

(8) Die Verfügbarkeit des Anzeigemoduls ist von dem Bundesminister für Digitalisierung und Wirtschaftsstandort im Bundesgesetzblatt kundzumachen.

4. Abschnitt
Schlußbestimmungen

Verweisungen

§ 38. (1) Verweisungen in den Verfahrensvorschriften auf Bestimmungen, die Angelegenheiten des Zustellwesens regeln, gelten als Verweisungen auf die entsprechenden Bestimmungen dieses Bundesgesetzes.

(2) Soweit in diesem Bundesgesetz auf Bestimmungen anderer Bundesgesetze verwiesen wird, sind diese in ihrer jeweils geltenden Fassung anzuwenden.

Vollziehung

§ 39. Mit der Vollziehung dieses Bundesgesetzes ist hinsichtlich der §§ 28a, 28b, 30 bis 32 und § 37b der Bundesminister für Digitalisierung und Wirtschaftsstandort, hinsichtlich der übrigen Bestimmungen die Bundesregierung betraut.

Inkrafttretens- und Übergangsbestimmungen

§ 40. (1) § 15 Abs. 1 in der Fassung des Bundesgesetzes BGBl. I Nr. 158/1998 tritt mit 1. Jänner 1998 in Kraft. Die §§ 1 Abs. 2, 2a samt Überschrift, 7 samt Überschrift, die Überschrift vor § 8a, die §§ 8a, 9, 10, 24 samt Überschrift, 26 Abs. 2 und 26a in der Fassung des Bundesgesetzes BGBl. I Nr. 158/1998 treten mit 1. Jänner 1999 in Kraft. § 1 Abs. 3, § 1a und die Überschrift zu § 10 treten mit Ablauf des 31. Dezember 1998 außer Kraft.

(2) § 1 Abs. 2 letzter Satz, § 2a Abs. 2, § 11 Abs. 3 und § 12 Abs. 4 in der Fassung des Bundesgesetzes BGBl. I Nr. 137/2001 treten mit 1. Jänner 2002 in Kraft.

(3) § 1 Abs. 2 letzter Satz und § 17a samt Überschrift in der Fassung des Verwaltungsreformgesetzes 2001, BGBl. I Nr. 65/2002, treten mit 1. Jänner 2002, jedoch nicht vor dem der Kundmachung des genannten Gesetzes folgenden Tag, in Kraft.

(4) Der Titel, §§ 1 bis 7 und 9 samt Überschriften, die Überschrift des Abschnitts II und die §§ 26 und 27 samt Überschriften, Abschnitt III, die Bezeichnungen des nunmehrigen Abschnitt IV und der nunmehrigen §§ 38, 39 und 40 sowie § 40 Abs. 4 und 5 *(Anm.: in der Aufzählung fehlt Abs. 6)* in der Fassung des Bundesgesetzes BGBl. I Nr. 10/2004 treten mit 1. März 2004 in Kraft. Zugleich treten § 8a, § 13 Abs. 5 und 6, § 17a und § 26a, in der zu diesem Zeitpunkt geltenden Fassung, außer Kraft.

(5) Die Bezeichnung des 1. Abschnitts, § 2 Z 2, Z 4, 5, 6 und 8 (Z 3 bis 6 neu) und Z 7 bis 9, die §§ 3 bis 5 samt Überschriften, § 7, § 9 Abs. 1 bis 3 und 6, § 10 samt Überschrift, § 12 samt Überschrift, die Bezeichnung und die Überschrift des 2. Abschnitts, § 13, § 14, § 16 Abs. 1, 3 und 4, § 17, § 18, § 19, § 20 Abs. 1 und 2, § 21 samt Überschrift, § 22 Abs. 2 bis 4, § 23 Abs. 1, 2 und 4, § 24 samt Überschrift, § 24a samt Überschrift, § 25 Abs. 1, § 26 Abs. 1, § 27 samt Überschrift, der 3. Abschnitt, die Bezeichnung des 4. Abschnitts, § 39, § 40 Abs. 5 und § 41 samt Überschrift in der Fassung des Bundesgesetzes BGBl. I Nr. 5/2008 treten mit 1. Jänner 2008 in Kraft; gleichzeitig treten § 2 Z 3 und 7, die Überschriften nach § 8 (zum früheren § 8a) und nach § 17 (zum früheren § 17a) außer Kraft. § 37 samt Überschrift in der Fassung des Art. 4 Z 48 des Bundesgesetzes BGBl. I Nr. 5/2008 tritt mit 1. Jänner 2009 in Kraft. Die Zustelldiensteverordnung – ZustDV, BGBl. II Nr. 233/2005, gilt in ihrer am 31. Dezember 2007 geltenden Fassung weiter.

(Anm.: Abs. 6 aufgehoben durch Art. 6 Z 39, BGBl. I Nr. 104/2018)

(7) § 22 Abs. 3, § 27 Z 3, § 28 Abs. 2, § 29 Abs. 1 Z 10 und 11, § 33 Abs. 1 und § 35 Abs. 9 in der Fassung des Budgetbegleitgesetzes 2011, BGBl. I Nr. 111/2010, treten mit 1. Jänner 2011 in Kraft.

(8) § 2 Z 1, 6 und 7, § 10 samt Überschrift, § 11 Abs. 2, § 18 Abs. 1 Z 1, § 19 samt Überschrift, § 22 Abs. 2 und 4, § 25 Abs. 1, § 27 Z 2, § 29 Abs. 1 Z 7, 8 und 11 und § 35 Abs. 3 letzter Satz in der Fassung des Bundesgesetzes BGBl. I Nr. 33/2013 treten mit Ablauf des Monats der Kundmachung dieses Bundesgesetzes in Kraft.

(9) In der Fassung des Deregulierungsgesetzes 2017, BGBl. I Nr. 40/2017, treten in Kraft:

1. § 11 Abs. 2 mit 1. März 2014,
2. § 2 Z 7 bis 9, die Überschrift zu § 10, § 28 Abs. 2, § 29 Abs. 5, § 32 Abs. 1, § 35 Abs. 1 Z 4, Abs. 2, 3 erster Satz, 6 bis 8, § 36, § 37 Abs. 1 und 1a, § 37b samt Überschrift sowie § 39 mit Ablauf des Tages der Kundmachung und
3. § 29 Abs. 1 Z 11 und 12, § 37 Abs. 3 sowie § 40 Abs. 6 zweiter Satz mit Beginn des siebenten auf den Tag der Kundmachung der Verfügbarkeit des Anzeigemoduls gemäß § 37b Abs. 8 folgenden Monats.*(Anm. 1)*

(10) Elektronische Zustelldienste, die gemäß § 30 in der Fassung vor der Novelle BGBl. I Nr. 104/2018 zugelassen wurden, gelten als elektronische Zustelldienste gemäß § 30 in der Fassung dieser Novelle und haben spätestens nach Ablauf von zwei Jahren ab Inkrafttreten der genannten Bestimmung in der Fassung der genannten Novelle ein Konformitätsbewertungsgutachten gemäß § 30 Abs. 1 vorzulegen.

(11) Die Kosten des Teilnehmerverzeichnisses gemäß § 28a Abs. 2 in der Fassung des Bundesgesetzes BGBl. I Nr. 104/2018 und jene des Anzeigemoduls gemäß § 37b in der Fassung des Bundesgesetzes BGBl. I Nr. 104/2018 sind bis zu einem Einlieferungsvolumen von 25 Millionen pro Jahr nicht zu verrechnen und vom Bundesminister für Digitalisierung und Wirtschaftsstandort zu tragen. Wird diese Menge überschritten, hat der Bundesminister für Digitalisierung und Wirtschaftsstandort ab dem Beginn des übernächsten Jahres die Kosten zu verrechnen, wobei pro Einlieferung in Summe höchstens 7 Cent für die Kosten des Teilnehmerverzeichnisses und des Anzeigemoduls verrechnet werden dürfen.

(12) § 28a samt Überschrift und § 37b Abs. 7 in der Fassung des Bundesgesetzes BGBl. I Nr. 104/2018 treten mit Ablauf des Tages der Kundmachung in Kraft. § 28 Abs. 2 bis 4, § 28b Abs. 1 bis 3 und 6, § 29 Abs. 1 und 3 bis 5, § 30 Abs. 1, 3 bis 5, § 31, § 34 samt Überschrift, § 35 Abs. 1 bis 5, § 36 samt Überschrift, § 37 Abs. 1a bis 5, § 37b Abs. 1, 2, 4, 6 und 8 sowie § 39 in der Fassung des Bundesgesetzes BGBl. I Nr. 104/2018 treten mit Beginn des siebenten auf den Tag der Kundmachung der Verfügbarkeit des Teilnehmerverzeichnisses gemäß § 28a Abs. 3 folgenden Monats in Kraft. Zugleich treten § 29 Abs. 2 und 6, § 32 samt Überschrift, § 33 samt Überschrift, § 35 Abs. 9 und § 40 Abs. 6 außer Kraft. Die Überschrift zu § 28b und § 28b Abs. 4 und 5 in der Fassung des Bundesgesetzes BGBl. I Nr. 104/2018 treten mit Beginn des zweiten auf den Tag der Kundmachung der Verfügbarkeit des Teilnehmerverzeichnisses gemäß § 28a Abs. 3 folgenden Monats in Kraft *(Anm. 2)*.

(13) § 26a samt Überschrift in der Fassung des Bundesgesetzes BGBl. I Nr. 16/2020 tritt mit Ablauf des Tages der Kundmachung des genannten Bundesgesetzes in Kraft.

(14) § 26a samt Überschrift in der Fassung des Bundesgesetzes BGBl. I Nr. 42/2020 tritt mit Ablauf des Tages der Kundmachung des genannten Bundesgesetzes in Kraft und mit Ablauf des 30. Juni 2020 außer Kraft. Dass bei Zustellvorgängen, die sich im Zeitraum vom 22. März 2020 bis zum Ablauf des Tages der Kundmachung des genannten Bundesgesetzes ereignet haben, die Beurkundung der Form der Verständigung von der Zustellung sowie gegebenenfalls der Gründe, aus denen eine Verständigung nicht möglich war, aus technischen Gründen nicht elektronisch erfolgt ist, gilt dann nicht als Zustellmangel, wenn ihre Beurkundung in einer dem § 26a Z 3 letzter Satz in der Fassung des Bundesgesetzes BGBl. I Nr. 42/2020 entsprechenden Weise erfolgt ist und die betreffenden Daten dem Absender nachträglich unverzüglich übermittelt werden oder bereits übermittelt worden sind.

(15) In der Fassung der 2. Dienstrechts-Novelle 2022, BGBl. I Nr. 205/2022, treten in Kraft:

1. § 28 Abs. 2 und Abs. 3 Z 3, § 34 Abs. 1 und § 37b Abs. 2 sowie der Entfall des § 28 Abs. 3 Z 4 mit 1. Juli 2023;
2. der Entfall des § 2 Z 8 mit dem der Kundmachung folgenden Tag.

(____________________

Anm. 1: Die Kundmachung erfolgte am 30.5.2018 mit BGBl. I Nr. 33/2018.

Anm. 2: Die Kundmachung erfolgte am 28.5.2019 mit BGBl. II Nr. 140/2019.)

Sprachliche Gleichbehandlung

§ 41. Soweit sich die in diesem Bundesgesetz verwendeten Bezeichnungen auf natürliche Personen beziehen, gilt die gewählte Form für beide Geschlechter. Bei der Anwendung dieser Bezeichnungen auf bestimmte natürliche Personen ist die jeweils geschlechtsspezifische Form zu verwenden.

Artikel 5

Notifikationshinweis gemäß Artikel 12 der Richtlinie 83/189/EWG

(Anm.: aus BGBl. I Nr. 5/2008, zu den §§ 2 – 5, 7, 9, 10, 12 – 14, 16 – 37a und 41, BGBl. Nr. 200/1982)

Dieses Bundesgesetz wurde unter Einhaltung der Bestimmungen der Richtlinie 83/189/EWG des Rates über ein Informationsverfahren auf dem Gebiet der Normen und technischen Vorschriften in der Fassung der Richtlinien 88/182/EWG und 94/10/EWG der Europäischen Kommission notifiziert (Notifikationsnummer 2007/549/A).

13. Jurisdiktionsnorm (Auszug)

Gesetz vom 1. August 1895, über die Ausübung der Gerichtsbarkeit und die Zuständigkeit der ordentlichen Gerichte in bürgerlichen Rechtssachen

StF: RGBl. Nr. 111/1895

Letzte Novellierung: BGBl. I Nr. 61/2022

Mit Zustimmung beider Häuser des Reichsrathes finde Ich anzuordnen, wie folgt:

GLIEDERUNG

JN

Erster Theil.
Von der Gerichtsbarkeit im allgemeinen.
Erster Abschnitt.
Gerichte und gerichtliche Organe.
Ordentliche Gerichte.

§. 1.

Die Gerichtsbarkeit in bürgerlichen Rechtssachen wird, soweit dieselben nicht durch besondere Gesetze vor andere Behörden oder Organe verwiesen sind, durch Bezirksgerichte, Bezirksgerichte für Handelssachen, Landesgerichte, Handelsgerichte, durch Oberlandesgerichte und durch den Obersten Gerichtshof (ordentliche Gerichte) ausgeübt.

Instanzenverhältnis der Gerichte.

§. 2.

(1) In erster Instanz sind zur Ausübung dieser Gerichtsbarkeit die Bezirksgerichte, die Landesgerichte und die Handelsgerichte berufen.

(2) Besondere Bezirksgerichte für Handelssachen werden zur Ausübung der Gerichtsbarkeit in Handelssachen an allen Orten errichtet, in welchen ein selbständiges Handelsgericht besteht. Durch Verordnung können auch an anderen Orten solche Bezirksgerichte für Handelssachen errichtet werden.

§. 3.

(1) Der Rechtszug gegen Urteile und Beschlüsse der Bezirksgerichte (Berufung, Rekurs) geht in zweiter Instanz an die Landesgerichte. Im Sprengel eines selbständigen Handelsgerichtes geht aber der Rechtszug gegen Urteile und Beschlüsse eines besonderen Bezirksgerichtes für Handelssachen und gegen die in Ausübung der Gerichtsbarkeit in Handelssachen gefällten, entsprechend bezeichneten (§ 446 ZPO.) Urteile eines anderen Bezirksgerichtes an das Handelsgericht.

(2) In dritter Instanz hat über Rechtsmittel gegen Urtheile und Beschlüsse der Bezirksgerichte (Revision, Recurs) der Oberste Gerichtshof zu entscheiden.

§. 4.

Gegen die in erster Instanz von den Landesgerichten, sowie von den Handelsgerichten gefällten Urtheile und Beschlüsse geht der Rechtsgang in zweiter Instanz (Berufung, Recurs) an die Oberlandesgerichte, und in dritter Instanz (Revision, Recurs) an den Obersten Gerichtshof.

Ausübung der Gerichtsbarkeit bei den ordentlichen Gerichten

§. 5.

(1) Bei den Bezirksgerichten wird die Gerichtsbarkeit durch einen oder mehrere Einzelrichter ausgeübt.

(Anm.: Abs. 2 bis Abs. 4 aufgehoben durch § 6 Abs. 1 BGBl. Nr. 422/1921 iVm § 74 BGBl. Nr. 376/1921)

§ 7. (1) Bei den Landes- und Handelsgerichten wird die Gerichtsbarkeit in bürgerlichen Rechtssachen, sofern nicht andere Vorschriften Abweichendes anordnen, in erster und in zweiter Instanz durch Senate ausgeübt, die aus einem Vorsitzenden und zwei Mitgliedern bestehen.

(2) Soweit die Senate der selbständigen Handelsgerichte und die Senate der Landesgerichte

in Handelssachen (Handelssenate) über bürgerliche Rechtsstreitigkeiten in erster Instanz und über Berufungen gegen die in Ausübung der Gerichtsbarkeit in Handelssachen gefällten Urteile der Bezirksgerichte nach den Vorschriften der §§ 480 bis 500 ZPO in zweiter Instanz entscheiden, wird die Stelle eines Mitglieds durch einen fachkundigen Laienrichter aus dem Handelsstand versehen. In allen anderen Fällen sind die Senate der Landes- und Handelsgerichte mit Richtern besetzt.

(3) Fachkundige Laienrichter sind in Ausübung ihres Amtes unabhängig; sie haben hiebei die mit dem Richteramt verbundenen Befugnisse im vollen Umfang.

§ 7a. (1) In Rechtsstreitigkeiten über vermögensrechtliche Ansprüche, die vor die Gerichtshöfe erster Instanz gehören, entscheidet ein Mitglied des Gerichtes als Einzelrichter nach den Vorschriften für das Verfahren vor den Gerichtshöfen erster Instanz.

(2) Übersteigt jedoch der Wert des Streitgegenstandes an Geld oder Geldeswert (§§ 54 bis 60) den Betrag von 100 000 Euro, so entscheidet der Senat, wenn dies eine der Parteien beantragt; diesen Antrag hat der Kläger in der Klage, der Beklagte in der Klagebeantwortung zu stellen; wird der Streitwert erst nachträglich über diesen Betrag erweitert, so kann der Antrag nicht mehr gestellt werden. Wird nachträglich der Streitwert vor dem Schluß der mündlichen Streitverhandlung auf oder unter diesen Betrag eingeschränkt oder der Antrag auf Senatsbesetzung mit Zustimmung des Gegners bis zu diesem Zeitpunkt zurückgezogen, so tritt an die Stelle des Senats der Vorsitzende oder das sonst in der Geschäftsverteilung bestimmte Mitglied dieses Senats.

(3) In Angelegenheiten der außerstreitigen Gerichtsbarkeit, über Anträge auf Erlassung von Zahlungsaufträgen im Mandatsverfahren und im Verfahren in Wechselstreitigkeiten, ferner über die Bestätigung der Vollstreckbarkeit und ihre Aufhebung sowie über Anträge auf Exekutionsbewilligung entscheidet beim Gerichtshof in erster Instanz jedenfalls der Einzelrichter.

(4) Besondere Vorschriften, die die Entscheidung des Gerichtshofs erster Instanz durch den Senat vorsehen, bleiben durch die in den Abs. 1 und 2 getroffene Regelung unberührt.

§. 8.

(1) Bei den Oberlandesgerichten wird die Gerichtsbarkeit in bürgerlichen Rechtssachen, sofern nicht durch die Vorschriften über die innere Einrichtung und die Geschäftsordnung der Gerichte etwas anderes angeordnet ist, in Senaten von drei Richtern ausgeübt, von denen einer den Vorsitz führt.

(2) Soweit die Oberlandesgerichte über Berufungen gegen die in Ausübung der Gerichtsbarkeit in Handelsrechtssachen gefällten Urteile der Landes- und Handelsgerichte nach den Vorschriften der §§ 480 bis 500 Z P. O. entscheiden, wird die Stelle eines Mitgliedes des Berufungssenates durch einen fachkundigen Laienrichter aus dem Handelsstande versehen. § 7 Abs. 3 ist anzuwenden.

(3) In welcher Art die Gerichtsbarkeit in bürgerlichen Rechtssachen bei dem Obersten Gerichtshofe auszuüben ist, wird durch ein besonderes Statut bestimmt.

§ 8a. Bei den Landes- und Handelsgerichten sowie den Oberlandesgerichten entscheidet über Rechtsmittel gegen Entscheidungen über die Gebühren der Sachverständigen und Dolmetscher der Einzelrichter.

Zweiter Theil.
Von der Gerichtsbarkeit in Streitsachen.
Erster Abschnitt.
Bezirksgerichte.

§. 49.

(1) Vor die Bezirksgerichte gehören Streitigkeiten über vermögensrechtliche Ansprüche einschließlich der zum Mandatsverfahren gehörigen Streitigkeiten, wenn der Streitgegenstand an Geld oder Geldeswert den Betrag von 15 000 Euro nicht übersteigt, und diese Streitigkeiten nicht ihrer Beschaffenheit nach ohne Rücksicht auf den Wert des Streitgegenstandes Gerichtshöfen erster Instanz zugewiesen sind.

(2) Ohne Rücksicht auf den Wert des Streitgegenstandes gehören vor die Bezirksgerichte:

1. Streitigkeiten über die dem Vater eines unehelichen Kindes gegenüber der Mutter des Kindes gesetzlich obliegenden Pflichten;
2. Streitigkeiten über den aus dem Gesetz gebührenden Unterhalt, mit Ausnahme der Angelegenheiten des gesetzlichen Unterhalts zwischen in gerader Linie verwandten Personen;

2a. Streitigkeiten über die Scheidung, die Aufhebung oder die Nichtigerklärung einer Ehe oder über das Bestehen oder Nichtbestehen einer Ehe zwischen den Parteien;

2b. die anderen aus dem gegenseitigen Verhältnis der Ehegatten entspringenden Streitigkeiten;

2c. Streitigkeiten über die Auflösung oder die Nichtigerklärung einer eingetragenen Partnerschaft oder über das Bestehen oder Nichtbestehen einer eingetragenen Partnerschaft zwischen den Parteien;

2d. die anderen aus dem gegenseitigen Verhältnis der eingetragenen Partner entspringenden Streitigkeiten;

3. Streitigkeiten über die Bestimmung oder Berichtungen von Grenzen unbeweglicher Güter, sowie Streitigkeiten über die Dienstbarkeit der Wohnung und über Ausgedinge;
4. Streitigkeiten wegen Besitzstörung, wenn das Klagebegehren nur auf den Schutz und die Wiederherstellung des letzten thatsächlichen Besitzstandes gerichtet ist;

5. alle Streitigkeiten aus Bestandverträgen über die im § 560 ZPO bezeichneten Sachen und mit ihnen in Bestand genommene bewegliche Sachen sowie aus genossenschaftlichen Nutzungsverträgen (§ 1 Abs. 1 Mietrechtsgesetz) und aus dem im § 1103 ABGB bezeichneten Vertrag über solche Sachen einschließlich der Streitigkeiten über die Eingehung, das Bestehen und die Auflösung solcher Verträge, die Nachwirkungen hieraus und wegen Zurückhaltung der vom Mieter oder Pächter eingebrachten oder der sonstigen dem Verpächter zur Sicherstellung des Pachtzinses haftenden Fahrnisse, schließlich Streitigkeiten zwischen wem immer über verbotene Ablösen (§ 27 Mietrechtsgesetz);
6. Streitigkeiten nach § 549 ZPO;
7. Streitigkeiten zwischen Reedern, Schiffern, Flößern, Fuhrleuten oder Wirten und ihren Auftraggebern, Reisenden und Gästen über die aus diesen Verhältnissen entspringenden Verpflichtungen;
8. Streitigkeiten wegen Viehmängel.

(3) Die im Abs. 2 Z 1 bis 2d begründete Zuständigkeit besteht auch in Fällen, in denen der Rechtsstreit vom Rechtsnachfolger einer Partei oder von einer Person geführt wird, die kraft Gesetzes anstelle der ursprünglichen Person hiezu befugt ist.

(4) Zum Wirkungskreise der Bezirksgerichte gehören auch die Verfügungen über gerichtliche Aufkündigungen von Bestandverträgen über die in Z 5 bezeichneten Gegenstände, die Erlassung von Aufträgen zur Übernahme solcher Bestandgegenstände und die Aufnahme der Seeverklarung.

(Anm.: Abs. 5 idF des Art. IV Z 3 BGBl. Nr. 280/1978 aufgehoben durch Art. I, Z 1, lit. c, BGBl. Nr. 70/1985.)

Gerichtshöfe erster Instanz.

§. 50.

Vor die Gerichtshöfe erster Instanz gehören alle bürgerlichen Rechtsstreitigkeiten, welche nicht den Bezirksgerichten zugewiesen sind.

Handelsgerichte.

§ 51. (1) Vor die selbständigen Handelsgerichte gehören, falls der Streitgegenstand an Geld oder Geldeswert den Betrag von 15 000 Euro übersteigt:

1. Streitigkeiten aus unternehmensbezogenen Geschäften, wenn die Klage gegen einen im Firmenbuch eingetragenen Unternehmer gerichtet ist und das Geschäft auf Seiten des Beklagten ein unternehmensbezogenes Geschäft ist.
2. Streitigkeiten, die aus den Berufsgeschäften von Handelsmaklern (Sensalen), Wägern, Messern und anderen Personen, die zur Vornahme und Bestätigung solcher Geschäfte im Geschäftsverkehr bestellt sind, entstehen, wenn diese Streitigkeiten zwischen ihnen und ihren Auftraggebern geführt werden;
3. Streitigkeiten aus den Rechtsverhältnissen der Unternehmer mit ihren Prokuristen, Handlungsbevollmächtigten und Handlungsgehilfen, ferner aus den Rechtsverhältnissen aller dieser Personen zu Dritten, denen sie sich im Unternehmen des Arbeitgebers verantwortlich gemacht haben, und aus den Rechtsverhältnissen zwischen Dritten und solchen Personen, die wegen mangelnder Prokura oder Handlungsvollmacht haften, sofern es sich nicht um eine Arbeitsrechtssache handelt;
4. Streitigkeiten aus der Veräußerung eines Unternehmens zwischen den Vertragsteilen;
5. Streitigkeiten über das Recht der Verwendung einer Firma und die sich aus diesem Recht ergebenden Streitigkeiten;
6. Streitigkeiten aus dem Rechtsverhältnis zwischen den Mitgliedern einer Handelsgesellschaft oder zwischen dieser und ihren Mitgliedern, zwischen den Mitgliedern der Verwaltung und den Liquidatoren der Gesellschaft und der Gesellschaft oder deren Mitgliedern, zwischen dem stillen Gesellschafter und dem Inhaber des Unternehmens, zwischen den Teilnehmern einer Vereinigung zu einzelnen unternehmensbezogenen Geschäften für gemeinschaftliche Rechnung sowie Streitigkeiten aus Rechtsverhältnissen aller dieser Personen zu Dritten, denen sie sich in dieser Eigenschaft verantwortlich gemacht haben, und zwar in allen diesen Fällen sowohl während des Bestandes als auch nach der Auflösung des gesellschaftlichen Verhältnisses, sofern es sich nicht um eine Arbeitsrechtssache handelt;
7. sonstige Streitigkeiten nach dem Aktiengesetz und dem Gesetz über Gesellschaften mit beschränkter Haftung;
8. Streitigkeiten aus Wechselgeschäften und aus scheckrechtlichen Rückgriffsansprüchen;

8a. Streitigkeiten nach dem Produkthaftungsgesetz;

8b. Streitigkeiten nach dem § 1330 ABGB wegen einer Veröffentlichung in einem Medium (§ 1 Abs. 1 Z 1 Mediengesetz).

(2) Ohne Rücksicht auf den Wert des Streitgegenstandes gehören vor die Handelsgerichte:

9. Streitigkeiten aus den Rechtsverhältnissen, die sich auf den Schutz und den Gebrauch von Erfindungen, Mustern, Modellen und Marken beziehen, insoweit hiefür nicht andere gesetzliche Vorschriften bestehen;
10. Streitigkeiten wegen unlauteren Wettbewerbs – sofern es sich nicht um eine Arbeitsrechtssache handelt –, nach dem Urheberrechtsgesetz, nach den §§ 28 bis 30 des Konsumentenschutzgesetzes und nach Artikel V des Zinsenrechts-Änderungsgesetzes, BGBl. I Nr. 118/2002;

11. Streitigkeiten, die sich auf die Seeschiffe und Seefahrt beziehen, sowie aus allen sonstigen Rechtsverhältnissen, die nach dem Privatseerecht oder dem Recht der Binnenschiffahrt zu beurteilen sind, sofern nicht die Bestimmungen des § 49 Z 5 bis 7 zur Anwendung kommen oder hiefür andere gesetzliche Vorschriften bestehen.

(3) Wo ein selbständiges Handelsgericht nicht besteht, wird die Gerichtsbarkeit in allen vorgenannten Rechtsstreitigkeiten durch die Handelssenate der Landesgerichte ausgeübt.

§ 52.

(1) An Orten, an denen ein selbständiges Handelsgericht und Bezirksgerichte für Handelssachen bestehen, gehören die im § 51 Abs. 1 angeführten Streitigkeiten, bei denen der Streitgegenstand an Geld oder Geldeswert die Summe von 15 000 Euro nicht übersteigt, vor die Bezirksgerichte für Handelssachen.

(2) Im gleichen Umfange sind die etwa an anderen Orten bestehenden besonderen Bezirksgerichte für Handelssachen zur Ausübung der Gerichtsbarkeit in Streitsachen zuständig.

§ 53. Für Streitigkeiten über die Verletzung von gewerblichen Schutzrechten ist das Handelsgericht Wien in erster Instanz ausschließlich zuständig. In diesen Rechtssachen kommt dem Handelsgericht Wien auch die ausschließliche Zuständigkeit für einstweilige Verfügungen zu.

14. NÖ Bauordnung 2014

NÖ Bauordnung 2014

StF: LGBl. Nr. 1/2015

Letzte Novellierung: LGBl. Nr. 31/2023

Der Landtag von Niederösterreich hat am 22. Juni 2023 beschlossen:

GLIEDERUNG

I. Baurecht

A) Allgemeines

§ 1

Geltungsbereich

(1) Dieses Gesetz regelt das **Bauwesen** im Land Niederösterreich.

(2) Durch dieses Gesetz werden

1. die **Zuständigkeit des Bundes** für bestimmte Bauwerke (z. B. Bundesstraßen, Bergbau-, Eisenbahn-, Luftfahrts-, Verteidigungs-, Wasserkraft- und öffentliche Schifffahrtsanlagen oder für die Unterbringung von hilfs- und schutzbedürftigen Fremden) sowie
2. die **Vorschriften**, wonach für Bauvorhaben **zusätzliche Bewilligungen** erforderlich sind (z. B. Gewerbe-, Wasser-, Naturschutz- und Umweltschutzrecht),

nicht berührt.

(3) Weiters sind folgende Bauwerke **vom Geltungsbereich** dieses Gesetzes **ausgenommen:**

1. Forststraßen und forstliche Bringungsanlagen;
2. landwirtschaftliche Bringungsanlagen (§ 4 des Güter- und Seilwege-Landesgesetzes 1973, LGBl. 6620);
3. unterirdische Wasserver- und -entsorgungsanlagen (z. B. Rohrleitungen, Schächte) sowie Schutz- und Regulierungswasserbauten, soweit es sich um nach dem Wasserrechtsgesetz, BGBl. Nr. 215/1959 in der Fassung BGBl. I Nr. 54/2014, bewilligungs- oder anzeigepflichtige Maßnahmen handelt;
4. elektrische Leitungsanlagen, ausgenommen Gebäude, (§ 2 des NÖ Starkstromwegegesetzes, LGBl. 7810), Anlagen zur Erzeugung von elektrischer Energie (§ 2 Abs. 1 Z 22 des NÖ Elektrizitätswesengesetzes 2005, LGBl. 7800), soweit sie einer elektrizitätsrechtlichen Genehmigung bedürfen, sowie Gas-, Erdöl- und Fernwärmeleitungen;
5. Straßenbauwerke des Landes und der Gemeinden;
6. Behandlungsanlagen im Sinn des 6. Abschnittes des Abfallwirtschaftsgesetzes 2002, BGBl. I Nr. 102/2002 in der Fassung BGBl. I Nr. 8/2021, wobei die bautechnischen Bestimmungen in diesen Verfahren anzuwenden sind;
7. bewilligungs-, anzeige- und meldefreie Vorhaben.

§ 2

Zuständigkeit

(1) **Baubehörde** erster Instanz ist

- der Bürgermeister
- der Magistrat (in Städten mit eigenem Statut)

Baubehörde zweiter Instanz ist

- der Gemeindevorstand (Stadtrat)
- der Stadtsenat (in Städten mit eigenem Statut)

(örtliche Baupolizei)

(2) Erstreckt sich ein Bauwerk oder Vorhaben auf das Gebiet mehrerer Gemeinden, ist die Bezirksverwaltungsbehörde Baubehörde.

Erstreckt sich ein Bauwerk oder Vorhaben auf mehrere Bezirke, so ist die Bezirksverwaltungsbehörde örtlich zuständig, in deren Bereich das Bauwerk oder Vorhaben zum Großteil ausgeführt werden soll.

(3) Abs. 1 gilt nicht für das **Verwaltungsstrafverfahren**.

§ 3

Eigener Wirkungsbereich der Gemeinde

Aufgaben, die nach diesem Gesetz von der Gemeinde zu besorgen sind, fallen in den eigenen Wirkungsbereich der Gemeinde.

§ 3a

Mitwirkung der Bundespolizei

Die Organe der Bundespolizei haben der Baubehörde über ihr Ersuchen zur Feststellung einer Duldungsverpflichtung (§ 7 Abs. 6), zur Sicherung der Ausübung der Überwachungsbefugnisse (§ 27 Abs. 2, § 32 Abs. 8 und 9, § 34 Abs. 3 und § 35 Abs. 4) und zur Durchsetzung von Sicherungsmaßnahmen (§ 35 Abs. 1 und § 36 Abs. 1 und 2) im Rahmen ihres gesetzlichen Wirkungsbereiches Hilfe zu leisten.

§ 4

Begriffsbestimmungen

Im Sinne dieses Gesetzes gelten als

1. **Abstellanlage für Kraftfahrzeuge**: für das Abstellen von Kraftfahrzeugen bestimmter Raum (z. B. Garage), bauliche Anlage (z. B. Carport) oder Fläche einschließlich der Rangierflächen und Zu- und Abfahrten;

Stellplatz: jene Teilfläche einer Abstellanlage, die für das Abstellen eines einzelnen Kraftfahrzeuges bestimmt ist;

Abstellanlage für Fahrräder: für das Abstellen von Fahrrädern bestimmter Raum, bauliche Anlage oder Fläche;

2. **Aufenthaltsraum**: ein Raum, der zum längeren Aufenthalt von Personen bestimmt ist (z. B. Wohn- und Schlafraum, Wohnküche, Arbeitsraum, Unterrichtsraum); nicht dazu zählen jedenfalls Badezimmer und Toiletten;
3. **ausreichende Belichtung:** jene Belichtung auf Lichteintrittsflächen von Hauptfenstern, die durch einen freien Lichteinfall unter 45° (gemessen von der Horizontalen) bei einer seitlichen Abweichung (Verschwenkung) um nicht mehr als 30°, ausgehend vom Bezugsniveau (Z 11a), gegeben ist;

3a. **Barrierefreiheit:** barrierefrei sind Bauwerke, wenn sie für Kinder, ältere Menschen und Menschen mit Behinderungen in der allgemein üblichen Weise, ohne besondere Erschwernis und grundsätzlich ohne fremde Hilfe, zugänglich und nutzbar sind;

4. **Baufluchtlinien**: Abgrenzungen innerhalb eines Grundstücks, über die mit Hauptgebäuden grundsätzlich nicht hinausgebaut werden darf;
5. **Bauklasse**: Festlegung des Rahmens für die Höhe der Hauptgebäude (§ 31 Abs. 2 NÖ Raumordnungsgesetz 2014, LGBl. Nr. 3/2015 in der geltenden Fassung);
6. **bauliche Anlagen**: alle Bauwerke, die nicht Gebäude sind;
7. **Bauwerk**: ein Objekt, dessen fachgerechte Herstellung ein wesentliches Maß an bautechnischen Kenntnissen erfordert und das mit dem Boden kraftschlüssig verbunden ist;
8. **Bauwich**: der vorgeschriebene Mindestabstand eines Hauptgebäudes zu den Grundstücksgrenzen (seitlicher und hinterer Bauwich) oder zur Straßenfluchtlinie (vorderer Bauwich);
9. **bebaute Fläche:** als solche gilt die senkrechte Projektion aller Teile von Gebäuden, die
   - zumindest zwei Wände und ein Dach haben (raumbildend sind) und
   - mehr als 1 m über dem Bezugsniveau liegen,

auf eine waagrechte Ebene;

10. **Bebauungsdichte**: das Verhältnis der bebauten Fläche der Gebäude zur Gesamtfläche des Grundstücks bzw. jenes Grundstücksteils, für den diese Bestimmung des Bebauungsplans gilt;
11. **Bebauungsweise**: Festlegung der Anordnung der Hauptgebäude auf dem Grundstück (§ 31 Abs. 1 NÖ Raumordnungsgesetz 2014, LGBl. Nr. 3/2015 in der geltenden Fassung);

11a. **Bezugsniveau:** jene Höhenlage des Geländes, welche als Beurteilungsgrundlage (z. B. für die Berechnung der Gebäudehöhe) herangezogen wird.

Als Bezugsniveau gilt:

– die bisher unveränderte Höhenlage des Geländes,

sofern die Höhenlage des Geländes nicht

– in einem Bebauungsplan oder in einer Verordnung des Gemeinderates festgelegt oder
– außerhalb des Geltungsbereiches eines Bebauungsplans oder einer solchen Verordnung vor dem 13. Juli 2017 bewilligungsgemäß oder

rechtmäßig bewilligungsfrei abgeändert wurde.

Auf den Grundflächen, die durch die Aufzählung nicht abgedeckt sind (z. B. Grundflächen, die mit Gebäuden bebaut sind, um deren Bewilligung vor dem 13. Juli 2017 angesucht wurde), gilt ein homogen verlaufend an das umgebende Bezugsniveau angepasstes Bezugsniveau.

Eine gemäß der vor dem 13. Juli 2017 geltenden Rechtslage bewilligte veränderte Höhenlage des Geländes, die die Beurteilungsgrundlage für die Baubewilligung eines Gebäudes bildet, gilt als Bezugsniveau, wenn sie bis zum 31. Dezember 2019 tatsächlich hergestellt wird;

12. **Blockheizkraftwerk**: eine stationäre Verbrennungskraftmaschine zur Bereitstellung von elektrischem Strom mit Wärmenutzung für die Raumheizung und/oder zur Warmwasserbereitung;

12a. **Elektronische Kommunikation**:

– **Hochgeschwindigkeitsfähige gebäudeinterne physische Infrastrukturen**: gebäudeinterne physische Infrastrukturen, die ausreichend dimensioniert sind, um Komponenten von Hochgeschwindigkeitsnetzen für die elektronische Kommunikation oder die Versorgung mit solchen Netzen bis zu jedem Netzabschlusspunkt zu ermöglichen;
– **Hochgeschwindigkeitsnetz für die elektronische Kommunikation**: ein elektronisches Kommunikationsnetz, das die Möglichkeit bietet, Breitbandzugangsdienste bereit zu stellen;
– **Netzabschlusspunkt**: der physische Punkt, an dem einem Teilnehmer der Zugang zu einem öffentlichen Kommunikationsnetz bereitgestellt wird;
– **Physische Infrastrukturen**: Komponenten eines Netzes, die andere Netzkomponenten aufnehmen sollen, selbst jedoch nicht zu aktiven Netzkomponenten werden, beispielsweise Fernleitungen, Masten, Leitungsrohre, Kontrollkammern, Einstiegschächte, Verteilerkästen, Gebäude und Gebäudeeingänge, Antennenanlagen, Türme und Pfähle; Kabel einschließlich unbeschalteter Glasfaserkabel, sowie Komponenten von Netzen, die die Versorgung mit Wasser für den menschlichen Gebrauch im Sinn des Artikels 2 Nummer 1 der Richtlinie 98/83/EG des Rates genutzt werden, sind keine physischen Infrastrukturen im Sinne der Richtlinie 2014/61/EU;
– **Umfangreiche Renovierungen**: sind Tief- oder Hochbauarbeiten am Standort des Endnutzers, die strukturelle Veränderungen an den gesamten gebäudeinternen physischen Infrastrukturen oder einem wesentlichen Teil davon umfassen und eine Baugenehmigung erfordern;
– **Zugangspunkt**: ein physischer Punkt innerhalb oder außerhalb des Gebäudes, der für Unternehmen, die öffentliche Kommunikationsnetze bereitstellen oder für deren Bereitstellung zugelassen sind, zugänglich ist und den Anschluss an die hochgeschwindigkeitsfähigen gebäudeinternen physischen Infrastrukturen ermöglicht;

13. **Energieausweis:** ein Ausweis über die Gesamtenergieeffizienz eines Gebäudes oder Gebäudeteiles in Umsetzung europarechtlicher Vorschriften;

14. **Feuerungsanlagen**: technische Einrichtungen, die dazu bestimmt sind

- zum Zweck der Gewinnung von Nutzwärme für die Raumheizung und/oder zur Warmwasserbereitung feste (biogene oder fossile), flüssige oder gasförmige Brennstoffe zu verbrennen (Feuerstätte) und
- die Verbrennungsgase über eine Abgasführung (Abgasanlage einschließlich erforderlicher Verbindungsstücke und deren Anschlüsse) gefahrlos ins Freie abzuleiten;

Heizkessel: Feuerstätte zur Erhitzung des Wärmeträgers Wasser;

Kleinfeuerungen: Feuerungsanlagen mit einer Nennwärmeleistung von nicht mehr als 400 kW;

Nennwärmeleistung (Pn): die höchste für den Betrieb der Feuerungsanlage (Nennlast) vorgesehene Wärmeleistung bei Dauerbetrieb;

Mittelgroße Feuerungsanlagen: Feuerungsanlagen mit einer Brennstoffwärmeleistung von mindestens 1 MW und weniger als 50 MW;

Aggregation: eine aus zwei oder mehr neuen mittelgroßen Feuerungsanlagen gebildete Kombination gilt für die Begrenzung der Emissionen bestimmter Schadstoffe aus mittelgroßen Feuerungsanlagen in die Luft als eine einzige mittelgroße Feuerungsanlage, und für die Berechnung der gesamten Brennstoffwärmeleistung der Anlage werden ihre Brennstoffwärmeleistungen addiert, wenn

– die Abgase dieser mittelgroßen Feuerungsanlagen über einen gemeinsamen Schornstein abgeleitet werden oder
– die Abgase dieser mittelgroßen Feuerungsanlagen unter Berücksichtigung technischer und wirtschaftlicher Faktoren über einen gemeinsamen Schornstein abgeleitet werden könnten;

Brennstoffwärmeleistung (Feuerungswärmeleistung)**:** jene einer Feuerungsanlage mittels dem Brennstoff zeitlich zugeführte durchschnittliche, auf den unteren Heizwert bezogene Wärmemenge, die zum Erreichen der auslegungsmäßig vorgesehenen Anlagenleistung im Dauerbetrieb (Nennlast) erforderlich ist;

Bestehende mittelgroße Feuerungsanlagen: Feuerungsanlagen, für die vor dem Inkrafttreten der Änderung der NÖ BO 2014, LGBl. Nr. 1/2015

in der Fassung LGBl. Nr. 53/2018, eine Genehmigung erteilt wurde, sofern die ordnungsgemäße Fertigstellungsanzeige (§ 30) bereits vorliegt oder bis spätestens 19. Dezember 2018 eingebracht wird;

Öfen: Feuerungsanlagen zur unmittelbaren Beheizung des Aufstellraumes (z. B. Kaminöfen, Kachelöfen, Öl- oder Gasraumheizgeräte);

Wirkungsgrad: das Verhältnis des Nutzenergiewerts zum Aufwandenergiewert, angegeben in Prozenten;

15. **Gebäude:** ein oberirdisches Bauwerk mit einem Dach und wenigstens 2 Wänden, welches von Menschen betreten werden kann und dazu bestimmt ist, Menschen, Tiere oder Sachen zu schützen, wobei alle statisch miteinander verbundenen Bauteile als ein Gebäude gelten;

Nebengebäude: ein Gebäude mit einer bebauten Fläche bis zu 100 m², das oberirdisch nur ein Geschoß aufweist, keinen Aufenthaltsraum enthält und seiner Art nach dem Verwendungszweck eines Hauptgebäudes untergeordnet ist, unabhängig davon, ob ein solches tatsächlich besteht (z. B. Kleingarage, Werkzeughütte); es kann auch unmittelbar neben dem Hauptgebäude stehen;

Konditioniertes Gebäude: ein Gebäude, dessen Innenraumklima unter Einsatz von Energie beheizt, gekühlt, be- und entlüftet oder befeuchtet wird; als konditioniertes Gebäude können ein Gebäude als Ganzes oder Teile eines Gebäudes, die als eigene Nutzungseinheiten konzipiert oder umgebaut wurden, bezeichnet werden;

Niedrigstenergiegebäude: ein Gebäude, das eine sehr hohe Gesamtenergieeffizienz aufweist. Der fast bei Null liegende oder sehr geringe Energiebedarf wird zu einem ganz wesentlichen Teil durch Energie aus erneuerbaren Quellen gedeckt;

Wohngebäude: ein Gebäude, das ganz oder überwiegend zum Wohnen genutzt wird;

15a. **Gebäudetechnische Systeme:** die technische Ausrüstung eines Gebäudes oder Gebäudeteils für Raumheizung, Raumkühlung, Lüftung, Warmwasserbereitung für den häuslichen Gebrauch, eingebaute Beleuchtung, Gebäudeautomatisierung und -steuerung, Elektrizitätserzeugung am Gebäudestandort oder für eine Kombination derselben, einschließlich Systemen, die Energie aus erneuerbaren Quellen nutzen;

System für Gebäudeautomatisierung und -steuerung: ein System, das sämtliche Produkte, Software und Engineering-Leistungen umfasst, mit denen ein energieeffizienter, wirtschaftlicher und sicherer Betrieb gebäudetechnischer Systeme durch automatische Steuerungen sowie durch die Erleichterung des manuellen Managements dieser gebäudetechnischen Systeme unterstützt werden kann;

16. **Geschoß**: der Gebäudeabschnitt zwischen den Oberkanten der Fußböden übereinanderliegender Räume oder der lichte Abschnitt zwischen der Oberkante des Fußbodens und der Unterfläche des Daches, wenn die jeweils geforderte Raumhöhe erreicht wird. Gebäudeabschnitte, die zueinander bis einschließlich der halben Geschoßhöhe versetzt sind, gelten als ein Geschoß;

oberirdisches Geschoß: Geschoß, dessen äußere Begrenzungsflächen in Summe zu mehr als der Hälfte über dem anschließenden Gelände nach Fertigstellung liegen. Nicht zu den oberirdischen Geschoßen zählen solche, in denen sich keine Wohnungen, Betriebseinheiten oder Teile von solchen befinden (z. B. nicht ausgebaute Dachräume, Triebwerksräume, Räume für haustechnische Anlagen);

unterirdisches Geschoß: Geschoß, dessen äußere Begrenzungsflächen in Summe zu nicht mehr als der Hälfte über dem anschließenden Gelände nach Fertigstellung liegen;

17. **Geschoßflächenzahl**: das Verhältnis der Summe der Grundrissflächen aller oberirdischen Geschoße von Gebäuden zur Fläche des Bauplatzes;

18. (entfällt durch LGBl. Nr. 50/2017)

19. **Größere Renovierung:** Renovierung eines konditionierten Gebäudes, bei der mehr als 25 % der Oberfläche der Gebäudehülle einer Renovierung unterzogen werden, es sei denn, die Gesamtkosten der Renovierung der Gebäudehülle und der gebäudetechnischen Systeme betragen weniger als 25 % des Gebäudewertes, wobei der Wert des Grundstückes, auf dem das Gebäude errichtet wurde, nicht mitgerechnet wird;

20. **Grundrissfläche**: die Fläche innerhalb der äußeren Begrenzungslinien der Außenwände eines Geschoßes;

21. **Hauptfenster:** Fenster, welche die zur ausreichenden Belichtung von Aufenthaltsräumen erforderlichen Lichteintrittsflächen enthalten, wobei die zur ausreichenden Belichtung von Aufenthaltsräumen mindestens erforderlichen Lichteintrittsflächen über dem Bezugsniveau liegen müssen; alle anderen Fenster sind Nebenfenster;

Hauptfenster künftig zulässiger Gebäude: Hauptfenster der zukünftig im Sinn einer geordneten Bebauungsplanung bewilligungsfähigen Gebäude;

Hauptfenster zulässiger Gebäude: Hauptfenster der künftig zulässigen und darüber hinaus auch der bestehenden bewilligten Gebäude;

21a. **Heizungsanlage:** eine Kombination der Bauteile, die für eine Form der Raumluftbehandlung erforderlich sind, durch welche die Temperatur erhöht wird;

22. **Inverkehrbringen**: das erstmalige Abgeben oder Versenden einer Kleinfeuerung oder eines Bauteils davon zum Zweck des Anschlusses; das Herstellen, Zusammenfügen oder Einführen einer Kleinfeuerung oder eines Bauteils davon für den Eigengebrauch. Als Inverkehrbringen gilt nicht das Überlassen von Kleinfeuerungen oder Bauteilen davon zum Zweck der Prüfung, Lagerung, Verschrottung, Abänderung oder Instandsetzung sowie das Rückliefern von zur Prüfung, Lagerung, Abänderung oder Instandsetzung übernommenen Kleinfeuerungen oder Bauteilen davon an den Auftraggeber;
23. **Klimaanlagen**: Kombination sämtlicher Bauteile, die für eine Form der Luftbehandlung erforderlich sind, bei denen die Temperatur, eventuell gemeinsam mit der Belüftung, der Feuchtigkeit und/oder der Luftreinheit geregelt werden kann;

Nennleistung einer Klimaanlage: die Kühlleistung der Klimaanlage in kW im Kühlbetrieb, ermittelt unter Norm-Nennbedingungen;

23a. **Ladepunkt:** Schnittstelle, mit der zur selben Zeit entweder nur ein Elektrofahrzeug aufgeladen oder nur eine Batterie eines Elektrofahrzeuges ausgetauscht werden kann;

24. **Mobilheim**: die zum Bestimmungsort überführte, für den Aufenthalt von Menschen geeignete Anlage, die nicht den Anforderungen für den Bau und die Benutzung als Straßenfahrzeug genügt, aber selbst noch über Mittel zur Beweglichkeit (Anbringungsmöglichkeit für Räder) verfügt;
25. **Netto-/Brutto-Grundfläche:** entspricht der Netto- bzw. Brutto-Grundfläche der ÖNORM B 1800 (Ausgabe: 2013-08-01);

Konditionierte Netto-Grundfläche: Netto-Grundfläche, die konditioniert (unter Einsatz von Energie beheizt, gekühlt, be- und entlüftet oder befeuchtet) wird;

25a. **Nutzfläche:** entspricht der Nutzfläche der ÖNORM B 1800 (Ausgabe: 2013-08-01);

26. **öffentliche Verkehrsfläche**: eine im Flächenwidmungsplan gewidmete Verkehrsfläche der Gemeinde für den fließenden oder ruhenden Verkehr, deren konkrete Abgrenzung – selbst bei einer digitalen Darstellung des Flächenwidmungsplans – erst durch Straßenfluchtlinien (Z 29) im genauen Verlauf festgelegt wird;

Landesstraßen gelten als öffentliche Verkehrsflächen im Sinne dieses Gesetzes;

27. **Regeln der Technik**: technische Regeln, die aus Wissenschaft oder Erfahrung auf dem technischen Gebiet gewonnene Grundsätze enthalten und deren Richtigkeit und Zweckmäßigkeit in der Praxis allgemein als erwiesen gelten;
28. **Spielplatz**: Fläche, die durch ihre Gestaltung und Ausstattung Kindern ein sicheres Spielen im Freien ermöglichen soll;
29. **Straßenfluchtlinie**: die Grenze zwischen öffentlichen Verkehrsflächen der Gemeinde und anderen Grundflächen, die in einem Bebauungsplan oder in einer Entscheidung nach § 12 Abs. 2 und 2a festgelegt ist;
30. **überbaute Fläche**: die durch die oberirdischen Teile des Bauwerks überdeckte Fläche des Baugrundstücks einschließlich untergeordneter Bauteile (z. B. Vordächer);
31. **Wand**: seitlicher Raumabschluss, der zu **mehr als der Hälfte** aus **flächigen Bauteilen** (z. B. Wandbauteile, Fenster, Türen, Tore, Brüstungen) bzw. aus **flächig wirkenden Bauteilen** (z. B. Gitter, Lamellen, Netze) besteht;
32. **Wärmeerzeuger:** der Teil einer Heizungsanlage, der mithilfe eines oder mehrerer der folgenden Verfahren Nutzwärme erzeugt:

- Verbrennung von Brennstoffen, beispielsweise in einem Heizkessel;
- Joule-Effekt in den Heizelementen einer elektrischen Widerstandsheizung;
- Wärmegewinnung aus der Umgebungsluft, aus Abluft oder aus einer Wasser- oder Erdwärmequelle mithilfe einer Wärmepumpe;

Elektrische Widerstandsheizung: technische Einrichtung zur Erwärmung von Gebäuden mithilfe von Elektrizität;

Wärmepumpe: eine Maschine, ein Gerät oder eine Anlage, die die Wärmeenergie der natürlichen Umgebung (Luft, Wasser oder Boden) auf Gebäude oder industrielle Anlagen überträgt, indem sie den natürlichen Wärmestrom so umkehrt, dass dieser von einem Ort tieferer Temperatur zu einem Ort höherer Temperatur fließt;

- Bei **reversiblen Wärmepumpen** kann auch die Wärme vom Gebäude an die natürliche Umgebung abgegeben werden.
- **Nennleistung einer Wärmepumpe**: die Heiz- oder Kühlleistung der Wärmepumpe in kW, ermittelt unter Norm-Nennbedingungen;

32a. **Wohnung**: jener für sich abgeschlossene oder abgegrenzte Teil eines Gebäudes, der wenigstens über die Räumlichkeiten nach § 47 Abs. 1 verfügt und objektiv für die Führung eines Haushaltes ausreicht;

33. **Zentralheizungsanlagen**: Anlagen zur Verteilung zentral erzeugter Wärme zum Zweck der Raumheizung von Gebäuden oder von Gebäudeteilen, die Wasser zur Wärmeverteilung verwenden und in der Regel aus Wärmeerzeuger, Wärmeverteilungssystem und Wärmeabgabesystem bestehen.

§ 5
Allgemeine Verfahrensbestimmungen, aufschiebende Wirkung

(1) **Entscheidungen** aufgrund dieses Gesetzes, ausgenommen nach § 36, sind **schriftlich** zu erlassen.

(2) Die Baubehörde erster Instanz hat über einen Antrag nach § 14, sofern das Vorhaben keiner Bewilligung nach einem anderen Gesetz bedarf, sowie über einen Antrag nach § 7 Abs. 6 **binnen 3 Monaten** zu entscheiden. Die **Entscheidungsfrist** beginnt erst, wenn alle Antragsbeilagen (§ 18 Abs. 1 bis 3 und § 19) der Baubehörde vorliegen.

(3) In Baubewilligungsverfahren (§ 14) und damit in Zusammenhang stehenden Verfahren nach § 7 Abs. 6 hat die Beschwerde an das Landesverwaltungsgericht **keine aufschiebende Wirkung**.

Die Baubehörde hat jedoch auf Antrag der beschwerdeführenden Partei die aufschiebende Wirkung mit Bescheid **zuzuerkennen**, wenn dem nicht zwingende öffentliche Interessen entgegenstehen und nach Abwägung der berührten öffentlichen Interessen und Interessen anderer Parteien mit der Ausübung der durch den angefochtenen Bescheid eingeräumten Berechtigung für die beschwerdeführende Partei ein unverhältnismäßiger Nachteil verbunden wäre. Eine dagegen erhobene Beschwerde hat keine aufschiebende Wirkung.

Dasselbe gilt sinngemäß ab Vorlage der Beschwerde für das Landesverwaltungsgericht.

(4) In **baupolizeilichen Verfahren** nach § 29 (Baueinstellung) haben Rechtsmittel **keine aufschiebende Wirkung**.

(5) In **Nichtigerklärungsverfahren** (§ 23 Abs. 9) hat die Beschwerde an das Landesverwaltungsgericht keine aufschiebende Wirkung.Über Beschwerden gegen **Nichtigerklärungsbescheide** nach § 23 Abs. 9 entscheidet das **Landesverwaltungsgericht** nach Durchführung einer mündlichen Verhandlung durch **Senate**. Der Vorsitzende kann gleichzeitig Berichterstatter sein.

(6) Die **Vorlage von Urkunden** entfällt, wenn die zu beweisenden Tatsachen und Rechtsverhältnisse durch Einsicht in die der Baubehörde zur Verfügung stehenden Register, insbesondere durch Abfrage des Grundbuchs (§ 6 des Grundbuchsumstellungsgesetzes – GUG, BGBl. Nr. 550/1980), festgestellt werden können.

§ 6

Parteien und Nachbarn

(1) In Baubewilligungsverfahren und baupolizeilichen Verfahren nach § 34 Abs. 2 und § 35 haben **Parteistellung**:

1. der Bauwerber und der Eigentümer des Bauwerks
2. der Eigentümer des Baugrundstücks
3. die Eigentümer der Grundstücke, die an das Baugrundstück angrenzen oder von diesem durch dazwischen liegende Grundflächen mit einer Gesamtbreite bis zu 14 m (z. B. schmale Grundstücke, Verkehrsflächen, Gewässer, Grüngürtel) getrennt sind (**Nachbarn**), und
4. die Eigentümer eines ober- oder unterirdischen Bauwerks auf den Grundstücken nach Z 2 und 3, z. B. Superädifikat, Baurechtsobjekt, Keller (**Nachbarn**).

Nachbarn sind nur dann Parteien, wenn sie durch das fertiggestellte Bauvorhaben bzw. das Bauwerk und dessen Benützung in den in Abs. 2 erschöpfend festgelegten subjektiv-öffentlichen Rechten oder als Inhaber eines Fahr- und Leitungsrechtes nach § 11 Abs. 3 beeinträchtigt werden können.

Vorhaben im Sinn des § 18 Abs. 1a lösen keine Parteistellung der Nachbarn aus.

(2) **Subjektiv-öffentliche Rechte** werden begründet durch jene Bestimmungen dieses Gesetzes, des NÖ Raumordnungsgesetzes 2014, LGBl. Nr. 3/2015 in der geltenden Fassung, der NÖ Aufzugsordnung 2016, LGBl. Nr. 9/2017 in der geltenden Fassung, sowie der Durchführungsverordnungen zu diesen Gesetzen, die

1. die Standsicherheit, die Trockenheit und den Brandschutz der bewilligten oder angezeigten Bauwerke der Nachbarn (Abs. 1 Z 4)

sowie

2. den Schutz vor Emissionen (§ 48), ausgenommen jene, die sich aus der Benützung eines Gebäudes zu Zwecken jeder Art der Wohnnutzung ergeben (z. B. aus Heizungs- und Klimaanlagen),

gewährleisten und

3. durch jene Bestimmungen über

a) die Bebauungsweise, die Bebauungshöhe, den Bauwich, die Abstände zwischen Bauwerken oder deren zulässige Höhe, soweit diese Bestimmungen der Erzielung einer ausreichenden Belichtung auf Hauptfenster (§ 4 Z 3 und 21) der künftig zulässigen Gebäude der Nachbarn dienen,

sowie

b) gesetzlich vorgesehene Abweichungen von den Festlegungen nach lit. a, soweit die ausreichende Belichtung
- auf Hauptfenster der zulässigen Gebäude der Nachbarn (§ 50 Abs. 2 und 4, § 51 Abs. 2 Z 3, Abs. 4 und 5, § 67 Abs. 1) oder
- auf bestehende bewilligte Hauptfenster (§ 52 Abs. 2 Z 4, § 53a Abs. 8) der Nachbarn

beeinträchtigt werden könnte.

(3) Grenzt eine Straße an das Baugrundstück, dann hat der bzw. haben die **Straßenerhalter Parteistellung** im Sinne des Abs. 1. Abweichend davon darf der bzw. dürfen die Straßenerhalter nur jene Rechte geltend machen, die die Benützbarkeit der Straße und deren Verkehrssicherheit **gewährleisten**.

(4) In den Fällen des § 2 Abs. 2 sowie in jenen Bauverfahren, die aufgrund der NÖ Bau-Übertragungsverordnung 2017 (NÖ BÜV 2017),

LGBl. Nr. 87/2016, auf die Bezirksverwaltungsbehörde übertragen sind, hat die **Gemeinde** Parteistellung. Sie ist berechtigt, die Einhaltung der von ihr wahrzunehmenden öffentlichen Interessen hinsichtlich der Raumordnung (Flächenwidmungsplan, Bebauungsplan) und des Orts- und Landschaftsbildes im Verfahren geltend zu machen und Beschwerde an das Landesverwaltungsgericht sowie Revision an den Verwaltungsgerichtshof zu erheben.

(4a) **Keine Parteistellung** haben **Miteigentümer** bei **Zu- und Umbauten** innerhalb einer selbständigen Wohnung, einer sonstigen selbständigen Räumlichkeit oder auf einem damit verbundenen Teil der Liegenschaft im Sinn des § 1 oder § 2 des Wohnungseigentumsgesetzes 2002, BGBl. I Nr. 70/2002 in der Fassung BGBl. I Nr. 81/2020.

(5) **Keine Parteistellung hinsichtlich des Abs. 2 Z 2 und 3** haben Eigentümer von **Grundstücken im Grünland,** die im Sinne des Abs. 1 an das Baugrundstück angrenzen, wenn für diese Grundstücke noch keine Baubewilligung für ein Gebäude mit Aufenthaltsräumen erteilt wurde.

(6) **Nachbarn** haben in einem Baubewilligungsverfahren **keine Parteistellung** im Sinn des Abs. 1 und 2, wenn sie einem Vorhaben nach § 14 unter ausdrücklichem Hinweis auf den Verzicht der Parteistellung nachweislich auf den Planunterlagen **zugestimmt** haben.

(7) **Nachbarn**, die einem Bauverfahren nicht beigezogen wurden oder denen gegenüber ein Baubewilligungsbescheid nicht erlassen wurde, **verlieren** ihre **Parteistellung**, wenn die Ausführung des Bauvorhabens begonnen wurde und seit der Anzeige des Beginns der Ausführung des Bauvorhabens mehr als ein Jahr vergangen ist, sofern nicht innerhalb dieser Frist die Parteistellung geltend gemacht wurde.

§ 7

Verpflichtungen gegenüber den Nachbarn

(1) Die Eigentümer müssen die **vorübergehende Benützung von Grundstücken und Bauwerken** sowie **des Luftraumes** über diesen durch die Eigentümer der bestehenden oder zu errichtenden Bauwerke auf den Nachbargrundstücken und durch die von diesen Beauftragten dulden, wenn diese nur so oder anders nur mit unverhältnismäßig hohen Kosten

- Baupläne verfassen,
- Bauwerke errichten oder abändern,
- Erhaltungs- oder Abbrucharbeiten oder Sicherungsmaßnahmen durchführen oder
- Baugebrechen feststellen oder beseitigen

können.

Die Eigentümer sind, außer bei Gefahr im Verzug, jeweils mindestens 2 Wochen vor der Inanspruchnahme der Grundstücke oder Bauwerke zu verständigen.

Diese Duldungsverpflichtung gilt auch gegenüber Organen der Baubehörde zur Feststellung von Baugebrechen auf einem benachbarten Grundstück, wobei die Verständigung mindestens eine Woche vor der Inanspruchnahme der Grundstücke oder Bauwerke zu erfolgen hat.

(2) Sind in einem Schornstein ausreichende Zugverhältnisse nur dann herzustellen, wenn der Schornstein am angebauten höheren Gebäude des Nachbarn emporgeführt und verankert wird, dann hat der Eigentümer des höheren Gebäudes diese Maßnahmen zu dulden. Werden die Maßnahmen durch eine Bauführung am höheren Gebäude notwendig, dann sind die notwendigen Kosten vom Eigentümer dieses Gebäudes zu tragen.

(3) Ist das Eindringen von Niederschlagswässern von einem Bauwerk in ein an einer Nachbargrundstücksgrenze stehendes Bauwerk nur durch Abdichtungsmaßnahmen (z. B. Wandanschlussblech, Zwischenrinne) an diesem zu verhindern, dann hat dies der Eigentümer des Bauwerks zu dulden.

(4) Jeder Miteigentümer einer **gemeinsamen brandabschnittsbildenden Wand** (z. B. Brandwand) an einer Grundstücksgrenze hat den Einbau und die Erhaltung von Leitungen und anderen Anlagen in dieser zu dulden. Die Brand- und Schallschutzwirkung der gemeinsamen brandabschnittsbildenden Wand darf hiedurch aber nicht verringert werden.

Wird ein Gebäude mit einer gemeinsamen brandabschnittsbildenden Wand abgebrochen, muss diese Wand mit den Anlagen des anderen Miteigentümers erhalten bleiben.

(5) Bevor die Arbeiten nach Abs. 1 bis 4 durchgeführt werden, haben der Berechtigte und der Belastete gemeinsam den bestehenden Zustand des betroffenen Grundstücks oder Bauwerks festzustellen (**Beweissicherung**). Sind die Arbeiten abgeschlossen, ist ein Zustand, der dem bisherigen entspricht, herzustellen.

Ein **nicht behebbarer Schaden** ist dem Eigentümer des betroffenen Grundstücks oder Bauwerks vom Berechtigten nach Abs. 1 bis 4 zu **ersetzen**.

(6) Wird die **Inanspruchnahme** fremden Eigentums (Abs. 1 bis 4) **verweigert** oder der Verpflichtung nach Abs. 2 zweiter Satz nicht nachgekommen, hat die **Baubehörde** die Beweissicherung nach Abs. 5 erster Satz durchzuführen und über Notwendigkeit, Umfang und Dauer der Inanspruchnahme oder Verpflichtung zu **entscheiden** und die Duldung oder Verpflichtung dem belasteten Eigentümer aufzutragen. Dies gilt nicht, wenn die Inanspruchnahme notwendig ist und Gefahr im Verzug vorliegt.

(7) Ein Antrag auf Festsetzung der Entschädigung oder der Kostenersatzleistung nach § 8

steht der **Vollstreckung** einer Entscheidung nach Abs. 6 nicht entgegen.

§ 8

Verfahren für Kostenersatzleistungen und Entschädigungen

Über eine Kostenersatzleistung oder Entschädigung nach § 7 Abs. 5, § 10 Abs. 9 und § 12 Abs. 5 ist zunächst eine **gütliche Einigung** anzustreben. Wird innerhalb von 6 Monaten keine Einigung erzielt, kann innerhalb von 5 Jahren ab Eintritt des Schadens bzw. ab der Rechtswirksamkeit der zugrundeliegenden Entscheidung die **Festsetzung** einer Kostenersatzleistung oder Entschädigung beim örtlich zuständigen **Landesgericht beantragt** werden.

§ 9

Dingliche Wirkung von Bescheiden, Erkenntnissen und Beschlüssen, Vorzugspfandrecht, Mitwirkungspflichten und Information über Entscheidungen

(1) Allen Bescheiden nach diesem Gesetz sowie allen Erkenntnissen und Beschlüssen des Landesverwaltungsgerichtes, die nicht nur verfahrensleitend sind, in den Angelegenheiten dieses Gesetzes – ausgenommen jenen nach § 37 – kommt insofern eine dingliche Wirkung zu, als daraus erwachsende **Rechte** oder **Pflichten** auch vom **Rechtsnachfolger** sowie vom **Eigentümer des Grundstücks** oder **Bauwerks**, auf das sich die jeweiligen Entscheidungen beziehen, und dessen Rechtsnachfolger geltend gemacht werden dürfen oder zu erfüllen sind.

(2) Die **Rechtsnachfolge** richtet sich nach dem Eigentum am Bauwerk oder am Grundstück, je nachdem, ob das eine oder das andere Gegenstand der Entscheidung ist.

(3) Für alle Kosten, die dem Rechtsträger der Behörde, in dessen Namen die Behörde in dieser Angelegenheit handelt, für eine im Wege der Ersatzvornahme (§ 4 des Verwaltungsvollstreckungsgesetzes 1991, BGBl. Nr. 53/1991 in der Fassung BGBl. I Nr. 33/2013) in Vollziehung eines baupolizeilichen Auftrages erbrachte Leistung erwachsen sind, besteht an der Liegenschaft (alle Grundstücke derselben Einlagezahl) für diesen Rechtsträger ein **gesetzliches Vorzugspfandrecht** vor allen privaten Pfandrechten.

(4) Jeder Eigentümer eines Grundstücks ist verpflichtet, der Baubehörde auf Verlangen bekanntzugeben, wer Eigentümer der Bauwerke auf seinem Grundstück ist. Kommt er dieser Verpflichtung nicht nach, sind ihm die Aufträge zur Beseitigung aller diesem Gesetz widersprechender Zustände auf seinem Grundstück unbeschadet seiner privatrechtlichen Ersatzansprüche gegen einen Dritten zu erteilen.

(5) Ist der Bezirksverwaltungsbehörde aufgrund der NÖ Bau-Übertragungsverordnung 2017 (NÖ BÜV 2017), LGBl. Nr. 87/2016, die Besorgung von Angelegenheiten der örtlichen Baupolizei übertragen, so ist eine Ausfertigung der aufgrund dieser Verordnung nach den baurechtlichen Vorschriften erlassenen Entscheidungen der Bezirksverwaltungsbehörde und allenfalls des Landesverwaltungsgerichtes jeweils der Gemeinde zu übersenden. Eine Parteistellung wird allein durch diese Übersendung nicht begründet.

(6) Die Bezirksverwaltungsbehörde und das Landesverwaltungsgericht haben die Gemeinde über den Ausgang abgeschlossener Strafverfahren im Hinblick auf Verwaltungsübertretungen gemäß § 37 zu informieren.

B) Bauplatzgestaltung

§ 10

Änderung von Grundstücksgrenzen im Bauland

(1) **Änderungen von Grundstücksgrenzen** im Bauland bedürfen vor ihrer Durchführung im Grundbuch einer **Bewilligung** der Baubehörde. Änderungen im Zuge von Straßen-, Weg-, Eisenbahn- und Wasserbauanlagen (§ 15 des Liegenschaftsteilungsgesetzes, BGBl. Nr. 3/1930 in der Fassung BGBl. I Nr. 190/2013) sowie Änderungen im Rahmen von Baulandumlegungen (V. Abschnitt des NÖ Raumordnungsgesetzes 2014, LGBl. Nr. 3/2015 in der geltenden Fassung) sind von der Bewilligungspflicht ausgenommen. Grundstücksgrenzen in Aufschließungszonen (§ 16 Abs. 4 des NÖ Raumordnungsgesetzes 2014, LGBl. Nr. 3/2015 in der geltenden Fassung) dürfen nur

- zum Zweck der Erfüllung einer entsprechenden Freigabebedingung oder
- im Rahmen einer Vermögensteilung

geändert werden, wenn dies dem Zweck der Festlegung der Aufschließungszone nicht widerspricht.

(2) Die Änderung von Grundstücksgrenzen muss folgende **Voraussetzungen** erfüllen:

1. Übereinstimmung mit den Bestimmungen des Flächenwidmungsplans und des Bebauungsplans bzw. in Bereichen ohne Bebauungsplan mit den abgeleiteten Bebauungsweisen und -höhen (§ 54); es darf – auch im Hinblick auf eine künftige Bebauung – kein Widerspruch zum Zweck einer Bausperre entstehen;
2. die Bebauung der neugeformten unbebauten Grundstücke im Bauland darf entsprechend den Bestimmungen des Flächenwidmungs- und Bebauungsplans und der §§ 49 bis 54 (Anordnung von Bauwerken) nicht erschwert oder verhindert werden;
3. bei bebauten Grundstücken darf kein Widerspruch zu bautechnischen Ausführungsbestimmungen dieses Gesetzes oder einer Durchführungsverordnung (z. B. über die Beschaffenheit von Wänden an Grundstücksgrenzen)

neu entstehen; können vor der Änderung der Grundstücksgrenzen bereits bestehende Widersprüche nicht beseitigt werden, dürfen sie zumindest nicht verschlechtert werden;
4. die Verbindung der neugeformten Grundstücke mit einer öffentlichen Verkehrsfläche muss unmittelbar oder durch die Möglichkeit eines Fahr- und Leitungsrechtes (§ 11 Abs. 3) gewährleistet sein; bei Grundstücken, die mit der öffentlichen Verkehrsfläche durch einen streifenförmigen Grundstücksteil verbunden werden (**Fahnengrundstücke**), muss dieser Grundstücksteil eine Mindestbreite von 3,5 m aufweisen.

Die Verbindung mit einer öffentlichen Verkehrsfläche ist bei Grenzänderungen in Aufschließungszonen auch dann erfüllt, wenn die neugeformten Grundstücke wenigstens an eine Fläche anschließen, die gleichzeitig mit der Freigabe der Aufschließungszone als öffentliche Verkehrsfläche gewidmet wird (§ 16 Abs. 4 NÖ Raumordnungsgesetz 2014, LGBl. Nr. 3/2015 in der geltenden Fassung).

(3) Dem Antrag nach Abs. 1 sind anzuschließen:
1. die **Zustimmung der Eigentümer** aller von der Änderung betroffenen Grundstücke;
2. ein von einem Vermessungsbefugten (§ 1 des Liegenschaftsteilungsgesetzes BGBl. Nr. 3/1930 in der Fassung BGBl. I Nr. 190/2013) verfasster **Plan** der Änderung der Grundstücksgrenzen, ausgenommen bei Vereinigungen von Grundstücken, von denen kein Straßengrund abzutreten ist (§ 12);
3. ein **Antrag auf Bauplatzerklärung** für wenigstens ein neugeformtes Grundstück, wenn noch keines der geänderten Grundstücke Bauplatz nach § 11 Abs. 1 ist. Dies gilt nicht für Grundstücke in Aufschließungszonen.

(4) Der **Plan** hat zu enthalten
- die Beurkundung des Verfassers, dass die Voraussetzungen nach Abs. 2 erfüllt oder im Fall des Widerspruchs zu bautechnischen Ausführungsbestimmungen (Abs. 2 Z 3) erfüllbar sind,
- die Straßenfluchtlinien, die bei der Änderung der Grundstücksgrenzen zu beachten sind,
- die Darstellung eines Fahr- und Leitungsrechtes, wenn ein solches eingeräumt oder vorgesehen wird, und
- bei Grundstücken, die nicht nur als Bauland gewidmet sind, die Widmungsgrenzen und das Ausmaß der Baulandflächen.

(5) Die Baubehörde erster Instanz hat über einen Antrag nach Abs. 1 **binnen 8 Wochen** nach Einlangen des vollständigen Antrages zu **entscheiden.**

Der Bescheid, mit dem die **Änderung** der Grundstücksgrenzen **bewilligt** wird, hat – soweit dies erforderlich ist – zu enthalten:
- die Erklärung des betroffenen Grundstücks zum **Bauplatz** (§ 11 Abs. 2),
- die Bestimmung der **Straßenfluchtlinie** und deren **Niveau**, wenn diese nicht durch einen Bebauungsplan oder eine Verordnung des Gemeinderates nach § 67 Abs. 4 festgelegt sind
- die **Grundabtretung** (§ 12),
- die **Grenzverlegung** (Abs. 8 und 9).

Mit **Auflagen** darf die Baubehörde insbesondere die Einhaltung bautechnischer Vorschriften vorschreiben. Ist die Einhaltung bautechnischer Vorschriften nur durch bewilligungspflichtige Abänderungen von Bauwerken (z. B. durch die Herstellung einer Brandwand) zu gewährleisten, darf die Bewilligung der Grenzänderung nur mit der **aufschiebenden Bedingung** der ordnungsgemäßen Herstellung der Abänderung des Bauwerks erteilt werden.

Wird eine Bewilligung wegen eines Widerspruchs zu Abs. 2 bis 4 nicht erteilt, ist ein Antrag auf Bauplatzerklärung gleichzeitig abzuweisen.

(6) Die Änderung der Grundstücksgrenzen im Bauland darf im **Grundbuch** durchgeführt werden, wenn
- das Grundbuchsgesuch vollinhaltlich der Entscheidung im Umfang des Abs. 5 entspricht,
- die Erfüllung der aufschiebenden Bedingung nachgewiesen und
- das Grundbuchsgesuch innerhalb von 2 Jahren ab der Rechtskraft bei Gericht eingebracht wird.

Wird das Grundbuchsgesuch nicht innerhalb der genannten Frist gestellt, ist die Bewilligung der Grenzänderung unwirksam. Eine damit verbundene Bauplatzerklärung erlischt gleichzeitig.

Die Verbücherung eines für die Erschließung vorgesehenen Fahr- und Leitungsrechtes darf bei Grundstücken, die noch nicht gleichzeitig mit dieser Änderung der Grundstücksgrenzen zum Bauplatz erklärt werden, zu einem späteren Zeitpunkt erfolgen.

(7) Jeder **Beschluss des Grundbuchsgerichtes** über die Durchführung einer Änderung von Grundstücksgrenzen im Bauland ist der Baubehörde zuzustellen. Gegen einen solchen Beschluss des Grundbuchsgerichtes steht der **Gemeinde** das Rechtsmittel des **Rekurses** zu.

(8) Wenn **2 Gebäude** an einer Grundstücksgrenze
- eine **gemeinsame Wand** aufweisen und
- eines dieser Gebäude abgebrochen wird,

hat die Baubehörde die **Verlegung der Grundstücksgrenze** zwischen den beiden Gebäuden zu verfügen. Die bisher gemeinsame Wand muss damit zur Gänze zu dem bestehen bleibenden Gebäude gehören. Der Eigentümer des abzubrechenden Gebäudes ist verpflichtet, einen von einem Vermessungsbefugten (§ 1 des Liegenschaftsteilungsgesetzes, BGBl. Nr. 3/1930 in der Fassung

BGBl. I Nr. 190/2013) verfassten Teilungsplan vorzulegen. Dieser Teilungsplan ist der Verfügung der Baubehörde zugrunde zu legen.

(9) Der Eigentümer des vergrößerten Grundstücks hat dem Eigentümer des anderen eine Entschädigung zu leisten. Die **Entschädigung** ist aufgrund des Verkehrswertes des Grundstücks zu bemessen.

§ 11

Bauplatz

(1) **Bauplatz** ist ein **Grundstück im Bauland**, das

1. hiezu erklärt wurde oder
2. durch eine vor dem 1. Jänner 1989 baubehördlich bewilligte Änderung von Grundstücksgrenzen geschaffen wurde und nach den damals geltenden Vorschriften Bauplatzeigenschaft besaß oder
3. durch eine nach dem 1. Jänner 1989 baubehördlich bewilligte oder angezeigte Änderung von Grundstücksgrenzen ganz oder zum Teil aus einem Bauplatz entstanden ist und nach den damals geltenden Vorschriften Bauplatzeigenschaft besaß oder
4. seit dem 1. Jänner 1989 ununterbrochen als Bauland gewidmet und am 1. Jänner 1989 mit einem baubehördlich bewilligten Gebäude oder Gebäudeteil, ausgenommen solche nach § 18 Abs. 1a Z 1, § 17 Z 8 und § 23 Abs. 3 vorletzter Satz, bebaut war, oder
5. durch eine nach § 15 des Liegenschaftsteilungsgesetzes, BGBl. Nr. 3/1930 in der Fassung BGBl. I Nr. 190/2013, durchgeführte Änderung von Grundstücksgrenzen ganz oder zum Teil aus einem Bauplatz entstanden ist und nach den damals geltenden Vorschriften Bauplatzeigenschaft besaß, oder
6. durch eine nach dem V. Abschnitt des NÖ Raumordnungsgesetzes 2014, LGBl. Nr. 3/2015 in der geltenden Fassung, durchgeführte Baulandumlegung ganz oder zum Teil aus einem Bauplatz entstanden ist.

Mit dem Wegfall der Baulandwidmung **erlischt** die Bauplatzeigenschaft im Sinn der Z 2 bis 6.

(2) Auf **Antrag des Eigentümers** ist ein Grundstück im Bauland zum **Bauplatz zu erklären**, wenn es

1. a) an eine bestehende oder im Flächenwidmungsplan vorgesehene öffentliche Verkehrsfläche unmittelbar angrenzt oder
   b) mit einer solchen durch eine Brücke verbunden ist oder verbunden werden kann oder
   c) mit einem im Grundbuch sichergestellten Fahr- und Leitungsrecht, das dem Bebauungsplan nicht widerspricht, verbunden wird oder
   d) die Widmung Bauland-Sondergebiet aufweist und durch eine im Flächenwidmungsplan vorgesehene im Eigentum des Bauplatzeigentümers stehende private Verkehrsfläche mit einer öffentlichen Verkehrsfläche verbunden ist,
2. aufgrund seiner Gestalt, Beschaffenheit und Größe nach den Bestimmungen dieses Gesetzes und den Festlegungen im Bebauungsplan bebaut werden darf,
3. nicht in einer Aufschließungszone (§ 16 Abs. 4 des NÖ Raumordnungsgesetzes 2014, LGBl. Nr. 3/2015 in der geltenden Fassung) liegt, und wenn
4. die Bauplatzerklärung dem Zweck einer Bausperre §§ 26 oder 35 des NÖ Raumordnungsgesetzes 2014, LGBl. Nr. 3/2015 in der geltenden Fassung) nicht widerspricht.

Verliert ein zum **Bauplatz** erklärtes Grundstück, das weder mit einem Gebäude noch mit einer großvolumigen Anlage (§ 23 Abs. 3) bebaut ist, durch **Umwidmung** nach den Bestimmungen des NÖ Raumordnungsgesetzes 2014, LGBl. Nr. 3/2015 in der geltenden Fassung, die Baulandwidmung, **erlischt** die **Bauplatzerklärung**.

(3) Das **Fahr- und Leitungsrecht** nach Abs. 2 Z 1 lit. c muss mindestens die Ausübung folgender Rechte gewährleisten:

- Benützung des Grundstücks in einer Breite von mindestens 3,5 m und
- die Verlegung, Instandhaltung und Wartung aller für eine beabsichtigte Verwendung des Bauplatzes erforderlichen Ver- und Entsorgungsleitungen (z. B. Hausleitung nach § 17 Abs. 2 des NÖ Kanalgesetzes 1977, LGBl. 8230 und § 8 Abs. 4 des NÖ Wasserleitungsanschlußgesetzes 1978, LGBl. 6951).

Die Ausübung dieser Rechte darf durch die Errichtung von Bauwerken nicht eingeschränkt werden.

Das Fahr- und Leitungsrecht ist in einem von einem Vermessungsbefugten (§ 1 des Liegenschaftsteilungsgesetzes BGBl. Nr. 3/1930 in der Fassung BGBl. I Nr. 190/2013) verfassten Plan darzustellen und ist dieser dem Antrag auf Bauplatzerklärung anzuschließen. Die grundbücherliche Eintragung des Fahr- und Leitungsrechtes ist bei Einbringung eines Antrages nach Abs. 2 sowie nach § 14 nachzuweisen. Wird jedoch der Antrag auf Bauplatzerklärung aufgrund einer Bewilligung einer Änderung von Grundstücksgrenzen (§ 10) gestellt, dann ist die Eintragung gleichzeitig mit jener der Änderung durchzuführen.

(4) Wenn ein Grundstück nur **zum Teil als Bauland** gewidmet ist, darf nur der als Bauland gewidmete Teil – unter Angabe des Flächenausmaßes – zum Bauplatz erklärt werden. Die Ein- und Ausfahrt darf auch durch andere Widmungen erfolgen, wenn dies mit dem jeweiligen Widmungszweck vereinbar ist.

(5) Für Grundstücksteile, die durch Änderung des Flächenwidmungsplans in Bauland umgewid-

met werden oder für die eine Aufschließungszone freigegeben wird, gilt Abs. 2 bis 4 sinngemäß.

§ 12

Grundabtretung für Verkehrsflächen

(1) Die Eigentümer sind verpflichtet, sämtliche **Grundflächen** des von den Vorhaben nach Z 1 und 2 betroffenen Grundstücks, die zwischen den Straßenfluchtlinien liegen und nicht mit einem Hauptgebäude oder -teil bebaut sind, in das öffentliche Gut der Gemeinde **abzutreten**, wenn im Bauland

1. eine Anzeige

für die Herstellung von **Einfriedungen** gegen öffentliche Verkehrsflächen (§ 15 Abs. 1 Z 1 lit. b)

nicht untersagt wird oder

2. eine Bewilligung

a) für die **Änderung von Grundstücksgrenzen** (§ 10 und V. Abschnitt des NÖ Raumordnungsgesetzes 2014, LGBl. Nr. 3/2015 in der geltenden Fassung) oder
b) für einen Neu- oder Zubau eines **Gebäudes**, ausgenommen Gebäude im Sinn des § 18 Abs. 1a Z 1, Gebäude vorübergehenden Bestandes und Gebäude für öffentliche Ver- und Entsorgungseinrichtungen mit einer bebauten Fläche bis zu 25 m^2 und einer Gebäudehöhe bis zu 3 m, oder
c) für die Herstellung einer **Abstellanlage** für Kraftfahrzeuge oder
d) für die Herstellung einer baulichen Anlage, die als **Einfriedung** innerhalb eines Abstandes von 7 m von der vorderen Grundstücksgrenze gegen öffentliche Verkehrsflächen gerichtet ist,

erteilt wird.

Die Verpflichtung zur Grundabtretung umfasst auch jene Grundstücke und Grundstücksteile, die dem Baugrundstück vorgelagert sind und demselben Grundeigentümer gehören.

Wenn das Grundstück nur zum Teil als Bauland gewidmet ist, hat die Grundabtretung – unabhängig von der Abtretungsverpflichtung entlang des Baulandes – entlang der als Grünland oder private Verkehrsfläche gewidmeten Bereiche nur für jene öffentliche Verkehrsfläche zu erfolgen, von der aus das Baugrundstück erschlossen (Zufahrt, Anschlussleitungen, Kanal, etc.) wird.

(2) Die Baubehörde hat dem Eigentümer des Grundstücks die Grundabtretung **mit Bescheid** aufzutragen. In diesem Bescheid ist auch der Verlauf der Straßenfluchtlinie und bei neuen Verkehrsflächen auch deren Niveau zu bestimmen, wenn eine Anzeige nach Abs. 1 Z 1 erfolgt ist und durch einen Bebauungsplan oder eine Verordnung des Gemeinderates nach § 67 Abs. 4 keine Straßenfluchtlinie festgelegt ist.

(2a) Die Abtretung an die Gemeinde darf auch durch eine **Vereinbarung** zwischen dem Grundeigentümer oder der Mehrheit nach Anteilen beim Miteigentum und der Gemeinde erfolgen. Die Vereinbarung **hat** jedenfalls **zu enthalten**:

- die genaue Bezeichnung und Beschreibung der abzutretenden Grundfläche hinsichtlich ihrer Lage und ihres Ausmaßes
- den Abtretungszeitpunkt und
- die Bestimmung des Verlaufes der Straßenfluchtlinie und deren Niveau im Falle einer Anzeige nach Abs. 1 Z 1, wenn keine durch einen Bebauungsplan festgelegte Straßenfluchtlinie vorhanden ist.

Die Vereinbarung **darf** weiters **enthalten**:

- ob eine Entschädigung im Sinn des Abs. 5 für die abzutretende Grundfläche gebührt und in welchem Ausmaß,
- die unentgeltliche Nutzung der abgetretenen Grundfläche durch den Eigentümer des angrenzenden Bauplatzes, solange diese noch nicht zum Ausbau oder zur Verbreiterung der Verkehrsfläche benötigt wird.

Kommt eine Vereinbarung über die verpflichtenden Inhalte spätestens innerhalb von 6 Monaten nicht zustande, gilt Abs. 2.

(3) Die **grundbücherliche Durchführung** ist von dem zur Grundabtretung verpflichteten Eigentümer zu veranlassen. Die Grundflächen sind frei von in Geld ablösbaren Lasten und geräumt von Bauwerken, Gehölzen und Materialien zu übergeben. Solange die abgetretene Grundfläche noch nicht zum Ausbau oder zur Verbreiterung der Verkehrsfläche benötigt wird, darf der Eigentümer des angrenzenden Bauplatzes ihre unentgeltliche **Nutzung** beanspruchen. Hierüber ist mit der Gemeinde eine Vereinbarung zu schließen. Die Räumung der Grundfläche darf während dieses Zeitraumes aufgeschoben werden.

(4) **Keine Entschädigung** für die abzutretende Grundfläche gebührt bis zur Mitte der Verkehrsfläche, höchstens aber bis zu einer Breite von 7 m.

Dies gilt auch, wenn an zwei oder mehreren Seiten eines Grundstücks Grundflächen abzutreten sind.

(5) Eine **Entschädigung** gebührt für jene Grundfläche, die

- über das im Abs. 4 angeführte Ausmaß oder,
- wenn eine Straßenfluchtlinie neu festgelegt und zuvor schon im vollen, damals gesetzmäßigen Ausmaß für dieselbe Verkehrsfläche abgetreten wurde, nunmehr zusätzlich

abzutreten ist.

Die Entschädigung ist aufgrund des **Verkehrswertes** des Grundstücks zu bemessen.

Der Anspruch darauf entsteht im Fall des Abs. 2 mit der Rechtskraft der Entscheidung, mit dem die Grundabtretung aufgetragen wurde, oder im Fall des Abs. 2a mit dem Abschluss einer Vereinbarung über die Grundabtretung.

(6) Ist für die Grundabtretung keine Entschädigung zu leisten, hat der zur Grundabtretung verpflichtete Eigentümer die **Kosten** der grundbücherlichen Durchführung zu tragen. Die Gemeinde hat diese Kosten im Fall einer Entschädigung zur Gänze, im Fall einer teilweisen Entschädigung anteilsmäßig zu ersetzen.

(7) Die Verpflichtung zur Straßengrundabtretung darf auch dann vollstreckt werden, wenn über einen Antrag auf Festsetzung der Entschädigung nach § 8 noch nicht entschieden wurde.

(8) Wenn die Widmung einer Grundfläche, die auf Grund der vorstehenden oder entsprechender früheren Bestimmungen unentgeltlich abgetreten werden musste, als **öffentliche Verkehrsfläche aufgehoben** wird, dann ist diese Grundfläche dem Eigentümer des angrenzenden Grundstückes zur unentgeltlichen Übernahme in sein Eigentum anzubieten. Im Falle einer Grundabtretung gegen Entgelt ist das seinerzeit geleistete Entgelt valorisiert auf der Grundlage des Verbraucherpreisindexes der Bundesanstalt „Statistik Österreich" zum Zeitpunkt der Leistung zurückzuerstatten.

(9) Die Gemeinde hat die abzutretende Fläche innerhalb von fünf Jahren ab Rechtskraft der Abtretungsverpflichtung in das öffentlichen Gut zu übernehmen, andernfalls die Abtretungsverpflichtung außer Kraft tritt. Diese Frist ist gewahrt, wenn die Gemeinde innerhalb dieser Frist entsprechende Maßnahmen zur Durchsetzung der Abtretungsver pflichtung veranlasst hat. Für vor dem 1. Februar 2015 mit Bescheid aufgetragene Grundabtretungen beginnt diese Frist mit 1. Februar 2015.

§ 12a

Herstellung des Bezugsniveaus

(1) Die Eigentümer von Grundstücken oder Grundstücksteilen, für die der Bebauungsplan oder eine Verordnung des Gemeinderates nach § 67 Abs. 4 ein **Gebot zur verpflichtenden Herstellung** des Bezugsniveaus festlegt, haben dieses flächendeckend herzustellen, wenn – ausgenommen für Bauwerke im Sinn des § 18 Abs. 1a – eine Baubewilligung

1. für einen Neubau eines Gebäudes (§ 14 Z 1) oder
2. für die Errichtung einer baulichen Anlage (§ 14 Z 2)

erteilt wird.

Die Baubehörde hat dem Eigentümer des Grundstücks die Herstellung des Bezugsniveaus **mit Bescheid** aufzutragen.

(2) Solange angrenzende Grundstücke oder Grundstücksteile noch im ursprünglichen Niveau bestehen, dürfen die jeweiligen Randbereiche des von der Verpflichtung nach Abs. 1 betroffenen Grundstücks oder Grundstücksteiles abgeböscht werden, wobei erforderlichenfalls eine Versickerungsmulde herzustellen ist.

(3) Für ein nach der Rechtslage vor Inkrafttreten der Änderung der NÖ BO 2014, LGBl. Nr. 53/2018, verordnetes Bezugsniveau entfällt die Herstellungsverpflichtung im Sinn des Abs. 1.

§ 13

Bauverbot

(1) Auf einem Bauplatz nach § 11 Abs. 1, der an eine im Flächenwidmungsplan vorgesehene öffentliche Verkehrsfläche angrenzt, darf eine Baubewilligung nicht erteilt werden **(Bauverbot)**, solange diese Verkehrsfläche den Verkehrserfordernissen nicht entspricht. In diesen Fällen besteht jedoch kein Bauverbot, wenn der Bauplatz mit einem Fahr- und Leitungsrecht nach § 11 Abs. 2 Z 1 lit. c oder durch eine im Eigentum des Bauplatzeigentümers stehende private Verkehrsfläche mit einer anderen öffentlichen Verkehrsfläche, die den Verkehrserfordernissen entspricht, verbunden ist.

(2) Auf einem **Bauplatz**, der **nicht an** eine **öffentliche Verkehrsfläche** grenzt, ist ein Neu- oder Zubau (§ 14 Z 1), die Abänderung von Bauwerken (§ 14 Z 3) oder die Änderung des Verwendungszwecks (§ 15 Abs. 1 Z 1 lit. a) nur zulässig, wenn der Bauplatz

- mit einem Fahr- und Leitungsrecht nach § 11 Abs. 2 Z 1 lit. c oder
- durch eine im Eigentum des Bauplatzeigentümers stehende private Verkehrsfläche

mit einer öffentlichen Verkehrsfläche, die den Verkehrserfordernissen entspricht, verbunden ist.

C) Bauvorhaben

§ 14

Bewilligungspflichtige Vorhaben

Nachstehende Vorhaben bedürfen einer **Baubewilligung**:

1. Neu- und Zubauten von Gebäuden;
2. die Errichtung von baulichen Anlagen;
3. die Abänderung von Bauwerken, wenn die Standsicherheit tragender Bauteile, der Brandschutz, die Belichtung oder Belüftung von Aufenthaltsräumen, die Trinkwasserversorgung oder Abwasserbeseitigung beeinträchtigt oder Rechte nach § 6 verletzt werden könnten oder ein Widerspruch zum Ortsbild (§ 56) entstehen könnte;
4. die Aufstellung und der Austausch – ausgenommen jener, die nach § 16 Abs. 1 Z 3a meldepflichtig sind – von:

a) Heizkesseln mit einer Nennwärmeleistung von mehr als 50 kW,

b) Heizkesseln, die nicht an eine über Dach geführte Abgasanlage angeschlossen sind,
c) Feuerungsanlagen mit einer Nennwärmeleistung von mehr als 400 kW,
d) Blockheizkraftwerken,
die keiner elektrizitäts- oder gewerberechtlichen Genehmigungspflicht unterliegen, sofern sie der Raumheizung von Gebäuden, die nicht gewerbliche Betriebsanlagen sind, dienen,

sowie die Abänderung von:

e) Feuerungsanlagen nach lit. c, wenn dadurch die Sicherheit von Personen und Sachen beeinträchtigt oder der Brandschutz verletzt werden könnten,
f) mittelgroßen Feuerungsanlagen, sofern sie sich auf die anzuwendenden Emissionsgrenzwerte auswirken könnte;

5. die Lagerung brennbarer Flüssigkeiten ab einem Ausmaß von insgesamt 1000 Liter außerhalb gewerblicher Betriebsanlagen;
6. die Veränderung der Höhenlage des Geländes und die Herstellung des verordneten Bezugsniveaus ausgenommen im Fall des § 12a Abs. 1 jeweils auf einem Grundstück im Bauland und im Grünland-Kleingarten sowie die Erhöhung und Abänderung des Bezugsniveaus gemäß § 67 Abs. 3 und 3a auf einem Grundstück im Bauland;
7. die Aufstellung von Windkraftanlagen, die keiner elektrizitätsrechtlichen Genehmigungspflicht unterliegen, oder deren Anbringung an Bauwerken;
8. der Abbruch von Bauwerken, die an Bauwerke am Nachbargrundstück angebaut sind, wenn Rechte nach § 6 verletzt werden könnten;
9. die Aufstellung von Maschinen oder Geräten in baulicher Verbindung mit Bauwerken, die nicht gewerbliche Betriebsanlagen sind, wenn die Standsicherheit tragender Bauteile, der Brandschutz oder Rechte nach § 6 verletzt werden könnten.

§ 15
Anzeigepflichtige Vorhaben

(1) Folgende **Vorhaben** sind der Baubehörde **schriftlich anzuzeigen**:

1. Vorhaben ohne bauliche Maßnahmen:

a) die Änderung des Verwendungszwecks von Bauwerken oder deren Teilen oder die Erhöhung der Anzahl von Wohnungen ohne bewilligungsbedürftige bauliche Abänderung, wenn hiedurch
- Festlegungen im Flächenwidmungsplan,
- Bestimmungen des NÖ Raumordnungsgesetzes 2014, LGBl. Nr. 3/2015 in der geltenden Fassung,
- der Stellplatzbedarf für Kraftfahrzeuge oder für Fahrräder,
- der Spielplatzbedarf,
- die Festigkeit und Standsicherheit,
- der Brandschutz,
- die Barrierefreiheit,
- die Belichtung,
- die Trockenheit,
- der Schallschutz oder
- der Wärmeschutz

betroffen werden könnten;

b) Einfriedungen, die keine baulichen Anlagen sind und gegen öffentliche Verkehrsflächen gerichtet werden, innerhalb eines Abstandes von 7 m von der vorderen Grundstücksgrenze;
c) die Abänderung oder ersatzlose Auflassung von Pflichtstellplätzen (§ 63 und § 65);
d) die Ableitung oder Versickerung von Niederschlagswässern ohne bauliche Anlagen in Ortsbereichen;
e) die regelmäßige Verwendung eines Grundstückes oder -teils im Bauland als Stellplatz für Fahrzeuge oder Anhänger;
f) die Verwendung eines Grundstücks als Lagerplatz für Material aller Art, ausgenommen Abfälle gemäß Anhang 1 des NÖ Abfallwirtschaftsgesetzes 1992, LGBl. 8240, über einen Zeitraum von mehr als 2 Monaten;
g) die nachträgliche Konditionierung oder die Änderung der Konditionierung von Räumen in bestehenden Gebäuden ohne bewilligungsbedürftige bauliche Abänderung (z. B. Beheizung bisher unbeheizter oder nur geringfügig temperierter Räume);

2. Vorhaben mit geringfügigen baulichen Maßnahmen:

a) die Aufstellung von begehbaren Folientunnels für gärtnerische Zwecke;
b) die temporäre Aufstellung von nicht ortsfesten Tierunterständen mit einer überbauten Fläche von insgesamt nicht mehr als 50 m² sowie von mobilen Geflügelställen jeweils auf demselben Grundstück;
c) die Herstellung und Veränderung von Grundstücksein- und -ausfahrten im Bauland;
d) die nachträgliche Herstellung einer Wärmedämmung bei Gebäuden;
e) die Aufstellung von Photovoltaikanlagen mit einer Engpassleistung von mehr als 50 kW (ausgenommen auf Bauwerken) im Grünland im Hinblick auf die Übereinstimmung mit dem Flächenwidmungsplan;

3. Vorhaben in Schutzzonen und erhaltungswürdigen Altortgebieten sowie in Gebieten, in denen zu diesem Zweck eine Bausperre gilt (§ 30 Abs. 2 Z 1 und 2 sowie § 35 des NÖ Raumordnungsgesetzes 2014, LGBl. Nr. 3/2015 in der geltenden Fassung):

a) der Abbruch von Gebäuden in Schutzzonen, soweit sie nicht unter § 14 Z 8 fallen;
b) jeweils im Hinblick auf den Schutz des Ortsbildes (§ 56)

- die Aufstellung und der Austausch von thermischen Solaranlagen, Photovoltaikanlagen und Wärmepumpen oder deren Anbringung an Bauwerken sowie die Anbringung von TV-Satellitenantennen und von Klimaanlagen an von öffentlichen Verkehrsflächen einsehbaren Fassaden und Dächern von Gebäuden;
- die Aufstellung von Pergolen straßenseitig und im seitlichen Bauwich;

c) die Änderung im Bereich der Fassadengestaltung (z. B. der Austausch von Fenstern, die Farbgebung, Maßnahmen für Werbezwecke) oder der Gestaltung der Dächer.

(2) Werden Maßnahmen nach Abs. 1 mit einem Vorhaben nach § 14 Z 1 und 3 bei der Baubehörde eingereicht, sind sie in diesem Baubewilligungsverfahren mitzubehandeln und in den Bewilligungsbescheid aufzunehmen. Dadurch wird eine Parteistellung der Nachbarn nicht begründet.

(3) Der Anzeige sind zumindest eine zur Beurteilung des Vorhabens ausreichende, **maßstäbliche Darstellung** und **Beschreibung des Vorhabens** in zweifacher Ausfertigung anzuschließen.

Ist in den Fällen des Abs. 1 Z 1 lit. g oder Z 2 lit. d die Vorlage eines **Energieausweises** erforderlich (§§ 43 Abs. 3 und 44), dann ist der Anzeige der Energieausweis in zweifacher Ausfertigung anzuschließen; die Baubehörde kann von dessen **Überprüfung absehen**, wenn nicht im Verfahren Zweifel an der Richtigkeit des Energieausweises auftreten.

Ist in den Fällen des Abs. 1 Z 1 lit. g oder Z 2 lit. d die Vorlage eines **Nachweises** über den möglichen **Einsatz hocheffizienter alternativer Energiesysteme** erforderlich (§§ 43 Abs. 3 und 44), dann ist der Anzeige ein solcher in zweifacher Ausfertigung anzuschließen.

Wird eine Einfriedung (Abs. 1 Z 1 lit. b) errichtet, ist der Anzeige

- die **Zustimmung des Grundeigentümers**, die Zustimmung der **Mehrheit nach Anteilen** bei Miteigentum oder die **vollstreckbare Verpflichtung** des Grundeigentümers zur Duldung des Vorhabens und
- zusätzlich, wenn Straßengrund abzutreten ist (§ 12), ein von einem Vermessungsbefugten (§ 1 des Liegenschaftsteilungsgesetzes, BGBl. Nr. 3/1930 in der Fassung BGBl. I Nr. 190/2013) verfasster **Teilungsplan**

anzuschließen.

(4) Die Baubehörde erster Instanz hat eine Anzeige binnen **6 Wochen** zu prüfen, wobei diese Frist erst beginnt, wenn der Baubehörde alle für die Beurteilung des Vorhabens **ausreichenden Unterlagen** vorliegen.

(5) Ist zur Beurteilung des Vorhabens die **Einholung eines Gutachtens** notwendig, dann muss die Baubehörde dies dem Anzeigeleger nach dem Vorliegen der vollständigen Unterlagen rechtzeitig vor dem Ablauf der Frist nach Abs. 4 nachweislich **mitteilen.** In diesem Fall hat die Baubehörde eine Anzeige binnen **3 Monaten** ab der Mitteilung des Gutachtenbedarfs zu prüfen. Für die Mitteilung gilt Abs. 6 letzter Satz sinngemäß.

(6) **Widerspricht** das angezeigte **Vorhaben** den Bestimmungen

- dieses Gesetzes,
- des NÖ Raumordnungsgesetzes 2014, LGBl. Nr. 3/2015 in der geltenden Fassung,
- des NÖ Kleingartengesetzes, LGBl. 8210, oder
- einer Durchführungsverordnung zu einem dieser Gesetze,

ist das Vorhaben zu **untersagen**. Die Untersagung wird auch dann rechtswirksam, wenn der erstmalige Zustellversuch des Untersagungsbescheides innerhalb der Frist nach Abs. 4 oder 5 stattgefunden hat.

(7) Der Anzeigeleger darf das **Vorhaben ausführen**, wenn die Baubehörde

- innerhalb der Frist nach Abs. 4 oder Abs. 5 zweiter Satz das Vorhaben **nicht untersagt** oder
- zu einem **früheren Zeitpunkt mitteilt**, dass die Prüfung abgeschlossen wurde und mit der Ausführung des Vorhabens **vor** Ablauf der gesetzlichen Fristen begonnen werden darf.

Nach Ablauf dieser Fristen oder der Mitteilung ist eine **Untersagung nicht** mehr **zulässig**.

(8) (entfällt durch LGBl. Nr. 53/2018)

§ 16

Meldepflichtige Vorhaben

(1) Folgende **Vorhaben** sind der Baubehörde innerhalb von 4 Wochen nach Fertigstellung des Vorhabens **schriftlich zu melden**:

1. die Errichtung, ortsfeste Aufstellung, der Austausch und die Entfernung von Klimaanlagen und Wärmepumpen jeweils mit einer Nennleistung von mehr als 70 kW in oder in baulicher Verbindung mit Gebäuden, ausgenommen jene Anlagen, die nach § 15 Abs. 1 Z 3 lit. b anzeigepflichtig sind;
2. die Errichtung von Klimaanlagen mit einer Nennleistung von jeweils mehr als 12 kW auf Bauwerken (§ 66a Abs. 3);
3. die Aufstellung von Heizkesseln mit einer Nennwärmeleistung von nicht mehr als 50 kW, welche an eine über Dach geführte Abgasanlage angeschlossen sind, sowie der Austausch solcher Heizkessel, wenn dabei der eingesetzte Brennstoff und die Bauart verändert werden;

3a. der Austausch von Heizkesseln mit einer Nennwärmeleistung von nicht mehr als 400 kW, wenn der eingesetzte Brennstoff und die Bauart gleich bleiben, die Nennwärmeleistung gleich oder geringer ist und die Art der Abgasführung beibehalten wird;

3b. die Änderung des Brennstoffs eines Heizkessels;
4. die Aufstellung von Öfen;
5. der Abbruch von Bauwerken, soweit sie nicht unter § 14 Z 8 und § 15 Abs. 1 Z 3 lit. a fallen;
6. die Herstellung von Ladepunkten für Elektrofahrzeuge (§ 64);
7. die Herstellung von Hauskanälen.

(2) Der Meldung für ein Vorhaben nach Abs. 1 Z 1 (Klimaanlagen, Wärmepumpen) bis 3a, 6 und 7 sind eine **Darstellung** und eine **Beschreibung** gemäß den technischen Vorgaben anzuschließen, die das Vorhaben ausreichend dokumentieren, und im Fall des § 58 Abs. 4 und 5 ein Nachweis über die Installation selbstregulierender Einrichtungen zur separaten Regelung der Temperatur. Der Meldung für ein Vorhaben nach Abs. 1 Z 2 (Klimaanlagen) ist ein Nachweis über die Errichtung einer entsprechend dimensionierten Photovoltaikanlage (§ 66a Abs. 3) anzuschließen.

(2a) Der Meldung für ein Vorhaben nach Abs. 1 Z 3 und 3a (Heizkessel) ist eine **Bescheinigung** über die fachgerechte Aufstellung, die sich bei Heizkesseln mit automatischer Beschickung mit festen Brennstoffen auf die gesamte Anlage (samt Brennstofftransporteinrichtung) zu erstrecken hat, sowie ein **Befund** über die Eignung der Abgasführung für den angeschlossenen Heizkessel beizulegen. Diese Bescheinigungen und Befunde sind von befugten Fachleuten (§ 25 Abs. 1) auszustellen.

(2b) Der Meldung für ein Vorhaben nach Abs. 1 Z 3b (Änderung des Brennstoffes) sind eine **Bescheinigung** über die fachgerechte Umrüstung, ein **Nachweis** über die Einhaltung der Emissionsgrenzwerte für den neuen Brennstoff sowie ein **Befund** über die Eignung der Abgasführung beizulegen. Diese Bescheinigungen und Befunde sind von befugten Fachleuten (§ 25 Abs. 1) auszustellen.

(3) Die Meldung für ein Vorhaben nach Abs. 1 Z 4 (Öfen) hat der hiezu befugte **Fachmann** an die Baubehörde unter Anschluss des **Befundes** über die Eignung der Abgasführung für den angeschlossenen Ofen zu erstatten.

(4) Der Meldung für ein Vorhaben nach Abs. 1 Z 6 (Ladepunkte) ist ein **Elektroprüfbericht** anzuschließen.

(5) Ist die Meldung nicht vollständig, gilt sie als nicht erstattet. Dies ist dem Meldungsleger mitzuteilen.

(6) Die §§ 32 und 58 gelten auch für meldepflichtige Anlagen nach Abs. 1 Z 1 bis 3b.

§ 16a
Vorübergehende Betreuungseinrichtungen für Zwecke der Grundversorgung

(1) Das **Land Niederösterreich** hat die Errichtung von Betreuungseinrichtungen sowie die für diese Zwecke bestimmte Erweiterung und Abänderung bestehender Bauwerke und die Änderung des jeweiligen Verwendungszwecks bestehender Bauwerke, wenn

- sie einem nur vorübergehenden, höchstens auf **fünf Jahre befristeten Bedarf** dienen sollen und
- ein schriftlicher **Vertrag** nach Abs. 2 abgeschlossen wurde,

der Baubehörde spätestens 2 Wochen vor dem Beginn der Ausführung des Vorhabens **schriftlich zu melden.**

Die Verlängerung der gemeldeten Frist ist nur dann zulässig, wenn die Gesamtdauer für den Bestand der Betreuungseinrichtung den Zeitraum von 5 Jahren nicht überschreitet. Die Verlängerung der Frist ist der Baubehörde ebenfalls schriftlich zu melden.

(2) **Betreuungseinrichtungen** sind organisierte Unterkünfte im Sinne des § 2 Abs. 1 Z 5 des NÖ Grundversorgungsgesetzes, LGBl. 9240.

Der **Vertrag** zwischen dem Land Niederösterreich und den zur Mitarbeit herangezogenen Einrichtungen und Personen hat jedenfalls zu enthalten:

- Angaben über den genauen Ort und die Lage der Betreuungseinrichtung,
- die Dauer des Betreuungsvertrages,
- die Belagszahl,
- die Beurteilung des Vorhabens durch einen bautechnischen Amtssachverständigen des Landes über die Erfüllung der Erfordernisse im Sinn des Abs. 4 und

falls erforderlich

- zusätzliche bautechnische Maßnahmen und
- Betriebsvorschriften.

(3) Der Meldung sind anzuschließen:

- der **Vertrag** mit dem Land Niederösterreich einschließlich der **Zustimmung** des Betreibers,
- die **Zustimmung** des Eigentümers des Grundstücks oder des Bauwerks,
- eine zusammenfassende **Beschreibung** des Vorhabens und eine **Lageskizze**, einschließlich der Angabe der **Bedarfsdauer** und der **Belagszahl** sowie
- die **Beurteilung** eines bautechnischen Amtssachverständigen des Landes über die Erfüllung der Erfordernisse im Sinn des Abs. 4 .

(4) Bei Vorhaben nach Abs. 1 gelten die Kriterien im Sinn des § 20 Abs. 1 Z 1 bis 5 sowie die Erfordernisse des Abschnittes II. nicht.

Es müssen jedoch

- die Sicherheit von Personen,
- die Hygiene,
- die Standsicherheit, die Trockenheit und der Brandschutz der baubehördlich bewilligten oder angezeigten Bauwerke der Nachbarn (§ 6 Abs. 1 Z 4) und

- bei Neu- und Zubauten die ausreichende Belichtung (§ 4 Z 3) der Hauptfenster zulässiger Gebäude der Nachbarn (§ 6 Abs. 2 Z 3)

gewährleistet sein, wobei technische Anforderungen in geeigneten Fällen auch durch gleichwertige organisatorische Maßnahmen (wie z. B. Betriebsvorschriften) erfüllt werden dürfen.

Bei bestehenden bewilligten Gebäuden mit einem der Unterbringung von Personen dienenden Verwendungszweck (z. B. Wohngebäude, Heime, Beherbergungsstätten udgl.) gelten die Voraussetzungen des zweiten Satzes insofern als erfüllt, als der jeweilige bautechnische Zustand – auch im Hinblick auf die Anzahl der unterzubringenden Personen – von der Bewilligung umfasst bzw. gedeckt ist.

(5) Nach dem Ablauf der nach Abs. 1 gemeldeten Dauer des Bedarfes, nach dem Ablauf der Vertragsdauer oder nach der vorzeitigen Auflösung oder Kündigung des Vertrages hat der Betreiber oder dessen Rechtsnachfolger die Betreuungseinrichtung aufzulassen und die baulichen Maßnahmen innerhalb von 6 Monaten zu entfernen und im Falle von Änderungen bestehender Bauwerke deren letzten rechtmäßigen Zustand wiederherzustellen.

(6) Das Land Niederösterreich hat den Ablauf der nach Abs. 1 gemeldeten Dauer des Bedarfes, den Ablauf der Vertragsdauer oder die vorzeitige Auflösung oder Kündigung des Vertrages nach Abs. 3 der Baubehörde zu melden.

(7) Meldungen nach Abs. 1 können bis 30. Juni 2024 eingebracht werden. Die bis zu diesem Zeitpunkt ordnungsgemäß gemeldeten Betreuungseinrichtungen dürfen auf die Dauer ihres gemeldeten Bedarfes bestehen bleiben und betrieben werden. Danach gilt Abs. 5.

§ 17
Bewilligungs-, anzeige- und meldefreie Vorhaben

Bewilligungs-, **anzeige-** und **meldefreie Vorhaben** sind jedenfalls:

1. die Herstellung von Anschlussleitungen;
2. die Herstellung von Schwimmteichen, Naturpools und Gartenteichen mit natürlicher Randgestaltung ohne Veränderung des umliegenden Geländes mit einer Wasserfläche von nicht mehr als 200 m², die Auf- oder Herstellung von sonstigen Wasserbecken und -behältern mit einem Fassungsvermögen von nicht mehr als 50 m^3, Schwimmbeckenabdeckungen mit einer Höhe von nicht mehr als 1,5 m und Brunnen;
3. die Instandsetzung von Bauwerken, wenn
   – die Konstruktionsart beibehalten sowie
   – Formen und Farben von außen sichtbaren Flächen nicht wesentlich verändert werden;
4. Abänderungen im Inneren des Gebäudes, die nicht die Standsicherheit und den Brandschutz beeinträchtigen; Maßnahmen zur kontrollierten Wohnraumlüftung in Wohngebäuden mit nicht mehr als 2 Wohnungen sowie Einzelanlagen, bei denen die Lüftungsleitungen von der jeweiligen Nutzungseinheit unmittelbar ins Freie geführt werden;
5. die Anbringung der nach § 66 der Gewerbeordnung 1994, BGBl. Nr. 194/1994, notwendigen Geschäftsbezeichnungen an Betriebsstätten, ausgenommen jener Maßnahmen für Werbezwecke, die nach § 15 Abs. 1 Z 3 lit. c anzeigepflichtig sind;
6. (entfällt durch LGBl. Nr. 32/2021)
7. die Aufstellung von Wärmetauschern für die Fernwärmeversorgung sowie die Errichtung, der Austausch und die Entfernung von Klimaanlagen und von Wärmepumpen jeweils mit einer Nennleistung von nicht mehr als 70 kW, ausgenommen jeweils jener, die nach § 15 Abs. 1 Z 3 lit. b anzeigepflichtig oder jener Klimaanlagen, die nach § 16 Abs. 1 Z 1 und 2 meldepflichtig sind;

7a. (entfällt durch LGBl. Nr. 32/2021)

8. die Aufstellung jeweils einer Gerätehütte und eines Gewächshauses mit einer überbauten Fläche von jeweils nicht mehr als 10 m² und einer Höhe von nicht mehr als 3 m bei Wohngebäuden pro Wohnung mit zugeordneter Gartenfläche auf einem Grundstück im Bauland, ausgenommen Bauland-Sondergebiet, außerhalb von Schutzzonen und außerhalb des vorderen Bauwichs;
9. die Errichtung und Aufstellung von Hochständen, Gartengrillern, Hochbeeten, Spiel- und Sportgeräten, Pergolen außerhalb von Schutzzonen und Altortgebieten (§ 15 Abs. 1 Z 3 lit. b), Marterln, Grabsteinen und Brauchtumseinrichtungen (z. B. Maibäume, Weihnachtsbäume);
10. die Aufstellung oder Anbringung von Werbe- und Ankündigungseinrichtungen von Wählergruppen, die sich an der Wahlwerbung für
    – die Wahl zu einem allgemeinen Vertretungskörper oder zu den satzungsgebenden Organen einer gesetzlichen beruflichen Vertretung oder
    – die Wahl des Bundespräsidenten oder
    – Volksabstimmungen, Volksbegehren oder Volksbefragungen auf Grund landes- oder bundesgesetzlicher Vorschriften

    beteiligen, innerhalb von 6 Wochen vor bis spätestens 2 Wochen nach dem Wahltag oder dem Tag der Volksabstimmung, der Volksbefragung oder des Volksbegehrens;
11. die Aufstellung von Zelten oder ähnlichen mobilen Einrichtungen (z. B. Freiluftbühnen u. dgl.) mit den Eignungsvoraussetzungen im Sinn des § 10 Abs. 2 Z 3 des NÖ Veranstaltungsgesetzes, LGBl. 7070, welche jedoch

dem NÖ Veranstaltungsgesetz nicht unterliegen, Betriebsanlagen bzw. technischen Geräten für Volksvergnügungen (z. B. Schaukeln, Riesenräder, Hochschaubahnen u. dgl.), jeweils mit einer Bestandsdauer bis zu 30 Tagen;

12. die temporäre Aufstellung von Verkaufsständen, Lager- und Verkaufscontainern für Waren der Pyrotechnik, wenn sie einer gewerberechtlichen Genehmigungspflicht unterliegen, weiters von Musterhütten auf hiezu behördlich genehmigten Flächen in Baumärkten sowie die dauerhafte Aufstellung von Marktständen auf Flächen, die einer Marktordnung im Sinne des § 293 Gewerbeordnung 1994 in der geltenden Fassung unterliegen;
13. die Aufstellung von Mobilheimen auf Campingplätzen (§ 20 Abs. 2 Z 10 des NÖ Raumordnungsgesetzes 2014, LGBl. Nr. 3/2015 in der geltenden Fassung), soweit dies nach anderen NÖ Landesvorschriften zulässig ist;
14. die Aufstellung von Photovoltaikanlagen oder deren Anbringung auf Bauwerken, soweit sie nicht § 15 Abs. 1 Z 2 lit. e oder Z 3 lit. b unterliegen, die Aufstellung von thermischen Solaranlagen oder deren Anbringung an Bauwerken sowie von TV-Satellitenanlagen oder deren Anbringung an Bauwerken, soweit sie nicht § 15 Abs. 1 Z 3 lit. b unterliegen, weiters die Aufstellung von Batteriespeichern;
15. der Austausch von Maschinen oder Geräten, wenn der Verwendungszweck gleich bleibt und die zu erwartenden Auswirkungen gleichartig oder geringer sind als die der bisher verwendeten, die Aufstellung von medizinisch-technischen Geräten (z. B. Röntgengeräten);
16. die Lagerung von Brennholz für ein auf demselben Grundstück bestehendes Gebäude und von land- und forstwirtschaftlichen Produkten auf Grundstücken mit der Flächenwidmung Grünland-Land- und Forstwirtschaft sowie Grünland-Freihalteflächen;
17. die temporäre Herstellung von Wetterschutzeinrichtungen bei Gastgärten, wenn sie einer gewerberechtlichen Genehmigungspflicht unterliegen;
18. Trockensteinmauern aus Naturstein mit regionaltypischem Erscheinungsbild, auf Grundstücken im Grünland, die tatsächlich landwirtschaftlich verwendet werden;
19. Treppenschrägaufzüge innerhalb einer Wohnung;
20. die Errichtung baulicher Anlagen in Zusammenhang mit der Bereitstellung öffentlicher Kommunikationsnetze (physische Infrastrukturen im Sinn des § 4 Z 12a wie z. B. Verteilerkästen, Leitungsrohre), ausgenommen Masten;
21. die Errichtung und Aufstellung von Wartehäuschen und Telefonzellen;
22. die kleinräumige Veränderung der Höhenlage des Geländes in einem Ausmaß von zusammenhängend höchstens 20 m² außerhalb des Bauwichs, bei der die vor der Veränderung bestehende Höhenlage des Geländes auch nachträglich feststellbar ist (z. B. lokale Anschüttung oder Abgrabung);
23. die Herstellung von teichbautechnischen Anlagen (z. B. Dämme, Stauanlagen, Becken, Mönche, Wartungsstege), ausgenommen Gebäude.

D) Bewilligungsverfahren

§ 18

Antragsbeilagen

(1) Dem Antrag auf Baubewilligung sind anzuschließen:

1. **Angaben über das Grundeigentum** und **Nachweis des Nutzungsrechtes**, wenn das Grundstück nicht oder nicht ausschließlich im Eigentum des Antragstellers steht, durch:
   a) Zustimmung des Grundeigentümers oder
   b) Zustimmung der Mehrheit nach Anteilen bei Miteigentum, sofern es sich nicht um Zu- oder Umbauten innerhalb einer selbständigen Wohnung, einer sonstigen selbständigen Räumlichkeit oder auf einem damit verbundenen Teil der Liegenschaft im Sinn des § 1 oder § 2 des Wohnungseigentumsgesetzes 2002, BGBl. I Nr. 70/2002 in der Fassung BGBl. I. Nr. 81/2020, handelt, oder
   c) vollstreckbare Verpflichtung des Grundeigentümers zur Duldung des Vorhabens.
2. **Nachweis des Fahr- und Leitungsrechtes** (§ 11 Abs. 3), sofern erforderlich.
3. **Bautechnische Unterlagen**:
   a) **ein Bauplan** (§ 19 Abs. 1) und **eine Baubeschreibung** (§ 19 Abs. 2) jeweils dreifach, in Fällen des § 23 Abs. 8 letzter Satz vierfach;
   b) **eine Beschreibung der Abweichungen** von einzelnen Bestimmungen von Verordnungen über technische Bauvorschriften (§ 43 Abs. 3) unter Anführung der betroffenen Bestimmungen, eine Beschreibung und erforderlichenfalls eine **planliche Darstellung** jener Vorkehrungen, mit denen den Erfordernissen nach § 43 entsprochen werden soll, sowie ein **Nachweis** über die Eignung dieser Vorkehrungen;
   c) zusätzlich, wenn Straßengrund abzutreten ist (§ 12), ein von einem Vermessungsbefugten (§ 1 des Liegenschaftsteilungsgesetzes, BGBl. Nr. 3/1930 in der Fassung BGBl. I Nr. 190/2013) verfasster **Teilungsplan**;
   d) zusätzlich, wenn das **Bezugsniveau** (§ 4 Z 11a) herzustellen ist (§ 12a), eine Darstellung des Bezugsniveaus;
   e) abweichend davon bei einem **Bauvorhaben** nach **§ 14 Z 6** je 3-fach ein Lageplan, Schnitte und eine Beschreibung des Gegenstandes und Umfanges des Bauvorhabens (Darstellung des

Bezugsniveaus gemäß § 4 Z 11a und der geplanten Geländeveränderung in Grundrissen und Schnitten mit jeweils ausreichend genauer Angabe der Höhenlage des Geländes).
4. **Energieausweis** dreifach, sofern erforderlich.
5. **Nachweis über die Prüfung des Einsatzes hocheffizienter alternativer Energiesysteme** bei der Errichtung und größeren Renovierung von Gebäuden (§ 43 Abs. 3).
6. Bei der Aufstellung oder Abänderung **mittelgroßer Feuerungsanlagen** (§ 14 Z 4 lit. c und f) insbesondere folgende **Angaben**:
- über die Brennstoffwärmeleistung,
- über die Art (Dieselmotor, Gasturbine, Zweistoffmotor, sonstiger Motor, sonstige mittelgroße Feuerungsanlage),
- über die Art und den jeweiligen Anteil der verwendeten Brennstoffe nach den Brennstoffkategorien nach Anhang II der Richtlinie (EU) 2015/2193 (§ 69 Abs. 1 Z 10) (feste Biomasse und andere feste Brennstoffe, Gasöl und andere flüssige Brennstoffe, Erdgas und andere gasförmige Brennstoffe),
- über den Wirtschaftszweig der mittelgroßen Feuerungsanlage oder der Betriebseinrichtung, in der sie eingesetzt wird (NACE-Code),
- über die voraussichtliche Zahl der jährlichen Betriebsstunden und durchschnittliche Betriebslast,
- wenn von der Befreiungsmöglichkeit gemäß Artikel 6 Abs. 3 oder Artikel 6 Abs. 8 der Richtlinie (EU) 2015/2193 Gebrauch gemacht wird, eine vom Betreiber unterzeichnete Erklärung, der zufolge die mittelgroße Feuerungsanlage nicht mehr als der in jenen Absätzen genannten Stunden (jeweils 500 Stunden) in Betrieb sein wird,
- den Namen und Geschäftssitz des Betreibers und den Standort der Anlage mit Anschrift.

(1a) Abweichend von Abs. 1 Z 2 bis 5 ist dem Antrag auf Baubewilligung für

1. die Errichtung eines eigenständigen Bauwerks (§ 14 Z 1 und 2) mit einer überbauten Fläche von jeweils nicht mehr als 10 m² und einer Höhe von nicht mehr als 3 m,
2. die Errichtung einer Einfriedung mit einer Höhe von nicht mehr als 3 m oder einer oberirdischen baulichen Anlage (§ 14 Z 2), deren Verwendung der eines Gebäudes gleicht, mit einer überbauten Fläche von jeweils nicht mehr als 50 m² und einer Höhe von nicht mehr als 3 m,

2a. die Abänderung von Bauwerken, sofern nicht die Standsicherheit tragender Bauteile beeinträchtigt oder Rechte nach § 6 verletzt werden könnten (§ 14 Z 3),

3. die Aufstellung und der Austausch eines Heizkessels mit einer Nennwärmeleistung von nicht mehr als 400 kW einschließlich einer allfälligen automatischen Brennstoffbeschickung (§ 14 Z 4 lit. a und b) oder
4. die Aufstellung einer Maschine oder eines Gerätes in baulicher Verbindung mit einem Bauwerk (§ 14 Z 9)

jeweils eine zur Beurteilung des Vorhabens ausreichende, **maßstäbliche Darstellung** und **Beschreibung** des Vorhabens in zweifacher Ausfertigung und für Vorhaben nach Z 3 überdies ein **Typenprüfbericht** anzuschließen. § 25 Abs. 1 gilt dafür nicht.

(2) Alle Antragsbeilagen sind von den Verfassern zu unterfertigen. Die Verfasser der bautechnischen Unterlagen (z. B. Baupläne, Beschreibungen, Berechnungen) sind – unabhängig von behördlichen Überprüfungen – für die Vollständigkeit und Richtigkeit der von ihnen erstellten Unterlagen verantwortlich.

(3) Wenn dem Bauantrag eine **Bestätigung** von einer unabhängigen gewerberechtlich oder nach dem Ziviltechnikergesetz 1993, BGBl. Nr. 156/1994 in der Fassung BGBl. I Nr. 50/2016, befugten Person angeschlossen ist, aus der hervorgeht, dass das Bauvorhaben den Vorschriften der NÖ Bautechnikverordnung 2014, LGBl. Nr. 4/2015 in der geltenden Fassung, insbesondere im Hinblick auf die Interessen

– der mechanischen Festigkeit und Standsicherheit,
– des Brandschutzes,
– der Hygiene, der Gesundheit und des Umweltschutzes,
– der Nutzungssicherheit und Barrierefreiheit,
– des Schallschutzes oder
– der Energieeinsparung und des Wärmeschutzes

entspricht, kann die Behörde auf die Einholung entsprechender Gutachten verzichten, wenn nicht im Verfahren Zweifel an der Richtigkeit dieser Bestätigung auftreten. Die unabhängige befugte Person muss vom Planverfasser verschieden sein, darf zu diesem in keinem Dienst- oder Organschaftsverhältnis stehen und hat dies ausdrücklich auf der Bestätigung zu erklären.

(4) Bei Bauvorhaben nach § 14 Z 1 hat der Bauwerber dafür zu sorgen, dass der Planverfasser die Daten gemäß § 4 Abs. 1 Z 2 und 4 des Bundesgesetzes über das Gebäude- und Wohnungsregister (GWR-Gesetz), BGBl. I Nr. 9/2004 in der Fassung BGBl. I Nr. 1/2013, in elektronischer Form an die Baubehörde übermittelt.

§ 19

Bauplan, Baubeschreibung und Energieausweis

(1) Der **Bauplan** hat alle Angaben zu enthalten, die für die Beurteilung des Vorhabens notwendig sind. Dazu gehören je nach Art des Vorhabens insbesondere:

1. der Lageplan, aus dem zu ersehen sind

a) vom Baugrundstück und den Grundstücken der Nachbarn (§ 6 Abs. 1 Z 3)
– Lage mit Höhenkoten und Nordrichtung,
– im Bauland bei einem Neu- oder Zubau eines Gebäudes die lagerichtige Darstellung der Grenzen (Abs. 1a) des Baugrundstücks und deren aktuelle Kennzeichnung in der Natur,
– bei einer Einfriedung gegen die öffentliche Verkehrsfläche die lagerichtige Darstellung der Grenze zur Verkehrsfläche,
– Grundstücksnummern,
– Namen und Anschriften der Eigentümer des vom Vorhaben betroffenen Grundstücks sowie der Nachbargrundstücke und von ober- und unterirdischen Bauwerken auf diesen,
– Widmungsart,
– festgelegte Straßen- und Baufluchtlinien, Straßenniveau,
– das Bezugsniveau (§ 4 Z 11a) zumindest in jenen Bereichen, in denen Bauwerke errichtet oder Geländeveränderungen durchgeführt werden,
– bestehende Gebäude, Trinkwasserbrunnen und Abwasserentsorgungsanlagen,
– die im von der Bebauung betroffenen Teil des Baugrundstücks vorhandenen Einbauten sowie die darüber führenden Freileitungen,
– Darstellung der im Grundbuch eingetragenen Fahr- und Leitungsrechte,

b) bei Neu- und Zubauten deren geringste Abstände von den Grundstücksgrenzen,
c) geplante Anlagen für die Sammlung, Ableitung und Beseitigung der Abwässer und des Mülls,
d) soweit erforderlich die Lage und Anzahl der Stellplätze;

2. die Grundrisse, bei Gebäuden von sämtlichen Geschoßen mit Angabe des beabsichtigten Verwendungszwecks jedes neu geplanten oder vom Bauvorhaben betroffenen Raumes, die Fluchtwege und sofern erforderlich die Lage von Zugangspunkten und Netzabschlusspunkten für die hochgeschwindigkeitsfähigen gebäudeinternen physischen Infrastrukturen (§ 4 Z 12a und § 43a);
3. Schnitte durch die Gebäude, insbesondere durch die Stiegenanlagen mit Darstellung der Höhenlage des Geländes und des Bezugsniveaus, in Hanglage auch Mauern an Grundstücksgrenzen;
4. die Tragwerkssysteme;
5. die Ansichten, die zur Beurteilung der äußeren Gestaltung der Bauwerke und ihres Anschlusses an die angrenzenden Bauwerke erforderlich sind;
6. die Ansicht der bewilligungs- oder anzeigepflichtigen Einfriedung.

Der **Lageplan** ist im Maßstab 1:500 und ein Plan nach Z 2 bis 6 ist im Maßstab 1:100 zu verfassen, in begründeten Fällen (z. B. Größe der Grundstücke oder des Vorhabens) darf ein anderer Maßstab verwendet werden.

Neu zu errichtende, bestehende und abzutragende Bauwerke sowie verschiedene Baustoffe sind
– im Lageplan
– in den Grundrissen und Schnitten

farblich verschieden darzustellen.

(1a) Bei einem Neu- oder Zubau eines Gebäudes im Bauland – ausgenommen solche im Sinn des § 18 Abs. 1a Z 1 – hat die Baubehörde die Vorfrage der genauen Lage der Grenzen des Baugrundstücks aufgrund
- des **Grenzkatasters**,

ist kein Grenzkataster vorhanden:
- einer **Grenzvermessung** oder eines **Planes**, welcher auf der Grundlage der Vermessungsverordnung 2016, BGBl. II Nr. 307/2016, durchgeführt oder verfasst wurde,

oder
- des Ergebnisses eines gerichtlichen Außerstreitverfahrens (**Grenzfeststellungsverfahren**)

zu entscheiden, wobei die lagerichtige Darstellung auf jene Grenzbereiche eingeschränkt werden darf, die für die Beurteilung des Bauvorhabens wesentlich sind.Eine Grenzvermessung darf entfallen, wenn die Grenzen nicht strittig sind und das Bauvorhaben in einem Abstand von mehr als 1 m von der Grundstücksgrenze oder – wenn ein Bauwich einzuhalten ist – ein Hauptgebäude in einem Abstand von mehr als dem um 1 m vergrößerten Bauwich geplant ist.

Der Bauwerber hat dafür zu sorgen, dass die aufgrund einer durchgeführten Grenzvermessung oder Grenzfeststellung vorgelegten Vermessungspläne dem zuständigen Vermessungsamt übermittelt werden.

(2) Die **Baubeschreibung** muss alle nachstehenden Angaben enthalten, die nicht schon aus den Bauplänen ersichtlich sind. Anzugeben sind nach der Art des Bauvorhabens:
1. die Größe des Baugrundstücks und wenn dieses im Bauland liegt, ob es schon zum Bauplatz erklärt wurde;
2. die Grundrissfläche, die bebaute Fläche und sofern maßgeblich die Geschoßflächenzahl;
3. die Nutzfläche der Wohnungen und Betriebsräume;

3a. die Gebäudeklasse und die Sicherheitskategorie;

4. die Bauausführung, insbesondere der geplante Brand-, Schall- und Wärmeschutz;
5. der Verwendungszweck des neu geplanten oder vom Vorhaben betroffenen Bauwerks, bei Gebäuden jedes Raumes;

6. bei Bauwerken im Grünland Angaben darüber, dass eine Nutzung nach § 20 des NÖ Raumordnungsgesetzes 2014, LGBl. Nr. 3/2015 in der geltenden Fassung, vorliegt oder erfolgen wird (z. B. durch ein Betriebskonzept);
7. bei Betrieben die Art, der Umfang und die voraussichtlichen Emissionen (§ 48);
8. bei Bauvorhaben in den Baulandwidmungsarten Verkehrsbeschränktes Betriebsgebiet und Verkehrsbeschränktes Industriegebiet die Höchstzahl der Fahrten pro Hektar und Tag;

(3) Soweit dies zur Beurteilung des Bauvorhabens notwendig ist, hat die Baubehörde die **Vorlage weiterer Unterlagen** zu verlangen, wie z. B.:

- Detailpläne,
- statische Berechnungen der Tragfähigkeit von Konstruktionen und anderen Bauteilen samt Konstruktionsplänen,
- einen Nachweis der ausreichenden Tragfähigkeit des Baugrundstücks,
- eine Angabe über den höchsten örtlichen Grundwasserspiegel,
- eine Angabe über die Höhe des 100-jährlichen Hochwassers,
- eine Darstellung der Ermittlung der Gebäudehöhe,
- eine brandschutztechnische Beschreibung,
- ein Brandschutzkonzept,
- eine Fluchtzeitberechnung,
- Angaben über die Anordnung und Höhe der in der Umgebung bewilligten Hauptgebäude (abgeleitete Bebauungsweisen und Bauklassen) im Baulandbereich ohne Bebauungsplan (§ 54),
- eine Wärmebedarfsrechnung,
- einen Stellplan für Kraftfahrzeuge,
- Elektroinstallationspläne,
- Sitzpläne,
- einen Nachweis der Einhaltung des sommerlichen Überwärmungsschutzes.

(4) Werden bestehende Bauwerke abgeändert oder an diesen Bauteile ausgewechselt, dürfen die Baupläne und Beschreibungen auf die Darstellung der Teile beschränkt werden, die für die Beurteilung des Bauvorhabens maßgeblich sind.

(5) Der **Energieausweis** ist mit dem Inhalt und der Form gemäß der Verordnung nach § 43 Abs. 3 zu erstellen.

(6) Für die Darstellung der Angaben nach Abs. 1 Z 1 lit. a hinsichtlich der Nachbargrundstücke darf im erforderlichen Umfang in die betreffenden Bauakte Einsicht genommen werden.

§ 20

Vorprüfung

(1) Die **Baubehörde hat** bei Anträgen nach § 14 vorerst **zu prüfen**, ob dem Bauvorhaben

1. die im Flächenwidmungsplan festgelegte Widmungsart des Baugrundstücks, seine Erklärung zur Vorbehaltsfläche oder Aufschließungszone, sofern das Vorhaben nicht der Erfüllung einer Freigabebedingung dient,
2. der Bebauungsplan,
3. der Zweck einer Bausperre,
4. die Unzulässigkeit der Erklärung des betroffenen Grundstücks im Bauland zum Bauplatz,
5. ein Bauverbot nach § 13 oder nach § 53 Abs. 6 des NÖ Raumordnungsgesetzes 2014, LGBl. Nr. 3/2015 in der geltenden Fassung,
6. bei Hochhäusern, sofern deren Raumverträglichkeit nicht bereits im Widmungsverfahren geprüft wurde, das Unterbleiben der Raumverträglichkeitsprüfung oder deren negatives Ergebnis, oder
7. sonst eine Bestimmung

- dieses Gesetzes, ausgenommen § 18 Abs. 4,
- des NÖ Raumordnungsgesetzes 2014, LGBl. Nr. 3/2015 in der geltenden Fassung,
- der NÖ Aufzugsordnung 2016, LGBl. Nr. 9/2017,
- des NÖ Kleingartengesetzes, LGBl. 8210,
- des NÖ Kanalgesetzes, LGBl. 8230, oder
- einer Durchführungsverordnung zu einem dieser Gesetze

entgegensteht.

Die Baubehörde kann von der **Überprüfung** des Energieausweises **absehen**, wenn nicht im Verfahren Zweifel an der Richtigkeit des Energieausweises auftreten.

Bei **gewerblichen Betriebsanlagen** ist die Prüfung nach Z 7 auf jene Bestimmungen eingeschrankt, deren Regelungsinhalt durch die gewerberechtliche Genehmigung nicht erfasst ist.

Weisen bewilligte Hauptgebäude bereits einen Widerspruch zum geltenden Bebauungsplan (Z 2) auf, welcher nicht beseitigt werden kann, sind Zubauten und Abänderungen insofern zulässig, als der Istzustand im Hinblick auf die Festlegungen des Bebauungsplanes nicht verschlechtert wird.

Die Z 1 bis 7 stehen dem Bauvorhaben nicht entgegen, wenn es sich um Flächen handelt, für die eine rechtswirksame überörtliche Planung im Sinn des § 15 Abs. 2 Z 1 NÖ ROG 2014 für Flughäfen besteht. Anzuwenden sind lediglich die bautechnischen Bestimmungen dieses Gesetzes und der NÖ Aufzugsordnung 2016 sowie die Bestimmungen dieses Gesetzes über die Parteistellung, die Behördenzuständigkeit und das Verfahren, jeweils samt allfälliger Durchführungsverordnungen.

Bei Hochhäusern und Bauwerken für größere Menschenansammlungen von mehr als 120 Personen (z. B. Versammlungsstätten, Veranstaltungsbetriebsstätten) ist ein Vertreter der Feuerwehr als Auskunftsperson einzubinden.

(2) Wenn die Baubehörde eines der im Abs. 1 angeführten Hindernisse feststellt, hat sie den Antrag abzuweisen. Hält sie dessen Beseitigung durch eine Änderung des Bauvorhabens für möglich, dann hat sie dies dem Bauwerber mitzuteilen.

Diese Mitteilung hat eine Frist zur Vorlage der geänderten Antragsbeilagen zu enthalten. Wird diese Frist nicht eingehalten, ist der Antrag abzuweisen.

§ 21
Verfahren mit Parteien und Nachbarn

(1) Führt die Vorprüfung (§ 20) zu keiner Abweisung des Antrages, hat die Baubehörde die **Parteien und Nachbarn** (§ 6 Abs. 1 und 3) **nachweislich** vom geplanten Vorhaben nach § 14 zu **informieren** und darauf hinzuweisen, dass bei der Baubehörde in die Antragsbeilagen und in allfällige Gutachten **Einsicht** genommen werden darf. Gleichzeitig sind die Parteien und Nachbarn – unter ausdrücklichem Hinweis auf den Verlust ihrer allfälligen Parteistellung – aufzufordern, eventuelle **Einwendungen** gegen das Vorhaben schriftlich binnen einer Frist von 2 Wochen ab der Zustellung der Verständigung bei der Baubehörde einzubringen. Werden innerhalb dieser Frist keine Einwendungen erhoben, erlischt die Parteistellung. Eine mündliche Verhandlung im Sinn der §§ 40 bis 44 des Allgemeinen Verwaltungsverfahrensgesetzes 1991 in der Fassung BGBl. I Nr. 161/2013, findet nicht statt.

Für Parteien und Nachbarn in Wohngebäuden mit mehr als 4 Wohnungen darf die Verständigung auch durch einen mit dem Datum des Anbringens versehenen Anschlag an einer den Hausbewohnern zugänglichen Stelle (Hausflur) in den betroffenen Gebäuden erfolgen, wobei die Eigentümer dieser Gebäude derartige Anschläge in ihren Gebäuden dulden müssen. Die Verständigung ist in diesem Fall gleichzeitig an der Amtstafel oder auf der Homepage der Gemeinde kundzumachen, wodurch die Information dieselben Rechtswirkungen entfaltet wie die persönliche Verständigung.

(2) Eine **Partei**, die glaubhaft macht, dass sie ohne ihr Verschulden daran **gehindert** war, innerhalb der Frist nach Abs. 1 Einwendungen zu erheben, darf binnen 2 Wochen nach dem Wegfall des Hindernisses, jedoch spätestens bis zum Zeitpunkt der rechtskräftigen Entscheidung der Sache bei der Baubehörde Einwendungen erheben. Solche Einwendungen gelten als rechtzeitig erhoben und sind von jener Baubehörde zu berücksichtigen, bei der das Verfahren anhängig ist.

(3) Der Bescheid, mit dem über den Antrag nach § 14 entschieden wird, ist den Parteien und jenen Nachbarn zuzustellen, die rechtzeitig Einwendungen erhoben haben. Die Zustellung dieses Bescheides begründet jedoch keine Parteistellung.

(4) Abs. 1 und 2 gelten **nicht**

1. für folgende Vorhaben:

a) Abänderungen an oder in einem Bauwerk (§ 14 Z 3), sofern subjektiv-öffentliche Rechte nicht beeinträchtigt werden können,
b) Vorhaben, deren Bewilligungspflicht auf einem möglichen Widerspruch zum Ortsbild beruht,
c) Vorhaben, die von der Grenze des Baugrundstücks mehr als 10 m entfernt sind, sofern subjektiv-öffentliche Rechte nicht beeinträchtigt werden können,
d) Vorhaben im Sinn des § 18 Abs. 1a

sowie

2. bei allen sonstigen bewilligungspflichtigen Vorhaben gegenüber jenen Nachbarn,

a) deren Parteistellung im Sinn des § 6 Abs. 5 und 6 ausgeschlossen ist,
b) deren Grundstücksgrenze vom Bauvorhaben mehr als 10 m entfernt ist, sofern subjektiv-öffentliche Rechte nicht beeinträchtigt werden können.

Gegebenenfalls sind die Eigentümer eines Bauwerks oder Grundstücks (§ 6 Abs. 1 Z 1 und 2), die Inhaber eines Fahr- und Leitungsrechtes (§ 6 Abs. 1 2. Satz), die Straßenerhalter (§ 6 Abs. 3) und die Gemeinde (§ 6 Abs. 4) vom geplanten Vorhaben in Kenntnis zu setzen.

(5) Ist für die Erteilung der Baubewilligung eine andere Behörde als jene nach § 2 Abs. 1 zuständig, so darf die nachweisliche Information nach Abs. 1 gemeinsam mit der Ladung zu einer allfälligen, nach einem anderen Gesetz vorgesehenen mündlichen Verhandlung erfolgen.

§ 22
(entfällt)

§ 23
Baubewilligung

(1) Über einen Antrag auf Baubewilligung ist schriftlich zu entscheiden.

Eine Baubewilligung ist zu erteilen, wenn kein Widerspruch zu den in § 20 Abs. 1 Z 1 bis 7 angeführten Bestimmungen besteht. Bei gewerblichen Betriebsanlagen gilt § 20 Abs. 1 dritter Satz sinngemäß.

Liegt ein Widerspruch vor, ist die Baubewilligung zu versagen. Die Baubewilligung umfasst das **Recht zur Ausführung des Bauwerks und dessen Benützung nach Fertigstellung**, wenn die erforderlichen Unterlagen nach § 30 Abs. 2 oder 3 vorgelegt werden.

(2) Die **Baubewilligung** hat zu enthalten

– die Angabe des bewilligten Bauvorhabens und
– die Vorschreibung jener Auflagen, durch deren Erfüllung den Bestimmungen der im § 20 Abs. 1 Z 7 angeführten Gesetze und Verordnungen entsprochen wird. Bei gewerblichen Betriebsanlagen gilt § 20 Abs. 1 dritter Satz sinngemäß.

Mit **Auflagen** darf die Baubehörde insbesondere die Vorlage von Berechnungen, Befunden und Bescheinigungen von staatlich autorisierten oder akkreditierten Stellen, Ziviltechnikern oder befugten Gewerbeberechtigten zum Nachweis der Einhaltung von Vorschriften und technischen Regeln vorschreiben.

Ist aus den der Baubehörde vorgelegten Bauplänen (§ 19) ersichtlich, dass durch das geplante Bauwerk eine Grundstücksgrenze überbaut wird und keine Ausnahme nach § 49 Abs. 2 vorliegt oder der notwendige Bauwich (§ 4 Z 8) nicht eingehalten wird und ist weiters die Beseitigung dieser Widersprüche zu diesem Gesetz durch eine Grenzänderung möglich, dann darf – im Bauland nach Durchführung eines Verfahrens nach § 10 – eine **Baubewilligung** nur **mit der aufschiebenden Bedingung** der Vorlage eines Grundbuchsbeschlusses über die Vereinigung der betroffenen Grundstücke oder Grundstücksteile bei der Baubehörde vor Baubeginn erteilt werden.

Umfasst ein Bauvorhaben mehr als ein Bauwerk (z. B. mehrere Bauwerke oder ein Wohngebäude mit einer landwirtschaftlichen Nutzung) und besteht nur hinsichtlich der Gesamtheit der Bauwerke bzw. Nutzung kein Widerspruch zum Flächenwidmungsplan, so hat die Baubehörde festzulegen, in welcher Reihenfolge das Vorhaben ausgeführt bzw. fertiggestellt werden muss.

(3) Wenn der Neu- oder Zubau eines Gebäudes oder die Errichtung einer großvolumigen Anlage (einzelner Silo oder Tank oder Gruppe solcher Behälter mit mehr als 200 m^3 Rauminhalt, Tiefgarage, Betonmischanlage oder dgl.) auf einem Grundstück oder Grundstücksteil im Bauland geplant ist, das bzw. der

– noch nicht zum Bauplatz erklärt wurde und
– auch nicht nach § 11 Abs. 1 Z 2 bis 6 als solcher gilt,

hat die **Erklärung** des betroffenen Grundstücks oder Grundstücksteils **zum Bauplatz** in der Baubewilligung zu erfolgen. Wenn eine Voraussetzung hiefür fehlt, ist die Baubewilligung zu versagen.

Dies gilt nicht im Falle einer Baubewilligung für ein Gebäude im Sinn des § 18 Abs. 1a Z 1, für ein Gebäude vorübergehenden Bestandes, für ein Gebäude für eine öffentliche Ver- und Entsorgungsanlage mit einer bebauten Fläche bis zu 25 m² und einer Gebäudehöhe bis zu 3 m oder für einen Zubau, der keine raumbildenden Maßnahmen (z. B. Vordächer) umfasst.

Dies gilt weiters nicht für Grundstücke im Rahmen eines dort bestehenden land- und forstwirtschaftlichen Betriebes, der bereits vor der Umwidmung des Baugrundstückes von Grünland in Bauland bestanden hat, wenn eine Baubewilligung für einen Neu- oder Zubau eines Gebäudes oder die Errichtung einer großvolumigen Anlage, die jeweils dieser Nutzung dienen, erteilt wird.

(4) (entfällt durch LGBl. Nr. 50/2017)

(5) Hat eine Grundabtretung nach § 12 Abs. 1 Z 2 zu erfolgen und ist durch einen Bebauungsplan oder eine Verordnung des Gemeinderates nach § 67 Abs. 4 keine Straßenfluchtlinie festgelegt, ist in der Baubewilligung die Straßenfluchtlinie und bei neuen Verkehrsflächen auch deren Niveau zu bestimmen.

(6) Die Baubehörde nach § 2 Abs. 1 hat die Festlegungen nach Abs. 3 und 5 in einer gesonderten Entscheidung zu treffen, wenn für die Erteilung der Baubewilligung eine andere Behörde zuständig ist.

(7) **Bauwerke vorübergehenden Bestandes** (Ausstellungsbauten, Tribünen u. dgl.) dürfen einmalig für die Dauer von höchstens 5 Jahren bewilligt werden.

Notstandsbauten, die im Katastrophenfall errichtet werden, sind auf die Dauer ihres Bedarfs zu bewilligen, wobei § 20 Abs. 1 Z 1 bis 5 nicht gilt.

(8) **Dem Bauwerber** ist mit der Baubewilligung je eine mit einer Bezugsklausel versehene Ausfertigung des Bauplans, der Baubeschreibung und der sonstigen Pläne und Berechnungen zuzustellen.

Der Bezirksverwaltungsbehörde ist eine Ausfertigung der im administrativen Instanzenzug ergangenen Baubewilligung samt den dazugehörigen Beilagen **zu übermitteln**:

- bei der Bewilligung für Neu-, Zu- und Umbauten von **Handelseinrichtungen**, ausgenommen Handelsbetriebe gemäß § 18 Abs. 5 und 6 des NÖ Raumordnungsgesetzes 2014, LGBl. Nr. 3/2015 in der geltenden Fassung, sowie
- bei der Bewilligung von **Hochhäusern** (§ 31 Abs. 2 des NÖ Raumordnungsgesetzes 2014, LGBl. Nr. 3/2015 in der geltenden Fassung).

(9) Bescheide, die entgegen den Bestimmungen des Abs. 1 zweiter Satz erlassen werden, leiden an einem mit **Nichtigkeit** bedrohten Fehler.

Die **Aufhebung** eines Baubewilligungsbescheides darf jeweils bis spätestens **4 Monate** ab

- dem **Baubeginn** im Sinn des § 26 Abs. 1,
- der **Erlassung** des nachträglich erteilten letztinstanzlichen Baubewilligungsbescheides der Behörde nach § 2, sofern im Fall einer Beschwerde das Landesverwaltungsgericht darüber noch nicht entschieden hat oder
- dem **Einlangen des Baubewilligungsbescheides** einschließlich der Unterlagen bei der Bezirksverwaltungsbehörde, wenn dessen Vorlage nach Abs. 8 erforderlich war,

erfolgen.

Die Behörde, die in letzter Instanz entschieden hat (§ 2), hat den Bauherrn und im Fall einer anhängigen Beschwerde auch das Landesverwaltungsgericht von der Einleitung dieses Verfahrens zu verständigen. Mit dieser Verständigung ist gleichzeitig die Ausführung bzw. die Fortsetzung der Ausführung des Vorhabens bis spätestens zum Ablauf der im zweiten Satz enthaltenen Frist zu unterlassen. Das Landesverwaltungsgericht hat ein anhängiges Beschwerdeverfahren zu unterbrechen.

Wurden bis zur Aufhebung Baumaßnahmen durchgeführt, hat die Baubehörde nach Aufhebung des Bescheides die Herstellung eines Zustandes, der dem vorherigen entspricht, anzuordnen.

E) Bauausführung

§ 24

Ausführungsfristen

(1) Das **Recht** aus einer Baubewilligung (§ 23 Abs. 1) **erlischt**, wenn

1. die Ausführung des bewilligten Bauvorhabens nicht
   - binnen **2 Jahren** ab der Erlassung des letztinstanzlichen Bescheides der Behörde nach § 2 begonnen oder
   - binnen **5 Jahren** ab ihrem Beginn fertiggestellt wurde,
2. der aus der Baubewilligung Berechtigte darauf schriftlich verzichtet, wobei die Verzichtserklärung im Zeitpunkt ihres Einlangens bei der Behörde unwiderruflich wirksam wird, oder
3. das aufgrund der Baubewilligung ausgeführte Vorhaben beseitigt wird.

Eine Bauplatzerklärung nach § 23 Abs. 3, eine Straßengrundabtretung nach § 12 Abs. 1, die Festlegung einer Straßenfluchtlinie nach § 23 Abs. 5 oder die Festlegung eines Bezugsniveaus nach § 67 Abs. 3 oder 3a werden dadurch nicht berührt.

(2) Wird im Fall des Erlöschens der Baubewilligung aufgrund der nicht fristgerechten Fertigstellung neuerlich um die Erteilung der Baubewilligung für das betreffende Bauvorhaben angesucht und wird diese erteilt, so ist das Bauvorhaben innerhalb der nicht verlängerbaren Frist von 4 Jahren nach der Erlassung des letztinstanzlichen Bescheides der Behörde nach § 2, mit dem die neuerliche Baubewilligung erteilt wurde, fertig zu stellen, andernfalls diese neuerliche Baubewilligung erlischt.

(3) Wenn ein bewilligtes Bauvorhaben in **mehreren Abschnitten** ausgeführt werden soll, dann dürfen in der Baubewilligung längere Fristen als nach Abs. 1 für einzelne Abschnitte bestimmt werden. Für die Vollendung **umfangreicher Bauvorhaben** (z. B. großvolumige Wohn- oder Betriebsgebäude, Anstaltsgebäude) darf in der Baubewilligung eine längere Frist bestimmt werden.

(4) Die Baubehörde hat die **Frist** für den **Beginn der Ausführung** eines bewilligten Bauvorhabens zu **verlängern**, wenn

- dies vor ihrem Ablauf beantragt wird und
- das Bauvorhaben nach wie vor dem Flächenwidmungsplan – und im Geltungsbereich eines Bebauungsplans auch diesem – sowie den jeweils damit zusammenhängenden Bestimmungen des NÖ Raumordnungsgesetzes 2014, LGBl. Nr. 3/2015 in der geltenden Fassung, und den sicherheitstechnischen Vorschriften nicht widerspricht.

(5) Die Baubehörde hat die **Frist** für die **Fertigstellung** eines bewilligten Bauvorhabens zu verlängern, wenn

- der Bauherr dies vor ihrem Ablauf beantragt und
- das Bauvorhaben aufgrund des bisherigen Baufortschritts innerhalb einer angemessenen Nachfrist vollendet werden kann.

(6) Das **Recht** zur Ausführung **eines Vorhabens** nach § 15 **erlischt**, wenn mit seiner Ausführung nicht binnen 2 Jahren ab dem Ablauf der Fristen nach § 15 Abs. 4 und 5 begonnen worden ist. Abs. 1 Z 2 und 3 gilt sinngemäß.

(7) Wird ein Ansuchen um Verlängerung einer Frist nach Abs. 1 vor deren Ablauf eingebracht, wird der Ablauf dieser Frist bis zur Entscheidung der Baubehörde gehemmt.

(8) Die Zeit eines Verfahrens vor dem Landesverwaltungsgericht, dem Verfassungsgerichtshof oder dem Verwaltungsgerichtshof wird in diese Fristen nicht eingerechnet.

§ 25

Beauftragte Fachleute und Bauführer

(1) Der Bauherr hat mit der Planung und Berechnung des Bauvorhabens, einschließlich der Erstellung des Energieausweises, mit Überprüfungen und der Ausstellung von Bescheinigungen **Fachleute** zu betrauen, die hiezu nach deren einschlägigen Vorschriften (z. B. gewerberechtlich oder als Ziviltechniker) befugt sind. Diese haben der Baubehörde auf Verlangen den Nachweis ihrer Befugnis vorzulegen.

Besitzt der Bauherr oder einer seiner Dienstnehmer selbst diese **Befugnis**, ist eine solche Betrauung nicht erforderlich.

(2) Die Arbeiten für Vorhaben nach § 14 Z 1, 2 und 3, ausgenommen Vorhaben im Sinn des § 18 Abs. 1a, für Vorhaben nach § 14 Z 6, ausgenommen Abänderungen des Bezugsniveaus ohne dessen faktische Herstellung, sowie für Vorhaben nach Z 7 und 8 sind durch einen **Bauführer** zu überwachen. Für dessen Befugnis gilt Abs. 1 sinngemäß. Er muss gewerberechtlich oder als Ziviltechniker zur Planung oder Berechnung dieses

Bauvorhabens bzw. dessen Teile sowie zur Übernahme der Bauleitung befugt sein. Davon abweichend darf eine Gebietskörperschaft oder gemeinnützige Wohnungsgenossenschaft bzw. Bauvereinigung, die selbst Bauherr ist oder diesen vertritt, eine Person, die in einem Dienstverhältnis zu ihr steht und die die gleiche Befähigung besitzt, die zur Erlangung der Befugnis nach Abs. 1 erforderlich ist, zum Bauführer bestellen.

(3) Spätestens wenn der Bauherr der Baubehörde den Baubeginn meldet, hat er gleichzeitig den Bauführer bekannt zu geben und ist der Meldung ein Nachweis der Befugnis oder im Fall des Abs. 2 letzter Satz der Befähigung des Bauführers anzuschließen. Die Baubehörde hat dem Bauführer je eine Ausfertigung der Baubewilligung sowie ihrer mit einem Hinweis auf sie versehenen Beilagen (Bauplan, Baubeschreibung etc.) auszufolgen.

(4) **Endet** die **Funktion** des **Bauführers vorzeitig**, hat er dies der Baubehörde mitzuteilen. Die ihm zur Verfügung gestellte Ausfertigung der Baubewilligung samt Beilagen ist zurückzustellen. Die **Ausführung** des Bauvorhabens ist zu **unterbrechen**, bis ein neuer Bauführer namhaft gemacht ist.

§ 26

Baubeginn

(1) Der Bauherr hat das Datum des **Beginns** der Ausführung des Bauvorhabens der Baubehörde vorher **anzuzeigen**. Diese Anzeige wird unwirksam, wenn mit der tatsächlichen Ausführung nicht innerhalb von 4 Wochen ab dem angegebenen Zeitpunkt begonnen wird.

(2) Ab dem angezeigten Baubeginn darf die zur Ausführung des bewilligten Bauvorhabens erforderliche **Baustelleneinrichtung** ohne weitere Bewilligung aufgestellt werden.

§ 27

Behördliche Überprüfungen

(1) Die Baubehörde ist berechtigt, die **Übereinstimmung der Ausführung** des Vorhabens **mit der Bewilligung** durch besondere Überprüfungen zu überwachen. Dazu gehören vor allem:

- die Feststellung oder Nachprüfung der Höhenlage des Geländes bzw. des Bezugsniveaus,
- die Beschau des Untergrundes für alle Tragkonstruktionen,
- die Rohbaubeschau nach Herstellung der Dacheindeckung und vor Aufbringung der Verputze und Verkleidungen,
- Belastungsproben und
- die Beschau und Erprobung von Feuerstätten und Abgasanlagen.

(2) Für diese Prüftätigkeit ist den **Organen der Baubehörde** jederzeit der Zutritt zur Baustelle oder zu dem betroffenen Grundstück zu gestatten. Der Bauherr, die Verfasser von Plänen und Berechnungen, der Bauführer, die Verfasser der Bestätigungen nach § 18 Abs. 3, die anderen beauftragten Fachleute sowie deren Erfüllungsgehilfen haben den Organen der Baubehörde die Einsicht in Pläne, Berechnungen und sonstige bezughabende Unterlagen zu gewähren.

§ 28

Behebung von Baumängeln

(1) Wenn die Baubehörde bei der Überprüfung der Ausführung eines Bauvorhabens **Mängel** feststellt, dann hat sie deren **Behebung** innerhalb einer angemessenen Frist anzuordnen und wenn nötig bis dahin die Fortsetzung der Arbeiten an den davon betroffenen Teilen des Bauwerks zu untersagen.

(2) Werden die Mängel innerhalb dieser Frist nicht behoben, dann hat die Baubehörde die **Beseitigung** der mangelhaften Teile oder des ganzen Bauwerks und gegebenenfalls die Herstellung eines Zustandes, der dem vorherigen entspricht, zu **verfügen**.

§ 29

Baueinstellung

(1) Die **Baubehörde hat die Fortsetzung der Ausführung** eines Bauvorhabens **zu untersagen**, wenn

1. die hiefür notwendige Baubewilligung (§ 23) oder Anzeige (§ 15) nicht vorliegt oder
2. bei einem bewilligten Vorhaben kein oder kein geeigneter Bauführer bestellt ist.

(2) Im Fall des Abs. 1 Z 1 hat die Baubehörde ungeachtet eines anhängigen Antrages nach § 14 oder einer anhängigen Anzeige nach § 15 die Beseitigung der ohne Baubewilligung oder Anzeige ausgeführten Teile des Bauvorhabens und gegebenenfalls die Herstellung eines Zustandes, der dem vorherigen entspricht, zu verfügen.

§ 30

Fertigstellung

(1) Ist ein bewilligtes Bauvorhaben (§ 23) fertiggestellt, hat der Bauherr dies der Baubehörde anzuzeigen. Anzeigepflichtige Abweichungen (§ 15) sind in dieser Anzeige darzustellen. Die **Fertigstellung eines Teiles** eines bewilligten Bauvorhabens darf dann angezeigt werden, wenn dieser Teil für sich allein dem bewilligten Verwendungszweck, den Vorschriften dieses Gesetzes und der NÖ Bautechnikverordnung 2014, LGBl. Nr. 4/2015, und dem Bebauungsplan entspricht.

(2) Der Anzeige nach Abs. 1 sind anzuschließen:

1. bei einem Neu- oder Zubau eines Gebäudes (ausgenommen Aufstockung und Dachausbau) ein Lageplan mit der Bescheinigung des Bauführers oder der Eintragung der Vermessungsergebnisse über die lagerichtige Ausführung des Bauvorhabens,

2. bei anzeigepflichtigen Abweichungen (§ 15) ein Bestandsplan und eine Beschreibung (jeweils zweifach) und ein Hinweis auf den Energieausweis, wenn ein solcher mit der Anzeige vorzulegen war,
2a. Angaben über sonstige, insbesondere meldepflichtige (§ 16) Abweichungen,
3. eine **Bescheinigung des Bauführers** (§ 25 Abs. 2) oder im Falle der unterlassenen Bekanntgabe des Bauführers eine Bescheinigung eines zur Überwachung befugten Fachmannes, der die Ausführung des Bauwerks überwacht hat, über die bewilligungsgemäße Ausführung (auch Eigenleistung) des Bauwerks, insbesondere auch über die Einhaltung der Angaben bzw. im Falle von Abweichungen nach Z 2a über die Einhaltung der Anforderungen aus dem Energieausweis, wenn ein solcher vorzulegen war,
4. die in der Baubewilligung vorgeschriebenen Befunde und Bescheinigungen,
5. der Nachweis über die Herstellung des Bezugsniveaus (§ 12a).

(3) Können keine oder keine ausreichenden Unterlagen nach Abs. 2, insbesondere keine Bescheinigung nach Abs. 2 Z 3, vorgelegt werden, hat der Bauherr eine Überprüfung des Bauwerks auf seine bewilligungsgemäße Ausführung von einem hiezu Befugten (§ 25 Abs. 1) durchführen zu lassen und die erforderlichen Unterlagen vorzulegen.

(4) Ist die Fertigstellungsanzeige nicht vollständig, gilt sie als nicht erstattet.

(5) Ist ein Vorhaben im Sinn des § 18 Abs. 1a fertiggestellt, hat der Bauherr dies der Baubehörde anzuzeigen, wobei Abs. 2 Z 1 bis 3 und 5 und Abs. 3 nicht anzuwenden sind. Nach der Fertigstellung eines Vorhabens nach § 18 Abs. 1a Z 3 (Heizkessel) ist der Anzeige eine Bescheinigung über die fachgerechte Aufstellung, die sich bei Heizkesseln mit automatischer Beschickung mit festen Brennstoffen auf die gesamte Anlage (samt Brennstofftransporteinrichtung) zu erstrecken hat, sowie ein Befund über die Eignung der Abgasführung für den angeschlossenen Heizkessel beizulegen. Diese Bescheinigungen und Befunde sind von befugten Fachleuten (§ 25 Abs. 1) auszustellen.

§ 30a

Registrierung mittelgroßer Feuerungsanlagen

(1) Die Landesregierung hat mit **Verordnung** festzulegen, welche Anlagendaten und Informationen über mittelgroße Feuerungsanlagen ab dem Zeitpunkt ihrer zulässigen Inbetriebnahme (Anzeige der Fertigstellung) in ein Register aufzunehmen und öffentlich zugänglich zu machen sind.

(2) Die Eigentümer von mittelgroßen Feuerungsanlagen haben sich mit den Daten und Informationen nach Abs. 1 gleichzeitig mit der Anzeige der Fertigstellung (§ 30) der erstmals bewilligten oder der abgeänderten mittelgroßen Feuerungsanlage im Elektronischen Datenmanagement (EDM) des Bundes zu registrieren. Dadurch werden die im Register enthaltenen Informationen – auch über das Internet – öffentlich zugänglich.

Für bestehende mittelgroße Feuerungsanlagen hat die Registrierung bis spätestens 30. Dezember 2018 zu erfolgen.

(3) Eine Registrierung nach Abs. 2 ist nicht erforderlich, wenn die mittelgroße Feuerungsanlage bereits aufgrund einer bundesrechtlichen Verpflichtung registriert worden ist.

§ 31

Orientierungsbezeichnungen und Straßenbeleuchtung

(1) Wird die Fertigstellung eines neuen Gebäudes mit Aufenthaltsräumen angezeigt (§ 30), hat die Baubehörde diesem Gebäude eine **Hausnummer** zuzuweisen. Liegt ein begründeter Antrag vor, darf dies auch schon vor der Fertigstellung des Gebäudes erfolgen. Diese Nummer ist beim Haus- oder Grundstückseingang deutlich sichtbar anzubringen. Bei Straßen mit Namen ist der Straßenname ober oder unter der Hausnummer ersichtlich zu machen.

(2) Alle Gebäude, die von der öffentlichen Verkehrsfläche nur durch einen Zugang erreichbar sind, erhalten eine gemeinsame Hausnummer. Wenn ein Gebäude von mehreren öffentlichen Verkehrsflächen zugänglich ist, so erhält es für jeden Zugang eine entsprechende Nummer.

(3) Die **Bezeichnung von öffentlichen Verkehrsflächen** oder die Änderung von Hausnummern hat mit Verordnung des Gemeinderates zu erfolgen. Änderungen von Hausnummern dürfen für gesamte Ortschaften oder bezeichnete öffentliche Verkehrsflächen erfolgen, Abs. 1 gilt sinngemäß.

(4) Die **Kosten der Ersichtlichmachung** der erstmals nach Abs. 1 zugewiesenen Hausnummer samt Verkehrsflächenbezeichnung sowie ihrer Instandhaltung und Erneuerung hat der **Gebäudeeigentümer** zu tragen.

(5) Bezeichnete öffentliche Verkehrsflächen sind **von der Gemeinde** am Anfang und Ende sowie bei Kreuzungen mit Tafeln zu kennzeichnen. Die Straßentafeln sind nach Möglichkeit an der rechten Straßenseite anzubringen.

(6) Stiegenhäuser und Wohnungen in Wohngebäuden sind vom Gebäudeeigentümer zu nummerieren und zu kennzeichnen.

(7) Die Aufstellung oder Anbringung von Teilen der **öffentlichen Straßenbeleuchtung** und von Tafeln zur **Straßenbezeichnung** auf seinem **Grundstück** oder an seinem Bauwerk hat der jeweilige Eigentümer zu dulden. Die Benützung des Grundstücks und des Bauwerks darf nicht beeinträchtigt werden. Der Eigentümer ist mindestens

4 Wochen vor der Aufstellung oder Anbringung zu verständigen.

(8) In den Fällen des Abs. 7 gilt § 7 Abs. 6 sinngemäß.

F) Überprüfung des Bauzustandes

§ 32

Periodische Überprüfung von Zentralheizungsanlagen, Blockheizkraftwerken, Heizungsanlagen mit elektrischer Widerstandsheizung, Wärmepumpen und Klimaanlagen

(1) **Zentralheizungsanlagen mit Heizkesseln** mit einer Nennwärmeleistung von **mehr als 6 kW** sind vom Eigentümer periodisch

1. auf ihre einwandfreie Funktion,
2. auf die von ihnen ausgehenden Emissionen und
3. auf das Vorliegen eines optimalen Wirkungsgrades des Heizkessels

überprüfen zu lassen.

(2) **Zentralheizungsanlagen mit Heizkesseln** mit einer Nennwärmeleistung von **mehr als 70 kW** sind zusätzlich zum Prüfungsumfang des Abs. 1 Z 1 bis 3 periodisch

1. auf eine einwandfreie Dimensionierung des Heizkessels im Verhältnis zur Heizlast des Gebäudes,
2. auf ein effizientes Wärmeverteilungs- und Wärmeabgabesystem und
3. auf die Fähigkeit der Anlage, ihre Leistung den Betriebsbedingungen optimal anzupassen,

überprüfen zu lassen.

Die Prüfung der Heizkesseldimensionierung muss nicht erneut durchgeführt werden, wenn seit der letzten Überprüfung, die auch die Heizkesseldimensionierung umfasst hat, an der Heizungsanlage keine Änderungen vorgenommen wurden und in Bezug auf den Wärmebedarf des Gebäudes keine Änderungen eingetreten sind. Im Prüfungsumfang des Wärmeabgabesystems sind auch die mit der Heizungsanlage verbundenen bzw. koordinierten Lüftungsanlagen umfasst.

(3) **Blockheizkraftwerke** sind vom Eigentümer periodisch auf die von ihnen ausgehenden Emissionen überprüfen zu lassen.

(4) **Heizungsanlagen mit elektrischer Widerstandsheizung, Wärmepumpen** und **Klimaanlagen** jeweils **mit einer Nennleistung von mehr als 70 kW** sind vom Eigentümer periodisch

1. auf das Vorliegen eines optimalen Wirkungsgrades der Anlage,
2. auf eine einwandfreie Dimensionierung der Anlage im Verhältnis zum Heiz- bzw. Kühlbedarf des Gebäudes und
3. auf die Fähigkeit der Anlage, ihre Leistung den Betriebsbedingungen optimal anzupassen,

überprüfen zu lassen.

Die Prüfung der Anlagendimensionierung muss nicht erneut durchgeführt werden, wenn seit der letzten Überprüfung, die auch die Anlagendimensionierung umfasst hat, an der Anlage keine Änderungen vorgenommen wurden und in Bezug auf den Heiz- bzw. Kühlbedarf des Gebäudes keine Änderungen eingetreten sind. Im Prüfungsumfang sind auch die mit der Klimaanlage verbundenen bzw. koordinierten Lüftungsanlagen umfasst.

(5) Mit der **Überprüfung** nach Abs. 1 bis 4 dürfen nur befugte Fachleute betraut werden.

(6) Die Überprüfung hat gemäß den **Regeln der Technik** zu erfolgen. Die Ergebnisse dieser Überprüfung sind in einem **Prüfbericht** festzuhalten, der dem Eigentümer der Anlage auszuhändigen ist. Empfehlungen für kosteneffiziente Verbesserungen der Energieeffizienz dieser Anlagen sind in diesem Prüfbericht festzuhalten.

(7) (entfällt durch LGBl. Nr. 32/2021)

(8) Wenn es die Baubehörde aufgrund einer Mitteilung oder amtlicher Wahrnehmungen für erforderlich erachtet, dann sind Zentralheizungsanlagen mit Heizkesseln auch außerhalb von periodischen **Überprüfungen von der Baubehörde** nach Abs. 1 zu überprüfen. § 34 Abs. 3 gilt sinngemäß.

(9) Ergibt eine Überprüfung nach Abs. 1 und 3 einen **Mangel**, ist dieser binnen 6 Wochen vom Eigentümer beheben zu lassen. Ist der Mangel behoben, ist eine neuerliche Überprüfung durchzuführen. § 34 Abs. 3 gilt sinngemäß.

Der Prüfer hat den festgestellten Mangel der Baubehörde zu melden, wenn

- von vornherein erkennbar ist, dass er nicht binnen 6 Wochen behoben werden kann oder
- die zweite Überprüfung ergibt, dass der Mangel nicht behoben wurde.

Die Baubehörde hat dann **Maßnahmen** vorzuschreiben, die je nach dem Ausmaß der überhöhten Emissionen von

- Wartungs- und Instandsetzungsmaßnahmen über
- Brennstoffumstellungen,
- baulichen Maßnahmen bis zur
- Stilllegung der Anlage

reichen können.

(10) Die Landesregierung hat mit **Verordnung** die Perioden, den Umfang, das Verfahren, die Prüfmodalitäten und den Inhalt über das Ergebnis der Überprüfung der Heizkessel, Zentralheizungsanlagen mit Heizkesseln und Heizungsanlagen mit elektrischer Widerstandsheizung, Blockheizkraftwerke, Wärmepumpen und Klimaanlagen sowie die Art und den Umfang der Aufzeichnungs- und Aufbewahrungspflichten sowie der Melde- und Vorlagepflichten hinsichtlich mittelgroßer

Feuerungsanlagen zu regeln. Ebenfalls ist darin die einheitliche Ausgestaltung der Prüfberichte festzulegen.

(11) Die Landesregierung hat in den **Sanierungsgebieten** nach § 1 Abs. 1 der NÖ Sanierungsgebiets- und Maßnahmenverordnung Feinstaub (PM10), LGBl. 8103/1, zu prüfen, ob für einzelne mittelgroße Feuerungsanlagen in diesen Gebieten strengere als die in einer Verordnung nach § 32a Abs. 1 verordneten Emissionsgrenzwerte zu einer Verbesserung der Luftqualität beitragen können. Erforderlichenfalls hat die Landesregierung durch **Verordnung** strengere Emissionsgrenzwerte für mittelgroße Feuerungsanlagen in den Sanierungsgebieten festzulegen.

§ 32a
Maßnahmen zur Anpassung der Emissionsgrenzwerte bei bestehenden mittelgroßen Feuerungsanlagen

(1) Die Landesregierung hat mit **Verordnung** für bestehende mittelgroße Feuerungsanlagen die Emissionsgrenzwerte für die in die Luft eingebrachten SO_2-, NO_x- und Staubemissionen und den Zeitpunkt ihrer Anpassung an diese Emissionsgrenzwerte sowie allfällige Ausnahmen festzulegen.

(2) Die Eigentümer haben bei bestehenden mittelgroßen Feuerungsanlagen **geeignete Maßnahmen** zu setzen, dass die nach der Brennstoffwärmeleistung jeweils festgelegten Emissionsgrenzwerte nicht überschritten werden und haben dies der Behörde

- bei mittelgroßen Feuerungsanlagen mit einer Brennstoffwärmeleistung von mehr als 5 MW bis spätestens 30. Dezember 2024 und
- bei allen übrigen mittelgroßen Feuerungsanlagen bis spätestens 30. Dezember 2029 **nachzuweisen.**

§ 33
Kontrollsystem

(1) Die im Laufe eines Jahres gemäß § 15 Abs. 3, § 18 Abs. 1 Z 4 und nach dem Energieausweis-Vorlage-Gesetz 2012, BGBl. I Nr. 27/2012, vorgelegten **Energieausweise** sind von der Baubehörde **stichprobenartig** gemäß Anhang II Z 1 der Richtlinie 2010/31/EU (§ 69 Abs. 1 Z 6) zu **überprüfen**.

(2) Die im Laufe eines Jahres gemäß § 32 Abs. 7 vorgelegten **Prüfberichte** für **Zentralheizungsanlagen, Blockheizkraftwerke, Heizungsanlagen mit elektrischer Widerstandsheizung, Wärmepumpen und Klimaanlagen** sind von der Baubehörde **stichprobenartig** auf die Vollständigkeit der geforderten Angaben zu **überprüfen**.

§ 33a
Energieausweis- und Anlagendatenbank

(1) Die Landesregierung hat **Datenbanken** für die elektronische Erfassung

1. der **Energieausweise** gemäß § 44 (**Energieausweisdatenbank**) und
2. der **Anlagendaten** von Zentralheizungsanlagen, Blockheizkraftwerken, Heizungsanlagen mit elektrischer Widerstandsheizung, Wärmepumpen und Klimaanlagen im Sinn des § 32 sowie der Ergebnisse ihrer **periodischen Überprüfungen** nach § 32 Abs. 7 und der Anlagen nach Abs. 6 (**Anlagendatenbank**)

einzurichten.

Die Landesregierung übt die Funktion des datenschutzrechtlichen Verantwortlichen im Sinne des Art 4 Z 7 der Verordnung (EU) 2016/679 des Europäischen Parlaments und des Rates vom 27. April 2016 zum Schutz natürlicher Personen bei der Verarbeitung personenbezogener Daten, zum freien Datenverkehr und zur Aufhebung der Richtlinie 95/46/EG (Datenschutz-Grundverordnung), Amtsblatt Nr. L 119 vom 4. Mai 2016, Seite 1, aus. Die Personen gemäß Abs. 2 und 4 sowie die Baubehörden verarbeiten die personenbezogenen Daten der Energieausweis- und Anlagendatenbank im gesetzlichen Auftrag eigenverantwortlich und werden insoweit als Verantwortliche gemäß Art. 4 Z 7 Datenschutz-Grundverordnung tätig.

(2) Für **Vorhaben**, für die die Vorlage eines **Energieausweises** vorgesehen ist, sind diese durch den **Ersteller** mit der jeweiligen Vorlage an die Baubehörde in die **Datenbank** einzutragen. Der Eigentümer des Gebäudes hat dafür zu sorgen, dass der Energieausweis in der Datenbank aktuell gehalten wird.

(3) Der Eigentümer hat zu veranlassen, dass der **Ersteller** des **Energieausweises**, welcher nach dem **Energieausweis-Vorlage-Gesetz 2012**, BGBl. I Nr. 27/2012, vorzulegen ist, diesen binnen 4 Wochen nach Erstellung in die Datenbank nach Abs. 1 einträgt.

(4) Die **Anlagendaten** gemäß Abs. 8 sind für jeweils **bewilligungs-, anzeige- und meldepflichtige Vorhaben** mit der **Fertigstellung** der Anlagen in elektronischer Form durch die damit betrauten **befugten Fachleute** binnen 4 Wochen in die **Datenbank einzutragen**.

(5) Für **Anlagen**, die **bereits** vor dem 1. Juli 2022 **bewilligt**, **angezeigt**, **gemeldet** oder noch nicht in der Datenbank nach Abs. 1 Z 2 erfasst wurden, oder deren Daten nicht mehr aktuell sind, sind die **jeweiligen Anlagendaten** gemäß Abs. 8 aufgrund der

a) folgenden **periodischen Überprüfung** nach § 32 oder
b) der **feuerpolizeilichen Beschau** gemäß § 15 NÖ Feuerwehrgesetz 2015, LGBl. Nr. 85/2015 in der geltenden Fassung, oder
c) der **Überprüfungs- und Kehrverpflichtung** gemäß § 17 NÖ Feuerwehrgesetz 2015, LGBl. Nr. 85/2015 in der geltenden Fassung,

in elektronischer Form durch die befugten Fachleute binnen 4 Wochen, falls vorhanden mit dem Prüfbericht, in der Datenbank nach Abs. 1 Z 2 zu erfassen.

(6) Bei Errichtung von **Anlagen** im Sinn des § 14 Z 4 und § 16 Abs. 1 Z 1 bis 3a, die aufgrund ihrer **geringeren Nenn- bzw. Nennwärmeleistung** keiner periodischen Überprüfung unterliegen oder nicht in den Geltungsbereich dieses Gesetzes fallen, sind die Anlagendaten durch vom Errichter beauftragte **befugte Fachleute** binnen 4 Wochen in die **Datenbank** nach Abs. 1 Z 2 einzupflegen.

(7) Die **Verarbeitung** der Daten der Energieausweise sowie der Anlagendatenblätter und Prüfberichte über die periodischen Überprüfungen der Anlagen nach Abs. 1 ist zulässig durch:

1. die **Landesregierung** sowie die von ihr beauftragten Dritten, soweit dies zur Verfolgung statistischer, energie- und umweltpolitischer Ziele, zur Information über gesetzliche Pflichten, zu Forschungszwecken sowie zu förderrelevanten Abwicklungen notwendig ist;
2. die zuständige **Baubehörde**;
3. die **Ersteller** bezogen auf die Daten der jeweils von ihnen ausgestellten und übermittelten Dokumente sowie auf die Daten des Anlagendatenblattes soweit ihn der Eigentümer der jeweiligen Anlage dazu ermächtigt.

(8) Die Landesregierung, die Baubehörden und die Personen nach Abs. 2 und 4 dürfen **personenbezogene Daten** nur übermitteln, soweit dies zur Erstellung oder Überprüfung von Energieausweisen sowie von Anlagendaten und Prüfberichten über die periodische Überprüfung von Zentralheizungsanlagen, Blockheizkraftwerken, Heizungsanlagen mit elektrischer Widerstandsheizung, Wärmepumpen und Klimaanlagen erforderlich ist. Andernfalls dürfen die Daten nur in anonymisierter Form verarbeitet und übermittelt werden. Die Landesregierung hat durch **Verordnung** die zu erfassenden Daten im Sinne des Abs. 1, insbesondere Name, Adresse, Anlagengröße, Energieausweisdaten, Prüfberichtsdaten und Baujahr der Anlage, festzulegen.

(9) Die Landesregierung und die Baubehörden können zur Erfüllung ihrer Aufgaben nach dieser Bestimmung geeignete **Dritte als Auftragsverarbeiter** heranziehen.

(10) Die Daten der zu diesem Zeitpunkt bereits ausgestellten Energieausweise nach § 33 sowie der bestehenden Anlagen nach § 33a können durch befugte Fachleute oder Gemeinden oder von ihnen beauftragten Dritte in den Datenbanken nach Abs. 1 nacherfasst werden. Eine Verwendung der Daten nach § 20 Feuerwehrgesetz 2015, LGBl. Nr. 85/2015 in der geltenden Fassung, ist zu diesem Zweck zulässig.

§ 34

Vermeidung und Behebung von Baugebrechen

(1) Der Eigentümer eines Bauwerks hat dafür zu sorgen, dass dieses in einem der Bewilligung (§ 23) oder der Anzeige (§ 15) entsprechenden Zustand ausgeführt und erhalten und nur zu den bewilligten oder angezeigten Zwecken (z. B. landwirtschaftlicher Betrieb bei landwirtschaftlichem Wohngebäude) genutzt wird. Im Falle von bewilligungs-, anzeige- und meldefreien Änderungen gilt als Erhaltung auch die Beibehaltung der Bewilligungsvoraussetzungen (z. B. die Einhaltung der Traglast von Decken oder Dachkonstruktionen).

Der Eigentümer des Bauwerks hat **Baugebrechen** zu beheben.

(2) Kommt der Eigentümer eines Bauwerks seiner Verpflichtung nach Abs. 1 nicht nach, hat die Baubehörde nach **Überprüfung des Bauwerks** ungeachtet eines anhängigen Antrages nach § 14 oder einer anhängigen Anzeige nach § 15, unter Gewährung einer angemessenen Frist, die Behebung des Baugebrechens zu verfügen.

Die Baubehörde darf in diesem Fall

- die Überprüfung selbst durchführen oder durch Sachverständige durchführen lassen,
- die Vornahme von Untersuchungen und
- die Vorlage von Gutachten anordnen.

(3) Im Falle eines begründeten Verdachtes ist der Baubehörde auf deren Verlangen der Nachweis zu erbringen, dass die Änderungen keine Auswirkungen auf die Voraussetzungen der Bewilligung oder der eingebrachten Anzeige haben.

(4) Den **Organen der Baubehörde** und den beauftragten Sachverständigen ist der Zutritt zum Grundstück sowie zu allen Teilen der Bauwerke an Werktagen zur Tageszeit, bei Gefahr im Verzug auch an Sonn- und Feiertagen sowie während der Nachtzeit zu gestatten. Wenn nötig, ist dem Eigentümer mit Bescheid diese Verpflichtung aufzutragen.

§ 35

Sicherungsmaßnahmen und Abbruchauftrag

(1) Die Baubehörde hat alle **Sicherungsmaßnahmen**, die zum Schutz von Personen und Sachen erforderlich sind, insbesondere die Untersagung der Nutzung sowie die Räumung von Gebäuden oder Teilen davon anzuordnen.

(2) Die Baubehörde hat den **Abbruch** eines Bauwerks ungeachtet eines anhängigen Antrages nach § 14 oder einer anhängigen Anzeige nach § 15 anzuordnen, wenn

1. mehr als die **Hälfte des** voll ausgebauten umbauten Raumes eines **Bauwerks** durch Baugebrechen **unbenützbar** geworden ist und der

Eigentümer einem Auftrag nach § 34 Abs. 2 innerhalb der ihm darin gewährten Frist nicht entsprochen hat oder
2. für das Bauwerk **keine Baubewilligung** (§ 23) oder **Anzeige** (§ 15) vorliegt.

Für andere Vorhaben gilt Z 2 sinngemäß.

(3) Die Baubehörde hat die **Nutzung** eines nicht bewilligten oder nicht angezeigten Bauwerks sowie die **Nutzung** eines Bauwerks zu einem anderen als dem bewilligten oder aus der Anzeige (§ 15) zu ersehenden Verwendungszweck zu **verbieten**. Abs. 1 und 2 sowie § 34 Abs. 1 und 2 bleiben davon unberührt.

(4) Die Baubehörde hat dem Eigentümer oder Verfügungsberechtigten von verpflichtend herzustellenden Abstellanlagen für Kraftfahrzeuge (§ 63 Abs. 1) deren **zweckwidrige Nutzung** zu **verbieten**, wenn sie dem Verwendungszweck des Bauwerks, dem die Abstellanlagen bewilligungs- oder anzeigegemäß zugeordnet wurden, dauerhaft entzogen werden oder deren Benutzbarkeit für die Nutzer des Bauwerks zeitlich oder örtlich eingeschränkt wird. Ausgenommen davon ist die befristete Überlassung von einzelnen Stellplätzen, wenn und solange ein für das Bauwerk bestehender Bedarf nicht vorliegt.

(5) Die Baubehörde darf in den Fällen des Abs. 1 bis 4 eine Überprüfung selbst durchführen oder durch einen Sachverständigen durchführen lassen. § 34 Abs. 4 gilt sinngemäß.

§ 36
Sofortmaßnahmen

(1) Bei **Gefahr im Verzug** hat die Baubehörde die unbedingt notwendigen **Sicherungsmaßnahmen** auch ohne Anhörung auf Gefahr und Kosten des Eigentümers eines Bauwerks anzuordnen.

(2) Bei Gefahr im Verzug hat jeder gewerberechtlich Befugte über **Auftrag der Baubehörde** gegen angemessene Vergütung und volle Schadloshaltung Baugebrechen unverzüglich zu beheben oder Sicherungsmaßnahmen vorzunehmen. Die Kosten sind binnen 2 Wochen nach Abschluss der Arbeiten von der Gemeinde zu vergüten.

(3) Im Falle der Nichterstattung der Kosten durch den Verpflichteten innerhalb der von der Gemeinde festgelegten Frist darf die Gemeinde die nach Abs. 2 vergüteten Kosten beim örtlich zuständigen Landesgericht einklagen.

G) Strafbestimmungen

§ 37
Verwaltungsübertretungen

(1) Eine **Verwaltungsübertretung** begeht wer
1. ein bewilligungspflichtiges Bauvorhaben (§ 14) ohne rechtswirksame Baubewilligung ausführt oder ausführen lässt oder ein so errichtetes oder abgeändertes Bauwerk benützt oder benützen lässt,
2. ein anzeigepflichtiges Vorhaben (§ 15) ohne Anzeige, trotz Untersagung oder vor Ablauf der Frist nach § 15 Abs. 4 oder 5 ausführt oder ausführen lässt oder ein anzeigepflichtiges, aber nicht angezeigtes, oder untersagtes Bauwerk benützt oder benützen lässt,
3. eine Auflage einer Bewilligung nicht erfüllt oder eine Bescheinigung oder einen Befund nach § 32 Abs. 7 nicht vorlegt,
4. der Verpflichtung nach § 18 Abs. 4 nicht nachkommt oder die Meldung eines meldepflichtigen Vorhabens (§ 16) oder die Bekanntgabe des Bauführers (§ 25) oder die Anzeige des Baubeginns (§ 26 Abs. 1) oder der Fertigstellung (§ 30 Abs. 1) oder die deutlich sichtbare Anbringung der zugewiesenen Hausnummer (§ 31 Abs. 1) oder den Aushang des Energieausweises (§ 44 Abs. 4) unterlässt oder einen nicht befugten Bauführer bekannt gibt (§ 25) oder als nicht befugter Bauführer auftritt,
5. einen Ofen ohne Eignungsbefund (§ 16 Abs. 1 Z 4 iVm Abs. 3) aufstellt,
6. die Ausführung des Bauvorhabens trotz einer Mitteilung der Einleitung eines Verfahrens zur Nichtigerklärung (§ 23 Abs. 9) beginnt oder fortsetzt,
7. trotz einer verfügten Baueinstellung (§ 29) die Ausführung des Bauvorhabens fortsetzt oder ein Baugebrechen trotz eines baupolizeilichen Auftrags nicht beseitigt (§ 34 Abs. 2),
8. ein Bauwerk oder Vorhaben vor Anzeige der Fertigstellung (§ 30 Abs. 1 oder 5) und Vorlage der Unterlagen nach § 30 Abs. 2, 3 oder 5 benützt,
9. die Überprüfungen nach § 32 Abs. 1, 2, 3 oder 4 nicht durchführen lässt,

9a. als Eigentümer einer mittelgroßen Feuerungsanlage
- die Emissionsgrenzwerte für mittelgroße Feuerungsanlagen (§ 26 NÖ BTV 2014) nicht einhält oder
- die ersten oder regelmäßigen Messungen (§ 26 Abs. 4 bis 6 NÖ BTV 2014) nicht durchführen lässt,
- die laufenden Aufzeichnungen über den Betrieb mittelgroßer Feuerungsanlagen der zuständigen Behörde nicht ohne vermeidbare Verzögerung vorlegt (§ 26b NÖ BTV 2014) oder

als Eigentümer einer bestehenden mittelgroßen Feuerungsanlage
- nicht oder nicht rechtzeitig geeignete Maßnahmen zur Einhaltung der verordneten Emissionsgrenzwerte setzt (§ 32a Abs. 2),

9b. als betraute Fachperson oder Ersteller der Energieausweise nach § 33a die Eintragung in die Datenbank nicht oder nicht korrekt durchführt, wobei als Tatort der Ort des Bauwerks oder des Objektes gilt, wofür die Eintragung in die Datenbank erfolgt,

10. einen Auftrag der Baubehörde nach § 32 Abs. 9 oder § 35 Abs. 1, 2 oder 3 nicht befolgt,
10a. als Eigentümer eines bestehenden Nichtwohngebäudes gemäß § 44a Abs. 2 dieses nicht oder nicht rechtzeitig mit einem geeigneten System für die Gebäudeautomatisierung und -steuerung ausrüstet,
10b. als Eigentümer eines bestehenden Nichtwohngebäudes die Nachrüstverpflichtung mit einem Ladepunkt gemäß § 64 Abs. 8 nicht oder nicht rechtzeitig erfüllt,
11. den Organen der Baubehörde entgegen § 27 Abs. 2, § 32 Abs. 8 oder 9, § 34 Abs. 4 oder § 35 Abs. 4 den Zutritt zur Baustelle oder zum Bauwerk oder die Einsicht in eine Unterlage nicht ermöglicht,
12. eine Bescheinigung oder einen Befund nach § 30 Abs. 2 oder 3 oder eine Bestätigung nach § 59a Abs. 3 oder 4 zu Unrecht ausstellt, wobei als Tatort der Ort des Bauwerks oder des Objektes gilt, wofür die Bescheinigung, der Befund oder die Bestätigung ausgestellt wird,
13. eine Kleinfeuerung entgegen § 59 Abs. 1 in Verkehr bringt oder einen Ofen für feste Brennstoffe entgegen § 59a Abs. 1 in Verkehr bringt oder einem nach § 59a Abs. 2 erlassenen Verbot des Inverkehrbringens zuwiderhandelt,
14. eine brennbare Flüssigkeit entgegen § 61 Abs. 2 lagert oder einen nach § 62 Abs. 1 und 2 verbotenen Brennstoff verwendet,
15. als Eigentümer oder Verfügungsberechtigter von Abstellanlagen für Kraftfahrzeuge deren Nutzung für den Verwendungszweck des Bauwerks, dem die Abstellanlagen bewilligungsgemäß zugeordnet wurden, dauerhaft entzieht oder deren Benutzbarkeit für die Nutzer des Bauwerks zeitlich oder örtlich einschränkt.

(2) Übertretungen nach

1. Abs. 1 Z 1, 6, 7, 12, 13 und 15 sind mit einer **Geldstrafe** von € 1.000,– bis zu € 10.000,–, zugleich für den Fall ihrer Uneinbringlichkeit mit einer Ersatzfreiheitsstrafe bis zu 2 Wochen,
2. Abs. 1 Z 2, 3, 5, 9, 9a, 10, 10a, 10b und 14 mit einer Geldstrafe bis zu € 5.000,-, zugleich für den Fall der Uneinbringlichkeit mit einer Ersatzfreiheitsstrafe bis zu einer Woche,
3. Abs. 1 Z 4, 8, 9b und 11 mit einer Geldstrafe bis zu € 1.000,-, zugleich für den Fall der Uneinbringlichkeit mit einer Ersatzfreiheitsstrafe bis zu 3 Tagen,

zu bestrafen.

H) Abgaben

§ 38

Aufschließungsabgabe

(1) Dem Eigentümer eines Grundstücks im Bauland ist von der Gemeinde eine **Aufschließungsabgabe** vorzuschreiben, wenn mit Erlassung des letztinstanzlichen Bescheides der Behörde nach § 2

1. ein Grundstück oder Grundstücksteil zum **Bauplatz** (§ 11) **erklärt** oder
2. eine **Baubewilligung** für die erstmalige Errichtung eines Gebäudes oder einer großvolumigen Anlage (§ 23 Abs. 3) auf einem Bauplatz nach § 11 Abs. 1 Z 2, 3 und 5 erteilt wird.

Die Errichtung eines Gebäudes oder einer großvolumigen Anlage auf einem Bauplatz gilt als erstmalig, wenn auf diesem Bauplatz am 1. Jänner 1970 und danach kein unbefristet bewilligtes Gebäude gestanden ist.

Die **Aufschließungsabgabe** nach Z 2 ist nicht vorzuschreiben, wenn die Errichtung eines Gebäudes nach § 23 Abs. 3 vorletzter Satz bewilligt wird. Wird auf demselben Bauplatz ein weiteres Gebäude im Sinn des § 23 Abs. 3 erster Satz oder eine großvolumige Anlage errichtet, ist die Abgabe vorzuschreiben.

(2) Der **Gemeinderat** wird ermächtigt, mit **Verordnung** für Grundstücke, die

- keine Bauplätze nach § 11 Abs. 1 sind und
- die Voraussetzungen für einen Bauplatz (§ 11 Abs. 2) erfüllen und
- durch eine nach dem 1. Jänner 1997 errichtete Gemeindestraße aufgeschlossen wurden oder werden,

eine **Vorauszahlung auf die Aufschließungsabgabe** nach Abs. 1 auszuschreiben.

Die Vorauszahlung ist einheitlich für alle durch die Gemeindestraße aufgeschlossenen Grundstücke

- in einer Höhe von 20 % bis 80 % der Aufschließungsabgabe, wenn mit dem Bau der Straße erst begonnen wird,
- in einer Höhe von 10 % bis 40 % der Aufschließungsabgabe, wenn mit dem Bau der Straße schon begonnen wurde,

als Gesamtbetrag oder in Teilbeträgen festzusetzen.

(3) Die **Aufschließungsabgabe (A)** ist eine einmal zu entrichtende, ausschließliche Gemeindeabgabe nach § 6 Abs. 1 Z 5 des Finanz-Verfassungsgesetzes 1948, BGBl. Nr. 45/1948 in der Fassung BGBl. I Nr. 51/2012. Die Wahl der Abgabentatbestände kann dabei alternativ vorgenommen werden.

Sie wird aus dem Produkt von **Berechnungslänge (BL), Bauklassenkoeffizient (BKK)** und **Einheitssatz (ES)** errechnet:

A = BL x BKK x ES

Bei der Vorschreibung ist jeweils der zum Zeitpunkt der Bauplatzerklärung oder Erteilung der Baubewilligung (Abs. 1) geltende Bauklassenkoeffizient und Einheitssatz anzuwenden.

Die **Vorauszahlung nach Abs. 2** darf

- in Teilbeträgen eingehoben und
- im Falle der Neuerrichtung einer Straße nicht vor Baubeginn fällig gestellt werden.

Bei Vorschreibung einer Aufschließungsabgabe nach Abs. 1 sind die entrichteten Teilbeträge der Vorauszahlung nach Abs. 2 prozentmäßig vom Gesamtbetrag abzuziehen.

(4) Die **Berechnungslänge** ist die Seite eines mit dem Bauplatz flächengleichen Quadrates:

Bauplatzfläche = BF $BL = \sqrt{BF}$

(5) Der **Bauklassenkoeffizient** beträgt:

in der Bauklasse I		1,00 und
bei jeder weiteren zulässigen Bauklasse	um je	0,25 mehr,
in Industriegebieten und Verkehrsbeschränkten Industriegebieten ohne Bauklassenfestlegung		2,00

bei einer **Geschoßflächenzahl**

- bis zu 0,8	1,5
- bis zu 1,1	1,75
- bis zu 1,5	2,0
- bis zu 2,0	2,5 und
- über 2,0	3,5

Ist eine höchstzulässige Gebäudehöhe festgelegt, ist der Bauklassenkoeffizient von jener Bauklasse abzuleiten, die dieser Gebäudehöhe entspricht. Im Falle einer gleichzeitig festgelegten Geschoßflächenzahl ist jedoch diese für den Bauklassenkoeffizienten maßgeblich.

Im **Baulandbereich ohne Bebauungsplan** beträgt der Bauklassenkoeffizient **mindestens 1,25,** sofern nicht eine Höhe eines Gebäudes bewilligt wird oder zulässig ist, die einer höheren Bauklasse entspricht als der Bauklasse II.

(6) Der **Einheitssatz** ist die Summe der durchschnittlichen Herstellungskosten

- einer 3 m breiten Fahrbahnhälfte,
- eines 1,25 m breiten Gehsteiges,
- der Oberflächenentwässerung und der Beleuchtung der Fahrbahnhälfte und des Gehsteiges

pro Laufmeter.

Dabei ist für die Fahrbahn eine mittelschwere Befestigung einschließlich Unterbau und für Fahrbahn und Gehsteig eine dauernd staubfreie Ausführung vorzusehen.

Der Einheitssatz ist mit Verordnung des Gemeinderates festzusetzen.

(7) **Frühere Leistungen** für den Ausbau der Fahrbahn, des Gehsteiges, der Oberflächenentwässerung und der Beleuchtung einer an den Bauplatz grenzenden Straße sind auf die Aufschließungsabgabe anzurechnen, wenn sie erbracht wurden:

1. als Geldleistung auf Grund einer Vereinbarung mit der Gemeinde oder
2. als Arbeits- oder Materialleistung mit Zustimmung der Gemeinde.

Mit Verordnung des Gemeinderates dürfen für einzelne Leistungen nach Z 2 Pauschalsätze in Prozenten der Aufschließungsabgabe festgelegt werden.

Eine Geldleistung nach Z 1 ist auf der Grundlage des Baukostenindexes der Bundesanstalt „Statistik Österreich“ zu jenem Zeitpunkt, in welchem ein Tatbestand nach Abs. 1 erfüllt wird, zu valorisieren.

(7a) Entrichtete Standortabgaben (§ 20 Abs. 9 NÖ ROG 2014, LGBl. Nr. 3/2015 in der geltenden Fassung) sind auf die Aufschließungsabgabe anzurechnen. Abs. 7 letzter Satz gilt sinngemäß.

(8) Die Gemeinde muss eine staubfrei befestigte **Fahrbahn** für eine neue öffentliche Verkehrsfläche im Bauland **herstellen**, wenn

- bei einseitiger Bebauung für 70 %,
- bei zweiseitiger Bebauung für 50 %

der Strecke zwischen ihrem Anschluss an das bestehende Straßennetz und dem entferntesten Bauplatz die Abgabe nach Abs. 1 fällig ist. Der Streckenanteil ergibt sich aus der Summe der Länge der Bauplatzgrenzen, die an der Verkehrsfläche liegen.

(9) Die Gemeinde hat die Entrichtung der **Aufschließungsabgabe** dem Grundbuchsgericht bekanntzugeben, das diese Tatsache **im Gutsbestandsblatt** ersichtlich zu machen hat.

§ 39

Ergänzungsabgabe

(1) Bei der Änderung der Grenzen von Bauplätzen (§ 10 und V. Abschnitt des NÖ Raumordnungsgesetzes 2014, LGBl. Nr. 3/2015 in der geltenden Fassung) ist dem Eigentümer mit Erlassung des letztinstanzlichen Bescheides der Behörde nach § 2 bzw. mit Erlassung des Umlegungsbescheides nach § 44 des NÖ Raumordnungsgesetzes 2014 für jeden der neugeformten Bauplätze eine **Ergänzungsabgabe** vorzuschreiben, wenn das Gesamtausmaß oder die Anzahl der **Bauplätze vergrößert** wird.

Eine Vorschreibung hat bei der Vereinigung eines nach § 11 Abs. 1 Z 4 bebauten Grundstücks mit unbebauten Grundstücken **nicht** zu erfolgen, wenn für den Baubestand erst durch die Vereinigung mit den an einer oder mehreren Seiten anschließenden unbebauten Grundstücken oder Teilen davon die Voraussetzungen für eine Bewilligung nach den Bestimmungen dieses Gesetzes und des Bebauungsplans sowie im Hinblick auf den Brandschutz bei (Außen-)Wänden gegenüber einer Grundstücksgrenze nach einer Verordnung der Landesregierung erfüllt würden.

Die Höhe der **Ergänzungsabgabe (EA)** wird wie folgt berechnet:

Von der Summe der neuen Berechnungslängen wird die Summe der damaligen Berechnungslängen abgezogen. Der Differenzbetrag wird mit dem zur Zeit der Bewilligung der Grenzänderung (§ 10) geltenden Bauklassenkoeffizienten und Einheitssatz multipliziert und das Produkt nach dem Verhältnis der neuen Berechnungslängen auf die neuen Bauplätze aufgeteilt;

z. B. 3 Bauplätze neu (1, 2, 3), 2 Bauplätze alt (a, b)

$EA = [(BL_1 + BL_2 + BL_3) - (BL_a + BL_b)] \times BKK \times ES$

EA/m (Ergänzungsabgabe pro Meter) = $EA : (BL_1 + BL_2 + BL_3)$

EA für Bauplatz 1 = $EA/m \times BL_1$

EA für Bauplatz 2 = $EA/m \times BL_2$

EA für Bauplatz 3 = $EA/m \times BL_3$

Erfolgt die Vorschreibung einer Ergänzungsabgabe für einen Bauplatz, der durch eine Teilfläche des Grundstücks vergrößert wurde, für das eine **Vorauszahlung** nach § 38 Abs. 2 vorgeschrieben wurde, sind die **entrichteten Teilbeträge** anteilsmäßig zu **berücksichtigen**. Der Anteil ergibt sich aus dem Verhältnis des Ausmaßes der Teilfläche zum Gesamtausmaß der Grundstücksfläche, für die die Vorauszahlung nach § 38 Abs. 2 entrichtet wurde. Bei der Berechnung der auf den Anteil entfallenden Vorauszahlung ist der Einheitssatz, der der Vorschreibung der Ergänzungsabgabe zu Grunde zu legen ist, heranzuziehen.

(2) Erfolgt eine **Bauplatzerklärung** für einen **Grundstücksteil nach § 11 Abs. 5**, ist eine Ergänzungsabgabe unter sinngemäßer Anwendung von Abs. 1 vorzuschreiben.

(3) Eine **Ergänzungsabgabe** ist auch vorzuschreiben, wenn mit Erlassung des letztinstanzlichen Bescheides der Behörde nach § 2 eine **Baubewilligung** für den Neu- oder Zubau eines Gebäudes – ausgenommen Gebäude im Sinn des § 18 Abs. 1a Z 1 und nicht raumbildende Maßnahmen (z. B. Vordächer) – oder einer großvolumigen Anlage **erteilt** wird und

- bei einer Grundteilung (§ 10 Abs. 1 NÖ Bauordnung, LGBl. Nr. 166/1969, und NÖ Bauordnung 1976 bzw. NÖ Bauordnung 1996, LGBl. 8200) nach dem 1. Jänner 1970 ein Aufschließungsbeitrag bzw. nach dem 1. Jänner 1989 eine Ergänzungsabgabe oder
- bei einer Bauplatzerklärung eine Aufschließungsabgabe oder
- anlässlich einer Baubewilligung ein Aufschließungsbeitrag, eine Aufschließungsabgabe oder eine Ergänzungsabgabe

vorgeschrieben und bei der Berechnung

- kein oder
- ein niedriger Bauklassenkoeffizient angewendet wurde als jener, der der im Bebauungsplan nunmehr höchstzulässigen Bauklasse oder Gebäudehöhe entspricht. Im Baulandbereich ohne Bebauungsplan ist ein Bauklassenkoeffizient von mindestens 1,25 zu berücksichtigen, sofern nicht eine Höhe eines Gebäudes bewilligt wird oder zulässig ist, die einer höheren Bauklasse entspricht als der Bauklasse II.

Die Ergänzungsabgabe ist aus diesem Anlass auch dann vorzuschreiben, wenn bei einem Bauplatz, der nicht erstmalig im Sinn des § 38 Abs. 1 zweiter Satz bebaut wird, noch nie ein Kostenbeitrag nach § 14 Abs. 5 der Bauordnung für NÖ 1883, ein Aufschließungsbeitrag, eine Aufschließungsabgabe oder eine Ergänzungsabgabe vorgeschrieben wurde, wobei bei der Berechnung ein fiktiver Bauklassenkoeffizient von 1 abzuziehen ist.

Die Ergänzungsabgabe ist aus diesem Anlass ebenfalls vorzuschreiben, wenn anlässlich einer früheren Vereinigung von

- bebauten Bauplätzen gemäß § 11 Abs. 1 Z 4 mit umliegenden Grundstücken aufgrund des § 39 Abs. 1 zweiter Satz von einer Ergänzungsabgabe abzusehen war oder
- Bauplätzen und Baulandgrundstücken bzw. Teilen davon die Berechnung einer Ergänzungsabgabe zu keinem positiven Betrag führte, sofern sich dies nicht aufgrund der Anrechnung früherer Leistungen nach § 38 Abs. 7 ergab.

Die Höhe dieser Ergänzungsabgabe wird wie folgt berechnet:

Von dem zur Zeit der den Abgabentatbestand auslösenden Baubewilligung (§ 23) anzuwendenden Bauklassenkoeffizienten wird der bei der Vorschreibung des Aufschließungsbeitrages bzw. der Aufschließungsabgabe oder der Ergänzungsabgabe angewendete Bauklassenkoeffizient – mindestens jedoch 1 – abgezogen und die Differenz mit der Berechnungslänge (abgeleitet vom Ausmaß des Bauplatzes zur Zeit der den Abgabentatbestand auslösenden Baubewilligung) und dem zur Zeit dieser Baubewilligung geltenden Einheitssatz multipliziert:

BKK alt = 1 oder höher

EA = (BKK neu – BKK alt) x BL x ES neu

(4) Die Ergänzungsabgabe ist eine ausschließliche Gemeindeabgabe nach § 6 Abs. 1 Z 5 des Finanz-Verfassungsgesetzes 1948, BGBl. Nr. 45/1948 in der Fassung BGBl. I Nr. 51/2012. Für die Ergänzungsabgabe gelten die Bestimmungen des § 38 Abs. 4 bis 6 und 9 sinngemäß. Falls bisher kein Aufschließungsbeitrag und keine Aufschließungsabgabe eingehoben wurde, gilt auch § 38 Abs. 7 sinngemäß. Wenn eine Ergänzungsabgabe nach Abs. 1 für Bauplätze im Baulandbereich ohne Bebauungsplan vorzuschreiben ist, beträgt der Bauklassenkoeffizient mindestens 1,25, sofern auf den neugeformten Bauplätzen nicht Gebäude mit einer Höhe zulässig sind, die einer höheren Bauklasse entspricht als der Bauklasse II.

§ 40

Grundabtretungs-Ausgleichsabgabe

(1) Liegt ein in § 12 Abs. 1 Z 1 und 2 genannter Anlass vor

und

- ist durch die Lage der Straßenfluchtlinie eine unentgeltliche Grundabtretung in dem im § 12 Abs. 4 bestimmten Ausmaß nicht oder nur in einem geringeren Ausmaß möglich und
- hat der Grundstückseigentümer oder einer seiner Rechtsvorgänger **nicht** aus einem früheren Anlass (ausgenommen nach § 15 des Liegenschaftsteilungsgesetzes, BGBl. Nr. 3/1930 in der Fassung BGBl. I Nr. 190/2013) an dieser Stelle unentgeltlich **Straßengrund** im damals gesetzlich vorgeschriebenen Ausmaß **abgetreten**,

dann hat dieser Grundstückseigentümer bis zu jenem Flächenausmaß, das er nach § 12 Abs. 4 abzutreten hätte, eine Grundabtretungs-Ausgleichsabgabe zu entrichten. In diesen Fällen ist nach Erlassung des letztinstanzlichen Bescheides der Behörde nach § 2 Abs. 1, mit dem die Grundabtretung nach § 12 Abs. 2 aufgetragen wurde, oder nach Abschluss einer Vereinbarung über die Grundabtretung nach § 12 Abs. 3 die Grundabtretungs-Ausgleichsabgabe vorzuschreiben.

(2) Die Abgabe ist aufgrund des **Verkehrswertes** des Grundstücks zu bemessen. Die Grundabtretungs-Ausgleichsabgabe ist eine ausschließliche Gemeindeabgabe nach § 6 Abs. 1 Z 5 des Finanz-Verfassungsgesetzes 1948, BGBl. Nr. 45/1948 in der Fassung BGBl. I Nr. 51/2012.

§ 41

Stellplatz-Ausgleichsabgabe für Kraftfahrzeuge und Fahrräder

(1) Ist die Herstellung von Stellplätzen für **Kraftfahrzeuge** nicht möglich, dann hat der Eigentümer des Bauwerks oder des Grundstücks für die nach § 63 Abs. 7 festgestellte Anzahl von Stellplätzen eine **Ausgleichsabgabe** zu entrichten, außer das Vorhaben liegt in einer Zone, für die eine Verordnung nach § 63 Abs. 8 erlassen wurde.

(2) Eine Stellplatz-Ausgleichsabgabe für Kraftfahrzeuge hat der Eigentümer eines Bauwerks auch dann zu entrichten, wenn er verpflichtet war, Stellplätze für Kraftfahrzeuge herzustellen, diese jedoch ersatzlos aufgelassen wurden und eine Neuherstellung nicht mehr möglich ist (§ 15 Abs. 1 Z 1 lit. c).

(3) Die **Höhe der Stellplatz-Ausgleichsabgabe für Kraftfahrzeuge** ist vom **Gemeinderat** mit einer **Verordnung** tarifmäßig auf Grund der durchschnittlichen Grundbeschaffungs- und Baukosten für einen Abstellplatz von 30 m^2 Nutzfläche festzusetzen.

Sind die Grundbeschaffungs- und Baukosten für einen Stellplatz innerhalb eines Gemeindegebietes in einzelnen Orten oder Ortsteilen um mehr als die Hälfte verschieden hoch, so ist die Ausgleichsabgabe nach Maßgabe der Kostenunterschiede für einzelne Orte oder Ortsteile verschieden hoch festzusetzen.

(4) Ist die Herstellung von Stellplätzen für **Fahrräder** nicht möglich, dann hat der Eigentümer des Grundstücks oder des Bauwerks für die nach § 65 Abs. 4 festgestellte Anzahl von Stellplätzen eine **Ausgleichsabgabe** zu entrichten.

(5) Die **Höhe der Stellplatz-Ausgleichsabgabe für Fahrräder** ist vom **Gemeinderat** mit einer **Verordnung** tarifmäßig auf Grund der durchschnittlichen Grundbeschaffungs- und Baukosten für einen Abstellplatz von 3 m^2 Nutzfläche festzusetzen.

Sind die Grundbeschaffungs- und Baukosten für einen Stellplatz innerhalb eines Gemeindegebietes in einzelnen Orten oder Ortsteilen um mehr als die Hälfte verschieden hoch, so ist die Ausgleichsabgabe nach Maßgabe der Kostenunterschiede für einzelne Orte oder Ortsteile verschieden hoch festzusetzen.

(6) Die Stellplatz-Ausgleichsabgaben sind ausschließliche Gemeindeabgaben im Sinne des § 6 Abs. 1 Z 5 des Finanz-Verfassungsgesetzes 1948, BGBl. Nr. 45/1948 in der Fassung BGBl. I Nr. 51/2012. Ihr Ertrag darf nur für die Finanzierung von öffentlichen Abstellanlagen für Kraftfahrzeuge und Fahrräder oder für Zuschüsse zu den Betriebskosten des öffentlichen Personen-Nahverkehrs verwendet werden.

§ 42

Spielplatz-Ausgleichsabgabe

(1) Ist die Errichtung eines nichtöffentlichen Spielplatzes weder auf dem eigenen Bauplatz noch auf einem Grundstück nach § 66 Abs. 3 oder 5 möglich und kommt auch kein Vertrag mit der Gemeinde nach § 66 Abs. 4 zustande, dann hat der Bauwerber aufgrund der mit letztinstanzlichem Bescheid der Behörde nach § 2 Abs. 1 getroffenen

Feststellung gemäß § 66 Abs. 6 eine **Spielplatz-Ausgleichsabgabe** zu entrichten.

(2) Die Spielplatz-Ausgleichsabgabe ergibt sich aus dem Produkt aus der Fläche des nichtöffentlichen Spielplatzes in Quadratmetern, der nach § 66 Abs. 2 zu errichten wäre, und des durch Verordnung des Gemeinderates zu bestimmenden Richtwertes.

(3) Die **Höhe des Richtwertes** ist vom **Gemeinderat** mit einer **Verordnung** tarifmäßig auf Grund der durchschnittlichen Grundbeschaffungskosten für 1 m² Grund im Wohnbauland festzusetzen, wobei die unterschiedlichen Grundpreise je Ortsteil zu berücksichtigen sind.

(4) Die Spielplatz-Ausgleichsabgabe ist eine ausschließliche Gemeindeabgabe im Sinne des § 6 Abs. 1 Z 5 des Finanz-Verfassungsgesetzes 1948, BGBl. Nr. 45/1948 in der Fassung BGBl. I Nr. 51/2012. Ihr Ertrag darf nur für die Finanzierung von öffentlichen Spielplätzen bzw. Spiellandschaften verwendet werden.

II. Bautechnik

A) Anforderungen an die Planung und Bauausführung

§ 43

Allgemeine Ausführung, Grundanforderungen an Bauwerke

(1) Die **Planung** und die **Ausführung von Bauwerken** müssen den Bestimmungen dieses Gesetzes entsprechen. Bauwerke müssen als Ganzes und in ihren Teilen für ihren Verwendungszweck tauglich sein, wobei insbesondere der Gesundheit und der Sicherheit der während des gesamten Lebenszyklus der Bauwerke betroffenen Personen Rechnung zu tragen ist. Bauwerke müssen die Grundanforderungen an Bauwerke bei normaler Instandhaltung über einen wirtschaftlich angemessenen Zeitraum erfüllen.

Grundanforderungen an Bauwerke sind:

1. **Mechanische Festigkeit und Standsicherheit**

Das Bauwerk muss derart geplant und ausgeführt sein, dass die während der Nutzung möglichen Einwirkungen keines der nachstehenden Ereignisse zur Folge haben:

a) Einsturz des gesamten Bauwerks oder eines Teiles,
b) größere Verformungen in unzulässigem Umfang,
c) Beschädigungen anderer Bauteile oder Einrichtungen und Ausstattungen infolge zu großer Verformungen der tragenden Baukonstruktion,
d) Beschädigungen durch ein Ereignis in einem zur ursprünglichen Ursache unverhältnismäßig großen Ausmaß.

2. **Brandschutz**

Das Bauwerk muss derart geplant und ausgeführt sein, dass bei einem Brand

a) die Tragfähigkeit des Bauwerks während eines bestimmten Zeitraumes erhalten bleibt,
b) die Entstehung und Ausbreitung von Feuer und Rauch innerhalb des Bauwerks begrenzt wird,
c) die Ausbreitung von Feuer auf benachbarte Bauwerke begrenzt wird,
d) die Benützer das Bauwerk unverletzt verlassen oder durch andere Maßnahmen gerettet werden können,
e) die Sicherheit der Rettungsmannschaften berücksichtigt ist.

3. **Hygiene, Gesundheit und Umweltschutz**

Das Bauwerk muss derart geplant und ausgeführt sein, dass es während seines gesamten Lebenszyklus weder die Hygiene noch die Gesundheit und Sicherheit der Benützer und der Nachbarn gefährdet und sich über seine gesamte Lebensdauer hinweg weder bei Errichtung noch bei Nutzung oder Abbruch insbesondere durch folgende Einflüsse übermäßig stark auf die Umweltqualität oder das Klima auswirkt:

a) Freisetzung giftiger Gase,
b) Emission von gefährlichen Stoffen, flüchtigen organischen Verbindungen, Treibhausgasen oder gefährlichen Partikeln in die Innen- oder Außenluft,
c) Emission gefährlicher Strahlen,
d) Freisetzung gefährlicher Stoffe in Grundwasser, Oberflächengewässer oder Boden,
e) Freisetzung gefährlicher Stoffe in das Trinkwasser oder von Stoffen, die sich auf andere Weise negativ auf das Trinkwasser auswirken,
f) unsachgemäße Emission von Abgasen oder unsachgemäße Beseitigung von Abwasser und festem oder flüssigem Abfall,
g) Feuchtigkeit in Teilen des Bauwerks und auf Oberflächen im Bauwerk.

4. **Sicherheit und Barrierefreiheit bei der Nutzung**

Das Bauwerk muss derart geplant und ausgeführt sein, dass sich bei seiner Nutzung oder seinem Betrieb keine unannehmbaren Unfallgefahren oder Gefahren einer Beschädigung ergeben, wie Gefahren durch Rutsch-, Sturz- und Aufprallunfälle, Verbrennungen, Stromschläge, Explosionsverletzungen und Einbrüche. Bei der Planung und der Ausführung des Bauwerks müssen insbesondere die Barrierefreiheit und die Nutzung durch Menschen mit Behinderungen berücksichtigt werden.

5. **Schallschutz**

Das Bauwerk muss derart geplant und ausgeführt sein, dass der von den Benützern oder von in der Nähe befindlichen Personen wahrgenommene Schall auf einem Pegel gehalten wird, der nicht gesundheitsgefährdend ist und bei dem zufriedenstellende Nachtruhe-, Freizeit- und Arbeitsbedingungen sichergestellt sind.

6. **Energieeinsparung und Wärmeschutz**

Das Bauwerk und seine Anlagen und Einrichtungen für Heizung, Kühlung, Lüftung und Beleuchtung müssen derart geplant und ausgeführt sein, dass unter Berücksichtigung der Benützer und der klimatischen Gegebenheiten des Standortes der Energieverbrauch bei seiner Nutzung gering gehalten wird.

7. (entfällt durch LGBl. Nr. 50/2017)

(2) Diese Grundanforderungen an Bauwerke sind den Regeln der Technik entsprechend zu erfüllen. Diese sind dann erfüllt, wenn die Bestimmungen einer nach Abs. 3 zu erlassenden Verordnung eingehalten werden.

(3) Die Landesregierung hat die Anforderungen an Bauwerke und Bauteile nach Abs. 1 sowie den Inhalt und die Form des Energieausweises (§ 4 Z 13) mit **Verordnung** näher zu bestimmen und dabei einschlägige Richtlinien des Rates der Europäischen Union, insbesondere die im § 69 Abs. 1 angeführten, soweit sie sich auf Bauwerke oder Bauprodukte beziehen, umzusetzen, dafür vorzusorgen, dass den Benützern der Bauwerke eine zeitgemäße Wohn- und/oder Gebrauchsqualität gewährleistet ist, sowie auf Kinder, Kranke, Behinderte und Senioren besonders Bedacht zu nehmen. Je nach Erfordernis hat sie für einzelne Arten von Bauwerken, wie z. B. Hochhäuser, Verkaufsstätten, oder für einzelne Arten von Bauteilen, wie Wände, Decken und Abgasanlagen, unterschiedliche Festlegungen zu treffen. In einer solchen **Verordnung** können technische Richtlinien oder Teile davon, die den Regeln der Technik entsprechen und von einer fachlich geeigneten Stelle herausgegeben worden sind, für verbindlich erklärt werden. Die verbindlich erklärten Richtlinien sind zumindest beim Amt der NÖ Landesregierung während der für den Parteienverkehr bestimmten Amtsstunden (§ 13 Abs. 5 des Allgemeinen Verwaltungsverfahrensgesetzes 1991 in der Fassung BGBl. I Nr. 161/2013) zur öffentlichen Einsicht aufzulegen.

§ 43a
Elektronische Kommunikation

(1) Beim Neubau sowie bei einer umfangreichen Renovierung (§ 4 Z 12a) eines Hauptgebäudes ist das Gebäude bis zu den **Netzabschlusspunkten** mit einer hochgeschwindigkeitsfähigen gebäudeinternen physischen Infrastruktur (§ 4 Z 12a) auszustatten.

(2) Beim Neubau sowie bei einer umfangreichen Renovierung (§ 4 Z 12a) eines **Wohngebäudes** mit mehr als einer Wohnung ist das Gebäude mit einem **Zugangspunkt** (§ 4 Z 12a) auszustatten.

(3) Von der Verpflichtung nach Abs. 1 und 2 **ausgenommen** sind:

1. Wohngebäude, sofern die Bereitstellung der entsprechenden Infrastruktur (z. B. aufgrund deren Lage) unwirtschaftlich ist oder die Kosten für die Vorsorgemaßnahmen nach Abs. 1 und 2 für die Eigentümer unverhältnismäßig sind,
2. denkmalgeschützte Gebäude,
3. land- und forstwirtschaftlich genutzte Betriebsgebäude,
4. Kleingartenhütten,
5. Gebäude vorübergehenden Bestandes und Notstandsbauten (§ 23 Abs. 7),
6. Sakralbauten,
7. Sport- und Freizeitanlagen,
8. sonstige Gebäude, deren Verwendungszweck die Notwendigkeit der Vorsorge für eine elektronische Kommunikation nicht erwarten lässt.

§ 44
Anforderungen an die Energieeinsparung und den Wärmeschutz, Erstellung eines Energieausweises

(1) Die **Anforderungen** an die **Energieeinsparung** und den **Wärmeschutz** (§ 43 Abs. 1 Z 6) sind einzuhalten und die **Erstellung eines Energieausweises** ist erforderlich bei

1. Neubauten von konditionierten Gebäuden, wobei folgende Gebäude **ausgenommen** sind:
   a) Gebäude, die für Gottesdienst und religiöse Zwecke bestimmt sind;
   b) Gebäude vorübergehenden Bestandes, die auf längstens zwei Jahre bewilligt werden, für die unter Berücksichtigung des Verwendungszweckes jeweils die Summe der Heizgradtage HGT 12/20 nicht mehr als 680 Kd beträgt;
   c) Gebäude für Betriebsanlagen und land- und forstwirtschaftliche Nutzgebäude, bei denen jeweils der überwiegende Anteil der Energie für die Raumheizung und Raumkühlung jeweils durch Abwärme abgedeckt wird, die unmittelbar im Gebäude entsteht;
   d) frei stehende, an mindestens 2 Seiten auf eigenem Grund zugängliche Gebäude mit einer konditionierten Netto-Grundfläche von weniger als 50 m²;
   e) Gebäude, die während der Heizperiode frostfrei, das heißt mit einer Raumtemperatur von nicht mehr als +5°C, gehalten werden;
2. der Herstellung konditionierter Gebäudeteile (**Zubauten**, **Abänderungen von Gebäuden**) mit einer konditionierten Netto-Grundfläche von insgesamt mehr als 50 m², wenn diese eine eigene Nutzungseinheit bilden;
3. bestehenden konditionierten Gebäuden, die einer **größeren Renovierung** (§ 4 Z 19) unterzogen werden;
4. der nachträglichen Konditionierung oder der **Änderung der Konditionierung** von Gebäudeteilen mit einer konditionierten Netto-Grundfläche von insgesamt mehr als 50 m², wenn diese eine eigene Nutzungseinheit bilden.

(2) Die **Anforderungen an wärmeübertragende Bauteile** sind einzuhalten, die Erstellung eines Energieausweises ist jedoch nicht erforderlich bei

1. **Neubauten** von konditionierten Gebäuden gemäß Abs. 1 Z 1 lit. a bis d; für Gebäude gemäß Abs. 1 Z 1 lit. b und c jedoch nur dann, wenn es dem Verwendungszweck nicht widerspricht;
2. der Herstellung konditionierter Gebäudeteile (**Zubauten, Abänderungen von Gebäuden**), die nicht unter Abs. 1 Z 2 fallen (mit entweder einer Netto-Grundfläche von insgesamt nicht mehr als 50 m² oder wenn diese keine eigene Nutzungseinheit bilden);
3. der **Abänderung von wärmeübertragenden Bauteilen**, die nicht unter Abs. 1 Z 3 (größere Renovierung) fällt (z. B. die nachträgliche Herstellung einer Wärmedämmung oder der Fenstertausch bei einzelnen Bauteilen);
4. der nachträglichen Konditionierung oder der Änderung der Konditionierung von Gebäudeteilen, die nicht unter Abs. 1 Z 4 fallen (mit entweder einer Netto-Grundfläche von insgesamt nicht mehr als 50 m² oder wenn diese keine eigene Nutzungseinheit bilden).

(3) Für **Gebäude** und **Gebäudeteile**, die als Teil eines ausgewiesenen Umfelds (z. B. Schutzzone) oder aufgrund ihres besonderen architektonischen oder historischen Wertes **offiziell**, d. h. durch Gesetz, Verordnung oder Bescheid, **geschützt** sind, gelten die Anforderungen des Abs. 1 Z 2 bis 4 und Abs. 2 Z 2 bis 4 nur, soweit die Einhaltung der Anforderungen keine unannehmbare Veränderung ihrer Eigenart oder ihrer äußeren Erscheinung bedeuten würde. Das Erfordernis der Erstellung eines Energieausweises bleibt davon unberührt.

(4) In konditionierten Gebäuden, in denen mehr als **250 m²** der konditionierten Netto-Grundfläche **starken Publikumsverkehr aufweisen**, sind vom Eigentümer die ersten beiden Seiten eines höchstens zehn Jahre alten Energieausweises an einer für die Öffentlichkeit gut sichtbaren Stelle (Bereich des Haupteinganges) anzubringen.

(5) **Neubauten** von konditionierten Gebäuden sind ab dem **1. Jänner 2021** (Antragstellung) als **Niedrigstenergiegebäude** auszuführen. Davon ausgenommen sind Neubauten nach Abs. 1 Z 1 lit. a bis e und solche, für die in besonderen und begründeten Fällen eine Kosten-Nutzen-Analyse über die wirtschaftliche Lebensdauer des betreffenden Gebäudes negativ ausfällt.

(6) **Neubauten** von konditionierten Gebäuden, die von **Behörden** als Eigentümer benutzt werden, sind ab dem **1. Jänner 2019** (Antragstellung) als **Niedrigstenergiegebäude** auszuführen. Davon ausgenommen sind Neubauten nach Abs. 1 Z 1 lit. a bis e und solche, für die in besonderen und begründeten Fällen eine Kosten-Nutzen-Analyse über die wirtschaftliche Lebensdauer des betreffenden Gebäudes negativ ausfällt.

§ 44a

Systeme für die Gebäudeautomatisierung und -steuerung

(1) **Neubauten** von **Nichtwohngebäuden** mit einer Nennleistung für

1. eine Heizungsanlage oder eine kombinierte Raumheizungs- und Lüftungsanlage oder
2. eine Klimaanlage oder eine kombinierte Klima- und Lüftungsanlage

von jeweils **mehr als 290 kW** sind mit Systemen für die Gebäudeautomatisierung und -steuerung auszurüsten, sofern dies technisch und wirtschaftlich realisierbar ist.

Die Systeme für die Gebäudeautomatisierung und -steuerung müssen in der Lage sein,

a) den Energieverbrauch kontinuierlich zu überwachen, zu protokollieren, zu analysieren und dessen Anpassung zu ermöglichen,
b) Benchmarks in Bezug auf die Energieeffizienz des Gebäudes aufzustellen, Effizienzverluste von gebäudetechnischen Systemen zu erkennen und den Eigentümer des Gebäudes über mögliche Verbesserungen der Energieeffizienz zu informieren und
c) die Kommunikation zwischen miteinander verbundenen gebäudetechnischen Systemen und anderen Anwendungen innerhalb des Gebäudes zu ermöglichen und gemeinsam mit anderen Typen gebäudetechnischer Systeme betrieben zu werden, auch bei unterschiedlichen herstellereigenen Technologien, Geräten und Herstellern.

(2) Die Eigentümer von **bestehenden Nichtwohngebäuden** mit einer Nennleistung für

1. eine Heizungsanlage oder eine kombinierte Raumheizungs- und Lüftungsanlage oder
2. eine Klimaanlage oder eine kombinierte Klima- und Lüftungsanlage

von jeweils **mehr als 290 kW** haben bis spätesten **31. Dezember 2024** die Ausrüstung mit Systemen für die Gebäudeautomatisierung und -steuerung, sofern diese technisch und wirtschaftlich realisierbar ist, **nachzuweisen.**

§ 45

Wasserver- und -entsorgung

(1) Für jedes Gebäude, das Aufenthaltsräume enthält, muss die Versorgung mit einwandfreiem **Trinkwasser** gesichert sein.

Bei Wohngebäuden, die an eine Wasserversorgungsanlage angeschlossen sind, müssen Wasserentnahmestellen in jeder Wohnung und in Gebäuden mit mehr als 4 Wohnungen auch allgemein zugänglich (z. B. im Keller oder Erdgeschoß) eingerichtet werden.

(2) Die auf einem Grundstück anfallenden **Schmutzwässer** sind, wenn eine Anschlussmöglichkeit besteht, grundsätzlich **in den öffentlichen Kanal** abzuleiten.

Eine Anschlussmöglichkeit ist dann gegeben, wenn ein Kanalstrang in der öffentlichen Verkehrsfläche, die der Erschließung des Grundstückes dient, verlegt ist oder ein vergleichbarer Anschlusspunkt an den öffentlichen Kanal zur Verfügung steht.

Dies gilt sinngemäß für Grundstücke, die durch ein im Grundbuch sichergestelltes Fahr- und Leitungsrecht nach § 11 Abs. 3 mit der öffentlichen Verkehrsfläche, in der der Kanalstrang verlegt ist, verbunden sind.

(3) Von dieser Anschlussverpflichtung sind Liegenschaften ausgenommen, wenn die anfallenden Schmutzwässer über eine Kläranlage abgeleitet werden, für die eine wasserrechtliche Bewilligung erteilt wurde oder erteilt gilt, und

1. die Bewilligung dieser Kläranlage vor der Kundmachung der Entscheidung der Gemeinde, die Schmutzwässer der Liegenschaften über eine öffentliche Kanalanlage zu entsorgen (Grundsatzbeschluss), erfolgte und noch nicht erloschen ist und
2. die Reinigungsleistung dieser Kläranlage
- den Regeln der Technik entspricht und
- zumindest gleichwertig ist mit der Reinigungsleistung jener Kläranlage, in der die Schmutzwässer aus der öffentlichen Anlage gereinigt werden,

und

3. die Ausnahme die Wirtschaftlichkeit der öffentlichen Anlage nicht gefährdet.

Die Entscheidung der Gemeinde nach Z 1 ist nach Beschlussfassung durch den Gemeinderat durch mindestens sechs Wochen an der Amtstafel der Gemeinde kundzumachen und den Haushalten, die sich im Anschlussbereich der geplanten Kanalisationsanlage befinden, durch eine ortsübliche Aussendung bekanntzugeben.

Innerhalb von 4 Wochen nach Ablauf der Kundmachungsfrist hat der Liegenschaftseigentümer einen **Antrag** um Ausnahme von der Anschlussverpflichtung bei der Baubehörde einzubringen. Diesem Antrag sind der Nachweis der **wasserrechtlichen Bewilligung der Kläranlage** und wenn diese schon betrieben wird, ein **Befund über deren Reinigungsleistung**, erstellt von einer hiezu befugten Stelle (staatlich autorisierte Anstalt, in einem EU-Mitgliedstaat oder EWR-Staat akkreditierte Stelle, Sachverständiger), anzuschließen.

Wird die Ausnahme genehmigt, hat der Liegenschaftseigentümer, beginnend mit der Inbetriebnahme seiner Kläranlage bzw. der Rechtskraft der Ausnahmegenehmigung, in Zeitabständen von jeweils fünf Jahren unaufgefordert einen Befund über die aktuelle Reinigungsleistung der Baubehörde vorzulegen. Ist die Reinigungsleistung nicht mehr jener der Kläranlage der öffentlichen Kanalisation gleichwertig, ist die Ausnahmegenehmigung aufzuheben.

(4) Von der Anschlussverpflichtung sind auf Antrag des Liegenschaftseigentümers weiters **ausgenommen**:

1. landwirtschaftliche Liegenschaften mit aufrechter Güllewirtschaft (§ 3 Z 13 des NÖ Bodenschutzgesetzes, LGBl. 6160), die die darauf anfallenden Schmutzwässer gemeinsam mit Gülle, Jauche und sonstigen Schmutzwässern aus Stallungen, Düngerstätten, Silos für Nasssilage und anderen Schmutzwässern, die nicht in den öffentlichen Kanalanlagen eingebracht werden dürfen, entsorgen und
2. Liegenschaften, welche die anfallenden Schmutzwässer über einen Betrieb mit aufrechter Güllewirtschaft entsorgen, der im selben räumlich zusammenhängenden Siedlungsgebiet liegt.

Die Entsorgung der Schmutzwässer muss unter Einhaltung der Bestimmungen des § 10 des NÖ Bodenschutzgesetzes bereits vor der Kundmachung des Gemeinderatsbeschlusses erfolgen, die Schmutzwässer der betroffenen Liegenschaften über eine öffentliche Kanalanlage zu entsorgen (Grundsatzbeschluss).

Für das Verfahren betreffend die Kundmachung und Bekanntgabe des Grundsatzbeschlusses gelten die Bestimmungen des Abs. 3 sinngemäß.

Der Antrag muss unter Nachweis der ordnungsgemäßen Entsorgung entsprechend den Bestimmungen des § 10 des NÖ Bodenschutzgesetzes innerhalb von vier Wochen nach Ablauf der Kundmachungsfrist eingebracht werden.

Die Einstellung der Güllewirtschaft bzw. der Entsorgung der Schmutzwässer über einen Betrieb mit Güllewirtschaft ist vom Liegenschaftseigentümer der Baubehörde unverzüglich anzuzeigen. Wird die Güllewirtschaft eingestellt, hat die Baubehörde die Ausnahmegenehmigung aufzuheben.

(5) Ist der **Anschluss** an einen öffentlichen Kanal **nicht möglich**, sind die Schmutzwässer in eine Senkgrube zu leiten oder über eine Kläranlage, für die eine wasserrechtliche Bewilligung erteilt wurde oder erteilt gilt, abzuleiten.

Jauche, Gülle und sonstige Schmutzwässer aus Stallungen, Düngerstätten und Silos für Nasssilage sowie andere Schmutzwässer, die nicht in den öffentlichen Kanal eingebracht werden dürfen, sind in Sammelgruben einzuleiten.

Ist die Aufbringung häuslicher Abwässer gemeinsam mit den genannten landwirtschaftlichen Schmutzwässern auf landwirtschaftlichen Flächen zulässig, ist keine Senkgrube zu errichten, wenn die häuslichen Abwässer direkt in die Sammelgrube für landwirtschaftliche Schmutzwässer eingeleitet werden.

(6) Durch die **Versickerung** oder oberflächliche **Ableitung von Niederschlagswässern** oder sonstigen Versickerungswässern (z. B. aus Wasserbehältern, Schwimmbecken oder Teichen) darf weder die Tragfähigkeit des Untergrundes noch die Trockenheit von Bauwerken beeinträchtigt werden. Die Abwässer dürfen nicht auf Verkehrsflächen abgeleitet werden.

§ 45a

Maßnahmen bezüglich Hausinstallationen für die Verwendung von Wasser für den menschlichen Gebrauch

(1) Ergibt die allgemeine Analyse nach § 13h Abs. 1 des NÖ Bauprodukte- und Marktüberwachungsgesetzes 2013, LGBl. 8204, dass spezifische Risiken für die Wasserqualität und die menschliche Gesundheit ermittelt wurden, hat die Baubehörde in Bezug auf prioritäre Örtlichkeiten eine **Überwachung** der Einhaltung der im Anhang I Teil D der Richtlinie (EU) 2020/2184 (§ 69 Abs. 1 Z 12) angeführten Parameter durchzuführen.

Der Überwachung ist ein Programm zugrunde zu legen, das jedenfalls die regelmäßige Entnahme und Analyse einzelner Wasserproben umfasst. Die Probenentnahme muss so erfolgen, dass die Proben für die Qualität des Wassers in Bezug auf die genannten Parameter im Lauf des gesamten Jahres repräsentativ sind. Die Probeentnahmestellen müssen, soweit für die genannten Parameter von Belang, die Anforderungen von Anhang II Teil D der Richtlinie (EU) 2020/2184 erfüllen. Die Analyse der genannten Parameter hat entsprechend Art. 13 Abs. 4 in Verbindung mit den Spezifikationen nach Anhang III der Richtlinie (EU) 2020/2184 zu erfolgen.

(2) Erlangt die Baubehörde auf der Grundlage der allgemeinen Analyse nach Abs. 1 davon Kenntnis, dass aufgrund der Hausinstallationen oder der dafür verwendeten Bauprodukte, Materialien und Werkstoffe ein Risiko für die menschliche Gesundheit besteht, oder zeigt die nach Abs. 1 durchgeführte Überwachung, dass die Parameterwerte gemäß Anhang I Teil D der Richtlinie (EU) 2020/2184 nicht eingehalten werden und dies auf ein **Baugebrechen** zurückzuführen ist, hat sie dem Eigentümer unter Gewährung einer ausreichenden Frist geeignete Maßnahmen im Sinn der §§ 34 ff aufzutragen, um das Risiko der Nichteinhaltung der Parameterwerte zu beseitigen oder zu verringern, wobei die Maßnahmen in Bezug auf Legionella auf prioritäre Örtlichkeiten zu beschränken sind. Insbesondere kann auch die Vornahme von Messungen zur Überwachung der Einhaltung der genannten Parameter und deren Vorlage an die Baubehörde vorgeschrieben werden.

Im Hinblick auf Legionella können Maßnahmen angeordnet werden, die die Verhinderung und Bewältigung möglicher Krankheitsausbrüche gewährleisten.

(3) Besteht ausgehend von Hausinstallationen, die aus Blei gefertigte Bestandteile enthalten, ein Risiko für die Gesundheit, insbesondere weil der Parameterwert für Blei laut Anhang I Teil D der Richtlinie (EU) 2020/2184 nicht eingehalten wird, hat die Baubehörde den **Austausch** dieser Bestandteile insoweit vorzuschreiben, als dies technisch und wirtschaftlich machbar ist.

§ 46

Barrierefreie Gestaltung von Bauwerken

(1) Bei folgenden Bauwerken oder Bauwerksteilen müssen die für **Besucher** oder **Kunden** bestimmten Teile gemäß den bautechnischen Bestimmungen über die barrierefreie Gestaltung von Bauwerken (§ 43 Abs. 1 Z 4) geplant und ausgeführt werden:

1. Bauwerke für öffentliche Zwecke (z. B. Behörden und Ämter),
2. Bauwerke für Bildungszwecke (z. B. Kindergärten, Schulen, Hochschulen, Volksbildungseinrichtungen),
3. Handelsbetriebe mit Konsumgütern des täglichen Bedarfes,
4. Banken,
5. Gesundheits- und Sozialeinrichtungen,
6. Arztpraxen und Apotheken,
7. öffentliche Toiletten,
8. sonstige Bauwerke, die allgemein zugänglich und für mindestens 120 Besucher oder Kunden ausgelegt sind.

Jene Teile der Bauwerke nach Z 1 bis 8, die innerhalb von Betriebseinheiten liegen und nur für **Mitarbeiter**, nicht jedoch für Besucher oder Kunden bestimmt sind, müssen so geplant und ausgeführt werden, dass die Anforderungen an die Barrierefreiheit bei Bedarf durch bauliche Änderungen leicht erfüllt werden können (anpassbar).

(2) Bei **Gebäuden mit mehr als zwei Wohnungen je vertikaler Erschließungseinheit** muss abhängig von der Anzahl der oberirdischen Geschoße und von der Anzahl der Wohnungen der jeweiligen vertikalen Erschließungseinheit die in der Tabelle angeführte Anzahl der Wohnungen gemäß den bautechnischen Bestimmungen über barrierefreie Wohnungen (allgemein zugängliche Bereiche barrierefrei, Wohnungen anpassbar) geplant und ausgeführt werden:

Anzahl der oberirdischen Geschoße je vertikaler Erschließungseinheit	Anzahl der Wohnungen je vertikaler Erschließungseinheit	Anzahl der barrierefreien Wohnungen
≤ 3	3 – 5	1

	6 – 8	2
	9 – 12	3
	> 12	Alle
> 3	> 2	Alle

Die für die barrierefreien Wohnungen erforderlichen Räume und Flächen (Einstellräume für Kinderwagen und Mobilitätshilfen, Abstellräume, Abfallsammelräume oder -stellen; Stellplätze für Kraftfahrzeuge) müssen ebenfalls barrierefrei erreichbar sein.

§ 47
Wohnungen und Wohngebäude

(1) Jede **Wohnung** muss mindestens bestehen aus

1. einem Wohnraum,
2. einer Küche oder Kochnische und
3. einer Toilette, einem Waschbecken und einer Dusche oder Badewanne in zumindest einem Sanitärraum

(2) Wohnräume müssen eine Netto-Grundfläche von mindestens 10 m² haben; bei Wohnungen mit nur einem Wohnraum jedoch mindestens 18 m². Bei der Berechnung der Netto-Grundfläche von Wohnräumen werden Raumflächen mit einer lichten Höhe von weniger als 1,5 m nicht mitgerechnet.

(3) In **Gebäuden** mit **mehr als 2 Wohnungen** muss jede Wohnung über einen eigenen Wohnungseingang erreichbar sein..

(4) **Gebäude** mit **mehr als 4 Wohnungen** (ausgenommen Reihenhäuser) müssen dem jeweiligen Bedarf entsprechend folgende Räume und Flächen aufweisen:

1. einen Einstellraum für Kinderwagen, Mobilitätshilfen und Rollstühle,
2. jeweils einen eigenen Abstellraum für jede Wohnung (z. B. im Wohnungsverband, Kellerabteil),
3. einen Raum für die Wäschereinigung und -trocknung, sofern nicht in jeder Wohnung die dafür erforderlichen Flächen und Anschlüsse vorgesehen werden, und
4. Abfallsammelräume oder -stellen.

Diese Räume und Flächen sind in einer den Bedarf deckenden Zahl und Größe herzustellen und müssen leicht erreichbar sein

§ 48
Immissionsschutz

Emissionen durch Lärm, Geruch, Staub, Abgase und Erschütterungen, die originär von Bauwerken oder deren Benützung ausgehen, dürfen Menschen weder in ihrem Leben oder ihrer Gesundheit gefährden noch örtlich unzumutbar belästigen.

Ausgenommen davon sind:

- Lärmemissionen von Kindern auf Spielplätzen, in Kinderbetreuungseinrichtungen, Schulen oder ähnlichen Anlagen,
- Emissionen aus der Nutzung von Stellplätzen, sofern sie einem Vorhaben nach § 63 Abs. 1 erster Satz zugeordnet sind, selbst wenn sie die dafür verordnete Mindestanzahl der Stellplätze übersteigen, sowie
- Emissionen von öffentlichen Warneinrichtungen.

Ob Belästigungen örtlich unzumutbar sind, richtet sich nach der für das Baugrundstück im Flächenwidmungsplan festgelegten Widmungsart und der sich daraus ergebenden zulässigen Auswirkung des Bauwerks und dessen Benützung auf einen gesunden, normal empfindenden Menschen. Örtlich sind dabei als Emissionsquellen neben dem Bauvorhaben die bewilligten oder angezeigten Bauwerke, die innerhalb einer Entfernung von 300 m vom Bauvorhaben aus situiert sind und mit diesem eine organisatorische oder wirtschaftliche **Einheit** bilden, in die Beurteilung miteinzubeziehen.

B) Anordnung und äußere Gestaltung von Bauwerken

§ 49
Anordnung von Bauwerken auf einem Grundstück

(1) **Über eine Baufluchtlinie** sowie **in einen Bauwich** darf grundsätzlich nicht gebaut werden. Ausgenommen sind Bauwerke nach § 51, Vorbauten nach § 52 sowie Bauwerke und Bauwerksteile, die an keiner Stelle mehr als 1 m über das Bezugsniveau und über die Höhenlage des anschließenden Geländes nach Fertigstellung ragen.

(2) Eine **Grundstücksgrenze** darf – mit Zustimmung der betroffenen Grundstückseigentümer – nur überbaut werden

- durch bauliche Anlagen, deren Verwendung der von Gebäuden nicht gleicht, und
- durch Bauwerke über Verkehrsflächen oder Gewässer

sofern keine brandschutztechnischen Bedenken bestehen,

sowie

- durch Ver- und Entsorgungsleitungen und den dazugehörigen Bauwerken und
- in den Fällen des § 52 Abs. 1 und 4.

Öffnungen in brandabschnittsbildenden Wänden sind bei an der Grundstücksgrenze unmittelbar aneinandergebauten Gebäuden und bei unterirdischen baulichen Anlagen zulässig, sofern sie mit Abschlüssen mit dem entsprechenden Feuerwiderstand ausgestattet sind.

Wenn die Grundstücksgrenze gleichzeitig eine Gemeindegrenze darstellt, darf diese im **Bauland** mit den Widmungsarten **Betriebsgebiet, Verkehrsbeschränktes Betriebsgebiet, Industriegebiet, Verkehrsbeschränktes Industriegebiet** sowie **Sondergebiet** – mit Zustimmung der betroffenen Grundstückseigentümer – durch betriebliche Bauwerke überbaut werden.

(3) **Auf einem Grundstück** müssen **zwei oder mehrere Gebäude** entweder unmittelbar aneinandergebaut oder in einem solchen Abstand voneinander errichtet werden, dass eine ausreichende Belichtung der bestehenden und der bereits bewilligten Hauptfenster gewährleistet ist.

(3a) Für die **ausreichende Belichtung der Hauptfenster** dürfen nur jene Bereiche der **Nachbargrundstücke** herangezogen werden, die gemäß den Bestimmungen dieses Gesetzes nicht bebaut werden dürfen. Hiezu sind am Nachbargrundstück eine Baukubatur mit der zulässigen Bebauungshöhe und einem dazugehörigen Bauwich sowie im Bauwich jedenfalls zulässige Bauwerke (§ 51) anzunehmen. Bauteile gemäß § 53 Abs. 5 sind dabei nicht zu berücksichtigen.

(4) Sieht der Bebauungsplan eine geschlossene Bebauungsweise und eine Bebauungsdichte oder Geschoßflächenzahl vor, darf auf **Eckbauplätzen** die Bebauungsdichte oder Geschoßflächenzahl bis zu 50 % überschritten werden. In diesem Fall darf die Geschoßflächenzahl auch außerhalb der Baulandwidmungsarten Wohngebiete für nachhaltige Bebauung und Kerngebiete für nachhaltige Bebauung (§ 16 Abs. 1 Z 8 und 9 NÖ ROG 2014) einen Wert über 1 erreichen.

(5) Unabhängig von einer im Bebauungsplan festgelegten Bebauungsdichte und Bebauungshöhe dürfen **Personenaufzüge** bei vor dem 1. Februar 2015 baubehördlich bewilligten Gebäuden errichtet werden.

§ 50
Bauwich

(1) Der **seitliche und hintere** Bauwich müssen, wenn sie nicht in den nachfolgenden Bestimmungen anders geregelt sind, der **halben Gebäudehöhe** (§ 53) der jeweiligen, der Grundstücksgrenze zugewandten Gebäudefronten der Hauptgebäude entsprechen.

Bei einer Gebäudehöhe von mehr als 8 m dürfen der seitliche und hintere Bauwich nur für Gebäudefronten mit einer Länge von insgesamt nicht mehr als 15 m je Bauwich der halben Gebäudehöhe entsprechen. Bei allen anderen Gebäudefronten muss der Bauwich der **vollen Gebäudehöhe** entsprechen.

Die seitlichen und hinteren Bauwiche müssen **mindestens 3 m** betragen, außer die Mindestbreite ist in einem Bebauungsplan durch **Baufluchtlinien** anders festgelegt.

Beispiele für Bauwiche bei offener Bebauungsweise:

bei einem Eckbauplatz bei einem rechteckigen Bauplatz

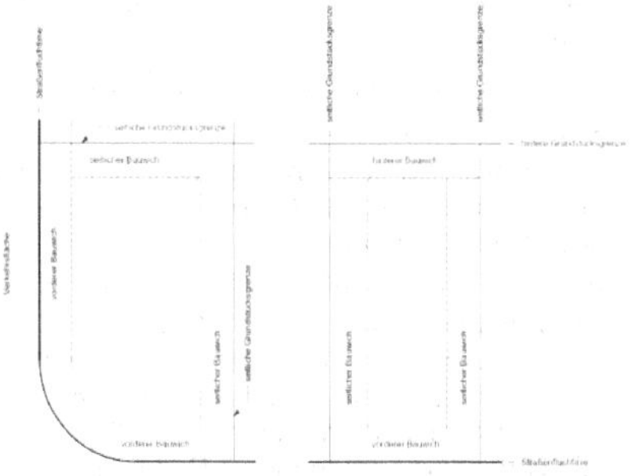

(2) In **Schutzzonen** oder **erhaltungswürdigen Altortgebieten** ist ein **geringerer Bauwich** als nach Abs. 1 zulässig, wenn dies zur Wahrung des Charakters der Bebauung erforderlich ist.

Im **Bauland** mit den **Widmungsarten Betriebsgebiet, Verkehrsbeschränktes Betriebsgebiet, Industriegebiet** oder **Verkehrsbeschränktes Industriegebiet** ist ein **geringerer Bauwich** als nach Abs. 1 zulässig, wenn die ausreichende Belichtung der Hauptfenster zulässiger Gebäude auf den Nachbargrundstücken nicht beeinträchtigt wird.

Werden in jenem Bereich, um den der Bauwich verringert wurde, Gebäudeteile mit Hauptfenstern errichtet, dann ist für diese Hauptfenster die ausreichende Belichtung über Eigengrund oder über jene Bereiche der Nachbargrundstücke sicherzustellen, die gemäß den Bestimmungen dieses Gesetzes nicht bebaut werden dürfen.

(3) Wenn die **Grundstücksgrenze** und die **Gebäudefront nicht parallel** zueinander verlaufen, muss jeweils der geringste Abstand das im Abs. 1 oder 2 bestimmte Ausmaß aufweisen.

(4) Bei **Fahnengrundstücken** (§ 10 Abs. 2 Z 4) darf der streifenförmige Grundstücksteil je zur Hälfte seiner Breite dem Bauwich der angrenzenden Grundstücke angerechnet werden. Einfriedungen oder sonstige Bauwerke auf diesem Grundstücksteil dürfen die ausreichende Belichtung der Hauptfenster der zulässigen Gebäude auf den Nachbargrundstücken nicht beeinträchtigen.

(5) Bei **Fahnengrundstücken** (§ 10 Abs. 2 Z 4) oder Grundstücken, die mit der öffentlichen Verkehrsfläche durch ein Fahr- und Leitungsrecht (§ 11 Abs. 3) verbunden sind, richtet sich die Beurteilung des Bauwichs als seitlicher oder hinterer nach dem des angrenzenden Bauplatzes.

§ 51

Bauwerke im Bauwich

(1) Im **vorderen Bauwich** dürfen **Garagen** einschließlich angebauter Abstellräume sowie Gebäude für **Abfallsammelräume** oder **-stellen** mit einer bebauten Fläche von nicht mehr als insgesamt **100 m²** errichtet werden, wenn

- das Gefälle zwischen der Straßenfluchtlinie und der vorderen Baufluchtlinie mehr als 5 % beträgt oder
- der Bebauungsplan dies ausdrücklich erlaubt.

Abs. 2 Z 3 gilt sinngemäß.

(2) Im **seitlichen** und **hinteren Bauwich** dürfen **Nebengebäude und -teile** sowie **oberirdische bauliche Anlagen**, deren Verwendung der von Gebäuden gleicht, errichtet werden, wenn

1. der Bebauungsplan dies nicht verbietet,
2. die bebaute Fläche der Gebäude und die überbaute Fläche der baulichen Anlagen insgesamt nicht mehr als 100 m² und
3. die Höhe der Fronten dieser Bauwerke (§ 53) an keiner Stelle mehr als 3 m beträgt; bei Hanglage des Grundstücks darf diese Höhe hangabwärts entsprechend dem gegebenen Niveauunterschied überschritten werden, wenn die ausreichende Belichtung der Hauptfenster zulässiger Gebäude auf den Nachbargrundstücken nicht beeinträchtigt wird.

(3) Bei der gekuppelten und der einseitig offenen Bebauungsweise muss der seitliche Bauwich, bei der offenen Bebauungsweise, ausgenommen bei Eckbauplätzen, ein seitlicher Bauwich von Nebengebäuden freigehalten werden.

(4) Im Bauland mit den Widmungsarten Kerngebiet, Kerngebiet für nachhaltige Bebauung, Betriebsgebiet, Verkehrsbeschränktes Betriebsgebiet, Industriegebiet, Verkehrsbeschränktes Industriegebiet, Agrargebiet und Sondergebiet ohne Schutzbedürftigkeit darf ein Hauptgebäude oder -teil im hinteren Bauwich errichtet werden, wenn im Bebauungsplan keine hintere Baufluchtlinie festgelegt ist und die ausreichende Belichtung der Hauptfenster zulässiger Gebäude auf den Nachbargrundstücken nicht beeinträchtigt wird.

Nachbargrundstücke im gewidmeten Grünland sind nur dann zu berücksichtigen, wenn sie bebaut sind. Werden in jenen Teilen des Hauptgebäudes, die im Bauwich liegen, Hauptfenster errichtet, dann ist für diese Hauptfenster die ausreichende Belichtung über Eigengrund oder über jene Bereiche der Nachbargrundstücke sicherzustellen, die gemäß den Bestimmungen dieses Gesetzes nicht bebaut werden dürfen.

(5) **Bauliche Anlagen**, die nicht den Abs. 2 und 3 unterliegen, sind im Bauwich zulässig, wenn

- deren Höhe, gemessen vom Bezugsniveau, an keiner Stelle mehr als 3 m beträgt oder sie die ausreichende Belichtung der Hauptfenster zulässiger Gebäude auf Nachbargrundstücken nicht beeinträchtigen

und

- der Bebauungsplan dies nicht verbietet.

Für Vorbauten gilt § 52.

(6) (entfällt durch LGBl. Nr. 53/2018)

§ 52

Vorbauten über die Straßenfluchtlinie und in die Bauwiche

(1) Über die **Straßenfluchtlinie** sind – unabhängig von der Widmung als öffentliche Verkehrsfläche – folgende **Vorbauten** zulässig:

1. Licht-, Luft- und Putzschächte sowie Einbringöffnungen (z. B. Einwurf- und Montageöffnungen) bis 1 m,
2. vorstehende Bauteile, die der Gliederung und Gestaltung der Schauseiten dienen, vorgesetzte Photovoltaikanlagen sowie vorgesetzte Konstruktionen für begrünte Fassaden (z. B. Rankgerüste von begrünten Fassaden), bis 15 cm,
3. Hauptgesimse, Dachvorsprünge und starre Verschattungseinrichtungen bis 1 m,
4. Balkone, Erker, und Schutzdächer bis 1,5 m, wenn ihre Gesamtlänge je Geschoß höchstens ein Drittel der Gebäudelänge des Hauptgebäudes ohne Vorbauten und ihr Abstand von seitlichen Grundstücksgrenzen mindestens 3 m beträgt,
5. Werbezeichen bis 1,5 m.

Über einer Fahrbahn und bis zu 60 cm außerhalb ihres Randes ist ein Vorbau erst ab einem Höhenabstand von 4,5 m, über einem Gehsteig ab einem Höhenabstand von 2,5 m zulässig.

Türen und Tore dürfen nicht über die Straßenfluchtlinie aufschlagen. Dies gilt nicht für

- Türen und Tore von vor dem 1. Februar 2015 bewilligten Bauwerken in Schutzzonen und erhaltungswürdigen Altortgebieten, wenn die Verkehrssicherheit nicht beeinträchtigt wird, und
- Balkontüren.

Fenster und Fensterläden dürfen nur dann über die Straßenfluchtlinie aufschlagen, wenn die Verkehrssicherheit nicht beeinträchtigt wird.

(2) Im **vorderen Bauwich** sind folgende Vorbauten zulässig:

1. die in Abs. 1 Z 1 genannten Bauteile bis zur gesamten Breite,
2. die in Abs. 1 Z 2 und 3 genannten Bauteile mit denselben Beschränkungen,
3. Balkone, Erker, Schutzdächer, Werbezeichen, Treppenanlagen und Treppenhäuser, Aufzugsanlagen und Freitreppen

– bis zur halben Breite des Bauwichs

sofern

– ihre Gesamtlänge je Geschoß nicht mehr als ein Drittel der Gebäudelänge des Hauptgebäudes ohne Vorbauten und
– ihr Abstand von den seitlichen Grundstücksgrenzen mindestens 3 m beträgt,

4. Aufzugsanlagen bei vor dem 1. Februar 2015 baubehördlich bewilligten Gebäuden in dem für die barrierefreie Ausgestaltung notwendigen Ausmaß, wobei die ausreichende Belichtung auf bestehende bewilligte Hauptfenster der Gebäude der Nachbarn gewährleistet bleiben muss bzw. im Falle einer bereits bestehenden Beeinträchtigung nicht weiter verschlechtert werden darf,
5. Windfänge mit einer bebauten Fläche von nicht mehr als 6 m² bei vor dem 1. Februar 2015 baubehördlich bewilligten Gebäuden
- bis zur halben Breite des Bauwichs, jedoch nicht mehr als 2 m, und
- bis zu einer Gesamtlänge von nicht mehr als einem Drittel der Gebäudelänge des Hauptgebäudes ohne Vorbauten, jedoch nicht mehr als 5 m,
6. gedeckte, seitlich offene oder verglaste Zugänge bis zur Straßenfluchtlinie.

(3) Im **seitlichen** oder **hinteren Bauwich** sind folgende Vorbauten zulässig:

1. die in Abs. 1 Z 1 genannten Bauteile bis zur gesamten Breite,
2. die in Abs. 1 Z 2 und 3 genannten Bauteile mit denselben Beschränkungen,
3. Balkone, Schutzdächer, Treppenanlagen und Treppenhäuser sowie Aufzugsanlagen
- bis zur halben Breite des Bauwichs, jedoch nicht mehr als 2 m, und
- bis zu einer Gesamtlänge je Geschoß von nicht mehr als einem Drittel der Gebäudelänge des Hauptgebäudes ohne Vorbauten, jedoch nicht mehr als 5 m,
4. die in Abs. 2 Z 4 und 5 genannten Bauteile mit denselben Beschränkungen.

(4) Unabhängig von Abs. 1 bis 3 und einer im Bebauungsplan festgelegten Bebauungsdichte dürfen **Wärmeschutzverkleidungen** insgesamt bis 20 cm an vor dem 1. Februar 2015 baubehördlich bewilligten Gebäuden sowie an Gebäuden, für die gemäß § 70 Abs. 6 erster Fall die Geltung der Bewilligung festgestellt wurde, angebracht werden.

§ 53

Ermittlung der Höhen von Bauwerken

(1) Die **Gebäudehöhe** ist die **mittlere Höhe einer Gebäudefront** und errechnet sich aus der Fläche der Gebäudefront (A) dividiert durch deren größte Breite (b) (siehe § 53a Abb. 1 und 2).

$$\text{Gebäudehöhe} = \frac{A}{b}$$

(2) Für die Ermittlung der Gebäudehöhe ist der **äußerste Umfang** des mehr als 1 m über dem Bezugsniveau liegenden Teiles des **Gebäudes,** im Grundriss gesehen, in einzelne **Gebäudefronten** zu unterteilen. Nach jedem Knick mit mehr als 45° und nach jedem (nicht raumbildenden) Rücksprung von mehr als 1 m ist eine eigene Gebäudefront zu bilden. Ist der äußerste Umfang des Gebäudes im Grundriss gekrümmt, ist spätestens dann eine neue Gebäudefront zu bilden, wenn die am Umfang angelegten Tangenten einen Winkel von mehr als 45° bilden.

(3) Die Gebäudefront wird

nach unten

- durch das **Bezugsniveau**

und nach oben

- durch den Verschnitt mit der Dachhaut (Abb. 1) oder
- mit dem oberen Abschluss der Gebäudefront, z. B. Attikaoberkante (Abb. 2), oder
- mit der Oberkante sonstiger in der Gebäudefrontebene liegender Bauteile z. B. Absturzsicherungen oder haustechnische Anlagen (Abb. 3)

begrenzt.

Bei **zurückgesetzten Geschoßen und sonstigen zurückgesetzten Bauteilen** (z. B. Dachgaupen, haustechnische Anlagen, Absturzsicherungen) **oder bei Dachneigungen von mehr als 45°** ergibt sich die obere Begrenzung der Gebäudefront durch den Verschnitt in der gedachten Fortsetzung der Gebäudefront mit einer an der Oberkante des zurückgesetzten Bauteiles angelegten Ebene im Lichteinfallswinkel von 45° (Abb. 4, 5).

Beispiele für die obere Begrenzung der Gebäudefront:

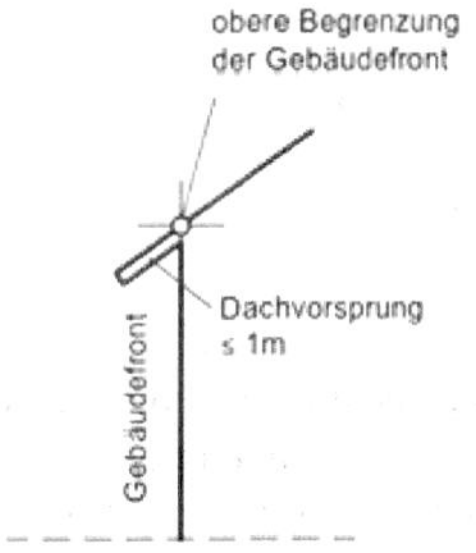

Abb. 1

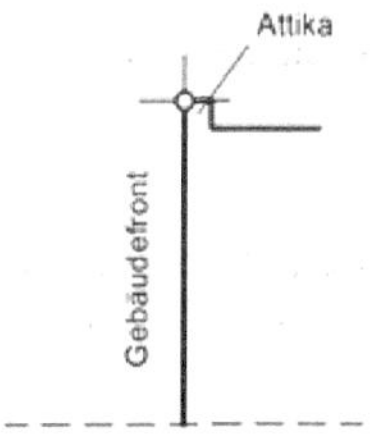

Abb. 2

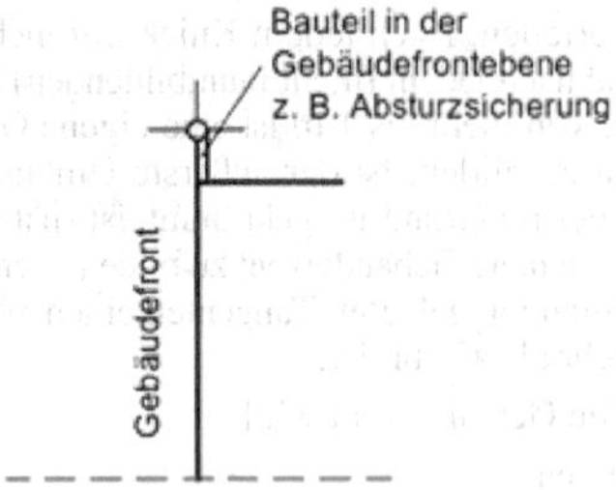

Abb. 3

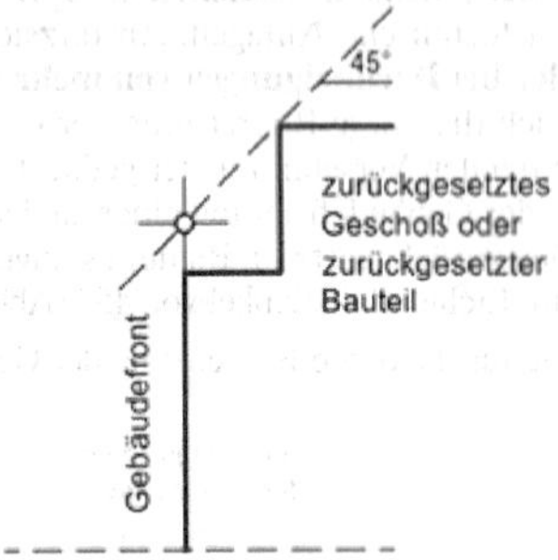

Abb. 4

§ 53a

Begrenzung der Höhe von Bauwerken und der Geschoßanzahl

(1) Die gemäß § 53 ermittelten **Gebäudehöhen** müssen der **Bebauungshöhe h (Bauklasse** oder der **höchstzulässige Gebäudehöhe)** entsprechen. In Teilbereichen sind Überschreitungen der Bebauungshöhe von bis zu 1 m zulässig.

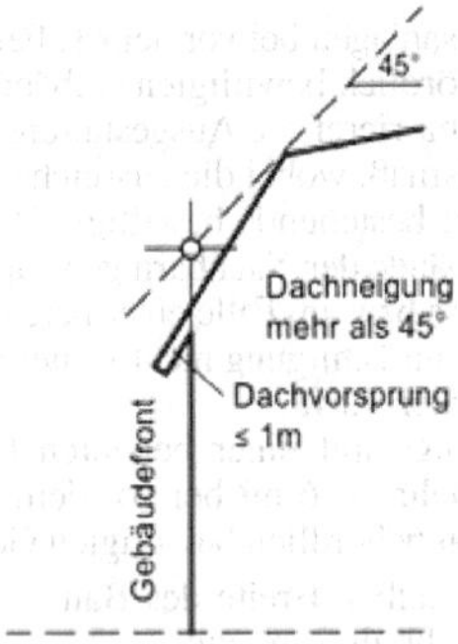

Abb. 5

(4) Mit Teilen des Gebäudes **überbaute Außenbereiche** (z. B. Bereich unter auskragenden Geschoßen, Überdachungen oder Vordächern) sind bei der Berechnung der Fläche der Gebäudefont **mit zu berücksichtigen.**

(5) Folgende Teile eines Bauwerkes bleiben bei der Ermittlung der **Gebäudehöhe unberücksichtigt**:

- untergeordnete Bauteile (z. B. Abgasanlagen, Wartungsstege und einfache Sicherungskonstruktionen für Arbeiten am Dach, Ziergließer, Antennen),
- Vorbauten über die Straßenfluchtlinie und in die Bauwiche gemäß § 52 und zusätzlich Vorbauten gemäß § 52 Abs. 3 Z 1 bis 4 und Abs. 4 auch dann, wenn sie nicht in die Bauwiche ragen, und
- Einhausungen von Treppenläufen (inkl. Podesten) und Aufzügen (inkl. Triebwerksräumen), welche hinter den zuvor genannten Vorbauten liegen und vertikal aus dem Bauwerk ragen.

(6) Bei der Berechnung der Höhe von **baulichen Anlagen** sind die Regeln für die Ermittlung der Gebäudehöhe sinngemäß anzuwenden.

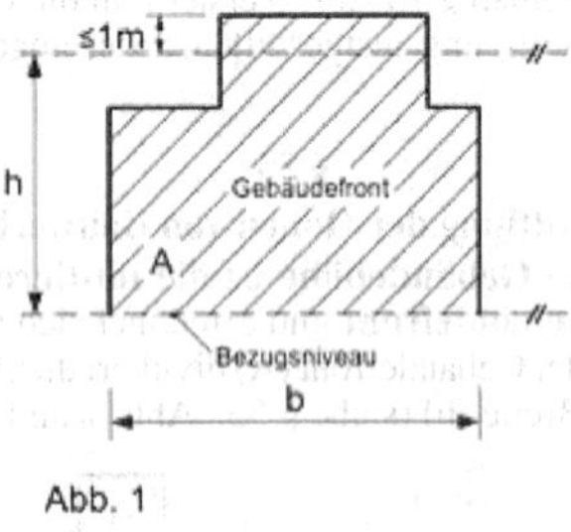

Abb. 1

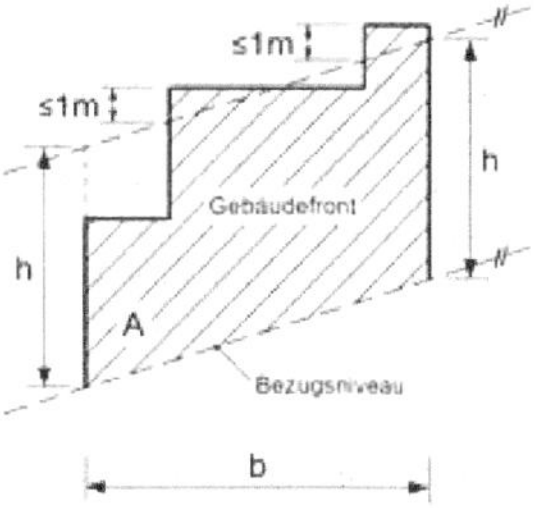

Abb. 2

A .... Fläche der Gebäudefront

b .... größte Breite der Gebäudefront

h .... Bebauungshöhe h (Bauklasse oder der höchstzulässige Gebäudehöhe)

(2) Abweichend von Abs. 1 darf für den Nachweis, dass die Bebauungshöhe nicht überschritten ist, für den oberen Abschluss der Gebäudefront eine **Umhüllende** gebildet werden, über die kein Teil der Gebäudefront, ausgenommen Bauteile gemäß § 53 Abs. 5, hinausragen darf.

Die Umhüllende bildet sich aus den **Randpunkten**, deren Höhen der Bebauungshöhe h entsprechen müssen und aus einem zwischen den Randpunkten liegenden **Hochpunkt**, dessen Höhe die Bebauungshöhe um bis zu 6 Meter überschreiten darf. Die Verbindungslinien zwischen den Randpunkten und dem Hochpunkt müssen geradlinig verlaufen und eine Neigung zur Horizontalen (α) von nicht weniger als 15° und nicht mehr als 45° aufweisen.

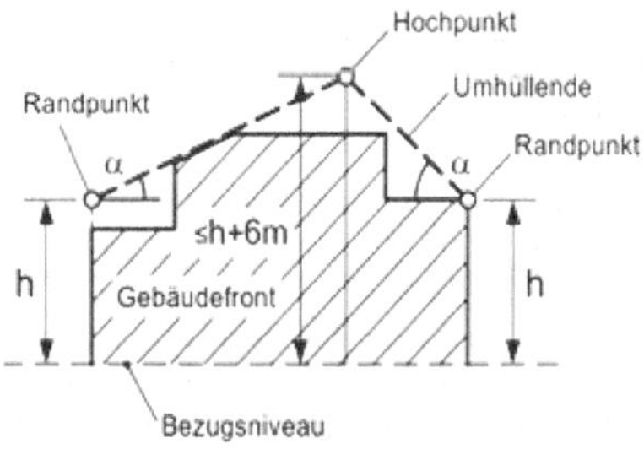

Abb. 3

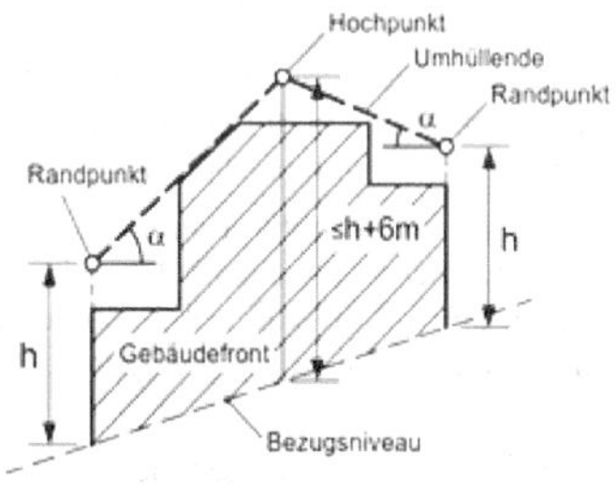

Abb. 4

$$15° \leq \alpha \leq 45°$$

(3) Die Höhe von zurückgesetzten Geschoßen oder zurückgesetzten Bauteilen (zurückgesetzte Gebäudefronten), ausgenommen Bauteile gemäß § 53 Abs. 5, darf an keiner Stelle größer als die Bebauungshöhe h sein. Über der ersten zurückgesetzten Gebäudefront liegende, weitere zurückgesetzte Gebäudefronten müssen gegenüber den jeweils davor liegenden, zurückgesetzten Gebäudefronten zumindest 3 m zurückgesetzt sein.

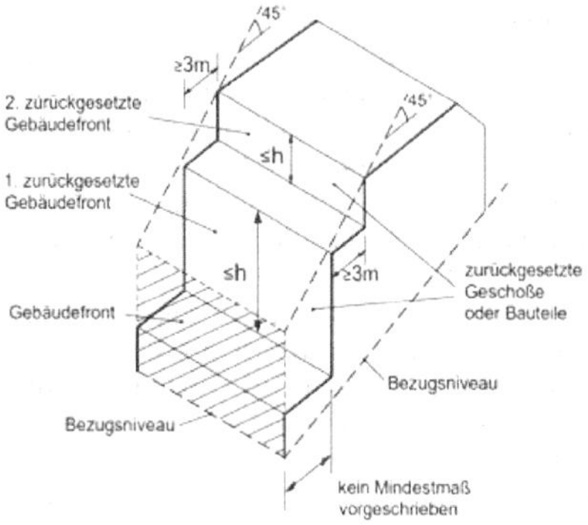

Abb. 5

(4) Kein Punkt eines Gebäudes darf mehr als die **Bebauungshöhe + 6 Meter** über dem lotrecht darunterliegenden Bezugsniveau liegen. Davon ausgenommen sind Bauteile gemäß § 53 Abs. 5.

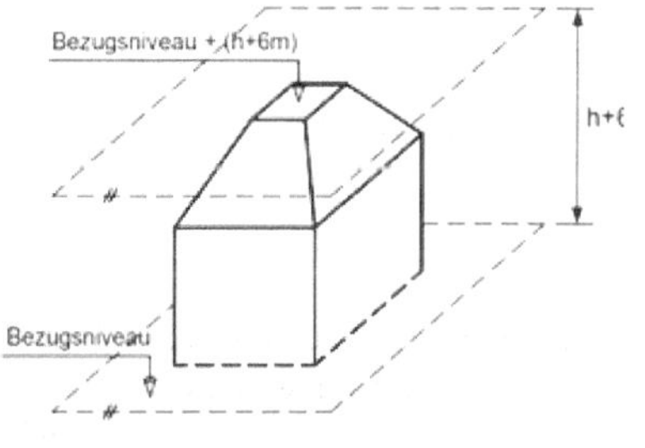

Abb. 6

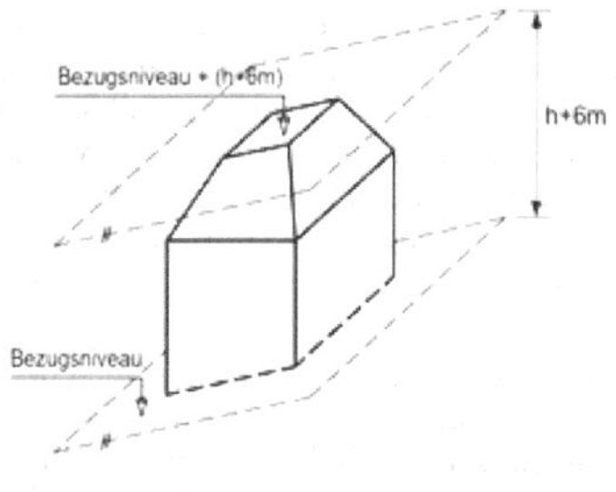

Abb. 7

(5) In den Bauklassen I bis VIII darf die **Anzahl der Geschoße** und **überdachten Terrassen**,

betrachtet an jeder Stelle des Bauwerkes, nicht größer sein als die **um 1 erhöhte Zahl** der jeweiligen **Bauklasse** (Abb. 8). Nicht dazugezählt werden

- Geschoße, die an der jeweiligen Stelle nicht mehr als 1 m über das Bezugsniveau ragen (z. B. Keller),
- Geschoße, die an der jeweiligen Stelle ausschließlich nicht ausgebaute Dachräume ohne Nutzung, Triebwerksräume oder Räume für haustechnische Anlagen enthalten, und
- Bauteile gemäß § 53 Abs. 5.

Dies gilt sinngemäß für die Festlegung von höchstzulässigen Gebäudehöhen, wobei die Anzahl der Geschoße von jener Bauklasse abzuleiten ist, die dieser Gebäudehöhe entspricht.

In Schutzzonen und erhaltungswürdigen Altortgebieten darf davon zur Erhaltung der vorhandenen Struktur abgewichen werden.

Bei am 1. Februar 2015 bestehenden Gebäuden dürfen durch den Ausbau von bisher nicht ausgebauten Dachräumen (§ 4 Z 16) innerhalb der bestehenden Gebäudehülle weitere Geschoße geschaffen werden.

Beispiel: zulässiges Gebäude in der Bauklasse II

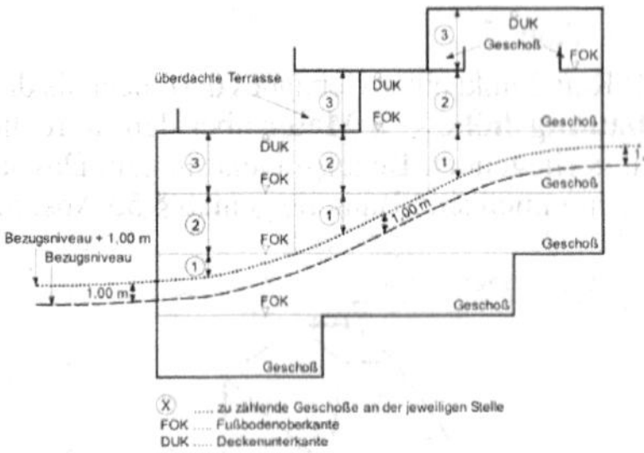

Abb.8

(6) Bei nicht an oder gegen Straßenfluchtlinien gerichteten Gebäudefronten darf die im Bebauungsplan festgelegte **Bebauungshöhe unterschritten** werden. Dabei darf die von den niedrigeren Gebäudefronten umschlossene Fläche **ein Drittel der bebauten Fläche** nicht überschreiten.

(7) Im **Bauland** mit den Widmungsarten **Betriebsgebiet, Verkehrsbeschränktes Betriebsgebiet, Industriegebiet** oder **Verkehrsbeschränktes Industriegebiet** darf eine mit der Bauklasse II oder höher festgelegte Bebauungshöhe unterschritten werden, sofern der Bebauungsplan nichts anderes bestimmt.

(8) Bei der Errichtung von **Gebäudefronten an oder gegen Straßenfluchtlinien** darf die **ausreichende Belichtung** der bestehenden bewilligten Hauptfenster der Gebäude auf der gegenüberliegenden Straßenseite nicht beeinträchtigt werden. Hievon darf abgewichen werden, wenn:

- in Schutzzonen und erhaltungswürdigen Altortgebieten der Charakter der Bebauung zu wahren ist oder
- die ausreichende Belichtung der Hauptfenster auch bisher nicht gegeben war (z. B. durch bereits bestehende, bewilligte Bauwerke), wobei die Belichtung auf diese Hauptfenster nicht verschlechtert werden darf.

(9) (entfällt durch LGBl. Nr. 53/2018)

(10) Unabhängig von der zulässigen Gebäudehöhe darf die Dachhaut eines vor dem 1. Februar 2015 baubehördlich bewilligten Gebäudes zur nachträglichen Aufbringung von **Wärmedämmmaßnahmen** (z. B. Aufsparrendämmung) ohne Veränderung der Tragkonstruktion bis insgesamt 30 cm, gemessen normal auf die Dachfläche, angehoben werden.

§ 54

Bauwerke im Baulandbereich ohne Bebauungsplan

(1) Ein Neu- oder Zubau eines **Hauptgebäudes** ist auf einem als Bauland, ausgenommen Bauland-Industriegebiet und Bauland-Verkehrsbeschränktes Industriegebiet, gewidmeten Grundstück, für das kein Bebauungsplan gilt oder dieser keine Festlegung der Bebauungsweise oder -höhe enthält, nur zulässig, wenn es in seiner **Anordnung** auf dem Grundstück (Bebauungsweise) oder in seiner **Höhe** (Bauklasse) von den in seiner Umgebung bewilligten Hauptgebäuden nicht abweicht.

Die **Umgebung** umfasst einschließlich des Baugrundstücks alle Grundstücke im Bauland, ausgenommen Bauland-Industriegebiet und Bauland Verkehrsbeschränktes Industriegebiet, die vom Baugrundstück aus innerhalb einer Entfernung von 100 m baubehördlich bewilligte Hauptgebäude oder -teile aufweisen.

Eine **Abweichung** hinsichtlich der Anordnung oder Höhe liegt dann vor, wenn das neue oder abgeänderte Hauptgebäude

- nicht der auf dem Baugrundstück bereits bewilligten Bebauungsweise und Bebauungshöhe (Bauklasse) entspricht, sofern dieses Gebäude weiterhin bestehen bleibt, oder
- nicht jener Bebauungsweise und Bebauungshöhe (Bauklasse) entspricht, die von der Anordnung und der Höhe der Hauptgebäude in der Umgebung abgeleitet wird und die mehrheitlich in der Umgebung vorhanden ist.

Dabei ist die Bebauungshöhe (Bauklasse) von den auf den Grundstücken jeweils höchsten Hauptgebäuden abzuleiten. Neben der abgeleiteten Bauklasse darf auch die nächst niedrigere gewählt werden.

Entspricht das neue oder abgeänderte Hauptgebäude der **offenen Bebauungsweise** und den **Bauklassen I und II**, liegt unbeschadet des Abs. 4

eine Abweichung hinsichtlich der Anordnung und der Höhe jedenfalls nicht vor, wenn

- auf dem Baugrundstück noch keine andere – weiterhin bestehen bleibende – Bebauungsweise bewilligt oder
- auf einem Nachbargrundstück nicht die gekuppelte Bebauungsweise durch bereits bestehende oder bewilligte Gebäude festgelegt wurde.

Erhebungen hinsichtlich der Anordnung und Höhe der Hauptgebäude in der Umgebung sind bei einem neuen oder abgeänderten Hauptgebäude **nicht erforderlich** in den Fällen, in denen

- die offene Bebauungsweise, sofern auf dem Baugrundstück noch keine andere weiterhin bestehen bleibende Bebauungsweise bewilligt wurde,
- die gekuppelte Bebauungsweise, wenn auf einem Nachbargrundstück die gekuppelte Bebauungsweise durch bereits bestehende oder bewilligte Gebäude festgelegt wurde,
- die Bauklassen I oder II oder
- eine auf dem Baugrundstück bereits bewilligte Bebauungsweise oder Bebauungshöhe, sofern das Gebäude, von dem diese Ableitung erfolgt, auch weiterhin bestehen bleibt,

verwirklicht wird.

(2) Ist eine Mehrheit für eine der abgeleiteten Bebauungsweisen oder Bebauungshöhen (Bauklassen) in der Umgebung nicht feststellbar, so ist der Neu- oder Zubau oder die Abänderung eines Hauptgebäudes dann zulässig, wenn es bei gleich häufigem Auftreten von Bebauungsweisen oder Bauklassen einer davon entspricht. Ist in der Umgebung keine Bebauungsweise oder Bauklasse ableitbar, gelten für das neue oder abgeänderte Hauptgebäude die offene Bebauungsweise und die Bauklassen I und II.

(3) Für Hauptgebäude und andere Bauwerke gelten – nach der Feststellung der durch die bewilligten Hauptgebäude verwirklichten Bebauungsweise und Bauklasse gemäß Abs. 1 und 2 – **dieselben Bestimmungen dieses Gesetzes wie** für Hauptgebäude und Bauwerke, die im Geltungsbereich eines **Bebauungsplanes** liegen, **sinngemäß**.

(4) Zur Wahrung des Charakters der Bebauung darf von den Absätzen 1 bis 3 abgewichen und eine andere Bebauungsweise oder Bauklasse ausgeführt werden.

(5) In die bei der Baubehörde vorhandenen Bauakte, die sich auf die in der Umgebung (Abs. 1) befindlichen Grundstücke und Bauwerke beziehen, darf in dem Umfang Einsicht genommen werden, als dies zur Ermittlung der erforderlichen abgeleiteten Bebauungsweise oder abgeleiteten Bauklasse notwendig ist. Können die abgeleitete Bebauungsweise oder die abgeleitete Bauklasse durch diese Einsichtnahme nicht oder nicht vollständig ermittelt werden, dann ist für die verbleibenden Grundstücke und Bauwerke § 7 Abs. 1 und 6 sinngemäß anzuwenden.

§ 55
Bauwerke im Grünland und auf Verkehrsflächen

(1) Für Vorhaben im Grünland, ausgenommen Schutzhäuser, gilt § 49 Abs. 2 sinngemäß; darüber hinaus gelten die Bestimmungen der §§ 49 Abs. 1 und 50 bis 53a sinngemäß für als Grünland oder Verkehrsflächen gewidmete Grundstücke, wenn dort ein Bebauungsplan Festlegungen (z. B. der Bebauungsweise oder -höhe) enthält.

(1a) Bauwerke im Grünland müssen von einer **Widmungsgrenze zum Bauland** einen **Mindestabstand**, der der Gebäudehöhe entspricht, mindestens jedoch 5 m beträgt, einhalten. Ausgenommen davon sind Bauwerke gemäß § 51 Abs. 2 und 5 und jene Bereiche, bei denen am angrenzenden Baulandgrundstück kein Bauwich einzuhalten ist.

(2) Im **Grünland** darf ein **Bauwerk** unbeschadet § 20 Abs. 4 des NÖ Raumordnungsgesetzes 2014, LGBl. Nr. 3/2015 in der geltenden Fassung, **nicht errichtet oder vergrößert** werden, wenn der Bestand oder die dem Verwendungszweck entsprechende Benützbarkeit des Bauwerks durch Hochwasser, Steinschlag, Rutschungen, Grundwasser, ungenügende Tragfähigkeit des Untergrundes, Lawinen, ungünstiges Kleinklima oder eine andere Auswirkung natürlicher Gegebenheiten gefährdet oder die für den Verwendungszweck erforderliche Verkehrserschließung nicht gewährleistet ist.

(3) Eine **Verkehrsfläche** darf nur be- oder überbaut werden, wenn die Sicherheit, Leichtigkeit und Flüssigkeit des Verkehrs nicht beeinträchtigt wird. Gegen die öffentliche Verkehrsfläche gerichtete Einfriedungen (§ 14 Z 2 und § 15 Abs. 1 Z 1 lit. b) dürfen die Sicherheit, Leichtigkeit und Flüssigkeit des Verkehrs ebenfalls nicht beeinträchtigen.

(4) Wenn im Flächenwidmungsplan die **Überbauung einer Verkehrsfläche** vorgesehen ist, dann darf die freie Durchfahrtshöhe 4,5 m und die freie Durchgangshöhe 2,5 m nicht unterschreiten.

§ 56
Schutz des Ortsbildes

(1) Bauwerke, Abänderungen an Bauwerken oder Veränderungen der Höhenlage des Geländes, die einer Bewilligung nach § 14 oder einer Anzeige nach § 15 bedürfen, sind – unter Bedachtnahme auf die dort festgelegten Widmungsarten – so zu gestalten, dass sie dem gegebenen Orts- und Landschaftsbild gerecht werden.

Bauwerke dürfen hinsichtlich **Bauform und Farbgebung, Ausmaß ihres Bauvolumens** und

Anordnung auf dem Grundstück von der bestehenden Bebauung innerhalb des Bezugsbereichs **nicht offenkundig abweichen** oder diese im Falle einer feststellbaren Abweichung **nicht wesentlich beeinträchtigen**.

Veränderungen der Höhenlage des Geländes haben in Angleichung an die örtlich bestehenden **prägenden Neigungsverhältnisse** und das örtlich **bestehende Geländerelief** zu erfolgen.

(2) Bezugsbereich ist der allgemein zugängliche Bereich, in dem die für die Beurteilung des geplanten Bauwerks relevanten Kriterien wahrnehmbar sind.

(3) Bei der Beurteilung der Orts- und Landschaftsbildverträglichkeit haben die im Baubestand des Bezugsbereiches vorhandenen bau- und kulturhistorisch wertvollen Bauwerke und Ortsbereiche sowie designierte und eingetragene Welterbestätten besondere Berücksichtigung zu finden.

(4) Soweit ein Bebauungsplan Regelungen im Hinblick auf das Ortsbild oder die harmonische Gestaltung festlegt, entfällt eine Prüfung nach dieser Bestimmung.

C) Heizung

§ 57

(entfällt)

§ 58

Planungsgrundsätze

(1) Zentralheizungsanlagen sind so zu planen, zu berechnen und zu errichten, dass

- Brennstoffe sparsam verbraucht und unnötige Schadstoffemissionen vermieden werden,
- eine ausreichende Regelungsmöglichkeit gewährleistet ist,
- Betriebsbereitschaftsverluste vermieden werden und
- Wärmeverteilungssysteme gegen Wärmeverluste ausreichend geschützt sind.

(1a) Die Aufstellung und der Einbau von Heizkesseln von Zentralheizungsanlagen für flüssige fossile oder für feste fossile Brennstoffe ist in nach dem 31. Dezember 2018 neu bewilligten Gebäuden verboten.

(2) Die Landesregierung hat mit **Verordnung** nach den Regeln der Technik **unter Beachtung der** im § 69 Abs. 1 angeführten **Richtlinien des Rates der Europäischen Gemeinschaften**, soweit sie sich auf **Kleinfeuerungen** beziehen, **zu regeln**:

1. die Ausstattung von Kleinfeuerungen (technische Dokumentation und Typenschild);
2. die zulässigen Emissionsgrenzwerte;
3. die Prüfbedingungen;
4. die Wirkungsgrade;
5. die Notwendigkeit der Installierung von Geräten zur Feststellung des Wärmeverbrauches;
6. die Ausstattung von Kleinfeuerungen mit Regelungseinrichtungen und
7. die beim Austausch der Kleinfeuerungen zu treffenden Maßnahmen.

(3) Die Landesregierung hat mit **Verordnung** nach den Regeln der Technik zur **Vermeidung von Brandgefahren** und Gefahren für Personen und Sachen, insbesondere durch Wärmeübertragung in benachbarte Räume,

1. die Aufstellungsorte,
2. die Aufstellungsräume und
3. die Ableitung von Verbrennungsgasen

von **Feuerungsanlagen** zu regeln.

(4) **Neubauten** sind mit selbstregulierenden Einrichtungen zur separaten Regelung der Temperatur in jedem Raum oder, sofern gerechtfertigt, in einem bestimmten beheizten Bereich eines Gebäudeteils auszustatten, wenn dies technisch oder wirtschaftlich realisierbar ist.

(5) In **bestehenden Gebäuden** sind selbstregulierende Einrichtungen im Sinn des Abs. 4 anlässlich eines **Austausches des Wärmeerzeugers** zu installieren, sofern dies technisch oder wirtschaftlich realisierbar ist.

§ 59

Inverkehrbringen, Aufstellung und Einbau von Kleinfeuerungen

(1) **Kleinfeuerungen** dürfen nur **in Verkehr gebracht**, aufgestellt oder eingebaut werden, wenn für sie eine EG-Konformitätserklärung nach Abs. 2 ausgestellt wurde.

(2) Die EG-Konformitätserklärung muss folgende Angaben enthalten:

1. Name und Anschrift des Herstellers oder seines Bevollmächtigten;
2. eine für die eindeutige Bestimmung des Produkts hinreichend ausführliche Beschreibung;
3. gegebenenfalls die Fundstellen der angewandten harmonisierten Normen;
4. gegebenenfalls die sonstigen technischen Normen und Spezifikationen;
5. gegebenenfalls die Erklärung der Übereinstimmung mit anderen einschlägigen Rechtsvorschriften der Gemeinschaft, die die CE-Kennzeichnung vorsehen;
6. Name und Unterschrift der für den Hersteller oder seinen Bevollmächtigten zeichnungsberechtigten Person.

(3) **Die CE-Kennzeichnung**

- darf nur angebracht werden, wenn die Kleinfeuerung den harmonisierten Normen entspricht – deren Referenznummern im Amtsblatt der Europäischen Gemeinschaften veröffentlicht worden sind – und für die die Referenznummern der sie umsetzenden österreichischen Normen veröffentlicht worden sind,

- hat im Schriftbild dem Anhang II der Verordnung (EG) Nr. 765/2008 des Europäischen Parlaments und des Rates vom 9. Juli 2008 über die Vorschriften für die Akkreditierung und Marktüberwachung im Zusammenhang mit der Vermarktung von Produkten und zur Aufhebung der Verordnung (EWG) Nr. 339/93 des Rates, Amtsblatt Nr. L 218, S. 30, zu entsprechen und
- muss auf der Kleinfeuerung gut sichtbar, leserlich und dauerhaft angebracht werden; dasselbe gilt für sonst vorgeschriebene Aufschriften.

Es ist nicht zulässig, auf Produkten, die diesem Absatz unterliegen, Kennzeichnungen anzubringen, durch die Dritte hinsichtlich der Bedeutung und des Schriftbildes der CE-Kennzeichnung irregeführt werden können. Jede andere Kennzeichnung darf auf der Kleinfeuerung oder dem Gerät angebracht werden, wenn sie die Sichtbarkeit und Lesbarkeit der CE-Kennzeichnung nicht beeinträchtigt.

(4) Werden Kleinfeuerungen im Widerspruch zum Abs. 3 in Verkehr gebracht, dann hat die **Bezirksverwaltungsbehörde**, in deren Bereich sich diese befinden, dem Hersteller oder seinem Bevollmächtigten mit Bescheid das weitere **Inverkehrbringen** solcher Kleinfeuerungen bis zur Erfüllung der fehlenden Voraussetzung zu **verbieten**.

Das gilt insbesondere im Falle der ungerechtfertigten Anbringung der CE-Kennzeichnung. In diesem Fall ist die Kennzeichnung auf Kosten des Herstellers oder seines Bevollmächtigten entwerten oder beseitigen zu lassen.

§ 60

Pflichten des Eigentümers einer Zentralheizungsanlage mit Heizkessel, eines Blockheizkraftwerkes, einer Zentralheizungsanlage mit elektrischer Widerstandsheizung sowie einer Wärmepumpe oder einer Klimaanlage

Jeder **Eigentümer** einer Zentralheizungsanlage mit Heizkessel, eines Blockheizkraftwerkes, einer Zentralheizungsanlage mit elektrischer Widerstandsheizung sowie einer Wärmepumpe oder einer Klimaanlage **ist verpflichtet**, dafür zu sorgen, dass

- diese so betrieben werden, wie es in ihrer technischen Dokumentation vorgesehen ist,
- die in diesem Gesetz und den dazu ergangenen Durchführungsverordnungen und Entscheidungen vorgeschriebenen Bestimmungen eingehalten und
- die notwendigen periodischen Überprüfungen (§ 32) durchgeführt werden.

§ 61

Lagerung von brennbaren Flüssigkeiten,

(1) Die Landesregierung hat mit **Verordnung** nach den Regeln der Technik zur Vermeidung von Gefahren für Personen und Sachen, insbesondere von Brandgefahren,

1. die Lagerräume,
2. die Aufstellungsorte von Lagerbehältern und
3. die Leitungen zu und von den Lagerbehältern zu der Abgabestelle

für brennbare Flüssigkeiten zu regeln.

(2) Die Lagerung brennbarer Flüssigkeiten in Bereichen, die bei 100-jährlichen Hochwässern überflutet werden, ist nur bei Einsatz von nachweislich geeigneten hochwassersicheren Lagersystemen zulässig.

§ 62

Verwendung von Brennstoffen

(1) Die **Landesregierung** hat mit **Verordnung** die Verwendung von Brennstoffen zu regeln.

(2) Ist es zur Wahrung der Gesundheit von Personen und der Sicherheit von Sachen notwendig, hat die **Baubehörde** die Verwendung von Brennstoffen für die jeweilige **Feuerungsanlage** zu untersagen.

D) Anlagen und Geländeänderung

§ 63

Herstellung von Abstellanlagen für Kraftfahrzeuge sowie Ein- und Ausfahrten

(1) Wird ein Bauwerk gemäß Z 1 bis 7 errichtet, vergrößert oder dessen Verwendungszweck geändert oder die Anzahl von Wohnungen erhöht, sind dem voraussichtlichen Bedarf entsprechend Abstellanlagen für Kraftfahrzeuge herzustellen und für das Bauwerk und dessen Benützung zur uneingeschränkten Verfügung zu halten. Die **Mindestanzahl** der **Stellplätze** ist mit **Verordnung** der Landesregierung festzulegen:

Für	**nach Anzahl der**
1. Wohngebäude	Wohnungen
2. Beherbergungsbetriebe, Krankenanstalten, Heime und Kasernen	Betten
3. Versammlungsstätten, Veranstaltungsbetriebsstätten, Kinos, Kurstätten, Gaststätten u.dgl.	Sitzplätze

4.	Industrie-Gewerbebetriebe und Verwaltungsgebäude	Arbeitsplätze, Nutzfläche oder nach der Verkaufs- oder Geschossfläche
5.	Schulen	Lehrpersonen und Schüler
6.	Freizeitanlagen	Besucher oder nach der Fläche
7.	Ambulatorien und Arztpraxen	nach der Nutzfläche

Bei Änderungen des Verwendungszwecks von Gebäuden sind bestehende Stellplätze oder entrichtete Abgaben im Sinn des § 42, mit denen eine Stellplatzverpflichtung anlässlich früherer Vorhaben erfüllt wurde, zu berücksichtigen.

(2) Wenn es der örtliche Bedarf, insbesondere in stark verdichteten Siedlungsbereichen, erfordert, darf der **Gemeinderat** eine **von Abs. 1 abweichende Anzahl** von Stellplätzen sowie eine Beschränkung der Anzahl und Breite der Ein- und Ausfahrten im Wohnbauland zur Schaffung von Flächen für den ruhenden Verkehr auf angrenzenden öffentlichen Flächen – auch außerhalb eines **Bebauungsplans** – in einer **eigenen Verordnung** festlegen. Diese Verordnung darf für den gesamten Gemeindebereich oder für abgrenzbare Teilbereiche im Sinn des § 29 Abs. 2 des NÖ Raumordnungsgesetzes 2014, LGBl. Nr. 3/2015 in der geltenden Fassung, erlassen werden.

Bauverfahren, die zum Zeitpunkt der Kundmachung der Verordnung bereits anhängig waren, werden durch die Verordnung nicht berührt.

(3) Für die **Ermittlung der Anzahl** der Stellplätze bei **nicht** in der Verordnung nach Abs. 1 **genannten** Gebäuden und **Nutzungen** sowie für andere Kraftfahrzeuge als Personenkraftwagen sind der voraussichtliche Bedarf der Benützer und Besucher und für diesen der vorgesehene Verwendungszweck maßgeblich. Die Beurteilung ist unter Berücksichtigung des Verwendungszweckes des Bauwerks sowie der bestehenden Infrastruktur des Standortes vorzunehmen.

(4) Wenn Teile eines Gebäudes dauernd **verschiedenen Verwendungszwecken** gewidmet werden, dann ist der Stellplatzbedarf für jeden Verwendungszweck getrennt zu ermitteln. Die so erhaltenen Werte sind **zusammenzuzählen**. Wenn bei Gebäuden oder Gebäudeteilen verschiedene Verwendungszwecke für verschiedene Zeiträume in Betracht kommen, dann ist jeweils der **größere Stellplatzbedarf** zu berücksichtigen.

(5) Die Abstellanlagen sind grundsätzlich **auf dem Baugrundstück** herzustellen.

(6) Ist die Herstellung oder Vergrößerung einer Abstellanlage mit der erforderlichen Anzahl von Stellplätzen nach Abs. 1 auf dem Baugrundstück

- technisch nicht möglich,
- wirtschaftlich unzumutbar oder
- verboten (Bebauungsplan),

darf die Anlage auf einem **anderen Grundstück** hergestellt werden.

Dieses Grundstück muss

- in einer Wegentfernung bis zu 300 m liegen und
- seine Verwendung für die Anlage grundbücherlich sichergestellt sein, wenn dieses Grundstück nicht im Eigentum des Verpflichteten steht.

In begründeten Einzelfällen darf die Wegentfernung auf bis zu 600 m erweitert werden.

(7) Wenn auch das nicht möglich ist, ist **in der Baubewilligung** für das Vorhaben die **erforderliche und nicht herstellbare Anzahl der Stellplätze festzustellen**.

Die Baubehörde nach § 2 Abs. 1 hat diese Feststellung in einem eigenen Bescheid vorzunehmen, wenn

– sie für die Erteilung der Baubewilligung nicht zuständig ist oder
– eine Maßnahme nach § 15 Abs. 1 Z 1 lit. a gesetzt wird oder
– die Pflichtstellplätze abgeändert oder ersatzlos aufgelassen werden (§ 15 Abs. 1 Z 1 lit. c).

In diesen Fällen ist nach Erlassung des letztinstanzlichen Bescheides der Behörde nach § 2 Abs. 1 die **Stellplatz-Ausgleichsabgabe** gemäß § 41 Abs. 1 vorzuschreiben.

(8) Der **Gemeinderat** darf mit **Verordnung** in **Zentrumszonen** nach § 14 Abs. 2 Z 15 des NÖ Raumordnungsgesetzes 2014, LGBl. Nr. 3/2015 in der geltenden Fassung, oder **Teilen** davon zum Zweck der Förderung der Entwicklung dieser Zone oder um Standortnachteile auszugleichen eine gänzliche oder teilweise **Ausnahme** von der Vorschreibung einer Stellplatz-Ausgleichsabgabe vorsehen.

§ 64

Ausgestaltung der Abstellanlagen für Kraftfahrzeuge

(1) Im **Bauland-Wohngebiet** sind private Abstellanlagen für Kraftfahrzeuge nur soweit zulässig, als sie für

- die Bewohner des Gebietes,
- die dort Beschäftigten sowie
- die Kunden der dort bestehenden Betriebe

erforderlich sind.

(2) Die Baubehörde hat in der unmittelbaren Nähe von bestehenden oder im Flächenwidmungsplan vorgesehenen Krankenanstalten, Schulen, Kirchen, Kindergärten und sonstigen Gebäuden und Anlagen, deren Bewohner oder Benützer eines besonderen Schutzes gegen Lärm, üblen Geruch oder Brandgefahr bedürfen, die hiefür erforderlichen Auflagen vorzuschreiben.

Sie darf die Errichtung von Garagen anordnen, wenn der notwendige Schutz nur so gesichert ist.

(3) Wird ein **Bauwerk errichtet**, **vergrößert** oder einer **größeren Renovierung** unterzogen, im Zuge derer die elektrische Infrastruktur verändert wird, oder wird dessen **Verwendungszweck geändert**, so sind die zum Bauwerk bzw. zum geänderten oder vergrößerten Bauwerksteil gehörenden Pflichtstellplätze

- mit einer **Leitungsinfrastruktur für die spätere Errichtung von Ladepunkten für Elektrofahrzeuge**, bestehend aus Leerverrohrungen oder Kabeltassen für Elektrokabel, Platzreserven für Stromzähler und Stromverteiler, ausreichende Dimensionierung der Hausanschlussleitungen und dgl. und
- mit **Ladepunkten** für Elektrofahrzeuge

entsprechend den Abs. 4 bis 7 auszustatten.

(4) Bei **Gebäuden** mit mehr als 2 Wohnungen ist für alle Pflichtstellplätze der Wohnungen die **Leitungsinfrastruktur** für die spätere Errichtung von Ladepunkten für Elektrofahrzeuge mit einer Leistung von jeweils mindestens 11 kW herzustellen.

(5) Bei **Gebäuden** mit **nicht öffentlich zugänglichen PKW-Abstellanlagen**, die mehr als 10 Pflichtstellplätze für Nicht-Wohnnutzungen haben, ist

- für zumindest einen Stellplatz je angefangene 5 Pflichtstellplätze die **Leitungsinfrastruktur** für die spätere Errichtung von Ladepunkten für Elektrofahrzeuge mit einer Leistung von jeweils mindestens 22 kW und
- bei zumindest einem Pflichtstellplatz ein **Ladepunkt** für Elektrofahrzeuge mit einer Leistung von mindestens 22 kW herzustellen.

(6) Bei **Gebäuden** mit **öffentlich zugänglichen PKW-Abstellanlagen** und bei **sonstigen öffentlich zugänglichen PKW-Abstellanlagen** mit jeweils mehr als 10 Pflichtstellplätzen sind

- für zumindest einen Stellplatz je angefangene 5 Pflichtstellplätze die **Leitungsinfrastruktur** für die spätere Errichtung von Ladepunkten für Elektrofahrzeuge mit einer Leistung von jeweils mindestens 22 kW und
- bei zumindest einem Stellplatz je angefangene 25 Pflichtstellplätze ein **Ladepunkt** für Elektrofahrzeuge mit einer Leistung von jeweils mindestens 22 kW herzustellen.

(6a) Von der Verpflichtung der Abs. 4 bis 6 sind jene Pflichtstellplätze ausgenommen, bei denen die Herstellung der Ladeinfrastruktur auf Grund der örtlichen Gegebenheiten (z. B. Entfernung) oder auf Grund eingeschränkter Nutzungsdauer der Stellplätze (z. B. Besucherstellplätze bei Sportanlagen) zu einem wirtschaftlich unverhältnismäßigen Aufwand führen würde.

(7) Bei Stellplätzen gemäß den Abs. 5 und 6, bei denen mit einer durchschnittlichen Abstelldauer der Elektrofahrzeuge von mehr als 6 Stunden gerechnet werden kann (z. B. Stellplätze für Büros), können anstelle jeweils eines Ladepunktes mit einer Leistung von mindestens 22 kW bzw. 20 kW auch zwei Ladepunkte mit einer Leistung von jeweils mindestens 11 kW oder 4 Ladepunkte mit einer Leistung von jeweils mindestens 3,7 kW bzw. 3,0 kW errichtet werden.

(8) Bei Abstellanlagen von **Gebäuden** mit mehr als 20 Pflichtstellplätzen für Nicht-Wohnnutzungen, die auf Grund der Rechtslage vor dem Inkrafttreten der Bestimmungen der NÖ Bauordnung 2014, LGBl. Nr. 32/2021, bewilligt wurden, ist bis zum 1. Jänner 2025 zumindest ein Stellplatz mit einem **Ladepunkt** mit einer Leistung von mindestens 20 kW Ladeleistung auszustatten (**Nachrüstverpflichtung**)..

(9) **Abstellanlagen** sind so **auszugestalten** und zu benützen, dass

- eine Gefährdung von Personen und eine Beschädigung von Sachen durch Gase oder Dämpfe, durch Brand oder durch Explosion sowie
- eine das Widmungsmaß übersteigende Belästigung durch Lärm, Geruch oder Erschütterung

nicht zu erwarten ist.

Die Bestimmung über die Benützung von Abstellanlagen gilt nicht für gewerbliche Betriebsanlagen.

(10) **Abstellanlagen** dürfen nur dort errichtet werden, wo es die Verkehrsverhältnisse gestatten. Maßgebend hiefür sind

- die Größe der Anlage,
- die Lage des Tores oder der Einmündung des Verbindungsweges in die öffentliche Verkehrsfläche,
- die Nähe von Straßenkreuzungen,
- die Verkehrsbedeutung der Straße,
- die Verkehrsdichte auf ihr und
- die Sichtverhältnisse.

Durch die Anzahl und jeweilige Breite der Ein- und Ausfahrten von Grundstücken im Bauland dürfen die Verkehrsverhältnisse auf den öffentlichen Verkehrsflächen nicht beeinträchtigt werden.

(11) Die Landesregierung hat mit **Verordnung** nach den jeweiligen Regeln der Technik und Medizin spezielle Anforderungen im Sinne des § 43 Abs. 1 an Abstellanlagen festzusetzen; insbesondere können

- die erforderlichen Schutzabstände,
- die Anordnung und Gestaltung von Toren und Fenstern,
- die Anordnung, Gestaltung und Sicherung der Zu- und Abfahrten, der Verbindungswege und der Geh- und Fluchtwege,
- die Abwasserbeseitigung,
- der Brand- und Explosionsschutz sowie die Notwendigkeit und Beschaffenheit von Brandmelde- und Feuerlöscheinrichtungen,
- die Lüftung und Heizung,
- die elektrischen Anlagen,
- die Beleuchtung,
- die Aufbewahrung von brennbaren Stoffen und
- das Abstellen von Kraftfahrzeugen, auch von gasbetriebenen,

geregelt werden.

§ 65

Verpflichtung zur Herstellung von Abstellanlagen für Fahrräder

(1) Wird ein Gebäude errichtet, vergrößert, dessen Verwendungszweck geändert oder die Anzahl von Wohnungen erhöht, sind dem voraussichtlichen Bedarf entsprechend Abstellanlagen für Fahrräder herzustellen. Die **Richtzahl** der Fahrrad-Stellplätze ist mit **Verordnung** der Landesregierung festzulegen:

Für		**nach Anzahl der**
1.	Wohngebäude	Wohnungen
2.	Schüler-, Lehrlings- und Studentenheime	Heimplätze
3.	Betriebs- und Verwaltungsgebäude	Arbeitsplätze
4.	Sportanlagen und Freizeiteinrichtungen	Besucher
5.	Gaststätten	Sitzplätze
6.	Geschäftsgebäude	nach der Verkaufsfläche
7.	Bildungseinrichtungen	Ausbildungsplätze

Für die Ermittlung der Anzahl der Stellplätze bei nicht in der Auflistung genannten Gebäuden und Nutzungen sind der vorgesehene Verwendungszweck und der voraussichtliche Bedarf der Benützer und Besucher maßgeblich.

(2) Eine **abweichende Anzahl** von Fahrrad-Stellplätzen darf der **Gemeinderat** – auch außerhalb eines **Bebauungsplans** – in einer **eigenen Verordnung** festlegen, wenn dies die örtlichen Umstände bzw. ein abweichender Bedarf erfordern.

Bauverfahren, die zum Zeitpunkt der Kundmachung der Verordnung bereits anhängig waren, werden durch die Verordnung nicht berührt.

(3) Die Abstellanlagen sind nach Möglichkeit auf dem Baugrundstück herzustellen. Ist dies nicht möglich, darf die Anlage auf einem **anderen Grundstück** hergestellt werden. Dieses Grundstück muss

- in einer Wegentfernung bis zu 100 m liegen und
- seine Verwendung für die Anlage grundbücherlich sichergestellt sein, wenn dieses Grundstück nicht im Eigentum des Verpflichteten steht.

(4) Wenn auch das nicht möglich ist, ist **in der Baubewilligung** für das Vorhaben die **erforderliche und nicht herstellbare Anzahl der Stellplätze festzustellen**.

Die Baubehörde nach § 2 Abs. 1 hat diese Feststellung in einem eigenen Bescheid vorzunehmen, wenn

– sie für die Erteilung der Baubewilligung nicht zuständig ist oder
– eine Maßnahme nach § 15 Abs. 1 Z 1 lit. a gesetzt wird oder
– die Pflichtstellplätze abgeändert oder ersatzlos aufgelassen werden (§ 15 Abs. 1 Z 1 lit. c).

In diesen Fällen ist nach Erlassung des letztinstanzlichen Bescheides der Behörde nach § 2 Abs. 1 die **Stellplatz-Ausgleichsabgabe** gemäß § 41 Abs. 4 vorzuschreiben.

(5) Der **Gemeinderat** darf mit **Verordnung** in **Schutzzonen** (§ 30 Abs. 2 Z 1 des NÖ Raumordnungsgesetzes 2014, LGBl. Nr. 3/2015 in der geltenden Fassung) aus Gründen des Denkmalschutzes oder des Ortsbildes eine **Ausnahme** von der Vorschreibung einer Stellplatz-Ausgleichsabgabe vorsehen.

§ 66

Verpflichtung zur Errichtung nichtöffentlicher Spielplätze

(1) Beim Neubau von Wohnhausanlagen mit mehr als 4 Wohnungen, ausgenommen Reihenhäuser und solche auf Grund deren Verwendungszweck ein Bedarf nach einem Spielplatz nicht zu erwarten ist, ist auf den das oder die Wohngebäude umgebenden freien Flächen des Bauplatzes ein nichtöffentlicher Spielplatz im Sinn des § 4 Z 28 zu errichten. Dies gilt auch, wenn die erforderliche Anzahl der Wohnungen erst durch eine Änderung oder Erweiterung der Wohnhausanlage erreicht wird. Bei am 1. Februar 2015 baubehördlich bewilligten Wohnhausanlagen mit mehr als 4 Wohnungen, bei denen noch kein nichtöffentlicher

Spielplatz errichtet werden musste und auch keine Spielplatz-Ausgleichsabgabe vorgeschrieben wurde, entsteht die Verpflichtung zur Herstellung eines nichtöffentlichen Spielplatzes, sobald die Wohnhausanlage um insgesamt mehr als 4 Wohnungen erweitert wird.

(2) Nichtöffentliche Spielplätze müssen zusammenhängend eine Fläche von mindestens 150 m² und zusätzlich 5 m² je Wohnung ab der 10. Wohnung aufweisen. Eine Aufteilung auf mehrere Spielplätze ist dann zulässig, wenn sämtliche dieser Teilflächen jeweils wenigstens 150 m² aufweisen.

(3) Mehrere Bauwerber von Gebäuden im Sinne des Abs. 1 können unter Berücksichtigung der Mindestfläche im Sinne des Abs. 2 für alle Gebäude gemeinsam einen nichtöffentlichen Spielplatz errichten. Dieser muss in einer Wegentfernung von höchstens 200 m zu jedem Gebäude gelegen sein.

(4) Von der Errichtung eines nichtöffentlichen Spielplatzes kann dann Abstand genommen werden, wenn

- die Gemeinde in einer Wegentfernung von höchstens 400 m zu der Wohnhausanlage im Sinne des Abs. 1 einen **öffentlichen Spielplatz** zu errichten plant oder errichtet hat und
- der zur Errichtung eines nichtöffentlichen Spielplatzes Verpflichtete einen entsprechenden **Vertrag** über eine **Kostenbeteiligung** an diesem öffentlichen Spielplatz mit der Gemeinde abschließt. Das Höchstausmaß der Kostenbeteiligung richtet sich nach § 42 Abs. 3.

(5) Ist die Herstellung eines nichtöffentlichen Spielplatzes auf dem Bauplatz technisch nicht möglich, kann dieser auf einem **anderen Grundstück** hergestellt werden.

Dieses Grundstück muss

- in einer Wegentfernung von höchstens 200 m liegen und
- für die Verwendung als Spielplatz für das Gebäude im Sinne des Abs. 1 grundbücherlich sichergestellt sein, wenn dieses Grundstück nicht im Eigentum des Verpflichteten steht.

(6) Wenn auch das nicht möglich ist, ist die **erforderliche und nicht herstellbare Größe** des Spielplatzes **in der Baubewilligung festzustellen**.

Die Baubehörde nach § 2 Abs. 1 hat diese Feststellung in einem eigenen Bescheid vorzunehmen, wenn

– sie für die Erteilung der Baubewilligung nicht zuständig ist oder
– eine Maßnahme nach § 15 Abs. 1 Z 1 lit. a gesetzt wird.

In diesen Fällen ist nach Erlassung des letztinstanzlichen Bescheides der Behörde nach § 2 Abs. 1 die **Spielplatz-Ausgleichsabgabe** gemäß § 42 vorzuschreiben.

(7) Der **Gemeinderat** darf mit **Verordnung** in **Schutzzonen** (§ 30 Abs. 2 Z 1 des NÖ Raumordnungsgesetzes 2014, LGBl. Nr. 3/2015 in der geltenden Fassung) aus Gründen des Denkmalschutzes oder des Ortsbildes eine **Ausnahme** von der Vorschreibung einer Spielplatz-Ausgleichsabgabe vorsehen.

§ 66a
Verpflichtung zur Errichtung von Photovoltaikanlagen

(1) Bei **Neu- und Zubauten von Bauwerken** im Bauland mit einer bebauten Fläche der Gebäude oder mit einer überbauten Fläche der baulichen Anlagen von jeweils mehr als 300 m² ist

- am Bauwerk eine **Photovoltaikanlage** zu errichten, deren Modulfläche zumindest 25 % der bebauten bzw. überbauten Fläche beträgt, **oder**
- das Bauwerk so auszuführen, dass auf 50 % der hiezu solartechnisch geeigneten Dachflächen (Abs. 5) nachträglich ohne größere Umbauten **eine Photovoltaikanlage errichtet werden kann**. Dazu ist auf diesen 50 % der solartechnisch geeigneten Dachflächen zusätzlich zu den normgemäßen Lasten eine Flächenlast von zumindest 25 kg pro m² bezogen auf die geneigte Dachfläche anzusetzen.

Jede Kombination dieser beiden Varianten ist zulässig.

Bei mehreren Bauwerken auf einem Grundstück können die Flächen für die Photovoltaikanlage beliebig auf die Bauwerke am Grundstück aufgeteilt werden.

(2) Auf **Neu- oder Zubauten** von Nicht-Wohngebäuden **ist eine Photovoltaikanlage zu errichten,** wenn gemäß § 44 Abs. 1 ein Energieausweis erstellt werden muss und in diesem ein **außeninduzierter Kühlbedarf** $\mathbf{KB^*_{RK}}$ bezogen auf das Referenzklima größer als null ausgewiesenen ist. Die Modulfläche der Photovoltaikanlage muss zumindest 0,01 m² je kWh/a jährlichem außeninduzierten Kühlbedarf Q*c,a,sk bezogen auf das Standortklima betragen.

Die Modulflächen von gemäß Abs. 1 und 3 errichteten Photovoltaikanlagen dürfen berücksichtigt werden.

(3) Werden auf Bauwerken **Klimaanlagen** mit einer Nennleistung von jeweils **mehr als 12 kW** errichtet, ist am Bauwerk eine Photovoltaikanlage zu errichten. Die Modulfläche der Photovoltaikanlage muss zumindest 2 m² je kW der Summe der Nennleistungen dieser Klimaanlagen betragen.

Die Modulflächen von gemäß Abs. 1 und 2 errichteten Photovoltaikanlagen und von auf dem Bauwerk bereits bestehenden Photovoltaikanlagen dürfen berücksichtigt werden.

Bei bestehenden Bauwerken sind die Photovoltaikanlagen nur in jenem Ausmaß herzustellen, als hiezu ausreichend tragfähige und solartechnisch geeignete Dachflächen (Abs. 5) am Bauwerk zur Verfügung stehen.

(4) Für Bauwerke in **Schutzzonen oder erhaltungswürdigen Altortgebieten** und für **denkmalgeschützte Gebäude** gelten die Abs. 1 bis 3 nur dann, wenn durch die Einhaltung der Anforderungen aus diesen Bestimmungen kein Widerspruch zu den Zielen der Schutzzonen, der erhaltungswürdigen Altortgebiete oder des Denkmalschutzes entsteht. Bauwerke vorübergehenden Bestandes sind von Abs. 1 bis 3 ausgenommen.

(5) Solartechnisch geeignet sind Dachflächen, die am 20. März jedes Jahres länger als 9 Stunden von der Sonne bestrahlt werden und bei denen die Sonnenstrahlen nicht während der ganzen Tageszeit sehr flach auf die Dachfläche einfallen. Dies sind jedenfalls alle Dachflächen, die – unabhängig von der Ausrichtung – eine Neigung von weniger als 15° haben und alle Dachflächen, die Richtung Osten, Süden oder Westen ausgerichtet sind. Beschattungen durch Teile desselben Bauwerkes, durch bestehende Bauwerke am selben Grundstück, durch zulässige Gebäude auf den Nachbargrundstücken oder durch das Gelände dürfen bei der Berechnung der Sonneneinstrahlungszeiten abgezogen werden.

§ 67

Veränderung der Höhenlage des Geländes und des Bezugsniveaus

(1) Die **Höhenlage des Geländes** im **Bauland** darf nur dann verändert werden, wenn

- die Standsicherheit eines Bauwerks oder des angrenzenden Geländes nicht gefährdet wird,
- dadurch die ausreichende Belichtung der Hauptfenster zulässiger Gebäude auf den Nachbargrundstücken gewährleistet ist und
- dies nicht durch einen Bebauungsplan oder durch eine Verordnung des Gemeinderates nach Abs. 4 untersagt oder beschränkt ist.

(1a) Im **Bauland** darf das **Gelände nach Fertigstellung** an **Gebäudefronten** und in einem Abstand von bis zu 3 m von Gebäudefronten auf demselben Grundstück nicht mehr als **1,5 m** unter dem Bezugsniveau liegen. Ausgenommen davon sind:

- Bauwerke im Bauland-Betriebsgebiet, Bauland-Industriegebiet und Bauland-Sondergebiet,
- bei Wohngebäuden mit nicht mehr als 2 Wohnungen und bei Nebengebäuden: ein Stiegenabgang und eine Garageneinfahrt mit einer Breite von insgesamt nicht mehr als 5 m pro Gebäude,
- bei sonstigen Hauptgebäuden: Stiegenabgänge oder Garageneinfahrten mit einer Breite von insgesamt nicht mehr als 8 m pro Gebäude.“

(2) Die **Höhenlage des Geländes** im **Grünland-Kleingarten** darf nur dann verändert werden, wenn

- die Standsicherheit eines Bauwerks oder des angrenzenden Geländes nicht gefährdet wird,
- diese gegenüber dem Bezugsniveau nicht mehr als **0,5 m** erhöht oder abgesenkt wird und
- dies nicht durch einen **Bebauungsplan** oder durch eine **Verordnung des Gemeinderates** nach Abs. 4 untersagt oder beschränkt ist.

(3) Das **Bezugsniveau** im **Bauland** darf **mit Bescheid erhöht** werden, wenn das Bezugsniveau am tiefsten Punkt des Grundstücks mehr als 0,5 m unter der Höhenlage des Bezugsniveaus am nächstfolgenden Punkt der Grundgrenze liegt (Wannenlage).

Das **erhöhte Bezugsniveau** darf in keinem Punkt höher liegen als die geradlinige Verbindung des höchsten Punktes des Bezugsniveaus am Grundstück mit dem ursprünglichen Bezugsniveau entlang der Grundstücksgrenzen.

(3a) Das **Bezugsniveau** eines Grundstücks im **Bauland** darf **mit Bescheid abgeändert** werden, wenn zumindest bei einem seitlich angrenzenden **Nachbargrundstück** das Bezugsniveau gemäß § 4 Z 11a 3. Fall im Randbereich (bis zu 3 m entlang der gemeinsamen Grundstücksgrenze – 3m-Bereich in Abb. 1 und 2) vom ursprünglichen Gelände abweicht. Das **neue Bezugsniveau** darf an dieser seitlichen Grundstücksgrenze auf der maximalen Höhe des Bezugsniveaus im Randbereich des Nachbargrundstückes, gemessen in einem Schnitt parallel zur Straßenfluchtlinie, festgelegt werden (Abb. 1).

Das **neue Bezugsniveau** am Grundstück darf durch zur Straßenfluchtlinie parallele und konstant steigende oder fallende Verbindungslinien zwischen den Höhenpunkten der gegenüberliegenden Grundstücksgrenzen festgelegt werden (Abb. 2).

Für **zwei benachbarte Grundstücke** darf das **Bezugsniveau** in diesem Sinn dann **abgeändert** werden, wenn jeweils das Bezugsniveau gemäß § 4 Z 11a 3. Fall in den 3 m breiten Randbereichen beider seitlich angrenzenden Nachbargrundstücke vom ursprünglichen Gelände abweicht und die betroffenen Grundeigentümer dies gemeinsam beantragen.

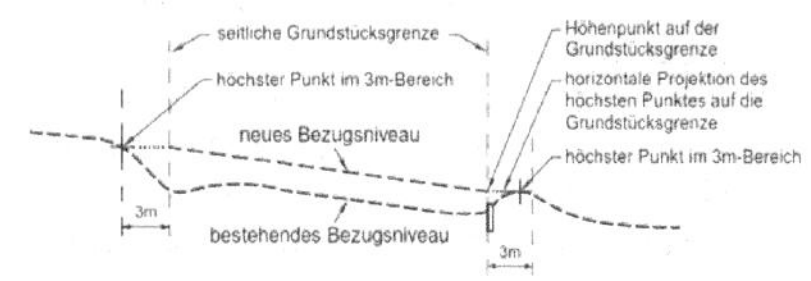

Abb. 1

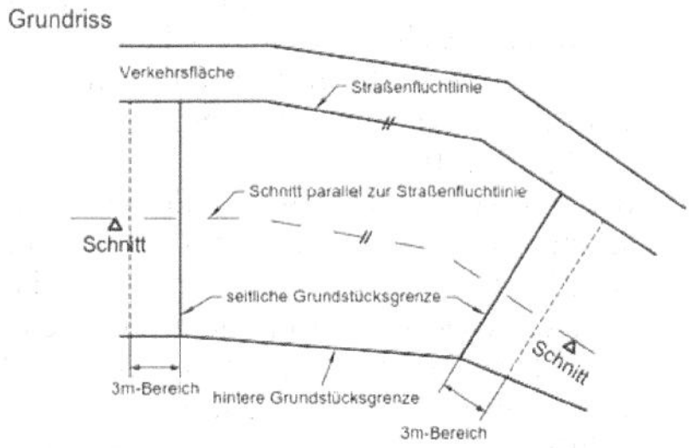

Abb. 2

(4) In Bereichen, in denen kein Bebauungsplan gilt, darf der **Gemeinderat** – ausgehend von den Ergebnissen der Grundlagenforschung – in einer **eigenen Verordnung** für abgrenzbare Teilgebiete

- das **Bezugsniveau**, ein Gebot zur **verpflichtenden Herstellung** des Bezugsniveaus, die Beschränkung oder das Verbot der **Veränderung der Höhenlage des Geländes**,

und erforderlichenfalls damit verbunden

- die **Straßenfluchtlinie** und bei neuen Verkehrsflächen das **Straßenniveau** in der Straßenfluchtlinie

festlegen.

Die Verordnung beinhaltet eine **Plandarstellung** mit

- einer Abgrenzung des Festlegungsgebietes,
- einer punktgenauen Darstellung des Bezugsniveaus (z. B. mittels Höhenschichtlinien) und
- Höhenangaben, die sich auf einen definierten Bezugspunkt mit amtlichen Höhen eines generellen oder lokalen Höhennetzes beziehen.

Für die Plandarstellung ist ein ausreichend großer Maßstab (in der Regel 1:200 bis 1:500) zu wählen.

Für das **Verfahren** zur Erlassung der Verordnung gelten § 29 Abs. 5 und § 33 NÖ ROG 2014, LGBl. Nr. 3/2015 in der geltenden Fassung, sinngemäß.

Bauverfahren, die zum Zeitpunkt der Auflegung des Entwurfs bereits anhängig waren, werden durch die Verordnung nicht berührt.

§ 68
Abbruch von Bauwerken

(1) Der **Abbruch von Bauwerken** muss so erfolgen, dass die Standsicherheit

- des angrenzenden Geländes,
- eines allenfalls anschließenden Bauwerks und
- einer allenfalls anschließenden öffentlichen Verkehrsfläche

nicht gefährdet wird.

(2) Beim Abbruch von Bauwerken müssen

- Versorgungsleitungen (z. B. Wasser, Strom, Gas) abgesichert,
- Entsorgungsleitungen (z. B. Kanal) abgeschlossen und
- Senkgruben oder Hauskläranlagen abgetragen oder gereinigt und mit hygienisch einwandfreiem Material aufgefüllt

werden.

(3) **Kellerdecken** müssen abgebrochen und die Kellerräume mit hygienisch einwandfreiem Material aufgefüllt und verdichtet werden, wenn

- sich die Bauwerke innerhalb von Straßenfluchtlinien befinden oder
- dies notwendig ist, um Gefahren für das Leben oder die Gesundheit von Personen oder für die Sicherheit von Sachen zu vermeiden.

(4) **Wände und Fundamente** von Bauwerken müssen abgetragen werden,

und zwar

- auf dem innerhalb von Straßenfluchtlinien liegenden Teil eines Grundstücks bis 50 cm
- auf anderen Teilen eines Grundstücks bis 25 cm

unter das angrenzende Gelände.

(5) Bleiben im Fall des Abbruchs **Mauern und Mauerteile** stehen, die nicht verputzt sind, so sind diese vom Eigentümer des Bauwerks umgehend zu **verputzen**, wenn diese nicht witterungsbeständig ausgeführt sind. Der Verputz ist so wie an den übrigen Mauern des Bauwerks auszuführen. Kommt der Eigentümer des Bauwerks dieser Verpflichtung nicht nach, hat die Baubehörde unter Gewährung einer angemessenen Frist diese Verpflichtung aufzutragen.

III. Umgesetzte EU-Richtlinien, Übergangs- und Schlussbestimmungen

§ 69
Umgesetzte EU-Richtlinien und Informationsverfahren

(1) Durch dieses Gesetz werden **folgende Richtlinien** der Europäischen Union **umgesetzt**:

1. Richtlinie 92/42/EWG des Rates vom 21. Mai 1992 über die Wirkungsgrade von mit flüssigen oder gasförmigen Brennstoffen beschickten neuen Warmwasserheizkesseln, Amtsblatt Nr. L 167, vom 22. Juni 1992, Seite 17,
2. Richtlinie 93/68/EWG des Rates vom 22. Juli 1993
zur Änderung der Richtlinien 87/404/EWG (einfache Druckbehälter), 88/378/EWG (Sicherheit von Spielzeug), 89/106/EWG (Bauprodukte), 89/336/EWG (elektromagnetische Verträglichkeit), 89/392/EWG (Maschinen), 89/686/EWG (persönliche Schutzausrüstungen), 90/384/EWG (nichtselbsttätige Waagen), 90/385/EWG (aktive implantierbare medizinische Geräte), 90/396/EWG (Gasverbrauchseinrichtungen), 91/263/EWG (Telekommunikationsendeinrichtungen), 92/42/EWG (mit flüssigen oder gasförmigen Brennstoffen beschickte neue Warmwasserheizkessel) und 93/23/EWG (elektrische Betriebsmittel zur Verwendung innerhalb bestimmter Spannungsgrenzen), Amtsblatt Nr. L 220 vom 30. August 1993, Seite 1,
3. Richtlinie 2009/28/EG des Europäischen Parlaments und des Rates vom 23. April 2009 zur Förderung der Nutzung von Energie aus erneuerbaren Quellen und zur Änderung und anschließenden Aufhebung der Richtlinien 2001/77/EG und 2003/30/EG, Amtsblatt Nr. L 140 vom 5. Juni 2009, Seite 16,
4. Richtlinie 2009/125/EG des Europäischen Parlaments und des Rates vom 21. Oktober 2009 zur Schaffung eines Rahmens für die Festlegung von Anforderungen an die umweltgerechte Gestaltung energieverbrauchsrelevanter Produkte, Amtsblatt Nr. L 285 vom 31. Oktober 2009, Seite 10,
5. Richtlinie 2009/142/EG des Europäischen Parlaments und des Rates vom 30. November 2009 über Gasverbrauchseinrichtungen, Amtsblatt Nr. L 330 vom 16. Dezember 2009, Seite 10,
6. Richtlinie 2010/31/EU des Europäischen Parlaments und des Rates vom 19. Mai 2010 über die Gesamtenergieeffizienz von Gebäuden, Amtsblatt Nr. L 153 vom 18. Juni 2010, Seite 13,
7. Richtlinie 2012/27/EU des Europäischen Parlaments und des Rates vom 25. Oktober 2012 zur Energieeffizienz, zur Änderung der Richtlinien 2009/125/EG und 2010/30/EU und zur Aufhebung der Richtlinie 2004/8/EG und 2006/32/EG, Amtsblatt Nr. L 315 vom 14. November 2012, Seite 1,
8. Richtlinie 2014/61/EU des Europäischen Parlaments und des Rates vom 15. Mai 2014 über Maßnahmen zur Reduzierung der Kosten des Ausbaus von Hochgeschwindigkeitsnetzen für die elektronische Kommunikation, Amtsblatt Nr. L155 vom 23. Mai 2014, Seite 1,
9. Richtlinie 2014/94/EU des Europäischen Parlaments und des Rates vom 22. Oktober 2014 über den Aufbau der Infrastruktur für alternative Kraftstoffe, Amtsblatt Nr. L 307 vom 28. Oktober 2014, Seite 1,
10. Richtlinie (EU) 2015/2193 des Europäischen Parlaments und des Rates vom 25. November 2015 zur Begrenzung der Emissionen bestimmter Schadstoffe aus mittelgroßen Feuerungsanlagen in die Luft, Amtsblatt Nr. L 313 vom 28. November 2015, Seite 1,
11. Richtlinie (EU) 2018/844 des Europäischen Parlaments und des Rates vom 30. Mai 2018 zur Änderung der Richtlinie 2010/31/EU über die Gesamtenergieeffizienz von Gebäuden und der Richtlinie 2012/27/EU über Energieeffizienz, Amtsblatt Nr. L 156 vom 19. Juni 2018, Seite 75,
12. Richtlinie (EU) 2020/2184 des Europäischen Parlaments und des Rates vom 16. Dezember 2020 über die Qualität von Wasser für den menschlichen Gebrauch (Neufassung), Amtsblatt Nr. L 435 vom 23. Dezember 2020, Seite 1.

(2) Dieses Gesetz wurde **als technische Vorschrift** nach der Richtlinie 98/34/EG des Europäischen Parlaments und des Rates vom 22. Juni 1998 über ein Informationsverfahren auf dem Gebiet der Normen und technischen Vorschriften für die Dienste der Informationsgesellschaft, Amtsblatt Nr. L 204 vom 21. Juli 1998, Seite 37, in der Fassung der Richtlinie 98/48/EG des Europäischen Parlaments und des Rates vom 20. Juli 1998, Amtsblatt Nr. L 217 vom 5. August 1998, Seite 18, **der Kommission übermittelt**:

1. Notifizierung 2014/279/A vom 17. Juni 2014,
2. Notifizierung 2016/624/A vom 29. November 2016,
3. Notifizierung 2020/661/A vom 20. Oktober 2020.

§ 70
Übergangsbestimmungen

(1) Die am Tage des Inkrafttretens dieses Gesetzes **anhängigen Verfahren**, ausgenommen jene nach §§ 33 und 35 der NÖ Bauordnung 1996, LGBl. 8200, sind nach der bisherigen Rechtslage zu Ende zu führen. § 5 Abs. 3 ist jedoch auf alle Beschwerden, die nach dem Inkrafttreten dieses Gesetzes eingebracht werden, anzuwenden.

Sämtliche baubehördliche Bescheide bleiben bestehen. § 6 Abs. 7 gilt sinngemäß für Bauverfahren, die vor dem 1. Februar 2015 bereits abgeschlossen oder am 1. Februar 2015 anhängig waren.

(2) **Verordnungen**, mit denen nach § 14 Abs. 4 der NÖ Bauordnung 1976, LGBl. 8200, bzw. § 38 Abs. 6 der NÖ Bauordnung 1996, LGBl. 8200, Einheitssätze für die Berechnung von Aufschließungsabgaben, nach § 86 Abs. 6 der NÖ Bauordnung 1976 bzw. § 41 Abs. 3 der NÖ Bauordnung 1996, LGBl. 8200, Tarife für Abstellplatz-Ausgleichsabgaben sowie nach § 4 Abs. 4 des NÖ Spielplatzgesetzes 2002, LGBl. 8215, Richtwerte für Spielplatzausgleichsabgaben festgelegt worden sind, gelten als Verordnungen nach diesem Gesetz.

(3) Zeitliche **Zulassungen** von Baustoffen, Bauteilen, Bauweisen und bauchemischen Mitteln auf Grund des § 29 der NÖ Bauordnung 1976 in der Fassung LGBl. 8200–6 bis 8 bleiben bis zum Ablauf ihrer Geltungsdauer aufrecht.

(4) Die nach der vor dem Inkrafttreten der NÖ Bauordnung 1996, LGBl. 8200, geltenden Rechtslage bewilligten **Nebenfenster** und Lüftungsöffnungen in **äußeren Brandwänden** dürfen über die bewilligte oder bisher gesetzlich vorgesehene Dauer bestehen bleiben, so lange der Eigentümer des an die Brandwand angrenzenden Grundstücks zustimmt.

(5) Die **eisenbahnrechtliche Bewilligung** von Bauwerken, deren Verwendungszweck weggefallen ist, gilt als Baubewilligung im Sinne dieses Gesetzes.

(5a) Für sonstige nach bundes- oder anderen landesrechtlichen Vorschriften bewilligte Bauwerke, deren Verwendungszweck weggefallen ist und die keinem neuen Verwendungszweck nach diesen Vorschriften zugeordnet werden, ist der Abbruch nach § 35 Abs. 2 Z 2 erst dann anzuordnen, wenn nicht innerhalb von 5 Jahren ab dem Wegfall des ursprünglichen Verwendungszwecks eine Bewilligung nach diesem Gesetz erteilt wird.

(6) Hat ein Gebäude im Bauland ursprünglich eine Baubewilligung aufgewiesen, wurde von dieser jedoch vor mehr als 30 Jahren ohne baubehördliche Beanstandung abgewichen und kann es nicht nach § 14 neuerlich bewilligt werden, gilt dieses Gebäude als bewilligt, wenn dies unter ausdrücklicher Bezugnahme auf diese Bestimmung beantragt wird, der Behörde die Zustimmung des Grundeigentümers (der Mehrheit der Miteigentümer) nachgewiesen wird und vollständige Bestandspläne vorgelegt werden. Die Baubehörde hat darüber einen Feststellungsbescheid zu erlassen.

Weiters ist § 35 Abs. 2 Z 2 auf jene Gebäude nicht anzuwenden, in denen aufgrund des § 71 der Bauordnung für Wien, LGBl. Nr. 11/1930, oder des § 108a der Bauordnung für NÖ, LGBl. Nr. 36/1883, Baubewilligungen auf Widerruf erteilt wurden. Bei der Erlassung eines Feststellungsbescheides gelten die Voraussetzungen des ersten Satzes sinngemäß.

Dieser Absatz tritt mit 31. Dezember 2024 außer Kraft.

(6a) § 35 Abs. 2 Z 2 ist nicht anzuwenden auf an Flüssen mit traditioneller Daubelfischerei gelegene Anlagen, die der Ausübung der Fischerei mit ortsfesten Daubelanlagen dienen, sofern das maximale Ausmaß der Plattform (einschließlich Hütte) 21 m² und davon die Hütte nicht mehr als 12 m² beträgt, diese Anlagen am 18. März 2021 bereits bestanden haben und es sich um nach dem Wasserrechtsgesetz 1959, BGBl. Nr. 215/1959 in der Fassung BGBl. I Nr. 73/2018, bewilligungspflichtige Maßnahmen handelt.

(7) § 16a in der Fassung des Landesgesetzes LGBl. Nr. 89/2015 tritt am 1. Oktober 2015 in Kraft. § 16a in der Fassung des Landesgesetzes LGBl. Nr. 89/2015 tritt mit 1. Jänner 2023 außer Kraft.

(8) Die zum Zeitpunkt des Inkrafttretens der Änderung der NÖ BO 2014, LGBl. Nr. 106/2016 auf Flughäfen bestehenden Bauwerke gelten als bewilligt im Sinne dieses Gesetzes. Die Dokumentation des Baubestandes hat vor Inkrafttreten der Änderung der NÖ BO 2014, LGBl. Nr. 106/2016, durch eine vom Bundesamt für Eich- und Vermessungswesen autorisierte Luftaufnahme zu erfolgen.

(9) § 43a gilt für Vorhaben, um deren Baubewilligung ab dem 1. Jänner 2017 angesucht wird.

(10) Die am Tag des Inkrafttretens der Änderung der NÖ Bauordnung 2014 (NÖ BO 2014), LGBl. Nr. 50/2017, **anhängigen Verfahren** sind nach den bisherigen Bestimmungen zu Ende zu führen.

(11) Für die am Tag des Inkrafttretens der Änderung der NÖ Bauordnung 2014 (NÖ BO 2014), LGBl. Nr. 53/2018, bereits bewilligten, jedoch noch nicht fertiggestellten mittelgroßen Feuerungsanlagen muss die ordnungsgemäße Anzeige der Fertigstellung (§ 30) bis spätestens 19. Dezember 2018 bei der Behörde eingebracht werden.

(12) Für Bauwerke vorübergehenden Bestandes (§ 23 Abs. 7), die der Deckung eines öffentlich-sozialen Bedarfes dienen (z. B. die vorübergehende Unterbringung von Kindergartengruppen oder Schulklassen), darf die Bewilligung einmalig um höchstens 3 Jahre verlängert werden.

(13) Die Bestimmung des § 33a in der Fassung des Landesgesetzes, LGBl. Nr. 32/2021, tritt am 1. Juli 2022 in Kraft; gleichzeitig tritt § 32 Abs. 7 außer Kraft.

(14) Die übrigen Bestimmungen in der Fassung des Landesgesetzes, LGBl. Nr. 32/2021, treten am 1. Juli 2021 in Kraft. Gleichzeitig treten § 17 Z 6 und 7a und § 57 außer Kraft.

(15) Die Bestimmung des § 59a in der Fassung des Landesgesetzes LGBl. Nr. 32/2021 tritt mit Ablauf des 31. Dezember 2021 außer Kraft.

(16) Die am Tag des Inkrafttretens der Bestimmungen der NÖ Bauordnung 2014, LGBl. Nr. 32/2021, (Abs. 14) anhängigen Verfahren sind nach den bisherigen Bestimmungen zu Ende zu führen.

(17) § 16a in der Fassung des Landesgesetzes LGBl. Nr. 20/2022 tritt am 1. Jänner 2030 außer Kraft.

§ 71

Sprachliche Gleichbehandlung

Soweit sich die in diesem Gesetz verwendeten Bezeichnungen auf natürliche Personen beziehen, gilt die gewählte Form **für beide Geschlechter**. Bei der Anwendung dieser Bezeichnungen auf bestimmte natürliche Personen ist die jeweils geschlechtsspezifische Form zu verwenden.

§ 72

Schlussbestimmungen

(1) Dieses Gesetz tritt am 1. Februar 2015 in Kraft.

(2) Verordnungen dürfen bereits nach der Kundmachung des Gesetzes erlassen werden. Diese Verordnungen dürfen aber frühestens mit dem im Abs. 1 bezeichneten Zeitpunkt in Kraft gesetzt werden.

(3) Mit dem Inkrafttreten dieses Gesetzes tritt die NÖ Bauordnung 1996, LGBl. 8200, außer Kraft.

15. NÖ Raumordnungsgesetz 2014

NÖ Raumordnungsgesetz 2014
StF: LGBl. Nr. 3/2015
Letzte Novellierung: LGBl. Nr. 99/2022

GLIEDERUNG

I. Abschnitt
Allgemeines
§ 1
Begriffe und Leitziele

(1) Im Sinne dieses Gesetzes gelten als

1. Raumordnung: die vorausschauende Gestaltung eines Gebietes zur Gewährleistung der bestmöglichen Nutzung und Sicherung des Lebensraumes unter Bedachtnahme auf die natürlichen Gegebenheiten, auf die Erfordernisse des Umweltschutzes sowie die abschätzbaren wirtschaftlichen, sozialen und kulturellen Bedürfnisse seiner Bewohner und der freien Entfaltung der Persönlichkeit in der Gemeinschaft, die Sicherung der lebensbedingten Erfordernisse, insbesondere zur Erhaltung der physischen und psychischen Gesundheit der Bevölkerung, vor allem Schutz vor Lärm, Erschütterungen, Verunreinigungen der Luft, des Wassers und des Bodens, sowie vor Verkehrsunfallsgefahren;
2. Region: ein zusammenhängendes Gebiet, das durch gleichartige Probleme oder funktionelle Zusammengehörigkeit gekennzeichnet ist und aus diesen Gründen Gegenstand eines regionalen Raumordnungsprogrammes oder regionalen Entwicklungskonzeptes ist oder werden soll;
3. Stadt- und Dorferneuerung: besondere Maßnahmen, die in Abstimmung mit dem örtlichen Raumordnungsprogramm auf die Verbesserung der räumlichstrukturellen Lebensbedingungen im Bereich der Gesellschaft, der Wirtschaft, der Kultur und der Ökologie in Städten und Dörfern ausgerichtet sind;
4. Wohnbauland: das Bauland, für welches gemäß § 16 Abs. 1 Z 1, 2, 5, 7, 8 und 9 im Flächenwidmungsplan die Widmungen Wohngebiet, Kerngebiet, Agrargebiet (ausgenommen „Hintausbereiche"), Gebiet für erhaltenswerte Ortsstrukturen, Wohngebiet für nachhaltige Bebauung oder Kerngebiet für nachhaltige Bebauung festgelegt werden;
5. Überörtliche Planung: die Festlegung einer bestimmten Nutzung durch eine Rechtsvorschrift des Landes oder Bundes oder die Beschränkung der Nutzung einer Grundfläche wie zum Beispiel: Festlegung einer Straßentrasse, Erklärung zum Eisenbahngrundstück, zum Naturschutzgebiet oder zum Wasserschutz- oder Grundwasserschongebiet, zum Bann- oder Schutzwald, zum militärischen Sperrgebiet, zur Flugplatz-Sicherheitszone und dergleichen;
6. Überörtliche Funktionsbezeichnung: Bezeichnung, die angibt, welche vorrangigen überörtlichen Funktionen Gemeinden oder Gemeindeteile zu erfüllen haben (z. B. Zentraler Ort, Erholungsgebiet, Industrieeignungs- und Ausbaustandort, Fremdenverkehrseignungs- und Ausbaustandort und dergleichen);
7. Widmungsart: funktionale Untergliederung des Baulandes, des Grünlandes oder der Verkehrsflächen;
8. Zentraler Ort: das baulich zusammenhängende Siedlungsgebiet, das innerhalb einer Gemeinde die Funktion des Hauptortes erfüllt und im besonderen Maße Standort zentraler Einrichtungen ist, die in der Regel nicht nur die Bevölkerung der eigenen Gemeinde, sondern auch die Bevölkerung der Umlandgemeinden versorgen;
9. Landschaftskonzept: Bestandteil der Grundlagenforschung des örtlichen Raumordnungsprogrammes zur Abgrenzung, Bewertung und Funktionszuteilung der einzelnen Landschaftsräume (landwirtschaftlich wertvolle Flächen, schützenswerte Landschaftsteile, bespielbare Freiräume u. dgl.). Das Landschaftskonzept baut auf den naturräumlichen Gegebenheiten, den Vorgaben (Schutzgegenstand, Erhaltungsziele u. dgl.) von Europaschutzgebieten gemäß § 9 NÖ Naturschutzgesetz 2000, LGBl. 5500, den vorhandenen Nutzungen, der Belastung der Landschaft sowie den typischen Eigenarten der Kulturlandschaft auf und ist mit den anderen Zielen des örtlichen Raumordnungsprogrammes abzustimmen;
10. Bruttogeschoßfläche: die Summe der Grundrissflächen der oberirdischen Geschoße eines Gebäudes oder Gebäudeteiles, mit Ausnahme der für Garagen verwendeten Bereiche. Die Bruttogeschoßfläche ist von den äußeren Begrenzungen der Umfassungswände zu berechnen;
11. Entwicklungskonzepte: Leitvorstellungen aufgrund der Ergebnisse der Grundlagenforschung für die mittel- und langfristige Entwicklung des jeweiligen Raumes (Land, Region, Gemeinde);
12. Ortsbereich: ein funktional und baulich zusammenhängender Teil eines Siedlungsgebietes;
13. Raumverträglichkeit: Verträglichkeit der abschätzbaren Auswirkungen einer Maßnahme mit Umwelt und Natur (z. B. Vorgaben von Europaschutzgebieten) sowie den örtlichen und überörtlichen Siedlungs- und sonstigen Raumstrukturen (hinsichtlich Verkehr, Wirtschaft, Ver- und Entsorgung, Tourismus, Erholung u. dgl.); bei der Abschätzung der Verträglichkeit sind die Ziele und Maßnahmen betroffener örtlicher und überörtlicher Raumordnungsprogramme sowie die Bestimmungen dieses Gesetzes zu berücksichtigen;
14. Siedlungsgrenze: Maßnahme regionaler Raumordnungsprogramme zur Begrenzung künftiger Baulandwidmungen;
15. Strategische Umweltprüfung: Planungsprozess für örtliche und überörtliche Raumordnungsprogramme gemäß der Richtlinie 2001/42/EG (§ 54) mit folgendem Inhalt:

- Ermittlung, Beschreibung und Bewertung von voraussichtlich erheblichen Auswirkungen auf die Umwelt; dabei sind auch Alternativen zu prüfen und die Untersuchungen im Umweltbericht zu dokumentieren
- Durchführung von Konsultationen (Informations- bzw. Stellungnahmerecht)
- Abwägung der Ergebnisse im Rahmen der Entscheidung;

16. Umweltbehörde: Behörde gemäß Art. 6 Abs. 3 der Richtlinie 2001/42/EG: Diese ist in Angelegenheiten der
- überörtlichen Raumordnung: die NÖ Umweltanwaltschaft
- örtlichen Raumordnung: die Landesregierung;

17. Umweltbericht: Dokumentation der Untersuchungsergebnisse zur strategischen Umweltprüfung. Diese muss insbesondere enthalten:
- Methodik und Ablauf der umweltbezogenen Untersuchungen
- Beschreibung, Analyse und Prognose des Umweltzustandes sowie relevanter Umweltprobleme
- Bewertung der Umweltauswirkungen unter Angabe der Umweltziele und beabsichtigter Ausgleichs- und Kontrollmaßnahmen
- eine allgemein verständliche Zusammenfassung;

18. Verkaufsfläche: die Summe aller Flächen, die in Gebäuden von Handelseinrichtungen liegen und die für Kunden allgemein zugänglich sind sowie die Bedienungs- und Kassenbereiche. Davon ausgenommen sind Flächen von Tiefgaragen, Lagern, Windfängen, Zugängen, Einpackbereichen und Stiegenhäusern, sofern dort keine Waren angeboten werden, sowie von Sanitärräumen mit ihren Zugängen, Flächen für Kinderbetreuungseinrichtungen, Flächen, auf denen Bank- oder Postdienstleistungen erbracht werden, sowie Flächen von Dienstleistungs- und Gastronomieeinrichtungen, die sich nicht in einem gemeinsamen Raum mit Verkaufsflächen befinden;

19. Regionale Leitplanung: kooperativer Planungsprozess von Land und Gemeinden zur Abstimmung und Festlegung von Zielsetzungen sowie Maßnahmen zur überörtlichen Raumentwicklung;

(2) Bei der Vollziehung dieses Gesetzes sollen folgende Leitziele beachtet werden:

1. Generelle Leitziele:

a) Vorrang der überörtlichen Interessen vor den örtlichen Interessen. Berücksichtigung der örtlichen Interessen bei überörtlichen Maßnahmen. Abstimmung der Ordnung benachbarter Räume (grenzüberschreitende Raumordnung).

b) Ausrichtung der Maßnahmen der Raumordnung auf
- schonende Verwendung natürlicher Ressourcen
- Sicherung mineralischer Rohstoffvorkommen
- nachhaltige Nutzbarkeit
- sparsame Verwendung von Energie, insbesondere von nicht erneuerbaren Energiequellen
- Ausbau der Gewinnung von erneuerbarer Energie
- Reduktion von Treibhausgasemissionen (Klimaschutz)
- wirtschaftlichen Einsatz von öffentlichen Mitteln.

c) Ordnung der einzelnen Nutzungen in der Art, dass
- gegenseitige Störungen vermieden werden,
- sie jenen Standorten zugeordnet werden, die dafür die besten Eignungen besitzen.

d) Sicherung von Gebieten mit besonderen Standorteignungen für deren jeweiligen Zweck und Freihaltung dieser Gebiete von wesentlichen Beeinträchtigungen.

e) Bedachtnahme auf die Verkehrsauswirkungen bei allen Maßnahmen in Hinblick auf
- möglichst geringes Gesamtverkehrsaufkommen;
- Verlagerung des Verkehrs zunehmend auf jene Verkehrsträger, welche die vergleichsweise geringsten negativen Auswirkungen haben (unter Berücksichtigung sozialer und volkswirtschaftlicher Vorgaben)
- möglichst umweltfreundliche und sichere Abwicklung von nicht verlagerbarem Verkehr.

f) Erhaltung und Verbesserung des Orts- und Landschaftsbildes.

g) Freier Zugang zu Wäldern, Bergen, Gewässern und sonstigen landschaftlichen Schönheiten sowie deren schonende Erschließung (Wanderwege, Promenaden, Freibadeplätze und dergleichen).

h) Unterstützung von Nationalparks durch Maßnahmen der Raumordnung im Umland dieser Nationalparks.

i) Vermeidung von Gefahren für die Gesundheit und Sicherheit der Bevölkerung. Sicherung bzw. Ausbau der Voraussetzungen für die Gesundheit der Bevölkerung insbesondere durch
- Sicherung oder Wiederherstellung eines ausgewogenen Naturhaushaltes als Lebensgrundlage für die gegenwärtige und künftige Bevölkerung;
- Sicherung des natürlichen Wasserhaushaltes einschließlich der Heilquellen;
- Sicherung der natürlichen Voraussetzungen zur Erhaltung des Kleinklimas einschließlich der Heilklimate und Reinheit der Luft;
- Sicherung einer ausreichenden Versorgung mit Trinkwasser sowie einer geordneten Abwasser- und Abfallbeseitigung;
- Berücksichtigung vorhersehbarer Naturgewalten bei der Standortwahl für Raumordnungsmaßnahmen;

- Schutz vor Gefährdungen durch Lärm, Staub, Geruch, Strahlungen, Erschütterungen u. dgl.;
- Sicherstellung der medizinischen Versorgung.

j) Sicherung und Vernetzung wertvoller Grünlandbereiche und Biotope sowie Berücksichtigung der Europaschutzgebiete.

2. Besondere Leitziele für die überörtliche Raumordnung:

a) Ausreichende Versorgung der Regionen mit technischen und sozialen Einrichtungen.

b) Festlegung von Raumordnungsmaßnahmen
- zur Unterstützung der wirtschaftlichen, sozialen und kulturellen Entwicklung
- zur Gewährleistung einer ausreichenden Versorgung und einer umweltgerechten Entsorgung
- für die Abstimmung von Verkehrserfordernissen

c) Festlegung siedlungstrennender Grünzüge und Siedlungsgrenzen zur Sicherung regionaler Siedlungsstrukturen und typischer Landschaftselemente.

d) Abstimmung des Materialabbaues auf den mittelfristigen Bedarf, auf die ökologischen Grundlagen und auf die anderen Nutzungsansprüche.

3. Besondere Leitziele für die örtliche Raumordnung:

a) Planung der Siedlungsentwicklung innerhalb von oder im unmittelbaren Anschluss an Ortsbereiche.

b) Anstreben einer möglichst flächensparenden verdichteten Siedlungsstruktur unter Berücksichtigung der örtlichen Gegebenheiten, sowie Bedachtnahme auf die Erreichbarkeit öffentlicher Verkehrsmittel und den verstärkten Einsatz von Alternativenergien.

c) Sicherung und Entwicklung der Stadt- und Ortskerne als funktionaler Mittelpunkt der Siedlungseinheiten, insbesondere als Hauptstandort zentraler Einrichtungen, durch Erhaltung und Ausbau
- einer Vielfalt an Nutzungen (einschließlich eines ausgewogenen Anteils an Wohnnutzung)
- der Bedeutung als zentraler Handels- und Dienstleistungsstandort
- als Schwerpunkt für Kultur- und Verwaltungseinrichtungen
- als attraktiver Treffpunkt für die Bewohner angrenzender Siedlungsbereich
- als touristischer Anziehungspunkt.

d) Klare Abgrenzung von Ortsbereichen gegenüber der freien Landschaft.

e) Sicherstellung einer ordnungsgemäßen Wasserversorgung und einer ordnungsgemäßen Abwasserentsorgung.

f) Sicherstellung der räumlichen Voraussetzungen für eine leistungsfähige Wirtschaft (Land- und Forstwirtschaft, Gewerbe, Industrie, Dienstleistungen).

Sicherung von bestehenden Betriebsstandorten und Gebieten mit einer besonderen Standorteignung für die Ansiedlung von Betrieben sowie von Gebieten mit Vorkommen mineralischer Rohstoffe (einschließlich ihres Umfeldes) vor Widmungen, die diese Nutzung behindern.

Räumliche Konzentrationen von gewerblichen und

industriellen Betriebsstätten innerhalb des Gemeindegebietes.

Bedachtnahme auf die Möglichkeit eines Bahnanschlusses bei Betriebs- und Industriezonen.

g) Verwendung von für die land- und forstwirtschaftliche Nutzung besonders gut geeigneten Böden für andere Widmungen nur dann, wenn geeignete andere Flächen nicht vorhanden sind. Dabei ist nicht nur auf die momentane Nahrungsmittelproduktion, sondern auch auf die Vorsorge in Krisenzeiten, auf die Erzeugung von Biomasse und auf die Erhaltung der Kulturlandschaft Bedacht zu nehmen.

h) Sicherung der Verfügbarkeit von Bauland für den gewidmeten Zweck durch geeignete Maßnahmen wie z. B. auch privatrechtliche Verträge.

i) Festlegung von Wohnbauland in der Art, dass Einrichtungen des täglichen Bedarfes, öffentliche Dienste sowie Einrichtungen zur medizinischen und sozialen Versorgung günstig zu erreichen sind. Sicherstellung geeigneter Standorte für diese Einrichtungen.

j) Planung eines Netzes von verschiedenartigen Spiel- und Freiräumen für Kinder und Erwachsene. Zuordnung dieser Freiräume, sowie weiterer Freizeit- und Erholungseinrichtungen (Parkanlagen, Sportanlagen, Naherholungsgebiete u. dgl.) zu dem festgelegten oder geplanten Wohnbauland in der Art, dass sie ebenfalls eine den Bedürfnissen angepasste und möglichst gefahrlose Erreichbarkeit aufweisen.

k) Erhaltung und Entwicklung der besonderen Eigenart und kulturellen Ausprägung der Dörfer und Städte. Bestmögliche Nutzung der bestehenden Siedlung (insbesondere die Stadt- und Ortskerne) durch geeignete Maßnahmen (Stadt- und Dorferneuerung).

§ 2

Verträglichkeitsprüfung bei Europaschutzgebieten

(1) Örtliche und überörtliche Raumordnungsprogramme sind vor ihrer Erlassung oder Abänderung auf ihre Verträglichkeit mit den Erhaltungszielen eines Europaschutzgebietes zu prüfen.

(2) Lässt die Erlassung oder Abänderung eines örtlichen oder überörtlichen Raumordnungsprogrammes erhebliche Beeinträchtigungen eines Europaschutzgebietes als möglich erscheinen, ist zu prüfen, ob Alternativlösungen zur Verfügung stehen, die gleichwertige Planungsziele erfüllen und keine erheblichen Beeinträchtigungen erwarten

lassen. In diesem Fall wäre nur die Alternativlösung zulässig.

(3) In jedem Fall muss die Verträglichkeit mit den Erhaltungszielen des Europaschutzgebietes herstellbar sein.

II. Abschnitt
Überörtliche Raumordnung
§ 3
Überörtliche Raumordnungsprogramme

(1) Die Landesregierung hat, wenn es zur planvollen Entwicklung des Landesgebietes erforderlich ist, Raumordnungsprogramme für das Land, für Regionen oder für einzelne Sachbereiche aufzustellen und zu verordnen. Bei der Aufstellung der überörtlichen Raumordnungsprogramme ist von den Leitzielen dieses Gesetzes sowie von den Ergebnissen aufbereiteter Entscheidungsgrundlagen auszugehen; die angestrebten Ziele sind festzulegen und jene Maßnahmen zu bezeichnen, die zur Erreichung der Ziele gewählt wurden. Dabei kann zwischen verbindlichen Festlegungen und Richtwerten unterschieden werden.

(2) Bei der Aufstellung der Raumordnungsprogramme ist auf europarechtliche Vorgaben, Planungen und Maßnahmen des Bundes, des Landes und benachbarter Bundesländer Bedacht zu nehmen, soweit sie für die Raumordnung relevant sind.

(3) Die Landesregierung hat als Grundlage für Festlegungen in überörtlichen Raumordnungsprogrammen die naturräumlichen, sozialen, wirtschaftlichen und kulturellen Gegebenheiten des Landesgebietes zu erfassen, deren Veränderungen zu beobachten und die Entwicklungstendenzen zu erforschen. Die Ergebnisse sind zu dokumentieren; u.a. auch in einem geographischen Informationssystem. Die Gemeinden und andere öffentlichrechtliche Körperschaften haben der Landesregierung über Ersuchen alle dafür erforderlichen Auskünfte zu erteilen, soweit darüber Unterlagen vorhanden sind. Gemeinden und Land können überörtliche Raumordnungsprogramme in einem gemeinsamen Prozess, wie einer regionalen Leitplanung, erarbeiten. Beim Amt der NÖ Landesregierung ist eine Sammlung der örtlichen Raumordnungsprogramme zu führen.

(4) Zur Absicherung der Erlassung und/oder Änderung überörtlicher Raumordnungsprogramme sind

- die erstmalige Widmung von Wohnbauland im Ausmaß von insgesamt mehr als 2 ha, ausgenommen Bauland-Gebiete für erhaltenswerte Ortsstrukturen und eine vergleichbare Erweiterung von Wohnbauland auf Flächen, die bereits seit mindestens 10 Jahren als Hausgärten oder bebaute Nebenflächen Bestandteil bestehender Ortsstrukturen bilden, sowie Änderungen der Widmungsart von Bauland-Betriebsgebiet in eine Widmungsart des Wohnbaulands,
- die erstmalige Widmung von Bauland-Betriebsgebiet, Bauland-Verkehrsbeschränktes Betriebsgebiet, Bauland-Industriegebiet und Bauland-Verkehrsbeschränktes Industriegebiet im Ausmaß von insgesamt mehr als 2 ha,

einschließlich der dafür jeweils zur Aufschließung unbedingt erforderlichen Verkehrsflächen, wobei diese Höchstmaße jeweils zweimalig ein weiteres Mal ausgeschöpft werden dürfen, wenn nachgewiesen ist, dass bereits für mindestens 70 % der dort befindlichen Bauplätze Baubewilligungen rechtskräftig erteilt wurden,

- die erstmalige Widmung von Grünland-Lagerplätze und Grünland-Abfallbehandlungsanlagen im Ausmaß von insgesamt mehr als 1 ha,
- sowie großflächige Erweiterungen von Verkehrsflächen

nur möglich, wenn diese Widmungen für öffentliche oder solche Einrichtungen und Betriebe, die zur Versorgung der kulturellen, wirtschaftlichen oder sozialen Bedürfnisse der Bevölkerung erforderlich sind, erfolgen.

Die erstmalige Widmung von Wohnbauland wird in jenem Ausmaß nicht auf die maximal zulässige Flächensumme von 2 ha angerechnet, wenn im gleichen Widmungsverfahren unbebautes Wohnbauland in Grünland rückgewidmet wird, und die erstmalige Widmung von Bauland-Betriebsgebiet, Bauland-Verkehrsbeschränktes Betriebsgebiet, Bauland-Industriegebiet und Bauland-Verkehrsbeschränktes Industriegebiet wird in jenem Ausmaß nicht auf die maximal zulässige Flächensumme von 2 ha angerechnet, wenn im gleichen Widmungsverfahren unbebaute Baulandflächen in den genannten vier Widmungsarten in Grünland rückgewidmet werden.

Diese Beschränkung gilt nicht für die bereits am 2. Juli 2020 zur allgemeinen Einsicht aufgelegten Änderungsverfahren und endet für die jeweilige Gemeinde mit der Erlassung bzw. Änderung aller für sie rechtswirksamen überörtlichen Raumordnungsprogramme, spätestens jedoch am 31. Dezember 2023.

Die Landesregierung kann jedoch schon vor diesem Zeitpunkt auf Antrag einer Gemeinde mit Bescheid feststellen, dass für diese keine Einschränkung im Sinne dieser Bestimmung bei Änderungen des örtlichen Raumordnungsprogrammes mehr besteht, wenn nach den Ergebnissen der Grundlagenforschung für deren Gebiet keine weiteren überörtlichen Festlegungen erforderlich sind.

§ 4

Verfahren

(1) Bei Aufstellung eines überörtlichen Raumordnungsprogrammes ist eine strategische Umweltprüfung durchzuführen. Dies gilt auch für Änderungen,

- die einen Rahmen für künftige Projekte gemäß den Anhängen I und II der Richtlinie 2011/92/EU des Europäischen Parlaments und des Rates vom 13. Dezember 2011 über die Umweltverträglichkeitsprüfung bei bestimmten öffentlichen und privaten Projekten, ABl.Nr. L 26 vom 28. Jänner 2012, S. 1 setzen, oder
- voraussichtlich erhebliche Auswirkungen auf ein Europaschutzgebiet erwarten lassen..

(2) Bei sonstigen Änderungen eines überörtlichen Raumordnungsprogrammes hat die Landesregierung zunächst zu prüfen, ob aufgrund voraussichtlich erheblicher Umweltauswirkungen eine strategische Umweltprüfung erforderlich ist. Bei dieser Prüfung sind folgende Kriterien zu berücksichtigen:

1. Merkmale des Raumordnungsprogrammes, insbesondere in Bezug auf
- das Ausmaß, in dem es für Projekte und andere Tätigkeiten in Bezug auf Standort, Art, Größe und Betriebsbedingungen oder durch die Inanspruchnahme von Ressourcen einen Rahmen setzt
- das Ausmaß, in dem es andere Pläne und Programme – einschließlich solcher in einer Planungs- oder Programmhierarchie – beeinflusst
- seine Bedeutung für die Einbeziehung der Umwelterwägungen, insbesondere im Hinblick auf die Förderung der nachhaltigen Entwicklung
- relevante Umweltprobleme
- seine Bedeutung für die Durchführung der Umweltvorschriften der Gemeinschaft (z. B. Pläne und Programme betreffend die Abfallwirtschaft oder den Gewässerschutz).

2. Merkmale der Auswirkungen und der voraussichtlich betroffenen Gebiete, insbesondere in Bezug auf
- die Wahrscheinlichkeit, Dauer, Häufigkeit und Umkehrbarkeit der Auswirkungen
- den kumulativen Charakter der Auswirkungen
- den grenzüberschreitenden Charakter der Auswirkungen
- die Risken für die menschliche Gesundheit oder die Umwelt (z. B. bei Unfällen)
- den Umfang und die räumliche Ausdehnung der Auswirkungen (Größe des Gebietes, Anzahl der betroffenen Personen)
- die Bedeutung und die Sensibilität des voraussichtlich betroffenen Gebietes hinsichtlich besonderer natürlicher Merkmale, des kulturellen Erbes, der Überschreitung von Normen und Grenzwerten zur Umweltqualität und der Intensität der Bodennutzung
- die Auswirkungen auf Gebiete oder Landschaften, deren Status als national, gemeinschaftlich oder international geschützt ist.

(3) Ob eine strategische Umweltprüfung durchzuführen ist und die Begründung dazu sind der Umweltbehörde vorzulegen und diese ist zu ersuchen, innerhalb von sechs Wochen eine Stellungnahme abzugeben. Danach sind das Ergebnis und die Begründung von der Landesregierung im Internet zu veröffentlichen.

(4) Ist eine strategische Umweltprüfung erforderlich, so ist der Untersuchungsrahmen (Inhalt, Umfang, Detaillierungsgrad und Prüfmethoden) von der Landesregierung festzulegen. Dabei ist die Umweltbehörde zu ersuchen, innerhalb von vier Wochen eine Stellungnahme abzugeben.

(5) Im Rahmen der strategischen Umweltprüfung sind Planungsvarianten für die in den überörtlichen Raumordnungsprogrammen beabsichtigten Maßnahmen zu entwickeln und zu bewerten.

(6) Die durchgeführten Untersuchungen sind im Umweltbericht zu dokumentieren und zu erläutern und haben folgende Informationen zu enthalten:

1. eine Kurzdarstellung des Inhalts und der wichtigsten Ziele des Raumordnungsprogrammes sowie der Beziehung zu anderen relevanten Plänen und Programmen;
2. die relevanten Aspekte des derzeitigen Umweltzustandes und dessen voraussichtliche Entwicklung bei Nichtdurchführung des Raumordnungsprogrammes;
3. die Umweltmerkmale der Gebiete, die voraussichtlich erheblich beeinflusst werden;
4. sämtliche für das Raumordnungsprogramm relevanten Umweltprobleme unter besonderer Berücksichtigung sensibler Gebiete (wie z. B. Europaschutzgebiete);
5. die für das Raumordnungsprogramm relevanten, rechtsverbindlich zu berücksichtigenden Ziele des Umweltschutzes und die Art, wie diese Ziele und alle Umwelterwägungen berücksichtigt wurden;
6. eine nähere Darstellung der voraussichtlichen erheblichen (einschließlich sekundärer, kumulativer, synergetischer, kurz-, mittel- und langfristiger, ständiger und vorübergehender, positiver und negativer) Umweltauswirkungen auf Aspekte wie die biologische Vielfalt, die Bevölkerung, die Gesundheit des Menschen, Fauna, Flora, Boden, Wasser, Luft, klimatische Faktoren, Sachwerte, das kulturelle Erbe einschließlich der architektonisch wertvollen Bauten und der archäologischen Schätze, die Landschaft und die Wechselbeziehung zwischen den genannten Faktoren;
7. die Maßnahmen zur Verhinderung, Verringerung oder zum Ausgleich von erheblichen negativen Umweltauswirkungen;

8. eine Kurzdarstellung der geprüften Varianten und eine Begründung der getroffenen Variantenwahl;
9. eine Kurzdarstellung der Untersuchungsmethoden und eventuell aufgetretener Schwierigkeiten bei den Erhebungen;
10. eine Beschreibung der geplanten Maßnahmen zur Überwachung der Umweltauswirkungen;
11. eine allgemein verständliche Zusammenfassung.

(7) Die Landesregierung hat den Entwurf eines überörtlichen Raumordnungsprogrammes (einschließlich eines gegebenenfalls erarbeiteten Umweltberichtes) im Internet sechs Wochen zu veröffentlichen. Dabei ist darauf hinzuweisen, dass jedermann berechtigt ist, innerhalb dieser Frist eine schriftliche Stellungnahme beim Amt der NÖ Landesregierung einzubringen. Folgende Adressaten sind vom Entwurf mit der Einladung zu benachrichtigen, innerhalb von sechs Wochen eine schriftliche Stellungnahme beim Amt der NÖ Landesregierung einzubringen: Landtagsklubs, Umweltbehörde, betroffene Gemeinden, Wirtschaftskammer Niederösterreich, Kammer für Arbeiter und Angestellte in Niederösterreich, Niederösterreichische Landes-Landwirtschaftskammer, Kammer für Arbeiter und Angestellte in der Land- und Forstwirtschaft in Niederösterreich, Ärztekammer für Niederösterreich, Interessenvertretungen für die Gemeinden im Sinne des § 119 der NÖ Gemeindeordnung 1973, LGBl. 1000, Katholische Kirche, Evangelische Kirche Augsburgischen und Helvetischen Bekenntnisses, Militärkommando Niederösterreich, Kammer der Architekten und Ingenieurkonsulenten für Wien, Niederösterreich und Burgenland, Arbeitsmarktservice Landesgeschäftsstelle Niederösterreich, die für die Energieversorgung Niederösterreichs zuständigen Unternehmungen, Bundesamt für Eich- und Vermessungswesen, Verband land- und forstwirtschaftlicher Betriebe Niederösterreichs. Ist eine strategische Umweltprüfung durchgeführt worden, so ist der Umweltbehörde und den betroffenen Gemeinden zusätzlich der Umweltbericht zur Verfügung zu stellen. Die Gemeinden haben die Unterlagen zwei Wochen im Gemeindeamt (Magistrat) zur allgemeinen Einsicht aufzulegen oder Einsicht in diese Unterlagen zu gewähren und dies öffentlich kundzumachen. Dabei ist ausdrücklich auf die Möglichkeit hinzuweisen, beim Amt der NÖ Landesregierung eine schriftliche Stellungnahme einzubringen.

(8) Sind erhebliche Umweltauswirkungen zu erwarten, welche andere Bundesländer betreffen, so sind diese zu verständigen; dabei sind der Entwurf und der Umweltbericht zu übermitteln. Die zuständigen Landesregierungen sind einzuladen, innerhalb von sechs Wochen Stellungnahmen abzugeben.

(9) Wenn die Verwirklichung des Raumordnungsprogrammes voraussichtlich erhebliche Umweltauswirkungen auf die Umwelt eines angrenzenden Mitgliedstaates der Europäischen Union haben wird oder ein Mitgliedstaat aus diesem Grund dies beantragt, so sind der Entwurf und der Umweltbericht zu diesem zu übermitteln. Werden daraufhin nicht innerhalb einer Frist von drei Monaten Konsultationen beantragt, so ist das Verfahren fortzusetzen. Andernfalls sind Konsultationen zu führen, bei denen der Zeitrahmen gemeinsam festzulegen ist, innerhalb dessen über die voraussichtlich grenzüberschreitenden Auswirkungen des Raumordnungsprogrammes und die geplanten Maßnahmen zur Verminderung oder Vermeidung solcher Auswirkungen Einigung erzielt werden soll.

(10) Bei der Entscheidungsfindung zum Raumordnungsprogramm sind rechtzeitig abgegebene Stellungnahmen sowie im Falle einer erfolgten strategischen Umweltprüfung der Umweltbericht in Erwägung zu ziehen.

(11) Wurde eine strategische Umweltprüfung durchgeführt, ist zusätzlich zur Kundmachung des Raumordnungsprogrammes die Entscheidung im Internet zu erläutern. Dabei sind die vorgesehenen Überwachungsmaßnahmen anzuführen. Weiters sind diese der Umweltbehörde sowie den allenfalls konsultierten Mitgliedsstaaten bzw. Bundesländern mitzuteilen.

(12) Die Landesregierung hat die Auswirkungen von überörtlichen Raumordnungsprogrammen auf die Umwelt und die Raumstruktur zu beobachten, um allenfalls frühzeitig auf unvorhergesehene negative Entwicklungen reagieren zu können.

§ 5

Änderung der Raumordnungsprogramme

(1) Ein Raumordnungsprogramm darf nur abgeändert werden:

1. wegen Änderung der Rechtslage oder
2. wegen wesentlicher Änderung der Grundlagen (§ 3 Abs. 3).
3. wenn verbesserte Planungsgrundlagen örtlicher Raumordnungsprogramme oder Entwicklungskonzepte eine Unschärfe des Raumordnungsprogrammes aufzeigen;
4. wenn dies zur Vermeidung von erkennbaren Fehlentwicklungen oder Entwicklungsdefiziten dient.

(2) Für das Verfahren gelten die Bestimmungen des § 4 singgemäß.

§ 6

Wirkungen der Raumordnungsprogramme

(1) Örtliche Raumordnungsprogramme gemäß § 13 Abs. 2 dürfen überörtlichen Raumordnungsprogrammen nicht widersprechen.

(2) Unbeschadet anderer gesetzlicher Bestimmungen dürfen Maßnahmen des Landes als Träger von Privatrechten Raumordnungsprogrammen nicht widersprechen.

(3) Siedlungsgrenzen, wie sie in den jeweiligen Anlagen der überörtlichen Raumordnungsprogramme textlich und grafisch festgelegt sind, sind bei der Flächenwidmung wie folgt einzuhalten:

1. Lineare Siedlungsgrenzen: Diese dürfen bei neuen Baulandwidmungen oder bei der Widmung Grünland-Kleingärten oder Grünland-Campingplätze nicht überschritten werden.
2. Flächige Siedlungsgrenzen: Diese umschließen die bestehenden Siedlungsgebiete zur Gänze. Dies bewirkt, dass die darin bereits gewidmete Baulandmenge (einschließlich allfälliger Verkehrsflächen sowie Grünland-Kleingärten und Grünland-Campingplätze) nicht vergrößert werden darf, wobei die nachgewiesen erforderliche und befristete Widmung von Bauland-Sondergebiet für die Errichtung von öffentlichen Einrichtungen ausgenommen ist.

Weiters darf dieses Siedlungsgebiet abgerundet werden, wenn im jeweiligen Widmungsverfahren die Widmung einer zusätzlichen Baulandfläche durch die Rückwidmung einer gleich großen, nicht mit einem Hauptgebäude bebauten Fläche in einer von einer flächigen Siedlungsgrenze umschlossenen Baulandfläche ausgeglichen wird und der Abtausch entweder innerhalb einer Widmungsart des Wohnbaulandes oder zwischen Bauland-Betriebsgebiet, Bauland-Verkehrsbeschränktes Betriebsgebiet, Bauland-Industriegebiet und Bauland-Verkehrsbeschränktes Industriegebiet erfolgt.

In den Widmungsarten Grünland-Kleingärten und Grünland-Campingplätze ist dies ebenso zulässig, wenn der jeweilige Abtausch mit nicht mit Hauptgebäuden bebauten Flächen in der gleichen Grünlandwidmungsart erfolgt.

§ 7
Raumordnungsbeirat

(1) Zur Beratung der Landesregierung in Angelegenheiten der Raumordnung ist beim Amt der NÖ Landesregierung ein Raumordnungsbeirat einzurichten. Dieser besteht aus

- dem Vorsitzenden,
- seinem Stellvertreter,
- so vielen weiteren Mitgliedern, wie jeweils Mitglieder für die Landesregierung vorgesehen sind.

(2) Vorsitzender des Raumordnungsbeirates ist das für Raumordnung zuständige Mitglied der Landesregierung. Der Stellvertreter des Vorsitzenden ist von der Landesregierung aus ihrer Mitte zu bestellen. Er ist der stärksten Partei zu entnehmen, die nicht den Vorsitzenden stellt.

(3) Die weiteren Mitglieder des Raumordnungsbeirates sind von der Landesregierung auf Vorschlag der Landtagsklubs nach dem Stärkeverhältnis in der Landesregierung zu bestellen.

(4) Unterlässt ein Landtagsklub die Ausübung des ihm zustehenden Vorschlagsrechtes, so hat die Landesregierung unter Bedachtnahme auf das Stärkeverhältnis dieser Partei die ihr zukommenden Mitglieder zu bestellen.

(5) Die Mitglieder sind für die jeweilige Dauer der Gesetzgebungsperiode des Landtages zu bestellen. Sie haben jedoch ihre Aufgaben auch nach Ablauf der Gesetzgebungsperiode bis zur Bestellung der neuen Mitglieder wahrzunehmen. Die Bestellung hat so zeitgerecht zu erfolgen, dass die Konstituierung des Raumordnungsbeirates durch die Landesregierung innerhalb von drei Monaten nach Einberufung des neuen Landtages erfolgen kann.

(6) Ersatzmitglieder sind in der gleichen Anzahl und in der gleichen Weise wie die Mitglieder gemäß Abs. 3 zu bestellen.

(7) Die Funktion eines Mitgliedes gemäß Abs. 3 (Ersatzmitgliedes) erlischt

1. durch Tod oder
2. durch Verzicht, der dem Vorsitzenden gegenüber zu erklären ist.

(8) Die Landesregierung hat die freigewordene Stelle unter Berücksichtigung der Bestimmungen der Abs. 3 bis 6 unverzüglich zu besetzen.

(9) Die Wirtschaftskammer Niederösterreich, die Kammer für Arbeiter und Angestellte für Niederösterreich, die Niederösterreichische Landes-Landwirtschaftskammer, die Kammer für Arbeiter und Angestellte in der Land- und Forstwirtschaft in Niederösterreich, die Ärztekammer für Niederösterreich, die Interessenvertretungen für die Gemeinden im Sinne des § 119 der NÖ Gemeindeordnung 1973, die Katholische Kirche, die Evangelische Kirche Augsburgischen und Helvetischen Bekenntnisses, das Militärkommando Niederösterreich, die Kammer der Architekten und Ingenieurkonsulenten für Wien, Niederösterreich und Burgenland, das Arbeitsmarktservice Landesgeschäftsstelle Niederösterreich, die für die Energieversorgung Niederösterreichs zuständigen Unternehmungen und das Bundesamt für Eich- und Vermessungswesen sind berechtigt, je einen Vertreter sowie für den Fall der Verhinderung desselben einen weiteren Vertreter in den Raumordnungsbeirat zu entsenden, dem jedoch kein Stimmrecht zukommt.

§ 8
Aufgaben des Raumordnungsbeirates

Der Raumordnungsbeirat kann Empfehlungen abgeben zu:

1. Programmen, Konzepten und Strategien der überörtlichen Raumordnung;
2. Novellen des NÖ Raumordnungsgesetzes 2014.

§ 9

Geschäftsführung des Raumordnungsbeirates

(1) Die Sitzungen des Raumordnungsbeirates werden bei Bedarf vom Vorsitzenden unter Bekanntgabe der Tagesordnung einberufen. Die Einladung hat mindestens zwei Wochen vorher nachweislich zu erfolgen. Wenn es mindestens drei Mitglieder des Raumordnungsbeirates unter Angabe des Grundes oder die Landesregierung schriftlich verlangen, hat der Vorsitzende den Raumordnungsbeirat zu einer Sitzung für einen Zeitpunkt innerhalb eines Monats ab Zustellung des Ersuchens einzuberufen.

(2) Der Raumordnungsbeirat ist beschlussfähig, wenn alle Mitglieder eingeladen wurden und mindestens die Hälfte der Mitglieder sowie der Vorsitzende oder in seiner Verhinderung ein Stellvertreter anwesend sind. Der Raumordnungsbeirat fasst seine Beschlüsse mit einfacher Stimmenmehrheit der Anwesenden.

(3) Über die in der Sitzung des Raumordnungsbeirates gefassten Beschlüsse ist eine Verhandlungsschrift zu führen.

(4) Die Sitzungen des Raumordnungsbeirates sind nicht öffentlich. Der Vorsitzende kann den Sitzungen Auskunftspersonen beiziehen; er hat dies zu tun, wenn es von mindestens drei Mitgliedern des Raumordnungsbeirates verlangt wird, wobei die Bestimmung der beizuziehenden Auskunftspersonen dem Vorsitzenden obliegt. Der Raumordnungsbeirat kann unter gleichzeitiger Bekanntgabe der Aufgabenstellung der Landesregierung empfehlen, Sachverständigengutachten einzuholen.

(5) Die Mitglieder des Raumordnungsbeirates und der Vorsitzende sowie die Ersatzmitglieder üben ihre Tätigkeit ehrenamtlich aus. Sie haben lediglich Anspruch auf Reisekostenvergütung und Reisezulagen.

(6) Die näheren Bestimmungen über die Geschäftsführung trifft eine Geschäftsordnung, die von der Landesregierung durch Verordnung zu erlassen ist. In der Geschäftsordnung ist unter Zugrundelegung der Bestimmungen der Landes-Reisegebührenvorschrift für die NÖ Landesbediensteten der Dienstklasse VII das Ausmaß der Reisekostenvergütung und Reisezulagen festzulegen.

§ 10

Regionale Raumordnungsprogramme

(1) Regionale Raumordnungsprogramme sind für jene Teile des Landes aufzustellen, in denen dies zur planvollen regionalen Entwicklung notwendig ist.

(2) Der Geltungsbereich der regionalen Raumordnungsprogramme ist nach gemeinsamen Problemen, Schwerpunkten, geografischen Besonderheiten und Zielsetzungen für die künftige Entwicklung abzugrenzen. Dabei sollen überschaubare Einheiten, die auch zur Identitätsstiftung in der betroffenen Region beitragen, gebildet werden.

(3) In regionalen Raumordnungsprogrammen sind aufgrund der typischen Problemlagen die anzustrebenden Ziele zu bezeichnen und jene Maßnahmen festzulegen, die zu deren Erreichung notwendig sind. Ziele und Maßnahmen sind insbesondere auszurichten auf:

- die Erhaltung und Nutzung der naturräumlichen Ressourcen
- die Entwicklung der regionalen Siedlungsstruktur
- die Absicherung der erforderlichen Infrastruktur
- die Erhaltung und Entwicklung der Standorteignung für Gewerbe, Industrie und Tourismus
- die Sicherung der Vorkommen mineralischer Rohstoffe.

ROG NÖ

(4) In regionalen Raumordnungsprogrammen sind

- Ballungsräume
- ruhige Gebiete in einem Ballungsraum und
- ruhige Gebiete auf dem Land

gemäß Art. 3 der Richtlinie 2002/49/EG (§ 54) festzulegen.

§ 11

Raumordnungsprogramme für Sachbereiche

Raumordnungsprogramme für Sachbereiche haben die anzustrebenden Ziele und erforderlichen rechtlichen Maßnahmen, Infrastruktur- und Förderungsmaßnahmen des Landes im Hinblick auf die soziale, wirtschaftliche, kulturelle und sonstige Entwicklung des Landes festzulegen.

§ 11a

Überörtliche Raumordnungsprogramme für betriebliche Nutzungen

Die Landesregierung hat in einem überörtlichen Raumordnungsprogramm Zonen im strategischen überörtlichen Interesse zur Sicherung einer koordinierten Wirtschaftsentwicklung des Landes, der Regionen und der Gemeinden festzulegen. Im strategischen überörtlichen Interesse liegen Zonen mit besonderen Standortanforderungen; dazu zählen: emittierende Betriebe, Betriebe mit besonderen Anforderungen an die überörtliche Infrastruktur (z. B. Gleisanschluss, Breitbandanschluss, Flughafennähe) oder stark verkehrswirksame betriebliche Nutzungen. In diesen Zonen haben betriebliche Nutzungen Vorrang vor anderen Nutzungen und es dürfen nur Widmungsarten festgelegt werden, die deren Ausnutzbarkeit nicht entgegenstehen. Bei der Festlegung ist insbesondere auf die Erhaltung hochwertiger landwirtschaftlicher Böden, die Interessen des Naturschutzes bzw. übergeordnete Schutzgebietsfestlegungen (einschließlich der Freihaltung von Wildtierkorridoren), die Erhaltung hochwertiger Erholungs- und Grünräume, das Orts- und Landschaftsbild, die Erreichbarkeitsverhältnisse sowie Kapazitäten der Verkehrsinfrastruktur, die abschätzbaren Emissionen, die infrastrukturelle Ausstattung sowie die allenfalls mögliche Erweiterung bestehender Betriebsgebiete Bedacht zu nehmen. Im überörtlichen Raumordnungsprogramm können weitere Festlegungen getroffen werden (z. B. Festlegung von Standorttypen, Bedingungen der Inanspruchnahme, Betriebs- oder Grundstücksgrößen, zulässige Widmungsarten).

§ 12
Überörtliche Raumordnungs- und Entwicklungskonzepte

Zur Abstimmung von raum- und/oder sachbereichsbezogenen Entwicklungsvorstellungen und -maßnahmen durch das Land NÖ können von der Landesregierung für das gesamte Landesgebiet oder für einzelne Regionen Raumordnungs- und Entwicklungskonzepte erstellt werden.

In derartigen Raumordnungs- und Entwicklungskonzepten sind insbesonders die Themenbereiche Europaschutzgebiete, Wirtschaft, Arbeitsmarkt, Verkehr, Bevölkerungsentwicklung, Gesundheit, Soziales und Bildung zu berücksichtigen.

Gemeinden und Land können überörtliche Raumordnungs- und Entwicklungskonzepte in einem gemeinsamen Prozess, wie einer regionalen Leitplanung, erarbeiten. Die Umsetzung von überörtlichen Entwicklungskonzepten ist im Rahmen der Ziele und Maßnahmen der nachgeordneten Planungen anzustreben.

III. Abschnitt
Örtliche Raumordnung

§ 13
Örtliches Raumordnungsprogramm

(1) Ausgehend von den Zielen dieses Gesetzes und den Ergebnissen aufbereiteter Entscheidungsgrundlagen hat jede Gemeinde ein örtliches Raumordnungsprogramm aufzustellen und zu verordnen. Dabei ist auf Planungen und Maßnahmen des Bundes, des Landes und benachbarter Gemeinden Bedacht zu nehmen, soweit sie für die Raumordnung relevant sind.

(2) Das örtliche Raumordnungsprogramm hat die Planungsziele der Gemeinde festzulegen und jene Maßnahmen zu bezeichnen, die zur Erreichung dieser Ziele gewählt werden. Die Verordnung des örtlichen Raumordnungsprogrammes muss jedenfalls einen Flächenwidmungsplan enthalten. Gegebenenfalls kann die Gemeinde ein Entwicklungskonzept als Bestandteil des örtlichen Raumordnungsprogrammes verordnen, wobei sich dieses auf Gemeindeteile beschränken darf.

(3) Im örtlichen Entwicklungskonzept sind grundsätzliche Aussagen zur Gemeindeentwicklung zu treffen, insbesondere zur angestrebten

- Bevölkerungsentwicklung,
- Siedlungs- und Standortentwicklung,
- infrastrukturellen Entwicklung und Daseinsvorsorge,
- Sicherung des Grünlandes und landwirtschaftlicher Produktionsflächen

sowie

- Energieversorgung und Klimawandelanpassung.

Dabei sind die besonderen Leitziele dieses Gesetzes für die örtliche Raumordnung (gemäß § 1 Abs. 2 Z 3) anzuwenden und sind diese – soweit dies thematisch möglich ist – räumlich zu konkretisieren.

(4) Die Gemeinden haben bei der Erstellung oder Abänderung eines örtlichen Raumordnungsprogrammes fachlich geeignete Personen heranzuziehen.

(5) Die Gemeinde hat als Grundlage für die Aufstellung oder Änderung des örtlichen Raumordnungsprogrammes den Zustand des Gemeindegebietes durch Untersuchung der naturräumlichen, wirtschaftlichen, sozialen und kulturellen Gegebenheiten zu erforschen und deren Veränderungen ständig zu beobachten. Die Ergebnisse sind zu dokumentieren. Das Ausmaß der als Bauland gewidmeten bebauten sowie unbebauten Flächen ist in einer Flächenbilanz zu erfassen, auf aktuellem Stand zu halten und der Landesregierung auf Anfrage bekannt zu geben. Die Dokumentation der Entscheidungsgrundlagen hat alle Umstände und Analysen zu enthalten, welche die Festlegungen des örtlichen Raumordnungsprogrammes in nachvollziehbarer Weise begründen. Bei der Aufstellung ist das Ergebnis insbesondere darzustellen in:

1. Plänen mit folgendem Inhalt:
   - Siedlungskonzept, einschließlich der baulichen Bestandsaufnahme, qualitativer Bewertung der Baulandreserven und Nachverdichtungspotenziale
   - Infrastruktur- und Verkehrskonzept, einschließlich der vorhandenen Infrastruktur sowie von Potenzialen und Mängeln vorhandener Infrastruktur
   - Betriebsstättenkonzept, einschließlich einer betrieblichen Bestandsaufnahme mit Abschätzung von Erweiterungs- bzw. räumlichen Verlagerungsbedürfnissen unter Mitberücksichtigung der landwirtschaftlichen Betriebe
   - Landschaftskonzept, einschließlich der naturräumlichen Gegebenheiten sowie der Wertigkeit landwirtschaftlich genutzter Böden

- Energie- und Klimakonzept, einschließlich der Potenziale für die Nutzung erneuerbarer Energien und allfälliger Handlungsnotwendigkeiten für Maßnahmen zur Klimawandelanpassung
- Entwicklungskonzept gemäß § 1 Abs. 1 Z 11, allenfalls beschränkt auf bestimmte Gemeindeteile, sofern es nicht bereits Teil der Verordnung ist

und

2. in einem Planungsbericht mit folgendem Inhalt:

- Grundlagenbericht
- Erläuterungsbericht zum Entwicklungskonzept und zum Flächenwidmungsplan
- Umweltbericht über die strategische Umweltprüfung.

§ 14
Flächenwidmungsplan

(1) Der Flächenwidmungsplan hat das Gemeindegebiet entsprechend den angestrebten Zielen zu gliedern und die Widmungsarten für alle Flächen festzulegen oder nach Maßgabe des § 15 Abs. 2 kenntlich zu machen. Für übereinanderliegende Ebenen dürfen verschiedene Widmungsarten festgelegt werden.

(2) Bei der Ausarbeitung örtlicher Entwicklungskonzepte und Flächenwidmungspläne sind folgende Planungsrichtlinien einzuhalten:

1. Bei der Entwicklung der Siedlungsstruktur ist der Innenentwicklung gegenüber der Außenentwicklung der Vorrang einzuräumen und es sind unter Berücksichtigung der örtlichen Ausgangslage Strategien für eine möglichst effiziente Nutzung der Infrastruktur zu entwickeln und zu verankern. Die Bereitstellung ausreichender und gut versorgter Bereiche für nachhaltige und verdichtete Bebauung ist zu berücksichtigen.
2. Die Erstwidmung von Bauland und Verkehrsflächen ist nur entsprechend eines dokumentierten Bedarfs zulässig. Davor sind die bestehenden Widmungsreserven sowie die beobachtete und abschätzbare Entwicklung im Baubestand zu berücksichtigen.
3. Bei der Widmung von Bauland sind gemäß § 17 geeignete Maßnahmen zur Baulandmobilisierung anzuwenden und es ist dessen möglichst flächensparende Inanspruchnahme sicherzustellen.
4. Der Sicherstellung von für die land- und forstwirtschaftliche Produktion wertvollen Flächen ist bei der Entwicklung des Gemeindegebiets besondere Priorität einzuräumen. Das betrifft sowohl die gut geeigneten Standorte land- und forstwirtschaftlicher Betriebe (wie etwa ausgesiedelte Betriebe mit Intensivtierhaltung) als auch Produktionsflächen mit guter Bonität.
5. Bei allen Widmungsmaßnahmen sind deren Verkehrsauswirkungen abzuschätzen und es ist auf eine funktionsgerechte Anbindung an die bestehenden Verkehrsstrukturen zu achten. Die Verkehrsanbindung ist so vorzunehmen, dass
   - unter Berücksichtigung der regionalen und lokalen Gegebenheiten ein möglichst hoher Anteil des zusätzlichen Verkehrsaufkommens im Umweltverbund (zu Fuß, Rad, Öffentlicher Verkehr) abgewickelt werden kann,
   - die größtmögliche Vorsorge für die Verkehrssicherheit getroffen wird,
   - die übergeordnete Verkehrsfunktion von Landesstraßen, insbesondere bei Ortsumfahrungen und Freilandbereichen, durch Anbau und Grundstückszufahrten nicht beeinträchtigt wird und
   - keine unzumutbaren Störungen für andere Nutzungen bewirkt werden.

Wenn eine funktionsgerechte Anbindung erst durch zusätzliche Maßnahmen im Verkehrsnetz erreicht werden kann, so ist die Umsetzung dieser Maßnahmen möglichst flächensparend sicherzustellen. Die Verkehrsauswirkungen dürfen die vorhandene Verkehrsqualität im umgebenden Straßennetz nicht wesentlich beeinträchtigen und für die jeweilige Straßenkategorie nicht unverhältnismäßig sein. Erforderlichenfalls ist die Anzahl der zulässigen Fahrten von mehrspurigen Kraftfahrzeugen pro Baulandfläche und Tag zu beschränken.

6. Bei der Erstwidmung und der Änderung der Widmungsart des Baulandes ist dessen Erschließung durch funktionsgerechte öffentliche Verkehrsflächen vorzusehen. Bauland-Sondergebiet darf auch durch funktionsgerechte private Verkehrsflächen erschlossen werden.
7. Bei der Erstwidmung und der Änderung der Widmungsart des Baulandes sind eine ordnungsgemäße Wasserversorgung und eine ordnungsgemäße Abwasserentsorgung als Grundausstattung sicherzustellen. Lediglich bei kleinflächigen Erweiterungen von bestehendem Bauland, das nicht mit einer zentralen (öffentlichen oder privaten) Trinkwasserversorgungsanlage ausgestattet ist, muss nur eine quantitativ und qualitativ ausreichende Versorgung der Gebäude mit Trinkwasser aus Einzelwasserversorgungsanlagen (ohne Aufbereitung) möglich sein.

Bei der Widmung von Bauland-Sondergebiet ist eine Grundausstattung nur dann sicherzustellen, wenn sie für den Verwendungszweck erforderlich ist.

8. Wohnbauland ist unter Berücksichtigung der örtlichen Verhältnisse und der Siedlungsstruktur sowie der Ziele dieses Gesetzes an bestehendes Siedlungsgebiet so anzuschließen,

dass geschlossene und wirtschaftlich erschließbare Ortsbereiche entstehen, bzw. bestehende Siedlungsstrukturen in ihrer Wirtschaftlichkeit verbessert werden.

9. Bei der Weiterentwicklung der Siedlungsstrukturen ist das erforderliche Ausmaß an grüner Infrastruktur (Freiflächen, Gebäudebegrünungen u. dgl.) zum Zwecke der Klimawandelanpassung, zur Sicherung geeigneter und gefahrlos erreichbarer Naherholungseinrichtungen für die Bevölkerung sowie zum Management des an der Geländeoberfläche abfließenden Niederschlagswassers zu ermitteln und geeignete Maßnahmen für die Sicherstellung der Umsetzung strategisch zu verankern.

10. Bei der Festlegung von Widmungsarten ist die Vermeidung von wechselseitigen Störungen (insbesondere von Störungen für Wohnbauland, Sondergebiet mit Schutzbedarf, Erholungsgebiete, Widmungen für Erholungseinrichtungen sowie die gemäß § 10 Abs. 4 festgelegten ruhigen Gebiete in einem Ballungsraum und auf dem Land gemäß Art. 3 der Richtlinie 2002/49/EG (§ 54) durch Auswirkungen wie Lärm, Licht, Staub, Erschütterungen, Geruch zu gewährleisten. Unter Berücksichtigung der bestehenden Nutzungen (wie etwa landwirtschaftlicher Tierhaltung im Grünland, gewerblicher Lagerplatz für Baumaterialien), der bestehenden Widmungen sowie der absehbaren Nutzungsentwicklung sind dabei folgende Regeln zu beachten:

a) Vorrangig sind ausreichende Abstände zwischen konfliktträchtigen Nutzungen sicherzustellen.

b) Erst wenn auf Grund der räumlichen Verhältnisse (bestehende Nutzungsverflechtung, einschränkende topographische Verhältnisse u. dgl.) die Einhaltung von ausreichenden Abständen nicht möglich ist, sind geeignete und in ihrer Wirksamkeit gleichwertige Maßnahmen zur Abschirmung sicherzustellen.

c) Sofern auf Grund bestehender Nutzungsstrukturen auch abschirmende Maßnahmen nicht möglich sind, müssen Nutzungskonflikte durch Maßnahmen zur Beeinflussung der konkreten von den betroffenen Widmungsflächen ausgehenden Auswirkungen unterbunden werden (Widmungszusätze, Bebauungsplan, Verträge).

11. Unbeschadet der Bestimmungen der Z 10 lit. b ist zwischen Bauland-Industriegebiet, Bauland-Verkehrsbeschränktes Industriegebiet und Bauland-Sondergebiet mit vergleichbaren Zweckbestimmungen einerseits und Wohnbauland, Bauland-Sondergebiet mit besonderem Schutzbedürfnis und Erholungsgebieten bzw. Widmungen für Erholungseinrichtungen andererseits ein angemessener Abstand einzuhalten.

12. Standorte von bestehenden Betrieben sind in Abstimmung mit den umgebenden Siedlungsstrukturen und deren Anforderungen zu sichern. Bei der Nachnutzung von Standorten mit abgeschlossener betrieblicher Nutzung ist auf das allfällige Gefährdungspotenzial von Altablagerungen und Altstandorten zu achten.

13. Es ist ein angemessener Sicherheitsabstand von Betrieben im Sinne des Art. 3 Z 1 der Richtlinie 2012/18/EU (§ 54) einerseits und Wohngebieten, öffentlich genutzten Gebäuden und Gebieten, Erholungsgebieten und – soweit möglich – Hauptverkehrswegen andererseits anzustreben. Im Bereich des angemessenen Sicherheitsabstands sind nur solche Änderungen des Flächenwidmungsplans zulässig, durch die keine signifikante Verschlimmerung der Folgen eines schweren Unfalls (insbesondere hinsichtlich der Anzahl der betroffenen Personen) ermöglicht wird.

14. Bei der Festlegung von Widmungsarten sind die Auswirkungen auf strukturelle und kulturelle Gegebenheiten, das Orts- und Landschaftsbild sowie den Artenschutz abzuschätzen, in die Entscheidung einzubeziehen und im Falle von maßgeblichen Auswirkungen ausgleichende Maßnahmen zu prüfen. Der prägende Charakter von historisch oder künstlerisch wertvollen Bereichen darf nicht beeinträchtigt werden.

15. Bestehende oder geplante Ortskerne können als Zentrumszone im Flächenwidmungsplan festgelegt werden. Dabei ist von den vorhandenen Nutzungsstrukturen und dem Erscheinungsbild auszugehen. Die Planung neuer Zentrumszonen ist zulässig, wenn sie auf Grundlage eines verordneten Entwicklungskonzeptes erfolgt und zumindest eine dichte Wohnbebauung bereits vorhanden ist. Die dafür notwendigen Entwicklungsmaßnahmen müssen jedenfalls eine prozentuelle Verteilung der Flächen für Wohnen, Naherholung, Verkehr, öffentliche Einrichtungen, Dienstleistungen inkl. Handel sowie soziale Infrastruktur beinhalten und sichergestellt werden. Zentrumszonen dürfen nur innerhalb einer bestehenden zusammenhängenden Siedlungseinheit mit mindestens 1.800 Einwohnern festgelegt werden. Zentrumszonen dürfen auch in Ortschaften oder Teilen davon mit mindestens 1.000 Einwohnern festgelegt werden, wenn in angrenzenden Ortschaften zumindest 800 Einwohner beheimatet sind. Dieser Einzugsbereich ist durch Gemeinderatsbeschluss bzw. übereinstimmende Gemeinderatsbeschlüsse zuzuordnen. Zentrumszonen müssen weiters folgende Kriterien aufweisen:

- eine gute Verkehrsanbindung im individuellen und/oder öffentlichen Verkehrsnetz, welche auch die Ansiedlung von Handelseinrichtungen zulässt,

- dichtere Baustrukturen als der Umgebungsbereich und einen Durchmischungsgrad von Wohn- und anderen Nutzungen (z. B. öffentliche Einrichtungen, Büros, Handels- und Dienstleistungsbetriebe), der über das in Wohngebieten übliche Ausmaß deutlich hinausgeht.

16. Bei der Festlegung der Widmungsarten außerhalb von Ortsbereichen ist die zusammenhängende landwirtschaftliche Flur in günstigem Zuschnitt zu erhalten und die Vernetzung wertvoller Grünlandbereiche und Biotope (einschließlich ökologischer Vermeidungs-, Verminderungs- und Ausgleichsmaßnahmen) sicherzustellen. Unter Berücksichtigung der vorrangigen Weiterentwicklung bestehender Standorte dürfen Bauland und Grünlandwidmungsarten mit landwirtschaftsfremden Nutzungsmöglichkeiten (Grünland-Lagerplatz, Grünland-Sportstätte u. dgl.) nur dann außerhalb von Ortsbereichen festgelegt werden, wenn
- die angestrebte Nutzung aus funktionalen Gründen oder auf Grund der Auswirkungen nicht innerhalb oder im Anschluss an einen Ortsbereich angeordnet werden kann oder
- die angestrebte Nutzung an bestimmte Standortvoraussetzungen gebunden ist oder durch ein überörtliches Raumordnungsprogramm vorgesehen ist.

17. Kleinstsiedlungen können trotz mangelnder infrastruktureller Ausstattung als Gebiete für erhaltenswerte Ortsstrukturen festgelegt werden. Dabei soll unter Bedachtnahme auf ihre Bedeutung und Charakteristik die Schließung innerer Baulücken sowie die sinnvolle Abrundung nach außen erreicht werden.

18. Bei der Erstwidmung von Bauland sind bei der Festlegung von lärmsensiblen Widmungsarten (Wohnbauland, Sondergebiete für Krankenhäuser, Kur- und Erholungseinrichtungen u. dgl.) folgende Grundsätze zu beachten:

a) Flächen, die nur durch abschirmende Maßnahmen (z. B. Lärmschutzwälle) für den beabsichtigten Widmungszweck für eine Umwidmung in Frage kommen, dürfen nur dann gewidmet werden, wenn keine besser geeigneten Flächen für denselben Widmungszweck verfügbar sind.

b) Bei der Beurteilung des Lärmausmaßes ist nicht nur die aktuelle Situation, sondern auch die absehbare Entwicklung (z. B. gemäß Verkehrsprognosen) zu berücksichtigen.

c) Sind keine besser geeigneten Flächen für eine Umwidmung verfügbar, so ist eine Umwidmung auf Grund von abschirmenden Maßnahmen erst dann zulässig, wenn die auf Grundlage eines Lärmschutzkonzepts gewählten Schutzmaßnahmen bezeichnet und sichergestellt sind. Lärmschutzwände sind als Schutzmaßnahme unzulässig, wenn derselbe Zweck durch optisch besser geeignete Maßnahmen (z. B. bepflanzte Wälle) erreicht werden kann. Darüber hinaus ist die künftige Bebauung durch geeignete Festlegungen im Flächenwidmungsplan oder in einem Bebauungsplan auf das Lärmschutzprojekt abzustimmen.

19. Die Siedlungsentwicklung einer Gemeinde ist in ihrer Gesamtheit so auszurichten, dass sie zum überwiegenden Anteil in jenen Siedlungsteilen erfolgt, welche in der jeweiligen Gemeinde über die beste Ausstattung mit Einrichtungen der Daseinsvorsorge verfügen.

20. Bei allen Widmungsmaßnahmen im Zusammenhang mit Bauland sind die Auswirkungen auf die Menge der anwesenden Bevölkerung (einschließlich Arbeitsbevölkerung, Gäste, Nebenwohnsitze u. dgl.) abzuschätzen. Dabei sind auch mögliche Innenverdichtungen sowie Nachnutzungen zu berücksichtigen. Für Widmungsmaßnahmen, die dazu führen, dass der gesamte Bevölkerungszuwachs ein Ausmaß von 2,5 % pro Jahr übersteigt, ist die Sozialverträglichkeit explizit darzulegen.

21. Sofern ein örtliches Entwicklungskonzept nichts anderes bestimmt, ist bei der Erstwidmung und der Änderung der Widmungsart des Baulandes ab einer Fläche von einem Hektar unter Berücksichtigung der Umgebung sowie der angestrebten Widmung zu prüfen, mit welchen Maßnahmen eine künftige Bebauung in der Form sichergestellt werden kann, dass sie optimal den Anforderungen der Klimawandelanpassung, der Naherholung, der Grünraumvernetzung und dem Oberflächenwassermanagement entspricht. Die gewählten Maßnahmen sind in geeigneter Form sicherzustellen.

(3) Die Landesregierung hat durch Verordnung nach dem jeweiligen Stand der Wissenschaften und unter Berücksichtigung des die Gesundheit der betroffenen Bewohner belastenden Lärms den äquivalenten Dauerschallpegel für die Widmungen Wohngebiet, Kerngebiet, Betriebsgebiet, Agrargebiet, Sondergebiet und Gebiete für erhaltenswerte Ortsstrukturen zu bestimmen, auf den bei der Festlegung der Widmungsart der verschiedenen Flächen im Lageverhältnis zueinander Bedacht zu nehmen ist.

§ 15

Widmungen, Kenntlichmachungen und Widmungsverbote

(1) Im Flächenwidmungsplan sind Bauland, Verkehrsflächen und Grünland festzulegen.

(2) Im Flächenwidmungsplan sind kenntlich zu machen:

1. Flächen, für die eine rechtswirksame überörtliche Planung besteht (Eisenbahnen, Flugplätze, Bundes- und Landesstraßen, Versorgungsanlagen von überörtlicher Bedeutung und dergleichen);

2. Flächen, für die auf Grund von Bundes- und Landesgesetzen Nutzungsbeschränkungen bestehen (Europaschutzgebiete, Naturschutzgebiete, Landschaftsschutzgebiete, Naturdenkmale, Objekte unter Denkmalschutz, Bann- und Schutzwälder, Schutzgebiete von Wasserversorgungsanlagen, Überflutungsgebiete, Sicherheitszonen von Flugplätzen, Gefährdungsbereiche von Schieß- und Sprengmittelanlagen, Bergbaugebiete, Gefahrenzonen und dergleichen) sowie Standorte und angemessene Sicherheitsabstände von Betrieben im Sinne des Art. 3 Z 1 der Richtlinie 2012/18/EU (§ 54).

(3) Flächen dürfen nicht als Bauland, Grünland-Kleingarten, Grünland-Campingplatz und Grünland-Land- und forstwirtschaftliche Hofstelle gewidmet werden, wenn sie aufgrund der Gegebenheiten ihres Standortes dafür ungeeignet sind. Dies ist insbesondere der Fall bei:

1. Flächen, die bei 100-jährlichen Hochwässern überflutet werden;
2. Flächen, die eine ungenügende Tragfähigkeit des Untergrundes aufweisen oder deren Grundwasserhöchststand über dem Geländeniveau liegt;
3. Flächen, die rutsch-, bruch-, steinschlag-, wildbach- oder lawinengefährdet sind;
4. Flächen mit Altstandorten oder Altablagerungen, sofern nicht ausgeschlossen werden kann, dass eine erhebliche Kontamination vorliegt oder ein erhebliches Risiko für Mensch oder Umwelt von diesen Flächen ausgeht. Dies gilt nicht für Flächen, die zum Zwecke der Sanierung oder Sicherung als Bauland-Aufschließungszone gewidmet werden.

(4) Ausgenommen von Abs. 3 Z 1 bis 4 sind

1. Flächen für Bauwerke, die aufgrund ihrer Funktion an bestimmten Standorten ungeachtet der in Abs. 3 Z 1 bis Z 4 angeführten Mängel errichtet werden müssen, sowie

2. Flächen innerhalb eines geschlossenen Ortsgebiets, wenn der Grad der Gefährdung nicht so hoch ist, dass die ständige Benützung für Siedlungs- und Verkehrszwecke nicht oder nur mit unverhältnismäßig hohem Aufwand möglich ist.

(5) Flächen in extremen Schatten- oder Feuchtlagen dürfen nicht als Wohnbauland gewidmet werden.

(6) In Bereichen, die von einem Hochwasserereignis niedriger Wahrscheinlichkeit (HQ300) überflutet werden, ist die Widmung von Bauland-Sondergebiet mit Gefahrenpotential, Bauland-Industriegebiet und Bauland-Verkehrsbeschränktes Industriegebiet nicht zulässig.

(7) Zusammenhängende und unbebaute Flächen entlang von Fließgewässern, die von einem 30-jährlichen Hochwasser überflutet werden oder für die rote Zonen in Gefahrenzonenplanungen ausgewiesen sind, sind als Grünland-Freihaltefläche-Retentionsfläche zu widmen.

§ 16
Bauland

(1) Das Bauland ist entsprechend den örtlichen Gegebenheiten in folgende Widmungsarten zu gliedern:

1. Wohngebiete, die für Wohngebäude und die dem täglichen Bedarf der dort wohnenden Bevölkerung dienenden Gebäude sowie für Betriebe bestimmt sind, welche in das Ortsbild einer Wohnsiedlung eingeordnet werden können und keine das örtlich zumutbare Ausmaß übersteigende Lärm- oder Geruchsbelästigung sowie sonstige schädliche Einwirkung auf die Umgebung verursachen. Die Geschoßflächenzahl (§ 4 Z 17 NÖ BO 2014, LGBl. Nr. 1/2015 in der geltenden Fassung) darf nicht über 1 betragen.
2. Kerngebiete, die für öffentliche Gebäude, Versammlungs- und Vergnügungsstätten, Wohngebäude sowie für Betriebe bestimmt sind, welche sich dem Ortsbild eines Siedlungskernes harmonisch anpassen und keine das örtlich zumutbare Ausmaß übersteigende Lärm- oder Geruchsbelästigung sowie sonstige schädliche Einwirkung auf die Umgebung verursachen. Die Geschoßflächenzahl (§ 4 Z 17 NÖ BO 2014, LGBl. Nr. 1/2015 in der geltenden Fassung) darf nicht über 1 betragen.
3. Betriebsgebiete, die für Bauwerke solcher Betriebe bestimmt sind, die keine übermäßige Lärm- oder Geruchsbelästigung und keine schädliche, störende oder gefährliche Einwirkung auf die Umgebung verursachen und sich – soweit innerhalb des Ortsbereiches gelegen – in das Ortsbild und die bauliche Struktur des Ortsbereiches einfügen. Betriebe, die einen Immissionsschutz beanspruchen oder voraussichtlich mehr als 100 Fahrten von mehrspurigen Kraftfahrzeugen pro ha Baulandfläche und Tag – abgestellt auf den jährlich durchschnittlichen täglichen Verkehr an Werktagen – erzeugen, sind unzulässig.
4. Industriegebiete, die für betriebliche Bauwerke bestimmt sind, die wegen ihrer Auswirkungen, ihrer Erscheinungsform oder ihrer räumlichen Ausdehnung nicht in den anderen Baulandwidmungsarten zulässig sind. Betriebe, die einen Immissionsschutz gegenüber ihrer Umgebung beanspruchen oder voraussichtlich mehr als 100 Fahrten von mehrspurigen Kraftfahrzeugen pro ha Baulandfläche und Tag – abgestellt auf den jährlich durchschnittlichen täglichen Verkehr an Werktagen – erzeugen, sind unzulässig.

5. Agrargebiete, die für Bauwerke land- und forstwirtschaftlicher Betriebe und der sonstigen Tierhaltung, die über die übliche Haltung von Haustieren hinausgeht, bestimmt sind; andere Betriebe, welche keine das örtlich zumutbare Ausmaß übersteigende Lärm- oder Geruchsbelästigungen sowie sonstige schädliche Einwirkungen auf die Umgebung verursachen und sich in ihrer Erscheinungsform in das Ortsbild und in die dörfliche bauliche Struktur einfügen, sowie Wohnnutzungen mit höchstens vier Wohneinheiten pro Grundstück sind zuzulassen.
6. Sondergebiete, die für bauliche Nutzungen bestimmt sind, deren besonderer Zweck im Flächenwidmungsplan durch einen Zusatz zur Signatur ausdrücklich festgelegt ist. Das sind Nutzungen,
- die einen besonderen Schutz (Krankenanstalten, Schulen u. dgl.) erfordern oder
- denen ein bestimmter Standort (Asphaltmischanlagen u. dgl.) zugeordnet werden soll oder
- die sich nicht in die Z 1 bis 5 (Kasernen, Sportanlagen u. dgl.) einordnen lassen.
7. Gebiete für erhaltenswerte Ortsstrukturen, die für Ein- und Zweifamilienwohnhäuser und für Kleinwohnhäuser sowie für Betriebe bestimmt sind, welche sich in Erscheinungsform und Auswirkungen in den erhaltenswerten Charakter der betreffenden Ortschaft einfügen.
8. Wohngebiete für nachhaltige Bebauung, die für die in der Z 1 aufgezählten Nutzungen bestimmt sind, wobei die Geschoßflächenzahl (§ 4 Z 17 NÖ BO 2014, LGBl. Nr. 1/2015 in der geltenden Fassung) über 1 betragen darf. Die höchstzulässige Geschoßflächenzahl ist anzugeben und muss größer als 1 sein.
9. Kerngebiete für nachhaltige Bebauung, die für die in der Z 2 aufgezählten Nutzungen bestimmt sind, wobei die Geschoßflächenzahl (§ 4 Z 17 NÖ BO 2014, LGBl. Nr. 1/2015 in der geltenden Fassung) über 1 betragen darf. Die höchstzulässige Geschoßflächenzahl ist anzugeben und muss größer als 1 sein.
10. Verkehrsbeschränkte Betriebsgebiete, die für die in der Z 3 aufgezählten Nutzungen bestimmt sind sowie für Bauwerke von Betrieben, von denen mehr als 100 Fahrten von mehrspurigen Kraftfahrzeugen pro ha Baulandfläche und Tag – abgestellt auf den jährlich durchschnittlichen täglichen Verkehr an Werktagen – erzeugt werden dürfen. Die Anzahl der maximal zulässigen Fahrten pro Baulandfläche und Tag ist anzugeben.
11. Verkehrsbeschränkte Industriegebiete, die für die in der Z 4 aufgezählten Nutzungen bestimmt sind sowie für Bauwerke von Betrieben, von denen mehr als 100 Fahrten von mehrspurigen Kraftfahrzeugen pro ha Baulandfläche und Tag – abgestellt auf den jährlich durchschnittlichen täglichen Verkehr an Werktagen – erzeugt werden dürfen. Die Anzahl der maximal zulässigen Fahrten pro Baulandfläche und Tag ist anzugeben.

(2) In Bauland-Sondergebieten sind Wohngebäude sowie eine sonstige Wohnnutzung nur insoweit zuzulassen, als diese mit Rücksicht auf den verordneten Nutzungszusatz vorhanden sein müssen. In Bauland-Betriebsgebieten und Bauland-Verkehrsbeschränkten Betriebsgebieten dürfen an bestehenden Wohngebäuden bzw. für Wohnzwecke bewilligten Teilen des Betriebsgebäudes Umbauten sowie Zubauten bis 20 % der Grundrissfläche der bisherigen Wohnnutzung, insgesamt höchstens jedoch 60 m², vorgenommen werden. Bei der Berechnung ist vom bewilligten Baubestand am 1. Februar 2015 auszugehen.

(3) Sofern die besondere Zweckbindung von Kerngebieten, Kerngebieten für nachhaltige Bebauung, Betriebsgebieten, Verkehrsbeschränkten Betriebsgebieten und Sondergebieten dies nicht ausschließt, können erforderlichenfalls in allen Baulandwidmungsarten auch Bauwerke und Einrichtungen zur Versorgung der Bevölkerung mit Gütern und Dienstleistungen des täglichen Bedarfes, der öffentlichen Sicherheit sowie für die religiösen, sozialen und kulturellen Bedürfnisse zugelassen werden.

(3a) In Industriegebieten und Verkehrsbeschränkten Industriegebieten ist die Errichtung von Bauwerken auch solcher Betriebe – ausgenommen Handelseinrichtungen gemäß § 18 – zulässig, die im Betriebsgebiet und Verkehrsbeschränktem Betriebsgebiet errichtet werden dürfen, wenn dafür weniger als zwei Drittel der als Industriegebiet oder Verkehrsbeschränktes Industriegebiet gewidmeten Flächen in Anspruch genommen werden.

(4) Zur Sicherung einer geordneten Siedlungsentwicklung sowie zur Sanierung und/oder Sicherung von Altlasten bzw. Verdachtsflächen kann das Bauland in verschiedene Aufschließungszonen unterteilt werden, wenn zugleich im örtlichen Raumordnungsprogramm sachgerechte Voraussetzungen für deren Freigabe festgelegt werden. Als derartige Voraussetzungen kommen die Bebauung von Baulandflächen mit gleicher Widmungsart zu einem bestimmten Prozentsatz, die Fertigstellung oder Sicherstellung der Ausführung infrastruktureller Einrichtungen sowie von Lärmschutzbauten und dergleichen in Betracht. Eine fehlende Standorteignung gemäß § 15 Abs. 3 kann – ausgenommen Altlasten und Verdachtsflächen – durch Freigabevoraussetzungen nicht ersetzt werden.

Die Freigabe erfolgt durch Verordnung des Gemeinderates nach Erfüllung der festgelegten Freigabevoraussetzungen. Die Freigabe von Teilen einer Aufschließungszone ist zulässig, wenn die jeweils festgelegten Freigabevoraussetzungen für diesen Bereich erfüllt sind, der Gemeinde keine unwirtschaftlichen Aufwendungen für die Grundausstattung erwachsen und die ordnungsgemäße Bebauungsmöglichkeit der verbleibenden Restfläche gesichert bleibt.

Ist für eine Aufschließungszone im Flächenwidmungsplan keine innere Verkehrserschließung festgelegt oder soll die festgelegte verändert werden, darf die Freigabe erst bei Sicherstellung einer Verkehrserschließung im Sinne des § 32 erfolgen. Ein Verfahren nach § 25 ist hiefür nicht erforderlich.

(5) Bauland-Betriebsgebiet, Bauland-Verkehrsbeschränktes Betriebsgebiet, Bauland-Kerngebiet und Bauland-Kerngebiet für nachhaltige Bebauung können erforderlichenfalls ganz oder für Teilbereiche hinsichtlich ihrer speziellen Verwendung näher bezeichnet werden (z. B. Verwaltungs- und Schulungsgebäude, emissionsarme Betriebe u. dgl.).

Im Bauland-Agrargebiet können erforderlichenfalls im Übergang zum Grünland Bereiche festgelegt werden ("Hintausbereiche"), in denen jegliche Wohnnutzung unzulässig ist.

Zur Sicherung des strukturellen Charakters darf die Widmungsart Bauland-Wohngebiet mit dem Zusatz „maximal zwei Wohneinheiten" oder „maximal drei Wohneinheiten" verbunden werden; unter dieser Bezeichnung dürfen nicht mehr als zwei bzw. drei Wohnungen (§ 4 Z 32a NÖ BO 2014, LGBl. Nr. 1/2015 in der geltenden Fassung) pro Grundstück errichtet werden. Im Rahmen der bestehenden Gebäudehülle (ausgenommen Gaupen) darf bei Wohngebäuden, die vor der Eintragung der Beschränkung der Wohneinheiten im Flächenwidmungsplan bewilligt wurden, eine Wohneinheit zusätzlich – höchstens jedoch insgesamt vier – geschaffen werden.

Des Weiteren darf zur Sicherung des strukturellen Charakters die Widmungsart Bauland-Kerngebiet mit einem Zusatz verbunden werden, der die maximalen Wohneinheiten festlegt, wobei eine Festlegung zwischen sechs und zwanzig Wohneinheiten zulässig ist. Ist dies erfolgt, dürfen nicht mehr Wohnungen (§ 4 Z 32a NÖ BO 2014, LGBl. Nr. 1/2015 in der geltenden Fassung) pro Grundstück errichtet werden, als maximale Wohneinheiten festgelegt wurden.

(6) Zur Weiterentwicklung der Siedlungsstrukturen können in den Widmungsarten Bauland-Kerngebiet, Bauland-Kerngebiet für nachhaltige Bebauung, Bauland-Betriebsgebiet, Bauland-Verkehrsbeschränktes Betriebsgebiet und Bauland-Sondergebiet Hochhauszonen festgelegt werden. Bei dieser Festlegung ist die maximal zulässige Gebäudehöhe anzugeben. Die Raumverträglichkeit für eine Bebauung ist spätestens bei Erteilung der Baubewilligung nachzuweisen (§ 20 Abs. 1 Z 6 NÖ BO 2014, LGBl. Nr. 1/2015). Außerhalb von Hochhauszonen ist die Errichtung von Hochhäusern – mit Ausnahme von Silos und ähnlichen technischen Anlagen, in denen Aufenthaltsräume nicht oder nur im unbedeutenden Ausmaß vorhanden sind – unzulässig. Dieses Verbot gilt nicht im Bauland-Industriegebiet und Bauland-Verkehrsbeschränktes Industriegebiet für Verwaltungsgebäude von dort zulässigen Betrieben.

(7) (entfällt durch LGBl. Nr. 63/2016)

§ 17

Baulandmobilisierung, Sonderformen der Vertragsraumordnung

(1) Die Gemeinden haben bei Erstwidmungen von Bauland und bei der Änderung von Baulandwidmungsarten durch geeignete Maßnahmen, wie insbesondere durch Festlegung einer Befristung nach Abs. 2 oder Abschluss von Verträgen nach Abs. 3 eine rasche Bebauung sicherzustellen.

(2) Bei der Erstwidmung von Bauland darf eine Befristung von maximal sieben Jahren sowie eine Folgewidmung mit der Wirkung festgelegt werden, dass nach Ablauf der Frist die Folgewidmung eintritt, wenn bis dahin mit keiner der Widmung entsprechenden Bebauung begonnen worden ist, wobei ein allfälliger Entschädigungsanspruch nach § 27 nicht entsteht. Als Folgewidmung kommt dabei nur die Widmung vor der Erstwidmung des Baulandes oder, soweit die Voraussetzungen dafür vorliegen, eine sonstige Widmungsart des Grünlandes oder Verkehrsfläche in Betracht. Eine Änderung der Baulandwidmungsart lässt eine bestehende Befristung unberührt. Die Frist beginnt dabei mit dem Tag des Beschlusses des Gemeinderates über die Erlassung der Verordnung über die entsprechende Änderung des örtlichen Raumordnungsprogrammes bzw. dem Beschluss des Gemeinderates über die Erlassung der Verordnung über die Freigabe gemäß § 16 Abs. 4 zu laufen und ist im Flächenwidmungsplan ersichtlich zu machen. Eine einmalige Verlängerung der Frist um höchstens drei Jahre ist auf Anregung des Grundeigentümers durch Beschluss des Gemeinderates möglich, wenn ein rechtzeitiger Baubeginn aus nicht vom Grundeigentümer zu vertretenden Gründen nicht möglich oder unzumutbar war. Solche Anregungen auf Fristerstreckung können bis sechs Monate vor Fristende bei der Gemeinde eingebracht werden. Ein derartiger Beschluss ist der Landesregierung zur Verordnungsprüfung zu übermitteln. Verfahren, die nach dem Umweltverträglichkeitsprüfungsgesetz 2000, BGBl. Nr. 697/1993 in der Fassung BGBl. Nr. 80/2018 zu führen sind und zum Fristablauf bereits anhängig waren, werden durch den Fristablauf nicht berührt.

(3) Aus Anlass der Erstwidmung von Bauland und der Änderung der Widmungsart des Baulandes darf die Gemeinde mit Grundeigentümern

Verträge abschließen, durch die sich die Grundeigentümer bzw. diese für ihre Rechtsnachfolger zur Erfüllung verpflichten. Derartige Verträge dürfen insbesondere folgende Inhalte aufweisen:

1. die Verpflichtung, Grundstücke innerhalb einer bestimmten Frist (maximal sieben Jahre) zu bebauen bzw. der Gemeinde zum ortsüblichen Preis anzubieten;
2. bestimmte Nutzungen durchzuführen oder zu unterlassen;
3. Maßnahmen zur Erreichung oder Verbesserung der Baulandqualität und zur Verbesserung der Siedlungsstruktur im Hinblick auf die besonderen Leitziele für die örtliche Raumordnung (§ 1 Abs. 2 Z 3). Dazu zählen insbesondere sämtliche Infrastrukturmaßnahmen, die im Zusammenhang mit der Widmung von Bauland unmittelbar oder voraussichtlich in einem Planungszeitraum von zehn Jahren erforderlich werden, dies auch unter besonderer Berücksichtigung der Folgen des Klimawandels, einschließlich des notwendigen Ausbaus der sozialen Infrastruktur sowie Maßnahmen zur Gewährung der Energiesicherheit.

(4) Verträge nach Abs. 3 Z 1 sind evident zu halten, und es ist der Landesregierung über Aufforderung über die Erfüllung der Vertragspflichten zu berichten.

Verträge nach Abs. 3 Z 2 und 3 dürfen auch aus Anlass der Widmung oder Änderung der Widmungsart von Grünland oder der Widmung von Verkehrsflächen abgeschlossen werden. Sie dürfen auch Beiträge der Gemeinde zu Maßnahmen, die die Grundeigentümer setzen, vorsehen. Der Beitritt Dritter, z. B. von Gemeindeverbänden, ist zulässig.

Verträge nach Abs. 3 Z 3 dürfen auch aus Anlass der Erlassung oder Änderung eines Bebauungsplans abgeschlossen werden. Sie dürfen auch Beiträge der Gemeinde zu Maßnahmen, die die Grundeigentümer setzen, vorsehen. Der Beitritt Dritter, z. B. von Gemeindeverbänden, ist zulässig.

(5) Darüber hinaus darf die Gemeinde aus Anlass der Festlegung von Widmungsarten, die die Errichtung von Anlagen für die Erzeugung, Fortleitung oder Speicherung von Energie ermöglichen, mit Grundeigentümern Verträge abschließen, durch die die Errichtung und der ständige Betrieb dieser Anlagen sichergestellt wird. Dies insbesondere, indem sich die Grundeigentümer bzw. die Betreiber für sich und ihre Rechtsnachfolger verpflichten, eine bestimmte Form bzw. ein bestimmtes Ausmaß an Bürgerbeteiligung vorzusehen, oder indem sie der Gemeinde ein Vorkaufsrecht an Grundstücken und Anlagen einräumen. Der Beitritt Dritter, z. B. von Anlagenbetreibern, Netzbetreibern, Erneuerbare-Energie-Gemeinschaften gemäß § 79 Erneuerbaren-Ausbau-Gesetz (EAG), BGBl. I Nr. 150/2021 in der Fassung BGBl. I Nr. 13/2022, und Bürgerenergiegemeinschaften gemäß § 16b Elektrizitätswirtschafts- und -organisationsgesetz 2010 (ElWOG 2010), BGBl. I Nr. 110/2010 in der Fassung BGBl. I Nr. 7/2022, ist zulässig.

§ 18

Gebiete für Handelseinrichtungen

(1) In Zentrumszonen können die Widmungen Bauland-Kerngebiet und Bauland-Kerngebiet für nachhaltige Bebauung mit dem Zusatz „Handelseinrichtungen" bezeichnet werden. In dieser Widmung bestehen für die Errichtung von Handelsbetrieben keine Beschränkungen hinsichtlich der Verkaufsfläche. Im Flächenwidmungsplan kann jedoch bei Bedarf, insbesondere aus Gründen der Verkehrsinfrastruktur, ein weiterer Zusatz zur Beschränkung der Verkaufsfläche angebracht werden. Die übrigen Nutzungsmöglichkeiten gemäß § 16 Abs. 1 Z 2 und 9 bleiben zulässig.

(2) Eine Verkaufsfläche für zentrumsrelevante Waren von Handelsbetrieben von bis zu 750 m² – ausgenommen in den Widmungen Bauland-Kerngebiet-Handelseinrichtungen und Bauland-Kerngebiet für nachhaltige Bebauung-Handelseinrichtungen – ist zulässig, wenn das Baugrundstück von seinen Grenzen bis zu einer Entfernung von maximal 500 m von mit Hauptgebäuden bebauten Baulandgrundstücken (inklusive allfälliger Grüngürtel und Straßen) umschlossen ist.

Liegt dies nicht vor, muss

- das Baugrundstück an zumindest drei Seiten an mit Hauptgebäuden bebaute Grundstücke im Wohnbauland oder Bauland-Sondergebiet mit Wohnnutzung überwiegend angrenzen, wobei allfällige Straßen außer Betracht bleiben. An einer Seite kann dabei das mit einem Hauptgebäude bebaute Nachbargrundstück im Wohnbauland oder Bauland-Sondergebiet mit Wohnnutzung durch eine überwiegend angrenzende innerörtliche Grünlandwidmung (z. B. Parks) ersetzt werden

oder

- das Baugrundstück mit einer Seite an ein mit einem Hauptgebäude bebautes Grundstück im Wohnbauland oder Bauland-Sondergebiet mit Wohnnutzung und mit allen weiteren Seiten an solche Grundstücke im Wohnbauland überwiegend angrenzen, welche sich entweder im Eigentum der Gemeinde befinden oder deren Bebauung innerhalb der nächsten 5 Jahre gerechnet ab Antragstellung für die Baubewilligung des Handelsbetriebes rechtlich gesichert ist (durch Maßnahmen der Vertragsraumordnung oder sonstige individuelle Vereinbarungen), wobei allfällige Straßen außer Betracht bleiben.

Ei-
ne Verkaufsfläche für zentrumsrelevante Waren von Handelsbetrieben im Bauland-Betriebsgebiet oder Bauland-Verkehrsbeschränktes Betriebsgebiet von bis zu 750 m² ist zulässig, wenn das Betriebsgebiet oder das Verkehrsbeschränkte Betriebsgebiet von Wohnbauland oder anderen mit Wohngebäuden bebauten Grundstücken (inklusive allfälliger Grüngürtel und Straßen) umschlossen ist oder das Baugrundstück an ein mit einem Hauptgebäude bebautes Grundstück im Wohnbauland oder Bauland-Sondergebiet mit Wohnnutzung und an zwei weiteren Seiten an mit Hauptgebäuden bebaute Grundstücke überwiegend angrenzt, wobei allfällige Straßen und Grüngürtel außer Betracht bleiben. Dies gilt nicht für Bauvorhaben im Betriebsgebiet, für die am 7. Juli 2016 bereits ein baubehördliches Verfahren anhängig war.(3) Außerhalb der in Abs. 2 bezeichneten Bereiche darf die Verkaufsfläche für zentrumsrelevante Waren 80 m² nicht übersteigen.

(4) Bilden mehrere Handelsbetriebe eine bauliche, funktionelle oder organisatorische Einheit, darf die Summe der Verkaufsflächen für zentrumsrelevante Waren in den Fällen gemäß Abs. 2 nicht mehr als 750 m² und die Summe der Verkaufsfläche für zentrumsrelevante Waren an Standorten gemäß Abs. 3 nicht mehr als 80 m² betragen. Eine funktionelle Einheit ist gegeben, wenn angrenzende und straßenseitig gegenüberliegende Grundstücke hinsichtlich ihrer Bebauung ausschließlich oder dominierend für Handelseinrichtungen einschließlich Abstelleinrichtungen für Kraftfahrzeuge genutzt werden, wobei bereits ein einzelnes angrenzendes oder straßenseitig gegenüberliegendes Grundstück diese Einheit bilden kann. Dazwischen liegende Verkehrsflächen unterbrechen die funktionelle Einheit nicht, ebenso Grundflächen (z. B. Grüngürtel und Gewässer) mit einer Gesamtbreite bis zu 14 m sowie schmale Grundstücke mit einer Breite bis zu 40 m.

(5) Unabhängig von ihrer Lage unterliegen Handelsbetriebe keinen Größenbeschränkungen, wenn sie – abgesehen von dem im Abs. 3 bezeichneten Ausmaß – ausschließlich Waren anbieten, welche nach ihrer Beschaffenheit bzw. nach ihrer Packungs- oder Gebindegröße vom Kunden unter Verwendung eines Kraftfahrzeuges abtransportiert werden müssen (nicht zentrumsrelevante Waren). Diese Warengruppen sind durch Verordnung der Landesregierung festzulegen.

(6) Unabhängig von den Bestimmungen der Abs. 2 und 3 ist der Direktverkauf von am Standort des Produktionsbetriebes produzierten Waren zulässig. Weiters ist der Verkauf von Waren, die diese wirtschaftlich ergänzen oder als Zubehör zu bewerten sind, zulässig. Dies allerdings nur soweit, als der Charakter als Produktionsbetrieb eindeutig gewahrt bleibt.

(7) Bei der Errichtung von Handelsbetrieben dürfen bis 750 m^2 Verkaufsfläche je ein Stellplatz pro angefangene 20 m^2 Verkaufsfläche, maximal jedoch 30 Stellplätze und für die über 750 m^2 hinausgehende Verkaufsfläche je ein Stellplatz pro angefangene 30 m^2 Verkaufsfläche auf ebenerdigen Flächen auf dem jeweiligen Betriebsgrundstück selbst sowie auf diesem organisatorisch zugeordneten Grundstücken oder Grundstücksteilen hergestellt werden.

Alle weiteren Stellplätze sind entweder im Betriebsbauwerk (z. B. in Parkdecks) oder über Gebäudeteilen der Betriebsbauwerke mit anderen Nutzungen (z. B. am Dach der Betriebsanlage) oder unter Photovoltaikanlagen mit einer Modulfläche von mindestens 8 m² je Stellplatz (z. B. Flugdach) herzustellen, wobei eine Kombination dieser Varianten zulässig ist.

Stellplätze, die gemäß § 11 Abs. 2 NÖ BTV 2014, LGBl. Nr. 4/2015 in der geltenden Fassung als barrierefreie Stellplätze auszuführen sind, sind für die Berechnung der Anzahl der Stellplätze auf ebenerdigen Flächen nicht zu berücksichtigen.

§ 19
Verkehrsflächen

(1) Als Verkehrsflächen sind solche Flächen vorzusehen, die dem ruhenden und fließenden Verkehr dienen und für das derzeitige sowie künftig abschätzbare Verkehrsaufkommen erforderlich sind. Sofern die Verkehrsflächen nicht ausdrücklich als private festgelegt sind, sind sie als öffentliche anzusehen.

(2) Erforderlichenfalls können die Verkehrsflächen hinsichtlich ihrer speziellen Verwendung (Fuß-, Rad-, Reit-, Spielwege, Übungsplätze, Tankstellen, Abstellanlagen, Park-and-Ride-Anlagen, Raststätten, Einrichtungen für den Straßendienst, Bahnhöfe u. dgl.) im Flächenwidmungsplan näher bezeichnet und damit auf diesen Zweck eingeschränkt werden.

(3) Auf Verkehrsflächen dürfen Bauwerke nur dann errichtet werden, wenn diese für eine Nutzung gemäß Abs. 1 oder 2 erforderlich sind. Darüber hinaus dürfen auch Kleinbauten (Telefonzellen, Wartehäuschen, Verkaufskioske, Werbeanlagen u. dgl.), Auf- und Abgänge bzw. Ein- und Ausfahrten (überdachte bzw. eingehauste Stiegenanlagen, Aufzüge u. dgl.) in Verbindung mit öffentlich zugänglichen unterirdischen Bauwerken (Tiefgaragen, Stationen von öffentlichen Verkehrsmittel u. dgl.), Bauwerke für den Betrieb und die Erhaltung infrastruktureller Einrichtungen (Trafostationen, Pumpstationen, u. dgl.), Anlagen für die alternative Energiegewinnung (z. B. Photovoltaikanlagen) sowie vorübergehend (saisonal beschränkt) Veranstaltungsbetriebsstätten (Anlagen für Theateraufführungen, Eislaufplätze u. dgl.) errichtet werden. Dabei darf die Summe allfälliger

Verkaufsflächen nicht mehr als 80 m² betragen und ist § 18 Abs. 4 sinngemäß anzuwenden.

§ 20
Grünland

(1) Alle nicht als Bauland oder Verkehrsflächen gewidmeten Flächen gehören zum Grünland.

(2) Das Grünland ist entsprechend den örtlichen Erfordernissen und naturräumlichen Gegebenheiten in folgende Widmungsarten zu gliedern:

1a. Land- und Forstwirtschaft:

Flächen, die der land- und forstwirtschaftlichen Bewirtschaftung dienen. Auf diesen ist die Errichtung und Abänderung von Bauwerken für die Ausübung der Land- und Forstwirtschaft einschließlich deren Nebengewerbe im Sinne der Gewerbeordnung 1994 sowie für die Ausübung des Buschenschankes im Sinne des NÖ Buschenschankgesetzes, LGBl. 7045, zulässig.

Weiters ist das Einstellen von Reittieren zulässig, wenn dazu überwiegend landwirtschaftliche Erzeugnisse verwendet werden, die im eigenen Betrieb gewonnen werden.

Weiters sind im Hofverband zur Befriedigung der familieneigenen Wohnbedürfnisse des Betriebsinhabers, wenn er Eigentümer des land- und forstwirtschaftlichen Betriebes ist, der dort wohnenden Betriebsübergeber und des künftigen Betriebsinhabers, sowie für die Privatzimmervermietung als häusliche Nebenbeschäftigung bis höchstens 10 Gästebetten zulässig:

- Zubauten und bauliche Abänderungen
- die Wiedererrichtung bestehender Wohngebäude
- die zusätzliche Neuerrichtung eines Wohngebäudes

1b. Land- und forstwirtschaftliche Hofstellen:

Die Widmung einer Land- und forstwirtschaftlichen Hofstelle ist zulässig, wenn sich auf dieser Fläche bisher kein Wohngebäude im Rahmen einer Land- und Forstwirtschaft befindet. Neben den in der Z 1a aufgezählten Bauwerken ist auch die erstmalige Errichtung eines Wohngebäudes zulässig.

2. Grüngürtel:

Flächen zur Gestaltung des Orts- und Landschaftsbildes und zur Trennung von sich gegenseitig beeinträchtigenden Nutzungen (einschließlich immissionsabschirmender Maßnahmen) sowie Flächen mit ökologischer Bedeutung. Die Gemeinde hat die Funktion und erforderlichenfalls die Breite des Grüngürtels im Flächenwidmungsplan festzulegen.

3. Schutzhäuser:

Gast- und Beherbergungsbetriebe sowie Unterstandshütten, die für die Bedürfnisse des fußwegigen Tourismus erforderlich sind.

4. Erhaltenswerte Gebäude im Grünland:

a) Solche sind baubehördlich bewilligte Hauptgebäude, die das Ortsbild nicht wesentlich beeinträchtigen.
b) Gebäude dürfen dann nicht als erhaltenswert gewidmet werden, wenn sie entweder der lit.a nicht entsprechen oder wenn der Bestand oder die dem Verwendungszweck entsprechende Benützbarkeit des Gebäudes durch Hochwasser, Steinschlag, Rutschungen, Grundwasser, ungenügende Tragfähigkeit des Untergrundes, Lawinen, ungünstiges Kleinklima oder eine andere Auswirkung natürlicher Gegebenheiten gefährdet oder die für den Verwendungszweck erforderliche Verkehrserschließung nicht gewährleistet ist. Für erhaltenswerte Gebäude im Grünland gelten die Bestimmungen des Abs. 5.
c) Wohngebäude bzw. für Wohnzwecke genutzte Gebäudeteile können mit dem Zusatz „Standort" (Sto) versehen werden, wenn sie vor der Festlegung des Zusatzes zumindest 10 Jahre hindurch ununterbrochen für Wohnzwecke nutzbar waren. Bei bereits gewidmeten Geb müssen die Voraussetzungen der lit. a und b zum Zeitpunkt der Anbringung des Widmungszusatzes noch vorliegen. Dabei ist auch eine Beschränkung der Bruttogeschoßfläche unter das Höchstausmaß des Abs. 5 Z 6 und das Ausmaß des Bestandsgebäudes bzw. des auszuweisenden Gebäudeteils zulässig.

Sofern es insbesondere zur Umsetzung der Ziele des örtlichen Raumordnungsprogramms, zum Schutz des Ortsbilds, auf Grund einer eingeschränkten Verkehrserschließung, zur Vermeidung von Nutzungskonflikten oder auf Grund von Naturgefahren, die weder den Bestand noch die Benützbarkeit des Gebäudes gefährden, erforderlich ist, kann die Gemeinde die Nutzung eines erhaltenswerten Gebäudes im Grünland durch eine Zusatzbezeichnung im Flächenwidmungsplan einschränken bzw. dessen Erweiterungsmöglichkeiten unter die in Abs. 5 Z 1 und 2 vorgesehenen Obergrenzen eingrenzen. Gleichermaßen kann die Summe der Grundrissflächen aller Nebengebäude eingeschränkt oder auf bis zu 100 m² erhöht werden.

Eine solche Einschränkung kann auch generell für erhaltenswerte Gebäude im Grünland sowie deren Nebengebäude im gesamten Gemeindegebiet oder in abgrenzbaren Teilbereichen davon festgelegt werden.

5. Materialgewinnungsstätten:

Flächen zur Gewinnung, Aufbereitung und Zwischenlagerung mineralischer Rohstoffe sowie zur Ablagerung des grubeneigenen Restmaterials und für jenes Material, das zur Erfüllung der behördlich aufgetragenen Rekultivierungsmaßnahmen erforderlich ist.

6. Gärtnereien:

ROG NÖ

Flächen, die der gewerblichen gärtnerischen Nutzung dienen.

7. Kleingärten:

Flächen für Kleingartenanlagen gemäß dem § 2 Z 2 des NÖ Kleingartengesetzes, LGBl. 8210.

8. Sportstätten:

Flächen für Sport- und Freizeitgestaltung im Freien.

Erforderlichenfalls können die Sportarten im Flächenwidmungsplan festgelegt werden.

9. Spielplätze:

Flächen, die für öffentliche Spielplätze bestimmt sind.

10. Campingplätze:

Flächen, die der Errichtung von Campingplätzen im Sinne des § 21 dienen.

11. Friedhöfe:

Flächen für Bestattungsanlagen (bei besonderer Kennzeichnung auch für Tiere).

12. Parkanlagen:

Flächen, die zur Erholung und/oder Repräsentation im Freien dienen und nach einem Gesamtkonzept gestaltet und bepflanzt sind oder werden sollen.

13. Abfallbehandlungsanlagen:

Flächen, die der Sortierung, Aufbereitung, Verwertung und sonstigen Behandlung und der Ablagerung (Deponierung) von Abfallstoffen dienen. Das Deponiegut sowie die Art der Verwertung darf von der Gemeinde im Flächenwidmungsplan festgelegt werden.

14. Aushubdeponie:

Flächen zur Ablagerung von nicht verunreinigtem Bodenaushub.

15. Lagerplätze:

Flächen, die der vorübergehenden Lagerung von Waren aller Art – außerhalb von Gebäuden – dienen.

16. Ödland/Ökofläche:

Flächen, die keiner oder nur einer unbedeutenden wirtschaftlichen Nutzung dienen.

17. Wasserflächen:

Flächen für fließende oder stehende Gewässer.

18. Freihalteflächen:

Flächen, die aufgrund öffentlicher Interessen (Hochwasserschutz, Umfahrungsstraßen, besonders landschaftsbildprägende Freiräume u. dgl.) von jeglicher Bebauung freigehalten werden sollen. Der Zweck der Freihaltefläche darf durch einen Zusatz zur Signatur ausdrücklich festgelegt werden.

19. Windkraftanlagen:

Flächen für Anlagen zur Gewinnung elektrischer Energie aus Windkraft mit einer Engpassleistung von mehr als 20 kW; erforderlichenfalls unter Festlegung der Anzahl der zulässigen Windkraftanlagen und der zulässigen Nabenhöhe am gleichen Standort. Es ist ausreichend, wenn die für das Fundament einer Windkraftanlage erforderliche Fläche gewidmet wird, wobei bei einer Wiedererrichtung die zentrale Koordinate (der Mittelpunkt) der Windkraftanlage auf dieser Fläche zu liegen kommen muss.

20. Kellergassen:

Flächen, welche erhaltenswerte Ensembles von landwirtschaftlichen Kellern und Presshäusern aufweisen. Presshäuser sind Gebäude im direkten funktionalen und baulichen Zusammenhang mit einem Keller, der zur Lagerung von landwirtschaftlichen Produkten dient. Diese Bauwerke dürfen sowohl für landwirtschaftliche Betriebszwecke als auch für ähnliche private, touristische und gastronomische Nutzungen verwendet, wiedererrichtet oder im untergeordneten Verhältnis umgebaut und vergrößert werden. Die Umgestaltung zu Wohnhäusern ist nicht zulässig. Die Wiedererrichtung von Presshäusern ist zulässig, wenn die Sanierung des bestehenden Presshauses mit einem unverhältnismäßig hohen technischen und wirtschaftlichen Aufwand verbunden wäre. Die Neuerrichtung von Presshäusern ist dann zulässig, wenn innerhalb der Kellergasse kleinräumige Lücken zwischen bestehenden Presshäusern geschlossen werden und die vorhandene Struktur berücksichtigt wird.

21. Photovoltaikanlagen:

Flächen für eine Anlage oder Gruppen von Anlagen zur Gewinnung elektrischer Energie aus Photovoltaik (ausgenommen auf Bauwerken), wenn die Anlage oder Gruppen von Anlagen, die in einem räumlichen Zusammenhang stehen, eine Engpassleistung von mehr als 50 kW aufweisen; erforderlichenfalls unter Festlegung der beanspruchten Flächen und/oder der zulässigen Anlagenarten (z. B. Anlage mit Ökologiekonzept). In einem räumlichen Zusammenhang stehen jedenfalls Anlagen auf einem Grundstück oder auf angrenzenden Grundstücken; ungeachtet dessen sind für die Beurteilung die Kriterien des Abs. 3d heranzuziehen.

(3) Bei der Widmung einer Fläche als Materialgewinnungsstätte hat die Gemeinde die Folgewidmungsart auszuweisen. Wenn es der Grundwasserschutz erfordert, darf die Widmungsart Land- und Forstwirtschaft oder Land- und forstwirtschaftliche Hofstellen als Folgewidmungsart nicht festgelegt werden.

(3a) Bei der Widmung einer Fläche für Windkraftanlagen müssen

1. eine mittlere Leistungsdichte des Windes von mindestens 220 Watt/m² in 130 m Höhe über dem Grund vorliegen und

2. folgende Mindestabstände eingehalten werden:
- 1.200 m zu gewidmetem Wohnbauland und Bauland-Sondergebiet mit erhöhtem Schutzanspruch
- 750 m zu landwirtschaftlichen Wohngebäuden und erhaltenswerten Gebäuden im Grünland (Geb), Grünland Kleingärten und Grünland Campingplätzen
- 2.000 m zu gewidmetem Wohnbauland (ausgenommen Bauland-Gebiete für erhaltenswerte Ortsstrukturen), welches nicht in der Standortgemeinde liegt. Wenn sich dieses Wohnbauland in einer Entfernung von weniger als 800 m zur Gemeindegrenze befindet, dann beträgt der Mindestabstand zur Gemeindegrenze 1.200 m. Mit Zustimmung der betroffenen Nachbargemeinde(n) können die Mindestabstände auf bis zu 1.200 m zum gewidmeten Wohnbauland reduziert werden.

Bei der Widmung derartiger Flächen ist auf eine größtmögliche Konzentration von Windkraftanlagen hinzuwirken und die Widmung von Einzelstandorten nach Möglichkeit zu vermeiden.

(3b) Die Landesregierung hat durch die Erlassung eines Raumordnungsprogrammes Zonen festzulegen, auf denen die Widmung “Grünland – Windkraftanlage” zulässig ist. Dabei ist insbesondere auf die im Abs. 3a festgelegten Abstandsregelungen, die Interessen des Naturschutzes, der ökologischen Wertigkeit des Gebietes, des Orts- und Landschaftsbildes, des Tourismus, des Schutzes des Alpenraumes, auf die vorhandenen und geplanten Transportkapazitäten der elektrischen Energie (Netzinfrastruktur) und auf Erweiterungsmöglichkeiten bestehender Windkraftanlagen (Windparks) Bedacht zu nehmen. Nach Möglichkeit ist eine regionale Ausgewogenheit anzustreben. Im Raumordnungsprogramm können weitere Festlegungen getroffen werden (z. B. Anzahl der Windkraftanlagen in einer Zone).

(3c) Die Landesregierung hat in einem überörtlichen Raumordnungsprogramm Zonen festzulegen, auf denen die Widmung Grünland-Photovoltaikanlage auf einer Fläche von insgesamt mehr als 2 ha zulässig ist. Dabei ist insbesondere auf die Erhaltung der Nutzbarkeit hochwertiger landwirtschaftlicher Böden, die Geologie, die Interessen des Naturschutzes bzw. übergeordnete Schutzgebietsfestlegungen (einschließlich der Freihaltung von Wildtierkorridoren), die Erhaltung wertvoller Grün- und Erholungsräume, das Orts- und Landschaftsbild, die Vermeidung der Beeinträchtigung des Verkehrs, die vorhandene und geplante Netzinfrastruktur, vorbelastete Gebiete, Altstandorte sowie die Erweiterungsmöglichkeiten bestehender Photovoltaikanlagen Bedacht zu nehmen. Im überörtlichen Raumordnungsprogramm können weitere Festlegungen getroffen werden (z. B. maximale Größe der Photovoltaikanlagen in einer Zone, Regelungen für innovative Anlagen).

(3d) Bei der Widmung einer Fläche für Photovoltaikanlagen ist insbesondere auf die Erhaltung der Nutzbarkeit hochwertiger landwirtschaftlicher Böden, die Geologie, die Interessen des Naturschutzes bzw. übergeordnete Schutzgebietsfestlegungen, den Schutz des Orts- und Landschaftsbildes, die vorhandene und geplante Netzinfrastruktur sowie die Vermeidung einer Beeinträchtigung des Verkehrs Bedacht zu nehmen. Beträgt der Abstand zwischen zwei oder mehreren einzelnen Flächen gemäß § 20 Abs. 2 Z 21 weniger als 200 m, dann besteht ein funktioneller Zusammenhang und sind diese Flächen bei der Berechnung der Gesamtgröße zusammenzurechnen. Zonen gemäß Abs. 3c bleiben dabei außer Betracht.

(3e) Außerhalb von Zonen nach Abs. 3c dürfen folgende Flächen im Grünland als Grünland-Photovoltaikanlagen im Ausmaß von über 2 ha gewidmet werden:

1. Flächen im Ausmaß bis zu insgesamt 10 ha in einer Entfernung des nächsten Punktes der Widmungsfläche zum Betriebsstandort von höchstens 500 m, soweit sich der Betrieb im Bauland gemäß § 16 Abs. 1 Z 3, 4, 6, 10 oder 11 befindet, sofern

a) die dafür solartechnisch geeigneten und ausreichend tragfähigen Flächen auf Dächern und die solartechnisch geeigneten Flächen über Stellplätzen auf dem Betriebsstandort überwiegend für die Aufstellung bzw. Anbringung von Photovoltaikanlagen genutzt werden bzw. eine solche zukünftige Nutzung im Zeitpunkt der Widmung als Grünland-Photovoltaikanlagen gesichert ist,
b) die Widmungsfläche zur Eigenversorgung, das sind maximal 100 % des betrieblichen Jahresverbrauchs am Betriebsstandort, für die Aufstellung von Photovoltaikanlagen verwendet werden soll, und
c) die Einspeisung direkt in die Verbrauchsanlage des Betriebes sichergestellt ist.

Für Betriebe mit einem Jahresstromverbrauch von mehr als 20 GWh dürfen über das Ausmaß von insgesamt 10 ha hinaus höchstens weitere 10 ha gewidmet werden. Das Grünland kann als Grünland-Photovoltaikanlagen-Aufschließungszone festgelegt werden, wenn zugleich im örtlichen Raumordnungsprogramm als Voraussetzung für deren Freigabe die Erfüllung der Verpflichtungen nach lit. a festgelegt wird. § 16 Abs. 4 vierter Satz gilt sinngemäß.

2. Flächen auf künstlich geschaffenen stehenden Gewässern.

(4) Im Grünland ist ein bewilligungs- oder anzeigepflichtiges Bauvorhaben gemäß der NÖ Bauordnung 2014 in der geltenden Fassung, nur dann und nur in jenem Umfang zulässig, als dies für eine Nutzung gemäß Abs. 2 erforderlich ist und in den Fällen des Abs. 2 Z 1a und 1b eine nachhaltige Bewirtschaftung erfolgt. Bei der Erforderlichkeitsprüfung ist darauf Bedacht zu nehmen, ob für das beabsichtigte Bauvorhaben geeignete Standorte im gewidmeten Bauland auf Eigengrund zur Verfügung stehen.

(5) Für erhaltenswerte Gebäude im Grünland gilt:

1. Eine bauliche Erweiterung von "erhaltenswerten Gebäuden im Grünland" darf nur dann bewilligt werden, wenn die bauliche Maßnahme
   a) für die Nutzung des Gebäudes erforderlich ist und
   b) gegenüber dem ursprünglichen Baubestand in einem untergeordneten Verhältnis steht und
   c) nicht auch durch eine Änderung des Verwendungszweckes und eine Adaptierung bestehender Gebäudeteile (z. B. Dachboden, Stallraum, Futterkammer u. dgl.) erreicht werden kann.

Bemessungsgrundlage für alle späteren baulichen Erweiterungen ist immer die Bausubstanz zum Zeitpunkt der Festlegung als "erhaltenswertes Gebäude im Grünland". Wurde das Höchstausmaß bereits ausgeschöpft, sind weitere Zubauten unzulässig. Die Errichtung von Nebengebäuden ist nur dann zulässig, wenn der beabsichtigte Verwendungszweck nicht auch durch eine Adaptierung bestehender Nebengebäude erreicht werden kann. Neue Nebengebäude müssen in einem untergeordneten Verhältnis zur Grundrissfläche des Hauptgebäudes stehen (dabei darf die Summe der Grundrissflächen aller Nebengebäude maximal 50 m² umfassen, sofern die Gemeinde im Sinn des Abs. 2 Z 4 nichts anderes festgelegt hat) und müssen im Nahbereich zum Hauptgebäude situiert werden.

2. Bei nach Ausstattung und Größe ganzjährig bewohnbaren Wohngebäuden – ausgenommen solche nach Z 6 – ist unabhängig von der Bestandsgröße abweichend von Z 1 lit. b für den familieneigenen Wohnbedarf des Gebäudeeigentümers eine Erweiterung der Bruttogeschoßfläche auf höchstens 400 m² zulässig, sofern nicht eine Einschränkung im Sinne des Abs. 2 Z 4 erfolgt ist. Die Unterteilung in mehrere Wohnungen gemäß § 47 NÖ Bauordnung 2014, LGBl. Nr. 1/2015 in der geltenden Fassung, ist zulässig.
3. Eine Änderung des Verwendungszweckes von Gebäuden darf nur dann bewilligt werden, wenn
   a) die angestrebte Nutzung des Gebäudes keine das örtlich zumutbare Ausmaß übersteigende Lärm- und Geruchsbelästigung sowie sonstige schädliche Einwirkungen auf die Umgebung verursachen kann und
   b) der ursprüngliche Baubestand in Substanz und äußerem Erscheinungsbild weitestgehend erhalten bleibt und
   c) mit der vorhandenen Infrastruktur das Auslangen gefunden oder die erforderliche Infrastruktur (Abwasserbeseitigung u. dgl.) ergänzt wird und
   d) keine wesentlichen Veränderungen oder Nutzungseinschränkungen der angrenzenden unbebauten Flächen eintreten.

Bei der Nutzungsänderung bestehender Gebäude für zukünftige Wohnzwecke gilt die in Z 2 festgelegte Obergrenze nicht.

4. Durch Elementarereignisse (Brand, Blitzschlag u. dgl.) vollständig zerstörte Gebäude dürfen wiedererrichtet werden. Die Bewilligung zur Wiedererrichtung darf jedoch nur dann erteilt werden, wenn der Umfang dem ursprünglichen Bestand entspricht, wobei Zubauten in dem unter Z 1 und Z 2 vorgesehenen Umfang zulässig sind.
5. Zur Instandsetzung darf jene Bausubstanz ausgetauscht werden, deren Erhaltung technisch nicht möglich oder unwirtschaftlich wäre.
6. Die Wiedererrichtung eines erhaltenswerten Gebäudes bzw. Gebäudeteils im Grünland ist für den Eigenbedarf des Gebäudeeigentümers bis zu einer Bruttogeschoßfläche von 170 m² zulässig (sofern nicht eine Einschränkung im Sinne des Abs. 2 Z 4 erfolgt ist), wenn die Gemeinde dies mit dem Widmungszusatz „Standort" festgelegt hat und die Nutzung des Gebäudes auf Wohnnutzung eingeschränkt wurde. Dabei darf nur eine Wohnung im Sinne des § 47 NÖ Bauordnung 2014, LGBl. Nr. 1/2015 in der geltenden Fassung, pro Grundstück errichtet werden.

Bei der Wiedererrichtung eines erhaltenswerten Gebäudes bzw. Gebäudeteils im Grünland muss die Überschneidung mit dem Grundriss des Bestandes zu 50 % gegeben sein.

Die Bewilligung zur Wiedererrichtung darf nur dann erteilt werden, wenn der geplante Neubau das Orts- und Landschaftsbild nicht wesentlich beeinträchtigt.

(6) Die Errichtung von Betriebsbauwerken für die öffentliche oder genossenschaftliche Energie- und Wasserversorgung sowie Abwasserbeseitigung, von Bauwerken für fernmeldetechnische Anlagen, von Maßnahmen zur Wärmedämmung von bestehenden Gebäuden, Messstationen, Kapellen und andere Sakralbauten bis zu den maximalen Abmessungen 3 m Länge, 3 m Breite und 6 m Höhe, Marterln und anderen Kleindenkmälern sowie Kunstwerken darf in allen Grünlandwidmungsarten bewilligt werden. Die Fundamente

der Windkraftanlagen dürfen jedoch nur auf solchen Flächen errichtet werden, die als Grünland-Windkraftanlagen im Flächenwidmungsplan gewidmet sind, wobei bei einer Wiedererrichtung zumindest die zentrale Koordinate (der Mittelpunkt) der Windkraftanlage auf dieser Fläche zu liegen kommen muss. Photovoltaikanlagen mit einer Engpassleistung von mehr als 50 kW dürfen nur auf solchen Flächen errichtet werden, die als Grünland-Photovoltaikanlagen gewidmet sind. An bereits am 7. Juli 2016 bestehenden Bauwerken für die Energie- und Wasserversorgung sowie für die Abwasserbeseitigung, Aussichtswarten, Kapellen und andere Sakralbauten dürfen weiterhin bauliche Veränderungen unabhängig von der vorliegenden Flächenwidmung vorgenommen werden.

(7) Bei Materialgewinnungsstätten, Abfallbehandlungsanlagen und Aushubdeponien kann eine Unterteilung in einzelne Abbau- oder Deponieabschnitte vorgesehen werden, die nach Eintritt der festgelegten Voraussetzungen (Verfüllung und Rekultivierung vorangegangener Abbau- und Deponieabschnitte gemäß Gesamtkonzept u. dgl.) vom Gemeinderat mit Verordnung für die bestimmungsgemäße Nutzung freigegeben werden.

(8) Gemeinden, die durch ein überörtliches Raumordnungsprogramm dazu ermächtigt sind, dürfen Offenlandflächen für offene und unbewaldete Landschaftsteile festlegen, die typische Elemente der erhaltenswerten Kulturlandschaft bilden und aus Gründen der Agrarstruktur, des Fremdenverkehrs, der Siedlungsstrukturen sowie des Orts- und Landschaftsbildes auch weiterhin offen bleiben sollen. Diese Festlegung von Offenlandflächen ist nur in Verbindung mit den Grünlandwidmungsarten Land- und Forstwirtschaft, Parkanlagen, Ödland/Ökofläche und Freihalteflächen zulässig. Ist die Festlegung einer Offenlandfläche beabsichtigt, kann der Gemeinderat hierüber einen Beschluss unter Angabe seines räumlichen Geltungsbereiches (z. B.: Plandarstellung, Aufzählung von Grundstücksnummern) fassen und ist dieser durch sechs Wochen an der Amtstafel öffentlich kundzumachen sowie in ortsüblicher Weise (z. B.: Gemeindezeitung, Postwurfsendung) bekannt zu machen. Gleichzeitig ist auch die Bezirksverwaltungsbehörde hierüber zu verständigen.

(9) Aus Anlass der Erlassung des letztinstanzlichen Baubewilligungsbescheides für die Wiederrichtung eines erhaltenswerten Gebäudes oder Gebäudeteils (Abs. 5 Z 6), einer Baubewilligung für die Erweiterung eines Wohngebäudes gemäß Abs. 5 Z 2, wenn damit die Bruttogeschoßfläche insgesamt 170 m² übersteigt, sowie der Änderung eines bisher betrieblich genutzten Gebäudes oder eines Teiles davon auf eine Wohnnutzung ist dem Gebäudeeigentümer, ist dieser nicht bekannt, dem Grundeigentümer eine Standortabgabe als eine einmal zu entrichtende, ausschließliche Gemeindeabgabe nach § 6 Abs. 1 Z 5 des Finanz-Verfassungsgesetzes 1948, BGBl. Nr. 45/1948 in der Fassung BGBl. I Nr. 51/2012, vorzuschreiben.

Deren Höhe beträgt grundsätzlich die Hälfte jenes Betrages, der sich aus dem Produkt einer Berechnungslänge von 30, einem Bauklassenkoeffizienten von 1,25 und dem in der jeweiligen Gemeinde aktuellen Einheitssatz gemäß § 38 der NÖ Bauordnung 2014, LGBl. Nr. 1/2015 in der geltenden Fassung, ergibt.

Die so errechnete Standortabgabe ist

1. im Falle der Wiederrichtung jeweils mit dem Ausmaß der wiedererrichteten Fläche zu multiplizieren und durch 170 zu dividieren.
2. im Falle der Erweiterung mit der Bruttogeschoßfläche nach Erweiterung zu multiplizieren und durch 400 zu dividieren. Bei jeder nachfolgenden Erweiterung ist mit dem tatsächlichen Ausmaß der Erweiterungsfläche zu multiplizieren und durch 400 zu dividieren.
3. im Falle der Nutzungsänderung mit dem Ausmaß der geändert genutzten Fläche zu multiplizieren und durch 400 zu dividieren, wobei bei einer geändert genutzten Fläche über 400m² und bei mehreren aufeinanderfolgenden Nutzungsänderungen max. die Standortabgabe in voller Höhe vorzuschreiben ist.

Die zur Errichtung jener Straßen geleisteten Interessentenbeiträge, welche unter anderem der Erschließung dieser Gebäude dienen, sind auf die Standortabgabe anzurechnen.

Der Ertrag der Abgabe ist für die Herstellung von staubfrei befestigten Straßen im Grünland zu verwenden. Dieser Abgabenbescheid hat dingliche Wirkung.

§ 21
Campingplatz

(1) Campingplätze dürfen nur auf solchen Flächen errichtet werden, die als Grünland-Campingplatz im Flächenwidmungsplan gewidmet sind.

(2) Ein Campingplatz ist eine touristische Einrichtung, die für einen Zeitraum von mehr als einer Woche einem zehn Personen übersteigenden Kreis von Erholungssuchenden zum Aufstellen von Zelten, Wohnwagen, Wohnmobilen und Mobilheimen, einschließlich des damit allenfalls verbundenen Abstellens von Kraftfahrzeugen dient.

(3) Der Anteil der für Dauercamper zur Verfügung stehenden Flächen auf einem Campingplatz darf nicht mehr als die Hälfte der insgesamt zur Verfügung stehenden Flächen betragen.

Als Fläche für Dauercamper auf einem Campingplatz ist die Summe jener Standplätze anzusehen, auf denen Zelte, Wohnwagen, Wohnmobile und Mobilheime länger als 6 Monate hindurch aufgestellt werden.

(4) Die Widmungsart Grünland-Campingplatz darf nur auf solchen Flächen festgelegt werden,

- die den Bestimmungen des § 15 Abs. 3 nicht widersprechen; ausgenommen für Campingplätze, bei denen Standplätze für Dauercamper gänzlich verboten werden und bei denen die rechtzeitige Evakuierung und schadensvermeidende Maßnahmen für die Infrastruktur bei Hochwassergefahr technisch möglich und durch eine entsprechende Vereinbarung zwischen der Gemeinde und dem Campingplatzbetreiber sichergestellt sind,
- die das Orts- und Landschaftsbild nicht beeinträchtigen,
- die eine zweckmäßige Lage und Erreichbarkeit sowie eine funktionsgerechte Verkehrserschließung aufweisen,
- auf denen eine geordnete Wasserver- und -entsorgung

sowie Abfallentsorgung möglich ist und

- wo es durch den Betrieb des Campingplatzes zu keiner Beeinträchtigung einer benachbarten Nutzung kommt.

Der Gemeinderat darf bei der Widmung eines Campingplatzes das im Abs. 3 angeführte Höchstausmaß der für Dauercamper zur Verfügung stehenden Standplätze entsprechend herabsetzen oder diese Standplätze gänzlich verbieten, wenn

- eine nachhaltige Beeinträchtigung des Landschaftsbildes oder des Erholungswertes der Landschaft zu erwarten ist oder
- die hiefür erforderliche Infrastruktur (z. B. Wasserver- und -entsorgung, Verkehrserschließung) nicht sichergestellt werden kann.

(5) Bestehende Campingplätze, die im örtlichen Raumordnungsprogramm nicht als solche gewidmet sind, sind mit der nächsten Änderung des örtlichen Raumordnungsprogrammes, spätestens aber innerhalb von 3 Jahren, zu widmen. Bestehende Campingplätze, die dem Abs. 3 nicht entsprechen, sind innerhalb von 10 Jahren anzupassen.

§ 22

Vorbehaltsflächen

(1) Im Flächenwidmungsplan können für Schulen und Kindergärten, für Gebäude zur Unterbringung von Behörden und Dienststellen, für Einrichtungen zur Gesunderhaltung der Bevölkerung, der Sozialhilfe, des Rettungs- und Feuerwehrwesens, der Energieversorgung, der Müllbeseitigung und des Bestattungswesens sowie für Seelsorgeeinrichtungen über Antrag der Gebietskörperschaften, der Gemeindeverbände, der gesetzlich anerkannten Kirchen und Religionsgesellschaften und von den für die Energieversorgung Niederösterreichs zuständigen Unternehmungen bestimmte Flächen als Vorbehaltsflächen ausgewiesen werden.

(2) Die Antragsberechtigten haben innerhalb von fünf Jahren nach dem Inkrafttreten des Flächenwidmungsplanes oder dessen Änderung das Eigentum an der Vorbehaltsfläche oder ein Recht zur Nutzung dieser zu erwerben oder, wenn der Verkauf oder die Begründung eines Nutzungsrechtes durch den Eigentümer abgelehnt oder eine Einigung über die Gegenleistung nicht erzielt wird, bei der Gemeinde einen Antrag auf Enteignung zu stellen. Die Gemeinde hat den Antrag, soweit sie nicht selbst antragsberechtigt ist, mit einer Stellungnahme der Landesregierung innerhalb von zwei Monaten nach dessen Einlangen vorzulegen. Ist die Gemeinde Antragsberechtigter, dann ist der Antrag auf Enteignung bei der Landesregierung zu stellen.

(3) Die Eigentümer der Vorbehaltsflächen werden bis zur Eigentumsübertragung, Einräumung eines Nutzungsrechtes oder Enteignung in der bisherigen Nutzung nicht behindert, soweit sie nicht dem Vorbehaltszweck widerspricht.

(4) Hat der Antragsberechtigte innerhalb der Frist die Vorbehaltsfläche oder das Recht nicht erworben und auch keinen Antrag auf Enteignung gestellt, dann ist über Antrag des Eigentümers der Vorbehaltsfläche der Vorbehalt durch Änderung des Flächenwidmungsplanes zu löschen. Die als Vorbehaltsfläche gewidmete Fläche darf im abgeänderten Flächenwidmungsplan nicht mehr als Vorbehaltsfläche ausgewiesen werden.

(5) Die Enteignung kann den Erwerb fremden Eigentums, die Begründung von Rechten an fremdem Eigentum sowie den Untergang fremder Rechte am eigenen oder fremden Grund umfassen.

(6) Die Enteignung ist unzulässig, wenn

1. das Begehren auf Enteignung nicht auf den geringsten Eingriff in fremde Rechte, der noch zum Ziele führt, beschränkt wurde oder
2. die Antragsberechtigten im Gemeindegebiet als Eigentümer oder Nutzungsberechtigte über Flächen verfügen, die für den Vorbehaltszweck geeignet sind.

(7) Über Anträge gemäß Abs. 2 ist eine mündliche Verhandlung abzuführen. In dieser Verhandlung ist zu versuchen, Einverständnis zwischen dem Antragsteller und dem Antragsgegner zu erreichen. Von der Aufnahme des Beweises durch Sachverständige kann nicht abgesehen werden.

(8) Die Einleitung des Verfahrens ist dem Grundbuchsgericht zum Zwecke der Anmerkung im Grundbuch mitzuteilen. Die Anmerkung hat zur Folge, dass der Bescheid über die Enteignung der Vorbehaltsfläche gegen jeden wirksam wird, für den im Range nach der Anmerkung ein bücherliches Recht eingetragen wird.

(9) Der Antragsteller hat den Antragsgegner für alle durch die Enteignung verursachten vermögensrechtlichen Nachteile schadlos zu halten. Der

entgangene Gewinn und der Wert der besonderen Vorliebe sind nicht zu ersetzen.

(10) Die Höhe der Entschädigung ist nach dem Verkehrswert der Fläche vor Ausweisung als Vorbehaltsfläche zu ermitteln. Die nach dem Inkrafttreten der Vorbehaltswidmung vorgenommenen Investitionen sind bei Bestimmung des Verkehrswertes nicht zu berücksichtigen.

(11) Über die Enteignung hat die Landesregierung mit einem schriftlichen Bescheid zu entscheiden, in diesem ist auch die Höhe der Entschädigung festzusetzen. Sowohl der Enteignete als auch der Antragsteller kann binnen 3 Monaten nach dem Eintritt der Rechtskraft des Bescheides beim örtlich zuständigen Landesgericht die Neufestsetzung der Entschädigung begehren. Mit dem Einlangen eines solchen Antrages bei Gericht tritt die Festsetzung der Höhe der Entschädigung durch die Landesregierung außer Kraft. Für das gerichtliche Verfahren sind die Bestimmungen des Eisenbahn-Enteignungsentschädigungsgesetzes, BGBl. Nr. 20/1970 in der Fassung BGBl. I Nr. 112/2003, sinngemäß anzuwenden. Der Antrag auf gerichtliche Festsetzung der Höhe der Entschädigung kann ohne Zustimmung des Antragsgegners nicht zurückgenommen werden. Wenn der Antrag zurückgenommen wird, gilt der im Enteignungsbescheid bestimmte Entschädigungsbetrag als vereinbart.

(12) Der rechtskräftige Enteignungsbescheid bildet die Grundlage für die bücherliche Durchführung des Eigentumsüberganges. Das Eigentumsrecht ist jedoch erst einzuverleiben, wenn seit der Rechtskraft des Enteignungsbescheides mindestens drei Monate vergangen sind und die Entschädigung bezahlt oder bei Gericht hinterlegt worden ist.

(13) Die Anmerkung der Einleitung des Verfahrens ist gleichzeitig mit der Einverleibung des Eigentumsrechtes zu löschen; gleiches gilt sinngemäß im Falle der rechtskräftigen Abweisung des Enteignungsantrages.

(14) Der Antragsgegner kann die Aufhebung der Enteignung und die Wiederherstellung der früheren Eigentumsverhältnisse begehren, wenn die enteignete Vorbehaltsfläche nicht innerhalb von zehn Jahren nach Rechtskraft des Enteignungsbescheides dem Vorbehaltszweck zugeführt wurde.

(15) Wird die Enteignung auf Grund eines Antrages gemäß Abs. 14 aufgehoben, haben beide Teile die empfangene Leistung zurückzustellen. Dem Antragsgegner ist außerdem der durch die Enteignung erlittene Schaden zu ersetzen. Für die Ermittlung der Entschädigung und das Verfahren gelten die Bestimmungen über die Enteignung sinngemäß.

§ 23

Stadt- und Dorferneuerung

Das Land hat die Gemeinden bei der Durchführung von Stadt- und Dorferneuerungsmaßnahmen, die auf Initiative und unter Beteiligung der Bürger erfolgen, zu unterstützen.

§ 24

Erlassung des örtlichen Raumordnungsprogrammes

(1) Bei der Aufstellung eines örtlichen Raumordnungsprogrammes ist eine strategische Umweltprüfung durchzuführen.

(2) Für die strategische Umweltprüfung ist der Untersuchungsrahmen (Inhalt, Umfang, Detaillierungsgrad und Prüfmethoden) festzulegen. Dabei ist die Umweltbehörde zu ersuchen, innerhalb von vier Wochen eine Stellungnahme abzugeben.

(3) Im Rahmen der strategischen Umweltprüfung sind Planungsvarianten für die im örtlichen Raumordnungsprogramm beabsichtigten Maßnahmen (und gegebenenfalls deren Standortwahl) zu entwickeln und zu bewerten.

(4) Die durchgeführten Untersuchungen sind im Umweltbericht zu dokumentieren und zu erläutern und haben die Informationen gemäß § 4 Abs. 6 zu enthalten.

(5) Der Entwurf des örtlichen Raumordnungsprogrammes ist vor Erlassung der Verordnung durch sechs Wochen im Gemeindeamt (Magistrat) zur allgemeinen Einsicht aufzulegen. Die Auflegung ist öffentlich kundzumachen. Die angrenzenden und/oder im Untersuchungsrahmen einbezogenen Gemeinden, die NÖ Wirtschaftskammer, die Kammer für Arbeiter und Angestellte für NÖ, die NÖ Landes-Landwirtschaftskammer sowie die Interessensvertretungen für die Gemeinden im Sinn des § 119 der NÖ Gemeindeordnung 1973, LGBl. 1000, sind von der Auflegung schriftlich oder elektronisch zu benachrichtigen. Dabei ist eine Auflistung aller beabsichtigten Änderungen anzuschließen. Ein Entwurf des örtlichen Raumordnungsprogrammes ist der Landesregierung zu Beginn der Auflagefrist zu übermitteln; diese hat den Entwurf in fachlicher und rechtlicher Hinsicht zu überprüfen und der Gemeinde das Ergebnis spätestens vier Wochen nach Ende der Auflagefrist schriftlich mitzuteilen.

(6) Die in den Gemeinden vorhandenen Haushalte sind über die Auflage durch eine ortsübliche Aussendung zu informieren. Die betroffenen Grundeigentümer sind zusätzlich zu verständigen. Als betroffene Grundeigentümer in diesem Sinn gelten die Eigentümer jener Grundstücke, die von der Neu- oder Umwidmung erfasst sind, sowie deren unmittelbare Anrainer. Als Zustelladresse gilt jene Wohnanschrift, an welche die Bescheide über die Gemeindeabgaben ergehen.

Die fehlende Verständigung der betroffenen Grundeigentümer und Haushalte hat auf das gesetzmäßige Zustandekommen des örtlichen Raumordnungsprogrammes keinen Einfluss.

(7) Jedermann ist berechtigt, innerhalb der Auflegungsfrist zum Entwurf des örtlichen Raumordnungsprogrammes schriftlich Stellung zu nehmen. Auf diese Bestimmung ist in der Kundmachung (Abs. 5) ausdrücklich hinzuweisen.

(8) Wenn die Verwirklichung des Raumordnungsprogrammes voraussichtlich erhebliche Umweltauswirkungen auf die Umwelt eines angrenzenden Mitgliedstaates der Europäischen Union haben wird oder ein Mitgliedstaat aus diesem Grund dies beantragt, so sind der Entwurf und der Umweltbericht diesem zu übermitteln. Werden daraufhin nicht innerhalb einer Frist von drei Monaten Konsultationen beantragt, so ist das Verfahren fortzusetzen. Andernfalls sind Konsultationen zu führen, bei denen der Zeitrahmen gemeinsam festzulegen ist, innerhalb dessen über die voraussichtlich grenzüberschreitenden Auswirkungen des Raumordnungsprogrammes und die geplanten Maßnahmen zur Verminderung oder Vermeidung solcher Auswirkungen Einigung erzielt werden soll.

(9) Die Erlassung der Verordnung über das örtliche Raumordnungsprogramm obliegt dem Gemeinderat; rechtzeitig abgegebene Stellungnahmen sowie der Umweltbericht sind hiebei in Erwägung zu ziehen. Die Beschlussfassung des Gemeinderates soll erst erfolgen, wenn die Mitteilung der Landesregierung gemäß Abs. 5 bei der Gemeinde eingelangt ist oder die Frist gemäß Abs. 5 verstrichen ist. Hat die Landesregierung dabei festgestellt, dass Versagungsgründe gemäß Abs. 11 vorliegen, ist die Stellungnahme im Gemeinderat zu verlesen.

(10) Das örtliche Raumordnungsprogramm ist der Landesregierung mit einer Dokumentation der Entscheidungsgrundlagen, einem Auszug aus dem Protokoll über die Sitzung des Gemeinderates, in der die Verordnung beschlossen wurde, der Kundmachung und den Nachweisen der Verständigung der Nachbargemeinden und der Interessenvertretungen gemäß Abs. 5 und den hierauf eingelangten Stellungnahmen binnen zwei Wochen nach der Beschlussfassung des Gemeinderates vorzulegen; der Flächenwidmungsplan ist in dreifacher Ausfertigung vorzulegen. Es ist weiters darzulegen und zu erläutern, in welchem Umfang der Umweltbericht bei der Entscheidung des Gemeinderates berücksichtigt wurde und welche Überwachungsmaßnahmen vorgesehen sind. Diese Unterlagen sind ebenfalls der Landesregierung vorzulegen.

(11) Das örtliche Raumordnungsprogramm bedarf der Genehmigung der Landesregierung. Die Genehmigung ist zu versagen, wenn es

1. einem überörtlichen Raumordnungsprogramm oder anderen rechtswirksamen überörtlichen Planungen widerspricht, sofern nicht eine dementsprechende Änderung der überörtlichen Planung zulässig ist und seitens des Landes bereits in Bearbeitung genommen wurde,
2. die geordnete wirtschaftliche, kulturelle und soziale Entwicklung anderer Gemeinden wesentlich beeinträchtigt,
3. einen finanziellen Aufwand zur Folge hätte, durch den die Erfüllung der gesetzlichen oder vertraglichen Verpflichtungen der Gemeinde gefährdet wäre oder
4. den Bestimmungen der §§ 2, 13, 14 Abs. 1 und 2, 15, 16 Abs. 1 und 4, 18, 19, 20, 21, 22 Abs. 1 und 4, 24 Abs. 1 bis 5 und Abs. 7 bis 10 und 25 widerspricht.

Die Landesregierung darf bei der Beurteilung erforderlichenfalls Sachverständige beiziehen, die lediglich die von der Behörde vorgegebenen Fragen beurteilen.

Das Beweisthema hat sich auf die Übereinstimmung der Genehmigungsanträge mit den Bestimmungen dieses Gesetzes zu beschränken.

(12) Vor Versagung der Genehmigung hat die Landesregierung der Gemeinde den Versagungsgrund mitzuteilen und ihr Gelegenheit zur Stellungnahme innerhalb einer mit mindestens acht Wochen zu bemessenden Frist zu geben.

(13) Der Gemeinde ist innerhalb eines Monats nach Vorlage zur Genehmigung (Abs. 10) mitzuteilen, ob die Unterlagen ausreichend und vollständig sind, bzw. welche Unterlagen nachzureichen sind. Wird der Gemeinde nicht innerhalb von 6 Monaten nach Vorlage zur Genehmigung beim Amt der Landesregierung ein Versagungsgrund (Abs. 11) mitgeteilt, so gilt die Genehmigung der Landesregierung mit Ablauf dieser Frist als erteilt. Dies gilt nur dann nicht, wenn die Gemeinde aufgrund einer Aufforderung gemäß dem ersten Satz die Unterlagen nicht innerhalb einer Frist von einem Monat vorlegt. In diesem Fall läuft die 6-Monate-Frist ab ausreichendem und vollständigem Vorliegen der Unterlagen.

(14) Die Genehmigung des örtlichen Raumordnungsprogrammes erfolgt in Handhabung des Aufsichtsrechtes nach den Verfahrensbestimmungen des § 95 der NÖ Gemeindeordnung 1973.

(15) Das örtliche Raumordnungsprogramm ist innerhalb von zwei Wochen nach Zustellung des Genehmigungsbescheides unter Hinweis auf die Genehmigung durch die Landesregierung kundzumachen. Sind bei der strategischen Umweltprüfung Mitgliedstaaten konsultiert worden, so sind auch diesen die gemäß Abs. 10 dokumentierten Erläuterungen und Überwachungsmaßnahmen bekannt zu geben. Die Landesregierung hat die von der Gemeinde gemäß Abs. 10 vorgelegten Erläuterungen und Überwachungsmaßnahmen im Internet zu veröffentlichen.

(16) Das örtliche Raumordnungsprogramm ist im Gemeindeamt (Magistrat) während der Amtsstunden der allgemeinen Einsicht zugänglich zu halten.

(17) Zwei mit der Kundmachungsklausel versehene Ausfertigungen des örtlichen Raumordnungsprogrammes sind beim Amt der Landesregierung zu hinterlegen.

(18) Die Gemeinde hat die Auswirkungen von örtlichen Raumordnungsprogrammen auf die Umwelt und die Raumstruktur zu beobachten, um allenfalls frühzeitig auf unvorhergesehene negative Entwicklungen reagieren zu können.

§ 25

Änderung des örtlichen Raumordnungsprogrammes

(1) Ein örtliches Raumordnungsprogramm darf nur abgeändert werden:

1. wegen eines rechtswirksamen Raumordnungsprogrammes des Landes oder anderer rechtswirksamer überörtlicher Planungen,
2. wegen wesentlicher Änderung der Grundlagen,
3. wegen Löschung des Vorbehaltes,
4. wenn sich aus Anlass der Erlassung oder Abänderung des Bebauungsplanes eine Unschärfe des örtlichen Raumordnungsprogrammes zeigt, die klargestellt werden muß,
5. wenn dies zur Verwirklichung der Ziele des Entwicklungskonzeptes dient,
6. wenn im Einvernehmen mit dem Grundeigentümer Bauland in Grünland umgewidmet werden soll, wobei die geschlossene Siedlungsentwicklung nicht beeinträchtigt und die Ausnützung günstiger Lagevorteile nicht behindert wird,
7. wenn dies zur Vermeidung von erkennbaren Fehlentwicklungen oder Entwicklungsdefiziten dient.

(2) Ein örtliches Raumordnungsprogramm ist abzuändern, wenn sich herausstellt, dass eine als Bauland gewidmete und noch nicht bebaute Fläche von Gefährdungen gem. § 15 Abs. 3 Z 1 bis 3 und 5 tatsächlich betroffen ist und die Beseitigung dieser Gefährdungen nicht innerhalb einer Frist von 5 Jahren sichergestellt werden kann. Als bebaut gelten Grundstücke oder Grundstücksteile, auf denen ein Gebäude errichtet ist, das nicht als Nebengebäude anzusehen ist.

(3) Baubehördliche Verfahren, die vor der Kundmachung des Entwurfes der Änderung des örtlichen Raumordnungsprogrammes (§ 24 Abs. 5) bereits anhängig waren, werden durch die Änderung nicht berührt.

(4) Für das Verfahren zur Änderung örtlicher Raumordnungsprogramme gelten die Bestimmungen des § 24 sinngemäß. Unbeschadet einer allfälligen Verpflichtung zur Durchführung einer strategischen Umweltprüfung sind jedenfalls die Themen Bevölkerungsentwicklung, Naturgefahren und Baulandbilanz aufzuarbeiten und darzustellen, soweit dies nicht bereits in einem verordneten Entwicklungskonzept enthalten ist. Hinsichtlich der strategischen Umweltprüfung gilt:

1. Wenn die Änderung
   - einen Rahmen für künftige Projekte gemäß den Anhängen I und II der Richtlinie 2011/92/EU des Europäischen Parlaments und des Rates vom 13. Dezember 2011 über die Umweltverträglichkeitsprüfung bei bestimmten öffentlichen und privaten Projekten, ABl.Nr. L 26 vom 28. Jänner 2012, S. 1 setzt, oder
   - voraussichtlich erhebliche Auswirkungen auf ein Europaschutzgebiet erwarten lässt,

   ist jedenfalls eine strategische Umweltprüfung durchzuführen.
2. Sofern bei einer sonstigen Änderung aufgrund ihrer Geringfügigkeit nicht von vorne herein die Durchführung einer strategischen Umweltprüfung entfallen kann oder für diesen Bereich der Gemeinde ein verordnetes Entwicklungskonzept gilt, das bereits einer strategischen Umweltprüfung unterzogen wurde, in dem die vorgesehene Änderung bereits vorgesehen und in ihren Auswirkungen untersucht wurde, hat die Gemeinde zu prüfen, ob aufgrund voraussichtlich erheblicher Umweltauswirkungen eine strategische Umweltprüfung erforderlich ist. Dabei sind die Kriterien des § 4 Abs. 2 zu berücksichtigen. Eine solche Geringfügigkeit ist jedenfalls dann anzunehmen, wenn es sich bei der vorgesehenen Widmung lediglich um eine Anpassung an tatsächlich bestehende rechtmäßige und zulässige Nutzungen handelt oder eine Widmungsart dahingehend abgeändert werden soll, dass durch die geplante neue Widmungsart die möglichen Umweltauswirkungen entweder unverändert bleiben oder potenzielle negative Umweltwirkungen durch die Widmungsänderung verringert werden. Dient eine Änderung des örtlichen Raumordnungsprogrammes lediglich der Anpassung der Widmungsart von Bauland-Betriebsgebiet in Bauland-Verkehrsbeschränktes Betriebsgebiet oder von Bauland-Industriegebiet in Bauland-Verkehrsbeschränktes Industriegebiet kann die Durchführung einer strategischen Umweltprüfung unbeschadet der erforderlichen Nachweise gemäß § 14 Abs. 2 Z 5 entfallen.

Das Prüfungsergebnis und eine Begründung dazu sind der Umweltbehörde vorzulegen und ist diese zu ersuchen, innerhalb von sechs Wochen eine Stellungnahme abzugeben. Danach sind das Ergebnis und die Begründung von der Landesregierung im Internet zu veröffentlichen.(5) Dient eine Änderung des örtlichen Raumordnungsprogrammes ausschließlich dem Zweck, in einer rechtswirksam verordneten Zentrumszone bei der bestehenden Widmung "Bauland- Kerngebiet" die

Zusatzbezeichnung "Handelseinrichtung" festzulegen und ist hiefür keine strategische Umweltprüfung erforderlich, so bedarf dies keiner Genehmigung durch die Landesregierung gemäß § 24 Abs. 11. In solchen Fällen hat die Gemeinde den Entwurf der Änderung der Landesregierung so rechtzeitig zu übermitteln, dass diese bereits zu Beginn der öffentlichen Auflage über alle Unterlagen verfügt. Die Landesregierung hat die beabsichtigte Widmungsänderung bis zum Ende der öffentlichen Auflagefrist zu untersagen, wenn die Änderung hinsichtlich der Verkehrserfordernisse nicht raumverträglich ist.

§ 25a
Beschleunigte Verfahren

(1) Dient eine Änderung des örtlichen Raumordnungsprogrammes lediglich der Umsetzung eines in einem verordneten und einer strategischen Umweltprüfung unterzogenen Entwicklungskonzept bereits vorgesehenen und in seinen Auswirkungen vollständig untersuchten Planungszieles und sind die Ergebnisse dieser Untersuchungen noch zutreffend oder ist die vorgesehene Änderung so geringfügig, dass von vornherein die Durchführung einer strategischen Umweltprüfung entfallen kann, und gilt in beiden Fällen, dass

- die Baulandeignung und die Baulandreserven, der Bedarf und die kurzfristige Verfügbarkeit der neuen Baulandflächen aktuell dokumentiert sind,
- kein Widerspruch zu überörtlichen Festlegungen und aktuellen raumordnungsrechtlichen Vorgaben besteht,
- sich die Widmungsfläche außerhalb von naturschutzrechtlich relevanten Bereichen befindet, wobei auch der Artenschutz zu berücksichtigen ist,
- die Widmungsfläche nicht das Ausmaß von zukünftig 1 ha Wohnbauland oder 2 ha Betriebsgebiet übersteigt,

und wird das Vorliegen all dieser Voraussetzungen von einer fachlich geeigneten Person im Sinne des § 13 Abs. 4 bestätigt, dann bedarf dies keiner Genehmigung der Landesregierung gemäß § 24 Abs. 11. Die Landesregierung ist jedoch von der Auflegung des Entwurfs schriftlich oder elektronisch unter Anschluss einer Auflistung aller beabsichtigten Änderungen zu benachrichtigen.

Eine in einem Verfahren nach dieser Bestimmung gewidmete Fläche darf nur dann gleichermaßen erweitert werden, wenn nachgewiesen wird, dass diese der widmungsgemäßen Nutzung zugeführt wurde.

Bauland-Wohngebiet für nachhaltige Bebauung, Bauland-Kerngebiet für nachhaltige Bebauung, Bauland-Verkehrsbeschränktes Betriebsgebiet sowie Bauland-Verkehrsbeschränkte Industriegebiete dürfen nicht in einem solchen Verfahren gewidmet werden.

(2) Sofern für eine Änderung des örtlichen Raumordnungsprogrammes keine strategische Umweltprüfung erforderlich ist und sie einem für diesen Bereich der Gemeinde verordneten örtlichen Entwicklungskonzept nicht widerspricht, darf die Gemeinde mit der Übermittlung des Entwurfs des örtlichen Raumordnungsprogrammes zu Beginn der Auflage unter gleichzeitiger Vorlage der Bestätigung einer fachlich geeigneten Person im Sinne des § 13 Abs. 4 darüber, dass alle Genehmigungsvoraussetzungen erfüllt sind, anregen, dass eine Genehmigung nach § 24 Abs. 11 entfällt. Die Landesregierung hat der Gemeinde innerhalb von 4 Wochen ab Vorlage der vollständigen Unterlagen mitzuteilen, ob dieser Anregung gefolgt wird und eine Genehmigung nach § 24 Abs. 11 entfällt.

§ 26
Bausperre

(1) Ist die Aufstellung oder Änderung eines örtlichen Raumordnungsprogrammes beabsichtigt, kann der Gemeinderat, unter Darstellung der anzustrebenden Ziele, durch Verordnung eine Bausperre erlassen.

(2) Der Gemeinderat hat durch Verordnung eine Bausperre unter Angabe des besonderen Zweckes zu erlassen, wenn

a) das örtliche Raumordnungsprogramm einem rechtswirksamen überörtlichen Raumordnungsprogramm widerspricht oder
b) sich herausstellt, dass eine als Bauland gewidmete und unbebaute Fläche von Gefährdungen gemäß § 15 Abs. 3 Z 1 bis 4 bedroht ist. Dies gilt nicht für Flächen gemäß § 15 Abs. 4. Als bebaut gelten Grundstücke oder Grundstücksteile, auf denen ein Gebäude errichtet ist, das nicht als Nebengebäude anzusehen ist.

(3) Eine Bausperre gemäß Abs. 1 tritt, wenn sie nicht früher aufgehoben wird, zwei Jahre nach ihrer Kundmachung außer Kraft. Sie kann vor Ablauf dieser Frist einmal für ein Jahr verlängert werden.

Eine Bausperre gemäß Abs. 2 ist unbefristet; sie ist vom Gemeinderat aufzuheben, wenn die vermutete Gefährdung bzw. die Erforderlichkeit nicht mehr besteht.

Die Bausperre ist auch teilweise aufzuheben, wenn nachgewiesen wurde (z. B. durch entsprechende Gutachten), dass die Erforderlichkeit der Bausperre für diese Flächen nicht mehr besteht.

(4) Baubewilligungsbescheide, welche dem Zweck einer Bausperre zuwiderlaufen, leiden an einem mit Nichtigkeit bedrohten Fehler.

(5) Baubehördliche Verfahren, die im Zeitpunkt der Kundmachung der Bausperre bereits anhängig waren, werden nicht berührt.

§ 27

Entschädigung

(1) Die Gemeinde ist verpflichtet, dem Grundeigentümer eine angemessene Entschädigung für jene vermögensrechtlichen Nachteile zu leisten, die durch Änderungen von Baulandwidmungsarten in andere Widmungsarten unter folgenden Bedingungen entstanden sind:

a) Durch die Umwidmung muss die Bebaubarkeit ausgeschlossen oder weitgehend verringert worden sein.
b) Alle Voraussetzungen, welche die NÖ Bauordnung an die Bebaubarkeit der betreffenden Grundfläche stellt, müssen – mit Ausnahme einer allenfalls noch erforderlichen Bauplatzerklärung gem. § 11 Abs. 2 der NÖ Bauordnung 2014, LGBl. Nr. 1/2015, sowie einer Bausperre nach § 26 – bereits erfüllt gewesen sein.
c) Die natürliche Baulandeignung darf nicht durch Hindernisse im Sinne von § 15 Abs. 3 Z 1 bis 4 bedroht gewesen sein.

(2) Als vermögensrechtliche Nachteile nach Abs. 1 gelten

a) die Aufwendungen, die der Grundeigentümer oder mit seiner Zustimmung ein Dritter im Vertrauen auf die Bebaubarkeit der Grundfläche für deren Baureifmachung getätigt hat,
b) die Minderung jenes Wertes der Grundfläche, der einem vorangegangenen Erwerbsvorgang (Kauf, Tausch, Erbteilung u. dgl...) konkret zugrunde gelegt worden war, soweit dieser den ortsüblichen Wert zum Zeitpunkt des Erwerbsvorganges nicht überstiegen hat und
c) entrichtete Aufschließungs- bzw. Ergänzungsabgabe einschließlich allfälliger Vorauszahlungen.

Die Entschädigung ist auf der Grundlage des Österreichischen Verbraucherpreisindexes zu valorisieren.

(3) Im Falle einer Änderung der Widmung nach § 17 sind für betroffene Grundflächen keine vermögensrechtlichen Nachteile zu ersetzen. Unterbleibt jedoch die neuerliche Entscheidung des Gemeinderates innerhalb der einjährigen Frist, fällt die Möglichkeit der entschädigungslosen Rückwidmung weg.

(4) Aufwendungen für die Baureifmachung und Erwerbsvorgänge, die nach der Kundmachung der beabsichtigten Widmungsänderung (§ 24 Abs. 5 in Verbindung mit § 25 Abs. 4) getätigt worden sind, sind bei der Ermittlung der vermögensrechtlichen Nachteile nach Abs. 2 nicht mehr zu berücksichtigen.

(5) Der Grundeigentümer kann innerhalb von fünf Jahren ab Inkrafttreten der Widmungsänderung bei der Gemeinde schriftlich einen Anspruch auf Ersatz der vermögensrechtlichen Nachteile nach Abs. 2 geltend machen, worüber innerhalb von sechs Monaten eine gütliche Einigung anzustreben ist. Wird keine Einigung erzielt, so kann der Grundeigentümer innerhalb von einem Jahr nach Geltendmachung des Anspruchs bei sonstigem Anspruchsverlust die Festsetzung des Aufwandsersatzes durch das örtlich zuständige Landesgericht begehren. Hiefür gelten, soweit dieses Gesetz nichts anderes bestimmt, die einschlägigen Bestimmungen des Eisenbahn-Enteignungsentschädigungsgesetzes, BGBl. Nr. 71/1954 in der Fassung BGBl. I Nr. 111/2010, sinngemäß.

§ 28

Hauptregionen

(1) Niederösterreich besteht aus den fünf Hauptregionen Industrieviertel, Mostviertel, NÖ Mitte, Waldviertel und Weinviertel. Die Hauptregion ist die räumliche Abstimmungsebene von Interessen des Landes und der Gemeinden im Bereich der Regionalentwicklung, insbesondere zu den Themen Ortsentwicklung, Mobilität, Gemeindekooperationen, Kleinregions-, Hauptregions- und grenzüberschreitende Zusammenarbeit.

(2) Die Hauptregionen stellen eine Zusammenfassung von Räumen dar, die durch gemeinsame Merkmale (geografische Lagebeziehungen, ähnliche Wirtschaftsstruktur, Ressourcenausstattung) oder andere gemeinsame Chancen oder Problemlagen gekennzeichnet sind.

Die NÖ Landesregierung hat diese Regionen in einer Verordnung abzugrenzen.

(3) Zur Finanzierung des Personal- und Sachaufwandes der zum Zweck der Regionalentwicklung von den Gemeinden im Wege über die Regionalverbände mitbegründeten NÖ Regional GmbH sind Bedarfszuweisungen an Gemeinden gemäß § 12 Abs. 1 Finanzausgleichsgesetz 2017, BGBl. I Nr. 116/2016 in der Fassung BGBl. I Nr. 103/2019 im Wege des Vorwegabzuges im Ausmaß von 0,54 % der Bedarfszuweisungsmittel des Jahres 2013 zu verwenden. Ändern sich die Aufwendungen der Gesellschaft insbesondere durch zusätzliche Aufgaben oder Änderungen in den Kollektivverträgen, kann die NÖ Landesregierung das Ausmaß der zu verwendenden Bedarfszuweisungen, unter Beibehaltung des zum Zeitpunkt des Inkrafttretens dieses Gesetzes bestehenden Finanzierungsschlüssels zwischen Land und Gemeinden, ändern.

IV. Abschnitt
Bebauungsplan

§ 29
Erlassung des Bebauungsplans

(1) Von den Ergebnissen der Grundlagenforschung ausgehend und auf Grund des örtlichen Raumordnungsprogrammes, insbesonders seiner Zielsetzung, hat der Bebauungsplan die Regeln für

- die Bebauung und
- die Verkehrserschließung

festzulegen.

Dabei ist auf die Ortsbildgestaltung und die Umwelt Rücksicht zu nehmen.

(2) Ein Bebauungsplan darf für

- den gesamten Gemeindebereich
- einzelne Ortschaften oder
- abgrenzbare Teilbereiche

erlassen werden.

Abgrenzbare Teilbereiche sind z. B. Altstadt- und andere Stadtviertel, die durch überörtliche Verkehrsflächen, Flussläufe u. dgl. augenscheinlich getrennt sind, aber auch neu aufgeschlossene Baulandbereiche und Aufschließungszonen.

(3) Der Bebauungsplan besteht aus dem Wortlaut der Verordnung (Bebauungsvorschriften) und den dazugehörigen Plandarstellungen.

(4) Die näheren Bestimmungen über die Ausführung und die äußere Form der Plandarstellungen, die Maßstäbe, das Material und die Planzeichen werden mit Verordnung der Landesregierung festgelegt.

(5) Die Eigentümer haben das Betreten ihrer Liegenschaften durch den Verfasser des Bebauungsplans oder dessen Beauftragten sowie die erforderlichen Vermessungen und sonstigen Feststellungen zu gestatten. Für einen allfälligen Schaden steht dem Geschädigten eine Entschädigung durch die Gemeinde zu.

§ 30
Inhalt des Bebauungsplans

(1) Im Bebauungsplan sind für das Bauland festzulegen:

1. die Straßenfluchtlinien,
2. die Bebauungsweise und
3. die Bebauungshöhe oder die höchstzulässige Gebäudehöhe.

Weiters ist entlang des Baulandes das Straßenniveau in der Straßenfluchtlinie von neuen Verkehrsflächen festzulegen. Bei Grundstücken, deren gesamte Bebauung unter Denkmalschutz steht, genügt die Festlegung der Straßenfluchtlinie.

(2) Im Bebauungsplan dürfen neben den in Abs. 1 vorgesehenen Regelungen für das Bauland festgelegt werden:

1. Schutzzonen für einen baukünstlerisch oder historisch erhaltungswürdigen Baubestand,
2. sonstige erhaltungswürdige Altortgebiete,
3. die harmonische Gestaltung (§ 56 NÖ BO 2014, LGBl. Nr. 1/2015) der Bauwerke in Ortsbereichen,
4. Baufluchtlinien,
5. Mindestmaße und/oder Höchstmaße von Bauplätzen,
6. Bebauungsdichte oder höchstzulässige Geschoßflächenzahl (§ 4 Z 17 NÖ BO 2014, LGBl. Nr. 1/2015),
7. Freiflächen und deren Ausgestaltung,
8. Anbaupflicht an Straßen- oder Baufluchtlinien sowie an Grundstücksgrenzen,
9. Straßenfluchtlinien, an denen Ein- und Ausfahrten aus Gründen der Sicherheit, Leichtigkeit und Flüssigkeit des Verkehrs nicht zugelassen oder an besondere Vorkehrungen gebunden werden,
10. die Lage und das Ausmaß von privaten Abstellanlagen, eine von § 63 Abs. 1 NÖ BO 2014, LGBl. Nr. 1/2015 in der geltenden Fassung, abweichende Anzahl von Stellplätzen für Kraftfahrzeuge, eine Regelung der Anzahl und Breite der Ein- und Ausfahrten im Wohnbauland gemäß § 63 Abs. 2 NÖ Bauordnung 2014, LGBl. Nr. 1/2015 in der geltenden Fassung, sowie eine Abweichung von der nach § 65 Abs. 1 NÖ BO 2014, LGBl. Nr. 1/2015 in der geltenden Fassung, festgelegten Anzahl von Fahrrad-Stellplätzen,
11. das Verbot der Errichtung von Tankstellen und Abstellanlagen für Kraftfahrzeuge in Schutzzonen und erhaltungswürdigen Altortgebieten, sowie der regelmäßigen Verwendung von Grundstücken oder Grundstücksteilen als Stellplätze für Fahrzeuge und Anhänger,
12. die Anordnung und Ausgestaltung von Fußgängerzonen und dazugehörigen Abstellanlagen für Kraftfahrzeuge,
13. die Gestaltung der Einfriedung von Grundstücken gegen öffentliche Verkehrsflächen oder Parks, die Verpflichtung zum Bau solcher Einfriedungen oder deren Verbot, die Festlegung einer Mindestgeschoßhöhe für das Erdgeschoß und das Verbot eines unterirdischen Geschoßes (§ 4 Z 16 NÖ BO 2014, LGBl. Nr. 1/2015 in der geltenden Fassung),
14. das Gebot der Herstellung von Arkaden für Durchgänge oder von Durchfahrten, wenn dies zur Ortsbildgestaltung erforderlich ist,
15. die Anordnung und Gestaltung oder das Verbot von Nebengebäuden und von Anlagen, deren Verwendung der von Gebäuden gleicht,
16. die Anordnung und Gestaltung oder das Verbot von Werbeanlagen,
17. das Bezugsniveau gemäß § 4 Z 11a der NÖ Bauordnung 2014, LGBl. Nr. 1/2015 in der geltenden Fassung, ein Gebot zur verpflichtenden Herstellung des Bezugsniveaus, die Be-

schränkung oder das Verbot der Veränderung der Höhenlage des Geländes,

18. eine verpflichtend herzustellende Struktur und Ausführung der Baukörper in bestimmten Bereichen zur Abhaltung des Schalles von angrenzenden Gebieten oder eine bestimmte schallschutztechnische Ausführung der Gebäudefassaden; ebenso Maßnahmen zur Verminderung der Schallreflexion von Fassaden und sonstigen Bauteilen,
19. Zonen, in denen eine Versickerung von Niederschlagswässern von versiegelten Flächen oder Dachflächen in einem anzugebenden Ausmaß eingeschränkt oder untersagt wird,
20. Zonen, in denen die Ableitung von Niederschlagswässern von versiegelten Flächen oder Dachflächen in einem dafür vorgesehenen Kanal oder in einem Vorfluter untersagt oder in einem anzugebenden Ausmaß eingeschränkt wird,
21. Maßnahmen zur Sicherung von Altlasten oder Verdachtsflächen, welche sowohl vor als auch im Zuge der späteren Bebauung des Grundstückes durchzuführen sind,
22. Begrünung von Gebäudeflachdächern oder alternativ von Fassadenflächen sowie von betrieblichen und privaten Abstellanlagen in einem bestimmten Ausmaß und Erhaltung all dieser Begrünungsmaßnahmen,
23. Zonen, in denen die Sammlung von Niederschlagswässern in einem bestimmten Ausmaß in dafür geeigneten Behältern (Zisternen) zu erfolgen hat,
24. Grundflächen in bestimmten Teilen oder in einem bestimmten prozentuellen Ausmaß inklusive deren Oberflächenbeschaffenheit, die für die Versickerung von Niederschlagswasser vorzusehen sind,
25. eine verpflichtend herzustellende Ausführung der Baukörper in bestimmten Bereichen zur Begrenzung des Schadensausmaßes in naturgefährdeten Bereichen; ebenso Maßnahmen zur Oberflächengestaltung im Hinblick auf eine möglichst schadlose Abfuhr von Niederschlagswasser sowie von Wildbach- oder Hochwasserereignissen.

(3) Der Bebauungsplan darf die in den Absätzen 1 und 2 angeführten Regelungen, soweit dies zur Erreichung der Zielsetzung des örtlichen Raumordnungsprogrammes erforderlich ist, auch für das Grünland und für Bauwerke auf Verkehrsflächen treffen.

Auch die Ausgestaltung der bestehenden und der geplanten Verkehrsflächen darf im Bebauungsplan geregelt werden.

(4) Im Bebauungsplan sind kenntlich zu machen:

- die Widmungsarten laut Flächenwidmungsplan,
- die von rechtswirksamen überörtlichen Planungen erfassten und die nutzungsbeschränkten Flächen,
- die Aufschließungszonen und Vorbehaltsflächen,
- die Lage zentraler Anlagen bestehender öffentlicher Einrichtungen zur Versorgung oder Entsorgung im Bauland (Hochbehälter, Kläranlage, Umspannanlage, Müllbeseitigungsanlage, Deponie und dgl.),
- Grundstücksgrenzen und -nummern nach dem Stand der Katastralmappe sowie
- der Baubestand mit einer für den Bebauungsplan ausreichenden Genauigkeit.

Das Niveau bestehender Verkehrsflächen darf kenntlich gemacht werden.

§ 31
Regelung der Bebauung

(1) Die Bebauungsweise regelt die Anordnung der Hauptgebäude auf dem Grundstück. Sind auf dem Grundstück mehrere Baulandflächen abgegrenzt, dürfen dafür unterschiedliche Bebauungsweisen festgelegt werden. Die Bebauungsweise kann auf eine der folgenden Arten festgelegt werden:

1. geschlossene Bebauungsweise

Die Bebauung ist überwiegend durch Hauptgebäude straßenseitig in einer geschlossenen Flucht von seitlicher zu seitlicher Grundstücksgrenze vorzunehmen. Weiters kann die Bebauung bis zu einer Baufluchtlinie (z. B. Eckbauplätze) oder einer Abgrenzung im Sinn des § 4 Z 3 der Verordnung über die Ausführung des Bebauungsplanes, LGBl. 8200/1-3, erfolgen.

Grundstücke, die vor Inkrafttreten der NÖ Bauordnung 1996 mit einer Reiche (max. 1,20 m Gebäudeabstand) errichtet wurden, gelten als geschlossen bebaut.

2. gekuppelte Bebauungsweise

Die Hauptgebäude auf zwei Bauplätzen sind an der gemeinsamen seitlichen Grundstücksgrenze überwiegend aneinander anzubauen und an den anderen seitlichen Grundstücksgrenzen ist ein Bauwich einzuhalten.

3. einseitig offene Bebauungsweise

Alle Hauptgebäude sind an eine für alle Bauplätze gleich festgelegte seitliche Grundstücksgrenze überwiegend anzubauen, wobei dies auch für einen einzelnen Bauplatz festgelegt werden kann. An der anderen seitlichen Grundstücksgrenze ist ein Bauwich einzuhalten.

4. offene Bebauungsweise

An beiden Seiten ist ein Bauwich einzuhalten.

Die Bebauungsweise darf wahlweise als offene oder gekuppelte festgelegt werden. Der Bauwerber darf ein Wahlrecht zwischen offener und gekuppelter Bebauungsweise nur unter Bedachtnahme auf die bereits bestehenden und bewilligten

Gebäude ausüben, sofern das Wahlrecht nicht schon durch frühere Bauvorhaben verbraucht ist.

(2) Die Bebauungshöhe ist die im Geltungsbereich der Bebauungsweisen nach Abs. 1 Z 1 - 4 in Bauklassen festgelegte Höhe der Hauptgebäude. Die Bauklassen werden unterteilt in

Bauklasse I		bis 5 m
Bauklasse II	über 5 m	bis 8 m
Bauklasse III	über 8 m	bis 11 m
Bauklasse IV	über 11 m	bis 14 m
Bauklasse V	über 14 m	bis 17 m
Bauklasse VI	über 17 m	bis 20 m
Bauklasse VII	über 20 m	bis 23 m
Bauklasse VIII	über 23 m	bis 25 m
Bauklasse IX (Hochhaus)	über	25 m

Die Bebauungshöhe darf mit zwei aufeinanderfolgenden Bauklassen festgelegt werden. Bei der Festlegung der Bebauungshöhe ist auf die Möglichkeit der Rettung von Personen und der Brandbekämpfung Bedacht zu nehmen.

(3) Für Hauptgebäude, die nicht an oder gegen Straßenfluchtlinien errichtet werden, darf im Bebauungsplan eine andere Bebauungshöhe und Bebauungsweise als an der Straßenfront festgelegt werden. Anstelle der Bauklasse darf für jede Schauseite des Gebäudes eine höchstzulässige Gebäudehöhe festgelegt werden.

(4) Im Bauland-Industriegebiet darf nur dann eine Bebauungshöhe und eine Bebauungsweise festgelegt werden, wenn es die Ortsbildgestaltung oder der Brandschutz erfordert.

(5) Im Bebauungsplan darf festgelegt werden, dass bestimmte Baufluchtlinien auch als Abgrenzungen innerhalb eines Planungsbereiches gelten, über die ausnahmslos nicht hinausgebaut werden darf (absolute Baufluchtlinie).

(6) Die vorderen Baufluchtlinien sind an Straßenseiten, an denen bereits die Mehrzahl der Bauplätze bebaut ist, entsprechend dem Abstand dieser Bebauung von der Straßenfluchtlinie festzulegen. Ist die Mehrzahl der Bauplätze noch nicht bebaut, muss die Entfernung der vorderen Baufluchtlinien voneinander soviel betragen, dass die ausreichende Belichtung (§ 4 Z 3 NÖ BO 2014, LGBl. Nr. 1/2015) der Hauptfenster gegenüberliegender zulässiger Gebäude und der Brandschutz gewährleistet ist. Erfordert die Verkehrssicherheit besondere Sichtverhältnisse, ist dies bei der Festlegung der vorderen Baufluchtlinie zu beachten.

(7) Ist es zur Ortsbildgestaltung erforderlich, darf für Schutzzonen und erhaltungswürdige Altortgebiete sowie für Ortsbereiche, in welchen der Baubestand zu mehr als 70 % aus der Zeit vor 1945 stammt, im Bebauungsplan eine vom Abs. 2 abweichende Festlegung getroffen werden.

(8) In Schutzzonen darf

- der Abbruch von Gebäuden, ausgenommen nach § 35 Abs. 2 NÖ BO 2014, LGBl. Nr. 1/2015, verboten und
- für Bauvorhaben nach § 14 Z 1 bis 3 und § 15 Abs. 1 Z 17 NÖ BO 2014, LGBl. Nr. 1/2015, die anzuwendende Bauform und Technologie vorgeschrieben werden.

(9) Zur Ortsbildgestaltung oder um unzumutbare Belästigungen zu vermeiden, dürfen bestimmte Teile oder ein bestimmtes Ausmaß von Grundflächen zu Freiflächen erklärt werden. Auf diesen Freiflächen dürfen keine Vorhaben nach § 14 und § 15 NÖ BO 2014, LGBl. Nr. 1/2015 in der geltenden Fassung, errichtet werden. Ausgenommen sind Vorhaben, die zur Gänze mindestens 50 cm unter dem Gelände nach Fertigstellung und mindestens 50 cm unter dem Bezugsniveau liegen und die für eine intensive Begrünung mit einem Bodenaufbau von mindestens 30 cm geeignet sind.

§ 32

Regelung der Verkehrserschließung

(1) Bei der Regelung der Verkehrserschließung ist die Sicherheit der Verkehrsteilnehmer und Anrainer und die umweltgerechte Abwicklung des Verkehrs zu berücksichtigen. Die Regelung erfolgt insbesonders durch die Festlegung von Straßenfluchtlinien und vorderen Baufluchtlinien.

(2) Die Straßenfluchtlinien sind für Straßenseiten, an denen bereits die Mehrzahl der angrenzenden Bauplätze bebaut ist, nach den in der Natur bestehenden Straßengrundgrenzen festzulegen.

Ist die Mehrzahl der angrenzenden Bauplätze

- noch nicht bebaut oder
- lassen die gegenwärtigen oder absehbaren Verkehrserfordernisse die Festlegung der Straßenfluchtlinien an den in der Natur bestehenden Straßengrundgrenzen nicht zu,

dann ist bei der Festlegung der Straßenfluchtlinien darauf zu achten, dass

- die Verkehrsflächen eine verkehrsgerechte Linienführung und eine dem zu erwartenden Verkehrsaufkommen notwendige Breite aufweisen,
- Dämme oder Hochstraßen sowie fünf- oder mehrstrahlige Kreuzungen nach Möglichkeit vermieden werden und
- der Abstand der Kreuzungen voneinander bei Hauptverkehrsstraßen 250 m und bei Sammel- oder Geschäftsstraßen 60 m nicht unterschreitet.

Werden keine vorderen Baufluchtlinien festgelegt, ist bei der Bestimmung der Straßenfluchtlinien § 31 Abs. 6 2. Satz sinngemäß anzuwenden.

(3) Am Ende von Sackgassen sind, wenn es ihre Länge und Breite erfordert, Umkehrplätze mit einer Mindestbreite von 12,50 m anzuordnen.

(4) Die Straßenfluchtlinien sind an den Straßenkreuzungen so festzulegen, dass

- die von den Einmündungswinkeln und dem zu erwartenden Verkehrsaufkommen bestimmten Mindestradien eingehalten werden und
- die erforderlichen Mindestsichtweiten gewährleistet sind.

(5) Die Entfernung der Straßenfluchtlinien voneinander hat dem zu erwartenden Verkehrsaufkommen zu entsprechen und muss zwischen Baulandflächen mindestens, ausgenommen im Fall des Abs. 2, erster Satz, betragen bei:

1. Hauptverkehrsstraßen .... 14 m

das sind öffentliche Verkehrsflächen, die sowohl dem Quell- und Zielverkehr als auch dem überörtlichen Durchgangsverkehr dienen; sie bestehen in der Regel aus 2 Fahr- und 2 Parkstreifen sowie den beidseitigen Gehsteigen;

2. Sammel- oder Geschäftsstraßen . 11,50 m

das sind öffentliche Verkehrsflächen, die neben dem Quell- und Zielverkehr dem Verkehr zwischen Aufschließungs- und Hauptverkehrsstraßen dienen; sie bestehen in der Regel aus 2 Fahr- und einem Parkstreifen sowie den beidseitigen Gehsteigen;

3. Aufschließungsstraßen .... 8,50 m

das sind öffentliche Verkehrsflächen, die ausschließlich dem Verkehr dienen, dessen Quellen und Ziele innerhalb dieser Straßen liegen; sie bestehen in der Regel aus 2 Fahrstreifen und den beidseitigen Gehsteigen;

4. Wohnsiedlungsstraßen .... 6 m

das sind öffentliche Verkehrsflächen von gegenwärtig und absehbar geringer Verkehrsbedeutung für den gemischten Fahrzeug- und Fußgeherverkehr; sie dienen ausschließlich dem Verkehr, dessen Quellen und Ziele innerhalb dieser Straßen liegen; auf ihnen soll der Verkehr beruhigt werden;

5. Wohnwegen .... 4 m

das sind öffentliche Verkehrsflächen, die der Aufschließung von Bauplätzen für Fußgänger sowie den Einsatzfahrzeugen dienen;

6. Gehwegen .... 2 m

das sind öffentliche Verkehrsflächen, die nicht der Aufschließung von Bauplätzen sondern nur dem Fußgängerverkehr dienen.

Die Breite der Gehsteige ist nach dem Fußgängeraufkommen zu bemessen und muss mindestens 1,25 m betragen.

(6) Durch einen Wohnweg dürfen Bauplätze unter Bedachtnahme auf die Bebauungsweise dann aufgeschlossen werden, wenn

- keine höhere als die Bauklasse II festgelegt ist,
- der Wohnweg mindestens 2,50 m breit befestigt ist,
- die größte Entfernung der Eingänge der Wohngebäude von der nächsten Straße 120 m nicht überschreitet,
- in der Nähe des Beginns des Wohnweges die für die Anrainer notwendigen Abstellanlagen vorgesehen werden und
- die Wohngebäude auf allen durch den Wohnweg erschlossenen Grundstücken zusammen höchstens 25 Wohneinheiten umfassen.

(7) Steigungen dürfen bei neugeplanten

- Hauptverkehrsstraßen, sofern die überörtliche Planung nichts anderes vorsieht, höchstens 7 %,
- Sammel- oder Geschäftsstraßen höchstens 10 %,
- übrigen Straßen höchstens 12 %

betragen.

Das Längsprofil der einmündenden Straße hat stetig an das Querprofil der übergeordneten Straße anzuschließen.

Die Länge des für den Ausgleich verschiedener Steigungen erforderlichen Ausrundungsbogens darf 20 m nicht unterschreiten.

(8) Von den Bestimmungen der Abs. 5, 7 und 12 darf abgewichen werden, wenn es

- zur Ortsbildgestaltung in Schutzzonen und in erhaltungswürdigen Altortgebieten sowie für Ortsbereiche, in welchen der Baubestand zu mehr als 70 % aus der Zeit vor 1945 stammt, oder
- aufgrund der schwierigen Geländeverhältnisse oder
- zur Errichtung von Straßenkreuzungsbauwerken (z. B. Kreisverkehr)

erforderlich ist oder

- sich um zusätzliche, für die Aufschließung nicht erforderliche, öffentliche Verkehrsflächen handelt.

(9) Wenn Bauwerke als Verkehrserreger wirken, sind in zweckentsprechender Entfernung die erforderlichen Verkehrsflächen für den ruhenden Verkehr vorzusehen.

(10) Sind Fußgängerzonen vorgesehen, dann ist der Zulieferverkehr nach Möglichkeit über rückwärtige Grundstückszufahrten heranzuführen. Die Zufahrt von Einsatzfahrzeugen ist zu gewährleisten. Gehsteige sind nicht erforderlich.

(11) Bauland an Umfahrungsstraßen, bei denen Ausfahrten aus Verkehrssicherheitsgründen nicht einmünden dürfen, ist durch Begleitstraßen aufzuschließen.

Die Straßenfluchtlinien sind nach den Begleitstraßen festzulegen.

(12) Bei der Festlegung von Straßenfluchtlinien ist darauf Bedacht zu nehmen, dass die Eigentümer der angrenzenden Grundstücke durch künftig entstehende Verpflichtungen zur Grundabtretung für Verkehrsflächen (§ 12 NÖ BO 2014, LGBl. Nr. 1/2015) im gleichen Ausmaß belastet werden.

(13) Zur Verbesserung der Wohnqualität dürfen besonders gestaltete und von den übrigen Verkehrsflächen baulich abgegrenzte Wohnstraßen vorgesehen werden. Der Verkehr ist auf diesen eingeschränkt.

(14) Vorstehende Aufschließungsregeln gelten – unbeschadet besonderer straßenrechtlicher Vorschriften – sinngemäß auch für die Regelung der Errichtung von Bauwerken an öffentlichen Verkehrsflächen im Grünland.

§ 33

Verfahren zur Erlassung des Bebauungsplans

(1) Der Entwurf des Bebauungsplans ist vor dem Gemeinderatsbeschluss durch 6 Wochen im Gemeindeamt (Magistrat) zur allgemeinen Einsicht aufzulegen. Die Auflegung ist öffentlich kundzumachen. Jedermann ist berechtigt, innerhalb der Auflegungsfrist zum Entwurf schriftlich Stellung zu nehmen. In der Kundmachung ist auf diese Möglichkeit ausdrücklich hinzuweisen. Mit Beginn der Auflage sind eine Ausfertigung des Entwurfs des Bebauungsplans und die Ergebnisse der Grundlagenforschung der Landesregierung vorzulegen.

(2) Die Eigentümer der vom Bebauungsplan betroffenen Grundstücke sind über die Auflage zu verständigen. Die fehlende Verständigung der Grundstückseigentümer hat keinen Einfluss auf das gesetzmäßige Zustandekommen des Bebauungsplans.

Die Landesregierung hat der Gemeinde binnen 12 Wochen allfällige Bedenken gegen die Gesetzmäßigkeit des Entwurfs mitzuteilen.

(3) Der Bebauungsplan ist vom Gemeinderat zu beschließen. Rechtzeitig abgegebene Stellungnahmen sind hiebei in Erwägung zu ziehen.

(4) Eine mit der Kundmachungsklausel versehene Ausfertigung des Bebauungsplans ist dem Amt der Landesregierung zu übermitteln.

(5) Der Bebauungsplan ist im Gemeindeamt (Magistrat) während der Amtsstunden der allgemeinen Einsicht zugänglich zu halten.

(6) Durch die Bestimmungen des Abs. 1 vierter Satz und des Abs. 5 wird das Verordnungsprüfungsverfahren im Sinne § 88 NÖ Gemeindeordnung 1973, LGBl. 1000 in der geltenden Fassung, und § 70 NÖ Stadtrechtsorganisationsgesetz, LGBl. 1026 in der geltenden Fassung, nicht ersetzt.

§ 34

Änderung des Bebauungsplans

(1) Der Bebauungsplan ist dem geänderten örtlichen Raumordnungsprogramm anzupassen, wenn seine Festlegungen von der Änderung berührt werden.

Der Bebauungsplan darf abgeändert oder durch einen neuen ersetzt werden

1. wegen wesentlicher Änderung der Planungsgrundlagen in Folge struktureller Entwicklung oder
2. zur Abwehr schwerwiegender wirtschaftlicher Nachteile für die in der Gemeinde verkörperte Gemeinschaft oder
3. wenn sich eine Festlegung als gesetzwidrig herausstellt oder
4. wenn die gesetzlichen Bestimmungen über den Regelungsinhalt geändert wurden.

Regulierungspläne, die nach § 5 der Bauordnung für NÖ, LGBl. Nr. 36/1883, erlassen wurden, dürfen ersatzlos behoben werden.

(2) Für das Verfahren gelten die Bestimmungen des § 33 sinngemäß.

(3) Bauverfahren, die im Zeitpunkt der Kundmachung der Auflegung des Entwurfs (§ 33 Abs. 1) bereits anhängig waren, werden durch die Änderung des Bebauungsplans nicht berührt.

(4) Werden der Entwurf der Änderung des Bebauungsplans und die Ergebnisse der Grundlagenforschung zu Beginn der Auflagefrist der Landesregierung mit der Bestätigung einer fachlich geeigneten Person im Sinne des § 13 Abs. 4 über die Gesetzmäßigkeit dieses Entwurfs vorgelegt, dann hat die Landesregierung innerhalb von 4 Wochen ab vollständiger Vorlage der Unterlagen mitzuteilen, ob allenfalls dennoch Bedenken gegen die Gesetzmäßigkeit des Entwurfs vorliegen.

§ 35

Bausperre (Bebauungsplan)

(1) Wenn die Erlassung oder die Änderung des Bebauungsplans beabsichtigt ist, dann darf der Gemeinderat zur Sicherung seiner Ziele mit Verordnung eine Bausperre erlassen. In dieser Verordnung ist der Zweck der Erlassung oder Änderung des Bebauungsplans anzuführen.

(2) Die Bausperre darf sich auf einzelne Grundstücke, auf ein bestimmtes Gebiet oder auf ganze Katastralgemeinden erstrecken.

(3) Die Bausperre tritt 2 Jahre nach ihrer Kundmachung außer Kraft, wenn sie nicht früher aufgehoben wird. Sie kann vor dem Ablauf dieser Frist einmal für 1 Jahr verlängert werden.

(4) Die Bausperre hat die Wirkung, dass eine Bauplatzerklärung (§ 11 Abs. 2 NÖ Bauordnung 2014, LGBl. Nr. 1/2015) nicht erfolgen darf und Vorhaben nach § 14 und § 15 NÖ BO 2014, LGBl. Nr. 1/2015, unzulässig sind, wenn durch sie der Zweck der Bausperre gefährdet würde.

Bauverfahren, die im Zeitpunkt der Kundmachung der Bausperre bereits anhängig waren, werden hiedurch nicht berührt.

§ 36
Entschädigung (Änderung des Bebauungsplans)

(1) Die Gemeinde hat auf Antrag des Eigentümers eines Grundstücks im Bauland, welches keinem Bauverbot unterliegt, für vermögensrechtliche Nachteile eine angemessene Entschädigung zu leisten, wenn durch Festlegungen des Bebauungsplans die im Flächenwidmungsplan festgelegte Nutzung ausgeschlossen wird.

(2) Vermögensrechtliche Nachteile nach Abs. 1 sind

1. die Aufwendungen, die der Grundeigentümer oder mit seiner Zustimmung ein Dritter im Vertrauen auf die bisher zulässige Bebaubarkeit des Grundstücks für dessen Baureifmachung getätigt hat,
2. die Minderung jenes Wertes des Grundstücks, der unter Berücksichtigung der Bebaubarkeit einem der Planungsmaßnahme vorausgegangenen Erwerbsvorgang (Kauf, Tausch, Erbteilung u. dgl.) konkret zugrunde gelegt worden war, soweit dieser den ortsüblichen Wert zum Zeitpunkt des Erwerbsvorgangs nicht überstiegen hat und
3. die entrichtete Aufschließungs- und Ergänzungsabgabe einschließlich allfälliger Vorauszahlungen auf die Aufschließungsabgabe.

Die aus Z 1 bis 3 ermittelten Beträge sind jeweils auf der Grundlage des Verbraucherpreisindexes der Bundesanstalt "Statistik Österreich" zum Zeitpunkt ihrer Leistung (Z 1 und 3) oder Festlegung (Z 2) zu valorisieren.

(3) Bei der Ermittlung der vermögensrechtlichen Nachteile nach Abs. 2 sind Aufwendungen für die Baureifmachung und Erwerbsvorgänge, die nach der Kundmachung der beabsichtigten Planungsmaßnahme getätigt wurden, nicht zu berücksichtigen.

(4) Fällt später der Grund für eine bereits geleistete Entschädigung weg, ist diese valorisiert auf der Grundlage des Verbraucherpreisindexes der Bundesanstalt "Statistik Österreich" vom Grundeigentümer oder dessen Rechtsnachfolger der Gemeinde zurückzuerstatten.

(5) Der Grundeigentümer kann innerhalb von fünf Jahren ab Inkrafttreten der Änderung des Bebauungsplans bei der Gemeinde schriftlich einen Anspruch auf Ersatz der vermögensrechtlichen Nachteile nach Abs. 2 geltend machen, worüber innerhalb von sechs Monaten eine gütliche Einigung anzustreben ist. Wird keine Einigung erzielt, so kann der Grundeigentümer innerhalb von einem Jahr nach Geltendmachung des Anspruchs bei sonstigem Anspruchsverlust die Festsetzung des Aufwandsersatzes durch das örtlich zuständige Landesgericht begehren. Hiefür gelten, soweit dieses Gesetz nichts anderes bestimmt, die einschlägigen Bestimmungen des Eisenbahn-Enteignungsentschädigungsgesetzes, BGBl. Nr. 71/1954 in der Fassung BGBl. I Nr. 111/2010, sinngemäß.

V. Abschnitt
Baulandumlegung

§ 37
Zweck

Zur Neugestaltung und Erschließung von Siedlungsgebieten können bebaute und unbebaute Grundstücke in der Weise neu geordnet werden, dass nach Lage, Form und Größe für bauliche oder sonstige Nutzungen zweckmäßig gestaltete und erschließbare Grundstücke entstehen (Umlegung).

§ 38
Einleitung des Verfahrens

(1)) In einer Anregung der Gemeinde nach Abs. 5 ist das Umlegungsgebiet zu bezeichnen und sind jene Gegebenheiten darzulegen, die erwarten lassen, dass der Zweck des Umlegungsverfahrens erreicht werden kann. Darin sind insbesondere die Umstände darzustellen, warum im Umlegungsverfahren die einzige Möglichkeit zur Erzielung des im § 37 dargestellten Zwecks gesehen wird.

(2) Das Umlegungsgebiet umfasst Baulandflächen einschließlich der Verkehrsflächen, öffentliche Grünanlagen und die für die Sicherstellung der Bebaubarkeit des Gebietes erforderlichen Flächen. Bebaute oder in besonderer Art benützte Grundflächen dürfen in eine Umlegung nur mit Zustimmung ihrer Eigentümer einbezogen werden.

(3) Das Umlegungsgebiet ist so zu begrenzen, dass sich die Umlegung zweckmäßig durchführen lässt, ohne dass unbebaubare Restflächen verbleiben. Die Nutzung und Erschließung von Grundstücken außerhalb des Umlegungsgebiets darf dadurch nicht erschwert oder behindert werden.

(4) Die Gemeinde hat die betroffenen Grundstückseigentümer und Bauwerkseigentümer von

der beabsichtigten Anregung nachweislich in Kenntnis zu setzen und ihnen eine Frist von vier Wochen zur Stellungnahme einzuräumen.

(5) Ausschließlich die Gemeinde darf die Durchführung eines Umlegungsverfahrens anregen, wenn die Eigentümer von mehr als 75 % der umzulegenden Grundflächen zustimmen. Soweit Miteigentümer zustimmen, ist für die Berechnung der für die Zulässigkeit der Anregung maßgebenden Flächen für jeden dieser Miteigentümer ein seinem Anteil entsprechender Bruchteil der Fläche des im Miteigentum stehenden Grundstücks einzurechnen.

(6) In der Anregung ist darzulegen, welche Erwägungen für die Abgrenzung des Umlegungsgebiets maßgeblich sind. Der Anregung müssen angeschlossen sein:

1. ein Verzeichnis der zur Einbeziehung vorgesehenen Grundstücke mit Angabe der Grundstücksnummern, des Flächenausmaßes sowie der Namen und Anschriften der betroffenen Eigentümer und der der Gemeinde bekannten dinglich Berechtigten,
2. ein Lageplan, aus dem der Grundstücksbestand des Umlegungsgebiets ersichtlich ist,
3. ein Hinweis auf das örtliche Raumordnungsprogramm,
4. Unterlagen, die die Notwendigkeit des Umlegungsverfahrens im Sinne des Abs. 1 zweiter Satz belegen,
5. die eingelangten Stellungnahmen nach Abs. 4 und
6. eine Darstellung allfälliger grundbücherlicher Belastungen der einbezogenen Grundstücke.

(7) Nach Einlangen der im Abs. 6 aufgezählten Unterlagen hat die Landesregierung vor Einleitung des Umlegungsverfahrens eine mündliche Verhandlung unter Beiziehung der Gemeinde, der betroffenen Grundeigentümer, Bauwerkseigentümer und sonstigen dinglichen Berechtigten und der allenfalls erforderlichen Sachverständigen in der Gemeinde durchzuführen.

(8) Die Landesregierung leitet durch Verordnung ein Umlegungsverfahren ein, wenn

1. eine Anregung nach Abs. 5 vorliegt,
2. das beantragte Umlegungsgebiet gemäß Abs. 2 festgelegt ist,
3. die Umlegung zur Verwirklichung der örtlichen Raumordnungsziele und der Planungen nach diesem Gesetz erforderlich ist,
4. das örtliche Raumordnungsprogramm der Umlegung nicht entgegensteht und
5. das Umlegungsverfahren die einzige Möglichkeit zur Erzielung des in § 37 dargestellten Zwecks ist.

(9) Die Verordnung ist im Amtsblatt für das Land Niederösterreich kundzumachen.

(10) Die Landesregierung hat eine Verordnung gemäß Abs. 8 unverzüglich dem Grundbuchsgericht und dem Vermessungsamt bekannt zu geben. Das Grundbuchsgericht hat hierauf von Amts wegen bei den betroffenen Grundstücken die Einleitung des Umlegungsverfahrens im Grundbuch anzumerken. Die Anmerkung hat die Wirkung, dass nachfolgende grundbücherliche Eintragungen die grundbücherliche Durchführung der Umlegung nicht hindern.

§ 39
Rechtswirkungen der Einleitung des Verfahrens

(1) Von der Erlassung einer Verordnung gemäß § 38 Abs. 8 bis zum Eintritt der Rechtskraft der Umlegungsentscheidung (§ 44) dürfen im Umlegungsgebiet- unbeschadet der nach anderen landesrechtlichen Vorschriften erforderlichen Bewilligungen - nur mit Genehmigung der Landesregierung durchgeführt werden:

1. Änderungen von Grundstücksgrenzen,
2. die Einräumung von Bau- und Wegerechten,
3. Bauführungen, es sei denn, dass eine rechtskräftige Baubewilligung oder nicht untersagte Bauanzeige vorliegt,
4. Veränderungen an Grundstücken, die deren bauliche Nutzbarkeit wesentlich beeinträchtigen.

(2) Eine Genehmigung nach Abs. 1 ist zu erteilen, wenn das beabsichtigte Vorhaben die Umlegung nicht beeinträchtigt

§ 40
Einstellung des Verfahrens

(1) Das Umlegungsverfahren ist von der Landesregierung durch Aufhebung der Verordnung gemäß § 38 Abs. 8 einzustellen, wenn

1. nicht innerhalb von zwei Jahren nach Erlassung der Verordnung gemäß § 38 Abs. 8 von der Gemeinde ein Umlegungsplan vorgelegt wird oder
2. der Antrag mit einer Erklärung zurückgezogen wird.

(2) Die Landesregierung hat eine Verordnung nach Abs. 1 im Amtsblatt für das Land Niederösterreich kundzumachen und unverzüglich dem Grundbuchsgericht und dem Vermessungsamt bekanntzugeben. Das Grundbuchsgericht hat hierauf auf Antrag der Landesregierung die Anmerkung nach § 38 Abs. 10 zu löschen.

§ 41
Umlegungsplan

Der Umlegungsplan ist von der Gemeinde unter Berücksichtigung der Grundsätze des § 42 zu erstellen, in dreifacher Ausfertigung vorzulegen und hat zu enthalten

1. eine planliche Darstellung des bisherigen und des vorgesehenen neuen Grundstückbestands einschließlich der Darstellung der in das öffentliche Gut der Gemeinde abzutretenden Flächen,

2. eine nach Eigentümern geordnete Zusammenstellung der in die Umlegung einbezogenen Grundstücke nach dem bisherigen und nach dem vorgesehenen neuen Stand, aus der die Grundstücksnummern, die Grundbuchseinlagen und das Flächenausmaß sowie die der Neuverteilung zugrundeliegenden Berechnungen ersichtlich sind,
3. eine Aufstellung über die Geldleistungen und Geldabfindungen,
4. einen Vorschlag für die Neuregelung der Rechte Dritter (§ 46),
5. den Beitragsschlüssel für die Kosten der Umlegung (§ 47).

§ 42
Neuverteilung

(1) Bei der Neuverteilung der Grundstücke ist von folgenden Grundsätzen auszugehen:

1. Jedem Grundeigentümer sind Grundstücke zuzuweisen, die nach Abzug der für Verkehrsflächen auszuscheidenden Flächen nach ihrer Größe dem Gesamtausmaß der von ihm eingebrachten Grundstücke entsprechen.
2. Die neu zugewiesenen Grundstücke müssen nach ihrer Lage den eingebrachten Grundstücken vergleichbar sein. Durch die Umlegung darf am Eigentum von Gebäuden ohne Zustimmung des Eigentümers keine Änderung eintreten. Mit Rechten belastete Grundstücke sind, soweit dies mit dem Umlegungszweck vereinbar ist, im größtmöglichen Ausmaß den bisherigen Eigentümern zuzuweisen.
3. Ist die Zuweisung eines nach Größe und Lage entsprechenden bzw. vergleichbaren Grundstücks nicht möglich, so ist eine dadurch bedingte Wertminderung durch eine entsprechende Geldabfindung auszugleichen.
4. Durch die Neuverteilung dürfen keine unbebaubaren Baugrundstücke entstehen. Begründet ein eingebrachtes Grundstück wegen seiner zu geringen Größe nicht den Anspruch auf ein Baugrundstück, so ist für das eingebrachte Grundstück eine Geldabfindung zuzuerkennen.
5. Für bauliche und sonstige Anlagen ist eine Geldabfindung zu gewähren. Dies gilt jedoch nur für den Fall, dass das Grundstück wegen dieser Anlagen einen über den Bodenwert hinausgehenden Verkehrswert hat.
6. Die Geldabfindungen sind durch Geldleistungen jener Grundeigentümer aufzubringen, die im Verhältnis des Wertes ihrer eingebrachten Grundstücke mehr erhalten als ihr Anspruch nach den eingebrachten Grundstücken betragen würde.
7. Für die Bemessung der Geldabfindungen und Geldleistungen sind die Verkehrswerte im Zeitpunkt der Vorlage des Umlegungsplans maßgebend. Die Geldabfindungen und Geldleistungen sind so festzulegen, dass sich insgesamt die Ansprüche und Verpflichtungen ausgleichen.

(2) Wenn alle betroffenen Grundeigentümer zustimmen, kann überdies

1. anstelle der Geldabfindungen Miteigentum an zuzuweisenden Grundstücken begründet werden und
2. Miteigentum im Verhältnis der Anteile ganz oder teilweise aufgelöst werden.

§ 43
Auflage des Umlegungsplans

(1) Die Landesregierung hat die Auflage des Umlegungsplans zu veranlassen. Er ist sechs Wochen im Gemeindeamt zur allgemeinen Einsicht aufzulegen. Die Auflage ist durch Anschlag an der Amtstafel der Gemeinde kundzumachen. Die betroffenen Grundeigentümer und gegebenenfalls Bauwerkseigentümer sowie die der Gemeinde bekannten dinglich Berechtigten sind von der Gemeinde nachweislich von der Auflage zu verständigen.

(2) Während der Auflagefrist kann jeder Eigentümer und dinglich Berechtigte von bzw. an Grundstücken, die in die Umlegung einbezogen sind sowie gegebenenfalls Bauwerkseigentümer zum Umlegungsplan beim Gemeindeamt schriftlich Einwendungen hinsichtlich einer Verletzung der Grundsätze der Neuverteilung nach § 42 erheben. Die Gemeinde kann Einwendungen hinsichtlich einer Verletzung der Zielsetzungen des örtlichen Raumordnungsprogrammes erheben. Nach Ablauf der Auflagefrist hat die Gemeinde die bei ihr eingelangten Einwendungen der Landesregierung vorzulegen.

§ 44
Umlegungsbescheid

(1) Der Umlegungsplan ist zu genehmigen, wenn er

1. die Schaffung von nach Lage, Form und Größe, zweckmäßig gestalteten Baugrundstücken gewährleistet,
2. die erforderlichen Verkehrsflächen vorsieht und
3. den gesetzlichen Vorschriften und dem örtlichen Raumordnungsprogramm nicht widerspricht.

(2) Im Umlegungsbescheid hat die Landesregierung

1. den Umlegungsplan zu genehmigen und
2. über

- die Einbringung von Geldleistungen und Zuerkennung von Geldabfindungen,
- die Neuregelung der Rechte Dritter (§ 46),
- die Abtretung der Flächen der für die Erschließung erforderlichen Straßen,

- die Genehmigung durch Vertrag getroffener Regelungen über die Rechte Dritter (§ 46) und
- allfällige Kosten des Umlegungsverfahrens (§ 47) ab dessen Einleitung

zu entscheiden und

3. den Tag, an dem die Rechtsänderungen eintreten, festzusetzen.

Der Umlegungsbescheid hat dingliche Wirkung.

§ 45

Rechtswirkungen der Umlegungsentscheidung

(1) Das Eigentum an den zugewiesenen Grundstücken geht mit der Rechtskraft der Umlegungsentscheidung auf die neuen Eigentümer über. Gleichzeitig erlöschen die bisherigen Eigentumsrechte.

(2) Die Gemeinde hat innerhalb eines Jahres nach Eintritt der Rechtskraft der Umlegungsentscheidung eine den vermessungsrechtlichen Vorschriften entsprechende Planurkunde der Landesregierung vorzulegen. Die Landesregierung hat nach Eintritt der Rechtskraft der Umlegungsentscheidung dem Grundbuchsgericht diesen Bescheid und die zur Richtigstellung des Grundbuchs erforderlichen Behelfe zu übersenden. Das Grundbuchsgericht hat daraufhin von Amts wegen die erforderlichen Eintragungen im Grundbuch vorzunehmen und die Anmerkung der Einleitung des Umlegungsverfahrens zu löschen. Die Landesregierung hat ferner die Richtigstellung des Grenz- und Grundsteuerkatasters zu veranlassen.

(3) Die in der Umlegungsentscheidung festgelegten Geldleistungen sind binnen drei Monaten nach Eintritt der Rechtskraft der Umlegungsentscheidung an die Gemeinde zu entrichten, während die Geldabfindungen binnen vier Monaten nach Eintritt der Rechtskraft der Umlegungsentscheidung von der Gemeinde an die Anspruchsberechtigten zu zahlen sind.

§ 46

Rechte Dritter

(1) Soweit in den Abs. 2 bis 6 nichts anderes bestimmt wird, treten hinsichtlich aller Rechtsbeziehungen zu dritten Personen an die Stelle der Grundstücke, an denen diese Rechte bestanden hatten, nunmehr die dem betreffenden Eigentümer für diese Grundstücke zugewiesenen neuen Grundstücke bzw. die hiefür zuerkannten Geldabfindungen.

(2) Soweit Grunddienstbarkeiten, Reallasten, persönliche Dienstbarkeiten, unregelmäßige und Scheinservituten durch die Umlegung zur Gänze zwecklos werden, ist im Umlegungsbescheid ihre entschädigungslose Aufhebung auszusprechen. Soweit solche Rechte bestehen bleiben, ist im Umlegungsbescheid darüber zu entscheiden, welche der zugewiesenen Grundstücke sie belasten.

(3) Wenn es zur Wahrung der Rechte dritter Personen erforderlich ist, ist im Umlegungsbescheid auszusprechen, dass Baurechte sowie Vor- und Wiederverkaufsrechte auf die Grundstücke übergehen, die nach ihrer Lage den Grundstücken entsprechen, an denen sie bestellt waren.

(4) Bestandrechte gelten mit dem Eintritt der Rechtskraft des Umlegungsbescheids als aufgelöst. Soweit dies jedoch der Erreichung des Umlegungszweckes nicht entgegensteht, ist im Umlegungsbescheid auf Antrag eines Vertragspartners der Weiterbestand eines Bestandsverhältnisses festzustellen. Erwächst einem Vertragspartner des aufgelösten Bestandvertrages aus der vorzeitigen Auflösung des Vertrages ein vermögensrechtlicher Nachteil, so ist ihm eine entsprechende Geldabfindung zuzuerkennen.

(5) Die durch die Aufhebung und Neubestellung der in den Abs. 2 bis 4 angeführten Rechte bedingten Wertunterschiede sind durch Geldabfindungen und Geldleistungen nach Maßgabe des § 44 auszugleichen.

(6) Den Parteien des Umlegungsverfahrens (Grundeigentümer, Bauwerkseigentümer und daran dinglich Berechtigte) steht es frei, mit Genehmigung der Landesregierung durch Vertrag Regelungen über die Rechte Dritter zu treffen, die von den Bestimmungen der Abs. 1 bis 5 abweichen. Die Genehmigung ist zu erteilen, wenn die Regelungen dem Umlegungszweck nicht entgegenstehen.

§ 47

Gebühren und Abgabenbefreiung, Kosten

(1) Im Rahmen eines Umlegungsverfahrens sind alle Amtshandlungen und schriftlichen Ausfertigungen von den durch landesrechtliche Vorschriften vorgesehenen Gebühren und Verwaltungsabgaben befreit.

(2)) Die Kosten der Vorbereitung des Umlegungsverfahrens sind bis zur Einleitung des Verfahrens von der Gemeinde zu tragen. Allenfalls bis zur Beendigung des Verfahrens anfallende Kosten (ausgenommen allfällige Kosten für die Ortsplanung), sind von den Beteiligten im Verhältnis des Wertes ihrer aufgrund der Umlegungsentscheidung zugewiesenen Grundstücke zu tragen.

VI. Abschnitt

Gemeinsame Bestimmungen

§ 48

Abgrenzung

(1) Zuständigkeiten des Bundes werden durch die Bestimmungen dieses Gesetzes nicht berührt.

(2) Sind Maßnahmen des Bundes, des Landes, benachbarter Bundesländer oder benachbarter Gemeinden für die überörtliche oder örtliche Raumordnung von Interesse, ist ein gemeinsames Vor-

gehen mit den zuständigen Bundes-, Landes- oder Gemeindeorganen rechtzeitig anzustreben.

§ 49

Eigener Wirkungsbereich der Gemeinden

Die Gemeinden haben ihre in diesem Gesetz geregelten Aufgaben mit Ausnahme der Auskunftspflicht gemäß § 3 Abs. 3 im eigenen Wirkungsbereich zu besorgen.

§ 50

Verordnungen und Pläne

(1) Raumordnungsprogramme des Landes und örtliche Raumordnungsprogramme bestehen aus dem Wortlaut der Verordnung, dazugehörigen Plänen und anderen grafischen Darstellungen.

(2) Die Landesregierung hat durch Verordnung die näheren Bestimmungen über Form und Ausführung von Plänen und anderen grafischen Darstellungen, über die Darstellung der Ergebnisse der Grundlagenerhebung sowie über den Planungsbericht zu regeln. Die Pläne und der Bericht sind möglichst EDV-gerecht zu erstellen.

§ 51

Unterstützung der Gemeinden

Die Landesregierung hat die Gemeinde auf deren Ersuchen bei der Aufstellung des örtlichen Raumordnungsprogrammes, insbesondere bei der Grundlagenforschung zu unterstützen.

Zur Finanzierung der Bereitstellung digitaler Geodatensätze an Gemeinden sind Bedarfszuweisungen an Gemeinden gemäß § 12 Abs. 1 Finanzausgleichsgesetz 2017 im Wege des Vorwegabzuges im Ausmaß von bis zu 0,071 % der Bedarfszuweisungsmittel des Jahres 2017 zu verwenden.

§ 52

Duldung von Vorarbeiten

Jeder Grundeigentümer ist verpflichtet, Vermessungen und andere Feststellungen, welche zur Ausarbeitung eines überörtlichen oder örtlichen Raumordnungsprogrammes erforderlich sind, gegen eine angemessene Entschädigung zu dulden. Im Streitfalle entscheidet über die Notwendigkeit derartiger Arbeiten und die Höhe der Entschädigung die Bezirksverwaltungsbehörde in sinngemäßer Anwendung des § 22 Abs. 7 bis 9.

§ 53

Übergangsbestimmungen

(1) Die Gemeinden haben innerhalb von zwei Jahren nach dem Inkrafttreten eines sie betreffenden rechtswirksamen regionalen Raumordnungsprogrammes ein örtliches Raumordnungsprogramm aufzustellen oder dieses entsprechend zu ändern. Die Kosten für die Erstellung oder Änderung eines örtlichen Raumordnungsprogrammes, die der Gemeinde dadurch erwachsen, sind nach Maßgabe des Abs. 2 vom Land zu ersetzen.

(2) Die Landesregierung hat durch Verordnung das Ausmaß des den Gemeinden gebührenden Kostenersatzes festzusetzen. Dieses ist unter Berücksichtigung der Finanzkraft nach dem NÖ Landesumlagegesetz, LGBl. 3200, in einem Prozentausmaß zu den tatsächlichen Kosten zu bestimmen und darf 30 v.H. nicht unterschreiten.

(3) Die nach den bisherigen Bestimmungen aufgestellten örtlichen Raumordnungsprogramme und die vereinfachten Flächenwidmungspläne gelten als örtliche Raumordnungsprogramme und vereinfachte Flächenwidmungspläne nach diesem Gesetz.

(4) Die auf Grund § 5 Bauordnung für Niederösterreich, LGBl. Nr. 36/1883, erlassenen Regulierungspläne gelten als vereinfachte Flächenwidmungspläne weiter. Hiebei gelten Nutzungen, die nach ihrer Bezeichnung und ihrem Inhalt nicht mit den Bestimmungen dieses Gesetzes übereinstimmen, als nicht ausgewiesen. Je eine Ausfertigung dieser gemäß § 5 Bauordnung für Niederösterreich, LGBl. Nr. 36/1883, erlassenen Regulierungspläne ist dem Amt der Landesregierung, der zuständigen Bezirksverwaltungsbehörde und dem zuständigen Vermessungsamt vorzulegen.

(5) Für die in den örtlichen Raumordnungsprogrammen und vereinfachten Flächenwidmungsplänen nach Abs. 3 ausgewiesenen Widmungsarten sind die Bestimmungen dieses Gesetzes anzuwenden. Widmungsarten, die nach ihrer Bezeichnung nicht mit den Bestimmungen dieses Gesetzes übereinstimmen, gelten als nicht ausgewiesen. Ausgenommen davon sind die Bezeichnungen "Grünland-Landwirtschaft" und "Grünland-Forstwirtschaft"; diese gelten als Widmung "Grünland – Land- und Forstwirtschaft" gemäß § 20 Abs. 2 Z.1a weiter.

(6) Bauverbot gilt für Flächen,

1. deren Widmung durch den Verfassungsgerichtshof aufgehoben wurde,
2. deren Flächenwidmung nach ihrer Bezeichnung nicht mit den Bestimmungen dieses Gesetzes übereinstimmt,
3. auf denen keine Widmungen sondern nur Kenntlichmachungen dargestellt wurden und diese ihre Rechtsgrundlage inzwischen verloren haben oder
4. die im Flächenwidmungsplan keine oder keine eindeutige Festlegung aufweisen.

In diesen Fällen hat die Gemeinde innerhalb eines Jahres ab Aufhebung der Widmung oder ab Kenntnis des Widmungsmangels neuerlich eine Widmung festzulegen. Im Fall von Flughäfen gilt in diesen Fällen bis zur Festlegung einer Ersatzwidmung kein Bauverbot, sondern die Widmung Bauland - Industriegebiet sowie für die bestehenden und die allenfalls zur künftigen Erschließung erforderlichen Verkehrsanlagen die Widmung Verkehrsfläche privat. Bei der Widmung ist die bisherige und absehbare weitere Nutzung zu berücksichtigen.

(7) Für Grundstücke, die vor dem 1. Mai 2017 bereits als Bauland-Industriegebiet gewidmet waren, gilt die Voraussetzung des § 16 Abs. 3a, dass dafür weniger als zwei Drittel der als Industriegebiet gewidmeten Flächen in Anspruch genommen werden dürfen, nicht.

(8) Für bereits bestehende Gebäude von Handelseinrichtungen gilt:

1. Bei der Wiedererrichtung eines Gebäudes auf dem selben Bauplatz oder bei Zu- und Umbauten darf das bestehende, der Baubewilligung entsprechende Ausmaß der Verkaufsfläche für zentrumsrelevante Waren beibehalten, aber nicht vergrößert werden. § 18 Abs. 7 ist anzuwenden.
2. Handelseinrichtungen, die bisher sowohl zentrumsrelevante Waren als auch nicht zentrumsrelevante Waren angeboten haben, dürfen das Verhältnis zwischen diesen Warengruppen nicht zugunsten der zentrumsrelevanten Waren verändern. Die Verkaufsfläche für nicht zentrumsrelevante Waren darf jedoch vergrößert werden. Zusätzliche Stellplätze sind dabei entweder im Betriebsbauwerk (z. B. in Parkdecks) oder über Gebäudeteilen des Betriebsbauwerks mit anderen Nutzungen (z. B. am Dach der Betriebsanlage) oder unter einer Photovoltaikanlage mit einer Modulfläche von mindestens 8 m² je Stellplatz (z. B. Flugdach) herzustellen, wobei eine Kombination dieser Varianten zulässig ist. Waren aufgrund der vorherigen Widmung des Grundstücks keine Lebensmittel zulässig, darf bei den zentrumsrelevanten Waren der Anteil der Lebensmittel künftig nur maximal 80 m² betragen. 3. Handelsbetriebe, welche am 7. Juli 2016 die höchstzulässige Verkaufsfläche für zentrumsrelevante Waren von 750 m² noch nicht ausgeschöpft haben, werden durch die Bestimmung des § 18 Abs. 2 vorletzter Satz nicht berührt.
4. Gebäude, die aufgrund einer Bewilligung gemäß § 18 Abs. 6 letzter Satz in der Fassung LGBl. Nr. 71/2018 errichtet wurden, dürfen auf dem selben Bauplatz bei einer Wiedererrichtung sowie bei einem Zu- oder Umbau das bestehende, der Baubewilligung entsprechende Ausmaß der Verkaufsfläche für zentrumsrelevante Waren einmalig um maximal 750 m² vergrößern. § 18 Abs. 7 ist anzuwenden.

(9) Bis zur Verordnung von Europaschutzgebieten gemäß § 9 NÖ Naturschutzgesetz 2000, LGBl. 5500, sind die vom Bundesland Niederösterreich der Europäischen Kommission zur Aufnahme in die Liste der Gebiete von gemeinschaftlicher Bedeutung oder als Vogelschutzgebiete gemeldeten oder von der Europäischen Kommission bestimmten Gebiete den Europaschutzgebieten gleichzuhalten.

(10) Eignungszonen für die Materialgewinnung in regionalen Raumordnungsprogrammen bleiben weiterhin aufrecht.

(11) Ein nach den §§ 3, 7 und 8 der NÖ Bauordnung, LGBl. 166/1969, oder den §§ 4 bis 7 der NÖ Bauordnung 1976, LGBl. 8200, oder den §§ 68 bis 72 der NÖ Bauordnung 1996, LGBl. 8200, erlassener Bebauungsplan gilt als Bebauungsplan nach den §§ 29 bis 36 dieses Gesetzes

(12) Ein nach § 5 der Bauordnung für NÖ, LGBl. Nr. 36/1883, erlassener Regulierungsplan gilt hinsichtlich der Regelung der Bebauung bis zum Inkrafttreten eines Bebauungsplans nach den §§ 29 bis 36 dieses Gesetzes als vereinfachter Bebauungsplan, unbeschadet seiner allfälligen Geltung als vereinfachter Flächenwidmungsplan nach Abs. 4. Ebenso gilt ein nach § 120 Abs. 3 und 4 der NÖ Bauordnung, LGBl. Nr. 166/1969, nach der NÖ Bauordnung 1976, LGBl. 8200–0 oder nach den §§ 68 bis 72 der NÖ Bauordnung 1996, LGBl. 8200 erlassener Bebauungsplan bis zum Inkrafttreten eines Bebauungsplans nach den §§ 29 bis 36 dieses Gesetzes weiter. Für die in den derzeit geltenden Bebauungsplänen festgelegte Bebauungsweise der freien Anordnung von Gebäuden gilt bis zu einer allfälligen Änderung die offene Bebauungsweise verordnet. Für Bereiche mit Sonderbebauungsweisen ist bis zu einer allfälligen Neufestlegung einer gesetzlich definierten Bebauungsweise der § 54 der NÖ Bauordnung 2014, LGBl. Nr. 1/2015 in der geltenden Fassung, anzuwenden und sind in diesen Bereichen bis einschließlich 31. Jänner 2026 Nebengebäude und -teile im verbleibenden seitlichen Bauwich unbeschadet der Bestimmung des § 51 Abs. 2 und 3 der NÖ Bauordnung 2014, LGBl. Nr. 1/2015 in der geltenden Fassung, zulässig.

(13) Für die Änderung des Regulierungsplans und des vereinfachten Bebauungsplans gilt § 34 sinngemäß.

(14) Die Verordnung über ein Raumordnungsprogramm zur Sicherung und Verbesserung der Versorgung der Bevölkerung mit zentralen Einrichtungen
(Zentrale-Orte-Raumordnungsprogramm), LGBl. 8000/24, wird aufgehoben.

Die Verordnung der NÖ Landesregierung vom 2. Dezember 1975 über ein Raumordnungsprogramm zur Entwicklung des Fremdenverkehrs (Fremdenverkehrs-Raumordnungsprogramm), LGBl. 8000/27, wird aufgehoben.

Die Verordnung der NÖ Landesregierung vom 10. Jänner 1978 über ein Raumordnungsprogramm für das Freizeit- und Erholungswesen (Freizeit- und Erholungsraumordnungsprogramm), LGBl. 8000/30, wird aufgehoben.

(15) Bauverfahren, die am 22. Oktober 2020 bereits anhängig waren, werden durch § 16 Abs. 1 Z 1, 2, 8 und 9 in der Fassung LGBl. Nr. 97/2020, nicht berührt.

Bauvorhaben auf Grundstücken im Bauland-Wohngebiet und Bauland-Kerngebiet, für die am 22. Oktober 2020 ein Bebauungsplan eine Bebauung mit einer Geschoßflächenzahl von über 1 ermöglicht, werden bis zur Änderung der Widmungsart und /oder einer neuen Festlegung im Bebauungsplan, spätestens aber bis 30. Juni 2028 durch § 16 Abs. 1 Z 1, 2, 8 und 9 in der Fassung LGBl. Nr. 97/2020, hinsichtlich der zulässigen Geschoßflächenzahl nicht berührt.

Sind am 22. Oktober 2020 im Flächenwidmungsplan die Anzahl der Wohneinheiten bei Bauland-Wohngebiet und Bauland-Kerngebiet festgelegt und ist das Grundstück mit einer Geschoßflächenzahl von über 1 bebaut, so dürfen auch bei den Widmungsarten Bauland-Wohngebiet für nachhaltige Bebauung und Bauland-Kerngebiet für nachhaltige Bebauung Festlegungen hinsichtlich der Anzahl der Wohneinheiten getroffen werden.

Bauverfahren, die zum Zeitpunkt des Inkrafttretens des § 16 Abs. 1 Z 3, 4, 10 und 11, § 18 Abs. 7, § 53 Abs. 8 Z 1 und Z 2 in der Fassung LGBl. Nr. 97/2020 bereits anhängig waren, werden durch diese Bestimmungen nicht berührt.

Bauland-Betriebsgebiet, für das bereits am 22. Oktober 2020 im Flächenwidmungsplan eine Verkehrsbeschränkung durch einen Zusatz gemäß § 16 Abs. 5 festgelegt war, gilt als Widmung gemäß § 16 Abs. 1 Z 10 in der Fassung LGBl. 97/2020.

Für Bauvorhaben auf Grundstücksflächen bis maximal 1 ha bleibt bis zum 31. Dezember 2024 die Anzahl der Fahrten von mehrspurigen Kraftfahrzeugen pro ha Baulandfläche und Tag gemäß § 16 Abs. 1 Z 3 und 4 außer Betracht.

Die am 22. Oktober 2020 in den Widmungsarten Bauland-Betriebsgebiet und Bauland-Industriegebiet baubehördlich bewilligten Betriebe dürfen Änderungen und Erweiterungen der betrieblichen Bauwerke vornehmen, ohne dass dafür eine der Widmungsarten gemäß § 16 Abs. 1 Z 10 oder 11 erforderlich ist. Dasselbe gilt für die Wiedererrichtung von Bauwerken sowie für Bauvorhaben auf einem benachbarten Grundstück, das zum Stichtag die Widmung Bauland-Betriebsgebiet oder Bauland-Industriegebiet hatte, soweit ein betrieblicher Zusammenhang zwischen dem Bauvorhaben und einer am Stichtag rechtmäßig bestehenden Nutzung nachgewiesen wird.

(16) Unbeschadet von § 20 Abs. 3e ist die Widmung Grünland-Photovoltaikanlage auf einer Fläche von insgesamt mehr als 2 ha erst nach dem Inkrafttreten eines binnen zwei Jahren zu erlassenden überörtlichen Raumordnungsprogrammes über die Errichtung von PV-Anlagen in Niederösterreich in dort festgelegten Zonen zulässig. Das gilt nicht für solche Widmungsverfahren, für die der Gemeinderat vor dem 22. Oktober 2020 eine Verordnung beschlossen hat.

Auf Flächen

- die als Altlasten gemäß Altlastensanierungsgesetz, BGBl. Nr. 299/1989 in der Fassung BGBl. Nr. 104/2019, ausgewiesen sind und eine Sanierung ohne Festlegung einer anderen Folgewidmung genehmigt wurde,
- mit genehmigten Deponien, die dem Abfallwirtschaftsgesetz 2002, BGBl. I Nr. 102/2002 in der Fassung BGBl. I Nr. 24/2020, unterliegen, ausgenommen Anlagen der Deponieklasse gemäß § 4 Z 1 Deponieverordnung (DVO) 2008, BGBl. II Nr. 39/2008 in der Fassung BGBl. II Nr. 291/2016 (Bodenaushubdeponie), die für die landwirtschaftliche Produktion genutzt werden sowie
- in noch nicht gemäß § 158 Mineralrohstoffgesetz, BGBl. I Nr. 38/1999 in der Fassung BGBl. I Nr. 104/2019, aufgelassenen Bergbaugebieten ausschließlich auf Flächen, auf denen die Abbausohle bzw. Endberme bereits erreicht wurde,

darf

eine Widmung Grünland-Photovoltaikanlage von insgesamt mehr als 2 ha bis zum Inkrafttreten des überörtlichen Raumordnungsprogrammes erfolgen. Widmungsverfahren, welche zum Zeitpunkt des Inkrafttretens der Verordnung gemäß § 20 Abs. 3c bereits zur allgemeinen Einsicht aufgelegt waren, werden durch die Beschränkungen dieser Verordnung nicht berührt.(17) Folgende Bestimmungen werden aufgehoben:

- § 5 Abs. 1 der Verordnung über ein Regionales Raumordnungsprogramm südliches Wiener Umland, LGBl. 8000/85,
- § 5 Abs. 1 der Verordnung über ein Regionales Raumordnungsprogramm NÖ Mitte, LGBl. 8000/76,
- § 5 Abs. 1 der Verordnung über ein Regionales Raumordnungsprogramm Untere Enns, LGBl. 8000/35 in der Fassung LGBl. 8000/35,
- § 5 Abs. 1 Z 1 der Verordnung über ein Regionales Raumordnungsprogramm Wien Umland Nord, LGBl. Nr. 64/2015,
- § 5 der Verordnung über ein Regionales Raumordnungsprogramm Wien Umland Nordost, LGBl. Nr. 66/2015,
- § 5 der Verordnung über ein Regionales Raumordnungsprogramm Wien Umland Nordwest, LGBl. Nr. 65/2015,
- § 5 Abs. 1 der Verordnung über ein Regionales Raumordnungsprogramm Wiener Neustadt – Neunkirchen, LGBl. 8000/75.

Der Bezug in der Legende

- der Anlage 1 der Verordnung über ein Regionales Raumordnungsprogramm Untere Enns, LGBl. 8000/35 in der Fassung LGBl. 8000/35-2, hinsichtlich der Siedlungsgrenze gemäß § 5 Abs. 1 Z 1,
- der Anlage 1 der Verordnung über ein Regionales Raumordnungsprogramm Wiener Neustadt - Neunkirchen, LGBl. 8000/75 in der Fassung LGBl. 8000/75-4, hinsichtlich der Siedlungsgrenze gemäß § 5 Abs. 1 Z 1,
- der Anlage 1 der Verordnung über ein Regionales Raumordnungsprogramm NÖ Mitte, LGBl. 8000/76 in der Fassung LGBl. 8000/76-2, hinsichtlich der Siedlungsgrenze gemäß § 5 Abs. 1 Z 1,
- der Anlage 2 der Verordnung über ein Regionales Raumordnungsprogramm südliches Wiener Umland, LGBl. 8000/85-0 in der Fassung LGBl. Nr. 67/2015, hinsichtlich der Siedlungsgrenze gemäß § 5 Abs. 1 Z 1,
- der Anlage 2 der Verordnung über ein Regionales Raumordnungsprogramm Wien Umland Nordwest, LGBl. Nr. 65/2015 in der Fassung LGBl. Nr. 73/2015, hinsichtlich der Siedlungsgrenze gemäß § 5 Z 1,
- der Anlage 2 der Verordnung über ein Regionales Raumordnungsprogramm Wien Umland Nordost, LGBl. Nr. 66/2015, hinsichtlich der Siedlungsgrenze gemäß § 5 Z 1,
- der Anlage 2 der Verordnung über ein Regionales Raumordnungsprogramm Wien Umland Nord, LGBl. Nr. 64/2015, hinsichtlich der Siedlungsgrenze gemäß § 5 Abs. 1 Z 1 lit. a

gilt als Bezug auf § 6 Abs. 3 Z 1 dieses Gesetzes (Lineare Siedlungsgrenze).

Der Bezug in der Legende

- der Anlage 1 der Verordnung über ein Regionales Raumordnungsprogramm Untere Enns, LGBl. 8000/35 in der Fassung LGBl. 8000/35-2, hinsichtlich der Siedlungsgrenze gemäß § 5 Abs. 1 Z 2,
- der Anlage 1 der Verordnung über ein Regionales Raumordnungsprogramm Wiener Neustadt - Neunkirchen, LGBl. 8000/75 in der Fassung LGBl. 8000/75-4, hinsichtlich der Siedlungsgrenze gemäß § 5 Abs. 1 Z 2,
- der Anlage 1 der Verordnung über ein Regionales Raumordnungsprogramm NÖ Mitte, LGBl. 8000/76 in der Fassung LGBl. 8000/76-2, hinsichtlich der Siedlungsgrenze gemäß § 5 Abs. 1 Z 2,
- der Anlage 2 der Verordnung über ein Regionales Raumordnungsprogramm südliches Wiener Umland, LGBl. 8000/85 in der Fassung LGBl. Nr. 67/2015, hinsichtlich der Siedlungsgrenze gemäß § 5 Abs. 1 Z 2,
- der Anlage 2 der Verordnung über ein Regionales Raumordnungsprogramm Wien Umland Nordwest, LGBl. Nr. 65/2015 in der Fassung LGBl. Nr. 73/2015, hinsichtlich der Siedlungsgrenze gemäß § 5 Z 2,
- der Anlage 2 der Verordnung über ein Regionales Raumordnungsprogramm Wien Umland Nordost, LGBl. Nr. 66/2015, hinsichtlich der Siedlungsgrenze gemäß § 5 Z 2,
- der Anlage 2 der Verordnung über ein Regionales Raumordnungsprogramm Wien Umland Nord, LGBl. Nr. 64/2015, hinsichtlich der Siedlungsgrenze gemäß § 5 Abs. 1 Z 1 lit. b

gilt als Bezug auf § 6 Abs. 3 Z 2 dieses Gesetzes (Flächige Siedlungsgrenze).

§ 54
Umgesetzte EU-Richtlinien

Durch dieses Gesetz wird folgende Richtlinie der Europäischen Union umgesetzt:

- Richtlinie 2012/18/EU des Europäischen Parlaments und des Rates vom 4. Juli 2012 zur Beherrschung der Gefahren schwerer Unfälle mit gefährlichen Stoffen, zur Änderung und anschließenden Aufhebung der Richtlinie 96/82/EG des Rates (Seveso III-Richtlinie), Amtsblatt. Nr. L 197 vom 24. Juli 2012, S. 1-37;
- Richtlinie 92/43/EWG des Rates vom 21. Mai 1992 zur Erhaltung der natürlichen Lebensräume sowie der wildlebenden Tiere und Pflanzen, ABl.Nr. L 206 vom 22. Juli 1992, S 7;
- Richtlinie 97/62/EG des Rates vom 27. Oktober 1997 zur Anpassung der Richtlinie 92/43/EWG zur Erhaltung der natürlichen Lebensräume sowie der wildlebenden Tiere und Pflanzen an den technischen und wissenschaftlichen Fortschritt, ABl. Nr. L 305 vom 8. November 1997, S 42;
- Richtlinie 79/409/EWG des Rates vom 2. April 1979 über die Erhaltung der wildlebenden Vogelarten, ABl.Nr. L 103 vom 25. April 1979, S 1;
- Richtlinie 81/854/EWG des Rates vom 19. Oktober 1981 zur Anpassung, auf Grund des Beitrittes Griechenlands, der Richtlinie 79/409/EWG über die Erhaltung der wildlebenden Vogelarten, ABl.Nr. L 319 vom 7. November 1981, S 3;
- Richtlinie 91/244/ER der Kommission vom 6. März 1991 zur Änderung der Richtlinie 79/409/EWG des Rates über die Erhaltung der wildlebenden Vogelarten, ABl.Nr. L 115 vom 8. Mai 1991, S 41;
- Richtlinie 94/24/EG des Rates vom 8. Juni 1994 zur Änderung von Anhang II der Richtlinie 79/409/EWG über die Erhaltung der wildlebenden Vogelarten, ABl.Nr. L 164 vom 30. Juni 1994, S 9;
- Richtlinie 97/49/EG der Kommission vom 29. Juli 1997 zur Änderung der Richtlinie 79/409/EWG des Rates über die Erhaltung der wildlebenden Vogelarten, ABl.Nr. L 223 vom 13. August 1997, S 9;

- Richtlinie 2001/42/EG des Europäischen Parlaments und des Rates vom 27. Juni 2001 über die Prüfung der Umweltauswirkungen bestimmter Pläne und Programme, ABl.Nr. L 197 vom 21. Juli 2001, S 30;
- Richtlinie 2002/49/EG des Europäischen Parlaments und des Rates vom 25. Juni 2002 über die Bewertung und Bekämpfung von Umgebungslärm, ABl.Nr. L 189 vom 18. Juli 2002, S 12;
- Richtlinie (EU) 2015/996 der Kommission vom 19. Mai 2015 zur Festlegung gemeinsamer Lärmbewertungsmethoden gemäß der Richtlinie 2002/49/EG des Europäischen Parlaments und des Rates, ABl. Nr. L 168 vom 1. Juli 2015, S 1, in Fassung der Berichtigung ABl. L 5 vom 10. Jänner 2018, S 35.

§ 55

Inkrafttreten

(1) Dieses Gesetz tritt mit 1. Februar 2015 in Kraft. Gleichzeitig tritt das NÖ Raumordnungsgesetz 1976, LGBl. 8000, außer Kraft.

(2) Verordnungen können vom Tag der Kundmachung dieses Gesetzes an erlassen werden, treten aber frühestens mit diesem Gesetz in Kraft.

(3) § 16 Abs. 3a und 5, § 19 Abs. 3, § 30 Abs. 2 und § 53 Abs. 7 und 14 in der Fassung LGBl. Nr. 35/2017 treten am 1. Mai 2017 in Kraft.

(4) § 16 Abs. 1 Z 3, 4, 10 und 11, § 18 Abs. 7, § 53 Abs. 8 Z 1 und 2 jeweils in der Fassung LGBl. Nr. 97/2020 treten mit 1. März 2021 in Kraft. § 13 Abs. 5 in der Fassung LGBl. Nr. 97/2020 tritt mit 1. Jänner 2023 in Kraft.

16. Gewerbeordnung 1994

Gewerbeordnung 1994 – GewO 1994
StF: BGBl. Nr. 194/1994
Letzte Novellierung: BGBl. I Nr. 75/2023

GLIEDERUNG

STICHWORTVERZEICHNIS

GewO

I. Hauptstück
Allgemeine Bestimmungen
1. Geltungsbereich

§ 1. (1) Dieses Bundesgesetz gilt, soweit nicht die §§ 2 bis 4 anderes bestimmen, für alle gewerbsmäßig ausgeübten und nicht gesetzlich verbotenen Tätigkeiten.

(2) Eine Tätigkeit wird gewerbsmäßig ausgeübt, wenn sie selbständig, regelmäßig und in der Absicht betrieben wird, einen Ertrag oder sonstigen wirtschaftlichen Vorteil zu erzielen, gleichgültig für welche Zwecke dieser bestimmt ist; hiebei macht es keinen Unterschied, ob der durch die Tätigkeit beabsichtigte Ertrag oder sonstige wirtschaftliche Vorteil im Zusammenhang mit einer in den Anwendungsbereich dieses Bundesgesetzes fallenden Tätigkeit oder im Zusammenhang mit einer nicht diesem Bundesgesetz unterliegenden Tätigkeit erzielt werden soll.

(3) Selbständigkeit im Sinne dieses Bundesgesetzes liegt vor, wenn die Tätigkeit auf eigene Rechnung und Gefahr ausgeübt wird.

(4) Auch eine einmalige Handlung gilt als regelmäßige Tätigkeit, wenn nach den Umständen des Falles auf die Absicht der Wiederholung geschlossen werden kann oder wenn sie längere Zeit erfordert. Das Anbieten einer den Gegenstand eines Gewerbes bildenden Tätigkeit an einen größeren Kreis von Personen oder bei Ausschreibungen wird der Ausübung des Gewerbes gleichgehalten. Die Veröffentlichung über eine den Gegenstand eines Gewerbes bildenden Tätigkeit in Registern gilt nicht als Ausübung, wenn die Veröffentlichung auf Grund von gesetzlichen Verpflichtungen erfolgt.

(5) Die Absicht, einen Ertrag oder sonstigen wirtschaftlichen Vorteil zu erzielen, liegt auch dann vor, wenn der Ertrag oder sonstige wirtschaftliche Vorteil den Mitgliedern einer Personenvereinigung zufließen soll.

(6) Bei Vereinen gemäß dem Vereinsgesetz 1951 liegt die Absicht, einen Ertrag oder sonstigen wirtschaftlichen Vorteil zu erzielen, auch dann vor, wenn die Vereinstätigkeit das Erscheinungsbild eines einschlägigen Gewerbebetriebes aufweist und diese Tätigkeit – sei es mittelbar oder unmittelbar – auf Erlangung vermögensrechtlicher Vorteile für die Vereinsmitglieder gerichtet ist. Übt ein Verein gemäß dem Vereinsgesetz 1951 eine Tätigkeit, die bei Vorliegen der Gewerbsmäßigkeit in den Anwendungsbereich dieses Bundesgesetzes fiele, öfter als einmal in der Woche aus, so wird vermutet, daß die Absicht vorliegt, einen Ertrag oder sonstigen wirtschaftlichen Vorteil zu erzielen.

§ 2. (1) Dieses Bundesgesetz ist – unbeschadet weiterer ausdrücklich angeordneter Ausnahmen durch besondere bundesgesetzliche Vorschriften – auf die in den nachfolgenden Bestimmungen angeführten Tätigkeiten nicht anzuwenden:

1. die Land- und Forstwirtschaft (Abs. 2 und 3);
2. die Nebengewerbe der Land- und Forstwirtschaft (Abs. 4);
3. die Vermittlung von im Abs. 4 Z 4 bis 8 angeführten Leistungen durch Vereine im Sinne des Vereinsgesetzes 1951, BGBl. Nr. 233, deren satzungsgemäßer Zweck diese Vermittlungstätigkeit umfaßt, zwischen ihren Mitgliedern;
4. die nachstehenden Tätigkeiten land- und forstwirtschaftlicher Erwerbs- und Wirtschaftsgenossenschaften nach Maßgabe des Abs. 7, soweit der Geschäftsbetrieb dieser Genossenschaften im wesentlichen der Förderung des Erwerbes oder der Wirtschaft ihrer Mitglieder dient:

a) der Betrieb von Sägen, Mühlen, Molkereien, Brennereien, Keltereien und sonstigen nach altem Herkommen üblichen Zweigen der Verarbeitung land- und forstwirtschaftlicher Erzeugnisse;
b) die Vermittlung des Einkaufes und Verkaufes sowie die Versteigerung von Zuchtvieh;
c) der Verkauf unverarbeiteter pflanzlicher Erzeugnisse – ausgenommen Getreide und Kartoffeln – sowie von Ferkeln, Fischen, Geflügel, Eiern und Honig, auch im Wege der Versteigerung;

d) der im Zusammenhang mit den Tätigkeiten gemäß lit. c vorgenommene Einkauf von Verpackungen und Umhüllungen für die von der lit. c erfaßten Erzeugnisse;
e) die Züchtung, Vermehrung, Bearbeitung, Verwertung und Beschaffung von Saatgut;
f) die Nutzung von land- und forstwirtschaftlichen Grundstücken und ortsfesten land- und forstwirtschaftlichen Betriebseinrichtungen, sofern diese Tätigkeit der Hervorbringung und Gewinnung pflanzlicher Erzeugnisse (Abs. 3 Z 1) oder dem Halten von Nutztieren (Abs. 3 Z 2) dient, sowie die Nutzung von Kühlanlagen, diese jedoch nur für den Eigenverbrauch der Mitglieder;
g) die Wahrnehmung der Rechte der Mitglieder hinsichtlich der Ausübung von Nutzungsrechten im Sinne des Grundsatzgesetzes 1951 über die Behandlung der Wald- und Weidenutzungsrechte sowie besonderer Felddienstbarkeiten, BGBl. Nr. 103;

(Anm.: lit. h aufgehoben durch BGBl. I Nr. 111/2002)

5. den Buschenschank (Abs. 9);
6. den Bergbau (Abs. 10);
7. die literarische Tätigkeit, die Ausübung der schönen Künste (Abs. 11) sowie die Ausübung des Selbstverlages der Urheber;
8. die gegen Stunden- oder Taglohn oder gegen Werksentgelt zu leistenden Verrichtungen einfachster Art;
9. die nach ihrer Eigenart und ihrer Betriebsweise in die Gruppe der häuslichen Nebenbeschäftigungen fallenden und durch die gewöhnlichen Mitglieder des eigenen Hausstandes betriebenen Erwerbszweige;
10. die zur Berufsausübung zählenden und in deren Rahmen vorgenommenen Tätigkeiten der Rechtsanwälte, Notare, Verteidiger in Strafsachen, Ziviltechniker, Patentanwälte, Versicherungstechniker, Wirtschaftstreuhänder, Bilanzbuchhalter, Personalverrechner, Buchhalter und Börsesensale, den Betrieb von autorisierten Untersuchungs-, Erprobungs- und Materialprüfungsanstalten und den Betrieb von akkreditierten (zugelassenen) Prüf-, Überwachungs- und Zertifizierungsstellen und von öffentlichen Wäg- und Messanstalten sowie die Tätigkeiten sonstiger Personen oder Anstalten, die von der Behörde hiefür besonders bestellt und in Pflicht genommen wurden, die Revision und die damit im Zusammenhang ausgeübte Beratung von Erwerbs- und Wirtschaftsgenossenschaften und ihnen gleichgestellten Vereinen, alle Auswanderungsgeschäfte;
11. die Ausübung der Heilkunde, der Psychotherapie und des psychologischen Berufes im Bereich des Gesundheitswesens, die zur Berufsausübung zählenden und in deren Rahmen vorgenommenen Tätigkeiten der Dentisten, Hebammen, der Tierärzte sowie der Apotheker, die Krankenpflegefachdienste, die medizinisch-technischen Dienste sowie die Sanitätshilfsdienste, den Betrieb von Kranken- und Kuranstalten, die in Anstalten zur Wiederherstellung der Arbeitsfähigkeit oder im Rahmen von Rehabilitationsprogrammen öffentlich-rechtlicher Körperschaften zu leistenden gewerblichen Arbeiten;
12. die Ausübung der Erwerbszweige des Privatunterrichtes und der Erziehung und den Betrieb jener Anstalten, die diesen Aufgaben dienen, ferner die gewerblichen Arbeiten von öffentlichen Schulen oder mit dem Öffentlichkeitsrecht ausgestatteten Privatschulen;
13. die gewerblichen Arbeiten von Anstalten, die von öffentlichen Wohlfahrts- und Fürsorgeeinrichtungen betrieben werden, ferner von Integrativen Betrieben im Rahmen der Behindertenhilfe sowie von Anstalten für den Vollzug von Freiheitsstrafen und von mit Freiheitsentzug verbundenen vorbeugenden Maßnahmen;
14. den Betrieb von Bankgeschäften einschließlich der nach dem Wertpapieraufsichtsgesetz 2018 erbrachten Dienstleistungen mit Ausnahme der Tätigkeiten eines vertraglich gebundenen Vermittlers gemäß § 1 Z 44 oder eines Wertpapiervermittlers gemäß § 1 Z 45 des Wertpapieraufsichtsgesetzes 2018 – WAG 2018, BGBl. I Nr. 107/2007, den Betrieb von Versicherungsunternehmen sowie den Betrieb von Pensionskassen, Zahlungsinstituten oder E-Geld-Instituten. Soweit das BWG nicht besondere Regelungen vorsieht, gelten für die Ausübung der Versicherungsvermittlung durch Kreditinstitute die Bestimmungen dieses Bundesgesetzes, ausgenommen die Bestimmungen über Betriebsanlagen;
15. den Betrieb von Eisenbahnunternehmen und von deren Hilfseinrichtungen sowie deren Hilfstätigkeiten einschließlich des Betriebes von Seilbahnen im Sinne des Seilbahngesetzes 2003, BGBl. I Nr. 103, im Falle der Gegenseitigkeit die Bewirtschaftung von Speisewagen und Schlafwagen in- und ausländischer Eisenbahnunternehmen durch ausländische Unternehmen bei Fahrten vom Ausland aus durch Österreich oder vom Ausland aus nach Österreich oder umgekehrt, den Betrieb von Schiffahrtsunternehmen mit Wasserfahrzeugen, im Falle der Gegenseitigkeit die Bewirtschaftung von Schiffsrestaurants und -buffets auf Wasserfahrzeugen ausländischer Schiffahrtsunternehmen durch ausländische Unternehmen bei Fahrten vom Ausland aus durch Österreich oder vom Ausland aus nach Österreich oder umgekehrt, den Betrieb von Fähren (Überfuhren) und von Kraftfahrlinienunternehmen;
16. den Betrieb von Luftverkehrsunternehmen (Luftbeförderungsunternehmen und Luftfahrzeug-Vermietungsunternehmen), von

Zivilflugplatzunternehmen sowie von Hilfsbetrieben der Luftbeförderungs- und Zivilflugplatzunternehmen;

17. den Betrieb von Theatern und Lichtspieltheatern und von Unternehmen öffentlicher Belustigungen und Schaustellungen aller Art, musikalische und literarische Darbietungen;
18. die Herausgabe, das Herstellen und das Verbreiten periodischer Druckwerke durch das Medienunternehmen des Medieninhabers sowie den Kleinverkauf solcher Druckwerke;
19. die Tätigkeit der Berg- und Schiführer;
20. den Betrieb von Elektrizitätsunternehmen (§ 7 Z 11 Elektrizitätswirtschafts- und -organisationsgesetz 2010 – ElWOG 2010) und jenen Erdgasunternehmen (§ 7 Abs. 1 Z 16 Gaswirtschaftsgesetz 2011 – GWG 2011), die nicht Erdgashändler (§ 7 Abs. 1 Z 14 GWG 2011) sind;
21. die unter das Sprengmittelgesetz 2010 – SprG fallenden Erzeugungs-, Verarbeitungs- und Verkaufstätigkeiten;
22. die Vermittlung und den Abschluß von Wetten aus Anlaß sportlicher Veranstaltungen (Tätigkeit der Totalisateure und Buchmacher);
23. die vom Arbeitsmarktservice oder gemeinnützigen Einrichtungen durchgeführte Arbeitsvermittlung und Berufsberatung;
24. den Betrieb der dem Bund zustehenden Monopole und Regalien sowie die Erzeugung von Blatternimpfstoff;
25. die Verabreichung von Speisen und der Ausschank von Getränken im Rahmen und Umfang von Veranstaltungen im Sinne des § 5 Z 12 des Körperschaftsteuergesetzes 1988 durch Körperschaften des öffentlichen Rechtes sowie sonstige juristische Personen, die im Sinne der §§ 34 BAO gemeinnützig, kirchlich tätig sind, und durch deren Dienststellen sowie juristische Personen, die gemäß § 1 Abs. 3 Z 2 und § 5 Z 12 lit. b und c des Körperschaftsteuergesetzes 1988 wie Körperschaften des öffentlichen Rechts zu behandeln sind. Diese Veranstalter haben § 112 Abs. 4 und 5 und § 114 sowie die einschlägigen gesundheits-, lebensmittel-, wasser- und abfallrechtlichen Vorschriften einzuhalten.

(2) Die Ausnahme der Land- und Forstwirtschaft von den Bestimmungen dieses Bundesgesetzes (Abs. 1 Z 1) gilt nicht für die Bestimmungen des § 53 Abs. 5 und § 367 Z 19.

(3) Zur Land- und Forstwirtschaft im Sinne dieses Bundesgesetzes (Abs. 1 Z 1) gehören

1. die Hervorbringung und Gewinnung pflanzlicher Erzeugnisse mit Hilfe der Naturkräfte, einschließlich des Wein- und Obstbaues, des Gartenbaues und der Baumschulen; hinsichtlich des Weinbaues ferner der Zukauf von höchstens 1 500 l aus dem EWR stammenden Wein oder 2 000 kg aus dem EWR stammenden Trauben pro Hektar bewirtschafteter Betriebsfläche und Kalenderjahr; im Bundesland Steiermark der Zukauf von höchstens 3 000 kg Trauben pro Hektar bewirtschafteter Betriebsfläche und Kalenderjahr, die insgesamt aus demselben Weinbaugebiet (§ 25 Abs. 3 des Weingesetzes 1985) stammen, in dem der Betrieb gelegen ist; hinsichtlich aller Betriebszweige mit Ausnahme des Weinbaues ferner der Zukauf von aus dem EWR stammenden Erzeugnissen des jeweiligen Betriebszweiges, wenn deren Einkaufswert nicht mehr als 25 vH des Verkaufswertes aller Erzeugnisse des jeweiligen Betriebszweiges beträgt;

hinsichtlich aller Betriebszweige ferner der Zukauf von aus dem EWR stammenden Erzeugnissen des jeweiligen Betriebszweiges im ernteausfallsbedingten Umfang;

2. das Halten von Nutztieren zur Zucht, Mästung oder Gewinnung tierischer Erzeugnisse;
3. Jagd und Fischerei,
4. das Einstellen von höchstens 25 Einstellpferden, sofern höchstens 2 Einstellpferde pro ha landwirtschaftlich genutzter Fläche gehalten werden und diese Flächen sich in der Region befinden.

GewO

(3a) Der Bundesminister für Wirtschaft und Arbeit hat im Einvernehmen mit dem Bundesminister für Land- und Forstwirtschaft, Umwelt und Wasserwirtschaft, dem Bundesminister für soziale Sicherheit und Generationen und dem Bundesminister für Finanzen durch Verordnung festzulegen, welche von Land- und Forstwirten hergestellten Produkte der land- und forstwirtschaftlichen Urproduktion zugehörig sind. Dabei ist vom alten Herkommen, der langjährigen Übung, der Abnehmererwartung hinsichtlich Angebotsform und -zustand des Produktes, der sich wandelnden Auffassung über eine Vermarktungsfähigkeit und den Erfordernissen einer Sicherung der Nahversorgung im ländlichen Raum auszugehen.

(4) Unter Nebengewerbe der Land- und Forstwirtschaft im Sinne dieses Bundesgesetzes (Abs. 1 Z 2) sind zu verstehen:

1. die Verarbeitung und Bearbeitung überwiegend des eigenen Naturproduktes unter der Voraussetzung, daß der Charakter des jeweiligen Betriebes als land- und forstwirtschaftlicher Betrieb gewahrt bleibt; die Be- und Verarbeitung kann auch durch einen befugten Gewerbetreibenden im Lohnverfahren erfolgen; der Wert der allenfalls mitverarbeiteten Erzeugnisse muß gegenüber dem Wert des bearbeiteten oder verarbeiteten Naturproduktes untergeordnet sein;
2. das Verarbeiten von Wein zu Sekt (Obstschaumwein), wenn dies durch einen gewerblich befugten Schaumweinerzeuger im Lohnverfahren erfolgt;
3. der Abbau der eigenen Bodensubstanz;

4. Dienstleistungen, ausgenommen Fuhrwerksdienste (Z 5 und 6), mit land- und forstwirtschaftlichen Betriebsmitteln, die im eigenen Betrieb verwendet werden, für andere land- und forstwirtschaftliche Betriebe in demselben oder einem angrenzenden Verwaltungsbezirk; mit Mähdreschern vorgenommene Dienstleistungen nur für landwirtschaftliche Betriebe in demselben Verwaltungsbezirk oder in einer an diesen Verwaltungsbezirk angrenzenden Ortsgemeinde; Dienstleistungen
a) zur Kulturpflege im ländlichen Raum (Mähen von Straßenrändern und -böschungen sowie von öffentlichen Grünflächen, Pflege von Biotopen, Kulturpflege der Rasenflächen von Sportanlagen, Stutzen von Hecken im Zusammenhang mit den vorstehend angeführten Tätigkeiten, Abtransport des bei diesen Tätigkeiten anfallenden Mähgutes usw.),
b) zur Verwertung von organischen Abfällen (Sammeln und Kompostieren von fremden, kompostierbaren Abfällen mit den in der Land- und Forstwirtschaft üblichen Methoden),
c) für den Winterdienst (Schneeräumung, einschließlich Schneetransport und Streuen von Verkehrsflächen, die hauptsächlich der Erschließung land- und forstwirtschaftlich genutzter Grundflächen dienen);
5. Fuhrwerksdienste mit hauptsächlich im eigenen land- und forstwirtschaftlichen Betrieb verwendeten selbstfahrenden Arbeitsmaschinen, Zugmaschinen, Motorkarren und Transportkarren, die ihrer Leistungsfähigkeit nach den Bedürfnissen des eigenen land- und forstwirtschaftlichen Betriebes entsprechen, für andere land- und forstwirtschaftliche Betriebe in demselben Verwaltungsbezirk oder in einer an diesen Verwaltungsbezirk angrenzenden Ortsgemeinde zur Beförderung von land- und forstwirtschaftlichen Erzeugnissen, von Gütern zur Bewirtschaftung land- und forstwirtschaftlich genutzter Grundstücke oder von Gütern, die der Tierhaltung dienen, zwischen Wirtschaftshöfen und Betriebsgrundstücken oder zwischen diesen und der nächstgelegenen Abgabe-, Übernahme-, Verarbeitungs- oder Verladestelle;
6. Fuhrwerksdienste mit anderen als Kraftfahrzeugen sowie das Vermieten und Einstellen von Reittieren; wird die landwirtschaftliche Einstellpferdehaltung gemäß Abs. 3 Z 4 als Urproduktion und nicht als Nebengewerbe ausgeübt, ist lediglich das Einstellen von anderen Reittieren als Einstellpferden im Nebengewerbe möglich.
7. das Vermieten von land- und forstwirtschaftlichen Betriebsmitteln, die im eigenen land- und forstwirtschaftlichen Betrieb verwendet werden, an andere land- und forstwirtschaftliche Betriebe in demselben oder in einem angrenzenden Verwaltungsbezirk für andere als Beförderungszwecke;
8. das Vermieten von land- und forstwirtschaftlichen Betriebsmitteln, die im eigenen land- und forstwirtschaftlichen Betrieb verwendet werden, an andere land- und forstwirtschaftliche Betriebe in demselben Verwaltungsbezirk oder in einer an diesen Verwaltungsbezirk angrenzenden Ortsgemeinde für Beförderungszwecke im Umfang der Z 5,
9. der Betrieb von Anlagen zur Erzeugung und Lieferung von Wärme aus Biomasse mit einer Brennstoffwärmeleistung bis einschließlich vier MW durch natürliche Personen, Gesellschaften bürgerlichen Rechts oder land- und forstwirtschaftlichen Erwerbs- und Wirtschaftsgenossenschaften, wenn in dem betreffenden Gebiet im Zeitpunkt des Einlangens des Ansuchens gemäß § 353 bei der Behörde keine leitungsgebundenen Energieträger, ausgenommen elektrische Energie, vorhanden sind. Der Landeshauptmann kann für bestimmte örtlich begrenzte Gebiete, in denen leitungsgebundene Energieträger vorhanden sind, durch Verordnung festlegen, dass solche Anlagen diesem Bundesgesetz nicht unterliegen, wenn dies im Interesse einer ökologisch sinnvollen Nutzung von Energie und im Interesse der Verbesserung der Energieversorgung der in dem betreffenden Gebiet ansässigen Bevölkerung liegt,
10. die Verabreichung und das Ausschenken selbsterzeugter Produkte sowie von ortsüblichen, in Flaschen abgefüllten Getränken im Rahmen der Almbewirtschaftung.

(5) Werden für ein land- und forstwirtschaftliches Nebengewerbe Anlagen eingesetzt, die weder für den Betrieb der Land- und Forstwirtschaft im Sinne des Abs. 1 Z 1 noch für den Betrieb von Nebengewerben, die bis zum Inkrafttreten des Bundesgesetzes BGBl. I Nr. 63/1997 als land- und forstwirtschaftliches Nebengewerbe anerkannt sind, verwendet werden, gelten für diese Anlagen die Bestimmungen über die Betriebsanlagen und die zusammenhängenden Bestimmungen dieses Bundesgesetzes (§§ 74 bis § 84p, 333 bis 338, 353 bis 360, 362, 366 bis 369 und 371 bis 373); dies aber nur unter der Voraussetzung, daß der Kapitaleinsatz zur Bearbeitung und Verarbeitung im Vergleich zum Kapitaleinsatz, der im Rahmen der Land- und Forstwirtschaft (Abs. 1 Z 1) erfolgt, unverhältnismäßig hoch ist oder wenn fremde Arbeitskräfte überwiegend für die Be- und Verarbeitung der Naturprodukte beschäftigt werden.

(Anm.: Abs. 6 aufgehoben durch BGBl. Nr. 691/1995)

(7) Wird eine der im Abs. 1 Z 4 lit. a bis c angeführten Tätigkeiten gemeinsam mit einer den Bestimmungen dieses Bundesgesetzes unterworfe-

nen Tätigkeit ausgeübt, so unterliegt die land- und forstwirtschaftliche Erwerbs- und Wirtschaftsgenossenschaft auch hinsichtlich der Tätigkeiten gemäß Abs. 1 Z 4 lit. a bis d den Bestimmungen dieses Bundesgesetzes.

(8) Die Ausnahme von Tätigkeiten land- und forstwirtschaftlicher Erwerbs- und Wirtschaftsgenossenschaften von den Bestimmungen dieses Bundesgesetzes (Abs. 1 Z 4) gilt nicht für die Bestimmungen über das Feilbieten im Umherziehen, die Bestimmungen über das Sammeln und die Entgegennahme von Bestellungen, die Schutzbestimmungen und die Bestimmungen über die Betriebsanlagen (§§ 53 bis 62, §§ 69 bis 84h, 333 bis 338, 353 bis 360, 362, 366 bis 369 und 371 bis 373).

(9) Unter Buschenschank im Sinne dieses Bundesgesetzes (Abs. 1 Z 5) ist der buschenschankmäßige Ausschank von Wein und Obstwein, von Trauben- und Obstmost und von Trauben- und Obstsaft sowie von selbstgebrannten geistigen Getränken durch Besitzer von Wein- und Obstgärten, soweit es sich um deren eigene Erzeugnisse handelt, zu verstehen; im Rahmen des Buschenschankes ist auch die Verabreichung von kalten Speisen und der Ausschank von Mineralwasser und kohlensäurehältigen Getränken zulässig, jedoch nur unter der Voraussetzung, daß diese Tätigkeiten dem Herkommen im betreffenden Bundesland in Buschenschenken entsprechen. Die Verabreichung von warmen Speisen auf Grund dieser Ausnahmebestimmung ist nicht zulässig. Die Buschenschankbetreiber haben den § 114 einzuhalten.

(10) Inwieweit der Bergbau (Abs. 1 Z 6) vom Anwendungsbereich dieses Bundesgesetzes ausgenommen ist, ergibt sich aus den bergrechtlichen Vorschriften.

(11) Unter Ausübung der schönen Künste im Sinne dieses Bundesgesetzes (Abs. 1 Z 7) ist die eigenschöpferische Tätigkeit in einem Kunstzweig zu verstehen. Die Restaurierung von Kunstwerken ist dann Ausübung der schönen Künste, wenn für die Wiederherstellung eine nachgestaltende künstlerische Fähigkeit erforderlich ist.

(12) Auf die Anlagen der dem Bund zustehenden Monopole und Regalien sowie zur Erzeugung von Blatternimpfstoff (Abs. 1 Z 24) finden – sofern andere Rechtsvorschriften keine diesbezüglichen Bestimmungen enthalten – die Bestimmungen über die Betriebsanlagen und die damit zusammenhängenden Bestimmungen dieses Bundesgesetzes (§§ 74 bis 84h, 333 bis 338, 353 bis 360, 362, 366 bis 369 und 371 bis 373) Anwendung.

(13) Für in den Anwendungsbereich dieses Bundesgesetzes fallende Tätigkeiten, die ohne die erforderliche Gewerbeberechtigung ausgeübt werden, gelten die die Ausübung dieser Tätigkeit regelnden Vorschriften dieses Bundesgesetzes oder von auf Grund dieses Bundesgesetzes erlassenen Verordnungen sinngemäß. Normen der kollektiven Rechtsgestaltung, die für Arbeitsverhältnisse zu Arbeitgebern gelten, welche ihre Tätigkeiten auf Grund von Gewerbeberechtigungen ausüben, haben auch für Arbeitsverhältnisse zu jenen Arbeitgebern Geltung, welche diese Tätigkeiten ohne die erforderliche Gewerbeberechtigung ausüben. Dasselbe gilt auch für Arbeitsverhältnisse zu jenen Arbeitgebern, die diese Tätigkeiten auf Grund eines sonstigen Rechts gemäß § 32 Abs. 1a in einem eigenen Betrieb oder einer organisatorisch und fachlich abgegrenzten Betriebsabteilung (§ 9 Abs. 2 ArbVG) ausüben, sofern ansonsten für diese Arbeitsverhältnisse keine Norm der kollektiven Rechtsgestaltung gelten würde.

(14) Die Ausnahme der in Abs. 1 angeführten Tätigkeiten von diesem Bundesgesetz gilt nicht für Tätigkeiten, wodurch Waren (§ 69 Abs. 1) oder Maschinen, Geräte, Ausrüstungen oder deren Teile und Zubehör (§ 71), von denen wegen der Bauart oder Wirkungsweise Gefahren für das Leben oder die Gesundheit der Benützer herbeigeführt werden können und für die Verordnungen über das Inverkehrbringen und über grundlegende Sicherheitsanforderungen erlassen wurden, in Verkehr gebracht werden, auch wenn sie für den Eigengebrauch erzeugt, zusammengefügt oder eingeführt werden.

(15) Wird eine ausländische Reisegesellschaft von einem befugten Reisebetreuer (Reiseleiter) aus dem Ausland dauernd in der Weise begleitet, dass der Reisebetreuer (Reiseleiter) die Gruppe durchgehend vom ausländischen Ausgangspunkt der Reise bis zum ausländischen Endpunkt der Reise betreut, ist auf dessen Tätigkeit als Reisebetreuer dieses Bundesgesetz nicht anzuwenden.

(16) Auf Anlagen zur Erzeugung oder Verarbeitung von Schieß- und Sprengmitteln im Sinne des § 3 Abs. 1 Z 1 und Z 4 des Sprengmittelgesetzes 2010, BGBl. I Nr. 121/2009, zuletzt geändert durch das Bundesgesetz BGBl. I Nr. 161/2013, die die Kriterien der Z 4.6 der **Anlage 3** erfüllen oder auf Anlagen zur Erzeugung, Verarbeitung und bzw. oder Lagerung von Schieß- und Sprengmitteln, in denen gefährliche Stoffe in Mengen vorhanden sind, die den in **Anlage 5** Teil 1 Spalte 2 oder in **Anlage 5** Teil 2 Spalte 2 genannten Mengen entsprechen oder diese überschreiten, finden die Bestimmungen über die Betriebsanlagen und die damit zusammenhängenden Bestimmungen dieses Bundesgesetzes (§§ 74 bis 84p, 333 bis 338, 353 bis 360, 362, 366 und 371 bis 373) Anwendung. Auf diese Anlagen sind die Bestimmungen des Schieß- und Sprengmittelrechts unbeschadet des § 376 Z 48 nicht anzuwenden.

§ 3. (1) Auf die im § 31 des Patentgesetzes 1970, BGBl. Nr. 259, genannten Personen sind hinsichtlich der Ausübung der Erfindung folgende Vorschriften dieses Bundesgesetzes nicht anzuwenden:

1. die Vorschriften über die Gewerbeanmeldung sowie die Vorschriften über die für die Gewerbeausübung erforderliche Befähigung;
2. die Vorschriften des § 8 Abs. 1 bis 4, des § 9 Abs. 3 bis 5, der §§ 10 bis 14, des § 29, des § 30, des § 41 Abs. 1 Z 2 und 3, des § 43, des § 46, des § 48, des § 52 Abs. 1 hinsichtlich der Verpflichtung zur Anzeige, der §§ 85 bis 90, des § 91 Abs. 2 und des § 93.

(2) Andere als im Abs. 1 angeführte Vorschriften dieses Bundesgesetzes sind auf die im § 31 des Patentgesetzes 1970 genannten Personen sinngemäß anzuwenden.

(3) Wenn die in § 85 Z 2, § 87 Abs. 1 oder in § 91 Abs. 2 angeführten Voraussetzungen auf die im § 31 des Patentgesetzes 1970 genannten Personen zutreffen, so ist die Ausübung der Erfindung zu untersagen, und zwar auch dann, wenn diese Voraussetzungen schon vor der Anzeige der Ausübung der Erfindung eingetreten sind. § 87 Abs. 2 bis 6 sind sinngemäß anzuwenden.

(4) Wenn die Voraussetzungen gemäß § 26 oder § 27 sinngemäß zutreffen, so hat die Behörde die Nachsicht von der Untersagung der Ausübung zu erteilen.

§ 4. (1) Auf das Halten von Räumen und Flächen zum Abstellen von Kraftfahrzeugen ist dieses Bundesgesetz nur dann anzuwenden, wenn

1. es sich nicht um eine bloße Raumvermietung handelt, sondern auch Dienstleistungen übernommen werden; oder
2. Mehr als 50 Kraftfahrzeuge von hausfremden Personen abgestellt werden; Mieter oder Untermieter einer Wohnung oder eines Geschäftsraumes in dem Gebäude, in dem sich der Einstellraum befindet oder zu dem die Abstellfläche gehört, oder in einem dazugehörigen Gebäude gelten nicht als hausfremde Absteller; die Betriebsanlage eines Garagierungsbetriebes, welche nach In-Kraft-Treten der Gewerberechtsnovelle 1997, BGBl. I Nr. 63/1997, nicht den Bestimmungen der §§ 74 ff unterlag, weil nur Kraftfahrzeuge von höchstens 50 hausfremden Personen eingestellt wurden, gilt im Umfang einer zum 1. Juli 1997 vorhandenen Betriebsanlagengenehmigung oder im Umfang einer nach diesem Zeitpunkt auf Grund landesrechtlicher Vorschriften erteilten Bau- und Betriebsbewilligung als gemäß § 74 Abs. 2 genehmigte Betriebsanlage; oder
3. mit den Abstellern eine über die Haftung des Bestandgebers nach dem allgemeinen bürgerlichen Gesetzbuch hinausgehende Haftung vereinbart wird.

(2) Abs. 1 Z 2 gilt nicht für die Vermietung an Personen, die die vermieteten Räume oder Flächen selbst zum Halten von Räumen oder Flächen zum Abstellen von Kraftfahrzeugen benützen.

(3) Als Dienstleistungen im Sinne des Abs. 1 Z 1 sind nicht anzusehen:

1. das Öffnen und Schließen der Haustore, des Einstellraumes oder einer Abschrankung bei der Zu- und Ausfahrt;
2. das Beistellen von Wasser, Licht und zentraler Beheizung;
3. die bauliche Instandhaltung der Einstellräume oder Abstellflächen sowie der Abflußkanäle.

(4) Die Bestimmungen dieses Bundesgesetzes sind nicht anzuwenden, wenn Arbeitgeber Einstellräume oder Abstellflächen lediglich an ihre Arbeitnehmer vermieten oder lediglich deren Kraftfahrzeuge abstellen.

2. Einteilung der Gewerbe

§ 5. (1) Soweit dieses Bundesgesetz hinsichtlich einzelner Gewerbe nicht anderes bestimmt, dürfen Gewerbe bei Erfüllung der allgemeinen und der bei einzelnen Gewerben vorgeschriebenen besonderen Voraussetzungen auf Grund der Anmeldung des betreffenden Gewerbes (§ 339) ausgeübt werden.

(2) Freie Gewerbe sind Tätigkeiten im Sinne des § 1 Abs. 1, die nicht als reglementierte Gewerbe (§ 94) oder Teilgewerbe (§ 31) ausdrücklich angeführt sind. Unbeschadet allfälliger Ausübungsvorschriften ist für freie Gewerbe kein Befähigungsnachweis zu erbringen.

Verbundene Gewerbe

§ 6. Verbundene Gewerbe sind Gewerbe, die sich aus zwei oder mehreren Gewerben zusammensetzen und die im § 94 ausdrücklich als solche bezeichnet sind.

§ 7. (1) Ein Gewerbe wird in der Form eines Industriebetriebes ausgeübt, wenn für den Betrieb im wesentlichen nachfolgende Merkmale bestimmend sind:

1. hoher Einsatz von Anlage- und Betriebskapital;
2. Verwendung andersartiger als der dem Handwerk und den gebundenen Gewerben gemäßen Maschinen und technischen Einrichtungen oder Verwendung einer Vielzahl von Maschinen und technischen Einrichtungen gleichen Verwendungszweckes;
3. Einsatz von Maschinen und technischen Einrichtungen überwiegend in räumlich oder organisatorisch zusammenhängenden Betriebsstätten;
4. serienmäßige Erzeugung, typisierte Verrichtungen;
5. weitgehende Arbeitsteilung im Rahmen eines vorbestimmten Arbeitsablaufes;
6. größere Zahl von ständig beschäftigten Arbeitnehmern und Überwiegen der nur mit bestimmten regelmäßig wiederkehrenden Teilverrichtungen beschäftigten Arbeitskräfte oder automatisierte Betriebsweise;

7. organisatorische Trennung in eine technische und eine kaufmännische Führung, wobei sich die Mitarbeit des Gewerbetreibenden im wesentlichen auf leitende Tätigkeiten beschränkt.

(2) Die Merkmale nach Abs. 1 müssen nur insoweit vorliegen, als sie für die Gestaltung des Arbeitsablaufes bedeutsam sind; sie müssen auch nicht alle vorliegen, doch müssen sie gegenüber den für eine andere Betriebsform sprechenden Merkmalen überwiegen.

(3) Für die Ausübung in der Form eines Industriebetriebes sind Organisation und Einrichtung des Gesamtbetriebes maßgebend; es muß nicht jede Teilarbeit in der Form eines Industriebetriebes ausgeübt werden.

(4) Das Gewerbe muß nicht in jeder Betriebsstätte in der Form eines Industriebetriebes ausgeübt werden. Es muß sich aber um gewerbliche Tätigkeiten handeln, die mit dem industriellen Charakter des Gesamtbetriebes vereinbar sind.

(5) Für Gewerbe, die in Form eines Industriebetriebes ausgeübt werden, ist – ausgenommen die im Folgenden aufgezählten Gewerbe – kein Befähigungsnachweis erforderlich:

Baumeister;

Herstellung von Arzneimitteln und Giften;

Herstellung und Aufbereitung von Medizinprodukten, soweit diese Tätigkeiten nicht unter ein anderes reglementiertes Gewerbe fallen;

Steinmetzmeister einschließlich Kunststeinerzeuger und Terrazzomacher;

Waffengewerbe;

Holzbau-Meister.

(6) Die Abs. 1 bis 5 finden auf die Handelsgewerbe, Verkehrsgewerbe, Tourismusgewerbe, ferner auf Gewerbe, die überwiegend an die Einzelperson angepaßte Waren erzeugen, die persönliche oder überwiegend an die Einzelbedürfnisse angepaßte Dienstleistungen erbringen und schließlich auf Gewerbe, die Waren im Wege der Vergabe der Arbeiten an Unternehmer oder unselbständige Heimarbeiter herstellen, jedenfalls keine Anwendung.

3. Allgemeine Voraussetzungen für die Ausübung von Gewerben

§ 8. (1) Voraussetzung der Ausübung eines Gewerbes durch eine natürliche Person ist ihre Eigenberechtigung.

(2) Nicht eigenberechtigte Personen und eigenberechtigte Personen, die noch nicht das 24. Lebensjahr zurückgelegt haben, können trotz Nichterfüllung der persönlichen Voraussetzungen nach diesem Bundesgesetz ein Gewerbe anmelden, wenn auf Grund einer Rechtsnachfolge von Todes wegen oder einer Schenkung auf den Todesfall mehr als die Hälfte eines Gewerbebetriebes auf sie übergegangen ist und hinsichtlich dieses Gewerbebetriebes keine Fortbetriebsrechte gemäß § 41 Abs. 1 Z 2 und 3 bestehen; für die Ausübung des Gewerbes muß jedoch ein Geschäftsführer (§ 39) bestellt werden. Bei nicht eigenberechtigten Personen hat der gesetzliche Vertreter die erforderliche Gewerbeanmeldung zu erstatten sowie den Geschäftsführer zu bestellen.

(3) Geht die Eigenberechtigung verloren, so kann ein Gewerbe durch einen vom gesetzlichen Vertreter bestellten Geschäftsführer (§ 39) weiter ausgeübt werden.

(4) Hat eine eigenberechtigte Person das 24. Lebensjahr zurückgelegt oder erlangt eine Person, die das 24. Lebensjahr zurückgelegt hat, die Eigenberechtigung und hat sie bei der Anmeldung des Gewerbes den persönlichen Voraussetzungen nicht selbst entsprechen müssen, so darf das Gewerbe nur dann weiter ausgeübt werden, wenn sie nunmehr diesen Voraussetzungen genügt. Die persönliche Ausübung des Gewerbes ist der Behörde anzuzeigen (§ 345 Abs. 1).

(5) Alle personenbezogenen Bezeichnungen sind in der Form zu verwenden, die das Geschlecht des Trägers zum Ausdruck bringt.

§ 9. (1) Juristische Personen und eingetragene Personengesellschaften (offene Gesellschaften und Kommanditgesellschaften) können Gewerbe ausüben, müssen jedoch einen Geschäftsführer (§ 39) bestellt haben.

(2) Scheidet der Geschäftsführer aus, so darf das Gewerbe bis zur Bestellung eines neuen Geschäftsführers, längstens jedoch während sechs Monaten, weiter ausgeübt werden. Die Behörde hat diese Frist zu verkürzen, wenn mit der weiteren Ausübung des Gewerbes ohne Geschäftsführer eine besondere Gefahr für das Leben oder die Gesundheit von Menschen verbunden ist oder in den vorangegangenen zwei Jahren vor dem Ausscheiden des Geschäftsführers das Gewerbe insgesamt länger als sechs Monate ohne Geschäftsführer ausgeübt wurde.

(3) Sofern eingetragene Personengesellschaften ein Gewerbe, für das die Erbringung eines Befähigungsnachweises vorgeschrieben ist, ausüben wollen, muß ein persönlich haftender Gesellschafter, der nach dem Gesellschaftsvertrag zur Geschäftsführung und zur Vertretung der Gesellschaft berechtigt ist, oder ein mindestens zur Hälfte der wöchentlichen Normalarbeitszeit im Betrieb beschäftigter, nach den Bestimmungen des Sozialversicherungsrechtes voll versicherungspflichtiger Arbeitnehmer zum Geschäftsführer (§ 39) bestellt werden. Diese Bestimmung gilt nicht für die in § 7 Abs. 5 angeführten Gewerbe, die in der Form eines Industriebetriebes ausgeübt werden; weiters ist diese Bestimmung im Falle des Todes des Geschäftsführers (§ 39) nicht anzuwenden, wenn die Gesellschaft nach dem Tod dieses persönlich haftenden Gesellschafters das Gewerbe weiter ausübt, bis zur Beendigung der Verlassenschaftsabhandlung nach diesem Gesellschafter,

im Falle des vorherigen Ausscheidens der Verlassenschaft aus der Gesellschaft nur bis zum Zeitpunkt des Ausscheidens.

(4) Ist eine juristische Person persönlich haftende Gesellschafterin einer eingetragenen Personengesellschaft, so wird dem Abs. 3 auch entsprochen, wenn zum Geschäftsführer (§ 39) dieser Personengesellschaft eine natürliche Person bestellt wird, die dem zur gesetzlichen Vertretung berufenen Organ der betreffenden juristischen Person angehört, oder die ein mindestens zur Hälfte der wöchentlichen Normalarbeitszeit im Betrieb beschäftigter, nach den Bestimmungen des Sozialversicherungsrechtes voll versicherungspflichtiger Arbeitnehmer dieser juristischen Person ist.

(5) Ist eine eingetragene Personengesellschaft persönlich haftende Gesellschafterin einer anderen solchen Personengesellschaft, so wird dem Abs. 3 auch entsprochen, wenn zum Geschäftsführer (§ 39) eine natürliche Person bestellt wird, die ein persönlich haftender Gesellschafter der betreffenden Mitgliedsgesellschaft ist und die innerhalb dieser Mitgliedsgesellschaft die im Abs. 3 für den Geschäftsführer vorgeschriebene Stellung hat. Dieser Mitgliedsgesellschaft muß innerhalb der eingetragenen Personengesellschaft die im Abs. 3 für den Geschäftsführer vorgeschriebene Stellung zukommen.

(6) Ist eine juristische Person persönlich haftende Gesellschafterin einer eingetragenen Personengesellschaft und ist diese Personengesellschaft persönlich haftende Gesellschafterin einer anderen solchen Personengesellschaft, so wird dem Abs. 3 auch entsprochen, wenn zum Geschäftsführer (§ 39) der zuletzt genannten Personengesellschaft eine Person bestellt wird, die dem zur gesetzlichen Vertretung berufenen Organ der juristischen Person angehört, wenn weiters die juristische Person innerhalb der Mitgliedsgesellschaft die im Abs. 3 vorgeschriebene Stellung hat und wenn schließlich dieser Mitgliedsgesellschaft innerhalb ihrer Mitgliedsgesellschaft ebenfalls die im Abs. 3 vorgeschriebene Stellung zukommt.

§ 11. (1) Die Gewerbeberechtigung einer juristischen Person endigt, wenn die juristische Person untergeht.

(2) Die Gewerbeberechtigung einer eingetragenen Personengesellschaft endigt, wenn keine Liquidation stattfindet, mit der Auflösung der Gesellschaft, sonst im Zeitpunkt der Beendigung der Liquidation; die Gewerbeberechtigung einer eingetragenen Personengesellschaft endigt nicht, wenn die Gesellschaft fortgesetzt wird. Der Liquidator hat die Beendigung der Liquidation innerhalb von zwei Wochen der Bezirksverwaltungsbehörde anzuzeigen.

(3) Die Gewerbeberechtigung einer eingetragenen Personengesellschaft geht mit dem Ausscheiden des letzten Mitgesellschafters auf den verbleibenden Gesellschafter über, wenn dieser die Voraussetzungen für die Ausübung des betreffenden Gewerbes erfüllt. Abs. 5 und 6 gelten sinngemäß mit der Maßgabe, dass der verbleibende Gesellschafter den Übergang der Gewerbeberechtigung innerhalb von sechs Monaten nach dem Ausscheiden des letzten Mitgesellschafters der Behörde (§ 345 Abs. 1) anzuzeigen hat.

(4) Bei Umgründungen (Verschmelzungen, Umwandlungen, Einbringungen, Zusammenschlüssen, Realteilungen und Spaltungen) geht die ursprüngliche Berechtigung zur Gewerbeausübung auf den Nachfolgeunternehmer (Rechtsnachfolger) nach Maßgabe der in den Abs. 5 und 6 festgelegten Bestimmungen über. Zu den Umgründungen zählt auch die Einbringung von Unternehmen in eine zu diesem Zweck gegründete eingetragene Personengesellschaft. Die Bestimmungen des ersten Satzes sind auch in dem Fall anzuwenden, dass in Entsprechung des § 8 Abs. 3 UGB die Eintragung einer Gesellschaft bürgerlichen Rechts (§§ 1175ff ABGB) in das Firmenbuch als eingetragene Personengesellschaft erfolgt.

(5) Die Berechtigung zur weiteren Gewerbeausübung im Sinne des Abs. 4 entsteht mit dem Zeitpunkt der Eintragung der Umgründung im Firmenbuch, wenn der Nachfolgeunternehmer (Rechtsnachfolger) die Voraussetzungen für die Ausübung des betreffenden Gewerbes erfüllt. Der Nachfolgeunternehmer (Rechtsnachfolger) hat der Behörde (§ 345 Abs. 1) den Übergang unter Anschluß der entsprechenden Belege längstens innerhalb von sechs Monaten nach Eintragung im Firmenbuch anzuzeigen. Ist der Nachfolgeunternehmer (Rechtsnachfolger) eine eingetragene Personengesellschaft oder eine juristische Person, so ist § 9 Abs. 2 erster Satz sinngemäß anzuwenden.

(6) Die Berechtigung des Nachfolgeunternehmers (Rechtsnachfolgers) endigt nach Ablauf von sechs Monaten ab Eintragung der Umgründung im Firmenbuch, wenn er innerhalb dieser Frist den Rechtsübergang nicht angezeigt hat oder im Fall des Abs. 5 letzter Satz kein Geschäftsführer innerhalb dieser Frist bestellt wurde. Handelt es sich um ein im § 95 genanntes Gewerbe, so endigt die Gewerbeberechtigung dann nicht nach Ablauf von sechs Monaten, wenn die Genehmigung der Bestellung des Geschäftsführers innerhalb der Frist von sechs Monaten beantragt wurde, jedoch erst nach Ablauf dieser Frist erteilt wird.

§ 12. Die Umwandlung einer offenen Gesellschaft in eine Kommanditgesellschaft oder einer Kommanditgesellschaft in eine offene Gesellschaft berührt nicht die Gewerbeberechtigung.

§ 13. (1) Natürliche Personen sind von der Ausübung eines Gewerbes ausgeschlossen, wenn sie
1. von einem Gericht verurteilt worden sind

a) wegen betrügerischen Vorenthaltens von Sozialversicherungsbeiträgen und Zuschlägen nach dem Bauarbeiter-Urlaubs- und Abfertigungsgesetz (§ 153d StGB), organisierter Schwarzarbeit (§ 153e StGB), betrügerischer Krida, Schädigung fremder Gläubiger, Begünstigung eines Gläubigers oder grob fahrlässiger Beeinträchtigung von Gläubigerinteressen (§§ 156 bis 159 StGB) oder
b) wegen einer sonstigen strafbaren Handlung zu einer drei Monate übersteigenden Freiheitsstrafe oder zu einer Geldstrafe von mehr als 180 Tagessätzen und
2. die Verurteilung nicht getilgt ist.

Von der Ausübung eines Gastgewerbes sind natürliche Personen ausgeschlossen, wenn gegen sie eine nicht getilgte gerichtliche Verurteilung wegen Übertretung der §§ 28 bis 31a des Suchtmittelgesetzes, BGBl. I Nr. 112/1997, in der jeweils geltenden Fassung, vorliegt. Bei Geldstrafen, die nicht in Tagessätzen bemessen sind, ist die Ersatzfreiheitsstrafe maßgebend. Bei Verhängung einer Freiheitsstrafe und einer Geldstrafe sind Freiheitsstrafe und Ersatzfreiheitsstrafe zusammenzuzählen. Dabei ist ein Monat dreißig Tagen gleichzuhalten. Die Bestimmungen dieses Absatzes gelten auch, wenn mit den angeführten Ausschlussgründen vergleichbare Tatbestände im Ausland verwirklicht wurden.

(2) Wer wegen der Finanzvergehen des Schmuggels, der Hinterziehung von Eingangs- oder Ausgangsabgaben, der Abgabenhehlerei nach § 37 Abs. 1 lit. a des Finanzstrafgesetzes, BGBl. Nr. 129/1958, in der jeweils geltenden Fassung, der Hinterziehung von Monopoleinnahmen, des vorsätzlichen Eingriffes in ein staatliches Monopolrecht oder der Monopolhehlerei nach § 46 Abs. 1 lit. a des Finanzstrafgesetzes von einer Finanzstrafbehörde bestraft worden ist, ist von der Ausübung des Gewerbes ausgeschlossen, wenn über ihn wegen eines solchen Finanzvergehens eine Geldstrafe von mehr als 726 € oder neben einer Geldstrafe eine Freiheitsstrafe verhängt wurde und wenn seit der Bestrafung noch nicht fünf Jahre vergangen sind. Dies gilt auch, wenn mit den angeführten Ausschlußgründen vergleichbare Tatbestände im Ausland verwirklicht wurden.

(3) Rechtsträger sind von der Gewerbeausübung als Gewerbetreibende (§ 38 Abs. 2) ausgeschlossen, wenn
1. das Insolvenzverfahren mangels kostendeckenden Vermögens rechtskräftig nicht eröffnet oder aufgehoben wurde und
2. der Zeitraum, in dem in der Insolvenzdatei Einsicht in den genannten Insolvenzfall gewährt wird, noch nicht abgelaufen ist.

Dies gilt auch, wenn ein mit dem angeführten Ausschlussgrund vergleichbarer Tatbestand im Ausland verwirklicht wurde.

(4) Rechtsträger sind von der Begründung eines Gewerberechts, das Tätigkeiten der Versicherungsvermittlung oder der Kreditvermittlung beinhaltet, außer in den Fällen des Abs. 3 auch ausgeschlossen, wenn über ihr Vermögen das Insolvenzverfahren eröffnet wurde und der Zeitraum der Einsichtsgewährung in die Insolvenzdatei noch nicht abgelaufen ist. Dies gilt auch bei Verwirklichung eines vergleichbaren Tatbestandes im Ausland. Der Ausschlussgrund liegt nicht vor, wenn im Rahmen des Insolvenzverfahrens der Sanierungsplan vom Gericht bestätigt wurde und dieser erfüllt worden ist oder wenn im Rahmen des Insolvenzverfahrens das Gericht den Zahlungsplan des Schuldners bestätigt hat und der Zahlungsplan erfüllt worden ist oder nach Durchführung eines Abschöpfungsverfahrens die Restschuldbefreiung erteilt wurde und unwiderrufen geblieben ist.

(5) Eine natürliche Person ist von der Ausübung des Gewerbes als Gewerbetreibender ausgeschlossen, wenn ihr ein maßgebender Einfluss auf den Betrieb der Geschäfte eines anderen Rechtsträgers als einer natürlichen Person zusteht oder zugestanden ist, bei dem der Ausschluss von der Gewerbeausübung gemäß Abs. 3 eintritt oder eingetreten ist. Trifft auf den Rechtsträger ein Ausschlussgrund gemäß Abs. 4 zu, ist die natürliche Person nur von der Ausübung eines Gewerbes, das Tätigkeiten der Versicherungsvermittlung beinhaltet, ausgeschlossen. Abs. 1 letzter Satz gilt sinngemäß.

(6) Eine natürliche Person, die durch das Urteil eines Gerichtes eines Gewerbes verlustig erklärt wurde oder der eine Gewerbeberechtigung auf Grund des § 87 Abs. 1 Z 3 oder 4 entzogen worden ist, ist von der Ausübung eines Gewerbes ausgeschlossen, wenn durch die Ausübung dieses Gewerbes der Zweck der mit dem Gerichtsurteil ausgesprochenen Verlustigerklärung des Gewerbes oder der Entziehung auf Grund des § 87 Abs. 1 Z 3 oder 4 vereitelt werden könnte. Dies gilt auch für eine natürliche Person, die wegen Zutreffens der im § 87 Abs. 1 Z 3 oder 4 angeführten Entziehungsgründe Anlaß zu behördlichen Maßnahmen gemäß § 91 Abs. 1 oder 2 gegeben hat.

(7) Andere Rechtsträger als natürliche Personen sind von der Ausübung des Gewerbes ausgeschlossen, wenn eine natürliche Person, der ein maßgebender Einfluss auf den Betrieb der Geschäfte des betreffenden Rechtsträgers zusteht, gemäß Abs. 1 bis 3, 5 oder 6 von der Gewerbeausübung ausgeschlossen ist. Trifft auf die natürliche Person ein Ausschlussgrund gemäß Abs. 4 zu, ist der betreffende Rechtsträger nur von der Ausübung eines Gewerbes, das Tätigkeiten der Versicherungsvermittlung beinhaltet, ausgeschlossen. Abs. 1 letzter Satz gilt sinngemäß.

§ 14. (1) Ausländische natürliche Personen dürfen, sofern dieses Bundesgesetz nicht anderes bestimmt, Gewerbe wie Inländer ausüben, wenn dies in Staatsverträgen festgelegt worden ist. Angehörige von Staaten, mit denen kein derartiger Staatsvertrag abgeschlossen wurde, Personen, denen Asyl gewährt wird, oder Staatenlose dürfen, sofern dieses Bundesgesetz nicht anderes bestimmt, Gewerbe wie Inländer ausüben, wenn sie sich nach den für sie in Betracht kommenden Rechtsvorschriften zur Ausübung einer Erwerbstätigkeit bereits in Österreich aufhalten dürfen. Für Drittstaatsangehörige, die noch nicht rechtmäßig aufhältig sind (Erstantragsteller) und in Österreich ein Gewerbe ausüben wollen, ist die Erteilung eines Aufenthaltstitels, der die Ausübung einer selbstständigen Erwerbstätigkeit zulässt, zur rechtmäßigen Ausübung dieses Gewerbes erforderlich.

(2) Hat der Gewerbeanmelder vor der Erteilung des Aufenthaltstitels nach dem Niederlassungs- und Aufenthaltsgesetz die erforderliche Berechtigung nachzuweisen und sind die Voraussetzungen für die Ausübung des Gewerbes mit Ausnahme der in Abs. 1 genannten Voraussetzung erfüllt, so hat die Gewerbebehörde eine Bescheinigung auszustellen, dass die Voraussetzungen für die Gewerbeausübung mit Ausnahme des Aufenthaltstitels vorliegen.

(3) Familienangehörige von Staatsangehörigen eines Mitgliedstaates der EU oder eines Vertragsstaates des EWR, die das Recht auf Aufenthalt oder das Recht auf Daueraufenthalt in einem Mitgliedstaat der EU oder einem Vertragsstaat des EWR genießen, dürfen ungeachtet ihrer Staatsangehörigkeit Gewerbe wie Inländer ausüben. Als Familienangehörige sind anzusehen

1. der Ehegatte oder eingetragene Partner,
2. Verwandte in gerade absteigender Linie eines Staatsangehörigen eines Mitgliedstaates der EU oder eines Vertragsstaates des EWR und des Ehegatten oder des eingetragenen Partners, die das 21. Lebensjahr noch nicht vollendet haben oder denen von diesen Unterhalt gewährt wird, und
3. Verwandte in gerade aufsteigender Linie eines Staatsangehörigen eines Mitgliedstaates der EU oder eines Vertragsstaates des EWR und des Ehegatten oder des eingetragenen Partners, denen von diesen Unterhalt gewährt wird.

(4) Juristische Personen und sonstige ausländische Rechtsträger, die weder ihren Sitz noch eine Niederlassung im Inland haben, dürfen, soweit Staatsverträge nicht anderes vorsehen, Gewerbe nicht ausüben.

(5) Die Voraussetzungen für die Ausübung eines Gewerbes gemäß § 121 Abs. 1 Z 2 und 3, § 135 Abs. 3 Z 1 und 2 und § 151a Abs. 2 werden auch erfüllt, wenn

1. natürlichen Personen ein Aufenthaltstitel mit einem Recht auf Niederlassung gemäß § 45 oder § 49 Abs. 2 und 4 des Niederlassungs- und Aufenthaltsgesetzes (NAG), BGBl. I Nr. 100/2005, in der jeweils geltenden Fassung, erteilt wurde, oder
2. bei natürlichen Personen die Staatsangehörigkeit der Schweizerischen Eidgenossenschaft und ein Wohnsitz in der Schweizerischen Eidgenossenschaft oder in einem Vertragsstaat des EWR vorliegen, oder
3. bei juristischen Personen und eingetragenen Personengesellschaften der Sitz oder die Hauptniederlassung in der Schweizerischen Eidgenossenschaft oder in einem Vertragsstaat des EWR liegt und die Mitglieder der zur gesetzlichen Vertretung berufenen Organe oder die geschäftsführungs- und vertretungsbefugten Gesellschafter über die Staatsangehörigkeit der Schweizerischen Eidgenossenschaft oder eines Vertragsstaates des EWR verfügen.

§ 15. Eine gewerbliche Tätigkeit darf nicht ausgeübt werden, wenn Bestimmungen dieses Bundesgesetzes oder der hierauf gegründeten Verordnungen dieser Tätigkeit entgegenstehen; die etwa erforderliche Betriebsanlagengenehmigung muss aber im Zeitpunkt der Gewerbeanmeldung oder der Erlassung eines Bescheides gemäß § 340 Abs. 2 noch nicht vorliegen.

4. Besondere Voraussetzungen für die Ausübung von Gewerben
Befähigungsnachweis
Allgemeine Bestimmungen

§ 16. (1) Voraussetzung für die Ausübung von reglementierten Gewerben und von Teilgewerben ist ferner der Nachweis der Befähigung. Kann der Einschreiter diesen Nachweis nicht erbringen, so hat er einen Geschäftsführer (§ 39) zu bestellen. Dies gilt nicht für das Gewerbe der Rauchfangkehrer (§ 94 Z 55). § 9 Abs. 2 gilt in diesen Fällen mit der Maßgabe, dass die Bestellung des neues Geschäftsführers binnen einem Monat zu erfolgen hat.

(2) Unter Befähigungsnachweis ist der Nachweis zu verstehen, daß der Einschreiter die fachlichen einschließlich der kaufmännischen Kenntnisse, Fähigkeiten und Erfahrungen besitzt, um die dem betreffenden Gewerbe eigentümlichen Tätigkeiten selbständig ausführen zu können.

(3) Die Befähigung zum Ausbilden von Lehrlingen wird durch die erfolgreiche Ablegung der Ausbilderprüfung oder einer dieser gleichzuhaltenden Prüfung oder durch die erfolgreiche Absolvierung des Ausbilderkurses oder einer diesem gleichzuhaltenden Ausbildung (§§ 29a, 29g und 29h des Berufsausbildungsgesetzes) nachgewiesen.

(4) Ausländische Prüfungszeugnisse über die Befähigung für einen einem reglementierten Gewerbe entsprechenden Beruf sind den österreichischen Prüfungszeugnissen für ein reglementiertes

Gewerbe gleichgehalten, wenn dies in Staatsverträgen oder durch Verordnung des Bundesministers für Wirtschaft und Arbeit, mit der die Gleichwertigkeit festgestellt wurde, festgelegt worden ist. Hierüber ist über Antrag eine Bestätigung durch die Behörde auszustellen.

§ 17. (1) Wer bei der Anmeldung eines Gewerbes oder bei der Bestellung als Geschäftsführer (§ 39), Pächter (§ 40 in der Fassung vor dem In-Kraft-Treten der Novelle BGBl. I Nr. 111/2002) oder Filialgeschäftsführer (§ 47) die Befähigung nachgewiesen hat oder keinen Befähigungsnachweis zu erbringen hatte, darf auch ohne Nachweis der Befähigung ein gleiches Gewerbe persönlich ausüben oder als Geschäftsführer oder Filialgeschäftsführer in einem gleichen Gewerbe tätig sein, auch wenn die Bestimmungen über den Befähigungsnachweis geändert worden sind, falls nicht ausdrücklich anderes bestimmt worden ist.

(2) Bei jenen Gewerben, für die eine Vorschrift im Sinne des § 18 Abs. 4 gilt, ist die Befähigung auch dann nachzuweisen, wenn die Befähigung bereits früher anläßlich eines gewerberechtlich relevanten Vorganges im Sinne des Abs. 1 nachgewiesen worden ist. Das gilt nicht, wenn das betreffende Gewerbe innerhalb der letzten fünf Jahre mindestens drei Jahre als Gewerbeinhaber ausgeübt wurde oder wenn innerhalb der letzten fünf Jahre drei Jahre eine Tätigkeit im betreffenden Gewerbe als Geschäftsführer oder Filialgeschäftsführer erfolgte.

Befähigungsnachweis für reglementierte Gewerbe

§ 18. (1) Der Bundesminister für Wirtschaft und Arbeit hat für jedes reglementierte Gewerbe, hinsichtlich der im § 94 Z 14, 32, 33, 41 und 46 genannten Gewerbe und hinsichtlich des im § 94 Z 42 genannten Gewerbes, soweit es sich um die Tätigkeiten des Piercens und Tätowierens handelt, im Einvernehmen mit dem Bundesminister für soziale Sicherheit und Generationen, durch Verordnung festzulegen, durch welche Belege – für sich allein oder in entsprechender Verbindung untereinander – die Zugangsvoraussetzungen zum betreffenden Gewerbe, gegebenenfalls für dessen eingeschränkte Ausübung, im Hinblick auf die hiefür erforderliche fachliche Befähigung jedenfalls als erfüllt anzusehen sind. Dabei hat der Bundesminister für Wirtschaft und Arbeit zu berücksichtigen, dass bei reglementierten Gewerben, bei denen der Qualifikation auf Grund der Richtlinie 92/51/EWG über eine zweite allgemeine Regelung zur Anerkennung beruflicher Befähigungsnachweise in Ergänzung der Richtlinie 89/48/EWG oder der Richtlinie 89/48/EWG über eine allgemeine Regelung zur Anerkennung der Hochschuldiplome Diplomniveau zukommt, dieses Diplomniveau gewahrt bleibt.

(2) Als Belege im Sinne des Abs. 1 kommen in Betracht

1. Zeugnis über die erfolgreich abgelegte Meisterprüfung bei den im § 94 als Handwerke bezeichneten reglementierten Gewerben oder über eine sonstige Befähigungsprüfung;
2. Zeugnis über die erfolgreich abgelegte Unternehmerprüfung;
3. Zeugnis über den Abschluss einer Studienrichtung an einer Universität;
4. Zeugnis über den erfolgreichen Besuch eines Fachhochschul-Studienganges;
5. Zeugnis über den erfolgreichen Besuch einer Schule;
6. Zeugnis über den erfolgreichen Besuch eines Lehrganges;
7. Zeugnis über die erfolgreich abgelegte Lehrabschlussprüfung;
8. Zeugnis über eine fachliche Tätigkeit;
9. Zeugnis über eine Tätigkeit in leitender Stellung;
10. Zeugnis über eine Tätigkeit als Betriebsleiter;
11. Nachweise über eine Tätigkeit als Selbstständiger.

(3) Unter fachlicher Tätigkeit (Abs. 2 Z 8) ist eine Tätigkeit zu verstehen, die geeignet ist, die Erfahrungen und Kenntnisse zu vermitteln, die zur selbstständigen Ausübung des betreffenden Gewerbes erforderlich sind. Unter Tätigkeit in leitender Stellung (Abs. 2 Z 9) ist eine Tätigkeit zu verstehen, die überwiegend mit fachspezifischen Aufgaben und mit der Verantwortung für mindestens eine Abteilung des Unternehmens verbunden ist. Unter Tätigkeit als Betriebsleiter (Abs. 2 Z 10) ist eine Tätigkeit zu verstehen, die in einer der folgenden Funktionen ausgeübt wurde

1. als Leiter des Unternehmens oder einer Zweigniederlassung oder
2. als Stellvertreter des Unternehmers oder des Leiters des Unternehmens, wenn mit dieser Stellung eine Verantwortung verbunden ist, die der des vertretenen Unternehmers oder Leiters entspricht oder
3. in leitender Stellung je nach der Eigenart des betreffenden Gewerbes mit kaufmännischen oder mit kaufmännischen und technischen Aufgaben und mit der Verantwortung für mindestens eine Abteilung des Unternehmens.

(4) Wenn es Gründe der Abwehr von besonderen Gefahren für das Leben oder die Gesundheit von Menschen erfordern, hat der Bundesminister für Wirtschaft und Arbeit durch Verordnung festzulegen, dass Zeugnisse im Sinne des Abs. 2 für ein Gewerbe nicht mehr zu berücksichtigen sind, wenn der Inhaber des Zeugnisses seit der Prüfung, dem Abschluss der Ausbildung oder seit der fachlichen Tätigkeit, die durch das betreffende Zeugnis bescheinigt wird, zehn Jahre nicht mehr die den Gegenstand des betreffenden Gewerbes bildenden Tätigkeiten ausgeübt hat.

(5) Bei Schulen, bei denen eine Abschlussprüfung vorgesehen ist, ist der erfolgreiche Besuch (Abschluss) durch das Abschlussprüfungszeugnis (Reifeprüfungszeugnis), bei Schulen, bei denen keine Abschlussprüfung vorgesehen ist, durch das Abschlusszeugnis (Jahreszeugnis) nachzuweisen. Als Abschluss eines Studiums gilt der Abschluss eines Diplom-, Bachelor-, Master- oder Doktoratsstudiums. Als Abschluss eines Fachhochschul-Studienganges gilt der Abschluss eines Fachhochschul-Bachelorstudienganges, eines Fachhochschul-Masterstudienganges oder eines Fachhochschul-Diplomstudienganges.

(Anm.: Abs. 6 aufgehoben durch BGBl. I Nr. 85/2012)

(7) Der Befähigungsnachweis für das Gewerbe der Gärtner (§ 94 Z 24) kann auch durch das Zeugnis über die erfolgreich abgelegte Gärtnermeisterprüfung gemäß den Vorschriften über die land- und forstwirtschaftliche Berufsausbildung erbracht werden.

Individueller Befähigungsnachweis

§ 19. Kann der nach § 18 Abs. 1 vorgeschriebene Befähigungsnachweis nicht erbracht werden, so hat die Behörde unter Bedachtnahme auf Vorschriften gemäß § 18 Abs. 4 das Vorliegen der individuellen Befähigung festzustellen, wenn durch die beigebrachten Beweismittel die für die jeweilige Gewerbeausübung erforderlichen Kenntnisse, Fähigkeiten und Erfahrungen nachgewiesen werden. Die Behörde hat das Vorliegen der individuellen Befähigung mit der Beschränkung auf Teiltätigkeiten des betreffenden Gewerbes auszusprechen, wenn die Befähigung nur in diesem Umfang vorliegt. § 373d Abs. 4 ist sinngemäß anzuwenden.

Meister- und Befähigungsprüfungen

§ 20. (1) Ziel von Meister- und Befähigungsprüfungen ist der Nachweis von Lernergebnissen, mit denen Kenntnisse, Fertigkeiten und Kompetenz nachgewiesen werden, die über dem Qualifikationsniveau beruflicher Erstausbildung liegen. Prüfungsordnungen für Meisterprüfungen müssen jedenfalls fortgeschrittene berufliche Kenntnisse unter Einsatz eines kritischen Verständnisses von Theorien und Grundsätzen und fortgeschrittene Fertigkeiten, die die Beherrschung des Faches sowie Innovationsfähigkeit erkennen lassen und zur Lösung komplexer und nicht vorhersehbarer Probleme in einem spezialisierten Arbeitsbereich nötig sind, und Kompetenz zur Leitung komplexer beruflicher Projekte, zur Übernahme von Entscheidungsverantwortung in nicht vorhersehbaren beruflichen Situationen sowie zur Übernahme von Verantwortung für die berufliche Entwicklung von Einzelpersonen und Gruppen abbilden. Meisterprüfungen und diesen Qualifikationsanforderungen entsprechende Befähigungsprüfungen sind hinsichtlich Inhalt und Umfang so zu gestalten, dass eine Bewertung zur Anerkennung nachgewiesener Lernergebnisse bei facheinschlägigen Studiengängen und Lehrgängen von Hochschulen gemäß § 2 Z 7 des NQR-Gesetzes, BGBl. I Nr. 14/2016, vorgenommen werden kann.

(2) Personen, die zu einer Meister- oder Befähigungsprüfung antreten, müssen eigenberechtigt sein.

Meisterprüfungen

§ 21. (1) Meisterprüfungen bilden einen Zugangsweg zum Handwerk. Sie müssen mindestens dem Qualifikationsniveau gemäß § 20 Abs. 1 entsprechen.

(2) Die Meisterprüfungen bestehen entsprechend der jeweiligen Prüfungsordnung (§ 24) aus den Modulen 1 bis 5.

1. Das Modul 1 ist eine projektorientierte fachliche praktische Prüfung und besteht aus einem Teil A und einem Teil B. Im Teil A hat der Prüfungskandidat die berufsnotwendigen Kenntnisse, Fertigkeiten und Kompetenz auf Lehrabschlussprüfungsniveau nachzuweisen. Im Teil B sind die für die Unternehmensführung erforderlichen fachlich-praktischen Kenntnisse, Fertigkeiten und Kompetenz nachzuweisen. Dazu zählen insbesondere Planung, Organisation und meisterliche Ausführung.
2. Das Modul 2 ist eine fachliche mündliche Prüfung und besteht aus einem Teil A und einem Teil B. Im Teil A hat der Prüfungskandidat anhand einer berufstypischen Aufgabenstellung seine Kenntnisse, Fertigkeiten und Kompetenz auf Lehrabschlussprüfungsniveau nachzuweisen. Im Teil B sind die Kenntnisse, Fertigkeiten und Kompetenz in Management, Qualitätsmanagement sowie allenfalls im Sicherheitsmanagement unter Beweis zu stellen.
3. Das Modul 3 ist eine mindestens fünfstündige fachtheoretische schriftliche Prüfung. Der Prüfungskandidat hat dabei die dem Qualifikationsniveau gemäß § 20 Abs. 1 entsprechenden fachlichen, planerischen, rechnerischen und kalkulatorischen Kenntnisse, Fertigkeiten und Kompetenz unter Beweis zu stellen.
4. Das Modul 4 besteht in der Ausbilderprüfung gemäß den §§ 29a ff des Berufsausbildungsgesetzes – BAG, BGBl. Nr. 142/1969, in der jeweils geltenden Fassung, oder in der Absolvierung des Ausbilderkurses gemäß § 29g BAG.
5. Das Modul 5 ist die Unternehmerprüfung.

Bestandene fachbezogene Lehrabschlussprüfungen ersetzen den Teil A des Moduls 1 und den Teil A des Moduls 2. Das Modul 5 entfällt, sofern der Prüfungswerber durch Zeugnisse eine ununterbrochene dreijährige Tätigkeit als Selbständiger oder in kaufmännisch leitender Stellung in einem Unternehmen nachweist.

(3) Personen, die die Meisterprüfung erfolgreich abgelegt haben, sind berechtigt, sich mit Bezug auf das die Meisterprüfung betreffende Handwerk als „Meister“ bzw. „Meisterin“ zu bezeichnen.

(4) Unternehmen dürfen bei der Namensführung und bei der Bezeichnung der Betriebsstätte die Worte „Meister“, „Meisterbetrieb“ oder sonstige auf die Meisterprüfung hinweisende Begriffe verwenden, wenn der Inhaber oder der gewerberechtliche Geschäftsführer die Meisterprüfung positiv absolviert hat. Weiters dürfen diese Unternehmen im geschäftlichen Verkehr ein den betreffenden Betrieb als „Meisterbetrieb“ kennzeichnendes Gütesiegel verwenden, das durch den Bundesminister für Wissenschaft, Forschung und Wirtschaft mit Verordnung festzulegen ist.

(5) Personen, die die Meisterprüfung erfolgreich abgelegt haben, sind berechtigt, die Bezeichnung „Meisterin“ bzw. „Meister“ vor ihrem Namen in Kurzform („Mst.“ bzw. auch „Mst.in“ oder „Mst.^{in}“) oder in vollem Wortlaut zu führen und deren Eintragung gleich einem akademischen Grad in amtlichen Urkunden zu verlangen.

Befähigungsprüfungen

§ 22. (1) Befähigungsprüfungen sind entsprechend der für die Meisterprüfungen vorgegebenen Struktur zu gestalten und müssen mindestens den Qualifikationsanforderungen gemäß § 20 Abs. 1 entsprechen.

(2) Abweichend von Abs. 1 können Prüfungsordnungen für Befähigungsprüfungen eine andere inhaltliche Struktur bzw. andere Qualifikationsanforderungen aufweisen, wenn dies im Hinblick auf die Qualifikationserfordernisse zur Berufsausübung sachlich gerechtfertigt ist. In den Prüfungsordnungen sollen die Beschreibungen der nachzuweisenden Lernergebnisse auf die Deskriptoren des Nationalen Qualifikationsrahmens gemäß dem Anhang 1 des NQR-Gesetzes, BGBl. I Nr. 14/2016, Bezug nehmen.

(3) Personen, die eine Befähigungsprüfung erfolgreich abgelegt haben, sind berechtigt, ihrer Berufsbezeichnung die Bezeichnung „staatlich geprüfter“ bzw. „staatlich geprüfte“ voranzustellen. Unternehmen, deren Inhaber oder deren gewerberechtlicher Geschäftsführer eine Befähigungsprüfung erfolgreich abgelegt haben, dürfen bei der Namensführung und bei der Bezeichnung der Betriebsstätte den Begriff „staatlich geprüft“, verwenden. Der Bundesminister für Wissenschaft, Forschung und Wirtschaft kann ein dem § 21 Abs. 4 entsprechendes Gütesiegel zur Verwendung durch Unternehmen, deren Inhaber oder gewerberechtliche Geschäftsführer eine Befähigungsprüfung absolviert haben, mit Verordnung festlegen.

Zusatzprüfungen

§ 23. Personen, die eine Meister- oder Befähigungsprüfung absolviert haben oder über einen positiven Bescheid über eine Anerkennung gemäß § 373c oder eine Gleichhaltung gemäß § 373d verfügen, können hinsichtlich einer fachlich nahestehenden Meister- oder Befähigungsprüfung eine Zusatzprüfung ablegen. In dieser sind die zur Erlangung einer fachlich nahestehenden Meister- oder Befähigungsprüfung charakteristischen Kenntnisse, Fertigkeiten und Kompetenz zu überprüfen.

Verfahren zur Erstellung, Erlassung und Kundmachung der Prüfungsordnungen

§ 24. (1) Die zuständige Fachorganisation der Wirtschaftskammer Österreich hat die in der jeweiligen Meister- oder Befähigungsprüfung bzw. in der jeweiligen Zusatzprüfung zu überprüfenden Lernergebnisse unter Berücksichtigung der für die Berufsausübung charakteristischen Kenntnisse, Fertigkeiten und Kompetenz durch Verordnung festzulegen (Prüfungsordnungen). Dabei sind auch allfällige Anrechnungen anderer fachbezogener Prüfungen oder Ausbildungen festzulegen. Sind mehrere Fachorganisationen zuständig, so erlässt die Wirtschaftskammer Österreich die Verordnung.

(2) Die Bundesarbeitskammer sowie im Bereich der beruflichen Bildung engagierte Institutionen sind vor Erlassung einer Prüfungsordnung zu hören. Der Bundesminister für Wissenschaft, Forschung und Wirtschaft hat eine unverbindliche zentrale Liste der zu befassenden Institutionen zu führen.

(3) Verordnungen gemäß Abs. 1 bedürfen vor ihrer Kundmachung der Zustimmung des Bundesministers für Wissenschaft, Forschung und Wirtschaft.

(4) Die Prüfungsordnungen sind durch den Bundesminister für Wissenschaft, Forschung und Wirtschaft im Rechtsinformationssystem des Bundes (RIS) kundzumachen.

Unternehmerprüfung

§ 25. (1) Bei der Unternehmerprüfung hat der Prüfungskandidat die für die selbständige Gewerbeausübung erforderlichen betriebswirtschaftlichen und rechtlichen Kenntnisse nachzuweisen.

(2) Die Unternehmerprüfung besteht aus einem schriftlichen und einem mündlichen Prüfungsteil. Der Bundesminister für Wissenschaft, Forschung und Wirtschaft hat durch Verordnung die Prüfungsordnung zu erlassen; hierbei ist festzulegen, welche nachzuweisenden Lernergebnisse Gegenstand der schriftlichen und der mündlichen Prüfung sind.

(3) Der Bundesminister für Wissenschaft, Forschung und Wirtschaft kann durch Verordnung Ausbildungen und Prüfungen, mit der für die

Führung eines Unternehmens erforderliche Lernergebnisse in vergleichbarem Umfang nachgewiesen werden, mit der Unternehmerprüfung gleichhalten. Die Gleichhaltung einer im Ausland erworbenen gleichwertigen Qualifikation erfolgt durch den Bundesminister für Wissenschaft, Forschung und Wirtschaft mit Bescheid.

(4) Personen, die zur Unternehmerprüfung antreten, müssen eigenberechtigt sein.

5. Nachsicht von den Voraussetzungen für die Ausübung von Gewerben

§ 26. (1) Die Behörde hat im Falle des Ausschlusses von der Gewerbeausübung gemäß § 13 Abs. 1 oder 2 die Nachsicht von diesem Ausschluß zu erteilen, wenn nach der Eigenart der strafbaren Handlung und nach der Persönlichkeit des Verurteilten die Begehung der gleichen oder einer ähnlichen Straftat bei Ausübung des Gewerbes nicht zu befürchten ist.

(2) Die Behörde hat im Falle des Ausschlusses von der Gewerbeausübung gemäß § 13 Abs. 3 oder 4 die Nachsicht von diesem Ausschluß zu erteilen, wenn auf Grund der nunmehrigen wirtschaftlichen Lage des Rechtsträgers erwartet werden kann, daß er den mit der Gewerbeausübung verbundenen Zahlungspflichten nachkommen wird.

(3) Die Behörde hat im Falle des Ausschlusses von der Gewerbeausübung gemäß § 13 Abs. 5 die Nachsicht von diesem Ausschluß zu erteilen, wenn auf Grund der Umstände, die zum Antrag auf Eröffnung des Insolvenzverfahrens geführt haben und nach der Persönlichkeit der natürlichen Person erwartet werden kann, daß sie den mit der Gewerbeausübung verbundenen Zahlungsverpflichtungen nachkommen wird.

(4) Die Nachsicht gemäß Abs. 1, 2 oder 3 ist nicht zu erteilen, wenn andere Ausschlußgründe gemäß § 13 vorliegen als jene, für die die Nachsicht erteilt werden soll.

§ 27. Die Behörde hat im Falle des Ausschlusses von der Gewerbeausübung gemäß § 13 Abs. 6 die Nachsicht von diesem Ausschluß zu erteilen, wenn sich natürliche Personen, in den Fällen von juristischen Personen und eingetragenen Personengesellschaften die im § 13 Abs. 7 genannten Personen, später durch längere Zeit einwandfrei verhalten haben.

§ 28a. entfällt.

6. Umfang der Gewerbeberechtigung

§ 29. Für den Umfang der Gewerbeberechtigung ist der Wortlaut der Gewerbeanmeldung (§ 339) oder des Bescheides gemäß § 340 Abs. 2 im Zusammenhalt mit den einschlägigen Rechtsvorschriften maßgebend. Im Zweifelsfalle sind die den einzelnen Gewerben eigentümlichen Arbeitsvorgänge, die verwendeten Roh- und Hilfsstoffe sowie Werkzeuge und Maschinen, die historische Entwicklung und die in den beteiligten gewerblichen Kreisen bestehenden Anschauungen und Vereinbarungen zur Beurteilung des Umfanges der Gewerbeberechtigung heranzuziehen.

Fachübergreifende Leistungen

§ 30. (1) Wurde der Befähigungsnachweis für ein Gewerbe, das zu einem verbundenen Gewerbe gehört, im vollen Umfang erbracht, so sind die Gewerbetreibenden, die zur Ausübung des betreffenden Gewerbes berechtigt sind, auch berechtigt, die Leistungen der anderen Gewerbe zu erbringen, aus denen sich das verbundene Gewerbe zusammensetzt.

(2) Die Berechtigung zu fachübergreifenden Leistungen gemäß Abs. 1 steht dem Gewerbetreibenden auch dann zu, wenn die Behörde das Vorliegen der individuellen Befähigung (§ 19) ohne Beschränkung auf Teiltätigkeiten des betreffenden Gewerbes ausgesprochen hat oder wenn ihm eine Anerkennung gemäß § 373c erteilt wurde oder eine Gleichhaltung gemäß § 373d vorliegt.

Einfache Tätigkeiten und Teilgewerbe mit vereinfachtem Zugang

§ 31. (1) Einfache Tätigkeiten von reglementierten Gewerben, deren fachgemäße Ausübung den sonst vorgeschriebenen Befähigungsnachweis nicht erfordern, sind den betreffenden Gewerben nicht vorbehalten. Als einfache Tätigkeiten gelten jedenfalls nicht die für ein Gewerbe typischen Kerntätigkeiten, welche die für die Gewerbeausübung erforderlichen Kenntnisse, Fähigkeiten und Erfahrungen voraussetzen.

(2) Teilgewerbe sind Tätigkeiten eines reglementierten Gewerbes, deren selbstständige Ausführung auch von Personen erwartet werden kann, die die Befähigung hiefür auf vereinfachte Art nachweisen. Die Befähigung für ein Teilgewerbe ist bei der Anmeldung durch Belege der folgenden Art nachzuweisen:

1. Zeugnis über die erfolgreich abgelegte Lehrabschlussprüfung,
2. Zeugnis über eine fachliche Tätigkeit,
3. Zeugnis über den erfolgreichen Besuch einer Schule,
4. Zeugnis über den erfolgreichen Besuch eines Lehrganges.

(3) Der Bundesminister für Wirtschaft und Arbeit hat unter Bedachtnahme auf die technologische Entwicklung, die standardisierten Verfahrensweisen und die arbeitsteilige Organisation im Bereich eines reglementierten Gewerbes durch Verordnung festzulegen, welche Tätigkeiten eines reglementierten Gewerbes Teilgewerbe sind und durch welche Belege im Sinne des Abs. 2 – allein oder in entsprechender Verbindung untereinander – die Befähigung für ein Teilgewerbe nachzuweisen ist.

(4) Ob und inwieweit durch ein Zeugnis einer ausländischen Schule oder eines ausländischen

Lehrganges die für die Ausübung eines Teilgewerbes erforderlichen fachlichen Fähigkeiten und Fertigkeiten erworben wurden, hat der Bundesminister für Wirtschaft und Arbeit im Einzelfall zu bestimmen.

Sonstige Rechte von Gewerbetreibenden

§ 32. (1) Gewerbetreibenden stehen auch folgende Rechte zu:

1. alle Vorarbeiten und Vollendungsarbeiten auf dem Gebiet anderer Gewerbe vorzunehmen, die dazu dienen, die Produkte, die sie erzeugen oder vertreiben, sowie Dienstleistungen, die sie erbringen, absatzfähig zu machen;
2. die ausschließlich für die Erbringung von Leistungen des eigenen Unternehmens bestimmten Maschinen, Werkzeuge und sonstigen Werksvorrichtungen anzufertigen;
3. ihre Betriebseinrichtungen, Maschinen, Werkzeuge, Betriebsmittel, sonstigen Betriebsbehelfe und Betriebsgebäude instand zu halten und instand zu setzen;
4. die Beistellung des zu verwendenden Materials, wenn Aufträge zur Herstellung von Waren erteilt werden;
5. die zum Verkauf der von ihnen erzeugten oder vertriebenen Waren dienenden Verpackungen und Umhüllungen (Säcke, Kartonagen, Tuben, Dosen, Kisten und ähnliche Gegenstände), Etiketten oder sonstigen handelsüblichen Hilfsmittel herzustellen und zu bedrucken;
6. das Aufstellen, die Montage, der Austausch schadhaft gewordener Bestandteile, die Nachfüllung von Behältern, das Anbringen von Zubehör und die regelmäßige Wartung der hergestellten, verkauften oder vermieteten Gegenstände;
7. das Sammeln und Behandeln von Abfällen; abfallrechtliche Regelungen bleiben hievon unberührt;
8. Arbeiten, die im zulässigen Umfang ihrer Gewerbeausübung liegen, zu planen;
9. Gesamtaufträge zu übernehmen, sofern ein wichtiger Teil des Auftrages ihrem Gewerbe zukommt, jedoch unter der Voraussetzung, dass sie die Arbeiten, für deren Ausführung sie keine Gewerbeberechtigung besitzen, durch befugte Gewerbetreibende ausführen lassen;
10. Waren zurückzunehmen, zu kaufen, zu verkaufen, zu vermieten und zu vermitteln, soweit diese Tätigkeiten nicht Gegenstand eines reglementierten Gewerbes sind;
11. einfache Tätigkeiten von reglementierten Gewerben, deren fachgemäße Ausübung den sonst vorgeschriebenen Befähigungsnachweis nicht erfordert, auszuüben;
12. Teilgewerbe (§ 31 Abs. 2 ff) und die in § 162 Abs. 1 genannten freien Gewerbe auszuüben, soweit diese in fachlichem Zusammenhang mit der hauptberuflich ausgeübten gewerblichen Tätigkeit stehen;
13. die Ausübung des nicht konzessionspflichtigen Werkverkehrs mit Gütern;
14. die Ausübung des nicht konzessionspflichtigen, nicht linienmäßigen Personenwerkverkehrs;
15. die unentgeltliche Ausschank von Getränken; hiefür darf jedoch nicht geworben werden und dürfen keine zusätzlichen Hilfskräfte noch ausschließlich diesem Ausschank dienende Räume verwendet werden.

(1a) Gewerbetreibenden steht auch das Erbringen von Leistungen anderer Gewerbe zu, wenn diese Leistungen die eigene Leistung wirtschaftlich sinnvoll ergänzen. Dabei dürfen die ergänzenden Leistungen insgesamt bis zu 30 vH des im Wirtschaftsjahr vom Gewerbetreibenden erzielten Gesamtumsatzes nicht übersteigen. Innerhalb dieser Grenze dürfen auch ergänzende Leistungen reglementierter Gewerbe erbracht werden, wenn sie im Fall von Zielschuldverhältnissen bis zur Abnahme durch den Auftraggeber oder im Fall von Dauerschuldverhältnissen bis zur Kündigung der ergänzten eigenen Leistungen beauftragt werden und sie außerdem bis zu 15 vH der gesamten Leistung ausmachen.

(2) Bei Ausübung der Rechte gemäß Abs. 1 und Abs. 1a müssen der wirtschaftliche Schwerpunkt und die Eigenart des Betriebes erhalten bleiben. Soweit dies aus Gründen der Sicherheit notwendig ist, haben sich die Gewerbetreibenden entsprechend ausgebildeter und erfahrener Fachkräfte zu bedienen.

(3) Bei Ausübung eines Teilgewerbes (Abs. 1 Z 12) haben die Gewerbetreibenden einen Arbeitnehmer, der den Befähigungsnachweis für das betreffende Teilgewerbe erbringt und der nach den Bestimmungen des Sozialversicherungsrechtes voll versicherungspflichtig ist, im Betrieb zu beschäftigen.

(4) Erzeugern von Webwaren, Strick- und Wirkwaren, Tapeten, Glaswaren, Gummi- und Plastikwaren, Kunstharzgegenständen sowie von Verpackungen und Umhüllungen, Etiketten, Briefumschlägen und sonstigen handelsüblichen Hilfsmitteln steht auch das Recht zum Bedrucken ihrer eigenen Erzeugnisse zu. Sie dürfen auch gleichartige zugekaufte Waren bedrucken, soweit der wirtschaftliche Schwerpunkt und die Eigenart des Betriebes erhalten bleiben.

(5) Das Sammeln und Behandeln von Abfällen, soweit es nicht durch Abs. 1 Z 7 gedeckt wird, ist – unabhängig davon, ob für die Ausübung dieser Tätigkeit gemäß dem AWG 2002 zusätzliche Voraussetzungen zu erfüllen sind – ein freies Gewerbe.

(6) Gewerbetreibenden sind, wenn die Versicherung eine Ergänzung der im Rahmen der Haupttätigkeit gelieferten Waren oder erbrachten Dienstleistungen darstellt, gemäß den Bestimmungen

der §§ 137 bis 138 und den sonstigen Bestimmungen betreffend Versicherungsvermittlung auch Tätigkeiten der Versicherungsvermittlung erlaubt. Die Ausübung dieses Rechts steht nur nach Erbringung der Nachweise und Registrierung gemäß den genannten Bestimmungen zu.

§ 33. (1) Die Prüfung und Überwachung von Anlagen, Einrichtungen und Gegenständen darf, sofern gesetzlich nicht anderes bestimmt ist, nur von den zur Herstellung der betreffenden Anlagen, Einrichtungen oder Gegenstände berechtigten Gewerbetreibenden und im Rahmen ihres Fachgebietes von zur Ausübung des Gewerbes eines Ingenieurbüros (§ 94 Z 69) berechtigten Gewerbetreibenden vorgenommen werden.

(2) Die im Abs. 1 angeführten Gewerbetreibenden sowie Unternehmensberater einschließlich der Unternehmensorganisatoren (§ 94 Z 74) sind auch zur Ausübung der Tätigkeit einer Sicherheitsfachkraft (§ 73 Abs. 1 Z 2 ASchG) berechtigt, wenn sie die erforderlichen Fachkenntnisse gemäß § 74 ASchG nachweisen. Dies gilt auch für sicherheitstechnische Zentren (§ 75 ASchG), auf die die Merkmale des § 1 zutreffen. Bei den zur Ausübung des Gewerbes eines Ingenieurbüros berechtigten Gewerbetreibenden ist die Tätigkeit als Sicherheitsfachkraft nicht auf das technische Fachgebiet beschränkt.

Dienstleistungen auf dem Gebiet des Postwesens

§ 34. Keiner besonderen gesetzlichen Ermächtigung bedarf es für die Erbringung von Dienstleistungen auf dem Gebiet des Postwesens mit Ausnahme des Geld- und Zahlungsverkehrs (§ 1 Abs. 1 BWG), wenn diese von Gewerbetreibenden erbracht werden.

7. Ausübung von Gewerben

Wesen der Rechte zur Ausübung von Gewerben

§ 38. (1) Das Recht, gewerbsmäßig Tätigkeiten auszuüben (Gewerbelizenz), und das Recht, ein Gewerbe auszuüben (Gewerbeberechtigung), sind persönliche Rechte, die nicht übertragen werden können; sie können durch Dritte nur insoweit ausgeübt werden, als in diesem Bundesgesetz bestimmt ist.

(2) Die Gewerbelizenz wird mit der Anmeldung eines Gewerbes durch einen Gewerbetreibenden, der zum Zeitpunkt dieser Anmeldung über keine Gewerbeberechtigung verfügt hat, begründet und umfasst sämtliche Gewerbe einschließlich der in diesem Bundesgesetz diesen Gewerben eingeräumten Nebenrechte, deren Ausübung dem Gewerbetreibenden nach Maßgabe des Abs. 3 zusteht.

(3) Die Gewerbelizenz wird durch die Anmeldung weiterer Gewerbe erweitert. Sofern die Gewerbelizenz um ein freies Gewerbe erweitert werden soll, ist das freie Gewerbe gemäß § 345 bei der Behörde anzuzeigen; für diese Anzeige gelten die Vorschriften des § 339 Abs. 2 und 3 sinngemäß.

(4) Die Gewerbelizenz wird eingeschränkt durch Beendigung von Gewerben gemäß § 85. Die Gewerbelizenz endet, wenn das letzte Gewerbe, das sie umfasst hat, endet.

(5) Als Gewerbetreibender im Sinne dieses Bundesgesetzes ist, sofern nicht ausdrücklich anderes bestimmt ist, der Gewerbeinhaber einschließlich des Fortbetriebsberechtigten zu verstehen.

a) Gewerberechtlicher Geschäftsführer

§ 39. (1) Der Gewerbeinhaber kann für die Ausübung seines Gewerbes einen Geschäftsführer bestellen, der dem Gewerbeinhaber gegenüber für die fachlich einwandfreie Ausübung des Gewerbes und der Behörde (§ 333) gegenüber für die Einhaltung der gewerberechtlichen Vorschriften verantwortlich ist. Der Gewerbeinhaber hat einen Geschäftsführer zu bestellen, wenn er den Befähigungsnachweis nicht erbringen kann oder wenn er keinen Wohnsitz im Inland hat. Für Gewerbeinhaber, die keinen Wohnsitz im Inland haben, entfällt die Verpflichtung, einen Geschäftsführer zu bestellen, wenn

1. die Zustellung der Verhängung und die Vollstreckung von Verwaltungsstrafen durch Übereinkommen sichergestellt sind, oder
2. es sich um Staatsangehörige eines Vertragsstaates des EWR handelt, die ihren Wohnsitz in einem Vertragsstaat des EWR haben, oder
3. es sich um Staatsangehörige der Schweizerischen Eidgenossenschaft handelt, die ihren Wohnsitz in der Schweiz oder in einem Vertragsstaat des EWR haben.

(2) Der Geschäftsführer muss den für die Ausübung des Gewerbes vorgeschriebenen persönlichen Voraussetzungen entsprechen und in der Lage sein, sich im Betrieb entsprechend zu betätigen, insbesondere dem Abs. 1 entsprechende, selbstverantwortliche Anordnungsbefugnis besitzen. Er muß der Erteilung der Anordnungsbefugnis und seiner Bestellung nachweislich zugestimmt haben. Handelt es sich um ein Gewerbe, für das die Erbringung eines Befähigungsnachweises vorgeschrieben ist, so muß der gemäß § 9 Abs. 1 zu bestellende Geschäftsführer einer juristischen Person außerdem

1. dem zur gesetzlichen Vertretung berufenen Organ der juristischen Person angehören oder
2. ein mindestens zur Hälfte der wöchentlichen Normalarbeitszeit im Betrieb beschäftigter, nach den Bestimmungen des Sozialversicherungsrechtes voll versicherungspflichtiger Arbeitnehmer sein.

Diese Bestimmung gilt nicht für die im § 7 Abs. 5 angeführten Gewerbe, die in der Form eines Industriebetriebes ausgeübt werden. Innerhalb eines Konzerns kann eine Bestellung zum Geschäftsführer auch für mehrere Konzernunternehmen erfolgen, wenn der Geschäftsführer Arbeitnehmer im Sinne des dritten Satzes zumindest bei einem der Konzernunternehmen ist. Der gemäß Abs. 1 für die Ausübung eines Gewerbes, für das die Erbringung eines Befähigungsnachweises vorgeschrieben ist, zu bestellende Geschäftsführer muß ein mindestens zur Hälfte der wöchentlichen Normalarbeitszeit im Betrieb beschäftigter, nach den Bestimmungen des Sozialversicherungsrechtes voll versicherungspflichtiger Arbeitnehmer sein. Die bis zum Zeitpunkt des Inkrafttretens des Bundesgesetzes BGBl. Nr. 29/1993 geltenden Bestimmungen des § 39 Abs. 2 gelten für Personen, die am 1. Juli 1993 als Geschäftsführer bestellt waren, bis zum Ablauf des 31. Dezember 1998 weiter.

(2a) Der Geschäftsführer muss seinen Wohnsitz im Inland haben. Dies gilt nicht, sofern

1. die Zustellung der Verhängung und die Vollstreckung von Verwaltungsstrafen durch Übereinkommen sichergestellt sind, oder
2. es sich um Staatsangehörige eines Vertragsstaates des EWR oder der Schweizerischen Eidgenossenschaft handelt, die ihren Wohnsitz in einem Vertragsstaat des EWR oder in der Schweiz haben, oder
3. es sich um Drittstaatsangehörige handelt, denen ein Aufenthaltstitel „Daueraufenthalt-EG“ oder „Daueraufenthalt-Familienangehöriger“ erteilt wurde und die ihren Wohnsitz in einem Vertragsstaat des EWR oder in der Schweiz haben.

(3) In den Fällen, in denen ein Geschäftsführer zu bestellen ist, muß der Gewerbeinhaber sich eines Geschäftsführers bedienen, der sich im Betrieb entsprechend betätigt.

(4) Der Gewerbeinhaber hat die Bestellung und das Ausscheiden des Geschäftsführers der Bezirksverwaltungsbehörde anzuzeigen (§ 345 Abs. 1). Die zuständige Behörde hat in jenen Fällen, in denen dieses Bundesgesetz die Bestellung eines Geschäftsführers vorschreibt und ein Arbeitnehmer als Geschäftsführer angezeigt oder genehmigt (§ 176) wird, die Bestellung oder das Ausscheiden mit Sozialversicherungs- und Dienstgeberkontonummer auf automationsunterstütztem Weg dem Dachverband der Sozialversicherungsträger zur Weiterleitung an den Versicherungsträger (§ 321 ASVG) anzuzeigen. Der Versicherungsträger hat das Ende der Pflichtversicherung eines ihm angezeigten und nicht ausgeschiedenen Geschäftsführers möglichst auf automationsunterstütztem Weg der Bezirksverwaltungsbehörde anzuzeigen.

(5) Der Gewerbeinhaber ist von seiner Verantwortung für die Einhaltung der gewerberechtlichen Vorschriften im Rahmen des § 370 nur befreit, wenn er die Bestellung eines dem Abs. 2 entsprechenden Geschäftsführers gemäß Abs. 4 angezeigt hat.

(Anm.: Abs. 6 aufgehoben durch BGBl. I Nr. 111/2002)

b) Fortbetriebsrechte

§ 41. (1) Das Recht, einen Gewerbebetrieb auf Grund der Gewerbeberechtigung einer anderen Person fortzuführen (Fortbetriebsrecht), steht zu:

1. der Verlassenschaft nach dem Gewerbeinhaber;
2. dem überlebenden Ehegatten oder eingetragenen Partner, in dessen rechtlichen Besitz der Gewerbebetrieb des Gewerbeinhabers auf Grund einer Rechtsnachfolge von Todes wegen oder einer Schenkung auf den Todesfall ganz oder teilweise übergeht;
3. unter den Voraussetzungen der Z 2 auch den Kindern und Wahlkindern sowie den Kindern der Wahlkinder des Gewerbeinhabers bis zur Vollendung des 24. Lebensjahres;
4. der Insolvenzmasse;
5. dem vom Gericht bestellten Zwangsverwalter oder Zwangspächter.

GewO

(2) Ein bereits auf Grund eines Fortbetriebsrechtes fortgeführter Gewerbebetrieb darf nur in den Fällen des Abs. 1 Z 1, 3, 4 oder 5 neuerlich fortgeführt werden.

(3) Die Bestimmungen des Abs. 1 und 2 gelten auch für Gewerbebetriebe, die vorübergehend stillgelegt sind.

(4) Wenn das Fortbetriebsrecht einer natürlichen Person zusteht, die das Vorliegen der für die Ausübung des betreffenden Gewerbes vorgeschriebenen persönlichen Voraussetzungen nicht nachweist oder der die etwa erforderliche Nachsicht (§ 26) nicht erteilt wurde, ist von dem oder den Fortbetriebsberechtigten, falls sie nicht eigenberechtigt sind, von ihrem gesetzlichen Vertreter, ohne unnötigen Aufschub ein Geschäftsführer (§ 39) zu bestellen. Können der oder die Fortbetriebsberechtigten den für die Ausübung des betreffenden Gewerbes allenfalls vorgeschriebenen Befähigungsnachweis nicht erbringen, so kann die Behörde (§ 346 Abs. 1) auf deren Antrag die Bestellung eines Geschäftsführers nachsehen, wenn mit der Ausübung des Gewerbes ohne Geschäftsführer keine Gefahren für das Leben oder die Gesundheit von Menschen verbunden sind.

(5) Steht das Fortbetriebsrecht der Verlassenschaft oder der Insolvenzmasse zu, tritt der Vertreter der Verlassenschaft oder der Insolvenzverwalter mit dem Einlangen der Anzeige des Fortbetriebes in die Funktion des Geschäftsführers ein. Er gilt nicht als Geschäftsführer, wenn mit der Ausübung des Gewerbes ohne Geschäftsführer Gefahren für das Leben oder die Gesundheit von

Menschen verbunden sind. In diesem Fall hat der Fortbetriebsberechtigte einen Geschäftsführer zu bestellen.

§ 42. (1) Das Fortbetriebsrecht der Verlassenschaft entsteht mit dem Ableben des Gewerbeinhabers. Der Vertreter der Verlassenschaft hat jedoch ohne unnötigen Aufschub der Bezirksverwaltungsbehörde den Fortbetrieb anzuzeigen (§ 345 Abs. 1).

(2) Das Fortbetriebsrecht der Verlassenschaft endet:

1. mit der Beendigung der Verlassenschaftsabhandlung durch Einantwortung;
2. mit dem Zeitpunkt der Übernahme des Gewerbebetriebes durch den Vermächtnisnehmer oder durch den auf den Todesfall Beschenkten;
3. mit der Verständigung der Erben und Noterben, daß eine Verlassenschaftsabhandlung von Amts wegen nicht eingeleitet wird;
4. mit der Überlassung des Nachlasses an Zahlungs Statt;
5. mit der Eröffnung des Insolvenzverfahrens über die Verlassenschaft oder
6. mit dem Zeitpunkt, in dem der Gewerbebetrieb des Gewerbeinhabers auf Grund einer Verfügung des Verlassenschaftsgerichtes ganz oder teilweise in den rechtlichen Besitz eines Rechtsnachfolgers von Todes wegen übergeht.

§ 43. (1) Das Fortbetriebsrecht des überlebenden Ehegatten oder eingetragenen Partners und der Kinder, Wahlkinder sowie Kinder der Wahlkinder des Gewerbeinhabers entsteht mit dem Zeitpunkt, in dem das Fortbetriebsrecht der Verlassenschaft gemäß § 42 Abs. 2 endet. Der Fortbetrieb durch den Ehegatten oder eingetragenen Partner ist von diesem, der Fortbetrieb durch die Kinder, Wahlkinder und Kinder der Wahlkinder von ihrem gesetzlichen Vertreter, falls sie aber eigenberechtigt sind, von ihnen selbst ohne unnötigen Aufschub der Bezirksverwaltungsbehörde anzuzeigen (§ 345 Abs. 1).

(2) Hinterläßt der Gewerbeinhaber sowohl einen fortbetriebsberechtigten Ehegatten oder eingetragenen Partner als auch fortbetriebsberechtigte Kinder, Wahlkinder und Kinder der Wahlkinder, so steht ihnen das Fortbetriebsrecht gemeinsam zu.

(3) Der fortbetriebsberechtigte Ehegatte oder eingetragene Partner und die fortbetriebsberechtigten Kinder, Wahlkinder und Kinder der Wahlkinder können spätestens einen Monat nach der Entstehung ihres Fortbetriebsrechtes auf dieses mit der Wirkung verzichten, daß das Fortbetriebsrecht für ihre Person als überhaupt nicht entstanden gilt. Diese Verzichtserklärung, die bei der Bezirksverwaltungsbehörde zu erstatten ist, ist nach dem Zeitpunkt ihres Einlangens oder ihrer Abgabe bei dieser Behörde unwiderruflich. Ist der Fortbetriebsberechtigte nicht eigenberechtigt, so kann für ihn nur sein gesetzlicher Vertreter mit Zustimmung des Gerichtes rechtswirksam verzichten.

§ 44. Das Fortbetriebsrecht der Insolvenzmasse entsteht mit der Eröffnung des Insolvenzverfahrens über das Vermögen des Gewerbeinhabers. Der Insolvenzverwalter hat jedoch den Fortbetrieb ohne unnötigen Aufschub der Bezirksverwaltungsbehörde anzuzeigen (§ 345 Abs. 1). Er kann auch nach Maßgabe des § 43 Abs. 3 auf das Fortbetriebsrecht verzichten. Das Fortbetriebsrecht der Insolvenzmasse endet mit der Aufhebung des Insolvenzverfahrens.

§ 45. Das Fortbetriebsrecht des Zwangsverwalters entsteht mit der Bestellung durch das Gericht, das Fortbetriebsrecht des Zwangspächters mit dem Beginn des Pachverhältnisses *(Anm.: richtig: Pachtverhältnisses)*. Das Gericht hat den Zwangsverwalter oder den Zwangspächter der Bezirksverwaltungsbehörde bekanntzugeben. Das Fortbetriebsrecht des Zwangsverwalters endet mit der Einstellung der Zwangsverwaltung, das Fortbetriebsrecht des Zwangspächters mit der Beendigung des Pachtverhältnisses.

c) Weitere Betriebsstätten, Verlegung des Betriebes

§ 46. (1) Soweit in diesem Bundesgesetz nicht anderes bestimmt ist, berechtigt die Gewerbeberechtigung zur Ausübung des Gewerbes in weiteren Betriebsstätten entsprechend den Anzeigen gemäß Abs. 2.

(2) Der Gewerbeinhaber hat folgende Vorgänge der Behörde anzuzeigen:

1. den Beginn und die Einstellung der Ausübung des Gewerbes in einer weiteren Betriebsstätte,
2. die Verlegung des Betriebes eines Gewerbes in einen anderen Standort und
3. die Verlegung des Betriebes einer weiteren Betriebsstätte in einen anderen Standort.

Die Anzeige ist so rechtzeitig zu erstatten, dass sie spätestens am Tag der Aufnahme oder Einstellung der Gewerbeausübung in der weiteren Betriebsstätte oder in den Fällen der Z 2 und 3 mit dem Tag der Aufnahme der Gewerbeausübung im neuen Standort bei der Behörde einlangt.

(3) Die Anzeigepflicht gilt nicht für:

1. die Ausübung des Gewerbes auf Messen und messeähnlichen Veranstaltungen im Rahmen der für die Messe oder messeähnliche Veranstaltung geltenden Bestimmungen und
2. Räumlichkeiten, die nur der Aufbewahrung von Waren oder Betriebsmitteln dienen oder in denen in einem Standort des Gewerbes verkaufte Waren nur ausgefolgt werden.

(4) Die Behörde hat folgende Bezirksverwaltungsbehörden zu verständigen:

1. von den Anzeigen gemäß Abs. 2 Z 1 die für den Standort der Gewerbeberechtigung zuständige Bezirksverwaltungsbehörde,

2. von den Anzeigen gemäß Abs. 2 Z 2 die für den letzten Standort zuständige Bezirksverwaltungsbehörde und
3. von den Anzeigen gemäß Abs. 2 Z 3 die für den letzten Standort der weiteren Betriebsstätte und die für den Standort der Gewerbeberechtigung zuständige Bezirksverwaltungsbehörde.

§ 47. (1) Der Gewerbetreibende kann für die Ausübung des Gewerbes in einer weiteren Betriebsstätte eine Person bestellen, die der Behörde gegenüber für die Einhaltung der gewerberechtlichen Vorschriften in der weiteren Betriebsstätte verantwortlich ist (Filialgeschäftsführer).

(2) Der Filialgeschäftsführer muß den für die Ausübung des Gewerbes vorgeschriebenen persönlichen Voraussetzungen entsprechen, seinen Wohnsitz im Inland haben und in der Lage sein, sich in der weiteren Betriebsstätte entsprechend zu betätigen, insbesondere dem Abs. 1 entsprechende, selbstverantwortliche Anordnungsbefugnis besitzen. Er muß der Erteilung der Anordnungsbefugnis und seiner Bestellung nachweislich zugestimmt haben. § 39 Abs. 2a zweiter Satz gilt sinngemäß.

(3) Der Gewerbetreibende hat die Bestellung und das Ausscheiden eines Filialgeschäftsführers für die Ausübung eines Gewerbes in einer weiteren Betriebsstätte der Behörde (§ 345 Abs. 2) anzuzeigen. Die Behörde hat die Bezirksverwaltungsbehörde des Standortes von der Bestellung und dem Ausscheiden des Filialgeschäftsführers zu verständigen.

(4) Der Gewerbetreibende ist von seiner Verantwortung für die Einhaltung der gewerberechtlichen Vorschriften in der Betriebsstätte, für die der Filialgeschäftsführer bestellt ist, im Rahmen des § 370 befreit, wenn er die Bestellung eines dem Abs. 2 entsprechenden Filialgeschäftsführers gemäß Abs. 3 angezeigt hat.

§ 48. Das Recht zur Ausübung eines der im § 94 Z 18, 55, 65 und 80 genannten Gewerbe in einer weiteren Betriebsstätte erlischt mit dem Einlangen der Anzeige des Gewerbeinhabers über die Einstellung der Gewerbeausübung in der weiteren Betriebsstätte bei der Behörde.

d) Gewerbliche Tätigkeiten außerhalb von Betriebsstätten

§ 50. (1) Gewerbetreibende dürfen insbesondere, soweit gesetzlich nicht anderes bestimmt ist, im Rahmen ihres Gewerbes

1. Waren, Roh- und Hilfsstoffe und Betriebsmittel überall einkaufen und einsammeln;
2. Waren auf Bestellung überallhin liefern;
3. bestellte Arbeiten überall verrichten;
4. Tätigkeiten des Gewerbes, die ihrer Natur nach nur außerhalb von Betriebsstätten vorgenommen werden können, überall verrichten;
5. nach Maßgabe der Bestimmungen der §§ 54 bis 62 Personen zum Zwecke des Sammelns von Bestellungen aufsuchen und Bestellungen entgegennehmen, in den Fällen des § 55 Abs. 2 zweiter Satz und Abs. 3 die dort bezeichneten Waren auch schon bei der Entgegennahme der Bestellung ausfolgen;
6. Waren für andere als Privatpersonen (§ 57 Abs. 1) in geschlossenen Räumlichkeiten ausstellen, verkaufen oder Bestellungen entgegennehmen, wenn nur mittels an bestimmte Personen gerichteter Einladungen zum Besuch der Ausstellung aufgefordert wird;
7. auf Märkten und marktähnlichen Veranstaltungen nach Maßgabe der §§ 286 ff. Waren verkaufen und Bestellungen entgegennehmen;
8. auf Messen und messeähnlichen Veranstaltungen im Rahmen der einschlägigen Bestimmungen Waren verkaufen, Bestellungen entgegennehmen und Kostproben verabreichen oder ausschenken;
9. unentgeltlich Kostproben in den zum Verkauf bestimmten Räumen eines anderen Gewerbetreibenden verabreichen oder ausschenken, sofern letzterer zum Verkauf der betreffenden Waren berechtigt ist;
10. bei Festen, sportlichen Veranstaltungen, Landesausstellungen oder sonstigen Anlässen, die mit größeren Ansammlungen von Menschen verbunden sind, den Kleinverkauf von Lebensmitteln, Nahrungsergänzungsmitteln und sonstigen Waren, die zu diesen Gelegenheiten üblicherweise angeboten werden, vorübergehend ausüben, jedoch nicht im Umherziehen von Ort zu Ort oder von Haus zu Haus;
11. vorübergehend aus Anlaß einzelner besonderer Gelegenheiten (Volksfeste, Wohltätigkeitsveranstaltungen, Ausstellungen, Märkte, Sportveranstaltungen, größere Baustellen u. dgl.) außerhalb der Betriebsräume und allfälligen sonstigen Betriebsflächen des Standortes ihres Gastgewerbes Speisen verabreichen und Getränke ausschenken.

(2) Der Versandhandel mit Giften, Arzneimitteln, Heilbehelfen (ausgenommen Kontaktlinsen), Waffen und Munition sowie pyrotechnischen Artikeln an Letztverbraucher ist unzulässig. Dieses Verbot gilt auch für den Absatz von aus eigener Erzeugung stammenden Waren oder von zugekauften Waren in der Art des Versandhandels an Letztverbraucher.

(3) Der Bundesminister für wirtschaftliche Angelegenheiten hat, wenn es Gründe der öffentlichen Sicherheit erfordern, im Einvernehmen mit dem Bundesminister für Inneres, wenn es Gründe der Volksgesundheit oder des Konsumentenschutzes erfordern, im Einvernehmen mit dem Bundesminister für Gesundheit, Sport und Konsumentenschutz, wenn es Gründe des Jugendschutzes erfordern, im Einvernehmen mit dem Bundesminister für Umwelt, Jugend und Familie, oder wenn

es – neben den Fällen des Abs. 2 – wegen der besonderen Gefahr einer Irreführung oder Benachteiligung der Bevölkerung erforderlich ist, mit Verordnung auch weitere Waren zu bezeichnen, hinsichtlich derer der Versandhandel an Letztverbraucher unzulässig ist. Ein solches Verbot gilt auch für den Absatz von aus eigener Erzeugung stammenden Waren oder von zugekauften Waren in der Art des Versandhandels an Letztverbraucher.

(4) Als Gifte im Sinne des Abs. 2 sowie der §§ 57 Abs. 1, 104 und 116 gelten Stoffe und Zubereitungen, die nach den Vorschriften des Chemikaliengesetzes 1996, BGBl. I Nr. 53/1997, als sehr giftig oder giftig einzustufen sind.

§ 51. (1) Ausländische natürliche Personen und sonstige ausländische Rechtsträger, die im Gebiet eines Mitgliedstaates des WTO-Abkommes, BGBl. Nr. 1/1995, eine Tätigkeit befugt ausüben, auf die die Bestimmungen dieses Bundesgesetzes anzuwenden wären, dürfen bestellte gewerbliche Tätigkeiten im Inland unter den gleichen Voraussetzungen, wie sie Inländer erfüllen müssen, ausführen, wenn

1. a) die betreffende natürliche Person die Staatsangehörigkeit eines Mitgliedstaates des WTO-Abkommens besitzt oder in einem WTO-Mitgliedstaat im Sinne des Artikels XXVIII lit. k des Allgemeinen Abkommens über den Handel mit Dienstleistungen (GATS), kundgemacht im Anhang 1B des WTO-Abkommens, daueraufenthaltsberechtigt ist oder
   b) der betreffende sonstige ausländische Rechtsträger seinen Sitz oder eine Niederlassung in einem Mitgliedstaat des WTO-Abkommens hat und
2. hinsichtlich der Ausführung der betreffenden Tätigkeit durch natürliche Personen im Inland in der Liste spezifischer Bindungen (Verpflichtungsliste) des GATS eine Marktzutrittsverpflichtung eingegangen wurde und die Bestimmungen, Beschränkungen und Bedingungen, die in der Verpflichtungsliste festgelegt sind, erfüllt sind.

(2) Ausländische natürliche Personen und sonstige ausländische Rechtsträger, die eine Tätigkeit im Ausland befugt ausüben, auf die die Bestimmungen dieses Bundesgesetzes anzuwenden wären, und die die Voraussetzungen gemäß Abs. 1 Z 1 lit. a oder b nicht erfüllen, dürfen bestellte gewerbliche Tätigkeiten im Inland unter den gleichen Voraussetzungen, wie sie Inländer erfüllen müssen, ausführen, wenn sie durch Bescheid des Landeshauptmannes mit Rechtsträgern gemäß Abs. 1 Z 1 gleichgestellt wurden. Die Gleichstellung ist auszusprechen, wenn nachgewiesen wird, daß die Ausführung der Tätigkeit durch den Gleichstellungswerber im volkswirtschaftlichen Interesse liegt und nicht den sonstigen öffentlichen Interessen zuwiderläuft. Die Gleichstellung darf weiters nur insoweit ausgesprochen werden, als die Ausführung der betreffenden Tätigkeit durch natürliche Personen im Inland nach Abs. 1 Z 2 zulässig wäre.

(3) Der Bundesminister für wirtschaftliche Angelegenheiten hat die Ausführung der Tätigkeiten zu verbieten, wenn einer der im § 87 Abs. 1 angeführten Entziehungsgründe oder der im § 85 Z 2 angeführte Endigungsgrund auf den zur Ausführung der Tätigkeiten Berechtigten zutrifft. Zuwiderhandlungen gegen dieses Verbot sind gemäß § 366 Abs. 1 Z 1 zu bestrafen.

(4) Die Bestimmungen des VI. Hauptstückes werden durch die Abs. 1 bis 3 nicht berührt.

§ 51a. (1) Ausländer italienischer Staatsangehörigkeit, die mit dem Sitz in der Region Trentino-Südtirol befugt Tätigkeiten ausüben, auf die die Bestimmungen dieses Bundesgesetzes anzuwenden wären, dürfen bestellte gewerbliche Arbeiten in den Bundesländern Tirol und Vorarlberg unter der Voraussetzung ausführen, daß österreichischen Staatsangehörigen, die mit dem Sitz in den Bundesländern Tirol und Vorarlberg Gewerbe ausüben, dasselbe Recht eingeräumt wird.

(2) Abs. 1 gilt nicht für Tätigkeiten, die dem Rauchfangkehrergewerbe, soweit dieses sicherheitsrelevante Tätigkeiten nach § 120 Abs. 1 zweiter Satz umfasst, dem Waffengewerbe, dem Gewerbe der Sprengungsunternehmen, dem Gewerbe der Versteigerung beweglicher Sachen oder dem Gewerbe der Errichtung von Alarmanlagen vorbehalten sind.

(3) Abs. 1 gilt auch für andere Rechtsträger als natürliche Personen, die mit dem Sitz in der Region Trentino-Südtirol befugt Tätigkeiten ausüben, auf die die Bestimmungen dieses Bundesgesetzes anzuwenden wären.

§ 52. (1) Die Ausübung gewerblicher Tätigkeiten mittels Automaten, die für die Selbstbedienung durch Kunden bestimmt sind, unterliegt nicht dem § 46 Abs. 1 bis 3, jedoch haben die Gewerbetreibenden die Aufstellung derartiger Automaten außerhalb des Standortes und außerhalb einer gemäß § 46 Abs. 3 geführten Betriebsstätte der Bezirksverwaltungsbehörde vorher anzuzeigen. Die Abgabe von Betriebsstoffen an Kraftfahrer im Betrieb von Zapfstellen gemäß § 157, ausgenommen Stromtankstellen, gilt jedenfalls als Betriebsstätte.

(2) Der Verkauf von Arzneimitteln sowie Heilbehelfen durch Automaten, ferner der Ausschank und der Verkauf von alkoholischen Getränken außerhalb der Betriebsräume durch Automaten ist verboten.

(3) Der Bundesminister für wirtschaftliche Angelegenheiten hat, soweit es aus Gründen der öffentlichen Sicherheit, der Volksgesundheit oder des Jugendschutzes erforderlich ist, mit Verordnung zu bestimmen, daß auch andere als die im Abs. 2 genannten gewerblichen Tätigkeiten nicht

oder nur unter bestimmten Voraussetzungen mittels Automaten ausgeübt, insbesondere daß bestimmte Waren nicht oder nur unter bestimmten Voraussetzungen mittels Automaten verkauft oder verabreicht werden dürfen.

(4) Soweit dies zum Schutz von unmündigen Minderjährigen vor unüberlegten Geldausgaben oder vor den Gefahren des Straßenverkehrs erforderlich ist, kann die Gemeinde durch Verordnung die Ausübung gewerblicher Tätigkeiten mittels Automaten, die erfahrungsgemäß besonders auf die Inanspruchnahme durch unmündige Minderjährige ausgerichtet sind,

1. im näheren Umkreis von Schulen, die von unmündigen Minderjährigen besucht werden,
2. bei Aufnahmestellen des öffentlichen Verkehrs, die erfahrungsgemäß viel von unmündigen Minderjährigen auf dem Wege zur oder von der Schule benützt werden,
3. bei Schulbushaltestellen, die von unmündigen Minderjährigen benützt werden,
4. auf Plätzen oder in Räumen, die erfahrungsgemäß viel von unmündigen Minderjährigen besucht werden, oder
5. im näheren Umkreis der in Z 4 angeführten Plätze und Räume untersagen.

e) Feilbieten im Umherziehen

§ 53. (1) Das Feilbieten im Umherziehen von Ort zu Ort oder von Haus zu Haus darf nur ausgeübt werden auf Grund

1. der Anmeldung des freien Gewerbes des Feilbietens von Obst, Gemüse, Kartoffeln, Naturblumen, Brennholz, Butter und Eiern oder
2. einer Bewilligung der Gemeinde, die nur Gewerbetreibenden, die ihre Tätigkeit in kleinerem Umfang ausüben und auf die nicht die Buchführungspflichten des § 189 Abs. 1 Z 2 UGB zutreffen, zu deren besserem Fortkommen auf Ansuchen für das Feilbieten ihrer eigenen Erzeugnisse, beschränkt auf das Gemeindegebiet, nach Anhörung der zuständigen Gliederung der Landeskammer der gewerblichen Wirtschaft auf Widerruf zu erteilen ist.

(2) Die Gemeinde kann das Feilbieten gemäß Abs. 1 für bestimmte Waren, allenfalls auf bestimmte Zeit und allenfalls für bestimmte Gemeindeteile mit Verordnung untersagen oder Beschränkungen unterwerfen, wenn die öffentliche Sicherheit, die Volksgesundheit, der Jugendschutz oder der Schutz der Bevölkerung vor übermäßigen Belästigungen eine solche Maßnahme erfordern.

(3) Bei der Ausübung des Feilbietens im Umherziehen gemäß Abs. 1 Z 1 ist die Verständigung über die Eintragung im Gewerbeinformationssystem Austria – GISA (§ 365) stets mitzuführen und auf Verlangen der behördlichen Organe vorzuweisen.

(4) Für das Feilbieten gemäß Abs. 1 Z 2 hat die Gemeinde eigene amtliche Legitimationen auszufertigen. Für einen Gewerbetreibenden ist nur je eine Legitimation auszufertigen, die auch auf einen im vorhinein zu nennenden Stellvertreter lauten kann. Bei Ausübung dieses Feilbietens ist die Legitimation stets mitzuführen und auf Verlangen der behördlichen Organe vorzuweisen.

(5) Land- und Forstwirten ist das Feilbieten im Umherziehen von Ort zu Ort oder von Haus zu Haus nur hinsichtlich folgender in ihrem land- und forstwirtschaftlichen Betrieb hervorgebrachter Erzeugnisse gestattet: Obst, Gemüse, Kartoffeln, Naturblumen, Brennholz, Rahm, Topfen, Käse, Butter und Eier. Abs. 2 gilt sinngemäß.

§ 53a. Bäcker, Fleischer und Lebensmittelhändler dürfen Waren, zu deren Feilhaltung sie auf Grund ihrer diesbezüglichen Gewerbeberechtigung berechtigt sind, im Umherziehen von Ort zu Ort oder von Haus zu Haus feilbieten.

f) Sammeln und Entgegennahme von Bestellungen

Sammeln und Entgegennahme von Bestellungen auf Dienstleistungen

GewO

§ 54. (1) Die Gewerbetreibenden dürfen selbst oder durch ihre bevollmächtigten Arbeitnehmer Personen überall aufsuchen, um Bestellungen auf Dienstleistungen, die Gegenstand ihres Gewerbes sind, zu sammeln, sofern nicht in sonstigen Rechtsvorschriften anderes bestimmt ist. Jedenfalls verboten ist das Aufsuchen von Privatpersonen (§ 57 Abs. 1), wenn hiebei in irgendeiner Form der Eindruck erweckt wird, daß das für die bestellten Dienstleistungen geforderte Entgelt zumindest zum Teil gemeinnützigen, mildtätigen oder kirchlichen Zwecken zugute kommt.

(2) Wenn es wegen der besonderen Gefahr einer Irreführung oder Benachteiligung der Bevölkerung erforderlich ist, hat der Bundesminister für wirtschaftliche Angelegenheiten mit Verordnung die Dienstleistungen zu bezeichnen, hinsichtlich derer das Aufsuchen von Privatpersonen (§ 57 Abs. 1) und die Entgegennahme von Bestellungen bei Privatpersonen (§ 57 Abs. 1) außerhalb der Betriebsstätte oder der Wohnung des Gewerbetreibenden jedenfalls verboten ist.

(3) Werden Bestellungen auf Dienstleistungen entgegen einer Verordnung gemäß Abs. 2 aufgesucht oder entgegengenommen, so hat der Besteller das Recht, innerhalb einer Woche nach Abschluß des Vertrages zurückzutreten. Der Rücktritt ist bei sonstiger Rechtsunwirksamkeit schriftlich zu erklären. Es genügt, wenn die schriftliche Erklärung des Rücktrittes binnen des genannten Zeitraumes abgesendet wird.

Aufsuchen von Privatpersonen Werbeveranstaltungen

§ 57. (1) Das Aufsuchen von Privatpersonen zum Zwecke des Sammelns von Bestellungen auf Waren ist hinsichtlich des Vertriebes von Nahrungsergänzungsmitteln, Giften, Arzneimitteln, Heilbehelfen, Waffen und Munition, pyrotechnischen Artikeln, Grabsteinen und Grabdenkmälern und deren Zubehör sowie Kränzen und sonstigem Gräberschmuck verboten. Weiters verboten ist das Aufsuchen von Privatpersonen, wenn hiebei in irgendeiner Form der Eindruck erweckt wird, dass das für die bestellten Waren geforderte Entgelt zumindest zum Teil gemeinnützigen, mildtätigen oder kirchlichen Zwecken zugute kommt.

(2) Der Bundesminister für Wirtschaft und Arbeit hat, wenn es Gründe der öffentlichen Sicherheit erfordern, im Einvernehmen mit dem Bundesminister für Inneres, wenn es Gründe der Volksgesundheit oder des Jugendschutzes erfordern, im Einvernehmen mit dem Bundesminister für Gesundheit, Familie und Jugend, wenn es Gründe des Konsumentenschutzes erfordern, im Einvernehmen mit dem Bundesminister für Soziales und Konsumentenschutz, oder wenn es – neben den Fällen des Abs. 1 – wegen der besonderen Gefahr einer Irreführung oder Benachteiligung der Bevölkerung erforderlich ist, mit Verordnung auch weitere Waren zu bezeichnen, hinsichtlich derer das Aufsuchen von Privatpersonen jedenfalls verboten ist.

(3) Hinsichtlich anderer Waren ist das Aufsuchen von Privatpersonen zum Zwecke des Sammelns von Bestellungen den Gewerbetreibenden, die zum Verkauf oder zur Vermittlung dieser Waren berechtigt sind, und ihren Bevollmächtigten (Handlungsreisenden) gestattet. Die Gewerbetreibenden und die Bevollmächtigten müssen amtliche Legitimationen (§ 62) mit sich führen und diese auf Verlangen der behördlichen Organe vorweisen.

(4) Hinsichtlich der in Abs. 1 angeführten Waren sind Werbeveranstaltungen einschließlich Werbe- und Beratungspartys, die sich an Privatpersonen richten, verboten, gleichgültig, ob die Werbeveranstaltung vom Gewerbetreibenden selbst oder von jemand anderem organisiert wird. Dieses Verbot gilt auch für Waren, die in einer Verordnung gemäß Abs. 2 bezeichnet werden.

(5) Die Gewerbetreibenden haben Werbeveranstaltungen, die nicht nach Abs. 4 verboten sind und außerhalb von Betriebsstätten oder der Wohnung des Gewerbetreibenden stattfinden, der nach dem Ort der Veranstaltung zuständigen Behörde spätestens sechs Wochen vor der Veranstaltung anzuzeigen. Findet eine solche Werbeveranstaltung im Ausland statt, so ist die Veranstaltung der nach dem Ort des Anbietens (Standort oder weitere Betriebsstätte des Gewerbetreibenden oder der Ort, an dem die Teilnehmer versammelt werden) zuständigen Behörde spätestens sechs Wochen vor dem Anbieten anzuzeigen. Die Anzeige hat folgenden Inhalt aufzuweisen:

1. den Namen (die Firma) des Gewerbetreibenden und eine ladungsfähige Anschrift,
2. Zeitpunkt und Ort der Veranstaltung,
3. die Art der angebotenen Waren und gegebenenfalls der angebotenen Dienstleistungen,
4. den Text der geplanten an die Privatpersonen gerichteten Werbezusendung und
5. den Namen (die Firma) und eine ladungsfähige Anschrift desjenigen, dessen Waren oder Dienstleistungen beworben werden.

(6) Die Werbezusendungen für die Veranstaltung haben folgende Angaben zu enthalten:

1. den Namen (die Firma) des Gewerbetreibenden, eine ladungsfähige Anschrift sowie Zeitpunkt und Ort der Veranstaltung,
2. die Charakterisierung der angebotenen Waren, gegebenenfalls der angebotenen Dienstleistungen, im Fall der Bewerbung von Reisen, den Namen (die Firma) sowie den Standort des Reiseveranstalters und
3. einen Hinweis auf das bestehende Verbot der Entgegennahme von Bestellungen und des Barverkaufes im Rahmen der Veranstaltung.

(7) Werden bei Werbeveranstaltungen, die im Inland stattfinden, die in Abs. 5 und 6 festgelegten Verpflichtungen nicht erfüllt oder liegen wiederholte Verstöße gegen die Bestimmungen der Abs. 5 und 6 vor, so hat die Behörde die Werbeveranstaltung zu untersagen. Wird der Untersagungsbescheid nicht spätestens zwei Wochen vor der geplanten und ordnungsgemäß entsprechend Abs. 5 angezeigten Veranstaltung erlassen, so darf diese durchgeführt werden.

(7a) Werden bei Werbeveranstaltungen, die im Ausland stattfinden, die in Abs. 5 und 6 festgelegten Verpflichtungen nicht erfüllt oder liegen wiederholte Verstöße gegen die Bestimmungen der Abs. 5 und 6 vor, so hat die Behörde das Anbieten zu untersagen. Wird der Untersagungsbescheid nicht spätestens zwei Wochen vor dem geplanten und ordnungsgemäß entsprechend Abs. 5 angezeigten Anbieten erlassen, so darf diese Veranstaltung angeboten werden.

(8) Die Bestimmungen der Abs. 5 bis 7 gelten nicht für in Privathaushalten stattfindende Werbeveranstaltungen.

Sammeln von Bestellungen auf Druckwerke

§ 58. Gewerbetreibende, die den Handel und die Vermittlung des Handels mit vervielfältigten Schriften oder vervielfältigten bildlichen Darstellungen ausüben, dürfen Bestellungen auf diese Druckwerke von Haus zu Haus entweder selbst sammeln oder durch ihre Bevollmächtigten (Handlungsreisenden) sammeln lassen. Die Gewerbetreibenden und die Bevollmächtigten müssen amtliche Legitimationen (§ 62) mit sich führen und diese auf Verlangen der behördlichen Organe vorweisen. Das Sammeln solcher Bestellungen an sonstigen Orten, insbesondere auf der Straße, ist verboten. § 57 findet keine Anwendung.

Entgegennahme von Bestellungen auf Waren von Privatpersonen

§ 59. (1) Bestellungen auf Waren von Privatpersonen dürfen nur entgegengenommen werden

1. in den Betriebsstätten oder der Wohnung des Gewerbetreibenden,
2. auf Messen, messeähnlichen Veranstaltungen, Märkten und marktähnlichen Veranstaltungen,
3. anläßlich des gemäß §§ 57 und 58 zulässigen Sammelns von Bestellungen und
4. bei Vorführungen von Modewaren (Modellen) oder Luxusartikeln vor einem geladenen Publikum, soweit es sich um solche Waren handelt.

(2) In allen anderen als den im Abs. 1 genannten Fällen, insbesondere auf der Straße, ist die Entgegennahme von Bestellungen auf Waren von Privatpersonen unzulässig. Eine unzulässige Entgegennahme von Bestellungen liegt auch vor, wenn die während einer Werbeveranstaltung von den Veranstaltungsbesuchern ausgefüllten Bestellscheine von einem Dritten zur Weiterleitung an den Gewerbetreibenden übernommen werden.

§ 61. Die Bestimmungen der §§ 57 bis 59 gelten sinngemäß für das Sammeln und die Entgegennahme von Bestellungen auf das Vermieten von Waren.

Legitimationen für Gewerbetreibende und Handlungsreisende

§ 62. (1) Um die Ausstellung der Legitimationen für Gewerbetreibende und für Handlungsreisende (§ 57 Abs. 3 und § 58) hat der Gewerbetreibende bei der Bezirksverwaltungsbehörde anzusuchen und gleichzeitig hinsichtlich der Handlungsreisenden nachzuweisen, daß sie seine Angestellten sind. Wenn hinsichtlich eines solchen Ansuchens keine Erhebungen erforderlich sind und die Voraussetzungen für die Ausstellung der Legitimation vorliegen, so hat die Bezirksverwaltungsbehörde die Legitimation ehestens, spätestens aber eine Woche nach dem Einlangen des Ansuchens auszustellen.

(2) Die Ausstellung der Legitimation für den Gewerbetreibenden ist zu verweigern, wenn er nicht zur Ausübung der betreffenden gewerblichen Tätigkeit berechtigt ist. Die Ausstellung der Legitimation für den Handlungsreisenden ist zu verweigern, wenn die Person, für welche die Legitimation beantragt wird, von einem Gericht zu einer drei Monate übersteigenden Freiheitsstrafe oder zu einer Geldstrafe von mehr als 180 Tagessätzen verurteilt worden ist, wenn die Verurteilung weder getilgt ist noch der Beschränkung der Auskunft aus dem Strafregister (§ 6 des Tilgungsgesetzes 1972 in der jeweils geltenden Fassung) unterliegt und nach der Eigenart der strafbaren Handlung und der Persönlichkeit des Verurteilten die Begehung der gleichen oder einer ähnlichen Straftat beim Geschäftsbetrieb zu befürchten ist.

(3) Die Gültigkeit der Legitimation für Handlungsreisende endet fünf Jahre nach dem Tag der Ausstellung. Die Gültigkeit ist auf Antrag jeweils um weitere fünf Jahre zu verlängern. Für die Verlängerung der Gültigkeit gelten die Abs. 1 und 2 sinngemäß; die Verlängerung der Gültigkeit ist frühestens drei Monate und spätestens einen Monat vor dem Ende der Gültigkeit zu beantragen.

(4) Die Legitimation für Handlungsreisende ist durch die Bezirksverwaltungsbehörde zurückzunehmen, wenn sich ergibt, daß die im Abs. 2 angeführten Umstände nach Ausstellung der Legitimation oder der Verlängerung ihrer Gültigkeit eingetreten sind.

(5) Die Legitimationen für den Gewerbetreibenden und den Handlungsreisenden haben den zur Kontrolle der Person und der Art der mitgeführten Muster notwendigen Anforderungen zu genügen. Der Bundesminister für wirtschaftliche Angelegenheiten hat durch Verordnung festzulegen, auf welche Weise die Legitimationen hinsichtlich ihrer Ausstattung diesen Anforderungen zu entsprechen haben.

GewO

(6) Soweit Staatsverträge nicht anderes vorsehen, dürfen von den im § 51 angeführten natürlichen und juristischen Personen und sonstigen ausländischen Rechtsträgern Bestellungen im Inland nur unter Einhaltung der sinngemäß anzuwendenden §§ 54 bis 61 gesammelt oder entgegengenommen werden. Die Abs. 1 bis 4 gelten in diesem Fall nur für Personen, die über keine Legitimationskarte im Sinne des Art. 10 der Internationalen Konvention zur Vereinfachung der Zollformalitäten, BGBl. Nr. 85/1925, verfügen.

g) Namensführung und Bezeichnung der Betriebsstätten

§ 63. (1) Gewerbetreibende, die natürliche Personen und keine im Firmenbuch eingetragene Unternehmer sind, haben sich bei der äußeren Bezeichnung der Betriebsstätten und bei der Abgabe der Unterschrift ihres Namens zu bedienen. Auf Geschäftsbriefen und Bestellscheinen, die auf Papier oder in sonstiger Weise an einen bestimmten Empfänger gerichtet sind, sowie auf einer Website haben sie ihren Namen und den Standort der Gewerbeberechtigung anzugeben. Im übrigen Geschäftsverkehr, insbesondere in Ankündigungen, dürfen Abkürzungen des Namens oder andere Bezeichnungen verwendet werden, wenn die verwendeten Ausdrücke zur Kennzeichnung des Unternehmens geeignet sind und Unterscheidungskraft besitzen. Die Ausdrücke dürfen keine Angaben enthalten, die geeignet sind, über geschäftliche Verhältnisse, die für die angesprochenen Verkehrskreise wesentlich sind, irrezuführen. Die sich aus den §§ 5 und 6 ECG, BGBl. I Nr. 152/2001 ergebenden Verpflichtungen werden durch diese Bestimmungen nicht berührt. Nicht zur Kennzeichnung des Unternehmens geeignet ist die bloße Angabe einer Telefonnummer, eines Postfaches oder die Angabe von E-Mail-Adressen, die keine kennzeichnungskräftigen Ausdrücke enthalten.

(2) Gewerbetreibende, die juristische Personen und nicht in das Firmenbuch eingetragen sind, haben sich zur äußeren Bezeichnung der Betriebsstätten und bei Abgabe der Unterschrift im Geschäftsverkehr ihres gesetzlichen oder in den Statuten festgelegten Namens zu bedienen. Im Übrigen gilt Abs. 1 sinngemäß.

(3) Für Gewerbetreibende, die in das Firmenbuch eingetragene Unternehmer sind, gelten §§ 14 und 17 bis 37 sowie 907 Abs. 3 des Unternehmensgesetzbuches – UGB, BGBl. I Nr. 120/2005. Absatz 1 vorletzter und letzter Satz ist auch auf diese Gewerbetreibenden anzuwenden.

(4) Änderungen des Namens durch die in Abs. 1 genannten Gewerbetreibenden sind innerhalb von vier Wochen der Behörde anzuzeigen, sofern die Namensänderung weder im Zentralen Personenstandsregister noch im Zentralen Melderegister verzeichnet wird.

§ 64. Dem Namen dürfen nach Maßgabe des § 63 Abs. 1 zweiter und dritter Satz Zusätze beigefügt werden.

§ 65. Wenn ein Gewerbebetrieb vom überlebenden Ehegatten oder eingetragenen Partner des Gewerbeinhabers, von den Kindern, Wahlkindern oder Kindern der Wahlkinder oder von einem Zwangsverwalter oder auf Rechnung der Verlassenschaft oder der Insolvenzmasse fortgeführt wird, ist er unbeschadet der Bestimmung des § 63 Abs. 3 vorletzter Satz unter dem bisherigen Namen zu betreiben; ein auf den Fortbetrieb des Gewerbes hinweisender Zusatz ist beizufügen.

§ 66. (1) Die Gewerbetreibenden sind verpflichtet, ihre Betriebsstätten mit einer äußeren Geschäftsbezeichnung zu versehen. Diese Verpflichtung gilt auch für Betriebsstätten, die einer nur vorübergehenden Ausübung eines Gewerbes dienen, ferner für Magazine und dgl., für Gewinnungsstätten und für Baustellen.

(2) Die äußere Geschäftsbezeichnung hat zumindest den Namen des Gewerbetreibenden (§ 63) und einen im Rahmen der Gewerbeberechtigung gehaltenen unmißverständlichen Hinweis auf den Gegenstand des Gewerbes in gut sichtbarer Schrift zu enthalten.

(3) Für Automaten, die nicht in unmittelbarem örtlichem Zusammenhang mit einer Betriebsstätte betrieben werden, gilt Abs. 2 mit der Maßgabe, daß auch der Standort des Gewerbetreibenden anzugeben ist.

(4) Wird die Tätigkeit eines Gewerbetreibenden in der Stätte einer anderen wenn auch nicht den Bestimmungen dieses Bundesgesetzes unterliegenden regelmäßigen Tätigkeit ausgeübt und ist diese Tätigkeit des Gewerbetreibenden ihrer Art oder ihrem Umfang nach im Verhältnis zu der anderen Tätigkeit von untergeordneter Bedeutung, so ist die Verpflichtung zur äußeren Bezeichnung der Betriebsstätte erfüllt, wenn der Gewerbetreibende eine solche Betriebsstätte mit einer Aufschrift kennzeichnet, die zumindest seinen Namen (§ 63) und einen im Rahmen der Gewerbeberechtigung gehaltenen unmißverständlichen Hinweis auf den Gegenstand des Gewerbes in gut sichtbarer Schrift enthält. Die Kennzeichnung hat so zu erfolgen, daß einer Irreführung über die Person des Gewerbetreibenden und den Gegenstand des Gewerbes vorgebeugt wird.

§ 67. Zum Zwecke des Schutzes des gewerblichen Verkehrs oder der Verbraucher vor Irreführungen hinsichtlich Art, Umfang und Gegenstand des Gewerbes kann der Bundesminister für wirtschaftliche Angelegenheiten durch Verordnung besondere Vorschriften über die Angabe des Gegenstandes des Gewerbes in der äußeren Geschäftsbezeichnung erlassen.

Auszeichnung

§ 68. (1) Der Bundesminister für wirtschaftliche Angelegenheiten kann einem gewerblichen Unternehmen die Auszeichnung verleihen, im geschäftlichen Verkehr das Wappen der Repulik *(Anm.: richtig: Republik)* Österreich (Bundeswappen) mit einem entsprechenden Hinweis auf den Auszeichnungscharakter als Kopfaufdruck auf Geschäftspapieren, auf Druckschriften und Verlautbarungen sowie in der äußeren Geschäftsbezeichnung und in sonstigen Ankündigungen führen zu dürfen. Dieses Recht wird durch eine Änderung der Rechtsform sowie durch einen Wechsel in der Person des Inhabers des ausgezeichneten Unternehmens nicht berührt.

(2) Die Auszeichnung gemäß Abs. 1 darf nur verliehen werden, wenn das Unternehmen

1. im Firmenbuch eingetragen ist,
2. sich durch außergewöhnliche Leistungen um die österreichische Wirtschaft Verdienste erworben hat und
3. in dem betreffenden Wirtschaftszweig eine führende und allgemein geachtete Stellung einnimmt.

(3) Vor der Verleihung der Auszeichnung gemäß Abs. 1 hat der Bundesminister für wirtschaftliche Angelegenheiten die Bundeskammer der gewerblichen Wirtschaft und die Bundeskammer für Arbeiter und Angestellte aufzufordern, innerhalb einer Frist von zwei Monaten ein Gutachten abzugeben.

(4) Der Bundesminister für wirtschaftliche Angelegenheiten hat die Auszeichnung zu widerrufen, wenn das Bundeswappen trotz Abmahnung

nicht der Vorschrift des Abs. 1 entsprechend geführt wird oder wenn die Voraussetzungen für die Verleihung der Auszeichnung nach Abs. 2 nicht mehr gegeben sind.

(5) Gewerbliche Unternehmen, denen die Auszeichnung gemäß Abs. 1 nicht verliehen worden ist, dürfen das Bundeswappen im geschäftlichen Verkehr nicht führen.

h) Schutzbestimmungen

§ 69. (1) Der Bundesminister für Wissenschaft, Forschung und Wirtschaft kann zur Vermeidung einer Gefährdung von Leben oder Gesundheit von Menschen oder zur Vermeidung von Belastungen der Umwelt (§ 69a) durch Verordnung festlegen, welche Maßnahmen die Gewerbetreibenden bei der Gewerbeausübung hinsichtlich der Einrichtung der Betriebsstätten, hinsichtlich der Waren, die sie erzeugen oder verkaufen oder deren Verkauf sie vermitteln, hinsichtlich der Einrichtungen oder sonstigen Gegenstände, die sie zur Benützung bereithalten, oder hinsichtlich der Dienstleistungen, die sie erbringen, zu treffen haben. In der Verordnung kann auch festgelegt werden, wie der Gewerbetreibende die Erfüllung der vorgeschriebenen Maßnahmen nachzuweisen hat. Gewerbetreibende haben in jenen Betriebsstätten, in denen das Gewerbe der Augenoptiker, Hörgeräteakustiker, Bandagisten, Orthopädietechniker, Orthopädieschuhmacher, Zahntechniker, Friseure und Perückenmacher, Masseure, Kosmetiker (Schönheitspfleger) oder Fußpfleger ausgeübt wird und in denen sie nicht selbst überwiegend tätig sind, einen fachkundigen Arbeitnehmer, der nach den Bestimmungen des Sozialversicherungsrechtes voll versicherungspflichtig ist, hauptberuflich zu beschäftigen. Soweit durch Verordnung nicht anderes festgelegt ist, ist eine Person jedenfalls dann als fachkundig anzusehen, wenn sie die Lehrabschlußprüfung in dem Lehrberuf erfolgreich abgelegt hat, der dem in der Betriebsstätte ausgeübten Gewerbe entspricht. Der Bundesminister für Wissenschaft, Forschung und Wirtschaft kann durch Verordnung festlegen, daß der Nachweis der Fachkundigkeit durch andere Prüfungen als die Lehrabschlußprüfung oder durch sonstige Ausbildungsgänge oder Verwendungszeiten zu erbringen ist. Die Verpflichtung zur Beschäftigung eines fachkundigen Arbeitnehmers besteht ab 1. Jänner 1996.

(2) Der Bundesminister für Wissenschaft, Forschung und Wirtschaft hat im Einvernehmen mit dem Bundesminister für Arbeit, Soziales und Konsumentenschutz durch Verordnung festzulegen, welche Maßnahmen die Gewerbetreibenden bei der Gewerbeausübung hinsichtlich der Einrichtung der Betriebsstätten, hinsichtlich der Waren, die sie erzeugen, verkaufen oder vermieten oder deren Verkauf sie vermitteln, hinsichtlich der Einrichtungen oder sonstigen Gegenstände, die sie zur Benützung bereithalten, oder hinsichtlich der Dienstleistungen, die sie erbringen, zu treffen haben, soweit dies zum Schutz der Interessen der von der Gewerbeausübung betroffenen Personen, insbesondere zum Schutz vor Vermögensschäden oder vor Belästigung wie etwa durch Eindringen in die Privatsphäre, erforderlich ist (Ausübungsregeln). Bei der Erlassung solcher Verordnungen ist insbesondere auch auf die Beobachtungen und Berichte von Konsumentenberatungseinrichtungen sowie auf die Berichte des Bundesministers für Arbeit, Soziales und Konsumentenschutz über die Lage der Verbraucher Bedacht zu nehmen. Weiters kann der Bundesminister für Wissenschaft, Forschung und Wirtschaft nach Anhörung der zuständigen Gliederung der Bundeskammer der gewerblichen Wirtschaft durch Verordnung Regeln über die Verhaltensweisen, die bei der Ausübung eines bestimmten Gewerbes einzuhalten sind, und über die für die Gewerbeausübung erforderliche Betriebsausstattung festlegen (Standesregeln); hiebei ist auf die Gewohnheiten und Gebräuche, die in diesem Gewerbe von Personen, die die Sorgfalt eines ordentlichen Kaufmannes anwenden, eingehalten werden und auf die Anforderungen, die von den die Leistungen dieses Gewerbes in Anspruch nehmenden Personen üblicherweise gestellt werden, sowie darauf Bedacht zu nehmen, daß das Ansehen des betreffenden Gewerbes und das Vertrauen aller von der Gewerbeausübung berührten Personen in die das Gewerbe ausübenden Gewerbetreibenden gewahrt bleibt; soweit dabei der Schutz des Vertrauens der von der Gewerbeausübung betroffenen Personen im Vordergrund steht, insbesondere hinsichtlich der Festlegung von Höchstbeträgen im Sinne der Z 5, ist hiebei das Einvernehmen mit dem Bundesminister für Arbeit, Soziales und Konsumentenschutz herzustellen. Verordnungen über Standesregeln können zum Gegenstand haben zum Beispiel Bestimmungen über

1. das standesgemäße Verhalten im Geschäftsverkehr mit den Auftraggebern,
2. das standesgemäße Verhalten gegenüber anderen Berufsangehörigen oder Angehörigen anderer Berufe, die durch die Gewerbeausübung berührt werden,
3. das standesgemäße Verhalten gegenüber Personen, die weder Auftraggeber noch Berufsangehörige sind, auf die sich aber die Gewerbeausübung bezieht oder die von der Gewerbeausübung betroffen sind,
4. die Ausstattung des Betriebes, die eine standesgemäße Berufsausübung gewährleistet,
5. für das Gewerbe der Arbeitsvermittlung (§ 94 Z 1), der Immobilienmakler (§ 94 Z 35), der Immobilienverwalter (§ 94 Z 35), der Inkassoinstitute (§ 94 Z 36) und der Personalkreditvermittler (§ 94 Z 75) die Höchstbeträge der den Gewerbetreibenden gebührenden Provisionssätze oder sonstigen Vergütungen.

(3) Die Bestimmungen der Abs. 1 und 2 gelten nicht auf den Gebieten des Gesundheitswesens, der Nahrungsmittelkontrolle, der Arzneimittelkontrolle, des Giftwesens sowie des Arbeitnehmerschutzes.

(4) Die Bezirksverwaltungsbehörde kann erforderlichenfalls einem Gewerbetreibenden Maßnahmen im Sinne des Abs. 1 mit Bescheid auftragen, wenn diesbezüglich keine Regelung in einer Verordnung gemäß Abs. 1 erlassen worden ist.

(5) Die Bezirksverwaltungsbehörde kann auf Antrag von den Bestimmungen einer Verordnung gemäß Abs. 1 abweichende Maßnahmen im Sinne des Abs. 1 mit Bescheid zulassen, wenn hiedurch der gleiche Schutz erreicht wird.

(6) Beziehen sich die Maßnahmen, die gemäß Abs. 4 mit Bescheid aufgetragen oder gemäß Abs. 5 mit Bescheid zugelassen werden sollen, nur auf die Gewerbeausübung in einer weiteren Betriebsstätte, so ist zur Erlassung der Bescheide gemäß Abs. 4 oder 5 die für die weitere Betriebsstätte zuständige Bezirksverwaltungsbehörde berufen.

§ 69a. Belastungen der Umwelt, die durch Verordnungen gemäß § 69 Abs. 1, § 76 Abs. 1 und § 82 Abs. 1 zu vermeiden sind, sind jedenfalls solche nachteiligen Einwirkungen, die geeignet sind, insbesondere den Boden, den Pflanzenbestand oder den Tierbestand bleibend zu schädigen.

§ 70. (1) Der Bundesminister für Wirtschaft und Arbeit kann durch Verordnung Arbeiten bezeichnen, die in besonderem Maße Leben oder Gesundheit von Menschen gefährden können. Dies gilt auch für Arbeiten, deren unfachgemäße Vornahme die ordnungsgemäße Funktion von dem Schutz vor solchen Gefahren dienenden Maschinen, Geräten oder Ausrüstungen beeinträchtigen kann. Die durch eine solche Verordnung bezeichneten Arbeiten haben die Gewerbetreibenden von Personen ausführen zu lassen, die zur Ausführung dieser Arbeiten fachlich befähigt sind. Diese Personen haben ihre Befähigung durch Belege im Sinne des § 18 Abs. 2 nachzuweisen. Der Bundesminister für Wirtschaft und Arbeit kann in der im ersten Satz genannten Verordnung unter Bedachtnahme auf die für die jeweils bezeichnete Arbeit erforderlichen Fähigkeiten festlegen, dass die Befähigung durch das Zeugnis über eine erfolgreich abgelegte Prüfung nachzuweisen ist, wenn als Befähigungsnachweis für das Gewerbe, in dem die gefährlichen Arbeiten ausgeführt werden, eine Prüfung vorgesehen ist. Eine solche Prüfung ist vor der für die Prüfung zum Nachweis der Befähigung zuständigen Prüfungskommission abzulegen; die §§ 350 bis 352a gelten sinngemäß.

(2) Der Ausbildung von Lehrlingen im Rahmen der Bestimmungen des Berufsausbildungsgesetzes, BGBl. Nr. 142/1969, stehen Abs. 1 und die Bestimmungen der auf Grund des Abs. 1 erlassenen Verordnungen nicht entgegen.

(3) Eine Verordnung gemäß Abs. 1 darf nicht erlassen werden, wenn der mit einer solchen Verordnung verfolgte Zweck durch eine Regelung über die Befähigung der Arbeitnehmer auf Grund der Vorschriften zum Schutze der Arbeitnehmer erreicht wird.

§ 71. (1) Gewerbetreibende dürfen Maschinen, Geräte, Ausrüstungen oder deren Teile oder Zubehör, wenn wegen der Bauart oder Wirkungsweise Gefahren für das Leben oder die Gesundheit von Personen herbeigeführt werden können, nur dann in den inländischen Verkehr bringen oder im Inland ausstellen, wenn eine Übereinstimmungserklärung (Abs. 3) vorliegt.

(2) Als Inverkehrbringen gilt nicht:

a) das Überlassen von Maschinen, Geräten, Ausrüstungen oder deren Teilen oder Zubehör zum Zwecke der Lagerung, Verschrottung, Abänderung oder Instandsetzung,
b) das Rückliefern von zur Lagerung, Abänderung oder Instandsetzung übernommenen Maschinen, Geräten, Ausrüstungen oder deren Teilen oder Zubehör an den Auftraggeber,
c) das Überlassen oder Verwenden von Maschinen, Geräten, Ausrüstungen oder deren Teilen oder Zubehör zum Zusammenbau, wenn nach dem Zusammenbau die Voraussetzungen des Abs. 1 erfüllt sind.

(3) Durch die Übereinstimmungserklärung hat der Gewerbetreibende, allenfalls unter Zugrundelegung einer Prüfbescheinigung einer zugelassenen Stelle (Zertifizierungsstelle, Prüfstelle, Überwachungsstelle) (Abs. 5) festzustellen, dass die Maschine, das Gerät, die Ausrüstung oder deren Teile oder Zubehör den auf sie zutreffenden Bestimmungen einer Verordnung gemäß Abs. 4 entsprechen. Die näheren Bestimmungen über die Übereinstimmungserklärung und die Prüfbescheinigung sowie über die der Übereinstimmungserklärung zugrunde liegende technische Dokumentation hat der Bundesminister für Wirtschaft und Arbeit durch Verordnung festzulegen.

(4) Der Bundesminister für Arbeit und Wirtschaft hat für Maschinen, Geräte, Ausrüstungen sowie deren Teile und Zubehör, die wegen der Bauart oder Wirkungsweise Gefahren für das Leben oder die Gesundheit ihrer Benützer herbeiführen können, durch Verordnung festzulegen, welche grundlegenden Sicherheitsanforderungen hinsichtlich der Konstruktion, des Baus und weiterer Schutzmaßnahmen einschließlich der Beigabe von Beschreibungen und Bedienungsanleitungen zumindest zu treffen sind. Er kann dabei auch auf einschlägige harmonisierte oder sonstige rein österreichische oder nationale Normen, bei deren Anwendung davon auszugehen ist, dass

den jeweiligen grundlegenden Sicherheitsanforderungen entsprochen wird, verweisen. In den Verordnungen können des Weiteren nach Maßgabe der Verordnung (EU) 2019/1020 über Marktüberwachung und die Konformität von Produkten sowie zur Änderung der Richtlinie 2004/42/EG und der Verordnungen (EG) Nr. 765/2008 und (EU) Nr. 305/2011, ABl. Nr. L 169 vom 25.06.2019 S. 1 und weiterer einschlägiger unionsrechtlicher Regelungen jeweils auch Anforderungen hinsichtlich des Inverkehrbringens, der Bereitstellung auf dem Markt und der Inbetriebnahme der genannten Maschinen, Geräte, Ausrüstung sowie deren Teile und Zubehöre, Pflichten der Wirtschaftsakteure und nähere Bestimmungen zur Marktüberwachung festgelegt werden.

(5) Für die Prüfung, ob Maschinen, Geräte, Ausrüstungen oder deren Teile oder Zubehör den auf sie zutreffenden Bestimmungen einer Verordnung gemäß Abs. 4 und gegebenenfalls den auf sie zutreffenden Normen entsprechen, weiters für die Ausstellung von Prüfbescheinigungen sowie für die Abgabe von Gutachten für Genehmigungen, ist eine für das jeweilige Sachgebiet geeignete Akkreditierungsstelle gemäß Art. 2 Z 11 der Verordnung (EU) Nr. 765/2008 über die Vorschriften für die Akkreditierung und Marktüberwachung im Zusammenhang mit der Vermarktung von Produkten und zur Aufhebung der Verordnung (EWG) Nr. 339/93 des Rates, ABl. Nr. L 218 vom 13.08.2008 S. 30 heranzuziehen. Der Bundesminister für Arbeit und Wirtschaft ist die für den Bereich der Maschinen, Geräte, Ausrüstungen oder deren Teile oder Zubehör zuständige Notifizierungsbehörde und hat in den jeweiligen Verordnungen gemäß Abs. 4 die Mindestkriterien und Anforderungen an benannte (notifizierte) Stellen sowie die Leitlinien für ihre Prüftätigkeit und für das Ausstellen, Verweigern oder Zurückziehen von Prüfbescheinigungen festzulegen sowie die näheren Bestimmungen für das Notifizierungsverfahren nach Maßgabe der einschlägigen unionsrechtlichen Regelungen zu treffen.

(6) Das Vorliegen einer Übereinstimmungserklärung (EU–Konformitätserklärung) oder einer Genehmigung ist durch den Gewerbetreibenden bzw. Wirtschaftsakteur vor dem Inverkehrbringen oder Ausstellen durch Anbringen eines Zeichens oder einer Plakette an der Maschine, dem Gerät, der Ausrüstung oder deren Teilen oder Zubehör nachzuweisen. Die näheren Bestimmungen über dieses Zeichen oder diese Plakette sind vom Bundesminister für Arbeit und Wirtschaft nach Maßgabe der unionsrechtlichen Bestimmungen durch Verordnung festzulegen.

(7) Gewerbetreibende, die den Kauf von gebrauchten Maschinen, Geräten, Ausrüstungen oder deren Teilen oder Zubehör vermitteln oder diese abändern oder instand setzen, haben, wenn diese den auf sie zutreffenden Bestimmungen einer Verordnung gemäß Abs. 4 oder den in der Übereinstimmungserklärung angeführten Bestimmungen einschlägiger Normen nicht oder nicht mehr entsprechen, den Erwerber oder Auftraggeber nachweislich darauf aufmerksam zu machen.

(Anm.: Abs. 8 aufgehoben durch BGBl. I Nr. 88/2000)

§ 71a. (1) Der Stand der Technik (beste verfügbare Techniken – BVT) im Sinne dieses Bundesgesetzes ist der auf den einschlägigen wissenschaftlichen Erkenntnissen beruhende Entwicklungsstand fortschrittlicher Verfahren, Einrichtungen, Bau- oder Betriebsweisen, deren Funktionstüchtigkeit erprobt und erwiesen ist. Bei der Bestimmung des Standes der Technik sind insbesondere jene vergleichbaren Verfahren, Einrichtungen Bau- oder Betriebsweisen heranzuziehen, welche am wirksamsten zur Erreichung eines allgemein hohen Schutzniveaus für die Umwelt insgesamt sind; weiters sind unter Beachtung der sich aus einer bestimmten Maßnahme ergebenden Kosten und ihres Nutzens und des Grundsatzes der Vorsorge und der Vorbeugung im Allgemeinen wie auch im Einzelfall die Kriterien der Anlage 6 zu diesem Bundesgesetz zu berücksichtigen.

(2) Für Wasserbenutzungen, Maßnahmen, Einwirkungen und Anlagen, für die der Stand der Technik nach dem WRG 1959 festgelegt ist oder wird, ist dieser maßgebend.

(3) Für Anlagen, in denen Abfälle behandelt werden, für die der Stand der Technik nach dem AWG festgelegt ist oder wird, ist dieser maßgebend.

§ 71b. Im Sinne dieses Bundesgesetzes ist bzw. sind

1. „IPPC-Anlage" eine in der **Anlage 3** zu diesem Bundesgesetz angeführte Betriebsanlage oder jene Teile einer Betriebsanlage, in denen eine oder mehrere der in der **Anlage 3** zu diesem Bundesgesetz angeführten Tätigkeiten sowie andere unmittelbar damit verbundene, in einem technischen Zusammenhang stehende Tätigkeiten, die Auswirkungen auf die Emissionen und die Umweltverschmutzung haben können, durchgeführt werden;
2. „BVT-Merkblatt" ein aus dem gemäß Art. 13 der Richtlinie 2010/75/EU über Industrieemissionen (integrierte Vermeidung und Verminderung der Umweltverschmutzung), ABl. Nr. L 334 vom 17.12.2010 S. 17, in der Fassung der Berichtigung ABl. Nr. L 158 vom 19.06.2012 S. 25, organisierten Informationsaustausch hervorgehendes Dokument, das für bestimmte Tätigkeiten erstellt wird und insbesondere die angewandten Techniken, die derzeitigen Emissions- und Verbrauchswerte, die für die Festlegung des Standes der Technik sowie der BVT-Schlussfolgerungen (Z 3) berücksichtigten Techniken sowie alle Zukunftstechniken (Z 5) beschreibt, wobei den Kriterien in der **Anlage 6** zu diesem Bundesgesetz besonders Rechnung getragen wird;

3. „BVT-Schlussfolgerungen“ ein Dokument, das die Teile eines BVT-Merkblatts mit den Schlussfolgerungen zum Stand der Technik, ihrer Beschreibung, Informationen zur Bewertung ihrer Anwendbarkeit, den mit den besten verfügbaren Techniken assoziierten Emissionswerten, den dazugehörigen Überwachungsmaßnahmen, den dazugehörigen Verbrauchswerten sowie gegebenenfalls einschlägigen Standortsanierungsmaßnahmen enthält;
4. „mit den besten verfügbaren Techniken assoziierte Emissionswerte“ der Bereich von Emissionswerten, die unter normalen Betriebsbedingungen unter Verwendung einer Maßnahme oder einer Kombination von Maßnahmen gemäß dem Stand der Technik entsprechend der Beschreibung in den BVT-Schlussfolgerungen erzielt werden, ausgedrückt als Mittelwert für einen vorgegebenen Zeitraum unter spezifischen Referenzbedingungen;
5. „Zukunftstechnik“ eine neue Technik für eine industrielle Tätigkeit, die bei gewerblicher Nutzung entweder ein höheres allgemeines Umweltschutzniveau oder zumindest das gleiche Umweltschutzniveau und größere Kostenersparnisse bieten könnte, als der bestehende Stand der Technik;
6. „gefährliche Stoffe“ Stoffe oder Gemische gemäß Art. 3 der Verordnung (EG) Nr. 1272/2008 über die Einstufung, Kennzeichnung und Verpackung von Stoffen und Gemischen, zur Änderung und Aufhebung der Richtlinien 67/548/EWG und 1999/45/EG und zur Änderung der Verordnung (EG) Nr. 1907/2006, ABl Nr. 353 vom 31.12.2008 S. 1, zuletzt geändert durch Verordnung (EU) Nr. 618/2012, ABl Nr. 179 vom 11.07.2012 S. 3;
7. „Bericht über den Ausgangszustand“ Informationen über den Stand der Verschmutzung des Bodens und des Grundwassers durch die relevanten gefährlichen Stoffe (Z 6);
8. „Boden“ die oberste Schicht der Erdkruste, die sich zwischen dem Grundgestein und der Oberfläche befindet; der Boden besteht aus Mineralpartikeln, organischem Material, Wasser, Luft und lebenden Organismen;
9. „Umweltinspektionen“ alle Maßnahmen, einschließlich Besichtigungen vor Ort, Überwachung der Emissionen und Überprüfung interner Berichte und Folgedokumente, Überprüfung der Eigenkontrolle, Prüfung der angewandten Techniken und der Eignung des Umweltmanagements der IPPC-Anlage, die von der Behörde oder in ihrem Namen zur Prüfung und Förderung der Einhaltung des Genehmigungskonsenses durch die IPPC-Anlagen und gegebenenfalls zur Überwachung ihrer Auswirkungen auf die Umwelt getroffen werden;
10. „Umweltverschmutzung“ die durch menschliche Tätigkeiten direkt oder indirekt bewirkte Freisetzung von Stoffen, Erschütterungen, Wärme oder Lärm in Luft, Wasser oder Boden, die der menschlichen Gesundheit oder der Umweltqualität schaden oder zu einer Schädigung von Sachwerten oder zu einer unzumutbaren Beeinträchtigung oder Störung des durch die Umwelt bedingten Wohlbefindens eines gesunden, normal empfindenden Menschen oder von anderen zulässigen Nutzungen der Umwelt führen können;
11. „CO_2-Strom“ ein Stofffluss, der sich aus den Verfahren der CO_2-Abscheidung ergibt. Ein CO_2–Strom besteht ganz überwiegend aus Kohlenstoffdioxid; es dürfen keine Abfälle oder anderen Stoffe zum Zweck der Entsorgung hinzugefügt werden. Ein CO_2-Strom darf jedoch zufällig anfallende Stoffe aus der Quelle oder aus dem Abscheidungs- oder Injektionsverfahren enthalten, und es dürfen Spurenstoffe zur Überwachung der CO_2-Migration hinzugefügt werden. Die Konzentrationen aller zufällig vorhandenen oder hinzugefügten Stoffe dürfen ein Niveau nicht überschreiten, das die Integrität der Speicherstätte oder der einschlägigen Transportinfrastruktur nachteilig beeinflusst oder ein erhebliches Risiko für die Umwelt oder die menschliche Gesundheit darstellen oder gegen geltendes Unionsrecht verstoßen würde.

§ 71c. (1) Die in den BVT-Merkblättern enthaltenen BVT-Schlussfolgerungen sind als Referenzdokumente für die Genehmigung, die wesentliche Änderung und die Anpassung (§ 81b) von IPPC-Anlagen mit dem Tag der Veröffentlichung im Amtsblatt der Europäischen Union anzuwenden. Bis zum Vorliegen von BVT-Schlussfolgerungen im Sinne des ersten Satzes gelten – mit Ausnahme der Festlegung von Emissionsgrenzwerten gemäß § 77b Abs. 2 und 3 – Schlussfolgerungen zum Stand der Technik aus BVT-Merkblättern, die von der Europäischen Kommission vor dem 6. Jänner 2011 angenommen worden sind, als Referenzdokumente für die Genehmigung oder die wesentliche Änderung von IPPC-Anlagen.

(2) Der Bundesminister für Wirtschaft, Familie und Jugend veröffentlicht die Fundstellen der für IPPC-Anlagen relevanten BVT-Schlussfolgerungen und BVT-Merkblätter auf der Homepage des Bundesministeriums für Wirtschaft, Familie und Jugend.

§ 72. (1) Gewerbetreibende dürfen Maschinen oder Geräte, die im Leerlauf oder bei üblicher Belastung einen größeren A-bewerteten Schallleistungspegel als 80 dB entwickeln, nur dann in den inländischen Verkehr bringen, wenn die Maschinen und Geräte mit einer deutlich sichtbaren und gut lesbaren sowie dauerhaften Aufschrift versehen sind, die den entsprechend der Verordnung gemäß Abs. 2 bestimmten A-bewerteten Schalleistungspegel bei Leerlauf und bzw. oder bei üblicher Belastung enthält.

(2) Der Bundesminister für wirtschaftliche Angelegenheiten hat entsprechend der Art der Maschinen und Geräte und dem Stand der Technik (§ 71a) durch Verordnung festzulegen, von wem und wie der A-bewertete Schalleistungspegel bei Leerlauf und bzw. oder bei üblicher Belastung zu bestimmen ist.

(3) Werden nicht unter Abs. 1 fallende Maschinen oder Geräte mit einer Aufschrift über die Geräuschentwicklung in den inländischen Verkehr gebracht, so hat diese Aufschrift, sofern für die in Betracht kommenden Arten von Maschinen oder Geräten eine Verordnung gemäß Abs. 2 besteht, den A-bewerteten Schalleistungspegel bei Leerlauf und bzw. oder bei üblicher Belastung zu enthalten, der entsprechend der Verordnung gemäß Abs. 2 ermittelt worden ist.

§ 73. (1) Wenn Gewerbetreibende regelmäßig Geschäftsbedingungen verwenden, so haben sie diese Geschäftsbedingungen in den für den Verkehr mit Kunden bestimmten Geschäftsräumen ersichtlich zu machen.

(2) Gewerbetreibende, die für vom Bundesminister für wirtschaftliche Angelegenheiten in einer Verordnung gemäß Abs. 3 bezeichnete gewerbliche Tätigkeiten Geschäftsbedingungen verwenden, sind verpflichtet, spätestens mit dem Beginn der Verwendung dieser Geschäftsbedingungen eine Ausfertigung dieser Geschäftsbedingungen dem Verein für Konsumenteninformation zu übermitteln; diese Verpflichtung gilt sinngemäß auch für Änderungen der bereits einer Anzeige angeschlossenen Geschäftsbedingungen. Verwendet ein Gewerbetreibender nicht mehr Geschäftsbedingungen, so hat er dies dem Verein für Konsumenteninformation innerhalb eines Monats mitzuteilen.

(3) Der Bundesminister für wirtschaftliche Angelegenheiten hat unter Bedachtnahme auf die Interessen der Kunden und die Wahrung der Rechtssicherheit im Geschäftsverkehr die dem Abs. 2 unterliegenden gewerblichen Tätigkeiten zu bezeichnen, bei deren Inanspruchnahme im Hinblick auf die Eigenart der betreffenden gewerblichen Tätigkeiten den Kunden Vermögensnachteile erwachsen können. In der Verordnung ist auch jener Zeitpunkt festzulegen, bis zu dem die Gewerbetreibenden, die in der Verordnung bezeichnete gewerbliche Tätigkeiten ausüben und im Zeitpunkt des Inkrafttretens der Verordnung hiefür Geschäftsbedingungen verwenden, ihre Geschäftsbedingungen gemäß Abs. 2 zu übermitteln haben.

(Anm.: Abs. 4 aufgehoben durch BGBl. I Nr. 28/2010)

(5) Verordnungen gemäß Abs. 4 können insbesondere Bestimmungen über Informationspflichten hinsichtlich der Kreditkosten (etwa Gesamtkreditkosten, Jahreszinssatz uä.) und der Zahlungsmodalitäten in bezug auf zu gewährende Kredite sowie Methoden für die Berechnung der Kreditkosten zum Gegenstand haben. Weiters können in einer Verordnung gemäß Abs. 4 bestimmte Kreditgewährungen und das Anbieten bestimmter Kredite – auch im Hinblick auf die Höhe des zu gewährenden Kredites – vom Geltungsbereich einer Verordnung gemäß Abs. 4 ausgenommen werden, wenn nach objektiven Gesichtspunkten ein Informationsbedürfnis im Sinne des Abs. 4 nicht oder nur in geringem Maße gegeben ist.

(6) Bis zum Inkrafttreten einer Verordnung gemäß Abs. 4 und 5 bleibt § 73 Abs. 6 und 7 in der Fassung der Gewerberechtsnovelle 1988, BGBl. Nr. 399, weiterhin in Geltung.

§ 73a. Gewerbetreibende, die Waren zum Verkauf feilhalten, deren Preis nach der Masse berechnet wird, oder die Waren zur Entnahme durch den Käufer feilhalten und hiefür eine bestimmte Masse angeben, müssen über eine geeignete Waage verfügen, die es dem Käufer ermöglicht, die Masse der von ihm gekauften Waren in der Verkaufsstelle nachprüfen zu lassen. Dies gilt nicht für Waren mit Masseangabe, die dem Gewerbetreibenden vorverpackt und originalverschlossen angeliefert werden.

8. Betriebsanlagen

§ 74. (1) Unter einer gewerblichen Betriebsanlage ist jede örtlich gebundene Einrichtung zu verstehen, die der Entfaltung einer gewerblichen Tätigkeit nicht bloß vorübergehend zu dienen bestimmt ist.

(2) Gewerbliche Betriebsanlagen dürfen nur mit Genehmigung der Behörde errichtet oder betrieben werden, wenn sie wegen der Verwendung von Maschinen und Geräten, wegen ihrer Betriebsweise, wegen ihrer Ausstattung oder sonst geeignet sind,

1. das Leben oder die Gesundheit des Gewerbetreibenden, der nicht den Bestimmungen des ArbeitnehmerInnenschutzgesetzes, BGBl. Nr. 450/1994, in der jeweils geltenden Fassung, unterliegenden mittätigen Familienangehörigen oder des nicht den Bestimmungen des ArbeitnehmerInnenschutzgesetzes, BGBl. Nr. 450/1994, in der jeweils geltenden Fassung, unterliegenden mittätigen eingetragenen Partners, der Nachbarn oder der Kunden, die die Betriebsanlage der Art des Betriebes gemäß aufsuchen, oder das Eigentum oder sonstige dingliche Rechte der Nachbarn zu gefährden; als dingliche Rechte im Sinne dieses Bundesgesetzes gelten auch die im § 2 Abs. 1 Z 4 lit. g angeführten Nutzungsrechte,

2. die Nachbarn durch Geruch, Lärm, Rauch, Staub, Erschütterung oder in anderer Weise zu belästigen,
3. die Religionsausübung in Kirchen, den Unterricht in Schulen, den Betrieb von Kranken- und Kuranstalten oder die Verwendung oder den Betrieb anderer öffentlichen Interessen dienender benachbarter Anlagen oder Einrichtungen zu beeinträchtigen,
4. die Sicherheit, Leichtigkeit und Flüssigkeit des Verkehrs an oder auf Straßen mit öffentlichem Verkehr wesentlich zu beeinträchtigen oder
5. eine nachteilige Einwirkung auf die Beschaffenheit der Gewässer herbeizuführen, sofern nicht ohnedies eine Bewilligung auf Grund wasserrechtlicher Vorschriften vorgeschrieben ist.

(3) Die Genehmigungspflicht besteht auch dann, wenn die Gefährdungen, Belästigungen, Beeinträchtigungen oder nachteiligen Einwirkungen nicht durch den Inhaber der Anlage oder seine Erfüllungsgehilfen, sondern durch Personen in der Betriebsanlage bewirkt werden können, die die Anlage der Art des Betriebes gemäß in Anspruch nehmen.

(4) Bergbauanlagen, in denen vom Bergbauberechtigten auch gewerbliche Tätigkeiten ausgeübt werden, die mit Tätigkeiten der im § 2 Abs. 1 oder im § 107 des Mineralrohstoffgesetzes – MinroG, BGBl. I Nr. 38/1999, in der jeweils geltenden Fassung, genannten Art in wirtschaftlichem und fachlichem Zusammenhang stehen, bedürfen keiner Genehmigung gemäß Abs. 2, wenn sie nach bergrechtlichen Vorschriften bewilligt sind und der Charakter der Anlage als Bergbauanlage gewahrt bleibt. Weist eine Anlage nicht mehr den Charakter einer Bergbauanlage, sondern den Charakter einer gewerblichen Betriebsanlage auf, so hat dies der Anlageninhaber unverzüglich der Bergbehörde, die die Anlage bewilligt hat, und der nunmehr zur Genehmigung der Anlage zuständigen Gewerbebehörde anzuzeigen. Ab dem Einlangen dieser Anzeige bei der Gewerbebehörde gilt die Anlagenbewilligung nach bergrechtlichen Vorschriften als Genehmigung gemäß Abs. 2.

(5) Anlagen zur Erzeugung elektrischen Stroms, die auch der mit dieser Tätigkeit in wirtschaftlichem und fachlichem Zusammenhang stehenden Gewinnung und Abgabe von Wärme dienen, bedürfen keiner Genehmigung gemäß Abs. 2, wenn sie nach anderen bundesrechtlichen Vorschriften für derartige Anlagen bewilligt sind und der Charakter der Anlage als Stromerzeugungsanlage gewahrt bleibt.

(6) Abs. 4 vorletzter und letzter Satz gilt sinngemäß für eine nach anderen als bergrechtlichen Vorschriften genehmigte oder bewilligte Anlage, die nicht mehr den Charakter einer solchen vom Geltungsbereich dieses Bundesgesetzes ausgenommenen Anlage, sondern den Charakter einer gewerblichen Betriebsanlage im Sinne des Abs. 2 aufweist.

(7) Der Bundesminister für wirtschaftliche Angelegenheiten kann Arten von Betriebsanlagen, für die jedenfalls keine Genehmigung erforderlich ist, durch Verordnung bezeichnen, wenn von ihnen erwartet werden kann, daß die gemäß § 74 Abs. 2 wahrzunehmenden Interessen hinreichend geschützt sind.

§ 75. (1) Unter einer Gefährdung des Eigentums im Sinne des § 74 Abs. 2 Z 1 ist die Möglichkeit einer bloßen Minderung des Verkehrswertes des Eigentums nicht zu verstehen.

(2) Nachbarn im Sinne dieses Bundesgesetzes sind alle Personen, die durch die Errichtung, den Bestand oder den Betrieb einer Betriebsanlage gefährdet oder belästigt oder deren Eigentum oder sonstige dingliche Rechte gefährdet werden könnten. Als Nachbarn gelten nicht Personen, die sich vorübergehend in der Nähe der Betriebsanlage aufhalten und nicht im Sinne des vorherigen Satzes dinglich berechtigt sind. Als Nachbarn gelten jedoch die Inhaber von Einrichtungen, in denen sich, wie etwa in Beherbergungsbetrieben, Krankenanstalten und Heimen, regelmäßig Personen vorübergehend aufhalten, hinsichtlich des Schutzes dieser Personen, und die Erhalter von Schulen hinsichtlich des Schutzes der Schüler, der Lehrer und der sonst in Schulen ständig beschäftigten Personen.

(3) Als Nachbarn sind auch die im Abs. 2 erster Satz genannten Personen zu behandeln, die auf grenznahen Grundstücken im Ausland wohnen, wenn in dem betreffenden Staat österreichische Nachbarn in den entsprechenden Verfahren rechtlich oder doch tatsächlich den gleichen Nachbarschaftsschutz genießen.

§ 76. (1) Der Bundesminister für wirtschaftliche Angelegenheiten kann durch Verordnung Maschinen, Geräte und Ausstattungen bezeichnen, deren Verwendung für sich allein die Genehmigungspflicht einer Anlage nicht begründet, weil sie so beschaffen sind oder mit Schutzvorrichtungen so versehen oder für ihre Verwendung andere Schutzmaßnahmen, zu denen auch die Beigabe von Aufstellungs-, Montage-, Bedienungs-, Kontroll- und Wartungsanleitungen zählt, so getroffen sind, daß nach dem Stand der Technik (§ 71a) und dem Stand der medizinischen oder der sonst in Betracht kommenden Wissenschaften zu erwarten ist, daß Gefährdungen, Belästigungen, Beeinträchtigungen oder nachteilige Einwirkungen im Sinne des § 74 Abs. 2 oder Belastungen der Umwelt (§ 69a) vermieden werden.

(2) Ist diesbezüglich keine Regelung in einer Verordnung gemäß Abs. 1 erlassen worden, so

hat der Bundesminister für wirtschaftliche Angelegenheiten für eine bestimmte Bauart, für eine bestimmte Maschine, für ein bestimmtes Gerät oder für eine bestimmte Ausstattung auf Antrag durch Bescheid festzustellen, ob die Voraussetzungen gemäß Abs. 1 dafür gegeben sind, daß die Verwendung dieser Bauart, dieser Maschine, dieses Gerätes oder dieser Ausstattung für sich allein die Genehmigungspflicht einer Anlage nicht begründet. Der Antrag kann vom Erzeuger oder auch von anderen Personen gestellt werden, die ein sachliches Interesse an der Feststellung nachweisen.

(3) Im Genehmigungsverfahren sind unter Abs. 1 oder Abs. 2 fallende Maschinen, Geräte oder Ausstattungen nur dann zu berücksichtigen, wenn durch die Verbindung der Maschine, des Gerätes oder der Ausstattung mit anderen Anlageteilen oder durch die Anzahl der Maschinen, Geräte oder Ausstattungen Gefährdungen, Belästigungen, Beeinträchtigungen oder nachteilige Einwirkungen im Sinne des § 74 Abs. 2 bewirkt werden können.

§ 76a. (1) Für Gastgärten, die sich auf öffentlichem Grund befinden oder an öffentliche Verkehrsflächen angrenzen, ist für die Zeit von 8 bis 23 Uhr keine Genehmigung erforderlich, wenn

1. sie ausschließlich der Verabreichung von Speisen und dem Ausschank von Getränken dienen,
2. sie über nicht mehr als 75 Verabreichungsplätze verfügen,
3. in ihnen lauteres Sprechen als der übliche Gesprächston der Gäste, Singen und Musizieren vom Gastgewerbetreibenden untersagt ist und auf dieses Verbot hinweisende Anschläge dauerhaft und von allen Zugängen zum Gastgarten deutlich erkennbar angebracht sind, und
4. auf Grund der geplanten Ausführung zu erwarten ist, dass die gemäß § 74 Abs. 2 wahrzunehmenden Interessen hinreichend geschützt sind und Belastungen der Umwelt (§ 69a) vermieden werden; eine wesentliche Beeinträchtigung des Verkehrs im Sinne des § 74 Abs. 2 Z 4 ist jedenfalls nicht zu erwarten, wenn der Gastgarten gemäß § 82 Straßenverkehrsordnung 1960 – StVO 1960, BGBl. Nr. 159/1960, in der jeweils geltenden Fassung, bewilligt ist.

(2) Für Gastgärten, die sich weder auf öffentlichem Grund befinden noch an öffentliche Verkehrsflächen angrenzen, ist für die Zeit von 9 bis 22 Uhr keine Genehmigung erforderlich, wenn die Voraussetzungen gemäß Abs. 1 Z 1 bis Z 4 sinngemäß erfüllt sind.

(3) Der Betrieb eines Gastgartens im Sinne des Abs. 1 oder des Abs. 2 ist der Behörde vorher anzuzeigen. Dieser Anzeige sind Unterlagen im Sinne des § 353 Z 1 lit. a bis lit. c in vierfacher Ausfertigung anzuschließen.

(4) Sind die Voraussetzungen gemäß Abs. 1 oder Abs. 2 nicht erfüllt, so hat die Behörde unbeschadet eines Verfahrens nach §§ 366 ff dies festzustellen und den Betrieb des Gastgartens zu untersagen. Die Behörde hat diesen Bescheid spätestens drei Monate nach Einlangen der Anzeige samt Unterlagen zu erlassen.

(5) Wenn die in Abs. 1 oder Abs. 2 angeführten Voraussetzungen wiederholt nicht eingehalten werden, hat die Behörde den Gastgarteninhaber mit Verfahrensanordnung zur Einhaltung der Voraussetzungen aufzufordern. Kommt der Gewerbetreibende dieser Aufforderung nicht nach, so hat die Behörde mit Bescheid die Schließung des Gastgartens zu verfügen. § 360 Abs. 4 letzter Satz und Abs. 5 sind sinngemäß anzuwenden.

(6) Mit Erteilung einer Genehmigung gemäß § 81 treten Bescheide gemäß Abs. 4 oder Abs. 5 außer Wirksamkeit.

(7) Gastgärten, die im Sinne des Abs. 1 Z 1 bis Z 4, jedoch über die in Abs. 1 oder Abs. 2 angeführten Zeiten hinaus betrieben werden, bedürfen einer Genehmigung, wenn es zur Wahrung der im § 74 Abs. 2 umschriebenen Interessen erforderlich ist.

GewO

(8) Auf Gastgärten, die im Sinne des Abs. 1 oder Abs. 2 betrieben werden, sind die §§ 79 und 79a mit der Maßgabe anzuwenden, dass Auflagen und Einschränkungen der Betriebszeit zugunsten von Nachbarn im Sinne des § 75 Abs. 2 und 3 nur soweit vorzuschreiben sind, als diese notwendig sind.

(9) Die Gemeinde kann mit Verordnung abweichende Regelungen betreffend die in Abs. 1 und Abs. 2 festgelegten Zeiten für solche Gebiete festlegen, die insbesondere wegen ihrer Flächenwidmung, ihrer Verbauungsdichte, der in ihnen bestehenden Bedürfnisse im Sinne des § 113 Abs. 1 und ihrer öffentlichen Einrichtungen, wie Krankenhäuser, Altersheime, Bahnhöfe, Theater, Sportplätze und Parks, diese Sonderregelung rechtfertigen. Im Besonderen kann in der Verordnung auch in Gebieten mit besonderen touristischen Einrichtungen oder Erwartungshaltungen (Tourismusgebiete) eine Zeit insbesondere bis 24 Uhr als gerechtfertigt angesehen werden.

§ 77. (1) Die Betriebsanlage ist zu genehmigen, wenn nach dem Stand der Technik (§ 71a) und dem Stand der medizinischen und der sonst in Betracht kommenden Wissenschaften zu erwarten ist, daß überhaupt oder bei Einhaltung der erforderlichenfalls vorzuschreibenden bestimmten geeigneten Auflagen die nach den Umständen des Einzelfalles voraussehbaren Gefährdungen im Sinne des § 74 Abs. 2 Z 1 vermieden und Belästigungen, Beeinträchtigungen oder nachteilige Einwirkungen im Sinne des § 74 Abs. 2 Z 2 bis 5 auf ein zumutbares Maß beschränkt werden. Die nach dem ersten Satz vorzuschreibenden

Auflagen haben erforderlichenfalls auch Maßnahmen für den Fall der Unterbrechung des Betriebes und der Auflassung der Anlage zu umfassen; die Behörde kann weiters zulassen, daß bestimmte Auflagen erst ab einem dem Zeitaufwand der hiefür erforderlichen Maßnahmen entsprechend festzulegenden Zeitpunkt nach Inbetriebnahme der Anlage oder von Teilen der Anlage eingehalten werden müssen, wenn dagegen keine Bedenken vom Standpunkt des Schutzes der im § 74 Abs. 2 umschriebenen Interessen bestehen.

(2) Ob Belästigungen der Nachbarn im Sinne des § 74 Abs. 2 Z 2 zumutbar sind, ist danach zu beurteilen, wie sich die durch die Betriebsanlage verursachten Änderungen der tatsächlichen örtlichen Verhältnisse auf ein gesundes, normal empfindendes Kind und auf einen gesunden, normal empfindenden Erwachsenen auswirken.

(3) Die Behörde hat Emissionen von Luftschadstoffen jedenfalls nach dem Stand der Technik (§ 71a) zu begrenzen. Die für die zu genehmigende Anlage in Betracht kommenden Bestimmungen einer Verordnung gemäß § 10 des Immissionsschutzgesetzes-Luft (IG-L), BGBl. I Nr. 115/1997, in der jeweils geltenden Fassung, sind anzuwenden. Sofern in dem Gebiet, in dem eine neue Anlage oder eine emissionserhöhende Anlagenerweiterung genehmigt werden soll, bereits mehr als 35 Überschreitungen des Tagesmittelwertes für PM_{10} gemäß Anlage 1a zum IG-L oder eine Überschreitung

- des um 10 µg/m^3 erhöhten Jahresmittelwertes für Stickstoffdioxid gemäß Anlage 1a zum IG-L,
- des Jahresmittelwertes für PM_{10} gemäß Anlage 1a zum IG-L,
- des Jahresmittelwertes für $PM_{2,5}$ gemäß Anlage 1b zum IG-L,
- eines in einer Verordnung gemäß § 3 Abs. 5 IG-L festgelegten Immissionsgrenzwertes,
- des Halbstundenmittelwertes für Schwefeldioxid gemäß Anlage 1a zum IG-L,
- des Tagesmittelwertes für Schwefeldioxid gemäß Anlage 1a zum IG-L,
- des Halbstundenmittelwertes für Stickstoffdioxid gemäß Anlage 1a zum IG-L,
- des Grenzwertes für Blei in PM_{10} gemäß Anlage 1a zum IG-L oder
- eines Grenzwertes gemäß Anlage 5b zum IG-L

vorliegt oder durch die Genehmigung zu erwarten ist, ist die Genehmigung nur dann zu erteilen, wenn

1. die Emissionen der Anlage keinen relevanten Beitrag zur Immissionsbelastung leisten oder
2. der zusätzliche Beitrag durch emissionsbegrenzende Auflagen im technisch möglichen und wirtschaftlich zumutbaren Ausmaß beschränkt wird und die zusätzlichen Emissionen erforderlichenfalls durch Maßnahmen zur Senkung der Immissionsbelastung, insbesondere auf Grund eines Programms gemäß § 9a IG-L oder eines Maßnahmenkatalogs gemäß § 10 des Immissionsschutzgesetzes-Luft in der Fassung des Bundesgesetzes BGBl. I Nr. 34/2003, ausreichend kompensiert werden, so dass in einem realistischen Szenario langfristig keine weiteren Überschreitungen der in diesem Absatz angeführten Werte anzunehmen sind, sobald diese Maßnahmen wirksam geworden sind.

(4) Die Betriebsanlage ist erforderlichenfalls unter Vorschreibung bestimmter geeigneter Auflagen zu genehmigen, wenn die Abfälle (§ 2 Abfallwirtschaftsgesetz) nach dem Stand der Technik (§ 71a) vermieden oder verwertet oder, soweit dies wirtschaftlich nicht vertretbar ist, ordnungsgemäß entsorgt werden. Ausgenommen davon sind Betriebsanlagen, soweit deren Abfälle nach Art und Menge mit denen der privaten Haushalte vergleichbar sind.

(Anm.: Abs. 5 bis 9 aufgehoben durch BGBl. I Nr. 111/2010)

§ 77a. (1) Im Genehmigungsbescheid, in dem auf die eingelangten Stellungnahmen (§ 356a Abs. 2 und 4) Bedacht zu nehmen ist, ist über § 77 hinaus sicherzustellen, dass IPPC-Anlagen so errichtet, betrieben und aufgelassen werden, dass:

1. alle geeigneten Vorsorgemaßnahmen gegen Umweltverschmutzungen, insbesondere durch den Einsatz von dem Stand der Technik entsprechenden technologischen Verfahren, Einrichtungen und Betriebsweisen sowie durch die effiziente Verwendung von Energie, getroffen werden;
2. die notwendigen Maßnahmen ergriffen werden, um Unfälle zu verhindern und deren Folgen zu begrenzen;
3. die erforderlichen Maßnahmen getroffen werden, um bei der Auflassung der IPPC-Anlage die Gefahr einer Umweltverschmutzung zu vermeiden und um einen zufrieden stellenden Zustand des IPPC-Anlagengeländes im Sinne des § 83a wiederherzustellen.

(2) Soweit nicht bereits nach Abs. 1 geboten, hat der Genehmigungsbescheid für IPPC-Anlagen zu enthalten:

1. jedenfalls dem Stand der Technik entsprechende Emissionsgrenzwerte für in der **Anlage 4** zu diesem Bundesgesetz genannte Schadstoffe sowie für sonstige Schadstoffe, sofern sie von der IPPC-Anlage in relevanter Menge emittiert werden können, wobei die mögliche Verlagerung der Verschmutzung von einem Medium (Wasser, Luft, Boden) in ein anderes zu berücksichtigen ist, um zu einem hohen Schutzniveau für die Umwelt insgesamt beizutragen; gegebenenfalls dürfen andere dem Stand der Technik

entsprechende technische Maßnahmen vorgesehen werden, die zu einem gleichwertigen Ergebnis führen, hierbei sind die technische Beschaffenheit der betreffenden IPPC-Anlage, ihr geographischer Standort und die jeweiligen örtlichen Umweltbedingungen zu berücksichtigen;

2. Anforderungen an die Überwachung der Emissionen (einschließlich Messmethodik, Messhäufigkeit und Bewertungsverfahren sowie in den Fällen des § 77b Abs. 2 Z 2 der Vorgabe, dass die Ergebnisse der Überwachung der Emissionen für die gleichen Zeiträume und Referenzbedingungen verfügbar sein müssen wie für die mit den besten verfügbaren Techniken assoziierten Emissionswerte); die Überwachungsauflagen sind gegebenenfalls auf die in den BVT-Schlussfolgerungen beschriebenen Überwachungsanforderungen zu stützen;
3. die Verpflichtung des Anlageninhabers, der Behörde regelmäßig, mindestens jedoch einmal jährlich, folgende Unterlagen zu übermitteln:
   a) Informationen auf der Grundlage der Ergebnisse der Emissionsüberwachung (Z 2) und sonstige erforderliche Daten, die der Behörde die Überprüfung der Einhaltung des konsensgemäßen Zustands ermöglichen und
   b) in den Fällen des § 77b Abs. 2 Z 2 eine Zusammenfassung der Ergebnisse der Emissionsüberwachung, die einen Vergleich mit den mit den besten verfügbaren Techniken assoziierten Emissionswerten ermöglicht;
4. angemessene Auflagen zum Schutz des Bodens und des Grundwassers sowie angemessene Anforderungen an die regelmäßige Wartung und die Überwachung der Maßnahmen zur Vermeidung der Verschmutzung des Bodens und des Grundwassers;
5. angemessene Anforderungen betreffend die wiederkehrende Überwachung des Bodens und des Grundwassers auf die relevanten gefährlichen Stoffe (§ 71b Z 6), die wahrscheinlich vor Ort anzutreffen sind, unter Berücksichtigung möglicher Boden- und Grundwasserverschmutzungen auf dem Gelände der IPPC-Anlage; die wiederkehrende Überwachung muss mindestens alle fünf Jahre für das Grundwasser und mindestens alle zehn Jahre für den Boden durchgeführt werden, es sei denn, diese Überwachung erfolgt anhand einer systematischen Beurteilung des Verschmutzungsrisikos;
6. Maßnahmen für andere als normale Betriebsbedingungen.

(3) Wird dem Genehmigungsbescheid ein Stand der Technik zugrunde gelegt, der in keiner der einschlägigen BVT-Schlussfolgerungen beschrieben ist, muss gewährleistet sein, dass die angewandte Technologie und die Art und Weise, wie die IPPC-Anlage geplant, gebaut, gewartet, betrieben und aufgelassen wird, unter Berücksichtigung der in der **Anlage 6** zu diesem Bundesgesetz angeführten Kriterien bestimmt wird und dass die Anforderungen des § 77b erfüllt werden.

(4) Enthalten die einschlägigen BVT-Schlussfolgerungen keine mit den besten verfügbaren Techniken assoziierten Emissionswerte, so muss gewährleistet sein, dass die gemäß Abs. 3 festgelegte Technik ein Umweltschutzniveau erreicht, das dem in den einschlägigen BVT-Schlussfolgerungen beschriebenen Stand der Technik gleichwertig ist.

(5) Liegen für eine Tätigkeit oder einen Produktionsprozess in einer IPPC-Anlage keine BVT-Schlussfolgerungen vor oder decken diese Schlussfolgerungen nicht alle möglichen Umweltauswirkungen der Tätigkeit oder des Prozesses ab, so hat die Behörde nach Konsultation des Genehmigungswerbers die erforderlichen Auflagen auf der Grundlage des Standes der Technik unter Berücksichtigung der in der **Anlage 6** zu diesem Bundesgesetz angeführten Kriterien vorzuschreiben.

(6) Im Genehmigungsbescheid für IPPC-Anlagen sind über den Stand der Technik hinausgehende bestimmte, geeignete Auflagen vorzuschreiben, wenn und soweit dies zur Verhinderung des Überschreitens eines unionsrechtlich festgelegten Immissionsgrenzwertes erforderlich ist.

(7) Die Behörde hat in einer in der betroffenen Gemeinde verbreiteten periodisch erscheinenden Zeitung und im Internet bekannt zu geben, dass die Entscheidung über die Genehmigung einer IPPC-Anlage innerhalb eines bestimmten, mindestens sechs Wochen betragenden, Zeitraums bei der Behörde während der Amtsstunden zur Einsichtnahme aufliegt. Diese Bekanntgabe hat auch Angaben über das Verfahren zur Beteiligung der Öffentlichkeit zu enthalten. Der Inhalt der Entscheidung ist der Öffentlichkeit jedenfalls auch im Internet (Weblink) zugänglich zu machen; dies gilt auch für Bescheide gemäß § 81b. Betriebs- und Geschäftsgeheimnisse sind zu wahren.

(8) Mit Ablauf von zwei Wochen nach der Bekanntgabe gemäß Abs. 7 gilt der Bescheid betreffend die Genehmigung einer IPPC-Anlage auch gegenüber jenen Personen als zugestellt, die sich am Verfahren nicht oder nicht rechtzeitig (§ 42 AVG) beteiligt und deshalb keine Parteistellung erlangt haben. Ab dem Tag der Kundmachung im Internet ist solchen Personen, die glaubhaft machen, dass ihnen ein Beschwerderecht zukommt, Einsicht in den Verwaltungsakt zu gewähren.

(9) Werden in einer Beschwerde gegen den Bescheid betreffend die Genehmigung einer IPPC-Anlage Einwendungen oder Gründe erstmals vorgebracht, so sind diese nur zulässig, wenn in der

Beschwerde begründet wird, warum sie nicht bereits während der Einwendungsfrist im Genehmigungsverfahren geltend gemacht werden konnten, und der Beschwerdeführer glaubhaft macht, dass ihn am Unterbleiben der Geltendmachung während der Einwendungsfrist kein Verschulden oder nur ein minderer Grad des Versehens trifft. Wenn dies bei sämtlichen Beschwerdegründen nicht glaubhaft gemacht werden kann, ist die Beschwerde als unzulässig zurückzuweisen, wenn jedoch nur teilweise Gründe betroffen sind, ist die Beschwerde in diesen Punkten nicht zu behandeln.

§ 77b. (1) Die Emissionsgrenzwerte für Schadstoffe im Sinne des § 77a Abs. 2 Z 1 gelten an dem Punkt, an dem die Emissionen die IPPC-Anlagenteile verlassen, wobei eine etwaige Verdünnung vor diesem Punkt bei der Festsetzung der Grenzwerte nicht berücksichtigt wird. Die emittierte Schadstofffracht ist das zu minimierende Kriterium. Die wasserrechtlichen Vorschriften bleiben unberührt.

(2) Hinsichtlich der Emissionsgrenzwerte im Sinne des § 77a Abs. 2 muss durch eine der folgenden Maßnahmen sichergestellt werden, dass die Emissionen unter normalen Betriebsbedingungen die mit den besten verfügbaren Techniken assoziierten Emissionswerte der BVT-Schlussfolgerungen gemäß § 71c Abs. 1 nicht überschreiten:

1. Festlegung von Emissionsgrenzwerten, die die mit den besten verfügbaren Techniken assoziierten Emissionswerte nicht überschreiten; diese Emissionsgrenzwerte werden für die gleichen oder kürzeren Zeiträume und unter denselben Referenzbedingungen ausgedrückt wie die mit den besten verfügbaren Techniken assoziierten Emissionswerte;

oder

2. Festlegung von Emissionsgrenzwerten, die in Bezug auf Werte, Zeiträume und Referenzbedingungen von den in der Z 1 angeführten Emissionsgrenzwerten abweichen; in diesem Fall hat die Behörde mindestens jährlich die Ergebnisse der Emissionsüberwachung zu bewerten, um sicherzustellen, dass die Emissionen unter normalen Betriebsbedingungen die mit den besten verfügbaren Techniken assoziierten Emissionswerte nicht überschritten haben.

(3) Abweichend von Abs. 2 darf die Behörde unbeschadet des § 77a Abs. 6 in besonderen Fällen weniger strenge Emissionsgrenzwerte festlegen, wenn eine Bewertung ergibt, dass die Erreichung der mit den besten verfügbaren Techniken assoziierten Emissionswerte entsprechend der Beschreibung in den BVT-Schlussfolgerungen wegen des geografischen Standorts und der lokalen Umweltbedingungen der IPPC-Anlage oder der technischen Merkmale der IPPC-Anlage gemessen am Umweltnutzen zu unverhältnismäßig höheren Kosten führen würde. Jedenfalls ist sicherzustellen, dass keine erheblichen Umweltverschmutzungen verursacht werden und ein hohes Schutzniveau für die Umwelt insgesamt erreicht wird. Im Genehmigungsbescheid sind die Ergebnisse der Bewertung festzuhalten und die Vorschreibung weniger strenger Emissionsgrenzwerte im Sinne des ersten Satzes und die entsprechenden Auflagen zu begründen.

(4) Die Behörde darf für einen Gesamtzeitraum von höchstens neun Monaten vorübergehende Abweichungen von den Auflagen im Sinne der Absätze 2 und 3 sowie von den gemäß § 77a Abs. 1 Z 1 zu treffenden Vorsorgemaßnahmen für die Erprobung und Anwendung von Zukunftstechniken genehmigen, sofern nach dem festgelegten Zeitraum die Anwendung der betreffenden Technik beendet wird oder im Rahmen der Tätigkeit mindestens die mit den besten verfügbaren Techniken assoziierten Emissionswerte erreicht werden.

§ 78. (1) Anlagen oder Teile von Anlagen dürfen vor Eintritt der Rechtskraft des Genehmigungsbescheides errichtet und betrieben werden, wenn dessen Auflagen bei der Errichtung und beim Betrieb der Anlage eingehalten werden. Dieses Recht endet mit der Erlassung des Erkenntnisses über die Beschwerde gegen den Genehmigungsbescheid, spätestens jedoch drei Jahre nach der Zustellung des Genehmigungsbescheides an den Genehmigungswerber. Die zur Entscheidung berufene Behörde hat die Inanspruchnahme dieses Rechtes auszuschließen, wenn der Begründung der Beschwerde zu entnehmen ist, daß auf Grund der besonderen Situation des Einzelfalles trotz Einhaltung der Auflagen des angefochtenen Bescheides eine Gefährdung des Lebens oder der Gesundheit zu erwarten ist.

(Anm.: Abs. 2 aufgehoben durch BGBl. I Nr. 85/2013)

(3) Die Behörde kann bei der Genehmigung von Rohrleitungsanlagen, mit denen brennbare Gase mit einem den atmosphärischen Druck um mehr als 1 bar übersteigenden Betriebsdruck oder Erdöl oder flüssige Erdölprodukte befördert werden, im Genehmigungsbescheid auch den Abschluß und den Fortbestand einer Haftpflichtversicherung vorschreiben, wenn der Ersatz für Schädigungen, die im Hinblick auf die besondere Gefährlichkeit des Betriebes solcher Anlagen möglich sind, in anderer Weise nicht gesichert ist. Diese Bestimmung gilt nicht für Rohrleitungsanlagen, die der Verteilung von brennbaren Gasen, Erdöl oder Erdölprodukten innerhalb von Gebäuden oder abgegrenzten Grundstücken dienen.

§ 79. (1) Ergibt sich nach Genehmigung der Anlage, daß die gemäß § 74 Abs. 2 wahrzunehmenden Interessen trotz Einhaltung der im Genehmigungsbescheid vorgeschriebenen Auflagen nicht hinreichend geschützt sind, so hat die Behörde die nach dem Stand der Technik (§ 71a) und dem Stand der medizinischen und der sonst in Betracht kommenden Wissenschaften zur Erreichung dieses Schutzes erforderlichen anderen oder zusätzlichen Auflagen (§ 77 Abs. 1) vorzuschreiben; die Auflagen haben gegebenenfalls auch die zur Erreichung dieses Schutzes erforderliche Beseitigung eingetretener Folgen von Auswirkungen der Anlage zu umfassen; die Behörde hat festzulegen, daß bestimmte Auflagen erst nach Ablauf einer angemessenen, höchstens drei Jahre, in besonders berücksichtigungswürdigen Fällen (zB bei Betriebsübernahmen) höchstens fünf Jahre, betragenden Frist eingehalten werden müssen, wenn der Inhaber der Betriebsanlage nachweist, daß ihm (zB wegen der mit der Übernahme des Betriebes verbundenen Kosten) die Einhaltung dieser Auflagen erst innerhalb dieser Frist wirtschaftlich zumutbar ist, und gegen die Fristeinräumung keine Bedenken vom Standpunkt des Schutzes der im § 74 Abs. 2 umschriebenen Interessen bestehen. Die Behörde hat solche Auflagen nicht vorzuschreiben, wenn sie unverhältnismäßig sind, vor allem wenn der mit der Erfüllung der Auflagen verbundene Aufwand außer Verhältnis zu dem mit den Auflagen angestrebten Erfolg steht. Dabei sind insbesondere Art, Menge und Gefährlichkeit der von der Anlage ausgehenden Emissionen und der von ihr verursachten Immissionen sowie die Nutzungsdauer und die technischen Besonderheiten der Anlage zu berücksichtigen.

(2) Zugunsten von Personen, die erst nach Genehmigung der Betriebsanlage Nachbarn im Sinne des § 75 Abs. 2 und 3 geworden sind, sind Auflagen im Sinne des Abs. 1 nur soweit vorzuschreiben, als diese zur Vermeidung einer Gefährdung des Lebens oder der Gesundheit dieser Personen notwendig sind. Auflagen im Sinne des Abs. 1 zur Vermeidung einer über die unmittelbare Nachbarschaft hinausreichenden beträchtlichen Belastung durch Luftschadstoffe, Lärm oder gefährliche Abfälle sind, sofern sie nicht unter den ersten Satz fallen, zugunsten solcher Personen nur dann vorzuschreiben, wenn diese Auflagen im Sinne des Abs. 1 verhältnismäßig sind.

(3) Könnte der hinreichende Schutz der gemäß § 74 Abs. 2 wahrzunehmenden Interessen nach Abs. 1 oder 2 nur durch die Vorschreibung solcher anderer oder zusätzlicher Auflagen erreicht werden, durch die die genehmigte Betriebsanlage in ihrem Wesen verändert würde, so hat die Behörde dem Inhaber der Anlage mit Bescheid aufzutragen, zur Erreichung des hinreichenden Interessenschutzes und der Begrenzung der Emissionen von Luftschadstoffen nach dem Stand der Technik innerhalb einer dem hiefür erforderlichen Zeitaufwand angemessenen Frist ein Sanierungskonzept für die Anlage zur Genehmigung vorzulegen; für dieses Sanierungskonzept ist der Grundsatz der Verhältnismäßigkeit (Abs. 1) maßgebend. Im Bescheid, mit dem die Sanierung genehmigt wird, hat die Behörde, erforderlichenfalls unter Vorschreibung bestimmter Auflagen, eine dem Zeitaufwand für die vorgesehenen Sanierungsmaßnahmen entsprechende Frist zur Durchführung der Sanierung festzulegen. § 81 Abs. 1 ist auf diese Sanierung nicht anzuwenden.

(4) Die Behörde hat dem Inhaber einer genehmigten Betriebsanlage, die in einem Sanierungsgebiet liegt und von Anordnungen einer Verordnung gemäß § 10 des Immissionsschutzgesetzes – Luft, in der jeweils geltenden Fassung, betroffen ist, erforderlichenfalls mit Bescheid aufzutragen, zur Erfüllung dieser Anordnungen innerhalb einer dem hiefür erforderlichen Zeitaufwand angemessenen Frist ein Sanierungskonzept für die Anlage vorzulegen. Im Bescheid, mit dem die Sanierung, erforderlichenfalls unter Vorschreibung bestimmter Auflagen, genehmigt wird, hat die Behörde dem Anlageninhaber die Durchführung der genehmigten Sanierung innerhalb der Sanierungsfrist aufzutragen, die sich aus der Verordnung gemäß § 10 IG-L oder aus dem Programm gemäß § 9a IG-L ergibt. § 81 Abs. 1 ist auf diese Sanierung nicht anzuwenden.

GewO

§ 79a. (1) Die Behörde hat ein Verfahren gemäß § 79 Abs. 1 von Amts wegen oder nach Maßgabe des Abs. 2 auf Antrag des Bundesministers für Umwelt, Jugend und Familie oder nach Maßgabe des Abs. 3 auf Antrag eines Nachbarn einzuleiten.

(2) Der Bundesminister für Umwelt, Jugend und Familie kann den Antrag gemäß Abs. 1 stellen, wenn auf Grund der ihm vorliegenden Nachbarbeschwerden oder Meßergebnisse anzunehmen ist, daß der Betrieb der Anlage zu einer über die unmittelbare Nachbarschaft hinausreichenden beträchtlichen Belastung der Umwelt durch Luftschadstoffe, Lärm oder gefährliche Abfälle führt.

(3) Der Nachbar muß in seinem Antrag gemäß Abs. 1 glaubhaft machen, daß er als Nachbar vor den Auswirkungen der Betriebsanlage nicht hinreichend geschützt ist, und nachweisen, daß er bereits im Zeitpunkt der Genehmigung der Betriebsanlage oder der betreffenden Betriebsanlagenänderung Nachbar im Sinne des § 75 Abs. 2 und 3 war.

(4) Durch die Einbringung des dem Abs. 3 entsprechenden Antrages erlangt der Nachbar Parteistellung. Der Nachbar ist nicht gemäß § 76 Abs. 1 AVG zur Kostentragung verpflichtet, wenn auf Grund seines Antrages andere oder zusätzliche Auflagen vorgeschrieben wurden.

§ 79b. Ergibt sich nach der Genehmigung der Anlage, daß die gemäß § 77 Abs. 4 wahrzunehmenden Interessen trotz Einhaltung des Abfallwirtschaftskonzeptes (§ 353 Z 1 lit. c) und der im Genehmigungsbescheid vorgeschriebenen Auflagen nicht hinreichend gewahrt sind, so hat die Behörde die nach dem Stand der Technik (§ 71a) zur hinreichenden Wahrung dieser Interessen erforderlichen anderen oder zusätzlichen Auflagen im Sinne des § 77 Abs. 4 vorzuschreiben. Die Behörde hat solche Auflagen nicht vorzuschreiben, wenn sie unverhältnismäßig sind, vor allem wenn der mit der Erfüllung der Auflagen verbundene Aufwand außer Verhältnis zu dem mit den Auflagen angestrebten Erfolg steht.

§ 79c. (1) Vorgeschriebene Auflagen sind mit Bescheid aufzuheben oder abzuändern, wenn sich nach der Vorschreibung von Auflagen ergibt, dass die vorgeschriebenen Auflagen für die nach § 74 Abs. 2 wahrzunehmenden Interessen nicht erforderlich sind oder für die Wahrnehmung dieser Interessen auch mit den Inhaber der Betriebsanlage weniger belastenden Auflagen das Auslangen gefunden werden kann. § 77 ist sinngemäß anzuwenden, für IPPC-Anlagen ist auch § 77a sinngemäß anzuwenden.

(2) Abweichungen vom Genehmigungsbescheid einschließlich seiner Bestandteile sind mit Bescheid zuzulassen, soweit dem nicht der Schutz der nach § 74 Abs. 2 wahrzunehmenden Interessen entgegensteht, erforderlichenfalls unter Aufhebung oder Abänderung von vorgeschriebenen Auflagen oder auch Vorschreibung zusätzlicher Auflagen. § 77 ist sinngemäß anzuwenden, für IPPC-Anlagen ist auch § 77a sinngemäß anzuwenden.

(3) Die Behörde hat ein Verfahren nach Abs. 1 oder 2 auf Antrag des Inhabers der Betriebsanlage einzuleiten. Im Antrag ist das Vorliegen der Voraussetzungen glaubhaft zu machen, andernfalls der Antrag zurückzuweisen ist.

(4) Die nach diesem Bundesgesetz oder nach anderen Verwaltungsvorschriften des Bundes bei Erteilung der Genehmigung mitanzuwendenden materiellrechtlichen Genehmigungs-(Bewilligungs-)Regelungen sind in den Verfahren nach Abs. 1 oder Abs. 2 mitanzuwenden.

§ 79d. (1) Aus Anlass einer Betriebsübernahme kann der übernehmende Inhaber der Betriebsanlage beantragen, dass ihm eine Zusammenstellung der die Genehmigung der Betriebsanlage nach diesem Bundesgesetz betreffenden Bescheide übermittelt wird. Auf sein Verlangen sind ihm auf seine Kosten Kopien oder Ausdrucke der darin angeführten Genehmigungsbescheide einschließlich deren Bestandteile nach § 359 Abs. 2 zu übermitteln. Der Antrag ist spätestens innerhalb von sechs Wochen nach erfolgter Betriebsübernahme zu stellen.

(2) Innerhalb von sechs Wochen nach Übermittlung der Zusammenstellung nach Abs. 1 oder innerhalb von sechs Wochen nach erfolgter Betriebsübernahme kann der übernehmende Inhaber der Betriebsanlage beantragen, dass

1. ein Verfahren nach § 79c Abs. 1 oder 2 durchgeführt wird,
2. bestimmte nach § 77, § 79, § 81 Abs. 1 oder Abs. 2 Z 7 vorgeschriebene Auflagen durch Festlegung der Behörde erst nach Ablauf einer angemessenen, höchstens drei Jahre betragenden Frist eingehalten werden müssen, wenn dem übernehmenden Inhaber der Betriebsanlage (zB wegen der mit der Übernahme des Betriebes verbundenen Kosten) die Einhaltung dieser Auflagen erst innerhalb dieser Frist wirtschaftlich zumutbar ist und gegen die Fristeinräumung keine Bedenken vom Standpunkt des Schutzes der im § 74 Abs. 2 umschriebenen Interessen bestehen.

(3) Fristen nach Abs. 2 Z 2 und § 79 Abs. 1 dürfen insgesamt fünf Jahre nicht übersteigen.

(4) Im Antrag ist das Vorliegen der Voraussetzungen gemäß Abs. 2 glaubhaft zu machen, andernfalls der Antrag zurückzuweisen ist.

(5) Wurde ein Antrag nach Abs. 2 gestellt, so sind andere Verfahren nach diesem Bundesgesetz, bei denen die vom Antrag erfassten Auflagen oder Teile des Genehmigungsbescheides auch anzuwenden sind, bis zur Rechtskraft eines Bescheides über den Antrag nur soweit weiterzuführen, als dies zur Vermeidung einer Gefährdung des Lebens oder der Gesundheit von Personen notwendig ist.

§ 80. (1) Die Genehmigung der Betriebsanlage erlischt, wenn der Betrieb der Anlage nicht binnen fünf Jahren nach erteilter Genehmigung in zumindest einem für die Erfüllung des Anlagenzwecks wesentlichen Teil der Anlage aufgenommen oder durch mehr als fünf Jahre in allen für die Erfüllung des Anlagenzwecks wesentlichen Teilen der Anlage unterbrochen wird. Der Inhaber einer genehmigten Anlage, deren Betrieb gänzlich oder teilweise unterbrochen wird, hat die notwendigen Vorkehrungen zu treffen, um eine sich aus der Betriebsunterbrechung ergebende Gefährdung, Belästigung, Beeinträchtigung oder nachteilige Einwirkung im Sinne des § 74 Abs. 2 zu vermeiden. Er hat, soweit Abs. 2 nicht anderes bestimmt, die Betriebsunterbrechung und seine Vorkehrungen anläßlich der Betriebsunterbrechung der zur Genehmigung der Anlage zuständigen Behörde innerhalb eines Monats nach Eintritt der Betriebsunterbrechung anzuzeigen, wenn diese Unterbrechung zumindest einen für die Erfüllung des Anlagenzwecks wesentlichen Teil der Anlage betrifft und voraussichtlich länger als ein Jahr dauern wird. Reichen die angezeigten Vorkehrungen nicht aus, um den Schutz der im § 74 Abs. 2 umschriebenen Interessen zu gewährleisten, oder hat der Inhaber der Anlage anläßlich der Betriebsunterbrechung die zur Erreichung dieses Schutzes notwendigen Vorkehrungen nicht oder nur unvollständig getroffen, so hat ihm die zur Genehmigung der Anlage zuständige Behörde die notwendigen Vorkehrungen mit Bescheid aufzutragen. Durch einen Wechsel in der Person des

Inhabers der Anlage wird die Wirksamkeit dieses bescheidmäßigen Auftrages nicht berührt.

(2) Der Inhaber einer genehmigten Anlage hat durch Elementarereignisse oder sonstige besondere Umstände bewirkte Unterbrechungen des Betriebes der zur Genehmigung der Anlage zuständigen Behörde und, wenn diese Behörde nicht die Bezirksverwaltungsbehörde ist, auch der Bezirksverwaltungsbehörde unverzüglich anzuzeigen, wenn er Grund zur Annahme haben muß, daß betriebliche Vorkehrungen nicht ausreichen, um den Schutz der im § 74 Abs. 2 umschriebenen Interessen zu wahren oder Belastungen der Umwelt im Sinne des § 69a zu vermeiden. Abs. 1 vorletzter und letzter Satz gilt sinngemäß.

(3) Die Behörde hat die Frist zur Inbetriebnahme der Anlage auf Grund eines vor Ablauf der Frist gestellten Antrages zu verlängern, wenn es Art und Umfang des Vorhabens erfordern oder die Fertigstellung des Vorhabens unvorhergesehenen Schwierigkeiten begegnet. Durch den Antrag wird der Ablauf der Frist bis zur rechtskräftigen Entscheidung gehemmt. Die Frist zur Inbetriebnahme der Anlage darf insgesamt sieben Jahre nicht übersteigen.

(4) Abs. 3 ist auf die Unterbrechung des Betriebes sinngemäß anzuwenden.

(5) Durch einen Wechsel in der Person des Inhabers der Anlage wird die Wirksamkeit der Genehmigung nicht berührt.

§ 81. (1) Wenn es zur Wahrung der im § 74 Abs. 2 umschriebenen Interessen erforderlich ist, bedarf auch die Änderung einer genehmigten Betriebsanlage einer Genehmigung im Sinne der vorstehenden Bestimmungen. Diese Genehmigung hat auch die bereits genehmigte Anlage so weit zu umfassen, als es wegen der Anderung zur Wahrung der im § 74 Abs. 2 umschriebenen Interessen gegenüber der bereits genehmigten Anlage erforderlich ist.

(2) Eine Genehmigungspflicht nach Abs. 1 ist jedenfalls in folgenden Fällen nicht gegeben:

1. bescheidmäßig zugelassene Änderungen gemäß § 79c Abs. 2,
2. Änderungen zur Einhaltung von anderen oder zusätzlichen Auflagen gemäß § 79 Abs. 1 oder § 79b,
3. Änderungen zur Anpassung an Verordnungen auf Grund des § 82 Abs. 1,
4. Bescheiden gemäß § 82 Abs. 3 oder 4 entsprechende Änderungen,
5. Ersatz von Maschinen, Geräten oder Ausstattungen durch gleichartige Maschinen, Geräte oder Ausstattungen; Maschinen, Geräte oder Ausstattungen sind gleichartig, wenn ihr Verwendungszweck dem der in der Anlage befindlichen Maschinen, Geräte oder Ausstattungen entspricht und die von ihnen zu erwartenden Auswirkungen von den Auswirkungen der in der Anlage befindlichen Maschinen, Geräte oder Ausstattungen nicht so abweichen, daß der Ersatz als genehmigungspflichtige Änderung gemäß Abs. 1 zu behandeln ist.
6. Änderungen durch den Einsatz von Maschinen, Geräten oder Ausstattungen, die unter Verordnungen gemäß § 76 Abs. 1 fallen oder in Bescheiden gemäß § 76 Abs. 2 angeführt sind, sofern § 76 Abs. 3 nicht entgegensteht,
7. Änderungen, die das Emissionsverhalten der Anlage zu den Nachbarn nicht nachteilig beeinflussen und die auf Grund der besonderen Situation des Einzelfalles erwarten lassen, dass überhaupt oder bei Einhaltung der erforderlichenfalls vorzuschreibenden Auflagen Gefährdungen des Lebens oder der Gesundheit von Personen vermieden und Beeinträchtigungen oder nachteilige Einwirkungen im Sinne des § 74 Abs. 2 Z 3 bis 5 auf ein zumutbares Maß beschränkt werden,
8. Sanierung gemäß § 12 des Luftreinhaltegesetzes für Kesselanlagen, BGBl. Nr. 380/1988,
9. Änderungen, die das Emissionsverhalten der Anlage nicht nachteilig beeinflussen,
10. Fortschreibung des Abfallwirtschaftskonzeptes (§ 353 Z 1 lit. c),
11. Änderungen von vorübergehender, vier Wochen nicht überschreitender Dauer, die keine Gefährdung des Lebens oder der Gesundheit von Personen bewirken und aus Anlass von Ereignissen oder Veranstaltungen, die in kulturellem oder sportlichem Interesse überregional breiter Kreise der Bevölkerung stattfinden, vorgenommen werden.

(3) Änderungen gemäß Abs. 2 Z 7 sind der zur Genehmigung der Anlage zuständigen Behörde vorher anzuzeigen.

(4) Im Fall einer genehmigungspflichtigen Änderung nach Abs. 1, jedoch mindestens alle sieben Jahre, ist das Abfallwirtschaftskonzept fortzuschreiben. Die Fortschreibung einer gültigen Umwelterklärung gemäß der Verordnung (EG) Nr. 1221/2009 über die freiwillige Teilnahme von Organisationen an einem Gemeinschaftssystem für Umweltmanagement und Umweltbetriebsprüfung (EMAS), ABl. Nr. L 342 vom 22. 12. 2009, S. 1, gilt als Fortschreibung im Sinne dieses Bundesgesetzes.

§ 81a. Für die Änderung einer IPPC-Anlage gilt Folgendes:

1. die wesentliche Änderung (das ist eine Änderung, die erhebliche nachteilige Auswirkungen auf den Menschen oder die Umwelt haben kann) bedarf einer Genehmigung im Sinne der §§ 77a und 77b; die Änderungsgenehmigung hat auch die bereits genehmigte Betriebsanlage so weit zu umfassen, als es wegen der Änderung zur Wahrung der im § 77a Abs. 1 umschriebenen Interessen gegenüber der bereits genehmigten Betriebsanlage erforderlich

ist; als wesentliche Änderung gilt jedenfalls eine Änderung, die für sich genommen den in der **Anlage 3** zu diesem Bundesgesetz jeweils festgelegten Schwellenwert erreicht, sofern ein solcher in der **Anlage 3** zu diesem Bundesgesetz festgelegt ist;

2. eine Änderung des Betriebs (das ist die Änderung der Beschaffenheit oder der Funktionsweise oder eine Erweiterung der Betriebsanlage, die Auswirkungen ausschließlich auf die Umwelt haben kann) ist der Behörde vom Betriebsanlageninhaber vier Wochen vorher anzuzeigen; die Behörde hat diese Anzeige, erforderlichenfalls unter Erteilung von bestimmten, geeigneten Aufträgen zur Erfüllung der in den §§ 77a und 77b und in den nach § 356b Abs. 1 mit anzuwendenden Verwaltungsvorschriften festgelegten Anforderungen, mit Bescheid zur Kenntnis zu nehmen; dieser Bescheid bildet einen Bestandteil des Genehmigungsbescheids;
3. auf eine weder unter Z 1 noch unter Z 2 fallende Änderung ist § 81 anzuwenden, sofern dessen Voraussetzungen zutreffen.

§ 81b. (1) Innerhalb eines Jahres nach der Veröffentlichung von BVT-Schlussfolgerungen zur Haupttätigkeit einer IPPC-Anlage hat der Anlageninhaber der Behörde mitzuteilen, ob sich der seine IPPC-Anlage betreffende Stand der Technik geändert hat; die Mitteilung hat gegebenenfalls den Antrag auf Festlegung weniger strenger Emissionsgrenzwerte im Sinne des § 77b Abs. 3 zu enthalten. Gegebenenfalls sind umgehend die zur Anpassung an den Stand der Technik erforderlichen Anpassungsmaßnahmen zu treffen. Die Mitteilung und die Anpassungsmaßnahmen haben auch jenen die IPPC-Anlage betreffenden BVT-Schlussfolgerungen Rechnung zu tragen, deren Erlassung oder Aktualisierung seit der Genehmigung oder seit der letzten Anpassung der IPPC-Anlage veröffentlicht wurden. § 81a bleibt unberührt.

(2) Auf Aufforderung der Behörde hat der Betriebsanlageninhaber alle für die Überprüfung der Genehmigungsauflagen erforderlichen Informationen, insbesondere Ergebnisse der Emissionsüberwachung und sonstige Daten, die einen Vergleich des Betriebs der Anlage mit dem Stand der Technik gemäß der geltenden BVT-Schlussfolgerungen und mit den mit den besten verfügbaren Techniken assoziierten Emissionswerten ermöglichen, zu übermitteln.

(3) Ergibt die Überprüfung der Behörde, dass der Anlageninhaber Maßnahmen im Sinne des ersten Absatzes nicht ausreichend getroffen hat, oder ist dies im Hinblick auf eine Vorschreibung von Emissionsgrenzwerten im Sinne des § 77b erforderlich, so hat die Behörde entsprechende Maßnahmen mit Bescheid anzuordnen. § 81a ist auf die Durchführung solcher behördlich angeordneter Maßnahmen nicht anzuwenden. Auf Antrag im Sinne des Abs. 1 erster Satz zweiter Teilsatz dürfen unter den Voraussetzungen des § 77b Abs. 3 weniger strenge Emissionsgrenzwerte festgelegt werden; diese müssen bei der nächsten Anpassung im Sinne dieser Bestimmungen neu beurteilt werden. Für die Überprüfung der IPPC-Anlage hat die Behörde die im Zuge der Überwachung oder der Umweltinspektionen (§ 82a) erlangten Informationen heranzuziehen.

(4) Durch die Maßnahmen im Sinne der Absätze 1 und 3 muss sichergestellt sein, dass die IPPC-Anlage innerhalb von vier Jahren nach der Veröffentlichung der BVT-Schlussfolgerungen zur Haupttätigkeit der IPPC-Anlage den Anforderungen im Sinne der Absätze 1 und 3 entspricht.

(5) Wenn die Behörde bei der Anpassung der Genehmigungsauflagen im Sinne dieser Bestimmungen in begründeten Fällen feststellt, dass mehr als vier Jahre ab Veröffentlichung von BVT-Schlussfolgerungen zur Einführung neuer bester verfügbarer Techniken notwendig sind, kann sie in den Genehmigungsauflagen im Einklang mit den Bestimmungen des § 77b Abs. 3 einen längeren Zeitraum festlegen. Dabei ist auf die Ziele und Grundsätze gemäß § 77a Abs. 1 Bedacht zu nehmen.

(6) Die Behörde hat jedenfalls auch dann den Konsens der IPPC-Anlage zu überprüfen und erforderlichenfalls entsprechende Anpassungsmaßnahmen im Sinne des Abs. 3 mit Bescheid anzuordnen, wenn

1. die Betriebssicherheit die Anwendung anderer Techniken erfordert,
2. dies zur Verhinderung des Überschreitens eines neuen oder geänderten unionsrechtlich festgelegten Immissionsgrenzwertes im Sinne des § 77a Abs. 6 erforderlich ist;
3. die IPPC-Anlage von keinen BVT-Schlussfolgerungen erfasst ist und Entwicklungen des Standes der Technik eine erhebliche Verminderung der Emissionen ermöglichen.

(7) Würden die gemäß Abs. 3 bis 6 vorzuschreibenden Maßnahmen eine IPPC-Anlage in ihrem Wesen verändern, so hat die Behörde § 79 Abs. 3 sinngemäß anzuwenden.

(8) Ist die durch die Anlage verursachte Umweltverschmutzung (§ 71b Z 10) so stark, dass neue Emissionsgrenzwerte festgelegt werden müssen, so hat die Behörde den Inhaber einer IPPC-Anlage mit Bescheid zur Vorlage eines Konzepts zur Durchführung von Anpassungsmaßnahmen im Sinne des Abs. 1 innerhalb einer angemessenen Frist aufzufordern; die Vorlage dieses Konzepts gilt als Antrag auf Genehmigung einer wesentlichen Änderung gemäß § 81a Z 1. Im Änderungsgenehmigungsbescheid hat die Behörde jedenfalls eine angemessene Frist zur Durchführung der Anpassungsmaßnahmen festzulegen.

§ 81c. Der Inhaber einer IPPC-Anlage hat die Behörde unverzüglich über einen nicht unter den Abschnitt 8a fallenden Unfall mit erheblichen Auswirkungen auf die Umwelt oder Vorfall mit erheblichen Auswirkungen auf die Umwelt zu unterrichten. Er hat unverzüglich Maßnahmen zur Begrenzung der Umweltauswirkungen und zur Vermeidung weiterer möglicher Unfälle oder Vorfälle zu ergreifen. Die Behörde hat erforderlichenfalls darüber hinausgehende geeignete Maßnahmen zur Begrenzung der Umweltauswirkungen und zur Vermeidung weiterer möglicher Unfälle oder Vorfälle mit Bescheid anzuordnen.

§ 81d. (1) Der Inhaber einer IPPC-Anlage hat die Behörde bei Nichteinhaltung des Genehmigungskonsenses unverzüglich zu informieren und unverzüglich die erforderlichen Maßnahmen zu ergreifen, um sicherzustellen, dass die Einhaltung der Anforderungen so schnell wie möglich wieder hergestellt wird. Die Behörde hat gegebenenfalls weitere zur Wiederherstellung der Einhaltung des Genehmigungskonsenses erforderliche Maßnahmen mit Bescheid aufzutragen.

(2) Gemäß Abs. 1 angezeigte Mängel oder Abweichungen, für die in der Information Vorschläge zur unverzüglichen Behebung der Mängel oder zur unverzüglichen Beseitigung der Abweichungen vom konsensgemäßen Zustand enthalten sind, bilden keine Verwaltungsübertretungen im Sinne des § 366 Abs. 1 Z 3 oder gemäß § 367 Z 25, sofern die Voraussetzungen für eine Maßnahme gemäß § 360 Abs. 4 nicht vorliegen und die Behebung oder die Beseitigung der Behörde unverzüglich nachgewiesen werden.

§ 82. (1) Der Bundesminister für Wirtschaft, Familie und Jugend kann im Einvernehmen mit dem Bundesminister für Land- und Forstwirtschaft, Umwelt und Wasserwirtschaft durch Verordnung für genehmigungspflichtige Arten von Anlagen die nach dem Stand der Technik (§ 71a) und dem Stand der medizinischen und der sonst in Betracht kommenden Wissenschaften zum Schutz der im § 74 Abs. 2 umschriebenen Interessen und zur Vermeidung von Belastungen der Umwelt (§ 69a) sowie die zur Anpassung an neue oder geänderte BVT-Schlussfolgerungen erforderlichen näheren Vorschriften über die Bauart, die Betriebsweise, die Ausstattung oder das zulässige Ausmaß der Emissionen von Anlagen oder Anlagenteilen erlassen. Für bereits genehmigte Anlagen sind in einer solchen Verordnung abweichende Bestimmungen oder Ausnahmen von den nicht unter den nächsten Satz fallenden Verordnungsbestimmungen festzulegen, wenn sie nach dem Stand der Technik und dem Stand der medizinischen und der sonst in Betracht kommenden Wissenschaften wegen der Unverhältnismäßigkeit zwischen dem Aufwand zur Erfüllung der betreffenden Verordnungsbestimmungen und dem dadurch erreichbaren Nutzen für die zu schützenden Interessen sachlich gerechtfertigt sind; bei IPPC-Anlagen muss jedenfalls den Vorgaben des § 77b und des § 81b Abs. 4 entsprochen werden. Betreffen Verordnungsbestimmungen solche Maßnahmen zur Vermeidung einer Gefahr für das Leben oder die Gesundheit der im § 74 Abs. 2 Z 1 genannten Personen, wie sie ohne Regelung in der Verordnung mit Bescheid gemäß § 79 vorgeschrieben werden müssten, so dürfen in der Verordnung keine von diesen entsprechend zu bezeichnenden Verordnungsbestimmungen abweichenden Bestimmungen oder Ausnahmen festgelegt werden.

(2) Weist der Inhaber einer bereits genehmigten Betriebsanlage nach, daß seine Anlage wegen der verwendeten Maschinen und Geräte, wegen ihrer Betriebsweise, wegen ihrer Ausstattung oder aus sonstigen Gründen (wie wegen besonderer örtlicher Gegebenheiten) von den in einer Verordnung gemäß Abs. 1 für bestehende Anlagen festgelegten abweichenden Bestimmungen oder Ausnahmen nicht erfaßt wird, so ist die erforderliche Anpassung der Anlage an die Verordnung mit Bescheid aufzutragen; hiebei sind Abweichungen oder Ausnahmen von der Verordnung unter den Voraussetzungen des Abs. 1 zweiter Satz festzulegen.

(3) Von den Bestimmungen einer Verordnung gemäß Abs. 1 abweichende Maßnahmen dürfen von Amts wegen mit Bescheid aufgetragen oder auf Antrag mit Bescheid zugelassen werden, wenn hiedurch der gleiche Schutz erreicht wird. Abweichungen von einer Verordnung gemäß Abs. 1 dürfen auf Antrag mit Bescheid ferner zugelassen werden, wenn durch geeignete Maßnahmen, wie Einrichtungen, Verfahren oder Betriebsweisen, sichergestellt ist, daß der gleiche Schutz erreicht ist, wie er bei Einhaltung einer Verordnung nach Abs. 1 ohne solche Maßnahmen zu erwarten ist.

(3a) In einer Verordnung gemäß Abs. 1 kann vorgesehen werden, dass Inhaber von Betriebsanlagen an Stelle der Erfüllung der Anforderungen nach Abs. 1 die Emissionen nach Maßgabe eines betrieblichen Reduktionsplans verringern dürfen und dass dieser Reduktionsplan der bescheidmäßigen Genehmigung durch die Behörde bedarf; wenn der Reduktionsplan erfüllt ist, muss eine gleichwertige Verringerung der Emissionen erreicht sein wie bei der Erfüllung der entsprechenden Anforderungen der Verordnung. In der Verordnung können auch nähere Anforderungen an die Reduktionspläne sowie darüber, wie der Inhaber der Betriebsanlage die Erfüllung der vorgeschriebenen Reduktionspläne nachzuweisen hat, festgelegt werden.

(4) Wird im Einzelfall durch die Einhaltung der Bestimmungen einer Verordnung gemäß Abs. 1 der mit dieser Verordnung angestrebte Schutz nicht gewährleistet, so sind zur Erreichung dieses Schutzes auch über die Bestimmungen der Verordnung hinausgehende Auflagen vorzuschreiben.

(5) Für die Erfüllung der nicht unter Abs. 1 dritter Satz fallenden Bestimmungen einer Verordnung gemäß Abs. 1 darf auf Antrag mit Bescheid eine angemessene, höchstens fünf Jahre betragende Frist eingeräumt werden, wenn die Erfüllung dieser Verordnungsbestimmungen für den Betriebsinhaber erst innerhalb dieser Frist wirtschaftlich zumutbar ist. Auf IPPC-Anlagen ist § 77b Abs. 3 sinngemäß anzuwenden.

§ 82a. (1) IPPC-Anlagen müssen regelmäßigen Umweltinspektionen im Sinne der Absätze 2 bis 5 unterzogen werden; hinsichtlich der Beiziehung von Sachverständigen finden die §§ 52 bis 53a AVG Anwendung.

(2) Auf Grundlage eines gemäß § 63a Abs. 2 und 3 AWG 2002 erstellten oder aktualisierten Inspektionsplans hat der Landeshauptmann regelmäßig Programme für routinemäßige Umweltinspektionen zu erstellen, in denen auch die Häufigkeit der Vor-Ort-Besichtigungen für die verschiedenen Arten von IPPC-Anlagen angegeben ist. Der Zeitraum zwischen zwei Vor-Ort-Besichtigungen hat sich nach einer systematischen Beurteilung der mit der IPPC-Anlage verbundenen Umweltrisiken zu richten und darf ein Jahr bei IPPC-Anlagen der höchsten Risikostufe und drei Jahre bei IPPC-Anlagen der niedrigsten Risikostufe nicht überschreiten. Wird bei einer Inspektion festgestellt, dass eine IPPC-Anlage in schwerwiegender Weise gegen den Genehmigungskonsens verstößt, so muss innerhalb der nächsten sechs Monate nach dieser Inspektion eine zusätzliche Vor-Ort-Besichtigung erfolgen.

(3) Die systematische Beurteilung der Umweltrisiken hat sich mindestens auf folgende Kriterien zu stützen:

1. mögliche und tatsächliche Auswirkungen der betreffenden IPPC-Anlagen auf die menschliche Gesundheit und auf die Umwelt unter Berücksichtigung der Emissionswerte und -typen, der Empfindlichkeit der örtlichen Umgebung und des Unfallrisikos;
2. bisherige Einhaltung des Genehmigungskonsenses;
3. Teilnahme des IPPC-Anlageninhabers an einer Umweltbetriebsprüfung im Sinne der Verordnung (EG) Nr. 1221/2009 (EMAS) oder an einer Umweltbetriebsprüfung im Sinne der ÖNORM EN ISO 14001 „Umweltmanagementsysteme – Anforderungen mit Anleitung zur Anwendung (ISO 14001:2004 + Cor.1:2009) (konsolidierte Fassung)“ vom 15. 8. 2009 (erhältlich beim Austrian Standards Institute/Österreichischen Normungsinstitut, Heinestraße 38, 1021 Wien).

(4) Nicht routinemäßige Umweltinspektionen müssen durchgeführt werden, um bei Beschwerden wegen ernsthaften Umweltbeeinträchtigungen, bei ernsthaften umweltbezogenen Unfällen und Vorfällen und bei Verstößen gegen die einschlägigen Rechtsvorschriften sobald wie möglich und gegebenenfalls vor Erteilung einer Genehmigung, einer Änderungsgenehmigung oder der Anpassung einer IPPC-Anlage im Sinne des § 81b Untersuchungen vorzunehmen.

(5) Nach jeder Vor-Ort-Besichtigung hat die Behörde einen Bericht mit relevanten Feststellungen bezüglich der Einhaltung des Genehmigungskonsenses durch die betreffende IPPC-Anlage und Schlussfolgerungen zur etwaigen Notwendigkeit weiterer Maßnahmen zu erstellen. Innerhalb von zwei Monaten nach der Vor-Ort-Besichtigung muss der Bericht dem IPPC-Anlageninhaber zur Stellungnahme übermittelt werden; innerhalb von vier Monaten nach der Vor-Ort-Besichtigung hat die Behörde den Bericht im Internet bekannt zu geben; diese Bekanntgabe hat jedenfalls eine Zusammenfassung des Berichts zu enthalten sowie den Hinweis, wo weiterführende Informationen zu erhalten sind. Betriebs- und Geschäftsgeheimnisse sind zu wahren. Die Behörde muss sicherstellen, dass der IPPC-Anlageninhaber die in dem Bericht angeführten Maßnahmen binnen angemessener Frist ergreift.

§ 82b. (1) Der Inhaber einer genehmigten Betriebsanlage hat diese regelmäßig wiederkehrend zu prüfen oder prüfen zu lassen, ob sie dem Genehmigungsbescheid und den sonst für die Anlage geltenden gewerberechtlichen Vorschriften entspricht; die Prüfung hat sich erforderlichenfalls auch darauf zu erstrecken, ob die Betriebsanlage dem Abschnitt 8a betreffend die Beherrschung der Gefahren bei schweren Unfällen unterliegt, und auch die gemäß § 356b mit anzuwendenden Bestimmungen zu umfassen. Sofern im Genehmigungsbescheid oder in den genannten sonstigen Vorschriften nicht anderes bestimmt ist, betragen die Fristen für die wiederkehrenden Prüfungen sechs Jahre für die unter § 359b fallenden Anlagen und fünf Jahre für sonstige genehmigte Anlagen. Über jede wiederkehrende Prüfung ist eine Prüfbescheinigung zu erstellen, der eine vollständige Dokumentation der Prüfung anzuschließen ist, aus der insbesondere der Umfang und der Inhalt der Prüfung hervorgeht; diese Dokumentation bildet einen notwendigen Bestandteil der Prüfbescheinigung.

(2) Die wiederkehrenden Prüfungen gemäß Abs.1 sind von

1. Akkreditierten Stellen im Rahmen des fachlichen Umfangs ihrer Akkreditierung,
2. staatlich autorisierten Anstalten,
3. Ziviltechnikern oder Gewerbetreibenden, jeweils im Rahmen ihrer Befugnisse,
4. dem Inhaber der Betriebsanlage, sofern er geeignet und fachkundig ist, oder
5. sonstigen geeigneten und fachkundigen Betriebsangehörigen

durchzuführen. Als geeignet und fachkundig sind Personen anzusehen, wenn sie nach ihrem Bildungsgang und ihrer bisherigen Tätigkeit die für die jeweilige Prüfung notwendigen fachlichen Kenntnisse und Erfahrungen besitzen und auch die Gewähr für eine gewissenhafte Durchführung der Prüfungsarbeiten bieten.

(3) Die Prüfbescheinigung ist, sofern im Genehmigungsbescheid oder in den sonst für die Anlage geltenden gewerberechtlichen Vorschriften nicht anderes bestimmt ist, vom Anlageninhaber bis zum Vorliegen der nächsten Prüfbescheinigung in der Anlage zur jederzeitigen Einsicht der Behörde aufzubewahren; er hat die Prüfbescheinigung der Behörde auf Aufforderung innerhalb der von der Behörde zu bestimmenden angemessenen Frist zu übermitteln.

(4) Werden im Rahmen der Prüfung Mängel oder Abweichungen vom konsensgemäßen Zustand festgestellt, hat die Prüfbescheinigung entsprechende Vorschläge samt angemessenen Fristen für die Behebung der Mängel oder für die Beseitigung der Abweichungen zu enthalten. Der Inhaber der Anlage hat in diesem Fall unverzüglich eine Ausfertigung dieser Prüfbescheinigung sowie eine diesbezügliche Darstellung der getroffenen und zu treffenden Maßnahmen der zuständigen Behörde zu übermitteln.

(5) Gemäß Abs. 4 angezeigte Mängel oder Abweichungen, für die in der Prüfbescheinigung Vorschläge zur Behebung der Mängel oder zur Beseitigung der Abweichungen vom konsensgemäßen Zustand innerhalb einer angemessenen Frist enthalten sind, bilden keine Verwaltungsübertretungen im Sinne des § 366 Abs. 1 Z 3 oder gemäß § 367 Z 25, sofern die Voraussetzungen für eine Maßnahme gemäß § 360 Abs. 4 nicht vorliegen und die Behebung oder die Beseitigung innerhalb der angemessenen Frist der Behörde nachgewiesen werden.

(6) Anlageninhaber, deren Betrieb in ein Register gemäß § 15 des Umweltmanagementgesetzes – UMG, BGBl. I Nr. 96/2001, in der jeweils geltenden Fassung, eingetragen ist, sind zu einer wiederkehrenden Prüfung im Sinne der Abs. 1 bis 5 nicht verpflichtet.

§ 83. (1) Beabsichtigt der Inhaber einer Anlage im Sinne des § 74 Abs. 2 die Auflassung seiner Anlage oder eines Teiles seiner Anlage, so hat er die notwendigen Vorkehrungen zur Vermeidung einer von der in Auflassung begriffenen oder aufgelassenen Anlage oder von dem in Auflassung begriffenen oder aufgelassenen Anlagenteil ausgehenden Gefährdung, Belästigung, Beeinträchtigung oder nachteiligen Einwirkung im Sinne des § 74 Abs. 2 zu treffen.

(2) Der Anlageninhaber hat den Beginn der Auflassung und seine Vorkehrungen anläßlich der Auflassung der zur Genehmigung der Anlage zuständigen Behörde (Genehmigungsbehörde) vorher anzuzeigen.

(3) Reichen die vom Anlageninhaber gemäß Abs. 2 angezeigten Vorkehrungen nicht aus, um den Schutz der im § 74 Abs. 2 umschriebenen Interessen zu gewährleisten, oder hat der jeweilige Inhaber der in Auflassung begriffenen Anlage oder der Anlage mit dem in Auflassung begriffenen Anlagenteil (auflassender Anlageninhaber) die zur Erreichung dieses Schutzes notwendigen Vorkehrungen nicht oder nur unvollständig getroffen, so hat ihm die Genehmigungsbehörde die notwendigen Vorkehrungen mit Bescheid aufzutragen.

(4) Durch einen Wechsel in der Person des auflassenden Anlageninhabers wird die Wirksamkeit des bescheidmäßigen Auftrages gemäß Abs. 3 nicht berührt.

(5) Der auflassende Anlageninhaber hat der Genehmigungsbehörde anzuzeigen, daß er die gemäß Abs. 2 angezeigten und bzw. oder die von der Genehmigungsbehörde gemäß Abs. 3 aufgetragenen Vorkehrungen getroffen hat.

(6) Reichen die getroffenen Vorkehrungen aus, um den Schutz der im § 74 Abs. 2 umschriebenen Interessen zu gewährleisten, und sind daher dem auflassenden Anlageninhaber keine weiteren Vorkehrungen im Sinne des Abs. 3 mit Bescheid aufzutragen, so hat die Genehmigungsbehörde dies mit Bescheid festzustellen. Dieser Feststellungsbescheid ist außer in begründeten Ausnahmefällen innerhalb von drei Monaten nach Erstattung der im Abs. 2 angeführten Anzeige bzw. nach Erlassung des im Abs. 3 angeführten Bescheides zu erlassen. Mit Eintritt der Rechtskraft dieses Feststellungsbescheides ist die Auflassung beendet und erlischt im Falle der gänzlichen Auflassung der Anlage die Anlagengenehmigung.

§ 83a. (1) Im Fall der Auflassung einer IPPC-Anlage hat die Anzeige des Anlageninhabers gemäß § 83 Abs. 2 Folgendes zu enthalten:

1. Bei Vorliegen eines Berichts über den Ausgangszustand gemäß § 353a Abs. 3 eine Bewertung des Standes der Boden- und Grundwasserverschmutzung durch relevante gefährliche Stoffe, die durch die IPPC-Anlage verwendet, erzeugt oder freigesetzt werden. Wurden durch die IPPC-Anlage erhebliche Boden- und Grundwasserverschmutzungen mit relevanten gefährlichen Stoffen (§ 71b Z 6) im Vergleich zu dem im Bericht über den Ausgangszustand angegebenen Zustand verursacht, eine Darstellung der erforderlichen Maßnahmen zur Beseitigung dieser Verschmutzung, um das Gelände in jenen Zustand zurückzuführen.
2. Liegt ein Bericht über den Ausgangszustand gemäß § 353a Abs. 3 nicht vor, weil die Anpassung im Sinne des § 81b noch nicht erfolgt ist oder keine Verpflichtung zur Erstellung besteht, eine Bewertung, ob die Verschmutzung von Boden und Grundwasser auf dem Gelände eine ernsthafte Gefährdung der menschlichen

Gesundheit oder der Umwelt als Folge der genehmigten Tätigkeiten darstellt. Bei Vorhandensein einer Gefährdung eine Darstellung der erforderlichen Maßnahmen zur Beseitigung, Verhütung, Eindämmung oder Verringerung relevanter gefährlicher Stoffe, damit das Gelände unter Berücksichtigung seiner derzeitigen oder genehmigten künftigen Nutzung keine solche Gefährdung mehr darstellt.

(2) Werden vom Inhaber einer IPPC-Anlage bei endgültiger Einstellung der Tätigkeiten die gemäß Abs. 1 Z 1 erforderliche Bewertung oder allfällig notwendige Maßnahmen nicht angezeigt oder durchgeführt, hat die zuständige Behörde bei durch die Tätigkeiten verursachten erheblichen Boden- und Grundwasserverschmutzungen mit relevanten gefährlichen Stoffen im Vergleich zu dem im Bericht über den Ausgangszustand angegebenen Zustand die erforderlichen Maßnahmen zur Beseitigung dieser Verschmutzung mit Bescheid aufzutragen, um das Gelände in jenen Zustand zurückzuführen. Dabei kann die technische Durchführbarkeit solcher Maßnahmen berücksichtigt werden.

(3) Werden vom Inhaber einer IPPC-Anlage bei endgültiger Einstellung der Tätigkeiten die gemäß Abs. 1 Z 2 erforderliche Bewertung oder allfällig notwendige Maßnahmen nicht angezeigt oder durchgeführt, hat die zuständige Behörde bei einer durch die Tätigkeiten verursachten ernsthaften Gefährdung der menschlichen Gesundheit oder der Umwelt die erforderlichen Maßnahmen zur Beseitigung, Verhütung, Eindämmung oder Verringerung relevanter gefährlicher Stoffe mit Bescheid aufzutragen, damit das Gelände unter Berücksichtigung seiner derzeitigen oder genehmigten künftigen Nutzung keine solche Gefährdung mehr darstellt.

(4) Die Behörde hat die bei der Auflassung einer IPPC-Anlage getroffenen Maßnahmen im Internet bekannt zu geben.

§ 84. Werden gewerbliche Arbeiten außerhalb der Betriebsanlage (§ 74 Abs. 1) ausgeführt, so hat die Behörde erforderlichenfalls von Amts wegen dem Gewerbetreibenden die für die Ausführung dieser Arbeiten notwendigen Vorkehrungen zur Vorbeugung gegen oder zur Abstellung von Gefährdungen von Menschen oder unzumutbaren Belästigungen der Nachbarn mit Bescheid aufzutragen.

8a. Abschnitt
Beherrschung der Gefahren schwerer Unfälle mit gefährlichen Stoffen

Ziel und Anwendungsbereich

§ 84a. (1) Ziel dieses Abschnitts ist es, schwere Unfälle mit gefährlichen Stoffen zu verhüten und ihre Folgen zu begrenzen.

(2) Dieser Abschnitt gilt für Betriebe im Sinne des § 84b Z 1.

(3) Die Anforderungen dieses Abschnitts müssen zusätzlich zu den Anforderungen nach anderen Bestimmungen dieses Bundesgesetzes erfüllt sein; sie sind keine Genehmigungsvoraussetzung im Sinne der §§ 77 und 77a und begründen keine Parteistellung im Sinne des § 356.

(4) Dieser Abschnitt gilt nicht für

1. von Stoffen ausgehende Gefahren durch ionisierende Strahlung,
2. Deponien.

Begriffe

§ 84b. Im Sinne dieses Abschnitts ist bzw. sind:

1. „Betrieb" der unter der Aufsicht eines Inhabers stehende Bereich (gewerbliche Betriebsanlage im Sinne des § 74 Abs. 1), in dem gefährliche Stoffe in einer oder in mehreren technischen Anlagen (Z 8) vorhanden sind, einschließlich gemeinsamer oder verbundener Infrastrukturen und Tätigkeiten; Betriebe sind entweder Betriebe der unteren Klasse (Z 2) oder Betriebe der oberen Klasse (Z 3);
2. „Betrieb der unteren Klasse" ein Betrieb, in dem gefährliche Stoffe in Mengen vorhanden sind, die den in **Anlage 5** Teil 1 Spalte 2 oder in **Anlage 5** Teil 2 Spalte 2 genannten Mengen entsprechen oder diese überschreiten, aber unter den in **Anlage 5** Teil 1 Spalte 3 oder **Anlage 5** Teil 2 Spalte 3 genannten Mengen liegen, wobei gegebenenfalls die Additionsregel gemäß den Anmerkungen zur **Anlage 5** Z 4 Anwendung findet;
3. „Betrieb der oberen Klasse" ein Betrieb, in dem gefährliche Stoffe in Mengen vorhanden sind, die den in **Anlage 5** Teil 1 Spalte 3 oder in **Anlage 5** Teil 2 Spalte 3 genannten Mengen entsprechen oder diese überschreiten, wobei gegebenenfalls die Additionsregel gemäß den Anmerkungen zur **Anlage** 5 Z 4 Anwendung findet;
4. „benachbarter Betrieb" ein Betrieb, der sich so nah bei einem anderen Betrieb befindet, dass dadurch das Risiko oder die Folgen eines schweren Unfalls vergrößert werden;
5. „neuer Betrieb"
   a) ein Betrieb, der am oder nach dem 1. Juni 2015 errichtet oder in Betrieb genommen wird,
   b) eine nicht unter die Z 1 fallende gewerbliche Betriebsanlage, die am oder nach dem 1. Juni 2015 auf Grund von Änderungen, die eine Änderung des Verzeichnisses gefährlicher Stoffe (§ 84d Abs. 1 Z 3) zur Folge haben, unter diesen Abschnitt fällt,
   c) ein Betrieb der unteren Klasse, der am oder nach dem 1. Juni 2015 auf Grund von Änderungen, die eine Änderung des Verzeichnisses gefährlicher Stoffe zur Folge haben, zu einem Betrieb der oberen Klasse wird,

d) ein Betrieb der oberen Klasse, der am oder nach dem 1. Juni 2015 auf Grund von Änderungen, die eine Änderung des Verzeichnisses gefährlicher Stoffe zur Folge haben, zu einem Betrieb der unteren Klasse wird;
6. „bestehender Betrieb" ein Betrieb, der nach der bis zum 31. Mai 2015 geltenden Rechtslage unter das gewerbliche Industrieunfallrecht gefallen ist und der ab dem 1. Juni 2015 ohne Änderung der Einstufung der gefährlichen Stoffe unter diesen Abschnitt fällt;
7. „sonstiger Betrieb"
a) ein Betrieb, der am oder nach dem 1. Juni 2015 aus anderen als in der Z 5 lit. b genannten Gründen unter diesen Abschnitt fällt,
b) ein Betrieb der unteren Klasse, der am oder nach dem 1. Juni 2015 aus anderen als in der Z 5 lit. c genannten Gründen zu einem Betrieb der oberen Klasse wird,
c) ein Betrieb der oberen Klasse, der am oder nach dem 1. Juni 2015 aus anderen als in der Z 5 lit. d genannten Gründen zu einem Betrieb der unteren Klasse wird;
8. „technische Anlage" eine technische Einheit innerhalb eines Betriebs, unabhängig davon, ob ober- oder unterirdisch, in der gefährliche Stoffe hergestellt, verwendet, gehandhabt oder gelagert werden. Sie umfasst alle Einrichtungen, Bauwerke, Rohrleitungen, Maschinen, Werkzeuge, Lager, Privatgleisanschlüsse, Hafenbecken, Umschlageinrichtungen, Anlegebrücken oder ähnliche, auch schwimmende, Konstruktionen, die für den Betrieb der technischen Anlage erforderlich sind;
9. „gefährliche Stoffe" Stoffe oder Gemische, die in der **Anlage 5** Teil 2 angeführt sind oder die die in der **Anlage 5** Teil 1 festgelegten Kriterien erfüllen, einschließlich in Form eines Rohstoffs, End-, Zwischen- oder Nebenprodukts oder Rückstands;
10. „Gemisch" ein Gemisch oder eine Lösung, die aus zwei oder mehr Stoffen besteht;
11. „Vorhandensein gefährlicher Stoffe" das tatsächliche oder vorgesehene Vorhandensein gefährlicher Stoffe im Betrieb oder von gefährlichen Stoffen, bei denen vernünftigerweise vorhersehbar ist, dass sie bei außer Kontrolle geratenen Prozessen, einschließlich Lagerungstätigkeiten, die in einer der technischen Anlagen innerhalb des Betriebs anfallen, und zwar in Mengen, die den in der **Anlage 5** Teil 1 oder Teil 2 angeführten Mengenschwellen entsprechen oder darüber liegen;
12. „schwerer Unfall" ein Ereignis, das sich aus unkontrollierten Vorgängen in einem unter diesen Abschnitt fallenden Betrieb ergibt (etwa eine Emission, ein Brand oder eine Explosion größeren Ausmaßes), das unmittelbar oder später innerhalb oder außerhalb des Betriebs zu einer ernsten Gefahr für die menschliche Gesundheit oder die Umwelt führt und bei dem ein oder mehrere gefährliche Stoffe beteiligt sind;
13. „Beinahe-Unfall" ein im Betrieb aufgetretener Vorfall, der zu einem schweren Unfall hätte führen können;
14. „Gefahr" das Wesen eines gefährlichen Stoffes oder einer konkreten Situation, das darin besteht, der menschlichen Gesundheit oder der Umwelt Schaden zufügen zu können;
15. „Risiko" die Wahrscheinlichkeit, dass innerhalb einer bestimmten Zeitspanne oder unter bestimmten Umständen eine bestimmte Wirkung eintritt;
16. „Lagerung" das Vorhandensein einer Menge gefährlicher Stoffe (Z 9) zum Zweck der Einlagerung, der Hinterlegung zur sicheren Aufbewahrung oder der Lagerhaltung;
17. „Inspektion" alle Maßnahmen, einschließlich Besichtigungen vor Ort, Überprüfungen von internen Maßnahmen, Systemen, Berichten und Folgedokumenten sowie alle notwendigen Folgemaßnahmen, die von der Behörde durchgeführt werden, um die Einhaltung der Bestimmungen dieses Abschnitts zu überprüfen und zu fördern.

Allgemeine Pflichten des Betriebsinhabers

§ 84c. Der Betriebsinhaber hat alle nach dem Stand der Technik (§ 71a) notwendigen Maßnahmen zu ergreifen, um schwere Unfälle zu verhüten und deren Folgen für die menschliche Gesundheit und die Umwelt zu begrenzen.

Mitteilungen des Betriebsinhabers

§ 84d. (1) Der Betriebsinhaber hat der Behörde folgende Angaben zu übermitteln:
1. Name, Sitz und Anschrift des Inhabers sowie vollständige Anschrift des Betriebs einschließlich der mit der Anschrift übereinstimmenden geografischen Koordinaten;
2. Name und Funktion der für den Betrieb verantwortlichen Person, falls von Z 1 abweichend;
3. Verzeichnis gefährlicher Stoffe, bestehend aus ausreichenden Angaben
a) zur Identifizierung der gefährlichen Stoffe oder der Kategorie gefährlicher Stoffe und
b) über die Zuordnung der gefährlichen Stoffe zur entsprechenden Ziffer des Teils 1 oder des Teils 2 der **Anlage 5** und zu
c) Menge und physikalische Form der gefährlichen Stoffe;
4. die im Betrieb ausgeübten oder beabsichtigten Tätigkeiten;
5. Beschreibung der unmittelbaren Umgebung des Betriebs unter Berücksichtigung der Faktoren, die einen schweren Unfall auslösen oder dessen Folgen erhöhen können, einschließlich, soweit verfügbar, Einzelheiten zu benachbarten Betrieben, nicht unter den § 84b Z 1 fallenden benachbarten gewerblichen Betriebsanlagen und nicht den Bestimmungen des gewerblichen Betriebsanlagenrechts unterliegenden

benachbarten Anlagen sowie zu Bereichen und Entwicklungen, von denen ein schwerer Unfall ausgehen könnte oder die das Risiko oder die Folgen eines schweren Unfalls oder von Domino-Effekten (§ 84i) vergrößern könnten.

(2) Die Mitteilung gemäß Abs. 1 muss der Behörde innerhalb folgender Fristen übermittelt werden:

1. bei neuen Betrieben oder bei Änderungen, die eine Änderung des Verzeichnisses gefährlicher Stoffe zur Folge haben, binnen einer angemessenen Frist vor Inbetriebnahme;
2. in den von der Z 1 nicht erfassten Fällen binnen einer Frist von einem Jahr ab dem Zeitpunkt, ab dem der Betrieb in den Geltungsbereich dieses Abschnitts fällt.

(3) Vor einer wesentlichen Vergrößerung oder Verringerung der in der Mitteilung gemäß Abs. 1 angegebenen Menge oder einer wesentlichen Änderung der Beschaffenheit oder der physikalischen Form der vorhandenen gefährlichen Stoffe (Änderung des Verzeichnisses gefährlicher Stoffe) oder einer wesentlichen Änderung der Verfahren, bei denen diese Stoffe eingesetzt werden, oder einer Änderung des Betriebs, aus der sich erhebliche Auswirkungen auf die Gefahren im Zusammenhang mit schweren Unfällen ergeben können, hat der Betriebsinhaber der Behörde eine entsprechend geänderte Mitteilung zu übermitteln.

(4) Der Betriebsinhaber hat der Behörde eine Änderung der Angaben im Sinne des Abs. 1 Z 1 und Z 2 sowie die endgültige Schließung oder die Unterbrechung des Betriebs im Voraus mitzuteilen; die §§ 80 und 83 bleiben unberührt.

(5) Nach einem schweren Unfall hat der Betriebsinhaber nach Maßgabe einer Verordnung gemäß § 84m unverzüglich in der am besten geeigneten Weise

1. der Behörde die Umstände des Unfalls, die beteiligten gefährlichen Stoffe, die zur Beurteilung der Unfallfolgen für die menschliche Gesundheit, die Umwelt und Sachwerte verfügbaren Daten sowie die eingeleiteten Sofortmaßnahmen mitzuteilen;
2. die Behörde über die Schritte zu unterrichten, die vorgesehen sind, um die mittel- und langfristigen Unfallfolgen abzumildern und eine Wiederholung eines solchen Unfalls zu vermeiden;
3. diese Informationen zu aktualisieren, wenn sich bei einer eingehenderen Untersuchung zusätzliche relevante Fakten ergeben.

Sicherheitskonzept

§ 84e. (1) Der Betriebsinhaber hat nach Maßgabe einer Verordnung gemäß § 84m ein Konzept zur Verhütung schwerer Unfälle (Sicherheitskonzept) auszuarbeiten, zu verwirklichen und zur Einsichtnahme durch die Behörde bereitzuhalten. Die Verwirklichung des Sicherheitskonzepts und gegebenenfalls der Änderung des Sicherheitskonzepts sind nachzuweisen.

(2) Das Sicherheitskonzept muss innerhalb folgender Fristen erstellt werden:

1. bei neuen Betrieben oder bei Änderungen, die eine Änderung des Verzeichnisses gefährlicher Stoffe zur Folge haben, binnen einer angemessenen Frist vor Inbetriebnahme;
2. in den von der Z 1 nicht erfassten Fällen binnen einer Frist von einem Jahr ab dem Zeitpunkt, ab dem der Betrieb in den Geltungsbereich dieses Abschnitts fällt.

(3) Das Sicherheitskonzept muss durch ein Sicherheitsmanagementsystem nach Maßgabe einer Verordnung gemäß § 84m umgesetzt werden. In Bezug auf Betriebe der unteren Klasse darf die Verpflichtung, das Konzept umzusetzen, durch andere angemessene Mittel, Strukturen und Managementsysteme ersetzt werden, wobei den Grundsätzen eines Sicherheitsmanagementsystems Rechnung getragen werden muss.

Sicherheitsbericht

§ 84f. (1) Der Inhaber eines Betriebs der oberen Klasse muss einen Sicherheitsbericht nach Maßgabe einer Verordnung gemäß § 84m erstellen, in dem dargelegt wird, dass:

1. ein Sicherheitskonzept umgesetzt wurde und ein Sicherheitsmanagementsystem zu seiner Anwendung vorhanden ist;
2. die Gefahren schwerer Unfälle ermittelt und alle erforderlichen Maßnahmen zur Verhütung derartiger Unfälle und zur Begrenzung der Folgen für die menschliche Gesundheit und die Umwelt ergriffen wurden;
3. die Auslegung, die Errichtung, der Betrieb und die Instandhaltung sämtlicher technischer Anlagen und die für ihr Funktionieren erforderlichen Infrastrukturen, die im Zusammenhang mit der Gefahr schwerer Unfälle im Betrieb stehen, ausreichend sicher und zuverlässig sind;
4. ein interner Notfallplan vorliegt, damit bei einem schweren Unfall die erforderlichen Maßnahmen ergriffen werden können, und dem zu entnehmen ist, dass den für die Erstellung des externen Notfallplans zuständigen Behörden Informationen bereitgestellt wurden, um die Erstellung des externen Notfallplans zu ermöglichen;
5. den für die örtliche und die überörtliche Raumplanung zuständigen Behörden ausreichende Informationen als Grundlage für Entscheidungen über die Ansiedlung neuer Tätigkeiten oder Entwicklungen in der Nachbarschaft bestehender Betriebe bereitgestellt wurden.

(2) Der Sicherheitsbericht muss der Behörde innerhalb folgender Fristen übermittelt werden:

1. bei neuen Betrieben oder bei Änderungen, die eine Änderung des Verzeichnisses gefährlicher Stoffe zur Folge haben, binnen einer angemessenen Frist vor Inbetriebnahme;
2. bei bestehenden Betrieben bis zum 1. Juni 2016;
3. bei sonstigen Betrieben binnen einer Frist von zwei Jahren ab dem Zeitpunkt, ab dem der Betrieb in den Geltungsbereich dieses Abschnitts fällt.

Überprüfung und Änderung von Sicherheitskonzept oder Sicherheitsbericht

§ 84g. (1) Der Betriebsinhaber hat das Sicherheitskonzept oder den Sicherheitsbericht zu überprüfen und zu aktualisieren, wenn neue Sachverhalte oder neue sicherheitstechnische Erkenntnisse dies erfordern, mindestens jedoch alle fünf Jahre; nach einem schweren Unfall muss der Sicherheitsbericht jedenfalls überprüft und erforderlichenfalls aktualisiert werden. Der Sicherheitsbericht muss auch auf Aufforderung der Behörde aktualisiert werden, wenn dies durch neue Erkenntnisse gerechtfertigt ist. Die aktualisierten Teile des Sicherheitsberichts müssen der Behörde unverzüglich übermittelt werden.

(2) Bei einer Änderung des Betriebs,

1. aus der sich erhebliche Auswirkungen für die Gefahren in Zusammenhang mit schweren Unfällen ergeben können,
2. die dazu führt, dass ein Betrieb der unteren Klasse zu einem Betrieb der oberen Klasse wird, oder
3. die dazu führt, dass ein Betrieb der oberen Klasse zu einem Betrieb der unteren Klasse wird,

hat der Betriebsinhaber die Mitteilung im Sinne des § 84d, das Sicherheitskonzept, den Sicherheitsbericht und das Sicherheitsmanagementsystem zu überprüfen und erforderlichenfalls zu ändern. Der Betriebsinhaber hat die Behörde vor Durchführung der Änderung des Betriebs im Einzelnen über die Änderungen des Sicherheitsberichts zu unterrichten.

Interner Notfallplan

§ 84h. (1) Inhaber von Betrieben der oberen Klasse haben nach Beteiligung des Betriebsrats, wenn ein solcher besteht, und der Beschäftigten einschließlich des relevanten langfristig beschäftigen Personals von Subunternehmen einen internen Notfallplan für Maßnahmen innerhalb des Betriebs nach Maßgabe einer Verordnung gemäß § 84m zu erstellen. Dieser interne Notfallplan ist der Behörde anzuzeigen und auf Verlangen vorzulegen. Der interne Notfallplan ist durch den Betriebsinhaber spätestens alle drei Jahre zu überprüfen, zu erproben und erforderlichenfalls im Hinblick auf Veränderungen im Betrieb und in den Notdiensten sowie auf neue Erkenntnisse und Erfahrungen zu aktualisieren und im Anlassfall anzuwenden.

(2) Die Verpflichtung gemäß Abs. 1 muss binnen folgender Fristen erfüllt werden:

1. bei neuen Betrieben oder Änderungen, die eine Änderung des Verzeichnisses gefährlicher Stoffe zur Folge haben, binnen einer angemessenen Frist vor Inbetriebnahme;
2. bei bestehenden Betrieben bis zum 1. Juni 2016;
3. bei sonstigen Betrieben binnen einer Frist von einem Jahr ab dem Zeitpunkt, ab dem der Betrieb in den Geltungsbereich dieses Abschnitts fällt.

Domino-Effekt

§ 84i. Zwischen benachbarten Betrieben, bei denen auf Grund ihres Standortes und ihrer Nähe zueinander sowie ihrer gefährlichen Stoffe eine erhöhtes Risiko schwerer Unfälle besteht oder diese Unfälle folgenschwerer sein können (Domino-Effekt), hat ein Austausch zweckdienlicher Informationen stattzufinden, die für das Sicherheitskonzept, für den Sicherheitsbericht, den internen Notfallplan oder das Sicherheitsmanagementsystem von Bedeutung sind.

Informationsverpflichtung

§ 84j. Der Betriebsinhaber ist verpflichtet, der Behörde auf Verlangen sämtliche Informationen bereitzustellen, die erforderlich sind, um die Möglichkeit des Eintritts eines schweren Unfalls beurteilen zu können, insbesondere soweit sie für die Erfüllung der Verpflichtung zur Durchführung von Inspektionen, zur Beurteilung der Möglichkeit des Auftretens von Domino-Effekten und zur genaueren Beurteilung der Eigenschaften gefährlicher Stoffe notwendig sind.

Inspektionssystem

§ 84k. (1) Die Behörde hat für die in ihrem örtlichen Zuständigkeitsbereich liegenden Betriebe ein System von Inspektionen oder sonstigen Kontrollmaßnahmen zu erstellen und auf der Grundlage dieses Systems die Einhaltung der Pflichten der Betriebsinhaber planmäßig und systematisch zu überwachen.

(2) Das Inspektionssystem besteht aus einem Inspektionsplan (Abs. 3) und einem Inspektionsprogramm (Abs. 4) und muss für die Überprüfung der betriebstechnischen, organisatorischen und managementspezifischen Systeme des jeweiligen Betriebs geeignet sein, und zwar insbesondere dahingehend, ob der Betriebsinhaber im Zusammenhang mit den betriebsspezifischen Tätigkeiten die zur Verhütung schwerer Unfälle erforderlichen Maßnahmen ergriffen hat, ob der Betriebsinhaber angemessene Mittel zur Begrenzung der Folgen

schwerer Unfälle vorgesehen hat, ob die im Sicherheitsbericht oder in anderen Berichten enthaltenen Angaben und Informationen die Gegebenheiten in dem Betrieb wiedergeben und ob die Öffentlichkeit im Sinne des § 14 des Umweltinformationsgesetzes, BGBl. Nr. 495/1993, in der jeweils geltenden Fassung, unterrichtet wurde. Im Rahmen einer solchen Überprüfung im Sinne des § 338 dürfen Betriebsangehörige über ihre den angewendeten Sicherheitsmanagementsystemen dienenden Tätigkeiten als Auskunftspersonen befragt und Kontrollen des Bestandes an gefährlichen Stoffen vorgenommen werden.

(3) Der Inspektionsplan muss folgende Einzelheiten umfassen:

1. Eine allgemeine Beurteilung einschlägiger Sicherheitsfragen;
2. den räumlichen Anwendungsbereich des Plans;
3. eine Liste der vom Plan erfassten Betriebe;
4. allfällige Angaben zu Domino-Effekten;
5. jene Betriebe, bei denen externe Gefahrenquellen das Risiko eines schweren Unfalls erhöhen oder die Folgen des Unfalls verschlimmern können;
6. Verfahren für routinemäßige Inspektionen;
7. Verfahren für nicht routinemäßige Inspektionen;
8. Bestimmungen für die Zusammenarbeit zwischen Inspektionsbehörden.

(4) Auf der Grundlage des Inspektionsplans hat die Behörde ein Inspektionsprogramm über die zeitliche Abfolge der Inspektionen zu erstellen. Die zeitlichen Abstände für die Vor-Ort-Überprüfung der Betriebe der oberen Klasse dürfen nicht mehr als ein Jahr betragen, für Betriebe der unteren Klasse nicht mehr als drei Jahre, es sei denn, die Behörde hat im Inspektionsprogramm auf der Grundlage einer systematischen Bewertung der Gefahren schwerer Unfälle des in Betracht kommenden Betriebs anderes festgelegt. Bei dieser Bewertung sind folgende Kriterien in Betracht zu ziehen:

1. Mögliche Auswirkung der betreffenden Betriebe auf die menschliche Gesundheit und auf die Umwelt;
2. nachweisliche Einhaltung der Anforderungen dieses Abschnitts.

(5) Zusätzlich zu den routinemäßigen Inspektionen sind nicht routinemäßige Inspektionen dann durchzuführen, wenn dies nach Einschätzung der Behörde wegen schwerwiegender Beschwerden, ernster Unfälle, Zwischenfälle, Beinahe-Unfälle oder der Nichteinhaltung von Anforderungen nach diesem Abschnitt angemessen ist. Wurde ein bedeutender Verstoß gegen Anforderungen dieses Abschnitts bei einer Inspektion gemäß dem Inspektionsprogramm festgestellt, so hat die zusätzliche Inspektion längstens innerhalb von sechs Monaten nach der vorhergehenden Inspektion stattzufinden.

(6) Über jede Überprüfung muss eine Niederschrift verfasst werden. Innerhalb von vier Monaten nach jeder Inspektion muss die Behörde dem Betriebsinhaber ihre Schlussfolgerungen und alle ermittelten erforderlichen Maßnahmen mitteilen. Der Betriebsinhaber hat diese Maßnahmen innerhalb eines angemessenen Zeitraums nach Erhalt der Schlussfolgerungen der Inspektion einzuleiten. Innerhalb von vier Monaten nach der Vor-Ort-Überprüfung hat die Behörde im Internet bekannt zu geben, wann diese Überprüfung stattgefunden hat und wo weiterführende Informationen zu erhalten sind. Geschäfts- und Betriebsgeheimnisse sind zu wahren.

Behördenpflichten

§ 84l. (1) Die Behörde hat die einen Betrieb betreffenden Informationen gemäß § 84d Abs. 1 Z 1, und Z 5 sowie § 84d Abs. 3 und Abs. 4 unverzüglich nach ihrem Vorliegen dem Bundesminister für Wissenschaft, Forschung und Wirtschaft weiterzuleiten.

(2) In den Fällen des § 84f Abs. 2 Z 1 muss die Behörde vor Beginn der Inbetriebnahme, in den Fällen des § 84f Abs. 2 Z 2 und Z 3 sowie des § 84g Abs. 1 binnen angemessener Frist, den Sicherheitsbericht überprüfen und erforderlichenfalls die Inbetriebnahme oder die Weiterführung mit Bescheid untersagen.

(3) Die Behörde muss festlegen, bei welchen Betrieben der Informationsaustausch gemäß § 84i stattzufinden hat. Dafür muss sie erforderlichenfalls zusätzliche Angaben vom Betriebsinhaber einholen und die anlässlich einer Inspektion erlangten Informationen verwenden. Der Betriebsinhaber hat die diesbezüglichen Informationen zur Verfügung zu stellen, sofern sie für die Erfüllung dieser Bestimmung erforderlich sind. Wenn die Behörde über weitere Informationen verfügt, die für die Erfüllung dieser Bestimmung durch den Betriebsinhaber erforderlich sind, so muss sie diese dem Inhaber zur Verfügung stellen.

(4) Unbeschadet des Abs. 2 hat die Behörde die Inbetriebnahme oder das Weiterführen des Betriebs mit Bescheid ganz oder teilweise zu untersagen, wenn die vom Betriebsinhaber getroffenen Maßnahmen zur Verhütung schwerer Unfälle oder zur Begrenzung von Unfallfolgen nach dem Stand der Technik (§ 71a) eindeutig unzureichend sind oder wenn der Betriebsinhaber Maßnahmen im Sinne des § 84k Abs. 6 nicht oder nicht vollständig setzt. Gleiches gilt, wenn der Betriebsinhaber die nach diesem Abschnitt erforderlichen Mitteilungen, Berichte oder sonstigen Informationen nicht fristgerecht übermittelt und deshalb eine Beurteilung des Betriebs nach dem Stand der Technik nicht gewährleistet ist. Die Untersagung ist aufzuheben, wenn die Voraussetzungen nicht mehr vorliegen.

(5) Die Behörde hat zur Sicherstellung der Wahrnehmung der Aufgaben im Bereich der Flächenausweisung und Flächennutzung die Mitteilung nach § 84d Abs. 1 sowie Änderungen der Mitteilung im Sinne des § 84d Abs. 3 und 4 an die für die örtliche Raumplanung zuständigen Behörden weiterzuleiten.

(6) Nach Einlangen einer Meldung über den Eintritt eines schweren Unfalls oder der Aktualisierung einer solchen Meldung (§ 84d Abs. 5) hat die Behörde die Meldung oder ihre Aktualisierung auf Vollständigkeit zu überprüfen, den Betriebsinhaber erforderlichenfalls zur Vervollständigung der Informationen aufzufordern und die vollständigen Unterlagen an den Bundesminister für Wissenschaft, Forschung und Wirtschaft weiterzuleiten.

(7) Nach einem schweren Unfall hat die Behörde jedenfalls eine Inspektion gemäß § 84k Abs. 5 zur vollständigen Analyse der Unfallursachen vorzunehmen. Dabei sind die technischen, organisatorischen und managementspezifischen Gesichtspunkte des Unfalls festzustellen. Weiters ist zu überprüfen, ob der Betriebsinhaber alle erforderlichen Abhilfemaßnahmen zur Begrenzung der Unfallfolgen getroffen hat, und es sind dem Betriebsinhaber Empfehlungen über künftige Verhütungsmaßnahmen in Zusammenhang mit dem eingetretenen schweren Unfall bekannt zu geben. Die Behörde hat das Ergebnis der Analyse der Unfallursachen zusammenzufassen und diese Zusammenfassung dem Bundesminister für Wissenschaft, Forschung und Wirtschaft mitzuteilen.

(8) Der Bundesminister für Wissenschaft, Forschung und Wirtschaft hat die ihm von der Behörde gemäß Abs. 1, Abs. 6 und Abs. 7 zur Verfügung gestellten Informationen der Erfüllung der Berichtspflichten der Richtlinie 2012/18/EU zur Beherrschung der Gefahren schwerer Unfälle mit gefährlichen Stoffen, zur Änderung und anschließenden Aufhebung der Richtlinie 96/82/EG, ABl. Nr. L 197 vom 24.07.2012 S. 1, zugrunde zu legen.

Verordnungsermächtigung

§ 84m. Der Bundesminister für Wissenschaft, Forschung und Wirtschaft hat im Einvernehmen mit dem Bundesminister für Land- und Forstwirtschaft, Umwelt und Wasserwirtschaft durch Verordnung nähere Bestimmungen über

1. die Pflichten des Betriebsinhabers nach einem schweren Unfall,
2. das Sicherheitskonzept,
3. das Sicherheitsmanagementsystem
4. den Sicherheitsbericht und
5. den internen Notfallplan

zu erlassen.

Bundeswarnzentrale

§ 84n. Die Bundeswarnzentrale beim Bundesministerium für Inneres unterrichtet andere EU-Mitgliedstaaten oder Vertragsstaaten der „Helsinki-Konvention" (des UN-ECE-Übereinkommens über die grenzüberschreitenden Auswirkungen von Industrieunfällen, BGBl. III Nr. 119/2000) über im Bundesgebiet eingetretene schwere Unfälle mit möglicherweise grenzüberschreitenden Folgen und hat die Entgegennahme oder Weiterleitung von Ersuchen für internationale Hilfeleistung wahrzunehmen. Die Behörde hat die Bundeswarnzentrale unverzüglich über eingetretene schwere Unfälle in Kenntnis zu setzen und die Möglichkeit und das Ausmaß grenzüberschreitender Auswirkungen abzuschätzen. Die Bundeswarnzentrale hat unbeschadet bilateraler Abkommen einzelner Bundesländer eine Benachrichtigung der Rettungs- und Notfalldienste möglicherweise betroffener Staaten in die Wege zu leiten.

Übergangsbestimmungen für bestehende Betriebe

§ 84o. Inhaber bestehender Betriebe müssen der Behörde die Angaben gemäß § 84d Abs. 1 Z 1, 3 und 4 bis spätestens 31. Dezember 2015 übermitteln. Im Übrigen müssen sie den §§ 84d Abs. 1, 84e, 84f und 84h nur dann und in dem Maß nachkommen, als der Behörde die entsprechenden Informationen noch nicht übermittelt worden sind oder nicht mehr aktuell sind. Für die Übermittlung der ergänzten bzw. aktualisierten Unterlagenteile gelten die Fristen des § 84d Abs. 2 Z 2 (für Mitteilungen), des § 84e Abs. 2 Z 2 (für Sicherheitskonzepte), und des § 84f Abs. 2 Z 2 (für Sicherheitsberichte) sinngemäß.

8b. Gemeinschaftsrechtliche Berichtspflichten, Meldepflichten

§ 84p. Wer nach diesem Bundesgesetz oder auf Grund darauf beruhender behördlicher Anordnungen verpflichtet ist, Messungen oder andere geeignete Verfahren zur Bestimmung von Emissionen aus seiner Betriebsanlage durchzuführen und darüber Aufzeichnungen zu führen oder andere die Betriebsanlage betreffende Daten der Behörde zur Verfügung zu stellen, hat diese Aufzeichnungen und Daten auf Aufforderung der Behörde in geeigneter Form zu übermitteln, soweit dies zur Erfüllung unionsrechtlicher Berichtspflichten erforderlich ist. Die Vorlage ist gebührenfrei. Betriebs- und Geschäftsgeheimnisse sind zu wahren. Der Bundesminister für Wirtschaft, Familie und Jugend kann im Einvernehmen mit dem Bundesminister für Land- und Forstwirtschaft, Umwelt und Wasserwirtschaft durch Verordnung nähere Anforderungen an die erforderlichen Messungen oder andere geeignete Verfahren zur Bestimmung von Emissionen entsprechend den jeweiligen Arten von Betriebsanlagen oder Schadstoffen, an die Art, den Aufbau und die Führung von Aufzeichnungen oder Daten sowie die Form der Übermittlung festlegen; soweit es zur Erfüllung gemeinschaftsrechtlicher Berichtspflichten notwendig ist, können in dieser Verordnung Messungen oder andere geeignete Verfahren zur Bestimmung von Emissionen aus Betriebsanlagen und die diesbezüglichen Aufzeichnungspflichten auch für bereits genehmigte Betriebsanlagen festgelegt werden.

§ 84q. (1) Der Inhaber einer in der Anlage 3 zu diesem Bundesgesetz angeführten Betriebsanlage, die in einem Ballungsraum gemäß § 3 Abs. 3 des Bundes-Umgebungslärmschutzgesetzes – Bundes-LärmG, BGBl. I Nr. 60/2005, in der jeweils geltenden Fassung, mit einer insgesamt jedenfalls 250 000 Einwohner übersteigenden Einwohnerzahl liegt, hat bis längstens vier Wochen nach der rechtskräftigen Genehmigung dieser Anlage oder nach der rechtskräftigen Genehmigung einer wesentlichen Änderung dieser Anlage der Behörde die von dieser Anlage ausgehenden Lärmemissionen (bezogen auf die Lärmquelle und die Betriebsanlagengrenze) und deren Quellen zu melden. Der Inhaber einer in der Anlage 3 zu diesem Bundesgesetz angeführten am 1. Jänner 2006 bereits genehmigten Betriebsanlage, die in einem gemäß § 3 Abs. 3 Bundes-LärmG festgelegten Ballungsraum mit einer insgesamt jedenfalls 250 000 Einwohner übersteigenden Einwohnerzahl liegt, hat der Behörde die von dieser Anlage ausgehenden Lärmemissionen (bezogen auf die Lärmquelle und die Betriebsanlagengrenze) und deren Quellen bis spätestens 1. Dezember 2006 zu melden. Die Behörde hat die Meldungen auf Plausibilität zu prüfen und unverzüglich an den Bundesminister für Wirtschaft und Arbeit weiterzuleiten.

(2) Der Inhaber einer in der Anlage 3 zu diesem Bundesgesetz angeführten Betriebsanlage, die in einem Ballungsraum gemäß § 3 Abs. 3 Bundes-LärmG mit einer insgesamt jedenfalls 100 000 Einwohner übersteigenden Einwohnerzahl liegt, hat bis längstens vier Wochen nach der rechtskräftigen Genehmigung dieser Anlage oder nach der rechtskräftigen Genehmigung einer wesentlichen Änderung dieser Anlage der Behörde die von dieser Anlage ausgehenden Lärmemissionen (bezogen auf die Lärmquelle und die Betriebsanlagengrenze) und deren Quellen zu melden. Der Inhaber einer in der Anlage 3 zu diesem Bundesgesetz angeführten am 1. Jänner 2011 bereits genehmigten Betriebsanlage, die in einem gemäß § 3 Abs. 3 Bundes-LärmG festgelegten Ballungsraum mit einer insgesamt jedenfalls 100 000 Einwohner übersteigenden Einwohnerzahl liegt, hat der Behörde die von dieser Anlage ausgehenden Lärmemissionen (bezogen auf die Lärmquelle und die Betriebsanlagengrenze) und deren Quellen bis spätestens 1. März 2011 zu melden. Die Behörde hat die Meldungen auf Plausibilität zu prüfen und unverzüglich an den Bundesminister für Wirtschaft und Arbeit weiterzuleiten.

(3) Die von einer in der Anlage 3 zu diesem Bundesgesetz angeführten Betriebsanlage ausgehenden Lärmemissionen sind als Lden (Tag-Abend-Nacht-Lärmindex) und als Lnight (Nachtlärmindex) im Sinne der Verordnung gemäß § 11 Bundes-LärmG jeweils an der Betriebsanlagengrenze anzugeben. Die Angabe des jeweiligen Wertes ist nur für jene Punkte der Betriebsanlagengrenze erforderlich, an denen der Lden den Wert von 55 dB, A-bewertet, und bzw. oder der Lnight den Wert von 50 dB, A-bewertet, erreicht bzw. übersteigt; sonst genügt die begründete Angabe, dass der Lden den Wert von 55 dB, A-bewertet, und bzw. oder der Lnight den Wert von 50 dB, A-bewertet, unterschreitet. Es sind auf Verlangen der Behörde die für die Ausbreitungsrechnung erforderlichen weiteren schalltechnischen auf die Betriebsanlage bezogenen Angaben (zB Schallleistungspegel, Schalldruckpegel, Emissionspunkte und Angaben über auf dem Betriebsanlagengelände befindliche relevante Schallhindernisse) anzugeben.

8c. Sicherheit und Gesundheitsschutz auf Baustellen

§ 84r. (1) Zum Schutz der Sicherheit und der Gesundheit auf Baustellen haben Gewerbetreibende, die selbst eine berufliche Tätigkeit auf der Baustelle ausüben, sinngemäß folgende Vorschriften einzuhalten:

1. § 15 ASchG, BGBl. Nr. 450/1994 in der Fassung BGBl. I Nr. 147/2006, mit der Maßgabe, dass sie auch für die Sicherheit und die Gesundheit derjenigen Personen Sorge zu tragen haben, die von ihren Handlungen und Unterlassungen betroffen sind, und den Anhang IV der Richtlinie 92/57/EWG über die auf zeitlich begrenzte oder ortsveränderliche Baustellen anzuwendenden Mindestvorschriften für die Sicherheit und den Gesundheitsschutz in der Fassung ABl. L 165 vom 27.06.2007 S. 21,
2. § 33 Abs. 2 bis 4 und § 38 ASchG, BGBl. Nr. 450/1994, § 3 Abs. 1 und § 16 der Arbeitsmittelverordnung, BGBl. II Nr. 164/2000, sowie die einschlägigen Bestimmungen in den Anhängen I und II der Richtlinie 2009/104/EG über Mindestvorschriften und Gesundheitsschutz bei Benutzung von Arbeitsmitteln durch Arbeitnehmer in der Fassung ABl. L 260 vom 03.10.2009 S. 5, und
3. § 69 Abs. 2, 4 und 5 sowie § 70 Abs. 1, 2, 4 und 5 ASchG, BGBl. Nr. 450/1994.

(2) Zum Schutz der Sicherheit und der Gesundheit auf Baustellen haben Gewerbetreibende sinngemäß die in Abs. 1 Z 1 bis 3 genannten Vorschriften sowie § 8 Abs. 1 des ASchG, BGBl. Nr. 450/1994 in der Fassung BGBl. I Nr. 147/2006, und § 3a der Bauarbeiterschutzverordnung – BauV, BGBl. Nr. 340/1994 in der Fassung BGBl. II Nr. 256/2009, einzuhalten.

(3) Die Gewerbetreibenden haben die Hinweise des Baustellenstellenkoordinators (§ 2 Abs. 7 des Bauarbeitenkoordinationsgesetzes, BGBl. I Nr. 37/1999 in der Fassung BGBl. I Nr. 159/2001), zu berücksichtigen.

(4) Baustellen im Sinne der Abs. 1 und 2 sind zeitlich begrenzte oder ortsveränderliche Ausführungsstätten, an denen Hoch- und Tiefbauarbeiten durchgeführt werden. Dazu zählen insbesondere folgende Arbeiten: Aushub, Erdarbeiten, Bauarbeiten im engeren Sinn, Errichtung und Abbau von Fertigbauelementen, Einrichtung oder Ausstattung, Umbau, Renovierung, Reparatur, Abbauarbeiten, Abbrucharbeiten, Wartung, Instandhaltungs-, Maler- und Reinigungsarbeiten, Sanierung.

9. Endigung und Ruhen der Gewerbeberechtigungen

§ 85. Die Gewerbeberechtigung endigt:

1. mit dem Tod der natürlichen Person, im Falle von Fortbetrieben (§§ 41 bis 45) erst mit der Endigung des Fortbetriebsrechtes;
2. mit Eintritt des Ausschlussgrundes gemäß § 13 Abs. 3 oder § 13 Abs. 5 erster Satz oder
3. mit dem Untergang der juristischen Person (§ 11 Abs. 1);
4. nach Maßgabe des § 11 Abs. 2 mit der Auflösung der eingetragenen Personengesellschaft, wenn keine Liquidation stattfindet, sonst im Zeitpunkt der Beendigung der Liquidation;
5. mit Ablauf von sechs Monaten nach dem Ausscheiden des letzten Mitgesellschafters aus einer eingetragenen Personengesellschaft, wenn der verbleibende Gesellschafter die Anzeige gemäß § 11 Abs. 3 unterlassen hat oder im Fall des § 11 Abs. 5 letzter Satz kein Geschäftsführer innerhalb dieser Frist bestellt wurde;
6. nach Ablauf von sechs Monaten nach der Eintragung eines der im § 11 Abs. 4 angeführten rechtserheblichen Umstände in das Firmenbuch, wenn der Nachfolgeunternehmer (Rechtsnachfolger) die Anzeige gemäß § 11 Abs. 5 unterlassen oder im Fall des § 11 Abs. 5 letzter Satz kein Geschäftsführer innerhalb dieser Frist bestellt wurde;
7. mit der Zurücklegung der Gewerbeberechtigung, im Falle von Fortbetrieben gemäß § 41 Abs. 1 Z 1 bis 3 mit der Zurücklegung des Fortbetriebsrechtes;
8. mit der Entziehung der Gewerbeberechtigung durch die Behörde (§§ 87, 88 und 91);
9. durch das Urteil eines Gerichtes (§ 90);
10. mit der Untersagung der Ausübung des in der Form eines Industriebetriebes angemeldeten Gewerbes (§ 347 Abs. 1);
11. mit der Nichtigerklärung eines Bescheides (§ 363 Abs. 1) oder in den sonst gesetzlich vorgesehen Fällen;
12. mit Zeitablauf oder mit Eintritt einer auflösenden Bedingung.

§ 86. (1) Die Zurücklegung einer Gewerbeberechtigung wird mit dem Tage wirksam, an dem die Anzeige über die Zurücklegung bei der Behörde (§ 345 Abs. 1) einlangt, sofern nicht der Gewerbeinhaber die Zurücklegung für einen späteren Tag anzeigt oder an den Eintritt einer Bedingung bindet.

(2) Die Anzeige ist nach dem Zeitpunkt ihres Einlangens bei der Behörde unwiderruflich. Ist die Anzeige unter der Bedingung abgegeben worden, daß eine bestimmte Person eine gleiche Gewerbeberechtigung erlangt, so ist die Anzeige hinfällig, wenn diese Person die Gewerbeanmeldung zurückzieht, wenn sie stirbt oder untergeht oder wenn rechtskräftig entschieden wird, daß diese Person die Gewerbeberechtigung nicht erlangt. In den Fällen des § 11 Abs. 4 hat die Zurücklegung der Gewerbeberechtigung durch den bisherigen Gewerbeinhaber keinen Einfluß auf die Gewerbeberechtigung des Nachfolgeunternehmers (Rechtsnachfolgers).

(3) Die Anzeige über die Zurücklegung der Gewerbeberechtigung durch den Gewerbeinhaber berührt nicht das etwaige Fortbetriebsrecht der Insolvenzmasse, des Zwangsverwalters oder des Zwangspächters.

§ 87. (1) Die Gewerbeberechtigung ist von der Behörde (§ 361) zu entziehen, wenn

1. auf den Gewerbeinhaber die Ausschlußgründe gemäß § 13 Abs. 1 oder 2 zutreffen und nach der Eigenart der strafbaren Handlung und nach der Persönlichkeit des Verurteilten die Begehung der gleichen oder einer ähnlichen Straftat bei Ausübung des Gewerbes zu befürchten ist oder
2. einer der im § 13 Abs. 4 oder Abs. 5 zweiter Satz angeführten Umstände, die den Gewerbeausschluss bewirken, vorliegt oder
3. der Gewerbeinhaber infolge schwerwiegender Verstöße gegen die im Zusammenhang mit dem betreffenden Gewerbe zu beachtenden Rechtsvorschriften und Schutzinteressen, insbesondere auch zur Wahrung des Ansehens des Berufsstandes, die für die Ausübung dieses Gewerbes erforderliche Zuverlässigkeit nicht mehr besitzt oder
4. der Gewerbeinhaber wegen Beihilfe zur Begehung einer Verwaltungsübertretung gemäß § 366 Abs. 1 Z 1 oder § 366 Abs. 1 Z 10 bestraft worden ist und diesbezüglich ein weiteres vorschriftswidriges Verhalten zu befürchten ist oder

4a. im Sinne des § 117 Abs. 7 eine Vermögensschadenhaftpflichtversicherung wegfällt oder ein Nachweis im Sinne des § 376 Z 16a nicht rechtzeitig erfolgt oder

4b. im Sinne des § 136a Abs. 5 oder des § 136b Abs. 3 das letzte Vertretungsverhältnis oder im Sinne des § 136a Abs. 10 das Vertretungsverhältnis weggefallen ist oder

4c. im Sinne des § 136a Abs. 12 eine Vermögensschadenhaftpflichtversicherung wegfällt oder ein Nachweis im Sinne des § 376 Z 2 nicht rechtzeitig erfolgt oder
4d. im Sinne des § 99 Abs. 7 eine Haftpflichtversicherung für Personen-, Sach- oder Vermögensschäden wegfällt oder ein Nachweis im Sinne des § 376 Z 13 nicht rechtzeitig erfolgt oder
5. im Sinne des § 137c Abs. 5 eine Berufshaftpflichtversicherung oder eine sonstige Haftungsabsicherung wegfällt oder
6. die folgenden Anforderungen wiederholt nicht erfüllt sind:
a) die gemäß § 136a Abs. 6 vorgesehene ständige berufliche Schulung und Weiterbildung für Gewerbliche Vermögensberater und deren Personal oder
b) die gemäß § 137b Abs. 1 bestimmte erforderliche fachliche Eignung gemäß den in der **Anlage 9** festgelegten Mindestanforderungen für das Leitungsorgan eines Unternehmens hinsichtlich derjenigen Personen, die für die Versicherungsvermittlung maßgeblich verantwortlich sind sowie direkt bei der Versicherungsvermittlung mitwirkende Beschäftigte oder
c) die gemäß § 137b Abs. 3 bestimmten Anforderungen ständiger beruflicher Schulung und Weiterbildung von mindestens 15 Stunden pro Jahr für den Einzelunternehmer sowie das Leitungsorgan eines Unternehmens hinsichtlich derjenigen Personen, die für die Versicherungsvermittlung maßgeblich verantwortlich sind, sowie für direkt bei der Versicherungsvermittlung mitwirkende Beschäftigte.

Schutzinteressen gemäß Z 3 sind insbesondere die Hintanhaltung der illegalen Beschäftigung, der Kinderpornographie, des Suchtgiftkonsums, des Suchtgiftverkehrs, der illegalen Prostitution sowie der Diskriminierung von Personen aus dem Grund ihrer Rasse, ihrer Hautfarbe, ihrer nationalen oder ethnischen Herkunft, ihres religiösen Bekenntnisses oder einer Behinderung (Art. III Abs. 1 Z 3 des Einführungsgesetzes zu den Verwaltungsverfahrensgesetzen 2008 – EGVG, BGBl. I Nr. 87/2008). Die erforderliche Zuverlässigkeit im Sinne der Z 3 liegt auch dann nicht vor, wenn eine Eintragung eines Unternehmens in die Liste gemäß § 8 Abs. 10 Sozialbetrugsbekämpfungsgesetz – SBBG, BGBl. I Nr. 113/2015, aufgrund des § 8 Abs. 3 Z 4 SBBG vorliegt.

(2) Die Behörde kann im Falle des Vorliegens einer Berechtigung zu Tätigkeiten der Versicherungsvermittlung von der im Abs. 1 Z 2 vorgeschriebenen Entziehung der Gewerbeberechtigung wegen der Eröffnung des Insolvenzverfahrens absehen, wenn die Gewerbeausübung vorwiegend im Interesse der Gläubiger gelegen ist.

(3) Die Behörde kann die Gewerbeberechtigung auch nur für eine bestimmte Zeit entziehen, wenn nach den Umständen des Falles erwartet werden kann, daß diese Maßnahme ausreicht, um ein späteres einwandfreies Verhalten des Gewerbeinhabers zu sichern.

(4) Von der Entziehung der Gewerbeberechtigung kann abgesehen werden, wenn auf Grund des § 4 des Berufsausbildungsgesetzes, BGBl. Nr. 142/1969, ein Verbot des Ausbildens von Lehrlingen besteht und dieses Verbot im Hinblick auf die Eigenart des strafbaren Verhaltens ausreicht.

(5) Von der Entziehung der Gewerbeberechtigung kann abgesehen werden, wenn auf Grund des § 31 des Bundesgesetzes über die Beschäftigung von Kindern und Jugendlichen 1987, BGBl. Nr. 599, ein Verbot der Beschäftigung Jugendlicher besteht und dieses Verbot im Hinblick auf die Eigenart des strafbaren Verhaltens ausreicht.

(6) Treffen die für die Entziehung der Gewerbeberechtigung vorgesehenen Voraussetzungen nur auf einen Teil der gewerblichen Tätigkeit zu, so kann die Gewerbeberechtigung auch nur zum Teil entzogen werden, wenn auch durch die nur teilweise Entziehung der Gewerbeberechtigung der Zweck der Maßnahme erreicht wird.

(7) Das Insolvenzgericht hat die Behörde in den Fällen des Abs. 1 Z 2 und des § 85 Z 2 vom Vorliegen des jeweiligen Ausschlusstatbestandes unverzüglich zu verständigen.

(8) Das Strafgericht hat die Behörde von den einen Entziehungstatbestand gemäß Abs. 1 Z 1 bildenden rechtskräftigen Verurteilungen unverzüglich zu verständigen.

§ 88. (1) Die Gewerbeberechtigung ist von der Behörde (§ 361) zu entziehen, wenn sich der Gewerbeinhaber nach den für ihn in Betracht kommenden Rechtsvorschriften nicht mehr zulässigerweise in Österreich aufhält.

(2) Die Gewerbeberechtigung ist von der Behörde zu entziehen, wenn das Gewerbe während der letzten drei Jahre nicht ausgeübt worden ist und der Gewerbeinhaber mit der Entrichtung der Umlage an die Landeskammer der gewerblichen Wirtschaft mehr als drei Jahre im Rückstand ist. Vor der Erlassung des Entziehungsbescheides ist der Gewerbeinhaber auf die Rechtsfolge der Entziehung nachweislich aufmerksam zu machen. Von der Entziehung ist abzusehen, wenn spätestens zugleich mit der Beschwerde gegen den erstinstanzlichen Bescheid, mit dem die Entziehung verfügt worden ist, die Bezahlung des gesamten Umlagenrückstandes nachgewiesen wird.

(Anm.: Abs. 3 aufgehoben durch BGBl. I Nr. 111/2002)

(4) Die Gewerbeberechtigung ist von der Behörde (§ 361) zu entziehen, wenn das Gewerbe während der letzten fünf Jahre nicht ausgeübt worden ist und der Gewerbeinhaber unbekannten Aufenthaltes ist.

(5) Die Gewerbeberechtigung für die Ausübung eines Gewerbes in der Form eines Industriebetriebes ist von der Behörde (§ 361) zu entziehen, wenn gemäß § 347 Abs. 2 festgestellt worden ist, daß der Betrieb nicht in der Form eines Industriebetriebes ausgeübt wird, und der Gewerbeinhaber den erforderlichen Befähigungsnachweis nicht erbringen kann.

§ 89. (1) Die Gewerbeberechtigung ist von der Behörde zu entziehen, wenn der Gewerbeinhaber eine natürliche Person ist, welche Tätigkeiten gemäß § 365m1 Abs. 2 Z 2, 3 oder 4 oder als Edelmetall- und Edelsteinhändler ausübt und als Mittelsmann einer gemäß § 13 Abs. 1 und 2 ausgeschlossenen Person tätig ist.

(2) Die Behörde hat einem Gewerbetreibenden, welcher Tätigkeiten gemäß § 365m1 Abs. 2 Z 2, 3 oder 4 oder als Edelmetall- und Edelsteinhändler ausübt und bei dem ein Mittelsmann einer gemäß § 13 Abs. 1 und 2 ausgeschlossenen Person eine leitende Funktion innehat oder wirtschaftlicher Eigentümer (§ 2 Wirtschaftliche Eigentümer Registergesetz – WiEReG, BGBl. I Nr. 136/2017, in der jeweils geltenden Fassung) ist, eine Frist bekanntzugeben, innerhalb der der Gewerbetreibende diesen Mittelsmann zu entfernen hat. Hat der Gewerbetreibende diesen Mittelsmann innerhalb der gesetzten Frist nicht entfernt, so hat die Behörde die Gewerbeberechtigung zu entziehen.

§ 90. (1) Wenn der Gewerbeinhaber durch Urteil eines Gerichtes des Gewerbes verlustig erklärt wurde, so hat die Behörde (§ 361) mit Bescheid festzustellen, daß die Gewerbeberechtigung auf Grund dieses Urteiles erloschen ist. Eine entsprechende Feststellung hat die Behörde auch dann zu treffen, wenn das gerichtliche Urteil den Gewerbeinhaber für eine bestimmte Zeit des Gewerbes verlustig erklärt hat.

(2) Die in bundesrechtlichen Vorschriften vorgesehene Entziehung von Berechtigungen wird durch die Bestimmungen dieses Bundesgesetzes nicht berührt.

§ 91. (1) Beziehen sich die im § 87 Abs. 1 Z 1, 3 und 4 oder im § 88 Abs. 1 genannten Entziehungsgründe auf die Person des Geschäftsführers oder Filialgeschäftsführers, so hat die Behörde (§ 361) die Bestellung des Geschäftsführers oder Filialgeschäftsführers für die Ausübung des Gewerbes zu widerrufen. In diesen Fällen gilt § 9 Abs. 2 nicht.

(2) Ist der Gewerbetreibende eine juristische Person oder eine eingetragene Personengesellschaft und beziehen sich die im § 87 angeführten Entziehungsgründe oder der in § 85 Z 2 angeführte Endigungsgrund sinngemäß auf eine natürliche Person, der ein maßgebender Einfluß auf den Betrieb der Geschäfte zusteht, so hat die Behörde (§ 361) dem Gewerbetreibenden eine Frist bekanntzugeben, innerhalb der der Gewerbetreibende diese Person zu entfernen hat. Hat der Gewerbetreibende die genannte natürliche Person innerhalb der gesetzten Frist nicht entfernt, so hat die Behörde die Gewerbeberechtigung zu entziehen.

§ 92. (1) Besteht eine nach diesem Bundesgesetz vorgeschriebene Versicherung nicht oder nicht ausreichend aufrecht, so darf während des Nichtbestehens oder des nicht ausreichenden Bestehens der Versicherung das betreffende Gewerbe nicht ausgeübt oder die betreffende gewerbliche Betriebsanlage nicht betrieben werden.

(2) Das Versicherungsunternehmen hat der Behörde jeden Umstand, der das Nichtbestehen, das nicht ausreichende Bestehen oder die Beendigung einer nach diesem Bundesgesetz vorgeschriebenen Versicherung zur Folge hat, anzuzeigen. Im Fall von gemäß diesem Bundesgesetz nach Umsatz abgestuft vorgeschriebenen Versicherungssummen hat das Versicherungsunternehmen der Behörde außerdem jeden Umstand, der das Erreichen der Stufengrenze zur Folge hat, anzuzeigen; diese Anzeige gilt als Nachweis für das Erfüllen der Voraussetzungen für die nach der jeweiligen Stufe vorgeschriebene Versicherungssumme.

§ 93. (1) Der Gewerbetreibende muß das Ruhen und die Wiederaufnahme der Gewerbeausübung binnen drei Wochen der Landeskammer der gewerblichen Wirtschaft anzeigen.

(2) Bei Versicherungsvermittlern im Sinne des § 137 Abs. 2 – soweit sie nicht gemäß § 137 Abs. 6 oder § 137a von den Bestimmungen über Versicherungsvermittlung ausgenommen sind – sind das Ruhen und die Wiederaufnahme der Gewerbeausübung der Behörde im Vorhinein anzuzeigen; eine Anzeige im Nachhinein ist unzulässig und unwirksam. Die Behörde hat ab Einlangen der Mitteilung das Ruhen im GISA (Versicherungs- und Kreditvermittlerregister) einzutragen; eine Gewerbeausübung während des im GISA (Versicherungs- und Kreditvermittlerregister) berücksichtigten Ruhens ist unzulässig. Während der Zeit des im GISA (Versicherungs- und Kreditvermittlerregister) berücksichtigten Ruhens entfallen das Erfordernis einer Haftpflichtabsicherung nach § 137c sowie die Verpflichtung zur Erfüllung sonstiger mit der Ausübung des Gewerbes verbundener gewerberechtlicher Verpflichtungen. Ab Einlangen der Meldung der Wiederaufnahme ist die Eintragung des Ruhens im GISA (Versicherungs- und Kreditvermittlerregister) durch die Behörde zu löschen, sofern der Gewerbetreibende gleichzeitig mit der Meldung der Wiederaufnahme den wirksamen Bestand einer Haftpflichtabsicherung im Sinne des § 137c sowie die Erfüllung aller übrigen Eintragungserfordernisse – mit Ausnahme eines neuerlichen Nachweises der notwendigen Befähigung des Gewerbetreibenden bzw. bereits vor dem Ruhen beschäftigter Mitarbeiter – mit Wirkung spätestens ab Ende des Ruhens nachweist. Zuwiderhandlungen gegen die Bestimmung des zweiten Satzes, zweiter Halbsatz, sind gemäß § 366 Abs. 1 Z 1 zu bestrafen.

(3) Bei Immobilientreuhändern im Sinne des § 117 sind das Ruhen und die Wiederaufnahme der Gewerbeausübung der Behörde im Vorhinein anzuzeigen; eine Anzeige im Nachhinein ist unzulässig und unwirksam. Die Behörde hat ab Einlangen der Mitteilung das Ruhen im GISA einzutragen; eine Gewerbeausübung während des im GISA berücksichtigten Ruhens ist unzulässig. Während der Zeit des im GISA berücksichtigten Ruhens entfallen das Erfordernis einer Vermögensschadenhaftpflichtversicherung nach § 117 Abs. 7 sowie die Verpflichtung zur Erfüllung sonstiger mit der Ausübung des Gewerbes verbundener gewerberechtlicher Verpflichtungen. Ab Einlangen der Meldung der Wiederaufnahme ist die Eintragung des Ruhens im GISA durch die Behörde zu löschen, sofern der Gewerbetreibende gleichzeitig mit der Meldung der Wiederaufnahme den wirksamen Bestand einer Vermögensschadenhaftpflichtversicherung im Sinne des § 117 Abs. 7 sowie die Erfüllung aller übrigen Eintragungserfordernisse – mit Ausnahme eines neuerlichen Nachweises der notwendigen Befähigung des Gewerbetreibenden – mit Wirkung spätestens ab Ende des Ruhens nachweist. Zuwiderhandlungen gegen die Bestimmung des zweiten Satzes, zweiter Halbsatz, sind gemäß § 366 Abs. 1 Z 1 zu bestrafen.

(4) Bei Gewerbetreibenden, die das Baumeistergewerbe (§ 94 Z 5) oder ein dem Baumeistergewerbe entstammendes Teilgewerbe ausüben, sind das Ruhen und die Wiederaufnahme der Gewerbeausübung der Behörde im Vorhinein anzuzeigen; eine Anzeige im Nachhinein ist unzulässig und unwirksam. Die Behörde hat ab Einlangen der Mitteilung das Ruhen im GISA einzutragen; eine Gewerbeausübung während des im GISA berücksichtigten Ruhens ist unzulässig. Während der Zeit des im GISA berücksichtigten Ruhens entfallen das Erfordernis einer Haftpflichtversicherung nach § 99 Abs. 7 sowie die Verpflichtung zur Erfüllung sonstiger mit der Ausübung des Gewerbes verbundener gewerberechtlicher Verpflichtungen. Ab Einlangen der Meldung der Wiederaufnahme ist die Eintragung des Ruhens im GISA durch die Behörde zu löschen, sofern der Gewerbetreibende gleichzeitig mit der Meldung der Wiederaufnahme den wirksamen Bestand einer Haftpflichtversicherung im Sinne des § 99 Abs. 7 sowie die Erfüllung aller übrigen Eintragungserfordernisse – mit Ausnahme eines neuerlichen Nachweises der notwendigen Befähigung des Gewerbetreibenden – mit Wirkung spätestens ab Ende des Ruhens nachweist. Zuwiderhandlungen gegen die Bestimmung des zweiten Satzes, zweiter Halbsatz, sind gemäß § 366 Abs. 1 Z 1 zu bestrafen.

(5) Bei Gewerblichen Vermögensberatern im Sinne des § 136a sind das Ruhen und die Wiederaufnahme der Gewerbeausübung der Behörde im Vorhinein anzuzeigen; eine Anzeige im Nachhinein ist unzulässig und unwirksam. Die Behörde hat ab Einlangen der Mitteilung das Ruhen im GISA (Versicherungs- und Kreditvermittlerregister) einzutragen; eine Gewerbeausübung während des im GISA (Versicherungs- und Kreditvermittlerregister) berücksichtigten Ruhens ist unzulässig. Während der Zeit des im GISA (Versicherungs- und Kreditvermittlerregister) berücksichtigten Ruhens entfallen das Erfordernis einer Vermögensschadenhaftpflichtversicherung nach § 136a Abs. 12 sowie die Verpflichtung zur Erfüllung sonstiger mit der Ausübung des Gewerbes verbundener gewerberechtlicher Verpflichtungen und ist das Ablaufen der Nachweise über die Teilnahme an Schulungen gemäß § 136a Abs. 6 gehemmt. Ab Einlangen der Meldung der Wiederaufnahme ist die Eintragung des Ruhens im GISA (Versicherungs- und Kreditvermittlerregister) durch die Behörde zu löschen, sofern der Gewerbetreibende gleichzeitig mit der Meldung der Wiederaufnahme den wirksamen Bestand einer Vermögensschadenhaftpflichtversicherung im Sinne des § 136a Abs. 12, die Erfüllung aller übrigen Eintragungserfordernisse – mit Ausnahme eines neuerlichen Nachweises der notwendigen Befähigung des Gewerbetreibenden – mit Wirkung spätestens ab Ende des Ruhens nachweist. Zuwiderhandlungen gegen die Bestimmung des zweiten Satzes zweiter Halbsatz sind gemäß § 366 Abs. 1 Z 1 zu bestrafen.

II. Hauptstück
Bestimmungen für einzelne Gewerbe
1. Reglementierte Gewerbe

§ 94. Folgende Gewerbe sind reglementierte Gewerbe:

(Anm.: Z 1 aufgehoben durch Z 9, BGBl. I Nr. 94/2017)

2. Augenoptik (Handwerk)
3. Bäcker (Handwerk)
4. Bandagisten; Orthopädietechnik; Miederwarenerzeugung (verbundenes Handwerk)
5. Baumeister, Brunnenmeister
6. Bestattung
7. Bodenleger (Handwerk)
8. Buchbinder; Etui- und Kassettenerzeugung; Kartonagewarenerzeugung (verbundenes Handwerk)

(Anm.: Z 9 aufgehoben durch BGBl. I Nr. 161/2006)

10. Chemische Laboratorien
11. Dachdecker (Handwerk)
12. verbundenes Handwerk: Damenkleidermacher, Herrenkleidermacher, Wäschewarenerzeugung; verbundenes Handwerk: Kürschner, Säckler (Lederbekleidungserzeugung)
13. Denkmal-, Fassaden- und Gebäudereinigung (Handwerk)
14. Drogisten
15. Drucker und Druckformenherstellung
16. Elektrotechnik

(Anm.: Z 17 aufgehoben durch Z 9, BGBl. I Nr. 94/2017)

18. Erzeugung von pyrotechnischen Artikeln sowie Handel mit pyrotechnischen Artikeln (Pyrotechnikunternehmen)
19. Fleischer (Handwerk)

(Anm.: Z 20 aufgehoben durch VfGH, BGBl. I Nr. 212/2013)

21. Fremdenführer
22. Friseur und Perückenmacher (Stylist) (Handwerk)
23. Fußpflege
24. Gärtner; Florist (verbundenes Handwerk)
25. Gas- und Sanitärtechnik
26. Gastgewerbe
27. Getreidemüller (Handwerk)
28. Glaser, Glasbeleger und Flachglasschleifer; Hohlglasschleifer und Hohlglasveredler; Glasbläser und Glasinstrumentenerzeugung (verbundenes Handwerk)
29. Gold- und Silberschmiede; Gold-, Silber- und Metallschläger (verbundenes Handwerk)
30. Hafner (Handwerk)
31. Heizungstechnik; Lüftungstechnik (verbundenes Handwerk)
32. Herstellung von Arzneimitteln und Giften und Großhandel mit Arzneimitteln und Giften
33. Herstellung und Aufbereitung sowie Vermietung von Medizinprodukten, soweit diese Tätigkeiten nicht unter ein anderes reglementiertes Gewerbe fallen, und Handel mit sowie Vermietung von Medizinprodukten
34. Hörgeräteakustik (Handwerk)
35. Immobilientreuhänder (Immobilienmakler, Immobilienverwalter, Bauträger)
36. Inkassoinstitute
37. Kälte- und Klimatechnik (Handwerk)
38. Keramiker; Platten- und Fliesenleger (verbundenes Handwerk)
39. Kommunikationselektronik (Handwerk)
40. Konditoren (Zuckerbäcker) einschließlich der Lebzelter und der Kanditen-, Gefrorenes- und Schokoladewarenerzeugung (Handwerk)
41. Kontaktlinsenoptik
42. Kosmetik (Schönheitspflege)
43. Karosseriebau- und Karosserielackiertechniker; Kraftfahrzeugtechnik (verbundenes Handwerk)

(Anm.: Z 44 aufgehoben durch Z 9, BGBl. I Nr. 94/2017)

45. Kunststoffverarbeitung (Handwerk)
46. Lebens- und Sozialberatung
47. Maler und Anstreicher; Lackierer; Vergolder und Staffierer;

Schilderherstellung (verbundenes Handwerk)

48. Massage
49. Mechatroniker für Maschinen- und Fertigungstechnik;

Mechatroniker für Elektronik, Büro- und EDV-Systemtechnik;

Mechatroniker für Elektromaschinenbau und Automatisierung;

Mechatroniker für Medizingerätetechnik (verbundenes Handwerk)

50. Milchtechnologie (Handwerk)
51. Oberflächentechnik; Metalldesign (verbundenes Handwerk)
52. Orgelbauer; Harmonikamacher; Klaviermacher; Streich- und Saiteninstrumenteerzeuger; Holzblasinstrumenteerzeuger; Blechblasinstrumenteerzeuger (verbundenes Handwerk)
53. Orthopädieschuhmacher (Handwerk); Schuhmacher (Handwerk); verbundenes Handwerk: Sattler einschließlich Fahrzeugsattler und Riemer, Ledergalanteriewarenerzeugung und Taschner
54. Pflasterer (Handwerk)
55. Rauchfangkehrer (Handwerk)
56. Reisebüros

(Anm.: Z 57 aufgehoben durch Z 9, BGBl. I Nr. 94/2017)

58. Schädlingsbekämpfung (Handwerk)
59. Metalltechnik für Metall- und Maschinenbau; Metalltechnik für Schmiede und Fahrzeugbau; Metalltechnik für Land- und Baumaschinen (verbundenes Handwerk)

(Anm.: Z 60 aufgehoben durch Z 9, BGBl. I Nr. 94/2017)

61. Sicherheitsfachkraft; Sicherheitstechnisches Zentrum
62. Sicherheitsgewerbe (Berufsdetektive, Bewachungsgewerbe)
63. Spediteure einschließlich der Transportagenten
64. Spengler; Kupferschmiede (verbundenes Handwerk)
65. Sprengungsunternehmen
66. Steinmetzmeister einschließlich Kunststeinerzeugung und Terrazzomacher
67. Stuckateure und Trockenausbauer (Handwerk)
68. Tapezierer und Dekorateure (Handwerk)
69. Ingenieurbüros (Beratende Ingenieure)
70. Textilreiniger (Chemischreiniger, Wäscher und Wäschebügler) (Handwerk)
71. Tischler; Modellbauer; Bootsbauer; Binder; Drechsler; Bildhauer (verbundenes Handwerk)
72. Überlassung von Arbeitskräften
73. Uhrmacher (Handwerk)
74. Unternehmensberatung einschließlich der Unternehmensorganisation
75. Gewerbliche Vermögensberatung
76. Versicherungsvermittlung (Versicherungsagent, Versicherungsmakler und Beratung in Versicherungsangelegenheiten)
77. Wertpapiervermittler
78. Vulkaniseur

79. Wärme-, Kälte-, Schall- und Branddämmer (Handwerk)
80. Waffengewerbe (Büchsenmacher) einschließlich des Waffenhandels
81. Zahntechniker (Handwerk)
82. Holzbau-Meister

Überprüfung der Zuverlässigkeit

§ 95. (1) Bei den im § 94 Z 5, 10, 16, 18, 25, 32, 36, 56, 62, 65, 75, 80 und 82 angeführten Gewerben ist von der Behörde zu überprüfen, ob der Bewerber oder, falls sich eine juristische Person oder eingetragene Personengesellschaft um die Gewerbeberechtigung bewirbt, die im § 13 Abs. 7 genannten Personen die für die Ausübung des Gewerbes erforderliche Zuverlässigkeit (§ 87 Abs. 1 Z 3) besitzen. Mit der Gewerbeausübung darf der Anmelder erst mit der Rechtskraft des Bescheides gemäß § 340 beginnen.

(2) Bei den im Abs. 1 angeführten Gewerben ist die Bestellung eines Geschäftsführers oder eines Filialgeschäftsführers für die Ausübung des Gewerbes genehmigungspflichtig. Die Genehmigung ist auf Ansuchen des Gewerbeinhabers zu erteilen, wenn die im § 39 Abs. 2 bzw. § 47 Abs. 2 angeführten Voraussetzungen erfüllt sind.

Neueinstufung einer Tätigkeit als reglementiertes Gewerbe

§ 96. Durch die Neueinstufung einer Tätigkeit als reglementiertes Gewerbe wird der Berechtigungsumfang anderer reglementierter Gewerbe, von deren Berechtigungsumfang diese Tätigkeit auch schon bis zum In-Kraft-Treten der Neueinstufung umfasst war, nicht berührt.

Augenoptik, Kontaktlinsenoptik, Führung der Bezeichnung „Optometrist“

§ 98. (1) Einer Gewerbeberechtigung für das Gewerbe der Augenoptik (§ 94 Z 2) bedarf es für die Anpassung und Abgabe von Korrektionsbrillen einschließlich der Brillenglasbestimmung. Die Augenoptiker haben die genannten Arbeiten durch hiefür ausgebildete Fachkräfte ausführen zu lassen.

(2) Einer Gewerbeberechtigung für das Gewerbe der Kontaktlinsenoptik (§ 94 Z 41) bedarf es für den Kleinhandel mit Kontaktlinsen und das Anpassen von Kontaktlinsen.

(3) Gewerbetreibende, die sowohl den Befähigungsnachweis für das Gewerbe der Augenoptik als auch für das Gewerbe der Kontaktlinsenoptik erbringen, dürfen die Bezeichnung „Optometrist“ führen.

Baumeister

§ 99. (1) Der Baumeister (§ 94 Z 5) ist berechtigt,

1. Hochbauten, Tiefbauten und andere verwandte Bauten zu planen und zu berechnen,
2. Hochbauten, Tiefbauten und andere verwandte Bauten zu leiten und die Bauaufsicht durchzuführen,
3. Hochbauten, Tiefbauten und andere verwandte Bauten nach Maßgabe des Abs. 2 auch auszuführen und Hochbauten, Tiefbauten und andere verwandte Bauten abzubrechen,
4. Gerüste aufzustellen, für die statische Kenntnisse erforderlich sind,
5. zur Projektentwicklung, -leitung und -steuerung, zum Projektmanagement sowie zur Übernahme der Bauführung,
6. im Rahmen seiner Gewerbeberechtigung zur Vertretung seines Auftraggebers vor Behörden und Körperschaften öffentlichen Rechts.

(2) Der Baumeister ist weiters berechtigt, auch die Arbeiten anderer Gewerbe im Rahmen seiner Bauführung zu übernehmen, zu planen und zu berechnen und zu leiten. Er ist auch berechtigt, diese Arbeiten im Rahmen seiner Bauführung selbst auszuführen, soweit es sich um Tätigkeiten der Betonwarenerzeuger, Kunststeinerzeuger, Terrazzomacher, Schwarzdecker, Estrichhersteller, Steinholzleger, Gärtner, Stuckateure und Trockenausbauer, Wärme-, Kälte-, Schall- und Branddämmer und der Abdichter gegen Feuchtigkeit und Druckwasser handelt. Die Herstellung von Estrich und Trockenausbauertätigkeiten darf der Baumeister unabhängig von einer Bauführung übernehmen und ausführen. Soweit es sich um Arbeiten von nicht in diesem Absatz genannten Gewerben handelt, hat er sich zur Ausführung dieser Arbeiten der hiezu befugten Gewerbetreibenden zu bedienen. Weiters ist er unbeschadet der Rechte der Brunnenmeister zur Durchführung von Tiefbohrungen aller Art berechtigt.

(3) Die Befähigung für Tätigkeiten gemäß Abs. 1 Z 1 und 2 kann nur im Wege eines Befähigungsnachweises gemäß § 18 Abs. 1 erbracht werden.

(4) Die Berechtigung anderer Gewerbetreibender, die im Zusammenhang mit der Planung technischer Anlagen und Einrichtungen erforderlichen Vorentwürfe auf dem Gebiet des Hoch- und Tiefbaues zu verfassen, bleibt unberührt.

(5) Wird das Gewerbe der Baumeister in einem Umfang angemeldet, der nicht das Recht zur umfassenden Planung gemäß Abs. 1 Z 1 beinhaltet, hat der Gewerbeanmelder die Bezeichnung „Baugewerbetreibender“ unter Beifügung der entsprechenden Einschränkung zu verwenden. Nur Gewerbetreibende, deren Gewerbeberechtigung das Recht zur umfassenden Planung gemäß Abs. 1 Z 1 beinhaltet, dürfen die Bezeichnung „Baumeister“ verwenden. Gewerbetreibende, die zur Ausübung des Baumeistergewerbes eingeschränkt auf die Ausführung von Bauten berechtigt sind, dürfen keine Bezeichnung verwenden, die den Eindruck erwecken könnte, dass sie zur Planung von Bauten berechtigt sind.

(6) Der Bundesminister für Wirtschaft und Arbeit hat auf Antrag des Gewerbetreibenden innerhalb von drei Monaten durch Bescheid festzustellen, dass der Gewerbetreibende, dessen Gewerbeberechtigung das Recht zur umfassenden Planung gemäß § 99 Abs. 1 Z 1 beinhaltet, neben der Bezeichnung „Baumeister" auch die Bezeichnung „Gewerblicher Architekt" verwenden darf, wenn er

1. einen Ausbildungsnachweis entsprechend Art. 49 der Richtlinie 2005/36/EG
   a) entweder auf Grund der erfolgreichen Ablegung der Reifeprüfung an einer einschlägigen inländischen höheren technischen Lehranstalt (Hochbau) erworben hat und mindestens zehn Jahre als Baugewerbetreibender oder in einer dem gleichzuhaltenden Funktion tätig war
   b) oder auf Grund eines inländischen einschlägigen Hochschul(Universitäts)studiums erworben hat und
2. in einem anderen Mitgliedstaat des Europäischen Wirtschaftsraumes oder der Europäischen Union auf Grund der dort geltenden Vorschriften und Normen oder auch nur tatsächlich von der Übernahme von öffentlichen Aufträgen auf dem Fachgebiet seiner Gewerbeberechtigung oder von der Beteiligung an öffentlichen Ausschreibungen oder auf Grund der dort geltenden Vorschriften und Normen von der Übernahme von privaten Aufträgen oder von der Beteiligung an privaten Ausschreibungen nur deshalb ausgeschlossen wurde, weil er diese Bezeichnung nicht führen darf, sofern dieser Ausschluss nicht nur gegenüber einem inländischen Wettbewerbsteilnehmer wirksam wird.

(7) Die zur Ausübung des Baumeistergewerbes (§ 94 Z 5) oder der dem Baumeistergewerbe entstammenden Teilgewerbe berechtigten Gewerbetreibenden haben für ihre Berufstätigkeit eine Haftpflichtversicherung für Personen-, Sach- und Vermögensschäden abzuschließen. Die Haftpflichtversicherung muss bei einem Unternehmen erfolgen, das zum Geschäftsbetrieb in Österreich befugt ist. Die Versicherungssumme hat zu betragen:

1. Für einen zur Ausübung des Baumeistergewerbes (§ 94 Z 5) oder der dem Baumeistergewerbe entstammenden Teilgewerbe berechtigten Gewerbetreibenden mit höchstens einem jährlichen Umsatz gemäß § 221 Abs. 2 Z 2 in Verbindung mit § 221 Abs. 4 Unternehmensgesetzbuch: mindestens 1 000 000 Euro pro Schadensfall, wobei es zulässig ist, die Versicherungsleistung pro jährlicher Versicherungsperiode auf 3 000 000 Euro zu beschränken.
2. Für einen zur Ausübung des Baumeistergewerbes (§ 94 Z 5) oder der dem Baumeistergewerbe entstammenden Teilgewerbe berechtigten Gewerbetreibenden mit mehr als einem jährlichen Umsatz gemäß § 221 Abs. 2 Z 2 in Verbindung mit § 221 Abs. 4 Unternehmensgesetzbuch: mindestens 5 000 000 Euro pro Schadensfall, wobei es zulässig ist, die Versicherungsleistung pro jährlicher Versicherungsperiode auf 15 000 000 Euro zu beschränken.

Für diese Pflichtversicherungssummen darf ein Selbstbehalt von höchstens fünf vH dieser Summen pro Schadensfall vereinbart werden.

(8) Bei der Anmeldung des Baumeistergewerbes (§ 94 Z 5) oder eines dem Baumeistergewerbe entstammenden Teilgewerbes ist zusätzlich zu den Erfordernissen gemäß § 339 Abs. 3 der Nachweis der Haftpflichtversicherung für Personen-, Sach- und Vermögensschäden gemäß Abs. 7 zu erbringen.

(9) Bei Leistungsfreiheit des Versicherers gegenüber dem Versicherungsnehmer aus der Haftpflichtversicherung für Personen-, Sach- und Vermögensschäden gelten betreffend die Meldung des Versicherers an die für den das Baumeistergewerbe (§ 94 Z 5) oder ein dem Baumeistergewerbe entstammendes Teilgewerbe ausübenden Gewerbetreibenden örtlich zuständige Behörde und betreffend die Haftung des Versicherers in Ansehung eines Dritten die Bestimmungen des § 92 GewO 1994 und die Bestimmungen der §§ 158b bis 158i des VersVG, BGBl. Nr. 2/1959, in der geltenden Fassung. § 158c Abs. 2 VersVG gilt mit der Maßgabe, dass der Umstand, der das Nichtbestehen oder die Beendigung des Versicherungsverhältnisses zur Folge hat, gegenüber dem Dritten erst nach Ablauf von zwei Monaten wirksam wird, nachdem der Versicherer diesen Umstand der Behörde angezeigt hat.

(10) Bei Wegfall der Haftpflichtversicherung für Personen-, Sach- und Vermögensschäden im Sinne von Abs. 7 hat die Behörde unverzüglich ein Gewerbeentziehungsverfahren einzuleiten und, wenn eine neuerliche Haftpflichtversicherung für Personen-, Sach- und Vermögensschäden nicht unverzüglich nachgewiesen wird, die Gewerbeberechtigung längstens binnen zwei Monaten zu entziehen. § 361 Abs. 2 ist in diesem Fall nicht anzuwenden. Beschwerden gegen Entziehungsbescheide kommt keine aufschiebende Wirkung zu. Die Einleitung des Gewerbeentziehungsverfahrens ist im GISA zu vermerken.

Brunnenmeister

§ 100. (1) Der Brunnenmeister (§ 94 Z 5) ist berechtigt, die zur Herstellung eines Brunnens für Trink- und Nutzwasser und die für Quellfassungen erforderlichen Arbeiten zu planen, zu berechnen sowie auszuführen; hiezu gehören das Bohren und Schlagen von Brunnen, das Ausschachten, Ausmauern oder Betonieren des Brunnenschachtes, das Einsetzen der Pumpenrohre und Saugvorrichtungen und das Decken des Schachtes, das Führen des Schlages und Einsetzen der Schlagrohre. Weiters ist der Brunnenmeister zur Aufstellung von Gerüsten, für die statische Kenntnisse erforderlich sind sowie unbeschadet der Rechte der Baumeister zur Durchführung von Tiefbohrungen aller Art berechtigt. In politischen Bezirken, in denen kein Brunnenmeister seinen Standort hat, stehen die angeführten Berechtigungen auch den Baumeistern zu.

(2) Der Brunnenmeister ist auch zur Herstellung des Brunnenhäuschens, der Wasseraufsaugmulde und der Wasserableitungen im erforderlichen Ausmaß sowie zur Herstellung von Abwasserreinigungs- und -beseitigungsanlagen in brunnenmäßiger Ausführung und von nicht freitragenden Silos bis ein Meter über dem Erdboden in brunnenmäßiger Ausführung und von nicht freitragenden Silos bis ein Meter über dem Erdboden in brunnenmäßiger Ausführung berechtigt.

Bestattung

§ 101. (1) Einer Gewerbeberechtigung für das Bestattungsgewerbe (§ 94 Z 6) bedarf es für die Durchführung von Totenaufbahrungen, -feierlichkeiten und -überführungen sowie von Bestattungen und Exhumierungen.

(2) Zu den in Abs. 1 genannten Tätigkeiten gehören insbesondere das Waschen, Ankleiden und Einsargen des Toten sowie die Thanatopraxie. Die Thanatopraxie darf nur von Personen ausgeführt werden, die zur Ausführung dieser Arbeiten fachlich befähigt sind. Durch Verordnung des Bundesministers für Wirtschaft und Arbeit ist festzulegen, wie diese fachliche Befähigung nachzuweisen ist. Hiebei ist auf den Schutz von Leben und Gesundheit von Menschen sowie auf eine fachgemäße Ausführung der Arbeiten Bedacht zu nehmen.

(3) Die Rechte der Kirchen und Religionsgemeinschaften auf Abhaltung der gottesdienstlichen Feierlichkeiten aus Anlass von Bestattungen und auf die Besorgung des kirchlichen Glockengeläutes und der Kirchenmusik werden durch die vorangegangenen Bestimmungen nicht berührt.

(4) Besteht Grund zu der Annahme, dass Bestatter eine Preispolitik zum Nachteil der Kunden verfolgen oder versuchen durch ihre Preispolitik bzw. durch unlauteren Wettbewerb Mitbewerber auszuschalten, so hat der Landeshauptmann die erforderlichen Höchsttarife festzulegen. Hiebei ist auf die Leistungsfähigkeit und auf nach Art und Umfang verschiedene Leistungen der Betriebe sowie die Interessen der Kunden Bedacht zu nehmen.

(5) Das Aufsuchen von Privatpersonen zum Zwecke des Sammelns von Bestellungen auf Leistungen des Bestattergewerbes ist nur auf ausdrückliche, an den zur Ausübung des Bestattergewerbes berechtigten Gewerbetreibenden gerichtete Aufforderung gestattet. Die Entgegennahme von Bestellungen auf solche Leistungen ist nur in den Betriebsstätten des Gewerbetreibenden oder anläßlich des gemäß dem vorherigen Satz zulässigen Aufsuchens gestattet.

Chemische Laboratorien

§ 103. Einer Gewerbeberechtigung für das Gewerbe der Chemischen Laboratorien (§ 94 Z 10) bedarf es für

1. die Herstellung von Chemikalien und Reagenzien, insoweit diese Tätigkeit nicht unter § 116 fällt,
2. die Durchführung chemischer Analysen, chemischer Untersuchungen, die Überwachung und Messung sowie die Interpretation der Ergebnisse auf einschlägigen Fachgebieten gemäß der nachgewiesenen Ausbildung.

Drogisten

§ 104. (1) Einer Gewerbeberechtigung für das Drogistengewerbe (§ 94 Z 14) bedarf es für den Kleinhandel mit Giften, mit Präparaten, die zur diagnostischen Verwendung ohne Berührung mit dem menschlichen oder tierischen Körper bestimmt sind, mit sterilisiertem Verbandmaterial ausgenommen mit Verbandzeug in Behältern im Sinne des § 102 Abs. 10 des Kraftfahrgesetzes 1967, BGBl. Nr. 267, in der Fassung des Bundesgesetzes BGBl. Nr. 615/1977, und mit Arzneimitteln, sofern deren Abgabe an Letztverbraucher auch außerhalb von Apotheken durch bundesrechtliche Vorschriften gestattet ist.

(2) Der Handel mit Futtermitteln, die gemäß den Bestimmungen des Futtermittelgesetzes, BGBl. Nr. 905/1993, in den inländischen Verkehr gebracht werden, ist kein reglementiertes Gewerbe gemäß § 94 Z 14.

(3) Gewerbetreibende, die das Gewerbe der Drogisten ausüben, sind berechtigt, die im Abs. 1 genannten Präparate und Arzneimittel, mit denen sie den Kleinhandel betreiben dürfen, abzufüllen und abzupacken. Dies gilt allerdings nur insoweit, als dieses Abfüllen und Abpacken für die Kleinhandelstätigkeit erfolgt.

(4) Gewerbetreibende, die das Gewerbe der Drogisten gemäß Abs. 1 ausüben, sind auch zu folgenden Tätigkeiten berechtigt:

1. zur Zubereitung und zum Ausschank von Frucht- und Gemüsesäften;
2. zur Herstellung von Teemischungen und Hautsalben, denen keine Heilwirkung zukommt und zum Verkauf dieser Produkte ohne Heilanpreisung;
3. zu Schminktätigkeiten.

(5) Gewerbetreibende, die zur Ausübung des Drogistengewerbes berechtigt sind, dürfen sich bei der Ausübung der ihnen vorbehaltenen Tätigkeiten nur hauptberuflich beschäftigter Personen bedienen, die die persönliche und fachliche Eignung zur Erfüllung ihrer jeweiligen Tätigkeiten besitzen; als persönlich und fachlich geeignet zur Erfüllung ihrer Tätigkeiten sind bei der

Ausübung der im Abs. 1 genannten Tätigkeiten nur solche Personen anzusehen, die die Lehrabschlussprüfung im Lehrberuf Drogist erfolgreich abgelegt oder die Studienrichtung Pharmazie an einer inländischen Universität oder eine Schule erfolgreich abgeschlossen haben, in der eine mit der Ausbildung im Lehrberuf Drogist gleichwertige Vermittlung einschlägiger Fertigkeiten und Kenntnisse erfolgt. Wird das Drogistengewerbe in eingeschränktem Umfang ausgeübt, besitzen auch Personen die persönliche und fachliche Eignung zur Erfüllung der Tätigkeiten, die der eingeschränkten Ausübung des Drogistengewerbes entsprechen, die eine Schule erfolgreich abgeschlossen haben, in der eine für die Ausführung dieser Tätigkeiten ausreichende Ausbildung vermittelt wird. Der Ausbildung von Lehrlingen im Rahmen der Bestimmungen des Berufsausbildungsgesetzes, BGBl. Nr. 142/1969, steht dieses Gebot nicht entgegen.

Drucker und Druckformenherstellung

§ 105. (1) Einer Gewerbeberechtigung für das Gewerbe der Drucker und Druckformenherstellung (§ 94 Z 15) bedarf es für die Satzherstellung nach allen Verfahren, die Vervielfältigung von Schriften und unbeschadet der Rechte der Fotografen für die Vervielfältigung von bildlichen Darstellungen in einem zur Massenherstellung geeigneten Verfahren.

(2) Kein reglementiertes Gewerbe gemäß § 94 Z 15 ist unbeschadet der Rechte der Drucker und Druckformenhersteller

1. die Spielkartenerzeugung;
2. das Bedrucken von Webwaren, Strick- und Wirkwaren, Tapeten, Holzwaren, Glaswaren, Metallwaren (ausgenommen Folien), Gummiwaren und Kunststoffwaren (ausgenommen Folien);
3. die Erzeugung von Trockenbügelstempeln und Trockenbügeletiketten sowie die Erzeugung von Druckformen für das Bedrucken der in Z 2 genannten Erzeugnisse.

(3) Drucker und Druckformenhersteller sind auch zum Verlag von Schriften und bildlichen Darstellungen berechtigt, die sie mit eigenen Betriebsmitteln und auf eigene Rechnung herstellen.

Elektrotechnik

§ 106. (1) Einer Gewerbeberechtigung für das Gewerbe der Elektrotechnik (§ 94 Z 16) bedarf es für

1. die Installation elektrischer Starkstromanlagen und -einrichtungen ohne Einschränkung hinsichtlich der Leistung oder der Spannung,
2. die Errichtung von Blitzschutzanlagen,
3. die Errichtung von Alarmanlagen für Betriebe, Gebäude oder Grundstücke und
4. die Errichtung von Brandmeldeanlagen.

(2) Als elektrische Starkstromanlagen und -einrichtungen im Sinne des Abs. 1 gelten

1. Anlagen und Einrichtungen für Spannungen über 42 Volt oder Leistungen über 100 Watt;
2. Anlagen und Einrichtungen für geringere Spannungen oder Leistungen, wenn die Stromquelle Starkstrom führt.

(3) Gewerbetreibende, die zur Ausübung des Gewerbes der Elektrotechnik berechtigt sind, sind unbeschadet der Rechte anderer Gewerbetreibender auch zur Instandhaltung und Instandsetzung von elektrischen Betriebsmitteln berechtigt.

(4) Gewerbetreibende, die zu Tätigkeiten gemäß Abs. 1 Z 3 berechtigt sind, dürfen bei der Errichtung von Alarmanlagen für Betriebe, Gebäude oder Grundstücke nur Arbeitnehmer verwenden, die die für diese Verwendung erforderliche Zuverlässigkeit und Eignung besitzen.

(5) Die im Abs. 4 genannten Gewerbetreibenden sind verpflichtet, der Bezirksverwaltungsbehörde, im Gebiet einer Gemeinde, für das die Landespolizeidirektion zugleich Sicherheitsbehörde erster Instanz ist, der Landespolizeidirektion, als Sicherheitsbehörde ein Verzeichnis aller Personen, deren Verwendung für die im Abs. 1 Z 3 genannten Tätigkeiten in Aussicht genommen ist, binnen einer Woche vorzulegen; jede beabsichtigte Änderung hinsichtlich der für die im Abs. 1 Z 3 genannten Tätigkeiten verwendeten Personen ist ebenfalls dieser Behörde binnen einer Woche anzuzeigen. Das Verzeichnis oder die Anzeigen von Änderungen dieses Verzeichnisses haben neben dem Vor- und Familiennamen der betreffenden Person auch deren Geburtsdatum, Geburtsort, Staatsangehörigkeit und Unterkunft (Wohnung) zu enthalten.

(6) Ist auf Grund bestimmter Tatsachen die Zuverlässigkeit einer gemäß Abs. 5 bekannt gegebenen Person nicht gegeben, so hat die Sicherheitsbehörde dem Gewerbetreibenden ohne unnötigen Aufschub schriftlich mitzuteilen, dass der Betroffene die erforderliche Zuverlässigkeit nicht besitzt.

Erzeugung von pyrotechnischen Artikeln und Handel mit pyrotechnischen Artikeln (Pyrotechnikunternehmen)

§ 107. (1) Einer Gewerbeberechtigung für das Gewerbe der Pyrotechnikunternehmen (§ 94 Z 18) bedarf es für die Erzeugung von pyrotechnischen Artikeln und den Handel mit pyrotechnischen Artikeln.

(2) Keiner Gewerbeberechtigung für das Gewerbe der Pyrotechnikunternehmen bedarf es für den Handel mit pyrotechnischen Scherzartikeln, die bei widmungsgemäßer Verwendung keinen Schaden anzurichten geeignet sind (harmlose pyrotechnische Scherzartikel).

(3) Der Bundesminister für Wirtschaft und Arbeit hat im Einvernehmen mit dem Bundesminister für Inneres durch Verordnung jene pyrotechnischen Scherzartikel zu bezeichnen, auf die wegen ihrer Beschaffenheit insbesondere im Hinblick auf die in ihren Sätzen enthaltene Energie die im Abs. 2 angeführten Umstände zutreffen.

(Anm.: Abs. 4 aufgehoben durch BGBl. I Nr. 121/2009)

(5) Die Erteilung einer Gewerbeberechtigung für das Gewerbe der Pyrotechnikunternehmen erfordert zusätzlich zur Überprüfung der Zuverlässigkeit (§ 95), dass die Gewerbeausübung vom Standpunkt der Aufrechterhaltung der öffentlichen Ruhe, Ordnung und Sicherheit keinen Bedenken begegnet. Im Anmeldungsverfahren (§ 339) ist die örtlich zuständige Landespolizeidirektion zur Frage des Vorliegens der im ersten Satz genannten Voraussetzungen zu hören.

(6) Hat der Inhaber einer Gewerbeberechtigung für das Gewerbe der Pyrotechnikunternehmen Anzeigen über die Ausübung des Gewerbes in einer weiteren Betriebsstätte oder die Verlegung des Betriebes in einen anderen Standort oder die Verlegung des Betriebes einer weiteren Betriebsstätte in einen anderen Standort erstattet, so hat die Behörde dies mit Bescheid zur Kenntnis zu nehmen oder bei Nichtzutreffen der Voraussetzungen gemäß Abs. 5 die Gewerbeausübung im neuen Standort zu untersagen. Der Gewerbetreibende darf mit der Ausübung des Gewerbes im neuen Standort mit Rechtskraft des Bescheides, der die Anzeige zur Kenntnis nimmt, beginnen. Im Anzeigeverfahren ist Abs. 5 anzuwenden.

Fremdenführer

§ 108. (1) Einer Gewerbeberechtigung für die Ausübung des Fremdenführergewerbes (§ 94 Z 21) bedarf es für die Führung von Personen, um ihnen

1. die historischen Reichtümer und das künstlerische und kulturelle Erbe Österreichs (öffentliche Plätze und Gebäude, Sammlungen, Ausstellungen, Museen, Denkmäler und Erinnerungsstätten, Kirchen, Klöster, Theater und Vergnügungsstätten, Industrie- und Wirtschaftsanlagen, Brauchtumsveranstaltungen sowie Besonderheiten von Landschaft, Flora und Fauna),
2. die gesellschaftliche, soziale und politische Situation im nationalen und internationalen Zusammenhalt,
3. sportliche und gesellschaftliche Veranstaltungen

zu zeigen und zu erklären.

(Anm.: Abs. 2 aufgehoben durch BGBl. I Nr. 85/2012)

(3) Kein reglementiertes Gewerbe gemäß § 94 Z 21 sind unbeschadet der Rechte der Fremdenführer

1. die nur in den Fahrzeugen des Ausflugswagen-Gewerbes, Mietwagen-Gewerbes, Taxi-Gewerbes und Fiaker-Gewerbes gegebenen Erläuterungen,
2. Führungen, die in Gebäuden oder im Gelände von den dort Verfügungsberechtigten oder deren nachweislich Beauftragten durchgeführt werden,
3. die vom Reisebetreuer (§ 126 Abs. 4) bei der Betreuung von Reisenden gegebenen Hinweise; in diesem Sinne darf der Reisebetreuer in Ausübung seiner Tätigkeit die Gäste auf Sehenswürdigkeiten aufmerksam machen.

(4) Die Behörde hat dem Gewerbeberechtigten anlässlich der Verständigung gemäß § 340 eine Legitimation mit Lichtbild auszustellen. In die Legitimation sind allfällige örtliche und sachliche Beschränkungen der Berechtigung sowie die Fremdsprachen, die der Gewerbetreibende beherrscht, einzutragen; weiters können Sachgebiete, in denen der Gewerbetreibende der Bezirksverwaltungsbehörde besondere Kenntnisse in geeigneter Weise nachweist, eingetragen werden. Die Legitimationen haben den zur Kontrolle der Person notwendigen Anforderungen zu genügen. Der Bundesminister für Wirtschaft und Arbeit hat durch Verordnung festzulegen, auf welche Weise die Legitimationen hinsichtlich ihrer Ausstattung diesen Anforderungen zu entsprechen haben.

(5) Gewerbetreibende, die zur Ausübung des Fremdenführergewerbes berechtigt sind, dürfen eine international gebräuchliche Berufsbezeichnung führen.

(6) Gewerbetreibende, die zur Ausübung des Fremdenführergewerbes berechtigt sind, haben bei der Ausübung der im Abs. 1 genannten Tätigkeiten die Legitimation gemäß Abs. 4 mitzuführen und diese auf Verlangen der behördlichen Organe vorzuweisen. Diese Verpflichtung gilt nicht bei der Ausübung des Fremdenführergewerbes als vorübergehende grenzüberschreitende Dienstleistung im Sinne des § 373a Abs. 1.

(7) Gewerbetreibende, die zur Ausübung des Fremdenführergewerbes berechtigt sind, dürfen bei der Ausübung der im Abs. 1 genannten Tätigkeiten nur solche Personen verwenden, die die zu dieser Verwendung erforderliche fachliche Eignung besitzen; sie müssen, wenn sie nicht bloß aushilfsweise verwendet werden, eigenberechtigt sein. Abs. 4 und Abs. 6 sind sinngemäß anzuwenden.

(8) Um die Ausstellung der Legitimationen für Mitarbeiter, die zur Ausübung der im Abs. 1 genannten Tätigkeiten verwendet werden, hat der Gewerbetreibende bei der Behörde anzusuchen. Die Ausstellung der Legitimation ist zu verweigern, wenn gegen ihn eine dem § 13 Abs. 1 entsprechende strafgerichtliche Verurteilung vorliegt und nach der Eigenart der strafbaren Handlung und der Persönlichkeit des Verurteilten die Begehung der gleichen oder einer ähnlichen Straftat bei

der Ausübung der im Abs. 1 genannten Tätigkeiten zu befürchten ist. Die Legitimation ist von der Behörde zurückzunehmen, wenn sich ergibt, dass die im zweiten Satz angeführten Umstände nach Ausstellung der Legitimation eingetreten sind.

Friseur und Perückenmacher (Stylist), Fußpflege, Kosmetik (Schönheitspflege)

§ 109. (1) Friseure und Perückenmacher (§ 94 Z 22) sind unbeschadet der Rechte der Fußpfleger und Kosmetiker (Schönheitspfleger) auch berechtigt, dekorative Kosmetik (Schminken) und Nagelpflege einschließlich des Nageldesigns auszuführen. Sie sind weiters zum Stechen von Ohrläppchen unter Verwendung von sterilen Einweg-Ohrlochknöpfen nach vorheriger Hautdesinfektion sowie zur Anbringung eines künstlichen Zahn- oder Hautschmucks (Kristall) mittels Klebstoff berechtigt.

(2) Gewerbetreibende, die am 1. Juli 1993 auf Grund einer entsprechenden Gewerbeberechtigung das Gewerbe der Friseure und Perückenmacher ausgeübt haben und im Rahmen der Ausübung dieses Gewerbes auch die Tätigkeiten der Fußpfleger ausgeübt haben, dürfen letztere Tätigkeiten im Rahmen der Ausübung des Gewerbes der Friseure und Perückenmacher nur dann weiter ausüben, wenn sie

1. nachweisen, dass sie die Tätigkeiten der Fußpfleger in der Zeit vom 1. Juli 1992 bis 30. Juni 1993 im Rahmen einer befugten Ausübung des Gewerbes der Friseure und Perückenmacher tatsächlich regelmäßig ausgeübt haben und
2. die weitere Ausübung der Bezirksverwaltungsbehörde spätestens am 30. November 1993 angezeigt haben.

§ 345 Abs. 7, Abs. 8 Z 1 und Abs. 9 in der Fassung des Bundesgesetzes BGBl. I Nr. 111/2002 gilt sinngemäß. Andere Gewerbetreibende, die das Gewerbe der Friseure und Perückenmacher ausüben, dürfen ab 1. Dezember 1993 nicht mehr Tätigkeiten der Fußpfleger auf Grund einer Gewerbeberechtigung für das Gewerbe der Friseure und Perückenmacher ausüben.

(3) Piercen und Tätowieren sind dem Gewerbe der Kosmetik (Schönheitspflege) (§ 94 Z 42) vorbehalten.

(4) Piercen im Sinne des Abs. 3 ist das Durchstechen der Haut zwecks Anbringung von Schmuck an Hautfalten, verknorpelten Stellen des Ohres oder des Nasenflügels oder an der Zunge vor dem Zungenbändchen, sofern dazu ein Gerät verwendet wird, das höchstens zwei Millimeter durchmessend in die Haut eindringt und keine strich- oder flächenförmigen Verletzungen oder Vernarbungen verursacht.

(5) Tätowieren im Sinne des Abs. 3 ist das Einfügen von Farbstoffen in die menschliche Haut oder Schleimhaut zu dekorativen Zwecken. Zum Tätowieren zählt auch das Anbringen von Permanent-Make-Up.

(6) Personen, die das Gewerbe der Kosmetik (Schönheitspflege) ausüben, sind auch zum Stechen von Ohrläppchen unter Verwendung von sterilen Einweg-Ohrlochknöpfen nach vorheriger Hautdesinfektion, zur Anbringung eines künstlichen Zahn- oder Hautschmuckes (Kristall) mittels Klebstoff sowie zur Haarentfernung mittels Laser berechtigt.

Gas- und Sanitärtechnik

§ 110. (1) Einer Gewerbeberechtigung für das Gewerbe der Gas- und Sanitärtechnik (§ 94 Z 25) bedarf es für

1. die Ausführung von Gasrohrleitungen und deren technischen Einrichtungen sowie den Anschluss von Gasverbrauchsgeräten aller Art an solche Leitungen,
2. die Ausführung von Rohrleitungen und deren technischen Einrichtungen für Trink- und Nutzwasser,
3. die Ausführung von Wasserleitungen und den dazugehörigen Ablaufleitungen in Gebäuden sowie die Montage und den Anschluss von sanitärtechnischen Einrichtungen aller Art.

(2) Gewerbetreibende, die zur Ausübung des Gewerbes der Gas- und Sanitärtechnik gemäß Abs. 1 Z 1 berechtigt sind, sind unbeschadet der Rechte anderer Gewerbetreibender auch berechtigt, im Zusammenhang mit der Instandsetzung oder Instandhaltung von Geräten im Sinne des Abs. 1 Z 1 Reinigungsarbeiten an den rauchgasseitigen Flächen dieser Geräte und Abgasmessungen in Rauch- und Abgasfängen sowie in Rauch- und Abgasleitungen durchzuführen.

Gastgewerbe

§ 111. (1) Einer Gewerbeberechtigung für das Gastgewerbe (§ 94 Z 26) bedarf es für

1. die Beherbergung von Gästen;
2. die Verabreichung von Speisen jeder Art und den Ausschank von Getränken.

(2) Keines Befähigungsnachweises für das Gastgewerbe bedarf es für

1. den Ausschank und den Verkauf von in handelsüblich verschlossenen Gefäßen abgefüllten Getränken durch zur Ausübung des mit Omnibussen betriebenen Mietwagen-Gewerbes berechtigte Gewerbetreibende an ihre Fahrgäste;
2. die Beherbergung von Gästen, die Verabreichung von Speisen jeder Art und den Verkauf von warmen und angerichteten kalten Speisen, den Ausschank von Getränken und den Verkauf dieser Getränke in unverschlossenen Gefäßen im Rahmen eines einfach ausgestatteten Betriebes, der in einer für den öffentlichen Verkehr nicht oder nur schlecht erschlossenen Gegend gelegen und auf die Bedürfnisse der

Bergsteiger und Bergwanderer abgestellt ist (Schutzhütte);
3. die Verabreichung von Speisen in einfacher Art und den Ausschank von nichtalkoholischen Getränken und von Bier in handelsüblichen verschlossenen Gefäßen, wenn hiebei nicht mehr als acht Verabreichungsplätze (zum Genuss von Speisen und Getränken bestimmte Plätze) bereitgestellt werden;
4. die Beherbergung von Gästen, wenn nicht mehr als zehn Fremdenbetten bereitgestellt werden, und die Verabreichung des Frühstücks und von kleinen Imbissen und der Ausschank von nichtalkoholischen Getränken und von Bier in handelsüblichen verschlossenen Gefäßen sowie von gebrannten geistigen Getränken als Beigabe zu diesen Getränken an die Gäste;
5. die Verabreichung von Speisen und den Ausschank von Getränken nach Maßgabe des § 143 Z 7 der Gewerbeordnung 1994 in der Fassung vor dem In-Kraft-Treten der Novelle BGBl. I Nr. 111/2002, wenn die Verabreichung von Speisen und der Ausschank von Getränken im Zusammenhang mit der Ausübung des Buschenschankes (§ 2 Abs. 9) nach Maßgabe landesgesetzlicher Vorschriften erfolgt;
6. den Ausschank von nichtalkoholischen Getränken und den Verkauf dieser Getränke in unverschlossenen Gefäßen, wenn der Ausschank oder der Verkauf durch Automaten erfolgt.

(3) Unter Verabreichung und unter Ausschank ist jede Vorkehrung oder Tätigkeit zu verstehen, die darauf abgestellt ist, dass die Speisen oder Getränke an Ort und Stelle genossen werden.

(4) Unbeschadet der den Gastgewerbetreibenden gemäß § 32 zustehenden Rechte stehen ihnen noch folgende Rechte zu:
1. das Einstellen von Fahrzeugen ihrer Gäste,
2. das Halten von Spielen,
3. soweit Gäste beherbergt werden, das Anbieten und die Veranstaltung von Pauschalreisen sowie das Anbieten und die vertragliche Zusage von verbundenen Reiseleistungen, jeweils bestehend aus der Unterbringung im eigenen Betrieb und dem Anbieten folgender sonstiger touristischer Leistungen: Ski- und Liftkarten, Verleih von Sportausrüstung, Sport- und Wanderführungen, Eintrittskarten für Veranstaltungen und Freizeiteinrichtungen, Wellnessbehandlungen, Veranstaltung von Tagesausflügen.

3a. die Ausübung von Tätigkeiten der Massage (§ 94 Z 48) an den Beherbergungsgästen im Rahmen der Beherbergung, wenn die Leistung durch facheinschlägig ausgebildete Fachkräfte, die zumindest auf dem Niveau der Massage-Verordnung, BGBl. II Nr. 68/2003 in der Fassung BGBl. II Nr. 20/2017, ausgebildet sind, erbracht wird,
4. während der Betriebszeiten des Gastgewerbebetriebes der Verkauf folgender Waren:
a) die von ihnen verabreichten Speisen und ausgeschenkten Getränke, halbfertige Speisen, die von ihnen verwendeten Lebensmittel sowie Reiseproviant;
b) Waren des üblichen Reisebedarfes (zB Treib- und Schmierstoffe, Toiletteartikel, Badeartikel, Fotoverbrauchsmaterial, Ansichtskarten, Lektüre, übliche Reiseandenken);
c) Geschenkartikel.

Beim Verkauf von Waren gemäß lit. a bis c muss der Charakter des Betriebes als Gastgewerbebetrieb gewahrt bleiben. Liegt auch eine Berechtigung nach § 94 Z 3 oder Z 19 vor, genügt es, dass der Charakter des Betriebes als Bäcker oder Fleischer gewahrt bleibt, hiebei müssen Verabreichungsplätze bereit gestellt werden.

(5) Bei der Gewerbeanmeldung (§ 339) ist die Betriebsart zu bezeichnen, in der das Gastgewerbe ausgeübt werden soll. Änderungen der Betriebsart sind der Behörde anzuzeigen; Änderungen einer in Abs. 2 genannten Betriebsart auf eine Betriebsart, für die ein Befähigungsnachweis für das reglementierte Gastgewerbe vorgeschrieben ist, sind im Verfahren gemäß § 339 anzumelden.

Vorschriften über die Gewerbeausübung

§ 112. (1) Ein Gastgewerbe wird auch dann ausgeübt, wenn einzelne Dienstleistungen, die in ihrer Gesamtheit eine gastgewerbliche Tätigkeit gemäß § 111 Abs. 1 ergeben, gesondert von zwei oder mehreren Unternehmern für dieselben Leistungsempfänger und im selben Standort erbracht werden.

(2) Die Gastgewerbetreibenden haben die Betriebsräume und die allfälligen sonstigen Betriebsflächen und deren Einrichtung und Ausstattung stets in gutem Zustand zu erhalten und dafür zu sorgen, dass die Betriebsräume und die allfälligen sonstigen Betriebsflächen, die Betriebseinrichtung und die Betriebsführung den der Betriebsart entsprechenden Anforderungen Rechnung tragen. Der Landeshauptmann hat erforderlichenfalls unter Bedachtnahme auf eine dem Ansehen der österreichischen Tourismuswirtschaft entsprechende Gewerbeausübung sowie auf besondere regionale oder örtliche Besonderheiten durch Verordnung festzulegen, durch welche Maßnahmen diesen Verpflichtungen der Gewerbetreibenden entsprochen wird.

(2a) Die Behörde kann von den Bestimmungen einer Verordnung gemäß Abs. 2 abweichende Maßnahmen im Sinne des Abs. 2 mit Bescheid zulassen, wenn auch diese Maßnahmen die Einhaltung der im Abs. 2 umschriebenen Verpflichtungen des Gewerbetreibenden gewährleisten.

(2b) Die Behörde kann erforderlichenfalls einem Gewerbetreibenden Maßnahmen im Sinne des Abs. 2 mit Bescheid auftragen, wenn diesbezüglich keine Regelung in einer Verordnung gemäß Abs. 2 erlassen worden ist.

(2c) Gastgewerbebetriebe, die zur Ausübung von Verabreichungs- und Ausschanktätigkeiten gemäß § 111 Abs. 1 Z 2 berechtigt sind, sind von den Bestimmungen der Abs. 2 bis 2b ausgenommen, wenn nicht mehr als acht Verabreichungsplätze (zum Genuss von Speisen oder Getränken bestimmte Plätze) bereitgestellt werden. Die Abs. 2 bis 2b und gemäß Abs. 2 erlassene Verordnungen gelten sinngemäß für die im § 50 Abs. 1 Z 11 genannten Tätigkeiten, wenn hiebei mehr als acht Verabreichungsplätze bereitgestellt werden.

(3) Abs. 2 bis 2b und gemäß Abs. 2 erlassene Verordnungen sind nicht auf die unter § 111 Abs. 2 Z 1, 3 und 6 fallenden Tätigkeiten anzuwenden. Abs. 2 bis 2b und gemäß Abs. 2 erlassene Verordnungen sind nicht auf die unter § 111 Abs. 2 Z 2, 4 und 5 fallenden Tätigkeiten anzuwenden, wenn hiebei höchstens acht Verabreichungsplätze bereitgestellt werden.

(4) Gastgewerbetreibende, die alkoholische Getränke ausschenken, sind verpflichtet, auf Verlangen auch kalte nichtalkoholische Getränke auszuschenken. Weiters sind sie verpflichtet, mindestens zwei Sorten kalter nichtalkoholischer Getränke zu einem nicht höheren Preis auszuschenken als das am billigsten angebotene kalte alkoholische Getränk (ausgenommen Obstwein) und diese besonders zu kennzeichnen. Der Preisvergleich hat jeweils auf der Grundlage des hochgerechneten Preises für einen Liter der betreffenden Getränke zu erfolgen.

(5) Die Gastgewerbetreibenden sind verpflichtet, Personen, die durch Trunkenheit, durch ihr sonstiges Verhalten oder ihren Zustand die Ruhe und Ordnung im Betrieb stören, keine alkoholischen Getränke mehr auszuschenken.

(6) Wer das Gastgewerbe in der Form ausübt, dass er Geflügel grillt und dieses mit Beilagen verabreicht, kann diese Tätigkeit im Umgebungsbereich von Lebensmittelgeschäften regelmäßig ausüben, ohne dass er diese Tätigkeit als weitere Betriebsstätte (§ 46 Abs. 2) anzeigen muss.

Sperrstunde und Aufsperrstunde

§ 113. (1) Der Landeshauptmann hat den Zeitpunkt, zu dem gastgewerbliche Betriebe geschlossen werden müssen (Sperrstunde), und den Zeitpunkt, zu dem sie geöffnet werden dürfen (Aufsperrstunde), für die einzelnen Betriebsarten der Gastgewerbe durch Verordnung festzulegen; er hat hiebei auf die Bedürfnisse der ortsansässigen Bevölkerung und der Touristen Bedacht zu nehmen und erforderlichenfalls von der Festlegung einer Sperrzeit abzusehen. Bei den in Bahnhöfen, auf Flugplätzen und an Schiffslandeplätzen gelegenen Gastgewerbebetrieben hat der Landeshauptmann insbesondere den Verpflegungsbedarf der Reisenden zu berücksichtigen; zu dieser Frage sind auch die in Betracht kommenden Verkehrsunternehmen zu hören.

(2) Der Landeshauptmann kann zum Schutz der Wohnbevölkerung vor in ihrem Wohnbereich auftretendem störendem Lärm für in Vereinslokalen ausgeübte gastgewerbliche Tätigkeiten eine von Abs. 1 abweichende frühere Sperrstunde mit Verordnung festlegen, ohne dass auf die Betriebsart Bedacht zu nehmen ist. Dies gilt nicht für Lokale, die das typische Erscheinungsbild eines Gastgewerbes aufweisen. Jedenfalls muss die Ausübung dieser Tätigkeiten bis 20 Uhr gestattet sein.

(3) Die Gemeinde kann unter Bedachtnahme auf die sonstigen öffentlichen Interessen für einzelne Gastgewerbebetriebe eine frühere Aufsperrstunde oder eine spätere Sperrstunde, gegebenenfalls mit den durch den Anlass bestimmten Beschränkungen, bewilligen. Eine solche Bewilligung ist nicht zu erteilen, wenn die Nachbarschaft wiederholt durch ein nicht strafbares Verhalten von Gästen vor der Betriebsanlage des Gastgewerbebetriebes unzumutbar belästigt oder der Gastgewerbetreibende wegen Überschreitung der Sperrstunde oder der Aufsperrstunde wiederholt rechtskräftig bestraft worden ist. In Gebieten von Gemeinden, für die Landespolizeidirektionen zugleich Sicherheitsbehörde erster Instanz sind, haben die Gemeinden diese Behörden vor Erteilung der Bewilligung zu hören.

GewO

(4) Die Gemeinde hat diese Bewilligung zu widerrufen, wenn sicherheitspolizeiliche Bedenken bestehen, die Nachbarschaft wiederholt durch ein nicht strafbares Verhalten von Gästen vor der Betriebsanlage des Gastgewerbebetriebes unzumutbar belästigt oder der Gastgewerbetreibende wegen Überschreitung der Sperrstunde oder der Aufsperrstunde wiederholt rechtskräftig bestraft worden ist. In Gebieten von Gemeinden, für die Landespolizeidirektionen zugleich Sicherheitsbehörde erster Instanz sind, haben die Gemeinden diese Behörden vor einer Entscheidung zu hören.

(5) Wenn die Nachbarschaft wiederholt durch ein nicht strafbares Verhalten von Gästen vor der Betriebsanlage des Gastgewerbebetriebes unzumutbar belästigt wurde oder wenn sicherheitspolizeiliche Bedenken bestehen, kann die Gemeinde eine spätere Aufsperrstunde oder eine frühere Sperrstunde vorschreiben. Vor der Beurteilung, ob eine unzumutbare Belästigung im Sinne des ersten Satzes vorliegt, ist Beweis durch Sachverständige aufzunehmen. Diese Vorschreibung ist zu widerrufen, wenn angenommen werden kann, dass der für die Vorschreibung maßgebende Grund nicht mehr gegeben sein wird. In Gebieten von Gemeinden, für die Landespolizeidirektionen zugleich Sicherheitsbehörde erster Instanz sind, haben die Gemeinden vor einer Entscheidung diese Behörden zu hören. Nachbarn, die eine Verkürzung der Betriebszeit des Gastgewerbebetriebes bei der Gemeinde angeregt haben, sind Beteiligte

im Sinne des Allgemeinen Verwaltungsverfahrensgesetzes 1991.

(6) Die Sperrstunde und die Aufsperrstunde dürfen in Verordnungen und Bescheiden gemäß den vorstehenden Absätzen nur einheitlich für den gesamten Gastgewerbebetrieb mit allen seinen Betriebsräumen und allfälligen sonstigen Betriebsflächen festgelegt werden. Dies gilt nicht für Gastgärten.

(7) Die Gastgewerbetreibenden haben die Betriebsräume und die allfälligen sonstigen Betriebsflächen, ausgenommen die der Beherbergung dienenden, während der festgelegten Sperrzeiten geschlossen zu halten. Während dieser Zeit dürfen sie Gästen weder den Zutritt zu diesen Räumen und zu diesen Flächen noch dort ein weiteres Verweilen gestatten und die Gäste auch nicht in anderen Räumen oder auf anderen sonstigen Flächen gegen Entgelt bewirten. Die Gastgewerbetreibenden haben die Gäste rechtzeitig auf den Eintritt der Sperrstunde aufmerksam zu machen; sie haben den Betrieb spätestens zur Sperrstunde zu verlassen. In Beherbergungsbetrieben ist die Verabreichung von Speisen und Getränken an Beherbergungsgäste auch während der vorgeschriebenen Sperrzeiten gestattet.

(8) Abs. 1 bis 7 sind auf die unter § 111 Abs. 2 Z 1 und 6 fallenden Tätigkeiten nicht anzuwenden. Abs. 6 ist auf die unter § 111 Abs. 2 Z 2 bis 5 fallenden Tätigkeiten nicht anzuwenden.

Ausschank und Abgabe von Alkohol an Jugendliche

§ 114. Gewerbetreibenden ist es untersagt, selbst oder durch die im Betrieb beschäftigten Personen alkoholische Getränke an Jugendliche auszuschenken oder ausschenken zu lassen, abzugeben oder abgeben zu lassen, wenn Jugendlichen dieses Alters nach den landesrechtlichen Jugendschutzbestimmungen der Genuss von Alkohol verboten ist. Die Gewerbetreibenden und die im Betrieb beschäftigten Personen müssen die Vorlage eines amtlichen Lichtbildausweises oder einer speziellen Jugendkarte, die nach den jeweiligen landesrechtlichen Jugendschutzbestimmungen zum Nachweis des Alters geeignet ist, verlangen, um das Alter der Jugendlichen festzustellen. Die Gewerbetreibenden haben an einer geeigneten Stelle der Betriebsräume einen Anschlag anzubringen, auf dem deutlich auf das im ersten Satz angeführte Verbot hingewiesen wird.

Handel mit und Vermietung von Medizinprodukten

§ 115. Der Bundesminister für Wirtschaft und Arbeit kann durch Verordnung im Einvernehmen mit dem Bundesminister für Gesundheit, Familie und Jugend festlegen, dass der Handel mit und die Vermietung von Medizinprodukten nicht dem reglementierten Gewerbe gemäß § 94 Z 33 vorbehalten ist, wenn nach der Eigenart der betreffenden Medizinprodukte zu erwarten ist, dass sie bei ihrer bestimmungsgemäßen Verwendung keine Auswirkungen auf die Gesundheit des Verwenders haben. Ebenso kann der Bundesminister für Wirtschaft und Arbeit durch Verordnung im Einvernehmen mit dem Bundesminister für Gesundheit, Familie und Jugend bestimmte Medizinprodukte bezeichnen, deren Verkauf dem Handel mit und der Vermietung von Medizinprodukten und den Drogisten vorbehalten ist.

Herstellung von Arzneimitteln und Giften und Großhandel mit Arzneimitteln und Giften

§ 116. (1) Einer Gewerbeberechtigung für das Gewerbe der Herstellung von Arzneimitteln und Giften und Großhandel mit Arzneimitteln und Giften (§ 94 Z 32) bedarf es für

1. die Herstellung, Abfüllung oder Abpackung von Arzneimitteln;
2. die Herstellung, Abfüllung oder Abpackung von Präparaten, die zur diagnostischen Verwendung ohne Berührung mit dem menschlichen oder tierischen Körper bestimmt sind;
3. die Sterilisierung von Verbandmaterial und die Imprägnierung von Verbandmaterial mit Arzneimitteln;
4. die Herstellung, Abfüllung oder Abpackung von Blutkonserven und Blutderivaten;
5. den Großhandel mit Arzneimitteln, mit Präparaten, die zur diagnostischen Verwendung ohne Berührung mit dem menschlichen oder tierischen Körper bestimmt sind und mit sterilisiertem Verbandmaterial;
6. die Herstellung von Giften;
7. den Großhandel mit Giften.

(2) Die Herstellung, Abfüllung oder Abpackung von Futtermitteln, die gemäß den Bestimmungen des Futtermittelgesetzes, BGBl. Nr. 905/1993, in den inländischen Verkehr gebracht werden, ist kein reglementiertes Gewerbe gemäß § 94 Abs. 1 Z 32.

(3) Gewerbetreibende, die zur Herstellung von Arzneimitteln oder von Blutkonserven und Blutderivaten berechtigt sind (Abs. 1 Z 1 und 4), sind auch berechtigt, medizinische Injektionsspritzen und Infusionsgeräte zu sterilisieren.

(4) Gewerbetreibende, die zur Ausübung des Großhandels gemäß Abs. 1 Z 5 berechtigt sind, sind auch zum Abfüllen und Abpacken von Arzneimitteln, zum Abfüllen und Abpacken von im Abs. 1 Z 2 genannten Präparaten sowie zum Großhandel mit Giften berechtigt.

(5) Gewerbetreibende, die zur Herstellung von Arzneimitteln oder zur Herstellung von Präparaten gemäß Abs. 1 Z 2 oder zum Großhandel gemäß Abs. 1 Z 5 berechtigt sind, dürfen zur Ausübung von Tätigkeiten, für die eine besondere Bewilligung nach den suchtgiftrechtlichen Vorschriften erforderlich ist, nur Arbeitnehmer verwenden,

die eigenberechtigt sind und die für diese Verwendung erforderliche Zuverlässigkeit und Eignung besitzen.

(6) Die im Abs. 5 genannten Gewerbetreibenden sind verpflichtet, der Bezirksverwaltungsbehörde, im Gebiet einer Gemeinde, für das die Landespolizeidirektion zugleich Sicherheitsbehörde erster Instanz ist, der Landespolizeidirektion, als Sicherheitsbehörde ein Verzeichnis aller Personen, deren Verwendung für die im Abs. 5 genannten Tätigkeiten in Aussicht genommen ist, spätestens zwei Wochen vor dem Beginn ihrer Verwendung vorzulegen; jede beabsichtigte Änderung hinsichtlich der für die im Abs. 5 genannten Tätigkeiten verwendeten Personen ist ebenfalls dieser Behörde spätestens zwei Wochen vor dem Beginn ihrer Verwendung anzuzeigen. Das Verzeichnis oder die Anzeigen von Änderungen dieses Verzeichnisses haben neben dem Vor- und Familiennamen der betreffenden Person auch deren Geburtsdatum, Geburtsort, Staatsangehörigkeit und Unterkunft (Wohnung) zu enthalten.

(7) Ist auf Grund bestimmter Tatsachen die Zuverlässigkeit einer gemäß Abs. 6 bekannt gegebenen Person nicht gegeben, so hat die Sicherheitsbehörde dem Gewerbetreibenden ohne unnötigen Aufschub schriftlich mitzuteilen, dass der Betroffene die erforderliche Zuverlässigkeit nicht besitzt.

Immobilientreuhänder

§ 117. (1) Das Gewerbe der Immobilientreuhänder (§ 94 Z 35) umfasst die Tätigkeiten der Immobilienmakler, der Immobilienverwalter und der Bauträger.

(2) Der Tätigkeitsbereich des Immobilienmaklers umfasst

1. die Vermittlung des Kaufes, Verkaufes und Tausches von unbebauten und bebauten Grundstücken und von Rechten an Immobilien einschließlich der Vermittlung von Nutzungsrechten an Immobilien (wie sie zB durch Timesharing-Verträge erworben werden) und der Vermittlung des Kaufes, Verkaufes und Tausches von Wohnungen, Geschäftsräumen, Fertigteilhäusern und Unternehmen;
2. die Vermittlung von Bestandverträgen über Immobilien einschließlich der Vermittlung von Bestandverträgen über Wohnungen, Geschäftsräume und Unternehmen;
3. den Handel mit Immobilien einschließlich des Mietkaufes. Dazu zählt auch die Errichtung von Bauten, die der Makler als Bauherr durch befugte Gewerbetreibende zum Zweck der Weiterveräußerung als Ganzes ausführen lässt;
4. die Vermittlung von Beteiligungen an Immobilienfonds;
5. die Beratung und Betreuung für die in Z 1 bis 4 angeführten Geschäfte. Gewerbetreibende, die zur Ausübung dieser Tätigkeiten berechtigt sind, sind auch zur Vermittlung von Hypothekarkrediten sowie zur Vermittlung von Privatzimmern an Reisende zu vorübergehendem Aufenthalt sowie zur Führung eines Gästezimmernachweises berechtigt;
6. die Durchführung der öffentlichen Versteigerung von Liegenschaften, Superädifikaten und Baurechten nach § 87c NO;

§ 158 ist anzuwenden.

(3) Der Tätigkeitsbereich des Immobilienverwalters umfasst sämtliche Tätigkeiten, die zur Verwaltung von bebauten und unbebauten Liegenschaften, deren Erhaltung, Instandsetzung, Verbesserung und Sanierung notwendig und zweckmäßig sind. Dazu zählt auch das Inkasso von Geldbeträgen sowie die Leistung von Zahlungen, die im Zusammenhang mit der Verwaltungstätigkeit stehen. Immobilienverwalter sind weiters berechtigt,

1. im Rahmen des Verwaltungsvertrages Haus- und Wohnungseigentümer in Steuerangelegenheiten zu beraten sowie Schriftstücke und Eingaben zu verfassen;
2. Verwaltungstätigkeiten für einzelne Miteigentümer einer Liegenschaft durchzuführen, sofern dadurch kein Interessenkonflikt mit der Eigentümergemeinschaft entsteht, deren Liegenschaft sie verwalten;
3. bei den von ihnen verwalteten Objekten einfache Reparatur- und Ausbesserungsarbeiten durchzuführen.

(4) Der Tätigkeitsbereich des Bauträgers umfasst die organisatorische und kommerzielle Abwicklung von Bauvorhaben (Neubauten, durchgreifende Sanierungen) auf eigene oder fremde Rechnung sowie die hinsichtlich des Bauaufwandes einem Neubau gleichkommende Sanierung von Gebäuden. Der Bauträger ist auch berechtigt, diese Gebäude zu verwerten.

(5) Immobilientreuhänder sind auch berechtigt, im Rahmen ihrer Gewerbeberechtigung und ihres Auftrages ihre Auftraggeber vor Verwaltungsbehörden, Fonds, Förderungsstellen und Körperschaften öffentlichen Rechts sowie bei Gericht zu vertreten, sofern kein Anwaltszwang besteht.

(6) Die Vertragserrichtung durch Immobilientreuhänder ist dann zulässig, wenn diese im Ausfüllen formularmäßig gestalteter Verträge besteht.

(7) Die zur Ausübung des Gewerbes der Immobilienmakler (§ 94 Z 35) berechtigten Gewerbetreibenden haben für ihre Berufstätigkeit eine Vermögensschadenhaftpflichtversicherung mit einer Versicherungssumme von mindestens 100 000 Euro pro Schadensfall abzuschließen. Für diese Pflichtversicherungssumme darf ein Selbstbehalt von höchstens fünf vH dieser Summe pro Schadensfall vereinbart werden. Es ist zulässig, die Versicherungsleistung pro jährlicher Versicherungsperiode auf 300 000 Euro zu beschränken. Die Vermögensschadenhaftpflichtversicherung muss bei einem Unternehmen erfolgen, das

zum Geschäftsbetrieb in Österreich befugt ist. Sofern die Tätigkeit der Vermittlung von Hypothekarkrediten gemäß Abs. 2 Z 5 nicht vom Gewerbewortlaut ausgenommen ist, muss zusätzlich die Berufshaftpflichtversicherung oder gleichwertige Garantie gemäß Art. 1 der Delegierten Verordnung (EU) Nr. 1125/2014 zur Ergänzung der Richtlinie 2014/17/EU des Europäischen Parlaments und des Rates im Hinblick auf technische Regulierungsstandards für die Mindestdeckungssumme der Berufshaftpflichtversicherung oder gleichwertigen Garantie für Kreditvermittler, ABl. Nr. L 305 vom 24.10.2014 S. 1 vorliegen.

Die zur Ausübung des Gewerbes der Immobilienverwalter (§ 94 Z 35) berechtigten Gewerbetreibenden haben für ihre Berufstätigkeit eine Vermögensschadenhaftpflichtversicherung mit einer Versicherungssumme von mindestens 400 000 Euro pro Schadensfall abzuschließen. Für diese Pflichtversicherungssumme darf ein Selbstbehalt von höchstens fünf vH dieser Summe pro Schadensfall vereinbart werden. Es ist zulässig, die Versicherungsleistung pro jährlicher Versicherungsperiode auf 1 200 000 Euro zu beschränken. Die Vermögensschadenhaftpflichtversicherung muss bei einem Unternehmen erfolgen, das zum Geschäftsbetrieb in Österreich befugt ist.

Die zur Ausübung des Gewerbes der Bauträger (§ 94 Z 35) berechtigten Gewerbetreibenden haben für ihre Berufstätigkeit eine Vermögensschadenhaftpflichtversicherung mit einer Versicherungssumme von mindestens 1 000 000 Euro pro Schadensfall abzuschließen. Für diese Pflichtversicherungssumme darf ein Selbstbehalt von höchstens fünf vH dieser Summe pro Schadensfall vereinbart werden. Es ist zulässig, die Versicherungsleistung pro jährlicher Versicherungsperiode für Unternehmen mit einem jährlichen Umsatz von weniger als 2 000 000 Euro auf 1 500 000 Euro und für andere Unternehmen auf 3 000 000 Euro zu beschränken. Die Vermögensschadenhaftpflichtversicherung muss bei einem Unternehmen erfolgen, das zum Geschäftsbetrieb in Österreich befugt ist.

(8) Bei der Anmeldung des Gewerbes der Immobilientreuhänder ist zusätzlich zu den Erfordernissen gemäß § 339 Abs. 3 der Nachweis der Vermögensschadenhaftpflichtversicherung gemäß Abs. 7 zu erbringen.

(9) Bei Leistungsfreiheit des Versicherers gegenüber dem Versicherungsnehmer aus der Vermögensschadenhaftpflichtversicherung gelten betreffend die Meldung des Versicherers an die für den Immobilientreuhänder örtlich zuständige Behörde und betreffend die Haftung des Versicherers in Ansehung eines Dritten die Bestimmungen des § 92 GewO 1994 und die Bestimmungen der §§ 158b bis 158i des VersVG, BGBl. Nr. 2/1959, in der geltenden Fassung. § 158c Abs. 2 VersVG gilt mit der Maßgabe, dass der Umstand, der das Nichtbestehen oder die Beendigung des Versicherungsverhältnisses zur Folge hat, gegenüber dem Dritten erst nach Ablauf von zwei Monaten wirksam wird, nachdem der Versicherer diesen Umstand der Behörde angezeigt hat.

(10) Bei Wegfall einer Vermögensschadenhaftpflichtversicherung im Sinne von Abs. 7 hat die Behörde unverzüglich ein Gewerbeentziehungsverfahren einzuleiten und, wenn eine neuerliche Vermögensschadenhaftpflichtversicherung nicht unverzüglich nachgewiesen wird, die Gewerbeberechtigung längstens binnen zwei Monaten zu entziehen. § 361 Abs. 2 ist in diesem Fall nicht anzuwenden. Beschwerden gegen Entziehungsbescheide kommt keine aufschiebende Wirkung zu. Die Einleitung des Gewerbeentziehungsverfahrens ist im GISA zu vermerken.

Inkassoinstitute

§ 118. (1) Einer Gewerbeberechtigung für das Gewerbe der Inkassoinstitute (§ 94 Z 36) bedarf es für die Einziehung fremder Forderungen.

(2) Die Gewerbetreibenden, die zur Ausübung des Gewerbes der Inkassoinstitute berechtigt sind, sind nicht berechtigt, Forderungen gerichtlich einzutreiben oder sich Forderungen abtreten zu lassen, auch wenn die Abtretung nur zu Zwecken der Einziehung erfolgen sollte.

(3) Die Gewerbetreibenden, die zur Ausübung des Gewerbes der Inkassoinstitute berechtigt sind, sind zur Einziehung einer fremden Forderung, die dem Ersatz eines Schadens ohne Beziehung auf einen Vertrag (§ 1295 ABGB) dient, nur berechtigt, wenn diese Forderung unbestritten ist.

Lebens- und Sozialberatung

§ 119. (1) Einer Gewerbeberechtigung für das Gewerbe der Lebens- und Sozialberatung (§ 94 Z 46) bedarf es für die Beratung und Betreuung von Menschen, insbesondere im Zusammenhang mit Persönlichkeitsproblemen, Ehe- und Familienproblemen, Erziehungsproblemen, Berufsproblemen und sexuellen Problemen. Dazu gehört auch die psychologische Beratung mit Ausnahme der Psychotherapie. Personen, die das Gewerbe der Lebens- und Sozialberatung ausüben, sind auch zur Ausübung von Ernährungsberatung berechtigt, wenn sie die erfolgreiche Absolvierung der Studienrichtung Ernährungswissenschaften an einer inländischen Universität oder die erfolgreiche Ausbildung zum Diätassistenten/zur Diätassistentin nachweisen. Personen, die das Gewerbe der Lebens- und Sozialberatung ausüben, sind auch zur sportwissenschaftlichen Beratung berechtigt, wenn sie die erfolgreiche Absolvierung der Studienrichtungen Sportwissenschaften oder Leibeserziehung an einer inländischen Universität oder einen Diplomabschluss in einer Trainerausbildung an einer Sportakademie des Bundes nachweisen.

(2) Personen, die den Befähigungsnachweis für das Gewerbe der Lebens- und Sozialberatung in vollem Umfang erbringen, dürfen die Bezeichnung „Diplom-Lebensberater/Diplom-Lebensberaterin" führen.

(3) Gewerbetreibende, die zur Ausübung des Gewerbes der Lebens- und Sozialberatung berechtigt sind, dürfen zur Ausübung der im Abs. 1 genannten Tätigkeiten nur Arbeitnehmer verwenden, die eigenberechtigt sind und die für diese Verwendung erforderliche fachliche Eignung besitzen.

(4) Gewerbetreibende, die zur Ausübung des Gewerbes der Lebens- und Sozialberatung berechtigt sind, sowie deren Arbeitnehmer sind zur Verschwiegenheit über die ihnen anvertrauten Angelegenheiten verpflichtet. Diese Verschwiegenheitspflicht besteht nicht, wenn und insoweit der Auftraggeber ausdrücklich von dieser Pflicht entbindet.

(5) Für die Veranstaltung des Lehrganges für Lebens- und Sozialberatung bedarf es der Genehmigung durch die beim Fachverband des Allgemeinen Gewerbes eingerichtete Zertifizierungsstelle. Die Genehmigung ist auf Antrag zu erteilen, wenn

1. die für die Lehrgangsveranstaltung verantwortlichen Personen die erforderliche fachliche Eignung besitzen,
2. die Personen, die zur Vermittlung der Methoden der Lebens- und Sozialberatung und der Krisenintervention herangezogen werden, fachlich geeignet sind,
3. das Ausbildungscurriculum die vorgeschriebenen Lehrinhalte aufweist und Maßnahmen zur Sicherung der Qualität vorsieht und
4. der Lehrgangsveranstalter über die zur Ausbildung erforderliche Einrichtung und Ausstattung verfügt.

Zeugnisse nicht genehmigter Lehrgänge sind bei der Anmeldung des Gewerbes nicht zu berücksichtigen. Die Genehmigung ist zu widerrufen, wenn die Voraussetzungen für ihre Erteilung nicht mehr zur Gänze erfüllt sind. Die Lehrgangsveranstalter haben jede Änderung des Ausbildungscurriculums und des fachlich qualifizierten Personals der Zertifizierungsstelle anzuzeigen.

Rauchfangkehrer

§ 120. (1) Einer Gewerbeberechtigung für das Rauchfangkehrergewerbe (§ 94 Z 55) bedarf es für das Reinigen, Kehren und Überprüfen von Rauch- und Abgasfängen, von Rauch- und Abgasleitungen sowie von den dazugehörigen Feuerstätten. Insoweit Rauchfangkehrer durch landesrechtliche Vorschriften zu sicherheitsrelevanten Tätigkeiten, insbesondere Tätigkeiten der Feuerpolizei, Baupolizei oder vergleichbaren Tätigkeiten, wie Überprüfungen und damit in Zusammenhang stehenden Maßnahmen zur unmittelbaren Gefahrenabwehr, verpflichtet werden, bedürfen sie dafür der Niederlassung in Österreich. Im Übrigen bedarf es für das Reinigen und das wartungsbedingte Kehren sowie für Tätigkeiten gemäß Abs. 2 bis 5 keiner Niederlassung in Österreich und sind diese nicht als sicherheitsrelevante Tätigkeiten im Sinne des zweiten Satzes anzusehen.

(2) Kein reglementiertes Gewerbe gemäß § 94 Z 55 ist jedoch das Reinigen von Rauchgasabzügen durch Hafner, wenn diese Arbeit im Zusammenhang mit der Innenreinigung von Kachelöfen oder im Zuge von Ausbesserungsarbeiten durchgeführt wird.

(3) Rauchfangkehrer sind unbeschadet der Rechte anderer Gewerbetreibender auch berechtigt, in Rauch- und Abgasfängen sowie in Rauch- und Abgasleitungen Abgasmessungen durchzuführen und – mit Ausnahme von Klimaanlagen – Luft- und Dunstleitungen sowie Luft- und Dunstfänge im Hinblick auf sich darin sammelnde brennbare Rückstände zu überprüfen und zu reinigen.

(4) Rauchfangkehrer sind unbeschadet der Rechte anderer Gewerbetreibender auch berechtigt, Rauch- und Abgasfänge auszuschleifen und zu dichten.

(5) Rauchfangkehrer sind unbeschadet der Rechte anderer Gewerbetreibender berechtigt, anlässlich des Reinigens, Kehrens und Überprüfens von Feuerstätten Öl- und Gasbrenner ab- und aufzumontieren sowie die Verbrennungseinrichtungen von Feuerstätten zu warten. Diese Arbeiten dürfen nur von Personen durchgeführt werden, die zur Ausführung dieser Arbeiten fachlich befähigt sind. Durch Verordnung des Bundesministers für Wirtschaft und Arbeit ist festzulegen, wie diese fachliche Befähigung nachzuweisen ist. Hiebei ist auf den Schutz von Leben und Gesundheit von Menschen sowie auf eine fachgemäße Ausführung der Arbeiten auch im Interesse des Umweltschutzes und die Einsparung von Energie Bedacht zu nehmen.

Besondere Voraussetzungen

§ 121. (1) Das Rauchfangkehrergewerbe darf nur von natürlichen Personen oder eingetragenen Personengesellschaften, deren persönlich haftende Gesellschafter natürliche Personen sind, ausgeübt werden. Die Ausübung des Rauchfangkehrergewerbes erfordert weiters

1. bei natürlichen Personen die Staatsangehörigkeit einer EWR-Vertragspartei und ihren Wohnsitz in einem EWR-Vertragsstaat,
2. bei eingetragenen Personengesellschaften die Staatsangehörigkeit einer EWR-Vertragspartei der Mitglieder der zur gesetzlichen Vertretung berufenen Organe oder der geschäftsführungs- und vertretungsbefugten Gesellschafter und deren Wohnsitz in einem EWR-Vertragsstaat.

(1a) Die Ausübung des Rauchfangkehrergewerbes erfordert hinsichtlich der sicherheitsrelevanten Tätigkeiten im Sinne des § 120 Abs. 1 zweiter Satz weiters

1. dass der Anmelder nicht schon im selben oder in zwei verschiedenen Kehrgebieten das Rauchfangkehrergewerbe als Gewerbeinhaber ausübt oder als Geschäftsführer oder Filialgeschäftsführer im Rauchfangkehrergewerbe tätig ist, und
2. das Vorliegen eines Bedarfes nach der beabsichtigten Gewerbeausübung.

(2) Bei der Feststellung des Bedarfes ist vom gegenwärtigen und dem zu erwartenden Bedarf auszugehen.

(3) Den im Abs. 1 und Abs. 1a Z 1 bezeichneten Voraussetzungen haben die Gewerbetreibenden auch während der gesamten Dauer der Gewerbeausübung zu entsprechen. Die Gewerbeberechtigung ist von der Behörde (§ 361 Abs. 1) zu entziehen, wenn diese Voraussetzungen nicht mehr zur Gänze erfüllt werden.

(4) Eine Ausübung des Rauchfangkehrergewerbes im Sinne des Abs. 1 Z 1 liegt vor, wenn der Anmelder persönlich haftender Gesellschafter einer eingetragenen Personengesellschaft ist, die zur Ausübung des Rauchfangkehrergewerbes berechtigt ist, oder wenn dem Anmelder sonst ein maßgebender Einfluss auf den Betrieb der Geschäfte einer zur Ausübung des Rauchfangkehrergewerbes berechtigten Personengesellschaft des Handelsrechtes zusteht.

Geschäftsführer, Einstellen oder Ruhen der Ausübung

§ 122. (1) Die Ausübung des Rauchfangkehrergewerbes durch einen Geschäftsführer (§ 39) ist nur zulässig, wenn dem Gewerbeinhaber die persönliche Ausübung nicht möglich ist oder für ihn erhebliche Nachteile besorgen lässt und, soweit sicherheitsrelevante Tätigkeiten im Sinne des § 120 Abs. 1 zweiter Satz verrichtet werden, wenn der Geschäftsführer nicht schon im selben oder in zwei verschiedenen Kehrgebieten das Rauchfangkehrergewerbe als Gewerbeinhaber ausübt oder als Geschäftsführer oder Filialgeschäftsführer im Rauchfangkehrergewerbe tätig ist.

(2) Der Rauchfangkehrer hat in den Fällen der Einstellung der Gewerbeausübung oder ihres Ruhens durch mehr als zwei Monate für die Fortführung der notwendigen Arbeiten durch einen anderen Gewerbetreibenden Sorge zu tragen. Wenn dies dem Gewerbetreibenden nicht möglich ist, hat die Behörde einen anderen Gewerbetreibenden mit der Durchführung der Arbeiten zu beauftragen; § 123 Abs. 3 gilt sinngemäß. Der Rauchfangkehrer hat die Einstellung der Gewerbeausübung oder ihr Ruhen durch mehr als zwei Monate der Behörde sechs Wochen vorher anzuzeigen.

Gebietsweise Abgrenzung

§ 123. (1) Der Landeshauptmann hat durch Verordnung eine gebietsweise Abgrenzung für die Ausübung des Rauchfangkehrergewerbes hinsichtlich der sicherheitsrelevanten Tätigkeiten im Sinne des § 120 Abs. 1 zweiter Satz zu verfügen. In dieser Verordnung sind die Grenzen der Kehrgebiete so festzulegen, dass die sicherheitsrelevanten Aufgaben entsprechend wahrgenommen werden können und dass innerhalb eines Kehrgebietes die wirtschaftliche Lebensfähigkeit von mindestens zwei Rauchfangkehrerbetrieben mit sicherheitsrelevanten Aufgaben mit mindestens je zwei hauptberuflich beschäftigten Arbeitnehmern gewährleistet ist. Erfordert der im zweiten Satz festgelegte Grundsatz infolge der topographischen Verhältnisse und der Siedlungsdichte in einem Gebiet die Festlegung eines Kehrgebietes in einer Größe, die die Ausübung des Rauchfangkehrergewerbes durch unverhältnismäßig lange Anfahrtswege erschweren würde, kann der Landeshauptmann ein Kehrgebiet nur für einen Rauchfangkehrerbetrieb einrichten.

(2) Die Gewerbeanmeldungen für die Ausübung des Rauchfangkehrergewerbes haben hinsichtlich der sicherheitsrelevanten Tätigkeiten im Sinne des § 120 Abs. 1 zweiter Satz die Ausführung dieser Tätigkeiten auf das betreffende Kehrgebiet einzuschränken. Bei Gefahr im Verzug, im Fall eines Auftrages gemäß § 122 Abs. 2 oder im Fall des Wechsels in ein anderes Kehrgebiet gemäß § 124 ist jedoch die Verrichtung dieser Tätigkeiten auch außerhalb des Kehrgebietes zulässig. Wird die Abgrenzung des Kehrgebietes nach Erlangung der Gewerbeberechtigung geändert, dann gilt die Gewerbeberechtigung hinsichtlich dieser Tätigkeiten als auf das Kehrgebiet, für das der Standort der Gewerbeberechtigung begründet wurde, in seiner gebietsweisen Abgrenzung eingeschränkt.

(3) Die zur Ausübung von sicherheitsrelevanten Tätigkeiten iSd § 120 Abs. 1 zweiter Satz berechtigten Rauchfangkehrer sind verpflichtet, diese Tätigkeiten innerhalb ihres Kehrgebietes auszuführen. Die Rauchfangkehrer sind außerdem verpflichtet, den jeweils geltenden Höchsttarif für die im § 120 Abs. 1 erster Satz angeführten Tätigkeiten einzuhalten.

(4) Vor der Verfügung der gebietsweisen Abgrenzung sind die zuständige Landesinnung der Rauchfangkehrer und die berührten Gemeinden zu hören. Die Anhörung der berührten Gemeinden kann entfallen, wenn vor der Verfügung der gebietsweisen Abgrenzung eine Anhörung der bestehenden Interessenvertretungen der Gemeinden

erfolgt ist und jede der berührten Gemeinden Mitglied einer der angehörten Interessenvertretungen ist.

Wechsel des Rauchfangkehrers

§ 124. Im Fall des Wechsels des für ein Kehrobjekt beauftragten Rauchfangkehrers hat der bisher beauftragte Rauchfangkehrer unverzüglich einen schriftlichen Bericht über die zuletzt erfolgte Kehrung und über den Zustand des Kehrobjektes an den für die Zukunft beauftragten Rauchfangkehrer, an die Gemeinde und an die Inhaber des Kehrobjektes zu übermitteln. Der Wechsel des Rauchfangkehrers darf nicht während der Heizperiode und nicht später als vier Wochen vor dem nächstfolgenden Kehrtermin vorgenommen werden. Gibt es in dem jeweiligen Kehrgebiet nicht mehr als zwei Rauchfangkehrer, so ist der Wechsel in ein anderes Kehrgebiet zulässig.

Höchsttarife, Verfahrensbestimmungen für das sicherheitsrelevante Tätigkeiten umfassende Rauchfangkehrergewerbe, Information

§ 125. (1) Der Landeshauptmann hat durch Verordnung auch Höchsttarife festzulegen. Hiebei ist auf die Leistungsfähigkeit der Betriebe und auf die Interessen der Leistungsempfänger Bedacht zu nehmen. Die Höchsttarife können für das gesamte Bundesland, für einzelne Kehrgebiete oder auch für einzelne Gemeinden festgelegt werden.

(2) Vor der Festlegung der Höchsttarife sind die zuständige Landesinnung der Rauchfangkehrer, die zuständige Kammer für Arbeiter und Angestellte, die zuständige Landwirtschaftskammer und die berührten Gemeinden zu hören. Die Anhörung der berührten Gemeinden kann entfallen, wenn vor der Festlegung der Höchsttarife eine Anhörung der bestehenden Interessenvertretungen der Gemeinden erfolgt ist und jede der berührten Gemeinden Mitglied einer der angehörten Interessenvertretungen ist.

(3) Mit der Gewerbeausübung darf der Anmelder insoweit, als die Gewerbeanmeldung sicherheitsrelevante Tätigkeiten im Sinne des § 120 Abs. 1 zweiter Satz umfasst, erst mit der Rechtskraft des Bescheides gemäß § 340 Abs. 2a beginnen. Nur Gewerbetreibende, deren Gewerbeberechtigung die bescheidmäßige Ermächtigung zur Durchführung sicherheitsrelevanter Tätigkeiten gemäß § 120 Abs. 1 zweiter Satz umfasst, dürfen die Bezeichnung „öffentlich zugelassener Rauchfangkehrer“ führen.

(4) Vor der Erlassung des Bescheides nach § 340 Abs. 2a hat die Bezirksverwaltungsbehörde die Landesinnung der Rauchfangkehrer aufzufordern, innerhalb einer Frist von vier Wochen ein Gutachten zur Voraussetzung gemäß § 121 Abs. 1a Z 2 abzugeben. Widerspricht die Entscheidung der Behörde dem fristgerecht abgegebenen Gutachten der Landesinnung der Rauchfangkehrer oder wurde sie nicht zur Abgabe eines Gutachtens aufgefordert, so steht der Landesinnung der Rauchfangkehrer das Recht der Beschwerde gegen den Bescheid zu.

(5) Hat der Rauchfangkehrer Anzeigen über die Ausübung des Gewerbes in einer weiteren Betriebsstätte in einem anderen Kehrgebiet oder die Verlegung des Betriebes in einen Standort in einem anderen Kehrgebiet oder die Verlegung des Betriebes in einer weiteren Betriebsstätte in einen Standort in einem anderen Kehrgebiet erstattet, so hat die Behörde dies, soweit es sich um sicherheitsrelevante Tätigkeiten im Sinne des § 120 Abs. 1 zweiter Satz handelt, mit Bescheid zur Kenntnis zu nehmen oder bei Nichtvorliegen der Voraussetzungen hiefür die Gewerbeausübung im neuen Standort zu untersagen. Der Rauchfangkehrer darf mit der Ausübung dieser Tätigkeiten im neuen Standort erst mit Rechtskraft des Bescheides beginnen. Im Anzeigeverfahren ist Abs. 4 anzuwenden.

(6) Die zur Ausübung von sicherheitsrelevanten Tätigkeiten im Sinne des § 120 Abs. 1 zweiter Satz berechtigten Rauchfangkehrer haben den Leistungsempfänger klar und verständlich zu informieren, zu welchen Tätigkeiten sie durch landesrechtliche Vorschriften verpflichtet sind sowie welche Tätigkeiten ihnen vorbehalten sind.

GewO

Reisebüros

§ 126. (1) Einer Gewerbeberechtigung unbeschadet der den Gastgewerbetreibenden gemäß § 111 Abs. 4 Z 3 zustehenden Rechte für das Gewerbe der Reisebüros (§ 94 Z 56) bedarf es für

1. die Ausgabe, Vermittlung und Besorgung von Fahrausweisen einschließlich der Anweisungen auf Liege- und Schlafwagenplätze, Platzkarten und dergleichen inländischer und ausländischer Verkehrsunternehmen jeder Art,
2. die Vermittlung von durch Verkehrsunternehmen durchzuführenden Personenbeförderungen,
3. die Vermittlung und die Besorgung von für Reisende bestimmter Unterkunft oder Verpflegung,
4. die Vermittlung von Pauschalreisen,

4a. die vertragliche Zusage von verbundenen Reiseleistungen und

5. die Veranstaltung von Pauschalreisen, die der Veranstalter direkt oder über einen Vermittler anbietet.

(2) Kein reglementiertes Gewerbe gemäß § 94 Z 56 ist

1. die Ausgabe, Vermittlung oder Besorgung von Fahrausweisen durch Verkehrsunternehmen für gleichartige Unternehmen und, soweit es sich um eine Tätigkeit untergeordneten Umfanges handelt, von Fahrausweisen für Anschlussfahrten für Verkehrsunternehmen anderer Art,

2. die Ausgabe, Vermittlung oder Besorgung von Fahrausweisen der Verkehrsunternehmen für den Straßenbahn-, Stadtbahn-, Schnellbahn- und Kraftfahrlinienverkehr innerhalb des Gemeindegebietes oder von und zu Gemeindegebieten der näheren Umgebung (Vororteverkehr),
3. die Vermittlung von Unterkunft für Reisende in Verbindung mit der Ausgabe von Fahrausweisen durch Fluglinienunternehmen sowie durch Eisenbahnunternehmen, jedoch mit Ausnahme von Pauschalreisen. Diese Vermittlungstätigkeit darf jedoch nur auf Wunsch der Reisenden durchgeführt werden und es darf keine Werbung hiefür erfolgen,
4. die Vermittlung von Personenbeförderungsleistungen des Taxi Gewerbes durch Taxifunk und
5. die Vermittlung von Privatzimmern an Reisende zu vorübergehendem Aufenthalt.

(3) Gewerbetreibende, die zur Ausübung des Reisebürogewerbes in seinem vollen Umfang (Abs. 1 Z 1 bis 5) oder eingeschränkt auf die Veranstaltung von Pauschalreisen in Kraftfahrzeugen, die der Veranstalter direkt oder über einen Vermittler anbietet, berechtigt sind, sind auch berechtigt,

1. zur Betreuung der von inländischen und ausländischen Reisebüros vermittelten Reisenden und zu Vermittlungen, die mit Reisen, Aufenthalten oder Tagungen im Zusammenhang stehen und
2. zur Vermittlung und Besorgung von Leistungen, die mit Reisen im Zusammenhang stehen und in Verbindung mit Leistungen gemäß Abs. 1 Z 1 bis 5 erbracht werden.

(4) Gewerbetreibende, die Gesellschaftsfahrten veranstalten oder Reisende gemäß Abs. 3 Z 1 betreuen, haben bei den von ihnen veranstalteten Gesellschaftsfahrten und bei der Betreuung der Reisenden gemäß Abs. 3 Z 1 dafür zu sorgen, dass eine geeignete Person die Reisenden betreut (Reisebetreuer). Der Reisebetreuer ist nach Maßgabe des § 108 Abs. 3 Z 3 auch berechtigt, Hinweise auf Sehenswürdigkeiten zu geben.

Pauschalreiseveranstalter und Vermittler von verbundenen Reiseleistungen

§ 127. (1) Der Bundesminister für Digitalisierung und Wirtschaftsstandort hat im Einvernehmen mit dem Bundesminister für Arbeit, Soziales, Gesundheit und Konsumentenschutz durch Verordnung nähere Bestimmungen festzulegen über:

1. die Sicherheit für die Erstattung aller von Reisenden oder in deren Namen geleisteter Zahlungen, sofern die betreffenden Leistungen infolge der Insolvenz des Reiseveranstalters nicht erbracht werden; soweit die Beförderung von Personen im Pauschalreisevertrag inbegriffen ist, leisten die Reiseveranstalter auch Sicherheit für die Rückbeförderung der Reisenden; eine Fortsetzung der Pauschalreise kann angeboten werden,
2. die Sicherheit für die Erstattung aller Zahlungen, die Vermittler verbundener Reiseleistungen von Reisenden erhalten, soweit eine Reiseleistung, die Teil von verbundenen Reiseleistungen ist, infolge ihrer Insolvenz nicht erbracht wird; ist ein solcher Vermittler für die Beförderung von Personen verantwortlich, so deckt die Sicherheit auch die Rückbeförderung des Reisenden ab,
3. die Einrichtung eines Beirates beim Bundesministerium für Digitalisierung und Wirtschaftsstandort zur Kontrolle der Abdeckung des Risikos gemäß Z 1 und 2 durch den Reiseveranstalter oder den Vermittler einer verbundenen Reiseleistung,
4. die Einrichtung einer zentralen Kontaktstelle beim Bundesministerium für Digitalisierung und Wirtschaftsstandort zur Erleichterung der Verwaltungszusammenarbeit mit den in anderen Mitgliedstaaten der Europäischen Union oder in sonstigen Vertragsstaaten des Abkommens über den europäischen Wirtschaftsraum errichteten zentralen Kontaktstellen,
5. das Begründen und die Beendigung der Berechtigung, auf Grund derer Gewerbeberechtigte die im Umfang ihrer Gewerbeberechtigung enthaltenen Tätigkeiten des Veranstaltens von Pauschalreisen sowie des Vermittelns verbundener Reiseleistungen im Sinne der Richtlinie (EU) 2015/2302, für die sie im Umfang der Z 1 und 2 Sicherheit zu leisten haben, ausüben dürfen.

(2) Veranstalter von Pauschalreisen sowie Vermittler verbundener Reiseleistungen im Sinne der Richtlinie (EU) 2015/2302 über Pauschalreisen und verbundene Reiseleistungen, zur Änderung der Verordnung (EG) Nr. 2006/2004 und der Richtlinie 2011/2083/EU sowie zur Aufhebung der Richtlinie 90/314/EWG ABl. Nr. L 326 vom 11.12.2015, S. 1, haben im Umfang des Abs. 1 Z 1 und 2 Sicherheit zu leisten. Sie dürfen mit der Ausübung dieser Tätigkeit, für die sie im Umfang des Abs. 1 Z 1 und 2 Sicherheit zu leisten haben, erst ab dem Zeitpunkt der Eintragung der Reiseleistungsausübungsberechtigung in das Reiseinsolvenzabsicherungsverzeichnis (GISA) beginnen. Die in den §§ 127a bis 127c genannten Reiseveranstalter und Vermittler verbundener Reiseleistungen bedürfen keiner Reiseleistungsberechtigung, soweit § 127b nicht anderes bestimmt.

(3) Anzeigen zur Eintragung der Reiseleistungsausübungsberechtigung in das Reiseinsolvenzabsicherungsverzeichnis (GISA) können erst nach bestehender Eintragung einer Gewerbeberechtigung, in deren Umfang die Ausübung von Tätigkeiten gemäß Abs. 2 erster Satz enthalten ist, erstattet werden.

(4) Anzeigen zur Eintragung der Reiseleistungsausübungsberechtigung in das Reiseinsolvenzabsicherungsverzeichnis (GISA) sowie sämtliche im Zusammenhang mit dem Nachweis der Sicherheit von gemäß Abs. 1 Z 1 und 2 zu erbringende Meldungen an den Bundesminister für Digitalisierung und Wirtschaftsstandort sind im elektronischen Wege über das GISA einzubringen.

Insolvenzabsicherung der im europäischen Wirtschaftsraum niedergelassenen Reiseveranstalter und Vermittler verbundener Reiseleistungen

§ 127a. Hat ein Reiseveranstalter oder ein Vermittler verbundener Reiseleistungen seine Niederlassung in einem anderen Mitgliedstaat der Europäischen Union oder in einem sonstigen Vertragsstaat des Abkommens über den europäischen Wirtschaftsraum, so genügt er seiner Verpflichtung zur Insolvenzabsicherung auch dann, wenn er dem Reisenden Sicherheit in Übereinstimmung mit den Vorschriften dieses anderen Staates zur Umsetzung des Art. 17 und des Art. 19 Abs. 1 der Richtlinie (EU) 2015/2302 leistet.

Besondere Pflichten des Reisevermittlers im Falle eines außerhalb des Europäischen Wirtschaftsraums niedergelassenen Reiseveranstalters

§ 127b. Hat der Reiseveranstalter seine Niederlassung außerhalb des Europäischen Wirtschaftsraums, so gelten für den Reisevermittler die Pflichten eines Reiseveranstalters gemäß § 127 Abs. 2, es sei denn, der Reisevermittler weist nach, dass der Veranstalter den Bestimmungen des Kapitels V der Richtlinie (EU) 2015/2302 nachkommt.

Besondere Pflichten des außerhalb des Europäischen Wirtschaftsraums niedergelassenen Reiseveranstalters oder Vermittlers verbundener Reiseleistungen

§ 127c. (1) Ist der Reiseveranstalter nicht in einem Mitgliedstaat des europäischen Wirtschaftsraums niedergelassen und schließt er Pauschalreiseverträge in Österreich ab oder bietet er den Abschluss von Pauschalreiseverträgen in Österreich an oder richtet er in irgendeiner Weise eine solche Tätigkeit auf Österreich aus, so ist er zur Sicherstellung gemäß § 127 Abs. 1 Z 1 verpflichtet.

(2) Ist der Vermittler verbundener Reiseleistungen nicht in einem Mitgliedstaat des europäischen Wirtschaftsraums niedergelassen und vermittelt er in Österreich verbundene Reiseleistungen oder bietet er die Vermittlung verbundener Reiseleistungen in Österreich an oder richtet er in irgendeiner Weise eine solche Tätigkeit auf Österreich aus, so ist er zur Sicherstellung gemäß § 127 Abs. 1 Z 2 verpflichtet.

Schädlingsbekämpfung

§ 128. (1) Einer Gewerbeberechtigung für das Gewerbe der Schädlingsbekämpfung (§ 94 Z 58) bedarf es für

1. die Bekämpfung von tierischen und pflanzlichen Schädlingen mit sehr giftigen und giftigen Gasen,
2. die Bekämpfung von tierischen und pflanzlichen Schädlingen ohne Verwendung sehr giftiger und giftiger Gase.

(2) Kein reglementiertes Gewerbe gemäß § 94 Z 58 ist unbeschadet der Rechte der Schädlingsbekämpfer die Bekämpfung von tierischen und pflanzlichen Schädlingen ohne Verwendung sehr giftiger Gase

1. durch Holzbau-Meister bei Bauten, die ihrem Wesen nach Holzkonstruktionen sind, beispielsweise bei Holzhäusern, Holzdachstühlen und Holzbrücken und
2. durch Bildhauer, Drechsler, Orgelbauer und Tischler im Zuge von Reparaturarbeiten oder Restaurierungen.

Sicherheitsgewerbe (Berufsdetektive, Bewachungsgewerbe)

§ 129. (1) Einer Gewerbeberechtigung für das Gewerbe der Berufsdetektive (§ 94 Z 62) bedarf es für

1. die Erteilung von Auskünften über Privatverhältnisse,
2. die Vornahme von Erhebungen über strafbare Handlungen,
3. die Beschaffung von Beweismitteln für Zwecke eines gerichtlichen oder verwaltungsbehördlichen Verfahrens,
4. die Ausforschung von verschollenen oder sich verborgen haltenden Personen, der Verfasser, Schreiber oder Absender anonymer Briefe, der Urheber oder Verbreiter von Verleumdungen, Verdächtigungen oder Beleidigungen,
5. die Beobachtung und Kontrolle der Treue von Arbeitnehmern,
6. die Beobachtung von Kunden in Geschäftslokalen,
7. den Schutz von Personen,
8. Das Aufspüren von Geräten zur unberechtigten Übertragung von Bild und Ton, von elektronisch gespeicherten Daten und der damit verbundenen Schutzmaßnahmen Z 2 bleibt von dieser Bestimmung unberührt.

(2) Gewerbetreibende, die zur Ausübung des Gewerbes der Berufsdetektive berechtigt sind, sind nicht zur Erteilung von Auskünften über Kreditverhältnisse zu geschäftlichen Zwecken berechtigt.

(3) Die Behörde hat den zur Ausübung des Gewerbes der Berufsdetektive Berechtigten eine Legitimation mit Lichtbild auszustellen. Die Legitimationen haben den zur Kontrolle der Person notwendigen Anforderungen zu genügen. Der Bundesminister für Wirtschaft und Arbeit hat durch Verordnung festzulegen, auf welche Weise die Legitimationen hinsichtlich ihrer Ausstattung diesen Anforderungen zu entsprechen haben.

(4) Einer Gewerbeberechtigung für das Bewachungsgewerbe (§ 94 Z 62) unterliegt die Bewachung von Betrieben, Gebäuden, Anlagen, Baustellen, Grundstücken und von beweglichen Sachen sowie der Betrieb von Notrufzentralen.

(5) Zu den im Abs. 4 genannten Tätigkeiten gehören insbesondere auch folgende Tätigkeiten:

1. Sicherung und Regelung des Personen- und Fahrzeugverkehrs in Betrieben, in Gebäuden, auf Grundstücken und auf Verkehrswegen aller Art, insbesondere auch die Überwachung der Einhaltung der für den Personen- und Fahrzeugverkehr geltenden Rechtsvorschriften, die Fahrzeug- und Transportbegleitung, sofern es sich um den Transport gefährlicher Güter handelt, die Vornahme von Sicherheitskontrollen im Personen- und Fahrzeugverkehr, auch hinsichtlich mitgeführter oder aufgegebener Gepäck- oder Poststücke;
2. Sicherung und Regelung des Personen- und Fahrzeugverkehrs auf Baustellen, jedoch unbeschadet der Rechte der für eine Baustelle verantwortlichen Gewerbetreibenden;
3. Durchführung von Transporten von Geld und Wertgegenständen mit Fahrzeugen des Straßenverkehrs, soweit es für diese Tätigkeit nicht einer Gewerbeberechtigung gemäß dem Güterbeförderungsgesetz bedarf;
4. Portierdienste;
5. Ordner- und Kontrolldienste bei Veranstaltungen;
6. Betriebsfeuerwehrdienste und Betriebslöschtruppdienste.

(6) Der Gebrauch einer einheitlichen Berufskleidung bei Ausübung des Bewachungsgewerbes bedarf der Genehmigung des Bundesministers für Wirtschaft und Arbeit. Diese ist zu erteilen, wenn eine Verwechslung mit Uniformen des öffentlichen Sicherheitsdienstes, der Zollverwaltung, der Justizwache und des Bundesheeres nicht zu befürchten ist. Jedenfalls müssen auf allen Bekleidungsteilen, welche als Oberbekleidung Verwendung finden, deutlich erkennbare Bezeichnungen im Sinne der §§ 63 ff angebracht sein. Die Genehmigung ist vom Bundesminister für Wirtschaft und Arbeit zu widerrufen, wenn auf Grund von Änderungen der Uniformen des öffentlichen Sicherheitsdienstes, der Zollverwaltung, der Justizwache oder des Bundesheeres eine Verwechslung der genehmigten Berufskleidung mit den neuen Uniformen der genannten staatlichen Organe nicht ausgeschlossen werden kann.

Rechte und Pflichten der Berufsdetektive und Bewacher

§ 130. (1) Gewerbetreibende, die zur Ausübung des Gewerbes der Berufsdetektive berechtigt sind, sind auch zur Bewachung beweglicher Sachen berechtigt, wenn diese Bewachung im Zusammenhang mit dem Schutz von Personen (§ 129 Abs. 1 Z 7) steht.

(2) Gewerbetreibenden, die zur Ausübung des Gewerbes der Berufsdetektive berechtigt sind, steht das Recht zu, sich der Berufsbezeichnung „Berufsdetektiv" zu bedienen. Arbeitnehmern, die zur Ausübung der im § 129 Abs. 1 genannten Tätigkeiten verwendet werden, steht das Recht zu, sich der Berufsbezeichnung „Berufsdetektivassistent" zu bedienen. Andere Berufsbezeichnungen und auch zustehende Amtsbezeichnungen dürfen bei der Gewerbeausübung nicht gebraucht werden.

(3) Gewerbetreibende, die zur Ausübung des Bewachungsgewerbes berechtigt sind, sind auch zur Fahrzeug- und Transportbegleitung berechtigt.

(4) Die im § 129 Abs. 1 Z 2 und 4 angeführten Tätigkeiten dürfen nur so weit ausgeübt werden, als dadurch behördliche Untersuchungshandlungen nicht beeinträchtigt werden. Den diesbezüglichen Anordnungen der Organe des öffentlichen Sicherheitsdienstes ist hiebei unverzüglich Folge zu leisten.

(5) Gewerbetreibende, die zur Ausübung des Gewerbes der Berufsdetektive berechtigt sind, sind zur Verschwiegenheit über die ihnen anvertrauten Angelegenheiten verpflichtet. Diese Verschwiegenheitspflicht besteht nicht, wenn und insoweit der Auftraggeber ausdrücklich von dieser Pflicht entbindet. Inwieweit die Gewerbetreibenden von der Verpflichtung zur Ablegung eines Zeugnisses zur Einsichtgewährung in Geschäftspapiere oder zur Erteilung von Auskünften über die ihnen in Ausübung des Berufes bekannt gewordenen Umstände in gerichtlichen oder verwaltungsbehördlichen Verfahren befreit sind, richtet sich nach den bezüglichen Rechtsvorschriften. Die vorstehend angeführten Bestimmungen gelten sinngemäß auch für die Arbeitnehmer der Gewerbetreibenden.

(6) Gewerbetreibende, die zur Ausübung des Gewerbes der Berufsdetektive berechtigt sind, und deren Arbeitnehmer haben bei der Ausübung der im § 129 Abs. 1 genannten Tätigkeiten die Legitimation gemäß § 129 Abs. 3 bzw. gemäß Abs. 7 dieses Paragraphen mitzuführen, diese auf Verlangen der behördlichen und der Organe des öffentlichen Sicherheitsdienstes vorzuweisen und den genannten Organen zur Einsichtnahme auszuhändigen.

(7) Um die Ausstellung der Legitimationen für Arbeitnehmer, die zur Ausübung der im § 129 Abs. 1 genannten Tätigkeiten verwendet werden, hat der Gewerbetreibende bei der Behörde anzusuchen. Die Ausstellung der Legitimation ist zu verweigern, wenn gegen ihn eine dem § 13 Abs. 1 entsprechende strafgerichtliche Verurteilung vorliegt und nach der Eigenart der strafbaren Handlung und der Persönlichkeit des Verurteilten die Begehung der gleichen oder einer ähnlichen Straftat bei der Ausübung der im § 129 Abs. 1 genannten Tätigkeiten zu befürchten ist. Die Legitimation ist von der Behörde zurückzunehmen, wenn sich ergibt, dass die im zweiten Satz angeführten Umstände nach Ausstellung der Legitimation eingetreten sind.

(8) Die zur Ausübung des Gewerbes der Berufsdetektive sowie die zur Ausübung des Bewachungsgewerbes berechtigten Gewerbetreibenden dürfen zur Ausübung der ihren Gewerben vorbehaltenen Tätigkeiten (§ 129 Abs. 1 bzw. Abs. 4) nur Arbeitnehmer verwenden, die eigenberechtigt sind und die für diese Verwendung erforderliche Zuverlässigkeit und Eignung besitzen.

(9) Die im Abs. 8 genannten Gewerbetreibenden sind verpflichtet, der Bezirksverwaltungsbehörde, im Gebiet einer Gemeinde, für das die Landespolizeidirektion zugleich Sicherheitsbehörde erster Instanz ist, der Landespolizeidirektion, als Sicherheitsbehörde ein Verzeichnis aller Personen, die für eine der im § 129 Abs. 1 bzw. Abs. 4 genannten Tätigkeiten herangezogen werden, spätestens zwei Wochen vor dem Beginn ihrer Verwendung vorzulegen; jede Änderung hinsichtlich der für die im § 129 Abs. 1 bzw. Abs. 4 genannten Tätigkeiten herangezogenen Personen ist dieser Behörde binnen zwei Wochen anzuzeigen. Das Verzeichnis oder die Anzeigen von Änderungen dieses Verzeichnisses haben neben dem Vor- und Familiennamen der betreffenden Person auch deren Geburtsdatum, Geburtsort, Staatsangehörigkeit und Unterkunft (Wohnung) zu enthalten.

(10) Ist auf Grund bestimmter Tatsachen die Zuverlässigkeit einer gemäß Abs. 9 bekannt gegebenen Person nicht gegeben, so hat die Sicherheitsbehörde dem Gewerbetreibenden ohne unnötigen Aufschub schriftlich mitzuteilen, dass der Betroffene die erforderliche Zuverlässigkeit nicht besitzt.

Spediteure einschließlich der Transportagenten

§ 131. (1) Die Spediteure einschließlich der Transportagenten (§ 94 Z 63) sind auch berechtigt:

1. zur Beförderung von Gütern zu und von der Station eines Eisenbahn-, Schifffahrts- oder Luftverkehrsunternehmens oder zu und von den Lagern und Sammelstellen des Spediteurs, wenn der Spediteur die Güter mit Frachtbrief einem solchen Unternehmen im eigenen Namen zur Beförderung zu übergeben hat oder im Frachtbrief als Empfänger der Güter angegeben ist oder vom im Frachtbrief angegebenen Empfänger mit der Abholung der Güter von der Station eines solchen Unternehmens beauftragt worden ist;
2. zur Lagerung;
3. zur Geltendmachung von Forderungen an Transportunternehmen aus dem Frachtengeschäft (Frachtenreklamation) hinsichtlich der Güter, deren Beförderung der Spediteur besorgt hat.

(2) Gewerbetreibenden, die zu einer auf die Tätigkeiten des Transportagenten beschränkten Ausübung des Gewerbes gemäß § 94 Z 63 berechtigt sind, stehen die im Abs. 1 angeführten Rechte nicht zu.

Sprengungsunternehmen

§ 132. (1) Die Erteilung einer Gewerbeberechtigung für den Betrieb von Sprengungsunternehmen (§ 94 Z 65) erfordert zusätzlich zur Überprüfung der Zuverlässigkeit, dass die Gewerbeausübung vom Standpunkt der Aufrechterhaltung der öffentlichen Ruhe, Ordnung und Sicherheit keinen Bedenken begegnet. Im Anmeldungsverfahren (§ 339) ist die örtlich zuständige Landespolizeidirektion zur Frage des Vorliegens der im ersten Satz genannten Voraussetzungen zu hören.

(2) Hat der Inhaber einer Gewerbeberechtigung für den Betrieb von Sprengungsunternehmen Anzeigen über die Ausübung des Gewerbes in einer weiteren Betriebsstätte oder die Verlegung des Betriebes in einen anderen Standort oder die Verlegung des Betriebes einer weiteren Betriebsstätte in einen anderen Standort erstattet, so hat die Behörde dies mit Bescheid zur Kenntnis zu nehmen oder bei Nichtvorliegen der Voraussetzungen die Gewerbeausübung im neuen Standort zu untersagen. Der Gewerbetreibende darf mit der Ausübung des Gewerbes im neuen Standort erst mit Rechtskraft des Bescheides beginnen. Abs. 1 ist anzuwenden.

Steinmetzmeister einschließlich Kunststeinerzeugung und Terrazzomacher

§ 133. (1) Der Steinmetzmeister einschließlich Kunststeinerzeuger und Terrazzomacher (§ 94 Z 66) ist berechtigt:

1. zur Planung, Berechnung und Ausführung von Bauarbeiten, bei denen Steine bearbeitet oder restauriert werden oder bei denen bearbeitete Steine und Steinplatten als Werkstoff verwendet werden (Herstellung von Steinportalen und Fassadenverkleidungen einschließlich der Montage der dazugehörigen Metallverankerungskonstruktionen, von Steinstufen, Stufenverkleidungen und Steinbelägen),

2. zur Erzeugung, Bearbeitung, Aufstellung und Versetzung von Grabsteinen und Grabmonumenten und unbeschadet des Rechts der Baumeister zu den erforderlichen Ausmauerungsarbeiten für Grabmonumente und Grüfte sowie zum Gravieren von Grabinschriften und
3. zur Herstellung und zum Verlegen von Kunststeinen und zum Herstellen von Terrazzobelägen.

(2) Steinmetzmeister einschließlich Kunststeinerzeuger und Terrazzomacher sind unbeschadet der Rechte der Platten- und Fliesenleger auch zur Verlegung von keramischen Platten und Bodenelementen aus Steingut und zur Verklebung von keramischen Platten und Wandbelägen aus Steingut berechtigt.

(3) Steinmetzmeister einschließlich Kunststeinerzeuger und Terrazzomacher sind zur Aufstellung von Gerüsten, für die statische Kenntnisse erforderlich sind, berechtigt.

(4) Das Aufsuchen von Hinterbliebenen zum Zweck der Erlangung von Bestellungen auf Leistungen des Steinmetzmeistergewerbes, die sich auf Grabsteine, Grabdenkmäler und deren Zubehör beziehen, ist nur auf ausdrückliche, an den zur Ausübung des Steinmetzmeistergewerbes berechtigten Gewerbetreibenden gerichtete Aufforderung gestattet. Die Entgegennahme von Bestellungen auf Leistungen des Steinmetzmeistergewerbes ist nur in den Betriebsstätten des Gewerbetreibenden oder anlässlich des gemäß dem ersten Satz zulässigen Aufsuchens gestattet.

(5) Wird das Gewerbe der Steinmetzmeister in einem Umfang angemeldet, der nicht das Recht zur Planung gemäß Abs. 1 Z 1 beinhaltet, hat der Gewerbeanmelder die Bezeichnung „Steinmetzgewerbetreibender" unter Beifügung der entsprechenden Einschränkung zu verwenden. Nur Gewerbetreibende, deren Gewerbeberechtigung das Recht zur Planung gemäß Abs. 1 Z 1 beinhaltet, dürfen die Bezeichnung „Steinmetzmeister" verwenden. Gewerbetreibende, die zur Ausübung des Steinmetzmeistergewerbes eingeschränkt auf die Ausführung berechtigt sind, dürfen keine Bezeichnung verwenden, die den Eindruck erwecken könnte, dass sie zur Planung im Sinne des Abs. 1 Z 1 berechtigt sind.

Ingenieurbüros (Beratende Ingenieure)

§ 134. (1) Der Gewerbeumfang der Ingenieurbüros (§ 94 Z 69) umfasst die Beratung, die Verfassung von Plänen, Berechnungen und Studien, die Durchführung von Untersuchungen, Überprüfungen und Messungen, die Ausarbeitung von Projekten, die Leitung von Projekten, die Überwachung der Ausführung von Projekten, die Abnahme von Projekten und die Prüfung der projektgemäßen Ausführung einschließlich der Prüfung der projektbezogenen Rechnungen sowie die Erstellung von Gutachten auf einschlägigen Fachgebieten, die einer Studienrichtung oder einem mindestens viersemestrigen Aufbaustudium einer inländischen Universität, einer Fachhochschule oder Hochschule künstlerischer Richtung oder einer einschlägigen inländischen berufsbildenden höheren Schule entsprechen.

(2) Der Berechtigungsumfang der Ingenieurbüros für Innenarchitektur umfasst sämtliche Befugnisse des Ingenieurbüros im Sinne des Abs. 1. Berührt die Tätigkeit des Ingenieurbüros für Innenarchitektur statisch relevante Bauteile, so ist deren konstruktive Bearbeitung und statische Berechnung durch einen hiezu Befugten durchzuführen.

(3) Ingenieurbüros dürfen nicht auf Fachgebieten begründet werden, die den Baumeistern, Brunnenmeistern, den Holzbau-Meistern oder den Steinmetzmeistern einschließlich der Kunststeinerzeugung und Terrazzomacher vorbehaltene Tätigkeiten umfassen. Dies gilt nicht für Ingenieurbüros für Innenarchitektur im Rahmen des Abs. 2 und für Ingenieurbüros für Kulturtechnik und Wasserwirtschaft im Rahmen ihres Fachgebietes.

(4) Gewerbetreibende, die eine Berechtigung gemäß Abs. 1 besitzen, sind im Rahmen ihrer Gewerbeberechtigung zur Vertretung des Auftraggebers vor Behörden oder Körperschaften öffentlichen Rechts berechtigt.

(5) Der Berechtigungsumfang von anderen reglementierten Gewerben wird durch Abs. 1 nicht berührt.

Überlassung von Arbeitskräften

§ 135. (1) Einer Gewerbeberechtigung bedarf die Zurverfügungstellung von Arbeitskräften zur Arbeitsleistung an Dritte (Überlassung von Arbeitskräften; § 94 Z 72).

(2) Kein reglementiertes Gewerbe gemäß § 94 Z 72 ist

1. die vorübergehende Überlassung von Arbeitskräften an Beschäftiger, welche die gleiche Erwerbstätigkeit wie der Überlasser ausüben, unter der Voraussetzung, dass der Charakter des Betriebes des Überlassers gewahrt bleibt, bis zur Höchstdauer von sechs Monaten im Kalenderjahr, wobei auch die Zeiten nacheinander folgender Überlassungen verschiedener Arbeitskräfte zusammenzuzählen sind;
2. die Überlassung von Arbeitskräften durch Erzeuger, Verkäufer oder Vermieter von technischen Anlagen oder Maschinen, wenn
   a) zur Inbetriebnahme, Wartung oder Reparatur von technischen Anlagen oder Maschinen oder
   b) zur Einschulung von Arbeitnehmern des Beschäftigers die überlassenen Arbeitskräfte als Fachkräfte erforderlich sind und der Wert der Sachleistung überwiegt;
3. die Überlassung von Arbeitskräften innerhalb einer Arbeitsgemeinschaft oder bei der betrieblichen Zusammenarbeit

a) zur Erfüllung gemeinsam übernommener Aufträge oder
b) zum Zwecke des Erfahrungsaustausches, der Forschung und Entwicklung, der Ausbildung, der Betriebsberatung oder der Überwachung oder
c) in Form einer Kanzlei- oder Praxisgemeinschaft;
4. die Überlassung von Arbeitskräften zwischen Konzernunternehmen innerhalb eines Konzerns im Sinne des § 15 des Aktiengesetzes 1965, BGBl. Nr. 98 und des § 115 des Gesetzes über Gesellschaften mit beschränkter Haftung, RGBl. Nr. 58/1906, sofern die Überlassung nicht zum Betriebszweck des überlassenden Unternehmens gehört;
5. die Überlassung von Arbeitskräften bei der Entwicklungshilfe nach dem Entwicklungshilfegesetz, BGBl. Nr. 474/1974.

(3) Für die Erteilung der Gewerbeberechtigung ist erforderlich
1. bei natürlichen Personen die Staatsangehörigkeit einer EWR-Vertragspartei und ihr Wohnsitz in einem EWR-Vertragsstaat,
2. bei juristischen Personen und eingetragenen Personengesellschaften
a) ihr Sitz oder ihre Hauptniederlassung in einem EWR-Vertragsstaat und
b) wenn die Überlassung von Arbeitskräften im Verhältnis zu den anderen wirtschaftlichen Betätigungen des betreffenden Rechtsträgers keine nur untergeordnete Bedeutung hat, die Staatsangehörigkeit einer EWR-Vertragspartei der Mitglieder der zur gesetzlichen Vertretung berufenen Organe oder der geschäftsführungs- und vertretungsbefugten Gesellschafter und deren Wohnsitz in einem EWR-Vertragsstaat.

(4) Die für die Gewerbeausübung erforderliche Zuverlässigkeit ist insbesondere dann nicht gegeben, wenn das Verhalten des Gewerbeinhabers die Annahme rechtfertigt, dass das Gewerbe in einer den Schutz und die Rechte der Arbeitskräfte nicht gewährleistenden Art ausgeübt wird; dies ist insbesondere dann der Fall, wenn der Gewerbeinhaber
1. gegen die Vorschriften des Arbeitskräfteüberlassungsgesetzes verstoßen hat oder
2. Verpflichtungen eines Arbeitgebers, die sich aus dem Arbeitsrecht einschließlich des Arbeitnehmerschutzes oder des Sozialversicherungsrechtes ergeben, erheblich verletzt hat.

(5) Die Gewerbeberechtigung für das Gewerbe der Überlassung von Arbeitskräften ist von der Behörde (§ 361 Abs. 1) zu entziehen, wenn die im Abs. 3 bezeichneten Voraussetzungen nicht mehr zur Gänze erfüllt werden oder die für die Gewerbeausübung erforderliche Zuverlässigkeit (Abs. 4) nicht mehr gegeben ist.

(6) Die zuständige Landeskammer der gewerblichen Wirtschaft und die zuständige Kammer für Arbeiter und Angestellte sind berechtigt, die Entziehung der Gewerbeberechtigung für das Gewerbe der Überlassung von Arbeitskräften zu beantragen. Vor der Erlassung eines Bescheides über einen solchen Antrag hat die Behörde die im ersten Satz genannten Stellen aufzufordern, innerhalb einer Frist von sechs Wochen Gutachten über das Vorliegen der Voraussetzungen für die Entziehung der Gewerbeberechtigung abzugeben; dies gilt nicht für jene Stelle, die den Antrag auf Entziehung der Gewerbeberechtigung gestellt hat. Gegen einen Bescheid auf Grund eines solchen Antrages steht jeder der im ersten Satz genannten Stellen jeweils dann das Recht der Beschwerde zu, wenn die Entscheidung ihrem Antrag oder ihrem fristgerecht abgegebenen Gutachten widerspricht oder wenn sie nicht gehört worden ist.

(7) Die Abs. 5 und 6 gelten sinngemäß für Verfahren betreffend den Widerruf nach § 91 Abs. 1.

Unternehmensberatung einschließlich der Unternehmensorganisation

§ 136. (1) Unternehmensberater einschließlich der Unternehmensorganisatoren (§ 94 Z 74) sind auch zur Ausübung der auf den Personenkreis der Führungskräfte eingeschränkten Arbeitsvermittlung berechtigt, wenn sie den für diese Tätigkeit erforderlichen Befähigungsnachweis erbringen.

(2) Die Vermittlung von Führungskräften im Sinne des Abs. 1 ist die Vermittlungstätigkeit in Bezug auf offene Stellen, die nach dem Inhalt der Tätigkeit mit leitenden Angestellten, denen maßgebender Einfluss auf die Führung des Betriebes zusteht, welche nicht als Arbeitnehmer gelten und hinsichtlich derer das angebotene Entgelt zumindest die Höhe der Höchstbeitragsgrundlage in der Pensionsversicherung nach § 45 des Allgemeinen Sozialversicherungsgesetzes erreicht, besetzt werden.

(3) Unternehmensberater einschließlich der Unternehmensorganisatoren sind im Rahmen ihrer Gewerbeberechtigung insbesondere auch berechtigt zur
1. Beratung in Angelegenheiten der Unternehmensgründung, Unternehmensschließung und der Betriebsübergabe;
2. Sanierungs- und Insolvenzberatung;
3. berufsmäßigen Vertretung des Auftraggebers gegenüber Dritten, wie insbesondere Kunden und Lieferanten, sowie vor Behörden und Körperschaften öffentlichen Rechts.

Gewerbliche Vermögensberatung

§ 136a. (1) Der Gewerbliche Vermögensberater (§ 94 Z 75) ist berechtigt zur
1. Beratung bei Aufbau, Sicherung und Erhaltung von Vermögen und Finanzierung mit Ausnahme der Anlageberatung in Bezug auf Finanzinstrumente (§ 3 Abs. 2 Z 1 WAG 2018),

2. Vermittlung von
a) Veranlagungen und Investitionen, ausgenommen Finanzinstrumente (§ 3 Abs. 2 Z 3 WAG 2018),
b) Personalkrediten und Hypothekarkrediten und Finanzierungen (Vorstellen, Anbieten und andere Vorarbeiten zu Kreditverträgen sowie deren Abschließen für den Kreditgeber) und
c) Lebens- und Unfallversicherungen.

(Anm.: Abs. 1a aufgehoben durch BGBl. I Nr. 155/2015)

(2) Bezüglich der Vermittlung von Lebens- und Unfallversicherungen unterliegt der Gewerbliche Vermögensberater den Bestimmungen der §§ 137 bis 138 und den sonstigen Bestimmungen betreffend Versicherungsvermittlung.

(3) Gewerbliche Vermögensberater sind zu den Tätigkeiten des § 1 Z 45 WAG 2018 als Wertpapiervermittler (§ 94 Z 77) berechtigt. Tätigkeiten als gebundener Vermittler gemäß § 1 Z 44 WAG 2018 dürfen in diesem Fall nicht ausgeübt werden.

(4) Bei der Anmeldung des Gewerbes der Gewerblichen Vermögensberatung (§ 94 Z 75) ist, sofern die Tätigkeit des Wertpapiervermittlers ausgeübt wird, zusätzlich zu den Belegen gemäß § 339 Abs. 3 der Nachweis des Bestehens eines Vertretungsverhältnisses anzuschließen. Mit der Ausübung der Tätigkeit der Wertpapiervermittlung darf der Anmelder erst ab dem Zeitpunkt der Eintragung in das GISA beginnen.

(5) Der Gewerbetreibende hat der Gewerbebehörde unverzüglich die Endigung des letzten Vertretungsverhältnisses mitzuteilen. Nach Bekanntwerden des Wegfalls des letzten Vertretungsverhältnisses hat die Behörde unverzüglich ein Entziehungsverfahren betreffend die Tätigkeit als Wertpapiervermittler einzuleiten und, wenn ein Vertretungsverhältnis nicht unverzüglich nachgewiesen wird, die Berechtigung als Wertpapiervermittler längstens binnen zweier Monate zu entziehen. § 361 Abs. 2 erster Satz ist in diesem Fall nicht anzuwenden. Beschwerden gegen Entziehungsbescheide kommt keine aufschiebende Wirkung zu. Die Einleitung des Entziehungsverfahrens ist im GISA zu vermerken.

(6) Gewerbliche Vermögensberater haben den Anforderungen ständiger beruflicher Schulung und Weiterbildung zu genügen, um ein angemessenes Leistungsniveau aufrechtzuerhalten, das den von ihnen wahrgenommenen Aufgaben und dem entsprechenden Markt entspricht. Hiefür haben diese Personen ab dem der Eintragung in das GISA nächstfolgenden Kalenderjahr mindestens 20 Stunden beruflicher Schulung oder Weiterbildung pro Jahr zu absolvieren. Diese Verpflichtung ersetzt für Gewerbliche Vermögensberater die Verpflichtung nach § 137b Abs. 3. Der Nachweis über die Teilnahme an der Schulung ist am Standort des Gewerbes zumindest fünf Jahre zur jederzeitigen Einsichtnahme durch die Behörde bereitzuhalten. Gewerbliche Vermögensberater dürfen nur Personal einsetzen, das den Anforderungen dieses Absatzes entspricht.

(6a) Als Schulungen im Sinne des Abs. 6 gelten einschlägige Lehrgänge. Die zuständige Fachorganisation der Wirtschaftskammer Österreich hat einen Lehrplan für den Schulungsinhalt zu erarbeiten. Der Lehrplan hat für den Gewerbeinhaber vorzusehen, dass zumindest die Hälfte der Weiterbildungsverpflichtung nur bei bestimmten unabhängigen Bildungsinstitutionen durchgeführt werden darf. Der Lehrplan kann sich über mehrere Jahre erstrecken. Der Lehrplan bedarf einer Bestätigung des Bundesministers für Digitalisierung und Wirtschaftsstandort. Der Finanzmarktaufsicht (FMA) ist vom Bundesminister für Digitalisierung und Wirtschaftsstandort vor Erteilung der Bestätigung Gelegenheit zur Stellungnahme innerhalb angemessener Frist zu geben. Der Lehrplan kann eine geringere Mindeststundenanzahl für Gewerbetreibende oder deren Personal vorsehen, sofern Tätigkeitsbereiche aus dem Gewerbeumfang ausgenommen sind.

(7) Als Wertpapiervermittler tätige Gewerbliche Vermögensberater dürfen für nicht mehr als drei Unternehmen die in § 1 Z 45 WAG 2018 genannten Tätigkeiten erbringen. Der als Wertpapiervermittler tätige Gewerbliche Vermögensberater hat dem Vertragspartner (Wertpapierkunden) bei jeder Geschäftsaufnahme den jeweiligen Geschäftsherrn eindeutig offen zu legen und auf die Eintragung im Register bei der FMA hinzuweisen. Erfolgt durch den Wertpapiervermittler keine eindeutige Offenlegung des vertragsgegenständlichen Geschäftsherrn, so haften alle gemäß § 37 Abs. 7 WAG 2018 eingetragenen Geschäftsherren solidarisch.

(8) Gewerbliche Vermögensberater sind zu den Tätigkeiten des § 1 Z 44 WAG 2018 als gebundener Vermittler berechtigt. Tätigkeiten als Wertpapiervermittler gemäß § 1 Z 45 WAG 2018 dürfen in diesem Fall nicht ausgeübt werden.

(9) Bei der Anmeldung des Gewerbes der Gewerblichen Vermögensberatung (§ 94 Z 75) ist, sofern die Tätigkeit des gebundenen Vermittlers ausgeübt wird, zusätzlich zu den Belegen gemäß § 339 Abs. 3 der Nachweis des Bestehens des Vertretungsverhältnisses anzuschließen. Mit der Ausübung der Tätigkeit des gebundenen Vermittlers darf der Anmelder erst ab dem Zeitpunkt der Eintragung in das GISA beginnen.

(10) Der Gewerbetreibende hat der Gewerbebehörde unverzüglich die Endigung des letzten Vertretungsverhältnisses mitzuteilen. Nach Bekanntwerden des Wegfalls des Vertretungsverhältnisses hat die Behörde unverzüglich ein Entziehungsverfahren betreffend die Tätigkeit als gebundener Vermittler einzuleiten und, wenn ein Vertretungsverhältnis nicht unverzüglich nachgewiesen wird,

die Berechtigung als gebundener Vermittler längstens binnen zweier Monate zu entziehen. § 361 Abs. 2 erster Satz ist in diesem Fall nicht anzuwenden. Beschwerden gegen Entziehungsbescheide kommt keine aufschiebende Wirkung zu. Die Einleitung des Entziehungsverfahrens ist im GISA zu vermerken.

(11) Gewerbliche Vermögensberater müssen bei der Annahme und Übermittlung von Aufträgen im Zusammenhang mit Veranlagungen gemäß § 1 Abs. 1 Z 3 Kapitalmarktgesetz, KMG, BGBl. Nr. 625/1991, dem § 56 WAG 2018, BGBl. I Nr. 107/2017 in der jeweils geltenden Fassung, entsprechen.

(12) Die zur Ausübung des Gewerbes der Vermögensberater berechtigten Gewerbetreibenden haben für ihre Berufstätigkeit eine Vermögensschadenhaftpflichtversicherung mit einer Versicherungssumme von mindestens 1.111.675 Euro für jeden einzelnen Schadensfall und von 1.667.513 Euro für alle Schadensfälle eines Jahres abzuschließen. Dies gilt nicht für Tätigkeiten, für die eine Haftungsabsicherung im Sinne von Abs. 4 oder Abs. 9 oder § 137c besteht. Die genannten Mindestversicherungssummen erhöhen oder vermindern sich ab 15.1.2013 und danach regelmäßig alle fünf Jahre prozentuell entsprechend den von Eurostat veröffentlichten Änderungen des Europäischen Verbraucherpreisindexes, wobei sie auf den nächst höheren vollen Eurobetrag aufzurunden sind. Die Bestimmungen des § 117 Abs. 8 bis 10 sind sinngemäß anzuwenden. Für Tätigkeiten der Vermittlung von Hypothekarkrediten gemäß Abs. 1 Z 2 lit. b muss aus den genannten Deckungssummen die Berufshaftpflichtversicherung oder gleichwertige Garantie gemäß Art. 1 der Delegierten Verordnung (EU) Nr. 1125/2014 zur Verfügung stehen.

Wertpapiervermittler

§ 136b. (1) Einer Gewerbeberechtigung für das Gewerbe der Wertpapiervermittler bedarf es für die Ausübung der im § 1 Z 45 WAG 2018 genannten Tätigkeiten. Tätigkeiten als gebundener Vermittler gemäß § 1 Z 44 WAG 2018 dürfen nicht ausgeübt werden.

(2) Bei der Anmeldung des Gewerbes des Wertpapiervermittlers ist zusätzlich zu den Belegen gemäß § 339 Abs. 3 der Nachweis des Bestehens eines Vertretungsverhältnisses anzuschließen. Mit der Gewerbeausübung darf der Anmelder erst ab dem Zeitpunkt der Eintragung in das GISA beginnen.

(3) Der Gewerbetreibende hat der Gewerbebehörde unverzüglich die Endigung des letzten Vertretungsverhältnisses mitzuteilen. Nach Bekanntwerden des Wegfalls des letzten Vertretungsverhältnisses hat die Behörde unverzüglich ein Entziehungsverfahren einzuleiten und, wenn ein Vertretungsverhältnis nicht unverzüglich nachgewiesen wird, die Gewerbeberechtigung längstens binnen zweier Monate zu entziehen. § 361 Abs. 2 erster Satz ist in diesem Fall nicht anzuwenden. Beschwerden gegen Entziehungsbescheide kommt keine aufschiebende Wirkung zu. Die Einleitung des Entziehungsverfahrens ist im GISA zu vermerken.

§ 136c. Wertpapiervermittler müssen sich ab der Eintragung in das GISA regelmäßig, spätestens jeweils innerhalb von drei Jahren, einer Schulung unterziehen. Der Nachweis über die Teilnahme an der Schulung ist am Standort des Gewerbes zumindest fünf Jahre zur jederzeitigen Einsichtnahme durch die Behörde bereitzuhalten. Auch ein bloß einmaliger Verstoß gegen die Verpflichtung, sich einer Schulung zu unterziehen, kann bewirken, dass der Gewerbetreibende die erforderliche Zuverlässigkeit gem. § 87 Abs. 1 Z 3 GewO 1994 nicht mehr besitzt. Als Schulungen im genannten Sinn gelten mindestens vierzig Stunden an einschlägigen Lehrgängen bei einer unabhängigen Ausbildungsinstitution. Die zuständige Fachorganisation der Wirtschaftskammer Österreich hat einen Lehrplan für den Schulungsinhalt zu erarbeiten, welcher einer Bestätigung des Bundesministers für Wirtschaft, Familie und Jugend bedarf. Der FMA ist vom Bundesminister für Wirtschaft, Familie und Jugend vor Erteilung der Bestätigung Gelegenheit zur Stellungnahme in angemessener Frist zu geben.

§ 136d. Wertpapiervermittler dürfen für nicht mehr als drei Unternehmen die in § 1 Z 45 WAG 2018 genannten Tätigkeiten erbringen. Der Wertpapiervermittler hat dem Vertragspartner (Wertpapierkunden) bei jeder Geschäftsaufnahme den jeweiligen Geschäftsherrn eindeutig offen zu legen und auf die Eintragung im Register bei der FMA hinzuweisen. Erfolgt durch den Wertpapiervermittler keine eindeutige Offenlegung des vertragsgegenständlichen Geschäftsherrn, so haften alle gemäß § 37 Abs. 7 WAG 2018 eingetragenen Geschäftsherren solidarisch.

Kreditvermittlung

§ 136e. (1) Kreditvermittlung ist die Vermittlung von Krediten im Sinne des § 136a Abs. 1 Z 2 lit. b sowie im Sinne des § 117 Abs. 2 Z 5. Kein Kreditvermittler ist, wer lediglich Verbraucher direkt oder indirekt mit einem Kreditgeber oder Kreditvermittler in Kontakt bringt.

(2) Kreditvermittlung übt aus, wer

1. Kreditverträge vorstellt oder anbietet oder
2. bei anderen als den unter Z 1 genannten Vorarbeiten oder anderen vorvertraglichen administrativen Tätigkeiten zum Abschluss von Kreditverträgen behilflich ist oder
3. für den Kreditgeber Kreditverträge abschließt oder
4. bei sonstigen Kreditierungen für den Kreditgeber handelt.

Bei der Anmeldung eines Gewerbes, das zur Ausübung von Tätigkeiten der Kreditvermittlung berechtigt, ist zusätzlich zu den Belegen gemäß § 339 Abs. 3 bekannt zu geben, ob der Gewerbetreibende die Tätigkeit als ungebundener oder gebundener Kreditvermittler (Abs. 3) ausübt. Mit der Ausübung von Tätigkeiten der Kreditvermittlung darf der Anmelder der in Abs. 1 genannten Gewerbe erst ab der Eintragung in das Versicherungs- und Kreditvermittlerregister beginnen.

(3) Ein gebundener Kreditvermittler ist, wer im Namen und unter der unbeschränkten und vorbehaltlosen Verantwortung

1. nur eines Kreditgebers oder
2. nur einer Gruppe von Kreditgebern, die zum Zweck der Erstellung eines konsolidierten Abschlusses im Sinne der Richtlinie 2013/34/EU über den Jahresabschluss, den konsolidierten Abschluss und damit verbundene Berichte von Unternehmen bestimmter Rechtsformen und zur Änderung der Richtlinie 2006/43/EG des Europäischen Parlaments und des Rates und zur Aufhebung der Richtlinien 78/660/EWG und 83/349/EWG des Rates, ABl. Nr. L 182 vom 29.06.2013 S. 19, zuletzt geändert durch die Richtlinie 2014/102/EU, ABl. Nr. L 334 vom 21.11.2014 S. 86, zu konsolidieren sind, oder
3. nur einer Zahl von Kreditgebern oder Gruppen, die auf dem Markt keine Mehrheit darstellen, handelt.

Alle anderen Kreditvermittler sind ungebundene Kreditvermittler.

(4) Ein ungebundener Kreditvermittler darf sich im Geschäftsverkehr als „unabhängiger Kreditmakler“ bezeichnen, wenn er keinerlei Vergütung von einem oder mehreren Kreditgebern erhält oder die Zahl der vom ungebundenen Kreditvermittler einbezogenen Kreditgeber auf dem Markt eine Mehrheit darstellt.

Tätigkeiten österreichischer Kreditvermittler in einem anderen Mitgliedstaat der EU oder Vertragsstaat des EWR

§ 136f. (1) Jeder in Österreich niedergelassene Kreditvermittler, der erstmalig in einem oder mehreren Mitgliedstaaten der EU oder Vertragsstaaten des EWR im Rahmen des freien Dienstleistungsverkehrs oder im Rahmen der Errichtung eines Standortes tätig werden will, hat dies der Behörde mitzuteilen.

(2) Innerhalb eines Monats nach der Mitteilung hat die Behörde den zuständigen Behörden der Aufnahmemitgliedstaaten die Absicht des Kreditvermittlers mitzuteilen. In ihrer Mitteilung hat die Behörde die zuständigen Behörden der betreffenden Aufnahmemitgliedstaaten über die Kreditgeber, an die der Kreditvermittler gebunden ist, und darüber, ob die Kreditgeber unbeschränkt und vorbehaltlos für das Handeln des Kreditvermittlers haften, zu informieren. Hinsichtlich Form und Inhalt der Mitteilungen sind die von der Europäischen Bankenaufsichtsbehörde (EBA) gegebenen Leitlinien zu berücksichtigen.

(3) Die Behörde hat gleichzeitig mit der Mitteilung gemäß Abs. 2 den Kreditvermittler darüber zu verständigen, dass die Mitteilung erfolgt ist. Zu diesem Zweck hat der Kreditvermittler der Behörde entsprechende Kontaktdaten bekannt zu geben. Der Kreditvermittler darf seine Tätigkeit einen Monat nach dem Zeitpunkt aufnehmen, zu dem er von der Behörde von der Mitteilung verständigt worden ist.

Tätigkeiten von Kreditvermittlern aus einem anderen Mitgliedstaat der EU oder Vertragsstaat des EWR in Österreich

§ 136g. (1) Der Bundesminister für Wissenschaft, Forschung und Wirtschaft hat von anderen Mitgliedstaaten der EU oder Vertragsstaaten des EWR erhaltene Mitteilungen über Kreditvermittler aus einem anderen Mitgliedstaat der EU oder Vertragsstaat des EWR unverzüglich in das GISA (Versicherungs- und Kreditvermittlerregister) einzutragen. Bei der Eintragung sind Tätigkeiten auf Grund der Niederlassungsfreiheit und auf Grund der Dienstleistungsfreiheit entsprechend zu kennzeichnen.

(2) Bevor der Kreditvermittler seine Tätigkeit aufnimmt oder innerhalb von zwei Monaten nach Eingang der Mitteilung gemäß Abs. 1 hat der Bundesminister für Wissenschaft, Forschung und Wirtschaft dem Kreditvermittler erforderlichenfalls die Bedingungen mitzuteilen, die in Bereichen, die nicht durch das Unionsrecht harmonisiert sind, für die Ausübung dieser Tätigkeiten gelten.

Versicherungsvermittlung

§ 137. (1) Versicherungsvermittlung sind

1. die Beratung, das Vorschlagen oder Durchführen anderer Vorbereitungsarbeiten zum Abschließen von Versicherungsverträgen,
2. das Abschließen von Versicherungsverträgen oder das Mitwirken bei deren Verwaltung und Erfüllung, insbesondere im Schadensfall,
3. das Bereitstellen von Informationen über einen oder mehrere Versicherungsverträge aufgrund von Kriterien, die ein Kunde über eine Website oder andere Medien wählt, sowie die Erstellung einer Rangliste von Versicherungsprodukten, einschließlich eines Preis- und Produktvergleichs, oder ein Rabatt auf den Preis eines Versicherungsvertrags, wenn der Kunde einen Versicherungsvertrag direkt oder indirekt über eine Website oder ein anderes Medium abschließen kann, oder
4. die in Z 1 bis 3 genannten Tätigkeiten in Bezug auf Rückversicherungsverträge.

(2) Versicherungsvermittler ist jede natürliche oder juristische Person oder eingetragene Personengesellschaft, die die Tätigkeit der Versicherungsvermittlung gegen Vergütung aufnimmt oder ausübt. Die Tätigkeit der Versicherungsvermittlung im Umfang einer Gewerbeberechtigung nach § 94 Z 75 oder Z 76, als Nebengewerbe oder als Nebentätigkeit (Abs. 3) darf entsprechend der tatsächlichen Beziehung zu Versicherungsunternehmen entweder in der Form „Versicherungsagent" oder in der Form „Versicherungsmakler und Berater in Versicherungsangelegenheiten" ausgeübt werden.

(2a) Eine bei Neuanmeldung bestehende oder neu angemeldete weitere Gewerbeberechtigung der jeweils anderen in Abs. 2 zweiter Satz genannten Form wird zu einer ruhenden Berechtigung. § 93 Abs. 2 ist sinngemäß mit der zusätzlichen Maßgabe anzuwenden, dass die Anzeige der Wiederaufnahme der Gewerbeausübung eines gemäß dem ersten Satz ruhenden Gewerbes nur unter der Voraussetzung zulässig und wirksam ist, dass betreffend die jeweils andere in Abs. 2 zweiter Satz genannte Form der Gewerbeberechtigung zum Zeitpunkt der Wiederaufnahmeanzeige entweder das Ruhen der Gewerbeausübung angezeigt worden oder die Endigung der Gewerbeberechtigung eingetreten ist.

(3) „Versicherungsvermittler in Nebentätigkeit" ist jede natürliche oder juristische Person, die kein Kreditinstitut und keine Wertpapierfirma im Sinne des Art. 4 Abs. 1 Z 1 und Z 2 der Verordnung (EU) Nr. 575/2013 über Aufsichtsanforderungen an Kreditinstitute und Wertpapierfirmen und zur Änderung der Verordnung (EU) Nr. 646/2012, ABl. Nr. L 176 vom 27.06.2013 S. 1, zuletzt berichtigt durch ABl. Nr. L 208 vom 02.08.2013 S. 68, und zuletzt geändert durch die Delegierte Verordnung (EU) 2015/62 zur Änderung der Verordnung (EU) Nr. 575/2013 des Europäischen Parlaments und des Rates im Hinblick auf die Verschuldungsquote, ABl. Nr. L 11 vom 17.01.2015 S. 37, ist und die die Versicherungsvermittlungstätigkeit als Nebentätigkeit gegen Vergütung aufnimmt oder ausübt, wenn sämtliche nachstehenden Bedingungen erfüllt sind:

1. Der Gewerbetreibende betreibt die Versicherungsvermittlung nicht hauptberuflich bzw. als Hauptgeschäftszweck;
2. der Gewerbetreibende vertreibt lediglich bestimmte Versicherungsprodukte, die eine Ergänzung zur Lieferung einer Ware bzw. zur Erbringung einer Dienstleistung darstellen und
3. die betreffenden Versicherungsprodukte decken keine Lebensversicherungs- oder Haftpflichtrisiken ab, es sei denn, diese Abdeckung ergänzt die Ware oder die Dienstleistung, die der Vermittler hauptberuflich bzw. als Hauptgeschäftszweck anbietet.

Soweit in diesem Bundesgesetz nicht anderes bestimmt ist, gelten die Bestimmungen über Versicherungsvermittlung auch für Versicherungsvermittler in Nebentätigkeit.

(4) Sonstige Ausübende selbstständiger, nicht gewerblicher Berufe dürfen ohne eine entsprechende Gewerbeberechtigung zu begründen, Tätigkeiten der Versicherungsvermittlung nicht vornehmen.

(5) Weiters gelten für die Versicherungsvermittlung die folgenden Begriffsbestimmungen:

1. „Vergütung" ist alle Arten von Provisionen, Gebühren, Entgelten oder sonstigen Zahlungen, einschließlich wirtschaftlicher Vorteile jeglicher Art, oder finanzielle oder nichtfinanzielle Vorteile oder Anreize, die in Bezug auf Versicherungsvertriebstätigkeiten angeboten oder gewährt werden;
2. „Herkunftsmitgliedstaat" ist
   a) wenn der Vermittler eine natürliche Person ist: der Mitgliedstaat, in dem diese Person ihren Wohnsitz hat;
   b) wenn der Vermittler eine juristische Person ist: der Mitgliedstaat, in dem diese Person ihren satzungsmäßigen Sitz hat, oder, wenn sie gemäß dem für sie geltenden nationalen Recht keinen satzungsmäßigen Sitz hat, der Mitgliedstaat, in dem ihr Hauptverwaltungssitz liegt;
3. „Aufnahmemitgliedstaat" ist der Mitgliedstaat, in dem ein Versicherungs- oder Rückversicherungsvermittler eine ständige Präsenz oder Niederlassung hat oder Dienstleistungen erbringt und der nicht sein Herkunftsmitgliedstaat ist;
4. „Zweigniederlassung" ist eine Agentur oder Zweigniederlassung eines Vermittlers, die im Hoheitsgebiet eines Mitgliedstaats liegt, bei dem es sich nicht um den Herkunftsmitgliedstaat handelt;
5. „enge Verbindungen" sind enge Verbindungen im Sinne von Art. 13 Z 17 der Richtlinie 2009/138/EG betreffend die Aufnahme und Ausübung der Versicherungs- und der Rückversicherungstätigkeit (Solvabilität II), ABl. Nr. L 351 vom 17.12.2009 S. 1;
6. „Beratung" ist die Abgabe einer persönlichen Empfehlung an einen Kunden, entweder auf dessen Wunsch oder auf Initiative des Versicherungsvermittlers oder Versicherungsvermittlers in Nebentätigkeit hinsichtlich eines oder mehrerer Versicherungsverträge;
7. „Großrisiken" sind Großrisiken im Sinne von Art. 13 Z 27 der Richtlinie 2009/138/EG;
8. „Versicherungsanlageprodukt" ist ein Versicherungsprodukt, das einen Fälligkeitswert oder einen Rückkaufwert bietet, der vollständig oder teilweise direkt oder indirekt Marktschwankungen ausgesetzt ist, mit Ausnahme von

a) in Anhang I der Richtlinie 2009/138/EG genannten Nichtlebensversicherungsprodukten (Versicherungszweige der Nichtlebensversicherung);
b) Lebensversicherungsverträgen, deren vertragliche Leistungen nur im Todesfall oder bei Arbeitsunfähigkeit infolge von Körperverletzung, Krankheit oder Gebrechen zahlbar sind;
c) Altersvorsorgeprodukten, die in einem Bundesgesetz als Produkte anerkannt sind, deren Zweck in erster Linie darin besteht, dem Anleger im Ruhestand ein Einkommen zu gewähren, und die dem Anleger einen Anspruch auf bestimmte Leistungen einräumen;
d) amtlich anerkannten betrieblichen Altersversorgungssystemen, die in den Anwendungsbereich der Richtlinie 2003/41/EG über die Tätigkeiten und die Beaufsichtigung von Einrichtungen der betrieblichen Altersversorgung, ABl. Nr. L 235 vom 23.09.2003 S. 10 oder der Richtlinie 2009/138/EG fallen;
e) individuellen Altersvorsorgeprodukten, für die nach nationalem Recht ein finanzieller Beitrag des Arbeitgebers vorgeschrieben ist und die bzw. deren Anbieter weder der Arbeitgeber noch der Beschäftigte selbst wählen kann;

9. „dauerhafter Datenträger“ ist jedes Medium, das
a) es einem Kunden ermöglicht, persönlich an diesen Kunden gerichtete Informationen so zu speichern, dass diese während eines für den Informationszweck angemessenen Zeitraums abgerufen werden können, und
b) die unveränderte Wiedergabe der gespeicherten Daten ermöglicht.

(6) Die Bestimmungen der Abs. 1 bis 4 und der §§ 137a bis 138 und die sonstigen Bestimmungen über Versicherungsvermittlung finden weiters keine Anwendung, wenn
1. beiläufig Auskünfte erteilt werden, die im Zusammenhang mit einer anderen beruflichen Tätigkeit stehen, die nicht zum Ziel hat, den Kunden beim Abschluss oder der Handhabung eines Versicherungsvertrages zu unterstützen,
2. die berufsmäßige Verwaltung der Schadensfälle eines Versicherungsunternehmens oder die Schadensregulierung und Sachverständigenarbeit im Zusammenhang mit Schadensfällen erfolgt.

Ausnahmen vom Anwendungsbereich

§ 137a. (1) Soweit in diesem Bundesgesetz nicht anderes bestimmt ist, sind die Bestimmungen über Versicherungsvermittlung auf Personen, die Vermittlungsdienste für Versicherungsverträge in Nebentätigkeit anbieten, nicht anzuwenden, wenn sämtliche nachstehenden Bedingungen erfüllt sind:
1. Die Versicherung stellt eine ergänzende Leistung zur Lieferung einer Ware bzw. zur Erbringung einer Dienstleistung durch einen beliebigen Anbieter dar, und mit der Versicherung wird Folgendes abgedeckt:
a) Das Risiko eines Defekts, eines Verlusts oder einer Beschädigung der Ware oder der Nichtinanspruchnahme der Dienstleistung, die von dem betreffenden Anbieter geliefert bzw. erbracht werden, oder
b) Beschädigung oder Verlust von Gepäck und andere Risiken im Zusammenhang mit einer bei dem betreffenden Anbieter gebuchten Reise.
2. Die Prämie für das Versicherungsprodukt übersteigt bei zeitanteiliger Berechnung auf Jahresbasis nicht 600 Euro.
3. Die Prämie pro Person übersteigt abweichend von Z 2 nicht 200 Euro, wenn die Versicherung eine ergänzende Leistung zu einer der in Z 1 genannten Dienstleistungen darstellt und die Dauer dieser Dienstleistung nicht mehr als drei Monate beträgt.

(2) Die Bestimmungen über Versicherungsvermittlung sind weiters nicht anzuwenden auf
1. die beiläufige Erteilung von Auskünften im Zusammenhang mit einer anderen beruflichen Tätigkeit, sofern
a) der Anbieter keine weiteren Schritte unternimmt, um den Kunden beim Abschluss oder der Durchführung eines Versicherungsvertrags zu unterstützen, oder
b) die Tätigkeit nicht darauf abzielt, den Kunden beim Abschluss oder der Durchführung eines Rückversicherungsvertrags zu unterstützen;
2. die berufsmäßige Verwaltung der Ansprüche eines Versicherungs- oder Rückversicherungsunternehmens, die Schadensregulierung und die Sachverständigenbegutachtung von Schäden;
3. die reine Weitergabe von Daten und Informationen über potenzielle Versicherungsnehmer an Versicherungsvermittler, Rückversicherungsvermittler, Versicherungsunternehmen und Rückversicherungsunternehmen, wenn der Anbieter keine weiteren Schritte unternimmt, eine Unterstützung beim Abschluss eines Versicherungs- oder Rückversicherungsvertrags zu leisten;
4. die reine Weitergabe von Informationen über Versicherungs- oder Rückversicherungsprodukte, einen Versicherungsvermittler, einen Rückversicherungsvermittler oder ein Versicherungsunternehmen oder ein Rückversicherungsunternehmen an potenzielle Versicherungsnehmer, wenn der Anbieter keine weiteren Schritte unternimmt, eine Unterstützung beim Abschluss eines Versicherungs- oder Rückversicherungsvertrags zu leisten.

Berufliche und organisatorische Anforderungen
Guter Leumund und Befähigung

§ 137b. (1) Der Einzelunternehmer hat die dazu erforderliche fachliche Eignung gemäß den in der **Anlage 9** dargelegten Mindestanforderungen zu erfüllen. Bei Gesellschaften (§ 9 Abs. 1) dürfen im Leitungsorgan eines Unternehmens als Personen, die für die Versicherungsvermittlung maßgeblich verantwortlich sind, nur solche Personen eingesetzt werden, die den Anforderungen dieses Absatzes entsprechen. Dies gilt auch für alle direkt bei der Versicherungsvermittlung mitwirkenden Beschäftigten. Dies kann entweder durch den Befähigungsnachweis für die Gewerbe Versicherungsvermittlung oder Gewerbliche Vermögensberatung oder gemäß § 19 durch einschlägige Ausbildungsgänge oder durch adäquate Verwendungszeiten erfüllt werden.

(2) Bezüglich der direkt bei der Versicherungsvermittlung mitwirkenden Beschäftigten genügt der Nachweis über interne Einschulungen im Hinblick auf die vertriebenen Produkte oder vergleichbare Ausbildungen.

(3) Personen gemäß Abs. 1 und Abs. 2 haben den Anforderungen ständiger beruflicher Schulung und Weiterbildung gemäß der **Anlage 9** zu genügen, um ein angemessenes Leistungsniveau aufrechtzuerhalten, das den von ihnen wahrgenommenen Aufgaben und dem jeweiligen Markt entspricht. Hiefür haben diese Personen ab dem der Eintragung in das GISA nächstfolgenden Kalenderjahr mindestens 15 Stunden, im Fall der Versicherungsvermittlung in Nebentätigkeit mindestens fünf Stunden, beruflicher Schulung oder Weiterbildung pro Jahr zu absolvieren. Der Nachweis über die Teilnahme an der Schulung ist am Standort des Gewerbes zumindest fünf Jahre zur jederzeitigen Einsichtnahme durch die Behörde bereitzuhalten.

(3a) Als Schulungen im genannten Sinn gelten einschlägige Lehrgänge. Die zuständigen Fachorganisationen der Wirtschaftskammer Österreich haben Lehrpläne für den Schulungsinhalt zu erarbeiten. Der Lehrplan hat für Personen gemäß Abs. 1 erster und zweiter Satz vorzusehen, dass zumindest die Hälfte der Weiterbildungsverpflichtung nur bei bestimmten unabhängigen Bildungsinstitutionen durchgeführt werden darf. Der Lehrplan bedarf einer Bestätigung des Bundesministers für Digitalisierung und Wirtschaftsstandort.

(4) Nähere Vorschriften über die fachliche Eignung bei nebengewerblicher Tätigkeit, bei Nebentätigkeit, bei eingeschränkter Tätigkeit und in den in Abs. 2 und 3 genannten Fällen können in einer Verordnung gemäß § 18 getroffen werden. Der Inhalt der nachzuweisenden Befähigung hat dabei aus allgemeinem versicherungsspezifischem Grundwissen entsprechend der beabsichtigten Ausübungsform und spartenspezifischem Wissen im Hinblick auf die zulässigen Versicherungszweige entsprechend dem jeweiligen Nebengewerbe, der jeweiligen Nebentätigkeit oder der Gewerbeeinschränkung zu bestehen.

(5) Die dem Leitungsorgan eines Unternehmens angehörenden Personen sowie alle direkt bei der Versicherungsvermittlung mitwirkenden Beschäftigten dürfen nicht nach § 13 Abs. 1 bis 4 von der Ausübung eines Gewerbes ausgeschlossen sein.

(6) Die Behörde überprüft regelmäßig das Vorliegen der Anforderungen nach Abs. 1 bis 5. Die zur Versicherungsvermittlung Berechtigten sind verpflichtet, die nötigen Aufzeichnungen zu führen und evident zu halten und die Überprüfung bei Bedarf zu ermöglichen.

(7) In einem anderen Mitgliedstaat der EU oder in einem Vertragsstaat des EWR eingetragene Versicherungsvermittler dürfen die Tätigkeit der Versicherungsvermittlung im Rahmen der Niederlassungsfreiheit oder im Rahmen des freien Dienstleistungsverkehrs auch in Österreich ausüben. Dies erfordert eine Verständigung durch die zuständigen Behörden des Herkunftsmitgliedstaates. Sodann erfolgt die Eintragung im GISA (Versicherungs- und Kreditvermittlerregister). Ein Verfahren gemäß dem VI. Hauptstück entfällt, soweit nicht § 373a Abs. 1 Schlussteil hinsichtlich der Untersagung und § 373i2 sinngemäß anzuwenden sind.

Haftpflichtabsicherung, Verfahrensbestimmungen

§ 137c. (1) Zur Erlangung einer Berechtigung zur Tätigkeit der Versicherungsvermittlung ist eine für das gesamte Gebiet der Gemeinschaft geltende Berufshaftpflichtversicherung oder eine andere, die Haftpflicht bei Verletzung beruflicher Sorgfaltspflichten abdeckende wirtschaftlich und rechtlich dazu mindestens gleichwertige umfassende Deckungsgarantie in Höhe von mindestens 1 250 000 Euro für jeden einzelnen Schadensfall und von 1 850 000 Euro für alle Schadensfälle eines Jahres nachzuweisen. Die genannten Mindestversicherungssummen erhöhen oder vermindern sich entsprechend den technischen Regulierungsstandards gemäß Art. 10 Abs. 7 der Richtlinie (EU) 2016/97 über Versicherungsvertrieb (im Folgenden: „Versicherungsvertriebsrichtlinie“), ABl. Nr. L 26 vom 02.02.2016 S. 19, in der Fassung der Berichtigung ABl. Nr. L 222 vom 17.08.2016 S. 114, und der Richtlinie (EU) 2018/411 zur Änderung der Richtlinie (EU) 2016/97 im Hinblick auf den Geltungsbeginn der Umsetzungsmaßnahmen der Mitgliedstaaten, ABl. L 76 vom 19.03.2018 S. 28. Die Berufshaftpflichtversicherung muss bei einem Unternehmen erfolgen, das zum Geschäftsbetrieb in Österreich befugt ist. Auf den Versicherungsvertrag muss österreichisches Recht anwendbar und der Gerichtsstand Österreich sein. Für Versicherungsvermittler, die eine Berechtigung gemäß § 94 Z 76 besitzen, ist eine zeitliche Begrenzung der Nachdeckung des Versicherers für die Berufshaftpflichtversicherung unzulässig. Das Weiterbestehen der Abdeckung der Mindestversicherungssummen auch für den Zeitraum der Nachdeckung ist der Behörde nachzuweisen.

(2) Anstelle der Berufshaftpflichtversicherung oder Deckungsgarantie nach Abs. 1 gilt für Tätigkeiten der Versicherungsvermittlung, wenn die Versicherungsvermittlung nur für ein oder – wenn die Versicherungsprodukte nicht zueinander in Konkurrenz stehen – mehrere Versicherungsunternehmen ausgeübt wird, auch eine wirtschaftlich und rechtlich dazu mindestens gleichwertige von einem Versicherungsunternehmen oder Rückversicherungsunternehmen, in dessen Namen der Versicherungsvermittler handelt oder zu handeln befugt ist, abgegebene uneingeschränkte Haftungserklärung. Mehrere Unternehmen, die eine Haftungserklärung abgegeben haben, haften dort, wo es keine direkte Zurechenbarkeit gibt, solidarisch.

(3) Bei der Anmeldung des Gewerbes der Gewerblichen Vermögensberatung (§ 94 Z 75), soferne die Tätigkeit der Versicherungsvermittlung nicht durch den Gewerbeumfang ausgeschlossen ist, und des Gewerbes der Versicherungsvermittlung (§ 94 Z 76) ist zusätzlich zu den Erfordernissen gemäß § 339 Abs. 3 der Nachweis der Berufshaftpflichtversicherung oder einer sonstigen Haftungsabsicherung gemäß Abs. 1 oder 2 und soweit Kundengelder entgegengenommen werden sollen, der Nachweis getrennter Kundenkonten im Sinne des § 138 Abs. 2 zu erbringen. Sind Versicherungsagententätigkeiten beabsichtigt, so ist auch jedes einzelne Agenturverhältnis einschließlich Versicherungszweig(en) anzugeben. Mit der Gewerbeausübung darf der Anmelder erst ab dem Zeitpunkt der Eintragung in das GISA (Versicherungs- und Kreditvermittlerregister) beginnen.

(4) Bei Leistungsfreiheit des Versicherers gegenüber dem Versicherungsnehmer aus der Berufshaftpflichtversicherung gelten betreffend die Meldung des Versicherers an die für den Versicherungs- örtlich zuständige Behörde und betreffend die Haftung des Versicherers in Ansehung eines Dritten die Bestimmungen des § 92 GewO 1994 und die Bestimmungen der §§ 158b bis 158i des VersVG, BGBl. Nr. 2/1959, in der geltenden Fassung. Der § 92 GewO 1994 und die §§ 158b bis 158i des VersVG sind auch für Fälle einer sonstigen Haftungsabsicherung gemäß Abs. 1 oder 2 anzuwenden. § 158c Abs. 2 VersVG gilt mit der Maßgabe, dass der Umstand, der das Nichtbestehen oder die Beendigung des Versicherungsverhältnisses zur Folge hat, gegenüber dem Dritten erst nach Ablauf von zwei Monaten wirksam wird, nachdem der Versicherer diesen Umstand der Behörde angezeigt hat.

(5) Bei Wegfall einer Berufshaftpflichtversicherung oder einer sonstigen Haftungsabsicherung im Sinne von Abs. 1 oder Abs. 2 hat die Behörde unverzüglich ein Gewerbeentziehungsverfahren einzuleiten und, wenn eine neuerliche Berufshaftpflichtversicherung oder Haftungsabsicherung nicht unverzüglich nachgewiesen wird, die Gewerbeberechtigung längstens binnen zwei Monaten zu entziehen. § 361 Abs. 2 ist in diesem Fall nicht anzuwenden. Beschwerden gegen Entziehungsbescheide kommt keine aufschiebende Wirkung zu. Die Einleitung des Gewerbeentziehungsverfahrens ist im GISA (Versicherungs- und Kreditvermittlerregister) zu vermerken. Wenn eine Tätigkeit in einem anderen Vertragsstaat des EWR im GISA (Versicherungs- und Kreditvermittlerregister) vermerkt ist (§§ 365a Abs. 1 Z 13 und 365b Abs. 1 Z 10), unterrichtet die Behörde die zuständigen Behörden des anderen Vertragsstaates des EWR von der Streichung.

(6) Bei Versicherungsvermittlern ist ein laufendes Entziehungsverfahren im GISA anzumerken.

Dienstleistungs- und Niederlassungsfreiheit

Ausübung der Dienstleistungsfreiheit

§ 137d. (1) Jeder in Österreich eingetragene Versicherungsvermittler, der die tatsächliche Absicht hat, erstmalig in einem oder mehreren anderen Mitgliedstaaten im Rahmen der Dienstleistungsfreiheit tätig zu werden, hat dies der Behörde unter Angabe der Mitgliedstaaten mitzuteilen. Die Behörde hat die Eintragung der Daten im GISA vorzunehmen.

(2) Innerhalb eines Monats nach der Mitteilung gemäß Abs. 1 hat die Behörde den zuständigen Behörden der Aufnahmemitgliedstaaten die Absicht des Versicherungsvermittlers sowie

1. Name, Standort und GISA-Zahl des Vermittlers,
2. Mitgliedstaat(en), in dem bzw. denen der Vermittler seine Tätigkeit auszuüben beabsichtigt,
3. Vermittlerkategorie und gegebenenfalls Name des vertretenen Versicherungs- bzw. Rückversicherungsunternehmens, und
4. die Versicherungszweige im Sinne der Anlage zu § 7 Abs. 4 VAG

bekannt zu geben. Der Versicherungsvermittler darf nach Ablauf von einem Monat nach der Mitteilung seine Tätigkeit aufnehmen. Die Behörde hat den Versicherungsvermittler hinsichtlich der einschlägigen nationalen Rechtsvorschriften zum Schutz des Allgemeininteresses, die im Aufnahmemitgliedstaat hinsichtlich der Versicherungsvermittlung anwendbar sind, auf die EIOPA (European Insurance and Occupational Pensions Authority, Verordnung (EU) 1094/2010 zur Errichtung einer Europäischen Aufsichtsbehörde (Europäische Aufsichtsbehörde für das Versicherungswesen und die betriebliche Altersversorgung), zur Änderung des Beschlusses Nr. 716/2009/EG und zur Aufhebung des Beschlusses 2009/79/EG der Kommission, ABl. Nr. L 331 vom 15.12.2010 S. 48) Webseite bzw. auf die zuständige Kontaktstelle hinzuweisen und hat ihn zu unterrichten, dass der Gewerbetreibende diese Vorschriften einhalten muss, um seine Geschäftstätigkeit im Aufnahmemitgliedstaat aufzunehmen.

(3) Im Fall einer Änderung der gemäß Abs. 2 übermittelten Angaben hat der Versicherungsvermittler diese Änderung der Behörde mindestens einen Monat vor deren Eintritt mitzuteilen. Die Behörde hat den zuständigen Behörden der Aufnahmemitgliedstaaten diese Änderungen unverzüglich, spätestens aber einen Monat nach dem Datum des Eingangs der Information bei der Behörde bekannt zu geben.

(4) Der Bundesminister für Digitalisierung und Wirtschaftsstandort hat die einschlägigen nationalen Rechtsvorschriften zum Schutz des Allgemeininteresses, denen die Ausübung des Versicherungs- und Rückversicherungsvertriebs in Österreich unterliegt, einschließlich der Information, inwieweit Österreich strengere Vorschriften gemäß Art. 29 Abs. 3 der Richtlinie (EU) 2016/97 erlassen hat, im Internet zu veröffentlichen. Der Bundesminister für Digitalisierung und Wirtschaftsstandort fungiert hinsichtlich der Bereitstellung der Informationen über die zuvor genannten Rechtsvorschriften als Kontaktstelle und koordiniert bei Bedarf die Bereitstellung von Informationen.

(5) Der Bundesminister für Digitalisierung und Wirtschaftsstandort benennt der Europäischen Kommission alle Behörden, zu deren Wirkungsbereich die Anmeldung, Ausübung und Beendigung des Gewerbes der Versicherungsvermittlung sowie die Überwachung der Einhaltung der gewerberechtlichen Bestimmungen und der Sanktionierung von allfälligen Verletzungen gehören.

Ausübung der Niederlassungsfreiheit

§ 137e. (1) Jeder in Österreich eingetragene Versicherungsvermittler, der die tatsächliche Absicht hat, erstmalig in einem oder mehreren anderen Mitgliedstaaten im Rahmen der Niederlassungsfreiheit tätig zu werden, hat dies der Behörde seines Standortes unter Angabe der erforderlichen Daten nach Abs. 2 mitzuteilen.

(2) Innerhalb eines Monats nach der Mitteilung gemäß Abs. 1 hat die Behörde, sofern nicht ein Entziehungsverfahren anhängig ist (§ 137c Abs. 6), den zuständigen Behörden der Aufnahmemitgliedstaaten die Absicht des Versicherungsvermittlers sowie

1. Name, Standort und GISA-Zahl des Vermittlers;
2. Mitgliedstaat, in dessen Hoheitsgebiet der Vermittler eine Zweigniederlassung oder eine ständige Präsenz einzurichten beabsichtigt,
3. Vermittlerkategorie und gegebenenfalls Name des vertretenen Versicherungs- bzw. Rückversicherungsunternehmens,
4. die Versicherungszweige im Sinne der Anlage zu § 7 Abs. 4 VAG,
5. Anschrift, unter der im Aufnahmemitgliedstaat Unterlagen angefordert werden können, und
6. Name der für die Leitung der Zweigniederlassung oder ständigen Präsenz verantwortlichen Person

bekannt zu geben. Dieser darf nach Ablauf von einem Monat nach der Mitteilung seine Tätigkeit aufnehmen. Die Behörde hat den Vermittler hinsichtlich der Rechtsvorschriften zum Schutz des Allgemeininteresses, die im Aufnahmemitgliedstaat anwendbar sind, auf die EIOPA Webseite beziehungsweise auf die zuständige Kontaktstelle hinzuweisen und hat ihn zu unterrichten, dass der Gewerbetreibende diese Vorschriften einhalten muss, um seine Geschäftstätigkeit im Aufnahmemitgliedstaat aufzunehmen.

(3) Liegen die Voraussetzungen gemäß Abs. 2 nicht vor, hat die Behörde dies innerhalb eines Monats mit Bescheid festzustellen.

(4) Im Fall einer Änderung der gemäß Abs. 2 übermittelten Angaben hat der Versicherungsvermittler der Behörde diese Änderung mindestens einen Monat vor deren Eintritt mitzuteilen. Die Behörde hat den zuständigen Behörden der Aufnahmemitgliedstaaten diese Änderungen unverzüglich, spätestens aber einen Monat nach dem Datum des Eingangs der Information bei der Behörde bekannt zu geben.

Sonstige Bestimmungen

§ 138. (1) Ein Honorar lediglich für eine Beratung darf nur verlangt werden, wenn dies vorweg im Einzelnen vereinbart worden ist. Kommt es in derselben Sache zum Abschluss eines Versicherungsvertrages, so entfällt der Honoraranspruch in der Höhe der Provision. Zur Berechnung im Streitfall ist im Zweifel eine ortsübliche Provision heranzuziehen.

(2) Vom Versicherungskunden für den Versicherer oder vom Versicherer für den Versicherungskunden bestimmte Geldbeträge sind stets über streng getrennte, bei einem Kreditinstitut geführte Kundenkonten (offene Treuhandkonten, Anderkonten) weiterzuleiten. Vom Versicherungsvermittler entgegengenommene Barbeträge sind unverzüglich auf diese Kundenkonten einzuzahlen.

(3) Versicherungsvermittler sind auch zur Vermittlung von Bausparverträgen und von Leasingverträgen über bewegliche Sachen berechtigt.

(Anm.: Abs. 4 aufgehoben durch BGBl. I Nr. 99/2011)

(5) Für die Endigung eines Nebengewerbes oder einer Nebentätigkeit der Versicherungsvermittlung (§ 137 Abs. 2) gelten unbeschadet des § 137c iVm § 87 die §§ 85 und 86 sinngemäß. Darüberhinaus endet das Recht mit Enden der Haupttätigkeit. Dies ist der Behörde anzuzeigen.

(6) Jede Änderung der im GISA (Versicherungs- und Kreditvermittlerregister) geführten Daten ist der Behörde unverzüglich anzuzeigen.

Waffengewerbe

§ 139. (1) Einer Gewerbeberechtigung für das Waffengewerbe (§ 94 Z 80) bedarf es für folgende Tätigkeiten:

1. hinsichtlich nichtmilitärischer Waffen und nichtmilitärischer Munition
   a) die Erzeugung, Bearbeitung und Instandsetzung (einschließlich der Tätigkeit der Büchsenmacher),
   b) den Handel,
   c) das Vermieten,
   d) die Vermittlung des Kaufes und Verkaufes;
2. hinsichtlich militärischer Waffen und militärischer Munition
   a) die Erzeugung, Bearbeitung und Instandsetzung,
   b) den Handel,
   c) die Vermittlung des Kaufes und Verkaufes.

(2) Kein reglementiertes Gewerbe gemäß § 94 Z 80 ist

1. die Erzeugung, Bearbeitung, Instandsetzung und das Vermieten von Hieb- und Stichwaffen und der Handel mit diesen Waffen;
2. das Instandsetzen und das Vermieten von vor dem Jahre 1871 erzeugten Schusswaffen und von Waffen, die nur noch musealen, dekorativen, Lehr- oder Sammelzwecken dienen, sowie der Handel mit diesen Gegenständen;
3. die Vermittlung des Kaufes und Verkaufes der in Z 1 und Z 2 angeführten Gegenstände;
4. das Gravieren und Ziselieren von Schusswaffen;
5. das Vermieten von Druckluftwaffen, CO_2-Waffen und Zimmerstutzen sowie der Verkauf der dazugehörigen Munition bei Veranstaltungen zur Volksbelustigung zur Verwendung bei der betreffenden Veranstaltung.

(3) Die Erzeugung, Bearbeitung und Instandsetzung, das Feilbieten und der Verkauf von Waffen und Munition sowie das Vermieten von nichtmilitärischen Waffen außerhalb der Betriebsstätte (Werkstätten oder Verkaufslokale) ist außer in den Fällen des Abs. 2 Z 5 unzulässig.

(4) Das Vermieten und die Instandsetzung von Schusswaffen sowie der Verkauf des dazugehörigen Schießbedarfes auf behördlich genehmigten Schießstätten ist den gemäß Abs. 1 Z 1 lit. a, b oder c oder Z 2 lit. a oder b berechtigten Gewerbetreibenden gestattet. Ansonsten ist das Vermieten von militärischen Waffen unzulässig.

Begriffsbestimmungen

§ 140. (1) Nichtmilitärische Waffen und nichtmilitärische Munition im Sinne dieses Bundesgesetzes sind Waffen und Munition im Sinne des Waffengesetzes 1996, BGBl. I Nr. 12/1997, soweit es sich dabei nicht um Kriegsmaterial (§ 5 WaffG 1996) handelt.

(2) Als Erzeugung von Munition im Sinne des § 139 Abs. 1 Z 1 lit. a und Z 2 lit. a gilt auch das Laden von Patronen.

(3) Militärische Waffen und militärische Munition im Sinne dieses Bundesgesetzes sind die in der Verordnung der Bundesregierung vom 22. November 1977, BGBl. Nr. 624, betreffend Kriegsmaterial bezeichneten Waffen, Munitions- und Ausrüstungsgegenstände.

Besondere Voraussetzungen

§ 141. (1) Die Erteilung einer Gewerbeberechtigung für die im § 139 Abs. 1 angeführten Waffengewerbe erfordert zusätzlich zur Überprüfung der Zuverlässigkeit (§ 95) folgende Voraussetzungen:

1. bei natürlichen Personen
   a) die Staatsangehörigkeit einer EU- oder EWR-Vertragspartei oder der Schweizerischen Eidgenossenschaft und ihren Wohnsitz in einem EU- oder EWR-Vertragsstaat oder in der Schweizerischen Eidgenossenschaft oder
   b) einen Aufenthaltstitel mit einem Recht auf Niederlassung gemäß § 45 oder § 49 Abs. 2 und 4 des Niederlassungs- und Aufenthaltsgesetzes (NAG), BGBl. I Nr. 100/2005, in der jeweils geltenden Fassung und
2. bei juristischen Personen und eingetragenen Personengesellschaften
   a) ihren Sitz oder ihre Hauptniederlassung in einem EU- oder EWR-Vertragsstaat oder in der Schweizerischen Eidgenossenschaft und
   b) hinsichtlich der Mitglieder der zur gesetzlichen Vertretung berufenen Organe oder der geschäftsführungs- und vertretungsbefugten Gesellschafter die Staatsangehörigkeit einer EU- oder EWR-Vertragspartei oder der Schweizerischen Eidgenossenschaft und ihren Wohnsitz in einem EU- oder EWR-Vertragsstaat oder in der Schweizerischen Eidgenossenschaft und
3. dass die Gewerbeausübung vom Standpunkt der Aufrechterhaltung der öffentlichen Ruhe, Ordnung und Sicherheit keinen Bedenken begegnet, wobei zur Frage des Vorliegens dieser Voraussetzung die örtlich zuständige Landespolizeidirektion im Anmeldungsverfahren zu hören ist.

(2) Den im Abs. 1 bezeichneten Voraussetzungen haben die Gewerbetreibenden auch während der gesamten Dauer der Gewerbeausübung zu entsprechen; sie haben bis zur Wiedererfüllung dieser Voraussetzungen ihren Betrieb einzustellen.

(Anm.: Abs. 3 aufgehoben durch BGBl. I Nr. 81/2015)

Rechte

§ 142. (1) Gewerbetreibende, die zur Erzeugung, Bearbeitung oder Instandsetzung von nichtmilitärischen Waffen (§ 139 Abs. 1 Z 1 lit. a) berechtigt sind, sind auch zur Bearbeitung, Instandsetzung und Umarbeitung von militärischen Handfeuerwaffen berechtigt.

(2) Gewerbetreibende, die zur Erzeugung, Bearbeitung oder Instandsetzung von nichtmilitärischen Waffen oder nichtmilitärischer Munition (§ 139 Abs. 1 Z 1 lit. a) oder zum Handel mit nichtmilitärischen Waffen oder nichtmilitärischer Munition (§ 139 Abs. 1 Z 1 lit. b) berechtigt sind, sind auch zum Handel mit Gewehrpatronen mit Vollmantelgeschoss mit Kaliber 308 (7,62 × 51 mm) und Kaliber 223, die militärische Munition sind, und zum Handel mit pyrotechnischen Artikeln sowie zum Handel mit Jagd- und Sportpulver berechtigt.

(3) Gewerbetreibende, die zur Erzeugung von nichtmilitärischen Waffen (§ 139 Abs. 1 Z 1 lit. a) oder zum Handel mit nichtmilitärischen Waffen (§ 139 Abs. 1 Z 1 lit. b) berechtigt sind, sind auch zum Vermieten von nichtmilitärischen Waffen berechtigt.

(4) Gewerbetreibende, die zur Erzeugung, Bearbeitung oder Instandsetzung von Waffen oder Munition (§ 139 Abs. 1 Z 1 lit. a oder Z 2 lit. a) oder zum Handel mit Waffen oder Munition (§ 139 Abs. 1 Z 1 lit. b oder Z 2 lit. b) berechtigt sind, sind auch zur Vermittlung des Kaufes und Verkaufes dieser Gegenstände berechtigt.

(5) Gewerbetreibende, die zur Erzeugung, Bearbeitung oder Instandsetzung von Schusswaffen (§ 139 Abs. 1 Z 1 lit. a oder Z 2 lit. a) berechtigt sind, sind auch zum Laden von Patronen berechtigt.

(6) Der Bundesminister für Wirtschaft und Arbeit hat im Einvernehmen mit dem Bundesminister für Inneres unter Bedachtnahme auf die Bedürfnisse der Sportschützen und im Hinblick auf die von Schießpulver ausgehenden Gefahren durch Verordnung jene Pulversorten zu bezeichnen, mit denen die in Abs. 1 genannten Gewerbetreibenden zu handeln berechtigt sind, und jene Maßnahmen festzulegen, die diese Gewerbetreibenden bei dieser Handelstätigkeit zu treffen haben.

Ausübungsvorschriften

§ 143. (1) Der Bundesminister für Wirtschaft und Arbeit kann – unbeschadet der Bestimmungen der §§ 69 bis 72 – hinsichtlich der im § 139 Abs. 1 Z 1 angeführten Waffengewerbe im Einvernehmen mit dem Bundesminister für Inneres, hinsichtlich der im § 139 Abs. 1 Z 2 angeführten Waffengewerbe auch im Einvernehmen mit dem Bundesminister für Landesverteidigung, durch Verordnung die aus Gründen der nationalen Sicherheit und zur Aufrechterhaltung der öffentlichen Ruhe, Ordnung und Sicherheit erforderlichen Vorschriften erlassen.

(2) Verordnungen gemäß Abs. 1 können zum Gegenstand haben:

1. die Beschaffenheit der Betriebsmittel,
2. die Art der Ausübung der Erzeugung, Bearbeitung und Instandsetzung von Waffen und Munition sowie des Handels mit diesen Gegenständen,
3. die Tätigkeit der Überprüfung und Erprobung von Waffen und Munition im Rahmen der Gewerbeausübung,
4. die Lagerung von Waffen und Munition, wobei auch die Anzeige der Lagerstätten bei der Bezirksverwaltungsbehörde sowie die Führung besonderer Lagerbücher vorgeschrieben werden kann, aus denen die vorrätig gehaltenen Waffen und die vorrätig gehaltene Munition ersichtlich sind,
5. Vorschriften über die sichere Aufbewahrung von Waffen und Munition.

(3) Die zur Erteilung der Gewerbeberechtigung zuständige Behörde kann erforderlichenfalls einem Gewerbetreibenden Maßnahmen im Sinne des Abs. 2 mit Bescheid auftragen, wenn diesbezüglich keine Regelung in einer Verordnung gemäß Abs. 1 erlassen worden ist. Weiters kann die zur Erteilung der Gewerbeberechtigung zuständige Behörde auf Antrag von den Bestimmungen einer Verordnung gemäß Abs. 1 abweichende Maßnahmen im Sinne des Abs. 2 mit Bescheid zulassen, wenn hiedurch der gleiche Schutz erreicht wird. Beziehen sich die Maßnahmen, die mit Bescheid aufgetragen oder zugelassen werden sollen, nur auf die Gewerbeausübung in einer weiteren Betriebsstätte, so ist zur Erlassung der Bescheide die zur Bewilligung der Gewerbeausübung in der weiteren Betriebsstätte zuständige Behörde berufen.

Waffenbücher

§ 144. (1) Gewerbetreibende, die zur Ausübung von Tätigkeiten gemäß § 139 Abs. 1 Z 1 lit. a bis c oder § 139 Abs. 1 Z 2 lit. a und b berechtigt sind, haben Waffenbücher zu führen.

(2) Waffenbücher sind zu führen für

1. Schusswaffen der Kategorie A (verbotene Schusswaffen und Schusswaffen, die Kriegsmaterial sind),
2. Schusswaffen der Kategorie B,
3. Schusswaffen der Kategorien C und D und
4. Munition für Faustfeuerwaffen.

(3) Waffenbücher sind entweder in Buchform oder automationsunterstützt zu führen. In die Waffenbücher für Schusswaffen sind die Ein- und Ausgänge mit allen zur Identifikation der Waffe erforderlichen Angaben, insbesondere über das Modell, das Fabrikat, das Kaliber und die Erzeugungsnummer, das Datum, Name und Anschrift des Überlassers und des Erwerbers sowie dessen Erwerbsberechtigung einzutragen. Bei Ein- und Ausfuhr ist ein Hinweis auf den entsprechenden Nachweis anzubringen. In die Waffenbücher für Munition sind Datum, Anzahl, Kaliber und Name und Anschrift des Überlassers und des Erwerbers sowie dessen Erwerbsberechtigung einzutragen.

(4) Die im Abs. 1 genannten Gewerbetreibenden sind verpflichtet, die Waffenbücher der Bezirksverwaltungsbehörde, im Gebiet einer Gemeinde, für das die Landespolizeidirektion zugleich Sicherheitsbehörde erster Instanz ist, der Landespolizeidirektion, auf Verlangen vorzulegen und im Falle der Endigung der Gewerbeberechtigung an diese abzuliefern.

(5) Der Bundesminister für Wirtschaft und Arbeit hat durch Verordnung im Einvernehmen mit dem Bundesminister für Inneres, hinsichtlich der Schusswaffen und Munition, die Kriegsmaterial sind, auch im Einvernehmen mit dem Bundesminister für Landesverteidigung, nähere Bestimmungen über die Führung der Waffenbücher zu erlassen. Die Waffenbücher sind nach ihrer Art und Führung so zu gestalten, dass sie den Anforderungen der Beweissicherung und der waffenpolizeilichen Kontrolle entsprechen.

Bezeichnung der Waffen

§ 145. (1) Nichtmilitärische Feuerwaffen und militärische Waffen, die gewerbsmäßig in den inländischen Verkehr gebracht werden, müssen mit der Bezeichnung des Erzeugers und einer fortlaufenden Erzeugungsnummer gekennzeichnet sein. Im Ausland erzeugte nichtmilitärische Feuerwaffen und militärische Waffen dürfen nur dann gewerbsmäßig in den inländischen Verkehr gebracht werden, wenn sie überdies mit der Bezeichnung jenes Gewerbetreibenden versehen sind, der die Waffe zum erstenmal in den inländischen Verkehr bringt.

(2) Eine nichtmilitärische Feuerwaffe, deren Bezeichnung gemäß Abs. 1 oder deren Erzeugungsnummer im Zuge der Instandsetzung durch einen befugten Gewerbetreibenden unkenntlich gemacht worden ist, darf in den inländischen Verkehr gebracht werden, wenn sie mit der Bezeichnung dieses Instandsetzers und einer fortlaufenden Nummer, die dieser Gewerbetreibende beizusetzen hat, gekennzeichnet ist. Der Instandsetzer ist verpflichtet, die ursprüngliche Bezeichnung gemäß Abs. 1 und die ursprüngliche Erzeugungsnummer im Waffenbuch (§ 144) zu verzeichnen.

Überprüfung

§ 146. (1) Soweit sicherheitspolizeiliche Belange berührt werden, ist im Gebiet einer Gemeinde, für das die Landespolizeidirektion zugleich Sicherheitsbehörde erster Instanz ist, die Landespolizeidirektion den Überprüfungen gemäß § 338 beizuziehen.

(2) Gewerbetreibende, die Waffenbücher zu führen haben (§ 144 Abs. 1), sind verpflichtet, über die Auskunftspflicht des § 338 hinaus während der Geschäftsstunden auch den Sicherheitsbehörden

1. Einsicht in die Waffenbücher und Unterlagen über die Ein- und Ausgänge zu gewähren,
2. Kontrollen des Bestandes der bei ihnen gelagerten Waffen zu ermöglichen und
3. die für eine Überprüfung erforderlichen Auskünfte zu erteilen.

Weitere Betriebsstätten, Verlegung des Betriebes, Ruhen der Gewerbeausübung

§ 147. (1) Hat der Inhaber einer Gewerbeberechtigung für die Ausübung eines Waffengewerbes Anzeigen über die Ausübung des Gewerbes in einer weiteren Betriebsstätte oder die Verlegung des Betriebes in einen anderen Standort oder die Verlegung des Betriebes einer weiteren Betriebsstätte in einen anderen Standort erstattet, so hat die Behörde dies mit Bescheid zur Kenntnis zu nehmen oder bei Nichtvorliegen der Voraussetzungen hiefür die Gewerbeausübung im neuen Standort zu untersagen. Der Gewerbetreibende darf mit der Ausübung des Gewerbes im neuen Standort erst mit Rechtskraft des Bescheides beginnen. Im Anzeigeverfahren ist § 141 Abs. 1 Z 3 anzuwenden.

(2) Gewerbetreibende, die zur Ausübung eines Waffengewerbes (§ 139 Abs. 1) berechtigt sind, haben das Ruhen und jede Aufnahme der Gewerbeausübung in der Hauptbetriebsstätte und in den weiteren Betriebsstätten der Bezirksverwaltungsbehörde, im Gebiet einer Gemeinde, für das die Landespolizeidirektion zugleich Sicherheitsbehörde erster Instanz ist, auch der Landespolizeidirektion, hinsichtlich einer Gewerbeberechtigung für militärische Waffen und militärische Munition (§ 139 Abs. 1 Z 2) auch dem Bundesminister für Landesverteidigung binnen drei Wochen anzuzeigen.

(3) Die Bezirksverwaltungsbehörde hat jede Erteilung einer Gewerbeberechtigung für die Ausübung eines Waffengewerbes, jede Bewilligung der Verlegung des Betriebes in einen anderen Standort, jede Anzeige über den Fortbetrieb, die Zurücklegung oder Entziehung einer Gewerbeberechtigung für ein Waffengewerbe im Gebiet einer Gemeinde, für das die Landespolizeidirektion zugleich Sicherheitsbehörde erster Instanz

ist, der Landespolizeidirektion, bei Gewerbeberechtigungen betreffend militärische Waffen und militärische Munition (§ 139 Abs. 1 Z 2) auch dem Bundesminister für Landesverteidigung zur Kenntnis zu bringen.

Zuständigkeit für Waffengewerbe betreffend militärische Waffen und militärische Munition

§ 148. Zur Entscheidung über die Anmeldung eines Waffengewerbes gemäß § 139 Abs. 1 Z 2, über Ansuchen gemäß § 95 Abs. 2 und § 19 sowie über Anzeigen gemäß § 11 Abs. 5 und § 46 Abs. 2 betreffend ein solches Gewerbe ist der Bundesminister für Wirtschaft und Arbeit im Einvernehmen mit dem Bundesminister für Inneres zuständig. Die auf eine derartige Entscheidung gerichteten Anbringen sind beim Bundesminister für Wirtschaft und Arbeit zu erstatten.

Zahntechniker

§ 148a. Personen, die zur Ausübung des Handwerks der Zahntechniker (§ 94 Z 81) berechtigt sind und auch die Zahntechnikermeisterprüfung erfolgreich absolviert haben, sind berechtigt, im Einzelfall im Auftrag des Zahnarztes im Rahmen der Herstellung, der Reparatur oder der Eingliederung eines abnehmbaren Zahnersatzes Abformungen und notwendige Bissnahmen im Mund des Menschen vorzunehmen und die notwendigen An- und Einpassungsarbeiten an diesem Zahnersatz durchzuführen. Diese Arbeiten sind in der Ordination des beauftragenden Zahnarztes durchzuführen.

Holzbau-Meister

§ 149. (1) Der Holzbau-Meister (§ 94 Z 82) ist zur Ausführung von Bauarbeiten, bei denen Holz als Baustoff verwendet wird, wie zur Herstellung von Holzhäusern, Dachstühlen, Holzbrücken, Holzveranden, Holzstiegen, Holzbalkonen und dergleichen berechtigt.

(2) Bei Ausführung der Arbeiten gemäß Abs. 1 darf der Holzbau-Meister auch andere Werkstoffe als Holz verwenden. Der Holzbau-Meister ist weiters zur Herstellung von Hauseingangstüren aus Massivholz, Holzfußböden aller Art und von gezimmerten Holzgegenständen berechtigt.

(3) Die im Abs. 1 angeführten Arbeiten darf der Holzbau-Meister, wenn die Mitwirkung verschiedener Baugewerbe erforderlich ist und soweit Abs. 4 nicht anderes bestimmt, nur unter der Leitung eines Baumeisters ausführen.

(4) Der Holzbau-Meister (§ 94 Z 82) ist jedoch berechtigt, Bauten, die ihrem Wesen nach Holzkonstruktionen sind, selbstständig sowohl zu planen und zu berechnen als auch zu leiten und die Bauaufsicht durchzuführen und nach Maßgabe des § 99 Abs. 2, der sinngemäß anzuwenden ist, auszuführen.

(5) Der Holzbau-Meister ist zur Aufstellung von Gerüsten, für die statische Kenntnisse erforderlich sind, berechtigt.

(6) Der Holzbau-Meister ist im Rahmen seiner Gewerbeberechtigung zur Vertretung seines Auftraggebers vor Behörden oder Körperschaften öffentlichen Rechts berechtigt.

(7) Die Befähigung für Tätigkeiten gemäß Abs. 4 kann nur im Wege eines Befähigungsnachweises gemäß § 18 Abs. 1 erbracht werden.

(8) Wird das Gewerbe der Holzbau-Meister in einem Umfang angemeldet, der nicht das Recht zur umfassenden Planung gemäß Abs. 4 beinhaltet, hat der Gewerbeanmelder die Bezeichnung „Holzbaugewerbetreibender" unter Beifügung der entsprechenden Einschränkung zu verwenden. Nur Gewerbetreibende, deren Gewerbeberechtigung das Recht zur Planung gemäß Abs. 4 beinhaltet, dürfen die Bezeichnung „Holzbau-Meister" verwenden. Gewerbetreibende, die zur Ausübung des Holzbau-Meistergewerbes eingeschränkt auf die Ausführung von Arbeiten gemäß Abs. 1 und 2 berechtigt sind, dürfen keine Bezeichnung verwenden, die den Eindruck erwecken könnte, dass sie zu Tätigkeiten gemäß Abs. 4 berechtigt sind.

Rechte einzelner reglementierter Gewerbe

GewO

§ 150. (1) Bäcker (§ 94 Z 3) sind auch berechtigt, Konditorbackwaren sowie Mehlspeisen (zB Torten) herzustellen. Sie sind weiters berechtigt, in den dem Verkauf gewidmeten Räumen ihre Erzeugnisse – auch garniert als Imbisse – einschließlich der im ersten Satz genannten Produkte zu verabreichen und nichtalkoholische Getränke und Bier in handelsüblichen verschlossenen Gefäßen auszuschenken. Bei Ausübung der Verabreichungs- und Ausschankrechte muss der Charakter des Betriebes als Erzeugungsbetrieb gewahrt bleiben.

(2) Einer Gewerbeberechtigung für das Gewerbe der Bodenleger (§ 94 Z 7) bedarf es unbeschadet der Rechte anderer Gewerbetreibender für das Verlegen von Belägen an Böden, Wand und Decke sowie für die Herstellung des hiefür nötigen Untergrundes; hievon ausgenommen ist das Verlegen von Kunststein-, Naturstein-, Steingut- und keramischen Belägen sowie von Tapeten und Wandbespannungen. Bodenleger sind unbeschadet der Rechte der Tischler auch berechtigt, Parkettböden zu verlegen.

(2a) Einer Gewerbeberechtigung für das Gewerbe der Baumeister (§ 94 Z 5) bedarf es für

1. das Aufräumen von Baustellen, bestehend im Zusammentragen und eigenverantwortlichen Trennen von Bauschutt und -abfällen entsprechend der Wiederverwertbarkeit einschließlich des Bereitstellens zum Abtransport sowie im Reinigen von Baumaschinen und Bauwerkzeugen durch Beseitigen von Rückständen mittels einfacher mechanischer Methoden, wie Abkratzen, Abspachteln und dergleichen und nachfolgendem Abspritzen mit Wasser, unter Verwendung ausschließlich eigener Arbeitsgeräte,

2. die statisch nicht belangreiche Demontage und Entfernung von dauerhaft mit dem Mauerwerk verbundenen Gegenständen wie etwa Fliesen, Türstöcken, Fensterstöcken, Fußböden sowie von Gipskartonwänden sowie von fest verschraubten Gegenständen, wie etwa Sanitäranlagen, zur Vorbereitung des Abrisses des Gebäudes,
3. das Verschließen von Bauwerksfugen.

In Fällen, in denen sich diese Tätigkeiten auf die Ausführung von Bauarbeiten gemäß § 149 Abs. 1 beziehen, sind auch Holzbau-Meister (§ 94 Z 82) zur Ausübung dieser Tätigkeiten berechtigt.

(2b) Einer Gewerbeberechtigung für das Gewerbe der Stuckateure und Trockenausbauer (§ 94 Z 67) bedarf es für das Verspachteln von bereits montierten Gipskartonplatten.

(2c) Einer Gewerbeberechtigung für das Gewerbe der Wärme-, Kälte-, Schall- und Branddämmer (§ 94 Z 79) bedarf es unbeschadet der den Dachdeckern gemäß Abs. 3 zustehenden Rechte für das Bauwerksabdichten (Abdichter gegen Feuchtigkeit, Druckwasser und Zugluft, Schwarzdecker).

(3) Dachdecker (§ 94 Z 11) sind auch zur Ausführung der Tätigkeiten der Schwarzdecker und der Abdichter gegen Feuchtigkeit und Druckwasser berechtigt.

(4) Den Fleischern (§ 94 Z 19) stehen auch folgende Rechte zu:

1. das Zubereiten von Fleisch, Fleischwaren und Geflügel in einfacher Art, von Brotaufstrichen, belegten Brötchen und von Salaten,
2. die Verabreichung der in Z 1 genannten Speisen mit den üblichen kalten Beigaben in einfacher Art in den dem Verkauf gewidmeten Räumen,
3. der Verkauf von warmen oder angerichteten kalten Speisen im Umfang der Z 1 und 2,
4. der Ausschank von nichtalkoholischen Getränken und Bier in handelsüblichen verschlossenen Gefäßen in den dem Verkauf gewidmeten Räumen.

(5) Berufsfotografen (§ 94 Z 20) sind auch zur Herstellung von Videofilmen berechtigt. Unbeschadet der Rechte von Berufsfotografen ist das Gewerbe Pressefotografie und Fotodesign kein reglementiertes Gewerbe gemäß § 94 Z 20. Pressefotografen und Fotodesigner dürfen für Unternehmer, Träger der Selbstverwaltung und Gebietskörperschaften tätig werden, sofern ihre Fotografien ausschließlich zur Nutzung im Rahmen der selbständigen wirtschaftlichen Tätigkeit des Unternehmers oder des Aufgabenbereichs des Trägers der Selbstverwaltung bzw. der Gebietskörperschaft bestimmt sind.

(6) Gold- und Silberschmiede (§ 94 Z 29) sind auch zum Stechen von Ohrläppchen unter Verwendung von sterilen Einweg-Ohrlochknöpfen nach vorheriger Hautdesinfektion sowie zur Anbringung eines künstlichen Zahn- oder Hautschmuckes (Kristall) mittels Klebstoff sowie zur Ausübung der Tätigkeiten des Gewerbes des Metalldesigners berechtigt. Gold-, Silber- und Metallschläger (§ 94 Z 29) sind auch zur Ausübung der Tätigkeiten des Gewerbes der Metalldesigner (§ 94 Z 51) berechtigt.

(7) Hafner (§ 94 Z 30) sind auch berechtigt, die Tätigkeiten der Keramiker sowie der Platten- und Fliesenleger (§ 94 Z 38) auszuüben.

(8) Gewerbetreibende, die das verbundene Handwerk Heizungstechnik; Lüftungstechnik (§ 94 Z 31) ausüben, sind unbeschadet der Rechte anderer Gewerbetreibender auch berechtigt, die notwendigen Wasser- und Gasanschlüsse auszuführen und im Zusammenhang mit im Rahmen ihres Gewerbes ausgeübten Instandhaltungs- und Instandsetzungsarbeiten Reinigungsarbeiten an rauchgasseitigen Flächen von Feuerstätten durchzuführen. Weiters sind sie auch zur Ausübung der Tätigkeiten des Gewerbes der Kälte- und Klimatechnik (§ 94 Z 37) berechtigt.

(9) Kälte- und Klimatechniker (§ 94 Z 37) sind auch zur Ausübung der Tätigkeiten der Mechatroniker für Elektromaschinenbau und Automatisierung (§ 94 Z 49), der Mechatroniker für Elektronik, Büro- und EDV-Systemtechnik (§ 94 Z 49) und der Heizungstechnik; Lüftungstechnik (§ 94 Z 31) berechtigt. Sie sind unbeschadet der Rechte der Gewerbetreibenden, die zur Ausübung des Gewerbes der Elektrotechnik (§ 94 Z 16) berechtigt sind, zum Anschluss der selbst hergestellten Maschinen und Anlagen sowie der selbst errichteten Anlagen an bestehende und ausreichend dimensionierte Stromversorgungsleitungen berechtigt.

(10) Kommunikationselektroniker (§ 94 Z 39) sind auch berechtigt, die Tätigkeiten der Mechatroniker für Elektromaschinenbau und Automatisierung und der Mechatroniker für Elektronik, Büro- und EDV-Systemtechnik auszuüben.

(11) Konditoren (Zuckerbäcker) einschließlich der Lebzelter und der Kanditen-, Gefrorenes- und Schokoladewarenerzeuger (§ 94 Z 40) sind zur Herstellung von Gebäck und Weißbrot berechtigt; weiters sind sie berechtigt, in den dem Verkauf gewidmeten Räumen kleine kalte und warme Speisen zu verabreichen sowie Getränke auszuschenken; bei Ausübung dieser Rechte muss der Charakter des Betriebes als Konditorerzeugungsbetrieb gewahrt bleiben.

(12) Einer Gewerbeberechtigung für das Gewerbe Kraftfahrzeugtechnik (§ 94 Z 43) bedarf es unbeschadet der Rechte anderer Gewerbetreibender (Metalltechnik für Schmiede und Fahrzeugbau, Karosseriebau- und Karosserielackiertechniker, Metalltechnik für Land- und Baumaschinen) für die Erzeugung und Instandsetzung von Kraftfahrzeugen (Motoren und Fahrgestellen) und von deren elektrischen und elektronischen Anlagen.

Kraftfahrzeugtechniker sind auch zur Verrichtung der Tätigkeiten der Metalltechnik für Metall- und Maschinenbau, Metalltechnik für Schmiede und Fahrzeugbau, Karosseriebau- und Karosserielackiertechniker, der Metalltechnik für Land- und Baumaschinen sowie der Tapezierer und Sattler an Kraftfahrzeugen berechtigt.

(13) Metalltechniker für Land- und Baumaschinen (§ 94 Z 59) sind auch berechtigt, die Tätigkeiten der Kraftfahrzeugtechniker (§ 94 Z 43) und der Mechatroniker für Maschinen- und Fertigungstechnik (§ 94 Z 39) auszuüben.

(14) Maler und Anstreicher (§ 94 Z 47) sind auch zum Verkleiden von Wänden und Decken mit Tapeten und zum Anbringen von Anstrichen und Beschichtungen zum Zweck der Wärmeisolierung berechtigt.

(15) Mechatroniker für Maschinen- und Fertigungstechnik (§ 94 Z 49) sind auch zum Instandsetzen von Motorrädern, zur Ausübung der Gewerbe der Metalltechnik für Metall- und Maschinenbau (§ 94 Z 59), der Metalltechnik für Land- und Baumaschinen (§ 94 Z 59), der Mechatroniker für Elektronik, Büro- und EDV-Systemtechnik (§ 94 Z 49) und der Mechatroniker für Elektromaschinenbau und Automatisierung (§ 94 Z 49) sowie der Tätigkeiten der Kälte- und Klimatechniker (§ 94 Z 37) berechtigt. Mechatroniker für Elektromaschinenbau und Automatisierung (§ 94 Z 49) sind auch zur Ausübung der Tätigkeiten der Kälte- und Klimatechniker (§ 94 Z 37) sowie der Tätigkeiten der Kommunikationselektroniker (§ 94 Z 39) berechtigt. Mechatroniker für Elektronik, Büro- und EDV-Systemtechnik sind auch zur Ausübung der Tätigkeiten der Kälte- und Klimatechniker (§ 94 Z 37) sowie zur Ausübung der Tätigkeiten der Kommunikationselektroniker (§ 94 Z 39) berechtigt. Die Gewerbetreibenden, die zur Ausübung eines der in § 94 Z 49 angeführten Gewerbe berechtigt sind, sind unbeschadet der Rechte der Gewerbetreibenden, die zur Ausübung des Gewerbes der Elektrotechnik (§ 94 Z 16) berechtigt sind, zum Anschluss der selbst hergestellten Maschinen und Anlagen sowie der selbst errichteten Anlagen an bestehende und ausreichend dimensionierte Stromversorgungsleitungen berechtigt.

(16) Metalldesigner (§ 94 Z 51) sind auch zur Ausübung der Tätigkeiten des Gewerbes der Gold- und Silberschmiede (§ 94 Z 29) und der Gold-, Silber- und Metallschläger (§ 94 Z 29) berechtigt.

(17) Orthopädieschuhmacher (§ 94 Z 53) sind auch berechtigt, die Tätigkeiten der Schuhmacher auszuüben. Schuhmacher (§ 94 Z 53) sind auch zur Ausübung der Tätigkeiten des Gewerbes der Orthopädieschuhmacher (§ 94 Z 53) berechtigt, wenn sie eine Zusatzprüfung ablegen, bei der die für die Ausübung dieser Tätigkeit erforderlichen Kenntnisse und Fähigkeiten nachzuweisen sind.

(18) Platten- und Fliesenleger (§ 94 Z 38) sind unbeschadet der Rechte der Steinmetzmeister einschließlich Kunststeinerzeuger und Terrazzomacher auch zur Verlegung von Bodenplatten aus Naturstein und Kunststein und zum Verkleben von Wandplatten aus Naturstein und Kunststein berechtigt.

(19) Metalltechniker für Metall- und Maschinenbau (§ 94 Z 59) sind unbeschadet der Rechte der Baumeister berechtigt, im Rahmen einer von einem Baumeister geleiteten Bauführung die Metallbauarbeiten auszuführen. Arbeiten, die nur einfache statische Berechnungen erfordern, darf der Metalltechniker für Metall- und Maschinenbau auch planen und ohne Bauleitung eines Baumeisters ausführen. Metalltechniker für Metall- und Maschinenbau sind auch zum Instandsetzen von Motorrädern sowie zur Ausübung der Gewerbe der Mechatroniker für Maschinen- und Fertigungstechnik (§ 94 Z 49) und des Metalldesign (§ 94 Z 51) berechtigt.

(20) Tapezierer und Dekorateure (§ 94 Z 68) sind auch zum Zimmermalen und zum Verlegen von Belägen am Boden mit Ausnahme von Kunststein-, Naturstein-, Steingut- und keramischen Belägen berechtigt. Tapezierer und Dekorateure sind auch berechtigt, Parkettböden zu verlegen.

(21) Die Übernahme von Arbeiten für das Gewerbe der Textilreiniger (§ 94 Z 70) ist unbeschadet der Rechte der Textilreiniger kein reglementiertes Gewerbe gemäß § 94 Z 70.

(22) Tischler (§ 94 Z 71) sind unbeschadet der Rechte der Bodenleger auch berechtigt, Beläge am Boden mit Ausnahme von Kunststein-, Naturstein- und keramischen Belägen zu verlegen. Sie sind weiters zur Herstellung von Holzstiegen im Innenbereich von Bauten berechtigt.

(23) Wärme-, Kälte-, Schall- und Branddämmer (§ 94 Z 79) sind auch zur Ausführung der Tätigkeiten der Schwarzdecker und der Abdichter gegen Feuchtigkeit und Druckwasser berechtigt.

2. Freie Gewerbe

Adressverlage und Direktmarketingunternehmen

§ 151. (1) Auf die Verwendung von personenbezogenen Daten für Marketingzwecke Dritter durch die zur Ausübung des Gewerbes der Adressverlage und Direktmarketingunternehmen berechtigten Gewerbetreibenden sind die Bestimmungen der Verordnung (EU) 2016/679 zum Schutz natürlicher Personen bei der Verarbeitung personenbezogener Daten, zum freien Datenverkehr und zur Aufhebung der Richtlinie 95/46/EG (Datenschutz-Grundverordnung), ABl. Nr. L 199 vom 4.5.2016 S 1, (im Folgenden: DSGVO), sowie des Bundesgesetzes zum Schutz natürlicher Personen bei der Verarbeitung personenbezogener Daten (Datenschutzgesetz – DSG), BGBl. I.

Nr. 165/1999, in der Fassung des Bundesgesetzes BGBl. I. Nr. 120/2017, anzuwenden, soweit im Folgenden nicht Besonderes angeordnet ist.

(2) Die Tätigkeit als Mittler zwischen Inhabern und Nutzern von Kunden- und Interessentendateisystemen (Listbroking) ist den in Abs. 1 genannten Gewerbetreibenden vorbehalten.

(3) Die in Abs. 1 genannten Gewerbetreibenden sind berechtigt, für ihre Tätigkeiten gemäß Abs. 1 und 2 personenbezogene Daten aus öffentlich zugänglichen Informationen, durch Befragung der betroffenen Personen, aus Kunden- und Interessentendateisystemen Dritter oder aus Marketingdateisystemen anderer Adressverlage und Direktmarketingunternehmen zu ermitteln, soweit dies unter Beachtung des Grundsatzes der Verhältnismäßigkeit für

1. die Vorbereitung und Durchführung von Marketingaktionen Dritter einschließlich der Gestaltung und des Versands für Werbemitteln oder
2. das Listbroking

erforderlich und gemäß Abs. 4 und 5 zulässig ist.

(4) Soweit besondere Kategorien personenbezogener Daten gemäß Art. 9 Abs. 1 DSGVO betroffen sind, dürfen diese von den in Abs. 1 genannten Gewerbetreibenden verarbeitet werden, sofern ein ausdrückliches Einverständnis der betroffenen Person zur Verarbeitung dieser Daten für Marketingzwecke Dritter vorliegt. Die Ermittlung und Weiterverarbeitung besonderer Kategorien personenbezogener Daten aus Kunden- und Interessentendateisystemen Dritter auf Grund eines solchen Einverständnisses ist nur im Umfang des Abs. 5 und nur soweit zulässig, als der Inhaber des Dateisystems gegenüber dem Gewerbetreibenden nach Abs. 1 schriftlich unbedenklich erklärt hat, dass die betroffenen Personen mit der Verarbeitung ihrer Daten für Marketingzwecke Dritter ausdrücklich einverstanden waren. Strafrechtlich relevante Daten im Sinne des Art. 10 DSGVO dürfen von Gewerbetreibenden nach Abs. 1 für Marketingzwecke nur gemäß § 4 Abs. 3 DSG oder bei Vorliegen einer ausdrücklichen Einwilligung verarbeitet werden.

(5) Soweit keine Einwilligung der betroffenen Personen gemäß Art. 4 Z 11 DSGVO zur Übermittlung ihrer Daten für Marketingzwecke Dritter vorliegt, dürfen die in Abs. 1 genannten Gewerbetreibenden aus einem Kunden- und Interessentendateisystem eines Dritten nur die Daten

1. Namen,
2. Geschlecht,
3. Titel,
4. akademischer Grad,
5. Anschrift,
6. Geburtsdatum,
7. Berufs-, Branchen- oder Geschäftsbezeichnung und
8. Zugehörigkeit der betroffenen Person zu diesem Kunden- und Interessentendateisystem

ermitteln. Voraussetzung hiefür ist – soweit nicht die strengeren Bestimmungen des Abs. 4 Anwendung finden –, dass der Inhaber des Dateisystems dem Gewerbetreibenden nach Abs. 1 gegenüber schriftlich unbedenklich erklärt hat, dass die betroffenen Personen in geeigneter Weise über die Möglichkeit informiert wurden, die Übermittlung ihrer Daten für Marketingzwecke Dritter zu untersagen, und dass keine Untersagung erfolgt ist.

(6) Gewerbetreibende nach Abs. 1 dürfen für Marketingzwecke erhobene Marketinginformationen und -klassifikationen, die namentlich bestimmten Personen auf Grund von Marketinganalyseverfahren zugeschrieben werden, nur für Marketingzwecke verwenden und sie insbesondere an Dritte nur dann übermitteln, wenn diese unbedenklich erklären, dass sie diese Analyseergebnisse ausschließlich für Marketingzwecke verwenden werden.

(7) Gewerbetreibende nach Abs. 1 haben Aussendungen im Zuge von Marketingaktionen, die sie mit von ihnen zur Verfügung gestellten oder von ihnen vermittelten personenbezogenen Daten durchführen, so zu gestalten, dass durch entsprechende Kennzeichnung des ausgesendeten Werbematerials die Identität der Verantwortlichen jener Dateisysteme, mit deren Daten die Werbeaussendung adressiert wurde (Ursprungsdateisysteme), nachvollziehbar ist; soweit Gewerbetreibende nach Abs. 1 an Werbeaussendungen nur durch Zurverfügungstellung oder Vermittlung von Daten mitwirken, haben sie durch entsprechenden Hinweis an die für die Werbeaussendung Verantwortlichen darauf hinzuwirken, dass die Identität der Verantwortlichen der benutzten Ursprungsdateisysteme nachvollziehbar ist. Für Gewerbetreibende nach Abs. 1 gilt, wenn sie die Aussendung mit von ihnen zur Verfügung gestellten oder von ihnen vermittelten Daten selbst durchgeführt haben, – unbeschadet ihrer allfälligen Auskunftsverpflichtungen als Verantwortliche –, Art. 15 DSGVO mit der Maßgabe, dass sie auf Grund eines innerhalb von drei Monaten nach der Werbeaussendung gestellten Auskunftsbegehrens anhand der von der betroffenen Person zur Verfügung gestellten Informationen über die Werbeaussendung zur Auskunftserteilung nur über die Verantwortlichen der Ursprungsdateisysteme verpflichtet sind; haben sie an der Aussendung nur durch Zurverfügungstellung oder Vermittlung von Daten mitgewirkt, so haben sie nach Möglichkeit zur Auffindung der Verantwortlichen der Ursprungsdateisysteme beizutragen. Bei nicht ordnungsgemäßer Erfüllung der Kennzeichnungspflicht durch Gewerbetreibende nach Abs. 1 genügt die Stellung eines fristgerechten Auskunftsbegehrens an den Werbenden zur Wahrung des Auskunftsrechts gegenüber dem Gewerbetreibenden nach Abs. 1.

(8) Stellt die betroffene Person an einen Gewerbetreibenden nach Abs. 1 ein Begehren auf Löschung von Daten, die dieser für Zwecke von Marketingaktionen über sie gespeichert hat, so hat dieser dem Begehren der betroffenen Person unverzüglich, in jedem Fall innerhalb von einem Monat kostenlos zu entsprechen (Art. 12 Abs. 3 DSGVO). Diese Frist kann um weitere zwei Monate verlängert werden, wenn dies unter Berücksichtigung der Komplexität und der Anzahl von Anträgen erforderlich ist. Soweit die betroffene Person – nach entsprechender Information über die möglichen Folgen einer physischen Löschung ihrer Daten – auf der physischen Löschung ihrer Daten nicht besteht, hat die Löschung in Form einer Sperrung der Verwendung dieser Daten für Marketingaussendungen zu erfolgen.

(9) Der Fachverband Werbung und Marktkommunikation der Wirtschaftskammer Österreich hat eine Liste zu führen, in welcher Personen kostenlos einzutragen sind, die die Zustellung von Werbematerial für sich ausschließen wollen. Die Liste ist mindestens monatlich zu aktualisieren und den Gewerbetreibenden nach Abs. 1 zur Verfügung zu stellen. Gewerbetreibende nach Abs. 1 dürfen an die in dieser Liste eingetragenen Personen keine adressierten Werbemittel versenden oder verteilen und deren Daten auch nicht vermitteln. Die in der Liste enthaltenen Daten dürfen ausschließlich zum Zweck des Unterbindens der Zusendung von Werbemitteln verwendet werden.

(10) Inhaber von Kunden- und Interessentendateisystemen dürfen personenbezogene Daten aus diesen Dateisystemen an Gewerbetreibende nach Abs. 1 für Marketingzwecke Dritter nur übermitteln und insbesondere auch für Listbroking nur zur Verfügung stellen, wenn sie die die betroffenen Personen in geeigneter Weise darüber informiert haben, dass sie die Verarbeitung dieser Daten für Marketingzwecke Dritter untersagen können, und wenn keine Untersagung erfolgt ist; besondere Kategorien personenbezogener Daten und strafrechtlich relevante Daten dürfen unter den in Abs. 4 genannten Voraussetzungen an Gewerbetreibende nach Abs. 1 übermittelt und für Listbroking zur Verfügung gestellt werden. Auf die Möglichkeit der Untersagung ist ausdrücklich und schriftlich hinzuweisen, wenn Daten schriftlich von der betroffenen Person ermittelt werden. Die Untersagung der Übermittlung hat auf ein Vertragsverhältnis zwischen der betroffenen Person und dem Inhaber des Kunden- und Interessentendateisystems keinen Einfluss.

(11) Das Widerspruchsrecht nach Art. 21 Abs. 2 DSGVO kann gegenüber den in Abs. 1 genannten Gewerbetreibenden auch durch Eintragung in die im Abs. 9 bezeichnete Liste erfolgen.

Arbeitsvermittlung

§ 151a. (1) Arbeitsvermittlung ist die Zusammenführung von Arbeitsuchenden mit Arbeitgebern zur Begründung von Arbeitsverhältnissen oder von Arbeitsuchenden mit Auftraggebern (Zwischenmeistern, Mittelspersonen) zur Begründung von Heimarbeitsverhältnissen im Sinne des Heimarbeitsgesetzes 1960, BGBl. Nr. 105/1961.

(2) Die Ausübung des Gewerbes der Arbeitsvermittlung erfordert

1. bei natürlichen Personen die Staatsangehörigkeit einer EWR-Vertragspartei und ihren Wohnsitz in einem EWR-Vertragsstaat,
2. bei juristischen Personen und eingetragenen Personengesellschaften

a) ihren Sitz oder ihre Hauptniederlassung in einem EWR-Vertragsstaat und
b) die Staatsangehörigkeit einer EWR-Vertragspartei der Mitglieder der zur gesetzlichen Vertretung berufenen Organe oder der geschäftsführungs- und vertretungsbefugten Gesellschafter und deren Wohnsitz in einem EWR-Vertragsstaat.

(3) Arbeitsvermittlung ist auch die Vermittlung von Arbeitssuchenden oder Au-pair-Kräften von Österreich in das Ausland und vom Ausland nach Österreich.

GewO

(4) Die Ausübung der Tätigkeit der Arbeitsvermittlung ist nur unter Einhaltung der Vorschriften des Arbeitsmarktförderungsgesetzes (AMFG), BGBl. Nr. 31/1969 in der jeweils geltenden Fassung, zulässig.

(5) Personen, die am 30. Juni 2002 gemäß § 18 oder § 49 des Arbeitsmarktförderungsgesetzes (AMFG), BGBl. Nr. 31/1969, in der Fassung des Bundesgesetzes BGBl. I Nr. 13/1999 zur Durchführung der Künstlervermittlung berechtigt waren, dürfen die Künstlervermittlung jedenfalls weiterhin in jenem Umfang weiter ausüben, zu dem sie am Tag vor Inkrafttreten des Bundesgesetzes BGBl. I Nr. 94/2017 berechtigt waren.

Auskunfteien über Kreditverhältnisse

§ 152. (1) Gewerbetreibende, die zur Ausübung des Gewerbes der Auskunfteien über Kreditverhältnisse berechtigt sind, sind nicht zur Erteilung von Auskünften über private Verhältnisse, die mit der Kreditwürdigkeit in keinem Zusammenhang stehen, berechtigt.

(2) Die im Abs. 1 genannten Gewerbetreibenden sind verpflichtet, ihren geschäftlichen Schriftwechsel und die Geschäftsbücher durch sieben Jahre aufzubewahren. Die Frist von sieben Jahren läuft vom Schluss des Kalenderjahres, in dem der Schriftwechsel erfolgte oder die letzte Eintragung in das Geschäftsbuch vorgenommen wurde. Im Falle der Endigung der Gewerbeberechtigung sind der Schriftwechsel und die Geschäftsbücher

zu vernichten, auch wenn der Zeitraum von sieben Jahren noch nicht verstrichen ist.

Dienstleistungen in der automatischen Datenverarbeitung und Informationstechnik

§ 153. Gewerbetreibende, die zur Ausübung des Gewerbes der Dienstleistungen in der automatischen Datenverarbeitung und Informationstechnik berechtigt sind, sind zur Erstellung von Problemlösungen, insoweit hiezu die Techniken, Verfahren und Methoden der Informationstechnologie angewandt werden, berechtigt.

Handelsgewerbe und Handelsagentengewerbe

§ 154. (1) Den Gewerbetreibenden, die den Kleinhandel mit Lebensmitteln ausüben, steht das Recht zu, Speisen in einfacher Art zu verabreichen und nichtalkoholische Getränke und Bier auszuschenken, wenn hiebei nicht mehr als acht Verabreichungsplätze (zum Genuss von Speisen und Getränken bestimmte Plätze) bereitgestellt werden. Weiters sind sie berechtigt, vorparierte Stücke Frischfleisch von nicht mehr als zehn Kilogramm zu zerteilen und zu verkaufen.

(2) Gewerbetreibende, die den Handel mit Antiquitäten und Kunstgegenständen ausüben, sowie die zur Ausübung des Altwarenhandels berechtigten Gewerbetreibenden sind verpflichtet

1. über die Auskunftspflicht des § 338 hinaus auch den Sicherheitsbehörden während der Geschäftsstunden die Nachschau in den Geschäftslokalen zu ermöglichen, Beweismittel vorzulegen, Einsicht in die Geschäftsbücher zu gewähren und die für die Überprüfung notwendigen Auskünfte, insbesondere über die Herkunft von Waren, zu erteilen;
2. die ihnen zugekommenen Mitteilungen über verlorene, vergessene, zurückgelassene oder dem rechtmäßigen Besitzer widerrechtlich

entzogene Gegenstände geordnet und nachschaubereit aufzubewahren.

(3) Gewerbetreibende, die den Handel mit Schmuck und Juwelen ausüben, sind auch zum Stechen von Ohrläppchen unter Verwendung von sterilen Einweg-Ohrlochknöpfen nach vorheriger Hautdesinfektion sowie zur Anbringung eines künstlichen Zahn- oder Hautschmuckes (Kristall) mittels Klebstoff berechtigt.

(4) Gewerbetreibende, die den Handel mit Parfumeriewaren ausüben, sind auch zu Schminktätigkeiten berechtigt.

(5) Handelsgewerbetreibende, die ihr Gewerbe durch das Beziehen von Märkten ausüben, oder die bei Festen, sportlichen Veranstaltungen oder sonstigen Anlässen, die mit größeren Ansammlungen von Menschen verbunden sind, den Kleinverkauf von Lebensmitteln und Nahrungsergänzungsmitteln und sonstigen Waren, die zu diesen Gelegenheiten üblicherweise angeboten werden, ausüben, sind Marktfahrer.

(6) Inhaber eines Tabakfachgeschäftes sind ohne Begründung einer Gewerbeberechtigung berechtigt, im Sinne des § 23 Abs. 3 des Tabakmonopolgesetzes 1996 tätig zu werden.

(7) Der Tätigkeitsbereich der Handelsagenten umfasst das Vermitteln oder das Abschließen von Warenhandelsgeschäften in fremdem Namen und für fremde Rechnung zwischen selbständig Erwerbstätigen und Personen, die Waren der angebotenen Art zur Ausübung einer selbständigen Erwerbstätigkeit benötigen, ohne Rücksicht darauf, ob das Vermitteln oder Abschließen im Rahmen einer selbständigen Betrauung oder auf Grund einzelner Aufträge ausgeübt wird.

Pfandleiher

§ 155. (1) Einer Gewerbeberechtigung für das Gewerbe der Pfandleiher bedarf es für die Gewährung von Darlehen gegen Übergabe beweglicher Sachen (Faustpfänder), wobei der Pfandleiher auch ohne Gewerbeberechtigung für die Ausübung des Gewerbes der Versteigerung beweglicher Sachen berechtigt ist, sich durch den Verkauf der Faustpfänder im Wege der Versteigerung schadlos zu halten, wenn das Darlehen nicht zur bestimmten Zeit zurückgezahlt wird.

(2) Der Bewerber um eine Gewerbeberechtigung für das Gewerbe der Pfandleiher hat dem Landeshauptmann eine Geschäftsordnung zur Genehmigung vorzulegen, in der die für die Ausübung des Gewerbes aufgestellten Bedingungen und die Grundsätze für die Ermittlung der Höhe des vom Gewerbetreibenden für seine Tätigkeit zu beanspruchenden Entgeltes enthalten sein müssen. Insbesondere hat die Geschäftsordnung Bestimmungen zu enthalten über

a) verbotene Pfanddarlehen,
b) Verbot der Weiterverpfändung,
c) Pfandleihbücher,
d) Ausstellung von Pfandscheinen,
e) Verlust des Pfandscheines,
f) Umsetzen des Pfandes,
g) Verkauf des Pfandes,
h) Einstellung oder Ruhen der Gewerbeausübung.

Die Geschäftsordnung ist zu genehmigen, wenn ihre Bestimmungen die ordnungsgemäße Ausübung des Gewerbes sicherstellen und die Interessen der Verpfänder wahren. Vor Genehmigung der Geschäftsordnung darf das Gewerbe nicht ausgeübt werden. Die genehmigte Geschäftsordnung ist in den für den Verkehr mit Kunden bestimmten Geschäftsräumen ersichtlich zu machen. Jede Änderung der Geschäftsordnung ist genehmigungspflichtig.

(3) Die Pfandleiher sind verpflichtet,

1. über die Auskunftspflicht des § 338 hinaus auch den Sicherheitsbehörden während der Geschäftsstunden die Nachschau in den Geschäftslokalen zu ermöglichen, Beweismittel

vorzulegen, Einsicht in die Pfandleihbücher zu gewähren und die für die Überprüfung notwendigen Auskünfte zu erteilen,
2. die ihnen zugekommenen Mitteilungen über verlorene, vergessene, zurückgelassene oder dem rechtmäßigen Besitzer widerrechtlich entzogene Gegenstände geordnet und nachschaubereit aufzubewahren,
3. Privatpersonen gegenüber Stillschweigen über die Personen, mit denen Pfandgeschäfte abgeschlossen wurden, zu wahren.

(4) Die Vorschriften über den Ausschluss der Eigentumsklage gegen den gutgläubigen Pfandleiher (§ 4 Abs. 4 des Gesetzes vom 23. März 1885, RGBl. Nr. 48, in der Fassung des Art. 16 der Verordnung GBlÖ Nr. 86/1939) werden durch dieses Bundesgesetz nicht berührt.

Haftpflichtversicherung

§ 156. Die zur Ausübung des Gewerbes der Beförderung von Personen mit Anhängern, bei denen die Zugmaschinen nicht dem Kraftfahrgesetz 1967, BGBl. Nr. 267, unterliegen oder gemäß § 1 Abs. 2 lit. a und b sowie Abs. 3 leg.cit. von dessen Bestimmungen über die Haftpflichtversicherung ausgeschlossen sind (Ziehen von mit Personen besetzten Anhängern), berechtigten Gewerbetreibenden haben eine Haftpflichtversicherung abzuschließen, welche die nach dem Eisenbahn- und Kraftfahrzeughaftpflichtgesetz, BGBl. Nr. 48/1959, in der zum Zeitpunkt des Abschlusses des Versicherungsvertrages jeweils geltenden Fassung vorgesehenen Haftungshöchstbeträge deckt. Werden die nach dem Eisenbahn- und Kraftfahrzeughaftpflichtgesetz vorgesehenen Höchstbeträge erhöht, so haben die im ersten Satz genannten Personen die Haftpflichtversicherung den erhöhten Haftungshöchstbeträgen innerhalb eines Jahres nach dem Inkrafttreten der Erhöhung anzupassen.

Tankstellen

§ 157. (1) Gewerbetreibende, die Betriebsstoffe an Kraftfahrer im Betrieb von Zapfstellen abgeben, sind unbeschadet des § 32 zu folgenden Tätigkeiten berechtigt:
1. Verrichtung der beim Betrieb von Zapfstellen üblichen Tätigkeiten für Kraftfahrer (zB Abschmieren, Ölwechsel, Batteriepflege, Nachfüllen von Luft, Waschen des Kraftfahrzeuges),
2. den Verkauf folgender Waren während der Betriebszeiten der Tankstelle:
a) Heizöl, Grillkohle, Grillkohlenanzünder,
b) Kraftfahrzeugersatzteile und Kraftfahrzeugzubehör, soweit diese Ersatzteile und dieses Zubehör für die Erhaltung oder Wiederherstellung der Betriebsfähigkeit des Kraftfahrzeuges oder für die Verkehrssicherheit notwendig sind, Kraftfahrzeugpflegemittel, Verbandzeug in Behältern im Sinne des § 102 Abs. 10 des Kraftfahrgesetzes 1967, BGBl. Nr. 267 in der Fassung des Bundesgesetzes BGBl. Nr. 615/1977,
c) Waren des üblichen Reisebedarfes (zB Straßenkarten, Fotoverbrauchsmaterial, Toiletteartikel, Ansichtskarten, Reiseandenken),
d) vorverpackt gelieferte Lebensmittel (§ 2 LMG) sowie Futtermittel für Heimtiere, löslicher Kaffee, alkoholfreie Getränke und Bier in handelsüblichen verschlossenen Gefäßen. Soweit es sich um Getränke handelt, dürfen diese nur in Kleinmengen abgegeben werden.

(2) Bei Ausübung der Rechte gemäß Abs. 1 muss der Charakter des Betriebes als Tankstelle gewahrt bleiben und es dürfen, soweit es sich nicht um die Ausübung des Kleinhandels mit Heizöl handelt, keine Räumlichkeiten verwendet werden, welche ausschließlich dem Kleinverkauf von Waren gemäß Abs. 1 Z 2 dienen. Die dem Verkauf von Waren gemäß Abs. 1 Z 2 gewidmete Fläche darf 80 Quadratmeter nicht übersteigen. Die Aufnahme von zusätzlichen Arbeitnehmern für den Warenverkauf kann durch Kollektivvertrag zugelassen werden.

Versteigerung beweglicher und unbeweglicher Sachen

§ 158. (1) Einer Gewerbeberechtigung für die Versteigerung beweglicher Sachen sowie für die Versteigerung von Liegenschaften, Superädifikaten und Baurechten nach § 87c NO bedarf es für den Verkauf beweglicher und unbeweglicher Sachen auf eigene oder fremde Rechnung im Wege öffentlicher Versteigerungen, auch wenn er im Rahmen der Ausübung eines anderen Gewerbes vorgenommen wird. Auf die Versteigerung von Liegenschaften, Superädifikaten und Baurechten sind die §§ 87a bis 87e NO und § 2 NotariatsaktG anzuwenden.

(2) Die Vorschriften über Verbote und Beschränkungen der Versteigerung gewisser Gegenstände, über den Wirkungsbereich der Gemeinden hinsichtlich der Vornahme von Versteigerungen, über Befugnisse bestimmter Arten von Unternehmen oder Angehöriger bestimmter Berufe, öffentliche Versteigerungen durchzuführen, über das Erfordernis einer besonderen behördlichen Bewilligung für die Veranstaltung jeder einzelnen öffentlichen Versteigerung, über die Teilnahme eines behördlichen Versteigerungskommissärs und über die Entrichtung gewisser Gebühren für Versteigerungen werden durch dieses Bundesgesetz nicht berührt.

(3) Die zur Versteigerung beweglicher und unbeweglicher Sachen berechtigten Gewerbebetreibenden haben sich einer Geschäftsordnung zu bedienen. Die Geschäftsordnung ist in den für den

Verkehr mit Kunden bestimmten Geschäftsräumen ersichtlich zu machen.

Personenbetreuung

§ 159. (1) Gewerbetreibende, die das Gewerbe der Personenbetreuung ausüben, sind berechtigt, betreuungsbedürftige Personen zu unterstützen. Dies umfasst insbesondere folgende Tätigkeiten:

1. Haushaltsnahe Dienstleistungen insbesondere:
   a) Zubereitung von Mahlzeiten
   b) Vornahme von Besorgungen
   c) Reinigungstätigkeiten
   d) Durchführung von Hausarbeiten
   e) Durchführung von Botengängen
   f) Sorgetragung für ein gesundes Raumklima
   g) Betreuung von Pflanzen und Tieren
   h) Wäscheversorgung (Waschen, Bügeln, Ausbessern)
2. Unterstützung bei der Lebensführung insbesondere:
   a) Gestaltung des Tagesablaufs
   b) Hilfestellung bei alltäglichen Verrichtungen
3. Gesellschafterfunktion insbesondere:
   a) Gesellschaft leisten
   b) Führen von Konversation
   c) Aufrechterhaltung gesellschaftlicher Kontakte
   d) Begleitung bei diversen Aktivitäten
4. Führung des Haushaltsbuches mit Aufzeichnungen über für die betreute Person getätigte Ausgaben
5. praktische Vorbereitung der betreuungsbedürftigen Person auf einen Ortswechsel
6. Organisation einer Vertretung im Verhinderungsfall.

(2) Zu den Tätigkeiten nach Abs. 1 Z 2 zählen auch die in § 3b Abs. 2 Z 1 bis 5 des Gesundheits- und Krankenpflegegesetzes (GuKG), BGBl. I Nr. 108/1997, genannten Tätigkeiten, solange nicht Umstände vorliegen, die aus medizinischer Sicht für die Durchführung dieser Tätigkeiten durch Laien eine Anordnung durch einen Angehörigen des gehobenen Dienstes für Gesundheits- und Krankenpflege erforderlich machen.

(3) Gewerbetreibende, die das Gewerbe der Personenbetreuung ausüben, sind berechtigt, im Einzelfall

1. nach Maßgabe des § 3b GuKG einzelne pflegerische Tätigkeiten und
2. nach Maßgabe des § 50b Ärztegesetz 1998, BGBl. I Nr. 169, und des § 15 Abs. 7 GuKG einzelne ärztliche Tätigkeiten

an der betreuten Person durchzuführen, wenn sie vom Gewerbetreibenden nicht überwiegend erbracht werden.

Qualitätssicherung für die Personenbetreuung

§ 160. (1) Die in den §§ 159 und 161 genannten Gewerbetreibenden sind zur Verschwiegenheit über alle ihnen in Ausübung ihres Gewerbes anvertrauten oder bekannt gewordenen Angelegenheiten verpflichtet. Diese Verschwiegenheitspflicht besteht nicht, wenn und insoweit die betreuungsbedürftige Person oder deren gesetzlicher Vertreter ausdrücklich von dieser Pflicht entbindet. Inwieweit die Gewerbetreibenden von der Verpflichtung zur Ablegung eines Zeugnisses zur Einsichtsgewährung in Geschäftspapiere oder zur Erteilung von Auskünften über ihnen in Ausübung ihres Berufes bekannt gewordenen Angelegenheiten in gerichtlichen oder verwaltungsbehördlichen Verfahren befreit sind, richtet sich nach den bezüglichen Rechtsvorschriften. Die vorstehend angeführten Bestimmungen gelten sinngemäß auch für die Arbeitnehmer der Gewerbetreibenden.

(2) Die im § 159 genannten Gewerbetreibenden haben

1. mit der betreuungsbedürftigen Person oder deren gesetzlichem Vertreter eine Vereinbarung betreffend Handlungsleitlinien für den Alltag und den Notfall abzuschließen, insbesondere über die Verständigung bzw. Beiziehung von Angehörigen, Ärzten oder Einrichtungen, die mobile Dienste anbieten, im Falle erkennbarer Verschlechterung des Zustandsbildes und
2. das Haushaltsbuch zu führen und samt der Belegsammlung über einen Zeitraum von zwei Jahren aufzubewahren.

Organisation von Personenbetreuung

§ 161. (1) Einer Gewerbeberechtigung für die Organisation von Personenbetreuung bedarf es für die Vermittlung von Gewerbetreibenden, die das Gewerbe der Personenbetreuung ausüben, an betreuungsbedürftige Personen.

(2) Der Tätigkeitsbereich der Organisation von Personenbetreuung umfasst auch die Beratung und Betreuung für die in Abs. 1 genannten Geschäfte.

§ 162. (1) Kein reglementiertes Gewerbe und kein Teilgewerbe sind:

1. Änderungsschneiderei;
2. Anfertigung von Schlüsseln mittels Kopierfräsmaschinen;
3. Autoverglasung;
4. Einbau von Radios, Telefonen und Alarmanlagen in Kraftfahrzeuge;
5. Entkalken von Heißwasserbereitern;
6. Erzeugung von Lebzelten und kandierten und getunkten Früchten;
7. Erzeugung von Speiseeis;
8. Fahrradtechnik;
9. Friedhofsgärtnerei;
10. Gürtel- und Riemenerzeugung sowie Reparatur von Lederwaren und Taschen;

11. Huf- und Klauenbeschlag;
12. Instandsetzen von Schuhen;
13. Modellieren von Fingernägeln (Nagelstudio);
14. Nähmaschinentechnik;
15. Reinigung von Polstermöbeln und nicht fest verlegten Teppichen;
16. Schleifen von Schneidewaren;
17. Wartung und Überprüfung von Handfeuerlöschern;
18. Wäschebügeln;
19. Zusammenbau von Möbelsätzen.

(2) Zur Ausübung von in Abs. 1 genannten freien Gewerben ist jeweils jedenfalls auch berechtigt, wer über die folgenden Gewerbeberechtigungen mit oder ohne Einschränkungen verfügt:

1. Damenkleidermacher; Herrenkleidermacher; Wäschewarenerzeugung (verbundenes Handwerk) zur Ausübung der Änderungsschneiderei;
2. Metalltechnik für Metall- und Maschinenbau; Metalltechnik für Schmiede und Fahrzeugbau; Metalltechnik für Land- und Baumaschinen (verbundenes Handwerk) zur Anfertigung von Schlüsseln mittels Kopierfräsmaschinen, zum Huf- und Klauenbeschlag, zum Schleifen von Schneidewaren und zur Wartung und Überprüfung von Handfeuerlöschern;
3. Karosseriebau- und Karosserielackiertechniker; Kraftfahrzeugtechnik (verbundenes Handwerk) zur Autoverglasung und zum Einbau von Radios, Telefonen und Alarmanlagen in Kraftfahrzeuge;
4. Gas- und Sanitärtechnik zum Entkalken von Heißwasserbereitern;
5. Konditoren (Zuckerbäcker) einschließlich der Lebzelter und der Kanditen-, Gefrorenes- und Schokoladewarenerzeugung (Handwerk) zur Erzeugung von Lebzelten und kandierten und getunkten Früchten und zur Erzeugung von Speiseeis;
6. Mechatroniker für Maschinen- und Fertigungstechnik; Mechatroniker für Elektronik, Büro- und EDV-Systemtechnik; Mechatroniker für Elektromaschinenbau und Automatisierung; Mechatroniker für Medizingerätetechnik (verbundenes Handwerk) zur Fahrradtechnik und zur Nähmaschinentechnik;
7. Gärtner; Florist (verbundenes Handwerk) zur Friedhofsgärtnerei;
8. Sattler einschließlich Fahrzeugsattler und Riemer; Ledergalanteriewarenerzeugung und Taschner (verbundenes Handwerk) zur Gürtel- und Riemenerzeugung sowie Reparatur von Lederwaren und Taschen;
9. Schuhmacher (Handwerk) zum Instandsetzen von Schuhen;
10. Kosmetik (Schönheitspflege) zum Modellieren von Fingernägeln (Nagelstudio);
11. Textilreiniger (Chemischreiniger, Wäscher und Wäschebügler) (Handwerk) zur Reinigung von Polstermöbeln und nicht fest verlegten Teppichen und zum Wäschebügeln;
12. Tischler; Modellbauer; Bootsbauer; Binder; Drechsler; Bildhauer (verbundenes Handwerk) zum Zusammenbau von Möbelsätzen.

III. Hauptstück
Märkte

§ 286. (1) Unter einem Markt im Sinne dieses Bundesgesetzes ist eine Veranstaltung zu verstehen, bei der auf einem örtlich bestimmten Gebiet (Marktplatz, Markthalle) zu bestimmten Markttagen und Marktzeiten Waren feilgeboten und verkauft werden. Ein Markt darf nur auf Grund einer Verordnung der Gemeinde, in der der Markt abgehalten werden soll, stattfinden. Jedermann hat das Recht, auf Märkten Waren nach Maßgabe der von der Gemeinde hiefür durch Verordnung bestimmten Voraussetzungen feilzubieten und zu verkaufen.

(2) Unter einem Gelegenheitsmarkt („Quasimarkt“) ist eine marktähnliche Verkaufsveranstaltung zu verstehen, die nur gelegentlich aus besonderen Anlässen abgehalten wird. Ein Gelegenheitsmarkt darf nur auf Grund einer Bewilligung der Gemeinde, in der die Veranstaltung abgehalten werden soll, stattfinden.

(3) Marktähnliche Verkaufsveranstaltungen, bei denen Land- oder Forstwirte aus ihrer eigenen Produktion Erzeugnisse wie sie von Land- oder Forstwirten im Rahmen der Bestimmungen des § 2 Abs. 3 und 4 auf den Markt gebracht werden, feilbieten und verkaufen (Bauernmärkte), sind keine Märkte im Sinne dieses Bundesgesetzes.

(4) Marktähnliche Verkaufsveranstaltungen von kurzer Dauer, die in herkömmlicher Art und Weise zu wohltätigen Zwecken veranstaltet werden, sind keine Märkte im Sinne dieses Bundesgesetzes.

(5) Nicht als Märkte im Sinne dieses Bundesgesetzes sind Messen und messeähnliche Veranstaltungen zu verstehen.

(6) Ein Markt oder Gelegenheitsmarkt liegt auch dann vor, wenn die Veranstaltung als Flohmarkt deklariert wird, sofern die Voraussetzungen der Abs. 1 oder 2 gegeben sind und keine Ausnahme nach den Abs. 3 bis 5 vorliegt.

§ 287. (1) Unbeschadet des § 286 Abs. 3 und Abs. 4 sind der Verkauf und das Feilbieten von Waren in der Art eines Marktes verboten, wenn hiefür keine Verordnung der Gemeinde, in der der Markt abgehalten werden soll, besteht und auch kein Gelegenheitsmarkt bewilligt ist.

(2) Waren, deren marktmäßiger Verkauf aus Gründen der öffentlichen Ruhe, Ordnung und Sicherheit, des Schutzes der Gesundheit von Menschen oder der Vermeidung der Verschleppung von Krankheiten von Pflanzen oder Tieren nicht

vertretbar ist, dürfen auf Märkten nicht feilgehalten werden.

(3) Der Bundesminister für wirtschaftliche Angelegenheiten hat die Waren zu bezeichnen, auf die Abs. 2 anzuwenden ist.

§ 288. (1) Die §§ 286 bis 294, 368 Z 13 sowie Z 14, soweit Z 14 die §§ 286 bis 294 betrifft, gelten auch für die von den Bestimmungen dieses Bundesgesetzes ausgenommenen Tätigkeiten.

(2) Personen, die im Ausland eine Erwerbstätigkeit befugt ausüben, dürfen Waren auf Märkten feilhalten und verkaufen, soweit in dieser Hinsicht Gegenseitigkeit gewährleistet ist.

(3) Die Gewerbetreibenden haben beim Feilbieten und beim Verkauf der Waren auf einem Markt oder Gelegenheitsmarkt die Verständigung über die Eintragung im GISA (§ 340 Abs. 1) stets mitzuführen und auf Verlangen der behördlichen Organe vorzuweisen.

§ 289. (1) Eine Verordnung der Gemeinde nach § 286 Abs. 1 ist zu erlassen, wenn ein Bedarf nach der Abhaltung des Marktes angenommen werden kann und nicht zu befürchten ist, daß das öffentliche Interesse an der Aufrechterhaltung der öffentlichen Ruhe, Ordnung und Sicherheit, am Schutz der Gesundheit und am ungestörten Straßenverkehr beeinträchtigt oder daß die wirtschaftliche Lage der ansässigen Gewerbetreibenden wesentlich ungünstig beeinflußt wird. Eine solche Verordnung darf die Ermächtigung enthalten, mit der Durchführung eines Marktes oder aller Märkte einen Dritten zu betrauen.

(2) Eine Verordnung gemäß Abs. 1 hat jedenfalls zu enthalten:

1. die Angabe des Gebiets innerhalb der Gemeinde, auf dem der Markt abgehalten wird;
2. die Bestimmung der Markttage und der Marktzeiten, an denen der Markt abgehalten wird (Markttermine);
3. die Bezeichnung der Waren oder Warengruppen, die den Hauptgegenstand des Marktverkehrs bilden.

§ 290. (1) Im Verfahren zur Erlassung einer Verordnung gemäß § 286 Abs. 1 sind die Landeskammer der gewerblichen Wirtschaft, die Kammer für Arbeiter und Angestellte und die Landwirtschaftskammer zu hören.

(2) Die Gemeinde hat die Landeskammer der gewerblichen Wirtschaft, die Kammer für Arbeiter und Angestellte und die Landwirtschaftskammer zu verständigen, wenn ein vorgesehener Markt nicht abgehalten wird.

§ 291. (1) Vor der Bewilligung eines Gelegenheitsmarktes sind die Landeskammer der gewerblichen Wirtschaft, die Kammer für Arbeiter und Angestellte und die Landwirtschaftskammer zu hören.

(2) Der Bescheid hat neben den im § 289 Abs. 2 angeführten Angaben auch die Gelegenheit zu bezeichnen, die den Anlaß für die Abhaltung des Marktes bildet und für ihn bestimmend ist.

(3) Die Gemeinde hat die im Abs. 1 genannten Kammern von der Erteilung einer Bewilligung zur Abhaltung eines Gelegenheitsmarktes zu verständigen.

§ 292. (1) Bei der Vergabe des Marktplatzes an die Marktbesucher durch die Gemeinde ist neben der Bedachtnahme auf den auf dem Markt zur Verfügung stehenden Raum darauf zu achten, daß jede der auf dem Markt zugelassenen Waren oder Warengruppen, die einen Hauptgegenstand des Marktverkehrs bilden, in entsprechender Qualität durch eine genügende Zahl von Marktbesuchern feilgehalten wird.

(2) Die Gemeinden dürfen von den Marktbesuchern für die Benützung der Markteinrichtungen nur dann privatrechtliche Entgelte verlangen, wenn sie hiefür keine Abgaben auf Grund des Finanz-Verfassungsgesetzes 1948, BGBl. Nr. 45, und des Finanzausgleichsgesetzes 1993, BGBl. Nr. 30, einheben. Solche Entgelte dürfen nur als Vergütung für den überlassenen Raum, den Gebrauch von Marktständen und Gerätschaften und für andere mit der Abhaltung des Marktes verbundene Auslagen eingehoben und nicht höher bemessen werden, als es zur Verzinsung und Tilgung der für die Errichtung, die Erhaltung und den Betrieb der Markteinrichtungen aufgewendeten Beträge erforderlich ist.

§ 293. (1) Die Gemeinde hat hinsichtlich des Marktes oder der Märkte ihres Gebietes eine Marktordnung zu erlassen, die jedenfalls zu enthalten hat:

1. die genaue räumliche Abgrenzung des Marktes;
2. Bestimmungen über die Marktzeiten und Markttage (Markttermine);
3. die gattungsmäßige Bezeichnung des Marktes und die Angabe der Haupt- und Nebengegenstände des Marktverkehrs;
4. die Regelung betreffend die Vormerkung und die Vergabe von Marktplätzen und Markteinrichtungen;
5. Bestimmungen über die Ausweisleistung und die Überwachung der Marktbesucher;
6. die Regelung des Verlustes (Widerrufes) von Marktplätzen und Markteinrichtungen bei Vergabe durch Bescheid und der Untersagung der weiteren Ausübung der Markttätigkeit bei zivilrechtlicher Vergabe.

(2) Darüber hinaus kann die Marktordnung insbesondere noch enthalten:

1. Bestimmungen darüber, ob und inwieweit die Marktbesucher auf den Marktplätzen selbst standfeste Bauten errichten dürfen, und über die Verpflichtung, solche Bauten im Falle des Verlustes des Marktplatzes zu entfernen;

2. Bestimmungen, die die Reinhaltung des Marktes sichern;
3. Bestimmungen über die Tätigkeit der Markthelfer;
4. Bestimmungen darüber, inwieweit der Ausschank von Getränken und die Verabreichung von Speisen gestattet sind.

(3) Für einen Gelegenheitsmarkt (§ 286 Abs. 2) ist eine Marktordnung dann zu erlassen, wenn dies wegen der Eigenart, Dauer und besonderen Bedeutung dieser Veranstaltung oder im Interesse der Marktbesucher oder Käufer erforderlich ist. In diesem Fall sind die Abs. 1 und 2 sinngemäß anzuwenden.

§ 294. Veterinärrechtliche Vorschriften werden durch die Bestimmungen des III. Hauptstückes nicht berührt.

§ 295. §§ 295 bis 332 entfallen.

§ 296. §§ 295 bis 332 entfallen.

§ 297. §§ 295 bis 332 entfallen.

§ 298. §§ 295 bis 332 entfallen.

§ 299. §§ 295 bis 332 entfallen.

§ 300. §§ 295 bis 332 entfallen.

§ 301. §§ 295 bis 332 entfallen.

§ 302. §§ 295 bis 332 entfallen.

§ 303. §§ 295 bis 332 entfallen.

§ 304. §§ 295 bis 332 entfallen.

§ 305. §§ 295 bis 332 entfallen.

§ 306. §§ 295 bis 332 entfallen.

§ 307. §§ 295 bis 332 entfallen.

§ 308. §§ 295 bis 332 entfallen.

§ 309. §§ 295 bis 332 entfallen.

§ 310. §§ 295 bis 332 entfallen.

§ 311. §§ 295 bis 332 entfallen.

§ 312. §§ 295 bis 332 entfallen.

§ 313. §§ 295 bis 332 entfallen.

§ 314. §§ 295 bis 332 entfallen.

§ 315. §§ 295 bis 332 entfallen.

§ 316. §§ 295 bis 332 entfallen.

§ 317. §§ 295 bis 332 entfallen.

§ 318. §§ 295 bis 332 entfallen.

§ 319. §§ 295 bis 332 entfallen.

§ 320. §§ 295 bis 332 entfallen.

§ 321. §§ 295 bis 332 entfallen.

§ 322. §§ 295 bis 332 entfallen.

§ 323. §§ 295 bis 332 entfallen.

§ 324. §§ 295 bis 332 entfallen.

§ 325. §§ 295 bis 332 entfallen.

§ 326. §§ 295 bis 332 entfallen.

§ 327. §§ 295 bis 332 entfallen.

§ 328. §§ 295 bis 332 entfallen.

§ 329. §§ 295 bis 332 entfallen.

§ 330. §§ 295 bis 332 entfallen.

§ 331. §§ 295 bis 332 entfallen.

§ 332. §§ 295 bis 332 entfallen.

IV. Hauptstück
Behörden und Verfahren
1. Allgemeine Bestimmungen
Einheitliche Anlaufstelle

§ 333. (1) Soweit nicht ausdrücklich anderes bestimmt ist, ist Behörde im Sinne dieses Bundesgesetzes, und zwar Behörde erster Instanz, die Bezirksverwaltungsbehörde.

(2) Gewerbetreibende können die Meldung, die sie als Pflichtversicherte zu Beginn der Pflichtversicherung bei der Sozialversicherungsanstalt der Selbständigen abzugeben und die Anzeige, die sie als Abgabepflichtige bei Aufnahme ihrer Geschäftstätigkeit an das zuständige Finanzamt zu erstatten haben, auch bei der Gewerbebehörde auf automationsunterstütztem Wege einbringen. Die Gewerbebehörde hat die Meldung des Pflichtversicherten unverzüglich an die Sozialversicherungsanstalt der Selbständigen und die Anzeige des Abgabepflichtigen an das zuständige Finanzamt zu übermitteln.

§ 333a. Schriften und Zeugnisse, die auf Grundlage dieses Bundesgesetzes erstellt und ausgestellt werden, sowie Eingaben, die auf das Erstellen und das Ausstellen von Schriften auf Grundlage dieses Bundesgesetzes gerichtet sind, sind von den Stempelgebühren und Verwaltungsabgaben des Bundes befreit.

§ 334. Ist in einer Sache der Bundesminister für Wirtschaft und Arbeit in erster Instanz zuständig, so kann er mit der Durchführung des Verfahrens ganz oder teilweise die nachgeordnete Behörde betrauen und diese auch ermächtigen, in seinem Namen zu entscheiden. Gesetzliche Mitwirkungs- und Anhörungsrechte werden hiedurch nicht berührt.

§ 335. Ist in Verfahren betreffend Betriebsanlagen in erster Instanz die örtliche Zuständigkeit mehrerer Bezirksverwaltungsbehörden gegeben (§ 333), ist diejenige Bezirksverwaltungsbehörde örtlich zuständig, in deren Bereich sich der größte Teil der Grundfläche der Betriebsanlage befindet. Die übrigen betroffenen Bezirksverwaltungsbehörden sind zu hören.

§ 335a. (1) Die Behörde hat die Einhaltung

1. der Verordnung (EU) Nr. 1286/2014 über Basisinformationsblätter für verpackte Anlageprodukte für Kleinanleger und Versicherungsanlageprodukte (PRIIP), ABl. Nr. L 352 vom 09.12.2014 S. 1, in der Fassung der Berichtigung ABl. Nr. L 358 vom 13.12.2014 S. 50, und der Verordnung (EU) 2016/2340 zur Änderung der Verordnung (EU) Nr. 1286/2014 über Basisinformationsblätter für verpackte Anlageprodukte für Kleinanleger und Versicherungsanlageprodukte im Hinblick auf den Geltungsbeginn, ABl. Nr. L 354 vom 23.12.2016 S. 35, sowie
2. der auf deren Grundlage erlassenen delegierten Rechtsakte der Europäischen Kommission

a) Delegierte Verordnung (EU) 2017/653 zur Ergänzung der Verordnung (EU) Nr. 1286/2014 über Basisinformationsblätter für verpackte Anlageprodukte für Kleinanleger und Versicherungsanlageprodukte (PRIIP) durch technische Regulierungsstandards in Bezug auf die Darstellung, den Inhalt, die Überprüfung und die Überarbeitung dieser Basisinformationsblätter sowie die Bedingungen für die Erfüllung der Verpflichtung zu ihrer Bereitstellung, ABl. Nr. L 100 vom 12.04.2017 S. 1, zuletzt berichtigt durch ABl. Nr. L 186 vom 19.07.2017 S. 17, sowie
b) Delegierte Verordnung (EU) 2016/1904 zur Ergänzung der Verordnung (EU) Nr. 1286/2014 im Hinblick auf die Produktintervention, ABl. Nr. L 295 vom 29.10.2016 S. 11,

durch Versicherungsvermittler (§ 94 Z 75 und 76), gemäß § 338 zu überwachen.

(2) Die Behörde hat die Einhaltung der delegierten Verordnungen gemäß Art. 38 der Richtlinie (EU) 2016/97

1. Durchführungsverordnung (EU) 2017/1469 zur Festlegung eines Standardformats für das Informationsblatt zu Versicherungsprodukten, ABl. Nr. L 209 vom 12.08.2017 S. 19,
2. Delegierte Verordnung (EU) 2017/2358 zur Ergänzung der Richtlinie (EU) 2016/97 in Bezug auf die Aufsichts- und Lenkungsanforderungen für Versicherungsunternehmen und Versicherungsvertreiber, ABl. Nr. L 341 vom 20.12.2017 S. 1, sowie
3. Delegierte Verordnung (EU) 2017/2359 zur Ergänzung der Richtlinie (EU) 2016/97 in Bezug auf die für den Vertrieb von Versicherungsanlageprodukten geltenden Informationspflichten und Wohlverhaltensregeln, ABl. Nr. L 341 vom 20.12.2017 S. 8,

durch Versicherungsvermittler (§ 94 Z 75 und 76) gemäß § 338 zu überwachen.

§ 336. (1) Die Organe des öffentlichen Sicherheitsdienstes haben durch Maßnahmen zur Vorbeugung gegen drohende Verwaltungsübertretungen und Maßnahmen, die für die Einleitung von Verwaltungsstrafverfahren erforderlich sind, an der Vollziehung der §§ 366 Abs. 1 Z 1, 2, 3, 3a, 10, 367 Z 8, 35, 50 und 51, 366b und 367a sowie bei Verstößen gegen die Bestimmungen über Sperrstunden (§ 113) mitzuwirken.

(2) Die Organe des öffentlichen Sicherheitsdienstes haben im selben Umfang an der Vollziehung des § 367 Z 25 mitzuwirken, sofern es sich um im Hinblick auf musikalische Darbietungen vorgeschriebene Auflagen oder Aufträge handelt, die die Betriebsanlage eines Gastgewerbebetriebes betreffen.

(3) Die Organe des öffentlichen Sicherheitsdienstes haben im selben Umfang an der Vollziehung des § 368 mitzuwirken, sofern es sich um die in § 76a Abs. 1 oder Abs. 2 geregelten Zeiten oder Voraussetzungen handelt.

(4) Soweit der Behörde für die im Abs. 1 angeführten Aufgaben andere geeignete Organe zur Verfügung stehen, hat sie sich dieser anstelle der Organe des öffentlichen Sicherheitsdienstes zu bedienen.

§ 336a. (1) Die Bezirksverwaltungsbehörden, in Gebieten von Gemeinden, für die Landespolizeidirektionen zugleich Sicherheitsbehörde erster Instanz sind, diese, haben als Sicherheitsbehörden bei den im § 95 angeführten Gewerben bei der in dieser Bestimmung vorgeschriebenen Überprüfung der Zuverlässigkeit mitzuwirken. In Fällen, in denen dieses Bundesgesetz eine Mitwirkung des Bundesministers für Inneres oder der Landespolizeidirektion im Verfahren zur Erlangung einer Gewerbeberechtigung vorsieht (§§ 107 Abs. 5, 132 Abs. 1, 141 Abs. 1 und 148), obliegt diesen Behörden auch die Mitwirkung an der Feststellung der erforderlichen Zuverlässigkeit.

(2) Die Behörden gemäß Abs. 1, die auf Grund dieses Bundesgesetzes die Zuverlässigkeit einer Person sicherheitspolizeilich zu überprüfen haben, sind ermächtigt, die personenbezogenen Daten, die sie bei der Vollziehung von Bundes- oder Landesgesetzen über diese Person ermittelt haben, zu verarbeiten und Daten, die Bedenken an der Zuverlässigkeit des Betroffenen begründen, in den Fällen des Abs. 1 der Gewerbebehörde mitzuteilen.

§ 337. (1) Die in diesem Bundesgesetz (in den §§ 53, 76a Abs. 9, 113 Abs. 3 bis 5, 123 Abs. 4, 125 Abs. 2, 286, 289 bis 293 und 355) festgelegten Aufgaben der Gemeinde sind mit Ausnahme der Durchführung des Verwaltungsstrafverfahrens solche des eigenen Wirkungsbereiches.

(2) Die in diesem Bundesgesetz in den §§ 24 Abs. 1, 119 Abs. 5, 136a Abs. 6a, 136c, 137b Abs. 3a, 350, 351, 352, 352a Abs. 2 und 352b festgelegten Aufgaben von Wirtschaftskammern und Fachorganisationen sowie bei diesen eingerichteten Stellen sind solche des übertragenen Wirkungsbereiches der Organisationen der gewerblichen Wirtschaft. Die jeweils genannten Selbstverwaltungskörper und Stellen sind bei der Besorgung dieser Aufgaben an die Weisungen des Bundesministers für Wissenschaft, Forschung und Wirtschaft gebunden.

§ 338. (1) Soweit dies zur Vollziehung der gewerberechtlichen Vorschriften erforderlich ist, sind die Organe der zur Vollziehung dieser Vorschriften zuständigen Behörden sowie die von diesen Behörden herangezogenen Sachverständigen berechtigt, Betriebe sowie deren Lagerräume während der Betriebszeiten zu betreten und zu besichtigen und Kontrollen des Lagerbestandes vorzunehmen und in alle Geschäftsunterlagen Einsicht zu nehmen und Beweismittel zu sichern. Der Betriebsinhaber oder dessen Stellvertreter ist spätestens beim Betreten des Betriebes oder der Lagerräume zu verständigen. Insoweit die Organe des öffentlichen Sicherheitsdienstes gemäß § 336 bei der Vollziehung dieses Bundesgesetzes mitzuwirken haben, haben ihnen die Gewerbetreibenden auf Verlangen alle für die Gewerbeausübung maßgebenden behördlichen Urkunden vorzuweisen und zur Einsichtnahme auszuhändigen. Liegt gegen eine Person der Verdacht einer Verwaltungsübertretung gemäß § 366 Abs. 1 Z 1, 2, 3, 10 und § 367 Z 8 vor, so hat sich diese Person gegenüber den Organen des öffentlichen Sicherheitsdienstes auszuweisen.

(2) Soweit dies zur Vollziehung der gewerberechtlichen Vorschriften erforderlich ist, hat der Betriebsinhaber oder dessen Stellvertreter den Organen der im Abs. 1 genannten Behörden sowie den von diesen Behörden herangezogenen Sachverständigen das Betreten und die Besichtigung des Betriebes und der Lagerräume zu ermöglichen sowie den Anordnungen dieser Organe zur Inbetriebnahme oder Außerbetriebsetzung und über die Betriebsweise von Maschinen und Einrichtungen und zur Vornahme betrieblicher Verrichtungen zu entsprechen; weiters hat er den im Abs. 1 genannten Behörden die notwendigen Auskünfte zu geben, notwendige Unterlagen vorzulegen und erforderlichenfalls Einblick in die Aufzeichnungen über den Lagerbestand sowie über die Warenein- und -ausgänge zu gewähren.

(3) Soweit dies zur Vollziehung der gewerberechtlichen Vorschriften erforderlich ist, sind die Organe der zur Vollziehung dieser Vorschriften zuständigen Behörden sowie die von diesen Behörden herangezogenen Sachverständigen auch berechtigt, Proben im unbedingt erforderlichen Ausmaß zu entnehmen. Dem Betriebsinhaber oder seinem Stellvertreter ist eine schriftliche Bestätigung über die Probenentnahme sowie auf Verlangen eine Gegenprobe auszufolgen. Auf Verlangen des Betriebsinhabers hat der Bund für die entnommene Probe eine von der zuständigen Behörde zu bestimmende Entschädigung in der Höhe des Einstandspreises zu leisten, falls dieser mehr als 36 € beträgt. Die Entschädigung entfällt, wenn auf Grund dieser Probe eine Maßnahme gemäß § 69 Abs. 4 oder § 360 getroffen worden ist oder eine bestimmte Person bestraft oder auf den Verfall der Probe erkannt worden ist.

(4) Die Organe der im Abs. 1 genannten Behörden haben bei den Amtshandlungen gemäß Abs. 1 und 2 darauf Bedacht zu nehmen, daß jede nicht unbedingt erforderliche Störung oder Behinderung des Betriebes vermieden wird.

(5) Die gemäß Abs. 2 letzter Halbsatz erhaltenen Angaben dürfen nur für die Vollziehung der gewerberechtlichen Vorschriften verwendet werden.

(6) Die Bestimmungen des Arbeitsinspektionsgesetzes 1993, BGBl. Nr. 27/1993, werden durch dieses Bundesgesetz nicht berührt.

(7) Die Organe der zur Vollziehung der gewerberechtlichen Vorschriften zuständigen Behörden sind berechtigt, die zuständigen Behörden zu verständigen, wenn sie im Rahmen ihrer Tätigkeit zu dem begründeten Verdacht gelangen, daß eine Übertretung arbeitsrechtlicher oder sozialversicherungsrechtlicher oder steuerrechtlicher Vorschriften vorliegt.

(8) Das Bundesministerium für Wissenschaft, Forschung und Wirtschaft und die FMA arbeiten bei der Vollziehung der Bestimmungen über Versicherungsvermittlung und Kreditvermittlung nach diesem Bundesgesetz sowie nach dem BWG und dem Versicherungsaufsichtsgesetz 2016, BGBl. I Nr. 34/2015, in wechselseitiger Hilfeleistung zusammen. Die Behörde hat mit den anderen in Art. 22 B-VG genannten Organen bei der Vollziehung der gewerberechtlichen Bestimmungen zusammenzuarbeiten. Die Behörde hat entsprechende systematische, wirksame Vorgehensweisen (Mechanismen) vorzusehen, die bei der Entwicklung und Umsetzung von Strategien und Maßnahmen zur Bekämpfung von Geldwäsche und Terrorismusfinanzierung die Zusammenarbeit und Koordinierung im Inland ermöglichen.

GewO

(9) Betreffend die Maschinen-Sicherheitsverordnung 2010 – MSV 2010, BGBl. II Nr. 282/2008 in der jeweils geltenden Fassung, sowie die Verordnung des Bundesministers für Wirtschaft und Arbeit über Geräuschemissionen von zur Verwendung im Freien vorgesehenen Geräten und Maschinen, BGBl. II Nr. 249/2001 in der jeweils geltenden Fassung, ist das Bundesamt für Eich- und Vermessungswesen die gemäß Art. 10 Abs. 2 der Verordnung (EU) 2019/1020 zuständige Behörde und im Rahmen dessen auch für die Abwicklung von Schutzklauselverfahren zuständig. Zur Durchführung der Aufgaben des Bundesamtes für Eich- und Vermessungswesen nach Maßgabe des IV. und V. Kapitels der Verordnung (EU) 2019/1020 gelten der § 6 Abs. 2 und 3 sowie die §§ 7 und 10 des Maschinen – Inverkehrbringungs- und NotifizierungsG (MING), BGBl. I Nr. 77/2015, in der Fassung des BGBl. I Nr. 204/2022, sinngemäß. Das Bundesamt für Eich- und Vermessungswesen hat zur Ausübung seiner Befugnis nach Art. 14 Abs. 4 lit. i der Verordnung (EU) 2019/1020 die zuständige Bezirksverwaltungsbehörde als andere Behörde im Sinne des Art. 14 Abs. 3 lit. b der Verordnung (EU) 2019/1020 zu verständigen, wenn es im Rahmen seiner Tätigkeit zu dem begründeten Verdacht gelangt, dass eine Verwaltungsübertretung begangen wurde. § 371c und § 33a VStG sind vom Bundesamt für Eich- und Vermessungswesen sinngemäß mit der Maßgabe anzuwenden, dass bei Erfüllung der schriftlichen Aufforderung innerhalb der gesetzten Frist von der Verständigung der Bezirksverwaltungsbehörde Abstand genommen werden kann und

sofern eine Verständigung erfolgt diese einen Hinweis auf den Umstand der Erfüllung zu enthalten hat. § 371c Abs. 1 und § 33a VStG sind von der Bezirksverwaltungsbehörde nicht anzuwenden, wenn die Verständigung durch das Bundesamt für Eich- und Vermessungswesen erfolgt ist. Das Bundesamt für Eich- und Vermessungswesen kann zur Anordnung von Maßnahmen nach Art. 14 Abs. 4 lit. k sublit. ii der Verordnung (EU) 2019/1020 die Telekom-Control-Kommission als andere Behörde im Sinne des Art. 14 Abs. 3 lit. b der Verordnung (EU) 2019/1020 beauftragen, soweit der Wirtschaftsakteur oder falls die Identität des Wirtschaftsakteurs oder sein Aufenthalt unbekannt ist und nicht mit vertretbaren Mitteln festgestellt werden kann, der Anbieter des Dienstes der Informationsgesellschaft einer Anordnung der Marktüberwachungsbehörde gemäß Art. 14 Abs. 4 lit. k sublit. i der Verordnung (EU) 2019/1020 nicht binnen einer angemessenen Frist Folge geleistet hat. § 7 Abs. 6 und 8 sowie § 13a MING gelten dabei sinngemäß.

2. Besondere Verfahrensbestimmungen

a) Anmeldungsverfahren

§ 339. (1) Wer ein Gewerbe ausüben will, hat die Gewerbeanmeldung bei der Bezirksverwaltungsbehörde des Standortes zu erstatten.

(2) Die Anmeldung hat die genaue Bezeichnung des Gewerbes und des für die Ausübung in Aussicht genommenen Standortes zu enthalten. Bei der Anmeldung des freien Gewerbes der Marktfahrer oder des freien Gewerbes des Feilbietens gemäß § 53 Abs. 1 Z 1 hat der Anmelder an Stelle der Bezeichnung eines Standortes die genaue Anschrift seiner Wohnung anzugeben; diese Wohnung gilt als Standort. Wenn es sich um Gewerbe handelt, die auf einem öffentlichen Verkehrsmittel, dessen Fahrt durch zwei oder mehrere Verwaltungsbezirke eines Bundeslandes oder durch zwei oder mehrere Bundesländer führt, oder in Verbindung mit Wanderveranstaltungen ausgeübt werden, hat der Anmelder als Standort die genaue Anschrift des Bürobetriebes anzugeben.

(3) Der Anmeldung sind folgende Belege anzuschließen:

1. Urkunden, die dem Nachweis über Vor- und Familiennamen der Person, ihre Wohnung, ihr Alter und ihre Staatsangehörigkeit dienen,
2. falls ein Befähigungsnachweis für das betreffende Gewerbe vorgeschrieben ist, die entsprechenden Belege, im Fall des § 16 Abs. 1 zweiter Satz die Anzeige der erfolgten Bestellung eines Geschäftsführers und
3. ein Auszug aus dem Firmenbuch, der nicht älter als sechs Monate sein darf, falls eine juristische Person oder eine eingetragene Personengesellschaft die Anmeldung erstattet und der Anmelder den Firmenbuchauszug nicht bei der Behörde gemäß § 365g einholt.

(4) Die Anmeldung und die der Anmeldung anzuschließenden Belege können mit Telefax, im Wege automationsunterstützter Datenübertragung oder in jeder anderen technisch möglichen Weise, wie im Wege der Landeskammern der gewerblichen Wirtschaft, eingebracht werden. Hat die Behörde Zweifel an der Echtheit der angeschlossenen Belege, kann sie den Einschreiter auffordern, die Urkunden im Original vorzulegen. Eine solche Urkunde gilt erst als eingelangt, wenn sie im Original vorliegt. Der Anmelder ist von der Beibringung der Belege entbunden, wenn

1. die betreffenden Daten bereits im GISA eingetragen sind oder
2. sich die Gewerbebehörde über die betreffenden Daten durch automationsunterstützte Abfrage gemäß § 365a Abs. 5 Kenntnis verschaffen kann.

§ 340. (1) Auf Grund der Anmeldung des Gewerbes (§ 339 Abs. 1) hat die Behörde zu prüfen, ob die gesetzlichen Voraussetzungen für die Ausübung des angemeldeten Gewerbes durch den Anmelder in dem betreffenden Standort vorliegen. Liegen die Voraussetzungen für die Ausübung des Gewerbes vor und hat die Anmeldung nicht ein in Abs. 2 genanntes Gewerbe zum Gegenstand, so hat die Behörde den Anmelder längstens binnen drei Monaten in das GISA einzutragen und durch Übermittlung eines Auszugs aus dem GISA von der Eintragung zu verständigen. Ist im Zeitpunkt der Gewerbeanmeldung ein Verfahren über eine erforderliche Nachsicht, eine Anerkennung gemäß § 373c oder eine Gleichhaltung gemäß § 373d oder § 373e anhängig, so hat die Behörde die innerhalb der im zweiten Satz festgelegten dreimonatigen Frist rechtskräftig erteilte Nachsicht, Anerkennung oder Gleichhaltung zu berücksichtigen. Als Tag der Gewerbeanmeldung gilt jener Tag, an welchem alle erforderlichen Nachweise (§ 339 Abs. 3) bei der Behörde eingelangt sind und die allenfalls erforderliche Feststellung der individuellen Befähigung gemäß § 19, eine erforderliche Nachsicht, eine Anerkennung gemäß § 373c oder eine Gleichhaltung gemäß § 373d oder § 373e rechtswirksam erfolgt ist. Als Mangel der gesetzlichen Voraussetzungen gilt auch, wenn der Firmenwortlaut im Hinblick auf den Inhalt des Gewerbes eine erhebliche Irreführung bedeuten würde.

(2) Hat die Anmeldung ein im § 95 genanntes Gewerbe zum Gegenstand, so hat die Behörde über das Ergebnis ihrer Feststellungen längstens binnen drei Monaten einen Bescheid zu erlassen. Erwächst der Bescheid, mit dem festgestellt wurde, dass die Voraussetzungen gemäß Abs. 1 vorliegen, in Rechtskraft, so hat die Behörde den Anmelder umgehend in das GISA einzutragen.

(2a) Hat die Anmeldung die im Rahmen des Rauchfangkehrergewerbes (§ 94 Z 55) ausgeübten sicherheitsrelevanten Tätigkeiten im Sinne des § 120 Abs. 1 zweiter Satz zum Gegenstand, so hat die Behörde über das Ergebnis ihrer Feststellungen über die Voraussetzungen gemäß § 120 Abs. 1 zweiter Satz und § 121 Abs. 1a längstens binnen drei Monaten einen Bescheid zu erlassen, sofern betreffend die Anmeldung nicht ein rechtkräftiger Bescheid gemäß Abs. 3 erlassen worden ist. Erwächst der Bescheid, mit dem festgestellt wurde, dass die Voraussetzungen gemäß § 120 Abs. 1 zweiter Satz und § 121 Abs. 1a vorliegen, in Rechtskraft, so hat die Behörde die Berechtigung, dass dem Gewerbetreibenden die Ausübung der sicherheitsrelevanten Tätigkeiten gemäß § 120 Abs. 1 zweiter Satz zusteht, und das für diese Berechtigung geltende Kehrgebiet unverzüglich im GISA einzutragen; § 365e Abs. 1 erster Satz und Abs. 2 bis 4 sind auf diese Daten sinngemäß anzuwenden.

(3) Liegen die im Abs. 1 genannten Voraussetzungen nicht vor, so hat die Behörde – unbeschadet eines Verfahrens nach § 366 Abs. 1 Z 1 – dies mit Bescheid festzustellen und die Ausübung des Gewerbes zu untersagen.

b) Genehmigungsverfahren

§ 341. Dem Ansuchen um Genehmigung der Bestellung eines Geschäftsführers oder eines Filialgeschäftsführers für die Ausübung eines im § 95 genannten Gewerbes sind die im § 339 Abs. 3 Z 1 und 2 angeführten Belege betreffend die Person des Geschäftsführers oder des Filialgeschäftsführers anzuschließen. Das Ansuchen um Genehmigung der Bestellung eines Filialgeschäftsführers für die Ausübung eines im § 95 genannten Gewerbes in einer weiteren Betriebsstätte ist bei der für die weitere Betriebsstätte zuständigen Behörde einzubringen.

§ 343. entfällt.

c) Anzeigeverfahren

§ 345. (1) Die Bestimmungen der Abs. 2 bis 5 gelten für die nach diesem Bundesgesetz zu erstattenden Anzeigen, die bewirken, dass die Behörde Daten in das GISA neu einzutragen oder eingetragene Daten zu ändern hat.

(2) Die Anzeigen sind zu erstatten

1. gemäß § 46 Abs. 2 Z 1 und § 47 Abs. 3 bei der für die weitere Betriebsstätte zuständigen Bezirksverwaltungsbehörde und
2. gemäß § 46 Abs. 2 Z 2 und 3 bei der für den neuen Standort zuständigen Bezirksverwaltungsbehörde.

Sonstige Anzeigen sind bei der Bezirksverwaltungsbehörde des Standortes zu erstatten.

(3) Für die Art der Einbringung der Anzeigen gilt § 339 Abs. 4. Den Anzeigen sind die zum Nachweis der gesetzlichen Voraussetzungen für die Maßnahme oder Tätigkeit, die Gegenstand der Anzeige ist, erforderlichen Belege anzuschließen. Betrifft die Anzeige die Tätigkeit einer natürlichen Person, so sind jedenfalls die Belege gemäß § 339 Abs. 3 Z 1 anzuschließen. Betrifft eine solche Anzeige die Tätigkeit als Geschäftsführer oder Filialgeschäftsführer, so sind überdies die Belege gemäß § 339 Abs. 3 Z 2 anzuschließen. Für die Anzeige gemäß § 46 Abs. 2 Z 1 erster Fall und für die Anzeigen gemäß § 46 Abs. 2 Z 2 und 3 gelten die Vorschriften des § 339 Abs. 2 sinngemäß. Der Erstatter einer Anzeige ist bei Vorliegen der Voraussetzungen gemäß § 339 Abs. 4 Z 1 oder 2 von der Vorlage der Belege entbunden.

(4) Wenn die jeweils geforderten Voraussetzungen gegeben sind und in diesem Bundesgesetz nicht anderes bestimmt wird, hat die Behörde die sich aus der Anzeige ergebende Eintragung in das GISA vorzunehmen und den Erstatter der Anzeige von der Eintragung zu verständigen.

(5) Wenn die jeweils geforderten gesetzlichen Voraussetzungen nicht gegeben sind, hat die Behörde, bei der die Anzeige erstattet worden ist – unbeschadet eines Verfahrens nach §§ 366 ff – dies mit Bescheid festzustellen und die Maßnahme oder die Tätigkeit, die Gegenstand der Anzeige ist, zu untersagen.

(6) Die Behörde hat Anzeigen gemäß § 81 Abs. 3 binnen zwei Monaten nach Erstattung der Anzeige mit Bescheid zur Kenntnis zu nehmen, wenn die geforderten Voraussetzungen gegeben sind. Der Bescheid bildet einen Bestandteil des Genehmigungsbescheides. Sind die gesetzlichen Voraussetzungen nicht erfüllt, hat die Behörde innerhalb von zwei Monaten nach Erstattung der Anzeige einen Bescheid im Sinne des Abs. 5 zu erlassen. Für die den Anzeigen gemäß § 81 Abs. 3 anzuschließenden Belege gilt § 353. Mit dem Betrieb der geänderten Betriebsanlage darf erst nach Erlassung des Bescheides im Sinne des ersten Satzes begonnen werden.

GewO

d) Nachsichtsverfahren

§ 346. (1) Im Nachsichtsverfahren gemäß §§ 26 und 27 kann die Behörde, wenn es zur Ermittlung des Sachverhaltes zweckentsprechend ist, die zuständige Gliederung der Landeskammer der gewerblichen Wirtschaft unter Anschluß der vorgelegten Belege auffordern, innerhalb einer Frist von vier Wochen ein Gutachten abzugeben; eine solche Aufforderung hat zu entfallen, wenn das Gutachten bereits vorliegt. Handelt es sich um ein Gewerbe, das die Mitgliedschaft zu einem Gremium der Sektion Handel der Kammer der gewerblichen Wirtschaft begründet, so ist die Sektion Handel die zuständige Gliederung der Landeskammer der gewerblichen Wirtschaft.

(2) Der Bescheid ist binnen vier Monaten zu erlassen.

e) Verfahren betreffend die Ausübung eines Gewerbes in der Form eines Industriebetriebes

§ 347. (1) Wird die Ausübung eines Gewerbes in der Form eines Industriebetriebes (§ 7) angemeldet ist es aber offenkundig, daß eine Ausübung des Gewerbes in dieser Form gar nicht beabsichtigt oder vorläufig überhaupt nicht möglich ist, so hat die Behörde die Ausübung des Gewerbes zu untersagen.

(2) Ist auf Grund der Anmeldung der Ausübung des Gewerbes in der Form eines Industriebetriebes eine Eintragung in das GISA erfolgt, ein Bescheid erlassen oder ein Gewerbeschein ausgefertigt worden, bestehen jedoch in der Folge Zweifel, ob das Gewerbe tatsächlich in dieser Form ausgeübt wird, so hat die Behörde über diese Frage zu entscheiden. Vor der Entscheidung hat sie die beteiligten Fachgruppen, die als zuständige Gliederungen der Landeskammer der gewerblichen Wirtschaft in Betracht kommen könnten, den beteiligten Fachverband der Industrie sowie die Landeskammer der gewerblichen Wirtschaft und die Kammer für Arbeiter und Angestellte zu hören, die ihre Gutachten binnen sechs Wochen abzugeben haben. Kommen von einer Sektion der Landeskammer der gewerblichen Wirtschaft mehrere Fachgruppen als zuständige Gliederungen in Betracht, dann tritt die betreffende Sektion der Landeskammer der gewerblichen Wirtschaft als zuständige Gliederung an die Stelle ihrer beteiligten Fachgruppen.

(3) Gegen den Bescheid steht den beteiligten Gliederungen der Landeskammer der gewerblichen Wirtschaft und dem beteiligten Fachverband der Industrie das Recht der Beschwerde zu, wenn die Entscheidung ihren fristgerecht abgegebenen Gutachten widerspricht oder wenn sie nicht gehört worden sind.

f) Feststellungsverfahren der Oberbehörde über die Anwendbarkeit der gewerberechtlichen Vorschriften und über den aufrechten Bestand von Gewerbeberechtigungen

§ 348. (1) Wird eine Gewerbeanmeldung erstattet oder um die Genehmigung einer gewerblichen Betriebsanlage angesucht oder bei der Behörde die Feststellung beantragt, ob die Genehmigungspflicht einer Anlage im Sinne des § 74 gegeben ist, bestehen aber Zweifel, ob auf die betreffende Tätigkeit die Bestimmungen dieses Bundesgesetzes anzuwenden sind, so hat die Behörde über diese Frage zu entscheiden. Dies gilt auch für den Fall, wenn in einem Verwaltungsstrafverfahren gemäß § 366 Zweifel bestehen, ob auf die betreffende Tätigkeit die Bestimmungen dieses Bundesgesetzes anwendbar sind.

(2) Vor der Entscheidung hat die Behörde die Landeskammer der gewerblichen Wirtschaft und die nach der Sachlage in Betracht kommenden gesetzlichen beruflichen Interessenvertretungen zu hören, die ihre Gutachten binnen sechs Wochen abzugeben haben. Diesen steht gegen den Bescheid das Recht der Beschwerde zu, falls die Entscheidung ihren fristgerecht abgegebenen Gutachten widerspricht oder sie nicht gehört worden sind.

(Anm.: Abs. 3 aufgehoben durch BGBl. I Nr. 85/2013)

(4) Die Behörde hat von Amts wegen oder auf Antrag einer Person, die ein rechtliches Interesse an der Feststellung hat, mit Bescheid festzustellen, ob eine Gewerbeberechtigung aufrecht ist und verneinendenfalls, in welchem Zeitpunkt sie geendet hat.

g) Verfahren über den Umfang von Gewerbeberechtigungen und die Einreihung von Gewerben

§ 349. (1) Zur Entscheidung

1. über den Umfang einer Gewerbeberechtigung (§ 29) im Verhältnis zu einer anderen Gewerbeberechtigung und
2. über die Frage, ob eine gewerbliche Tätigkeit, die Gegenstand einer Gewerbeanmeldung ist, ein freies Gewerbe sein kann oder in den Berechtigungsumfang eines Teilgewerbes fällt oder einem reglementierten Gewerbe vorbehalten ist, ist der Bundesminister für Wirtschaft und Arbeit berufen.

(2) Der Antrag auf Entscheidung gemäß Abs. 1 kann

1. vom Gewerbeinhaber oder einer Person, die eine Gewerbeanmeldung erstattet, und
2. von einer berührten Gliederung der Landeskammer der gewerblichen Wirtschaft

gestellt werden. Der Antrag ist schriftlich zu stellen und zu begründen.

(3) Der Antrag auf Entscheidung gemäß Abs. 1 ist von Amts wegen zu stellen, wenn die betreffende Frage eine Vorfrage in einem nicht beim Bundesminister für wirtschaftliche Angelegenheiten anhängigen Verwaltungsverfahren ist und nicht ohne Bedachtnahme auf die im § 29 zweiter Satz enthaltenen Gesichtspunkte beurteilt werden kann, es sei denn, daß die Voraussetzung für die Zurückweisung des Antrages gemäß Abs. 4 vorliegt. Ist eine Vorfrage im Sinne des ersten Satzes in einem beim Bundesminister für wirtschaftliche Angelegenheiten anhängigen Verwaltungsverfahren zu beurteilen, so ist das Verfahren gemäß Abs. 1 von Amts wegen einzuleiten, wenn hievon nicht gemäß Abs. 4 abgesehen wird.

(4) Der Bundesminister für Wirtschaft, Familie und Jugend kann den Antrag zurückweisen oder von der Einleitung eines Verfahrens gemäß Abs. 1 von Amts wegen absehen, wenn ein ernst zu nehmender Zweifel über die zur Entscheidung gestellte Frage nicht besteht oder wenn über die Frage in den letzten fünf Jahren vom Bundesminister für Wirtschaft, Familie und Jugend rechtskräftig entschieden oder vom Verwaltungsgericht des Landes erkannt oder vom Verwaltungsgerichtshof in der Sache selbst entschieden worden ist.

(5) Andernfalls hat der Bundesminister für wirtschaftliche Angelegenheiten schriftliche Stellungnahmen der im Abs. 2 genannten Parteien und der sonst sachlich beteiligten Gliederungen der Landeskammer der gewerblichen Wirtschaft einzuholen.

(6) Im Verfahren sind die im Abs. 2 Z 1 genannten Personen und die im Abs. 2 Z 2 und Abs. 5 genannten Gliederungen der Landeskammer der gewerblichen Wirtschaft Parteien und es steht ihnen das Recht der Beschwerde an das Verwaltungsgericht des Landes und der Revision wegen Rechtswidrigkeit an den Verwaltungsgerichtshof zu.

Organisation und Verfahren bei Prüfungen

§ 350. Zur Durchführung der Meister- und Befähigungsprüfungen und der Unternehmerprüfung sind im übertragenen Wirkungsbereich der Landeskammern der gewerblichen Wirtschaft Meisterprüfungsstellen eingerichtet. Diese werden durch einen Leiter vertreten. Dieser muss mit den bezüglichen Rechtsvorschriften vertraut sein und über die für diese Tätigkeit erforderlichen Kenntnisse, Fertigkeiten und Kompetenz verfügen. Die Landeskammer der gewerblichen Wirtschaft hat die Funktion des Leiters der Meisterprüfungsstelle öffentlich in geeigneter Weise auszuschreiben. Die Bestellung erfolgt durch das satzungsgebende Organ der Landeskammer.

Zusammensetzung und Bestellung der Prüfungskommissionen

§ 351. (1) Die Meisterprüfungsstelle hat zur Durchführung der Prüfungen der Module 1 bis 3 der Meister- oder Befähigungsprüfungen sowie der Unternehmerprüfung bzw. im Fall einer gemäß § 22 Abs. 2 abweichenden inhaltlichen Struktur der Prüfungsordnung der den Modulen 1 bis 3 entsprechenden Prüfungsgegenstände die erforderliche Anzahl von Prüfungskommissionen zu bilden. Diese bestehen aus dem Vorsitzenden und zwei Beisitzern.

(2) Der Kommission hat höchstens ein weiterer Beisitzer anzugehören, wenn dessen Mitwirkung im Hinblick auf das zu prüfende Fachgebiet der Meister- oder Befähigungsprüfung in der Prüfungsordnung angeordnet wird. Soweit dies in der jeweiligen Prüfungsordnung angeordnet wird, haben den Kommissionen für das Gewerbe der Baumeister, das Gewerbe der Holzbau-Meister sowie für das Gewerbe der Ingenieurbüros (Beratende Ingenieure) jeweils höchstens zwei weitere Beisitzer anzugehören.

(3) Die Vorsitzenden sind vom Landeshauptmann mit Bescheid auf die Dauer von fünf Jahren zu bestellen. Sie müssen mit den für die Durchführung der Prüfung relevanten Rechtsvorschriften vertraut sein, über prüfungsdidaktische Kompetenz verfügen und zum Zeitpunkt ihrer Bestellung eine aktive Berufstätigkeit ausüben. Weiters ist bei der Bestellung des Vorsitzenden darauf zu achten, dass dieser im Gewerbe, auf das sich die jeweilige Prüfung bezieht, nicht selbständig tätig ist, keine interessenpolitische Funktion ausübt und in keinem Beschäftigungsverhältnis zu einer entsprechenden Interessenvertretung steht. Die Funktion des Vorsitzenden ist regelmäßig öffentlich in geeigneter Weise auszuschreiben. Das Ausschreibungs- und Auswahlverfahren ist vom Leiter der Meisterprüfungsstelle durchzuführen. Die Meisterprüfungsstelle hat eine öffentlich einsehbare Liste über sämtliche Vorsitzende (Vorname, Familienname, Nachname) aufzulegen.

(4) Die Beisitzer sind von der Meisterprüfungsstelle mit Bescheid auf die Dauer von fünf Jahren zu bestellen. Sie müssen über eine der zu prüfenden Meister- oder Befähigungsprüfung entsprechende fachbezogene Qualifikation verfügen, im entsprechenden Beruf praktisch tätig sein und über mindestens fünf Jahre Berufserfahrung in verantwortlicher Stellung verfügen. Die Meisterprüfungsstelle hat eine öffentlich einsehbare Liste über sämtliche Beisitzer (Vorname, Familienname, Nachname) aufzulegen.

(5) Die Meisterprüfungsstellen haben darauf hinzuwirken, dass Prüfer in ausreichender Zahl zur Verfügung stehen und die betrauten Personen nach Möglichkeit abwechselnd eingesetzt werden. Die Meisterprüfungsstelle kann bei Verhinderung eines Vorsitzenden gemäß Abs. 3 oder Beisitzers gemäß Abs. 4 eine andere Person, die über die jeweiligen gesetzlichen Voraussetzungen verfügt, ad hoc mit der Übernahme der jeweiligen Prüftätigkeit betrauen. Personen mit Interesse an der Prüftätigkeit können bei der Meisterprüfungsstelle einen Antrag auf Eintragung in die Liste der Beisitzer stellen; diesem Ansuchen ist stattzugeben, wenn die betreffende Person über die Voraussetzungen gemäß Abs. 4 verfügt. Auf Verlangen ist über die Nicht-Eintragung mit Bescheid zu entscheiden.

(6) Die Prüfer haben ihre Tätigkeit im öffentlichen Interesse unparteiisch auszuüben. Sie haben sich als befangen zu erklären, wenn sie in einem Naheverhältnis zum Prüfungskandidaten, zB aufgrund eines Verwandtschaftsverhältnisses oder bei Beschäftigung im selben Unternehmen, stehen bzw. in den vergangenen zwei Jahren standen. Der Vorsitzende hat die Beisitzer vor Beginn der Prüfung über allfällige Ausschließungsgründe zu befragen. Die Prüfer haben dem Leiter der Meisterprüfungsstelle die gewissenhafte und unparteiische Ausübung ihres Amtes schriftlich oder mündlich zu versprechen. Wenn dieses Versprechen bereits einmal abgelegt wurde, genügt es, wenn an dieses Versprechen erinnert wird. Über den Ausschluss von Mitgliedern der Prüfungskommission entscheidet der Leiter der Meisterprüfungsstelle.

(7) Von der Bildung einer Prüfungskommission kann abgesehen werden, wenn in einem Bundesland keine ausreichende Zahl von Prüfungskandidaten im betreffenden Beruf zu erwarten ist oder wenn die für die Prüfung benötigte Infrastruktur nicht zur Verfügung steht.

(8) Der Landeshauptmann kann zur Überwachung des ordnungsgemäßen Vorganges bei der Prüfung einen Vertreter zur Prüfung entsenden.

Anmeldung zur Prüfung und Prüfungsverfahren

§ 352. (1) Die Meisterprüfungsstellen haben zur Durchführung der Prüfungen unter Berücksichtigung der Zahl der zu erwartenden Prüfungskandidaten regelmäßig Termine festzusetzen und für deren entsprechende Verlautbarung zu sorgen. Zwischen den Prüfungsterminen soll in der Regel ein Zeitraum von höchstens sechs Monaten liegen; jedenfalls ist ein Termin einmal im Jahr anzuberaumen.

(2) Die Anmeldung zur Prüfung hat spätestens sechs Wochen vor dem festgesetzten Termin (Abs. 1) bei der Meisterprüfungsstelle zu erfolgen. Die Wahl der Meisterprüfungsstelle steht den Prüfungskandidaten frei.

(3) Prüfungskandidaten sind von der Meisterprüfungsstelle rechtzeitig zur Prüfung einzuladen. Sind die Voraussetzungen für die Zulassung zur Prüfung nicht erfüllt, hat die Meisterprüfungsstelle mit Bescheid die Zulassung zu verweigern.

(4) Der mündliche Teil der Prüfung ist öffentlich, sofern der Prüfungskandidat dagegen keinen Einspruch erhebt und die räumlichen Verhältnisse es zulassen. Im Zweifelsfall entscheidet der Vorsitzende. Der mündliche Teil der Prüfung ist vor der gesamten Prüfungskommission abzulegen. Die Prüfungsordnungen können eine davon abweichende Regelung treffen, sofern dies aufgrund des Umfangs der Prüfung sachlich gerechtfertigt ist und die Unmittelbarkeit der Beurteilung durch die Mitglieder der Prüfungskommission, zB durch Abgrenzung nach einzelnen Prüfungsgegenständen, gewährleistet ist. Das Ergebnis des mündlichen Teils der Prüfung ist dem Prüfungskandidaten durch den Vorsitzenden vor der gesamten Prüfungskommission bekannt zu geben.

(5) Das Ergebnis des schriftlichen Teils der Prüfung ist durch die Meisterprüfungsstelle schriftlich bekannt zu geben. Dem Prüfungskandidaten ist auf sein Ersuchen innerhalb eines Jahres nach der Prüfung in der Meisterprüfungsstelle Einsicht in die Beurteilung seiner schriftlichen Prüfungsarbeiten zu gewähren.

(6) Über den Verlauf der Prüfung und die Beratung der Prüfungskommission ist eine Niederschrift anzufertigen, die von allen Prüfern zu unterzeichnen ist.

(7) Eine Prüfung ist positiv absolviert, wenn in allen Modulen bzw. im Fall einer gemäß § 22 Abs. 2 abweichenden inhaltlichen Struktur der Prüfungsordnung in allen vorgeschriebenen Prüfungsgegenständen die für die selbständige Berufsausübung erforderlichen Kenntnisse, Fertigkeiten und Kompetenz gemäß dem vorgeschriebenen Qualifikationsniveau nachgewiesen wurden. Die Absolvierung mit Auszeichnung setzt eine exzellente Beherrschung der fachlich-praktischen Kenntnisse und Fertigkeiten sowie Problemlösungs- und Innovationsfähigkeit auch in unvorhersehbaren Arbeitskontexten voraus. Das Ergebnis bestimmt sich nach der Stimmenmehrheit, bei Stimmengleichheit entscheidet der Vorsitzende.

(8) Die Meisterprüfungsstelle hat für jedes positiv absolvierte Modul einer Prüfung eine Bestätigung auszustellen. Wurden sämtliche Module bzw. alle vorgeschriebenen Prüfungsgegenstände positiv absolviert, ist ein Meisterprüfungszeugnis oder Befähigungsprüfungszeugnis auszustellen. Sind die Voraussetzungen dafür nicht erfüllt, hat die Meisterprüfungsstelle über Verlangen des Prüfungskandidaten einen Bescheid zu erlassen.

(9) Hat der Prüfungskandidat die Prüfung lediglich teilweise bestanden, kann die Prüfungskommission unter Berücksichtigung der bei der Prüfung festgestellten Kenntnisse, Fertigkeiten und Kompetenz festlegen, welcher Prüfungsgegenstand bei der Prüfung nicht zu wiederholen ist. Über Verlangen des Prüfungskandidaten hat die Meisterprüfungsstelle darüber einen Bescheid zu erlassen.

(10) Bei der Durchführung der Prüfungen haben die Prüfungskandidaten ein Recht auf eine abweichende Prüfungsmethode, wenn eine Behinderung nachgewiesen wird, die die Ablegung der Prüfung in der vorgeschriebenen Methode unmöglich macht und der Inhalt und die Anforderungen der Prüfung dadurch erfüllt werden können.

(11) Prüfungen oder einzelne Module, deren Ergebnis durch eine gerichtlich strafbare Handlung herbeigeführt oder auf andere Weise erschlichen worden ist oder deren Aufgabenstellung oder Abwicklung nachweisbar schwere Mängel aufweist, können vom Landeshauptmann mit Bescheid für ungültig erklärt werden.

(12) Gegen Bescheide der Meisterprüfungsstelle steht dem Prüfungskandidaten das Recht auf Beschwerde an das Verwaltungsgericht des Landes zu.

(13) Alle Schriften, Zeugnisse und Amtshandlungen in Prüfungsangelegenheiten sind von den Gebühren gemäß dem Gebührengesetz 1957 und den Bundesverwaltungsabgaben befreit.

§ 352a. (1) Der Bundesminister für Wissenschaft, Forschung und Wirtschaft hat zum Zweck einer bundeseinheitlichen und transparenten Durchführung durch Verordnung nähere Bestimmungen zu erlassen über

1. die Anberaumung der Prüfungstermine,

2. die Anmeldung zur Prüfung,
3. das Prüfungsverfahren,
4. die auszustellenden Zeugnisse,
5. die Prüfungsgebühr,
6. die aus den Prüfungsgebühren zu bezahlende Entschädigung der Mitglieder der Prüfungskommission und
7. die Voraussetzungen für die Rückzahlung der Prüfungsgebühr bei Nichtablegung oder teilweiser Ablegung der Prüfung sowie die Höhe der rückzuzahlenden Prüfungsgebühr.

(2) Die zuständige Fachorganisation der Wirtschaftskammer Österreich kann in den Prüfungsordnungen unter Berücksichtigung der zu prüfenden Sachgebiete und von Art und Umfang der zu absolvierenden praktischen Arbeiten nähere Bestimmungen erlassen über

1. die Zahl zusätzlicher Beisitzer,
2. die an diese Beisitzer zu stellenden Anforderungen,
3. die Kostentragung für einen allfälligen praktischen Teil der Prüfung und
4. im Fall des lediglich teilweisen Bestehens der Prüfung zu wiederholende Prüfungsteile.

(3) Die Prüfungsgebühren gemäß Abs. 1 Z 5 sind so zu bemessen, dass der Personal- und Sachaufwand der Meisterprüfungsstelle und eine angemessene Entschädigung der Mitglieder der Prüfungskommission gedeckt sind. Auf die wirtschaftlichen Verhältnisse der Prüfungskandidaten kann durch Reduktion der Prüfungsgebühren Bedacht genommen werden.

Datenverarbeitung

§ 352b. Die Meisterprüfungsstellen sind zur Verarbeitung der nachstehenden personenbezogenen Daten sowie zu deren Übermittlung an die jeweiligen Oberbehörden ermächtigt, soweit die Verarbeitung Voraussetzung zur Durchführung der Verwaltungsverfahren sowie zur Erstellung von Statistiken über die abgelegten Prüfungen ist:

1. Name (Vorname, Familienname, Nachname),
2. bereichsspezifisches Personenkennzeichen „Bildung und Forschung“ (bPK-BF) gemäß Teil 1 der Anlage zu § 3 Abs. 1 E–Government-Bereichsabgrenzungsverordnung – E-GovBerAbgrV, BGBl. II Nr. 289/2004, in der jeweils geltenden Fassung,
3. Geburtsdatum,
4. Sozialversicherungsnummer,
5. Geschlecht,
6. Staatsangehörigkeit, Aufenthalts- und Arbeitsberechtigungen,
7. Adresse des Wohnsitzes oder Aufenthaltsortes,
8. Telefonnummer, E-Mail-Adresse,
9. Beruf,
10. Ergebnis der Prüfung.

i) Verfahren betreffend Betriebsanlagen

§ 353. Dem Ansuchen um Genehmigung einer Betriebsanlage sind folgende Unterlagen anzuschließen:

1. in vierfacher Ausfertigung
   a) eine Betriebsbeschreibung einschließlich eines Verzeichnisses der Maschinen und sonstigen Betriebseinrichtungen,
   b) die erforderlichen Pläne und Skizzen,
   (c) ein Abfallwirtschaftskonzept; dieses hat zu enthalten:
      1. Angaben über die Branchen und den Zweck der Anlage,
      2. eine verfahrensbezogene Darstellung des Betriebs,
      3. eine abfallrelevante Darstellung des Betriebs,
      4. organisatorische Vorkehrungen zur Einhaltung abfallwirtschaftlicher Rechtsvorschriften und
      5. eine Abschätzung der zukünftigen Entwicklung.
2. in einfacher Ausfertigung nicht unter Z 1 fallende für die Beurteilung des Projekts und der zu erwartenden Emissionen der Anlage im Ermittlungsverfahren erforderliche technische Unterlagen und
3. in einfacher Ausfertigung die zur Beurteilung des Schutzes jener Interessen erforderlichen Unterlagen, die die Behörde nach anderen Rechtsvorschriften im Verfahren zur Genehmigung der Betriebsanlage mitzuberücksichtigen hat.

§ 353a. (1) Soweit nicht bereits nach § 353 erforderlich, hat der Genehmigungsantrag für eine gemäß § 77a zu genehmigende IPPC-Anlage folgende Angaben zu enthalten:

1. die in der Betriebsanlage verwendeten oder erzeugten Stoffe und Energie;
2. eine Beschreibung des Zustands des Betriebsanlagengeländes;
3. einen Bericht über den Ausgangszustand (Abs. 3) in Hinblick auf eine mögliche Verschmutzung des Bodens und Grundwassers auf dem Anlagengelände, wenn in der IPPC-Anlage relevante gefährliche Stoffe (§ 71b Z 6) verwendet, erzeugt oder freigesetzt werden;
4. die Quellen der Emissionen aus der Betriebsanlage;
5. Art und Menge der vorhersehbaren Emissionen aus der Betriebsanlage in jedes Umweltmedium;
6. die zu erwartenden erheblichen Auswirkungen der Emissionen auf die Umwelt;
7. Maßnahmen zur Überwachung der Emissionen;
8. Maßnahmen zur Vermeidung oder, sofern dies nicht möglich ist, Verminderung der Emissionen;
9. sonstige Maßnahmen zur Erfüllung der Voraussetzungen gemäß § 77a;

10. die wichtigsten vom Antragsteller gegebenenfalls geprüften Alternativen zu den vorgeschlagenen Technologien, Techniken und Maßnahmen in einer Übersicht;
11. eine allgemein verständliche Zusammenfassung der vorstehenden sowie der gemäß § 353 Z 1 lit. a und lit. c erforderlichen Angaben.

Sind Vorschriften des WRG 1959 mit anzuwenden (§ 356b Abs. 1), so hat der Genehmigungswerber schon vor dem Genehmigungsantrag dem wasserwirtschaftlichen Planungsorgan die Grundzüge des Projekts anzuzeigen.

(2) Der Abs. 1 gilt sinngemäß für den Antrag um Genehmigung einer wesentlichen Änderung (§ 81a Z 1) einer IPPC-Anlage.

(3) Der Bericht über den Ausgangszustand hat die Informationen zu enthalten, die erforderlich sind, um den Stand der Boden- und Grundwasserverschmutzung zu ermitteln, damit ein quantifizierter Vergleich mit dem Zustand bei der Auflassung der IPPC-Anlage (§ 83a) vorgenommen werden kann. Der Bericht muss jedenfalls

1. Informationen über die derzeitige Nutzung und, falls verfügbar, über die frühere Nutzung des Geländes, sowie
2. falls verfügbar, bestehende Informationen über Boden- und Grundwassermessungen, die den Zustand zum Zeitpunkt der Erstellung des Berichts widerspiegeln, oder neue Boden- und Grundwassermessungen bezüglich der Möglichkeit einer Verschmutzung des Bodens und des Grundwassers durch die gefährlichen Stoffe, die durch die betreffende Anlage verwendet, erzeugt oder freigesetzt werden sollen,

enthalten.

§ 353b. (1) In Verfahren betreffend Betriebsanlagen, die auf Erlassung eines an einen Antrag des Inhabers einer Betriebsanlage gebundenen Bescheides gerichtet sind, kann der Inhaber der Betriebsanlage für bestimmte Fachgebiete die Bestellung von nichtamtlichen Sachverständigen unwiderruflich beantragen. Der Antrag muss spätestens gleichzeitig mit dem verfahrenseinleitenden Anbringen gestellt werden und hat die genaue Bezeichnung des jeweiligen Fachgebietes, für das ein nichtamtlicher Sachverständiger bestellt werden soll, zu enthalten. § 13 Abs. 3 AVG ist auf Anträge, die keine genaue Bezeichnung des Fachgebietes enthalten, nicht anzuwenden. Verspätete Anträge oder Anträge, die keine genaue Bezeichnung des Fachgebietes enthalten, sind von der Behörde unverzüglich zurückzuweisen.

(2) Die Behörde hat dem Antragsteller innerhalb von vier Wochen ab Einlangen eines Antrages gemäß Abs. 1 oder ab Rechtskraft einer Entscheidung eines Verwaltungsgerichtes oder des Verwaltungsgerichtshofes, mit der ein Bescheid gemäß Abs. 1 letzter Satz aufgehoben worden ist, mit Verfahrensanordnung aufzutragen, dass ein von der Behörde zu bestimmender Betrag zur Deckung des mit der Aufnahme des Beweises durch nichtamtliche Sachverständige verbundenen Aufwandes vom Antragsteller innerhalb einer bestimmten angemessenen Frist vorschussweise zu erlegen ist. Wenn der Betrag nicht vollständig innerhalb dieser Frist vom Antragsteller bei der Behörde erlegt wird, wird der gemäß Abs. 1 gestellte Antrag unwirksam.

(3) Wenn ein Antrag gemäß Abs. 1 gestellt worden ist, beginnen die Fristen betreffend die Verpflichtung der Behörde zur Erlassung von Bescheiden ab Rechtskraft eines Bescheides gemäß Abs. 1 letzter Satz oder mit Ablauf der von der Behörde gemäß Abs. 2 zum Erlag eines vorschussweisen Betrages bestimmten Frist zu laufen.

(4) Die Kosten für die Heranziehung eines auf Grund eines Antrages gemäß Abs. 1 beigezogenen nichtamtlichen Sachverständigen sind im vollen Umfang vom Antragsteller zu tragen.

(5) Auf eine Verfahrensanordnung gemäß Abs. 2 ist § 63 Abs. 2 AVG mit der Maßgabe anzuwenden, dass sie nur hinsichtlich ihrer Höhe und nur dann anfechtbar ist, wenn der Gesamtbetrag der dem Antragsteller aufgetragenen Kostenvorschüsse 4 000 Euro übersteigt.

§ 354. Wenn sich das Ermittlungsverfahren wegen des außergewöhnlichen Umfangs oder der besonderen Beschaffenheit der Anlage voraussichtlich auf einen längeren Zeitraum erstrecken wird und anzunehmen ist, dass die Errichtung und der Betrieb der Anlage bei Vorschreibung bestimmter Auflagen zulässig sein wird, oder wenn zur Ausarbeitung des Projekts einer Anlage Vorarbeiten erforderlich sind oder wenn das Vorliegen des Ergebnisses bestimmter Vorarbeiten für die Entscheidung der Behörde von wesentlicher Bedeutung ist, kann diese Behörde nach Durchführung einer mündlichen Verhandlung mit Bescheid, erforderlichenfalls unter Vorschreibung bestimmter Auflagen, schon vor der Genehmigung der Errichtung und des Betriebs der Anlage die Durchführung der erforderlichen Arbeiten (zB eines Versuchsbetriebs) genehmigen. Gegen diese Genehmigung ist ein abgesondertes Rechtsmittel nicht zulässig.

§ 355. (1) Die Gemeinde ist im Verfahren zur Genehmigung der Betriebsanlage zum Schutz der öffentlichen Interessen im Sinne des § 74 Abs. 2 Z 2 bis 5 im Rahmen ihres Wirkungsbereiches zu hören.

(2) Im Verfahren zur Genehmigung einer Anlage zur Erzeugung oder Verarbeitung von Schieß- und Sprengmitteln (§ 2 Abs. 16) und im Verfahren zur Genehmigung einer Anlage zur Lagerung von Schieß- und Sprengmitteln (§ 2 Abs. 16) ist die Sicherheitsbehörde zum Schutz der öffentlichen Interessen im Sinne des § 74 Abs. 2 Z 2 bis 5 im Rahmen ihres Wirkungsbereiches zu hören.

§ 356. (1) Wird eine mündliche Verhandlung anberaumt, so hat die Behörde Gegenstand, Zeit

und Ort der Verhandlung sowie die Voraussetzungen zur Aufrechterhaltung der Parteistellung (§ 42 AVG) in folgender Weise bekannt zu geben:
1. Kundmachung an der Amtstafel der Gemeinde (§ 41 AVG),
2. Verlautbarung auf der Internetseite der Behörde,
3. Anschlag auf dem Betriebsgrundstück und
4. Anschlag in den der Betriebsanlage unmittelbar benachbarten Häusern.

Die Eigentümer der betroffenen Häuser haben derartige Anschläge in ihren Häusern zu dulden. Statt durch Anschlag im Sinne der Z 3 und 4 kann die Bekanntgabe aus Gründen der Zweckmäßigkeit, Raschheit und Einfachheit durch persönliche Verständigung erfolgen.

(2) Ist die Gefahr der Verletzung eines Kunst-, Betriebs- oder Geschäftsgeheimnisses im Sinne des § 40 AVG gegeben, so ist den Nachbarn die Teilnahme an der Besichtigung der Anlage nur mit Zustimmung des Genehmigungswerbers gestattet, doch ist ihr allfälliges Recht auf Parteiengehör zu wahren.

(3) Im Verfahren betreffend die Vorschreibung anderer oder zusätzlicher Auflagen (§ 79 Abs. 1), im Verfahren betreffend die Genehmigung der Sanierung (§ 79 Abs. 3), im Verfahren betreffend die Aufhebung oder Abänderung von Auflagen (§ 79c Abs. 1), im Verfahren betreffend Abweichungen vom Genehmigungsbescheid einschließlich seiner Bestandteile (§ 79c Abs. 2), im Verfahren betreffend eine Betriebsübernahme (§ 79d), im Verfahren betreffend die Anpassung einer bereits genehmigten Betriebsanlage an eine Verordnung gemäß § 82 Abs. 1 (§ 82 Abs. 2), im Verfahren betreffend die Festlegung der von den Bestimmungen einer Verordnung gemäß § 82 Abs. 1 abweichenden Maßnahmen (§ 82 Abs. 3) und im Verfahren betreffend die Vorschreibung der über die Bestimmungen einer Verordnung gemäß § 82 Abs. 1 hinausgehenden Auflagen (§ 82 Abs. 4) haben jene Nachbarn Parteistellung, deren Parteistellung im Verfahren gemäß Abs. 1 aufrecht geblieben ist.

(4) Nachbarn haben in den Verfahren betreffend die Aufhebung oder Abänderung von Auflagen (§ 79c Abs. 1), Abweichungen vom Genehmigungsbescheid einschließlich seiner Bestandteile (§ 79c Abs. 2) und Betriebsübernahme (§ 79d) auch insoweit Parteistellung, als damit neue oder größere nachteilige Wirkungen im Sinne des § 74 Abs. 2 verbunden sein können.

§ 356a. (1) Die Behörde hat den Antrag um Genehmigung oder um Genehmigung einer wesentlichen Änderung einer IPPC-Anlage (§ 353a) in einer in der betroffenen Gemeinde verbreiteten periodisch erscheinenden Zeitung und im Internet bekannt zu geben. Betriebs- und Geschäftsgeheimnisse sind zu wahren. § 356 bleibt unberührt.

(2) Die Bekanntmachung gemäß Abs. 1 hat jedenfalls folgende Informationen zu enthalten:
1. den Hinweis, bei welcher Behörde der Antrag sowie die zum Zeitpunkt der Bekanntmachung bei der Behörde vorliegenden wichtigsten entscheidungsrelevanten Berichte und Empfehlungen innerhalb eines bestimmten, mindestens sechs Wochen betragenden Zeitraums während der Amtsstunden zur Einsichtnahme aufliegen und dass jedermann innerhalb dieses mindestens sechswöchigen Zeitraums zum Antrag Stellung nehmen kann;
2. den Hinweis, dass die Entscheidung mit Bescheid erfolgt;
3. den Hinweis, dass allfällige weitere entscheidungsrelevante Informationen, die zum Zeitpunkt der Bekanntmachung noch nicht vorgelegen sind, in der Folge während des Genehmigungsverfahrens bei der Behörde während der Amtsstunden zur Einsichtnahme aufliegen;
4. gegebenenfalls den Hinweis, dass Kontaktnahmen und Konsultationen gemäß Abs. 3 bis 5 erforderlich sind.

(3) Wenn die Verwirklichung eines Projekts für eine dem § 77a unterliegende Betriebsanlage oder für die wesentliche Änderung (§ 81a Z 1) einer solchen Betriebsanlage erhebliche Auswirkungen auf die Umwelt eines anderen Staats haben könnte oder wenn ein von den Auswirkungen eines solchen Projekts möglicherweise betroffener Staat ein diesbezügliches Ersuchen stellt, hat die Behörde diesen Staat spätestens, wenn die Bekanntgabe (Abs. 1) erfolgt, über das Projekt zu benachrichtigen; verfügbare Informationen über mögliche grenzüberschreitende Auswirkungen und über den Ablauf des Genehmigungsverfahrens sind zu erteilen; eine angemessene Frist für die Mitteilung des Wunsches, am Verfahren teilzunehmen, ist einzuräumen.

(4) Wünscht der Staat (Abs. 3 erster Satz) am Verfahren teilzunehmen, so sind ihm die Antragsunterlagen sowie allfällige weitere entscheidungsrelevante Unterlagen, die der Behörde zum Zeitpunkt der Bekanntgabe gemäß Abs. 1 noch nicht vorgelegen sind, zuzuleiten und ist ihm eine angemessene Frist zur Stellungnahme einzuräumen; diese Frist ist so zu bemessen, dass es dem am Verfahren teilnehmenden Staat ermöglicht wird, die Antragsunterlagen der Öffentlichkeit zugänglich zu machen und ihr Gelegenheit zur Stellungnahme zu geben. Erforderlichenfalls sind Konsultationen über mögliche grenzüberschreitende Auswirkungen und allfällige Maßnahmen zur Vermeidung oder Verminderung schädlicher grenzüberschreitender Umweltauswirkungen zu führen.

(5) Einem am Verfahren teilnehmenden Staat sind ferner die Ergebnisse des Ermittlungsverfahrens, die wesentlichen Entscheidungsgründe, Angaben über das Verfahren zur Beteiligung der Öffentlichkeit und die Entscheidung über den Genehmigungsantrag zu übermitteln.

(6) Wird im Rahmen eines in einem anderen Staat durchgeführten Verfahrens betreffend die Genehmigung oder die wesentliche Änderung (§ 81a Z 1) einer dem § 77a unterliegenden Betriebsanlage der Genehmigungsantrag übermittelt, so hat die Behörde im Sinne des Abs. 1 vorzugehen. Bei der Behörde eingelangte Stellungnahmen sind von der Behörde dem Staat zu übermitteln, in dem das Projekt, auf das sich der Genehmigungsantrag bezieht, verwirklicht werden soll.

(7) Die Absätze 3 bis 6 gelten für Staaten, die nicht Vertragspartei des Abkommens über den Europäischen Wirtschaftsraum sind, nur nach Maßgabe des Grundsatzes der Gegenseitigkeit.

(8) Besondere staatsvertragliche Regelungen bleiben unberührt.

§ 356b. (1) Bei nach diesem Bundesgesetz genehmigungspflichtigen Betriebsanlagen, zu deren Errichtung, Betrieb oder Änderung auch nach anderen Verwaltungsvorschriften des Bundes eine Genehmigung (Bewilligung) zum Schutz vor Auswirkungen der Anlage oder zum Schutz des Erscheinungsbildes der Anlage oder eine Bewilligung zur Verwendung von Waldboden zu anderen Zwecken als für solche der Waldkultur (Rodung) erforderlich ist, entfallen, soweit in den folgenden Absätzen nicht anderes bestimmt wird, gesonderte Genehmigungen (Bewilligungen) nach diesen anderen Verwaltungsvorschriften, es sind aber deren materiellrechtliche Genehmigungs-(Bewilligungs-)Regelungen bei Erteilung der Genehmigung anzuwenden. Dem Verfahren sind Sachverständige für die von den anderen Verwaltungsvorschriften erfassten Gebiete beizuziehen. Die Betriebsanlagengenehmigung bzw. Betriebsanlagenänderungsgenehmigung gilt auch als entsprechende Genehmigung (Bewilligung) nach den anderen Verwaltungsvorschriften des Bundes. Die Mitanwendung der Bestimmungen des Wasserrechtsgesetzes 1959 – WRG 1959, BGBl. Nr. 215/1959, in der jeweils geltenden Fassung, bezieht sich auf folgende mit Errichtung, Betrieb oder Änderung der Betriebsanlage verbundene Maßnahmen:

1. Wasserentnahmen aus Fließgewässern für Kühl- oder Feuerlöschzwecke (§ 9 WRG 1959);
2. Erd- und Wasserwärmepumpen (§ 31c Abs. 5 WRG 1959);
3. Abwassereinleitungen in Gewässer (§ 32 Abs. 2 lit. a, b und e WRG 1959), ausgenommen Abwassereinleitungen aus Anlagen zur Behandlung der in einer öffentlichen Kanalisation gesammelten Abwässer;
4. Lagerung von Stoffen, die zur Folge haben, dass durch Eindringen (Versickern) von Stoffen in den Boden das Grundwasser verunreinigt wird (§ 32 Abs. 2 lit. c WRG 1959);
5. Abwassereinleitungen in wasserrechtlich bewilligte Kanalisationsanlagen (§ 32b WRG 1959);
6. Beseitigung von Dach-, Parkplatz- und Straßenwässern;
7. Brücken und Stege im Hochwasserabflussbereich (§ 38 WRG 1959).

Insbesondere sind die Bestimmungen des Wasserrechtsgesetzes 1959 betreffend Stand der Technik einschließlich der Gewährung von Ausnahmen vom Stand der Technik, persönliche Ladung von Parteien, Emissions- und Immissionsbegrenzungen sowie Überwachung jedenfalls mitanzuwenden. Dem wasserwirtschaftlichen Planungsorgan (§ 55 Abs. 4 WRG 1959) kommt in allen Verfahren, durch die wasserwirtschaftliche Interessen berührt werden, Parteistellung zur Wahrung dieser Interessen einschließlich der Beschwerdelegitimation an das Verwaltungsgericht des Landes, der Revision wegen Rechtswidrigkeit und des Antrages auf Fristsetzung wegen Verletzung der Entscheidungspflicht durch ein Verwaltungsgericht an den Verwaltungsgerichtshof zu.

(2) Die Behörde hat das Betriebsanlagengenehmigungsverfahren gemäß Abs. 1 mit den anderen zuständigen Behörden zu koordinieren, wenn nach anderen nicht gemäß Abs. 1 mitanzuwendenden Verwaltungsvorschriften eine Genehmigung, Bewilligung oder eine Anzeige zum Schutz vor Auswirkungen der Betriebsanlage oder zum Schutz des Erscheinungsbildes der Betriebsanlage erforderlich ist.

(3) Die nach anderen Verwaltungsvorschriften des Bundes im Sinne des Abs. 1 bestehenden behördlichen Befugnisse und Aufgaben zur Überprüfung der Ausführung der Anlage, zur Kontrolle, zur Herstellung des gesetzmäßigen Zustands, zur Gefahrenabwehr, zur nachträglichen Konsensanpassung, zur Vorschreibung und Durchführung von Maßnahmen bei Errichtung, Betrieb, Änderung und Auflassung, der Wiederverleihung von Rechten sind von der Behörde, hinsichtlich des Wasserrechtsgesetzes 1959 nur für die im Abs. 1 Z 1 bis 6 genannten Maßnahmen, wahrzunehmen. Die Zuständigkeit des Landeshauptmanns nach § 17 des Altlastensanierungsgesetzes, BGBl. Nr. 299/1989, zuletzt geändert durch das Bundesgesetz BGBl. Nr. 760/1992, bleibt unberührt. Die Bestimmungen betreffend die allgemeine Gewässeraufsicht (§§ 130ff WRG 1959) bleiben unberührt.

(4) Die Abs. 1 bis 3 gelten nicht für die Errichtung, den Betrieb oder die Änderung von Anlagen, die dem § 37 des Abfallwirtschaftsgesetzes 2002 – AWG 2002, BGBl. I Nr. 102, in der jeweils geltenden Fassung, oder dem Umweltverträglichkeitsprüfungsgesetz 2000 – UVP-G 2000, BGBl. Nr. 697/1993, in der jeweils geltenden Fassung, unterliegen.

(5) Die Absätze 1 bis 3 gelten auch für forstrechtliche Verfahren nach § 50 des Forstgesetzes 1975, BGBl. Nr. 440, in der jeweils geltenden Fassung.

(6) Abs. 3 ist hinsichtlich der Aufgaben und Befugnisse, die nach dem Arbeitsinspektionsgesetz 1993, BGBl. Nr. 27, in der jeweils geltenden Fassung den Arbeitsinspektionen obliegen, nicht anzuwenden.

(7) In Verfahren betreffend die Genehmigung oder die Genehmigung einer wesentlichen Änderung (§ 81a Z 1) einer IPPC-Anlage haben auch folgende Umweltorganisationen Parteistellung:

1. Gemäß § 19 Abs. 7 UVP-G 2000 anerkannte Umweltorganisationen, soweit sie während der Auflagefrist im Sinne des § 356a Abs. 2 Z 1 schriftliche Einwendungen erhoben haben; die Umweltorganisationen haben das Recht, die Einhaltung von Umweltschutzvorschriften im Verfahren geltend zu machen und Rechtsmittel zu ergreifen;
2. Umweltorganisationen aus einem anderen Staat,

a) sofern für die genehmigungspflichtige Errichtung, den genehmigungspflichtigen Betrieb oder die genehmigungspflichtige wesentliche Änderung eine Benachrichtigung des anderen Staates gemäß § 356a Abs. 3 erfolgt ist,
b) sofern die genehmigungspflichtige Errichtung, der genehmigungspflichtige Betrieb oder die genehmigungspflichtige wesentliche Änderung voraussichtlich Auswirkungen auf jenen Teil der Umwelt des anderen Staates hat, für deren Schutz die Umweltorganisation eintritt,
c) sofern sich die Umweltorganisation im anderen Staat am Verfahren betreffend die genehmigungspflichtige Errichtung, den genehmigungspflichtigen Betrieb oder die genehmigungspflichtige wesentliche Änderung einer im anderen Staat gelegenen dem § 77a unterliegenden Betriebsanlage beteiligen könnte, und
d) soweit sie während der Auflagefrist gemäß § 356a Abs. 2 Z 1 schriftliche Einwendungen erhoben haben; die Umweltorganisationen haben das Recht, die Einhaltung von Umweltschutzvorschriften im Verfahren geltend zu machen und Rechtsmittel zu ergreifen.

§ 356c. Liegen von mehr als 20 Personen im wesentlichen gleichgerichtete Einwendungen vor, so kann ihnen die Behörde den Auftrag erteilen, innerhalb einer gleichzeitig zu bestimmenden, angemessenen, mindestens aber zweiwöchigen Frist, einen gemeinsamen Zustellbevollmächtigten namhaft zu machen. Kommen die Nachbarn diesem Auftrag nicht fristgerecht nach, so hat die Behörde von Amts wegen einen gemeinsamen Zustellbevollmächtigten zu bestellen.

§ 356d. Im Fall der Festlegung weniger strenger Emissionsgrenzwerte im Sinne des § 77b Abs. 3 in einem Anpassungsverfahren gemäß § 81b sind die §§ 77a Abs. 7 bis 9, § 356a und § 356b Abs. 7 anzuwenden.

§ 356e. (1) Betrifft ein Genehmigungsansuchen eine verschiedenen Gewerbebetrieben zu dienen bestimmte, dem § 356 Abs. 1 unterliegende Betriebsanlage (Gesamtanlage) und wird in diesem Genehmigungsansuchen ausdrücklich nur eine Generalgenehmigung beantragt, so ist die Genehmigung hinsichtlich der nicht nur einem einzelnen Gewerbebetrieb dienenden Anlagenteile (wie Rolltreppen, Aufzüge, Brandmeldeeinrichtungen, Sprinklereinrichtungen, Lüftungseinrichtungen) zu erteilen (Generalgenehmigung) und bedarf die Anlage eines Gewerbebetriebes in der Gesamtanlage, sofern sie geeignet ist, die Schutzinteressen des § 74 Abs. 2 zu berühren, einer gesonderten, den Bestand der Generalgenehmigung für die Gesamtanlage voraussetzenden Genehmigung (Spezialgenehmigung).

(2) Mit dem Erlöschen der Generalgenehmigung erlischt auch die Spezialgenehmigung.

§ 357. Werden von Nachbarn privatrechtliche Einwendungen gegen die Anlage vorgebracht, so hat der Verhandlungsleiter auf eine Einigung hinzuwirken; die etwa herbeigeführte Einigung ist in der Niederschrift über die Verhandlung zu beurkunden. Im übrigen ist der Nachbar mit solchen Vorbringen auf den Zivilrechtsweg zu verweisen.

§ 358. (1) Werden Umstände bekannt, die die Genehmigungspflicht einer Anlage im Sinne des § 74 begründen könnten, zieht aber der Inhaber der Anlage in Zweifel, daß die Voraussetzungen für die Genehmigungspflicht gegeben seien, so hat die Behörde auf Antrag des Inhabers der Anlage die Anlage oder das Vorhaben zu prüfen und durch Bescheid festzustellen, ob die Errichtung und der Betrieb der Anlage der Genehmigung bedürfen. Ein Feststellungsbescheid ist jedoch nicht zu erlassen, wenn die Genehmigungspflicht der Anlage offenkundig ist. Ergeben sich im Feststellungsverfahren Zweifel, ob dieses Bundesgesetz auf jene Tätigkeit anzuwenden ist, der die Anlage regelmäßig zu dienen bestimmt ist, so ist dieses Verfahren zu unterbrechen und ein Feststellungsverfahren gemäß § 348 durchzuführen.

(2) Durch ein solches Verfahren zur Feststellung der Genehmigungspflicht wird späteren Feststellungen über Art und Umfang der möglichen Gefährdungen, Belästigungen, Beeinträchtigungen und nachteiligen Einwirkungen nicht vorgegriffen.

(3) Abs. 1 ist sinngemäß anzuwenden, wenn der Inhaber einer gewerblichen Betriebsanlage die Feststellung beantragt, ob eine gemäß § 82 Abs. 1 erlassene Verordnung oder der Abschnitt 8a betreffend die Beherrschung der Gefahren schwerer Unfälle mit gefährlichen Stoffen auf seine Betriebsanlage anzuwenden ist.

§ 359. (1) Im Bescheid, mit dem die Errichtung und der Betrieb der Anlage genehmigt werden, sind die allenfalls erforderlichen Auflagen anzuführen. Wenn es aus Gründen der Überwachung der Einhaltung der Auflagen notwendig ist, hat die Behörde im Genehmigungsbescheid anzuordnen, daß ihr die Fertigstellung der Anlage angezeigt wird; der Inhaber einer dem Abschnitt 8a betreffend die Beherrschung der Gefahren bei schweren Unfällen unterliegenden Betriebsanlage hat deren Fertigstellung der zur Genehmigung dieser Anlage zuständigen Behörde anzuzeigen, ohne daß es einer diesbezüglichen Anordnung im Genehmigungsbescheid bedarf. Die Behörde hat in den Genehmigungsbescheid gegebenenfalls einen Hinweis darauf aufzunehmen, daß ihrer Ansicht nach im Standort das Errichten und Betreiben der Anlage im Zeitpunkt der Bescheiderlassung durch Rechtsvorschriften verboten ist.

(2) Der für den Genehmigungswerber, für das Arbeitsinspektorat und für die Gemeinde bestimmten Ausfertigung des Genehmigungsbescheides sind eine Betriebsbeschreibung einschließlich eines Verzeichnisses der Maschinen und sonstigen Betriebseinrichtungen sowie die Pläne und Skizzen, die dem Verfahren zugrunde lagen, und die Beschreibung der beim Betrieb der Anlage zu erwartenden Abfälle und der betrieblichen Vorkehrungen zu deren Lagerung, Vermeidung, Verwertung oder Entsorgung anzuschließen; auf diesen Beilagen ist zu vermerken, daß sie Bestandteile des Genehmigungsbescheides bilden.

(3) Der Bescheid ist dem Genehmigungswerber, den sonstigen Parteien des Verfahrens, der Gemeinde und jenen Behörden zuzustellen, an deren Stelle die Gewerbebehörde tätig geworden ist.

(4) Das Recht der Beschwerde steht außer dem Genehmigungswerber den Nachbarn zu, die Parteien sind. Das Beschwerderecht der Arbeitsinspektorate wird hiedurch nicht berührt.

(5) Für Bescheide, mit denen gemäß § 79c Abs. 2 Abweichungen vom Genehmigungsbescheid einschließlich seiner Bestandteile zugelassen werden, gelten die Abs. 2 bis 4 sinngemäß.

§ 359a. (1) Soweit dieses Bundesgesetz nicht anderes bestimmt, hat die Behörde in Verfahren betreffend Betriebsanlagen längstens binnen vier Monaten nach Einlangen des Anbringens zu entscheiden.

(2) Soweit dieses Bundesgesetz nicht anderes bestimmt, haben die Verwaltungsgerichte der Länder in Verfahren betreffend Betriebsanlagen längstens binnen vier Monaten nach Einlangen der Beschwerde zu entscheiden.

§ 359b. (1) Ein vereinfachtes Genehmigungsverfahren gemäß Abs. 2 bis 4 ist durchzuführen, wenn

1. jene Maschinen, Geräte und Ausstattungen der Anlage, deren Verwendung die Genehmigungspflicht begründen könnte, ausschließlich solche sind, die in Verordnungen gemäß § 76 Abs. 1 oder Bescheiden gemäß § 76 Abs. 2 angeführt sind oder die nach ihrer Beschaffenheit und Wirkungsweise vornehmlich oder auch dazu bestimmt sind, in Privathaushalten verwendet zu werden, oder
2. das Ausmaß der der Betriebsanlage zur Verfügung stehenden Räumlichkeiten und sonstigen Betriebsflächen insgesamt nicht mehr als 800 m² beträgt und die elektrische Anschlussleistung der zur Verwendung gelangenden Maschinen und Geräte 300 kW nicht übersteigt oder
3. die Art der Betriebsanlage in einer Verordnung nach Abs. 5 genannt ist oder
4. das Verfahren eine Spezialgenehmigung (§ 356e) betrifft oder
5. bei einer nach § 81 genehmigungspflichtigen Änderung hinsichtlich der Betriebsanlage einschließlich der geplanten Änderung einer der in Z 1 bis 4 festgelegten Tatbestände erfüllt ist.

(2) Ergibt sich aus dem Genehmigungsansuchen und dessen Beilagen (§ 353), dass zumindest eine der Voraussetzungen des Abs. 1 erfüllt ist, so hat die Behörde das Projekt mit dem Hinweis bekanntzugeben, dass die Projektunterlagen innerhalb eines bestimmten, drei Wochen nicht überschreitenden Zeitraumes bei der Behörde zur Einsichtnahme aufliegen und die Nachbarn innerhalb dieses Zeitraumes von ihrem Anhörungsrecht Gebrauch machen können. Für diese Bekanntgabe ist § 356 Abs. 1 sinngemäß anzuwenden. Innerhalb dieser Frist können Nachbarn (§ 75 Abs. 2) einwenden, dass die Voraussetzungen für die Durchführung des vereinfachten Verfahrens nicht vorliegen. Erheben sie innerhalb der gesetzten Frist keine diesbezüglichen Einwendungen, endet die Parteistellung. Auf diese Rechtsfolge ist in der Bekanntmachung ausdrücklich hinzuweisen. § 42 Abs. 3 AVG gilt sinngemäß. Darüber hinaus gehend steht den Nachbarn keine Parteistellung zu.

(3) Nach Ablauf der in der Bekanntgabe angeführten Frist hat die Behörde unter Bedachtnahme auf die eingelangten Äußerungen der Nachbarn und, wenn nach dem Stand der Technik (§ 71a) und dem Stand der medizinischen und der sonst in Betracht kommenden Wissenschaften zu erwarten ist, dass überhaupt oder bei Einhaltung der erforderlichenfalls vorzuschreibenden bestimmten geeigneten Auflagen die nach den Umständen des Einzelfalles voraussehbaren Gefährdungen im Sinne des § 74 Abs. 2 Z 1 vermieden und Belästigungen, Beeinträchtigungen oder nachteilige Einwirkungen im Sinne des § 74 Abs. 2 Z 2 bis 5 auf ein zumutbares Maß beschränkt werden, die die Anwendung des vereinfachten Verfahrens begründende Beschaffenheit der Anlage mit Bescheid festzustellen und erforderlichenfalls Aufträge zum Schutz der gemäß § 74 Abs. 2 sowie der gemäß § 77 Abs. 3 und 4 wahrzunehmenden Interessen zu erteilen.

(4) Der Bescheid gemäß Abs. 3 gilt als Genehmigungsbescheid für die Anlage. Die Behörde hat binnen zwei Monaten nach Einlangen des Genehmigungsansuchens und dessen Beilagen (§ 353) zu entscheiden. Die Verwaltungsgerichte der Länder haben spätestens zwei Monate nach Einlangen der Beschwerde gegen den Bescheid zu entscheiden. IPPC-Anlagen und Betriebe im Sinne des § 84b Z 1 sind nicht dem vereinfachten Genehmigungsverfahren zu unterziehen.

(5) Der Bundesminister für Wissenschaft, Forschung und Wirtschaft hat durch Verordnung Arten von Betriebsanlagen zu bezeichnen, die dem vereinfachten Verfahren gemäß Abs. 2 bis 4 zu unterziehen sind, weil auf Grund der vorgesehenen Ausführung der Anlagen (insbesondere der Beschaffenheit und Wirkungsweise der Maschinen, Geräte und Ausstattungen der Anlage, der elektrischen Anschlussleistung der eingesetzten Maschinen und Geräte, der Betriebsweise, der räumlichen Ausdehnung der Anlage, der Art und Menge der in der Anlage gelagerten, geleiteten, umgeschlagenen, verwendeten oder hergestellten Stoffe) nach Art, Ausmaß und Dauer der Emissionen dieser Anlagen zu erwarten ist, dass die gemäß § 74 Abs. 2 wahrzunehmenden Interessen hinreichend geschützt und Belastungen der Umwelt (§ 69a) vermieden werden.

(6) Der Bundesminister für Wissenschaft, Forschung und Wirtschaft hat im Einvernehmen mit dem Bundesminister für Land- und Forstwirtschaft, Umwelt und Wasserwirtschaft durch Verordnung jene Arten von Betriebsanlagen zu bezeichnen, die aus Gründen des vorsorgenden Umweltschutzes jedenfalls nicht dem vereinfachten Genehmigungsverfahren zu unterziehen sind, auch wenn im Einzelfall eine derartige Anlage die Voraussetzungen für die Anwendung des vereinfachten Genehmigungsverfahrens erfüllt.

§ 359c. Wird ein Genehmigungsbescheid vom Verwaltungsgerichtshof aufgehoben, so darf der Genehmigungswerber die betreffende Anlage bis zur Rechtskraft des Ersatzbescheides, längstens jedoch ein Jahr, weiter betreiben, wenn er die Anlage entsprechend dem aufgehobenen Genehmigungsbescheid betreibt. Das gilt nicht, wenn der Verwaltungsgerichtshof der Revision, die zur Aufhebung des Genehmigungsbescheides führte, die aufschiebende Wirkung zuerkannt hatte.

j) Einstweilige Zwangs- und Sicherheitsmaßnahmen

§ 360. (1) Besteht der Verdacht einer Übertretung gemäß § 366 Abs. 1 Z 1, 2 oder 3, so hat die Behörde unabhängig von der Einleitung eines Strafverfahrens den Gewerbeausübenden bzw. den Anlageninhaber mit Verfahrensanordnung zur Herstellung des der Rechtsordnung entsprechenden Zustandes innerhalb einer angemessenen, von der Behörde zu bestimmenden Frist aufzufordern; eine solche Aufforderung hat auch dann zu ergehen, wenn der Verdacht einer Übertretung gemäß § 367 Z 25 besteht und nicht bereits ein einschlägiges Verfahren gemäß § 79c oder § 82 Abs. 3 anhängig ist. Kommt der Gewerbeausübende bzw. der Anlageninhaber dieser Aufforderung innerhalb der gesetzten Frist nicht nach, so hat die Behörde mit Bescheid die zur Herstellung des der Rechtsordnung entsprechenden Zustandes jeweils notwendigen Maßnahmen, wie die Stillegung von Maschinen oder die Schließung von Teilen des Betriebes oder die Schließung des gesamten Betriebes zu verfügen.

(1a) In den Fällen des Verdachts einer Übertretung gemäß § 366 Abs. 1 Z 2 oder Z 3 oder § 367 Z 25 hat ein Bescheid gemäß Abs. 1 nicht zu ergehen, wenn und solange im konkreten Einzelfall

1. für die Behörde keine Bedenken vom Standpunkt des Schutzes der im § 74 Abs. 2 umschriebenen Interessen oder der Vermeidung von Belastungen der Umwelt (§ 69a) hervorkommen, und
2. innerhalb einer von der Behörde gleichzeitig mit der Verfahrensanordnung gemäß Abs. 1 bestimmten, angemessenen und nicht erstreckbaren Frist ein diesem Bundesgesetz entsprechendes Ansuchen (§ 353) um die erforderliche Genehmigung eingebracht und sodann auf Grund dieses Ansuchens ein entsprechender Genehmigungsbescheid erlassen wird.

Abs. 1a gilt nicht für in der Anlage 3 zu diesem Bundesgesetz angeführte Betriebsanlagen.

(2) Wenn bei einer Tätigkeit offenkundig der Verdacht einer Übertretung gemäß § 366 Abs. 1 Z 4, 5 oder 6 gegeben ist und wenn mit Grund anzunehmen ist, daß die solchermaßen gesetzwidrige Gewerbeausübung fortgesetzt wird, darf die Behörde auch ohne vorausgegangenes Verfahren und vor Erlassung eines Bescheides die zur Unterbindung dieser Gewerbeausübung notwendigen Maßnahmen, insbesondere auch die Beschlagnahme von Waren, Werkzeugen, Maschinen, Geräten und Transportmitteln, an Ort und Stelle treffen; hierüber ist jedoch binnen eines Monats ein schriftlicher Bescheid zu erlassen, widrigenfalls die getroffene Maßnahme als aufgehoben gilt. Der Bescheid gilt auch dann als erlassen, wenn er gemäß § 19 des Zustellgesetzes, BGBl. Nr. 200/1982, wegen Unzustellbarkeit an die Behörde zurückgestellt worden ist.

(3) Ist eine Übertretung gemäß § 366 Abs. 1 Z 1 offenkundig, so hat die Behörde ohne vorausgegangenes Verfahren und vor Erlassung eines Bescheides den gesamten der Rechtsordnung nicht entsprechenden Betrieb an Ort und Stelle zu schließen; eine solche Betriebsschließung liegt auch dann vor, wenn eine Gewerbeausübung unterbunden wird, die keine Betriebsstätte aufweist; hierüber ist jedoch binnen eines Monats

ein schriftlicher Bescheid zu erlassen, widrigenfalls die getroffene Maßnahme als aufgehoben gilt. Der Bescheid gilt auch dann als erlassen, wenn er gemäß § 19 des Zustellgesetzes, BGBl. Nr. 200/1982, wegen Unzustellbarkeit an die Behörde zurückgestellt worden ist.

(4) Um die durch eine diesem Bundesgesetz unterliegende Tätigkeit oder durch Nichtbeachtung von Anforderungen an Maschinen, Geräte und Ausrüstungen (§ 71) verursachte Gefahr für das Leben oder die Gesundheit von Menschen oder für das Eigentum abzuwehren oder um die durch eine nicht genehmigte Betriebsanlage verursachte unzumutbare Belästigung der Nachbarn abzustellen, hat die Behörde, entsprechend dem Ausmaß der Gefährdung oder Belästigung, mit Bescheid die gänzliche oder teilweise Schließung des Betriebes, die Stillegung von Maschinen, Geräten oder Ausrüstungen oder deren Nichtverwendung oder sonstige die Anlage betreffende Sicherheitsmaßnahmen oder Vorkehrungen zu verfügen. Hat die Behörde Grund zur Annahme, daß zur Gefahrenabwehr Sofortmaßnahmen an Ort und Stelle erforderlich sind, so darf sie nach Verständigung des Betriebsinhabers, seines Stellvertreters oder des Eigentümers der Anlage oder, wenn eine Verständigung dieser Person nicht möglich ist, einer Person, die tatsächlich die Betriebsführung wahrnimmt, solche Maßnahmen auch ohne vorausgegangenes Verfahren und vor Erlassung eines Bescheides an Ort und Stelle treffen; hierüber ist jedoch binnen eines Monats ein schriftlicher Bescheid zu erlassen, widrigenfalls die getroffene Maßnahme als aufgehoben gilt. Der Bescheid gilt auch dann als erlassen, wenn er gemäß § 19 des Zustellgesetzes wegen Unzustellbarkeit an die Behörde zurückgestellt worden ist.

(5) Die Bescheide gemäß Abs. 1 zweiter Satz, 2, 3 oder 4 sind sofort vollstreckbar; wenn sie nicht kürzer befristet sind, treten sie mit Ablauf eines Jahres, vom Beginn der Vollstreckbarkeit an gerechnet, außer Wirksamkeit. Durch einen Wechsel in der Person des Inhabers der von den einstweiligen Zwangs- und Sicherheitsmaßnahmen betroffenen Anlagen, Anlagenteile oder Gegenstände wird die Wirksamkeit dieser Bescheide nicht berührt.

(6) Liegen die Voraussetzungen für die Erlassung eines Bescheides gemäß Abs. 1 zweiter Satz, 2, 3 oder 4 nicht mehr vor und ist zu erwarten, daß in Hinkunft jene gewerberechtlichen Vorschriften, deren Nichteinhaltung für die Maßnahmen nach Abs. 1 zweiter Satz, 2, 3 oder 4 bestimmend war, von der Person eingehalten werden, die die gewerbliche Tätigkeit ausüben oder die Betriebsanlage betreiben will, so hat die Behörde auf Antrag dieser Person die mit Bescheid gemäß Abs. 1 zweiter Satz, 2, 3 oder 4 getroffenen Maßnahmen ehestens zu widerrufen.

§ 360a. (1) Rechtskräftige Entscheidungen, mit denen eine verwaltungsrechtliche Sanktion oder Maßnahme wegen des Verstoßes gegen die Bestimmungen der §§ 137 bis 138 oder die Standesregeln für Versicherungsvermittlung verhängt werden, sind von der Behörde unverzüglich auf ihrer Homepage zu veröffentlichen. Dabei werden mindestens Art und Wesen des Verstoßes und die Identität der verantwortlichen Person bekanntgemacht. Dies gilt nicht im Fall von Entscheidungen, mit denen Maßnahmen mit Ermittlungscharakter verhängt werden. Hält die Behörde nach einer fallbezogenen Prüfung der Verhältnismäßigkeit der Veröffentlichung der Identität oder personenbezogener Daten der verantwortlichen Personen die Veröffentlichung dieser Daten für unverhältnismäßig oder gefährdet die Veröffentlichung dieser Daten die Stabilität von Finanzmärkten oder laufende Ermittlungen, so hat die Behörde zu entscheiden,

1. die Bekanntmachung zu verschieben,
2. die Verwaltungsstrafen auf anonymer Basis bekannt zu machen oder
3. von der Bekanntmachung abzusehen.

(2) Der von einer Veröffentlichung Betroffene kann eine Überprüfung der Rechtmäßigkeit der Veröffentlichung in einem mit Bescheid zu erledigenden Verfahren bei der Behörde beantragen. Die Behörde hat in diesem Falle die Einleitung eines solchen Verfahrens in gleicher Weise bekannt zu machen wie die ursprüngliche Veröffentlichung. Wird im Rahmen dieser Überprüfung die Rechtswidrigkeit der Veröffentlichung festgestellt, so hat die Behörde die Veröffentlichung richtig zu stellen oder auf Antrag des Betroffenen entweder zu widerrufen oder von ihrer Homepage zu entfernen. Soweit nicht bereits eine Entfernung gemäß dem dritten Satz oder auf Grund einer Entscheidung der Datenschutzbehörde erfolgt ist, hat Behörde die Veröffentlichung spätestens mit Ablauf von fünf Jahren nach Eintritt der Rechtskraft der Entscheidung gemäß Abs. 1 erster Satz von ihrer Homepage zu entfernen.

(3) Wurde gegen eine Entscheidung, eine Verwaltungsstrafe oder eine andere Maßnahme zu verhängen, ein Rechtsmittel eingelegt, hat die Behörde dies und alle weiteren Informationen über das Ergebnis des Rechtsmittelverfahrens unverzüglich auf ihrer Homepage bekannt zu machen. Ferner ist jede Entscheidung, mit der eine frühere bekannt gemachte Entscheidung über die Verhängung einer Verwaltungsstrafe oder einer anderen Maßnahme für ungültig erklärt wird, ebenfalls bekannt zu machen.

(4) Die Behörde hat die EIOPA über alle Verwaltungsstrafen und andere Maßnahmen, die zwar verhängt, im Einklang mit Abs. 1 aber nicht bekannt gemacht wurden, sowie über alle Rechtsmittel in Verbindung mit diesen Verwaltungsstrafen und die Ergebnisse der Rechtsmittelverfahren zu unterrichten.

(5) Im Falle von Versicherungsvermittlern, die den Wohlverhaltensregeln gemäß den Standesregeln für Versicherungsvermittlung beim Vertrieb

von Versicherungsanlageprodukten nicht genügen, hat die Behörde die folgenden Maßnahmen zu verhängen:

1. die öffentliche Bekanntgabe der verantwortlichen natürlichen oder juristischen Person und der Art des Verstoßes,
2. eine Anordnung, wonach die verantwortliche natürliche oder juristische Person die Verhaltensweise einzustellen und von einer Wiederholung abzusehen hat.

(6) Im Falle von

1. Versicherungsvermittlern, die ihre Vertriebstätigkeiten nicht gemäß §§ 137b und 137c in Verbindung mit §§ 365a und 365b eintragen lassen,
2. Versicherungsvermittlern, die Versicherungsvertriebsdienstleistungen von Personen nach Z 1 in Anspruch nehmen,
3. Versicherungsvermittlern, die eine Eintragung aufgrund falscher Erklärungen oder auf sonstige rechtswidrige Weise unter Verstoß gegen §§ 137b und 137c in Verbindung mit §§ 365a und 365b erlangt haben,
4. Versicherungsvermittlern, die den Bestimmungen der §§ 136a und 137 bis 138 nicht genügen, oder
5. Versicherungsvermittlern, die Standesregeln für Versicherungsvermittlung beim Vertrieb anderer Versicherungsprodukte als Versicherungsanlageprodukten nicht genügen,

hat die Behörde unbeschadet § 367 Z 54 und Z 58 anzuordnen, dass die verantwortliche natürliche oder juristische Person die Verhaltensweise einzustellen und von einer Wiederholung abzusehen hat.

(7) Die Behörde hat die EIOPA wie folgt zu informieren:

1. über die Verwaltungssanktionen und anderen Maßnahmen, die verhängt, aber nicht gemäß Abs. 1 öffentlich bekannt gemacht wurden,
2. wenn die Behörde eine Verwaltungssanktion oder andere Maßnahme der Öffentlichkeit bekannt gemacht hat, gleichzeitig mit der Veröffentlichung und
3. durch Übermittlung einer jährlichen Zusammenfassung von Informationen über alle gemäß § 366c verhängten Verwaltungssanktionen und anderen Maßnahmen.

k) Verfahren bei Entziehung der Gewerbeberechtigung

§ 361. (1) Zur Entziehung der Gewerbeberechtigung (§§ 87 und 88), zu Feststellungen gemäß § 90 und zu Maßnahmen gemäß § 91 Abs. 1, soweit sich die Entziehungsgründe auf die Person des Geschäftsführers beziehen, und gemäß § 91 Abs. 2 ist die Bezirksverwaltungsbehörde berufen. Zu Maßnahmen gemäß § 91 Abs. 1, soweit sich die Entziehungsgründe auf die Person des Filialgeschäftsführers beziehen, ist die für die weitere Betriebsstätte jeweils zuständige Behörde berufen.

(2) Vor der Entziehung der Gewerbeberechtigung oder von Maßnahmen gemäß § 91 ist die zuständige Gliederung der Landeskammer der gewerblichen Wirtschaft und, wenn Arbeitnehmer im Betriebe beschäftigt sind, auch die zuständige Kammer zu hören. Dies gilt nicht im Fall einer Maßnahme gemäß § 91 Abs. 2 wegen rechtskräftiger Nichteröffnung oder Aufhebung des Insolvenzverfahrens mangels kostendeckenden Vermögens.

(3) Gegen Maßnahmen gemäß § 91 Abs. 1 steht das Recht der Beschwerde sowohl dem Gewerbeinhaber als auch dem Geschäftsführer oder Filialgeschäftsführer zu.

l) Wiederaufnahme des Verfahrens

§ 362. Die Wiederaufnahme eines auf Grund dieses Bundesgesetzes durchgeführten Verfahrens von Amts wegen gemäß § 69 Abs. 1 Z 2 AVG ist nur dann zulässig, wenn die neu hervorgekommenen Tatsachen oder Beweismittel den Mangel einer gesetzlichen Voraussetzung betreffen, der noch fortdauert.

m) Nichtigerklärung von Bescheiden und Löschung aus dem GISA

§ 363. (1) Bescheide, die auf Grund dieses Bundesgesetzes erlassen worden sind, die an einem der nachstehend angeführten Fehler leiden, sind mit Nichtigkeit im Sinne des § 68 Abs. 4 Z 4 AVG bedroht, und zwar wenn

1. dieses Bundesgesetz auf die betreffende Tätigkeit nicht anzuwenden ist;
2. die Zugehörigkeit einer gewerblichen Tätigkeit zu den reglementierten oder freien Gewerben oder zu einem Teilgewerbe (§ 31) unrichtig beurteilt worden ist;
3. die Frage des Vorliegens der allgemeinen gesetzlichen Voraussetzungen gemäß §§ 8 bis 14 für die Ausübung von Gewerben durch den Gewerbeinhaber oder für die Ausübung der Tätigkeit als Geschäftsführer oder Filialgeschäftsführer unrichtig oder der Befähigungsnachweis (§§ 18 und 19) zu Unrecht als erbracht beurteilt worden ist und in allen diesen Fällen der Mangel noch andauert;
4. der Bestand oder die Dauer des Rechtes zur Gewerbeausübung unrichtig beurteilt worden ist;
5. die gesetzlichen Voraussetzungen eines Fortbetriebsrechtes (§§ 41 bis 45) zu Unrecht als gegeben beurteilt worden sind;
6. zu Unrecht festgestellt oder davon ausgegangen wurde, daß eine Tätigkeit nicht diesem Bundesgesetz unterliegt.

(2) In einem Verfahren betreffend die Nichtigerklärung gemäß Abs. 1 Z 1 sind die Landeskammer der gewerblichen Wirtschaft und die nach der Sachlage sonst in Betracht kommenden gesetzlichen beruflichen Interessenvertretungen Parteien und es steht ihnen das Recht der Beschwerde an das Verwaltungsgericht des Landes und der Revision wegen Rechtswidrigkeit an den Verwaltungsgerichtshof zu.

(3) In einem Verfahren betreffend die Nichtigerklärung gemäß Abs. 1 Z 2 ist die Landeskammer der gewerblichen Wirtschaft Partei und es steht ihr das Recht der Beschwerde an das Verwaltungsgericht des Landes und der Revision wegen Rechtswidrigkeit an den Verwaltungsgerichtshof zu.

(4) Die sachlich in Betracht kommende Oberbehörde kann in Ausübung des Aufsichtsrechtes mit Bescheid die Löschung einer Eintragung in das GISA verfügen, wenn

1. a) eine natürliche Person oder ein sonstiger Rechtsträger auf Grund einer Anmeldung eines Gewerbes gemäß § 340 Abs. 1 in das GISA eingetragen wurde oder
   b) eine Maßnahme oder Tätigkeit, die Gegenstand einer Anzeige gemäß § 345 ist, in das GISA eingetragen wurde und
2. die Voraussetzungen für eine Nichtigerklärung gemäß Abs. 1 vorliegen.

Bis zum Eintritt der Rechtskraft des Löschungsbescheides darf das Gewerbe ausgeübt werden. Im Löschungsverfahren sind die Abs. 2 und 3 anzuwenden.

n) Einziehung von Ausweispapieren

§ 364. Gewerbescheine und sonstige Ausweispapiere, die nach den gewerberechtlichen Vorschriften ausgefertigt worden sind, aber den Tatsachen nicht mehr entsprechen, sind der Behörde zurückzustellen. Auf Verlangen hat jedoch die Behörde diese Ausweispapiere, versehen mit einem deutlich ersichtlichen Ungültigkeitsvermerk, zurückzugeben.

o) Gewerbeinformationssystem Austria – GISA

§ 365. (1) Das Gewerbeinformationssystem Austria (GISA) und auf dessen Basis das Versicherungs- und Kreditvermittlerregister sowie das Reiseinsolvenzabsicherungsverzeichnis werden automationsunterstützt geführt. Der Bundesminister für Digitalisierung und Wirtschaftsstandort, die Bundesländer und die Städte mit eigenem Statut sind als gemeinsam Verantwortliche gemäß Art. 4 Z 7 in Verbindung mit Art. 26 Abs. 1 DSGVO ermächtigt, die für die Wahrnehmung der ihnen nach diesem Bundesgesetz übertragenen Aufgaben erforderlichen personenbezogenen Daten gemeinsam zu verarbeiten. Die Behörden haben Daten über natürliche Personen und andere Rechtsträger als natürliche Personen und die Änderung dieser Daten nach Maßgabe der §§ 365a, 365b und 365d in das GISA einzutragen.

(2) Die Erfüllung von Informations-, Auskunfts-, Berichtigungs-, Löschungs- und sonstigen Pflichten nach den Bestimmungen der DSGVO gegenüber den Betroffenen obliegt jedem Verantwortlichen hinsichtlich jener Daten, die im Zusammenhang mit den von ihm geführten Verfahren oder den von ihm gesetzten Maßnahmen verarbeitet werden. Nimmt eine betroffene Person ein Recht nach der DSGVO gegenüber einem gemäß dem ersten Satz unzuständigen Verantwortlichen wahr, ist er an den zuständigen Verantwortlichen zu verweisen.

(3) Die Stadt Wien übt die Funktion des Auftragsverarbeiters gemäß Art. 4 Z 8 DSGVO aus. Sie ist in dieser Funktion verpflichtet, die Datenschutzpflichten gemäß Art. 28 Abs. 3 DSGVO wahrzunehmen. Der Bundesminister für Digitalisierung und Wirtschaftsstandort hat unbeschadet des Rechts der betroffenen Person auf Auskunft nach Art. 15 DSGVO jeder betroffenen Person sowie bei Anfragen von Behörden auf Antrag binnen zwölf Wochen alle Auskünfte zu geben, die notwendig sind, um den für die Verarbeitung ihrer Daten im Gewerbeinformationssystem Austria Verantwortlichen festzustellen. Sie trifft überdies die Verantwortung für die Umsetzung geeigneter technischer und organisatorischer Maßnahmen zur Gewährleistung der Datensicherheit.

Daten über natürliche Personen

§ 365a. (1) Die Behörde hat natürliche Personen in das GISA einzutragen, die in der Funktion als Gewerbeinhaber, Fortbetriebsberechtigte, Geschäftsführer oder Filialgeschäftsführer tätig sind. Hinsichtlich der genannten Personen sind folgende Daten in das GISA einzutragen:

1. die Funktion, in der die natürliche Person tätig wird,
2. Familienname und Vorname,
3. akademische Grade, akademische Berufsbezeichnungen sowie Standesbezeichnungen,
4. Geburtsdatum,
5. die genaue Bezeichnung des Gewerbes,
6. der Standort der Gewerbeberechtigung und die Standorte weiterer Betriebsstätten,
7. das Datum des Entstehens und der Endigung der Gewerbeberechtigung und des Beginns und der Einstellung der Ausübung des Gewerbes in einer weiteren Betriebsstätte,
8. die Angabe, durch wen die Bestellung des Geschäftsführers oder des Filialgeschäftsführers vorgenommen wurde,
9. Beginn und Ende der Funktion als Geschäftsführer oder Filialgeschäftsführer,
10. die Art des Fortbetriebes,
11. die GISA-Zahl und die Global Location Number (GLN),
12. die Firma und die Firmenbuchnummer,

13. beim Gewerbe des Immobilientreuhänders eine Haftungsabsicherung gemäß § 117 Abs. 7 sowie bei Gewerbetreibenden, die die Gewerbe Gewerbliche Vermögensberatung (§ 94 Z 75), sofern die Tätigkeit der Versicherungsvermittlung nicht durch den Gewerbeumfang ausgeschlossen ist, oder Versicherungsvermittlung, sei es auch nur als Nebengewerbe oder als Nebentätigkeit (§ 94 Z 76), angemeldet haben, auch
a) jene anderen Vertragsstaaten des EWR, in denen der Versicherungsvermittler tätig ist einschließlich die Adresse einer ausländischen Niederlassung, Familienname und Vorname des Repräsentanten dieser Niederlassung,
b) die Bezeichnung, Rechtsform und Firmenbuchnummer die Haftung absichernder Unternehmen im Sinne des § 137c Abs. 1 oder 2,
c) einen Hinweis, ob die Absicherung nach § 137c Abs. 1 oder 2 erfolgt,
d) eine Haftungsabsicherung gemäß § 136a Abs. 12,
e) gegebenenfalls entweder die Tätigkeit als Wertpapiervermittler oder als gebundener Vermittler,
f) der Vermerk der Einleitung eines Entziehungsverfahrens und
g) im Fall von Verständigungen gemäß § 137b Abs. 7, die in diesen enthaltenen Daten,

14. einen Hinweis, ob das Gewerbe der Versicherungsvermittlung entweder in der Form „Versicherungsagent“ oder in der Form „Versicherungsmakler und Berater in Versicherungsangelegenheiten“ ausgeübt wird; bei Gewerblichen Vermögensberatern, sofern die Tätigkeit der Versicherungsvermittlung nicht durch den Gewerbeumfang ausgeschlossen ist, dass Versicherungsvermittlung bezüglich Lebens- und Unfallversicherungen zulässig ist, sowie bei Gewerbetreibenden, die die Versicherungsvermittlung als Nebengewerbe oder als Nebentätigkeit angemeldet haben, den Vermerk „Nebengewerbe“ bzw. „Nebentätigkeit“, sowie in allen diesen Fällen die Ausübungsform entweder als „Versicherungsagent“ oder als „Versicherungsmakler“,

15. alle Agenturverhältnisse eines Vermittlers einschließlich Versicherungszweig(e), wobei die Meldung gegenüber dem GISA über Abschluss und Beendigung auch durch das Versicherungsunternehmen, und zwar auch in automationsunterstützter Form, erfolgen kann,

16. bei Gewerbetreibenden, die die Gewerbe Gewerbliche Vermögensberatung (§ 94 Z 75) sofern die Tätigkeit der Versicherungsvermittlung nicht durch den Gewerbeumfang ausgeschlossen ist, oder Versicherungsvermittlung, sei es auch nur als Nebengewerbe oder als Nebentätigkeit (§ 94 Z 76), angemeldet haben, wenn eine Berechtigung zum Empfang von Prämien für ein Versicherungsunternehmen oder von für den Kunden bestimmten Beträgen besteht, das Bestehen dieser Empfangsberechtigung sowie der Name des Versicherungsunternehmens,

17. bei Gewerbetreibenden, die das Baumeistergewerbe (§ 94 Z 5) oder ein dem Baumeistergewerbe entstammendes Teilgewerbe ausüben, der Bestand einer Haftpflichtversicherung im Sinne des § 99 Abs. 7,

18. bei Versicherungsvermittlern im Sinne des § 137 Abs. 2, Immobilientreuhändern im Sinne des § 117, Gewerbetreibenden, die das Baumeistergewerbe (§ 94 Z 5) oder ein dem Baumeistergewerbe entstammendes Teilgewerbe ausüben und Gewerblichen Vermögensberatern im Sinne des § 136a das Ruhen und die Wiederaufnahme der Gewerbeausübung, und

19. bei Gewerbetreibenden, die zur Kreditvermittlung befugt sind, in welchen Mitgliedstaaten der EU oder Vertragsstaaten des EWR die betreffenden Kreditvermittler im Rahmen der Niederlassungsfreiheit oder der Dienstleistungsfreiheit ihre Tätigkeit ausüben, und ob die Kreditvermittler gebunden sind oder nicht; im Falle von Mitteilungen gemäß § 136g die in diesen Mitteilungen enthaltenen Daten.

GewO

(2) Weiters sind in das GISA einzutragen:
1. der Familienname vor der ersten Eheschließung oder vor der ersten Begründung einer eingetragenen Partnerschaft,
2. das Geschlecht,
3. das Geburtsland und der Geburtsort,
4. die Wohnanschrift,
5. die Staatsangehörigkeit,
6. die Sozialversicherungsnummer und nach Maßgabe des § 39 Abs. 4 die Dienstgeberkontonummer,
7. Nachsichtsvermerke und Vermerke über die Feststellung der individuellen Befähigung gemäß § 19,
8. Anerkennungen gemäß § 373c und Gleichhaltungen gemäß §§ 373d und 373e,
9. die Gründe für die Endigung der Gewerbeberechtigung und für den Widerruf der Bestellung zum Geschäftsführer oder Filialgeschäftsführer,
10. folgende Daten über natürliche Personen, bei denen ein Verfahren auf Feststellung der individuellen Befähigung, auf Erteilung einer Nachsicht von den Voraussetzungen für die Ausübung von Gewerben, auf Erteilung einer Anerkennung gemäß § 373c oder einer Gleichhaltung gemäß §§ 373d oder 373e geführt wurde und die nicht nach Abs. 1 einzutragen sind:
a) die in Abs. 1 Z 2 bis 5 genannten Daten,
b) Ausgang des Verfahrens, zuständige Behörde sowie das Datum und die Geschäftszahl der Erledigung.

In Fällen, in denen das Verfahren mit Abweisung, Zurückweisung, Untersagung der Ausübung des Gewerbes oder Zurückziehen des Antrages geendet hat, hat die Behörde die Daten aus dem GISA nach Ablauf eines Jahres nach der Eintragung zu löschen.

11. aus dem Tätigkeitsbereich Wirtschaft bPK-WT unverschlüsselt und aus dem Tätigkeitsbereich Personenidentität und Bürgerrechte (zur Person) bPK-ZP verschlüsselt (§ 9 E-Government-Gesetz – E-GovG, BGBl. I Nr. 10/2004, in der jeweils geltenden Fassung),
12. die Kennzahl Unternehmerregister (KUR).

(3) Daten über strafgerichtliche Verurteilungen dürfen in das GISA nicht eingetragen werden. Daten über strafgerichtliche Verurteilungen dürfen ausschließlich zum amtlichen Gebrauch während eines von der Behörde durchzuführenden Verfahrens, höchstens jedoch drei Tage lang, im GISA gespeichert werden.

(4) Betrifft eine Eingabe bei der Behörde die Tätigkeit einer natürlichen Person als Gewerbeinhaber, Fortbetriebsberechtigter, Geschäftsführer, Filialgeschäftsführer oder befähigter Arbeitnehmer gemäß § 37 Abs. 1, so hat die Partei der Behörde die Sozialversicherungsnummer der betreffenden natürlichen Person bekanntzugeben.

(5) Die Behörde ist zur Abfrage folgender Daten mittels automationsunterstützter Datenübermittlung befugt, soweit das Erfassen der Daten zur Vollziehung der gewerberechtlichen Vorschriften erforderlich ist:

1. aus dem Zentralen Personenstandsregister Familienname, Vorname, Geburtsdatum, Geburtsort, Geschlecht, Staatsangehörigkeit und den Zeitpunkt des Todes der natürlichen Person;
2. aus dem Zentralen Melderegister Familienname, Vorname, Geburtsdatum, Geburtsort, Geschlecht, Staatsangehörigkeit und die Wohnanschrift; die Berechtigung zur Abfrage des Zentralen Melderegisters umfasst auch Verknüpfungsabfragen im Sinne des § 16a Abs. 3 Meldegesetz 1991;
3. aus dem Strafregister Daten über nicht getilgte strafgerichtliche Verurteilungen, auch wenn die verhängte Freiheitsstrafe drei Monate oder die Geldstrafe 180 Tagessätze nicht übersteigt;
4. aus dem Datenbestand des Dachverbandes der Sozialversicherungsträger
   a) Sozialversicherungsnummern der im Abs. 4 genannten natürlichen Personen und Dienstgeberkontonummern von nach diesem Bundesgesetz zu bestellenden Geschäftsführern, die Arbeitnehmer sind, und
   b) Versicherungsdaten über Dienstverhältnisse; und
5. aus dem Finanzstrafregister Daten über Finanzvergehen gemäß § 13 Abs. 2.

Der Bundesminister für Inneres ist verpflichtet, dem Bundesminister für Wissenschaft, Forschung und Wirtschaft zum Zweck des Aufbaus und der Führung von GISA in geeigneter elektronischer Form aus dem Zentralen Melderegister einmal die in Z 2 genannten Daten über natürliche Personen, die gemäß Abs. 1 und Abs. 2 Z 10 und gemäß § 365b Abs. 2 Z 3 in das GISA einzutragen sind und für die ein bPK berechnet worden ist, zu übermitteln. Danach ist der Änderungsdienst gemäß § 16c Meldegesetz zu verwenden, wobei die Kosten im Einvernehmen zwischen dem Bundesminister für Inneres und dem Bundesminister für Wissenschaft, Forschung und Wirtschaft vereinbart werden. Steht zum Zeitpunkt der Inbetriebnahme von GISA der Änderungsdienst noch nicht zur Verfügung, hat der Bundesminister für Inneres dem Bundesminister für Wissenschaft, Forschung und Wirtschaft vor Inanspruchnahme des Änderungsdienstes die in Z 2 genannten Daten über natürliche Personen, die gemäß Abs. 1 und Abs. 2 Z 10 und gemäß § 365b Abs. 2 Z 3 in das GISA einzutragen sind und für die ein bPK berechnet worden ist, aktualisiert in geeigneter elektronischer Form aus dem Zentralen Melderegister nochmals zu übermitteln. Weiters ist der Bundesminister für Inneres verpflichtet, dem Bundesminister für Wissenschaft, Forschung und Wirtschaft ab Inbetriebnahme von GISA die Daten betreffend den Tag und Ort des Todes von natürlichen Personen, die gemäß Abs. 1 und Abs. 2 Z 10 und gemäß § 365b Abs. 2 Z 3 in das GISA einzutragen sind, aus dem Zentralen Personenstandsregister zu übermitteln.

Daten betreffend andere Rechtsträger als natürliche Personen

§ 365b. (1) Die Behörde hat andere Rechtsträger als natürliche Personen in das GISA einzutragen, die ein Gewerbe in der Funktion als Gewerbeinhaber oder Fortbetriebsberechtigte ausüben. Hinsichtlich der genannten Rechtsträger sind folgende Daten in das GISA einzutragen:

1. die Funktion, in der der Rechtsträger das Gewerbe ausübt,
2. die genaue Bezeichnung des Gewerbes,
3. der Standort der Gewerbeberechtigung und die Standorte weiterer Betriebsstätten,
4. die für Zustellungen maßgebliche Geschäftsanschrift,
5. das Datum des Entstehens und der Endigung der Gewerbeberechtigung und des Beginns und der Einstellung der Ausübung des Gewerbes in einer weiteren Betriebsstätte,
6. die Art des Fortbetriebes,
7. die Rechtsform,
8. die GISA-Zahl und die Global Location Number (GLN),
9. die Firma und die Firmenbuchnummer oder die ZVR-Zahl,

10. beim Gewerbe des Immobilientreuhänders eine Haftungsabsicherung gemäß § 117 Abs. 7 sowie bei Gewerbetreibenden, die die Gewerbe Gewerbliche Vermögensberatung (§ 94 Z 75), sofern die Tätigkeit der Versicherungsvermittlung nicht durch den Gewerbeumfang ausgeschlossen ist, oder Versicherungsvermittlung, sei es auch nur als Nebengewerbe oder als Nebentätigkeit (§ 94 Z 76), angemeldet haben, auch
a) die Namen der vertretungsbefugten Mitglieder des Leitungsorgans (Hinweis auf das Firmenbuch),
b) jene anderen Vertragsstaaten des EWR, in denen der Versicherungsvermittler tätig ist einschließlich die Adresse einer ausländischen Niederlassung, Familienname und Vorname des Repräsentanten dieser Niederlassung,
c) die Bezeichnung, Rechtsform und Firmenbuchnummer die Haftung absichernder Unternehmen im Sinne des § 137c Abs. 1 oder 2,
d) einen Hinweis, ob die Absicherung nach § 137c Abs. 1 oder 2 erfolgt,
e) eine Haftungsabsicherung gemäß § 136a Abs. 12,
f) gegebenenfalls entweder die Tätigkeit als Wertpapiervermittler oder als gebundener Vermittler,
g) der Vermerk der Einleitung eines Entziehungsverfahrens und
h) im Fall von Verständigungen gemäß § 137b Abs. 7, die in diesen enthaltenen Daten,
11. einen Hinweis, ob das Gewerbe der Versicherungsvermittlung entweder in der Form „Versicherungsagent" oder in der Form „Versicherungsmakler und Berater in Versicherungsangelegenheiten" ausgeübt wird; bei Gewerblichen Vermögensberatern, sofern die Tätigkeit der Versicherungsvermittlung nicht durch den Gewerbeumfang ausgeschlossen ist, dass Versicherungsvermittlung bezüglich Lebens- und Unfallversicherungen zulässig ist sowie bei Gewerbetreibenden, die die Versicherungsvermittlung als Nebengewerbe oder als Nebentätigkeit angemeldet haben, den Vermerk „Nebengewerbe" bzw. „Nebentätigkeit", sowie in allen diesen Fällen die Ausübungsform entweder als „Versicherungsagent" oder als „Versicherungsmakler",
12. alle Agenturverhältnisse eines Vermittlers einschließlich Versicherungszweig(e), wobei die Meldung gegenüber dem GISA über Abschluss und Beendigung auch durch das Versicherungsunternehmen und zwar auch in automationsunterstützter Form erfolgen kann,
13. bei Gewerbetreibenden, die die Gewerbe Gewerbliche Vermögensberatung (§ 94 Z 75) sofern die Tätigkeit der Versicherungsvermittlung nicht durch den Gewerbeumfang ausgeschlossen ist, oder Versicherungsvermittlung, sei es auch nur als Nebengewerbe oder als Nebentätigkeit (§ 94 Z 76), angemeldet haben, wenn eine Berechtigung zum Empfang von Prämien für ein Versicherungsunternehmen oder von für den Kunden bestimmten Beträgen besteht, das Bestehen dieser Empfangsberechtigung sowie der Name des Versicherungsunternehmens,
14. bei Gewerbetreibenden, die das Baumeistergewerbe (§ 94 Z 5) oder ein dem Baumeistergewerbe entstammendes Teilgewerbe ausüben, der Bestand einer Haftpflichtversicherung im Sinne des § 99 Abs. 7,
15. bei Versicherungsvermittlern im Sinne des § 137 Abs. 2, Immobilientreuhändern im Sinne des § 117, Gewerbetreibenden, die das Baumeistergewerbe (§ 94 Z 5) oder ein dem Baumeistergewerbe entstammendes Teilgewerbe ausüben und Gewerblichen Vermögensberatern im Sinne des § 136a das Ruhen und die Wiederaufnahme der Gewerbeausübung, und
16. bei Gewerbetreibenden, die zur Kreditvermittlung befugt sind, in welchen Mitgliedstaaten der EU oder Vertragsstaaten des EWR die betreffenden Kreditvermittler im Rahmen der Niederlassungsfreiheit oder der Dienstleistungsfreiheit ihre Tätigkeit ausüben und ob die Kreditvermittler gebunden sind oder nicht; im Falle von Mitteilungen gemäß § 136g die in diesen Mitteilungen enthaltenen Daten.

GewO

(2) Weiters sind in das GISA einzutragen:
1. Nachsichtsvermerke,
2. die Gründe für die Endigung einer Gewerbeberechtigung,
3. folgende Daten über natürliche Personen, denen ein maßgebender Einfluss auf den Betrieb der Geschäfte eines im GISA einzutragenden anderen Rechtsträgers als einer natürlichen Person zusteht:
a) die in § 365a Abs. 1 Z 2 bis 4 genannten Daten,
b) die in § 365a Abs. 2 Z 1 bis 6 und Z 11 genannten Daten,
c) das Sterbedatum,
d) in Fällen, in denen ein Verfahren auf Erteilung einer Nachsicht von den Voraussetzungen für die Ausübung von Gewerben geführt wurde:
aa) Nachsichtsvermerke,
bb) Ausgang des Verfahrens, zuständige Behörde sowie das Datum und die Geschäftszahl der Erledigung.

In Fällen, in denen das Verfahren auf Erteilen einer Nachsicht mit Abweisung, Zurückweisung oder Zurückziehen des Antrages geendet hat, hat die Behörde die Daten aus dem GISA nach Ablauf eines Jahres nach der Eintragung zu löschen.
4. die in Abs. 1 Z 4, 7 und 9 sowie die in Abs. 2 Z 1 genannten Daten über andere Rechtsträger

als natürliche Personen, denen ein maßgebender Einfluss auf den Betrieb der Geschäfte eines im GISA einzutragenden anderen Rechtsträgers als einer natürlichen Person zusteht,
5. folgende Daten über andere Rechtsträger als natürliche Personen, bei denen ein Verfahren auf Erteilung einer Nachsicht von den Voraussetzungen für die Ausübung von Gewerben geführt wurde und die nicht nach Abs. 1 einzutragen sind:
a) die in Abs. 1 Z 4, 7 und 9 sowie die in Abs. 2 Z 1 genannten Daten,
b) Ausgang des Verfahrens, zuständige Behörde sowie das Datum und die Geschäftszahl der Erledigung.

In Fällen, in denen das Verfahren mit Abweisung, Zurückweisung oder Zurückziehen des Antrages geendet hat, hat die Behörde die Daten aus dem GISA nach Ablauf eines Jahres nach der Eintragung zu löschen.

6. die Kennzahl Unternehmerregister (KUR).

Auszüge aus dem GISA

§ 365c. Die Behörde hat auf Ersuchen eines Auskunftswerbers jene Auskünfte, welche sie nach Maßgabe des § 365e zu erteilen hat, in folgender Weise durch Erstellen eines mit einer Amtssignatur zu versehenden elektronischen Auszuges aus dem GISA zu erteilen:

1. Auszug einer Gewerbelizenz aus dem GISA, welche folgende Informationen enthält, die zum Zeitpunkt des Erstellens des Auszuges aufrecht gültig sind:
a) Name des Gewerbeinhabers,
b) Firmenbuchnummer oder ZVR-Zahl, sofern der Gewerbeinhaber ein im Firmenbuch oder Zentralen Vereinsregister konstituierter Rechtsträger ist,
c) Bezeichnung der Gewerbe, welche von der Gewerbelizenz umfasst sind, einschließlich jeweils
ca) der zum Gewerbe gehörenden GISA Zahl,
cb) des Standortes des Gewerbes,
cc) des Datums, zu dem das Gewerbe entstanden ist;
2. Auszug einer Gewerbeberechtigung aus dem GISA, welche jene Informationen enthält, über die gemäß § 365e Abs. 1 erster Satz an jedermann Auskunft zu erteilen ist, und die zum Zeitpunkt der Erstellung des Auszuges aufrecht gültig sind;
3. Auszug einer Gewerbeberechtigung aus dem GISA, welche jene Informationen enthält, über die gemäß § 365e Abs. 1 erster Satz an jedermann Auskunft zu erteilen ist, wobei Informationen, die zum Zeitpunkt der Erstellung des Auszuges nicht mehr aufrecht gültig sind, als historische Information deutlich als historisch hervorzuheben sind;
4. Auszug einer Gewerbeberechtigung aus dem GISA, welche über die in Z 1 genannten Informationen auch Informationen gemäß § 365e Abs. 1 zweiter Satz enthält, für deren Erteilung der Auskunftswerber ein berechtigtes Interesse an der Auskunft glaubhaft zu machen hat, und die zum Zeitpunkt der Erstellung des Auszuges aufrecht gültig sind;
5. Auszug eines Gewerbeberechtigung aus dem GISA, welche über die in Z 1 genannten Informationen auch Informationen gemäß § 365e Abs. 1 zweiter Satz enthält, für deren Erteilung der Auskunftswerber ein berechtigtes Interesse an der Auskunft glaubhaft zu machen hat, wobei Informationen, die zum Zeitpunkt der Erstellung des Auszuges nicht mehr aufrecht gültig sind, als historische Information deutlich als historisch hervorzuheben sind.

§ 365d. Der Bundesminister für Digitalisierung und Wirtschaftsstandort hat bei Gewerbetreibenden, die Pauschalreisen veranstalten oder verbundene Reiseleistungen vermitteln, bezüglich dieser Tätigkeiten folgende durch Verordnung gemäß § 127 Abs. 1 näher zu bestimmende Daten in das Reiseinsolvenzabsicherungsverzeichnis (GISA) einzutragen:

1. Die Reiseleistungsausübungsberechtigung,
2. den Umsatz,
3. die Art und Höhe der Sicherheitsleistung,
4. den die Sicherheit gewährenden Versicherer oder Garanten,
5. das die Abwicklung von Ansprüchen gemäß § 127 Abs. 1 Z 1 und 2 vornehmende Unternehmen,
6. die Zahlungsmodalitäten.

Erteilung von Auskünften

§ 365e. (1) Die Behörde hat über die im § 365a Abs. 1, § 365b Abs. 1 und § 365d Z 1 und Z 3 bis 6 genannten Daten jedermann aus dem GISA Auskunft zu erteilen. Über die im § 365a Abs. 2 Z 1 bis 8 und über die im § 365b Abs. 2 Z 1 genannten Daten ist Auskunft zu erteilen, wenn der Auskunftswerber ein berechtigtes Interesse an der Auskunft glaubhaft macht. Über die im § 365a Abs. 2 Z 9 bis 12, § 365b Abs. 2 Z 2 bis 6 und § 365d Z 2 genannten Daten darf keine Auskunft erteilt werden

(2) Der Wirtschaftskammer Österreich und den Empfängern von gemäß § 365f Abs. 4 zu übermittelnden Daten ist unbeschränkt Auskunft über die in das GISA einzutragenden Daten zu erteilen, soweit dies zur Wahrnehmung der ihnen gesetzlich übertragenen Aufgaben eine wesentliche Voraussetzung bildet. Ebenso ist den Sicherheitsbehörden zur Erfüllung ihrer Aufgaben im Rahmen der Sicherheitsverwaltung und der Tätigkeit im Dienste der Strafrechtspflege unbeschränkt Auskunft über die in das GISA einzutragenden Daten zu erteilen.

(3) Das Auskunftsbegehren kann mündlich, telefonisch, telegrafisch, schriftlich, fernschriftlich, mit Telefax, im Wege automationsunterstützter Datenübertragung oder in jeder anderen technisch möglichen Weise eingebracht werden. Dem Auskunftswerber kann die schriftliche Ausführung eines mündlich oder telefonisch angebrachten Auskunftsbegehrens aufgetragen werden, wenn aus dem Begehren der Inhalt oder der Umfang der gewünschten Auskunft nicht ausreichend klar hervorgeht. Das Auskunftsbegehren muß stets auf die Bekanntgabe von Daten über eine einzelne Person oder einen einzelnen Betrieb gerichtet sein.

(4) Die in § 365a Abs. 1, § 365b Abs. 1 und in § 365d Z 1 und Z 3 bis 6 genannten Daten des GISA sind durch das Bundesministerium für Digitalisierung und Wirtschaftsstandort im Internet zur Abfrage unentgeltlich bereitzustellen. Zusätzlich wird über die Daten nach Maßgabe der vorhandenen technischen Möglichkeiten auch auf telefonische oder schriftliche oder automationsunterstützte oder jede andere Art der Anfrage hin unentgeltlich Auskunft erteilt.

(Anm.: Abs. 5 aufgehoben durch Z 22, BGBl. I Nr. 94/2017)

Übermittlung und Abfrage von Daten

§ 365f. (1) Der Bundesminister für Wissenschaft, Forschung und Wirtschaft hat der Wirtschaftskammer Österreich die in das GISA einzutragenden Daten zu übermitteln, soweit dies zur Wahrnehmung der den Kammern der gewerblichen Wirtschaft gesetzlich übertragenen Aufgaben eine wesentliche Voraussetzung bildet.

(2) Die Übermittlung von in das GISA einzutragenden Daten zwischen den Behörden untereinander ist zulässig, soweit dies zur Wahrnehmung der ihnen gesetzlich übertragenen Aufgaben eine wesentliche Voraussetzung bildet.

(3) Der Bundesminister für Wissenschaft, Forschung und Wirtschaft hat den Landespolizeidirektionen zum Zweck der Wahrnehmung der gemäß § 336 Abs. 1 und 2 übertragenen Aufgaben unverzüglich mitzuteilen:

1. bei Erteilung einer Gewerbeberechtigung den Familiennamen und den Vornamen des Gewerbetreibenden, die genaue Bezeichnung des Gewerbes, den Standort der Gewerbeberechtigung und die Standorte weiterer Betriebsstätten;
2. Änderungen im GISA, die bei Daten gemäß Z 1 eintreten.

(4) Trifft die Behörde auf Grund dieses Bundesgesetzes oder anderer Rechtsvorschriften eine Verständigungspflicht über in das GISA einzutragende Daten, so kommt die Behörde der Verständigungspflicht auch durch die automationsunterstützte Übermittlung der betreffenden Daten aus dem GISA nach. Bei automationsunterstützter Übermittlung der Daten tritt an die Stelle des zu verständigenden Arbeitsinspektorates das Bundesministerium für Arbeit, Soziales und Konsumentenschutz. Die Behörde hat die betreffenden Daten aus dem GISA automationsunterstützt zu übermitteln, sofern der Empfänger technisch zur automationsunterstützten Verarbeitung der Daten in der Lage ist.

(5) Die Behörden, die Wirtschaftskammer Österreich und die Empfänger von gemäß Abs. 4 zu übermittelnden Daten sind nach Maßgabe der technischen und personellen Möglichkeiten zur Abfrage der in das GISA einzutragenden Daten mittels automationsunterstützter Datenübermittlung befugt. Ebenso sind die Sicherheitsbehörden zur Erfüllung ihrer Aufgaben im Rahmen der Sicherheitsverwaltung und der Tätigkeit im Dienste der Strafrechtspflege nach Maßgabe der technischen und personellen Möglichkeiten zur Abfrage der in das GISA einzutragenden Daten mittels automationsunterstützter Datenübermittlung ermächtigt. Weiters ist die Bundesarbeitskammer nach Maßgabe der technischen und personellen Möglichkeiten zur Abfrage der in das GISA einzutragenden Daten mittels automationsunterstützter Datenübermittlung ermächtigt, soweit dies zur Wahrnehmung der den Kammern für Arbeiter und Angestellte und der Bundesarbeitskammer gesetzlich übertragenen Aufgaben eine wesentliche Voraussetzung bildet.

Daten aus dem Firmenbuch

§ 365g. (1) Die Gerichte haben der Behörde Abfragen aus dem Firmenbuch mittels automationsunterstützter Datenverarbeitung zu ermöglichen. Die zur Bearbeitung des GISA erforderlichen Daten sind dem GISA auf automationsunterstütztem Weg zur Verfügung zu stellen.

(2) Hat ein im Firmenbuch eingetragener Rechtsträger eine Anmeldung oder eine Anzeige erstattet, ohne einen Auszug aus dem Firmenbuch anzuschließen, so hat die zur Durchführung des betreffenden Verfahrens zuständige Behörde dem Einschreiter auf dessen Ersuchen einen Firmenbuchauszug gegen Entrichtung von Gebühren in der Höhe der für den Firmenbuchauszug bestimmten Gerichtsgebühren zur Verfügung zu stellen. Dieser Firmenbuchauszug ist zu den Akten der Gewerbebehörde zu nehmen. Die Gebühren fließen der Gebietskörperschaft zu, die den Aufwand der Behörde zu tragen hat.

p) Schutzklauselverfahren

§ 365i. (1) Die Gewerbebehörden haben dem Bundesminister für wirtschaftliche Angelegenheiten alle gemäß § 360 gesetzten Maßnahmen und alle gemäß § 366 Abs. 1 Z 4, 5 oder 6 verhängten Strafen betreffend die nicht den grundlegenden Sicherheitsanforderungen einer Verordnung gemäß § 69 Abs. 1 oder § 71 entsprechenden Produkte, Maschinen, Geräte, Ausrüstungen oder deren Teile oder Zubehör umgehend mitzuteilen.

(2) Der Bundesminister für wirtschaftliche Angelegenheiten hat unverzüglich die auf Grund der internationalen Verträge vorgesehenen Stellen von diesen Maßnahmen zu unterrichten und die Entscheidung zu begründen. Insbesondere ist diesen Stellen auch mitzuteilen, ob die Abweichung von den grundlegenden Sicherheitsanforderungen

a) auf die Nichterfüllung der festgelegten grundlegenden Sicherheitsanforderungen,
b) auf die mangelhafte Anwendung einschlägiger harmonisierter Europäischer Normen,
c) auf einen Mangel der einschlägigen harmonisierten Europäischen Normen selbst zurückzuführen ist.

Sofern diese Stellen entscheiden, daß die betroffenen Produkte, Maschinen, Geräte, Ausrüstungen oder deren Teile oder Zubehör die vorgeschriebenen Sicherheitsanforderungen nicht erfüllen, hat der Bundesminister für wirtschaftliche Angelegenheiten diese Entscheidung auf geeignete Weise kundzumachen und geeignete Vorkehrungen zu treffen, um deren Inverkehrbringen zu verhindern und gegebenenfalls eine Nachrüstung oder Behebung des Mangels bei bereits in Verkehr gebrachten betroffenen Produkten, Maschinen, Geräten, Ausrüstungen oder deren Teilen oder Zubehör, allenfalls auch durch deren Rückruf, vorzuschreiben.

§ 365j. Wenn auf Grund einer amtswegigen oder über Antrag vorgenommenen Prüfung festgestellt wird, daß die einschlägigen harmonisierten Europäischen Normen nicht oder nicht zur Gänze den grundlegenden Sicherheitsanforderungen einer Verordnung gemäß § 69 Abs. 1 oder § 71 Abs. 4 entsprechen, so hat der Bundesminister für wirtschaftliche Angelegenheiten die jeweils auf Grund der internationalen Verträge eingesetzten Stellen oder Ausschüsse unter Darlegung der Gründe zu befassen.

§ 365k. Sofern in Verordnungen auf Grund des § 69 Abs. 1 oder § 71 vorgesehen ist, daß zugelassene Stellen (Zertifizierungsstellen, Prüfstellen, Überwachungsstellen) im Verfahren betreffend die Übereinstimmungserklärung mitwirken (wie Baumusterprüfung, Geräteprüfung, Einzelprüfung) und nach Durchführen dieser Prüfungen feststellen, daß das Produkt, die Maschine, das Gerät oder die Ausrüstung sowie ihre Teile und ihr Zubehör den zutreffenden grundlegenden Sicherheitsanforderungen oder Normen nicht oder nicht mehr entsprechen, haben sie unverzüglich den Bundesminister für wirtschaftliche Angelegenheiten zu befassen. Der Bundesminister für wirtschaftliche Angelegenheiten hat entsprechend § 365i Abs. 2 vorzugehen.

r) Maßnahmen zur Verhinderung der Geldwäsche und der Terrorismusfinanzierung

Ziel

§ 365m. Die §§ 365m1 bis 365z dienen der Umsetzung der Richtlinie (EU) 2015/849 zur Verhinderung der Nutzung des Finanzsystems zum Zwecke der Geldwäsche und der Terrorismusfinanzierung, zur Änderung der Verordnung (EU) Nr. 648/2012 und zur Aufhebung der Richtlinie 2005/60/EG und der Richtlinie 2006/70/EG, ABl. Nr. L 141 vom 05.06.2015 S. 73 in der Fassung der Richtlinie (EU) 2018/843 zur Änderung der Richtlinie (EU) 2015/849 zur Verhinderung der Nutzung des Finanzsystems zum Zwecke der Geldwäsche und der Terrorismusfinanzierung und zur Änderung der Richtlinien 2009/138/EG und 2013/36/EU, ABl. Nr. L 156 vom 19.06.2018 S. 43 („Geldwäsche-RL") sowie im Sinne der Erwägungsgründe der genannten Richtlinien auch der Empfehlungen der Arbeitsgruppe „Financial Action Task Force" (FATF) auf dem Gebiet der Bekämpfung der Geldwäsche und der Terrorismusfinanzierung.

Allgemeines

§ 365m1. (1) Der Bundesminister für Wissenschaft, Forschung und Wirtschaft ist ermächtigt, durch Verordnung

1. diejenigen Regelungen zu erlassen, die notwendig sind, um allfällige weitere Durchführungsmaßnahmen der Europäischen Kommission insbesondere im Sinne der Art. 9 Abs. 2 und Art. 45 Abs. 7 der Geldwäsche-RL umzusetzen,
2. in Übereinstimmung mit dem risikobasierten Ansatz den Geltungsbereich der Bestimmungen dieses Abschnittes ganz oder teilweise auf Berufe oder Unternehmenskategorien dieses Bundesgesetzes auszudehnen, die zwar keine Gewerbetreibenden gemäß Abs. 2 sind, jedoch diesem Bundesgesetz unterliegende Tätigkeiten ausüben, bei denen es besonders wahrscheinlich ist, dass diese für Zwecke der Geldwäsche oder der Terrorismusfinanzierung genutzt werden; der Bundesminister für Wissenschaft, Forschung und Wirtschaft hat eine solche Ausdehnung der Europäischen Kommission mitzuteilen,
3. Empfehlungen der Europäischen Kommission im Sinne des Art. 6 Abs. 4 der Geldwäsche-RL umzusetzen.

(2) Die Bestimmungen dieses Abschnitts gelten für folgende Gewerbetreibende, und zwar sowohl für natürliche als auch für juristische Personen sowie eingetragene Personengesellschaften:

1.a) Handelsgewerbetreibende einschließlich Versteigerer, soweit sie Zahlungen von mindestens 10 000 Euro in bar tätigen oder entgegennehmen, unabhängig davon, ob die Transaktion in einem einzigen Vorgang oder in mehreren Vorgängen, zwischen denen eine Verbindung besteht oder zu bestehen scheint, getätigt wird;

b) Handelsgewerbetreibende, die mit Kunstwerken handeln oder beim Handel mit Kunstwerken als Vermittler tätig werden, auch Kunstgalerien und Auktionshäuser, sofern sich der Wert einer Transaktion oder einer Reihe verbundener Transaktionen auf 10 000 Euro oder mehr beläuft;
c) Gewerbetreibende, die Kunstwerke lagern, mit Kunstwerken handeln oder beim Handel mit Kunstwerken als Vermittler tätig werden, wenn dies durch Freihäfen ausgeführt wird, sofern sich der Wert einer Transaktion oder einer Reihe verbundener Transaktionen auf 10 000 Euro oder mehr beläuft;
2. Immobilienmakler, insbesondere im Hinblick sowohl auf Käufer als auch auf Verkäufer bzw. sowohl auf Mieter als auch auf Vermieter, aber nur in Bezug auf Transaktionen, bei denen sich die monatliche Miete auf 10 000 Euro oder mehr beläuft;
3. Unternehmensberater einschließlich der Unternehmensorganisation oder hinsichtlich der im Folgenden unter lit. c genannten Tätigkeiten auch sonstige Gewerbetreibende, wie insbesondere Berechtigte hinsichtlich Büroarbeiten und Büroservice, bei der Erbringung folgender Dienstleistungen für Gesellschaften oder Treuhandschaften:
a) Gründung von Gesellschaften oder anderen juristischen Personen oder
b) Ausübung der Leitungs- oder Geschäftsführungsfunktion einer Gesellschaft, der Funktion eines Gesellschafters einer Personengesellschaft oder einer vergleichbaren Funktion bei einer anderen juristischen Person oder Bestellung einer anderen Person für die zuvor genannten Funktionen oder
c) Bereitstellung eines Sitzes, einer Geschäfts-, Verwaltungs- oder Postadresse und anderer damit zusammenhängender Dienstleistungen für eine Gesellschaft, eine Personengesellschaft oder eine andere juristische Person oder rechtsgeschäftliche Vereinbarung oder
d) Ausübung der Funktion eines Treuhänders einer Treuhandschaft oder einer ähnlichen rechtsgeschäftlichen Vereinbarung oder Bestellung einer anderen Person für die zuvor genannten Funktionen oder
e) Ausübung der Funktion eines nominellen Anteilseigners für eine andere Person, bei der es sich nicht um eine auf einem geregelten Markt notierte Gesellschaft handelt, die dem Unionsrecht entsprechenden Offenlegungsanforderungen oder gleichwertigen internationalen Standards unterliegt, oder Bestellung einer anderen Person für die zuvor genannten Funktionen oder
4. Versicherungsvermittler im Sinne des § 137 Abs. 2, wenn diese im Zusammenhang mit Lebensversicherungen und anderen Dienstleistungen mit Anlagezweck tätig werden; ausgenommen hievon sind Versicherungsvermittler in der Form Versicherungsagent, die weder Prämien noch für Kunden bestimmte Beträge in Empfang nehmen und
a) keine Versicherungsprodukte vermitteln, die zueinander in Konkurrenz stehen, oder
b) nebengewerblich (§ 376 Z 18 Abs. 11) oder in Nebentätigkeit (§ 137 Abs. 3) tätig werden..

(3) Die Geldwäschemeldestelle nimmt Verdachtsmeldungen gemäß den §§ 365t bis 365z entgegen. Für alle anderen nicht direkt der Geldwäschemeldestelle zugewiesenen behördlichen Aufgaben, insbesondere die laufende Überwachung und Sicherstellung der Einhaltung der Bestimmungen dieses Abschnitts durch die Gewerbetreibenden einschließlich der Sanktionierung von Verstößen gegen diese Bestimmungen, ist die Behörde (§ 333) zuständig. Die Behörde hat die Einhaltung der Bestimmungen auf risikoorientierter Grundlage wirksam zu überwachen und die erforderlichen Maßnahmen zu treffen, um deren Einhaltung sicherzustellen. Dabei kommen ihr alle zur Wahrnehmung ihrer Aufgaben angemessenen Befugnisse und Mittel zu, einschließlich der Möglichkeit, alle Auskünfte im Bezug auf die Überwachung der einschlägigen Vorschriften zu verlangen und Kontrollen und Prüfungen vor Ort durchzuführen (§ 338).

(4) Hat ein Gewerbetreibender seinen Hauptsitz in einem anderen Mitgliedstaat der EU oder Vertragsstaat des EWR und im Bundesgebiet einen Standort oder weitere Betriebsstätten, so hat die Behörde mit den zuständigen Behörden des Mitgliedstaats, in dem der Verpflichtete seinen Hauptsitz hat, zusammenzuarbeiten, um eine wirksame Aufsicht zu gewährleisten. Bei Versicherungsvermittlern (§ 365m1 Abs. 2 Z 4), die Teil einer Gruppe sind, gilt dies auch im Hinblick auf die Behörden eines anderen Mitgliedstaates der EU oder eines anderen Vertragsstaats des EWR, in dem das Mutterunternehmen niedergelassen ist.

(5) Die Behörde hat bei der Aufsicht nach einem risikobasierten Ansatz vorzugehen und hat
1. ein klares Verständnis der in Österreich vorhandenen Risiken von Geldwäsche und Terrorismusfinanzierung zu entwickeln,
2. sich hinsichtlich der Häufigkeit und Intensität von Prüfungen von Gewerbetreibenden vor Ort an deren Risikoprofil und den vorhandenen Risiken von Geldwäsche und Terrorismusfinanzierung zu orientieren.

Der Gewerbetreibende hat der Behörde vor Ort Zugang zu allen relevanten Informationen über die besonderen nationalen und internationalen Risiken im Zusammenhang mit seinen Kunden, Produkten und Dienstleistungen zu gewähren.

(6) Die von den Europäischen Aufsichtsbehörden gemäß

1. Art. 16 der Verordnung (EU) Nr. 1093/2010 zur Errichtung einer Europäischen Aufsichtsbehörde (Europäische Bankenaufsichtsbehörde), zur Änderung des Beschlusses Nr. 716/2009/EG und zur Aufhebung des Beschlusses 2009/78/EG der Kommission, ABl. Nr. L 331 vom 15.12.2010 S. 12, zuletzt geändert durch die Richtlinie 2015/2366, ABl. Nr. L 337 vom 23.12.2015 S. 35,
2. Art. 16 der Verordnung (EU) Nr. 1094/2010 zur Errichtung einer Europäischen Aufsichtsbehörde (Europäische Aufsichtsbehörde für das Versicherungswesen und die betriebliche Altersversorgung), zur Änderung des Beschlusses Nr. 716/2009/EG und zur Aufhebung des Beschlusses 2009/79/EG der Kommission, ABl. Nr. L 331 vom 24.11.2010 S. 48, zuletzt geändert durch die Verordnung (EU) Nr. 258/2014, ABl. Nr. L 105 vom 08.04.2014 S. 1, und
3. Art. 16 der Verordnung (EU) Nr. 1095/2010 zur Errichtung einer Europäischen Aufsichtsbehörde (Europäische Wertpapier- und Marktaufsichtsbehörde), zur Änderung des Beschlusses Nr. 716/2009/EG und zur Aufhebung des Beschlusses 2009/77/EG der Kommission, ABl. Nr. L 331 vom 13.12.2010 S. 84, zuletzt geändert durch die Verordnung (EU) Nr. 258/2014, ABl. Nr. L 105 vom 08.04.2014 S. 1,

herausgegebenen Leitlinien über Merkmale eines risikobasierten Ansatzes für die Aufsicht und die bei der Aufsicht nach einem risikobasierten Ansatz zu unternehmenden Schritte sind von der Behörde zu berücksichtigen. Die Behörde hat den Europäischen Aufsichtsbehörden alle Informationen zur Verfügung zu stellen, die zur Durchführung ihrer Aufgaben aufgrund der Geldwäsche-RL *(Anm. 1)* erforderlich sind.

(7) Die Behörde hat das Risikoprofil des Gewerbetreibenden im Hinblick auf Geldwäsche und Terrorismusfinanzierung, einschließlich der Risiken der Nichteinhaltung einschlägiger Vorschriften, in regelmäßigen Abständen und bei Eintritt wichtiger Ereignisse oder Entwicklungen in der Geschäftsleitung und Geschäftstätigkeit zu bewerten.

(8) Die Behörde hat die Eignung und Umsetzung der internen Strategien, Kontrollen und Verfahren des Gewerbetreibenden in angemessener Weise zu überprüfen.

(9) Die Behörde hat über wirksame Mechanismen zu verfügen, die dazu ermutigen, Verstöße oder den Verdacht eines Verstoßes gegen die Bestimmungen dieses Abschnittes oder gegen auf der Grundlage dieses Abschnittes erlassene Verordnungen oder Bescheide anzuzeigen.

(10) Die in Abs. 9 genannten Mechanismen umfassen zumindest Folgendes:

1. spezielle Verfahren für die Entgegennahme der Meldung von Verstößen und diesbezüglicher Folgemaßnahmen;
2. einen angemessenen Schutz für Beschäftigte der Verpflichteten, die Verstöße innerhalb des Verpflichteten melden;
3. einen angemessenen Schutz für die beschuldigte Person;
4. den Schutz personenbezogener Daten gemäß den Grundsätzen der Datenschutz-Grundverordnung und des Datenschutzgesetzes – DSG sowohl für die Person, die die Verstöße meldet, als auch für die natürliche Person, die mutmaßlich für einen Verstoß verantwortlich ist;
5. klare Regeln, die die Geheimhaltung der Identität der Person, die die Verstöße anzeigt, gewährleisten, soweit nicht die Offenlegung der Identität im Rahmen eines staatsanwaltschaftlichen, gerichtlichen oder verwaltungsrechtlichen Verfahrens zwingend zu erfolgen hat;
6. einen oder mehrere sichere Kommunikationskanäle für die in Abs. 9 vorgesehene Meldung, durch die sichergestellt wird, dass die Identität der Personen, die Informationen zur Verfügung stellen, nur der Behörde bekannt ist.

(11) Der Gewerbetreibende hat über angemessene Verfahren zu verfügen, über die seine Angestellten oder Personen in einer vergleichbaren Position Verstöße intern über einen speziellen, unabhängigen und anonymen Kanal melden können und die in einem angemessenen Verhältnis zu Art und Größe des betreffenden Gewerbebetriebs stehen. Die Verfahren nach diesem Absatz müssen den Anforderungen des Abs. 10 Z 2 bis 5 entsprechen.

(12) Die Behörde hat die Europäischen Aufsichtsbehörden über alle verwaltungsrechtlichen Sanktionen und Maßnahmen, die gegen Versicherungsvermittler (§ 365m1 Abs. 2 Z 4) wegen schwerwiegenden, wiederholten oder systematischen Verstößen oder eine Kombination davon gegen die §§ 365p, 365q, 365r, 365s, 365t, 365u, 365y und 365z verhängt werden, sowie über alle diesbezüglichen Rechtsmittelverfahren und deren Ergebnisse zu informieren.

(13) Dem Bargeld gleichgestellt ist E-Geld (§ 365n Z 8), sofern nicht in einer Verordnung gemäß Abs. 1 Z 1 anderes festgelegt wurde.

(____________

Anm. 1: Z 10 der Novelle BGBl. I Nr. 65/2020 lautet: „In § 365m1 Abs. 1 Z 1 und Z 3 und Abs. 6 Z 1, ... wird jeweils der Ausdruck „4. Geldwäsche-RL" durch den Ausdruck „Geldwäsche-RL" ersetzt.". In § 365m1 Abs. 6 steht der zu ersetzende Ausdruck nicht in Z 1 sondern im Schlussteil des Absatzes.)

Definitionen

§ 365n. Im Sinne dieses Abschnitts bedeutet:

1. „Geldwäsche" der Straftatbestand gemäß § 165 StGB, BGBl. Nr. 60/1974 in der jeweils geltenden Fassung, unter Einbeziehung von Vermögensbestandteilen, die aus einer strafbaren Handlung des Täters selbst herrühren (Eigengeldwäsche);
2. „Terrorismusfinanzierung" die Leistung eines finanziellen Beitrages zur Unterstützung einer terroristischen Vereinigung gemäß § 278b StGB zur Begehung einer terroristischen Straftat gemäß § 278c StGB oder die Erfüllung des Straftatbestandes gemäß § 278d StGB;
3. „wirtschaftlicher Eigentümer" alle natürlichen Personen, in deren Eigentum oder unter deren Kontrolle der Kunde letztlich steht, sowie natürliche Personen, in deren Auftrag eine Transaktion oder Tätigkeit ausgeführt wird; der Begriff des wirtschaftlichen Eigentümers umfasst dabei zumindest den in § 2 Z 1 bis 3 WiEReG angeführten Personenkreis;
4. „politisch exponierte Person"

eine natürliche Person, die wichtige öffentliche Ämter ausübt oder ausgeübt hat; hierzu zählen unter anderem:

a) Staatschefs, Regierungschefs, Minister, stellvertretende Minister und Staatssekretäre;
b) Parlamentsabgeordnete oder Mitglieder vergleichbarer Gesetzgebungsorgane;
c) Mitglieder der Führungsgremien politischer Parteien;
d) Mitglieder von obersten Gerichtshöfen, Verfassungsgerichtshöfen oder sonstigen hohen Gerichten, gegen deren Entscheidungen, von außergewöhnlichen Umständen abgesehen, kein Rechtsmittel mehr eingelegt werden kann;
e) Mitglieder von Rechnungshöfen oder der Leitungsorgane von Zentralbanken;
f) Botschafter, Geschäftsträger und hochrangige Offiziere der Streitkräfte;
g) Mitglieder der Verwaltungs-, Leitungs- oder Aufsichtsorgane staatseigener Unternehmen;
h) Direktoren, stellvertretende Direktoren und Mitglieder des Leitungsorgans oder eine vergleichbare Funktion bei einer internationalen Organisation;

keine der unter lit. a bis h genannten öffentlichen Funktionen umfasst Funktionsträger mittleren oder niedrigeren Ranges;

5. „Familienmitglieder" unter anderem

a) der Ehepartner einer politisch exponierten Person oder eine dem Ehepartner einer politisch exponierten Person gleichgestellte Person,
b) die Kinder einer politisch exponierten Person und deren Ehepartner oder den Ehepartnern gleichgestellte Personen,
c) die Eltern einer politisch exponierten Person;

6. „bekanntermaßen nahestehende Personen"

a) natürliche Personen, die bekanntermaßen gemeinsam mit einer politisch exponierten Person wirtschaftliche Eigentümer von juristischen Personen oder Rechtsvereinbarungen sind oder sonstige enge Geschäftsbeziehungen zu einer politisch exponierten Person unterhalten;
b) natürliche Personen, die alleiniger wirtschaftlicher Eigentümer einer juristischen Person oder einer Rechtsvereinbarung sind, welche bekanntermaßen de facto zugunsten einer politisch exponierten Person errichtet wurde;

7. „Geschäftsbeziehung" jede geschäftliche, berufliche oder kommerzielle Beziehung, die in Verbindung mit den gewerblichen Tätigkeiten der den Bestimmungen dieses Abschnitts unterliegenden Gewerbetreibenden unterhalten wird und bei der bei Zustandekommen des Kontakts davon ausgegangen wird, dass sie von einer gewissen Dauer sein wird;
8. „E-Geld" E-Geld-gemäß § 1 Abs. 1 des E-Geldgesetzes 2010, BGBl. I Nr. 107/2010;
9. „Geldwäschemeldestelle" die Geldwäschemeldestelle gemäß § 4 Abs. 2 Z 1 und 2 des Bundeskriminalamt-Gesetzes – BKA-G, BGBl. I Nr. 22/2002;
10. „Führungsebene" Führungskräfte oder Mitarbeiter mit ausreichendem Wissen über die Risiken, die für den Gewerbetreibenden in Bezug auf Geldwäsche und Terrorismusfinanzierung bestehen, und ausreichendem Dienstalter, um Entscheidungen mit Auswirkungen auf die Risikolage treffen zu können, wobei es sich nicht in jedem Fall um ein Mitglied des Leitungsorgans handeln muss;
11. „Gruppe" eine Gruppe von Unternehmen, die aus einem Mutterunternehmen, seinen Tochterunternehmen und den Unternehmen, an denen das Mutterunternehmen oder seine Tochterunternehmen eine Beteiligung halten, besteht, sowie Unternehmen, die untereinander durch eine Beziehung im Sinne von Art. 22 der Richtlinie 2013/34/EU über den Jahresabschluss, den konsolidierten Abschluss und damit verbundene Berichte von Unternehmen bestimmter Rechtsformen und zur Änderung der Richtlinie 2006/43/EG und zur Aufhebung der Richtlinien 78/660/EWG und 83/349/EWG, ABl. Nr. L 182 vom 29.06.2013 S. 19, zuletzt geändert durch die Richtlinie 2014/102/EU, ABl. Nr. L 334 vom 21.11.2014 S. 86, verbunden sind.

Risikobewertung

§ 365n1. (1) Der Gewerbetreibende hat angemessene Schritte zu unternehmen, um die für ihn bestehenden Risiken der Geldwäsche und Terrorismusfinanzierung unter Berücksichtigung von Risikofaktoren, einschließlich in Bezug auf seine Kunden, Länder oder geografische Gebiete, Produkte, Dienstleistungen, Transaktionen oder Vertriebskanäle zu ermitteln und zu bewerten. Diese

Schritte haben in einem angemessenen Verhältnis zu Art und Größe des Unternehmens zu stehen.

(2) Die in Abs. 1 genannten Risikobewertungen sind nachvollziehbar aufzuzeichnen, auf aktuellem Stand evident zu halten und der Behörde auf Anfrage in einem allgemein gebräuchlichen Format zur Verfügung zu stellen. Der Bundesminister für Wissenschaft, Forschung und Wirtschaft ist ermächtigt, durch Verordnung jene Sektoren festzulegen, in denen einzelne aufgezeichnete Risikobewertungen nicht erforderlich sind, weil die in dem Sektor bestehenden konkreten Risiken klar erkennbar sind und sie verstanden werden.

(3) Der Gewerbetreibende hat über Strategien, Kontrollen und Verfahren zur wirksamen Minderung und Steuerung der auf Unionsebene, auf mitgliedstaatlicher Ebene und bei sich selbst ermittelten Risiken von Geldwäsche und Terrorismusfinanzierung zu verfügen. Die laufende Einhaltung der internen Vorschriften, die Teil der Strategien, Kontrollen und Verfahren sind, durch die diesen unterworfenen Mitarbeiter, bedarf der Überwachung durch den zuständigen Beauftragten (Abs. 4 Z 1), wenn ein solcher nicht benannt ist, durch den Gewerbetreibenden. Die Strategien, Kontrollen und Verfahren haben in einem angemessenen Verhältnis zu Art und Größe des Unternehmens zu stehen und sind durch die Führungsebene zu genehmigen; getroffene Maßnahmen sind bei Bedarf zu überwachen und zu verbessern.

(4) Die in Abs. 3 genannten Strategien, Kontrollen und Verfahren umfassen

1. die Ausarbeitung interner Grundsätze, Kontrollen und Verfahren, unter anderem in Bezug auf eine vorbildliche Risikomanagementpraxis, Sorgfaltspflichten gegenüber Kunden inklusive Maßnahmen in Bezug auf neue Produkte, Praktiken und Technologien, Verdachtsmeldungen, Aufbewahrung von Unterlagen, interne Kontrolle, Einhaltung der einschlägigen Vorschriften einschließlich der Benennung eines für die Einhaltung der einschlägigen Vorschriften zuständigen Beauftragten auf Führungsebene, wenn dies angesichts des Umfangs und der Art der Geschäftstätigkeit angemessen ist, und regelmäßige Überprüfung der Arbeitsausführungen durch Mitarbeiter sowie bei der Auswahl ihrer Beschäftigten Prüfung auf Zuverlässigkeit in Bezug auf deren Verbundenheit mit den rechtlichen Werten;
2. eine unabhängige Prüfung, die die unter Z 1 genannten internen Strategien, Kontrollen und Verfahren testet, sofern dies im Hinblick auf Art und Umfang der Geschäftstätigkeit angemessen ist.

Allgemeine Sorgfaltspflichten

§ 365o. Die in diesem Abschnitt vorgeschriebenen Pflichten bestehen in den folgenden Fällen:

1. bei Begründung einer Geschäftsbeziehung;
2. bei Ausführung gelegentlicher Transaktionen in Höhe von 15 000 Euro oder mehr, und zwar unabhängig davon, ob die Transaktion in einem einzigen Vorgang oder in mehreren Vorgängen, zwischen denen eine Verbindung zu bestehen scheint, getätigt wird,

3.a) im Falle von Handelsgewerbetreibenden einschließlich Versteigerern bei Abwicklung gelegentlicher Transaktionen in bar in Höhe von 10 000 Euro oder mehr, und zwar unabhängig davon, ob die Transaktion in einem einzigen Vorgang oder in mehreren Vorgängen, zwischen denen eine Verbindung zu bestehen scheint, getätigt wird;

b) bei Handelsgewerbetreibenden, die mit Kunstwerken handeln oder beim Handel mit Kunstwerken als Vermittler tätig werden, auch Kunstgalerien und Auktionshäusern, sofern sich der Wert einer Transaktion oder einer Reihe verbundener Transaktionen auf 10 000 Euro oder mehr beläuft;

c) bei Gewerbetreibenden, die Kunstwerke lagern, mit Kunstwerken handeln oder beim Handel mit Kunstwerken als Vermittler tätig werden, wenn dies durch Freihäfen ausgeführt wird, sofern sich der Wert einer Transaktion oder einer Reihe verbundener Transaktionen auf 10 000 Euro oder mehr beläuft.

4. bei Verdacht oder bei berechtigtem Grund zu der Annahme, dass der Kunde einer terroristischen Vereinigung (§ 278b StGB) angehört oder dass der Kunde objektiv an Transaktionen mitwirkt, die der Geldwäscherei (§ 165 StGB – unter Einbeziehung von Vermögensbestandteilen, die aus einer strafbaren Handlung des Täters selbst herrühren) oder der Terrorismusfinanzierung (§ 278d StGB) dienen, ungeachtet etwaiger Ausnahmeregelungen, Befreiungen oder Schwellenwerte,
5. bei Zweifeln an der Echtheit oder der Angemessenheit von Kundenidentifikationsdaten.

Sorgfaltspflichten gegenüber Kunden

§ 365p. (1) Die Sorgfaltspflichten gegenüber Kunden umfassen:

1. Feststellung und Überprüfung der Kundenidentität bei

a) natürlichen Personen auf der Grundlage eines amtlichen Lichtbildausweises; als amtlicher Lichtbildausweis in diesem Sinn gelten von einer staatlichen Behörde ausgestellte Dokumente, die mit einem nicht austauschbaren erkennbaren Kopfbild der betreffenden Person versehen sind und den Namen, das Geburtsdatum und die Unterschrift der Person sowie die ausstellende Behörde enthalten; bei Reisedokumenten von Fremden müssen die Unterschrift und das vollständige Geburtsdatum dann nicht im Reisedokument enthalten sein, wenn dies dem Recht des ausstellenden Staates entspricht;

dies schließt auch, soweit verfügbar, elektronische Mittel für die Identitätsfeststellung sowie einschlägige Vertrauensdienste gemäß der Verordnung (EU) Nr. 910/2014 über elektronische Identifizierung und Vertrauensdienste für elektronische Transaktionen im Binnenmarkt und zur Aufhebung der Richtlinie 1999/93/EG, ABl. Nr. L 257 vom 28.8.2014 S. 73 und andere sichere Verfahren zur Identifizierung aus der Ferne oder auf elektronischem Weg im Sinne des § 6 Abs. 4 des Bundesgesetzes zur Verhinderung der Geldwäscherei und Terrorismusfinanzierung im Finanzmarkt (Finanzmarkt-Geldwäschegesetz – FM-GwG), BGBl. I Nr. 118/2016, in der jeweils geltenden Fassung, mit ein;

b) juristischen Personen anhand von beweiskräftigen Urkunden, die gemäß dem am Sitz der juristischen Personen landesüblichen Rechtsstandard verfügbar sind; jedenfalls zu überprüfen sind der aufrechte Bestand, der Name, die Rechtsform, die Vertretungsbefugnis und der Sitz der juristischen Person;

2. Feststellung der Identität des wirtschaftlichen Eigentümers und Ergreifung angemessener Maßnahmen zur Überprüfung seiner Identität, bis der Gewerbetreibende davon überzeugt ist, zu wissen, wer der wirtschaftliche Eigentümer ist; im Fall von juristischen Personen, Trusts, Gesellschaften, Stiftungen und ähnlichen Rechtsvereinbarungen schließt dies ein, dass angemessene Maßnahmen ergriffen werden, um die Eigentums- und Kontrollstruktur des Kunden zu verstehen; wenn der ermittelte wirtschaftliche Eigentümer ein Angehöriger der Führungsebene im Sinne des § 365n Z 10 ist, hat der Gewerbetreibende die erforderlichen angemessenen Maßnahmen zu treffen, um die Identität der natürlichen Person, die die Position als Angehöriger der Führungsebene innehat, zu überprüfen und Aufzeichnungen über die ergriffenen Maßnahmen sowie über etwaige während des Überprüfungsvorgangs aufgetretene Schwierigkeiten zu führen. Eine angemessene Maßnahme ist die Einsicht in das Register der wirtschaftlichen Eigentümer nach Maßgabe des § 11 WiEReG.

3. die Bewertung und gegebenenfalls Einholung von Informationen über den Zweck und die angestrebte Art der Geschäftsbeziehung und

4. die kontinuierliche Überwachung der Geschäftsbeziehung, einschließlich einer Überprüfung der im Verlauf der Geschäftsbeziehung abgewickelten Transaktionen, um sicherzustellen, dass diese mit den Kenntnissen über den Kunden, seine Geschäftstätigkeit und sein Risikoprofil, einschließlich erforderlichenfalls der Herkunft der Mittel, übereinstimmen; der Gewerbetreibende hat zu gewährleisten, dass die betreffenden Dokumente, Daten oder Informationen auf aktuellem Stand gehalten werden.

Bei Durchführung der unter Z 1 und 2 genannten Maßnahmen hat sich der Gewerbetreibende zudem zu vergewissern, dass jede Person, die vorgibt, im Namen des Kunden zu handeln, dazu berechtigt ist; er hat die Identität dieser Person festzustellen und zu überprüfen.

(2) Der Umfang der in Abs. 1 genannten Sorgfaltspflichten bestimmt sich nach den vom Gewerbetreibenden zu bewertenden Risiken, insbesondere nach dem Zweck der Geschäftsbeziehung, der Höhe der von einem Kunden eingezahlten Vermögenswerte oder dem Umfang der Transaktion sowie Regelmäßigkeit oder Dauer der Geschäftsbeziehung.

(3) Die Angemessenheit der gesetzten Maßnahmen muss entsprechend dem ermittelten Risiko gegenüber der Behörde nachgewiesen werden können.

(4) Für Lebensversicherungen oder andere Versicherungen mit Anlagezweck haben Versicherungsvermittler (§ 365m1 Abs. 2 Z 4) neben den Sorgfaltspflichten gegenüber Kunden und wirtschaftlichen Eigentümern hinsichtlich der Begünstigten dieser Versicherungen die nachstehend genannten Sorgfaltspflichten zu erfüllen, sobald die Begünstigten ermittelt oder bestimmt sind:

1. bei Begünstigten, die als namentlich genannte Person oder Rechtsvereinbarung identifiziert werden, hat der Versicherungsvermittler (§ 365m1 Abs. 2 Z 4) den Namen dieser Person festzuhalten;
2. bei Begünstigten, die nach Merkmalen oder nach Kategorie oder auf andere Weise bestimmt werden, hat der Versicherungsvermittler (§ 365m1 Abs. 2 Z 4) ausreichende Informationen über diese Begünstigten einzuholen, um sicherzugehen, dass er zum Zeitpunkt der Auszahlung in der Lage sein wird, ihre Identität festzustellen.

In den in Z 1 und 2 genannten Fällen ist die Identität der Begünstigten zum Zeitpunkt der Auszahlung zu überprüfen. Wird die Lebens- oder andere Versicherung mit Anlagezweck ganz oder teilweise an einen Dritten abgetreten, so haben die über diese Abtretung unterrichteten Versicherungsvermittler (§ 365m1 Abs. 2 Z 4) die Identität des wirtschaftlichen Eigentümers zu dem Zeitpunkt festzustellen, in dem die Ansprüche aus der übertragenen Polizze an die natürliche oder juristische Person oder die Rechtsvereinbarung abgetreten werden.

(4a) Versicherungsvermittler (§ 365m1 Abs. 2 Z 4) dürfen keine anonymen Konten, anonyme Sparbücher oder anonyme Schließfächer führen. Auf Inhaber und Begünstigte bestehender anonymer Konten, anonymer Sparbücher oder anonymer Schließfächer sind die Sorgfaltspflichten gegenüber Kunden anzuwenden.

(5) Werden die Begünstigten von Trusts oder von ähnlichen Rechtsvereinbarungen nach besonderen Merkmalen oder nach Kategorie bestimmt, so hat ein Gewerbetreibender ausreichende Informationen über den Begünstigten einzuholen, um sicherzugehen, dass er zum Zeitpunkt der Auszahlung oder zu dem Zeitpunkt, zu dem der Begünstigte seine erworbenen Rechte wahrnimmt, in der Lage sein wird, die Identität des Begünstigten festzustellen.

(6) Die Gewerbetreibenden haben die Sorgfaltspflichten gemäß Abs. 1 bis Abs. 5 nicht nur in Bezug auf alle neuen Kunden, sondern zu geeigneter Zeit auch in Bezug auf die bestehende Kundschaft auf risikobasierter Grundlage zu erfüllen, oder auch dann, wenn sich bei einem Kunden maßgebliche Umstände ändern oder wenn der Gewerbetreibende rechtlich verpflichtet ist, den Kunden im Laufe des betreffenden Kalenderjahres zu kontaktieren, um etwaige einschlägige Informationen über den oder die wirtschaftlichen Eigentümer zu überprüfen, oder wenn der Verpflichtete gemäß der Richtlinie 2011/16/EU über die Zusammenarbeit der Verwaltungsbehörden im Bereich der Besteuerung und zur Aufhebung der Richtlinie 77/799/EWG, ABl. Nr. L 64, vom 11.3.2011 S. 1, dazu verpflichtet ist.

(7) Sofern der Gewerbetreibende nicht in der Lage ist, Abs. 1 Z 1 bis 4 nachzukommen, ist er verpflichtet, keine Transaktion über ein Bankkonto abzuwickeln, keine Geschäftsbeziehung zu begründen, keine Transaktion abzuwickeln oder eine Geschäftsbeziehung zu beenden. Weiters hat er die Notwendigkeit einer Verdachtsmeldung an die Geldwäschemeldestelle gemäß § 365t Abs. 1 Z 1 zu prüfen.

Zeitpunkt der Identitätsfeststellung

§ 365q. (1) Die Überprüfung der Identität des Kunden und des wirtschaftlichen Eigentümers hat vor Begründung einer Geschäftsbeziehung oder Ausführung der Transaktion zu erfolgen. Zu Beginn einer neuen Geschäftsbeziehung mit einem Rechtsträger gemäß § 1 WiEReG haben die Gewerbetreibenden den Nachweis der Registrierung oder einen Auszug aus dem Register gemäß § 9 oder § 10 WiEReG einzuholen. Zu Beginn einer neuen Geschäftsbeziehung mit einer Gesellschaft, einem Trust, einer Stiftung, einer mit einer Stiftung vergleichbaren juristischen Person oder mit einer trustähnlichen Rechtsvereinbarung mit Sitz in einem anderen Mitgliedstaat der EU oder einem Vertragsstaat des EWR oder in einem Drittland, die mit einem Rechtsträger im Sinne des § 1 WiEReG vergleichbar sind, haben die Verpflichteten den Nachweis der Registrierung oder einen Auszug aus dem Register einzuholen, sofern dessen wirtschaftliche Eigentümer in einem den Anforderungen der Art. 30 oder 31 der Geldwäsche-RL entsprechenden Register registriert werden müssen.

(2) Die Überprüfung der Identität des Kunden und des wirtschaftlichen Eigentümers darf entgegen Abs. 1 auch erst während der Begründung einer Geschäftsbeziehung abgeschlossen werden, wenn dies notwendig ist, um den normalen Geschäftsablauf nicht zu unterbrechen und nur ein geringes Risiko der Geldwäsche oder der Terrorismusfinanzierung besteht. In diesem Fall haben die betreffenden Identifikationsverfahren möglichst bald nach dem ersten Kontakt abgeschlossen zu werden.

Vereinfachte Sorgfaltspflichten gegenüber Kunden

§ 365r. (1) Stellt ein Gewerbetreibender aufgrund seiner Risikoanalyse (§ 365n1) fest, dass in bestimmten Bereichen nur ein geringes Risiko besteht, so darf der Gewerbetreibende vereinfachte Sorgfaltspflichten gegenüber Kunden anwenden.

(2) Bevor der Gewerbetreibende vereinfachte Sorgfaltspflichten gegenüber Kunden anwendet, hat er sich zu vergewissern, dass die Geschäftsbeziehung oder die Transaktion tatsächlich mit einem geringeren Risiko verbunden ist.

(3) Der Gewerbetreibende hat die Transaktionen und die Geschäftsbeziehungen in ausreichendem Umfang zu überwachen, um die Aufdeckung ungewöhnlicher oder verdächtiger Transaktionen zu ermöglichen.

(4) Wenn der Gewerbetreibende die Risiken von Geldwäsche und Terrorismusfinanzierung für bestimmte Arten von Kunden, geografische Gebiete und für bestimmte Produkte, Dienstleistungen, Transaktionen oder Vertriebskanäle bewertet, hat er zumindest die in der **Anlage 7** zu diesem Bundesgesetz dargelegten Faktoren für ein potenziell geringes Risiko zu berücksichtigen. Entsprechende Unterlagen zur Risikoanalyse und deren Ergebnis sind mindestens fünf Jahre aufzubewahren.

(5) Der Bundesminister für Wissenschaft, Forschung und Wirtschaft ist ermächtigt, aufgrund einer Risikoanalyse, die insbesondere auf Grundlage der gemäß § 365v Abs. 3 vorliegenden Daten erfolgt, durch Verordnung für bestimmte Arten von Kunden, geografische Gebiete und für bestimmte Produkte, Dienstleistungen, Transaktionen oder Vertriebskanäle vereinfachte Sorgfaltspflichten festzulegen. Dabei sind zumindest die in **Anlage 7** dargelegten Faktoren für ein potenziell geringes Risiko und von den Europäischen Aufsichtsbehörden gegebene Leitlinien zu berücksichtigen.

Verstärkte Sorgfaltspflichten gegenüber Kunden

§ 365s. (1) Der Gewerbetreibende hat zusätzlich zu den in § 365p festgelegten Sorgfaltspflichten gegenüber Kunden

1. über angemessene Risikomanagementsysteme einschließlich risikobasierter Verfahren zu verfügen, um feststellen zu können, ob es sich bei dem Kunden oder dem wirtschaftlichen Eigentümer des Kunden um eine politisch exponierte Person handelt,
2. im Falle von Geschäftsbeziehungen zu politisch exponierten Personen die Zustimmung seiner Führungsebene einzuholen, bevor er Geschäftsbeziehungen zu diesen Personen aufnimmt oder fortführt,
3. angemessene Maßnahmen zu ergreifen, um die Herkunft des Vermögens und der Gelder, die im Rahmen von Geschäftsbeziehungen oder Transaktionen mit diesen Personen eingesetzt werden, zu bestimmen und
4. die Geschäftsbeziehung einer verstärkten fortlaufenden Überwachung zu unterziehen.

(2) Versicherungsvermittler (§ 365m1 Abs. 2 Z 4) haben angemessene Maßnahmen zu treffen, um zu bestimmen, ob es sich bei den Begünstigten einer Lebensversicherungs- oder anderen Versicherungspolizze mit Anlagezweck und, sofern erforderlich, bei dem wirtschaftlichen Eigentümer des Begünstigten um politisch exponierte Personen handelt. Diese Maßnahmen sind spätestens zum Zeitpunkt der Auszahlung oder zum Zeitpunkt der vollständigen oder teilweisen Abtretung der Polizze zu treffen. Falls höhere Risiken ermittelt wurden, haben die Gewerbetreibenden zusätzlich zu den in § 365p vorgesehenen Sorgfaltspflichten

1. ihre Führungsebene vor Auszahlung der Versicherungserlöse zu unterrichten,
2. die gesamte Geschäftsbeziehung zu dem Versicherungsnehmer einer verstärkten Überprüfung zu unterziehen.

(3) Ist eine politisch exponierte Person nicht mehr mit einem wichtigen öffentlichen Amt in einem Mitgliedstaat oder Drittland oder mit einem wichtigen öffentlichen Amt bei einer internationalen Organisation betraut, so hat der Gewerbetreibende für mindestens zwölf Monate das von dieser Person weiterhin ausgehende Risiko zu berücksichtigen und so lange angemessene und risikoorientierte Maßnahmen zu treffen, bis davon auszugehen ist, dass diese Person kein Risiko mehr darstellt, das spezifisch für politisch exponierte Personen ist.

(4) Die in Abs. 1 bis 3 genannten Maßnahmen gelten auch für Familienmitglieder oder Personen, die politisch exponierten Personen bekanntermaßen nahestehen.

(5) In den in den Art. 18a bis 24 der Geldwäsche-RL genannten Fällen sowie in anderen Fällen mit erhöhten Risiken, die gemäß Abs. 6 festgelegt oder gemäß § 365n1 ermittelt wurden, hat der Gewerbetreibende verstärkte Sorgfaltspflichten gegenüber Kunden anzuwenden, um diese Risiken angemessen zu steuern und zu mindern. Der Gewerbetreibende hat bei seiner Risikoanalyse zumindest die in der **Anlage 8** zu diesem Bundesgesetz dargelegten Faktoren für ein potenziell erhöhtes Risiko sowie von den Europäischen Aufsichtsbehörden gegebene Leitlinien zu berücksichtigen. Entsprechende Unterlagen zur Risikoanalyse und deren Ergebnis sind vom Gewerbetreibenden zur jederzeitigen Einsichtnahme durch die Behörde aufzubewahren.

(6) Der Bundesminister für Wissenschaft, Forschung und Wirtschaft hat aufgrund einer Risikoanalyse, die insbesondere auf Grundlage der gemäß § 365v Abs. 3 vorliegenden Daten erfolgt, für ein potenziell erhöhtes Risiko verstärkte Sorgfaltspflichten durch Verordnung festzulegen. Dabei sind zumindest die in **Anlage 8** zu diesem Bundesgesetz dargelegten Faktoren für ein potenziell erhöhtes Risiko sowie von den Europäischen Aufsichtsbehörden gegebene Leitlinien zu berücksichtigen.

(7) Der Gewerbetreibende hat Hintergrund und Zweck aller komplexen und ungewöhnlich großen Transaktionen und aller ungewöhnlichen Muster von Transaktionen ohne offensichtlichen wirtschaftlichen oder rechtmäßigen Zweck zu untersuchen, soweit dies im angemessenen Rahmen möglich ist. Um zu bestimmen, ob diese Transaktionen oder Tätigkeiten verdächtig sind, verstärkt der Gewerbetreibende insbesondere den Umfang und die Art der Überwachung der Geschäftsbeziehung.

(8) In Bezug auf Geschäftsbeziehungen oder Transaktionen, an denen gemäß Art. 9 Abs. 2 der Geldwäsche-RL ermittelte Drittländer mit hohem Risiko beteiligt sind, haben die Gewerbetreibenden die folgenden verstärkten Sorgfaltsmaßnahmen gegenüber Kunden anzuwenden:

1. Einholung zusätzlicher Informationen über den Kunden und den/die wirtschaftlichen Eigentümer;
2. Einholung zusätzlicher Informationen über die angestrebte Art der Geschäftsbeziehung;
3. Einholung von Informationen über die Herkunft der Gelder und die Herkunft des Vermögens des Kunden und des wirtschaftlichen Eigentümers/der wirtschaftlichen Eigentümer;
4. Einholung von Informationen über die Gründe für die geplanten oder durchgeführten Transaktionen;
5. Einholung der Zustimmung der Führungsebene zur Schaffung oder Weiterführung der Geschäftsbeziehung;
6. verstärkte Überwachung der Geschäftsbeziehung durch häufigere und zeitlich besser geplante Kontrollen sowie durch Auswahl von Transaktionsmustern, die einer weiteren Prüfung bedürfen.

(9) Zusätzlich zu den in Abs. 8 vorgesehenen Maßnahmen kann der Bundesminister für Digitalisierung und Wirtschaftsstandort durch Verordnung festlegen, dass Gewerbetreibende auf natürliche oder juristische Personen, die Transaktionen durchführen, an denen gemäß Art. 9 Abs. 2 der Geldwäsche-RL ermittelte Drittländer mit hohem Risiko beteiligt sind, gegebenenfalls eine oder mehrere zusätzliche risikomindernde Maßnahmen anzuwenden haben. Diese Maßnahmen haben aus einem oder mehreren der folgenden Elemente zu bestehen:

1. der Anwendung zusätzlicher verstärkter Sorgfaltsmaßnahmen;
2. der Einführung verstärkter einschlägiger Meldemechanismen oder einer systematischen Meldepflicht für Finanztransaktionen;
3. der Beschränkung der geschäftlichen Beziehungen oder Transaktionen mit natürlichen oder juristischen Personen aus gemäß Art. 9 Abs. 2 der Geldwäsche-RL ermittelten Drittländern mit hohem Risiko.

(10) Im Umgang mit gemäß Art. 9 Abs. 2 der Geldwäsche-RL ermittelten Drittländern mit hohem Risiko kann der Bundesminister für Digitalisierung und Wirtschaftsstandort durch Verordnung gegebenenfalls zusätzlich zu den in Abs. 8 genannten Maßnahmen und im Einklang mit den internationalen Pflichten der Union eine oder mehrere der folgenden Maßnahmen vorsehen:

1. Verwehrung der Gründung von Tochtergesellschaften, Zweigniederlassungen oder Repräsentanzbüros von Gewerbetreibenden aus dem betreffenden Drittland oder anderweitige Berücksichtigung der Tatsache, dass der fragliche Gewerbetreibende aus einem Drittland stammt, das über keine angemessenen Systeme zur Bekämpfung der Geldwäsche oder der Terrorismusfinanzierung verfügt;
2. Einführung des für Gewerbetreibende geltenden Verbots der Gründung von Zweigniederlassungen oder Repräsentanzbüros in dem betreffenden Drittland oder anderweitige Berücksichtigung der Tatsache, dass sich die betreffende Zweigniederlassung beziehungsweise das betreffende Repräsentanzbüro in einem Drittland befinden würde, das über keine angemessenen Systeme zur Bekämpfung der Geldwäsche oder der Terrorismusfinanzierung verfügt;
3. Einführung der für Zweigniederlassungen und Tochtergesellschaften von in dem betreffenden Land niedergelassenen Verpflichteten geltenden Pflicht, sich einer verschärften aufsichtlichen Prüfung oder einem verschärften externen Audit zu unterziehen;
4. Einführung verschärfter Anforderungen in Bezug auf das externe Audit von in dem betreffenden Land niedergelassenen Zweigniederlassungen und Tochtergesellschaften von Finanzgruppen;
5. Einführung der für Versicherungsvermittler (§ 365m1 Abs. 2 Z 4) geltenden Pflicht, Korrespondenzbankbeziehungen zu Respondenzinstituten in dem betreffenden Land zu überprüfen und zu ändern oder erforderlichenfalls zu beenden.

(11) Der Bundesminister für Digitalisierung und Wirtschaftsstandort hat beim Erlass der in Abs. 9 und Abs. 10 genannten Maßnahmen gegebenenfalls einschlägige Evaluierungen, Bewertungen oder Berichte internationaler Organisationen oder von Einrichtungen für die Festlegung von Standards mit Kompetenzen im Bereich der Verhinderung von Geldwäsche und der Bekämpfung der Terrorismusfinanzierung hinsichtlich der von einzelnen Drittländern ausgehenden Risiken zu berücksichtigen.

(12) Der Bundesminister für Digitalisierung und Wirtschaftsstandort hat die Europäische Kommission vor dem Erlass der in Abs. 9 und Abs. 10 genannten Maßnahmen zu informieren.

§ 365s1. (1) Die Gewerbetreibenden können zur Erfüllung der in § 365p Abs. 1 Z 1 bis 4 genannten Sorgfaltspflichten gegenüber Kunden auf Dritte zurückgreifen, soweit ihnen nicht Hinweise vorliegen, die eine gleichwertige Erfüllung der genannten Pflichten bezweifeln lassen. Die endgültige Verantwortung für die Erfüllung dieser Anforderungen verbleibt jedoch bei dem Gewerbetreibenden, der auf den Dritten zurückgreift.

(2) Die Gewerbetreibenden haben bei dem Dritten, auf den sie zurückgreifen, die notwendigen Informationen zu den in § 365p Abs. 1 Z 1 bis 4 genannten Sorgfaltspflichten gegenüber Kunden unverzüglich einzuholen. Sie haben weiters angemessene Schritte zu unternehmen, um zu gewährleisten, dass der Dritte ihnen unverzüglich auf ihr Ersuchen Kopien der bei der Erfüllung dieser Sorgfaltspflichten verwendeten Unterlagen sowie anderer maßgeblicher Unterlagen über die Identität des Kunden oder des wirtschaftlichen Eigentümers weiterleiten kann. Dies umfasst auch elektronische Mittel für die Identitätsfeststellung und Vertrauensdienste gemäß der Verordnung (EU) Nr. 910/2014 sowie andere sichere Verfahren zur Identifizierung aus der Ferne oder auf elektronischem Weg nach Maßgabe des § 6 Abs. 4 FM-GwG.

(3) Als Dritte im Sinne dieses Paragraphen gelten Kredit- und Finanzinstitute mit Sitz im Inland, sofern sie nicht ausschließlich über eine Berechtigung für die Durchführung des Wechselstubengeschäfts (§ 1 Abs. 1 Z 22 des Bankwesengesetzes – BWG, BGBl. Nr. 532/1993, in der jeweils geltenden Fassung) verfügen, die in Art. 2 Abs. 1 Z 3 lit. a und b der Geldwäsche-RL genannten Personen und Versicherungsvermittler gemäß § 365m1 Abs. 2 Z 4 GewO 1994 mit Sitz im Inland.

(4) Als Dritte im Sinne dieses Paragraphen gelten auch Kredit- und Finanzinstitute gemäß Art. 3 Z 1 und 2 der Geldwäsche-RL, sofern sie nicht ausschließlich über eine Berechtigung für die Durchführung des Wechselstubengeschäfts verfügen, und die in Art. 2 Abs. 1 Z 3 lit. a und b der Geldwäsche-RL genannten Personen jeweils mit Sitz in einem anderen Mitgliedstaat und diesen entsprechende Verpflichtete mit Sitz in einem Drittland,

1. deren Sorgfalts- und Aufbewahrungspflichten den in der Geldwäsche-RL festgelegten entsprechen und
2. die einer Aufsicht in Bezug auf die Einhaltung dieser Anforderungen unterliegen, die dem 2. Abschnitt des Kapitel VI der Geldwäsche-RL entspricht.

Auf Dritte, die in Drittländern mit hohem Risiko niedergelassen sind, dürfen Gewerbetreibende nicht zurückgreifen. Dies gilt nicht für Zweigstellen bzw. Zweigniederlassungen von Dritten mit Sitz im Inland oder einem anderen Mitgliedstaat und deren Tochterunternehmen, wenn sich diese Zweigstellen bzw. Zweigniederlassungen und Tochterunternehmen uneingeschränkt an die gruppenweit anzuwendenden Strategien und Verfahren halten.

(5) § 14 und § 15 FM-GwG gelten sinngemäß.

Allgemeine Meldepflichten

§ 365t. (1) Der Gewerbetreibende hat mit der Geldwäschemeldestelle in vollem Umfang zusammenzuarbeiten, indem er unverzüglich von sich aus mittels einer Verdachtsmeldung die Geldwäschemeldestelle informiert, wenn er Kenntnis davon erhält, den Verdacht oder berechtigten Grund zu der Annahme hat, dass

1. eine versuchte, bevorstehende, laufende oder bereits erfolgte Transaktion im Zusammenhang mit Vermögensbestandteilen, die aus einer in § 165 StGB aufgezählten strafbaren Handlung herrühren (unter Einbeziehung von Vermögensbestandteilen, die aus einer strafbaren Handlung des Täters selbst herrühren), steht,
2. ein Vermögensbestandteil aus einer in § 165 StGB aufgezählten strafbaren Handlung herrührt (unter Einbeziehung von Vermögensbestandteilen, die aus einer strafbaren Handlung des Täters selbst herrühren) oder
3. die versuchte, bevorstehende, laufende oder bereits erfolgte Transaktion oder der Vermögensbestandteil im Zusammenhang mit einer kriminellen Organisation gemäß § 278a StGB, einer terroristischen Vereinigung gemäß § 278b StGB, einer terroristischen Straftat gemäß § 278c StGB oder der Terrorismusfinanzierung gemäß § 278d StGB steht.

Alle verdächtigen Transaktionen einschließlich versuchter Transaktionen müssen gemeldet werden. Die Verdachtsmeldung ist in einem geläufigen elektronischen Format unter Verwendung der durch die Geldwäschemeldestelle festgelegten sicheren Kommunikationskanäle zu übermitteln. Der Gewerbetreibende hat gegebenenfalls sein leitendes Personal und seine Angestellten entsprechend zu verpflichten. Der Gewerbetreibende hat der Geldwäschemeldestelle auf Verlangen unmittelbar alle erforderlichen Auskünfte zur Verfügung zu stellen. Die Person, die gemäß § 365n1 Abs. 4 benannt wurde, hat die genannten Informationen an die Geldwäschemeldestelle weiterzuleiten.

(2) Der Gewerbetreibende hat über angemessene Verfahren zu verfügen, über die seine Beschäftigten Verstöße intern über einen speziellen, unabhängigen und anonymen Kanal melden können und die in einem angemessenen Verhältnis zu Art und Größe des betreffenden Gewerbetreibenden stehen.

(3) Zur Verhinderung oder zur Verfolgung von Geldwäsche oder von Terrorismusfinanzierung ist die Geldwäschemeldestelle ermächtigt, die erforderlichen Daten von natürlichen und juristischen Personen sowie von sonstigen Einrichtungen mit Rechtspersönlichkeit zu ermitteln und gemeinsam mit Daten, die sie in Vollziehung von Bundes- oder Landesgesetzen verarbeitet hat, in einer Datenanwendung zu verarbeiten, soweit diese den Betroffenenkreisen und Datenarten der Anlage 1, SA037 der Standard und Muster-Verordnung 2004 – StMV, BGBl. II Nr. 312/2004, entsprechen. Die Daten sind zu löschen, sobald sie für die Erfüllung der Aufgaben nicht mehr benötigt werden, längstens jedoch nach fünf Jahren. Übermittlungen sind nach Maßgabe des § 4 Abs. 2 Z 1 und 2 BKA-G zulässig.

Durchführung von Transaktionen

§ 365u. (1) Der Gewerbetreibende hat Transaktionen, von denen er weiß oder vermutet, dass sie mit Geldwäsche oder Terrorismusfinanzierung in Verbindung stehen, erst dann durchzuführen, wenn er die nach § 365t Abs. 1 erforderliche Maßnahme abgeschlossen und alle weiteren besonderen Anweisungen der Geldwäschemeldestelle oder der Behörde befolgt hat.

(2) Falls ein Verzicht auf die Durchführung der in Abs. 1 genannten Transaktionen nicht möglich ist oder die Unterlassung oder Verzögerung der Durchführung die Verfolgung der Begünstigten einer verdächtigen Transaktion behindern könnte, unterrichtet der Gewerbetreibende die Geldwäschemeldestelle umgehend im Anschluss daran.

(3) Die Geldwäschemeldestelle ist ermächtigt anzuordnen, dass eine laufende oder bevorstehende Transaktion, die gemäß § 365t Abs. 1 meldepflichtig ist, unterbleibt oder vorläufig aufgeschoben wird und dass Aufträge des Kunden über

Geldausgänge nur mit Zustimmung der Geldwäschemeldestelle durchgeführt werden dürfen. Die Geldwäschemeldestelle hat die Staatsanwaltschaft ohne unnötigen Aufschub von der Anordnung zu verständigen. Der Kunde ist ebenfalls zu verständigen, wobei die Verständigung des Kunden längstens für fünf Werktage aufgeschoben werden kann, wenn diese ansonsten die Verfolgung der Begünstigten einer verdächtigen Transaktion behindern könnte. Der Gewerbetreibende ist über den Aufschub der Verständigung des Kunden zu informieren. Die Verständigung des Kunden hat den Hinweis zu enthalten, dass er oder ein sonst Betroffener berechtigt ist, Beschwerde wegen Verletzung seiner Rechte an das zuständige Verwaltungsgericht zu erheben.

(4) Die Geldwäschemeldestelle hat die Anordnung nach Abs. 3 aufzuheben, sobald die Voraussetzungen für die Erlassung weggefallen sind oder die Staatsanwaltschaft erklärt, dass die Voraussetzungen für eine Beschlagnahme gemäß § 109 Z 2 und § 115 Abs. 1 Z 3 StPO nicht bestehen. Die Anordnung tritt im Übrigen außer Kraft,

1. wenn seit ihrer Erlassung sechs Monate vergangen sind oder
2. sobald das Gericht über einen Antrag auf Beschlagnahme gemäß § 109 Z 2 und § 115 Abs. 1 Z 3 StPO rechtskräftig entschieden hat.

(5) Geben der Gewerbetreibende oder dessen Angestellte oder leitendes Personal im guten Glauben Informationen gemäß § 365t weiter, so gilt dies nicht als Verletzung einer vertraglich oder durch Rechts- oder Verwaltungsvorschriften geregelten Beschränkung der Informationsweitergabe und zieht für den Gewerbetreibenden oder dessen Angestellte oder leitendes Personal keinerlei Haftung nach sich, und zwar auch nicht in Fällen, in denen ihnen die zugrunde liegende kriminelle Tätigkeit nicht genau bekannt war, und unabhängig davon, ob tatsächlich eine rechtswidrige Handlung begangen wurde.

(6) Der Gewerbetreibende hat Einzelpersonen, einschließlich Angestellte und Vertreter des Gewerbetreibenden, die intern oder der Geldwäschemeldestelle einen Verdacht auf Geldwäsche oder Terrorismusfinanzierung melden, vor Bedrohungen, Vergeltungsmaßnahmen oder Anfeindungen und insbesondere vor nachteiligen oder diskriminierenden Maßnahmen im Beschäftigungsverhältnis zu schützen. Einzelpersonen, die einen Verdacht melden, dürfen deswegen

1. weder benachteiligt werden, insbesondere nicht beim Entgelt, beim beruflichen Aufstieg, bei Maßnahmen der Aus- und Weiterbildung, bei der Versetzung oder bei der Beendigung des Arbeitsverhältnisses,
2. noch nach strafrechtlichen Vorschriften verantwortlich gemacht werden, es sei denn, die Meldung ist vorsätzlich unwahr abgegeben worden.

Dem Arbeitgeber oder einem Dritten steht ein Schadenersatzanspruch nur bei einer offenbar unrichtigen Meldung, die die Einzelperson mit Schädigungsvorsatz erstattet hat, zu. Die Berechtigung zur Abgabe von Meldungen darf vertraglich nicht eingeschränkt werden. Entgegenstehende Vereinbarungen sind unwirksam. Die Behörde hat zu gewährleisten, dass Einzelpersonen, die Bedrohungen, Anfeindungen oder nachteiligen oder diskriminierenden Maßnahmen im Beschäftigungsverhältnis im Sinne dieses Absatzes ausgesetzt sind, weil sie intern oder nach § 365t einen Verdacht auf Geldwäsche oder Terrorismusfinanzierung gemeldet haben, bei der Behörde auf sichere Weise eine Beschwerde einreichen können.

(7) Der Gewerbetreibende darf keine anonymen Geschäftsbeziehungen begründen. Versicherungsvermittler dürfen darüber hinaus auch keine anonymen Konten führen.

Unterrichtung der Geldwäschemeldestelle

§ 365v. (1) Die Behörde hat die Geldwäschemeldestelle umgehend zu unterrichten, wenn sie im Rahmen von Kontrollen von Gewerbetreibenden oder bei anderen Gelegenheiten Tatsachen aufdeckt, die mit Geldwäsche oder Terrorismusfinanzierung zusammenhängen könnten. § 365w gilt sinngemäß.

(2) Die Behörde kann Auskunftsersuchen, die auf Belangen im Zusammenhang mit Geldwäsche, damit im Zusammenhang stehenden Vortaten oder Terrorismusfinanzierung beruhen, an die Geldwäschemeldestelle richten. Die Behörde hat der Geldwäschemeldestelle Rückmeldung über die Verwendung der von dieser bereitgestellten Informationen und die Ergebnisse der auf Grundlage derselben durchgeführten Ermittlungen oder Prüfungen zu geben.

(Anm.: Abs. 3 aufgehoben durch Z 29, BGBl. I Nr. 65/2020)

Verbot der Informationsweitergabe

§ 365w. (1) Der Gewerbetreibende darf weder den betroffenen Kunden noch Dritte davon in Kenntnis setzen, dass gemäß § 365t eine Übermittlung von Informationen gerade erfolgt, erfolgen wird oder erfolgt ist oder dass eine Analyse wegen Geldwäsche oder Terrorismusfinanzierung gerade stattfindet oder stattfinden könnte. Der Gewerbetreibende hat auch sein leitendes Personal und seine Angestellten entsprechend zu verpflichten. Dieses Verbot bezieht sich nicht auf die Weitergabe von Informationen an die zuständigen Behörden oder auf die Weitergabe von Informationen zu Strafverfolgungszwecken. Zudem hat der Gewerbetreibende, wenn er Kenntnis davon erhält, den Verdacht oder berechtigten Grund zu der Annahme hat, dass ein meldepflichtiger Sachverhalt gemäß § 365t Abs. 1 vorliegt und er vernünftigerweise davon ausgehen kann, dass die Anwendung der Sorgfaltspflichten gegenüber Kunden die

Verfolgung der Begünstigten einer verdächtigen Transaktion behindern könnte, die Anwendung der Sorgfaltspflichten gegenüber Kunden auszusetzen und hat stattdessen die Geldwäschemeldestelle umgehend mittels Verdachtsmeldung zu informieren.

(2) Das Verbot nach Abs. 1 steht einer Informationsweitergabe zwischen derselben Unternehmensgruppe angehörenden Kreditinstituten und Versicherungsvermittlern (§ 365m1 Abs. 2 Z 4) oder zwischen diesen Instituten und ihren Zweigstellen und mehrheitlich in ihrem Besitz befindlichen Tochterunternehmen in Drittländern nicht entgegen. Dies setzt voraus, dass sich diese Zweigstellen und Tochterunternehmen uneingeschränkt an die gruppenweit anzuwendenden Strategien und Verfahren gemäß § 365z Abs. 1 bis 6, darunter Verfahren für den Informationsaustausch innerhalb der Gruppe, halten und die gruppenweit anzuwendenden Strategien und Verfahren die Anforderungen der Geldwäsche – RL erfüllen.

(3) Bei Versicherungsvermittlern (§ 365m1 Abs. 2 Z 4) steht das Verbot nach Abs. 1 in Fällen, die sich auf denselben Kunden und dieselbe Transaktion beziehen und an denen zwei oder mehr Versicherungsvermittler (§ 365m1 Abs. 2 Z 4) beteiligt sind, einer Informationsweitergabe zwischen diesen nicht entgegen. Dies setzt voraus, dass es sich bei diesen um Versicherungsvermittler (§ 365m1 Abs. 2 Z 4) aus einem Mitgliedstaat oder um Einrichtungen in einem Drittland, in dem den Regelungen der Geldwäsche-RL gleichwertige Anforderungen gelten, handelt und sie derselben Berufskategorie angehören und gleichwertigen Verpflichtungen in Bezug auf das Berufsgeheimnis und den Schutz personenbezogener Daten unterliegen.

Datenschutz, Aufbewahrung von Aufzeichnungen und statistische Daten

§ 365y. (1) Der Gewerbetreibende hat die nachstehenden Dokumente und Informationen für die Zwecke der Verhinderung, Aufdeckung und Ermittlung möglicher Geldwäsche oder Terrorismusfinanzierung durch die Geldwäschemeldestelle oder die Behörde aufzubewahren:

1. bei Sorgfaltspflichten gegenüber Kunden eine Kopie der erhaltenen Dokumente und Informationen, die für die Erfüllung der Sorgfaltspflichten gegenüber Kunden erforderlich sind, einschließlich Informationen – soweit verfügbar –, die mittels elektronischer Mittel für die Identitätsfeststellung, einschlägiger Vertrauensdienste gemäß der Verordnung (EU) Nr. 910/2014 über elektronische Identifizierung und Vertrauensdienste für elektronische Transaktionen im Binnenmarkt und zur Aufhebung der Richtlinie 1999/93/EG ABl. Nr. L 257 vom 23. Juli 2014 S 73 oder mittels anderer anerkannter sicherer Verfahren zur Identifizierung aus der Ferne oder auf elektronischem Weg eingeholt wurden, für die Dauer von fünf Jahren nach Beendigung der Geschäftsbeziehung mit dem Kunden oder nach dem Zeitpunkt einer gelegentlichen Transaktion;
2. die Transaktionsbelege und -aufzeichnungen als Originale oder als Kopien, die für die Ermittlung von Transaktionen erforderlich sind, für die Dauer von fünf Jahren nach Beendigung der Geschäftsbeziehung mit dem Kunden oder nach dem Zeitpunkt einer gelegentlichen Transaktion. Der Gewerbetreibende hat einer Anforderung der Geldwäschemeldestelle im Rahmen ihrer Aufgaben zur Einholung und Nutzung von Informationen für deren im ersten Satz genannten Zweck zu entsprechen, selbst, wenn keine vorherige Meldung gemäß § 365t erstattet wurde.

(2) Der Gewerbetreibende hat die personenbezogenen Daten nach Ablauf der Aufbewahrungsfristen nach Abs. 1 zu löschen, sofern nicht nach anderen Bestimmungen eine Verpflichtung zur längeren Speicherung der Daten besteht.

(3) Der Gewerbetreibende hat über Systeme zu verfügen, die es ihm ermöglichen, über sichere Kommunikationskanäle und auf eine Art und Weise, die die vertrauliche Behandlung der Anfragen voll und ganz sicherstellt, auf Anfragen der Geldwäschemeldestelle oder anderer zuständiger Behörden vollständig und rasch Auskunft darüber zu geben, ob er mit bestimmten Personen eine Geschäftsbeziehung unterhalten oder während eines Zeitraums von fünf Jahren vor der Anfrage unterhalten hat, sowie über die Art dieser Geschäftsbeziehung.

(4) Die Verarbeitung personenbezogener Daten zu Zwecken der Verhinderung von Geldwäsche und Terrorismusfinanzierung auf der Grundlage von Art. 1 der Geldwäsche-RL ist als Angelegenheit von öffentlichem Interesse gemäß der Verordnung (EU) 2016/679 zum Schutz natürlicher Personen bei der Verarbeitung personenbezogener Daten, zum freien Datenverkehr und zur Aufhebung der Richtlinie 95/46/EG (Datenschutz-Grundverordnung), ABl. L 119 vom 4.5.2016 S. 1 anzusehen.

(5) Auf die Verarbeitung personenbezogener Daten im Rahmen dieses Abschnittes sind die Datenschutz-Grundverordnung und das Datenschutzgesetz anzuwenden.

(6) Personenbezogene Daten dürfen von Gewerbetreibenden auf der Grundlage dieses Abschnittes ausschließlich für die Zwecke der Verhinderung von Geldwäsche und Terrorismusfinanzierung verarbeitet werden und dürfen nicht in einer Weise weiterverarbeitet werden, die mit diesen Zwecken unvereinbar ist. Es ist untersagt, personenbezogene Daten auf der Grundlage dieses Abschnitts für andere Zwecke, wie beispielsweise für kommerzielle Zwecke, zu verarbeiten.

(7) Die Gewerbetreibenden haben neuen Kunden die nach Art. 13 und 14 der Datenschutz-Grundverordnung vorgeschriebenen Informationen zur Verfügung zu stellen, bevor sie eine Geschäftsbeziehung begründen oder gelegentliche Transaktionen ausführen. Diese Informationen haben insbesondere einen allgemeinen Hinweis zu den Rechtspflichten des Gewerbetreibenden gemäß dem vorliegenden Abschnitt bei der Verarbeitung personenbezogener Daten zu Zwecken der Verhinderung von Geldwäsche und Terrorismusfinanzierung zu enthalten.

(8) In Anwendung des Verbots der Informationsweitergabe gemäß § 365w Abs. 1 kann eine Sicherstellung öffentlicher Interessen gemäß Art. 23 Abs. 1 der Datenschutz-Grundverordnung dann vorliegen, wenn die Verweigerung einer Auskunft eine erforderliche und verhältnismäßige Maßnahme darstellt, um

1. dem Gewerbetreibenden oder der Behörde die ordnungsgemäße Wahrnehmung seiner oder ihrer Aufgaben für die Zwecke dieses Bundesgesetzes zu ermöglichen oder
2. behördliche oder gerichtliche Ermittlungen, Analysen, Untersuchungen oder Verfahren für die Zwecke dieses Bundesgesetzes nicht zu behindern und zu gewährleisten, dass die Verhinderung, Ermittlung und Aufdeckung von Geldwäscherei und Terrorismusfinanzierung nicht gefährdet wird.

(9) Die Behörde hat als Beitrag zur Vorbereitung der Risikobewertungen gemäß den §§ 365r Abs. 5 und 365s Abs. 6 sicherzustellen, dass sie die Wirksamkeit ihrer Systeme zur Bekämpfung von Geldwäsche oder Terrorismusfinanzierung überprüfen kann, indem sie umfassende Statistiken über Faktoren, die für die Wirksamkeit der Systeme relevant sind, führt. Die Behörde hat jedenfalls umfassende und nachhaltige Überprüfungsmaßnahmen, insbesondere durch Überprüfungen vor Ort hinsichtlich der Einhaltung der Bestimmungen, zu setzen. Die Statistiken haben zu erfassen:

1. Daten zur Messung von Größe und Bedeutung der verschiedenen Sektoren, die in den Geltungsbereich dieser Bestimmungen fallen, einschließlich der Anzahl der Unternehmen und natürlichen Personen und der Einheiten sowie der wirtschaftlichen Bedeutung jedes Sektors
2. die Zahl der behördlichen Meldungen an die Meldestelle und
3. jeweils aufgeschlüsselt nach gewerblichen Berufen die Zahl der Verstöße sowie die Zahl der wegen eines Verstoßes gegen § 366b geführten Verwaltungsstrafverfahren,
4. die Zahl der Maßnahmen vor Ort oder anderswo sowie
5. Anzahl und Höhe der auf Grundlage der festgestellten Verstöße verhängten Geldstrafen oder Verwaltungsmaßnahmen,
6. das Personal, das den für die Aufsicht über die Bekämpfung von Geldwäsche und Terrorismusfinanzierung zuständigen Behörden (§ 333) zugewiesen wurde.

Die Statistiken und Daten sind dem Bundesminister für Digitalisierung und Wirtschaftsstandort jeweils jährlich sowie auf Anfrage zur Verfügung zu stellen.

(10) Der Bundesminister für Digitalisierung und Wirtschaftsstandort hat die Statistiken zur Verwendung gemäß Art. 44 Abs. 3 und Abs. 4 der Geldwäsche-RL dem Bundesminister für Finanzen jährlich zu übermitteln.

(11) Um die wirksame Zusammenarbeit und insbesondere den Informationsaustausch zu erleichtern und zu fördern, hat der Bundesminister für Digitalisierung und Wirtschaftsstandort der Europäischen Kommission die Liste der zuständigen Behörden einschließlich ihrer Kontaktdaten zu übermitteln und dafür Sorge zu tragen, dass die der Kommission übermittelten Informationen auf dem neuesten Stand gehalten werden.

Interne Verfahren, Schulungen und Rückmeldung

§ 365z. (1) Der Gewerbetreibende, der Teil einer Gruppe ist, hat gruppenweit anzuwendende Strategien und Verfahren einzurichten, darunter Datenschutzstrategien sowie Strategien und Verfahren für den Informationsaustausch innerhalb der Gruppe für die Zwecke der Bekämpfung von Geldwäsche und Terrorismusfinanzierung. Diese Strategien und Verfahren müssen auf Ebene der Zweigstellen und mehrheitlich im Besitz des Gewerbetreibenden befindlichen Tochterunternehmen in Mitgliedstaaten und Drittländern wirksam umgesetzt werden.

(2) Ein Gewerbetreibender mit Niederlassungen in einem anderen Mitgliedstaat hat sicherzustellen, dass diese Niederlassungen den zur Umsetzung der Geldwäsche-RL verabschiedeten nationalen Rechtsvorschriften des anderen Mitgliedstaats Folge leisten.

(3) Der Gewerbetreibende hat in dem Fall, dass er Zweigstellen oder mehrheitlich in seinem Besitz befindliche Tochterunternehmen in Drittländern hat, in denen die Mindestanforderungen an die Bekämpfung von Geldwäsche und Terrorismusfinanzierung weniger streng sind als die Anforderungen nach diesem Bundesgesetz, zu veranlassen, dass diese Zweigstellen und mehrheitlich in seinem Besitz befindlichen Tochterunternehmen in den betreffenden Drittländern die Anforderungen nach diesem Bundesgesetz einschließlich aller Bestimmungen über Datenschutz anwenden, soweit das Recht des Drittlandes dies zulässt.

(4) Die Behörde hat die Europäischen Aufsichtsbehörden über Fälle zu unterrichten, in denen die

Umsetzung der gemäß Abs. 1 erforderlichen Strategien und Verfahren nach dem Recht eines Drittlandes nicht zulässig ist, um im Rahmen eines abgestimmten Vorgehens eine Lösung anzustreben. Bei der Beurteilung, welche Drittländer die Umsetzung der gemäß Abs. 1 erforderlichen Maßnahmen und Verfahren nicht gestatten, sind etwaige rechtliche Beschränkungen zu berücksichtigen, durch die die ordnungsgemäße Umsetzung dieser Maßnahmen und Verfahren behindert werden kann, einschließlich Beschränkungen in Bezug auf Geheimhaltungspflicht oder Datenschutz und andere Beschränkungen, die den Austausch von Informationen, die für diesen Zweck relevant sein können, behindern.

(4a) Bei einem Versicherungsvermittler, der Teil einer Gruppe ist und dessen Mutterunternehmen in Österreich niedergelassen ist, hat die Behörde die Einhaltung der Bestimmungen dieses Abschnittes sowie die wirksame Umsetzung der gruppenweiten Strategien und Verfahren gemäß Abs. 1 zu beaufsichtigen. Die Behörde hat mit den zuständigen Behörden des Mitgliedstaats, in dem der Gewerbetreibende seinen Hauptsitz hat, zusammenzuarbeiten, um eine wirksame Aufsicht in Bezug auf die Anforderungen der Geldwäsche-RL zu gewährleisten.

(5) In Fällen, in denen die Umsetzung der gemäß Abs. 1 erforderlichen Strategien und Verfahren nach dem Recht eines Drittlandes nicht zulässig ist, hat der Gewerbetreibende sicherzustellen, dass die Zweigstellen und mehrheitlich in seinem Besitz befindlichen Tochterunternehmen in diesem Drittland zusätzliche Maßnahmen anwenden, um dem Risiko der Geldwäsche oder Terrorismusfinanzierung wirksam zu begegnen, und die Behörde zu unterrichten. Reichen die zusätzlichen Maßnahmen nicht aus, so hat die Behörde zusätzliche Aufsichtsmaßnahmen zu treffen, wobei sie unter anderem vorschreibt, dass die Gruppe in dem Drittland keine Geschäftsbeziehungen eingeht oder diese beendet und keine Transaktionen in dem Drittland vornimmt, und nötigenfalls verlangt, dass die Gruppe ihre Geschäfte dort einstellt.

(6) Innerhalb der Gruppe muss ein Informationsaustausch zugelassen sein. Der Geldwäschemeldestelle übermittelte Informationen über einen Verdacht, dass Gelder aus kriminellen Tätigkeiten stammen oder mit Terrorismusfinanzierung in Verbindung stehen, haben innerhalb der Gruppe weitergegeben zu werden, es sei denn, die Geldwäschemeldestelle erteilt andere Anweisungen.

(7) Der Gewerbetreibende hat durch Maßnahmen, die in angemessenem Verhältnis zu seinen Risiken und der Art und Größe seines Gewerbebetriebs stehen, sicherzustellen, dass seine Angestellten die aufgrund dieses Gesetzes erlassenen Vorschriften, einschließlich einschlägiger Datenschutzbestimmungen, kennen. Diese Maßnahmen schließen die Teilnahme seiner Angestellten an besonderen fortlaufenden Fortbildungsprogrammen ein, bei denen sie lernen, möglicherweise mit Geldwäsche oder Terrorismusfinanzierung zusammenhängende Transaktionen zu erkennen und sich in solchen Fällen richtig zu verhalten.

(8) Die Geldwäschemeldestelle hat der Wirtschaftskammer Österreich zum Zwecke der Information der Gewerbetreibenden sowie der Behörde aktuelle Informationen über Methoden der Betreiber von Geldwäsche und der Terrorismusfinanzierung und über Anhaltspunkte, an denen sich verdächtige Transaktionen erkennen lassen, zur Verfügung zu stellen. Die Wirtschaftskammer Österreich hat die Gewerbetreibenden entsprechend zu informieren.

(9) Die Geldwäschemeldestelle hat dem Gewerbetreibenden eine zeitnahe Rückmeldung in Bezug auf die Wirksamkeit von Verdachtsmeldungen bei Geldwäsche oder Terrorismusfinanzierung und die daraufhin getroffenen Maßnahmen zu geben, soweit dies praktikabel ist.

s) Beschwerden in Versicherungsvermittlungsangelegenheiten

§ 365z1. (1) Das Bundesministerium für Wirtschaft und Arbeit hat Beschwerden von Kunden und anderen Betroffenen, insbesondere Verbraucherschutzeinrichtungen, über Versicherungsvermittler unentgeltlich entgegenzunehmen. Solche Beschwerden sind in jedem Fall zu behandeln und zu beantworten. Nach Möglichkeit ist auf eine Vermittlung hinzuwirken. Beschwerden über Kreditinstitute und Versicherungsunternehmen als Versicherungsvermittler sind auch der FMA zur Kenntnis zu bringen.

(2) Das Bundesministerium für Wirtschaft und Arbeit hat bei der Beilegung grenzüberschreitender Streitigkeiten mit vergleichbaren Stellen anderer Mitgliedstaaten zusammenzuarbeiten und die grenzüberschreitende Zusammenarbeit anderer Beschwerde- und Schlichtungsstellen zu fördern.

V. Hauptstück
Strafbestimmungen

§ 366. (1) Eine Verwaltungsübertretung, die mit Geldstrafe bis zu 3 600 € zu bestrafen ist, begeht, wer

1. ein Gewerbe ausübt, ohne die erforderliche Gewerbeberechtigung erlangt zu haben, und nicht Z 10 oder § 367 Z 8 anzuwenden sind;
2. eine genehmigungspflichtige Betriebsanlage (§ 74) ohne die erforderliche Genehmigung errichtet oder betreibt;
3. eine genehmigte Betriebsanlage ohne die erforderliche Genehmigung ändert oder nach der Änderung betreibt (§§ 81f);

3a. einen Gastgarten entgegen einem Bescheid gemäß § 76a Abs. 4 oder Abs. 5 betreibt;

4. entgegen § 69 Abs. 1 oder § 71 Maschinen, Geräte, Ausrüstungen oder deren Teile oder Zubehör in den inländischen Verkehr bringt oder im Inland ausstellt;
5. eine Übereinstimmungserklärung gemäß § 71 Abs. 3 abgibt oder ein Zeichen oder eine Plakette gemäß § 71 Abs. 6 anbringt, obwohl die Maschine, das Gerät, die Ausrüstung oder deren Teile oder Zubehör nicht den Anforderungen der gemäß § 71 Abs. 4 erlassenen Verordnungen oder den in der Übereinstimmungserklärung angeführten Bestimmungen einschlägiger Normen entsprechen;
6. die Hinweispflicht gemäß § 71 Abs. 7 verletzt;

6a. seinen Verpflichtungen gemäß Art. 4 Abs. 1, 3 oder 4, Art. 5 oder Art. 7 der Verordnung (EU) 2019/1020, soweit sie sich auf Produkte beziehen, die unter die Maschinen-Sicherheitsverordnung 2010 – MSV 2010, BGBl. II Nr. 282/2008 in der jeweils geltenden Fassung, sowie die Verordnung des Bundesministers für Wirtschaft und Arbeit über Geräuschemissionen von zur Verwendung im Freien vorgesehenen Geräten und Maschinen, BGBl. II Nr. 249/2001 in der jeweils geltenden Fassung fallen, oder einer Anordnung der Behörde nach § 338 Abs. 9 in sinngemäßer Anwendung des § 7 MING zuwiderhandelt;

7. entgegen § 84c nicht alle notwendigen Maßnahmen ergreift, um schwere Unfälle zu verhüten oder deren Folgen für die menschliche Gesundheit und die Umwelt zu begrenzen;
8. die Tätigkeit der Versicherungsvermittlung (§ 137 Abs. 1) ausübt, ohne in einem Mitgliedstaat im Sinne der Richtlinie 2002/92/EG eingetragen zu sein, soweit nicht Z 1 zutrifft; dem ist gleich zu halten, wenn eine Tätigkeit der Versicherungsvermittlung ausgeübt wird, obwohl eine Ruhendmeldung im GISA (Versicherungs- und Kreditvermittlerregister) vermerkt worden ist;
9. eine Pauschalreise veranstaltet oder eine verbundene Reiseleistung vermittelt, ohne über die erforderliche Reiseleistungsausübungsberechtigung zu verfügen;
10. wiederholt ein freies Gewerbe ausübt, ohne die erforderliche Berechtigung zur Ausübung des von der Gewerbelizenz umfassten Gewerbes erlangt zu haben;

(2) Abs. 1 Z 1 ist nicht anzuwenden, wenn eine Gewerbeberechtigung, die auf ein an einen Befähigungsnachweis gebundenes Gewerbe lautet, in der Form eines Industriebetriebes ausgeübt wird; desgleichen ist Abs. 1 Z 1 nicht anzuwenden, wenn eine Gewerbeberechtigung, die auf ein in der Form eines Industriebetriebes ausgeübtes Gewerbe lautet, nicht in der Form eines Industriebetriebes ausgeübt wird, sofern in diesem Fall der Gewerbeinhaber den für diese Tätigkeit erforderlichen Befähigungsnachweis erbringt.

§ 366a. Die Behörden des Bundes, die Gemeinden und die Träger der Sozialversicherung haben das Recht, der Gewerbebehörde diejenigen Daten bekanntzugeben, die für eine allfällige Entziehung der Gewerbeberechtigung (§ 87 Abs. 1 Z 3) im Zusammenhang mit der rechtswidrigen Beschäftigung von Bedeutung sind.

§ 366b. (1) Eine Verwaltungsübertretung, die mit Geldstrafe bis zu 30 000 Euro zu bestrafen ist, begeht, wer es entgegen den Bestimmungen des § 365t unterlässt, die Geldwäschemeldestelle umgehend zu informieren oder die erforderlichen Auskünfte zu erteilen.

(2) Eine Verwaltungsübertretung, die mit Geldstrafe bis zu 20 000 Euro zu bestrafen ist, begeht, wer die sonstigen Bestimmungen der §§ 365m1 bis 365z Abs. 7 betreffend Maßnahmen zur Verhinderung der Geldwäsche und Terrorismusfinanzierung nicht befolgt.

(3) Im Falle besonders schwerwiegender, wiederholter oder systematischer Verstöße oder einer Kombination davon gegen die Bestimmungen der §§ 365p, 365q, 365r, 365s, 365t, 365u, 365y und 365z Abs. 1 bis 7 betreffend Maßnahmen zur Verhinderung der Geldwäsche und Terrorismusfinanzierung hat die Behörde folgende Maßnahmen zu treffen:

1. die öffentliche Bekanntgabe der natürlichen oder juristischen Person und der Art des Verstoßes im Sinne des Abs. 5;
2. eine Geldstrafe bis zur zweifachen Höhe der infolge des Verstoßes erzielten Gewinne, soweit sich diese beziffern lassen, oder bis zu einer Höhe von 1 Million Euro.

(4) Im Falle von Versicherungsvermittlern (§ 365m1 Abs. 2 Z 4) beträgt abweichend von Abs. 3 Z 2:

1. bei einer juristischen Person die Geldstrafe bis zu 5 Millionen Euro oder bis zu 10 vH des jährlichen Gesamtumsatzes gemäß dem letzten Jahresabschluss; wenn es sich bei dem Gewerbetreibenden um eine Muttergesellschaft oder die Tochtergesellschaft einer Muttergesellschaft handelt, die einen konsolidierten Abschluss nach Art. 22 der Richtlinie 2013/14/EU zur Änderung der Richtlinie 2003/41/EG über die Tätigkeiten und die Beaufsichtigung von Einrichtungen der betrieblichen Altersvorsorge, der Richtlinie 2009/65/EG zur Koordinierung der Rechts- und Verwaltungsvorschriften betreffend bestimmte Organismen für gemeinsame Anlagen in Wertpapieren (OGAW) und der Richtlinie 2011/61/EU über die Verwalter alternativer Investmentfonds im Hinblick auf übermäßigen Rückgriff auf Ratings, ABl. Nr. L 145 vom 21.05.2013 S. 1, zuletzt geändert durch die Richtlinie (EU) 2016/2341, ABl. Nr. L 354 vom 23.12.2016 S. 37 aufzustellen hat, so ist der relevante jährliche Gesamtumsatz gemäß

dem letzten verfügbaren konsolidierten Jahresabschluss festzustellen;
2. bei einer natürlichen Person die Geldstrafe bis zu 5 Millionen Euro.

(5) Rechtskräftige Entscheidungen, mit denen eine verwaltungsrechtliche Sanktion oder Maßnahme wegen des Verstoßes gegen die Bestimmungen der §§ 365m1 bis 365z Abs. 7 betreffend Maßnahmen zur Verhinderung der Geldwäsche und Terrorismusfinanzierung verhängt werden, sind von der Behörde unverzüglich, nachdem der betroffene Gewerbetreibende über diese Entscheidung unterrichtet wurde, auf ihrer Homepage zu veröffentlichen. Dabei werden mindestens Art und Wesen des Verstoßes und die Identität der verantwortlichen Personen bekanntgemacht. Dies gilt nicht im Fall von Entscheidungen, mit denen Maßnahmen mit Ermittlungscharakter verhängt werden. Hält die Behörde nach einer fallbezogenen Prüfung der Verhältnismäßigkeit der Veröffentlichung der Identität oder personenbezogener Daten der verantwortlichen Person die Veröffentlichung dieser Daten für unverhältnismäßig oder gefährdet die Veröffentlichung dieser Daten die Stabilität von Finanzmärkten oder laufende Ermittlungen, so hat die Behörde wie folgt zu verfahren:

1. sie macht die Entscheidung, mit der eine verwaltungsrechtliche Sanktion oder Maßnahme verhängt wird, erst dann bekannt, wenn die Gründe für ihre Nichtbekanntmachung weggefallen sind;
2. sie macht die Entscheidung, mit der eine verwaltungsrechtliche Sanktion oder Maßnahme verhängt wird, auf anonymer Basis bekannt, wenn diese anonymisierte Bekanntmachung einen wirksamen Schutz der betreffenden personenbezogenen Daten gewährleistet; wird die Veröffentlichung einer verwaltungsrechtlichen Sanktion oder Maßnahme auf anonymer Basis beschlossen, so kann die Veröffentlichung der diesbezüglichen Daten um einen angemessenen Zeitraum verschoben werden, wenn davon ausgegangen wird, dass die Gründe für eine anonymisierte Veröffentlichung innerhalb dieses Zeitraums wegfallen werden oder
3. sie sieht davon ab, die Entscheidung, mit der die verwaltungsrechtliche Sanktion oder Maßnahme verhängt wird, bekanntzumachen, wenn die Möglichkeiten nach Z 1 und 2 ihrer Ansicht nach nicht ausreichen, um zu gewährleisten, dass die Stabilität von Finanzmärkten nicht gefährdet wird, oder dass bei Maßnahmen, die als geringfügig angesehen werden, bei der Bekanntmachung der Entscheidungen die Verhältnismäßigkeit gewahrt ist.

(6) Die Behörde hat sicherzustellen, dass jede Bekanntmachung vom Zeitpunkt ihrer Veröffentlichung an mindestens fünf Jahre lang auf ihrer Homepage zugänglich bleibt. Enthält die Bekanntmachung jedoch personenbezogene Daten, so bleiben diese nur so lange auf der Homepage der Behörde einsehbar, wie dies nach den geltenden Datenschutzbestimmungen erforderlich ist.

(7) Die Behörde hat bei der Festsetzung von Art und Ausmaß der verwaltungsrechtlichen Sanktionen oder Maßnahmen gemäß den vorstehenden Absätzen alle maßgeblichen Umstände zu berücksichtigen, darunter gegebenenfalls die Schwere und Dauer des Verstoßes, den Verschuldensgrad der verantwortlich gemachten natürlichen oder juristischen Person, die Finanzkraft der verantwortlich gemachten natürlichen oder juristischen Person, wie sie sich beispielsweise aus dem Gesamtumsatz der verantwortlich gemachten juristischen Person oder den Jahreseinkünften der verantwortlich gemachten natürlichen Person ablesen lässt, von der verantwortlich gemachten natürlichen oder juristischen Person durch den Verstoß erzielte Gewinne, sofern sich diese beziffern lassen, die Verluste, die Dritten durch den Verstoß entstanden sind, sofern sich diese beziffern lassen, die Bereitwilligkeit der verantwortlich gemachten natürlichen oder juristischen Person, mit der Behörde zusammenzuarbeiten sowie frühere Verstöße der verantwortlich gemachten natürlichen oder juristischen Person. Dabei hat sie auch frühere Verurteilungen wegen § 165 StGB (Geldwäscherei), § 278a StGB (kriminelle Organisation), § 278b StGB (terroristischen Vereinigung), § 278c StGB (terroristischen Straftat) oder § 278d StGB (Terrorismusfinanzierung) oder Verurteilungen wegen vergleichbarer Straftaten in einem anderen Mitgliedstaat der EU oder einem Vertragsstaat des EWR oder in einem Drittland zu berücksichtigen. Die Bestimmungen des Verwaltungsstrafgesetz 1991 – VStG, BGBl. Nr. 52/1991, in der jeweils geltenden Fassung, bleiben durch diesen Absatz unberührt.

(7a) Die Behörde hat vor der Festsetzung von Art und Ausmaß der verwaltungsrechtlichen Sanktionen oder Maßnahmen gemäß den vorstehenden Absätzen eine Strafregisterauskunft über die beschuldigte natürliche Person oder über die natürliche(n) Persone(n), die gemäß § 370 Abs. 1a oder Abs. 1b allein oder als Teil eines Organs der juristischen Person gehandelt haben, einzuholen. Dies gilt auch, wenn Anhaltspunkte bestehen, die einen Eintrag in einem Strafregister eines anderen Mitgliedstaates der EU oder einem Vertragsstaat des EWR oder in einem Drittland nahelegen; in diesem Fall hat die Behörde die Landespolizeidirektion Wien um die Einholung von Strafregisterauskünften aus dem oder den betreffenden Staaten zu ersuchen.

(8) Die Behörde hat die Europäischen Aufsichtsbehörden über alle verwaltungsrechtlichen Sanktionen und Maßnahmen, die gemäß diesem Paragraph gegen Versicherungsvermittler (§ 365m1

Abs. 2 Z 4) bei deren Tätigkeiten im Zusammenhang mit Lebensversicherungen und anderen Dienstleistungen mit Anlagezweck verhängt werden, sowie über alle diesbezüglichen Rechtsmittelverfahren und deren Ergebnisse zu informieren.

§ 366c. Eine Verwaltungsübertretung, die mit einer Geldstrafe gemäß Z 1 oder Z 2 zu bestrafen ist, begeht, wer beim Vertrieb von Versicherungsanlageprodukten die Bestimmungen der Standesregeln für Versicherungsvermittlung nicht einhält.

1. Die Geldstrafe beträgt im Fall einer juristischen Person
a) bis zum Zweifachen der infolge des Verstoßes erzielten Gewinne oder verhinderten Verluste, sofern sich diese beziffern lassen, oder
b) bis zu 5 000 000 Euro oder 5 vH des jährlichen Gesamtumsatzes des Unternehmens entsprechend dem letzten Jahresabschluss; handelt es sich bei der juristischen Person um eine Muttergesellschaft oder eine Tochtergesellschaft der Muttergesellschaft, die einen konsolidierten Abschluss nach der Richtlinie 2013/14/EU zur Änderung der Richtlinie 2003/41/EG über die Tätigkeiten und die Beaufsichtigung von Einrichtungen der betrieblichen Altersvorsorge, der Richtlinie 2009/65/EG zur Koordinierung der Rechts- und Verwaltungsvorschriften betreffend bestimmte Organismen für gemeinsame Anlagen in Wertpapieren (OGAW) und der Richtlinie 2011/61/EU über die Verwalter alternativer Investmentfonds im Hinblick auf übermäßigen Rückgriff auf Ratings, ABl. Nr. L 145 vom 21.05.2013 S. 1, zuletzt geändert durch die Richtlinie (EU) 2016/2341, ABl. Nr. L 354 vom 23.12.2016 S. 37, aufzustellen hat, ist der relevante Gesamtumsatz der jährliche Gesamtumsatz, der im letzten verfügbaren konsolidierten Abschluss ausgewiesen ist, der vom Leitungsorgan der Muttergesellschaft an der Spitze gebilligt wurde.
2. Die Geldstrafe beträgt im Fall einer natürlichen Person
a) bis zum Zweifachen der infolge des Verstoßes erzielten Gewinne oder verhinderten Verluste, sofern sich diese beziffern lassen, oder
b) bis zu 700 000 Euro.

Umsätze, erzielte Gewinne, verhinderte Verluste sowie die sich daraus ergebenden Geldstrafen sind in Euro zu bemessen.

§ 367. Eine Verwaltungsübertretung, die mit Geldstrafe bis zu 2 180 € zu bestrafen ist, begeht, wer

1. trotz der gemäß § 8 Abs. 2 oder 3 oder gemäß § 9 oder gemäß § 16 Abs. 1 bestehenden Verpflichtung zur Bestellung eines Geschäftsführers ein Gewerbe ausübt, ohne die Anzeige gemäß § 39 Abs. 4 über die Bestellung eines dem § 39 Abs. 2 entsprechenden Geschäftsführers erstattet zu haben;
2. trotz der gemäß § 8 Abs. 2 oder 3 oder gemäß § 9 oder gemäß § 16 Abs. 1 oder gemäß § 39 Abs. 1 bestehenden Verpflichtung zur Bestellung eines Geschäftsführers eines der im § 95 angeführten Gewerbe ausübt, ohne die Genehmigung der Bestellung eines Geschäftsführers erhalten zu haben;
3. entgegen § 21 Abs. 4 die Worte „Meister", „Meisterbetrieb" oder Worte ähnlichen Inhalts oder ein den betreffenden Betrieb als „Meisterbetrieb" kennzeichnendes Gütesiegel unbefugt verwendet oder bei der Verwendung des Gütesiegels der Verordnung gemäß § 21 Abs. 4 zuwiderhandelt;
4. entgegen § 22 Abs. 3 die Worte „staatlich geprüft" bzw. „staatlich geprüfte" oder Worte ähnlichen Inhalts oder ein das betreffende als „staatlich geprüft" kennzeichnendes Gütesiegel unbefugt verwendet oder bei Verwendung des Gütesiegels der Verordnung gemäß § 22 Abs. 3 zuwiderhandelt;
5. sich für die Ausübung eines Gewerbes eines Geschäftsführers bedient, der nicht mehr den im § 39 Abs. 2 festgelegten Voraussetzungen entspricht;
6. die Funktion des Geschäftsführers entgegen § 39 Abs. 2 dritter Satz in der Fassung des Bundesgesetzes BGBl. Nr. 399/1988 bei mehr als zwei verschiedenen Gewerbetreibenden ausübt, soweit für Personen, die am 1. Juli 1993 als Geschäftsführer bestellt waren, die Bestimmung des § 39 Abs. 2 dritter Satz in der Fassung des Bundesgesetzes BGBl. Nr. 399/1988 weiterhin anzuwenden ist;
7. sich für die Ausübung eines Gewerbes eines Geschäftsführers bedient, der sich entgegen § 39 Abs. 3 nicht im Betrieb entsprechend betätigt;
8. ein freies Gewerbe ausübt, ohne die erforderliche Berechtigung zur Ausübung des von der Gewerbelizenz umfassten Gewerbes erlangt zu haben und nicht § 366 Abs. 1 Z 10 anzuwenden ist;
9. ein Fortbetriebsrecht für ein Gewerbe ausübt, ohne die gemäß § 41 Abs. 4 erforderliche Bestellung eines Geschäftsführers angezeigt zu haben;
10. in den Fällen der §§ 107 Abs. 6, 125 Abs. 5, 132 Abs. 2 und 147 Abs. 1 ein Gewerbe trotz Untersagung in einer weiteren Betriebsstätte oder im neuen Standort ausübt;
11. sich für die Ausübung eines Gewerbes in einer weiteren Betriebsstätte eines Filialgeschäftsführers bedient, der entgegen § 47 Abs. 2 nicht mehr seinen Wohnsitz im Inland hat oder nicht mehr in der Lage ist, sich in der weiteren Betriebsstätte entsprechend zu betätigen;

(Anm.: Z 12 und Z 13 aufgehoben durch BGBl. I Nr. 111/2002)

14. mit den im § 50 Abs. 2 genannten oder durch auf Grund des § 50 Abs. 3 erlassene Verordnungen bezeichneten Waren entgegen diesen Bestimmungen den Versandhandel ausübt oder solche aus eigener Erzeugung stammende Waren oder zugekaufte Waren in der Art des Versandhandels an Letztverbraucher absetzt;
15. ein Gewerbe mittels Automaten entgegen § 52 Abs. 2 oder entgegen den Bestimmungen einer Verordnung gemäß § 52 Abs. 3 oder 4 ausübt, wenn nicht der Tatbestand des § 366 Abs. 1 Z 1 oder § 366 Abs. 1 Z 10 oder § 367 Z 8 gegeben ist;
16. ein Gewerbe in einer weiteren Betriebsstätte oder in einem neuen Standort ausübt, ohne die Anzeige gemäß § 46 Abs. 2 rechtzeitig erstattet zu haben;
17. ein Gewerbe unzulässigerweise im Umherziehen von Ort zu Ort oder von Haus zu Haus ausübt, auch wenn hiebei fortwährend Anzeigen über die Verlegung des Betriebes in die wechselnden Standorte erstattet werden und nicht der Tatbestand des § 366 Abs. 1 Z 1 oder § 366 Abs. 1 Z 10 oder § 367 Z 8 gegeben ist;
18. das den Bestimmungen der §§ 53 oder 53a unterliegende Feilbieten im Umherziehen von Ort zu Ort und von Haus zu Haus entgegen den Bestimmungen der §§ 53 oder 53a ausübt, wenn nicht der Tatbestand des § 366 Abs. 1 Z 1 oder § 366 Abs. 1 Z 10 oder § 367 Z 8 gegeben ist;
19. als Land- und Forstwirt in seinem land- und forstwirtschaftlichen Betrieb hervorgebrachte Erzeugnisse entgegen den Bestimmungen des § 53 Abs. 5 im Umherziehen von Ort zu Ort oder von Haus zu Haus feilbietet;
20. die Bestimmungen über das Sammeln und die Entgegennahme von Bestellungen (§§ 54, 57 bis 59, 61 und 133 Abs. 4) oder die Bestimmungen der auf Grund der §§ 54 Abs. 2 oder 57 Abs. 2 erlassenen Verordnungen nicht einhält;

20a. eine Werbeveranstaltung durchführt, obwohl diese von der Behörde untersagt wurde oder die Anzeige gemäß § 57 Abs. 5 nicht erstattet wurde;

20b. eine Werbeveranstaltung anbietet, obwohl das Anbieten von der Behörde gemäß § 57 Abs. 7a untersagt wurde oder die Anzeige gemäß § 57 Abs. 5 zweiter Satz nicht erstattet wurde;

21. die Bestimmungen des § 68 Abs. 1 über die Führung des Bundeswappens nicht einhält oder das Verbot der Führung des Bundeswappens nach § 68 Abs. 5 nicht befolgt;
22. die Bestimmungen von gemäß § 69 Abs. 1 oder 2 erlassenen Verordnungen oder die gemäß § 69 Abs. 4 erlassenen Aufträge eines Bescheides nicht einhält;
23. entgegen den Bestimmungen von gemäß § 70 Abs. 1 erlassenen Verordnungen Arbeiten von Personen ausführen läßt, die nicht die für diese Arbeiten festgelegte fachliche Befähigung nachweisen können;
24. entgegen § 72 Abs. 1 Maschinen oder Geräte in den inländischen Verkehr bringt oder die Bestimmungen der gemäß § 72 Abs. 2 erlassenen Verordnungen nicht einhält;

24a. entgegen § 76a Abs. 3 den Betrieb des Gastgartens nicht anzeigt;

24b. entgegen § 81b Abs. 1 die Mitteilung nicht erstattet oder die zur Anpassung an den Stand der Technik erforderlichen Anpassungsmaßnahmen nicht trifft;

24c. entgegen § 81d Abs. 1 die Behörde nicht informiert oder die erforderlichen Maßnahmen nicht ergreift;

25. Gebote oder Verbote von gemäß § 82 Abs. 1 oder § 84m erlassenen Verordnungen nicht befolgt oder die gemäß den Bestimmungen der §§ 74 bis 83 und 359b in Bescheiden vorgeschriebenen Auflagen oder Aufträge nicht einhält;

GewO

25a. die Prüfbescheinigung gemäß § 82b nicht, unvollständig oder mit unrichtigen Angaben erstellt;

26. den Bestimmungen des § 338 zuwiderhandelt;
27. die gemäß § 84 in Bescheiden vorgeschriebenen Aufträge nicht einhält;
28. das im § 92 Abs. 1 festgelegte Verbot der Ausübung eines Gewerbes oder des Betriebes einer gewerblichen Betriebsanlage nicht befolgt;

(Anm.: Z 29 und Z 30 aufgehoben durch BGBl. I Nr. 111/2002)

31. höhere Entgelte als die in den gemäß § 101 Abs. 4 und § 125 Abs. 1 erlassenen Höchsttarifen festgelegten Entgelte verlangt oder annimmt;

(Anm.: Z 32 aufgehoben durch BGBl. I Nr. 63/1997)

33. Arbeitnehmer beschäftigt, die nicht die gemäß § 32 Abs. 1 Z 9, Abs. 2 und 3, § 98 Abs. 1, § 99 Abs. 2, § 104 Abs. 5, § 106 Abs. 4, § 108 Abs. 7, § 116 Abs. 5, § 119 Abs. 3, § 130 Abs. 8, § 137b Abs. 1 erforderliche Eignung besitzen;

(Anm.: Z 34 aufgehoben durch Z 12, BGBl. I Nr. 45/2018)

35. entgegen der Bestimmung des § 112 Abs. 5 Alkohol ausschenkt;
36. die Bestimmungen des § 112 Abs. 2 oder Gebote oder Verbote von auf Grund des § 112 Abs. 2 erlassenen Verordnungen nicht befolgt;
37. bei der Ausübung des Altwarenhandels oder bei der Ausübung des Handels mit Antiquitäten und Kunstgegenständen die Bestimmungen des § 154 Abs. 2 nicht befolgt;

(Anm.: Z 38 aufgehoben durch BGBl. I Nr. 39/2010)

39. die in den §§ 151 und 152 festgelegten Gebote oder Verbote nicht befolgt;
40. Forderungen entgegen den Vorschriften des § 118 Abs. 2 oder 3 einzieht;

(Anm.: Z 41 aufgehoben durch BGBl. I Nr. 63/1997)

42. entgegen § 126 Abs. 4 keine Vorsorge für einen geeigneten Reisebetreuer trifft;
43. bei der Ausübung des Gewerbes der Pfandleiher sich keiner dem § 155 Abs. 2 entsprechenden Geschäftsordnung bedient oder diese nicht ersichtlich macht oder das Gewerbe vor Genehmigung der Geschäftsordnung ausübt oder den Pflichten des § 155 Abs. 3 nicht nachkommt;
44. sich bei Vornahme öffentlicher Versteigerungen (§ 117 Abs. 2 Z 6, § 158 Abs. 1) keiner dem § 158 Abs. 3 entsprechenden Geschäftsordnung bedient oder diese nicht ersichtlich macht;
45. den Betrieb eines Waffengewerbes entgegen § 141 Abs. 2 nicht einstellt;
46. bei der Ausübung eines Waffengewerbes die gemäß § 143 Abs. 1 und 2 erlassenen Verordnungen oder die gemäß § 143 Abs. 3 erster Satz erlassenen Aufträge eines Bescheides nicht einhält;
47. bei der Ausübung eines Waffengewerbes die Bestimmungen des § 139 Abs. 3 oder 4 oder des § 144 Abs. 4 nicht einhält;

(Anm.: Z 48 aufgehoben durch BGBl. I Nr. 131/2004)

49. gegen die Verschwiegenheitspflicht gemäß § 119 Abs. 4 oder § 130 Abs. 5 oder § 155 Abs. 2 oder § 160 Abs. 1 verstößt,
50. Arbeitnehmer beschäftigt, die nicht die gemäß den §§ 106 Abs. 4, 116 Abs. 5 oder 130 Abs. 8 erforderliche Zuverlässigkeit besitzen;
51. der Verpflichtung gemäß § 106 Abs. 5, § 116 Abs. 6 oder § 130 Abs. 9 zur Vorlage des Personalverzeichnisses oder zur Anzeige von Änderungen dieses Verzeichnisses nicht rechtzeitig nachgekommen ist;
52. bei der Ausübung des Bewachungsgewerbes Uniformen entgegen § 129 Abs. 6 gebraucht;

(Anm.: Z 53 aufgehoben durch BGBl. I Nr. 111/2002)

54. ohne sein Verhalten durch triftige Gründe rechtfertigen zu können, sich durch einen anderen eine Tätigkeit besorgen läßt oder einen anderen zu einer Tätigkeit veranlaßt, obwohl er wissen mußte, daß der andere durch die Ausübung dieser Tätigkeit eine Verwaltungsübertretung nach § 366 Abs. 1 Z 1 oder § 366 Abs. 1 Z 10 oder § 367 Z 8 begeht, oder dies nach seinem Beruf oder seiner Beschäftigung bei Anwendung entsprechender Aufmerksamkeit wissen konnte, und zwar auch dann, wenn der andere nicht strafbar ist;
55. entgegen § 84d Abs. 1, Abs. 2, Abs. 3 oder Abs. 4 der Behörde nicht fristgerecht Mitteilung macht;
56. entgegen § 84d Abs. 5 Mitteilungen an die Behörde unterlässt oder diese nicht aktualisiert,
57. entgegen § 84e Abs. 1 und Abs. 2 ein Konzept zur Verhütung schwerer Unfälle oder eine Änderung des Konzeptes zur Verhütung schwerer Unfälle nicht ausarbeitet, verwirklicht und zur Einsichtnahme durch die Behörde bereithält;

57a. Gebote oder Verbote nicht einhält, die in den im § 84r Abs. 1 und 2 angeführten Vorschriften festgelegt sind;

58. den Bestimmungen der §§ 136a bis 138 zuwiderhandelt, soweit nicht § 366 Abs. 1 Z 1 vorliegt.

§ 367a. Eine Verwaltungsübertretung, die mit Geldstrafe von mindestens 180 Euro bis zu 3 600 Euro zu bestrafen ist, begeht, wer entgegen der Bestimmung des § 114 Alkohol ausschenkt oder abgibt oder ausschenken oder abgeben lässt.

§ 368. Eine Verwaltungsübertretung, die mit einer Geldstrafe bis zu 1 090 Euro zu bestrafen ist, begeht, wer andere als in den §§ 366, 367 und 367a genannte Gebote oder Verbote dieses Bundesgesetzes oder der auf Grund dieses Bundesgesetzes erlassenen Verordnungen oder der Bescheide, die auf Grund der Bestimmungen dieses Bundesgesetzes oder auf Grund dieses Bundesgesetzes erlassener Verordnungen ergangen sind, nicht einhält.

§ 369. Der Verfall von Waren, Eintrittskarten einschließlich Anweisungen auf Eintrittskarten für Theater, Konzerte, Veranstaltungen uä., Werkzeugen, Maschinen, Geräten, Ausrüstungen oder Transportmitteln (§§ 10, 17 und 18 VStG) kann ausgesprochen werden, wenn diese Gegenstände mit einer Verwaltungsübertretung nach § 366 oder nach § 367 Z 15, 16, 17, 18, 19 oder 20 im Zusammenhang stehen; bei einer Verwaltungsübertretung nach § 367 Z 15 kann auch der Verfall des Automaten, mittels dessen die Gewerbeausübung erfolgte, ausgesprochen werden. Von der Verhängung der Strafe des Verfalles ist jedoch Abstand zu nehmen, wenn es sich um Gegenstände handelt, die der Beschuldigte zur Ausübung seines Berufes oder zur Führung seines Haushaltes benötigt.

§ 370. (1) Wurde die Bestellung eines Geschäftsführers angezeigt oder genehmigt, so sind Geld- oder Verfallsstrafen gegen den Geschäftsführer zu verhängen.

(1a) Geldstrafen können auch gegen juristische Personen oder eingetragene Personengesellschaften verhängt werden, wenn es sich um Verpflichtungen handelt, die sich aus den §§ 365m bis 365z (Maßnahmen zur Verhinderung der Geldwäsche und der Terrorismusfinanzierung) ergeben, die zu ihren Gunsten von einer Person begangen wurden, die entweder allein oder als Teil eines Organs der juristischen Person oder eingetragenen Personengesellschaft gehandelt hat und eine Führungsposition innerhalb der juristischen Person oder der eingetragenen Personengesellschaft aufgrund

1. der Befugnis zur Vertretung der juristischen Person oder der eingetragenen Personengesellschaft,
2. der Befugnis, Entscheidungen im Namen der juristischen Person oder der eingetragenen Personengesellschaft zu treffen, oder
3. einer Kontrollbefugnis innerhalb der juristischen Person oder der eingetragenen Personengesellschaft innehat.

(1b) Juristische Personen oder eingetragene Personengesellschaften können bei Verpflichtungen, die sich aus den §§ 365m bis 365z ergeben, auch verantwortlich gemacht werden, wenn mangelnde Überwachung oder Kontrolle durch eine in Abs. 1a genannte Person die Begehung von Verstößen nach Abs. 1a zugunsten der juristischen Person oder der eingetragenen Personengesellschaft durch eine ihr unterstellte Person ermöglicht hat.

(2) Verletzt der Geschäftsführer auf Grund einer besonderen Weisung des Gewerbeinhabers eine Verwaltungsvorschrift, so ist er dann nicht verantwortlich, wenn er glaubhaft zu machen vermag, dass ihm die Einhaltung dieser Verwaltungsvorschriften unzumutbar war.

(3) Der Gewerbetreibende ist neben dem Geschäftsführer strafbar, wenn er die Verwaltungsübertretung wissentlich duldet oder wenn er bei der Auswahl des Geschäftsführers es an der erforderlichen Sorgfalt hat fehlen lassen.

(4) Die Bestimmungen der Abs. 1 bis 3 gelten sinngemäß für den Fall der Anzeige oder der Genehmigung der Bestellung eines Filialgeschäftsführers gemäß § 47, dem nachweislich die entsprechende selbstverantwortliche Anordnungsbefugnis übertragen wurde, hinsichtlich der Betriebsstätte, für die er verantwortlich ist.

(5) Sofern in Staatsverträgen nicht anderes bestimmt wird, sind Strafbescheide an den gewerberechtlichen Geschäftsführer, der über keinen Wohnsitz im Inland verfügt (§ 39 Abs. 2a) am Sitz des Gewerbebetriebes im Inland zuzustellen. Ebenso ist in Fällen vorzugehen, in denen Strafbescheide mangels Vorhandenseins eines gewerberechtlichen Geschäftsführers unmittelbar an den Gewerbeinhaber beziehungsweise an dessen zur gesetzlichen Vertretung berufene Organe zuzustellen sind und diese über keinen Wohnsitz im Inland verfügen. Den Strafbescheiden gleichgestellt sind Verfahrensanordnungen, denen kein Bescheidcharakter zukommt.

§ 371. (1) Eine Verwaltungsübertretung liegt nicht vor, wenn eine in den §§ 366 bis 368 bezeichnete Tat den Tatbestand einer in die Zuständigkeit der Gerichte fallenden strafbaren Handlung bildet.

(2) Die Bestrafung wegen einer Verwaltungsübertretung nach § 366 Abs. 1 Z 1 schließt nicht die Bestrafung wegen bei der gemäß § 366 Abs. 1 Z 1 strafbaren Gewerbeausübung begangener sonstiger Übertretungen von Vorschriften dieses Bundesgesetzes oder auf Grund dieses Bundesgesetzes erlassener Verordnungen aus.

§ 371a. Der Landeshauptmann ist berechtigt, gegen Erkenntnisse des Verwaltungsgerichtes des Landes in Verfahren nach diesem Bundesgesetz, in denen nicht der Bundesminister für Wirtschaft, Familie und Jugend belangte Behörde des Verfahrens vor dem Verwaltungsgericht ist, Revision wegen Rechtswidrigkeit an den Verwaltungsgerichtshof zu erheben.

§ 371b. Stellt die Behörde fest, dass die Tätigkeiten im Bereich freier Gewerbe das von der Gewerbelizenz umfasste Ausmaß angezeigter Gewerbe samt der dem Gewerbetreibenden zustehenden Nebenrechte überschreiten, so hat die Behörde den Gewerbetreibenden schriftlich unter Angabe des festgestellten Sachverhalts aufzufordern, innerhalb einer Frist von drei Wochen die erforderliche Anzeige zu erstatten. Die schriftliche Aufforderung gilt als Verfolgungshandlung gemäß § 32 Abs. 2 und 3 VStG. Wird der schriftlichen Aufforderung innerhalb der von der Behörde festgelegten oder erstreckten Frist entsprochen, dann ist die weitere Verfolgung einer Person wegen der festgestellten überschreitenden Ausübungen, betreffend welche der den Rechtsvorschriften und behördlichen Verfügungen entsprechende Zustand hergestellt worden ist, unzulässig.

§ 371c. (1) Stellt die Behörde eine Übertretung gemäß § 366 Abs. 1 Z 2, 3, 3a, § 367 Z 24a bis 26 oder § 368, sofern die Übertretung gemäß § 368 gewerbliche Betriebsanlagen betrifft, fest und sind die Bedeutung des strafrechtlich geschützten Rechtsgutes und die Intensität seiner Beeinträchtigung durch die Tat gering und ist das Verschulden des Gewerbetreibenden leicht, so hat die Behörde den Gewerbetreibenden mit dem Ziel einer möglichst wirksamen Beendigung des strafbaren Verhaltens oder der strafbaren Tätigkeiten zu beraten und den Gewerbetreibenden schriftlich unter Angabe der festgestellten Sachverhalte aufzufordern, innerhalb einer angemessenen Frist den den Rechtsvorschriften und behördlichen Verfügungen entsprechenden Zustand herzustellen. Die schriftliche Aufforderung gilt als Verfolgungshandlung gemäß § 32 Abs. 2 und 3 VStG.

(2) Wird der schriftlichen Aufforderung innerhalb der von der Behörde festgelegten oder erstreckten Frist entsprochen, dann ist die weitere Verfolgung einer Person wegen jener Übertretungen, betreffend welche der den Rechtsvorschriften

GewO

und behördlichen Verfügungen entsprechende Zustand hergestellt worden ist, unzulässig.

(3) Die Intensität der Beeinträchtigung des strafrechtlich geschützten Rechtsgutes ist jedenfalls nicht gering, wenn die Übertretung nachteilige Auswirkungen auf Personen oder Sachgüter bewirkt hat oder das Auftreten solcher Auswirkungen bei auch nur kurzem Andauern des strafbaren Verhaltens oder der strafbaren Tätigkeiten zu erwarten ist.

(4) Die Intensität der Beeinträchtigung des strafrechtlich geschützten Rechtsgutes gilt als gering, wenn geringfügige Abweichungen von technischen Maßen festgestellt wurden und keine im Abs. 3 genannten Umstände vorliegen.

(5) Abs. 1 und 2 sind jedenfalls nicht anzuwenden auf

1. Übertretungen von Verwaltungsvorschriften, die zur Strafbarkeit vorsätzliches Verhalten erfordern;
2. Übertretungen, die innerhalb der letzten drei Jahre vor Feststellung der Übertretung bereits Gegenstand einer Beratung und schriftlichen Aufforderung durch die Behörde waren oder zu denen einschlägige noch nicht getilgte Verwaltungsvorstrafen bei der Behörde aufscheinen;
3. Übertretungen, die Anlass zu behördlichen Maßnahmen gemäß § 360 Abs. 4 geben;
4. Übertretungen, für welche die Verwaltungsvorschriften die Maßnahme der Entziehung der Gewerbeberechtigung vorsehen.

§ 372. (1) Die auf Grund dieses Bundesgesetzes verhängten Geldstrafen sowie der Erlös der auf Grund des § 369 für verfallen erklärten Gegenstände fließen der Landeskammer der gewerblichen Wirtschaft zu, in deren Bereich die Behörde liegt, die die Verwaltungsübertretung geahndet hat. Die Landeskammer der gewerblichen Wirtschaft hat diese Beträge für die Wirtschaftsförderung sowie zur Unterstützung unverschuldet in Notlage geratener Gewerbetreibender und ehemaliger Gewerbetreibender zu verwenden.

(2) Abs. 1 ist nicht anzuwenden, wenn es sich um Betriebsanlagen betreffende Verwaltungsübertretungen (§ 366 Abs. 1 Z 2 und 3, § 367 Z 25, § 368 hinsichtlich der Anzeigen gemäß § 83 oder gemäß einer Anordnung auf Grund des § 359 Abs. 1) handelt.

§ 373. Die Bezirksverwaltungsbehörden haben den Landeskammern der gewerblichen Wirtschaft Mitteilungen darüber zu machen, welche Verfügungen über die von den Landeskammern oder deren Gliederungen erstatteten Anzeigen getroffen wurden, und den Kammern für Arbeiter und Angestellte Mitteilungen darüber zu machen, welche Verfügungen über die von ihnen erstatteten Anzeigen getroffen wurden.

VI. Hauptstück
EWR-Anpassungsbestimmungen
Vorübergehende grenzüberschreitende Dienstleistung im Rahmen der Dienstleistungsfreiheit

§ 373a. (1) Staatsangehörige eines Mitgliedstaates der EU oder eines Vertragsstaates des EWR, die in einem anderen Mitgliedstaat der EU oder Vertragsstaat des EWR niedergelassen sind und dort eine Tätigkeit befugt ausüben, auf die die Bestimmungen dieses Bundesgesetzes anzuwenden wären, dürfen diese Tätigkeit vorübergehend und gelegentlich unter den gleichen Voraussetzungen wie Inländer in Österreich ausüben. Die Erbringung des allenfalls vorgeschriebenen Befähigungsnachweises ist nicht erforderlich,

1. wenn die gewerbliche Tätigkeit im Niederlassungsmitgliedstaat reglementiert ist oder eine reglementierte Ausbildung im Sinne des Art. 3 lit. e der Richtlinie 2005/36/EG vorliegt oder
2. wenn die gewerbliche Tätigkeit oder die Ausbildung zwar nicht im Sinne der Z 1 reglementiert ist, der Dienstleister die gewerbliche Tätigkeit aber mindestens ein Jahr während der vorhergehenden zehn Jahre im Niederlassungsmitgliedstaat ausgeübt hat.

Der Bundesminister für Wirtschaft und Arbeit hat die Ausübung der den Gegenstand der Dienstleistung bildenden Tätigkeit zu verbieten, wenn die vorgenannten Voraussetzungen für die Erbringung der Dienstleistung nicht erfüllt sind oder wenn einer der im § 87 Abs. 1 angeführten Entziehungsgründe oder der im § 85 Z 2 angeführte Endigungsgrund oder der Entziehungsgrund des § 135 Abs. 5 auf den Dienstleistungserbringer zutrifft. Wurde eine vorgeschriebene Meldung nach diesem Bundesgesetz nicht erstattet oder gegen die Informationspflichten gemäß Abs. 8 verstoßen, kann der Bundesminister für Wirtschaft und Arbeit die Ausübung für eine dem Grunde des Verbotes angemessene Dauer untersagen. Zuwiderhandlungen gegen die Bestimmungen dieses Absatzes sind gemäß § 366 Abs. 1 Z 1 zu bestrafen.

(2) Der Dienstleister hat bei der Ausübung der den Gegenstand seiner Dienstleistung bildenden Tätigkeit die Ausübungsvorschriften nach diesem Bundesgesetz und den nach diesem Bundesgesetz erlassenen Verordnungen zu beachten. Zuwiderhandlungen gegen dieses Gebot sind nach den §§ 367 und 368 zu ahnden.

(3) Die Bestimmungen der Abs. 1 und 2 gelten auch für Gesellschaften im Sinne des Art. 34 des EWR-Abkommens, die nach den Rechtsvorschriften einer EWR-Vertragspartei gegründet wurden und ihren satzungsgemäßen Sitz, ihre Hauptverwaltung oder ihre Hauptniederlassung in einem EWR-Vertragsstaat haben. Wenn die genannten Gesellschaften lediglich ihren satzungsgemäßen Sitz in einem EWR-Vertragsstaat haben,

muss ihre Tätigkeit in tatsächlicher und dauerhafter Verbindung mit der Wirtschaft eines EWR-Vertragsstaates stehen.

(4) Hat die grenzüberschreitende Tätigkeit ein im § 94 angeführtes Gewerbe oder Tätigkeiten, die diesen Gewerben zuzuordnen sind, zum Gegenstand, so hat der Dienstleister dem Bundesminister für Wirtschaft und Arbeit die erstmalige Aufnahme der Tätigkeit vorher schriftlich anzuzeigen und diesen dabei über Einzelheiten zu einem Versicherungsschutz oder einer anderen Art des individuellen oder kollektiven Schutzes in Bezug auf die Berufshaftpflicht zu informieren. Diese Anzeige ist einmal jährlich zu erneuern, wenn der Dienstleister beabsichtigt, während des betreffenden Jahres vorübergehend oder gelegentlich Dienstleistungen zu erbringen. Der Erstanzeige und einer weiteren jährlichen Anzeige bei wesentlichen Änderungen sind folgende Dokumente anzuschließen:

1. ein Nachweis über die Staatsangehörigkeit des Dienstleisters;
2. eine Bescheinigung darüber, dass der Dienstleister in einem Mitglied- oder Vertragsstaat rechtmäßig zur Ausübung der betreffenden Tätigkeiten niedergelassen ist, einschließlich der Adresse der Niederlassung, und dass ihm die Ausübung dieser Tätigkeiten zum Zeitpunkt der Vorlage der Bescheinigung nicht, auch nicht vorübergehend, untersagt ist;
3. ein Berufsqualifikationsnachweis des Dienstleisters;
4. in den in Abs. 1 Z 2 genannten Fällen ein Nachweis darüber, dass der Dienstleister die betreffende Tätigkeit während der vorhergehenden zehn Jahre mindestens ein Jahr lang ausgeübt hat;
5. sofern die Dienstleistung das Sicherheitsgewerbe (Berufsdetektive, Bewachungsgewerbe) gemäß § 94 Z 62, das Waffengewerbe gemäß § 94 Z 80 oder die Errichtung von Alarmanlagen für Betriebe, Gebäude oder Grundstücke gemäß § 106 Abs. 1 Z 3 zum Gegenstand hat, der Nachweis, dass beim Dienstleister und seinen Arbeitnehmern keine Vorstrafen vorliegen.

Ist der Dienstleister eine Gesellschaft im Sinne des Abs. 3, so sind der Anzeige die in Z 2 und 4 angeführten Dokumente sowie ein Berufsqualifikationsnachweis des verantwortlichen gesetzlichen Vertreters anzuschließen.

(5) Bei Anzeigen über die erstmalige Aufnahme einer Tätigkeit gemäß Abs. 4 ist vom Bundesminister für Wissenschaft, Forschung und Wirtschaft wie folgt zu verfahren:

1. Die Anzeigen über die erstmalige Aufnahme einer Tätigkeit gemäß Abs. 4 sind zu überprüfen; dem Antragsteller ist binnen eines Monats der Empfang der Unterlagen zu bestätigen; gegebenenfalls ist ihm mitzuteilen, welche Unterlagen gemäß Abs. 4 fehlen bzw. dass gegen die Ausübung der Tätigkeit kein Einwand besteht.
2. Der Bundesminister für Wissenschaft, Forschung und Wirtschaft hat vor der ersten Ausübung einer gewerblichen Tätigkeit neben dem Vorliegen der im Abs. 1 festgelegten Voraussetzungen zu überprüfen, ob aufgrund der mangelnden Berufsqualifikation des Dienstleisters eine schwerwiegende Beeinträchtigung der öffentlichen Gesundheit oder Sicherheit bzw. der Gesundheit oder Sicherheit des Dienstleistungsempfängers zu befürchten ist, sofern es sich um folgende Gewerbe oder diesen Gewerben zuzuordnende Tätigkeiten handelt:

a) die Gewerbe gemäß § 94 Z 2 und 4, das Gewerbe gemäß § 94 Z 5 hinsichtlich der Planung, Berechnung und Leitung von Bauten, die Gewerbe gemäß § 94 Z 14, 23, 32, 33, 34, 41, 46, 48, 53 hinsichtlich der Orthopädieschuhmacher, 55, 62, 69 und 81, und das Gewerbe gemäß § 94 Z 82 hinsichtlich der Planung, Berechnung und Leitung von Holzbauten,
b) das Gewerbe gemäß § 94 Z 5 hinsichtlich der ausführenden Tätigkeiten, die Gewerbe gemäß § 94 Z 6, 10, 16,, 18, 25, 28, 30, 42, 43, 58, 65, 66 und 80, und das Gewerbe gemäß § 94 Z 82 hinsichtlich der ausführenden Tätigkeiten, wenn der Dienstleister die Anerkennungsvoraussetzungen gemäß der nach § 373c Abs. 2 erlassenen Verordnung nicht erfüllt, und
c) die gegebenenfalls gemäß Abs. 6 Z 2 durch Verordnung festgelegten weiteren Gewerbe.

3. Bei der Überprüfung nach Z 2 ist wie folgt weiter zu verfahren:

a) Wenn eine Beeinträchtigung aufgrund mangelnder Berufsqualifikation nicht zu befürchten ist, ist dies dem Anzeiger binnen einer Frist von höchstens einem Monat nach Eingang der vollständigen Unterlagen mitzuteilen. In diesem Fall ist die Tätigkeit ab Einlangen der Mitteilung des Bundesministers für Wissenschaft, Forschung und Wirtschaft beim Antragsteller zulässig.
b) Die Anzeige ist binnen einer Frist von höchstens einem Monat nach Eingang der vollständigen Unterlagen nur unter der Bedingung der Ablegung einer Eignungsprüfung nach Abs. 7 mit Bescheid zur Kenntnis zu nehmen, wenn zwischen der beruflichen Qualifikation des Dienstleisters und der in Österreich geforderten Ausbildung ein wesentlicher Unterschied in der Art besteht, dass dies der öffentlichen Gesundheit oder Sicherheit abträglich ist, und dieser Unterschied durch Berufserfahrung oder durch Kenntnisse, Fähigkeiten und Kompetenzen des Dienstleisters, die durch lebenslanges Lernen erworben und hiefür förmlich

von einer dafür zuständigen Stelle als gültig anerkannt wurden, nicht ausgeglichen wird. Der Inhalt der Eignungsprüfung ist vom Bundesminister für Wissenschaft, Forschung und Wirtschaft im Bescheid festzulegen. Die Erbringung der Dienstleistung muss innerhalb des Monats erfolgen können, der auf die Entscheidung des Bundesministers für Wissenschaft, Forschung und Wirtschaft folgt.

c) Wenn im Verfahren Schwierigkeiten auftreten, die zu einer Verzögerung führen könnten, so unterrichtet der Bundesminister für Wissenschaft, Forschung und Wirtschaft den Antragsteller innerhalb eines Monats nach Eingang der Anzeige und der Begleitdokumente über die Gründe für diese Verzögerung und über den Zeitplan für eine Entscheidung. Die Entscheidung muss vor Ablauf des zweiten Monats ab Eingang der vollständigen Unterlagen beim Bundesminister für Wissenschaft, Forschung und Wirtschaft ergehen.

d) Wenn bis zum Ablauf des zweiten Monats ab Eingang der vollständigen Unterlagen beim Bundesminister für Wissenschaft, Forschung und Wirtschaft keine Reaktion des Bundesministers für Wissenschaft, Forschung und Wirtschaft erfolgt, darf die Tätigkeit erbracht werden.

Der Bundesminister für Wissenschaft, Forschung und Wirtschaft hat Dienstleister im Sinne des Abs. 4 bzw. des Abs. 6 Z 1 unter Angabe von Name (Firma), Vorname, Geburtsdatum, Staatsangehörigkeit, Adresse der Niederlassung, einer etwaigen Kontaktadresse, etwaigen sonstigen Kontaktdaten im Inland und der ausgeübten Tätigkeit im Internet sichtbar zu machen.

(6) Der Bundesminister für Wirtschaft und Arbeit kann durch Verordnung

1. zusätzlich zu den Gewerben gemäß § 94 auch freie Gewerbe bezeichnen, bei denen wegen Vorliegen einer Gefährdung der öffentlichen Ordnung, Sicherheit, Gesundheit oder des Schutzes der Umwelt eine Anzeige gemäß Abs. 4, jedoch ohne Verpflichtung zur Vorlage der Dokumente gemäß Abs. 4 Z 3 und 4, vorzunehmen ist, sowie
2. weitere Gewerbe gemäß § 94 (bzw. § 31) bezeichnen, für die eine Überprüfung gemäß Abs. 5 vorzunehmen ist. Unter Bedachtnahme auf die Richtlinie 2005/36/EG hat der Bundesminister für Wirtschaft und Arbeit dabei Gewerbe zu bezeichnen, die die öffentliche Gesundheit oder Sicherheit berühren und bei denen bei mangelnder Berufsqualifikation eines Dienstleisters eine schwerwiegende Beeinträchtigung der Gesundheit oder Sicherheit von Personen zu erwarten ist.

(7) Die im Abs. 5 genannte Eignungsprüfung ist vor einer von der Meisterprüfungsstelle zu bildenden Kommission abzulegen. Dem Anzeiger ist zu ermöglichen, die Eignungsprüfung innerhalb eines Monats nach Rechtskraft des Bescheides abzulegen. Auf die Durchführung der Eignungsprüfung sind die Bestimmungen der §§ 350 bis 352 sinngemäß anzuwenden. Sofern die Eignungsprüfung oder ein Anpassungslehrgang gemäß Abs. 5 vom Prüfungswerber nicht erfolgreich absolviert worden sind, darf er die den Gegenstand seiner Anzeige bildende Dienstleistung nicht erbringen. Zuwiderhandlungen gegen dieses Verbot sind gemäß § 366 Abs. 1 Z 1 zu bestrafen.

(8) In Fällen von Gewerben gemäß Abs. 5 Z 2 und Abs. 6 Z 2 hat die Dienstleistung unter der Berufsbezeichnung des Aufnahmemitgliedstaates, in allen anderen Fällen unter der Berufsbezeichnung des Niederlassungsmitgliedstaates, sofern eine solche nicht existiert, unter Angabe des Ausbildungsnachweises in einer Amtssprache des Niederlassungsmitgliedstaates zu erfolgen. Bei nicht dem Abs. 5 Z 2 oder Abs. 6 unterliegenden Gewerben hat der Dienstleister zusätzlich zur Erfüllung sonstiger Informationsanforderungen dem Dienstleistungsempfänger schriftlich vor Vertragsabschluß folgende Informationen zu liefern:

1. falls der Dienstleister in ein Handelsregister oder ein ähnliches öffentliches Register eingetragen ist, das Register, in das er eingetragen ist, und die Nummer der Eintragung oder gleichwertige, der Identifikation dienende Angaben aus diesem Register;
2. falls die Tätigkeit im Niederlassungsmitgliedstaat zulassungspflichtig ist, den Namen und die Anschrift der zuständigen Aufsichtsbehörde;
3. die Berufskammern oder vergleichbare Organisationen, denen der Dienstleister angehört;
4. die Berufsbezeichnung oder, falls eine solche Berufsbezeichnung nicht existiert, den Ausbildungsnachweis des Dienstleisters und den Mitgliedstaat, in dem die Berufsbezeichnung verliehen bzw. der Ausbildungsnachweis ausgestellt wurde;
5. falls der Dienstleister eine mehrwertsteuerpflichtige Tätigkeit ausübt, die Umsatzsteueridentifikationsnummer nach Artikel 22 Absatz 1 der Richtlinie 77/388/EWG zur Harmonisierung der Rechtsvorschriften der Mitgliedstaaten über die Umsatzsteuern – Gemeinsames Mehrwertsteuersystem: einheitliche steuerpflichtige Bemessungsgrundlage;
6. Einzelheiten zu einem Versicherungsschutz oder einer anderen Art des individuellen oder kollektiven Schutzes in Bezug auf die Berufshaftpflicht.

§ 373b. (1) Die Bestimmungen des § 373a gelten für Staatsangehörige der Schweizerischen Eidgenossenschaft und Gesellschaften, die nach schweizerischem Recht gegründet wurden und ihren satzungsgemäßen Sitz, ihre Hauptverwaltung oder ihre Hauptniederlassung in der Schweiz haben, sinngemäß mit der Maßgabe, dass von ihnen Dienstleistungen in Österreich erbracht werden dürfen, deren tatsächliche Dauer 90 Arbeitstage pro Kalenderjahr nicht überschreitet. Hinsichtlich der Anerkennung von beruflichen Qualifikationen zum Zwecke der Gründung einer Niederlassung in Österreich sind Staatsangehörige der Schweizerischen Eidgenossenschaft Staatsangehörigen eines Mitgliedstaates der EU oder eines Vertragsstaates des EWR gleichgestellt.

(2) Nachfolgende Personen sind Staatsangehörigen eines Mitgliedstaates der EU, eines Vertragsstaates des EWR hinsichtlich der Anwendung der Bestimmung des § 373a gleichgestellt:

1. Familienangehörige von Staatsangehörigen eines Mitgliedstaates der EU oder eines Vertragsstaates des EWR, die zum Aufenthalt in einem Mitgliedstaat der EU oder einem Vertragsstaat des EWR berechtigt sind,
2. Personen, die durch eine österreichische Asylbehörde oder den Asylgerichtshof den Status eines Asylberechtigten gemäß § 3 Asylgesetz 2005, BGBl. I Nr. 100 in der jeweils geltenden Fassung, oder den Status eines subsidiär Schutzberechtigten gemäß § 8 Asylgesetz 2005 oder einen entsprechenden Status nach den vor Inkrafttreten des Asylgesetzes 2005 geltenden asylrechtlichen Bestimmungen zuerkannt erhalten haben,
3. Personen, die über einen Aufenthaltstitel mit einem Recht auf Niederlassung gemäß § 45 oder § 49 NAG verfügen,
4. Personen, die über einen Aufenthaltstitel „Blaue Karte EU" gemäß § 42 NAG verfügen.

(3) Hinsichtlich der in den §§ 373c bis 373f angeführten Tätigkeiten und Ausbildungen können Tätigkeiten und Ausbildungen aus einem Mitgliedstaat der EU, einem Vertragsstaat des EWR oder der Schweizerischen Eidgenossenschaft oder gleichgestellte Ausbildungsnachweise gemäß Art. 3 Abs. 3 der RL 2005/36/EG geltend gemacht werden.

Niederlassungsfreiheit
Regelungen für die Anerkennung von Ausbildungsnachweisen

§ 373c. (1) (1) Der Landeshauptmann hat auf Antrag die tatsächliche Ausübung von Tätigkeiten in einem anderen Mitgliedstaat der EU oder einem anderen Vertragsstaat des EWR als ausreichenden Nachweis der Befähigung mit Bescheid anzuerkennen, wenn die Tätigkeiten allenfalls in Verbindung mit einer einschlägigen Ausbildung nach Art und Dauer den Voraussetzungen der Verordnung gemäß Abs. 2 entsprechen.

(2) Der Bundesminister für Wirtschaft und Arbeit hat unter Berücksichtigung der Richtlinie 2005/36/EG über die Anerkennung der Berufsqualifikationen, sowie der Richtlinie 74/556/EWG über die Einzelheiten der Übergangsmassnahmen auf dem Gebiet der Tätigkeiten des Handels mit und der Verteilung von Giftstoffen und der Tätigkeiten, die die berufliche Verwendung dieser Stoffe umfassen, einschliesslich der Vermittlertätigkeiten, durch Verordnung Art und Dauer der Tätigkeiten festzulegen, deren Nachweis Voraussetzung für eine Anerkennung ist.

(3) Das Vorliegen der Anerkennungsvoraussetzungen ist nach Maßgabe der Anerkennungsregeln der im Abs. 2 genannten Richtlinien durch Bescheinigungen (§ 373f) folgender Art nachzuweisen:

1. Bescheinigung über eine einschlägige selbständige Tätigkeit,
2. Bescheinigung über eine einschlägige Tätigkeit in leitender Stellung oder als Betriebsleiter,
3. Bescheinigung über einschlägige unselbständige Tätigkeit anderer Art,
4. Bescheinigung über eine einschlägige Ausbildung.

(4) In einer Verordnung gemäß Abs. 2 kann nach Maßgabe der Anerkennungsregelungen der im Abs. 2 genannten Richtlinien hinsichtlich der im Abs. 3 Z 1 bis 3 genannten Tätigkeiten auch bestimmt werden, dass diese nur anzurechnen sind, wenn sie der Anerkennungswerber jedenfalls bis zu einem bestimmten Zeitpunkt vor der Antragsstellung auf Anerkennung ausgeübt hat.

(5) Werden die in der Verordnung gemäß Abs. 2 festgelegten Anerkennungsvoraussetzungen nicht erfüllt, kann ein Staatsangehöriger eines Mitgliedstaates der EU oder eines Vertragsstaates des EWR das Verfahren gemäß § 373d in Anspruch nehmen.

§ 373d. (1) Soweit nicht § 373c anzuwenden ist, hat der Landeshauptmann auf Antrag die vom Antragsteller erworbene und nachgewiesene Berufsqualifikation (Abs. 2) mit dem Befähigungsnachweis des betreffenden Gewerbes oder der betreffenden Tätigkeit des Gewerbes nach der Richtlinie 2005/36/EG gleichzuhalten, wenn die vom Anerkennungswerber erworbene und nachgewiesene Berufsqualifikation dem Befähigungsnachweis äquivalent ist.

(2) Zum Nachweis seiner in einem Mitgliedstaat der EU oder einem Vertragsstaat des EWR (Herkunftsmitgliedstaat) erworbenen Berufsqualifikation hat der Anerkennungswerber Befähigungs- oder Ausbildungsnachweise vorzulegen. Die vorgelegten Befähigungs- oder Ausbildungsnachweise müssen in einem Herkunftsmitgliedstaat von einer entsprechend dessen Rechts- und Verwaltungsvorschriften benannten zuständigen Behörde ausgestellt worden sein. Sofern der Beruf oder die beruflichen Tätigkeiten im Herkunftsmitgliedstaat reglementiert sind, muss der vorgelegte Befähigungs- oder Ausbildungsnachweis zur Aufnahme und Ausübung dieses Berufs oder dieser beruflichen Tätigkeiten im Hoheitsgebiet des Herkunftsmitgliedstaates berechtigen. Sofern

GewO

der Beruf oder die beruflichen Tätigkeiten im Herkunftsmitgliedstaat nicht reglementiert sind, muss der Antragsteller über einen oder mehrere Befähigungs- oder Ausbildungsnachweise verfügen und diesen Beruf oder die beruflichen Tätigkeiten vollzeitlich ein Jahr lang oder während einer entsprechenden Gesamtdauer in Teilzeit in den vorangegangenen zehn Jahren in einem Herkunftsmitgliedstaat, in dem dieser Beruf nicht reglementiert ist, ausgeübt haben. Die einjährige Berufsausübung ist nicht nachzuweisen, wenn der Ausbildungsnachweis des Antragstellers eine reglementierte Ausbildung im Sinne des Art. 3 Abs. 1 lit. e der Richtlinie 2005/36/EG darstellt.

(3) Die Äquivalenz der Befähigungs- oder Ausbildungsnachweise ist nicht gegeben, wenn

1. die bisherige Ausbildung sich hinsichtlich der beruflichen Tätigkeit auf Fächer bezieht, die sich wesentlich von denen unterscheiden, die durch den Ausbildungsnachweis abgedeckt werden, der nach diesem Bundesgesetz vorgeschrieben ist, oder
2. das Gewerbe oder die gewerblichen Tätigkeiten eine oder mehrere berufliche Tätigkeiten umfassen, die im Herkunftsmitgliedstaat des Antragstellers nicht Bestandteil des entsprechenden reglementierten Berufs sind, und wenn dieser Unterschied in einer besonderen Ausbildung besteht, die nach diesem Bundesgesetz vorgeschrieben wird und sich auf Fächer bezieht, die sich wesentlich von denen unterscheiden, die von dem Befähigungs- oder Ausbildungsnachweis abgedeckt werden, den der Anerkennungswerber vorlegt.

Unter den Fächern gemäß Z 1 und 2, die sich wesentlich unterscheiden, sind jene Fächer zu verstehen, deren Kenntnis eine wesentliche Voraussetzung für die Ausübung des Berufs ist und bei denen die bisherige Ausbildung des Antragstellers bedeutende Abweichungen hinsichtlich Dauer und Inhalt gegenüber der nach diesem Bundesgesetz geforderten Ausbildung aufweist.

(4) Liegt keine Äquivalenz vor, so ist die Gleichhaltung unter der Bedingung einer Anpassung in Form eines Anpassungslehrganges (Abs. 5) oder einer Eignungsprüfung (Abs. 6) auszusprechen, wenn auf diese Weise die Äquivalenz erreicht werden kann. Vor der Gleichhaltung unter der Bedingung eines Anpassungslehrganges oder einer Eignungsprüfung ist nach dem Grundsatz der Verhältnismäßigkeit zu prüfen, ob die vom Anerkennungswerber während seiner Berufserfahrung oder durch lebenslanges Lernen erworbenen Kenntnisse die wesentlichen Unterschiede gemäß Abs. 3 Z 1 oder 2 ganz oder teilweise abdecken.

(5) Unter Anpassungslehrgängen sind Anpassungslehrgänge im Sinne des Art. 3 Abs. 1 lit. g der Richtlinie 2005/36/EG zu verstehen.

(6) Unter Eignungsprüfungen sind Eignungsprüfungen im Sinne des Art. 3 Abs. 1 lit. h der Richtlinie 2005/36/EG zu verstehen. Als Inhalt der vorzuschreibenden Eignungsprüfung kann auch die Ablegung bestimmter in Verordnungen auf Grund dieses Bundesgesetzes geregelter Befähigungsprüfungen und Meisterprüfungen oder von Teilen von diesen vorgesehen werden, wobei hinsichtlich der Durchführung der Eignungsprüfung die Bestimmungen der §§ 350 bis 352a und der auf diese Bestimmungen gegründeten Verordnungen zur Anwendung kommen.

(7) Wird die Gleichhaltung unter der Bedingung einer Anpassung in Form eines Anpassungslehrganges oder einer Eignungsprüfung ausgesprochen, ist dem Antragsteller die Wahlmöglichkeit zwischen Anpassungslehrgang (Abs. 5) und Eignungsprüfung (Abs. 6) einzuräumen. Davon ausgenommen sind

1. Gewerbe oder gewerbliche Tätigkeiten, deren Ausübung eine genaue Kenntnis des österreichischen Rechts erfordert und bei denen Beratung oder Beistand in Bezug auf das österreichische Recht ein wesentlicher und beständiger Teil der Berufsausübung sind, sowie
2. Gewerbe oder gewerblichen Tätigkeiten, bei denen auch § 373c anwendbar ist, insoweit der dafür vorgeschriebene Befähigungsnachweis die Kenntnis und die Anwendung bestimmter geltender österreichischer Rechtsvorschriften vorsieht.

(8) Die Äquivalenzprüfung gemäß Abs. 1 bis 7 hat innerhalb von vier Monaten nach Vorlage der vollständigen Unterlagen des Anerkennungswerbers zu erfolgen.

(9) Zum Nachweis seiner in einem Herkunftsmitgliedstaat (Abs. 2) erworbenen Berufsqualifikation zum Zweck der Gleichhaltung mit dem Befähigungsnachweis der gewerblichen Tätigkeit der Herstellung von Arzneimitteln und Giften hat der Anerkennungswerber abweichend von Abs. 2 folgende Befähigungs- oder Ausbildungsnachweise vorzulegen:

1. das Zeugnis im Sinne des Art. 11 lit. b der Richtlinie 2005/36/EG oder
2. das Diplom im Sinne des Art. 11 lit. c der Richtlinie 2005/36/EG oder
3. das Diplom im Sinne des Art. 11 lit. d der Richtlinie 2005/36/EG oder
4. den Nachweis im Sinne des Art. 11 lit. e der Richtlinie 2005/36/EG.

Jeder andere Ausbildungsnachweis oder jede Gesamtheit von anderen Ausbildungsnachweisen, die von einer zuständigen Behörde in einem Herkunftsmitgliedstaat ausgestellt wurden, sind den Nachweisen gemäß Z 1 bis 4 auch in Bezug auf das entsprechende Qualifikationsniveau gleichgestellt, sofern sie eine in einem Herkunftsmitgliedstaat erworbene Ausbildung abschließen und von dem ausstellenden Staat als gleichwertig anerkannt werden und in Bezug auf die Aufnahme oder Ausübung eines Berufs dieselben Rechte verleihen oder, sofern der ausstellende Staat den Beruf nicht reglementiert, auf die Ausübung dieses Berufs vorbereiten.

(10) Der Bundesminister für Wissenschaft, Forschung und Wirtschaft kann durch Verordnung weitere Gewerbe gemäß § 94 oder gemäß § 31 bezeichnen, für die Befähigungs- oder Ausbildungsnachweise gemäß Abs. 9 vorzulegen sind.

§ 373e. (1) Einem Antragsteller, der eine Berechtigung hinsichtlich der Planung von Hochbauten anstrebt, hat der Landeshauptmann die Gleichhaltung dann auszusprechen, wenn er in Bezug auf seine Berufsqualifikation Zeugnisse vorlegt, die

1. gemäß Art. 21 Abs. 1 der Richtlinie 2005/36/EG in Anhang 5.7.1. dieser Richtlinie angeführt sind oder
2. gemäß Art. 21 Abs. 7 der Richtlinie 2005/36/EG mitgeteilt und im Amtsblatt der Europäischen Union veröffentlicht wurden oder
3. gemäß Art. 49 der Richtlinie 2005/36/EG anerkannt werden.

(2) Falls der Antragsteller die Voraussetzungen gemäß Abs. 1 nicht erfüllt, kann er das Verfahren nach § 373d beanspruchen.

(3) Der Bundesminister für Wirtschaft und Arbeit hat auf Antrag eine Bescheinigung darüber auszustellen, dass die inländischen Ausbildungsnachweise des Antragstellers, die zumindest zur Planung von Hochbauten nach diesem Bundesgesetz berechtigen, den in Titel III Kapitel III der Richtlinie 2005/36/EG verlangten Nachweisen für Architekten entsprechen.

§ 373f. (1) Der Antragsteller hat zum Nachweis seiner in einem Herkunftsmitgliedstaat (§ 373d Abs. 2) erworbenen Berufsqualifikation, zum Nachweis seiner für die Ausübung des Gewerbes erforderlichen Sprachkenntnisse und im Falle einer etwa erforderlichen Prüfung der Zuverlässigkeit zum Nachweis der Zuverlässigkeit die Unterlagen und Bescheinigungen vorzulegen, wie sie entsprechend dem Gewerbe oder der bestimmten Tätigkeit eines Gewerbes, dessen Ausübung angestrebt wird, in Art. 50 und Anhang VII der Richtlinie 2005/36/EG angeführt sind. Davon ausgenommen sind die Bestimmungen über die vorübergehende grenzüberschreitende Dienstleistung im Rahmen der Dienstleistungsfreiheit gemäß § 373a. Die zuständige Behörde hat dem Antragsteller den Empfang der vorgelegten Nachweise binnen eines Monats zu bestätigen und diesem gegebenenfalls mitzuteilen, welche Unterlagen fehlen.

(2) Personen, die auf Grundlage eines Verfahrens nach den §§ 373a, 373c, 373d oder 373e zur Ausübung einer reglementierten gewerblichen Tätigkeit berechtigt sind, dürfen ihre in ihrem Herkunftsmitgliedstaat bestehende rechtmäßige Ausbildungsbezeichnung und die allenfalls bestehende Abkürzung in der Sprache des Herkunftsmitgliedstaates samt Hinweis auf Name und Ort der Lehranstalt, die diese Ausbildungsbezeichnung verliehen hat, oder des Prüfungsausschusses, der diese Ausbildungsbezeichnung verliehen hat, führen. Dies gilt jedoch im Falle der Niederlassung in Österreich nicht für das Führen einer allfälligen Berufsbezeichnung, die im Herkunftsmitgliedstaat rechtmäßig besteht. Auf das Führen der Berufsbezeichnung „Meister“ mit Beziehung auf das entsprechende Handwerk ist § 20 anzuwenden.

§ 373g. Hinsichtlich der inländischen Niederlassung von Finanzinstituten im Sinne des Art. 1 Z 6 der Richtlinie 89/646/EWG aus anderen Mitgliedstaaten der EU oder des EWR, die Tätigkeiten gemäß Z 2 bis 14 des Anhanges zur genannten Richtlinie, die diesem Bundesgesetz unterliegen, ausüben, und hinsichtlich der grenzüberschreitenden Dienstleistungserbringung durch solche Finanzinstitute nach Österreich gelten die diesbezüglichen Bestimmungen des Bankwesengesetzes. Den genannten Bestimmungen des Bankwesengesetzes entgegenstehende Bestimmungen dieses Bundesgesetzes sind nicht anzuwenden.

Ausstellung von Bescheinigungen

§ 373h. Die Behörde hat auf Antrag folgende Bescheinigungen auszustellen:

1. zum Zweck der Erbringung von Dienstleistungen eine Bescheinigung über die rechtmäßige Niederlassung zur Ausübung einer in diesem Bundesgesetz geregelten Tätigkeit und die Berechtigung zur Ausübung dieser Tätigkeit,
2. zum Zweck der Niederlassung oder der Erbringung von Dienstleistungen in einem anderen Mitgliedstaat der EU oder einem anderen Vertragsstaat des EWR eine Bescheinigung über eine inländische Ausbildung oder Befähigung, die zur Ausübung einer in diesem Bundesgesetz geregelten Tätigkeit berechtigt sowie die Ausübung einer selbständigen oder unselbständigen fachlichen Tätigkeit in einem Gewerbe.

Verwaltungszusammenarbeit nach der Richtlinie 2005/36/EG

§ 373i. (1) Die Behörden haben mit den zuständigen Behörden der anderen Mitgliedstaaten der EU oder eines Vertragsstaates des EWR und der Schweizerischen Eidgenossenschaft zur Anwendung von Art. 8 und Art. 56 der Richtlinie 2005/36/EG eng zusammenzuarbeiten und diesen Behörden Amtshilfe zu leisten. Zu diesem Zweck nutzen die zuständigen Behörden das Internal Market Information System (IMI) im Sinne der Verordnung (EU) Nr. 1024/2012 über die Verwaltungszusammenarbeit mit Hilfe des

Binnenmarkt-Informationssystems und zur Aufhebung der Entscheidung 2008/49/EG der Kommission („IMI-Verordnung“), ABl. Nr. L 316 vom 14.11.2012 S. 1, zuletzt geändert durch die Richtlinie 2014/67/EU, ABl. Nr. L 159 vom 28.05.2014 S. 11. Die Vertraulichkeit der ausgetauschten Informationen ist sicherzustellen.

(2) Die Verpflichtungen nach Abs. 1 können insbesondere den Austausch folgender Informationen betreffend diesem Bundesgesetz unterliegende Personen umfassen:

1. Informationen über Berufsqualifikationen, Berufsbezeichnungen, die Reglementierung von Berufen und beruflichen Tätigkeiten, die Berechtigung zur Ausübung von beruflichen Tätigkeiten.
2. Informationen über disziplinarische oder strafrechtliche Sanktionen oder sonstige schwerwiegende genau bestimmte Sachverhalte, die sich auf die ausgeübten Tätigkeiten auswirken könnten.
3. Betreffend die Erbringung einer Dienstleistung
   a) alle Informationen über die Rechtmäßigkeit der Niederlassung und die gute Führung des Dienstleisters,
   b) alle Informationen, die im Falle von Beschwerden eines Dienstleistungsempfängers gegen einen Dienstleister für ein ordnungsgemäßes Beschwerdeverfahren erforderlich sind, wobei der Dienstleistungsempfänger über das Beschwerdeergebnis zu unterrichten ist, und
   c) Informationen darüber, dass keine berufsbezogenen disziplinarischen oder strafrechtlichen Sanktionen vorliegen.

Verwaltungszusammenarbeit nach der Geldwäsche-RL

§ 373i1. (1) Die Behörde hat mit den zuständigen Behörden des Mitgliedstaats, in dem der Gewerbetreibende seinen Hauptsitz hat, zusammenzuarbeiten, um eine wirksame Aufsicht in Bezug auf die Anforderungen der Geldwäsche-RL zu gewährleisten.

(2) Der Bundesminister für Digitalisierung und Wirtschaftsstandort hat den europäischen Aufsichtsbehörden alle Informationen zur Verfügung zu stellen, die zur Durchführung ihrer Aufgaben aufgrund der Geldwäsche-RL erforderlich sind.

(3) Der Informationsaustausch oder die Amtshilfe zwischen den zuständigen Behörden für die Zwecke der Bekämpfung von Geldwäsche und Terrorismusfinanzierung unterliegt weder einem Verbot noch unangemessenen oder übermäßig restriktiven Bedingungen. Insbesondere darf die Behörde etwaige Amtshilfeersuchen nicht aus folgenden Gründen ablehnen:

1. das Ersuchen berührt nach ihrem Dafürhalten auch steuerliche Belange;
2. nationale Regelungen, die die Gewerbetreibenden zur Geheimhaltung oder Vertraulichkeit verpflichten, außer in den Fällen, in denen die einschlägigen Informationen, auf die sich das Ersuchen bezieht, durch ein Zeugnisverweigerungsrecht geschützt werden oder in denen ein Berufsgeheimnis gilt;
3. in dem ersuchenden Mitgliedstaat ist eine Ermittlung, eine Untersuchung oder ein Verfahren anhängig, es sei denn, die Ermittlung, die Untersuchung oder das Verfahren würde durch die Amtshilfe beeinträchtigt;
4. Art und Stellung der ersuchenden zuständigen Behörde unterscheiden sich von Art und Stellung der Behörde.

Berufsgeheimnis und Zusammenarbeit zwischen der Behörde und anderen Behörden im Rahmen der Bekämpfung der Geldwäscherei und Terrorismusfinanzierung hinsichtlich der Versicherungsvermittler

§ 373i1a. (1) Alle Personen, die für die Behörde bei der Beaufsichtigung der Versicherungsvermittler (§ 365m1 Abs. 2 Z 4) nach diesem Abschnitt tätig sind oder waren, und von der Behörde beauftragte Wirtschaftsprüfer und Sachverständige unterliegen dem Berufsgeheimnis. Mit Ausnahme der vom Strafrecht erfassten Fälle dürfen vertrauliche Informationen, die die im ersten Satz genannten Personen in Ausübung ihrer Pflichten nach diesem Abschnitt erhalten, nur in zusammengefasster oder aggregierter Form weitergegeben werden, sodass einzelne Versicherungsvermittler (§ 365m1 Abs. 2 Z 4) nicht identifiziert werden können.

(2) Abs. 1 steht einem Informationsaustausch und einer wechselseitigen Zusammenarbeit der Behörde mit anderen Behörden in Mitgliedstaaten und Drittländern, die der Behörde entsprechende Aufgaben wahrnehmen, soweit dies für die Erfüllung der Aufgaben zur Verhinderung der Geldwäscherei und Terrorismusfinanzierung oder für andere gesetzliche Aufgaben im Rahmen der Aufsicht über den Finanzmarkt dienlich ist, nicht entgegen. Dies gilt ebenso gegenüber der Europäischen Zentralbank, wenn diese im Einklang mit der Verordnung (EU) Nr. 1024/2013 zur Übertragung besonderer Aufgaben im Zusammenhang mit der Aufsicht über Kreditinstitute auf die Europäische Zentralbank, ABl. Nr. L 287 vom 29.10.2013 S. 63, tätig wird.

(3) Der Bundesminister für Digitalisierung und Wirtschaftsstandort kann mit den anderen zuständigen Behörden, die Kredit- und Finanzinstitute gemäß der Geldwäsche-RL im Einklang mit dieser Richtlinie überwachen, und mit Unterstützung der Europäischen Aufsichtsbehörden, mit der Europäischen Zentralbank, wenn diese gemäß Art. 27 Abs. 2 der Verordnung (EU) Nr. 1024/2013 zur Übertragung besonderer Aufgaben im Zusammenhang mit der Aufsicht über

Kreditinstitute auf die Europäische Zentralbank, ABl. Nr. L 287 vom 29.10.2013 S. 63 und Art. 56 Unterabsatz 1 lit. g der Richtlinie 2013/36/EU über den Zugang zur Tätigkeit von Kreditinstituten und die Beaufsichtigung von Kreditinstituten und Wertpapierfirmen, zur Änderung der Richtlinie 2002/87/EG und zur Aufhebung der Richtlinien 2006/48/EG und 2006/49/EG, ABl. Nr. L 176 vom 27.6.2013 S. 338, in der Fassung ihrer Berichtigung, ABl. Nr. L 208 vom 2.8.2013 S. 73 handelt, eine Vereinbarung über die praktischen Modalitäten für den Informationsaustausch abschließen.

(4) Die Behörde darf vertrauliche Informationen, die sie im Rahmen des Informationsaustausches mit anderen Behörden erhält, nur für die folgenden Zwecke verwenden:

1. in Ausübung ihrer Pflichten nach den §§ 365m bis 365z oder anderen nationalen oder europäischen Rechtsakten im Bereich der Bekämpfung der Geldwäsche und der Terrorismusfinanzierung und der Beaufsichtigung von Versicherungsvermittlern (§ 365m1 Abs. 2 Z 4), einschließlich der Verhängung von Verwaltungsstrafen,
2. im Rahmen eines Verfahrens über ein Rechtsmittel gegen eine Entscheidung der Behörde, einschließlich damit zusammenhängender Gerichtsverfahren,
3. im Rahmen eines Gerichtsverfahrens, das aufgrund besonderer Bestimmungen des Unionsrechts im Bereich der Geldwäsche – RL oder im Bereich der Finanzdienstleistungsaufsicht beziehungsweise Beaufsichtigung von Kredit- und Finanzinstituten eingeleitet wird.

(5) Die Behörde hat bei Beaufsichtigung der Versicherungsvermittler (§ 365m1 Abs. 2 Z 4) mit anderen zur Beaufsichtigung von Kredit- und Finanzinstituten zuständigen Behörden in anderen Mitgliedstaaten im größtmöglichen Umfang zusammenzuarbeiten. Eine solche Zusammenarbeit umfasst auch die Zulässigkeit, innerhalb der Befugnisse der zuständigen Behörde, um deren Unterstützung ersucht wurde, im Namen der ersuchenden zuständigen Behörde Untersuchungen durchzuführen, und den anschließenden Austausch der im Rahmen solcher Untersuchungen gewonnen Informationen.

(6) Unter Berücksichtigung der Anwendung der Bestimmungen der §§ 365m bis 365z und unter Berücksichtigung von beruflichen Verschwiegenheitsverpflichtungen kann die Behörde für die Zwecke der Verhinderung von Geldwäscherei und der Terrorismusfinanzierung Informationen betreffend Versicherungsvermittler (§ 365m1 Abs. 2 Z 4) mit folgenden Behörden austauschen:

1. die FMA;
2. die zuständigen Landesbehörden im Rahmen der Aufsicht über Landesbewilligte für Glücksspielautomaten und Wettunternehmer nach Maßgabe landesrechtlicher Vorschriften;
3. die Rechtsanwaltskammer im Rahmen der Aufsicht über Rechtsanwälte;
4. die Notariatskammer im Rahmen der Aufsicht über Notare;
5. die Kammer der Wirtschaftstreuhänder im Rahmen der Aufsicht über Wirtschaftsprüfer und Steuerberater;
6. der Präsident der Wirtschaftskammer Österreich im Rahmen der Aufsicht über Bilanzbuchhalter, Buchhalter und Personalverrechner gemäß § 1 Bundesgesetz über die Bilanzbuchhaltungsberufe (Bilanzbuchhaltungsgesetz 2014 – BiBuG 2014), BGBl. I Nr. 191/2013, in der jeweils geltenden Fassung.

Ebenso ist ein Austausch von Informationen mit Behörden in anderen Mitgliedstaaten oder Drittländern, die mit den in Z 1 bis 6 genannten Behörden vergleichbare Aufgaben wahrnehmen, zulässig, wenn gewährleistet ist, dass diese zumindest den Anforderungen an eine berufliche Geheimhaltungspflicht unterliegen, die jener gemäß Abs. 1 zumindest gleichwertig ist.

(7) Ungeachtet des Abs. 1 und des Abs. 3 kann die Behörde Informationen mit Strafverfolgungsbehörden, den Staatsanwaltschaften und den Gerichten für strafrechtliche Zwecke und für die Zwecke der Verhinderung von Geldwäscherei und der Terrorismusfinanzierung austauschen. Gemäß diesem Absatz ausgetauschte vertrauliche Informationen dürfen aber nur der Erfüllung der gesetzlichen Aufgaben der betreffenden Behörden dienen. Personen, die Zugang zu diesen Informationen haben, müssen den Anforderungen an eine berufliche Geheimhaltungspflicht unterliegen, die den in Abs. 1 genannten Anforderungen mindestens gleichwertig sind.

Informationsaustausch und Verwaltungszusammenarbeit nach der Richtlinie über Versicherungsvertrieb (EU) 2016/97 und der Richtlinie über Wohnimmobilienkreditverträge 2014/17/EU einschließlich Vorgehen bei Pflichtverstößen

§ 373i2. (1) Die Behörden haben den zuständigen Behörden der anderen Mitgliedstaaten der EU oder Vertragsstaaten des EWR Amtshilfe zu leisten. Die Behörden haben mit den zuständigen Behörden der anderen Mitgliedstaaten der EU oder Vertragsstaaten des EWR insbesondere Informationen auszutauschen und bei Ermittlungen oder der Überwachung eng im Sinne einer wirksamen Beaufsichtigung von Kreditgebern, Kreditvermittlern und Versicherungsvermittlern, die ihre Dienstleistungen im Gebiet anderer Mitgliedstaaten gemäß dem freien Dienstleistungsverkehr erbringen, zusammenzuarbeiten. Sie haben das Tätigwerden bei grenzüberschreitenden Fällen zu koordinieren, um die ordnungsgemäße Anwendung der Richtlinie (EU) 2016/97 und der Richtlinie 2014/17/EU über Wohnimmobilienkreditverträge für Verbraucher und zur Änderung der Richtlinien 2008/48/EG und 2013/36/EU und der Verordnung (EU) Nr. 1093/2010 (im Folgenden: Wohnimmobilienkreditrichtlinie) ABl. Nr. L 60 vom 28.02.2014 S. 34, zuletzt berichtigt durch ABl. Nr. L 47 vom 20.02.2015 S. 34, in der Fassung der Verordnung (EU) 2016/1011, ABl. Nr. L 171 vom 29.06.2016 S. 1 sowie die Durchsetzung der Mindestanforderungen des Aufnahmemitgliedstaats an den guten Leumund und die beruflichen Kenntnisse und Fähigkeiten, kontinuierlich zu gewährleisten.

(2) Wurde ein Ersuchen um Zusammenarbeit, insbesondere um den Austausch von Informationen, abgelehnt oder ist innerhalb eines angemessenen Zeitraums keine Reaktion erfolgt, so können die Behörden im Hinblick

1. auf Kreditvermittler gemäß Art. 19 der Verordnung (EU) 1093/2010 zur Errichtung einer Europäischen Aufsichtsbehörde (Europäische Bankenaufsichtsbehörde), zur Änderung des Beschlusses Nr. 716/2009/EG und zur Aufhebung des Beschlusses 2009/78/EG der Kommission, ABl. Nr. L 331 vom 15.12.2010 S. 12, zuletzt geändert durch die Verordnung (EU) 806/2014, ABl. Nr. L 225 vom 30.07.2014 S. 1, die Europäische Bankenaufsichtsbehörde mit der Angelegenheit befassen und sie um Unterstützung bitten;
2. auf Versicherungsvermittler gemäß Art. 19 der Verordnung (EU) 1094/2010 die EIOPA mit der Angelegenheit befassen und um Unterstützung bitten.

(3) Hat die Behörde gegen einen in Österreich niedergelassenen Kreditvermittler oder Versicherungsvermittler, der in einem oder mehreren Mitgliedstaaten der EU oder Vertragsstaaten des EWR tätig ist, eine Maßnahme gemäß § 360 verfügt oder eine Verwaltungsstrafe gemäß § 366 Abs. 1 Z 1 verhängt, so hat sie die rechtskräftige Entscheidung über die Maßnahme oder die rechtskräftige Entscheidung über die Verwaltungsstrafe der zuständigen Behörde des Aufnahmemitgliedsstaates zu übermitteln.

(4) Die Behörde hat die zuständige Behörde des Aufnahmemitgliedsstaates von der Endigung der Gewerbeberechtigung gemäß § 85 oder vom Eintritt des Ruhens der Gewerbeausübung gemäß § 93 Abs. 3 und Abs. 5 eines in Österreich niedergelassenen Kreditvermittlers oder Versicherungsvermittlers zu verständigen.

(5) Hat der Bundesminister für Digitalisierung und Wirtschaftsstandort einem im GISA (Versicherungs- und Kreditvermittlerregister) gemäß § 136g Abs. 1 eingetragenen Kreditvermittler oder einem gemäß § 137b Abs. 7 eingetragenen Versicherungsvermittler aus einem anderen Mitgliedstaat der EU oder Vertragsstaat des EWR die Ausübung der Dienstleistung gemäß § 373a Abs. 1 in Österreich verboten oder für eine angemessene Dauer untersagt, so hat er die rechtskräftige Entscheidung über das Verbot oder die Untersagung der zuständigen Behörde des Herkunftsmitgliedsstaates zu übermitteln.

(6) Die Behörde hat die Befugnis, geeignete Maßnahmen zu ergreifen, um einen Versicherungsvermittler, der in einem anderen Mitgliedstaat niedergelassen ist, daran zu hindern, eine Tätigkeit in Österreich im Rahmen der Dienstleistungsfreiheit oder gegebenenfalls der Niederlassungsfreiheit auszuüben, wenn die entsprechende Tätigkeit gänzlich oder hauptsächlich auf Österreich zu dem einzigen Zweck gerichtet ist, die Rechtsvorschriften zu umgehen, die anwendbar wären, wenn der Versicherungsvermittler seinen Wohnsitz bzw. Sitz in Österreich hätte, und wenn zusätzlich seine Tätigkeit das reibungslose Funktionieren der Versicherungs- und Rückversicherungsmärkte in Österreich hinsichtlich des Verbraucherschutzes gefährdet. In diesem Fall darf die Behörde nach Unterrichtung der zuständigen Behörde des Herkunftsmitgliedstaats gegenüber diesem Versicherungsvermittler alle geeigneten Maßnahmen ergreifen, die notwendig sind, um die Rechte der Verbraucher zu schützen.

(7) Der Bundesminister für Digitalisierung und Wirtschaftsstandort hat der Europäischen Kommission mitzuteilen, wenn Versicherungsvermittler bei ihrer Niederlassung oder der Ausübung von Versicherungs- oder Rückversicherungsvertriebstätigkeiten in einem Drittland auf allgemeine Schwierigkeiten stoßen.

Vorwarnmechanismus

§ 373j. (1) Sofern im Rahmen eines Verfahrens nach den §§ 373a Abs. 4 und 5, 373c, 373d oder 373e festgestellt wird, dass der Antragsteller gefälschte Berufsqualifikationsnachweise verwendet hat, hat die Behörde die zuständigen Behörden der anderen Mitgliedstaaten der EU und Vertragsstaaten des EWR im Wege des IMI binnen drei Tagen nach rechtskräftiger gerichtlicher Entscheidung nach den Bestimmungen des Art. 56a der Richtlinie 2005/36/EG und der Durchführungsverordnung (EU) 2015/983 betreffend das Verfahren zur Ausstellung des Europäischen Berufsausweises und die Anwendung des Vorwarnmechanismus gemäß der Richtlinie 2005/36/EG des Europäischen Parlaments und des Rates, ABl. Nr. L 159 vom 25.06.2015 S. 27, zu informieren. Die Behörde hat gleichzeitig mit der Abgabe der Vorwarnung den Betroffenen schriftlich über die Vorwarnung zu informieren. Der Betroffene kann eine Überprüfung der Rechtmäßigkeit der Vorwarnung in einem bescheidmäßig zu erledigenden Verfahren bei der Behörde, die die Vorwarnung abgegeben hat, beantragen. Wird im Rahmen der

Überprüfung die Rechtswidrigkeit der Vorwarnung festgestellt, so hat die Behörde die Vorwarnung im Wege des IMI unverzüglich richtig zu stellen oder zurückzuziehen.

(2) Der Bundesminister für Wissenschaft, Forschung und Wirtschaft kann durch Verordnung nähere Bestimmungen über das Verfahren gemäß Abs. 1 festlegen.

Europäischer Berufsausweis

§ 373k. (1) Der Landeshauptmann hat auf Antrag die Verfahren betreffend die Anerkennung gemäß § 373c sowie die Gleichhaltung gemäß § 373d im Wege des Europäischen Berufsausweises nach den Bestimmungen der Art. 4a ff. der Richtlinie 2005/36/EG und der Durchführungsverordnung (EU) 2015/983 durchzuführen. Der Bundesminister für Wissenschaft, Forschung und Wirtschaft hat auf Antrag die Verfahren betreffend die vorübergehende grenzüberschreitende Dienstleistungserbringung gemäß § 373a Abs. 4 und 5 im Wege des Europäischen Berufsausweises nach den Bestimmungen der Art. 4a ff. der Richtlinie 2005/36/EG und der Durchführungsverordnung (EU) 2015/983 durchzuführen

(2) Wird dem Antrag vollinhaltlich im Wege des Europäischen Berufsausweises entsprochen, so gilt die Zustellung der Erledigung an den Antragsteller im elektronischen System des Berufsausweises entsprechend dem Antrag als Mitteilung gemäß § 373a Abs. 5 Z 1, dass gegen die Ausübung der Tätigkeit kein Einwand besteht, als Erteilung der Anerkennung gemäß § 373c oder als Erteilung der Gleichhaltung gemäß § 373d.

(3) Für Personen, die in Österreich gewerbliche Tätigkeiten nach diesem Bundesgesetz rechtmäßig ausüben und in einem anderen Mitgliedstaat der EU oder Vertragsstaat des EWR oder der Schweizerischen Eidgenossenschaft im Wege des Europäischen Berufsausweises die Anerkennung von Berufsqualifikationen zum Zweck der Niederlassung beantragen, sind vom Landeshauptmann die für den Herkunftsstaat nach den Art. 4a ff. der Richtlinie 2005/36/EG und der Durchführungsverordnung (EU) 2015/983 zugewiesenen Aufgaben durchzuführen. Für Personen, die in Österreich gewerbliche Tätigkeiten nach diesem Bundesgesetz rechtmäßig ausüben und in einem anderen Mitgliedstaat der EU oder Vertragsstaat des EWR oder der Schweizerischen Eidgenossenschaft im Wege des Europäischen Berufsausweises die vorübergehende grenzüberschreitende Dienstleistungserbringung beantragen, sind vom Bundesminister für Wissenschaft, Forschung und Wirtschaft die für den Herkunftsstaat nach den Art. 4a ff. der Richtlinie 2005/36/EG und der Durchführungsverordnung (EU) 2015/983 zugewiesenen Aufgaben durchzuführen.

(4) Der Bundesminister für Wissenschaft, Forschung und Wirtschaft kann durch Verordnung nähere Bestimmungen über die Verfahren gemäß Abs. 1 und 3 festlegen.

Verbindungsstelle

§ 373l. Die Verbindungsstelle hat die Behörden bei Schwierigkeiten im Zuge der Verwaltungszusammenarbeit nach den §§ 373i bis 373k zu unterstützen, insbesondere wenn eine zuständige Behörde keinen Zugang zum IMI hat. § 14 Abs. 2, § 15 Abs. 2, Abs. 3 Z 1 und 3, Abs. 5 und Abs. 6 des Dienstleistungsgesetzes – DLG, BGBl. I Nr. 100/2011, sind anzuwenden. Verbindungsstelle ist der örtlich zuständige Landeshauptmann.

VII. Hauptstück

Übergangsbestimmungen und Vollziehung

§ 374. entfällt.

1. Übergangsbestimmungen

§ 375. (1) Bis zur Neuregelung der entsprechenden Sachgebiete durch Verordnungen auf Grund dieses Bundesgesetzes in der Fassung der Novelle BGBl. Nr. 29/1993 bleiben folgende Rechtsvorschriften im bisherigen Umfang soweit nicht durch dieses Bundesgesetz eine diesbezügliche Regelung getroffen wird, und zwar als Bundesgesetze, in Geltung:

1. Verordnung der Minister des Innern und des Handels vom 29. April 1874, RGBl. Nr. 53, betreffend das Gewerbe der Vertilgung von Ratten und Mäusen durch gifthältige Mittel, in der Fassung der Verordnung vom 19. Dezember 1966, BGBl. Nr. 312, mit Ausnahme des ersten Absatzes, soweit er Bestimmungen über die Konzessionspflicht enthält;
2. § 1 Abs. 5 zweiter Satz, Abs. 6 und 7 und § 2 der Verordnung der Ministerien des Handels, des Innern, der Finanzen und der Justiz vom 24. April 1885, RGBl. Nr. 49, betreffend den Betrieb des Pfandleihergewerbes, in der Fassung der Verordnung vom 10. Mai 1903, RGBl. Nr. 115;
3. entfällt.
4. entfällt.
5. entfällt.
6. entfällt.
7. Verordnung der Ministerien des Innern und des Handels vom 13. Oktober 1897, RGBl. Nr. 237, betreffend die Verwendung von Druckapparaten beim gewerbsmäßigen Ausschank des Bieres, in der Fassung der Verordnung vom 11. Juli 1905, RGBl. Nr. 112;
8. § 5 der Verordnung der Ministerien des Handels und des Innern vom 30. März 1899, RGBl. Nr. 64, betreffend die Regelung des Flaschenbierhandels, in der Fassung der Verordnung vom 4. Jänner 1927, BGBl. Nr. 19;
9. § 7 der Verordnung des Handelsministers im Einvernehmen mit dem Minister des Innern und dem Minister für Kultus und Unterricht

vom 1. August 1907, RGBl. Nr. 183, betreffend das konzessionierte Gewerbe der Leichenbestattungsunternehmungen, in der Fassung der Verordnung BGBl. Nr. 373/1936;
10. entfällt.
11. Art. I Z 6 der Verordnung des Handelsministers im Einvernehmen mit dem Minister des Innern und dem Minister für Kultus und Unterricht vom 6. August 1907, RGBl. Nr. 196, über den nach § 23 Absatz 1 des Gesetzes vom 5. Februar 1907, RGBl. Nr. 26, betreffend die Abänderung und Ergänzung der Gewerbeordnung, zum Antritte der im § 15 Punkt 1, 2, 5, 6, 7, 8, 10, 11, 14, 17, 18, 20, 21, 22 und 23 des Gesetzes vom 15. März 1883, RGBl. Nr. 39, beziehungsweise des Gesetzes vom 5. Februar 1907, RGBl. Nr. 26, angeführten konzessionierten Gewerbe erforderlichen Nachweis der besonderen Befähigung, in der Fassung der Verordnung vom 12. Mai 1914, RGBl. Nr. 106;
12. Gesetz vom 13. Juli 1909, RGBl. Nr. 119, betreffend die Herstellung von Zündhölzchen und anderen Zündwaren;
13. entfällt.
14. entfällt.
15. entfällt.
16. entfällt.
17. entfällt.
18. entfällt.
19. entfällt.
20. entfällt.
21. entfällt.
22. entfällt.
23. entfällt.
24. entfällt.
25. Verordnung des Bundesministers für Handel und Verkehr im Einvernehmen mit dem Bundesminister für soziale Verwaltung vom 16. November 1929, BGBl. Nr. 372, über den Befähigungsnachweis für das konzessionierte Gewerbe nach § 15, Punkt 14, der Gewerbeordnung, in der Fassung der Verordnung vom 8. August 1934, BGBl. Nr. II Nr. 191 *(Anm.: richtig: BGBl. II Nr. 191)*, soweit sie sich nicht auf die Art des Nachweises oder den Ersatz der Beendigung des Lehrverhältnisses bezieht;
26. entfällt.
27. Art. II §§ 2 bis 4 der Verordnung des Bundesministers für Handel und Verkehr im Einvernehmen mit dem Bundesminister für soziale Verwaltung vom 25. Februar 1932, BGBl. Nr. 74, über die Erzeugung von Vaccinen, Seren und Bakterienpräparaten und die Schädlingsvertilgung mit hochgiftigen Gasen, in der Fassung der Verordnung BGBl. Nr. 41/1935;
28. entfällt.
29. entfällt.
30. entfällt.
31. entfällt.
32. entfällt.
33. entfällt.
34. §§ 10 und 14 Abs. 1 bis 5 der Verordnung des Bundesministers für Handel und Verkehr über die Meisterprüfung, BGBl. Nr. 246/1937, die auf Grund des § 14 Abs. 2 dieser Verordnung festgesetzten Prüfungsgebühren sowie die auf Grund des § 19 dieser Verordnung erlassenen Meisterprüfungsordnungen, soweit sie sich nicht auf die Art des Nachweises der Beendigung des Lehrverhältnisses beziehen;
35. entfällt.
36. entfällt.
37. §§ 15 bis 18 der Verordnung zur Durchführung des Waffengesetzes vom 19. März 1938, deutsches RGBl. I S. 270, in der Fassung der Dritten Verordnung zur Durchführung des Waffengesetzes vom 31. März 1939, deutsches RGBl. I S. 656;
38. entfällt.
39. Z 3 bis 5, Z 8, Z 13, Z 15, Z 16 und Z 19 bis 25 der Anlage zur Anordnung über die Genehmigung von Vorschriften betreffend die Speicherung, Verteilung oder Verwendung von Gas vom 31. Juli 1940, II En 1215/40, RWMBl. 1940, S. 474;

nachstehende unter Z 40 bis 44 bezeichnete Rechtsvorschriften, soweit sie sich auf die gewerbsmäßige Schädlingsbekämpfung beziehen und es sich nicht um Vorschriften zum Schutze der Arbeitnehmer handelt:

40. Verordnung zur Einführung von Vorschriften über die Schädlingsbekämpfung mit hochgiftigen Stoffen in den Reichsgauen der Ostmark und im Reichsgau Sudetenland vom 2. Februar 1941, deutsches RGBl. I S. 69;
41. Verordnung über die Schädlingsbekämpfung mit hochgiftigen Stoffen vom 29. Jänner 1919, deutsches RGBl. S. 165;
42. Verordnung zur Ausführung der Verordnung über die Schädlingsbekämpfung mit hochgiftigen Gasen vom 22. August 1927, deutsches RGBl. I S. 297;
43. Verordnung zur Ausführung der Verordnung über die Schädlingsbekämpfung mit hochgiftigen Stoffen vom 29. März 1928, deutsches RGBl. I S. 137;
44. Verordnung zur Ausführung der Verordnung über die Schädlingsbekämpfung mit hochgiftigen Stoffen vom 17. Juli 1934, deutsches RGBl. I S. 712, in der Fassung der Verordnung vom 16. November 1934, deutsches RGBl. I S. 1191, vom 24. April 1935, deutsches RGBl. I S. 571, vom 20. Mai 1936, deutsches RGBl. I S. 479, vom 15. Juni 1938, deutsches RGBl. I

S. 637, vom 2. April 1941, deutsches RGBl. I S. 193, und vom 26. Februar 1942, deutsches RGBl. I S. 116;

45. entfällt.
46. entfällt.
47. entfällt.
48. entfällt.

49. entfällt.
50. entfällt.
51. entfällt.
52. entfällt.
53. entfällt.
54. Maschinen-Schutzvorrichtungsverordnung, BGBl. Nr. 43/1961;
55. entfällt.
56. entfällt.
57. entfällt.
58. entfällt.
59. die §§ 61 bis 64, 78 und 80 der Befähigungsnachweisverordnung 1965, BGBl. Nr. 231, betreffend den Befähigungsnachweis für die gebundenen Gewerbe der Erzeugung von medizinischem Naht- und Organersatzmaterial und Handel mit diesen Erzeugnissen, Frachtenreklamation und Versteigerung beweglicher Sachen;
60. entfällt.
61. entfällt.
62. Verordnung des Bundesministeriums für Handel, Gewerbe und Industrie vom 19. Dezember 1966, BGBl. Nr. 312, über den Befähigungsnachweis für das Gewerbe der Schädlingsvertilgung mit anderen als hochgiftigen Gasen gemäß § 15 Abs. 1 Z 21 der Gewerbeordnung, soweit sie sich nicht auf die Art des Nachweises oder den Ersatz der Beendigung des Lehrverhältnisses bezieht;
63. entfällt.
64. entfällt.
65. entfällt.
66. entfällt.
67. entfällt.
68. entfällt.
69. die auf Grund des § 54 Abs. 1 und 2 der bis zum Inkrafttreten der Gewerbeordnung 1973 geltenden Gewerbeordnung erlassenen Verordnungen des zur Vollziehung der gewerberechtlichen Vorschriften zuständigen Bundesministers oder der Landeshauptmänner betreffend gewerbepolizeiliche Regelungen, ausgenommen die Verordnungen betreffend gewerbepolizeiliche Regelungen für die gewerbsmäßige Beförderung von Personen mit Kraftfahrzeugen im Sinne des Gelegenheitsverkehrs-Gesetzes, BGBl. Nr. 85/1952;
70. die auf Grund des § 54a Abs. 2 der bis zum Inkrafttreten der Gewerbeordnung 1973 geltenden Gewerbeordnung erlassenen Verordnungen über die Sperrzeiten im Gast- und Schankgewerbe;
71. die auf Grund des § 60 Abs. 4 der bis zum Inkrafttreten der Gewerbeordnung 1973 geltenden Gewerbeordnung erlassenen Verordnungen;
72. die auf Grund des § 69 der bis zum Inkrafttreten der Gewerbeordnung 1973 geltenden Gewerbeordnung erlassenen Verordnungen;
73. die auf Grund des § 70 der bis zum Inkrafttreten der Gewerbeordnung 1973 geltenden Gewerbeordnung erlassenen Marktordnungen.
74. Die nach den §§ 18 bis 22 und 351 Abs. 5 in der Fassung vor dem In-Kraft-Treten des Bundesgesetzes BGBl. I Nr. 111/2002, erlassenen Verordnungen betreffend den Befähigungsnachweis für Handwerke und gebundene Gewerbe gelten als Bundesgesetze weiter und treten mit Erlassung einer Verordnung gemäß den §§ 18, 21 oder 22 oder § 352a für das betreffende reglementierte Gewerbe außer Kraft. Von der Weitergeltung sind die Bestimmungen über die Voraussetzungen für die Zulassung zu einer Prüfung und die Zuständigkeit zur Prüfungsorganisation ausgenommen.

(2) Durch die Aufrechterhaltung der den Befähigungsnachweis betreffenden Rechtsvorschriften gemäß Abs. 1 bleiben die Bestimmungen des Berufsausbildungsgesetzes, BGBl. Nr. 142/1969, und die auf Grund dieses Gesetzes erlassenen Durchführungsverordnungen unberührt.

(3) Auf Übertretungen der gemäß Abs. 1 aufrechterhaltenen Rechtsvorschriften sind die Bestimmungen des V. Hauptstückes sinngemäß anzuwenden.

(4) Bis zu einer entsprechenden Neuregelung im Gelegenheitsverkehrs-Gesetz 1996 und im Güterbeförderungsgesetz 1995 gelten die Bestimmungen der Gewerbeordnung 1994 in der Fassung vor dem In-Kraft-Treten des Bundesgesetzes BGBl. I Nr. 111/2002, weiter.

§ 376. 1. Wer am Tag vor Inkrafttreten des Bundesgesetzes BGBl. I Nr. 99/2011 die Tätigkeit eines Finanzdienstleistungsassistenten gemäß § 2 Abs. 1 Z 14 Gewerbeordnung 1994 iVm § 2 Abs. 1 Z 15 WAG oder eines gebundenen Vermittlers gemäß § 2 Abs. 1 Z 14 Gewerbeordnung 1994 iVm § 2 Abs. 1 Z 15 WAG, jeweils in der Fassung des Bundesgesetzes BGBl. I Nr. 60/2007, mindestens ein Jahr ausgeübt hat, darf diese Tätigkeit aufgrund der bisherigen Rechtslage bis zwei Jahre nach dem Inkrafttreten dieses Bundesgesetzes weiterhin ausüben.

2. (1) Wer am Tag vor Inkrafttreten des Bundesgesetzes BGBl. I Nr. 99/2011 die Tätigkeit eines Gewerblichen Vermögensberaters ausübt, muss den Abschluss einer Vermögensschadenhaftpflichtversicherung gemäß § 136a Abs. 12 GewO 1994 in der Fassung des Bundesgesetzes BGBl. I Nr. 99/2011 ehestmöglich, spätestens jedoch bis 1. April 2013, der Behörde nachweisen.

(2) Für Gewerbliche Vermögensberater, die am Tag des Inkrafttretens des Bundesgesetzes BGBl. I Nr. 85/2013 das Ruhen der Gewerbeausübung gemäß § 93 Abs. 1 angezeigt haben, ist § 93 Abs. 5 erster Satz nicht anzuwenden. Die Landeskammer der Gewerblichen Wirtschaft hat am Tag des Inkrafttretens des Bundesgesetzes BGBl. I Nr. 85/2013 bestehende Anzeigen des

Ruhens der Gewerbeausübung des Gewerblichen Vermögensberaters der Behörde unverzüglich mitzuteilen; die Behörde hat § 93 Abs. 5 zweiter Satz, erster Halbsatz, in der Fassung des Bundesgesetzes BGBl. I Nr. 85/2013, mit der Maßgabe anzuwenden, dass die Eintragung des Ruhens der Gewerbeausübung im GISA ab dem Einlangen der Mitteilung der Landeskammer der Gewerblichen Wirtschaft vorzunehmen ist.

3. (Zu § 2:)

(1) Im Zeitpunkt des am 1. August 1974 erfolgten Inkrafttretens der Gewerbeordnung 1973 bestehende Bewilligungen zur Ausübung eines Wandergewerbes gemäß den Bestimmungen der Verordnung vom 29. März 1924, BGBl. Nr. 103, über Wandergewerbe, in der Fassung der Verordnung BGBl. Nr. 109/1925 und der Kundmachung BGBl. Nr. 199/1950 für

a) den Einkauf und das Einsammeln von gebrauchten Gegenständen, Altstoffen, Abfallstoffen und tierischen Nebenerzeugnissen (Häute, Knochen u. dgl.) und
b) gewerbliche Arbeiten im engeren Sinne des Wortes dürfen nach dem Inkrafttreten der Gewerbeordnung 1973 weiterhin im Umherziehen ausgeübt werden. Für die Ausübung dieser Bewilligung gelten die nachstehenden Bestimmungen.

(2) Befristet erteilte Bewilligungen für die Ausübung eines Wandergewerbes gelten als unbefristet.

(3) Der Inhaber hat die ihm auf Grund der im Abs. 1 genannten Bestimmungen ausgestellte Bewilligungsurkunde bei der Ausübung der Tätigkeit stets mitzuführen und auf Verlangen der behördlichen Organe und der Sicherheitsorgane vorzuweisen.

(4) Die Verwendung von Hilfskräften, bespannten Fuhrwerken, Lasttieren und Kraftfahrzeugen für die Ausübung eines Wandergewerbes bedarf einer Bewilligung der Behörde (Abs. 8). Diese Bewilligung ist zu erteilen, wenn der Bewerber um die Bewilligung glaubhaft macht, daß ihm ohne die Verwendung von Hilfskräften, bespannten Fuhrwerken, Lasttieren oder Kraftfahrzeugen die Ausübung des Wandergewerbes aus in seiner Person gelegenen Gründen nicht zumutbar ist. Die Erteilung einer solchen Bewilligung ist auf der Bewilligungsurkunde zu vermerken. Im Falle der Bewilligung der Verwendung einer Hilfskraft hat die Behörde (Abs. 8) ein Lichtbild dieser Hilfskraft auf der Bewilligungsurkunde anzubringen.

(5) Inhaber von Bewilligungen für den Einkauf und das Einsammeln von Alt- und Abfallstoffen dürfen diese Stoffe nur im Inland veräußern.

(6) Für den Verzicht auf eine Bewilligung für die Ausübung eines Wandergewerbes gelten die Bestimmungen des § 86 sinngemäß.

(7) Hinsichtlich der Entziehung einer Bewilligung zur Ausübung eines Wandergewerbes hat die Behörde (Abs. 8) die Bestimmungen der §§ 87 und 88 sinngemäß anzuwenden; hinsichtlich der Verlustigerklärung des Wandergewerbes durch das Urteil eines Gerichtes gilt § 90 sinngemäß.

(8) Unter Behörde im Sinne der vorhergehenden Absätze ist jene Bezirksverwaltungsbehörde zu verstehen, die die Bewilligung zur Ausübung des betreffenden Wandergewerbes erteilt hat. Wurde die Bewilligung auf Grund einer Berufung oder eines Verlangens gemäß § 73 AVG nicht von der Bezirksverwaltungsbehörde erteilt, so ist unter Behörde im Sinne der vorhergehenden Absätze jene Bezirksverwaltungsbehörde zu verstehen, die in diesem Fall in erster Instanz die Bewilligung zu erteilen gehabt hätte.

(9) Eine Verwaltungsübertretung, die mit einer Geldstrafe bis zu 1 450 € zu ahnden ist, begeht, wer bei der Ausübung der im Abs. 1 genannten Tätigkeiten den Bestimmungen der Abs. 3 bis 5 zuwiderhandelt.

4. (Zu § 5:)

(1) Sofern dieses Bundesgesetz nicht anderes bestimmt, gelten erlangte Gewerbeberechtigungen als Gewerbeberechtigungen für reglementierte Gewerbe oder freie Gewerbe je nach der Einstufung, die die betreffende Tätigkeit auf Grund dieses Bundesgesetzes in seiner jeweils geltenden Fassung erhält.

(2) Ist der Berechtigungsumfang des Gewerbes, dem die betreffende Tätigkeit neu eingereiht wird, größer als der Berechtigungsumfang des bis zum Zeitpunkt des Inkrafttretens der Neueinstufung bestehenden Gewerbes, so gelten, sofern in diesem Bundesgesetz nicht anderes bestimmt wird, die im Zeitpunkt des Inkrafttretens der Neueinstufung bereits erlangten und gemäß Abs. 1 neu eingestuften Gewerbeberechtigungen als auf jene Tätigkeiten eingeschränkt, die dem bisherigen Berechtigungsumfang entsprechen.

(3) Der Befähigungsnachweis für ein reglementiertes Gewerbe ist nach der gemäß § 375 Abs. 1 Z 74 weiter geltenden Befähigungsnachweisverordnung für das gebundene Gewerbe oder Handwerk zu erbringen, das seiner Bezeichnung oder seinem Berufsbild nach dem neu geschaffenen reglementierten Gewerbe entspricht. Unter den Voraussetzungen des Abs. 2 gilt der Befähigungsnachweis gemäß dem ersten Satz nur für jene Tätigkeiten als erbracht, die dem bisherigen Berechtigungsumfang des neu eingestuften Gewerbes entsprechen.

(4) Im Zeitpunkt des Inkrafttretens des Bundesgesetzes BGBl. Nr. 29/1993 gemäß dem bisher geltenden § 103 Abs. 1 lit. b Z 25 erlangte Gewerbeberechtigungen für die uneingeschränkte Ausübung des Handelsgewerbes gelten als Gewerbeberechtigungen für das Handelsgewerbe gemäß § 124 Z 11.

4a. (Zu § 248 in der Fassung des Bundesgesetzes BGBl. Nr. 532/1993:)

Im Zeitpunkt des Inkrafttretens des Bankwesengesetzes, BGBl. Nr. 532/1993, auf Grund der Bestimmungen des Kreditwesengesetzes erteilte Konzessionen zur Ausübung des Wechselstubengeschäftes gelten als Bewilligungen gemäß § 248.

5. (Zu § 9 Abs. 3:)

Auf Personengesellschaften des Handelsrechtes, bei denen im Zeitpunkt des Inkrafttretens der Gewerbeordnung 1973 der gemäß §§ 3 und 55 der Gewerbeordnung in der bis zum Inkrafttreten der Gewerbeordnung 1973 geltenden Fassung bestellte Geschäftsführer nicht auch ein dem § 14d Abs. 1 und 4, § 13e Abs. 2 oder § 23a Abs. 4 der oben angeführten Gewerbeordnung entsprechender Gesellschafter ist, findet § 9 Abs. 3 bis zum Ausscheiden des Geschäftsführers oder des befähigten Gesellschafters keine Anwendung.

5a. (Übergangsregelungen zu § 10)

Auf noch nicht im Firmenbuch eingetragene Personengesellschaften des Handelsrechtes, deren Gewerbeberechtigung auf einer vor In-Kraft-Treten des Bundesgesetzes BGBl. I Nr. 161/2006 erstatteten Gewerbeanmeldung beruht, sind die Bestimmungen des § 10 und des § 85 Z 2 in der bis zum In-Kraft-Treten des vorangeführten Bundesgesetzes geltenden Fassung anzuwenden.

6. (Zu § 18:)

§ 18 Abs. 1 Z 7 gilt nicht für Absolventen, die den erfolgreichen Abschluß der Meisterschule oder Meisterklasse nicht durch die erfolgreiche Ablegung einer Abschlußprüfung nachgewiesen haben.

7. (Zu § 19:)

(1) entfällt.

(2) Personen, die nach den bis zum Inkrafttreten der Gewerbeordnung 1973 geltenden Vorschriften den Befähigungsnachweis für ein handwerksmäßiges Gewerbe erbringen, das nunmehr Teil eines Handwerks gemäß § 94 ist, erbringen den Befähigungsnachweis für dieses Handwerk gemäß § 94.

(3) entfällt.

8. (Zu § 30:)

Gewerbetreibende, die im Zeitpunkt des Inkrafttretens des Bundesgesetzes BGBl. I Nr. 63/1997 zur Ausübung eines Gewerbes berechtigt sind, das in ein verbundenes Gewerbe eingeordnet wird, sind unter den Voraussetzungen des § 30 Abs. 1 und 4 berechtigt, die Leistungen der anderen Gewerbe zu erbringen, aus denen sich das verbundene Gewerbe zusammensetzt.

9. Soweit bei Gewerben, deren Ausübung den Nachweis einer Befähigung voraussetzt, für den Nachweis der Befähigung weder durch dieses Bundesgesetz noch durch Verordnungen auf Grund dieses Bundesgesetzes Vorsorge getroffen wird, ist die Befähigung nachzuweisen durch Belege, die außer jeden Zweifel stellen, daß wegen der Kenntnisse und Fähigkeiten des Gewerbeanmelders auf dem Gebiet der in Aussicht genommenen gewerblichen Tätigkeit eine fachlich einwandfreie Ausübung dieses Gewerbes zu erwarten ist.

9a. (Pächter:)

Im Zeitpunkt des In-Kraft-Tretens des Bundesgesetzes BGBl. I Nr. 111/2002, aufrechte Pachtverhältnisse werden nicht beeinträchtigt. Auf die Tätigkeit der Pächter sind die bisherigen Vorschriften weiter anzuwenden. Ab dem im ersten Satz genannten Zeitpunkt dürfen Pächter nicht neu bestellt werden. Die Daten über bestehende Pächter und den Widerruf der Übertragung der Ausübung des Gewerbes an einen Pächter sind im GISA weiter zu führen.

9b. (Übergangsregelung zu § 63 Abs.1)

Vordrucke, Bestellscheine, Websites und E-Mail-Adressen haben bei den in § 63 Abs. 1 genannten Gewerbetreibenden spätestens ab 1. Jänner 2010 dem § 63 Abs. 1 in der Fassung des Bundesgesetzes BGBl. I Nr. 161/2006 zu entsprechen, soweit die dort festgelegten Anforderungen von den bis zum 31.12.2006 geltenden Bestimmungen abweichen.

10. (Zu § 68:)

§ 68 Abs. 1 gilt sinngemäß auch für Unternehmen, denen die Auszeichnung, im geschäftlichen Verkehr das Bundeswappen der Republik Österreich zu führen, vor dem Inkrafttreten der Gewerbeordnung 1973 verliehen wurde.

11. (Zu den §§ 74 bis 83:)

(1) Die §§ 79 bis 83 finden auch auf bestehende, nach den bis zum Inkrafttreten der Gewerbeordnung 1973 geltenden Vorschriften genehmigte Betriebsanlagen Anwendung.

(2) Die im Zeitpunkt des Inkrafttretens der Gewerbeordnung 1973 errichteten Betriebsanlagen, die nach den bisher geltenden Vorschriften nicht genehmigungspflichtig waren und nach den Bestimmungen dieses Bundesgesetzes genehmigungspflichtig wären, bedürfen keiner Genehmigung gemäß § 74 Abs. 2; § 79 und § 81 finden sinngemäß Anwendung.

(3) Für die im Zeitpunkt des In-Kraft-Tretens der Novelle BGBl. I Nr. 111/2002 bereits genehmigten Betriebsanlagen sowie für Betriebsanlagen, für die in diesem Zeitpunkt ein Genehmigungsverfahren anhängig ist, ist bis zum 31. Dezember 2003 ein Abfallwirtschaftskonzept gemäß § 353 Z 1 lit. c zu erstellen, wenn in der Betriebsanlage mehr als 20 Arbeitnehmer beschäftigt sind.

(Anm.: Abs. 4 und 5aufgehoben durch BGBl. I Nr. 111/2002)

12. (Zu § 94:)

Personen, die im Zeitpunkt des Inkrafttretens der Gewerbeordnung 1973 zur Ausübung eines handwerksmäßigen Gewerbes berechtigt sind, das nunmehr Teil eines Handwerks gemäß § 94 ist, sind zur Ausübung dieses Handwerks gemäß § 94 berechtigt.

13. Gewerbetreibende, die am Tag vor dem Inkrafttreten des Bundesgesetzes BGBl. I Nr. 85/2013 das Baumeistergewerbe (§ 94 Z 5) oder ein dem Baumeistergewerbe entstammendes Teilgewerbe ausgeübt haben, sind verpflichtet, der Behörde bis spätestens 31. Dezember 2013 den Bestand einer Haftpflichtversicherung für Personen-, Sach- und Vermögensschäden nach § 99 Abs. 7 nachzuweisen. Erfolgt ein solcher Nachweis nicht rechtzeitig, so ist § 99 Abs. 10 sinngemäß anzuwenden.

14. (Zu § 119:)

Fahrradmechanikern, die ihre Berechtigung nach den bis zum Inkrafttreten der Gewerbeordnung 1973 geltenden Bestimmungen erlangt haben, steht auch die Befugnis zur Instandsetzung von Motorrädern mit einem Hubraum von nicht mehr als 150 cm^3 und von Motorfahrrädern zu.

14a. Gewerbetreibende, die am 1. Jänner 1992 zur Ausübung des gebundenen Gewerbes Unternehmensberater einschließlich der Unternehmensorganisatoren (§ 124 Z 16) berechtigt sind, sind auch zur Ausübung der auf den Personenkreis der Führungskräfte eingeschränkten Arbeitsvermittlung berechtigt, ohne hiefür gemäß § 172 den für diese Tätigkeit vorgeschriebenen Teil des Befähigungsnachweises erbringen zu müssen.

14b. (Gastgewerbe:)

(1) Die Betriebsanlage eines Gastgewerbes, für das die Konzession gemäß den Bestimmungen der Gewerbeordnung 1973 in der Fassung vor dem In-Kraft-Treten der Gewerberechtsnovelle 1993, BGBl. Nr. 29/1993, erteilt worden ist, gilt im Umfang der Betriebsräume und der Betriebsflächen, auf die die Gastgewerbekonzession gemäß dem Konzessionserteilungsbescheid lautet, als gemäß § 74 Abs. 2 genehmigte Betriebsanlage. Weiters gilt auch die Betriebsstätte eines Gastgewerbes, für das eine Gast- und Schankgewerbekonzession gemäß den Bestimmungen der vor dem 1. August 1974 in Geltung gestandenen Gewerbeordnung erteilt worden ist, als gemäß § 74 Abs. 2 genehmigte Betriebsanlage, und zwar entsprechend den Plänen und Betriebsbeschreibungen, die Bestandteil des Konzessionserteilungsbescheides sind."

(2) Gastgewerbetreibenden, die in den letzten sechs Monaten vor Inkrafttreten des Bundesgesetzes BGBl. I Nr. 85/2013 die Rechte des § 111 Abs. 4 Z 4 in der Fassung des Bundesgesetzes BGBl. I Nr. 85/2012 ununterbrochen zulässigerweise an einem bestimmten Standort ausgeübt haben, stehen diese Rechte an diesem Standort weiterhin zu.

14c. (zu § 119 Abs. 5:)

Die Genehmigung für die Veranstaltung von Lehrgängen für Lebensberatung hat bis spätetens 1. Jänner 2004 zu erfolgen.

14d. (Handel mit Medizinprodukten:)

Gewerbetreibende, die innerhalb eines Jahres vor dem In-Kraft-Treten des Bundesgesetzes BGBl. I Nr. 111/2002 mindestens sechs Monate lang im Rahmen ihrer

Gewerbeberechtigung überwiegend den Handel mit

Medizinprodukten ausgeübt haben, sind berechtigt, bis zum 1. Juli 2004 den Medizinproduktehandel weiter auszuüben, ohne das entsprechende reglementierte Gewerbe anzumelden. Bisher bestehende Rechte einzelner reglementierter Gewerbe zum Handel mit Medizinprodukten stehen diesen Gewerben auch weiterhin zu."

(Anm.: Z 14e aufgehoben durch BGBl. I Nr. 18/2015)

15. (1) entfällt.

(2) entfällt.

(3) Der Befähigungsnachweis für den Antiquitäten- und Kunstgegenständehandel wird auch durch Personen erbracht, die im Zeitpunkt des Inkrafttretens der Gewerbeordnung 1973 den Befähigungsnachweis für die Ausübung des Handels mit Antiquitäten und Kunstgegenständen nach den bis zum Inkrafttreten dieses Bundesgesetzes geltenden Vorschriften erbringen; hiebei haben sie eine mindestens einjährige kaufmännische Tätigkeit im Handel mit Antiquitäten und Kunstgegenständen nachzuweisen.

(4) Gewerbetreibende, die am Tag vor dem Inkrafttreten des Bundesgesetzes BGBl. I Nr. 85/2012 das Pressefotografengewerbe ausgeübt haben, sind berechtigt, das Gewerbe Pressefotografie und Fotodesign im Umfang des § 150 Abs. 5 letzter Satz auszuüben.

15a. (Chemischputzer und Wäscher und Wäschebügler:)

Gewerbetreibende, die vor dem Inkrafttreten des Bundesgesetzes BGBl. Nr. 399/1988 eine Gewerbeberechtigung für das Gewerbe der Chemischputzer oder für das Gewerbe der Wäscher und Wäschebügler erlangt haben, sind zur Übernahme von Arbeiten für das Handwerk der Textilreiniger berechtigt.

16. (Viehschneider:)

(1) Gewerbetreibende, die im Zeitpunkt des Inkrafttretens des Bundesgesetzes BGBl. Nr. 29/1993 zur Ausübung des Gewerbes der Viehschneider berechtigt sind, dürfen das genannte Gewerbe nach Maßgabe der Abs. 2 und 3 weiter ausüben. Neue Berechtigungen dürfen nicht mehr begründet werden.

(2) Die im Abs. 1 genannten Gewerbetreibenden haben die für die Ausübung ihrer Tätigkeit erforderlichen Geräte in tadellosem Zustand zu

erhalten und einen entsprechenden Vorrat an Desinfektionsmitteln mit sich zu führen.

(3) Unmittelbar vor und nach jedem Viehschnitt sind die Geräte und Kleider, das Schuhwerk sowie die Hände der bei der Verrichtung Beschäftigten zu reinigen und entsprechend zu desinfizieren. Vorher darf ein anderes Gehöft oder ein anderer Ort nicht betreten werden.

16a. (Immobilientreuhänder:)

(1) Personen, die schon vor dem Inkrafttreten des § 117 Abs. 7 die Berechtigung zur Ausübung des Gewerbes der Immobilientreuhänder besessen haben, sind verpflichtet, der Behörde vor Ablauf von sechs Monaten nach Inkrafttreten dieser Bestimmung den Bestand einer Vermögensschadenhaftpflichtversicherung nach § 117 Abs. 7 nachzuweisen. Erfolgt ein solcher Nachweis nicht rechtzeitig, so hat die Behörde unverzüglich ein Gewerbeentziehungsverfahren einzuleiten. Die Einleitung des Gewerbeentziehungsverfahrens ist in diesem Fall im GISA zu vermerken.

(2)
Gewerbetreibende, die am Tag vor dem Inkrafttreten des Bundesgesetzes BGBl. I Nr. 85/2013 das Gewerbe der Immobilientreuhänder ausgeübt haben, sind verpflichtet, der Behörde vor Ablauf von sechs Monaten nach Inkrafttreten des Bundesgesetzes BGBl. I Nr. 85/2013 den Bestand einer Vermögensschadenhaftpflichtversicherung nach § 117 Abs. 7 nachzuweisen. Erfolgt ein solcher Nachweis nicht rechtzeitig, so ist § 117 Abs. 10 sinngemäß anzuwenden.

17. (Vermögensberater und Verwalter von beweglichem Vermögen:)

Der Entfall des Gewerbes der Vermögensberater und Verwalter von beweglichem Vermögen (§ 124 Z 23 GewO 1994 in der Fassung vor dem Inkrafttreten des Bundesgesetzes BGBl. I Nr. 63/1997) tritt mit Ablauf des 31. Dezember 1997 in Wirksamkeit.

17a. (Kreditvermittlung)

(1) Personen, die am Tag vor dem in § 382 Abs. 80 bestimmten Zeitpunkt des Inkrafttretens des Bundesgesetzes BGBl. I Nr. 155/2015 die Berechtigung zur Ausübung des Gewerbes Gewerbliche Vermögensberatung, sofern die Tätigkeit der Kreditvermittlung nicht durch den Gewerbeumfang ausgeschlossen ist, besessen haben, sind verpflichtet, der Behörde bis spätestens 30. September 2016 bekannt zu geben, ob sie diese Tätigkeit als gebundener Kreditvermittler oder als ungebundener Kreditvermittler (§ 136e Abs. 3) ausüben.

(2) Personen, die am Tag vor dem in § 382 Abs. 80 bestimmten Zeitpunkt des Inkrafttretens des Bundesgesetzes BGBl. I Nr. 155/2015 die Berechtigung zur Ausübung der Tätigkeit des Immobilienmaklers, sofern die Tätigkeit der Kreditvermittlung nicht durch den Gewerbeumfang ausgeschlossen ist, besessen haben, sind verpflichtet, der Behörde bis spätestens 30. September 2016 bekannt zu geben, ob sie diese Tätigkeit als gebundener Kreditvermittler oder als ungebundener Kreditvermittler (§ 136e Abs. 3) ausüben.

(3) Erfolgt eine Mitteilung gemäß Abs. 1 oder Abs. 2 nicht rechtzeitig, so gilt der Kreditvermittler, bis er eine anderslautende Meldung erstattet hat, als gebundener Kreditvermittler.

18. (Versicherungsvermittler)

(1) Gewerbeberechtigungen für das Gewerbe Vermögensberatung (Beratung bei Aufbau und Erhalt von Vermögen und der Finanzierung unter Einschluss insbesondere der Vermittlung von Veranlagungen, Investitionen, Personalkrediten, Hypothekarkrediten und Finanzierungen) werden zu Berechtigungen für das Gewerbe Gewerbliche Vermögensberatung, Gewerbeberechtigungen für das Gewerbe der Versicherungsagenten werden zu Berechtigungen für das Gewerbe Versicherungsvermittlung in der Form Versicherungsagent, Gewerbeberechtigungen für das Gewerbe Versicherungsmakler; Berater in Versicherungsangelegenheiten (verbundene Gewerbe) werden zu Berechtigungen für das Gewerbe Versicherungsvermittlung in der Form Versicherungsmakler und Berater in Versicherungsangelegenheiten. Auch diese müssen bis spätestens 15. Jänner 2005 den neuen Vorschriften entsprechen.

(2) Die gemäß der Verordnung BGBl. II Nr. 95/2003 erbrachten Nachweise über die Erfüllung der Zugangsvoraussetzungen für das Gewerbe der Vermögensberatung (Beratung bei Aufbau und Erhalt von Vermögen und der Finanzierung unter Einschluss insbesondere der Vermittlung von Veranlagungen, Investitionen, Personalkrediten, Hypothekarkrediten und Finanzierungen) gelten bis zur Erlassung einer neuen Verordnung als Erbringung des Nachweises der Erfüllung der Zugangsvoraussetzungen für das Gewerbe Gewerbliche Vermögensberatung.

(3) Die gemäß der Verordnung BGBl. II Nr. 96/2003 erbrachten Nachweise über die Erfüllung der Zugangsvoraussetzungen für das Gewerbe der Versicherungsagenten gelten bis zur Erlassung einer neuen Verordnung als Erbringung des Nachweises der Erfüllung der Zugangsvoraussetzungen für das Gewerbe Versicherungsvermittlung in der Form Versicherungsagent.

(4) Die gemäß der Verordnung BGBl. II Nr. 97/2003 erbrachten Nachweise über die Erfüllung der Zugangsvoraussetzungen für das Gewerbe der Versicherungsmakler; Berater in Versicherungsangelegenheiten (verbundene Gewerbe) gelten bis zur Erlassung einer neuen Verordnung als Erbringung des Nachweises der Erfüllung der Zugangsvoraussetzungen für das Gewerbe Versicherungsvermittlung in der Form Versicherungsmakler und Berater in Versicherungsangelegenheiten.

(5) Personen, die schon vor dem 15. Jänner 2005 die Berechtigung zum Gewerbe Vermögensberatung, sofern die Tätigkeit der Versicherungsvermittlung nicht durch den Gewerbeumfang ausgeschlossen ist, zum Gewerbe Versicherungsagent oder zum Gewerbe Versicherungsmakler; Berater in Versicherungsangelegenheiten (verbundenes Gewerbe) besessen haben, sind verpflichtet, der Behörde vor Ablauf von sechs Monaten nach Inkrafttreten dieser Bestimmung zur Aufnahme in das (Versicherungs- und Kreditvermittlerregister) den Bestand einer Berufshaftpflichtversicherung oder einer sonstigen Haftungsabsicherung gemäß § 137c Abs. 1 oder 2 mit Gültigkeit spätestens ab 15. Jänner 2005 nachzuweisen. Erfolgt ein solcher Nachweis nicht rechtzeitig, so unterbleibt die Aufnahme und die Behörde hat unverzüglich ein Gewerbeentziehungsverfahren einzuleiten. Die Einleitung des Gewerbeentziehungsverfahrens ist in diesem Fall im GISA (Versicherungs- und Kreditvermittlerregister) zu vermerken. Bei Bedarf unterrichtet die Behörde die zuständigen Behörden des Vertragsstaates des EWR von der Streichung. Bei zum Gewerbe Vermögensberatung Berechtigten, bei denen die Tätigkeit der Versicherungsvermittlung durch den Gewerbeumfang ausgeschlossen ist, erfolgt keine Aufnahme in das (Versicherungs- und Kreditvermittlerregister).

(6) Das Recht zur Ausübung von Tätigkeiten der Versicherungsvermittlung als sonstiges Recht auf Grundlage von § 32 GewO 1994 vor In-Kraft-Treten der Novelle BGBl. I Nr. 131/2004 endet mit 15. Jänner 2005. Personen, die bisher die Tätigkeit der Versicherungsvermittlung nachweislich über einen Zeitraum von mindestens drei Jahren auf Grundlage einer sonstigen Berechtigung gemäß § 32 ausgeübt haben, müssen für die Weiterführung als Nebengewerbe zur Aufnahme in das GISA (Versicherungs- und Kreditvermittlerregister) der Behörde vor Ablauf von sechs Monaten nach In-Kraft-Treten dieser Bestimmung den Bestand einer Berufshaftpflichtversicherung oder einer sonstigen Haftungsabsicherung gemäß § 137c Abs. 1 oder 2 mit Gültigkeit spätestens ab 15. Jänner 2005 nachweisen. Es ist dabei anzugeben, in welcher Form die Versicherungsvermittlung ausgeübt werden soll und ob eine Berechtigung zum Empfang von Prämien oder von für den Kunden bestimmten Beträgen besteht. Nach Ablauf der genannten Frist darf die Tätigkeit nur mehr nach Begründung einer entsprechenden Berechtigung im Verfahren nach §§ 339 und 340 ausgeübt werden.

(7) Anlässlich der Überleitung bestehender Rechte zur Versicherungsvermittlung sind zur Aufnahme in das GISA (Versicherungs- und Kreditvermittlerregister) der Behörde gegenüber auch alle sonstigen Angaben zu machen, die nach diesem Gesetz vorgesehen sind und bei der Behörde noch nicht vorhanden sind, wie etwa betreffend bestehende Agenturverhältnisse oder die Berechtigung zum Empfang von Prämien oder für den Kunden bestimmten Beträgen.

(8) Alle Wortlaute von freien Gewerben, die in irgendeiner Weise, sei es auch in der Kurzbezeichnung, auf Tätigkeiten hinweisen, die in weiterer Folge zu einer Versicherungsvermittlung führen sollen, sei es insbesondere zur bloßen Benennung oder Namhaftmachung von Versicherungskunden, Versicherungsvermittlern oder Versicherungsunternehmen („Tippgeber") oder in jeder anderen Weise, werden mit 15. Jänner 2005 zum freien Gewerbe „Namhaftmachung von Personen, die an der Vermittlung von Versicherungsverträgen interessiert sind, an einen Versicherungsvermittler oder ein Versicherungsunternehmen unter Ausschluss jeder einem zur Versicherungsvermittlung berechtigten Gewerbetreibenden vorbehaltenen Tätigkeit". Diesem Gewerbe ist insbesondere eine auf einen bestimmten Versicherungsbedarf gerichtete über die allgemeinen Daten des Kunden hinausgehende Informationsaufnahme beim Kunden und insbesondere die Einholung der Unterschrift des Kunden auf einem Versicherungsantrag untersagt.

(9) Auf Personen, die zum Zeitpunkt des Inkrafttretens des Bundesgesetzes BGBl. I Nr. 18/2015 die Tätigkeit der Versicherungsvermittlung ausgeübt haben, ist § 137f Abs. 1 mit der Maßgabe anzuwenden, dass die bei der Versicherungsvermittlung verwendeten eigenen Papiere und Schriftstücke bis zum Ablauf von drei Jahren nach Inkrafttreten des Bundesgesetzes BGBl. I Nr. 18/2015 anstelle der GISA-Zahl die Gewerberegisternummer enthalten dürfen.

(10) Die Weiterbildungsverpflichtungen nach § 136a Abs. 6 und § 137b Abs. 3 beginnen einheitlich mit 1.1.2019 neu zu laufen.

(11) Nebengewerbliche Tätigkeiten im Sinne des § 137 Abs. 1 sind nur soweit zulässig, als

1. ein zwingender und wirtschaftlich sinnvoller enger Zweckzusammenhang mit dem Hauptinhalt des jeweiligen Geschäftsfalles besteht,
2. ein zwingender und wirtschaftlich sinnvoller enger Zweckzusammenhang zwischen den vermittelten Versicherungsverträgen und dem Haupttätigkeitsinhalt des Gewerbetreibenden besteht und
3. im Rahmen des jeweiligen Geschäftsfalles der Umsatzerlös aus der Versicherungsvermittlung einen Anteil von 20vH des Umsatzerlöses aus dem damit verbundenen Hauptgeschäftsfall nicht überschreitet.

Ein Nebengewerbe der Versicherungsvermittlung kann bis spätestens 31. Dezember 2008 neu begründet werden. Soweit nichts Abweichendes bestimmt ist, gelten für nebengewerbliche Tätigkeiten die Bestimmungen über Versicherungsvermittlung.

(12) Personen, die am Tag vor dem in § 382 Abs. 98 bestimmten Zeitpunkt des Inkrafttretens des Bundesgesetzes BGBl. I Nr. 112/2018 eine Berechtigung zur Ausübung der Tätigkeit der Versicherungsvermittlung

1. ohne Beschränkung auf eine bestimmte Form oder
2. eine Berechtigung zu Tätigkeiten der Versicherungsvermittlung in der Form Versicherungsagent und eine Berechtigung zur Tätigkeit in der Form Versicherungsmakler oder
3. mehrere Berechtigungen, die zur Versicherungsvermittlung in verschiedenen Formen berechtigen, sei es darunter auch im dem Gewerblichen Vermögensberater oder dem Nebengewerbe der Versicherungsvermittlung oder einem eingeschränkten Gewerbe zustehenden Umfang besessen haben,

sind verpflichtet, der Behörde bis spätestens zwölf Monate nach dem in § 382 Abs. 98 bestimmten Zeitpunkt des Inkrafttretens des Bundesgesetzes BGBl. I Nr. 112/2018 mitzuteilen, ob sie die Berechtigung oder, wenn es sich um mehrere Berechtigungen handelt, diese, entweder als Versicherungsvermittlung in der Form Versicherungsagent oder in der Form Versicherungsmakler ausüben wollen. Sind mehrere Berechtigungen vorhanden, hat die Erklärung hinsichtlich derselben einheitlich dieselbe Form zu bezeichnen. Übrige Berechtigungen gelten ab der Eintragung der gewünschten Form durch die Behörde als ruhend und sind von der Behörde im GISA entsprechend einzutragen.

(13) Erfolgt eine Mitteilung gemäß Abs. 12 nicht rechtzeitig, so gelten bestehende Berechtigungen bis eine anderslautende Meldung erstattet wurde, als Berechtigungen zur Versicherungsvermittlung in der Form Versicherungsagent, übrige Berechtigungen gelten als ruhend (§ 93) und sind als solche im GISA einzutragen.

(14) Auf Personen, die am Tag vor dem in § 382 Abs. 98 bestimmten Zeitpunkt des Inkrafttretens des Bundesgesetzes BGBl. I Nr. 112/2018 die Tätigkeit der Versicherungsvermittlung ausgeübt haben, sind § 137c Abs. 1 vorletzter und letzter Satz mit der Maßgabe anzuwenden, dass sie der Behörde den Nachweis bis spätestens zwölf Monate nach dem in § 382 Abs. 98 bestimmten Zeitpunkt des Inkrafttretens des Bundesgesetzes BGBl. I Nr. 112/2018 zu erbringen haben. Der Nachweis gilt auch als erbracht, wenn das Versicherungsunternehmen bis zum Ablauf der Frist nicht gemäß § 92 Abs. 2 angezeigt hat, dass die Nachhaftung zeitlich begrenzt ist.

19. (Zu § 183:)

§ 183 Abs. 2 gilt, soweit er sich auf § 183 Abs. 1 Z 1 bis 3 bezieht, nicht für Inhaber von Berechtigungen, die von der Übergangsbestimmung des Art. IV Z 7 der Gewerberechtsnovelle 1965, BGBl. Nr. 59, Gebrauch gemacht haben.

19a. (Zu § 188 Abs. 1:)

Die gemäß § 375 Abs. 1 Z 37 als Bundesgesetz in Geltung stehenden Vorschriften sind, soweit sie auf Faustfeuerwaffen anzuwenden sind, ab dem 1. Jänner 1986 auch auf andere nichtmilitärische Feuerwaffen als Faustfeuerwaffen anzuwenden, soweit nicht § 138 Abs. 1 GewO 1973 in seiner ab dem 1. Jänner 1986 in Geltung stehenden Fassung besondere Regelungen trifft.

20. (Zu § 188 Abs. 5:)

Die Bestimmung des § 188 Abs. 5 über die Aufbewahrung und Ablieferung der Waffenbücher findet auf die Waffenbücher und Waffenhandelsbücher, die auf Grund der Bestimmungen der §§ 15 bis 18 der Verordnung zur Durchführung des Waffengesetzes vom 19. März 1938, deutsches RGBl. I S. 270, in der Fassung der Dritten Verordnung zur Durchführung des Waffengesetzes vom 31. März 1939, deutsches RGBl. I S. 656, geführt worden sind, sinngemäße Anwendung.

20a. (Zu § 189:)

Bereits vor dem 1. Jänner 1986 in den inländischen Verkehr gebrachte nichtmilitärische Feuerwaffen, auf die § 139 GewO 1973 in der vor dem 1. Jänner 1986 in Geltung gestandenen Fassung nicht anzuwenden war, dürfen nach dem 31. Dezember 1985 nur dann weiter in den inländischen Verkehr gebracht werden, wenn sie mit der Bezeichnung des Gewerbetreibenden, der die Waffe erstmals nach dem 31. Dezember 1985 in den inländischen Verkehr gebracht hat, und mit einer fortlaufenden Nummer gekennzeichnet sind.

21. entfällt.

22. (Zu § 202:)

(1) Personen, die vor dem Inkrafttreten des Bundesgesetzes vom 17. Juli 1957, BGBl. Nr. 179, ein Gewerbe angemeldet haben, das die Verfassung von Plänen oder Berechnungen auf dem Gebiete des Hoch- und Tiefbaues zum Gegenstand hat, dürfen ihre Tätigkeit nur dann weiter ausüben, wenn sie oder ein von ihnen nach den gewerberechtlichen Vorschriften bestellter Geschäftsführer oder Pächter den in den §§ 9 bis 12 des Gesetzes vom 26. Dezember 1893, RGBl. Nr. 193, betreffend die Regelung der konzessionierten Baugewerbe, oder in einer auf Grund der §§ 22 und 24 der Gewerbeordnung 1973 erlassenen Verordnung den für die Erlangung einer Konzession für das Baumeistergewerbe vorgeschriebenen Befähigungsnachweis erbringen.

(2) Personen, die vor dem Inkrafttreten des Bundesgesetzes vom 17. Juli 1957, BGBl. Nr. 179, durch acht Jahre ein im Abs. 1 genanntes Gewerbe ausgeübt haben oder in einem zur Verfassung von Plänen oder Berechnungen auf dem Gebiete des Hoch- oder Tiefbaues befugten Betriebe einschlägig beschäftigt worden sind, sind bei der Erbringung dieses Befähigungsnachweises (Abs. 1)

von dem Nachweis der Erlernung des Baumeistergewerbes und der praktischen Ausbildung befreit, wenn der Befähigungsnachweis nur der Weiterführung des im Abs. 1 bezeichneten Gewerbes dient.

(3) Die Befugnis von Personen, die vor dem Inkrafttreten des Bundesgesetzes vom 17. Juli 1957, BGBl. Nr. 179, eine Berechtigung für das konzessionerte *(Anm.: richtig: konzessionierte)* Baumeistergewerbe erlangt haben, in den nicht als ausgenommen erklärten Orten (§ 2 Abs. 2 des Gesetzes vom 26. Dezember 1893, RGBl. Nr. 193) Arbeiten des Zimmermeistergewerbes auch auszuführen, bleibt unberührt.

(4) Die Befugnis von Personen, die vor dem Inkrafttreten der Gewerbeordnung 1973 eine Berechtigung für das konzessionierte Baumeistergewerbe erlangt haben, in den nicht als ausgenommen erklärten Orten (§ 2 Abs. 2 des Gesetzes vom 26. Dezember 1893, RGBl. Nr. 193) Arbeiten des Steinmetz- und Brunnenmeistergewerbes auch auszuführen, bleibt unberührt.

(5) Die Befugnis von Personen, die vor dem Inkrafttreten der Gewerbeordnung 1973 eine Berechtigung für das konzessionierte Baumeistergewerbe erlangt haben, die Arbeiten des Gewerbes der Aufstellung von Lüftungs-, Zentralheizungs- und Warmwasserbereitungsanlagen (§ 94 Z 15) auch auszuführen, bleibt unberührt.

(6) Wer ein im Abs. 1 genanntes Gewerbe ausübt, ohne den dort vorgeschriebenen Befähigungsnachweis selbst oder durch einen von ihm bestellten Geschäftsführer oder Pächter zu erbringen, oder den im Abs. 2 aufgestellten Voraussetzungen zu entsprechen, begeht eine Verwaltungsübertretung, die mit einer Geldstrafe bis zu 30 000 S zu ahnden ist.

23.

(1) § 3 des Gesetzes vom 26. Dezember 1893, RGBl. Nr. 193, über die Befugnisse der Maurermeister ist auf Personen, die vor dem Inkrafttreten der Gewerbeordnung 1973 eine Berechtigung für das konzessionierte Maurermeistergewerbe erlangt haben, weiterhin anzuwenden.

(2) Personen, die im Zeitpunkt des Inkrafttretens der Gewerbeordnung 1973 die als Voraussetzung für die Erteilung einer Konzession für das Maurermeistergewerbe vorgesehene Befähigung nachweisen, erbringen hiedurch den Befähigungsnachweis für das auf die Ausübung von Maurermeistertätigkeiten eingeschränkte Baumeistergewerbe.

24. (Zu § 205:)

§ 4 des Gesetzes vom 26. Dezember 1893, RGBl. Nr. 193, über die Befugnisse der Zimmermeister ist auf Personen, die vor dem Inkrafttreten der Gewerbeordnung 1973 eine Berechtigung für das konzessionierte Zimmermeistergewerbe erlangt haben, weiterhin anzuwenden.

25. (Zu § 205 Abs. 3:)

Zimmermeister dürfen die im § 205 Abs. 3 angeführten Arbeiten auch unter der Leitung eines Maurermeisters ausführen, der die Berechtigung zum Betrieb seines Gewerbes nach den bis zum Inkrafttreten der Gewerbeordnung 1973 geltenden Rechtsvorschriften erlangt hat, oder unter der Leitung eines Gewerbetreibenden, der seine Berechtigung auf Grund der Z 23 Abs. 2 erlangt hat.

26. (Steinmetzmeister einschließlich Kunststeinerzeuger und Terrazzomacher:) Die Befugnis des Steinmetzmeisters einschließlich Kunststeinerzeugers und Terrazzomachers zu den im § 206 Abs. 1 Z 2 genannten Arbeiten gilt auch unbeschadet des Rechtes jener Maurermeister zu den erforderlichen Ausmauerungsarbeiten für Grabmonumente und Grüfte, die die Berechtigung zum Betrieb ihres Gewerbes nach den bis zum Inkrafttreten der Gewerbeordnung 1973 geltenden Rechtsvorschriften erlangt haben, und unbeschadet des Rechtes von Gewerbetreibenden, die ihre Konzession auf Grund der Z 23 Abs. 2 erlangt haben.

27. Gewerbetreibende, die am Tag vor dem Inkrafttreten des § 150 Abs. 2a bis Abs. 2c in der Fassung des Bundesgesetzes BGBl. I Nr. 94/2017 zur Ausübung der Gewerbe

a) Aufräumen von Baustellen, bestehend im Zusammentragen und eigenverantwortlichem Trennen von Bauschutt und -abfällen entsprechend der Wiederverwertbarkeit einschließlich des Bereitstellens zum Abtransport sowie im Reinigen von Baumaschinen und Bauwerkzeugen durch Beseitigen von Rückständen mittels einfacher mechanischer Methoden, wie Abkratzen, Abspachteln und dergleichen und nachfolgendem Abspritzen mit Wasser, unter Verwendung ausschließlich eigener Arbeitsgeräte oder
b) Bauwerksabdichter (Abdichter gegen Feuchtigkeit, Druckwasser und Zugluft, Schwarzdecker) oder
c) Statisch nicht belangreiche Demontage und Entfernung von dauerhaft mit dem Mauerwerk verbundenen Gegenständen wie etwa Fliesen, Türstöcken, Fensterstöcken, Fußböden sowie von Gipskartonwänden sowie von fest verschraubten Gegenständen, wie etwa Sanitäranlagen, zur Vorbereitung des Abrisses des Gebäudes oder
d) Verspachteln von bereits montierten Gipskartonplatten oder
e) Verschließen von Bauwerksfugen

berechtigt sind und diese Gewerbe mindestens sechs Monate ausgeübt haben, dürfen diese Tätigkeiten aufgrund der bisherigen Rechtslage weiterhin ausüben. Die in lit. a genannte Berechtigung schließt die Grund- oder Bauschlussreinigung nicht ein und die in lit. c genannte Berechtigung darf nur mit der Maßgabe ausgeübt werden, dass vor Ausführung der Tätigkeiten eine

Begutachtung und Beurteilung durch einen befugten Baumeister oder Baugewerbetreibenden, eingeschränkt auf Erdbau, zur Vorbereitung des Abrisses des Gebäudes durch befugte Baumeister oder Baugewerbetreibende, eingeschränkt auf Erdbau, erfolgt ist und außerdem vor der Ausführung von den dazu befugten Gewerbetreibenden sämtliche Öl-, Dampf-, Strom-, Gas- und Wasserleitungen und Rohre ordnungsgemäß nach den jeweils geltenden Vorschriften und Richtlinien von den Versorgungsnetzen getrennt und für den Abbruch vorbereitet wurden, sowie entsprechende schriftliche Bestätigungen ausgestellt wurden, die während der Ausführung am Ausführungsort und danach für die Dauer eines Jahres ab Beendigung der Ausführung am Standort zur jederzeitigen Einsichtnahme durch die Behörde bereit zu halten sind.

27a. entfällt.

28. (Zu § 113 Abs. 2:)

(1) Gewerbetreibende, die zur Ausübung von bis zum Inkrafttreten der Gewerbeordnung 1973 erteilten, nicht auf bestimmte Kehrgebiete gemäß § 106 Abs. 2 erster Satz eingeschränkten Konzessionen zum Betrieb des Rauchfangkehrergewerbes berechtigt sind, dürfen Kehrarbeiten nur in den Kehrgebieten verrichten, in denen sie ihren Standort haben.

(2) Die im Abs. 1 genannten Gewerbetreibenden, die – abgesehen von den Fällen gemäß § 106 Abs. 2 zweiter Satz – Kehrarbeiten in einem Kehrgebiet verrichten, in dem sie nicht ihren Standort haben, begehen hiedurch eine Verwaltungsübertretung, die mit einer Geldstrafe bis zu 2 180 € zu ahnden ist.

(Zu § 102 und § 104:)

(2a) Gewerbetreibende, die zum Zeitpunkt des Inkrafttretens des Bundesgesetzes BGBl. I Nr. 48/2015 zur Ausübung des Rauchfangkehrergewerbes mit einer Einschränkung auf ein Kehrgebiet berechtigt waren oder Kehrarbeiten nur in den Kehrgebieten verrichten durften, in denen sie ihren Standort haben, dürfen sicherheitsrelevante Tätigkeiten im Sinne des § 120 Abs. 1 zweiter Satz in der Fassung des Bundesgesetzes BGBl. I Nr. 48/2015 für das entsprechende Kehrgebiet im Sinne des § 123 Abs. 2 in der Fassung des Bundesgesetzes BGBl. I Nr. 48/2015 ausüben; die sonstigen Tätigkeiten des Rauchfangkehrergewerbes dürfen ohne Einschränkung auf ein Kehrgebiet ausgeübt werden.

(3) In Personengesellschaften des Handelsrechtes, denen die Konzession für das Rauchfangkehrergewerbe vor dem 1. Jänner 1989 erteilt wurde, dürfen nach diesem Zeitpunkt juristische Personen und Personengesellschaften des Handelsrechtes nicht mehr als persönlich haftende Gesellschafter neu eintreten, widrigenfalls die Gewerbeberechtigung von der Behörde (§ 361 Abs. 1) zu entziehen ist. Für natürliche Personen, die nach dem genannten Zeitpunkt geschäftsführungs- und vertretungsbefugte Gesellschafter einer solchen Personengesellschaft des Handelsrechtes werden, gilt § 102 Abs. 1 Z 2; bei Nichterfüllung dieser Bestimmung ist die Gewerbeberechtigung gemäß § 102 Abs. 3 zu entziehen. Gewerbeberechtigungen von Personengesellschaften des Handelsrechtes im Sinne des ersten Satzes, deren persönlich haftende Gesellschafter nach Ablauf von fünf Jahren ab dem Inkrafttreten des Bundesgesetzes BGBl. Nr. 29/1993 nicht ausschließlich natürliche Personen sind, erlöschen mit Ablauf der genannten Frist.

(4) Bei juristischen Personen, denen vor dem 1. Jänner 1989 die Konzession für das Rauchfangkehrergewerbe erteilt wurde, müssen Personen, die nach diesem Zeitpunkt in das zur gesetzlichen Vertretung berufene Organ der juristischen Person berufen werden, ihren Wohnsitz im Inland haben und österreichische Staatsbürger sein, widrigenfalls die Gewerbeberechtigung durch die Behörde (§ 361 Abs. 1) zu entziehen ist. Gewerbeberechtigungen von juristischen Personen im Sinne des ersten Satzes erlöschen mit Ablauf von fünf Jahren ab dem Inkrafttreten des Bundesgesetzes BGBl. Nr. 29/1993.

(5) Eine Ausübung des Rauchfangkehrergewerbes im Sinne des § 102 Abs. 1 Z 1 und des § 104 liegt auch vor, wenn dem Anmelder ein maßgebender Einfluß auf den Betrieb der Geschäfte einer zur Ausübung des Rauchfangkehrergewerbes berechtigten juristischen Person zusteht.

(6) Die zum Zeitpunkt des Inkrafttretens des Bundesgesetzes BGBl. I Nr. 63/1997 zur Ausübung des Raufangkehrerhandwerks *(Anm.: richtig: Rauchfangkehrerhandwerks)* berechtigten Personengesellschaften des Handelsrechtes müssen ihre Hauptniederlassung im Inland haben. Die geschäftsführungs- und vertretungsbefugten Gesellschafter müssen die österreichische Staatsbürgerschaft besitzen sowie ihren Wohnsitz im Inland haben. Die Gewerbeberechtigung ist von der Behörde (§ 361 Abs. 1) zu entziehen, wenn diese Voraussetzungen nicht mehr zur Gänze erfüllt werden.

(7) Eine Ausübung des Rauchfangkehrerhandwerks im Sinne des § 102 Abs. 1 Z 1 liegt vor, wenn der Anmelder persönlich haftender Gesellschafter einer Personengesellschaft des Handelsrechtes ist, die zur Ausübung des Rauchfangkehrerhandwerks berechtigt ist, oder wenn dem Anmelder sonst ein maßgebender Einfluß auf den Betrieb der Geschäfte einer zur Ausübung des Rauchfangkehrerhandwerks berechtigten Personengesellschaft des Handelsrechtes zusteht.

(8) Abweichend von § 9 Abs. 3 erster Satz muß der Geschäftsführer einer Personengesellschaft des Handelsrechtes persönlich haftender Gesellschafter sein, der nach dem Gesellschaftsvertrag zur Geschäftsführung und zur Vertretung der

Gesellschaft berechtigt ist. Eine Ausübung des Rauchfangkehrerhandwerks im Sinne des § 104 liegt auch vor, wenn auf den Geschäftsführer oder Pächter die Voraussetzungen des Abs. 7 zutreffen.

28a. entfällt.

29. entfällt.

30. (Zu § 166 in der Fassung des Bundesgesetzes BGBl. Nr. 29/1993:)

(1) Eine im Zeitpunkt des Inkrafttretens des Bundesgesetzes BGBl. Nr. 29/1993 bereits erlangte Konzession zur Ausübung einer Teilberechtigung gemäß dem bisher geltenden § 208 Abs. 3 Z 1, 2 oder 3 darf als Gewerbeberechtigung für das entsprechend der bisherigen Teilberechtigung eingeschränkte Reisebürogewerbe weiter ausgeübt werden.

(2) Personen, die im Zeitpunkt des Inkrafttretens des Bundesgesetzes BGBl. Nr. 29/1993 den Nachweis der Befähigung für eine Konzession zur Ausübung einer Teilberechtigung des Reisebürogewerbes gemäß dem bisher geltenden § 208 Abs. 3 Z 1 oder 2 erbracht haben, dürfen Gewerbeanmeldungen auch mit einer Einschränkung erstatten, die einer Teilberechtigung gemäß dem bisher geltenden § 208 Abs. 3 Z 1 oder 2 entspricht.

31. (Zu § 166:)

(1) entfällt.

(2) Gewerbetreibenden, die zur Ausübung der nachstehenden, bis zum Inkrafttreten der Gewerbeordnung 1973 erteilten Konzessionen gemäß der Reisebüroverordnung 1935, BGBl. Nr. 148, berechtigt sind, stehen überdies folgende Berechtigungen zu:

a) Inhabern von Konzessionen gemäß § 2 lit. a dieser Verordnung die Vermittlung und Besorgung von Fahrausweisen sowie die Vermittlung von Personenbeförderungen durch Verkehrsunternehmen jeder Art;
b) Inhabern von Konzessionen gemäß § 2 lit. b dieser Verordnung die Vermittlung von Gesellschaftsfahrten;
c) Inhabern von Konzessionen gemäß § 2 lit. d dieser Verordnung die Vermittlung und die Besorgung von Unterkunft oder Verpflegung für Reisende und die Führung eines Fremdenzimmernachweises.

(3) entfällt.

32. entfällt.

32a. (Elektrotechniker:)

Im Zeitpunkt des Inkrafttretens des Bundesgesetzes BGBl. Nr. 29/1993 erlangte Konzessionen für die Ausübung des Gewerbes der Elektroinstallation der Unterstufe gelten als Bewilligungen für die Ausübung des Gewerbes der Elektrotechniker gemäß § 127 Z 9.

33. entfällt.

33a. entfällt.

34. (Schädlingsbekämpfung)

Bis zur Erlassung bundesgesetzlicher Regelungen, die eine Zulassung der Verwendung von Schädlingsbekämpfungsmitteln vorsehen, ist die Verwendung von Schwefelkohlenstoff, Tetrachloräthan und Trichloräthylen zur Raumdurchgasung verboten.

34a. entfällt.

34b. entfällt.

34c. (Ausgleichsvermittler:)

(1) Gewerbetreibende, die im Zeitpunkt des Inkrafttretens des Bundesgesetzes BGBl. Nr. 29/1993 zur Ausübung des Gewerbes der Ausgleichsvermittler berechtigt sind, dürfen das genannte Gewerbe nach Maßgabe der Abs. 2 bis 7 weiter ausüben. Neue Berechtigungen dürfen nicht mehr begründet werden.

(2) Die im Abs. 1 genannten Gewerbetreibenden sind verpflichtet, Bücher zu führen, aus denen der genaue Inhalt der vermittelten außergerichtlichen Ausgleiche und Sanierungsplanabschlüsse (Namen der Schuldner und Gläubiger, Gesamtsumme der Forderungen, Quote, allenfalls einzelnen Gläubigern eingeräumte besondere Vorteile, sofern deren Gewährung überhaupt zulässig ist, Namen der allfälligen Bürgen) und die Höhe der Entlohnung hervorzugehen hat.

(3) Die im Abs. 1 genannten Gewerbetreibenden sind verpflichtet, die im Abs. 2 genannten Bücher durch sieben Jahre aufzubewahren. Die Frist von sieben Jahren läuft vom Schluß jenes Kalenderjahres, in dem die letzte Eintragung vorgenommen wurde.

(4) Im Falle der Endigung der Gewerbeberechtigung sind die im Abs. 2 genannten Bücher an die Bezirksverwaltungsbehörde abzuliefern.

(5) Den im Abs. 1 genannten Gewerbetreibenden ist jegliche Werbung, insbesondere die Werbung für ihre Tätigkeit in Zeitungen, Rundschreiben u. dgl., untersagt. Sie dürfen ohne vorherige ausdrückliche schriftliche Aufforderung Schuldner weder persönlich aufsuchen noch sie durch dritte Personen aufsuchen lassen, um ihnen ihre Vermittlungstätigkeit anzubieten oder ihnen einen außergerichtlichen Ausgleich oder den Abschluss eines Sanierungsplanes im Rahmen eines Sanierungsverfahrens mit Eigenverwaltung (§§ 169 ff. IO) nahezulegen, noch dürfen sie ihnen unaufgefordert auf andere Art ihre Tätigkeit anbieten.

(6) Eine Ausnahme vom Verbot des Abs. 5 besteht nur für die Fälle, in denen den im Abs. 1 genannten Gewerbetreibenden hinsichtlich eines Schuldners nachweislich bekannt ist, dass über das Vermögen des Schuldners die Eröffnung eines Insolvenzverfahrens beantragt wurde oder der Schuldner mehr als drei Gläubigern einen außergerichtlichen Ausgleich angetragen hat.

(7) Die im Abs. 1 genannten Gewerbetreibenden sind zur berufsmäßigen Parteienvertretung in Insolvenzverfahren vor dem Gerichtshof erster Instanz und vor Behörden befugt. Die im Abs. 1

genannten Gewerbetreibenden sind verpflichtet, beim Verkehr mit den Gläubigern der von ihnen vertretenen Schuldner ausdrücklich darauf hinzuweisen, daß sie als Vertreter dieser Schuldner auftreten.

35. entfällt.
36. entfällt.
36a. entfällt.
37. entfällt.
38. entfällt.
39. Wenn Rechtsvorschriften auf die Strafbestimmungen der Gewerbeordnung verweisen, sind für Übertretungen dieser Rechtsvorschriften, sofern keine Übertretung gemäß §§ 366 bis 368 dieses Bundesgesetzes vorliegt, die im § 368 Z 14 vorgesehenen Strafen zu verhängen.
40. entfällt.
41. (Zu § 287 Abs. 3:)

(1) Bis zur Erlassung der im § 287 Abs. 3 vorgesehenen Verordnung, mit der jene Waren bezeichnet werden, die auf Märkten nicht feilgehalten werden dürfen, ist das Feilhalten von Bettfedern, Obstbäumen, Obststräuchern und Reben auf Märkten verboten.

(2) Wer das Verbot gemäß Abs. 1 übertritt, begeht eine Verwaltungsübertretung, die mit einer Geldstrafe bis zu 1 450 € zu ahnden ist.

42. (Prüfungen:)

Die im Zeitpunkt des In-Kraft-Tretens des Bundesgesetzes BGBl. I Nr. 111/2002 vom Landeshauptmann anberaumten Prüfungen sind bis zum Abschluss der laufenden Prüfungsverfahren und der daraus hervorgehenden Wiederholungsprüfungen vom Landeshauptmann organisatorisch abzuwickeln. Die auf Grund der bisherigen Vorschriften gebildeten Prüfungskommissionen bleiben noch acht Monate lang ab dem genannten Zeitpunkt im Amt. Erfordert die Bildung einer Prüfungskommission die Einsetzung zusätzlicher Fachleute gemäß § 351 Abs. 2, so bleiben die nach den bisherigen Vorschriften zusammengesetzten Prüfungskommissionen bis zur Erlassung einer Verordnung gemäß § 352a Abs. 2 in Funktion.

43. entfällt.
44.

(1) Den zur Ausübung des Mechanikergewerbes im Zeitpunkt des Inkrafttretens der Gewerbeordnung 1973 berechtigten Gewerbetreibenden stehen weiterhin die Befugnisse gemäß § 1b Abs. 4 der Gewerbeordnung in der im Zeitpunkt des Inkrafttretens der Gewerbeordnung 1973 geltenden Fassung zu.

(2) Den Getreidemüllern (§ 124 Z 9) steht weiterhin die Befugnis gemäß § 1b Abs. 5 der Gewerbeordnung in der bis zum Inkrafttreten der Gewerbeordnung 1973 geltenden Fassung zu.

45. entfällt.

(Anm.: Z 46 aufgehoben durch VfGH, BGBl. I Nr. 9/2000)

47.

(1) Bis zur Neuregelung der einschlägigen Bestimmungen bleiben die §§ 72, 73 und 76 bis 78e, 82 bis 84, 86, 88 und 90 bis 92 der Gewerbeordnung in der bis zum Inkrafttreten der Gewerbeordnung 1973 geltenden Fassung aufrecht.

(2) Bis zur Neuregelung der einschlägigen Bestimmungen begeht eine Verwaltungsübertretung, wer den Bestimmungen

a) der §§ 78 bis 78b, 88 oder 90 der Gewerbeordnung in der bis zum Inkrafttreten der Gewerbeordnung 1973 geltenden Fassung,
b) entfällt.
c) entfällt.
d) entfällt.

zuwiderhandelt.

(3) Eine Verwaltungsübertretung gemäß Abs. 2 ist mit einer Geldstrafe bis zu 2 180 € zu ahnden.

(4) Auf die gemäß Abs. 3 verhängten Geldstrafen ist § 372 Abs. 1 nicht anzuwenden.

48. (Übergangsregelungen für bereits genehmigte Schieß- und Sprengmittelanlagen):

(1) Am Tag des In-Kraft-Tretens des Bundesgesetzes BGBl. I Nr. 15/2006 nach dem Schieß- und Sprengmittelgesetz bereits genehmigte im § 2 Z 16 genannte Anlagen zur Erzeugung und Verarbeitung von Schieß- und Sprengmitteln oder Anlagen zur Lagerung von Schieß- und Sprengmitteln gelten als nach diesem Bundesgesetz genehmigt.

(2) Bedingungen, Beschränkungen und Anordnungen in einer nach dem Schieß- und Sprengmittelgesetz erteilten Genehmigung im Sinne des Abs. 1 bleiben aufrecht. Dies gilt insbesondere auch hinsichtlich des in einer solchen Genehmigung festgelegten Gefährdungsbereiches (des Raumes um eine Schieß- und Sprengmittelanlage, der im Falle eines Zündschlages noch gefährdet ist). Hinsichtlich des Gefährdungsbereiches gilt Folgendes:

a) In dem Raum um eine Anlage, in dem bei einem Zündschlag schwere Schäden mit Sicherheit zu erwarten sind (engerer Gefährdungsbereich), ist die Errichtung von Anlagen und Baulichkeiten jeder Art verboten, die nicht zur Schieß- und Sprengmittelanlage gehören. Die Herstellung von unter die Erde verlegten Kanal-, Wasserleitungs-, Gasleitungs- und elektrischen Anlagen ist, auch wenn diese Anlagen nicht zur Schieß- und Sprengmittelanlage gehören, unter den von der Behörde zu stellenden Bedingungen unter der Voraussetzung zulässig, dass die Schieß- und Sprengmittelanlage durch die Errichtung, den Bestand oder Betrieb solcher Anlagen nicht gefährdet wird.

b) Die Errichtung von Anlagen oder Baulichkeiten in dem Raum um eine Anlage, in dem bei einem Zündschlag nicht jede schädigende Wirkung ausgeschlossen erscheint (weiterer Gefährdungsbereich), ist nur zulässig, wenn neben den nach sonstigen Vorschriften erforderlichen Bewilligungen auch die zur Genehmigung der Schieß- und Sprengmittelanlage zuständige Behörde auf Ansuchen des Bauwerbers mit Bescheid die Zustimmung erteilt hat.

(3) Auf Verfahren zur Änderung einer Anlage gemäß Abs. 1 sind die Bestimmungen dieses Bundesgesetzes mit der Maßgabe anzuwenden, dass der Gefährdungsbereich in die Beurteilung der Gefahren im Falle eines Zündschlages weiterhin einzubeziehen ist. Anlagenänderungen dürfen nur dann genehmigt werden, wenn die Gefährdung im Falle eines Zündschlages nicht über den bestehenden Gefährdungsbereich hinausgeht. Wird durch die Änderungsgenehmigung sichergestellt, dass die Gefahr im Falle eines Zündschlages nicht mehr für den gesamten Gefährdungsbereich besteht, so ist dieser nach dem Stand der Technik (§ 71a) einzuschränken.

(4) In Genehmigungen im Sinne des Abs. 1 und 2 festgelegte Entschädigungsbeträge sind so lange zu zahlen, als der im Genehmigungsbescheid genannte Grund für die Festlegung des Entschädigungsbetrages weiter besteht.

(5) Wird eine Anlage gemäß Abs. 1 aufgelassen, so hat die Behörde die Löschung allenfalls auf Grund des Schieß- und Sprengmittelgesetzes in der Fassung vor In-Kraft-Treten des Bundesgesetzes, BGBl. I Nr. 15/2006, vorgenommener grundbücherlicher Ersichtlichmachungen zu veranlassen. Entsprechende Veranlassungen hat die Behörde auch im Falle der Einschränkung des Gefährdungsbereiches im Sinne des Abs. 3 zu treffen.

(Anm.: Abs. 6 aufgehoben durch BGBl. I Nr. 125/2013)

49. (Pyrotechnikunternehmen:)

Gewerbetreibende, die im Zeitpunkt des Inkrafttretens des Bundesgesetzes BGBl. I Nr. 121/2009 zur Erzeugung sowie zum Handel mit Zündmitteln und sonstigen Sprengmitteln, die nicht dem Schieß- und Sprengmittelgesetz, BGBl. Nr. 196/1935, unterlagen, berechtigt sind, dürfen diese Tätigkeiten nach den bisherigen Vorschriften weiter ausüben.

50. Auf am Tag des Inkrafttretens des Bundesgesetzes BGBl. I Nr. 66/2010 nach diesem Bundesgesetz bereits genehmigte Gastgärten ist § 76a Abs. 4 und Abs. 5 mit der Maßgabe anzuwenden, dass durch die Untersagung des Betriebes oder die Schließung des Gastgartens nicht in den Umfang der bereits bestehenden Genehmigung eingegriffen wird.

51. Auf der Grundlage des § 112 Abs. 3 GewO 1994 in der Fassung vor dem Bundesgesetz BGBl. I Nr. 66/2010 erlassene Verordnungen gelten als Verordnungen nach § 76a Abs. 9; für Änderungen oder Aufhebungen solcher Verordnungen ist § 76a Abs. 9 maßgeblich.

52. Im Zeitpunkt des Inkrafttretens des Bundesgesetzes BGBl. I Nr. 111/2010 bestehende integrierte Betriebe dürfen nach den bis dahin geltenden Vorschriften weiter geführt werden. § 17 Abs. 1 letzter Satz, § 37 und § 367 Z 3 GewO 1994 in der Fassung vor der Novelle BGBl. I Nr. 111/2010 sind für diese Betriebe weiter anzuwenden. Die Daten über die bestehenden Betriebsstätten integrierter Betriebe, die befähigten Arbeitnehmer dieser Betriebe und die Endigung des Rechtes zur Führung eines integrierten Betriebes sind im GISA weiter zu führen.

53. Ein Bescheid über die Erteilung der Nachsicht vom vorgeschriebenen Befähigungsnachweis gilt als Feststellungsbescheid gemäß § 19.

54. § 79c und § 335 in der Fassung des Bundesgesetzes BGBl. I Nr. 85/2013 sind auf im Zeitpunkt des Inkrafttretens des Bundesgesetzes BGBl. I Nr. 85/2013 noch nicht abgeschlossene Verfahren nicht anzuwenden. § 78 Abs. 2, § 81 Abs. 2 Z 1, § 356 Abs. 3 erster Teilsatz, § 359 Abs. 5 und § 360 Abs. 1 insoweit, als eine Aufforderung wegen eines einschlägigen und anhängigen Verfahrens gemäß § 78 Abs. 2 nicht zu ergehen hat, in der Fassung des Bundesgesetzes BGBl. I Nr. 85/2012 sind auf im Zeitpunkt des Inkrafttretens des Bundesgesetzes BGBl. I Nr. 85/2013 noch nicht abgeschlossene Verfahren weiter anzuwenden.

55. (Übergangsregelungen für bestehende IPPC-Anlagen)

(1) Der **Anlage 3** zur Gewerbeordnung 1994 in der Fassung vor Inkrafttreten des Bundesgesetzes BGBl. I Nr. 125/2013 unterliegende IPPC-Anlagen, die vor Ablauf des 7. Jänner 2013 rechtskräftig genehmigt worden sind oder für die am 7. Jänner 2013 ein Genehmigungsverfahren anhängig war und die spätestens am 7. Jänner 2014 in Betrieb genommen wurden, sind im Rahmen der dem 7. Jänner 2014 folgenden nächsten Anpassung der IPPC-Anlage im Sinne des § 81b erforderlichenfalls an den in den BVT-Schlussfolgerungen enthaltenen Stand der Technik anzupassen.

(2) Nicht von der **Anlage 3** zur Gewerbeordnung 1994 in der Fassung vor Inkrafttreten des Bundesgesetzes BGBl. I Nr. 125/2013 erfasste am 7. Jänner 2013 bereits genehmigte IPPC-Anlagen sind im Rahmen der dem 7. Juli 2015 folgenden nächsten Anpassung der IPPC-Anlage im Sinne des § 81b erforderlichenfalls an den in den BVT-Schlussfolgerungen enthaltenen Stand der Technik anzupassen.

(3) Werden in einer IPPC-Anlage im Sinne des Abs. 1 relevante gefährliche Stoffe (§ 71b Z 6) verwendet, erzeugt oder freigesetzt, hat der Anlageninhaber mit Blick auf eine mögliche Verschmutzung des Bodens und des Grundwassers auf dem IPPC-Anlagengelände mit der dem 7. Jänner 2014 folgenden nächsten Anpassung der IPPC-Anlage im Sinne des § 81b einen Bericht über den Ausgangszustand zu erstellen und diesen der Behörde vorzulegen.

(4) Werden in einer IPPC-Anlage im Sinne des Abs. 2 relevante gefährliche Stoffe (§ 71b Z 6) verwendet, erzeugt oder freigesetzt, hat der Anlageninhaber mit Blick auf eine mögliche Verschmutzung des Bodens und des Grundwassers auf dem IPPC-Anlagengelände einen Bericht über den Ausgangszustand zu erstellen und diesen der Behörde mit der dem 7. Juli 2015 folgenden nächsten Anpassung der IPPC-Anlage im Sinne des § 81b vorzulegen.

56. Hinsichtlich zum Zeitpunkt des Inkrafttretens des Bundesgesetzes BGBl. I Nr. 125/2013 bereits veröffentlichter BVT-Schlussfolgerungen beginnt die Jahresfrist im Sinne des § 81b Abs. 1 erster Satz mit dem Tag des Inkrafttretens des Bundesgesetzes BGBl. I Nr. 125/2013 zu laufen.

57. § 82b und § 367 Z 25a in der Fassung des Bundesgesetzes BGBl. I Nr. 125/2013 sind auf Prüfbescheinigungen, die vor dem Inkrafttreten des Bundesgesetzes BGBl. I Nr. 125/2013 erstellt wurden, nicht anzuwenden; für diese Prüfbescheinigungen gilt die bis zum Inkrafttreten des Bundesgesetzes BGBl. I Nr. 125/2013 geltende Rechtslage.

58. § 356b Abs. 1 Z 6 in der Fassung des Bundesgesetzes BGBl. I Nr. 125/2013 ist auf im Zeitpunkt des Inkrafttretens des Bundesgesetzes BGBl. I Nr. 125/2013 noch nicht abgeschlossene Verfahren nicht anzuwenden.“

59.

(1) Gewerbetreibende, die am Tag vor dem Inkrafttreten des Bundesgesetzes BGBl. I Nr. 81/2015 das Gewerbe der Personenbetreuung ausgeübt haben, sind bis zum Ablauf des 31. Dezember 2016 berechtigt, Tätigkeiten der Organisation von Personenbetreuung (§ 161) auszuüben.

(2) Die in Abs. 1 genannten Gewerbetreibenden dürfen Tätigkeiten der Organisation von Personenbetreuung (§ 161) auch nach dem Ablauf des 31. Dezember 2016 ausüben, wenn sie der Behörde bis spätestens 31. Dezember 2016 angezeigt haben, dass sie Tätigkeiten der Organisation von Personenbetreuung ausüben. Die Behörde hat die sich aus der Anzeige ergebende Eintragung in das GISA vorzunehmen und den Erstatter der Anzeige von der Eintragung zu verständigen.

60. Die Verordnung des Bundesministers für wirtschaftliche Angelegenheiten, mit der Arten von Betriebsanlagen bezeichnet werden, die dem vereinfachten Genehmigungsverfahren zu unterziehen sind, BGBl. Nr. 850/1994 in der Fassung der Verordnung BGBl. II Nr. 19/1999, gilt als auf der Grundlage des § 359b Abs. 5 in der Fassung des Bundesgesetzes BGBl. I Nr. 96/2017 erlassene Verordnung.

61. Die Verordnung des Bundesministers für wirtschaftliche Angelegenheiten, mit der jene Arten von Betriebsanlagen bezeichnet werden, die keinesfalls dem vereinfachten Genehmigungsverfahren zu unterziehen sind, BGBl. II Nr. 265/1998, gilt als auf Grundlage des § 359b Abs. 6 in der Fassung des Bundesgesetzes BGBl. I Nr. 96/2017 erlassene Verordnung.

62. Die 1. Teilgewerbe-Verordnung, BGBl. II Nr. 11/1998, tritt mit folgenden Maßgaben außer Kraft:

a) Ab dem in § 382 Abs. 85 bestimmten Zeitpunkt ist durch die in § 8 Abs. 3 in Verbindung mit § 9 1. Teilgewerbe-Verordnung genannten Belege die fachliche Qualifikation zum Antritt des Gewerbes Baugewerbetreibender, eingeschränkt auf Erdbau, als erfüllt anzusehen.

b) Ab dem in § 382 Abs. 85 bestimmten Zeitpunkt ist durch die in § 5 der 1. Teilgewerbe-Verordnung genannten Belege die fachliche Qualifikation zum Antritt des Gewerbes Baugewerbetreibender, eingeschränkt auf Betonbohren und -schneiden, als erfüllt anzusehen.

63. Gemäß § 21 Abs. 4 und § 22 Abs. 1 erlassene Meisterprüfungsordnungen und Befähigungsprüfungsordnungen, die am Tag vor dem Inkrafttreten des Bundesgesetzes BGBl. I Nr. 94/2017 in Kraft sind, gelten solange als gemäß § 24 in der Fassung des Bundesgesetzes BGBl. I Nr. 94/2017 erlassene Verordnungen weiter, bis entsprechende Verordnungen gemäß § 24 in der Fassung des Bundesgesetzes BGBl. I Nr. 94/2017 in Kraft getreten sind.

64. Die Allgemeine Prüfungsordnung, BGBl. II Nr. 110/2004, gilt als auf Grundlage des § 352a Abs. 1 in der Fassung des Bundesgesetzes BGBl. I Nr. 94/2017 erlassene Verordnung, bis eine Änderung oder Neuregelung auf Grund dieser Bestimmung erfolgt.

65. Die Gütesiegelverordnung, BGBl. II Nr. 313/2009, gilt als auf Grundlage des § 21 Abs. 4 in der Fassung des Bundesgesetzes BGBl. I Nr. 94/2017 erlassene Verordnung, bis eine Änderung oder Neuregelung auf Grund dieser Bestimmung erfolgt.

66. Die Unternehmerprüfungsordnung, BGBl. Nr. 453/1993, zuletzt geändert durch die Verordnung BGBl. II Nr. 114/2004, gilt als auf Grundlage des § 25 Abs. 2 in der Fassung des

Bundesgesetzes BGBl. I Nr. 94/2017 erlassene Verordnung, bis eine Änderung oder Neuregelung auf Grund dieser Bestimmung erfolgt.

67. Prüfungskommissionen, die am Tag vor dem Inkrafttreten des Bundesgesetzes BGBl. I Nr. 94/2017 auf Grund der GewO 1994 bestellt sind, können bis zum Auslaufen ihrer Bestellungsperiode oder bis zur Beendigung ihrer Bestellung aus anderen Gründen als des Auslaufens ihrer Bestellungsperiode, jedoch längstens bis zum 31. Dezember 2021, weiterhin für die Prüftätigkeit, für die sie bestellt wurden, herangezogen werden.

68. Die nachstehenden Rechtsvorschriften treten außer Kraft:

a. Arbeitsvermittlungs-Verordnung, BGBl. II Nr. 26/2003;

b. Verordnung der Wirtschaftskammer Österreich über die Befähigungsprüfung für das reglementierte Gewerbe der Arbeitsvermittlung (Arbeitsvermittlungs-Befähigungsprüfungsordnung);

c. Kosmetikartikelerzeuger-Verordnung, BGBl. II Nr. 42/2003, zuletzt geändert durch die Verordnung BGBl. II Nr. 275/2014.

69. Die Verordnung des Bundesministers für Wissenschaft, Forschung und Wirtschaft über erhöhte Risiken der Geldwäsche oder Terrorismusfinanzierung nach der Gewerbeordnung 1994 (2. GTV-GewO 2015), BGBl. II Nr. 399/2015 tritt ab dem in § 382 Abs. 91 bestimmten Zeitpunkt außer Kraft.

70. Für Anlageninhaber, deren Betrieb gemäß den §§ 16a und 16b UMG aus dem Register gemäß § 15 UMG gestrichen wurde, beginnt die Frist für die wiederkehrende Prüfung gemäß § 82b ein Jahr nach Streichung der Eintragung aus dem Register zu laufen.

71. Personen, die vor dem Inkrafttreten des Bundesgesetzes BGBl. I Nr. 65/2020 eine Meisterprüfung erfolgreich abgelegt haben, dürfen von den Rechten gemäß § 21 Abs. 5 Gebrauch zu machen. Dieses Recht haben auch Personen, welche eine Meisterprüfung betreffend ein Gewerbe abgelegt haben, welches nach Ablegen der Meisterprüfung die Bezeichnung als Handwerk verloren hat.

Realgewerbe und Dominikalgewerbe

§ 377. (1) entfällt.

(2) entfällt.

(3) entfällt.

(4) entfällt.

(5) entfällt.

(6) entfällt.

(7) entfällt.

(8) Inhaber einer Gewerbeberechtigung gemäß Abs. 1 und 3 in der Fassung der Gewerbeordnung 1973, BGBl. Nr. 50/1974, dürfen das Gewerbe nur ausüben, wenn sie den erforderlichen Befähigungsnachweis erbringen; ansonsten haben sie einen Geschäftsführer (§ 39) zu bestellen.

(9) entfällt.

(10) Wer ein Gewerbe gemäß Abs. 1 und 3 in der Fassung der Gewerbeordnung 1973, BGBl. Nr. 50/1974, ausübt, ohne selbst oder durch einen von ihm bestellten Geschäftsführer den erforderlichen Befähigungsnachweis zu erbringen, begeht eine Verwaltungsübertretung, die mit einer Geldstrafe bis zu 2 180 € zu ahnden ist.

Verlagsindustrielle Unternehmungen

§ 378. Verlagsindustrielle Unternehmungen der Stickerei-, Spitzen-, Gardinen-, Posamenten-, Kunstblumen-, Schmuckfedern- und Zwirnknopferzeugung und der Konfektion von Textilwaren, die im Zeitpunkt des Inkrafttretens der Gewerberechtsnovelle 1952, BGBl. Nr. 179, auf Grund einer entsprechenden Gewerbeberechtigung betrieben worden sind, dürfen – abgesehen von den ihren Inhabern auf Grund der bisherigen Gewerbeberechtigung weiterhin zustehenden Befugnissen – auch von deren Rechtsnachfolgern hinsichtlich des Unternehmens ungeachtet etwaiger einer solchen Gewerbeberechtigung entgegenstehender gewerberechtlicher Bestimmungen auf Grund einer der bisherigen gleichen Gewerbeberechtigung fortbetrieben werden. Dies gilt sinngemäß auch für den Inhaber im Falle der Verlegung des Betriebes (§ 49 Abs. 1).

Anhängige Verfahren

§ 379. (1) Im Zeitpunkt des Inkrafttretens des Bundesgesetzes BGBl. I Nr. 42/2008 anhängige Verfahren betreffend Betriebsanlagen sind nach den bisherigen Vorschriften zu Ende zu führen.

(2) Im Zeitpunkt des Inkrafttretens des Bundesgesetzes BGBl. I Nr. 85/2012 anhängige Verfahren gemäß § 18 Abs. 6 GewO 1994 sind nach den bisherigen Vorschriften zu Ende zu führen.

(3) Im Zeitpunkt des Inkrafttretens des Bundesgesetzes BGBl. I Nr. 85/2012 anhängige Entziehungsverfahren, die auf Sachverhalten beruhen, die nach der neuen Rechtslage einen Endigungstatbestand gemäß § 85 Z 2 bilden, sind nach den bisherigen Vorschriften zu Ende zu führen.

(4) Im Zeitpunkt des Inkrafttretens des Bundesgesetzes BGBl. I Nr. 85/2012 anhängige Verfahren gemäß den §§ 373c, 373d und 373e sind nach den bisherigen Vorschriften zu Ende zu führen.

(5) § 356 Abs. 1, § 356a Abs. 1 und§ 359b Abs. 1 in der Fassung des BGBl. I Nr. 85/2012 sind auf im Zeitpunkt des Inkrafttretens des Bundesgesetzes BGBl. I Nr. 85/2012 noch nicht abgeschlossene Verfahren nicht anzuwenden.

(6) Im Zeitpunkt des gemäß § 382 Abs. 79 bestimmten Inkrafttretens des Bundesgesetzes BGBl. I Nr. 155/2015 anhängige Verfahren gemäß den §§ 373a, 373c, 373d und 373e sind nach den bisherigen Vorschriften zu Ende zu führen.

(7) Im Zeitpunkt des gemäß § 382 Abs. 85 bestimmten Inkrafttretens des Bundesgesetzes BGBl. I Nr. 94/2017 anhängige Verfahren betreffend die Anmeldung von in § 94 Z 1, 12, 17, 44, 53, 57, und 60 in der Fassung des Bundesgesetzes BGBl. I Nr. 82/2016 genannten Gewerben und betreffend die Anmeldung von in § 162 Abs. 1 in der Fassung des Bundesgesetzes BGBl. I Nr. 94/2017 genannten Gewerben sind nach den bisherigen Vorschriften zu Ende zu führen.

(8) Im Zeitpunkt des gemäß § 382 Abs. 85 bestimmten Inkrafttretens des Bundesgesetzes BGBl. I Nr. 94/2017 bestehende Berechtigungen zur Ausübung des Teilgewerbes Erdbau gelten ab dem gemäß § 382 Abs. 85 bestimmten Zeitpunkt als Berechtigungen zur Ausübung des reglementierten Gewerbes Baugewerbetreibender, eingeschränkt auf Erdbau.

(9) Im Zeitpunkt des gemäß § 382 Abs. 85 bestimmten Inkrafttretens des Bundesgesetzes BGBl. I Nr. 94/2017 bestehende Berechtigungen zur Ausübung des Teilgewerbes Betonbohren und -schneiden gelten ab dem gemäß § 382 Abs. 85 bestimmten Zeitpunkt als Berechtigungen zur Ausübung des reglementierten Gewerbes Baugewerbetreibender, eingeschränkt auf Betonbohren und -schneiden.

(10) Für Gewerbetreibende, die zur Ausübung des Gewerbes der Baumeister in einem Umfang berechtigt sind, der nicht das Recht zur umfassenden Planung gemäß § 99 Abs. 1 Z 1 beinhaltet, hat die Bezeichnung der Gewerbeberechtigung „Baugewerbetreibender" unter Beifügung der entsprechenden Einschränkung zu lauten. Sofern eine im GISA eingetragene Gewerbezeichnung nicht den Anforderungen des ersten Satzes entspricht, hat die Behörde von Amts wegen die Richtigstellung der Gewerbebezeichnung im GISA vorzunehmen und den Gewerbetreibenden von der Richtigstellung zu verständigen.

(11) Für Gewerbetreibende, die zur Ausübung des Gewerbes der Holzbau-Meister in einem Umfang berechtigt sind, der nicht das Recht zur umfassenden Planung gemäß § 149 Abs. 4 beinhaltet, hat die Bezeichnung der Gewerbeberechtigung „Holzbaugewerbetreibender" unter Beifügung der entsprechenden Einschränkung zu lauten. Sofern eine im GISA eingetragene Gewerbezeichnung nicht den Anforderungen des ersten Satzes entspricht, hat die Behörde von Amts wegen die Richtigstellung der Gewerbebezeichnung im GISA vorzunehmen und den Gewerbetreibenden von der Richtigstellung zu verständigen.

(12) Für Gewerbetreibende, die zur Ausübung des Gewerbes der Steinmetzmeister in einem Umfang berechtigt sind, der nicht das Recht zur Planung gemäß § 133 Abs. 1 Z 1 beinhaltet, hat die Bezeichnung der Gewerbeberechtigung „Steinmetzgewerbetreibender" unter Beifügung der entsprechenden Einschränkung zu lauten. Sofern eine im GISA eingetragene Gewerbezeichnung nicht den Anforderungen des ersten Satzes entspricht, hat die Behörde von Amts wegen die Richtigstellung der Gewerbebezeichnung im GISA vorzunehmen und den Gewerbetreibenden von der Richtigstellung zu verständigen.

Anwendbarkeit der Bestimmungen dieses Bundesgesetzes

§ 380. (1) Soweit in anderen Rechtsvorschriften des Bundes auf die durch die Gewerbeordnung 1973 aufgehobenen Vorschriften verwiesen wird, treten an deren Stelle die entsprechenden Bestimmungen dieses Bundesgesetzes.

(2) Auf Angelegenheiten, die durch ausdrücklich aufrechterhaltene oder durch sonst aufrecht gebliebene gewerberechtliche Vorschriften geregelt sind, sind die Bestimmungen dieses Bundesgesetzes – soweit sie nicht schon unmittelbar gelten – anzuwenden.

2. Vollziehung

§ 381. (1) Mit der Vollziehung dieses Bundesgesetzes ist, sofern Abs. 2 bis 7 nicht anderes bestimmen, der Bundesminister für Wirtschaft und Arbeit, bei Maßnahmen zur Verhinderung der Geldwäsche und der Terrorismusfinanzierung der Bundesminister für Inneres, hinsichtlich der jeweils in Betracht kommenden Bestimmungen betraut, und zwar

1. im Einvernehmen mit dem Bundesminister für Inneres hinsichtlich des § 50 Abs. 3, des § 57 Abs. 2, des § 107 Abs. 3, des § 142 Abs. 6, des § 143 Abs. 1, des § 144 Abs. 5, des § 148 und hinsichtlich jener Bestimmungen, die eine Mitwirkung der Sicherheitsbehörden vorsehen (§ 106 Abs. 5 und 6, § 107 Abs. 5, § 113 Abs. 3 bis 5, § 116 Abs. 6 und 7, § 130 Abs. 9 und 10, § 132 Abs. 1, § 141 Abs. 1 Z 3, § 144 Abs. 4, § 146 Abs. 1 und 2, § 147 Abs. 2, § 154 Abs. 2, § 155 Abs. 3, § 336, § 336a und § 376 Z 20);
2. im Einvernehmen mit dem Bundesminister für soziale Sicherheit und Generationen hinsichtlich des § 18 Abs. 1 und des § 115;
3. im Einvernehmen mit dem Bundesminister für Landesverteidigung hinsichtlich des § 143 Abs. 1, des § 144 Abs. 5, des § 147 Abs. 2 und 3, soweit diese Bestimmungen sich auf militärische Waffen und militärische Munition beziehen;
4. im Einvernehmen mit dem Bundesminister für Land- und Forstwirtschaft, Umwelt und Wasserwirtschaft hinsichtlich des § 2 Abs. 3a, des § 82 Abs. 1 und des § 84h;
5. im Einvernehmen mit dem Bundesminister für Justiz hinsichtlich des § 50 Abs. 3, des § 57 Abs. 2, des § 69 Abs. 2, soweit diese Bestimmung die Mitwirkung dieses Bundesministers vorsieht, des § 73 Abs. 4 sowie des § 127 Abs. 1;

6. im Einvernehmen mit dem Bundesminister für Finanzen hinsichtlich des § 2 Abs. 3a.

(2) Mit der Vollziehung des § 54 Abs. 3 und des § 60 ist der Bundesminister für Justiz betraut.

(3) Mit der Vollziehung des § 79a Abs. 2 ist der Bundesminister für Umwelt, Jugend und Familie betraut.

(4) Mit der Vollziehung des § 376 Z 47 ist der Bundesminister für Arbeit und Soziales im Einvernehmen mit den beteiligten Bundesministern betraut.

(5) Mit der Vollziehung des § § 84n und des § 365a Abs. 5 letzter Satz ist der Bundesminister für Inneres betraut.

(6) Mit der Vollziehung des § 84p zweiter Satz, des § 333a und des § 352 Abs. 13 ist der Bundesminister für Finanzen betraut.

(7) Mit der Vollziehung des § 77a Abs. 7 zweiter Teilsatz, soweit wasserrechtliche Tatbestände mitvollzogen werden, des sowie des § 84p letzter Satz ist jeweils der Bundesminister für Wirtschaft und Arbeit im Einvernehmen mit dem Bundesminister für Land- und Forstwirtschaft, Umwelt und Wasserwirtschaft betraut.

§ 382. (1) § 260 Abs. 1 und 2 in der Fassung des Bundesgesetzes BGBl. Nr. 314/1994 tritt mit 1. Juli 1994 in Kraft. Bis zum Inkrafttreten des § 5 Z 1 lit. c des Bundessozialämtergesetzes (Art. 33 des Arbeitsmarktservice-Begleitgesetzes, BGBl. Nr. 314/1994) obliegen die Aufgaben und Befugnisse der Bundesämter für Soziales und Behindertenwesen den jeweiligen Landesgeschäftsstellen des Arbeitsmarktservice.

(2) § 2 Abs. 1 Z 23, § 22 Abs. 11, soweit das Gewerbe der Arbeitsvermittler betroffen ist, § 69 Abs. 2 Z 5, soweit das Gewerbe der Arbeitsvermittler betroffen ist, § 124 Z 1, § 128, § 129 und § 373 Abs. 1, soweit das Gewerbe der Arbeitsvermittler betroffen ist, jeweils in der Fassung des Bundesgesetzes BGBl. Nr. 314/1994, treten mit 1. Juli 1994 in Kraft.

(3) § 338 Abs. 7 tritt mit 1. Mai 1996 in Kraft.

(4) § 39 Abs. 4 zweiter und dritter Satz treten mit 1. Jänner 1998 in Kraft.

(5) Die §§ 18 Abs. 5 und 22 Abs. 2 in der Fassung des Bundesgesetzes BGBl. I Nr. 30/1998 treten mit 1. Jänner 1998 in Kraft.

(6) § 124 Z 2a und § 134a treten gleichzeitig mit dem Inkrafttreten des Wirtschaftstreuhandberufsgesetzes, BGBl. I Nr. 58/1999, in Kraft.

(6) § 20 Abs. 1, § 71a, § 77 Abs. 1, § 77a, die §§ 81a bis 81d, § 82 Abs. 3a, § 82b Abs. 1 und 5, der Abschnitt 8a betreffend die Beherrschung der Gefahren bei schweren Unfällen (§§ 84a bis 84g einschließlich der Anlage 5 zu diesem Bundesgesetz), der Abschnitt 8b betreffend gemeinschaftsrechtliche Berichtspflichten (§ 84h), § 334 Z 1 und Z 9, § 350 Abs. 4a, § 356 Abs. 1 und 3, § 356a, § 356b Abs. 1 und 6, § 356d, § 358 Abs. 3, § 359 Abs. 1, § 359b Abs. 1 vorletzter und letzter Satz und Abs. 4 Z 1, § 366 Abs. 1 Z 7, § 367 Z 25, 26 und 55 bis 57, § 368 Z 13a bis 13d und Z 14 sowie § 381 Abs. 5 bis 7 und die Anlagen 3 und 4 zu diesem Bundesgesetz in der Fassung des Bundesgesetzes BGBl. I Nr. 88/2000 treten mit dem der Kundmachung des Bundesgesetzes BGBl. I Nr. 88/2000 folgenden Monatsersten in Kraft; gleichzeitig tritt § 82a außer Kraft.

(7) Die §§ 354, 356 Abs. 1 und 3 sowie 356b Abs. 1 und 6 in der Fassung des Bundesgesetzes BGBl. I Nr. 88/2000 sind auf im Zeitpunkt des diesbezüglichen Inkrafttretens des Bundesgesetzes BGBl. I Nr. 88/2000 noch nicht abgeschlossene Verfahren betreffend Betriebsanlagen nicht anzuwenden.

(7a) § 13 Abs. 2, § 173a, § 284e, § 338 Abs. 3, § 366 Abs. 1, § 367, § 368, § 376 Z 3 Abs. 9, § 376 Z 28 Abs. 2, § 376 Z 41 Abs. 2, § 376 Z 47 Abs. 3 und § 377 Abs. 10 in der Fassung des Bundesgesetzes BGBl. I Nr. 136/2001 treten mit 1. Jänner 2002 in Kraft.

(8) Im Zeitpunkt des Inkrafttretens des Bundesgesetzes BGBl. I Nr. 88/2000 bestehende gewerberechtliche Verordnungen, die sich auf den bisher geltenden Stand der Technik berufen, gelten als unter Berufung auf den Stand der Technik gemäß § 71a dieses Bundesgesetzes in der Fassung des Bundesgesetzes BGBl. I Nr. 88/2000 erlassen.

(9) Durch das Bundesgesetz BGBl. I Nr. 88/2000 werden folgende Richtlinien der Europäischen Gemeinschaft für Betriebsanlagen umgesetzt:

1. Richtlinie 96/61/EG des Rates vom 24. September 1996 über die integrierte Vermeidung und Verminderung der Umweltverschmutzung;
2. Richtlinie 96/82/EG des Rates vom 9. Dezember 1996 zur Beherrschung der Gefahren bei schweren Unfällen mit gefährlichen Gütern;
3. Richtlinie 1999/13/EG des Rates über die Begrenzung von Emissionen flüchtiger organischer Verbindungen, die bei bestimmten Tätigkeiten und in bestimmten Anlagen bei der Verwendung organischer Lösungsmittel entstehen.

(9a) Die §§ 128 Abs. 2, 129 und 260 Abs. 1 und 2 in der Fassung des Konjunkturbelebungsgesetzes 2002, BGBl. I Nr. 68, treten mit 1. Juli 2002 in Kraft.

(10) Die §§ 2 Abs. 1 Z 4 lit. h, 74 Abs. 2 und 4, 77a Abs. 5, 79 Abs. 1, 79a Abs. 1, 79b, 80 Abs. 3, 81a Z 2, 81b Abs. 1, 81c Abs. 1, 81d, 84c Abs. 2, 84d Abs. 2 und 3, 84e, 84f Abs. 1, 353 Z 3, 354, 356 Abs. 1, 356a Abs. 1 letzter Satz und Abs. 2, 356b Abs. 1 bis 3 und 6, 358 Abs. 1, 359a und 359b Abs. 1 in der Fassung des Verwaltungsreformgesetzes 2001, BGBl. I Nr. 65/2002, treten mit 1. Juli 2002, jedoch nicht vor dem vierten

der Kundmachung des Verwaltungsreformgesetzes 2001 folgenden Monatsersten in Kraft; gleichzeitig treten die §§ 77a Abs. 6 bis 10, 334 und 335 außer Kraft. Für zu diesem Zeitpunkt noch nicht abgeschlossene Verfahren betreffend Betriebsanlagen verbleibt es bei der bisherigen Rechtslage.

(11) § 2 Abs. 1 Z 4 lit. h, § 2 Abs. 1 Z 7, § 2 Abs. 1 Z 14, § 2 Abs. 1 Z 20, § 2 Abs. 1 Z 23, § 2 Abs. 3 Z 1, § 2 Abs. 3a, § 2 Abs. 4 Z 9, § 2 Abs. 4 Z 10, § 2 Abs. 15, § 3 Abs. 1 Z 1, § 3 Abs. 1 Z 2, § 4 Abs. 1 Z 2, § 5, § 6, § 7 Abs. 5, § 8 Abs. 2 und 3, § 9 Abs. 1 und 2, § 10, § 11 Abs. 6, § 12 Abs. 1, § 13 Abs. 1, 3, 4 und 7, § 14, § 15, § 16 Abs. 1 und 4, § 17 Abs. 1 und 2, §§ 18 bis 22, § 23 Abs. 2 und 3, § 23a Abs. 1 und 3, § 26 Abs. 1 bis 3, § 27, § 28, § 29, § 30 Abs. 2 bis 4, § 31, § 32, § 32a, § 34, §§ 35 und 36, § 37 Abs. 1 bis 5, § 38 Abs. 2, die Überschrift vor § 39, § 39 Abs. 1, 2a und 6, § 40, § 41 Abs. 1, 4 und 5, § 44, § 46, § 47 Abs. 2, § 48, § 49, § 50 Abs. 2 bis 4, § 51 Abs. 1 und 2, § 53 Abs. 3, §§ 55 und 56, § 57 Abs. 1, § 58, § 60, § 61, § 62 Abs. 1, § 63 Abs. 4, § 69 Abs. 2 Z 5, § 70 Abs. 1, § 71 Abs. 5, § 81 Abs. 4 und 5, § 85 Z 6, § 87 Abs. 2, § 88 Abs. 1 und 3, § 91 Abs. 1 und 2, das II. Hauptstück samt Überschrift, § 136a, die §§ 159 bis 285, § 288 Abs. 3, § 333 samt Überschrift, § 334, § 335a, § 336 Abs. 1, § 336a Abs. 1, § 337, § 339 Abs. 1 bis 4, § 340, § 341 samt Überschrift, § 342, § 344, § 345 Abs. 1 bis 4, Abs. 6 bis 9, § 346 Abs. 1 bis 4, § 347 Abs. 1 und 2, § 348 Abs. 1 und 2, § 349 Abs. 1 und 2, §§ 350 bis 352a, § 353 Z 1 lit. c, § 355, § 361 Abs. 1 bis 3, § 363 Abs. 1, § 365a Abs. 1, 2, 4 und 5, § 365b Abs. 1 und 2, § 365e Abs. 1, 3 und 4, § 365g Abs. 2, § 365h, § 367, § 368, § 370, § 372 Abs. 2, § 373a Abs. 1 und § 373b bis 373f, § 373g Abs. 1 und 3, § 373i Abs. 2 und 3, § 375 Abs. 1 und 4, § 376 Z 4 Abs. 1 und 3, § 376 Z 9b, § 376 Z 11 Abs. 3 bis 5, § 376 Z 14b bis 14e, § 376 Z 42, § 379 und § 381 Abs. 1 in der Fassung des Bundesgesetzes BGBl. I Nr. 111/2002 treten mit dem auf die Kundmachung dieses Gesetzes folgenden Monatsersten in Kraft. § 373a Abs. 2 in der Fassung des Bundesgesetzes BGBl. I Nr. 111/2002 tritt gleichzeitig mit dem In-Kraft-Treten des Abkommens zwischen der Europäischen Gemeinschaft und ihren Mitgliedstaaten einerseits und der Schweizerischen Eidgenossenschaft andererseits über die Freizügigkeit in Kraft.

(12) § 81 Abs. 4 und 5 sowie § 353 Z 1 lit. c treten gleichzeitig mit dem AWG 2002 in Kraft.

(13) Die §§ 365m bis 365t und § 367 Z 38 treten mit 15. Juni 2003 in Kraft.

(14) Die §§ 22a samt Überschrift, 32 Abs. 5, 50 Abs. 1 Z 10, Abs. 2 und 4, 57 Abs. 1 erster Satz, 88 Abs. 2, 129 Abs. 1 Z 7 und 8, 137 Abs. 2, 150 Abs. 10 und 15, 154 Abs. 5 und 6, 157 Abs. 1 Z 2 lit. d und § 363 Abs.1 Z 3 und Abs. 4 sowie die Überschrift vor § 363 in der Fassung des Bundesgesetzes BGBl. I Nr. 48/2003 treten gleichzeitig mit dem Öffnungszeitengesetz 2003 in Kraft.

(14) § 2 Abs. 1 Z 10, § 94 Z 9 und § 102 in der Fassung des Bundesgesetzes BGBl. I Nr. 161/2006 treten mit 1. Jänner 2007 in Kraft.

(15) § 70a tritt mit Ablauf des 31. Dezember 2004, jedoch nicht vor dem Ablauf des Tages der Kundmachung des Bundesgesetzes BGBl. I Nr. 118/2004 im Bundesgesetzblatt, außer Kraft.

(15) § 2 Abs. 1 Z 14, § 13 Abs. 4, § 26 Abs. 2, § 32 Abs. 6, § 37 Abs. 4, § 87 Abs. 1 Z 2, 4, und 5, § 87 Abs. 2, § 94 Z 75, § 94 Z 76, §§ 136a bis 138, § 338 Abs. 1 und 8, § 365a Abs. 1 Z 10 bis Z 15, § 365b Abs. 1 Z 7 bis Z 12, § 365c, § 365e Abs. 5, § 365u, § 366 Abs. 1 Z 7 und Z 8 und § 367 Z 33, Z 57 und Z 58 in der Fassung BGBl. I Nr. 131/2004 treten mit 15. Jänner 2005 in Kraft.

§ 376 Z 18 tritt mit Ablauf des Tages der Kundmachung des BGBl. I Nr. 131/2004 in Kraft. § 94 Z 77 tritt mit 15. Jänner 2005 außer Kraft.

(16)
Durch das Bundesgesetz BGBl. I Nr. 131/2004 wird die Richtlinie 2002/92/EG des Europäischen Parlaments und des Rates vom 9. Dezember 2002 über Versicherungsvermittlung umgesetzt.

GewO

(17) § 71a Abs. 1, § 74 Abs. 4 und 7, § 77a Abs. 3 Z 1, § 81 Abs. 3, § 81c, § 82b Abs. 5 Z 1, § 84c Abs. 2, 2a und 2b, 6, 6a, 7, 7a, 9, 10 Z 1 und Abs. 11 sowie § 84d Abs. 4, 5, 5a, 9, § 353 Z 2, § 356 Abs. 1, § 356b Abs. 1 Z 2, Abs. 4 und 5, § 359 Abs. 3 erster Satz, § 366 Abs. 1 Z 3, § 371a, § 381 Abs. 6, Anlage 3, Anlage 5 und Anlage 6 zu diesem Bundesgesetz in der Fassung des Bundesgesetzes BGBl. I Nr. 131/2004 treten mit dem der Kundmachung des Bundesgesetzes BGBl. I Nr. 131/2004 folgenden Monatsersten in Kraft; gleichzeitig tritt § 356d außer Kraft.

(18) Durch das Bundesgesetz BGBl. I Nr. 131/2004 werden folgende Richtlinien der Europäischen Gemeinschaft für Betriebsanlagen umgesetzt:

1. Richtlinie 96/61/EG über die integrierte Vermeidung und Verminderung der Umweltverschmutzung, ABl. Nr. L 257 vom 10.10.1996, S. 26, zuletzt geändert durch die Richtlinie 2003/87/EG, ABl. Nr. L 275 vom 25.10.2003, S. 32;
2. Richtlinie 96/82/EG zur Beherrschung der Gefahren bei schweren Unfällen mit gefährlichen Stoffen, ABl. Nr. L 10 vom 14.1.1997,

S. 13, zuletzt geändert durch die Richtlinie 2003/105/EG, ABl. Nr. L 345 vom 31.12.2003, S. 97.

(19) § 2 Abs. 1 Z 15, § 16 Abs. 3, § 20 Abs. 8, § 21 Abs. 5, § 22 Abs. 2, § 23a, § 50 Abs. 2, § 101 Abs. 2, § 156 Abs. 3, § 345 Abs. 8 Z 2, § 352 Abs. 10, § 352b Abs. 1, § 367 Z 48 und § 381 Abs. 1 Einleitung in der Fassung des Bundesgesetzes BGBl. I Nr. 131/2004 treten am Tag nach der Veröffentlichung im Bundesgesetzblatt in Kraft.

(20) § 2 Abs. 5, Abs. 8 und Abs. 12, § 77a Abs. 1 Z 1, § 356b Abs. 1 letzter Satz, § 359

Abs. 3 und § 359b Abs. 1 Z 2, in der Fassung des Bundesgesetzes BGBl. I Nr. 85/2005, treten mit dem der Kundmachung des Bundesgesetzes BGBl. I Nr. 85/2005 folgenden Monatsersten in Kraft; § 359b Abs. 1 Z 2, in der Fassung des Bundesgesetzes BGBl. I Nr. 85/2005, ist auf im Zeitpunkt seines In-Kraft-Tretens noch nicht abgeschlossene Verfahren betreffend Betriebsanlagen nicht anzuwenden.

(21) § 77a Abs. 1 und Abs. 5, § 81a Z 1, § 81b Abs. 2 und Abs. 4, § 353a, § 356a, § 356b Abs. 7 und die Anlage 3 zu diesem Bundesgesetz, in der Fassung des Bundesgesetzes BGBl. I Nr. 85/2005, treten mit 25. Juni 2005 in Kraft; diese Bestimmungen sind auf nach dem 24. Juni 2005 eingeleitete Verfahren anzuwenden.

(22) § 84c Abs. 2a, § 84c Abs. 8, § 84c Abs. 10 Z 1, § 84d Abs. 2, § 84f und die Anlage 5 zu diesem Bundesgesetz, in der Fassung des Bundesgesetzes BGBl. I Nr. 85/2005, treten mit 1. Juli 2005 in Kraft; gleichzeitig tritt § 84g außer Kraft.

(23) Durch das Bundesgesetz BGBl. I Nr. 85/2005 werden folgende Richtlinien der Europäischen Gemeinschaft für Betriebsanlagen umgesetzt:

1. Richtlinie 96/61/EG über die integrierte Vermeidung und Verminderung der Umweltverschmutzung, ABl. Nr. L 257 vom 10.10.1996 S. 26, geändert durch die Richtlinie 2003/35/EG, ABl. Nr. L 156 vom 25.06.2003 S. 17, die Richtlinie 2003/87/EG, ABl. Nr. L 275 vom 25.10.2003 S. 32 und die Verordnung (EG) Nr. 1882/2003, ABl. Nr. L 284 vom 31.10.2003 S. 1,
2. Richtlinie 96/82/EG zur Beherrschung der Gefahren bei schweren Unfällen mit gefährlichen Stoffen, ABl. Nr. L 10 vom 14.01.1997

S. 13, zuletzt geändert durch die Richtlinie 2003/105/EG, ABl. Nr. L 345 vom 31.12.2003 S. 97.

(24) § 2 Abs. 16, § 355, § 376 Z 48 und die Anlagen 3 und 5 zu diesem Bundesgesetz, in der Fassung des Bundesgesetzes, BGBl. I Nr. 15/2006, treten mit dem der Kundmachung des Bundesgesetzes BGBl. I Nr. 15/2006 folgenden Tag in Kraft.

(25) Durch das Bundesgesetz BGBl. I Nr. 15/2006 werden folgende Richtlinien der Europäischen Gemeinschaft für Betriebsanlagen umgesetzt:

1. Richtlinie 96/61/EG über die integrierte Vermeidung und Verminderung der Umweltverschmutzung, ABl. Nr. L 257 vom 10.10.1996 S. 26, geändert durch die Richtlinie 2003/35/EG, ABl. Nr. L 156 vom 25.06.2003 S. 17, die Richtlinie 2003/87/EG, ABl. Nr. L 275 vom 25.10.2003 S. 32 und die Verordnung (EG) Nr. 1882/2003, ABl. Nr. L 284 vom 31.10.2003 S. 1,
2. Richtlinie 96/82/EG zur Beherrschung der Gefahren bei schweren Unfällen mit gefährlichen Stoffen, ABl. Nr. L 10 vom 14.01.1997

S. 13, zuletzt geändert durch die Richtlinie 2003/105/EG, ABl. Nr. L 345 vom 31.12.2003 S. 97.

(26) § 77 Abs. 3, § 79 Abs. 4, § 81b Abs. 1, die Überschrift 8b im I. Hauptstück, § 84i Abs. 1 und Abs. 3 und die Anlage 3 zu diesem Bundesgesetz, in der Fassung des Bundesgesetzes BGBl. I Nr. 84/2006, treten mit dem der Kundmachung des Bundesgesetzes BGBl. I Nr. 84/2006 folgenden Monatsersten in Kraft.

(27) § 84i Abs. 2, in der Fassung des Bundesgesetzes BGBl. I Nr. 84/2006, tritt mit 1. Jänner 2011 in Kraft.

(28) Durch das Bundesgesetz BGBl. I Nr. 84/2006 wird die Richtlinie 2002/49/EG über die Bewertung und Bekämpfung von Umgebungslärm, ABl. Nr. L 189 vom 18.07.2002 S. 12, umgesetzt.

(29) Die §§ 2 Abs. 1 Z 14, 136a und 138 Abs. 4 in der Fassung des Bundesgesetzes BGBl. I Nr. 60/2007 treten mit 1. November 2007 in Kraft.

(Anm. Abs. 30 wurde nicht vergeben)

(31) § 9 Abs. 1, § 9 Abs. 3, § 9 Abs. 4, § 9 Abs. 5 zweiter Satz, § 9 Abs. 6, § 11 Abs. 2, § 12, § 14 Abs. 2, § 27, § 63, § 64, § 85 Z 2, § 85 Z 4, § 85 Z 5, § 137a, § 91 Abs. 2, § 95 Abs. 1, § 97 Abs. 2 Z 2, § 121 Abs. 1 erster Satz, § 121 Abs. 1 Z 3, § 121 Abs. 4, § 135 Abs. 3 Z 2, § 137a Abs. 1, § 141 Abs. 1 Z 2, § 339 Abs. 3 Z 3, § 345 Abs. 1 und § 376 Z 5a, Z 9a und 9b in der Fassung des Bundesgesetzes BGBl. I Nr. 161/2006 treten mit 1. Jänner 2007 in Kraft. § 10 und § 85 Z 2 treten mit Ablauf des 31. Dezember 2006 außer Kraft.

(32) § 159 und § 160 treten mit 1. Juli 2007 in Kraft.

(33) § 2 Abs. 1 Z 15 und 25 und Abs. 9, § 11 Abs. 4, § 13 Abs. 1, 3, 5 und 7, § 14 Abs. 2 und 3, § 18 Abs. 5 und 6, § 20 Abs. 3, § 21 Abs. 1, § 22 Abs. 3, § 23 Abs. 5, § 37 Abs. 2 und 3, § 39 Abs. 4, § 42 Abs. 1, § 43 Abs. 1, § 44, § 46 Abs. 2 und 4, § 47 Abs. 3, § 53 Abs. 1 Z 2, § 57, § 58 erster Satz, § 63 Abs. 1 zweiter Satz und Abs. 4, § 81 Abs. 3, § 86 Abs. 1, § 87 Abs. 1 Z 4a, Abs. 2 und Abs. 7, § 93 Abs. 2 und 3, § 94 Z 20, 27, 33, 50 und 59, § 103 Z 2, § 106 Abs. 1 Z 2, 3 und 4, § 109 Abs. 2, § 111 Abs. 2 Z 5, § 112 Abs. 2a bis 2c, § 114 samt Überschrift, § 115 samt Überschrift, § 117 Abs. 7 bis 10, § 129 Abs. 6, § 137 Abs. 2a, § 137b Abs. 4, § 137c Abs. 3, § 137d Abs. 1, § 137f Abs. 1 bis 5, § 148, § 150 Abs. 9 und 15, § 151 Abs. 9, § 154 Überschrift und Abs. 7, § 156 samt Überschrift, § 286 Abs. 6, § 289 Abs. 1, § 336 Abs. 1, § 340 Abs. 1, § 345 samt Überschrift, § 350 Abs. 1, § 351 Abs. 2 und 4, § 352 Abs. 6 und 13, § 359b Abs. 5, § 363 Abs. 4, § 365a Abs. 1 Z 12, § 365a Abs. 5 Z 3,

§ 365b Abs. 1 Z 9, § 365z1, § 366 Abs. 1 Z 4, 8 und 9, § 367 Z 2a, 16, 20a und 35, § 367a, § 368, § 369, § 370 Abs.1, 1a und 1b, § 376 Z 9b und 16a, § 379 und § 381 Abs. 1 Einleitung in der Fassung des Bundesgesetzes BGBl. I Nr. 42/2008 treten am Tag nach der Veröffentlichung im Bundesgesetzblatt in Kraft.

(34) Das IV. Hauptstück, Unterabschnitt r) Maßnahmen zur Verhinderung der Geldwäsche und der Terrorismusfinanzierung (§§ 365u bis 365z) in der Fassung des Bundesgesetzes BGBl. I Nr. 42/2008, § 366 Abs. 1 Z 9 und § 367 Z 38 treten am Tag nach der Veröffentlichung im Bundesgesetzblatt in Kraft.

(35) Das VI. Hauptstück EWR-Anpassungsbestimmungen (§§ 373a bis 373h) in der Fassung des Bundesgesetzes BGBl. I Nr. 42/2008 tritt am Tag nach der Veröffentlichung im Bundesgesetzblatt in Kraft.

(36) Durch das Bundesgesetz BGBl. I Nr. 42/2008 werden folgende Richtlinien der Europäischen Gemeinschaft umgesetzt:

1. Richtlinie 2005/36/EG des Europäischen Parlaments und des Rates über die Anerkennung von Berufsqualifikationen, ABl. der Europäischen Gemeinschaften vom 30. September 2005, L 255/22
2. Richtlinie 2005/60/EG des Europäischen Parlaments und des Rates zur Verhinderung der Nutzung des Finanzsystems zum Zweck der Geldwäsche und der Terrorismusfinanzierung, ABl. vom 25. November 2005, L 309/15
3. Richtlinie 2006/70/EG der Kommission vom 1. August 2006 mit Durchführungsbestimmungen für die Richtlinie 2005/60/EG des Europäischen Parlaments und des Rates hinsichtlich der Begriffsbestimmung von „politisch exponierte Personen" und der Festlegung der technischen Kriterien für vereinfachte Sorgfaltspflichten sowie für die Befreiung in Fällen, in denen nur gelegentlich oder in sehr eingeschränktem Umfang Finanzgeschäfte getätigt werden, ABl. vom 1. August 2006,

L 214/29

(37) § 365s Abs. 2a in der Fassung des Bundesgesetzes BGBl. I Nr. 8/2008 tritt mit 1. Jänner 2008 in Kraft.

(37) § 117 Abs. 2, §§ 158 und 367 Z 44 in der Fassung des Bundesgesetzes BGBl. I Nr. 68/2008 treten mit 1. Jänner 2009 in Kraft.

(38) § 2 Abs. 1 Z 21 und Abs. 16, § 94 Z 18, die Überschrift zu § 107, § 107 Abs. 1 sowie § 376 Z 49 in der Fassung des Bundesgesetzes BGBl. I Nr. 121/2009 treten mit 1. Jänner 2010 in Kraft. § 107 Abs. 4 tritt mit Ablauf des 31. Dezember 2009 außer Kraft.

(39) § 87 Abs. 2 in der Fassung des Insolvenzrechtsänderungsgesetzes 2010, BGBl. I Nr. 29/2010, tritt mit 1. Juli 2010 in Kraft.

(40) § 41 Abs. 1 Z 2, § 43, § 65, § 74 Abs. 2 Z 1 und § 351 Abs. 8 Z 3 in der Fassung des Bundesgesetzes BGBl. I Nr. 135/2009 treten mit 1. Jänner 2010 in Kraft.

(41) § 136a Abs. 1 Z 2 lit. b und § 136a Abs. 1a in der Fassung des Bundesgesetzes BGBl. I Nr. 28/2010 treten mit dem der Kundmachung folgenden Tag, frühestens jedoch mit 11. Juni 2010, in Kraft. Mit dem Inkrafttreten des Bundesgesetzes BGBl. I Nr. 28/2010 treten außer Kraft:

1. § 73 Abs. 4 der Gewerbeordnung 1994, BGBl. Nr. 194/1994 in der Fassung BGBl. I Nr. 8/2010,
2. die Verordnung des Bundesministers für wirtschaftliche Angelegenheiten über Verbraucherkreditverträge (Verbraucherkreditverordnung), BGBl. II Nr. 260/1999.

Für Vertragsabschlüsse vor Inkrafttreten des Bundesgesetzes BGBl. I Nr. 28/2010 bleiben die in Z 1 und Z 2 genannten Bestimmungen jedoch weiterhin gültig.

(42) § 76a, § 77 Abs. 3, § 79 Abs. 4, § 84j, § 94 Z 43, § 106 Abs. 5, § 113 Abs. 4 bis 6, § 116 Abs. 6, § 120 Abs. 1 zweiter Satz, § 121 Abs. 1 Z 2 und 3, § 130 Abs. 9, § 144 Abs. 4, § 146 Abs. 1, § 147 Abs. 2 und 3, § 150 Abs. 12, 13, 15 und 19, § 336 Abs. 1, § 336 Abs. 3 und Abs. 4, § 337 Abs. 1, § 351 Abs. 2, § 366 Abs. 1 Z 3a, § 367 Z 24a, § 367 Z 57a, § 373a Abs. 5 Z 2 und § 376 Z 50 und Z 51, in der Fassung des Bundesgesetzes BGBl. I Nr. 66/2010, treten am Tag nach der Veröffentlichung im Bundesgesetzblatt in Kraft; gleichzeitig tritt § 112 Abs. 3 in der Fassung des Bundesgesetzes BGBl. I Nr. 39/2010 außer Kraft.

(43) Durch das Bundesgesetz BGBl. I Nr. 66/2010 wird die Richtlinie 92/57/EWG über die auf zeitlich begrenzte oder ortsveränderliche Baustellen anzuwendenden Mindestvorschriften für die Sicherheit und den Gesundheitsschutz, ABl. L 245 vom 26.08.1992 S. 6, zuletzt geändert durch die Richtlinie 2009/104/EG, ABl. L 260 vom 03.10.2009 S. 5, umgesetzt.

(44) § 13 Abs. 3 Z 1, § 13 Abs. 4, § 26 Abs. 3, § 41 Abs. 1 Z 4, § 41 Abs. 5 erster Satz, § 42 Abs. 2 Z 5, § 44, § 65, § 86 Abs. 3, § 87 Abs. 7, § 376 Z 34c Abs. 2, § 376 Z 34c Abs. 5 und § 376 Z 34c Abs. 6 in der Fassung des Bundesgesetzes BGBl. I Nr. 58/2010 treten mit Ablauf des Tages der Kundmachung dieses Bundesgesetzes, frühestens jedoch mit 1. August 2010 in Kraft.

(45) § 2 Abs. 1 Z 14, § 365n Z 6 und § 365r Abs. 2 Z 4 in der Fassung des Bundesgesetzes BGBl. I Nr. 107/2010 treten mit 30. April 2011 in Kraft.

(46) § 361 Abs. 2, § 365a Abs. 1 erster Satz, § 365a Abs. 1 Z 6 bis 9, § 365a Abs. 5 Z 3 lit. b, § 365b Abs. 1 Z 3, § 365b Abs. 1 Z 5 und § 376

Z 52 und Z 53 in der Fassung des Budgetbegleitgesetzes 2011, BGBl. I Nr. 111/2010, treten mit dem der Kundmachung des genannten Bundesgesetzes folgenden Monatsersten in Kraft; gleichzeitig treten § 17 Abs. 1 letzter Satz, § 37, § 77 Abs. 5 bis 9 und § 367 Z 3, in der Fassung des Bundesgesetzes BGBl. I Nr. 66/2010, außer Kraft.

(47) § 2 Abs. 1 Z 14, § 87 Abs. 1 Z 4b und 4c, § 94 Z 77, § 136a Abs. 3 bis 13, § 136b bis 136d samt Überschrift, § 337 Abs. 2, § 365a Abs. 1 Z 12, § 365b Abs. 1 Z 9 und § 376 Z 1 und 2 treten mit dem der Kundmachung folgenden Tag, frühestens jedoch mit 1. September 2012, in Kraft. § 138 Abs. 4 tritt mit dem der Kundmachung folgenden Tag, frühestens jedoch mit 1. September 2012, außer Kraft.

(48)

Durch das Bundesgesetz BGBl. I Nr. 144/2011 wird die Richtlinie 2009/31/EG über die geologische Speicherung von Kohlendioxid, ABl. L 140 vom 05.06.09 S. 114-135, umgesetzt.

(49) Anlage 3 Z 6.8 in der Fassung des Bundesgesetzes BGBl. I Nr. 144/2011 tritt mit Ablauf des Tages der Kundmachung im Bundesgesetzblatt in Kraft.

(50) § 148a in der Fassung des Bundesgesetzes BGBl. I Nr. 32/2012 tritt mit Ablauf des Tages der Kundmachung im Bundesgesetzblatt in Kraft.

(51) § 338 Abs. 6 in der Fassung des 2. Stabilitätsgesetzes 2012, BGBl. I Nr. 35/2012, tritt mit 1. Juli 2012 in Kraft.

(52) § 106 Abs. 5, § 107 Abs. 5, § 113 Abs. 3, 4 und 5, § 116 Abs. 6, § 130 Abs. 9, § 132 Abs. 1, § 141 Abs. 1 Z 3, § 144 Abs. 4, § 146 Abs. 1, § 147 Abs. 2 und 3, § 336a Abs. 1 und § 365f Abs. 3 in der Fassung des Bundesgesetzes BGBl. I Nr. 50/2012 treten mit 1. September 2012 in Kraft.

(53) § 2 Abs. 1 Z 20, § 3 Abs. 3, § 7 Abs. 5, § 14 Abs. 3 und Abs. 5, § 19, § 21 Abs. 5 erster Satz, § 39 Abs. 1, § 39 Abs. 2a, § 50 Abs. 2, § 51 Abs. 3, § 57 Abs. 5, Abs. 7 und Abs. 7a, § 85 Z 2, § 87 Abs. 1 Z 2, Z 4b und Abs. 1 letzter Satz, § 91 Abs. 2, § 93 Abs. 4, § 94 Z 24, Z 67 und Z 82, § 99 Abs. 2, Abs. 5, Abs. 6 Z 1 und Abs. 7 bis 10, § 128 Abs. 2 Z 1, § 133 Abs. 5, § 134 Abs. 3, § 149 Abs. 1 bis 6, Abs. 8 und die Überschrift, § 150 Abs. 5, § 349 Abs. 6, § 352 Abs. 11, § 352a Abs. 2, § 356a Abs. 1, § 360 Abs. 1a, § 361 Abs. 2, § 363 Abs. 2 und 3, § 366 Abs. 1 Z 9, § 367 Z 20b, § 367 Z 34, § 373a Abs. 1, Abs. 4 und Abs. 5, § 376 Z 13 und Z 15 Abs. 4 und § 379 in der Fassung des Bundesgesetzes BGBl. I Nr. 85/2012 treten ein Monat nach der Veröffentlichung im Bundesgesetzblatt in Kraft; gleichzeitig treten § 18 Abs. 6 in der Fassung des Bundesgesetzes BGBl. I Nr. 50/2012 sowie § 11 Abs. 1 bis 3 der Verordnung des Bundesministers für Wirtschaft, Familie und Jugend über die Umsetzung des Art. 7 der Richtlinie des Rates vom 13. Juni 1990 über Pauschalreisen (90/314/EWG) im österreichischen Recht (Reisebürosicherungsverordnung – RSV), BGBl. II Nr. 316/1999 in der Fassung BGBl. II Nr. 402/2006, außer Kraft.

(54) § 373c Abs. 1, § 373d Abs. 1 und § 373e Abs. 1 und 2 in der Fassung des Bundesgesetzes BGBl. I Nr. 85/2012 treten drei Monate nach der Veröffentlichung im Bundesgesetzblatt in Kraft.

(55) § 356 Abs. 1 und § 359b Abs. 1 in der Fassung des Bundesgesetzes BGBl. I Nr. 85/2012 treten sechs Monate nach der Veröffentlichung im Bundesgesetzblatt in Kraft.

(56) § 108 Abs. 6 letzter Satz und § 373b in der Fassung des Bundesgesetzes BGBl. I Nr. 85/2012 treten am Tag nach der Veröffentlichung im Bundesgesetzblatt in Kraft; gleichzeitig tritt § 108 Abs. 2 außer Kraft.

(57) § 2 Abs. 1 Z 13, § 79c, § 79d, § 81 Abs. 2 Z 1, Z 7 und Z 11, § 81 Abs. 3, § 87 Abs. 1 Z 4d, § 92, § 93 Abs. 5, § 111 Abs. 2 Einleitungssatz, § 111 Abs. 4 Z 4, § 117 Abs. 7, § 345 Abs. 6, § 356 Abs. 3 und 4, § 359 Abs. 5, § 360 Abs. 1, § 376 Z 2, § 376 Z 14b, § 376 Z 16a und § 376 Z 54 in der Fassung des Bundesgesetzes BGBl. I Nr. 85/2013, treten mit Ablauf des Tages ihrer Kundmachung im Bundesgesetzblatt in Kraft; gleichzeitig treten § 78 Abs. 2 und § 348 Abs. 3 in der Fassung des Bundesgesetzes BGBl. I Nr. 85/2012 außer Kraft.

(58) § 99 Abs. 7 bis 9, § 99 Abs. 10 hinsichtlich der Wortfolge „Haftpflichtversicherung gemäß Abs. 7" und § 376 Z 13 in der Fassung des Bundesgesetzes BGBl. I Nr. 85/2013 treten mit Ablauf des Tages ihrer Kundmachung im Bundesgesetzblatt, jedoch frühestens mit 1. August 2013, in Kraft.

(59) § 78 Abs. 1, § 88 Abs. 2, § 99 Abs. 10 hinsichtlich des Wortes „Beschwerden", § 117 Abs. 10, § 125 Abs. 5, § 135 Abs. 6, § 136a Abs. 5 und Abs. 10, § 136b Abs. 3, § 137c Abs. 5, § 335, § 347 Abs. 3, § 348 Abs. 2, § 349 Abs. 4 und 6, § 352 Abs. 3, § 356b Abs. 1, § 359 Abs. 4, § 359c, § 361 Abs. 3, § 363 Abs. 2 und Abs. 3, § 365v Abs. 3 und § 371a in der Fassung des Bundesgesetzes BGBl. I Nr. 85/2013 treten mit 1. Jänner 2014 in Kraft; gleichzeitig tritt § 359a in der Fassung des Bundesgesetzes BGBl. I Nr. 85/2012 außer Kraft.

(60)

Durch das Bundesgesetz BGBl. I Nr. 125/2013 werden

1. die Richtlinie 2010/75/EU über Industrieemissionen (integrierte Vermeidung und Verminderung der Umweltverschmutzung), ABl. Nr. L 334 vom 17.12.2010 S. 17, in der Fassung der Berichtigung ABl. Nr. L 158 vom 19.06.2012 S. 25 und

2. die Richtlinie 2012/18/EU zur Beherrschung der Gefahren schwerer Unfälle mit gefährlichen Stoffen, zur Änderung und anschließenden Aufhebung der Richtlinie 96/82/EG, ABl. Nr. L 197 vom 24.07.2012 S. 1,

umgesetzt.

(61) § 71a Abs. 1, § 71b, § 71c, § 77a, § 77b, § 79c, § 81 Abs. 4, § 81a, § 81b, § 81c, § 81d, § 82 Abs. 1 und Abs. 5, § 82a, § 83a, § 84h, § 353a, § 356a Abs. 1, § 356b Abs. 1 und Abs. 7, § 356d, § 359b Abs. 1, § 367 Z 24b, Z 24c und Z 25a,§ 376 Z 55, Z 56, Z 57 und Z 58 sowie die Anlagen 3, 4 und 6 in der Fassung des Bundesgesetzes BGBl. I Nr. 125/2013 treten mit Ablauf des Tages der Kundmachung im Bundesgesetzblatt in Kraft; gleichzeitig tritt § 376 Z 48 Abs. 6 außer Kraft.

(62) § 82b in der Fassung des Bundesgesetzes BGBl. I Nr. 125/2013 tritt mit 1. Jänner 2015 in Kraft.

(63) § 87 Abs. 1, § 111 Abs. 5, § 112 Abs. 2c und Abs. 3 sowie § 113 Abs. 8 in der Fassung des Bundesgesetzes BGBl. I Nr. 125/2013 treten mit Ablauf des Tages der Kundmachung im Bundesgesetzblatt, frühestens jedoch mit 1. August 2013, in Kraft.

(64) Anlage 5 Teil 1 tritt mit 15. Februar 2014 in Kraft.

(65) § 137g Abs. 2 und § 338 Abs. 8 in der Fassung des Bundesgesetzes BGBl. I Nr. 34/2015 treten mit 1. Jänner 2016 in Kraft.

(66) § 53 Abs. 3, § 63 Abs. 4, § 87 Abs. 7 und 8, § 93 Abs. 2 bis 5, § 99 Abs. 9 und 10, § 117 Abs. 9 und Abs. 10, § 127 Abs. 3, § 136a Abs. 4 bis 6 und Abs. 9 und 10, § 136b Abs. 2 und 3, § 136c, § 137b Abs. 7, § 137c Abs. 3 bis 5, § 137d Abs. 1, § 137f Abs. 1, § 138 Abs. 6, § 288 Abs. 3, § 339 Abs. 4 Z 1, § 340 Abs. 1 und 2, § 345 Abs. 1 und 4, § 347 Abs. 2, § 363 (Überschrift), § 363 Abs. 4 Einleitungssatz, § 363 Abs. 4 Z 1 lit. a und b, die Überschrift vor § 365a, § 365a Abs. 1 bis 4, § 365a Abs. 5 Einleitungssatz, § 365a Abs. 5 Z 3 bis 5, § 365b (samt Überschrift), § 365e Abs. 1, 2 und 4, § 365f (samt Überschrift), § 365g Abs. 1, § 366 Abs. 1 Z 8, § 376 Z 2 Abs. 2, § 376 Z 9a, § 376 Z 16a Abs. 1, § 376 Z 18 Abs. 5 bis 7, § 376 Z 18 Abs. 9 und § 376 Z 52 in der Fassung des Bundesgesetzes BGBl. I Nr. 18/2015 treten mit Ablauf des Tages ihrer Kundmachung im Bundesgesetzblatt, jedoch frühestens mit 27. März 2015, in Kraft; gleichzeitig treten § 365c (samt Überschrift), § 365d (samt Überschrift) und § 376 Z 14e außer Kraft.

(67) § 365a Abs. 5 Z 1 und 2, § 365a Abs. 5 letzter Satz und § 381 Abs. 5 in der Fassung des Bundesgesetzes BGBl. I Nr. 18/2015 treten mit Ablauf des Tages ihrer Kundmachung im Bundesgesetzblatt in Kraft.

(68) Mit dem Inkrafttreten des Bundesgesetzes BGBl. I Nr. 18/2015 gelten Verweise in anderen Bundesgesetzen auf das Gewerberegister als Verweise auf das GISA.

(69) § 51a Abs. 2, § 120 Abs. 1, § 121 Abs. 1, Abs. 1a und Abs. 3, § 122 Abs. 1, § 123 Abs. 1 bis 3, § 125 Überschrift und Abs. 3 bis 6, § 340 Abs. 2 und Abs. 2a, § 373b Abs. 1 und § 376 Z 28 Abs. 2a in der Fassung des Bundesgesetzes BGBl. I Nr. 48/2015 treten mit Ablauf des Tages ihrer Kundmachung im Bundesgesetzblatt, jedoch frühestens mit 30. Juni 2015, in Kraft.

(70) § 57 Abs. 1, § 87 Abs. 1 letzter Satz, § 336 Abs. 1 bis 3, § 356b Abs. 3, § 365a Abs. 5 Schlussteil und § 365f Abs. 3 in der Fassung des Bundesgesetzes BGBl. I Nr. 48/2015 treten mit Ablauf des Tages ihrer Kundmachung im Bundesgesetzblatt in Kraft.

(71) Durch das Bundesgesetz BGBl. I Nr. 81/2015 wird die Richtlinie 2012/18/EU zur Beherrschung der Gefahren schwerer Unfälle mit gefährlichen Stoffen, zur Änderung und anschließenden Aufhebung der Richtlinie 96/82/EG, ABl. Nr. L 197 vom 24.07.2012 S. 1, umgesetzt.

(72) § 2 Abs. 5 und 16, der Abschnitt 8a, § 84p, § 84q, § 84r, § 358 Abs. 3, § 366 Abs. 1 Z 7, § 367 Z 25, § 367 Z 55 bis Z 57, § 381 Abs. 6 und 7 sowie die Anlage 5 in der Fassung des Bundesgesetzes BGBl. I Nr. 81/2015 treten mit Ablauf des Tages der Kundmachung, frühestens jedoch mit 1. Juni 2015 in Kraft.

(73) § 14 Abs. 5 Z 1, § 69 Abs. 1 und 2, § 141 Abs. 1, § 144 Abs. 2, § 159 Abs. 1 Z 6, § 160 Abs. 1, § 161 und § 376 Z 59 in der Fassung des Bundesgesetzes BGBl. I Nr. 81/2015 treten mit Ablauf des Tages der Kundmachung in Kraft; gleichzeitig treten § 14 Abs. 5 letzter Satz und § 141 Abs. 3 außer Kraft.

(74) Verordnungen auf der Grundlage des § 84m in der Fassung des Bundesgesetzes BGBl. I Nr. 81/2015 können bereits vor dem Inkrafttreten des Bundesgesetzes BGBl. I Nr. 81/2015 erlassen werden, sie treten jedoch frühestens zu dem im Abs. 72 genannten Zeitpunkt in Kraft.

(75) Die auf der Grundlage des § 84d Abs. 7 in der Fassung vor dem Inkrafttreten des Bundesgesetzes BGBl. I Nr. 81/2015 erlassene Industrieunfallverordnung – IUV, BGBl. II Nr. 354/2002, in der Fassung der Verordnung BGBl. II Nr. 14/2010, gilt als auf der Grundlage des § 84m in der Fassung des Bundesgesetzes BGBl. I Nr. 81/2015 erlassene Verordnung.

(76) Auf der Grundlage des § 84h in der Fassung vor dem Inkrafttreten des Bundesgesetzes BGBl. I Nr. 81/2015 erlassene Verordnungen gelten als auf der Grundlage des § 84p in der Fassung des Bundesgesetzes BGBl. I Nr. 81/2015 erlassene Verordnungen.

(77)
Durch das Bundesgesetz BGBl. I Nr. 155/2015 werden folgende Richtlinien umgesetzt:

1. Richtlinie 2014/17/EU über Wohnimmobilienkreditverträge für Verbraucher und zur Änderung der Richtlinien 2008/48/EG und 2013/36/EU und der Verordnung (EU) Nr. 1093/2010, ABl. Nr. L 60 vom 28.02.2014 S. 34, zuletzt berichtigt durch ABl. Nr. L 246 vom 23.09.2015 S. 11,
2. die Richtlinie 2013/55/EU zur Änderung der Richtlinie 2005/36/EG über die Anerkennung von Berufsqualifikationen und der Verordnung (EU) Nr. 1024/2012 über die Verwaltungszusammenarbeit mit Hilfe des Binnenmarkt- Informationssystems („IMI-Verordnung"), ABl. Nr. L 354 vom 28.12.2013 S. 132, und
3. die Richtlinie 2012/18/EU zur Beherrschung der Gefahren schwerer Unfälle mit gefährlichen Stoffen, zur Änderung und anschließenden Aufhebung der Richtlinie 96/82/EG, ABl. Nr. L 197 vom 24.07.2012 S. 1.

(78) § 57 Abs. 1, § 57 Abs. 3, § 57 Abs. 6, § 84b Z 9, § 367 Z 57a und die Anlage 5 Teil 2 in der Fassung des Bundesgesetzes BGBl. I Nr. 155/2015 treten mit Ablauf des Tages der Kundmachung in Kraft.

(79) § 373a Abs. 1 und Abs. 4 bis 6, § 373b Abs. 2, § 373c Abs. 1, § 373d, § 373e Abs. 1, § 373f, § 373h, § 373i samt Überschrift, die §§ 373j bis 373l samt Überschriften und § 379 Abs. 6 in der Fassung des Bundesgesetzes BGBl. I Nr. 155/2015 treten mit Ablauf des Tages ihrer Kundmachung, jedoch frühestens mit 18. Jänner 2016 in Kraft.

(80) § 13 Abs. 4, § 93 Abs. 2 und 5, § 94 Z 71, § 136e, § 136f, § 136g, 136h, § 137b Abs. 7, § 137c Abs. 3 und Abs. 5, § 137d Abs. 1, § 138 Abs. 6, § 338 Abs. 8, § 365, § 365a Abs. 1 Z 17 bis 19, § 365b Abs. 1 Z 14 bis 16, § 365e Abs. 5, § 366 Abs. 1 Z 8 und § 376 Z 17a und Z 18 Abs. 5 bis 7 in der Fassung der Bundesgesetzes BGBl. I Nr. 155/2015 treten mit Ablauf von drei Monaten nach ihrer Kundmachung in Kraft; gleichzeitig tritt § 136a Abs. 1a außer Kraft.

(81) § 365s Abs. 2a in der Fassung des Bundesgesetzes BGBl. I Nr. 50/2016 tritt mit 1. Juli 2016 in Kraft.

(82) § 2 Abs. 1 Z 25 tritt mit Ablauf des Tages seiner Kundmachung in Kraft.

(83) Durch das Bundesgesetz BGBl. I Nr. 96/2017 wird die Richtlinie 2009/31/EG über die geologische Speicherung von Kohlendioxid und zur Änderung der Richtlinie 85/337/EWG sowie der Richtlinien 2000/60/EG, 2001/80/EG, 2004/35/EG, 2006/12/EG und 2008/1/EG sowie der Verordnung (EG) Nr. 1013/2006, ABl. Nr. L 140 vom 05.06.2009 S. 114, zuletzt geändert durch die Richtlinie 2011/92/EU über die Umweltverträglichkeitsprüfung bei bestimmten öffentlichen und privaten Projekten, ABl. Nr. L 26 vom 28.01.2012 S. 1., umgesetzt.

(84) § 2 Abs. 3 Z 3 und 4, § 2 Abs. 4 Z 6, § 2 Abs. 13, § 32 Abs. 1, 1a und 2, § 87 Abs. 1 Schlussteil, § 99 Abs. 1 Z 2, § 111 Abs. 4 Z 3 und 3a, § 134 Abs. 1, § 136 Abs. 3, § 149 Abs. 4, § 339 Abs. 4, § 367 Z 10, sowie § 381 Abs. 5 in der Fassung des Bundesgesetzes BGBl. I Nr. 94/2017 treten mit Ablauf des Tages der Kundmachung im Bundesgesetzblatt in Kraft.

(85) § 94 Z 12 und Z 53, § 150 Abs. 2a bis 2c, § 150 Abs. 17, § 151a, § 162, § 373a Abs. 5 Z 2 lit. a und lit. b, § 376 Z 27 und 62 sowie § 379 Abs. 7 bis 9 in der Fassung des Bundesgesetzes BGBl. I Nr. 94/2017 treten drei Monate nach der Kundmachung im Bundesgesetzblatt in Kraft; gleichzeitig treten § 94 Z 1, Z 17, Z 44, Z 57, Z 60 und § 97 außer Kraft.

(86) § 333a in der Fassung des Bundesgesetzes BGBl. I Nr. 94/2017 tritt mit Ablauf des Tages der Kundmachung im Bundesgesetzblatt mit der Maßgabe in Kraft, dass betreffend die Ausstellung von Auszügen aus dem Gewerbeinformationssystem Austria die Befreiung von Stempelgebühren und Verwaltungsabgaben des Bundes frühestens ab 1. Mai 2018 anzuwenden ist.

(87) § 5 Abs. 2, § 38, § 87 Abs. 1 Z 4, § 336 Abs. 1, § 338 Abs. 1, § 365c, § 365e Abs. 4, § 366 Abs. 1 Z 1, Z 9 und Z 10, § 367 Z 8, Z 15, Z 17, Z 18 und Z 54 und § 371b in der Fassung des Bundesgesetzes BGBl. I Nr. 94/2017 treten mit Ablauf des Tages der Kundmachung im Bundesgesetzblatt, jedoch frühestens am 1. Mai 2018, in Kraft; gleichzeitig tritt § 365e Abs. 5 außer Kraft.

(88) Die §§ 20 bis 25, § 337 Abs. 2, die §§ 350 bis 352b, § 367 Z 3 und 4 sowie § 376 Z 63 bis 67 in der Fassung des Bundesgesetzes BGBl. I Nr. 94/2017 treten mit Ablauf des Tages der Kundmachung im Bundesgesetzblatt, jedoch frühestens am 1. Jänner 2018 in Kraft.

(89) § 52 Abs. 1, § 71b Z 10 und 11, § 74 Abs. 1, § 77a Abs. 7 bis 9, § 81 Abs. 3, § 84l Abs. 5, § 113 Abs. 5, § 345 Abs. 6, § 353 Z 2, § 353b, § 356a Abs. 1, § 356b Abs. 1, § 356d, § 359a, § 359b, § 371c und § 376 Z 60 und 61 treten mit Ablauf des Tages der Kundmachung im Bundesgesetzblatt in Kraft. Auf zum Zeitpunkt des Inkrafttretens des Bundesgesetzes BGBl. I Nr. 96/2017 noch nicht abgeschlossene Verfahren betreffend Betriebsanlagen ist § 356b Abs. 1 in der Fassung des Bundesgesetzes BGBl. I Nr. 96/2017 nicht anzuwenden; für diese Verfahren ist die vor dem Inkrafttreten des Bundesgesetzes BGBl. I Nr. 96/2017 geltende Rechtslage weiterhin anzuwenden. Auf zum Zeitpunkt des Inkrafttretens des Bundesgesetzes BGBl. I Nr. 96/2017 bereits abgeschlossene strafbare Tätigkeiten oder strafbares Verhalten, das zu diesem Zeitpunkt bereits aufgehört hat, ist § 371c in der Fassung des Bundesgesetzes BGBl. I Nr. 96/2017 nicht anzuwenden, wenn zum Zeitpunkt des Inkrafttretens des

Bundesgesetzes BGBl. I Nr. 96/2017 betreffend diese Tätigkeiten oder dieses Verhalten bereits eine Verfolgungshandlung gesetzt worden ist.

(90) Durch das Bundesgesetz BGBl. I Nr. 95/2017 wird die Richtlinie (EU) 2015/849 umgesetzt.

(91) § 117 Abs. 7, § 136a Abs. 12, die §§ 365m bis 365z samt Überschriften, § 366b, § 373i1 samt Überschrift, § 376 Z 68 sowie die Anlagen 7 und 8 in der Fassung des Bundesgesetzes BGBl. I Nr. 95/2017 treten mit Ablauf der Kundmachung, frühestens jedoch mit dem 26. Juni 2017, in Kraft.

(92) § 2 Abs. 1 Z 14, § 136a Abs. 1 Z 1, § 136a Abs. 1 Z 2 lit. a, § 136a Abs. 3, § 136a Abs. 7 und 8, § 136a Abs. 11, § 136b Abs. 1 und § 136d in der Fassung des Bundesgesetzes BGBl. I Nr. 107/2017 treten mit 3. Jänner 2018 in Kraft.

(97) § 151, § 352b, § 365m1 Abs. 10 Z 4 und § 373a Abs. 5 in der Fassung des Materien-Datenschutz-Anpassungsgesetzes 2018, BGBl. I Nr. 32/2018, treten mit Ablauf des Tages der Kundmachung, jedoch frühestens mit 25. Mai 2018, in Kraft. § 77a Abs. 7 in der Fassung des genannten Bundesgesetzes tritt mit Ablauf des Tages der Kundmachung in Kraft.

(93) Durch das Bundesgesetz BGBl. I Nr. 45/2018 wird die Richtlinie (EU) 2015/2302 über Pauschalreisen und verbundene Reiseleistungen, zur Änderung der Verordnung (EG) Nr. 2006/2004 und der Richtlinie 2011/2083/EU sowie zur Aufhebung der Richtlinie 90/314/EWG ABl. Nr. L 326 vom 11.12.2015, S. 1, umgesetzt.

(94) § 127, § 127a, § 127b, § 127c, § 365, § 365d, § 365e Abs. 1, § 365e Abs. 4, und § 366 Abs. 1 Z 9 und in der Fassung des Bundesgesetzes BGBl. I Nr. 45/2018 treten mit dem Inkrafttreten einer Verordnung gemäß § 127 Abs. 1 in der Fassung des Bundesgesetzes BGBl. I Nr. 45/2018, jedoch spätestens am 1. Oktober 2018, in Kraft; gleichzeitig treten § 367 Z 34 und die Reisebürosicherungsverordnung – RSV, BGBl. II Nr. 316/1999 in der Fassung der Verordnung BGBl. II Nr. 96/2013, mit der Maßgabe außer Kraft, dass Eintragungen in das Reiseveranstalterverzeichnis, die am Tag vor dem Inkrafttreten des Bundesgesetzes BGBl. I Nr. 45/2018 aufrecht bestanden haben, als Reiseleistungsausübungsberechtigung weiter gelten und als solche vom Bundesminister für Digitalisierung und Wirtschaftsstandort in das Reiseinsolvenzabsicherungsverzeichnis (GISA) zu übernehmen sind.

(95) Verordnungen auf Grund dieses Bundesgesetzes können bereits ab dem seiner Kundmachung folgenden Tag erlassen werden, dürfen jedoch frühestens ab 1. Juli 2018 in Kraft gesetzt werden.

(96) § 1 Abs. 4, § 14 Abs. 5 und § 126 Abs. 1 in der Fassung des Bundesgesetzes BGBl. I Nr. 45/2018 treten mit Ablauf des Tages der Kundmachung im Bundesgesetzblatt in Kraft.

(Anm.: Abs. 97 wurde nicht vergeben)

(98) § 87 Abs. 1 Z 5 und Z 6, § 136a Abs. 6 und Abs. 6a, § 137 Abs. 1 bis Abs. 3 und Abs. 5, § 137a samt Überschrift, die Überschriften vor § 137b, § 137b Abs. 1, Abs. 3, Abs. 3a, Abs. 4, Abs. 6 und Abs. 7, § 137c Abs. 1 und Abs. 3 bis Abs. 6, § 137d samt Überschriften, § 137e samt Überschrift, § 138 Abs. 5, § 335a, § 337 Abs. 2, § 360a, § 365a Abs. 1 Z 13, Z 14 und Z 16, § 365b Abs. 1 Z 10, Z 11 und Z 13, § 366c, § 373i2 samt Überschrift, § 376 Z 18 Abs. 10 bis Abs. 14 und Anlage 9 in der Fassung des Bundesgesetzes BGBl. I Nr. 112/2018 treten ein Monat nach der Kundmachung im Bundesgesetzblatt in Kraft; gleichzeitig treten § 136h samt Überschrift und § 137f bis § 137h samt Überschriften außer Kraft.

(99) § 82 Abs. 1, § 82b Abs. 6, § 376 Z 69 und § 379 Abs. 10 bis 12 treten mit Ablauf des Tages der Kundmachung im Bundesgesetzblatt in Kraft.

(100) Durch das Bundesgesetz BGBl. I Nr. 65/2020 wird die Richtlinie (EU) 2018/843 zur Änderung der Richtlinie (EU) 2015/849 zur Verhinderung der Nutzung des Finanzsystems zum Zwecke der Geldwäsche und der Terrorismusfinanzierung und zur Änderung der Richtlinien 2009/138/EG und 2013/36/EU, ABl. Nr. L 156 vom 19.6.2018 S. 43, umgesetzt.

(101) § 19, § 89, § 93 Abs. 2, § 338 Abs. 8, § 365a Abs. 1 Z 18, § 365b Abs. 1 Z 15, § 365m samt Überschrift, § 365m1 Abs. 1 Z 1 und Z 3, Abs. 2 Z 1, Z 2 und Z 4, Abs. 4, Abs. 6 Z 1, Abs. 10 Z 5 und Z 6, § 365n Z 3, Z 9 bis Z 11, § 365n1 Abs. 4 Z 1, § 365o Z 3, § 365p Abs. 1 Z 1 lit. a, § 365p Abs. 1 Z 2, § 365p Abs. 4a, § 365p Abs. 6, § 365q Abs. 1 samt Überschrift, § 365s Abs. 5, § 365s Abs. 8 bis Abs. 12, § 365s1, § 365t Abs. 1, § 365u Abs. 6, § 365v, § 365w Abs. 2 und 3, § 365y Abs. 1, § 365y Abs. 4 bis Abs. 12, § 365z Abs. 2, Abs. 4 und Abs. 4a, § 366b Abs. 7 und Abs. 7a, § 373i1 samt Überschrift, § 373i1a samt Überschrift, Anlage 7 Z 3, Anlage 8 Z 1 lit. f und lit. g, Anlage 8 Z 2 lit. c, lit. e und lit. f sowie Anlage 8 Z 3 lit. a treten mit Ablauf des Tages der Kundmachung, frühestens jedoch mit 10. Jänner 2020, in Kraft.

(102) § 365b Abs. 2 Z 3 bis 5 in der Fassung des Bundesgesetzes BGBl. I Nr. 65/2020 tritt mit Ablauf des Tages der Kundmachung im Bundesgesetzblatt, frühestens jedoch mit 1. Juli 2020, in Kraft.

(103) § 21 Abs. 5 und § 376 Z 69 bis 71 in der Fassung des Bundesgesetzes BGBl. I Nr. 65/2020 treten ein Monat nach der Veröffentlichung im Bundesgesetzblatt in Kraft.

(105) § 109 Abs. 6, § 365a Abs. 1 Z 13 und § 365b Abs. 1 Z 10 in der Fassung des Bundesgesetzes BGBl. I Nr. 171/2022 treten mit Ablauf des Tages der Kundmachung im Bundesgesetzblatt in Kraft.

(106) § 57 Abs. 3, § 58, § 62, § 62a, § 108 Abs. 4, 6, 7 und 8, § 129 Abs. 3, § 130 Abs. 6 und 7, § 364 und § 376 Z 72 in der Fassung des Bundesgesetzes BGBl. I Nr. 171/2022 treten mit dem in § 62 Abs. 7 letzter Satz genannten Zeitpunkt in Kraft.

(107)
Verordnungen gemäß § 62 Abs. 7 in der Fassung des Bundesgesetzes BGBl. I Nr. 171/2022 können bereits mit Ablauf des Tages der Kundmachung im Bundesgesetzblatt erlassen werden. Vereinbarungen gemäß § 62a Abs. 3 in der Fassung des Bundesgesetzes BGBl. I Nr. 171/2022 können bereits mit Ablauf des Tages der Kundmachung im Bundesgesetzblatt abgeschlossen werden.

(104) § 71 Abs. 4 bis 6, § 338 Abs. 9 und § 366 Abs. 1 Z 6a in der Fassung des Bundesgesetzes BGBl. I Nr. 204/2022 treten vier Monate nach dem der Kundmachung im Bundesgesetzblatt folgenden Tag in Kraft. § 338 Abs. 9 in der Fassung des Bundesgesetzes BGBl. I Nr. 204/2022 ist auf Verfahren anzuwenden, die ab dem Zeitpunkt des Inkrafttretens dieses Bundesgesetzes anhängig werden. Verfahren, die zu diesem Zeitpunkt bereits anhängig sind, sind von der Bezirksverwaltungsbehörde als zuständiger Behörde fortzuführen.

Anlage 1

Richtlinien des Rates sowie des Europäischen Parlaments und des Rates der Europäischen Wirtschaftsgemeinschaft sowie der europäischen Kommission über die Verwirklichung der Niederlassungsfreiheit und des freien Dienstleistungsverkehrs

Richtlinie 77/92/EWG des Rates vom 13. Dezember 1976 über Maßnahmen zur Erleichterung der tatsächlichen Ausübung der Niederlassungsfreiheit und des freien Dienstleistungsverkehrs für die Tätigkeiten des Versicherungsagenten und des Versicherungsmaklers (aus ISIC-Gruppe 630), insbesondere Übergangsmaßnahmen für solche Tätigkeiten, Amtsblatt der Europäischen Gemeinschaften vom 31. Jänner 1977, L 26/14

Richtlinie 2002/92/EG des Europäischen Parlaments und des Rates vom 9. Dezember 2002 über Versicherungsvermittlung, ABl. Nr. L 9 vom 15. Jänner 2003 S. 3.

Richtlinie 2004/38/EG des Europäischen Parlaments und des Rates vom 29. April 2004 über das Recht der Unionsbürger und ihrer Familienangehörigen, sich im Hoheitsgebiet der Mitgliedstaaten frei zu bewegen und aufzuhalten

Richtlinie 2005/36/EG des Europäischen Parlaments und des Rates vom 7. September 2005 über die Anerkennung von Berufsqualifikationen, Amtsblatt der Europäischen Gemeinschaften vom 30. September 2005, L 255/22

Richtlinie 2005/60/EG des europäischen Parlaments und des Rates vom 26. Oktober 2005 zur Verhinderung der Nutzung des Finanzsystems zum Zwecke der Geldwäsche und der Terrorismusfinanzierung

Richtlinie 2006/70/EG der Kommission vom 1. August 2006 mit Durchführungsbestimmungen für die Richtlinie 2005/60/EG des Europäischen Parlaments und des Rates hinsichtlich der Begriffsbestimmung von „politisch exponierte Personen“ und der Festlegung der technischen Kriterien für vereinfachte Sorgfaltspflichten sowie für die Befreiung in Fällen, in denen nur gelegentlich oder in sehr eingeschränktem Umfang Finanzgeschäfte getätigt werden

Anlage 3
(§ 2 Abs. 16, § 71b Z 1)

IPPC-Anlagen

1. Nicht zu den im Folgenden genannten Anlagen oder Anlagenteilen zählen solche Anlagen oder Anlagenteile, die ausschließlich der Forschung, der Entwicklung oder der Erprobung von neuen Produkten und Verfahren, insbesondere im Labor- oder Technikumsmaßstab, dienen.
2. Die im Folgenden genannten Schwellenwerte beziehen sich allgemein auf die Produktionskapazitäten oder Leistungen. Werden mehrere Tätigkeiten derselben Kategorie in ein- und derselben Betriebsanlage durchgeführt, so sind die Kapazitäten dieser Tätigkeiten zusammenzurechnen. Bei Abfallbehandlungstätigkeiten erfolgt diese Berechnung dann, wenn diese auf der Ebene der Tätigkeiten nach den Ziffern 5.1, 5.3a und 5.3b durchgeführt werden.

	Anlagenart	**Schwellenwerte**
1.	**Energiewirtschaft**	
1.1	Anlagen zur Verbrennung von Brennstoffen mit einer Brennstoffwärmeleistung von mindestens	50 MW
1.2	Mineralöl- und Gasraffinerien	0
1.3	Anlagen zur Trockendestillation von Kohle (Kokereien)	0
1.4a	Anlagen zur Vergasung oder Verflüssigung von Kohle	0
1.4b	Anlagen zur Vergasung oder Verflüssigung von anderen Brennstoffen mit einer Brennstoffwärmeleistung von mindestens	20 MW
2.	**Herstellung und Verarbeitung von Metallen**	
2.1	Anlagen zum Rösten oder Sintern von Erzen einschließlich sulfidischer Erze	0
2.2	Anlagen zur Herstellung von Roheisen oder Stahl (Primär- oder Sekundärschmelzung) einschließlich Stranggießen mit einer Schmelzkapazität von mehr als	2,5 t/h
2.3a	Anlagen zum Warmwalzen mit einer Verarbeitungskapazität an Rohstahl von mehr als	20 t/h
2.3b	Anlagen zum Schmieden von Eisenmetallen	mit Hämmern mit einer Schlagenergie je Hammer von mehr als 50 kJ und einer Wärmeleistung von über 20 MW
2.3c	Anlagen zum Aufbringen von schmelzflüssigen metallischen Schutzschichten auf Metalloberflächen mit einer Verarbeitungskapazität	an Rohstahl von mehr als 2 t/h
2.4	Eisenmetallgießereien mit einer Produktionskapazität von mehr als	20 t/d
2.5a	Anlagen zur Gewinnung von Nichteisenrohmetallen aus Erzen, Konzentraten oder sekundären Rohstoffen durch metallurgische, chemische oder elektrolytische Verfahren	0
2.5b1	Nichteisenmetallgießereien mit einer Schmelzkapazität von mehr als	4 t/d an Blei und Kadmium oder von 20 t/d an sonstigen Metallen
2.5b2	Anlagen zum Schmelzen von Nichteisenmetallen einschließlich Legierungen, darunter auch Wiedergewinnungsprodukte (Raffination) mit einer Schmelzkapazität von mehr als	4 t/d an Blei und Kadmium oder von 20 t/d an sonstigen Metallen

2.6	Anlagen zur Oberflächenbehandlung von Metallen oder Kunststoffen durch ein elektrolytisches oder chemisches Verfahren	mit einem Volumen der Wirkbäder von mehr als 30 m³
3.	**Mineralverarbeitende Industrie**	
3.1a	Anlagen zur Herstellung von Zementklinker mit einer Produktionskapazität von mehr als	500 t/d bei Drehrohröfen oder 50 t/d bei anderen Öfen
3.1b	Anlagen zum Herstellen von Kalk in Öfen mit einer Produktionskapazität von mehr als	50 t/d
3.1c	Anlagen zum Herstellen von Magnesiumoxid in Öfen mit einer Produktionskapazität von mehr als	50 t/d
3.2	Anlagen zur Gewinnung, Be- und Verarbeitung von Asbest und Asbesterzeugnissen	0
3.3	Anlagen zur Herstellung von Glas, auch soweit es aus Altglas hergestellt wird, einschließlich Anlagen zur Herstellung von Glasfasern mit einer Schmelzkapazität von mehr als	20 t/d
3.4	Anlagen zum Schmelzen mineralischer Stoffe einschließlich Anlagen zur Herstellung von Mineralfasern mit einer Schmelzkapazität von mehr als	20 t/d
3.5	Anlagen zum Brennen keramischer Erzeugnisse, insbesondere von Dachziegeln, Ziegelsteinen, feuerfesten Steinen, Fliesen, Steinzeug oder Porzellan mit einer Produktionskapazität von mehr als	75 t/d und einer Ofenkapazität von über 4 m³ und einer Besatzdichte von mehr als 300 kg/m³ pro Ofen
4.	**Chemische Industrie**	
4.1a	Anlagen zur Herstellung von organischen Chemikalien durch chemische oder biologische Umwandlung, insbesondere - zur Herstellung von einfachen Kohlenwasserstoffen (lineare oder ringförmige, gesättigte oder ungesättigte, aliphatische oder aromatische) - zur Herstellung von sauerstoffhaltigen Kohlenwasserstoffen, wie Alkohole, Aldehyde, Ketone, Carbonsäuren, Ester und Estergemische, Acetate, Ether, Peroxide, Epoxide - zur Herstellung schwefelhaltiger Kohlenwasserstoffe - zur Herstellung stickstoffhaltiger Kohlenwasserstoffe, insbesondere Amine, Amide, Nitrose-, Nitro- oder Nitratverbindungen, Nitrile, Cyanate, Isocyanate - zur Herstellung von phosphorhaltigen Kohlenwasserstoffen - zur Herstellung von halogenhaltigen Kohlenwasserstoffen - zur Herstellung von oberflächenaktiven Stoffen und Tensiden - zur Herstellung von metallorganischen Verbindungen - zur Herstellung von anderen organischen Grundchemikalien mit mehr als einem Heteroatomtyp	in verfahrenstechnischen Anlagen[1]

GewO

4.1b	Anlagen zur Herstellung von organischen Feinchemikalien durch chemische oder biologische Umwandlung, insbesondere - zur Herstellung von aromatischen Verbindungen - zur Herstellung von organischen Farbmitteln - zur Herstellung von Duftstoffen - zur Herstellung von Polymer- und Beschichtungsstoff-Additiven	in verfahrenstechnischen Anlagen
4.1c	Anlagen zur Herstellung von Polymeren (Kunststoffen, Kunstharzen, Chemiefasern, Fasern auf Zellstoffbasis) oder zur Herstellung von synthetischen Kautschuken	in verfahrenstechnischen Anlagen
4.1d	Anlagen zur Herstellung von Biotreibstoffen durch chemische oder biologische Umwandlung	in verfahrenstechnischen Anlagen
4.2a	Anlagen zur Herstellung von anorganischen Chemikalien durch chemische oder biologische Umwandlung, insbesondere - zur Herstellung von Gasen, wie Ammoniak, Chlor und Chlorwasserstoff, Fluor und Fluorwasserstoff, Kohlenstoffoxiden, Schwefelverbindungen, Stickstoffoxiden, Wasserstoff, Schwefeldioxid, Phosgen - zur Herstellung von Säuren, wie Chromsäure, Flusssäure, Phosphorsäure, Salpetersäure, Salzsäure, Schwefelsäure, Oleum, schwefelige Säure - zur Herstellung von Basen, wie Ammoniumhydroxid - zur Herstellung von Wasserstoffperoxid - mittels Chlor-Alkali-Elektrolyse - zur Herstellung von Salzen, wie Ammoniumchlorid, Kaliumchlorat, Kaliumkarbonat, Natriumkarbonat, Perborat, Silbernitrat - zur Herstellung von Nichtmetallen oder Metalloxiden	in verfahrenstechnischen Anlagen
4.2b	Anlagen zur Herstellung von anorganischen Feinchemikalien durch chemische oder biologische Umwandlung, insbesondere zur Herstellung von Kalziumkarbid, Silizium, Siliziumkarbid oder Pigmenten	in verfahrenstechnischen Anlagen
4.3	Anlagen zur Herstellung von phosphor-, stickstoff- oder kaliumhaltigen Düngemitteln (Einnährstoff- oder Mehrnährstoffdünger) durch chemische oder biologische Umwandlung	in verfahrenstechnischen Anlagen
4.4	Anlagen zur Herstellung von Pflanzenschutzmitteln oder Bioziden durch chemische oder biologische Umwandlung	in verfahrenstechnischen Anlagen
4.5	Anlagen zur Herstellung von Arzneimitteln, einschließlich Zwischenerzeugnissen, durch chemische oder biologische Umwandlung	in verfahrenstechnischen Anlagen
4.6	Anlagen zur Herstellung von Explosivstoffen	in verfahrenstechnischen Anlagen
5.	**Abfallbehandlung**	

5.1	Anlagen zur Beseitigung oder Verwertung von gefährlichen Abfällen mit einer Kapazität von über Im Rahmen einer oder mehrerer der folgenden Tätigkeiten: a) biologische Behandlung; b) physikalisch-chemische Behandlung; c) Vermengung oder Vermischung vor der Durchführung einer der anderen in den Ziffern 5.1 und 5.2 genannten Tätigkeiten; d) Neuverpacken vor der Durchführung einer der anderen in den Ziffern 5.1 und 5.2 genannten Tätigkeiten; e) Rückgewinnung/ Regenerierung von Lösungsmitteln; f) Verwertung/ Rückgewinnung von anderen anorganischen Stoffen als Metallen und Metallverbindungen; g) Regenerierung von Säuren oder Basen; h) Wiedergewinnung von Bestandteilen, die der Bekämpfung von Verunreinigungen dienen; i) Wiedergewinnung von Katalysatorenbestandteilen; j) Erneute Ölraffination oder andere Wiederverwendungsmöglichkeiten von Öl; k) Oberflächenaufbringung	10 t/d
5.2	Anlagen zur Beseitigung oder Verwertung von Abfällen in Verbrennungsanlagen oder in Mitverbrennungsanlagen a) für die Verbrennung nicht gefährlicher Abfälle mit einer Kapazität von über b) für gefährliche Abfälle mit einer Kapazität von über	3 t/h 10 t/d
5.3a	Anlagen zur Beseitigung nicht gefährlicher Abfälle mit einer Kapazität von über im Rahmen einer oder mehrerer der folgenden Tätigkeiten und unter Ausschluss der Tätigkeiten, die unter die Richtlinie 91/271/EWG über die Behandlung von kommunalem Abwasser, ABl. Nr. L 135 vom 30.05.1991 S. 40, zuletzt geändert durch Verordnung (EG) Nr. 1137/2008 ABl. Nr. L 311 vom 21.11.2008 S. 1 fallen: i) biologische Behandlung; ii) physikalisch-chemische Behandlung; iii) Abfallvorbehandlung für die Verbrennung oder Mitverbrennung; iv) Behandlung von Schlacken und Asche; v) Behandlung von metallischen Abfällen – unter Einschluss von Elektro- und Elektronik-Altgeräten sowie von Altfahrzeugen und ihren Bestandteilen – in Schredderanlagen	50 t/d

5.3b	Anlagen zur Verwertung – oder eine Kombination aus Verwertung und Beseitigung – von nicht gefährlichen Abfällen mit einer Kapazität von über im Rahmen einer der folgenden Tätigkeiten und unter Ausschluss der unter die Richtlinie 91/271/EWG fallenden Tätigkeiten: i) biologische Behandlung; ii) Abfallvorbehandlung für die Verbrennung oder Mitverbrennung; iii) Behandlung von Schlacken und Asche; iv) Behandlungvon metallischen Abfällen – unter Einschluss von Elektro- und Elektronik-Altgeräten sowie von Altfahrzeugen und ihren Bestandteilen – in Schredderanlagen Besteht die einzige Abfallbehandlungstätigkeit in der anaeroben Vergärung, so gilt für diese Tätigkeit ein Kapazitätsschwellenwert von	75 t/d 100 t/d
5.4	Deponien gemäß § 2 Abs. 7 Z 4 AWG 2002, mit Ausnahme von Bodenaushub- und Inertabfalldeponien, mit einer Aufnahmekapazität an Abfall von über	10 t/d oder einer Gesamtkapazität von über 25 000 t
5.5	Anlagen zur zeitweiligen Lagerung von gefährlichen Abfällen, die nicht unter Z 5.4 fallen, bis zur Durchführung einer der in den Z 5.1, 5.2, 5.4 und 5.6 aufgeführten Tätigkeiten mit einer Gesamtkapazität von über mit Ausnahme der zeitweiligen Lagerung – bis zur Sammlung – auf dem Gelände, auf dem die Abfälle erzeugt worden sind	50 t
5.6	Anlagen zur unterirdischen Lagerung gefährlicher Abfälle mit einer Gesamtkapazität von über	50 t
6.	**Sonstige Industriezweige**	
6.1a	Anlagen zur Herstellung von Zellstoff aus Holz oder anderen Faserstoffen	0
6.1b	Anlagen zur Herstellung von Papier, Pappe oder Karton mit einer Produktionskapazität von mehr als	20 t/d
6.1c	Anlagen zur Herstellung von Platten auf Holzbasis, und zwar Grobspanplatten (OSB-Platten), Spanplatten oder Faserplatten, mit einer Produktionskapazität von mehr als	600 m³/d
6.2	Anlagen zur Vorbehandlung, wie Bleichen, Waschen, Mercerisieren, oder zum Färben von Fasern oder Textilien mit einer Verarbeitungskapazität von mehr als	10 t/d
6.3	Anlagen zum Gerben von Tierhäuten oder Tierfellen mit einer Verarbeitungskapazität von mehr als	12 t/d Fertigerzeugnissen
6.4a	Anlagen zum Schlachten von Tieren mit einer Schlachtkapazität (Tierkörper) von mehr als	50 t/d

6.4b1[2]	- Anlagen zur Verarbeitung und zur Behandlung von Fisch oder Fleisch einschließlich Geflügel mit einer Verarbeitungskapazität von mehr als	75 t/d
	- Anlagen zur Herstellung von Fischmehl oder Fischöl mit einer Produktionskapazität von mehr als	75 t/d
	- Anlagen zur Erzeugung von Speisefetten aus tierischen Rohstoffen, ausgenommen Milch, mit einer Produktionskapazität an Fertigerzeugnissen von mehr als	75 t/d
	- Anlagen zur Herstellung von Konserven einschließlich Tierfutter sowie von Tiefkühlerzeugnissen aus tierischen Rohstoffen mit einer Produktionskapazität an Konserven von mehr als	75 t/d
	- Anlagen zur Herstellung von Nahrungsmittelerzeugnissen einschließlich Tierfutter aus tierischen Rohstoffen, ausgenommen Milch, mit einer Produktionskapazität an Fertigerzeugnissen von mehr als	75 t/d
	- Anlagen zum Räuchern von Fleisch- oder Fischwaren mit einer Produktionskapazität an geräucherten Waren von mehr als	75 t/d

6.4b2[2]	- Anlagen zur Herstellung von Konserven einschließlich Tierfutter sowie von Tiefkühlerzeugnissen aus pflanzlichen Rohstoffen mit einer Produktionskapazität an Konserven von mehr als - Anlagen zur Herstellung oder Raffination von Zucker unter Verwendung von Zuckerrüben oder Rohzucker mit einer Produktionskapazität an Zucker von mehr als - Anlagen zur Herstellung von Nahrungsmittelerzeugnissen einschließlich Tierfutter aus pflanzlichen Rohstoffen mit einer Produktionskapazität an Fertigerzeugnissen von mehr als - Anlagen zur Erzeugung von Ölen oder Fetten aus pflanzlichen Rohstoffen mit einer Produktionskapazität von mehr als - Anlagen zur Herstellung von Sauerkraut mit einer Produktionskapazität an Sauerkraut von mehr als - Anlagen zur Herstellung von Braumalz (Mälzereien) mit einer Produktionskapazität an Darrmalz von mehr als - Mühlen für Nahrungs- oder Futtermittel mit einer Produktionskapazität an Fertigerzeugnissen von mehr als - Anlagen zur Herstellung von Stärkemehlen mit einer Produktionskapazität an Stärkemehl von mehr als - Brauereien mit einer Produktionskapazität an Bier von mehr als - Anlagen zur Herstellung von Sekt oder Süßwein mit einer Produktionskapazität von mehr als - Anlagen zum Rösten von Kaffee, Kaffee-Ersatzprodukten, Getreide, Kakaobohnen oder Nüssen mit einer Produktionskapazität von mehr als - Anlagen zur Herstellung von Süßwaren mit einer Produktionskapazität von mehr als	300 t/d[3] 300 t/d[3] 300 t/d[3] 300 t/d[3] 300 t/d[3] 300 t/d[3] 300 t/d[3] 300 t/d[3] 3 000 hl/d[3] 300 t/d[3] 300 t/d[3] 300 t/d[3]
6.4b3[2]	Anlagen zur Herstellung von Nahrungsmittelerzeugnissen einschließlich Tierfutter, wie in Z 6.4b1 bzw. 6.4b2 beschrieben, aus tierischen und pflanzlichen Rohstoffen, sowohl in Form von Mischerzeugnissen als auch in ungemischten Erzeugnissen, wobei „A" den gewichtsprozentualen Anteil der tierischen Stoffe an der Produktionskapazität an Fertigerzeugnissen darstellt, mit einer Produktionskapazität an Fertigerzeugnissen von mehr als	75 t/d, wenn A 10 oder mehr beträgt, oder [300 – (22,5·A)] t/d in allen anderen Fällen
6.4c	Anlagen zur ausschließlichen Behandlung und Verarbeitung von Milch mit einer eingehenden Milchmenge (Jahresdurchschnitt) von mehr als	200 t/d
6.5	Anlagen zur Beseitigung oder Verwertung von Tierkörpern oder tierischen Abfällen mit einer Verarbeitungskapazität von mehr als	10 t/d
6.6	Anlagen zur Behandlung von Oberflächen von Stoffen, Gegenständen oder Erzeugnissen unter Verwendung von organischen Lösungsmitteln[4], insbesondere zum Appretieren, Bedrucken, Beschichten, Entfetten, Imprägnieren, Kleben, Lackieren, Reinigen oder Tränken, mit einer Verbrauchskapazität an organischen Lösungsmitteln von mehr als	150 kg/h oder 200 t/a

6.7	Anlagen zur Herstellung von Kohlenstoff (Hartbrandkohle) oder Elektrographit durch Brennen oder Graphitieren, zum Beispiel für Elektroden, Stromabnehmer oder Apparateteile	0
6.8	Abscheidung von CO_2-Strömen aus unter die Richtlinie 2010/75/EU fallenden Anlagen für die Zwecke der geologischen Speicherung gemäß der Richtlinie 2009/31/EG	0
6.9	Anlagen zur Konservierung von Holz und Holzerzeugnissen mit Chemikalien, sofern sie nicht ausschließlich der Bläueschutzbehandlung dient, mit einer Produktionskapazität von mehr als	75 m³/d
6.10	Anlagen zur eigenständig betriebenen Behandlung von Abwasser, das von einer IPPC-Anlage eingeleitet wird, so ferne es nicht unter die Richtlinie 91/271/EWG fällt	0

1 Ausgenommen Anlagen zur ausschließlichen Formulierung oder Mischung der Stoffe; gilt für alle Anlagen der Gruppe 4.

2 Die Tätigkeiten dieser Kategorie umfassen die Behandlung und Verarbeitung der Rohstoffe, unabhängig davon, ob sie zuvor verarbeitet wurden oder nicht, mit alleiniger Ausnahme der Tätigkeit des Verpackens. Die Verpackung ist im Endgewicht des Fertigerzeugnisses nicht zu berücksichtigen.

3 Sofern die Anlage an nicht mehr als 90 aufeinander folgenden Tagen im Jahr in Betrieb ist, gilt ein Schwellenwert von 600 t/d.

4 Organische Lösungsmittel: flüchtige organische Verbindungen, die bei einer Temperatur von 293,15 Kelvin einen Dampfdruck von mindestens 0,01 Kilopascal haben.

Anlage 4
(§ 77a Abs. 2 Z 1)

Schadstoffe gemäß § 77a Abs. 2 Z 1 (Aufzählung in Frage kommender Einzelschadstoffe und Schadstoffgruppen; die Liste ist demonstrativ und nach den jeweiligen betrieblichen Bedingungen anzuwenden)

LUFT

1. Schwefeloxide und sonstige Schwefelverbindungen
2. Stickstoffoxide und sonstige Stickstoffverbindungen
3. Kohlenmonoxid
4. Flüchtige organische Verbindungen
5. Metalle und Metallverbindungen
6. Staub einschließlich Feinpartikel
7. Asbest (Schwebeteilchen und Fasern)
8. Chlor und Chlorverbindungen
9. Fluor und Fluorverbindungen
10. Arsen und Arsenverbindungen
11. Zyanide
12. Stoffe und Gemische mit nachgewiesenermaßen karzinogenen, mutagenen oder sich möglicherweise auf die Fortpflanzung auswirkenden Eigenschaften, die sich über die Luft auswirken[1]
13. Polychlordibenzodioxine und Polychlordibenzofurane[2]

WASSER

1. Halogenorganische Verbindungen und Stoffe, die im wässrigen Milieu halogenorganische Verbindungen bilden
2. Phosphororganische Verbindungen
3. Zinnorganische Verbindungen
4. Stoffe und Gemische mit nachgewiesenermaßen in wässrigem Milieu oder über wässriges Milieu übertragbaren karzinogenen, mutagenen oder sich möglicherweise auf die Fortpflanzung auswirkenden Eigenschaften[3]
5. Persistente Kohlenwasserstoffe sowie beständige und bioakkumulierbare organische Giftstoffe
6. Zyanide
7. Metalle und Metallverbindungen
8. Arsen und Arsenverbindungen
9. Biozide und Pflanzenschutzmittel
10. Schwebestoffe[4]
11. Stoffe, die zur Eutrophierung beitragen (insbesondere Nitrate und Phosphate)
12. Stoffe, die sich ungünstig auf den Sauerstoffgehalt auswirken (und sich mittels Parametern wie BSB und CSB messen lassen)
13. Stoffe, die in Anhang E Abschnitt II zum Wasserrechtsgesetz 1959 in der jeweils geltenden Fassung angeführt sind

Anmerkung: Hinsichtlich der Einstufung der Schadstoffkomponenten, welche durch H-Sätze charakterisiert werden können, wird auf die Verordnung (EG) Nr. 1272/2008 über die Einstufung, Kennzeichnung und Verpackung von Stoffen und Gemischen, zur Änderung und Aufhebung der Richtlinien 67/548/EWG und 1999/45/EG und zur Änderung der Verordnung (EG) Nr. 1907/2006, ABl. Nr. L 353 vom 31.12.2008 S. 1, zuletzt geändert durch Verordnung (EU) Nr. 618/2012, ABl. Nr. L 179 vom 11.07.2012 S. 3, hingewiesen.

---

1 Das sind Stoffe und Gemische als Anteile von Schadstoffen, zB mit Gefahrenhinweis H 350 oder H 350i.

2 Im Sinne des § 3 Z 12 der Abfallverbrennungsverordnung – AVV, BGBl. II Nr. 389/2002, zuletzt geändert durch die Verordnung BGBl. II Nr. 135/2013.

3 Das sind Stoffe und Gemische als Anteile von Schadstoffen, bei denen bei oraler Aufnahme entsprechende Auswirkungen hervorgerufen werden können, insbesondere bei Gefahrenhinweis H 340, H 350, H 360D oder H 360F.

4 Das sind „abfiltrierbare“ oder „absetzbare“ Stoffe.“

Anlage 5
(§ 2 Abs. 16, § 84b Z 2, Z 3, Z 9
und Z 11, § 84d Abs. 1 Z 3)
Auf gefährliche Stoffe, die unter die Gefahrenkategorien des Teils 1 Spalte 1 dieser Anlage fallen, finden die in den Spalten 2 und 3 des Teils 1 genannten Mengenschwellen Anwendung.

Sofern ein gefährlicher Stoff unter Teil 1 dieser Anlage fällt und ebenfalls in Teil 2 angeführt ist, finden die in den Spalten 2 und 3 des Teils 2 genannten Mengenschwellen Anwendung.

TEIL 1

Gefahrenkategorien von gefährlichen Stoffen

Dieser Teil umfasst alle gefährlichen Stoffe, die unter die Gefahrenkategorien in Spalte 1 fallen:

Spalte 1	Spalte 2	Spalte 3
Gefahrenkategorien von Stoffen und Gemischen	Mengenschwelle in Tonnen für die Erfüllung der Anforderungen an Betriebe der	
	unteren Klasse	oberen Klasse
Abschnitt „H“ – GESUNDHEITSGEFAHREN		
H1 AKUT TOXISCH Gefahrenkategorie 1, alle Expositionswege	5	20
H2 AKUT TOXISCH – Gefahrenkategorie 2, alle Expositionswege – Gefahrenkategorie 3, inhalativer Expositionsweg (siehe Anmerkung 7)	50	200
H3 STOT SPEZIFISCHE ZIELORGAN-TOXIZITÄT – EINMALIGE EXPOSITION STOT Gefahrenkategorie 1	50	200
Abschnitt „P“ – PHYSIKALISCHE GEFAHREN		
P1a EXPLOSIVE STOFFE (siehe Anmerkung 8) – Instabile explosive Stoffe – Explosive Stoffe, Unterklassen 1.1, 1.2, 1.3, 1.5 oder 1.6 – Stoffe oder Gemische mit explosiven Eigenschaften nach Methode A.14 der Verordnung (EG) Nr. 440/2008 zur Festlegung von Prüfmethoden gemäß der Verordnung (EG) Nr. 1907/2006 zur Registrierung, Bewertung, Zulassung und Beschränkung chemischer Stoffe (REACH), ABl. Nr. L 142 vom 31.05.2008 S. 1 (siehe Anmerkung 9), die nicht den Gefahrenklassen organische Peroxide oder selbst-zersetzliche Stoffe und Gemische zuzuordnen sind	10	50
P1b EXPLOSIVE STOFFE (siehe Anmerkung 8) Explosive Stoffe, Unterklasse 1.4 (siehe Anmerkung 10)	50	200
P2 ENTZÜNDBARE GASE Entzündbare Gase, Gefahrenkategorie 1 oder 2	10	50
P3a ENTZÜNDBARE AEROSOLE (siehe Anmerkung 11.1) „Entzündbares“ Aerosol der Gefahrenkategorie 1 oder 2, umfasst entzündbare Gase der Gefahrenkategorie 1 oder 2 oder entzündbare Flüssigkeiten der Gefahrenkategorie 1	150 (netto)	500 (netto)

GewO

P3b ENTZÜNDBARE AEROSOLE (siehe Anmerkung 11.1) „Entzündbares“ Aerosol der Gefahrenkategorie 1 oder 2, umfasst weder entzündbare Gase der Gefahrenkategorie 1 oder 2 noch entzündbare Flüssigkeiten der Gefahrenkategorie 1 (siehe Anmerkung 11.2)	5000 (netto)	50000 (netto)
P4 ENTZÜNDEND (OXIDIEREND) WIRKENDE GASE Entzündend (oxidierend) wirkende Gase, Gefahrenkategorie 1	50	200
P5a ENTZÜNDBARE FLÜSSIGKEITEN – entzündbare Flüssigkeiten der Gefahrenkategorie 1 – entzündbare Flüssigkeiten der Gefahrenkategorie 2 oder 3, die auf einer Temperatur über ihrem Siedepunkt gehalten werden – andere Flüssigkeiten mit einem Flammpunkt von ≤ 60°C, die auf einer Temperatur über ihrem Siedepunkt gehalten werden (siehe Anmerkung 12)	10	50
P5b ENTZÜNDBARE FLÜSSIGKEITEN – entzündbare Flüssigkeiten der Gefahrenkategorie 2 oder 3, bei denen besondere Verarbeitungsbedingungen wie Hochdruck oder hohe Temperaturen zu Gefahren schwerer Unfälle führen können – andere Flüssigkeiten mit einem Flammpunkt von ≤ 60°C, bei denen besondere Verarbeitungsbedingungen wie Hochdruck oder hohe Temperaturen zu Gefahren schwerer Unfälle führen können (siehe Anmerkung 12)	50	200
P5c ENTZÜNDBARE FLÜSSIGKEITEN Entzündbare Flüssigkeiten der Gefahrenkategorie 2 oder 3, nicht erfasst unter P5a und P5b	5000	50000
P6a SELBSTZERSETZLICHE STOFFE UND GEMISCHE und ORGANISCHE PEROXIDE Selbstzersetzliche Stoffe und Gemische, Typ A oder B Organische Peroxide, Typ A oder B	10	50
P6b SELBSTZERSETZLICHE STOFFE UND GEMISCHE und ORGANISCHE PEROXIDE Selbstzersetzliche Stoffe und Gemische, Typ C, D, E oder F Organische Peroxide, Typ C, D, E oder F	50	200
P7 SELBSTENTZÜNDLICHE (PYROPHORE) FLÜSSIGKEITEN UND FESTSTOFFE Selbstentzündliche (pyrophore) Flüssigkeiten der Gefahrenkategorie 1 Selbstentzündliche (pyrophore) Feststoffe der Gefahrenkategorie 1	50	200
P8 ENTZÜNDEND (OXIDIEREND) WIRKENDE FLÜSSIGKEITEN UND FESTSTOFFE Entzündend (oxidierend) wirkende Flüssigkeiten der Gefahrenkategorie 1, 2 oder 3 Entzündend (oxidierend) wirkende Feststoffe, Gefahrenkategorie 1, 2 oder 3	50	200
Abschnitt „E“ – UMWELTGEFAHREN		
E1 Gewässergefährdend, Gefahrenkategorie Akut 1 oder Chronisch 1	100	200
E2 Gewässergefährdend, Gefahrenkategorie Chronisch 2	200	500

Abschnitt „O“ – ANDERE GEFAHREN		
O1 Stoffe oder Gemische mit dem Gefahrenhinweis EUH014	100	500
O2 Stoffe und Gemische, die bei Berührung mit Wasser entzündbare Gase entwickeln, Gefahrenkategorie 1	100	500
O3 Stoffe oder Gemische mit dem Gefahrenhinweis EUH029	50	200

Teil 2

Namentlich angeführte Stoffe

Spalte 1 Gefährliche Stoffe	Spalte 2	Spalte 3
	Mengenschwelle in Tonnen für die Erfüllung der Anforderungen an Betriebe der	
	unteren Klasse	oberen Klasse
1. Ammoniumnitrat (siehe Anmerkung 13)	5000	10000
2. Ammoniumnitrat (siehe Anmerkung 14)	1250	5000
3. Ammoniumnitrat (siehe Anmerkung 15)	350	2500
4. Ammoniumnitrat (siehe Anmerkung 16)	10	50
5. Kaliumnitrat (siehe Anmerkung 17)	5000	10000
6. Kaliumnitrat (siehe Anmerkung 18)	1250	5000
7. Diarsenpentaoxid, Arsen(V)-Säure und/oder -Salze	1	2
8. Diarsentrioxid, Arsen(III)-Säure und/oder -Salze	0,1	0,1
9. Brom	20	100
10. Chlor	10	25
11. Atemgängige pulverförmige Nickelverbindungen: Nickelmonoxid, Nickeldioxid, Nickelsulfid, Trinickeldisulfid, Dinickeltrioxid	1	1
12. Ethylenimin	10	20
13. Fluor	10	20
14. Formaldehyd (C >= 90%)	5	50
15. Wasserstoff	5	50
16. Chlorwasserstoff (verflüssigtes Gas)	25	250
17. Bleialkyle	5	50
18. Verflüssigte entzündbare Gase, Kategorie 1 oder 2 (einschließlich LPG) und Erdgas (siehe Anmerkung 19)	50	200
19. Acetylen	5	50
20. Ethylenoxid	5	50
21. Propylenoxid	5	50
22. Methanol	500	5000
23. 4,4-Methylen-bis (2-chloroanilin) und seine Salze, pulverförmig	0,01	0,01
24. Methylisocyanat	0,15	0,15
25. Sauerstoff	200	2000
26. 2, 4 – Toluylendiisocyanat, 2, 6 – Toluylendiisocyanat,	10	100
27. Carbonylchlorid (Phosgen)	0,3	0,75
28. Arsin (Arsentrihydrid)	0,2	1
29. Phosphin (Phosphortrihydrid)	0,2	1

30. Schwefeldichlorid	1	1
31. Schwefeltrioxid	15	75
32. Polychlordibenzofurane u. Polychlordibenzodioxine (einschließlich TCDD) in TCDD – Äquivalenten (siehe Anmerkung 20)	0,001	0,001
33. Die folgenden KARZINOGENE oder Gemische, die die folgenden Karzinogene mit einer Konzentration von > 5 Gewichts-% enthalten: 4–Aminobi-phenyl und/oder seine Salze, Benzotrichlorid, Benzidin und/oder seine Salze, Bis(chlormethyl)ether, Chlormethylmethyl-ether, 1,2–Dibromethan, Diethylsulfat, Dimethylsulfat, Dimethyl-carbamoylchlorid, 1,2–Dibrom– 3–chlorpropan, 1,2–Dimethyl-hydrazin, Dimethylnitrosamin, Hexamethylphosphortriamid, Hydrazin, 2–Naphthylamin und/oder seine Salze, 4–Nitro-diphenyl und 1,3–Propansulton	0,5	2
34. Erdölerzeugnisse und alternative Kraftstoffe: a. Ottokraftstoffe und Naphtha b. Kerosin einschließlich Turbinenkraftstoffe c. Gasöle (einschließlich Dieselkraftstoffe, Heizöle und Gasölmischströme) d. Schweröle e. Alternative Kraftstoffe, die denselben Zwecken dienen und in Bezug auf Entflammbarkeit und Umweltgefährdung ähnliche Eigenschaften aufweisen wie die unter lit. a bis d genannten Erzeugnisse	2500	25000
35. Ammoniak, wasserfrei	50	200
36. Bortrifluorid	5	20
37. Schwefelwasserstoff	5	20
38. Piperidin	50	200
39. Bis(2-dimethylaminoethyl)methylamin	50	200
40. 3-(2-Ethylhexyloxy)propylamin	50	200
41. Natriumhypochlorit-Gemische(*), die als gewässergefährdend – akut 1 [H400] eingestuft sind und weniger als 5 % Aktivchlor enthalten und in keine der anderen Gefahrenkategorien in dieser Anlage Teil 1 eingestuft sind (*) Vorausgesetzt das Gemisch wäre ohne Natriumhypochlorit nicht als gewässergefährdend – akut 1 [H 400] eingestuft	200	500
42. Propylamin (siehe Anmerkung 21)	500	2000
43. tert-Butylacrylat (siehe Anmerkung 21)	200	500
44. 2-Methyl-3-butennitril (siehe Anmerkung 21)	500	2000
45. Tetrahydro-3,5-Dimethyl-1,3,5-thiadiazin-2-thion (Dazomet) (siehe Anmerkung 21)	100	200
46. Methylacrylat (siehe Anmerkung 21)	500	2000
47. 3-Methylpyridin (siehe Anmerkung 21)	500	2000
48. 1-Brom-3-chlorpropan (siehe Anmerkung 21)	500	2000

Anmerkungen zu Anlage 5

1. Die Stoffe und Gemische sind gemäß der Verordnung (EG) Nr. 1272/2008 über die Einstufung, Kennzeichnung und Verpackung von Stoffen und Gemischen, zur Änderung und Aufhebung der Richtlinien 67/548/EWG und 1999/45/EG und zur Änderung der Verordnung (EG) Nr. 1907/2006,

ABl Nr. 353 vom 31.12.2008 S. 1, eingestuft.

2. Gemische werden in der gleichen Weise behandelt wie reine Stoffe, sofern sie aufgrund der Konzentrationsgrenzen gemäß der Verordnung (EG) Nr. 1272/2008 oder deren letzten Anpassung an den technischen Fortschritt die gleichen Eigenschaften (wie die reinen Stoffe) haben, es sei denn, dass eigens eine prozentuale Zusammensetzung oder eine andere Beschreibung angegeben ist.

3. Die vorstehend angegebenen Mengenschwellen gelten je Betrieb. Die für die Anwendung der einschlägigen Bestimmungen des Abschnitts 8a zu berücksichtigenden Mengen sind die Höchstmengen, die zu irgendeinem Zeitpunkt vorhanden sind oder vorhanden sein können. Gefährliche Stoffe, die in einem Betrieb nur in einer Menge von höchstens 2 % der relevanten Mengenschwelle vorhanden sind, bleiben bei der Berechnung der vorhandenen Gesamtmenge unberücksichtigt, wenn sie sich innerhalb eines Betriebs an einem Ort befinden, an dem sie nicht als Auslöser eines schweren Unfalls an einem anderen Ort des Betriebs wirken können.

4. Für das Addieren von Mengen gefährlicher Stoffe oder von Kategorien gefährlicher Stoffe gilt Folgendes:

Bei einem Betrieb, in dem kein einzelner gefährlicher Stoff in einer Menge vorhanden ist, die der jeweiligen Mengenschwelle entspricht oder größer ist, ist zur Beurteilung, ob der Betrieb unter die einschlägigen Vorschriften des Abschnitts 8a fällt oder nicht, folgende Additionsregel anzuwenden:

- Abschnitt 8a ist auf Betriebe der oberen Klasse anzuwenden, wenn die Summe $q_1 / Q_{U1} + q_2 / Q_{U2} + q_3 / Q_{U3} + q_4 / Q_{U4} + q_5 / Q_{U5} + \ldots$ größer oder gleich 1 ist, dabei ist q_x die Menge des gefährlichen Stoffes x (oder gefährlicher Stoffe ein und derselben Kategorie), der (die) unter Teil 1 oder Teil 2 dieser Anlage fällt (fallen), und Q_{UX} die in Teil 1 Spalte 3 oder Teil 2 Spalte 3 angegebene relevante Mengenschwelle für den gefährlichen Stoff oder die Kategorie x.
- Abschnitt 8a ist auf Betriebe der unteren Klasse anzuwenden, wenn die Summe $q_1 / Q_{L1} + q_2 / Q_{L2} + q_3 / Q_{L3} + q_4 / Q_{L4} + q_5 / Q_{L5} + \ldots$ größer oder gleich 1 ist, dabei ist q_x die Menge des gefährlichen Stoffes x (oder gefährlicher Stoffe ein und derselben Kategorie), der (die) unter Teil 1 oder 2 dieser Anlage fällt (fallen), und Q_{LX} die in Teil 1 Spalte 2 oder Teil 2 Spalte 2 angegebene relevante Mengenschwelle für den gefährlichen Stoff oder die Kategorie x.

GewO

Die Additionsregel dient der Beurteilung der Gesundheitsgefahren, physikalischen Gefahren und Umweltgefahren und ist daher wie folgt dreimal anzuwenden:

a) für das Addieren von in Teil 2 angeführten gefährlichen Stoffen, die unter die Gefahren-kategorien „akute Toxizität 1, 2 oder 3 (Inhalation)" oder STOT SE Gefahrenkategorie 1 fallen, und gefährlichen Stoffen, die unter Teil 1 Abschnitt H, Einträge H1 bis H3 fallen,

b) für das Addieren von in Teil 2 angeführten gefährlichen Stoffen, die explosive Stoffe, entzündbare Gase, entzündbare Aerosole, entzündend (oxidierend) wirkende Gase, entzündbare Flüssigkeiten, selbstzersetzliche Stoffe und Gemische, organische Peroxide, selbstentzündliche (pyrophore) Flüssigkeiten und Feststoffe, entzündend (oxidierend) wirkende Feststoffe und Flüssigkeiten sind, und gefährlichen Stoffen, die unter Teil 1 Abschnitt P, Einträge P1 bis P8 fallen,

c) für das Addieren von in Teil 2 angeführten gefährlichen Stoffen, die unter „gewässergefährdend — akute Gefahr 1, chronische Gefahr 1 oder chronische Gefahr 2" fallen, und gefährlichen Stoffen, die unter Teil 1 Abschnitt E, Einträge E1 und E2 fallen.

Die einschlägigen Bestimmungen des Abschnitts 8a sind anzuwenden, wenn eine der bei lit. a, b oder c erhaltenen Summen größer oder gleich 1 ist.

5. Gefährliche Stoffe, einschließlich Abfälle, die nicht unter die Verordnung (EG) Nr. 1272/2008 fallen, aber dennoch in einem Betrieb vorhanden sind oder vorhanden sein können und unter den im Betrieb angetroffenen Bedingungen hinsichtlich ihres Unfallpotenzials gleichwertige Eigenschaften besitzen oder besitzen können, werden vorläufig der ähnlichsten Gefahrenkategorie oder dem ähnlichsten namentlich angeführten gefährlichen Stoff, die oder der in den Anwendungsbereich des Abschnitts 8a fällt, zugeordnet.

6. Bei gefährlichen Stoffen mit Eigenschaften, die zu mehr als einer Einstufung Anlass geben, gelten die jeweils niedrigsten Mengenschwellen. Bei Anwendung der in der Anmerkung 4 festgelegten Additionsregel wird jedoch die niedrigste Mengenschwelle für jede Gruppe von Kategorien in der Anmerkung 4 lit. a, der Anmerkung 4 lit. b und der Anmerkung 4 lit. c, die der jeweiligen Einstufung entspricht, verwendet.

7. Gefährliche Stoffe, die unter akut toxisch, Gefahrenkategorie 3, oral (H 301) fallen, fallen in jenen Fällen, in denen sich weder eine Einstufung in akute Inhalationstoxizität noch eine Einstufung in akute dermale Toxizität ableiten lässt, etwa weil schlüssige Daten zur Inhalations- und zur dermalen Toxizität fehlen, unter den Eintrag H2 akut toxisch.

8. Die Gefahrenklasse „explosive Stoffe" umfasst Erzeugnisse mit Explosivstoff (siehe den Anhang I Abschnitt 2.1 der Verordnung (EG) Nr. 1272/2008). Ist die Menge des explosiven Stoffs oder des explosiven Gemisches in dem Erzeugnis bekannt, ist diese Menge maßgebend. Ist die Menge des explosiven Stoffs oder explosiven Gemisches in dem Erzeugnis unbekannt, ist das gesamte Erzeugnis als explosiv zu betrachten.

9. Die Prüfung auf explosive Eigenschaften von Stoffen und Gemischen ist nur dann erforderlich, wenn das durchzuführende Screening – Verfahren nach Anhang 6, Teil 3 der Empfehlungen der Vereinten Nationen für die Beförderung gefährlicher Güter, Handbuch über Prüfungen und Kriterien (United Nations Recommendations on the Transport of Dangerous Goods: Manual of Tests and Criteria – UN Manual of Tests and Criteria; sh. http://www.unece.org/trans/danger/danger.html) bei dem Stoff oder dem Gemisch mögliche explosive Eigenschaften nachweist.

10. Werden explosive Stoffe und Gemische der Unterklasse 1.4 (Eintrag P1b) aus ihrer Verpackung entfernt oder wiederverpackt, sind sie unter Eintrag P1a einzustufen, es sei denn, die Gefahr entspricht nachweislich nach wie vor der Unterklasse 1.4 im Sinne der Verordnung (EG) Nr. 1272/2008.

11.1. Entzündbare Aerosole sind im Sinne der Richtlinie 75/324/EWG zur Angleichung der Rechtsvorschriften der Mitgliedstaaten über Aerosolpackungen einzustufen. Die Kategorien „extrem brennbar" und „brennbar" für Aerosole gemäß der Richtlinie 75/324/EWG entsprechen den Gefahrenkategorien „entzündbare Aerosole, Kategorie 1 bzw. 2" der Verordnung (EG) Nr. 1272/2008.

11.2. Um diesen Eintrag zu nutzen, darf die Aerosolpackung nachweislich weder ein entzündbares Gas der Gefahrenkategorie 1 oder 2 noch eine entzündbare Flüssigkeit der Gefahrenkategorie 1 enthalten.

12. Gemäß Anhang I Abschnitt 2.6.4.5 der Verordnung (EG) Nr. 1272/2008 müssen Flüssigkeiten mit einem Flammpunkt über 35 °C nicht in die Kategorie 3 eingestuft werden, wenn die Prüfung L.2 zur Bestimmung der selbstunterhaltenden Verbrennung nach dem UN Manual of Tests and Criteria Teil III Abschnitt 32 (sh. http://www.unece.org/trans/danger/danger.html), negativ ausgefallen ist. Dies gilt nicht bei veränderten Bedingungen wie einer hohen Temperatur oder Hochdruck, und daher sind solche Flüssigkeiten in diesem Eintrag eingeschlossen.

13. Ammoniumnitrat (5 000/10 000): Düngemittel, die zu einer selbstunterhaltenden Zersetzung fähig sind: Dies gilt für Ammoniumnitrat-Mischdünger/Volldünger (Mischdünger/Volldünger enthalten Ammoniumnitrat mit Phosphat und/oder Pottasche), die nach der Trogprüfung der Vereinten Nationen (UN Manual of Tests and Criteria, Teil III, Unterabschnitt 38.2; sh. http://www.unece.org/trans/danger/danger.html) zu einer selbstunterhaltenden Zersetzung fähig sind und bei denen der von Ammoniumnitrat abgeleitete Stickstoffgehalt

- gewichtsmäßig zwischen 15,75 %[1] und 24,5 %[2] beträgt und die entweder insgesamt höchstens 0,4 % brennbaren / organischen Materials enthalten oder die Anforderungen des Anhangs III-2 der Verordnung (EG) Nr. 2003/2003 erfüllen;
- gewichtsmäßig höchstens 15,75 % beträgt und brennbares Material keiner Begrenzung unterliegt.

14. Ammoniumnitrat (1 250/5 000): Düngemittelqualität: Dies gilt für reine Ammoniumnitrat-Düngemittel und für Ammoniumnitrat-Mischdünger/Volldünger, die die Anforderungen des Anhangs III-2 der Verordnung (EG) Nr. 2003/2003 erfüllen und bei denen der von Ammoniumnitrat abgeleitete Stickstoffgehalt

- gewichtsmäßig größer als 24,5 % ist, ausgenommen Gemische von reinen Ammoniumnitrat-Düngemitteln und Dolomit, Kalkstein und/oder Calciumcarbonat mit einem Reinheitsgrad von mindestens 90 %;
- bei Gemischen von Ammoniumnitrat und Ammoniumsulfat gewichtsmäßig größer als 15,75 % ist;
- bei Gemischen von reinen Ammoniumnitrat-Düngemitteln und Dolomit, Kalkstein und/oder Calciumcarbonat mit einem Reinheitsgrad von mindestens 90 % gewichtsmäßig größer als 28 %[3] ist.

15. Ammoniumnitrat (350/2 500): technische Qualität: Dies gilt für Ammoniumnitrat und Gemische von Ammoniumnitrat, bei denen der von Ammoniumnitrat abgeleitete Stickstoffgehalt

- gewichtsmäßig zwischen 24,5 % und 28 % beträgt und die höchstens 0,4 % brennbarer Stoffe enthalten;
- gewichtsmäßig größer als 28 % ist und die höchstens 0,2 % brennbarer Stoffe enthalten.

Das gilt auch für wässrige Lösungen von Ammoniumnitrat, bei denen die Konzentration von Ammoniumnitrat gewichtsmäßig größer als 80 % ist.

16. Ammoniumnitrat (10/50): nicht spezifikationsgerechtes Material („Off-Specs") und Düngemittel, die den Detonationstest nicht bestehen: Dies gilt für

- zurückgewiesenes Material aus dem Produktionsprozess und für Ammoniumnitrat und Gemische von Ammoniumnitrat, reine Ammoniumnitrat-Düngemittel und Ammoniumnitrat-Mischdünger/Volldünger gemäß den Anmerkungen 14 und 15, die vom Endverbraucher an einen Hersteller, eine Anlage zur vorübergehenden Lagerung oder eine Wiederaufarbeitungsanlage zum Zweck der Aufarbeitung, Wiederverwertung oder Behandlung zur sicheren Verwendung zurückgegeben werden oder wurden, weil sie die Anforderungen der Anmerkungen 14 und 15 nicht mehr erfüllen;
- Düngemittel gemäß der Anmerkung 13 erster Gedankenstrich und der Anmerkung 14, die die Anforderungen des Anhangs III-2 der Richtlinie (EG) Nr. 2003/2003 nicht erfüllen.

17. Kaliumnitrat (5 000/10 000): Dies gilt für Mehrnährstoffdünger auf der Basis von Kaliumnitrat (in geprillter oder granulierter Form), der dieselben gefährlichen Eigenschaften wie reines Kaliumnitrat hat.

18. Kaliumnitrat (1 250/5 000): Dies gilt für Mehrnährstoffdünger auf der Basis von Kaliumnitrat (in kristalliner Form), der dieselben gefährlichen Eigenschaften wie reines Kaliumnitrat hat.

19. Aufbereitetes Biogas: Aufbereitetes Biogas kann unter Teil 2 Z 18 dieser Anlage eingestuft werden, wenn es nach anwendbaren Standards für gereinigtes und aufbereitetes Biogas aufbereitet wurde, so dass eine dem Erdgas äquivalente Qualität, einschließlich des Methangehalts, gewährleistet ist, und es höchstens 1 % Sauerstoff enthält.

20. Polychlordibenzofurane und Polychlordibenzodioxine: Die Berechnung der Mengen von Polychlordibenzofuranen und Polychlordibenzodioxinen erfolgt anhand der nachstehend angeführten Äquivalenzfaktoren:

WHO-Toxizitätsäquivalenzfaktor (TEF) 2005			
2,3,7,8-TCDD	1	2,3,7,8-TCDF	0,1
1,2,3,7,8-PeCDD	1	2,3,4,7,8-PeCDF	0,3
		1,2,3,7,8-PeCDF	0,03
1,2,3,4,7,8-HxCDD	0,1		
1,2,3,6,7,8-HxCDD	0,1	1,2,3,4,7,8-HxCDF	0,1
1,2,3,7,8,9-HxCDD	0,1	1,2,3,7,8,9-HxCDF	0,1
		1,2,3,6,7,8-HxCDF	0,1
1,2,3,4,6,7,8-HpCDD	0,01	2,3,4,6,7,8-HxCDF	0,1
OCDD	0,0003	1,2,3,4,6,7,8-HpCDF	0,01
		1,2,3,4,7,8,9-HpCDF	0,01
		OCDF	0,0003
(T = tetra, P = penta, Hx = hexa, Hp = hepta, O = octa)			

21. Wenn dieser gefährliche Stoff auch unter P5a entzündbare Flüssigkeiten oder P5b entzündbare Flüssigkeiten fällt, ist für die Beurteilung, welchen Bestimmungen des Abschnitts 8a der Betrieb unterliegt, die jeweils niedrigste Mengenschwelle heranzuziehen.

---

1 Ein von Ammoniumnitrat abgeleiteter Stickstoffgehalt von gewichtsmäßig 15,75% entspricht 45 % Ammoniumnitrat.

2 Ein von Ammoniumnitrat abgeleiteter Stickstoffgehalt von gewichtsmäßigen 24,5 % entspricht 70 % Ammoniumnitrat.

3 Ein von Ammoniumnitrat abgeleiteter Stickstoffgehalt von gewichtsmäßig 28 % entspricht 80 % Ammoniumnitrat

Anlage 6
(§ 71a, § 71b Z 2, § 77a Abs. 3 und 5)

Kriterien für die Festlegung des Standes der Technik

Bei der Festlegung des Standes der Technik ist unter Berücksichtigung der sich aus einer bestimmten Maßnahme ergebenden Kosten und ihres Nutzens sowie des Grundsatzes der Vorsorge und der Vorbeugung im Allgemeinen wie auch im Einzelfall Folgendes zu berücksichtigen:

1. Einsatz abfallarmer Technologie;
2. Einsatz weniger gefährlicher Stoffe;
3. Förderung der Rückgewinnung und Verwertung der bei den einzelnen Verfahren erzeugten und verwendeten Stoffe und gegebenenfalls der Abfälle;
4. Fortschritte in der Technologie und in den wissenschaftlichen Erkenntnissen;
5. Art, Auswirkungen und Menge der jeweiligen Emissionen;
6. Zeitpunkte der Inbetriebnahme der neuen und der bestehenden Anlagen;
7. die für die Einführung eines besseren Standes der Technik erforderliche Zeit;
8. Verbrauch an Rohstoffen und Art der bei den einzelnen Verfahren verwendeten Rohstoffe (einschließlich Wasser) sowie Energieeffizienz;
9. die Notwendigkeit, die Gesamtwirkung der Emissionen und die Gefahren für die Umwelt so weit wie möglich zu vermeiden oder zu verringern;
10. die Notwendigkeit, Unfällen vorzubeugen und deren Folgen für die Umwelt zu verringern;
11. die von internationalen Organisationen veröffentlichten Informationen,
12. in BVT-Merkblättern enthaltene Informationen.

Anlage 7
(§ 365r Abs. 4 und 5)

Potenziell geringes Risiko

Die nachstehende Liste ist eine nicht erschöpfende Aufzählung von Faktoren und möglichen Anzeichen für ein potenziell geringes Risiko nach § 365r Abs. 4 und Abs. 5:

1. Risikofaktoren bezüglich Kunden:

a) börsennotierte Gesellschaften, deren Wertpapiere zum Handel auf einem geregelten Markt in einem oder mehreren Mitgliedstaaten zugelassen sind, oder börsennotierte Gesellschaften aus Drittländern, die gemäß einer auf Grund des Börsegesetzes 1989 – BörseG, BGBl. Nr. 555/1989, in der jeweils geltenden Fassung, von der Finanzmarktaufsichtsbehörde (FMA) zu erlassenden Verordnung Offenlegungsanforderungen unterliegen, die dem Unionsrecht entsprechen oder mit diesem vergleichbar sind,
b) öffentliche Verwaltungen oder Unternehmen,
c) Kunden mit Wohnsitz in geografischen Gebieten mit geringem Risiko nach Z 3.

2. Risikofaktoren bezüglich Produkte, Dienstleistungen, Transaktionen oder Vertriebskanäle:

a) Lebensversicherungsverträge mit niedriger Prämie,
b) Versicherungspolicen für Rentenversicherungsverträge, sofern die Verträge weder eine Rückkaufklausel enthalten noch als Sicherheit für Darlehen dienen können,
c) Rentensysteme und Pensionspläne beziehungsweise vergleichbare Systeme, wie beispielsweise die Hereinnahme und Veranlagung von Abfertigungsbeiträgen und Selbstständigenvorsorgebeiträgen durch Betriebliche Vorsorgekassen, die den Arbeitnehmern Altersversorgungsleistungen bieten, wobei die Beiträge vom Gehalt abgezogen werden und die Regeln des Systems es den Begünstigten nicht gestatten, ihre Rechte zu übertragen,
d) Finanzprodukte oder -dienste, die bestimmten Kunden angemessen definierte und begrenzte Dienstleistungen mit dem Ziel der Einbindung in das Finanzsystem („financial inclusion") anbieten,
e) Produkte, bei denen die Risiken der Geldwäscherei und Terrorismusfinanzierung durch andere Faktoren wie etwa Beschränkungen der elektronischen Geldbörse oder die Transparenz der Eigentumsverhältnisse gesteuert werden (z. B. bestimmten Arten von E-Geld).

3. Risikofaktoren in geographischer Hinsicht – Registrierung, Niederlassung, Wohnsitz in::

a) Mitgliedstaaten,
b) Drittländer mit gut funktionierenden Systemen zur Bekämpfung von Geldwäscherei und Terrorismusfinanzierung,
c) Drittländer, in denen Korruption und andere kriminelle Tätigkeiten laut glaubwürdigen Quellen schwach ausgeprägt sind,
d) Drittländer, deren Anforderungen an die Bekämpfung von Geldwäscherei und Terrorismusfinanzierung laut glaubwürdigen Quellen (zB gegenseitige Evaluierungen, detaillierte Bewertungsberichte oder veröffentlichte Follow-up-Berichte) den überarbeiteten FATF-Empfehlungen entsprechen und die diese Anforderungen wirksam umsetzen.

GewO

Anlage 8
(§ 365s Abs. 5 und 6)

Potenziell erhöhtes Risiko

Die nachstehende Liste ist eine nicht erschöpfende Aufzählung von Faktoren und möglichen Anzeichen für ein potenziell erhöhtes Risiko nach § 365s Abs. 5 und Abs. 6:

1. Risikofaktoren bezüglich Kunden:

a) außergewöhnliche Umstände der Geschäftsbeziehung,
b) Kunden, die in geografischen Gebieten mit hohem Risiko gemäß Z 3 ansässig sind,
c) juristische Personen oder Rechtsvereinbarungen, die als Instrumente für die private Vermögensverwaltung dienen,
d) Unternehmen mit nominellen Anteilseignern oder als Inhaberpapieren emittierten Aktien,
e) bargeldintensive Unternehmen,
f) angesichts der Art der Geschäftstätigkeit als ungewöhnlich oder übermäßig kompliziert erscheinende Eigentumsstruktur des Unternehmens,
g) der Kunde ist ein Drittstaatsangehöriger, der Aufenthaltsrechte oder die Staatsbürgerschaft eines Mitgliedstaats im Austausch gegen die Übertragung von Kapital, den Kauf von Immobilien oder Staatsanleihen oder Investitionen in Gesellschaften in diesem Mitgliedstaat beantragt;

2. Risikofaktoren bezüglich Produkte, Dienstleistungen, Transaktionen oder Vertriebskanäle:

a) Banken mit Privatkundengeschäft,
b) Produkte oder Transaktionen, die Anonymität begünstigen könnten,
c) Geschäftsbeziehungen oder Transaktionen ohne persönliche Kontakte und ohne bestimmte Sicherungsmaßnahmen, wie elektronische Mittel für die Identitätsfeststellung, einschlägige Vertrauensdienste gemäß der Definition in der Verordnung (EU) Nr. 910/2014 oder andere sichere Verfahren zur Identifizierung aus der Ferne oder auf elektronischem Weg im Sinne des § 6 Abs. 4 FM-GwG,
d) Eingang von Zahlungen unbekannter oder nicht verbundener Dritter,
e) neue Produkte und neue Geschäftsmodelle einschließlich neuer Vertriebsmechanismen sowie Nutzung neuer oder in der Entwicklung begriffener Technologien für neue oder bereits bestehende Produkte,
f) Transaktionen in Bezug auf Öl, Waffen, Edelmetalle, Tabakerzeugnisse, Kulturgüter und andere Artikel von archäologischer, historischer, kultureller oder religiöser Bedeutung oder von außergewöhnlichem wissenschaftlichen Wert sowie Elfenbein und geschützte Arten,

3. Risikofaktoren in geographischer Hinsicht:

a) unbeschadet durch die Europäische Kommission gemäß Art. 9 iVm Art. 64 der Geldwäsche-RL erlassener delegierter Rechtsakte ermittelte Länder, deren Finanzsysteme laut glaubwürdigen Quellen (zB gegenseitige Evaluierungen, detaillierte Bewertungsberichte oder veröffentlichte Follow-up-Berichte) nicht über hinreichende Systeme zur Bekämpfung von Geldwäscherei und Terrorismusfinanzierung verfügen,
b) Drittländer, in denen Korruption oder andere kriminelle Tätigkeiten laut glaubwürdigen Quellen signifikant stark ausgeprägt sind,
c) Länder, gegen die beispielsweise die Union oder die Vereinten Nationen Sanktionen, Embargos oder ähnliche Maßnahmen verhängt hat/haben,
d) Länder, die terroristische Aktivitäten finanziell oder anderweitig unterstützen oder in denen bekannte terroristische Organisationen aktiv sind.

Anlage 9

MINDESTANFORDERUNGEN AN BERUFLICHE KENNTNISSE UND FÄHIGKEITEN

I. Versicherungszweige der Nichtlebensversicherung gemäß den Zweigen 1 bis 18 von Anhang I Teil A der Richtlinie 2009/138/EG

1. erforderliche Mindestkenntnisse der Vertragsbedingungen der angebotenen Policen, einschließlich Nebenrisiken, wenn sie von solchen Policen abgedeckt sind;
2. erforderliche Mindestkenntnisse der anwendbaren Gesetze, die den Vertrieb von Versicherungsprodukten regeln, wie etwa Verbraucherschutzrecht, einschlägige Steuergesetze und einschlägige Sozial- und Arbeitsgesetze;
3. erforderliche Mindestkenntnisse der Bearbeitung von Schadensfällen;
4. erforderliche Mindestkenntnisse der Bearbeitung von Beschwerden;
5. erforderlichen Mindestkenntnis der Einschätzung der Bedürfnisse des Kunden;
6. erforderliche Mindestkenntnisse des Versicherungsmarktes;
7. erforderliche Mindestkenntnisse der ethischen Standards im Geschäftsleben;
8. erforderliche Mindestfinanzkompetenz.

II. Versicherungsanlageprodukte

1. erforderliche Mindestkenntnisse von Versicherungsanlageprodukten, einschließlich der Vertragsbedingungen und der Nettoprämien sowie gegebenenfalls garantierter und nicht garantierter Leistungen;
2. erforderliche Mindestkenntnisse der Vorzüge und Nachteile verschiedener Anlageoptionen für Versicherungsnehmer;
3. erforderliche Mindestkenntnisse der finanziellen Risiken, die die Versicherungsnehmer tragen;
4. erforderliche Mindestkenntnisse der Policen, die Lebensrisiken abdecken, und anderer Sparprodukte;
5. erforderliche Mindestkenntnisse der Organisation und der Leistungen, die durch das Rentensystem garantiert sind;
6. erforderliche Mindestkenntnisse der anwendbaren Gesetze, die den Vertrieb von Versicherungsprodukten regeln, wie etwa Verbraucherschutzrecht und einschlägige Steuergesetze;
7. erforderliche Mindestkenntnisse des Versicherungsmarktes und des Marktes für Sparprodukte;
8. erforderliche Mindestkenntnisse der Bearbeitung von Beschwerden;
9. erforderlichen Mindestkenntnis der Einschätzung der Bedürfnisse des Kunden;
10. Umgang mit Interessenkonflikten;
11. erforderliche Mindestkenntnisse der ethischen Standards im Geschäftsleben;
12. erforderliche Mindestfinanzkompetenz.

III. Lebensversicherungszweige gemäß Anhang II der Richtlinie 2009/138/EG

1. erforderliche Mindestkenntnisse der Policen, einschließlich Vertragsbedingungen, garantierter Leistungen und gegebenenfalls Nebenrisiken;
2. erforderliche Mindestkenntnisse der Organisation und der Leistungen, die durch das Rentensystem des betreffenden Mitgliedstaats garantiert sind;
3. Kenntnisse des anwendbaren Versicherungsvertragsrechts, Verbraucherschutzrechts, Datenschutzrechts, der Gesetze zur Bekämpfung der Geldwäsche und gegebenenfalls der einschlägigen Steuergesetze und der einschlägigen Sozial- und Arbeitsgesetze;
4. erforderliche Mindestkenntnisse des Versicherungsmarktes und anderer relevanter Märkte für Finanzdienstleistungen;
5. erforderliche Mindestkenntnisse der Bearbeitung von Beschwerden;
6. erforderlichen Mindestkenntnis der Einschätzung der Bedürfnisse der Verbraucher;
7. Umgang mit Interessenkonflikten;
8. erforderliche Mindestkenntnisse der ethischen Standards im Geschäftsleben;
9. erforderliche Mindestfinanzkompetenz.

GewO

Artikel 1

(Anm.: aus BGBl. I Nr. 60/2007, zu den §§ 2, 136a und 138, BGBl. Nr. 194/1994)

Dieses Bundesgesetz dient der Umsetzung der Richtlinie 2004/39/EG des Europäischen Parlaments und des Rates über Märkte für Finanzinstrumente, zur Änderung der Richtlinien 85/611/EWG und 93/6/EWG des Rates und der Richtlinie 2000/12/EG des Europäischen Parlaments und des Rates und zur Aufhebung der Richtlinie 93/22/EWG des Rates (ABl. Nr. L 145 vom 30.04.2004, S. 1) in der Fassung der Richtlinie 2006/31/EG des Europäischen Parlaments und des Rates zur Änderung der Richtlinie 2004/39/EG über Märkte für Finanzinstrumente in Bezug auf bestimmte Fristen (ABl. Nr. L 114 vom 27.04.2006, S. 60) und der Richtlinie 2006/73/EG der Kommission zur Durchführung der Richtlinie 2004/39/EG des Europäischen Parlaments und des Rates in Bezug auf die organisatorischen Anforderungen an Wertpapierfirmen und die Bedingungen für die Ausübung ihrer Tätigkeit sowie in Bezug auf die Definition bestimmter Begriffe für die Zwecke der genannten Richtlinie (ABl. Nr. L 241 vom 02.09.2006, S. 26).

Artikel 1

(Anm.: aus BGBl. I Nr. 107/2010, zu den §§ 2, 365n und 365r, BGBl. Nr. 194/1994)

Dieses Bundesgesetz dient der Umsetzung der Richtlinie 2009/110/EG des Europäischen Parlaments und des Rates vom 16. September 2009 über die Aufnahme, Ausübung und Beaufsichtigung der Tätigkeit von E-Geld-Instituten, zur Änderung der Richtlinien 2005/60/EG und 2006/48/EG sowie zur Aufhebung der Richtlinie 2000/46/EG (ABl. Nr. L 267 vom 10.10.2009, S. 7).

Artikel 5

Notifikationshinweis gemäß Artikel 12 der Richtlinie 98/34/EG

(Anm.: aus BGBl. I Nr. 8/2008, zu § 365s, BGBl. Nr. 194/1994)

Dieses Gesetz wurde unter Einhaltung der Bestimmungen der Richtlinie 98/34/EG über ein Informationsverfahren auf dem Gebiet der Normen und technischen Vorschriften und der Vorschriften für die Dienste der Informationsgesellschaft, ABl. Nr. L 204 vom 21.7.1998, S. 37 in der Fassung der Richtlinie 98/48/EG, ABl. Nr. L 217 vom 5.8.1998, S. 18, unter der Notifikationsnummer 2007/456/A notifiziert.

Artikel 1

Umsetzungshinweis

(Anm.: aus BGBl. I Nr. 107/2017, zu den §§ 2, 136a, 136b und 136d, BGBl. Nr. 194/1994)

Mit diesem Bundesgesetz werden folgende Rechtsakte der Europäischen Union umgesetzt:

1. die Richtlinie 2014/65/EU über Märkte für Finanzinstrumente sowie zur Änderung der Richtlinien 2002/92/EG und 2011/61/EU, ABl. Nr. L 173 vom 12.06.2014 S. 349, zuletzt geändert durch die Richtlinie (EU) 2016/1034, ABl. Nr. L 175 vom 23.06.2016 S. 8, in der Fassung der Berichtigung, ABl. Nr. L 64 vom 10.03.2017 S. 116 und
2. die delegierte Richtlinie (EU) 2017/593 zur Ergänzung der Richtlinie 2014/65/EU im Hinblick auf den Schutz der Finanzinstrumente und Gelder von Kunden, Produktüberwachungspflichten und Vorschriften für die Entrichtung beziehungsweise Gewährung oder Entgegennahme von Gebühren, Provisionen oder anderen monetären oder nicht-monetären Vorteilen, ABl. Nr. L 87 S. 500.

Weiters dient dieses Bundesgesetz dem wirksamen Vollzug folgender Rechtsakte der Europäischen Union:

1. der Verordnung (EU) Nr. 600/2014 über Märkte für Finanzinstrumente und zur Änderung der Verordnung (EU) Nr. 648/2012, ABl. Nr. L 173 vom 12.06.2014 S. 84, zuletzt geändert durch die Verordnung (EU) 2016/1033, ABl. Nr. L 175 vom 23.06.2016 S. 1,
2. der delegierten Verordnung (EU) 2017/565 zur Ergänzung der Richtlinie 2014/65/EU in Bezug auf die organisatorischen Anforderungen an Wertpapierfirmen und die Bedingungen für die Ausübung ihrer Tätigkeit sowie in Bezug auf die Definition bestimmter Begriffe für die Zwecke der genannten Richtlinie, ABl. Nr. L 87 S. 1, und
3. der delegierten Verordnung (EU) 2017/567 zur Ergänzung der Verordnung (EU) Nr. 600/2014 im Hinblick auf Begriffsbestimmungen, Transparenz, Portfoliokomprimierung und Aufsichtsmaßnahmen zur Produktintervention und zu den Positionen, ABl. Nr. L 87 S. 90.

Artikel 25

Notifikationshinweis

(Anm.: aus BGBl. I Nr. 50/2016, zu § 365s, BGBl. Nr. 194/1994)

Dieses Gesetz wurde unter Einhaltung der Bestimmungen der Richtlinie (EU) 2015/1535 über ein Informationsverfahren auf dem Gebiet der technischen Vorschriften und der Vorschriften für die Dienste der Informationsgesellschaft (kodifizierter Text), ABl. Nr. L 241 vom 17.09.2015 S. 1, notifiziert (Notifikationsnummer: 2016/142/A).

Artikel 1

Umsetzung von Richtlinien der Europäischen Union

(Anm.: aus BGBl. I Nr. 34/2015, zu den §§ 137g und 338, BGBl. Nr. 194/1994)

Dieses Bundesgesetz dient der Umsetzung der Richtlinie 2009/138/EG betreffend die Aufnahme und Ausübung der Versicherungs- und der Rückversicherungstätigkeit (Solvabilität II) (Neufassung), (ABl. Nr. L 335 vom 17.12.2009 S. 1), zuletzt geändert durch die Richtlinie 2014/51/EU ABl. Nr. L 153 vom 22.05.2014 S. 1.

Artikel III

(Anm.: aus BGBl. I Nr. 63/1997, zu den §§ 77, 79, 81, 82a, 83, 353, 356, 356b, 356c, 359b und 360, BGBl. Nr. 194/1994)

(1) Art. I Z 18.4 (§ 359b Abs. 4) tritt gleichzeitig mit der gemäß Art. I Z 18.4 (§ 359b Abs. 7) zu erlassenden Verordnung in Kraft.

(2) Art. I Z 4 (§ 77 Abs. 5 bis 8), Art. I Z 6 (§ 79 Abs. 1 erster Satz hinsichtlich der Vorschreibung

von Auflagen zur Beseitigung eingetretener Folgen von Auswirkungen der Anlage), Art. I Z 10 (§ 81 Abs. 2 Z 9 und Abs. 3), Art. I Z 10a (§ 82a Abs. 4), Art. I Z 14.2 (§ 353 Z 2 lit. b), Art. I Z 14.3 (§ 353 Z 3), Art. I Z 15 (§ 356 Abs. 1 vorletzter Satz letzter Teilsatz und letzter Satz), Art. I Z 16 (§ 356b und § 356c), Art. I Z 18 (§ 359b Abs. 1, 4, 5 und 6), Art. I Z 18a (§ 360 Abs. 1 zweiter Satz) und Art. I Z 18b (§ 360 Abs. 3 erster Satz) sind auf im Zeitpunkt des Inkrafttretens des Art. I noch nicht abgeschlossene Verfahren betreffend Betriebsanlagen nicht anzuwenden.

(3) Für Auflassungen, die vor dem Zeitpunkt des Inkrafttretens des Art. I erfolgt sind, gilt nicht Art. I Z 12 (§ 83), sondern § 83 GewO 1994 in der Fassung vor dem Inkrafttreten des Art. I.

(4) Eine Verordnung gemäß Art. I Z 18 (§ 359b Abs. 7) ist auf Betriebsanlagen, für die das vereinfachte Verfahren im Zeitpunkt des Inkrafttretens der Verordnung noch nicht abgeschlossen ist, nicht anzuwenden.

(5) Mit der Vollziehung des Art. I ist der Bundesminister für wirtschaftliche Angelegenheiten betraut.

(6) Mit der Vollziehung des Art. II ist der Bundesminister für Arbeit, Gesundheit und Soziales betraut.

7. Hauptstück

Schluss- und Übergangsbestimmungen

Artikel 79

Inkrafttreten und Übergangsbestimmungen

(Anm.: aus BGBl. I Nr. 135/2009, zu den §§ 41, 43, 65, 74 und 351, BGBl. Nr. 194/1994)

(1) Art. 2 (Änderung des Allgemeinen Bürgerlichen Gesetzbuchs), Art. 3 (Änderung des Ehegesetzes), Art. 4 (Änderung des Fortpflanzungsmedizingesetzes), Art. 6 (Änderung der Jurisdiktionsnorm), Art. 7 (Änderung des Strafgesetzbuches), Art. 27 (Änderung des Einkommensteuergesetzes 1988), Art. 28 (Änderung des Körperschaftsteu-
ergesetzes 1988), Art. 29 (Änderung des Umsatzsteuergesetzes 1994), Art. 30 (Änderung des Bewertungsgesetzes 1955), Art. 31 (Änderung des Gebührengesetzes 1957), Art. 33 (Änderung der Bundesabgabenordnung), Art. 34 (Änderung des Alkoholsteuergesetzes), Art. 61 (Änderung des Ärztegesetzes 1998), Art. 62 (Änderung des Gehaltskassengesetzes 2002), Art. 63 (Änderung des Apothekengesetzes), Art. 72 (Änderung des Studienförderungsgesetzes), Art. 76 (Änderung des Entwicklungshelfergesetzes), Art. 77 (Änderung des Bundesgesetzes über Aufgaben und Organisation des auswärtigen Dienstes – Statut) und Art. 78 (Bundesgesetz über die Einräumung von Privilegien und Immunitäten an internationale Organisationen) treten mit 1. Jänner 2010 in Kraft.

(2) Die durch dieses Bundesgesetz geänderten Strafbestimmungen sind in Strafsachen nicht anzuwenden, in denen vor ihrem Inkrafttreten das Urteil in erster Instanz gefällt worden ist. Nach Aufhebung eines Urteils infolge Nichtigkeitsbeschwerde, Berufung, Wiederaufnahme oder Erneuerung des Strafverfahrens oder infolge eines Einspruches ist jedoch im Sinne der §§ 1 und 61 StGB vorzugehen.

17. Bundesvergabegesetz 2018

Bundesgesetz über die Vergabe von Aufträgen

StF: BGBl. I Nr. 65/2018

Letzte Novellierung: BGBl. II Nr. 91/2019

Der Nationalrat hat beschlossen:

GLIEDERUNG

1. Teil
Regelungsgegenstand und Begriffsbestimmungen

Regelungsgegenstand

§ 1. Dieses Bundesgesetz regelt insbesondere

1. die Verfahren zur Beschaffung von Leistungen (Vergabeverfahren) im öffentlichen Bereich, das sind die Vergabe von öffentlichen Bau-, Liefer- und Dienstleistungsaufträgen sowie die Durchführung von Wettbewerben durch öffentliche Auftraggeber und die Vergabe von bestimmten Bau- und Dienstleistungsaufträgen, die nicht von öffentlichen Auftraggebern vergeben, aber von diesen subventioniert werden (2. Teil),
2. die Verfahren zur Beschaffung von Leistungen (Vergabeverfahren) im Sektorenbereich, das sind die Vergabe von Liefer-, Bau- und Dienstleistungsaufträgen durch Sektorenauftraggeber sowie die Durchführung von Wettbewerben durch Sektorenauftraggeber (3. Teil),
3. den Rechtsschutz im Zusammenhang mit Vergabeverfahren im Sinne der Z 1 und 2, die in den Vollziehungsbereich des Bundes fallen (4. Teil), sowie
4. die Vorgangsweise im Zusammenhang mit der außerstaatlichen Kontrolle von Vergabeverfahren und der grenzüberschreitenden Zusammenarbeit von Auftraggebern und zuständigen Stellen sowie bestimmte zivilrechtliche Konsequenzen (5. Teil).

Begriffsbestimmungen

§ 2. Im Geltungsbereich dieses Bundesgesetzes sind folgende Begriffsbestimmungen maßgebend:

1. **Abänderungsangebot** ist ein Angebot eines Bieters, das im Hinblick auf die ausgeschriebene Leistung eine lediglich geringfügige gleichwertige technische Änderung beinhaltet, das von der ausgeschriebenen Leistung aber nicht in einem so weitgehenden Ausmaß wie ein Alternativangebot abweicht.
2. **Alternativangebot** ist ein Angebot über einen alternativen Leistungsvorschlag des Bieters.
3. **Angebot** ist die Erklärung eines Bieters, eine bestimmte Leistung gegen Entgelt unter Einhaltung festgelegter Bedingungen erbringen zu wollen.
4. **Arbeitsgemeinschaft** ist ein Zusammenschluss mehrerer Unternehmer, die sich unbeschadet der sonstigen Bestimmungen des zwischen ihnen bestehenden Innenverhältnisses dem Auftraggeber gegenüber solidarisch zur vertragsgemäßen Erbringung einer Leistung verpflichten.
5. **Auftraggeber** (öffentlicher Auftraggeber oder Sektorenauftraggeber) ist jeder Rechtsträger, der vertraglich an einen Auftragnehmer einen Auftrag zur Erbringung von Leistungen gegen Entgelt erteilt oder zu erteilen beabsichtigt.
6. **Auftragnehmer** ist jeder Unternehmer, mit dem vertraglich vereinbart wird, dem Auftraggeber eine Leistung gegen Entgelt zu erbringen.
7. **Ausschreibung** ist die an eine bestimmte oder unbestimmte Zahl von Unternehmern gerichtete Erklärung des Auftraggebers, in der er festlegt, welche Leistung er zu welchen Bedingungen erhalten möchte (Bekanntmachung sowie Ausschreibungs- und Wettbewerbsunterlagen).
8. **Bauwerk** ist das Ergebnis einer Gesamtheit von Tief- oder Hochbauarbeiten, das seinem Wesen nach eine wirtschaftliche oder technische Funktion erfüllen soll.
9. **Beschaffungsdienstleister** ist ein Rechtsträger, der auf dem Markt Nebenbeschaffungstätigkeiten anbietet.
10. **Bewerber** ist ein Unternehmer, der sich an einem Vergabeverfahren beteiligen will und einen Teilnahmeantrag gestellt oder eine Aufforderung zur Angebotsabgabe erhalten hat.
11. **Bieter** ist ein Unternehmer, der ein Angebot übermittelt hat.
12. **Bietergemeinschaft** ist ein Zusammenschluss mehrerer Unternehmer zum Zweck der Übermittlung eines gemeinsamen Angebotes.
13. **Elektronisch** ist ein Verfahren, bei dem elektronische Geräte (elektronische Mittel) für die

Verarbeitung (einschließlich digitaler Kompression) und Speicherung von Daten zum Einsatz kommen und bei dem Daten über Kabel, über Funk, mit optischen Verfahren oder mit anderen elektromagnetischen Verfahren übertragen, weitergeleitet und empfangen werden.

14. **Elektronische Rechnung** ist eine Rechnung, die in einem strukturierten elektronischen Format, das ihre automatische und elektronische Verarbeitung ermöglicht, ausgestellt, übermittelt und empfangen wird.

15. **Entscheidung** ist jede Festlegung eines Auftraggebers im Vergabeverfahren.

a) Gesondert anfechtbar sind folgende, nach außen in Erscheinung tretende Entscheidungen:

aa) im offenen Verfahren: die Ausschreibung; sonstige Entscheidungen während der Angebotsfrist; das Ausscheiden eines Angebotes; die Widerrufsentscheidung; die Zuschlagsentscheidung;

bb) im nicht offenen Verfahren mit vorheriger Bekanntmachung und bei dynamischen Beschaffungssystemen: die Ausschreibung; die Nicht-Zulassung zur Teilnahme; die Aufforderung zur Angebotsabgabe; sonstige Entscheidungen während der Angebotsfrist; das Ausscheiden eines Angebotes; die Widerrufsentscheidung; die Zuschlagsentscheidung;

cc) im nicht offenen Verfahren ohne vorherige Bekanntmachung: die Aufforderung zur Angebotsabgabe; die Ausschreibungsunterlagen; sonstige Entscheidungen während der Angebotsfrist; das Ausscheiden eines Angebotes; die Widerrufsentscheidung; die Zuschlagsentscheidung;

dd) im Verhandlungsverfahren mit vorheriger Bekanntmachung und bei Innovationspartnerschaften: die Ausschreibung; die Nicht-Zulassung zur Teilnahme; die Aufforderung zur Angebotsabgabe; sonstige Entscheidungen während der Verhandlungsphase bzw. während der Angebotsfrist; das Ausscheiden eines Angebotes; die Widerrufsentscheidung; die Zuschlagsentscheidung;

ee) im Verhandlungsverfahren ohne vorherige Bekanntmachung: die Aufforderung zur Angebotsabgabe; die Ausschreibungsunterlagen; sonstige Entscheidungen während der Verhandlungsphase bzw. während der Angebotsfrist; das Ausscheiden eines Angebotes; die Widerrufsentscheidung; die Zuschlagsentscheidung;

ff) beim wettbewerblichen Dialog: die Ausschreibung; die Nicht-Zulassung zur Teilnahme; die Aufforderung zur Teilnahme; die Nichtberücksichtigung einer Lösung in der Dialogphase; der Abschluss der Dialogphase; die Aufforderung zur Angebotsabgabe; das Ausscheiden eines Angebotes; die Widerrufsentscheidung; die Zuschlagsentscheidung;

gg) bei der Direktvergabe und bei der Durchführung von Verfahren gemäß Art. 5 Abs. 2, 3a, 4, 4a, 4b, 5 und 6 der Verordnung (EG) Nr. 1370/2007 über öffentliche Personenverkehrsdienste auf Schiene und Straße und zur Aufhebung der Verordnungen (EWG) Nr. 1191/69 und EWG Nr. 1107/70, ABl. Nr. L 315 vom 03.12.2007 S. 1, in der Fassung der Verordnung (EU) 2016/2338 zur Änderung der Verordnung (EG) Nr. 1370/2007 hinsichtlich der Öffnung des Marktes für inländische Schienenpersonenverkehrsdienste, ABl. Nr. L 354 vom 23.12.2016 S. 22: die Wahl des Vergabeverfahrens;

hh) bei der Direktvergabe mit vorheriger Bekanntmachung: die Bekanntmachung;

ii) bei besonderen Dienstleistungsaufträgen und bei Dienstleistungsaufträgen über öffentliche Personenverkehrsdienste auf der Schiene oder per Untergrundbahn, sofern nicht sublit. aa bis hh und jj anwendbar sind: jede nach außen in Erscheinung tretende Entscheidung des Auftraggebers;

jj) bei der Rahmenvereinbarung: hinsichtlich des zum Abschluss der Rahmenvereinbarung führenden Verfahrens die gesondert anfechtbaren Entscheidungen gemäß sublit. aa), bb), dd) oder ee) mit Ausnahme der Zuschlagsentscheidung; die Entscheidung, mit welchem Unternehmer bzw. mit welchen Unternehmern die Rahmenvereinbarung abgeschlossen werden soll; der erneute Aufruf zum Wettbewerb; das Ausscheiden eines Angebotes; die Widerrufsentscheidung; die Zuschlagsentscheidung;

kk) im offenen Wettbewerb: die Ausschreibung; die Widerrufsentscheidung; die Entscheidung über die Zuweisung des Preisgeldes bzw. der Zahlungen oder über die Nicht-Zulassung zur Teilnahme am anschließenden Verhandlungsverfahren;

ll) im nicht offenen Wettbewerb: die Ausschreibung; die Nicht-Zulassung zur Teilnahme; die Aufforderung zur Vorlage von Wettbewerbsarbeiten; die Widerrufsentscheidung; die Entscheidung über die Zuweisung des Preisgeldes bzw. der Zahlungen oder über die Nicht-Zulassung zur Teilnahme am anschließenden Verhandlungsverfahren;

mm) im geladenen Wettbewerb: die Aufforderung zur Vorlage von Wettbewerbsarbeiten; die Wettbewerbsunterlagen; die Widerrufsentscheidung; die Entscheidung über die Zuweisung des Preisgeldes bzw. der Zahlungen oder über die Nicht-Zulassung zur Teilnahme am anschließenden Verhandlungsverfahren;

nn) im Prüfsystem: die Ausschreibung; die Ablehnung des Antrages auf Aufnahme in das Prüfsystem; die Mitteilung über die beabsichtigte Aberkennung der Qualifikation.

b) Nicht gesondert anfechtbare Entscheidungen sind alle übrigen, den gesondert anfechtbaren Entscheidungen zeitlich vorhergehenden Entscheidungen. Diese können nur in dem gegen die ihnen nächst folgende gesondert anfechtbare Entscheidung gerichteten Nachprüfungsantrag angefochten werden.

16. **Europäische technische Bewertung** ist eine dokumentierte Bewertung der Leistung eines Bauproduktes in Bezug auf seine wesentlichen Merkmale im Einklang mit dem betreffenden Europäischen Bewertungsdokument gemäß der Begriffsbestimmung in Art. 2 Z 12 der Verordnung (EU) Nr. 305/2011 zur Festlegung harmonisierter Bedingungen für die Vermarktung von Bauprodukten, ABl. Nr. L 88 vom 04.04.2011 S. 5.

17. **Geistige Dienstleistungen** sind Dienstleistungen, die nicht zwingend zum gleichen Ergebnis führen, weil ihr wesentlicher Inhalt in der Lösung einer Aufgabenstellung durch Erbringung geistiger Arbeit besteht. Für derartige Leistungen ist ihrer Art nach zwar eine Ziel- oder Aufgabenbeschreibung, nicht jedoch eine vorherige eindeutige und vollständige Beschreibung der Leistung (konstruktive Leistungsbeschreibung) möglich.

18. **Gemeinsame technische Spezifikation** ist eine technische Spezifikation im Bereich der Informations- und Kommunikationstechnologien (IKT), die gemäß den Art. 13 und 14 der Verordnung (EU) Nr. 1025/2012 zur europäischen Normung, zur Änderung der Richtlinien 89/686/EWG und 93/15/EWG sowie der Richtlinien 94/9/EG, 94/25/EG, 95/16/EG, 97/23/EG, 98/34/EG, 2004/22/EG, 2007/23/EG, 2009/23/EG und 2009/105/EG und zur Aufhebung des Beschlusses 87/95/EWG und des Beschlusses Nr. 1673/2006/EG, ABl. Nr. L 316 vom 14.11.2012 S. 12, festgelegt wurde.

19. **Gütezeichen** ist ein Dokument, ein Zeugnis oder eine Bescheinigung, mit dem bzw. der bestätigt wird, dass ein Bauwerk, eine Ware, eine Dienstleistung, ein Prozess oder ein Verfahren bestimmte Anforderungen (Gütezeichen-Anforderungen) erfüllt. Diese Gütezeichen-Anforderungen sind jene Anforderungen, die ein Bauwerk, eine Ware, eine Dienstleistung, ein Prozess oder ein Verfahren erfüllen muss, um das betreffende Gütezeichen zu erhalten.

20. **Innovation** ist die Realisierung von neuen oder deutlich verbesserten Waren, Dienstleistungen oder Verfahren, insbesondere von Produktions-, Bau- oder Konstruktionsverfahren, neuen Vermarktungsmethoden oder neuen Organisationsverfahren betreffend Geschäftspraxis, Abläufe am Arbeitsplatz oder externe Beziehungen.

21. **Konformitätsbewertungsstelle** ist eine Stelle, die Konformitätsbewertungstätigkeiten wie etwa Kalibrierung, Versuche, Zertifizierung und Inspektion durchführt und gemäß der Verordnung Nr. 764/2008/EG über die Vorschriften für die Akkreditierung und Marktüberwachung im Zusammenhang mit der Vermarktung von Produkten und zur Aufhebung der Verordnung Nr. 339/93/EWG, ABl. Nr. L 218 vom 13.08.2008 S. 30, akkreditiert ist.

22. Kriterien:

a) **Auswahlkriterien** sind die vom Auftraggeber in der Reihenfolge ihrer Bedeutung festgelegten, objektiven, nicht diskriminierenden, mit dem Auftragsgegenstand in Verbindung stehenden und zu diesem verhältnismäßigen unternehmerbezogenen Kriterien, nach welchen die Qualität der Bewerber beurteilt wird und die Auswahl im nicht offenen Verfahren mit vorheriger Bekanntmachung, im Verhandlungsverfahren mit vorheriger Bekanntmachung, bei Innovationspartnerschaften, bei nicht offenen Wettbewerben oder im wettbewerblichen Dialog erfolgt.

b) **Beurteilungskriterien** sind die vom Auftraggeber in der Reihenfolge ihrer Bedeutung festgelegten, nicht diskriminierenden Kriterien, nach welchen das Preisgericht bei Wettbewerben seine Entscheidungen trifft.

BVergG

c) **Eignungskriterien** sind die vom Auftraggeber festgelegten, nicht diskriminierenden, mit dem Auftragsgegenstand in Verbindung stehenden und zu diesem verhältnismäßigen Mindestanforderungen betreffend die Befugnis, Zuverlässigkeit und Leistungsfähigkeit (Eignung) an den Bewerber oder Bieter, die gemäß den Bestimmungen dieses Bundesgesetzes nachzuweisen sind.

d) Zuschlagskriterien bzw. Zuschlagskriterium

aa) sind bei der Wahl des technisch und wirtschaftlich günstigsten Angebotes die niedrigsten Kosten oder die vom Auftraggeber im Verhältnis oder ausnahmsweise in der Reihenfolge ihrer Bedeutung festgelegten, nicht diskriminierenden und mit dem Auftragsgegenstand in Verbindung stehenden Kriterien, nach welchen das für den Auftraggeber technisch und wirtschaftlich günstigste Angebot ermittelt wird; die Zuschlagskriterien dürfen dem Auftraggeber keine uneingeschränkte Wahlfreiheit übertragen und müssen die Möglichkeit eines wirksamen Wettbewerbes gewährleisten und mit Spezifikationen einhergehen, die eine wirksame Überprüfung der von den Bietern übermittelten Informationen gestatten, damit bewertet werden kann, wie gut die Angebote die Zuschlagskriterien erfüllen, oder

bb) ist bei der Wahl des Angebotes mit dem niedrigsten Preis der Preis.

Zuschlagskriterien stehen gemäß sublit. aa mit dem Auftragsgegenstand in Verbindung, wenn sie sich in irgendeiner Hinsicht und in irgendeinem Stadium des Lebenszyklus auf die gemäß dem Auftrag zu erbringenden Leistungen beziehen. Dies schließt Faktoren ein, die mit dem bestimmten Prozess der Herstellung oder der Bereitstellung der zu erbringenden Leistung oder des Handels damit oder einem bestimmten Prozess in Bezug auf ein anderes Stadium des Lebenszyklus zusammenhängen, auch wenn derartige Faktoren sich nicht auf die materiellen Eigenschaften des Auftragsgegenstandes auswirken.

23. **Lebenszyklus** sind alle aufeinander folgenden oder miteinander verbundenen Stadien, einschließlich der durchzuführenden Forschung und Entwicklung, der Produktion, des Handels und der damit verbundenen Bedingungen, des Transportes, der Nutzung und Wartung während der Lebensdauer einer Ware oder eines Bauwerkes oder während der Erbringung einer Dienstleistung, angefangen von der Beschaffung der Rohstoffe oder der Erzeugung von Ressourcen bis hin zu Entsorgung, Aufräumarbeiten und Beendigung der Dienstleistung oder Nutzung.

24. **Nebenbeschaffungstätigkeiten** sind Tätigkeiten zur Unterstützung von Beschaffungstätigkeiten, wie insbesondere

a) die Bereitstellung technischer Infrastruktur, die es dem Auftraggeber ermöglicht, Aufträge zu vergeben oder Rahmenvereinbarungen über Bau-, Liefer- oder Dienstleistungen abzuschließen, oder

b) die Beratung zur Ausführung oder Planung von Vergabeverfahren, oder

c) die Vorbereitung und Betreuung von Vergabeverfahren im Namen des betreffenden Auftraggebers.

25. **Norm** ist eine technische Spezifikation, die von einer anerkannten Normungsorganisation zur wiederholten oder ständigen Anwendung angenommen wurde, deren Einhaltung nicht zwingend vorgeschrieben ist und die unter eine der nachstehenden Kategorien fällt:

a) **Europäische Norm**: Norm, die von einer europäischen Normungsorganisation angenommen wurde und der Öffentlichkeit zugänglich ist.

b) **Internationale Norm**: Norm, die von einer internationalen Normungsorganisation angenommen wurde und der Öffentlichkeit zugänglich ist.

c) **Nationale Norm**: Norm, die von einer nationalen Normungsorganisation angenommen wurde und der Öffentlichkeit zugänglich ist.

26. Preis:

a) **Angebotspreis** (Auftragssumme) ist die Summe aus Gesamtpreis und Umsatzsteuer.

b) **Einheitspreis** ist der Preis für die Einheit einer Leistung, die in Stück, Zeit-, Masse- oder anderen Maßeinheiten erfassbar ist.

c) **Festpreis** ist der Preis, der auch beim Eintreten von Änderungen der Preisgrundlagen (wie insbesondere Kollektivvertragslöhne, Materialpreise) für den vereinbarten Zeitraum unveränderlich bleibt.

d) **Gesamtpreis** ist die Summe der Positionspreise (Menge mal Einheitspreis oder Pauschalpreis) unter Berücksichtigung allfälliger Nachlässe und Aufschläge. Der Gesamtpreis ist das Entgelt im Sinne des Umsatzsteuergesetzes 1994 – UStG 1994, BGBl. Nr. 663/1994, und bildet die Bemessungsgrundlage für die Umsatzsteuer.

e) **Pauschalpreis** ist der für eine Gesamtleistung oder Teilleistung in einem Betrag angegebene Preis.

f) **Regiepreis** ist der Preis für eine Einheit (zB Leistungsstunde oder Materialeinheit), welche nach tatsächlichem Aufwand abgerechnet wird.

g) **Veränderlicher Preis** ist der Preis, der bei Änderung vereinbarter Grundlagen geändert werden kann.

27. **Preisangebotsverfahren** ist jenes Verfahren, bei dem die Bieter aufgrund der Ausschreibungsunterlagen die Preise für vom Auftraggeber beschriebene Leistungen in ihren Angeboten bekannt geben.

28. **Preisaufschlags- und Preisnachlassverfahren** ist jenes Verfahren, bei dem vom Auftraggeber in den Ausschreibungsunterlagen zusätzlich zu den beschriebenen Leistungen auch Bezugspreise bekannt gegeben werden, zu denen die Bieter in ihren Angeboten – gewöhnlich in Prozent ausgedrückt – Aufschläge oder Nachlässe angeben.

29. **Qualifizierte elektronische Signatur** ist eine elektronische Signatur, die den Anforderungen von Art. 3 Z 12 der Verordnung (EU) Nr. 910/2014 über elektronische Identifizierung und Vertrauensdienste für elektronische Transaktionen im Binnenmarkt und zur Aufhebung der Richtlinie 1999/93/EG, ABl. Nr. L 257 vom 28.08.2014 S. 73, entspricht.

30. **Qualifiziertes elektronisches Siegel** ist ein elektronisches Siegel, das den Anforderungen von Art. 3 Z 27 der Verordnung (EU) Nr. 910/2014 entspricht.

31. **Schriftlich** bedeutet jede aus Wörtern und Ziffern bestehende Darstellung, die gelesen, reproduziert und anschließend mitgeteilt werden kann, einschließlich elektronisch übermittelter, bereitgestellter bzw. zur Verfügung gestellter Informationen.

32. Sicherstellungen:

a) **Vadium** ist eine Sicherstellung für den Fall, dass der Bieter während der Zuschlagsfrist von seinem Angebot zurücktritt oder der Bieter nach Ablauf der Angebotsfrist behebbare wesentliche Mängel trotz Aufforderung des Auftraggebers schuldhaft nicht behebt.
b) **Kaution** ist eine Sicherstellung für den Fall, dass ein Vertragspartner bestimmte, im Vertrag festgelegte besondere Pflichten verletzt.
c) **Deckungsrücklass** ist eine Sicherstellung gegen Überzahlungen (Abschlagsrechnungen oder Zahlung nach Plan), denen nur annähernd ermittelte Leistungen zugrunde liegen. Ferner ist der Deckungsrücklass eine Sicherstellung für die Vertragserfüllung durch den Auftragnehmer, sofern diese nicht durch eine Kaution abgesichert ist.
d) **Haftungsrücklass** ist eine Sicherstellung für den Fall, dass der Auftragnehmer die ihm aus der Gewährleistung oder aus dem Titel des Schadenersatzes obliegenden Pflichten nicht erfüllt.

33. **Straßenfahrzeug** ist ein Fahrzeug, das einer der in Tabelle 3 des **Anhanges XIII** genannten Fahrzeugklassen angehört.
34. **Subunternehmer** ist ein Unternehmer, der Teile des an den Auftragnehmer erteilten Auftrages ausführt. Die bloße Lieferung von Waren oder Bestandteilen, die zur Erbringung einer Leistung erforderlich sind, ist keine Subunternehmerleistung.
35. **Syntax** ist die maschinenlesbare Sprache oder der Dialekt einer maschinenlesbaren Sprache, die bzw. der für die Darstellung der in einer elektronischen Rechnung enthaltenen Datenelemente verwendet wird.
36. **Technische Bezugsgröße** ist jeder Bezugsrahmen, der keine europäische Norm ist und von den europäischen Normungsorganisationen nach den an die Bedürfnisse des Marktes angepassten Verfahren erarbeitet wurde.
37. **Technische Spezifikationen** beschreiben die für die Leistung geforderten Merkmale. Diese Merkmale können sich auch auf den spezifischen Prozess oder die spezifische Methode zur Produktion bzw. Erbringung der nachgefragten Leistung oder auf einen spezifischen Prozess eines Lebenszyklus-Stadiums der Leistung beziehen. Diese Merkmale müssen nicht materieller Bestandteil der Leistung sein; sie müssen jedenfalls mit dem Auftragsgegenstand in Verbindung stehen und zu diesem verhältnismäßig sein. Technische Spezifikationen können sein:

a) bei Bauaufträgen die Gesamtheit der insbesondere in der Ausschreibung enthaltenen technischen Beschreibungen, in denen die erforderlichen Eigenschaften eines Werkstoffes, eines Produktes oder einer Lieferung definiert sind, damit diese den vom Auftraggeber vorgesehenen Zweck erfüllen. Dazu gehören Umwelt– und Klimaleistungsstufen, die Konzeption für alle Anforderungen (einschließlich der Zugänglichkeit für Menschen mit Behinderung) sowie Konformitätsbewertung, Performance, Sicherheit oder Abmessungen, einschließlich Qualitätssicherungsverfahren, Terminologie, Symbole, Versuchs- und Prüfmethoden, Verpackung, Kennzeichnung und Beschriftung, Gebrauchsanleitungen sowie Produktionsprozesse und –methoden in jeder Phase des Lebenszyklus der Bauleistungen. Außerdem gehören dazu auch die Vorschriften für die Planung und Kostenrechnung, die Bedingungen für die Prüfung, Inspektion und Abnahme von Bauwerken, die Konstruktionsmethoden oder -verfahren und alle anderen technischen Anforderungen, die der Auftraggeber für fertige Bauwerke oder der dazu notwendigen Materialien oder Teile durch allgemeine oder spezielle Vorschriften anzugeben in der Lage ist;
b) bei Liefer- und Dienstleistungsaufträgen Spezifikationen, die in einem Schriftstück enthalten sind, das die erforderlichen Merkmale für ein Erzeugnis oder eine Dienstleistung vorschreibt, wie Qualitätsstufen, Umwelt– und Klimaleistungsstufen, die Konzeption für alle Anforderungen (einschließlich der Zugänglichkeit für Menschen mit Behinderung) sowie Konformitätsbewertung, Performance, Vorgaben für die Verwendungsmöglichkeiten, Sicherheit oder Abmessungen des Produktes, einschließlich der Vorschriften über Verkaufsbezeichnung, Terminologie, Symbole, Prüfungen und Prüfverfahren, Verpackung, Kennzeichnung und Beschriftung, Gebrauchsanleitungen, Produktionsprozesse und -methoden in jeder Phase des Lebenszyklus der Lieferung oder der Dienstleistung sowie über Konformitätsbewertungsverfahren.

38. **Unternehmer** sind Rechtsträger wie natürliche oder juristische Personen, öffentliche Einrichtungen oder Zusammenschlüsse dieser Personen bzw. Einrichtungen, eingetragene Personengesellschaften oder Arbeits- und Bietergemeinschaften, die auf dem Markt die Ausführung von Bauleistungen, die Lieferung von Waren oder die Erbringung von Dienstleistungen anbieten.
39. **Variantenangebot** ist ein Angebot aufgrund einer Ausschreibungsvariante des Auftraggebers.
40. **Verbundene Unternehmen** sind Unternehmen gemäß § 189a Z 8 des Unternehmensgesetzbuches – UGB, dRGBl. S 219/1897, deren Jahresabschluss mit demjenigen des Auftraggebers, Bewerbers oder Bieters konsolidiert ist; ferner gelten als verbundene Unternehmen im Sinne dieses Bundesgesetzes diejenigen Unternehmen, auf die der Auftraggeber, Bewerber oder Bieter unmittelbar oder mittelbar einen beherrschenden Einfluss ausüben kann

oder die einen beherrschenden Einfluss auf den Auftraggeber, Bewerber oder Bieter ausüben können oder die gemeinsam mit dem Auftraggeber, Bewerber oder Bieter dem beherrschenden Einfluss eines anderen Unternehmens unterliegen, sei es aufgrund der Eigentumsverhältnisse, der finanziellen Beteiligung oder der für das Unternehmen geltenden sonstigen Vorschriften. Ein beherrschender Einfluss ist zu vermuten, wenn ein Unternehmen unmittelbar oder mittelbar die Mehrheit des gezeichneten Kapitals eines anderen Unternehmens hält oder über die Mehrheit der mit den Anteilen eines anderen Unternehmens verbundenen Stimmrechte verfügt oder mehr als die Hälfte der Mitglieder des Verwaltungs-, Leitungs- oder Aufsichtsorgans eines anderen Unternehmens bestellen kann.

41. **Vergabekontrollbehörden** sind die zur Kontrolle der Vergabe von diesem Bundesgesetz unterliegenden Leistungen durch diesem Bundesgesetz unterliegende Auftraggeber berufenen Verwaltungsbehörden oder Verwaltungsgerichte.
42. **Vergebende Stelle** ist jene Organisationseinheit oder jener Bevollmächtigte des Auftraggebers, die bzw. der das Vergabeverfahren für den Auftraggeber durchführt.
43. **Wahlposition** ist die Beschreibung einer Leistung, die vom Auftraggeber als Teil einer Variante zur Normalausführung vorgesehen ist.
44. **Widerrufsentscheidung** ist die an Unternehmer übermittelte bzw. für diese bereitgestellte nicht verbindliche Absichtserklärung, ein Vergabeverfahren widerrufen zu wollen.
45. **Widerrufserklärung** (Widerruf) ist die an Unternehmer übermittelte bzw. für diese bereitgestellte Erklärung des Auftraggebers, ein Vergabeverfahren ohne Zuschlagserteilung bzw. ohne Ermittlung des Gewinners oder der Gewinner bzw. des Teilnehmers oder der Teilnehmer zu beenden.
46. **Zeitstempel** ist ein qualifizierter elektronischer Zeitstempel, der den Anforderungen von Art. 3 Z 34 der Verordnung (EU) Nr. 910/2014 entspricht.
47. **Zentrale Beschaffungsstelle** ist ein Auftraggeber gemäß den §§ 4 Abs. 1 bzw. 167 bis 169 oder ein Auftraggeber gemäß Art. 2 Abs. 1 Z 1 der Richtlinie 2014/24/EU über die öffentliche Auftragsvergabe und zur Aufhebung der Richtlinie 2004/18/EG, ABl. Nr. L 94 vom 28.03.2014 S. 65, bzw. Art. 4 Abs. 1 der Richtlinie 2014/25/EU über die Vergabe von Aufträgen durch Auftraggeber im Bereich der Wasser-, Energie und Verkehrsversorgung sowie der Postdienste und zur Aufhebung der Richtlinie 2004/17/EG, ABl. Nr. L 94 vom 28.03.2014 S. 243, mit Sitz in einem anderen Mitgliedstaat der EU oder mit Sitz in einer sonstigen Vertragspartei des EWR-Abkommens, der eine zentrale Beschaffungstätigkeit, gegebenenfalls zusammen mit einer Nebenbeschaffungstätigkeit, ausübt.
48. **Zentrale Beschaffungstätigkeiten** sind folgende auf Dauer für Auftraggeber gemäß den §§ 4 Abs. 1 bzw. 167 bis 169 oder für Auftraggeber gemäß Art. 2 Abs. 1 Z 1 der Richtlinie 2014/24/EU bzw. Art. 4 Abs. 1 der Richtlinie 2014/25/EU mit Sitz in einem anderen Mitgliedstaat der EU oder mit Sitz in einer sonstigen Vertragspartei des EWR-Abkommens durchgeführte Tätigkeiten:
   a) der Erwerb von Waren oder Dienstleistungen oder
   b) die Vergabe von Aufträgen oder der Abschluss von Rahmenvereinbarungen.
49. **Zuschlagsentscheidung** ist die an Bieter übermittelte bzw. für diese bereitgestellte nicht verbindliche Absichtserklärung, welchem Bieter der Zuschlag erteilt werden soll.
50. **Zuschlagserteilung** (Zuschlag) ist die an den Bieter abgegebene Erklärung, sein Angebot anzunehmen.

Verfahren, die unterschiedlichen Regelungen unterliegen

§ 3. (1) Für Verfahren, die sowohl Leistungen umfassen, die den Bestimmungen dieses Bundesgesetzes unterliegen, wie auch Leistungen, die den Bestimmungen dieses Bundesgesetzes nicht unterliegen, und deren Leistungsteile objektiv nicht trennbar sind, gelten, sofern nicht Abs. 3 Z 2 anzuwenden ist, die Bestimmungen dieses Bundesgesetzes, wenn die Leistungsteile, die den Bestimmungen dieses Bundesgesetzes unterliegen, den Hauptgegenstand des Vergabeverfahrens bilden.

(2) Bei Verfahren, deren Leistungsteile objektiv trennbar sind und die sowohl Leistungen umfassen, die den Bestimmungen dieses Bundesgesetzes unterliegen, wie auch Leistungen, die den Bestimmungen dieses Bundesgesetzes nicht unterliegen, kann der Auftraggeber getrennte Verfahren für die einzelnen Leistungsteile durchführen; in diesem Fall gelten für die Verfahren die jeweils anwendbaren gesetzlichen Bestimmungen.

(3) Für Verfahren, die sowohl Leistungen umfassen, die den Bestimmungen dieses Bundesgesetzes unterliegen, wie auch Leistungen, die den Bestimmungen des Bundesvergabegesetzes Verteidigung und Sicherheit 2012 – BVergGVS 2012, BGBl. I Nr. 10/2012, unterliegen bzw. auf die Art. 346 des Vertrages über die Arbeitsweise der Europäischen Union (AEUV) Anwendung findet, gilt:

1. Sind die einzelnen Leistungsteile objektiv trennbar, so kann der Auftraggeber getrennte Verfahren für die einzelnen Leistungsteile durchführen; in diesem Fall gelten für die Verfahren die jeweils anwendbaren gesetzlichen Bestimmungen.

2. Sind die einzelnen Leistungsteile objektiv trennbar und ist die Durchführung eines einzigen Verfahrens aus sachlichen Gründen gerechtfertigt oder sind die einzelnen Leistungsteile objektiv nicht trennbar, so unterliegt die Durchführung dieses Verfahrens nicht diesem Bundesgesetz. Die Entscheidung, ein einziges Verfahren durchzuführen, darf jedoch nicht den Zweck verfolgen, die Vergabe von Leistungsteilen von der Anwendung dieses Bundesgesetzes oder des BVergGVS 2012 auszunehmen.

(4) Bei Verfahren, deren Leistungsteile objektiv trennbar sind und die sowohl Leistungen umfassen, die den Bestimmungen dieses Bundesgesetzes unterliegen, wie auch Leistungen, die den Bestimmungen des Bundesvergabegesetzes Konzessionen 2018 – BVergGKonz 2018, BGBl. I Nr. 65/2018, unterliegen, kann der Auftraggeber ein einziges Verfahren nach folgenden Bestimmungen durchführen:

1. Unterliegt ein Leistungsteil den Bestimmungen des 2. Teiles dieses Bundesgesetzes und der andere Leistungsteil den Bestimmungen des BVergGKonz 2018, gelten für die Durchführung des Verfahrens die Bestimmungen des 2. Teiles dieses Bundesgesetzes.
2. Unterliegt ein Leistungsteil den Bestimmungen des 3. Teiles dieses Bundesgesetzes für die Ausübung einer bestimmten Sektorentätigkeit und der andere Leistungsteil den Bestimmungen des BVergGKonz 2018 für die Ausübung derselben Sektorentätigkeit, so gelten für die Durchführung des Verfahrens die Bestimmungen des 3. Teiles dieses Bundesgesetzes.
3. Unterliegt ein Leistungsteil den Bestimmungen des 3. Teiles dieses Bundesgesetzes für die Ausübung einer bestimmten Sektorentätigkeit und der andere Leistungsteil den Bestimmungen des BVergGKonz 2018, so gilt, sofern nicht Z 2 Anwendung findet:

a) Ist es objektiv möglich festzustellen, welcher Leistungsteil den Hauptgegenstand des Verfahrens darstellt, so sind die für diesen Leistungsteil geltenden Bestimmungen auf die Durchführung des Verfahrens anzuwenden.
b) Ist es objektiv nicht möglich festzustellen, welcher Leistungsteil den Hauptgegenstand des Verfahrens darstellt, so ist das Vergabeverfahren nach den Bestimmungen des 3. Teiles dieses Bundesgesetzes durchzuführen.

(5) Für Vergabeverfahren, die sowohl Leistungen umfassen, die den Bestimmungen des 3. Teiles wie auch den Bestimmungen des 2. Teiles unterliegen, gilt:

1. Sind die einzelnen Leistungsteile objektiv nicht trennbar und ist es objektiv möglich festzustellen, welcher Leistungsteil den Hauptgegenstand des Verfahrens darstellt, so sind die für diesen Leistungsteil geltenden Bestimmungen dieses Bundesgesetzes auf die Durchführung des Verfahrens anzuwenden. Ist es objektiv nicht möglich festzustellen, welcher Leistungsteil den Hauptgegenstand des Vergabeverfahrens darstellt, so gelten die Bestimmungen des 2. Teiles dieses Bundesgesetzes für die Durchführung des Vergabeverfahrens.
2. Sind die einzelnen Leistungsteile objektiv trennbar, so kann der Auftraggeber getrennte Verfahren für die einzelnen Leistungsteile durchführen; in diesem Fall gelten für die Verfahren die jeweils anwendbaren gesetzlichen Bestimmungen.
3. Sind die einzelnen Leistungsteile objektiv trennbar, so kann der Auftraggeber ein einziges Verfahren nach folgenden Bestimmungen durchführen:

a) Ist es objektiv möglich festzustellen, welcher Leistungsteil den Hauptgegenstand des Vergabeverfahrens darstellt, so sind die für diesen Leistungsteil geltenden Bestimmungen auf die Durchführung des Verfahrens anzuwenden.
b) Ist es objektiv nicht möglich festzustellen, welcher Leistungsteil den Hauptgegenstand des Vergabeverfahrens darstellt, so ist das Vergabeverfahren nach den Bestimmungen des 2. Teiles dieses Bundesgesetzes durchzuführen.

(6) Bei Verfahren, deren Leistungsteile objektiv trennbar sind und die sowohl Leistungen umfassen, die den Bestimmungen des 2. Teiles dieses Bundesgesetzes unterliegen, wie auch Leistungen, die weder den Bestimmungen des 3. Teiles dieses Bundesgesetzes noch jenen des BVergGKonz 2018 oder des BVergGVS 2012 unterliegen, kann der Auftraggeber ein einziges Verfahren gemäß den Bestimmungen des 2. Teiles dieses Bundesgesetzes durchführen.

(7) Bei Verfahren, deren Leistungsteile objektiv trennbar sind und die sowohl Leistungen umfassen, die den Bestimmungen des 3. Teiles dieses Bundesgesetzes unterliegen, wie auch Leistungen, die weder den Bestimmungen des 2. Teiles dieses Bundesgesetzes noch jenen des BVergGKonz 2018 oder des BVergGVS 2012 unterliegen, kann der Auftraggeber ein einziges Verfahren gemäß den Bestimmungen des 3. Teiles dieses Bundesgesetzes durchführen.

2. Teil
Vergabeverfahren für öffentliche Auftraggeber
1. Hauptstück
Geltungsbereich, Grundsätze
1. Abschnitt
Persönlicher Geltungsbereich
Öffentliche Auftraggeber und sonstige zur Anwendung von Bestimmungen dieses Bundesgesetzes verpflichtete Auftraggeber

§ 4. (1) Dieses Bundesgesetz gilt mit Ausnahme seines 3. Teiles für Vergabeverfahren von öffentlichen Auftraggebern, das sind

1. der Bund, die Länder, die Gemeinden und Gemeindeverbände oder
2. Einrichtungen, die
a) zu dem besonderen Zweck gegründet wurden, im Allgemeininteresse liegende Aufgaben nicht gewerblicher Art zu erfüllen,
b) zumindest teilrechtsfähig sind und
c) überwiegend von öffentlichen Auftraggebern gemäß Z 1 oder anderen Einrichtungen im Sinne der Z 2 finanziert werden oder die hinsichtlich ihrer Leitung der Aufsicht durch diese unterliegen oder deren Verwaltungs-, Leitungs- oder Aufsichtsorgan mehrheitlich aus Mitgliedern besteht, die von öffentlichen Auftraggebern gemäß Z 1 oder anderen Einrichtungen im Sinne der Z 2 ernannt worden sind, oder
3. Verbände, die aus einem oder mehreren öffentlichen Auftraggebern gemäß Z 1 oder 2 bestehen.

(2) Wenn ein öffentlicher Auftraggeber Bauaufträge über Tiefbauarbeiten im Sinne des **Anhanges I** oder Bauaufträge im Sinne des **Anhanges II** oder in Verbindung mit solchen Bauaufträgen vergebene Dienstleistungsaufträge einer Einrichtung, die kein öffentlicher Auftraggeber im Sinne des Abs. 1 ist, im Oberschwellenbereich zu mehr als 50% direkt subventioniert, so gelten bei der Vergabe dieser Bau- und Dienstleistungsaufträge die Bestimmungen dieses Bundesgesetzes.

(3) Wenn ein öffentlicher Auftraggeber im Namen und auf Rechnung einer Einrichtung, die kein öffentlicher Auftraggeber im Sinne des Abs. 1 ist, im Oberschwellenbereich Bauaufträge über Tiefbauarbeiten im Sinne des **Anhanges I** oder Bauaufträge im Sinne des **Anhanges II** oder Dienstleistungsaufträge in Verbindung mit solchen Bauaufträgen, die der öffentliche Auftraggeber jeweils zu mehr als 50% direkt subventioniert, vergibt, so gelten bei der Vergabe dieser Bau- und Dienstleistungsaufträge die Bestimmungen dieses Bundesgesetzes.

(4) Wenn ein öffentlicher Auftraggeber einer Einrichtung, die kein Auftraggeber im Sinne des Abs. 1 bzw. der §§ 167 bis 169 ist, einen Dienstleistungsauftrag über die Erbringung von öffentlichen Personenverkehrsdiensten auf der Straße gemäß der Verordnung (EG) Nr. 1370/2007 vergibt, so muss in dem Vertrag zwischen öffentlichem Auftraggeber und betreffender Einrichtung bestimmt sein, dass letztere beim Kauf von Straßenfahrzeugen im Oberschwellenbereich die Bestimmungen des § 94 sinngemäß anzuwenden hat.

2. Abschnitt
Auftragsarten
Bauaufträge

§ 5. Bauaufträge sind entgeltliche Verträge, die einen der folgenden Vertragsgegenstände haben:

1. die Ausführung oder die gleichzeitige Ausführung und Planung von Bauleistungen im Zusammenhang mit einer der in **Anhang I** genannten Tätigkeiten oder
2. die Ausführung oder die gleichzeitige Ausführung und Planung eines Bauvorhabens oder
3. die Erbringung einer Bauleistung durch Dritte gemäß den vom öffentlichen Auftraggeber genannten Erfordernissen, gleichgültig mit welchen Mitteln die Erbringung erfolgt, sofern der öffentliche Auftraggeber einen entscheidenden Einfluss auf die Art und die Planung des Vorhabens hat.

Lieferaufträge

§ 6. Lieferaufträge sind entgeltliche Verträge, deren Vertragsgegenstand der Kauf, das Leasing, die Miete, die Pacht oder der Ratenkauf von Waren, mit oder ohne Kaufoption, einschließlich von Nebenarbeiten wie dem Verlegen und der Installation, ist.

Dienstleistungsaufträge

§ 7. Dienstleistungsaufträge sind entgeltliche Verträge, die keine Bau- oder Lieferaufträge sind.

Abgrenzungsregelungen

§ 8. (1) Aufträge, die mehr als eine Art von Leistung gemäß den §§ 5 bis 7 (Bauleistung, Lieferung oder Dienstleistung) umfassen, sind nach den Regelungen jener Leistungsart zu vergeben, die den Hauptgegenstand des Auftrages bildet.

(2) Abweichend von Abs. 1 gelten Aufträge, die sowohl Lieferungen im Sinne des § 6 als auch Dienstleistungen im Sinne des § 7 umfassen, als Dienstleistungsaufträge, wenn der geschätzte Wert der vom Auftrag erfassten Dienstleistungen höher ist als der geschätzte Gesamtwert der Waren. Andernfalls gelten derartige Aufträge als Lieferaufträge.

(3) Aufträge, die sowohl Dienstleistungen gemäß **Anhang XVI** als auch andere Dienstleistungen umfassen, sind nur dann nach den Regelungen für Dienstleistungen gemäß **Anhang XVI** zu vergeben, wenn der geschätzte Wert der Dienstleistungen gemäß **Anhang XVI** höher ist als derjenige der anderen Dienstleistungen.

3. Abschnitt
Ausnahmen vom Geltungsbereich, gemeinsame Auftragsvergabe
Ausgenommene Vergabeverfahren

§ 9. (1) Dieses Bundesgesetz gilt nicht für

1. Aufträge im Verteidigungs- und Sicherheitsbereich, die dem BVergGVS 2012 unterliegen, sowie für Aufträge, die gemäß § 9 BVergGVS 2012 vom Geltungsbereich des BVergGVS 2012 ausgenommen sind,
2. Konzessionsvergabeverfahren, die dem BVergGKonz 2018 unterliegen, sowie für Konzessionsvergabeverfahren, die gemäß § 8 BVergGKonz 2018 vom Geltungsbereich des BVergGKonz 2018 ausgenommen sind,
3. Vergabeverfahren, sofern der Schutz wesentlicher Sicherheitsinteressen der Republik Österreich nicht durch weniger einschneidende Maßnahmen gewährleistet werden kann,
4. Vergabeverfahren, sofern ein öffentlicher Auftraggeber aufgrund der Anwendung der Bestimmungen dieses Bundesgesetzes verpflichtet würde, Informationen zu übermitteln, deren Offenlegung nach Auffassung der Republik Österreich ihren wesentlichen Sicherheitsinteressen zuwiderlaufen würde (Art. 346 Abs. 1 lit. a AEUV),
5. Vergabeverfahren, deren Durchführung und Ausführung aufgrund von bundes- oder landesgesetzlichen Bestimmungen für geheim erklärt werden oder deren Durchführung und Ausführung aufgrund bundes- oder landesgesetzlicher Bestimmungen besondere Sicherheitsmaßnahmen erfordert und die dafür zuständige Behörde festgestellt hat, dass der Schutz der betreffenden wesentlichen Interessen nicht durch weniger einschneidende Maßnahmen gewährleistet werden kann,
6. Vergabeverfahren, deren Durchführung anderen verpflichtenden Verfahrensregeln unterliegt und die festgelegt wurden
   a) durch ein Rechtsinstrument, das völkerrechtliche Verpflichtungen begründet, wie eine im Einklang mit den Verträgen geschlossene internationale Übereinkunft zwischen der Republik Österreich und einem oder mehreren Drittstaaten über Leistungen für ein von den Vertragsparteien gemeinsam zu verwirklichendes oder zu nutzendes Projekt, oder
   b) durch eine internationale Organisation,
7. Vergabeverfahren mit Verteidigungs- oder Sicherheitsaspekten, deren Durchführung anderen verpflichtenden Verfahrensregeln unterliegen und die festgelegt wurden
   a) durch eine im Einklang mit dem AEUV geschlossene internationale Übereinkunft oder Vereinbarung zwischen der Republik Österreich und einem oder mehreren Drittstaaten über Leistungen für ein von den Vertragsparteien gemeinsam zu verwirklichendes oder zu nutzendes Projekt, oder
   b) durch eine internationale, einen bestimmten Unternehmer betreffende Übereinkunft oder Vereinbarung im Zusammenhang mit dem Aufenthalt von Truppen, oder
   c) durch eine internationale Organisation,
8. Vergabeverfahren, die ein öffentlicher Auftraggeber gemäß den Vergaberegeln einer internationalen Organisation oder internationalen Finanzierungseinrichtung durchführt,
   a) sofern das Vergabeverfahren durch diese Organisation oder Einrichtung vollständig finanziert wird, oder
   b) sofern das Vergabeverfahren durch diese Organisation oder Einrichtung überwiegend finanziert wird und die Organisation oder Einrichtung mit dem öffentlichen Auftraggeber die Anwendung der Vergabeverfahrensregeln dieser Organisation oder Einrichtung vereinbart hat,
9. Dienstleistungsaufträge betreffend
   a) die Vertretung eines öffentlichen Auftraggebers durch einen Rechtsanwalt in
      aa) einem Schiedsgerichts- oder Schlichtungsverfahren in Österreich, in einem anderen Staat oder vor einer internationalen Schiedsgerichts- oder Schlichtungsinstanz oder
      bb) gerichtlichen oder behördlichen Verfahren in Österreich, in einem anderen Staat oder vor internationalen Gerichten oder Einrichtungen, oder
   b) die Rechtsberatung durch einen Rechtsanwalt zur Vorbereitung eines unter lit. a genannten Verfahrens oder die Rechtsberatung durch einen Rechtsanwalt, wenn konkrete Anhaltspunkte dafür vorliegen und eine hohe Wahrscheinlichkeit besteht, dass die Angelegenheit, auf die sich die Beratung bezieht, Gegenstand eines Verfahrens nach lit. a werden wird, oder
   c) Beglaubigungs- und Beurkundungsdienstleistungen, die von Notaren zu erbringen sind, oder
   d) von Treuhändern oder bestellten Vormündern erbrachte Rechtsdienstleistungen oder sonstige Rechtsdienstleistungen, deren Erbringer durch ein Gericht bestellt oder durch Gesetz dazu bestimmt werden, um bestimmte Aufgaben unter der Aufsicht dieser Gerichte wahrzunehmen, oder
   e) sonstige Rechtsdienstleistungen, die in dem betreffenden Mitgliedstaat – wenn auch nur gelegentlich – mit der Ausübung von hoheitlichen Befugnissen verbunden sind,
10. Verträge über Erwerb, Miete oder Pacht von Grundstücken oder vorhandenen Gebäuden oder anderem unbeweglichen Vermögen oder Rechten daran, ungeachtet deren Finanzierungsmodalitäten,

11. Dienstleistungsaufträge an einen öffentlichen Auftraggeber oder an einen öffentlichen Sektorenauftraggeber aufgrund eines ausschließlichen Rechtes, das dieser aufgrund veröffentlichter, mit dem AEUV übereinstimmender Rechts- oder Verwaltungsvorschriften innehat,
12. Dienstleistungsaufträge über Forschungs- und Entwicklungsdienstleistungen mit Ausnahme jener Dienstleistungsaufträge über Forschungs- und Entwicklungsdienstleistungen, die unter die CPV-Codes 73000000–2 bis 73120000–9, 73300000–5, 73420000–2 und 73430000–5 des „Gemeinsamen Vokabulars für öffentliche Aufträge" (CPV) gemäß der Verordnung (EG) Nr. 213/2008 zur Änderung der Verordnung (EG) Nr. 2195/2002 über das Gemeinsame Vokabular für öffentliche Aufträge (CPV) und der Vergaberichtlinien 2004/17/EG und 2004/18/EG im Hinblick auf die Überarbeitung des Vokabulars, ABl. Nr. L 74 vom 15.03.2008 S. 1, fallen, und
a) deren Ergebnisse ausschließliches Eigentum des öffentlichen Auftraggebers für seinen Gebrauch bei der Ausübung seiner eigenen Tätigkeit sind und
b) die vollständig durch den öffentlichen Auftraggeber vergütet werden,
13. Aufträge über Schiedsgerichts- und Schlichtungsdienstleistungen,
14. Aufträge über Finanzdienstleistungen im Zusammenhang mit der Ausgabe, dem Verkauf, dem Ankauf oder der Übertragung von Wertpapieren oder anderen Finanzinstrumenten im Sinne des § 1 Z 4, 6 und 7 des Wertpapieraufsichtsgesetzes 2007 – WAG 2007, BGBl. I Nr. 60/2007, Dienstleistungen der Zentralbanken sowie mit der Europäischen Finanzstabilisierungsfazilität und dem Europäischen Stabilitätsmechanismus durchgeführte Transaktionen,
15. Aufträge über Kredite und Darlehen, unabhängig davon, ob sie im Zusammenhang mit der Ausgabe, dem Verkauf, dem Kauf oder der Übertragung von Wertpapieren oder anderen Finanzinstrumenten stehen oder nicht,
16. Arbeitsverträge,
17. Dienstleistungsaufträge im Bereich des Katastrophenschutzes, des Zivilschutzes und der Gefahrenabwehr, die von gemeinnützigen Organisationen oder Vereinigungen erbracht werden und die unter die folgenden CPV-Codes fallen: 75250000–3 (Dienstleistungen der Feuerwehr und von Rettungsdiensten), 75251000–0 (Dienstleistungen der Feuerwehr), 75251100–1 (Brandbekämpfung), 75251110–4 (Brandverhütung), 75251120–7 (Waldbrandbekämpfung), 75252000–7 (Rettungsdienste), 75222000-8 (Zivilverteidigung), 98113100–9 (Dienstleistungen im Bereich der nuklearen Sicherheit) und 85143000–3 (Einsatz von Krankenwagen) mit Ausnahme des Einsatzes von Krankenwagen zur Patientenbeförderung,
18. Dienstleistungsaufträge über nichtwirtschaftliche Dienstleistungen von allgemeinem Interesse,
19. Dienstleistungsaufträge an Anbieter von audiovisuellen oder Hörfunkmediendiensten über den Erwerb, die Entwicklung, Produktion oder Koproduktion von Sendematerial, das für audiovisuelle Mediendienste oder Hörfunkmediendienste bestimmt ist, sowie für Aufträge über Ausstrahlungszeit oder Bereitstellung von Sendungen, die an Anbieter von audiovisuellen oder Hörfunkmediendiensten vergeben werden,
20. Liefer- oder Dienstleistungsaufträge eines öffentlichen Auftraggebers an eine zentrale Beschaffungsstelle, die öffentlicher Auftraggeber gemäß diesem Bundesgesetz ist, oder an eine zentrale Beschaffungsstelle gemäß Art. 2 Abs. 1 Z 16 der Richtlinie 2014/24/EU mit Sitz in einem anderen Mitgliedstaat der EU oder mit Sitz in einer sonstigen Vertragspartei des EWR-Abkommens, die diese Liefer- oder Dienstleistungen zum Zweck der Weiterveräußerung an andere Auftraggeber erworben hat,
21. Aufträge an einen öffentlichen Auftraggeber gemäß Art. 2 Abs. 1 Z 1 der Richtlinie 2014/24/EU, der ein gemeinsames Vergabeverfahren durchgeführt und seinen Sitz in einem anderen Mitgliedstaat der EU oder in einer sonstigen Vertragspartei des EWR-Abkommens hat,
22. Dienstleistungsaufträge an eine zentrale Beschaffungsstelle, die öffentlicher Auftraggeber gemäß diesem Bundesgesetz ist, oder an eine zentrale Beschaffungsstelle gemäß Art. 2 Abs. 1 Z 16 der Richtlinie 2014/24/EU mit Sitz in einem anderen Mitgliedstaat der EU oder mit Sitz in einer sonstigen Vertragspartei des EWR-Abkommens zur Erbringung von zentralen Beschaffungstätigkeiten oder von zentralen Beschaffungstätigkeiten zusammen mit Nebenbeschaffungstätigkeiten,
23. Dienstleistungsaufträge im Rahmen politischer Kampagnen, die unter die CPV-Codes 79341400–0, 92111230-3 und 92111240-6 fallen und von einer politischen Partei im Rahmen einer Wahlkampagne vergeben werden,
24. Vergabeverfahren, die hauptsächlich den Zweck haben, dem öffentlichen Auftraggeber die Bereitstellung oder den Betrieb öffentlicher Kommunikationsnetze gemäß § 3 Z 17 des Telekommunikationsgesetzes 2003 – TKG 2003, BGBl I Nr. 70/2003, oder die Bereitstellung eines oder mehrerer elektronischer Kommunikationsdienste gemäß § 3 Z 9 in Verbindung mit Z 11 TKG 2003 für die Öffentlichkeit zu ermöglichen,

25. Vergabeverfahren eines öffentlichen Auftraggebers, der Postdienste gemäß § 173 Abs. 2 erbringt und die der Durchführung folgender Tätigkeiten dienen:
a) Mehrwertdienste, die mit elektronischen Mitteln verknüpft sind und gänzlich mit diesen Mitteln erbracht werden, oder
b) Finanzdienstleistungen gemäß den CPV-Codes 66100000-1 bis 66720000-3, insbesondere Postanweisungen und -überweisungen, oder
c) philatelistische Dienstleistungen, oder
d) Dienstleistungen, bei denen die materielle Auslieferung oder Lagerung mit anderen nicht postalischen Aufgaben kombiniert wird (logistische Dienstleistungen), und
26. Vergabeverfahren zur zulässigen Änderung von Verträgen und Rahmenvereinbarungen während ihrer Laufzeit gemäß § 365.

(2) Der öffentliche Auftraggeber hat die für die Ausnahme vom Geltungsbereich dieses Bundesgesetzes gemäß Abs. 1 maßgeblichen Gründe schriftlich festzuhalten und der Europäischen Kommission (Kommission) den Abschluss jeder Übereinkunft oder Vereinbarung gemäß Abs. 1 Z 6 lit. a und Z 7 lit. a mitzuteilen.

Ausgenommene öffentlich-öffentliche Verhältnisse

§ 10. (1) Dieses Bundesgesetz gilt nicht
1. für Aufträge, die ein öffentlicher Auftraggeber durch einen Rechtsträger erbringen lässt,
a) über den der öffentliche Auftraggeber eine ähnliche Kontrolle wie über seine eigenen Dienststellen ausübt,
b) mehr als 80% der Tätigkeiten des kontrollierten Rechtsträgers der Ausführung der Aufgaben dienen, mit denen er von dem die Kontrolle ausübenden öffentlichen Auftraggeber oder von anderen von diesem öffentlichen Auftraggeber kontrollierten Rechtsträgern betraut wurde, und
c) keine direkte private Kapitalbeteiligung am kontrollierten Rechtsträger besteht, mit Ausnahme nicht beherrschender Formen der privaten Kapitalbeteiligung und Formen der privaten Kapitalbeteiligung ohne Sperrminorität, die jeweils in Übereinstimmung mit dem AEUV durch gesetzliche Bestimmungen eines Mitgliedstaates vorgeschrieben sind und keinen ausschlaggebenden Einfluss auf den kontrollierten Rechtsträger vermitteln.

Eine Kontrolle im Sinne von lit. a liegt vor, wenn der öffentliche Auftraggeber einen ausschlaggebenden Einfluss sowohl auf die strategischen Ziele als auch auf die wesentlichen Entscheidungen des kontrollierten Rechtsträgers ausübt. Eine derartige Kontrolle kann auch durch einen anderen Rechtsträger ausgeübt werden, der vom öffentlichen Auftraggeber auf gleiche Weise kontrolliert wird.
2. für Aufträge, die ein öffentlicher Auftraggeber, der Rechtsträger gemäß Z 1 ist,
a) an den ihn kontrollierenden öffentlichen Auftraggeber vergibt oder
b) an einen anderen von dem ihn kontrollierenden öffentlichen Auftraggeber kontrollierten Rechtsträger vergibt, sofern an diesem Rechtsträger keine direkte private Kapitalbeteiligung besteht, mit Ausnahme nicht beherrschender Formen der privaten Kapitalbeteiligung und Formen der privaten Kapitalbeteiligung ohne Sperrminorität, die jeweils in Übereinstimmung mit dem AEUV durch gesetzliche Bestimmungen eines Mitgliedstaates vorgeschrieben sind und keinen ausschlaggebenden Einfluss vermitteln.
3. für Aufträge, die ein öffentlicher Auftraggeber durch einen Rechtsträger erbringen lässt,
a) über den der öffentliche Auftraggeber gemeinsam mit anderen öffentlichen Auftraggebern eine ähnliche Kontrolle wie über seine eigenen Dienststellen ausübt,
b) mehr als 80% der Tätigkeiten des kontrollierten Rechtsträgers der Ausführung der Aufgaben dienen, mit denen er von den die Kontrolle ausübenden öffentlichen Auftraggebern oder von anderen von diesen öffentlichen Auftraggebern kontrollierten Rechtsträgern betraut wurde, und
c) keine direkte private Kapitalbeteiligung am kontrollierten Rechtsträger besteht, mit Ausnahme nicht beherrschender Formen der privaten Kapitalbeteiligung und Formen der privaten Kapitalbeteiligung ohne Sperrminorität, die in Übereinstimmung mit dem AEUV durch gesetzliche Bestimmungen eines Mitgliedstaates vorgeschrieben sind und keinen ausschlaggebenden Einfluss auf den kontrollierten Rechtsträger vermitteln.

(2) Eine gemeinsame Kontrolle im Sinne von Abs. 1 Z 3 lit. a liegt vor, wenn
1. die beschlussfassenden Organe des kontrollierten Rechtsträgers sich aus Vertretern sämtlicher beteiligter öffentlicher Auftraggeber zusammensetzen, wobei einzelne Vertreter mehrere oder alle beteiligten öffentlichen Auftraggeber vertreten können,
2. die beteiligten öffentlichen Auftraggeber gemeinsam einen ausschlaggebenden Einfluss sowohl auf die strategischen Ziele als auch auf die wesentlichen Entscheidungen des kontrollierten Rechtsträgers ausüben können und
3. der kontrollierte Rechtsträger keine Interessen verfolgt, die denen der kontrollierenden öffentlichen Auftraggeber zuwiderlaufen.

(3) Dieses Bundesgesetz gilt nicht für Verträge zwischen öffentlichen Auftraggebern, wenn

1. der Vertrag eine Zusammenarbeit zwischen den beteiligten öffentlichen Auftraggebern begründet oder implementiert, mit der sichergestellt werden soll, dass von den beteiligten öffentlichen Auftraggebern zu erbringende öffentliche Dienstleistungen im Hinblick auf die Erreichung gemeinsamer Ziele ausgeführt werden können,
2. die Implementierung dieser Zusammenarbeit ausschließlich durch Überlegungen im Zusammenhang mit dem öffentlichen Interesse bestimmt wird und
3. die beteiligten öffentlichen Auftraggeber auf dem offenen Markt weniger als 20% der durch die Zusammenarbeit erfassten Tätigkeiten erbringen.

(4) Zur Ermittlung des prozentualen Anteiles der Tätigkeiten gemäß Abs. 1 Z 1 lit. b, Abs. 1 Z 3 lit. b und Abs. 3 Z 3 ist der durchschnittliche Gesamtumsatz aller während der letzten drei Jahre vor der Vergabe des Auftrages oder dem Vertragsschluss erbrachten Leistungen oder ein geeigneter alternativer, in Relation zu den jeweiligen Tätigkeiten stehender Wert heranzuziehen. Liegen wegen des Gründungszeitpunktes oder des Zeitpunktes der Aufnahme der Geschäftstätigkeit für die letzten drei Jahre keine Angaben über den Umsatz oder einen geeigneten alternativen, in Relation zu den jeweiligen Tätigkeiten stehenden Wert vor oder sind diese Daten aufgrund einer erfolgten Umstrukturierung nicht mehr relevant, so genügt es, wenn die Ermittlung des Anteiles der Tätigkeiten etwa durch Prognosen über die Geschäftsentwicklung glaubhaft gemacht wird.

(5) Die Abs. 1 Z 2 und 3 und Abs. 3 sind auch auf Sachverhalte anwendbar, bei denen an Stelle oder neben einem öffentlichen Auftraggeber ein öffentlicher Sektorenauftraggeber oder ein Auftraggeber gemäß Art. 2 Abs. 1 Z 1 der Richtlinie 2014/24/EU bzw. Art. 4 Abs. 1 lit. a erster Fall der Richtlinie 2014/25/EU beteiligt ist.

(6) Der öffentliche Auftraggeber hat die für die Ausnahme vom Geltungsbereich dieses Bundesgesetzes gemäß Abs. 1 bis 5 maßgeblichen Gründe schriftlich festzuhalten.

Gemeinsame grenzüberschreitende Auftragsvergabe mehrerer öffentlicher Auftraggeber

§ 11. (1) Öffentliche Auftraggeber, die diesem Bundesgesetz unterliegen, können mit öffentlichen Auftraggebern gemäß Art. 2 Abs. 1 Z 1 der Richtlinie 2014/24/EU mit Sitz in einem anderen Mitgliedstaat der EU oder mit Sitz in einer sonstigen Vertragspartei des EWR-Abkommens vereinbaren, Vergabeverfahren gemeinsam durchzuführen. Sofern dies nicht bereits in einer im Einklang mit dem AEUV geschlossenen internationalen Übereinkunft oder Vereinbarung zwischen der Republik Österreich und anderen beteiligten Mitgliedstaaten der EU oder sonstigen Vertragsparteien des EWR-Abkommens geregelt ist, ist in der Vereinbarung zwischen den beteiligten öffentlichen Auftraggebern jedenfalls festzulegen:

1. welcher öffentliche Auftraggeber für die Durchführung welchen Teiles des Vergabeverfahrens zuständig ist (Zuständigkeiten der Parteien),
2. die jeweils anwendbaren nationalen Regelungen und
3. die interne Organisation des Vergabeverfahrens, einschließlich der Durchführung des Verfahrens, der Zuständigkeit zum Abschluss der Verträge und der Verteilung der zu beschaffenden Leistungen.

Die nach Z 1 und 2 festzulegende Verteilung der Zuständigkeiten und der jeweils anwendbaren nationalen Regelungen sind in der Ausschreibung für die gemeinsam zu vergebenden Aufträge bekannt zu geben.

(2) Wird eine zentrale Beschaffungstätigkeit für einen öffentlichen Auftraggeber durch eine zentrale Beschaffungsstelle gemäß Art. 2 Abs. 1 Z 16 der Richtlinie 2014/24/EU mit Sitz in einem anderen Mitgliedstaat der EU oder mit Sitz in einer sonstigen Vertragspartei des EWR-Abkommens durchgeführt, so unterliegt

1. die Durchführung des Vergabeverfahrens,
2. die Vergabe eines Auftrages im Rahmen eines dynamischen Beschaffungssystems,
3. die Durchführung eines erneuten Aufrufes zum Wettbewerb gemäß einer Rahmenvereinbarung und
4. im Falle der Vergabe eines Auftrages aufgrund einer Rahmenvereinbarung ohne erneuten Aufruf zum Wettbewerb die Festlegung, welcher Partei der Rahmenvereinbarung der Zuschlag erteilt werden soll,

den Regelungen des Sitzstaates der zentralen Beschaffungsstelle.

(3) Gründen öffentliche Auftraggeber mit öffentlichen Auftraggebern gemäß Art. 2 Abs. 1 Z 1 der Richtlinie 2014/24/EU mit Sitz in einem anderen Mitgliedstaat der EU oder mit Sitz in einer sonstigen Vertragspartei des EWR-Abkommens zur gemeinsamen Durchführung von Vergabeverfahren einen Rechtsträger, der öffentlicher Auftraggeber gemäß Art. 2 Abs. 1 Z 1 der Richtlinie 2014/24/EU ist, so haben die beteiligten öffentlichen Auftraggeber gemäß den auf den Rechtsträger anwendbaren Regelungen die auf den Rechtsträger anwendbaren nationalen Vergaberegelungen eines der folgenden Mitgliedstaaten oder einer der folgenden Vertragsparteien des EWR-Abkommens zu vereinbaren:

1. die nationalen Vergaberegelungen des Sitzstaates des Rechtsträgers oder

2. die nationalen Vergaberegelungen jenes Mitgliedstaates der EU oder jener Vertragspartei des EWR-Abkommens, in dem der Rechtsträger seine Tätigkeiten entfaltet.

Diese Vereinbarung gilt, sofern dies im Gründungsakt des Rechtsträgers festgelegt wurde, unbefristet, oder kann auf einen bestimmten Zeitraum, auf bestimmte Arten von Aufträgen oder auf die Durchführung eines oder mehrerer Vergabeverfahren beschränkt werden.

(4) Eine Vereinbarung gemäß Abs. 1 oder eine Gründung gemäß Abs. 3 darf nicht den Zweck verfolgen, die Anwendung von im Einklang mit dem Unionsrecht stehenden verbindlichen öffentlichrechtlichen Regelungen zu umgehen, denen die beteiligten öffentlichen Auftraggeber in ihren Sitzstaaten unterliegen.

4. Abschnitt
Schwellenwerte, Berechnung des geschätzten Leistungswertes

Schwellenwerte

§ 12. (1) Verfahren von öffentlichen Auftraggebern zur Vergabe von Aufträgen erfolgen im Oberschwellenbereich, wenn der geschätzte Auftragswert

1. bei Liefer- und Dienstleistungsaufträgen, die von in **Anhang III** genannten öffentlichen Auftraggebern vergeben werden, mindestens 144 000 Euro *(Anm. 1)* beträgt; bei Lieferaufträgen, die im Bereich des Bundesministeriums für Landesverteidigung vergeben werden, gilt dies nur für Aufträge im Verteidigungsbereich betreffend Waren, die in **Anhang IV** genannt sind, oder
2. bei Dienstleistungsaufträgen gemäß **Anhang XVI** mindestens 750 000 Euro beträgt, oder
3. bei allen übrigen Liefer- und Dienstleistungsaufträgen mindestens 221 000 Euro *(Anm. 2)* beträgt, oder
4. bei Bauaufträgen mindestens 5 548 000 Euro *(Anm. 3)* beträgt.

(2) Wettbewerbe von öffentlichen Auftraggebern erfolgen im Oberschwellenbereich, wenn bei Realisierungswettbewerben der geschätzte Auftragswert des Dienstleistungsauftrages unter Berücksichtigung etwaiger Preisgelder und Zahlungen an Teilnehmer bzw. bei Ideenwettbewerben die Summe der Preisgelder und Zahlungen an Teilnehmer

1. bei von in **Anhang III** genannten öffentlichen Auftraggebern durchgeführten Wettbewerben mindestens 144 000 Euro *(Anm. 1)* beträgt, oder
2. bei von anderen als in **Anhang III** genannten öffentlichen Auftraggebern durchgeführten Wettbewerben mindestens 221 000 Euro *(Anm. 2)* beträgt.

(3) Verfahren von öffentlichen Auftraggebern zur Vergabe von Aufträgen erfolgen im Unterschwellenbereich, wenn der geschätzte Auftragswert die in Abs. 1 genannten Beträge nicht erreicht. Wettbewerbe erfolgen im Unterschwellenbereich, wenn der geschätzte Auftragswert unter Einrechnung der Preisgelder und Zahlungen oder die Summe der Preisgelder und Zahlungen an die Teilnehmer die in Abs. 2 genannten Beträge nicht erreicht.

(________________________

Anm. 1: gemäß K, BGBl. II Nr. 358/2019, ab 1.1.2020: 139 000 Euro

gemäß K, BGBl. II Nr. 560/2021, ab 1.1.2022: 140 000 Euro

Anm. 2: ab 1.1.2020: 214 000 Euro

ab 1.1.2022: 215 000 Euro

Anm. 3: ab 1.1.2020: 5 350 000 Euro

ab 1.1.2022: 5 382 000 Euro)

Allgemeine Bestimmungen betreffend die Berechnung des geschätzten Auftragswertes

§ 13. (1) Grundlage für die Berechnung des geschätzten Auftragswertes eines Auftrages ist der Gesamtwert ohne Umsatzsteuer, der vom öffentlichen Auftraggeber voraussichtlich zu zahlen ist. Bei dieser Berechnung ist der geschätzte Gesamtwert aller der zum Vorhaben gehörigen Leistungen einschließlich aller Optionen und etwaiger Vertragsverlängerungen, die in der Ausschreibung ausdrücklich vorgesehen werden sollen, zu berücksichtigen.

(2) Sieht der öffentliche Auftraggeber Prämien oder Zahlungen an Bewerber oder Bieter vor, so hat er diese bei der Berechnung des geschätzten Auftragswertes zu berücksichtigen.

(3) Der geschätzte Auftragswert der auszuschreibenden Leistung ohne Umsatzsteuer ist vom öffentlichen Auftraggeber vor der Durchführung des Vergabeverfahrens sachkundig zu ermitteln. Maßgeblicher Zeitpunkt für die Ermittlung ist der Zeitpunkt der Einleitung des Vergabeverfahrens durch den öffentlichen Auftraggeber. Bei Vergabeverfahren mit vorheriger Bekanntmachung ist dies der Zeitpunkt der Absendung der Bekanntmachung, bei Vergabeverfahren ohne vorherige Bekanntmachung die erste nach außen in Erscheinung tretende Entscheidung.

(4) Besteht der öffentliche Auftraggeber aus mehreren eigenständigen Organisationseinheiten, so ist der geschätzte Auftragswert für alle Organisationseinheiten zu berücksichtigen. Abweichend davon kann der Auftragswert auf der Ebene einer eigenständigen Organisationseinheit geschätzt werden, wenn die betreffende Einheit selbständig für ihre Auftragsvergaben oder bestimmte Kategorien von Auftragsvergaben zuständig ist.

(5) Die Wahl der angewandten Berechnungsmethode darf nicht den Zweck verfolgen, die Anwendung der Vorschriften dieses Bundesgesetzes zu

umgehen. Sofern nicht sachliche Gründe vorliegen, darf ein Auftrag nicht so unterteilt werden, dass er nicht den Vorschriften dieses Bundesgesetzes für den Oberschwellenbereich unterliegt.

Berechnung des geschätzten Auftragswertes bei Bauaufträgen

§ 14. (1) Besteht ein Bauvorhaben aus mehreren Losen, für die jeweils ein gesonderter Auftrag vergeben wird, so ist als geschätzter Auftragswert der geschätzte Gesamtwert aller dieser Lose anzusetzen. Als Lose im Sinne dieses Bundesgesetzes gelten auch gewerbliche Tätigkeiten im Sinne des **Anhanges I** (Gewerke).

(2) Bei der Berechnung des geschätzten Auftragswertes von Bauaufträgen ist neben dem Auftragswert der Bauleistungen auch der geschätzte Gesamtwert aller für die Ausführung der Bauleistungen erforderlichen Waren und Dienstleistungen einzubeziehen, die dem Unternehmer vom öffentlichen Auftraggeber zur Verfügung gestellt werden.

(3) Erreicht oder übersteigt der kumulierte Wert der Lose den in § 12 Abs. 1 Z 4 genannten Schwellenwert, so gelten die Bestimmungen dieses Bundesgesetzes für die Vergabe von Bauaufträgen im Oberschwellenbereich für die Vergabe aller Lose. Dies gilt nicht für jene Lose, deren geschätzter Auftragswert weniger als 1 Million Euro beträgt, sofern der kumulierte Wert der vom öffentlichen Auftraggeber ausgewählten Lose 20% des kumulierten Wertes aller Lose nicht übersteigt. Für die Vergabe dieser Lose gelten die Bestimmungen dieses Bundesgesetzes für die Vergabe von Bauaufträgen im Unterschwellenbereich; für die Wahl des Verfahrens gilt als geschätzter Auftragswert der Wert des einzelnen Loses.

(4) Erreicht oder übersteigt der kumulierte Wert der Lose den in § 12 Abs. 1 Z 4 genannten Schwellenwert nicht, so gelten die Bestimmungen dieses Bundesgesetzes für die Vergabe von Bauaufträgen im Unterschwellenbereich für die Vergabe aller Lose. Für die Wahl des Verfahrens zur Vergabe von Aufträgen im Unterschwellenbereich gilt als geschätzter Auftragswert der Wert des einzelnen Loses.

Berechnung des geschätzten Auftragswertes bei Lieferaufträgen

§ 15. (1) Bei Leasing, Miete, Pacht oder Ratenkauf ist als geschätzter Auftragswert anzusetzen:
1. bei befristeten Aufträgen mit einer Laufzeit von höchstens zwölf Monaten der geschätzte Gesamtbetrag der während der Vertragsdauer voraussichtlich zu leistenden Entgelte;
2. bei befristeten Aufträgen mit einer Laufzeit von mehr als zwölf Monaten der geschätzte Gesamtbetrag der während der Vertragsdauer voraussichtlich zu leistenden Entgelte einschließlich des geschätzten Restwertes;
3. bei unbefristeten Aufträgen oder bei unklarer Vertragsdauer das 48fache des voraussichtlich zu leistenden Monatsentgeltes.

(2) Bei regelmäßig wiederkehrenden Lieferaufträgen sowie bei Lieferaufträgen, die innerhalb eines bestimmten Zeitraumes verlängert werden sollen, ist als geschätzter Auftragswert anzusetzen entweder
1. der tatsächliche Gesamtwert aller entsprechenden aufeinander folgenden Aufträge im vorangegangenen Finanz- bzw. Haushaltsjahr oder in den vorangegangenen zwölf Monaten, nach Möglichkeit unter Berücksichtigung der voraussichtlichen Änderungen bei Mengen oder Wert während der auf den ursprünglichen Auftrag folgenden zwölf Monate, oder
2. der geschätzte Gesamtwert der aufeinander folgenden Aufträge, die während der auf die erste Lieferung folgenden zwölf Monate oder des auf die erste Lieferung folgenden Finanz- bzw. Haushaltsjahres, soweit dieses länger als zwölf Monate ist, vergeben werden sollen.

(3) Besteht eine Lieferung aus der Beschaffung gleichartiger Lieferleistungen in mehreren Losen, für die jeweils ein gesonderter Auftrag vergeben wird, so ist als geschätzter Auftragswert der geschätzte Gesamtwert aller dieser Lose anzusetzen.

(4) Erreicht oder übersteigt der kumulierte Wert der Lose die in § 12 Abs. 1 Z 1 oder 3 genannten Schwellenwerte, so gelten die Bestimmungen dieses Bundesgesetzes für die Vergabe von Lieferaufträgen im Oberschwellenbereich für die Vergabe aller Lose. Dies gilt nicht für jene Lose, deren geschätzter Auftragswert weniger als 80 000 Euro beträgt, sofern der kumulierte Wert der vom öffentlichen Auftraggeber ausgewählten Lose 20% des kumulierten Wertes aller Lose nicht übersteigt. Für die Vergabe dieser Lose gelten die Bestimmungen dieses Bundesgesetzes für die Vergabe von Lieferaufträgen im Unterschwellenbereich; für die Wahl des Verfahrens gilt als geschätzter Auftragswert der Wert des einzelnen Loses.

(5) Erreicht oder übersteigt der kumulierte Wert der Lose die in § 12 Abs. 1 Z 1 oder 3 genannten Schwellenwerte nicht, so gelten die Bestimmungen dieses Bundesgesetzes für die Vergabe von Lieferaufträgen im Unterschwellenbereich für die Vergabe aller Lose. Lose, deren geschätzter Auftragswert weniger als 50 000 Euro beträgt, können im Wege der Direktvergabe vergeben werden, sofern der kumulierte Wert der vom öffentlichen Auftraggeber ausgewählten Lose 50% des kumulierten Wertes aller Lose nicht übersteigt.

Berechnung des geschätzten Auftragswertes bei Dienstleistungsaufträgen

§ 16. (1) Bei Aufträgen über die folgenden Dienstleistungen ist als geschätzter Auftragswert anzusetzen:
1. bei Versicherungsleistungen die Versicherungsprämie und sonstige Entgelte;

2. bei Bankdienstleistungen und anderen Finanzdienstleistungen die Gebühren, Provisionen und Zinsen sowie sonstige Entgelte;
3. bei Aufträgen, die Planungsleistungen zum Gegenstand haben, die Gebühren, Provisionen sowie sonstige Entgelte.

(2) Bei Dienstleistungsaufträgen, für die kein Gesamtpreis angegeben wird, ist als geschätzter Auftragswert anzusetzen:
1. bei befristeten Aufträgen mit einer Laufzeit von höchstens 48 Monaten der geschätzte Gesamtwert für die Laufzeit des Vertrages;
2. bei unbefristeten Aufträgen oder Aufträgen mit einer Laufzeit von mehr als 48 Monaten das 48fache des zu leistenden Monatsentgeltes.

(3) Bei regelmäßig wiederkehrenden Dienstleistungsaufträgen sowie bei Dienstleistungsaufträgen, die innerhalb eines bestimmten Zeitraumes verlängert werden sollen, ist als geschätzter Auftragswert anzusetzen entweder
1. der tatsächliche Gesamtwert aller entsprechenden aufeinander folgenden Aufträge im vorangegangenen Finanz- bzw. Haushaltsjahr oder in den vorangegangenen zwölf Monaten, nach Möglichkeit unter Berücksichtigung der voraussichtlichen Änderungen bei Mengen oder Wert während der auf den ursprünglichen Auftrag folgenden zwölf Monate, oder
2. der geschätzte Gesamtwert der aufeinander folgenden Aufträge, die während der auf die erste Dienstleistungserbringung folgenden zwölf Monate oder des auf die erste Dienstleistungserbringung folgenden Finanz- bzw. Haushaltsjahres, soweit dieses länger als zwölf Monate ist, vergeben werden sollen.

(4) Besteht eine Dienstleistung aus mehreren Losen, für die jeweils ein gesonderter Auftrag vergeben wird, so ist als geschätzter Auftragswert der geschätzte Gesamtwert aller dieser Lose anzusetzen.

(5) Erreicht oder übersteigt der kumulierte Wert der Lose die in § 12 Abs. 1 Z 1 bis 3 genannten Schwellenwerte, so gelten die Bestimmungen dieses Bundesgesetzes für die Vergabe von Dienstleistungsaufträgen im Oberschwellenbereich für die Vergabe aller Lose. Dies gilt nicht für jene Lose, deren geschätzter Auftragswert weniger als 80 000 Euro beträgt, sofern der kumulierte Wert der vom öffentlichen Auftraggeber ausgewählten Lose 20% des kumulierten Wertes aller Lose nicht übersteigt. Für die Vergabe dieser Lose gelten die Bestimmungen dieses Bundesgesetzes für die Vergabe von Dienstleistungsaufträgen im Unterschwellenbereich; für die Wahl des Verfahrens gilt als geschätzter Auftragswert der Wert des einzelnen Loses.

(6) Erreicht oder übersteigt der kumulierte Wert der Lose die in § 12 Abs. 1 Z 1 bis 3 genannten Schwellenwerte nicht, so gelten die Bestimmungen dieses Bundesgesetzes für die Vergabe von Dienstleistungsaufträgen im Unterschwellenbereich für die Vergabe aller Lose. Lose, deren geschätzter Auftragswert weniger als 50 000 Euro beträgt, können im Wege der Direktvergabe vergeben werden, sofern der kumulierte Wert der vom öffentlichen Auftraggeber ausgewählten Lose 50% des kumulierten Wertes aller Lose nicht übersteigt.

Berechnung des geschätzten Auftragswertes bei Rahmenvereinbarungen und bei dynamischen Beschaffungssystemen

§ 17. Der geschätzte Auftragswert einer Rahmenvereinbarung oder eines dynamischen Beschaffungssystems ist der für ihre gesamte Laufzeit geschätzte Gesamtwert aller aufgrund dieser Rahmenvereinbarung oder dieses dynamischen Beschaffungssystems voraussichtlich zu vergebenden Aufträge.

Berechnung des geschätzten Auftragswertes bei Innovationspartnerschaften

§ 18. Der geschätzte Auftragswert einer Innovationspartnerschaft ist der geschätzte Gesamtwert der Forschungs- und Entwicklungstätigkeiten während sämtlicher Phasen der geplanten Innovationspartnerschaft sowie der im Rahmen der Innovationspartnerschaft zu entwickelnden und in weiterer Folge zu beschaffenden Waren, Dienst- oder Bauleistungen.

Änderung der Schwellen- oder Loswerte

§ 19. (1) Der Bundesminister für Verfassung, Reformen, Deregulierung und Justiz kann durch Verordnung anstelle der in den §§ 12 Abs. 1 und 2, 14 Abs. 3, 15 Abs. 4 und 5, 16 Abs. 5 und 6, 43, 44, 46 Abs. 2, 47 Abs. 2 sowie 151 Abs. 6 festgesetzten Schwellen- oder Loswerte, soweit dies aufgrund von völkerrechtlichen Verpflichtungen Österreichs oder von unionsrechtlichen Vorschriften erforderlich bzw. zulässig bzw. im Interesse einer einheitlichen oder wirtschaftlicheren Vorgangsweise bei der Vergabe von Aufträgen zweckmäßig ist, andere Schwellen- oder Loswerte festsetzen.

(2) Die Angleichung der Schwellenwerte gemäß § 12 Abs. 1 und 2 an die von der Kommission gemäß dem Verfahren des Art. 6 der Richtlinie 2014/24/EU neu festgesetzten Schwellenwerte ist vom Bundesminister für Verfassung, Reformen, Deregulierung und Justiz im Bundesgesetzblatt kundzumachen.

5. Abschnitt
Grundsätze des Vergabeverfahrens und allgemeine Bestimmungen
Grundsätze des Vergabeverfahrens

§ 20. (1) Vergabeverfahren sind nach einem in diesem Bundesgesetz vorgesehenen Verfahren, unter Beachtung der unionsrechtlichen Grundsätze wie insbesondere der Gleichbehandlung aller Bewerber und Bieter, der Nichtdiskriminierung, der Verhältnismäßigkeit, der Transparenz sowie des freien und lauteren Wettbewerbes und unter Wahrung des Grundsatzes der Wirtschaftlichkeit durchzuführen. Die Vergabe hat an befugte, leistungsfähige und zuverlässige (geeignete) Unternehmer zu angemessenen Preisen zu erfolgen.

(2) Die völkerrechtlich zulässige unterschiedliche Behandlung von Bewerbern und Bietern aus Gründen ihrer Staatsangehörigkeit oder des Warenursprunges bleibt von Abs. 1 unberührt.

(3) Bei der Durchführung von Vergabeverfahren ist eine gebietsmäßige Beschränkung des Teilnehmerkreises oder eine Beschränkung der Teilnahme auf einzelne Berufsstände, obwohl auch andere Unternehmer die Berechtigung zur Erbringung der Leistung besitzen, unzulässig.

(4) Verfahren zur Vergabe von Aufträgen und Realisierungswettbewerbe sind nur dann durchzuführen, wenn die Absicht besteht, die Leistung auch tatsächlich zu vergeben. Der öffentliche Auftraggeber ist jedoch nicht verpflichtet, ein Vergabeverfahren durch Zuschlag zu beenden.

(5) Im Vergabeverfahren ist auf die Umweltgerechtheit der Leistung Bedacht zu nehmen. Dies kann insbesondere durch die Berücksichtigung ökologischer Aspekte (wie etwa Energieeffizienz, Materialeffizienz, Abfall- und Emissionsvermeidung, Bodenschutz) oder des Tierschutzes bei der Beschreibung der Leistung, bei der Festlegung der technischen Spezifikationen, durch die Festlegung konkreter Zuschlagskriterien oder durch die Festlegung von Bedingungen im Leistungsvertrag erfolgen.

(6) Im Vergabeverfahren kann auf die Beschäftigung von Frauen, von Personen im Ausbildungsverhältnis, von Langzeitarbeitslosen, von Menschen mit Behinderung und älteren Arbeitnehmern sowie auf Maßnahmen zur Umsetzung sonstiger sozialpolitischer Belange Bedacht genommen werden. Dies kann insbesondere durch die Berücksichtigung derartiger Aspekte bei der Beschreibung der Leistung, bei der Festlegung der technischen Spezifikationen, durch die Festlegung konkreter Zuschlagskriterien oder durch die Festlegung von Bedingungen im Leistungsvertrag erfolgen.

(7) Im Vergabeverfahren kann auf innovative Aspekte Bedacht genommen werden. Dies kann insbesondere durch deren Berücksichtigung bei der Beschreibung der Leistung, bei der Festlegung der technischen Spezifikationen oder durch die Festlegung konkreter Zuschlagskriterien erfolgen.

(8) Die Konzeption und Durchführung eines Vergabeverfahrens soll nach Möglichkeit so erfolgen, dass kleine und mittlere Unternehmen am Vergabeverfahren teilnehmen können.

(9) Die Konzeption oder Durchführung eines Vergabeverfahrens darf nicht den Zweck verfolgen, das Vergabeverfahren vom Anwendungsbereich dieses Bundesgesetzes auszunehmen, die Anwendung der Vorschriften dieses Bundesgesetzes zu umgehen oder den Wettbewerb künstlich einzuschränken. Eine künstliche Einschränkung des Wettbewerbes liegt jedenfalls dann vor, wenn durch die Konzeption oder Durchführung des Vergabeverfahrens bestimmte Unternehmer auf unzulässige Weise bevorzugt oder benachteiligt werden.

Allgemeine Bestimmungen über Bewerber und Bieter

§ 21. (1) Bewerber oder Bieter, die im Gebiet einer anderen Vertragspartei des EWR-Abkommens oder in der Schweizerischen Eidgenossenschaft (Schweiz) ansässig sind und die für die Ausübung einer Tätigkeit in Österreich eine behördliche Entscheidung betreffend ihre Berufsqualifikation einholen müssen, haben ein darauf gerichtetes Verfahren möglichst umgehend, jedenfalls aber vor Ablauf der Angebotsfrist einzuleiten.

(2) Arbeitsgemeinschaften und Bietergemeinschaften können Angebote oder Teilnahmeanträge einreichen, sofern nicht in der Ausschreibung aus sachlichen Gründen die Teilnahme oder die Bildung von Arbeits- oder Bietergemeinschaften für unzulässig erklärt wurde. Der öffentliche Auftraggeber kann ferner in der Ausschreibung aus sachlichen Gründen eine allfällige Beschränkung der Mitgliederanzahl oder der Zusammensetzung von Arbeits- oder Bietergemeinschaften vorsehen. Der öffentliche Auftraggeber darf Arbeits- oder Bietergemeinschaften nicht verpflichten, zwecks Einreichens eines Angebotes oder eines Teilnahmeantrages eine bestimmte Rechtsform anzunehmen. Der öffentliche Auftraggeber kann jedoch von einer Arbeits- oder Bietergemeinschaft verlangen, dass sie eine bestimmte Rechtsform annimmt, wenn ihr der Zuschlag erteilt worden ist, sofern dies für die ordnungsgemäße Durchführung des Auftrages erforderlich ist. Arbeitsgemeinschaften und Bietergemeinschaften sind als solche parteifähig zur Geltendmachung der ihnen durch dieses Bundesgesetz eingeräumten Rechte. Im Auftragsfall schulden Bietergemeinschaften als Arbeitsgemeinschaften dem öffentlichen Auftraggeber die solidarische Leistungserbringung.

(3) Unbeschadet des Abs. 2 dürfen Bewerber oder Bieter, die gemäß den Rechtsvorschriften der Schweiz oder einer anderen Vertragspartei des EWR-Abkommens, in deren Gebiet sie ansässig und zur Erbringung der betreffenden Leistung

berechtigt sind, nicht allein deshalb abgelehnt werden, weil sie gemäß den österreichischen Rechtsvorschriften entweder eine natürliche oder juristische Person sein müssten.

(4) Bei Bau- und Dienstleistungsaufträgen sowie bei Lieferaufträgen, die Dienstleistungen oder Verlege- oder Installationsarbeiten umfassen, können Bewerber oder Bieter, die keine natürliche Person sind, verpflichtet werden, in ihrem Angebot oder in ihrem Teilnahmeantrag die Namen und die berufliche Qualifikation jener natürlichen Personen anzugeben, die für die Erbringung der betreffenden Leistung verantwortlich sein sollen.

Gemeinsame Auftragsvergabe mehrerer öffentlicher Auftraggeber

§ 22. (1) Öffentliche Auftraggeber können einzelne Vergabeverfahren gänzlich oder teilweise gemeinsam durchführen. Eine gemeinsame Durchführung eines Vergabeverfahrens liegt auch dann vor, wenn ein öffentlicher Auftraggeber das Verfahren in seinem eigenen Namen und im Auftrag aller anderen beteiligten öffentlichen Auftraggeber alleine durchführt.

(2) In der Ausschreibung ist anzugeben, ob eine gemeinsame Auftragsvergabe erfolgt, welche öffentlichen Auftraggeber an der gemeinsamen Auftragsvergabe beteiligt sind und gegebenenfalls welcher öffentliche Auftraggeber im eigenen Namen und im Auftrag der anderen beteiligten öffentlichen Auftraggeber das Vergabeverfahren alleine durchführt. Sofern das Vergabeverfahren nur teilweise gemeinsam durchgeführt wird, ist in der Ausschreibung anzugeben, welcher öffentliche Auftraggeber für welchen Teil des Vergabeverfahrens zuständig ist. Erfolgt keine diesbezügliche Angabe in der Ausschreibung, so gelten alle in der Ausschreibung genannten öffentlichen Auftraggeber als an der gemeinsamen Durchführung des gesamten Verfahrens beteiligt.

Vorbehaltene Aufträge zugunsten sozialer und beruflicher Integration

§ 23. (1) Der öffentliche Auftraggeber kann bei Verfahren zur Vergabe von Aufträgen vorsehen, dass an diesen Verfahren nur geschützte Werkstätten, integrative Betriebe oder sonstige Unternehmen, deren Hauptzweck die soziale und berufliche Integration von Menschen mit Behinderung oder von sonstigen benachteiligten Personen ist, teilnehmen können oder dass die Erbringung von Aufträgen im Rahmen von Programmen mit geschützten Beschäftigungsverhältnissen zu erfolgen hat, wobei mindestens 30% der Arbeitnehmer des den Auftrag ausführenden Unternehmens Menschen mit Behinderung oder sonstige benachteiligte Arbeitnehmer sein müssen.

(2) Sofern eine Bekanntmachung erfolgt, ist auf eine Beschränkung des Teilnehmerkreises oder des ausführungsberechtigten Kreises gemäß Abs. 1 hinzuweisen.

Vorherige Erkundung des Marktes

§ 24. Vor Einleitung eines Vergabeverfahrens kann ein öffentlicher Auftraggeber zur Vorbereitung vorherige Markterkundungen durchführen und potentiell interessierte Unternehmer über seine Pläne und Anforderungen informieren. Im Rahmen der Markterkundungen kann sich der öffentliche Auftraggeber insbesondere von Dritten beraten lassen. Er kann die solcherart eingeholten Informationen für die Planung und Durchführung des Vergabeverfahrens nutzen, sofern dadurch der Wettbewerb nicht verzerrt oder gegen die Grundsätze des Vergabeverfahrens verstoßen wird.

Vorarbeiten

§ 25. (1) Hat ein Bewerber oder Bieter oder ein mit diesen in Verbindung stehendes Unternehmen den öffentlichen Auftraggeber beraten oder war er auf andere Weise an der Vorbereitung des Vergabeverfahrens beteiligt, so hat der öffentliche Auftraggeber alle erforderlichen Maßnahmen zu setzen, um sicherzustellen, dass der Wettbewerb durch die Teilnahme dieses Bewerbers oder Bieters nicht verzerrt wird. Als Maßnahmen kommen insbesondere die Übermittlung oder Bereitstellung aller Informationen, die im Zusammenhang mit den Vorarbeiten ausgetauscht wurden oder die aus den Vorarbeiten resultieren, an alle Teilnehmer des Vergabeverfahrens oder die Festlegung angemessener Angebotsfristen in Betracht. Die vom öffentlichen Auftraggeber gesetzten Maßnahmen sind im Vergabevermerk festzuhalten.

(2) Bewerber, Bieter sowie mit diesen in Verbindung stehende Unternehmen, die im Sinne des Abs. 1 an der Vorbereitung des Vergabeverfahrens beteiligt waren, sind, soweit durch ihre Teilnahme der faire und lautere Wettbewerb unter Beachtung des Grundsatzes der Gleichbehandlung verzerrt werden würde, von der Teilnahme am Vergabeverfahren auszuschließen. Vor dem Ausschluss ist dem betroffenen Unternehmer die Möglichkeit zu geben, nachzuweisen, dass seine Beteiligung an der Vorbereitung des Vergabeverfahrens den Wettbewerb nicht verzerren konnte.

Vermeidung von Interessenkonflikten

§ 26. (1) Der öffentliche Auftraggeber hat geeignete Maßnahmen zur wirksamen Verhinderung, Aufdeckung und Behebung von sich bei der Durchführung von Vergabeverfahren ergebenden Interessenkonflikten zu treffen, um Wettbewerbsverzerrungen zu vermeiden und eine Gleichbehandlung aller Unternehmer zu gewährleisten.

(2) Ein Interessenkonflikt liegt jedenfalls dann vor, wenn Mitarbeiter eines öffentlichen Auftraggebers oder einer vergebenden Stelle, die an der Durchführung des Vergabeverfahrens beteiligt

sind oder Einfluss auf den Ausgang des Verfahrens nehmen können, direkt oder indirekt ein finanzielles, wirtschaftliches oder sonstiges persönliches Interesse haben, das ihre Unparteilichkeit und Unabhängigkeit im Rahmen des Vergabeverfahrens beeinträchtigen könnte.

Schutz der Vertraulichkeit, Verwertungsrechte

§ 27. (1) Der öffentliche Auftraggeber und die Teilnehmer eines Vergabeverfahrens haben den vertraulichen Charakter aller bei der Durchführung eines Vergabeverfahrens ausgetauschten Informationen zu wahren.

(2) Sofern in diesem Bundesgesetz nicht anderes bestimmt ist, darf der öffentliche Auftraggeber keine ihm von einem Unternehmer übermittelten und von diesem als vertraulich bezeichneten Informationen weitergeben. Dies betrifft insbesondere technische Geheimnisse, Betriebsgeheimnisse sowie vertrauliche Aspekte der Angebote.

(3) Der öffentliche Auftraggeber kann für die Teilnehmer eines Vergabeverfahrens Anforderungen zum Schutz der Vertraulichkeit von Informationen vorschreiben, die ihnen im Rahmen eines Vergabeverfahrens zur Verfügung gestellt, übermittelt bzw. bereitgestellt werden.

(4) Soweit Schutzrechte oder Geheimhaltungsinteressen verletzt würden, dürfen sowohl der öffentliche Auftraggeber als auch die Teilnehmer eines Vergabeverfahrens Ausarbeitungen des anderen sowie sonstige zur Verfügung gestellte, übermittelte bzw. bereitgestellte Pläne, Zeichnungen, Entwürfe, Modelle, Proben, Muster, Computerprogramme und dergleichen nur mit dessen ausdrücklicher Zustimmung für sich verwenden oder an Dritte weitergeben.

(5) Der öffentliche Auftraggeber kann sich vorbehalten, bestimmte von ihm zur Verfügung gestellte, übermittelte bzw. bereitgestellte Pläne, Zeichnungen, Entwürfe, Modelle, Proben, Muster, Computerprogramme und dergleichen, für die keine Vergütung verlangt wurde, zurückzufordern.

(6) Die Bewerber oder Bieter können sich vorbehalten, für den Fall, dass ihnen der Zuschlag nicht erteilt wird, die Rückstellung jener besonderen Ausarbeitungen sowie von ihnen übermittelter Pläne, Zeichnungen, Entwürfe, Modelle, Proben, Muster, Computerprogramme und dergleichen zu verlangen, für die keine Vergütung vorgesehen ist. Dasselbe gilt für besondere Ausarbeitungen für Alternativangebote, von denen kein Gebrauch gemacht wird.

Gesamt- oder Losvergabe

§ 28. (1) Die Leistungen eines Vorhabens können gemeinsam oder getrennt vergeben werden (Gesamt- oder Losvergabe). Eine getrennte Vergabe in Losen kann in örtlicher oder zeitlicher Hinsicht, nach Menge und Art der Leistung oder im Hinblick auf Leistungen verschiedener Gewerbe oder Fachrichtungen erfolgen. Für die Gesamt- oder Losvergabe sind wirtschaftliche oder technische Gesichtspunkte, wie zB die Notwendigkeit einer einheitlichen Ausführung und einer eindeutigen Gewährleistung, maßgebend.

(2) Ein Zuschlag in Teilen einer ausgeschriebenen Gesamtleistung ist ebenso wie ein bloßer Vorbehalt einer allfälligen Losvergabe unzulässig. Soll die Möglichkeit für eine Vergabe in Losen gewahrt bleiben, sind sowohl die Gesamtleistung als auch die allenfalls getrennt zur Vergabe gelangenden Lose auszuschreiben.

(3) Erfolgt eine Losvergabe, hat der öffentliche Auftraggeber

1. die Ausschreibung so zu gestalten, dass der Bieter Losspreise bilden kann, und
2. in der Bekanntmachung oder in der Aufforderung zur Interessensbestätigung anzugeben, ob Angebote nur für ein Los, für mehrere Lose oder für alle Lose abgegeben werden können sowie eine etwaige Höchstzahl der Lose, für die ein einzelner Bieter den Zuschlag erhalten kann.

(4) Der öffentliche Auftraggeber hat für den Fall, dass die Anwendung der Zuschlagskriterien dazu führen würde, dass ein einzelner Bieter den Zuschlag für eine größere Zahl von Losen als die gemäß Abs. 3 Z 2 festgelegte Höchstzahl erhalten würde, in den Ausschreibungsunterlagen objektive und nicht diskriminierende Kriterien oder Regeln für die Losvergabe festzulegen.

(5) Erfolgt eine Losvergabe, kann der öffentliche Auftraggeber Aufträge über mehrere oder alle Lose aufgrund einer gesamthaften Bewertung an einen Bieter vergeben, wenn er sich in der Bekanntmachung oder in der Aufforderung zur Interessensbestätigung diese Möglichkeit vorbehalten hat, er die Lose oder Losgruppen angegeben hat, die kombiniert werden können, und die gemeinsame Vergabe der Lose wirtschaftlich günstiger als eine getrennte Vergabe der Lose ist.

(6) Erfolgt keine Unterteilung des Auftrages in Lose, so hat der öffentliche Auftraggeber bei Vergabeverfahren im Oberschwellenbereich dies in der Ausschreibung oder im Vergabevermerk zu begründen.

Allgemeine Bestimmungen betreffend den Preis

§ 29. (1) Der Preis ist nach dem Preisangebotsverfahren oder nach dem Preisaufschlags- und Preisnachlassverfahren zu erstellen.

(2) Zu Einheitspreisen ist auszuschreiben, anzubieten und zuzuschlagen, wenn sich eine Leistung nach Art und Güte genau, nach Umfang zumindest annähernd bestimmen lässt.

(3) Zu Pauschalpreisen ist auszuschreiben, anzubieten und zuzuschlagen, wenn Art, Güte und Umfang einer Leistung sowie die Umstände, unter

denen sie zu erbringen ist, zur Zeit der Ausschreibung hinreichend genau bekannt sind und mit einer Änderung während der Ausführung nicht zu rechnen ist.

(4) Eine Vergabe zu Regiepreisen ist nur dann durchzuführen, wenn Art, Güte und Umfang der Leistung oder die Umstände, unter denen sie zu erbringen ist, nicht so genau erfasst werden können, dass eine Vergabe nach Einheits- oder Pauschalpreis möglich ist und nur nach dem tatsächlichen Stunden- oder Materialaufwand abgerechnet werden kann.

(5) Zu Festpreisen ist auszuschreiben, anzubieten und zuzuschlagen, wenn den Vertragspartnern nicht durch langfristige Verträge oder durch preisbestimmende Kostenanteile, die einer starken Preisschwankung unterworfen sind, unzumutbare Unsicherheiten entstehen. In diesem Fall ist zu veränderlichen Preisen auszuschreiben, anzubieten und zuzuschlagen. Der Zeitraum für die Geltung fester Preise darf grundsätzlich die Dauer von zwölf Monaten nicht übersteigen.

Verwendung des CPV

§ 30. Bei der Durchführung von Vergabeverfahren und für die Erstellung von Statistiken hat der öffentliche Auftraggeber die jeweils aktuellen Bezeichnungen und Codes des CPV zu verwenden. Dies gilt insbesondere für die Abgrenzung des Anwendungsbereiches dieses Bundesgesetzes, für Bekanntmachungen, für die Beschreibung des Auftragsgegenstandes und für die Erstellung des Vergabevermerkes.

2. Hauptstück
Arten und Wahl der Vergabeverfahren
1. Abschnitt
Arten der Vergabeverfahren
Arten der Verfahren zur Vergabe von Aufträgen

§ 31. (1) Die Vergabe von Aufträgen über Leistungen hat im Wege eines offenen Verfahrens, eines nicht offenen Verfahrens, eines Verhandlungsverfahrens, einer Rahmenvereinbarung, eines dynamischen Beschaffungssystems, eines wettbewerblichen Dialoges, einer Innovationspartnerschaft, einer Direktvergabe oder einer Direktvergabe mit vorheriger Bekanntmachung zu erfolgen.

(2) Beim offenen Verfahren wird eine unbeschränkte Anzahl von Unternehmern öffentlich zur Abgabe von Angeboten aufgefordert.

(3) Beim nicht offenen Verfahren mit vorheriger Bekanntmachung werden, nachdem eine unbeschränkte Anzahl von Unternehmern öffentlich zur Abgabe von Teilnahmeanträgen aufgefordert wurde, ausgewählte geeignete Bewerber zur Abgabe von Angeboten aufgefordert.

(4) Beim nicht offenen Verfahren ohne vorherige Bekanntmachung wird eine beschränkte Anzahl von geeigneten Unternehmern zur Abgabe von Angeboten aufgefordert.

(5) Beim Verhandlungsverfahren mit vorheriger Bekanntmachung werden, nachdem eine unbeschränkte Anzahl von Unternehmern öffentlich zur Abgabe von Teilnahmeanträgen aufgefordert wurde, ausgewählte geeignete Bewerber zur Abgabe von Angeboten aufgefordert. Danach kann über den Auftragsinhalt verhandelt werden.

(6) Beim Verhandlungsverfahren ohne vorherige Bekanntmachung wird eine beschränkte Anzahl von geeigneten Unternehmern zur Abgabe von Angeboten aufgefordert. Danach kann über den Auftragsinhalt verhandelt werden.

(7) Eine Rahmenvereinbarung ist eine Vereinbarung ohne Abnahmeverpflichtung zwischen einem oder mehreren öffentlichen Auftraggebern und einem oder mehreren Unternehmern, die zum Ziel hat, die Bedingungen für die Aufträge, die während eines bestimmten Zeitraumes vergeben werden sollen, festzulegen, insbesondere in Bezug auf den in Aussicht genommenen Preis und gegebenenfalls die in Aussicht genommene Menge. Aufgrund einer Rahmenvereinbarung wird nach Abgabe von Angeboten eine Leistung von einer Partei der Rahmenvereinbarung mit oder ohne erneuten Aufruf zum Wettbewerb bezogen.

BVergG

(8) Ein dynamisches Beschaffungssystem ist ein vollelektronisches Verfahren für die Beschaffung von Leistungen, bei denen die allgemein auf dem Markt verfügbaren Merkmale den Anforderungen des öffentlichen Auftraggebers genügen. Bei einem dynamischen Beschaffungssystem wird eine unbeschränkte Anzahl von Unternehmern öffentlich zur Abgabe von Teilnahmeanträgen aufgefordert und alle geeigneten Unternehmer sind während seiner Gültigkeitsdauer zur Teilnahme am System zuzulassen. Bei einem dynamischen Beschaffungssystem wird die Leistung nach einer gesonderten Aufforderung zur Angebotsabgabe von einem Teilnehmer am dynamischen Beschaffungssystem bezogen. Ein dynamisches Beschaffungssystem kann in Kategorien von Waren, Bauleistungen oder Dienstleistungen untergliedert werden, die anhand von Merkmalen der vorgesehenen Beschaffung in der betreffenden Kategorie sachlich definiert werden.

(9) Beim wettbewerblichen Dialog führt der öffentliche Auftraggeber, nachdem eine unbeschränkte Anzahl von Unternehmern öffentlich zur Abgabe von Teilnahmeanträgen aufgefordert wurde, mit ausgewählten geeigneten Bewerbern einen Dialog über alle Aspekte des Auftrages. Ziel des Dialoges ist es, eine oder mehrere der Ausschreibung entsprechende Lösung oder Lösungen zu ermitteln, auf deren Grundlage die jeweiligen Teilnehmer zur Angebotsabgabe aufgefordert werden.

(10) Bei einer Innovationspartnerschaft werden, nachdem eine unbeschränkte Anzahl von Unternehmern öffentlich zur Abgabe von Teilnahmeanträgen aufgefordert wurde, ausgewählte geeignete Bewerber zur Abgabe von Angeboten zur Entwicklung einer innovativen Ware, Bau- oder Dienstleistung aufgefordert. Danach wird über den Auftragsinhalt (Entwicklung und anschließender Erwerb der daraus hervorgehenden Leistung) verhandelt.

(11) Bei der Direktvergabe wird eine Leistung, gegebenenfalls nach Einholung von Angeboten oder unverbindlichen Preisauskünften von einem oder mehreren Unternehmern, formfrei von einem ausgewählten geeigneten Unternehmer gegen Entgelt bezogen.

(12) Bei der Direktvergabe mit vorheriger Bekanntmachung wird, nachdem einer unbeschränkten Anzahl von Unternehmern die beabsichtigte Vergabe eines Auftrages bekannt gemacht wurde, und nach Einholung von einem oder mehreren Angeboten, eine Leistung formfrei von einem ausgewählten geeigneten Unternehmer gegen Entgelt bezogen.

Arten des Wettbewerbes

§ 32. (1) Wettbewerbe können als Ideenwettbewerbe oder als Realisierungswettbewerbe durchgeführt werden.

(2) Ideenwettbewerbe sind Verfahren, die dazu dienen, dem öffentlichen Auftraggeber insbesondere auf den Gebieten der Raumplanung, der Stadtplanung, der Architektur und des Bauwesens, der Werbung oder der Datenverarbeitung einen Plan oder eine Planung zu verschaffen, dessen oder deren Auswahl durch ein Preisgericht aufgrund vergleichender Beurteilung erfolgt.

(3) Realisierungswettbewerbe sind Verfahren, bei denen im Anschluss an die Durchführung eines Ideenwettbewerbes ein Verhandlungsverfahren zur Vergabe eines Dienstleistungsauftrages gemäß § 37 Abs. 1 Z 7 durchgeführt wird.

(4) Die Durchführung von Wettbewerben hat im Wege eines offenen, eines nicht offenen oder eines geladenen Wettbewerbes zu erfolgen.

(5) Beim offenen Wettbewerb wird eine unbeschränkte Anzahl von Unternehmern und Personen öffentlich zur Vorlage von Wettbewerbsarbeiten aufgefordert.

(6) Beim nicht offenen Wettbewerb werden, nachdem eine unbeschränkte Anzahl von Unternehmern und Personen öffentlich zur Abgabe von Teilnahmeanträgen aufgefordert wurde, ausgewählte geeignete Wettbewerbsteilnehmer zur Vorlage von Wettbewerbsarbeiten aufgefordert.

(7) Beim geladenen Wettbewerb wird eine beschränkte Anzahl von geeigneten Wettbewerbsteilnehmern unmittelbar zur Vorlage von Wettbewerbsarbeiten aufgefordert.

2. Abschnitt
Wahl der Vergabeverfahren im Ober- und im Unterschwellenbereich

Wahl des offenen oder des nicht offenen Verfahrens mit vorheriger Bekanntmachung

§ 33. Der öffentliche Auftraggeber kann bei der Vergabe von Aufträgen frei zwischen dem offenen Verfahren und dem nicht offenen Verfahren mit vorheriger Bekanntmachung wählen.

Wahl des Verhandlungsverfahrens mit vorheriger Bekanntmachung oder des wettbewerblichen Dialoges

§ 34. Aufträge können im Wege des Verhandlungsverfahrens mit vorheriger Bekanntmachung oder im Wege des wettbewerblichen Dialoges vergeben werden, wenn

1. die Bedürfnisse des öffentlichen Auftraggebers nicht ohne die Anpassung bereits verfügbarer Lösungen erfüllt werden können, oder
2. der Auftrag konzeptionelle oder innovative Lösungen umfasst, oder
3. der Auftrag aufgrund konkreter Umstände, die mit seiner Art, Komplexität oder seinen rechtlichen oder finanziellen Bedingungen oder den damit einhergehenden Risiken zusammenhängen, nicht ohne vorherige Verhandlungen vergeben werden kann, oder
4. die technischen Spezifikationen vom öffentlichen Auftraggeber nicht mit ausreichender Genauigkeit unter Verweis auf eine Norm, eine europäische technische Bewertung, eine gemeinsame technische Spezifikation oder eine technische Bezugsgröße erstellt werden können, oder
5. im Rahmen eines durchgeführten offenen oder nicht offenen Verfahrens mit vorheriger Bekanntmachung keine ordnungsgemäßen Angebote oder nur unannehmbare Angebote abgegeben worden sind.

Im Fall der Z 5 kann bei der Durchführung eines Verhandlungsverfahrens von der Bekanntmachung Abstand genommen werden, wenn der öffentliche Auftraggeber in das betreffende Verhandlungsverfahren nur jene Unternehmer einbezieht, die im Verlauf des vorangegangenen offenen oder nicht offenen Verfahrens mit vorheriger Bekanntmachung für geeignet befunden wurden und die Angebote unterbreitet haben, die den Anforderungen der §§ 125 bis 129 entsprochen haben, und die ursprünglichen Bedingungen für den Auftrag nicht wesentlich geändert werden.

Wahl des Verhandlungsverfahrens ohne vorherige Bekanntmachung bei Bauaufträgen

§ 35. (1) Bauaufträge können im Verhandlungsverfahren ohne vorherige Bekanntmachung vergeben werden, wenn

1. im Rahmen eines durchgeführten offenen oder nicht offenen Verfahrens mit vorheriger Bekanntmachung kein oder kein im Sinne des Abs. 2 geeignetes Angebot abgegeben oder kein oder kein im Sinne des Abs. 2 geeigneter Teilnahmeantrag gestellt worden ist und die ursprünglichen Bedingungen für den Bauauftrag nicht wesentlich geändert werden, oder
2. die Bauleistung nur von einem bestimmten Unternehmer erbracht werden kann, weil das Ziel der Auftragsvergabe die Erschaffung oder der Erwerb eines einzigartigen Kunstwerkes oder einer einzigartigen künstlerischen Leistung ist, oder
3. die Bauleistung nur von einem bestimmten Unternehmer erbracht werden kann, weil
   a) aus technischen Gründen ein Wettbewerb nicht vorhanden ist, oder
   b) die Bauleistung aufgrund des Schutzes von ausschließlichen Rechten, wie etwa der Rechte am geistigen Eigentum, nur von einem bestimmten Unternehmer erbracht werden kann,

und es keine vernünftige Alternative oder Ersatzlösung gibt und der mangelnde Wettbewerb nicht das Ergebnis einer künstlichen Einschränkung der Anforderungen des Vergabeverfahrens ist, oder

4. äußerst dringliche, zwingende Gründe, die nicht dem Verhalten des öffentlichen Auftraggebers zuzuschreiben sind, im Zusammenhang mit Ereignissen, die der öffentliche Auftraggeber nicht voraussehen konnte, es nicht zulassen, die im offenen Verfahren, im nicht offenen Verfahren mit vorheriger Bekanntmachung oder in einem gemäß § 34 durchzuführenden Verhandlungsverfahren vorgeschriebenen Fristen einzuhalten, oder
5. neue Bauleistungen in der Wiederholung gleichartiger Bauleistungen bestehen, und
   a) der Auftrag von demselben öffentlichen Auftraggeber an den Auftragnehmer, der den ursprünglichen Auftrag erhalten hat, vergeben wird,
   b) der ursprüngliche Auftrag im Wege eines offenen Verfahrens, eines nicht offenen Verfahrens mit vorheriger Bekanntmachung, eines Verhandlungsverfahrens mit vorheriger Bekanntmachung, eines wettbewerblichen Dialoges oder einer Innovationspartnerschaft vergeben wurde,
   c) die Bauleistungen einem Grundprojekt entsprechen und dieses Projekt auch Grundlage des ursprünglichen Auftrages war,
   d) die Möglichkeit der Anwendung eines derartigen Verhandlungsverfahrens bereits in der ersten Ausschreibung vorgesehen war,
   e) der Umfang möglicher zusätzlicher Bauleistungen sowie die Bedingungen, unter denen sie vergeben werden, in der ersten Ausschreibung angegeben war,
   f) die Vergabe binnen drei Jahren nach Abschluss des ursprünglichen Vertrages erfolgt und
   g) der geschätzte Gesamtauftragswert der fortgesetzten Bauleistungen bei der Berechnung des geschätzten Auftragswertes des ursprünglichen Auftrages berücksichtigt wurde.

(2) Ein Angebot gilt als ungeeignet, wenn es ohne wesentliche Änderungen offensichtlich nicht den in der Ausschreibung genannten Bedürfnissen und Anforderungen des öffentlichen Auftraggebers entspricht. Ein Teilnahmeantrag gilt als ungeeignet, wenn die Eignung des Unternehmers nicht gegeben ist.

(3) Auf Verlangen der Kommission hat der öffentliche Auftraggeber einen Bericht über das Vorliegen der Voraussetzungen gemäß Abs. 1 Z 1 in einem bestimmten Verfahren vorzulegen.

Wahl des Verhandlungsverfahrens ohne vorherige Bekanntmachung bei Lieferaufträgen

§ 36. (1) Lieferaufträge können im Verhandlungsverfahren ohne vorherige Bekanntmachung vergeben werden, wenn

1. im Rahmen eines durchgeführten offenen oder nicht offenen Verfahrens mit vorheriger Bekanntmachung kein oder kein im Sinne des § 35 Abs. 2 geeignetes Angebot abgegeben oder kein oder kein im Sinne des § 35 Abs. 2 geeigneter Teilnahmeantrag gestellt worden ist und die ursprünglichen Bedingungen für den Lieferauftrag nicht wesentlich geändert werden, oder
2. die Lieferung nur von einem bestimmten Unternehmer erbracht werden kann, weil das Ziel der Auftragsvergabe die Erschaffung oder der Erwerb eines einzigartigen Kunstwerkes oder einer einzigartigen künstlerischen Leistung ist, oder
3. die Lieferung nur von einem bestimmten Unternehmer erbracht werden kann, weil
   a) aus technischen Gründen ein Wettbewerb nicht vorhanden ist, oder
   b) die Lieferung aufgrund des Schutzes von ausschließlichen Rechten, wie etwa der Rechte am geistigen Eigentum, nur von einem bestimmten Unternehmer erbracht werden kann,

und es keine vernünftige Alternative oder Ersatzlösung gibt und der mangelnde Wettbewerb nicht das Ergebnis einer künstlichen Einschränkung der Anforderungen des Vergabeverfahrens ist, oder

4. äußerst dringliche, zwingende Gründe, die nicht dem Verhalten des öffentlichen Auftraggebers zuzuschreiben sind, im Zusammenhang mit Ereignissen, die der öffentliche Auftraggeber nicht voraussehen konnte, es nicht zulassen, die im offenen Verfahren, im nicht offenen Verfahren mit vorheriger Bekanntmachung oder in einem gemäß § 34 durchzuführenden Verhandlungsverfahren vorgeschriebenen Fristen einzuhalten, oder

5. es sich um Waren handelt, die ausschließlich zu Forschungs-, Versuchs-, Untersuchungs- oder Entwicklungszwecken hergestellt werden, wobei der Lieferauftrag jedoch nicht die Serienfertigung zum Nachweis der Marktfähigkeit der Ware oder zur Deckung der Forschungs- und Entwicklungskosten umfassen darf, oder
6. für früher durchgeführte Lieferungen des ursprünglichen Unternehmers zusätzliche Lieferungen notwendig werden, die entweder zur teilweisen Erneuerung der gelieferten Waren oder Einrichtungen oder zur Erweiterung von bestehenden Lieferungen oder Einrichtungen bestimmt sind, und ein Wechsel des Auftragnehmers dazu führen würde, dass der öffentliche Auftraggeber Waren mit unterschiedlichen technischen Merkmalen kaufen müsste und dies eine technische Unvereinbarkeit oder unverhältnismäßige technische Schwierigkeiten bei Gebrauch und Wartung mit sich bringen würde; die Laufzeit dieser Aufträge darf in der Regel drei Jahre nicht überschreiten, oder
7. es sich um die Lieferung von Waren handelt, die an Börsen notiert und gekauft werden, oder
8. es sich um die Lieferung von Waren handelt, die zu besonders günstigen Bedingungen von einem Unternehmer, der seine Geschäftstätigkeit endgültig einstellt, oder von einem Verwalter oder Liquidator im Rahmen eines Insolvenzverfahrens, einer Vereinbarung mit Gläubigern oder eines in den Rechts- oder Verwaltungsvorschriften einer anderen EWR-Vertragspartei vorgesehenen gleichartigen Verfahrens erworben werden.

(2) Auf Verlangen der Kommission hat der öffentliche Auftraggeber einen Bericht über das Vorliegen der Voraussetzungen gemäß Abs. 1 Z 1 in einem bestimmten Verfahren vorzulegen.

Wahl des Verhandlungsverfahrens ohne vorherige Bekanntmachung bei Dienstleistungsaufträgen

§ 37. (1) Dienstleistungsaufträge können im Verhandlungsverfahren ohne vorherige Bekanntmachung vergeben werden, wenn

1. im Rahmen eines durchgeführten offenen oder nicht offenen Verfahrens mit vorheriger Bekanntmachung kein oder kein im Sinne des § 35 Abs. 2 geeignetes Angebot abgegeben oder kein oder kein im Sinne des § 35 Abs. 2 geeigneter Teilnahmeantrag gestellt worden ist und die ursprünglichen Bedingungen für den Dienstleistungsauftrag nicht wesentlich geändert werden, oder
2. die Dienstleistung nur von einem bestimmten Unternehmer erbracht werden kann, weil das Ziel der Auftragsvergabe die Erschaffung oder der Erwerb eines einzigartigen Kunstwerkes oder einer einzigartigen künstlerischen Leistung ist, oder
3. die Dienstleistung nur von einem bestimmten Unternehmer erbracht werden kann, weil
   a) aus technischen Gründen ein Wettbewerb nicht vorhanden ist, oder
   b) die Dienstleistung aufgrund des Schutzes von ausschließlichen Rechten, wie etwa der Rechte am geistigen Eigentum, nur von einem bestimmten Unternehmer erbracht werden kann,

   und es keine vernünftige Alternative oder Ersatzlösung gibt und der mangelnde Wettbewerb nicht das Ergebnis einer künstlichen Einschränkung der Anforderungen des Vergabeverfahrens ist, oder
4. äußerst dringliche, zwingende Gründe, die nicht dem Verhalten des öffentlichen Auftraggebers zuzuschreiben sind, im Zusammenhang mit Ereignissen, die der öffentliche Auftraggeber nicht voraussehen konnte, es nicht zulassen, die im offenen Verfahren, im nicht offenen Verfahren mit vorheriger Bekanntmachung oder in einem gemäß § 34 durchzuführenden Verhandlungsverfahren vorgeschriebenen Fristen einzuhalten, oder
5. es sich um Dienstleistungen handelt, die zu besonders günstigen Bedingungen von einem Unternehmer, der seine Geschäftstätigkeit endgültig einstellt, oder von einem Verwalter oder Liquidator im Rahmen eines Insolvenzverfahrens, einer Vereinbarung mit Gläubigern oder eines in den Rechts- oder Verwaltungsvorschriften einer anderen EWR-Vertragspartei vorgesehenen gleichartigen Verfahrens erworben werden, oder
6. neue Dienstleistungen in der Wiederholung gleichartiger Dienstleistungen bestehen, und
   a) der Auftrag von demselben öffentlichen Auftraggeber an den Auftragnehmer, der den ursprünglichen Auftrag erhalten hat, vergeben wird,
   b) der ursprüngliche Auftrag im Wege eines offenen Verfahrens, eines nicht offenen Verfahrens mit vorheriger Bekanntmachung, eines Verhandlungsverfahrens mit vorheriger Bekanntmachung, eines wettbewerblichen Dialoges oder einer Innovationspartnerschaft vergeben wurde,
   c) die Dienstleistungen einem Grundprojekt entsprechen und dieses Projekt auch Grundlage des ursprünglichen Auftrages war,
   d) die Möglichkeit der Anwendung eines derartigen Verhandlungsverfahrens bereits in der ersten Ausschreibung vorgesehen war,
   e) der Umfang möglicher zusätzlicher Dienstleistungen sowie die Bedingungen, unter denen sie vergeben werden, in der ersten Ausschreibung angegeben war,
   f) die Vergabe binnen drei Jahren nach Abschluss des ursprünglichen Vertrages erfolgt und
   g) der geschätzte Gesamtauftragswert der fortgesetzten Dienstleistungen bei der Berechnung des geschätzten Auftragswertes des ursprünglichen Auftrages berücksichtigt wurde, oder

7. im Anschluss an einen durchgeführten Wettbewerb der Auftrag gemäß den im Wettbewerb festgelegten Bestimmungen an den Gewinner oder an einen der Gewinner des Wettbewerbes vergeben werden muss. Im letzteren Fall sind alle Gewinner des Wettbewerbes zur Teilnahme an den Verhandlungen aufzufordern.

(2) Auf Verlangen der Kommission hat der öffentliche Auftraggeber einen Bericht über das Vorliegen der Voraussetzungen gemäß Abs. 1 Z 1 in einem bestimmten Verfahren vorzulegen.

Wahl der elektronischen Auktion

§ 38. Aufträge können im Wege einer elektronischen Auktion vergeben werden, wenn bei der Durchführung eines offenen Verfahrens, eines nicht offenen Verfahrens, eines Verhandlungsverfahrens mit vorheriger Bekanntmachung, bei der Vergabe von Aufträgen aufgrund einer Rahmenvereinbarung gemäß § 155 Abs. 7 oder bei der Vergabe von Aufträgen aufgrund eines dynamischen Beschaffungssystems die Spezifikationen des Auftrages in der Ausschreibung eindeutig und vollständig beschrieben sind. Die Auktion kann sich nur auf Angebotsteile beziehen, die in eindeutiger und objektiv nachvollziehbarer Weise so quantifizierbar sind, dass sie in Zahlen oder in Prozentangaben darstellbar sind. Bau- oder Dienstleistungsaufträge, die geistige Leistungen – wie etwa die Planung von Bauwerken – zum Gegenstand haben, können nicht Gegenstand einer elektronischen Auktion sein.

Abschluss von Rahmenvereinbarungen und Vergabe von Aufträgen aufgrund einer Rahmenvereinbarung

§ 39. Aufträge können aufgrund einer Rahmenvereinbarung vergeben werden, sofern die Rahmenvereinbarung nach Durchführung eines offenen Verfahrens, eines nicht offenen Verfahrens mit vorheriger Bekanntmachung oder eines Verhandlungsverfahrens abgeschlossen wurde.

Einrichtung eines dynamischen Beschaffungssystems und Vergabe von Aufträgen aufgrund eines dynamischen Beschaffungssystems

§ 40. Aufträge können aufgrund eines dynamischen Beschaffungssystems vergeben werden, sofern das dynamische Beschaffungssystem gemäß den §§ 161 und 162 eingerichtet und betrieben wird.

Wahl der Innovationspartnerschaft

§ 41. Aufträge können im Wege einer Innovationspartnerschaft vergeben werden, wenn ein Bedarf nach einer innovativen Ware, Bau- oder Dienstleistung besteht, der nicht durch den Erwerb von bereits auf dem Markt verfügbaren Waren, Bau- oder Dienstleistungen befriedigt werden kann.

Wahl des Wettbewerbes

§ 42. Der öffentliche Auftraggeber kann bei der Durchführung von Wettbewerben frei zwischen dem offenen und dem nicht offenen Wettbewerb wählen.

3. Abschnitt
Nur im Unterschwellenbereich zugelassene Vergabeverfahren

Wahl des nicht offenen Verfahrens ohne vorherige Bekanntmachung

§ 43. Aufträge können im Unterschwellenbereich im nicht offenen Verfahren ohne vorherige Bekanntmachung vergeben werden, sofern dem öffentlichen Auftraggeber genügend geeignete Unternehmer bekannt sind, um einen freien und lauteren Wettbewerb sicherzustellen, und wenn

1. bei Bauaufträgen der geschätzte Auftragswert 300 000 Euro *(Anm. 1)* nicht erreicht, oder
2. bei Liefer- und Dienstleistungsaufträgen der geschätzte Auftragswert 80 000 Euro *(Anm. 2)* nicht erreicht.

(______________________

gemäß Schwellenwerteverordnung 2018, BGBl. II Nr. 211/2018 ab 21.8.2018 bis 31.12.2022 und Schwellenwerteverordnung 2023, BGBl. II Nr. 34/2023 ab 7.2.2023 bis 30.6.2023:

Anm. 1: 1 000 000 Euro

Anm. 2: 100 000 Euro)

Zusätzliche Möglichkeiten der Wahl des Verhandlungsverfahrens

§ 44. (1) Im Unterschwellenbereich können Aufträge im Verhandlungsverfahren mit vorheriger Bekanntmachung vergeben werden.

(2) Aufträge können im Unterschwellenbereich im Verhandlungsverfahren ohne vorherige Bekanntmachung vergeben werden, wenn

1. der geschätzte Auftragswert 80 000 Euro *(Anm. 1)* nicht erreicht, oder
2. aufgrund einer besonders günstigen Gelegenheit, die sich für einen sehr kurzen Zeitraum ergeben hat, Waren oder Dienstleistungen von einem Unternehmer zu einem Preis beschafft werden können, der erheblich unter den marktüblichen Preisen liegt.

(3) Der öffentliche Auftraggeber kann Aufträge über geistige Dienstleistungen in einem Verhandlungsverfahren ohne vorherige Bekanntmachung mit nur einem Unternehmer vergeben, sofern die

Durchführung eines wirtschaftlichen Wettbewerbes aufgrund der Kosten des Beschaffungsvorganges für den öffentlichen Auftraggeber wirtschaftlich nicht vertretbar ist und der geschätzte Auftragswert 50% des jeweiligen Schwellenwertes gemäß § 12 Abs. 1 Z 1 oder 3 nicht erreicht.

(______________________

Anm. 1: gemäß Schwellenwerteverordnung 2018, BGBl. II Nr. 211/2018 ab 21.8.2018 bis 31.12.2022 und Schwellenwerteverordnung 2023, BGBl. II Nr. 34/2023 ab 7.2.2023 bis 30.6.2023:

100 000 Euro)

Zusätzliche Möglichkeit der Wahl des Wettbewerbes

§ 45. Sofern dem öffentlichen Auftraggeber genügend geeignete Unternehmer bekannt sind, ist die Durchführung eines geladenen Wettbewerbes im Unterschwellenbereich zulässig.

Direktvergabe

§ 46. (1) Für die Vergabe von Aufträgen durch öffentliche Auftraggeber im Wege der Direktvergabe gelten ausschließlich der 1. Teil, die §§ 4 Abs. 1, 5 bis 10, 13 bis 16, 19 Abs. 1, 20 Abs. 1 bis 4 und 9, 30, 31 Abs. 11, 66, 100, 111, der 4. Teil, die §§ 358, 360 Abs. 1 und 5, 361, 362, 364, 366 Z 2, 369, 370, 372, 373 und der 6. Teil sowie die Vorschriften der Abs. 2 bis 4.

(2) Eine Direktvergabe ist ausschließlich zulässig, wenn der geschätzte Auftragswert 50 000 Euro *(Anm. 1)* nicht erreicht.

(3) Die Eignung des erfolgreichen Bieters muss spätestens zum Zeitpunkt des Zuschlages vorliegen. An Unternehmer, über deren Vermögen ein Insolvenzverfahren eröffnet oder mangels kostendeckenden Vermögens kein Insolvenzverfahren eröffnet wurde oder die sich in Liquidation befinden oder ihre gewerbliche Tätigkeit einstellen, können jedoch Aufträge im Wege der Direktvergabe vergeben werden, wenn ihre Leistungsfähigkeit dazu hinreicht.

(4) Die bei der Durchführung einer Direktvergabe gegebenenfalls eingeholten Angebote oder unverbindlichen Preisauskünfte sind entsprechend zu dokumentieren. Der öffentliche Auftraggeber hat überdies den Gegenstand und Wert des vergebenen Auftrages, den Namen des Auftragnehmers sowie, sofern der Dokumentationsaufwand wirtschaftlich vertretbar ist, die Prüfung der Preisangemessenheit zu dokumentieren.

(______________________

Anm. 1: gemäß Schwellenwerteverordnung 2018, BGBl. II Nr. 211/2018 ab 21.8.2018 bis 31.12.2022 und Schwellenwerteverordnung 2023, BGBl. II Nr. 34/2023 ab 7.2.2023 bis 30.6.2023:

100 000 Euro)

Direktvergabe mit vorheriger Bekanntmachung

§ 47. (1) Für die Vergabe von Aufträgen durch öffentliche Auftraggeber im Wege der Direktvergabe mit vorheriger Bekanntmachung gelten ausschließlich der 1. Teil mit Ausnahme des § 2 Z 22, die §§ 4 Abs. 1, 5 bis 10, 13 bis 16, 19 Abs. 1, 20 Abs. 1 bis 4 und 9, 30, 31 Abs. 12, 66, 100, 111, 146 Abs. 1, 150 Abs. 9, der 4. Teil, die §§ 358, 360 Abs. 1 und 5, 361, 362, 364, 365 Abs. 1, 366 Z 2, 369, 370, 372, 373 und der 6. Teil sowie die Vorschriften der Abs. 2 bis 8.

(2) Eine Direktvergabe mit vorheriger Bekanntmachung ist ausschließlich zulässig, wenn der geschätzte Auftragswert

1. bei Liefer- und Dienstleistungsaufträgen 130 000 Euro und
2. bei Bauaufträgen 500 000 Euro

nicht erreicht.

(3) Der öffentliche Auftraggeber hat die beabsichtigte Vergabe eines Bau-, Liefer- oder Dienstleistungsauftrages mittels einer Direktvergabe mit vorheriger Bekanntmachung gemäß § 64 Abs. 1 und 2 bekannt zu machen.

(4) Der öffentliche Auftraggeber muss objektive, nicht diskriminierende und mit dem Auftragsgegenstand zusammenhängende Kriterien festlegen, anhand derer die allenfalls vorgesehene Auswahl des Unternehmers bzw. der Unternehmer erfolgt, von dem bzw. denen Angebote eingeholt werden, und anhand derer das erfolgreiche Angebot bestimmt wird.

(5) Der öffentliche Auftraggeber hat den Unternehmern, die sich um eine Teilnahme am Verfahren zur Direktvergabe mit vorheriger Bekanntmachung beworben oder ein Angebot gelegt haben, unverzüglich nach Zuschlagserteilung mitzuteilen, welchem Unternehmer der Zuschlag erteilt wurde. In dieser Mitteilung ist der Gesamtpreis anzugeben.

(6) Die Eignung des erfolgreichen Bieters muss spätestens zum Zeitpunkt des Zuschlages vorliegen. An Unternehmer, über deren Vermögen ein Insolvenzverfahren eröffnet oder mangels kostendeckenden Vermögens kein Insolvenzverfahren eröffnet wurde oder die sich in Liquidation befinden oder ihre gewerbliche Tätigkeit einstellen, können jedoch Aufträge im Wege der Direktvergabe mit vorheriger Bekanntmachung vergeben werden, wenn ihre Leistungsfähigkeit dazu hinreicht.

(7) Der öffentliche Auftraggeber hat die Widerrufserklärung den Unternehmern, die sich um eine Teilnahme am Verfahren zur Direktvergabe mit vorheriger Bekanntmachung beworben oder ein Angebot gelegt haben, unverzüglich bereitzustellen bzw. zu übermitteln.

(8) Der öffentliche Auftraggeber hat alle wesentlichen Festlegungen und Vorgänge im Vergabeverfahren, den Gegenstand und Wert des vergebenen Auftrages, den Namen des Auftragnehmers sowie, sofern der Dokumentationsaufwand wirtschaftlich vertretbar ist, die Prüfung der Preisangemessenheit zu dokumentieren.

3. Hauptstück
Bestimmungen für die Durchführung von Vergabeverfahren

1. Abschnitt
Wege der Informationsübermittlung, Dokumentation

Elektronische Kommunikation

§ 48. (1) Der öffentliche Auftraggeber kann, sofern in den nachfolgenden Absätzen nicht anderes bestimmt wird, zwischen der elektronischen Kommunikation, der Kommunikation über den Postweg oder über einen anderen geeigneten Weg oder einer Kombination dieser Kommunikationswege wählen. Soweit die Kommunikation zwischen öffentlichem Auftraggeber und Unternehmer in einem Vergabeverfahren nicht elektronisch erfolgt, gilt Abs. 7 für minder bedeutsame Kommunikation.

(2) Im Oberschwellenbereich hat die Kommunikation zwischen öffentlichem Auftraggeber und Unternehmer nach Maßgabe der folgenden Absätze elektronisch zu erfolgen. Soweit die Kommunikation zwischen öffentlichem Auftraggeber und Unternehmer in einem Vergabeverfahren elektronisch erfolgt oder zu erfolgen hat, gelten die folgenden Absätze.

(Anm.: Abs. 2a aufgehoben durch Art. 2 Z 4, BGBl. I Nr. 65/2018)

(3) Der öffentliche Auftraggeber hat unter Beachtung der folgenden Absätze in der Ausschreibung nähere Festlegungen hinsichtlich der zu beachtenden Anforderungen an die elektronische Kommunikation zu treffen.

(4) Der Unternehmer hat Informationen elektronisch zu übermitteln. Der öffentliche Auftraggeber kann Informationen elektronisch übermitteln oder elektronisch bereitstellen; der Unternehmer ist von der Bereitstellung unverzüglich zu verständigen. Informationen gelten als übermittelt, sobald die Daten in den elektronischen Verfügungsbereich des Empfängers gelangt sind. Informationen gelten als bereitgestellt, sobald die Daten für den Empfänger abrufbar sind.

(5) Die für die elektronische Kommunikation zu verwendenden Kommunikationsmittel sowie deren technische Merkmale dürfen keinen diskriminierenden Charakter haben, müssen allgemein verfügbar sowie mit den allgemein verbreiteten Erzeugnissen der Informations– und Kommunikationstechnologie kompatibel sein und dürfen den Zugang des Unternehmers zum Vergabeverfahren nicht beschränken.

(6) Die Kommunikation muss insoweit nicht elektronisch erfolgen, als

1. die Nutzung elektronischer Kommunikationsmittel aufgrund der besonderen Art des Auftrages bzw. des Wettbewerbes spezifische Instrumente, Vorrichtungen oder Dateiformate erfordern würde, die nicht allgemein verfügbar sind oder nicht von allgemein verfügbaren Anwendungen unterstützt werden, oder
2. die für die Kommunikation verwendete Anwendung Dateiformate unterstützt, die sich für die Beschreibung des Angebotes bzw. der Wettbewerbsarbeit eignen, jedoch selbst Dateiformate verwendet, die
   a) nicht mittels anderer allgemein verfügbarer Anwendungen verarbeitet werden können oder
   b) durch Lizenzen geschützt sind und nicht vom öffentlichen Auftraggeber übermittelt bzw. bereitgestellt werden können, oder
3. die Nutzung der elektronischen Kommunikationsmittel spezielle Bürogeräte erfordern würde, die für öffentliche Auftraggeber nicht allgemein verfügbar sind, oder
4. in den Ausschreibungs- oder Wettbewerbsunterlagen die Einreichung von physischen oder maßstabsgetreuen Modellen verlangt wird, die nicht elektronisch übermittelt werden können, oder
5. dies aufgrund einer Verletzung der Sicherheit der elektronischen Kommunikation erforderlich ist oder
6. dies zum Schutz besonders sensibler Informationen erforderlich ist. Diese Informationen müssen ein so hohes Schutzniveau erfordern, dass dies durch elektronische Instrumente und Vorrichtungen, die für den Unternehmer allgemein verfügbar sind oder diesem gemäß Abs. 10 bereitgestellt werden können, nicht angemessen gewährleistet werden kann.

Die Gründe für die Verwendung anderer Kommunikationsmittel sind im Vergabevermerk anzugeben.

(7) Die Kommunikation kann mündlich erfolgen, soweit diese keine wesentlichen Bestandteile des Vergabeverfahrens betrifft und ihr Inhalt ausreichend dokumentiert wird. Als wesentliche Bestandteile gelten jedenfalls die Ausschreibungs- oder Wettbewerbsunterlagen, der Teilnahmeantrag, die Interessensbestätigung, das Angebot und die Wettbewerbsarbeit.

(8) Sofern bei fristgebundenen Kommunikationen der vom öffentlichen Auftraggeber für die Durchführung des Vergabeverfahrens verwendete Server bis zum Zeitpunkt des Ablaufes der jeweiligen Frist nicht durchgehend empfangsbereit ist, hat der öffentliche Auftraggeber die betreffende Frist erforderlichenfalls entsprechend zu verlängern. Jedenfalls ist allen Bewerbern oder Bietern

eine Verlängerung der Teilnahmeantrags- oder Angebotsfrist mitzuteilen. Ist dies nicht möglich, so ist die Verlängerung in geeigneter Form bekannt zu machen.

(9) Der öffentliche Auftraggeber hat bei der gesamten elektronischen Kommunikation sicherzustellen, dass die Integrität der Daten in seinem elektronischen Verfügungsbereich gewährleistet ist.

(10) Der öffentliche Auftraggeber kann die Verwendung von Instrumenten und Vorrichtungen vorschreiben, die nicht allgemein verfügbar sind, sofern er dem Unternehmer einen alternativen Zugang anbietet. Ein solcher liegt jedenfalls vor, wenn der öffentliche Auftraggeber

1. ab dem Tag der Veröffentlichung der Bekanntmachung oder dem Tag der Absendung der Aufforderung zur Interessensbestätigung einen kostenlosen, direkten, uneingeschränkten und vollständigen elektronischen Zugang zu diesen Instrumenten und Vorrichtungen anbietet, oder
2. gewährleistet, dass ein Unternehmer, der aus von ihm nicht zu verantwortenden Gründen keinen Zugang zu den Instrumenten und Vorrichtungen und keine Möglichkeit hat, diese fristgerecht zu besorgen, Zugang zum Vergabeverfahren mittels provisorischer, unentgeltlicher und online verfügbarer Token erhält, oder
3. einen alternativen Kanal für die elektronische Kommunikation unterstützt oder anbietet.

Die Bekanntmachung oder die Aufforderung zur Interessensbestätigung muss die Internet–Adresse, über die die Instrumente und Vorrichtungen gemäß Z 1 zugänglich sind, angeben.

(11) Für die Instrumente und Vorrichtungen zur elektronischen Übermittlung und den Empfang von Angeboten, Wettbewerbsarbeiten und Teilnahmeanträgen gilt:

1. die Instrumente und Vorrichtungen müssen den Anforderungen des **Anhanges V** entsprechen und
2. die Informationen über die Spezifikationen für die elektronische Übermittlung der Angebote, Wettbewerbsarbeiten und Teilnahmeanträge, einschließlich Informationen über Verschlüsselung und Zeitstempel, müssen dem Unternehmer zugänglich sein.

(12) Bei Übermittlung von Ausschreibungs- und Wettbewerbsunterlagen, Teilnahmeanträgen, Angeboten, Wettbewerbsarbeiten sowie Auftragsbestätigungen sind diese mit einer qualifizierten elektronischen Signatur, einem qualifizierten elektronischen Siegel oder einer Amtssignatur gemäß § 19 Abs. 1 des E–Government-Gesetzes – E-GovG, BGBl. I Nr. 10/2004, zu versehen bzw. hat die Übermittlung so zu erfolgen, dass die Vollständigkeit, Echtheit und Unverfälschtheit der Datensätze mit einer Qualität gewährleistet ist, die mit der Qualität einer qualifizierten elektronischen Signatur bzw. eines qualifizierten elektronischen Siegels vergleichbar ist.

(13) Der Bundesminister für Verfassung, Reformen, Deregulierung und Justiz im Einvernehmen mit dem Bundesminister für Finanzen und die Landesregierungen können, sofern dies einer homogeneren Abwicklung von Vergabeverfahren dient, für den jeweiligen Vollziehungsbereich bzw. Teile des jeweiligen Vollziehungsbereiches durch Verordnung jeweils eine bestimmte elektronische Kommunikationsplattform festlegen, welche die öffentlichen Auftraggeber im jeweiligen Vollziehungsbereich bei der elektronischen Kommunikation zu nutzen haben. In dieser Verordnung sind nähere Festlegungen hinsichtlich des Umfanges der Verpflichtung zur Nutzung einschließlich einer etwaigen Verpflichtung, auch die Ausschreibungs- oder Wettbewerbsunterlagen gemäß § 89 auf der Kommunikationsplattform zur Verfügung zu stellen, zu treffen sowie nähere Modalitäten zur Nutzung vorzuschreiben. Der Bundesminister für Verfassung, Reformen, Deregulierung und Justiz im Einvernehmen mit dem Bundesminister für Finanzen und die Landesregierungen können, sofern dies einer homogeneren Abwicklung von Vergabeverfahren dient, für den jeweiligen Vollziehungsbereich bzw. Teile des jeweiligen Vollziehungsbereiches durch Verordnung technische Anforderungen zur Sicherstellung des Datenaustausches zwischen elektronischen Kommunikationsplattformen festlegen.

Dokumentationspflichten

§ 49. (1) Der öffentliche Auftraggeber hat alle wesentlichen Entscheidungen und Vorgänge im Zusammenhang mit einem Vergabeverfahren so ausreichend zu dokumentieren, dass sie nachvollzogen werden können. Ferner ist jede Mitwirkung von Dritten an der Vorbereitung einer Ausschreibung zu dokumentieren. Die Dokumentation ist für mindestens drei Jahre ab Zuschlagserteilung aufzubewahren.

(2) Sofern Dokumente ausschließlich in elektronischer Form erstellt bzw. übermittelt werden, sind sie in jener Form und mit jenem Inhalt, die oder den sie zum Zeitpunkt des Verfassens durch den öffentlichen Auftraggeber oder des Absendens vom bzw. des Einlangens beim öffentlichen Auftraggeber aufweisen, so zu kennzeichnen und zu speichern, dass ein nachträgliches Verändern des Inhaltes sowie des Zeitpunktes des Verfassens, des Absendens vom bzw. des Einlangens beim öffentlichen Auftraggeber feststellbar ist (Integrität der Daten).

2. Abschnitt
Bekanntmachungen
1. Unterabschnitt
Allgemeine Bestimmungen über Bekanntmachungen

Bekanntmachung der beabsichtigten Vergabe von Leistungen

§ 50. (1) Bekannt zu machen sind:

1. die beabsichtigte Vergabe eines Bau-, Liefer- oder Dienstleistungsauftrages im offenen Verfahren, im nicht offenen Verfahren mit vorheriger Bekanntmachung, im Verhandlungsverfahren mit vorheriger Bekanntmachung, im Rahmen eines wettbewerblichen Dialoges oder einer Innovationspartnerschaft;
2. die beabsichtigte Vergabe eines besonderen Dienstleistungsauftrages oder eines Dienstleistungsauftrages über öffentliche Personenverkehrsdienste auf der Schiene oder per Untergrundbahn in einem Verfahren mit vorheriger Bekanntmachung;
3. der beabsichtigte Abschluss einer Rahmenvereinbarung, sofern nicht von der Möglichkeit der Anwendung des Verhandlungsverfahrens ohne vorherige Bekanntmachung zum Abschluss einer Rahmenvereinbarung Gebrauch gemacht wird;
4. die beabsichtigte Durchführung eines offenen oder nicht offenen Wettbewerbes;
5. die beabsichtigte Einrichtung eines dynamischen Beschaffungssystems und jede Änderung der Gültigkeitsdauer eines dynamischen Beschaffungssystems, bei Bekanntmachungen in Österreich auch die Einstellung des dynamischen Beschaffungssystems.

(2) In der Bekanntmachung ist auf das allfällige Erfordernis einer behördlichen Entscheidung für die Zulässigkeit der Ausübung einer Tätigkeit in Österreich sowie auf die Verpflichtung gemäß § 21 Abs. 1 ausdrücklich hinzuweisen.

(3) Der öffentliche Auftraggeber hat in der Bekanntmachung anzugeben, welcher Nachweis oder welche Nachweise für die Befugnis, die berufliche Zuverlässigkeit, die finanzielle und wirtschaftliche Leistungsfähigkeit und die technische Leistungsfähigkeit vorzulegen oder auf Aufforderung durch den öffentlichen Auftraggeber nachzureichen sind.

(4) Soll das Angebot, dem der Zuschlag erteilt werden soll, im Wege einer elektronischen Auktion ermittelt werden, so hat die Bekanntmachung gemäß Abs. 1 Z 1 bis 3 und 5 eine dahingehende Festlegung zu enthalten.

(5) Soll das Angebot in Form eines elektronischen Kataloges abgegeben werden oder soll das Angebot einen elektronischen Katalog beinhalten, so hat die Bekanntmachung gemäß Abs. 1 Z 1 bis 3 und 5 eine dahingehende Festlegung zu enthalten.

(6) Soll ein Realisierungswettbewerb durchgeführt werden, hat die Bekanntmachung einen Hinweis auf die anschließende Durchführung eines Verhandlungsverfahrens zur Vergabe eines Dienstleistungsauftrages gemäß § 37 Abs. 1 Z 7 zu enthalten.

(7) In der Bekanntmachung der Einrichtung eines dynamischen Beschaffungssystems ist dessen Laufzeit bzw. dessen Beginn- und Endzeitpunkt anzugeben und – sofern es von einer zentralen Beschaffungsstelle eingerichtet wird – anzugeben, ob die Möglichkeit der Nutzung des dynamischen Beschaffungssystems durch andere Auftraggeber besteht.

Zusätzliche Bekanntmachung auf Unionsebene

§ 51. Der öffentliche Auftraggeber kann Bekanntmachungen, die nicht einer Bekanntmachungsverpflichtung gemäß diesem Bundesgesetz unterliegen, dem Amt für Veröffentlichungen unter Verwendung allenfalls existierender einschlägiger Standardformulare für Bekanntmachungen bekannt geben.

Berichtigung einer Bekanntmachung

§ 52. Ist eine Berichtigung einer Bekanntmachung erforderlich, so ist diese ebenso bekannt zu machen wie die ursprüngliche Bekanntmachung.

Veröffentlichung eines Beschafferprofils

§ 53. (1) Der öffentliche Auftraggeber kann im Internet ein Beschafferprofil veröffentlichen.

(2) Das Beschafferprofil kann Bekanntmachungen, Angaben über laufende Vergabeverfahren, geplante Aufträge, vergebene Aufträge, widerrufene Verfahren sowie alle sonstigen Informationen betreffend ein Vergabeverfahren oder Informationen von allgemeinem Interesse wie Kontaktstelle, Telefonnummer, Postanschrift und elektronische Adresse enthalten.

Veröffentlichung und Standardisierung von Meta- bzw. Kerndaten

§ 54. (1) Der Bundesminister für Verfassung, Reformen, Deregulierung und Justiz kann im Einvernehmen mit dem Bundesminister für Digitalisierung und Wirtschaftsstandort durch Verordnung nähere Festlegungen hinsichtlich der Standardisierung des Kerndatenformates insbesondere in Bezug auf Darstellung, Struktur und Form der Kerndaten gemäß **Anhang VIII** sowie hinsichtlich der Befüllung der Metadatenfelder erlassen.

(2) Das Unternehmensserviceportal hat Informationen gemäß **Anhang VIII** in einer für natürliche Personen les- und suchbaren Weise anzubieten, wobei insbesondere die Suche nach einzelnen Kerndatenfeldern und nach einer Kombination derselben möglich sein muss. Dieser Dienst

ist vom Unternehmensserviceportal im Internet kostenlos, direkt, uneingeschränkt und vollständig sowie grundsätzlich jederzeit zur Verfügung zu stellen. Das Unternehmensserviceportal hat die Informationen gemäß **Anhang VIII** mindestens einmal täglich aktualisiert anzubieten und die Zeitpunkte der Aktualisierungen auf der Internet-Adresse des Dienstes gemäß dem zweiten Satz bekannt zu machen.

2. Unterabschnitt
Besondere Bekanntmachungsbestimmungen für den Oberschwellenbereich

Arten der Bekanntmachung

§ 55. (1) Eine Bekanntmachung auf Unionsebene hat unter Verwendung des einschlägigen Standardformulars entweder durch eine Bekanntmachung von Aufträgen bzw. Wettbewerben oder durch eine Bekanntmachung im Wege einer Vorinformation gemäß § 57 Abs. 2 oder 3 zu erfolgen.

(2) Eine Bekanntmachung in Österreich hat elektronisch entweder durch eine Bekanntmachung von Aufträgen bzw. Wettbewerben oder durch eine Bekanntmachung im Wege einer Vorinformation gemäß § 60 Abs. 2 oder 3 zu erfolgen.

Bekanntmachungen auf Unionsebene

§ 56. Der öffentliche Auftraggeber hat Bekanntmachungen auf Unionsebene gemäß **Anhang VII** zu erstellen und dem Amt für Veröffentlichungen der Europäischen Union (Amt für Veröffentlichungen) unter Verwendung des einschlägigen Standardformulars für Bekanntmachungen elektronisch zu übermitteln. Als Übermittlung gilt auch die Zur-Verfügung-Stellung der Daten der Bekanntmachungen und Mitteilungen im Online-Verfahren. Der öffentliche Auftraggeber muss den Tag der Absendung der Bekanntmachung nachweisen können. Falls Daten online zur Verfügung gestellt werden, gilt als Absendung die Eintragung der Daten im Online-System.

Bekanntmachung einer Vorinformation auf Unionsebene

§ 57. (1) Sofern der öffentliche Auftraggeber von der Möglichkeit der Verkürzung der Angebotsfrist gemäß § 73 Gebrauch machen möchte, muss er auf Unionsebene eine Vorinformation gemäß § 56 bekanntmachen. Die Vorinformation kann überdies im Beschafferprofil des öffentlichen Auftraggebers veröffentlicht werden. Die Vorinformation darf nicht im Beschafferprofil veröffentlicht werden, bevor der öffentliche Auftraggeber unter Verwendung des einschlägigen Standardformulars eine entsprechende Bekanntmachung über die Veröffentlichung der Vorinformation an das Amt für Veröffentlichungen abgesendet hat. Im Beschafferprofil ist das Datum der Absendung der Bekanntmachung an das Amt für Veröffentlichungen anzugeben.

(2) Ein nicht in **Anhang III** genannter öffentlicher Auftraggeber kann bei nicht offenen Verfahren und bei Verhandlungsverfahren mit vorheriger Bekanntmachung die Bekanntmachung einer Vorinformation gemäß § 56 als Bekanntmachung der beabsichtigten Vergabe eines Auftrages verwenden, sofern die Vorinformation

1. sich ausdrücklich auf jene Leistungen bezieht, die Auftragsgegenstand sein werden,
2. den Hinweis enthält, dass dieser Auftrag im nicht offenen Verfahren bzw. im Verhandlungsverfahren mit vorheriger Bekanntmachung ohne spätere Veröffentlichung einer Bekanntmachung vergeben wird,
3. die Aufforderung an Unternehmer enthält, ihr Interesse mitzuteilen, und
4. spätestens 35 Tage und frühestens 12 Monate vor der Absendung der Aufforderung zur Angebotsabgabe abgesendet wird.

Eine zusätzliche Veröffentlichung im Beschafferprofil ist zulässig.

(3) Der öffentliche Auftraggeber kann bei der Vergabe eines besonderen Dienstleistungsauftrages die Bekanntmachung einer Vorinformation gemäß § 56 als Bekanntmachung der beabsichtigten Vergabe eines Auftrages verwenden, sofern die Vorinformation

1. die Arten der zu vergebenden Dienstleistungen ausdrücklich anführt,
2. den Hinweis enthält, dass dieser Auftrag ohne spätere Veröffentlichung einer Bekanntmachung vergeben wird, und
3. die Aufforderung an Unternehmer enthält, ihr Interesse mitzuteilen.

Eine zusätzliche Veröffentlichung im Beschafferprofil ist zulässig.

(4) Der von einer Vorinformation gemäß Abs. 2 und 3 abgedeckte Zeitraum beträgt höchstens zwölf Monate ab Absendung der Bekanntmachung an das Amt für Veröffentlichungen. Bei der Vergabe eines besonderen Dienstleistungsauftrages kann ein Zeitraum von mehr als zwölf Monaten festgelegt werden, soweit dies sachlich gerechtfertigt ist.

Freiwillige Bekanntmachung eines Vergabeverfahrens auf Unionsebene

§ 58. Sofern der öffentliche Auftraggeber der Ansicht ist, dass die Durchführung eines Vergabeverfahrens ohne vorherige Bekanntmachung im Oberschwellenbereich zulässig ist, kann der öffentliche Auftraggeber dem Amt für Veröffentlichungen unter Verwendung des einschlägigen Standardformulars für Bekanntmachungen die Entscheidung bekannt geben, welchem Bieter der Zuschlag erteilt werden soll.

Bekanntmachungen in Österreich

§ 59. (1) Der öffentliche Auftraggeber hat Bekanntmachungen im Oberschwellenbereich zu veröffentlichen, indem er die Metadaten der Kerndaten von Vergabeverfahren https://www.data.gv.at/ bereitstellt und darin auf die Informationen gemäß dem 1. Abschnitt des **Anhanges VIII** (Kerndaten für Bekanntmachungen) verweist. Der öffentliche Auftraggeber hat diese Kerndaten in einem offenen und maschinenlesbaren standardisierten Format unter einer freien Lizenz vollständig zur Verfügung zu stellen.

(2) Die Verfügbarkeit der Metadaten der Kerndaten von Vergabeverfahren und der Kerndaten für Bekanntmachungen muss zumindest bis zum Ablauf der Angebotsfrist gewährleistet sein.

(3) Weitere Bekanntmachungen in sonstigen geeigneten Publikationsmedien stehen dem öffentlichen Auftraggeber frei.

(4) Sofern der öffentliche Auftraggeber der Ansicht ist, dass die Durchführung eines Vergabeverfahrens ohne vorherige Bekanntmachung im Oberschwellenbereich zulässig ist, kann der öffentliche Auftraggeber die Entscheidung, welchem Bieter der Zuschlag erteilt werden soll, bekanntmachen. Die Verfügbarkeit der Metadaten der Kerndaten von Vergabeverfahren und der Kerndaten für Bekanntmachungen muss zumindest für zehn Tage gewährleistet sein.

(5) Eine Bekanntmachung gemäß Abs. 1, 3 oder 4 darf nicht vor dem Tag der Veröffentlichung durch das Amt für Veröffentlichungen veröffentlicht werden. Die Veröffentlichung darf jedoch jedenfalls dann erfolgen, wenn der öffentliche Auftraggeber nicht binnen 48 Stunden nach Bestätigung des Einganges der Bekanntmachung beim Amt für Veröffentlichungen über die Veröffentlichung unterrichtet wurde. Die Bekanntmachung darf ausschließlich jene Informationen enthalten, die in der an das Amt für Veröffentlichungen abgesendeten Bekanntmachung enthalten sind oder die in einer Vorinformation in einem Beschafferprofil veröffentlicht wurden. Die Bekanntmachung hat das Datum der Absendung der Bekanntmachung an das Amt für Veröffentlichungen bzw. das Datum der Veröffentlichung im Beschafferprofil anzugeben.

Bekanntmachung einer Vorinformation in Österreich

§ 60. (1) Sofern der öffentliche Auftraggeber von der Möglichkeit der Verkürzung der Angebotsfrist gemäß § 73 Gebrauch machen möchte, muss er eine Vorinformation in Österreich gemäß § 59 bekanntmachen.

(2) Ein nicht in **Anhang III** genannter öffentlicher Auftraggeber kann bei nicht offenen Verfahren und bei Verhandlungsverfahren mit vorheriger Bekanntmachung die Bekanntmachung einer Vorinformation gemäß § 59 als Bekanntmachung der beabsichtigten Vergabe eines Auftrages verwenden, sofern die Vorinformation

1. sich ausdrücklich auf jene Leistungen bezieht, die Auftragsgegenstand sein werden,
2. den Hinweis enthält, dass dieser Auftrag im nicht offenen Verfahren bzw. im Verhandlungsverfahren mit vorheriger Bekanntmachung ohne spätere Veröffentlichung einer Bekanntmachung vergeben wird,
3. die Aufforderung an Unternehmer enthält, ihr Interesse mitzuteilen, und
4. spätestens 35 Tage und frühestens 12 Monate vor der Absendung der Aufforderung zur Angebotsabgabe abgesendet wird.

Eine zusätzliche Veröffentlichung im Beschafferprofil ist zulässig.

(3) Der öffentliche Auftraggeber kann bei der Vergabe eines besonderen Dienstleistungsauftrages die Bekanntmachung einer Vorinformation gemäß § 59 als Bekanntmachung der beabsichtigten Vergabe eines Auftrages verwenden, sofern die Vorinformation

1. die Arten der zu vergebenden Dienstleistungen ausdrücklich anführt,
2. den Hinweis enthält, dass dieser Auftrag ohne spätere Veröffentlichung einer Bekanntmachung vergeben wird, und
3. die Aufforderung an Unternehmer enthält, ihr Interesse mitzuteilen.

Eine zusätzliche Veröffentlichung im Beschafferprofil ist zulässig.

(4) Der von einer Vorinformation gemäß Abs. 2 und 3 abgedeckte Zeitraum hat mit dem gemäß § 57 Abs. 4 festgelegten Zeitraum übereinzustimmen.

Bekanntgaben auf Unionsebene

§ 61. (1) Der öffentliche Auftraggeber hat nach Durchführung eines Vergabeverfahrens dem Amt für Veröffentlichungen jeden vergebenen Auftrag, jede abgeschlossene Rahmenvereinbarung und das Ergebnis jedes Ideenwettbewerbes gemäß § 56 bekannt zu geben; davon ausgenommen sind Aufträge, die aufgrund von Rahmenvereinbarungen vergeben wurden. Der öffentliche Auftraggeber hat überdies dem Amt für Veröffentlichungen eine von der in den Ausschreibungsunterlagen festgelegten Gültigkeitsdauer abweichende Einstellung eines dynamischen Beschaffungssystems bekannt zu geben. Die Bekanntgabe ist dem Amt für Veröffentlichungen unter Verwendung des einschlägigen Standardformulars spätestens 30 Tage nach Zuschlagserteilung, nach Abschluss der Rahmenvereinbarung, nach Abschluss des Ideenwettbewerbes bzw. nach Einstellung des dynamischen Beschaffungssystems zu übermitteln.

(2) Abweichend zu Abs. 1 letzter Satz kann der öffentliche Auftraggeber

1. besondere Dienstleistungsaufträge und
2. Aufträge, die aufgrund eines dynamischen Beschaffungssystems vergeben worden sind,

gebündelt spätestens 30 Tage nach Ende des jeweiligen Jahresquartals gemäß Abs. 1 bekannt geben.

(3) Hat der öffentliche Auftraggeber eine Bekanntmachung im Wege einer Vorinformation gemäß § 57 Abs. 2 oder 3 und § 60 Abs. 2 oder 3 veröffentlicht und beschließt er, auf Grundlage dieser Vorinformation während ihrer Gültigkeitsdauer keine weitere Auftragsvergabe mehr vorzunehmen, so hat er dies in der Bekanntgabe gemäß Abs. 1 anzugeben.

(4) Abweichend zu Abs. 1 dürfen bestimmte Angaben über die Auftragsvergabe oder den Abschluss von Rahmenvereinbarungen dann nicht veröffentlicht werden, wenn deren Bekanntgabe die Vollziehung von Gesetzen behindern, dem öffentlichen Interesse zuwiderlaufen, die berechtigten geschäftlichen Interessen eines Unternehmers schädigen oder den freien und lauteren Wettbewerb zwischen Unternehmern beeinträchtigen würde.

Bekanntgaben in Österreich

§ 62. (1) Der öffentliche Auftraggeber hat nach Durchführung eines Vergabeverfahrens jeden vergebenen Auftrag, jede abgeschlossene Rahmenvereinbarung und das Ergebnis jedes Ideenwettbewerbes bekannt zu geben, indem er die Metadaten der Kerndaten von Vergabeverfahren https://www.data.gv.at/ bereitstellt und darin auf die Informationen gemäß dem 2. Abschnitt des **Anhanges VIII** (Kerndaten für Bekanntgaben) verweist; davon ausgenommen sind Aufträge, die aufgrund von Rahmenvereinbarungen vergeben wurden und deren Auftragswert 50 000 Euro nicht erreicht. Der öffentliche Auftraggeber hat die Metadaten der Kerndaten von Vergabeverfahren für mindestens 5 Jahre bereitzustellen und die Kerndaten für Bekanntgaben in einem offenen und maschinenlesbaren standardisierten Format unter einer freien Lizenz vollständig für mindestens 5 Jahre zur Verfügung zu stellen. Die Bekanntgabe hat spätestens 30 Tage nach Zuschlagserteilung, nach Abschluss der Rahmenvereinbarung bzw. nach Abschluss des Ideenwettbewerbes zu erfolgen.

(2) Abweichend zu Abs. 1 letzter Satz kann der öffentliche Auftraggeber

1. besondere Dienstleistungsaufträge und
2. Aufträge, die aufgrund einer Rahmenvereinbarung oder eines dynamischen Beschaffungssystems vergeben worden sind,

gleichzeitig spätestens 30 Tage nach Ende des jeweiligen Jahresquartals gemäß Abs. 1 bekannt geben.

(3) Abweichend zu Abs. 1 dürfen bestimmte Angaben über die Auftragsvergabe oder den Abschluss von Rahmenvereinbarungen dann nicht veröffentlicht werden, wenn deren Bekanntgabe die Vollziehung von Gesetzen behindern, dem öffentlichen Interesse zuwiderlaufen, die berechtigten geschäftlichen Interessen eines Unternehmers schädigen oder den freien und lauteren Wettbewerb zwischen Unternehmern beeinträchtigen würde.

3. Unterabschnitt
Besondere Bekanntmachungsbestimmungen für den Unterschwellenbereich
Arten der Bekanntmachung

§ 63. Eine Bekanntmachung in Österreich hat elektronisch entweder durch eine Bekanntmachung von Aufträgen bzw. Wettbewerben oder durch eine Bekanntmachung im Wege einer Vorinformation gemäß § 65 Abs. 2 oder 3 zu erfolgen.

Bekanntmachungen in Österreich

§ 64. (1) Der öffentliche Auftraggeber hat Bekanntmachungen im Unterschwellenbereich zu veröffentlichen, indem er die Metadaten der Kerndaten von Vergabeverfahren https://www.data.gv.at/ bereitstellt und darin auf die Kerndaten für Bekanntmachungen verweist. Der öffentliche Auftraggeber hat diese Kerndaten in einem offenen und maschinenlesbaren standardisierten Format unter einer freien Lizenz vollständig zur Verfügung zu stellen. Eine Bekanntmachung im Beschafferprofil darf nicht vor Verfügbarkeit der Metadaten der Kerndaten von Vergabeverfahren und der Kerndaten für Bekanntmachung erfolgen. Im Beschafferprofil ist das Datum der Zur-Verfügung-Stellung der Kerndaten anzugeben.

(2) Die Verfügbarkeit der Metadaten der Kerndaten von Vergabeverfahren und der Kerndaten für Bekanntmachungen muss zumindest bis zum Ablauf der Angebotsfrist gewährleistet sein.

(3) Weitere Bekanntmachungen in sonstigen geeigneten Publikationsmedien stehen dem öffentlichen Auftraggeber frei.

(4) Sofern dies aufgrund der unionsrechtlichen Grundsätze geboten ist, hat der öffentliche Auftraggeber die Vergabe eines besonderen Dienstleistungsauftrages bekanntzumachen. Von einer Bekanntmachung des Verfahrens kann insbesondere Abstand genommen werden, wenn eine der in den §§ 37 Abs. 1 bzw. 44 Abs. 2 Z 2 genannten Voraussetzungen vorliegt.

(5) Sofern der öffentliche Auftraggeber der Ansicht ist, dass die Durchführung eines Vergabeverfahrens ohne vorherige Bekanntmachung im Unterschwellenbereich zulässig ist, kann der öffentliche Auftraggeber die Entscheidung, welchem Bieter der Zuschlag erteilt werden soll, bekanntmachen. Die Verfügbarkeit der Metadaten der Kerndaten von Vergabeverfahren und der Kerndaten für Bekanntmachungen muss zumindest für zehn Tage gewährleistet sein.

(6) Der öffentliche Auftraggeber hat überdies eine vom in der Ausschreibung festgelegten End-

zeitpunkt abweichende Einstellung eines dynamischen Beschaffungssystems bekannt zu machen.

Bekanntmachung einer Vorinformation

§ 65. (1) Sofern der öffentliche Auftraggeber von der Möglichkeit der Verkürzung der Angebotsfrist Gebrauch machen möchte, muss er eine Vorinformation gemäß § 64 bekanntmachen. Die Vorinformation kann überdies im Beschafferprofil des öffentlichen Auftraggebers veröffentlicht werden.

(2) Der öffentliche Auftraggeber kann die Bekanntmachung einer Vorinformation gemäß § 64 als Bekanntmachung der beabsichtigten Vergabe eines Auftrages verwenden, sofern die Vorinformation

1. sich ausdrücklich auf jene Leistungen bezieht, die Auftragsgegenstand sein werden,
2. den Hinweis enthält, dass dieser Auftrag ohne spätere Veröffentlichung einer Bekanntmachung vergeben wird,
3. die Aufforderung an Unternehmer enthält, ihr Interesse mitzuteilen, und
4. spätestens 35 Tage und frühestens 12 Monate vor der Absendung der Aufforderung zur Angebotsabgabe abgesendet wird.

Eine zusätzliche Veröffentlichung im Beschafferprofil ist zulässig.

(3) Der öffentliche Auftraggeber kann bei der Vergabe eines besonderen Dienstleistungsauftrages die Bekanntmachung einer Vorinformation gemäß § 64 als Bekanntmachung der beabsichtigten Vergabe eines Auftrages verwenden, sofern die Vorinformation

1. die Arten der zu vergebenden Dienstleistungen ausdrücklich anführt,
2. den Hinweis enthält, dass dieser Auftrag ohne spätere Veröffentlichung einer Bekanntmachung vergeben wird, und
3. die Aufforderung an Unternehmer enthält, ihr Interesse mitzuteilen.

Eine zusätzliche Veröffentlichung im Beschafferprofil ist zulässig.

(4) Der von einer Vorinformation gemäß Abs. 2 und 3 abgedeckte Zeitraum beträgt höchstens zwölf Monate ab Bekanntmachung. Bei der Vergabe eines besonderen Dienstleistungsauftrages kann ein Zeitraum von mehr als zwölf Monaten festgelegt werden, soweit dies sachlich gerechtfertigt ist.

Bekanntgaben in Österreich

§ 66. (1) Ein öffentlicher Auftraggeber im Vollziehungsbereich des Bundes hat nach Durchführung eines Vergabeverfahrens, dessen Auftragswert oder Wertumfang oder Summe der Preisgelder mindestens 50 000 Euro beträgt, jeden vergebenen Auftrag, jede abgeschlossene Rahmenvereinbarung und das Ergebnis jedes Ideenwettbewerbes bekannt zu geben, indem er die Metadaten der Kerndaten von Vergabeverfahren https://www.data.gv.at/ bereitstellt und darin auf die Kerndaten für Bekanntgaben verweist; davon ausgenommen sind Aufträge, die aufgrund von Rahmenvereinbarungen vergeben wurden und deren Auftragswert 50 000 Euro nicht erreicht. Der öffentliche Auftraggeber hat die Metadaten der Kerndaten von Vergabeverfahren für mindestens 5 Jahre bereitzustellen und die Kerndaten für Bekanntgaben in einem offenen und maschinenlesbaren standardisierten Format unter einer freien Lizenz vollständig für mindestens 5 Jahre zur Verfügung zu stellen. Die Bekanntgabe hat spätestens 30 Tage nach Zuschlagserteilung, nach Abschluss der Rahmenvereinbarung bzw. nach Abschluss des Ideenwettbewerbes zu erfolgen.

(2) Abweichend zu Abs. 1 letzter Satz kann der öffentliche Auftraggeber

1. besondere Dienstleistungsaufträge und
2. Aufträge, die aufgrund einer Rahmenvereinbarung oder eines dynamischen Beschaffungssystems vergeben worden sind,

gleichzeitig spätestens 30 Tage nach Ende des jeweiligen Jahresquartals gemäß Abs. 1 bekannt geben.

(3) Abweichend zu Abs. 1 dürfen bestimmte Angaben über die Auftragsvergabe, den Abschluss von Rahmenvereinbarungen oder das Ergebnis eines Ideenwettbewerbes dann nicht veröffentlicht werden, wenn deren Bekanntgabe die Vollziehung von Gesetzen behindern, dem öffentlichen Interesse zuwiderlaufen, die berechtigten geschäftlichen Interessen eines Unternehmers schädigen oder den freien und lauteren Wettbewerb zwischen Unternehmern beeinträchtigen würde.

3. Abschnitt

Fristen

1. Unterabschnitt

Allgemeine Bestimmungen über Fristen

Berechnung der Fristen

§ 67. Unbeschadet der auf die Fristen im Vergabekontrollverfahren anzuwendenden Bestimmungen des Allgemeinen Verwaltungsverfahrensgesetzes 1991 – AVG, BGBl. Nr. 51/1991, findet auf Fristen die Verordnung (EWG, EURATOM) Nr. 1182/71 zur Festlegung der Regeln für die Fristen, Daten und Termine, ABl. Nr. L 124 vom 08.06.1971 S. 1, Anwendung.

Grundsätze für die Bemessung von Fristen

§ 68. Der öffentliche Auftraggeber hat Fristen so zu bemessen und festzusetzen, dass den von der Fristsetzung betroffenen Unternehmern ausreichend Zeit für die Vornahme der entsprechenden Handlungen verbleibt. Insbesondere Teilnahmeantrags- und Angebotsfristen und Fristen für die Ausarbeitung von Lösungen im wettbewerblichen Dialog sind so zu bemessen, dass unter Berücksichtigung etwa der Komplexität des

Leistungsgegenstandes dem Unternehmer hinreichend Zeit zur Erstellung des Teilnahmeantrages, des Angebotes bzw. der Lösung verbleibt.

Auskunfts- und Verbesserungsfrist

§ 69. (1) Sofern das Ersuchen zeitgerecht gestellt wird, hat der öffentliche Auftraggeber oder die dafür zuständige Stelle zusätzliche Auskünfte über die Ausschreibung allen Teilnehmern am Vergabeverfahren unverzüglich, jedenfalls aber spätestens sechs Tage, bei beschleunigten Verfahren gemäß den §§ 74 und 77 spätestens vier Tage, vor Ablauf der Frist für den Eingang der Angebote zu übermitteln bzw. bereitzustellen.

(2) Übermittelt der Unternehmer unvollständige oder fehlerhafte Unterlagen, hat der öffentliche Auftraggeber, sofern es sich nicht um einen unbehebbaren Mangel handelt, diesen unter Einräumung einer angemessenen Frist zur Übermittlung, Ergänzung oder Erläuterung aufzufordern.

2. Unterabschnitt
Fristen für Vergabeverfahren im Oberschwellenbereich

Teilnahmeantragsfrist

§ 70. Beim nicht offenen Verfahren mit vorheriger Bekanntmachung, beim Verhandlungsverfahren mit vorheriger Bekanntmachung, beim wettbewerblichen Dialog und beim dynamischen Beschaffungssystem beträgt die vom öffentlichen Auftraggeber festzusetzende Frist für den Eingang der Teilnahmeanträge (Teilnahmeantragsfrist) mindestens 30 Tage. Sie beginnt mit dem Tag der Absendung der Bekanntmachung an das Amt für Veröffentlichungen bzw., wenn die Bekanntmachung im Wege einer Vorinformation erfolgt ist, mit dem Tag der Absendung der Aufforderung zur Interessensbestätigung.

Angebotsfrist

§ 71. (1) Beim offenen Verfahren beträgt die vom öffentlichen Auftraggeber festzusetzende Frist für den Eingang der Angebote (Angebotsfrist) mindestens 30 Tage.

(2) Beim nicht offenen Verfahren mit vorheriger Bekanntmachung und beim Verhandlungsverfahren mit vorheriger Bekanntmachung beträgt die von einem öffentlichen Auftraggeber gemäß **Anhang III** festzusetzende Angebotsfrist mindestens 25 Tage.

(3) Ein nicht in **Anhang III** genannter öffentlicher Auftraggeber kann die Angebotsfrist beim nicht offenen Verfahren mit vorheriger Bekanntmachung und beim Verhandlungsverfahren mit vorheriger Bekanntmachung im gegenseitigen Einvernehmen mit den ausgewählten Bewerbern festlegen, vorausgesetzt, dass allen ausgewählten Bewerbern dieselbe Frist eingeräumt wird. Erfolgt keine einvernehmliche Festlegung der Angebotsfrist, so hat der öffentliche Auftraggeber eine Angebotsfrist festzusetzen, die mindestens zehn Tage beträgt.

(4) Beim dynamischen Beschaffungssystem beträgt die vom öffentlichen Auftraggeber festzusetzende Angebotsfrist mindestens zehn Tage. Ein nicht in **Anhang III** genannter öffentlicher Auftraggeber kann einvernehmlich mit allen zugelassenen Teilnehmern eine kürzere Angebotsfrist festlegen.

(5) Die gemäß Abs. 1 bis 3 festgesetzte Angebotsfrist ist um fünf Tage zu verlängern, falls die Ausschreibungsunterlagen nicht gemäß § 89 Abs. 1 elektronisch zur Verfügung gestellt werden. Eine Verlängerung ist nicht verpflichtend, falls die Angebotsfrist wegen Dringlichkeit gemäß § 74 verkürzt wird oder im gegenseitigen Einvernehmen gemäß Abs. 3 erster Satz festgelegt wurde.

(6) Die gemäß Abs. 1 bis 3 und 5 festgesetzte Angebotsfrist ist um fünf Tage zu verlängern, falls Angebote nicht auf elektronischem Weg zu übermitteln sind. Eine Verlängerung ist nicht verpflichtend, falls die Angebotsfrist im gegenseitigen Einvernehmen gemäß Abs. 3 erster Satz festgelegt wurde.

(7) Können Angebote nur nach einer Ortsbesichtigung oder Einsichtnahme in zusätzliche Unterlagen zu den Ausschreibungsunterlagen vor Ort erstellt werden, so ist die Angebotsfrist gemäß Abs. 1 bis 6 so angemessen zu verlängern, dass alle betroffenen Unternehmer von allen für die Erstellung eines Angebotes erforderlichen Informationen Kenntnis nehmen können.

(8) Die Angebotsfrist beginnt beim offenen Verfahren mit dem Tag der Absendung der Bekanntmachung an das Amt für Veröffentlichungen, beim nicht offenen Verfahren mit vorheriger Bekanntmachung, beim Verhandlungsverfahren mit vorheriger Bekanntmachung und beim dynamischen Beschaffungssystem mit dem Tag der Absendung der Aufforderung zur Abgabe von Angeboten.

Verlängerung der Angebotsfrist bei Berichtigungen und zusätzlichen Auskünften

§ 72. (1) Die gemäß § 71 festgesetzte Angebotsfrist ist bei einer Berichtigung der Ausschreibung zu verlängern, wenn die Berichtigung für die Erstellung der Angebote wesentlich ist. Die Verlängerung der Frist muss in einem angemessenen Verhältnis zur Bedeutung der geänderten Information stehen. Jede Veränderung der Angebotsfrist ist allen Bewerbern oder Bietern bekannt zu geben. Soweit eine Bekanntgabe nicht möglich ist, ist sie in derselben Art bekannt zu machen wie die Bekanntmachung.

(2) Die gemäß § 71 festgesetzte Angebotsfrist ist zu verlängern, wenn zusätzliche Auskünfte nicht

innerhalb der Frist gemäß § 69 Abs. 1 erteilt worden sind, obwohl das Ersuchen zeitgerecht gestellt wurde. Die Verlängerung der Frist muss in einem angemessenen Verhältnis zur Bedeutung der geänderten Information stehen.

Verkürzte Angebotsfrist im beschleunigten Verfahren nach Vorinformation

§ 73. Sofern der öffentliche Auftraggeber mindestens 35 Tage, höchstens aber 12 Monate vor dem Zeitpunkt der Absendung einer Bekanntmachung gemäß § 56 eine Vorinformation gemäß den §§ 57 Abs. 1 und 60 Abs. 1 bekannt gemacht hat und diese Vorinformation alle Angaben enthalten hat, die zum Zeitpunkt der Veröffentlichung der Vorinformation vorlagen, kann der öffentliche Auftraggeber

1. die Angebotsfrist im offenen Verfahren auf 15 Tage und
2. die Angebotsfrist im nicht offenen Verfahren mit vorheriger Bekanntmachung und im Verhandlungsverfahren mit vorheriger Bekanntmachung auf 10 Tage

verkürzen.

Verkürzte Teilnahmeantrags- und Angebotsfrist im beschleunigten Verfahren bei Dringlichkeit

§ 74. Der öffentliche Auftraggeber kann, sofern wegen einer vom öffentlichen Auftraggeber hinreichend begründeten Dringlichkeit die Einhaltung der Fristen gemäß den §§ 70 bis 73 nicht möglich ist, folgende Fristen festsetzen:

1. im offenen Verfahren eine Angebotsfrist von mindestens 15 Tagen,
2. im nicht offenen Verfahren mit vorheriger Bekanntmachung und im Verhandlungsverfahren mit vorheriger Bekanntmachung eine Teilnahmeantragsfrist von mindestens 15 Tagen, und
3. im nicht offenen Verfahren mit vorheriger Bekanntmachung und im Verhandlungsverfahren mit vorheriger Bekanntmachung eine Angebotsfrist von mindestens 10 Tagen.

3. Unterabschnitt

Fristen für Vergabeverfahren im Unterschwellenbereich

Teilnahmeantragsfrist

§ 75. Beim nicht offenen Verfahren mit vorheriger Bekanntmachung, beim Verhandlungsverfahren mit vorheriger Bekanntmachung, beim wettbewerblichen Dialog und beim dynamischen Beschaffungssystem beträgt die vom öffentlichen Auftraggeber festzusetzende Teilnahmeantragsfrist mindestens 14 Tage. Sie beginnt mit der erstmaligen Verfügbarkeit der Bekanntmachung.

Angebotsfrist

§ 76. (1) Beim offenen Verfahren beträgt die vom öffentlichen Auftraggeber festzusetzende Angebotsfrist mindestens 20 Tage. Die Angebotsfrist beginnt mit der erstmaligen Verfügbarkeit der Bekanntmachung.

(2) Beim nicht offenen Verfahren und beim Verhandlungsverfahren mit vorheriger Bekanntmachung beträgt die vom öffentlichen Auftraggeber festzusetzende Angebotsfrist mindestens zehn Tage. Sie beginnt mit dem Tag der Absendung der Aufforderung zur Abgabe von Angeboten.

(3) Beim dynamischen Beschaffungssystem beträgt die vom öffentlichen Auftraggeber festzusetzende Angebotsfrist mindestens zehn Tage. Der öffentliche Auftraggeber kann einvernehmlich mit allen zugelassenen Teilnehmern eine kürzere Angebotsfrist festlegen.

Verkürzte Teilnahmeantrags- und Angebotsfrist

§ 77. Der öffentliche Auftraggeber kann in besonders begründeten Fällen, insbesondere aus Gründen der Dringlichkeit, bei Bekanntmachung einer Vorinformation gemäß § 65 Abs. 1 sowie bei Lieferaufträgen über Waren mit allgemein auf dem Markt verfügbaren Merkmalen, die regulären Teilnahmeantrags- und Angebotsfristen verkürzen. Die Gründe für eine Verkürzung sind schriftlich festzuhalten.

4. Abschnitt

Eignung der Unternehmer

1. Unterabschnitt

Von der Teilnahme am Vergabeverfahren auszuschließende Unternehmer

Ausschlussgründe

§ 78. (1) Der öffentliche Auftraggeber hat – unbeschadet der Abs. 3 bis 5 – einen Unternehmer jederzeit von der Teilnahme am Vergabeverfahren auszuschließen, wenn

1. der öffentliche Auftraggeber Kenntnis von einer rechtskräftigen Verurteilung des Unternehmers hat, die einen der folgenden Tatbestände betrifft: Mitgliedschaft bei einer kriminellen Vereinigung oder Organisation (§§ 278 und 278a des Strafgesetzbuches – StGB, BGBl. Nr. 60/1974), Terroristische Vereinigung, Terroristische Straftaten oder Terrorismusfinanzierung (§§ 278b bis 278d StGB), Bestechlichkeit, Vorteilsannahme, Bestechung, Vorteilszuwendung oder verbotene Intervention (§§ 304 bis 309 StGB und § 10 des Bundesgesetzes gegen den unlauteren Wettbewerb 1984 – UWG, BGBl. Nr. 448/1984), Betrug (§§ 146 bis 148 StGB), Untreue (§ 153 StGB), Geschenkannahme (§ 153a StGB), Förderungsmissbrauch (§ 153b StGB), Geldwäscherei (§ 165 StGB), Sklaverei, Menschenhandel oder Grenzüberschreitender Prostitutionshandel (§§ 104, 104a und 217 StGB) bzw. einen entsprechenden Straftatbestand gemäß den Vorschriften des Landes, in dem der Unternehmer seinen Sitz hat, oder

2. über das Vermögen des Unternehmers ein Insolvenzverfahren eröffnet oder mangels kostendeckenden Vermögens kein Insolvenzverfahren eröffnet wurde, oder
3. der Unternehmer sich in Liquidation befindet oder seine gewerbliche Tätigkeit einstellt oder eingestellt hat, oder
4. der öffentliche Auftraggeber über hinreichend plausible Anhaltspunkte dafür verfügt, dass der Unternehmer mit anderen Unternehmern für den öffentlichen Auftraggeber nachteilige Abreden getroffen hat, die gegen die guten Sitten verstoßen, oder mit anderen Unternehmern Abreden getroffen hat, die auf eine Verzerrung des Wettbewerbes abzielen, oder
5. der Unternehmer im Rahmen seiner beruflichen Tätigkeit eine schwere Verfehlung, insbesondere gegen Bestimmungen des Arbeits-, Sozial- oder Umweltrechtes, begangen hat, die vom öffentlichen Auftraggeber auf geeignete Weise nachgewiesen wurde, oder
6. der Unternehmer seine Verpflichtungen zur Entrichtung der Sozialversicherungsbeiträge oder der Steuern und Abgaben in Österreich oder nach den Vorschriften des Landes, in dem er seinen Sitz hat, nicht erfüllt hat und dies
   a) durch eine rechtskräftige Gerichts- oder Verwaltungsentscheidung in Österreich oder gemäß den Vorschriften des Landes, in dem der Unternehmer seinen Sitz hat, festgestellt wurde, oder
   b) durch den öffentlichen Auftraggeber auf andere geeignete Weise nachgewiesen wurde, oder
7. ein Interessenkonflikt gemäß § 26 nicht durch andere, weniger einschneidende Maßnahmen vermieden werden kann oder
8. aufgrund der Beteiligung des Unternehmers an der Vorbereitung des Vergabeverfahrens gemäß § 25 der faire und lautere Wettbewerb unter Beachtung des Grundsatzes der Gleichbehandlung verzerrt werden würde oder
9. der Unternehmer bei der Erfüllung einer wesentlichen Anforderung im Rahmen eines früheren Auftrages oder Konzessionsvertrages erhebliche oder dauerhafte Mängel erkennen lassen hat, die die vorzeitige Beendigung dieses früheren Auftrages oder Konzessionsvertrages, Schadenersatz oder andere vergleichbare Sanktionen nach sich gezogen haben, oder
10. der Unternehmer sich bei der Erteilung von Auskünften betreffend die Eignung einer schwerwiegenden Täuschung schuldig gemacht hat, diese Auskünfte nicht erteilt hat oder die vom öffentlichen Auftraggeber zum Nachweis der Eignung geforderten Nachweise bzw. Bescheinigungen nicht vorgelegt, vervollständigt oder erläutert hat oder
11. der Unternehmer
    a) versucht hat, die Entscheidungsfindung des öffentlichen Auftraggebers in unzulässiger Weise zu beeinflussen oder
    b) versucht hat, vertrauliche Informationen zu erhalten, durch die er unzulässige Vorteile beim Vergabeverfahren erlangen könnte, oder
    c) fahrlässig irreführende Informationen an den öffentlichen Auftraggeber übermittelt, die die Entscheidung des öffentlichen Auftraggebers über den Ausschluss oder die Auswahl von Unternehmern oder die Zuschlagserteilung erheblich beeinflussen könnten, oder versucht hat, solche Informationen zu übermitteln.

(2) Der öffentliche Auftraggeber hat – unbeschadet des Abs. 5 – einen Unternehmer, der keine natürliche Person ist, von der Teilnahme am Vergabeverfahren auszuschließen, wenn

1. die Voraussetzung des Abs. 1 Z 1 in Bezug auf eine Person erfüllt ist, die Mitglied im Verwaltungs-, Leitungs- oder Aufsichtsorgan des Unternehmers ist oder die darin Vertretungs-, Entscheidungs- oder Kontrollbefugnisse hat, oder
2. die Voraussetzungen des Abs. 1 Z 4, 5, 7, 8, 10 oder 11 in Bezug auf eine Person erfüllt sind, die Mitglied im Leitungs- oder Aufsichtsorgan des Unternehmers ist.

(3) Der öffentliche Auftraggeber kann von einem Ausschluss gemäß Abs. 1 Z 2 oder 3 Abstand nehmen, wenn die Leistungsfähigkeit des Unternehmers für die Durchführung des Auftrages ausreicht.

(4) Der öffentliche Auftraggeber hat von einem Ausschluss gemäß Abs. 1 Z 6 Abstand zu nehmen, wenn

1. er festgestellt hat, dass der Unternehmer seinen Verpflichtungen zur Entrichtung der Sozialversicherungsbeiträge oder der Steuern und Abgaben dadurch nachgekommen ist, dass er die Zahlung vorgenommen oder eine verbindliche Vereinbarung im Hinblick auf die Entrichtung der fälligen Sozialversicherungsbeiträge, Steuern oder Abgaben – gegebenenfalls einschließlich etwaiger Zinsen oder Strafzahlungen – eingegangen ist, oder
2. nur ein geringfügiger Rückstand hinsichtlich der Sozialversicherungsbeiträge oder der Steuern und Abgaben besteht oder
3. der Ausschluss aus anderen Gründen offensichtlich unverhältnismäßig wäre.

(5) Der öffentliche Auftraggeber kann von einem Ausschluss gemäß Abs. 1 oder 2 Abstand nehmen, wenn auf die Beteiligung des Unternehmers in begründeten Ausnahmefällen aus zwingenden Gründen des Allgemeininteresses nicht verzichtet werden kann.

2. Unterabschnitt
Eignungsanforderungen und Eignungsnachweise

Zeitpunkt des Vorliegens der Eignung

§ 79. Unbeschadet des § 21 Abs. 1 muss die Eignung spätestens

1. beim offenen Verfahren zum Zeitpunkt der Angebotsöffnung,
2. beim nicht offenen Verfahren mit vorheriger Bekanntmachung zum Zeitpunkt des Ablaufes der Teilnahmeantragsfrist,
3. beim nicht offenen Verfahren ohne vorherige Bekanntmachung zum Zeitpunkt der Aufforderung zur Angebotsabgabe,
4. beim Verhandlungsverfahren mit vorheriger Bekanntmachung, beim wettbewerblichen Dialog und bei der Innovationspartnerschaft grundsätzlich zum Zeitpunkt des Ablaufes der Teilnahmeantragsfrist,
5. beim Verhandlungsverfahren ohne vorherige Bekanntmachung grundsätzlich zum Zeitpunkt der Aufforderung zur Angebotsabgabe,
6. beim offenen Wettbewerb zum Zeitpunkt der Vorlage der Wettbewerbsarbeiten,
7. beim nicht offenen Wettbewerb zum Zeitpunkt des Ablaufes der Teilnahmeantragsfrist,
8. beim geladenen Wettbewerb zum Zeitpunkt der Aufforderung zur Vorlage von Wettbewerbsarbeiten,
9. bei der Rahmenvereinbarung zum jeweils relevanten Zeitpunkt gemäß der gewählten Verfahrensart zum Abschluss der Rahmenvereinbarung gemäß Z 1 bis 5 sowie zum Zeitpunkt der Zuschlagserteilung, und
10. beim dynamischen Beschaffungssystem zum Zeitpunkt der Zulassung zum dynamischen Beschaffungssystem sowie zum Zeitpunkt jeder gesonderten Aufforderung zur Angebotsabgabe gemäß § 162

vorliegen.

Eigenerklärung, Verlangen der Nachweise durch den öffentlichen Auftraggeber

§ 80. (1) Der öffentliche Auftraggeber hat festzulegen, mit welchen Nachweisen gemäß den §§ 81 bis 87 ein Unternehmer, der an einem Vergabeverfahren teilnimmt, seine

1. berufliche Befugnis,
2. berufliche Zuverlässigkeit,
3. finanzielle und wirtschaftliche Leistungsfähigkeit sowie
4. technische Leistungsfähigkeit

zu belegen hat. Nachweise dürfen nur so weit festgelegt werden, wie es durch den Gegenstand des Auftrages sachlich gerechtfertigt ist. Falls erforderlich und sofern dies sachlich gerechtfertigt ist, kann der öffentliche Auftraggeber besondere Festlegungen treffen, wie Arbeits- und Bietergemeinschaften die Anforderungen an die Eignung zu erfüllen haben.

(2) Der Bewerber oder Bieter kann seine Eignung sowie gegebenenfalls die Erfüllung der Auswahlkriterien auch durch die Vorlage einer Einheitlichen Europäischen Eigenerklärung gemäß der Durchführungsverordnung (EU) 2016/7 zur Einführung des Standardformulars für die Einheitliche Europäische Eigenerklärung, ABl. Nr. L 3 vom 06.01.2016 S. 16, belegen. Im Unterschwellenbereich ist stattdessen auch die Vorlage einer Erklärung darüber, dass der Bewerber oder Bieter die vom öffentlichen Auftraggeber verlangten Eignungskriterien erfüllt und die festgelegten Nachweise auf Aufforderung unverzüglich beibringen kann (Eigenerklärung), zulässig. In einer solchen Eigenerklärung sind die Befugnisse anzugeben, über die der Unternehmer konkret verfügt.

(3) Der öffentliche Auftraggeber kann die Vorlage, Vervollständigung bzw. Erläuterung bestimmter Nachweise binnen einer angemessenen Frist von bestimmten Bewerbern oder Bietern bzw. Parteien der Rahmenvereinbarung verlangen, sofern dies zur angemessenen Durchführung des Verfahrens erforderlich ist. Bei der Vergabe von Aufträgen und beim Abschluss von Rahmenvereinbarungen im Oberschwellenbereich hat der öffentliche Auftraggeber vor Zuschlagserteilung bzw. vor Abschluss der Rahmenvereinbarung die Vorlage der festgelegten Nachweise vom Zuschlagsempfänger bzw. von der bzw. den Parteien der Rahmenvereinbarung jedenfalls zu verlangen; bei einer Vergabe in Losen gilt dies nur, wenn der geschätzte Wert des einzelnen Loses den in § 12 Abs. 1 genannten jeweiligen Schwellenwert erreicht.

(4) Im Falle der Angebotslegung durch eine Arbeitsgemeinschaft oder eine Bietergemeinschaft hat jedes Mitglied die Befugnis für den ihm konkret zufallenden Leistungsteil nachzuweisen.

(5) Der Unternehmer muss jene Nachweise nicht vorlegen, die der öffentliche Auftraggeber direkt über eine für den öffentlichen Auftraggeber kostenlos zugängliche Datenbank erhalten kann. Enthält ein auf diese Weise verfügbarer Nachweis personenbezogene Daten, muss der Unternehmer der Verwendung seiner Daten zugestimmt haben.

(6) Ein Unternehmer muss im Oberschwellenbereich jene Nachweise nicht vorlegen, die dem öffentlichen Auftraggeber bereits in einem früheren Vergabeverfahren im Oberschwellenbereich vorgelegt wurden und geeignet sind, die Eignung nachzuweisen. Der öffentliche Auftraggeber kann zum Zweck der Verwaltung und Wiederverwendung der solcherart vorgelegten Nachweise eine Datenbank einrichten.

(7) Legt ein Unternehmer mit Sitz in einer anderen Vertragspartei des EWR-Abkommens Nachweise vor, so hat der öffentliche Auftraggeber zur Überprüfung, ob der vorgelegte Nachweis seiner Art nach dem geforderten Nachweis entspricht,

auf die Online–Datenbank e–Certis zurückzugreifen.

Nachweis der Befugnis

§ 81. (1) Der öffentliche Auftraggeber hat als Nachweis für das Vorliegen der einschlägigen Befugnis gemäß § 80 Abs. 1 Z 1 die Vorlage einer Urkunde über die Eintragung des Unternehmers im betreffenden in **Anhang IX** angeführten Berufs- oder Handelsregister des Sitzstaates oder die Vorlage der betreffenden in **Anhang IX** genannten Bescheinigung festzulegen.

(2) Der öffentliche Auftraggeber hat überdies über für die Zuschlagserteilung in Betracht kommende Bewerber, Bieter und deren Subunternehmer eine Auskunft aus der Verwaltungsstrafevidenz der Österreichischen Gesundheitskasse als Kompetenzzentrum Lohn- und Sozialdumpingbekämpfung (Kompetenzzentrum LSDB) gemäß § 35 des Lohn- und Sozialdumping-Bekämpfungsgesetzes – LSD-BG, BGBl. I Nr. 44/2016, einzuholen, ob diesen eine rechtskräftige Entscheidung gemäß § 31 LSD-BG zuzurechnen ist. Diese Auskunft darf nicht älter als sechs Monate sein.

Nachweis der beruflichen Zuverlässigkeit

§ 82. (1) Der öffentliche Auftraggeber hat Nachweise für die Darlegung der beruflichen Zuverlässigkeit gemäß § 80 Abs. 1 Z 2 festzulegen, die belegen, dass in Bezug auf den Unternehmer kein Ausschlussgrund gemäß § 78 Abs. 1 vorliegt.

(2) Nachweise gemäß Abs. 1 sind

1. hinsichtlich § 78 Abs. 1 Z 1 die Strafregisterbescheinigung gemäß § 10 des Strafregistergesetzes 1968, BGBl. Nr. 277/1968, bzw. die Registerauskunft für Verbände gemäß § 89m des Gerichtsorganisationsgesetzes – GOG, RGBl. Nr. 217/1896, oder eine gleichwertige Bescheinigung eines Gerichtes oder einer Verwaltungsbehörde des Sitzstaates des Unternehmers,
2. hinsichtlich § 78 Abs. 1 Z 2 die Insolvenzdatei gemäß § 256 der Insolvenzordnung – IO, RGBl. Nr. 337/1914, oder gleichwertige Dokumente der zuständigen Behörden des Sitzstaates des Unternehmers,
3. hinsichtlich § 78 Abs. 1 Z 3 der Firmenbuchauszug gemäß § 33 des Firmenbuchgesetzes, BGBl. Nr. 10/1991, und die Auskunft aus dem Gewerbeinformationssystem Austria (GISA) gemäß § 365e Abs. 1 der Gewerbeordnung 1994 – GewO 1994, BGBl. Nr. 194/1994, oder gleichwertige Dokumente der zuständigen Behörden des Sitzstaates des Unternehmers, und
4. hinsichtlich § 78 Abs. 1 Z 6 die letztgültige Kontobestätigung bzw. Unbedenklichkeitsbescheinigung des zuständigen Sozialversicherungsträgers und die letztgültige Rückstandsbescheinigung gemäß § 229a der Bundesabgabenordnung – BAO, BGBl. Nr. 194/1961, oder gleichwertige Dokumente der zuständigen Behörden des Sitzstaates des Unternehmers.

(3) Der öffentliche Auftraggeber hat über für die Zuschlagserteilung in Betracht kommende Bewerber, Bieter und deren Subunternehmer eine Auskunft aus der zentralen Verwaltungsstrafevidenz des Bundesministers für Finanzen gemäß § 28b des Ausländerbeschäftigungsgesetzes – AuslBG, BGBl. Nr. 218/1975, und eine Auskunft aus der Verwaltungsstrafevidenz des Kompetenzzentrums LSDB gemäß § 35 LSD-BG einzuholen, ob diesen eine rechtskräftige Bestrafung gemäß § 28 Abs. 1 Z 1 AuslBG oder gemäß den §§ 28 oder 29 LSD-BG zuzurechnen ist. Diese Auskünfte dürfen nicht älter als sechs Monate sein.

(4) Werden die in Abs. 2 genannten Nachweise im Herkunftsland des Unternehmers nicht ausgestellt oder werden darin nicht alle in § 78 Abs. 1 Z 1 bis 3 und 6 vorgesehenen Fälle erwähnt, kann der öffentliche Auftraggeber eine Bescheinigung über eine eidesstattliche Erklärung oder eine entsprechende, vor einer dafür zuständigen Gerichts- oder Verwaltungsbehörde, vor einem Notar oder vor einer dafür zuständigen Berufsorganisation des Herkunftslandes des Unternehmers abgegebene Erklärung des Unternehmers verlangen, dass kein Ausschlussgrund gemäß § 78 Abs. 1 Z 1 bis 3 und 6 vorliegt.

Beurteilung der beruflichen Zuverlässigkeit

§ 83. (1) Der öffentliche Auftraggeber hat der Beurteilung der beruflichen Zuverlässigkeit des Unternehmers insbesondere die gemäß § 82 Abs. 2 verlangten Nachweise und die gemäß § 82 Abs. 3 eingeholten Auskünfte zugrunde zu legen. Ergibt sich aus diesen Bescheinigungen, dass eine rechtskräftige Gerichts- oder Verwaltungsentscheidung im Sinne des § 78 Abs. 1 Z 1 oder 6 lit. a vorliegt oder erlangt der öffentliche Auftraggeber auf andere Weise von einem solchen Urteil, einer solchen Verfehlung oder vom Vorliegen eines Ausschlussgrundes gemäß § 78 Abs. 1 oder 2 nachweislich Kenntnis, so ist der Unternehmer mangels Zuverlässigkeit vom Vergabeverfahren auszuschließen, es sei denn, die Voraussetzungen des § 78 Abs. 3 bis 5 liegen vor oder der Unternehmer macht glaubhaft, dass er trotz des Vorliegens eines Ausschlussgrundes zuverlässig ist.

(2) Zur Glaubhaftmachung im Sinne des Abs. 1 letzter Satz hat der Unternehmer darzulegen, dass er konkrete technische, organisatorische, personelle oder sonstige Maßnahmen getroffen hat, die geeignet sind, das nochmalige Begehen der betreffenden strafbaren Handlungen bzw. Verfehlungen zu verhindern. Der Unternehmer hat nachzuweisen, dass er folgende Maßnahmen getroffen hat:

1. er einen Ausgleich für jeglichen durch eine Straftat oder eine Verfehlung gegebenenfalls verursachten Schaden gezahlt oder sich zur Zahlung eines Ausgleiches verpflichtet hat,

2. er umfassend durch eine aktive Zusammenarbeit mit den Ermittlungsbehörden an der Klärung aller Tatsachen und Umstände betreffend die Straftat oder Verfehlung mitgewirkt hat, und
3. er effektive Maßnahmen wie
a) die Einführung eines qualitativ hochwertigen Berichts- und Kontrollwesens, oder
b) die Einschaltung eines Organes der inneren Revision zur regelmäßigen Überprüfung der Einhaltung der maßgeblichen Vorschriften, oder
c) die Einführung von internen Haftungs- und Schadenersatzregelungen zur Einhaltung der maßgeblichen Vorschriften

gesetzt hat.

(3) Der öffentliche Auftraggeber hat die vom Unternehmer ergriffenen Maßnahmen zu prüfen und bei der Beurteilung der Zuverlässigkeit insbesondere die vom Unternehmer gesetzten Maßnahmen in ein Verhältnis zur Anzahl und zur Schwere der begangenen strafbaren Handlungen bzw. Verfehlungen zu setzen. Bei der Beurteilung der Schwere der rechtskräftigen Bestrafung gemäß § 28 Abs. 1 Z 1 AuslBG ist insbesondere die Anzahl der betroffenen Arbeitnehmer und die Dauer der illegalen Beschäftigung und bei der Beurteilung der Schwere der rechtskräftigen Bestrafung gemäß den §§ 28 oder 29 LSD-BG ist insbesondere das Ausmaß der Unterentlohnung zu berücksichtigen. Liegen mehr als zwei rechtskräftige Bestrafungen gemäß § 28 Abs. 1 Z 1 AuslBG oder gemäß den §§ 28 oder 29 LSD-BG vor oder erfolgten zwei rechtskräftige Bestrafungen innerhalb der letzten zwölf Monate, ist ein strengerer Maßstab anzulegen. Erachtet der öffentliche Auftraggeber die Maßnahmen des Unternehmers als unzureichend, so hat er diese Entscheidung gegenüber dem Unternehmer zu begründen.

(4) Ein Unternehmer, der durch eine rechtskräftige Entscheidung eines Gerichtes einer anderen Vertragspartei des EWR-Abkommens von der Teilnahme an Vergabeverfahren ausgeschlossen wurde, kann während des in dieser Entscheidung festgelegten Ausschlusszeitraumes seine Zuverlässigkeit nicht gemäß Abs. 2 und 3 glaubhaft machen.

(5) Hat ein Unternehmer, bei dem ein Ausschlussgrund gemäß § 78 Abs. 1 oder 2 vorliegt, keine oder nur unzureichende Maßnahmen gemäß Abs. 2 und 3 ergriffen, so darf er – unbeschadet des Abs. 4 –
1. bei Vorliegen eines Ausschlussgrundes gemäß § 78 Abs. 1 Z 1 höchstens für den Zeitraum von fünf Jahren ab dem Tag der rechtskräftigen Verurteilung oder
2. bei Vorliegen eines Ausschlussgrundes gemäß § 78 Abs. 1 Z 2 bis 5 und 7 bis 11 höchstens für den Zeitraum von drei Jahren ab dem betreffenden Ereignis

von der Teilnahme am Vergabeverfahren ausgeschlossen werden.

Nachweis der finanziellen und wirtschaftlichen Leistungsfähigkeit

§ 84. (1) Als Nachweis für die finanzielle und wirtschaftliche Leistungsfähigkeit gemäß § 80 Abs. 1 Z 3 kann der öffentliche Auftraggeber insbesondere die Nachweise gemäß **Anhang X** verlangen.

(2) Kann ein Unternehmer aus einem von ihm glaubhaft zu machenden berechtigten Grund die vom öffentlichen Auftraggeber geforderten Nachweise nicht beibringen, so kann er den Nachweis seiner finanziellen und wirtschaftlichen Leistungsfähigkeit durch Vorlage jedes anderen vom öffentlichen Auftraggeber für geeignet erachteten Nachweises erbringen.

Nachweis der technischen Leistungsfähigkeit

§ 85. (1) Als Nachweis für die technische Leistungsfähigkeit gemäß § 80 Abs. 1 Z 4 kann der öffentliche Auftraggeber je nach Art, Menge, Umfang oder Verwendungszweck der zu liefernden Waren oder der zu erbringenden Bau- oder Dienstleistungen die in **Anhang XI** angeführten Nachweise verlangen. Andere als die in **Anhang XI** angeführten Nachweise darf der öffentliche Auftraggeber nicht verlangen.

(2) Nachweise über erbrachte Leistungen (Referenzen) müssen jedenfalls folgende Angaben enthalten:
1. Name und Sitz des Leistungsempfängers sowie Name der Auskunftsperson,
2. Wert der Leistung,
3. Zeit und Ort der Leistungserbringung und
4. Angabe, ob die Leistung ordnungsgemäß ausgeführt wurde.

(3) Werden Nachweise über Leistungen vorgelegt, die der Unternehmer in Arbeitsgemeinschaften erbracht hat, ist der vom Unternehmer erbrachte Leistungsteil anzugeben.

Nachweis der Eignung durch andere Unternehmer

§ 86. Zum Nachweis der erforderlichen Leistungsfähigkeit oder Befugnis kann sich ein Unternehmer für einen bestimmten Auftrag auf die Kapazitäten anderer Unternehmer ungeachtet des rechtlichen Charakters der zwischen ihm und diesen Unternehmern bestehenden Verbindungen stützen. In Bezug auf die Nachweise betreffend Ausbildung und Bescheinigung über die berufliche Befähigung gemäß **Anhang XI** Abs. 2 Z 4 und Abs. 3 Z 5 oder den Nachweis über die einschlägige berufliche Erfahrung kann ein Unternehmer sich nur auf die Kapazitäten jener Unternehmer stützen, die die Leistung tatsächlich erbringen werden, für die diese Kapazitäten benötigt werden. Der Unternehmer kann mit allen geeigneten Mitteln den Nachweis erbringen, dass ihm für die Ausführung des Auftrages die bei den anderen Unternehmern im erforderlichen Ausmaß vorhandenen Mittel auch tatsächlich zur Verfügung stehen.

Normen für Qualitätssicherung und Umweltmanagement

§ 87. (1) Verlangt der öffentliche Auftraggeber zum Nachweis dafür, dass der Unternehmer bestimmte Qualitätssicherungsnormen – einschließlich der Normen betreffend den Zugang von Menschen mit Behinderung – erfüllt, die Vorlage von Bescheinigungen unabhängiger Stellen, so hat er auf Qualitätssicherungssysteme Bezug zu nehmen, die den einschlägigen europäischen Normen genügen und von akkreditierten Stellen zertifiziert sind. Gleichwertige Bescheinigungen von Stellen anderer Vertragsparteien des EWR-Abkommens müssen anerkannt werden. Der öffentliche Auftraggeber muss andere Nachweise von gleichwertigen Qualitätssicherungsmaßnahmen anerkennen, wenn der Unternehmer glaubhaft macht, dass er die betreffenden Bescheinigungen aus Gründen, die ihm nicht zugerechnet werden können, nicht fristgerecht erlangen konnte und sofern der Unternehmer nachweist, dass die vorgeschlagenen Qualitätssicherungsmaßnahmen den geforderten Qualitätssicherungsnormen entsprechen.

(2) Verlangt der öffentliche Auftraggeber zum Nachweis dafür, dass der Unternehmer bestimmte Systeme oder Normen für das Umweltmanagement erfüllt, die Vorlage von Bescheinigungen unabhängiger Stellen, so hat er auf das Gemeinschaftssystem für das Umweltmanagement und die Umweltbetriebsprüfung (EMAS) der Union gemäß der Verordnung (EG) Nr. 1221/2009 über die freiwillige Teilnahme von Organisationen an einem Gemeinschaftssystem für Umweltmanagement und Umweltbetriebsprüfung, ABl. Nr. L 342 vom 22.12.2009 S. 1 zuletzt geändert durch die Verordnung (EU) Nr. 517/2013, ABl. Nr. L 158 vom 10.06.2013 S. 1, auf andere gemäß Art. 45 dieser Verordnung anerkannte Systeme für das Umweltmanagement oder auf andere Normen für das Umweltmanagement Bezug zu nehmen, die auf den einschlägigen europäischen oder internationalen Normen beruhen und von akkreditierten Stellen zertifiziert sind. Gleichwertige Bescheinigungen von Stellen anderer Vertragsparteien des EWR-Abkommens müssen anerkannt werden. Der öffentliche Auftraggeber muss andere Nachweise über Umweltmanagementmaßnahmen anerkennen, wenn der Unternehmer nachweist, dass er keinen Zugang zu den betreffenden Bescheinigungen hatte oder diese aus Gründen, die ihm nicht zugerechnet werden können, nicht fristgerecht erlangen konnte und dass diese Maßnahmen jenen Maßnahmen gleichwertig sind, die gemäß dem einschlägigen System oder der einschlägigen Norm für das Umweltmanagement erforderlich sind.

5. Abschnitt
Die Ausschreibung
1. Unterabschnitt
Allgemeine Bestimmungen

Grundsätze der Ausschreibung

§ 88. (1) Die Leistungen müssen, sofern nicht ein Vergabeverfahren ohne vorherige Bekanntmachung zur Anwendung kommt, so rechtzeitig bekannt gemacht werden, dass die Vergabe nach den Verfahren dieses Bundesgesetzes ermöglicht wird.

(2) Die Ausschreibungsunterlagen sind so auszuarbeiten, dass die Preise ohne Übernahme nicht kalkulierbarer Risiken und ohne unverhältnismäßige Ausarbeitungen von den Bietern ermittelt werden können. Die Vergleichbarkeit der Angebote muss sichergestellt sein; beim Verhandlungsverfahren gilt dies nur für die endgültigen Angebote.

(3) Soweit in einem offenen oder nicht offenen Verfahren eine konstruktive Leistungsbeschreibung erfolgt, sind die Beschreibung der Leistung und die sonstigen Bestimmungen so abzufassen, dass sie in derselben Fassung sowohl für das Angebot als auch für den Leistungsvertrag verwendet werden können.

(4) Sieht die Ausschreibung für die ganze Leistung oder für Teile derselben Varianten vor, so ist die Ausschreibung so zu gestalten, dass der Bieter Variantenangebotspreise bilden kann.

(5) Die Vorbereitung einer Ausschreibung ist nur solchen Personen zu übertragen, welche die fachlichen Voraussetzungen hierfür erfüllen. Erforderlichenfalls sind unbefangene Sachverständige beizuziehen.

(6) Der öffentliche Auftraggeber hat in der Ausschreibung anzugeben, welcher Kommunikationsweg bzw. welche Kommunikationswege bei der Abgabe von Angeboten zulässig sind, welche Form die Angebote aufweisen müssen und wie die Angebote zu übermitteln sind.

Zur-Verfügung-Stellen der Ausschreibungsunterlagen

§ 89. (1) Wird ein Vergabeverfahren mit vorheriger Bekanntmachung durchgeführt, sind die Ausschreibungsunterlagen ausschließlich auf elektronischem Weg kostenlos, direkt, uneingeschränkt und vollständig zur Verfügung zu stellen, sobald die jeweilige Bekanntmachung erstmalig verfügbar ist oder die Aufforderung zur Interessensbestätigung übermittelt bzw. bereitgestellt wurde. In der Bekanntmachung oder in der Aufforderung zur Interessensbestätigung ist die Internet-Adresse anzugeben, unter der diese Unterlagen abrufbar sind.

(2) Die Verfügbarkeit von elektronisch zur Verfügung gestellten Ausschreibungsunterlagen muss zumindest bis zum

Ablauf der Teilnahmeantrags- bzw. Angebotsfrist gewährleistet sein.

(3) Abweichend zu Abs. 1 kann der öffentliche Auftraggeber in der Bekanntmachung oder in der Aufforderung zur Interessensbestätigung angeben, dass die Ausschreibungsunterlagen ausnahmsweise nicht elektronisch zur Verfügung gestellt werden, sofern

1. der öffentliche Auftraggeber gemäß § 48 Abs. 6 nicht verpflichtet ist, elektronische Kommunikationsmittel zu verwenden, oder
2. Anforderungen zum Schutz der Vertraulichkeit von Informationen gemäß § 27 Abs. 3 vorgeschrieben werden.

Im Fall der Z 1 ist anzugeben, auf welche andere geeignete Weise die Ausschreibungsunterlagen übermittelt bzw. bereitgestellt werden. Im Fall der Z 2 ist anzugeben, welche Maßnahmen zum Schutz der Vertraulichkeit der Informationen der öffentliche Auftraggeber fordert und wie auf die betreffenden Dokumente zugegriffen werden kann.

(4) Sofern nicht Abs. 3 zur Anwendung kommt, darf die Identität der Unternehmer, die die zur Verfügung gestellten Ausschreibungsunterlagen abgerufen haben, Mitarbeitern des öffentlichen Auftraggebers oder der vergebenden Stelle, die an der Durchführung des Vergabeverfahrens beteiligt sind oder Einfluss auf den Ausgang des Verfahrens nehmen können, nicht preisgegeben werden.

Bereitstellung oder Übermittlung der Ausschreibungsunterlagen

§ 90. (1) Wird ein Vergabeverfahren ohne vorherige Bekanntmachung durchgeführt, sind jedem Unternehmer, der vom öffentlichen Auftraggeber zur Angebotsabgabe aufgefordert wurde, die Ausschreibungsunterlagen kostenlos elektronisch zu übermitteln bzw. bereitzustellen.

(2) Abweichend zu Abs. 1 muss der öffentliche Auftraggeber die Ausschreibungsunterlagen ausnahmsweise nicht elektronisch übermitteln bzw. bereitstellen, sofern

1. der öffentliche Auftraggeber gemäß § 48 Abs. 6 nicht verpflichtet ist, elektronische Kommunikationsmittel zu verwenden, oder
2. Anforderungen zum Schutz der Vertraulichkeit von Informationen gemäß § 27 Abs. 3 vorgeschrieben werden.

Im Fall der Z 1 hat der öffentliche Auftraggeber die Ausschreibungsunterlagen auf andere geeignete Weise zu übermitteln bzw. bereitzustellen. Im Fall der Z 2 hat der öffentliche Auftraggeber anzugeben, welche Maßnahmen zum Schutz der Vertraulichkeit der Informationen er fordert und wie auf die betreffenden Dokumente zugegriffen werden kann.

Inhalt der Ausschreibungsunterlagen

§ 91. (1) In den Ausschreibungsunterlagen ist der öffentliche Auftraggeber oder sind der öffentliche Auftraggeber und die vergebende Stelle genau zu bezeichnen sowie anzugeben, ob die Vergabe der ausgeschriebenen Leistung nach den Bestimmungen dieses Bundesgesetzes für den Ober- oder den Unterschwellenbereich und der dazu ergangenen Verordnungen erfolgt und welche Vergabekontrollbehörde für die Kontrolle dieses Vergabeverfahrens zuständig ist.

(2) In den Ausschreibungsunterlagen ist auf das allfällige Erfordernis einer behördlichen Entscheidung für die Zulässigkeit der Ausübung einer Tätigkeit in Österreich sowie auf die Verpflichtung gemäß § 21 Abs. 1 ausdrücklich hinzuweisen.

(3) In die Ausschreibungsunterlagen sind die als erforderlich erachteten Nachweise gemäß den §§ 80 bis 82, 84, 85 und 87 aufzunehmen, soweit sie nicht bereits in der Bekanntmachung angeführt waren.

(4) In den Ausschreibungsunterlagen ist anzugeben, ob der Zuschlag dem technisch und wirtschaftlich günstigsten Angebot oder – sofern der Qualitätsstandard der Leistung durch den öffentlichen Auftraggeber in technischer, wirtschaftlicher und rechtlicher Hinsicht klar und eindeutig definiert ist – dem Angebot mit dem niedrigsten Preis erteilt werden soll. Die Ermittlung des aus der Sicht des öffentlichen Auftraggebers technisch und wirtschaftlich günstigsten Angebotes erfolgt aufgrund der Ermittlung des besten Preis-Leistungs-Verhältnisses entweder anhand eines Kostenmodells oder anhand von bekannt gegebenen Zuschlagskriterien.

(5) Der Zuschlag ist bei der Vergabe folgender Leistungen dem technisch und wirtschaftlich günstigsten Angebot zu erteilen:

1. bei Dienstleistungen – insbesondere bei geistigen Dienstleistungen –, die im Verhandlungsverfahren gemäß § 34 Z 2 bis 4 vergeben werden sollen, oder
2. wenn die Beschreibung der Leistung im Wesentlichen funktional erfolgt, oder
3. bei Bauaufträgen, deren geschätzter Auftragswert mindestens 1 Million Euro beträgt, oder
4. wenn es sich um eine Auftragsvergabe im Wege eines wettbewerblichen Dialoges handelt, oder
5. wenn es sich um eine Auftragsvergabe im Wege einer Innovationspartnerschaft handelt.

(6) Bei der Vergabe folgender Leistungen hat der öffentliche Auftraggeber qualitätsbezogene Aspekte im Sinne des § 20 bei der Beschreibung der Leistung, bei der Festlegung der technischen Spezifikationen, der Eignungskriterien oder der Zuschlagskriterien oder bei der Festlegung der Bedingungen für die Ausführung des Auftrages festzulegen und in den Ausschreibungsunterlagen gesondert als solche zu bezeichnen:

1. bei unmittelbar personenbezogenen besonderen Dienstleistungen im Gesundheits- und Sozialbereich gemäß **Anhang XVI**, oder
2. bei Verkehrsdiensten im öffentlichen Straßenpersonenverkehr gemäß dem Öffentlichen Personennah- und Regionalverkehrsgesetz 1999 – ÖPNRV-G 1999, BGBl. I Nr. 204/1999, wobei hier soziale Aspekte zu berücksichtigen sind, oder
3. bei der Beschaffung von Lebensmitteln, oder
4. bei Gebäudereinigungs- und Bewachungsdienstleistungen.

(7) Zur Ermittlung des besten Preis-Leistungs-Verhältnisses hat der öffentliche Auftraggeber in den Ausschreibungsunterlagen anzugeben:

1. das anzuwendende Kostenmodell bzw.
2. alle Zuschlagskriterien, deren Verwendung er vorsieht, im Verhältnis der ihnen zuerkannten Bedeutung. Diese Angabe kann auch im Wege der Festlegung einer Marge, deren größte Bandbreite angemessen sein muss, erfolgen. Ist die Festlegung der Zuschlagskriterien im Verhältnis der ihnen zuerkannten Bedeutung aus objektiven Gründen nicht möglich, so hat der öffentliche Auftraggeber alle Zuschlagskriterien, deren Verwendung er vorsieht, in der Reihenfolge der ihnen zuerkannten Bedeutung anzugeben.

(8) Die Ausschreibungsunterlagen haben technische Spezifikationen und erforderlichenfalls Bestimmungen betreffend die Übertragung von Rechten des geistigen Eigentums zu enthalten.

(9) In den Ausschreibungsunterlagen ist anzugeben, ob rechnerisch fehlerhafte Angebote gemäß § 138 Abs. 7 ausgeschieden werden und ob eine Vorreihung infolge der Berichtigung eines Rechenfehlers zulässig ist.

Berechnung von Lebenszykluskosten

§ 92. (1) Als Kostenmodell zur Ermittlung des besten Preis-Leistungs-Verhältnisses eines Angebotes kann eine Lebenszykluskostenrechnung herangezogen werden. Diese kann – ganz oder teilweise – folgende Kosten während des gesamten oder eines Teiles des Lebenszyklus einer Leistung umfassen:

1. die vom öffentlichen Auftraggeber oder anderen Nutzern der Leistung getragenen Kosten, wie zB Anschaffungskosten, Nutzungskosten, Wartungskosten oder Kosten am Ende der Nutzungsdauer, und
2. Kosten, die durch die externen Effekte der Umweltbelastung entstehen, die mit der Leistung während ihres Lebenszyklus in Verbindung stehen, sofern ihr Wert in Geld bestimmt und überprüft werden kann.

(2) Ermittelt der öffentliche Auftraggeber die Kosten unter Verwendung einer Lebenszykluskostenrechnung, so hat er in der Ausschreibung das Kostenmodell und die von den Bietern bereitzustellenden Daten bekannt zu geben.

(3) Modelle zur Ermittlung der Kosten gemäß Abs. 1 Z 2 müssen folgende Bedingungen erfüllen:

1. sie beruhen auf objektiv nachprüfbaren und nicht diskriminierenden Kriterien; ist das Modell nicht für die wiederholte oder kontinuierliche Anwendung konzipiert worden, so darf es insbesondere nicht bestimmte Unternehmer auf unzulässige Weise benachteiligen,
2. sie sind allen interessierten Unternehmern zugänglich und
3. die geforderten Daten lassen sich bei Anwendung der Sorgfalt eines ordentlichen Unternehmers mit vertretbarem Aufwand bereitstellen.

(4) Unionsrechtlich verbindlich vorgeschriebene Modelle der Lebenszykluskostenrechnung sind in **Anhang XII** ausgewiesen.

Einhaltung arbeits-, sozial- und umweltrechtlicher Bestimmungen

§ 93. (1) Bei allen in Österreich durchzuführenden Vergabeverfahren sind die sich aus den Übereinkommen Nr. 29, 87, 94, 95, 98, 100, 105, 111, 138, 182 und 183 der Internationalen Arbeitsorganisation, BGBl. Nr. 228/1950, Nr. 20/1952, Nr. 39/1954, Nr. 81/1958, Nr. 86/1961, Nr. 111/1973, BGBl. III Nr. 200/2001, Nr. 41/2002 und Nr. 105/2004 ergebenden Verpflichtungen einzuhalten.

(2) Der öffentliche Auftraggeber hat in der Ausschreibung vorzusehen, dass die Erstellung des Angebotes für in Österreich zu erbringende Leistungen unter Berücksichtigung der in Österreich geltenden arbeits- und sozialrechtlichen Rechtsvorschriften (insbesondere des ArbeitnehmerInnenschutzgesetzes – ASchG, BGBl. Nr. 450/1994, des Arbeitszeitgesetzes – AZG, BGBl. Nr. 461/1969, des Arbeitsruhegesetzes – ARG, BGBl. Nr. 144/1983, des Arbeitsvertragsrechts-Anpassungsgesetzes – AVRAG, BGBl. Nr. 459/1993, des Arbeitskräfteüberlassungsgesetzes – AÜG, BGBl. Nr. 196/1988, des LSD-BG, des Bundes-Behindertengleichstellungsgesetzes – BGStG, BGBl. I Nr. 82/2005, des Behinderteneinstellungsgesetzes – BEinstG, BGBl. Nr. 22/1970, und des Gleichbehandlungsgesetzes – GlBG, BGBl. I Nr. 66/2004), der einschlägigen Kollektivverträge sowie der in Österreich geltenden umweltrechtlichen Rechtsvorschriften zu erfolgen hat und dass sich der Bieter verpflichtet, bei der Durchführung des Auftrages in Österreich diese Vorschriften einzuhalten. Diese Vorschriften sind bei der für die Ausführung des Auftrages

örtlich zuständigen Gliederung der gesetzlichen Interessenvertretung der Arbeitgeber und der Arbeitnehmer zur Einsichtnahme durch interessierte Bieter und Bewerber bereitzuhalten. Hieraus ist in den Ausschreibungsunterlagen ausdrücklich hinzuweisen.

Besondere Bestimmungen betreffend die Beschaffung von Straßenfahrzeugen

§ 94. (1) Bei Lieferaufträgen über die Beschaffung von Straßenfahrzeugen hat der öffentliche Auftraggeber zumindest folgende betriebsbedingte Energie- und Umweltauswirkungen während der gesamten Lebensdauer zu berücksichtigen:

1. den Energieverbrauch,
2. die CO_2-Emissionen sowie
3. die Emission von Stickstoffoxiden (NO_x), Nichtmethan-Kohlenwasserstoffen (NMHC) und Partikeln.

(2) Der öffentliche Auftraggeber hat

1. technische Spezifikationen hinsichtlich aller gemäß Abs. 1 zu berücksichtigenden Energie- und Umweltauswirkungen festzulegen, oder
2. die Energie- und Umweltauswirkungen gemäß Abs. 1 als Zuschlagskriterien festzulegen, oder
3. die über die gesamte Lebensdauer für den Betrieb eines Straßenfahrzeuges anfallenden Kosten des Energieverbrauches, der CO_2-Emissionen und der Schadstoffemissionen nach der Berechnungsmethode gemäß den Abs. 4 bis 7 zu quantifizieren und im Rahmen der Ermittlung des technisch und wirtschaftlich günstigsten Angebotes zu berücksichtigen.

(3) Bei der Festsetzung der technischen Spezifikationen gemäß Abs. 2 Z 1 hat der öffentliche Auftraggeber die Höhe der CO_2-Emissionen oder der Emissionen zumindest eines Schadstoffes gemäß Abs. 1 Z 3 so festzulegen, dass die zum Zeitpunkt der Einleitung des Vergabeverfahrens geltenden gesetzlichen Emissionsgrenzwerte unterschritten werden.

(4) Zur Berechnung der über die gesamte Lebensdauer für den Betrieb eines Straßenfahrzeuges anfallenden Kosten des Energieverbrauches werden die Gesamtkilometerleistung gemäß Abs. 7, der Energieverbrauch je Kilometer und die Kosten je Energieeinheit miteinander multipliziert. Sofern in den Rechtsvorschriften der Union über die Typengenehmigung genormte Testverfahren der Union festgelegt sind, ist der Kraftstoffverbrauch eines Straßenfahrzeuges je Kilometer auf Basis dieser Testverfahren heranzuziehen. Bei Straßenfahrzeugen, für die keine solchen genormten Testverfahren der Union bestehen, sind die Ergebnisse allgemein anerkannter Verfahren oder für den öffentlichen Auftraggeber durchgeführter Tests oder die Angaben des Herstellers zu verwenden. Wenn der Kraftstoffverbrauch eines Straßenfahrzeuges in anderen Einheiten als Energieverbrauchseinheiten angegeben ist, wird er gemäß den Angaben zum Energiegehalt von Kraftstoffen in Tabelle 1 des **Anhanges XIII** in Energieverbrauchseinheiten je Kilometer umgerechnet. Die Kosten einer Energieeinheit entsprechen dem jeweils geringeren Wert der Kosten je Energieeinheit von Ottokraftstoff oder Dieselkraftstoff vor Steuern, wenn sie als Verkehrskraftstoff verwendet werden.

(5) Zur Berechnung der über die gesamte Lebensdauer für den Betrieb eines Straßenfahrzeuges anfallenden Kosten der CO_2-Emissionen werden die Gesamtkilometerleistung gemäß Abs. 7, die CO_2-Emissionen in Kilogramm je Kilometer und die Kosten der CO_2-Emissionen je Kilogramm gemäß Tabelle 2 des **Anhanges XIII** miteinander multipliziert. Sofern in den Rechtsvorschriften der Union über die Typengenehmigung genormte Testverfahren der Union festgelegt sind, sind die CO_2-Emissionen eines Straßenfahrzeuges je Kilometer auf Basis dieser Testverfahren heranzuziehen. Bei Straßenfahrzeugen, für die keine solchen genormten Testverfahren der Union bestehen, sind die Ergebnisse allgemein anerkannter Verfahren oder für den öffentlichen Auftraggeber durchgeführter Tests oder die Angaben des Herstellers zu verwenden.

BVergG

(6) Zur Berechnung der über die gesamte Lebensdauer für den Betrieb eines Straßenfahrzeuges anfallenden Kosten der Schadstoffemissionen werden die über die gesamte Lebensdauer anfallenden Kosten der Emissionen von Stickstoffoxiden, Nichtmethan-Kohlenwasserstoffen und Partikeln addiert. Zur Berechnung der über die gesamte Lebensdauer eines Straßenfahrzeuges anfallenden Kosten jedes einzelnen Schadstoffes werden die Gesamtkilometerleistung gemäß Abs. 7, die Emissionen in Gramm je Kilometer und die jeweiligen Kosten je Gramm gemäß Tabelle 2 des **Anhanges XIII** miteinander multipliziert. Sofern in den Rechtsvorschriften der Union über die Typengenehmigung genormte Testverfahren der Union festgelegt sind, sind die Schadstoffemissionen eines Straßenfahrzeuges je Kilometer auf Basis dieser Testverfahren heranzuziehen. Bei Straßenfahrzeugen, für die keine solchen genormten Testverfahren der Union bestehen, sind die Ergebnisse allgemein anerkannter Verfahren oder für den öffentlichen Auftraggeber durchgeführter Tests oder die Angaben des Herstellers zu verwenden. Abweichend von Tabelle 2 des **Anhanges XIII** kann der öffentliche Auftraggeber höhere Kosten je Gramm berechnen, sofern diese Kosten die Werte gemäß Tabelle 2 des **Anhanges XIII** nicht um mehr als das Doppelte übersteigen.

(7) Die Gesamtkilometerleistung eines Straßenfahrzeuges ist Tabelle 3 des **Anhanges XIII** zu entnehmen. Anstatt der in Tabelle 3 des **Anhanges XIII** angegebenen Gesamtkilometerleistung

kann der öffentliche Auftraggeber auch eine andere Gesamtkilometerleistung festlegen. Die festgelegte Gesamtkilometerleistung muss sachlich gerechtfertigt sein und ist in den Ausschreibungsunterlagen anzugeben. Bei gebrauchten Straßenfahrzeugen ist die bereits erbrachte Kilometerleistung von der Gesamtkilometerleistung gemäß Tabelle 3 des **Anhanges XIII** bzw. von der vom öffentlichen Auftraggeber festgelegten Kilometerleistung abzuziehen.

Besondere Bestimmungen betreffend die Energieeffizienz bei Liefer- und Dienstleistungsaufträgen im Oberschwellenbereich

§ 95. (1) Die in **Anhang III** genannten öffentlichen Auftraggeber haben bei der Vergabe von Lieferaufträgen im Oberschwellenbereich sicherzustellen, dass die beschafften Waren den in **Anhang XIV** genannten Anforderungen an die Energieeffizienz entsprechen, soweit dies mit den in § 20 genannten Grundsätzen des Vergabeverfahrens, insbesondere den Grundsätzen des freien und lauteren Wettbewerbes und der Vergabe zu angemessenen Preisen, vereinbar ist.

(2) Die in **Anhang III** genannten öffentlichen Auftraggeber haben bei der Vergabe von Dienstleistungsaufträgen im Oberschwellenbereich sicherzustellen, dass bei der Erbringung der betreffenden Dienstleistungen ausschließlich Waren verwendet werden, die die in **Anhang XIV** genannten Anforderungen an die Energieeffizienz erfüllen, soweit dies mit den in § 20 genannten Grundsätzen des Vergabeverfahrens, insbesondere den Grundsätzen des freien und lauteren Wettbewerbes und der Vergabe zu angemessenen Preisen, vereinbar ist. Diese Anforderung gilt nur für neue Waren, die von Dienstleistern ausschließlich oder teilweise zur Erbringung der betreffenden Dienstleistungen erworben werden.

Alternativ- und Variantenangebote

§ 96. (1) Der öffentliche Auftraggeber kann Alternativangebote zulassen. Der öffentliche Auftraggeber hat in der Ausschreibung ausdrücklich anzugeben, ob und welche Art von Alternativangeboten zugelassen sind. Falls der öffentliche Auftraggeber keine Angabe über die Zulässigkeit von Alternativangeboten gemacht hat, so sind Alternativangebote nicht zugelassen.

(2) Der öffentliche Auftraggeber hat in der Ausschreibung die Mindestanforderungen, die Alternativangebote im Hinblick auf ihre Vergleichbarkeit mit der ausgeschriebenen Leistung erfüllen müssen, zu erläutern. Ist die Abgabe von Alternativangeboten zulässig, so sind, sofern der öffentliche Auftraggeber nicht ausdrücklich anderes festgelegt hat, Alternativangebote nur neben einem ausschreibungsgemäßen Angebot zulässig. Die Zuschlagskriterien sind so festzulegen, dass sie sowohl auf die ausschreibungsgemäßen Angebote als auch auf die Alternativangebote angewandt werden können. Der öffentliche Auftraggeber darf nur jene Alternativangebote im Vergabeverfahren berücksichtigen, die die festgelegten Mindestanforderungen erfüllen.

(3) Ein öffentlicher Auftraggeber, der Alternativangebote zugelassen hat, darf ein vorgelegtes Alternativangebot nicht allein deshalb ausscheiden, weil es im Fall des Zuschlages zu einem Lieferauftrag statt eines Dienstleistungsauftrages oder zu einem Dienstleistungsauftrag statt eines Lieferauftrages führen würde.

(4) Der öffentliche Auftraggeber kann durch Ausschreibungsvarianten Variantenangebote vorschreiben. Ist die Abgabe von Variantenangeboten vorgeschrieben, so sind, sofern der öffentliche Auftraggeber nicht ausdrücklich anderes festgelegt hat, Variantenangebote stets neben einem ausschreibungsgemäßen Angebot einzureichen. Die Zuschlagskriterien sind so festzulegen, dass sie sowohl auf die ausschreibungsgemäßen Angebote als auch auf die Variantenangebote angewandt werden können.

Abänderungsangebote

§ 97. Sofern der öffentliche Auftraggeber in der Ausschreibung nicht anderes festlegt, sind Abänderungsangebote zulässig. Der öffentliche Auftraggeber kann die Zulässigkeit von Abänderungsangeboten auf bestimmte Positionen beschränken und die Erfüllung bestimmter Mindestanforderungen vorschreiben. Ist die Abgabe von Abänderungsangeboten zulässig, so sind Abänderungsangebote, soweit in der Ausschreibung nicht ausdrücklich anderes festgelegt wurde, auch ohne Abgabe eines ausschreibungsgemäßen Angebotes zulässig.

Subunternehmerleistungen

§ 98. (1) Die Weitergabe des gesamten Auftrages ist unzulässig. Ausgenommen hiervon sind Kaufverträge sowie die Weitergabe an verbundene Unternehmen.

(2) Der Bieter hat alle Teile des Auftrages, die er im Wege von Subaufträgen an Subunternehmer zu vergeben beabsichtigt, sowie die jeweils in Frage kommenden Subunternehmer im Angebot bekannt zu geben. Abweichend davon kann der öffentliche Auftraggeber aus sachlichen Gründen in der Ausschreibung festlegen, dass nur hinsichtlich der von ihm festgelegten wesentlichen Teile des Auftrages, bei denen der Bieter Subunternehmer in Anspruch nehmen möchte, die jeweils in Frage kommenden Subunternehmer im Angebot bekannt zu geben sind.

(3) Die Weitergabe des gesamten Auftrages oder von Teilen der Leistung ist nur insoweit zulässig, als der betreffende Subunternehmer die für den ihm konkret zufallenden Leistungsteil erforderliche Eignung besitzt. Der Subunternehmer kann seine erforderliche Eignung nach Maßgabe des § 80 nachweisen.

(4) Der öffentliche Auftraggeber kann

1. bei Bau- oder Dienstleistungsaufträgen sowie bei Verlege- oder Installationsarbeiten im Zusammenhang mit einem Lieferauftrag vorschreiben, dass bestimmte, von ihm festgelegte kritische Aufgaben vom Bieter selbst, von einem mit diesem verbundenen Unternehmen, oder — im Falle der Teilnahme einer Arbeits- oder Bietergemeinschaft am Vergabeverfahren – von einem Mitglied dieser Arbeits- oder Bietergemeinschaft ausgeführt werden müssen, oder
2. den Rückgriff auf Subunternehmer in der Ausschreibung im Einzelfall beschränken, sofern dies durch den Auftragsgegenstand sachlich gerechtfertigt und angemessen ist.

(5) Der öffentliche Auftraggeber kann in der Ausschreibung vorsehen, dass – sofern ein Unternehmer zum Nachweis der erforderlichen finanziellen und wirtschaftlichen Leistungsfähigkeit Subunternehmer in Anspruch nehmen möchte – alle betroffenen Unternehmer im Auftragsfall dem öffentlichen Auftraggeber die solidarische Leistungserbringung schulden.

Arten und Mittel zur Sicherstellung

§ 99. (1) Arten der Sicherstellung sind das Vadium, die Kaution, der Deckungsrücklass und der Haftungsrücklass.

(2) Wird ein Mittel zur Sicherstellung verlangt, so kann dies nach Wahl des zur Sicherstellung Verpflichteten durch eine Bankgarantie, eine entsprechende Rücklassversicherung, Bargeld oder Bareinlagen in entsprechender Höhe erfüllt werden.

Besondere Bestimmungen betreffend den Zahlungsverkehr

§ 100. (1) Die Ausschreibung darf keine Bestimmungen über den Zahlungstermin oder die Entschädigung für die Betreibungskosten enthalten, die für Unternehmer grob nachteilig im Sinne des § 459 Abs. 2 und 5 UGB sind.

(2) Der öffentliche Auftraggeber kann in der Ausschreibung eine Zahlungsfrist festlegen. Die Zahlungsfrist darf 30 Tage nicht übersteigen, außer

1. es ist aufgrund der besonderen Natur oder Merkmale des Auftrages eine längere Frist sachlich gerechtfertigt oder
2. die überwiegende Tätigkeit des öffentlichen Auftraggebers oder der Organisationseinheit, für die das Vergabeverfahren durchgeführt wird, besteht in der Bereitstellung von Gesundheitsdienstleistungen.

Die Zahlungsfrist darf jedoch in keinem Fall 60 Tage übersteigen.

(3) Der öffentliche Auftraggeber kann in der Ausschreibung Angaben über die maximale Dauer eines gesetzlich oder vertraglich vorgesehenen Abnahme- oder Überprüfungsverfahrens zur Feststellung der vertragsgemäßen Leistungserbringung treffen. Die Dauer dieses Abnahme- oder Überprüfungsverfahrens darf grundsätzlich 30 Tage ab Erbringung der Leistung nicht übersteigen. Davon abweichende Festlegungen des öffentlichen Auftraggebers sind nur zulässig, wenn diese für Unternehmer nicht grob nachteilig sind. Für die Beurteilung der groben Nachteiligkeit ist insbesondere zu berücksichtigen, inwieweit die Dauer des vorgesehenen Abnahme- oder Überprüfungsverfahrens von der Übung des redlichen Verkehrs abweicht, ob es einen sachlichen Grund für diese Abweichung gibt und um welchen Auftragsgegenstand es sich handelt.

(4) Die Ausschreibung darf keine Angaben über den frühestmöglichen Zeitpunkt des Einganges der Rechnung beim öffentlichen Auftraggeber beinhalten.

(5) Der öffentliche Auftraggeber darf in der Ausschreibung keinen Verzugszinssatz festlegen, dessen Höhe den in § 456 UGB festgelegten gesetzlichen Zinssatz unterschreitet.

(6) Die Möglichkeit einer Vereinbarung von Ratenzahlungen wird durch die Bestimmungen der Abs. 1 bis 5 nicht berührt.

Berichtigung der Ausschreibung

§ 101. (1) Werden während der Angebotsfrist Änderungen der Ausschreibung erforderlich, so sind die Ausschreibungsunterlagen und erforderlichenfalls auch die Bekanntmachung zu berichtigen und die Angebotsfrist erforderlichenfalls entsprechend zu verlängern.

(2) Ist eine Berichtigung der Ausschreibungsunterlagen erforderlich, so ist allen Bewerbern oder Bietern die Berichtigung zu übermitteln bzw. bereitzustellen. Ist dies nicht möglich, so ist die Berichtigung in gleicher Weise wie die Ausschreibungsunterlagen zur Verfügung zu stellen, zu übermitteln oder bereitzustellen.

Nutzung von elektronischen Katalogen

§ 102. In der Ausschreibung ist anzugeben, ob Angebote in Form eines elektronischen Kataloges abzugeben sind oder ob Angebote einen elektronischen Katalog beinhalten müssen. Ist dies der Fall, sind in der Ausschreibung jedenfalls die technischen Spezifikationen und erforderlichen Formate des elektronischen Kataloges anzugeben.

2. Unterabschnitt
Die Leistungsbeschreibung

Arten der Leistungsbeschreibung

§ 103. (1) Die Beschreibung der Leistung kann wahlweise konstruktiv oder funktional erfolgen.

(2) Bei einer konstruktiven Leistungsbeschreibung ist die Leistung eindeutig und vollständig zu beschreiben.

(3) Bei einer funktionalen Leistungsbeschreibung ist die Leistung als Aufgabenstellung durch

Festlegung von Leistungs- oder Funktionsanforderungen zu beschreiben.

Grundsätze der Leistungsbeschreibung

§ 104. (1) Die Leistungen sind bei einer konstruktiven Leistungsbeschreibung so eindeutig, vollständig und neutral zu beschreiben, dass die Vergleichbarkeit der Angebote gewährleistet ist. Eine konstruktive Leistungsbeschreibung hat technische Spezifikationen zu enthalten und ist erforderlichenfalls durch Pläne, Zeichnungen, Modelle, Proben, Muster und dergleichen zu ergänzen.

(2) Bei einer funktionalen Leistungsbeschreibung haben die technischen Spezifikationen das Leistungsziel so hinreichend genau und neutral zu beschreiben, dass alle für die Erstellung des Angebotes maßgebenden Bedingungen und Umstände erkennbar sind. Aus der Beschreibung der Leistung müssen sowohl der Zweck der fertigen Leistung als auch die an die Leistung gestellten Anforderungen in technischer, wirtschaftlicher, gestalterischer und funktionsbedingter Hinsicht soweit erkennbar sein, dass die Vergleichbarkeit der Angebote im Hinblick auf die vom öffentlichen Auftraggeber vorgegebenen Leistungs- oder Funktionsanforderungen gewährleistet ist. Leistungs- und Funktionsanforderungen müssen so ausreichend präzisiert werden, dass sie den Bewerbern und Bietern eine klare Vorstellung über den Auftragsgegenstand vermitteln und dem öffentlichen Auftraggeber die Vergabe des Auftrages ermöglichen. Eine funktionale Leistungsbeschreibung hat technische Spezifikationen zu enthalten und ist erforderlichenfalls durch Pläne, Zeichnungen, Modelle, Proben, Muster und dergleichen zu ergänzen.

(3) In der Beschreibung der Leistung und der Aufgabenstellung sind alle Umstände anzuführen (zB örtliche oder zeitliche Umstände oder besondere Anforderungen hinsichtlich der Art und Weise der Leistungserbringung), die für die Ausführung der Leistung und damit für die Erstellung des Angebotes von Bedeutung sind. Dies gilt ebenso für besondere Erschwernisse oder Erleichterungen.

Erstellung eines Leistungsverzeichnisses

§ 105. (1) Bei einer konstruktiven Leistungsbeschreibung sind umfangreiche Leistungen in einem Leistungsverzeichnis aufzugliedern. Der Aufgliederung hat eine zusammenfassende Beschreibung der Gesamtleistung voranzugehen.

(2) Bei der Gliederung des Leistungsverzeichnisses im Rahmen einer konstruktiven Leistungsbeschreibung ist darauf Bedacht zu nehmen, ob es sich um Leistungen gleicher oder unterschiedlicher Art und Preisbildung handelt. Ferner ist festzulegen, inwieweit die Preise zweckentsprechend aufzugliedern sind (zB Lohn, Sonstiges, Lieferung, Montage). Soweit es sich nicht um Rahmenvereinbarungen oder Rahmenverträge handelt, sind die unter einer Ordnungszahl (zB Position) angeführten Leistungen so genau wie möglich mengenmäßig zu bestimmen.

(3) Sind für die Beschreibung oder Aufgliederung bestimmter Leistungen geeignete Leitlinien, wie ÖNORMEN oder standardisierte Leistungsbeschreibungen, vorhanden, so ist auf diese Bedacht zu nehmen.

Technische Spezifikationen

§ 106. (1) Technische Spezifikationen müssen allen Bewerbern und Bietern den gleichen Zugang zum Vergabeverfahren gewähren und dürfen den Wettbewerb nicht in ungerechtfertigter Weise behindern.

(2) Unbeschadet verbindlich festgelegter, unionsrechtskonformer nationaler technischer Vorschriften sind technische Spezifikationen auf eine der folgenden Arten festzulegen:

1. unter Beachtung nachstehender Rangfolge:
   a) nationale Normen, mit denen europäische Normen umgesetzt werden,
   b) europäische technische Bewertungen,
   c) gemeinsame technische Spezifikationen,
   d) internationale Normen und andere technische Bezugssysteme, die von den europäischen Normungsgremien erarbeitet wurden, oder
   e) falls solche Normen und Spezifikationen fehlen, nationale Normen, nationale technische Zulassungen oder nationale technische Spezifikationen für die Planung, Berechnung und Ausführung von Bauleistungen und den Einsatz von Waren,

   wobei jede Bezugnahme ausnahmslos mit dem Zusatz „oder gleichwertig“ zu versehen ist, oder
2. in Form von Leistungs- oder Funktionsanforderungen, oder
3. in Form von Leistungs- oder Funktionsanforderungen gemäß Z 2 unter Bezugnahme auf technische Spezifikationen gemäß Z 1 als Mittel zur Vermutung der Konformität mit diesen Leistungs- oder Funktionsanforderungen, oder
4. unter Bezugnahme auf technische Spezifikationen gemäß Z 1 hinsichtlich bestimmter Merkmale und unter Bezugnahme auf Leistungs- oder Funktionsanforderungen gemäß Z 2 hinsichtlich anderer Merkmale.

(3) Werden technische Spezifikationen gemäß Abs. 2 Z 1 festgelegt, so darf der öffentliche Auftraggeber ein Angebot nicht mit der Begründung ablehnen, die angebotene Leistung entspräche nicht den von ihm herangezogenen Spezifikationen, sofern der Bieter mit geeigneten Mitteln in seinem Angebot nachweist, dass die von ihm vorgeschlagene Lösung den Anforderungen der technischen Spezifikationen, auf die Bezug genommen wurde, gleichermaßen entspricht. Als geeignete Mittel gelten insbesondere die Nachweise gemäß § 109.

(4) Werden technische Spezifikationen gemäß Abs. 2 Z 2 festgelegt, so darf der öffentliche Auftraggeber ein Angebot, das einer nationalen Norm, mit der eine europäische Norm umgesetzt wird, einer europäischen technischen Bewertung, einer gemeinsamen technischen Spezifikation, einer internationalen Norm oder einem technischen Bezugssystem, das von den europäischen Normungsgremien erarbeitet wurde, entspricht, nicht ablehnen, wenn diese Spezifikationen die von ihm geforderten Leistungs- oder Funktionsanforderungen betreffen. Der Bieter muss in seinem Angebot mit geeigneten Mitteln nachweisen, dass die der Norm entsprechende jeweilige Leistung den Leistungs- und Funktionsanforderungen des öffentlichen Auftraggebers entspricht. Als geeignete Mittel gelten insbesondere die Nachweise gemäß § 109.

(5) Soweit es nicht durch den Auftragsgegenstand gerechtfertigt ist, darf in technischen Spezifikationen nicht auf eine bestimmte Herstellung oder Herkunft oder ein besonderes Verfahren, das die von einem bestimmten Unternehmer bereitgestellten Produkte oder Dienstleistungen charakterisiert, oder auf Marken, Patente, Typen, einen bestimmten Ursprung oder eine bestimmte Produktion verwiesen werden, wenn dadurch bestimmte Unternehmer oder bestimmte Produkte begünstigt oder ausgeschlossen werden. Solche Verweise sind jedoch ausnahmsweise zulässig, wenn der Auftragsgegenstand nicht hinreichend genau und allgemein verständlich beschrieben werden kann. Sie sind ausnahmslos mit dem Zusatz „oder gleichwertig“ zu versehen.

(6) Erfolgt ausnahmsweise die Ausschreibung eines bestimmten Erzeugnisses mit dem Zusatz „oder gleichwertig“, sind in freien Zeilen (Bieterlücken) des Leistungsverzeichnisses nach der entsprechenden Position vom Bieter Angaben über Fabrikat und Type der von ihm gewählten gleichwertigen Produkte und, sofern gefordert, sonstige diese Produkte betreffende Angaben zu verlangen. Die maßgeblichen Kriterien für die Beurteilung der Gleichwertigkeit sind in der Leistungsbeschreibung anzugeben.

Barrierefreiheit

§ 107. (1) Bei der Beschaffung einer Leistung, die zur Nutzung durch natürliche Personen vorgesehen ist, sind die technischen Spezifikationen so festzulegen, dass die Kriterien der Konzeption für alle Anforderungen einschließlich der Zugänglichkeit für Menschen mit Behinderung berücksichtigt werden. Bestehen verpflichtende Zugänglichkeitserfordernisse aufgrund eines Rechtsaktes der Europäischen Union, so müssen die technischen Spezifikationen darauf Bezug nehmen, soweit solche Kriterien betroffen sind.

(2) Von der Verpflichtung gemäß Abs. 1 kann in sachlich begründeten Fällen abgesehen werden. Dies ist insbesondere der Fall

1. wenn der öffentliche Auftraggeber bei Leistungen oder Teilen der Leistung davon ausgehen kann, dass keine Nutzung der Leistung oder Teilen davon durch Menschen mit Behinderung zu erwarten ist, oder
2. soweit die geschätzten zusätzlichen Kosten aufgrund der Berücksichtigung der Kriterien unverhältnismäßig sind.

Gütezeichen

§ 108. (1) Will der öffentliche Auftraggeber eine Leistung mit spezifischen Merkmalen beschaffen, kann er in den technischen Spezifikationen, den Zuschlagskriterien oder den Bedingungen für die Ausführung des Auftrages ein bestimmtes Gütezeichen als Nachweis dafür verlangen, dass die Leistung den geforderten Merkmalen entspricht. Dieses Gütezeichen muss folgende Bedingungen erfüllen:

1. die Anforderungen des Gütezeichens betreffen ausschließlich Kriterien, die mit dem Auftragsgegenstand in Verbindung stehen und für die Beschreibung der Merkmale der Leistung geeignet sind,
2. die Anforderungen des Gütezeichens basieren auf objektiv nachprüfbaren und nicht diskriminierenden Kriterien,
3. das Gütezeichen wurde im Rahmen eines offenen und transparenten Verfahrens erstellt, an dem sich alle relevanten interessierten Kreise wie etwa Verwaltungsbehörden, Verbraucher, Sozialpartner, Hersteller, Händler und Nichtregierungsorganisationen beteiligen konnten,
4. das Gütezeichen ist allen interessierten Kreisen zugänglich und
5. die Anforderungen des Gütezeichens werden von einem Dritten festgelegt, auf den der Unternehmer, der das Gütezeichen beantragt, keinen ausschlaggebenden Einfluss ausüben kann.

(2) Der öffentliche Auftraggeber kann auch die Erfüllung nur einzelner Anforderungen eines Gütezeichens verlangen.

(3) Erfüllt ein Gütezeichen die Bedingungen gemäß Abs. 1 Z 2 bis 5, schreibt aber Anforderungen vor, die mit dem Auftragsgegenstand nicht in Verbindung stehen, darf der öffentliche Auftraggeber nicht das Gütezeichen als solches verlangen. Er kann aber technische Spezifikationen unter Verweis auf Spezifikationen dieses Gütezeichens festlegen, die mit dem Auftragsgegenstand in Verbindung stehen und geeignet sind, diesen zu beschreiben.

(4) Verlangt der öffentliche Auftraggeber ein bestimmtes Gütezeichen, muss er alle Gütezeichen anerkennen, die ihre Gleichwertigkeit mit den Anforderungen des verlangten Gütezeichens bestätigen.

(5) Hat der Bewerber oder Bieter aus von ihm nicht zu verantwortenden Gründen nachweislich

keine Möglichkeit, das vom öffentlichen Auftraggeber verlangte oder ein gleichwertiges Gütezeichen fristgerecht zu erlangen, muss der öffentliche Auftraggeber andere geeignete Nachweise akzeptieren, sofern der Bewerber oder Bieter nachweist, dass alle verlangten Anforderungen des Gütezeichens erfüllt werden.

Testberichte und Zertifizierungen

§ 109. (1) Der öffentliche Auftraggeber kann vom Bewerber oder Bieter die Vorlage eines Testberichtes einer Konformitätsbewertungsstelle oder einer von dieser ausgegebenen Zertifizierung als Nachweis für die Übereinstimmung mit den technischen Spezifikationen, den Zuschlagskriterien oder den Bedingungen für die Ausführung des Auftrages verlangen. Der öffentliche Auftraggeber hat alle Zertifikate anderer entsprechender Konformitätsbewertungsstellen zu akzeptieren.

(2) Hat der Bewerber oder Bieter keinen Zugang zu den Nachweisen gemäß Abs. 1 oder aus von ihm nicht zu verantwortenden Gründen nachweislich keine Möglichkeit, diese fristgerecht zu erlangen, muss der öffentliche Auftraggeber auch andere geeignete Nachweise akzeptieren, sofern diese Nachweise die Erfüllung der in den technischen Spezifikationen, den Zuschlagskriterien oder den Bedingungen für die Ausführung des Auftrages verlangten Kriterien belegen.

3. Unterabschnitt
Bestimmungen über den Leistungsvertrag

Vertragsbestimmungen

§ 110. (1) Soweit sich die Vertragsbestimmungen nicht schon aus der Beschreibung der Leistung ergeben, sind sie eindeutig und so umfassend festzulegen, dass ein eindeutiger Leistungsvertrag zustande kommen kann. Für folgende Angaben sind erforderlichenfalls eigene Bestimmungen im Leistungsvertrag festzulegen:

1. Erfüllungszeiten und allfällige Fixgeschäfte;
2. Vertragsstrafen (Pönale);
3. Sicherstellungen;
4. Arten der Preise; bei veränderlichen Preisen sind – sofern entsprechende ÖNORMEN nicht vorhanden und für anwendbar erklärt worden sind – die Regeln und Voraussetzungen festzulegen, die eine eindeutige Preisumrechnung ermöglichen;
5. Mehr- oder Minderleistungen;
6. Prämien;
7. Vorauszahlungen;
8. Anzuwendendes Recht und Gerichtsstand;
9. Bestimmungen über Schiedsgerichtsbarkeit;
10. Besonderheiten im Zusammenhang mit der technischen Ausführung;
11. Abweichungen von allgemein anerkannten oder üblichen Ausführungsregeln;
12. Art der Prüfung der Einhaltung bestimmter Vorschreibungen, zB hinsichtlich der Güte des Materials;
13. Bedingungen insbesondere wirtschaftlichen, innovationsbezo-
genen, sozialen (wie zB frauen-, behinderten-, sozial- und beschäftigungspolitische Belange) oder ökologischen Inhaltes, die während der Erbringung der Leistungen zu erfüllen sind, sofern diese Bedingungen mit dem Auftragsgegenstand in Verbindung stehen und bereits in der Ausschreibung bekannt gemacht worden sind; besondere Bedingungen für Arbeits- oder Bietergemeinschaften müssen sachlich gerechtfertigt und verhältnismäßig sein;
14. Material, das im Zuge der Ausführung der Leistung anfällt (Eigentumsverhältnis, Verbringung, Verwendung, Vergütung);
15. Verpackung;
16. Erfüllungsort;
17. Teil- und Schlussübernahme;
18. Abrechnung, Rechnungslegung, Zahlung und Verzugszinsen;
19. Leistungen zu Regiepreisen (zB Zulässigkeit, Nachweis);
20. Rückstellung von Ausschreibungs- oder Angebotsunterlagen und von Ausarbeitungen gemäß § 27 Abs. 5 oder 6;
21. Vergütung von besonderen Ausarbeitungen im Zuge der Angebotserstellung;
22. Übertragung von Rechten des geistigen Eigentums;
23. Verwertung von Ausarbeitungen gemäß § 27 Abs. 4;
24. Gewährleistung und Haftung;
25. Versicherungen;
26. Voraussetzungen, bei deren Vorliegen der Vertrag aufgelöst werden kann bzw. aufgelöst werden muss.

(2) Der öffentliche Auftraggeber kann weitere Festlegungen für den Leistungsvertrag treffen. Bestehen für die Vertragsbestimmungen geeignete Leitlinien, wie ÖNORMEN oder standardisierte Leistungsbeschreibungen, so ist auf diese Bedacht zu nehmen.

Besondere Vertragsbestimmungen betreffend den Zahlungsverkehr

§ 111. (1) Bestimmungen im Leistungsvertrag über den Zahlungstermin oder die Entschädigung für die Betreibungskosten, die für Unternehmer grob nachteilig im Sinne des § 459 Abs. 2 und 5 UGB sind, sind nichtig.

(2) Der öffentliche Auftraggeber kann im Leistungsvertrag eine Zahlungsfrist festlegen. Die Zahlungsfrist darf bei sonstiger Nichtigkeit 30 Tage nicht übersteigen, außer

1. es ist aufgrund der besonderen Natur oder Merkmale des Auftrages eine längere Frist sachlich gerechtfertigt oder
2. die überwiegende Tätigkeit des öffentlichen Auftraggebers oder der Organisationseinheit, für die das Vergabeverfahren durchgeführt

wird, besteht in der Bereitstellung von Gesundheitsdienstleistungen.

Die Zahlungsfrist darf jedoch bei sonstiger Nichtigkeit in keinem Fall 60 Tage übersteigen.

(3) Der Leistungsvertrag kann Bestimmungen über die maximale Dauer eines gesetzlich oder vertraglich vorgesehenen Abnahme- oder Überprüfungsverfahrens zur Feststellung der vertragsgemäßen Leistungserbringung enthalten. Die Dauer dieses Abnahme- oder Überprüfungsverfahrens darf bei sonstiger Nichtigkeit grundsätzlich 30 Tage ab Erbringung der Leistung nicht übersteigen. Davon abweichende Vereinbarungen sind nur zulässig, wenn diese ausdrücklich in allfälligen Ausschreibungsunterlagen festgelegt wurden und für den Unternehmer nicht grob nachteilig sind. Für die Beurteilung der groben Nachteiligkeit ist insbesondere zu berücksichtigen, inwieweit die Dauer des vorgesehenen Abnahme- oder Überprüfungsverfahrens von der Übung des redlichen Verkehrs abweicht, ob es einen sachlichen Grund für diese Abweichung gibt und um welche Vertragsleistung es sich handelt.

(4) Vereinbarungen im Leistungsvertrag über den frühestmöglichen Zeitpunkt des Einganges der Rechnung beim öffentlichen Auftraggeber sind nichtig.

(5) Die Vereinbarung eines Verzugszinssatzes im Leistungsvertrag, dessen Höhe den in § 456 UGB festgelegten gesetzlichen Zinssatz unterschreitet, ist nichtig.

(6) Die Möglichkeit einer Vereinbarung von Ratenzahlungen wird durch die Bestimmungen der Abs. 1 bis 5 nicht berührt.

(7) Die in den Abs. 1 bis 5 vorgesehene Nichtigkeit kann nicht geltend gemacht werden,

1. wenn die entsprechende Bestimmung in einem Nachprüfungsverfahren vor den Vergabekontrollbehörden hätte angefochten werden können oder
2. wenn die zuständige Vergabekontrollbehörde die entsprechende Bestimmung in einem Nachprüfungsverfahren als rechtmäßig erkannt hat.

6. Abschnitt
Ablauf einzelner Vergabeverfahren und Teilnehmer im Vergabeverfahren

1. Unterabschnitt
Ablauf des offenen Verfahrens, des nicht offenen Verfahrens und des Verhandlungsverfahrens

Ablauf des offenen Verfahrens

§ 112. (1) Im offenen Verfahren kann jeder Unternehmer innerhalb der Angebotsfrist ein Angebot einreichen. Dem Angebot sind die vom öffentlichen Auftraggeber verlangten Informationen im Hinblick auf die Eignung beizufügen.

(2) Im offenen Verfahren kann der öffentliche Auftraggeber die Angebote prüfen, bevor die Eignung des Bieters und der bekannt gegebenen Subunternehmer geprüft wird.

(3) Während eines offenen Verfahrens darf mit den Bietern über eine Angebotsänderung nicht verhandelt werden.

(4) Anzahl und Namen der Unternehmer, die ihr Interesse an der Teilnahme an einem offenen Verfahren bekundet haben, sind bis zur Angebotsöffnung geheim zu halten.

Ablauf des nicht offenen Verfahrens

§ 113. (1) Im nicht offenen Verfahren können die zur Abgabe von Angeboten aufgeforderten Unternehmer innerhalb der Angebotsfrist ihre Angebote einreichen.

(2) Während eines nicht offenen Verfahrens darf mit den Bietern über eine Angebotsänderung nicht verhandelt werden.

(3) Anzahl und Namen der zur Angebotsabgabe aufgeforderten Unternehmer sind bis zur Angebotsöffnung geheim zu halten.

Ablauf des Verhandlungsverfahrens

§ 114. (1) Im Verhandlungsverfahren hat der öffentliche Auftraggeber in den Ausschreibungsunterlagen den Auftragsgegenstand anzugeben, indem er seine Bedürfnisse und die erforderlichen Eigenschaften der zu erbringenden Leistung beschreibt und die Zuschlagskriterien spezifiziert. Der öffentliche Auftraggeber hat anzugeben, welche Elemente der Leistungsbeschreibung die von allen Angeboten einzuhaltenden Mindestanforderungen darstellen. Die Ausschreibungsunterlagen müssen so präzise sein, dass ein Unternehmer Art und Umfang der zu erbringenden Leistung erkennen und entscheiden kann, ob er einen Teilnahmeantrag stellt.

(2) Jeder Unternehmer, der vom öffentlichen Auftraggeber zur Angebotsabgabe aufgefordert wurde, kann ein Erstangebot abgeben, das die Grundlage für die späteren Verhandlungen darstellt. Der öffentliche Auftraggeber hat mit dem betreffenden Bieter über das von ihm abgegebene Erstangebot und alle Folgeangebote, mit Ausnahme des endgültigen Angebotes gemäß Abs. 8, zu verhandeln. Die in den Ausschreibungsunterlagen vom öffentlichen Auftraggeber festgelegten Mindestanforderungen und Zuschlagskriterien dürfen nicht Gegenstand von Verhandlungen sein.

(3) Abweichend von Abs. 2 kann der öffentliche Auftraggeber den Auftrag auf der Grundlage des Erstangebotes vergeben, ohne in Verhandlungen einzutreten, wenn er in der Bekanntmachung oder in der Aufforderung zur Interessensbestätigung angegeben hat, dass er sich diese Möglichkeit vorbehält.

(4) Der öffentliche Auftraggeber hat sicherzustellen, dass alle Bieter bei den Verhandlungen

gleich behandelt werden. Er darf Informationen nicht in diskriminierender Weise weitergeben, sodass bestimmte Bieter gegenüber anderen Bietern begünstigt werden können. Der öffentliche Auftraggeber darf vertrauliche Informationen eines Bewerbers oder Bieters nicht ohne dessen Zustimmung an die anderen Unternehmer weitergeben. Diese Zustimmung darf nicht allgemein, sondern nur in Bezug auf die beabsichtigte Mitteilung bestimmter Informationen erteilt werden.

(5) Der öffentliche Auftraggeber hat alle verbliebenen Bieter über etwaige Änderungen der Ausschreibungsunterlagen zu informieren. Er hat den Bietern im Anschluss an solche Änderungen ausreichend Zeit zu gewähren, ihre Angebote gegebenenfalls zu ändern. Die in der Ausschreibung festgelegten Mindestanforderungen und Zuschlagskriterien dürfen während des Verhandlungsverfahrens nicht geändert werden.

(6) Ein Verhandlungsverfahren kann in verschiedenen aufeinander folgenden Phasen durchgeführt werden. Der öffentliche Auftraggeber kann die Anzahl der Angebote anhand der Zuschlagskriterien verringern. Der öffentliche Auftraggeber hat jene Bieter, deren Angebote nicht weiter berücksichtigt werden, unverzüglich unter Bekanntgabe der Gründe für die Nichtberücksichtigung von dieser Entscheidung zu verständigen. Die Gründe der Nichtberücksichtigung sind nicht bekannt zu geben, soweit die Bekanntgabe dieser Informationen öffentlichen Interessen oder den berechtigten Geschäftsinteressen eines Unternehmers widersprechen oder dem freien und lauteren Wettbewerb schaden würde. Die vom öffentlichen Auftraggeber gewählte Vorgangsweise ist in der Ausschreibung oder in der Aufforderung zur Interessensbestätigung bekannt zu geben. In der Schlussphase eines Verhandlungsverfahrens mit mehreren Bietern müssen, sofern eine ausreichende Anzahl von geeigneten Bietern verbleibt, noch so viele Angebote vorliegen, dass ein echter Wettbewerb gewährleistet ist.

(7) Der öffentliche Auftraggeber hat jeden verbliebenen Bieter auf dessen Verlangen unverzüglich, jedenfalls aber binnen 15 Tagen nach Einlangen des Ersuchens, über Verlauf und Fortschritt der Verhandlungen zu informieren.

(8) Der öffentliche Auftraggeber hat den verbliebenen Bietern den beabsichtigten Abschluss der Verhandlungen bekannt zu geben und eine einheitliche Frist für die Abgabe eines endgültigen Angebotes festzulegen. Von den endgültigen Angeboten, die den Mindestanforderungen entsprechen und nicht auszuscheiden sind, hat der öffentliche Auftraggeber das erfolgreiche Angebot gemäß den Zuschlagskriterien auszuwählen.

(9) Bei der Durchführung von Verhandlungsverfahren im Unterschwellenbereich kann sich der öffentliche Auftraggeber in den Ausschreibungsunterlagen vorbehalten, dass er im Fall der Abgabe von vollständig ausgearbeiteten und vergleichbaren Angeboten Verhandlungen nur mit dem Bieter des bestgereihten Angebotes führt und er mit den übrigen Bietern Verhandlungen nur dann führt, wenn die Verhandlungen mit dem Bieter des bestgereihten Angebotes nicht erfolgreich abgeschlossen werden.

(10) Anzahl und Namen der zur Angebotsabgabe aufgeforderten Unternehmer sind bis zur Mitteilung der Zuschlagsentscheidung geheim zu halten.

2. Unterabschnitt

Ablauf des wettbewerblichen Dialoges

Ausschreibung des wettbewerblichen Dialoges

§ 115. Der öffentliche Auftraggeber hat in der Bekanntmachung des wettbewerblichen Dialoges seine Bedürfnisse und Anforderungen zu formulieren. Die Bekanntmachung hat darüber hinaus jedenfalls die folgenden Angaben zu enthalten:

1. die vorgesehene Mindestzahl und gegebenenfalls auch die Höchstzahl der Teilnehmer,
2. die Eignungs- und Auswahlkriterien,
3. die Festlegung, ob der Dialog in mehreren Phasen abgewickelt wird und ob die Zahl der zu erörternden Lösungen reduziert werden soll,
4. einen indikativen Zeitrahmen für das Verfahren,
5. eine nähere Erläuterung der Bedürfnisse und Anforderungen des öffentlichen Auftraggebers,
6. die Zuschlagskriterien und
7. die Festlegung, ob Prämien oder Zahlungen für die Teilnehmer am Dialog vorgesehen sind.

Die in den Z 3 bis 7 vorgesehenen Angaben können abweichend davon auch in den Ausschreibungsunterlagen enthalten sein.

Dialogphase

§ 116. (1) Der öffentliche Auftraggeber führt mit den Teilnehmern einen Dialog mit dem Ziel, die Lösung oder die Lösungen zu ermitteln, mit der oder mit denen seine Bedürfnisse und Anforderungen am besten erfüllt werden können. Bei diesem Dialog kann der öffentliche Auftraggeber mit den Teilnehmern alle Aspekte des Auftrages erörtern und gegebenenfalls aufgrund der Erörterungen seine in der Ausschreibung festgelegten Bedürfnisse und Anforderungen anpassen. Eine Anpassung ist allen Teilnehmern am Dialog bekannt zu geben.

(2) Der öffentliche Auftraggeber hat sicherzustellen, dass alle Teilnehmer am Dialog gleich behandelt werden. Er darf Informationen nicht in diskriminierender Weise weitergeben, sodass bestimmte Teilnehmer gegenüber anderen Teilnehmern begünstigt werden können. Der öffentliche Auftraggeber darf Lösungen, Teile von Lösungen oder vertrauliche Informationen eines Bewerbers oder Teilnehmers nicht ohne dessen Zustimmung an die anderen Unternehmer weitergeben. Diese

Zustimmung darf nicht allgemein, sondern nur in Bezug auf die beabsichtigte Mitteilung bestimmter Informationen erteilt werden.

(3) Der wettbewerbliche Dialog kann in verschiedenen aufeinander folgenden Phasen durchgeführt werden. Der öffentliche Auftraggeber kann die Zahl der zu erörternden Lösungen anhand der Zuschlagskriterien während der Dialogphase verringern. Der öffentliche Auftraggeber hat jene Teilnehmer, deren Lösungen nicht weiter berücksichtigt werden, unverzüglich unter Bekanntgabe der Gründe für die Nichtberücksichtigung von dieser Entscheidung zu verständigen. Die Gründe der Nichtberücksichtigung sind nicht bekannt zu geben, soweit die Bekanntgabe dieser Informationen öffentlichen Interessen oder den berechtigten Geschäftsinteressen eines Unternehmers widersprechen oder dem freien und lauteren Wettbewerb schaden würde.

(4) Der öffentliche Auftraggeber hat jeden verbliebenen Teilnehmer auf dessen Verlangen unverzüglich, jedenfalls aber binnen 15 Tagen nach Einlangen des Ersuchens, über Verlauf und Fortschritt des Dialoges zu informieren.

(5) Der öffentliche Auftraggeber setzt den Dialog so lange fort, bis er die Lösung oder die Lösungen ermittelt hat, die zur Erfüllung seiner Bedürfnisse und Anforderungen am besten geeignet ist oder sind. Sofern eine ausreichende Anzahl von Lösungen gemäß dem ersten Satz vorliegt, müssen in der Schlussphase des Dialoges noch so viele Lösungen vorliegen, dass ein echter Wettbewerb gewährleistet ist.

(6) Der öffentliche Auftraggeber hat den Abschluss der Dialogphase und die Grundzüge der ausgewählten Lösung oder Lösungen den verbliebenen Teilnehmern unverzüglich bekannt zu geben.

Aufforderung zur Angebotsabgabe und Vergabe des Auftrages

§ 117. (1) Der öffentliche Auftraggeber hat den oder die verbliebenen Teilnehmer aufzufordern, auf der Grundlage der vom jeweiligen Teilnehmer vorgelegten und in der Dialogphase näher ausgeführten Lösung oder Lösungen sein bzw. ihr Angebot zu legen.

(2) Ein Angebot muss alle zur Ausführung des Vorhabens erforderlichen Elemente enthalten.

(3) Auf Verlangen des öffentlichen Auftraggebers kann der Bieter sein Angebot klarstellen, präzisieren, verbessern und ergänzen, sofern dies nicht zu einer Änderung der wesentlichen Bestandteile des Angebotes oder der Ausschreibung führt, die den Wettbewerb verfälschen oder sich diskriminierend auswirken könnte.

(4) Der öffentliche Auftraggeber hat gemäß den Zuschlagskriterien das technisch und wirtschaftlich günstigste Angebot auszuwählen.

(5) Auf Verlangen des öffentlichen Auftraggebers kann der Bieter, dessen Angebot als das technisch und wirtschaftlich günstigste ermittelt worden ist, bestimmte Elemente seines Angebotes näher erläutern oder darin enthaltene Zusagen bestätigen, sofern dies nicht zu einer Änderung der wesentlichen Bestandteile des Angebotes oder der Ausschreibung führt, die den Wettbewerb verfälschen oder sich diskriminierend auswirken könnte.

3. Unterabschnitt
Ablauf der Innovationspartnerschaft

Ziel der Innovationspartnerschaft

§ 118. (1) Ziel der Innovationspartnerschaft ist die Entwicklung einer innovativen Ware, Bau- oder Dienstleistung sowie der anschließende Erwerb der daraus hervorgehenden Waren, Bau- oder Dienstleistungen, sofern das Leistungsniveau und die Kostenobergrenze eingehalten werden, die zwischen dem öffentlichen Auftraggeber und den Partnern der Innovationspartnerschaft vereinbart worden sind.

(2) Der geschätzte Wert der Waren, Bau- oder Dienstleistungen darf in Bezug auf die für ihre Entwicklung erforderliche Investition nicht unverhältnismäßig sein.

Ausschreibung der Innovationspartnerschaft

§ 119. (1) Der öffentliche Auftraggeber hat in der Ausschreibung den Bedarf nach einer innovativen Ware, Bau- oder Dienstleistung zu beschreiben, der nicht durch den Erwerb von bereits auf dem Markt verfügbaren Waren, Bau- oder Dienstleistungen befriedigt werden kann. Der öffentliche Auftraggeber hat anzugeben, welche Elemente der Leistungsbeschreibung die von allen Angeboten einzuhaltenden Mindestanforderungen darstellen. Die Ausschreibungsunterlagen müssen so präzise sein, dass ein Unternehmer Art und Umfang der geforderten Lösung erkennen und entscheiden kann, ob er einen Teilnahmeantrag stellt.

(2) Der öffentliche Auftraggeber hat in der Ausschreibung Auswahlkriterien festzulegen, die insbesondere die Fähigkeiten des Bewerbers auf dem Gebiet der Forschung und Entwicklung sowie die Ausarbeitung und Umsetzung innovativer Lösungen betreffen.

(3) Der öffentliche Auftraggeber hat in der Ausschreibung anzugeben, ob die Innovationspartnerschaft mit einem Partner oder mit mehreren Partnern gebildet werden soll.

(4) In der Ausschreibung sind Festlegungen betreffend die Rechte des geistigen Eigentums der Partner zu treffen.

Ablauf der Verhandlungen

§ 120. (1) Der öffentliche Auftraggeber hat ein Verhandlungsverfahren mit vorheriger Bekanntmachung durchzuführen, bei dem jeder Unternehmer, der vom öffentlichen Auftraggeber zur Angebotsabgabe aufgefordert wurde, ein Forschungs- und Innovationsprojekt (Erstangebot) einreichen kann, das auf die Abdeckung der in der Ausschreibung genannten Bedürfnisse abzielt und das die Grundlage für die späteren Verhandlungen darstellt.

(2) Für den Ablauf des Verhandlungsverfahrens gilt § 114 mit der Maßgabe, dass
1. die Innovationspartnerschaft nicht bereits auf der Grundlage des Erstangebotes gebildet werden kann, ohne in Verhandlungen einzutreten,
2. es dem öffentlichen Auftraggeber frei steht, in der Schlussphase des Verhandlungsverfahrens mit nur einem Bieter zu verhandeln, und
3. von den endgültigen Angeboten, die den Mindestanforderungen entsprechen und nicht auszuscheiden sind, der öffentliche Auftraggeber das erfolgreiche Angebot oder die erfolgreichen Angebote gemäß den Zuschlagskriterien auszuwählen hat.

Durchführung der Innovationspartnerschaft

§ 121. (1) Der öffentliche Auftraggeber kann die Innovationspartnerschaft mit einem Partner oder mit mehreren Partnern bilden. Bei einer Innovationspartnerschaft mit mehreren Partnern haben die Partner getrennte Forschungs- und Entwicklungstätigkeiten durchzuführen.

(2) Die Innovationspartnerschaft ist entsprechend dem Forschungs- und Innovationsprozess in aufeinander folgende Phasen zu strukturieren und kann die Herstellung der Ware, die Erbringung der Dienstleistung oder die Fertigstellung der Bauleistung umfassen. Im Vertrag über den Abschluss der Innovationspartnerschaft, der aufgrund des Verhandlungsverfahrens gemäß § 120 abgeschlossen wird, sind die von dem Partner oder den Partnern zu erreichenden Zwischenziele sowie die Zahlung einer Vergütung in angemessenen Teilbeträgen festzulegen. Auf Grundlage dieser Ziele kann der öffentliche Auftraggeber am Ende jeder Phase entscheiden, ob er die Innovationspartnerschaft beendet oder, im Fall einer Innovationspartnerschaft mit mehreren Partnern, die Zahl der Partner durch die Kündigung einzelner Verträge reduziert, sofern in der Ausschreibung jeweils darauf hingewiesen wurde, dass diese Möglichkeit besteht und unter welchen Umständen davon Gebrauch gemacht werden kann.

(3) Die Struktur der Innovationspartnerschaft, insbesondere die Dauer und der Wert der einzelnen Phasen, haben dem Innovationsgrad der vorgeschlagenen Lösung und der Abfolge der Forschungs- und Entwicklungstätigkeiten, die für die Entwicklung einer auf dem Markt noch nicht vorhandenen innovativen Lösung erforderlich sind, Rechnung zu tragen.

(4) Bei einer Innovationspartnerschaft mit mehreren Partnern darf der öffentliche Auftraggeber eine vorgeschlagene Lösung oder andere von einem Partner im Rahmen der Partnerschaft mitgeteilte vertrauliche Informationen nicht ohne die Zustimmung des betroffenen Partners an die anderen Partner weitergeben. Diese Zustimmung darf nicht allgemein, sondern nur in Bezug auf die beabsichtigte Mitteilung bestimmter Informationen erteilt werden.

(5) Der öffentliche Auftraggeber darf die im Rahmen der Innovationspartnerschaft entwickelte innovative Ware, Bau- oder Dienstleitung nur erwerben, wenn das Leistungsniveau und die Kostenobergrenze eingehalten werden, die zwischen dem öffentlichen Auftraggeber und dem Partner bzw. den Partnern der Innovationspartnerschaft vereinbart worden sind. Im Falle einer Innovationspartnerschaft mit mehreren Partnern hat der öffentliche Auftraggeber vor Beginn der Erwerbsphase aus den verbliebenen Lösungen auf Grundlage der in den Verträgen hierfür festgelegten objektiven und nicht diskriminierenden Kriterien die beste Lösung oder, sofern in der Ausschreibung darauf hingewiesen wurde, dass diese Möglichkeit besteht, die besten Lösungen auszuwählen.

4. Unterabschnitt

Teilnehmer im Vergabeverfahren

Teilnehmer im nicht offenen Verfahren ohne vorherige Bekanntmachung und im Verhandlungsverfahren ohne vorherige Bekanntmachung

§ 122. (1) Beim nicht offenen Verfahren ohne vorherige Bekanntmachung und beim Verhandlungsverfahren ohne vorherige Bekanntmachung hat die Aufforderung zur Angebotsabgabe nur an geeignete Unternehmer zu erfolgen.

(2) Die Auswahl der aufzufordernden Unternehmer hat in nicht diskriminierender Weise stattzufinden. Der öffentliche Auftraggeber hat die aufzufordernden Unternehmer so häufig wie möglich zu wechseln. Nach Möglichkeit sind insbesondere kleine und mittlere Unternehmer am Vergabeverfahren zu beteiligen.

(3) Die Anzahl der aufzufordernden Unternehmer ist entsprechend der Leistung festzulegen und darf beim nicht offenen Verfahren ohne vorherige Bekanntmachung nicht unter drei liegen. Beim Verhandlungsverfahren ohne vorherige Bekanntmachung darf die Anzahl der aufzufordernden Unternehmer, sofern nicht die Leistung nur von einem bestimmten Unternehmer erbracht werden kann oder äußerst dringliche, zwingende Gründe vorliegen, bei Existenz einer hinreichenden Anzahl von geeigneten Unternehmern nicht unter drei liegen. Die festgelegte Anzahl muss einen echten Wettbewerb gewährleisten und hat den besonderen Erfordernissen der zur Ausführung gelangenden Leistung Rechnung zu tragen. Beim Verhandlungsverfahren ohne vorherige Bekanntmachung im Unterschwellenbereich darf die Anzahl der aufzufordernden Unternehmer auch aus

anderen sachlichen Gründen unter drei liegen; die Gründe für diese Unterschreitung sind vom öffentlichen Auftraggeber festzuhalten.

Teilnehmer im nicht offenen Verfahren mit vorheriger Bekanntmachung, im Verhandlungsverfahren mit vorheriger Bekanntmachung, beim wettbewerblichen Dialog und bei Innovationspartnerschaften

§ 123. (1) Teilnahmeanträge haben jene Informationen zu enthalten, die der öffentliche Auftraggeber im Hinblick auf die Eignung und die Auswahl der Bewerber verlangt hat.

(2) Unter Bedachtnahme auf die Abs. 4 bis 7 ist nur geeigneten Bewerbern, die aufgrund der Bekanntmachung rechtzeitig Teilnahmeanträge gestellt haben, Gelegenheit zur Beteiligung am Vergabeverfahren zu geben.

(3) Der öffentliche Auftraggeber darf vom Inhalt der Teilnahmeanträge erst nach Ablauf der Frist für deren Einreichung Kenntnis erhalten. Die Prüfung der Teilnahmeanträge ist so zu dokumentieren, dass alle für die Beurteilung der Teilnahmeanträge wesentlichen Umstände nachvollziehbar sind. Der Bewerber kann die Übermittlung oder Bereitstellung des Teiles der Dokumentation verlangen, der seinen Teilnahmeantrag betrifft.

(4) Die Anzahl der aufzufordernden Unternehmer ist entsprechend der Leistung festzulegen und darf nicht unter drei, bei nicht offenen Verfahren mit vorheriger Bekanntmachung im Oberschwellenbereich nicht unter fünf liegen. Die festgelegte Anzahl muss einen echten Wettbewerb gewährleisten und ist in der Bekanntmachung oder in der Aufforderung zur Interessensbestätigung anzugeben. Bei Verhandlungsverfahren mit vorheriger Bekanntmachung im Unterschwellenbereich ist eine Unterschreitung aus sachlichen Gründen zulässig. Die Gründe für diese Unterschreitung sind vom öffentlichen Auftraggeber festzuhalten.

(5) Die Auswahlkriterien haben den besonderen Erfordernissen der zur Ausführung gelangenden Leistung bzw. des den Gegenstand des Dialoges bildenden Vorhabens Rechnung zu tragen und sind in der Bekanntmachung oder in der Aufforderung zur Interessensbestätigung bekannt zu geben.

(6) Langen in der Folge mehr Teilnahmeanträge als die vom öffentlichen Auftraggeber festgelegte Anzahl von aufzufordernden Unternehmern ein, so hat der öffentliche Auftraggeber unter den geeigneten Bewerbern anhand der Auswahlkriterien die besten Bewerber auszuwählen. Die maßgeblichen Gründe für die Auswahl sind festzuhalten. Der öffentliche Auftraggeber hat die nicht zur Angebotsabgabe aufgeforderten Bewerber von dieser Entscheidung unverzüglich, jedenfalls aber eine Woche, bei der Durchführung eines beschleunigten Verfahrens gemäß den §§ 74 und 77 drei Tage nach Abschluss der Auswahl unter Bekanntgabe der Gründe für die Nicht-Zulassung zu verständigen. Die Gründe der Nicht-Zulassung sind nicht bekannt zu geben, sofern die Bekanntgabe dieser Informationen öffentlichen Interessen oder den berechtigten Geschäftsinteressen eines Unternehmers widersprechen oder dem freien und lauteren Wettbewerb schaden würde.

(7) Liegt die Zahl der Teilnahmeanträge von geeigneten Bewerbern unter der vom öffentlichen Auftraggeber festgelegten Mindestanzahl von aufzufordernden Unternehmern, so kann der öffentliche Auftraggeber das Verfahren mit den geeigneten Bewerbern fortführen. Im Unterschwellenbereich kann der öffentliche Auftraggeber zusätzliche geeignete Unternehmer, die keinen Teilnahmeantrag gestellt haben, in das Vergabeverfahren einbeziehen.

(8) Der öffentliche Auftraggeber hat die ausgewählten Bewerber gleichzeitig zur Angebotsabgabe oder – im Fall eines wettbewerblichen Dialoges – zur Teilnahme am Dialog aufzufordern. Die Aufforderung zur Angebotsabgabe bzw. zur Teilnahme am Dialog hat einen Verweis auf die Internet-Adresse zu enthalten, unter der die Ausschreibungsunterlagen zur Verfügung gestellt sind. Wenn die Ausschreibungsunterlagen gemäß § 89 Abs. 3 ausnahmsweise nicht auf elektronischem Weg kostenlos, direkt, uneingeschränkt und vollständig zur Verfügung gestellt wurden und diese Unterlagen nicht bereits auf andere Art und Weise übermittelt oder zur Verfügung gestellt wurden, so sind der Aufforderung zur Angebotsabgabe bzw. zur Teilnahme am Dialog die Ausschreibungsunterlagen sowie allfällige zusätzliche Unterlagen beizufügen. Die Aufforderung zur Angebotsabgabe bzw. zur Teilnahme am Dialog hat darüber hinaus die in **Anhang XV** genannten Angaben zu enthalten.

Interessensbestätigung im Fall einer Bekanntmachung im Wege einer Vorinformation

§ 124. Ist die Bekanntmachung der beabsichtigten Vergabe eines Auftrages im Wege einer Vorinformation erfolgt, so hat der öffentliche Auftraggeber die Unternehmer, die ihr Interesse mitgeteilt haben, gleichzeitig zur Interessensbestätigung aufzufordern. Die Aufforderung zur Interessensbestätigung hat einen Verweis auf die Internet-Adresse zu enthalten, unter der die Ausschreibungsunterlagen zur Verfügung gestellt sind. Wenn die Ausschreibungsunterlagen gemäß § 89 Abs. 3 ausnahmsweise nicht auf elektronischem Weg kostenlos, direkt, uneingeschränkt und vollständig zur Verfügung gestellt wurden und diese Unterlagen nicht bereits auf andere Art und Weise übermittelt oder zur Verfügung gestellt wurden, so sind der Aufforderung zur Interessensbestätigung die Ausschreibungsunterlagen sowie allfällige zusätzliche Unterlagen beizufügen. Die Aufforderung zur Interessensbestätigung hat darüber hinaus die in **Anhang XV** genannten Angaben zu enthalten.

7. Abschnitt
Das Angebot
Allgemeine Bestimmungen

§ 125. (1) Der Bieter hat sich bei der Erstellung des Angebotes an die Ausschreibungsunterlagen zu halten.

(2) Sofern in den Ausschreibungsunterlagen nicht ausdrücklich anderes festgelegt wird, ist das Angebot mit sämtlichen dazugehörenden Unterlagen (zB Prüfzertifikate) in deutscher Sprache und in Euro zu erstellen.

(3) Angebote müssen sich auf die ausgeschriebene Gesamtleistung beziehen, es sei denn, dass in der Ausschreibung die Möglichkeit von Losvergaben vorgesehen wurde. Ein gemäß der Ausschreibung unzulässiges Angebot in Losen ist mit einem unbehebbaren Mangel behaftet. Variantenangebote müssen sich auf die Ausschreibungsvariante beziehen.

(4) Alternativangebote haben die Mindestanforderungen zu erfüllen und die Erbringung einer gleichwertigen Leistung sicherzustellen. Die Gleichwertigkeit ist vom Bieter nachzuweisen. Alternativangebote können sich auf die Gesamtleistung, auf Teile der Leistung oder auf die wirtschaftlichen oder rechtlichen Bedingungen der Leistungserbringung beziehen. Alternativangebote sind als solche zu kennzeichnen und in einer eigenen Ausarbeitung zu übermitteln. Für jedes Alternativangebot, auch wenn es sich nur auf Teile der Gesamtleistung bezieht, ist vom Bieter je ein Gesamt-Alternativangebotspreis zu bilden.

(5) Abänderungsangebote haben die Erbringung einer gleichwertigen Leistung sicherzustellen. Die Gleichwertigkeit ist vom Bieter nachzuweisen. Abänderungsangebote können sich nur auf technische Aspekte von Teilen der Leistung beziehen. Abänderungsangebote sind als solche zu kennzeichnen. Für jedes Abänderungsangebot ist vom Bieter je ein Gesamt-Abänderungsangebotspreis zu bilden.

(6) Ist aus Sicht eines Unternehmers eine Berichtigung der Ausschreibung erforderlich, so hat er dies umgehend dem öffentlichen Auftraggeber mitzuteilen. Der öffentliche Auftraggeber hat erforderlichenfalls eine Berichtigung gemäß § 101 durchzuführen.

(7) Erfolgt ausnahmsweise gemäß § 106 Abs. 5 und 6 die Ausschreibung eines bestimmten Erzeugnisses mit dem Zusatz „oder gleichwertig", so kann der Bieter in frei befüllbaren Feldern (Bieterlücken) des Leistungsverzeichnisses ein gleichwertiges Erzeugnis angeben. Die Gleichwertigkeit ist vom Bieter nachzuweisen. Die in der Ausschreibung als Beispiele genannten Erzeugnisse gelten als angeboten, wenn vom Bieter keine anderen Erzeugnisse in die frei befüllbaren Felder des Leistungsverzeichnisses eingesetzt wurden. Wenn die vom Bieter genannten Erzeugnisse nach sachverständiger Prüfung den in der Ausschreibung angeführten Kriterien der Gleichwertigkeit nicht entsprechen, gilt das ausgeschriebene Erzeugnis nur dann als angeboten, wenn der Bieter dies in einer zu seinem Angebot gesonderten Erklärung erklärt hat.

(8) Während der Angebotsfrist kann der Bieter durch eine zusätzliche Erklärung sein Angebot ändern, ergänzen oder von demselben zurücktreten. Ergibt sich bei der Angebotsänderung oder –ergänzung ein neuer Gesamtpreis, ist auch dieser anzugeben. Die Angebotsänderung oder –ergänzung ist nach den für Angebote geltenden Vorschriften dem öffentlichen Auftraggeber zu übermitteln und von diesem wie ein Angebot zu behandeln. Der Rücktritt ist dem öffentlichen Auftraggeber bekannt zu geben.

Form der Angebote

§ 126. (1) Angebote müssen die in der Ausschreibung vorgeschriebene Form aufweisen.

(2) Angebote sind elektronisch abzugeben, wenn

1. ein Vergabeverfahren im Oberschwellenbereich durchgeführt wird oder
2. eine elektronische Auktion durchgeführt wird oder
3. ein Auftrag im Wege eines dynamischen Beschaffungssystems vergeben werden soll oder
4. ein Angebot unter Verwendung eines elektronischen Kataloges abgegeben werden soll oder
5. ein Auftrag oder eine Rahmenvereinbarung von einer zentralen Beschaffungsstelle vergeben bzw. abgeschlossen werden soll.

Im Falle der Z 1 und 5 gilt dies nicht, sofern die Kommunikation zwischen öffentlichem Auftraggeber und Bieter ausnahmsweise nicht elektronisch erfolgen muss. Im Übrigen ist die Abgabe von elektronischen Angeboten zulässig, falls der öffentliche Auftraggeber dies in den Ausschreibungsunterlagen nicht ausdrücklich für unzulässig erklärt hat.

(3) Ein Bieter darf nur ein elektronisches Angebot oder ein Angebot in Papierform abgeben.

(4) Angebote sind vollständig sowie frei von Zahlen- und Rechenfehlern abzugeben.

(5) Der Bieter hat eigenständige Bestandteile des Angebotes mit dem Namen zu versehen, als zum Angebot gehörend zu kennzeichnen und mit diesem zu übermitteln.

(6) Angebote in Papierform müssen so ausgefertigt sein, dass Veränderungen bemerkbar oder nachweisbar wären. Korrekturen oder Ergänzungen des Angebotes müssen eindeutig und klar erkennbar sein und sind so durchzuführen, dass zweifelsfrei feststeht, dass die Korrektur oder Ergänzung vor der Angebotsabgabe erfolgt ist. Sie

müssen unter Angabe des Datums durch rechtsgültige Unterschrift bestätigt werden.

Inhalt der Angebote

§ 127. (1) Jedes Angebot muss insbesondere enthalten:

1. Name (Firma, Geschäftsbezeichnung) und Geschäftssitz des Bieters; bei Arbeitsgemeinschaften die Nennung eines zum Abschluss und zur Abwicklung des Vergabeverfahrens und des Vertrages bevollmächtigten Vertreters unter Angabe seiner (elektronischen) Adresse; schließlich die (elektronische) Adresse jener Stelle, die zum Empfang der das Vergabeverfahren betreffenden Kommunikation berechtigt ist;
2. Bekanntgabe aller Subunternehmer, auf deren Kapazitäten sich der Bieter zum Nachweis seiner Eignung stützt, samt Nachweis, dass der Bieter über deren Kapazitäten tatsächlich verfügt und der öffentliche Auftraggeber die zur Durchführung des Gesamtauftrages erforderlichen Sicherheiten über die finanzielle und wirtschaftliche Leistungsfähigkeit hat; Bekanntgabe aller Teile des Auftrages, die durch Subunternehmer ausgeführt werden sollen, oder – sofern der öffentliche Auftraggeber dies aus sachlichen Gründen in den Ausschreibungsunterlagen vorgesehen hat – nur hinsichtlich der vom öffentlichen Auftraggeber festgelegten wesentlichen Teile des Auftrages, die der Bieter im Wege von Subaufträgen an Subunternehmer zu vergeben beabsichtigt; die in Frage kommenden Subunternehmer sind bekannt zu geben; die Nennung mehrerer Subunternehmer je Leistungsteil ist zulässig; die Haftung des Auftragnehmers wird durch diese Angaben nicht berührt;
3. gegebenenfalls den Nachweis, dass ein gefordertes Vadium erlegt wurde;
4. die Preise samt allen geforderten Aufgliederungen und den allenfalls notwendigen Erläuterungen; im Leistungsverzeichnis sind die Preise an den hierzu bestimmten Stellen einzutragen; wird für eine Position kein Preis angegeben, so ist dies im Angebot zu erläutern;
5. gegebenenfalls bei veränderlichen Preisen die nach § 110 Abs. 1 Z 4 erforderlichen Angaben;
6. sonstige für die Beurteilung des Angebotes geforderte Erläuterungen oder Erklärungen;
7. die Aufzählung der dem Angebot beigeschlossenen sowie gesondert übermittelten Unterlagen;
8. allfällige Alternativ-, Abänderungs- oder Variantenangebote;
9. bei Angeboten in Papierform Datum und rechtsgültige Unterfertigung des Bieters.

(2) Mit der Abgabe seines Angebotes erklärt der Bieter, dass er die Bestimmungen der Ausschreibung kennt, über die erforderlichen Befugnisse zur Ausführung des Auftrages verfügt, die ausgeschriebene Leistung zu diesen Bestimmungen und den von ihm angegebenen Preisen erbringt und sich bis zum Ablauf der Zuschlagsfrist an sein Angebot bindet.

Besondere Bestimmungen über den Inhalt der Angebote bei funktionaler Leistungsbeschreibung

§ 128. (1) Bei einer funktionalen Leistungsbeschreibung sind die Angebote so zu erstellen, dass Art und Umfang der Leistung eindeutig bestimmt, die Erfüllung der Anforderungen der Aufgabenstellung nachgewiesen, die Angemessenheit der geforderten Preise beurteilt und nach Abschluss der Leistung die vertragsgemäße Erfüllung zweifelsfrei geprüft werden kann.

(2) Das Angebot hat grundsätzlich ein vom Bieter zu erstellendes Leistungsverzeichnis mit Mengen- und Preisangaben für alle Teile der funktional beschriebenen Leistung zu umfassen. Diesem sind erforderlichenfalls Pläne und sonstige Unterlagen gemäß § 104 Abs. 2 samt eingehender Erläuterung des Leistungsverzeichnisses beizufügen.

(3) Das Angebot hat die Erklärung zu enthalten, dass der Bieter die Vollständigkeit seiner Angaben, insbesondere die von ihm selbst ermittelten Mengen, entweder ohne Einschränkung oder in einer in den Ausschreibungsunterlagen anzugebenden Mengentoleranz verantwortet.

(4) Im Angebot sind auch die Annahmen, zu denen der Bieter in besonderen Fällen gezwungen ist, weil zum Zeitpunkt der Angebotsabgabe einzelne Teilleistungen nach Art und Menge noch nicht bestimmt werden können, erforderlichenfalls anhand von Plänen und Mengenermittlungen zu begründen.

(5) Abs. 1 bis 4 gelten nicht für Angebote in jenen Phasen eines Verhandlungsverfahrens, für die der öffentliche Auftraggeber noch kein vollständig ausgearbeitetes Angebot verlangt.

Einreichen der Angebote

§ 129. Angebote sind innerhalb der Angebotsfrist in der in der Ausschreibung vorgesehenen Art und Weise zu übermitteln.

Vergütung für die Ausarbeitung der Angebote

§ 130. (1) Angebote sind grundsätzlich ohne gesonderte Vergütung zu erstellen. Die Kalkulation und alle hierzu erforderlichen Vorarbeiten, das Ausfüllen des Leistungsverzeichnisses und die Erstellung von Alternativ- oder Abänderungsangeboten sind nicht als besondere Ausarbeitungen im Sinne des Abs. 2 anzusehen.

(2) Werden für die Ausarbeitung des Angebotes besondere Ausarbeitungen verlangt, so ist hierfür eine angemessene Vergütung vorzusehen. Die Vergütung gebührt allen geeigneten Bietern, die ein Angebot gelegt haben, das der Ausschreibung entspricht.

(3) Wird ein Vergabeverfahren vor Ablauf der Angebotsfrist widerrufen, gebührt die Vergütung gemäß Abs. 2 nur jenen Bietern, deren Angebote bereits vorliegen oder die binnen drei Tagen, nachdem die Mitteilung der Widerrufsentscheidung übermittelt bzw. bereitgestellt wurde, ihr Angebot oder lediglich den bereits ausgearbeiteten Teil übermitteln. Bei Teilausarbeitungen ist die Vergütung anteilsmäßig zu berechnen. Wird ein Vergabeverfahren nach Ablauf der Angebotsfrist widerrufen, gebührt die Vergütung allen geeigneten Bietern, die ein Angebot gelegt haben, das der Ausschreibung entspricht.

Zuschlagsfrist

§ 131. (1) Die Zuschlagsfrist beginnt mit dem Ablauf der Angebotsfrist. Sie umfasst den Zeitraum, innerhalb dessen die Erteilung des Zuschlages vorgesehen ist. Die Zuschlagsfrist ist kurz zu halten. Sie darf fünf Monate nicht überschreiten, sofern nicht in Einzelfällen aus zwingenden Gründen bereits in der Ausschreibung ein längerer Zeitraum angegeben war; dieser darf sieben Monate nicht überschreiten. Ist in der Ausschreibung keine Zuschlagsfrist angegeben, so beträgt sie ein Monat.

(2) Während der Zuschlagsfrist ist der Bieter an sein Angebot gebunden. Auf Ersuchen des öffentlichen Auftraggebers kann ein Bieter die Bindungswirkung seines Angebotes erstrecken. Auf Ersuchen eines Bieters, dessen Angebot für eine Zuschlagserteilung nicht in Betracht kommt, kann der öffentliche Auftraggeber diesen aus der Bindung an sein Angebot entlassen. In diesem Fall hat der öffentliche Auftraggeber ein allenfalls erlegtes Vadium zurückzustellen.

(3) Hat ein Bewerber oder Bieter ein Verfahren gemäß § 21 Abs. 1 vor Ablauf der Angebotsfrist eingeleitet, so hat der öffentliche Auftraggeber – sofern es sich um ein Angebot handelt, das für eine Zuschlagserteilung in Betracht kommt – auf begründeten Antrag des Unternehmers die Zuschlagsfrist um einen Monat zu verlängern und dem Unternehmer eine angemessene Nachfrist zur Beibringung der behördlichen Entscheidung bzw. zur Beibringung des Nachweises, dass er die gemäß der behördlichen Entscheidung notwendige Berufsqualifikation nachgewiesen hat, zu setzen. Dies gilt nicht für Verfahren gemäß den §§ 35 Abs. 1 Z 4, 36 Abs. 1 Z 4, 7 und 8, 37 Abs. 1 Z 4 und 5 und 44 Abs. 2 Z 2 sowie für beschleunigte Verfahren gemäß den §§ 74 und 77. Bei Verfahren im Unterschwellenbereich hat der öffentliche Auftraggeber die Zuschlagsfrist angemessen zu verlängern.

(4) Der Fortlauf der Zuschlagsfrist gemäß Abs. 1 wird für die Dauer eines Nachprüfungsverfahrens gehemmt.

8. Abschnitt
Das Zuschlagsverfahren

1. Unterabschnitt
Entgegennahme und Öffnung von Angeboten

Entgegennahme der Angebote

§ 132. (1) Der Zeitpunkt des Einganges des Angebotes eines Bieters ist zu dokumentieren.

(2) Auskünfte über die einlangenden Angebote, insbesondere über die Bieter oder über die Anzahl der abgegebenen Angebote, dürfen nicht erteilt werden.

(3) Die Angebote sind bis zur Öffnung so zu verwahren, dass sie für Unbefugte unzugänglich sind.

(4) Der öffentliche Auftraggeber darf vom Inhalt der Angebote erst nach Ablauf der Angebotsfrist Kenntnis erhalten.

Öffnung der Angebote

§ 133. (1) Angebote sind nach Ablauf der Angebotsfrist zu öffnen. Die Öffnung von Papierangeboten hat beim offenen und beim nicht offenen Verfahren durch eine Kommission zu erfolgen, die aus mindestens zwei sachkundigen Vertretern des öffentlichen Auftraggebers besteht. Bei Verhandlungsverfahren ist das Ergebnis der Öffnung geheim zu halten.

(2) Vor dem Öffnen eines Angebotes ist festzustellen, ob

1. das Angebot fristgerecht eingelangt ist und
2. kein unbefugter Zugriff erfolgte bzw. bei Papierangeboten, ob es ungeöffnet ist.

Nach Ablauf der Angebotsfrist eingelangte Angebote sind als verspätet eingelangt zu kennzeichnen und, ausgenommen dies ist zur Feststellung der Identität des Bieters für die Verständigung gemäß § 141 Abs. 3 erforderlich, nicht zu öffnen.

(3) Die geöffneten Angebote sind auf ihre Vollständigkeit und die Erfüllung der sonstigen Formerfordernisse gemäß den Anforderungen in der Ausschreibung zu prüfen. Bei Papierangeboten sind alle bei der Öffnung des Angebotes vorliegenden Teile während der Angebotsöffnung von der Kommission so eindeutig zu kennzeichnen, dass ein nachträgliches Auswechseln feststellbar wäre.

(4) Der öffentliche Auftraggeber kann beim offenen und beim nicht offenen Verfahren eine Öffnung der Angebote unter Beteiligung der Bieter vornehmen. In diesem Fall ist allen Bietern die Möglichkeit zu bieten, an der Öffnung teilzunehmen.

(5) Der öffentliche Auftraggeber hat über die Öffnung der Angebote beim offenen und beim

nicht offenen Verfahren ein Protokoll zu verfassen, das folgende Angaben zu den einzelnen Angeboten zu enthalten hat:

1. Name und Geschäftssitz des Bieters,
2. der Gesamtpreis oder der Angebotspreis mit Angabe des Ausmaßes allfälliger Nachlässe und Aufschläge und, wenn die Vergabe in Losen oder für die ganze Leistung oder für Teile derselben Varianten vorgesehen waren, auch die Lospreise sowie die Variantenangebotspreise,
3. wesentliche Erklärungen des Bieters,
4. sonstige im Hinblick auf andere Zuschlagskriterien als dem Preis relevante in Zahlen ausgedrückte Bieterangaben, deren Bekanntgabe in den Ausschreibungsunterlagen angekündigt wurde,
5. Vermerke über offensichtliche Angebotsmängel und
6. Geschäftszahl des Verfahrens sowie gegebenenfalls die Namen der Kommissionsmitglieder.

Das Protokoll ist jedem Bieter zu übermitteln bzw. bereitzustellen.

(6) Nach Abschluss der Öffnung sind die Angebote so zu verwahren, dass sie Unbefugten unzugänglich sind.

2. Unterabschnitt
Prüfung der Angebote und Ausscheiden von Angeboten
Allgemeine Bestimmungen

§ 134. Die Prüfung und Beurteilung eines Angebotes ist nur solchen Personen zu übertragen, welche die fachlichen Voraussetzungen hierfür erfüllen. Erforderlichenfalls sind unbefangene und von den Bietern unabhängige Sachverständige beizuziehen.

Vorgehen bei der Prüfung

§ 135. (1) Die Prüfung der Angebote erfolgt in technischer und wirtschaftlicher Hinsicht nach den in der Ausschreibung festgelegten Kriterien.

(2) Bei Angeboten, die für eine Zuschlagserteilung in Betracht kommen, ist im Einzelnen zu prüfen:

1. ob den in § 20 Abs. 1 angeführten Grundsätzen entsprochen wurde;
2. nach Maßgabe der §§ 80 bis 87 die Eignung des Bieters bzw. – bei der Weitergabe von Leistungen – der namhaft gemachten Subunternehmer hinsichtlich des diese betreffenden Auftragsteiles;
3. ob das Angebot rechnerisch richtig ist;
4. die Angemessenheit der Preise;
5. ob das Angebot den sonstigen Bestimmungen der Ausschreibung entspricht, insbesondere ob es formrichtig und vollständig ist.

Zweifelhafte Preisangaben

§ 136. (1) Stimmt bei Angeboten mit Einheitspreisen der Positionspreis mit dem aufgrund der Menge und des Einheitspreises feststellbaren Preis nicht überein, so gelten die angegebene Menge und der angebotene Einheitspreis. Bestehen zwischen den angebotenen Einheitspreisen und einer allenfalls vorliegenden Preisaufgliederung Abweichungen, so gelten die angebotenen Einheitspreise.

(2) Bei Angeboten mit Pauschalpreisen gelten ausschließlich diese ohne Rücksicht auf eine etwa angegebene Preisaufgliederung.

Prüfung der Angemessenheit der Preise und vertiefte Angebotsprüfung

§ 137. (1) Die Angemessenheit der Preise ist in Bezug auf die ausgeschriebene oder alternativ angebotene Leistung und unter Berücksichtigung aller Umstände, unter denen sie zu erbringen sein wird, zu prüfen. Dabei ist von vergleichbaren Erfahrungswerten, von sonst vorliegenden Unterlagen und von den jeweils relevanten Marktverhältnissen auszugehen.

(2) Der öffentliche Auftraggeber muss Aufklärung über die Positionen des Angebotes verlangen und gemäß Abs. 3 vertieft prüfen, wenn

1. Angebote einen im Verhältnis zur Leistung ungewöhnlich niedrigen Gesamtpreis aufweisen, oder
2. Angebote zu hohe oder zu niedrige Einheitspreise in wesentlichen Positionen aufweisen, oder
3. nach der Prüfung gemäß Abs. 1 begründete Zweifel an der Angemessenheit von Preisen bestehen.

(3) Bei einer vertieften Angebotsprüfung ist zu prüfen, ob die Preise betriebswirtschaftlich erklär- und nachvollziehbar sind. Geprüft werden kann insbesondere, ob

1. im Preis von Positionen alle direkt zuordenbaren Personal-, Material-, Geräte-, Fremdleistungs- und Kapitalkosten enthalten sind und ob die Aufwands- und Verbrauchsansätze sowie die Personalkosten, diese insbesondere im Hinblick auf die dem Angebot zugrunde gelegten Kollektivverträge, nachvollziehbar sind,
2. der Einheitspreis (Pauschalpreis, Regiepreis) für höherwertige Leistungen grundsätzlich höher angeboten wurde als für geringerwertige Leistungen, und
3. die gemäß § 105 Abs. 2 geforderte oder vom Bieter gemäß § 128 Abs. 2 vorgenommene Aufgliederung der Preise oder des Gesamtpreises (insbesondere der Lohnanteile) aus der Erfahrung erklärbar ist.

Vorgehen bei Mangelhaftigkeit der Angebote

§ 138. (1) Ergeben sich bei der Prüfung der Angebote Unklarheiten über das Angebot oder über die geplante Art der Durchführung der Leistung oder werden Mängel festgestellt, so ist, sofern die Unklarheiten für die Beurteilung der Angebote von Bedeutung sind, vom Bieter eine verbindliche Aufklärung zu verlangen. Die vom Bieter übermittelten Auskünfte bzw. die vom Bieter allenfalls vorgelegten Nachweise sind der Dokumentation über die Prüfung der Angebote beizuschließen.

(2) Die durch die erfolgte Aufklärung allenfalls veranlasste weitere Vorgangsweise darf die Grundsätze der §§ 20 Abs. 1, 112 Abs. 3, 113 Abs. 2 und 139 nicht verletzen.

(3) Ergeben sich bei der Prüfung der Eignung von Subunternehmern, die für den Nachweis der Eignung des Bieters nicht erforderlich sind, Mängel, die nicht durch eine Aufklärung gemäß Abs. 1 und 2 behoben werden können, so hat der öffentliche Auftraggeber den betreffenden Subunternehmer abzulehnen.

(4) Weist ein Angebot solche Mängel auf, dass eine Bearbeitung nicht zumutbar ist, so ist es auszuscheiden.

(5) Stellt der öffentliche Auftraggeber im Rahmen einer vertieften Angebotsprüfung fest, dass die angebotenen Preise nicht angemessen sind, so hat er vom Bieter eine verbindliche Aufklärung zu verlangen. Der öffentliche Auftraggeber darf das Angebot nur ausscheiden, wenn trotz des Vorbringens des Bieters die Preise für den öffentlichen Auftraggeber nicht betriebswirtschaftlich erklär- und nachvollziehbar sind. Er hat das Angebot jedenfalls auszuscheiden, wenn die Prüfung ergibt, dass der Bieter die in § 93 genannten Bestimmungen nicht berücksichtigt hat. Die Prüfung hat unter Berücksichtigung des gesamten Vorbringens des Bieters zu erfolgen. Die vom Bieter erteilten Auskünfte sind in die Dokumentation der Prüfung der Angebote aufzunehmen.

(6) Stellt der öffentliche Auftraggeber bei einem Vergabeverfahren im Oberschwellenbereich fest, dass ein Angebotspreis im Verhältnis zur Leistung ungewöhnlich niedrig ist, weil der betreffende Bieter eine staatliche Beihilfe erhalten hat, so darf er das Angebot allein aus diesem Grund nur dann ausscheiden, wenn der Bieter nach Aufforderung durch den öffentlichen Auftraggeber nicht innerhalb einer vom öffentlichen Auftraggeber festgesetzten angemessenen Frist nachweisen kann, dass die betreffende Beihilfe im Sinne des Art. 107 AEUV mit dem Binnenmarkt vereinbar war. Sofern der öffentliche Auftraggeber aus diesem Grund ein Angebot ausscheidet, hat er dies der Kommission bekannt zu geben.

(7) Rechnerisch fehlerhafte Angebote sind, sofern dies in der Ausschreibung festgelegt wurde, dann nicht weiter zu berücksichtigen, wenn die Summe der Absolutbeträge aller Berichtigungen – erhöhend oder vermindernd – 2% oder mehr des ursprünglichen Gesamtpreises beträgt. Berichtigungen von Seitenüberträgen der Zwischensummen im Angebot (Übertragungsfehler), mit denen nicht weitergerechnet wurde, bleiben dabei unberücksichtigt. Eine Vorreihung infolge der Berichtigung eines Rechenfehlers ist, ausgenommen der öffentliche Auftraggeber hat in der Ausschreibung ausdrücklich anderes festgelegt, unzulässig.

Aufklärungen und Erörterungen

§ 139. (1) Während eines offenen oder eines nicht offenen Verfahrens sind nur Aufklärungen zum Einholen von Auskünften über die Eignung sowie von Auskünften, die zur Prüfung der Preisangemessenheit, der Erfüllung der Mindestanforderungen und der Gleichwertigkeit von Alternativ- oder Abänderungsangeboten erforderlich sind, zulässig.

(2) Bei Alternativ- und Abänderungsangeboten sind Erörterungen, die unumgängliche technische Änderungen geringen Umfanges und sich daraus ergebende geringfügige Änderungen der Preise betreffen, unter Wahrung der Grundsätze des § 20 Abs. 1 zulässig.

(3) Aufklärungen und Erörterungen können
1. als Gespräche in kommissioneller Form oder
2. schriftlich

durchgeführt werden. Gründe und Ergebnisse sind in der Dokumentation festzuhalten.

Dokumentation der Angebotsprüfung

§ 140. (1) Die Prüfung der Angebote ist so zu dokumentieren, dass alle für die Beurteilung wesentlichen Umstände nachvollziehbar sind.

(2) Über die Gesamtpreise, die sich nach Prüfung der Angebote ergeben – bei Teilvergabe auch über die betreffenden Teilgesamtpreise –, ist jedem verbliebenen Bieter Auskunft zu geben, sofern das Ergebnis der Angebotsöffnung nicht geheim ist. Jeder Bieter kann von seinem allenfalls berichtigten Angebot oder der Durchrechnung seines Angebotes Kenntnis nehmen.

(3) Der Bieter kann die Übermittlung oder Bereitstellung des Teiles der Dokumentation verlangen, der sein Angebot betrifft.

Ausscheiden von Angeboten

§ 141. (1) Vor der Wahl des Angebotes für die Zuschlagsentscheidung hat der öffentliche Auftraggeber aufgrund des Ergebnisses der Prüfung folgende Angebote auszuscheiden:

1. Angebote von Bietern, die von der Teilnahme am Vergabeverfahren gemäß § 25 auszuschließen sind, oder
2. Angebote von Bietern, deren Eignung nicht gegeben ist, oder
3. Angebote, die eine – durch eine vertiefte Angebotsprüfung festgestellte – nicht plausible Zusammensetzung des Gesamtpreises (zB spekulative Preisgestaltung) aufweisen, oder

4. Angebote, bei denen der Bieter keine Preise angibt, sondern nur erklärt, das billigste Angebot um einen bestimmten Prozentsatz oder Wert zu unterbieten, oder
5. Angebote, bei denen ein Vadium verlangt wurde, dessen Nachweis bei Angebotsöffnung jedoch fehlt, oder
6. verspätet eingelangte Angebote, oder
7. den Ausschreibungsbestimmungen widersprechende Angebote, Teil-, Alternativ-, Varianten- und Abänderungsangebote, wenn sie nicht zugelassen wurden, nicht gleichwertige Alternativ- oder Abänderungsangebote und Alternativangebote, die die Mindestanforderungen nicht erfüllen, sowie fehlerhafte oder unvollständige Angebote, wenn deren Mängel nicht behoben wurden oder nicht behebbar sind, oder
8. rechnerisch fehlerhafte Angebote, die gemäß den Festlegungen in der Ausschreibung nicht weiter zu berücksichtigen sind, oder
9. Angebote von nicht aufgeforderten Bietern, oder
10. Angebote von Bietern, die nachweislich Interessen haben, die die Ausführung des Auftrages beeinträchtigen können, oder
11. Angebote von Bietern, bei denen dem öffentlichen Auftraggeber im Zeitpunkt der Zuschlagsentscheidung bzw. des Ablaufes der gemäß § 131 Abs. 3 gesetzten Nachfrist

a) keine für die Zulässigkeit der Ausübung einer Tätigkeit in Österreich erforderliche behördliche Entscheidung, oder
b) kein Nachweis darüber, dass die gemäß einer Entscheidung nach lit. a notwendige Berufsqualifikation erworben wurde, oder
c) kein Nachweis darüber, dass vor Ablauf der Angebotsfrist ein auf Einholung einer Entscheidung nach lit. a gerichtetes Verfahren eingeleitet worden ist, oder
d) eine behördliche Entscheidung, die die Zulässigkeit der Ausübung einer Tätigkeit in Österreich ausschließt,

vorliegt.

(2) Vor der Wahl des Angebotes für die Zuschlagsentscheidung kann der öffentliche Auftraggeber Angebote von Bietern ausscheiden, die es unterlassen haben, innerhalb der ihnen gestellten Frist die verlangten Aufklärungen zu geben oder deren Aufklärungen einer nachvollziehbaren Begründung entbehren. Von einem Bieter, der im Gebiet einer anderen Vertragspartei des EWR-Abkommens oder in der Schweiz ansässig ist, können auch Aufklärungen über die Zulässigkeit der Ausübung der Tätigkeit in Österreich verlangt werden.

(3) Der öffentliche Auftraggeber hat den Bieter vom Ausscheiden seines Angebotes unter Angabe des Grundes zu verständigen.

3. Unterabschnitt
Der Zuschlag

Wahl des Angebotes für den Zuschlag

§ 142. (1) Von den Angeboten, die nach dem Ausscheiden übrig bleiben, ist der Zuschlag gemäß den Angaben in der Ausschreibung dem technisch und wirtschaftlich günstigsten Angebot oder dem Angebot mit dem niedrigsten Preis zu erteilen.

(2) Die Gründe für die Zuschlagsentscheidung sind zu dokumentieren.

Mitteilung der Zuschlagsentscheidung

§ 143. (1) Der öffentliche Auftraggeber hat den im Vergabeverfahren verbliebenen Bietern mitzuteilen, welchem Bieter der Zuschlag erteilt werden soll. In dieser Mitteilung sind den verbliebenen Bietern das jeweilige Ende der Stillhaltefrist, die Gründe für die Ablehnung ihres Angebotes, der Gesamtpreis sowie die Merkmale und Vorteile des erfolgreichen Angebotes bekannt zu geben, sofern nicht die Bekanntgabe dieser Informationen öffentlichen Interessen oder den berechtigten Geschäftsinteressen eines Unternehmers widersprechen oder dem freien und lauteren Wettbewerb schaden würde.

(2) Eine Verpflichtung zur Mitteilung der Zuschlagsentscheidung besteht nicht, wenn

1. der Zuschlag dem einzigen bzw. dem einzigen im Vergabeverfahren verbliebenen Bieter erteilt werden soll, oder
2. ein Verhandlungsverfahren gemäß den §§ 35 Abs. 1 Z 4, 36 Abs. 1 Z 4, 7 oder 8, 37 Abs. 1 Z 4 oder 5 oder 44 Abs. 2 Z 2 durchgeführt wurde, oder
3. eine Leistung aufgrund einer Rahmenvereinbarung oder eines dynamischen Beschaffungssystems vergeben werden soll.

Stillhaltefrist und Zuschlagserteilung

§ 144. (1) Der öffentliche Auftraggeber darf den Zuschlag bei sonstiger absoluter Nichtigkeit nicht vor Ablauf der Stillhaltefrist erteilen. Die Stillhaltefrist beginnt mit der Übermittlung bzw. Bereitstellung der Mitteilung der Zuschlagsentscheidung. Sie beträgt bei einer Übermittlung bzw. Bereitstellung auf elektronischem Weg 10 Tage, bei einer Übermittlung über den Postweg oder einen anderen geeigneten Weg 15 Tage.

(2) Der öffentliche Auftraggeber kann den zum Zeitpunkt der Zuschlagserteilung im Vergabeverfahren verbliebenen Bietern mitteilen, welchem Bieter der Zuschlag erteilt wurde. In dieser Mitteilung sind den verbliebenen Bietern die Gründe für die Ablehnung ihres Angebotes, die Auftragssumme sowie die Merkmale und Vorteile des erfolgreichen Angebotes bekannt zu geben, sofern

nicht die Bekanntgabe dieser Informationen öffentlichen Interessen oder den berechtigten Geschäftsinteressen eines Unternehmers widersprechen oder dem freien und lauteren Wettbewerb schaden würde.

Zeitpunkt und Form des Vertragsabschlusses

§ 145. (1) Während der Zuschlagsfrist kommt das Vertragsverhältnis zu dem Zeitpunkt zustande, zu dem der Bieter die schriftliche Verständigung von der Annahme seines Angebotes erhält. Wird die Zuschlagsfrist überschritten, so entsteht das Vertragsverhältnis erst mit der schriftlichen Erklärung des Bieters, dass er den Auftrag annimmt. Zur Abgabe dieser Erklärung ist dem Bieter eine angemessene Frist zu setzen.

(2) Der Zuschlag ist durch Auftragsschreiben, Bestellschein oder Schlussbrief zu erteilen. Der öffentliche Auftraggeber kann vom Auftragnehmer eine Auftragsbestätigung (Gegenschlussbrief) verlangen.

(3) Sofern sich der Inhalt des Vertrages außer aus dem Angebot auch aus anderen Schriftstücken, die Zusatzvereinbarungen enthalten, ergibt, sind sämtliche Schriftstücke im Auftragsschreiben, Bestellschein oder Schlussbrief und, wenn eine Auftragsbestätigung verlangt wurde, auch in dieser anzuführen.

9. Abschnitt
Beendigung des Vergabeverfahrens
Allgemeine Bestimmungen

§ 146. (1) Das Vergabeverfahren endet mit dem Zustandekommen des Leistungsvertrages oder mit dem Widerruf des Vergabeverfahrens.

(2) Unmittelbar nach Abschluss des Verfahrens sind, außer im Fall eines noch nicht rechtskräftig entschiedenen Vergabekontrollverfahrens, aufgrund eines entsprechenden Antrages jenen Bietern, denen der Zuschlag nicht erteilt wurde, bzw. im Falle des Widerrufes allen Bewerbern oder Bietern die zurückzustellenden Ausarbeitungen zurückzugeben.

Vergabevermerk

§ 147. (1) Der öffentliche Auftraggeber hat einen Vergabevermerk über jeden vergebenen Auftrag, über jede abgeschlossene Rahmenvereinbarung und über jedes eingerichtete dynamische Beschaffungssystem bzw. einen Vermerk über den Widerruf eines Vergabeverfahrens zu erstellen, der mindestens Folgendes umfasst:

1. den Namen und die Anschrift des öffentlichen Auftraggebers,
2. Gegenstand und Wert des Auftrages, der Rahmenvereinbarung oder des dynamischen Beschaffungssystems,
3. die Namen der berücksichtigten Bewerber oder Bieter und die Gründe für ihre Auswahl,
4. die Namen der ausgeschlossenen Bewerber oder Bieter und die Gründe für ihre Ablehnung, sowie die Namen der Bieter, deren Angebote ausgeschieden wurden und die Gründe für das Ausscheiden,
5. den Namen des erfolgreichen Bieters und die Gründe für die Auswahl seines Angebotes sowie – falls bekannt – den Anteil des Auftrages bzw. den Anteil an der Rahmenvereinbarung, den der erfolgreiche Bieter an Dritte weiterzugeben beabsichtigt, und gegebenenfalls, soweit zum Zeitpunkt der Erstellung des Vergabevermerkes bekannt, die Namen der Subunternehmer,
6. die Begründung für die Durchführung eines Verhandlungsverfahrens, eines wettbewerblichen Dialoges oder eines nicht offenen Verfahrens ohne vorherige Bekanntmachung,
7. gegebenenfalls die Gründe, aus denen der öffentliche Auftraggeber auf die Vergabe eines Auftrages, den Abschluss einer Rahmenvereinbarung oder die Einrichtung eines dynamischen Beschaffungssystems verzichtet hat,
8. gegebenenfalls die Gründe, aus denen andere als elektronische Kommunikationsmittel für die Einreichung der Angebote verwendet wurden,
9. gegebenenfalls Angaben zu aufgedeckten Interessenkonflikten und getroffenen Abhilfemaßnahmen und
10. gegebenenfalls Angaben zu Unternehmen die Vorarbeiten erbracht haben und allenfalls getroffenen Maßnahmen zur Verhinderung einer Verzerrung des Wettbewerbes.

(2) Die Erstellung eines Vergabevermerkes gemäß Abs. 1 ist bei Aufträgen, die auf Grundlage von Rahmenvereinbarungen gemäß § 155 Abs. 3 oder 4 Z 1 vergeben wurden, nicht erforderlich.

(3) Soweit die Informationen gemäß Abs. 1 bereits in einer Bekanntgabe gemäß § 61 enthalten sind, kann im Vergabevermerk auf diese Bezug genommen werden.

(4) Bei Vergabeverfahren im Oberschwellenbereich hat der öffentliche Auftraggeber den Vergabevermerk gemäß Abs. 1 oder dessen wesentlichen Inhalt dem Bundesminister für Verfassung, Reformen, Deregulierung und Justiz auf dessen Anfrage unverzüglich zu übermitteln.

(5) Bei Vergabeverfahren im Unterschwellenbereich kann der öffentliche Auftraggeber von der Erstellung eines Vergabevermerkes oder eines Vermerkes über den Widerruf eines Vergabeverfahrens gemäß Abs. 1 Abstand nehmen, sofern die Angaben gemäß Abs. 1 ohne großen Aufwand aus der Vergabedokumentation ersichtlich sind.

Gründe für den Widerruf eines Vergabeverfahrens vor Ablauf der Angebotsfrist

§ 148. (1) Vor Ablauf der Angebotsfrist ist ein Vergabeverfahren zu widerrufen, wenn Umstände bekannt werden, die, wären sie schon vor Einleitung des Vergabeverfahrens bekannt gewesen, eine Ausschreibung ausgeschlossen oder zu einer inhaltlich wesentlich anderen Ausschreibung geführt hätten.

(2) Der öffentliche Auftraggeber kann ein Vergabeverfahren widerrufen, wenn dafür sachliche Gründe bestehen.

Gründe für den Widerruf eines Vergabeverfahrens nach Ablauf der Angebotsfrist

§ 149. (1) Nach Ablauf der Angebotsfrist ist ein Vergabeverfahren zu widerrufen, wenn

1. Umstände bekannt werden, die, wären sie schon vor Einleitung des Vergabeverfahrens bekannt gewesen, eine Ausschreibung ausgeschlossen hätten, oder
2. Umstände bekannt werden, die, wären sie schon vor Einleitung des Vergabeverfahrens bekannt gewesen, zu einer inhaltlich wesentlich anderen Ausschreibung geführt hätten, oder
3. kein Angebot eingelangt ist, oder
4. nach dem Ausscheiden von Angeboten kein Angebot im Vergabeverfahren verbleibt.

(2) Ein Vergabeverfahren kann widerrufen werden, wenn

1. nur ein Angebot eingelangt ist, oder
2. nach dem Ausscheiden von Angeboten nur ein Angebot verbleibt, oder
3. dafür sachliche Gründe bestehen.

Mitteilung der Widerrufsentscheidung, Stillhaltefrist, Unwirksamkeit des Widerrufes

§ 150. (1) Der öffentliche Auftraggeber hat mitzuteilen, dass er beabsichtigt, das Vergabeverfahren zu widerrufen,

1. im Fall des § 149 Abs. 1 Z 1 und 2 und des § 149 Abs. 2 Z 3 allen Bietern,
2. im Fall des § 149 Abs. 1 Z 4 und des § 149 Abs. 2 Z 2 allen Bietern, deren Angebote zwar ausgeschieden wurden, die Ausscheidensentscheidung jedoch noch nicht rechtskräftig ist,
3. im Fall des § 149 Abs. 2 Z 1 dem Bieter, dessen Angebot als einziges eingelangt ist, und
4. im Fall des § 149 Abs. 2 Z 2 dem Bieter, dessen Angebot als einziges verblieben ist.

In dieser Mitteilung sind den Bietern das jeweilige Ende der Stillhaltefrist gemäß Abs. 4 sowie die Gründe für den beabsichtigten Widerruf bekannt zu geben.

(2) Im Fall des § 148 ist die Widerrufsentscheidung in derselben Art bekannt zu machen wie die Bekanntmachung. Der öffentliche Auftraggeber hat überdies Bewerbern, Unternehmern, die eine Interessenbestätigung übermittelt haben und Bietern mitzuteilen, dass er beabsichtigt, das Vergabeverfahren zu widerrufen. Nach Ablauf der Teilnahmeantragsfrist in einem nicht offenen Verfahren oder einem Verhandlungsverfahren kann der öffentliche Auftraggeber von einer Bekanntmachung der Widerrufsentscheidung gemäß dem ersten Satz absehen und die Widerrufsentscheidung den im Verfahren verbliebenen Unternehmern mitteilen. In der Bekanntmachung und in der Mitteilung sind die Gründe für den beabsichtigten Widerruf und das jeweilige Ende der Stillhaltefrist bekannt zu geben.

(3) Eine Verpflichtung zur Mitteilung der Widerrufsentscheidung besteht nicht, falls kein Angebot eingelangt ist oder kein Bieter im Vergabeverfahren verblieben ist.

(4) Der öffentliche Auftraggeber darf den Widerruf bei sonstiger Unwirksamkeit nicht vor Ablauf der Stillhaltefrist erklären. Die Stillhaltefrist beginnt im Fall des Abs. 1 mit der Übermittlung bzw. Bereitstellung der Mitteilung der Widerrufsentscheidung und im Fall des Abs. 2 mit der erstmaligen Verfügbarkeit der Bekanntmachung bzw. Mitteilung der Widerrufsentscheidung. Sie beträgt bei einer Übermittlung bzw. Bereitstellung auf elektronischem Weg 10 Tage, bei einer Übermittlung über den Postweg oder einen anderen geeigneten Weg 15 Tage.

BVergG

(5) Vor Ablauf der Stillhaltefrist darf ein neues Vergabeverfahren über den gleichen Auftragsgegenstand nicht eingeleitet werden, soweit die Beschaffung nicht aus äußerst dringlichen, zwingenden Gründen erforderlich ist. Zum widerrufenen Verfahren bereits eingelangte Angebote dürfen nach der Mitteilung oder der Bekanntmachung der Widerrufsentscheidung nicht geöffnet werden.

(6) Nach Ablauf der Stillhaltefrist hat der öffentliche Auftraggeber die Widerrufserklärung in derselben Art wie die Widerrufsentscheidung mitzuteilen oder, sofern dies nicht möglich ist, bekannt zu machen.

(7) Im Unterschwellenbereich kann der öffentliche Auftraggeber von der Vorgangsweise gemäß den Abs. 1 bis 6 absehen und den Widerruf unmittelbar und ohne Abwarten einer Stillhaltefrist erklären. Der öffentliche Auftraggeber hat die im Vergabeverfahren verbliebenen Unternehmer unverzüglich zu verständigen oder, sofern dies nicht möglich ist, die Widerrufserklärung bekannt zu machen.

(8) Mit der Erklärung des Widerrufes gewinnen der öffentliche Auftraggeber und die Bieter ihre Handlungsfreiheit wieder. Bereits eingelangte Angebote sind auf Verlangen zurückzustellen. Der Zeitpunkt der Erklärung des Widerrufes ist zu dokumentieren.

(9) Wird durch eine Vergabekontrollbehörde rechtskräftig festgestellt, dass nach erheblicher Überschreitung der Zuschlagsfrist und entgegen dem Ersuchen des Bieters um Fortführung des Verfahrens der öffentliche Auftraggeber ein Verfahren zur Vergabe eines Auftrages weder durch

eine Widerrufserklärung oder Zuschlagserteilung beendet noch das Verfahren in angemessener Weise fortgeführt hat, so gilt dies als Erklärung des Widerrufes im Sinne dieses Bundesgesetzes.

4. Hauptstück
Bestimmungen für besondere Aufträge und für besondere Verfahren

1. Abschnitt
Vergabe von besonderen Dienstleistungsaufträgen und Dienstleistungsaufträgen über öffentliche Personenverkehrsdienste auf der Schiene oder per Untergrundbahn

Verfahren

§ 151. (1) Für die Vergabe von besonderen Dienstleistungsaufträgen gemäß **Anhang XVI** gelten ausschließlich die Bestimmungen dieses Abschnittes, der 1. Teil, die §§ 4 Abs. 1, 7 bis 11, 12 Abs. 1 Z 2 und Abs. 3, 13, 16 bis 18, 19 Abs. 1, 20 Abs. 1 bis 4 und 9, 21 bis 23, 30, 48 bis 68, 78, 79, 80 Abs. 1 bis 5, 81 bis 90, 91 Abs. 1 bis 8, 93, 98, 100, 106, 111, 142, 146 Abs. 1, 150 Abs. 9, der 4. Teil, der 5. Teil mit Ausnahme des § 367 sowie der 6. Teil dieses Bundesgesetzes.

(2) Für die Vergabe von Dienstleistungsaufträgen über öffentliche Personenverkehrsdienste auf der Schiene oder per Untergrundbahn gelten ausschließlich die Abs. 3 bis 5 und 7 bis 9 sowie der 1. Teil, die §§ 4 Abs. 1, 7, 8, 12 Abs. 1 Z 1 und 3 und Abs. 3, 13 Abs. 1 bis 3 und 5, 19, 20 Abs. 1 bis 4 und 9, 21 bis 23, 30, 50 Abs. 1 Z 2, 52, 56, 61 Abs. 1, 67, 68, 78, 79, 80 Abs. 1 bis 5, 81 bis 86, 88, 91 Abs. 1 bis 8, 93, 142, 146 Abs. 1, 150 Abs. 9, der 4. Teil, 358, 362, 364, 366, 369 bis 374 und der 6. Teil dieses Bundesgesetzes. Die Anwendbarkeit des Art. 5 Abs. 2, 3a, 4, 4a, 4b, 5 und 6 der Verordnung (EG) Nr. 1370/2007 bleibt unberührt; bei Durchführung eines Verfahrens gemäß den genannten Bestimmungen sind ausschließlich die §§ 1, 2, 61 Abs. 1, der 4. Teil sowie die §§ 358 und 366 dieses Bundesgesetzes anwendbar.

(3) Der öffentliche Auftraggeber kann das Verfahren zur Vergabe von besonderen Dienstleistungsaufträgen und von Dienstleistungsaufträgen über öffentliche Personenverkehrsdienste auf der Schiene oder per Untergrundbahn grundsätzlich frei gestalten. Der öffentliche Auftraggeber kann bei der Vergabe von besonderen Dienstleistungsaufträgen die Qualität, Kontinuität, Zugänglichkeit, Leistbarkeit und Verfügbarkeit der Dienstleistungen bzw. den Umfang des Leistungsangebotes berücksichtigen. Ebenso kann er dabei den spezifischen Bedürfnissen verschiedener Nutzerkategorien, einschließlich benachteiligter und schutzbedürftiger Gruppen, der Einbeziehung und Ermächtigung der Nutzer der Dienstleistungen und dem Aspekt der Innovation Rechnung tragen.

(4) Im Oberschwellenbereich sind besondere Dienstleistungsaufträge, sofern nicht eine der in § 37 Abs. 1 genannten Voraussetzungen erfüllt ist, und Dienstleistungsaufträge über öffentliche Personenverkehrsdienste auf der Schiene oder per Untergrundbahn in einem Verfahren mit vorheriger Bekanntmachung mit mehreren Unternehmern zu vergeben.

(5) Im Unterschwellenbereich sind besondere Dienstleistungsaufträge und Dienstleistungsaufträge über öffentliche Personenverkehrsdienste auf der Schiene oder per Untergrundbahn grundsätzlich in einem Verfahren mit vorheriger Bekanntmachung mit mehreren Unternehmern zu vergeben. Von einer Bekanntmachung kann abgesehen werden, sofern im Hinblick auf die spezifischen Merkmale des Dienstleistungsauftrages kein eindeutiges grenzüberschreitendes Interesse besteht.

(6) Besondere Dienstleistungsaufträge können im Wege einer Direktvergabe gemäß § 46 bis zu einem geschätzten Auftragswert von 100 000 Euro und im Wege einer Direktvergabe mit vorheriger Bekanntmachung gemäß § 47 bis zu einem geschätzten Auftragswert von 150 000 Euro vergeben werden.

(7) Der öffentliche Auftraggeber hat den im Vergabeverfahren verbliebenen Bietern mitzuteilen, welchem Bieter der Zuschlag erteilt werden soll. In dieser Mitteilung sind den verbliebenen Bietern das jeweilige Ende der Stillhaltefrist gemäß Abs. 8, die Gründe für die Ablehnung ihres Angebotes, der Gesamtpreis sowie die Merkmale und Vorteile des erfolgreichen Angebotes bekannt zu geben, sofern nicht die Bekanntgabe dieser Informationen öffentlichen Interessen oder den berechtigten Geschäftsinteressen eines Unternehmers widersprechen oder dem freien und lauteren Wettbewerb schaden würde. Eine Verpflichtung zur Mitteilung der Zuschlagsentscheidung besteht nicht, wenn

1. der Zuschlag dem einzigen bzw. dem einzigen im Vergabeverfahren verbliebenen Bieter erteilt werden soll, oder
2. wenn aufgrund der in § 37 Abs. 1 Z 4 genannten Voraussetzungen von einer Bekanntmachung des Verfahrens Abstand genommen wurde.

(8) Der öffentliche Auftraggeber darf den Zuschlag bei sonstiger absoluter Nichtigkeit nicht vor Ablauf der Stillhaltefrist erteilen. Die Stillhaltefrist beginnt mit der Übermittlung bzw. Bereitstellung der Mitteilung der Zuschlagsentscheidung. Sie beträgt bei einer Übermittlung bzw. Bereitstellung auf elektronischem Weg 10 Tage, bei einer Übermittlung über den Postweg oder einen anderen geeigneten Weg 15 Tage. Für eine freiwillige Bekanntmachung gelten die §§ 58 und 64 Abs. 6 sinngemäß.

(9) Der öffentliche Auftraggeber kann ein Vergabeverfahren widerrufen, wenn dafür sachliche Gründe bestehen. Der öffentliche Auftraggeber

hat die Widerrufsentscheidung den im Vergabeverfahren verbliebenen Unternehmern unverzüglich mitzuteilen oder, sofern dies nicht möglich ist, bekannt zu machen. Der öffentliche Auftraggeber darf den Widerruf bei sonstiger Unwirksamkeit nicht vor Ablauf der Stillhaltefrist erklären. Die Stillhaltefrist beginnt mit der Übermittlung bzw. Bereitstellung der Mitteilung der Widerrufsentscheidung oder der erstmaligen Verfügbarkeit der Bekanntmachung der Widerrufsentscheidung. Bei einer Übermittlung bzw. Bereitstellung auf elektronischem Weg sowie bei einer Bekanntmachung beträgt die Stillhaltefrist 10 Tage, bei einer Übermittlung über den Postweg oder einen anderen geeigneten Weg 15 Tage. Im Übrigen gilt § 150 Abs. 6. Im Unterschwellenbereich kann der öffentliche Auftraggeber überdies den Widerruf unmittelbar und ohne Abwarten einer Stillhaltefrist erklären. In diesem Fall hat der öffentliche Auftraggeber die im Vergabeverfahren verbliebenen Unternehmer unverzüglich zu verständigen oder, sofern dies nicht möglich ist, die Widerrufserklärung bekannt zu machen.

Partizipatorischen Organisationen vorbehaltene Dienstleistungsaufträge

§ 152. (1) Der öffentliche Auftraggeber kann bei Verfahren zur Vergabe von besonderen Dienstleistungsaufträgen gemäß **Anhang XVII** vorsehen, dass nur partizipatorische Organisationen teilnehmen können.

(2) Partizipatorische Organisationen im Sinne des Abs. 1 sind Rechtsträger, die folgende Voraussetzungen erfüllen:

1. ihr Ziel ist die Erfüllung einer Gemeinwohlaufgabe in Verbindung mit Dienstleistungen gemäß **Anhang XVII**,
2. ihre Gewinne werden reinvestiert, um das Ziel der Organisation zu erreichen; etwaige Gewinnausschüttungen oder –zuweisungen beruhen auf partizipatorischen Überlegungen und
3. die Management- oder Eigentümerstruktur beruht auf der Eigenverantwortung der Arbeitnehmer oder auf partizipatorischen Grundsätzen oder erfordert die aktive Mitwirkung der Arbeitnehmer, Nutzer oder Interessenträger.

(3) Die Laufzeit der gemäß Abs. 1 vergebenen Aufträge darf drei Jahre nicht überschreiten.

(4) Die Organisation, die den Auftrag erhalten soll, darf vom selben öffentlichen Auftraggeber in den letzten drei Jahren keinen Auftrag über die gleichen Dienstleistungen gemäß diesem Paragraphen erhalten haben.

2. Abschnitt
Bestimmungen für den Abschluss von Rahmenvereinbarungen und die Vergabe von Aufträgen aufgrund von Rahmenvereinbarungen

Allgemeines

§ 153. Öffentliche Aufträge können aufgrund einer Rahmenvereinbarung vergeben werden, sofern

1. die Rahmenvereinbarung nach Durchführung eines offenen Verfahrens, eines nicht offenen Verfahrens mit vorheriger Bekanntmachung oder eines Verhandlungsverfahrens gemäß den §§ 34 bis 37 sowie 44 Abs. 1 ohne Zuschlagserteilung unter Beachtung der Bestimmungen des § 154 abgeschlossen wurde und
2. bei der Vergabe des auf der Rahmenvereinbarung beruhenden öffentlichen Auftrages § 155 beachtet wird.

Abschluss von Rahmenvereinbarungen

§ 154. (1) Der öffentliche Auftraggeber hat in der Bekanntmachung oder – sofern ein Verhandlungsverfahren ohne vorherige Bekanntmachung durchgeführt wird – in der Aufforderung zur Angebotsabgabe anzugeben, ob eine Rahmenvereinbarung mit einem einzigen oder mit mehreren Unternehmern abgeschlossen werden soll. Soll eine Rahmenvereinbarung für mehrere öffentliche Auftraggeber abgeschlossen werden, so sind in der Bekanntmachung oder – sofern ein Verhandlungsverfahren ohne vorherige Bekanntmachung durchgeführt wird – in der Aufforderung zur Angebotsabgabe alle abrufberechtigten öffentlichen Auftraggeber eindeutig zu identifizieren. Nach Möglichkeit sind auch kleine und mittlere Unternehmen am Verfahren zum Abschluss einer Rahmenvereinbarung zu beteiligen.

(2) Die Unternehmer, mit denen die Rahmenvereinbarung abgeschlossen werden soll, werden nach Durchführung eines offenen Verfahrens, eines nicht offenen Verfahrens mit vorheriger Bekanntmachung oder eines Verhandlungsverfahrens gemäß den §§ 34 bis 37 sowie 44 Abs. 1 ermittelt. Eine Rahmenvereinbarung mit einem Unternehmer ist mit jenem Bieter abzuschließen, der das gemäß dem oder den bekannt gegebenen Zuschlagskriterien am besten bewertete Angebot gelegt hat. Eine Rahmenvereinbarung mit mehreren Unternehmern ist mit jenen Bietern abzuschließen, die die gemäß dem oder den bekannt gegebenen Zuschlagskriterien am besten bewerteten Angebote gelegt haben. Soll eine Rahmenvereinbarung mit mehreren Unternehmern abgeschlossen werden, so müssen mindestens drei Unternehmer daran beteiligt sein, sofern eine ausreichend große Zahl von Unternehmern die Eignungskriterien erfüllt hat und eine ausreichend große Zahl von zulässigen Angeboten abgegeben wurde. Die

maßgeblichen Gründe für die Bewertung der Angebote sind festzuhalten.

(3) Der öffentliche Auftraggeber hat den nicht berücksichtigten Bietern den Namen des Unternehmers bzw. die Namen der Unternehmer, mit dem bzw. denen die Rahmenvereinbarung abgeschlossen werden soll, mitzuteilen. In dieser Mitteilung sind die Gründe der Nichtberücksichtigung sowie die Merkmale und Vorteile des erfolgreichen Angebotes bzw. der erfolgreichen Angebote bekannt zu geben, sofern nicht die Bekanntgabe dieser Informationen öffentlichen Interessen oder den berechtigten Geschäftsinteressen eines Unternehmers widersprechen oder dem freien und lauteren Wettbewerb schaden würde. Eine Verpflichtung zur Mitteilung, mit welchem Unternehmer die Rahmenvereinbarung abgeschlossen werden soll, besteht nicht, wenn ein Verhandlungsverfahren gemäß den §§ 35 Abs. 1 Z 4, 36 Abs. 1 Z 4 oder 7 oder 37 Abs. 1 Z 4 zum Abschluss der Rahmenvereinbarung durchgeführt wurde.

(4) Der öffentliche Auftraggeber darf die Rahmenvereinbarung bei sonstiger absoluter Nichtigkeit nicht vor Ablauf der Stillhaltefrist abschließen. Die Stillhaltefrist beginnt mit der Übermittlung bzw. Bereitstellung der Mitteilung, mit welchem Unternehmer bzw. mit welchen Unternehmern die Rahmenvereinbarung abgeschlossen werden soll. Sie beträgt bei einer Übermittlung bzw. Bereitstellung auf elektronischem Weg 10 Tage, bei einer Übermittlung über den Postweg oder einen anderen geeigneten Weg 15 Tage. Für eine freiwillige Bekanntmachung gelten die §§ 58 und 64 Abs. 6 sinngemäß.

(5) Die Laufzeit einer Rahmenvereinbarung darf vier Jahre nicht überschreiten. Sofern dies ausnahmsweise, insbesondere aufgrund des Gegenstandes der Rahmenvereinbarung, sachlich gerechtfertigt werden kann, darf eine längere Laufzeit vorgesehen werden. Die dafür ausschlaggebenden Gründe sind festzuhalten.

(6) Auf den Widerruf einer Rahmenvereinbarung sind die §§ 148 bis 150 sinngemäß anzuwenden.

Vergabe von öffentlichen Aufträgen aufgrund von Rahmenvereinbarungen

§ 155. (1) Bei der Vergabe der auf einer Rahmenvereinbarung beruhenden Aufträge dürfen die Parteien keine wesentlichen Änderungen an den Bedingungen der Rahmenvereinbarung vornehmen.

(2) Aufträge, die aufgrund einer gemäß § 154 abgeschlossenen Rahmenvereinbarung vergeben werden sollen, werden gemäß den in Abs. 3 bis 9 beschriebenen Verfahren vergeben. Diese Verfahren sind nur zwischen dem öffentlichen Auftraggeber bzw. den öffentlichen Auftraggebern und jenem Unternehmer bzw. jenen Unternehmern zulässig, die von Anfang an Parteien der Rahmenvereinbarung waren und die in der Bekanntmachung oder in der Aufforderung zur Angebotsabgabe gemäß § 154 Abs. 1 eindeutig identifiziert wurden.

(3) Wird eine Rahmenvereinbarung mit einem einzigen Unternehmer abgeschlossen, so kann der Zuschlag hinsichtlich der auf dieser Rahmenvereinbarung beruhenden Aufträge

1. unmittelbar dem aufgrund der Bedingungen der Rahmenvereinbarung gelegten Angebot nach den in den Ausschreibungsunterlagen der Rahmenvereinbarung genannten Bedingungen erteilt werden, oder
2. der öffentliche Auftraggeber kann den Unternehmer zuerst schriftlich auffordern, sein Angebot
   a) auf der Grundlage der ursprünglichen Bedingungen der Rahmenvereinbarung für die Vergabe der Aufträge oder
   b) sofern nicht alle Bedingungen für die Vergabe der Aufträge in der Rahmenvereinbarung selbst festgelegt sind, auf der Grundlage der vervollständigten Bedingungen der Rahmenvereinbarung für die Vergabe der Aufträge oder
   c) auf der Grundlage von anderen, in den Ausschreibungsunterlagen der Rahmenvereinbarung genannten Bedingungen

erforderlichenfalls zu verbessern, zu vervollständigen oder abzuändern und erst danach den Zuschlag nach den in der Ausschreibung der Rahmenvereinbarung genannten Bedingungen erteilen.

(4) Wird eine Rahmenvereinbarung mit mehreren Unternehmern abgeschlossen, so kann der Zuschlag für die auf dieser Rahmenvereinbarung beruhenden Aufträge

1. unmittelbar aufgrund der Bedingungen der Rahmenvereinbarung ohne erneuten Aufruf zum Wettbewerb, oder
2. nach erneutem Aufruf der Parteien zum Wettbewerb oder
3. teilweise ohne erneuten Aufruf zum Wettbewerb und teilweise nach erneutem Aufruf der Parteien zum Wettbewerb

erteilt werden.

(5) Sofern alle Bedingungen für die Vergabe eines Auftrages in der Rahmenvereinbarung selbst festgelegt sind, kann der Zuschlag ohne erneuten Aufruf zum Wettbewerb einer Partei der Rahmenvereinbarung erteilt werden. In der Ausschreibung für eine derartige Rahmenvereinbarung sind die Zuschlagskriterien für die auf dieser Rahmenvereinbarung beruhenden Aufträge festzulegen. Sollen Aufträge gemäß Abs. 4 Z 3 teilweise ohne und teilweise nach erneutem Aufruf zum Wettbewerb vergeben werden, so sind in den Ausschreibungsunterlagen der Rahmenvereinbarung darüber hinaus

1. die Möglichkeit der Inanspruchnahme der Zuschlagserteilung gemäß Abs. 4 Z 3,
2. die objektiven Kriterien, die der Entscheidung zugrunde liegen, ob bestimmte Leistungen teilweise ohne und teilweise nach erneutem Aufruf zum Wettbewerb vergeben werden und
3. jene Bedingungen der Rahmenvereinbarung, welche einem erneuten Aufruf zum Wettbewerb unterliegen können,

festzulegen. Die Möglichkeit der Vergabe teilweise ohne und teilweise nach erneutem Aufruf zum Wettbewerb gemäß Abs. 4 Z 3 besteht auch für jene Lose einer Rahmenvereinbarung, für deren Vergabe alle Bedingungen in der Rahmenvereinbarung festgelegt sind, ungeachtet dessen, ob alle Bedingungen für andere Lose derselben Rahmenvereinbarung festgelegt wurden.

(6) Sofern nicht alle Bedingungen für die Vergabe eines Auftrages in der Rahmenvereinbarung selbst festgelegt sind, kann der erneute Aufruf der Parteien zum Wettbewerb gemäß Abs. 4 Z 2

1. auf der Grundlage der ursprünglichen und nunmehr vervollständigten Bedingungen der Rahmenvereinbarung für die Vergabe der Aufträge, oder
2. auf der Grundlage von anderen, in der Ausschreibung der Rahmenvereinbarung genannten Bedingungen

erfolgen.

(7) Bei einem erneuten Aufruf der Parteien zum Wettbewerb gemäß Abs. 4 Z 2 oder 3 kann der öffentliche Auftraggeber, sofern Abs. 8 und 9 nicht zur Anwendung kommen, den Zuschlag entweder nach Durchführung einer elektronischen Auktion oder nach Durchführung des nachfolgenden Verfahrens erteilen:

1. Vor der Vergabe jedes Einzelauftrages konsultiert der öffentliche Auftraggeber schriftlich jene Parteien der Rahmenvereinbarung, die in der Lage sind, die konkret nachgefragte Leistung zu erbringen.
2. Der öffentliche Auftraggeber setzt eine angemessene Frist für die Abgabe neuer Angebote für jeden Einzelauftrag fest; dabei hat der öffentliche Auftraggeber insbesondere die Komplexität des Auftragsgegenstandes und die für die Übermittlung der Angebote und der sonstigen Unterlagen erforderliche Zeit zu berücksichtigen.
3. Die Angebote sind schriftlich einzureichen und dürfen bis zum Ablauf der Angebotsfrist nicht geöffnet werden.
4. Der Zuschlag ist dem gemäß dem oder den auf Grundlage der Ausschreibungsunterlagen der Rahmenvereinbarung festgelegten Zuschlagskriterium bzw. Zuschlagskriterien am besten bewerteten Angebot zu erteilen. Die Gründe für die Zuschlagsentscheidung sind schriftlich festzuhalten. Hinsichtlich des Zuschlages gelten die §§ 143 bis 145.

(8) Wurde mit einer oder mehreren Parteien eine Rahmenvereinbarung aufgrund von Angeboten in Form elektronischer Kataloge abgeschlossen, so kann der öffentliche Auftraggeber vorschreiben, dass der erneute Aufruf dieser Parteien zum Wettbewerb gemäß Abs. 4 Z 2 oder 3 auf der Grundlage aktualisierter Kataloge erfolgt. In diesem Fall kann der Zuschlag für die auf dieser Rahmenvereinbarung beruhenden Aufträge entweder

1. nach Aufforderung an die Parteien der Rahmenvereinbarung, ihre elektronischen Kataloge an die Anforderungen des Auftrages anzupassen und erneut einzureichen oder
2. – sofern diese Vorgangsweise in der Ausschreibung der Rahmenvereinbarung bekannt gegeben wurde – nach Unterrichtung der Parteien darüber, dass der öffentliche Auftraggeber beabsichtigt, den bereits eingereichten elektronischen Katalogen jene Informationen zu entnehmen, die erforderlich sind, um Angebote zu erstellen, die den Anforderungen des Auftrages entsprechen,

erfolgen.

(9) Bei einem erneuten Aufruf der Parteien zum Wettbewerb gemäß Abs. 8 Z 2 hat der öffentliche Auftraggeber den betreffenden Parteien der Rahmenvereinbarung den Tag und den Zeitpunkt bekannt zu geben, zu dem jene Informationen den eingereichten elektronischen Katalogen entnommen werden sollen, die zur Erstellung der Angebote, die den Anforderungen des Auftrages entsprechen, notwendig sind. Mit dieser Bekanntgabe hat der öffentliche Auftraggeber den Parteien eine angemessene Frist einzuräumen, um vor dem bekannt gegebenen Zeitpunkt entweder ihren Katalog entsprechend zu aktualisieren oder die Erstellung eines Angebotes auf diese Weise abzulehnen. Der öffentliche Auftraggeber hat vor der Erteilung des Zuschlages dem in Aussicht genommenen Zuschlagsempfänger die aus dessen elektronischen Katalog entnommenen Informationen zu übermitteln bzw. bereitzustellen und eine angemessene Frist festzusetzen, binnen der der in Aussicht genommene Zuschlagsempfänger gegen das solcherart erstellte Angebot Einspruch erheben kann, weil das Angebot Fehler enthält, oder binnen der zu bestätigen ist, dass das Angebot fehlerfrei ist.

(10) Auf den Widerruf eines Verfahrens gemäß Abs. 3 bis 9 sind die §§ 148 bis 150 sinngemäß anzuwenden.

3. Abschnitt

Bestimmungen betreffend die Durchführung von elektronischen Auktionen

Allgemeines

§ 156. (1) Eine elektronische Auktion ist ein iteratives, ausschließlich elektronisches Verfahren zur Ermittlung des Angebotes, dem der Zuschlag erteilt werden soll. Hierbei werden nach einer ersten vollständigen Bewertung der Angebote jeweils neue, nach unten korrigierte Preise bzw. neue, auf bestimmte Komponenten der Angebote abstellende Werte vorgelegt, sodass aufgrund einer automatischen Klassifikation dieser neuen Angebote die Zuweisung einer Rangfolge ermöglicht wird.

(2) Sofern ein offenes Verfahren, ein nicht offenes Verfahren oder ein Verhandlungsverfahren mit vorheriger Bekanntmachung durchgeführt wird oder Aufträge aufgrund einer Rahmenvereinbarung gemäß § 155 Abs. 7 oder aufgrund eines dynamischen Beschaffungssystems gemäß § 162 vergeben werden sollen, kann das Angebot, dem der Zuschlag erteilt werden soll, auch im Wege einer elektronischen Auktion ermittelt werden.

(3) Der Durchführung von Auktionen ist eine Auktionsordnung zugrunde zu legen, die Teil der Ausschreibungsunterlagen ist und zumindest folgenden Inhalt aufzuweisen hat:

1. Registrierungs- und Identifizierungserfordernisse,
2. alle relevanten Angaben zur verwendeten elektronischen Vorrichtung, mit der die Auktion durchgeführt werden soll, sowie zu den technischen Modalitäten und den Merkmalen der Anschlussverbindung,
3. die Komponenten (Preis, sonstige Angebotsteile), deren Werte Gegenstand der Auktion sind,
4. gegebenenfalls die sich aus den Spezifikationen des Auftragsgegenstandes ergebenden Obergrenzen der zu auktionierenden Werte,
5. alle notwendigen Angaben zum Ablauf der Auktion, insbesondere die Bedingungen, unter denen die Bieter Angebote abgeben können, und die Mindestabstände, die bei der Angebotsabgabe gegebenenfalls einzuhalten sind,
6. den Zeitpunkt des Beginns und die Modalität der Beendigung der Auktion,
7. gegebenenfalls Ausscheidensgründe,
8. gegebenenfalls Termine,
9. die Internetadresse, auf der das aktuell niedrigste Angebot bzw. bei einer sonstigen elektronischen Auktion die aktuelle Reihung der Teilnehmer während der Auktion bekannt gegeben wird,
10. eine Beschreibung der Informationen, die den Bietern während der Auktion übermittelt oder zur Verfügung gestellt werden sowie gegebenenfalls der Zeitpunkt bzw. die Phase der Auktion, zu der diese Informationen ihnen zur Verfügung gestellt werden, und
11. gegebenenfalls das Vadium.

(4) Vor der Durchführung der Auktion sind die im vorangehenden Vergabeverfahren eingereichten Angebote zu prüfen und anhand des bekannt gegebenen Zuschlagskriteriums oder anhand der bekannt gegebenen Zuschlagskriterien einer ersten Angebotsbewertung zu unterziehen.

(5) Bietern, deren Angebote nicht ausgeschieden wurden, ist Gelegenheit zur Teilnahme an der Auktion zu geben.

Allgemeine Bestimmungen betreffend die Durchführung von elektronischen Auktionen

§ 157. (1) Alle Bieter, die in dem der Auktion gemäß § 156 Abs. 2 vorangegangenen Verfahren für geeignet befunden wurden und die Angebote unterbreitet haben, die den Anforderungen der §§ 125 bis 129 entsprochen haben, sind gleichzeitig aufzufordern, gemäß den Festlegungen in der Ausschreibung neue Preise bzw. neue Werte für die zu auktionierenden Komponenten vorzulegen. Ab diesem Zeitpunkt ist die Verbindung gemäß den Angaben in der Auktionsordnung betreffend die elektronische Vorrichtung zu nutzen. Der Aufforderung ist das Ergebnis der ersten Angebotsbewertung des betreffenden Bieters anzuschließen. Der öffentliche Auftraggeber hat allen zur Auktion zugelassenen Bietern ab dem Zeitpunkt der Absendung der Aufforderung zur Teilnahme an der Auktion alle die Auktion betreffenden Unterlagen gemäß § 89 zur Verfügung zu stellen. Eine elektronische Auktion darf frühestens zwei Arbeitstage nach Absendung der Aufforderung zur Teilnahme an einer Auktion beginnen und kann mehrere aufeinander folgende Phasen umfassen.

(2) Die Identität der Teilnehmer an der Auktion ist bis zum Abschluss der Auktion geheim zu halten.

(3) Der öffentliche Auftraggeber kann eine elektronische Auktion beenden

1. zu einem in der Aufforderung zur Teilnahme an der Auktion fixierten Zeitpunkt (Angabe des Datums und der Uhrzeit), oder
2. wenn binnen einer bestimmten, in der Aufforderung zur Teilnahme an der Auktion festgelegten Zeitspanne keine neuen Angebote, die das Minimum der Angebotsstufen erreichen oder übersteigen, abgegeben werden, mit Ablauf dieser Zeitspanne, oder
3. mit Abschluss der letzten in der Aufforderung zur Teilnahme an der Auktion festgelegten Auktionsphase, oder
4. wenn sachliche Gründe den Abbruch der Auktion rechtfertigen.

Falls eine Vorgangsweise gemäß Z 3, gegebenenfalls kombiniert mit einer Vorgangsweise gemäß Z 2, gewählt wird, so legt der öffentliche Auftraggeber in der Aufforderung zur Teilnahme an der Auktion den Zeitplan für jede Auktionsphase fest.

(4) Bei einer Vorgangsweise gemäß Abs. 3 Z 2 kann der öffentliche Auftraggeber nach jeder Auktionsphase die Angebote jener Teilnehmer ausscheiden, die keine neuen Angebote oder nur Angebote abgegeben haben, die das gegebenenfalls festgelegte Minimum der Angebotsstufen nicht erreicht oder überstiegen haben. Der öffentliche Auftraggeber hat die Teilnehmer, deren Angebote

ausgeschieden wurden, unverzüglich zu verständigen.

(5) Der öffentliche Auftraggeber hat sicherzustellen, dass Teilnehmer, deren Angebote gemäß Abs. 4 ausgeschieden wurden, an der weiteren Auktion nicht mehr teilnehmen können.

(6) Nach Beendigung einer Auktion ist unverzüglich der Name des erfolgreichen Bieters samt Auftragssumme unter der in der Auktionsordnung festgelegten Internetadresse bekannt zu geben. Im Falle der Durchführung einer sonstigen elektronischen Auktion sind den nicht erfolgreichen Bietern unverzüglich und gleichzeitig überdies die Gründe für die Ablehnung ihres Angebotes mitzuteilen, sofern diese Gründe nicht bereits aufgrund der gemäß der Auktionsordnung zu übermittelnden bzw. bereitzustellenden Informationen unmittelbar ersichtlich sind. Die Bekanntgabe bzw. Mitteilung gilt als Mitteilung der Zuschlagsentscheidung im Sinne des § 143. Als Zeitpunkt der Übermittlung bzw. Bereitstellung im Sinne des § 144 gilt der Zeitpunkt der erstmaligen Verfügbarkeit der Information gemäß dem ersten Satz im Internet bzw. der Zeitpunkt der Übermittlung bzw. Bereitstellung der Mitteilung gemäß dem zweiten Satz.

(7) Der Abbruch einer Auktion gilt als Widerruf im Sinne des § 149. § 150 gilt sinngemäß mit der Maßgabe, dass

1. bei der Mitteilung der Widerrufsentscheidung die für den Abbruch ausschlaggebenden Gründe den Bietern unter der in der Auktionsordnung festgelegten Internetadresse bekannt zu geben sind, und
2. als Zeitpunkt der Absendung der Widerrufsentscheidung der Zeitpunkt der erstmaligen Verfügbarkeit der Information gemäß Z 1 im Internet gilt.

Besondere Bestimmungen für die Durchführung von einfachen elektronischen Auktionen

§ 158. (1) Bei einfachen elektronischen Auktionen sind nur Angebote betreffend den Preis zulässig.

(2) Während der Auktion ist jedem Bieter vom öffentlichen Auftraggeber unverzüglich jedenfalls der aktuell niedrigste Preis und die aktuelle Positionierung aller Angebote unter der in der Auktionsordnung festgelegten Internetadresse bekannt zu geben. Darüber hinaus können auch andere Informationen als der aktuell niedrigste Preis, wie etwa die Anzahl der Teilnehmer an der jeweiligen Auktionsphase, unter der in der Auktionsordnung festgelegten Internetadresse bekannt gegeben werden.

(3) Der Zuschlag ist unter Berücksichtigung der zuletzt abgegebenen Angebote der zuletzt an der Auktion beteiligten Bieter dem Angebot mit dem niedrigsten Preis zu erteilen.

Besondere Bestimmungen für die Durchführung von sonstigen elektronischen Auktionen

§ 159. (1) In der Aufforderung zur Teilnahme an der Auktion hat der öffentliche Auftraggeber jene mathematische Formel anzugeben, nach der bei der elektronischen Auktion die automatische Neureihung entsprechend den vorgelegten neuen Werten (betreffend Preis oder sonstige Angebotsteile) vorgenommen wird. Aus dieser Formel hat auch die Gewichtung aller in der Ausschreibung festgelegten Zuschlagskriterien für die Ermittlung des technisch und wirtschaftlich günstigsten Angebotes hervorzugehen. Die Zuschlagskriterien sind in fixen Werten vorab festzulegen; die Angabe von Zuschlagskriterien im Wege der Festlegung einer Marge, innerhalb der sich das Kriterium befindet, ist, ebenso wie die bloße Reihung der Bedeutung der Zuschlagskriterien, unzulässig. Wurden zulässigerweise Alternativangebote eingereicht, so muss für jedes Alternativangebot eine eigene mathematische Formel angegeben werden.

(2) Während der Auktion ist jedem Bieter vom öffentlichen Auftraggeber unverzüglich die aktuelle Positionierung seines Angebotes unter der in der Auktionsordnung festgelegten Internetadresse bekannt zu geben. Darüber hinaus können auch andere Informationen wie etwa der aktuell niedrigste Preis oder die Anzahl der Teilnehmer an der jeweiligen Auktionsphase unter der in der Auktionsordnung festgelegten Internetadresse bekannt gegeben werden.

(3) Der Zuschlag ist unter Berücksichtigung der zuletzt abgegebenen Angebote der zuletzt an der Auktion beteiligten Bieter dem technisch und wirtschaftlich günstigsten Angebot zu erteilen.

4. Abschnitt

Bestimmungen über das Einrichten und den Betrieb eines und die Vergabe von Aufträgen aufgrund eines dynamischen Beschaffungssystems

Allgemeines

§ 160. (1) Aufträge können aufgrund eines dynamischen Beschaffungssystems vergeben werden, sofern

1. das dynamische Beschaffungssystem unter Beachtung der Bestimmungen des § 161 eingerichtet wurde und
2. bei der Vergabe des auf dem dynamischen Beschaffungssystem beruhenden Auftrages § 162 beachtet wird.

(2) Ein dynamisches Beschaffungssystem darf ausschließlich auf elektronischem Weg eingerichtet und betrieben werden. Die gesamte Kommunikation hat ausschließlich auf elektronischem Weg zu erfolgen.

Einrichten und Betrieb eines dynamischen Beschaffungssystems

§ 161. (1) Der öffentliche Auftraggeber hat ein dynamisches Beschaffungssystem nach Durchführung eines nicht offenen Verfahrens mit vorheriger Bekanntmachung ohne Zuschlagserteilung einzurichten. Er kann Aufträge bereits im Zuge der Einrichtung des dynamischen Beschaffungssystems gemäß § 162 vergeben.

(2) Der öffentliche Auftraggeber hat den kostenlosen, direkten, uneingeschränkten und vollständigen elektronischen Zugang zu den Ausschreibungsunterlagen und allen sonstigen für das dynamische Beschaffungssystem relevanten Unterlagen während der gesamten Laufzeit des dynamischen Beschaffungssystems zu gewährleisten. In den Ausschreibungsunterlagen sind jedenfalls festzulegen:

1. der Gegenstand und der voraussichtliche Umfang der in Aussicht genommenen Leistungen, die Gegenstand des dynamischen Beschaffungssystems sind,
2. alle erforderlichen Informationen betreffend das dynamische Beschaffungssystem, insbesondere seine Funktionsweise und Gültigkeitsdauer, die verwendete elektronische Ausrüstung sowie die technischen Vorkehrungen und Merkmale der Verbindung,
3. gegebenenfalls jede Einteilung in nach sachlichen Merkmalen definierte Kategorien von Waren, Bauleistungen oder Dienstleistungen; in diesem Fall sind die notwendigen Nachweise gemäß den §§ 80 bis 82, 84, 85 und 87 für jede Kategorie gesondert festzulegen,
4. die allfällige Verwendung von elektronischen Katalogen gemäß § 102,
5. das allfällige Erfordernis, dem Teilnahmeantrag einen elektronischen Katalog beizufügen, und
6. die allfällige Verwendung von elektronischen Katalogen für die Abgabe eines Angebotes. In diesem Fall hat der öffentliche Auftraggeber überdies anzugeben, ob er beabsichtigt, von bereits eingereichten elektronischen Katalogen jene Informationen zu entnehmen, die erforderlich sind, um Angebote zu erstellen, die den Anforderungen eines Auftrages entsprechen.

(3) Sobald die erste gesonderte Aufforderung zur Angebotsabgabe im Rahmen des dynamischen Beschaffungssystems übermittelt bzw. bereitgestellt worden ist, kann während der gesamten Laufzeit eines dynamischen Beschaffungssystems jeder Unternehmer jederzeit einen Teilnahmeantrag stellen. Der öffentliche Auftraggeber hat binnen einer Frist von 10 Arbeitstagen ab Einlangen des Teilnahmeantrages festzustellen, ob es sich um einen gemäß der Ausschreibung geeigneten Bieter handelt. In begründeten Fällen kann der öffentliche Auftraggeber diese Frist auf 15 Arbeitstage verlängern, insbesondere wenn zusätzliche Unterlagen geprüft werden müssen oder auf sonstige Art und Weise überprüft werden muss, ob die Eignung des Bewerbers vorliegt. Unbeschadet davon kann der öffentliche Auftraggeber, solange die erste gesonderte Aufforderung zur Angebotsabgabe im Rahmen des dynamischen Beschaffungssystems noch nicht übermittelt bzw. bereitgestellt wurde, die Frist zur Bewertung der Teilnahmeanträge verlängern. Während dieser Frist darf keine gesonderte Aufforderung zur Angebotsabgabe erfolgen. Der öffentliche Auftraggeber hat die Dauer einer derartigen Fristverlängerung in der Ausschreibung festzulegen.

(4) Der öffentliche Auftraggeber hat alle geeigneten Bewerber zum dynamischen Beschaffungssystem zuzulassen. Eine Begrenzung der Anzahl der Teilnehmer an einem dynamischen Beschaffungssystem ist unzulässig. Der Bewerber ist von der Entscheidung über die Zulassung oder Nicht-Zulassung unverzüglich zu verständigen. In dieser Miteilung sind die Gründe für die Nicht-Zulassung bekannt zu geben.

(5) Der öffentliche Auftraggeber kann von den zum dynamischen Beschaffungssystem zugelassenen Teilnehmern während dessen Laufzeit jederzeit die Übermittlung einer aktualisierten Eigenerklärung gemäß § 80 Abs. 2 bzw. die Vorlage, Vervollständigung bzw. Erläuterung bestimmter Nachweise gemäß § 80 Abs. 3 binnen fünf Arbeitstagen ab Aufforderung verlangen.

(6) Für die Einrichtung, den Betrieb und die Teilnahme an einem dynamischen Beschaffungssystem darf der öffentliche Auftraggeber den Unternehmern keine Kosten verrechnen.

(7) Auf den Widerruf eines dynamischen Beschaffungssystems sind die §§ 148 bis 150 sinngemäß anzuwenden.

Vergabe von Aufträgen aufgrund eines dynamischen Beschaffungssystems

§ 162. (1) Aufträge, die aufgrund eines gemäß § 161 eingerichteten und betriebenen dynamischen Beschaffungssystems vergeben werden sollen, können ausschließlich an die zugelassenen Teilnehmer des dynamischen Beschaffungssystems gemäß Abs. 2 bis 5 vergeben werden.

(2) Sofern nicht ein Auftrag gemäß Abs. 4 vergeben werden soll, hat für die Vergabe jedes Auftrages eine gesonderte Aufforderung zur Angebotsabgabe zu erfolgen.

(3) Der öffentliche Auftraggeber hat alle zugelassenen Teilnehmer gleichzeitig aufzufordern, Angebote abzugeben. Sofern der öffentliche Auftraggeber dies in der Ausschreibung festgelegt hat, sind Angebote in Form eines elektronischen

Kataloges abzugeben. Die Aufforderung zur Angebotsabgabe hat die in **Anhang XV** angeführten Angaben sowie einen Verweis auf die elektronische Adresse zu enthalten, unter der die Ausschreibungsunterlagen gemäß § 161 Abs. 2 zur Verfügung gestellt wurden. Wurde das dynamische Beschaffungssystem in Kategorien von Waren, Bauleistungen oder Dienstleistungen untergliedert, so hat der öffentliche Auftraggeber alle für die entsprechende Kategorie zugelassenen Unternehmer zur Angebotsabgabe aufzufordern.

(4) Sofern der öffentliche Auftraggeber die Verwendung von elektronischen Katalogen für die Abgabe eines Angebotes in der Ausschreibung vorgesehen hat und dem Teilnahmeantrag ein den Anforderungen gemäß § 102 entsprechender elektronischer Katalog beigefügt war, kann der öffentliche Auftraggeber den betreffenden zugelassenen Teilnehmern gleichzeitig den Tag und den Zeitpunkt bekannt geben, zu dem jene Informationen den eingereichten elektronischen Katalogen entnommen werden sollen, die zur Erstellung der Angebote, die den Anforderungen des Auftrages entsprechen, notwendig sind. Mit dieser Bekanntgabe hat der öffentliche Auftraggeber den Teilnehmern eine angemessene Frist einzuräumen, um vor dem bekannt gegebenen Zeitpunkt entweder ihren Katalog entsprechend auszufüllen oder zu aktualisieren oder die Erstellung eines Angebotes auf diese Weise abzulehnen. Der öffentliche Auftraggeber hat vor der Erteilung des Zuschlages jedem betreffenden Teilnehmer des dynamischen Beschaffungssystems die aus dessen elektronischen Katalog entnommenen Informationen zu übermitteln bzw. bereitzustellen und eine angemessene Frist festzusetzen, binnen der der Teilnehmer gegen das solcherart erstellte Angebot Einspruch erheben kann, weil das Angebot Fehler enthält, oder binnen der zu bestätigen ist, dass das Angebot fehlerfrei ist.

(5) Sofern dies in der Ausschreibung vorgesehen ist, können die festgelegten Zuschlagskriterien in der Aufforderung zur Angebotsabgabe präzisiert werden. Der Zuschlag ist dem gemäß dem oder den in der Ausschreibung zur Einrichtung des dynamischen Beschaffungssystems festgelegten Zuschlagskriterium bzw. Zuschlagskriterien am besten bewerteten Angebot zu erteilen.

(6) Auf den Widerruf der Aufforderung zur Angebotsabgabe sind die §§ 149 und 150 sinngemäß anzuwenden.

5. Abschnitt
Bestimmungen über Wettbewerbe
Allgemeines

§ 163. Für die Durchführung von Wettbewerben gelten ausschließlich die Bestimmungen dieses Abschnittes, der 1. Teil, die §§ 4 Abs. 1, 7 bis 9, 11, 12 Abs. 2 und 3, 13, 16, 20, 21 bis 23, 26, 27, 30, 32, 42, 45, 48 bis 50, 52, 56, 59, 61, 62, 64, 66 bis 68, 78 bis 87, 89, 90, 93, der 4. Teil, die §§ 358 bis 362, 364, 369, 370, 372, 373 sowie der 6. Teil dieses Bundesgesetzes.

Teilnahme am Wettbewerb

§ 164. (1) Der offene Wettbewerb steht allen Teilnahmeberechtigten offen.

(2) Beim nicht offenen Wettbewerb ist die Anzahl der einzuladenden Teilnehmer entsprechend dem Wettbewerbsgegenstand festzulegen. Sie darf bei Existenz einer hinreichenden Anzahl von geeigneten Unternehmern jedoch nicht unter drei liegen. Die festgelegte Anzahl muss einen echten Wettbewerb gewährleisten und ist in der Bekanntmachung anzugeben. Die Auswahlkriterien haben den besonderen Erfordernissen des Wettbewerbsgegenstandes Rechnung zu tragen und sind im Vorhinein festzulegen.

(3) Unter Bedachtnahme auf Abs. 5 und 6 ist nur geeigneten Bewerbern, die aufgrund der Bekanntmachung rechtzeitig Teilnahmeanträge gestellt haben, Gelegenheit zur Beteiligung am Wettbewerb zu geben.

(4) Die Prüfung der Teilnahmeanträge ist so zu dokumentieren, dass alle für die Beurteilung der Teilnahmeanträge wesentlichen Umstände nachvollziehbar sind. Der Bewerber kann die Übermittlung oder Bereitstellung des Teiles der Dokumentation verlangen, der seinen Teilnahmeantrag betrifft.

(5) Langen mehr Teilnahmeanträge als die vom öffentlichen Auftraggeber festgelegte Anzahl von einzuladenden Teilnehmern ein, so hat der öffentliche Auftraggeber unter den geeigneten Bewerbern anhand der Auswahlkriterien die besten Bewerber auszuwählen. Die maßgeblichen Gründe für die Auswahl sind in nachvollziehbarer Form festzuhalten. Der öffentliche Auftraggeber hat alle Bewerber von dieser Entscheidung unverzüglich, jedenfalls aber acht Tage nach Abschluss der Auswahl zu verständigen. Auf Verlangen sind den nicht zur Teilnahme am Wettbewerb eingeladenen Bewerbern die Gründe der Nicht-Zulassung bekannt zu geben, sofern nicht die Bekanntgabe dieser Informationen öffentlichen Interessen oder den berechtigten Geschäftsinteressen eines Unternehmers widersprechen oder dem freien und lauteren Wettbewerb schaden würde.

(6) Langen weniger Teilnahmeanträge von geeigneten Unternehmern als die vom öffentlichen Auftraggeber festgelegte Anzahl von einzuladenden Teilnehmern ein, so kann der öffentliche Auftraggeber zusätzliche geeignete Unternehmer in den Wettbewerb einbeziehen.

(7) Zu geladenen Wettbewerben sind mindestens drei Unternehmer einzuladen. Die Aufforderung zur Vorlage von Wettbewerbsarbeiten hat nur an geeignete Unternehmer zu erfolgen.

(8) Bei Ideenwettbewerben kann – soweit dies aufgrund des Wettbewerbsgegenstandes nicht erforderlich ist – auf die Prüfung der Eignung verzichtet werden.

Durchführung von Wettbewerben

§ 165. (1) In der Bekanntmachung eines offenen oder nicht offenen Wettbewerbes sind die Beurteilungskriterien für das Preisgericht in der Reihenfolge ihrer Bedeutung anzugeben. Bei geladenen Wettbewerben sind den eingeladenen Unternehmern die Beurteilungskriterien für das Preisgericht in der Reihenfolge ihrer Bedeutung vorab bekannt zu geben.

(2) Die auf die Durchführung des Wettbewerbes anwendbaren Bestimmungen sind den an der Teilnahme am Wettbewerb Interessierten auf Anfrage, den eingeladenen Unternehmern bei geladenen Wettbewerben aber jedenfalls, mitzuteilen.

(3) Der Durchführung von Wettbewerben ist eine Wettbewerbsordnung zugrunde zu legen, die zumindest folgenden Inhalt aufzuweisen hat:

1. Vorgangsweise des Preisgerichtes,
2. Preisgelder und Vergütungen,
3. Verwendungs- und Verwertungsrechte,
4. Rückstellung von Unterlagen,
5. Beurteilungskriterien,
6. Angabe, ob ein oder mehrere Gewinner des Wettbewerbes ermittelt werden sollen, und im letzteren Fall Angabe der Anzahl der Gewinner,
7. Ausschlussgründe und
8. Termine.

(4) Das Preisgericht darf nur aus Preisrichtern bestehen, die von den Teilnehmern des Wettbewerbes unabhängig sind. Wird von den Wettbewerbsteilnehmern eine bestimmte berufliche Qualifikation verlangt, muss mindestens ein Drittel der Preisrichter über dieselbe oder eine gleichwertige Qualifikation verfügen.

(5) Das Preisgericht und der öffentliche Auftraggeber dürfen erst nach Ablauf der Frist für deren Vorlage vom Inhalt der Wettbewerbsarbeiten (Pläne und Entwürfe) Kenntnis erhalten.

(6) Das Preisgericht ist bei der Auswahl des oder der Wettbewerbsgewinner unabhängig. Es hat diese Auswahl aufgrund von Wettbewerbsarbeiten, die anonym vorgelegt werden, und nur aufgrund der Beurteilungskriterien zu treffen. Das Preisgericht hat über die Rangfolge der ausgewählten Projekte eine Dokumentation zu erstellen, in der auf die einzelnen Wettbewerbsarbeiten einzugehen ist und in die allfällige Bemerkungen des Preisgerichtes sowie gegebenenfalls noch zu klärende Fragen betreffend einzelne Wettbewerbsarbeiten aufzunehmen sind. Diese Dokumentation ist, falls sie nicht in elektronischer Form erstellt wird, von den Preisrichtern zu unterfertigen. Die Bewerber können bei Bedarf aufgefordert werden, zur Klärung bestimmter Aspekte der vorgelegten Wettbewerbsarbeiten Antworten auf Fragen zu erteilen, die das Preisgericht in der Dokumentation festgehalten hat. Über den darüber stattfindenden Dialog zwischen den Preisrichtern und den Bewerbern ist ein umfassendes Protokoll zu erstellen. Die Anonymität der vorgelegten Wettbewerbsarbeiten ist bis zur Auswahl des Preisgerichtes bzw. bis zum gegebenenfalls stattfindenden Dialog zu wahren. Die Auswahl des Preisgerichtes ist dem öffentlichen Auftraggeber zur allfälligen weiteren Veranlassung vorzulegen. Die Sitzungen des Preisgerichtes sind nicht öffentlich.

(7) Wettbewerbe können ein- oder mehrstufig durchgeführt werden.

(8) Abweichend zu § 163 gilt § 48 Abs. 11 und 12 nicht im Unterschwellenbereich.

(9) Wird im Anschluss an die Durchführung eines Wettbewerbes kein Verhandlungsverfahren zur Vergabe eines Dienstleistungsauftrages durchgeführt, so hat der öffentliche Auftraggeber die Entscheidung, an welche Wettbewerbsteilnehmer Preisgelder vergeben werden bzw. Zahlungen erfolgen sollen, sowie die Zusammensetzung des Preisgerichtes allen Wettbewerbsteilnehmern binnen acht Tagen nach seiner Entscheidung bekannt zu geben.

(10) Wird im Anschluss an die Durchführung eines Wettbewerbes ein Verhandlungsverfahren zur Vergabe eines Dienstleistungsauftrages gemäß § 37 Abs. 1 Z 7 durchgeführt, so hat der öffentliche Auftraggeber die Entscheidung über die Nicht-Zulassung zur Teilnahme am Verhandlungsverfahren sowie die Zusammensetzung des Preisgerichtes den nicht zugelassenen Wettbewerbsteilnehmern binnen acht Tagen nach seiner Entscheidung bekannt zu geben.

(11) Für den Widerruf eines Wettbewerbes gelten die §§ 148 bis 150 sinngemäß mit der Maßgabe, dass § 148 für die Phase vor Vorlage der Wettbewerbsarbeiten und § 149 für die Phase nach Vorlage der Wettbewerbsarbeiten gilt.

3. Teil
Vergabeverfahren für Sektorenauftraggeber

1. Hauptstück
Geltungsbereich, Grundsätze

1. Abschnitt
Persönlicher Geltungsbereich

Sektorenauftraggeber

§ 166. Für Vergabeverfahren von Sektorenauftraggebern, das sind Auftraggeber nach den §§ 167 bis 169, gilt dieses Bundesgesetz mit Ausnahme seines 2. Teiles.

Öffentliche Auftraggeber als Sektorenauftraggeber

§ 167. Soweit ein öffentlicher Auftraggeber gemäß § 4 Abs. 1 eine Sektorentätigkeit (§§ 170 bis

175) ausübt, ist er Sektorenauftraggeber (öffentlicher Sektorenauftraggeber).

Öffentliche Unternehmen als Sektorenauftraggeber

§ 168. (1) Soweit öffentliche Unternehmen eine Sektorentätigkeit (§§ 170 bis 175) ausüben, sind sie Sektorenauftraggeber.

(2) Ein öffentliches Unternehmen gemäß Abs. 1 ist jedes Unternehmen, auf das ein öffentlicher Auftraggeber gemäß § 4 Abs. 1 oder ein öffentlicher Sektorenauftraggeber aufgrund der Eigentumsverhältnisse, der finanziellen Beteiligung oder der für das Unternehmen geltenden Vorschriften unmittelbar oder mittelbar einen beherrschenden Einfluss ausüben kann. Die Ausübung eines beherrschenden Einflusses wird vermutet, wenn ein öffentlicher Auftraggeber gemäß § 4 Abs. 1 oder ein öffentlicher Sektorenauftraggeber unmittelbar oder mittelbar

1. die Mehrheit des gezeichneten Kapitals des Unternehmens hält oder
2. über die Mehrheit der mit den Anteilen am Unternehmen verbundenen Stimmrechte verfügt oder
3. mehr als die Hälfte der Mitglieder des Verwaltungs-, Leitungs- oder Aufsichtsorgans des Unternehmens bestellen kann.

Private Sektorenauftraggeber

§ 169. (1) Soweit Rechtsträger, die weder öffentliche Sektorenauftraggeber noch öffentliche Unternehmen sind, eine Sektorentätigkeit (§§ 170 bis 175) ausüben, sind sie Sektorenauftraggeber, wenn sie die genannte Tätigkeit auf der Grundlage von besonderen oder ausschließlichen Rechten ausüben.

(2) Besondere oder ausschließliche Rechte gemäß Abs. 1 sind Rechte, die von der zuständigen Behörde im Wege einer Rechts- oder Verwaltungsvorschrift gewährt wurden, um die Ausübung einer Sektorentätigkeit auf einen oder mehrere Rechtsträger zu beschränken und dies dazu führt, dass die Möglichkeit der Ausübung dieser Sektorentätigkeit durch andere Rechtsträger wesentlich eingeschränkt wird. Rechte, die aufgrund objektiver Kriterien in einem angemessen bekannt gemachten Verfahren oder die in einem in **Anhang XVIII** angeführten Verfahren gewährt wurden, sind keine besonderen oder ausschließliche Rechte gemäß dem ersten Satz.

2. Abschnitt
Sektorentätigkeiten

Gas, Wärme und Elektrizität

§ 170. (1) Sektorentätigkeiten im Bereich von Gas und Wärme sind:

1. die Bereitstellung und das Betreiben fester Netze zur Versorgung der Allgemeinheit im Zusammenhang mit der Erzeugung, der Fortleitung und der Abgabe von Gas und Wärme, und
2. die Einspeisung von Gas oder Wärme in diese Netze.

(2) Die Einspeisung von Gas oder Wärme in Netze zur Versorgung der Allgemeinheit durch einen Rechtsträger, der kein öffentlicher Auftraggeber ist, gilt nicht als Tätigkeit im Sinne des Abs. 1, sofern

1. die Erzeugung von Gas oder Wärme durch diesen Rechtsträger sich zwangsläufig aus der Ausübung einer Tätigkeit ergibt, die nicht unter die Abs. 1 oder 3 oder die §§ 171 oder 172 fällt, und
2. die Einspeisung in das öffentliche Netz nur darauf abzielt, diese Erzeugung wirtschaftlich zu nutzen, und bei Zugrundelegung des Mittels der letzten drei Jahre einschließlich des laufenden Jahres nicht mehr als 20% des Umsatzes des Rechtsträgers ausmacht.

(3) Sektorentätigkeiten im Bereich der Elektrizität sind:

1. die Bereitstellung und das Betreiben fester Netze zur Versorgung der Allgemeinheit im Zusammenhang mit der Erzeugung, der Fortleitung und der Abgabe von Elektrizität, und
2. die Einspeisung von Elektrizität in diese Netze.

(4) Die Einspeisung von Elektrizität in feste Netze zur Versorgung der Allgemeinheit durch einen Rechtsträger, der kein öffentlicher Auftraggeber ist, gilt nicht als Tätigkeit im Sinne des Abs. 3, sofern

1. die Erzeugung von Elektrizität durch diesen Rechtsträger erfolgt, weil der Verbrauch der erzeugten Elektrizität für die Ausübung einer Tätigkeit erforderlich ist, die nicht unter die Abs. 1 oder 3 oder die §§ 171 oder 172 fällt, und
2. die Einspeisung in das öffentliche Netz nur von dem Eigenverbrauch dieses Rechtsträgers abhängt und bei Zugrundelegung des Mittels der letzten drei Jahre einschließlich des laufenden Jahres nicht mehr als 30% der gesamten Energieerzeugung des Rechtsträgers ausmacht.

(5) Die Einspeisung im Sinne dieser Bestimmung umfasst die Erzeugung bzw. die Produktion sowie den Groß- und Einzelhandel mit Ausnahme der Förderung von Gas.

Wasser

§ 171. (1) Sektorentätigkeiten im Bereich Wasser sind:

1. die Bereitstellung und das Betreiben fester Netze zur Versorgung der Allgemeinheit im Zusammenhang mit der Gewinnung, der Fortleitung und der Abgabe von Trinkwasser, und

2. die Einspeisung von Trinkwasser in diese Netze.

(2) Die Einspeisung von Trinkwasser in feste Netze zur Versorgung der Allgemeinheit durch einen Rechtsträger, der kein öffentlicher Auftraggeber ist, gilt nicht als Tätigkeit im Sinne des Abs. 1, sofern

1. die Erzeugung von Trinkwasser durch diesen Rechtsträger erfolgt, weil der Verbrauch des erzeugten Trinkwassers für die Ausübung einer Tätigkeit erforderlich ist, die nicht unter die §§ 170 bis 172 fällt, und
2. die Einspeisung in das öffentliche Netz nur von dem Eigenverbrauch dieses Rechtsträgers abhängt und bei Zugrundelegung des Mittels der letzten drei Jahre einschließlich des laufenden Jahres nicht mehr als 30% der gesamten Trinkwassererzeugung des Rechtsträgers ausmacht.

(3) Dieses Bundesgesetz gilt mit Ausnahme seines 2. Teiles auch für die Vergabe von Aufträgen und die Durchführung von Wettbewerben durch Sektorenauftraggeber, die eine Tätigkeit im Sinne des Abs. 1 ausüben, wenn diese Aufträge oder Wettbewerbe

1. mit Wasserbauvorhaben sowie Be- und Entwässerungsvorhaben im Zusammenhang stehen und die dabei erzeugte und zur Trinkwasserversorgung bestimmte Wassermenge mehr als 20% der mit den entsprechenden Vorhaben zur Verfügung gestellten Gesamtwassermenge ausmacht, oder
2. mit der Abwasserbeseitigung oder -behandlung im Zusammenhang stehen.

(4) Die Einspeisung im Sinne dieser Bestimmung umfasst die Erzeugung bzw. die Produktion sowie den Groß- und Einzelhandel.

Verkehrsleistungen

§ 172. (1) Sektorentätigkeiten im Verkehrsbereich sind die Bereitstellung oder das Betreiben von Netzen zur Versorgung der Allgemeinheit mit Verkehrsleistungen per Eisenbahn, mit automatischen Systemen, Straßenbahn, Bus, Oberleitungsbus oder Seilbahn.

(2) Im Verkehrsbereich liegt ein Netz vor, wenn die Verkehrsleistung gemäß den von einer zuständigen Behörde festgelegten Bedingungen erbracht wird; dazu gehören die Festlegung der Strecken, der Transportkapazitäten und der Fahrpläne.

Postdienste

§ 173. (1) Sektorentätigkeiten im Bereich der Post sind Tätigkeiten im Zusammenhang mit der Erbringung von Postdiensten und von sonstigen Diensten.

(2) Postdienste im Sinne des Abs. 1 sind Dienste, die die Abholung, das Sortieren, den Transport und die Zustellung von Postsendungen betreffen.

(3) Sonstige Dienste im Sinne des Abs. 1 sind Dienstleistungen, die in den folgenden Bereichen erbracht werden:

1. Managementdienste für Postversandstellen (Dienste vor und nach dem Versand), und
2. Dienste, die andere als die in Abs. 2 genannten Postsendungen, wie etwa nicht adressierte Postwurfsendungen, betreffen,

sofern diese Dienste von einer Einrichtung erbracht werden, die auch Postdienste im Sinne des Abs. 2 erbringt, und die Erbringung dieser Postdienste nicht auf Märkten mit freiem Zugang unmittelbar dem Wettbewerb ausgesetzt ist (§ 184).

Förderung von Erdöl und Gas und Exploration oder Förderung von Kohle oder anderen festen Brennstoffen

§ 174. Sektorentätigkeiten sind Tätigkeiten zur Nutzung eines geographisch abgegrenzten Gebietes zum Zweck der Förderung von Erdöl oder Gas oder zum Zweck der Exploration oder Förderung von Kohle oder anderen festen Brennstoffen.

Häfen und Flughäfen

§ 175. Sektorentätigkeiten im Bereich von Häfen und Flughäfen sind Tätigkeiten im Zusammenhang mit der Nutzung eines geographisch abgegrenzten Gebietes zum Zweck der Bereitstellung von Flughäfen, See- oder Binnenhäfen und anderen Verkehrsendeinrichtungen für Beförderungsunternehmen im Luft-, See- oder Binnenschifffahrtsverkehr.

Vergabeverfahren, die mehrere Sektorentätigkeiten betreffen

§ 176. Bei Vergabeverfahren zur Durchführung mehrerer Sektorentätigkeiten kann der Sektorenauftraggeber

1. getrennte Verfahren für die Zwecke jeder einzelnen Sektorentätigkeit durchführen; in diesem Fall gelten für die Verfahren die jeweils anwendbaren Vorschriften betreffend die jeweilige Sektorentätigkeit, oder
2. ein einziges Verfahren durchführen, auf das – unbeschadet des § 177 – die Vorschriften für jene Sektorentätigkeit anzuwenden sind, die den Hauptgegenstand darstellt.

3. Abschnitt
Auftragsarten
Auftragsarten

§ 177. Für Sektorenauftraggeber gelten die Bestimmungen über Auftragsarten (§§ 5 bis 8) des 2. Teiles dieses Bundesgesetzes.

4. Abschnitt
Ausnahmen und Freistellungen vom Geltungsbereich, gemeinsame Auftragsvergabe
Ausgenommene Vergabeverfahren

§ 178. (1) Dieses Bundesgesetz gilt nicht für

1. Aufträge im Verteidigungs- und Sicherheitsbereich, die dem BVergGVS 2012 unterliegen, sowie für Aufträge, die gemäß § 9 BVergGVS 2012 vom Geltungsbereich des BVergGVS 2012 ausgenommen sind,
2. Konzessionsvergabeverfahren, die dem BVergGKonz 2018 unterliegen, sowie für Konzessionsvergabeverfahren, die gemäß § 8 BVergGKonz 2018 vom Geltungsbereich des BVergGKonz 2018 ausgenommen sind,
3. Vergabeverfahren, sofern der Schutz wesentlicher Sicherheitsinteressen der Republik Österreich nicht durch weniger einschneidende Maßnahmen gewährleistet werden kann,
4. Vergabeverfahren, sofern ein Sektorenauftraggeber aufgrund der Anwendung der Bestimmungen dieses Bundesgesetzes verpflichtet würde, Informationen zu übermitteln, deren Offenlegung nach Auffassung der Republik Österreich ihren wesentlichen Sicherheitsinteressen zuwiderlaufen würde (Art. 346 Abs. 1 lit. a AEUV),
5. Vergabeverfahren, deren Durchführung und Ausführung aufgrund von bundes- oder landesgesetzlichen Bestimmungen für geheim erklärt werden oder deren Durchführung und Ausführung aufgrund bundes- oder landesgesetzlicher Bestimmungen besondere Sicherheitsmaßnahmen erfordert und die dafür zuständige Behörde festgestellt hat, dass der Schutz der betreffenden wesentlichen Interessen nicht durch weniger einschneidende Maßnahmen gewährleistet werden kann,
6. Vergabeverfahren, deren Durchführung anderen verpflichtenden Verfahrensregeln unterliegt und die festgelegt wurden
   a) durch ein Rechtsinstrument, das völkerrechtliche Verpflichtungen begründet, wie eine im Einklang mit den Verträgen geschlossene internationale Übereinkunft zwischen der Republik Österreich und einem oder mehreren Drittstaaten über Leistungen für ein von den Vertragsparteien gemeinsam zu verwirklichendes oder zu nutzendes Projekt, oder
   b) durch eine internationale Organisation,
7. Vergabeverfahren mit Verteidigungs- oder Sicherheitsaspekten, deren Durchführung anderen verpflichtenden Verfahrensregeln unterliegen und die festgelegt wurden
   a) durch eine im Einklang mit dem AEUV geschlossene internationale Übereinkunft oder Vereinbarung zwischen der Republik Österreich und einem oder mehreren Drittstaaten über Leistungen für ein von den Vertragsparteien gemeinsam zu verwirklichendes oder zu nutzendes Projekt, oder
   b) durch eine internationale, einen bestimmten Unternehmer betreffende Übereinkunft oder Vereinbarung im Zusammenhang mit dem Aufenthalt von Truppen, oder
   c) durch eine internationale Organisation,
8. Vergabeverfahren, die ein Sektorenauftraggeber gemäß den Vergaberegeln einer internationalen Organisation oder internationalen Finanzierungseinrichtung durchführt,
   a) sofern das Vergabeverfahren durch diese Organisation oder Einrichtung vollständig finanziert wird, oder
   b) sofern das Vergabeverfahren durch diese Organisation oder Einrichtung überwiegend finanziert wird und die Organisation oder Einrichtung mit dem Sektorenauftraggeber die Anwendung der Vergabeverfahrensregeln dieser Organisation oder Einrichtung vereinbart hat,
9. Dienstleistungsaufträge betreffend
   a) die Vertretung eines Sektorenauftraggebers durch einen Rechtsanwalt in
      aa) einem Schiedsgerichts- oder Schlichtungsverfahren in Österreich, in einem anderen Staat oder vor einer internationalen Schiedsgerichts- oder Schlichtungsinstanz oder
      bb) gerichtlichen oder behördlichen Verfahren in Österreich, in einem anderen Staat oder vor internationalen Gerichten oder Einrichtungen, oder
   b) die Rechtsberatung durch einen Rechtsanwalt zur Vorbereitung eines unter lit. a genannten Verfahrens oder die Rechtsberatung durch einen Rechtsanwalt, wenn konkrete Anhaltspunkte dafür vorliegen und eine hohe Wahrscheinlichkeit besteht, dass die Angelegenheit, auf die sich die Beratung bezieht, Gegenstand eines Verfahrens nach lit. a werden wird, oder
   c) Beglaubigungs- und Beurkundungsdienstleistungen, die von Notaren zu erbringen sind, oder
   d) von Treuhändern oder bestellten Vormündern erbrachte Rechtsdienstleistungen oder sonstige Rechtsdienstleistungen, deren Erbringer durch ein Gericht bestellt oder durch Gesetz dazu bestimmt werden, um bestimmte Aufgaben unter der Aufsicht dieser Gerichte wahrzunehmen, oder
   e) sonstige Rechtsdienstleistungen, die in dem betreffenden Mitgliedstaat – wenn auch nur gelegentlich – mit der Ausübung von hoheitlichen Befugnissen verbunden sind,
10. Verträge über Erwerb, Miete oder Pacht von Grundstücken oder vorhandenen Gebäuden oder anderem unbeweglichen Vermögen oder Rechten daran, ungeachtet deren Finanzierungsmodalitäten,

11. Dienstleistungsaufträge an einen öffentlichen Auftraggeber oder an einen öffentlichen Sektorenauftraggeber aufgrund eines ausschließlichen Rechtes, das dieser aufgrund veröffentlichter, mit dem AEUV übereinstimmender Rechts- oder Verwaltungsvorschriften innehat,
12. Dienstleistungsaufträge über Forschungs- und Entwicklungsdienstleistungen mit Ausnahme jener Dienstleistungsaufträge über Forschungs- und Entwicklungsdienstleistungen, die unter die CPV-Codes 73000000–2 bis 73120000–9, 73300000–5, 73420000–2 und 73430000–5 fallen, und
a) deren Ergebnisse ausschließliches Eigentum des Sektorenauftraggebers für seinen Gebrauch bei der Ausübung seiner eigenen Tätigkeit sind und
b) die vollständig durch den Sektorenauftraggeber vergütet werden,
13. Aufträge über Schiedsgerichts- und Schlichtungsdienstleistungen,
14. Aufträge über Finanzdienstleistungen im Zusammenhang mit der Ausgabe, dem Verkauf, dem Ankauf oder der Übertragung von Wertpapieren oder anderen Finanzinstrumenten im Sinne des § 1 Z 4, 6 und 7 WAG 2007 und mit der Europäischen Finanzstabilisierungsfazilität und dem Europäischen Stabilitätsmechanismus durchgeführte Transaktionen,
15. Aufträge über Kredite und Darlehen, unabhängig davon, ob sie im Zusammenhang mit der Ausgabe, dem Verkauf, dem Kauf oder der Übertragung von Wertpapieren oder anderen Finanzinstrumenten stehen oder nicht,
16. Arbeitsverträge,
17. Dienstleistungsaufträge im Bereich des Katastrophenschutzes, des Zivilschutzes und der Gefahrenabwehr, die von gemeinnützigen Organisationen oder Vereinigungen erbracht werden und die unter die folgenden CPV-Codes fallen: 75250000–3 (Dienstleistungen der Feuerwehr und von Rettungsdiensten), 75251000–0 (Dienstleistungen der Feuerwehr), 75251100–1 (Brandbekämpfung), 75251110–4 (Brandverhütung), 75251120–7 (Waldbrandbekämpfung), 75252000–7 (Rettungsdienste), 75222000–8 (Zivilverteidigung), 98113100–9 (Dienstleistungen im Bereich der nuklearen Sicherheit) und 85143000–3 (Einsatz von Krankenwagen) mit Ausnahme des Einsatzes von Krankenwagen zur Patientenbeförderung,
18. Dienstleistungsaufträge über nichtwirtschaftliche Dienstleistungen von allgemeinem Interesse,
19. Aufträge über Ausstrahlungszeit oder Bereitstellung von Sendungen, die an Anbieter von audiovisuellen oder Hörfunkmediendiensten vergeben werden,
20. Liefer- oder Dienstleistungsaufträge eines Sektorenauftraggebers an eine zentrale Beschaffungsstelle, die Auftraggeber gemäß diesem Bundesgesetz ist, oder an eine zentrale Beschaffungsstelle gemäß Art. 2 Z 12 der Richtlinie 2014/25/EU mit Sitz in einem anderen Mitgliedstaat der EU oder mit Sitz in einer sonstigen Vertragspartei des EWR-Abkommens, die diese Liefer- oder Dienstleistungen zum Zweck der Weiterveräußerung an andere Sektorenauftraggeber erworben hat,
21. Aufträge an einen Sektorenauftraggeber gemäß Art. 4 Abs. 1 der Richtlinie 2014/25/EU, der ein gemeinsames Vergabeverfahren durchgeführt und seinen Sitz in einem anderen Mitgliedstaat der EU oder in einer sonstigen Vertragspartei des EWR-Abkommens hat,
22. Dienstleistungsaufträge an eine zentrale Beschaffungsstelle, die Auftraggeber gemäß diesem Bundesgesetz ist, oder an eine zentrale Beschaffungsstelle gemäß Art. 2 Z 12 der Richtlinie 2014/25/EU mit Sitz in einem anderen Mitgliedstaat der EU oder mit Sitz in einer sonstigen Vertragspartei des EWR-Abkommens zur Erbringung von zentralen Beschaffungstätigkeiten oder von zentralen Beschaffungstätigkeiten zusammen mit Nebenbeschaffungstätigkeiten,
23. Aufträge, die ein Sektorenauftraggeber zum Zweck der Weiterveräußerung oder der Vermietung an Dritte vergibt, vorausgesetzt, dass dem Sektorenauftraggeber kein besonderes oder ausschließliches Recht zum Verkauf oder zur Vermietung des Auftragsgegenstandes zusteht und dass andere Rechtsträger die Möglichkeit haben, ihn unter gleichen Bedingungen wie der betreffende Sektorenauftraggeber zu verkaufen oder zu vermieten; dies gilt nicht für Aufträge, die von einer zentralen Beschaffungsstelle zum Zweck der Durchführung von zentralen Beschaffungstätigkeiten vergeben werden,
24. Vergabeverfahren, die ein Sektorenauftraggeber gemäß den §§ 168 oder 169 zu anderen Zwecken als der Ausübung seiner Sektorentätigkeiten durchführt oder die ein Sektorenauftraggeber zur Ausübung von Sektorentätigkeiten in einem Staat, der nicht Vertragspartei des EWR-Abkommens ist, in einer Weise durchführt, die nicht mit der physischen Nutzung eines Netzes oder geographischen Gebietes im Gebiet einer Vertragspartei des EWR-Abkommens verbunden ist,
25. Aufträge zum Kauf von Wasser, die von Sektorenauftraggebern vergeben werden, die eine oder beide der in § 171 Abs. 1 bezeichneten Sektorentätigkeiten ausüben,
26. Aufträge zur Lieferung von Energie oder von Brennstoffen zur Energieerzeugung, die von Sektorenauftraggebern vergeben werden, die eine der in § 170 Abs. 1 oder 3 oder § 174 bezeichneten Tätigkeiten ausüben,

27. Aufträge, die von Sektorenauftraggebern vergeben werden und diese in die Lage versetzen sollen, in Österreich Strom zu erzeugen,
28. Aufträge, die von Sektorenauftraggebern vergeben werden und die die Ausführung folgender Dienste in Österreich ermöglichen sollen:
a) Geschäftskunden-Standardpaketdienste an Geschäftskunden, national und international, oder
b) Geschäftskunden-Standardpaketdienste an Privatkunden, national und international, oder
c) nationale Expresspaketdienste oder
d) Kombifrachtdienste oder
e) Kontraktlogistik oder
f) Managementdienste für Poststellen oder
g) Mehrwertdienste im Zusammenhang mit elektronischen Medien, die gänzlich von diesen Medien erbracht werden, oder
h) Philateliedienste oder
i) im eigenen Namen erbrachte Zahlungsdienste oder
j) Postdienste für adressierte Briefe zwischen Geschäftskunden und zwischen Geschäfts- und Privatkunden auf internationaler Ebene,
29. Aufträge, die von Sektorenauftraggebern vergeben werden und die Bereitstellung von Flughafeninfrastruktur für den Frachtverkehr in Österreich ermöglichen sollen, und
30. Vergabeverfahren zur zulässigen Änderung von Verträgen und Rahmenvereinbarungen während ihrer Laufzeit gemäß § 365.

(2) Der Sektorenauftraggeber hat die für die Ausnahme vom Geltungsbereich dieses Bundesgesetzes gemäß Abs. 1 maßgeblichen Gründe schriftlich festzuhalten und der Kommission den Abschluss jeder Übereinkunft oder Vereinbarung gemäß Abs. 1 Z 6 lit. a und Z 7 lit. a mitzuteilen. Auf Verlangen der Kommission hat der Sektorenauftraggeber alle Leistungen bzw. Tätigkeiten bekannt zu geben, die seiner Auffassung nach unter Abs. 1 Z 23 oder 24 fallen.

Ausgenommene öffentlich-öffentliche Verhältnisse

§ 179. (1) Dieses Bundesgesetz gilt nicht
1. für Aufträge, die ein öffentlicher Sektorenauftraggeber durch einen Rechtsträger erbringen lässt,
a) über den der öffentliche Sektorenauftraggeber eine ähnliche Kontrolle wie über seine eigenen Dienststellen ausübt,
b) mehr als 80% der Tätigkeiten des kontrollierten Rechtsträgers der Ausführung der Aufgaben dienen, mit denen er von dem die Kontrolle ausübenden öffentlichen Sektorenauftraggeber oder von anderen von diesem öffentlichen Sektorenauftraggeber kontrollierten Rechtsträgern betraut wurde, und
c) keine direkte private Kapitalbeteiligung am kontrollierten Rechtsträger besteht, mit Ausnahme nicht beherrschender Formen der privaten Kapitalbeteiligung und Formen der privaten Kapitalbeteiligung ohne Sperrminorität, die jeweils in Übereinstimmung mit dem AEUV durch gesetzliche Bestimmungen eines Mitgliedstaates vorgeschrieben sind und keinen ausschlaggebenden Einfluss auf den kontrollierten Rechtsträger vermitteln.

Eine Kontrolle im Sinne von lit. a liegt vor, wenn der öffentliche Sektorenauftraggeber einen ausschlaggebenden Einfluss sowohl auf die strategischen Ziele als auch auf die wesentlichen Entscheidungen des kontrollierten Rechtsträgers ausübt. Eine derartige Kontrolle kann auch durch einen anderen Rechtsträger ausgeübt werden, der vom öffentlichen Sektorenauftraggeber auf gleiche Weise kontrolliert wird.

2. für Aufträge, die ein öffentlicher Sektorenauftraggeber, der Rechtsträger gemäß Z 1 ist,
a) an den ihn kontrollierenden öffentlichen Sektorenauftraggeber vergibt oder
b) an einen anderen von dem ihn kontrollierenden öffentlichen Sektorenauftraggeber kontrollierten Rechtsträger vergibt, sofern an diesem Rechtsträger keine direkte private Kapitalbeteiligung besteht, mit Ausnahme nicht beherrschender Formen der privaten Kapitalbeteiligung und Formen der privaten Kapitalbeteiligung ohne Sperrminorität, die jeweils in Übereinstimmung mit dem AEUV durch gesetzliche Bestimmungen eines Mitgliedstaates vorgeschrieben sind und keinen ausschlaggebenden Einfluss vermitteln.
3. für Aufträge, die ein öffentlicher Sektorenauftraggeber durch einen Rechtsträger erbringen lässt,
a) über den der öffentliche Sektorenauftraggeber gemeinsam mit anderen öffentlichen Sektorenauftraggebern eine ähnliche Kontrolle wie über seine eigenen Dienststellen ausübt,
b) mehr als 80% der Tätigkeiten des kontrollierten Rechtsträgers der Ausführung der Aufgaben dienen, mit denen er von den die Kontrolle ausübenden öffentlichen Sektorenauftraggebern oder von anderen von diesen öffentlichen Sektorenauftraggebern kontrollierten Rechtsträgern betraut wurde, und
c) keine direkte private Kapitalbeteiligung am kontrollierten Rechtsträger besteht, mit Ausnahme nicht beherrschender Formen der privaten Kapitalbeteiligung und Formen der privaten Kapitalbeteiligung ohne Sperrminorität, die in Übereinstimmung mit dem AEUV durch gesetzliche Bestimmungen eines Mitgliedstaates vorgeschrieben sind und keinen ausschlaggebenden Einfluss auf den kontrollierten Rechtsträger vermitteln.

(2) Eine gemeinsame Kontrolle im Sinne von Abs. 1 Z 3 lit. a liegt vor, wenn

1. die beschlussfassenden Organe des kontrollierten Rechtsträgers sich aus Vertretern sämtlicher beteiligter öffentlicher Sektorenauftraggeber zusammensetzen, wobei einzelne Vertreter mehrere oder alle beteiligten öffentlichen Sektorenauftraggeber vertreten können,
2. die beteiligten öffentlichen Sektorenauftraggeber gemeinsam einen ausschlaggebenden Einfluss sowohl auf die strategischen Ziele als auch auf die wesentlichen Entscheidungen des kontrollierten Rechtsträgers ausüben können und
3. der kontrollierte Rechtsträger keine Interessen verfolgt, die denen der kontrollierenden öffentlichen Sektorenauftraggeber zuwiderlaufen.

(3) Dieses Bundesgesetz gilt nicht für Verträge zwischen öffentlichen Sektorenauftraggebern, wenn

1. der Vertrag eine Zusammenarbeit zwischen den beteiligten öffentlichen Sektorenauftraggebern begründet oder implementiert, mit der sichergestellt werden soll, dass von den beteiligten öffentlichen Sektorenauftraggebern zu erbringende öffentliche Dienstleistungen im Hinblick auf die Erreichung gemeinsamer Ziele ausgeführt werden können,
2. die Implementierung dieser Zusammenarbeit ausschließlich durch Überlegungen im Zusammenhang mit dem öffentlichen Interesse bestimmt wird und
3. die beteiligten öffentlichen Sektorenauftraggeber auf dem offenen Markt weniger als 20% der durch die Zusammenarbeit erfassten Tätigkeiten erbringen.

(4) Zur Ermittlung des prozentualen Anteiles der Tätigkeiten gemäß Abs. 1 Z 1 lit. b, Abs. 1 Z 3 lit. b und Abs. 3 Z 3 ist der durchschnittliche Gesamtumsatz aller während der letzten drei Jahre vor der Vergabe des Auftrages oder dem Vertragsschluss erbrachten Leistungen oder ein geeigneter alternativer, in Relation zu den jeweiligen Tätigkeiten stehender Wert heranzuziehen. Liegen wegen des Gründungszeitpunktes oder des Zeitpunktes der Aufnahme der Geschäftstätigkeit für die letzten drei Jahre keine Angaben über den Umsatz oder einen geeigneten alternativen, in Relation zu den jeweiligen Tätigkeiten stehenden Wert vor oder sind diese Daten aufgrund einer erfolgten Umstrukturierung nicht mehr relevant, so genügt es, wenn die Ermittlung des Anteiles der Tätigkeiten etwa durch Prognosen über die Geschäftsentwicklung glaubhaft gemacht wird.

(5) Die Abs. 1 Z 2 und 3 und Abs. 3 sind auch auf Sachverhalte anwendbar, bei denen an Stelle oder neben einem öffentlichen Sektorenauftraggeber ein öffentlicher Auftraggeber oder ein Auftraggeber gemäß Art. 2 Abs. 1 Z 1 der Richtlinie 2014/24/EU bzw. Art. 4 Abs. 1 lit. a erster Fall der Richtlinie 2014/25/EU beteiligt ist.

(6) Der öffentliche Sektorenauftraggeber hat die für die Ausnahme vom Geltungsbereich dieses Bundesgesetzes gemäß Abs. 1 bis 5 maßgeblichen Gründe schriftlich festzuhalten.

Gemeinsame grenzüberschreitende Auftragsvergabe mehrerer Sektorenauftraggeber

§ 180. (1) Sektorenauftraggeber, die diesem Bundesgesetz unterliegen, können mit Sektorenauftraggebern gemäß Art. 4 der Richtlinie 2014/25/EU mit Sitz in einem anderen Mitgliedstaat der EU oder mit Sitz in einer sonstigen Vertragspartei des EWR-Abkommens vereinbaren, Vergabeverfahren gemeinsam durchzuführen. Sofern dies nicht bereits in einer im Einklang mit dem AEUV geschlossenen internationalen Übereinkunft oder Vereinbarung zwischen der Republik Österreich und anderen beteiligten Mitgliedstaaten der EU oder sonstigen Vertragsparteien des EWR-Abkommens geregelt ist, ist in der Vereinbarung zwischen den beteiligten Sektorenauftraggebern jedenfalls festzulegen:

1. welcher Sektorenauftraggeber für die Durchführung welchen Teiles des Vergabeverfahrens zuständig ist (Zuständigkeiten der Parteien),
2. die jeweils anwendbaren nationalen Regelungen und
3. die interne Organisation des Vergabeverfahrens, einschließlich der Durchführung des Verfahrens, der Zuständigkeit zum Abschluss der Verträge und der Verteilung der zu beschaffenden Leistungen.

Die nach Z 1 und 2 festzulegende Verteilung der Zuständigkeiten und der jeweils anwendbaren nationalen Regelungen sind in der Ausschreibung für die gemeinsam zu vergebenden Aufträge bekannt zu geben.

(2) Wird eine zentrale Beschaffungstätigkeit für einen Sektorenauftraggeber durch eine zentrale Beschaffungsstelle gemäß Art. 2 Z 12 der Richtlinie 2014/25/EU mit Sitz in einem anderen Mitgliedstaat der EU oder mit Sitz in einer sonstigen Vertragspartei des EWR-Abkommens durchgeführt, so unterliegt

1. die Durchführung des Vergabeverfahrens,
2. die Vergabe eines Auftrages im Rahmen eines dynamischen Beschaffungssystems,
3. die Durchführung eines erneuten Aufrufes zum Wettbewerb gemäß einer Rahmenvereinbarung und
4. im Falle der Vergabe eines Auftrages aufgrund einer Rahmenvereinbarung ohne erneuten Aufruf zum Wettbewerb die Festlegung, welcher Partei der Rahmenvereinbarung der Zuschlag erteilt werden soll,

den Regelungen des Sitzstaates der zentralen Beschaffungsstelle.

(3) Gründen Sektorenauftraggeber mit Sektorenauftraggebern gemäß Art. 4 der Richtlinie 2014/25/EU mit Sitz in einem anderen Mitgliedstaat der EU oder mit Sitz in einer sonstigen Vertragspartei des EWR-Abkommens zur gemeinsamen Durchführung von Vergabeverfahren einen Rechtsträger, der Sektorenauftraggeber gemäß Art. 4 der Richtlinie 2014/25/EU ist, so haben die beteiligten Sektorenauftraggeber gemäß den auf den Rechtsträger anwendbaren Regelungen die auf den Rechtsträger anwendbaren nationalen Vergaberegelungen eines der folgenden Mitgliedstaaten oder einer der folgenden Vertragsparteien des EWR-Abkommens zu vereinbaren:

1. die nationalen Vergaberegelungen des Sitzstaates des Rechtsträgers oder
2. die nationalen Vergaberegelungen jenes Mitgliedstaates der EU oder jener Vertragspartei des EWR-Abkommens, in dem der Rechtsträger seine Tätigkeiten entfaltet.

Diese Vereinbarung gilt, sofern dies im Gründungsakt des Rechtsträgers festgelegt wurde, unbefristet, oder kann auf einen bestimmten Zeitraum, auf bestimmte Arten von Aufträgen oder auf die Durchführung eines oder mehrerer Vergabeverfahren beschränkt werden.

(4) Eine Vereinbarung gemäß Abs. 1 oder eine Gründung gemäß Abs. 3 darf nicht den Zweck verfolgen, die Anwendung von im Einklang mit dem Unionsrecht stehenden verbindlichen öffentlich-rechtlichen Regelungen zu umgehen, denen die beteiligten Sektorenauftraggeber in ihren Sitzstaaten unterliegen.

Aufträge an verbundene bzw. gemeinsame Unternehmen

§ 181. (1) Dieses Bundesgesetz gilt nicht für Aufträge

1. die ein Sektorenauftraggeber an ein mit ihm verbundenes Unternehmen vergibt, oder
2. die ein gemeinsames Unternehmen, das mehrere Sektorenauftraggeber gemäß diesem Bundesgesetz bzw. gemäß Art. 4 der Richtlinie 2014/25/EU ausschließlich zur Durchführung von Sektorentätigkeiten gebildet haben, an ein Unternehmen vergibt, das mit einem dieser Sektorenauftraggeber verbunden ist,

sofern die in den Abs. 2 und 3 genannten Umsatzziele erreicht werden.

(2) Die Ausnahmen gemäß Abs. 1 gelten

1. für Dienstleistungsaufträge, sofern unter Berücksichtigung aller Dienstleistungen, die von dem verbundenen Unternehmen während der letzten drei Jahre erbracht wurden, mindestens 80% des insgesamt erzielten durchschnittlichen Umsatzes dieses Unternehmens aus der Erbringung von Dienstleistungen für den Sektorenauftraggeber oder andere mit ihm verbundene Unternehmen stammen;
2. für Lieferaufträge, sofern unter Berücksichtigung aller Lieferungen, die von dem verbundenen Unternehmen während der letzten drei Jahre erbracht wurden, mindestens 80% des insgesamt erzielten durchschnittlichen Umsatzes dieses Unternehmens aus der Erbringung von Lieferungen für den Sektorenauftraggeber oder andere mit ihm verbundene Unternehmen stammen;
3. für Bauaufträge, sofern unter Berücksichtigung aller Bauleistungen, die von dem verbundenen Unternehmen während der letzten drei Jahre erbracht wurden, mindestens 80% des insgesamt erzielten durchschnittlichen Umsatzes dieses Unternehmens aus der Erbringung von Bauleistungen für den Sektorenauftraggeber oder andere mit ihm verbundene Unternehmen stammen.

(3) Liegen für die letzten drei Jahre keine Umsatzzahlen vor, weil das verbundene Unternehmen gerade gegründet wurde oder erst vor kurzem seine Geschäftstätigkeit aufgenommen hat, genügt es, wenn das Unternehmen, etwa durch Prognosen über die Tätigkeitsentwicklung, glaubhaft macht, dass die Erreichung des jeweiligen in Abs. 2 genannten Umsatzzieles wahrscheinlich ist. Werden gleiche oder gleichartige Dienstleistungen, Lieferungen oder Bauleistungen von mehr als einem mit dem Sektorenauftraggeber verbundenen und mit ihm wirtschaftlich zusammengeschlossenen Unternehmen erbracht, so sind die in Abs. 2 genannten Prozentsätze unter Berücksichtigung des Gesamtumsatzes zu berechnen, den diese verbundenen Unternehmen mit der Erbringung von Dienstleistungen, Lieferungen bzw. Bauleistungen erzielen.

(4) Dieses Bundesgesetz gilt nicht für Aufträge,

1. die ein gemeinsames Unternehmen, das mehrere Sektorenauftraggeber gemäß diesem Bundesgesetz bzw. gemäß Art. 4 der Richtlinie 2014/25/EU ausschließlich zur Durchführung von Sektorentätigkeiten gebildet haben, an einen dieser Sektorenauftraggeber vergibt, oder
2. die ein Sektorenauftraggeber an ein gemeinsames Unternehmen gemäß Z 1 vergibt, an dem er beteiligt ist,

sofern das gemeinsame Unternehmen errichtet wurde, um die betreffende Tätigkeit während eines Zeitraumes von mindestens drei Jahren durchzuführen, und in dem Rechtsakt zur Gründung des gemeinsamen Unternehmens festgelegt wurde, dass die dieses Unternehmen bildenden Sektorenauftraggeber dem Unternehmen zumindest während dieses Zeitraumes angehören werden.

(5) Die Sektorenauftraggeber haben der Kommission auf deren Verlangen

1. die Namen der Unternehmen gemäß Abs. 1 bzw. 4,
2. die Art und den Wert der Aufträge, die gemäß den Abs. 1 bzw. 4 vergeben wurden, sowie

3. die Angaben, die nach Auffassung der Kommission erforderlich sind, um zu belegen, dass die Beziehungen zwischen dem Sektorenauftraggeber und dem verbundenen oder gemeinsamen Unternehmen, an das die Aufträge vergeben werden, den Anforderungen der Abs. 1 bis 4 genügen,

mitzuteilen.

Kauf von Straßenfahrzeugen durch Betreiber von öffentlichen Personenverkehrsdiensten

§ 182. Wenn ein Sektorenauftraggeber einer Einrichtung, die kein Auftraggeber im Sinne des § 4 Abs. 1 bzw. der §§ 167 bis 169 ist, einen Dienstleistungsauftrag über die Erbringung von öffentlichen Personenverkehrsdiensten auf der Straße gemäß der Verordnung (EG) Nr. 1370/2007 vergibt, so muss in dem Vertrag zwischen Sektorenauftraggeber und betreffender Einrichtung bestimmt sein, dass letztere beim Kauf von Straßenfahrzeugen im Oberschwellenbereich die Bestimmungen des § 265 sinngemäß anzuwenden hat.

Verpflichtungen für Sektorenauftraggeber im Bereich der Förderung von Erdöl oder Gas

§ 183. (1) Dieses Bundesgesetz gilt nicht für Sektorenauftraggeber, die geographisch abgegrenzte Gebiete in Österreich zum Zweck der Förderung von Erdöl oder Gas im Sinne des § 174 nutzen. Bei der Vergabe von Aufträgen haben diese Sektorenauftraggeber ausschließlich die unionsrechtlichen Grundfreiheiten, das Diskriminierungsverbot und die Grundsätze des freien und lauteren Wettbewerbes und der Gleichbehandlung aller Bewerber und Bieter zu beachten. Insbesondere haben diese Sektorenauftraggeber den Unternehmern, die ein Interesse an solchen Aufträgen haben können, ausreichende und rechtzeitige Informationen über die zu vergebenden Aufträge zur Verfügung zu stellen. Der Zuschlag hat aufgrund objektiver, nicht diskriminierender Kriterien zu erfolgen.

(2) Sektorenauftraggeber im Sinne des Abs. 1 haben dem Amt für Veröffentlichungen jeden vergebenen Auftrag und jede abgeschlossene Rahmenvereinbarung im Oberschwellenbereich bekannt zu geben. Die Bekanntgabe ist dem Amt für Veröffentlichungen unter Verwendung des einschlägigen Standardformulars spätestens 48 Tage nach Zuschlagserteilung oder nach Abschluss der Rahmenvereinbarung zu übermitteln. Der Sektorenauftraggeber hat nach Durchführung eines Vergabeverfahrens jeden vergebenen Auftrag und jede abgeschlossene Rahmenvereinbarung im Oberschwellenbereich bekannt zu geben, indem er die Metadaten der Kerndaten von Vergabeverfahren https://www.data.gv.at/ bereitstellt und darin auf die Informationen gemäß dem 2. Abschnitt des **Anhanges VIII** (Kerndaten für Bekanntgaben) verweist. Der Sektorenauftraggeber hat die Metadaten der Kerndaten von Vergabeverfahren für mindestens 5 Jahre bereitzustellen und die Kerndaten für Bekanntgaben in einem offenen und maschinenlesbaren standardisierten Format unter einer freien Lizenz vollständig für mindestens 5 Jahre zur Verfügung zu stellen.

Freistellung vom Anwendungsbereich

§ 184. (1) Vergabeverfahren von Sektorenauftraggebern unterliegen nicht diesem Bundesgesetz, wenn

1. eine Sektorentätigkeit in Österreich auf einem Markt mit freiem Zugang unmittelbar dem Wettbewerb ausgesetzt ist,
2. ein Antrag gemäß den Abs. 4 oder 5 gestellt wurde und
3. die Kommission entweder fristgerecht den Durchführungsrechtsakt erlassen hat, mit dem die Anwendbarkeit von Art. 34 Abs. 1 der Richtlinie 2014/25/EU festgestellt wird oder den Durchführungsrechtsakt nicht fristgerecht erlassen hat.

(2) Der Zugang zu einem Markt gilt als frei,

1. wenn die in **Anhang XIX** genannten Vorschriften des Unionsrechtes in Österreich umgesetzt wurden und angewendet werden, oder
2. – sofern die Voraussetzungen der Z 1 nicht erfüllt sind – wenn der Nachweis erbracht wird, dass der Zugang zu diesem Markt rechtlich und faktisch frei ist.

(3) Die Beurteilung, ob eine Tätigkeit unmittelbar dem Wettbewerb ausgesetzt ist, erfolgt auf der Grundlage von Kriterien, die mit den Wettbewerbsbestimmungen des AEUV in Einklang stehen. Dazu zählen insbesondere die Merkmale der betreffenden Waren oder Dienstleistungen, das Vorhandensein alternativer Waren oder Dienstleistungen, die auf der Angebots- oder der Nachfrageseite als austauschbar gelten, die Preise und das tatsächliche oder mögliche Vorhandensein mehrerer Anbieter der betreffenden Waren oder Dienstleistungen. Der geographisch abgegrenzte Bezugsmarkt, auf dessen Grundlage die Wettbewerbssituation bewertet wird, umfasst das Gebiet, in dem die betreffenden Sektorenauftraggeber an Angebot und Nachfrage der Waren oder Dienstleistungen beteiligt sind, in dem die Wettbewerbsbedingungen ausreichend homogen sind und das von benachbarten Gebieten unterschieden werden kann, da insbesondere die Wettbewerbsbedingungen in jenen Gebieten deutlich andere sind. Bei der Bewertung wird insbesondere der Art und den Merkmalen der betreffenden Waren oder Dienstleistungen, dem Vorhandensein von Eintrittsbarrieren oder Verbraucherpräferenzen, deutlichen Unterschieden bei den Marktanteilen des Sektorenauftraggebers zwischen dem betreffenden Gebiet und benachbarten Gebieten sowie substantiellen Preisunterschieden Rechnung getragen.

(4) Ist der Bundesminister für Digitalisierung und Wirtschaftsstandort der Ansicht, dass eine

Tätigkeit gemäß den §§ 170 bis 175 auf Märkten mit freiem Zugang unmittelbar dem Wettbewerb ausgesetzt ist, kann er die Erlassung eines entsprechenden Durchführungsrechtsaktes durch die Kommission beantragen. Dem Antrag sind alle sachdienlichen Informationen, insbesondere über Gesetze, Verordnungen, Verwaltungsvorschriften, Vereinbarungen und Absprachen, die Aufschluss darüber geben, ob die in den Abs. 2 und 3 genannten Bedingungen erfüllt sind, beizufügen. Hat die für die betreffende Sektorentätigkeit zuständige unabhängige Behörde eine begründete Stellungnahme abgegeben, ob die Tätigkeit auf einem Markt mit freiem Zugang unmittelbar dem Wettbewerb ausgesetzt ist, so ist diese Stellungnahme dem Antrag beizufügen. Der Antrag an die Kommission hat zumindest die in Anhang I des Durchführungsbeschlusses (EU) 2016/1804 über die Durchführungsmodalitäten für die Anwendung der Art. 34 und 35 der Richtlinie 2014/25/EU über die Vergabe von Aufträgen durch Auftraggeber im Bereich der Wasser-, Energie- und Verkehrsversorgung sowie der Postdienste, ABl. Nr. L 275 vom 12.10.2016 S. 39, aufgeführten Angaben zu enthalten. Die Einbringung des Antrages bei der Kommission hat im Wege des Bundesministers für Europa, Integration und Äußeres zur erfolgen. Von einer Antragstellung ist der Bundesminister für Verfassung, Reformen, Deregulierung und Justiz zu informieren.

(5) Ist ein die betreffende Sektorentätigkeit ausübender Sektorenauftraggeber der Ansicht, dass eine Tätigkeit gemäß den §§ 170 bis 175 in Österreich auf Märkten mit freiem Zugang unmittelbar dem Wettbewerb ausgesetzt ist, kann er die Erlassung eines entsprechenden Durchführungsrechtsaktes durch die Kommission beantragen. In diesem Fall hat er den Bundesminister für Digitalisierung und Wirtschaftsstandort über die Antragstellung bei der Kommission zu informieren. Der Antrag an die Kommission hat zumindest die in Anhang I des Durchführungsbeschlusses (EU) 2016/1804 aufgeführten Angaben zu enthalten. Hat die für die betreffende Sektorentätigkeit zuständige unabhängige Behörde eine begründete Stellungnahme abgegeben, ob die Tätigkeit auf einem Markt mit freiem Zugang unmittelbar dem Wettbewerb ausgesetzt ist, so ist diese Stellungnahme dem Antrag beizufügen. Die Einbringung des Antrages bei der Kommission hat im Wege des Bundesministers für Europa, Integration und Äußeres zu erfolgen. Von einer Antragstellung ist der Bundesminister für Verfassung, Reformen, Deregulierung und Justiz zu informieren. Der Bundesminister für Digitalisierung und Wirtschaftsstandort teilt, sofern die entsprechenden Unterlagen der Kommission nicht bereits durch den Antragsteller übermittelt wurden, der Kommission alle sachdienlichen Informationen mit, insbesondere über Gesetze, Verordnungen, Verwaltungsvorschriften, Vereinbarungen und Absprachen, die Aufschluss darüber geben, ob die in den Abs. 2 und 3 genannten Bedingungen erfüllt sind. Sofern eine begründete Stellungnahme der für die betreffende Sektorentätigkeit zuständigen unabhängigen Behörde nicht bereits durch den Antragsteller übermittelt wurde, hat der Bundesminister für Digitalisierung und Wirtschaftsstandort diese Stellungnahme der Kommission zu übermitteln.

(6) Anträge gemäß den Abs. 4 oder 5 können mit Zustimmung der Kommission in wesentlichen Punkten, insbesondere hinsichtlich der betreffenden Tätigkeiten oder des betreffenden geographischen Gebiets geändert werden. Ist bereits ein Verfahren gemäß den Abs. 4 oder 5 für eine bestimmte Sektorentätigkeit anhängig, so gelten zeitlich nachfolgende Anträge betreffend dieselbe Tätigkeit, die vor Ablauf der Entscheidungsfrist für die Kommission bei der Kommission eingehen, nicht als Neuanträge.

(7) Der Bundesminister für Digitalisierung und Wirtschaftsstandort hat einen von der Kommission erlassenen Durchführungsrechtsakt oder eine Bekanntmachung der Kommission über die nicht fristgerechte Erlassung eines Durchführungsrechtsaktes der Kommission gemäß Art. 2 Abs. 5 des Durchführungsbeschlusses (EU) 2016/1804 betreffend einen Antrag gemäß den Abs. 4 oder 5 unverzüglich im Bundesgesetzblatt kundzumachen.

5. Abschnitt
Schwellenwerte, Berechnung des geschätzten Leistungswertes
Schwellenwerte

§ 185. (1) Verfahren von Sektorenauftraggebern zur Vergabe von Aufträgen erfolgen im Oberschwellenbereich, wenn der geschätzte Auftragswert

1. bei Dienstleistungsaufträgen gemäß **Anhang XVI** mindestens 1 Million Euro beträgt, oder
2. bei Lieferaufträgen und allen übrigen Dienstleistungsaufträgen mindestens 443 000 Euro *(Anm. 1)* beträgt, oder
3. bei Bauaufträgen mindestens 5 548 000 Euro *(Anm. 2)* beträgt.

(2) Wettbewerbe von Sektorenauftraggebern erfolgen im Oberschwellenbereich, wenn bei Realisierungswettbewerben der geschätzte Auftragswert des Dienstleistungsauftrages unter Berücksichtigung etwaiger Preisgelder und Zahlungen an Teilnehmer bzw. bei Ideenwettbewerben die Summe der Preisgelder und Zahlungen an Teilnehmer mindestens 443 000 Euro *(Anm. 1)* beträgt.

(3) Verfahren von Sektorenauftraggebern zur Vergabe von Aufträgen erfolgen im Unterschwellenbereich, wenn der geschätzte Auftragswert die in Abs. 1 genannten Beträge nicht erreicht. Wettbewerbe erfolgen im Unterschwellenbereich,

wenn der geschätzte Auftragswert unter Einrechnung der Preisgelder und Zahlungen oder die Summe der Preisgelder und Zahlungen an die Teilnehmer den in Abs. 2 genannten Betrag nicht erreicht.

(

Anm. 1: gemäß K, BGBl. II Nr. 358/2019, ab 1.1.2020: 428 000 Euro

gemäß K, BGBl. II Nr. 560/2021, ab 1.1.2022: 431 000 Euro

Anm. 2: ab 1.1.2020: 5 350 000 Euro

ab 1.1.2022: 5 382 000 Euro)

Allgemeine Bestimmungen betreffend die Berechnung des geschätzten Auftragswertes

§ 186. (1) Grundlage für die Berechnung des geschätzten Auftragswertes eines Auftrages ist der Gesamtwert ohne Umsatzsteuer, der vom Sektorenauftraggeber voraussichtlich zu zahlen ist. Bei dieser Berechnung ist der geschätzte Gesamtwert aller der zum Vorhaben gehörigen Leistungen einschließlich aller Optionen und etwaiger Vertragsverlängerungen, die in der Ausschreibung ausdrücklich vorgesehen werden sollen, zu berücksichtigen.

(2) Sieht der Sektorenauftraggeber Prämien oder Zahlungen an Bewerber oder Bieter vor, so hat er diese bei der Berechnung des geschätzten Auftragswertes zu berücksichtigen.

(3) Der geschätzte Auftragswert der auszuschreibenden Leistung ohne Umsatzsteuer ist vom Sektorenauftraggeber vor der Durchführung des Vergabeverfahrens sachkundig zu ermitteln. Maßgeblicher Zeitpunkt für die Ermittlung ist der Zeitpunkt der Einleitung des Vergabeverfahrens durch den Sektorenauftraggeber. Bei Vergabeverfahren mit vorheriger Bekanntmachung ist dies der Zeitpunkt der Absendung der Bekanntmachung, bei Vergabeverfahren ohne vorherige Bekanntmachung die erste nach außen in Erscheinung tretende Entscheidung.

(4) Besteht der Sektorenauftraggeber aus mehreren eigenständigen Organisationseinheiten, so ist der geschätzte Auftragswert für alle Organisationseinheiten zu berücksichtigen. Abweichend davon kann der Auftragswert auf der Ebene einer eigenständigen Organisationseinheit geschätzt werden, wenn die betreffende Einheit selbständig für ihre Auftragsvergaben oder bestimmte Kategorien von Auftragsvergaben zuständig ist.

(5) Die Wahl der angewandten Berechnungsmethode darf nicht den Zweck verfolgen, die Anwendung der Vorschriften dieses Bundesgesetzes zu umgehen. Sofern nicht sachliche Gründe vorliegen, darf ein Auftrag nicht so unterteilt werden, dass er nicht den Vorschriften dieses Bundesgesetzes für den Oberschwellenbereich unterliegt.

Berechnung des geschätzten Auftragswertes bei Bauaufträgen

§ 187. (1) Besteht ein Bauvorhaben aus mehreren Losen, für die jeweils ein gesonderter Auftrag vergeben wird, so ist als geschätzter Auftragswert der geschätzte Gesamtwert aller dieser Lose anzusetzen. Als Lose im Sinne dieses Bundesgesetzes gelten auch gewerbliche Tätigkeiten im Sinne des **Anhanges I** (Gewerke).

(2) Bei der Berechnung des geschätzten Auftragswertes von Bauaufträgen ist neben dem Auftragswert der Bauleistungen auch der geschätzte Gesamtwert aller für die Ausführung der Bauleistungen erforderlichen Waren und Dienstleistungen einzubeziehen, die dem Unternehmer vom Sektorenauftraggeber zur Verfügung gestellt werden.

(3) Erreicht oder übersteigt der kumulierte Wert der Lose den in § 185 Abs. 1 Z 3 genannten Schwellenwert, so gelten die Bestimmungen dieses Bundesgesetzes für die Vergabe von Bauaufträgen im Oberschwellenbereich für die Vergabe aller Lose. Dies gilt nicht für jene Lose, deren geschätzter Auftragswert weniger als 1 Million Euro beträgt, sofern der kumulierte Wert der vom Sektorenauftraggeber ausgewählten Lose 20% des kumulierten Wertes aller Lose nicht übersteigt. Für die Vergabe dieser Lose gelten die Bestimmungen dieses Bundesgesetzes für die Vergabe von Bauaufträgen im Unterschwellenbereich; für die Wahl des Verfahrens gilt als geschätzter Auftragswert der Wert des einzelnen Loses.

(4) Erreicht oder übersteigt der kumulierte Wert der Lose den in § 185 Abs. 1 Z 3 genannten Schwellenwert nicht, so gelten die Bestimmungen dieses Bundesgesetzes für die Vergabe von Bauaufträgen im Unterschwellenbereich für die Vergabe aller Lose. Für die Wahl des Verfahrens zur Vergabe von Aufträgen im Unterschwellenbereich gilt als geschätzter Auftragswert der Wert des einzelnen Loses.

Berechnung des geschätzten Auftragswertes bei Lieferaufträgen

§ 188. (1) Bei Leasing, Miete, Pacht oder Ratenkauf ist als geschätzter Auftragswert anzusetzen:

1. bei befristeten Aufträgen mit einer Laufzeit von höchstens 12 Monaten der geschätzte Gesamtbetrag der während der Vertragsdauer voraussichtlich zu leistenden Entgelte;
2. bei befristeten Aufträgen mit einer Laufzeit von mehr als 12 Monaten der geschätzte Gesamtbetrag der während der Vertragsdauer voraussichtlich zu leistenden Entgelte einschließlich des geschätzten Restwertes;
3. bei unbefristeten Aufträgen oder bei unklarer Vertragsdauer das 48fache des voraussichtlich zu leistenden Monatsentgeltes.

(2) Bei regelmäßig wiederkehrenden Lieferaufträgen sowie bei Lieferaufträgen, die innerhalb eines bestimmten Zeitraumes verlängert werden sollen, ist als geschätzter Auftragswert anzusetzen entweder

1. der tatsächliche Gesamtwert aller entsprechenden aufeinander folgenden Aufträge im vorangegangenen Finanz- bzw. Haushaltsjahr oder in den vorangegangenen zwölf Monaten, nach Möglichkeit unter Berücksichtigung der voraussichtlichen Änderungen bei Mengen oder Wert während der auf den ursprünglichen Auftrag folgenden zwölf Monate, oder
2. der geschätzte Gesamtwert der aufeinander folgenden Aufträge, die während der auf die erste Lieferung folgenden zwölf Monate oder des auf die erste Lieferung folgenden Finanz- bzw. Haushaltsjahres, soweit dieses länger als zwölf Monate ist, vergeben werden sollen.

(3) Besteht eine Lieferung aus der Beschaffung gleichartiger Lieferleistungen in mehreren Losen, für die jeweils ein gesonderter Auftrag vergeben wird, so ist als geschätzter Auftragswert der geschätzte Gesamtwert aller dieser Lose anzusetzen.

(4) Erreicht oder übersteigt der kumulierte Wert der Lose den in § 185 Abs. 1 Z 2 genannten Schwellenwert, so gelten die Bestimmungen dieses Bundesgesetzes für die Vergabe von Lieferaufträgen im Oberschwellenbereich für die Vergabe aller Lose. Dies gilt nicht für jene Lose, deren geschätzter Auftragswert weniger als 80 000 Euro beträgt, sofern der kumulierte Wert der vom Sektorenauftraggeber ausgewählten Lose 20% des kumulierten Wertes aller Lose nicht übersteigt. Für die Vergabe dieser Lose gelten die Bestimmungen dieses Bundesgesetzes für die Vergabe von Lieferaufträgen im Unterschwellenbereich; für die Wahl des Verfahrens gilt als geschätzter Auftragswert der Wert des einzelnen Loses.

(5) Erreicht oder übersteigt der kumulierte Wert der Lose den in § 185 Abs. 1 Z 2 genannten Schwellenwert nicht, so gelten die Bestimmungen dieses Bundesgesetzes für die Vergabe von Lieferaufträgen im Unterschwellenbereich für die Vergabe aller Lose. Lose, deren geschätzter Auftragswert weniger als 75 000 Euro beträgt, können im Wege der Direktvergabe vergeben werden, sofern der kumulierte Wert der vom Sektorenauftraggeber ausgewählten Lose 50% des kumulierten Wertes aller Lose nicht übersteigt.

Berechnung des geschätzten Auftragswertes bei Dienstleistungsaufträgen

§ 189. (1) Bei Aufträgen über die folgenden Dienstleistungen ist als geschätzter Auftragswert anzusetzen:

1. bei Versicherungsleistungen die Versicherungsprämie und sonstige Entgelte;
2. bei Bankdienstleistungen und anderen Finanzdienstleistungen die Gebühren, Provisionen und Zinsen sowie sonstige Entgelte;
3. bei Aufträgen, die Planungsleistungen zum Gegenstand haben, die Gebühren, Provisionen sowie sonstige Entgelte.

(2) Bei Dienstleistungsaufträgen, für die kein Gesamtpreis angegeben wird, ist als geschätzter Auftragswert anzusetzen:

1. bei befristeten Aufträgen mit einer Laufzeit von höchstens 48 Monaten der geschätzte Gesamtwert für die Laufzeit des Vertrages;
2. bei unbefristeten Aufträgen oder Aufträgen mit einer Laufzeit von mehr als 48 Monaten das 48fache des zu leistenden Monatsentgeltes.

(3) Bei regelmäßig wiederkehrenden Dienstleistungsaufträgen sowie bei Dienstleistungsaufträgen, die innerhalb eines bestimmten Zeitraumes verlängert werden sollen, ist als geschätzter Auftragswert anzusetzen entweder

1. der tatsächliche Gesamtwert aller entsprechenden aufeinander folgenden Aufträge im vorangegangenen Finanz- bzw. Haushaltsjahr oder in den vorangegangenen zwölf Monaten, nach Möglichkeit unter Berücksichtigung der voraussichtlichen Änderungen bei Mengen oder Wert während der auf den ursprünglichen Auftrag folgenden zwölf Monate, oder
2. der geschätzte Gesamtwert der aufeinander folgenden Aufträge, die während der auf die erste Dienstleistungserbringung folgenden zwölf Monate oder des auf die erste Dienstleistungserbringung folgenden Finanz- bzw. Haushaltsjahres, soweit dieses länger als zwölf Monate ist, vergeben werden sollen.

(4) Besteht eine Dienstleistung aus mehreren Losen, für die jeweils ein gesonderter Auftrag vergeben wird, so ist als geschätzter Auftragswert der geschätzte Gesamtwert aller dieser Lose anzusetzen.

(5) Erreicht oder übersteigt der kumulierte Wert der Lose die in § 185 Abs. 1 Z 1 oder 2 genannten Schwellenwerte, so gelten die Bestimmungen dieses Bundesgesetzes für die Vergabe von Dienstleistungsaufträgen im Oberschwellenbereich für die Vergabe aller Lose. Dies gilt nicht für jene Lose, deren geschätzter Auftragswert weniger als 80 000 Euro beträgt, sofern der kumulierte Wert der vom Sektorenauftraggeber ausgewählten Lose 20% des kumulierten Wertes aller Lose nicht übersteigt. Für die Vergabe dieser Lose gelten die Bestimmungen dieses Bundesgesetzes für die Vergabe von Dienstleistungsaufträgen im Unterschwellenbereich; für die Wahl des Verfahrens gilt als geschätzter Auftragswert der Wert des einzelnen Loses.

(6) Erreicht oder übersteigt der kumulierte Wert der Lose die in § 185 Abs. 1 Z 1 oder 2 genannten Schwellenwerte nicht, so gelten die Bestimmungen dieses Bundesgesetzes für die Vergabe von Dienstleistungsaufträgen im Unterschwellenbereich für die Vergabe aller Lose. Lose, deren

geschätzter Auftragswert weniger als 75 000 Euro beträgt, können im Wege der Direktvergabe vergeben werden, sofern der kumulierte Wert der vom Sektorenauftraggeber ausgewählten Lose 50% des kumulierten Wertes aller Lose nicht übersteigt.

Berechnung des geschätzten Auftragswertes bei Rahmenvereinbarungen und bei dynamischen Beschaffungssystemen

§ 190. Der geschätzte Auftragswert einer Rahmenvereinbarung oder eines dynamischen Beschaffungssystems ist der für ihre gesamte Laufzeit geschätzte Gesamtwert aller aufgrund dieser Rahmenvereinbarung oder dieses dynamischen Beschaffungssystems voraussichtlich zu vergebenden Aufträge.

Berechnung des geschätzten Auftragswertes bei Innovationspartnerschaften

§ 191. Der geschätzte Auftragswert einer Innovationspartnerschaft ist der geschätzte Gesamtwert der Forschungs- und Entwicklungstätigkeiten während sämtlicher Phasen der geplanten Innovationspartnerschaft sowie der im Rahmen der Innovationspartnerschaft zu entwickelnden und in weiterer Folge zu beschaffenden Waren, Dienst- oder Bauleistungen.

Änderung der Schwellen- oder Loswerte

§ 192. (1) Der Bundesminister für Verfassung, Reformen, Deregulierung und Justiz kann durch Verordnung anstelle der in den §§ 185 Abs. 1 und 2, 187 Abs. 3, 188 Abs. 4 und 5, 189 Abs. 5 und 6, 213 Abs. 2, 214 Abs. 2 sowie 312 Abs. 6 festgesetzten Schwellen- oder Loswerte, soweit dies aufgrund von völkerrechtlichen Verpflichtungen Österreichs oder von unionsrechtlichen Vorschriften erforderlich bzw. zulässig bzw. im Interesse einer einheitlichen oder wirtschaftlicheren Vorgangsweise bei der Vergabe von Aufträgen zweckmäßig ist, andere Schwellen- oder Loswerte festsetzen.

(2) Die Angleichung der Schwellenwerte gemäß § 185 Abs. 1 und 2 an die von der Kommission gemäß dem Verfahren des Art. 17 der Richtlinie 2014/25/EU neu festgesetzten Schwellenwerte ist vom Bundesminister für Verfassung, Reformen, Deregulierung und Justiz im Bundesgesetzblatt kundzumachen.

6. Abschnitt
Grundsätze des Vergabeverfahrens und allgemeine Bestimmungen

Grundsätze des Vergabeverfahrens

§ 193. (1) Vergabeverfahren sind nach einem in diesem Bundesgesetz vorgesehenen Verfahren, unter Beachtung der unionsrechtlichen Grundsätze wie insbesondere der Gleichbehandlung aller Bewerber und Bieter, der Nichtdiskriminierung, der Verhältnismäßigkeit, der Transparenz sowie des freien und lauteren Wettbewerbes und unter Wahrung des Grundsatzes der Wirtschaftlichkeit durchzuführen. Die Vergabe hat an geeignete Unternehmer zu angemessenen Preisen zu erfolgen.

(2) Die völkerrechtlich zulässige unterschiedliche Behandlung von Bewerbern und Bietern aus Gründen ihrer Staatsangehörigkeit oder des Warenursprunges bleibt von Abs. 1 unberührt.

(3) Bei der Durchführung von Vergabeverfahren ist eine gebietsmäßige Beschränkung des Teilnehmerkreises oder eine Beschränkung der Teilnahme auf einzelne Berufsstände, obwohl auch andere Unternehmer die Berechtigung zur Erbringung der Leistung besitzen, unzulässig.

(4) Verfahren zur Vergabe von Aufträgen und Realisierungswettbewerbe sind nur dann durchzuführen, wenn die Absicht besteht, die Leistung auch tatsächlich zu vergeben. Der Sektorenauftraggeber ist jedoch nicht verpflichtet, ein Vergabeverfahren durch Zuschlag zu beenden.

(5) Im Vergabeverfahren ist auf die Umweltgerechtheit der Leistung Bedacht zu nehmen. Dies kann insbesondere durch die Berücksichtigung ökologischer Aspekte (wie etwa Energieeffizienz, Materialeffizienz, Abfall- und Emissionsvermeidung, Bodenschutz) oder des Tierschutzes bei der Beschreibung der Leistung, bei der Festlegung der technischen Spezifikationen, durch die Festlegung konkreter Zuschlagskriterien oder durch die Festlegung von Bedingungen im Leistungsvertrag erfolgen.

(6) Im Vergabeverfahren kann auf die Beschäftigung von Frauen, von Personen im Ausbildungsverhältnis, von Langzeitarbeitslosen, von Menschen mit Behinderung und älteren Arbeitnehmern sowie auf Maßnahmen zur Umsetzung sonstiger sozialpolitischer Belange Bedacht genommen werden. Dies kann insbesondere durch die Berücksichtigung derartiger Aspekte bei der Beschreibung der Leistung, bei der Festlegung der technischen Spezifikationen, durch die Festlegung konkreter Zuschlagskriterien oder durch die Festlegung von Bedingungen im Leistungsvertrag erfolgen.

(7) Im Vergabeverfahren kann auf innovative Aspekte Bedacht genommen werden. Dies kann insbesondere durch deren Berücksichtigung bei der Beschreibung der Leistung, bei der Festlegung der technischen Spezifikationen oder durch die Festlegung konkreter Zuschlagskriterien erfolgen.

(8) Die Konzeption und Durchführung eines Vergabeverfahrens soll nach Möglichkeit so erfolgen, dass kleine und mittlere Unternehmen am Vergabeverfahren teilnehmen können.

(9) Die Konzeption oder Durchführung eines Vergabeverfahrens darf nicht den Zweck verfolgen, das Vergabeverfahren vom Anwendungsbereich dieses Bundesgesetzes auszunehmen, die Anwendung der Vorschriften dieses Bundesgesetzes zu umgehen oder den Wettbewerb künstlich einzuschränken. Eine künstliche Einschränkung

des Wettbewerbes liegt jedenfalls dann vor, wenn durch die Konzeption oder Durchführung des Vergabeverfahrens bestimmte Unternehmer auf unzulässige Weise bevorzugt oder benachteiligt werden.

Allgemeine Bestimmungen über Bewerber und Bieter

§ 194. (1) Bewerber oder Bieter, die im Gebiet einer anderen Vertragspartei des EWR-Abkommens oder in der Schweiz ansässig sind und die für die Ausübung einer Tätigkeit in Österreich eine behördliche Entscheidung betreffend ihre Berufsqualifikation einholen müssen, haben ein darauf gerichtetes Verfahren möglichst umgehend, jedenfalls aber vor Ablauf der Angebotsfrist einzuleiten.

(2) Arbeitsgemeinschaften und Bietergemeinschaften können Angebote oder Teilnahmeanträge einreichen, sofern nicht in der Ausschreibung aus sachlichen Gründen die Teilnahme oder die Bildung von Arbeits- oder Bietergemeinschaften für unzulässig erklärt wurde. Der Sektorenauftraggeber kann ferner in der Ausschreibung aus sachlichen Gründen eine allfällige Beschränkung der Mitgliederanzahl oder der Zusammensetzung von Arbeits- oder Bietergemeinschaften vorsehen. Der Sektorenauftraggeber darf Arbeits- oder Bietergemeinschaften nicht verpflichten, zwecks Einreichens eines Angebotes oder eines Teilnahmeantrages eine bestimmte Rechtsform anzunehmen. Der Sektorenauftraggeber kann jedoch von einer Arbeits- oder Bietergemeinschaft verlangen, dass sie eine bestimmte Rechtsform annimmt, wenn ihr der Zuschlag erteilt worden ist, sofern dies für die ordnungsgemäße Durchführung des Auftrages erforderlich ist. Arbeitsgemeinschaften und Bietergemeinschaften sind als solche parteifähig zur Geltendmachung der ihnen durch dieses Bundesgesetz eingeräumten Rechte. Im Auftragsfall schulden Bietergemeinschaften als Arbeitsgemeinschaften dem Sektorenauftraggeber die solidarische Leistungserbringung.

(3) Unbeschadet des Abs. 2 dürfen Bewerber oder Bieter, die gemäß den Rechtsvorschriften der Schweiz oder einer anderen Vertragspartei des EWR-Abkommens, in deren Gebiet sie ansässig und zur Erbringung der betreffenden Leistung berechtigt sind, nicht allein deshalb abgelehnt werden, weil sie gemäß den österreichischen Rechtsvorschriften entweder eine natürliche oder juristische Person sein müssten.

(4) Bei Bau- und Dienstleistungsaufträgen sowie bei Lieferaufträgen, die Dienstleistungen oder Verlege- oder Installationsarbeiten umfassen, können Bewerber oder Bieter, die keine natürliche Person sind, verpflichtet werden, in ihrem Angebot oder in ihrem Teilnahmeantrag die Namen und die berufliche Qualifikation jener natürlichen Personen anzugeben, die für die Erbringung der betreffenden Leistung verantwortlich sein sollen.

Gemeinsame Auftragsvergabe mehrerer Sektorenauftraggeber

§ 195. (1) Sektorenauftraggeber können einzelne Vergabeverfahren gänzlich oder teilweise gemeinsam durchführen. Eine gemeinsame Durchführung eines Vergabeverfahrens liegt auch dann vor, wenn ein Sektorenauftraggeber das Verfahren in seinem eigenen Namen und im Auftrag aller anderen beteiligten Sektorenauftraggeber alleine durchführt.

(2) In der Ausschreibung ist anzugeben, ob eine gemeinsame Auftragsvergabe erfolgt, welche Sektorenauftraggeber an der gemeinsamen Auftragsvergabe beteiligt sind und gegebenenfalls welcher Sektorenauftraggeber im eigenen Namen und im Auftrag der anderen beteiligten Sektorenauftraggeber das Vergabeverfahren alleine durchführt. Sofern das Vergabeverfahren nur teilweise gemeinsam durchgeführt wird, ist in der Ausschreibung anzugeben, welcher Sektorenauftraggeber für welchen Teil des Vergabeverfahrens zuständig ist. Erfolgt keine diesbezügliche Angabe in der Ausschreibung, so gelten alle in der Ausschreibung genannten Sektorenauftraggeber als an der gemeinsamen Durchführung des gesamten Verfahrens beteiligt.

Vorbehaltene Aufträge zugunsten sozialer und beruflicher Integration

§ 196. (1) Der Sektorenauftraggeber kann bei Verfahren zur Vergabe von Aufträgen vorsehen, dass an diesen Verfahren nur geschützte Werkstätten, integrative Betriebe oder sonstige Unternehmen, deren Hauptzweck die soziale und berufliche Integration von Menschen mit Behinderung oder von sonstigen benachteiligten Personen ist, teilnehmen können oder dass die Erbringung von Aufträgen im Rahmen von Programmen mit geschützten Beschäftigungsverhältnissen zu erfolgen hat, wobei mindestens 30% der Arbeitnehmer des den Auftrag ausführenden Unternehmens Menschen mit Behinderung oder sonstige benachteiligte Arbeitnehmer sein müssen.

(2) Sofern eine Bekanntmachung erfolgt, ist auf eine Beschränkung des Teilnehmerkreises oder des ausführungsberechtigten Kreises gemäß Abs. 1 hinzuweisen.

Vorherige Erkundung des Marktes

§ 197. Vor Einleitung eines Vergabeverfahrens kann ein Sektorenauftraggeber zur Vorbereitung vorherige Markterkundungen durchführen und potentiell interessierte Unternehmer über seine Pläne und Anforderungen informieren. Im Rahmen der Markterkundungen kann sich der Sektorenauftraggeber insbesondere von Dritten beraten lassen. Er kann die solcherart eingeholten Informationen für die Planung und Durchführung des Vergabeverfahrens nutzen, sofern dadurch der Wettbewerb nicht verzerrt oder gegen die Grundsätze des Vergabeverfahrens verstoßen wird.

Vorarbeiten

§ 198. (1) Hat ein Bewerber oder Bieter oder ein mit diesen in Verbindung stehendes Unternehmen den Sektorenauftraggeber beraten oder war er auf andere Weise an der Vorbereitung des Vergabeverfahrens beteiligt, so hat der Sektorenauftraggeber alle erforderlichen Maßnahmen zu setzen, um sicherzustellen, dass der Wettbewerb durch die Teilnahme dieses Bewerbers oder Bieters nicht verzerrt wird. Als Maßnahmen kommen insbesondere die Übermittlung oder Bereitstellung aller Informationen, die im Zusammenhang mit den Vorarbeiten ausgetauscht wurden oder die aus den Vorarbeiten resultieren, an alle Teilnehmer des Vergabeverfahrens oder die Festlegung angemessener Angebotsfristen in Betracht. Die vom Sektorenauftraggeber gesetzten Maßnahmen sind im Vergabevermerk festzuhalten.

(2) Bewerber, Bieter sowie mit diesen in Verbindung stehende Unternehmen, die im Sinne des Abs. 1 an der Vorbereitung des Vergabeverfahrens beteiligt waren, sind, soweit durch ihre Teilnahme der faire und lautere Wettbewerb unter Beachtung des Grundsatzes der Gleichbehandlung verzerrt werden würde, von der Teilnahme am Vergabeverfahren auszuschließen. Vor dem Ausschluss ist dem betroffenen Unternehmer die Möglichkeit zu geben, nachzuweisen, dass seine Beteiligung an der Vorbereitung des Vergabeverfahrens den Wettbewerb nicht verzerren konnte.

Vermeidung von Interessenkonflikten

§ 199. (1) Der Sektorenauftraggeber hat geeignete Maßnahmen zur wirksamen Verhinderung, Aufdeckung und Behebung von sich bei der Durchführung von Vergabeverfahren ergebenden Interessenkonflikten zu treffen, um Wettbewerbsverzerrungen zu vermeiden und eine Gleichbehandlung aller Unternehmer zu gewährleisten.

(2) Ein Interessenkonflikt liegt jedenfalls dann vor, wenn Mitarbeiter eines Sektorenauftraggebers oder einer vergebenden Stelle, die an der Durchführung des Vergabeverfahrens beteiligt sind oder Einfluss auf den Ausgang des Verfahrens nehmen können, direkt oder indirekt ein finanzielles, wirtschaftliches oder sonstiges persönliches Interesse haben, das ihre Unparteilichkeit und Unabhängigkeit im Rahmen des Vergabeverfahrens beeinträchtigen könnte.

Schutz der Vertraulichkeit, Verwertungsrechte

§ 200. (1) Der Sektorenauftraggeber und die Teilnehmer eines Vergabeverfahrens haben den vertraulichen Charakter aller bei der Durchführung eines Vergabeverfahrens ausgetauschten Informationen zu wahren.

(2) Sofern in diesem Bundesgesetz nicht anderes bestimmt ist, darf der Sektorenauftraggeber keine ihm von einem Unternehmer übermittelten und von diesem als vertraulich bezeichneten Informationen weitergeben. Dies betrifft insbesondere technische Geheimnisse, Betriebsgeheimnisse sowie vertrauliche Aspekte der Angebote.

(3) Der Sektorenauftraggeber kann für die Teilnehmer eines Vergabeverfahrens Anforderungen zum Schutz der Vertraulichkeit von Informationen vorschreiben, die ihnen im Rahmen eines Vergabeverfahrens zur Verfügung gestellt, übermittelt bzw. bereitgestellt werden. Dies gilt auch für Bewerber und erfolgreiche Unternehmer im Prüfsystem.

(4) Soweit Schutzrechte oder Geheimhaltungsinteressen verletzt würden, dürfen sowohl der Sektorenauftraggeber als auch die Teilnehmer eines Vergabeverfahrens Ausarbeitungen des anderen sowie sonstige zur Verfügung gestellte, übermittelte bzw. bereitgestellte Pläne, Zeichnungen, Entwürfe, Modelle, Proben, Muster, Computerprogramme und dergleichen nur mit dessen ausdrücklicher Zustimmung für sich verwenden oder an Dritte weitergeben.

(5) Der Sektorenauftraggeber kann sich vorbehalten, bestimmte von ihm zur Verfügung gestellte, übermittelte bzw. bereitgestellte Pläne, Zeichnungen, Entwürfe, Modelle, Proben, Muster, Computerprogramme und dergleichen, für die keine Vergütung verlangt wurde, zurückzufordern.

(6) Die Bewerber oder Bieter können sich vorbehalten, für den Fall, dass ihnen der Zuschlag nicht erteilt wird, die Rückstellung jener besonderen Ausarbeitungen sowie von ihnen übermittelter Pläne, Zeichnungen, Entwürfe, Modelle, Proben, Muster, Computerprogramme und dergleichen zu verlangen, für die keine Vergütung vorgesehen ist. Dasselbe gilt für besondere Ausarbeitungen für Alternativangebote, von denen kein Gebrauch gemacht wird.

Gesamt- oder Losvergabe

§ 201. (1) Die Leistungen eines Vorhabens können gemeinsam oder getrennt vergeben werden (Gesamt- oder Losvergabe). Eine getrennte Vergabe in Losen kann in örtlicher oder zeitlicher Hinsicht, nach Menge und Art der Leistung oder im Hinblick auf Leistungen verschiedener Gewerbe oder Fachrichtungen erfolgen. Für die Gesamt- oder Losvergabe sind wirtschaftliche oder technische Gesichtspunkte, wie zB die Notwendigkeit einer einheitlichen Ausführung und einer eindeutigen Gewährleistung, maßgebend.

(2) Ein Zuschlag in Teilen einer ausgeschriebenen Gesamtleistung ist ebenso wie ein bloßer Vorbehalt einer allfälligen Losvergabe unzulässig. Soll die Möglichkeit für eine Vergabe in Losen gewahrt bleiben, sind sowohl die Gesamtleistung als auch die allenfalls getrennt zur Vergabe gelangenden Lose auszuschreiben.

(3) Erfolgt eine Losvergabe, hat der Sektorenauftraggeber

1. die Ausschreibung so zu gestalten, dass der Bieter Lospreise bilden kann, und
2. in der Bekanntmachung, in der Aufforderung zur Interessensbestätigung oder – im Fall der Bekanntmachung im Wege einer Bekanntmachung über das Bestehen eines Prüfsystems – in der Aufforderung zur Angebotsabgabe bzw. zur Teilnahme am Dialog anzugeben, ob Angebote nur für ein Los, für mehrere Lose oder für alle Lose abgegeben werden können sowie eine etwaige Höchstzahl der Lose, für die ein einzelner Bieter den Zuschlag erhalten kann.

(4) Der Sektorenauftraggeber hat für den Fall, dass die Anwendung der Zuschlagskriterien dazu führen würde, dass ein einzelner Bieter den Zuschlag für eine größere Zahl von Losen als die gemäß Abs. 3 Z 2 festgelegte Höchstzahl erhalten würde, in den Ausschreibungsunterlagen objektive und nicht diskriminierende Kriterien oder Regeln für die Losvergabe festzulegen.

(5) Erfolgt eine Losvergabe, kann der Sektorenauftraggeber Aufträge über mehrere oder alle Lose aufgrund einer gesamthaften Bewertung an einen Bieter vergeben, wenn er sich in der Bekanntmachung oder in der Aufforderung zur Interessensbestätigung diese Möglichkeit vorbehalten hat, er die Lose oder Losgruppen angegeben hat, die kombiniert werden können, und die gemeinsame Vergabe der Lose wirtschaftlich günstiger als eine getrennte Vergabe der Lose ist.

Verwendung des CPV

§ 202. Bei der Durchführung von Vergabeverfahren und für die Erstellung von Statistiken hat der Sektorenauftraggeber die jeweils aktuellen Bezeichnungen und Codes des CPV zu verwenden. Dies gilt insbesondere für die Abgrenzung des Anwendungsbereiches dieses Bundesgesetzes, für Bekanntmachungen, für die Beschreibung des Auftragsgegenstandes und für die Erstellung des Vergabevermerkes.

2. Hauptstück
Arten und Wahl der Vergabeverfahren
1. Abschnitt
Arten der Vergabeverfahren
Arten der Verfahren zur Vergabe von Aufträgen

§ 203. (1) Die Vergabe von Aufträgen über Leistungen hat im Wege eines offenen Verfahrens, eines nicht offenen Verfahrens, eines Verhandlungsverfahrens, einer Rahmenvereinbarung, eines dynamischen Beschaffungssystems, eines wettbewerblichen Dialoges, einer Innovationspartnerschaft, einer Direktvergabe oder einer Direktvergabe mit vorheriger Bekanntmachung zu erfolgen.

(2) Beim offenen Verfahren wird eine unbeschränkte Anzahl von Unternehmern öffentlich zur Abgabe von Angeboten aufgefordert.

(3) Beim nicht offenen Verfahren mit vorheriger Bekanntmachung werden, nachdem eine unbeschränkte Anzahl von Unternehmern öffentlich zur Abgabe von Teilnahmeanträgen aufgefordert wurde, ausgewählte geeignete Bewerber zur Abgabe von Angeboten aufgefordert.

(4) Beim nicht offenen Verfahren ohne vorherige Bekanntmachung wird eine beschränkte Anzahl von geeigneten Unternehmern zur Abgabe von Angeboten aufgefordert.

(5) Beim Verhandlungsverfahren mit vorheriger Bekanntmachung werden, nachdem eine unbeschränkte Anzahl von Unternehmern öffentlich zur Abgabe von Teilnahmeanträgen aufgefordert wurde, ausgewählte geeignete Bewerber zur Abgabe von Angeboten aufgefordert. Danach kann über den Auftragsinhalt verhandelt werden.

(6) Beim Verhandlungsverfahren ohne vorherige Bekanntmachung wird eine beschränkte Anzahl von geeigneten Unternehmern zur Abgabe von Angeboten aufgefordert. Danach kann über den Auftragsinhalt verhandelt werden.

(7) Eine Rahmenvereinbarung ist eine Vereinbarung ohne Abnahmeverpflichtung zwischen einem oder mehreren Sektorenauftraggebern und einem oder mehreren Unternehmern, die zum Ziel hat, die Bedingungen für die Aufträge, die während eines bestimmten Zeitraumes vergeben werden sollen, festzulegen, insbesondere in Bezug auf den in Aussicht genommenen Preis und gegebenenfalls die in Aussicht genommene Menge. Aufgrund einer Rahmenvereinbarung wird nach Abgabe von Angeboten eine Leistung von einer Partei der Rahmenvereinbarung mit oder ohne erneuten Aufruf zum Wettbewerb bezogen.

(8) Ein dynamisches Beschaffungssystem ist ein vollelektronisches Verfahren für die Beschaffung von Leistungen, bei denen die allgemein auf dem Markt verfügbaren Merkmale den Anforderungen des Sektorenauftraggebers genügen. Bei einem dynamischen Beschaffungssystem wird eine unbeschränkte Anzahl von Unternehmern öffentlich zur Abgabe von Teilnahmeanträgen aufgefordert und alle geeigneten Unternehmer sind während seiner Gültigkeitsdauer zur Teilnahme am System zuzulassen. Bei einem dynamischen Beschaffungssystem wird die Leistung nach einer gesonderten Aufforderung zur Angebotsabgabe von einem Teilnehmer am dynamischen Beschaffungssystem bezogen. Ein dynamisches Beschaffungssystem kann in Kategorien von Waren, Bauleistungen oder Dienstleistungen untergliedert werden, die anhand von Merkmalen der vorgesehenen Beschaffung in der betreffenden Kategorie sachlich definiert werden.

(9) Beim wettbewerblichen Dialog führt der Sektorenauftraggeber, nachdem eine unbeschränkte

Anzahl von Unternehmern öffentlich zur Abgabe von Teilnahmeanträgen aufgefordert wurde, mit ausgewählten geeigneten Bewerbern einen Dialog über alle Aspekte des Auftrages. Ziel des Dialoges ist es, eine oder mehrere der Ausschreibung entsprechende Lösung oder Lösungen zu ermitteln, auf deren Grundlage die jeweiligen Teilnehmer zur Angebotsabgabe aufgefordert werden.

(10) Bei einer Innovationspartnerschaft werden, nachdem eine unbeschränkte Anzahl von Unternehmern öffentlich zur Abgabe von Teilnahmeanträgen aufgefordert wurde, ausgewählte geeignete Bewerber zur Abgabe von Angeboten zur Entwicklung einer innovativen Ware, Bau- oder Dienstleistung aufgefordert. Danach wird über den Auftragsinhalt (Entwicklung und anschließender Erwerb der daraus hervorgehenden Leistung) verhandelt.

(11) Bei der Direktvergabe wird eine Leistung, gegebenenfalls nach Einholung von Angeboten oder unverbindlichen Preisauskünften von einem oder mehreren Unternehmern, formfrei von einem ausgewählten geeigneten Unternehmer gegen Entgelt bezogen.

(12) Bei der Direktvergabe mit vorheriger Bekanntmachung wird, nachdem einer unbeschränkten Anzahl von Unternehmern die beabsichtigte Vergabe eines Auftrages bekannt gemacht wurde, und nach Einholung von einem oder mehreren Angeboten, eine Leistung formfrei von einem ausgewählten geeigneten Unternehmer gegen Entgelt bezogen.

Arten des Wettbewerbes

§ 204. (1) Wettbewerbe können als Ideenwettbewerbe oder als Realisierungswettbewerbe durchgeführt werden.

(2) Ideenwettbewerbe sind Verfahren, die dazu dienen, dem Sektorenauftraggeber insbesondere auf den Gebieten der Raumplanung, der Stadtplanung, der Architektur und des Bauwesens, der Werbung oder der Datenverarbeitung einen Plan oder eine Planung zu verschaffen, dessen oder deren Auswahl durch ein Preisgericht aufgrund vergleichender Beurteilung erfolgt.

(3) Realisierungswettbewerbe sind Verfahren, bei denen im Anschluss an die Durchführung eines Ideenwettbewerbes ein Verhandlungsverfahren zur Vergabe eines Dienstleistungsauftrages gemäß § 206 Abs. 1 Z 11 durchgeführt wird.

(4) Die Durchführung von Wettbewerben hat im Wege eines offenen, eines nicht offenen oder eines geladenen Wettbewerbes zu erfolgen.

(5) Beim offenen Wettbewerb wird eine unbeschränkte Anzahl von Unternehmern und Personen öffentlich zur Vorlage von Wettbewerbsarbeiten aufgefordert.

(6) Beim nicht offenen Wettbewerb werden, nachdem eine unbeschränkte Anzahl von Unternehmern und Personen öffentlich zur Abgabe von Teilnahmeanträgen aufgefordert wurde, ausgewählte geeignete Wettbewerbsteilnehmer zur Vorlage von Wettbewerbsarbeiten aufgefordert.

(7) Beim geladenen Wettbewerb wird eine beschränkte Anzahl von geeigneten Wettbewerbsteilnehmern unmittelbar zur Vorlage von Wettbewerbsarbeiten aufgefordert.

2. Abschnitt

Wahl der Vergabeverfahren im Oberschwellenbereich

Wahl des offenen Verfahrens, des nicht offenen Verfahrens mit vorheriger Bekanntmachung, des Verhandlungsverfahrens mit vorheriger Bekanntmachung und des wettbewerblichen Dialoges

§ 205. Der Sektorenauftraggeber kann bei der Vergabe von Aufträgen frei zwischen dem offenen Verfahren, dem nicht offenen Verfahren mit vorheriger Bekanntmachung, dem Verhandlungsverfahren mit vorheriger Bekanntmachung und dem wettbewerblichen Dialog wählen.

Wahl des Verhandlungsverfahrens ohne vorherige Bekanntmachung

§ 206. (1) Aufträge können im Verhandlungsverfahren ohne vorherige Bekanntmachung vergeben werden, wenn

1. im Rahmen eines durchgeführten Verfahrens mit vorheriger Bekanntmachung kein oder kein im Sinne des Abs. 2 geeignetes Angebot abgegeben oder kein oder kein im Sinne des Abs. 2 geeigneter Teilnahmeantrag gestellt worden ist und die ursprünglichen Bedingungen für den Auftrag nicht wesentlich geändert werden, oder
2. es sich um einen Auftrag handelt, der ausschließlich zu Forschungs-, Versuchs-, Untersuchungs- oder Entwicklungszwecken und nicht zum Zweck der Gewinnerzielung oder der Deckung von Forschungs- und Entwicklungskosten vergeben wird, sofern die Vergabe eines derartigen Auftrages einer Bekanntmachung für Folgeaufträge, die insbesondere dem Zweck der Gewinnerzielung oder der Deckung von Forschungs- und Entwicklungskosten dienen, nicht vorgreift, oder
3. die Leistung nur von einem bestimmten Unternehmer erbracht werden kann, weil das Ziel der Auftragsvergabe die Erschaffung oder der Erwerb eines einzigartigen Kunstwerkes oder einer einzigartigen künstlerischen Leistung ist, oder
4. die Leistung nur von einem bestimmten Unternehmer erbracht werden kann, weil

a) aus technischen Gründen ein Wettbewerb nicht vorhanden ist, oder

b) die Leistung aufgrund des Schutzes von ausschließlichen Rechten, wie etwa der Rechte am geistigen Eigentum, nur von einem bestimmten Unternehmer erbracht werden kann,

und es keine vernünftige Alternative oder Ersatzlösung gibt und der mangelnde Wettbewerb nicht das Ergebnis einer künstlichen Einschränkung der Anforderungen des Vergabeverfahrens ist, oder

5. äußerst dringliche, zwingende Gründe, die nicht dem Verhalten des Sektorenauftraggebers zuzuschreiben sind, im Zusammenhang mit Ereignissen, die der Sektorenauftraggeber nicht voraussehen konnte, es nicht zulassen, die im offenen Verfahren, im nicht offenen Verfahren mit vorheriger Bekanntmachung oder im Verhandlungsverfahren mit vorheriger Bekanntmachung vorgeschriebenen Fristen einzuhalten, oder
6. für früher durchgeführte Lieferungen des ursprünglichen Unternehmers zusätzliche Lieferungen notwendig werden, die entweder zur teilweisen Erneuerung der gelieferten Waren oder Einrichtungen oder zur Erweiterung von bestehenden Lieferungen oder Einrichtungen bestimmt sind, und ein Wechsel des Auftragnehmers dazu führen würde, dass der Sektorenauftraggeber Waren mit unterschiedlichen technischen Merkmalen kaufen müsste und dies eine technische Unvereinbarkeit oder unverhältnismäßige technische Schwierigkeiten bei Gebrauch und Wartung mit sich bringen würde, oder
7. neue Bau- oder Dienstleistungen in der Wiederholung gleichartiger Bau- oder Dienstleistungen bestehen, und

a) der Auftrag von demselben Sektorenauftraggeber an den Auftragnehmer, der den ursprünglichen Auftrag erhalten hat, vergeben wird,
b) der ursprüngliche Auftrag im Wege eines offenen Verfahrens, eines nicht offenen Verfahrens mit vorheriger Bekanntmachung, eines Verhandlungsverfahren mit vorheriger Bekanntmachung, eines wettbewerblichen Dialoges oder einer Innovationspartnerschaft vergeben wurde,
c) die Bau- oder Dienstleistungen einem Grundprojekt entsprechen und dieses Projekt auch Grundlage des ursprünglichen Auftrages war,
d) die Möglichkeit der Anwendung eines derartigen Verhandlungsverfahrens bereits in der ersten Ausschreibung vorgesehen war,
e) der Umfang möglicher zusätzlicher Bau- oder Dienstleistungen sowie die Bedingungen, unter denen sie vergeben werden, in der ersten Ausschreibung angegeben war und
f) der geschätzte Gesamtauftragswert der fortgesetzten Bau- oder Dienstleistungen bei der Berechnung des geschätzten Auftragswertes des ursprünglichen Auftrages berücksichtigt wurde, oder

8. es sich um die Lieferung von Waren handelt, die an Börsen notiert und gekauft werden, oder
9. es sich um Gelegenheitskäufe handelt, bei denen Waren aufgrund einer besonders günstigen Gelegenheit, die sich für einen sehr kurzen Zeitraum ergeben hat, zu einem Preis beschafft werden können, der erheblich unter den marktüblichen Preisen liegt, oder
10. es sich um Liefer- oder Dienstleistungen handelt, die zu besonders günstigen Bedingungen von einem Unternehmer, der seine Geschäftstätigkeit endgültig einstellt, oder von einem Verwalter oder Liquidator im Rahmen eines Insolvenzverfahrens, einer Vereinbarung mit Gläubigern oder eines in den Rechts- oder Verwaltungsvorschriften einer anderen EWR-Vertragspartei vorgesehenen gleichartigen Verfahrens erworben werden, oder
11. der betreffende Dienstleistungsauftrag im Anschluss an einen durchgeführten Wettbewerb gemäß den im Wettbewerb festgelegten Bestimmungen an den Gewinner oder einen der Gewinner des Wettbewerbes vergeben werden muss. Im letzteren Fall sind alle Gewinner des Wettbewerbes zur Teilnahme an den Verhandlungen aufzufordern.

(2) Ein Angebot gilt als ungeeignet, wenn es ohne wesentliche Änderungen offensichtlich nicht den in der Ausschreibung genannten Bedürfnissen und Anforderungen des Sektorenauftraggebers entspricht. Ein Teilnahmeantrag gilt als ungeeignet, wenn die Eignung des Unternehmers nicht gegeben ist.

Wahl der elektronischen Auktion

§ 207. Aufträge können im Wege einer elektronischen Auktion vergeben werden, wenn bei der Durchführung eines offenen Verfahrens, eines nicht offenen Verfahrens, eines Verhandlungsverfahrens mit vorheriger Bekanntmachung, bei der Vergabe von Aufträgen aufgrund einer Rahmenvereinbarung mit erneutem Aufruf zum Wettbewerb oder bei der Vergabe von Aufträgen aufgrund eines dynamischen Beschaffungssystems die Spezifikationen des Auftrages in der Ausschreibung eindeutig und vollständig beschrieben sind. Die Auktion kann sich nur auf Angebotsteile beziehen, die in eindeutiger und objektiv nachvollziehbarer Weise so quantifizierbar sind, dass sie in Zahlen oder in Prozentangaben darstellbar sind. Bau- oder Dienstleistungsaufträge, die geistige Leistungen – wie etwa die Planung von Bauwerken – zum Gegenstand haben, können nicht Gegenstand einer elektronischen Auktion sein.

Abschluss von Rahmenvereinbarungen und Vergabe von Aufträgen aufgrund einer Rahmenvereinbarung

§ 208. Aufträge können aufgrund einer Rahmenvereinbarung vergeben werden, sofern die Rahmenvereinbarung nach Durchführung eines offenen Verfahrens, eines nicht offenen Verfahrens mit vorheriger Bekanntmachung oder eines Verhandlungsverfahrens abgeschlossen wurde.

Einrichtung eines dynamischen Beschaffungssystems und Vergabe von Aufträgen aufgrund eines dynamischen Beschaffungssystems

§ 209. Aufträge können aufgrund eines dynamischen Beschaffungssystems vergeben werden, sofern das dynamische Beschaffungssystem gemäß den §§ 322 und 323 eingerichtet und betrieben wird.

Wahl der Innovationspartnerschaft

§ 210. Aufträge können im Wege einer Innovationspartnerschaft vergeben werden, wenn ein Bedarf nach einer innovativen Ware, Bau- oder Dienstleistung besteht, der nicht durch den Erwerb von bereits auf dem Markt verfügbaren Waren, Bau- oder Dienstleistungen befriedigt werden kann.

Wahl des Wettbewerbes

§ 211. Der Sektorenauftraggeber kann bei der Durchführung von Wettbewerben frei zwischen dem offenen und dem nicht offenen Wettbewerb wählen.

3. Abschnitt

Wahl der Vergabeverfahren im Unterschwellenbereich

Wahl des Verfahrens zur Vergabe von Aufträgen

§ 212. Aufträge im Unterschwellenbereich sind, unbeschadet der Regelung der §§ 213 und 214, in einem in § 203 genannten Verfahren zu vergeben. Soweit dies aufgrund des Wertes und des Gegenstandes des Auftrages erforderlich erscheint, ist eine Verfahrensart zu wählen, durch die ein angemessener Grad von Öffentlichkeit gewährleistet ist. Von einer Bekanntmachung eines Verfahrens kann insbesondere Abstand genommen werden, wenn eine der in § 206 genannten Voraussetzungen vorliegt.

Direktvergabe

§ 213. (1) Für die Vergabe von Aufträgen durch Sektorenauftraggeber im Wege der Direktvergabe gelten ausschließlich der 1. Teil, die §§ 167 bis 169, 176 bis 179, 181 Abs. 1 bis 4, 183 Abs. 1, 186 bis 189, 192 Abs. 1, 193 Abs. 1 bis 4 und 9, 202, 203 Abs. 11, 237, 269, 278, der 4. Teil, die §§ 358, 360 Abs. 1 und 5, 361, 362, 364, 366 Z 2, 369, 370, 372, 373 und der 6. Teil sowie die Vorschriften der Abs. 2 bis 4.

(2) Eine Direktvergabe ist ausschließlich zulässig, wenn der geschätzte Auftragswert 75 000 Euro *(Anm. 1)* nicht erreicht.

(3) Die Eignung des erfolgreichen Bieters muss spätestens zum Zeitpunkt des Zuschlages vorliegen. An Unternehmer, über deren Vermögen ein Insolvenzverfahren eröffnet oder mangels kostendeckenden Vermögens kein Insolvenzverfahren eröffnet wurde oder die sich in Liquidation befinden oder ihre gewerbliche Tätigkeit einstellen, können jedoch Aufträge im Wege der Direktvergabe vergeben werden, wenn ihre Leistungsfähigkeit dazu hinreicht.

(4) Die bei der Durchführung einer Direktvergabe gegebenenfalls eingeholten Angebote oder unverbindlichen Preisauskünfte sind entsprechend zu dokumentieren. Der Sektorenauftraggeber hat überdies den Gegenstand und Wert des vergebenen Auftrages, den Namen des Auftragnehmers sowie, sofern der Dokumentationsaufwand wirtschaftlich vertretbar ist, die Prüfung der Preisangemessenheit zu dokumentieren.

(

Anm. 1: gemäß Schwellenwerteverordnung 2018, BGBl. II Nr. 211/2018 ab 21.8.2018 bis 31.12.2022 und Schwellenwerteverordnung 2023, BGBl. II Nr. 34/2023 ab 7.2.2023 bis 30.6.2023:

100 000 Euro)

Direktvergabe mit vorheriger Bekanntmachung

§ 214. (1) Für die Vergabe von Aufträgen durch Sektorenauftraggeber im Wege der Direktvergabe mit vorheriger Bekanntmachung gelten ausschließlich der 1. Teil mit Ausnahme des § 2 Z 22, die §§ 167 bis 169, 176 bis 179, 181 Abs. 1 bis 4, 183 Abs. 1, 186 bis 189, 192 Abs. 1, 193 Abs. 1 bis 4 und 9, 202, 203 Abs. 12, 237, 269, 278, 308 Abs. 1, 311 Abs. 9, der 4. Teil, die §§ 358, 360 Abs. 1 und 5, 361, 362, 364, 365 Abs. 1, 366 Z 2, 369, 370, 372, 373 und der 6. Teil sowie die Vorschriften der Abs. 2 bis 8.

(2) Eine Direktvergabe mit vorheriger Bekanntmachung ist ausschließlich zulässig, wenn der geschätzte Auftragswert

1. bei Liefer- und Dienstleistungsaufträgen 200 000 Euro und
2. bei Bauaufträgen 500 000 Euro

nicht erreicht.

(3) Der Sektorenauftraggeber hat die beabsichtigte Vergabe eines Bau-, Liefer- oder Dienstleistungsauftrages mittels einer Direktvergabe mit vorheriger Bekanntmachung gemäß § 234 Abs. 1 und 2 bekannt zu machen.

(4) Der Sektorenauftraggeber muss objektive, nicht diskriminierende und mit dem Auftragsgegenstand zusammenhängende Kriterien festlegen, anhand derer die allenfalls vorgesehene Auswahl des Unternehmers bzw. der Unternehmer erfolgt, von dem bzw. denen Angebote eingeholt werden, und anhand derer das erfolgreiche Angebot bestimmt wird.

(5) Der Sektorenauftraggeber hat den Unternehmern, die sich um eine Teilnahme am Verfahren zur Direktvergabe mit vorheriger Bekanntmachung beworben oder ein Angebot gelegt haben, unverzüglich nach Zuschlagserteilung mitzuteilen, welchem Unternehmer der Zuschlag erteilt wurde. In dieser Mitteilung ist der Gesamtpreis anzugeben.

(6) Die Eignung des erfolgreichen Bieters muss spätestens zum Zeitpunkt des Zuschlages vorliegen. An Unternehmer, über deren Vermögen ein Insolvenzverfahren eröffnet oder mangels kostendeckenden Vermögens kein Insolvenzverfahren eröffnet wurde oder die sich in Liquidation befinden oder ihre gewerbliche Tätigkeit einstellen, können jedoch Aufträge im Wege der Direktvergabe mit vorheriger Bekanntmachung vergeben werden, wenn ihre Leistungsfähigkeit dazu hinreicht.

(7) Der Sektorenauftraggeber hat die Widerrufserklärung den Unternehmern, die sich um eine Teilnahme am Verfahren zur Direktvergabe mit vorheriger Bekanntmachung beworben oder ein Angebot gelegt haben, unverzüglich bereitzustellen bzw. zu übermitteln.

(8) Der Sektorenauftraggeber hat alle wesentlichen Festlegungen und Vorgänge im Vergabeverfahren, den Gegenstand und Wert des vergebenen Auftrages, den Namen des Auftragnehmers sowie, sofern der Dokumentationsaufwand wirtschaftlich vertretbar ist, die Prüfung der Preisangemessenheit zu dokumentieren.

Abschluss von Rahmenvereinbarungen und Vergabe von Aufträgen aufgrund einer Rahmenvereinbarung

§ 215. Aufträge können aufgrund einer Rahmenvereinbarung vergeben werden, sofern die Rahmenvereinbarung nach Durchführung eines offenen Verfahrens, eines nicht offenen Verfahrens oder eines Verhandlungsverfahrens abgeschlossen wurde. Soweit im Hinblick auf die spezifischen Merkmale der Rahmenvereinbarung ein eindeutiges grenzüberschreitendes Interesse besteht, ist beim Abschluss einer Rahmenvereinbarung eine Verfahrensart zu wählen, durch die ein angemessener Grad von Öffentlichkeit gewährleistet ist.

Wahl des Wettbewerbes

§ 216. (1) Der Sektorenauftraggeber kann bei der Durchführung von Wettbewerben frei zwischen dem offenen und dem nicht offenen Wettbewerb wählen.

(2) Sofern dem Sektorenauftraggeber genügend geeignete Unternehmer bekannt sind, ist die Durchführung eines geladenen Wettbewerbes zulässig.

3. Hauptstück
Bestimmungen für die Durchführung von Vergabeverfahren
1. Abschnitt
Wege der Informationsübermittlung, Dokumentation
Elektronische Kommunikation

§ 217. (1) Der Sektorenauftraggeber kann, sofern in den nachfolgenden Absätzen nicht anderes bestimmt wird, zwischen der elektronischen Kommunikation, der Kommunikation über den Postweg oder über einen anderen geeigneten Weg oder einer Kombination dieser Kommunikationswege wählen. Soweit die Kommunikation zwischen Sektorenauftraggeber und Unternehmer in einem Vergabeverfahren nicht elektronisch erfolgt, gilt Abs. 7 für minder bedeutsame Kommunikation.

(2) Im Oberschwellenbereich hat die Kommunikation zwischen Sektorenauftraggeber und Unternehmer nach Maßgabe der folgenden Absätze elektronisch zu erfolgen. Soweit die Kommunikation zwischen Sektorenauftraggeber und Unternehmer in einem Vergabeverfahren elektronisch erfolgt oder zu erfolgen hat, gelten die folgenden Absätze.

(Anm.: Abs. 2a aufgehoben durch Art. 2 Z 11, BGBl. I Nr. 65/2018)

(3) Der Sektorenauftraggeber hat unter Beachtung der folgenden Absätze in der Ausschreibung nähere Festlegungen hinsichtlich der zu beachtenden Anforderungen an die elektronische Kommunikation zu treffen.

(4) Der Unternehmer hat Informationen elektronisch zu übermitteln. Der Sektorenauftraggeber kann Informationen elektronisch übermitteln oder elektronisch bereitstellen; der Unternehmer ist von der Bereitstellung unverzüglich zu verständigen. Informationen gelten als übermittelt, sobald die Daten in den elektronischen Verfügungsbereich des Empfängers gelangt sind. Informationen gelten als bereitgestellt, sobald die Daten für den Empfänger abrufbar sind.

(5) Die für die elektronische Kommunikation zu verwendenden Kommunikationsmittel sowie deren technische Merkmale dürfen keinen diskriminierenden Charakter haben, müssen allgemein verfügbar sowie mit den allgemein verbreiteten Erzeugnissen der Informations- und Kommunikationstechnologie kompatibel sein und dürfen den Zugang des Unternehmers zum Vergabeverfahren nicht beschränken.

(6) Die Kommunikation muss insoweit nicht elektronisch erfolgen, als

1. die Nutzung elektronischer Kommunikationsmittel aufgrund der besonderen Art des Auftrages bzw. des Wettbewerbes spezifische Instrumente, Vorrichtungen oder Dateiformate

erfordern würde, die nicht allgemein verfügbar sind oder nicht von allgemein verfügbaren Anwendungen unterstützt werden, oder
2. die für die Kommunikation verwendete Anwendung Dateiformate unterstützt, die sich für die Beschreibung des Angebotes bzw. der Wettbewerbsarbeit eignen, jedoch selbst Dateiformate verwendet, die
a) nicht mittels anderer allgemein verfügbarer Anwendungen verarbeitet werden können oder
b) durch Lizenzen geschützt sind und nicht vom Sektorenauftraggeber übermittelt bzw. bereitgestellt werden können, oder
3. die Nutzung der elektronischen Kommunikationsmittel spezielle Bürogeräte erfordern würde, die für Sektorenauftraggeber nicht allgemein verfügbar sind, oder
4. in den Ausschreibungs- oder Wettbewerbsunterlagen die Einreichung von physischen oder maßstabsgetreuen Modellen verlangt wird, die nicht elektronisch übermittelt werden können, oder
5. dies aufgrund einer Verletzung der Sicherheit der elektronischen Kommunikation erforderlich ist oder
6. dies zum Schutz besonders sensibler Informationen erforderlich ist. Diese Informationen müssen ein so hohes Schutzniveau erfordern, dass dies durch elektronische Instrumente und Vorrichtungen, die für den Unternehmer allgemein verfügbar sind oder diesem gemäß Abs. 10 bereitgestellt werden können, nicht angemessen gewährleistet werden kann.

Die Gründe für die Verwendung anderer Kommunikationsmittel sind im Vergabevermerk anzugeben.

(7) Die Kommunikation kann mündlich erfolgen, soweit diese keine wesentlichen Bestandteile des Vergabeverfahrens betrifft und ihr Inhalt ausreichend dokumentiert wird. Als wesentliche Bestandteile gelten jedenfalls die Ausschreibungs- oder Wettbewerbsunterlagen, der Teilnahmeantrag, die Interessensbestätigung, das Angebot und die Wettbewerbsarbeit.

(8) Sofern bei fristgebundenen Kommunikationen der vom Sektorenauftraggeber für die Durchführung des Vergabeverfahrens verwendete Server bis zum Zeitpunkt des Ablaufes der jeweiligen Frist nicht durchgehend empfangsbereit ist, hat der Sektorenauftraggeber die betreffende Frist erforderlichenfalls entsprechend zu verlängern. Jedenfalls ist allen Bewerbern oder Bietern eine Verlängerung der Teilnahmeantrags- oder Angebotsfrist mitzuteilen. Ist dies nicht möglich, so ist die Verlängerung in geeigneter Form bekannt zu machen.

(9) Der Sektorenauftraggeber hat bei der gesamten elektronischen Kommunikation sicherzustellen, dass die Integrität der Daten in seinem elektronischen Verfügungsbereich gewährleistet ist.

(10) Der Sektorenauftraggeber kann die Verwendung von Instrumenten und Vorrichtungen vorschreiben, die nicht allgemein verfügbar sind, sofern er dem Unternehmer einen alternativen Zugang anbietet. Ein solcher liegt jedenfalls vor, wenn der Sektorenauftraggeber
1. ab dem Tag der Veröffentlichung der Bekanntmachung oder dem Tag der Absendung der Aufforderung zur Interessensbestätigung einen kostenlosen, direkten, uneingeschränkten und vollständigen elektronischen Zugang zu diesen Instrumenten und Vorrichtungen anbietet, oder
2. gewährleistet, dass ein Unternehmer, der aus von ihm nicht zu verantwortenden Gründen keinen Zugang zu den Instrumenten und Vorrichtungen und keine Möglichkeit hat, diese fristgerecht zu besorgen, Zugang zum Vergabeverfahren mittels provisorischer, unentgeltlicher und online verfügbarer Token erhält, oder
3. einen alternativen Kanal für die elektronische Kommunikation unterstützt oder anbietet.

Die Bekanntmachung oder die Aufforderung zur Interessensbestätigung muss die Internet–Adresse, über die die Instrumente und Vorrichtungen gemäß Z 1 zugänglich sind, angeben.

(11) Für die Instrumente und Vorrichtungen zur elektronischen Übermittlung und den Empfang von Angeboten, Wettbewerbsarbeiten und Teilnahmeanträgen gilt:
1. die Instrumente und Vorrichtungen müssen den Anforderungen des **Anhanges V** entsprechen und
2. die Informationen über die Spezifikationen für die elektronische Übermittlung der Angebote, Wettbewerbsarbeiten und Teilnahmeanträge, einschließlich Informationen über Verschlüsselung und Zeitstempel, müssen dem Unternehmer zugänglich sein.

(12) Bei Übermittlung von Ausschreibungs- und Wettbewerbsunterlagen, Teilnahmeanträgen, Angeboten, Wettbewerbsarbeiten sowie Auftragsbestätigungen sind diese mit einer qualifizierten elektronischen Signatur, einem qualifizierten elektronischen Siegel oder einer Amtssignatur gemäß § 19 Abs. 1 E-GovG zu versehen bzw. hat die Übermittlung so zu erfolgen, dass die Vollständigkeit, Echtheit und Unverfälschtheit der Datensätze mit einer Qualität gewährleistet ist, die mit der Qualität einer qualifizierten elektronischen Signatur bzw. eines qualifizierten elektronischen Siegels vergleichbar ist.

(13) Der Bundesminister für Verfassung, Reformen, Deregulierung und Justiz im Einvernehmen mit dem Bundesminister für Finanzen und die Landesregierungen können, sofern dies einer homogeneren Abwicklung von Vergabeverfahren dient, für den jeweiligen Vollziehungsbereich bzw. Teile des jeweiligen Vollziehungsbereiches durch Verordnung jeweils eine bestimmte elektronische

Kommunikationsplattform festlegen, welche die Sektorenauftraggeber im jeweiligen Vollziehungsbereich bei der elektronischen Kommunikation zu nutzen haben. In dieser Verordnung sind nähere Festlegungen hinsichtlich des Umfanges der Verpflichtung zur Nutzung einschließlich einer etwaigen Verpflichtung, auch die Ausschreibungs- oder Wettbewerbsunterlagen gemäß § 260 auf der Kommunikationsplattform zur Verfügung zu stellen, zu treffen sowie nähere Modalitäten zur Nutzung vorzuschreiben. Der Bundesminister für Verfassung, Reformen, Deregulierung und Justiz im Einvernehmen mit dem Bundesminister für Finanzen und die Landesregierungen können, sofern dies einer homogeneren Abwicklung von Vergabeverfahren dient, für den jeweiligen Vollziehungsbereich bzw. Teile des jeweiligen Vollziehungsbereiches durch Verordnung technische Anforderungen zur Sicherstellung des Datenaustausches zwischen elektronischen Kommunikationsplattformen festlegen.

Dokumentationspflichten

§ 218. (1) Der Sektorenauftraggeber hat alle wesentlichen Entscheidungen und Vorgänge im Zusammenhang mit einem Vergabeverfahren so ausreichend zu dokumentieren, dass sie nachvollzogen werden können. Ferner ist jede Mitwirkung von Dritten an der Vorbereitung einer Ausschreibung zu dokumentieren. Die Dokumentation ist für mindestens drei Jahre ab Zuschlagserteilung aufzubewahren.

(2) Sofern Dokumente ausschließlich in elektronischer Form erstellt bzw. übermittelt werden, sind sie in jener Form und mit jenem Inhalt, die oder den sie zum Zeitpunkt des Verfassens durch den Sektorenauftraggeber oder des Absendens vom bzw. des Einlangens beim Sektorenauftraggeber aufweisen, so zu kennzeichnen und zu speichern, dass ein nachträgliches Verändern des Inhaltes sowie des Zeitpunktes des Verfassens, des Absendens vom bzw. des Einlangens beim Sektorenauftraggeber feststellbar ist (Integrität der Daten).

2. Abschnitt

Bekanntmachungen

1. Unterabschnitt

Allgemeine Bestimmungen über Bekanntmachungen

Bekanntmachung der beabsichtigten Vergabe von Leistungen

§ 219. (1) Bekannt zu machen sind:

1. die beabsichtigte Vergabe eines Bau-, Liefer- oder Dienstleistungsauftrages im offenen Verfahren, im nicht offenen Verfahren mit vorheriger Bekanntmachung, im Verhandlungsverfahren mit vorheriger Bekanntmachung, im Rahmen eines wettbewerblichen Dialoges oder einer Innovationspartnerschaft;
2. die beabsichtigte Vergabe eines besonderen Dienstleistungsauftrages oder eines Dienstleistungsauftrages über öffentliche Personenverkehrsdienste auf der Schiene oder per Untergrundbahn in einem Verfahren mit vorheriger Bekanntmachung;
3. der beabsichtigte Abschluss einer Rahmenvereinbarung, sofern nicht von der Möglichkeit der Anwendung des nicht offenen Verfahrens ohne vorherige Bekanntmachung oder des Verhandlungsverfahrens ohne vorherige Bekanntmachung zum Abschluss einer Rahmenvereinbarung Gebrauch gemacht wird;
4. die beabsichtigte Durchführung eines offenen oder nicht offenen Wettbewerbes;
5. die beabsichtigte Einrichtung eines dynamischen Beschaffungssystems und jede Änderung der Gültigkeitsdauer eines dynamischen Beschaffungssystems, bei Bekanntmachungen in Österreich auch die Einstellung des dynamischen Beschaffungssystems;
6. die beabsichtigte Einrichtung eines Prüfsystems und jede Änderung der Gültigkeitsdauer eines Prüfsystems, bei Bekanntmachungen in Österreich auch die Einstellung des Prüfsystems.

(2) In der Bekanntmachung ist auf das allfällige Erfordernis einer behördlichen Entscheidung für die Zulässigkeit der Ausübung einer Tätigkeit in Österreich sowie auf die Verpflichtung gemäß § 194 Abs. 1 ausdrücklich hinzuweisen.

(3) Der Sektorenauftraggeber hat in der Bekanntmachung anzugeben, welcher Nachweis oder welche Nachweise für die Befugnis, die berufliche Zuverlässigkeit, die finanzielle und wirtschaftliche Leistungsfähigkeit und die technische Leistungsfähigkeit vorzulegen oder auf Aufforderung durch den Sektorenauftraggeber nachzureichen sind.

(4) Soll das Angebot, dem der Zuschlag erteilt werden soll, im Wege einer elektronischen Auktion ermittelt werden, so hat die Bekanntmachung gemäß Abs. 1 Z 1 bis 3 und 5 eine dahingehende Festlegung zu enthalten.

(5) Soll das Angebot in Form eines elektronischen Kataloges abgegeben werden oder soll das Angebot einen elektronischen Katalog beinhalten, so hat die Bekanntmachung gemäß Abs. 1 Z 1 bis 3 und 5 eine dahingehende Festlegung zu enthalten.

(6) Soll ein Realisierungswettbewerb durchgeführt werden, hat die Bekanntmachung einen Hinweis auf die anschließende Durchführung eines Verhandlungsverfahrens zur Vergabe eines Dienstleistungsauftrages gemäß § 206 Abs. 1 Z 11 zu enthalten.

(7) In der Bekanntmachung der Einrichtung eines dynamischen Beschaffungssystems ist dessen Laufzeit bzw. dessen Beginn- und Endzeitpunkt

anzugeben und – sofern es von einer zentralen Beschaffungsstelle eingerichtet wird – anzugeben, ob die Möglichkeit der Nutzung des dynamischen Beschaffungssystems durch andere Sektorenauftraggeber besteht.

(8) In der Bekanntmachung über das Bestehen eines Prüfsystems ist dessen Laufzeit bzw. dessen Beginn- und Endzeitpunkt anzugeben.

Zusätzliche Bekanntmachung auf Unionsebene

§ 220. Der Sektorenauftraggeber kann Bekanntmachungen, die nicht einer Bekanntmachungsverpflichtung gemäß diesem Bundesgesetz unterliegen, dem Amt für Veröffentlichungen unter Verwendung allenfalls existierender einschlägiger Standardformulare für Bekanntmachungen bekannt geben.

Berichtigung einer Bekanntmachung

§ 221. Ist eine Berichtigung einer Bekanntmachung erforderlich, so ist diese ebenso bekannt zu machen wie die ursprüngliche Bekanntmachung.

Veröffentlichung eines Beschafferprofils

§ 222. (1) Der Sektorenauftraggeber kann im Internet ein Beschafferprofil veröffentlichen.

(2) Das Beschafferprofil kann Bekanntmachungen, Angaben über laufende Vergabeverfahren, geplante Aufträge, vergebene Aufträge, widerrufene Verfahren sowie alle sonstigen Informationen betreffend ein Vergabeverfahren oder Informationen von allgemeinem Interesse wie Kontaktstelle, Telefonnummer, Postanschrift und elektronische Adresse enthalten.

Veröffentlichung und Standardisierung von Meta- bzw. Kerndaten

§ 223. (1) Der Bundesminister für Verfassung, Reformen, Deregulierung und Justiz kann im Einvernehmen mit dem Bundesminister für Digitalisierung und Wirtschaftsstandort durch Verordnung nähere Festlegungen hinsichtlich der Standardisierung des Kerndatenformates insbesondere in Bezug auf Darstellung, Struktur und Form der Kerndaten gemäß **Anhang VIII** sowie hinsichtlich der Befüllung der Metadatenfelder erlassen.

(2) Das Unternehmensserviceportal hat Informationen gemäß **Anhang VIII** in einer für natürliche Personen les- und suchbaren Weise anzubieten, wobei insbesondere die Suche nach einzelnen Kerndatenfeldern und nach einer Kombination derselben möglich sein muss. Dieser Dienst ist vom Unternehmensserviceportal im Internet kostenlos, direkt, uneingeschränkt und vollständig sowie grundsätzlich jederzeit zur Verfügung zu stellen. Das Unternehmensserviceportal hat die Informationen gemäß **Anhang VIII** mindestens einmal täglich aktualisiert anzubieten und die Zeitpunkte der Aktualisierungen auf der Internet-Adresse des Dienstes gemäß dem zweiten Satz bekannt zu machen.

2. Unterabschnitt
Besondere Bekanntmachungsbestimmungen für den Oberschwellenbereich

Arten der Bekanntmachung

§ 224. (1) Eine Bekanntmachung auf Unionsebene hat unter Verwendung des einschlägigen Standardformulars entweder durch eine Bekanntmachung von Aufträgen bzw. Wettbewerben oder durch eine Bekanntmachung im Wege einer regelmäßigen nichtverbindlichen Bekanntmachung gemäß § 226 Abs. 2 oder 3 oder durch eine Bekanntmachung über das Bestehen eines Prüfsystems gemäß § 228 Abs. 1 zu erfolgen.

(2) Eine Bekanntmachung in Österreich hat elektronisch entweder durch eine Bekanntmachung von Aufträgen bzw. Wettbewerben oder durch eine Bekanntmachung im Wege einer regelmäßigen nichtverbindlichen Bekanntmachung gemäß § 230 Abs. 2 oder 3 oder durch eine Bekanntmachung über das Bestehen eines Prüfsystems gemäß § 228 Abs. 2 zu erfolgen.

Bekanntmachungen auf Unionsebene

§ 225. Der Sektorenauftraggeber hat Bekanntmachungen auf Unionsebene gemäß **Anhang VII** zu erstellen und dem Amt für Veröffentlichungen unter Verwendung des einschlägigen Standardformulars für Bekanntmachungen elektronisch zu übermitteln. Als Übermittlung gilt auch die Zur-Verfügung-Stellung der Daten der Bekanntmachungen und Mitteilungen im Online-Verfahren. Der Sektorenauftraggeber muss den Tag der Absendung der Bekanntmachung nachweisen können. Falls Daten online zur Verfügung gestellt werden, gilt als Absendung die Eintragung der Daten im Online-System.

Bekanntmachung einer regelmäßigen nichtverbindlichen Bekanntmachung auf Unionsebene

§ 226. (1) Sofern der Sektorenauftraggeber von der Möglichkeit der Verkürzung der Angebotsfrist gemäß § 245 Gebrauch machen möchte, muss er auf Unionsebene eine regelmäßige nichtverbindliche Bekanntmachung gemäß § 225 bekanntmachen. Die regelmäßige nichtverbindliche Bekanntmachung kann überdies im Beschafferprofil des Sektorenauftraggebers veröffentlicht werden. Die regelmäßige nichtverbindliche Bekanntmachung darf nicht im Beschafferprofil veröffentlicht werden, bevor der Sektorenauftraggeber unter Verwendung des einschlägigen Standardformulars eine entsprechende Bekanntmachung über die Veröffentlichung der regelmäßigen nichtverbindlichen Bekanntmachung an das Amt für Veröffentlichungen abgesendet hat. Im Beschafferprofil ist das Datum der Absendung der Bekanntmachung an das Amt für Veröffentlichungen anzugeben.

(2) Der Sektorenauftraggeber kann bei nicht offenen Verfahren und bei Verhandlungsverfahren

mit vorheriger Bekanntmachung die Bekanntmachung einer regelmäßigen nichtverbindlichen Bekanntmachung gemäß § 225 als Bekanntmachung der beabsichtigten Vergabe eines Auftrages verwenden, sofern die regelmäßige nichtverbindliche Bekanntmachung

1. sich ausdrücklich auf jene Leistungen bezieht, die Auftragsgegenstand sein werden,
2. den Hinweis enthält, dass dieser Auftrag im nicht offenen Verfahren bzw. im Verhandlungsverfahren mit vorheriger Bekanntmachung ohne spätere Veröffentlichung einer Bekanntmachung vergeben wird,
3. die Aufforderung an Unternehmer enthält, ihr Interesse mitzuteilen, und
4. spätestens 35 Tage und frühestens 12 Monate vor der Absendung der Aufforderung zur Angebotsabgabe abgesendet wird.

Eine zusätzliche Veröffentlichung im Beschafferprofil ist zulässig.

(3) Der Sektorenauftraggeber kann bei der Vergabe eines besonderen Dienstleistungsauftrages die Bekanntmachung einer regelmäßigen nichtverbindlichen Bekanntmachung gemäß § 225 als Bekanntmachung der beabsichtigten Vergabe eines Auftrages verwenden, sofern die regelmäßige nichtverbindliche Bekanntmachung

1. die Arten der zu vergebenden Dienstleistungen ausdrücklich anführt,
2. den Hinweis enthält, dass dieser Auftrag ohne spätere Veröffentlichung einer Bekanntmachung vergeben wird, und
3. die Aufforderung an Unternehmer enthält, ihr Interesse mitzuteilen.

Eine zusätzliche Veröffentlichung im Beschafferprofil ist zulässig.

(4) Der von einer regelmäßigen nichtverbindlichen Bekanntmachung gemäß Abs. 2 und 3 abgedeckte Zeitraum beträgt höchstens zwölf Monate ab Absendung der Bekanntmachung an das Amt für Veröffentlichungen. Bei der Vergabe eines besonderen Dienstleistungsauftrages kann ein Zeitraum von mehr als zwölf Monaten festgelegt werden, soweit dies sachlich gerechtfertigt ist.

Freiwillige Bekanntmachung eines Vergabeverfahrens auf Unionsebene

§ 227. Sofern der Sektorenauftraggeber der Ansicht ist, dass die Durchführung eines Vergabeverfahrens ohne vorherige Bekanntmachung im Oberschwellenbereich zulässig ist, kann der Sektorenauftraggeber dem Amt für Veröffentlichungen unter Verwendung des einschlägigen Standardformulars für Bekanntmachungen die Entscheidung bekannt geben, welchem Bieter der Zuschlag erteilt werden soll.

Bekanntmachung über das Bestehen eines Prüfsystems

§ 228. (1) Der Sektorenauftraggeber kann bei nicht offenen Verfahren mit vorheriger Bekanntmachung, Verhandlungsverfahren mit vorheriger Bekanntmachung, wettbewerblichen Dialogen oder Innovationspartnerschaften die Bekanntmachung über das Bestehen eines Prüfsystems auf Unionsebene als Bekanntmachung der beabsichtigten Vergabe eines Auftrages verwenden. Diese Bekanntmachung hat über den Zweck des Prüfsystems und darüber zu informieren, wie die Prüfungsregeln zur Verfügung gestellt werden.

(2) Im Falle einer Bekanntmachung gemäß Abs. 1 hat der Sektorenauftraggeber die Bekanntmachung über das Bestehen eines Prüfsystems auch in Österreich gemäß § 229 bekannt zu machen.

Bekanntmachungen in Österreich

§ 229. (1) Der Sektorenauftraggeber hat Bekanntmachungen im Oberschwellenbereich zu veröffentlichen, indem er die Metadaten der Kerndaten von Vergabeverfahren https://www.data.gv.at/ bereitstellt und darin auf die Informationen gemäß dem 1. Abschnitt des **Anhanges VIII** (Kerndaten für Bekanntmachungen) verweist. Der Sektorenauftraggeber hat diese Kerndaten in einem offenen und maschinenlesbaren standardisierten Format unter einer freien Lizenz vollständig zur Verfügung zu stellen.

(2) Die Verfügbarkeit der Metadaten der Kerndaten von Vergabeverfahren und der Kerndaten für Bekanntmachungen muss zumindest bis zum Ablauf der Angebotsfrist gewährleistet sein.

(3) Weitere Bekanntmachungen in sonstigen geeigneten Publikationsmedien stehen dem Sektorenauftraggeber frei.

(4) Sofern der Sektorenauftraggeber der Ansicht ist, dass die Durchführung eines Vergabeverfahrens ohne vorherige Bekanntmachung im Oberschwellenbereich zulässig ist, kann der Sektorenauftraggeber die Entscheidung, welchem Bieter der Zuschlag erteilt werden soll, bekanntmachen. Die Verfügbarkeit der Metadaten der Kerndaten von Vergabeverfahren und der Kerndaten für Bekanntmachungen muss zumindest für zehn Tage gewährleistet sein.

(5) Eine Bekanntmachung gemäß Abs. 1, 3 oder 4 darf nicht vor dem Tag der Veröffentlichung durch das Amt für Veröffentlichungen veröffentlicht werden. Die Veröffentlichung darf jedoch jedenfalls dann erfolgen, wenn der Sektorenauftraggeber nicht binnen 48 Stunden nach Bestätigung des Einganges der Bekanntmachung beim Amt für Veröffentlichungen über die Veröffentlichung unterrichtet wurde. Die Bekanntmachung darf ausschließlich jene Informationen enthalten, die in der an das Amt für Veröffentlichungen abgesendeten Bekanntmachung enthalten sind oder die in einer regelmäßigen nichtverbindlichen Bekanntmachung in einem Beschafferprofil veröffentlicht wurden. Die Bekanntmachung hat das Datum der Absendung der Bekanntmachung an das Amt für Veröffentlichungen bzw. das Datum

der Veröffentlichung im Beschafferprofil anzugeben.

Bekanntmachung einer regelmäßigen nichtverbindlichen Bekanntmachung in Österreich

§ 230. (1) Sofern der Sektorenauftraggeber von der Möglichkeit der Verkürzung der Angebotsfrist gemäß § 245 Gebrauch machen möchte, muss er eine regelmäßige nichtverbindliche Bekanntmachung in Österreich gemäß § 229 bekanntmachen.

(2) Der Sektorenauftraggeber kann bei nicht offenen Verfahren und bei Verhandlungsverfahren mit vorheriger Bekanntmachung die Bekanntmachung einer regelmäßigen nichtverbindlichen Bekanntmachung gemäß § 229 als Bekanntmachung der beabsichtigten Vergabe eines Auftrages verwenden, sofern die regelmäßige nichtverbindliche Bekanntmachung

1. sich ausdrücklich auf jene Leistungen bezieht, die Auftragsgegenstand sein werden,
2. den Hinweis enthält, dass dieser Auftrag im nicht offenen Verfahren bzw. im Verhandlungsverfahren mit vorheriger Bekanntmachung ohne spätere Veröffentlichung einer Bekanntmachung vergeben wird,
3. die Aufforderung an Unternehmer enthält, ihr Interesse mitzuteilen, und
4. spätestens 35 Tage und frühestens 12 Monate vor der Absendung der Aufforderung zur Angebotsabgabe abgesendet wird.

Eine zusätzliche Veröffentlichung im Beschafferprofil ist zulässig.

(3) Der Sektorenauftraggeber kann bei der Vergabe eines besonderen Dienstleistungsauftrages die Bekanntmachung einer regelmäßigen nichtverbindlichen Bekanntmachung gemäß § 229 als Bekanntmachung der beabsichtigten Vergabe eines Auftrages verwenden, sofern die regelmäßige nichtverbindliche Bekanntmachung

1. die Arten der zu vergebenden Dienstleistungen ausdrücklich anführt,
2. den Hinweis enthält, dass dieser Auftrag ohne spätere Veröffentlichung einer Bekanntmachung vergeben wird, und
3. die Aufforderung an Unternehmer enthält, ihr Interesse mitzuteilen.

Eine zusätzliche Veröffentlichung im Beschafferprofil ist zulässig.

(4) Der von einer regelmäßigen nichtverbindlichen Bekanntmachung gemäß Abs. 2 und 3 abgedeckte Zeitraum hat mit dem gemäß § 226 Abs. 4 festgelegten Zeitraum übereinzustimmen.

Bekanntgaben auf Unionsebene

§ 231. (1) Der Sektorenauftraggeber hat nach Durchführung eines Vergabeverfahrens dem Amt für Veröffentlichungen jeden vergebenen Auftrag, jede abgeschlossene Rahmenvereinbarung und das Ergebnis jedes Ideenwettbewerbes gemäß § 225 bekannt zu geben; davon ausgenommen sind Aufträge, die aufgrund von Rahmenvereinbarungen vergeben wurden. Der Sektorenauftraggeber hat überdies dem Amt für Veröffentlichungen eine von der in den Ausschreibungsunterlagen festgelegten Gültigkeitsdauer abweichende Einstellung eines dynamischen Beschaffungssystems bzw. eines Prüfsystems bekannt zu geben. Die Bekanntgabe ist dem Amt für Veröffentlichungen unter Verwendung des einschlägigen Standardformulars spätestens 30 Tage nach Zuschlagserteilung, nach Abschluss der Rahmenvereinbarung, nach Abschluss des Ideenwettbewerbes, nach Einstellung des dynamischen Beschaffungssystems bzw. des Prüfsystems zu übermitteln.

(2) Abweichend zu Abs. 1 letzter Satz kann der Sektorenauftraggeber

1. besondere Dienstleistungsaufträge und
2. Aufträge, die aufgrund eines dynamischen Beschaffungssystems vergeben worden sind,

gebündelt spätestens 30 Tage nach Ende des jeweiligen Jahresquartals gemäß Abs. 1 bekannt geben.

(3) Hat der Sektorenauftraggeber eine Bekanntmachung im Wege einer regelmäßigen nichtverbindlichen Bekanntmachung gemäß § 226 Abs. 2 oder 3 und § 230 Abs. 2 oder 3 veröffentlicht und beschließt er, auf Grundlage dieser regelmäßigen nichtverbindlichen Bekanntmachung während ihrer Gültigkeitsdauer keine weitere Auftragsvergabe mehr vorzunehmen, so hat er dies in der Bekanntgabe gemäß Abs. 1 anzugeben.

(4) Abweichend zu Abs. 1 dürfen bestimmte Angaben über die Auftragsvergabe oder den Abschluss von Rahmenvereinbarungen dann nicht veröffentlicht werden, wenn deren Bekanntgabe die Vollziehung von Gesetzen behindern, dem öffentlichen Interesse zuwiderlaufen, die berechtigten geschäftlichen Interessen eines Unternehmers schädigen oder den freien und lauteren Wettbewerb zwischen Unternehmern beeinträchtigen würde.

(5) Bei Dienstleistungsaufträgen auf dem Gebiet der Forschung und Entwicklung können die Angaben zu Art und Menge der Dienstleistungen unbeschadet des Abs. 4 auf folgende Angaben beschränkt werden:

1. die Angabe „FuE-Dienstleistungen", sofern der Auftrag im Wege eines Verhandlungsverfahrens ohne vorherige Bekanntmachung gemäß § 206 Abs. 1 Z 2 vergeben wurde, oder
2. jene Angaben, die in der Bekanntmachung enthalten waren.

Bekanntgaben in Österreich

§ 232. (1) Der Sektorenauftraggeber hat nach Durchführung eines Vergabeverfahrens jeden vergebenen Auftrag, jede abgeschlossene Rahmenvereinbarung und das Ergebnis jedes Ideenwettbewerbes bekannt zu geben, indem er die Metadaten der Kerndaten von Vergabeverfahren https://www.data.gv.at/ bereitstellt und darin auf die Informationen gemäß dem 2. Abschnitt des **Anhanges VIII** (Kerndaten für Bekanntgaben) verweist; davon ausgenommen sind Aufträge, die aufgrund von Rahmenvereinbarungen vergeben wurden und deren Auftragswert 50 000 Euro nicht erreicht. Der Sektorenauftraggeber hat die Metadaten der Kerndaten von Vergabeverfahren für mindestens 5 Jahre bereitzustellen und die Kerndaten für Bekanntgaben in einem offenen und maschinenlesbaren standardisierten Format unter einer freien Lizenz vollständig für mindestens 5 Jahre zur Verfügung zu stellen. Die Bekanntgabe hat spätestens 30 Tage nach Zuschlagserteilung, nach Abschluss der Rahmenvereinbarung bzw. nach Abschluss des Ideenwettbewerbes zu erfolgen.

(2) Abweichend zu Abs. 1 letzter Satz kann der Sektorenauftraggeber

1. besondere Dienstleistungsaufträge und
2. Aufträge, die aufgrund einer Rahmenvereinbarung oder eines dynamischen Beschaffungssystems vergeben worden sind,

gleichzeitig spätestens 30 Tage nach Ende des jeweiligen Jahresquartals gemäß Abs. 1 bekannt geben.

(3) Abweichend zu Abs. 1 dürfen bestimmte Angaben über die Auftragsvergabe oder den Abschluss von Rahmenvereinbarungen dann nicht veröffentlicht werden, wenn deren Bekanntgabe die Vollziehung von Gesetzen behindern, dem öffentlichen Interesse zuwiderlaufen, die berechtigten geschäftlichen Interessen eines Unternehmers schädigen oder den freien und lauteren Wettbewerb zwischen Unternehmern beeinträchtigen würde.

(4) Bei Dienstleistungsaufträgen auf dem Gebiet der Forschung und Entwicklung können die Angaben zu Art und Menge der Dienstleistungen unbeschadet Abs. 3 auf folgende Angaben beschränkt werden:

1. die Angabe „FuE-Dienstleistungen", sofern der Auftrag im Wege eines Verhandlungsverfahrens ohne vorherige Bekanntmachung gemäß § 206 Abs. 1 Z 2 vergeben wurde, oder
2. jene Angaben, die in der Bekanntmachung enthalten waren.

3. Unterabschnitt
Besondere Bekanntmachungsbestimmungen für den Unterschwellenbereich
Arten der Bekanntmachung

§ 233. Eine Bekanntmachung in Österreich hat elektronisch entweder durch eine Bekanntmachung von Aufträgen bzw. Wettbewerben oder durch eine Bekanntmachung im Wege einer regelmäßigen nichtverbindlichen Bekanntmachung gemäß § 235 oder durch eine Bekanntmachung über das Bestehen eines Prüfsystems gemäß § 236 zu erfolgen.

Bekanntmachungen in Österreich

§ 234. (1) Der Sektorenauftraggeber hat Bekanntmachungen im Unterschwellenbereich zu veröffentlichen, indem er die Metadaten der Kerndaten von Vergabeverfahren https://www.data.gv.at/ bereitstellt und darin auf die Kerndaten für Bekanntmachungen verweist. Der Sektorenauftraggeber hat diese Kerndaten in einem offenen und maschinenlesbaren standardisierten Format unter einer freien Lizenz vollständig zur Verfügung zu stellen. Eine Bekanntmachung im Beschafferprofil darf nicht vor Verfügbarkeit der Metadaten der Kerndaten von Vergabeverfahren und der Kerndaten für Bekanntmachung erfolgen. Im Beschafferprofil ist das Datum der Zur-Verfügung-Stellung der Kerndaten anzugeben.

(2) Die Verfügbarkeit der Metadaten der Kerndaten von Vergabeverfahren und der Kerndaten für Bekanntmachungen muss zumindest bis zum Ablauf der Angebotsfrist gewährleistet sein.

(3) Weitere Bekanntmachungen in sonstigen geeigneten Publikationsmedien stehen dem Sektorenauftraggeber frei.

(4) Sofern dies aufgrund der unionsrechtlichen Grundsätze geboten ist, hat der Sektorenauftraggeber die Vergabe eines besonderen Dienstleistungsauftrages bekanntzumachen. Von einer Bekanntmachung des Verfahrens kann insbesondere Abstand genommen werden, wenn eine der in § 206 für Dienstleistungsaufträge genannten Voraussetzungen für die Durchführung eines Verhandlungsverfahrens ohne vorherige Bekanntmachung vorliegt.

(5) Sofern der Sektorenauftraggeber der Ansicht ist, dass die Durchführung eines Vergabeverfahrens ohne vorherige Bekanntmachung im Unterschwellenbereich zulässig ist, kann der Sektorenauftraggeber die Entscheidung, welchem Bieter der Zuschlag erteilt werden soll, bekanntmachen. Die Verfügbarkeit der Metadaten der Kerndaten von Vergabeverfahren und der Kerndaten für Bekanntmachungen muss zumindest für zehn Tage gewährleistet sein.

(6) Der Sektorenauftraggeber hat überdies eine vom in der Ausschreibung festgelegten Endzeitpunkt abweichende Einstellung eines dynamischen Beschaffungssystems bzw. eines Prüfsystems bekannt zu machen.

Bekanntmachung einer regelmäßigen nichtverbindlichen Bekanntmachung

§ 235. (1) Der Sektorenauftraggeber kann die Bekanntmachung einer regelmäßigen nichtverbindlichen Bekanntmachung gemäß § 234 als Bekanntmachung der beabsichtigten Vergabe eines Auftrages verwenden, sofern die regelmäßige nichtverbindliche Bekanntmachung

1. sich ausdrücklich auf jene Leistungen bezieht, die Auftragsgegenstand sein werden,
2. den Hinweis enthält, dass dieser Auftrag ohne spätere Veröffentlichung einer Bekanntmachung vergeben wird,
3. die Aufforderung an Unternehmer enthält, ihr Interesse mitzuteilen, und
4. spätestens 35 Tage und frühestens 12 Monate vor der Absendung der Aufforderung zur Angebotsabgabe abgesendet wird.

Eine zusätzliche Veröffentlichung im Beschafferprofil ist zulässig.

(2) Der Sektorenauftraggeber kann bei der Vergabe eines besonderen Dienstleistungsauftrages die Bekanntmachung einer regelmäßigen nichtverbindlichen Bekanntmachung gemäß § 234 als Bekanntmachung der beabsichtigten Vergabe eines Auftrages verwenden, sofern die regelmäßige nichtverbindliche Bekanntmachung

1. die Arten der zu vergebenden Dienstleistungen ausdrücklich anführt,
2. den Hinweis enthält, dass dieser Auftrag ohne spätere Veröffentlichung einer Bekanntmachung vergeben wird, und
3. die Aufforderung an Unternehmer enthält, ihr Interesse mitzuteilen.

Eine zusätzliche Veröffentlichung im Beschafferprofil ist zulässig.

(3) Der von einer regelmäßigen nichtverbindlichen Bekanntmachung gemäß Abs. 1 und 2 abgedeckte Zeitraum beträgt höchstens zwölf Monate ab Bekanntmachung. Bei der Vergabe eines besonderen Dienstleistungsauftrages kann ein Zeitraum von mehr als zwölf Monaten festgelegt werden, soweit dies sachlich gerechtfertigt ist.

Bekanntmachung über das Bestehen eines Prüfsystems

§ 236. Der Sektorenauftraggeber kann die Bekanntmachung über das Bestehen eines Prüfsystems gemäß § 234 als Bekanntmachung der beabsichtigten Vergabe eines Auftrages verwenden. Diese Bekanntmachung hat über den Zweck des Prüfsystems und darüber zu informieren, wie die Prüfungsregeln zur Verfügung gestellt werden.

Bekanntgaben in Österreich

§ 237. (1) Ein Sektorenauftraggeber im Vollziehungsbereich des Bundes hat nach Durchführung eines Vergabeverfahrens, dessen Auftragswert oder Wertumfang oder Summe der Preisgelder mindestens 50 000 Euro beträgt, jeden vergebenen Auftrag, jede abgeschlossene Rahmenvereinbarung und das Ergebnis jedes Ideenwettbewerbes bekannt zu geben, indem er die Metadaten der Kerndaten von Vergabeverfahren https://www.data.gv.at/ bereitstellt und darin auf die Kerndaten für Bekanntgaben verweist; davon ausgenommen sind Aufträge, die aufgrund von Rahmenvereinbarungen vergeben wurden und deren Auftragswert 50 000 Euro nicht erreicht. Der Sektorenauftraggeber hat die Metadaten der Kerndaten von Vergabeverfahren für mindestens 5 Jahre bereitzustellen und die Kerndaten für Bekanntgaben in einem offenen und maschinenlesbaren standardisierten Format unter einer freien Lizenz vollständig für mindestens 5 Jahre zur Verfügung zu stellen. Die Bekanntgabe hat spätestens 30 Tage nach Zuschlagserteilung, nach Abschluss der Rahmenvereinbarung bzw. nach Abschluss des Ideenwettbewerbes zu erfolgen.

(2) Abweichend zu Abs. 1 letzter Satz kann der Sektorenauftraggeber

1. besondere Dienstleistungsaufträge und
2. Aufträge, die aufgrund einer Rahmenvereinbarung oder eines dynamischen Beschaffungssystems vergeben worden sind,

gleichzeitig spätestens 30 Tage nach Ende des jeweiligen Jahresquartals gemäß Abs. 1 bekannt geben.

(3) Abweichend zu Abs. 1 dürfen bestimmte Angaben über die Auftragsvergabe, den Abschluss von Rahmenvereinbarungen oder das Ergebnis eines Ideenwettbewerbes dann nicht veröffentlicht werden, wenn deren Bekanntgabe die Vollziehung von Gesetzen behindern, dem öffentlichen Interesse zuwiderlaufen, die berechtigten geschäftlichen Interessen eines Unternehmers schädigen oder den freien und lauteren Wettbewerb zwischen Unternehmern beeinträchtigen würde.

(4) Bei Dienstleistungsaufträgen auf dem Gebiet der Forschung und Entwicklung können die Angaben zu Art und Menge der Dienstleistungen unbeschadet des Abs. 3 auf folgende Angaben beschränkt werden:

1. die Angabe „FuE-Dienstleistungen", sofern der Auftrag im Wege eines Verhandlungsverfahrens ohne vorherige Bekanntmachung gemäß § 206 Abs. 1 Z 2 vergeben wurde, oder
2. jene Angaben, die in der Bekanntmachung enthalten waren.

3. Abschnitt
Fristen
1. Unterabschnitt
Allgemeine Bestimmungen über Fristen

Berechnung der Fristen

§ 238. Unbeschadet der auf die Fristen im Vergabekontrollverfahren anzuwendenden Bestimmungen des AVG findet auf Fristen die Verordnung (EWG, EURATOM) Nr. 1182/71 Anwendung.

Grundsätze für die Bemessung von Fristen

§ 239. Der Sektorenauftraggeber hat Fristen so zu bemessen und festzusetzen, dass den von der Fristsetzung betroffenen Unternehmern ausreichend Zeit für die Vornahme der entsprechenden Handlungen verbleibt. Insbesondere

Teilnahmeantrags- und Angebotsfristen und Fristen für die Ausarbeitung von Lösungen im wettbewerblichen Dialog sind so zu bemessen, dass unter Berücksichtigung etwa der Komplexität des Leistungsgegenstandes dem Unternehmer hinreichend Zeit zur Erstellung des Teilnahmeantrages, des Angebotes bzw. der Lösung verbleibt.

Verbesserungsfrist

§ 240. Übermittelt der Unternehmer unvollständige oder fehlerhafte Unterlagen, hat der Sektorenauftraggeber, sofern es sich nicht um einen unbehebbaren Mangel handelt, diesen unter Einräumung einer angemessenen Frist zur Übermittlung, Ergänzung oder Erläuterung aufzufordern.

2. Unterabschnitt
Fristen für Vergabeverfahren im Oberschwellenbereich

Auskunftsfrist

§ 241. Sofern das Ersuchen zeitgerecht gestellt wird, hat der Sektorenauftraggeber oder die dafür zuständige Stelle zusätzliche Auskünfte über die Ausschreibung allen Teilnehmern am Vergabeverfahren unverzüglich, jedenfalls aber spätestens sechs Tage, bei beschleunigten offenen Verfahren gemäß § 246 spätestens vier Tage vor Ablauf der Frist für den Eingang der Angebote zu übermitteln bzw. bereitzustellen.

Teilnahmeantragsfrist

§ 242. Beim nicht offenen Verfahren mit vorheriger Bekanntmachung, beim Verhandlungsverfahren mit vorheriger Bekanntmachung, beim wettbewerblichen Dialog und beim dynamischen Beschaffungssystem beträgt die vom Sektorenauftraggeber festzusetzende Teilnahmeantragsfrist mindestens 15 Tage. Sie beginnt mit dem Tag der Absendung der Bekanntmachung an das Amt für Veröffentlichungen bzw., wenn die Bekanntmachung im Wege einer regelmäßigen nichtverbindlichen Bekanntmachung erfolgt ist, mit dem Tag der Absendung der Aufforderung zur Interessensbestätigung.

Angebotsfrist

§ 243. (1) Beim offenen Verfahren beträgt die vom Sektorenauftraggeber festzusetzende Angebotsfrist mindestens 30 Tage.

(2) Der Sektorenauftraggeber kann die Angebotsfrist beim nicht offenen Verfahren mit vorheriger Bekanntmachung und beim Verhandlungsverfahren mit vorheriger Bekanntmachung im gegenseitigen Einvernehmen mit den ausgewählten Bewerbern festlegen, vorausgesetzt, dass allen ausgewählten Bewerbern dieselbe Frist eingeräumt wird. Erfolgt keine einvernehmliche Festlegung der Angebotsfrist, so hat der Sektorenauftraggeber eine Angebotsfrist festzusetzen, die mindestens zehn Tage beträgt.

(3) Beim dynamischen Beschaffungssystem beträgt die vom Sektorenauftraggeber festzusetzende Angebotsfrist mindestens zehn Tage. Der Sektorenauftraggeber kann einvernehmlich mit allen zugelassenen Teilnehmern eine kürzere Angebotsfrist festlegen.

(4) Die gemäß Abs. 1 oder 2 festgesetzte Angebotsfrist ist um fünf Tage zu verlängern, falls die Ausschreibungsunterlagen nicht gemäß § 260 Abs. 1 elektronisch zur Verfügung gestellt werden. Eine Verlängerung ist nicht verpflichtend, falls die Angebotsfrist wegen Dringlichkeit gemäß § 246 verkürzt wird oder im gegenseitigen Einvernehmen gemäß Abs. 2 erster Satz festgelegt wurde.

(5) Die gemäß Abs. 1, 2 und 4 festgesetzte Angebotsfrist ist um fünf Tage zu verlängern, falls Angebote nicht auf elektronischem Weg zu übermitteln sind. Eine Verlängerung ist nicht verpflichtend, falls die Angebotsfrist im gegenseitigen Einvernehmen gemäß Abs. 2 erster Satz festgelegt wurde.

(6) Können Angebote nur nach einer Ortsbesichtigung oder Einsichtnahme in zusätzliche Unterlagen zu den Ausschreibungsunterlagen vor Ort erstellt werden, so ist die Angebotsfrist gemäß Abs. 1 bis 5 so angemessen zu verlängern, dass alle betroffenen Unternehmer von allen für die Erstellung eines Angebotes erforderlichen Informationen Kenntnis nehmen können.

(7) Die Angebotsfrist beginnt beim offenen Verfahren mit dem Tag der Absendung der Bekanntmachung an das Amt für Veröffentlichungen, beim nicht offenen Verfahren mit vorheriger Bekanntmachung, beim Verhandlungsverfahren mit vorheriger Bekanntmachung und beim dynamischen Beschaffungssystem mit dem Tag der Absendung der Aufforderung zur Angebotsabgabe.

Verlängerung der Angebotsfrist bei Berichtigungen und zusätzlichen Auskünften

§ 244. (1) Die gemäß § 243 festgesetzte Angebotsfrist ist bei einer Berichtigung der Ausschreibung zu verlängern, wenn die Berichtigung für die Erstellung der Angebote wesentlich ist. Die Verlängerung der Frist muss in einem angemessenen Verhältnis zur Bedeutung der geänderten Information stehen. Jede Veränderung der Angebotsfrist ist allen Bewerbern oder Bietern bekannt zu geben. Soweit eine Bekanntgabe nicht möglich ist, ist sie in derselben Art bekannt zu machen wie die Bekanntmachung.

(2) Die gemäß § 243 festgesetzte Angebotsfrist ist zu verlängern, wenn zusätzliche Auskünfte nicht innerhalb der Frist gemäß § 241 erteilt worden sind, obwohl das Ersuchen zeitgerecht gestellt wurde. Die Verlängerung der Frist muss in einem

angemessenen Verhältnis zur Bedeutung der geänderten Information stehen.

Verkürzte Angebotsfrist im beschleunigten offenen Verfahren nach regelmäßiger nichtverbindlicher Bekanntmachung

§ 245. Sofern der Sektorenauftraggeber mindestens 35 Tage, höchstens aber 12 Monate vor dem Zeitpunkt der Absendung einer Bekanntmachung gemäß § 224 eine regelmäßige nichtverbindliche Bekanntmachung gemäß den §§ 226 Abs. 1 und 230 Abs. 1 bekannt gemacht hat und diese regelmäßige nichtverbindliche Bekanntmachung alle Angaben enthalten hat, die zum Zeitpunkt der Veröffentlichung der regelmäßigen nichtverbindlichen Bekanntmachung vorlagen, kann der Sektorenauftraggeber die Angebotsfrist im offenen Verfahren auf 15 Tage verkürzen.

Verkürzte Angebotsfrist im beschleunigten offenen Verfahren bei Dringlichkeit

§ 246. Die Angebotsfrist im offenen Verfahren kann auf 15 Tage verkürzt werden, sofern wegen einer vom Sektorenauftraggeber hinreichend begründeten Dringlichkeit die Einhaltung der Fristen gemäß den §§ 243 bis 245 nicht möglich ist.

3. Unterabschnitt

Fristen für Vergabeverfahren im Unterschwellenbereich

Besondere Vorschriften über Fristen im Unterschwellenbereich

§ 247. Bei Verfahren im Unterschwellenbereich gelten für die Bemessung und Festsetzung von Fristen ausschließlich die §§ 238 bis 240.

4. Abschnitt

Eignung der Unternehmer

Allgemeine Bestimmungen

§ 248. (1) Der Sektorenauftraggeber hat für die Durchführung eines Vergabeverfahrens objektive Eignungskriterien festzulegen, die allen interessierten Unternehmern zugänglich sein müssen.

(2) Ein Unternehmer, der die gemäß Abs. 1 festgelegten Eignungskriterien nicht erfüllt, ist vom Vergabeverfahren auszuschließen.

Ausschlussgründe

§ 249. (1) Der Sektorenauftraggeber hat – unbeschadet des Abs. 6 – einen Unternehmer jederzeit von der Teilnahme am Vergabeverfahren auszuschließen, wenn der Sektorenauftraggeber Kenntnis von einer rechtskräftigen Verurteilung des Unternehmers hat, die einen der folgenden Tatbestände betrifft: Mitgliedschaft bei einer kriminellen Vereinigung oder Organisation (§§ 278 und 278a StGB), Terroristische Vereinigung, Terroristische Straftaten oder Terrorismusfinanzierung (§§ 278b bis 278d StGB), Bestechlichkeit, Vorteilsannahme, Bestechung, Vorteilszuwendung oder verbotene Intervention (§§ 304 bis 309 StGB und § 10 UWG), Betrug (§§ 146 bis 148 StGB), Untreue (§ 153 StGB), Geschenkannahme (§ 153a StGB), Förderungsmissbrauch (§ 153b StGB), Geldwäscherei (§ 165 StGB), Sklaverei, Menschenhandel oder Grenzüberschreitender Prostitutionshandel (§§ 104, 104a und 217 StGB) bzw. einen entsprechenden Straftatbestand gemäß den Vorschriften des Landes, in dem der Unternehmer seinen Sitz hat. Der Sektorenauftraggeber hat einen Unternehmer, der keine natürliche Person ist, von der Teilnahme am Vergabeverfahren auszuschließen, wenn die Voraussetzung des ersten Satzes in Bezug auf eine Person erfüllt ist, die Mitglied im Verwaltungs-, Leitungs- oder Aufsichtsorgan des Unternehmers ist oder die darin Vertretungs-, Entscheidungs- oder Kontrollbefugnisse hat.

(2) Der Sektorenauftraggeber kann – unbeschadet der Abs. 4 bis 6 – einen Unternehmer jederzeit von der Teilnahme am Vergabeverfahren ausschließen, wenn

1. über das Vermögen des Unternehmers ein Insolvenzverfahren eröffnet oder mangels kostendeckenden Vermögens kein Insolvenzverfahren eröffnet wurde, oder
2. der Unternehmer sich in Liquidation befindet oder seine gewerbliche Tätigkeit einstellt oder eingestellt hat, oder
3. der Sektorenauftraggeber über hinreichend plausible Anhaltspunkte dafür verfügt, dass der Unternehmer mit anderen Unternehmern für den Sektorenauftraggeber nachteilige Abreden getroffen hat, die gegen die guten Sitten verstoßen, oder mit anderen Unternehmern Abreden getroffen hat, die auf eine Verzerrung des Wettbewerbes abzielen, oder
4. der Unternehmer im Rahmen seiner beruflichen Tätigkeit eine schwere Verfehlung, insbesondere gegen Bestimmungen des Arbeits-, Sozial- oder Umweltrechtes, begangen hat, die vom Sektorenauftraggeber auf geeignete Weise nachgewiesen wurde, oder
5. der Unternehmer seine Verpflichtungen zur Entrichtung der Sozialversicherungsbeiträge oder der Steuern und Abgaben in Österreich oder nach den Vorschriften des Landes, in dem er seinen Sitz hat, nicht erfüllt hat und dies
   a) durch eine rechtskräftige Gerichts- oder Verwaltungsentscheidung in Österreich oder gemäß den Vorschriften des Landes, in dem der Unternehmer seinen Sitz hat, festgestellt wurde, oder
   b) durch den Sektorenauftraggeber auf andere geeignete Weise nachgewiesen wurde, oder
6. ein Interessenkonflikt gemäß § 199 nicht durch andere, weniger einschneidende Maßnahmen vermieden werden kann oder
7. aufgrund der Beteiligung des Unternehmers an der Vorbereitung des Vergabeverfahrens gemäß § 198 der faire und lautere Wettbewerb unter Beachtung des Grundsatzes der Gleichbehandlung verzerrt werden würde oder

8. der Unternehmer bei der Erfüllung einer wesentlichen Anforderung im Rahmen eines früheren Auftrages oder Konzessionsvertrages erhebliche oder dauerhafte Mängel erkennen lassen hat, die die vorzeitige Beendigung dieses früheren Auftrages oder Konzessionsvertrages, Schadenersatz oder andere vergleichbare Sanktionen nach sich gezogen haben, oder
9. der Unternehmer sich bei der Erteilung von Auskünften betreffend die Eignung einer schwerwiegenden Täuschung schuldig gemacht hat, diese Auskünfte nicht erteilt hat oder die vom Sektorenauftraggeber zum Nachweis der Eignung geforderten Nachweise bzw. Bescheinigungen nicht vorgelegt, vervollständigt oder erläutert hat oder
10. der Unternehmer
a) versucht hat, die Entscheidungsfindung des Sektorenauftraggebers in unzulässiger Weise zu beeinflussen oder
b) versucht hat, vertrauliche Informationen zu erhalten, durch die er unzulässige Vorteile beim Vergabeverfahren erlangen könnte, oder
c) fahrlässig irreführende Informationen an den Sektorenauftraggeber übermittelt, die die Entscheidung des Sektorenauftraggebers über den Ausschluss oder die Auswahl von Unternehmern oder die Zuschlagserteilung erheblich beeinflussen könnten, oder versucht hat, solche Informationen zu übermitteln.

Legt der Sektorenauftraggeber fest, dass der Unternehmer bei Vorliegen eines Ausschlussgrundes gemäß den Z 3, 4, 6, 7, 9 oder 10 von der Teilnahme am Vergabeverfahren auszuschließen ist, so hat er einen Unternehmer, der keine natürliche Person ist, von der Teilnahme am Vergabeverfahren ausschließen, wenn diese Ausschlussgründe in Bezug auf eine Person erfüllt sind, die Mitglied im Leitungs- oder Aufsichtsorgan des Unternehmers ist.

(3) Der öffentliche Sektorenauftraggeber hat – unbeschadet der Abs. 4 bis 6 – einen Unternehmer jederzeit von der Teilnahme am Vergabeverfahren auszuschließen, wenn dieser einen der in Abs. 2 angeführten Ausschlussgründe erfüllt.

(4) Der Sektorenauftraggeber kann von einem Ausschluss gemäß Abs. 2 Z 1 oder 2 Abstand nehmen, wenn die Leistungsfähigkeit des Unternehmers für die Durchführung des Auftrages ausreicht.

(5) Der Sektorenauftraggeber hat von einem Ausschluss gemäß Abs. 2 Z 5 Abstand zu nehmen, wenn

1. er festgestellt hat, dass der Unternehmer seinen Verpflichtungen zur Entrichtung der Sozialversicherungsbeiträge oder der Steuern und Abgaben dadurch nachgekommen ist, dass er die Zahlung vorgenommen oder eine verbindliche Vereinbarung im Hinblick auf die Entrichtung der fälligen Sozialversicherungsbeiträge, Steuern oder Abgaben – gegebenenfalls einschließlich etwaiger Zinsen oder Strafzahlungen – eingegangen ist, oder
2. nur ein geringfügiger Rückstand hinsichtlich der Sozialversicherungsbeiträge oder der Steuern und Abgaben besteht oder
3. der Ausschluss aus anderen Gründen offensichtlich unverhältnismäßig wäre.

(6) Der Sektorenauftraggeber kann von einem Ausschluss aus den in Abs. 1 oder 2 genannten oder gemäß § 248 Abs. 1 festgelegten anderen Ausschlussgründen Abstand nehmen, wenn auf die Beteiligung des Unternehmers in begründeten Ausnahmefällen aus zwingenden Gründen des Allgemeininteresses nicht verzichtet werden kann.

Zeitpunkt des Vorliegens der Eignung

§ 250. Unbeschadet des § 194 Abs. 1 muss die Eignung spätestens

1. beim offenen Verfahren zum Zeitpunkt der Angebotsöffnung,
2. beim nicht offenen Verfahren mit vorheriger Bekanntmachung zum Zeitpunkt des Ablaufes der Teilnahmeantragsfrist,
3. beim nicht offenen Verfahren ohne vorherige Bekanntmachung zum Zeitpunkt der Aufforderung zur Angebotsabgabe,
4. beim Verhandlungsverfahren mit vorheriger Bekanntmachung, beim wettbewerblichen Dialog und bei der Innovationspartnerschaft grundsätzlich zum Zeitpunkt des Ablaufes der Teilnahmeantragsfrist,
5. beim Verhandlungsverfahren ohne vorherige Bekanntmachung grundsätzlich zum Zeitpunkt der Aufforderung zur Angebotsabgabe,
6. beim offenen Wettbewerb zum Zeitpunkt der Vorlage der Wettbewerbsarbeiten,
7. beim nicht offenen Wettbewerb zum Zeitpunkt des Ablaufes der Teilnahmeantragsfrist,
8. beim geladenen Wettbewerb zum Zeitpunkt der Aufforderung zur Vorlage von Wettbewerbsarbeiten,
9. bei der Rahmenvereinbarung zum jeweils relevanten Zeitpunkt gemäß der gewählten Verfahrensart zum Abschluss der Rahmenvereinbarung gemäß Z 1 bis 5 sowie zum Zeitpunkt der Zuschlagserteilung,
10. beim dynamischen Beschaffungssystem zum Zeitpunkt der Zulassung zum dynamischen Beschaffungssystem sowie zum Zeitpunkt jeder gesonderten Aufforderung zur Angebotsabgabe gemäß § 323,
11. beim Prüfsystem zum Zeitpunkt der Aufnahme in das Prüfsystem sowie zum Zeitpunkt der Prüfung der Qualifikation des aufgenommenen Unternehmers durch den Sektorenauftraggeber und
a) bei der Durchführung eines nicht offenen Verfahrens zum Zeitpunkt der Aufforderung zur Angebotsabgabe bzw.

b) bei Durchführung eines Verhandlungsverfahrens, eines wettbewerblichen Dialoges oder einer Innovationspartnerschaft grundsätzlich zum Zeitpunkt der Aufforderung zur Angebotsabgabe

vorliegen.

Eigenerklärung, Verlangen der Nachweise durch den Sektorenauftraggeber

§ 251. (1) Der Sektorenauftraggeber hat festzulegen, mit welchen Nachweisen ein Unternehmer, der an einem Vergabeverfahren teilnimmt, seine

1. berufliche Befugnis,
2. berufliche Zuverlässigkeit,
3. finanzielle und wirtschaftliche Leistungsfähigkeit sowie
4. technische Leistungsfähigkeit

zu belegen hat. Nachweise dürfen nur so weit festgelegt werden, wie es durch den Gegenstand des Auftrages sachlich gerechtfertigt ist. Falls erforderlich und sofern dies sachlich gerechtfertigt ist, kann der Sektorenauftraggeber besondere Festlegungen treffen, wie Arbeits- und Bietergemeinschaften die Anforderungen an die Eignung zu erfüllen haben.

(2) Der Bewerber oder Bieter kann seine Eignung sowie gegebenenfalls die Erfüllung der Auswahlkriterien auch durch die Vorlage einer Einheitlichen Europäischen Eigenerklärung gemäß der Durchführungsverordnung (EU) 2016/7 belegen. Stattdessen ist auch die Vorlage einer Erklärung darüber, dass der Bewerber oder Bieter die vom Sektorenauftraggeber verlangten Eignungskriterien erfüllt und die festgelegten Nachweise auf Aufforderung unverzüglich beibringen kann (Eigenerklärung), zulässig. In einer solchen Eigenerklärung sind die Befugnisse anzugeben, über die der Unternehmer konkret verfügt.

(3) Der Sektorenauftraggeber kann die Vorlage, Vervollständigung bzw. Erläuterung bestimmter Nachweise binnen einer angemessenen Frist von bestimmten Bewerbern oder Bietern bzw. Parteien der Rahmenvereinbarung verlangen, sofern dies zur angemessenen Durchführung des Verfahrens erforderlich ist. Bei der Vergabe von Aufträgen und beim Abschluss von Rahmenvereinbarungen im Oberschwellenbereich hat der Sektorenauftraggeber vor Zuschlagserteilung bzw. vor Abschluss der Rahmenvereinbarung die Vorlage der festgelegten Nachweise vom Zuschlagsempfänger bzw. von der bzw. den Parteien der Rahmenvereinbarung jedenfalls zu verlangen; bei einer Vergabe in Losen gilt dies nur, wenn der geschätzte Wert des einzelnen Loses den in § 185 Abs. 1 genannten jeweiligen Schwellenwert erreicht.

(4) Im Falle der Angebotslegung durch eine Arbeitsgemeinschaft oder eine Bietergemeinschaft hat jedes Mitglied die Befugnis für den ihm konkret zufallenden Leistungsteil nachzuweisen.

(5) Der Unternehmer muss jene Nachweise nicht vorlegen, die der Sektorenauftraggeber direkt über eine für den Sektorenauftraggeber kostenlos zugängliche Datenbank erhalten kann. Enthält ein auf diese Weise verfügbarer Nachweis personenbezogene Daten, muss der Unternehmer der Verwendung seiner Daten zugestimmt haben.

(6) Ein Unternehmer muss im Oberschwellenbereich jene Nachweise nicht vorlegen, die dem Sektorenauftraggeber bereits in einem früheren Vergabeverfahren im Oberschwellenbereich vorgelegt wurden und geeignet sind, die Eignung nachzuweisen. Der Sektorenauftraggeber kann zum Zweck der Verwaltung und Wiederverwendung der solcherart vorgelegten Nachweise eine Datenbank einrichten.

(7) Legt ein Unternehmer mit Sitz in einer anderen Vertragspartei des EWR-Abkommens Nachweise vor, die den Nachweisen gemäß § 252 Abs. 1 bzw. § 253 Abs. 2 gleichwertig sind, so hat der Sektorenauftraggeber zur Überprüfung, ob der vorgelegte Nachweis seiner Art nach dem geforderten Nachweis entspricht, auf die Online–Datenbank e–Certis zurückzugreifen.

Nachweis der Befugnis

§ 252. (1) Der Sektorenauftraggeber kann als Nachweis für das Vorliegen der einschlägigen Befugnis gemäß § 251 Abs. 1 Z 1 die Vorlage einer Urkunde über die Eintragung des Unternehmers im betreffenden in **Anhang IX** angeführten Berufs- oder Handelsregister des Sitzstaates oder die Vorlage der betreffenden in **Anhang IX** genannten Bescheinigung festlegen.

(2) Der Sektorenauftraggeber hat über für die Zuschlagserteilung in Betracht kommende Bewerber, Bieter und deren Subunternehmer eine Auskunft aus der Verwaltungsstrafevidenz des Kompetenzzentrums LSDB gemäß § 35 LSD-BG einzuholen, ob diesen eine rechtskräftige Entscheidung gemäß § 31 LSD-BG zuzurechnen ist. Diese Auskunft darf nicht älter als sechs Monate sein.

Nachweis der beruflichen Zuverlässigkeit

§ 253. (1) Der Sektorenauftraggeber hat Nachweise für die Darlegung der beruflichen Zuverlässigkeit gemäß § 251 Abs. 1 Z 2 festzulegen, die belegen, dass in Bezug auf den Unternehmer kein Ausschlussgrund vorliegt.

(2) Nachweise gemäß Abs. 1 sind insbesondere

1. hinsichtlich § 249 Abs. 1 die Strafregisterbescheinigung gemäß § 10 des Strafregistergesetzes 1968 bzw. die Registerauskunft für Verbände gemäß § 89m GOG oder eine gleichwertige Bescheinigung eines Gerichtes oder einer Verwaltungsbehörde des Sitzstaates des Unternehmers,
2. hinsichtlich § 249 Abs. 2 Z 1 die Insolvenzdatei gemäß § 256 IO oder gleichwertige Dokumente der zuständigen Behörden des Sitzstaates des Unternehmers,

3. hinsichtlich § 249 Abs. 2 Z 2 der Firmenbuchauszug gemäß § 33 des Firmenbuchgesetzes und die Auskunft aus dem GISA gemäß § 365e Abs. 1 GewO 1994 oder gleichwertige Dokumente der zuständigen Behörden des Sitzstaates des Unternehmers, und
4. hinsichtlich § 249 Abs. 2 Z 5 die letztgültige Kontobestätigung bzw. Unbedenklichkeitsbescheinigung des zuständigen Sozialversicherungsträgers und die letztgültige Rückstandsbescheinigung gemäß § 229a BAO oder gleichwertige Dokumente der zuständigen Behörden des Sitzstaates des Unternehmers.

(3) Der Sektorenauftraggeber hat über für die Zuschlagserteilung in Betracht kommende Bewerber, Bieter und deren Subunternehmer jedenfalls eine Auskunft aus der zentralen Verwaltungsstrafevidenz des Bundesministers für Finanzen gemäß § 28b AuslBG und eine Auskunft aus der Verwaltungsstrafevidenz des Kompetenzzentrums LSDB gemäß § 35 LSD-BG einzuholen, ob diesen eine rechtskräftige Bestrafung gemäß § 28 Abs. 1 Z 1 AuslBG oder gemäß den §§ 28 oder 29 LSD-BG zuzurechnen ist. Diese Auskünfte dürfen nicht älter als sechs Monate sein.

(4) Werden die vom Sektorenauftraggeber festgelegten Nachweise im Herkunftsland des Unternehmers nicht ausgestellt oder werden darin nicht alle vom Sektorenauftraggeber vorgesehenen Ausschlussgründe erwähnt, kann der Sektorenauftraggeber eine Bescheinigung über eine eidesstattliche Erklärung oder eine entsprechende, vor einer dafür zuständigen Gerichts- oder Verwaltungsbehörde, vor einem Notar oder vor einer dafür zuständigen Berufsorganisation des Herkunftslandes des Unternehmers abgegebene Erklärung des Unternehmers verlangen, dass keiner der vorgesehenen Ausschlussgründe vorliegt.

Beurteilung der beruflichen Zuverlässigkeit

§ 254. (1) Der Sektorenauftraggeber hat der Beurteilung der beruflichen Zuverlässigkeit des Unternehmers insbesondere die gemäß § 253 Abs. 1 bzw. 2 verlangten Nachweise und die gemäß § 253 Abs. 3 eingeholten Auskünfte zugrunde zu legen. Ergibt sich aus diesen Bescheinigungen, dass eine rechtskräftige Gerichts- oder Verwaltungsentscheidung im Sinne des § 249 Abs. 1 oder 2 Z 5 lit. a vorliegt oder erlangt der Sektorenauftraggeber auf andere Weise von einem solchen Urteil, einer solchen Verfehlung oder vom Vorliegen eines Ausschlussgrundes gemäß § 248 Abs. 1 oder § 249 Abs. 1 oder 2 nachweislich Kenntnis, so ist der Unternehmer mangels Zuverlässigkeit vom Vergabeverfahren auszuschließen, es sei denn, die Voraussetzungen des § 249 Abs. 4 bis 6 liegen vor oder der Unternehmer macht glaubhaft, dass er trotz des Vorliegens eines Ausschlussgrundes zuverlässig ist.

(2) Zur Glaubhaftmachung im Sinne des Abs. 1 letzter Satz hat der Unternehmer darzulegen, dass er konkrete technische, organisatorische, personelle oder sonstige Maßnahmen getroffen hat, die geeignet sind, das nochmalige Begehen der betreffenden strafbaren Handlungen bzw. Verfehlungen zu verhindern. Der Unternehmer hat nachzuweisen, dass er folgende Maßnahmen getroffen hat:
1. er einen Ausgleich für jeglichen durch eine Straftat oder eine Verfehlung gegebenenfalls verursachten Schaden gezahlt oder sich zur Zahlung eines Ausgleiches verpflichtet hat,
2. er umfassend durch eine aktive Zusammenarbeit mit den Ermittlungsbehörden an der Klärung aller Tatsachen und Umstände betreffend die Straftat oder Verfehlung mitgewirkt hat, und
3. er effektive Maßnahmen wie
a) die Einführung eines qualitativ hochwertigen Berichts- und Kontrollwesens, oder
b) die Einschaltung eines Organes der inneren Revision zur regelmäßigen Überprüfung der Einhaltung der maßgeblichen Vorschriften, oder
c) die Einführung von internen Haftungs- und Schadenersatzregelungen zur Einhaltung der maßgeblichen Vorschriften

gesetzt hat.

(3) Der Sektorenauftraggeber hat die vom Unternehmer ergriffenen Maßnahmen zu prüfen und bei der Beurteilung der Zuverlässigkeit insbesondere die vom Unternehmer gesetzten Maßnahmen in ein Verhältnis zur Anzahl und zur Schwere der begangenen strafbaren Handlungen bzw. Verfehlungen zu setzen. Bei der Beurteilung der Schwere der rechtskräftigen Bestrafung gemäß § 28 Abs. 1 Z 1 AuslBG ist insbesondere die Anzahl der betroffenen Arbeitnehmer und die Dauer der illegalen Beschäftigung und bei der Beurteilung der Schwere der rechtskräftigen Bestrafung gemäß den §§ 28 oder 29 LSD-BG ist insbesondere das Ausmaß der Unterentlohnung zu berücksichtigen. Liegen mehr als zwei rechtskräftige Bestrafungen gemäß § 28 Abs. 1 Z 1 AuslBG oder gemäß den §§ 28 oder 29 LSD-BG vor oder erfolgten zwei rechtskräftige Bestrafungen innerhalb der letzten zwölf Monate, ist ein strengerer Maßstab anzulegen. Erachtet der Sektorenauftraggeber die Maßnahmen des Unternehmers als unzureichend, so hat er diese Entscheidung gegenüber dem Unternehmer zu begründen.

(4) Ein Unternehmer, der durch eine rechtskräftige Entscheidung eines Gerichtes einer anderen Vertragspartei des EWR-Abkommens von der Teilnahme an Vergabeverfahren ausgeschlossen wurde, kann während des in dieser Entscheidung festgelegten Ausschlusszeitraumes seine Zuverlässigkeit nicht gemäß Abs. 2 und 3 glaubhaft machen.

(5) Hat ein Unternehmer, bei dem ein Ausschlussgrund gemäß den §§ 248 oder 249 vorliegt, keine oder nur unzureichende Maßnahmen gemäß Abs. 2 und 3 ergriffen, so darf er – unbeschadet des Abs. 4 –

1. bei Vorliegen eines Ausschlussgrundes gemäß § 249 Abs. 1 höchstens für den Zeitraum von fünf Jahren ab dem Tag der rechtskräftigen Verurteilung oder
2. bei Vorliegen eines sonstigen vom Sektorenauftraggeber vorgesehenen Ausschlussgrundes höchstens für den Zeitraum von drei Jahren ab dem betreffenden Ereignis

von der Teilnahme am Vergabeverfahren ausgeschlossen werden.

Nachweis der finanziellen und wirtschaftlichen sowie der technischen Leistungsfähigkeit

§ 255. (1) Als Nachweis für die finanzielle und wirtschaftliche Leistungsfähigkeit gemäß § 251 Abs. 1 Z 3 kann der Sektorenauftraggeber insbesondere die Nachweise gemäß **Anhang X** verlangen.

(2) Kann ein Unternehmer aus einem von ihm glaubhaft zu machenden berechtigten Grund die vom Sektorenauftraggeber geforderten Nachweise nicht beibringen, so kann er den Nachweis seiner finanziellen und wirtschaftlichen Leistungsfähigkeit durch Vorlage jedes anderen vom Sektorenauftraggeber für geeignet erachteten Nachweises erbringen.

(3) Als Nachweis für die technische Leistungsfähigkeit gemäß § 251 Abs. 1 Z 4 kann der Sektorenauftraggeber je nach Art, Menge, Umfang oder Verwendungszweck der zu liefernden Waren oder der zu erbringenden Bau- oder Dienstleistungen insbesondere die in **Anhang XI** angeführten Nachweise verlangen. Werden Nachweise über Leistungen vorgelegt, die der Unternehmer in Arbeitsgemeinschaften erbracht hat, ist der vom Unternehmer erbrachte Leistungsteil anzugeben.

Prüfsystem

§ 256. (1) Der Sektorenauftraggeber kann ein System zur Prüfung von Unternehmern einrichten und betreiben. Er hat dabei sicherzustellen, dass sich Unternehmer jederzeit einer Prüfung unterziehen können.

(2) Das System gemäß Abs. 1 kann verschiedene Stufen umfassen. Der Sektorenauftraggeber hat objektive Prüfkriterien und Prüfregeln zur Eignung von Unternehmern und zur Funktionsweise des Prüfsystems festzulegen. Sofern diese Prüfkriterien und Prüfregeln technische Spezifikationen umfassen, gilt § 274. Die Prüfkriterien und Prüfregeln können bei Bedarf angepasst werden.

(3) Bei der Festlegung der Prüfkriterien und Prüfregeln sind die §§ 248, 249, 251 Abs. 1, 252 bis 255 und 258 sinngemäß anzuwenden.

(4) Enthalten die Prüfkriterien und Prüfregeln gemäß Abs. 2 Anforderungen an die Leistungsfähigkeit oder die Befugnis, kann sich ein Unternehmer zum Nachweis der geforderten Leistungsfähigkeit bzw. Befugnis auf die Kapazitäten anderer Unternehmer ungeachtet des rechtlichen Charakters der zwischen ihm und diesen Unternehmern bestehenden Verbindungen stützen. In diesem Fall muss er den Nachweis erbringen, dass ihm während der gesamten Gültigkeit des Prüfsystems die bei den anderen Unternehmern im erforderlichen Ausmaß vorhandenen Mittel auch tatsächlich zur Verfügung stehen. In Bezug auf die Nachweise betreffend Ausbildung und Bescheinigung über die berufliche Befähigung des Dienstleistungserbringers oder Unternehmers bzw. der Führungskräfte des Unternehmers, oder den Nachweis über die einschlägige berufliche Erfahrung kann ein Unternehmer sich nur auf die Kapazitäten jener Unternehmer stützen, die die Leistung tatsächlich erbringen werden, für die diese Kapazitäten benötigt werden. Der Unternehmer kann mit allen geeigneten Mitteln den Nachweis erbringen, dass ihm für die Ausführung des Auftrages die bei den anderen Unternehmern im erforderlichen Ausmaß vorhandenen Mittel auch tatsächlich zur Verfügung stehen. § 268 ist sinngemäß anzuwenden.

(5) Die Prüfkriterien und Prüfregeln gemäß Abs. 2 sind interessierten Unternehmern auf Antrag zur Verfügung zu stellen. Die Überarbeitung der Prüfkriterien und Prüfregeln ist interessierten Unternehmern mitzuteilen. Entspricht ein Prüfsystem eines anderen Sektorenauftraggebers den Anforderungen eines Sektorenauftraggebers, so hat er den interessierten Unternehmern den Namen des betreffenden Sektorenauftraggebers mitzuteilen.

(6) Sektorenauftraggeber haben die Bewerber innerhalb einer angemessenen Frist über die Entscheidung, die sie zur Qualifikation der Antragsteller getroffen haben, zu unterrichten. Kann die Entscheidung über die Qualifikation nicht innerhalb von vier Monaten nach Eingang des Prüfungsantrags getroffen werden, hat der Sektorenauftraggeber dem Bewerber spätestens zwei Monate nach Eingang des Prüfungsantrages die Gründe für eine längere Bearbeitungszeit mitzuteilen und anzugeben, wann über die Annahme oder die Ablehnung seines Antrags entschieden wird. Der Antragsteller ist über die Entscheidung über den Prüfungsantrag jedoch längstens innerhalb von sechs Monaten nach Eingang des Prüfungsantrages zu unterrichten.

(7) Negative Entscheidungen über die Qualifikation sind den Bewerbern unverzüglich, spätestens 15 Tage nach der Entscheidung, unter Angabe der Gründe mitzuteilen. Diese Gründe müssen sich auf die in Abs. 2 erwähnten Prüfkriterien beziehen.

(8) Die erfolgreichen Unternehmer sind in ein Verzeichnis aufzunehmen, wobei eine Untergliederung nach Kategorien von Auftragsarten möglich ist, für die die einzelnen Unternehmer qualifiziert sind.

(9) Sektorenauftraggeber können einem Unternehmer die Qualifikation nur aus Gründen aberkennen, die auf den in Abs. 2 erwähnten Prüfkriterien beruhen. Die beabsichtigte Aberkennung ist dem betroffenen Unternehmer mindestens 15 Tage vor dem für die Aberkennung der Qualifikation vorgesehenen Termin unter Angabe der Gründe mitzuteilen.

(10) Erfolgt die Bekanntmachung im Wege einer Bekanntmachung über das Bestehen eines Prüfsystems, so sind die Teilnehmer an einem nicht offenen Verfahren, an einem Verhandlungsverfahren, an einem wettbewerblichen Dialog oder einer Innovationspartnerschaft aus den Unternehmern auszuwählen, die sich im Rahmen des Prüfsystems qualifiziert haben. Bei der Auswahl der Teilnehmer ist § 290 Abs. 3 und 4 anzuwenden.

(11) Etwaige Gebühren, die im Zusammenhang mit Prüfanträgen, der Aktualisierung oder der Aufrechterhaltung einer bereits bestehenden Qualifikation für das System erhoben werden, müssen im Verhältnis zu den angefallenen Kosten stehen.

Nachweis der Eignung durch andere Unternehmer

§ 257. Zum Nachweis der erforderlichen Leistungsfähigkeit oder Befugnis kann sich ein Unternehmer für einen bestimmten Auftrag auf die Kapazitäten anderer Unternehmer ungeachtet des rechtlichen Charakters der zwischen ihm und diesen Unternehmern bestehenden Verbindungen stützen. In Bezug auf die Nachweise betreffend Ausbildung und Bescheinigung über die berufliche Befähigung des Dienstleistungserbringers oder Unternehmers bzw. der Führungskräfte des Unternehmers, oder den Nachweis über die einschlägige berufliche Erfahrung kann ein Unternehmer sich nur auf die Kapazitäten jener Unternehmer stützen, die die Leistung tatsächlich erbringen werden, für die diese Kapazitäten benötigt werden. Der Unternehmer kann mit allen geeigneten Mitteln den Nachweis erbringen, dass ihm für die Ausführung des Auftrages die bei den anderen Unternehmern im erforderlichen Ausmaß vorhandenen Mittel auch tatsächlich zur Verfügung stehen.

Normen für Qualitätssicherung und Umweltmanagement

§ 258. (1) Verlangt der Sektorenauftraggeber zum Nachweis dafür, dass der Unternehmer bestimmte Qualitätssicherungsnormen – einschließlich der Normen betreffend den Zugang von Menschen mit Behinderung – erfüllt, die Vorlage von Bescheinigungen unabhängiger Stellen, so hat er auf Qualitätssicherungssysteme Bezug zu nehmen, die den einschlägigen europäischen Normen genügen und von akkreditieren Stellen zertifiziert sind. Gleichwertige Bescheinigungen von Stellen anderer Vertragsparteien des EWR–Abkommens müssen anerkannt werden. Der Sektorenauftraggeber muss andere Nachweise von gleichwertigen Qualitätssicherungsmaßnahmen anerkennen, wenn der Unternehmer glaubhaft macht, dass er die betreffenden Bescheinigungen aus Gründen, die ihm nicht zugerechnet werden können, nicht fristgerecht erlangen konnte und sofern der Unternehmer nachweist, dass die vorgeschlagenen Qualitätssicherungsmaßnahmen den geforderten Qualitätssicherungsnormen entsprechen.

(2) Verlangt der Sektorenauftraggeber zum Nachweis dafür, dass der Unternehmer bestimmte Systeme oder Normen für das Umweltmanagement erfüllt, die Vorlage von Bescheinigungen unabhängiger Stellen, so hat er auf das Gemeinschaftssystem für das Umweltmanagement und die Umweltbetriebsprüfung (EMAS) der Union gemäß der Verordnung (EG) Nr. 1221/2009, auf andere gemäß Art. 45 dieser Verordnung anerkannte Systeme für das Umweltmanagement oder auf andere Normen für das Umweltmanagement Bezug zu nehmen, die auf den einschlägigen europäischen oder internationalen Normen beruhen und von akkreditierten Stellen zertifiziert sind. Gleichwertige Bescheinigungen von Stellen anderer Vertragsparteien des EWR-Abkommens müssen anerkannt werden. Der Sektorenauftraggeber muss andere Nachweise über Umweltmanagementmaßnahmen anerkennen, wenn der Unternehmer nachweist, dass er keinen Zugang zu den betreffenden Bescheinigungen hatte oder diese aus Gründen, die ihm nicht zugerechnet werden können, nicht fristgerecht erlangen konnte und dass diese Maßnahmen jenen Maßnahmen gleichwertig sind, die gemäß dem einschlägigen System oder der einschlägigen Norm für das Umweltmanagement erforderlich sind.

5. Abschnitt

Die Ausschreibung

1. Unterabschnitt

Allgemeine Bestimmungen

Grundsätze der Ausschreibung

§ 259. (1) Die Leistungen müssen, sofern nicht ein Vergabeverfahren ohne vorherige Bekanntmachung zur Anwendung kommt, so rechtzeitig bekannt gemacht werden, dass die Vergabe nach den Verfahren dieses Bundesgesetzes ermöglicht wird.

(2) Die Ausschreibungsunterlagen sind so auszuarbeiten, dass die Preise ohne Übernahme nicht kalkulierbarer Risiken und ohne unverhältnismäßige Ausarbeitungen von den Bietern ermittelt werden können. Die Vergleichbarkeit der Angebote muss sichergestellt sein; beim Verhandlungsverfahren gilt dies nur für die endgültigen Angebote.

(3) Die Vorbereitung einer Ausschreibung ist nur solchen Personen zu übertragen, welche die

fachlichen Voraussetzungen hierfür erfüllen. Erforderlichenfalls sind unbefangene Sachverständige beizuziehen.

(4) Der Sektorenauftraggeber hat in der Ausschreibung anzugeben, welcher Kommunikationsweg bzw. welche Kommunikationswege bei der Abgabe von Angeboten zulässig sind, welche Form die Angebote aufweisen müssen und wie die Angebote zu übermitteln sind.

Zur-Verfügung-Stellen der Ausschreibungsunterlagen

§ 260. (1) Wird ein Vergabeverfahren mit vorheriger Bekanntmachung durchgeführt, sind die Ausschreibungsunterlagen ausschließlich auf elektronischem Weg kostenlos, direkt, uneingeschränkt und vollständig zur Verfügung zu stellen, sobald die jeweilige Bekanntmachung erstmalig verfügbar ist oder die Aufforderung zur Interessensbestätigung übermittelt bzw. bereitgestellt wurde. Erfolgt die Bekanntmachung im Wege einer Bekanntmachung über das Bestehen eines Prüfsystems, so sind die Ausschreibungsunterlagen so schnell wie möglich, spätestens jedoch zum Zeitpunkt der Absendung der Aufforderung zur Angebotsabgabe zur Verfügung zu stellen. In der Bekanntmachung oder in der Aufforderung zur Interessensbestätigung bzw. zur Angebotsabgabe ist die Internet-Adresse anzugeben, unter der diese Unterlagen abrufbar sind.

(2) Die Verfügbarkeit von elektronisch zur Verfügung gestellten Ausschreibungsunterlagen muss zumindest bis zum Ablauf der Teilnahmeantrags- bzw. Angebotsfrist gewährleistet sein.

(3) Abweichend zu Abs. 1 kann der Sektorenauftraggeber in der Bekanntmachung oder in der Aufforderung zur Interessensbestätigung bzw. zur Angebotsabgabe angeben, dass die Ausschreibungsunterlagen ausnahmsweise nicht elektronisch zur Verfügung gestellt werden, sofern

1. der Sektorenauftraggeber gemäß § 217 Abs. 6 nicht verpflichtet ist, elektronische Kommunikationsmittel zu verwenden, oder
2. Anforderungen zum Schutz der Vertraulichkeit von Informationen gemäß § 200 Abs. 3 vorgeschrieben werden.

Im Fall der Z 1 ist anzugeben, auf welche andere geeignete Weise die Ausschreibungsunterlagen übermittelt bzw. bereitgestellt werden. Im Fall der Z 2 ist anzugeben, welche Maßnahmen zum Schutz der Vertraulichkeit der Informationen der Sektorenauftraggeber fordert und wie auf die betreffenden Dokumente zugegriffen werden kann.

(4) Sofern nicht Abs. 3 zur Anwendung kommt, darf die Identität der Unternehmer, die die zur Verfügung gestellten Ausschreibungsunterlagen abgerufen haben, Mitarbeitern des Sektorenauftraggebers oder der vergebenden Stelle, die an der Durchführung des Vergabeverfahrens beteiligt sind oder Einfluss auf den Ausgang des Verfahrens nehmen können, nicht preisgegeben werden.

Bereitstellung oder Übermittlung der Ausschreibungsunterlagen

§ 261. (1) Wird ein Vergabeverfahren ohne vorherige Bekanntmachung durchgeführt, sind jedem Unternehmer, der vom Sektorenauftraggeber zur Angebotsabgabe aufgefordert wurde, die Ausschreibungsunterlagen kostenlos elektronisch zu übermitteln bzw. bereitzustellen.

(2) Abweichend zu Abs. 1 muss der Sektorenauftraggeber die Ausschreibungsunterlagen ausnahmsweise nicht elektronisch übermitteln bzw. bereitstellen, sofern

1. der Sektorenauftraggeber gemäß § 217 Abs. 6 nicht verpflichtet ist, elektronische Kommunikationsmittel zu verwenden, oder
2. Anforderungen zum Schutz der Vertraulichkeit von Informationen gemäß § 200 Abs. 3 vorgeschrieben werden.

Im Fall der Z 1 hat der Sektorenauftraggeber die Ausschreibungsunterlagen auf andere geeignete Weise zu übermitteln bzw. bereitzustellen. Im Fall der Z 2 hat der Sektorenauftraggeber anzugeben, welche Maßnahmen zum Schutz der Vertraulichkeit der Informationen er fordert und wie auf die betreffenden Dokumente zugegriffen werden kann.

Inhalt der Ausschreibungsunterlagen

§ 262. (1) In den Ausschreibungsunterlagen ist der Sektorenauftraggeber oder sind der Sektorenauftraggeber und die vergebende Stelle genau zu bezeichnen sowie anzugeben, ob die Vergabe der ausgeschriebenen Leistung nach den Bestimmungen dieses Bundesgesetzes für den Ober- oder den Unterschwellenbereich und der dazu ergangenen Verordnungen erfolgt und welche Vergabekontrollbehörde für die Kontrolle dieses Vergabeverfahrens zuständig ist.

(2) In die Ausschreibungsunterlagen sind die als erforderlich erachteten Nachweise gemäß den §§ 248, 251 bis 253, 255, 257 und 258 aufzunehmen, soweit sie nicht bereits in der Bekanntmachung angeführt waren.

(3) In den Ausschreibungsunterlagen ist anzugeben, ob der Zuschlag dem technisch und wirtschaftlich günstigsten Angebot oder – sofern der Qualitätsstandard der Leistung durch den Sektorenauftraggeber in technischer, wirtschaftlicher und rechtlicher Hinsicht klar und eindeutig definiert ist – dem Angebot mit dem niedrigsten Preis erteilt werden soll. Die Ermittlung des aus der Sicht des Sektorenauftraggebers technisch und wirtschaftlich günstigsten Angebotes erfolgt aufgrund der Ermittlung des besten Preis-Leistungs-Verhältnisses entweder anhand eines Kostenmodells oder anhand von bekannt gegebenen Zuschlagskriterien.

(4) Der Zuschlag ist bei der Vergabe folgender Leistungen dem technisch und wirtschaftlich günstigsten Angebot zu erteilen:

1. bei Bauaufträgen, deren geschätzter Auftragswert mindestens 10 Millionen Euro beträgt, oder
2. wenn es sich um eine Auftragsvergabe im Wege eines wettbewerblichen Dialoges handelt, oder
3. wenn es sich um eine Auftragsvergabe im Wege einer Innovationspartnerschaft handelt.

(5) Bei der Vergabe folgender Leistungen hat der Sektorenauftraggeber qualitätsbezogene Aspekte im Sinne des § 193 bei der Beschreibung der Leistung, bei der Festlegung der technischen Spezifikationen, der Eignungskriterien oder der Zuschlagskriterien oder bei der Festlegung der Bedingungen für die Ausführung des Auftrages festzulegen und in den Ausschreibungsunterlagen gesondert als solche zu bezeichnen:

1. wenn die Beschreibung der Leistung im Wesentlichen funktional erfolgt, oder
2. bei unmittelbar personenbezogenen besonderen Dienstleistungen im Gesundheits- und Sozialbereich gemäß **Anhang XVI**, oder
3. bei Verkehrsdiensten im öffentlichen Straßenpersonenverkehr gemäß dem ÖPNRV-G 1999, wobei hier soziale Aspekte zu berücksichtigen sind, oder
4. bei der Beschaffung von Lebensmitteln, oder
5. bei Gebäudereinigungs- und Bewachungsdienstleistungen.

(6) Zur Ermittlung des besten Preis-Leistungs-Verhältnisses hat der Sektorenauftraggeber in den Ausschreibungsunterlagen anzugeben:

1. das anzuwendende Kostenmodell bzw.
2. alle Zuschlagskriterien, deren Verwendung er vorsieht, im Verhältnis der ihnen zuerkannten Bedeutung. Diese Angabe kann auch im Wege der Festlegung einer Marge, deren größte Bandbreite angemessen sein muss, erfolgen. Ist die Festlegung der Zuschlagskriterien im Verhältnis der ihnen zuerkannten Bedeutung aus objektiven Gründen nicht möglich, so hat der Sektorenauftraggeber alle Zuschlagskriterien, deren Verwendung er vorsieht, in der Reihenfolge der ihnen zuerkannten Bedeutung anzugeben.

(7) Die Ausschreibungsunterlagen haben technische Spezifikationen und erforderlichenfalls Bestimmungen betreffend die Übertragung von Rechten des geistigen Eigentums zu enthalten.

(8) Der Sektorenauftraggeber kann in die Ausschreibungsunterlagen Bedingungen insbesondere wirtschaftlichen, innovationsbezogenen, sozialen (wie zB frauen-, behinderten-, sozial- und beschäftigungspolitische Belange) oder ökologischen Inhaltes aufnehmen, die während der Erbringung der Leistungen zu erfüllen sind, sofern diese Bedingungen mit dem Auftragsgegenstand in Verbindung stehen; besondere Bedingungen für Arbeits- oder Bietergemeinschaften müssen sachlich gerechtfertigt und verhältnismäßig sein.

Berechnung von Lebenszykluskosten

§ 263. (1) Als Kostenmodell zur Ermittlung des besten Preis-Leistungs-Verhältnisses eines Angebotes kann eine Lebenszykluskostenrechnung herangezogen werden. Diese kann – ganz oder teilweise – folgende Kosten während des gesamten oder eines Teiles des Lebenszyklus einer Leistung umfassen:

1. die vom Sektorenauftraggeber oder anderen Nutzern der Leistung getragenen Kosten, wie zB Anschaffungskosten, Nutzungskosten, Wartungskosten oder Kosten am Ende der Nutzungsdauer, und
2. Kosten, die durch die externen Effekte der Umweltbelastung entstehen, die mit der Leistung während ihres Lebenszyklus in Verbindung stehen, sofern ihr Wert in Geld bestimmt und überprüft werden kann.

(2) Ermittelt der Sektorenauftraggeber die Kosten unter Verwendung einer Lebenszykluskostenrechnung, so hat er in der Ausschreibung das Kostenmodell und die von den Bietern bereitzustellenden Daten bekannt zu geben.

BVergG

(3) Modelle zur Ermittlung der Kosten gemäß Abs. 1 Z 2 müssen folgende Bedingungen erfüllen:

1. sie beruhen auf objektiv nachprüfbaren und nicht diskriminierenden Kriterien; ist das Modell nicht für die wiederholte oder kontinuierliche Anwendung konzipiert worden, so darf es insbesondere nicht bestimmte Unternehmer auf unzulässige Weise benachteiligen,
2. sie sind allen interessierten Unternehmern zugänglich und
3. die geforderten Daten lassen sich bei Anwendung der Sorgfalt eines ordentlichen Unternehmers mit vertretbarem Aufwand bereitstellen.

(4) Unionsrechtlich verbindlich vorgeschriebene Modelle der Lebenszykluskostenrechnung sind in **Anhang XII** ausgewiesen.

Einhaltung arbeits-, sozial- und umweltrechtlicher Bestimmungen

§ 264. (1) Bei allen in Österreich durchzuführenden Vergabeverfahren sind die sich aus den Übereinkommen Nr. 29, 87, 94, 95, 98, 100, 105, 111, 138, 182 und 183 der Internationalen Arbeitsorganisation ergebenden Verpflichtungen einzuhalten.

(2) Der Sektorenauftraggeber hat in der Ausschreibung vorzusehen, dass die Erstellung des Angebotes für in Österreich zu erbringende Leistungen unter Berücksichtigung der in Österreich geltenden arbeits- und sozialrechtlichen Rechtsvorschriften (insbesondere des ASchG, des AZG, des ARG, des AVRAG, des AÜG, des LSD-BG, des BGStG, des BEinstG und des GlBG),

der einschlägigen Kollektivverträge sowie der in Österreich geltenden umweltrechtlichen Rechtsvorschriften zu erfolgen hat und dass sich der Bieter verpflichtet, bei der Durchführung des Auftrages in Österreich diese Vorschriften einzuhalten. Diese Vorschriften sind bei der für die Ausführung des Auftrages örtlich zuständigen Gliederung der gesetzlichen Interessenvertretung der Arbeitgeber und der Arbeitnehmer zur Einsichtnahme durch interessierte Bieter und Bewerber bereitzuhalten. Hierauf ist in den Ausschreibungsunterlagen ausdrücklich hinzuweisen.

Besondere Bestimmungen betreffend die Beschaffung von Straßenfahrzeugen im Oberschwellenbereich

§ 265. (1) Bei Lieferaufträgen über die Beschaffung von Straßenfahrzeugen im Oberschwellenbereich haben Sektorenauftraggeber zumindest folgende betriebsbedingte Energie- und Umweltauswirkungen während der gesamten Lebensdauer zu berücksichtigen:

1. den Energieverbrauch,
2. die CO_2-Emissionen sowie
3. die Emission von Stickstoffoxiden (NO_x), Nichtmethan-Kohlenwasserstoffen (NMHC) und Partikeln.

(2) Der Sektorenauftraggeber hat

1. technische Spezifikationen hinsichtlich aller gemäß Abs. 1 zu berücksichtigenden Energie- und Umweltauswirkungen festzulegen, oder
2. die Energie- und Umweltauswirkungen gemäß Abs. 1 als Zuschlagskriterien festzulegen, oder
3. die über die gesamte Lebensdauer für den Betrieb eines Straßenfahrzeuges anfallenden Kosten des Energieverbrauches, der CO_2-Emissionen und der Schadstoffemissionen nach der Berechnungsmethode gemäß den Abs. 4 bis 7 zu quantifizieren und im Rahmen der Ermittlung des technisch und wirtschaftlich günstigsten Angebotes zu berücksichtigen.

(3) Bei der Festsetzung der technischen Spezifikationen gemäß Abs. 2 Z 1 hat der Sektorenauftraggeber die Höhe der CO_2-Emissionen oder der Emissionen zumindest eines Schadstoffes gemäß Abs. 1 Z 3 so festzulegen, dass die zum Zeitpunkt der Einleitung des Vergabeverfahrens geltenden gesetzlichen Emissionsgrenzwerte unterschritten werden.

(4) Zur Berechnung der über die gesamte Lebensdauer für den Betrieb eines Straßenfahrzeuges anfallenden Kosten des Energieverbrauches werden die Gesamtkilometerleistung gemäß Abs. 7, der Energieverbrauch je Kilometer und die Kosten je Energieeinheit miteinander multipliziert. Sofern in den Rechtsvorschriften der Union über die Typengenehmigung genormte Testverfahren der Union festgelegt sind, ist der Kraftstoffverbrauch eines Straßenfahrzeuges je Kilometer auf Basis dieser Testverfahren heranzuziehen. Bei Straßenfahrzeugen, für die keine solchen genormten Testverfahren der Union bestehen, sind die Ergebnisse allgemein anerkannter Verfahren oder für den Sektorenauftraggeber durchgeführter Tests oder die Angaben des Herstellers zu verwenden. Wenn der Kraftstoffverbrauch eines Straßenfahrzeuges in anderen Einheiten als Energieverbrauchseinheiten angegeben ist, wird er gemäß den Angaben zum Energiegehalt von Kraftstoffen in Tabelle 1 des **Anhanges XIII** in Energieverbrauchseinheiten je Kilometer umgerechnet. Die Kosten einer Energieeinheit entsprechen dem jeweils geringeren Wert der Kosten je Energieeinheit von Ottokraftstoff oder Dieselkraftstoff vor Steuern, wenn sie als Verkehrskraftstoff verwendet werden.

(5) Zur Berechnung der über die gesamte Lebensdauer für den Betrieb eines Straßenfahrzeuges anfallenden Kosten der CO_2-Emissionen werden die Gesamtkilometerleistung gemäß Abs. 7, die CO_2-Emissionen in Kilogramm je Kilometer und die Kosten der CO_2-Emissionen je Kilogramm gemäß Tabelle 2 des **Anhanges XIII** miteinander multipliziert. Sofern in den Rechtsvorschriften der Union über die Typengenehmigung genormte Testverfahren der Union festgelegt sind, sind die CO_2-Emissionen eines Straßenfahrzeuges je Kilometer auf Basis dieser Testverfahren heranzuziehen. Bei Straßenfahrzeugen, für die keine solchen genormten Testverfahren der Union bestehen, sind die Ergebnisse allgemein anerkannter Verfahren oder für den Sektorenauftraggeber durchgeführter Tests oder die Angaben des Herstellers zu verwenden.

(6) Zur Berechnung der über die gesamte Lebensdauer für den Betrieb eines Straßenfahrzeuges anfallenden Kosten der Schadstoffemissionen werden die über die gesamte Lebensdauer anfallenden Kosten der Emissionen von Stickstoffoxiden, Nichtmethan-Kohlenwasserstoffen und Partikeln addiert. Zur Berechnung der über die gesamte Lebensdauer eines Straßenfahrzeuges anfallenden Kosten jedes einzelnen Schadstoffes werden die Gesamtkilometerleistung gemäß Abs. 7, die Emissionen in Gramm je Kilometer und die jeweiligen Kosten je Gramm gemäß Tabelle 2 des **Anhanges XIII** miteinander multipliziert. Sofern in den Rechtsvorschriften der Union über die Typengenehmigung genormte Testverfahren der Union festgelegt sind, sind die Schadstoffemissionen eines Straßenfahrzeuges je Kilometer auf Basis dieser Testverfahren heranzuziehen. Bei Straßenfahrzeugen, für die keine solchen genormten Testverfahren der Union bestehen, sind die Ergebnisse allgemein anerkannter Verfahren oder für den Sektorenauftraggeber durchgeführter Tests oder die Angaben des Herstellers zu verwenden. Abweichend von Tabelle 2 des **Anhanges XIII** kann der Sektorenauftraggeber höhere Kosten je Gramm berechnen, sofern diese Kosten die Werte gemäß

Tabelle 2 des **Anhanges XIII** nicht um mehr als das Doppelte übersteigen.

(7) Die Gesamtkilometerleistung eines Straßenfahrzeuges ist Tabelle 3 des **Anhanges XIII** zu entnehmen. Anstatt der in Tabelle 3 des **Anhanges XIII** angegebenen Gesamtkilometerleistung kann der Sektorenauftraggeber auch eine andere Gesamtkilometerleistung festlegen. Die festgelegte Gesamtkilometerleistung muss sachlich gerechtfertigt sein und ist in den Ausschreibungsunterlagen anzugeben. Bei gebrauchten Straßenfahrzeugen ist die bereits erbrachte Kilometerleistung von der Gesamtkilometerleistung gemäß Tabelle 3 des **Anhanges XIII** bzw. von der vom Sektorenauftraggeber festgelegten Kilometerleistung abzuziehen.

Alternativ- und Variantenangebote

§ 266. (1) Der Sektorenauftraggeber kann Alternativangebote zulassen. Der Sektorenauftraggeber hat in der Ausschreibung ausdrücklich anzugeben, ob und welche Art von Alternativangeboten zugelassen sind. Falls der Sektorenauftraggeber keine Angabe über die Zulässigkeit von Alternativangeboten gemacht hat, so sind Alternativangebote nicht zugelassen.

(2) Der Sektorenauftraggeber hat in der Ausschreibung die Mindestanforderungen, die Alternativangebote im Hinblick auf ihre Vergleichbarkeit mit der ausgeschriebenen Leistung erfüllen müssen, zu erläutern. Ist die Abgabe von Alternativangeboten zulässig, so sind, sofern der Sektorenauftraggeber nicht ausdrücklich anderes festgelegt hat, Alternativangebote nur neben einem ausschreibungsgemäßen Angebot zulässig. Die Zuschlagskriterien sind so festzulegen, dass sie sowohl auf die ausschreibungsgemäßen Angebote als auch auf die Alternativangebote angewandt werden können. Der Sektorenauftraggeber darf nur jene Alternativangebote im Vergabeverfahren berücksichtigen, die die festgelegten Mindestanforderungen erfüllen.

(3) Ein Sektorenauftraggeber, der Alternativangebote zugelassen hat, darf ein vorgelegtes Alternativangebot nicht allein deshalb ausscheiden, weil es im Fall des Zuschlages zu einem Lieferauftrag statt eines Dienstleistungsauftrages oder zu einem Dienstleistungsauftrag statt eines Lieferauftrages führen würde.

(4) Der Sektorenauftraggeber kann durch Ausschreibungsvarianten Variantenangebote vorschreiben. Ist die Abgabe von Variantenangeboten vorgeschrieben, so sind, sofern der Sektorenauftraggeber nicht ausdrücklich anderes festgelegt hat, Variantenangebote stets neben einem ausschreibungsgemäßen Angebot einzureichen. Die Zuschlagskriterien sind so festzulegen, dass sie sowohl auf die ausschreibungsgemäßen Angebote als auch auf die Variantenangebote angewandt werden können.

Abänderungsangebote

§ 267. Sofern der Sektorenauftraggeber in der Ausschreibung nicht anderes festlegt, sind Abänderungsangebote zulässig. Der Sektorenauftraggeber kann die Zulässigkeit von Abänderungsangeboten auf bestimmte Positionen beschränken und die Erfüllung bestimmter Mindestanforderungen vorschreiben. Ist die Abgabe von Abänderungsangeboten zulässig, so sind Abänderungsangebote, soweit in der Ausschreibung nicht ausdrücklich anderes festgelegt wurde, auch ohne Abgabe eines ausschreibungsgemäßen Angebotes zulässig.

Subunternehmerleistungen

§ 268. (1) Die Weitergabe des gesamten Auftrages ist unzulässig. Ausgenommen hiervon sind Kaufverträge sowie die Weitergabe an verbundene Unternehmen.

(2) Der Bieter hat alle Teile des Auftrages, die er im Wege von Subaufträgen an Subunternehmer zu vergeben beabsichtigt, sowie die jeweils in Frage kommenden Subunternehmer im Angebot bekannt zu geben. Abweichend davon kann der Sektorenauftraggeber aus sachlichen Gründen in der Ausschreibung festlegen, dass nur hinsichtlich der von ihm festgelegten wesentlichen Teile des Auftrages, bei denen der Bieter Subunternehmer in Anspruch nehmen möchte, die jeweils in Frage kommenden Subunternehmer im Angebot bekannt zu geben sind.

(3) Die Weitergabe des gesamten Auftrages oder von Teilen der Leistung ist nur insoweit zulässig, als der betreffende Subunternehmer die für den ihm konkret zufallenden Leistungsteil erforderliche Eignung besitzt. Der Subunternehmer kann seine erforderliche Eignung nach Maßgabe des § 251 nachweisen.

(4) Der Sektorenauftraggeber kann

1. bei Bau- oder Dienstleistungsaufträgen sowie bei Verlege- oder Installationsarbeiten im Zusammenhang mit einem Lieferauftrag vorschreiben, dass bestimmte, von ihm festgelegte kritische Aufgaben vom Bieter selbst, von einem mit diesem verbundenen Unternehmen, oder – im Falle der Teilnahme einer Arbeits- oder Bietergemeinschaft am Vergabeverfahren – von einem Mitglied dieser Arbeits- oder Bietergemeinschaft ausgeführt werden müssen, oder
2. den Rückgriff auf Subunternehmer in der Ausschreibung im Einzelfall beschränken, sofern dies durch den Auftragsgegenstand sachlich gerechtfertigt und angemessen ist.

(5) Der Sektorenauftraggeber kann in der Ausschreibung vorsehen, dass – sofern ein Unternehmer zum Nachweis der erforderlichen finanziellen und wirtschaftlichen Leistungsfähigkeit Subunternehmer in Anspruch nehmen möchte – alle betroffenen Unternehmer im Auftragsfall dem Sektorenauftraggeber die solidarische Leistungserbringung schulden.

Besondere Bestimmungen betreffend den Zahlungsverkehr

§ 269. (1) Die Ausschreibung darf keine Bestimmungen über den Zahlungstermin, den Verzugszinssatz oder die Entschädigung für die Betreibungskosten enthalten, die für Unternehmer grob nachteilig im Sinne des § 459 Abs. 2, 4 und 5 UGB sind.

(2) Der Sektorenauftraggeber kann in der Ausschreibung eine Zahlungsfrist festlegen. Die Zahlungsfrist darf 30 Tage nicht übersteigen, außer

1. es ist aufgrund der besonderen Natur oder Merkmale des Auftrages eine längere Frist sachlich gerechtfertigt,
2. der Sektorenauftraggeber ist ein öffentliches Unternehmen gemäß § 168 oder
3. ein privater Sektorenauftraggeber gemäß § 169.

Die Zahlungsfrist darf jedoch in keinem Fall 60 Tage übersteigen.

(3) Der Sektorenauftraggeber kann in der Ausschreibung Angaben über die maximale Dauer eines gesetzlich oder vertraglich vorgesehenen Abnahme- oder Überprüfungsverfahrens zur Feststellung der vertragsgemäßen Leistungserbringung treffen. Die Dauer dieses Abnahme- oder Überprüfungsverfahrens darf grundsätzlich 30 Tage ab Erbringung der Leistung nicht übersteigen. Davon abweichende Festlegungen des Sektorenauftraggebers sind nur zulässig, wenn diese für Unternehmer nicht grob nachteilig sind. Für die Beurteilung der groben Nachteiligkeit ist insbesondere zu berücksichtigen, inwieweit die Dauer des vorgesehenen Abnahme- oder Überprüfungsverfahrens von der Übung des redlichen Verkehrs abweicht, ob es einen sachlichen Grund für diese Abweichung gibt und um welchen Auftragsgegenstand es sich handelt.

(4) Die Ausschreibung darf keine Angaben über den frühestmöglichen Zeitpunkt des Einganges der Rechnung beim Sektorenauftraggeber beinhalten.

(5) Der öffentliche Sektorenauftraggeber darf in der Ausschreibung keinen Verzugszinssatz festlegen, dessen Höhe den in § 456 UGB festgelegten gesetzlichen Zinssatz unterschreitet.

(6) Die Möglichkeit einer Vereinbarung von Ratenzahlungen wird durch die Bestimmungen der Abs. 1 bis 5 nicht berührt.

Berichtigung der Ausschreibung

§ 270. (1) Werden während der Angebotsfrist Änderungen der Ausschreibung erforderlich, so sind die Ausschreibungsunterlagen und erforderlichenfalls auch die Bekanntmachung zu berichtigen und die Angebotsfrist erforderlichenfalls entsprechend zu verlängern.

(2) Ist eine Berichtigung der Ausschreibungsunterlagen erforderlich, so ist allen Bewerbern oder Bietern die Berichtigung zu übermitteln bzw. bereitzustellen. Ist dies nicht möglich, so ist die Berichtigung in gleicher Weise wie die Ausschreibungsunterlagen zur Verfügung zu stellen, zu übermitteln oder bereitzustellen.

Nutzung von elektronischen Katalogen

§ 271. In der Ausschreibung oder – für den Fall, dass die Bekanntmachung im Wege einer Bekanntmachung über das Bestehen eines Prüfsystems erfolgt ist – in der Aufforderung zur Angebotsabgabe ist anzugeben, ob Angebote in Form eines elektronischen Kataloges abzugeben sind oder ob Angebote einen elektronischen Katalog beinhalten müssen. Ist dies der Fall, sind in der Ausschreibung jedenfalls die technischen Spezifikationen und erforderlichen Formate des elektronischen Kataloges anzugeben.

2. Unterabschnitt

Die Leistungsbeschreibung und besondere Bestimmungen über den Leistungsvertrag

Arten der Leistungsbeschreibung

§ 272. (1) Die Beschreibung der Leistung kann wahlweise konstruktiv oder funktional erfolgen.

(2) Bei einer konstruktiven Leistungsbeschreibung ist die Leistung eindeutig und vollständig zu beschreiben.

(3) Bei einer funktionalen Leistungsbeschreibung ist die Leistung als Aufgabenstellung durch Festlegung von Leistungs- oder Funktionsanforderungen zu beschreiben.

Grundsätze der Leistungsbeschreibung

§ 273. (1) Die Leistungen sind bei einer konstruktiven Leistungsbeschreibung so eindeutig, vollständig und neutral zu beschreiben, dass die Vergleichbarkeit der Angebote gewährleistet ist. Eine konstruktive Leistungsbeschreibung hat technische Spezifikationen zu enthalten und ist erforderlichenfalls durch Pläne, Zeichnungen, Modelle, Proben, Muster und dergleichen zu ergänzen.

(2) Bei einer funktionalen Leistungsbeschreibung haben die technischen Spezifikationen das Leistungsziel so hinreichend genau und neutral zu beschreiben, dass alle für die Erstellung des Angebotes maßgebenden Bedingungen und Umstände erkennbar sind. Aus der Beschreibung der

Leistung müssen sowohl der Zweck der fertigen Leistung als auch die an die Leistung gestellten Anforderungen in technischer, wirtschaftlicher, gestalterischer und funktionsbedingter Hinsicht soweit erkennbar sein, dass die Vergleichbarkeit der Angebote im Hinblick auf die vom Sektorenauftraggeber vorgegebenen Leistungs- oder Funktionsanforderungen gewährleistet ist. Leistungs- und Funktionsanforderungen müssen so ausreichend präzisiert werden, dass sie den Bewerbern und Bietern eine klare Vorstellung über den Auftragsgegenstand vermitteln und dem Sektorenauftraggeber die Vergabe des Auftrages ermöglichen. Eine funktionale Leistungsbeschreibung hat technische Spezifikationen zu enthalten und ist erforderlichenfalls durch Pläne, Zeichnungen, Modelle, Proben, Muster und dergleichen zu ergänzen.

(3) In der Beschreibung der Leistung und der Aufgabenstellung sind alle Umstände anzuführen (zB örtliche oder zeitliche Umstände oder besondere Anforderungen hinsichtlich der Art und Weise der Leistungserbringung), die für die Ausführung der Leistung und damit für die Erstellung des Angebotes von Bedeutung sind. Dies gilt ebenso für besondere Erschwernisse oder Erleichterungen.

Technische Spezifikationen

§ 274. (1) Technische Spezifikationen müssen allen Bewerbern und Bietern den gleichen Zugang zum Vergabeverfahren gewähren und dürfen den Wettbewerb nicht in ungerechtfertigter Weise behindern.

(2) Unbeschadet verbindlich festgelegter, unionsrechtskonformer nationaler technischer Vorschriften sind technische Spezifikationen auf eine der folgenden Arten festzulegen:

1. unter Beachtung nachstehender Rangfolge:
a) nationale Normen, mit denen europäische Normen umgesetzt werden,
b) europäische technische Bewertungen,
c) gemeinsame technische Spezifikationen,
d) internationale Normen und andere technische Bezugssysteme, die von den europäischen Normungsgremien erarbeitet wurden, oder
e) falls solche Normen und Spezifikationen fehlen, nationale Normen, nationale technische Zulassungen oder nationale technische Spezifikationen für die Planung, Berechnung und Ausführung von Bauleistungen und den Einsatz von Waren,

wobei jede Bezugnahme ausnahmslos mit dem Zusatz „oder gleichwertig" zu versehen ist, oder

2. in Form von Leistungs- oder Funktionsanforderungen, oder
3. in Form von Leistungs- oder Funktionsanforderungen gemäß Z 2 unter Bezugnahme auf technische Spezifikationen gemäß Z 1 als Mittel zur Vermutung der Konformität mit diesen Leistungs- oder Funktionsanforderungen, oder
4. unter Bezugnahme auf technische Spezifikationen gemäß Z 1 hinsichtlich bestimmter Merkmale und unter Bezugnahme auf Leistungs- oder Funktionsanforderungen gemäß Z 2 hinsichtlich anderer Merkmale.

(3) Werden technische Spezifikationen gemäß Abs. 2 Z 1 festgelegt, so darf der Sektorenauftraggeber ein Angebot nicht mit der Begründung ablehnen, die angebotene Leistung entspräche nicht den von ihm herangezogenen Spezifikationen, sofern der Bieter mit geeigneten Mitteln in seinem Angebot nachweist, dass die von ihm vorgeschlagene Lösung den Anforderungen der technischen Spezifikationen, auf die Bezug genommen wurde, gleichermaßen entspricht. Als geeignete Mittel gelten insbesondere die Nachweise gemäß § 277.

(4) Werden technische Spezifikationen gemäß Abs. 2 Z 2 festgelegt, so darf der Sektorenauftraggeber ein Angebot, das einer nationalen Norm, mit der eine europäische Norm umgesetzt wird, einer europäischen technischen Bewertung, einer gemeinsamen technischen Spezifikation, einer internationalen Norm oder einem technischen Bezugssystem, das von den europäischen Normungsgremien erarbeitet wurde, entspricht, nicht ablehnen, wenn diese Spezifikationen die von ihm geforderten Leistungs- oder Funktionsanforderungen betreffen. Der Bieter muss in seinem Angebot mit geeigneten Mitteln nachweisen, dass die der Norm entsprechende jeweilige Leistung den Leistungs- und Funktionsanforderungen des Sektorenauftraggebers entspricht. Als geeignete Mittel gelten insbesondere die Nachweise gemäß § 277.

(5) Soweit es nicht durch den Auftragsgegenstand gerechtfertigt ist, darf in technischen Spezifikationen nicht auf eine bestimmte Herstellung oder Herkunft oder ein besonderes Verfahren, das die von einem bestimmten Unternehmer bereitgestellten Produkte oder Dienstleistungen charakterisiert, oder auf Marken, Patente, Typen, einen bestimmten Ursprung oder eine bestimmte Produktion verwiesen werden, wenn dadurch bestimmte Unternehmer oder bestimmte Produkte begünstigt oder ausgeschlossen werden. Solche Verweise sind jedoch ausnahmsweise zulässig, wenn der Auftragsgegenstand nicht hinreichend genau und allgemein verständlich beschrieben werden kann. Sie sind ausnahmslos mit dem Zusatz „oder gleichwertig" zu versehen.

(6) Erfolgt ausnahmsweise die Ausschreibung eines bestimmten Erzeugnisses mit dem Zusatz „oder gleichwertig", sind in freien Zeilen (Bieterlücken) des Leistungsverzeichnisses nach der entsprechenden Position vom Bieter Angaben über Fabrikat und Type der von ihm gewählten gleichwertigen Produkte und, sofern gefordert, sonstige diese Produkte betreffende Angaben zu verlangen. Die maßgeblichen Kriterien für die Beurtei-

BVergG

lung der Gleichwertigkeit sind in der Leistungsbeschreibung anzugeben.

Barrierefreiheit

§ 275. (1) Bei der Beschaffung einer Leistung im Oberschwellenbereich, die zur Nutzung durch natürliche Personen vorgesehen ist, sind die technischen Spezifikationen so festzulegen, dass die Kriterien der Konzeption für alle Anforderungen einschließlich der Zugänglichkeit für Menschen mit Behinderung berücksichtigt werden. Bestehen verpflichtende Zugänglichkeitserfordernisse aufgrund eines Rechtsaktes der Europäischen Union, so müssen die technischen Spezifikationen darauf Bezug nehmen, soweit solche Kriterien betroffen sind.

(2) Von der Verpflichtung gemäß Abs. 1 kann in sachlich begründeten Fällen abgesehen werden. Dies ist insbesondere der Fall

1. wenn der Sektorenauftraggeber bei Leistungen oder Teilen der Leistung davon ausgehen kann, dass keine Nutzung der Leistung oder Teilen davon durch Menschen mit Behinderung zu erwarten ist, oder
2. soweit die geschätzten zusätzlichen Kosten aufgrund der Berücksichtigung der Kriterien unverhältnismäßig sind.

Gütezeichen

§ 276. (1) Will der Sektorenauftraggeber eine Leistung mit spezifischen Merkmalen beschaffen, kann er in den technischen Spezifikationen, den Zuschlagskriterien oder den Bedingungen für die Ausführung des Auftrages ein bestimmtes Gütezeichen als Nachweis dafür verlangen, dass die Leistung den geforderten Merkmalen entspricht. Dieses Gütezeichen muss im Oberschwellenbereich folgende Bedingungen erfüllen:

1. die Anforderungen des Gütezeichens betreffen ausschließlich Kriterien, die mit dem Auftragsgegenstand in Verbindung stehen und für die Beschreibung der Merkmale der Leistung geeignet sind,
2. die Anforderungen des Gütezeichens basieren auf objektiv nachprüfbaren und nicht diskriminierenden Kriterien,
3. das Gütezeichen wurde im Rahmen eines offenen und transparenten Verfahrens erstellt, an dem sich alle relevanten interessierten Kreise wie etwa Verwaltungsbehörden, Verbraucher, Sozialpartner, Hersteller, Händler und Nichtregierungsorganisationen beteiligen konnten,
4. das Gütezeichen ist allen interessierten Kreisen zugänglich und
5. die Anforderungen des Gütezeichens werden von einem Dritten festgelegt, auf den der Unternehmer, der das Gütezeichen beantragt, keinen ausschlaggebenden Einfluss ausüben kann.

(2) Der Sektorenauftraggeber kann auch die Erfüllung nur einzelner Anforderungen eines Gütezeichens verlangen.

(3) Erfüllt ein Gütezeichen die Bedingungen gemäß Abs. 1 Z 2 bis 5, schreibt aber Anforderungen vor, die mit dem Auftragsgegenstand nicht in Verbindung stehen, darf der Sektorenauftraggeber nicht das Gütezeichen als solches verlangen. Er kann aber technische Spezifikationen unter Verweis auf Spezifikationen dieses Gütezeichens festlegen, die mit dem Auftragsgegenstand in Verbindung stehen und geeignet sind, diesen zu beschreiben.

(4) Verlangt der Sektorenauftraggeber ein bestimmtes Gütezeichen, muss er alle Gütezeichen anerkennen, die ihre Gleichwertigkeit mit den Anforderungen des verlangten Gütezeichens bestätigen.

(5) Hat der Bewerber oder Bieter aus von ihm nicht zu verantwortenden Gründen nachweislich keine Möglichkeit, das vom Sektorenauftraggeber verlangte oder ein gleichwertiges Gütezeichen fristgerecht zu erlangen, muss der Sektorenauftraggeber andere geeignete Nachweise akzeptieren, sofern der Bewerber oder Bieter nachweist, dass alle verlangten Anforderungen des Gütezeichens erfüllt werden.

Testberichte und Zertifizierungen

§ 277. (1) Der Sektorenauftraggeber kann vom Bewerber oder Bieter die Vorlage eines Testberichtes einer Konformitätsbewertungsstelle oder einer von dieser ausgegebenen Zertifizierung als Nachweis für die Übereinstimmung mit den technischen Spezifikationen, den Zuschlagskriterien oder den Bedingungen für die Ausführung des Auftrages verlangen. Der Sektorenauftraggeber hat alle Zertifikate anderer entsprechender Konformitätsbewertungsstellen zu akzeptieren.

(2) Hat der Bewerber oder Bieter keinen Zugang zu den Nachweisen gemäß Abs. 1 oder aus von ihm nicht zu verantwortenden Gründen nachweislich keine Möglichkeit, diese fristgerecht zu erlangen, muss der Sektorenauftraggeber auch andere geeignete Nachweise akzeptieren, sofern diese Nachweise die Erfüllung der in den technischen Spezifikationen, den Zuschlagskriterien oder den Bedingungen für die Ausführung des Auftrages verlangten Kriterien belegen.

Besondere Vertragsbestimmungen betreffend den Zahlungsverkehr

§ 278. (1) Bestimmungen im Leistungsvertrag über den Zahlungstermin, den Verzugszinssatz oder die Entschädigung für die Betreibungskosten, die für Unternehmer grob nachteilig im Sinne des § 459 Abs. 2, 4 und 5 UGB sind, sind nichtig.

(2) Der Sektorenauftraggeber kann im Leistungsvertrag eine Zahlungsfrist festlegen. Die Zahlungsfrist darf bei sonstiger Nichtigkeit 30 Tage nicht übersteigen, außer

1. es ist aufgrund der besonderen Natur oder Merkmale des Auftrages eine längere Frist sachlich gerechtfertigt,
2. der Sektorenauftraggeber ist ein öffentliches Unternehmen gemäß § 168 oder
3. ein privater Sektorenauftraggeber gemäß § 169.

Die Zahlungsfrist darf jedoch bei sonstiger Nichtigkeit in keinem Fall 60 Tage übersteigen.

(3) Der Leistungsvertrag kann Bestimmungen über die maximale Dauer eines gesetzlich oder vertraglich vorgesehenen Abnahme- oder Überprüfungsverfahrens zur Feststellung der vertragsgemäßen Leistungserbringung enthalten. Die Dauer dieses Abnahme- oder Überprüfungsverfahrens darf bei sonstiger Nichtigkeit grundsätzlich 30 Tage ab Erbringung der Leistung nicht übersteigen. Davon abweichende Vereinbarungen sind nur zulässig, wenn diese ausdrücklich in allfälligen Ausschreibungsunterlagen festgelegt wurden und für den Unternehmer nicht grob nachteilig sind. Für die Beurteilung der groben Nachteiligkeit ist insbesondere zu berücksichtigen, inwieweit die Dauer des vorgesehenen Abnahme- oder Überprüfungsverfahrens von der Übung des redlichen Verkehrs abweicht, ob es einen sachlichen Grund für diese Abweichung gibt und um welche Vertragsleistung es sich handelt.

(4) Vereinbarungen im Leistungsvertrag über den frühestmöglichen Zeitpunkt des Einganges der Rechnung beim Sektorenauftraggeber sind nichtig.

(5) Die Vereinbarung eines Verzugszinssatzes im Leistungsvertrag mit einem öffentlichen Sektorenauftraggeber, dessen Höhe den in § 456 UGB festgelegten gesetzlichen Zinssatz unterschreitet, ist nichtig.

(6) Die Möglichkeit einer Vereinbarung von Ratenzahlungen wird durch die Bestimmungen der Abs. 1 bis 5 nicht berührt.

(7) Die in den Abs. 1 bis 5 vorgesehene Nichtigkeit kann nicht geltend gemacht werden,

1. wenn die entsprechende Bestimmung in einem Nachprüfungsverfahren vor den Vergabekontrollbehörden hätte angefochten werden können oder
2. wenn die zuständige Vergabekontrollbehörde die entsprechende Bestimmung in einem Nachprüfungsverfahren als rechtmäßig erkannt hat.

6. Abschnitt
Ablauf einzelner Vergabeverfahren und Teilnehmer im Vergabeverfahren

1. Unterabschnitt
Ablauf des offenen Verfahrens, des nicht offenen Verfahrens und des Verhandlungsverfahrens

Ablauf des offenen Verfahrens

§ 279. (1) Im offenen Verfahren kann jeder Unternehmer innerhalb der Angebotsfrist ein Angebot einreichen. Dem Angebot sind die vom Sektorenauftraggeber verlangten Informationen im Hinblick auf die Eignung beizufügen.

(2) Im offenen Verfahren kann der Sektorenauftraggeber die Angebote prüfen, bevor die Eignung des Bieters und der bekannt gegebenen Subunternehmer geprüft wird.

(3) Während eines offenen Verfahrens darf mit den Bietern über eine Angebotsänderung nicht verhandelt werden.

(4) Anzahl und Namen der Unternehmer, die ihr Interesse an der Teilnahme an einem offenen Verfahren bekundet haben, sind bis zur Angebotsöffnung geheim zu halten.

BVergG

Ablauf des nicht offenen Verfahrens

§ 280. (1) Im nicht offenen Verfahren können die zur Abgabe von Angeboten aufgeforderten Unternehmer innerhalb der Angebotsfrist ihre Angebote einreichen.

(2) Während eines nicht offenen Verfahrens darf mit den Bietern über eine Angebotsänderung nicht verhandelt werden.

(3) Anzahl und Namen der zur Angebotsabgabe aufgeforderten Unternehmer sind bis zur Angebotsöffnung geheim zu halten.

Ablauf des Verhandlungsverfahrens

§ 281. (1) Im Verhandlungsverfahren hat der Sektorenauftraggeber in den Ausschreibungsunterlagen den Auftragsgegenstand anzugeben, indem er seine Bedürfnisse und die erforderlichen Eigenschaften der zu erbringenden Leistung beschreibt und die Zuschlagskriterien spezifiziert. Der Sektorenauftraggeber hat anzugeben, welche Elemente der Leistungsbeschreibung die von allen Angeboten einzuhaltenden Mindestanforderungen darstellen. Die Ausschreibungsunterlagen müssen so präzise sein, dass ein Unternehmer Art und Umfang der zu erbringenden Leistung erkennen und entscheiden kann, ob er einen Teilnahmeantrag stellt.

(2) Jeder Unternehmer, der vom Sektorenauftraggeber zur Angebotsabgabe aufgefordert wurde, kann ein Erstangebot abgeben, das die Grundlage für die späteren Verhandlungen darstellt. Der Sektorenauftraggeber hat mit dem betreffenden Bieter über das von ihm abgegebene Erstangebot und alle Folgeangebote, mit Ausnahme des

endgültigen Angebotes gemäß Abs. 8, zu verhandeln. Die in den Ausschreibungsunterlagen vom Sektorenauftraggeber festgelegten Mindestanforderungen und Zuschlagskriterien dürfen nicht Gegenstand von Verhandlungen sein.

(3) Abweichend von Abs. 2 kann der Sektorenauftraggeber den Auftrag auf der Grundlage des Erstangebotes vergeben, ohne in Verhandlungen einzutreten, wenn er in der Bekanntmachung oder in der Aufforderung zur Interessensbestätigung angegeben hat, dass er sich diese Möglichkeit vorbehält.

(4) Der Sektorenauftraggeber hat sicherzustellen, dass alle Bieter bei den Verhandlungen gleich behandelt werden. Er darf Informationen nicht in diskriminierender Weise weitergeben, sodass bestimmte Bieter gegenüber anderen Bietern begünstigt werden können. Der Sektorenauftraggeber darf vertrauliche Informationen eines Bewerbers oder Bieters nicht ohne dessen Zustimmung an die anderen Unternehmer weitergeben. Diese Zustimmung darf nicht allgemein, sondern nur in Bezug auf die beabsichtigte Mitteilung bestimmter Informationen erteilt werden.

(5) Der Sektorenauftraggeber hat alle verbliebenen Bieter über etwaige Änderungen der Ausschreibungsunterlagen zu informieren. Er hat den Bietern im Anschluss an solche Änderungen ausreichend Zeit zu gewähren, ihre Angebote gegebenenfalls zu ändern. Die in der Ausschreibung festgelegten Mindestanforderungen und Zuschlagskriterien dürfen während des Verhandlungsverfahrens nicht geändert werden.

(6) Ein Verhandlungsverfahren kann in verschiedenen aufeinander folgenden Phasen durchgeführt werden. Der Sektorenauftraggeber kann die Anzahl der Angebote anhand der Zuschlagskriterien verringern. Der Sektorenauftraggeber hat jene Bieter, deren Angebote nicht weiter berücksichtigt werden, unverzüglich unter Bekanntgabe der Gründe für die Nichtberücksichtigung von dieser Entscheidung zu verständigen. Die Gründe der Nichtberücksichtigung sind nicht bekannt zu geben, soweit die Bekanntgabe dieser Informationen öffentlichen Interessen oder den berechtigten Geschäftsinteressen eines Unternehmers widersprechen oder dem freien und lauteren Wettbewerb schaden würde. Die vom Sektorenauftraggeber gewählte Vorgangsweise ist in der Ausschreibung oder in der Aufforderung zur Interessensbestätigung bekannt zu geben. In der Schlussphase eines Verhandlungsverfahrens mit mehreren Bietern kann der Sektorenauftraggeber auch mit nur einem Bieter verhandeln.

(7) Der Sektorenauftraggeber hat jeden verbliebenen Bieter auf dessen Verlangen unverzüglich, jedenfalls aber binnen 15 Tagen nach Einlangen des Ersuchens, über Verlauf und Fortschritt der Verhandlungen zu informieren.

(8) Der Sektorenauftraggeber hat den verbliebenen Bietern den beabsichtigten Abschluss der Verhandlungen bekannt zu geben und eine einheitliche Frist für die Abgabe eines endgültigen Angebotes festzulegen. Von den endgültigen Angeboten, die den Mindestanforderungen entsprechen und nicht auszuscheiden sind, hat der Sektorenauftraggeber das erfolgreiche Angebot gemäß den Zuschlagskriterien auszuwählen.

(9) Der Sektorenauftraggeber kann sich in den Ausschreibungsunterlagen vorbehalten, dass er im Fall der Abgabe von vollständig ausgearbeiteten und vergleichbaren Angeboten Verhandlungen nur mit dem Bieter des bestgereihten Angebotes führt und er mit den übrigen Bietern Verhandlungen nur dann führt, wenn die Verhandlungen mit dem Bieter des bestgereihten Angebotes nicht erfolgreich abgeschlossen werden.

(10) Anzahl und Namen der zur Angebotsabgabe aufgeforderten Unternehmer sind bis zur Mitteilung der Zuschlagsentscheidung geheim zu halten.

2. Unterabschnitt
Ablauf des wettbewerblichen Dialoges

Ausschreibung des wettbewerblichen Dialoges

§ 282. Der Sektorenauftraggeber hat in der Bekanntmachung des wettbewerblichen Dialoges seine Bedürfnisse und Anforderungen zu formulieren. Die Bekanntmachung hat darüber hinaus jedenfalls die folgenden Angaben zu enthalten:

1. die vorgesehene Mindestzahl und gegebenenfalls auch die Höchstzahl der Teilnehmer,
2. die Eignungs- und Auswahlkriterien,
3. die Festlegung, ob der Dialog in mehreren Phasen abgewickelt wird und ob die Zahl der zu erörternden Lösungen reduziert werden soll,
4. einen indikativen Zeitrahmen für das Verfahren,
5. eine nähere Erläuterung der Bedürfnisse und Anforderungen des Sektorenauftraggebers,
6. die Zuschlagskriterien und
7. die Festlegung, ob Prämien oder Zahlungen für die Teilnehmer am Dialog vorgesehen sind.

Die in den Z 3 bis 7 vorgesehenen Angaben können abweichend davon auch in den Ausschreibungsunterlagen enthalten sein.

Dialogphase

§ 283. (1) Der Sektorenauftraggeber führt mit den Teilnehmern einen Dialog mit dem Ziel, die Lösung oder die Lösungen zu ermitteln, mit der oder mit denen seine Bedürfnisse und Anforderungen am besten erfüllt werden können. Bei diesem Dialog kann der Sektorenauftraggeber mit den Teilnehmern alle Aspekte des Auftrages erörtern und gegebenenfalls aufgrund der Erörterungen seine in der Ausschreibung festgelegten Bedürfnisse und Anforderungen anpassen. Eine Anpassung ist allen Teilnehmern am Dialog bekannt zu geben.

(2) Der Sektorenauftraggeber hat sicherzustellen, dass alle Teilnehmer am Dialog gleich behandelt werden. Er darf Informationen nicht in diskriminierender Weise weitergeben, sodass bestimmte Teilnehmer gegenüber anderen Teilnehmern begünstigt werden können. Der Sektorenauftraggeber darf Lösungen, Teile von Lösungen oder vertrauliche Informationen eines Bewerbers oder Teilnehmers nicht ohne dessen Zustimmung an die anderen Unternehmer weitergeben. Diese Zustimmung darf nicht allgemein, sondern nur in Bezug auf die beabsichtigte Mitteilung bestimmter Informationen erteilt werden.

(3) Der wettbewerbliche Dialog kann in verschiedenen aufeinander folgenden Phasen durchgeführt werden. Der Sektorenauftraggeber kann die Zahl der zu erörternden Lösungen anhand der Zuschlagskriterien während der Dialogphase verringern. Der Sektorenauftraggeber hat jene Teilnehmer, deren Lösungen nicht weiter berücksichtigt werden, unverzüglich unter Bekanntgabe der Gründe für die Nichtberücksichtigung von dieser Entscheidung zu verständigen. Die Gründe der Nichtberücksichtigung sind nicht bekannt zu geben, soweit die Bekanntgabe dieser Informationen öffentlichen Interessen oder den berechtigten Geschäftsinteressen eines Unternehmers widersprechen oder dem freien und lauteren Wettbewerb schaden würde.

(4) Der Sektorenauftraggeber hat jeden verbliebenen Teilnehmer auf dessen Verlangen unverzüglich, jedenfalls aber binnen 15 Tagen nach Einlangen des Ersuchens, über Verlauf und Fortschritt des Dialoges zu informieren.

(5) Der Sektorenauftraggeber setzt den Dialog so lange fort, bis er die Lösung oder die Lösungen ermittelt hat, die zur Erfüllung seiner Bedürfnisse und Anforderungen am besten geeignet ist oder sind. In der Schlussphase des Dialoges kann der Sektorenauftraggeber den Dialog auch nur mit einem Teilnehmer führen.

(6) Der Sektorenauftraggeber hat den Abschluss der Dialogphase und die Grundzüge der ausgewählten Lösung oder Lösungen den verbliebenen Teilnehmern unverzüglich bekannt zu geben.

Aufforderung zur Angebotsabgabe und Vergabe des Auftrages

§ 284. (1) Der Sektorenauftraggeber hat den oder die verbliebenen Teilnehmer aufzufordern, auf der Grundlage der vom jeweiligen Teilnehmer vorgelegten und in der Dialogphase näher ausgeführten Lösung oder Lösungen sein bzw. ihr Angebot zu legen.

(2) Ein Angebot muss alle zur Ausführung des Vorhabens erforderlichen Elemente enthalten.

(3) Auf Verlangen des Sektorenauftraggebers kann der Bieter sein Angebot klarstellen, präzisieren, verbessern und ergänzen, sofern dies nicht zu einer Änderung der wesentlichen Bestandteile des Angebotes oder der Ausschreibung führt, die den Wettbewerb verfälschen oder sich diskriminierend auswirken könnte.

(4) Der Sektorenauftraggeber hat gemäß den Zuschlagskriterien das technisch und wirtschaftlich günstigste Angebot auszuwählen.

(5) Auf Verlangen des Sektorenauftraggebers kann der Bieter, dessen Angebot als das technisch und wirtschaftlich günstigste ermittelt worden ist, bestimmte Elemente seines Angebotes näher erläutern oder darin enthaltene Zusagen bestätigen, sofern dies nicht zu einer Änderung der wesentlichen Bestandteile des Angebotes oder der Ausschreibung führt, die den Wettbewerb verfälschen oder sich diskriminierend auswirken könnte.

3. Unterabschnitt
Ablauf der Innovationspartnerschaft

Ziel der Innovationspartnerschaft

§ 285. (1) Ziel der Innovationspartnerschaft ist die Entwicklung einer innovativen Ware, Bau- oder Dienstleistung sowie der anschließende Erwerb der daraus hervorgehenden Waren, Bau- oder Dienstleistungen, sofern das Leistungsniveau und die Kostenobergrenze eingehalten werden, die zwischen dem Sektorenauftraggeber und den Partnern der Innovationspartnerschaft vereinbart worden sind.

(2) Der geschätzte Wert der Waren, Bau- oder Dienstleistungen darf in Bezug auf die für ihre Entwicklung erforderliche Investition nicht unverhältnismäßig sein.

Ausschreibung der Innovationspartnerschaft

§ 286. (1) Der Sektorenauftraggeber hat in der Ausschreibung den Bedarf nach einer innovativen Ware, Bau- oder Dienstleistung zu beschreiben, der nicht durch den Erwerb von bereits auf dem Markt verfügbaren Waren, Bau- oder Dienstleistungen befriedigt werden kann. Der Sektorenauftraggeber hat anzugeben, welche Elemente der Leistungsbeschreibung die von allen Angeboten einzuhaltenden Mindestanforderungen darstellen. Die Ausschreibungsunterlagen müssen so präzise sein, dass ein Unternehmer Art und Umfang der geforderten Lösung erkennen und entscheiden kann, ob er einen Teilnahmeantrag stellt.

(2) Der Sektorenauftraggeber hat in der Ausschreibung Auswahlkriterien festzulegen, die insbesondere die Fähigkeiten des Bewerbers auf dem Gebiet der Forschung und Entwicklung sowie die Ausarbeitung und Umsetzung innovativer Lösungen betreffen.

(3) Der Sektorenauftraggeber hat in der Ausschreibung anzugeben, ob die Innovationspartnerschaft mit einem Partner oder mit mehreren Partnern gebildet werden soll.

(4) In der Ausschreibung sind Festlegungen betreffend die Rechte des geistigen Eigentums der Partner zu treffen.

Ablauf der Verhandlungen

§ 287. (1) Der Sektorenauftraggeber hat ein Verhandlungsverfahren mit vorheriger Bekanntmachung durchzuführen, bei dem jeder Unternehmer, der vom Sektorenauftraggeber zur Angebotsabgabe aufgefordert wurde, ein Forschungs- und Innovationsprojekt (Erstangebot) einreichen kann, das auf die Abdeckung der in der Ausschreibung genannten Bedürfnisse abzielt und das die Grundlage für die späteren Verhandlungen darstellt.

(2) Für den Ablauf des Verhandlungsverfahrens gilt § 281 mit der Maßgabe, dass

1. die Innovationspartnerschaft nicht bereits auf der Grundlage des Erstangebotes gebildet werden kann, ohne in Verhandlungen einzutreten,
2. im Oberschwellenbereich Verhandlungen gemäß § 281 Abs. 9 nicht zulässig sind und
3. von den endgültigen Angeboten, die den Mindestanforderungen entsprechen und nicht auszuscheiden sind, der Sektorenauftraggeber das erfolgreiche Angebot oder die erfolgreichen Angebote gemäß den Zuschlagskriterien auszuwählen hat.

Durchführung der Innovationspartnerschaft

§ 288. (1) Der Sektorenauftraggeber kann die Innovationspartnerschaft mit einem Partner oder mit mehreren Partnern bilden. Bei einer Innovationspartnerschaft mit mehreren Partnern haben die Partner getrennte Forschungs- und Entwicklungstätigkeiten durchzuführen.

(2) Die Innovationspartnerschaft ist entsprechend dem Forschungs- und Innovationsprozess in aufeinander folgende Phasen zu strukturieren und kann die Herstellung der Ware, die Erbringung der Dienstleistung oder die Fertigstellung der Bauleistung umfassen. Im Vertrag über den Abschluss der Innovationspartnerschaft, der aufgrund des Verhandlungsverfahrens gemäß § 287 abgeschlossen wird, sind die von dem Partner oder den Partnern zu erreichenden Zwischenziele sowie die Zahlung einer Vergütung in angemessenen Teilbeträgen festzulegen. Auf Grundlage dieser Ziele kann der Sektorenauftraggeber am Ende jeder Phase entscheiden, ob er die Innovationspartnerschaft beendet oder, im Fall einer Innovationspartnerschaft mit mehreren Partnern, die Zahl der Partner durch die Kündigung einzelner Verträge reduziert, sofern in der Ausschreibung jeweils darauf hingewiesen wurde, dass diese Möglichkeit besteht und unter welchen Umständen davon Gebrauch gemacht werden kann.

(3) Die Struktur der Innovationspartnerschaft, insbesondere die Dauer und der Wert der einzelnen Phasen, haben dem Innovationsgrad der vorgeschlagenen Lösung und der Abfolge der Forschungs- und Entwicklungstätigkeiten, die für die Entwicklung einer auf dem Markt noch nicht vorhandenen innovativen Lösung erforderlich sind, Rechnung zu tragen.

(4) Bei einer Innovationspartnerschaft mit mehreren Partnern darf der Sektorenauftraggeber eine vorgeschlagene Lösung oder andere von einem Partner im Rahmen der Partnerschaft mitgeteilte vertrauliche Informationen nicht ohne die Zustimmung des betroffenen Partners an die anderen Partner weitergeben. Diese Zustimmung darf nicht allgemein, sondern nur in Bezug auf die beabsichtigte Mitteilung bestimmter Informationen erteilt werden.

(5) Der Sektorenauftraggeber darf die im Rahmen der Innovationspartnerschaft entwickelte innovative Ware, Bau- oder Dienstleitung nur erwerben, wenn das Leistungsniveau und die Kostenobergrenze eingehalten werden, die zwischen dem Sektorenauftraggeber und dem Partner bzw. den Partnern der Innovationspartnerschaft vereinbart worden sind. Im Falle einer Innovationspartnerschaft mit mehreren Partnern hat der Sektorenauftraggeber vor Beginn der Erwerbsphase aus den verbliebenen Lösungen auf Grundlage der in den Verträgen hierfür festgelegten objektiven und nicht diskriminierenden Kriterien die beste Lösung oder, sofern in der Ausschreibung darauf hingewiesen wurde, dass diese Möglichkeit besteht, die besten Lösungen auszuwählen.

4. Unterabschnitt
Teilnehmer im Vergabeverfahren

Teilnehmer im nicht offenen Verfahren ohne vorherige Bekanntmachung und im Verhandlungsverfahren ohne vorherige Bekanntmachung

§ 289. (1) Beim nicht offenen Verfahren ohne vorherige Bekanntmachung und beim Verhandlungsverfahren ohne vorherige Bekanntmachung hat die Aufforderung zur Angebotsabgabe nur an geeignete Unternehmer zu erfolgen.

(2) Die Auswahl der aufzufordernden Unternehmer hat in nicht diskriminierender Weise stattzufinden. Der Sektorenauftraggeber hat die aufzufordernden Unternehmer so häufig wie möglich zu wechseln. Nach Möglichkeit sind insbesondere kleine und mittlere Unternehmer am Vergabeverfahren zu beteiligen.

(3) Die Anzahl der aufzufordernden Unternehmer ist entsprechend der Leistung festzulegen und soll beim nicht offenen Verfahren ohne vorherige Bekanntmachung und beim Verhandlungsverfahren ohne vorherige Bekanntmachung nicht unter drei liegen. Die festgelegte Anzahl muss einen

echten Wettbewerb gewährleisten. Liegt die Anzahl der vom Sektorenauftraggeber aufgeforderten Unternehmer unter drei, so hat er die Gründe dafür zu dokumentieren.

Teilnehmer im nicht offenen Verfahren mit vorheriger Bekanntmachung, im Verhandlungsverfahren mit vorheriger Bekanntmachung, beim wettbewerblichen Dialog und bei Innovationspartnerschaften

§ 290. (1) Teilnahmeanträge haben jene Informationen zu enthalten, die der Sektorenauftraggeber im Hinblick auf die Eignung und die Auswahl der Bewerber verlangt hat.

(2) Unter Bedachtnahme auf die Abs. 3 bis 7 ist nur geeigneten Bewerbern, die aufgrund der Bekanntmachung rechtzeitig Teilnahmeanträge gestellt haben, Gelegenheit zur Beteiligung am Vergabeverfahren zu geben.

(3) Die Auswahl der aufzufordernden Unternehmer hat anhand der Auswahlkriterien zu erfolgen, die allen interessierten Unternehmern zugänglich sein müssen. Diese können auf der Notwendigkeit für den Sektorenauftraggeber beruhen, die Zahl der Bewerber so weit zu verringern, dass ein angemessenes Verhältnis zwischen den Besonderheiten des Vergabeverfahrens und den zu seiner Durchführung erforderlichen Ressourcen sichergestellt ist.

(4) Bei der Auswahl der Teilnehmer darf der Sektorenauftraggeber mit seiner Entscheidung über die Qualifikation der Bewerber sowie bei der Überarbeitung der Kriterien nicht

1. bestimmten Unternehmern administrative, technische oder finanzielle Verpflichtungen auferlegen, die er anderen Unternehmern nicht auferlegt, oder
2. Prüfungen oder Nachweise verlangen, die sich mit bereits vorliegenden objektiven Nachweisen überschneiden.

(5) Die Anzahl der aufzufordernden Unternehmer ist entsprechend der Leistung festzulegen und soll nicht unter drei liegen. Die festgelegte Anzahl muss einen echten Wettbewerb gewährleisten und ist in der Bekanntmachung oder in der Aufforderung zur Interessensbestätigung anzugeben. Liegt die Anzahl der vom Sektorenauftraggeber unter drei, so hat er die Gründe dafür zu dokumentieren. Die Prüfung der Teilnahmeanträge ist so zu dokumentieren, dass alle für die Beurteilung der Teilnahmeanträge wesentlichen Umstände nachvollziehbar sind.

(6) Langen in der Folge mehr Teilnahmeanträge als die vom Sektorenauftraggeber festgelegte Anzahl von aufzufordernden Unternehmern ein, so hat der Sektorenauftraggeber unter den geeigneten Bewerbern anhand der Auswahlkriterien die besten Bewerber auszuwählen. Die maßgeblichen Gründe für die Auswahl sind festzuhalten. Der Sektorenauftraggeber hat die nicht zur Angebotsabgabe aufgeforderten Bewerber von dieser Entscheidung unverzüglich, jedenfalls aber eine Woche, bei Durchführung eines beschleunigten offenen Verfahrens gemäß § 246 drei Tage nach Abschluss der Auswahl unter Bekanntgabe der Gründe für die Nicht-Zulassung zu verständigen. Die Gründe der Nicht-Zulassung sind nicht bekannt zu geben, sofern die Bekanntgabe dieser Informationen öffentlichen Interessen oder den berechtigten Geschäftsinteressen eines Unternehmers widersprechen oder dem freien und lauteren Wettbewerb schaden würde.

(7) Liegt die Zahl der Teilnahmeanträge von geeigneten Bewerbern unter der vom Sektorenauftraggeber festgelegten Mindestanzahl von aufzufordernden Unternehmern, so kann der Sektorenauftraggeber das Verfahren mit den geeigneten Bewerbern fortführen. Im Unterschwellenbereich kann der Sektorenauftraggeber zusätzliche geeignete Unternehmer, die keinen Teilnahmeantrag gestellt haben, in das Vergabeverfahren einbeziehen.

(8) Der Sektorenauftraggeber hat die ausgewählten Bewerber gleichzeitig zur Angebotsabgabe oder – im Fall eines wettbewerblichen Dialoges – zur Teilnahme am Dialog aufzufordern. Die Aufforderung zur Angebotsabgabe bzw. zur Teilnahme am Dialog hat einen Verweis auf die Internet-Adresse zu enthalten, unter der die Ausschreibungsunterlagen zur Verfügung gestellt sind. Wenn die Ausschreibungsunterlagen gemäß § 260 Abs. 3 ausnahmsweise nicht auf elektronischem Weg kostenlos, direkt, uneingeschränkt und vollständig zur Verfügung gestellt wurden und diese Unterlagen nicht bereits auf andere Art und Weise übermittelt oder zur Verfügung gestellt wurden, so sind der Aufforderung zur Angebotsabgabe bzw. zur Teilnahme am Dialog die Ausschreibungsunterlagen sowie allfällige zusätzliche Unterlagen beizufügen. Die Aufforderung zur Angebotsabgabe bzw. zur Teilnahme am Dialog hat darüber hinaus die in **Anhang XV** genannten Angaben zu enthalten.

BVergG

Interessensbestätigung im Fall einer Bekanntmachung im Wege einer regelmäßigen nichtverbindlichen Bekanntmachung

§ 291. Ist die Bekanntmachung der beabsichtigten Vergabe eines Auftrages im Wege einer regelmäßigen nichtverbindlichen Bekanntmachung erfolgt, so hat der Sektorenauftraggeber die Unternehmer, die ihr Interesse mitgeteilt haben, gleichzeitig zur Interessensbestätigung aufzufordern. Die Aufforderung zur Interessensbestätigung hat einen Verweis auf die Internet-Adresse zu enthalten, unter der die Ausschreibungsunterlagen zur Verfügung gestellt sind. Wenn die Ausschreibungsunterlagen gemäß § 260 Abs. 3 ausnahmsweise nicht auf elektronischem Weg kostenlos, direkt, uneingeschränkt und vollständig zur Verfügung gestellt wurden und diese Unterlagen nicht bereits auf andere Art und Weise übermittelt oder zur Verfügung gestellt wurden, so sind der Aufforderung zur Interessensbestätigung die Ausschreibungsunterlagen sowie allfällige zusätzliche Unterlagen beizufügen. Die Aufforderung zur Interessensbestätigung hat darüber hinaus die in **Anhang XV** genannten Angaben zu enthalten.

7. Abschnitt
Das Angebot
Allgemeine Bestimmungen

§ 292. (1) Der Bieter hat sich bei der Erstellung des Angebotes an die Ausschreibungsunterlagen zu halten.

(2) Sofern in den Ausschreibungsunterlagen nicht ausdrücklich anderes festgelegt wird, ist das Angebot mit sämtlichen dazugehörenden Unterlagen (zB Prüfzertifikate) in deutscher Sprache und in Euro zu erstellen.

(3) Angebote müssen sich auf die ausgeschriebene Gesamtleistung beziehen, es sei denn, dass in der Ausschreibung die Möglichkeit von Losvergaben vorgesehen wurde. Ein gemäß der Ausschreibung unzulässiges Angebot in Losen ist mit einem unbehebbaren Mangel behaftet. Variantenangebote müssen sich auf die Ausschreibungsvariante beziehen.

(4) Alternativangebote haben die Mindestanforderungen zu erfüllen und die Erbringung einer gleichwertigen Leistung sicherzustellen. Die Gleichwertigkeit ist vom Bieter nachzuweisen. Alternativangebote können sich auf die Gesamtleistung, auf Teile der Leistung oder auf die wirtschaftlichen oder rechtlichen Bedingungen der Leistungserbringung beziehen. Alternativangebote sind als solche zu kennzeichnen und in einer eigenen Ausarbeitung zu übermitteln. Für jedes Alternativangebot, auch wenn es sich nur auf Teile der Gesamtleistung bezieht, ist vom Bieter je ein Gesamt-Alternativangebotspreis zu bilden.

(5) Abänderungsangebote haben die Erbringung einer gleichwertigen Leistung sicherzustellen. Die Gleichwertigkeit ist vom Bieter nachzuweisen. Abänderungsangebote können sich nur auf technische Aspekte von Teilen der Leistung beziehen. Abänderungsangebote sind als solche zu kennzeichnen. Für jedes Abänderungsangebot ist vom Bieter je ein Gesamt-Abänderungsangebotspreis zu bilden.

(6) Ist aus Sicht eines Unternehmers eine Berichtigung der Ausschreibung erforderlich, so hat er dies umgehend dem Sektorenauftraggeber mitzuteilen. Der Sektorenauftraggeber hat erforderlichenfalls eine Berichtigung gemäß § 270 durchzuführen.

(7) Erfolgt ausnahmsweise gemäß § 274 Abs. 5 und 6 die Ausschreibung eines bestimmten Erzeugnisses mit dem Zusatz „oder gleichwertig", so kann der Bieter in frei befüllbaren Feldern (Bieterlücken) des Leistungsverzeichnisses ein gleichwertiges Erzeugnis angeben. Die Gleichwertigkeit ist vom Bieter nachzuweisen. Die in der Ausschreibung als Beispiele genannten Erzeugnisse gelten als angeboten, wenn vom Bieter keine anderen Erzeugnisse in die frei befüllbaren Felder des Leistungsverzeichnisses eingesetzt wurden. Wenn die vom Bieter genannten Erzeugnisse nach sachverständiger Prüfung den in der Ausschreibung angeführten Kriterien der Gleichwertigkeit nicht entsprechen, gilt das ausgeschriebene Erzeugnis nur dann als angeboten, wenn der Bieter dies in einer zu seinem Angebot gesonderten Erklärung erklärt hat.

(8) Während der Angebotsfrist kann der Bieter durch eine zusätzliche Erklärung sein Angebot ändern, ergänzen oder von demselben zurücktreten. Ergibt sich bei der Angebotsänderung oder –ergänzung ein neuer Gesamtpreis, ist auch dieser anzugeben. Die Angebotsänderung oder –ergänzung ist nach den für Angebote geltenden Vorschriften dem Sektorenauftraggeber zu übermitteln und von diesem wie ein Angebot zu behandeln. Der Rücktritt ist dem Sektorenauftraggeber bekannt zu geben.

Form der Angebote

§ 293. (1) Angebote müssen die in der Ausschreibung vorgeschriebene Form aufweisen.

(2) Angebote sind elektronisch abzugeben, wenn

1. ein Vergabeverfahren im Oberschwellenbereich durchgeführt wird oder
2. eine elektronische Auktion durchgeführt wird oder
3. ein Auftrag im Wege eines dynamischen Beschaffungssystems vergeben werden soll oder
4. ein Angebot unter Verwendung eines elektronischen Kataloges abgegeben werden soll oder
5. ein Auftrag oder eine Rahmenvereinbarung von einer zentralen Beschaffungsstelle vergeben bzw. abgeschlossen werden soll.

Im Falle der Z 1 und 5 gilt dies nicht, sofern die Kommunikation zwischen Sektorenauftraggeber und Bieter ausnahmsweise nicht elektronisch erfolgen muss. Im Übrigen ist die Abgabe von elektronischen Angeboten zulässig, falls der Sektorenauftraggeber dies in den Ausschreibungsunterlagen nicht ausdrücklich für unzulässig erklärt hat.

(3) Ein Bieter darf nur ein elektronisches Angebot oder ein Angebot in Papierform abgeben.

(4) Angebote sind vollständig sowie frei von Zahlen- und Rechenfehlern abzugeben.

(5) Der Bieter hat eigenständige Bestandteile des Angebotes mit dem Namen zu versehen, als zum Angebot gehörend zu kennzeichnen und mit diesem zu übermitteln.

(6) Angebote in Papierform müssen so ausgefertigt sein, dass Veränderungen bemerkbar oder

nachweisbar wären. Korrekturen oder Ergänzungen des Angebotes müssen eindeutig und klar erkennbar sein und sind so durchzuführen, dass zweifelsfrei feststeht, dass die Korrektur oder Ergänzung vor der Angebotsabgabe erfolgt ist. Sie müssen unter Angabe des Datums durch rechtsgültige Unterschrift bestätigt werden.

Inhalt der Angebote

§ 294. (1) Jedes Angebot muss insbesondere enthalten:

1. Name (Firma, Geschäftsbezeichnung) und Geschäftssitz des Bieters; bei Arbeitsgemeinschaften die Nennung eines zum Abschluss und zur Abwicklung des Vergabeverfahrens und des Vertrages bevollmächtigten Vertreters unter Angabe seiner (elektronischen) Adresse; schließlich die (elektronische) Adresse jener Stelle, die zum Empfang der das Vergabeverfahren betreffenden Kommunikation berechtigt ist;
2. Bekanntgabe aller Subunternehmer, auf deren Kapazitäten sich der Bieter zum Nachweis seiner Eignung stützt, samt Nachweis, dass der Bieter über deren Kapazitäten tatsächlich verfügt und der Sektorenauftraggeber die zur Durchführung des Gesamtauftrages erforderlichen Sicherheiten über die finanzielle und wirtschaftliche Leistungsfähigkeit hat; Bekanntgabe aller Teile des Auftrages, die durch Subunternehmer ausgeführt werden sollen, oder – sofern der Sektorenauftraggeber dies aus sachlichen Gründen in den Ausschreibungsunterlagen vorgesehen hat – nur hinsichtlich der vom Sektorenauftraggeber festgelegten wesentlichen Teile des Auftrages, die der Bieter im Wege von Subaufträgen an Subunternehmer zu vergeben beabsichtigt; die in Frage kommenden Subunternehmer sind bekannt zu geben; die Nennung mehrerer Subunternehmer je Leistungsteil ist zulässig; die Haftung des Auftragnehmers wird durch diese Angaben nicht berührt;
3. die Preise samt allen geforderten Aufgliederungen und den allenfalls notwendigen Erläuterungen; im Leistungsverzeichnis sind die Preise an den hierzu bestimmten Stellen einzutragen; wird für eine Position kein Preis angegeben, so ist dies im Angebot zu erläutern;
4. gegebenenfalls bei veränderlichen Preisen die Regeln und Voraussetzungen, die eine eindeutige Preisumrechnung ermöglichen;
5. sonstige für die Beurteilung des Angebotes geforderte Erläuterungen oder Erklärungen;
6. die Aufzählung der dem Angebot beigeschlossenen sowie gesondert übermittelten Unterlagen;
7. allfällige Alternativ-, Abänderungs- oder Variantenangebote;
8. bei Angeboten in Papierform Datum und rechtsgültige Unterfertigung des Bieters.

(2) Mit der Abgabe seines Angebotes erklärt der Bieter, dass er die Bestimmungen der Ausschreibung kennt, über die erforderlichen Befugnisse zur Ausführung des Auftrages verfügt, die ausgeschriebene Leistung zu diesen Bestimmungen und den von ihm angegebenen Preisen erbringt und sich bis zum Ablauf der Zuschlagsfrist an sein Angebot bindet.

Besondere Bestimmungen über den Inhalt der Angebote bei funktionaler Leistungsbeschreibung

§ 295. (1) Bei einer funktionalen Leistungsbeschreibung sind die Angebote so zu erstellen, dass Art und Umfang der Leistung eindeutig bestimmt, die Erfüllung der Anforderungen der Aufgabenstellung nachgewiesen, die Angemessenheit der geforderten Preise beurteilt und nach Abschluss der Leistung die vertragsgemäße Erfüllung zweifelsfrei geprüft werden kann.

(2) Abs. 1 gilt nicht für Angebote in jenen Phasen eines Verhandlungsverfahrens, für die der Sektorenauftraggeber noch kein vollständig ausgearbeitetes Angebot verlangt.

Einreichen der Angebote

§ 296. Angebote sind innerhalb der Angebotsfrist in der in der Ausschreibung vorgesehenen Art und Weise zu übermitteln.

Zuschlagsfrist

§ 297. (1) Die Zuschlagsfrist beginnt mit dem Ablauf der Angebotsfrist. Sie umfasst den Zeitraum, innerhalb dessen die Erteilung des Zuschlages vorgesehen ist. Die Zuschlagsfrist ist kurz zu halten. Sie darf fünf Monate nicht überschreiten, sofern nicht in Einzelfällen aus zwingenden Gründen bereits in der Ausschreibung ein längerer Zeitraum angegeben war; dieser darf sieben Monate nicht überschreiten. Ist in der Ausschreibung keine Zuschlagsfrist angegeben, so beträgt sie zwei Monate.

(2) Während der Zuschlagsfrist ist der Bieter an sein Angebot gebunden. Auf Ersuchen des Sektorenauftraggebers kann ein Bieter die Bindungswirkung seines Angebotes erstrecken. Auf Ersuchen eines Bieters, dessen Angebot für eine Zuschlagserteilung nicht in Betracht kommt, kann der Sektorenauftraggeber diesen aus der Bindung an sein Angebot entlassen.

(3) Hat ein Bewerber oder Bieter ein Verfahren gemäß § 194 Abs. 1 vor Ablauf der Angebotsfrist eingeleitet, so hat der Sektorenauftraggeber – sofern es sich um ein Angebot handelt, das für eine Zuschlagserteilung in Betracht kommt – auf begründeten Antrag des Unternehmers die Zuschlagsfrist um einen Monat zu verlängern und dem Unternehmer eine angemessene Nachfrist zur Beibringung der behördlichen Entscheidung bzw. zur Beibringung des Nachweises, dass er die

BVergG

gemäß der behördlichen Entscheidung notwendige Berufsqualifikation nachgewiesen hat, zu setzen. Dies gilt nicht für Verfahren gemäß § 206 Abs. 1 Z 5, 8, 9 und 10 sowie für beschleunigte Verfahren gemäß § 246. Bei Verfahren im Unterschwellenbereich hat der Sektorenauftraggeber die Zuschlagsfrist angemessen zu verlängern.

(4) Der Fortlauf der Zuschlagsfrist gemäß Abs. 1 wird für die Dauer eines Nachprüfungsverfahrens gehemmt.

8. Abschnitt
Das Zuschlagsverfahren
1. Unterabschnitt
Entgegennahme, Öffnung, Prüfung und Ausscheiden von Angeboten
Entgegennahme, Verwahrung und Öffnung der Angebote

§ 298. (1) Der Zeitpunkt des Einganges des Angebotes eines Bieters ist zu dokumentieren.

(2) Auskünfte über die einlangenden Angebote, insbesondere über die Bieter oder über die Anzahl der abgegebenen Angebote, dürfen nicht erteilt werden.

(3) Die Angebote sind bis zur Öffnung so zu verwahren, dass sie für Unbefugte unzugänglich sind.

(4) Der Sektorenauftraggeber darf vom Inhalt der Angebote erst nach Ablauf der Angebotsfrist Kenntnis erhalten.

(5) Bei Vergabeverfahren von Sektorenauftraggebern ist keine formalisierte Öffnung der Angebote erforderlich.

Vorgehen bei der Prüfung der Angebote

§ 299. (1) Die Prüfung und Beurteilung eines Angebotes ist nur solchen Personen zu übertragen, welche die fachlichen Voraussetzungen hierfür erfüllen. Erforderlichenfalls sind unbefangene und von den Bietern unabhängige Sachverständige beizuziehen.

(2) Die Prüfung der Angebote erfolgt in technischer und wirtschaftlicher Hinsicht nach den in der Ausschreibung festgelegten Kriterien.

(3) Bei Angeboten, die für eine Zuschlagserteilung in Betracht kommen, ist im Einzelnen zu prüfen:

1. ob den in § 193 Abs. 1 angeführten Grundsätzen entsprochen wurde;
2. nach Maßgabe der §§ 248, 251 bis 253, 255, 257 und 258 die Eignung des Bieters bzw. – bei der Weitergabe von Leistungen – der namhaft gemachten Subunternehmer hinsichtlich des diese betreffenden Auftragsteiles;
3. ob das Angebot rechnerisch richtig ist;
4. die Angemessenheit der Preise;
5. ob das Angebot den sonstigen Bestimmungen der Ausschreibung entspricht, insbesondere ob es formrichtig und vollständig ist.

(4) Die Prüfung der Angebote ist so zu dokumentieren, dass alle für die Beurteilung wesentlichen Umstände nachvollziehbar sind.

Prüfung der Angemessenheit der Preise und vertiefte Angebotsprüfung

§ 300. (1) Die Angemessenheit der Preise ist in Bezug auf die ausgeschriebene oder alternativ angebotene Leistung und unter Berücksichtigung aller Umstände, unter denen sie zu erbringen sein wird, zu prüfen.

(2) Der Sektorenauftraggeber muss Aufklärung über die Positionen des Angebotes verlangen, wenn

1. Angebote einen im Verhältnis zur Leistung ungewöhnlich niedrigen Gesamtpreis aufweisen, oder
2. begründete Zweifel an der Angemessenheit von Preisen bestehen.

Vorgehen bei Mangelhaftigkeit der Angebote

§ 301. (1) Ergeben sich bei der Prüfung der Angebote Unklarheiten über das Angebot oder über die geplante Art der Durchführung der Leistung oder werden Mängel festgestellt, so ist, sofern die Unklarheiten für die Beurteilung der Angebote von Bedeutung sind, vom Bieter eine verbindliche Aufklärung zu verlangen. Die durch die erfolgte Aufklärung allenfalls veranlasste weitere Vorgangsweise darf die Grundsätze des § 193 Abs. 1 nicht verletzen.

(2) Ergeben sich bei der Prüfung der Eignung von Subunternehmern, die für den Nachweis der Eignung des Bieters nicht erforderlich sind, Mängel, die nicht durch eine Aufklärung gemäß Abs. 1 behoben werden können, so hat der Sektorenauftraggeber den betreffenden Subunternehmer abzulehnen.

(3) Stellt der Sektorenauftraggeber im Rahmen einer Prüfung gemäß § 300 fest, dass die angebotenen Preise nicht angemessen sind, so hat er vom Bieter eine verbindliche Aufklärung zu verlangen. Der Sektorenauftraggeber darf das Angebot nur ausscheiden, wenn trotz des Vorbringens des Bieters die Preise für den Sektorenauftraggeber nicht betriebswirtschaftlich erklär- und nachvollziehbar sind. Er hat das Angebot jedenfalls auszuscheiden, wenn die Prüfung ergibt, dass der Bieter die in § 264 genannten Bestimmungen nicht berücksichtigt hat. Die Prüfung hat unter Berücksichtigung des gesamten Vorbringens des Bieters zu erfolgen. Die vom Bieter erteilten Auskünfte sind in die Dokumentation der Prüfung der Angebote aufzunehmen.

(4) Stellt der Sektorenauftraggeber bei einem Vergabeverfahren im Oberschwellenbereich fest, dass ein Angebotspreis im Verhältnis zur Leistung ungewöhnlich niedrig ist, weil der betreffende Bieter eine staatliche Beihilfe erhalten hat, so darf er das Angebot allein aus diesem Grund nur dann ausscheiden, wenn der Bieter nach Aufforderung

durch den Sektorenauftraggeber nicht innerhalb einer vom Sektorenauftraggeber festgesetzten angemessenen Frist nachweisen kann, dass die betreffende Beihilfe im Sinne des Art. 107 AEUV mit dem Binnenmarkt vereinbar war. Sofern ein Sektorenauftraggeber aus diesem Grund ein Angebot ausscheidet, hat er dies der Kommission bekannt zu geben.

Ausscheiden von Angeboten

§ 302. (1) Vor der Wahl des Angebotes für die Zuschlagsentscheidung hat der Sektorenauftraggeber aufgrund des Ergebnisses der Prüfung folgende Angebote auszuscheiden:

1. Angebote von Bietern, die von der Teilnahme am Vergabeverfahren gemäß § 198 auszuschließen sind, oder
2. Angebote von Bietern, deren Eignung nicht gegeben ist, oder
3. Angebote, die eine – durch eine Angebotsprüfung festgestellte – nicht plausible Zusammensetzung des Gesamtpreises (zB spekulative Preisgestaltung) aufweisen, oder
4. verspätet eingelangte Angebote, oder
5. den Ausschreibungsbestimmungen widersprechende Angebote, Teil-, Alternativ-, Varianten- und Abänderungsangebote, wenn sie nicht zugelassen wurden, nicht gleichwertige Alternativ- oder Abänderungsangebote und Alternativangebote, die die Mindestanforderungen nicht erfüllen, sowie fehlerhafte oder unvollständige Angebote, wenn deren Mängel nicht behoben wurden oder nicht behebbar sind, oder
6. Angebote von nicht aufgeforderten Bietern, oder
7. Angebote von Bietern, die nachweislich Interessen haben, die die Ausführung des Auftrages beeinträchtigen können, oder
8. Angebote von Bietern, bei denen dem Sektorenauftraggeber im Zeitpunkt der Zuschlagsentscheidung bzw. des Ablaufes der gemäß § 297 Abs. 3 gesetzten Nachfrist

a) keine für die Zulässigkeit der Ausübung einer Tätigkeit in Österreich erforderliche behördliche Entscheidung, oder
b) kein Nachweis darüber, dass die gemäß einer Entscheidung nach lit. a notwendige Berufsqualifikation erworben wurde, oder
c) kein Nachweis darüber, dass vor Ablauf der Angebotsfrist ein auf Einholung einer Entscheidung nach lit. a gerichtetes Verfahren eingeleitet worden ist, oder
d) eine behördliche Entscheidung, die die Zulässigkeit der Ausübung einer Tätigkeit in Österreich ausschließt,

vorliegt.

(2) Vor der Wahl des Angebotes für die Zuschlagsentscheidung kann der Sektorenauftraggeber Angebote von Bietern ausscheiden, die es unterlassen haben, innerhalb der ihnen gestellten Frist die verlangten Aufklärungen zu geben oder deren Aufklärungen einer nachvollziehbaren Begründung entbehren. Von einem Bieter, der im Gebiet einer anderen Vertragspartei des EWR-Abkommens oder in der Schweiz ansässig ist, können auch Aufklärungen über die Zulässigkeit der Ausübung der Tätigkeit in Österreich verlangt werden.

(3) Der Sektorenauftraggeber hat den Bieter vom Ausscheiden seines Angebotes unter Angabe des Grundes zu verständigen.

Ausscheiden von Angeboten, die Erzeugnisse aus Drittländern umfassen

§ 303. (1) Die Bestimmungen der folgenden Absätze gelten für Angebote bei Vergabeverfahren im Oberschwellenbereich betreffend Waren mit Ursprung in Staaten,

1. die nicht Vertragsparteien des EWR-Abkommens sind (Drittländer) und
2. mit denen überdies keine Vereinbarung der Union besteht, die Unternehmen mit Sitz im Hoheitsgebiet der Union einem der Rechtslage nach diesem Bundesgesetz vergleichbaren und tatsächlichen Zugang zu den Märkten dieser Drittländer gewährleistet.

(2) Als Ware gilt auch Software, die in der Ausstattung für Kommunikationsnetze gemäß § 3 Z 11 TKG 2003 verwendet wird.

(3) Ein im Hinblick auf die Vergabe eines Lieferauftrages eingereichtes Angebot kann nach Maßgabe der folgenden Absätze ausgeschieden werden, wenn der Anteil der aus Drittländern stammenden Waren mehr als 50% des Gesamtwertes der in dem Angebot enthaltenen Waren beträgt. Der Warenursprung ist nach den in Österreich geltenden zollrechtlichen Vorschriften zu beurteilen. Bei der Bestimmung des Anteils der aus Drittländern stammenden Waren sind diejenigen Drittländer nicht zu berücksichtigen, für welche sich dies aufgrund eines Beschlusses des Rates der Union ergibt. Der Bundesminister für Verfassung, Reformen, Deregulierung und Justiz hat solche Drittländer mit Verordnung kundzumachen.

(4) Sind zwei oder mehrere Angebote gemäß den festgelegten Zuschlagskriterien gleichwertig, so sind, vorbehaltlich des Abs. 5, die in Abs. 3 umschriebenen Angebote auszuscheiden. Die Preise solcher Angebote gelten als gleich, sofern sie um nicht mehr als 3% voneinander abweichen.

(5) Abs. 4 gilt jedoch nicht, soweit die Annahme eines Angebotes aufgrund dieser Vorschrift den Sektorenauftraggeber zum Erwerb von Ausrüstungen zwingen würde, die andere technische Merkmale als bereits genutzte Ausrüstungen haben und dies zu Inkompatibilität oder technischen

Schwierigkeiten bei Betrieb und Wartung oder zu unverhältnismäßigen Kosten führen würde.

(6) Der Sektorenauftraggeber hat den Bieter vom Ausscheiden seines Angebotes unter Angabe des Grundes zu verständigen.

2. Unterabschnitt
Der Zuschlag

Wahl des Angebotes für den Zuschlag

§ 304. (1) Von den Angeboten, die nach dem Ausscheiden übrig bleiben, ist der Zuschlag gemäß den Angaben in der Ausschreibung dem technisch und wirtschaftlich günstigsten Angebot oder dem Angebot mit dem niedrigsten Preis zu erteilen.

(2) Die Gründe für die Zuschlagsentscheidung sind zu dokumentieren.

Mitteilung der Zuschlagsentscheidung

§ 305. (1) Der Sektorenauftraggeber hat den im Vergabeverfahren verbliebenen Bietern mitzuteilen, welchem Bieter der Zuschlag erteilt werden soll. In dieser Mitteilung sind den verbliebenen Bietern das jeweilige Ende der Stillhaltefrist, die Gründe für die Ablehnung ihres Angebotes, der Gesamtpreis sowie die Merkmale und Vorteile des erfolgreichen Angebotes bekannt zu geben, sofern nicht die Bekanntgabe dieser Informationen öffentlichen Interessen oder den berechtigten Geschäftsinteressen eines Unternehmers widersprechen oder dem freien und lauteren Wettbewerb schaden würde.

(2) Eine Verpflichtung zur Mitteilung der Zuschlagsentscheidung besteht nicht, wenn

1. der Zuschlag dem einzigen bzw. dem einzigen im Vergabeverfahren verbliebenen Bieter erteilt werden soll, oder
2. ein Verhandlungsverfahren gemäß § 206 Abs. 1 Z 5, 8, 9 oder 10 durchgeführt wurde, oder
3. eine Leistung aufgrund einer Rahmenvereinbarung oder eines dynamischen Beschaffungssystems vergeben werden soll.

Stillhaltefrist und Zuschlagserteilung

§ 306. (1) Der Sektorenauftraggeber darf den Zuschlag bei sonstiger absoluter Nichtigkeit nicht vor Ablauf der Stillhaltefrist erteilen. Die Stillhaltefrist beginnt mit der Übermittlung bzw. Bereitstellung der Mitteilung der Zuschlagsentscheidung. Sie beträgt bei einer Übermittlung bzw. Bereitstellung auf elektronischem Weg 10 Tage, bei einer Übermittlung über den Postweg oder einen anderen geeigneten Weg 15 Tage.

(2) Der Sektorenauftraggeber kann den zum Zeitpunkt der Zuschlagserteilung im Vergabeverfahren verbliebenen Bietern mitteilen, welchem Bieter der Zuschlag erteilt wurde. In dieser Mitteilung sind den verbliebenen Bietern die Gründe für die Ablehnung ihres Angebotes, die Auftragssumme sowie die Merkmale und Vorteile des erfolgreichen Angebotes bekannt zu geben, sofern nicht die Bekanntgabe dieser Informationen öffentlichen Interessen oder den berechtigten Geschäftsinteressen eines Unternehmers widersprechen oder dem freien und lauteren Wettbewerb schaden würde.

Zeitpunkt und Form des Vertragsabschlusses

§ 307. Während der Zuschlagsfrist kommt das Vertragsverhältnis zu dem Zeitpunkt zustande, zu dem der Bieter die schriftliche Verständigung von der Annahme seines Angebotes erhält. Wird die Zuschlagsfrist überschritten, so entsteht das Vertragsverhältnis erst mit der schriftlichen Erklärung des Bieters, dass er den Auftrag annimmt. Zur Abgabe dieser Erklärung ist dem Bieter eine angemessene Frist zu setzen.

9. Abschnitt
Beendigung des Vergabeverfahrens

Allgemeine Bestimmungen

§ 308. (1) Das Vergabeverfahren endet mit dem Zustandekommen des Leistungsvertrages oder mit dem Widerruf des Vergabeverfahrens.

(2) Unmittelbar nach Abschluss des Verfahrens sind, außer im Fall eines noch nicht rechtskräftig entschiedenen Vergabekontrollverfahrens, aufgrund eines entsprechenden Antrages jenen Bietern, denen der Zuschlag nicht erteilt wurde, bzw. im Falle des Widerrufes allen Bewerbern oder Bietern die zurückzustellenden Ausarbeitungen zurückzugeben.

Vergabevermerk für Vergabeverfahren im Oberschwellenbereich

§ 309. (1) Der Sektorenauftraggeber hat sachdienliche Unterlagen über jedes im Oberschwellenbereich durchgeführte Vergabeverfahren bzw. über den Widerruf eines Verfahrens aufzubewahren, die es ihm ermöglichen, die von ihm getroffenen Entscheidungen zu begründen. Dies betrifft insbesondere Unterlagen über

1. die Prüfung und Auswahl der Unternehmer sowie die Zuschlagserteilung,
2. die Gründe für die Durchführung eines Verhandlungsverfahrens ohne vorherige Bekanntmachung gemäß § 206,
3. die Gründe für die Inanspruchnahme von Ausnahmebestimmungen gemäß den §§ 178, 179, 181, 183 und 184,
4. gegebenenfalls die Gründe für die Wahl nicht elektronischer Kommunikationsmittel bei der Einreichung von Angeboten und
5. gegebenenfalls Angaben zu Unternehmen die Vorarbeiten erbracht haben und allenfalls getroffenen Maßnahmen zur Verhinderung einer Verzerung des Wettbewerbes.

(2) Bei Vergabeverfahren im Oberschwellenbereich hat der Sektorenauftraggeber die Unterlagen gemäß Abs. 1 oder deren wesentlichen Inhalt dem Bundesminister für Verfassung, Reformen, Deregulierung und Justiz auf dessen Anfrage unverzüglich zu übermitteln.

Gründe für den Widerruf eines Vergabeverfahrens

§ 310. Der Sektorenauftraggeber kann ein Vergabeverfahren widerrufen, wenn dafür sachliche Gründe bestehen.

Mitteilung der Widerrufsentscheidung, Stillhaltefrist, Unwirksamkeit des Widerrufes

§ 311. (1) Der Sektorenauftraggeber hat allen am Vergabeverfahren teilnehmenden und ihm bekannten Unternehmern mitzuteilen, dass er beabsichtigt, das Vergabeverfahren zu widerrufen. In dieser Mitteilung sind den Unternehmern das jeweilige Ende der Stillhaltefrist gemäß Abs. 4 sowie die Gründe für den beabsichtigten Widerruf bekannt zu geben.

(2) Ist eine Mitteilung gemäß Abs. 1 nicht an alle Unternehmer möglich, so ist die Widerrufsentscheidung in derselben Art bekannt zu machen wie die Bekanntmachung.

(3) Eine Verpflichtung zur Mitteilung der Widerrufsentscheidung besteht nicht, falls kein Angebot eingelangt ist oder kein Bieter im Vergabeverfahren verblieben ist.

(4) Der Sektorenauftraggeber darf den Widerruf bei sonstiger Unwirksamkeit nicht vor Ablauf der Stillhaltefrist erklären. Die Stillhaltefrist beginnt im Fall des Abs. 1 mit der Übermittlung bzw. Bereitstellung der Mitteilung der Widerrufsentscheidung und im Fall des Abs. 2 mit der erstmaligen Verfügbarkeit der Bekanntmachung der Widerrufsentscheidung. Sie beträgt bei einer Übermittlung bzw. Bereitstellung auf elektronischem Weg 10 Tage, bei einer Übermittlung über den Postweg oder einen anderen geeigneten Weg 15 Tage.

(5) Vor Ablauf der Stillhaltefrist darf ein neues Vergabeverfahren über den gleichen Auftragsgegenstand nicht eingeleitet werden, soweit die Beschaffung nicht aus äußerst dringlichen zwingenden Gründen erforderlich ist. Zum widerrufenen Verfahren bereits eingelangte Angebote dürfen nach der Mitteilung oder der Bekanntmachung der Widerrufsentscheidung nicht geöffnet werden.

(6) Nach Ablauf der Stillhaltefrist hat der Sektorenauftraggeber die Widerrufserklärung in derselben Art wie die Widerrufsentscheidung mitzuteilen oder, sofern dies nicht möglich ist, bekannt zu machen.

(7) Im Unterschwellenbereich kann der Sektorenauftraggeber von der Vorgangsweise gemäß den Abs. 1 bis 6 absehen und den Widerruf unmittelbar und ohne Abwarten einer Stillhaltefrist erklären. Der Sektorenauftraggeber hat die im Vergabeverfahren verbliebenen Unternehmer unverzüglich zu verständigen oder, sofern dies nicht möglich ist, die Widerrufserklärung bekannt zu machen.

(8) Mit der Erklärung des Widerrufes gewinnen der Sektorenauftraggeber und die Bieter ihre Handlungsfreiheit wieder. Bereits eingelangte Angebote sind auf Verlangen zurückzustellen. Der Zeitpunkt der Erklärung des Widerrufes ist zu dokumentieren.

(9) Wird durch eine Vergabekontrollbehörde rechtskräftig festgestellt, dass nach erheblicher Überschreitung der Zuschlagsfrist und entgegen dem Ersuchen des Bieters um Fortführung des Verfahrens der Sektorenauftraggeber ein Verfahren zur Vergabe eines Auftrages weder durch eine Widerrufserklärung oder Zuschlagserteilung beendet noch das Verfahren in angemessener Weise fortgeführt hat, so gilt dies als Erklärung des Widerrufes im Sinne dieses Bundesgesetzes.

4. Hauptstück
Bestimmungen für besondere Aufträge und für besondere Verfahren
1. Abschnitt
Vergabe von besonderen Dienstleistungsaufträgen und Dienstleistungsaufträgen über öffentliche Personenverkehrsdienste auf der Schiene oder per Untergrundbahn
Verfahren

§ 312. (1) Für die Vergabe von besonderen Dienstleistungsaufträgen gemäß **Anhang XVI** gelten ausschließlich die Bestimmungen dieses Abschnittes, der 1. Teil, die §§ 167 bis 169, 176 bis 181, 183, 185 Abs. 1 Z 1 und Abs. 3, 186, 189 bis 191, 192 Abs. 1, 193 Abs. 1 bis 4 und 9, 194 bis 196, 202, 217 bis 239, 248 bis 250, 251 Abs. 1 bis 5, 252 bis 262, 264, 268, 269, 274, 278, 304, 308 Abs. 1, 311 Abs. 9, der 4. Teil, der 5. Teil mit Ausnahme des § 367 sowie der 6. Teil dieses Bundesgesetzes.

(2) Für die Vergabe von Dienstleistungsaufträgen über öffentliche Personenverkehrsdienste auf der Schiene oder per Untergrundbahn gelten ausschließlich die Abs. 3 bis 5 und 7 bis 9 sowie der 1. Teil, §§ 167 bis 169, 172, 176, 177, 185 Abs. 1 Z 2 und Abs. 3, 186 Abs. 1 bis 3 und 5, 192, 193 Abs. 1 bis 4 und 9, 194 bis 196, 202, 219 Abs. 1 Z 2, 221, 225, 231 Abs. 1, 238, 239, 248 bis 250, 251 Abs. 1 bis 5, 252 bis 257, 259, 262, 264, 304, 308 Abs. 1, 311 Abs. 9, der 4. Teil, 358, 362, 364, 366, 369 bis 374 und der 6. Teil dieses Bundesgesetzes. Die Anwendbarkeit des Art. 5 Abs. 2, 3a, 4, 4a, 4b, 5 und 6 der Verordnung (EG) Nr. 1370/2007 bleibt unberührt; bei Durchführung eines Verfahrens gemäß den genannten Bestimmungen sind ausschließlich die §§ 1, 2 und

231 Abs. 1, der 4. Teil sowie die §§ 358 und 366 dieses Bundesgesetzes anwendbar.

(3) Der Sektorenauftraggeber kann das Verfahren zur Vergabe von besonderen Dienstleistungsaufträgen und von Dienstleistungsaufträgen über öffentliche Personenverkehrsdienste auf der Schiene oder per Untergrundbahn grundsätzlich frei gestalten. Der Sektorenauftraggeber kann bei der Vergabe von besonderen Dienstleistungsaufträgen die Qualität, Kontinuität, Zugänglichkeit, Leistbarkeit und Verfügbarkeit der Dienstleistungen bzw. den Umfang des Leistungsangebotes berücksichtigen. Ebenso kann er dabei den spezifischen Bedürfnissen verschiedener Nutzerkategorien, einschließlich benachteiligter und schutzbedürftiger Gruppen, der Einbeziehung und Ermächtigung der Nutzer der Dienstleistungen und dem Aspekt der Innovation Rechnung tragen.

(4) Im Oberschwellenbereich sind besondere Dienstleistungsaufträge, sofern nicht eine der in § 206 genannten Voraussetzungen erfüllt ist, und Dienstleistungsaufträge über öffentliche Personenverkehrsdienste auf der Schiene oder per Untergrundbahn in einem Verfahren mit vorheriger Bekanntmachung mit mehreren Unternehmern zu vergeben.

(5) Im Unterschwellenbereich sind besondere Dienstleistungsaufträge und Dienstleistungsaufträge über öffentliche Personenverkehrsdienste auf der Schiene oder per Untergrundbahn grundsätzlich in einem Verfahren mit vorheriger Bekanntmachung mit mehreren Unternehmern zu vergeben. Von einer Bekanntmachung kann abgesehen werden, sofern im Hinblick auf die spezifischen Merkmale des Dienstleistungsauftrages kein eindeutiges grenzüberschreitendes Interesse besteht.

(6) Besondere Dienstleistungsaufträge können im Wege einer Direktvergabe gemäß § 213 bis zu einem geschätzten Auftragswert von 150 000 Euro und im Wege einer Direktvergabe mit vorheriger Bekanntmachung gemäß § 214 bis zu einem geschätzten Auftragswert von 200 000 Euro vergeben werden.

(7) Der Sektorenauftraggeber hat den im Vergabeverfahren verbliebenen Bietern mitzuteilen, welchem Bieter der Zuschlag erteilt werden soll. In dieser Mitteilung sind den verbliebenen Bietern das jeweilige Ende der Stillhaltefrist gemäß Abs. 8, die Gründe für die Ablehnung ihres Angebotes, der Gesamtpreis sowie die Merkmale und Vorteile des erfolgreichen Angebotes bekannt zu geben, sofern nicht die Bekanntgabe dieser Informationen öffentlichen Interessen oder den berechtigten Geschäftsinteressen eines Unternehmers widersprechen oder dem freien und lauteren Wettbewerb schaden würde. Eine Verpflichtung zur Mitteilung der Zuschlagsentscheidung besteht nicht, wenn

1. der Zuschlag dem einzigen bzw. dem einzigen im Vergabeverfahren verbliebenen Bieter erteilt werden soll, oder
2. wenn aufgrund der in § 206 Abs. 1 Z 5 genannten Voraussetzungen von einer Bekanntmachung des Verfahrens Abstand genommen wurde.

(8) Der Sektorenauftraggeber darf den Zuschlag bei sonstiger absoluter Nichtigkeit nicht vor Ablauf der Stillhaltefrist erteilen. Die Stillhaltefrist beginnt mit der Übermittlung bzw. Bereitstellung der Mitteilung der Zuschlagsentscheidung. Sie beträgt bei einer Übermittlung bzw. Bereitstellung auf elektronischem Weg 10 Tage, bei einer Übermittlung über den Postweg oder einen anderen geeigneten Weg 15 Tage. Für eine freiwillige Bekanntmachung gelten die §§ 227 und 234 Abs. 6 sinngemäß.

(9) Der Sektorenauftraggeber kann ein Vergabeverfahren widerrufen, wenn dafür sachliche Gründe bestehen. Der Sektorenauftraggeber hat die Widerrufsentscheidung den im Vergabeverfahren verbliebenen Unternehmern unverzüglich mitzuteilen oder, sofern dies nicht möglich ist, bekannt zu machen. Der Sektorenauftraggeber darf den Widerruf bei sonstiger Unwirksamkeit nicht vor Ablauf der Stillhaltefrist erklären. Die Stillhaltefrist beginnt mit der Übermittlung bzw. Bereitstellung der Mitteilung der Widerrufsentscheidung oder der erstmaligen Verfügbarkeit der Bekanntmachung der Widerrufsentscheidung. Bei einer Übermittlung bzw. Bereitstellung auf elektronischem Weg sowie bei einer Bekanntmachung beträgt die Stillhaltefrist 10 Tage, bei einer Übermittlung über den Postweg oder einen anderen geeigneten Weg 15 Tage. Im Übrigen gilt § 311 Abs. 6. Im Unterschwellenbereich kann der Sektorenauftraggeber überdies den Widerruf unmittelbar und ohne Abwarten einer Stillhaltefrist erklären. In diesem Fall hat der Sektorenauftraggeber die im Vergabeverfahren verbliebenen Unternehmer unverzüglich zu verständigen oder, sofern dies nicht möglich ist, die Widerrufserklärung bekannt zu machen.

Partizipatorischen Organisationen vorbehaltene Dienstleistungsaufträge

§ 313. (1) Der Sektorenauftraggeber kann bei Verfahren zur Vergabe von besonderen Dienstleistungsaufträgen gemäß **Anhang XVII** vorsehen, dass nur partizipatorische Organisationen teilnehmen können.

(2) Partizipatorische Organisationen im Sinne des Abs. 1 sind Rechtsträger, die folgende Voraussetzungen erfüllen:

1. ihr Ziel ist die Erfüllung einer Gemeinwohlaufgabe in Verbindung mit Dienstleistungen gemäß **Anhang XVII**,

2. ihre Gewinne werden reinvestiert, um das Ziel der Organisation zu erreichen; etwaige Gewinnausschüttungen oder -zuweisungen beruhen auf partizipatorischen Überlegungen und
3. die Management- oder Eigentümerstruktur beruht auf der Eigenverantwortung der Arbeitnehmer oder auf partizipatorischen Grundsätzen oder erfordert die aktive Mitwirkung der Arbeitnehmer, Nutzer oder Interessenträger.

(3) Die Laufzeit der gemäß Abs. 1 vergebenen Aufträge darf drei Jahre nicht überschreiten.

(4) Die Organisation, die den Auftrag erhalten soll, darf vom selben Sektorenauftraggeber in den letzten drei Jahren keinen Auftrag über die gleichen Dienstleistungen gemäß diesem Paragraphen erhalten haben.

2. Abschnitt
Bestimmungen für den Abschluss von Rahmenvereinbarungen und die Vergabe von Aufträgen aufgrund von Rahmenvereinbarungen
Allgemeines

§ 314. (1) Aufträge können aufgrund einer Rahmenvereinbarung vergeben werden, sofern
1. die Rahmenvereinbarung nach Durchführung eines offenen Verfahrens, eines nicht offenen Verfahrens – im Oberschwellenbereich mit vorheriger Bekanntmachung – oder eines Verhandlungsverfahrens ohne Zuschlagserteilung unter Beachtung der Bestimmungen des § 315 abgeschlossen wurde und
2. bei der Vergabe des auf der Rahmenvereinbarung beruhenden Auftrages § 316 beachtet wird.

(2) Das Instrument der Rahmenvereinbarung darf nicht missbräuchlich oder in einer Weise angewendet werden, durch die der Wettbewerb behindert, eingeschränkt oder verfälscht wird.

Abschluss von Rahmenvereinbarungen

§ 315. (1) Die Unternehmer, mit denen die Rahmenvereinbarung abgeschlossen werden soll, werden nach Durchführung eines offenen Verfahrens, eines nicht offenen Verfahrens – im Oberschwellenbereich mit vorheriger Bekanntmachung – oder eines Verhandlungsverfahrens ermittelt. Eine Rahmenvereinbarung mit einem Unternehmer ist mit jenem Bieter abzuschließen, der das gemäß dem oder den bekannt gegebenen Zuschlagskriterien am besten bewertete Angebot gelegt hat. Eine Rahmenvereinbarung mit mehreren Unternehmern ist mit jenen Bietern abzuschließen, die die gemäß dem oder den bekannt gegebenen Zuschlagskriterien am besten bewerteten Angebote gelegt haben. Der Sektorenauftraggeber hat den nicht berücksichtigten Bietern den Namen des Unternehmers bzw. die Namen der Unternehmer, mit dem bzw. denen die Rahmenvereinbarung abgeschlossen werden soll, mitzuteilen. In dieser Mitteilung sind die Gründe der Nichtberücksichtigung sowie die Merkmale und Vorteile des erfolgreichen Angebotes bzw. der erfolgreichen Angebote bekannt zu geben, sofern nicht die Bekanntgabe dieser Informationen öffentlichen Interessen oder den berechtigten Geschäftsinteressen eines Unternehmers widersprechen oder dem freien und lauteren Wettbewerb schaden würde. Eine Verpflichtung zur Mitteilung, mit welchem Unternehmer die Rahmenvereinbarung abgeschlossen werden soll, besteht nicht, wenn ein Verhandlungsverfahren gemäß § 206 Abs. 1 Z 5 oder 8 zum Abschluss der Rahmenvereinbarung durchgeführt wurde.

(2) Der Sektorenauftraggeber darf die Rahmenvereinbarung bei sonstiger absoluter Nichtigkeit nicht vor Ablauf der Stillhaltefrist abschließen. Die Stillhaltefrist beginnt mit der Übermittlung bzw. Bereitstellung der Mitteilung, mit welchem Unternehmer bzw. mit welchen Unternehmern die Rahmenvereinbarung abgeschlossen werden soll. Sie beträgt bei einer Übermittlung bzw. Bereitstellung auf elektronischem Weg 10 Tage, bei einer Übermittlung über den Postweg oder einen anderen geeigneten Weg 15 Tage. Für eine freiwillige Bekanntmachung gelten die §§ 227 und 234 Abs. 6 sinngemäß.

BVergG

(3) Die Laufzeit einer Rahmenvereinbarung darf acht Jahre nicht überschreiten. Sofern dies ausnahmsweise, insbesondere aufgrund des Gegenstandes der Rahmenvereinbarung, sachlich gerechtfertigt werden kann, darf eine längere Laufzeit vorgesehen werden. Die dafür ausschlaggebenden Gründe sind festzuhalten.

(4) Der Sektorenauftraggeber kann ein Verfahren zum Abschluss einer Rahmenvereinbarung aus sachlichen Gründen widerrufen. Für den Widerruf gilt § 311 sinngemäß.

Vergabe von Aufträgen aufgrund von Rahmenvereinbarungen

§ 316. (1) Auf einer Rahmenvereinbarung beruhende Aufträge werden nach in der Ausschreibung festzulegenden objektiven Regeln und Kriterien vergeben, wozu auch ein erneuter Aufruf zum Wettbewerb der Parteien der Rahmenvereinbarung gehören kann. Die festgelegten Regeln und Kriterien haben die Gleichbehandlung der Unternehmer zu gewährleisten, die Parteien der Rahmenvereinbarung sind. Bei einem erneuten Aufruf zum Wettbewerb hat der Sektorenauftraggeber eine hinreichende Frist festzusetzen, damit ein Unternehmer, der Partei der Rahmenvereinbarung ist, für jeden einzelnen zu vergebenden Auftrag ein Angebot übermitteln kann. Der Auftrag ist an jenen Bieter zu vergeben, der das gemäß dem oder den bekannt gegebenen Zuschlagskriterien am besten bewertete Angebot gelegt hat.

(2) Wurde mit einer oder mehreren Parteien eine Rahmenvereinbarung aufgrund von Angeboten in Form elektronischer Kataloge abgeschlossen, so

kann der Sektorenauftraggeber vorschreiben, dass der erneute Aufruf dieser Parteien zum Wettbewerb auf der Grundlage aktualisierter Kataloge erfolgt. In diesem Fall kann der Zuschlag für die auf dieser Rahmenvereinbarung beruhenden Aufträge entweder

1. nach Aufforderung an die Parteien der Rahmenvereinbarung, ihre elektronischen Kataloge an die Anforderungen des Auftrages anzupassen und erneut einzureichen oder
2. – sofern diese Vorgangsweise in der Ausschreibung der Rahmenvereinbarung bekannt gegeben wurde – nach Unterrichtung der Parteien darüber, dass der Sektorenauftraggeber beabsichtigt, den bereits eingereichten elektronischen Katalogen jene Informationen zu entnehmen, die erforderlich sind, um Angebote zu erstellen, die den Anforderungen des Auftrages entsprechen,

erfolgen.

(3) Bei einem erneuten Aufruf der Parteien zum Wettbewerb hat der Sektorenauftraggeber den betreffenden Parteien der Rahmenvereinbarung den Tag und den Zeitpunkt bekannt zu geben, zu dem jene Informationen den eingereichten elektronischen Katalogen entnommen werden sollen, die zur Erstellung der Angebote, die den Anforderungen des Auftrages entsprechen, notwendig sind. Mit dieser Bekanntgabe hat der Sektorenauftraggeber den Parteien eine angemessene Frist einzuräumen, um vor dem bekannt gegebenen Zeitpunkt entweder ihren Katalog entsprechend zu aktualisieren oder die Erstellung eines Angebotes auf diese Weise abzulehnen. Der Sektorenauftraggeber hat vor der Erteilung des Zuschlages dem in Aussicht genommenen Zuschlagsempfänger die aus dessen elektronischen Katalog entnommenen Informationen zu übermitteln bzw. bereitzustellen und eine angemessene Frist festzusetzen, binnen der der in Aussicht genommene Zuschlagsempfänger gegen das solcherart erstellte Angebot Einspruch erheben kann, weil das Angebot Fehler enthält, oder binnen der zu bestätigen ist, dass das Angebot fehlerfrei ist.

(4) Der Sektorenauftraggeber kann ein Verfahren zur Vergabe eines Auftrages aufgrund einer Rahmenvereinbarung aus sachlichen Gründen widerrufen. Für den Widerruf gilt § 311 sinngemäß.

3. Abschnitt
Bestimmungen betreffend die Durchführung von elektronischen Auktionen

Allgemeines

§ 317. (1) Eine elektronische Auktion ist ein iteratives, ausschließlich elektronisches Verfahren zur Ermittlung des Angebotes, dem der Zuschlag erteilt werden soll. Hierbei werden nach einer ersten vollständigen Bewertung der Angebote jeweils neue, nach unten korrigierte Preise bzw. neue, auf bestimmte Komponenten der Angebote abstellende Werte vorgelegt, sodass aufgrund einer automatischen Klassifikation dieser neuen Angebote die Zuweisung einer Rangfolge ermöglicht wird.

(2) Sofern ein offenes Verfahren, ein nicht offenes Verfahren oder ein Verhandlungsverfahren mit vorheriger Bekanntmachung durchgeführt wird oder Aufträge aufgrund einer Rahmenvereinbarung mit erneutem Aufruf zum Wettbewerb gemäß § 316 oder aufgrund eines dynamischen Beschaffungssystems gemäß § 323 vergeben werden sollen, kann das Angebot, dem der Zuschlag erteilt werden soll, auch im Wege einer elektronischen Auktion ermittelt werden.

(3) Der Durchführung von Auktionen ist eine Auktionsordnung zugrunde zu legen, die Teil der Ausschreibungsunterlagen ist und zumindest folgenden Inhalt aufzuweisen hat:

1. Registrierungs- und Identifizierungserfordernisse,
2. alle relevanten Angaben zur verwendeten elektronischen Vorrichtung, mit der die Auktion durchgeführt werden soll, sowie zu den technischen Modalitäten und den Merkmalen der Anschlussverbindung,
3. die Komponenten (Preis, sonstige Angebotsteile), deren Werte Gegenstand der Auktion sind,
4. gegebenenfalls die sich aus den Spezifikationen des Auftragsgegenstandes ergebenden Obergrenzen der zu auktionierenden Werte,
5. alle notwendigen Angaben zum Ablauf der Auktion, insbesondere die Bedingungen, unter denen die Bieter Angebote abgeben können, und die Mindestabstände, die bei der Angebotsabgabe gegebenenfalls einzuhalten sind,
6. den Zeitpunkt des Beginns und die Modalität der Beendigung der Auktion,
7. gegebenenfalls Ausscheidensgründe,
8. gegebenenfalls Termine,
9. die Internetadresse, auf der das aktuell niedrigste Angebot bzw. bei einer sonstigen elektronischen Auktion die aktuelle Reihung der Teilnehmer während der Auktion bekannt gegeben wird, und
10. eine Beschreibung der Informationen, die den Bietern während der Auktion übermittelt oder zur Verfügung gestellt werden sowie gegebenenfalls der Zeitpunkt bzw. die Phase der Auktion, zu der diese Informationen ihnen zur Verfügung gestellt werden.

(4) Vor der Durchführung der Auktion sind die im vorangehenden Vergabeverfahren eingereichten Angebote zu prüfen und anhand des bekannt gegebenen Zuschlagskriteriums oder anhand der bekannt gegebenen Zuschlagskriterien einer ersten Angebotsbewertung zu unterziehen.

(5) Bietern, deren Angebote nicht ausgeschieden wurden, ist Gelegenheit zur Teilnahme an der Auktion zu geben.

Allgemeine Bestimmungen betreffend die Durchführung von elektronischen Auktionen

§ 318. (1) Alle Bieter, die in dem der Auktion gemäß § 317 Abs. 2 vorangegangenen Verfahren für geeignet befunden wurden und die Angebote unterbreitet haben, die den Anforderungen der §§ 292 bis 296 entsprochen haben, sind gleichzeitig aufzufordern, gemäß den Festlegungen in der Ausschreibung neue Preise bzw. neue Werte für die zu auktionierenden Komponenten vorzulegen. Ab diesem Zeitpunkt ist die Verbindung gemäß den Angaben in der Auktionsordnung betreffend die elektronische Vorrichtung zu nutzen. Der Aufforderung ist das Ergebnis der ersten Angebotsbewertung des betreffenden Bieters anzuschließen. Der Sektorenauftraggeber hat allen zur Auktion zugelassenen Bietern ab dem Zeitpunkt der Absendung der Aufforderung zur Teilnahme an der Auktion alle die Auktion betreffenden Unterlagen gemäß § 260 zur Verfügung zu stellen. Eine elektronische Auktion darf frühestens zwei Arbeitstage nach Absendung der Aufforderung zur Teilnahme an einer Auktion beginnen und kann mehrere aufeinander folgende Phasen umfassen.

(2) Die Identität der Teilnehmer an der Auktion ist bis zum Abschluss der Auktion geheim zu halten.

(3) Der Sektorenauftraggeber kann eine elektronische Auktion beenden

1. zu einem in der Aufforderung zur Teilnahme an der Auktion fixierten Zeitpunkt (Angabe des Datums und der Uhrzeit), oder
2. wenn binnen einer bestimmten, in der Aufforderung zur Teilnahme an der Auktion festgelegten Zeitspanne keine neuen Angebote, die das Minimum der Angebotsstufen erreichen oder übersteigen, abgegeben werden, mit Ablauf dieser Zeitspanne, oder
3. mit Abschluss der letzten in der Aufforderung zur Teilnahme an der Auktion festgelegten Auktionsphase, oder
4. wenn sachliche Gründe den Abbruch der Auktion rechtfertigen.

Falls eine Vorgangsweise gemäß Z 3, gegebenenfalls kombiniert mit einer Vorgangsweise gemäß Z 2, gewählt wird, so legt der Sektorenauftraggeber in der Aufforderung zur Teilnahme an der Auktion den Zeitplan für jede Auktionsphase fest.

(4) Bei einer Vorgangsweise gemäß Abs. 3 Z 2 kann der Sektorenauftraggeber nach jeder Auktionsphase die Angebote jener Teilnehmer ausscheiden, die keine neuen Angebote oder nur Angebote abgegeben haben, die das gegebenenfalls festgelegte Minimum der Angebotsstufen nicht erreicht oder überstiegen haben. Der Sektorenauftraggeber hat die Teilnehmer, deren Angebote ausgeschieden wurden, unverzüglich zu verständigen.

(5) Der Sektorenauftraggeber hat sicherzustellen, dass Teilnehmer, deren Angebote gemäß Abs. 4 ausgeschieden wurden, an der weiteren Auktion nicht mehr teilnehmen können.

(6) Nach Beendigung einer Auktion ist unverzüglich der Name des erfolgreichen Bieters samt Auftragssumme unter der in der Auktionsordnung festgelegten Internetadresse bekannt zu geben. Im Falle der Durchführung einer sonstigen elektronischen Auktion sind den nicht erfolgreichen Bietern unverzüglich und gleichzeitig überdies die Gründe für die Ablehnung ihres Angebotes mitzuteilen, sofern diese Gründe nicht bereits aufgrund der gemäß der Auktionsordnung zu übermittelnden bzw. bereitzustellenden Informationen unmittelbar ersichtlich sind. Die Bekanntgabe bzw. Mitteilung gilt als Mitteilung der Zuschlagsentscheidung im Sinne des § 305. Als Zeitpunkt der Übermittlung bzw. Bereitstellung im Sinne des § 306 gilt der Zeitpunkt der erstmaligen Verfügbarkeit der Information gemäß dem ersten Satz im Internet bzw. der Zeitpunkt der Übermittlung bzw. Bereitstellung der Mitteilung gemäß dem zweiten Satz.

(7) Der Abbruch einer Auktion gilt als Widerruf im Sinne des § 310. § 311 gilt sinngemäß mit der Maßgabe, dass

1. bei der Mitteilung der Widerrufsentscheidung die für den Abbruch ausschlaggebenden Gründe den Bietern unter der in der Auktionsordnung festgelegten Internetadresse bekannt zu geben sind, und
2. als Zeitpunkt der Absendung der Widerrufsentscheidung der Zeitpunkt der erstmaligen Verfügbarkeit der Information gemäß Z 1 im Internet gilt.

Besondere Bestimmungen für die Durchführung von einfachen elektronischen Auktionen

§ 319. (1) Bei einfachen elektronischen Auktionen sind nur Angebote betreffend den Preis zulässig.

(2) Während der Auktion ist jedem Bieter vom Sektorenauftraggeber unverzüglich jedenfalls der aktuell niedrigste Preis und die aktuelle Positionierung aller Angebote unter der in der Auktionsordnung festgelegten Internetadresse bekannt zu geben. Darüber hinaus können auch andere Informationen als der aktuell niedrigste Preis, wie etwa die Anzahl der Teilnehmer an der jeweiligen Auktionsphase, unter der in der Auktionsordnung festgelegten Internetadresse bekannt gegeben werden.

(3) Der Zuschlag ist unter Berücksichtigung der zuletzt abgegebenen Angebote der zuletzt an der

Auktion beteiligten Bieter dem Angebot mit dem niedrigsten Preis zu erteilen.

Besondere Bestimmungen für die Durchführung von sonstigen elektronischen Auktionen

§ 320. (1) In der Aufforderung zur Teilnahme an der Auktion hat der Sektorenauftraggeber jene mathematische Formel anzugeben, nach der bei der elektronischen Auktion die automatische Neureihung entsprechend den vorgelegten neuen Werten (betreffend Preis oder sonstige Angebotsteile) vorgenommen wird. Aus dieser Formel hat auch die Gewichtung aller in der Ausschreibung festgelegten Zuschlagskriterien für die Ermittlung des technisch und wirtschaftlich günstigsten Angebotes hervorzugehen. Die Zuschlagskriterien sind in fixen Werten vorab festzulegen; die Angabe von Zuschlagskriterien im Wege der Festlegung einer Marge, innerhalb der sich das Kriterium befindet, ist, ebenso wie die bloße Reihung der Bedeutung der Zuschlagskriterien, unzulässig. Wurden zulässigerweise Alternativangebote eingereicht, so muss für jedes Alternativangebot eine eigene mathematische Formel angegeben werden.

(2) Während der Auktion ist jedem Bieter vom Sektorenauftraggeber unverzüglich die aktuelle Positionierung seines Angebotes unter der in der Auktionsordnung festgelegten Internetadresse bekannt zu geben. Darüber hinaus können auch andere Informationen wie etwa der aktuell niedrigste Preis oder die Anzahl der Teilnehmer an der jeweiligen Auktionsphase unter der in der Auktionsordnung festgelegten Internetadresse bekannt gegeben werden.

(3) Der Zuschlag ist unter Berücksichtigung der zuletzt abgegebenen Angebote der zuletzt an der Auktion beteiligten Bieter dem technisch und wirtschaftlich günstigsten Angebot zu erteilen.

4. Abschnitt
Bestimmungen über das Einrichten und den Betrieb eines und die Vergabe von Aufträgen aufgrund eines dynamischen Beschaffungssystems

Allgemeines

§ 321. (1) Aufträge können aufgrund eines dynamischen Beschaffungssystems vergeben werden, sofern

1. das dynamische Beschaffungssystem unter Beachtung der Bestimmungen des § 322 eingerichtet wurde und
2. bei der Vergabe des auf dem dynamischen Beschaffungssystem beruhenden Auftrages § 323 beachtet wird.

(2) Ein dynamisches Beschaffungssystem darf ausschließlich auf elektronischem Weg eingerichtet und betrieben werden. Die gesamte Kommunikation hat ausschließlich auf elektronischem Weg zu erfolgen.

Einrichten und Betrieb eines dynamischen Beschaffungssystems

§ 322. (1) Der Sektorenauftraggeber hat ein dynamisches Beschaffungssystem nach Durchführung eines nicht offenen Verfahrens mit vorheriger Bekanntmachung ohne Zuschlagserteilung einzurichten. Er kann Aufträge bereits im Zuge der Einrichtung des dynamischen Beschaffungssystems gemäß § 323 vergeben.

(2) Der Sektorenauftraggeber hat den kostenlosen, direkten, uneingeschränkten und vollständigen elektronischen Zugang zu den Ausschreibungsunterlagen und allen sonstigen für das dynamische Beschaffungssystem relevanten Unterlagen während der gesamten Laufzeit des dynamischen Beschaffungssystems zu gewährleisten. In den Ausschreibungsunterlagen sind jedenfalls festzulegen:

1. der Gegenstand und der voraussichtliche Umfang der in Aussicht genommenen Leistungen, die Gegenstand des dynamischen Beschaffungssystems sind,
2. alle erforderlichen Informationen betreffend das dynamische Beschaffungssystem, insbesondere seine Funktionsweise und Gültigkeitsdauer, die verwendete elektronische Ausrüstung sowie die technischen Vorkehrungen und Merkmale der Verbindung,
3. gegebenenfalls jede Einteilung in nach sachlichen Merkmalen definierte Kategorien von Waren, Bauleistungen oder Dienstleistungen; in diesem Fall sind die notwendigen Nachweise gemäß den §§ 248, 251 bis 253, 255, 257 und 258 für jede Kategorie gesondert festzulegen,
4. die allfällige Verwendung von elektronischen Katalogen gemäß § 271,
5. das allfällige Erfordernis, dem Teilnahmeantrag einen elektronischen Katalog beizufügen, und
6. die allfällige Verwendung von elektronischen Katalogen für die Abgabe eines Angebotes. In diesem Fall hat der Sektorenauftraggeber überdies anzugeben, ob er beabsichtigt, von bereits eingereichten elektronischen Katalogen jene Informationen zu entnehmen, die erforderlich sind, um Angebote zu erstellen, die den Anforderungen eines Auftrages entsprechen.

(3) Sobald die erste gesonderte Aufforderung zur Angebotsabgabe im Rahmen des dynamischen Beschaffungssystems übermittelt bzw. bereitgestellt worden ist, kann während der gesamten Laufzeit eines dynamischen Beschaffungssystems jeder Unternehmer jederzeit einen Teilnahmeantrag stellen. Der Sektorenauftraggeber hat binnen einer Frist von 10 Arbeitstagen ab Einlangen des Teilnahmeantrages festzustellen, ob es sich um

einen gemäß der Ausschreibung geeigneten Bieter handelt. In begründeten Fällen kann der Sektorenauftraggeber diese Frist auf 15 Arbeitstage verlängern, insbesondere wenn zusätzliche Unterlagen geprüft werden müssen oder auf sonstige Art und Weise überprüft werden muss, ob die Eignung des Bewerbers vorliegt. Unbeschadet davon kann der Sektorenauftraggeber, solange die erste gesonderte Aufforderung zur Angebotsabgabe im Rahmen des dynamischen Beschaffungssystems noch nicht übermittelt bzw. bereitgestellt wurde, die Frist zur Bewertung der Teilnahmeanträge verlängern. Während dieser Frist darf keine gesonderte Aufforderung zur Angebotsabgabe erfolgen. Der Sektorenauftraggeber hat die Dauer einer derartigen Fristverlängerung in der Ausschreibung festzulegen.

(4) Der Sektorenauftraggeber hat alle geeigneten Bewerber zum dynamischen Beschaffungssystem zuzulassen. Eine Begrenzung der Anzahl der Teilnehmer an einem dynamischen Beschaffungssystem ist unzulässig. Der Bewerber ist von der Entscheidung über die Zulassung oder Nicht-Zulassung unverzüglich zu verständigen. In dieser Miteilung sind die Gründe für die Nicht-Zulassung bekannt zu geben.

(5) Der Sektorenauftraggeber kann von den zum dynamischen Beschaffungssystem zugelassenen Teilnehmern während dessen Laufzeit jederzeit die Übermittlung einer aktualisierten Eigenerklärung gemäß § 251 Abs. 2 bzw. die Vorlage, Vervollständigung bzw. Erläuterung bestimmter Nachweise gemäß § 251 Abs. 3 binnen fünf Arbeitstagen ab Aufforderung verlangen.

(6) Für die Einrichtung, den Betrieb und die Teilnahme an einem dynamischen Beschaffungssystem darf der Sektorenauftraggeber den Unternehmern keine Kosten verrechnen.

(7) Der Sektorenauftraggeber kann die Einrichtung eines dynamischen Beschaffungssystems aus sachlichen Gründen widerrufen. Für den Widerruf gilt § 311 sinngemäß.

Vergabe von Aufträgen aufgrund eines dynamischen Beschaffungssystems

§ 323. (1) Aufträge, die aufgrund eines gemäß § 322 eingerichteten und betriebenen dynamischen Beschaffungssystems vergeben werden sollen, können ausschließlich an die zugelassenen Teilnehmer des dynamischen Beschaffungssystems gemäß Abs. 2 bis 5 vergeben werden.

(2) Sofern nicht ein Auftrag gemäß Abs. 4 vergeben werden soll, hat für die Vergabe jedes Auftrages eine gesonderte Aufforderung zur Angebotsabgabe zu erfolgen.

(3) Der Sektorenauftraggeber hat alle zugelassenen Teilnehmer gleichzeitig aufzufordern, Angebote abzugeben. Sofern der Sektorenauftraggeber dies in der Ausschreibung festgelegt hat, sind Angebote in Form eines elektronischen Kataloges abzugeben. Die Aufforderung zur Angebotsabgabe hat die in **Anhang XV** angeführten Angaben sowie einen Verweis auf die elektronische Adresse zu enthalten, unter der die Ausschreibungsunterlagen gemäß § 322 Abs. 2 zur Verfügung gestellt wurden. Wurde das dynamische Beschaffungssystem in Kategorien von Waren, Bauleistungen oder Dienstleistungen untergliedert, so hat der Sektorenauftraggeber alle für die entsprechende Kategorie zugelassenen Unternehmer zur Angebotsabgabe aufzufordern.

(4) Sofern der Sektorenauftraggeber die Verwendung von elektronischen Katalogen für die Abgabe eines Angebotes in der Ausschreibung vorgesehen hat und dem Teilnahmeantrag ein den Anforderungen gemäß § 271 entsprechender elektronischer Katalog beigefügt war, kann der Sektorenauftraggeber den betreffenden zugelassenen Teilnehmern gleichzeitig den Tag und den Zeitpunkt bekannt geben, zu dem jene Informationen den eingereichten elektronischen Katalogen entnommen werden sollen, die zur Erstellung der Angebote, die den Anforderungen des Auftrages entsprechen, notwendig sind. Mit dieser Bekanntgabe hat der Sektorenauftraggeber den Teilnehmern eine angemessene Frist einzuräumen, um vor dem bekannt gegebenen Zeitpunkt entweder ihren Katalog entsprechend auszufüllen oder zu aktualisieren oder die Erstellung eines Angebotes auf diese Weise abzulehnen. Der Sektorenauftraggeber hat vor der Erteilung des Zuschlages jedem betreffenden Teilnehmer des dynamischen Beschaffungssystems die aus dessen elektronischen Katalog entnommenen Informationen zu übermitteln bzw. bereitzustellen und eine angemessene Frist festzusetzen, binnen der der Teilnehmer gegen das solcherart erstellte Angebot Einspruch erheben kann, weil das Angebot Fehler enthält, oder binnen der zu bestätigen ist, dass das Angebot fehlerfrei ist.

(5) Sofern dies in der Ausschreibung vorgesehen ist, können die festgelegten Zuschlagskriterien in der Aufforderung zur Angebotsabgabe präzisiert werden. Der Zuschlag ist dem gemäß dem oder den in der Ausschreibung zur Einrichtung des dynamischen Beschaffungssystems festgelegten Zuschlagskriterium bzw. Zuschlagskriterien am besten bewerteten Angebot zu erteilen.

(6) Der Sektorenauftraggeber kann ein Verfahren zur Vergabe eines Auftrages aus sachlichen Gründen widerrufen. Für den Widerruf gilt § 311 sinngemäß.

5. Abschnitt

Bestimmungen über Wettbewerbe

Allgemeines

§ 324. Für die Durchführung von Wettbewerben gelten ausschließlich die Bestimmungen dieses Abschnittes, der 1. Teil, die §§ 167 bis 169, 176 bis 178, 180, 183, 185 Abs. 2 und 3, 186, 189,

193 bis 196, 199, 200, 202, 204, 211, 216, 217 bis 219, 225, 229, 231, 232, 234, 237 bis 239, 248 bis 258, 260, 261, 264, der 4. Teil, die §§ 358 bis 362, 364, 369, 370, 372, 373 sowie der 6. Teil dieses Bundesgesetzes.

Teilnahme am Wettbewerb

§ 325. (1) Der offene Wettbewerb steht allen Teilnahmeberechtigten offen.

(2) Beim nicht offenen Wettbewerb ist die Anzahl der einzuladenden Teilnehmer entsprechend dem Wettbewerbsgegenstand festzulegen. Sie darf bei Existenz einer hinreichenden Anzahl von geeigneten Unternehmern jedoch nicht unter drei liegen. Die festgelegte Anzahl muss einen echten Wettbewerb gewährleisten und ist in der Bekanntmachung anzugeben. Die Auswahlkriterien haben den besonderen Erfordernissen des Wettbewerbsgegenstandes Rechnung zu tragen und sind im Vorhinein festzulegen.

(3) Unter Bedachtnahme auf Abs. 5 und 6 ist nur geeigneten Bewerbern, die aufgrund der Bekanntmachung rechtzeitig Teilnahmeanträge gestellt haben, Gelegenheit zur Beteiligung am Wettbewerb zu geben.

(4) Die Prüfung der Teilnahmeanträge ist so zu dokumentieren, dass alle für die Beurteilung der Teilnahmeanträge wesentlichen Umstände nachvollziehbar sind. Der Bewerber kann die Übermittlung oder Bereitstellung des Teiles der Dokumentation verlangen, der seinen Teilnahmeantrag betrifft.

(5) Langen mehr Teilnahmeanträge als die vom Sektorenauftraggeber festgelegte Anzahl von einzuladenden Teilnehmern ein, so hat der Sektorenauftraggeber unter den geeigneten Bewerbern anhand der Auswahlkriterien die besten Bewerber auszuwählen. Die maßgeblichen Gründe für die Auswahl sind in nachvollziehbarer Form festzuhalten. Der Sektorenauftraggeber hat alle Bewerber von dieser Entscheidung unverzüglich, jedenfalls aber acht Tage nach Abschluss der Auswahl zu verständigen. Auf Verlangen sind den nicht zur Teilnahme am Wettbewerb eingeladenen Bewerbern die Gründe der Nicht-Zulassung bekannt zu geben, sofern nicht die Bekanntgabe dieser Informationen öffentlichen Interessen oder den berechtigten Geschäftsinteressen eines Unternehmers widersprechen oder dem freien und lauteren Wettbewerb schaden würde.

(6) Langen weniger Teilnahmeanträge von geeigneten Unternehmern als die vom Sektorenauftraggeber festgelegte Anzahl von einzuladenden Teilnehmern ein, so kann der Sektorenauftraggeber zusätzliche geeignete Unternehmer in den Wettbewerb einbeziehen.

(7) Zu geladenen Wettbewerben sind mindestens drei Unternehmer einzuladen. Die Aufforderung zur Vorlage von Wettbewerbsarbeiten hat nur an geeignete Unternehmer zu erfolgen.

(8) Bei Ideenwettbewerben kann – soweit dies aufgrund des Wettbewerbsgegenstandes nicht erforderlich ist – auf die Prüfung der Eignung verzichtet werden.

Durchführung von Wettbewerben

§ 326. (1) In der Bekanntmachung eines offenen oder nicht offenen Wettbewerbes sind die Beurteilungskriterien für das Preisgericht in der Reihenfolge ihrer Bedeutung anzugeben. Bei geladenen Wettbewerben sind den eingeladenen Unternehmern die Beurteilungskriterien für das Preisgericht in der Reihenfolge ihrer Bedeutung vorab bekannt zu geben.

(2) Die auf die Durchführung des Wettbewerbes anwendbaren Bestimmungen sind den an der Teilnahme am Wettbewerb Interessierten auf Anfrage, den eingeladenen Unternehmern bei geladenen Wettbewerben aber jedenfalls, mitzuteilen.

(3) Der Durchführung von Wettbewerben ist eine Wettbewerbsordnung zugrunde zu legen, die zumindest folgenden Inhalt aufzuweisen hat:

1. Vorgangsweise des Preisgerichtes,
2. Preisgelder und Vergütungen,
3. Verwendungs- und Verwertungsrechte,
4. Rückstellung von Unterlagen,
5. Beurteilungskriterien,
6. Angabe, ob ein oder mehrere Gewinner des Wettbewerbes ermittelt werden sollen, und im letzteren Fall Angabe der Anzahl der Gewinner,
7. Ausschlussgründe und
8. Termine.

(4) Das Preisgericht darf nur aus Preisrichtern bestehen, die von den Teilnehmern des Wettbewerbes unabhängig sind. Wird von den Wettbewerbsteilnehmern eine bestimmte berufliche Qualifikation verlangt, muss mindestens ein Drittel der Preisrichter über dieselbe oder eine gleichwertige Qualifikation verfügen.

(5) Das Preisgericht und der Sektorenauftraggeber dürfen erst nach Ablauf der Frist für deren Vorlage vom Inhalt der Wettbewerbsarbeiten (Pläne und Entwürfe) Kenntnis erhalten.

(6) Das Preisgericht ist bei der Auswahl des oder der Wettbewerbsgewinner unabhängig. Es hat diese Auswahl aufgrund von Wettbewerbsarbeiten, die anonym vorgelegt werden, und nur aufgrund der Beurteilungskriterien zu treffen. Das Preisgericht hat über die Rangfolge der ausgewählten Projekte eine Dokumentation zu erstellen, in der auf die einzelnen Wettbewerbsarbeiten einzugehen ist und in die allfällige Bemerkungen des Preisgerichtes sowie gegebenenfalls noch zu klärende Fragen betreffend einzelne Wettbewerbsarbeiten aufzunehmen sind. Diese Dokumentation ist, falls sie nicht in elektronischer Form erstellt wird, von den Preisrichtern zu unterfertigen. Die Bewerber können bei Bedarf aufgefordert werden, zur Klärung bestimmter Aspekte der vorgelegten Wettbewerbsarbeiten Antworten auf Fragen zu erteilen, die das

Preisgericht in der Dokumentation festgehalten hat. Über den darüber stattfindenden Dialog zwischen den Preisrichtern und den Bewerbern ist ein umfassendes Protokoll zu erstellen. Die Anonymität der vorgelegten Wettbewerbsarbeiten ist bis zur Auswahl des Preisgerichtes bzw. bis zum gegebenenfalls stattfindenden Dialog zu wahren. Die Auswahl des Preisgerichtes ist dem Sektorenauftraggeber zur allfälligen weiteren Veranlassung vorzulegen. Die Sitzungen des Preisgerichtes sind nicht öffentlich.

(7) Wettbewerbe können ein- oder mehrstufig durchgeführt werden.

(8) Abweichend zu § 324 gilt § 217 Abs. 11 und 12 nicht im Unterschwellenbereich.

(9) Wird im Anschluss an die Durchführung eines Wettbewerbes kein Verhandlungsverfahren zur Vergabe eines Dienstleistungsauftrages durchgeführt, so hat der Sektorenauftraggeber die Entscheidung, an welche Wettbewerbsteilnehmer Preisgelder vergeben werden bzw. Zahlungen erfolgen sollen, sowie die Zusammensetzung des Preisgerichtes allen Wettbewerbsteilnehmern binnen acht Tagen nach seiner Entscheidung bekannt zu geben.

(10) Wird im Anschluss an die Durchführung eines Wettbewerbes ein Verhandlungsverfahren zur Vergabe eines Dienstleistungsauftrages gemäß § 206 Abs. 1 Z 11 durchgeführt, so hat der Sektorenauftraggeber die Entscheidung über die Nicht-Zulassung zur Teilnahme am Verhandlungsverfahren sowie die Zusammensetzung des Preisgerichtes den nicht zugelassenen Wettbewerbsteilnehmern binnen acht Tagen nach seiner Entscheidung bekannt zu geben.

(11) Der Sektorenauftraggeber kann einen Wettbewerb widerrufen, wenn dafür sachliche Gründe bestehen. Für den Widerruf gilt § 311 sinngemäß.

4. Teil
Rechtsschutz vor dem Bundesverwaltungsgericht

1. Hauptstück
Zuständigkeit, fachkundige Laienrichter, Ausschluss und Ablehnung

Zuständigkeit des Bundesverwaltungsgerichtes

§ 327. Das Bundesverwaltungsgericht ist zuständig zur Entscheidung über Anträge wegen Rechtswidrigkeit eines Verhaltens eines Auftraggebers in den Angelegenheiten des öffentlichen Auftragswesens, soweit es sich um Auftraggeber handelt, die gemäß Art. 14b Abs. 2 Z 1 B-VG in den Vollziehungsbereich des Bundes fallen.

Senatszuständigkeit und -zusammensetzung

§ 328. (1) Das Bundesverwaltungsgericht entscheidet in den Angelegenheiten des § 327, soweit es sich nicht um die Entscheidung über einen Antrag auf Bewilligung der Verfahrenshilfe für die Einbringung eines Feststellungsantrags, die Entscheidung über einen Antrag auf Erlassung einer einstweiligen Verfügung, die Entscheidung über den Gebührenersatz oder die Entscheidung über eine Verfahrenseinstellung nach Zurückziehung eines Nachprüfungs- oder Feststellungsantrages handelt, in Senaten.

(2) Der Senat besteht aus einem Mitglied als Vorsitzenden und zwei fachkundigen Laienrichtern als Beisitzern. Von den fachkundigen Laienrichtern muss jeweils einer dem Kreis der Auftraggeber und der andere dem der Auftragnehmer angehören.

Fachkundige Laienrichter

§ 329. (1) Die fachkundigen Laienrichter müssen eine mindestens fünfjährige einschlägige Berufserfahrung oder besondere Kenntnisse des Vergabewesens in rechtlicher, wirtschaftlicher oder technischer Hinsicht besitzen. Es sind entsprechende Vorkehrungen zu treffen, dass zeitgerecht eine hinreichende Anzahl von fachkundigen Laienrichtern zur Verfügung steht.

(2) Die fachkundigen Laienrichter der Auftragnehmerseite werden auf Vorschlag der Wirtschaftskammer Österreich und der Bundes-Architekten- und Ingenieurkonsulentenkammer bestellt.

(3) Die fachkundigen Laienrichter der Auftraggeberseite werden auf Vorschlag des Bundesministers für Digitalisierung und Wirtschaftsstandort und der Bundesarbeitskammer bestellt.

Aufgabe des Vorsitzenden

§ 330. Der Vorsitzende hat den fachkundigen Laienrichtern alle entscheidungsrelevanten Dokumente unverzüglich zu übermitteln bzw., wenn dies untunlich oder zur Wahrung der Vertraulichkeit von Dokumenten unbedingt erforderlich ist, diese bereitzuhalten.

Unvereinbarkeit

§ 331. Dem Bundesverwaltungsgericht dürfen als fachkundige Laienrichter nicht angehören: Der Bundespräsident, Mitglieder der Bundesregierung oder einer Landesregierung, Staatssekretäre, der Präsident des Rechnungshofes, Mitglieder der Volksanwaltschaft des Bundes oder eines Bundeslandes, Bürgermeister, Amtsführende Präsidenten eines Landesschulrates (Stadtschulrates für Wien), Mitglieder des Europäischen Parlaments, Mitglieder der Kommission sowie Mitglieder des Verfassungsgerichtshofes oder des Verwaltungsgerichtshofes.

Ausschluss fachkundiger Laienrichter und Ablehnung durch die Parteien

§ 332. (1) Von der Mitwirkung an einer Entscheidung sind die fachkundigen Laienrichter hinsichtlich jener Vergabeverfahren ausgeschlossen, die eine Auftragsvergabe im Wirkungsbereich jener Institution betreffen, der sie angehören oder die sie gemäß § 329 Abs. 2 oder 3 vorgeschlagen hat.

(2) Die Parteien eines Verfahrens nach diesem Teil dieses Bundesgesetzes können Mitglieder des Bundesverwaltungsgerichtes und fachkundige Laienrichter unter Angabe von Gründen ablehnen. Die Entscheidung über den Ablehnungsantrag trifft der Präsident. Betrifft der Ablehnungsantrag den Präsidenten, so entscheidet über den Ablehnungsantrag der Vizepräsident. Werden sowohl der Präsident als auch der Vizepräsident abgelehnt, so entscheidet über den Ablehnungsantrag das an Lebensjahren älteste sonstige Mitglied.

2. Hauptstück

Besondere Bestimmungen über das Verfahren des Bundesverwaltungsgerichtes

1. Abschnitt

Allgemeine Bestimmungen

Anzuwendendes Verfahrensrecht

§ 333. Soweit in diesem Bundesgesetz und im Verwaltungsgerichtsverfahrensgesetz – VwGVG, BGBl. I Nr. 33/2013, nichts anderes bestimmt ist, sind die Bestimmungen des AVG mit Ausnahme der §§ 1 bis 5 sowie des IV. Teiles in den Verfahren vor dem Bundesverwaltungsgericht nach diesem Bundesgesetz sinngemäß anzuwenden.

Zuständigkeit

§ 334. (1) Das Bundesverwaltungsgericht entscheidet nach Maßgabe der Bestimmungen dieses Abschnittes über Anträge zur Durchführung von Nachprüfungsverfahren (2. Abschnitt), zur Erlassung einstweiliger Verfügungen (3. Abschnitt) und zur Durchführung von Feststellungsverfahren (4. Abschnitt). Derartige Anträge sind unmittelbar beim Bundesverwaltungsgericht einzubringen.

(2) Bis zur Zuschlagserteilung bzw. bis zum Widerruf eines Vergabeverfahrens ist das Bundesverwaltungsgericht zum Zweck der Beseitigung von Verstößen gegen dieses Bundesgesetz und die hierzu ergangenen Verordnungen oder von Verstößen gegen unmittelbar anwendbares Unionsrecht zuständig

1. zur Erlassung einstweiliger Verfügungen, sowie
2. zur Nichtigerklärung gesondert anfechtbarer Entscheidungen des Auftraggebers im Rahmen der vom Antragsteller geltend gemachten Beschwerdepunkte.

(3) Nach Zuschlagserteilung ist das Bundesverwaltungsgericht zuständig

1. im Rahmen der vom Antragsteller geltend gemachten Beschwerdepunkte zur Feststellung, ob wegen eines Verstoßes gegen dieses Bundesgesetz, die hierzu ergangenen Verordnungen oder unmittelbar anwendbares Unionsrecht der Zuschlag nicht gemäß den Angaben in der Ausschreibung dem Angebot mit dem niedrigsten Preis oder dem technisch und wirtschaftlich günstigsten Angebot erteilt wurde;
2. in einem Verfahren gemäß Z 1, 4 und 5 auf Antrag des Auftraggebers zur Feststellung, ob der Antragsteller auch bei Einhaltung der entsprechenden Bestimmungen keine echte Chance auf Erteilung des Zuschlages gehabt hätte;
3. zur Feststellung, ob ein Vergabeverfahren rechtswidrigerweise ohne vorherige Bekanntmachung durchgeführt wurde;
4. zur Feststellung, ob der Zuschlag rechtswidrigerweise ohne Mitteilung der Zuschlagsentscheidung erteilt wurde;
5. zur Feststellung, ob der Zuschlag bei der Vergabe einer Leistung aufgrund einer Rahmenvereinbarung oder eines dynamischen Beschaffungssystems wegen eines Verstoßes gegen § 155 Abs. 4 bis 9, § 162 Abs. 1 bis 5, § 316 Abs. 1 bis 3 oder § 323 Abs. 1 bis 5 rechtswidrig war;
6. in einem Verfahren gemäß den Z 3 bis 5 zur Nichtigerklärung oder Aufhebung des Vertrages;
7. in einem Verfahren gemäß den Z 3 bis 5 zur Verhängung von Sanktionen gemäß § 356 Abs. 9.

(4) Nach Erklärung des Widerrufes eines Vergabeverfahrens ist das Bundesverwaltungsgericht zuständig

1. im Rahmen der vom Antragsteller geltend gemachten Beschwerdepunkte zur Feststellung, ob der Widerruf wegen eines Verstoßes gegen dieses Bundesgesetz, die hierzu ergangenen Verordnungen oder unmittelbar anwendbares Unionsrecht rechtswidrig war;
2. in einem Verfahren gemäß Z 1 auf Antrag des Auftraggebers zur Feststellung, ob der Antragsteller auch bei Einhaltung der entsprechenden Bestimmungen keine echte Chance auf Erteilung des Zuschlages gehabt hätte;
3. zur Feststellung, ob der Widerruf rechtswidrigerweise ohne Mitteilung oder Bekanntmachung der Widerrufsentscheidung erklärt wurde;
4. in einem Verfahren gemäß Z 1 und 3 zur Unwirksamerklärung des Widerrufes gemäß § 357.

(5) Bis zur Zuschlagserteilung bzw. bis zur Erklärung des Widerrufes eines Vergabeverfahrens ist das Bundesverwaltungsgericht zur Feststellung zuständig, ob der Auftraggeber nach erheblicher Überschreitung der Zuschlagsfrist und entgegen dem Ersuchen des Bieters um Fortführung des Verfahrens das Verfahren weder durch eine Widerrufserklärung oder Zuschlagserteilung beendet

noch das Verfahren in angemessener Weise fortgeführt hat.

Verfahrenshilfe

§ 335. (1) Ein Antrag auf Bewilligung der Verfahrenshilfe ist nur für die Einbringung eines Feststellungsantrages zulässig. Der Antrag auf Bewilligung der Verfahrenshilfe ist unmittelbar beim Bundesverwaltungsgericht einzubringen. Dem Antrag sind jene Unterlagen beizulegen, aus denen hervorgeht, dass die beabsichtigte Rechtsverfolgung oder Rechtsverteidigung nicht offenbar mutwillig oder aussichtslos ist. Der Antrag kann ab Beginn der in § 354 Abs. 2 festgelegten Frist für die Geltendmachung der betreffenden Rechtswidrigkeit gestellt werden.

(2) § 8a Abs. 7 erster Satz VwGVG gilt mit der Maßgabe, dass die Frist für die Einbringung des Feststellungsantrages mit dem Zeitpunkt zu laufen beginnt, in dem der Beschluss über die Bestellung des Rechtsanwaltes zum Vertreter und die für die Erfüllung seiner Aufgaben im gerichtlichen Verfahren erforderlichen Unterlagen diesem zugestellt sind.

(3) § 354 Abs. 3 ist sinngemäß auf den Antrag auf Bewilligung der Verfahrenshilfe anzuwenden.

(4) Über einen Antrag auf Bewilligung der Verfahrenshilfe ist unverzüglich zu entscheiden.

Auskunftspflicht

§ 336. (1) Die dem Anwendungsbereich dieses Bundesgesetzes unterliegenden Auftraggeber bzw. vergebenden Stellen haben dem Bundesverwaltungsgericht alle für die Erfüllung seiner Aufgaben notwendigen Auskünfte zu erteilen und alle hierfür erforderlichen Unterlagen in geordneter Weise vorzulegen. Gleiches gilt für die an einem Vergabeverfahren beteiligten Unternehmer.

(2) Hat ein Auftraggeber, eine vergebende Stelle oder ein Unternehmer Unterlagen nicht vorgelegt, Auskünfte nicht erteilt oder eine Auskunft zwar erteilt, die Unterlagen des Vergabeverfahrens aber nicht vorgelegt, so kann das Bundesverwaltungsgericht, wenn der Auftraggeber oder der Unternehmer auf diese Säumnisfolge vorher ausdrücklich hingewiesen wurde, aufgrund der Behauptungen des nicht säumigen Beteiligten entscheiden.

Akteneinsicht

§ 337. Parteien und Beteiligte können bei der Vorlage von Unterlagen an das Bundesverwaltungsgericht verlangen, dass bestimmte Unterlagen oder Bestandteile von Unterlagen zum Schutz von technischen oder handelsbezogenen Betriebsgeheimnissen von der Akteneinsicht ausgenommen werden. Auftraggeber können dies darüber hinaus aus zwingenden Gründen eines Allgemeininteresses verlangen. Die in Betracht kommenden Unterlagen oder Bestandteile von Unterlagen sind bei ihrer Vorlage zu bezeichnen.

Zustellungen

§ 338. Soweit dem Bundesverwaltungsgericht die im Vergabeverfahren bekannt gegebene elektronische Adresse einer Partei bekannt ist oder soweit dem Bundesverwaltungsgericht von der betreffenden Partei eine elektronische Adresse bekannt gegeben worden ist, hat das Bundesverwaltungsgericht schriftliche Erledigungen an diese Adresse zuzustellen.

Mündliche Verhandlung vor dem Bundesverwaltungsgericht

§ 339. (1) Soweit dem weder Art. 6 der Konvention zum Schutze der Menschenrechte und Grundfreiheiten, BGBl. Nr. 210/1958, noch Art. 47 der Charta der Grundrechte der Europäischen Union, ABl. Nr. C 83 vom 30.03.2010 S. 389, entgegenstehen, kann die Verhandlung ungeachtet eines Parteiantrages entfallen, wenn

1. der verfahrenseinleitende Antrag zurückzuweisen ist, oder
2. das Bundesverwaltungsgericht einen sonstigen verfahrensrechtlichen Beschluss oder eine einstweilige Verfügung zu erlassen hat, oder
3. bereits aufgrund der Aktenlage feststeht, dass dem verfahrenseinleitenden Antrag stattzugeben oder dass er abzuweisen ist.

(2) Der Antragsteller hat die Durchführung einer Verhandlung im Nachprüfungs- oder Feststellungsantrag zu beantragen. Dem Auftraggeber sowie etwaigen Antragsgegnern ist Gelegenheit zu geben, binnen angemessener, eine Woche nicht übersteigender Frist einen Antrag auf Durchführung einer Verhandlung zu stellen. Ein Antrag auf Durchführung einer Verhandlung kann nur mit Zustimmung der anderen Parteien wirksam zurückgezogen werden.

Gebühren

§ 340. (1) Für Anträge gemäß den §§ 342 Abs. 1, 350 Abs. 1 und § 353 Abs. 1 und 2 hat der Antragsteller nach Maßgabe der folgenden Bestimmungen jeweils eine Pauschalgebühr zu entrichten:

1. Die Pauschalgebühr ist gemäß den von der Bundesregierung durch Verordnung festzusetzenden Gebührensätzen bei Antragstellung zu entrichten. Bieter- und Arbeitsgemeinschaften haben die Pauschalgebühr nur einmal zu entrichten. Die Gebührensätze sind entsprechend dem Verhältnis des durch den Antrag bewirkten Verfahrensaufwandes zu dem für den Antragsteller zu erzielenden Nutzen festzusetzen. Die Gebührensätze sind nach objektiven Merkmalen abzustufen. Als objektive Merkmale sind insbesondere der Auftragsgegenstand, die Art des durchgeführten Verfahrens, die Tatsache, ob es sich um Anträge auf Nachprüfung der Ausschreibung oder um sonstige gesondert

anfechtbare Entscheidungen bzw. ob es sich um ein Vergabeverfahren im Oberschwellenbereich oder im Unterschwellenbereich handelt, heranzuziehen.
2. Die festgesetzten Gebührensätze vermindern oder erhöhen sich jährlich in dem Maß, das sich aus der Veränderung des von der Bundesanstalt Statistik Österreich verlautbarten Verbraucherpreisindex 2015 oder des an seine Stelle tretenden Index gegenüber der der letzten Festsetzung zugrunde gelegten Indexzahl ergibt. Der Bundesminister für Verfassung, Reformen, Deregulierung und Justiz hat nach Verlautbarung der für Juni des laufenden Jahres maßgeblichen Indexzahl die neu festgesetzten Gebührensätze im Bundesgesetzblatt kundzumachen. Die neu festgesetzten Gebührensätze gelten ab dem der Kundmachung folgenden Monatsersten.
3. Die Pauschalgebühren sind durch Barzahlung, durch Einzahlung mit Erlagschein, mittels Bankomatkarte oder Kreditkarte zu entrichten. Die über die Barzahlung und Einzahlung mit Erlagschein hinausgehenden zulässigen Entrichtungsarten sind durch das Bundesverwaltungsgericht nach Maßgabe der vorhandenen technisch-organisatorischen Voraussetzungen festzulegen und entsprechend bekannt zu machen.
4. Für Anträge gemäß § 350 Abs. 1 ist eine Gebühr in der Höhe von 50% der festgesetzten Gebühr zu entrichten.
5. Hat ein Antragsteller zum selben Vergabeverfahren bereits einen Antrag gemäß § 342 Abs. 1 oder gemäß § 353 Abs. 1 oder 2 eingebracht, so ist von diesem Antragsteller für jeden weiteren Antrag gemäß § 342 Abs. 1 oder gemäß § 353 Abs. 1 oder 2 eine Gebühr in der Höhe von 80% der festgesetzten Gebühr zu entrichten.
6. Bezieht sich der Antrag lediglich auf die Vergabe eines Loses, dessen geschätzter Auftragswert den jeweiligen Schwellenwert gemäß den §§ 12 Abs. 1 oder 185 Abs. 1 nicht erreicht, so ist lediglich die Pauschalgebühr für das dem Los entsprechende Vergabeverfahren im Unterschwellenbereich zu entrichten.
7. Wird ein Antrag vor Durchführung der mündlichen Verhandlung oder, wenn keine mündliche Verhandlung durchgeführt wird, vor Erlassung des Erkenntnisses oder Beschlusses zurückgezogen, so ist lediglich eine Gebühr in der Höhe von 75% der für den jeweiligen Antrag festgesetzten oder gemäß Z 5 reduzierten Gebühr zu entrichten. Bereits entrichtete Mehrbeträge sind zurückzuerstatten.
8. Die Gebührensätze bzw. Gebühren gemäß Z 1 und 2 sowie 4 bis 7 sind kaufmännisch auf ganze Euro zu runden.

(2) Für Anträge gemäß Abs. 1 und die Verfahren vor dem Bundesverwaltungsgericht fallen keine Gebühren nach dem Gebührengesetz 1957, BGBl. Nr. 267/1957, an.

Gebührenersatz

§ 341. (1) Der vor dem Bundesverwaltungsgericht auch nur teilweise obsiegende Antragsteller hat Anspruch auf Ersatz seiner gemäß § 340 entrichteten Gebühren durch den Auftraggeber. Der Antragsteller hat ferner Anspruch auf Ersatz seiner gemäß § 340 entrichteten Gebühren, wenn er während des anhängigen Verfahrens klaglos gestellt wird.

(2) Ein Anspruch auf Ersatz der Gebühren für einen Antrag auf Erlassung einer einstweiligen Verfügung besteht nur dann, wenn
1. dem Nachprüfungsantrag (Hauptantrag) stattgegeben wird oder wenn der Antragsteller während des anhängigen Verfahrens klaglos gestellt wird und
2. dem Antrag auf Erlassung einer einstweiligen Verfügung stattgegeben wurde bzw. im Falle der Klaglosstellung stattzugeben gewesen wäre oder der Antrag auf Erlassung einer einstweiligen Verfügung nur wegen einer Interessenabwägung abgewiesen wurde oder im Falle der Klaglosstellung abzuweisen gewesen wäre.

(3) Über den Gebührenersatz hat das Bundesverwaltungsgericht spätestens drei Wochen ab jenem Zeitpunkt zu entscheiden, ab dem feststeht, dass ein Anspruch auf Gebührenersatz besteht.

2. Abschnitt
Nachprüfungsverfahren
Einleitung des Verfahrens

§ 342. (1) Ein Unternehmer kann bis zur Zuschlagserteilung bzw. bis zur Widerrufserklärung die Nachprüfung einer gesondert anfechtbaren Entscheidung des Auftraggebers im Vergabeverfahren wegen Rechtswidrigkeit beantragen, sofern
1. er ein Interesse am Abschluss eines dem Anwendungsbereich dieses Bundesgesetzes unterliegenden Vertrages behauptet, und
2. ihm durch die behauptete Rechtswidrigkeit ein Schaden entstanden ist oder zu entstehen droht.

(2) Ist die zwischen dem Zugang der Verständigung über das Ausscheiden und der Mitteilung der Zuschlagsentscheidung bzw. der Widerrufsentscheidung liegende Zeitspanne kürzer als die in § 343 vorgesehene Frist, ist ein Bieter berechtigt, das Ausscheiden gemeinsam mit der Zuschlagsentscheidung oder der Widerrufsentscheidung in einem Antrag innerhalb der für die Anfechtung der Zuschlagsentscheidung bzw. der Widerrufsentscheidung eingeräumten Frist anzufechten.

(3) Dem Antrag auf Nachprüfung kommt keine aufschiebende Wirkung für das betreffende Vergabeverfahren zu.

(4) Wird dieselbe gesondert anfechtbare Entscheidung von mehreren Unternehmern angefochten, hat das Bundesverwaltungsgericht die Verfahren zur gemeinsamen Verhandlung und Entscheidung zu verbinden. Eine getrennte Verfahrensführung ist zulässig, wenn diese im Interesse der Zweckmäßigkeit, Raschheit, Einfachheit und Kostenersparnis gelegen ist.

Fristen für Nachprüfungsanträge

§ 343. (1) Anträge auf Nachprüfung einer gesondert anfechtbaren Entscheidung sind bei einer Übermittlung bzw. Bereitstellung der Entscheidung auf elektronischem Weg sowie bei einer Bekanntmachung der Entscheidung binnen 10 Tagen einzubringen, bei einer Übermittlung über den Postweg oder einen anderen geeigneten Weg binnen 15 Tagen. Die Frist beginnt mit der Übermittlung bzw. Bereitstellung der Entscheidung bzw. der erstmaligen Verfügbarkeit der Bekanntmachung.

(2) Bei der Durchführung einer Direktvergabe beträgt die Frist 10 Tage ab dem Zeitpunkt, in dem der Antragsteller von der gesondert anfechtbaren Entscheidung Kenntnis erlangt hat oder erlangen hätte können.

(3) Anträge auf Nachprüfung der Ausschreibung – mit Ausnahme der Bekanntmachung bei einer Direktvergabe mit vorheriger Bekanntmachung – können über den in Abs. 1 genannten Zeitraum hinaus bis spätestens 7 Tage vor Ablauf der Angebotsfrist, der Frist zur Vorlage der Wettbewerbsarbeiten oder der Teilnahmeantragsfrist eingebracht werden, sofern diese Frist mehr als 17 Tage beträgt. Wenn die Ausschreibungs- oder Wettbewerbsunterlagen nicht auf elektronischem Weg zur Verfügung gestellt, übermittelt bzw. bereitgestellt werden, tritt die Verlängerung der Nachprüfungsfrist erst ein, wenn die Angebotsfrist, die Frist zur Vorlage der Wettbewerbsarbeiten oder die Teilnahmeantragsfrist mehr als 22 Tage beträgt.

Inhalt und Zulässigkeit des Nachprüfungsantrages

§ 344. (1) Ein Antrag gemäß § 342 Abs. 1 hat jedenfalls zu enthalten:

1. die Bezeichnung des betreffenden Vergabeverfahrens sowie der angefochtenen gesondert anfechtbaren Entscheidung,
2. die Bezeichnung des Auftraggebers, des Antragstellers und gegebenenfalls der vergebenden Stelle einschließlich deren elektronischer Adresse,
3. eine Darstellung des maßgeblichen Sachverhaltes einschließlich des Interesses am Vertragsabschluss, insbesondere bei Bekämpfung der Zuschlagsentscheidung die Bezeichnung des für den Zuschlag in Aussicht genommenen Bieters,
4. Angaben über den behaupteten drohenden oder bereits eingetretenen Schaden für den Antragsteller,
5. die Bezeichnung der Rechte, in denen der Antragsteller verletzt zu sein behauptet (Beschwerdepunkte) sowie die Gründe, auf die sich die Behauptung der Rechtswidrigkeit stützt,
6. einen Antrag auf Nichtigerklärung der angefochtenen gesondert anfechtbaren Entscheidung, und
7. die Angaben, die erforderlich sind, um zu beurteilen, ob der Antrag rechtzeitig eingebracht wurde.

(2) Der Antrag ist jedenfalls unzulässig, wenn

1. er sich nicht gegen eine gesondert anfechtbare Entscheidung richtet, oder
2. er nicht innerhalb der in § 343 genannten Fristen gestellt wird, oder
3. er trotz Aufforderung zur Verbesserung nicht ordnungsgemäß vergebührt wurde.

(3) Wird ein Antrag gemäß § 342 Abs. 1 erst nach Zuschlagserteilung oder nach dem Widerruf des Vergabeverfahrens gestellt, hat ihn das Bundesverwaltungsgericht als Antrag auf Feststellung gemäß § 353 Abs. 1 zu behandeln, wenn der Antragsteller von der Zuschlagserteilung oder vom Widerruf nicht wissen konnte und der Antrag innerhalb der in § 354 Abs. 2 genannten Frist eingebracht wurde. Der Antragsteller hat auf Aufforderung des Bundesverwaltungsgerichtes binnen einer von diesem angemessen gesetzten Frist näher zu bezeichnen, welche Feststellung gemäß § 353 Abs. 1 er beantragt. Wird bis zum Ablauf dieser Frist keine Feststellung gemäß § 353 Abs. 1 beantragt, ist der Antrag zurückzuweisen.

(4) Enthält die Ausschreibung eine unrichtige Angabe über die zuständige Vergabekontrollbehörde, ist der Antrag auch dann innerhalb der in § 343 genannten Fristen gestellt, wenn er bei der in der Ausschreibung angegebenen Vergabekontrollbehörde eingebracht wurde. Enthält die Ausschreibung keine Angabe über die zuständige Vergabekontrollbehörde, ist der Antrag auch dann innerhalb der in § 343 genannten Fristen gestellt, wenn er bei einer nicht offenkundig unzuständigen Vergabekontrollbehörde eingebracht wurde.

Bekanntmachung der Verfahrenseinleitung und einer Verhandlung

§ 345. (1) Der Eingang eines Nachprüfungsantrages ist vom Bundesverwaltungsgericht unverzüglich im Internet bekannt zu machen.

(2) Die Bekanntmachung hat jedenfalls zu enthalten:

1. die Bezeichnung des Auftraggebers und gegebenenfalls die Bezeichnung der vergebenden Stelle sowie die Bezeichnung des betroffenen Vergabeverfahrens entsprechend den Angaben im Nachprüfungsantrag (§ 344 Abs. 1 Z 1 und 2),

2. die Bezeichnung der bekämpften gesondert anfechtbaren Entscheidung entsprechend den Angaben im Nachprüfungsantrag (§ 344 Abs. 1 Z 1) und
3. den Hinweis auf die Präklusionsfolgen gemäß § 346 Abs. 3.

(3) Der im Nachprüfungsantrag bezeichnete Auftraggeber und gegebenenfalls die vergebende Stelle ist vom Vorsitzenden des Senates unverzüglich vom Eingang des Nachprüfungsantrages zu verständigen; diese Verständigung hat die in Abs. 2 Z 1 und 2 genannten Angaben zu enthalten.

(4) Im Falle der Bekämpfung einer Zuschlagsentscheidung ist jedenfalls der für den Zuschlag in Aussicht genommene Bieter vom Vorsitzenden des Senates unverzüglich vom Eingang des Nachprüfungsantrages zu verständigen; diese Verständigung hat die in Abs. 2 genannten Angaben zu enthalten.

(5) Zudem ist auch die Anberaumung einer öffentlichen mündlichen Verhandlung im Internet kundzumachen; diese Kundmachung hat jedenfalls auch die in Abs. 2 vorgesehenen Angaben zu enthalten.

(6) Im Falle der Bekämpfung einer Zuschlagsentscheidung ist der für den Zuschlag in Aussicht genommene Bieter von der Anberaumung einer öffentlichen mündlichen Verhandlung zu verständigen.

Parteien des Nachprüfungsverfahrens

§ 346. (1) Parteien des Nachprüfungsverfahrens vor dem Bundesverwaltungsgericht sind jedenfalls der Antragsteller und der Auftraggeber. Soweit eine zentrale Beschaffungsstelle ein Vergabeverfahren oder Teile eines Vergabeverfahrens als vergebende Stelle durchführt, tritt sie als Partei des Nachprüfungsverfahrens an die Stelle des Auftraggebers. Der Auftraggeber kann, soweit die zentrale Beschaffungsstelle an seine Stelle tritt, dem Nachprüfungsverfahren als Nebenintervenient beitreten; §§ 17 Abs. 1, 18 Abs. 1 und 19 Abs. 1 ZPO sind sinngemäß anzuwenden. Wird ein Vergabeverfahren von mehreren Auftraggebern gemeinsam durchgeführt, so bilden die in der Ausschreibung genannten Auftraggeber eine Streitgenossenschaft im Nachprüfungsverfahren. Die Bestimmungen der §§ 14 und 15 ZPO sind sinngemäß anzuwenden.

(2) Parteien des Nachprüfungsverfahrens sind ferner jene Unternehmer, die durch die vom Antragsteller begehrte Entscheidung unmittelbar in ihren rechtlich geschützten Interessen nachteilig betroffen sein können (Antragsgegner); insbesondere ist im Falle der Bekämpfung der Zuschlagsentscheidung der für den Zuschlag in Aussicht genommene Bieter Partei des Nachprüfungsverfahrens.

(3) Der in einer Zuschlagsentscheidung für den Zuschlag in Aussicht genommene Bieter verliert seine Parteistellung, wenn er seine begründeten Einwendungen gegen die vom Antragsteller begehrte Entscheidung nicht binnen zehn Tagen ab Zustellung der Verständigung über die Einleitung des Nachprüfungsverfahrens erhebt. Andere Parteien im Sinne des Abs. 2 verlieren ihre Parteistellung, wenn sie ihre begründeten Einwendungen gegen die vom Antragsteller begehrte Entscheidung nicht binnen zehn Tagen ab Bekanntmachung der Verfahrenseinleitung nach § 345 Abs. 1 erheben. Sofern eine mündliche Verhandlung vor Ablauf dieser Fristen stattfindet, können die Einwendungen spätestens in der mündlichen Verhandlung erhoben werden. § 42 Abs. 3 AVG gilt sinngemäß.

(4) Haben mehrere Unternehmer dieselbe gesondert anfechtbare Entscheidung des Auftraggebers angefochten, so kommt ihnen in allen Nachprüfungsverfahren betreffend diese Entscheidung Parteistellung zu.

Nichtigerklärung von Entscheidungen des Auftraggebers

§ 347. (1) Das Bundesverwaltungsgericht hat eine im Zuge eines Vergabeverfahrens ergangene gesondert anfechtbare Entscheidung eines Auftraggebers mit Erkenntnis für nichtig zu erklären, wenn

1. sie oder eine ihr vorangegangene nicht gesondert anfechtbare Entscheidung im Rahmen der geltend gemachten Beschwerdepunkte rechtswidrig ist und
2. die Rechtswidrigkeit für den Ausgang des Vergabeverfahrens von wesentlichem Einfluss ist.

(2) Als Nichtigerklärung rechtswidriger Entscheidungen kommt insbesondere auch die Streichung von für Unternehmer diskriminierenden Anforderungen hinsichtlich technischer Leistungsmerkmale sowie hinsichtlich der wirtschaftlichen oder finanziellen Leistungsfähigkeit in der Ausschreibung in Betracht.

(3) Erklärt das Bundesverwaltungsgericht eine gesondert anfechtbare Entscheidung für nichtig, ist der Auftraggeber verpflichtet, in dem betreffenden Vergabeverfahren mit den ihm zu Gebote stehenden Mitteln unverzüglich den der Rechtsanschauung des Bundesverwaltungsgerichtes entsprechenden Rechtszustand herzustellen.

Entscheidungsfrist

§ 348. Über einen Antrag auf Nichtigerklärung von Entscheidungen eines Auftraggebers ist unverzüglich, längstens jedoch binnen sechs Wochen nach Einlangen des Antrages zu entscheiden.

Mutwillensstrafen

§ 349. Im Nachprüfungsverfahren gilt § 35 AVG mit der Maßgabe, dass die Höchstgrenze für Mutwillensstrafen ein Prozent des geschätzten Auftragswertes, höchstens jedoch 20 000 Euro, beträgt. Für die Bemessung der Mutwillensstrafe ist

§ 19 des Verwaltungsstrafgesetzes 1991 – VStG, BGBl. Nr. 52/1991, sinngemäß anzuwenden.

3. Abschnitt
Einstweilige Verfügungen
Antragstellung

§ 350. (1) Das Bundesverwaltungsgericht hat auf Antrag eines Unternehmers, dem die Antragsvoraussetzungen nach § 342 Abs. 1 nicht offensichtlich fehlen, durch einstweilige Verfügung unverzüglich vorläufige Maßnahmen anzuordnen, die nötig und geeignet erscheinen, um eine durch die behauptete Rechtswidrigkeit einer gesondert anfechtbaren Entscheidung entstandene oder unmittelbar drohende Schädigung von Interessen des Antragstellers zu beseitigen oder zu verhindern.

(2) Der Antrag auf Erlassung einer einstweiligen Verfügung hat zu enthalten:

1. die genaue Bezeichnung des betreffenden Vergabeverfahrens, der gesondert anfechtbaren Entscheidung sowie des Auftraggebers, des Antragstellers und gegebenenfalls der vergebenden Stelle einschließlich deren elektronischer Adresse,
2. eine Darstellung des maßgeblichen Sachverhaltes sowie des Vorliegens der in § 342 Abs. 1 genannten Voraussetzungen,
3. die genaue Bezeichnung der behaupteten Rechtswidrigkeit,
4. die genaue Darlegung der unmittelbar drohenden Schädigung der Interessen des Antragstellers und eine Glaubhaftmachung der maßgeblichen Tatsachen,
5. die genaue Bezeichnung der begehrten vorläufigen Maßnahme und
6. die Angaben, die erforderlich sind, um zu beurteilen, ob der Antrag rechtzeitig eingebracht wurde.

(3) Wenn noch kein Nachprüfungsantrag zur Bekämpfung der geltend gemachten Rechtswidrigkeit gestellt wurde, ist der Antrag auf Erlassung einer einstweiligen Verfügung nur zulässig, wenn er vor Ablauf der in § 343 genannten Fristen für die Geltendmachung der betreffenden Rechtswidrigkeit eingebracht wird.

(4) Wird ein Antrag auf Erlassung einer einstweiligen Verfügung zwar rechtzeitig gestellt, in weiterer Folge aber bis zum Ablauf der in § 343 genannten Fristen kein Nachprüfungsantrag zur Bekämpfung der im Antrag auf Erlassung einer einstweiligen Verfügung bezeichneten Rechtswidrigkeit gestellt oder ein bereits gestellter Nachprüfungsantrag nach Ablauf der Antragsfrist wieder zurückgezogen, ist das Verfahren zur Erlassung einer einstweiligen Verfügung formlos einzustellen. Eine allenfalls erlassene einstweilige Verfügung tritt in diesem Fall mit Ablauf der in § 343 genannten Fristen bzw. mit dem Zeitpunkt der Zurückziehung des Nachprüfungsantrages außer Kraft. Der Antragsteller und der Auftraggeber sind vom Außerkrafttreten der einstweiligen Verfügung zu verständigen.

(5) Das Bundesverwaltungsgericht hat den Auftraggeber und gegebenenfalls die vergebende Stelle vom Einlangen eines Antrages auf Erlassung einer einstweiligen Verfügung, mit dem die Untersagung der Erteilung des Zuschlages, die Untersagung des Abschlusses einer Rahmenvereinbarung, die Untersagung der Erklärung des Widerrufes oder die Unterlassung der Angebotsöffnung begehrt wird, unverzüglich zu verständigen. Anträgen auf Erlassung einer einstweiligen Verfügung, die die Untersagung der Erteilung des Zuschlages, die Untersagung des Abschlusses einer Rahmenvereinbarung, die Untersagung der Erklärung des Widerrufes oder die Unterlassung der Angebotsöffnung begehren, kommt ab Zugang der Verständigung vom Einlangen des Antrages bis zur Entscheidung über den Antrag aufschiebende Wirkung zu. Der Auftraggeber bzw. die vergebende Stelle darf bis zur Entscheidung über den Antrag

1. den Zuschlag nicht erteilen oder die Rahmenvereinbarung nicht abschließen, bzw.
2. das Vergabeverfahren nicht widerrufen, bzw.
3. die Angebote nicht öffnen.

BVergG

(6) Das Bundesverwaltungsgericht hat in der Verständigung an den Auftraggeber und gegebenenfalls an die vergebende Stelle vom Einlangen eines Antrages auf Erlassung einer einstweiligen Verfügung auf die Rechtsfolgen der Antragstellung gemäß § 351 Abs. 2 hinzuweisen.

(7) Ein Antrag auf Erlassung einer einstweiligen Verfügung ist unzulässig, wenn trotz Aufforderung zur Verbesserung der Antrag nicht ordnungsgemäß vergebührt wurde.

Erlassung der einstweiligen Verfügung

§ 351. (1) Vor der Erlassung einer einstweiligen Verfügung hat das Bundesverwaltungsgericht die voraussehbaren Folgen der zu treffenden Maßnahme für alle möglicherweise geschädigten Interessen des Antragstellers, der sonstigen Bewerber oder Bieter und des Auftraggebers sowie ein allfälliges besonderes öffentliches Interesse an der Fortführung des Vergabeverfahrens gegeneinander abzuwägen. Ergibt diese Abwägung ein Überwiegen der nachteiligen Folgen einer einstweiligen Verfügung, ist der Antrag auf Erlassung der einstweiligen Verfügung abzuweisen.

(2) Ein entgegen einer Anordnung in einer einstweiligen Verfügung erteilter Zuschlag, erfolgter Abschluss einer Rahmenvereinbarung bzw. erklärter Widerruf des Vergabeverfahrens ist absolut nichtig bzw. unwirksam.

(3) Mit einer einstweiligen Verfügung können das gesamte Vergabeverfahren oder einzelne Entscheidungen des Auftraggebers bis zur Entscheidung des Bundesverwaltungsgerichtes über eine

allfällige Nichtigerklärung vorübergehend ausgesetzt oder sonstige geeignete Maßnahmen angeordnet werden. Dabei ist die jeweils gelindeste noch zum Ziel führende vorläufige Maßnahme zu verfügen.

(4) In einer einstweiligen Verfügung ist die Zeit, für welche diese Verfügung getroffen wird, zu bestimmen. Die einstweilige Verfügung tritt nach Ablauf der bestimmten Zeit, spätestens jedoch mit der Entscheidung des Bundesverwaltungsgerichtes über den Antrag auf Nichtigerklärung außer Kraft, in dem die betreffende Rechtswidrigkeit geltend gemacht wird. Das Bundesverwaltungsgericht hat die einstweilige Verfügung unverzüglich auf Antrag oder von Amts wegen aufzuheben, sobald die Voraussetzungen, die zu ihrer Erlassung geführt haben, weggefallen sind. Das Bundesverwaltungsgericht hat die einstweilige Verfügung unverzüglich auf Antrag oder von Amts wegen zu erstrecken, wenn die Voraussetzungen, die zu ihrer Erlassung geführt haben, nach Ablauf der bestimmten Zeit fortbestehen.

(5) Einstweilige Verfügungen sind sofort vollstreckbar.

Verfahrensrechtliche Bestimmungen

§ 352. (1) Parteien des Verfahrens zur Erlassung einer einstweiligen Verfügung sind der Antragsteller und der Auftraggeber. Soweit eine zentrale Beschaffungsstelle ein Vergabeverfahren oder Teile eines Vergabeverfahrens als vergebende Stelle durchführt, tritt sie als Partei des Verfahrens zur Erlassung einer einstweiligen Verfügung an die Stelle des Auftraggebers. Der Auftraggeber kann, soweit die zentrale Beschaffungsstelle an seine Stelle tritt, dem Verfahren zur Erlassung einer einstweiligen Verfügung als Nebenintervenient beitreten; §§ 17 Abs. 1, 18 Abs. 1 und 19 Abs. 1 ZPO sind sinngemäß anzuwenden. Wird ein Vergabeverfahren von mehreren Auftraggebern gemeinsam durchgeführt, so bilden die in der Ausschreibung genannten Auftraggeber eine Streitgenossenschaft im Verfahren zur Erlassung einer einstweiligen Verfügung. Die Bestimmungen der §§ 14 und 15 ZPO sind sinngemäß anzuwenden.

(2) Über einen Antrag auf Erlassung einer einstweiligen Verfügung ist unverzüglich, längstens jedoch binnen 10 Tagen nach Einlangen des Antrages zu entscheiden. Musste der Antrag zur Verbesserung zurückgestellt werden, ist über ihn längstens binnen 15 Tagen zu entscheiden. Die Frist ist gewahrt, wenn die Erledigung an alle Parteien nachweislich vor ihrem Ablauf abgesendet wurde.

(3) In Verfahren betreffend die Erlassung einer einstweiligen Verfügung gilt § 35 AVG mit der Maßgabe, dass die Höchstgrenze für Mutwillensstrafen ein Prozent des geschätzten Auftragswertes, höchstens jedoch 20 000 Euro, beträgt. Für die Bemessung der Mutwillensstrafe ist § 19 VStG sinngemäß anzuwenden.

4. Abschnitt
Feststellungsverfahren
Einleitung des Verfahrens

§ 353. (1) Ein Unternehmer, der ein Interesse am Abschluss eines dem Anwendungsbereich dieses Bundesgesetzes unterliegenden Vertrages hatte, kann, sofern ihm durch die behauptete Rechtswidrigkeit ein Schaden entstanden ist oder zu entstehen droht, die Feststellung beantragen, dass

1. der Zuschlag wegen eines Verstoßes gegen dieses Bundesgesetz, die hierzu ergangenen Verordnungen oder unmittelbar anwendbares Unionsrecht nicht gemäß den Angaben in der Ausschreibung dem Angebot mit dem niedrigsten Preis oder dem technisch und wirtschaftlich günstigsten Angebot erteilt wurde, oder
2. die Durchführung eines Vergabeverfahrens ohne vorherige Bekanntmachung wegen eines Verstoßes gegen dieses Bundesgesetz, die hierzu ergangenen Verordnungen oder unmittelbar anwendbares Unionsrecht rechtswidrig war, oder
3. die Zuschlagserteilung ohne Mitteilung der Zuschlagsentscheidung wegen eines Verstoßes gegen dieses Bundesgesetz, die hierzu ergangenen Verordnungen oder unmittelbar anwendbares Unionsrecht rechtswidrig war, oder
4. der Zuschlag bei der Vergabe einer Leistung aufgrund einer Rahmenvereinbarung oder eines dynamischen Beschaffungssystems wegen eines Verstoßes gegen § 155 Abs. 5 bis 9, § 162 Abs. 1 bis 5, § 316 Abs. 1 bis 3 oder § 323 Abs. 1 bis 5 rechtswidrig war, oder
5. die Erklärung des Widerrufes eines Vergabeverfahrens wegen eines Verstoßes gegen dieses Bundesgesetz, die hierzu ergangenen Verordnungen oder unmittelbar anwendbares Unionsrecht rechtswidrig war.

Der Antragsteller kann in einem Antrag mehrere Feststellungen gemäß § 334 Abs. 3 Z 1, 3 und 4 beantragen. Bei einem Antrag auf Feststellung gemäß Z 1 und 3 bis 5 kann der Auftraggeber die Feststellung beantragen, dass der Antragsteller auch bei Einhaltung der entsprechenden Bestimmungen keine echte Chance auf Erteilung des Zuschlages gehabt hätte. Bei einem Antrag auf Feststellung gemäß Z 2 bis 4 kann der Auftraggeber beantragen, von der Nichtigerklärung des Vertrages abzusehen oder den Vertrag frühestens mit dem Zeitpunkt der Entscheidung des Bundesverwaltungsgerichtes aufzuheben.

(2) Ein Bieter, der ein Interesse am Abschluss eines dem Anwendungsbereich dieses Bundesgesetzes unterliegenden Vertrages hatte und dem durch das Vorgehen des Auftraggebers ein Schaden entstanden ist oder zu entstehen droht, kann die Feststellung beantragen, dass der Auftraggeber nach erheblicher Überschreitung der Zuschlagsfrist und entgegen dem Ersuchen des Bieters um Fortführung des Verfahrens ein Verfahren

weder durch eine Widerrufserklärung oder Zuschlagserteilung beendet noch das Verfahren in angemessener Weise fortgeführt hat.

(3) Werden hinsichtlich desselben Vergabeverfahrens Feststellungsanträge nach Abs. 1 von mehreren Unternehmern gestellt, hat das Bundesverwaltungsgericht die Verfahren nach Möglichkeit zur gemeinsamen Verhandlung und Entscheidung zu verbinden. Eine getrennte Verfahrensführung ist jedenfalls zulässig, wenn dies im Interesse der Zweckmäßigkeit, Einfachheit und Kostenersparnis gelegen ist.

(4) Wird während eines anhängigen Nachprüfungsverfahrens der Zuschlag erteilt oder das Vergabeverfahren widerrufen, ist das Verfahren vor dem Bundesverwaltungsgericht auf Antrag des Unternehmers, der den Nachprüfungsantrag gestellt hat, als Feststellungsverfahren weiterzuführen. Dies gilt auch, wenn

1. ein Beschluss oder Erkenntnis des Bundesverwaltungsgerichtes über den Antrag auf Nichtigerklärung einer Auftraggeberentscheidung vom Verfassungsgerichtshof oder vom Verwaltungsgerichtshof aufgehoben wurde und vor der Entscheidung des Verfassungsgerichtshofes oder des Verwaltungsgerichtshofes der Zuschlag erteilt oder das Vergabeverfahren widerrufen worden ist, oder
2. eine Wiederaufnahme des Verfahrens oder Wiedereinsetzung in den vorigen Stand in Bezug auf ein Nachprüfungsverfahren bewilligt oder verfügt wurde und vor der Entscheidung des Bundesverwaltungsgerichtes, des Verfassungsgerichtshofes oder des Verwaltungsgerichtshofes der Zuschlag erteilt oder das Vergabeverfahren widerrufen worden ist.

Bis zur Stellung eines Antrages gemäß dem ersten Satz ruht das Verfahren. Ein solcher Antrag ist binnen sechs Wochen ab dem Zeitpunkt einzubringen, in dem der Antragsteller vom Zuschlag bzw. vom Widerruf Kenntnis erlangt hat oder Kenntnis erlangen hätte können, längstens jedoch innerhalb eines Zeitraumes von sechs Monaten, nachdem der Zuschlag erteilt oder das Vergabeverfahren widerrufen wurde. Die Zeit eines Verfahrens vor dem Verfassungsgerichtshof oder vor dem Verwaltungsgerichtshof ist in die Frist nicht einzurechnen. Wird bis zum Ablauf der Frist kein Antrag im Sinne dieses Absatzes gestellt, ist das Verfahren formlos einzustellen.

Inhalt und Zulässigkeit des Feststellungsantrages

§ 354. (1) Ein Antrag gemäß § 353 Abs. 1, 2 oder 4 hat jedenfalls zu enthalten:

1. die Bezeichnung des betreffenden Vergabeverfahrens,
2. die Bezeichnung des Auftraggebers oder der vergebenden Stelle und des Antragstellers einschließlich deren elektronischer Adresse,
3. soweit dies zumutbar ist, die genaue Bezeichnung des allfälligen Zuschlagsempfängers,
4. die Darstellung des maßgeblichen Sachverhaltes einschließlich des Interesses am Vertragsabschluss,
5. Angaben über den behaupteten drohenden oder eingetretenen Schaden für den Antragsteller,
6. die Bezeichnung der Rechte, in denen der Antragsteller verletzt zu sein behauptet (Beschwerdepunkte) sowie die Gründe, auf die sich die Behauptung der Rechtswidrigkeit stützt,
7. ein bestimmtes Begehren und
8. die Angaben, die erforderlich sind, um zu beurteilen, ob der Antrag rechtzeitig eingebracht wurde.

(2) Anträge gemäß § 353 Abs. 1 sind binnen sechs Monaten ab dem Zeitpunkt einzubringen, in dem der Antragsteller vom Zuschlag bzw. vom Widerruf Kenntnis erlangt hat oder Kenntnis erlangen hätte können.

(3) Enthält die Ausschreibung eine unrichtige Angabe über die zuständige Vergabekontrollbehörde, ist der Antrag auch dann innerhalb der in den Abs. 2 genannten Frist gestellt, wenn er bei der in der Ausschreibung angegebenen Vergabekontrollbehörde eingebracht wurde. Enthält die Ausschreibung keine Angabe über die zuständige Vergabekontrollbehörde, ist der Antrag auch dann innerhalb der in Abs. 2 genannten Frist gestellt, wenn er bei einer nicht offenkundig unzuständigen Vergabekontrollbehörde eingebracht wurde.

(4) Ein Antrag auf Feststellung gemäß § 353 Abs. 1 ist unzulässig, sofern der behauptete Verstoß im Rahmen eines Nachprüfungsverfahrens hätte geltend gemacht werden können.

(5) Ein Antrag auf Feststellung gemäß § 353 Abs. 1 oder 2 ist unzulässig, wenn trotz Aufforderung zur Verbesserung der Antrag nicht ordnungsgemäß vergebührt wurde.

Verfahrensrechtliche Bestimmungen

§ 355. (1) Parteien eines Feststellungsverfahrens nach § 334 Abs. 3 und 4 sind der Antragsteller, der Auftraggeber und ein allfälliger Zuschlagsempfänger. Parteien eines Feststellungsverfahrens nach § 334 Abs. 5 sind der Antragsteller, der Auftraggeber und alle im Vergabeverfahren verbliebenen Bieter. Wenn eine zentrale Beschaffungsstelle ein Vergabeverfahren oder Teile eines Vergabeverfahrens als vergebende Stelle durchgeführt hat, bildet sie mit dem Auftraggeber eine Streitgenossenschaft im Feststellungsverfahren. Die Anträge gemäß § 356 Abs. 2, 5 und 6 können nur vom Auftraggeber gestellt werden. Die Bestimmungen der §§ 14 und 15 ZPO sind sinngemäß anzuwenden. Wurde ein Vergabeverfahren von mehreren Auftraggebern gemeinsam durchgeführt, so bilden alle am Auftrag beteiligten Auftraggeber eine Streitgenossenschaft im Feststellungsverfahren.

BVergG

Die Bestimmungen der §§ 14 und 15 ZPO sind sinngemäß anzuwenden.

(2) Über einen Antrag auf Feststellung gemäß § 353 Abs. 1 und 2 ist unverzüglich, längstens jedoch binnen sechs Wochen nach Einlangen des Antrages zu entscheiden.

Feststellung von Rechtsverstößen, Nichtigerklärung und Verhängung von Sanktionen

§ 356. (1) Das Bundesverwaltungsgericht hat eine Feststellung gemäß § 334 Abs. 3 Z 1 und 5 und Abs. 4 Z 1 und 3 nur dann zu treffen, wenn die Rechtswidrigkeit für den Ausgang des Vergabeverfahrens von wesentlichem Einfluss war.

(2) Soweit in den Abs. 4 und 5 nicht anderes bestimmt ist, hat das Bundesverwaltungsgericht im Oberschwellenbereich den Vertrag im Anschluss an eine Feststellung gemäß § 334 Abs. 3 Z 3 bis 5 für absolut nichtig zu erklären. Das Bundesverwaltungsgericht hat von einer Nichtigerklärung des Vertrages gemäß dem ersten Satz oder einer Aufhebung des Vertrages gemäß Abs. 4 abzusehen, wenn der Auftraggeber dies beantragt hat und zwingende Gründe des Allgemeininteresses es rechtfertigen, den Vertrag aufrechtzuerhalten. Wirtschaftliche Interessen, die in unmittelbarem Zusammenhang mit dem betreffenden Vertrag stehen, können die Aufrechterhaltung des Vertrages nicht rechtfertigen, andere wirtschaftliche Interessen nur dann, wenn die Nichtigerklärung oder die Aufhebung des Vertrages in Ausnahmefällen unverhältnismäßige Folgen hätte.

(3) Soweit in den Abs. 4 bis 6 nicht anderes bestimmt ist, hat das Bundesverwaltungsgericht im Unterschwellenbereich den Vertrag im Anschluss an eine Feststellung gemäß § 334 Abs. 3 Z 3 bis 5 für absolut nichtig zu erklären, wenn die festgestellte Vorgangsweise des Auftraggebers aufgrund der Bestimmungen dieses Bundesgesetzes, der hierzu ergangenen Verordnungen oder des unmittelbar anwendbaren Unionsrechtes offenkundig unzulässig war.

(4) Kann die erbrachte Leistung oder ein erbrachter Leistungsteil nicht mehr oder nur wertvermindert rückgestellt werden, so hat das Bundesverwaltungsgericht, sofern Abs. 5 nicht zur Anwendung kommt, im Anschluss an eine Feststellung gemäß § 334 Abs. 3 Z 3 bis 5 auszusprechen, dass der Vertrag nur soweit aufgehoben wird, als Leistungen noch ausständig oder erbrachte Leistungen noch ohne Wertverminderung rückstellbar sind.

(5) Das Bundesverwaltungsgericht kann im Anschluss an eine Feststellung gemäß § 334 Abs. 3 Z 3 bis 5 aussprechen, dass der Vertrag mit dem Zeitpunkt der Entscheidung des Bundesverwaltungsgerichtes oder einem späteren Zeitpunkt aufgehoben wird, wenn der Auftraggeber dies beantragt hat. Das Bundesverwaltungsgericht hat dafür das Interesse des Auftraggebers an der Aufrechterhaltung bestimmter vertraglicher Rechte und Pflichten, das Interesse des Antragstellers an der Aufhebung des Vertrages sowie allfällige betroffene öffentliche Interessen gegeneinander abzuwägen.

(6) Das Bundesverwaltungsgericht hat von einer Nichtigerklärung des Vertrages gemäß Abs. 3 oder einer Aufhebung des Vertrages gemäß den Abs. 4 im Unterschwellenbereich abzusehen, wenn der Auftraggeber dies beantragt hat und das Interesse des Auftraggebers an der Aufrechterhaltung des Vertragsverhältnisses das Interesse des Antragstellers an der Beendigung des Vertragsverhältnisses – auch unter der Berücksichtigung der allfällig betroffenen öffentlichen Interessen – überwiegt.

(7) Die Abs. 2 bis 6 gelten nur, wenn der Antrag gemäß § 353 Abs. 1 Z 2 bis 4 binnen sechs Monaten ab dem auf die Zuschlagserteilung folgenden Tag eingebracht wurde. Abweichend vom ersten Satz gelten die Abs. 2 bis 6 nur, wenn

1. ein Antrag gemäß § 353 Abs. 1 Z 2 bis 4 – sofern es sich beim Antragsteller um einen im Vergabeverfahren verbliebenen Bieter handelt – binnen 30 Tagen ab dem Tag der Übermittlung bzw. Bereitstellung der Mitteilung gemäß den § 144 Abs. 2 oder § 306 Abs. 2, bzw.
2. ein Antrag gemäß § 353 Abs. 1 Z 2 – sofern es sich beim Antragsteller nicht um einen im Vergabeverfahren verbliebenen Bieter handelt – binnen 30 Tagen ab der erstmaligen Verfügbarkeit einer Bekanntgabe

a) im Oberschwellenbereich gemäß § 61 Abs. 1 oder 2 und § 62 Abs. 1 oder 2 bzw. § 231 Abs. 1 oder 2 und § 232 Abs. 1 oder 2 bzw.
b) im Unterschwellenbereich gemäß § 66 Abs. 1 oder 2 bzw. § 237 Abs. 1 oder 2

eingebracht wurde.

(8) Die Abs. 2 bis 7 gelten nicht im Fall eines Antrages gemäß § 353 Abs. 1 Z 2, sofern der Auftraggeber in zulässiger Weise die entsprechend begründete Entscheidung

1. im Oberschwellenbereich gemäß § 58 und § 59 Abs. 4 bzw. § 227 und § 229 Abs. 4 bzw.
2. im Unterschwellenbereich gemäß § 64 Abs. 5 bzw. § 234 Abs. 5

bekannt gemacht hat und der Zuschlag nach Ablauf einer Frist von zehn Tagen nach der erstmaligen Verfügbarkeit der Bekanntmachung erteilt worden ist.

(9) Wenn das Bundesverwaltungsgericht von der Nichtigerklärung oder Aufhebung des Vertrages abgesehen hat, oder den Vertrag nur teilweise, mit dem Zeitpunkt seiner Entscheidung oder zu einem späteren Zeitpunkt aufgehoben hat, dann ist eine Geldbuße über den Auftraggeber zu verhängen, die wirksam, angemessen und abschreckend sein muss. Dasselbe gilt für jene Fälle, in denen der

Antrag gemäß § 353 Abs. 1 Z 2 bis 4 nach den in Abs. 7 genannten Fristen eingebracht wurde und das Bundesverwaltungsgericht eine Rechtswidrigkeit feststellt. Hat eine zentrale Beschaffungsstelle ein Vergabeverfahren oder Teile eines Vergabeverfahrens als vergebende Stelle durchgeführt, ist die Geldbuße abweichend vom ersten Satz über die zentrale Beschaffungsstelle zu verhängen, wenn die von ihr gesetzten Handlungen für die Feststellung der Rechtsverstöße von wesentlichem Einfluss waren.

(10) Die Höchstgrenze für eine Geldbuße beträgt 20%, im Unterschwellenbereich 10% der Auftragssumme. Wird ein Vertrag trotz festgestellter Rechtswidrigkeit nur teilweise, mit dem Zeitpunkt der Entscheidung des Bundesverwaltungsgerichtes oder zu einem späteren Zeitpunkt aufgehoben, ist die Höchstgrenze von jenem Teil der Auftragssumme des Vertrages zu berechnen, der dem Teil des Vertrages entspricht, der nicht aufgehoben wurde. Das Bundesverwaltungsgericht hat bei der Verhängung der Geldbuße die Schwere des Verstoßes, die Vorgangsweise des Auftraggebers sowie sinngemäß die Erschwerungs- und Milderungsgründe gemäß § 5 des Verbandsverantwortlichkeitsgesetzes – VbVG, BGBl. I Nr. 151/2005, heranzuziehen. Geldbußen fließen dem Fonds zur Förderung der wissenschaftlichen Forschung (§ 2 des Forschungs- und Technologieförderungsgesetzes – FTFG, BGBl. Nr. 434/1982) zu.

Unwirksamerklärung des Widerrufes

§ 357. Das Bundesverwaltungsgericht hat im Anschluss an eine Feststellung gemäß § 334 Abs. 4 Z 3 sowie bei Verfahren im Unterschwellenbereich im Anschluss an eine Feststellung gemäß § 334 Abs. 4 Z 1 den Widerruf für unwirksam zu erklären, wenn

1. der Antragsteller dies beantragt hat und
2. das Interesse der Bieter an der Fortführung des Vergabeverfahrens das Interesse des Auftraggebers – auch unter der Berücksichtigung der allfälligen betroffenen öffentlichen Interessen – an der Beendigung des Vergabeverfahrens überwiegt.

5. Teil

Außerstaatliche Kontrolle, IMI, Statistik, Verpflichtungen nach Zuschlagserteilung und zivilrechtliche Bestimmungen

1. Hauptstück

Außerstaatliche Kontrolle, grenzüberschreitende Zusammenarbeit, statistische Verpflichtungen

Korrekturmechanismus und Verfahren der Republik Österreich mit der Kommission

§ 358. (1) Wenn die Kommission in Angelegenheiten des öffentlichen Auftragswesens die Republik Österreich zur Stellungnahme auffordert, oder die Republik Österreich auffordert, einen vermeintlichen Verstoß gegen die im Unionsrecht enthaltenen Vergabevorschriften zu beseitigen, so ist nach Maßgabe der folgenden Absätze vorzugehen.

(2) Der Bundesminister für Europa, Integration und Äußeres hat für die rasche Weiterleitung von Informationen im Verkehr zwischen der Republik Österreich einerseits und der Kommission andererseits zu sorgen. Schreiben der Kommission in Angelegenheiten des öffentlichen Auftragswesens sind vom Bundesminister für Europa, Integration und Äußeres unverzüglich an den Bundeskanzler und den Bundesminister für Verfassung, Reformen, Deregulierung und Justiz weiterzuleiten. Sofern es sich um Auftraggeber handelt, die in den Vollziehungsbereich eines Landes fallen, ist die jeweilige Landesregierung zu informieren. Österreichische Stellungnahmen gegenüber der Kommission sind auf der Grundlage der vom Auftraggeber und von allenfalls betroffenen Unternehmern vorzulegenden schriftlichen Unterlagen des Vergabeverfahrens, gegebenenfalls nach Anhörung des Auftraggebers bzw. allfällig beteiligter Unternehmer, vom Bundesminister für Verfassung, Reformen, Deregulierung und Justiz vorzubereiten und vom Bundeskanzler abzugeben.

(3) Soweit der Republik Österreich nach den Vorschriften des Unionsrechtes Mitteilungspflichten gegenüber der Kommission obliegen, hat der betroffene Auftraggeber bzw. die vergebende Stelle oder der betroffene Unternehmer dem Bundesminister für Verfassung, Reformen, Deregulierung und Justiz spätestens zehn Tage nach Eingang der genannten Aufforderung zwecks Weiterleitung an die Kommission folgende Unterlagen vorzulegen:

1. vollständige Unterlagen betreffend das bemängelte Vergabeverfahren und die von der Kommission gemäß Abs. 1 behauptete oder festgestellte Rechtswidrigkeit, allfällige sonstige zweckdienliche Unterlagen und
2. entweder

a) einen Nachweis, dass die Rechtswidrigkeit beseitigt wurde, oder
b) eine ausführliche Begründung dafür, weshalb die Rechtswidrigkeit nicht beseitigt wurde, oder
c) die Mitteilung, dass das betreffende Vergabeverfahren entweder auf Betreiben des Auftraggebers oder aber im Rahmen eines Nachprüfungsverfahrens ausgesetzt wurde.

(4) In einer Begründung gemäß Abs. 3 Z 2 lit. b kann insbesondere geltend gemacht werden, dass die behauptete Rechtswidrigkeit bereits Gegenstand eines Nachprüfungsverfahrens ist. In diesem Fall hat der Auftraggeber den Bundesminister für Verfassung, Reformen, Deregulierung und Justiz unverzüglich vom Ausgang dieses Verfahrens zu unterrichten.

(5) Nach einer Mitteilung gemäß Abs. 3 Z 2 lit. c hat der Auftraggeber dem Bundesminister für Verfassung, Reformen, Deregulierung und Justiz gegebenenfalls unverzüglich die Beendigung der Aussetzung oder die Eröffnung eines neuen Vergabeverfahrens, das sich ganz oder teilweise auf das frühere Vergabeverfahren bezieht, bekannt zu geben. In einer derartigen neuerlichen Mitteilung ist entweder zu bestätigen, dass die behauptete Rechtswidrigkeit beseitigt wurde oder eine ausführliche Begründung dafür zu geben, weshalb die Rechtswidrigkeit nicht beseitigt wurde.

Grenzüberschreitende Zusammenarbeit von Auftraggebern und Behörden

§ 359. (1) Die zuständigen Behörden und die Landeskammern gemäß § 3 Abs. 1 Z 1 des Wirtschaftskammergesetzes 1998 – WKG, BGBl. I Nr. 103/1998, haben Auftraggebern gemäß Art. 2 Abs. 1 Z 1 der Richtlinie 2014/24/EU bzw. Art. 4 der Richtlinie 2014/25/EU sowie Auftraggebern einer sonstigen Vertragspartei des EWR-Abkommens oder der Schweizerischen Eidgenossenschaft im Zusammenhang mit den Art. 42, 43, 44, 57, 59, 60, 62, 64 und 69 der Richtlinie 2014/24/EU und den Art. 62, 81 und 84 der Richtlinie 2014/25/EU Hilfe zu leisten. Zu diesem Zweck können die zuständigen Behörden und die Landeskammern das Internal Market Information System (IMI) im Sinne der Verordnung (EU) Nr. 1024/2012 über die Verwaltungszusammenarbeit mit Hilfe des Binnenmarkt-Informationssystems und zur Aufhebung der Entscheidung 2008/49/EG, ABl. Nr. L 316 vom 14.11.2012 S. 1, zuletzt geändert durch die Richtlinie 2014/67/EU, ABl. Nr. L 159 vom 28.05.2014 S. 11, nutzen. Die Vertraulichkeit der ausgetauschten Informationen ist sicherzustellen.

(2) Unter Einhaltung der Voraussetzungen des Abs. 1 kann das IMI auch von einem Auftraggeber für Anfragen an die zuständigen Behörden eines anderen Mitgliedstaates der EU oder einer sonstigen Vertragspartei des EWR-Abkommens oder der Schweizerischen Eidgenossenschaft genutzt werden.

(3) Die Hilfeleistung nach Abs. 1 und Anfragen nach Abs. 2 können insbesondere den Austausch folgender Informationen betreffend Unternehmer und der in den §§ 78 Abs. 2 und 249 Abs. 1 und 2 genannten Personen umfassen:

1. Informationen über technische Spezifikationen, Gütezeichen, Testberichte und Zertifizierungen,
2. Informationen über rechtskräftige strafrechtliche Verurteilungen, über Insolvenz, Liquidation, Einstellung der gewerblichen Tätigkeit sowie über die Entrichtung der Sozialversicherungsbeiträge, Steuern und Abgaben,
3. Informationen über die Eintragung in einem Berufs- oder Handelsregister und
4. Informationen über die Einhaltung der jeweils geltenden arbeits-, sozial- und umweltrechtlichen Rechtsvorschriften sowie der einschlägigen Kollektivverträge.

(4) Verbindungsstelle ist im Vollziehungsbereich des Bundes der Bundesminister für Digitalisierung und Wirtschaftsstandort und im Vollziehungsbereich der Länder die Landesregierung. Die Verbindungsstelle hat die Behörden und die Auftraggeber bei Schwierigkeiten im Zuge der Zusammenarbeit gemäß Abs. 1 und 2 nach Möglichkeit zu unterstützen. § 14 Abs. 2, § 15 Abs. 2, Abs. 3 Z 1 und 3 des Dienstleistungsgesetzes – DLG, BGBl. I Nr. 100/2011, gelten sinngemäß; § 15 Abs. 5 und Abs. 6 DLG sind anzuwenden.

Statistische Verpflichtungen

§ 360. (1) Jeder Auftraggeber hat bis zum 10. Februar jeden Jahres dem Bundesminister für Verfassung, Reformen, Deregulierung und Justiz bzw. bei Auftraggebern, die in den Vollziehungsbereich eines Landes fallen, der jeweiligen Landesregierung statistische Aufstellungen gemäß Abs. 5 über die im vorangegangenen Jahr vergebenen Aufträge bzw. Preisgelder zu übermitteln.

(2) Der Bundesminister für Verfassung, Reformen, Deregulierung und Justiz und jede Landesregierung haben eine aggregierte Darstellung der in den statistischen Aufstellungen gemäß Abs. 5 enthaltenen Angaben unter Darlegung der Aggregationsmethode und der Anzahl der einbezogenen statistischen Aufstellungen zu erstellen. Die Landesregierungen haben bis zum 1. April jeden Jahres dem Bundesminister für Verfassung, Reformen, Deregulierung und Justiz die aggregierte Darstellung aus ihrem jeweiligen Vollziehungsbereich zu übermitteln.

(3) Der Verfassungsgerichtshof, der Verwaltungsgerichtshof und das Bundesverwaltungsgericht haben auf der Grundlage der von ihnen im vorangehenden Kalenderjahr entschiedenen Verfahren in den Angelegenheiten dieses Bundesgesetzes bis zum 1. März jeden Jahres dem Bundesminister für Verfassung, Reformen, Deregulierung und Justiz einen statistischen Bericht mit den nachfolgenden Angaben zu übermitteln:

1. Informationen über die häufigsten Ursachen einer falschen Anwendung oder Rechtsunsicherheit,
2. Informationen über Fälle von Betrug, Bestechung, Interessenkonflikten und sonstigen schwerwiegenden Unregelmäßigkeiten,
3. durchschnittliche Verfahrensdauer und
4. Anzahl und Art der Entscheidungen.

(4) Die Verwaltungsgerichte der Länder haben bis zum 1. März jeden Jahres der jeweiligen Landesregierung einen statistischen Bericht gemäß Abs. 3 zu übermitteln. Dieser ist von der jeweiligen Landesregierung dem Bundesminister für Verfassung, Reformen, Deregulierung und Justiz unverzüglich zu übermitteln.

(5) Die statistischen Aufstellungen gemäß Abs. 1 haben die nachfolgenden Angaben zu enthalten:

1. die Anzahl der Verfahren im Oberschwellenbereich und der Unternehmer, die in diesen Verfahren Angebote bzw. Wettbewerbsarbeiten abgegeben haben; Anzahl der kleinen oder mittleren Unternehmen (KMU) im Sinne der Empfehlung 2003/361/EG betreffend die Definition der Kleinstunternehmen sowie der kleinen und mittleren Unternehmen, ABl. Nr. L 124 vom 20.05.2003 S. 36, die in diesen Verfahren ein Angebot bzw. eine Wettbewerbsarbeit abgegeben haben,
2. die Anzahl der KMU, die in den Vergabeverfahren im Oberschwellenbereich den Zuschlag erhalten haben bzw. als Wettbewerbsgewinner ermittelt wurden, und
3. den Gesamtwert aller in den Anwendungsbereich dieses Bundesgesetzes fallenden Aufträge und Wettbewerbe im Unterschwellenbereich, wobei eine stichprobenartige Schätzung zur Ermittlung dieses Wertes zulässig ist.

Der Bundesminister für Verfassung, Reformen, Deregulierung und Justiz kann durch Verordnung nähere Vorschriften hinsichtlich Darstellung, Struktur und Form der statistischen Aufstellungen erlassen. Soweit die Kommission im dafür vorgesehenen Verfahren festlegt, dass die statistischen Aufstellungen weitere, gegebenenfalls auch den Unterschwellenbereich betreffende Angaben zu enthalten haben, hat der Bundesminister für Verfassung, Reformen, Deregulierung und Justiz durch Verordnung nähere Bestimmungen über diese, nach den Festlegungen der Kommission erforderlichen, weiteren Angaben zu erlassen.

(6) Der Bundesminister für Verfassung, Reformen, Deregulierung und Justiz hat aufgrund der aggregierten Darstellungen gemäß Abs. 2 und der Berichte gemäß Abs. 3 und 4 den Überwachungsbericht gemäß Art. 83 Abs. 3 der Richtlinie 2014/24/EU bzw. Art. 99 Abs. 3 der Richtlinie 2014/25/EU zu erstellen.

Übermittlung von zusätzlichen Informationen zu Bekanntmachungen

§ 361. Ein Auftraggeber hat Angaben zu Bekanntmachungen bzw. zu statistischen Aufstellungen gemäß § 360 auf Aufforderung unverzüglich zu vervollständigen.

Übermittlung von sonstigen Unterlagen

§ 362. Soweit dieses Bundesgesetz, mit Ausnahme des § 358, Mitteilungs- oder Berichtspflichten an die Kommission oder Vertragsparteien des EWR-Abkommens vorsieht, hat der Auftraggeber bei Vergabeverfahren – bei jenen, die in den Vollziehungsbereich eines Landes fallen, im Wege der jeweiligen Landesregierung – dem Bundesminister für Verfassung, Reformen, Deregulierung und Justiz die erforderlichen Unterlagen zur Verfügung zu stellen. Dieser hat die Unterlagen an die Kommission und an die anderen Vertragsparteien des EWR-Abkommens weiterzuleiten.

2. Hauptstück
Verpflichtungen nach Zuschlagserteilung und zivilrechtliche Bestimmungen

Bekanntgabepflichten im Zusammenhang mit Subunternehmern

§ 363. (1) Nach Zuschlagserteilung hat der Auftragnehmer jeden beabsichtigten Wechsel eines Subunternehmers oder jede beabsichtigte Hinzuziehung eines nicht im Angebot bekannt gegebenen Subunternehmers dem Auftraggeber schriftlich und unter Anschluss aller zur Prüfung der Eignung des betreffenden Unternehmers erforderlichen Nachweise mitzuteilen. Der Auftraggeber hat Unternehmer, die nicht die erforderliche Eignung besitzen, abzulehnen. Der Auftragnehmer hat in diesem Fall gegebenenfalls einen anderen Unternehmer bekannt zu geben. Der Einsatz dieser Unternehmer bei der Leistungserbringung darf nur nach vorheriger Zustimmung des Auftraggebers erfolgen. Die Zustimmung des Auftraggebers gilt als erteilt, sofern der Auftraggeber den Subunternehmer nicht binnen drei Wochen nach Einlangen der Mitteilung gemäß dem ersten Satz abgelehnt hat. Sind der Mitteilung gemäß dem ersten Satz die erforderlichen Unterlagen nicht vollständig angeschlossen, so hat der Auftraggeber dies dem Auftragnehmer unverzüglich mitzuteilen und ihn zur Vorlage der ausständigen Unterlagen aufzufordern. Diese Aufforderung hemmt den Fortlauf der Frist gemäß dem sechsten Satz bis zur vollständigen Vorlage der erforderlichen Unterlagen.

(2) Sofern dies nicht bereits aus dem Angebot ersichtlich ist, hat der Auftragnehmer dem Auftraggeber nach Zuschlagserteilung, spätestens jedoch zum Zeitpunkt des Beginns der Auftragsdurchführung die Kontaktdaten und die vertretungsbefugten Personen der bei der Auftragsdurchführung eingesetzten Subunternehmer bekannt zu geben. Der Auftragnehmer hat während der Auftragsdurchführung überdies alle diesbezüglichen Änderungen dem Auftraggeber unverzüglich bekannt zu geben.

Aufbewahrungspflichten

§ 364. Der Auftraggeber hat den Vertrag für die Dauer seiner Laufzeit aufzubewahren.

Änderungen von Verträgen während ihrer Laufzeit

§ 365. (1) Wesentliche Änderungen von Verträgen und Rahmenvereinbarungen während ihrer Laufzeit sind nur nach einer erneuten Durchführung eines Vergabeverfahrens zulässig. Eine Änderung eines Vertrages oder einer Rahmenvereinbarung ist wesentlich, wenn sie dazu führt, dass sich der Vertrag oder die Rahmenvereinbarung erheblich vom ursprünglichen Vertrag bzw. der ursprünglichen Rahmenvereinbarung unterscheidet.

(2) Unbeschadet des Abs. 3 ist eine Änderung jedenfalls als wesentliche Änderung anzusehen, wenn eine der folgenden Voraussetzungen erfüllt ist:

1. mit der Änderung werden Bedingungen eingeführt, die, wenn sie für das ursprüngliche Vergabeverfahren gegolten hätten,
a) die Zulassung anderer als der ursprünglich ausgewählten Bewerber oder
b) die Annahme eines anderen als des ursprünglich angenommenen Angebotes ermöglicht hätten oder
c) das Interesse weiterer Teilnehmer am Vergabeverfahren geweckt hätten, oder
2. mit der Änderung wird das wirtschaftliche Gleichgewicht des Vertrages oder der Rahmenvereinbarung zugunsten des Auftragnehmers in einer Weise verschoben, die im ursprünglichen Vertrag bzw. der ursprünglichen Rahmenvereinbarung nicht vorgesehen war, oder
3. mit der Änderung wird der Umfang des Vertrages oder der Rahmenvereinbarung erheblich ausgeweitet oder verringert, oder
4. ein neuer Vertragspartner ersetzt den Auftragnehmer, an den der Auftraggeber den Auftrag ursprünglich vergeben hatte, in anderen als den in Abs. 3 Z 3 vorgesehenen Fällen.

(3) Folgende Änderungen von Verträgen und Rahmenvereinbarungen sind als unwesentliche Änderungen anzusehen:

1. Änderungen der Auftragssumme, sofern sie
a) die betreffenden, in § 12 Abs. 1 bzw. § 185 Abs. 1 genannten Schwellenwerte und
b) 10% der ursprünglichen Auftragssumme bei Liefer- und Dienstleistungsaufträgen bzw. 15% der ursprünglichen Auftragssumme bei Bauaufträgen

nicht übersteigen. Der Gesamtcharakter des Vertrages oder der Rahmenvereinbarung darf sich aufgrund der Änderungen nicht verändern. Im Falle mehrerer aufeinander folgender Änderungen wird deren Wert auf der Grundlage des kumulierten Nettowertes der aufeinander folgenden Änderungen bestimmt.

2. Änderungen, die unabhängig von ihrem Wert in den ursprünglichen Ausschreibungsunterlagen in klar, präzise und eindeutig formulierten Vertragsänderungsklauseln vorgesehen sind. Diese Klauseln müssen Angaben zu Umfang und Art der möglichen Änderungen oder Optionen sowie zu den Bedingungen enthalten, unter denen sie zur Anwendung gelangen können, und dürfen keine Änderungen oder Optionen vorsehen, die den Gesamtcharakter des Vertrages oder der Rahmenvereinbarung verändern würden.
3. Wenn ein neuer Vertragspartner den Auftragnehmer ersetzt, an den der Auftraggeber den Auftrag ursprünglich vergeben hatte, aufgrund
a) einer eindeutig formulierten Vertragsänderungsklausel gemäß Abs. 3 Z 2 oder
b) der Tatsache, dass ein anderer Unternehmer, der die ursprünglich festgelegten Eignungskriterien erfüllt, im Zuge einer Unternehmensumstrukturierung – einschließlich Übernahme, Fusion, Erwerb oder Insolvenz – ganz oder teilweise an die Stelle des ursprünglichen Auftragnehmers tritt, sofern dies keine weiteren wesentlichen Änderungen des Vertrages zur Folge hat und nicht dazu dient, die Anwendung der Vorschriften dieses Bundesgesetzes zu umgehen, oder
c) der Tatsache, dass der Auftraggeber selbst die Verpflichtungen des Auftragnehmers gegenüber dessen Subunternehmern übernimmt.
4. Änderungen, die unabhängig von ihrem Wert nicht als wesentliche Änderung im Sinne der Abs. 1 und 2 anzusehen sind.
5. Zusätzliche Leistungen des ursprünglichen Auftragnehmers, die erforderlich geworden sind und nicht in den ursprünglichen Ausschreibungsunterlagen vorgesehen waren, wenn ein Wechsel des Auftragnehmers
a) aus wirtschaftlichen oder technischen Gründen nicht erfolgen kann und
b) mit erheblichen Schwierigkeiten oder beträchtlichen Zusatzkosten für den Auftraggeber verbunden wäre.
6. Bei Vorliegen folgender Voraussetzungen:
a) die Änderung wurde aufgrund von Umständen erforderlich, die ein seiner Sorgfaltspflicht nachkommender Auftraggeber nicht vorhersehen konnte, und
b) der Gesamtcharakter des Auftrages verändert sich aufgrund der Änderung nicht.

Sofern es sich um Verträge und Rahmenvereinbarungen handelt, die nach Durchführung eines Verfahrens gemäß den Bestimmungen des 2. Teiles dieses Bundesgesetzes abgeschlossen wurden, darf im Fall der Z 5 oder 6 der Gesamtwert der zusätzlichen Leistungen überdies 50% des Wertes des ursprünglichen Auftrages nicht übersteigen. Werden mehrere aufeinander folgende Änderungen vorgenommen, so gilt dies für den Wert jeder einzelnen Änderung. Derartige aufeinander folgende Änderungen dürfen nicht mit dem Ziel vorgenommen werden, die Anwendung der Vorschriften dieses Bundesgesetzes zu umgehen.

(4) Der Auftraggeber hat im Oberschwellenbereich die Änderung eines Vertrages oder einer Rahmenvereinbarung gemäß Abs. 3 Z 5 oder 6 gemäß den §§ 61 und 62 oder 231 und 232 bekanntzugeben.

(5) Enthält der Vertrag eine Indexierungsklausel, so ist für die Berechnung der in Abs. 3 Z 1, 5 und 6 genannten Auftragssumme bzw. des Wertes die angepasste Auftragssumme bzw. der angepasste Wert als Referenzwert heranzuziehen. Enthält der Vertrag keine Indexierungsklausel, so ist für die Berechnung der angepassten Auftragssumme bzw. des angepassten Wertes die durchschnittliche Inflationsrate in Österreich heranzuziehen.

Verpflichtung zur Beendigung von Verträgen

§ 366. Der Auftraggeber hat einen Vertrag unverzüglich zu beenden, wenn

1. der Auftragnehmer zum Zeitpunkt der Zuschlagserteilung gemäß § 78 Abs. 1 Z 1 bzw. § 249 Abs. 1 vom Vergabeverfahren auszuschließen gewesen wäre oder
2. der Vertrag aufgrund einer schweren Verletzung der Verpflichtungen gemäß dem AEUV, der Verordnung (EG) Nr. 1370/2007, der Richtlinie 2014/24/EU oder der Richtlinie 2014/25/EU, die der Gerichtshof der Europäischen Union in einem Verfahren nach Art. 258 AEUV festgestellt hat, nicht an den Auftragnehmer hätte vergeben werden dürfen.

Meldepflichten bei Bauaufträgen

§ 367. (1) Unmittelbar nach Erteilung des Zuschlages eines Bauauftrages bzw. der Vergabe eines Loses eines Bauauftrages, dessen Auftragssumme 100 000 Euro übersteigt, hat der Auftraggeber elektronisch mittels Webanwendung folgende Daten in die Baustellendatenbank (§ 31a des Bauarbeiter-Urlaubs- und Abfertigungsgesetzes – BUAG, BGBl. Nr. 414/1972) der Bauarbeiter-Urlaubs- und Abfertigungskasse einzutragen:

1. Name und Anschrift des Auftragnehmers,
2. Auftragssumme, Kurzbeschreibung des Auftragsgegenstandes, Ausführungsort und voraussichtlicher Ausführungsbeginn sowie voraussichtliche Ausführungsdauer des Bauauftrages und
3. sofern für einen bestimmten Leistungsteil nur ein Subunternehmer im Angebot angegeben wurde, folgende Daten hinsichtlich dieses Auftragsteiles: Name und Anschrift des bei der Ausführung des Auftrages eingesetzten Subunternehmers sowie Kurzbeschreibung des Auftragsgegenstandes.

(2) Auftraggeber haben überdies elektronisch mittels Webanwendung folgende Daten in die Baustellendatenbank der Bauarbeiter-Urlaubs- und Abfertigungskasse einzutragen:

1. sofern für einen bestimmten Leistungsteil mehrere Subunternehmer im Angebot angegeben wurden, vor Beginn der Leistungserbringung: Kennzahl des Auftrages, Name und Anschrift des bei der Ausführung des Leistungsteiles tatsächlich eingesetzten Subunternehmers sowie Kurzbeschreibung des Auftragsgegenstandes;
2. unmittelbar nach Erteilung der Zustimmung des Auftraggebers zum Einsatz eines nicht im Angebot des Auftragnehmers bekannt gegebenen Subunternehmers: Kennzahl des Auftrages, Name und Anschrift des bei der Ausführung des Auftrages tatsächlich eingesetzten Subunternehmers sowie Kurzbeschreibung des Auftragsgegenstandes;
3. sonstige allfällige Berichtigungen oder Ergänzungen.

Empfang und Verarbeitung elektronischer Rechnungen

§ 368. Der Auftraggeber hat bei Vergabeverfahren im Oberschwellenbereich elektronische Rechnungen gemäß der Europäischen Norm EN 16931-1:2017 für die elektronische Rechnungsstellung, die entweder der Syntax „UN/CEFACT Cross Industry Invoice XML message gemäß XML Schemas 16B (SCRDM – CII)“ oder der Syntax „UBL für Rechnungen und Gutschriften gemäß ISO/IEC 19845:2015“ entsprechen, entgegenzunehmen und zu verarbeiten.

Schadenersatzansprüche

§ 369. (1) Bei hinreichend qualifiziertem Verstoß gegen dieses Bundesgesetz oder die aufgrund dieses Bundesgesetzes ergangenen Verordnungen durch Organe des Auftraggebers oder einer vergebenden Stelle hat ein übergangener Bewerber oder Bieter gegen den Auftraggeber, dem das Verhalten der Organe zuzurechnen ist, Anspruch auf Ersatz der Kosten der Angebotsstellung und der Kosten der Teilnahme am Vergabeverfahren.

(2) Kein Anspruch nach Abs. 1 besteht, wenn nach Zuschlagserteilung oder nach Erklärung des Widerrufes eines Vergabeverfahrens durch die jeweils zuständige Vergabekontrollbehörde festgestellt worden ist, dass der übergangene Bewerber oder Bieter auch bei Einhaltung der Bestimmungen dieses Bundesgesetzes und der hierzu ergangenen Verordnungen keine echte Chance auf Erteilung des Zuschlages gehabt hätte oder wenn der Geschädigte den Schaden durch Beantragung einer einstweiligen Verfügung sowie durch Stellen eines Nachprüfungsantrages hätte abwenden können.

(3) Alternativ zu dem in Abs. 1 genannten Anspruch hat der übergangene Bieter, auf dessen Angebot der Zuschlag hätte erteilt werden müssen, bei hinreichend qualifiziertem Verstoß gegen dieses Bundesgesetz oder die aufgrund dieses Bundesgesetzes ergangenen Verordnungen durch Organe des Auftraggebers oder einer vergebenden

Stelle gegen den Auftraggeber, dem das Verhalten der Organe zuzurechnen ist, Anspruch auf Ersatz des Erfüllungsinteresses.

(4) Kein Anspruch nach Abs. 3 besteht, wenn nach Zuschlagserteilung oder nach Erklärung des Widerrufes eines Vergabeverfahrens durch die jeweils zuständige Vergabekontrollbehörde festgestellt worden ist, dass der übergangene Bieter auch bei Einhaltung der Bestimmungen dieses Bundesgesetzes und der hierzu ergangenen Verordnungen keine echte Chance auf Erteilung des Zuschlages gehabt hätte oder wenn der Geschädigte den Schaden durch Beantragung einer einstweiligen Verfügung sowie durch Stellen eines Nachprüfungsantrages hätte abwenden können.

Rückgriff gegen den begünstigten Bieter

§ 370. Der gemäß § 369 Ersatz leistende Auftraggeber kann gegen den begünstigten Bieter Rückgriff nehmen, wenn die Rechtsverletzung eine gerichtlich strafbare Handlung darstellt und sich der Begünstigte oder Personen, deren er sich bei der Teilnahme am Vergabeverfahren bedient hat, daran im Sinne des § 12 StGB beteiligt haben. Diese Person haftet mit dem Schuld tragenden Organ des Auftraggebers bzw. der vergebenden Stelle solidarisch, soweit dieses nach dem Dienstnehmerhaftpflichtgesetz, BGBl. Nr. 80/1965, haftet.

Beendigungsrecht des Auftraggebers

§ 371. Ungeachtet der vertraglich vereinbarten Kündigungsfristen und –termine kann der Auftraggeber einen Vertrag beenden, wenn der Vertrag während seiner Laufzeit ohne Durchführung eines neuen Vergabeverfahrens gemäß § 365 Abs. 1 wesentlich geändert wurde.

Verhältnis zu sonstigen Rechtsvorschriften

§ 372. Im Übrigen bleiben die nach anderen Rechtsvorschriften bestehenden Ersatzansprüche, Unterlassungsansprüche sowie Kündigungs- und andere Gestaltungsrechte unberührt.

Zuständigkeit und Verfahren

§ 373. (1) Zur Entscheidung über Ansprüche gemäß den §§ 369 bis 371 ist ohne Rücksicht auf den Streitwert in erster Instanz der mit der Ausübung der allgemeinen Gerichtsbarkeit in bürgerlichen Rechtssachen betraute Gerichtshof ausschließlich zuständig, in dessen Sprengel der Auftraggeber seinen Sitz hat. Fehlt im Inland ein solcher Gerichtsstand, so ist das Landesgericht für Zivilrechtssachen Wien zuständig.

(2) Eine Schadenersatzklage ist nur zulässig, wenn zuvor eine Feststellung der jeweils zuständigen Vergabekontrollbehörde erfolgt ist, dass

1. der Zuschlag wegen eines Verstoßes gegen dieses Bundesgesetz, die hierzu ergangenen Verordnungen oder unmittelbar anwendbares Unionsrecht nicht gemäß den Angaben in der Ausschreibung dem Angebot mit dem niedrigsten Preis oder dem technisch und wirtschaftlich günstigsten Angebot erteilt wurde, oder
2. die Durchführung eines Vergabeverfahrens ohne vorherige Bekanntmachung wegen eines Verstoßes gegen dieses Bundesgesetz, die hierzu ergangenen Verordnungen oder unmittelbar anwendbares Unionsrecht rechtswidrig war, oder
3. die Zuschlagserteilung ohne Mitteilung der Zuschlagsentscheidung wegen eines Verstoßes gegen dieses Bundesgesetz, die hierzu ergangenen Verordnungen oder unmittelbar anwendbares Unionsrecht rechtswidrig war, oder
4. der Zuschlag bei der Vergabe einer Leistung aufgrund einer Rahmenvereinbarung oder eines dynamischen Beschaffungssystems wegen eines Verstoßes gegen § 155 Abs. 5 bis 9, § 162 Abs. 1 bis 5, § 316 Abs. 1 bis 3 oder § 323 Abs. 1 bis 5 rechtswidrig war, oder
5. die Erklärung des Widerrufes eines Vergabeverfahrens wegen eines Verstoßes gegen dieses Bundesgesetz, die hierzu ergangenen Verordnungen oder unmittelbar anwendbares Unionsrecht rechtswidrig war, oder
6. der Auftraggeber nach erheblicher Überschreitung der Zuschlagsfrist und entgegen dem Ersuchen des Bieters um Fortführung des Verfahrens das Verfahren weder durch eine Widerrufserklärung oder Zuschlagserteilung beendet noch das Verfahren in angemessener Weise fortgeführt hat.

Dies gilt auch für die in § 369 Abs. 3 genannten Ansprüche. Unbeschadet des Abs. 5 sind das ordentliche Gericht und die Parteien des Verfahrens vor einer Vergabekontrollbehörde an eine solche Feststellung gebunden.

(3) Abweichend von Abs. 2 ist eine Schadenersatzklage zulässig, wenn die Erklärung des Widerrufes eines Vergabeverfahrens zulässig war, aber vom Auftraggeber durch einen hinreichend qualifizierten Verstoß gegen andere Bestimmungen dieses Bundesgesetzes, die hierzu ergangenen Verordnungen oder gegen unmittelbar anwendbares Unionsrecht verursacht wurde. Eine derartige Schadenersatzklage ist unzulässig, sofern die behauptete Verursachung der Erklärung des Widerrufes in einem Verstoß besteht, der im Rahmen eines Nachprüfungsverfahrens geltend gemacht hätte werden können.

(4) Die Geltendmachung von Ansprüchen aus unlauterem Wettbewerb ist nur zulässig, wenn zuvor eine Feststellung der jeweils zuständigen Vergabekontrollbehörde gemäß Abs. 2 erfolgt ist, es sei denn, der Kläger ist oder war zu einer Einleitung eines Feststellungsverfahrens gemäß § 353 Abs. 1 nicht berechtigt. Unbeschadet des Abs. 5 sind das ordentliche Gericht und die Parteien des Verfahrens vor einer Vergabekontrollbehörde an eine solche Feststellung gebunden.

(5) Ist die Entscheidung des Rechtsstreites von der Frage der Rechtswidrigkeit einer Entscheidung einer Vergabekontrollbehörde abhängig und hält das ordentliche Gericht die Entscheidung für rechtswidrig, so hat es das Verfahren zu unterbrechen und beim Verwaltungsgerichtshof mit Antrag gemäß Art. 133 Abs. 2 B-VG die Feststellung der Rechtswidrigkeit der Entscheidung zu begehren. Nach Einlangen des Erkenntnisses des Verwaltungsgerichtshofes hat das ordentliche Gericht das Verfahren fortzusetzen und den Rechtsstreit unter Bindung an die Rechtsanschauung des Verwaltungsgerichtshofes zu entscheiden.

Bestimmungen über Schiedsgerichtsbarkeit

§ 374. Für die Fälle, in denen ein Schiedsgericht vereinbart ist, ist die Geltung der Vorschriften des 4. Abschnittes des 6. Teiles der Zivilprozessordnung vorzusehen. Abweichungen zu diesen Vorschriften dürfen in der Ausschreibung nicht vorgesehen werden. Die Bundesregierung kann mit Verordnung unter Wahrung der Grundsätze der Sparsamkeit, Wirtschaftlichkeit und Zweckmäßigkeit nähere Festlegungen hinsichtlich der dabei zugrunde zu legenden Honorarordnung treffen.

6. Teil
Straf-, Schluss- und Übergangsbestimmungen

Strafbestimmungen

§ 375. (1) Wer als Auftraggeber, dessen Organe nicht gemäß Art. 20 B-VG weisungsgebunden sind, seine Bekanntmachungs-, Bekanntgabe-Mitteilungs-, oder Auskunftspflichten gemäß den §§ 9 Abs. 2, 35 Abs. 3, 36 Abs. 2, 37 Abs. 2, 50, 52, 56, 57, 59 bis 62, 64 bis 66, 138 Abs. 6, 178 Abs. 2, 181 Abs. 5, 183 Abs. 2, 219, 221, 225, 226, 228 bis 232, 234 bis 237, 301 Abs. 4, 360 bis 362 und 365 Abs. 4 verletzt oder als von einem Verfahren zwischen der Republik Österreich und der Kommission betroffener Auftraggeber, betroffene vergebende Stelle oder betroffener Unternehmer der Vorlagepflicht gemäß § 358 nicht unverzüglich nachkommt, begeht eine Verwaltungsübertretung und ist mit einer Geldstrafe bis zu 50 000 Euro zu bestrafen.

(2) Wer als Auftraggeber seiner Verpflichtung zur Kündigung und Beendigung eines Vertrages nicht unverzüglich nachkommt, begeht eine Verwaltungsübertretung und ist

1. im Falle des § 366 Z 1 mit einer Geldstrafe bis zu 50 000 Euro und
2. im Falle des § 366 Z 2 mit einer Geldstrafe bis zu 30% der Auftragssumme

zu bestrafen.

(3) Verwaltungsstrafen gemäß Abs. 1 und 2 sind von der Bezirksverwaltungsbehörde, im Gebiet einer Gemeinde, für das die Landespolizeidirektion zugleich Sicherheitsbehörde erster Instanz ist, von der Landespolizeidirektion, zu verhängen.

Inkrafttretens-, Außerkrafttretens- und Übergangsvorschriften

§ 376. (1) Dieses Bundesgesetz tritt mit Ausnahme der Einträge im Inhaltsverzeichnis zu den §§ 62, 66, 232, 237, 367 und 368 und der §§ 54 Abs. 2, 62 samt Überschrift, 66 samt Überschrift, 223 Abs. 2, 232 samt Überschrift, 237 samt Überschrift, 367 samt Überschrift, 368 samt Überschrift und des 2. Abschnittes von **Anhang VIII** samt Überschrift mit dem der Kundmachung folgenden Tag in Kraft. Zugleich tritt das Bundesvergabegesetz 2006 – BVergG 2006, BGBl. I Nr. 17/2006, außer Kraft.

(2) Die Einträge im Inhaltsverzeichnis zu den §§ 62, 66, 232, 237 und 367 sowie die §§ 54 Abs. 2, 62 samt Überschrift, 66 samt Überschrift, 223 Abs. 2, 232 samt Überschrift, 237 samt Überschrift, 367 samt Überschrift und der 2. Abschnitt von **Anhang VIII** samt Überschrift treten mit 1. März 2019 in Kraft.

(3) Der Eintrag im Inhaltsverzeichnis zu § 368 sowie § 368 samt Überschrift treten für die in **Anhang III** genannten Auftraggeber mit 18. April 2019, für alle übrigen Auftraggeber mit 18. April 2020 in Kraft.

(4) Für das Inkrafttreten der durch das Bundesgesetz BGBl. I Nr. 65/2018 neu gefassten Bestimmungen gilt Folgendes: Die im Zeitpunkt des In- bzw. Außerkrafttretens gemäß Abs. 1 und 2 bereits eingeleiteten Vergabeverfahren sind nach der zum Zeitpunkt der Einleitung des jeweiligen Vergabeverfahrens geltenden Rechtslage zu Ende zu führen. Die im Zeitpunkt des In- bzw. Außerkrafttretens gemäß Abs. 1 und 2 beim Bundesverwaltungsgericht anhängigen Verfahren sind vom Bundesverwaltungsgericht nach der zum Zeitpunkt der Einleitung des jeweiligen Vergabeverfahrens geltenden Rechtslage fortzuführen. Hinsichtlich der Vergabeverfahren, die zum Zeitpunkt gemäß Abs. 1 und 2 bereits beendet sind, richtet sich die Durchführung von Feststellungsverfahren nach der zum Zeitpunkt der Einleitung des jeweiligen Vergabeverfahrens geltenden Rechtslage.

(5) Für das Inkrafttreten der durch Art. 2 des Vergaberechtsreformgesetzes 2018, BGBl. I Nr. 65/2018, neu gefassten Bestimmungen gilt Folgendes:

1. Die §§ 48 Abs. 2, 126 Abs. 2, 217 Abs. 2 und 293 Abs. 2 treten mit 18. Oktober 2018 in Kraft; gleichzeitig treten die §§ 48 Abs. 2a und 217 Abs. 2a außer Kraft.
2. Die §§ 47 Abs. 3, 59 samt Überschrift, 64 samt Überschrift, 183 Abs. 2, 214 Abs. 3, 229 samt Überschrift, 234 samt Überschrift, 356 Abs. 7 Z 2 und Abs. 8 treten mit 1. März 2019 in

Kraft; gleichzeitig treten der Eintrag zu **Anhang XXI** im Inhaltsverzeichnis sowie **Anhang XXI** außer Kraft.

3. Die im Zeitpunkt des In- bzw. Außerkrafttretens gemäß Z 1 bereits eingeleiteten Vergabeverfahren sind nach der zum Zeitpunkt der Einleitung des jeweiligen Vergabeverfahrens geltenden Rechtslage zu Ende zu führen. Die im Zeitpunkt des In- bzw. Außerkrafttretens gemäß Z 1 beim Bundesverwaltungsgericht anhängigen Verfahren sind vom Bundesverwaltungsgericht nach der zum Zeitpunkt der Einleitung des jeweiligen Vergabeverfahrens geltenden Rechtslage fortzuführen. Hinsichtlich der Vergabeverfahren, die zum Zeitpunkt gemäß Z 1 bereits beendet sind, richtet sich die Durchführung von Feststellungsverfahren nach der zum Zeitpunkt der Einleitung des jeweiligen Vergabeverfahrens geltenden Rechtslage.

Erlassung und Inkrafttreten von Verordnungen

§ 377. Verordnungen und Kundmachungen aufgrund dieses Bundesgesetzes in seiner jeweiligen Fassung können bereits vom Tag der Kundmachung des jeweiligen Bundesgesetzes an erlassen, jedoch nicht vor diesem in Kraft gesetzt werden.

Anwendbarkeit der Bestimmungen dieses Bundesgesetzes

§ 378. Soweit in anderen Rechtsvorschriften des Bundes auf Bestimmungen des Bundesvergabegesetzes 2002 oder des Bundesvergabegesetzes 2006 verwiesen wird, treten an deren Stelle die entsprechenden Bestimmungen dieses Bundesgesetzes.

Übereinkommen über das öffentliche Beschaffungswesen

§ 379. Das Übereinkommen über das öffentliche Beschaffungswesen in der Fassung des Protokolls zur Änderung des Übereinkommens über das öffentliche Beschaffungswesen, ABl. Nr. L 68 vom 07.03.2014, S 2, bleibt unberührt.

Vollziehung

§ 380. (1) Soweit die Vollziehung der in diesem Bundesgesetz geregelten Angelegenheiten nicht Landessache ist, ist mit der Vollziehung

1. des § 358 Abs. 2 vierter Satz der Bundeskanzler und der Bundesminister für Verfassung, Reformen, Deregulierung und Justiz,
2. des § 184 Abs. 5 fünfter und sechster Satz und des § 358 Abs. 2 erster bis dritter Satz der Bundesminister für Europa, Integration und Äußeres,
3. des § 184 Abs. 4 fünfter und sechster Satz der Bundesminister für Europa, Integration und Äußeres und der Bundesminister für Digitalisierung und Wirtschaftsstandort,
4. des § 184 Abs. 4 erster bis vierter Satz, Abs. 5 siebenter und achter Satz und Abs. 7 sowie der §§ 329 Abs. 3 und 359 Abs. 4 der Bundesminister für Digitalisierung und Wirtschaftsstandort,
5. der §§ 48 Abs. 13 und 217 Abs. 13 der Bundesminister für Verfassung, Reformen, Deregulierung und Justiz im Einvernehmen mit dem Bundesminister für Finanzen,
6. der §§ 54 Abs. 2 und 223 Abs. 2 der Bundesminister für Finanzen,
7. des Abs. 2 und der §§ 19, 59 Abs. 1, 147 Abs. 4, 192, 229 Abs. 1, 303 Abs. 3, 309 Abs. 2, 340 Abs. 1 Z 2, 360 Abs. 2, 3, 5 und 6, 361, 362 und 373 der Bundesminister für Verfassung, Reformen, Deregulierung und Justiz,
8. der §§ 54 Abs. 1 und 223 Abs. 1 der Bundesminister für Verfassung, Reformen, Deregulierung und Justiz im Einvernehmen mit dem Bundesminister für Digitalisierung und Wirtschaftsstandort,
9. der übrigen Bestimmungen dieses Bundesgesetzes, soweit nur der Wirkungsbereich eines Bundesministers betroffen ist, dieser Bundesminister und
10. im Übrigen die Bundesregierung

betraut.

(2) Soweit völkerrechtliche Verpflichtungen Österreichs oder die Änderung unionsrechtlicher Vorschriften dies erfordern oder dies aufgrund unionsrechtlicher Vorschriften zulässig ist, kann der Bundesminister für Verfassung, Reformen, Deregulierung und Justiz durch Verordnung bestimmen, dass anstelle der **Anhänge I** bis **XX** andere Abgrenzungen des Geltungsbereiches maßgeblich oder anstelle der aus den Anhängen ersichtlichen andere Listen der Berufsbezeichnungen oder Unionsvorschriften bzw. Angaben für Bekanntmachungen zu verwenden sind oder andere Merkmale für die Veröffentlichung bzw. andere Anforderungen an die Vorrichtungen für die Entgegennahme von elektronisch übermittelten Datensätzen gelten oder andere Daten zur Berechnung der über die gesamte Lebensdauer anfallenden Kosten von Straßenfahrzeugen heranzuziehen sind oder andere Anforderungen an die Energieeffizienz bei der Vergabe von Liefer- und Dienstleistungsaufträgen zu beachten sind.

Verweisungen, personenbezogene Bezeichnungen

§ 381. (1) Soweit in diesem Bundesgesetz auf Bestimmungen anderer Bundesgesetze verwiesen wird, ist dies als Verweisung auf die jeweils geltende Fassung zu verstehen.

(2) Alle in diesem Bundesgesetz verwendeten personenbezogenen Bezeichnungen gelten glei-

chermaßen für Personen sowohl weiblichen als auch männlichen Geschlechts.

Bezugnahme auf Rechtsakte der Union

§ 382. Durch dieses Bundesgesetz werden folgende Rechtsakte der Union umgesetzt bzw. berücksichtigt:

1. Verordnung (EWG, EURATOM) Nr. 1182/71 zur Festlegung der Regeln für die Fristen, Daten und Termine, ABl. Nr. L 124 vom 08.06.1971 S. 1.
2. Richtlinie 89/665/EWG zur Koordinierung der Rechts- und Verwaltungsvorschriften für die Anwendung der Nachprüfungsverfahren im Rahmen der Vergabe öffentlicher Liefer- und Bauaufträge (Rechtsmittelrichtlinie), ABl. Nr. L 395 vom 30.12.1989 S. 33, zuletzt geändert durch die Richtlinie 2014/23/EU über die Konzessionsvergabe, ABl. Nr. L 94 vom 28.03.2014 S. 1.
3. Richtlinie 92/13/EWG zur Koordinierung der Rechts- und Verwaltungsvorschriften für die Anwendung der Gemeinschaftsvorschriften über die Auftragsvergabe durch Auftraggeber im Bereich der Wasser-, Energie- und Verkehrsversorgung sowie im Telekommunikationssektor (Sektorenrechtsmittelrichtlinie), ABl. Nr. L 76 vom 23.03.1992 S. 14, zuletzt geändert durch die Richtlinie 2014/23/EU über die Konzessionsvergabe, ABl. Nr. L 94 vom 28.03.2014 S. 1.
4. Richtlinie 94/22/EG über die Erteilung und Nutzung von Genehmigungen zur Prospektion, Exploration und Gewinnung von Kohlenwasserstoffen, ABl. Nr. L 164 vom 30.06.1994 S. 3.
5. Verordnung (EG) Nr. 2195/2002 über das Gemeinsame Vokabular für öffentliche Aufträge (CPV), ABl. Nr. L 340 vom 16.12.2002 S. 1, zuletzt geändert durch die Verordnung (EG) Nr. 569/2009 zur Anpassung einiger Rechtsakte, für die das Verfahren des Artikels 251 des Vertrags gilt, an den Beschluss 1999/468/EG in Bezug auf das Regelungsverfahren mit Kontrolle; Anpassung an das Regelungsverfahren mit Kontrolle – Vierter Teil, ABl. Nr. L 188 vom 18.07.2009 S. 14.
6. Richtlinie 2007/24/EG zur Aufhebung der Richtlinie 71/304/EWG zur Aufhebung der Beschränkungen des freien Dienstleistungsverkehrs auf dem Gebiet der öffentlichen Bauaufträge und bei öffentlichen Bauaufträgen, die an die Auftragnehmer über ihre Agenturen oder Zweigniederlassungen vergeben werden, ABl. Nr. L 154 vom 14.06.2007 S. 22.
7. Verordnung (EG) Nr. 1370/2007 über öffentliche Personenverkehrsdienste auf Schiene und Straße und zur Aufhebung der Verordnungen (EWG) Nr. 1191/69 und (EWG) Nr. 1107/70, ABl. Nr. L 315 vom 03.12.2007 S. 1, in der Fassung der Verordnung (EU) 2016/2338 zur Änderung der Verordnung (EG) Nr. 1370/2007 hinsichtlich der Öffnung des Marktes für inländische Schienenpersonenverkehrsdienste, ABl. Nr. L 354 vom 23.12.2016 S. 22.
8. Entscheidung 2008/585/EG zur Freistellung der Erzeugung von Strom in Österreich von der Anwendung der Richtlinie 2004/17/EG zur Koordinierung der Zuschlagserteilung durch Auftraggeber im Bereich der Wasser-, Energie- und Verkehrsversorgung sowie der Postdienste, ABl. Nr. L 188 vom 16.07.2008 S. 28.
9. Richtlinie 2009/33/EG über die Förderung sauberer und energieeffizienter Straßenfahrzeuge, ABl. Nr. L 120 vom 15.05.2009 S. 5, zuletzt geändert durch die Berichtigung ABl. Nr. L 37 vom 11.02.2011 S. 30.
10. Richtlinie 2009/52/EG über Mindeststandards für Sanktionen und Maßnahmen gegen Arbeitgeber, die Drittstaatsangehörige ohne rechtmäßigen Aufenthalt beschäftigen, ABl. Nr. L 168 vom 30.06.2009 S. 24, in der Fassung der Berichtigung ABl. Nr. L 208 vom 03.08.2012 S. 22.
11. Richtlinie 2009/81/EG über die Koordinierung der Verfahren zur Vergabe bestimmter Bau-, Liefer- und Dienstleistungsaufträge in den Bereichen Verteidigung und Sicherheit und zur Änderung der Richtlinien 2004/17/EG und 2004/18/EG, ABl. Nr. L 216 vom 20.08.2009 S. 76, zuletzt geändert durch die Verordnung (EU) 2017/2367 zur Änderung der Richtlinie 2009/81/EG im Hinblick auf die Schwellenwerte für Auftragsvergabeverfahren, ABl. Nr. L 337 vom 19.12.2017 S. 22.
12. Beschluss 2010/142/EU zur Ausnahme bestimmter Dienste des Postsektors in Österreich von der Anwendung der Richtlinie 2004/17/EG, ABl. Nr. L 56 vom 06.03.2010 S. 8.
13. Richtlinie 2011/7/EU zur Bekämpfung von Zahlungsverzug im Geschäftsverkehr, ABl. Nr. L 48 vom 23.02.2011 S. 1.
14. Richtlinie 2012/27/EU zur Energieeffizienz, zur Änderung der Richtlinien 2009/125/EG und 2010/30/EU und zur Aufhebung der Richtlinien 2004/8/EG und 2006/32/EG, ABl. Nr. L 315 vom 14.11.2012 S. 1, in der Fassung der Richtlinie 2013/12/EU zur Anpassung der Richtlinie 2012/27/EU zur Energieeffizienz aufgrund des Beitritts der Republik Kroatien, ABl. Nr. L 141 vom 28.05.2013 S. 28, in der Fassung der Berichtigung ABl. Nr. L 113 vom 25.04.2013 S. 24.
15. Richtlinie 2014/23/EU über die Konzessionsvergabe, ABl. Nr. L 94 vom 28.03.2014 S. 1, in der Fassung der Delegierten Verordnung (EU) 2015/2172, ABl. Nr. L 307 vom 25.11.2015 S. 9, in der Fassung der Berichtigung ABl. Nr. L 114 vom 05.05.2015

S. 24, zuletzt geändert durch die Verordnung (EU) 2017/2366 zur Änderung der Richtlinie 2014/23/EU im Hinblick auf die Schwellenwerte für Auftragsvergabeverfahren, ABl. Nr. L 337 vom 19.12.2017 S. 21.
16. Richtlinie 2014/24/EU über die öffentliche Auftragsvergabe und zur Aufhebung der Richtlinie 2004/18/EG, ABl. Nr. L 94 vom 28.03.2014 S. 65, zuletzt geändert durch die Verordnung (EU) 2017/2365 zur Änderung der Richtlinie 2014/24/EU im Hinblick auf die Schwellenwerte für Auftragsvergabeverfahren, ABl. Nr. L 337 vom 19.12.2017 S. 19.
17. Richtlinie 2014/25/EU über Vergabe von Aufträgen durch Auftraggeber im Bereich der Wasser-, Energie- und Verkehrsversorgung sowie der Postdienste und zur Aufhebung der Richtlinie 2004/17/EG, ABl. Nr. L 94 vom 28.03.2014 S. 243, zuletzt geändert durch die Verordnung (EU) 2017/2364 zur Änderung der Richtlinie 2014/25/EU im Hinblick auf die Schwellenwerte für Auftragsvergabeverfahren, ABl. Nr. L 337 vom 19.12.2017 S. 17.
18. Richtlinie 2014/55/EU über die elektronische Rechnungsstellung bei öffentlichen Aufträgen, ABl. Nr. L 133 vom 06.05.2014 S. 1.
19. Durchführungsbeschluss 2014/184/EU zur Ausnahme bestimmter Dienste des Postsektors in Österreich von der Anwendung der Richtlinie 2004/17/EG des Europäischen Parlaments und des Rates zur Koordinierung der Zuschlagserteilung durch Auftraggeber im Bereich der Wasser-, Energie- und Verkehrsversorgung sowie der Postdienste, ABl. Nr. L 101 vom 04.04.2014 S. 4, in der Fassung des Durchführungsbeschlusses (EU) 2017/131, ABl. Nr. L 21 vom 26.01.2017 S. 103.
20. Durchführungsverordnung (EU) 2015/1986 zur Einführung von Standardformularen für die Veröffentlichung von Vergabebekanntmachungen für öffentliche Aufträge und zur Aufhebung der Durchführungsverordnung (EU) Nr. 842/2011, ABl. Nr. L 296 vom 12.11.2015 S. 1.
21. Durchführungsverordnung (EU) 2016/7 zur Einführung des Standardformulars für die Einheitliche Europäische Eigenerklärung, ABl. Nr. L 3 vom 06.01.2016 S. 16.
22. Durchführungsbeschluss (EU) 2016/1804 über die Durchführungsmodalitäten für die Anwendung der Artikel 34 und 35 der Richtlinie 2014/25/EU über die Vergabe von Aufträgen durch Auftraggeber im Bereich der Wasser-, Energie- und Verkehrsversorgung sowie der Postdienste, ABl. Nr. L 275 vom 12.10.2016 S. 39.
23. Durchführungsbeschluss (EU) 2017/132 zur Anwendbarkeit von Artikel 34 der Richtlinie 2014/25/EU des Europäischen Parlaments und des Rates auf Verträge zur Bereitstellung von Flughafeninfrastruktur für den Frachtverkehr in Österreich, ABl. Nr. L 21 vom 26.01.2017 S. 105.
24. Durchführungsbeschluss (EU) 2017/1870 über die Veröffentlichung der Fundstelle der europäischen Norm für die elektronische Rechnungsstellung und die Liste von Syntaxen gemäß der Richtlinie 2014/55/EU, ABl. Nr. L 266 vom 17.10.2017 S. 19.

Anhang I

Verzeichnis der Tätigkeiten entsprechend der Allgemeinen Systematik der Wirtschaftszweige gemäß § 5 Z 1 bzw. § 177

NACE[1],[2]					
ABSCHNITT F			BAUGEWERBE		CPV Code
Abteilung	Gruppe	Klasse	Gegenstand	Bemerkungen	
45			Baugewerbe	Diese Abteilung umfasst: – Neubau, Renovierung und gewöhnliche Instandsetzung	45000000
	45.1		Vorbereitende Baustellenarbeiten		45100000
		45.11	Abbruch von Gebäuden, Erdbewegungsarbeiten	Diese Klasse umfasst: – Abbruch von Gebäuden und anderen Bauwerken – Aufräumen von Baustellen – Erdbewegungen: Ausschachtung, Erdauffüllung, Einebnung und Planierung von Baugelände, Grabenaushub, Felsabbau, Sprengen usw. – Erschließung von Lagerstätten – Auffahren von Grubenbauen, Abräumen des Deckgebirges und andere Aus- und Vorrichtungsarbeiten Diese Klasse umfasst ferner: – Baustellenentwässerung – Entwässerung von land- und forstwirtschaftlichen Flächen	45110000
		45.12	Test- und Suchbohrung	Diese Klasse umfasst: – Test-, Such- und Kernbohrung für bauliche, geophysikalische, geologische oder ähnliche Zwecke. Diese Klasse umfasst nicht: – Erdöl- und Erdgasbohrungen zu Förderzwecken (s. 11.20) – Brunnenbau (s. 45.25) – Schachtbau (s. 45.25) – Exploration von Erdöl- und Erdgasfeldern, geophysikalische, geologische und seismische Messungen (s. 74.20)	45120000
	45.2		Hoch- und Tiefbau		45200000

BVergG

		45.21	Hochbau, Brücken- und Tunnelbau uÄ	Diese Klasse umfasst: – Errichtung von Gebäuden aller Art, Errichtung von Brücken, Tunneln uÄ – Brücken (einschließlich für Hochstraßen), Viadukte, Tunnel und Unterführungen – Rohrfernleitungen, Fernmelde- und Energieübertragungsleitungen – städtische Rohrleitungs- und Kabelnetze – dazugehörige Arbeiten – Herstellung von Fertigteilbauten aus Beton auf der Baustelle Diese Klasse umfasst nicht: – Erbringung von Dienstleistungen bei der Erdöl- und Erdgasförderung (s. 11.20) – Errichtung vollständiger Fertigteilbauten aus selbst gefertigten Teilen, soweit nicht aus Beton (s. Abteilungen 20, 26 und 28) – Bau von Sportplätzen, Stadien, Schwimmbädern, Sporthallen und anderen Sportanlagen (ohne Gebäude) (s. 45.23) – Bauinstallation (s. 45.3) – sonstiges Baugewerbe (s. 45.4) – Tätigkeiten von Architektur- und Ingenieurbüros (s. 74.20) – Projektleitung (s. 74.20)	45210000 außer: -45213316 45220000 45231000 45232000
		45.22	Dachdeckerei, Abdichtung und Zimmerei/ Zimmermeister	Diese Klasse umfasst: – Errichtung von Dächern – Dachdeckung – Abdichtung gegen Wasser und Feuchtigkeit	45261000
		45.23	Straßenbau und Eisenbahnoberbau	Diese Klasse umfasst: – Bau von Autobahnen, Straßen und Wegen – Bau von Bahnverkehrsstrecken – Bau von Rollbahnen – Bau von Sportplätzen, Stadien, Schwimmbädern, Tennis- und Golfplätzen (ohne Gebäude) – Markierung von Fahrbahnen und Parkplätzen Diese Klasse umfasst nicht: – Vorbereitende Erdbewegungen (s. 45.11)	45212212 und DA03 45230000 ausgenommen: -45231000 -45232000 -45234115

		45.24	Wasserbau	Diese Klasse umfasst: – Bau von: – Wasserstraßen, Häfen (einschließlich Jachthäfen), Flussbauten, Schleusen usw. – Talsperren und Deichen – Nassbaggerei – Unterwasserarbeiten	45240000
		45.25	Spezialbau und sonstiger Tiefbau	Diese Klasse umfasst: – spezielle Tätigkeiten im Hoch- und Tiefbau, die besondere Fachkenntnisse bzw. Ausrüstungen erfordern: – Herstellen von Fundamenten einschließlich Pfahlgründung – Brunnen- und Schachtbau – Montage von fremdbezogenen Stahlelementen – Eisenbiegerei – Mauer- und Pflasterarbeiten – Auf- und Abbau von Gerüsten und beweglichen Arbeitsbühnen einschließlich deren Vermietung – Schornstein-/Rauchfangs-, Feuerungs- und Industrieofenbau Diese Klasse umfasst nicht: – Vermietung von Gerüsten ohne Auf- und Abbau (s. 71.32)	45250000 45262000
	45.3		Bauinstallation		45300000
		45.31	Elektroinstallation	Diese Klasse umfasst: – Installation oder Einbau in Gebäuden und anderen Bauwerken von: – elektrischen Leitungen und Armaturen – Kommunikationssystemen – Elektroheizungen – Rundfunk- und Fernsehantennen (für Wohngebäude) – Feuermeldeanlagen – Einbruchsicherungen – Aufzügen und Rolltreppen – Blitzableitern usw.	45213316 45310000 außer: -45316000
		45.32	Dämmung gegen Kälte, Wärme, Schall und Erschütterung	Diese Klasse umfasst: – Dämmung gegen Kälte, Wärme, Schall und Erschütterung in Gebäuden und anderen Bauwerken Diese Klasse umfasst nicht: – Abdichtung gegen Wasser und Feuchtigkeit (s. 45.22)	45320000

BVergG

		45.33	Klempnerei/ Installateur, Gas-, Wasser-, Heizungs- und Lüftungsinstallation	Diese Klasse umfasst: – Installation oder Einbau in Gebäuden und anderen Bauwerken von: – Sanitäranlagen sowie Ausführung von Klempner-/Installateurarbeiten – Gasarmaturen – Geräten und Leitungen für Heizungs-, Lüftungs-, Kühl- und Klimaanlagen – Sprinkleranlagen Diese Klasse umfasst nicht: – Installation von Elektroheizungen (s. 45.31)	45330000
		45.34	Sonstige Bauinstallation	Diese Klasse umfasst: – Installation von Beleuchtungs- und Signalanlagen für Straßen, Eisenbahnen, Flughäfen und Häfen – Installation von Ausrüstungen und Befestigungselementen a.n.g. in Gebäuden und anderen Bauwerken	45234115 45316000 45340000
	45.4		Sonstiger Ausbau		45400000
		45.41	Anbringen von Stuckaturen, Gipserei und Verputzerei	Diese Klasse umfasst: – Stuck-, Gips- und Verputzarbeiten einschließlich damit verbundener Lattenschalung in und an Gebäuden und anderen Bauwerken	45410000
		45.42	Bautischlerei und –schlosserei	Diese Klasse umfasst: – Einbau von fremdbezogenen Türen, Toren, Fenstern, Rahmen und Zargen, Einbauküchen, Treppen, Ladeneinrichtungen uÄ aus Holz oder anderem Material – Einbau von Decken, Wandvertäfelungen, beweglichen Trennwänden uÄ Innenausbauarbeiten Diese Klasse umfasst nicht: – Verlegen von Parkett- und anderen Holzböden (s. 45.43)	45420000

		45.43	Fußboden-, Fliesen- und Plattenlegerei/ Tapezierer, Raumausstattung	Diese Klasse umfasst: – Verlegen von: – Fußboden und Wandfliesen oder –platten aus Keramik, Beton oder Stein – Parkett- und anderen Holzböden – Teppich- und Bodenbelägen aus Linoleum – auch aus Kautschuk oder Kunststoff – Terrazzo-, Marmor-, Granit- oder Schiefer–Boden oder –Wandbelägen – Tapeten	45430000
		45.44	Maler- und Glasergewerbe/ Maler und Anstreicher, Glaser	Diese Klasse umfasst: – Innen- und Außenanstrich von Gebäuden – Anstrich von Hoch- und Tiefbauten – Ausführung von Glaserarbeiten einschließlich Einbau von Glasverkleidungen, Spiegeln usw. Diese Klasse umfasst nicht: – Fenstereinbau (s. 45.42)	45440000
		45.45	Sonstiger Ausbau a.n.g.	Diese Klasse umfasst: – Einbau von Swimmingpools – Fassadenreinigung – Sonstige Baufertigstellung und Ausbauarbeiten a.n.g. Diese Klasse umfasst nicht: – Innenreinigung von Gebäuden und anderen Bauwerken (s. 74.70)	45212212 und DA04 45450000
	45.5		Vermietung von Baumaschinen und –geräten mit Bedienungspersonal		45500000
		45.50	Vermietung von Baumaschinen und –geräten mit Bedienungspersonal	Diese Klasse umfasst nicht: – Vermietung von Baumaschinen und –geräten ohne Bedienungspersonal (s. 71.32)	45500000

[1] Bei unterschiedlichen Auslegungen zwischen CPV und NACE gilt die CPV–Nomenklatur.

[2] Verordnung (EWG) Nr. 3037/90 betreffend die statistische Systematik der Wirtschaftszweige in der Europäischen Gemeinschaft, ABl. Nr. L 293 vom 24.10.1990 S. 1, zuletzt geändert durch die Verordnung (EG) Nr. 1893/2006, ABl. Nr. L 393 vom 30.12.2006 S. 1.

Anhang II

Bauaufträge nach § 4 Abs. 2 und 3

Errichtung von	Krankenhäusern Sportanlagen Erholungsanlagen Freizeitanlagen Schulen und Hochschulen Verwaltungsgebäuden

Anhang III

Liste der zentralen öffentlichen Auftraggeber*)

1. Bundeskanzleramt
2. Bundesministerium für öffentlichen Dienst und Sport
3. Bundesministerium für Europa, Integration und Äußeres
4. Bundesministerium für Arbeit, Soziales, Gesundheit und Konsumentenschutz
5. Bundesministerium für Bildung, Wissenschaft und Forschung
6. Bundesministerium für Digitalisierung und Wirtschaftsstandort
7. Bundesministerium für Finanzen
8. Bundesministerium für Inneres
9. Bundesministerium für Landesverteidigung**)
10. Bundesministerium für Nachhaltigkeit und Tourismus
11. Bundesministerium für Verfassung, Reformen, Deregulierung und Justiz
12. Bundesministerium für Verkehr, Innovation und Technologie
13. AIT Austrian Institute of Technology GmbH
14. Bundesbeschaffung Ges. m. b. H.
15. Bundesrechenzentrum Ges. m. b. H

*) Sofern sich aufgrund einer Änderung des Bundesministeriengesetzes 1986 (BMG), BGBl Nr. 76/1986, Änderungen im Zusammenhang mit den nachfolgend aufgeführten Bundesministerien ergeben, so treten an Stelle der im Anhang genannten Bundesministerien deren Nachfolger. Sofern sich Änderungen im Zusammenhang mit anderen im Anhang genannten zentralen öffentlichen Auftraggebern ergeben, so treten an deren Stelle ihre Rechtsnachfolger.

)Vgl. dazu die Warenliste in **Anhang IV.

Anhang IV

Verzeichnis der in § 12 Abs. 1 Z 1 genannten Waren im Bereich der Verteidigung*)

Die Klassifikation der Warenbereiche erfolgt gemäß dem Internationalen Übereinkommen über das Harmonisierte System zur Bezeichnung und Kodierung der Waren.

Kapitel 25:	Salz; Schwefel; Steine und Erden; Gips, Kalk und Zement	
Kapitel 26:	Metallurgische Erze sowie Schlacken und Aschen	
Kapitel 27:	Mineralische Brennstoffe, Mineralöle und Erzeugnisse ihrer Destillation; bituminöse Stoffe; Mineralwachse	
	ausgenommen:	
	aus 27.10: Spezialtreibstoffe	
Kapitel 28:	Anorganische chemische Erzeugnisse; anorganische oder organische Verbindungen von Edelmetallen, radioaktiven Elementen, Metallen der seltenen Erden und Isotopen	
	ausgenommen:	
	aus 28.09	Sprengstoffe
	aus 28.13	Sprengstoffe
	aus 28.14	Tränengas
	aus 28.28	Sprengstoffe
	aus 28.32	Sprengstoffe
	aus 28.39	Sprengstoffe
	aus 28.50	Toxikologische Erzeugnisse
	aus 28.51	Toxikologische Erzeugnisse
	aus 28.54	Sprengstoffe
Kapitel 29:	Organische chemische Erzeugnisse	
	ausgenommen:	
	aus 29.03	Sprengstoffe
	aus 29.04	Sprengstoffe
	aus 29.07	Sprengstoffe
	aus 29.08	Sprengstoffe
	aus 29.11	Sprengstoffe
	aus 29.12	Sprengstoffe
	aus 29.13	Toxikologische Erzeugnisse
	aus 29.14	Toxikologische Erzeugnisse
	aus 29.15	Toxikologische Erzeugnisse
	aus 29.21	Toxikologische Erzeugnisse
	aus 29.22	Toxikologische Erzeugnisse
	aus 29.23	Toxikologische Erzeugnisse
	aus 29.26	Sprengstoffe
	aus 29.27	Toxikologische Erzeugnisse
	aus 29.29	Sprengstoffe
Kapitel 30:	Pharmazeutische Erzeugnisse	
Kapitel 31:	Düngemittel	
Kapitel 32:	Gerb- und Farbstoffauszüge; Tannine und ihre Derivate; Farbstoffe, Farben, Anstrichfarben; Lacke und Färbemittel; Kitte; Tinten	
Kapitel 33:	Ätherische Öle und Resinoide; zubereitete Riech-, Körperpflege- und Schönheitsmittel	
Kapitel 34:	Seifen, organische grenzflächenaktive Stoffe, zubereitete Waschmittel und Waschhilfsmittel, zubereitete Schmiermittel, künstliche Wachse, zubereitete Wachse, Schuhcreme, Scheuerpulver und dergleichen, Kerzen und ähnliche Erzeugnisse, Modelliermassen und „Dentalwachs“	
Kapitel 35:	Eiweißstoffe; Klebstoffe; Enzyme	
Kapitel 37:	Erzeugnisse zu photographischen und kinematographischen Zwecken	

Kapitel 38: Verschiedene Erzeugnisse der chemischen Industrie
ausgenommen:
aus 38.19 Toxikologische Erzeugnisse
Kapitel 39: Kunststoffe, Zelluloseäther und –ester, künstliche Resinoide und Waren daraus
ausgenommen:
aus 39.03 Sprengstoffe
Kapitel 40: Kautschuk (Naturkautschuk, synthetischer Kautschuk und Faktis) und Kautschukwaren
ausgenommen:
aus 40.11 kugelsichere Reifen
Kapitel 41: Häute und Felle (andere als Pelzfelle) und Leder
Kapitel 42: Lederwaren, Sattlerwaren, Reiseartikel, Handtaschen und ähnliche Behältnisse, Waren aus Därmen
Kapitel 43: Pelzfelle und künstliches Pelzwerk; Waren daraus
Kapitel 44: Holz, Holzkohle und Holzwaren
Kapitel 45: Kork und Korkwaren
Kapitel 46: Flechtwaren und Korbmacherwaren
Kapitel 47: Ausgangsstoffe für die Papierherstellung
Kapitel 48: Papier und Pappe, Waren aus Papierhalbstoff, Papier oder Pappe
Kapitel 49: Waren des Buchhandels und Erzeugnisse des graphischen Gewerbes
Kapitel 65: Kopfbedeckungen und Teile davon
Kapitel 66: Regenschirme, Sonnenschirme, Gehstöcke, Peitschen, Reitpeitschen und Teile davon
Kapitel 67: Zugerichtete Federn und Daunen und Waren aus Federn oder Daunen; künstliche Blumen; Waren aus Menschenhaaren
Kapitel 68: Waren aus Steinen, Gips, Zement, Asbest, Glimmer oder ähnlichen Stoffen
Kapitel 69: Keramische Waren
Kapitel 70: Glas und Glaswaren
Kapitel 71: Echte Perlen, Edelsteine, Schmucksteine und dergleichen, Edelmetalle, Edelmetallplattierungen, Waren daraus; Phantasieschmuck
Kapitel 73: Eisen und Stahl und Waren daraus
Kapitel 74: Kupfer und Waren daraus
Kapitel 75: Nickel und Waren daraus
Kapitel 76: Aluminium und Waren daraus
Kapitel 77: Magnesium und Beryllium und Waren daraus
Kapitel 78: Blei und Waren daraus
Kapitel 79: Zink und Waren daraus
Kapitel 80: Zinn und Waren daraus
Kapitel 81: Andere unedle Metalle und Waren daraus
Kapitel 82: Werkzeuge, Messerschmiedewaren und Essbestecke aus unedlen Metallen
ausgenommen:
aus 82.05 Werkzeuge
aus 82.07 Werkzeugteile
Kapitel 83: Verschiedene Waren aus unedlen Metallen
Kapitel 84: Kessel, Maschinen, Apparate und mechanische Geräte und Teile davon
ausgenommen:

BVergG

	aus 84.06	Motoren
	aus 84.08	Andere Triebwerke
	aus 84.45	Maschinen
	aus 84.53	Automatische Datenverarbeitungsmaschinen
	aus 84.55	Teile für Maschinen der Tarif–Nr. 84.53
	aus 84.59	Kernreaktoren
Kapitel 85:	Elektrische Maschinen, Apparate und Geräte und Teile davon	
	ausgenommen:	
	aus 85.13	Telekommunikationsausrüstung
	aus 85.15	Sendegeräte
Kapitel 86:	Schienenfahrzeuge, ortsfestes Gleismaterial, nicht elektrische mechanische Signalvorrichtungen für Verkehrswege	
	ausgenommen:	
	aus 86.02	gepanzerte Lokomotiven, elektrisch
	aus 86.03	andere gepanzerte Lokomotiven
	aus 86.05	gepanzerte Wagen
	aus 86.06	Werkstattwagen
	aus 86.07	Wagen
Kapitel 87:	Zugmaschinen, Kraftwagen, Krafträder, Fahrräder und andere nicht schienengebundene Landfahrzeuge	
	ausgenommen:	
	aus 87.01	Zugmaschinen
	aus 87.02	Militärfahrzeuge
	aus 87.03	Abschleppwagen
	aus 87.08	Panzer und andere gepanzerte Fahrzeuge
	aus 87.09	Krafträder
	aus 87.14	Anhänger
Kapitel 89:	Wasserfahrzeuge und schwimmende Vorrichtungen	
	ausgenommen:	
	aus 89.01A	Kriegsschiffe
Kapitel 90:	Optische, photographische und kinematographische Instrumente, Apparate und Geräte; Mess-, Prüf- und Präzisionsinstrumente, –apparate und –geräte; medizinische und chirurgische Instrumente, Apparate und Geräte	
	ausgenommen:	
	aus 90.05	Ferngläser
	aus 90.11	Mikroskope
	aus 90.13	Verschiedene Instrumente, Laser
	aus 90.14	Entfernungsmesser
	aus 90.17	Medizinische Instrumente
	aus 90.18	Apparate und Geräte für Mechanotherapie
	aus 90.19	Orthopädische Apparate
	aus 90.20	Röntgenapparate und –geräte
	aus 90.28	Elektrische oder elektronische Messinstrumente
Kapitel 91:	Uhrmacherwaren	
Kapitel 92:	Musikinstrumente, Tonaufnahme- oder Tonwiedergabegeräte, Bild- und Tonaufzeichnungsgeräte oder Bild- und Tonwiedergabegeräte für das Fernsehen, Teile und Zubehör für diese Instrumente und Geräte	
Kapitel 94:	Möbel; medizinisch-chirurgische Möbel; Bettausstattungen und ähnliche Waren	
	ausgenommen:	
	aus 94.01A	Sitze für Luftfahrzeuge
Kapitel 95:	Bearbeitete Schnitz- und Formstoffe, Waren aus Schnitz- und Formstoffen	
Kapitel 96:	Besen, Bürsten, Pinsel, Puderquasten und Siebwaren	
Kapitel 98:	Verschiedene Waren	

*) Vgl. dazu die Warenliste in Anhang I, Nummer 3 des Übereinkommens über das öffentliche Beschaffungswesen, ABl. Nr. L 336 vom 23.12.1994 S. 273.

Anhang V

Anforderungen an die Instrumente und Vorrichtungen für die elektronische Entgegennahme von Angeboten, Teilnahmeanträgen, Prüfanträgen sowie Plänen und Entwürfen für Wettbewerbe

Die Instrumente und Vorrichtungen für die elektronische Entgegennahme von Angeboten, Teilnahmeanträgen, von Prüfanträgen sowie Plänen und Entwürfen bei Wettbewerben müssen mittels geeigneter technischer Mittel und entsprechender Verfahren gewährleisten, dass

1. der Zeitpunkt (Datum und Uhrzeit) des Einganges der Angebote, der Teilnahmeanträge, der Prüfanträge und der Wettbewerbsarbeiten genau bestimmt werden kann,
2. es als sicher gelten kann, dass niemand vor den festgesetzten Terminen Zugang zu den gemäß den vorliegenden Anforderungen übermittelten Daten haben kann,
3. die Zeitpunkte der Öffnung der eingegangenen Daten ausschließlich von den ermächtigten Personen festgelegt oder geändert werden können,
4. in den verschiedenen Phasen des Vergabeverfahrens nur die ermächtigten Personen Zugang zu allen vorgelegten Daten – bzw. zu einem Teil dieser Daten – haben,
5. nur die ermächtigten Personen Zugang zu den übermittelten Daten, und zwar erst nach dem festgesetzten Zeitpunkt, gewähren dürfen,
6. die eingegangenen und gemäß den vorliegenden Anforderungen geöffneten Angaben ausschließlich den zur Kenntnisnahme ermächtigten Personen zugänglich bleiben und
7. es bei einem Verstoß oder versuchten Verstoß gegen die Zugangsverbote oder -bedingungen gemäß den Z 2 bis 6 als sicher gelten kann, dass sich der Verstoß oder versuchte Verstoß eindeutig aufdecken lässt.

Anhang VI

In die Bekanntmachung gemäß § 56 und in die Bekanntgabe gemäß § 61 aufzunehmende Angaben

TEIL A

In Bekanntmachungen über die Veröffentlichung von Vorinformationen in einem Beschafferprofil aufzuführende Angaben

1. Name, Identifikationsnummer (soweit nach nationalem Recht vorgesehen), Anschrift einschließlich NUTS-Code, Telefon- und Fax-Nummer, E-Mail- und Internet-Adresse des öffentlichen Auftraggebers und, falls abweichend, der Dienststelle, bei der weitere Informationen erhältlich sind.
2. Art und Haupttätigkeit des öffentlichen Auftraggebers.
3. Gegebenenfalls Hinweis darauf, dass es sich bei dem öffentlichen Auftraggeber um eine zentrale Beschaffungsstelle handelt oder dass eine andere Form gemeinsamer Beschaffung vorgesehen ist oder vorgesehen werden kann.
4. CPV-Codes.
5. Internet-Adresse (URL) des „Beschafferprofils".
6. Datum der Absendung der Bekanntmachung der Vorinformation im Beschafferprofil.

TEIL B

In der Vorinformation aufzuführende Angaben

I. Obligatorische Angaben

1. Name, Identifikationsnummer (soweit nach nationalem Recht vorgesehen), Anschrift einschließlich NUTS-Code, Telefon- und Fax-Nummer, E-Mail- und Internet-Adresse des öffentlichen Auftraggebers und, falls abweichend, der Dienststelle, bei der weitere Informationen erhältlich sind.
2. E-Mail- oder Internet-Adresse, über die die Ausschreibungsunterlagen unentgeltlich, uneingeschränkt, vollständig und unmittelbar abgerufen werden können. Ist ein unentgeltlicher, uneingeschränkter, vollständiger und unmittelbarer Zugang nicht möglich, so ist darauf hinzuweisen, wie die Ausschreibungsunterlagen abgerufen werden können.
3. Art und Haupttätigkeit des öffentlichen Auftraggebers.
4. Gegebenenfalls Hinweis darauf, dass es sich bei dem öffentlichen Auftraggeber um eine zentrale Beschaffungsstelle handelt oder dass eine andere Form gemeinsamer Beschaffung vorgesehen ist oder vorgesehen werden kann.
5. CPV-Codes. Bei Unterteilung des Auftrags in mehrere Lose sind diese Informationen für jedes Los anzugeben.
6. NUTS-Code für den Haupterfüllungsort der Bauarbeiten bei Bauaufträgen beziehungsweise NUTS-Code für den Haupterfüllungsort für Lieferungen und Leistungen bei Liefer- und Dienstleistungsaufträgen. bei Unterteilung des Auftrags in mehrere Lose sind diese Informationen für jedes Los anzugeben.
7. Kurzbeschreibung der Beschaffung: Art und Umfang der Bauarbeiten, Art und Menge beziehungsweise Wert der Lieferungen, Art und Umfang der Dienstleistungen.
8. Wenn die Vorinformation nicht als Bekanntmachung dient, voraussichtlicher Zeitpunkt der Veröffentlichung der Auftragsbekanntmachung für den (die) in der Vorinformation genannten Auftrag (Aufträge).
9. Tag der Absendung der Bekanntmachung.
10. Sonstige einschlägige Auskünfte.
11. Hinweis darauf, ob der Auftrag unter das GPA fällt oder nicht.

II. Zu erteilende zusätzliche Auskünfte, wenn die Vorinformation als Bekanntmachung dient

1. Hinweis darauf, dass interessierte Unternehmer dem öffentlichen Auftraggeber ihr Interesse an dem Auftrag (den Aufträgen) bekunden sollten.
2. Art des Vergabeverfahrens (nichtoffene Verfahren, ob mit oder ohne dynamisches Beschaffungssystem, oder Verhandlungsverfahren).
3. Gegebenenfalls Angaben, ob
   a) eine Rahmenvereinbarung geschlossen wird;
   b) ein dynamisches Beschaffungssystem zum Einsatz kommt.
4. Soweit bereits bekannt, Zeitrahmen für die Bereitstellung der Produkte beziehungsweise die Ausführung der Bauarbeiten oder Dienstleistungen und, soweit möglich, Laufzeit des Auftrags.
5. Soweit bereits bekannt, Teilnahmebedingungen, einschließlich

BVergG

a) gegebenenfalls Angabe, ob es sich um einen öffentlichen Auftrag handelt, der geschützten Werkstätten vorbehalten ist, oder bei dem die Ausführung nur im Rahmen von Programmen für geschützte Beschäftigungsverhältnisse erfolgen darf;
b) gegebenenfalls Angabe, ob die Erbringung der Dienstleistung aufgrund von Rechts- und Verwaltungsvorschriften einem besonderen Berufsstand vorbehalten ist;
c) einer Kurzbeschreibung der Eignungskriterien.
6. Soweit bereits bekannt, Kurzbeschreibung der Zuschlagskriterien.
7. Soweit bereits bekannt, geschätzte Gesamtgrößenordnung des (der) Auftrags (Aufträge); bei Unterteilung des Auftrags in mehrere Lose sind diese Informationen für jedes Los anzugeben.
8. Fristen für den Eingang der Interessenbekundungen.
9. Anschrift, an die die Interessenbekundungen zu richten sind.
10. Sprache oder Sprachen, in denen die Teilnahmeanträge beziehungsweise Angebote abzugeben sind.
11. Gegebenenfalls Angaben, ob
a) eine elektronische Einreichung der Angebote oder Anträge auf Teilnahme gefordert beziehungsweise akzeptiert wird;
b) Aufträge elektronisch erteilt werden;
c) die Rechnungstellung elektronisch erfolgt;
d) die Zahlung elektronisch erfolgt.
12. Angaben darüber, ob der Auftrag mit einem aus Mitteln der Union finanzierten Vorhaben beziehungsweise Programm im Zusammenhang steht.
13. Name und Anschrift der für Nachprüfungen und gegebenenfalls für Mediationsverfahren zuständigen Stelle; genaue Angaben zu den Fristen für Nachprüfungsverfahren oder erforderlichenfalls Name, Anschrift, Telefonnummer, Faxnummer und E-Mail-Adresse der Stelle, bei der diese Informationen erhältlich sind.

TEIL C

In der Auftragsbekanntmachung aufzuführende Angaben

1. Name, Identifikationsnummer (soweit nach nationalem Recht vorgesehen), Anschrift einschließlich NUTS-Code, Telefon- und Fax-Nummer, E-Mail- und Internet-Adresse des öffentlichen Auftraggebers und, falls abweichend, der Dienststelle, bei der weitere Informationen erhältlich sind.
2. E-Mail- oder Internet-Adresse, über die die Ausschreibungsunterlagen unentgeltlich, uneingeschränkt, vollständig und unmittelbar abgerufen werden können. Ist ein unentgeltlicher, uneingeschränkter, vollständiger und unmittelbarer Zugang nicht möglich, so ist darauf hinzuweisen, wie die Ausschreibungsunterlagen abgerufen werden können.
3. Art und Haupttätigkeit des öffentlichen Auftraggebers.
4. Gegebenenfalls Hinweis darauf, dass es sich bei dem öffentlichen Auftraggeber um eine zentrale Beschaffungsstelle handelt oder dass eine andere Form gemeinsamer Beschaffung vorgesehen ist.
5. CPV-Codes. Bei Unterteilung des Auftrags in mehrere Lose sind diese Informationen für jedes Los anzugeben.
6. NUTS-Code für den Haupterfüllungsort der Bauarbeiten bei Bauaufträgen beziehungsweise NUTS-Code für den Haupterfüllungsort für Lieferungen und Leistungen bei Liefer- und Dienstleistungsaufträgen. bei Unterteilung des Auftrags in mehrere Lose sind diese Informationen für jedes Los anzugeben.
7. Beschreibung der Beschaffung: Art und Umfang der Bauarbeiten, Art und Menge der Lieferungen, Art und Umfang der Dienstleistungen. Bei Unterteilung des Auftrags in mehrere Lose sind diese Informationen für jedes Los anzugeben; gegebenenfalls Beschreibung etwaiger Optionen.
8. Geschätzte Gesamtgrößenordnung des (der) Auftrags (Aufträge); bei Unterteilung des Auftrags in mehrere Lose sind diese Informationen für jedes Los anzugeben.
9. Zulässigkeit oder Verbot von Änderungsvorschlägen.
10. Zeitrahmen für die Bereitstellung beziehungsweise Ausführung der Lieferungen, Bauarbeiten oder Dienstleistungen und, soweit möglich, Laufzeit des Auftrags.
11. Bei Rahmenvereinbarungen Angabe der vorgesehenen Laufzeit der Vereinbarung, gegebenenfalls unter Angabe der Gründe für eine etwaige Laufzeit von mehr als vier Jahren. Soweit möglich, Angabe des Werts oder der Größenordnung und der Häufigkeit der zu vergebenden Aufträge sowie gegebenenfalls vorgeschlagene Höchstzahl der teilnehmenden Unternehmer.
12. Bei einem dynamischen Beschaffungssystem Angabe der vorgesehenen Dauer des Bestehens dieses Systems. Soweit möglich, Angabe des Werts oder der Größenordnung und der Häufigkeit der zu vergebenden Aufträge.
13. Teilnahmebedingungen, darunter

a) gegebenenfalls Angabe, ob es sich um einen öffentlichen Auftrag handelt, der geschützten Werkstätten vorbehalten ist, oder bei dem die Ausführung nur im Rahmen von Programmen für geschützte Beschäftigungsverhältnisse erfolgen darf;
b) gegebenenfalls Angabe darüber, ob die Erbringung der Dienstleistung aufgrund von Rechts- und Verwaltungsvorschriften einem besonderen Berufsstand vorbehalten ist; Hinweis auf die entsprechende Rechts- oder Verwaltungsvorschrift;
c) Liste und Kurzbeschreibung der die persönliche Lage der Unternehmer betreffenden Kriterien, die zu ihrem Ausschluss führen können, sowie der Eignungskriterien; etwaige einzuhaltende Mindeststandards; Angabe der Informationserfordernisse (Eigenerklärungen, Unterlagen).

14. Art des Vergabeverfahrens; gegebenenfalls Rechtfertigungsgründe für ein beschleunigtes Verfahren (für offene und nichtoffene Verfahren und Verhandlungsverfahren).
15. Gegebenenfalls Angaben, ob

a) eine Rahmenvereinbarung geschlossen wird;
b) ein dynamisches Beschaffungssystem zum Einsatz kommt;
c) eine elektronische Auktion stattfindet (bei offenen oder nichtoffenen Verfahren oder Verhandlungsverfahren).

16. Falls der Auftrag in mehrere Lose unterteilt ist, Angabe, ob die Möglichkeit besteht, Angebote für eines, mehrere oder alle Lose einzureichen; Angabe einer etwaigen Begrenzung der Zahl der Lose, die an einen Bieter vergeben werden können. Wird ein Auftrag nicht in Lose aufgeteilt, Angabe der Gründe hierfür, es sei denn, dass diese Information im Vergabevermerk enthalten ist.
17. Für nichtoffene Verfahren, Verhandlungsverfahren, den wettbewerblichen Dialog oder Innovationspartnerschaften, falls von der Möglichkeit Gebrauch gemacht wird, die Anzahl der Bewerber, die zur Abgabe eines Angebots, zu Verhandlungen oder zum Dialog aufgefordert werden sollen, zu verringern: Mindestanzahl und gegebenenfalls auch Höchstanzahl der Bewerber und objektive Kriterien für die Auswahl der jeweiligen Bewerber.
18. Bei einem Verhandlungsverfahren, einem wettbewerblichen Dialog oder einer Innovationspartnerschaft gegebenenfalls Angabe, dass das Verfahren in aufeinander folgenden Etappen abgewickelt wird, um die Zahl der zu verhandelnden Angebote beziehungsweise der zu erörternden Lösungen schrittweise zu verringern.
19. Gegebenenfalls zusätzliche Bedingungen für die Ausführung des Auftrags.
20. Zuschlagskriterien: Sofern nicht das erfolgreiche Angebot allein aufgrund des Preises ermittelt wird, geht, müssen das Kostenmodell oder die Kriterien für das technisch und wirtschaftlich günstigste Angebot sowie deren Gewichtung genannt werden, falls sie nicht in den Spezifikationen beziehungsweise im Fall des wettbewerblichen Dialogs in der Beschreibung enthalten sind.
21. Frist für den Eingang der Angebote (offenes Verfahren) oder der Teilnahmeanträge (nichtoffene Verfahren, Verhandlungsverfahren, dynamische Beschaffungssysteme, wettbewerbliche Dialoge, Innovationspartnerschaften).
22. Anschrift, an die die Angebote beziehungsweise Teilnahmeanträge zu richten sind.
23. Bei offenen Verfahren:

a) Bindefrist;
b) Datum, Uhrzeit und Ort der Öffnung der Angebote;
c) Personen, die bei der Öffnung anwesend sein dürfen.

24. Sprache(n), in der (denen) Angebote oder Teilnahmeanträge abzufassen sind.
25. Gegebenenfalls Angaben, ob

a) eine elektronische Einreichung der Angebote oder Anträge auf Teilnahme akzeptiert wird;
b) Aufträge elektronisch erteilt werden;
c) eine elektronische Rechnungstellung akzeptiert wird;
d) die Zahlung elektronisch erfolgt.

26. Angaben darüber, ob der Auftrag mit einem aus Mitteln der Union finanzierten Vorhaben beziehungsweise Programm im Zusammenhang steht.
27. Name und Anschrift der für Nachprüfungen und gegebenenfalls für Mediationsverfahren zuständigen Stelle; genaue Angaben zu den Fristen für Nachprüfungsverfahren beziehungsweise gegebenenfalls Name, Anschrift, Telefon- und Faxnummer und E-Mail-Adresse der Stelle, bei der diese Informationen erhältlich sind.
28. Daten und Angaben zu früheren Veröffentlichungen im Amtsblatt der Europäischen Union, die für den (die) bekanntgegebenen Auftrag (Aufträge) relevant sind.
29. Bei wiederkehrenden Aufträgen Angaben zum geplanten Zeitpunkt für die Veröffentlichung weiterer Bekanntmachungen.
30. Tag der Absendung der Bekanntmachung.
31. Hinweis darauf, ob der Auftrag unter das GPA fällt oder nicht.

32. Sonstige einschlägige Auskünfte.

TEIL D

In der Vergabebekanntmachung aufzuführende Angaben

1. Name, Identifikationsnummer (soweit nach nationalem Recht vorgesehen), Anschrift einschließlich NUTS-Code, Telefon- und Fax-Nummer, E-Mail- und Internet-Adresse des öffentlichen Auftraggebers und, falls abweichend, der Dienststelle, bei der weitere Informationen erhältlich sind.
2. Art und Haupttätigkeit des öffentlichen Auftraggebers.
3. Gegebenenfalls Hinweis darauf, dass es sich bei dem öffentlichen Auftraggeber um eine zentrale Beschaffungsstelle handelt oder dass eine andere Form gemeinsamer Beschaffung vorgesehen ist.
4. CPV-Codes.
5. NUTS-Code für den Haupterfüllungsort der Bauarbeiten bei Bauaufträgen beziehungsweise NUTS-Code für den Haupterfüllungsort für Lieferungen und Leistungen bei Liefer- und Dienstleistungsaufträgen.
6. Beschreibung der Beschaffung: Art und Umfang der Bauarbeiten, Art und Menge der Lieferungen, Art und Umfang der Dienstleistungen. Bei Unterteilung des Auftrags in mehrere Lose sind diese Informationen für jedes Los anzugeben; gegebenenfalls Beschreibung etwaiger Optionen.
7. Art des Vergabeverfahrens; im Fall von Verhandlungsverfahren ohne vorherige Veröffentlichung Begründung.
8. Gegebenenfalls Angaben, ob

a) eine Rahmenvereinbarung geschlossen wurde;
b) ein dynamisches Beschaffungssystem zum Einsatz gekommen ist.

9. Bei der Vergabe des Auftrags beziehungsweise der Aufträge angewandtes Kostenmodell oder angewandte Zuschlagskriterien. Gegebenenfalls Angabe, ob eine elektronische Auktion stattgefunden hat (bei offenen oder nichtoffenen Verfahren oder Verhandlungsverfahren).
10. Datum des Abschlusses des Auftrags (der Aufträge) im Anschluss an dessen (deren) Vergabe beziehungsweise Datum der Rahmenvereinbarung(en) im Anschluss an die Entscheidung über deren Abschluss.
11. Anzahl der für jede Vergabe eingegangenen Angebote, darunter

a) Anzahl der Angebote kleiner und mittlerer Unternehmen,
b) Anzahl der Angebote aus einem anderen Mitgliedstaat oder aus einem Drittland,
c) Anzahl der elektronisch übermittelten Angebote.

12. Für jede Zuschlagerteilung Name, Anschrift einschließlich NUTS-Code, Telefon- und Faxnummer, E-Mail- und Internet-Adresse des (der) erfolgreichen Bieters (Bieter), darunter

a) Angabe, ob der erfolgreiche Bieter ein kleines oder mittleres Unternehmen ist,
b) Angabe, ob der Auftrag an eine Gruppe von Unternehmern (gemeinsames Unternehmen, Konsortium oder andere) vergeben wurde.

13. Wert des (der) erfolgreichen Angebots (Angebote) oder das höchste und das niedrigste Angebot, die bei der Vergabe berücksichtigt wurden.
14. Gegebenenfalls für jede Zuschlagserteilung Wert und Teil des Auftrags, der voraussichtlich an Dritte weitervergeben wird.
15. Angaben darüber, ob der Auftrag mit einem aus Mitteln der Union finanzierten Vorhaben beziehungsweise Programm im Zusammenhang steht.
16. Name und Anschrift der für Nachprüfungen und gegebenenfalls für Mediationsverfahren zuständigen Stelle; genaue Angaben zu den Fristen für die Nachprüfungsverfahren beziehungsweise gegebenenfalls Name, Anschrift, Telefonnummer, Faxnummer und E-Mail-Adresse der Stelle, bei der diese Informationen erhältlich sind.
17. Daten und Angaben zu früheren Veröffentlichungen im Amtsblatt der Europäischen Union, die für den (die) bekanntgegebenen Auftrag (Aufträge) relevant sind.
18. Tag der Absendung der Bekanntmachung.
19. Sonstige einschlägige Auskünfte.

TEIL E

In Wettbewerbsbekanntmachungen aufzuführende Angaben

1. Name, Identifikationsnummer (soweit nach nationalem Recht vorgesehen), Anschrift einschließlich NUTS-Code, Telefon- und Fax-Nummer, E-Mail- und Internet-Adresse des öffentlichen Auftraggebers und, falls abweichend, der Dienststelle, bei der weitere Informationen erhältlich sind.

2. E-Mail- oder Internet-Adresse, über die die Wettbewerbsunterlagen unentgeltlich, uneingeschränkt, vollständig und unmittelbar abgerufen werden können. Ist ein unentgeltlicher, uneingeschränkter, vollständiger und unmittelbarer Zugang nicht möglich, so ist darauf hinzuweisen, wie die Wettbewerbsunterlagen abgerufen werden können.
3. Art und Haupttätigkeit des öffentlichen Auftraggebers.
4. Gegebenenfalls Hinweis darauf, dass es sich bei dem öffentlichen Auftraggeber um eine zentrale Beschaffungsstelle handelt oder dass eine andere Form gemeinsamer Beschaffung vorgesehen ist.
5. CPV-Codes. Bei Unterteilung des Auftrags in mehrere Lose sind diese Informationen für jedes Los anzugeben.
6. Beschreibung der Hauptmerkmale des Projekts.
7. Gegebenenfalls Anzahl und Wert der Preise.
8. Art des Wettbewerbs (offen oder nichtoffen).
9. Bei einem offenen Wettbewerb Frist für die Einreichung von Projekten.
10. Bei einem nichtoffenen Wettbewerb:

a) gewünschte Teilnehmerzahl;
b) gegebenenfalls Namen der bereits ausgewählten Teilnehmer;
c) Kriterien für die Auswahl der Teilnehmer;
d) Frist für die Einreichung der Teilnahmeanträge.

11. Gegebenenfalls Angabe, ob die Teilnahme einem bestimmten Berufsstand vorbehalten ist.
12. Kriterien für die Bewertung der Projekte.
13. Angabe, ob die Entscheidung des Preisgerichts für den öffentlichen Auftraggeber bindend ist.
14. Gegebenenfalls Angabe der an alle Teilnehmer zu leistenden Zahlungen.
15. Angabe, ob die Aufträge im Anschluss an den Wettbewerb an den/die Gewinner des Wettbewerbs vergeben werden können oder nicht.
16. Tag der Absendung der Bekanntmachung.
17. Sonstige einschlägige Auskünfte.

TEIL F

In Bekanntmachungen über die Ergebnisse eines Wettbewerbs aufzuführende Angaben

1. Name, Identifikationsnummer (soweit nach nationalem Recht vorgesehen), Anschrift einschließlich NUTS-Code, Telefon- und Fax-Nummer, E-Mail- und Internet-Adresse des öffentlichen Auftraggebers und, falls abweichend, der Dienststelle, bei der weitere Informationen erhältlich sind.
2. Art und Haupttätigkeit des öffentlichen Auftraggebers.
3. Gegebenenfalls Hinweis darauf, dass es sich bei dem öffentlichen Auftraggeber um eine zentrale Beschaffungsstelle handelt oder dass eine andere Form gemeinsamer Beschaffung vorgesehen ist.
4. CPV-Codes.
5. Beschreibung der Hauptmerkmale des Projekts.
6. Wert der Preise.
7. Art des Wettbewerbs (offen oder nichtoffen).
8. Kriterien für die Bewertung der Projekte.
9. Datum der Entscheidung des Preisgerichts.
10. Anzahl der Teilnehmer

a) Anzahl der Teilnehmer, bei denen es sich um KMU handelt;
b) Anzahl der ausländischen Teilnehmer.

11. Name, Anschrift einschließlich NUTS-Code, Telefon- und Fax-Nummer, E-Mail- und Internet-Adresse des Gewinners (der Gewinner) des Wettbewerbs und Angabe dazu, ob es sich beim Gewinner (den Gewinnern) um kleine und mittlere Unternehmen handelt.
12. Angaben darüber, ob der Wettbewerb mit einem aus Mitteln der Union finanzierten Vorhaben beziehungsweise Programm im Zusammenhang steht.
13. Daten und Angaben zu früheren Veröffentlichungen im Amtsblatt der Europäischen Union, die für das (die) bekanntgegebene(n) Projekt (Projekte) relevant sind.
14. Tag der Absendung der Bekanntmachung.
15. Sonstige einschlägige Auskünfte.

TEIL G

In Bekanntmachungen von Änderungen eines Auftrags während seiner Laufzeit aufzuführende Angaben

1. Name, Identifikationsnummer (soweit nach nationalem Recht vorgesehen), Anschrift einschließlich NUTS-Code, Telefon- und Fax-Nummer, E-Mail- und Internet-Adresse des öffentlichen

Auftraggebers und, falls abweichend, der Dienststelle, bei der weitere Informationen erhältlich sind.
2. CPV-Codes.
3. NUTS-Code für den Haupterfüllungsort der Bauarbeiten bei Bauaufträgen beziehungsweise NUTS-Code für den Haupterfüllungsort für Lieferungen und Leistungen bei Liefer- und Dienstleistungsaufträgen.
4. Beschreibung des Auftrags vor und nach der Änderung: Art und Umfang der Bauarbeiten, Art und Menge beziehungsweise Wert der Lieferungen, Art und Umfang der Dienstleistungen.
5. Die etwaige durch die Änderung bedingte Preiserhöhung.
6. Beschreibung der Umstände, die die Änderung erforderlich gemacht haben.
7. Tag der Entscheidung über die Auftragsvergabe.
8. Gegebenenfalls Name, Anschrift einschließlich NUTS-Code, Telefon- und Faxnummer, E-Mail- und Internet-Adresse des (der) neuen Unternehmer(s).
9. Angaben darüber, ob der Auftrag mit einem aus Mitteln der Union finanzierten Vorhaben beziehungsweise Programm im Zusammenhang steht.
10. Name und Anschrift der Aufsichtsstelle und der für Nachprüfungen und gegebenenfalls für Mediationsverfahren zuständigen Stelle. Genaue Angaben zu den Fristen für Nachprüfungsverfahren beziehungsweise gegebenenfalls Name, Anschrift, Telefon- und Faxnummer und E-Mail-Adresse der Stelle, bei der diese Informationen erhältlich sind.
11. Daten und Angaben zu früheren Veröffentlichungen im Amtsblatt der Europäischen Union, die für den (die) bekanntgegebenen Auftrag (Aufträge) relevant sind.
12. Tag der Absendung der Bekanntmachung.
13. Sonstige einschlägige Auskünfte.

TEIL H

In Bekanntmachungen von Aufträgen für soziale und andere besondere Dienstleistungen aufzuführende Angaben

1. Name, Identifikationsnummer (soweit nach nationalem Recht vorgesehen), Anschrift einschließlich NUTS-Code, E-Mail- und Internet-Adresse des öffentlichen Auftraggebers.
2. NUTS-Code für die Hauptbaustelle bei Bauarbeiten beziehungsweise NUTS-Code für den Haupterfüllungsort bei Lieferungen und Dienstleistungen.
3. Kurzbeschreibung des betreffenden Auftrags einschließlich der CPV-Codes.
4. Teilnahmebedingungen, darunter gegebenenfalls Angabe, ob es sich um einen Auftrag handelt, der geschützten Werkstätten vorbehalten ist oder bei dem die Ausführung nur im Rahmen von Programmen für geschützte Beschäftigungsverhältnisse erfolgen darf, und gegebenenfalls Angabe darüber, ob die Erbringung der Dienstleistung aufgrund von Rechts- und Verwaltungsvorschriften einem besonderen Berufsstand vorbehalten ist.
5. Frist(en) für die Kontaktierung des öffentlichen Auftraggebers im Hinblick auf die Teilnahme.
6. Kurzbeschreibung der wichtigsten Merkmale des Vergabeverfahrens.

TEIL I

In Vorinformationen für soziale und andere besondere Dienstleistungen aufzuführende Angaben

1. Name, Identifikationsnummer (soweit nach nationalem Recht vorgesehen), Anschrift einschließlich NUTS-Code, E-Mail- und Internet-Adresse des öffentlichen Auftraggebers.
2. Kurzbeschreibung des betreffenden Auftrags einschließlich des geschätzten Gesamtwerts des Auftrags und der beziehungsweise der Code(s) der CPV-Nomenklatur.
3. Soweit bereits bekannt:
a) NUTS-Code für die Hauptbaustelle bei Bauarbeiten beziehungsweise NUTS-Code für den Haupterfüllungsort bei Lieferungen und Dienstleistungen.
b) Zeitrahmen für die Bereitstellung der Lieferungen beziehungsweise die Ausführung der Bauarbeiten oder Dienstleistungen und, soweit möglich, Laufzeit des Auftrags.
c) Teilnahmebedingungen, darunter gegebenenfalls Angabe, ob es sich um einen öffentlichen Auftrag handelt, der geschützten Werkstätten vorbehalten ist, oder bei dem die Ausführung nur im Rahmen von Programmen für geschützte Beschäftigungsverhältnisse erfolgen darf, und gegebenenfalls Angabe, ob die Erbringung der Dienstleistung aufgrund von Rechts- und Verwaltungsvorschriften einem besonderen Berufsstand vorbehalten ist.
d) Kurzbeschreibung der wichtigsten Merkmale des Vergabeverfahrens.
4. Hinweis darauf, dass interessierte Unternehmer dem öffentlichen Auftraggeber ihr Interesse an dem Auftrag (den Aufträgen) mitteilen müssen, sowie Angabe der Frist für den Eingang der Interessenbekundungen sowie der Anschrift, an die die Interessenbekundungen zu richten sind.

TEIL J

In Bekanntmachungen über die Vergabe von Aufträgen für soziale und andere besondere Dienstleistungen aufzuführende Angaben

1. Name, Identifikationsnummer (soweit nach nationalem Recht vorgesehen), Anschrift einschließlich NUTS-Code, E-Mail- und Internet-Adresse des öffentlichen Auftraggebers.
2. Kurzbeschreibung des betreffenden Auftrags einschließlich der Nummer(n) der CPV-Nomenklatur.
3. NUTS-Code für die Hauptbaustelle bei Bauarbeiten beziehungsweise NUTS-Code für den Haupterfüllungsort bei Lieferungen und Dienstleistungen.
4. Anzahl der eingegangenen Angebote.
5. Gezahlter Preis oder Preisspanne (Minimum/Maximum).
6. Für jeden vergebenen Auftrag Name, Anschrift einschließlich NUTS-Code, E-Mail- und Internet-Adresse des (der) erfolgreichen Unternehmer(s).
7. Sonstige einschlägige Auskünfte.

Anhang VII

Vorgaben für die Veröffentlichung

1. Veröffentlichung der Bekanntmachungen

a) Die Standardformulare für Bekanntmachungen sind vom Auftraggeber an das Amt für Veröffentlichungen zu übermitteln. Sie werden gemäß den folgenden Bestimmungen veröffentlicht:

aa) Die Bekanntmachungen werden vom Amt für Veröffentlichungen oder im Fall der Vorinformation bzw. einer regelmäßigen nichtverbindlichen Bekanntmachung in einem Beschafferprofil vom Auftraggeber veröffentlicht.

bb) Der Auftraggeber kann alle Bekanntmachungen im Internet in einem „Beschafferprofil" gemäß Z 2 lit. b veröffentlichen.

cc) Das Amt für Veröffentlichungen stellt dem Auftraggeber eine Bescheinigung über die Veröffentlichung der Bekanntmachung aus.

2. Veröffentlichung zusätzlicher bzw. ergänzender Informationen

a) Der Auftraggeber veröffentlicht die Ausschreibung vollständig im Internet, sofern nicht ein Sonderfall gemäß den §§ 89 Abs. 3 bzw. 260 Abs. 3 vorliegt.

b) Das Beschafferprofil kann Vorinformationen, regelmäßige nichtverbindliche Bekanntmachungen, Angaben über laufende Ausschreibungen, geplante Aufträge, vergebene Aufträge, widerrufene Verfahren sowie alle sonstigen Informationen von allgemeinem Interesse wie Kontaktstelle, Telefon- und Faxnummer, Postanschrift und E-Mail-Adresse enthalten. Das Beschafferprofil kann ferner Bekanntmachungen im Wege einer Vorinformation bzw. einer regelmäßigen nichtverbindlichen Bekanntmachung enthalten.

3. Format und Verfahren für die elektronische Übermittlung der Bekanntmachungen

Format und Verfahren für die elektronische Übermittlung von Bekanntmachungen sind unter der Internetadresse „http://simap.europa.eu" abrufbar.

Anhang VIII

Kerndaten
1. Abschnitt
Kerndaten für die Bekanntmachung

1. Kerndaten für die Bekanntmachung einer Vorinformation, einer regelmäßigen nichtverbindlichen Bekanntmachung oder des Bestehens eines Prüfsystems

a) Name des Auftraggebers (alle für das Verfahren verantwortlichen Auftraggeber und deren Informationen gemäß lit. b und c sind in dem entsprechenden Kerndatenfeld anzugeben)
b) Stammzahl des Auftraggebers gemäß § 6 E–GovG sowie eine eindeutige, vom Auftraggeber vergebene Geschäftszahl des Vergabeverfahrens (Stammzahl-Geschäftszahl)
c) Kontaktstelle des Auftraggebers (Name bzw. Bezeichnung, Telefonnummer, E-Mail-Adresse)
d) Angabe, ob die Vorinformation für die Verkürzung der Angebotsfrist genutzt wird
e) Angabe, ob die Vorinformation, regelmäßige nichtverbindliche Bekanntmachung oder die Bekanntmachung über das Bestehen eines Prüfsystems als Bekanntmachung der beabsichtigten Vergabe eines Auftrages verwendet wird (gilt als Aufforderung zur Mitteilung des Interesses)
f) Angabe, ob Angebote in elektronischer Form zu übermitteln sind (auch bei teilweise elektronischer Angebotsabgabe zu bejahen)
g) gegebenenfalls URL auf Kommunikationsplattform
h) URL auf Ausschreibungsunterlagen oder auf Informationen, wie Ausschreibungsunterlagen zur Verfügung gestellt werden (soweit bekannt)
i) CPV-Code Hauptteil bzw. Hauptteile
j) CPV-Code Zusatzteil bzw. Zusatzteile (sofern vorhanden)
k) Art des Auftrages (Bau-, Liefer- oder Dienstleistungsauftrag)
l) Bezeichnung des Auftrages
m) Kurze Beschreibung des Auftrages
n) NUTS–Code des Erfüllungsortes bzw. des Hauptortes der Ausführung
o) Bei Vorinformation oder regelmäßiger nichtverbindlicher Bekanntmachung: Angabe, ob Auftrag in Lose aufgeteilt wird
p) Bei Zielschuldverhältnissen: in Aussicht genommener Erfüllungszeitpunkt (TT/MM/JJJJ; Angabe nur, soweit bekannt)
q) Bei Dauerschuldverhältnissen: Laufzeit des Vertrages (in Monaten oder Tagen; Angabe nur, soweit bekannt)
r) Endzeitpunkt des dynamischen Beschaffungssystems bzw. des Prüfsystems (TT/MM/JJJJ; Angabe nur, soweit bekannt)
s) Angabe des geplanten Ausführungsbeginns (TT/MM/JJJJ; Angabe nur, soweit bekannt)
t) Angabe, ob der Auftrag Unternehmen gemäß den §§ 23 bzw. 196 vorbehalten ist bzw. gemäß dieser Bestimmung im Rahmen von Programmen mit geschützten Beschäftigungsverhältnissen zu erbringen ist
u) Angabe, ob am Vergabeverfahren über einen besonderen Dienstleistungsauftrag nur partizipatorische Organisationen gemäß den §§ 152 bzw. 313 teilnehmen dürfen
v) gegebenenfalls Angabe, ob das Erfordernis einer behördlichen Entscheidung für die Zulässigkeit der Ausübung einer Tätigkeit besteht
w) Bezeichnung der Verfahrensart (Offenes Verfahren, nicht offenes Verfahren, Verhandlungsverfahren, wettbewerblicher Dialog, Innovationspartnerschaft, Besonderer Dienstleistungsauftrag, dynamisches Beschaffungssystem)
x) gegebenenfalls Angabe, ob eine Rahmenvereinbarung mit einem Unternehmer oder eine Rahmenvereinbarung mit mehreren Unternehmern abgeschlossen werden soll
y) Bei Bekanntmachung im Wege einer Vorinformation oder regelmäßigen nichtverbindlichen Bekanntmachung: Schlusstermin für den Eingang der Interessensmitteilungen (TT/MM/JJJJ, hh:mm)
z) Gegebenenfalls URL auf Widerrufsentscheidung
z1) Gegebenenfalls Ende der Stillhaltefrist bei Widerrufsentscheidung (TT/MM/JJJJ)
z2) Gegebenenfalls URL auf Widerrufserklärung
z3) Gegebenenfalls Tag der Absendung der Vorinformation, der regelmäßigen nichtverbindlichen Bekanntmachung oder der Bekanntmachung über das Bestehen eines Prüfsystems an das Amt für Veröffentlichungen (TT/MM/JJJJ)
z4) Tag der erstmaligen Verfügbarkeit der Vorinformation, der regelmäßigen nichtverbindlichen Bekanntmachung oder der Bekanntmachung über das Bestehen eines Prüfsystems (TT/MM/JJJJ)
z5) Angabe des Zeitpunktes der letzten Änderung der Ausschreibung (TT/MM/JJJJ, hh:mm)

2. Kerndaten für die Bekanntmachung von zu vergebenden Aufträgen, Rahmenvereinbarungen und die Einrichtung bzw. Einstellung von dynamischen Beschaffungssystemen

a) Name des Auftraggebers (alle für das Verfahren verantwortlichen Auftraggeber und deren Informationen gemäß lit. c und d sind in den entsprechenden Kerndatenfeldern anzugeben)
b) Stammzahl des Auftraggebers gemäß § 6 E–GovG sowie eine eindeutige, vom Auftraggeber vergebene Geschäftszahl des Vergabeverfahrens (Stammzahl-Geschäftszahl)
c) Kontaktstelle des Auftraggebers (Name bzw. Bezeichnung, Telefonnummer, E-Mail-Adresse)
d) Angabe, ob Angebote in elektronischer Form zu übermitteln sind (auch bei teilweise elektronischer Angebotsabgabe zu bejahen)
e) gegebenenfalls URL auf Kommunikationsplattform
f) URL auf Ausschreibungsunterlagen oder auf Informationen, wie Ausschreibungsunterlagen zur Verfügung gestellt werden
g) CPV-Code Hauptteil bzw. Hauptteile
h) CPV-Code Zusatzteil bzw. Zusatzteile (sofern vorhanden)
i) Art des Auftrages (Bau-, Liefer- oder Dienstleistungsauftrag)
j) Bezeichnung des Auftrages
k) Kurze Beschreibung des Auftrages
l) NUTS–Code des Erfüllungsortes bzw. des Hauptortes der Ausführung
m) Angabe, ob Auftrag in Lose aufgeteilt wird
n) Bei Zielschuldverhältnissen: in Aussicht genommener Erfüllungszeitpunkt (TT/MM/JJJJ)
o) Bei Dauerschuldverhältnissen oder Rahmenvereinbarungen: Laufzeit des Vertrages oder der Rahmenvereinbarung (in Monaten oder Tagen)
p) Endzeitpunkt des dynamischen Beschaffungssystems (TT/MM/JJJJ)
q) Angabe des geplanten Ausführungsbeginns (TT/MM/JJJJ; Angabe nur, soweit bekannt)
r) Angabe, ob der Auftrag Unternehmen gemäß den §§ 23 bzw. 196 vorbehalten ist bzw. gemäß dieser Bestimmung im Rahmen von Programmen mit geschützten Beschäftigungsverhältnissen zu erbringen ist
s) Angabe, ob am Vergabeverfahren über einen besonderen Dienstleistungsauftrag nur partizipatorische Organisationen gemäß den §§ 152 bzw. 313 teilnehmen dürfen
t) gegebenenfalls Angabe, ob das Erfordernis einer behördlichen Entscheidung für die Zulässigkeit der Ausübung einer Tätigkeit besteht
u) Bezeichnung der Verfahrensart (Offenes Verfahren, nicht offenes Verfahren, Verhandlungsverfahren, wettbewerblicher Dialog, Innovationspartnerschaft, Besonderer Dienstleistungsauftrag, dynamisches Beschaffungssystem)
v) gegebenenfalls Angabe, ob eine Rahmenvereinbarung mit einem Unternehmer oder eine Rahmenvereinbarung mit mehreren Unternehmern abgeschlossen werden soll
w) Schlusstermin für den Eingang der Angebote oder Teilnahmeanträge (TT/MM/JJJJ, hh:mm)
x) Gegebenenfalls URL auf Widerrufsentscheidung
y) Gegebenenfalls Ende der Stillhaltefrist bei Widerrufsentscheidung (TT/MM/JJJJ)
z) Gegebenenfalls URL auf Widerrufserklärung
z1) Gegebenenfalls Tag der Absendung der Bekanntmachung an das Amt für Veröffentlichungen (TT/MM/JJJJ)
z2) Tag der erstmaligen Verfügbarkeit der Bekanntmachung (TT/MM/JJJJ)
z3) Angabe des Zeitpunktes der letzten Änderung der Ausschreibung (TT/MM/JJJJ, hh:mm)

3. Kerndaten für die Bekanntmachung von Wettbewerben

a) Name des Auftraggebers (alle für das Verfahren verantwortlichen Auftraggeber und deren Informationen gemäß lit. b und c sind sind in den entsprechenden Kerndatenfeldern anzugeben)
b) Stammzahl des Auftraggebers gemäß § 6 E–GovG sowie eine eindeutige, vom Auftraggeber vergebene Geschäftszahl des Vergabeverfahrens (Stammzahl-Geschäftszahl)
c) Kontaktstelle des Auftraggebers (Name bzw. Bezeichnung, Telefonnummer, E-Mail-Adresse)
d) Angabe, ob Wettbewerbsarbeiten in elektronischer Form zu übermitteln sind (auch bei teilweiser elektronischer Abgabe der Wettbewerbsarbeiten zu bejahen)
e) gegebenenfalls URL auf Kommunikationsplattform
f) URL auf Wettbewerbsunterlagen oder auf Informationen, wie Wettbewerbsunterlagen zur Verfügung gestellt werden
g) CPV-Code Hauptteil bzw. Hauptteile
h) CPV-Code Zusatzteil bzw. Zusatzteile (sofern vorhanden)
i) Bezeichnung des Wettbewerbes
j) Kurze Beschreibung des Wettbewerbes
k) Bezeichnung der Verfahrensart (offener Ideenwettbewerb, offener Realisierungswettbewerb, nicht offener Ideenwettbewerb, nicht offener Realisierungswettbewerb)

l) Schlusstermin für den Eingang der Wettbewerbsarbeiten oder Teilnahmeanträge (TT/MM/JJJJ, hh:mm)
m) Gegebenenfalls URL auf Widerrufsentscheidung
n) Gegebenenfalls Ende der Stillhaltefrist bei Widerrufsentscheidung (TT/MM/JJJJ)
o) Gegebenenfalls URL auf Widerrufserklärung
p) Gegebenenfalls Tag der Absendung der Bekanntmachung an das Amt für Veröffentlichungen (TT/MM/JJJJ)
q) Tag der erstmaligen Verfügbarkeit der Bekanntmachung (TT/MM/JJJJ)
r) Angabe des Zeitpunktes der letzten Änderung der Ausschreibung (TT/MM/JJJJ, hh:mm)

4. Kerndaten für die freiwillige Bekanntmachung eines Vergabeverfahrens ohne vorherige Bekanntmachung

a) Name des Auftraggebers (alle für das Verfahren verantwortlichen Auftraggeber und deren Informationen gemäß lit. b und c sind in dem entsprechenden Kerndatenfeld anzugeben)
b) Stammzahl des Auftraggebers gemäß § 6 E–GovG sowie eine eindeutige, vom Auftraggeber vergebene Geschäftszahl des Vergabeverfahrens (Stammzahl-Geschäftszahl)
c) Kontaktstelle des Auftraggebers (Name bzw. Bezeichnung, Telefonnummer, E-Mail-Adresse)
d) CPV-Code Hauptteil bzw. Hauptteile
e) CPV-Code Zusatzteil bzw. Zusatzteile (sofern vorhanden)
f) Art des Auftrages (Bau-, Liefer- oder Dienstleistungsauftrag)
g) NUTS–Code des Erfüllungsortes bzw. des Hauptortes der Ausführung
h) Bezeichnung des Auftrages
i) Kurze Beschreibung des Auftrages
j) Bei Zielschuldverhältnissen: in Aussicht genommener Erfüllungszeitpunkt (TT/MM/JJJJ)
k) Bei Dauerschuldverhältnissen: Laufzeit des Vertrages (in Monaten oder Tagen)
l) Name des Bieters, welchem der Zuschlag erteilt werden soll
m) Beschreibung der maßgeblichen Gründe für die Durchführung eines Vergabeverfahrens ohne vorherige Bekanntmachung oder URL auf eine solche Beschreibung
n) Gegebenenfalls Tag der Absendung der Bekanntmachung an das Amt für Veröffentlichungen (TT/MM/JJJJ)
o) Tag der erstmaligen Verfügbarkeit der Bekanntmachung (TT/MM/JJJJ)
p) Angabe des Zeitpunktes der letzten Änderung der Ausschreibung (TT/MM/JJJJ, hh:mm)

5. Kerndaten für die Bekanntmachung einer Direktvergabe mit vorheriger Bekanntmachung

a) Name des Auftraggebers (alle für das Verfahren verantwortlichen Auftraggeber und deren Informationen gemäß lit. b und c sind in dem entsprechenden Kerndatenfeld anzugeben)
b) Stammzahl des Auftraggebers gemäß § 6 E–GovG sowie eine eindeutige, vom Auftraggeber vergebene Geschäftszahl des Vergabeverfahrens (Stammzahl-Geschäftszahl)
c) Kontaktstelle des Auftraggebers (Name bzw. Bezeichnung, Telefonnummer, E-Mail-Adresse)
d) CPV-Code Hauptteil bzw. Hauptteile
e) CPV-Code Zusatzteil bzw. Zusatzteile (sofern vorhanden)
f) Art des Auftrages (Bau-, Liefer- oder Dienstleistungsauftrag)
g) NUTS–Code des Erfüllungsortes bzw. des Hauptortes der Ausführung
h) Bezeichnung des Auftrages
i) Kurze Beschreibung des Auftrages
j) Angabe des geplanten Ausführungsbeginns (TT/MM/JJJJ; Angabe nur, soweit bekannt)
k) URL auf bzw. Informationen über den Zugang zu Ausschreibungsunterlagen
l) Tag der erstmaligen Verfügbarkeit der Bekanntmachung (TT/MM/JJJJ)
m) Angabe des Zeitpunktes der letzten Änderung der Ausschreibung (TT/MM/JJJJ, hh:mm)

2. Abschnitt
Kerndaten für die Bekanntgabe

1. Kerndaten für die Bekanntgabe von vergebenen Aufträgen und abgeschlossenen Rahmenvereinbarungen

a) Bei Aufträgen im Sektorenbereich: Angabe, ob mit dieser Bekanntgabe die Vergabe von Dienstleistungsaufträgen auf dem Gebiet der Forschung und Entwicklung bekannt gegeben wird und dabei die Angaben beschränkt werden
b) Name des Auftraggebers, der die Leistung beschafft bzw. die Rahmenvereinbarung abgeschlossen hat (alle Auftraggeber, die die Leistung beschafft bzw. die Rahmenvereinbarung abgeschlossen haben, und deren Information gemäß lit. c und d sind in dem entsprechenden Kerndatenfeld anzugeben)

BVergG

c) Stammzahl des Auftraggebers gemäß § 6 E–GovG sowie eine eindeutige, vom Auftraggeber vergebene Geschäftszahl des Vergabeverfahrens (Stammzahl-Geschäftszahl)
d) Angabe des Vollziehungsbereiches, dem der Auftraggeber zuzurechnen ist (Bund, Bgld, Ktn, NÖ, OÖ, Sbg, Stmk, T, Vbg, W)
e) Angabe, ob der geschätzte Auftragswert im Ober- oder im Unterschwellenbereich lag (OSB, USB)
f) Name des Auftragnehmers oder der Partei der Rahmenvereinbarung
g) Stammzahl des Auftragnehmers oder der Partei der Rahmenvereinbarung gemäß § 6 E–GovG (wenn vorhanden; nicht anzugeben bei natürlichen Personen)
h) CPV-Code Hauptteil bzw. Hauptteile
i) CPV-Code Zusatzteil bzw. Zusatzteile (sofern vorhanden)
j) Art des Auftrages (Bau-, Liefer- oder Dienstleistungsauftrag)
k) Bezeichnung des Auftrages bzw. der Rahmenvereinbarung
l) Kurze Beschreibung des Auftrages bzw. der Rahmenvereinbarung
m) Auftragswert des Auftrages bzw. Wertumfang der Rahmenvereinbarung ohne Umsatzsteuer in Euro
n) Tag des Vertragsabschlusses bzw. des Abschlusses der Rahmenvereinbarung (TT/MM/JJJJ)
o) Bei Zielschuldverhältnissen: in Aussicht genommener Erfüllungszeitpunkt (TT/MM/JJJJ)
p) Bei Dauerschuldverhältnissen oder Rahmenvereinbarungen: Laufzeit des Vertrages bzw. Laufzeit der Rahmenvereinbarung (in Monaten oder Tagen)
q) Bezeichnung der Verfahrensart (offenes Verfahren, nicht offenes Verfahren mit vorheriger Bekanntmachung, nicht offenes Verfahren ohne vorherige Bekanntmachung, Verhandlungsverfahren mit vorheriger Bekanntmachung, Verhandlungsverfahren ohne vorherige Bekanntmachung, wettbewerblicher Dialog, Innovationspartnerschaft, besonderer Dienstleistungsauftrag mit vorheriger Bekanntmachung, besonderer Dienstleistungsauftrag ohne vorherige Bekanntmachung, dynamisches Beschaffungssystem, Direktvergabe mit vorheriger Bekanntmachung, Direktvergabe)
r) Angabe, ob es sich bei der Bekanntgabe um die Bekanntgabe des Abschlusses einer Rahmenvereinbarung handelt
s) Anzahl der eingegangenen Angebote
t) Im Oberschwellenbereich: Anzahl der Klein- und Mittelunternehmen (KMU) gemäß der Empfehlung 2003/361/EG, die Angebote abgegeben haben (einschließlich KMU in Arbeits- oder Bietergemeinschaften)
u) Angabe, ob der bzw. zumindest ein Auftragnehmer ein KMU ist

2. Kerndaten für die Bekanntgabe von Wettbewerben

a) Name des Auftraggebers, der den Wettbewerb durchgeführt hat (alle Auftraggeber, die den Wettbewerb durchgeführt haben, und deren Information gemäß lit. b und c sind in dem entsprechenden Kerndatenfeld anzugeben)
b) Stammzahl des Auftraggebers gemäß § 6 E–GovG sowie eine eindeutige, vom Auftraggeber vergebene Geschäftszahl des Vergabeverfahrens (Stammzahl-Geschäftszahl)
c) Angabe des Vollziehungsbereiches, dem der Auftraggeber zuzurechnen ist (Bund, Bgld, Ktn, NÖ, OÖ, Sbg, Stmk, T, Vbg, W)
d) Angabe, ob der geschätzte Auftragswert bzw. die Summe der Preisgelder und Zahlungen im Ober- oder im Unterschwellenbereich lag (OSB, USB)
e) Name des Gewinners des Wettbewerbes
f) Stammzahl des Gewinners gemäß § 6 E–GovG (wenn vorhanden; nicht anzugeben bei natürlichen Personen)
g) CPV-Code Hauptteil bzw. Hauptteile
h) CPV-Code Zusatzteil bzw. Zusatzteile (sofern vorhanden)
i) Bezeichnung des Wettbewerbes
j) Kurze Beschreibung des Wettbewerbes
k) Preisgeld bzw. Summe der Preisgelder ohne Umsatzsteuer in Euro
l) Bezeichnung der Verfahrensart (offener Ideenwettbewerb, offener Realisierungswettbewerb, nicht offener Ideenwettbewerb, nicht offener Realisierungswettbewerb, geladener Ideenwettbewerb, geladener Realisierungswettbewerb)
m) Anzahl der Teilnehmer am Wettbewerb
n) Im Oberschwellenbereich: Anzahl der beteiligten KMU
o) Angabe, ob der bzw. zumindest ein Gewinner ein KMU ist

3. Kerndaten für die Bekanntgabe der Änderung von vergebenen Aufträgen und abgeschlossenen Rahmenvereinbarungen gemäß § 365 Abs. 4

a) Name des Auftraggebers, der die Leistung beschafft bzw. die Rahmenvereinbarung abgeschlossen hat (alle Auftraggeber, die die Leistung beschafft bzw. die Rahmenvereinbarung abgeschlossen haben, und deren Information gemäß lit. b sind in dem entsprechenden Kerndatenfeld anzugeben)
b) Stammzahl des Auftraggebers gemäß § 6 E–GovG sowie eine eindeutige, vom Auftraggeber vergebene Geschäftszahl des Vergabeverfahrens (Stammzahl-Geschäftszahl)
c) Name des Auftragnehmers oder der Partei der Rahmenvereinbarung der zusätzlichen bzw. der geänderten Leistung
d) Stammzahl des Auftragnehmers oder der Partei der Rahmenvereinbarung gemäß § 6 E–GovG (wenn vorhanden; nicht anzugeben bei natürlichen Personen)
e) CPV-Code Hauptteil bzw. Hauptteile der zusätzlichen bzw. der geänderten Leistung
f) CPV-Code Zusatzteil bzw. Zusatzteile der zusätzlichen bzw. der geänderten Leistung (sofern vorhanden)
g) Art des zusätzlichen bzw. geänderten Auftrages (Bau-, Liefer- oder Dienstleistungsauftrag)
h) Bezeichnung des Auftrages bzw. der Rahmenvereinbarung und der zusätzlichen bzw. geänderten Leistungen
i) Kurze Beschreibung des Auftrages bzw. der Rahmenvereinbarung und der zusätzlichen bzw. geänderten Leistungen
j) Beschreibung der Gründe für die Notwendigkeit zusätzlicher bzw. geänderter Leistungen
k) Auftragswert des Auftrages bzw. Wertumfang der Rahmenvereinbarung ohne Umsatzsteuer in Euro, vor der Änderung
l) Auftragswert der zusätzlichen bzw. der geänderten Leistung
m) Angabe, ob der bzw. zumindest ein Auftragnehmer der zusätzlichen bzw. geänderten Leistung ein KMU ist

Anhang IX

Liste der einschlägigen Berufs- oder Handelsregister, Bescheinigungen oder Erklärungen*

Die einschlägigen Berufs- oder Handelsregister, Bescheinigungen oder Erklärungen sind:

- für Belgien das „Registre du Commerce“ – „Handelsregister“ und bei Dienstleistungsaufträgen die „Ordres professionels“ – „Beroepsorden“;
- für Bulgarien das „Търговски регистър“;
- für die Tschechische Republik das „obchodní rejstřík“;
- für Dänemark das „Erhvervsstyrelsen“;
- für Deutschland das „Handelsregister“, die „Handwerksrolle“ und bei Dienstleistungsaufträgen das Vereinsregister, das „Partnerschaftsregister“ und die „Mitgliederverzeichnisse der Berufskammern der Länder“;
- für Estland das „Registrite ja Infosüsteemide Keskus“;
- im Fall Irlands kann der Unternehmer aufgefordert werden, eine Bescheinigung des „Registrar of Companies“ oder des „Registrar of Friendly Societies“ oder andernfalls eine Bescheinigung über die von dem Betreffenden abgegebene eidesstattliche Erklärung vorzulegen, dass er den betreffenden Beruf in dem Land, in dem er niedergelassen ist, an einem bestimmten Ort unter einer bestimmten Firma ausübt;
- für Griechenland bei Bauaufträgen das „Μητρώο Εργοληπτικών Επιχειρήσεων – ΜΕΕΠ“ des Ministeriums für Umwelt, Raumordnung und öffentliche Arbeiten (ΥΠΕΧΩΔΕ), bei Lieferaufträgen das „Βιοτεχνικό ή Εμπορικό ή Βιομηχανικό Επιμελητήριο“ und das „Μητρώο Κατασκευαστών Αμυντικού Υλικού“; bei Dienstleistungsaufträgen kann von dem Unternehmer eine vor einem Notar abgegebene eidesstattliche Erklärung über die Ausübung des betreffenden Berufes verlangt werden; in den von den geltenden nationalen Rechtsvorschriften vorgesehenen Fällen bei der Erbringung von Forschungsdienstleistungen das Berufsregister „Μητρώο Μελετητών“ sowie das „Μητρώο Γραφείων Μελετών“;
- für Spanien bei Bau- und Dienstleistungsaufträgen das „Registro Oficial de Licitadores y Empresas Clasificadas del Estado“ und bei Lieferaufträgen das „Registro Mercantil“ oder im Falle nicht eingetragener natürlicher Personen eine Bescheinigung über eine von dem Betreffenden abgegebene eidesstattliche Erklärung, dass er den betreffenden Beruf ausübt;
- für Frankreich das „Registre du commerce et des sociétés“ und das „Répertoire des métiers“;
- für Kroatien das „Sudski registar“ und das „Obrtni registar“ oder bei bestimmten Tätigkeiten eine Bescheinigung, dass die betreffende Person zur Ausübung der betreffenden beruflichen oder geschäftlichen Tätigkeit zugelassen ist;
- für Italien das „Registro della Camera di commercio, industria, agricoltura e artigianato“; bei Bau- oder Dienstleistungsaufträgen das „Albo nazionale dei gestori ambientali“; bei Liefer- und Dienstleistungsaufträgen auch das „Registro delle commissioni provinciali per l’artigianato“ und bei Dienstleistungsaufträgen neben den bereits erwähnten Registern das „Consiglio nazionale degli ordini professionali“;
- im Fall Zyperns kann der Unternehmer bei Bauaufträgen aufgefordert werden, gemäß dem „Registration and Audit of Civil Engineering and Building Contractors Law“ eine Bescheinigung des „Council for the Registration and Audit of Civil Engineering and Building Contractors“ („Συμβούλιο Εγγραφής και Ελέγχου Εργοληπτών Οικοδομικών και Τεχνιών Έργων“) vorzulegen; bei Liefer- und Dienstleistungsaufträgen kann der Unternehmer aufgefordert werden, eine Bescheinigung des „Registrar of Companies and Official Receiver“ („*Έφορος Εταιρειών και Επίσημος Παραλήπτης*“) vorzulegen oder andernfalls eine Bescheinigung über eine von ihm abgegebene eidesstattliche Erklärung beizubringen, dass er den betreffenden Beruf in dem Land, in dem er niedergelassen ist, an einem bestimmten Ort unter einer bestimmten Firma ausübt;
- für Lettland das „Uzņēmumu reģistrs“;
- für Litauen das „Juridinių asmenų registras“;
- für Luxemburg das „Registre aux firmes“ und die „Rôle de la Chambre des métiers“;
- für Ungarn das „Cégnyilvántartás“, das „egyéni vállalkozók jegyzői nyilvántartása“ und bei Dienstleistungsaufträgen einige „szakmai kamarák nyilvántartása“ oder bei bestimmten Tätigkeiten eine Bescheinigung, dass die betreffende Person zur Ausübung der betreffenden beruflichen oder geschäftlichen Tätigkeit zugelassen ist;
- in Malta erhält der Unternehmer eine „numru ta’ registrazzjoni tat–Taxxa tal–Valur Miżjud (VAT) u n–numru tal–licenzja ta’ kummerc“ und im Fall von Personengesellschaften oder Unternehmen eine Eintragungsnummer der „Malta Financial Services Authority“;
- für die Niederlande das „Handelsregister“;
- für Österreich das „Firmenbuch“, das „Gewerbeinformationssystem Austria – GISA“, die „Mitgliederverzeichnisse der Landeskammern“;

- für Polen das „Krajowy Rejestr Sądowy";
- für Portugal das „Instituto da Construção e do Imobiliário" (INCI) bei Bauaufträgen und das „Registro Nacional das Pessoas Colectivas" bei Liefer- und Dienstleistungsaufträgen;
- für Rumänien das „Registrul Comerţului";
- für Slowenien das „sodni register" und das „obrtni register";
- für die Slowakei das „Obchodný register";
- für Finnland das „Kaupparekisteri" – „Handelsregistret";
- für Schweden das „aktiebolags-, handels- eller föreningsregistren";
- im Fall des Vereinigten Königreichs kann der Unternehmer aufgefordert werden, eine Bescheinigung des „Registrar of Companies" vorzulegen, aus der hervorgeht, dass er „incorporated" oder „registered" ist, oder anderenfalls eine Bescheinigung über eine von dem Betreffenden abgegebene eidesstattliche Erklärung, dass er den betreffenden Beruf an einem bestimmten Ort unter einer bestimmten Firma ausübt;
- für Island die „Firmaskrá";
- für Liechtenstein das „Gewerberegister";
- für Norwegen das „Foretaksregisteret".

---

*) Für die Zwecke der §§ 81 Abs. 1 und 252 Abs. 1 gelten als „Berufs- oder Handelsregister" die in diesem Anhang aufgeführten Register sowie für den Fall, dass auf innerstaatlicher Ebene Änderungen vorgenommen werden, die an ihre Stelle tretenden Register.

Anhang X

Nachweis der finanziellen und wirtschaftlichen Leistungsfähigkeit

(1) Als Nachweis für die finanzielle und wirtschaftliche Leistungsfähigkeit gemäß §§ 80 Abs. 1 Z 3 bzw. 251 Abs. 1 Z 3 kann der Auftraggeber insbesondere verlangen:

1. eine entsprechende Bankerklärung (Bonitätsauskunft),
2. den Nachweis einer entsprechenden Berufshaftpflichtversicherung in geeigneter Höhe,
3. die Vorlage von Jahresabschlüssen oder Auszügen aus diesen, sofern deren Offenlegung im Sitzstaat des Unternehmers gesetzlich vorgeschrieben ist, gegebenenfalls unter Angabe des Verhältnisses etwa zwischen Vermögen und Verbindlichkeiten, sofern der Auftraggeber die transparenten, objektiven und nicht diskriminierenden Methoden und Kriterien für die Ermittlung dieses Verhältnisses spezifiziert hat,
4. eine Erklärung über die solidarische Leistungserbringung von Subunternehmern gegenüber dem Auftraggeber, falls sich der Unternehmer zum Nachweis seiner finanziellen und wirtschaftlichen Leistungsfähigkeit auf die Kapazitäten von Subunternehmern stützt,
5. eine Erklärung über den Gesamtumsatz und gegebenenfalls über den Umsatz für den Tätigkeitsbereich, in den die gegenständliche Vergabe fällt, höchstens für die letzten drei Geschäftsjahre oder für einen kürzeren Tätigkeitszeitraum, falls das Unternehmen noch nicht so lange besteht,
6. eine Einstufung der Bonität des Unternehmers gemäß einem anerkannten Ratingsystem oder
7. den Nachweis eines Mindestgesamtjahresumsatzes und gegebenenfalls eines Mindestjahresumsatzes für den Tätigkeitsbereich, in den die gegenständliche Vergabe fällt.

(2) Der gemäß Abs. 1 Z 7 verlangte Mindestgesamtjahresumsatz darf nicht das Zweifache des geschätzten Auftragswertes überschreiten, außer in hinreichend begründeten Fällen, die mit den speziellen Risiken zusammenhängen, die die Wesensart der Leistung betreffen. Der Auftraggeber hat die wichtigsten Gründe für eine solche Überschreitung in der Ausschreibung oder im Vergabevermerk anzugeben.

(3) Der gemäß Abs. 1 Z 7 verlangte Mindestgesamtjahresumsatz bzw. Mindestjahresumsatz kann für Gruppen von Losen festgelegt werden, sofern der erfolgreiche Bieter den Zuschlag für mehrere Lose erhält, die gleichzeitig auszuführen sind.

(4) Bei einer Rahmenvereinbarung ist der höchstzulässige Gesamtjahresumsatz gemäß Abs. 2 auf Grundlage

1. des geschätzten Wertes des größten aufgrund der Rahmenvereinbarung zu vergebenden Auftrages oder
2. der Summe der geschätzten Werte der aufgrund der Rahmenvereinbarung zu vergebenden Aufträge, die voraussichtlich gleichzeitig ausgeführt werden,

zu berechnen. Ist keiner dieser Wert bekannt, so ist als Grundlage der geschätzte Wert der Rahmenvereinbarung heranzuziehen.

(5) Bei einem dynamischen Beschaffungssystem ist der höchstzulässige Gesamtjahresumsatz gemäß Abs. 2 auf Grundlage des geschätzten Wertes des größten aufgrund des dynamischen Beschaffungssystems zu vergebenden Auftrages zu berechnen.

Anhang XI

Nachweis der technischen Leistungsfähigkeit

(1) Als Nachweis der technischen Leistungsfähigkeit können bei Lieferaufträgen verlangt werden:

1. Referenzen über die wesentlichen, in den letzten drei Jahren erbrachten Lieferungen; soweit dies zur Sicherstellung eines ausreichenden Wettbewerbes erforderlich ist, kann der Auftraggeber einen längeren Zeitraum festlegen,
2. eine Beschreibung der technischen Ausrüstung, der Maßnahmen des Unternehmers zur Qualitätssicherung und seiner Untersuchungs- und Forschungsmöglichkeiten,
3. die Angabe der technischen Fachkräfte oder technischen Stellen, unabhängig davon, ob diese dem Unternehmen angehören, und zwar insbesondere derjenigen, die mit der Qualitätskontrolle beauftragt sind,
4. Muster, Beschreibungen und Fotografien der zu liefernden Waren, deren Echtheit auf Verlangen des Auftraggebers nachweisbar sein muss,
5. Bescheinigungen, die von zuständigen Instituten oder amtlichen Stellen für Qualitätskontrolle ausgestellt wurden und mit denen bestätigt wird, dass die durch entsprechende Bezugnahmen genau bezeichneten Waren bestimmten Spezifikationen oder Normen entsprechen,
6. bei Waren komplexer Art oder bei Waren, die ausnahmsweise einem besonderen Zweck dienen sollen, eine Kontrolle, die vom Auftraggeber oder in dessen Namen von einer zuständigen amtlichen Stelle im Herkunftsland des Unternehmers durchgeführt wird; Diese Kontrolle betrifft die Produktionskapazitäten und erforderlichenfalls die Untersuchungs- und Forschungsmöglichkeiten des Unternehmers sowie die von diesem für die Qualitätskontrolle getroffenen Vorkehrungen,
7. die Angabe der Umweltmanagementmaßnahmen, die der Unternehmer bei der Ausführung des Auftrages anwenden wird,
8. die Angabe von allfälligen Subunternehmern,
9. bei Lieferaufträgen, für die Verlege- oder Installationsarbeiten erforderlich sind, die Bescheinigung, dass der Unternehmer auch die für Verlege- oder Installationsarbeiten erforderliche Fachkunde, Effizienz und Erfahrung besitzt, und
10. die Angabe des Lieferantenmanagement- und –überwachungssystems, das dem Unternehmer zur Vertragserfüllung zur Verfügung steht.

(2) Als Nachweis der technischen Leistungsfähigkeit können bei Bauaufträgen verlangt werden:

1. Referenzen über die wesentlichen, in den letzten fünf Jahren erbrachten Bauleistungen; soweit dies zur Sicherstellung eines ausreichenden Wettbewerbes erforderlich ist, kann der Auftraggeber einen längeren Zeitraum festlegen,
2. eine Beschreibung der technischen Ausrüstung, der Maßnahmen des Unternehmers zur Qualitätssicherung und seiner Untersuchungs- und Forschungsmöglichkeiten,
3. die Angabe der technischen Fachkräfte oder technischen Stellen, unabhängig davon, ob diese dem Unternehmen angehören, und zwar insbesondere derjenigen, die mit der Qualitätskontrolle beauftragt sind oder über die der Unternehmer für die Ausführung des Bauvorhabens verfügen wird,
4. Ausbildungsnachweise und Bescheinigungen über die berufliche Befähigung des Unternehmers bzw. der Führungskräfte des Unternehmers,
5. die Angabe der Umweltmanagementmaßnahmen, die der Unternehmer bei der Ausführung des Auftrages anwenden wird,
6. eine Erklärung, aus der hervorgeht, über welche Ausstattung, welche Geräte und welche technische Ausrüstung der Unternehmer für die Ausführung des Auftrages verfügen wird,
7. eine Erklärung, aus der das jährliche Mittel der vom Unternehmer in den letzten drei Jahren Beschäftigten und die Anzahl seiner Führungskräfte in den letzten drei Jahren ersichtlich sind,
8. die Angabe von allfälligen Subunternehmern,
9. die Bescheinigung, dass der Unternehmer die für die Erbringung der Bauleistung erforderliche Fachkunde, Effizienz und Erfahrung besitzt, und
10. die Angabe des Lieferantenmanagement- und –überwachungssystems, das dem Unternehmer zur Vertragserfüllung zur Verfügung steht.

(3) Als Nachweis der technischen Leistungsfähigkeit können bei Dienstleistungsaufträgen verlangt werden:

1. Referenzen über die wesentlichen, in den letzten drei Jahren erbrachten Dienstleistungen; soweit dies zur Sicherstellung eines ausreichenden Wettbewerbes erforderlich ist, kann der Auftraggeber einen längeren Zeitraum festlegen,
2. eine Beschreibung der technischen Ausrüstung, der Maßnahmen des Unternehmers zur Qualitätssicherung und seiner Untersuchungs- und Forschungsmöglichkeiten,

3. die Angabe der technischen Fachkräfte oder technischen Stellen, unabhängig davon, ob diese dem Unternehmen angehören, und zwar insbesondere derjenigen, die mit der Qualitätskontrolle beauftragt sind,
4. bei Dienstleistungen komplexer Art oder bei Dienstleistungen, die ausnahmsweise einem besonderen Zweck dienen sollen, eine Kontrolle, die vom Auftraggeber oder in dessen Namen von einer zuständigen amtlichen Stelle im Herkunftsland des Unternehmers durchgeführt wird; Diese Kontrolle betrifft die technische Leistungsfähigkeit und erforderlichenfalls die Untersuchungs- und Forschungsmöglichkeiten des Unternehmers sowie die von diesem für die Qualitätskontrolle getroffenen Vorkehrungen,
5. Ausbildungsnachweise und Bescheinigungen über die berufliche Befähigung des Unternehmers bzw. der Führungskräfte des Unternehmers,
6. die Angabe der Umweltmanagementmaßnahmen, die der Unternehmer bei der Ausführung des Auftrages anwenden wird,
7. eine Erklärung, aus der hervorgeht, über welche Ausstattung, welche Geräte und welche technische Ausrüstung der Unternehmer für die Ausführung des Auftrages verfügen wird,
8. eine Erklärung, aus der das jährliche Mittel der vom Unternehmer in den letzten drei Jahren Beschäftigten und die Anzahl seiner Führungskräfte in den letzten drei Jahren ersichtlich sind,
9. die Angabe von allfälligen Subunternehmern,
10. die Bescheinigung, dass der Unternehmer die für die Erbringung der Dienstleistung erforderliche Fachkunde, Effizienz und Erfahrung besitzt, und
11. die Angabe des Lieferantenmanagement- und –überwachungssystems, das dem Unternehmer zur Vertragserfüllung zur Verfügung steht.

Anhang XII

Unionsrechtlich vorgeschriebene Modelle der Lebenszykluskostenrechnung gemäß § 92 Abs. 4 und § 263 Abs. 4

Anhang XIII

Daten zur Berechnung bestimmter über die gesamte Lebensdauer anfallenden externen Kosten von Straßenfahrzeugen

Tabelle 1: Energiegehalt von Kraftstoffen

Kraftstoff	Energiegehalt
Dieselkraftstoff	36 MJ/Liter
Ottokraftstoff	32 MJ/Liter
Erdgas	33-38 MJ/Nm^3
LPG	24 MJ/Liter
Ethanol	21 MJ/Liter
Biodiesel	33 MJ/Liter
Emulsionskraftstoff	32 MJ/Liter
Wasserstoff	11 MJ/Nm^3

Tabelle 2: Emissionskosten im Straßenverkehr (Preise von 2007)

CO_2	NO_x	Nichtmethan-Kohlenwasserstoffe	Partikel
0,03-0,04 EUR/kg	0,0044 EUR/g	0,001 EUR/g	0,087 EUR/g

Tabelle 3: Gesamtkilometerleistung von Straßenfahrzeugen

Fahrzeugklasse (Klassen M und N gemäß der Richtlinie 2007/46/EG bzw. Kraftfahrgesetz 1967 – KFG 1967, BGBl Nr. 267/1967	Gesamtkilometer-leistung
Personenkraftwagen (M1)	200 000 km
Leichte Nutzfahrzeuge (N1)	250 000 km
Schwere Nutzfahrzeuge (N2, N3)	1 000 000 km
Busse (M2, M3)	800 000 km

Anhang IVX

Anforderungen an die Energieeffizienz gemäß § 95

Bei der Vergabe von Liefer- und Dienstleistungsaufträgen sind folgende Anforderungen zu beachten:

a) Soweit Waren von einem der folgenden Rechtsakte erfasst werden, sind Waren zu beschaffen, die das Kriterium der Zugehörigkeit zur höchstmöglichen Energieeffizienzklasse erfüllen:

aa) Delegierte Verordnung (EU) Nr. 1059/2010 zur Ergänzung der Richtlinie 2010/30/EU im Hinblick auf die Kennzeichnung von Haushaltsgeschirrspülern in Bezug auf den Energieverbrauch, ABl. Nr. L 314 vom 30.11.2010 S. 1, idF der Delegierten Verordnung (EU) Nr. 518/2014 zur Änderung der delegierten Verordnungen (EU) Nr. 1059/2010, (EU) Nr. 1060/2010, (EU) Nr. 1061/2010, (EU) Nr. 1062/2010, (EU) Nr. 626/2011, (EU) Nr. 392/2012, (EU) Nr. 874/2012, (EU) Nr. 665/2013, (EU) Nr. 811/2013 und (EU) Nr. 812/2013 im Hinblick auf die Kennzeichnung energieverbrauchsrelevanter Produkte im Internet, ABl. Nr. L 147 vom 17.05.2014 S. 1, und der Delegierten Verordnung (EU) 2017/254 zur Änderung der Delegierten Verordnungen (EU) Nr. 1059/2010, (EU) Nr. 1060/2010, (EU) Nr. 1061/2010, (EU) Nr. 1062/2010, (EU) Nr. 626/2011, (EU) Nr. 392/2012, (EU) Nr. 874/2012, (EU) Nr. 665/2013, (EU) Nr. 811/2013, (EU) Nr. 812/2013, (EU) Nr. 65/2014, (EU) Nr. 1254/2014, (EU) 2015/1094, (EU) 2015/1186 und (EU) 2015/1187 im Hinblick auf die Anwendung von Toleranzen bei Prüfverfahren, ABl. Nr. L 38 vom 15.02.2017 S. 1;

bb) Delegierte Verordnung (EU) Nr. 1060/2010 zur Ergänzung der Richtlinie 2010/30/EU im Hinblick auf die Kennzeichnung von Haushaltskühlgeräten in Bezug auf den Energieverbrauch, ABl. Nr. L 314 vom 30.10.2010 S. 17, idF der Delegierten Verordnung (EU) Nr. 518/2014 zur Änderung der delegierten Verordnungen (EU) Nr. 1059/2010, (EU) Nr. 1060/2010, (EU) Nr. 1061/2010, (EU) Nr. 1062/2010, (EU) Nr. 626/2011, (EU) Nr. 392/2012, (EU) Nr. 874/2012, (EU) Nr. 665/2013, (EU) Nr. 811/2013 und (EU) Nr. 812/2013 im Hinblick auf die Kennzeichnung energieverbrauchsrelevanter Produkte im Internet, ABl. Nr. L 147 vom 17.05.2014 S. 1, und der Delegierten Verordnung (EU) 2017/254 zur Änderung der Delegierten Verordnungen (EU) Nr. 1059/2010, (EU) Nr. 1060/2010, (EU) Nr. 1061/2010, (EU) Nr. 1062/2010, (EU) Nr. 626/2011, (EU) Nr. 392/2012, (EU) Nr. 874/2012, (EU) Nr. 665/2013, (EU) Nr. 811/2013, (EU) Nr. 812/2013, (EU) Nr. 65/2014, (EU) Nr. 1254/2014, (EU) 2015/1094, (EU) 2015/1186 und (EU) 2015/1187 im Hinblick auf die Anwendung von Toleranzen bei Prüfverfahren, ABl. Nr. L 38 vom 15.02.2017 S. 1;

cc) Delegierte Verordnung (EU) Nr. 1061/2010 zur Ergänzung der Richtlinie 2010/30/EU im Hinblick auf die Kennzeichnung von Haushaltswaschmaschinen in Bezug auf den Energieverbrauch, ABl. Nr. L 314 vom 30.10.2010 S. 47, idF der Delegierten Verordnung (EU) Nr. 518/2014 zur Änderung der delegierten Verordnungen (EU) Nr. 1059/2010, (EU) Nr. 1060/2010, (EU) Nr. 1061/2010, (EU) Nr. 1062/2010, (EU) Nr. 626/2011, (EU) Nr. 392/2012, (EU) Nr. 874/2012, (EU) Nr. 665/2013, (EU) Nr. 811/2013 und (EU) Nr. 812/2013 im Hinblick auf die Kennzeichnung energieverbrauchsrelevanter Produkte im Internet, ABl. Nr. L 147 vom 17.05.2014 S. 1, und der Delegierten Verordnung (EU) 2017/254 zur Änderung der Delegierten Verordnungen (EU) Nr. 1059/2010, (EU) Nr. 1060/2010, (EU) Nr. 1061/2010, (EU) Nr. 1062/2010, (EU) Nr. 626/2011, (EU) Nr. 392/2012, (EU) Nr. 874/2012, (EU) Nr. 665/2013, (EU) Nr. 811/2013, (EU) Nr. 812/2013, (EU) Nr. 65/2014, (EU) Nr. 1254/2014, (EU) 2015/1094, (EU) 2015/1186 und (EU) 2015/1187 im Hinblick auf die Anwendung von Toleranzen bei Prüfverfahren, ABl. Nr. L 38 vom 15.02.2017 S. 1;

dd) Delegierte Verordnung (EU) Nr. 1062/2010 zur Ergänzung der Richtlinie 2010/30/EU im Hinblick auf die Kennzeichnung von Fernsehgeräten in Bezug auf den Energieverbrauch, ABl. Nr. L 314 vom 30.10.2010 S. 64, idF der Delegierten Verordnung (EU) Nr. 518/2014 zur Änderung der delegierten Verordnungen (EU) Nr. 1059/2010, (EU) Nr. 1060/2010, (EU) Nr. 1061/2010, (EU) Nr. 1062/2010, (EU) Nr. 626/2011, (EU) Nr. 392/2012, (EU) Nr. 874/2012, (EU) Nr. 665/2013, (EU) Nr. 811/2013 und (EU) Nr. 812/2013 im Hinblick auf die Kennzeichnung energieverbrauchsrelevanter Produkte im Internet, ABl. Nr. L 147 vom 17.05.2014 S. 1, und der Delegierten Verordnung (EU) 2017/254 zur Änderung der Delegierten Verordnungen (EU) Nr. 1059/2010, (EU) Nr. 1060/2010, (EU) Nr. 1061/2010, (EU) Nr. 1062/2010, (EU) Nr. 626/2011, (EU) Nr. 392/2012, (EU) Nr. 874/2012, (EU) Nr. 665/2013, (EU) Nr. 811/2013, (EU) Nr. 812/2013, (EU) Nr. 65/2014, (EU) Nr. 1254/2014, (EU) 2015/1094, (EU) 2015/1186 und (EU) 2015/1187 im Hinblick auf die Anwendung von Toleranzen bei Prüfverfahren, ABl. Nr. L 38 vom 15.02.2017 S. 1;

ee) Delegierte Verordnung (EU) Nr. 626/2011 zur Ergänzung der Richtlinie 2010/30/EU im Hinblick auf die Kennzeichnung von Luftkonditionierern in Bezug auf den Energieverbrauch; ABl. Nr. L 178 vom 06.07.2011 S. 1, idF der Delegierten Verordnung (EU) Nr. 518/2014 zur Änderung der delegierten Verordnungen (EU) Nr. 1059/2010, (EU) Nr. 1060/2010, (EU) Nr. 1061/2010, (EU) Nr. 1062/2010, (EU) Nr. 626/2011, (EU) Nr. 392/2012, (EU) Nr. 874/2012, (EU) Nr. 665/2013,

(EU) Nr. 811/2013 und (EU) Nr. 812/2013 im Hinblick auf die Kennzeichnung energieverbrauchsrelevanter Produkte im Internet, ABl. Nr. L 147 vom 17.05.2014 S. 1, und der Delegierten Verordnung (EU) 2017/254 zur Änderung der Delegierten Verordnungen (EU) Nr. 1059/2010, (EU) Nr. 1060/2010, (EU) Nr. 1061/2010, (EU) Nr. 1062/2010, (EU) Nr. 626/2011, (EU) Nr. 392/2012, (EU) Nr. 874/2012, (EU) Nr. 665/2013, (EU) Nr. 811/2013, (EU) Nr. 812/2013, (EU) Nr. 65/2014, (EU) Nr. 1254/2014, (EU) 2015/1094, (EU) 2015/1186 und (EU) 2015/1187 im Hinblick auf die Anwendung von Toleranzen bei Prüfverfahren, ABl. Nr. L 38 vom 15.02.2017 S. 1;

ff) Delegierte Verordnung (EU) Nr. 392/2012 zur Ergänzung der Richtlinie 2010/30/EU im Hinblick auf die Kennzeichnung von Haushaltswäschetrocknern in Bezug auf den Energieverbrauch, ABl. Nr. L 123 vom 09.05.2012 S. 1, idF der Delegierten Verordnung (EU) Nr. 518/2014 zur Änderung der delegierten Verordnungen (EU) Nr. 1059/2010, (EU) Nr. 1060/2010, (EU) Nr. 1061/2010, (EU) Nr. 1062/2010, (EU) Nr. 626/2011, (EU) Nr. 392/2012, (EU) Nr. 874/2012, (EU) Nr. 665/2013, (EU) Nr. 811/2013 und (EU) Nr. 812/2013 im Hinblick auf die Kennzeichnung energieverbrauchsrelevanter Produkte im Internet, ABl. Nr. L 147 vom 17.05.2014 S. 1, und der Delegierten Verordnung (EU) 2017/254 zur Änderung der Delegierten Verordnungen (EU) Nr. 1059/2010, (EU) Nr. 1060/2010, (EU) Nr. 1061/2010, (EU) Nr. 1062/2010, (EU) Nr. 626/2011, (EU) Nr. 392/2012, (EU) Nr. 874/2012, (EU) Nr. 665/2013, (EU) Nr. 811/2013, (EU) Nr. 812/2013, (EU) Nr. 65/2014, (EU) Nr. 1254/2014, (EU) 2015/1094, (EU) 2015/1186 und (EU) 2015/1187 im Hinblick auf die Anwendung von Toleranzen bei Prüfverfahren, ABl. Nr. L 38 vom 15.02.2017 S. 1;

gg) Delegierte Verordnung (EU) Nr. 874/2012 zur Ergänzung der Richtlinie 2010/30/EU im Hinblick auf die Energieverbrauchskennzeichnung von elektrischen Lampen und Leuchten, ABl. Nr. L 258 vom 26.09.2012 S. 1, idF der Delegierten Verordnung (EU) Nr. 518/2014 zur Änderung der delegierten Verordnungen (EU) Nr. 1059/2010, (EU) Nr. 1060/2010, (EU) Nr. 1061/2010, (EU) Nr. 1062/2010, (EU) Nr. 626/2011, (EU) Nr. 392/2012, (EU) Nr. 874/2012, (EU) Nr. 665/2013, (EU) Nr. 811/2013 und (EU) Nr. 812/2013 im Hinblick auf die Kennzeichnung energieverbrauchsrelevanter Produkte im Internet, ABl. Nr. L 147 vom 17.05.2014 S. 1, und der Delegierten Verordnung (EU) 2017/254 zur Änderung der Delegierten Verordnungen (EU) Nr. 1059/2010, (EU) Nr. 1060/2010, (EU) Nr. 1061/2010, (EU) Nr. 1062/2010, (EU) Nr. 626/2011, (EU) Nr. 392/2012, (EU) Nr. 874/2012, (EU) Nr. 665/2013, (EU) Nr. 811/2013, (EU) Nr. 812/2013, (EU) Nr. 65/2014, (EU) Nr. 1254/2014, (EU) 2015/1094, (EU) 2015/1186 und (EU) 2015/1187 im Hinblick auf die Anwendung von Toleranzen bei Prüfverfahren, ABl. Nr. L 38 vom 15.02.2017 S. 1;

hh) Delegierte Verordnung (EU) Nr. 665/2013 zur Ergänzung der Richtlinie 2010/30/EU im Hinblick auf die Energieverbrauchskennzeichnung von Staubsaugern, ABl. Nr. L 192 vom 13.07.2013 S. 1, idF der Delegierten Verordnung (EU) Nr. 518/2014 zur Änderung der delegierten Verordnungen (EU) Nr. 1059/2010, (EU) Nr. 1060/2010, (EU) Nr. 1061/2010, (EU) Nr. 1062/2010, (EU) Nr. 626/2011, (EU) Nr. 392/2012, (EU) Nr. 874/2012, (EU) Nr. 665/2013, (EU) Nr. 811/2013 und (EU) Nr. 812/2013 im Hinblick auf die Kennzeichnung energieverbrauchsrelevanter Produkte im Internet, ABl. Nr. L 147 vom 17.05.2014 S. 1, und der Delegierten Verordnung (EU) 2017/254 zur Änderung der Delegierten Verordnungen (EU) Nr. 1059/2010, (EU) Nr. 1060/2010, (EU) Nr. 1061/2010, (EU) Nr. 1062/2010, (EU) Nr. 626/2011, (EU) Nr. 392/2012, (EU) Nr. 874/2012, (EU) Nr. 665/2013, (EU) Nr. 811/2013, (EU) Nr. 812/2013, (EU) Nr. 65/2014, (EU) Nr. 1254/2014, (EU) 2015/1094, (EU) 2015/1186 und (EU) 2015/1187 im Hinblick auf die Anwendung von Toleranzen bei Prüfverfahren, ABl. Nr. L 38 vom 15.02.2017 S. 1;

ii) Delegierte Verordnung (EU) Nr. 811/2013 zur Ergänzung der Richtlinie 2010/30/EU im Hinblick auf die Energiekennzeichnung von Raumheizgeräten, Kombiheizgeräten, Verbundanlagen aus Raumheizgeräten, Temperaturreglern und Solareinrichtungen sowie von Verbundanlagen aus Kombiheizgeräten, Temperaturreglern und Solareinrichtungen, ABl. Nr. L 239 vom 06.09.2013 S. 1, idF der Delegierten Verordnung (EU) Nr. 518/2014 zur Änderung der delegierten Verordnungen (EU) Nr. 1059/2010, (EU) Nr. 1060/2010, (EU) Nr. 1061/2010, (EU) Nr. 1062/2010, (EU) Nr. 626/2011, (EU) Nr. 392/2012, (EU) Nr. 874/2012, (EU) Nr. 665/2013, (EU) Nr. 811/2013 und (EU) Nr. 812/2013 im Hinblick auf die Kennzeichnung energieverbrauchsrelevanter Produkte im Internet, ABl. Nr. L 147 vom 17.05.2014 S. 1, und der Delegierten Verordnung (EU) 2017/254 zur Änderung der Delegierten Verordnungen (EU) Nr. 1059/2010, (EU) Nr. 1060/2010, (EU) Nr. 1061/2010, (EU) Nr. 1062/2010, (EU) Nr. 626/2011, (EU) Nr. 392/2012, (EU) Nr. 874/2012, (EU) Nr. 665/2013, (EU) Nr. 811/2013, (EU) Nr. 812/2013, (EU) Nr. 65/2014, (EU) Nr. 1254/2014, (EU) 2015/1094, (EU) 2015/1186 und (EU) 2015/1187 im Hinblick auf die Anwendung von Toleranzen bei Prüfverfahren, ABl. Nr. L 38 vom 15.02.2017 S. 1;

jj) Delegierte Verordnung (EU) Nr. 812/2013 zur Ergänzung der Richtlinie 2010/30/EU im Hinblick auf die Energieeffizienzkennzeichnung von Warmwasserbereitern, Warmwasserspeichern und Verbundanlagen aus Warmwasserbereitern und Solareinrichtungen, ABl. Nr. L 239 vom 06.09.2013

S. 83, idF der Delegierten Verordnung (EU) Nr. 518/2014 zur Änderung der delegierten Verordnungen (EU) Nr. 1059/2010, (EU) Nr. 1060/2010, (EU) Nr. 1061/2010, (EU) Nr. 1062/2010, (EU) Nr. 626/2011, (EU) Nr. 392/2012, (EU) Nr. 874/2012, (EU) Nr. 665/2013, (EU) Nr. 811/2013 und (EU) Nr. 812/2013 im Hinblick auf die Kennzeichnung energieverbrauchsrelevanter Produkte im Internet, ABl. Nr. L 147 vom 17.05.2014 S. 1, und der Delegierten Verordnung (EU) 2017/254 zur Änderung der Delegierten Verordnungen (EU) Nr. 1059/2010, (EU) Nr. 1060/2010, (EU) Nr. 1061/2010, (EU) Nr. 1062/2010, (EU) Nr. 626/2011, (EU) Nr. 392/2012, (EU) Nr. 874/2012, (EU) Nr. 665/2013, (EU) Nr. 811/2013, (EU) Nr. 812/2013, (EU) Nr. 65/2014, (EU) Nr. 1254/2014, (EU) 2015/1094, (EU) 2015/1186 und (EU) 2015/1187 im Hinblick auf die Anwendung von Toleranzen bei Prüfverfahren, ABl. Nr. L 38 vom 15.02.2017 S. 1;

kk) Delegierte Verordnung (EU) Nr. 65/2014 zur Ergänzung der Richtlinie 2010/30/EU im Hinblick auf die Energieverbrauchskennzeichnung von Haushaltsbacköfen und –dunstabzugshauben, ABl. Nr. L 29 vom 31.01.2014 S. 1, idF der Delegierten Verordnung (EU) 2017/254 zur Änderung der Delegierten Verordnungen (EU) Nr. 1059/2010, (EU) Nr. 1060/2010, (EU) Nr. 1061/2010, (EU) Nr. 1062/2010, (EU) Nr. 626/2011, (EU) Nr. 392/2012, (EU) Nr. 874/2012, (EU) Nr. 665/2013, (EU) Nr. 811/2013, (EU) Nr. 812/2013, (EU) Nr. 65/2014, (EU) Nr. 1254/2014, (EU) 2015/1094, (EU) 2015/1186 und (EU) 2015/1187 im Hinblick auf die Anwendung von Toleranzen bei Prüfverfahren, ABl. Nr. L 38 vom 15.02.2017 S. 1;

ll) Delegierte Verordnung (EU) Nr. 1254/2014 zur Ergänzung der Richtlinie 2010/30/EU im Hinblick auf die Kennzeichnung von Wohnraumlüftungsgeräten in Bezug auf den Energieverbrauch, ABl. Nr. L 337 vom 25.11.2014 S. 27, idF der Delegierten Verordnung (EU) 2017/254 zur Änderung der Delegierten Verordnungen (EU) Nr. 1059/2010, (EU) Nr. 1060/2010, (EU) Nr. 1061/2010, (EU) Nr. 1062/2010, (EU) Nr. 626/2011, (EU) Nr. 392/2012, (EU) Nr. 874/2012, (EU) Nr. 665/2013, (EU) Nr. 811/2013, (EU) Nr. 812/2013, (EU) Nr. 65/2014, (EU) Nr. 1254/2014, (EU) 2015/1094, (EU) 2015/1186 und (EU) 2015/1187 im Hinblick auf die Anwendung von Toleranzen bei Prüfverfahren, ABl. Nr. L 38 vom 15.02.2017 S. 1;

mm) Delegierte Verordnung (EU) 2015/1094 zur Ergänzung der Richtlinie 2010/30/EU im Hinblick auf die Energieverbrauchskennzeichnung von gewerblichen Kühllagerschränken, ABl. Nr. L 177 vom 08.07.2015 S. 2, idF der Delegierten Verordnung (EU) 2017/254 zur Änderung der Delegierten Verordnungen (EU) Nr. 1059/2010, (EU) Nr. 1060/2010, (EU) Nr. 1061/2010, (EU) Nr. 1062/2010, (EU) Nr. 626/2011, (EU) Nr. 392/2012, (EU) Nr. 874/2012, (EU) Nr. 665/2013, (EU) Nr. 811/2013, (EU) Nr. 812/2013, (EU) Nr. 65/2014, (EU) Nr. 1254/2014, (EU) 2015/1094, (EU) 2015/1186 und (EU) 2015/1187 im Hinblick auf die Anwendung von Toleranzen bei Prüfverfahren, ABl. Nr. L 38 vom 15.02.2017 S. 1;

nn) Delegierte Verordnung (EU) 2015/1186 zur Ergänzung der Richtlinie 2010/30/EU im Hinblick auf die Energieverbrauchskennzeichnung von Einzelraumheizgeräten, ABl. Nr. L 193 vom 21.07.2015 S. 20, idF der Delegierten Verordnung (EU) 2017/254 zur Änderung der Delegierten Verordnungen (EU) Nr. 1059/2010, (EU) Nr. 1060/2010, (EU) Nr. 1061/2010, (EU) Nr. 1062/2010, (EU) Nr. 626/2011, (EU) Nr. 392/2012, (EU) Nr. 874/2012, (EU) Nr. 665/2013, (EU) Nr. 811/2013, (EU) Nr. 812/2013, (EU) Nr. 65/2014, (EU) Nr. 1254/2014, (EU) 2015/1094, (EU) 2015/1186 und (EU) 2015/1187 im Hinblick auf die Anwendung von Toleranzen bei Prüfverfahren, ABl. Nr. L 38 vom 15.02.2017 S. 1;

oo) Delegierte Verordnung (EU) 2015/1187 zur Ergänzung der Richtlinie 2010/30/EU im Hinblick auf die Energieverbrauchskennzeichnung von Festbrennstoffkesseln und Verbundanlagen aus einem Festbrennstoffkessel, Zusatzheizgeräten, Temperaturreglern und Solareinrichtungen, ABl. Nr. L 193 vom 21.07.2015 S. 43, idF der Delegierten Verordnung (EU) 2017/254 zur Änderung der Delegierten Verordnungen (EU) Nr. 1059/2010, (EU) Nr. 1060/2010, (EU) Nr. 1061/2010, (EU) Nr. 1062/2010, (EU) Nr. 626/2011, (EU) Nr. 392/2012, (EU) Nr. 874/2012, (EU) Nr. 665/2013, (EU) Nr. 811/2013, (EU) Nr. 812/2013, (EU) Nr. 65/2014, (EU) Nr. 1254/2014, (EU) 2015/1094, (EU) 2015/1186 und (EU) 2015/1187 im Hinblick auf die Anwendung von Toleranzen bei Prüfverfahren, ABl. Nr. L 38 vom 15.02.2017 S. 1.

b) Soweit Waren, die nicht unter lit. a fallen, von einer der folgenden Durchführungsmaßnahmen gemäß der Richtlinie 2009/125/EG zur Schaffung eines Rahmens für die Festlegung von Anforderungen an die umweltgerechte Gestaltung energieverbrauchsrelevanter Produkte, ABl. Nr. L 285 vom 21.10.2009 S. 10, erfasst werden, sind Waren zu beschaffen, die die in der jeweiligen Durchführungsmaßnahme festgelegten Referenzwerte für die Energieeffizienz erfüllen:

aa) Verordnung (EU) Nr. 1194/2012 zur Durchführung der Richtlinie 2009/125/EG im Hinblick auf die Anforderungen an die umweltgerechte Gestaltung von Lampen mit gebündeltem Licht, LED-Lampen und dazugehörigen Geräten, ABl. Nr. L 342 vom 14.12.2012 S. 1, idF der Verordnung (EU) 2015/1428 zur Änderung der Verordnung (EG) Nr. 244/2009 im Hinblick auf die Festlegung von Anforderungen an die umweltgerechte Gestaltung von Haushaltslampen mit ungebündeltem Licht und der Verordnung (EG) Nr. 245/2009 im Hinblick auf die Festlegung von Anforderungen an die umweltgerechte Gestaltung von Leuchtstofflampen ohne eingebautes Vorschaltgerät, Hochdruckentladungslampen sowie Vorschaltgeräte und Leuchten zu ihrem Betrieb und zur Aufhebung der Richtlinie 2000/55/EG und der Verordnung (EU) Nr. 1194/2012 im Hinblick auf die Anforderungen an die umweltgerechte Gestaltung von Lampen mit gebündeltem Licht, LED-Lampen und dazugehörigen Geräten, ABl. Nr. L 224 vom 27.08.2015 S 1;

bb) Verordnung (EU) Nr. 617/2013 zur Durchführung der Richtlinie 2009/125/EG im Hinblick auf die Festlegung von Anforderungen an die umweltgerechte Gestaltung von Computern und Computerservern, ABl. Nr. L 175 vom 27.06.2013 S. 13, idF der Verordnung (EU) 2016/2282 zur Änderung der Verordnungen (EG) Nr. 1275/2008, (EG) Nr. 107/2009, (EG) Nr. 278/2009, (EG) Nr. 640/2009, (EG) Nr. 641/2009, (EG) Nr. 642/2009, (EG) Nr. 643/2009, (EU) Nr. 1015/2010, (EU) Nr. 1016/2010, (EU) Nr. 327/2011, (EU) Nr. 206/2012, (EU) Nr. 547/2012, (EU) Nr. 932/2012, (EU) Nr. 617/2013, (EU) Nr. 666/2013, (EU) Nr. 813/2013, (EU) Nr. 814/2013, (EU) Nr. 66/2014, (EU) Nr. 548/2014, (EU) Nr. 1253/2014, (EU) 2015/1095, (EU) 2015/1185, (EU) 2015/1188, (EU) 2015/1189 und (EU) 2016/2281 im Hinblick auf die Anwendung von Toleranzen bei Prüfverfahren, ABl. Nr. L 346 vom 20.12.2016 S. 51;

cc) Verordnung (EU) Nr. 666/2013 zur Durchführung der Richtlinie 2009/125/EG im Hinblick auf die Festlegung von Anforderungen an die umweltgerechte Gestaltung von Staubsaugern, ABl. Nr. L 192 vom 13.07.2013 S. 24, idF der Verordnung (EU) 2016/2282 zur Änderung der Verordnungen (EG) Nr. 1275/2008, (EG) Nr. 107/2009, (EG) Nr. 278/2009, (EG) Nr. 640/2009, (EG) Nr. 641/2009, (EG) Nr. 642/2009, (EG) Nr. 643/2009, (EU) Nr. 1015/2010, (EU) Nr. 1016/2010, (EU) Nr. 327/2011, (EU) Nr. 206/2012, (EU) Nr. 547/2012, (EU) Nr. 932/2012, (EU) Nr. 617/2013, (EU) Nr. 666/2013, (EU) Nr. 813/2013, (EU) Nr. 814/2013, (EU) Nr. 66/2014, (EU) Nr. 548/2014, (EU) Nr. 1253/2014, (EU) 2015/1095, (EU) 2015/1185, (EU) 2015/1188, (EU) 2015/1189 und (EU) 2016/2281 im Hinblick auf die Anwendung von Toleranzen bei Prüfverfahren, ABl. Nr. L 346 vom 20.12.2016 S. 51;

dd) Verordnung (EU) Nr. 813/2013 zur Durchführung der Richtlinie 2009/125/EG im Hinblick auf die Festlegung von Anforderungen an die umweltgerechte Gestaltung von Raumheizgeräten und Kombiheizgeräten, ABl. Nr. L 239 vom 06.09.2013 S. 136, idF der Verordnung (EU) 2016/2282 zur Änderung der Verordnungen (EG) Nr. 1275/2008, (EG) Nr. 107/2009, (EG) Nr. 278/2009, (EG) Nr. 640/2009, (EG) Nr. 641/2009, (EG) Nr. 642/2009, (EG) Nr. 643/2009, (EU) Nr. 1015/2010, (EU) Nr. 1016/2010, (EU) Nr. 327/2011, (EU) Nr. 206/2012, (EU) Nr. 547/2012, (EU) Nr. 932/2012, (EU) Nr. 617/2013, (EU) Nr. 666/2013, (EU) Nr. 813/2013, (EU) Nr. 814/2013, (EU) Nr. 66/2014, (EU) Nr. 548/2014, (EU) Nr. 1253/2014, (EU) 2015/1095, (EU) 2015/1185, (EU) 2015/1188, (EU) 2015/1189 und (EU) 2016/2281 im Hinblick auf die Anwendung von Toleranzen bei Prüfverfahren, ABl. Nr. L 346 vom 20.12.2016 S. 51;

ee) Verordnung (EU) Nr. 814/2013 zur Durchführung der Richtlinie 2009/125/EG im Hinblick auf die Festlegung von Anforderungen an die umweltgerechte Gestaltung von Warmwasserbereitern und Warmwasserspeichern, ABl. Nr. L 239 vom 06.09.2013 S. 162, idF der Verordnung (EU) 2016/2282 zur Änderung der Verordnungen (EG) Nr. 1275/2008, (EG) Nr. 107/2009, (EG) Nr. 278/2009, (EG) Nr. 640/2009, (EG) Nr. 641/2009, (EG) Nr. 642/2009, (EG) Nr. 643/2009, (EU) Nr. 1015/2010, (EU) Nr. 1016/2010, (EU) Nr. 327/2011, (EU) Nr. 206/2012, (EU) Nr. 547/2012, (EU) Nr. 932/2012, (EU) Nr. 617/2013, (EU) Nr. 666/2013, (EU) Nr. 813/2013, (EU) Nr. 814/2013, (EU) Nr. 66/2014, (EU) Nr. 548/2014, (EU) Nr. 1253/2014, (EU) 2015/1095, (EU) 2015/1185, (EU) 2015/1188, (EU) 2015/1189 und (EU) 2016/2281 im Hinblick auf die Anwendung von Toleranzen bei Prüfverfahren, ABl. Nr. L 346 vom 20.12.2016 S. 51;

ff) Verordnung (EU) Nr. 66/2014 zur Durchführung der Richtlinie 2009/125/EG im Hinblick auf die Festlegung von Anforderungen an die umweltgerechte Gestaltung von Haushaltsbacköfen, -kochmulden und -dunstabzugshauben, ABl. Nr. L 29 vom 31.01.2014 S. 33, idF der Verordnung (EU) 2016/2282 zur Änderung der Verordnungen (EG) Nr. 1275/2008, (EG) Nr. 107/2009, (EG) Nr. 278/2009, (EG) Nr. 640/2009, (EG) Nr. 641/2009, (EG) Nr. 642/2009, (EG) Nr. 643/2009, (EU) Nr. 1015/2010, (EU) Nr. 1016/2010, (EU) Nr. 327/2011, (EU) Nr. 206/2012, (EU) Nr. 547/2012, (EU) Nr. 932/2012, (EU) Nr. 617/2013, (EU) Nr. 666/2013, (EU) Nr. 813/2013, (EU) Nr. 814/2013, (EU) Nr. 66/2014, (EU) Nr. 548/2014, (EU) Nr. 1253/2014, (EU) 2015/1095, (EU) 2015/1185, (EU) 2015/1188, (EU) 2015/1189 und (EU) 2016/2281 im Hinblick auf die Anwendung von Toleranzen bei Prüfverfahren, ABl. Nr. L 346 vom 20.12.2016 S. 51;

gg) Verordnung (EU) Nr. 548/2014 zur Umsetzung der Richtlinie 2009/125/EG hinsichtlich Kleinleistungs-, Mittelleistungs- und Großleistungstransformatoren, ABl. Nr. L 152 vom 22.05.2014 S. 1, idF der Verordnung (EU) 2016/2282 zur Änderung der Verordnungen (EG) Nr. 1275/2008, (EG) Nr. 107/2009, (EG) Nr. 278/2009, (EG) Nr. 640/2009, (EG) Nr. 641/2009, (EG) Nr. 642/2009, (EG)

Nr. 643/2009, (EU) Nr. 1015/2010, (EU) Nr. 1016/2010, (EU) Nr. 327/2011, (EU) Nr. 206/2012, (EU) Nr. 547/2012, (EU) Nr. 932/2012, (EU) Nr. 617/2013, (EU) Nr. 666/2013, (EU) Nr. 813/2013, (EU) Nr. 814/2013, (EU) Nr. 66/2014, (EU) Nr. 548/2014, (EU) Nr. 1253/2014, (EU) 2015/1095, (EU) 2015/1185, (EU) 2015/1188, (EU) 2015/1189 und (EU) 2016/2281 im Hinblick auf die Anwendung von Toleranzen bei Prüfverfahren, ABl. Nr. L 346 vom 20.12.2016 S. 51;

hh) Verordnung (EU) Nr. 1253/2014 zur Durchführung der Richtlinie 2009/125/EG hinsichtlich der Anforderungen an die umweltgerechte Gestaltung von Lüftungsanlagen, ABl. Nr. L 337 vom 25.11.2014 S. 8, idF der Verordnung (EU) 2016/2282 zur Änderung der Verordnungen (EG) Nr. 1275/2008, (EG) Nr. 107/2009, (EG) Nr. 278/2009, (EG) Nr. 640/2009, (EG) Nr. 641/2009, (EG) Nr. 642/2009, (EG) Nr. 643/2009, (EU) Nr. 1015/2010, (EU) Nr. 1016/2010, (EU) Nr. 327/2011, (EU) Nr. 206/2012, (EU) Nr. 547/2012, (EU) Nr. 932/2012, (EU) Nr. 617/2013, (EU) Nr. 666/2013, (EU) Nr. 813/2013, (EU) Nr. 814/2013, (EU) Nr. 66/2014, (EU) Nr. 548/2014, (EU) Nr. 1253/2014, (EU) 2015/1095, (EU) 2015/1185, (EU) 2015/1188, (EU) 2015/1189 und (EU) 2016/2281 im Hinblick auf die Anwendung von Toleranzen bei Prüfverfahren, ABl. Nr. L 346 vom 20.12.2016 S. 51;

ii) Verordnung (EU) 2015/1095 zur Durchführung der Richtlinie 2009/125/EG im Hinblick auf die Festlegung von Anforderungen an die umweltgerechte Gestaltung von gewerblichen Kühllagerschränken, Schnellkühlern/-frostern, Verflüssigungssätzen und Prozesskühlern, ABl. Nr. L 177 vom 08.07.2015 S 19, idF der Verordnung (EU) 2016/2282 zur Änderung der Verordnungen (EG) Nr. 1275/2008, (EG) Nr. 107/2009, (EG) Nr. 278/2009, (EG) Nr. 640/2009, (EG) Nr. 641/2009, (EG) Nr. 642/2009, (EG) Nr. 643/2009, (EU) Nr. 1015/2010, (EU) Nr. 1016/2010, (EU) Nr. 327/2011, (EU) Nr. 206/2012, (EU) Nr. 547/2012, (EU) Nr. 932/2012, (EU) Nr. 617/2013, (EU) Nr. 666/2013, (EU) Nr. 813/2013, (EU) Nr. 814/2013, (EU) Nr. 66/2014, (EU) Nr. 548/2014, (EU) Nr. 1253/2014, (EU) 2015/1095, (EU) 2015/1185, (EU) 2015/1188, (EU) 2015/1189 und (EU) 2016/2281 im Hinblick auf die Anwendung von Toleranzen bei Prüfverfahren, ABl. Nr. L 346 vom 20.12.2016 S. 51;

jj) Verordnung (EU) 2015/1185 zur Durchführung der Richtlinie 2009/125/EG im Hinblick auf die Festlegung von Anforderungen an die umweltgerechte Gestaltung von Festbrennstoff-Einzelraumheizgeräten, ABl. Nr. L 193 vom 21.07.2015 S. 1, idF der Verordnung (EU) 2016/2282 zur Änderung der Verordnungen (EG) Nr. 1275/2008, (EG) Nr. 107/2009, (EG) Nr. 278/2009, (EG) Nr. 640/2009, (EG) Nr. 641/2009, (EG) Nr. 642/2009, (EG) Nr. 643/2009, (EU) Nr. 1015/2010, (EU) Nr. 1016/2010, (EU) Nr. 327/2011, (EU) Nr. 206/2012, (EU) Nr. 547/2012, (EU) Nr. 932/2012, (EU) Nr. 617/2013, (EU) Nr. 666/2013, (EU) Nr. 813/2013, (EU) Nr. 814/2013, (EU) Nr. 66/2014, (EU) Nr. 548/2014, (EU) Nr. 1253/2014, (EU) 2015/1095, (EU) 2015/1185, (EU) 2015/1188, (EU) 2015/1189 und (EU) 2016/2281 im Hinblick auf die Anwendung von Toleranzen bei Prüfverfahren, ABl. Nr. L 346 vom 20.12.2016 S. 51;

kk) Verordnung (EU) 2015/1188 zur Durchführung der Richtlinie 2009/125/EG im Hinblick auf die Festlegung von Anforderungen an die umweltgerechte Gestaltung von Einzelraumheizgeräten, ABl. Nr. L 193 vom 21.07.2015 S. 76, idF der Verordnung (EU) 2016/2282 zur Änderung der Verordnungen (EG) Nr. 1275/2008, (EG) Nr. 107/2009, (EG) Nr. 278/2009, (EG) Nr. 640/2009, (EG) Nr. 641/2009, (EG) Nr. 642/2009, (EG) Nr. 643/2009, (EU) Nr. 1015/2010, (EU) Nr. 1016/2010, (EU) Nr. 327/2011, (EU) Nr. 206/2012, (EU) Nr. 547/2012, (EU) Nr. 932/2012, (EU) Nr. 617/2013, (EU) Nr. 666/2013, (EU) Nr. 813/2013, (EU) Nr. 814/2013, (EU) Nr. 66/2014, (EU) Nr. 548/2014, (EU) Nr. 1253/2014, (EU) 2015/1095, (EU) 2015/1185, (EU) 2015/1188, (EU) 2015/1189 und (EU) 2016/2281 im Hinblick auf die Anwendung von Toleranzen bei Prüfverfahren, ABl. Nr. L 346 vom 20.12.2016 S. 51;

ll) Verordnung (EU) 2015/1189 zur Durchführung der Richtlinie 2009/125/EG im Hinblick auf die Festlegung von Anforderungen an die umweltgerechte Gestaltung von Festbrennstoffkesseln, ABl. Nr. L 193 vom 21.07.2015 S. 100, idF der Verordnung (EU) 2016/2282 zur Änderung der Verordnungen (EG) Nr. 1275/2008, (EG) Nr. 107/2009, (EG) Nr. 278/2009, (EG) Nr. 640/2009, (EG) Nr. 641/2009, (EG) Nr. 642/2009, (EG) Nr. 643/2009, (EU) Nr. 1015/2010, (EU) Nr. 1016/2010, (EU) Nr. 327/2011, (EU) Nr. 206/2012, (EU) Nr. 547/2012, (EU) Nr. 932/2012, (EU) Nr. 617/2013, (EU) Nr. 666/2013, (EU) Nr. 813/2013, (EU) Nr. 814/2013, (EU) Nr. 66/2014, (EU) Nr. 548/2014, (EU) Nr. 1253/2014, (EU) 2015/1095, (EU) 2015/1185, (EU) 2015/1188, (EU) 2015/1189 und (EU) 2016/2281 im Hinblick auf die Anwendung von Toleranzen bei Prüfverfahren, ABl. Nr. L 346 vom 20.12.2016 S. 51;

mm) Verordnung (EU) 2016/2281 zur Durchführung der Richtlinie 2009/125/EG zur Schaffung eines Rahmens für die Festlegung von Anforderungen an die umweltgerechte Gestaltung energieverbrauchsrelevanter Produkte im Hinblick auf Luftheizungsprodukte, Kühlungsprodukte, Prozesskühler mit hoher Betriebstemperatur und Gebläsekonvektoren, ABl. Nr. L 346 vom 20.12.2016 S. 1, idF der Verordnung (EU) 2016/2282 zur Änderung der Verordnungen (EG) Nr. 1275/2008, (EG)

Nr. 107/2009, (EG) Nr. 278/2009, (EG) Nr. 640/2009, (EG) Nr. 641/2009, (EG) Nr. 642/2009, (EG) Nr. 643/2009, (EU) Nr. 1015/2010, (EU) Nr. 1016/2010, (EU) Nr. 327/2011, (EU) Nr. 206/2012, (EU) Nr. 547/2012, (EU) Nr. 932/2012, (EU) Nr. 617/2013, (EU) Nr. 666/2013, (EU) Nr. 813/2013, (EU) Nr. 814/2013, (EU) Nr. 66/2014, (EU) Nr. 548/2014, (EU) Nr. 1253/2014, (EU) 2015/1095, (EU) 2015/1185, (EU) 2015/1188, (EU) 2015/1189 und (EU) 2016/2281 im Hinblick auf die Anwendung von Toleranzen bei Prüfverfahren, ABl. Nr. L 346 vom 20.12.2016 S. 51.

c) Soweit Bürogeräte von einem der folgenden Rechtsakte erfasst sind, sind Bürogeräte zu beschaffen, die zumindest jene Energieeffizienzanforderungen erfüllen, die in den folgenden Rechtsakten aufgeführt sind:

aa) Beschluss zur Festlegung des Standpunkts der Europäischen Union für einen Beschluss der nach dem Abkommen zwischen der Regierung der Vereinigten Staaten von Amerika und der Europäischen Union über die Koordinierung von Kennzeichnungsprogrammen für Strom sparende Bürogeräte eingesetzten Verwaltungsorgane zur Aufnahme von Spezifikationen für Computerserver und die unterbrechungsfreie Stromversorgung in Anhang C des Abkommens und zur Überarbeitung der Spezifikationen für Displays und bildgebende Geräte in Anhang C des Abkommens (2014/202/EU), ABl. Nr. L 114 vom 16.04.2014 S. 68;

bb) Beschluss (EU) 2015/1402 zur Festlegung des Standpunkts der Europäischen Union in Bezug auf einen Beschluss der nach dem Abkommen zwischen der Regierung der Vereinigten Staaten von Amerika und der Europäischen Union über die Koordinierung von Kennzeichnungsprogrammen für stromsparende Bürogeräte eingesetzten Verwaltungsorgane über die Änderung der Spezifikationen für Computer in Anhang C des Abkommens, ABl. Nr. L 217 vom 18.08.2015 S. 9;

cc) Beschluss (EU) 2016/1756 zur Festlegung des Standpunkts der Europäischen Union in Bezug auf einen Beschluss der nach dem Abkommen zwischen der Regierung der Vereinigten Staaten von Amerika und der Europäischen Union über die Koordinierung von Kennzeichnungsprogrammen für Strom sparende Bürogeräte eingesetzten Verwaltungsorgane über die Änderung der Spezifikationen für Displays in Anhang C des Abkommens, ABl. Nr. L 268 vom 01.10.2016 S. 90.

d) Es sind Reifen zu beschaffen, die das Kriterium der Zugehörigkeit zur höchsten Energieeffizienzklasse gemäß der Festlegung durch die Verordnung (EG) Nr. 1222/2009 über die Kennzeichnung von Reifen in Bezug auf die Kraftstoffeffizienz und andere wesentliche Parameter, ABl. Nr. L 342 vom 22.12.2009 S. 46, idF der Verordnung (EU) Nr. 228/2011 zur Änderung der Verordnung (EG) Nr. 1222/2009 in Bezug auf die Prüfmethode für die Nasshaftung von Reifen der Klasse C1, ABl. Nr. L 62 vom 09.03.2011 S. 1 und der Verordnung (EU) Nr. 1235/2011 zur Änderung der Verordnung (EG) Nr. 1222/2009 im Hinblick auf die Klassifizierung von Reifen hinsichtlich ihrer Nasshaftungseigenschaften, die Messung des Rollwiderstands und das Überprüfungsverfahren, ABl. Nr. L 317 vom 30.11.2011 S. 17, erfüllen. Die in **Anhang III** genannten öffentlichen Auftraggeber können jedoch auch Reifen mit den besten Nasshaftungseigenschaften oder dem geringsten Abrollgeräusch beschaffen, sofern dies aus Gründen der Sicherheit oder der öffentlichen Gesundheit gerechtfertigt ist.

Anhang XV

Inhalt der Aufforderung zur Angebotsabgabe, zur Teilnahme am Dialog oder zur Interessensbestätigung

1. Die Aufforderung zur Angebotsabgabe oder zur Teilnahme am Dialog gemäß § 123 Abs. 8 hat zumindest folgende Angaben zu enthalten:

a) einen Hinweis auf die veröffentlichte Bekanntmachung,
b) den Tag, bis zu dem die Angebote bzw. Lösungsvorschläge eingehen müssen, die Anschrift bzw. die elektronische Adresse der Stelle, bei der sie einzureichen sind, sowie die Sprache, in der sie abzufassen sind,
c) beim wettbewerblichen Dialog den Termin und den Ort des Beginns der Dialogphase sowie die verwendete Sprache,
d) die Bezeichnung der Unterlagen, die gegebenenfalls zum Nachweis der Eignung oder der Anforderungen gemäß § 87 noch beizufügen sind und
e) die im Verhältnis der ihnen zuerkannten Bedeutung festgelegten oder gegebenenfalls gereihten Zuschlagskriterien, falls sie nicht in der Ausschreibung oder in der Aufforderung zur Interessensbestätigung enthalten sind.

2. Die Aufforderung zur Angebotsabgabe oder zur Teilnahme am Dialog gemäß § 290 Abs. 8 hat zumindest folgende Angaben zu enthalten:

a) einen Hinweis auf die veröffentlichte Bekanntmachung,
b) den Tag, bis zu dem die Angebote bzw. Lösungsvorschläge eingehen müssen, die Anschrift bzw. die elektronische Adresse der Stelle, bei der sie einzureichen sind, sowie die Sprache, in der sie abzufassen sind,
c) beim wettbewerblichen Dialog den Termin und den Ort des Beginns der Dialogphase sowie die verwendete Sprache,
d) die Bezeichnung der Unterlagen, die gegebenenfalls beizufügen sind,
e) die im Verhältnis der ihnen zuerkannten Bedeutung festgelegten oder gegebenenfalls gereihten Zuschlagskriterien, falls sie nicht in der Ausschreibung, in der Bekanntmachung über das Bestehen eines Prüfsystems oder in der Aufforderung zur Interessensbestätigung enthalten sind, und
f) für den Fall, dass die Bekanntmachung im Wege einer Bekanntmachung über das Bestehen eines Prüfsystems erfolgt ist, gegebenenfalls Angabe, ob das Angebot, dem der Zuschlag erteilt werden soll, im Wege einer elektronischen Auktion ermittelt werden soll bzw. Angabe, ob das Angebot in Form eines elektronischen Kataloges abgegeben werden oder das Angebot einen elektronischen Katalog beinhalten soll.

3. Die Aufforderung zur Interessensbestätigung gemäß § 124 bzw. § 291 hat zumindest folgende Angaben zu enthalten:

a) Art und Umfang des Auftrages, einschließlich aller Optionen auf zusätzliche Aufträge, und, sofern möglich, eine Einschätzung der Frist für die Ausübung dieser Optionen; bei wiederkehrenden Aufträgen Art und Umfang auch, sofern möglich, das voraussichtliche Datum der Veröffentlichung zukünftiger Bekanntmachungen für diese Leistungen,
b) die Art des Verfahrens (nicht offenes Verfahren oder Verhandlungsverfahren),
c) gegebenenfalls den Zeitpunkt, zu dem die Erbringung der Leistung beginnt bzw. abgeschlossen werden soll,
d) gegebenenfalls Angabe, ob das Angebot, dem der Zuschlag erteilt werden soll, im Wege einer elektronischen Auktion ermittelt werden soll bzw. Angabe, ob das Angebot in Form eines elektronischen Kataloges abgegeben werden oder das Angebot einen elektronischen Katalog beinhalten soll,
e) Anschrift bzw. elektronische Adresse des Auftraggebers,
f) alle wirtschaftlichen und technischen Anforderungen, finanziellen Sicherheiten und Angaben, die von den Unternehmern verlangt werden,
g) die Art des Auftragsgegenstandes
h) die im Verhältnis der ihnen zuerkannten Bedeutung festgelegten oder gegebenenfalls gereihten Zuschlagskriterien, falls sie nicht in der Ausschreibung enthalten sind.

Anhang XVI

Besondere Dienstleistungsaufträge gemäß den §§ 151 und 312*)

A. Dienstleistungen des Gesundheits– und Sozialwesens und zugehörige Dienstleistungen

1.	75200000-8	Kommunale Dienstleistungen
2.	75231200-6	Mit Strafvollzug und Rehabilitierung verbundene Dienstleistungen
3.	75231240-8	Bewährungshilfe
4.	79611000-0	Arbeitsvermittlungsdienste
5.	79622000-0	Überlassung von Haushaltshilfen
6.	79625000-1	Überlassung von medizinischem Personal
7.	85000000-9	Dienstleistungen des Gesundheits- und Sozialwesens
8.	85100000-0	Dienstleistungen des Gesundheitswesens
9.	85110000-3	Dienstleistungen von Krankenhäusern und zugehörige Leistungen
10.	85111000-0	Dienstleistungen von Krankenhäusern
11.	85111100-1	Chirurgische Eingriffe im Krankenhaus
12.	85111200-2	Ärztliche Versorgung im Krankenhaus
13.	85111300-3	Gynäkologische Versorgung im Krankenhaus
14.	85111310-6	Künstliche Befruchtung
15.	85111320-9	Geburtshilfe im Krankenhaus
16.	85111400-4	Rehabilitationsmaßnahmen im Krankenhaus
17.	85111500-5	Psychiatrische Versorgung im Krankenhaus
18.	85111600-6	Dienstleistungen im Bereich Orthopädie
19.	85111700-7	Sauerstofftherapiedienste
20.	85111800-8	Pathologiedienste
21.	85111810-1	Blutuntersuchungen
22.	85111820-4	Bakteriologische Untersuchungen
23.	85111900-9	Dialysedienste von Krankenhäusern
24.	85112000-7	Unterstützung von Krankenhäusern
25.	85112100-8	Dienstleistungen im Bereich der Krankenhausbettwäsche
26.	85112200-9	Ambulante Behandlungen
27.	85120000-6	Dienstleistungen von Arztpraxen und zugehörige Dienstleistungen
28.	85121000-3	Dienstleistungen von Arztpraxen
29.	85121100-4	Dienstleistungen von praktischen Ärzten
30.	85121200-5	Dienstleistungen von Fachärzten
31.	85121210-8	Dienstleistungen von Gynäkologen oder Geburtshelfern
32.	85121220-1	Dienstleistungen von Nephrologen oder Neurologen
33.	85121230-4	Dienstleistungen von Kardiologen oder Lungenspezialisten
34.	85121231-1	Dienstleistungen von Kardiologen
35.	85121232-8	Dienstleistungen von Lungenspezialisten
36.	85121240-7	Dienstleistungen von HNO oder Audiologen
37.	85121250-0	Dienstleistungen von Gastroenterologen und Geriatrie-Spezialisten
38.	85121251-7	Dienstleistungen von Gastroenterologen
39.	85121252-4	Dienstleistungen von Geriatrie-Spezialisten
40.	85121270-6	Dienstleistungen von Psychiatern oder Psychologen
41.	85121271-3	Dienstleistungen von Einrichtungen für psychisch Kranke
42.	85121280-9	Dienstleistungen von Ophtalmologen, Dermatologen oder Orthopäden
43.	85121281-6	Dienstleistungen von Ophtalmologen
44.	85121282-3	Dienstleistungen von Dermatologen
45.	85121283-0	Dienstleistungen von Orthopäden
46.	85121290-2	Dienstleistungen von Kinderärzten oder Urologen
47.	85121291-9	Dienstleistungen von Kinderärzten

48.	85121292-6	Dienstleistungen von Urologen
49.	85121300-6	Dienstleistungen von Chirurgen
50.	85130000-9	Dienstleistungen von Zahnarztpraxen und zugehörige Dienstleistungen
51.	85131000-6	Dienstleistungen von Zahnarztpraxen
52.	85131100-7	Dienstleistungen im Bereich Kieferorthopädie
53.	85131110-0	Chirurgische Behandlung in der Kieferorthopädie
54.	85140000-2	Diverse Dienstleistungen im Gesundheitswesen
55.	85141000-9	Dienstleistungen von medizinischem Personal
56.	85141100-0	Dienstleistungen von Hebammen
57.	85141200-1	Dienstleistungen von Krankenpflegepersonal
58.	85141210-4	Medizinische Hausbehandlung
59.	85141211-1	Hausdialysebehandlung
60.	85141220-7	Beratungsleistungen von Krankenpflegepersonal
61.	85142000-6	Dienstleistungen von nichtärztlichem Personal
62.	85142100-7	Physiotherapiedienste
63.	85142200-8	Dienstleistungen von Homöopathen
64.	85142300-9	Hygienedienste
65.	85142400-0	Hauszustellung von Inkontinenzartikeln
66.	85143000-3	Einsatz von Krankenwagen
67.	85144000-0	Dienstleistungen von Krankenanstalten
68.	85144100-1	Dienstleistungen von Pflegeeinrichtungen
69.	85145000-7	Dienstleistungen von medizinischen Laboratorien
70.	85146000-4	Dienstleistungen von Blutbanken
71.	85146100-5	Dienstleistungen von Spermabanken
72.	85146200-6	Dienstleistungen von Organbanken
73.	85147000-1	Betriebliche Gesundheitsfürsorge
74.	85148000-8	Medizinische Analysedienste
75.	85149000-5	Dienstleistungen im pharmazeutischen Bereich
76.	85150000-5	Dienstleistungen im Bereich medizinische Bildverarbeitung
77.	85160000-8	Dienstleistungen von Optikern
78.	85170000-1	Dienstleistungen in den Bereichen Akupunktur und Chiropraktik
79.	85171000-8	Dienstleistungen im Bereich Akupunktur
80.	85172000-5	Dienstleistungen im Bereich Chiropraktik
81.	85200000-1	Dienstleistungen des Veterinärwesens
82.	85210000-3	Haustierzuchten
83.	85300000-2	Dienstleistungen des Sozialwesens und zugehörige Dienstleistungen
84.	85310000-5	Dienstleistungen des Sozialwesens
85.	85311000-2	Dienstleistungen im Sozialwesen in Verbindung mit Heimen
86.	85311100-3	Altenfürsorgeleistungen
87.	85311200-4	Behindertenfürsorgeleistungen
88.	85311300-5	Kinder- und Jugendfürsorgeleistungen
89.	85312000-9	Dienstleistungen der Sozialfürsorge, ohne Unterbringung
90.	85312100-0	Betreuung in Tagesstätten
91.	85312110-3	Betreuungsleistungen in Kinderkrippen
92.	85312120-6	Betreuungsleistungen für behinderte Kinder und Jugendliche in Tagesheimen
93.	85312200-1	Lebensmittel-Hauslieferungen
94.	85312300-2	Orientierungs- und Beratungsdienste
95.	85312310-5	Orientierungsdienste
96.	85312320-8	Beratungsdienste
97.	85312330-1	Familienplanung
98.	85312400-3	Nicht in Heimen erbrachte Fürsorgeleistungen

99.	85312500-4	Rehabilitation
100.	85312510-7	Berufliche Wiedereingliederung
101.	85320000-8	Dienstleistungen im Sozialwesen
102.	85321000-5	Verwaltungsdienste im Sozialwesen
103.	85322000-2	Kommunales Aktionsprogramm
104.	85323000-9	Kommunaler Gesundheitsdienst
105.	98133100-5	Verbesserung und Unterstützung der Verwaltungs- und Gemeinschaftseinrichtungen
106.	98133000-4	Dienstleistungen sozialer Interessenverbände
107.	98200000-5	Beratung in Sachen Chancengleichheit
108.	98500000-8	Privathaushalte mit Hausangestellten
109.	98513000-2	Bereitstellung von Arbeitskräften für private Haushalte
110.	98513100-3	Vermittlung von Arbeitskräften für private Haushalte
111.	98513200-4	Bereitstellung von Bürokräften für private Haushalte
112.	98513300-5	Bereitstellung von Zeitarbeitskräften für private Haushalte
113.	98513310-8	Dienstleistungen von Haushaltshilfen
114.	98514000-9	Haushaltungsdienste

B. Administrative Dienstleistungen im Sozial–, Bildungs–, Gesundheits– und kulturellen Bereich

1.	85321000-5	Verwaltungsdienste im Sozialwesen
2.	85322000-2	Kommunales Aktionsprogramm
3.	75000000-6	Dienstleistungen der öffentlichen Verwaltung, Verteidigung und Sozialversicherung
4.	75121000-0	Administrative Dienste im Bildungswesen
5.	75122000-7	Administrative Dienste im Gesundheitswesen
6.	75124000-1	Administrative Dienste in den Bereichen Freizeit, Kultur und Religion
7.	79995000-5	Bibliotheksverwaltung
8.	79995100-6	Archivierung
9.	79995200-7	Katalogisierung
10.	80000000-4	Allgemeine und berufliche Bildung
11.	80100000-5	Grundschulunterricht
12.	80110000-8	Vorschulunterricht
13.	80200000-6	Unterricht im Sekundarbereich
14.	80210000-9	Unterricht in technischen und berufsbildenden weiterführenden Schulen
15.	80211000-6	Unterricht in technischen weiterführenden Schulen
16.	80212000-3	Unterricht in berufsbildenden weiterführenden Schulen
17.	80300000-7	Dienstleistungen von Hochschulen
18.	80310000-0	Jugendbildung
19.	80320000-3	Ausbildung im medizinischen Bereich
20.	80330000-6	Ausbildung im Bereich Sicherheit
21.	80340000-9	Sonderausbildung
22.	80400000-8	Erwachsenenbildung und sonstiger Unterricht
23.	80410000-1	Verschiedene Unterrichts- und Ausbildungsdienste
24.	80411000-8	Ausbildung in Fahrschulen
25.	80411100-9	Abnahme der Fahrprüfung
26.	80411200-0	Erteilung von Fahrstunden
27.	80412000-5	Ausbildung in Flugschulen
28.	80413000-2	Ausbildung in Segelschulen
29.	80414000-9	Ausbildung in Tauchschulen
30.	80415000-6	Skikurse

31.	80420000-4	E-Learning
32.	80430000-7	Erwachsenenbildung auf Hochschulebene
33.	80490000-5	Betrieb einer Bildungseinrichtung
34.	80500000-9	Ausbildung
35.	80510000-2	Spezialausbildung
36.	80511000-9	Ausbildung des Personals
37.	80512000-6	Hundeschulung
38.	80513000-3	Reitunterricht
39.	80520000-5	Ausbildungseinrichtungen
40.	80521000-2	Mit Ausbildungsprogrammen verbundene Dienstleistungen
41.	80522000-9	Schulungsseminare
42.	80530000-8	Berufsausbildung
43.	80531000-5	Industrielle und technische Ausbildung
44.	80531100-6	Fachausbildung
45.	80531200-7	Technische Ausbildung
46.	80532000-2	Managementausbildung
47.	80533000-9	Einführung und Ausbildung im Umgang mit Computern
48.	80533100-0	Ausbildung im Umgang mit Computern
49.	80533200-1	Computerkurse
50.	80540000-1	Ausbildung im Umweltschutz
51.	80550000-4	Sicherheitsausbildung
52.	80560000-7	Ausbildung in Gesundheitsschutz und erster Hilfe
53.	80561000-4	Ausbildung in Gesundheitsschutz
54.	80562000-1	Ausbildung in erster Hilfe
55.	80570000-0	Ausbildung in der Persönlichkeitsentwicklung
56.	80580000-3	Veranstaltung von Sprachkursen
57.	80590000-6	Tutorendienste
58.	80600000-0	Schulung für Verteidigungsgüter und Sicherheitsausrüstung
59.	80610000-3	Schulung und Simulation für Sicherheitsausrüstung
60.	80620000-6	Schulung und Simulation für Feuerwaffen und Munition
61.	80630000-9	Schulung und Simulation für Militärfahrzeuge
62.	80640000-2	Schulung und Simulation für Kriegsschiffe
63.	80650000-5	Schulung und Simulation für Luftfahrzeuge, Raketen und Raumfahrzeuge
64.	80660000-8	Schulung und Simulation für militärischen Zwecken dienende elektronische Systeme
65.	92000000-1	Dienstleistungen in den Bereichen Erholung, Kultur und Sport
66.	92100000-2	Dienstleistungen im Bereich Film und Videofilm
67.	92110000-5	Film- und Videofilmherstellung und verbundene Dienstleistungen
68.	92111000-2	Film- und Videofilmherstellung
69.	92111100-3	Herstellung von Lehrfilmen und -videofilmen
70.	92111200-4	Herstellung von Werbe-, Reklame- und Informationsfilmen und -videofilmen
71.	92111210-7	Herstellung von Werbefilmen
72.	92111220-0	Herstellung von Werbevideofilmen
73.	92111230-3	Herstellung von Reklamefilmen
74.	92111240-6	Herstellung von Reklamevideofilmen
75.	92111250-9	Herstellung von Informationsfilmen
76.	92111260-2	Herstellung von Informationsvideofilmen
77.	92111300-5	Herstellung von Unterhaltungsfilmen und -videofilmen
78.	92111310-8	Herstellung von Unterhaltungsfilmen
79.	92111320-1	Herstellung von Unterhaltungsvideofilmen
80.	92112000-9	Dienstleistungen im Zusammenhang mit Film- und Videofilmherstellung

BVergG

81.	92120000-8	Verleih von Filmen und Videofilmen
82.	92121000-5	Verleih von Videofilmen
83.	92122000-2	Verleih von Filmen
84.	92130000-1	Filmvorführungen
85.	92140000-4	Videofilmvorführung
86.	92200000-3	Dienstleistungen in Verbindung mit Rundfunk- und Fernsehprogrammen
87.	92210000-6	Rundfunkdienste
88.	92211000-3	Produktion von Rundfunksendungen
89.	92213000-7	Rundfunksysteme kleinen Maßstabs
90.	92214000-4	Dienstleistungen im Zusammenhang mit Rundfunkstudios oder -ausstattung
91.	92215000-1	GMRS-Funkdienste (General Mobile Radio Services)
92.	92216000-8	FRS-Funkdienste (Family Radio Services)
93.	92217000-5	GMRS-Funkdienste/FRS-Funkdienste
94.	92220000-9	Fernsehdienste
95.	92221000-6	Produktion von Fernsehsendungen
96.	92222000-3	Videoüberwachung (CCTS)
97.	92224000-7	Digitales Fernsehen
98.	92225000-4	Interaktives Fernsehen
99.	92225100-7	Filmabruf über das Fernsehen
100.	92226000-1	Fernsehprogrammierung
101.	92230000-2	Kabelrundfunk und -fernsehen
102.	92231000-9	Internationale bilaterale Dienste und internationale private Mietleitungen
103.	92232000-6	Kabelfernsehen
104.	92300000-4	Unterhaltungsdienste
105.	92310000-7	Künstlerische und schriftstellerische Tätigkeiten und Darbietungen
106.	92311000-4	Kunstwerke
107.	92312000-1	Künstlerische Dienstleistungen
108.	92312100-2	Unterhaltungsdienstleistungen von Theaterregisseuren, Chören, Musikkapellen und Orchestern
109.	92312110-5	Unterhaltungsdienstleistungen von Theaterregisseuren
110.	92312120-8	Unterhaltungsdienstleistungen von Chören
111.	92312130-1	Unterhaltungsdienstleistungen von Musikkapellen
112.	92312140-4	Unterhaltungsdienstleistungen von Orchestern
113.	92312200-3	Dienstleistungen von Schriftstellern, Komponisten, Bildhauern, Entertainern und sonstigen Künstlern
114.	92312210-6	Dienstleistungen von Verfassern
115.	92312211-3	Dienstleistungen von Schreibbüros
116.	92312212-0	Mit der Erstellung von Ausbildungshandbüchern verbundene Dienstleistungen
117.	92312213-7	Erstellung von technischen Unterlagen
118.	92312220-9	Dienstleistungen von Komponisten
119.	92312230-2	Dienstleistungen von Bildhauern
120.	92312240-5	Dienstleistungen von Entertainern
121.	92312250-8	Dienstleistungen von einzelnen Künstlern
122.	92312251-5	Dienstleistungen von Diskjockeys
123.	92320000-0	Betrieb von kulturellen Einrichtungen
124.	92330000-3	Dienstleistungen in Verbindung mit Erholungsgebieten
125.	92331000-0	Dienstleistungen in Verbindung mit Jahrmärkten und Vergnügungsparks
126.	92331100-1	Dienstleistungen in Verbindung mit Jahrmärkten
127.	92331200-2	Dienstleistungen in Verbindung mit Vergnügungsparks
128.	92331210-5	Kinderanimation

129.	92332000-7	Dienstleistungen an Stränden
130.	92340000-6	Unterhaltungsdienste im Bereich Tanz und sonstige Aufführungen
131.	92341000-3	Zirkusvorstellungen
132.	92342000-0	Dienstleistungen von Tanzschulen
133.	92342100-1	Unterricht in Gesellschaftstänzen
134.	92342200-2	Unterricht in Diskotänzen
135.	92350000-9	Dienstleistungen des Spiel- und Wettbetriebs
136.	92351000-6	Dienstleistungen von Spiel- und Wetteinrichtungen
137.	92351100-7	Dienstleistungen von Lotterien
138.	92351200-8	Dienstleistungen von Spielkasinos
139.	92352000-3	Dienstleistungen von Wetteinrichtungen
140.	92352100-4	Betrieb von Totalisatoren
141.	92352200-5	Buchmacherdienste
142.	92360000-2	Dienstleistungen im pyrotechnischen Bereich
143.	92370000-5	Dienstleistungen von Tontechnikern
144.	92400000-5	Dienstleistungen des Nachrichten- und Pressedienstes
145.	92500000-6	Dienstleistungen von Bibliotheken, Archiven, Museen und anderen kulturellen Einrichtungen
146.	92510000-9	Dienstleistungen von Bibliotheken und Archiven
147.	92511000-6	Dienstleistungen von Bibliotheken
148.	92512000-3	Dienstleistungen von Archiven
149.	92512100-4	Archivzerstörung
150.	92520000-2	Dienstleistungen von Museen und zugehörige Dienste
151.	92521000-9	Dienstleistungen von Museen
152.	92521100-0	Museumsausstellungen
153.	92521200-1	Konservierung von Exponaten und Ausstellungsobjekten
154.	92521210-4	Konservierung von Exponaten
155.	92521220-7	Konservierung von Ausstellungsobjekten
156.	92522000-6	Dienstleistungen im Bereich Denkmalschutz
157.	92522100-7	Maßnahmen zur Erhaltung von historisch bedeutsamen Stätten
158.	92522200-8	Maßnahmen zur Erhaltung von historischen Gebäuden
159.	92530000-5	Dienstleistungen von botanischen und zoologischen Gärten sowie Naturschutzgebieten
160.	92531000-2	Dienstleistungen von botanischen Gärten
161.	92532000-9	Dienstleistungen von zoologischen Gärten
162.	92533000-6	Dienstleistungen von Naturschutzgebieten
163.	92534000-3	Dienstleistungen von Tierschutzgebieten
164.	92600000-7	Dienstleistungen im Sport
165.	92610000-0	Betrieb von Sportanlagen
166.	92620000-3	Sportbezogene Dienstleistungen
167.	92621000-0	Förderung von Sportveranstaltungen
168.	92622000-7	Organisation von Sportveranstaltungen
169.	92700000-8	Dienstleistungen von Internet-Cafés
170.	79950000-8	Veranstaltung von Ausstellungen, Messen und Kongressen
171.	79951000-5	Veranstaltung von Seminaren
172.	79952000-2	Event-Organisation
173.	79952100-3	Organisation von Kulturveranstaltungen
174.	79953000-9	Organisation von Festivals
175.	79954000-6	Organisation von Parties
176.	79955000-3	Organisation von Modenschauen
177.	79956000-0	Organisation von Messen und Ausstellungen

C. Dienstleistungen im Rahmen der gesetzlichen Sozialversicherung

1.	75300000-9	Dienstleistungen im Rahmen der gesetzlichen Sozialversicherung

D. Beihilfen, Unterstützungsleistungen und Zuwendungen

1.	75310000-2	Beihilfen, Unterstützungsleistungen und Zuwendungen
2.	75311000-9	Krankenkassenleistungen
3.	75312000-6	Mutterschaftsbeihilfe
4.	75313000-3	Unterstützung bei Erwerbsunfähigkeit
5.	75313100-4	Unterstützung bei zeitweiliger Erwerbsunfähigkeit
6.	75314000-0	Arbeitslosenunterstützung
7.	75320000-5	Pensionsregelung für öffentliche Bedienstete
8.	75330000-8	Familienbeihilfen
9.	75340000-1	Kindergeld

E. Sonstige gemeinschaftliche, soziale und persönliche Dienstleistungen, einschließlich Dienstleistungen von Organisationen

1.	98000000-3	Sonstige gemeinschaftliche, soziale und persönliche Dienste
2.	98120000-0	Dienstleistungen von Gewerkschaften
3.	98132000-7	Dienstleistungen von politischen Organisationen
4.	98133110-8	Dienstleistungen von Jugendverbänden
5.	98130000-3	Diverse Dienstleistungen von Organisationen und Vereinen

F. Dienstleistungen von religiösen Vereinigungen

1.	98131000-0	Dienstleistungen von religiösen Vereinigungen

G. Gaststätten und Beherbergungsgewerbe

1.	55100000-1	Dienstleistungen von Hotels
2.	55110000-4	Hotel-Übernachtungen
3.	55120000-7	Sitzungs- und Konferenzdienstleistungen von Hotels
4.	55130000-0	Sonstige Hotel-Dienstleistungen
5.	55200000-2	Campingplätze und andere Unterkünfte (außer Hotels)
6.	55210000-5	Dienstleistungen von Jugendherbergen
7.	55220000-8	Dienstleistungen von Campingplätzen
8.	55221000-5	Dienstleistungen in Verbindung mit Stellplätzen für Wohnwagen
9.	55240000-4	Dienstleistungen in Verbindung mit Ferienzentren und Ferienwohnungen
10.	55241000-1	Dienstleistungen von Ferienzentren
11.	55242000-8	Dienstleistungen in Verbindung mit Ferienwohnungen
12.	55243000-5	Dienstleistungen von Kinderferienlagern
13.	55250000-7	Vermietung von möblierten Unterkünften für Kurzaufenthalte
14.	55260000-0	Dienstleistungen in Verbindung mit Schlafwagen
15.	55270000-3	Dienstleistungen von Frühstückspensionen
16.	55300000-3	Restaurant- und Bewirtungsdienste
17.	55310000-6	Restaurantbedienung
18.	55311000-3	Bedienung in nicht öffentlichen Restaurants
19.	55312000-0	Bedienung in öffentlichen Restaurants
20.	55320000-9	Servieren von Mahlzeiten
21.	55321000-6	Zubereitung von Mahlzeiten
22.	55322000-3	Kochen von Mahlzeiten
23.	55330000-2	Dienstleistungen von Cafeterias
24.	55400000-4	Servieren von Getränken
25.	55410000-7	Ausschankdienste
26.	55521000-8	Verpflegungsdienste für Privathaushalte
27.	55521100-9	Essen auf Rädern

28.	55521200-0	Auslieferung von Mahlzeiten
29.	55520000-1	Verpflegungsdienste
30.	55522000-5	Verpflegungsdienste für Transportunternehmen
31.	55523000-2	Verpflegungsdienste für sonstige Unternehmen oder andere Einrichtungen
32.	55524000-9	Verpflegungsdienste für Schulen
33.	55510000-8	Dienstleistungen von Kantinen
34.	55511000-5	Dienstleistungen von Kantinen und anderen nicht öffentlichen Cafeterias
35.	55512000-2	Betrieb von Kantinen
36.	55523100-3	Auslieferung von Schulmahlzeiten

H. Dienstleistungen im juristischen Bereich, sofern sie nicht nach den §§ 9 Abs. 1 Z 9 bzw. 178 Abs. 1 Z 9 ausgeschlossen sind

1.	79100000-5	Dienstleistungen im juristischen Bereich
2.	79110000-8	Juristische Beratung und Vertretung
3.	79111000-5	Rechtsberatung
4.	79112000-2	Vertretung vor Gericht
5.	79112100-3	Interessenvertretung
6.	79120000-1	Patent- und Urheberrechtsberatung
7.	79121000-8	Urheberrechtsberatung
8.	79121100-9	Software-Urheberrechtsberatung
9.	79130000-4	Rechtliche Dokumentations- und Beglaubigungsdienste
10.	79131000-1	Dokumentationsdienste
11.	79132000-8	Beglaubigungsdienste
12.	79132100-9	Zertifizierungsdienste elektronischer Signaturen
13.	79140000-7	Rechtsberatung und –auskunft
14.	75231100-5	Verwaltungsdienstleistungen bei Gericht

BVergG

I. Sonstige Dienstleistungen der Verwaltung und für die öffentliche Verwaltung

1.	75100000-7	Dienstleistungen der Verwaltung
2.	75110000-0	Dienstleistungen der allgemeinen öffentlichen Verwaltung
3.	75111000-7	Dienstleistungen der Exekutive und Legislative
4.	75111100-8	Dienstleistungen der Exekutive
5.	75111200-9	Dienstleistungen der Legislative
6.	75112000-4	Verwaltungsdienstleistungen für Unternehmenstätigkeit
7.	75112100-5	Mit Entwicklungsprojekten verbundene Verwaltungsdienstleistungen
8.	75120000-3	Dienstleistungen von öffentlichen Behörden
9.	75123000-4	Administrative Dienste im Wohnungswesen
10.	75125000-8	Administrative Dienste im Bereich Fremdenverkehr
11.	75131000-3	Dienstleistungen für die öffentliche Verwaltung

J. Kommunale Dienstleistungen

1.	75200000-8	Kommunale Dienstleistungen
2.	75210000-1	Dienstleistungen im Bereich auswärtige Angelegenheiten und sonstige Dienstleistungen
3.	75211000-8	Dienstleistungen im Bereich auswärtige Angelegenheiten
4.	75211100-9	Dienstleistungen im diplomatischen Bereich
5.	75211110-2	Konsulatsdienste
6.	75211200-0	Wirtschaftshilfe an das Ausland
7.	75211300-1	Militärhilfe an das Ausland
8.	75220000-4	Verteidigung
9.	75221000-1	Militärische Verteidigung
10.	75222000-8	Zivilverteidigung

11.	75230000-7	Dienstleistungen im Justizwesen
12.	75231000-4	Juristische Dienste

K. Dienstleistungen für Haftanstalten, Dienstleistungen im Bereich öffentliche Sicherheit und Rettungsdienste, sofern sie nicht nach den §§ 9 Abs. 1 Z 17 bzw. 178 Abs. 1 Z 17 ausgeschlossen sind

1.	75231210-9	Strafvollzugsdienste
2.	75231220-2	Begleitung bei Gefangenentransporten
3.	75231230-5	Dienstleistungen für Haftanstalten
4.	75240000-0	Mit öffentlicher Sicherheit und Ordnung verbundene Dienstleistungen
5.	75241000-7	Dienstleistungen im Bereich öffentliche Sicherheit
6.	75241100-8	Dienstleistungen der Polizei
7.	75242000-4	Dienstleistungen im Bereich öffentliches Recht und öffentliche Ordnung
8.	75242100-5	Dienstleistungen im Bereich öffentliche Ordnung
9.	75242110-8	Gerichtsvollzieherdienste
10.	75250000-3	Dienstleistungen der Feuerwehr und von Rettungsdiensten
11.	75251000-0	Dienstleistungen der Feuerwehr
12.	75251100-1	Brandbekämpfung
13.	75251110-4	Brandverhütung
14.	75251120-7	Waldbrandbekämpfung
15.	75252000-7	Rettungsdienste
16.	79430000-7	Krisenmanagement
17.	98113100-9	Dienstleistungen im Bereich der nuklearen Sicherheit

L. Dienstleistungen von Detekteien und Sicherheitsdiensten

1.	79700000-1	Dienstleistungen von Detekteien und Sicherheitsdiensten
2.	79710000-4	Dienstleistungen von Sicherheitsdiensten
3.	79711000-1	Überwachung von Alarmanlagen
4.	79713000-5	Bewachungsdienste
5.	79714000-2	Überwachungsdienste
6.	79714100-3	Dienstleistungen in Verbindung mit Suchsystemen
7.	79714110-6	Fahndung nach Flüchtigen
8.	79715000-9	Streifendienste
9.	79716000-6	Ausgabe von Mitarbeiterausweisen
10.	79720000-7	Ermittlungsdienste
11.	79721000-4	Dienstleistungen von Detekteien
12.	79722000-1	Dienstleistungen von Grafologen
13.	79723000-8	Abfallanalyse

M. Internationale Dienstleistungen

1.	98900000-2	Von extraterritorialen Organisationen und Körperschaften erbrachte Leistungen
2.	98910000-5	Dienstleistungen von internationalen Organisationen und Körperschaften

N. Postdienste

1.	64000000-6	Post- und Fernmeldedienste
2.	64100000-7	Post- und Kurierdienste
3.	64110000-0	Postdienste
4.	64111000-7	Postdienste im Zusammenhang mit Zeitungen und Zeitschriften
5.	64112000-4	Briefpostdienste
6.	64113000-1	Paketpostdienste
7.	64114000-8	Post-Schalterdienste

8.	64115000-5	Vermietung von Postfächern
9.	64116000-2	Dienste im Zusammenhang mit postlagernden Sendungen
10.	64122000-7	Interne Bürobotendienste

O. Verschiedene Dienstleistungen

1.	50116510-9	Reifenrunderneuerung
2.	71550000-8	Schmiedearbeiten

*) Die Vergabe der im Anhang angeführten Dienstleistungen unterliegt nicht dem Anwendungsbereich dieses Bundesgesetzes, wenn sie als nichtwirtschaftliche Dienstleistungen von allgemeinem Interesse organisiert sind oder unter eine andere Ausnahmebestimmung dieses Bundesgesetzes fallen.

Anhang XVII

Dienstleistungsaufträge, die gemäß den §§ 152 Abs. 1 oder 313 Abs. 1 partizipatorischen Organisationen vorbehalten werden können

1.	75121000-0	Administrative Dienste im Bildungswesen
2.	75122000-7	Administrative Dienste im Gesundheitswesen
3.	75123000-4	Administrative Dienste im Wohnungswesen
4.	79622000-0	Überlassung von Haushaltshilfen
5.	79624000-4	Überlassung von Pflegepersonal
6.	79625000-1	Überlassung von medizinischem Personal
7.	80110000-8	Vorschulunterricht
8.	80300000-7	Dienstleistungen von Hochschulen
9.	80420000-4	E-Learning
10.	80430000-7	Erwachsenenbildung auf Hochschulebene
11.	80511000-9	Ausbildung des Personals
12.	80520000-5	Ausbildungseinrichtungen
13.	80590000-6	Tutorendienste
14.	85000000-9	Dienstleistungen des Gesundheits- und Sozialwesens
15.	85100000-0	Dienstleistungen des Gesundheitswesens
16.	85110000-3	Dienstleistungen von Krankenhäusern und zugehörige Leistungen
17.	85111000-0	Dienstleistungen von Krankenhäusern
18.	85111100-1	Chirurgische Eingriffe im Krankenhaus
19.	85111200-2	Ärztliche Versorgung im Krankenhaus
20.	85111300-3	Gynäkologische Versorgung im Krankenhaus
21.	85111310-6	Künstliche Befruchtung
22.	85111320-9	Geburtshilfe im Krankenhaus
23.	85111400-4	Rehabilitationsmaßnahmen im Krankenhaus
24.	85111500-5	Psychiatrische Versorgung im Krankenhaus
25.	85111600-6	Dienstleistungen im Bereich Orthopädie
26.	85111700-7	Sauerstofftherapiedienste
27.	85111800-8	Pathologiedienste
28.	85111810-1	Blutuntersuchungen
29.	85111820-4	Bakteriologische Untersuchungen
30.	85111900-9	Dialysedienste von Krankenhäusern
31.	85112000-7	Unterstützung von Krankenhäusern
32.	85112100-8	Dienstleistungen im Bereich der Krankenhausbettwäsche
33.	85112200-9	Ambulante Behandlungen
34.	85120000-6	Dienstleistungen von Arztpraxen und zugehörige Dienstleistungen
35.	85121000-3	Dienstleistungen von Arztpraxen
36.	85121100-4	Dienstleistungen von praktischen Ärzten
37.	85121200-5	Dienstleistungen von Fachärzten
38.	85121210-8	Dienstleistungen von Gynäkologen oder Geburtshelfern
39.	85121220-1	Dienstleistungen von Nephrologen oder Neurologen
40.	85121230-4	Dienstleistungen von Kardiologen oder Lungenspezialisten
41.	85121231-1	Dienstleistungen von Kardiologen
42.	85121232-8	Dienstleistungen von Lungenspezialisten
43.	85121240-7	Dienstleistungen von HNO oder Audiologen
44.	85121250-0	Dienstleistungen von Gastroenterologen und Geriatrie-Spezialisten
45.	85121251-7	Dienstleistungen von Gastroenterologen
46.	85121252-4	Dienstleistungen von Geriatrie-Spezialisten
47.	85121270-6	Dienstleistungen von Psychiatern oder Psychologen

48.	85121271-3	Dienstleistungen von Einrichtungen für psychisch Kranke
49.	85121280-9	Dienstleistungen von Ophtalmologen, Dermatologen oder Orthopäden
50.	85121281-6	Dienstleistungen von Ophtalmologen
51.	85121282-3	Dienstleistungen von Dermatologen
52.	85121283-0	Dienstleistungen von Orthopäden
53.	85121290-2	Dienstleistungen von Kinderärzten oder Urologen
54.	85121291-9	Dienstleistungen von Kinderärzten
55.	85121292-6	Dienstleistungen von Urologen
56.	85121300-6	Dienstleistungen von Chirurgen
57.	85130000-9	Dienstleistungen von Zahnarztpraxen und zugehörige Dienstleistungen
58.	85131000-6	Dienstleistungen von Zahnarztpraxen
59.	85131100-7	Dienstleistungen im Bereich Kieferorthopädie
60.	85131110-0	Chirurgische Behandlung in der Kieferorthopädie
61.	85140000-2	Diverse Dienstleistungen im Gesundheitswesen
62.	85141000-9	Dienstleistungen von medizinischem Personal
63.	85141100-0	Dienstleistungen von Hebammen
64.	85141200-1	Dienstleistungen von Krankenpflegepersonal
65.	85141210-4	Medizinische Hausbehandlung
66.	85141211-1	Hausdialysebehandlung
67.	85141220-7	Beratungsleistungen von Krankenpflegepersonal
68.	85142000-6	Dienstleistungen von nichtärztlichem Personal
69.	85142100-7	Physiotherapiedienste
70.	85142200-8	Dienstleistungen von Homöopathen
71.	85142300-9	Hygienedienste
72.	85142400-0	Hauszustellung von Inkontinenzartikeln
73.	85143000-3	Einsatz von Krankenwagen
74.	85144000-0	Dienstleistungen von Krankenanstalten
75.	85144100-1	Dienstleistungen von Pflegeeinrichtungen
76.	85145000-7	Dienstleistungen von medizinischen Laboratorien
77.	85146000-4	Dienstleistungen von Blutbanken
78.	85146000-4	Dienstleistungen von Spermabanken
79.	85146200-6	Dienstleistungen von Organbanken
80.	85147000-1	Betriebliche Gesundheitsfürsorge
81.	85148000-8	Medizinische Analysedienste
82.	85149000-5	Dienstleistungen im pharmazeutischen Bereich
83.	85150000-5	Dienstleistungen im Bereich medizinische Bildverarbeitung
84.	85160000-8	Dienstleistungen von Optikern
85.	85170000-1	Dienstleistungen in den Bereichen Akupunktur und Chiropraktik
86.	85171000-8	Dienstleistungen im Bereich Akupunktur
87.	85172000-5	Dienstleistungen im Bereich Chiropraktik
88.	85200000-1	Dienstleistungen des Veterinärwesens
89.	85210000-3	Haustierzuchten
90.	85300000-2	Dienstleistungen des Sozialwesens und zugehörige Dienstleistungen
91.	85310000-5	Dienstleistungen des Sozialwesens
92.	85311000-2	Dienstleistungen im Sozialwesen in Verbindung mit Heimen
93.	85311100-3	Altenfürsorgeleistungen
94.	85311200-4	Behindertenfürsorgeleistungen
95.	85311300-5	Kinder- und Jugendfürsorgeleistungen
96.	85312000-9	Dienstleistungen der Sozialfürsorge, ohne Unterbringung
97.	85312100-0	Betreuung in Tagesstätten
98.	85312110-3	Betreuungsleistungen in Kinderkrippen

99.	85312120-6	Betreuungsleistungen für behinderte Kinder und Jugendliche in Tagesheimen
100.	85312200-1	Lebensmittel-Hauslieferungen
101.	85312300-2	Orientierungs- und Beratungsdienste
102.	85312310-5	Orientierungsdienste
103.	85312320-8	Beratungsdienste
104.	85312330-1	Familienplanung
105.	85312400-3	Nicht in Heimen erbrachte Fürsorgeleistungen
106.	85312500-4	Rehabilitation
107.	85312510-7	Berufliche Wiedereingliederung
108.	85320000-8	Dienstleistungen im Sozialwesen
109.	85321000-5	Verwaltungsdienste im Sozialwesen
110.	85322000-2	Kommunales Aktionsprogramm
111.	85323000-9	Kommunaler Gesundheitsdienst
112.	92500000-6	Dienstleistungen von Bibliotheken, Archiven, Museen und anderen kulturellen Einrichtungen
113.	92600000-7	Dienstleistungen im Sport
114.	98133000-4	Dienstleistungen sozialer Interessenverbände
115.	98133110-8	Dienstleistungen von Jugendverbänden

Anhang XVIII

Verzeichnis der Verfahren, in welchen keine besonderen oder ausschließlichen Rechte gemäß § 169 Abs. 2 zuerkannt werden

1. Erteilung einer Genehmigung für den Betrieb von Erdgasanlagen nach den in Art. 4 der Richtlinie 2009/73/EG über gemeinsame Vorschriften für den Erdgasbinnenmarkt und zur Aufhebung der Richtlinie 2003/55/EG, ABl. Nr. L 211 vom 14.08.2009 S. 94, bzw. nach den in den entsprechenden Umsetzungsakten festgelegten Verfahren;
2. Genehmigung oder Aufforderung zur Angebotsabgabe für den Bau neuer Stromerzeugungsanlagen gemäß der Richtlinie 2009/72/EG über gemeinsame Vorschriften für den Elektrizitätsbinnenmarkt und zur Aufhebung der Richtlinie 2003/54/EG, ABl. Nr. L 211 vom 14.08.2009 S. 55, bzw. gemäß den entsprechenden Umsetzungsakten;
3. Erteilung von Genehmigungen in Bezug auf Postdienste, die nicht reserviert sind oder nicht reserviert werden dürfen, nach den in Art. 9 der Richtlinie 97/67/EG über gemeinsame Vorschriften für die Entwicklung des Binnenmarktes der Postdienste der Gemeinschaft und die Verbesserung der Dienstequalität, ABl. Nr. L 15 vom 21.01.1998 S 14, zuletzt geändert durch Richtlinie 2008/6/EG, ABl. Nr. L 52 vom 27.02.2008 S. 3, festgelegten Verfahren bzw. gemäß den in den entsprechenden Umsetzungsakten festgelegten Verfahren;
4. Verfahren zur Genehmigung von Tätigkeiten, die mit der Nutzung von Kohlenwasserstoffen verbunden sind, gemäß der Richtlinie 94/22/EG bzw. gemäß den in den entsprechenden Umsetzungsakten festgelegten Verfahren;
5. öffentliche Dienstleistungsaufträge im Sinne der Verordnung (EG) Nr. 1370/2007 für die Bereitstellung von Personenverkehrsdiensten mit Bussen, Straßenbahnen, Eisenbahnen oder Untergrundbahnen, die auf der Grundlage eines wettbewerblichen Vergabeverfahrens gemäß Art. 5 Abs. 3 der Verordnung vergeben wurden und deren Laufzeit nicht den in Art. 4 Abs. 3 oder 4 der Verordnung genannten Zeitraum übersteigt;
6. Erteilung von Rechten aufgrund eines Vergabeverfahrens mit vorheriger Bekanntmachung gemäß den Richtlinien 2009/81/EG, 2014/23/EU, 2014/24/EU und 2014/25/EU bzw. gemäß den in den entsprechenden Umsetzungsakten festgelegten Vergabefahren mit vorheriger Bekanntmachung.

Anhang XIX

Liste der Unionsvorschriften gemäß § 184 Abs. 2 Z 1

A FORTLEITUNG ODER ABGABE VON GAS UND WÄRME

Richtlinie 2009/73/EG über gemeinsame Vorschriften für den Erdgasbinnenmarkt und zur Aufhebung der Richtlinie 2003/55/EG, ABl. Nr. L 211 vom 14.08.2009 S. 94.

B ERZEUGUNG, FORTLEITUNG ODER ABGABE VON ELEKTRIZITÄT

Richtlinie 2009/72/EG über gemeinsame Vorschriften für den Elektrizitätsbinnenmarkt und zur Aufhebung der Richtlinie 2003/54/EG, ABl. Nr. L 211 vom 14.08.2009 S. 55.

C GEWINNUNG, FORTLEITUNG ODER ABGABE VON TRINKWASSER

–

D AUFTRAGGEBER IM BEREICH DER EISENBAHNDIENSTE

Schienengüterverkehr

Richtlinie 2012/34/EU zur Schaffung eines einheitlichen europäischen Eisenbahnraums, ABl. Nr. L 343 vom 14.12.2012 S. 32, in der Fassung der Berichtigung ABl. Nr. L 63 vom 12.03.2015 S. 32.

Grenzüberschreitender Schienenpersonenverkehr

Richtlinie 2012/34/EU zur Schaffung eines einheitlichen europäischen Eisenbahnraums, ABl. Nr. L 343 vom 14.12.2012 S. 32, in der Fassung der Berichtigung ABl. Nr. L 63 vom 12.03.2015 S. 32.

Nationaler Schienenpersonenverkehr

–

E AUFTRAGGEBER IM BEREICH DER STÄDTISCHEN EISENBAHN-, STRASSENBAHN-, OBERLEITUNGSBUS- ODER BUSDIENSTE

–

F AUFTRAGGEBER IM BEREICH DER POSTDIENSTE

Richtlinie 97/67/EG über gemeinsame Vorschriften für die Entwicklung des Binnenmarktes der Postdienste der Gemeinschaft und die Verbesserung der Dienstequalität, ABl. Nr. L 15 vom 21.01.1998 S 14, zuletzt geändert durch Richtlinie 2008/6/EG, ABl. Nr. L 52 vom 27.02.2008 S. 3.

G GEWINNUNG VON ERDÖL ODER GAS

Richtlinie 94/22/EG über die Erteilung und Nutzung von Genehmigungen zur Prospektion, Exploration und Gewinnung von Kohlenwasserstoffen, ABl. Nr. L 164 vom 30.06.1994 S. 3.

H AUFSUCHUNG UND GEWINNUNG VON KOHLE UND ANDEREN FESTEN BRENNSTOFFEN

–

I AUFTRAGGEBER IM BEREICH DER SEEHAFEN- ODER BINNENHAFEN- ODER SONSTIGEN TERMINALEINRICHTUNGEN

–

J AUFTRAGGEBER IM BEREICH DER FLUGHAFENDIENSTE

–

Anhang XX

In die Bekanntmachung gemäß § 225 und in die Bekanntgabe gemäß § 231 aufzunehmende Angaben

KAPITEL A

TEIL A

In regelmäßigen nichtverbindlichen Bekanntmachungen aufzuführende Angaben

I. Obligatorische Angaben

1. Name, Identifikationsnummer (soweit nach nationalem Recht vorgesehen), Anschrift einschließlich NUTS-Code, Telefon- und Fax-Nummer, E-Mail- und Internet-Adresse des Sektorenauftraggebers und, falls abweichend, der Dienststelle, bei der weitere Informationen erhältlich sind.
2. Ausgeübte Haupttätigkeit.
3. Bei

a) Lieferaufträgen: Art und Umfang der zu erbringenden Leistungen beziehungsweise zu liefernden Waren (CPV-Code(s)).
b) Bauaufträgen: Art und Umfang der Leistungen, allgemeine Merkmale des Bauwerks oder der Baulose (CPV- Code(s)).
c) Dienstleistungsaufträgen: Voraussichtliches Gesamtvolumen der Aufträge in den einzelnen Dienstleistungskategorien (CPV-Code(s)).

4. Tag der Absendung der Bekanntmachung oder der Ankündigung der Veröffentlichung dieser Bekanntmachung über das Beschafferprofil.
5. Sonstige einschlägige Auskünfte.

II. Zusätzlich aufzuführende Angaben, wenn die regelmäßige nichtverbindliche Bekanntmachung als Bekanntmachung dient oder eine Verkürzung der Fristen für die Einreichung der Angebote beinhaltet

6. Hinweis darauf, dass interessierte Unternehmer dem Sektorenauftraggeber ihr Interesse an dem Auftrag beziehungsweise den Aufträgen bekunden sollten.
7. E-Mail- oder Internet-Adresse, über die die Ausschreibungsunterlagen mit den Spezifikationen unentgeltlich, uneingeschränkt, vollständig und unmittelbar abgerufen werden können. Ist ein unentgeltlicher, uneingeschränkter, vollständiger und unmittelbarer Zugang nicht möglich, so ist anzugeben, wie die Ausschreibungsunterlagen abgerufen werden können.
8. Gegebenenfalls Angabe darüber, ob der Auftrag für geschützte Werkstätten reserviert oder ob seine Ausführung Programmen für geschützte Beschäftigungsverhältnisse vorbehalten ist.
9. Frist für den Eingang der Anträge auf Aufforderung zur Angebotsabgabe oder zur Verhandlung.
10. Art und Umfang der zu liefernden Waren oder allgemeine Merkmale der Bauleistung oder Dienstleistungskategorie und entsprechende Bezeichnung, sowie die Angabe, ob eine oder mehrere Rahmenvereinbarung/en geplant ist/sind. Insbesondere Angaben über Optionen auf zusätzliche Aufträge und die veranschlagte Frist für die Ausübung dieser Optionen sowie gegebenenfalls Angaben zu der Anzahl der Verlängerungen. Bei wiederkehrenden Aufträgen auch Angaben zu der veranschlagten Frist für spätere Bekanntmachungen. Angaben darüber, ob es sich um Kauf, Leasing, Miete oder Mietkauf oder eine Kombination davon handelt.
11. NUTS-Code für den Haupterfüllungsort der Bauarbeiten bei Bauarbeiten beziehungsweise NUTS-Code für den Haupterfüllungsort der Lieferungen oder Dienstleistungen bei Lieferungen und Dienstleistungen; bei Aufteilung des Auftrags in mehrere Lose sind diese Informationen für jedes Los anzugeben.
12. Liefer- oder Ausführungsfrist oder Dauer des Auftrags und, soweit möglich, Tag des Fristbeginns.
13. Anschrift der Stelle, bei der die interessierten Unternehmen ihre Interessenbekundung schriftlich einreichen müssen.
14. Frist für den Eingang der Interessenbekundungen.
15. Sprache oder Sprachen, in denen die Teilnahmeanträge beziehungsweise Angebote abzugeben sind.
16. Wirtschaftliche und technische Anforderungen, finanzielle und technische Sicherheiten, die von den Lieferanten verlangt werden.
17. Sofern bekannt, voraussichtliches Datum der Einleitung der Vergabeverfahren;
18. Art des Vergabeverfahrens (nichtoffenes Verfahren, gleich ob mit dynamischem oder ohne dynamisches Beschaffungssystem, oder Verhandlungsverfahren).
19. Gegebenenfalls besondere Bedingungen für die Ausführung des Auftrags.
20. Gegebenenfalls Angaben, ob

a) eine elektronische Einreichung der Angebote oder Anträge auf Teilnahme gefordert beziehungsweise akzeptiert wird;
b) Aufträge elektronisch erteilt werden;
c) die Rechnungstellung elektronisch erfolgt;
d) die elektronische Zahlung akzeptiert wird.

20. Name und Anschrift des für Rechtsbehelfsverfahren und gegebenenfalls für Mediationsverfahren zuständigen Organs. Genaue Hinweise auf die Fristen für die Einlegung von Rechtsbehelfen oder erforderlichenfalls Name, Anschrift, Telefonnummer, Faxnummer und E-Mail-Adresse des Dienstes, bei dem diese Informationen erhältlich sind.
21. Sofern bekannt, die Zuschlagskriterien: Sofern nicht das erfolgreiche Angebot allein aufgrund des Preises ermittelt wird, müssen das Kostenmodell oder die Kriterien für die Bestimmung des technisch und wirtschaftlich günstigsten Angebots sowie ihre Gewichtung oder gegebenenfalls die nach ihrer Bedeutung eingestufte Reihenfolge dieser Kriterien genannt werden, falls sie nicht in den Spezifikationen enthalten oder in der Aufforderung zur Interessensbestätigung oder in der Aufforderung zur Angebotsabgabe oder zur Verhandlung angegeben sind.

TEIL B

In Bekanntmachungen über die Veröffentlichung regelmäßiger nichtverbindlicher Bekanntmachungen in einem Beschafferprofil, die nicht als Bekanntmachung dienen, aufzuführende Angaben

1. Name, Identifikationsnummer (soweit nach nationalem Recht vorgesehen), Anschrift einschließlich NUTS-Code, Telefon- und Fax-Nummer, E-Mail- und Internet-Adresse des Sektorenauftraggebers und, falls abweichend, der Dienststelle, bei der weitere Informationen erhältlich sind.
2. Ausgeübte Haupttätigkeit.
3. CPV-Codes.
4. Internet-Adresse (URL) des Beschafferprofils.
5. Datum der Absendung der Bekanntmachung der Vorabinformation zum Beschafferprofil.

KAPITEL B

In der Bekanntmachung über das Bestehen eines Prüfsystems aufzuführende Angaben

1. Name, Identifikationsnummer (soweit nach nationalem Recht vorgesehen), Anschrift einschließlich NUTS-Code, Telefon- und Fax-Nummer, E-Mail- und Internet-Adresse des Sektorenauftraggebers und, falls abweichend, der Dienststelle, bei der weitere Informationen erhältlich sind.
2. Ausgeübte Haupttätigkeit.
3. Gegebenenfalls Angabe darüber, ob der Auftrag für geschützte Werkstätten reserviert oder ob seine Ausführung Programmen für geschützte Beschäftigungsverhältnisse vorbehalten ist.
4. Zweck des Prüfsystems (Beschreibung der Waren, Dienstleistungen oder Bauleistungen oder der entsprechenden Kategorien, die unter Anwendung dieses Systems beschafft werden sollen — CPV-Codes). NUTS-Code für den Haupterfüllungsort der Bauarbeiten bei Bauarbeiten beziehungsweise NUTS-Code für den Haupterfüllungsort der Lieferungen oder Dienstleistungen bei Lieferungen und Dienstleistungen.
5. Anforderungen, die die Unternehmer im Hinblick auf ihre Qualifikation entsprechend dem System erfüllen müssen, sowie Methoden, mit denen die Erfüllung der einzelnen Anforderungen überprüft wird. Ist die Beschreibung dieser Anforderungen und Prüfmethoden sehr ausführlich und basiert sie auf Unterlagen, die für die interessierten Unternehmer zugänglich sind, reichen eine Zusammenfassung der wichtigsten Bedingungen und Methoden und ein Verweis auf diese Unterlagen aus.
6. Dauer der Gültigkeit des Prüfsystems und Formalitäten für seine Verlängerung.
7. Angabe darüber, ob die Bekanntmachung als Aufruf zum Wettbewerb dient.
8. Anschrift der Stelle, bei der zusätzliche Auskünfte und Unterlagen über das Prüfsystem verfügbar sind (wenn es sich um eine andere als die unter Nummer 1 genannten Anschriften handelt).
9. Name und Anschrift des für Rechtsbehelfsverfahren und gegebenenfalls für Mediationsverfahren zuständigen Organs. Genaue Angaben zu den Fristen für die Einlegung von Rechtsbehelfen beziehungsweise erforderlichenfalls Name, Anschrift, Telefonnummer, Faxnummer und E-Mail-Adresse der Stelle, bei der diese Informationen erhältlich sind.
10. Sofern bekannt, die Zuschlagskriterien. Sofern nicht das erfolgreiche Angebot allein aufgrund des Preises ermittelt wird, müssen das Kostenmodell oder die Kriterien für die Bestimmung des technisch und wirtschaftlich günstigsten Angebots sowie ihre Gewichtung oder gegebenenfalls die nach ihrer Bedeutung eingestufte Reihenfolge dieser Kriterien genannt werden, wenn sie nicht in den Spezifikationen oder in der Aufforderung zur Angebotsabgabe oder zur Verhandlung enthalten sind.
11. Gegebenenfalls Angaben, ob

a) eine elektronische Einreichung der Angebote oder Anträge auf Teilnahme gefordert beziehungsweise akzeptiert wird;
b) Aufträge elektronisch erteilt werden;
c) die Rechnungstellung elektronisch erfolgt;
d) die elektronische Zahlung akzeptiert wird.

12. Sonstige einschlägige Auskünfte.

KAPITEL C

In Auftragsbekanntmachungen aufzuführende Angaben

A. Offene Verfahren

1. Name, Identifikationsnummer (soweit nach nationalem Recht vorgesehen), Anschrift einschließlich NUTS-Code, Telefon- und Fax-Nummer, E-Mail- und Internet-Adresse des Sektorenauftraggebers und, falls abweichend, der Dienststelle, bei der weitere Informationen erhältlich sind.
2. Ausgeübte Haupttätigkeit.
3. Ggf. Angabe darüber, ob der Auftrag für geschützte Werkstätten reserviert oder ob seine Ausführung Programmen für geschützte Beschäftigungsverhältnisse vorbehalten ist.
4. Art des Auftrags (Liefer-, Bau- oder Dienstleistungsauftrag; gegebenenfalls ist anzugeben, ob es sich um eine Rahmenvereinbarung oder ein dynamisches Beschaffungssystem handelt), Beschreibung (CPV-Codes). Gegebenenfalls Angaben dazu, ob die Angebote im Hinblick auf Kauf, Leasing, Miete oder Mietkauf oder eine Kombination davon eingeholt werden.
5. NUTS-Code für den Haupterfüllungsort der Bauarbeiten bei Bauarbeiten beziehungsweise NUTS-Code für den Haupterfüllungsort der Lieferungen oder Dienstleistungen bei Lieferungen und Dienstleistungen.
6. Bei Liefer- und Bauaufträgen:

a) Art und Menge der zu liefernden Waren (CPV-Codes), einschließlich der Optionen auf zusätzliche Aufträge und, sofern möglich, der veranschlagten Frist für die Ausübung dieser Optionen sowie gegebenenfalls der Anzahl der Verlängerungen. Bei wiederkehrenden Aufträgen, wenn möglich, auch Angaben zu der veranschlagten Frist für die Veröffentlichung der Bekanntmachungen späterer Ausschreibungen für die benötigten Waren beziehungsweise Angaben zu Art und Umfang der Leistungen und zu den allgemeinen Merkmalen des Bauwerks (CPV-Codes).

Werden das Bauvorhaben oder der Bauauftrag in mehrere Lose aufgeteilt, Angabe der Größenordnung der verschiedenen Lose und der Möglichkeit, für ein Los, für mehrere oder sämtliche Lose Angebote zu unterbreiten.

b) Angaben zu der Möglichkeit der Lieferanten, Angebote für Teile und/oder die Gesamtheit der gewünschten Waren abzugeben.
c) Bei Bauaufträgen: Angaben zum Zweck des Bauwerks oder des Bauauftrags, wenn dieser außerdem die Erstellung von Entwürfen vorsieht.

7. Bei Dienstleistungsaufträgen:

a) Art und Menge der zu liefernden Waren, einschließlich der Optionen auf zusätzliche Aufträge und, sofern möglich, der veranschlagten Frist für die Ausübung dieser Optionen sowie gegebenenfalls zu der Anzahl der Verlängerungen. Bei wiederkehrenden Aufträgen, wenn möglich, auch Angaben zu der veranschlagten Frist für die Veröffentlichung der Bekanntmachungen späterer Ausschreibungen für die benötigten Dienstleistungen.
b) Angabe darüber, ob die Erbringung der Dienstleistung aufgrund von Rechts- und Verwaltungsvorschriften einem besonderen Berufsstand vorbehalten ist.
c) Hinweis auf die Rechts- und Verwaltungsvorschriften.
d) Angabe darüber, ob juristische Personen die Namen und die berufliche Qualifikation der Personen angeben müssen, die für die Ausführung der betreffenden Dienstleistungen verantwortlich sein sollen.
e) Angabe darüber, ob Dienstleister Angebote für einen Teil der Dienstleistungen unterbreiten können.

8. Falls bekannt, Angabe darüber, ob die Vorlage von Alternativangeboten zulässig ist oder nicht.
9. Liefer- oder Ausführungsfrist oder Dauer des Dienstleistungsauftrags und, soweit möglich, Tag des Fristbeginns.
10. E-Mail- oder Internet-Adresse, über die die Ausschreibungsunterlagen unentgeltlich, uneingeschränkt, vollständig und unmittelbar abgerufen werden können. Ist ein unentgeltlicher, uneingeschränkter, vollständiger und unmittelbarer Zugang nicht möglich, so ist anzugeben, wie die Ausschreibungsunterlagen abgerufen werden können.
11. Frist für den Eingang der Angebote, samt der Anschrift, an die sie zu richten sind und der Sprache(n), in der(denen) sie abzufassen sind.
12. Gegebenenfalls Personen, die bei der Öffnung der Angebote anwesend sein dürfen.

13. Tag, Uhrzeit und Ort der Öffnung der Angebote.
14. Gegebenenfalls geforderte Kautionen oder Sicherheiten.
15. Wesentliche Finanzierungs- und Zahlungsbedingungen und/oder Hinweise auf Vorschriften, in denen sie enthalten sind.
16. Gegebenenfalls Rechtsform, die die Unternehmensgruppe, der der Auftrag erteilt wird, haben muss.
17. Wirtschaftliche und technische Mindestanforderungen, die der Unternehmer, an den der Auftrag vergeben wird, erfüllen muss.
18. Zeitraum, während dessen der Bieter sein Angebot aufrechterhalten muss (Bindefrist).
19. Gegebenenfalls besondere Bedingungen für die Ausführung des Auftrags.
20. Zuschlagskriterien: Sofern nicht das erfolgreiche Angebot allein aufgrund des Preises ermittelt wird, müssen das Kostenmodell oder die Kriterien für die Bestimmung des technisch und wirtschaftlich günstigsten Angebots sowie ihre Gewichtung oder gegebenenfalls die nach ihrer Bedeutung eingestufte Reihenfolge dieser Kriterien genannt werden, wenn sie nicht in den Spezifikationen enthalten sind.
21. Gegebenenfalls Zeitpunkt(e) und Hinweis(e) im Hinblick auf die Veröffentlichung der regelmäßigen Bekanntmachung im Amtsblatt der Europäischen Union oder die Veröffentlichung dieser Bekanntmachung im Wege eines Beschafferprofils, auf die sich der Auftrag bezieht.
22. Name und Anschrift des für Rechtsbehelfsverfahren und gegebenenfalls für Mediationsverfahren zuständigen Organs. Genaue Hinweise auf die Fristen für die Einlegung von Rechtsbehelfen oder erforderlichenfalls Name, Anschrift, Telefonnummer, Faxnummer und E-Mail-Adresse der Stelle, bei der diese Informationen erhältlich sind.
23. Tag der Absendung der Bekanntmachung durch den Sektorenauftraggeber.
24. Sonstige einschlägige Auskünfte.

B. Nichtoffene Verfahren

1. Name, Identifikationsnummer (soweit nach nationalem Recht vorgesehen), Anschrift einschließlich NUTS-Code, Telefon- und Fax-Nummer, E-Mail- und Internet-Adresse des Sektorenauftraggebers und, falls abweichend, der Dienststelle, bei der weitere Informationen erhältlich sind.
2. Ausgeübte Haupttätigkeit.
3. Ggf. Angabe darüber, ob der Auftrag für geschützte Werkstätten reserviert oder ob seine Ausführung Programmen für geschützte Beschäftigungsverhältnisse vorbehalten ist.
4. Art des Auftrags (Liefer-, Bau- oder Dienstleistungsauftrag; gegebenenfalls ist anzugeben, ob es sich um eine Rahmenvereinbarung handelt). Beschreibung (CPV-Codes). Gegebenenfalls Angaben dazu, ob die Angebote im Hinblick auf Kauf, Leasing, Miete oder Mietkauf oder eine Kombination davon eingeholt werden.
5. NUTS-Code für den Haupterfüllungsort der Bauarbeiten bei Bauarbeiten beziehungsweise NUTS-Code für den Haupterfüllungsort der Lieferungen oder Dienstleistungen bei Lieferungen und Dienstleistungen.
6. Bei Liefer- und Bauaufträgen:

a) Art und Menge der zu liefernden Waren (CPV-Codes), einschließlich der Optionen auf zusätzliche Aufträge und, sofern möglich, der veranschlagten Frist für die Ausübung dieser Optionen sowie gegebenenfalls zu der Anzahl der Verlängerungen. Bei wiederkehrenden Aufträgen, wenn möglich, auch Angaben zu der veranschlagten Frist für die Veröffentlichung der Bekanntmachungen späterer Ausschreibungen für die benötigten Waren beziehungsweise Angaben zu Art und Umfang der Leistungen und zu den allgemeinen Merkmalen des Bauwerks (CPV-Codes). Werden das Bauvorhaben oder der Bauauftrag in mehrere Lose aufgeteilt, Angabe der Größenordnung der verschiedenen Lose und der Möglichkeit, für ein Los, für mehrere oder sämtliche Lose Angebote zu unterbreiten.
b) Angaben zu der Möglichkeit der Lieferanten, Angebote für Teile und/oder die Gesamtheit der gewünschten Waren abzugeben.
c) Angaben zum Zweck des Bauwerks oder des Bauauftrags, wenn dieser außerdem die Erstellung von Entwürfen vorsieht.

7. Bei Dienstleistungsaufträgen:

a) Art und Menge der zu liefernden Waren, einschließlich der Optionen auf zusätzliche Aufträge und, sofern möglich, der veranschlagten Frist für die Ausübung dieser Optionen sowie gegebenenfalls zu der Anzahl der Verlängerungen. Bei wiederkehrenden Aufträgen, wenn möglich, auch Angaben zu der veranschlagten Frist für die Veröffentlichung der Bekanntmachungen späterer Ausschreibungen für die benötigten Dienstleistungen.
b) Angabe darüber, ob die Erbringung der Dienstleistung aufgrund von Rechts- und Verwaltungsvorschriften einem besonderen Berufsstand vorbehalten ist.

c) Hinweis auf die Rechts- oder Verwaltungsvorschriften.
d) Angabe darüber, ob juristische Personen die Namen und die berufliche Qualifikation der Personen angeben müssen, die für die Ausführung der betreffenden Dienstleistungen verantwortlich sein sollen.
e) Angabe darüber, ob Dienstleister Angebote für einen Teil der Dienstleistungen unterbreiten können.

8. Falls bekannt, Angabe darüber, ob die Vorlage von Alternativen zulässig ist oder nicht.
9. Liefer- oder Ausführungsfrist oder Dauer des Auftrags und, soweit möglich, Tag des Fristbeginns.
10. Gegebenenfalls Rechtsform, die die Unternehmensgruppe, der der Auftrag erteilt wird, haben muss.
11. Frist für den Eingang der Teilnahmeanträge samt der Anschrift, an die sie zu richten sind und der Sprache(n), in der(denen) sie abzufassen sind
12. Frist für die Absendung der Aufforderungen zur Angebotsabgabe.
13. Gegebenenfalls geforderte Kautionen oder Sicherheiten.
14. Wesentliche Finanzierungs- und Zahlungsbedingungen und/oder Hinweise auf Vorschriften, in denen sie enthalten sind.
15. Angaben über die besondere Lage des Unternehmers sowie wirtschaftliche oder technische Mindestanforderungen, die er erfüllen muss.
16. Zuschlagskriterien: Sofern nicht das erfolgreiche Angebot allein aufgrund des Preises ermittelt wird, müssen das Kostenmodell oder die Kriterien für die Bestimmung des technisch und wirtschaftlich günstigsten Angebots sowie ihre Gewichtung oder gegebenenfalls die nach ihrer Bedeutung eingestufte Reihenfolge dieser Kriterien genannt werden, wenn sie nicht in den Spezifikationen oder in der Aufforderung zur Angebotsabgabe enthalten sind.
17. Gegebenenfalls besondere Bedingungen für die Ausführung des Auftrags.
18. Gegebenenfalls Zeitpunkt(e) und Hinweis(e) im Hinblick auf die Veröffentlichung der regelmäßigen Bekanntmachung im Amtsblatt der Europäischen Union oder die Veröffentlichung dieser Bekanntmachung im Wege eines Beschafferprofils, auf die sich der Auftrag bezieht.
19. Name und Anschrift des für Rechtsbehelfsverfahren und gegebenenfalls für Mediationsverfahren zuständigen Organs. Genaue Hinweise auf die Fristen für die Einlegung von Rechtsbehelfen oder erforderlichenfalls Name, Anschrift, Telefonnummer, Faxnummer und E-Mail-Adresse des Dienstes, bei dem diese Informationen erhältlich sind.
20. Tag der Absendung der Bekanntmachung durch den Sektorenauftraggeber.
21. Sonstige einschlägige Auskünfte.

C. Verhandlungsverfahren

1. Name, Identifikationsnummer (soweit nach nationalem Recht vorgesehen), Anschrift einschließlich NUTS-Code, Telefon- und Fax-Nummer, E-Mail- und Internet-Adresse des Sektorenauftraggebers und, falls abweichend, der Dienststelle, bei der weitere Informationen erhältlich sind.
2. Ausgeübte Haupttätigkeit.
3. Ggf. Angabe darüber, ob der Auftrag für geschützte Werkstätten reserviert oder ob seine Ausführung Programmen für geschützte Beschäftigungsverhältnisse vorbehalten ist.
4. Art des Auftrags (Liefer-, Bau- oder Dienstleistungsauftrag; gegebenenfalls ist anzugeben, ob es sich um eine Rahmenvereinbarung handelt). Beschreibung (CPV-Codes). Gegebenenfalls Angaben dazu, ob die Angebote im Hinblick auf Kauf, Leasing, Miete oder Mietkauf oder eine Kombination davon eingeholt werden.
5. NUTS-Code für den Haupterfüllungsort der Bauarbeiten bei Bauarbeiten bzw. NUTS-Code für den Haupterfüllungsort der Lieferungen oder Dienstleistungen bei Lieferungen und Dienstleistungen.
6. Bei Liefer- und Bauaufträgen:

a) Art und Menge der zu liefernden Waren (CPV-Codes), einschließlich der Optionen auf zusätzliche Aufträge und, sofern möglich, der veranschlagten Frist für die Ausübung dieser Optionen sowie gegebenenfalls zu der Anzahl der Verlängerungen. Bei wiederkehrenden Aufträgen, wenn möglich, auch Angaben zu der veranschlagten Frist für die Veröffentlichung der Bekanntmachungen späterer Ausschreibungen für die benötigten Waren bzw. Angaben zu Art und Umfang der Leistungen und zu den allgemeinen Merkmalen des Bauwerks (CPV-Codes). Werden das Bauvorhaben oder der Bauauftrag in mehrere Lose aufgeteilt, Angabe der Größenordnung der verschiedenen Lose und der Möglichkeit, für ein Los, für mehrere oder sämtliche Lose Angebote zu unterbreiten.
b) Angaben zu der Möglichkeit der Lieferanten, Angebote für Teile und/oder die Gesamtheit der gewünschten Waren abzugeben.
c) Bei Bauaufträgen: Angaben zum Zweck des Bauwerks oder des Bauauftrags, wenn dieser außerdem die Erstellung von Entwürfen vorsieht.

7. Bei Dienstleistungsaufträgen:

a) Art und Menge der zu erbringenden Dienstleistungen einschließlich der Optionen auf zusätzliche Aufträge und, sofern möglich, der veranschlagten Frist für die Ausübung dieser Optionen sowie gegebenenfalls zu der Anzahl der Verlängerungen. Bei wiederkehrenden Aufträgen, wenn möglich, auch Angaben zu der veranschlagten Frist für die Veröffentlichung der Bekanntmachungen späterer Ausschreibungen für die benötigten Dienstleistungen.
b) Angabe darüber, ob die Erbringung der Dienstleistung aufgrund von Rechts- und Verwaltungsvorschriften einem besonderen Berufsstand vorbehalten ist.
c) Hinweis auf die Rechts- und Verwaltungsvorschriften.
d) Angabe darüber, ob juristische Personen die Namen und die berufliche Qualifikation der Personen angeben müssen, die für die Ausführung der betreffenden Dienstleistungen verantwortlich sein sollen.
e) Angabe darüber, ob Dienstleister Angebote für einen Teil der Dienstleistungen unterbreiten können.

8. Falls bekannt, Angabe darüber, ob die Vorlage von Alternativangeboten zulässig ist oder nicht.
9. Liefer- oder Ausführungsfrist oder Dauer des Auftrags und, soweit möglich, Tag des Fristbeginns.
10. Gegebenenfalls Rechtsform, die die Unternehmensgruppe, der der Auftrag erteilt wird, haben muss.
11. Frist für den Eingang der Teilnahmeanträge samt der Anschrift, an die sie zu richten sind und der Sprache(n), in der(denen) sie abzufassen sind
12. Gegebenenfalls geforderte Kautionen oder Sicherheiten.
13. Wesentliche Finanzierungs- und Zahlungsbedingungen und/oder Hinweise auf Vorschriften, in denen sie enthalten sind.
14. Angaben über die besondere Lage des Unternehmers sowie wirtschaftliche oder technische Mindestanforderungen, die er erfüllen muss.
15. Zuschlagskriterien: Sofern nicht das erfolgreiche Angebot allein aufgrund des Preises ermittelt wird, müssen das Kostenmodell oder die Kriterien für die Bestimmung des technisch und wirtschaftlich günstigsten Angebots sowie ihre Gewichtung oder gegebenenfalls die nach ihrer Bedeutung eingestufte Reihenfolge dieser Kriterien genannt werden, wenn sie nicht in den Spezifikationen oder in der Aufforderung zur Verhandlung enthalten sind.
16. Gegebenenfalls Name und Anschrift der vom Sektorenauftraggeber bereits ausgewählten Unternehmer.
17. Gegebenenfalls besondere Bedingungen für die Ausführung des Auftrags.
18. Gegebenenfalls Zeitpunkt(e) und Hinweis(e) im Hinblick auf die Veröffentlichung der regelmäßigen Bekanntmachung im Amtsblatt der Europäischen Union oder die Veröffentlichung dieser Bekanntmachung im Wege eines Beschafferprofils, auf die sich der Auftrag bezieht.
19. Name und Anschrift des für Rechtsbehelfsverfahren und gegebenenfalls für Mediationsverfahren zuständigen Organs. Genaue Hinweise auf die Fristen für die Einlegung von Rechtsbehelfen oder erforderlichenfalls Name, Anschrift, Telefonnummer, Faxnummer und E-Mail-Adresse des Dienstes, bei dem diese Informationen erhältlich sind.
20. Tag der Absendung der Bekanntmachung durch den Sektorenauftraggeber.
21. Sonstige einschlägige Auskünfte.

KAPITEL D

In der Vergabebekanntmachung aufzuführende Angaben

I. Informationen zur Veröffentlichung im Amtsblatt der Europäischen Union

1. Name, Identifikationsnummer (soweit nach nationalem Recht vorgesehen), Anschrift einschließlich NUTS-Code, Telefon- und Fax-Nummer, E-Mail- und Internet-Adresse des Sektorenauftraggebers und, falls abweichend, der Dienststelle, bei der weitere Informationen erhältlich sind.
2. Ausgeübte Haupttätigkeit.
3. Art des Auftrags (Liefer-, Bau- oder Dienstleistungsauftrag; CPV-Codes; gegebenenfalls ist anzugeben, ob es sich um eine Rahmenvereinbarung handelt).
4. Zumindest eine Zusammenfassung der Art und des Umfangs bzw. der Menge der Erzeugnisse, Bauarbeiten oder Dienstleistungen.
5. Art der Bekanntmachung (Bekanntmachung über das Bestehen eines Prüfsystems, regelmäßige nichtverbindliche Bekanntmachung, Aufruf zur Angebotsabgabe), Zeitpunkt(e) und Hinweis(e) im Hinblick auf die Veröffentlichung der Bekanntmachung im Amtsblatt der Europäischen Union; bei ohne vorherige Bekanntmachung vergebenen Aufträgen Angabe der anzuwendenden Bestimmung gemäß § 206.
6. Vergabeverfahren (offenes oder nichtoffenes Verfahren oder Verhandlungsverfahren).
7. Anzahl der eingegangenen Angebote unter Angabe

a) der Anzahl der Angebote der KMU,
b) der Anzahl der Angebote aus dem Ausland,
c) der Anzahl der elektronisch übermittelten Angebote.

Bei der Vergabe mehrerer Aufträge (Lose, mehrere Rahmenvereinbarungen) sind diese Angaben für jede Zuschlagserteilung zu machen.

8. Datum des Abschlusses des Auftrags (der Aufträge) im Anschluss an dessen (deren) Vergabe bzw. Datum der Rahmenvereinbarung(en) im Anschluss an die Entscheidung über deren Abschluss.
9. Für Gelegenheitskäufe nach § 206 Abs. 1 Z 9 gezahlter Preis.
10. Für jede Zuschlagerteilung Name, Anschrift einschließlich NUTS-Code, Telefon- und Faxnummer, E-Mail- und Internet-Adresse des/der erfolgreichen Bieter(s), darunter

a) Angabe, ob der erfolgreiche Bieter ein KMU ist,
b) Angabe, ob der Auftrag an ein Konsortium vergeben wurde.

11. Gegebenenfalls Angabe, ob der Auftrag als Unterauftrag vergeben wurde bzw. vergeben werden könnte.
12. Gezahlter Preis oder niedrigster und höchster Preis der bei der Zuschlagserteilung berücksichtigten Angebote.
13. Name und Anschrift des für Rechtsbehelfsverfahren und gegebenenfalls für Vermittlungsverfahren zuständigen Organs. Genaue Hinweise auf die Fristen für die Einlegung von Rechtsbehelfen oder erforderlichenfalls Name, Anschrift, Telefonnummer, Faxnummer und E-Mail-Adresse des Dienstes, bei dem diese Informationen erhältlich sind.
14. Fakultative Angaben sind Angaben von Wert und Teil des Auftrags, der als Unterauftrag an Dritte vergeben wurde oder vergeben werden könnte und die Zuschlagskriterien.

II. Nicht zur Veröffentlichung bestimmte Angaben

15. Zahl der vergebenen Aufträge (wenn ein Auftrag zwischen mehreren Auftragnehmern aufgeteilt wurde).
16. Wert jedes vergebenen Auftrags.
17. Ursprungsland der Ware oder der Dienstleistung (Gemeinschaftsursprung oder Nichtgemeinschaftsursprung; im letzten Fall nach Drittländern aufgeschlüsselt).
18. Welche Zuschlagskriterien wurden angewandt?
19. Wurde der Auftrag an einen Bieter vergeben, der einen Änderungsvorschlag angeboten hat?
20. Wurden Angebote nicht gewählt, weil sie außergewöhnlich niedrig waren?
21. Tag der Absendung der Bekanntmachung durch den Sektorenauftraggeber.

Die Informationen der Ziffern 6, 9 und 11 werden als nicht zur Veröffentlichung gedacht eingestuft, wenn der Sektorenauftraggeber der Meinung ist, dass ihre Veröffentlichung wirtschaftliche Interessen beeinträchtigen könnte.

KAPITEL E

In Bekanntmachungen von Aufträgen über besondere Dienstleistungen aufzuführende Angaben

I. Auftragsbekanntmachung

1. Name, Identifikationsnummer (soweit nach nationalem Recht vorgesehen), Anschrift einschließlich NUTS-Code, Telefon- und Fax-Nummer, E-Mail- und Internet-Adresse des Sektorenauftraggebers und, falls abweichend, der Dienststelle, bei der weitere Informationen erhältlich sind.
2. Ausgeübte Haupttätigkeit.
3. Beschreibung der Dienstleistungen oder ihrer Kategorien und gegebenenfalls im Rahmen der Dienstleistung zu beschaffende Bauarbeiten und Lieferungen unter Angabe der betreffenden Mengen und Werte und der CPV-Codes.
4. NUTS-Code für den Haupterfüllungsort der Dienstleistungen.
5. Ggf. Angabe darüber, ob der Auftrag für geschützte Werkstätten reserviert oder ob seine Ausführung Programmen für geschützte Beschäftigungsverhältnisse vorbehalten ist.
6. Die wichtigsten, von den Unternehmern zu erfüllenden Teilnahmebedingungen oder gegebenenfalls die elektronische Anschrift, unter der genaue Informationen abgerufen werden können.
7. Frist(en) für die Kontaktierung des Sektorenauftraggebers im Hinblick auf die Teilnahme.
8. Sonstige einschlägige Auskünfte.

II. Regelmäßige nichtverbindliche Bekanntmachung

1. Name, Identifikationsnummer (soweit nach nationalem Recht vorgesehen), Anschrift einschließlich NUTS-Code, E-Mail- und Internet-Adresse des Sektorenauftraggebers.
2. Kurzbeschreibung des betreffenden Auftrags einschließlich der CPV-Codes.
3. Soweit bereits bekannt:

a) NUTS-Code für den Haupterfüllungsort der Bauarbeiten bei Bauarbeiten bzw. NUTS-Code für den Haupterfüllungsort der Lieferungen oder Dienstleistungen bei Lieferungen und Dienstleistungen,
b) Zeitrahmen für die Bereitstellung der Lieferungen bzw. die Ausführung der Bauarbeiten oder Dienstleistungen und, soweit möglich, Laufzeit des Auftrags,
c) Teilnahmebedingungen, darunter gegebenenfalls Angabe, ob es sich um einen Auftrag handelt, der geschützten Werkstätten vorbehalten ist oder bei dem die Ausführung nur im Rahmen von Programmen für geschützte Beschäftigungsverhältnisse erfolgen darf, und gegebenenfalls der Angabe, ob die Erbringung der Dienstleistung aufgrund von Rechts- und Verwaltungsvorschriften einem besonderen Berufsstand vorbehalten ist,
d) Kurzbeschreibung der wichtigsten Merkmale des Vergabeverfahrens.

4. Hinweis darauf, dass interessierte Unternehmer dem Sektorenauftraggeber ihr Interesse an dem Auftrag (den Aufträgen) mitteilen müssen, sowie Angabe der Frist für den Eingang der Interessenbekundungen sowie der Anschrift, an die die Interessenbekundungen zu richten sind.

III. Bekanntmachung über das Bestehen eines Prüfsystems

1. Name, Identifikationsnummer (soweit nach nationalem Recht vorgesehen), Anschrift einschließlich NUTS-Code, E-Mail- und Internet-Adresse des Sektorenauftraggebers.
2. Kurzbeschreibung des betreffenden Auftrags einschließlich der CPV-Codes.
3. Soweit bereits bekannt:

a) NUTS-Code für den Haupterfüllungsort der Bauarbeiten bei Bauarbeiten bzw. NUTS-Code für den Haupterfüllungsort der Lieferungen oder Dienstleistungen bei Lieferungen und Dienstleistungen,
b) Zeitrahmen für die Bereitstellung der Lieferungen bzw. die Ausführung der Bauarbeiten oder Dienstleistungen und, soweit möglich, Laufzeit des Auftrags,
c) Teilnahmebedingungen, darunter gegebenenfalls Angabe, ob es sich um einen Auftrag handelt, der geschützten Werkstätten vorbehalten ist oder bei dem die Ausführung nur im Rahmen von Programmen für geschützte Beschäftigungsverhältnisse erfolgen darf, und gegebenenfalls der Angabe, ob die Erbringung der Dienstleistung aufgrund von Rechts- und Verwaltungsvorschriften einem besonderen Berufsstand vorbehalten ist,
d) Kurzbeschreibung der wichtigsten Merkmale des Vergabeverfahrens.

4. Hinweis darauf, dass interessierte Unternehmer dem Sektorenauftraggeber ihr Interesse an dem Auftrag (den Aufträgen) mitteilen müssen, sowie Angabe der Frist für den Eingang der Interessenbekundungen sowie der Anschrift, an die die Interessenbekundungen zu richten sind.
5. Dauer der Gültigkeit des Prüfsystems und Formalitäten für seine Verlängerung.

IV. Bekanntgabe

1. Name, Identifikationsnummer (soweit nach nationalem Recht vorgesehen), Anschrift einschließlich NUTS-Code, Telefon- und Fax-Nummer, E-Mail- und Internet-Adresse dem Sektorenauftraggeber und, falls abweichend, der Dienststelle, bei der weitere Informationen erhältlich sind.
2. Ausgeübte Haupttätigkeit.
3. Zumindest eine Zusammenfassung der Art und des Umfangs der Dienstleistungen und gegebenenfalls der im Rahmen dieser Dienstleistungen anfallenden Bauarbeiten und Lieferungen.
4. Hinweis auf die Veröffentlichung der Bekanntmachung im Amtsblatt der Europäischen Union.
5. Anzahl der eingegangenen Angebote.
6. Name und Anschrift der/des Unternehmer(s).
7. Sonstige einschlägige Auskünfte.

KAPITEL F

In Wettbewerbsbekanntmachungen aufzuführende Angaben

1. Name, Identifikationsnummer (soweit nach nationalem Recht vorgesehen), Anschrift einschließlich NUTS-Code, Telefon- und Fax-Nummer, E-Mail- und Internet-Adresse des Sektorenauftraggebers und, falls abweichend, der Dienststelle, bei der weitere Informationen erhältlich sind.
2. Ausgeübte Haupttätigkeit.
3. Beschreibung des Projekts (CPV-Codes).
4. Art der Wettbewerbe: offen oder nichtoffen.
5. Bei offenen Wettbewerben: Schlusstermin für den Eingang der Projektvorschläge.
6. Bei nichtoffenen Wettbewerben:

a) voraussichtliche Zahl der Teilnehmer oder Marge
b) gegebenenfalls Namen der bereits ausgewählten Teilnehmer
c) Kriterien für die Auswahl der Teilnehmer
d) Schlusstermin für den Eingang der Teilnahmeanträge.

7. Gegebenenfalls Angabe, ob die Teilnahme einem bestimmten Berufsstand vorbehalten ist.
8. Kriterien für die Bewertung der Projekte.
9. Gegebenenfalls Namen der Mitglieder des Preisgerichts.
10. Angabe darüber, ob die Entscheidung des Preisgerichts für die Behörde verbindlich ist.
11. Gegebenenfalls Anzahl und Wert der Preise.
12. Gegebenenfalls Angabe der Zahlungen an alle Teilnehmer.
13. Angabe, ob die Preisgewinner zu Folgeaufträgen zugelassen sind.
14. Name und Anschrift des für Rechtsbehelfsverfahren und gegebenenfalls für Vermittlungsverfahren zuständigen Organs. Genaue Hinweise auf die Fristen für die Einlegung von Rechtsbehelfen oder erforderlichenfalls Name, Anschrift, Telefonnummer, Faxnummer und E-Mail-Adresse des Dienstes, bei dem diese Informationen erhältlich sind.
15. Tag der Absendung der Bekanntmachung.
16. Sonstige einschlägige Angaben.

KAPITEL G

In Bekanntmachungen über die Ergebisse von Wettbewerben aufzuführende Angaben

1. Name, Identifikationsnummer (soweit nach nationalem Recht vorgesehen), Anschrift einschließlich NUTS-Code, Telefon- und Fax-Nummer, E-Mail- und Internet-Adresse des Sektorenauftraggebers und, falls abweichend, der Dienststelle, bei der weitere Informationen erhältlich sind.
2. Ausgeübte Haupttätigkeit.
3. Beschreibung des Projekts (CPV-Codes).
4. Gesamtzahl der Teilnehmer.
5. Zahl ausländischer Teilnehmer.
6. Gewinner des Wettbewerbs.
7. Gegebenenfalls Preis/e.
8. Sonstige Auskünfte.
9. Referenz der Bekanntmachung der Wettbewerbe.
10. Name und Anschrift des für Rechtsbehelfsverfahren und gegebenenfalls für Vermittlungsverfahren zuständigen Organs. Genaue Hinweise auf die Fristen für die Einlegung von Rechtsbehelfen oder erforderlichenfalls Name, Anschrift, Telefonnummer, Faxnummer und E-Mail-Adresse des Dienstes, bei dem diese Informationen erhältlich sind.
11. Tag der Absendung der Bekanntmachung.

KAPITEL H

In Bekanntmachungen von Änderungen eines Auftrags während seiner Laufzeit aufzuführende Angaben

1. Name, Identifikationsnummer (soweit nach nationalem Recht vorgesehen), Anschrift einschließlich NUTS-Code, Telefon- und Fax-Nummer, E-Mail- und Internet-Adresse des Sektorenauftraggebers und, falls abweichend, der Dienststelle, bei der weitere Informationen erhältlich sind.
2. Ausgeübte Haupttätigkeit.
3. CPV-Codes.
4. NUTS-Code für den Haupterfüllungsort der Bauarbeiten bei Bauaufträgen beziehungsweise NUTS-Code für den Haupterfüllungsort für Lieferungen und Leistungen bei Liefer- und Dienstleistungsaufträgen.
5. Beschreibung des Auftrags vor und nach der Änderung: Art und Umfang der Bauarbeiten, Art und Menge beziehungsweise Wert der Lieferungen, Art und Umfang der Dienstleistungen.
6. Die etwaige durch die Änderung bedingte Preiserhöhung oder Preisverminderung.
7. Beschreibung der Umstände, die die Änderung erforderlich gemacht haben.
8. Tag der Entscheidung über die Auftragsvergabe.
9. Gegebenenfalls Name, Anschrift einschließlich NUTS-Code, Telefon- und Faxnummer, E-Mail- und Internet-Adresse des (der) neuen Unternehmer(s).
10. Angaben darüber, ob der Auftrag mit einem aus Mitteln der Union finanzierten Vorhaben beziehungsweise Programm im Zusammenhang steht.
11. Name und Anschrift der Aufsichtsstelle und der für Nachprüfungen und gegebenenfalls für Mediationsverfahren zuständigen Stelle. Genaue Angaben zu den Fristen für Nachprüfungsverfahren beziehungsweise gegebenenfalls Name, Anschrift, Telefon- und Faxnummer und E-Mail-Adresse der Stelle, bei der diese Informationen erhältlich sind.

